Kölner Hand- und Formularbücher der notariellen Praxis

Dorsel
Kölner Formularbuch Erbrecht
2. Auflage

Kölner Hand- und Formularbücher der notariellen Praxis

Kölner Formularbuch Erbrecht

Herausgegeben von

Dr. Christoph Dorsel, LL.M. (Cornell), Notar, Bonn

Bearbeitet von

Dr. Ulrich Bous, Notar, Stolberg; *Dr. Christoph Dorsel, LL.M. (Cornell)*, Notar, Bonn; *Prof. Dr. Jan Eickelberg, LL.M. (Cambr.)*, Hochschule für Recht und Wirtschaft, Berlin; *Dr. Johannes Fetsch, LL.M. (Cornell)*, Notar, Euskirchen; *Dr. Dr. Stephan Forst*, Notar, München; *Dr. Christian Hartmann*, Notar, Jüchen; *Dr. Jörg Ihle*, Notar, Bergisch Gladbach-Bensberg; *Ralf Krause, LL.M. (Tax)*, Notar, Alsdorf; *Edgar Mörtenkötter*, Notar, Bonn; *Dr. Guido Perau*, Notar, Heinsberg; *Dr. Maximilian Freiherr von Proff zu Irnich*, Notar, Köln; *Dr. Thekla Schleifenbaum*, Notarin, Bonn; *Dr. Dieter Stöhr*, Notar, Kerpen; *Dr. Paul Terner, LL.M. (Norwich)*, Notar, Neuss; *Stefan Wegerhoff*, Notar, Hennef; *Dr. Heiko Worm*, Notar, Solingen

2. Auflage

Carl Heymanns Verlag 2015

Zitiervorschlag:
KölnerFormBErbR/*Verfasser*, Kapitel ... Rn. ...

Bibliografische Information der Deutschen Nationalbibliothek

Die Deutsche Nationalbibliothek verzeichnet diese Publikation in der Deutschen Nationalbibliografie; detaillierte bibliografische Daten sind im Internet über http://dnb.d-nb.de abrufbar.

ISBN 978-3-452-28205-7

www.wolterskluwer.de
www.carl-heymanns.de

Alle Rechte vorbehalten.

© 2015 Wolters Kluwer Deutschland GmbH, Luxemburger Straße 449, 50939 Köln.
Carl Heymanns eine Marke von Wolters Kluwer Deutschland GmbH.

Das Werk einschließlich aller seiner Teile ist urheberrechtlich geschützt. Jede Verwertung außerhalb der engen Grenzen des Urheberrechtsgesetzes ist ohne Zustimmung des Verlages unzulässig und strafbar. Das gilt insbesondere für Vervielfältigungen, Übersetzungen, Mikroverfilmungen und die Einspeicherung und Verarbeitung in elektronischen Systemen.

Verlag und Autor übernehmen keine Haftung für inhaltliche oder drucktechnische

Umschlaggestaltung: Martina Busch, Grafikdesign, Homburg Kirrberg

Satz: Satz-Offizin Hümmer GmbH, Waldbüttelbrunn

Druck: Williams Lea & Tag GmbH, München

Gedruckt auf säurefreiem, alterungsbeständigem und chlorfreiem Papier.

Vorwort zur 2. Auflage

Die europäische Erbrechtsverordnung gibt Anlass für eine neue Auflage dieses Formularbuchs. Ihre Auswirkungen auf erbrechtliche Gestaltungsmöglichkeiten bilden den Schwerpunkt der Aktualisierungen im Rahmen der Neuauflage. In diesem Zusammenhang ist auf die grundlegende Änderung bei der Anknüpfung des Erbstatus hinzuweisen sowie auf die Neuregelung der Rechtswahl im internationalen Erbrecht. Ebenso ist das in wesentlichen Teilen geänderte Nachlassverfahren zu erwähnen, insbesondere das durch die Verordnung neu eingeführte europäische Nachlasszeugnis.

Im Rahmen der Neuauflage wurden darüber hinaus zahlreiche neue Formulierungsvorschläge eingefügt und alle Kapitel ergänzt und aktualisiert. Die Entwicklung der Rechtsprechung insbesondere im Bereich des Erbschaftsteuerrechts wurde berücksichtigt. Die Neuauflage enthält auch Hinweise zum neuen Gerichts- und Notarkostengesetz.

Die Neuauflage will wie die Vorauflage ein umfassendes und zuverlässiges Hilfsmittel sein bei der Erstellung praxistauglicher und sachgerechter Regelungen im Bereich der Rechtsgestaltung im Erbrecht.

Herr Notar a. D. von Dickhuth-Harrach ist nach seinem Ausscheiden aus dem Notaramt bedauerlicherweise auch aus dem Kreis der Autoren dieses Buches ausgeschieden. Für seinen vorbildlichen Beitrag zu diesem Buch sei ihm auch an dieser Stelle nachdrücklich gedankt.

Hinweise auf Fehler und Verbesserungsvorschläge sind erwünscht und können per E-Mail übersandt werden an service@wolterskluwer.de. Den zahlreichen Lesern, die durch ihre Anmerkungen und Hinweise zur Weiterentwicklung dieses Buches beigetragen haben, sei an dieser Stelle gedankt.

Bonn, im Mai 2015

Christoph Dorsel

Im Einzelnen haben bearbeitet

Dr. Ulrich Bous	Kapitel 2
Dr. Christoph Dorsel	Kapitel 1, 9 Teil A-C, 11, Gesamtmuster
Prof. Dr. Jan Eickelberg	Kapitel 13
Dr. Johannes Fetsch	Kapitel 19
Dr. Dr. Stefan Forst	Kapitel 4
Dr. Christian Hartmann	Kapitel 5 Teil A–D, 16 Teil C, Gesamtmuster
Dr. Jörg Ihle	Kapitel 20
Ralf Krause	Kapitel 12, 16 Teil A–B, 17
Edgar Mörtenkötter	Kapitel 3
Dr. Guido Perau	Kapitel 5 Teil E, 15 Teil B
Dr. Maximilian Freiherr von Proff zu Irnich	Kapitel 7, 8, 15 Teil A
Dr. Thekla Schleifenbaum	Kapitel 6
Dr. Dieter Stöhr	Kapitel 9 Teil D–H
Dr. Paul Terner	Kapitel 18
Stefan Wegerhoff	Kapitel 14
Dr. Heiko Worm	Kapitel 10

Inhaltsverzeichnis

Vorwort	V
Im Einzelnen haben bearbeitet	VII
Inhaltsverzeichnis	IX
Abkürzungsverzeichnis	XIII
Literaturverzeichnis	XXVII

Kapitel 1. Vorüberlegungen zur gewillkürten Erbfolge 1
- A. Erblasser und Nachlass 1
- B. Regelungsziele und Gestaltungsmöglichkeiten 5
- C. Testierfreiheit und Grenzen 17
- D. Vermögensnachfolge und unentgeltliche Rechtsgeschäfte unter Lebenden 27
- E. Kosten 35
- F. Checkliste 38

Kapitel 2. Form der Verfügung von Todes wegen 39
- A. Formzwecke und Formwahl 40
- B. Allgemeine Voraussetzungen einer Verfügung von Todes wegen 44
- C. Das eigenhändige Testament 51
- D. Testament durch Erklärung vor einem Notar 54
- E. Der Erbvertrag 72
- F. Übergabe einer Schrift 75
- G. Nottestamente 78
- H. Checkliste 79

Kapitel 3. Die Verteilung des Nachlasses auf einen oder mehrere Erben 81
- A. Erbeinsetzung 82
- B. Ersatzerbeinsetzung und Anwachsung 107
- C. Pflichtteilszuwendung 113

Kapitel 4. Zuwendung einzelner Nachlassgegenstände 119
- A. Vermächtnisanordnung 120
- B. Zuwendung unter Auflage 167
- C. Rechtsgeschäfte unter Lebenden auf den Tod 176
- D. Wertsicherung einzelner Zuwendungen 195
- E. Steuern 197
- F. Checklisten 199

Kapitel 5. Sicherung der Erwerbsaussichten für Endbedachte 201
- Überblick über die Problemstellung 206
- A. Vor- und Nacherbschaft 207
- B. Aufschiebend bedingte/befristete Vermächtnisse 288
- C. Nießbrauchsvermächtnis 322
- D. Sicherung der Erwerbsaussichten des Schlusserben beim gemeinschaftlichen Testament/Erbvertrag (Einheitslösung) 344
- E. Sicherung des Erbes bei drohender Verwertung durch Dritte 365

Kapitel 6. Verfügungen von Todes wegen von Ehegatten 447
- A. Grundlagen 448
- B. Gestaltung von Verfügungen von Todes wegen von Ehegatten 454

Inhaltsverzeichnis

Kapitel 7. Bindung des Erblassers – Umfang und Ausgestaltung 519
A. Überblick über Formen rechtsgeschäftlicher und erbrechtlicher Bindung 519
B. Gemeinschaftliches Testament 520
C. Erbvertrag 522

Kapitel 8. Gestaltungsmöglichkeiten bei nichtehelichen Lebensgemeinschaften ... 527
A. Ausgangslage: Begriffsbestimmung, fehlendes gesetzliches Erbrecht 527
B. Überblick über Gestaltungsmöglichkeiten 527
C. Berücksichtigung einer etwaigen Trennung 528
D. Freies Rücktrittsrecht im Erbvertrag der nichtehelichen Lebensgemeinschaft ... 530
E. Steuerrecht 534

Kapitel 9. Einflussnahme des Erblassers über seinen Tod hinaus 537
A. Testamentsvollstreckung 540
B. Teilungsanordnung 582
C. Auseinandersetzungsverbot 590
D. Erbrechtliche Auflage 596
E. Straf- und Verwirkungsklauseln 623
F. Anfechtungsausschluss bei Übergehen eines Pflichtteilsberechtigten 647
G. Schiedsklauseln 652
H. Familienrechtliche Anordnung 669

Kapitel 10. Verminderung und Vermeidung von Pflichtteilsrechten 681
A. Maßnahmen unter Mitwirkung des Pflichtteilsberechtigten 683
B. Maßnahmen ohne Mitwirkung des Pflichtteilsberechtigten 702
C. Pflichtteilsklauseln und Alternativen 737
D. Steuerliche Aspekte 752
E. Checklisten 754

Kapitel 11. Regelung der Nachfolge in Gesellschaftsvermögen 757
A. Zuwendung von Personengesellschaftsanteilen 761
B. Vermächtnis des Nießbrauchs an einem Personengesellschaftsanteil 783
C. Testamentsvollstreckung im Unternehmensbereich 791

Kapitel 12. Landwirtschaftliches Erbrecht 811
A. Grundlagen des landwirtschaftlichen Sondererbrechts 813
B. Das Landgutrecht des BGB, insbesondere §§ 2049, 2312 BGB 816
C. Höfeordnung 834
D. Der Hofübergabevertrag 862
E. Bewertung: Vor- und Nachteile von Höferecht bzw. BGB-Landguterbrecht 877
F. Das Hoffolgezeugnis 878
G. Kostenrechtliche Aspekte 879
H. Steuern 880
I. Checkliste 884

Kapitel 13. Stiftungen 887
A. Einführung 890
B. Erläuterungen 895
C. Steuerrechtliche Erwägungen 960
D. Checklisten/Beratungshinweise 964

Kapitel 14. Nachlassverfahren 965
A. Annahme und Ausschlagung der Erbschaft 967

B. Erbschein und Erbscheinsantrag 995
C. Antrag auf Erteilung eines Testamentsvollstreckerzeugnisses 1024
D. Das Europäische Nachlasszeugnis 1029
E. Erstellung eines notariellen Nachlassverzeichnisses 1042

Kapitel 15. Erbrechtlich relevante Rechtsgeschäfte unter Lebenden 1053
A. Auswirkungen des Güterstands auf das Erbrecht 1053
B. Vollmachten über den Tod hinaus 1062

Kapitel 16. Erbrechtlich relevante Rechtsgeschäfte zwischen Erblasser und künftigen Erben 1085
A. Lebzeitige Übertragungen und Verfügung von Todes wegen 1086
B. Zuwendungsverzicht 1107
C. Kombination von Rechtsgeschäften unter Lebenden mit Verfügungen von Todes wegen 1125

Kapitel 17. Verträge unter künftigen Erben 1141
A. Erbschaftsvertrag unter künftigen Erben, § 311b Abs. 4 und 5 BGB 1142
B. Schuldrechtliche Nachlassverträge unter Beteiligung des Erblassers 1167

Kapitel 18. Verträge unter Erben und mit Vermächtnisnehmern 1175
A. Erbauseinandersetzungsvertrag 1177
B. Erbteilsübertragung 1207
C. Vermächtniserfüllungsvertrag 1233

Kapitel 19. Testamente und Erbverträge bei Auslandsberührung 1259
A. Grundlagen 1261
B. Gestaltung eines Einzeltestamentes 1286
C. Gestaltung von Erbvertrag und gemeinschaftlichem Testament 1291
D. Pflichtteilsverzicht bei Auslandsberührung 1302
E. Steuerliche Aspekte 1302
F. Checkliste 1309

Kapitel 20. Steuerrecht und Erbfolgeregelung 1311
A. Grundzüge 1314
B. Steuerorientiertes Privattestament 1349
C. Steuerorientiertes Unternehmertestament 1364
D. Erbschaftsteuerliche Gestaltungsmöglichkeiten nach dem Erbfall 1386

Kapitel 21. Gesamtmuster 1391
A. Einzeltestamente 1392
B. Testamente von Ehegatten 1400
C. Testamente von Ehegatten mit Kindern aus vorangegangener Beziehung ... 1415
D. Erbverträge nichtehelicher Lebensgemeinschaften 1429
E. Formblatt für die Beantragung eines Europäischen Nachlasszeugnisses gem. Art. 80 EuErbVO 1439

Stichwortverzeichnis 1457

Abkürzungsverzeichnis

a. A.	anderer Ansicht
AAA	American Arbitration Association
a. a. O.	am angegebenen Ort
ABGB	Allgemeines Bürgerliches Gesetzbuch für Österreich
Abk.	Abkommen
abl.	ablehnend
ABl.	Amtsblatt
ABl. EG	Amtsblatt der Europäischen Gemeinschaften
Abs.	Absatz
Abschn.	Abschnitt
Abt.	Abteilung
abw.	abweichend
abzgl.	abzüglich
AcP	Archiv für die zivilistische Praxis (Band, Jahr, Seite)
a. E.	am Ende
a. F.	alte Fassung
AfA	Absetzung für Abnutzungen
AfP	Archiv für Presserecht
AFRG	Arbeitsförderungsreformgesetz
AG	Amtsgericht; Aktiengesellschaft; Die Aktiengesellschaft (Zeitschrift)
AGB	Allgemeine Geschäftsbedingungen
AGBG	Gesetz zur Regelung des Rechts der Allgemeinen Geschäftsbedingungen vom 9.12.1976 (BGBl. I, S. 3317), aufgehoben durch SchuldRModG
AGBGB	Ausführungsgesetz zum BGB
AGH	Anwaltsgerichtshof
AgrarR	Agrarrecht (Zeitschrift)
AktG	Gesetz über die Aktiengesellschaften und Kommanditgesellschaften auf Aktien (Aktiengesetz) vom 6.9.1965 (BGBl. I, S. 1089)
ALB	Allgemeine Leistungsbedingungen der Deutschen Bahn AG, DB Cargo
allg.	allgemein
allg.M.	allgemeine Meinung
Alt.	Alternative
a. M.	anderer Meinung
ÄndAufhG	Gesetz über die Änderung oder Aufhebung von Gesetzen der DDR
ÄndG	Änderungsgesetz
AnfG	Gesetz betreffend die Anfechtung von Rechtshandlungen eines Schuldners außerhalb des Insolvenzverfahrens (Anfechtungsgesetz) vom 5.10.1994 (BGBl. I, S. 2911)
Anh.	Anhang
Anm.	Anmerkung
AnwBl	Anwaltsblatt
AnwKomm-BGB/Bearbeiter	*Dauner-Lieb/Heidel/Ring*, AnwaltKommentar BGB, 5 Bände
AO	Abgabenordnung
AöR	Archiv für öffentliches Recht (Zeitschrift – Band, Seite)
AP	Nachschlagewerk des Bundesarbeitsgerichts (seit 1954, vorher: Arbeitsrechtliche Praxis)
ApothG	Gesetz über das Apothekenwesen
AR	Aufsichtsrat
ArbeitserlaubnisVO	Arbeitserlaubnisverordnung
ArbG	Arbeitsgericht
ArbGG	Arbeitsgerichtsgesetz
ArbNErfG	Gesetz über Arbeitnehmererfindungen (Arbeitnehmererfindungsgesetz)
arg.(e.)	argumentum ex

Abkürzungsverzeichnis

Art.	Artikel
ARUG	Gesetz zur Umsetzung der Aktionärsrechterichtlinie vom 30.7.2009 (BGBl. I, S. 2479)
Aufl.	Auflage
ausführl.	ausführlich
AusfG	Ausführungsgesetz
ausschl.	ausschließlich
AVB	Allgemeine Versicherungsbedingungen
AVG	Angestelltenversicherungsgesetz, aufgehoben
AVO	Ausführungsverordnung
AWD	Außenwirtschaftsdienst des Betriebsberaters (Zeitschrift)
AWG	Außenwirtschaftsgesetz vom 28.4.1961 (BGBl. I, S. 481)
Az.	Aktenzeichen
BaFin	Bundesanstalt für Finanzdienstleistungsaufsicht (seit 1.5.2002)
BAG	Bundesarbeitsgericht; Bundesamt für Güterverkehr
BAGE	Entscheidungen des Bundesarbeitsgerichts (Band, Seite)
BAnz	Bundesanzeiger
BayObLG	Bayerisches Oberstes Landesgericht
BayOLGZ	Entscheidungen des Bayerischen Obersten Landesgerichts in Zivilsachen
BayStiftG	Bayerisches Stiftungsgesetz
BB	Betriebs-Berater (Zeitschrift)
BBankG	Gesetz über die Deutsche Bundesbank
BBiG	Berufsbildungsgesetz vom 23.3.2005 (BGBl. I, S. 931)
BBl	Betriebswirtschaftliche Blätter (Zeitschrift)
BBRL	Bankbilanzrichtlinie
Bd.	Band
BdF	Bundesminister der Finanzen
BDSG	Gesetz zum Schutz vor Missbrauch personenbezogener Daten bei der Datenverarbeitung (Bundesdatenschutzgesetz)
Bearb.	Bearbeiter
Begr.	Begründung
Beil.	Beilage
Bem.	Bemerkung
ber.	berichtigt
BErzGG	Gesetz über die Gewährung von Erziehungsgeld und Erziehungsurlaub (Bundeserziehungsgeldgesetz)
BeschFG	Beschäftigungsförderungsgesetz vom 26.4.1985 (BGBl. I, 710)
Beschl.	Beschluss
bestr.	bestritten
betr.	betreffend
BetrR	Betriebsrat
BetrAVG	Gesetz zur Verbesserung der betrieblichen Altersversorgung (Betriebsrentengesetz) vom 19.12.1974 (BGBl. I, S. 3610)
BetrVG	Betriebsverfassungsgesetz
BeurkG	Beurkundungsgesetz vom 28.8.1969 (BGBl. I, S. 1513)
BewG	Bewertungsgesetz
BezG	Bezirksgericht
BFG	Bundesfinanzgericht
BFH	Bundesfinanzhof
BFHE	Sammlung der Entscheidungen und Gutachten des BFH
BGB	Bürgerliches Gesetzbuch vom 18.8.1896 (RGBl., S. 195)
BGBl. I, II	Bundesgesetzblatt, Teil I und II (Teil, Seite)
BGH	Bundesgerichtshof
BGH EBE	Eildienst der Entscheidungen des BGH
BGHSt	Entscheidungen des BGH in Strafsachen (Band, Seite)
BGHZ	Entscheidungen des BGH in Zivilsachen (Band, Seite)

Abkürzungsverzeichnis

BeckBilKomm/*Bearbeiter*	*Ellrott/Förschle/Hoyos/Winkeljohann*, Beck'scher Bilanzkommentar, Handelsbilanz Steuerbilanz
BilMoG	Gesetz zur Modernisierung des Bilanzrechts (Bilanzrechstmoderniesierungsgesetz) vom 25.5.2009 (BGBl. I, S. 1102)
BKartA	Bundeskartellamt
BKR	Zeitschrift für Bank- und Kapitalmarktrecht
Bl.	Blatt
BMF	Bundesministerium der Finanzen
BMJ	Bundesministerium der Justiz
BMinBlF	Bundesministerialblatt für Finanzen
BNotK	Bundesnotarkammer
BNotO	Bundesnotarordnung vom 24.2.1961 (BGBl. I, S. 1998)
BO	Börsenordnung
BörsG	Börsengesetz vom 21.6.2002 (BGBl. I, S. 2010)
BPatG	Bundespatentgericht
BR	Bundesrat
BRAGO	Bundesgebührenordnung für Rechtsanwälte (Bundesrechtsanwaltsgebührenordnung) vom 26.7.1957 (BGBl. I, S. 907), aufgehoben zum 1.7.2004 durch KostRMoG vom 5.5.2005 (BGBl. I, S. 718), jetzt: RVG
BRAK	Bundesrechtsanwaltskammer
BRAK-Mitt.	BRAK-Mitteilungen (Zeitschrift)
BRAO	Bundesrechtsanwaltsordnung vom 1.8.1959 (BGBl. I, S. 565)
BR-Drucks.	Bundesratsdrucksache
BSG	Bundessozialgericht
BSHG	Bundessozialhilfegesetz
BStBl. I, II	Bundessteuerblatt, Teil I und II (Teil, (Jahr) und Seite)
bspw.	beispielsweise
BT	Bundestag
BT-Drucks.	Bundestags-Drucksache
Buchst.	Buchstabe
BuW	Betrieb und Wirtschaft (Zeitschrift)
BVerfG	Bundesverfassungsgericht
BVerfGE	Entscheidungen des Bundesverfassungsgerichts (Band, Seite)
BVerfGG	Gesetz über das Bundesverfassungsgericht
BVerwG	Bundesverwaltungsgericht
BVG	Besonderes Verhandlungsgremium
BvS	Bundesanstalt für vereinigungsbedingte Sonderaufgaben (Treuhandanstalt)
BZRG	Gesetz über das Zentralregister und das Erziehungsregister (Bundeszentralregistergesetz)
bzw.	beziehungsweise
Cc	Code civil, Codice civile, Código civil
cic	culpa in contrahendo
CR	Computer und Recht (Zeitschrift)
DArbR	Deutsches Arbeitsrecht (Zeitschrift)
DAV	Deutscher Anwaltverein
DB	Der Betrieb (Zeitschrift)
DBA	Doppelbesteuerungsabkommen
DBW	Die Betriebswirtschaft (Zeitschrift); vor 1977: Zeitschrift für Handelswissenschaft und Handelspraxis
DCGK	Deutscher Corporate Governance Kodex i. d. F. vom 2.6.2005
ders.	derselbe
dgl.	dergleichen
DGVZ	Deutsche Gerichtsvollzieherzeitung (Zeitschrift)
d. h.	das heißt
DIS	Deutsche Institution für Schiedsgerichtsbarkeit e. V.

Abkürzungsverzeichnis

DIS-SchGO	Schiedsgerichtsordnung der Deutschen Institution für Schiedsgerichtsbarkeit e. V.
Diss.	Dissertation
DJ	Deutsche Justiz (Zeitschrift)
DJZ	Deutsche Juristenzeitung (Zeitschrift)
DNotI	Deutsches Notarinstitut
DNotZ	Deutsche Notarzeitung (Zeitschrift)
DÖV	Die öffentliche Verwaltung (Zeitschrift)
DR	Deutsches Recht (Zeitschrift)
DrittelbG	Gesetz über die Drittelbeteiligung der Arbeitnehmer im Aufsichtsrat (Drittelbeteiligungsgesetz) vom 18.5.2004 (BGBl. I, S. 974)
DRpfl	Deutsche Rechtspflege (Zeitschrift)
DStR	Deutsches Steuerrecht (Zeitschrift); vor 1962: Deutsche Steuer-Rundschau
DStRE	Deutsches Steuerrecht – Entscheidungsdienst
DStZ	Deutsche Steuerzeitung
DVBl.	Deutsches Verwaltungsblatt
DVO	Durchführungsverordnung
DZWir	Deutsche Zeitschrift für Wirtschaftsrecht
e. A.	Einstweilige Anordnung
ebd.	ebenda
EBE/BGH	Eildienst Bundesgerichtliche Entscheidungen
EBITDA	earnings before interest, taxes, depreciation and amortization
EFG	Entscheidungen der Finanzgerichte
eG	eingetragene Genossenschaft
EG	Europäische Gemeinschaft; Einführungsgesetz; Vertrag zur Gründung der europäischen Gemeinschaft (ab 1.5.1999; vorher: EGV)
EGAktG	Einführungsgesetz zum Aktiengesetz vom 6.9.1965 (BGBl. I, S. 1185)
EGBGB	Einführungsgesetz zum Bürgerlichen Gesetzbuch vom 18.8.1896 (RGBl. S. 604)
EGGmbHG	Einführungsgesetz zum GmbH-Gesetz
EGHGB	Einführungsgesetz zum Handelsgesetzbuch vom 10.5.1897 (RGBl. S. 437)
EGInsO	Einführungsgesetz zur Insolvenzordnung
EGStGB	Einführungsgesetz zum Strafgesetzbuch
EGV/EG-Vertrag	Vertrag zur Gründung der Europäischen Gemeinschaft (vor 1.5.1999; seither: EG)
EHUG	Gesetz über elektronische Handelsregister und Genossenschaftsregister sowie das Unternehmensregister vom 10.11.2006 (BGBl. I, S. 2553)
Einf.	Einführung
EinigV	Einigungsvertrag
Einl.	Einleitung
einschl.	einschließlich
EMRK	Europäische Konvention zum Schutz der Menschenrechte und Grundfreiheiten
entspr.	entsprechend
ErbR	Zeitschrift für die gesamte erbrechtliche Praxis
ErbStG	Erbschaftsteuer- und Schenkungsteuergesetz
erg.	ergänzend
Erg.Lfg.	Ergänzungslieferung
ERJuKoG	Gesetz über elektronische Register und Justizkosten für Telekommunikation vom 10.12.2001 (BGBl. I, S. 3422)
Erl.	Erlass; Erläuterung(en)
EStDV	Einkommensteuer-Durchführungsverordnung
EStG	Einkommensteuergesetz
EStR	Einkommensteuerrichtlinien
etc.	et cetera
EU	Europäische Union
EuBVO	Verordnung (EG) Nr. Nr. 1206/2000 des Rates über die Zusammenarbeit zwischen den Gerichten der Mitgliedstaaten auf dem Gebiet der Beweisaufnahme

EuErbVO	Verordnung (EU) Nr. 650/2012 des Europäischen Parlaments und des Rates vom 4. Juli 2012 über die Zuständigkeit, das anzuwendende Recht, die Anerkennung und Vollstreckung von Entscheidungen und die Annahme und Vollstreckung von öffentlichen Urkunden in Erbsachen sowie zur Einführung eines Europäischen Nachlasszeugnisses
EuGH	Gerichtshof der Europäischen Gemeinschaften
EuGVO	Europäische Verordnung über die gerichtliche Zuständigkeit und die Anerkennung und Vollstreckung von Entscheidungen in Zivil- und Handelssachen vom 22.12.2000, ABlEG 2001 Nr. L 12/1, zuvor EuGVÜbk
EuGVÜ	Europäisches Übereinkommen über die gerichtliche Zuständigkeit und die Vollstreckung gerichtlicher Entscheidungen in Zivil- und Handelssachen vom 27.9.1968 (BGBl. I, S. 1972)
EuInsVO	Verordnung (EG) Nr. 1346/2000 des Rates über Insolvenzverfahren (ABl. EG Nr. L 160 S. 1)
EuZVO	Verordnung (EG) Nr. Nr. 1348/2001 des Rates über die Zustellung gerichtlicher und außergerichtlicher Schriftstücke
EuZW	Europäische Zeitschrift für Wirtschaftsrecht (Zeitschrift)
e. V.	einstweilige Verfügung; eingetragener Verein
EWiR	Entscheidungen zum Wirtschaftsrecht (Zeitschrift)
EWIV	Europäische Wirtschaftliche Interessenvereinigung
EWIVG/EWIV-AG	Gesetz zur Ausführung der EWG-Verordnung über die Europäische wirtschaftliche Interessenvereinigung (EWIV-Ausführungsgesetz) vom 14.4.1988 (BGBl. I, S. 514)
EWIV-VO	Verordnung (EWG) Nr. 2137/85 über die Schaffung einer Europäischen Wirtschaftlichen Interessenvereinigung
EWR	Europäischer Wirtschaftsraum
EzA	Entscheidungen zum Arbeitsrecht
f., ff.	folgende (r)
F&E	Forschung und Entwicklung
Fa.	Firma
FAErbR	Der Fachanwalt für Erbrecht (Zeitschrift)
FamFG	Gesetz über das Verfahren in Familiensachen und in den Angelegenheiten der Freiwilligen Gerichtsbarkeit vom 17.12.2008 (BGBl. I, S. 2586, 2587, 2009 I, S. 1102)
FamRZ	Zeitschrift für Familienrecht
FAZ	Frankfurter Allgemeine Zeitung
FB	FinanzBetrieb (Zeitschrift)
FG	Finanzgericht
FGG	Gesetz über die Angelegenheiten der freiwilligen Gerichtsbarkeit vom 17.5.1898 (RGBl., S. 189) aufgehoben durch FamFG
FGO	Finanzgerichtsordnung
FGPrax	Praxis der freiwilligen Gerichtsbarkeit (Zeitschrift)
FinMin	Finanzministerium (eines Bundeslandes)
FK-InsO/*Bearbeiter*	*Wimmer*, Frankfurter Kommentar zur Insolvenzordnung
FLF	Finanzierung Leasing Factoring (Zeitschrift)
Fn.	Fußnote
FR	Finanzrundschau Deutsches Steuerblatt (Zeitschrift)
FRA	Forward Rate Agreement
FS	Festschrift (für)
FusionsRL	Fusions-Richtlinie
G	Gesetz
GastG	Gaststättengesetz
GB	Grundbuch
GBA	Grundbuchamt
GBl.	Gesetzblatt
GBl. (DDR) I	Gesetzblatt Deutsche Demokratische Republik Teil I

Abkürzungsverzeichnis

GBO	Grundbuchordnung
GbR	Gesellschaft bürgerlichen Rechts
GebrMG	Gebrauchsmustergesetz
GBV	Grundbuchverfügung
gem.	gemäß
GemSOGB	Gemeinsamer Senat der obersten Gerichtshöfe des Bundes
GenG	Gesetz betreffend die Erwerbs- und Wirtschaftsgenossenschaften (Genossenschaftsgesetz) vom 1.5.1889 (RGBl. S. 55)
GenTG	Gentechnikgesetz
GeschmMG	Gesetz über den rechtlichen Schutz von Mustern und Modellen (Geschmacksmustergesetz) vom 12.3.2004 (BGBl. I, S. 390)
GesO	Gesamtvollstreckungsanordnung
GewArch	Gewerbearchiv (Zeitschrift)
GewO	Gewerbeordnung
GewStG	Gewerbesteuergesetz
GG	Grundgesetz für die Bundesrepublik Deutschland vom 23.5.1949 (BGBl. I, S. 1)
ggf.	gegebenenfalls
GKG	Gerichtskostengesetz i. d. F. vom 15.12.1975 (BGBl. I, S. 3047)
GmbH	Gesellschaft mit beschränkter Haftung
GmbHÄndG	Gesetz zur Änderung des Gesetzes betreffend die Gesellschaften mit beschränkter Haftung und anderer handelsrechtlicher Vorschriften vom 4.7.1980 (BGBl. I, S. 836)
GmbHG	Gesetz betreffend die Gesellschaften mit beschränkter Haftung vom 20.4.1892 (RGBl., S. 477), zuletzt geändert durch EHUG
GmbHR	GmbH-Rundschau (Zeitschrift)
GmbH-Stb	Der GmbH-Steuerberater (Zeitschrift)
GoA	Geschäftsführung ohne Auftrag
GoB	Grundsätze ordnungsgemäßer Buchführung
GoI	Grundsätze ordnungsgemäßer Inventur
grds.	grundsätzlich
GrEStG	Grunderwerbsteuergesetz
GroßkommAktG/*Bearbeiter*	*Hopt/Wiedemann*, Aktiengesetz Großkommentar
GroßkommHGB/*Bearbeiter*	*Staub/Canaris/Schilling/Ulmer*, Handelsgesetzbuch Großkommentar zum HGB und seinen Nebengesetzen, 9 Bände
GrS	Großer Senat
GrSZ	Großer Senat in Zivilsachen
GRUR	Gewerblicher Rechtsschutz und Urheberrecht (Zeitschrift)
GS	Gedächtnisschrift; Preußische Gesetzsammlung (Jahr, Seite)
GuV	Gewinn- und Verlust-Rechnung
GVBl.	Gesetz- und Verordnungsblatt (Jahr, Seite)
GV	Gerichtsvollzieher
GVG	Gerichtsverfassungsgesetz
GWB	Gesetz gegen Wettbewerbsbeschränkungen
h. A.	herrschende Auffassung
HaftpflG	Haftpflichtgesetz
HansOLG	Hanseatisches OLG
HausTWG	Gesetz über den Widerruf von Haustürgeschäften und ähnlichen Geschäften vom 16.1.1986 (BGBl. I, 122), aufgehoben durch SchuldRModG
HessStiftG	Hessisches Stiftungsgesetz
HFA	Hauptfachausschuss des Instituts der Wirtschaftsprüfer
HGB	Handelsgesetzbuch vom 10.5.1897 (RGBl., S. 219), zuletzt geändert durch EHUG vom 10.11.2006
HinterlO	Hinterlegungsordnung vom 10.3.1937 (RGBl. I, S. 285)
HeidelbKommInsO/*Bearbeiter*	*Eickmann/Flessner/Irschlinger/Kirchhof/Kreft/Landfehrmann/Marotzke/Stephan*, Heidelberger Kommentar zur Insolvenzordnung
h. L.	herrschende Lehre
h. M.	herrschende Meinung

Abkürzungsverzeichnis

HRefG	Gesetz zur Neuregelung des Kaufmanns- und Firmenrechts und zur Änderung anderer handels- und gesellschaftsrechtlicher Vorschriften (Handelsrechtsreformgesetz – HRefG) vom 22.6.1998 (BGBl. I, S. 1474)
HReg	Handelsregister
HRegGebNeuOG	Gesetz zur Neuordnung der Gebühren in Handels-, Partnerschafts- und Genossenschaftsregistersachen (Handelsregistergebühren-Neuordnungsgesetz) vom 3.7.2004 (BGBl. I, S. 1410)
HRegGebV	Verordnung über Gebühren in Handels-, Partnerschafts- und Genossenschaftsregistersachen (Handelsregistergebührenverordnung) vom 30.9.2004 (BGBl. I, S. 2562)
HRR	Höchstrichterliche Rechtsprechung (Zeitschrift)
HRV	Verordnung über die Einrichtung und Führung des Handelsregisters (Handelsregisterverordnung) vom 12.8.1937 (RMBl., S. 515), zuletzt geändert durch EHUG
Hs.	Halbsatz
Hrsg.	Herausgeber
HV	Hauptversammlung
HwO	Handwerksordnung
i.A(bw).	in Abwicklung
IAS	International Accounting Standard, ab 1.4.2001 IFRS
i. d. F.	in der Fassung
i. d.gelt.F.	in der geltenden Fassung
i. d. R.	in der Regel
IdW	Institut der Wirtschaftsprüfer in Deutschland e. V.
i. E.	im Einzelnen
i.Erg.	im Ergebnis
i. e. S.	im engeren Sinne
IFRS	International Financial Reporting Standard (seit 1.4.2001, zuvor: IAS)
IHK	Industrie- und Handelskammer
IHR	Richtlinien für Insidergeschäfte mit börsenorientierten oder öffentlich angebotenen Aktien (Insiderhandelsrichtlinien)
i. H. v.	in Höhe von
i.Ins.	in Insolvenz
i.L(iq).	in Liquidation
insbes.	insbesondere
InsO	Insolvenzordnung vom 5.10.1994 (BGBl. I, S. 2866)
InsVV	Insolvenzrechtliche Vergütungsverordnung
InvG	Investmentgesetz vom 15.12.2003 (BGBl. I, S. 2676)
InVo	Insolvenz und Vollstreckung (Zeitschrift)
IPR	Internationales Privatrecht
IPRax	Praxis des Internationalen Privat- und Verfahrensrechts (Zeitschrift)
IPRspr	Die Deutsche Rechtsprechung auf dem Gebiete des IPR (Zeitschrift)
i. S.	im Sinne
i. S. d.	im Sinne des (der)
IStR	Internationales Steuerrecht (Zeitschrift)
i. S. v.	im Sinne von
i. V. m.	in Verbindung mit
IZRspr	Sammlung der deutschen Entscheidungen zum internationalen Privatrecht
i.Zw.	im Zweifel
JA	Juristische Arbeitsblätter (Zeitschrift)
JKomG	Gesetz über die Verwendung elektronischer Kommunikationsformen in der Justiz (Justizkommunikationsgesetz) vom 22.3.2005 (BGBl. I, S. 837)
JR	Juristische Rundschau (Zeitschrift)
JuS	Juristische Schulung (Zeitschrift)
JurBüro	Das Juristische Büro (Zeitschrift)
JW	Juristische Wochenschrift (Zeitschrift)
JZ	Juristenzeitung (Zeitschrift)

Abkürzungsverzeichnis

KAGG	Gesetz über die Kapitalanlagegesellschaften, aufgehoben durch InvG 2003
Kap.	Kapitel
KapMuG	Gesetz zur Einführung von Kapitalanleger-Musterverfahren (Kapitalanleger-Musterverfahrensgesetz vom 16.8.2005 (BGBl. I, S. 2437, ber. BGBl. I, 3095)
Kfm.	Kaufmann
kfm.	kaufmännisch
KfW	Kreditanstalt für Wiederaufbau
KG	Kommanditgesellschaft; Kammergericht
KGaA	Kommanditgesellschaft auf Aktien
KGJ	Jahrbuch für die Entscheidungen des Kammergerichts (Band, Seite)
KK-AktG/*Bearbeiter*	*Zöllner/Noack*, Kölner Kommentar zum Aktiengesetz, 8 Bände
KK-WpÜG/*Bearbeiter*	*Hirte/v. Bülow*, Kölner Kommentar zum WpÜG
KonTraG	Gesetz über die Kontrolle und Transparenz im Unternehmensbereich vom 27.4.1998 (BGBl. I, S. 786)
KostO	Gesetz über die Kosten in Angelegenheiten der freiwilligen Gerichtsbarkeit (Kostenordnung)
KSchG	Kündigungsschutzgesetz vom 25.8.1969 (BGBl. I, S. 1317)
KStG	Körperschaftsteuergesetz 2002
KStR	Körperschaftsteuerrichtlinien
KTS	Konkurs, Treuhand- und Schiedsgerichtswesen (Zeitschrift)
KV	Kostenverzeichnis
KVO	Kraftverkehrsordnung für den Güterfernverkehr mit Kraftfahrzeugen i. d. F. vom 23.12.1958, aufgehoben
KVStG	Kapitalverkehrssteuergesetz, aufgehoben
KWG	Gesetz über das Kreditwesen
LadschlG	Ladenschlussgesetz vom 28.11.1956 (BGBl. I, S. 875)
LAG	Landesarbeitsgericht
LAGE	Entscheidungssammlung Landesarbeitsgerichte
LFzG/LohnFG	Gesetz über die Fortzahlung des Arbeitsentgelts im Krankheitsfalle (Lohnfortzahlungsgesetz) vom 27.7.1969 (BGBl. I, S. 946)
LG	Landgericht
LHO	Landeshaushaltsordnung
lit.	litera, Buchstabe
LM	Lindenmaier-Möhring, Nachschlagewerk des Bundesgerichtshofs
LohnFG	s. LFzG
LPartG	Gesetz über die eingetragene Lebenspartnerschaft (Lebenspartnerschaftsgesetz) vom 16.2.2001 (BGBl. I, S. 66)
LPG	Landwirtschaftliche Produktionsgenossenschaft (DDR)
LS	Leitsatz
LSG	Landessozialgericht
LStDV	Lohnsteuer-Durchführungsverordnung
ltd./Ltd.	(engl.) Limited, private limited company by shares
LuftVG	Luftverkehrsgesetz
LZ	Leipziger Zeitschrift für Deutsches Recht
MaBV	Verordnung über die Pflichten der Makler, Darlehens- und Anlagenvermittler, Bauträger und Baubetreuer (Makler- und Bauträgerverordnung)
m. Anm.	mit Anmerkung
MarkenG	Gesetz über den Schutz von Marken und sonstigen Kennzeichen (Markengesetz) vom 25.10.1994 (BGBl. I, S. 3082, ber. 1995 I, S. 156)
MDR	Monatsschrift für Deutsches Recht
MinBl.	Ministerialblatt
MitbestErgG	Gesetz zur Ergänzung des Gesetzes über die Mitbestimmung der Arbeitnehmer in den Aufsichtsräten und Vorständen der Unternehmen des Bergbaus und der Eisen und Stahl erzeugenden Industrie vom 7.8.1956 (BGBl. I, S. 707)
MitbestG	Gesetz über die Mitbestimmung der Arbeitnehmer (Mitbestimmungsgesetz) vom 4.5.1976 (BGBl. I, S. 1153)

Abkürzungsverzeichnis

MittBl.	Mitteilungsblatt
MittBayNotK	Mitteilungen der Bayerischen Notarkammer
MittRhNotK	Mitteilungen der Rheinischen Notarkammer, nun RNotK
MMR	MultiMedia und Recht (Zeitschrift)
m. N.	mit Nachweis(en)
MoMiG	Gesetze zur Modernisierung des GmbH-Rechts und zur Bekämpfung von Missbräuchen
MontanMitbestG	Gesetz über die Mitbestimmung der Arbeitnehmer in den Aufsichtsräten und Vorständen der Unternehmen des Bergbaus und der Eisen und Stahl erzeugenden Industrie (Montan-Mitbestimmungsgesetz) vom 21.5.1951 (BGBl. I, S. 347)
MontanMitbestErgG	Gesetz zur Ergänzung des Gesetzes über die Mitbestimmung der Arbeitnehmer in den Aufsichtsräten und Vorständen der Unternehmen des Bergbaus und der Eisen und Stahl erzeugenden Industrie (Montan-Mitbestimmungsgesetz)
MRK	Menschenrechtskonvention
MünchAnwaltsHdb. ErbR/*Bearbeiter*	*Scherer*, Münchener Anwaltshandbuch Erbrecht
MünchAnwaltsHdb. GmbH/*Bearbeiter*	*Römermann*, Münchener Anwaltshandbuch GmbH-Recht
MünchAnwaltsHdb. PersGes/*Bearbeiter*	*Gummert*, Münchener Anwaltshandbuch Personengesellschaftsrecht
MünchKommBGB/ *Bearbeiter*	*Rebmann/Säcker/Rixecker*, Münchener Kommentar zum Bürgerlichen Gesetzbuch, 12 Bände und Loseblatt-Aktualisierungsband
MünchKommAktG/ *Bearbeiter*	*Kropff/Semler*, Münchener Kommentar Aktiengesetz 9 Bände
MünchKommHGB/ *Bearbeiter*	*K. Schmidt*, Münchener Kommentar zum Handelsgesetzbuch, 7 Bände und Ergänzungsband
MünchKommZPO/ *Bearbeiter*	*Lüke/Wax*, Münchener Kommentar zur Zivilprozessordnung, 3 Bände und Aktualisierungsband
MünchHdb. GesR I (II/III/IV/V)/*Bearbeiter*	Münchener Handbuch des Gesellschaftsrechts
MuSchG	Gesetz zum Schutze der erwerbstätigen Mutter (Mutterschutzgesetz) i. d. F. vom 20.6.2002 (BGBl. I, S. 1812)
m. w. N.	mit weiteren Nachweisen
m. w. V.	mit weiteren Verweisen
NaStraG	Gesetz zur Namensaktie und zur Erleichterung der Stimmrechtsausübung (Namensaktiengesetz) vom 18.1.2001 (BGBl. I, S. 123)
n. F.	neue Fassung
NJ	Neue Justiz (Zeitschrift)
NJOZ	Neue Juristische Online-Zeitschrift
NJW	Neue Juristische Wochenschrift (Zeitschrift)
NJW-CoR	NJW-Computerreport (Zeitschrift)
NJW-RR	Neue Juristische Wochenschrift Rechtsprechungsreport (Zeitschrift)
NJWE-VHR	NJW-Entscheidungsdienst Versicherungs- und Haftpflicht (Zeitschrift)
NJWE-WettbR	NJW-Entscheidungsdienst für Wettbewerbsrecht (Zeitschrift)
NotBZ	Zeitschrift für die notarielle Beratungs- und Beurkundungspraxis
NotK	Notarkammer
Nr.	Nummer(n)
NRW	Nordrhein-Westfalen
NStZ	Neue Zeitschrift für Strafrecht
NStZ-RR	Neue Zeitschrift für Strafrecht Rechtsprechungsreport
NVwZ	Neue Zeitschrift für Verwaltungsrecht
NVwZ-RR	Neue Zeitschrift für Verwaltungsrecht Rechtsprechungsreport
NZA	Neue Zeitschrift für Arbeitsrecht
NZA-RR	Neue Zeitschrift für Sozialrecht
NZG	Neue Zeitschrift für Gesellschaftsrecht

Abkürzungsverzeichnis

o.ä. (Ä.)	oder ähnlich/oder Ähnliches
OECD-MA	OECD-Musterabkommen 2003 zur Vermeidung der Doppelbesteuerung auf dem Gebiet der Steuern vom Einkommen und vom Vermögen
OEEC	Organization for European Economic Cooperation
ÖJZ	Österreichische Juristenzeitung
o. g.	oben genannt(e/er/es)
OGH	Oberster Gerichtshof in Österreich
OGHZ	Amtliche Sammlung der Entscheidungen des OGH in Zivilsachen
OHG	Offene Handelsgesellschaft
OLG	Oberlandesgericht
OLGE	Sammlung der Rechtsprechung der Oberlandesgerichte (Band, Seite)
OLG-NL	OLG-Rechtsprechung Neue Länder
OLGR	OLG-Report (Zeitschrift)
OLGZ	Entscheidungen der Oberlandesgerichte in Zivilsachen einschließlich der freiwilligen Gerichtsbarkeit
ÖPNV	Öffentlicher Personennahverkehr
ÖV	Die öffentliche Verwaltung (Zeitschrift)
OVG	Oberverwaltungsgericht
OVGE	Entscheidungen der Oberverwaltungsgerichte (Band, Seite)
OWiG	Gesetz über Ordnungswidrigkeiten i. d. F. vom 19.2.1987 (BGBl. I, S. 602)
p. a.	per annum
PachtKG	Pachtkreditgesetz
Palandt/*Bearbeiter*	Palandt, Kurzkommentar zum BGB
PartGG	Gesetz über Partnergesellschaften Angehöriger Freier Berufe (Partnerschaftsgesellschaftsgesetz) vom 25.7.1994 (BGBl. I, S. 1744)
PatAO	Patentanwaltsordnung
PatG	Patentgesetz
PersBfG	Gesetz über die Beförderungen von Personen zu Lande (Personenbeförderungsgesetz)
PfandBG	Pfandbriefgesetz vom 22.5.2005 (BGBl. I, S. 1373)
PGH	Produktionsgenossenschaft des Handwerks (DDR)
PrAngV(O)	Preisangabenverordnung vom 18.10.2002 (BGBl. I, S. 4197)
ProdHaftG	Gesetz über die Haftung für fehlerhafte Produkte (Produkthaftungsgesetz) vom 15.12.1989 (BGBl. I, S. 2198)
PrüfbV	Prüfungsberichtsverordnung
PRV	Partnerschaftsregisterverordnung
Publikumsges.	Publikumsgesellschaft
pVV	positive Vertragsverletzung
PWW/*Bearbeiter*	*Prütting/Wegen/Weinreich*, Kommentar zum BGB
RA	Rechtsanwalt
RAK	Rechtsanwaltskammer
RberG	Rechtsberatungsgesetz vom 13.12.1935 (RGBl. I, S. 1478)
RdA	Recht der Arbeit (Zeitschrift)
Rdn.	Randnummer innerhalb des Werkes
Recht	Das Recht (seit 1935 Beilage zu Deutsche Justiz) (Zeitschrift, Jahr und Nr. der Entscheidung bzw. Jahr und Seite)
RefE	Referentenentwurf
RefE MoMiG	Referentenentwurf eines »Gesetzes zur Modernisierung des GmbH-Rechts und zur Bekämpfung von Missbräuchen« vom 29.5.2006
RegBegr.	(Gesetzes-)Begründung der Bundesregierung
RegBl.	Regierungsblatt
RegE	Regierungsentwurf
RFH	Reichsfinanzhof
RG	Reichsgericht
RGSt	Amtliche Sammlung der Entscheidungen des Reichsgerichts in Strafsachen (Band, Seite)

Abkürzungsverzeichnis

RGZ	Reichsgericht, Entscheidungen in Zivilsachen
RGBl.	Reichsgesetzblatt
Richtl.	Richtlinie
RIW/AWD	Recht der internationalen Wirtschaft/Außenwirtschaftsdienst des Betriebs-Beraters (Zeitschrift)
RJM	Reichsministerium der Justiz
RL	Richtlinie
ROHG	Reichsoberhandelsgericht; mit Fundstelle: amtliche Entscheidungssammlung (Band, Seite)
Rn.	Randnummer in anderen Veröffentlichungen
RNotZ	Rheinische Notarzeitschrift, vormals MittRhNotK
Rpfleger	Der Deutsche Rechtspfleger (Zeitschrift)
RR	Rechtsprechungsreport
Rspr.	Rechtsprechung
RStBl.	Reichssteuerblatt (Jahr, Seite)
RVG	Gesetz über die Vergütung der Rechtsanwältinnen und Rechtsanwälte (Rechtsanwaltsvergütungsgesetz) vom 5.5.2004 (BGBl. I, S. 718), Ablösung der BRAGO
s.	siehe
S.	Seite; Satz
s. a.	siehe auch
SAE	Sammlung arbeitsrechtlicher Entscheidungen (Jahr, Seite)
SCE	Societas Cooperativa Europaea – Europäische Genossenschaft
ScheckG	Scheckgesetz vom 14.8.1933 (RGBl. I, S. 597)
SchiedsG	Schiedsgericht
SchiedsVZ	Zeitschrift für Schiedsverfahren
SchuldRÄndG	Gesetz zur Änderung schuldrechtlicher Bestimmungen im Beitrittsgebiet (Schuldrechtsänderungsgesetz) vom 21.9.1994 (BGBl. I, S. 2538)
SchuldRAnpG	Gesetz zur Anpassung schuldrechtlicher Nutzungsverhältnisse an Grundstücken im Beitrittsgebiet (Schuldrechtanpassungsgesetz) vom 21.9.1994 (BGBl. I, S. 2538)
SchuldRModG	Gesetz zur Modernisierung des Schuldrechts vom 26.11.2001 (BGBl. I, S. 3138); Inkrafttreten 1.1.2002
Sec.	Section
SE	Societas Europaea – Europäische Aktiengesellschaft
SEAG	Gesetz zur Ausführung der Verordnung (EG9 Nr. 2157/2001 des Rates vom 8.10.2001 über das Statut der Europäischen Gesellschaft (SE) (SE-Ausführungsgesetz) vom 22.12.2004 (BGBl. I, S. 3675)
SEBG	Gesetz über die Beteiligung der Arbeitnehmer in einer Europäischen Gesellschaft (SE-Beteiligungsgesetz) vom 22.12.2004 (BGBl. I, S. 3675, 3686)
SEEG	Gesetz zur Einführung der Europäischen Gesellschaft vom 22.12.2004 (BGBl. I, S. 3675)
SE-RL	Richtlinie 2001/86/EG des Rates zur Ergänzung des Statuts der Europäischen Gesellschaft hinsichtlich der Beteiligung der Arbeitnehmer (SE-Richtlinie) vom 8.10.2001 (ABl. EG L 294/22)
SEStEG	Gesetz über steuerliche Begleitmaßnahmen zur Einführung der Europäischen Aktiengesellschaft (SE) – RegE (BR-Drucks. 542/06 vom 11.8.2006)
SE-VO	Verordnung (EG) Nr. 2157/2001 des Rates über das Statut der Europäischen Gesellschaft (SE), Abl. EG L 294/1 vom 10.11.2001
SG	Sozialgericht
SGB	Sozialgesetzbuch
SGG	Sozialgerichtsgesetz
Slg.	Sammlung
s. o.	siehe oben
sog.	so genannte(r/s)
SozPraxis	SozialPraxis (Zeitschrift) (vor 1940)

Abkürzungsverzeichnis

SpruchG	Gesetz über das gesellschaftrechtliche Spruchverfahren (Spruchverfahrensgesetz) vom 12.6.2003 (BGBl. I, S. 838)
StAnpG	Steueranpassungsgesetz vom 16.10.1934 (RGBl. I, S. 925)
Staudinger/*Bearbeiter*	J. von Staudingers Kommentar zum Bürgerlichen Gesetzbuch mit Einführungsgesetz und Nebengesetzen
StB	Der Steuerberater (Zeitschrift)
StBerG	Steuerberatungsgesetz, Gesetz über die Rechtsverhältnisse der Steuerberater und Steuerbevollmächtigten vom 23.8.1961 (BGBl. I, S. 1301)
Stbg	Die Steuerberatung (Zeitschrift)
StBP	Die steuerliche Betriebsprüfung (Zeitschrift)
StGB	Strafgesetzbuch i. d. F. vom 13.11.1998 (BGBl. I, S. 3322)
StPO	Strafprozessordnung
str.	streitig
st.Rspr.	ständige Rechtsprechung
StSenkG	Steuersenkungsgesetz vom 23.10.2000 (BGBl. I, S. 1433)
StSenkErgG	Steuersenkungs-Ergänzungsgesetz vom 19.12.2000 (BGBl. I, S. 1812)
StuW	Steuer und Wirtschaft (Zeitschrift)
StV	Der Strafverteidiger (Zeitschrift)
s. u.	siehe unten
TDG	Gesetz über die Nutzung von Telediensten (Teledienstegesetz) vom 22.7.1997 (BGBl. I, S. 1870)
TKG	Telekommunikationsgesetz vom 22.6.2004 (BGBl. I, S. 1190)
TransportR	Transportrecht (Zeitschrift)
TransPuG	Gesetz zur weiteren Reform des Aktien- und Bilanzrechts, zu Transparenz und Publizität (Transparenz- und Publizitätsgesetz) vom 19.7.2002 (BGBl. I, S. 2681)
TreuhandG	Gesetz zur Privatisierung und Reorganisation des volkseigenen Vermögens vom 17.6.1990 (GBl. I, S. 300)
TVG	Tarifvertragsgesetz
Tz.	Textziffer
u. a.	unter anderem
UMAG	Gesetz zur Unternehmensintegrität und Modernisierung des Anfechtungsrechts vom 22.9.2005 (BGBl. I, S. 2802)
UmwG	Umwandlungsgesetz
UmwStE	Umwandlungssteuererlass vom 25.3.1998
UmwStG	Umwandlungssteuergesetz
UmwVO	Umwandlungsverordnung
unstr.	unstreitig
UrhG	Gesetz über Urheberrecht und verwandte Schutzrechte (Urheberrechtsgesetz) vom 9.9.1965 (BGBl. I, S. 1273)
UrhRWahrnehmungsG	Urheberrechtswahrnehmungsgesetz
Urt.	Urteil
UStG	Umsatzsteuergesetz
UStR	Umsatzsteuer Rundschau (Zeitschrift)
u. U.	unter Umständen
UWG	Gesetz gegen den unlauteren Wettbewerb vom 3.7.2004 (BGBl. I, S. 1414)
VereinsG	Gesetz zur Regelung des öffentlichen Vereinsrechts (Vereinsgesetz) vom 5.8.1964 (BGBl. I, S. 593)
VerbrKrG	Verbraucherkreditgesetz vom 17.12.1990 (BGBl. I, S. 2840), aufgehoben durch SchuldRModG
VerglO	Vergleichsordnung vom 26.2.1935 (RGBl. I, S. 321)
VermBG	Vermögensbildungsgesetz
VermVerkProspV	Verordnung über Vermögensanlagen-Verkaufsprospekte vom 16.12.2004 (BGBl. I, S. 3464)
VersR	Versicherungsrecht (Zeitschrift)

Abkürzungsverzeichnis

VersRiLi	Versicherungsbilanzrichtlinie
VersRiLiG	Gesetz zur Durchführung der Richtlinie des Rates der Europäischen Gemeinschaften über den Jahresabschluss und den konsolidierten Abschluss von Versicherungsunternehmen (Versicherungsbilanzrichtlinie-Gesetz) vom 24.6.1994 (BGBl. I, S. 1377)
vGA	verdeckte Gewinnausschüttung(en)
VG	Verwaltungsgericht
VGH	Verwaltungsgerichtshof
vgl.	vergleiche
VIZ	Zeitschrift für Vermögens- und Investitionsrecht
VO	Verordnung
VOB	Verdingungsordnung für Bauleistungen
VOBl.	Verordnungsblatt
Vorb(em).	Vorbemerkung
VorsRichter	Vorsitzender Richter
VorstAG	Gesetz zu Angemessenheit der Vorstandsvergütung vom 31.7.2009 (BGBl. I, S. 2509)
VStG	Vermögensteuergesetz
v. T. w.	von Todes wegen
VuR	Verbraucher und Recht (Zeitschrift)
VVaG	Versicherungsverein auf Gegenseitigkeit
vVG	verdeckte Vorteilsgewährung
VVG	Gesetz über den Versicherungsvertrag (Versicherungsvertragsgesetz) vom 30.5.1908 (RGBl, S. 263)
VV RVG	Vergütungsverzeichnis zum RVG
VW	Versicherungswirtschaft (Zeitschrift)
VwGO	Verwaltungsgerichtsordnung
VwVfG	Verwaltungsverfahrensgesetz
VwVG	Verwaltungs-Vollstreckungsgesetz 27.4.1953 (BGBl. I, S. 157)
VwZG	Verwaltungs-Zustellungsgesetz vom 21.8.2005 (BGBl. I, S. 2354)
WEG	Gesetz über das Wohnungseigentum und das Dauerwohnrecht vom 15.3.1951 (BGBl. I, S. 175, 209)
WG	Wechselgesetz vom 21.6.1933 (RGBl. I, S. 399)
wistra	Zeitschrift für Wirtschafts- und Steuerstrafrecht
WM	Wertpapiermitteilungen (Zeitschrift)
WPg	Die Wirtschaftsprüfung (Zeitschrift)
WP-Hdb	Wirtschaftsprüfer-Handbuch
WpHG	Gesetz über den Wertpapierhandel (Wertpapierhandelsgesetz)
WPO	Gesetz über eine Berufsordnung der Wirtschaftsprüfer (Wirtschaftsprüferordnung)
WpPG	Gesetz über die Erstellung, Billigung und Veröffentlichung des Prospekts, der beim öffentlichen Angebot von Wertpapieren oder bei der Zulassung von Wertpapieren zum Handel an einem organisierten Markt zu veröffentlichen ist (Wertpapierprospektgesetz) vom 22.6.2005 (BGBl. I, S. 1698)
WpÜG	Wertpapiererwerbs- und Übernahmegesetz vom 20.12.2001 (BGBl. I, S. 3822)
WRP	Wettbewerb in Recht und Praxis (Zeitschrift)
WRV	Weimarer Reichsverfassung
WuB	Entscheidungssammlung zum Wirtschafts- und Bankrecht (Loseblatt-Zeitschrift)
WuW	Wirtschaft und Wettbewerb (Zeitschrift)
WZG	Warenzeichengesetz
ZAP	Zeitschrift für die anwaltliche Praxis
z. B.	zum Beispiel
ZBB	Zeitschrift für Bankrecht und Bankwirtschaft
ZBR	Zurückbehaltungsrecht
ZErb	Zeitschrift für Steuer- und Erbrechtspraxis

Abkürzungsverzeichnis

ZEV	Zeitschrift für Erbrecht und Vermögensnachfolge
ZfA	Zeitschrift für Arbeitsrecht
ZfB	Zeitschrift für Betriebswirtschaft
ZFE	Zeitschrift für Familien- und Erbrecht
ZfRV	Zeitschrift für Rechtsvergleichung
ZfS	Zeitschrift für Schadensrecht (Jahr, Seite)
ZfV	Zeitschrift für Versicherungswesen
ZG	Zollgesetz
ZGR	Zeitschrift für Unternehmens- und Gesellschaftsrecht
ZHR	Zeitschrift für das gesamte Handelsrecht und Wirtschaftsrecht (Band (Jahr), Seite)
ZInsO	Zeitschrift für das gesamte Insolvenzrecht
ZIP	Zeitschrift für Wirtschaftsrecht und Insolvenzpraxis
ZMR	Zeitschrift für Miet- und Raumrecht
ZNotP	Zeitschrift für die Notarpraxis
ZPO	Zivilprozessordnung
ZS	Zivilsenat
ZSteu	Zeitschrift für Steuern und Recht
z. T.	zum Teil
zust.	zustimmend
zutr.	zutreffend
ZVG	Gesetz über die Zwangsversteigerung und Zwangsverwaltung (Zwangsversteigerungsgesetz) vom 24.3.1897 (RGBl., S. 97)
ZVI	Zeitschrift für Verbraucher- und Privat-Insolvenzrecht
zzgl.	zuzüglich
ZZP	Zeitschrift für Zivilprozess
z.Zt.	zur Zeit

Literaturverzeichnis

Adams	Interessenkonflikte des Testamentsvollstreckers, 1997
AK-BGB/*Bearbeiter*	Kommentar zum Bürgerlichen Gesetzbuch (Reihe Alternativkommentare), Band 6, Erbrecht, 1990
Albrecht, P.	Die steuerliche Behandlung deutsch-englischer Erbfälle, 1992
Albrecht/Albrecht	Die Patientenverfügung, 2010
Ann	Die Erbengemeinschaft, 2001
Apfelbacher	Ehebedingte Zuwendungen und Ehegatten-Eigenheimgesellschaft, 1993
Armbrüster/Preuß/Renner	Beurkundungsgesetz und Dienstordnung für Notarinnen und Notare, 6. Aufl. 2013 (4. Auflage: siehe *Huhn/v. Schuckmann*)
Arndt/Lerch/Sandkühler	Bundesnotarordnung, 7. Aufl. 2012
Assenmacher/Mathias	Kostenordnung, 16. Aufl. 2007 (vormals *Göttlich/Mümmler*)
Aunert-Micus	Der Begriff der Beeinträchtigungsabsicht in § 2287 BGB beim Erbvertrag und beim gemeinschaftlichen Testament, 1995
Baltzer	Das Vor- und Nachvermächtnis in der Kautelarjurisprudenz, 2007
Bamberger/Roth (Hrsg.)	Kommentar zum Bürgerlichen Gesetzbuch, Band 3, 3. Aufl. 2012
Battes	Gemeinschaftliches Testament und Ehegattenerbvertrag als Gestaltungsmittel für die Vermögensordnung der Familie, 1974
Baumbach/Lauterbach/Albers/Hartmann	Zivilprozessordnung, 73. Aufl. 2015
Baumgärtel	Handbuch der Beweislast im Privatrecht, Band 2, 2. Aufl. 1999
Bayer/Koch (Hrsg.)	Schranken der Vertragsfreiheit, 2007
Bayerischer Notarverein e. V. (Hrsg.)	Festschrift 125 Jahre Bayerisches Notariat, 1987
Beck'sches Formularbuch Erbrecht	siehe *Brambring/Mutter*
Beck'sches Notarhandbuch	siehe *Heckschen/Herrler/Starke*
Bender	Das postmortale Einsichtsrecht in Krankenunterlagen, 1998
Bengel/Reimann	Handbuch der Testamentsvollstreckung, 5. Aufl. 2013
Bentler	Die Erbengemeinschaft im Internationalen Privatrecht, 1993
Bergschneider	Verträge in Familiensachen – Eheverträge, Trennungs- und Scheidungsvereinbarungen, 4. Aufl. 2014
Berndt/Götz	Stiftung und Unternehmen, 8. Aufl. 2009
Berse	Der Motivirrtum im Testamentsrecht, 1991
Birk (Hrsg.)	Steuern auf Erbschaft und Vermögen, 1999
Blum, Hans Christian	Anwaltsstrategien im Pflichtteilsrecht, 2007
Blydt-Hansen	Die Rechtsstellung der Destinatäre der rechtsfähigen Stiftung bürgerlichen Rechts, 1998
Böhmer	Das postmortale Zustandekommen erbrechtlicher Verzichtsverträge, 2004
Bohrer	Das Berufsrecht der Notare, 1991
Bonefeld	Haftungsfallen im Erbrecht, 2005
Bonefeld/Daragan/Wachter	Der Fachanwalt für Erbrecht, 3. Aufl. 2014
Bonefeld/Kroiß/Lange	Die Erbrechtsreform, 2009
Bork/Jacoby/Schwab	FamFG – Kommentar zum Gesetz über das Verfahren in Familiensachen und in den Angelegenheiten der freiwilligen Gerichtsbarkeit, 2. Aufl. 2013
Brambring	Ehevertrag und Vermögenszuordnung unter Ehegatten, 7. Aufl. 2012
Brambring/Mutter (Hrsg.)	Beck'sches Formularbuch Erbrecht, 3. Aufl. 2014

Literaturverzeichnis

Brox	Die Einschränkung der Irrtumsanfechtung, 1960
Brox/Walker	Erbrecht (Lehrbuch) 28. Aufl. 2014
Bruns/Kemper (Hrsg.)	Lebenspartnerschaftsrecht, Handkommentar, 2. Aufl. 2006
Buchholz	Erbfolge und Wiederverheiratung, 1986
Bumiller/Harders	FamFG Freiwillige Gerichtsbarkeit, 11. Aufl. 2015
Bundesrechtsanwaltskammer/Bundesnotarkammer (Hrsg.)	Festschrift 50 Jahre Deutsches Anwaltsinstitut e. V., 2003
Burandt (Hrsg.)	Erbrechtliche Unternehmensnachfolge, 2002
Burgheim (Hrsg.)	Die Rechte der Sterbenden, 2006
Burhoff	Handbuch der nichtehelichen Lebensgemeinschaft, 4. Aufl. 2014
Christiansen	Die erbvertragliche Bindungswirkung in der Rechtsprechung des 20. Jahrhunderts, 2004
Claßen	Rechtswahl im internationalen Stellvertretungsrecht, 1998
Cornelius	Der Pflichtteilsergänzungsanspruch hinsichtlich der Übertragung von Grundstücken unter dem Vorbehalt von Rechten des Schenkers, 2004
Crezelius	Erbschaftsteuer und Schenkungsteuer in zivilrechtlicher Sicht, 1979
Crezelius	Unternehmenserbrecht, 2. Aufl. 2009
Crezelius/Raupach/L. Schmidt/Uelner	Steuerrecht und Gesellschaftsrecht als Gestaltungsaufgabe. Freundesgabe für Franz Josef Haas, 1996
Damrau	Der Erbverzicht als Mittel zweckmäßiger Vorsorge für den Todesfall, 1966
Damrau	Der Minderjährige im Erbrecht, 2002
Damrau/Tanck (Hrsg.)	Praxiskommentar Erbrecht, 3. Aufl. 2014
Daniels, K.	Verträge mit Bezug auf den Nachlaß eines noch lebenden Dritten, 1973
Daniels, L.	Das Vor- und Nachvermächtnis, 2007
Daragan/Halaczinsky/Riedel (Hrsg.)	Praxiskommentar ErbStG und BewG, 2. Aufl. 2012
Dauner-Lieb	Unternehmen in Sondervermögen, 1998
Dauner-Lieb/Grziwotz/Hohmann-Dennhardt (Hrsg.)	Pflichtteilsrecht. Bürgerliches Recht/Prozessrecht/Wirtschaftsrecht. Handkommentar, 2010
Degert	Die Rechtsstellung des Schlußerben im gemeinschaftlichen Testament, 2001
Demharter	Grundbuchordnung (Kommentar), 29. Aufl. 2014
Derstadt	Die Notwendigkeit der Anpassung bei Nachlaßspaltung im internationalen Erbrecht, 1997
Dethloff	Familienrecht, 30. Aufl. 2012 (28. Aufl. *Lüderitz/Dethloff*)
Deutsches Notarinstitut (Hrsg.)	Internationales Erbrecht in der EU. Perspektiven einer Harmonisierung, 2004
Deutsches Notarinstitut (Hrsg.)	Zehn Jahre Deutsches Notarinstitut – Beiträge zur notariellen Praxis, 2003
Dieterlen	Die vertragliche Verpflichtung zur Ausschlagung einer Erbschaft, 1998
Dinstühler	Rechtsnachfolge und einstweiliger Rechtsschutz, 1995
Döbereiner	Ehe- und Erbverträge im deutsch-französischen Rechtsverkehr, 2001
Schulze/Dörner/Ebert/Hoeren/Kemper/Saenger/Schreiber/Schulte-Nölke/Staudinger	Bürgerliches Gesetzbuch. Handkommentar, 8. Aufl. 2014
Dörrie	Die Testamentsvollstreckung im Recht der Personenhandelsgesellschaften und der GmbH, 1994

Literaturverzeichnis

Draschka	Vorweggenommene Erbfolge und Pflichtteilsergänzung, 1992
Dreher	Die Rechtswahl im internationalen Erbrecht, 1999
Ebeling/Geck	Handbuch der Erbengemeinschaft und Erbauseinandersetzung im Zivil- und Steuerrecht (Loseblatt), 47. Egl., Stand: Juni 2014
Ebenroth	Erbrecht (Lehrbuch), 1992
Eberl-Borges	Die Erbauseinandersetzung, 2000
Eccer	Antizipierte Erbfolge, 1980
Egner	Der Auskunftsanspruch des Pflichtteilsberechtigten nach § 2314 BGB, 1991
Eisele	Vertragliches Einvernehmen über die Auslegung unklarer letztwilliger Verfügungen, 2002
Eisenbart	Patiententestament und Stellvertretung in Gesundheitsangelegenheiten, 2. Aufl. 2000
Engelmann	Letztwillige Verfügungen zugunsten Verschuldeter oder Sozialhilfebedürftiger, 2. Aufl. 2001
Enzensberger	Testamente für Geschiedene und Patchworkehen, 2. Aufl. 2009
Erman	Bürgerliches Gesetzbuch, 14. Aufl. 2014
Ernst	Haftung des Erben für neue Geschäftsverbindlichkeiten, 1994
Esch/Baumann/Schulze zur Wiesche	Handbuch der Vermögensnachfolge, 7. Aufl. 2009
Eschbach	Die nichteheliche Kindschaft im internationalen Privatrecht, 1997
Escher	Die Vererbung von Eigenheimen auf ehemals volkseigenen Grundstücken, 1997
Eulberg/Ott-Eulberg/ Halaczinsky	Die Lebensversicherung im Erb- und Erbschaftsteuerrecht, 2005
Eylmann/Vaasen	Bundesnotarordnung. Beurkundungsgesetz. 3. Aufl. 2011
Färber	Das gemeinschaftliche Testament in der höchstrichterlichen Rechtsprechung zum Preußischen Allgemeinen Landrecht und zum BGB, 1997
Faßbender/Grauel/Ohmen u. a.	Notariatskunde, 18. Aufl. 2014
Faßbender/Hötzel/v.Jeinsen/ Pikalo	Höfeordnung, 3. Aufl. 1994
Felden	Die Unternehmensbewertung im Zugewinnausgleich – Konsumwertmethode –, 1998
Fensterer	Das Testament zugunsten behinderter und bedürftiger Personen, 2008
Fensterer	Der Erbvertrag, 2002
Ferid	Internationales Privatrecht. Ein Leitfaden für Praxis und Ausbildung (unter Mitarbeit von *Christof Böhmer*), 1986
Ferid/Firsching/Dörner/ Hausmann	Internationales Privatrecht (Loseblatt)
Fichtner/Wenzel	Kommentar zur Grundsicherung, 3. Aufl. 2005
Fischer/Jüptner/Pahlke/ Wachter	ErbStG – Kommentar, 5. Aufl. 2014
Firsching	Deutsch-amerikanische Erbfälle, 1965
Firsching/Graf	Nachlaßrecht, 10. Aufl. 2014
Firsching/v. Hoffmann	siehe *v. Hoffmann/Thorn*
Fleischmann	Lebzeitige Verfügungsfreiheit bei erbrechtlicher Bindung und Pflichtteilsberechtigung nach den Vorschriften des BGB, 1989 (zitiert als: Lebzeitige Verfügungsfreiheit)
Flick/Piltz (Hrsg.)	Der Internationale Erbfall – Erbrecht, Internationales Privatrecht, Erbschaftsteuerrecht, 2. Aufl. 2008

Literaturverzeichnis

Flume	Allgemeiner Teil des Bürgerlichen Rechts, Erster Band, Erster Teil, Die Personengesellschaft, 1977
Flume	Allgemeiner Teil des Bürgerlichen Rechts, Zweiter Band, Das Rechtsgeschäft, 3. Aufl. 1979 (= 4. unveränderte Auflage 1991)
Frank/Helms	Erbrecht, 6. Aufl. 2013
Frei	Die Erbenhaftung für Forderungen aus dem Steuerrechtsverhältnis, 1995
Friederich	Rechtsgeschäfte zwischen Vorerben und Nacherben, 1999
Frieser	Anwaltliche Strategien im Erbschaftsstreit, 2000
Frieser	Die anwaltliche Praxis in Erbschaftssachen, 1995
Frieser/Sarres/Stückemann/ Tschichoflos	Handbuch des Fachanwalts Erbrecht, 6. Aufl. 2015
Fritz, J./Bünger	Praxishandbuch Erbrecht (Loseblatt)
Fritz, T.	Gezielte Vermögensnachfolge durch Testament und Schenkung, 2003
Fritze	Die Aufrechnung gegenüber dem Vorerben und durch den Vorerben, 2000
Frohnmayer	Geschiedenentestament. Erbrechtliche Gestaltungsformen zum langfristigen Ausschluss bestimmter Personen von der Partizipation am Nachlass, 2004
FS Damrau	siehe *Reimann/Tanck/Uricher*
FS Heinrichs	siehe *Heldrich/Schlechtriem/E.Schmidt*
FS Henrich	siehe *Gottwald*
FS Rheinisches Notariat	siehe Rheinische Notarkammer/Verein für das Rheinische Notariat
FS Spiegelberger	siehe *Wachter*
Fuchs/Hau/Thorn	Fälle zum Internationalen Privatrecht, 4. Aufl. 2009
Ganter/Hertel/Wöstmann	Handbuch der Notarhaftung, 3. Aufl. 2014 (vormals *Zugehör/Ganter/Hertel*)
Gebel	Betriebsvermögensnachfolge, 2. Aufl. 2002
Gerhards	Ergänzende Testamentsauslegung wegen postmortaler Ereignisse, 1996
Gerken	Steuergestaltung bei Schenkung und Erbschaft, 2002
Gernhuber/Coester-Waltjen	Lehrbuch des Familienrechts, 6. Aufl. 2010
Göttlich/Mümmler	siehe *Assenmacher/Mathias*
Gottwald	Pflichtteilsrecht. Kommentierung der §§ 2303–2338 BGB mit Checklisten, Schriftsatz- und Klagemustern für die Rechtspraxis, 2000
Gottwald (Hrsg.)	Festschrift für Dieter Henrich zum 70. Geburtstag: 1. Dezember 2000, 2000
Götzenberger	Optimale Vermögensübertragung – Erbschaft- und Schenkungsteuer, 4. Aufl. 2013
Groll (Hrsg.)	Praxis-Handbuch Erbrechtsberatung, 3. Aufl. 2010
Groß-Bölting	Probleme der beschränkten Steuerpflicht im Erbschaftsteuerrecht, 1996
Grunewald	Gesellschaftsrecht, 9. Aufl. 2014
Grüter	Das Schicksal von Verfügungen in »fehlgeschlagenen« gemeinschaftlichen Testamenten, 1997
Grziwotz	Beratungshandbuch für gleichgeschlechtliche Lebensgemeinschaften und Lebenspartnerschaften, 2003
Grziwotz	Nichteheliche Lebensgemeinschaft, 5. Aufl. 2014
Grziwotz	Partnerschaftsvertrag für die nichteheliche und nicht eingetragene Lebensgemeinschaft, 4. Aufl. 2002
Gubitz	Vererben am Nachlass vorbei, 2005
Gummert/Beuthien	Münchener Handbuch des Gesellschaftsrechts (MünchHdb.GesR Band 1, BGB-Gesellschaft, Offene Handelsgesellschaft, PartG, EWIV, 4. Aufl. 2014; Band 2, Kommanditgesellschaft – GmbH & Co. KG – Publikums-KG – Stille Gesellschaft, 4. Aufl. 2014
Gursky	Erbrecht, 6. Aufl. 2010

Literaturverzeichnis

Haarmann	Die Rückforderung von Schenkungen durch den Träger der Sozialhilfe und private Dritte nach Verarmung des Schenkers, 1998
Haas, P.	Erbschaftsteuerrecht und gesellschaftsrechtliche Nachfolge, 1996
Haas/Heil	Erbrecht, Erbschaftsteuer, Schenkungsteuer, 3. Aufl. 2012
Haegele/Schöner/Stöber	siehe *Schöner/Stöber*
Hager	Die Stellung des Kindes nach heterologer Insemination, 1997
Hager (Hrsg.)	Die Patientenverfügung, 2005
Hager/Schroeder, Rainer (Hrsg.)	Aktuelle Entwicklungen der notariellen Vertragsgestaltung im Erbrecht, 2009
Hailbronner/Renner	Staatsangehörigkeitsrecht, 5. Aufl. 2010
Halaczinsky	Die Erbschaft- und Schenkungsteuererklärung, 3. Aufl. 2014
Halm	Das Kürzungsrecht des pflichtteilsberechtigten Erben gegenüber Vermächtnisnehmern und Auflagenbegünstigten, 2000
Handzik	Erbschaft- und Schenkungsteuer, 8. Aufl. 2012
Harder/Kroppenberg	Grundzüge des Erbrechts, 5. Aufl. 2002
Hardt	Amtsermittlung, Parteiverhalten und Feststellungslast im Erbscheinsverfahren, 1999
Hartmann	Das Recht der vertraglichen Erbfolgeregelung in der neueren deutschen Privatrechtsgeschichte, 2005
Haug/Zimmermann	Die Amtshaftung des Notars, 3. Auf. 2010
Hausmann/Hohloch	Das Recht der nichtehelichen Lebensgemeinschaft, 2. Aufl. 2004
Hechler	Die Besteuerung deutsch-französischer Erbfälle, 1998
Heckschen/Herrler/Starke	Beck'sches Notar-Handbuch, 6. Aufl. 2015
Heidenhain/Meister	Münchener Vertragshandbuch (MünchVertragshdb.), Band 1, Gesellschaftsrecht, 7. Aufl. 2011
Heil	Die ordnungsmäßige Verwaltung eines Unternehmens im Vor- und Miterbenrecht, 1998
Heinemann	FamFG für Notare, 2009
Heinz-Grimm/Krampe/Pieroth (Hrsg.)	Testamente zugunsten von Menschen mit geistiger Behinderung, 3. Aufl. 1997
Heldrich/Schlechtriem/E.Schmidt	Recht im Spannungsfeld von Theorie und Praxis. Festschrift für Helmut Heinrichs, 1998
Henrich	Internationales Scheidungsrecht, 3. Aufl. 2012
Hepp-Schwab	Die Mitgliedschaft des Personengesellschafters und der Nießbrauch an seinem Gesellschaftsanteil, 1998
Hepting	Ehevereinbarungen, 1984
Herzog	Die Pflichtteilsentziehung – ein vernachlässigtes Institut, 2003
Hirte	Berufshaftung, 1996
Hirte	Wege zu einem europäischen Zivilrecht, 1996
HK-BGB	siehe *Schulze/Dörner/Ebert/Hoeren/Kemper/Saenger/Schreiber/Schulte-Nölke/Staudinger*
HK-LPartG/*Bearbeiter*	siehe *Kemper*
Höfer/Huhn	Allgemeines Urkundenrecht, 1968
Hoffmann-Becking/Rawert (Hrsg.)	Beck'sches Formularbuch zum Bürgerlichen, Handels- und Wirtschaftsrecht, 11. Aufl. 2013
Hohmann	Rechtsfolgen von Störungen im Rahmen eines entgeltlichen Erbvertrags und Sicherung der Rechte der Vertragsparteien, 1993
Hörger/Pohl (Hrsg.)	Unternehmens- und Vermögensnachfolge, 3. Aufl. 2010

Literaturverzeichnis

Hübner, Heinrich	Die Unternehmensnachfolge im Erbschaft- und Schenkungsteuerrecht, 1997
Hübner, Heinrich	Erbschaftsteuerreform 2009, 2009
Hübner, Heinz	Allgemeiner Teil des Bürgerlichen Gesetzbuchs, 2. Aufl. 1996
Hueck, Dietrich	Internationale Erbschaftsteuerprobleme bei der Vererbung von Anteilen an Personengesellschaften, 1993
Hüffer/Koch	Gesellschaftsrecht, 8. Aufl. 2011
Hülsmeier	Die bindende Wirkung des Erbvertrages, 1985
Hüsemann	Das Nachlaßinsolvenzverfahren, 1997
Hüßtege	Internationales Privatrecht, 5. Aufl. 2013
Hüttemann	Gemeinnützigkeits- und Spendenrecht, 3. Aufl. 2015
Ingenstau/Hustedt	Gesetz über das Erbbaurecht, 10. Aufl. 2014
Jacob	Die eingetragene Lebenspartnerschaft im Internationalen Privatrecht, 2002
Jacobs/Scheffler	Unternehmensbesteuerung und Rechtsform, 4. Aufl. 2009
Jansen	FGG – Gesetz über die Angelegenheiten der freiwilligen Gerichtsbarkeit, 3. Aufl. 2006
Jansen/Jansen	Der Nießbrauch im Zivil- und Steuerrecht, 10. Aufl. 2014
Janssen/Nickel	Unternehmensnießbrauch, 1998
Jauernig	Bürgerliches Gesetzbuch, 15. Aufl. 2014
Jayme/Hausmann	Internationales Privat- und Verfahrensrecht (Textausgabe), 17. Aufl. 2014
Joachim	Die Haftung des Erben für Nachlassverbindlichkeiten, 2. Aufl. 2006
Jochum/Pohl	Nachlasspflegschaft. Ein Handbuch für die Praxis, 5. Aufl. 2014
John	Grundzüge des Erbrechts, 1981
Junker	Internationales Privatrecht, 1998
Kahlert	§ 1586b BGB in der Rechtspraxis – Die passive Vererblichkeit des nachehelichen Unterhaltsanspruchs, 1997
Kapp/Ebeling	Kommentar zum Erbschaftsteuer- und Schenkungsteuergesetz, 65 Egl. Stand: 2014
Karow	Die Sittenwidrigkeit der Verfügungen von Todes wegen in historischer Sicht, 1997
Kasper	Anrechnung und Ausgleichung im Pflichtteilsrecht, 1999
Kegel/Schurig	Internationales Privatrecht, 9. Aufl. 2004
Keidel	FamFG – Kommentar zum Gesetz über das Verfahren in Familiensachen und die Angelegenheiten der Freiwilligen Gerichtsbarkeit, 18. Aufl. 2014
Keim	Das notarielle Beurkundungsverfahren, 1990
Keller	Formproblematik der Erbteilsveräußerung, 1995
Kemp	Grenzen der Rechtswahl im internationalen Ehegüter- und Erbrecht, 1999
Kerscher/Riedel/Lenz	Pflichtteilsrecht in der anwaltlichen Praxis, 3. Aufl. 2002
Kerscher/Krug/Spanke	Das erbrechtliche Mandat, 5. Aufl. 2014
Kersten/Bühling	Formularbuch und Praxis der freiwilligen Gerichtsbarkeit, 24. Aufl. 2014
Keymer	Die Anfechtung nach § 2078 Abs. 2 BGB und die Lehre von der Geschäftsgrundlage, 1984
Kick	Die Haftung des Erben eines Personenhandelsgesellschafters, 1996
Kipp/Coing	Erbrecht, 14. Bearbeitung 1990
Kirnberger	Die steuerliche Behandlung der Testamentsvollstreckervergütung, 1998
Kiunke	Die Begrenzbarkeit der Ausschlagung auf die gewillkürte Erbschaft gem. § 1948 Abs. 1 BGB, 2005
Klarner	Das Bereicherungsprinzip im Erbschaft- und Schenkungsteuerrecht, 1995

Literaturverzeichnis

Klein/Gebauer (Hrsg.)	Grundrechte, soziale Ordnung und Verfassungsgerichtsbarkeit, Festschrift für Ernst Benda zum 70. Geburtstag, 1995
Klingelhöffer	Erbverträge im deutsch-französischen Verhältnis, 1971
Klingelhöffer	Pflichtteilsrecht, 4. Aufl. 2014
Klook	Die überschuldete Erbschaft, 1998
Kobor	Die Auslegung im Erbschaftsteuergesetz, 2000
Koch/Magnus/Winkler von Mohrenfels	IPR und Rechtsvergleichung, 4. Aufl. 2010
Kopp	Probleme der Nachlaßabwicklung bei kollisionsrechtlicher Nachlaßspaltung, 1997
Korintenberg/Bengel/Otto/Tiedtke	Gerichts- & Notarkostengesetz: GNotKG, 19. Aufl. 2015
Kornexl	Der Zuwendungsverzicht, 1998
Kornexl	Nachlassplanung bei Problemkindern, 2006
Kössinger	Das Testament Alleinstehender, 4. Aufl. 2010
Krafka/Kühn	Registerrecht, 9. Aufl. 2013
Kramm	Entstehung und Beseitigung der Rechtswirkungen eines Erbverzichts, 2004
Krause	Der Lebenspartnerschaftsvertrag in der anwaltlichen und notariellen Praxis, 2002
Krauß	Gestaltungsmöglichkeiten im Konfliktbereich zwischen Erbrecht und Sozialrecht, FAErbR 2005, 24
Krauß	Vermögensnachfolge in der Praxis, 4. Aufl. 2015
Kreft (Hrsg.)	Insolvenzordnung (Kommentar), 7. Aufl. 2014
Kreutziger/Schaffner/Stephany	Bewertungsgesetz (Kommentar), 3. Aufl. 2013
Kroiß	Das neue Nachlassverfahrensrecht, 2009
Kroiß	Internationales Erbrecht, Einführung und Länderüberblick, 1999
Kropholler	Internationales Privatrecht, 6. Aufl. 2006
Kropholler/Krüger/Riering/Samtleben/Siehr (Hrsg.)	Außereuropäische IPR-Gesetze (Textsammlung), 1999
Kroppenberg	Privatautonomie von Todes wegen. Verfassungs- und zivilrechtliche Grundlagen der Testierfreiheit im Vergleich zur Vertragsfreiheit unter Lebenden, 2008
Krug	Schuldrechtsmodernisierungsgesetz und Erbrecht, 2002
Krug/Rudolf/Kroiß	Anwaltformulare Erbrecht. Schriftsätze, Verträge, Erläuterungen, 5. Aufl. 2015
Kübler, F./Assmann	Gesellschaftsrecht, 6. Aufl. 2006
Kübler, M.	Das sogenannte Behindertentestament unter besonderer Berücksichtigung der Stellung des Betreuers, 1998
Kunz	Internationales Privatrecht, 4. Aufl. 1998
Kunz/Ruf/Wiedemann	Heimgesetz, 10. Aufl. 2004 (Nachauflage: *Dickmann*, Heimrecht, 11. Aufl. 2014)
Kuttler	Vermögensrechtliche Auswirkungen nachfolgesteuernder Klauseln bei oHG und GmbH für die ausgeschlossenen Erben, 1997
Landsittel	Gestaltungsmöglichkeiten von Erbfällen und Schenkungen, 2006
Lange/Kuchinke	Erbrecht, 5. Aufl. 2001
Lange/Werkmüller, Lüdtke-Handjery/von Jeinsen	Der Erbfall in der Bankpraxis, 2002 Höfeordnung, 11. Aufl. 2015
Langenfeld	Grundlagen der Vertragsgestaltung, 2. Aufl. 2010
Langenfeld	Handbuch der Eheverträge und Scheidungsvereinbarungen, 7. Aufl. 2015

Literaturverzeichnis

Langenfeld	Münchener Vertragshandbuch (MünchVertrHdb), Band 6, Bürgerliches Recht II, 7. Aufl. 2015
Langenfeld	Testamentsgestaltung, 5. Aufl. 2015
Langenfeld	Vertragsgestaltung. Methode – Verfahren – Vertragstypen. 3. Aufl. 2004
Langenfeld	Vorsorgevollmacht, Betreuungsverfügung und Patiententestament nach dem neuen Betreuungsrecht, 1994
Langenfeld/Gail	Handbuch der Familienunternehmen, 46 Egl. Stand: Dezember 2014
Langenfeld/Günther	Grundstückszuwendungen zur lebzeitigen Vermögensnachfolge, 6. Aufl. 2009
Langner	Vor- und Nacherbschaft an Personengesellschaftsanteilen, 1999
Wolf/Neuner	Allgemeiner Teil des Bürgerlichen Rechts, 10. Aufl. 2012
Lauer	Der Testamentsvollstrecker in der Grauzone rechtlicher Befugnisse, 1999
Leipold	Erbrecht, 20. Aufl. 2014
Lemcke	Ansprüche des Vertragserben wegen beeinträchtigender Schenkungen, 1997
Lerch	Beurkundungsgesetz. Kommentar, 4. Aufl. 2011
Lettke (Hrsg.)	Erben und Vererben. Gestaltung und Regulation von Generationenbeziehungen, 2003
Limmer/Hertel/Frenz/Mayer (Hrsg.)	Würzburger Notarhandbuch, 4. Aufl. 2015
Lindemann	Verwirkungsklauseln zur Verstärkung von Anordnungen des Erblassers für die Erbengemeinschaft, 1996
Linde-Rudolf	Probleme einer Parteiautonomie im deutschen internationalen Erbrecht, 1988
Littig/Mayer	Sozialhilferegreß gegenüber Erben und Beschenkten, 1999
Löber	Erben und Vererben in Spanien, 5. Aufl. 2014
Löhnig	Erbrecht, 2. Aufl. 2010
Löns/Herold-Tews	SGB II Grundsicherung für Arbeitssuchende, 2. Aufl. 2009
Lorz	Testamentsvollstreckung und Unternehmensrecht, 1995
Lorz/Kirchdörfer	Unternehmensnachfolge, 2002
Lüderitz	Internationales Privatrecht, 2. Aufl. 1992
Lüke	Vertragliche Störungen beim »entgeltlichen« Erbvertrag, 1990
Luxburg, Graf von	Das neue Kindschaftsrecht, 1998
Malik	Die Grenzen der elterlichen Vermögenssorge, 2000
Mansees	Das Erbrecht des Kindes nach künstlicher Befruchtung, 1991
Mayer/Geck	Der Übergabevertrag in der anwaltlichen und notariellen Praxis, 3. Aufl. 2013
Mayer, J.	Grundzüge des Rechts der Unternehmensnachfolge, 1999
Mayer/Bonefeld	Testamentsvollstreckung, 4. Aufl. 2015
Mayer/Süß/Tanck/Wälzholz	Handbuch Pflichtteilsrecht, 3. Aufl. 2013
Meikel	Grundbuchordnung, Kommentar, 11. Aufl. 2015
Meincke	Das Recht der Nachlaßbewertung im BGB, 1973
Meincke	Erbschaftsteuer- und Schenkungsteuergesetz, Kommentar, 16. Aufl. 2012
Meyer/Mittelstädt	Das Lebenspartnerschaftsgesetz, 2001
Meyer-Scharenberg/Müller/ Ohland/Brandmüller	Gestaltung der Erb- und Unternehmensnachfolge in der Praxis (Loseblatt), 14. Egl., Stand Oktober 2013
Michael	Die Testamentsvollstreckung im Recht der BGB-Gesellschaft, 1998
Michalski	BGB-Erbrecht, 4. Aufl. 2010
Michalski	Gesellschaftsrechtliche Gestaltungsmöglichkeiten zur Perpetuierung von Unternehmen, 1980
Michalski	GmbH-Gesetz, 2002

Literaturverzeichnis

Michalski	Kommentar zum Gesetz betreffend die Gesellschaften mit beschränkter Haftung (GmbH-Gesetz), 2. Aufl. 2010
Michalski	OHG-Recht. Kommentar zum Recht der offenen Handelsgesellschaften. §§ 105–160 HGB, 2. Aufl. 2000
Michalski/Römermann	PartGG – Kommentar zum Partnerschaftsgesellschaftsgesetz, 4. Aufl. 2014
Moench/Albrecht	Erbschaftsteuer, 3. Aufl. 2012
Moench/Weinmann	ErbStG Kommentar zum Erbschaft- und Schenkungsteuergesetz, (Loseblatt), 2012
Mohnhaupt (Hrsg.)	Zur Geschichte des Familien- und Erbrechts, 1987
Mohr	Praxisratgeber Unternehmertestament, 2001
Muckel	Sozialrecht, 4. Aufl. 2011
Müller, Chr.	Der Rückgriff gegen Angehörige von Sozialhilfeempfängern, 6. Aufl. 2012
Müller, F.	Grenzen erbrechtlicher Verwirkungsklauseln, 1996
Müller, G.	Betreuung und Geschäftsfähigkeit, 1998
Müller/Renner	Betreuungsrecht und Vorsorgeverfügungen in der Praxis, 4. Aufl. 2015
Müller, G./Sieghörtner/ Emmerling de Oliveira	Adoptionsrecht in der Praxis, 2007
Müller, J.	Die erbrechtliche Ausschlagung als Gestaltungsmittel, 2008
Münchener Handbuch des Gesellschaftsrechts	siehe *Gummert/Beuthien*
Münchener Kommentar zum Bürgerlichen Gesetzbuch	siehe *Säcker/Rixecker*
Münchener Vertragshandbuch	siehe *Heidenhain/Meister* (Band 1, Gesellschaftsrecht) bzw. *Langenfeld* (Band 6, Bürgerliches Recht II)
Muscheler	Das Recht der eingetragenen Lebenspartnerschaft, 2. Aufl. 2004
Muscheler	Die Haftungsordnung der Testamentsvollstreckung, 1994
Muscheler	Familienrecht, 3. Aufl. 2013
Muscheler	Universalsukzession und Vonselbsterwerb – Die rechtstechnischen Grundlagen des deutschen Erbrechts, 2002
Musielak	Kommentar zur Zivilprozessordnung, 12. Aufl. 2015
Nagler	Die zweckmäßige Nachfolgeregelung im GmbH-Vertrag, 1998
Neininger	Steuerplanung auf den Todesfall, 2003
Ney	Das Spannungsverhältnis zwischen dem Güter- und dem Erbstatut, 1993
Nieder/Kössinger	Handbuch der Testamentsgestaltung, 4. Aufl. 2011
Niewerth-Baumann	Die Einschränkung der Dispositionsfreiheit des sozialhilfebedürftigen Erben aufgrund des sozialhilferechtlichen Nachrangprinzips, 1998
Nolting, J.	Die Befreiung des Vorerben über die Grenzen des § 2136 BGB hinaus. Das Auflösend bedingte oder befristete Vorausvermächtnis als Rechtsinstitut zur umfassenden Befreiung des Vorerben, 2003
Nordmeier	Zulässigkeit und Bindungswirkung gemeinschaftlicher Testamente im Internationalen Privatrecht, 2008
Nordmeyer	Pflichtteilsansprüche und Wiedervereinigung, 1999
Notarkasse München (Hrsg.)	Streifzug durch das GNotKG 11. Aufl. 2015
Odersky	Die Abwicklung deutsch-englischer Erbfälle, 2001
Odersky	Nichtehelichengesetz, 4. Aufl. 1978
Olzen	Die vorweggenommene Erbfolge, 1984
Olzen	Erbrecht, 4. Aufl. 2013

Literaturverzeichnis

Ott	Steuergestaltung bei der Unternehmensnachfolge, Loseblatt, 73. Egl. Stand: August 2014
Otte	Erbrecht – Eine Darstellung der Grundzüge in programmierter Form, gemeinsam mit P. Bähr, H.-J. v. Dickhuth-Harrach, W. Lülling, W. Opfermann, U. Schlewing, H. W. Waldeyer und R. Wolf, 1974
Palandt	Bürgerliches Gesetzbuch, 74. Aufl. 2015
Pauli	Unternehmensnachfolge durch Vermächtnis, 2007
Peters	Der gesellschaftsrechtliche Grundsatz der Einheitlichkeit der Mitgliedschaft, 2000
Peters	Die Eignung der Testamentsvollstreckung zur unternehmerischen Vermögensverwaltung an Großvermögen, 1998
Petto	Berufserben? Beschränkungen des erbrechtlichen Erwerbs in Heim- und Dienstverhältnissen, 1998
Petzold	Die Teilauseinandersetzung bei der Miterbengemeinschaft, 1973
Petzoldt	Erbschaftsteuer- und Schenkungsteuergesetz. Kommentar, 2. Aufl. 1986
Pfaller	Das Nachlassverfahren – Eine vergleichende Untersuchung des kalifornischen und des deutschen Rechts, 2002
Philippi	Testamentsvollstreckung an GmbH-Anteilen, 2000
Plate	Die Auflösung der Ehe durch den Tod. Eine rechtsvergleichende Untersuchung, 2000
Platz	Rechtsfragen beim Todesfall, 4. Aufl. 2012
Pohl, D.	Unternehmensnachfolge durch Teilungsanordnung und Sondererbfolge im Einkommensteuerrecht, 1997
Pompey	Die Stellung des vertragsmäßig bedachten Vermächtnisnehmers vor dem Erbfall, 2000
Ponath	Die Beschränkungen der Testierfreiheit durch das Testamentsrecht, 2006
Poser	Der entgeltliche Erbvertrag im Zivil- und Steuerrecht, 2000
Prausnitz	Formulare für Freiwillige Gerichtsbarkeit und Vertragsgestaltung mit Erläuterungen. Band 6: Bürgerliches Recht III, Erbrecht, 22. Aufl., 1986
Radke	Das Berliner Testament und die gegenseitige gemeinschaftliche Einsetzung der Ehegatten zu Vorerben in Formularsammlungen, 1999
Rauscher	Reformfragen des gesetzlichen Erb- und Pflichtteilsrechts, 1993; I = Band I: Grundlagen des Erbrechts; II/1 = Band II, 1. Teilband: Reformvorschläge Gesetzliches Erbrecht; II/2 = Band II, 2. Teilband: Reformvorschläge Pflichtteilsrecht
Rehbinder	Vertragsgestaltung, 2. Aufl. 1993
Reiff	Die Dogmatik der Schenkung unter Nießbrauchsvorbehalt und ihre Auswirkungen auf die Ergänzung des Pflichtteils und die Schenkungsteuer, 1989
Reimann	Testamentsvollstreckung in der Wirtschaftsrechtspraxis, 3. Aufl. 1998
Reimann/Bengel/J. Mayer	Testament und Erbvertrag, 5. Aufl. 2006
Reimann/Tanck/Uricher	Festschrift für Jürgen Damrau, 2007
Reinisch	Erbschaftsteuer und Verfassungsrecht, 1999
Reinkenhof	Die Anwendung des ius commune in der Republik San Marino, 1997
Reischl	Zur Schenkung von Todes wegen, 1996
Reithmann	Vorsorgende Rechtspflege durch Gerichte und Notare, 1989
Reithmann/Albrecht	Handbuch der notariellen Vertragsgestaltung, 8. Aufl. 2001
Reul/Heckschen/Wienberg	Insolvenzrecht in der Kautelarpraxis, 2006

RGRK	Das Bürgerliche Gesetzbuch mit besonderer Berücksichtigung der Rechtsprechung des Reichsgerichts und des Bundesgerichtshofes, Kommentar, hrsg. von Mitgliedern des Bundesgerichtshofes, 12. Aufl., Band V (Erbrecht), 1. Teil: 1974, 2. Teil: 1975
Rheinbay	Erbverzicht – Abfindung – Pflichtteilsergänzung, 1983
Rheinische Notarkammer/ Verein für das Rheinische Notariat (Hrsg.)	Notar und Rechtsgestaltung – Tradition und Zukunft, Jubiläums-Festschrift des Rheinischen Notariats, 1998
Richter	Die Abfindung ausscheidender Gesellschafter unter Beschränkung auf den Buchwert, 2002
Riedel	Die Bewertung von Gesellschaftsanteilen im Pflichtteilsrecht, 2006
Rieker	Die Mehrfachbeteiligung einer Person an einer Personengesellschaft, 1998
Riering (Hrsg.)	IPR-Gesetze in Europa. Textausgabe in Originalsprachen mit deutschen Übersetzungen, 1997
Rißmann (Hrsg.)	Die Erbengemeinschaft, 2008
Ritter	Der Konflikt zwischen einer erbrechtlichen Bindung aus erster Ehe und einer Verfügung des überlebenden Ehegatten zugunsten eines neuen Lebenspartners, 1999
Rohlfing	Erbrecht in der anwaltlichen Praxis, 2. Aufl. 1999
Rohr	Die fortgesetzte Gütergemeinschaft unter Berücksichtigung ihres Verhältnisses zur Beerbung und anderer rechtlicher Ausgestaltungsmöglichkeiten, 1999
Rohs/Heinemann	Die Geschäftsführung der Notare, 11. Aufl. 2002
Rohs/Wedewer	Kostenordnung (Loseblatt), Stand: 2013
Roland	Die Verjährung im Erbrecht, 2008
Rössler/Troll	Bewertungsgesetz (Loseblatt), 21. Egl. Stand: 11/2014
Roth, R.	Erbrechtliche Probleme bei der Adoption, 1979
Roth, W.	Erbrecht und Betreuungsfall, 2005
Roth, W.	Strategie und Taktik im Erbrecht, 2007
Röthel (Hrsg.)	Reformfragen des Pflichtteilsrechts, 2007
Ruby/Schindler/Wirich	Das Behindertentestament, 2008
Rudolf/Bittler/Roth	Vorsorgevollmacht, Betreuungsverfügung und Patientenverfügung, 3. Aufl. 2011
Säcker/Rixecker	Münchener Kommentar zum Bürgerlichen Gesetzbuch (MünchKommBGB), hier: Band 9, Erbrecht, 6. Aufl. 2013
Sarres	Die Erbengemeinschaft, 2. Aufl. 2006
Sarres	Notarielle Urkunden im Familienrecht, 1997
Sarres	Vermächtnis, 2009
Sasse	Grenzen der Vermögensperpetuierung bei Verfügungen durch den Erblasser, 1996
Schaumburg/Rödder (Hrsg.)	Unternehmenssteuerreform 2008
Scheer	Der Erbschein, 1988
Schellhammer, Kurt	Erbrecht nach Anspruchsgrundlagen, 3. Aufl. 2010
Scherer (Hrsg.)	Münchener Anwaltshandbuch Erbrecht, 4. Aufl. 2014
Schermann	Der Schutz des Vermächtnisnehmers im gemeinschaftlichen Testament und Ehegattenerbvertrag, 2006
Schewe	Die Errichtung der rechtsfähigen Stiftung von Todes wegen, 2004
Schild	Das unbesetzte Testamentsvollstreckeramt, 1998
Schindler	Pflichtteilsberechtigter Erbe und pflichtteilsberechtigter Beschenkter, 2004
Schippel/Bracker	Bundesnotarordnung, 9. Aufl. 2011
Schlaich	»Ehebezogene Zuwendungen« unter Nicht-Ehegatten? 1997

Literaturverzeichnis

Schlitt/Müller, G.	Handbuch Pflichtteilsrecht, 2010
Schlüter	Erbrecht, 16. Aufl. 2007
Schmidt, K.	Gesellschaftsrecht, 4. Aufl. 2002
Schmidt, K.	Handelsrecht, Unternehmensrecht I, 6. Aufl. 2014
Schmidt, L. (Hrsg.)	Einkommensteuergesetz, 34. Aufl. 2015
Schmidt, O.	Die Errichtung von Unternehmensträgerstiftungen durch Verfügung von Todes wegen, 1997
Schmidt, Th.	Einmann-Personengesellschaften, 1998
Schmitt, A.	Die Sittenwidrigkeit von Testamenten in der höchstrichterlichen Rechtsprechung, 1999
Schmitt, M.	Die steuerlichen Folgen des Berliner Testaments und die Gestaltungsmöglichkeiten, 2002
Schmitt, M.	Gesellschaftsvertrag und Pflichtteilsrecht, 1994
Schmittat	Einführung in die Vertragsgestaltung, 3. Aufl. 2008
Schmitz	Kapitalanlageentscheidungen des Testamentsvollstreckers, 2002
Schmoeckel	Erbrecht, 3. Aufl. 2014
Schmoeckel (Hrsg.)	Verfassungsrechtliche Grenzen der Gestaltungsmöglichkeiten im Familien-, Erb- und Gesellschaftsrecht, 2008
Schnabel	Das Geschiedenentestament, 2001
Schöllhammer	Die Rechtsverbindlichkeit des Patiententestaments, 1993
Schön	Der Nießbrauch an Sachen, 1992
Schöner/Stöber	Grundbuchrecht, 15. Aufl. 2012
Schörning	Die obligatorische Gruppenvertretung – Ein gesellschaftsrechtliches und erbrechtliches Gestaltungsmittel, 2001
Schotten/Schmellenkamp	Das Internationale Privatrecht in der notariellen Praxis, 2. Aufl. 2007
Schreiber	Die nichteheliche Lebensgemeinschaft: ein Handbuch für die Praxis, 2. Aufl. 2000
Schröder, H.-P.	Der sichere Weg bei der Vertragsgestaltung, 1990
Schröder, Rainer	Abschaffung oder Reform des Erbrechts – Die Begründung einer Entscheidung des BGB-Gesetzgebers im Kontext sozialer, ökonomischer und philosophischer Zeitströmungen, 1981
Schröder, Rudolf	Bewertungen im Zugewinnausgleich, 4. Aufl. 2007
Schröder, Rudolf/ Bergschneider (Hrsg.)	Familienvermögensrecht, 2. Aufl. 2007
Schuhmann	Sonderbetriebsvermögen im Einkommensteuerrecht, 1998
Schulze zur Wiesche	Lehrbuch der Erbschaftsteuer, 5. Aufl. 2000
Schumann	Erbvertragsrecht. Kommentar zu den §§ 1941, 2274–2302 BGB mit Vertragsmustern für die Rechtspraxis, 2002
Schwab	Familienrecht, 22. Aufl. 2014
Schwab	Handbuch des Scheidungsrechts, 7. Aufl. 2013
Schwab (Hrsg.)	Die eingetragene Lebenspartnerschaft, 2002
Schwab/Walter	Schiedsgerichtsbarkeit, 7. Aufl. 2005
Seibt	Unterschriften und Testamente, 2008
Seifart/v. Campenhausen (Hrsg.)	Handbuch des Stiftungsrechts, 4. Aufl. 2014
Semrau	Das Unternehmertestament, 2. Aufl. 2010
Settergren	Das »Behindertentestament« im Spannungsfeld zwischen Privatautonomie und sozialhilferechtlichem Nachrangprinzip, 1999

Literaturverzeichnis

Seubert	Die Jastrowsche Klausel. Gestaltungsfreiheit und Gestaltungsgrenzen im Erbschaftsteuerrecht, 1999
Soergel	Kommentar zum Bürgerlichen Gesetzbuch, 13. Aufl. 2002/2003 ff.
Söffing	Mittelbare Schenkung im Erbschaft- und Schenkungsteuerrecht, 2002
Sontheimer	Vertragsgestaltung und Steuerrecht, 2. Aufl. 2009
Spanke	Das Ausscheiden einzelner Miterben aus der Erbengemeinschaft durch Abschichtung, 2002
Spiegelberger	Unternehmensnachfolge, 2. Aufl. 2009
Spiegelberger	Vermögensnachfolge, 2. Aufl. 2010
Spitzbart	Das Betriebsvermögen im Erbschaftsteuerrecht, 2000
Staudinger	J. v. Staudingers Kommentar zum Bürgerlichen Gesetzbuch mit Einführungsgesetz und Nebengesetzen. Einleitung; §§ 1922–1966, Neubearbeitung 2008. §§ 1967–2063, Neubearbeitung 2002. §§ 2064–2196, Neubearbeitung 2003. §§ 2197–2264, Neubearbeitung 2003. §§ 2265–2338, Neubearbeitung 2006. §§ 2339–2385, Neubearbeitung 2004. Art. 25, 26 EGBGB (Internationales Erbrecht), Neubearbeitung 2007
Stein, C. M.	Schutz der Testierfreiheit von Pflegeempfängern, 1998
Stengel	Stiftung und Personengesellschaft – Die Beteiligung einer Stiftung an einer Personengesellschaft des Handelsrechts, 1993
Stoll	Die Rechtswahl im Namens-, Ehe- und Erbrecht, 1991
Streifzug durch die Kostenordnung	siehe Notarkasse München
Strobel	Mittelbare Sicherung erbrechtlicher Erwerbsaussichten, 1982
Strunz	Der Anspruch des Vertrags- oder Schlußerben wegen beeinträchtigender Schenkungen – § 2287, 1989
Stübe	Die gesetzliche Erbfolge nach BGB und ZGB, 1994
Sudhoff	Unternehmensnachfolge, 5. Aufl. 2005
Süß (Hrsg.)	Erbrecht in Europa, 3. Aufl. 2015
Süß/Ring (Hrsg.)	Eherecht in Europa, 2. Aufl. 2012
Tanck/Krug	Anwaltformulare Testamente, 5. Aufl. 2015
Tappmeier	Zur Funktion der erbrechtlichen Auslegungsvorschriften des BGB, 1987
Thöne	Die Verwaltung des Testamentsvollstreckers, 1999
Troll/Gebel/Jülicher	Erbschaftsteuer- und Schenkungsteuer-Gesetz ErbStG, 48. Egl. Stand: 10/2014
Trompeter	Vorweggenommene Erbfolge durch Betriebsübertragung, 1994
Tschichoflos	Erbrecht in der anwaltlichen Beratung, 2. Aufl. 2008
Ulmer	Gesellschaft bürgerlichen Rechts und Partnerschaftsgesellschaft, 5. Aufl. 2009 (Sonderausgabe aus: Münchener Kommentar zum Bürgerlichen Gesetzbuch, Bd. 5)
v. Bar	Internationales Privatrecht, IPR I, 2. Aufl. 2003, IPR II, 1991
v. Dickhuth-Harrach	Handbuch der Erbfolgegestaltung, 2011
Veit	Die Anfechtung von Erbverträgen, 1991
Vogt	Verträge zu Rechten Dritter, insbesondere auf den Todesfall, mit einem englischen Versprechensempfänger, 1999
Völkers/Weinmann/Jordan	Erbschaft- und Schenkungsteuerrecht, 3. Aufl. 2009
von Hoffmann/Thorn	Internationales Privatrecht, 9. Aufl. 2007
Wachter	Festschrift für Sebastian Spiegelberger zum 70. Geburtstag, 2009
Wachter	Stiftungen. Zivil- und Steuerrecht in der Praxis, 2001
Waldner	GNotKG für Anfänger, 8. Aufl. 2013
Walter	Die Vorsorgevollmacht, 1997

Literaturverzeichnis

Wassermeyer	Das US-amerikanische Erbschaft- und Schenkungsteuerrecht, 1996
Weckbach	Die Bindungswirkung von Erbteilungsverboten, 1987
Wegmann	Ehegattentestament und Erbvertrag, 4. Aufl. 2010
Wegmann	Grundstücksüberlassung, 2. Aufl. 1999
Weidlich	Die Testamentsvollstreckung im Recht der Personengesellschaften, 1993
Weingärtner	Notarrecht. Bundeseinheitliche Vorschriften. Gesetze, Verordnungen, Erlasse, Merkblätter und Hinweise. 9. Auflage 2009
Weingärtner	Vermeidbare Fehler im Notariat, 9 Aufl. 2014
Weingärtner/Gassen	Dienstordnung für Notarinnen und Notare, 12. Aufl. 2013
Weirich	Erben und Vererben, 6. Aufl. 2010
Werber	Die Erbengemeinschaft, 2006
Werthmann	Die unbenannte Zuwendung im Privatrechtssystem, 1990
Wever	Vermögensauseinandersetzung der Ehegatten außerhalb des Güterstandes, 6. Aufl. 2014
Widmann	Der Bestattungsvertrag, 5. Aufl. 2009
Wilms/Jochum (Hrsg.)	Erbschaft- und Schenkungsteuergesetz (Loseblatt)
Windel	Über die Modi der Nachfolge in das Vermögen einer natürlichen Person beim Todesfall, 1998
Wingerter, Armin	Die Erweiterung der Befugnisse des befreiten Vorerben, 2000
Winkler, K.	Beurkundungsgesetz, 17. Aufl. 2013
Winkler, K.	Der Testamentsvollstrecker, 21. Aufl. 2013
Winkler, M.	Vorsorgeverfügungen, 4. Aufl. 2010
Winter	Die Vererbung von GmbH-Anteilen im Zivil- und Steuerrecht, 1997
Wirtz	Die erbrechtliche Position des Ehegatten im Scheidungsverfahren, 2003
Wittich	Die Gütergemeinschaft und ihre Auseinandersetzung, 2000
Wöhrmann	Das Landwirtschaftserbrecht, 10. Aufl. 2011
Wolfsteiner	Die vollstreckbare Urkunde, 3. Aufl. 2011
Wübben	Anwartschaftsrechte im Erbrecht und ihre kautelarjuristische Ausgestaltung, 2001
Würzburger Notarhandbuch	siehe *Limmer/Hertel/Frenz/Mayer*
Zawar	Das Vermächtnis in der Kautelarjurisprudenz, 1983
Zeising	Pflichten und Haftung des Testamentsvollstreckers bei der Verwaltung von Großvermögen, 2004
Zimmermann	FamFG, 2. Aufl. 2011
Zimmermann	Die Testamentsvollstreckung, 4. Aufl. 2014
Zimmermann	Erbrecht, 4. Aufl. 2013
Zimmermann	Erbschein und Erbscheinsverfahren, 2. Aufl. 2008
Zimmermann	Rechtsfragen bei einem Todesfall, 6. Aufl. 2010
Zimmermann	Vorsorgevollmacht, Betreuungsverfügung, Patientenverfügung für die Beratungspraxis, 2. Aufl. 2010
Zimmermann/Reyher/Hottmann	Die Personengesellschaft im Steuerrecht, 8. Aufl. 2003
Zöller	Zivilprozessordnung, 30. Aufl. 2014
Zugehör/Ganter/Hertel	siehe *Ganter/Hertel/Wöstmann*

Kapitel 1. Vorüberlegungen zur gewillkürten Erbfolge

Übersicht	Rdn.		Rdn.
A. Erblasser und Nachlass	1	1. Widerruf eines Einzeltestamentes/gemeinschaftlichen Testamentes und Aufhebung eines Erbvertrages	130
I. Persönliche Verhältnisse; Geschäfts- und Testierfähigkeit	8	2. Einseitiger Widerruf eines gemeinschaftlichen Testaments	139
1. Persönliche Verhältnisse des Erblassers	8	3. Rücktritt vom Erbvertrag	142
2. Geschäfts- und Testierfähigkeit	18	4. Widerruf durch Herausnahme eines Testaments bzw. eines Erbvertrags aus der amtlichen bzw. notariellen Verwahrung	146
II. Nachlass	20		
B. Regelungsziele und Gestaltungsmöglichkeiten	22		
I. Typische Regelungsziele	22	5. Beseitigung der Bindung durch Ausschlagung	155
II. Erbrechtliche Gestaltungsmöglichkeiten	30	D. Vermögensnachfolge und unentgeltliche Rechtsgeschäfte unter Lebenden	156
III. Bindungswirkung der letztwilligen Verfügung	44	I. Lebzeitige Schenkung	159
1. Umfang der Bindung	44	1. Bedingungslose Schenkung (§ 516 BGB)	159
2. Wechselbezügliche/erbvertragliche vs. einseitige Verfügung	50	2. Schenkung aufschiebend bedingt durch den Tod des Schenkers (§ 516 BGB)	166
3. Rücktrittsvorbehalt	63		
4. Änderungsvorbehalt	71	II. Schenkung auf den Todesfall	168
5. Bindungswirkung und Scheidung	81	1. Schenkungsversprechen mit Überlebensbedingung (§ 2301 BGB Schenkung von Todes wegen)	168
6. Anfechtungsrechte	84		
7. Verfügungsunterlassungsvertrag	92		
IV. Erbfälle mit Auslandsberührung	94	2. Schenkungsversprechen ohne Überlebensbedingung (§ 518 BGB)	169
V. Auslegung	100	III. Verträge zugunsten Dritter mit Wirkung auf den Todesfall	172
C. Testierfreiheit und Grenzen	102		
I. Testierfreiheit	102	1. Allgemeines	172
1. Grundsatz	102	2. Herauszahlungsverpflichtungen im Rahmen von Übertragungsverträgen	180
2. Sicherung der Testierfreiheit	103		
II. Gesetzliche Grenzen der Testierfreiheit	106	3. Lebensversicherungen	190
1. Grundsatz der formellen und materiellen Höchstpersönlichkeit	106	4. Konto- und Depotübertragung auf den Todesfall	196
2. Erbrechtlicher Typenzwang	114	IV. Vermögensübertragung mittels Gütertrennung	200
3. Pflichtteilsrecht	115		
4. Sittenwidrigkeit	117	E. Kosten	203
5. Heimgesetz	121	F. Checkliste	220
6. Beamtenrecht	126		
7. Zeitliche Grenzen	127		
III. Gewillkürte Grenzen der Testierfreiheit – Bindungswirkung früherer Verfügungen	128		

Literatur:
v. *Dickhuth-Harrach*, Die Rückgabe eines Erbvertrages aus der notariellen Verwahrung, RNotZ 2002, 384; *Dubischar*, Die untersagte »Vorteilsannahme« nach § 14 Heimgesetz, DNotZ 1993, 419; *Helms*, Erbrechtliche Drittbestimmungsverbote und kautelarjuristische Praxis, ZEV 2007, 1; *N. Mayer*, Die Bestimmung des Erben durch Dritte, ZEV 1995, 247.

A. Erblasser und Nachlass

Bei oberflächlicher Betrachtung sind nähere Kenntnisse von der Person des Erblassers und seiner persönlichen Verhältnisse, insbesondere seines Vermögens bei der Gestaltung von letztwilligen Verfügungen von untergeordneter Bedeutung. Erblasser ist diejenige Person, deren Vermögen mit ihrem Tod auf den oder die Erben übergeht. Nachlass ist die Gesamtheit des vererblichen Vermögens, d. h. grundsätzlich aller Aktiva und Passiva, die im Zeitpunkt des Erbfalls vorhanden sind.

Kapitel 1   Vorüberlegungen zur gewillkürten Erbfolge

2 Vor dem Hintergrund des Grundsatzes der Universalsukzession gem. § 1922 BGB scheint eine Betrachtung des Nachlasses unerheblich, soweit dieser auf einen Alleinerben übergehen oder unter mehreren Erben nach Bruchteilen verteilt werden soll, und der Erblasser nicht einzelne Gegenstände abweichend von der Erbeinsetzung bestimmten Begünstigten zukommen lassen will.

3 Dennoch ist eine nähere Aufklärung der individuellen Verhältnisse des Erblassers geboten; eine entsprechende Pflicht trifft den Notar von Gesetzes wegen nach § 17 Abs. 1 BGB. Die individuellen Verhältnisse des Erblassers spielen regelmäßig für die formelle und inhaltliche Gestaltung einer Verfügung von Todes wegen eine relevante Rolle, wie die nachführenden Ausführungen verdeutlichen sollen.

4 Voraussetzung für die Errichtung einer Verfügung von Todes wegen ist die Testierfähigkeit des Erblassers.[1] Ist diese gegeben, ist weiter zu klären, ob aufgrund körperlicher Gebrechen oder Behinderungen des Erblassers Besonderheiten in formeller Hinsicht bei der Errichtung einer notariellen Verfügung von Todes wegen zu beachten sind.[2]

5 Alter, Familienstand, das Vorhandensein von Kindern oder anderen Verwandten sind darüber hinaus für die inhaltliche Ausgestaltung der gewillkürten Erbfolge regelmäßig von Bedeutung, ebenso wie ggfs. der Güterstand, in dem der Erblasser lebt. Nicht zuletzt ist die Staatsangehörigkeit des Erblassers von Relevanz für die Bestimmung des Erbstatuts.

6 Umfang und Zusammensetzung des Nachlasses sind ebenfalls in vielerlei Hinsicht von Bedeutung. So ist der Umfang des Nachlasses relevant bei der Abschätzung der erbschaftsteuerlichen Folgen einer wie auch immer gearteten Erbfolge. Gleiches gilt für die Abschätzung der Höhe von möglichen Pflichtteilsrechten. Die konkrete Kenntnis von bestimmten Nachlassgegenständen ist wichtig für die Vermeidung (teil-)unwirksamer oder undurchführbarer Verfügungen von Todes wegen. Dies ist unmittelbar einsehbar bei Auslandsvermögen, das die Anwendung ausländischen Erbrechts auslösen oder die Durchführung von Vorgaben nach dem deutschen Erbrecht ins Leere laufen lassen kann, wie man bei der Anordnung einer Testamentsvollstreckung leicht erahnen kann. Entsprechendes gilt für Gesellschaftsbeteiligungen, da hier der Gesellschaftsvertrag Vorgaben enthalten kann, die bei der gewillkürten Erbfolge beachtet werden wollen. Die rechtlichen Verhältnisse bezüglich einzelner Nachlassgegenstände können schließlich Anlass für spezielle erbrechtliche Regelungen sein; als Beispiel seien hier erwähnt ein in den Nachlass fallender Hof im Sinne der Höfeordnung oder ein Vermögensgegenstand, bei dem der Erblasser nur Miterbe oder anderweitig gesamthänderisch gebunden ist.

7 Im Folgenden sollen die persönlichen Verhältnisse des Erblassers näher erörtert und die Folgen für die erbrechtliche Gestaltung aufgezeigt werden.

I. Persönliche Verhältnisse; Geschäfts- und Testierfähigkeit

1. Persönliche Verhältnisse des Erblassers

8 Die AV-Benachrichtigung in Nachlasssachen der einzelnen Bundesländer[3] sieht vor, dass ein Notar, der ein Testament oder einen Erbvertrag beurkundet, folgende Angaben zum Erblasser in der Urkunde zu vermerken hat:
- den Geburtsnamen, die Vornamen und den Familiennamen des Erblassers
- den Geburtstag und den Geburtsort; zusätzlich – soweit nach Befragen möglich – die Postleitzahl des Geburtsortes, die Gemeinde und den Kreis, das für den Geburtsort zuständige Standesamt und die Geburtenregisternummer.

---

1 S. hierzu Kapitel 2 Rdn. 32 ff.
2 S. hierzu Kapitel 2 Rdn. 104 ff.
3 S. stellvertretend AV d. Justizministerium des Landes Nordrhein-Westfalen vom 16.7.2010, JMBl. NRW 2010, 629 in der Fassung vom vom 15.6.2010. In den anderen Bundesländern bestehen vergleichbare Bestimmungen.

Die Angaben sind bei einem Testament auf dem Umschlag zu vermerken, in dem das Testament gemäß § 34 des Beurkundungsgesetzes zu verschließen ist. Regelmäßig werden die Angaben auch im Urkundseingang aufgenommen.[4] 9

Neben den persönlichen Daten des Erblassers wird man die persönlichen Verhältnisse des Erblassers erfassen, um Anhaltspunkte für eine sachgerechte Beratung zu erlangen. Im Folgenden werden die relevanten Umstände stichwortartig erörtert. 10

Staatsangehörigkeit des Erblassers. Die Staatsangehörigkeit verliert mit der Anwendbarkeit der europäischen Erbrechtsverordnung für Erbfälle an Bedeutung. Sie bleibt aber weiterhin bedeutsam insbesondere für die Frage der Rechtswahlmöglichkeiten, der konkludenten Rechtswahl und der Frage der (form-)wirksamen Errichtung von Verfügungen von Todes wegen. Zum Internationalen Privatrecht s. Kapitel 19. Bei Anwendbarkeit ausländischen Erbrechts ist zu beachten, dass zahlreiche Rechtsordnungen die Form des gemeinschaftlichen Testaments oder des Erbvertrages nicht kennen und darüber hinaus einigen Rechtsordnungen zufolge entsprechende Verfügungen unwirksam sind oder – weniger weitreichend – keine Bindungswirkung entfalten. 11

Gewöhnlicher Aufenthalt des Erblassers. Mit der Anwendbarkeit der europäischen Erbrechtsverordnung erlangt der gewöhnliche Aufenthalt der Beteiligten an Bedeutung.[5] Dieser ist Anknüpfungspunkt für das auf den Erbfall anwendbare Recht. Er ist aber auch relevant für das Errichtungsstatut, das maßgebend ist für die Frage, ob eine Verfügung von Todes wegen wirksam errichtet wurde.[6] Er erscheint sinnvoll in einer Verfügung von Todes wegen aufzunehmen welchen Ort der Erblasser als seinen gewöhnlichen Aufenthaltsort angibt. Die bloße Erklärung des Erblassers macht den benannten Ort noch nicht zu seinem gewöhnlichen Aufenthaltsort. Insbesondere soweit der benannte Ort nicht mit der angegebenen Wohnanschrift des Erblassers übereinstimmt, sollten tatsächliche Angaben zu den Umständen in die Verfügung von Todes wegen aufgenommen werden, die auf den gewöhnlichen Aufenthaltsort hinweisen. Gleiches gilt, wenn der Erblasser mehrere Wohnorte hat. 12

Familienverhältnisse. Die Familienverhältnisse des Erblassers geben insbesondere Aufschluss über die gesetzlichen Erben und das Vorhandensein von Pflichtteilsberechtigten. Ggfs. ist die Vermeidung oder Verminderung von Pflichtteilsansprüchen mit den Erblassern zu erörtern.[7] Der verbreiteten Fehlvorstellung, der überlebende Ehegatte würde den erstversterbenden Ehegatten allein beerben, wenn keine Abkömmlinge vorhanden sind, bzw. wenn diese nur Schlußerben werden, ist im Rahmen der Beratung entgegenzutreten.

Aufschlussreich ist es, nach den Lebensumständen der gesetzlichen Erben bzw. der testamentarischen Erben zu fragen. Besondere Lebensumstände legen mitunter eine besondere Gestaltung der Verfügung von Todes wegen nahe. Droht eine Verschwendung des Erbes durch den Erben oder eine Überführung des Erbes an den Sozialhilfeträger, können Testamentsvollstreckung und ggfs. ergänzend die Anordnung einer Vor- und Nacherbschaft erwogen werden.[8] Sind **minderjährige Kinder** des Erblassers vorhanden, ist zu erwägen eine familienrechtliche Anordnung zu treffen, durch die ein Vormund benannt wird, §§ 1776 f. BGB.[9] 13

Wurde ein minderjähriges Kind nach dem 1.1.1977 **adoptiert**, wird es wie ein leibliches Kind behandelt. War das Kind volljährig, ist dies nur im Hinblick auf den Annehmenden der Fall, es sei denn die Volljährigenadoption erfolgte mit den Wirkungen der Minderjährigenadoption gem. § 1772 BGB. Hat der Erblasser ein Kind **vor dem 1.1.1977 adoptiert**, beerbt dieses und seine nach dem Abschluss des seinerzeit erforderlichen Adoptionsvertrages geborenen Abkömmlinge wie ein leibliches Kind 14

---

4 Die Angaben werden benötigt für die Registrierung von Verfügungen von Todes wegen beim Zentralen Testamentsregister der Bundesnotarkammer (ZTR) – hierzu s. *Diehn*, NJW 2011, 481 ff.
5 S. hierzu Kapitel 19.
6 *Everts*, NotBZ 2014, 441, 454
7 S. hierzu Kapitel 10.
8 S. hierzu Kapitel 9 Rdn. 1 ff.
9 S. hierzu Kapitel 9 Rdn. 727 ff.

(§ 1757 Abs. 1 BGB a. F.). Das Erb- und Pflichtteilsrecht des Angenommenen und seiner Abkömmlinge konnte vertraglich ausgeschlossen werden. Ein Erb- oder Pflichtteilsrecht gegenüber den Verwandten des Annehmenden wurde durch den Adoptionsvertrag demgegenüber nicht begründet. Der Annehmende erhielt demgegenüber nach altem Recht kein Erbrecht gegenüber dem Angenommenen (§ 1759 BGB a. F.).[10]

15 Sind **Kinder aus vorangegangener Ehe** vorhanden, ist zu klären inwieweit die Substanz des Nachlasses den Kindern des Erblassers gesichert werden soll.

16 **Güterstand.** Ist ein Erblasser verheiratet, ist der Güterstand der Ehegatten zu erfragen. Der Güterstand eines verheirateten Erblassers ist relevant für die gesetzlichen Erbquoten und die Höhe von Pflichtteilsquoten. Insbesondere der Güterstand der **Gütertrennung** kann sich erbschaftsteuerlich (nachteilig) auswirken, wenn der Freibetrag gem. § 5 ErbStG dem überlebenden Ehegatten infolge Abwahl des gesetzlichen Güterstandes nicht mehr zusteht. In entsprechenden Fällen ist eine Änderung des Güterstandes zu erwägen; oft kann durch eine modifizierte Zugewinngemeinschaft für den Scheidungsfall das mit einer Gütertrennung angestrebte Ziel erreicht werden, ohne dass der Verlust des Freibetrages gem. § 5 ErbStG in Kauf genommen werden muss. Lebt der Erblasser im Güterstand der **Gütergemeinschaft**, fällt sein Anteil am Gesamtgut in den Nachlass, § 1482 S. 1 BGB. Der verstorbene Ehegatte wird nach den allgemeinen Vorschriften beerbt, § 1482 S. 2 BGB. Entsprechendes gilt für eingetragene Lebenspartner.

17 **Frühere Verfügungen von Todes wegen.** Soweit der Erblasser bereits zu früheren Zeiten eine Verfügung von Todes wegen errichtet hat, ist die Frage zu klären, inwieweit er durch diese in seiner Testierfreiheit gebunden ist.

2. Geschäfts- und Testierfähigkeit

18 Bei der notariellen Beurkundung von Verfügungen von Todes wegen soll der Notar seine Wahrnehmung über die Geschäftsfähigkeit des Erblassers in der Urkunde vermerken, § 28 BeurkG. Nur die tatsächliche Wahrnehmung des Notars bezüglich der Geschäftsfähigkeit des Erblassers werden mit der Beweiskraft des § 415 ZPO bezeugt, nicht aber die Geschäftsfähigkeit des Erblassers selber.[11] Der Vermerk hat wiederzugeben, worauf sich die Wahrnehmung des Notars stützt. In der Regel wird dies ein Gespräch und die Verhandlung mit dem Erblasser sein. Die Wahrnehmung kann sich aber auch auf die Angaben von Angehörigen oder des behandelnden Arztes beziehen.

19 In Zweifelsfällen ist es ratsam ein ärztliches Attest über die Geschäftsfähigkeit zu erbitten und dieses der Urkunde beizufügen. Darüber hinaus ist es hilfreich, wenn der Notar seine Wahrnehmungen ausführlich niederlegt, um bei einem späteren Streit über das Vorliegen der Geschäftsfähigkeit dem Gericht Anhaltspunkte für die Prüfung der Richtigkeit der Wahrnehmung zu geben. Die Wahrnehmung des Notars unterliegt der freien Beweiswürdigung nach § 286 ZPO.

II. Nachlass

20 Die Zusammensetzung des Nachlasses ist unter verschiedenen Gesichtspunkten für die Gestaltung letztwilliger Verfügungen von Bedeutung. Setzt sich der Nachlass vor allem aus unbeweglichem Vermögen zusammen, ist gesteigertes Augenmerk auf die Vermeidung etwaiger Pflichtteilsansprüche zu richten: Diese können zu einer Belastung des Nachlasses führen, die aus liquiden Mitteln nicht getragen werden kann. Sind Beteiligungen an Personengesellschaften Teil des Nachlasses, ist zu klären, ob die Satzung der Gesellschaft die Vererbung der Gesellschaftsbeteiligung erschwert. Gehört zum Nachlass eine Beteiligung an einer BGB-Gesellschaf ist § 727 BGB zu beachten. Soweit im Ausland belegenes Vermögen in den Nachlass fällt, kann die Anwendung ausländischen Erbrechts die Folge sein, mit der Konsequenz, dass Nachlassspaltung eintritt; diese Problematik wird aber mit Anwendbarkeit

---

10 Zur Überleitung der Altadoption s. *Nieder/Kössinger*, § 1 Rn. 81.
11 *Nieder/Kössinger*, § 7 Rn. 25.

der europäischen Erbrechtsverordnung seltener auftreten. Hat der Erblasser Lebensversicherungen abgeschlossen, ist darauf hinzuweisen, dass diese nicht in den Nachlass fallen, wenn ein Bezugsberechtigter gegenüber der Versicherung benannt wurde. Dieser erhält dann die Versicherungssumme außerhalb des Erbgangs; sie kann dementsprechend auch keiner Testamentsvollstreckung unterworfen werden. Für die Berechnung der Höhe des Pflichtteils bleibt die Lebensversicherung aber relevant. Sind Nachlassgegenstände vorhanden, bezüglich derer ein besonderes Affektionsinteresse besteht, kann dies Anlass sein derartige Gegenstände einer bestimmten Person, nicht notwendig einem oder allen Erben zukommen zu lassen.

Neben der Ermittlung konkreter Vermögensgegenstände ist die Ermittlung der **Eigentumsverhältnisse** wichtig. Nicht selten betrachten Ehegatten Wertpapierdepots, Sparguthaben und andere Geldanlagen, die nur auf den Namen eines Ehegatten lauten, als gemeinsames Vermögen. Dass dies rechtlich nicht zutrifft und bei großen Vermögen zu unerwarteten erbschaftsteuerlichen Problemen führen kann, wird übersehen. Besonders häufig ergibt sich eine entsprechende Konstellation bei Kunden von Genossenschaftsbanken, da diese über lange Zeit Oder-Konten und Oder-Depots nicht führten und damit das Geldanlagevermögen oft nur auf den Namen eines Ehegatten angelegt ist. Hier kann eine lebzeitige Umstellung des Kontos bzw. des Depots unter Vorsorgegesichtspunkten geboten sein, allerdings unter Beachtung der steuerlichen Folgen dieser Umstellung. Die Eigentumsverhältnisse sind auch relevant im Hinblick auf die Berechnung möglicher Pflichtteilsansprüche. Eine umsichtige Planung kann hier zur Verringerung von derartigen Ansprüchen beitragen. Zu beachten ist aber, dass Schenkungen an den Ehegatten, selbst wenn sie zehn Jahre vor dem Erbfall vollzogen wurden, nicht zu einer Reduzierung von Pflichtteilsansprüchen geeignet sind. § 2325 Abs. 3 S. 2 BGB legt fest, dass bei derartigen Schenkungen die Zehn-Jahres-Frist, nach deren Ablauf Schenkungen vollständig nicht mehr bei der Pflichtteilsberechnung zu berücksichtigen sind, erst mit Auflösung der Ehe beginnt, d. h. mit Scheidung oder dem Eintritt des Erbfalls. 21

B. Regelungsziele und Gestaltungsmöglichkeiten

I. Typische Regelungsziele

Typische Regelungsziele lassen sich für die Errichtung von Verfügungen von Todes wegen nur in bestimmten Fallkonstellationen ausmachen. Bei der Errichtung eines alleinstehenden Erblassers ist dies regelmäßig nicht der Fall. Anders verhält es sich bei Ehegatten, wobei zu unterscheiden ist, ob diese Abkömmlinge haben oder nicht. 22

Bei **Ehegatten mit gemeinsamen Kindern** wird es regelmäßig nahe liegen, dass diese sich gegenseitig als Alleinerben berufen und die gemeinsamen Kinder Schlusserben werden. Da bei einer entsprechenden Konstellation die Gefahr besteht, dass ein Abkömmling beim Tod des erstversterbenden Ehegatten Pflichtteilsansprüche geltend macht, ist eine Pflichtteilsstrafklausel zu erwägen, die von einem solchen Vorgehen abschreckt. Ist nur ein gemeinsames Kind vorhanden, ist von der Aufnahme einer Pflichtteilsstrafklausel lediglich zur psychologischen Abschreckung abzuraten, es sei denn, die Ehegatten wünschen tatsächlich für den Fall einer Pflichtteilsforderung einen Ausschluss ihres einzigen Kindes von der Erbfolge. Sollte auf eine Pflichtteilsstrafklausel verzichtet werden, ist zu beachten, dass nicht eine Bindungswirkung durch wechselbezügliche Verfügung oder Verfügung mit erbvertragsmäßiger Wirkung zugunsten des oder der Abkömmlinge ausgelöst wird, die im Falle der Pflichtteilsforderung nicht mehr korrigiert werden kann. 23

Bei **großen Nachlässen** ist unter steuerlichen Gesichtspunkten zu erwägen, Abkömmlingen bereits bei Tod des erstversterbenden Elternteils Vermögen zukommen zu lassen, um Steuerfreibeträge zu nutzen. Ist eine derartige Festlegung zum Zeitpunkt der Errichtung der Verfügung von Todes wegen nicht gewollt, bleibt die Möglichkeit, dass die Erben nach dem Tod des Erstversterbenden ihren Pflichtteil verlangen. Damit wird die Bemessungsgrundlage für die Erbschaftsteuerfestsetzung bei überlebenden Ehegatten geschmälert und die Abkömmlinge erhalten ihre Pflichtteilszahlungen unter Ausnutzung ihrer erbschaftsteuerlichen Freibeträge. Zu beachten ist in diesem Zusammenhang allerdings, dass ein solches Vorgehen mit etwaigen Pflichtteilsstrafklauseln kollidieren kann. Haben 24 die Erblasser vereinbart, dass ein Pflichtteilsberechtigter nicht Erbe des längstlebenden Elternteils wird, wenn er beim Tod des erstversterbenden Elternteils den Pflichtteil verlangt, besteht die Möglichkeit, dass der überlebende Ehegatte »vergisst« die Abkömmlinge erneut als Erben zu berufen. Damit entsteht die Gefahr, dass Ersatzerben geltend machen, sie seien Erben geworden und zwar selbst dann, wenn die Pflichtteilsforderung im Einvernehmen oder gar auf Betreiben des längstlebenden Elternteils geltend gemacht worden ist. Eine geeignete Formulierung bei der Abfassung der Pflichtteilsstrafklausel kann diesem Risiko vorbeugen.[12] Deutlich wird in diesem Zusammenhang auch, dass es wichtig ist, die Regelung zur Reichweite der Bindungswirkung mit etwaigen Pflichtteilsstrafklauseln abzustimmen. Eine strenge Pflichtteilsstrafklausel ohne Ausnahmetatbestand fordert eine eingeschränkte Bindungswirkung, soll die angesprochene Nutzbarmachung des Pflichtteilsrechts unter steuerlichen Gesichtspunkten nicht verbaut werden. Ist die Bindungswirkung demgegenüber auf die gegenseitige Erbeinsetzung beschränkt, kann die Pflichtteilsstrafklausel ohne Ausnahmetatbestand abgefaßt werden; als Risiko bleibt hier allerdings zu beachten, dass eine bestätigende Erbeinsetzung der pflichtteilsfordernden Abkömmlinge an der weggefallenen Geschäftsfähigkeit des längstlebenden Elternteils scheitern kann.

25 Bei **Ehegatten ohne Abkömmlinge** besteht regelmäßig ein Interesse an der gegenseitigen Absicherung für den Erbfall. Vielen Ehegatten ist nicht bewusst, dass sie sich von Gesetzes wegen nicht allein beerben. Insbesondere im Hinblick auf den Fall, dass keine Abkömmlinge vorhanden sind, ist die Fehlvorstellung verbreitet, dass der überlebende Ehegatte den anderen ausschließlich beerbt. Den Interessen der Ehegatten ist mit einer gegenseitigen Erbeinsetzung gedient. Die Frage nach der Schlusserbeneinsetzung ist nicht selten offen; neben nahestehenden Personen, insbesondere Verwandten kommen auch gemeinnützige Einrichtungen als Schlusserben oder Vermächtnisnehmer in Betracht.

26 Haben Ehegatten **Abkömmlinge aus vorangegangenen Ehen,** sind typische Regelungsziele weniger eindeutig. Mitunter besteht der Wunsch das eigene Vermögen den eigenen Kindern zu sichern. Daneben besteht regelmäßig das Interesse, den Ehegatten abzusichern. Letzteres kann durch Nießbrauchrechte aber auch durch eine Zuweisung von Vermögenswerten im (Vor-)Vermächtniswege erfolgen. Im Einzelfall kann auch eine Alleinerbenstellung des anderen Ehegatten gewollt sein, ggfs. in Verbindung mit Vermächtnissen zugunsten der eigenen Kinder. Soweit der Ehegatte nicht Erbe wird, aber Rechte am Nachlass erhalten soll, ist es erwägenswert, ihm durch die Benennung als Testamentsvollstrecker die Möglichkeit zu geben, sich diese Rechte selber zu sichern.

27 Werden Schlusserben berufen, ist es bei notariellen Verfügungen von Todes wegen angezeigt, diese namentlich zu benennen, damit nach Eintritt des Erbfalls die Erteilung eines Erbscheins entbehrlich ist.[13]

28 Haben die Erblasser **minderjährige Kinder,** ist eine **familienrechtliche Anordnung**[14] zu erwägen, der zufolge die Eltern einen Vormund benennen, der vom Vormundschaftsgericht grundsätzlich zu bestellen ist, wenn den Eltern im Zeitpunkt des Todes die elterliche Sorge zustand, § 1777 Abs. 1 BGB. Die Benennung erfolgt durch letztwillige Verfügung, § 1777 Abs. 3 BGB. Die familienrechtliche Anordnung ersetzt die Anordnung einer Testamentsvollstreckung nicht. Der Testamentsvollstrecker ist zwar nur für das erbte Vermögen zuständig; in zeitlicher Hinsicht kann die Testamentsvollstreckung aber weit über die Volljährigkeit der Kinder hinaus angeordnet werden. Bei einem Nebeneinander von Testamentsvollstrecker und familienrechtlicher Anordnung ist zu beachten, dass es u. a. Aufgabe des Vormunds ist, den Testamentsvollstrecker zu kontrollieren. Vor diesem Hintergrund wird klar, dass Vormund und Testamentsvollstrecker nicht die gleiche Person sein können, soweit es bei der Amtsausübung zu einem Interessenkonflikt kommen kann.[15]

---

12 S. hierzu Kapitel 9 Rdn. 498 ff. und Kapitel 10 Rdn. 177 ff.
13 S. hierzu Kapitel 2 Rdn. 138 ff.
14 S. hierzu Kapitel 9 Rdn. 727 ff.
15 BayObLG DAVorm 1978, 470; Palandt/*Götz*, § 1909 Rn. 6.

Ist der Erblasser geschieden und wünscht er nicht, dass der **geschiedene Ehegatte** die **Vermögenssorge** über das einem minderjährigen Kind vererbte Vermögen erlangt, kann er durch entsprechende Anordnung ausschließen, dass der geschiedene Ehegatte das vererbte Vermögen verwaltet, 1638 Abs. 1 BGB. 29

II. Erbrechtliche Gestaltungsmöglichkeiten

Die individuellen Regelungsziele sind im Rahmen der Erörterung mit dem oder den Erblassern zu ermitteln. Neben den vorstehend angesprochenen typischen Regelungszielen werden von den Beteiligten nicht selten weitergehende, konkrete Regelungswünsche benannt. Im Rahmen der Beratung über die richtige Umsetzung des Erblasserwillens, unter Berücksichtigung der angestrebten Ziele, ergeben sich aber mitunter weitere Präferenzen hinsichtlich der Ausgestaltung der letztwilligen Verfügung, die der Laie ohne Hinweise des Praktikers nicht benennen kann, da ihm die Wahlmöglichkeiten, die das Gesetz ihm einräumt, nicht erkennt. Vor diesem Hintergrund ist es geboten, dass der Berater dem Erblasser die unterschiedlichen Ausgestaltungsmöglichkeiten einer Verfügung von Todes wegen erläutert und ihm die Gestaltungsmöglichkeiten aufzeigt. Bei diesem Prozess sind mitunter auch (im weitesten Sinne) verfahrensrechtliche Überlegungen und Ziele zu bedenken, die für die Nachlassabwicklung erhebliche Bedeutung erlangen können. 30

Im Rahmen der **Vermögensnachfolgeregelung** ist darauf hinzuweisen, dass neben der Erbeinsetzung (Alleinerbe, Mehrheit von Erben, Schlusserbe, Ersatzerbe) das Vermächtnis als Gestaltungsinstrument in Betracht kommt. Entgegen einer verbreiteten Auffassung in der Bevölkerung können nur durch Vermächtnisse Einzelgegenstände »vererbt« werden. Anstelle der Berufung mehrerer Erben kann die Berufung eines Erben sinnvoll sein, der mit Vermächtnissen zugunsten Dritter, die andernfalls als Erben berufen würden, belastet wird. Ein solches Vorgehen ist u. a. erwägenswert, wenn in den Nachlass Grundbesitz fällt, der im Ergebnis einem Erben zukommen soll. Durch die Berufung dieses Erben zum Alleinerben, wird eine Erbauseinandersetzung überflüssig. 31

Das **Vermächtnis**[16] ist auch geeignet, einem Erben zusätzlich zu seinem Erbteil einzelne Nachlassgegenstände zuzuwenden. So kann der Nachlass unter den Erben – ohne Wertausgleich unter den Erben – gezielt verteilt werden. Im Hinblick auf die Regelung des § 2160 BGB, der zufolge ein Vermächtnis unwirksam ist, wenn der Bedachte zur Zeit des Erbfalls nicht mehr lebt, sollte ausdrücklich geregelt werden, ob der Erblasser einen Ersatzvermächtnisnehmer benennen will. 32

Als alternative Gestaltungsmöglichkeit in Abgrenzung zum Vermächtnis ist an eine **Teilungsanordnung** gem. § 2048 BGB zu denken, die ebenfalls eine Zuweisung einzelner Nachlassgegenstände an einen von mehreren Erben ermöglicht; im Unterschied zur Vermächtnisanordnung ist die Teilungsanordnung aber wertneutral, da sich der begünstigte Erbe den Wert des Nachlassgegenstandes, der ihm aufgrund der Teilungsanordnung zukommt, auf seine Erbquote anrechnen lassen muss.[17] Ist der im Rahmen der Teilungsanordnung zugewiesene Vermögenswert so werthaltig, dass der Wert den Wert der Erbquote des bedachten Erben übersteigt, hat dieser den anderen Erben grundsätzlich aus seinem eigenen Vermögen einen Ausgleich zu zahlen bzw. ggfs. einen Kredit aufzunehmen. Dies ist nicht selten die Folge der Zuweisung des elterlichen Hauses an eines von mehreren Kindern durch Teilungsanordnung. Soll eine entsprechende Rechtsfolge nicht gegen den Willen des bedachten Erben eintreten, ist an die Begründung eines **Übernahmerechts** dieses Erben zu denken,[18] das diesen zur Übernahme berechtigt, aber – anders als bei der Teilungsanordnung – nicht verpflichtet. 33

Soll **Vor- und Nacherbschaft** angeordnet werden, ist zu prüfen, ob für alle Erben einer Erbengemeinschaft Nacherbschaft angeordnet werden soll, oder nur für einzelne.[19] Als Alternative zur Vor- und 34

---

16 S. hierzu Kapitel 4.
17 S. hierzu Kapitel 9 Rdn. 256.
18 S. hierzu Kapitel 9 Rdn. 270.
19 Zur Vor- und Nacherbschaft s. Kapitel 5.

Kapitel 1 Vorüberlegungen zur gewillkürten Erbfolge

Nacherbschaft ist regelmäßig die Anordnung eines wesentlich flexibleren **Vor- und Nachvermächtnisses** zu erwägen.[20]

35 Auch ohne ausdrücklichen Wunsch der Erblasser sollte die **Ersatzerbenregelung** erfolgen. Die Ersatzerbfolge tritt nicht nur ein, wenn der berufene Erbe vor dem Erbfall verstirbt, sondern auch, wenn er das Erbe ausschlägt und damit als Erbe wegfällt. Die ausdrückliche Regelung der Ersatzerbfolge vermeidet Unsicherheiten bei der Anwendung der gesetzlichen Auslegungsregeln. Diese stellen nur Vermutungen dar und sind zudem nur für einzelne Fallgestaltungen anwendbar. Die gesetzliche Auslegungsregel des § 2069 BGB ist z. B. nur anwendbar, wenn Abkömmlinge als Erben berufen werden, nicht aber beispielsweise bei Nichten und Neffen.

36 Die Regelung der Ersatzerbfolge ist insbesondere im Zusammenhang mit der **Ausschlagung** durch den Erben bedeutsam. Der betagte Ehegatte, der Alleinerbe wird, mag die Ausschlagung erwägen, um gemeinsame Kinder zu begünstigen und gleichzeitig zu vermeiden, dass der Nachlass beim Erbanfall nach beiden Elternteilen besteuert wird. Dabei kann er mit den Ersatzerben Ausgleichsleistungen – Geld, Sachwerte oder Rechte wie z. B. Wohnungsrecht – vereinbaren, die nach § 3 Abs. 2 Ziffer 4 ErbStG die Bemessungsgrundlage bei der Besteuerung der Kinder mindert.

37 Gem. § 2099 BGB geht das Recht des Ersatzerben dem Anwachsungsrecht vor. Die Priorität der Ersatzerbenregelung vor der Anwachsung gilt auch, wenn die Berufung des Ersatzerben erst im Wege der Auslegung ermittelt werden kann.[21] Schließt der Erblasser aber eine Ersatzerbenregelung aus, tritt **Anwachsung** ein mit der Folge, dass der Erbteil des weggefallenen Erben den anderen Erben entsprechend ihren Erbquoten anwächst, § 2094 Abs. 1 BGB. Der Erblasser kann die Anwachsung selbstverständlich auch ausdrücklich anordnen. Das Gesetz bietet dem Erblasser auch die Möglichkeit, mehrere Erben auf einen **gemeinschaftlichen Erbteil** einzusetzen, mit der Folge dass die Anwachsung dann nur unter diesen erfolgt, § 2094 Abs. 1 S. 2 BGB.

38 Will der Erblasser die Auseinandersetzung des Nachlasses bezüglich einzelner Nachlassgegenstände ausschließen, ist ein **Auseinandersetzungsverbot** zu erwägen.[22] Als Alternative sollte aber auch die Anordnung der Testamentsvollstreckung erwogen werden. Diese hat den Vorteil, dass sie anders als das Auseinandersetzungsverbot nicht durch einvernehmliches Handeln der Erben umgangen werden kann. Zudem ist die Testamentsvollstreckung in der Ausgestaltung flexibler als ein Auseinandersetzungsverbot.

39 Will der Erblasser einen Erben oder Vermächtnisnehmer zu einer Leistung verpflichten, ohne dem durch diese Leistung Begünstigten ein Recht auf die Leistung zuzuwenden, kann er dieses Ziel durch die Anordnung einer **Auflage**[23] erreichen, § 1940 BGB. Typischer Inhalt einer Auflage ist die Verpflichtung zur Grabpflege, aber auch mitunter die Verpflichtung zur Versorgung bedürftiger, nahestehender Personen, die hieraus aber keinen Anspruch herleiten können sollen, der von Dritten, insbesondere dem Sozialhilfeträger gepfändet werden könnte.

40 Die Anordnung der **Testamentsvollstreckung**[24] ist nicht nur in Ergänzung einer familienrechtlichen Anordnung erwägenswert, sondern auch in zahlreichen anderen Fallgestaltungen. Mit Hilfe dieses Rechtsinstituts kann der Erblasser über seinen Tod hinaus Einfluss auf die Verwaltung und die Auseinandersetzung des Nachlasses nehmen, oder einzelne Aufgaben im Zusammenhang mit der Erbfolgeregelung einem Testamentsvollstrecker übertragen, §§ 2197 ff. BGB. Durch die Einsetzung eines Testamentsvollstreckers kann insbesondere die Handlungsfähigkeit des Nachlasses sichergestellt werden, wenn zahlreiche, nicht notwendig kooperationswillige Erben berufen werden. Auch kann auf diesem Wege die Auseinandersetzung des Nachlasses den Erben aus den Händen genommen

---

20 S. hierzu Kapitel 5 Rdn. 326 ff.
21 AnwKomm-BGB/*Krafka*, § 2099 Rn. 1.
22 S. hierzu Kapitel 9 Rdn. 286 ff.
23 S. hierzu Kapitel 9 Rdn. 329 ff.
24 S. hierzu Kapitel 9 Rdn. 1 ff.

und in die Hände einer neutralen Person gelegt werden, um Streit zu vermeiden. Ferner kann eine Dauertestamentsvollstreckung zum Erhalt des Nachlassvermögens im Interesse eines Erben eingesetzt werden.

Nicht übersehen werden sollte, dass letztwillige Verfügungen von Todes wegen durch Anfechtungsrechte gem. § 2079 BGB zu Fall gebracht werden können. Deshalb ist regelmäßig ein **Verzicht auf Anfechtungsrechte** wegen Übergehung von Pflichtteilsberechtigten zu erwägen.[25] 41

Grundsätzlich ist bei der Gestaltung letztwilliger Verfügungen zu berücksichtigen, dass sich die tatsächlichen Verhältnisse beim Erblasser, insbesondere seine Vermögensverhältnisse verändern können. Dies kann Einfluss auf die Ausgestaltung der Erbfolge haben. Eine regelmäßige Überprüfung und etwaige Anpassung der letztwilligen Verfügung an veränderte tatsächliche Verhältnisse kann durch eine vorausschauende Testamentsgestaltung nicht völlig ersetzt werden. Absehbare mögliche **Veränderungen der tatsächlichen Verhältnisse** in der Zeit von der Errichtung der letztwilligen Verfügung bis zum Eintritt des Erbfalls können und sollten aber bereits bei der Errichtung einer Verfügung von Todes wegen berücksichtigt werden, soweit sie Einfluss auf die Umsetzung des beurkundeten letzten Willens haben können. Die vorsorgliche Regelung der Ersatzerbfolge sei in diesem Zusammenhang nochmals erwähnt. Ferner ist z. B. bei der Anordnung von Geldvermächtnissen eine Anpassung an den Kaufkraftschwund zu erwägen. Ist eine Sache, insbesondere eine Immobilie Gegenstand eines Vermächtnisses, sollte auch geregelt werden, ob bei einem Verkauf des Vermächtnisgegenstandes der Erlös an die Stelle der Sache tritt. 42

Zur Erbfolge bei vorhandenem Gesellschaftsvermögen s. Kapitel 11. 43

III. Bindungswirkung der letztwilligen Verfügung

1. Umfang der Bindung

Bei einem einseitigen Testament kann der Erblasser seine getroffene letztwillige Verfügung jederzeit widerrufen und ändern, ohne auf die Zustimmung oder Mitwirkung eines Dritten angewiesen zu sein. Trifft der Erblasser letztwillige Verfügungen im Rahmen eines gemeinschaftlichen Testaments oder eines Erbvertrages, verhalten sich die Dinge anders. In diesem Fall ist im Rahmen der Vorbereitung der letztwilligen Verfügung zu klären, in welchem Umfang die einzelnen Verfügungen bindend sein sollen, mit der Folge, dass sie nicht mehr ohne weiteres vom Erblasser allein geändert werden können. 44

Bei der Frage nach der Aufhebung der Bindungswirkung durch Widerruf ist zwischen gemeinschaftlichem Testament und Erbvertrag zu unterscheiden. Beim **Erbvertrag** ist ein Widerruf nach Vertragsschluss nicht mehr möglich; der Erblasser kann sich aber ein Rücktrittsrecht vorbehalten, § 2293 BGB, darüber hinaus stehen dem Erblasser in engen Grenzen gesetzliche Rücktrittsrechte zu, §§ 2294 f. BGB. Der Rücktritt bedarf der **notariellen Beurkundung** und der **Zustellung** beim Vertragspartner, um wirksam zu werden. Nach dem Tod des Vertragspartners kann der Überlebende seine Verfügung aufheben, wenn er zuvor das ihm durch den Erbvertrag Zugewendete ausschlägt, § 2298 Abs. 2 S. 3 BGB. Beim **gemeinschaftlichen Testament** hat der Erblasser bis zum Eintritt des ersten Erbfalls die Möglichkeit das Testament zu widerrufen, mit der Folge, dass alle wechselbezüglichen Verfügungen unwirksam werden; der Widerruf bedarf aber in diesem Fall ebenfalls der **notariellen Beurkundung**, §§ 2271 Abs. 1, 2296 BGB, und der **Zustellung** beim anderen Ehegatten, um wirksam zu werden. Durch eine neue Verfügung von Todes wegen kann ein Ehegatte bei Lebzeiten des anderen Ehegatten seine Verfügung nicht einseitig aufheben, § 2271 Abs. 1 S. 2 BGB. Mit dem Tod des anderen Ehegatten erlischt das Widerrufsrecht. Der andere Ehegatte kann dann seine Verfügung nur noch aufheben, wenn er das ihm Zugewandte **ausschlägt**, § 2271 Abs. 2 BGB. 45

---

25 S. hierzu Kapitel 9 Rdn. 637 ff.

46 Die eingeschränkte Widerruflichkeit von letztwilligen Verfügungen ist bei gemeinschaftlichen Testamenten nur bezüglich sog. **wechselbezüglichen Verfügungen** gegeben. Wechselbezüglich sind Verfügungen, wenn anzunehmen ist, dass die Verfügung des einen nicht ohne die Verfügung des anderen getroffen sein würde, § 2270 Abs. 1 BGB. § 2270 Abs. 2 BGB stellt die Vermutung auf, dass Verfügungen wechselbezüglich sind, wenn sich die Ehegatten gegenseitig bedenken, oder wenn dem einen Ehegatten von dem anderen eine Zuwendung gemacht und für den Fall des Überlebens des Bedachten eine Verfügung zugunsten einer Person getroffen wird, die mit dem anderen Ehegatten verwandt ist oder ihm sonst nahe steht.

47 Beim Erbvertrag ist vorbehaltlich einer anderen Vereinbarung unter den Vertragsschließenden davon auszugehen, dass alle Verfügungen vertragsmäßig und damit bindend sind.

48 Zu beachten ist, dass das Gesetz eine Bindung in Form wechselbezüglicher Verfügungen oder erbvertraglicher Verfügungen nur hinsichtlich der **Erbeinsetzung**, eines **Vermächtnisses** oder einer **Auflage** zulässt, §§ 2270 Abs. 3, 2278 Abs. 2 BGB.[26] Teilungsanordnung, Auseinandersetzungsverbot, Testamentsvollstreckung, Vormundbenennung und anderen Regelungen können damit grundsätzlich nicht mit Bindungswirkung getroffen werden. Anders verhält es sich allerdings, wenn die entsprechenden Regelungen als Vermächtnis oder Auflage ausgestaltet werden.

49 Der Frage nach dem Bindungsumfang ist bei der Beratung große Aufmerksamkeit zu widmen, da die Tragweite dem durchschnittlichen Erblasser nicht bewusst ist.

2. Wechselbezügliche/erbvertragliche vs. einseitige Verfügung

50 Bei der Bestimmung des Bindungsumfangs sind der erste und der zweite Erbfall zu unterscheiden, soweit ein zweiter Erbfall im Rahmen der letztwilligen Verfügung geregelt wird, was nicht notwendig der Fall ist.

51 Setzen sich Ehegatten mit Blick auf den **ersten Erbfall** gegenseitig zu Erben ein, ist im Regelfall davon auszugehen, dass diese Verfügung wechselbezüglich bzw. bindend sein soll. In der Regel soll keiner der Ehegatten in der Lage sein, die Erbeinsetzung des anderen »im stillen Kämmerlein« zu widerrufen. Soll auch die Möglichkeit des einseitigen, empfangsbedürftigen Widerrufs bzw. des Rücktritts ausgeschlossen werden, müssen die Ehegatten einen Erbvertrag schließen, bei dem sie sich kein Rücktrittsrecht vorbehalten. Einen Verzicht auf das Widerrufsrecht sehen die Regelungen zum gemeinschaftlichen Testament demgegenüber nicht vor. In der Regel dürfte es ratsam sein, die Widerrufsmöglichkeit hinzunehmen bzw. ein Rücktrittsrecht vom Erbvertrag vorzubehalten, damit die Ehegatten auf unerwartete Entwicklungen angemessen reagieren können.

52 Eine derartige unerwartete Entwicklung kann eine Ehekrise sein. In diesem Zusammenhang ist zu beachten, dass die Möglichkeit die Unwirksamkeit einer letztwilligen Verfügung zugunsten eines Ehegatten durch Stellung des Scheidungsantrags gem. § 2077 Abs. 1 S. 2 BGB zu erreichen, keine gleichwertige Alternative zur Beseitigung der Bindungswirkung ist. Die Stellung eines **Scheidungsantrags** hat in der Regel katalysatorische Wirkung hinsichtlich der Verschärfung der Ehekrise. Darüber hinaus bleiben für den antragstellenden Ehegatten bzw. seine Erben Beweisrisiken, wenn die Ehe nicht vor dem Erbfall geschieden wird.

53 Soweit ein Ehegatte neben Verfügungen zugunsten des anderen Ehegatten auch **Verfügungen zugunsten Dritter** für den Fall seines Vorversterbens trifft, z. B. zugunsten eigener Kinder, besteht regelmäßig kein Anlass, diese bindend auszugestalten, insbesondere wenn es sich um eigene Kinder aus einer anderen Ehe handelt. Anders verhält es sich, wenn die Zuwendung an gemeinsame Kinder bereits beim ersten Erbfall sichergestellt werden soll.

54 Für die Verfügungen des Längstlebenden (**zweiter Erbfall**) ist die Frage, inwieweit dessen Verfügungen bindend sein sollen schwieriger zu beantworten. Sind als Schlusserben gemeinsame Abkömm-

---

26 Zur Frage der Bindungswirkung einer Rechtswahl nach ErbVO s. Kap. 19 Rdn. 72.

linge vorgesehen, wird man eher zu einer nicht bindenden Erbeinsetzung raten, damit der Überlebende wiederum die Möglichkeit hat, auf unerwartete Entwicklungen angemessen reagieren zu können. Sollen dagegen nach dem Tod des Längstlebenden die Abkömmlinge des Erblassers aus vorangegangener Ehe bedacht werden, wird insoweit in der Regel eine wechselbezügliche Verfügung bzw. eine Verfügung mit erbvertragsmäßiger Bindungswirkung sachgerecht sein. Die Bindungswirkung kann dazu beitragen, dass die Pflichtteilsberechtigten nach dem Tod des Erstversterbenden eher von der Geltendmachung ihrer Pflichtteilsansprüche absehen werden, wenn sie eine gesicherte Erbaussicht haben.

Zu beachten ist der Zusammenhang zwischen **Pflichtteilsstrafklausel** und Bindungswirkung. Wird die Schlusserbeneinsetzung bindend vereinbart, ist eine Pflichtteilsstrafklausel geboten, die die pflichtteilsfordernden Abkömmlinge als Schlusserben ausschließt; andernfalls wäre die bindende Schlusserbeneinsetzung geradezu eine Aufforderung, den Pflichtteil beim ersten Erbfall geltend zu machen. Wird die Schlusserbeneinsetzung dagegen nicht bindend vereinbart, ist eine entsprechende Pflichtteilsstrafklausel weniger dringlich; sie dürfte aber in der Regel immer noch wenigstens eine psychologische Wirkung entfalten. 55

Grundsätzlich dürfte gelten, je weiter der Erbfall nach dem zu erwartenden Verlauf der Dinge noch in der Zukunft liegt, desto weniger sollte der Erblasser sich binden. 56

▶ **Muster: Bindungswirkung nur hinsichtlich der gegenseitigen Erbeinsetzung bei Ehegatten-Erbvertrag** 57

Unsere Erklärungen über die gegenseitige Erbeinsetzung nehmen wir erbvertragsmäßig bindend wechselseitig an. Die weiteren Verfügungen sollen nur testamentarisch wirken und jederzeit einseitig widerruflich bzw. abänderbar sein.

▶ **Muster: Wechselbezüglichkeit nur hinsichtlich der gegenseitigen Erbeinsetzung beim gemeinschaftlichen Testament** 58

Unsere Erklärungen über die gegenseitige Erbeinsetzung sind wechselbezüglich. Die weiteren Verfügungen sollen nur testamentarisch wirken und jederzeit einseitig widerruflich bzw. abänderbar sein.

▶ **Muster: Bindungswirkung hinsichtlich der gegenseitigen Erbeinsetzung/Zuwendungen und der Schlusserbeneinsetzung von Kindern aus vorangegangener Ehe bei Ehegatten-Erbvertrag** 59

Unsere Erklärungen über die gegenseitige Erbeinsetzung und Vermächtnisse sowie die Schlusserbeneinsetzung des Längstlebenden von uns zugunsten der Abkömmlinge des Erstversterbenden von uns aus erster Ehe nehmen wir erbvertragsmäßig bindend wechselseitig an. Die weiteren Verfügungen sollen nur testamentarisch wirken und jederzeit einseitig widerruflich bzw. abänderbar sein.

▶ **Muster: Wechselbezüglichkeit nur hinsichtlich der gegenseitigen Erbeinsetzung/Zuwendungen und der Schlusserbeneinsetzung von Kindern aus vorangegangener Ehe beim gemeinschaftlichen Testament** 60

Unsere Erklärungen über die gegenseitige Erbeinsetzung und Vermächtnisse sowie die Schlusserbeneinsetzung des Längstlebenden von uns zugunsten der Abkömmlinge des Erstversterbenden von uns aus erster Ehe sind wechselbezüglich. Die weiteren Verfügungen sollen nur testamentarisch wirken und jederzeit einseitig widerruflich bzw. abänderbar sein.

▶ **Muster: Bindungswirkung hinsichtlich aller Verfügungen beim Erbvertrag** 61

Alle Verfügungen in diesem Erbvertrag nehmen wir erbvertragsmäßig bindend wechselseitig an, soweit dies rechtlich möglich ist.

Kapitel 1 Vorüberlegungen zur gewillkürten Erbfolge

62 ▶ **Muster: Wechselbezüglichkeit hinsichtlich aller Verfügungen beim gemeinschaftlichem Testament**

Alle Verfügungen in diesem gemeinschaftlichen Testament sind wechselbezüglich, soweit dies rechtlich möglich ist.

3. Rücktrittsvorbehalt

63 Während einem Ehegatten bei Errichtung eines gemeinschaftlichen Testamentes von Gesetzes wegen ein uneingeschränktes Widerrufsrecht zusteht, § 2271 BGB, steht dem Vertragspartner eines Erbvertrags ein gesetzliches Rücktrittsrecht nur in engen Grenzen zu, §§ 2294 f. BGB. Soweit ein Erblasser erbvertragsmäßig bindende Verfügungen getroffen hat, stellt sich damit die Frage, ob er sich bezüglich dieser Verfügungen ein Rücktrittsrecht vorbehalten will. Soweit eine letztwillige Verfügung nur mit einzeltestamentarischer Wirkung getroffen wurde, bedarf es eines solchen Vorbehalts erst gar nicht.

64 § 2293 BGB sieht vor, dass der Erblasser sich ein Rücktrittsrecht vom Erbvertrag vorbehalten kann. Bei der Beantwortung der Frage, ob der Erblasser sich bezüglich seiner bindenden Verfügungen ein Rücktrittsrecht vorbehalten sollte, sind folgende Gesichtspunkte zu beachten: Dient eine letztwillige Verfügung nicht den Interessen des anderen Vertragsschließenden, sollte die Verfügung erst gar nicht als erbvertragsmäßige Verfügung ausgestaltet werden; bei entsprechendem Vorgehen ist ein Rücktrittsvorbehalt und ggfs. vor allem ein Rücktritt entbehrlich. Darüber hinaus ist zu beachten, dass ein Rücktritt regelmäßig ungewollt weitreichende Folgen nach sich zieht. Mit dem Rücktritt werden **alle vertragsmäßigen Verfügungen unwirksam**; dies dürfte in den Fällen nicht gewollt sein, in denen nur hinsichtlich einer von mehreren Verfügungen ein Änderungsbedarf besteht. In derartigen Fällen eröffnet die Ausgestaltung einzelner Verfügungen als einzeltestamentarische Verfügung eine zielgenauere Vorgehensweise.

65 Der Rücktritt vom Erbvertrag ist auch noch nach dem Tod des Vertragspartners möglich, § 2297 BGB. Der Erblasser erlangt in diesem Fall seine letztwillige Verfügungsfreiheit zurück. Der Preis ist aber auch im Fall des Rücktritts nach dem Tod des anderen Vertragsschließenden die Unwirksamkeit aller vertragsmäßigen Verfügungen. Diese Folge kann wiederum vermieden werden, wenn die Verfügungen des Längstlebenden nicht mit erbvertragsmäßiger Bindungswirkung sonder nur einzeltestamentarisch getroffen werden.

66 Bei einem Erbvertrag zwischen Ehegatten dürfte es in der Regel naheliegen, einen Rücktrittsvorbehalt zu vereinbaren. Die Ehegatten wahren damit eine Flexibilität, die derjenigen vergleichbar ist, die sie bei Errichtung eines gemeinschaftlichen Testamentes hätten. Eine Ausnahme hiervon kann im Einzelfall gewollt sein.

67 Bei Parteien eines Erbvertrages, die nicht verheiratet sind, ist ein Rücktrittsvorbehalt regelmäßig anzuraten. Dies gilt insbesondere bei nichtehelichen Lebensgemeinschaften, u. a. da für diese die Regelung des § 2077 BGB nicht greift, aber nicht anzunehmen ist, dass eine gegenseitige Vermögenszuwendung durch letztwillige Verfügung auch im Trennungsfall noch gewollt ist.

68 Wird ein Rücktrittsvorbehalt vereinbart, sollte im Rahmen der Vorbehaltsklausel darauf hingewiesen werden, dass der Rücktritt der notariellen Beurkundung bedarf.

69 ▶ **Muster: Erbvertrag mit Rücktrittsvorbehalt**

In Kenntnis der Bindungswirkung dieses Erbvertrages behält sich jeder von uns ein einseitiges Rücktrittsrecht hiervon vor. Wir wurden darauf hingewiesen, dass der Rücktritt der notariellen Beurkundung bedarf.

Wollen sich die Beteiligten an einem Erbvertrag kein Rücktrittsrecht vorbehalten, sollte dies in der Urkunde ausdrücklich vermerkt werden.

▶ **Muster: Erbvertrag ohne Rücktrittsvorbehalt** 70

Ein vertragliches Recht zum einseitigen Rücktritt von dieser Bestimmung will sich keiner von uns vorbehalten.

Ist ein (einseitiger) Erbvertrag mit einem gegenseitigen Vertrag unter Lebenden verbunden, durch den sich der Bedachte zu (Pflege-)Leistungen verpflichtet, kann der Erblasser bei Nicht-Erbringung der Leistung gem. § 323 BGB von dem gegenseitigen Vertrag zurücktreten und unter Umständen zugleich gem. 2295 BGB vom Erbvertrag. Ein derartiger Rücktritt setzt i. d. R. eine Fristsetzung voraus.[27]

4. Änderungsvorbehalt

Der Rücktritt vom Erbvertrag ist, ebenso wie der Widerruf eines gemeinschaftlichen Testaments mitunter ein Schritt, der ungewollt weitreichende Rechtsfolgen nach sich zieht. Der Preis des Rücktritts vom Erbvertrag ist die Unwirksamkeit aller vertragsmäßigen Verfügungen. Wird nun einerseits eine Bindungswirkung angestrebt, soll aber andererseits der Längstlebende der testierenden Erblasse eine gewisse Flexibilität behalten, kann der Rücktritt als zu grobes Mittel zur Zielerreichung erscheinen. In diesem Fall ist an einen Änderungsvorbehalt als Gestaltungsalternative zu denken. Er ermöglicht es, den Wunsch nach einer Bindung des Längstlebenden mit dem Bedarf nach der nötigen Flexibilität zu verbinden, die erforderlich sein kann, um auf unerwartete Entwicklungen zu reagieren. 71

Mit dem Änderungsvorbehalt wird die Bindungswirkung gelockert, so dass es eines Rücktritts und seiner Folgen nicht bedarf, um die gewünschte, allerdings begrenzte Testierfreiheit zu erhalten. Der Änderungsvorbehalt bietet sich als Mittelweg zwischen keiner Bindung und starrer Bindung des Erblassers an. 72

Bei der Ausgestaltung eines Änderungsvorbehalts ist zu beachten: Der Erbvertrag muss zumindest eine vertragsgemäße Verfügung enthalten, bezüglich derer kein Änderungsvorbehalt besteht. 73

Mit dem Vorbehalt von Änderungen wird eine teilweise Lockerung einer ansonsten bindenden letztwilligen Verfügung angestrebt. Die Ausgestaltung des Vorbehalts richtet sich nach den Vorgaben der Erbvertragschließenden. In der Praxis kommen vor allem Vorbehalte vor, bei denen der Erblasser gehalten ist, das Nachlassvermögen unter bestimmten Personen zu verteilen, aber die Möglichkeit behält, die Art und Höhe der Beteiligung der bestimmten Personen abzuändern. 74

▶ **Muster: Änderungsvorbehalt bezüglich der Schlusserbeneinsetzung** 75

Die Schlusserbeneinsetzung zugunsten unserer Kinder wird mit erbvertragsmäßiger Bindungswirkung vereinbart. Der Längstlebende von uns soll aber jederzeit berechtigt sein, die Erbquoten unserer Abkömmlinge abzuändern, oder einzelnen Abkömmlingen Vorausvermächtnisse zuzuwenden. Er soll auch berechtigt sein, einen Abkömmling von der Erbfolge auszuschließen oder bezüglich einzelner oder aller Erben Vor- und Nacherbschaft anzuordnen; als Nacherben dürfen allerdings nur gemeinsame Abkömmlinge berufen werden.

Der Änderungsvorbehalt kann auch darauf zielen, bei unveränderter Schlusserbenregelung Dritten einen Teil des Nachlasses zuzuwenden. 76

▶ **Muster: Änderungsvorbehalt bezüglich eines Teils des Nachlasses** 77

Der Längstlebende von uns behält sich vor 1/5 Anteil des Nachlasswertes (alternativ: bis zu 100.000 EUR des Geldanlagevermögens) anderweitig als vorstehend vereinbart Dritten zuzuwenden, wobei Dritter auch ein Schlusserbe sein kann.

Ferner kann der Vorbehalt darauf gerichtet sein, Testamentsvollstreckung anzuordnen, oder eine Teilungsanordnung zu treffen. Ein Erblasser kann zwar im Wege einer einseitigen Verfügung von Todes 78

---

27 BGH NJW 2011, 224 – Beschl. v. 5.10.2010 – IV ZR 30/10

wegen seinen Vertragserben mit der Anordnung der Testamentsvollstreckung beschränken, allerdings nur, soweit er sich diese Möglichkeit bei den vertragsgemäß getroffenen Verfügungen vorbehalten hat.[28] Ist ein Erbe bindend zum (Vertrags-)Erben geworden, kann der Überlebende diesen Erben ohne einen entsprechenden Vorbehalt nicht mehr durch die Anordnung der Testamentsvollstreckung beschränken.[29]

79 ▶ **Muster: Änderungsvorbehalt bezüglich Testamentsvollstreckung**

Dem Längstlebenden von uns bleibt es vorbehalten, bezüglich seines Nachlasses Testamentsvollstreckung anzuordnen.

80 Wird der Änderungsvorbehalt umfassend und vorbehaltlos erklärt (Totalvorbehalt), handelt es sich bei der Verfügung, auf die sich der Vorbehalt bezieht, im Ergebnis um eine einseitige Verfügung von Todes wegen. Vor diesem Hintergrund besteht an einem Totalvorbehalt kein praktisches Bedürfnis. Sowohl im Rahmen eines Erbvertrages als auch im Rahmen eines gemeinschaftlichen Testamentes wird man Verfügungen, die unter einen Totalvorbehalt gestellt werden sollen, sinnvollerweise gleich als einzeltestamentarische Verfügung treffen.

5. Bindungswirkung und Scheidung

81 Hat ein Ehegatte eine letztwillige Verfügung errichtet, durch die er seinen Ehegatten bedacht hat, wird diese unwirksam, wenn die Ehe vor dem Erbfall geschieden wird, § 2077 Abs. 1 S. 1 BGB. Der Scheidung steht es gleich, wenn im Zeitpunkt des Erbfalls die Voraussetzungen für die Scheidung der Ehe gegeben waren und der Erblasser die Scheidung beantragt oder ihr zugestimmt hat, § 2077 Abs. 1, S. 2 BGB. Diese Regelungen gelten auch für gemeinschaftliche Testamente, § 2268 BGB, und Erbverträge unter Ehegatten, § 2279 Abs. 2 BGB. Liegen die entsprechenden Voraussetzungen vor, erlangt der Erblasser damit seine Testierfreiheit grundsätzlich zurück. Aufgrund der widerleglichen Vermutungsregelung in § 2268 Abs. 2 BGB und der Beweislastverteilung hinsichtlich des Vorliegens der Scheidungsvoraussetzungen in § 2077 Abs. 1, S. 2 BGB, bleiben aber Unsicherheiten bei der Beurteilung der wiedererlangten Testierfreiheit bestehen. Diese können durch eine zweifelsfreie Regelung im gemeinschaftlichen Testament bzw. Erbvertrag ausgeräumt werden. Sie tragen auch dazu bei, dass nicht nur der die Scheidung beantragende Erblasser seine Testierfreiheit zurückerlangt, sondern auch der andere und zwar, ohne dass dieser – wie § 2077 Abs. 1, S. 2 BGB es verlangt – seinerseits dem Scheidungsantrag zugestimmt haben muss. Noch weitergehend können sie dahingehend ausgestaltet werden, dass es weder auf einen Scheidungsantrag ankommt noch auf eine Zustimmung zur Ehescheidung.

82 ▶ **Muster: Regelung der Folgen der Ehescheidung für einen Erbvertrag**

Durch Stellung des Scheidungsantrages werden alle Verfügungen dieses Erbvertrages unwirksam, die mit Bindungswirkung abgegeben wurden, wenn in der Folge des Scheidungsantrages die Ehe geschieden wird oder wenn ein Ehegatte vor Rechtskraft der Scheidung verstirbt und die Voraussetzungen für die Scheidung gegeben waren.

83 ▶ **Muster: Regelung der Folgen der Ehescheidung für ein gemeinschaftliches Testament**

Durch Stellung des Scheidungsantrages werden alle wechselbezüglichen Verfügungen dieses gemeinschaftlichen Testamentes unwirksam, wenn in der Folge des Scheidungsantrages die Ehe geschieden wird oder wenn ein Ehegatte vor Rechtskraft der Scheidung verstirbt und die Voraussetzungen für die Scheidung gegeben waren.

---

28 OLG Hamm MittRhNotK 1996, 176.
29 BGH NJW 1962, 912, 913. *Nieder/Kössinger*, § 15 Rn. 35.

6. Anfechtungsrechte

Die Bindungswirkung letztwilliger Verfügungen kann durch eine mögliche Anfechtung gefährdet sein. Während das Anfechtungsrecht wegen Irrtum oder Drohung gem. § 2078 BGB nicht als ungewollte Gefährdung verstanden werden kann, kann sich dies beim Anfechtungsrecht wegen der Übergehung von Pflichtteilsberechtigten anders verhalten, §§ 2281 Abs. 1, 2079 BGB.[30] Dies gilt insbesondere für gemeinschaftliche Testamente und Erbverträge unter Ehegatten. Die Anfechtungserklärung bedarf der notariellen Beurkundung, § 2282 Abs. 3 BGB.[31] 84

Sollten beim Tod des erstversterbenden Ehegatten unbekannte oder unerwähnte Pflichtteilsberechtigte in Erscheinung treten, soll diesen regelmäßig nach den Vorstellungen der Ehegatten, die sich gegenseitig als Alleinerben berufen, kein Recht auf Anfechtung gem. § 2080 BGB zustehen. Das Anfechtungsrecht des übergangenen Pflichtteilsberechtigten kann durch entsprechende Erklärung des Erblassers ausgeschlossen werden.[32] 85

▶ **Muster: Ausschluss des Anfechtungsrechts bei gegenseitiger Erbeinsetzung** 86

Der Zuerstversterbende von uns setzt den Überlebenden von uns als seinen alleinigen und unbeschränkten Erben ein. Diese Bestimmung soll unabhängig davon gelten, ob und welche Pflichtteilsberechtigte beim Tod des Zuerstversterbenden vorhanden sein werden.

Ein entsprechender Anfechtungsausschluss ist nicht nur in gemeinschaftlichen Testamenten und Erbverträgen unter Ehegatten mit gegenseitiger Erbeinsetzung sinnvoll; sie kann auch im Einzeltestament des Ehemanns zugunsten seiner Ehefrau erwägenswert sein. Auf diese Weise kann die Unsicherheit ausgeräumt werden, die sich andernfalls hinsichtlich der Frage ergäbe, ob der Erblasser seine Verfügung auch bei Kenntnis der Existenz des Pflichtteilsberechtigten getroffen hätte, § 2279 S. 2 BGB. 87

▶ **Muster: Ausschluss des Anfechtungsrechts beim Einzeltestament** 88

Ich setze meine Ehefrau als meinen alleinigen und unbeschränkten Erben ein. Diese Bestimmung soll unabhängig davon gelten, ob und welche Pflichtteilsberechtigte bei meinem Tod vorhanden sein werden.

Haben Ehegatten ihre Abkömmlinge als Schlusserben eingesetzt, stellt sich die Frage, ob im Fall der Wiederheirat des Längstlebenden der testierenden Ehegatten der neue Ehegatte ein Anfechtungsrecht gem. § 2079 BGB haben soll. Ein solches Anfechtungsrecht würde die Erbaussichten der vertragsmäßigen Erben, z. B. der gemeinsamen Kinder gefährden. Soll dies vermieden werden, sind die Erbvertragschließenden gut beraten, ein entsprechendes Anfechtungsrecht des neuen Ehegatten zu verhindern. 89

▶ **Muster: Anfechtungsrecht und Wiederheirat** 90

Die Schlusserbeneinsetzung gilt auch für den Fall der erneuten Heirat des Längstlebenden von uns.

Anders liegt der Fall, wenn der übergangene Pflichtteilsberechtigte ein noch nicht bekanntes Kind des Längstlebenden ist. Diesem soll ein Anfechtungsrecht in der Regel nicht genommen werden. Ein umfassender Ausschluss des Anfechtungsrechts gem. § 2079 BGB wird daher nicht regelmäßig geboten sein. 91

---

30 Das Anfechtungsrecht besteht mit Besonderheiten auch beim gemeinschaftlichen Testament, Palandt/*Weidlich*, § 2271 Rn. 25.
31 Die Begegung der Anfechtungserklärung bedarf demgegenüber nicht der notariellen Beurkundung gem. § 2282 Abs. 3 BGB, BGH, NJW 2013, 3306 – Urt. v. 10.7.2013 – IV ZR 224/12.
32 AnwKomm-BGB/*Fleindl*, § 2079 Rn. 21.

7. Verfügungsunterlassungsvertrag

92 Weder ein Erbvertrag noch ein gemeinschaftliches Testament nehmen dem Erblasser die Möglichkeit über sein Vermögen und damit den künftigen Nachlass durch Rechtsgeschäfte unter Lebenden zu verfügen. Das Gesetz schützt zwar einen vertragsmäßigen Erben und Vermächtnisnehmer gegen bestimmte Beeinträchtigungen, insbesondere gegen beeinträchtigende Schenkungen, §§ 2287 f. BGB. Dieser gesetzliche Schutz genügt aber im Einzelfall möglicherweise nicht den Interessen der Beteiligten an einem Schutz gegen lebzeitige Verfügungen des Erblassers, insbesondere da der Erblasser zu Verfügungen berechtigt bleibt, die der Verfolgung lebzeitiger Eigeninteressen dienen.[33] Um diesem Umstand Rechnung zu tragen, kann der Erblasser mit dem Ehegatten bzw. Erbvertragspartner oder dem erbvertraglich oder testamentarisch Begünstigten, soweit es sich dabei um eine andere Person handelt, einen Verfügungsunterlassungsvertrag schließen.

93 So kann sich der Erblasser ergänzend zu einer Bindungswirkung kraft letztwilliger Verfügung gegenüber dem Ehegatten bzw. Erbvertragspartner oder einem Dritten durch Rechtsgeschäft unter Lebenden schuldrechtlich verpflichten, über einen bestimmten Vermögensgegenstand nicht zu verfügen, oder nur mit Zustimmung des Vertragspartners oder eines Dritten zu verfügen. Diese Verpflichtung gewährt keinen Erwerbsanspruch; ohne weitere Vereinbarung gewährt ein entsprechender Verfügungsunterlassungsvertrag auch nicht, dass der Gegenstand, auf den sich die Verfügungsbeschränkung bezieht, im Zeitpunkt des Erbfalls Teil des Nachlasses ist. Das Verfügungsverbot kann aber mit einer Pflicht zur lebzeitigen (!) Übertragung des betroffenen Gegenstands verbunden werden, für den Fall der Zuwiderhandlung. Soweit es sich bei dem betroffenen Gegenstand um ein Grundstück handelt, kann der entsprechende bedingte Anspruch durch eine Vormerkung im Grundbuch gesichert werden. Ein Verstoß gegen § 137 S. 1 BGB liegt bei einer entsprechenden schuldrechtlichen Vereinbarung nicht vor, § 137 S. 2 BGB.

IV. Erbfälle mit Auslandsberührung

94 Weist der zu regelnde Erbfall Auslandsbezug auf, stellen sich in der Regel besondere Schwierigkeiten. Der Auslandsbezug ergab bis zur Anwendbarkeit der europäischen Erbrechtsverordnung sich aus deutscher Sicht am häufigsten durch die ausländische Staatsangehörigkeit des Erblassers. Mit der Anwendbarkeit der europäischen Erbrechtsverordnung ändert sich dies grundlegend: Künftig ist Auslöser für die Anwendbarkeit ausländischen Erbrechts ein gewöhnlicher Aufenthalt des Erblassers im Ausland. Maßgeblicher Zeitpunkt ist der Erbfall. Dies führt unweigerlich zu einer nur eingeschränkte Planbarkeit bei der Frage nach dem Erbstatut. Die Möglichkeit einer Rückverweisung (*renvoi*) ist bei Anwendbarkeit der europäischen Erbrechtsverordnung zurückgedrängt worden.[34]

95 Probleme resultieren aus der Anwendbarkeit der europäischen Erbrechtsverordnung bei Erblassern, insbesondere Ehepaaren, die zwei (oder mehr) Wohnsitze haben. Diese ergeben sich aus der Ungewissheit, welcher Wohnsitz als gewöhnlicher Aufenthaltsort zu betrachten ist, der unzureichenden Möglichkeit, durch eine Rechtswahl für beide (gemischtnationalen) Ehegatten Rechtssicherheit hinsichtlich des Erbstatuts zu schaffen, und das Risiko, dass der (überlebende) Erblasser später seinen gewöhnlicher Aufenthaltsort ändert. Der Erblasser ist gut beraten, wenn er entsprechende potentielle Probleme bei der Gestaltung seiner Verfügung von Todes wegen beachtet und in besonderem Maße die praktische Abwicklung des Nachlasses im Auge behält. Hierzu kann im Einzelfall eine **Rechtswahl** beitragen. Zu beachten ist, dass die vor Anwendbarkeit der europäischen Erbrechtsverordnung mögliche Rechtswahl des deutschen Erbrechts als Erbstatut bezüglich des unbeweglichen Vermögens (Art. 25 Abs. 2 EGBGB) nicht mehr möglich ist.

96 Hinsichtlich der **Erbschaftsteuer** ist zu berücksichtigen, ob eine Doppelbesteuerung droht und wenn ja ggfs. vermieden oder vermindert werden kann.

---

33 Palandt/*Weidlich*, § 2287 Rn. 6 f.
34 S. hierzu Kapitel 19 Rdn. 11.

Zu beachten ist, dass die Anwendbarkeit ausländischen Erbrechts nicht nur bei der Errichtung von 97
Verfügungen von Todes wegen zu berücksichtigen ist. Auch bei **Pflichtteilsverzichtsverträgen** kann
die Anwendbarkeit ausländischen Erbrechts zu Überraschungen führen, selbst wenn alle Beteiligten
die deutsche Staatsangehörigkeit haben. Dies ist z. B. dann der Fall, wenn in den Nachlass ausländischer Grundbesitz (außerhalb des Anwendungsbereichs der Erbrechtsverordnung) fällt, der
nach der *lex rei sitae* dem Erbrecht der belegenen Sache unterworfen ist und dieses einen Pflichtteilsverzicht nicht vorsieht. Probleme unerwarteter Art können sich auch ergeben, wenn sich der Pflichtteilsberechtigte im Ausland aufhält und Schutzvorschriften im Aufenthaltsstaat anwendbar sind.[35]

Weitere Komplikationen können sich ergeben, wenn das **Güterstatut** des verheirateten Erblassers 98
und sein Erbstatut auseinanderfallen. Wie derartige Fälle zu behandeln sind, ist sehr umstritten.[36]
Die fehlende Harmonisierung des Güterstatuts auf europäischer Ebene führt dabei zu neuen Problemen im Rahmen des Anwendungsbereichs der Erbrechtsverordnung.[37] Der Erblasser kann mitunter
die Probleme, die sich in derartigen Fällen ergeben, durch eine Änderung des Güterstatuts reduzieren. Leicht übersehen wird dabei, dass das Güterstatut grundsätzlich unwandelbar ist.

In formeller wie materiell-rechtlicher Hinsicht ist bei Anwendbarkeit ausländischen Erbrechts wie 99
bereits erwähnt zu beachten, dass zahlreiche Rechtsordnungen die **Form** des gemeinschaftlichen Testaments oder des Erbvertrages nicht kennen. Darüber hinaus sind einigen Rechtsordnungen zufolge
entsprechende Verfügungen unwirksam oder entfalten keine Bindungswirkung.

V. Auslegung

Bei der Ausgestaltung einer Verfügung von Todes wegen durch den Notar oder einen Rechtsanwalt 100
sollte darauf geachtet werden, dass die Rechtsterminologie verwandt wird, um Auslegungsfragen zu
vermeiden. Die klare Formulierung ist Amtspflicht des Notars, § 17 BeurkG. Die gesetzlichen Auslegungsregeln,[38] insbesondere die der §§ 2087–2099, 2258 Abs. 2, 2270 Abs. 2 BGB sollten bei
fachkundig vorbereiteten Verfügungen von Todes wegen in der Regel nicht bemüht werden müssen.
Die Rechtsprechung neigt zu Recht dazu, bei notariellen oder anwaltlich vorbereiteten Verfügungen
von Todes wegen stärker am Wortlaut der Verfügung zu haften, als bei privatschriftlichen Testamenten, die ohne fremde Hilfe errichtet wurden.[39] In Fällen, in denen die Formulierung der Verfügung
auf rechtskundiger Beratung beruht, ist grundsätzlich davon auszugehen, dass die verwendete Terminologie mit Bedacht gewählt wurde. Wann dies der Fall ist, kann im Einzelfall schwierig zu bestimmen sein, da manch ein Erblasser sein Testament unter Zuhilfenahme von Ratgebern oder Internetseiten errichtet und wohlklingende Passagen zitiert, ohne notwendig beim Zusammensetzen
entsprechender Passagen deren Widersprüchlichkeit zu erkennen.

Um Auslegungsprobleme zu vermeiden und um auf die gesetzlichen Auslegungsregeln nicht zurück- 101
greifen zu müssen, sollten in jeder Verfügung von Todes wegen, insbesondere der Umfang des Widerrufs früherer Verfügungen, die Frage nach den Ersatzerben und die Frage der Bindungswirkung
bzw. Wechselbezüglichkeit ausdrücklich geregelt werden.

C. Testierfreiheit und Grenzen

I. Testierfreiheit

1. Grundsatz

Der Grundsatz der Testierfreiheit besagt, dass der Erblasser in den Grenzen des Pflichtteilsrechts 102
selbst bestimmen kann, wem er sein Vermögen nach seinem Tod zukommen lässt. Der Grundsatz

---

35 S. z. B. Art. 46 it. IPR.
36 *Schotten/Schmellenkamp*, S. 301 ff.
37 *Dorsel*, ZErb 2014, 212, 221.
38 Auszugsweise Aufzählung bei Reimann/Bengel/Mayer, A 194.
39 S. BGH NJW 1983, 672 zur Auslegung trotz eindeutigen Wortlauts in seltenen Fällen.

der Testierfreiheit ist die erbrechtliche Ausprägung des Grundsatzes der Privatautonomie, der zufolge der Einzelne seine privaten Rechtsverhältnisse nach seinen Vorstellungen selber durch Rechtsgeschäfte gestalten kann.[40] Die Testierfreiheit sichert dem Erblasser nicht nur die Möglichkeit sein Vermögen auf einen oder mehrere Begünstigte zu übertragen, sondern sie erlaubt ihm auch die Verwaltung des Nachlasses auszugestalten. Die Testierfreiheit wird durch Art. 14 GG grundrechtlich geschützt.

2. Sicherung der Testierfreiheit

103 Die Testierfreiheit wird durch § 2302 BGB abgesichert, dem zufolge ein Vertrag nichtig ist, durch den sich jemand verpflichtet, eine Verfügung von Todes wegen zu errichten oder nicht zu errichten, aufzuheben oder nicht aufzuheben (**Unbeschränkte Testierfreiheit**). Eine *schuldrechtliche* Bindungsmöglichkeit des Erblassers hinsichtlich einer bestimmten gewillkürten Erbfolge scheidet damit aus.

104 Der Erblasser kann aber durch Erbvertrag bzw. gemeinschaftliches Testament eine *dingliche* Bindung hinsichtlich vertragsgemäßer Verfügungen bzw. wechselbezüglicher Verfügungen erreichen. Im Rahmen der Beratung über die Errichtung von Verfügungen von Todes wegen hat der Notar bzw. Rechtsberater zu klären, ob der Erblasser durch bindende frühere Verfügungen von Todes wegen in seiner Testierfreiheit eingeschränkt ist. Dabei kann er sich grundsätzlich auf die Angaben der Beteiligten verlassen, solange er keine konkreten Anhaltspunkte für die Zweifelhaftigkeit der gemachten Angaben hat.[41] Der Notar wird die Frage nach der Selbstbindung des Erblassers durch frühere Verfügungen sinnvollerweise in der Urkunde vermerken.

105 ▶ **Muster: Bindung durch frühere Verfügungen von Todes wegen**

Der Notar hat den Erschienenen über die Bindungswirkung von gemeinschaftlichen Testamenten und Erbverträgen belehrt. Der Erschienene erklärt, durch frühere Verfügungen von Todes wegen an der Errichtung dieser Verfügung nicht gehindert zu sein.

II. Gesetzliche Grenzen der Testierfreiheit

1. Grundsatz der formellen und materiellen Höchstpersönlichkeit

106 Das BGB sichert die Testierfreiheit auch durch den **Grundsatz der** formellen und materiellen **Höchstpersönlichkeit**, der für die Praxis der Rechtsgestaltung von herausragender Bedeutung ist, da seine Nichtbeachtung zur Nichtigkeit der letztwilligen Verfügung führt. Der Grundsatz der Höchstpersönlichkeit führt auch zu einer Beschränkung der Testierfreiheit.

107 Gem. § 2064 BGB kann der Erblasser sein Testament nur persönlich errichten. Eine gesetzliche oder gewillkürte Stellvertretung ist ausgeschlossen. § 2274 BGB schreibt den gleichen Grundsatz für die Errichtung eines Erbvertrages für den Vertragspartner vor, der eine Verfügung von Todes wegen im Rahmen des Erbvertrages trifft. Auch die Rücknahme einer Verfügung von Todes wegen aus der amtlichen Verwahrung kann konsequenterweise nur persönlich erfolgen, unabhängig davon, ob es sich um ein Testament, ein gemeinschaftliches Testament oder einen Erbvertrag handelt, §§ 2256 Abs. 2, 2272, 2300 Abs. 2, 2290 Abs. 2 BGB. Der Verstoß gegen den Grundsatz der formellen Höchstpersönlichkeit führt zur Nichtigkeit.

108 Gem. § 2065 Abs. 1 BGB kann der Erblasser eine letztwillige Verfügung nicht in der Weise errichten, dass ein anderer zu bestimmen hat, ob sie gelten soll oder nicht gelten soll (Verbot der Drittbestimmung hinsichtlich der Geltung einer letztwilligen Verfügung). Eine Verfügung, die dieses Verbot nicht beachtet, ist nichtig. Das Verbot zielt darauf ab, dass die Geltung der Verfügung des Erblassers nicht von der *Willenserklärung* eines Dritten abhängig gemacht werden darf.[42] Zulässig

---

40 Reimann/Bengel/Mayer, A 53.
41 *Nieder/Kössinger*, § 3 Rn. 81.
42 MünchKommBGB/*Leipold*, § 2065 Rn. 5.

ist es demgegenüber aber, die Geltung der letztwilligen Verfügung von einem bestimmten *Verhalten* eines Dritten abhängig zu machen. Das gilt selbst dann, wenn der Eintritt oder der Ausfall der Bedingung allein vom freien Willen des Bedachten oder Dritten abhängt (**Potestativbedingung**).[43] Dabei fällt unter Verhalten in diesem Zusammenhang neben Handlungen oder Unterlassungen auch die Abgabe von *Erklärungen*, soweit diese nicht unmittelbar auf die Geltung der letztwilligen Verfügung des Erblassers zielen, sondern einen anderen Zweck verfolgen.[44] Charakteristisch für Potestativbedingungen im vorgenannten Sinne ist, dass die Rechtswirkungen des Eintritts oder Ausfalls der Bedingung unabhängig davon eintreten, ob der Dritte diese Wirkungen will oder nicht.[45]

§ 2065 Abs. 2 BGB bestimmt als erbrechtlichen **Grundsatz**, dass der Erblasser die Bestimmung der Person, die eine Zuwendung erhalten soll, sowie die Bestimmung des Gegenstandes der Zuwendung nicht einem anderen überlassen kann (**Verbot der Drittbestimmung** hinsichtlich des Erben bzw. des vererbten Gegenstandes). Das BGB lässt allerdings zahlreiche **Ausnahmen** von diesem Grundsatz zu. Insbesondere bei *Vermächtnissen* kann der Bedachte und der Gegenstand des Vermächtnisses durch einen Dritten bestimmt werden, §§ 2151 ff. BGB. Bei Auflagen kann die Bestimmung des Begünstigten einem Dritten überlassen werden, § 2193 BGB. Der Testamentsvollstrecker kann ebenfalls durch einen Dritten bestimmt werden, §§ 2198 ff. BGB. Schließlich kann die Auseinandersetzung des Nachlasses nach dem billigen Ermessen eines Dritten erfolgen, § 2048 S. 2 BGB.   109

Überlässt der Erblasser einem Dritten die Bezeichnung des Erben soll dies trotz des Verbots der Vorgabe des § 2065 Abs. 2 BGB zulässig sein, solange der Dritte den Erben nur nicht bestimmt. Der Rechtsprechung des BGH zufolge verläuft die **Grenze zwischen *Bezeichnung* und *Bestimmung*** dort, wo der Begünstigte nicht mehr nur unter Berücksichtigung von Auswahlkriterien, die der Erblasser vorgegeben hat, aus einem eng begrenzten Kreis von Personen durch einen Dritten aufgrund objektiver Bestimmung erfolgen kann, sondern eine *Ermessensentscheidung* des Dritten erforderlich ist; der Dritte darf nur den objektiv feststellbaren Willen des Erblassers feststellen, nicht aber selber eine Auswahl treffen.[46] Zu beachten und nicht selbstverständlich ist, dass der BGH bei der Drittbestimmung des Erben ausdrücklich verlangt, dass der Erblasser einen Dritten benennt, der die Bezeichnung des Erben vornimmt; die Erbenermittlung durch Auslegung soll nicht möglich sein;[47] diese Vorgabe kann bei den engen Vorgaben des BGH zur Erbenbezeichnung anhand objektiver Kriterien kaum überzeugen. Der Anwendungsbereich für eine Erben*bezeichnung* durch einen Dritten ist bei Beachtung dieser Kriterien und der mit ihnen verbundenen Rechtsunsicherheit nur auf wenige Fallgestaltungen beschränkt. Sinnvollerweise wird man zur Vermeidung von unwirksamen Auswahlvorgaben und zur Erweiterung der Auswahlmöglichkeiten auf eine Vermögensnachfolge im Vermächtniswege zurückgreifen.   110

Kein Verstoß gegen das Drittbestimmungsverbot stellt die Vorgabe dar, den Erben durch **Losentscheidung** zu ermitteln. Vereinbar mit § 2065 Abs. 2 ist auch die Übertragung eines **Schiedsrichteramtes** auf einen Dritten, bezüglich der Auslegung und Gültigkeit einer letztwilligen Verfügung. Der Schiedsrichter kann aber die Frage, wer Erbe geworden ist nur auf der Grundlage von Rechtsgründen entscheiden.[48] Wie auch im Zusammenhang mit § 2065 Abs. 1 BGB kann die Erbenbestimmung und die Bestimmung des Zuwendungsgegenstandes von **Potestativbedingungen** abhängig gemacht werden.[49] Entsprechend wird in der Literatur zurecht die Meinung vertreten, dass es auch keinen Verstoß gegen § 2065 Abs. 2 BGB darstelle, wenn der Erblasser denjenigen zum Erben macht,   111

---

43 *Nieder/Kössinger* § 3 Rn. 36.
44 MünchKommBGB/*Leipold*, § 2065 Rn. 5.
45 *Nieder/Kössinger*, § 3 Rn. 36. Staudinger/*Otte*, § 2065 Rn. 13.
46 BGH NJW 1955, 100. BayObLG 1991, 610. Zur »großzügigeren« Rechtsprechung des RG und der h. Lit. s. *Nieder/Kössinger*, § 3 Rn. 38.
47 BGH NJW 1965, 2201.
48 *Nieder/Kössinger*, § 3 Rn. 42 m. w. N.
49 S. o. Rdn. 108.

den ein anderer zum Erben einsetzt (sog. Dieterle-Klausel).[50] Zulässig soll auch eine Erbeinsetzung sein, die unter der Bedingung steht, dass der Begünstigte seinerseits eine bestimmte Person letztwillig bedenkt (sog. kaptatorische Verfügung).[51]

112 Der Spielraum, den die Vorgaben des § 2065 Abs. 2 BGB bei der Bezeichnung des Erben und des Zugewandten eröffnen, ist gering und seine Nutzbarmachung ist mit Unsicherheiten verbunden. Wie bereits erwähnt, gewähren die Bestimmungen zu **Vermächtnissen** weitgehenden Spielraum für die Bestimmung des Bedachten und des vermachten Gegenstands durch einen Dritten. Bei Vermächtnissen kann sowohl die Bestimmung des Vermächtnisnehmers als auch die Bestimmung des Vermächtnisgegenstandes der freien **Ermessensentscheidung** eines Dritten übertragen werden, §§ 2151 ff. BGB.[52] Hinsichtlich der Bestimmung des Vermächtnisnehmers durch einen Dritten ist lediglich darauf zu achten, dass der Personenkreis der potentiellen Vermächtnisnehmer, aus dem der Dritte aussuchen soll, hinreichend bestimmt ist.[53] Auch wenn es für die Wirksamkeit der Anordnung nicht erforderlich ist, ist es für die Bestimmung eines Vermächtnisnehmers durch einen Dritten ratsam, diesem Kriterien für die zu treffende Auswahl an die Hand zu geben. Die verschiedenen Vermächtnisarten, die eine Ermessensentscheidung eines Dritten voraussetzen, sind miteinander kombinierbar.[54]

113 Näheres zur Drittbestimmung bei Vermächtnissen s. unten Kapitel 4 Rdn. 34 ff.

2. Erbrechtlicher Typenzwang

114 Der Erblasser kann anders als im Schuldrecht nicht jede beliebige Gestaltung wählen, sondern nur solche, die das Gesetz zulässt bzw. vorsieht.[55] Grund hierfür ist, dass im Erbrecht ähnlich wie im Sachenrecht nicht nur schuldrechtliche Beziehungen unter Vertragspartnern geregelt werden, sondern Verfügungen von Todes wegen unmittelbare Wirkungen gegenüber Dritten entfalten.[56] Zulässige Verfügungen sind grundsätzlich die Erbeinsetzung, das Vermächtnis, die Enterbung, unter engen Voraussetzungen der Pflichtteilsentzug, die Auflage, die Testamentsvollstreckung, die Teilungs- und Verwaltungsanordnung. Unzulässig ist demgegenüber insbesondere die in privaten Testamenten immer wieder anzutreffende »Vererbung« von Einzelgegenständen. Der Typenzwang begrenzt die Testierfreiheit. Allerdings wird diese Begrenzung dadurch relativiert, dass der Grundsatz des *favor testamenti* bei Verstoß gegen den Typenzwang eine Auslegung der Verfügung gebietet, der zur Umsetzung des Erblasserwillens unter Beachtung des erbrechtlichen Typenzwangs führt.[57]

3. Pflichtteilsrecht

115 Das Pflichtteilsrecht beschränkt die Testierfreiheit des Erblassers in materieller Hinsicht am weitestgehenden. Es sichert andererseits die Mindestteilhabe von Abkömmlingen, Ehegatten, Lebenspartner und u. U. Eltern am Nachlass in der Weise, dass diesen die Hälfte ihres gesetzlichen Erbrechts zusteht. Eine Mitgliedschaft der Pflichtteilsberechtigten an der Erbengemeinschaft im Sinne eines Noterbrechts sieht das deutsche Erbrecht nicht vor. Die Teilhabe der Pflichtteilsberechtigten beschränkt sich auf einen Geldanspruch gegen den Erben. Das Pflichtteilsrecht kann nur unter den engen Voraussetzungen, die in den §§ 2333 ff. BGB benannt sind, einseitig durch den Erblasser ausgeschlossen werden.

---

50 *Dieterle*, BWNotZ 1971, 15, 16; kritisch *Kanzleiter*, DNotZ 2001, 149; a. A. OLG Frankfurt a. M. ZEV 2001, 316.
51 *Nieder/Kössinger*, § 3 Rn. 45; MünchKommBGB/*Leipold*, § 2065 Rn. 11.
52 § 2151 BGB Bestimmungsvermächtnis, § 2153 BGB Verteilungsvermächtnis, § 2154 BGB Wahlvermächtnis. § 2155 Gattungsvermächtnis, § 2156 Zweckvermächtnis.
53 Palandt/*Weidlich*, § 2151 Rn. 1; RGZ 96, 15.
54 Staudinger/*Otte*, § 2153 Rn. 1 ff.
55 Staudinger/*Otte*, Vorbem. zu §§ 1937–1941 Rn. 12; MünchKommBGB/*Leipold*, § 1937 Rn. 10.
56 Reimann/Bengel/Mayer, A 57.
57 Reimann/Bengel/Mayer, A 57.

Zu den Möglichkeiten der Vermeidung und Verminderung von Pflichtteilsansprüchen s. Kapitel 10. 116

4. Sittenwidrigkeit

In seltenen Fällen besteht die Möglichkeit, dass eine letztwillige Verfügung als sittenwidrig zu bewerten ist mit der Folge der Nichtigkeit gem. § 138 BGB. Die Sittenwidrigkeit kann sowohl auf der verfügten Leistung selber, als auch auf dem mit ihr verfolgten Zweck beruhen. Der Begriff der Sittenwidrigkeit wird insbesondere durch das in den Grundrechten verkörperte Wertesystem ausgefüllt.[58] Nicht jede Abweichung von grundrechtlichen Vorgaben ist deshalb aber sittenwidrig. Diskriminierende Verfügungen sind aufgrund des Grundsatzes der Testierfreiheit grundsätzlich nicht sittenwidrig.[59] Sittenwidrig sollen aber einzelnen Stimmen in der Literatur zufolge u. U. Diskriminierungen der gesetzlichen Erben aufgrund rassischer oder religiöser Gründe sein.[60] 117

In der Praxis laufen am ehesten Bedingungen für eine Erbeinsetzung oder für ein Vermächtnis Gefahr als sittenwidrig eingestuft zu werden. Dies ist unstreitig der Fall, wenn der Begünstigte durch die Bedingung zu einem strafbaren Verhalten veranlasst werden soll.[61] Eine Bedingung kann aber bereits sittenwidrig sein, wenn auf die **Entschließungsfreiheit des Begünstigten** in unzumutbarer Weise Druck ausgeübt wird.[62] Dies wird von der Rechtsprechung u. U. angenommen, wenn die Bedingung lautet, eine bestimmte Person zu heiraten oder nicht zu heiraten, oder sich scheiden zu lassen; Gleiches soll gelten, wenn der Erbe verpflichtet sein soll überhaupt nicht zu heiraten. Bei der Beurteilung von Bedingungen unter dem Gesichtspunkt der Sittenwidrigkeit ist Ausgangspunkt die Testierfreiheit des Erblassers, der nicht zu einer Gleichbehandlung seiner Abkömmlinge verpflichtet ist. Die Interessen der nächsten Angehörigen an einer Teilhabe am Nachlass sichert das Gesetz bereits durch das Pflichtteilsrecht und trägt damit einer möglichen Drittwirkung der Grundrechte grundsätzlich ausreichend Rechnung; allein deshalb sollte das Verdikt der Sittenwidrigkeit über Bedingungen in erbrechtlichen Verfügungen äußerst zurückhaltend gefällt werden.[63] 118

Das früher als Beispiel für sittenwidrige Verfügungen von Todes wegen zitierte sog. **Geliebtentestament** ist aufgrund der gewandelten Moralvorstellung und der in der Folge nachsichtigeren Rechtsprechung heute nur noch im Ausnahmefall sittenwidrig.[64] Beachtet werden sollte bei Geliebtentestamenten allerdings, dass das Urteil der Sittenwidrigkeit sich auf den Zeitpunkt der Errichtung bezieht.[65] Da bei länger dauernder außerehelichen Beziehung von der Rechtsprechung vermutet wird, dass diese sich nicht auf ein sexuelles Verhältnis beschränkt,[66] andernfalls aber das Urteil der Sittenwidrigkeit droht, kann es ratsam sein, ein Testament nach Festigung der Beziehung zu wiederholen. Da auch eine Benachteiligung pflichtteilsberechtigter Erben ein möglicher Anknüpfungspunkt für ein Sittenwidrigkeitsurteil sein kann, wenn diese Ausdruck einer familienfeindlichen Gesinnung ist,[67] sollte bei entsprechenden Anhaltspunkten von einer Beschränkung der nächsten Angehörigen bzw. des Ehegatten auf den Pflichtteil u. U. abgesehen werden; stattdessen ist eine maßvollere Begünstigung des Dritten vorzugswürdig, die nicht dem Vorwurf der Sittenwidrigkeit ausgesetzt ist.[68] 119

Zur Sittenwidrigkeit des sog. **Behindertentestamentes** s. Kapitel 5 Rdn. 532 ff. 120

---

58 BVerfG NJW 2004, 2008 (sog. Hohenzollern-Entscheidung).
59 BGH NJW 1978, 943, 945. *Nieder/Kössinger*, § 3 Rn. 10.
60 *Nieder/Kössinger*, § 3 Rn. 10 m. w. N.
61 MünchKommBGB/*Leipold*, § 2074 Rn. 14.
62 BVerfG NJW 2004, 2008; NJW 2005, 1561.
63 Ähnlich *Nieder/Kössinger*, § 3 Rn. 26; BGH NJW 2006, 2856; a. A. BVerfG NJW 2004, 2008.
64 *Nieder/Kössinger*, § 3 Rn. 14.
65 BGH FamRZ 1969, 323, BayObLGZ 1996, 225; Staudinger/*Otte*, Vorbem. zu §§ 2064–2086 Rn. 166. A. a. (maßgeblicher Zeitpunkt Wirksamwerden der Verfügung) OLG Hamm FamRZ 1979, 1074; *Nieder/Kössinger*, § 3 Rn. 30 m. w. N.
66 BGH NJW 1973, 1645; BayObLG FamRZ 1984, 1153.
67 BGH NJW 1983, 674, 676.
68 BGH FamRZ 1963, 287; BGH NJW 1983, 674.

5. Heimgesetz

121 Das HeimG führt zu einer – verfassungsrechtlich unbedenklichen[69] – Begrenzung der Testierfreiheit. Heimbewohner sollen vor einer Ausnutzung ihrer Hilfsbedürftigkeit bewahrt werden. § 14 Abs. 1 HeimG zufolge ist es dem Träger u. a. deshalb untersagt, sich von oder zugunsten von Heimbewohnern oder den Bewerbern um einen Heimplatz Geld- oder geldwerte Leistungen über das nach § 5 HeimG[70] vereinbarte Entgelt hinaus versprechen oder gewähren zu lassen. Dies gilt nur in eng gefassten Ausnahmefällen gem. § 14 Abs. 2 HeimG nicht, wo u. a. der Fall angesprochen wird, dass durch die Leistung andere als die in § 5 HeimG a. F. aufgeführten Leistungen des Trägers abgegolten werden, oder geringwertige Aufmerksamkeiten versprochen oder gewährt werden. § 14 Abs. 5 HeimG bestimmt weiter, dass es der Leitung, den Beschäftigten oder sonstigen Mitarbeitern des Heims untersagt ist, sich von oder zugunsten von Bewohnern neben der vom Träger erbrachten Vergütung Geld- oder geldwerte Leistungen für die Erfüllung der Pflichten aus dem Heimvertrag versprechen oder gewähren zu lassen; dies gilt wiederum nicht, soweit es sich um geringwertige Aufmerksamkeiten handelt. Anders verhält es sich, wenn eine Ausnahmegenehmigung gem. § 14 Abs. 6 HeimG vorliegt; diese kann aber nicht nachträglich erteilt werden. Das Verbot des § 14 HeimG ist im Zusammenhang mit der Föderalismusreform nunmehr durch den Landesgesetzgeber geregelt. Auch die vorrangigen Landesgesetze verbieten **Zuwendungen an den Heimträger**.[71]

122 Die Regelungen des HeimG und der landesrechtlichen Regelungen in diesem Bereich sind Verbotsgesetze i. S. v. § 134 BGB, mit der Folge, dass ihre Nichtbeachtung zur **Nichtigkeit** einer letztwilligen Verfügung führt, die diese Vorgabe nicht beachtet.[72]

123 Die Rechtsprechung wendet die Verbote auch bei Umgehungstatbeständen an. So soll das Gesetz auch gelten, wenn nicht die Heimleitung selber sondern nahe Angehörige bedacht werden;[73] die Regelung des § 14 Abs. 5 HeimG soll darüber hinaus auch für Heimbewerber gelten, die in § 14 Abs. 1 HeimG ausdrücklich erfasst sind.[74] Nichtig sind auch Schenkungen von Bezugsrechten gem. §§ 328, 331 BGB durch die Heimbewohner.[75] Eine entsprechende Anwendung der Verbote des HeimG auf das Verhältnis zwischen Betreutem und Betreuer sieht die Rechtsprechung nicht vor. In derartigen Fällen kann eine entsprechende Verfügung aber sittenwidrig sein.[76]

124 Voraussetzung für die Rechtswirkung der Verbote ist, dass ein **Einvernehmen** zwischen Erblasser und Begünstigtem besteht. Der Bedachte muss dementsprechend wenigstens Kenntnis von der Verfügung haben und der Heimbewohner muss dies wissen.[77] Für die Kenntnis des Heimträgers genügt das Wissen eines Mitarbeiters, den der Heimträger als Ansprechpartner für die Heimbewohner bestimmt hat und der wegen seiner Stellung im Heim wesentlichen Einfluss auf die konkrete Lebenssituation der Heimbewohner ausüben kann, auch wenn der Mitarbeiter zur rechtsgeschäftlichen Vertretung des Heimträgers gegenüber den Heimbewohnern nicht berechtigt ist.[78]

125 Soll unter Verstoß gegen § 14 Abs. 1 oder 5 HeimG testiert werden, hat der Notar auf die hiergegen bestehenden Bedenken und die Möglichkeit einer **Ausnahmegenehmigung** gem. § 14 Abs. 6

---

69 BVerfG NJW 1998, 2964.
70 Die Bestimmung ist mit Wirkung zum 1.10.2009 aufgehoben worden.
71 S. z. B. für NRW § 10 Gesetz über das Wohnen mit Assistenz und Pflege in Einrichtungen (Wohn- und Teilhabegesetz – WTG) – GVBl. NRW 2008, S. 738; Näheres hierzu einschließlich weiterer Gesetzesfundstellen unter Kapitel 5 Rdn. 538 ff.; *Tersteegen*, RNotZ 2009, 222.
72 BayObLG NJW 1992, 55.
73 OLG Düsseldorf ZEV 1997, 459.
74 BGH NJW-RR 1995, 1272.
75 BGH NJWE-FER 1997, 84.
76 S. BayObLG MittBayNot 1998, 263 zur Einflussnahme des Betreuers auf die letztwillige Verfügung des Betreuten.
77 BayObLG FamRZ 2005, 142. Strenger OLG München NJW 2006, 2642 (Annahme eines Vermächtnisses bei Kenntnis von der Verfügung erst nach dem Erbfall verbotswidrig).
78 BayObLG DNotZ 1993, 453 (Heimleiter als Mitarbeiter).

HeimG hinzuweisen.[79] Die zuständige Behörde kann in Einzelfällen Ausnahmen von den Verboten des § 14 Abs. 1 und 5 HeimG zulassen, soweit der Schutz der Bewohnerinnen und Bewohner die Aufrechterhaltung der Verbote nicht erfordert und die Leistungen noch nicht versprochen oder gewährt worden sind.

6. Beamtenrecht

Beamte und Soldaten dürfen auch nach Beendigung ihres Dienstverhältnisses Belohnungen oder Geschenke im Zusammenhang mit ihrer dienstlichen Tätigkeit nur mit Zustimmung ihres Dienstherrn annehmen, § 71 BBG bzw. entsprechende Regel in den Landesbeamtengesetzen, § 19 SG; für Angestellte des öffentlichen Dienstes gilt entsprechendes § 10 Abs. 1 BAT. Diese Verbotsregelung erstreckt sich auch auf Zuwendungen durch letztwillige Verfügungen. Die Bestimmung des § 10 Abs. 1 BAT ist nach Auffassung des BGH kein Verbotsgesetz i. S. v. § 134 BGB.[80] Für die beamtenrechtliche und soldatenrechtliche Bestimmung ist die Frage offen.[81] 126

7. Zeitliche Grenzen

Das Erbrecht eröffnet dem Erblasser zahlreiche Möglichkeiten, die Erbfolge mit zeitlicher Wirkung weit über den Erbfall hinaus zu gestalten. Mittel hierzu sind insbesondere die Vor- und Nacherbschaft, Vor- und Nachvermächtnisse, Dauertestamentsvollstreckung und Auseinandersetzungsverbote. Um die Fernwirkung der Vorgaben des Erblassers nicht ausufern zu lassen, sieht das Gesetz zugleich eine zeitliche Höchstgrenze von 30 Jahre vor, nach deren Ablauf die Anordnungen des Erblassers ihre Wirkung verlieren, s. §§ 2044 Abs. 2 S. 1, 2109 Abs. 1 S. 1, 2162, 2210 BGB. Da der Fristenlauf nicht notwendig mit dem Erbfall beginnt, kann sich die 30-Jahresfrist vor allem bei angeordneter Vor- und Nacherbschaft und Vor- und Nachvermächtnissen erheblich verlängern, s. § 2109 Abs. 1 S. 2 BGB. Keine zeitliche Befristung ist bei der Auflage vorgesehen. 127

III. Gewillkürte Grenzen der Testierfreiheit – Bindungswirkung früherer Verfügungen

Die Testierfreiheit kann durch vorangegangene letztwillige Verfügungen beschränkt sein, wenn diese mit Bindungswirkung errichtet wurden. Ob dies der Fall ist, ist bei jeder Errichtung einer Verfügung von Todes wegen zu erörtern. Ein entsprechender Vermerk sollte in eine notarielle Verfügung von Todes wegen aufgenommen werden. 128

Soweit eine Bindungswirkung aufgrund einer früheren letztwilligen Verfügung besteht, stellt sich die Frage, ob der Erblasser die Bindungswirkung wieder beseitigen kann, um so Testierfreiheit wieder zu erlangen. 129

1. Widerruf eines Einzeltestamentes/gemeinschaftlichen Testamentes und Aufhebung eines Erbvertrages

Der Erblasser kann einzeltestamentarische Verfügungen einseitig widerrufen, § 2253 BGB, und zwar nicht nur, wenn diese in einem Einzeltestament verfügt wurden, sondern auch dann, wenn diese in einem gemeinschaftlichen Testament oder einem Erbvertrag getroffen wurden. Der Widerruf erfolgt durch Testament, § 2254 BGB und bedarf der entsprechenden Form; er bedarf aber nicht der Form der widerrufenen letztwilligen Verfügung. 130

Bei einem Einzeltestament oder gemeinschaftlichen Testament kann der Widerruf auch durch **Vernichtung** erfolgen, soweit diese in der Absicht erfolgt, das Testament aufzuheben, § 2255 S. 1 BGB. Diese Form des Widerrufs ist allerdings mit erheblichen Unwägbarkeiten und **Beweisschwierigkeiten** verbunden, da die Unauffindbarkeit eines Testament nach ständiger Rechtsprechung keine Ver- 131

---

79 OLG München ZEV 1996, 146.
80 BGH ZEV 2000, 202.
81 *Langenfeld*, Testamentsgestaltung, Rn. 6.

mutung dafür darstellt, dass der Erblasser es in Widerrufsabsicht vernichtet hat.[82] Form und Inhalt des nicht mehr auffindbaren Testaments können vielmehr mit allen zulässigen Beweismitteln erwiesen werden.[83]

132 ▶ **Muster: Widerruf von Verfügungen mit einzeltestamentarischer Wirkung**

Hiermit widerrufe ich alle Verfügungen von Todes wegen, die ich bisher errichtet habe. (Alternativ: Alle von mir in dem mit meinem Ehegatten errichteten gemeinschaftlichen Testament/Erbvertrag vom ... getroffenen Verfügungen, die lediglich einzeltestamentarische Wirkung haben, hebe ich hiermit auf.)

133 Der Widerruf kann auf einzelne Verfügungen innerhalb einer letztwilligen Verfügung beschränkt werden.

134 ▶ **Muster: Beschränkter Widerruf von Verfügungen mit einzeltestamentarischer Wirkung**

Ich nehme Bezug auf mein Testament vom ... Die in diesem Testament ausgesetzten Vermächtnisse hebe ich hiermit ersatzlos auf. Im übrigen bleibt das vorerwähnte Testament unverändert bestehen. Alle übrigen etwa bisher von mir errichteten Verfügungen von Todes wegen hebe ich hiermit ebenfalls auf.

135 Haben Ehegatten ein gemeinschaftliches Testament errichtet, können sie dieses Testament ebenfalls ganz oder teilweise gemeinsam widerrufen. Soweit der Erblasser wechselbezügliche Verfügungen in einem gemeinschaftlichen Testament getroffen hat, hat er ebenfalls die Möglichkeit des einseitigen Widerrufs (dazu unten); diese erlischt aber mit dem Tod des anderen Ehegatten, § 2271 Abs. 2 S. 1 BGB. Eines Widerrufsvorbehalts bedarf es nicht. Der Widerruf kann auf einzelne Verfügungen innerhalb des gemeinschaftlichen Testaments beschränkt werden.

136 ▶ **Muster: Widerruf eines gemeinschaftlichen Testaments**

Alle Verfügungen von Todes wegen, die wir etwa gemeinsam oder einzeln errichtet haben, heben wir hiermit auf, insbesondere widerrufen wir das gemeinschaftliche Testament vom ... vollständig.

137 Haben Ehegatten einen Erbvertrag errichtet, können sie diesen ganz oder teilweise gemeinsam aufheben; die Aufhebung kann auch durch Testament erfolgen, § 2291 BGB. Erklären die Ehegatten in einer letztwilligen Verfügung, dass sie alle früher gemeinsam errichteten Verfügungen widerrufen, ist dies so zu verstehen, dass damit auch etwaige früher geschlossene Erbverträge aufgehoben werden sollen. Ist ein Vertragschließender verstorben, kann ein Erbvertrag nicht mehr aufgeboben werden, § 2290 Abs. 1 S. 2 BGB. Der vertragschließende Erblasser kann aber durch einseitige Erklärung vom Erbvertrag zurücktreten, wenn er sich ein Rücktrittsrecht vorbehalten hat, oder ein gesetzliches Rücktrittsrecht besteht, §§ 2293 ff. BGB (dazu unten). Das Rücktrittsrecht erlischt mit dem Tod des anderen Vertragschließenden, § 2298 Abs. 2 S. 2 BGB, es sei denn, dass ein anderer Wille der Vertragschließenden anzunehmen ist, § 2298 Abs. 3 BGB.

138 ▶ **Muster: Aufhebung eines Erbvertrages**

Alle Verfügungen von Todes wegen, die wir etwa gemeinsam oder einzeln errichtet haben, heben wir hiermit auf, insbesondere heben wir den Erbvertrag vom ... hiermit vollständig auf.

2. Einseitiger Widerruf eines gemeinschaftlichen Testaments

139 Haben Ehegatten ein gemeinschaftliches Testament errichtet und will nur ein Ehegatte wechselbezügliche Verfügungen des Testaments widerrufen, ist dies möglich, auch ohne dass er sich ein Widerrufsrecht vorbehalten hat. Der Widerruf erfolgt in der Form des Rücktritts vom Erbvertrag. Er

---

82 BayObLG FamRZ 93, 117; Palandt/*Weidlich*, § 2255 Rn. 9 m. w. N.
83 Palandt/*Weidlich*, § 2255 Rn. 9.

ist dem anderen Ehegatten in **Ausfertigung** zuzustellen. Der Widerruf wechselbezüglicher Verfügungen kann auch gegenüber einem geschäftsunfähigen Ehegatten erklärt werden; es genügt der Zugang der notariell beurkundeten Widerrufserklärung bei dem Betreuer des Ehegatten, der mit der Vermögenssorge betraut ist.[84] Eine neue einseitige letztwillige Verfügung des widerrufswilligen Ehegatten führt nicht zum Widerruf des gemeinschaftlichen Testaments.

▶ **Muster: Einseitiger Widerruf eines gemeinschaftlichen Testaments** 140

Ich habe am ... mit meinem Ehegatten ..., wohnhaft ... ein gemeinschaftliches Testament errichtet (URNr. ... des Notars ...), durch das wir uns u. a. gegenseitig als Alleinerben berufen haben. Hiermit widerrufe ich dieses Testament gegenüber meinem Ehegatten seinem gesamten Inhalt nach. Weitere gemeinschaftliche Testamente habe ich zusammen mit meinem Ehegatten nach meiner Erinnerung nicht errichtet.

Der Notar wird beauftragt, meinem Ehegatten diesen Widerruf unter der vorstehend genannten Anschrift förmlich zustellen zu lassen.

Mir ist bekannt, dass durch diesen Widerruf alle letztwilligen Verfügungen unwirksam werden, die im vorgenannten gemeinschaftlichen Testament getroffen wurden, auch die meines Ehegatten. Mir ist ferner bekannt, dass gesetzliche Erbfolge gilt, soweit keine andere wirksame Verfügung von Todes wegen existiert oder errichtet wird.

Von der Angabe von Motiven für den Widerruf ist grundsätzlich abzuraten, um mögliche Anfechtungen des Widerrufs durch den ursprünglich Begünstigten vorzubeugen. 141

3. Rücktritt vom Erbvertrag

Der Erblasser kann von einem Erbvertrag zurücktreten, wenn er sich den Rücktritt bei Errichtung im Erbvertrag vorbehalten hat, § 2293 BGB, sowie bei Verfehlungen des Bedachten und bei Aufhebung einer etwaigen Gegenverpflichtung, §§ 2294 f. BGB. Der Rücktrittsvorbehalt kann sich auf einzelne oder mehrere vertragsmäßige Verfügungen beschränken.[85] 142

Der Rücktritt vom Erbvertrag führt zur Unwirksamkeit des ganzen Vertrages, wenn in ihm vertragsmäßige Verfügungen von beiden Teilen getroffen wurden, § 2298 Abs. 1 BGB. Ist in einem solchen Vertrag der Rücktritt vorbehalten, so wird durch den Rücktritt eines Vertragschließenden der ganze Vertrag aufgehoben. Das Rücktrittsrecht erlischt beim zweiseitigen Erbvertrag grundsätzlich mit dem Tod des anderen Vertragschließenden. Der Rücktritt kann aber auch noch nach dem Tod des anderen Vertragschließenden erklärt werden, wenn die Vertragschließenden dies so vereinbart haben, § 2298 Abs. 3 BGB; er erfolgt dann durch Testament, § 2297 BGB. 143

▶ **Muster: Rücktritt vom Erbvertrag** 144

Ich habe am ... mit meinem Ehegatten ..., wohnhaft ... einen Erbvertrag errichtet (URNr. ... des Notars ...), durch den wir uns u. a. gegenseitig als Alleinerben berufen haben. Ich habe mir den Rücktritt von diesem Erbvertrag vorbehalten. Hiermit trete ich von dem vorgenannten Erbvertrag seinem gesamten Inhalt nach zurück.

Der Notar wird beauftragt, meinem Ehegatten diesen Rücktritt unter der vorstehend genannten Anschrift förmlich zustellen zu lassen.

Mir ist bekannt, dass durch diesen Rücktritt alle letztwilligen Verfügungen unwirksam werden, die im vorgenannten Erbvertrag getroffen wurden, auch die meines Ehegatten. Mir ist ferner bekannt, dass gesetzliche Erbfolge gilt, soweit keine andere wirksame Verfügung von Todes wegen existiert oder errichtet wird.

---

84 OLG Nürnberg, NJW 2013, 2909 – Bschl. V. 6.6.2013 – 15 W 764/13.
85 Palandt/*Weidlich*, § 2298 Rn. 4.

145 Ist der Rücktrittsvorbehalt von Bedingungen abhängig, ist das Vorliegen der Tatsachen, die das Rücktrittsrecht begründen, nach Ansicht einzelner Gerichte in der Rücktrittserklärung zu benennen.[86] Von der Angabe von Motiven für den Rücktritt ist im Übrigen wie beim Widerruf grundsätzlich abzuraten, um möglichen Anfechtungen des Rücktritts durch den ursprünglich Begünstigten vorzubeugen.

4. Widerruf durch Herausnahme eines Testaments bzw. eines Erbvertrags aus der amtlichen bzw. notariellen Verwahrung

146 Ein Testament bzw. ein Erbvertrag, das bzw. der in die amtliche bzw. notarielle Verwahrung gegeben wurde, kann durch Herausnahme aus der amtlichen bzw. notariellen Verwahrung widerrufen werden, §§ 2256, 2300 BGB. Mit der physischen Rückgabe des Testaments bzw. Erbvertrages aus der Verwahrung werden alle letztwilligen Verfügungen, ob wechselbezüglich, vertragsmäßig oder einseitig unwirksam. Auch wenn die Rücknahme einer letztwilligen Verfügung aus der Verwahrung wie ein Widerruf wirkt, handelt es sich bei der Rücknahme selber dennoch nicht um eine letztwillige Verfügung.[87] Die Rücknahme einer letztwilligen Verfügung aus der Verwahrung führt in entsprechender Anwendung von § 2257 BGB im Zweifel dazu, das frühere Verfügungen, die durch sie widerrufen wurden, wieder wirksam werden.

147 Die Beseitigung der erbrechtlichen Wirkungen eines Testamentes oder Erbvertrages kann auch durch Widerruf bzw. Aufhebung erfolgen, was in der Regel der einfachere Weg sein wird. Die Herausnahme einer letztwilligen Verfügung aus der amtlichen oder notariellen Verwahrung bleibt daneben aber sinnvoll, wenn der Erblasser nicht wünscht, dass der Inhalt der Verfügung beim Erbfall den Erben zur Kenntnis gelangt. Zu beachten ist nämlich, dass das Nachlassgericht auch widerrufene und aufgehoben Verfügungen von Todes wegen nach Eintritt des Erbfalls zu eröffnen und alle Beteiligten einschließlich der gesetzlichen Erben vom Inhalt der eröffneten Verfügungen von Todes wegen in Kenntnis zu setzen hat, §§ 2260, 2300 BGB.

148 Für den Notar ist die Rückgabe von Erbverträgen aus der notariellen Verwahrung von besonderer Bedeutung.[88] Das Rückgabeverfahren ist an mehrere Voraussetzungen geknüpft, die zu beachten sind.

149 Die Rückgabe ist nur zulässig, wenn der Erbvertrag **ausschließlich Verfügungen von Todes wegen** enthält, § 2300 Abs. 2 BGB. Wurde der Erbvertrag z. B. zusammen mit einem Ehevertrag errichtet, ist eine Rückgabe aus der amtlichen Verwahrung ausgeschlossen. Das gleiche gilt, wenn der Erbvertrag mit einem Erb- und/oder Pflichtteilsverzicht verbunden wurde. Nicht ausgeschlossen ist die Rückgabe des Erbvertrages, wenn er die Benennung eines Vormunds gem. § 1776 BGB enthält, da es sich dabei auch um eine letztwillige Verfügung handelt, § 1777 Abs. 3 BGB.

150 Die Urschrift darf **nur an die Vertragschließenden gemeinschaftlich und persönlich** erfolgen, §§ 2300 Abs. 2 S. 2, 2290 Abs. 2 S. 2 BGB. Wer an einem Erbvertrag beteiligt war, ohne selber eine letztwillige Verfügung zu errichten, kann allerdings vertreten werden. Ist ein Vertragschließender verstorben, ist die Rückgabe des Erbvertrages ausgeschlossen, §§ 2300 Abs. 2 S. 2, 2290 Abs. 1 S. 2 BGB; das Gleiche gilt, wenn ein vertragschließender Erblasser geschäftsunfähig geworden ist. Steht der (beschränkt) geschäftsfähige vertragschließende Erblasser unter Vormundschaft oder wird die Aufhebung des Erbvertrages vom Aufgabenkreis des Betreuers umfasst, ist die Zustimmung des Betreuungsgerichts erforderlich, § 2300 Abs. 3 BGB.

151 Wird ein Erbvertrag aus der amtlichen Verwahrung des Notars zurückgenommen, ist auf der Urschrift zu vermerken, dass der Erbvertrag als aufgehoben gilt.[89]

---

[86] OLG Düsseldorf MittBayNot 1996 1995, 150; a. A. *Kirchern*, MittBayNot 1996, 19.
[87] BayObLG DNotZ 1973, 630.
[88] Hierzu umfassend *v. Dickhuth-Harrach*, RNotZ 2002, 384.
[89] *v. Dickhuth-Harrach*, RNotZ 2002, 384, 394.

▶ **Muster: Vermerk auf Erbvertrag, der aus der amtlichen Verwahrung genommen wird** 152

Dieser Erbvertrag gilt aufgrund der am ... erfolgten Rückgabe aus der notariellen Verwahrung als aufgehoben (§§ 2300 Abs. 2, 2256 Abs. 1 BGB).

Über die Folgen der Rücknahme aus der amtlichen Verwahrung hat der Notar die Beteiligten zu belehren. Die Belehrung ist zu dokumentieren, § 2256 Abs. 1 S. 2 BGB; ausreichend ist die Errichtung eines Vermerks gem. § 39 BeurkG. 153

▶ **Muster: Belehrung über die Folgen der Herausnahme aus der amtlichen Verwahrung**[90] 154

Am ... erschienen vor dem Notar Herr... und Frau ... Die Erschienenen wiesen sich aus durch Vorlage ihrer Bundespersonalausweise. Der Notar überzeugte sich durch die mit ihnen geführte Unterredung von ihrer Geschäftsfähigkeit.

Die Erschienenen beantragten die Rückgabe des von ihnen am ... zu der Urkunde Nummer ... für ... des Notars ... in ... errichteten Erbvertrages aus der notariellen Verwahrung. Sie erkannten die ihnen vorgelegte Urschrift als diejenige an, deren Rückgabe sie beantragt haben. Der Notar überzeugte sich davon, dass der Erbvertrag nur Verfügungen von Todes wegen enthält.

Der Notar hat die Erschienenen darüber belehrt, dass die Rückgabe den Erbvertrag unwirksam macht. Diese Belehrung ist auf dem Erbvertrag vermerkt worden. Der Notar hat die Erschienenen ferner darüber belehrt, dass infolge der Rückgabe grundsätzlich die gesetzliche Erbfolge eintritt. Falls jedoch eine frühere Verfügung von Todes wegen existiert, die durch den Erbvertrag aufgehoben worden ist, wird diese im Zweifel wieder wirksam.

Daraufhin hat der Notar die mit dem Unwirksamkeitsvermerk versehene Erbvertragsurschrift sowie die beglaubigte Abschrift aus der Urkundensammlung den Erschienenen ausgehändigt. Mit ihrer Zustimmung hat der Notar eine einfache Abschrift des Erbvertrages zur Urkundensammlung genommen.

Dieser Vermerk wurde den Erschienenen vorgelegt, von ihnen genehmigt und von ihnen und dem Notar wie folgt eigenhändig unterschrieben:

5. Beseitigung der Bindung durch Ausschlagung

Haben Ehegatten ein gemeinschaftliches Testament errichtet oder zwei Personen einen Erbvertrag errichtet, kann die damit einhergehende Bindung mit dem Tod des Erstversterbenden nur noch unter engen Voraussetzungen beseitigt werden. Der Widerruf des gemeinschaftlichen Testaments ist nach dem Tod des einen Ehegatten nicht mehr möglich; der Überlebende kann jedoch seine wechselbezügliche Verfügung aufheben, wenn er das ihm Zugewendete ausschlägt, § 2271 Abs. 2 S. 1 BGB. 155

Entsprechend regelt § 2298 Abs. 2 S. 3 BGB, dass der überlebende Vertragsteil eines Erbvertrages seine im Erbvertrag bindend abgegebene Verfügung aufheben kann, wenn er das ihm durch den Vertrag Zugewendete ausschlägt.

D. Vermögensnachfolge und unentgeltliche Rechtsgeschäfte unter Lebenden

Die Errichtung von Verfügungen von Todes wegen gibt in zahlreichen Fällen Anlass, mit dem Erblasser die Möglichkeit zu erörtern, sein Vermögen durch ein (unentgeltliches) Rechtsgeschäft unter Lebenden auf Dritte, insbesondere Abkömmlinge zu übertragen. Der wesentliche Unterschied zwischen beiden Möglichkeiten besteht darin, dass der Erblasser bei der Errichtung einer Verfügung von Todes wegen seine Verfügungsfreiheit über sein Vermögen zu seinen Lebzeiten grundsätzlich behält, 156

---

90 Nach *v. Dickhuth-Harrach*, RNotZ 2002, 384, 395.

§§ 2286 ff. BGB, während er bei einem Rechtsgeschäft unter Lebenden diese Verfügungsfreiheit verliert. Der Verlust der Verfügungsfreiheit mag im Einzelfall sogar angestrebt werden, wenn es darum geht, die **Bindung des Schenkers** möglichst sicher zu stellen und die Bindung durch letztwillige Verfügung nicht ausreichend erscheint, da sie dem Erblasser die Möglichkeit lässt, über sein Vermögen zu seinen Lebzeiten zu verfügen. Entsprechende Einschränkungen mag der Erblasser/Schenker in Kauf nehmen, wenn er dadurch z. B. **Erbschaftsteuer oder Pflichtteilsansprüche vermeiden** kann.

157 Die lebzeitige Übertragung von Vermögen hat auch Folgen für die **Nachlassgläubiger**. Diese können sich nur an den Nachlass als Haftungsmasse halten. Lebzeitige Übertragungen des Erblassers können nur in den engen Grenzen des Anfechtungsrechts von Nachlassgläubigern angefochten werden.

158 Der Erblasser, der Vermögen einem Dritten unentgeltlich zukommen lassen will, kann dies u. a. durch eine Schenkung zu Lebzeiten tun oder durch eine Schenkung von Todes wegen. Bei ersterer verliert der Schenker seine Verfügungsfreiheit bezüglich des Schenkgegenstandes, bei letzterer nicht. Ferner unterscheiden sich die Schenkungen dadurch, dass im ersteren Fall die Erben des Beschenkten von der Schenkung profitieren, da das Geschenkte vererblich ist, im letzten Fall dagegen nicht.[91]

I. Lebzeitige Schenkung

1. Bedingungslose Schenkung (§ 516 BGB)

159 Eine Schenkung kann gerade zu Lebzeiten des Erblassers als sinnvoller Schritt erscheinen, um Erbschaftsteuer zu vermeiden und Pflichtteilsansprüche Dritter zu reduzieren. § 2325 Abs. 3 BGB zufolge bleibt die Schenkung bei der Ermittlung von Pflichtteilsergänzungsansprüchen unberücksichtigt, wenn zum Zeitpunkt des Erbfalls zehn Jahre seit der Schenkung vergangen sind. Ist die 10-Jahresfrist nicht verstrichen gilt: Die Schenkung wird innerhalb des ersten Jahres vor dem Erbfall in vollem Umfang, innerhalb jedes weiteren Jahres vor dem Erbfall um jeweils ein Zehntel weniger berücksichtigt, § 2325 Abs. 3 S. 1 BGB.

160 Durch **Schenkungen an den Ehegatten** wird eine Reduzierung von Pflichtteilsansprüchen Dritter nicht erreicht, da die 10-Jahresfrist des § 2325 Abs. 3 BGB erst mit Eheauflösung zu laufen beginnt, § 2325 Abs. 3 S. 3 BGB. Wird mit der Schenkung an den Ehegatten vor allem angestrebt, ihm die Nutzung des gemeinsamen Wohneigentums nach dem Tod des Schenkers zu sichern, kann auch erwogen werden, dass sich die Ehegatten wechselseitig Nießbrauchrechte am im gemeinsamen Eigentum stehenden Wohneigentum einräumen. Die gegenseitige Gewährung des Nießbrauchs ist dann als entgeltlich zu betrachten. Pflichtteilsergänzungsansprüche sind daher mangels Schenkung nicht zu befürchten.

161 Ein entsprechendes Vorgehen können auch **nichteheliche Lebensgemeinschaften** erwägen, die pflichtteilsberechtige Kinder oder Eltern haben. Auch sie können auf diesem Wege Pflichtteilsergänzungsansprüche verhindern und zugleich eine steuerfreie gegenseitige Absicherung erreichen, die auf erbrechtlichem Wege nicht erreicht werden kann. Voraussetzung für eine Bewertung der gegenseitigen Nießbrauchbestellung dürfte allerdings sein, dass der Unterschied hinsichtlich der Restlebenserwartung bzw. der Altersunterschied zwischen den Beteiligten nicht zu groß ist, da andernfalls die steuerliche Anerkennung fraglich sein dürfte.

162 Hinsichtlich der **Erbschaftsteuer** gilt, dass die erbschaftsteuerlichen Freibeträge erneut genutzt werden können, wenn seit dem Vollzug der Schenkung 10 Jahre verstrichen sind. Wird dem Ehegatten das ausschließlich **selbstgenutzte Wohneigentum** geschenkt, kann der Freibetrag gem. § 13 Abs. 1 Ziff. 4a ErbStG genutzt werden, aufgrund dessen die Schenkung steuerfrei erfolgt und zwar unabhängig vom Ablauf einer Frist.

---

91 *Nieder/Kössinger*, § 4 Rn. 12.

Nimmt der Erblasser eine Schenkung zu seinen Lebzeiten zugunsten eines Pflichtteilsberechtigten vor, ist er gut beraten, die **Anrechnung** der Schenkung **auf den Pflichtteil** des Beschenkten anzuordnen. Eine nachträgliche Anordnung dieser Anrechnung im Rahmen einer Verfügung von Todes wegen lässt das Gesetz nicht zu, § 2315 Abs. 1 BGB. Mit der Anrechnungsanordnung sichert sich der Erblasser einen größeren Spielraum für die Gestaltung seiner letztwilligen Verfügung, da seine Testierfreiheit nicht mehr durch die Pflichtteilsrechte des Beschenkten eingeschränkt wird, soweit diese durch die lebzeitige Schenkung abgegolten werden. 163

Oft erfolgen lebzeitige Schenkungen unter Vorbehalt des Nießbrauchs zugunsten des Schenkers. Bei derartigen Schenkungen ist zu beachten, dass wegen des **Nießbrauchvorbehalts** die 10-Jahresfrist des § 2325 Abs. 3 S. 1 BGB nicht zu laufen beginnt. Argument für diese Rechtsprechung ist, dass der Schenker sich die Nutzung des geschenkten Gegenstandes im Wesentlichen vorbehält.[92] Die Umschreibung im Grundbuch soll in entsprechenden Fällen nicht als Leistung gem. § 2325 Abs. 3 Hs. 1 BGB zu werten sein. Diese Wertung ist dem Gesetzeswortlaut nicht ohne weiteres zu entnehmen,[93] bei der Vertragsgestaltung aber zu beachten. 164

Die Schenkung zu Lebzeiten kann mit der Verpflichtung verbunden werden, das Geschenkte unter bestimmten Voraussetzungen zurückzugeben. Eine solche **Rückübertragungsverpflichtung** kann z. B. für den Fall vorgesehen werden, dass der Beschenkte vor dem Schenker verstirbt. 165

2. Schenkung aufschiebend bedingt durch den Tod des Schenkers (§ 516 BGB)

Die (Hand-)Schenkung zu Lebzeiten kann unter einer Bedingung oder Befristung erfolgen. Dabei kann sowohl die schuldrechtliche Schenkung als auch das dingliche Vollzugsgeschäft bedingt sein, soweit letzteres nicht bedingungsfeindlich ist, wie dies für die Auflassung von Grundbesitz der Fall ist, § 925 BGB.[94] Ein Schenkungsvollzug zu Lebzeiten unter einer Bedingung oder Befristung ist damit ausgeschlossen, soweit Schenkgegenstand Grundbesitz ist. 166

Forderungen und bewegliche Gegenstände können demgegenüber auf den Tod des Schenkers aufschiebend bedingt oder befristet abgetreten werden; eine entsprechend ausgestaltete Schenkung ist als i. S. v. § 2301 Abs. 2 BGB vollzogen anzusehen. Einer Einhaltung der durch § 518 Abs. 1 BGB vorgesehenen notariellen Beurkundung bedarf es angesichts des Schenkungsvollzugs nicht, § 518 Abs. 2 BGB. 167

II. Schenkung auf den Todesfall

1. Schenkungsversprechen mit Überlebensbedingung (§ 2301 BGB Schenkung von Todes wegen)

Dem Erblasser steht es offen, ein Schenkungsversprechen abzugeben, das erst nach seinem Tod erfüllt werden soll. In einem derartigen Fall ist die Schenkung einer Vermächtniszuwendung oder Erbeinsetzung nahe. Die Nähe ist noch größer, wenn das Versprechen unter der Bedingung erfolgt, dass der Begünstigte den Schenker überlebt. § 2301 Abs. 1 S. 1 BGB ordnet daher an, dass auf derartige Schenkungsversprechen hinsichtlich Form, Inhalt und Rechtsfolgen die Vorschriften über die Verfügungen von Todes wegen anzuwenden sind. Ein Schenkungsversprechen mit Überlebensbedingung ist insoweit keine Alternative zur erbrechtlichen Vermögensnachfolge. 168

2. Schenkungsversprechen ohne Überlebensbedingung (§ 518 BGB)

Der Erblasser hat auch die Möglichkeit ein Schenkungsversprechen abzugeben, das erst nach seinem Tod erfüllt werden soll, ohne dass es unter der Bedingung erfolgt, dass der Begünstigte den Schenker überlebt. Stirbt der Begünstigte vor dem Schenker treten seine Erben an seine Stelle. In einem der- 169

---

92 BGH NJW 1994, 1791.
93 MünchKommBGB/*Lange*, § 2325 Rn. 58.
94 *Nieder/Kössinger*, § 4 Rn. 7.

artigen Fall ist § 518 BGB anwendbar, nicht aber § 2301 Abs. 1 BGB. Das Versprechen bedarf der notariellen Beurkundung.

170 Der Anwendungsbereich für ein Schenkungsversprechen ohne Überlebensbedingung ist in der notariellen Praxis ist gering. Erbschaftsteuerliche Vorteile sind nicht erreichbar und pflichtteilsmindernde Wirkung kommt einem entsprechenden Versprechen auch nicht zu. Ist der Schenkungsgegenstand Grundbesitz, kann der Anspruch des Beschenkten durch eine Vormerkung im Grundbuch gesichert werden. Dadurch wäre die Bindungswirkung stärker als bei einer (bindenden) letztwilligen Zuwendung, da bei letzterer die Verfügungsmöglichkeit des Erblassers zu Lebzeiten nicht beeinträchtigt wäre, wohl aber bei einem durch Vormerkung gesicherten Schenkungsversprechen.

171 Der Schenker kann sich für die Übermittlung des Schenkungsversrechens auch eines Mittlers bedienen.[95] Diese Möglichkeit hat für die notarielle Vertragsgestaltung aber keine praktische Bedeutung.

III. Verträge zugunsten Dritter mit Wirkung auf den Todesfall

1. Allgemeines

172 In der rechtlichen Gestaltungspraxis wird der Bedarf nach einer Vermögenszuweisung außerhalb der Erbfolge gelegentlich durch einen Vertrag zugunsten Dritter gedeckt. Der Vertrag zugunsten Dritter begründet einen Anspruch, der außerhalb des Nachlasses entsteht und der nicht in die Erbmasse fällt. Der Nachlass ist typischerweise um die Mittel verringert, die zur Begründung des Anspruchs aufgewendet werden. Als Alternative zu einer Verfügung von Todes wegen ist vor allem der Vertrag zugunsten Dritter auf den Todesfall gem. § 331 BGB von Interesse.

173 Bei Verträgen gem. § 331 BGB erwirbt der Dritte das Recht auf die vertraglich bestimmte Leistung im Zweifel erst mit dem Tod des Versprechensempfängers. Der Erblasser behält damit die Verfügungsbefugnis zu seinen Lebzeiten; der Anspruch gehört zu seinem Vermögen.[96] Hat der Schenker sich die Befugnis vorbehalten, ohne Zustimmung des Versprechensempfängers an die Stelle des im Vertrag bezeichneten Dritten einen anderen zu setzen, so kann dies im Zweifel auch in einer Verfügung von Todes wegen geschehen, § 332 BGB.

174 Wie bei einer Vermögenszuweisung im Rahmen einer Verfügung von Todes wegen, erlangt der Begünstigte bzw. dessen Erbe ein Recht nur, wenn er den Schenker überlebt, es sei denn etwas anderes wird vereinbart.[97] Der Erwerb des Leistungsrechts setzt voraus, dass der Dritte nach den Vorstellungen des Schenkers überhaupt einen eigenen Anspruch gegen den Versprechenden haben soll. Ob dies der Fall ist, muss bei fehlenden ausdrücklichen Bestimmungen durch Auslegung unter Beachtung der §§ 328 Abs. 2, 330 BGB ermittelt werden.

175 Wird der Vertrag zugunsten Dritter als Gestaltungsmittel gewählt, sollte immer ausdrücklich geregelt werden, ob der Dritte selber unmittelbar anspruchsberechtigt ist (**echter Vertrag zugunsten Dritter**) oder nicht.

176 Die erbschaftsteuerlichen Folgen des Vertrages zugunsten Dritter sowie die Auswirkungen solcher Verträge auf Pflichtteilsberechtigte sind im Einzelfall zu betrachten.

177 Problematisch sind Verträge zugunsten Dritter insofern, als die Tatsache, dass ein Anspruch für einen Dritten begründet wird, nicht notwendig bedeutet, dass dieser das Erlangte auch behalten darf. Für das »**Behaltendürfen**« bedarf es eines **Rechtsgrunds**.[98] Der Rechtsgrund für das Behaltendürfen ergibt sich aus dem sog. Valuta- oder Zuwendungsverhältnis zwischen Schenker und Begünstigtem, während das Verhältnis zwischen Schenker bzw. Versprechensempfänger und Versprechendem

---

95 *Nieder/Kössinger*, § 4 Rn. 9 ff.
96 BGH NJW 1981, 2245.
97 *Nieder/Kössinger*, § 4 Rn. 49.
98 *Frank*, Erbrecht, § 14 Rn. 17 ff.

bzw. Schuldner, das sog. Grund- oder Deckungsverhältnis Grundlage für die Leistung ist.[99] Kommt kein Valutaverhältnis zustande, können die Erben das Erlangte vom Dritten herausverlangen.[100]

178 Rechtsgrund für das Behaltendürfen und die Perpetuierung des Anspruchs des Dritten ist regelmäßig eine Schenkung. War der Dritte beim Abschluss des Vertrages mit dem Erwerber/Versprechenden beteiligt, kommt ein **Schenkungsvertrag durch schlüssiges Verhalten** zustande. Das Gleiche gilt, wenn der Schenker den Dritten vom Vertragsschluss zu seinen Lebzeiten unterrichtet. Problematisch sind die Fälle, in denen zu Lebzeiten des Schenkers kein (konkludenter) Schenkungsvertrag zustande kommt. Dann muss dieser Vertrag posthum zustande kommen. Dies ist grundsätzlich möglich. Das Schenkungsangebot kann dem Dritten durch den Erwerber/Versprechenden übermittelt werden, das der Dritte dann (konkludent) annimmt. Allerdings darf das Angebot nicht vor Annahme widerrufen werden. Nach h. M. ist der Widerruf aber bis zur Entscheidung des Dritten/Bereicherten über die Annahme gem. § 516 Abs. 2 S. 1 und 2 BGB bindend.[101]

179 Einen begrenzten Schutz vor dem Widerruf durch den Erben kann der Versprechensempfänger dadurch erreichen, dass er dem Erben durch Verfügung von Todes wegen die Auflage macht, einen Widerruf zu unterlassen und dem Dritten den Unterlassungsanspruch vermacht. Denkbar ist auch der Verzicht des Versprechensempfängers auf ein Widerrufrecht.[102]

2. Herauszahlungsverpflichtungen im Rahmen von Übertragungsverträgen

180 In der notariellen Praxis sind Übertragungsverträge nicht selten, durch die Eltern einem von mehreren Kindern aus welchen Gründen auch immer ihren Grundbesitz zu ihren Lebzeiten übertragen wollen. Andere Kinder sollen dabei nicht unbedingt leer ausgehen. Den Eltern fehlt es aber mitunter an den erforderlichen Mitteln, um das Kind, das den elterlichen Grundbesitz nicht erwirbt, durch Schenkung von Geldmitteln oder anderen Vermögensgegenständen gleichzustellen. Als Ausgleich wird in derartigen Fällen oft vorgesehen, dass das den Grundbesitz erwerbende Kind seinem Geschwisterkind eine Ausgleichszahlung zu leisten hat. Diese wird aber mitunter so ausgestaltet, dass sie erst mit dem Tod des längstlebenden Elternteils fällig wird.

181 Eine entsprechende Regelung entbindet die Eltern von der Notwendigkeit eine angestrebte Gleichbehandlung der Kinder durch eine letztwillige Verfügung abzusichern, die zudem nur erreicht werden kann, wenn noch ausreichende Mittel im Nachlass zu erwarten sind. Die Schenkung des Herauszahlungsanspruchs auf den Tod anstelle der Vereinbarung eines sofort fälligen Zahlungsanspruchs belässt den Eltern ferner die Möglichkeit auf künftige, unerwartete Entwicklungen bei den Abkömmlingen zu reagieren. Eine lebzeitige, gegenüber dem Begünstigten bindende Festlegung bezüglich der Vermögensnachfolge unterbleibt damit bezüglich des Ausgleichsanspruch ähnlich wie bei einer Verfügung von Todes wegen. Anders als bei einer letztwillig angeordneten Ausgleichszahlung ist Anspruchsgegner aber nicht ein mitunter bereits entleerter Nachlass sondern der Erwerber des Vermögensgegenstandes, der Anlass für die Ausgleichszahlung gibt. Der Erwerber seinerseits erhält das ihm zugewandte Vermögen bereits endgültig zu Lebzeiten; Pflichtteilsergänzungsansprüche aufgrund der Übertragung/Schenkung mindern sich durch Zeitablauf und entfallen nach Ablauf von 10 Jahren. Das durch den Anspruch auf Zahlung eines Herauszahlungsbetrages begünstigte Kind erlangt einen eigenen Anspruch gem. § 331 BGB im Zweifel erst mit dem Tod des Veräußerers/Versprechensempfängers. Um Zweifelsfragen zu vermeiden, sollte dieser Punkt ausdrücklich geregelt werden.

---

99 AnwKomm-BGB/*Preuß*, Vorbem. v. §§ 328 ff. Rn. 3 ff.
100 *Frank*, Erbrecht, § 14 Rn. 20.
101 MünchKommBGB/*J. Koch*, § 516 Rn. 48; *M. Schmidt-Kessel*, FS Schippel, S. 332. *Nieder/Kössinger*, § 4 Rn. 47 weist darauf hin, dass die dem Versprechenden erteilte Vollmacht und der Auftrag zur postmortalen Weiterleitung des Angebots widerruflich sind.
102 Zu diesen Möglichkeiten der Sicherung gegen einen Erbenwiderruf s. *Nieder/Kössinger*, § 4 Rn. 52 ff.

Kapitel 1 Vorüberlegungen zur gewillkürten Erbfolge

182 ▶ **Muster: Begründung einer Herauszahlungsverpflichtung im Rahmen eines Übertragungsvertrages**

> Der Erwerber verpflichtet sich an die Tochter des Veräußerers, seine Schwester, als Ausgleich für die heutige Übertragung einen Herauszahlungsbetrag in Höhe von 100 000,00 EUR zu zahlen. Der Herauszahlungsbetrag wird fällig mit dem Tod des Veräußerers. Sollte seine Tochter zu diesem Zeitpunkt bereits verstorben sein, treten an ihre Stelle ihre Abkömmlinge entsprechend den Regeln der gesetzlichen Erbfolge. Der Veräußerer ist berechtigt, diese Vereinbarung zu seinen Lebzeiten ohne Zustimmung seiner Tochter aufzuheben.

183 Will der Veräußerer seine Möglichkeit auf künftige Entwicklungen reagieren zu können erweitern, kann er mit dem Erwerber vereinbaren, dass er sich vorbehält, die Vereinbarung bezüglich des Herauszahlungsbetrages durch einseitige Erklärung abzuändern, ähnlich dem Recht der Bezugsrechtsbestimmung bei einem Versicherungsvertrag. Damit behält der Veräußerer letztlich den Zugriff auf den Herauszahlungsbetrag, ohne bei der Änderung des »Bezugsberechtigten« auf die Zustimmung eines Dritten, insbesondere auch des Erwerbers angewiesen zu sein.

184 ▶ **Muster: Änderungsvorbehalt bezüglich der Herauszahlungsverpflichtung**

> Der Veräußerer behält sich vor durch einseitige Erklärung gegenüber dem Erwerber eine andere Person zu bestimmen, die berechtigt ist, den Herauszahlungsanspruch geltend zu machen. Diese Person kann auch der Veräußerer selber sein.

185 Behält sich der Veräußerer die Befugnis vor, ohne Zustimmung des Erwerbers/Versprechenden an die Stelle des im Vertrag bezeichneten Dritten einen anderen zu setzen, so kann er dies im Zweifel auch durch eine Verfügung von Todes wegen tun, § 332 BGB.

186 ▶ **Muster: Änderung der Bezugsberechtigung in einer Verfügung von Todes wegen**

> Durch Übertragungsvertrag vom ... URNr. ... des Notars ... habe ich meinem Sohn Grundbesitz übertragen. Mein Sohn hat sich verpflichtet, als Gegenleistung meiner Tochter einen Herauszahlungsbetrag in Höhe von 100 000 EUR zu zahlen. Der Herauszahlungsbetrag wird fällig mit meinem Tod. Ich habe mir die Befugnis vorbehalten, eine andere Person zu bestimmen, die berechtigt ist, den Herauszahlungsanspruch geltend zu machen. Von dieser Befugnis mache ich nun Gebrauch. Ich vermache den Herauszahlungsanspruch meiner Enkelin ..., der Tochter meiner Tochter. Gleichzeitig bestimme ich, dass sich der Herauszahlungsbetrag um die Höhe der Pflichtteilsergänzungsansprüche verringert, die meine Tochter nach meinem Tod aufgrund des vorgenannten Übertragungsvertrages und/oder dieses Vermächtnisses geltend macht. Mein Sohn ist berechtigt, einen entsprechenden Teil des Herauszahlungsbetrages zurückzubehalten, bis die Pflichtteilsergänzungsansprüche meiner Tochter wegen der vorgenannten Übertragung verjährt sind.

187 Bei Verträgen der vorstehenden Art stellt sich das vorstehende Problem des Behaltendürfens. War der Dritte beim Abschluss des Übertragungsvertrages nicht selber beteiligt und hat er auch zu Lebzeiten des Veräußerers nicht von der Begründung des Herauszahlungsanspruchs zu seinen Gunsten erfahren, muss noch ein Schenkungsvertrag zwischen Veräußerer und Drittem zustande kommen, damit letzterer den ihm zugedachten Vermögenswert behalten darf. Ein solcher Vertragsschluss ist gefährdet, wenn die Erben ein Schenkungsangebot rechtzeitig widerrufen.

188 Als **Alternative** zur Vereinbarung von Herauszahlungsverpflichtungen im Rahmen von Übertragungsverträgen ist eine gemischte Schenkung zu erwägen, bei der der Erwerber dem Veräußerer einen Teilkaufpreis leistet; dies gilt insbesondere für Übertragungsverträge, bei denen derjenige, dem der Herauszahlungsanspruch im Ergebnis zustehen soll, nicht beteiligt wird. Der Teilkaufpreis wird vom Veräußerer dem Erwerber gestundet; er wird fällig beim Tod des Erwerbers oder mit Kündigung unter Wahrung einer langen Kündigungsfrist. Durch ergänzendes Testament kann der Veräußerer diesen Kaufpreisteil demjenigen vermachen, der ansonsten durch einen Vertrag zugunsten Dritter begünstigt werden würde.

Der Veräußerer kann bei einer derartigen Gestaltung weiter über den Teilkaufpreis (dem Äquivalent für einen Herauszahlungsbetrag) verfügen und diesen ggfs. sogar selber für sich verwerten. Das Problem des Widerrufs eines Schenkungsangebots durch die Erben stellt sich nicht. Der Vermächtnisnehmer trägt allerdings das Risiko wegen Pflichtteilsergänzungsansprüchen in Anspruch genommen zu werden. Dieses Risiko kann aber verringert werden, indem der Erwerber sich das von ihm Erlangte, soweit es nicht entgeltlich erworben wird, auf seine Pflichtteilsansprüche anrechnen lassen muss.

3. Lebensversicherungen

Lebensversicherungen werden nicht zur Zuweisung von Vermögen außerhalb des Erbgangs abgeschlossen; sie dienen vielmehr vorrangig der Erlangung von Versicherungsschutz für den Todesfall und der (früher steuerbegünstigten) Kapitalbildung des Versicherungsnehmers. Hat der Erblasser eine Lebensversicherung abgeschlossen, kann er diese einem Dritten zuweisen, indem er den Dritten der Versicherung gegenüber als Bezugsberechtigten benennt. Die Vereinbarung mit der Versicherung stellt dann im Zweifel einen echten Vertrag zugunsten Dritter dar, § 330 BGB.

Im Erbfall fällt die Versicherungsleistung dann nicht in den Nachlass, sondern wird unmittelbar an den Bezugsberechtigten geleistet; dies gilt auch, wenn als Bezugsberechtigte die Erben genannt werden, nicht aber wenn der Nachlass als bezugsberechtigt genannt wird oder der Bezugsberechtigte die Leistung ablehnt oder vor oder zusammen mit dem Versicherungsnehmer verstirbt.[103] Die Versicherungsleistung unterliegt in Fällen, in denen ein Dritter als Bezugsberechtigter benannt wurde, weder dem Zugriff der Erben noch der Nachlassgläubiger und ist auch nicht Gegenstand einer etwa angeordneten Testamentsvollstreckung. Auf **Pflichtteilsansprüche** wirkt sich die Zuweisung nur mittelbar aus. Bei der Berechnung der ordentlichen Pflichtteilsansprüche wird die Lebensversicherungsleistung nicht herangezogen, wenn ein Bezugsberechtigter benannt ist und sie damit nicht in den Nachlass fällt. Wohl aber können sich Pflichtteilsergänzungsansprüche aufgrund der geleisteten Versicherungsprämien ergeben. Die Versicherungsleistung ist demgegenüber nicht bei der Berechnung von Pflichtteilsergänzungsansprüchen heranzuziehen, da diese nicht aus dem Vermögen des Erblassers herrührt, wohl aber die Versicherungsprämien.[104]

Bei **Lebensversicherungen** ist zu beachten, dass die Regelung der §§ 328 ff. BGB teilweise durch die Bestimmungen des VVG und die ALB der Versicherungen verdrängt werden. Gem. § 331 Abs. 1 BGB wird vermutet, dass der Dritte erst nach dem Tod des Versicherungsnehmers den Anspruch auf die Versicherungsleistung erwirbt. Dies entspricht für den Fall der Leistung bei Tod des Versicherungsnehmers der Regelung des § 159 Abs. 2 VVG, der auf den Eintritt des Versicherungsfalls abstellt. § 159 Abs. 1 VVG regelt darüber hinaus, dass der Versicherungsnehmer im Zweifel berechtigt ist, ohne Zustimmung des Versicherers einen Dritten als Bezugsberechtigten zu bezeichnen sowie an die Stelle des so bezeichneten Dritten einen anderen zu setzen. Zu beachten ist, dass bei einer Änderung der Bezugsberechtigung durch eine Verfügung von Todes wegen die Änderung nur und erst dann wirksam ist, wenn sie dem Versicherer schriftlich angezeigt wird, § 13 Abs. 4 ABL. Die Vorlage des Testaments beim Versicherer nach dem Tod des Versicherungsnehmers/Erblassers reicht nicht.[105] Die Möglichkeit der Bestimmung des Bezugsberechtigten durch eine Verfügung von Todes wegen gem. des § 332 BGB wird damit für Lebensversicherungen faktisch aufgehoben.

Der Versicherungsnehmer kann ausdrücklich bestimmen, dass der Bezugsberechtigte sofort und unwiderruflich die Ansprüche aus dem Versicherungsvertrag erwerben soll. Sobald der Versicherer eine derartige Erklärung des Versicherungsnehmers erhalten hat, kann das Bezugsrecht nur noch mit Zustimmung des unwiderruflich benannten Bezugsberechtigten aufgehoben werden, § 13 Abs. 2 ABL. Durch eine unwiderrufliche Bezugsberechtigung wird ein Rechtsgrund für das Behaltendürfen des

---

103 S. zu Lebensversicherungen im Erbrecht und im Erbschaftsteuerrecht *Leitzen*, RNotZ 2009, 129.
104 BGH NJW 1987, 3131. Anders soll es sich verhalten, wenn die Versicherungssumme zur Kreditsicherung abgetreten wurde; dann soll die volle Versicherungsleistung anzusetzen sein, BGH NJW 1996, 2230.
105 BGH NJW 1993, 3134.

Bezugsberechtigten geschaffen[106] und die mangelnde Form eines Schenkungsversprechens geheilt, § 518 Abs. 2 BGB.[107] Das Gleiche gilt, wenn der Versicherungsfall eingetreten ist für den bis dahin widerruflich benannten Bezugsberechtigten.[108] Zu beachten ist, dass der Versicherungsnehmer bei einer unwiderruflichen Benennung eines Bezugsberechtigten durch Kündigung des Versicherungsvertrages nicht selber Anspruch auf die dann ggfs. fällig werdende Ansprüche auf Rückvergütung hat; diese stehen vielmehr dem Bezugsberechtigten zu.[109]

194 Ist als **Bezugsberechtigter** der **Ehegatte** des Versicherungsnehmers benannt, ist zu beachten, dass diese Bezugsberechtigung auch im Fall einer Scheidung Bestand hat.[110] Eine entsprechende Anwendung des § 2077 Abs. 3 BGB sieht die Rechtsprechung nicht vor.[111]

195 Soll durch den Abschluss von Lebensversicherungen eine (wechselseitige) Absicherung unter Ehegatten erreicht werden, ist zu erwägen, dass der Ehegatte, dem der Zahlungsanspruch gegen die Versicherung zustehen soll, selber Versicherungsnehmer wird und den Tod des anderen Ehegatten als Risiko versichert. Im Versicherungsfall erlangt der Versicherungsnehmer dann eine Versicherungsleistung aus eigenem Vertrag, die nicht der Erbschaftsteuer unterliegt. Werden bei einer kapitalbildenden Lebensversicherung die Versicherungsprämien von dem Ehegatten geleistet, dessen Ableben das versicherte Risiko ist, hat dieser im Scheidungsfall den Nachteil, die Versicherung nicht selber weiterführen zu können, wie es der Fall wäre, wenn er selber eine Versicherung auf seinen Tod hin abschlösse und den anderen Ehegatten lediglich als Bezugsberechtigten benennen würde. Dem versicherungsprämienzahlenden Ehegatten entgehen damit die Aussichten auf die Ertragsbeteiligung an dem angelegten Versicherungskapital.

4. Konto- und Depotübertragung auf den Todesfall

196 Will der Erblasser ein Konto- oder Sparbuchguthaben einem Dritten außerhalb des Erbgangs zukommen lassen, kann er dieses Ziel mit einem Vertrag zugunsten des Dritten erreichen. Der Vertrag bedarf nicht der Form einer Verfügung von Todes wegen; er wird typischerweise unmittelbar mit dem Kreditinstitut abgeschlossen. Eine solche Regelung kann auch bei einem Oder-Konto sinnvoll sein, damit der eine Inhaber des Kontos nach dem Tod des anderen nicht verpflichtet ist, mit dessen Erben das Guthaben zu teilen.

197 ▶ **Muster: Kontoübertragung durch Vertrag zugunsten Dritter**

Herr A als Versprechensempfänger und die B-Bank als Versprechender vereinbaren, dass alle Rechte und Ansprüche bezüglich des Kontos Nr. ... lautend auf Herrn A, nach dessen Tod unmittelbar auf Herrn C übergehen. Zu seinen Lebzeiten kann Herr A diese Vereinbarung ohne Zustimmung des Herrn C widerrufen. Die B-Bank verpflichtet sich, Herrn C von dieser Vereinbarung umgehend zu unterrichten, sobald sie Kenntnis vom Tod des Herrn A erlangt.

198 Ist Gegenstand der angestrebten Übertragung ein Wertpapier-Depot, ist zu berücksichtigen, dass Wertpapiere durch Eigentumsübertragung auf den Dritten übergehen; eine einfache Abtretung ist nicht ausreichend. Die Wertpapiere sind daher zunächst treuhänderisch auf das Depotinstitut zu übertragen, das diese dann auf den Dritten zu übertragen hat. Der Herausgabeanspruch aus dem Treuhandverhältnis ist dann Gegenstand des Vertrages zugunsten Dritter.[112]

---

106 BGH NJW 1966, 1071.
107 BGH NJW 1975, 1360 f.
108 BGH NJW 1975, 1360, 1361.
109 BGH NJW 1966, 1071, 1072 f.
110 BGH NJW 1987, 3131, ZNotP 2007, 263.
111 Zu der Möglichkeit Ausgleichsansprüche auf der Grundlage des Wegfalls der Geschäftsgrundlage (jetzt § 313 BGB) zurückzufordern s. BGH ZEV 1995, 150.
112 *Nieder/Kössinger*, § 4 Rn. 64.

Vorüberlegungen zur gewillkürten Erbfolge **Kapitel 1**

▶ **Muster: Depotübertragung durch Vertrag zugunsten Dritter** 199

Herr A als Versprechensempfänger und die B-Bank als Versprechender vereinbaren, dass alle Rechte und Ansprüche bezüglich des Depots Nr. ... lautend auf Herrn A, nach dessen Tod auf Herrn C übergehen. Das Eigentum an den Wertpapieren im vorgenannten Depot geht mit dem Tod des Depot-Inhabers treuhänderisch auf die B-Bank über. Herr C steht mit dem Tod des Herrn A das Recht zu, von der B-Bank die Übertragung der auf diese treuhänderisch übergegangenen Wertpapiere zu verlangen.

Zu seinen Lebzeiten kann Herr A diese Vereinbarung ohne Zustimmung des Herrn C widerrufen. Die B-Bank verpflichtet sich, Herrn C von dieser Vereinbarung umgehend zu unterrichten, sobald sie Kenntnis vom Tod des Herrn A erlangt.

IV. Vermögensübertragung mittels Gütertrennung

Verfügt der Erblasser über ein erhebliches Vermögen, das er während bestehender Ehe erwirtschaftet 200 hat, bietet sich ihm die Möglichkeit durch güterrechtlichen Ehevertrag dem anderen Ehegatten Vermögen zukommen zu lassen, **ohne** dass hierfür **Schenkungsteuer** zu entrichten ist. Der Weg zu diesem Ziel führt über die Vereinbarung der Gütertrennung mit Ausgleich des Zugewinns bei gleichzeitiger Beendigung des gesetzlichen Güterstands, § 5 Abs. 2 ErbStG.[113] Wichtig für die steuerliche Anerkennung ist allerdings, dass der Zugewinnausgleich tatsächlich durchgeführt wird; die Ausgleichszahlung kann aber (niedrig verzinslich) bis zum Tod gestundet werden. Eine entsprechende Vereinbarung ist von der Rechtsprechung anerkannt worden.[114]

Eine derartige Vorgehensweise hat den weiteren Vorteil, dass pflichtteilsberechtigte Abkömmlinge 201 **keine Pflichtteilsergänzungsansprüche** aufgrund der Zahlung von Zugewinnausgleich herleiten können.[115] Die Zugewinnausgleichszahlung ist keine unentgeltliche Zuwendung, da sie aufgrund einer gesetzlichen Verpflichtung zu leisten ist, § 1378 Abs. 3 S. 1 BGB.

Ist Ziel der Gütertrennung die Vermeidung bzw. Reduzierung von Pflichtteilsrechten, ist darauf zu 202 achten, dass eine Rückkehr zum gesetzlichen Güterstand innerhalb kurzer Frist möglicherweise als rechtsmissbräuchlich zu bewerten ist.[116] Eine erneute Änderung des Güterstandes sollte daher nicht vor Ablauf einer Schamfrist erfolgen. In jedem Fall ist eine Beurkundung in getrennten Urkunden sicherheitshalber ratsam.[117]

E. Kosten

Im Folgenden werden für die am häufigsten vorkommenden notariellen Urkunden im Bereich des 203 Erbrechts die wesentlichen Aspekte des Kostenrechts erörtert.

Testament. Bei der Berechnung der Gebühren von Verfügungen von Todes wegen ist ist eine 1,0 Ge- 204 bühr anzusetzen, KV-Nr. 21200. Bei gemeinschaftlichen Testamenten oder Erbverträgen ist eine 2,0 Gebühr anzusetzen, KV-Nr. 21100.

Den Kosten, die mit einer notariellen Verfügung von Todes wegen einhergehen, steht eine Kostenersparnis gegenüber, die daraus resultiert, dass bei Vorliegen einer notariellen Verfügung von Todes wegen kein Erbschein erforderlich, der bei gleichem Geschäftswert erheblich höhere Kosten auslöst.[118]

---

113 Formulierungsvorschlag bei *Zimmermann/Dorsel*, Eheverträge, S. 85 f.; *Münch*, Ehebezogene Rechtsgeschäfte, Rn. 810.
114 BFH ZEV 2005, 490 mit Anm. *Münch*.
115 *Brambring*, ZEV 1996, 248, 252. Skeptisch *Wachter*, FR 2006, 43.
116 BGH NJW 1992, 558.
117 *Münch*, Ehebezogene Rechtsgeschäfte, Rn. 465 ff.
118 Den gängigen AGB der Kreditinstitute zufolge reicht für den Nachweis der Erbenstellung die Vorlage einer notariell beurkundeten Testaments als Nachweis für die Erbfolge. Der Rechtsprechung zufolge benachteiligen AGB einer Bank, wonach der Nachweis des Erbrechts nur durch einen Erbschein geführt werden

205 Für den **Geschäftswert** gilt: Wird über den ganzen Nachlass oder einen Bruchteil davon verfügt, so ist der Gebührenberechnung der Wert des nach Abzug der Verbindlichkeiten verbleibenden reinen Vermögens oder der Wert des entsprechenden Bruchteils des reinen Vermögens zugrunde zu legen, wobei der Abzug der Verbindlichkeiten nur bis zur Hälfte des Aktivvermögens erfolgt.[119] Der volle Nachlasswert ist auch anzusetzen, wenn lediglich Ersatzerben, Nacherben oder Schlusserben eingesetzt werden.[120]

206 Vermächtnisse, Pflichtteilsrechte und Auflagen werden dabei nicht abgezogen,.[121] Ansprüche und Rechte, die mit Eintritt des Erbfalls entfallen, sind nicht anzusetzen (z. B. Renten oder Pensionen, regelmäßig auch Nießbrauch, Wohnungsrecht). Ansprüche aus Lebensversicherungen fallen in den Nachlass, wenn Bezugsberechtiger der Erblasser bzw. der Nachlass ist, d. h. der Erblasser über die Versicherungsansprüche nicht zugunsten eines Dritten verfügt hat.[122] Soweit Anteile an Personengesellschaften in den Nachlass fallen, ist deren anteiliger Wert des Aktivvermögens anzusetzen; (bilanzierte) Verbindlichkeiten sind abzuziehen.[123]

207 Verfügt der Erblasser nur über einen einzelnen Gegenstand, ist lediglich der Wert dieses Gegenstandes anzusetzen. Verbindlichkeiten, die auf diesem Gegenstand lasten, sind dabei nicht abzuziehen. Bei einem Verschaffungsvermächtnis ist der volle Wert des zu verschaffenden Gegenstandes anzusetzen.

208 Nichtvermögensrechtliche Anordnungen werden nicht gesondert angesetzt, wenn sie im Rahmen einer Verfügung über den Nachlass getroffen werden. Bei isolierten, nichtvermögensrechtlichen Anordnungen wie die Benennung eines Vormunds oder eines Testamentsvollstreckers ist der Wert zu schätzen. Bei der Testamentsvollstreckung sind dabei Umfang des Vermögens, das der Testamentsvollstreckung unterliegt, und Vollstreckungsdauer zu berücksichtigen. Im Regelfall soll ein Ansatz von 20 % des Nettonachlasses angemessen sein, bei Dauertestamentsvollstreckung 30 %.[124]

209 Bei **Änderungen** des Testaments gelten die gleichen Grundsätze.

210 Der **Widerruf** eines Testaments ohne neue Verfügung löst eine 0,5 Gebühr aus, KV-Nr. 21201. Wird gleichzeitig mit dem Widerruf eine neue Verfügung von Todes wegen beurkundet, so liegt derselbe Beurkundungsgegenstand vor, § 10 Abs. 2 Nr. 2 GNotKG. Die Gebühr für den Widerruf wird dann nur insoweit erhoben, als der Geschäftswert der neu errichteten Verfügung hinter dem der widerrufenen Verfügung zurückbleibt.

211 Bei **Änderungen** des gemeinschaftlichen Testaments gelten die gleichen Grundsätze. Der **Widerruf** oder die bloße Aufhebung eines Testaments ohne neue Verfügung lösen eine halbe Gebühr aus. Soweit der Widerruf die Unwirksamkeit auch der Verfügung des anderen Ehegatten zur Folge hat, ist Geschäftswert das Vermögen beider Ehegatten.

212 **Erbvertrag.** Bei der Berechnung der Gebühren eines Erbvertrages ist eine 2,0 Gebühr anzusetzen, KV-Nr. 21100. Dies gilt unabhängig davon, ob es sich bei dem Erbvertrag um einen einseitigen oder zweiseitigen Erbvertrag handelt. Der Geschäftswert bestimmt sich wie bei einem gemeinschaftlichen Testament. S. hierzu die obigen Ausführungen unter Testament.

213 Bei **Änderungen** des Erbvertrages gelten die gleichen Grundsätze. Der **Rücktritt** von einem Erbvertrag oder die bloße Aufhebung eines Erbvertrages ohne neue Verfügung lösen eine 0,5 Gebühr aus. Wird gleichzeitig mit dem Rücktritt oder der Aufhebung eine neue Verfügung von Todes wegen be-

---

kann, den Bankkunden (Erben) unangemessen und sind unwirksam, OLG Hamm, NJW-Spezial 2012, 744 – Urt. V. 1.10.2012 – I-31 U 55/12.
119 Streifzug durch die Kostenordnung, Rn. 693.
120 Streifzug durch die Kostenordnung, Rn. 695.
121 Streifzug durch die Kostenordnung, Rn. 693.
122 Streifzug durch die Kostenordnung, Rn. 703.
123 Streifzug durch die Kostenordnung, Rn. 707.
124 Streifzug durch die Kostenordnung, Rn. 721.

urkundet, so wird die Gebühr für den Rücktritt oder die Aufhebung nur insoweit erhoben, als der Geschäftswert der neu errichteten Verfügung hinter dem der Verfügung, bezüglich derer der Rücktritt erklärt wird bzw. die aufgehoben wird, zurückbleibt. Die **Rücknahme** eines Erbvertrages **aus der amtlichen Verwahrung** löst eine 0,3 Gebühr aus, KV-Nr. 23100.

Wird der **Erbvertrag gleichzeitig mit einem Ehevertrag** beurkundet, handelt sich um unterschiedliche Gegenstände. Eine Kostenprivilegierung wie nach § 46 Abs. 3 KostO gibt es im GNotKG nicht. 214

Rechtswahl. Wird eine Rechtswahl in einer Verfügung von Todes wegen getroffen, ist diese getrennt zu bewerten. Bei einem Testament fällt eine 1,0 Gebühr an, bei einem gemeinschaftlichen Testament oder einem Erbvertrag eine 2,0 Gebühr, KV-Nr. 21200 und 21100, Der Geschäftswert bestimmt sich nach § 104 Abs. 2 GNotKG. Er ist mit 30 % des Wertes anzusetzen, der sich bei entsprechender Anwendung von § 102 GNotKG ergibt. Trifft die Rechtswahl mit anderen rechtsgeschäftlichen Erklärungen unter Lebenden z. B. einem Erb- und Pflichtteilsverzicht zusammen, sind beide Erklärungen getrennt zu bewerten.[125] 215

Erb- und Pflichtteilsverzicht. Die Beurkundung eines Erb- und Pflichtteilsverzichts löst eine 2,0 Gebühr aus. Wird der Erb- und Pflichtteilsverzicht im Rahmen einer Verfügung von Todes wegen erklärt, ist er gesondert zu bewerten. Als Geschäftswert ist der Wert des Bruchteils vom Netto-Nachlass anzusetzen, auf den verzichtet wird. Maßgeblicher Zeitpunkt für die Wertermittlung ist der der Verzichtserklärung. Wird ein gegenständlich beschränkter Pflichtteilsverzicht beurkundet, ist lediglich der Wert des Bruchteils vom Gegenstand anzusetzen, auf den sich der Verzicht bezieht.[126] Bei einem gegenseitigen Verzicht stehen die Verzichte in einem Austauschverhältnis, es ist nur der höherwertige Verzicht anzusetzen. Bei **Aufhebung** eines Erb- und Pflichtteilsverzichts ist eine 1,0 Gebühr anzusetzen.[127] 216

Ausschlagung. Die Beurkundung einer Erbausschlagung löst eine 0,5 Gebühr aus, KV-Nr. 21202. Der Wert richtet sich nach dem Nachlasswert nach Abzug der Nachlassverbindlichkeiten. Bei der in der Praxis am häufigsten Ausschlagung wegen Nachlassüberschuldung ist die Mindestgebühr anzusetzen. Schlagen mit einer Urkunde mehrere hintereinander berufene Erben aus, fällt die Gebühr nur einmal an. Schlagen mehrere Erben gemeinsam in einer Urkunde aus, sind deren Erbteile zusammenzurechnen. Holt der Notar bei einer von ihm vorbereiteten Erbausschlagung eine familien- oder betreuungsgerichtliche Genehmigung ein, handelt es sich dabei um eine Vollzugstätigkeit, für die eine 0, Gebühr anfällt, KV-Nr. 22111.[128] Für die **Anfechtung** der Annahme oder der Ausschlagung einer Erbschaft sowie die Anfechtung der Versäumung der Anfechtungsfrist gelten die Grundsätze entsprechend.[129] 217

Erbscheinsantrag. Der Erbscheinsantrag beinhaltet eine eidesstattliche Versicherung, die mit einer 1,0 Gebühr abzurechnen ist, KV-Nr. 23300. Der **Geschäftswert** bestimmt sich nach § 40 Abs. 1 GNotKG. 218

Testamentsvollstreckerzeugnis. Der Antrag auf Erteilung eines Testamentsvollstreckerzeugnisses beinhaltet eine eidesstattliche Versicherung, die mit einer 1,0 Gebühr abzurechnen ist. Der **Geschäftswert** sind gem. § 40 Abs. 5 mit 20 % des Nachlasswertes. 219

---

125 Streifzug durch die Kostenordnung, Rn. 766.
126 Streifzug durch die Kostenordnung, Rn. 2233.
127 Streifzug durch die Kostenordnung, Rn. 107.
128 Streifzug durch die Kostenordnung, Rn. 691.
129 Streifzug durch die Kostenordnung, Rn. 692.

F. Checkliste

220 ▶ **Checkliste: Gewillkürte Erbfolge**

- ☐ Erfassung der **persönlichen Verhältnisse**, insbesondere Erfassung der persönlichen Daten, des gewöhnlichen Aufenthalts, der Staatsangehörigkeit, des Familienstands, des Güterstands, der Familienverhältnisse.
- ☐ Prüfung der **Geschäfts- und Testierfähigkeit** des Erblassers, Behinderungen des Erblassers erfassen.
- ☐ Erfassung der **Vermögensverhältnisse** einschließlich Eigentumsverhältnisse, Gesellschaftsvermögen an einer Personengesellschaft, Auslandsvermögen, Lebensversicherungen.
- ☐ Prüfung der **Testierfreiheit, Bindungswirkung** aufgrund vorheriger Verfügungen von Todes wegen, Änderungsvorbehalt. Ggfs. ist die Aufhebung der eingetretenen Bindung durch Widerruf, Rücktritt oder Aufhebung anzustreben.
- ☐ Ermittlung von etwaigen **Pflichtteilsberechtigten** und -ansprüchen.
- ☐ Besonderheiten bei **Fällen mit Auslandsberührung** beachten: Staatsangehörigkeit, Wohnsitz oder Aufenthalt im Ausland des Erblassers und etwaiger Pflichtteilsberechtigter beachten, Asylanten- oder Flüchtlingsstatus beachten.
- ☐ **Immobilien im Ausland** und anderes Auslandsvermögen beachten.
- ☐ **Anwendbares** (ausländisches) **Güterrecht** beachten.
- ☐ Gestaltungsmöglichkeiten erörtern und geeignete Gestaltungsmittel (**Erbeinsetzung** (evtl. in Form der Vor- und Nacherbschaft), **Vermächtnis** (Vor- und Nachvermächtnis, Bestimmungsvermächtnis, Wahlvermächtnis), **Pflichtteilsstrafklausel, Testamentsvollstreckung, Auflage, Familienrechtliche Anordnung, Wiederverheiratungsklausel, Teilungsanordnung, Auseinandersetzungsverbot,** etc.) auswählen.
- ☐ Bei gemeinschaftlichen Testamenten und Erbverträgen ist die Reichweite der **Bindungswirkung** hinsichtlich der einzelnen Verfügungen genau zu bestimmen.
- ☐ **Auslegungsbedarf** ist zu **vermeiden**. Vor diesem Hintergrund sollten **Widerruf** vorrangegangener letztwilliger Verfügungen, **Ersatzerbenregelung** und **Bindungswirkung** stets ausdrücklich geregelt werden.
- ☐ **Grundsatz der Höchstpersönlichkeit** beachten. Soll die Bestimmung eines Bedachten oder der Gegenstand, der jemandem zugewandt werden soll, durch einen Dritten bestimmt werden, ist auf eine geeignete Gestaltung mit Vermächtnissen zurückzugreifen.
- ☐ Möglicherweise sind **ergänzende Rechtsgeschäfte unter Lebenden** zu erwägen: Gütertrennung, Schenkungen zur Verminderung bzw. Vermeidung von Erbschaftsteuer und Verminderung von Pflichtteilsansprüchen, ggfs. unter Anrechnung auf Pflichtteilsansprüche.
- ☐ Möglichkeiten der Vermögensnachfolge außerhalb des Erbrechts erwägen (**lebzeitige unbedingte Schenkungen, Schenkungen auf den Todesfall; Verträge zugunsten Dritter; Vermögensübertragung mittels Gütertrennung**).

Kapitel 2. Form der Verfügung von Todes wegen

Übersicht

		Rdn.
A.	**Formzwecke und Formwahl**	1
I.	Einführung	1
II.	Rechtsformwahl	4
III.	EU-Erbrechtsverordnung	12
B.	**Allgemeine Voraussetzungen einer Verfügung von Todes wegen**	18
I.	Testierfreiheit	18
II.	Testierwille	30
III.	Fähigkeit zur Abfassung eines Testamentes	32
	1. Begriff der Testierfähigkeit	32
	2. Relative Testierfähigkeit	37
	3. Testierfähigkeit als Rechtsbegriff	38
	4. Notarielle Prüfungs- und Vermerkpflichten	40
	5. Darlegungs- und Beweislast	50
IV.	Fähigkeit zum Abschluss eines Erbvertrages	52
C.	**Das eigenhändige Testament**	54
I.	Formvorschriften	54
II.	Besonderheiten beim gemeinschaftlichen Testament	60
III.	Verwahrung und Eröffnung	61
IV.	Privatschriftliche Ergänzungen notarieller Verfügungen	64
D.	**Testament durch Erklärung vor einem Notar**	69
I.	Allgemeine Formvoraussetzungen	69
II.	Formale Prüfungen und Feststellungen des Notars im Überblick	71
	1. Notwendige Prüfungen/Feststellungen	72
	2. Weitere Prüfungen/Feststellungen	74
	3. Urkundsmantel	78
III.	Mitwirkungsverbote	80
IV.	Hinzuziehung eines Zeugen oder zweiten Notars (§ 29 BeurkG)	83
V.	Beurkundung mit einem Sprachunkundigen (§§ 16, 32 BeurkG)	90
VI.	Schreibunfähigkeit eines Urkundsbeteiligten (§ 25 BeurkG)	101
VII.	Sondervorschriften bei behinderten Urkundsbeteiligten (§§ 22 ff. BeurkG)	104
	1. Feststellung der Behinderung	104
	2. Zuziehung eines Zeugen oder zweiten Notars (§ 22 BeurkG)	106
	3. Zuziehung eines Gebärdensprachdolmetschers (§ 22 Abs. 1 S. 2 BeurkG)	108

		Rdn.
	4. Besonderheiten für hörbehinderte Beteiligte (§ 23 BeurkG)	109
	5. Musterformulierungen zu den §§ 22, 23 BeurkG	110
	a) Hörbehinderung	111
	aa) Schriftliche Verständigung ist möglich; hier: ohne Zeugen	111
	bb) Schriftliche Verständigung ist möglich; hier: mit Zeugen	112
	b) Sprechbehinderung	113
	aa) Schriftliche Verständigung ist möglich; hier: ohne Zeugen	113
	bb) Schriftliche Verständigung ist möglich; hier: mit Zeugen	114
	c) Sehbehinderung	115
	aa) Verständigung ist möglich; hier: ohne Zeugen	115
	bb) Verständigung ist möglich; hier: mit Zeugen	116
	6. Hör- und Sprachbehinderte ohne schriftliche Verständigungsmöglichkeit (§ 24 BeurkG)	117
	7. Mehrere Behinderungen	124
VIII.	(In)kompatibilitäten (§§ 16, 22, 24, 25, 29 BeurkG)	126
IX.	Gemeinschaftliches Testament	129
X.	Verfahren nach Beurkundung	131
XI.	Besonderheiten bei der Auslegung notarieller Verfügungen	137
XII.	Beweiswirkung im Rechtsverkehr	138
E.	**Der Erbvertrag**	141
I.	Form des Erbvertrages	141
II.	Unterschiede zum gemeinschaftlichen Testament	145
III.	Verfahren nach Beurkundung	146
IV.	Rückgabe aus der amtlichen Verwahrung	148
F.	**Übergabe einer Schrift**	152
I.	Voraussetzungen und Anwendungsbereich	152
II.	Allgemeines zur Beurkundung	155
III.	Übergabe einer offenen Schrift	158
IV.	Übergabe einer verschlossenen Schrift	161
G.	**Nottestamente**	165
I.	Bürgermeistertestament	166
II.	Dreizeugentestament	169
H.	**Checkliste**	170

Kapitel 2 Form der Verfügung von Todes wegen

A. Formzwecke und Formwahl

I. Einführung

1 Verfügungen von Todes wegen sind besonders sensible Rechtsvorgänge. Mehrere Gründe treffen hier zusammen. Diese sind neben dem rechtlichen Schwierigkeitsgrad der einschlägigen Rechtsmaterie vor allem die wirtschaftliche sowie emotionale Bedeutung einer Verfügung von Todes wegen für den Erblasser und dessen Umfeld. Erschwerend tritt hinzu, dass mit dem Tode des Erblassers die wichtigste Erkenntnisquelle für die Ermittlung des tatsächlich Gewollten verloren geht. Korrekturen und Klarstellungen durch den Erblasser selbst sind dann nicht mehr möglich. Aus allen diesen Gründen hat der Gesetzgeber Verfügungen von Todes wegen besonders **strengen Formvorschriften** unterworfen. Die wichtigsten sind die Eigenhändigkeit[1] und die Errichtung vor einem Notar[2] oder Konsul[3] als die sog. ordentlichen Testamentsformen.[4] Hinzu kommen als sog. außerordentliche Testamentsformen eine ganze Reihe weiterer Formen, namentlich die Nottestamente.[5] Diese strengen Formvorschriften verfolgen **alle formtypischen Ziele**, nämlich vor allem den Schutz vor Übereilung (sog. Warnfunktion), die Erhöhung der Beweiskraft der Erkenntnisquelle hinsichtlich ihrer Urheberschaft und ihres Inhaltes (sog. Beweisfunktion) sowie die Sicherstellung einer möglichst großen Präzision bei Abfassung des Textes, ggf. unter Zuhilfenahme rechtlicher Beratung (sog. Rechtsklarheitsfunktion).[6]

2 Das Gesetz unterscheidet zwischen den sog. Sollvorschriften einerseits und den Mussvorschriften andererseits. Wird bei Abfassung der letztwilligen Verfügung eine Sollvorschrift nicht beachtet, berührt dies die Formwirksamkeit der Verfügung nicht. Erklärt der Erblasser seinen letzten Willen hingegen unter Verletzung einer Mussvorschrift und lässt sich die Erklärung unter keine der anderen möglichen Testamentsformen subsumieren, so ist die Willensäußerung unrettbar **unwirksam (§ 125 S. 1 BGB)**. Dies gilt auch dann, wenn es im konkreten Falle ausnahmsweise möglich sein sollte, den Willen nach den zivilprozessualen Regeln des Strengbeweises zur vollen Überzeugung eines Richters festzustellen.[7] Auch lässt sich die Formunwirksamkeit einer letztwilligen Verfügung nicht im Wege der Auslegung i. S. d. § 2084 BGB überwinden, weil eine Auslegung erst in Betracht kommt, wenn überhaupt (irgend)eine wirksame letztwillige Verfügung vorhanden ist.[8] Allenfalls kann, je nach Inhalt der Verfügung und den Begleitumständen ihres Zustandekommens, die **Umdeutung (§ 140 BGB) in ein Rechtsgeschäft unter Lebenden** in Betracht kommen.[9] Eine Heilung der formunwirksamen Verfügung, etwa durch formgerechte Billigung, ist nicht möglich. Der letzte Wille kann nur durch komplette Neuvornahme in zugelassener Form wirksam erklärt werden. Die (vorsorgliche) Bestätigung einer unwirksamen notariellen Verfügung von Todes wegen durch echte Bezugnahme gemäß § 13a BeurkG und Bestätigung gemäß § 141 BGB ist freilich möglich, weil dabei die zunächst unwirksame erste Verfügung von Todes wegen vollständig echter und mitbeurkundeter Bestandteil der (formwirksamen) Bestätigung ist.

3 Die strengen Formvorschriften schränken auch die Möglichkeiten der **Auslegung** letztwilliger Verfügungen ein. Der anhand von außerhalb der eigentlichen Erklärung liegenden Umständen fest-

---

1 Siehe Teil C.
2 Siehe Teile D., E., und F.
3 Die Beurkundung durch einen Konsularbeamten richtet sich gemäß dem Verweis in § 10 Abs. 3 KonsG nach den Vorschriften des BeurkG, soweit nicht in den §§ 10 Abs. 3, 11 KonsG Besonderheiten geregelt sind.
4 Vgl. §§ 2231 ff. BGB.
5 Siehe Teil G.
6 S. nur *Nieder/Kössinger*, § 17 Rn. 1; Reimann/Bengel/Mayer/*Reimann*, Teil A Rn. 70 ff. Im Bereich der HöfeO bildet eine Ausnahme die formlose Hoferbenbestimmung gem. § 6 Abs. 1 Nr. 1, 2 HöfeO.
7 BGH NJW 1981, 1900, 1901; *Nieder/Kössinger*, § 17 Rn. 1.
8 MünchKommBGB/*Leipold*, § 2084 Rn. 72 und *Hagena*, § 2247 Rn. 6; *Nieder/Kössinger*, § 17 Rn. 1; Staudinger/*Otte*, § 2084 Rn. 3.
9 *Firsching/Graf*, Rn. 1.135; MünchKommBGB/*Leipold*, § 2084, Rn. 68 ff.; Staudinger/*Otte*, § 2084 Rn. 1, 4 ff. m. w. N.

gestellte »wahre Wille« des Erblassers kann nach der ganz herrschenden sog. **Andeutungstheorie** nur dann berücksichtigt werden, wenn dieser Wille in der letztwilligen Verfügung irgendwie, sei es auch nur durch unvollkommene oder versteckte Anhaltspunkte, zum Ausdruck gekommen ist.[10] Zu den Besonderheiten bei **anwaltlich** begleiteten sowie **notariellen** Verfügungen von Todes wegen siehe unten Abschn. C.I. (Rdn. 59) und D.XI. (Rdn. 137).

II. Rechtsformwahl

Der Erblasser kann zwischen den ordentlichen Testamentsformen frei wählen. Dieses **Wahlrecht** verliert er auch dann nicht, wenn er einmal eine letztwillige Verfügung errichtet und er sich insoweit für eine der möglichen Formen entschieden hat. So kann z. B. ein notarielles Testament durch ein privatschriftliches Testament, aber auch z. B. ein notarieller Erbvertrag zwischen Ehegatten durch gemeinschaftliches privatschriftliches Testament derselben Ehegatten aufgehoben, geändert oder ergänzt werden. 4

Stellt man die **Vor- und Nachteile** eines eigenhändigen Testamentes einerseits und einer notariellen Verfügung von Todes wegen andererseits gegenüber, zeigt sich, dass für das eigenhändige Testament nur Kostengesichtspunkte sprechen, die aber nicht in jedem Falle greifen: 5

Vorteile der notariellen Verfügung von Todes wegen 6
– Aufklärung, Beratung und Formulierung durch den Notar
– Erhöhte Vermutung der Geschäftsfähigkeit des Erblassers infolge der Prüfung durch den Notar
– Vermeidung späterer Streitigkeiten durch rechtlich präzise Formulierungen
– Auffindbarkeit der letztwilligen Verfügung ist gewährleistet
– Sicherheit vor Fälschung oder Vernichtung
– Weitergehende Bindung mehrerer Beteiligter ist möglich; gilt auch für Unverheiratete
– Erhöhte Beweiskraft (§§ 415, 418 ZPO, § 35 GBO, § 12 HGB)
– i. d. R. Ersparung von Kosten (s. Rdn. 8 ff.)

Vorteile des eigenhändigen Testamentes 7
– Es fallen keine Beurkundungskosten an. Gehört allerdings Grundbesitz zum Nachlass, sind die Kosten bei einer Gesamtschau i. d. R. höher (siehe dazu die Rechenbeispiele in Rdn. 9 f.).

Hinsichtlich der **Kosten** ist danach zu differenzieren, ob der Erbe nach dem Erbfall zum Nachweis seiner Erbenstellung einen **Erbschein** benötigt oder nicht. Gehört zum Nachlass **Grundbesitz** und hat der Erblasser gar kein oder (nur) ein eigenhändiges Testament hinterlassen, ist in aller Regel[11] ein Erbschein zur Eintragung des Erben als neuen Eigentümer in das Grundbuch erforderlich.[12] Existiert jedoch eine notarielle Verfügung von Todes wegen, genügt diese nach Maßgabe des § 35 GBO zur Berichtigung des Grundbuches. Allerdings ist zu beachten, dass Geldinstitute vor Auskehrung größerer Vermögen mitunter die Vorlage eines Erbscheines verlangen (s. dazu noch Rdn. 140). Dies kann durch eine postmortale Vollmacht vermieden werden. Da Geldinstitute hierbei mitunter auf der Vorlage bankseitig gestellter Vollmachtsvordrucke bestehen, kann sich eine vorherige Absprache mit dem betroffenen Geldinstitut empfehlen. In der Regel werden auch notariell beurkundete General- und Vorsorgevollmachten, die über den Tod hinausgehen, akzeptiert. 8

---

10 S. nur MünchKommBGB/*Leipold*, § 2084 Rn. 14 m. w. N. auch zur Rspr.
11 Liegen die Voraussetzungen des § 36 GBO vor, genügt ein sog. **Auseinandersetzungszeugnis**. Unter Geltung der KostO war das Auseinandersetzungszeugnis gegenüber einem Erbschein erheblich begünstigt, da die Gerichtsgebühr wertunabhängig lediglich 10,00 € betrug (§§ 111 Abs. 1 Nr. 1, 33 KostO a. F.). Mit der Neuregelung in § 41 GNotKG dürfte jetzt der Wert der Grundstücke – anders als beim Erbschein aber immerhin nicht des gesamten Nachlasses; eine (kostenmäßige) Beschränkung des der Erbscheins für Grundbuchzwecke ist weggefallen – maßgeblich sein und davon eine 1,0-Gebühr (Nr. 12210 KV) auslösen, siehe *Faßbender/Führ/Grauel/Ohmen/Otto/Peter/Roemer/Wittkowski*, Rn. 1301.
12 S. dazu noch Teil D.9.

Kapitel 2   Form der Verfügung von Todes wegen

9 ▶ **Beispiel 1:**

Zwei Ehegatten besitzen im Wesentlichen ein Einfamilienhaus zu je ½ Anteil (Wert: 200 000,00 €). Sie wollen sich zunächst gegenseitig und als Schlusserben nach dem Tode des Längstlebenden ihr gemeinsames Kind einsetzen (sog. Berliner Testament). Variante eigenhändiges Testament: Keine Kosten für das Testament. Nach dem Tode des Erstversterbenden Kosten für die Beantragung und Erteilung des Erbscheins etwa 620,00 €. Nach dem Tode des Letztversterbenden Kosten für die Beantragung und Erteilung des Erbscheins etwa 970,00 €. Summe der Kosten: etwa 1 590,00 €. Variante notarielle Verfügung: (Nur) Kosten der notariellen Verfügung und Meldung beim Zentralen Testamentsregister etwa 1 050,00 €.

10 ▶ **Beispiel 2:**

Der Erblasser hat im Wesentlichen ein Einfamilienhaus (Wert 200 000,00 €). Er möchte seine Nichte zur Alleinerbin einsetzen. Variante eigenhändiges Testament: Testament keine Kosten. Kosten für Beantragung und Erteilung des Erbscheins: etwa 970,00 €. Variante notarielles Testament: Testament etwa 540,00 € nebst zwingend erforderlicher gerichtlicher Hinterlegung von 75,00 €, insgesamt also etwa 610,00 €.

11   Der Notar ist nicht verpflichtet, den Urkundsbeteiligten, der die Errichtung eines notariellen Testamentes wünscht, ungefragt auf die Möglichkeit eines ggf. kostengünstigeren eigenhändigen Testamentes hinzuweisen.[13]

III. EU-Erbrechtsverordnung

12   Alle Erbfälle mit Auslandsbezug, in denen der Erblasser nach dem 16. August 2015 verstorben ist, beurteilen sich nach der Europäischen Erbrechtsverordnung (vgl. Art. 83 Abs. 1, 84 EuErbVO). Maßgeblicher Anknüpfungspunkt ist also ausschließlich der Todeszeitpunkt. Dies gilt auch dann, wenn der Erblasser vor dem 17. August 2015 eine letztwillige Verfügung errichtet hatte. Allerdings stellt die EuErbVO sicher, dass durch den Wechsel des anwendbaren Rechts keine Testierlücken entstehen: Wurde eine Verfügung von Todes wegen einschließlich einer getroffenen Rechtswahl vor dem 17. August 2015 errichtet und war sie in Anwendung der bei Errichtung geltenden Normen wirksam, so behält sie ihre Gültigkeit auch dann, wenn sie unter Geltung der EuErbVO unwirksam wäre (Art. 83 Abs. 1 und Abs. 2 EuErbVO). Umgekehrt wird eine letztwillige Verfügung wirksam, wenn sie zwar bei Errichtung nach Maßgabe des zu diesem Zeitpunkt anwendbaren nationalen Rechts unwirksam wäre, aber in Anwendung der EuErbVO zum Todeszeitpunkt hätte wirksam errichtet werden können. Die EuErbVO gilt in allen EU-Mitgliedstaaten mit Ausnahme von Dänemark, Irland und Großbritannien. Sie setzt unmittelbar anwendbares Recht. Ausf. zur EuErbVO siehe Kap. 19, Rdn. 1 ff.

13   Hinsichtlich der hier in Rede stehenden **Rechtsform** einer letztwilligen Verfügung unterscheidet die EuErbVO – anders als das bisherige deutsche IPR – zwischen dem Erbstatut einerseits und dem Errichtungsstatut[14] andererseits. Das **Erbstatut** beantwortet die Frage, welches nationale materielle Erbrecht im Grundsatz auf die gesamte Rechtsnachfolge Anwendung findet (Art. 21 Abs. 1, 23 Abs. 1 und Abs. 2 EuErbVO). Demgegenüber bestimmt das **Errichtungsstatut**, nach welchem nationalen Erbrecht sich die eher formalen Aspekte einer letztwilligen Verfügung richten. Hierunter versteht die EuErbVO bei letztwilligen Verfügungen Aspekte der Zulässigkeit und der materiellen Wirk-

---

13 Vgl. allgemein BayObLG, Beschl. v. 27.9.2000 – 3Z BR 186/00, MittBayNot 2000, 575; *Winkler*, § 17 Rn. 270.
14 Der Begriff »Errichtungsstatut« ist kein von der EuErbVO offiziell verwandter Begriff; er bietet sich zur Abgrenzung vom Erbstatut aber zweckmäßigerweise an, siehe z. B. *Everts*, NotBZ 2014, 441, 454, *Schmitz/Steegmans*, RNotZ 2014, 577, 583.

samkeit (Art. 24 Abs. 1 i. V. m. Art. 26 EuErbVO) und bei Erbverträgen[15] zusätzlich noch Aspekte der Bindungswirkung einschließlich der Voraussetzungen für seine Auflösung (Art. 25 Abs. 1 und 2 i. V. m. Art. 26 EuErbVO).

Die EuErbVO bringt für Deutschland gegenüber der bisherigen Rechtslage einen Paradigmenwechsel: Nach der EuErbVO richtet sich das **Erbstatut** nicht mehr nach dem Heimatrecht des Erblassers zum Todeszeitpunkt (Staatsangehörigkeitsprinzip), sondern nach dem Recht desjenigen Staates, in dem der Erblasser **im Zeitpunkt seines Todes seinen gewöhnlichen Aufenthalt** hatte (Art. 21 Abs. 1 EuErbVO). Anders verhält es sich mit dem **Errichtungsstatut**, das nämlich hinsichtlich des Anknüpfungszeitpunktes vom Erbstatut abweicht. Das Errichtungsstatut bestimmt sich nach demjenigen nationalen Recht, das nach der EuErbVO auf die Rechtsnachfolge von Todes wegen anzuwenden wäre, wenn die Person, die die Verfügung errichtet hat, zu diesem Zeitpunkt verstorben wäre (Art. 24 Abs. 1, 25 Abs. 1 EuErbVO, sog. hypothetisches Erbstatut). Durch die Anknüpfung auf den Zeitpunkt der Errichtung einer Verfügung von Todes wegen soll verhindert werden, dass eine zunächst wirksam errichtete Verfügung von Todes wegen später infolge einer Verlegung des gewöhnlichen Aufenthaltes in einen anderen Staat formell unwirksam werden könnte.

14

Für letztwillige Verfügungen im Allgemeinen (Art. 24 Abs. 2 EuErbVO) und Erbverträge im Besonderen (Art. 25 Abs. 3 EuErbVO) besteht die Möglichkeit, für das **Errichtungsstatut** dasjenige **Recht zu wählen**, welches gemäß Art. 22 EuErbVO unter den darin genannten Bedingungen auch für das materielle Recht (Erbstatut) gewählt werden könnte. Art. 22 EuErbVO (Erbstatut) erlaubt, das Recht desjenigen Staates zu wählen, welchem der Erblasser im Zeitpunkt der Zeitpunkt der Rechtswahl oder im Zeitpunkt seines Todes angehört.

15

Bei Erbverträgen i. S. d. EuErbVO[16] besteht allerdings ein **Unterschied** zwischen der Möglichkeit der Wahl des Errichtungsstatuts einerseits und der Wahl des Erbstatuts andererseits: Eine Wahl des für die Errichtung maßgeblichen Rechts ist für den gesamten Erbvertrag zulässig, wenn die Rechtswahlmöglichkeit nur für einen der Beteiligten gegeben ist, deren Nachlass betroffen ist (Art. 25 Abs. 3 EuErbVO). Das Erbstatut hingegen ist gesondert für jeden Beteiligten zu beurteilen (vgl. Art. 22 EuErbVO). **Beispiel:** Leben ein Deutscher und eine Niederländerin mit gewöhnlichem Aufenthalt in den Niederlanden, so können sie vor einem deutschen Notar einen Erbvertrag errichten und für das Errichtungsstatut das deutsche Recht wählen. Eine Wahl des deutschen Rechts für das Erbstatut wäre hingegen nur dem Deutschen vorbehalten. Haben beide Erbvertragsparteien die niederländische Staatsangehörigkeit (mit gewöhnlichem Aufenthalt in den Niederlanden), wäre auch für das Errichtungsstatut nicht das deutsche Recht wählbar. Es bliebe sowohl für das Errichtungs- als auch das Erbstatut beim niederländischen Recht.

16

Der wesentliche **Anwendungsbereich** einer Rechtswahl des Errichtungsstatuts zeigt sich in der Situation eines deutsch-ausländischen oder eines rein deutschen Ehepaares mit gewöhnlichem Aufenthalt im Ausland; ein solches Ehepaar kann durch Wahl des deutschen Errichtungsstatuts z. B. einen Erbvertrag vor einem deutschen Notar errichten, welcher dann rechtssicher und bindend im gesamten Anwendungsbreich der EuErbVO ist.[17] Die Wahl des deutschen Errichtungsstatuts kann sich (klarstellend) auch dann empfehlen, wenn für die materielle Erbfolge ein anderes, aus Sicht der Beteiligten günstigeres Recht gewählt wird.[18]

17

---

15 Der Begriff des »Erbvertrages« in diesem Sinne ist autonom auszulegen. Er ist nicht mit dem Begriff des Erbvertrages im deutschen Sinne gleichzusetzen, sondern dürfte darüber hinausgehen und in weitem Umfang auch gemeinschaftliche Testamente erfassen, siehe zum Ganzen m. w.Nachw. *Everts*, NotBZ 2014, 441, 453.
16 Siehe zum Begriff des Erbvertrages i. S. d. EuErbVO vorherige Fn. 15.
17 *Schmitz/Steegmans*, RNotZ 2014, 577, 583.
18 *Schmitz/Steegmans*, RNotZ 2014, 577 für die Wahl des niederländischen Erbrechts (Erbstatut), wonach die Pflichtteilsrechte der Kinder nach dem erstversterbenden Ehegatten erheblich eingeschränkt werden können.

Kapitel 2 Form der Verfügung von Todes wegen

▶ **Muster für die Wahl des deutschen Errichtungsstatuts in einem Erbvertrag:**[19]

Für die Zulässigkeit, die materielle Wirksamkeit und die Bindungswirkungen dieses Erbvertrages, einschließlich der Voraussetzungen für seine Auflösung, wählen beide Parteien das deutsche Recht.

Die Perpetuierung des Errichtungsstatus hilft allerdings nicht darüber hinweg, dass sich das Erbstatut unverändert nach dem Zeitpunkt des Todes bestimmt. Hat z. B. ein belgisches Ehepaar mit gewöhnlichem Aufenthalt in Deutschland vor einem deutschen Notar einen (formgültigen) Erbvertrag errichtet, verstirbt der (jeweilige) Beteiligte aber mit gewöhnlichem Aufenthalt in Belgien, so bleibt der Erbvertrag und seine Bindung zwar bestehen (vgl. Rdn. 13), die übrigen Rechtsfolgen beurteilen sich aber nach belgischem Recht, so insbesondere die strengen Noterbrechte von Abkömmlingen.[20] Wenn und soweit die Möglichkeit besteht, kann dies nur durch eine Wahl des materiellen Erbrechts (Erbstatut) verhindert werden. Im Beispielsfall wäre eine solche Rechtswahl zugunsten des deutschen Rechts allerdings nicht möglich gewesen, da Art. 22 EuErbVO nur die Wahl des (hier belgischen) Heimatrechts erlaubt, wohl aber für deutsche Erbvertragsbeteiligte.

B. Allgemeine Voraussetzungen einer Verfügung von Todes wegen

I. Testierfreiheit

18 Eine Verfügung von Todes wegen kann nur wirksam errichten, wer nicht durch eine widersprechende frühere Verfügung von Todes wegen gebunden ist. Eine Bindung kann dabei nur entweder aus einer wechselbezüglichen Verfügung in einem **gemeinschaftlichen Testament** (§§ 2270 f. BGB) oder aus einer vertragsmäßigen Verfügung in einem **Erbvertrag** (§ 2278 BGB) resultieren. Bindend können dabei nur **Erbeinsetzung**, **Vermächtnis** und **Auflage** sein, nicht jedoch andere Verfügungen.[21] Der rechtliche Berater des Erblassers hat stets sorgfältig zu prüfen, ob der Erblasser durch frühere bindende Verfügungen in seiner Testierfreiheit beschränkt ist und ob die beabsichtigte neue Verfügung die ältere bindende beeinträchtigt.[22] Dabei genügt der rechtliche Berater seiner Nachforschungspflicht, wenn er den Erblasser diesbezüglich befragt und der Erblasser das Vorhandensein solcher Verfügungen verneint.[23] In einer notariellen Urkunde könnte es dazu heißen:

19 ▶ **Muster:**

Der Erschienene möchte ein Testament errichten und erklärt, über seinen Nachlass frei verfügen zu können, insbesondere also nicht durch einen früheren notariellen Erbvertrag oder ein früheres gemeinschaftliches Testament hieran gehindert zu sein.

20 Deutet sich allerdings an, dass der Erblasser an einem gemeinschaftlichen Testament oder Erbvertrag mitgewirkt hat, empfiehlt sich regelmäßig dessen **Lektüre**. Die Praxis zeigt nämlich, dass rechtlich nicht bewanderten Erblassern oftmals gar nicht im Einzelnen bewusst ist, welche Bindungswirkung von ihrer älteren Verfügung ausgeht, zumal es auf den Willen der Beteiligten bei Errichtung der älteren Verfügung und nicht auf den aktuellen Willen des einzelnen Erblassers ankommt. Dies gilt in besonderem Maße, wenn Anhaltspunkte für das Vorhandensein eines privatschriftlichen gemeinschaftlichen Testaments sprechen, welches die Ehegatten ohne rechtlichen Beistand verfasst haben.[24]

21 Kommt eine Bindung des Erblassers an eine ältere Verfügung in Betracht, ist weiter zu überlegen, ob diese Bindung **nachträglich beseitigt** werden kann, z. B. durch einen Zuwendungsverzicht mit dem Bedachten (§ 2352 BGB).[25]

---

19 *Schmitz/Steegmans*, RNotZ 2014, 577.
20 *Everts*, NotBZ 2014, 441, 454.
21 Einzelheiten hierzu s. Kapitel 7.
22 Für den Notar folgt dies aus § 17 Abs. 1 BeurkG.
23 Beck'sches Formularbuch Erbrecht/*Brambring*, A. III, Einl.
24 Beck'sches Formularbuch Erbrecht/*Brambring*, A. III, Einl.
25 Ausf. Kapitel 7.

Existiert eine ältere bindende Verfügung von Todes wegen, wird es in manchen Fällen, vor allem bei 22
privatschriftlichen eigenhändigen gemeinschaftlichen Testamenten, nicht leicht sein, **Bestand und Reichweite der Bindungswirkung** eindeutig zu ermitteln. Letztlich ist dies eine Frage der **Auslegung**. Verbindlich zu entscheiden hat über die Bindungswirkung erst entweder das Nachlassgericht im Erbscheinsverfahren oder das Prozessgericht im zivilen Rechtsstreit. Der rechtliche Berater sollte daher tunlich vermeiden, sich diesbezüglich vorschnell festzulegen.[26] Immerhin wird man im Zweifel eher dazu raten können, die neue und widersprechende Verfügung zu errichten, um die Neugestaltung zumindest zu versuchen. Hierbei kann es durchaus nützlich sein, wenn der Erblasser gleichsam als Zeitzeuge in seiner Verfügung detailliert die Motive und Beweggründe für die ältere Verfügung niederlegt, soweit diese plausibel gegen den Willen zur Errichtung einer bindenden Verfügung sprechen.[27]

Der **Notar** hat Bestand und Umfang der Bindungswirkung einer früheren Verfügung selbständig zu 23
prüfen.[28] Er darf eine neue letztwillige Verfügung allerdings (nur) dann nicht beurkunden, wenn er davon überzeugt ist, dass diese wegen der früheren unwirksam ist. Hat er lediglich Zweifel hieran, darf er die neue beurkunden, muss den Erblasser aber auf seine Bedenken hinweisen.[29] Nach Maßgabe des § 17 Abs. 2 S. 1 BeurkG muss der Notar über seine Belehrung einen Vermerk in die Urkunde aufnehmen.

▶ **Muster: Belehrungsvermerk** 24

Die Erschienene hat am ... mit ihrem verstorbenen Ehemann ein eigenhändiges gemeinschaftliches Testament errichtet, das durch das Amtsgericht ... unter dem Aktz. ... eröffnet wurde. In diesem Testament hat die Erschienene den Neffen des Ehemannes als Schlusserben eingesetzt. Der Notar erörterte mit der Erschienenen, dass die Bindungswirkungen dieser Verfügung durch ihn nicht abschließend beurteilt werden, bei bestehender Bindung die nachfolgenden Verfügungen aber unwirksam sein können. *[Ggf. Ausführungen dazu, warum die Verfügung nach Ansicht der Erschienenen nicht wechselbezüglich ist.]* Dies vorausgeschickt erklärte die Erschienene mündlich ihren letzten Willen wie folgt (...)

Sind **pflichtteilsberechtigte Personen**[30] vorhanden, die der Erblasser nicht oder nur in geringerem 25
Umfange als dem Pflichtteil begünstigen möchte, so spricht man an sich nicht von einer Einschränkung in der Testierfreiheit. Denn die Verfügungen sind an sich wirksam, möglicherweise aber in ihrer wirtschaftlichen Wirkung nur eingeschränkt realisierbar, wenn nämlich der Pflichtteilsberechtigte seine Pflichtteilsansprüche geltend macht und vom testamentarisch Begünstigten Geldzahlungen verlangt. Im Falle einer notariellen Testamentserrichtung wird der Notar im Hinblick auf § 17 Abs. 1 BeurkG in aller Regel gehalten sein, den Erblasser diesbezüglich aufzuklären. Gleiches gilt für einen Rechtsanwalt, der die Abfassung eines eigenhändigen Testamentes begleitet.

Es ist üblich, eine letztwillige Verfügung mit einem (vorsorglichen) **Widerruf** früherer Verfügungen 26
von Todes wegen zu beginnen. Auch dieses ist an sich kein Problem der Testierfreiheit, sondern der Klarstellung, in welchem Verhältnis die neuere Verfügung gegenüber älteren steht.

▶ **Muster:** 27

Hiermit widerrufe ich alle von mir bisher etwa getroffenen Verfügungen von Todes wegen.

Hierbei ist jedoch große **Vorsicht** geboten, wenn das neue Testament lediglich **Teilbereiche** des 28
Nachlasses regelt, z. B. in Fällen mit Auslandsbezug, wenn es zu einer Nachlassspaltung hinsichtlich

---

26 So zu Recht Beck'sches Formularbuch Erbrecht/*Brambring*, A. III, Einl.
27 Hierauf weist vor allem hin Beck'sches Formularbuch Erbrecht/*Brambring*, A. III, Einl.
28 S. schon Rdn. 18.
29 § 17 Abs. 2 S. 2 BeurkG; s. auch BGH Rpfleger 1974, 59.
30 Zum Pflichtteilsrecht ausf. Kapitel 10.

Kapitel 2 Form der Verfügung von Todes wegen

zwei oder mehr Rechtsordnungen kommt und der deutsche Berater sich lediglich der Regelung des deutschen Teils widmet.

29 ▶ **Muster:**

Hiermit widerrufe ich alle von mir bisher etwa getroffenen Verfügungen von Todes wegen, soweit auf die Regelung meines Nachlasses deutsches Erbrecht Anwendung findet.

II. Testierwille

30 Eine wirksame Verfügung von Todes wegen setzt in allen Fällen, d. h. unabhängig von ihrer Form, voraus, dass der Erblasser bei ihrer Abfassung mit Testierwillen gehandelt hat. Der Testierwille ist mit dem Rechtsbindungswillen bei Willenserklärungen vergleichbar. Es ist der Wille, das Schicksal seines Nachlasses rechtsverbindlich festzulegen, mindestens aber das Bewusstsein, dass dem Schriftstück diese Bedeutung beigemessen wird.[31] Das Vorliegen des Testierwillens ist erforderlichenfalls im Wege der Auslegung gem. § 133 BGB unter Berücksichtigung des Gesamtverhaltens des Erblassers einschließlich aller Nebenumstände auch außerhalb der Urkunde zu ermitteln.[32]

31 Bei **notariellen Verfügungen** von Todes wegen sind Zweifel am Vorliegen des erforderlichen Testierwillens praktisch undenkbar.[33] Bedeutsam ist die Feststellung des Testierwillens aber bei **eigenhändigen Testamenten**, die von bloßen Entwürfen oder Ankündigungen des Erblassers, etwas testieren zu werden, abzugrenzen sind. Bei Schriftstücken, die mit »Testament«, »Mein letzter Wille« oder »Letztwillige Verfügung« überschrieben, äußerlich einen vollständigen Eindruck erwecken und unterschrieben sind, werden Zweifel am Testierwillen nur bei Vorliegen ganz besonderer sonstiger Umstände angebracht sein.[34]

III. Fähigkeit zur Abfassung eines Testamentes

1. Begriff der Testierfähigkeit

32 Ein wirksames Testament kann nur abfassen, wer die erforderliche **Testierfähigkeit**, also die Fähigkeit besitzt, ein Testament zu errichten, abzuändern oder aufzuheben (arg. ex § 2229 BGB). Die Testierfähigkeit ist eine spezielle Ausprägung der Geschäftsfähigkeit (§§ 105 ff. BGB) auf dem Gebiet des Testamentsrechts[35] und unterscheidet sich von dieser vor allem hinsichtlich der Testiermündigkeit. Es gilt aber: Wer unbeschränkt geschäftsfähig ist, ist aber auch stets testierfähig.[36]

33 **Testierunmündig**, d. h. wegen zu geringen Alters testierunfähig ist, wer das 16. Lebensjahr noch nicht vollendet hat. **Minderjährige**, die das 16. Lebensjahr vollendet haben, können ohne Zustimmung des gesetzlichen Vertreters wirksam testieren, allerdings nur in den besonderen vier Formen »notarielles Testament durch Erklärung«, »Übergabe einer offenen Schrift«, »Konsulartestament« und »Bürgermeisternottestament«. Wird der Minderjährige nach Errichtung einer formunwirksamen letztwilligen Verfügung volljährig, bedarf es einer Neuerrichtung der Verfügung; eine bloße Genehmigung genügt nicht (siehe schon Rdn. 2).[37] Ob der testiermündige Minderjährige die für die Testierfähigkeit erforderliche Einsichtsfähigkeit hat, beurteilt sich nach den allgemeinen Maßstäben des § 2229 Abs. 4 BGB.[38] Für Minderjährige existiert insoweit kein geringerer Standard. Wie bei der Geschäftsfähigkeit überhaupt (s. Rdn. 50) ist wegen der gesetzgeberischen Wertung im Zweifel aber von der Testierfähigkeit des 16-Jährigen auszugehen.

---

31 MünchKommBGB/*Hagena*, § 2247 Rn. 5; *Firsching/Graf*, Rn. 1.105.
32 MünchKommBGB/*Leipold*, § 2084 Rn. 32 f. und *Hagena*, § 2247 Rn. 5; *Firsching/Graf*, Rn. 1.105.
33 Vgl. *Nieder/Kössinger*, § 17 Rn. 45.
34 *Firsching/Graf*, Rn. 1.105; ausf. Reimann/Bengel/Mayer/*Voit*, § 2247 Rn. 4 ff.
35 Reimann/Bengel/Mayer/*Voit*, § 2229 Rn. 4; *Nieder/Kössinger*, § 7 Rn. 1.
36 MünchKommBGB/*Hagena*, § 2229 Rn. 2; Reimann/Bengel/Mayer/*Mayer*, § 2275 Rn. 1.
37 MünchKommBGB/*Hagena*, § 2229 Rn. 6; Reimann/Bengel/Mayer/*Voit*, § 2233 Rn. 3.
38 Reimann/Bengel/Mayer/*Voit*, § 2229 Rn. 8.

Einem an sich Testiermündigen fehlt die erforderliche Testierfähigkeit, wenn er wegen krankhafter **Störung der Geistestätigkeit**, wegen **Geistesschwäche** oder wegen **Bewusstseinsstörung** nicht in der Lage ist, die Bedeutung einer von ihm abgegebenen Willenserklärung einzusehen und nach dieser Einsicht zu handeln, § 2229 Abs. 4 BGB. Obwohl der Gesetzgeber (und die h.Lit.) durchgängig zwischen den Begriffen »Testierfähigkeit« und »Geschäftsfähigkeit« unterscheiden, weisen beide Begriffe hinsichtlich der erforderlichen geistigen Integrität prinzipiell dieselbe »Eingriffsschwelle« auf,[39] sieht man einmal davon ab, dass man die Streitfrage um die sog. relative Testier- bzw. Geschäftsfähigkeit dogmatisch für beide Begriffe unterschiedlich entscheiden könnte.

34

Die **Grenzziehung** zwischen Testierfähigkeit und Testierunfähigkeit kann in der Praxis große Schwierigkeiten bereiten, da nicht jede geistige Beeinträchtigung zwangsläufig zur Testierunfähigkeit führt. So wird z. B. ein Erblasser, der sich im Anfangsstadium einer (leichten) Demenz befindet, in aller Regel noch testierfähig sein.[40] In jedem kritischen Einzelfall besteht daher die schwierige Aufgabe festzustellen, ob das Ausmaß der geistigen Beeinträchtigung zum fraglichen Zeitpunkt tatsächlich so hoch war, dass dem Testator die erforderliche Einsichtsfähigkeit bzw. die Fähigkeit, entsprechend der Einsicht zu handeln, fehlte. Es ist stets danach zu fragen, ob die Möglichkeit einer selbstbestimmten und – auch im Hinblick auf ihre mögliche Willkür – selbstverantworteten Regelung der Rechtsnachfolge besteht.[41] Jedenfalls ist aber eine geistige Beeinträchtigung i. S. d. § 2229 Abs. 4 BGB erforderlich; bloße Intelligenzmängel stehen der Testierfähigkeit nicht entgegen.

35

Maßgeblich für die Feststellung der Testier(un)fähigkeit ist der **Zeitpunkt** der Testamentsentrichtung.[42] Wer z. B. längere Zeitabschnitte über testierunfähig ist, sein Testament sodann aber in einem sog. lichten Augenblick (lucidum intervallum) errichtet, hat wirksam testiert. Demgegenüber wird ein Testament, das in einer Phase der Testierunfähigkeit verfasst wurde, später nicht dadurch wirksam, dass der Testator es nach Wiedererlangung der Testierfähigkeit akzeptiert. Es bedarf – wie im vorgenannten Fall des Minderjährigen (Rdn. 33) – einer Neuerrichtung (siehe auch Rdn. 2 zu Form).

36

2. Relative Testierfähigkeit

In der Praxis kommt es nicht selten vor, dass der Testator trotz seines geistigen Handikaps in der Lage zu sein scheint, einfache Sachverhalte (z. B.: »Wenn ich sterbe, soll meine Frau alles bekommen.«) zu verstehen, kompliziertere Regelungen jedoch nicht. Hier ist – wie bei der allgemeinen Geschäftsfähigkeit – streitig, ob eine abgestufte, sog. **relative Testierfähigkeit** anzuerkennen ist, wonach das Maß der noch bzw. nicht mehr ausreichenden geistigen und voluntativen Fähigkeiten vom Schwierigkeitsgrad der fraglichen Erklärung abhängt. Von Teilen in der Literatur wird dies mit guten Gründen bejaht.[43] Danach vermag derjenige, der nur einen einfachen Komplex zu überblicken imstande ist, eine entsprechend einfache Verfügung zu treffen, eine kompliziertere jedoch nicht.[44] Nach wohl vorherrschender Gegenansicht in Rechtsprechung und Schrifttum ist die Testierfähigkeit hingegen absolut, d. h. eine Person ist entweder testierfähig und kann dann jedwede Erklärung abgeben, oder sie ist es nicht und kann dann überhaupt keine rechtswirksame Erklärung verfassen.[45] Dieser Ansatz wird dann allerdings doch wieder erheblich eingeschränkt, wenn es heißt, der Erblasser müsse in der Lage sein, sich über die rechtliche Tragweite der getroffenen Anordnungen und ihrer Auswirkungen

37

---

39 BayObLG NJW-RR 1996, 1289; Reimann/Bengel/Mayer/*Mayer*, § 2275 Rn. 1.
40 Vgl. *Firsching/Graf*, Rn. 1.64 in Fn. 109.
41 MünchKomm BGB/*Hagena*, § 2229 Rn. 17 ff.; *Firsching/Graf*, Rn. 1.64; Reimann/Bengel/Mayer/*Voit*, § 2229 Rn. 11 m. w. N.
42 *Nieder/Kössinger*, § 7 Rn. 22; Reimann/Bengel/Mayer/*Voit*, § 2229 Rn. 18.
43 *Flume*, AT II § 13, 5; Reimann/Bengel/Mayer/*Voit*, § 2229 Rn. 12; MünchKommBGB/*Hagena*, § 2229 Rn. 15; jeweils m. w. N.
44 Bei der Feststellung, ob der Betroffene bei einem schwierigen Sachverhalt eine einfache Verfügung versteht und wünscht, wird allerdings in Betracht zu ziehen sein, ob er in der Lage ist zu entscheiden, eine komplexe Regelung nicht zu wollen.
45 S. BGHZ 30, 112, 117 = NJW 1959, 1587; BGH NJW 1970, 1680, 1681; Palandt/*Weidlich*, § 2229 Rn. 1; Staudinger/*Baumann*, § 2229 Rn. 12; Soergel/*Mayer*, § 2229 Rn. 9, jeweils m. w. N.

auf die persönlichen und wirtschaftlichen Verhältnisse der Betroffenen sowie über Gründe, die für und gegen ihre sittliche Berechtigung sprechen, ein klares Urteil zu bilden und danach frei von Einflüssen Dritter zu handeln; nur allgemeine Vorstellungen hinsichtlich der Errichtung eines Testamentes genügten nicht. Folgt man dieser h. M., gilt es stets, den (absoluten) Grad der Beeinträchtigung zu definieren, der die Grenze zwischen (absoluter) Testierfähigkeit und (absoluter) Testierunfähigkeit bildet. In diesem Zusammenhang wäre jedenfalls abzulehnen die Ansicht, dass derjenige, der eine ganz schlichte Verfügung für einen ganz schlichten sozialen und wirtschaftlichen Komplex verstehen würde (z. B. Erbeinsetzung des einzigen gemeinsamen Kindes durch den verwitweten Elternteil), sofort geschäftsfähig für alle komplizierten Regelungen wäre, die er aufgrund seiner geistigen Insuffizienz gar nicht verstehen kann.[46] Richtigerweise wird man daher für die Bejahung der (absoluten) Testierfähigkeit i. S. d. herrschenden Meinung jedenfalls fordern müssen, dass der Betroffene trotz seines geistigen Handikaps grundsätzlich in der Lage ist, mehr als nur simpelste soziale und wirtschaftliche Strukturen zu verstehen und solche eigenverantwortlich zu regeln. Zu den diesbezüglichen notariellen Prüfungspflichten s. sogl. Rdn. 48 f.

3. Testierfähigkeit als Rechtsbegriff

38 Die Testier(un)fähigkeit ist kein medizinischer, sondern ein **rechtlicher Begriff**. Zwar werden zur Subsumtion in aller Regel ärztliche Feststellungen, Erfahrungen und Bewertungen erforderlich sein; die entscheidende Schlussfolgerung hieraus bleibt jedoch stets ein juristischer Schritt.[47]

39 Mitunter werden im Vorfeld einer Testamentserrichtung ärztliche Kurzatteste zur Geschäftsfähigkeit/Testierfähigkeit vorgelegt. Dabei ist ein **ärztliches Attest**, wonach der Testator »geschäftsfähig« sei, an sich nicht aussagekräftig, weil es einen von der Aussage unabhängigen rechtlichen Subsumtionsschluss nicht ermöglicht. Allerdings wird man ein solches Attest typischerweise dahingehend verstehen können, dass der Arzt überhaupt keinen geistigen Defekt feststellen konnte; in diesem Sinne verstanden wäre es dann wiederum ausreichend aussagekräftig und jedenfalls für den Notar ausreichend, um sich vor Beurkundung von der Testierfähigkeit zu überzeugen. Die hausärztliche Einschätzung, der Patient sei »eingeschränkt geschäftsfähig«, gibt mehr Steine statt Brot und ist praktisch nicht verwertbar: Nach h. M. gibt es im Falle der geistigen Insuffizienz keine »eingeschränkte« Testierfähigkeit, d. h. es ist nur zwischen Testierfähigkeit und Testierunfähigkeit zu unterscheiden.[48] Die Aussage, der Patient sei »eingeschränkt geschäftsfähig« lässt dabei keine juristische Prüfung dahingehend zu, ob das Ausmaß der Beeinträchtigung so groß ist, dass es die Grenze zwischen Testierfähigkeit zur Testierunfähigkeit überschreitet. Auch auf dem Boden der Gegenansicht[49] ist ein solches Attest juristisch nicht verwertbar, da auch hier die relative Grenze zwischen Testierfähigkeit und Testierunfähigkeit gezogen werden muss. Richtigerweise hat der behandelnde Arzt in kritischeren Fällen detailliertere Feststellungen und Bewertungen dazu niederlegen, ob und inwieweit der Patient in der Lage ist, einen Sachverhalt in seiner sozialen und wirtschaftlichen Bedeutung zu erfassen. Je zweifelhafter dabei die Beurteilung aus Sicht des Arztes erscheint, desto datailreicher sollten seine tatsächlichen Feststellungen ausfallen, damit das Gutachten in einem späteren Rechtsstreit die (Überprüfung)Prüfung durch andere Sachverständige ermöglicht.

4. Notarielle Prüfungs- und Vermerkpflichten

40 Ein Notar hat sich gemäß den §§ 11, 28 BeurkG ein eigenes Urteil über die Testierfähigkeit des Erklärenden zu bilden. Ist er von der Testierunfähigkeit überzeugt, muss er die Beurkundung ablehnen; Zweifel hieran hat er in der Niederschrift zu vermerken, § 11 BeurkG. Weil der Notar Träger eines unabhängigen Amtes ist (§ 1 BNotO), steht es in seinem pflichtgemäßen Ermessen zu entscheiden,

---

46 So zu Recht schon *Flume*, AT II § 13, 5.
47 Vgl. MünchKommBGB/*Hagena*, § 2229 Rn. 66.
48 S. soeben Rdn. 37.
49 S. soeben Rdn. 37.

durch welche Wahrnehmungen er sich dieses Urteil bildet.[50] Seine Prüfung hat sich dabei am Maßstab des § 2229 Abs. 4 BGB zu halten. Grundsätzlich genügt der Notar auch bei Menschen in hohem Alter seinem pflichtgemäßen Ermessen, wenn er sich durch das Gespräch mit dem Testator anlässlich der Urkundsverhandlung von dessen Testierfähigkeit überzeugt.[51] Erst wenn weitere Anhaltspunkte hinzutreten (z. B. äußeres Erscheinungsbild, Verhalten, Äußerungen, Kenntnisse des Notars von schwereren Krankheiten, Anordnung einer Betreuung), ist der Notar zu weiteren Nachforschungen (z. B. längere oder mehrfache Unterredung, Hinzuziehung erreichbarer Äußerungen sachverständiger Personen) gehalten. Liegt ein aktuelles ärztliches Attest vor, wonach der Patient geschäftsfähig ist (s. Rdn. 39), bedarf es nur dann weiterer Nachforschungen, wenn das Attest den Eindrücken des Notars eklatant widerspricht.

Beurkundet der Notar ein Testament, soll er seine Wahrnehmungen über die erforderliche Geschäftsfähigkeit des Erblassers in der Niederschrift vermerken. Hierzu genügt im Regelfall die Wiedergabe des Ergebnisses seiner Wahrnehmungen,[52] also z. B.: 41

▶ **Muster:** 42

Der Notar überzeugte sich anlässlich der Urkundsverhandlung von der Geschäftsfähigkeit des Erschienenen.

In problematischen Fällen, insbesondere wenn der Notar zu weiteren Nachforschungen zur Geschäftsfähigkeit angehalten ist (s. Rdn. 40), hat er neben dem Ergebnis seiner Wahrnehmungen grundsätzlich auch diese selbst konkret zu vermerken. Ist der Erblasser lediglich schwer krank, ohne dass seine Geschäftsfähigkeit in irgendeiner Weise zweifelhaft ist, könnte formuliert werden: 43

▶ **Muster:** 44

Herr A. ist zwar schwer krank, nach Überzeugung des Notars auf Grund einer eingehenden Unterredung anlässlich der Urkundsverhandlung aber geschäftsfähig. Insbesondere beantwortete Herr A. Fragen des Notars zu Ort und Zeit zutreffend sowie zu seinen sozialen und wirtschaftlichen Verhältnissen eindeutig und schlüssig.

Ist die Geschäftsfähigkeit für den Notar hingegen nur schwer feststellbar oder zweifelt er gar an der Geschäftsfähigkeit des Erblassers, ist er gehalten, seine diesbezüglichen, speziell auf den Erblasser zutreffenden individuellen tatsächlichen Wahrnehmungen detaillierter niederzulegen (z. B.: welche Fragen der Erblasser beantworten und welche er nicht beantworten konnte, zeigte er auffällige Verhaltensweisen oder nicht etc.), damit im späteren Streitfalle ein medizinischer Gutachter diese Feststellungen auswerten kann.[53] Allgemeine, pauschale und formalistische Formulierungen sind zu vermeiden.[54] 45

Dem Erblasser wird in solchen Fällen allerdings zum Schutze seiner Persönlichkeit in aller Regel mehr gedient sein, wenn es in der Niederschrift bei der allgemeinen Feststellung der Geschäftsfähigkeit verbleibt und der Notar seine detaillierteren Wahrnehmungen in einer getrennten, mit dem Testament aber zu verbindenden und im Todesfall zur Eröffnung miteinzureichenden **Tatsachenbescheinigung** niederlegt.[55] Ein entsprechender Vermerk in der Niederschrift könnte lauten: 46

---

50 MünchKommBGB/*Hagena*, § 28 BeurkG Rn. 17; Eylmann/Vaasen/*Limmer*, § 11 BeurkG Rn. 4.
51 *Winkler*, § 11 Rn. 8, § 28 Rn. 10; Reimann/Bengel/Mayer/*Limmer*, § 11 BeurkG Rn. 9 ff.
52 MünchKommBGB/*Hagena*, § 28 BeurkG Rn. 17; Reimann/Bengel/Mayer/*Bengel*, § 28 BeurkG Rn. 6.
53 *Lichtenwimmer*, MittBayNot 2002, 240, 244.
54 *Lichtenwimmer*, MittBayNot 2002, 240, 244; MünchKommBGB/*Hagena*, § 28 BeurkG Rn. 17.
55 S. hierzu überzeugend *Lichtenwimmer*, MittBayNot 2002, 240, 244; *Winkler*, § 11 Rn. 16.

Kapitel 2 Form der Verfügung von Todes wegen

47 ▶ **Muster:**

Der Notar hat anlässlich der Urkundsverhandlung ein ausführliches Gespräch mit Frau A. geführt und die Auswirkungen der beurkundeten Regelungen eingehend erläutert. Der Notar hat dabei den Eindruck gewonnen, dass die getroffenen Verfügungen dem Willen von Frau A. entsprechen, konnte das Vorliegen einer weitergehenden allgemeinen Geschäftsfähigkeit aber nicht abschließend beurteilen.
[Weitere Feststellungen folgen in einer gesonderten Tatsachenbescheinigung.]

48 Nach der Lehre von der absoluten Geschäftsfähigkeit ist es denkbar, dass ein Erblasser materiellrechtlich wirksam eine komplizierte Regelung verfügen kann, obwohl er aufgrund einer geistigen Insuffizienz nicht in der Lage ist, eine solche Regelung zu verstehen.[56] Im Hinblick auf § 17 Abs. 1 BeurkG wäre es dem Notar wohl verwehrt, eine solche Beurkundung vorzunehmen.[57] Kommt der Notar in einem solchen Falle allerdings zu dem Schluss, dass der Erblasser eine einfache Regelung versteht und diese auch wünscht, ist die Beurkundung schon im Hinblick auf die überzeugend argumentierende Gegenansicht jedenfalls zulässig. Es könnte formuliert werden:

49 ▶ **Muster:**

Der Notar hat anlässlich der Urkundsverhandlung ein ausführliches Gespräch mit Herrn A. geführt und die Auswirkungen der beurkundeten Regelungen eingehend erläutert. Der Notar hat dabei den Eindruck gewonnen, dass die getroffenen Verfügungen dem Willen von Herrn A. entsprechen und dass Herr A. die erforderliche Einsichts- und Entscheidungsfähigkeit für die beurkundeten Regelungen besaß, konnte das Vorliegen einer weitergehenden allgemeinen Geschäftsfähigkeit aber nicht abschließend beurteilen. *[Ggf. nebst weiteren Feststellungen oder einer gesonderten Tatsachenbescheinigung.]*

5. Darlegungs- und Beweislast

50 Sowohl in Verfahren der streitigen als auch der freiwilligen Gerichtsbarkeit ist der Erblasser grundsätzlich als testierfähig anzusehen. Für die Annahme seiner Testierunfähigkeit ist es erforderlich, dass das Gericht nach Auswertung aller für das einschlägige Verfahren vorgesehener Beweismittel voll überzeugt ist.[58] Deshalb ist z. B. im Erbscheinsverfahren das Nachlassgericht nur aufgrund konkreter Umstände, die das Vorliegen der Testierfähigkeit bezweifeln lassen, überhaupt berechtigt, diesbezügliche Ermittlungen anzustellen.

51 Die im notariellen Testament niedergelegte **Feststellung des Notars**, er sei von der Testierfähigkeit des Erblassers überzeugt, ist im Streitfalle für ein Gericht nicht bindend. Seine Feststellung hat lediglich den Charakter eines persönlichen Werturteils des Notars und nimmt an der öffentlichen Beweiskraft der Urkunde (§ 415 ZPO) nicht teil.[59] Kommt es zum Streit über die Testierfähigkeit, wird der Notar aber in aller Regel als Zeuge vernommen. Dabei kann es auf seine Feststellungen in besonderem Maße ankommen, weil er mit dem Testator im rechtlich maßgeblichen Zeitpunkt der Abfassung des Testaments in Kontakt stand. Eine Aussage des Notars erfordert allerdings in jedem Falle die vorherige Befreiung von der Verpflichtung zur Verschwiegenheit durch den zuständigen Präsidenten des Landgerichts.[60]

---

56 Siehe Rdn. 37.
57 So zutr. *Nieder/Kössinger*, § 7 Rn. 15.
58 H. M., siehe etwa BayObLG Beschl. v. 24.3.2005 – 1Z BR 107/04, ZEV 2005, 345, 348; *Klingelhöffer*, ZEV 1997, 92, 93; MünchKommBGB/*Hagena*, § 2229 Rn. 57; Reimann/Bengel/Mayer/*Voit*, § 2229 Rn. 22, 23, jeweils m. w. N.
59 BayObLGZ 1974, 336, 339; *Zimmermann*, BWNotZ 2000, 97, 100; anders wäre es aber, soweit der Notar eigene Tatsachenwahrnehmungen niederlegt, vgl. Reimann/Bengel/Mayer/*Limmer*, § 11 BeurkG 13.
60 BGH, Beschl. v. 20.4.2009 – NotZ 23/08, DNotZ 2009, 876 ff.

IV. Fähigkeit zum Abschluss eines Erbvertrages

Einen Erbvertrag kann als **Erblasser** grds. nur schließen, wer unbeschränkt »geschäftsfähig« ist (§ 2275 Abs. 1 BGB). Damit verweist das Gesetz zunächst auf die allgemeinen Bestimmungen der §§ 104 f. BGB. Sachliche Unterschiede zur allgemeinen Geschäftsfähigkeit bestehen aber vor allem bei Minderjährigen, d. h. bei der Geschäftsmündigkeit, die auch anders geregelt ist als die Testiermündigkeit.[61] Während Minderjährige, die das 16. Lebensjahr vollendet haben, in bestimmten Formen frei testieren können, ist der Abschluss eines Erbvertrages als Erblasser zwar sogar noch jüngeren Personen, stets aber nur in den engen Grenzen des § 2275 Abs. 2 und 3 BGB gestattet.[62] Die Beurteilung der Geschäfts- und Testierfähigkeit bei **volljährigen Personen**, d. h. das Ausmaß der geistigen Insuffizienz, welches zum Verlust der Geschäfts- bzw. Testierfähigkeit führt, ist hingegen grds. identisch.[63] Mit dieser Maßgabe kann wegen weiterer Einzelheiten auf die vorstehenden Ausführungen zur Testierfähigkeit verwiesen werden. 52

Für den anderen Vertragsteil, der selbst keine letztwillige Verfügung trifft, gelten die allgemeinen Grundsätze für Verträge (§§ 104, 106 ff. BGB) und nicht die Sondervorschrift des § 2275 BGB.[64] Ist er z. B. geschäftsunfähig, kann sein gesetzlicher Vertreter unterzeichnen. Auch (vollmachtlose) Stellvertretung ist zulässig. Solange sie keine eigenen Verpflichtungen eingehen, können beschränkt geschäftsfähige Personen ohne Zustimmung des gesetzlichen Vertreters unterzeichnen, weil eine sie betreffende letztwillige Zuwendung, mag sie auch z. B. mit Vermächtnissen belastet sein, jedenfalls rechtlich neutral ist und damit in den Anwendungsbereich des § 107 BGB fällt.[65] 53

C. Das eigenhändige Testament

I. Formvorschriften

§ 2247 Abs. 4 BGB bestimmt, dass ein eigenhändiges Testament nur errichten kann, wer **volljährig**, d. h. mindestens 18 Jahre alt ist, und Geschriebenes **lesen** kann. Das Testament ist seinem **gesamten Inhalt** nach vom Erblasser durch **eigenhändig geschriebene und unterschriebene Erklärung** zu errichten. Sind (nur) Teile eines Testamentes nicht von Hand geschrieben und deshalb unwirksam, gilt § 2085 BGB. Lediglich beschreibende Anlagen, die selbst keine Verfügung enthalten, brauchen nicht von Hand verfasst zu sein.[66] Eine Bezugnahme auf eine andere Verfügung von Todes wegen ist grundsätzlich nur wirksam, wenn die andere Verfügung ebenfalls eine des Erblassers ist und (form)wirksam errichtet wurde.[67] Die **Unterschrift** soll den Vornamen und den Familiennamen des Erblassers enthalten; eine Unterschrift in anderer Weise genügt, wenn sie zur Feststellung der Urheberschaft des Erblassers und seines Testierwillens ausreicht, § 2247 Abs. 3 BGB. Die Funktion der Unterschrift besteht darin, den Abschluss des Testamentes und damit den Willen des Erblassers, dass dieses gelten solle, zu kennzeichnen.[68] Sie muss daher grundsätzlich *unter* dem Text stehen; ausnahmsweise genügen ein enges räumliches Verhältnis bzw. Zusammenhang zum Text in anderer Form, wonach die Unterschrift die Erklärung nach der Verkehrsauffassung als abgeschlossen 54

---

61 S. dazu Rdn. 33.
62 Nach einer im Vordringen befindlichen Ansicht gilt § 2275 BGB auch insoweit, als der Minderjährige in dem Erbvertrag auch testamentarische Verfügungen trifft Reimann/Bengel/Mayer/*Mayer*, § 2299 Rn. 10f; MünchKommBGB/*Musielak*, § 2299 Rn. 4; *Nieder/Kössinger*, § 7 Rn. 21; a. A. etwa Soergel/*Wolf*, § 2229 Rn. 4. Der im Vordringen befindlichen Ansicht ist mit der Maßgabe zuzustimmen, dass § 2275 BGB insoweit greift, als er die Testiermündigkeit gegenüber § 2229 BGB erweitert. Relevant ist die Streitfrage allerdings nur noch für unter 16 Jahre alte Verlobte.
63 S. schon Rdn. 34.
64 MünchKommBGB/*Musielak*, § 2275 Rn. 6; Reimann/Bengel/Mayer/*Mayer*, § 2275 Rn. 15.
65 H. M., etwa *Nieder/Kössinger*, § 7 Rn. 21; MünchKommBGB/*Musielak*, § 2275 BGB Rn. 6; Reimann/Bengel/Mayer/*Mayer* § 2275 Rn. 15.
66 Reimann/Bengel/Mayer/*Voit*, § 2247 Rn. 12.
67 Einzelheiten bei Reimann/Bengel/Mayer/*Voit*, § 2247 Rn. 12.
68 MünchKommBGB/*Hagena*, § 2247 Rn. 25; Reimann/Bengel/Mayer/*Voit*, § 2247 Rn. 21, 22.

Kapitel 2 Form der Verfügung von Todes wegen

deckt.[69] Besteht ein erkennbar einheitliches Testament aus mehreren Blättern, genügt die Unterschrift unter dem Text des letzten Blattes.[70]

55 **Beispiele: (1) Formwirksam:** Durchpausen mittels Kohlepapier oder Blaupause;[71] der Arm eines Behinderten wird beim Schreiben von einem Dritten lediglich so gestützt, dass der Schriftzug selbst noch ausschließlich vom Willen des Erblasser beherrscht wird;[72] Abweichungen von der sonst normalen Schrift eines Behinderten sind unschädlich.[73] **(2) Nicht formwirksam:** Erstellung des Textes mit Hilfe eines Digitalisiertabletts oder digitalen Stiftes per Computer;[74] Unterzeichnung der Kopie eines handverfassten Textes;[75] Nachzeichnen eines von fremder Hand verfassten Textes mittels Blaupause;[76] ein Dritter führt die Hand eines Behinderten derart, dass der Schriftzug nicht mehr ausschließlich vom Willen des Erblassers beherrscht wird; Unterschrift durch andere als Schriftzeichen,[77] durch Faksimile oder Stempel.

56 Der Erblasser soll in seinem privatschriftlichen Testament angeben, zu welcher **Zeit** (Tag, Monat und Jahr) und an welchem **Ort** er es errichtet hat, § 2247 Abs. 2 BGB. In materieller Hinsicht können die Angabe der Zeit wichtig sein, um das Verhältnis des Testamentes zu früheren und späteren Verfügungen, und die Angabe des Ortes, um in Fällen mit Auslandsbezug das anwendbare Recht festzustellen. Allerdings sind Zeit und Ort nur Soll-Angaben, d. h. das Fehlen dieser Angaben machen das Testament nicht per se unwirksam. Fehlen diese Angaben aber oder sind sie bewusst falsch und kommt es zur Beurteilung der Wirksamkeit des Testaments auf die Zeit oder den Ort seiner Errichtung an, ist es nach Maßgabe des § 2247 Abs. 4 BGB im Zweifel unwirksam. Ein privatschriftliches Testament könnte in formaler Hinsicht wie folgt aussehen:

57 ▶ **Muster: Privatschriftliches Testament**

Testament

Ich, der unterzeichnende Herr A., geboren am ..., wohnhaft [Anschrift], möchte hiermit mein Testament errichten und bestimme was folgt: (...)

[Ort, Datum, Unterschrift mit Vor- und Zunamen]

58 Ein Testament muss nicht notwendig zeitlich in einem Akt errichtet werden. **Nachträgliche Änderungen und Ergänzungen** sind möglich, ohne dass der gesamte Text nochmals neu geschrieben werden muss. Nach h. M.[78] ist hier zu unterscheiden: Wird der neue Text in den alten Text (handschriftlich) eingefügt, so ist eine erneute Unterschrift nicht erforderlich, weil die alte Unterschrift auch den neuen Text abdeckt. Wird der neue Text hingegen außerhalb des alten Textes hinzugefügt, etwa durch Randvermerke oder Nachträge, ist grundsätzlich eine neue abschließende Unterschrift erforderlich; ausnahmsweise kann der Zusatz genügen, wenn der Bezug des Zusatzes zu einer Stelle im alten Text eindeutig gekennzeichnet ist.

59 Wird der Erblasser bei Abfassung des gemeinschaftlichen Testamentes von einem **Rechtsanwalt** beraten, gelten hinsichtlich der Auslegung dieselben Maßstäbe wie bei notariellen Verfügungen von Todes wegen, wenn den Notar eine Belehrungs- und Formulierungspflicht trifft.[79]

---

69 MünchKommBGB/*Hagena*, § 2247 Rn. 25 f.; Reimann/Bengel/Mayer/*Voit*, § 2247 Rn. 22, beide jeweils mit Ausnahmen.
70 Reimann/Bengel/Mayer/*Voit*, § 2247 Rn. 22 mit Beispielen.
71 BGHZ 47, 68, 71 f.; Reimann/Bengel/Mayer/*Voit*, § 2247 Rn. 17 m. w. N.
72 BGHZ 47, 68, 71.
73 BayObLG Rpfleger 1985, 493.
74 So zutr. Reimann/Bengel/Mayer/*Voit*, § 2247 Rn. 14; Soergel/*Mayer*, § 2247 Rn. 18.
75 BGHZ 47, 68, 72; OLG München, Beschl. v. 25.10.2005 – 31 Wx 72/05, NJW-RR 2006, 11, 12.
76 BGHZ 47, 68, 71.
77 MünchKommBGB/*Hagena*, § 2247 Rn. 27.
78 Reimann/Bengel/Mayer/*Voit*, § 2247 Rn. 30 ff. mit Differenzierungen im Einzelnen und w. N.
79 MünchKommBGB/*Leipold*, § 2084 Rn. 38; zur notariellen Verfügung siehe insoweit unten D.XI (Rdn. 137).

II. Besonderheiten beim gemeinschaftlichen Testament

(Nur) Ehegatten und eingetragene Lebenspartner (§ 10 Abs. 4 S. 2 LPartG), nicht jedoch z. B. Verlobte, können ein eigenhändiges Testament auch gemeinschaftlich errichten, § 2265 BGB. Zur Bedeutung, insbesondere im Hinblick auf die Bindungswirkung sog. wechselbezüglicher Verfügungen, siehe ausf. Kapitel VII. Das eigenhändige gemeinschaftliche Testament muss nicht von beiden Ehegatten geschrieben werden; es genügt vielmehr, wenn einer der Ehegatten das Testament in der Form des § 2247 BGB errichtet und der andere Ehegatte die gemeinschaftliche Erklärung eigenhändig mitunterzeichnet; der mitunterzeichnende Ehegatte soll hierbei ebenfalls angeben, zu welcher Zeit (Tag, Monat und Jahr) und an welchem Ort er seine Unterschrift beigefügt hat. Das gemeinschaftliche Testament muss nicht zwingend in einem Akt, sondern kann auch sukzessiv verfasst werden, wobei die Errichtung der eigentlichen Niederschrift der Mitunterzeichnung durch den zweiten Ehegatten vorausgehen muss. Voraussetzung ist aber stets, dass bei Errichtung der Verfügung der Errichtende und bei späterer Mitunterzeichnung sowohl der Errichtende als auch der mitunterzeichnende Ehegatten einen einheitlichen Errichtungswillen haben.[80]

III. Verwahrung und Eröffnung

Der Erblasser ist für die Aufbewahrung und Auffindbarkeit seines eigenhändigen Testaments grundsätzlich selbst verantwortlich. Das Gesetz hilft ihm dabei zunächst mit der allgemeinen Verpflichtung eines jedermann, der vom Tod des Erblassers Kenntnis erlangt und ein Testament im Besitz hat, dieses unverzüglich an das Nachlassgericht abzuliefern, § 2259 BGB. Trotz dieser allgemeinen gesetzlichen Verpflichtung kann es sein, dass ein Testament zufällig zerstört, nicht aufgefunden oder sogar von interessierter Seite unterdrückt wird. Um diesbezügliche Risiken auf ein Minimum zu reduzieren, gibt das Gesetz dem Erblasser weiterhin die Möglichkeit an die Hand, sein eigenhändiges Testament einem Amtsgericht[81] seiner Wahl in **besondere amtliche Verwahrung** zu geben (§ 2248 BGB, § 344 Abs. 1 Nr. 3 FamFG). Dabei muss der Erblasser beim Amtsgericht nicht persönlich erscheinen; die Übergabe des Testaments beispielsweise durch einen Boten ist zulässig.[82] Der Erblasser erhält über die Verwahrung einen sog. Hinterlegungsschein (§ 346 Abs. 3 FamFG). **Kosten der Verwahrung:** GNotKG KV Nr. 12100: wertunabhängig 75,00 €.

Nach dem Tode des Erblasses hat das Nachlassgericht jedes Schriftstück, welches dem äußeren Anschein nach ein Testament des Erblassers sein kann, **zu eröffnen** (vgl. § 348 FamFG), und zwar unabhängig davon, ob es sich schon vorher in seiner besonderen amtlichen Verwahrung befand oder ihm erst nach dem Tode abgeliefert wurde. Zu eröffnen sind dabei alle solche Schriftstücke, die das Amtsgericht in Verwahrung hat, also auch offensichtlich nichtige, widerrufene, erledigte oder doppelte Testamente.

Ändert der Erblasser ein vorhandenes Testament durch ein neues Testament ab und möchte er die Bekanntgabe des älteren Testamentes im Wege der nachlassgerichtlichen Eröffnung verhindern, so muss er das ältere Testament entweder vernichten oder, sofern es sich in besonderer amtlichen Verwahrung beim Nachlassgericht befindet, **aus der Verwahrung zurücknehmen**. Die Rücknahme ist jederzeit und ohne Angabe von Gründen möglich und hat zwingend an den Erblasser persönlich zu erfolgen, § 2256 Abs. 2 BGB. Sie hat bei eigenhändigen Testamenten nicht die Wirkung eines Widerrufs, § 2256 Abs. 3 BGB. Möchte der Erblasser seine Verfügung endgültig aus der Welt schaffen, muss er sie nach Rückgabe an ihn noch vernichten.

---

80 Reimann/Bengel/Mayer/*Voit*, § 2267 Rn. 23 f.
81 In Baden-Württemberg die Notariate (Notare im Landesdienst), siehe § 1 Abs. 2 des baden-württembergischen Landesgesetzes über die freiwillige Gerichtsbarkeit.
82 Palandt/*Weidlich*, § 2248 Rn. 3.

IV. Privatschriftliche Ergänzungen notarieller Verfügungen

64 Es kommt nicht selten vor, dass Erblasser ihre Nachlassgestaltung im Grundsatz beschlossen haben, sie aber in einzelnen Details noch künftige Änderungen für wahrscheinlich halten, weil bestimmte Regelungen einer Momentaufnahme entstammen. Um in solchen Fällen einerseits auf die Vorzüge eines notariellen Testamentes nicht gänzlich zu verzichten, andererseits aber nicht jede Änderung wieder notariell protokollieren zu lassen, kann es sich anbieten, eine notarielle Verfügung von Todes wegen durch handschriftliche Testamente zu ändern bzw. ergänzen. Hierbei ist freilich **große Vorsicht** geboten, da auch eine (versehentlich) unpräzise formulierte eigenhändige Verfügung das frühere notarielle Testament außer Kraft setzen kann.

65 **Sachverhalt:** Das notarielle Testament regelt nur die Berufung namentlich benannter Personen zu Erben. Später möchte der Erblasser einzelne Nachlassgegenstände durch eigenhändiges Testament Dritten zuwenden.

66 ▶ **Muster:**

Testament

Ich, die unterzeichnende Frau A., geboren am ..., wohnhaft [Anschrift], nehme Bezug auf mein notarielles Testament vom ..., UR-Nr. ... des Notars ... mit dem Amtssitz in ... und möchte dieses hiermit wie folgt ergänzen:

Ich setze folgende Vermächtnisse aus: Frau B. erhält ...; Herr C. erhält ... *[Ggf. weitere Einzelheiten zu den Vermächtnissen].*

Im Übrigen soll mein vorbezeichnetes notarielles Testament, insbesondere die darin angeordnete Erbfolge, unverändert bestehen bleiben. [Ort, Datum, Unterschrift mit Vor- und Zunamen]

67 **Sachverhalt:** In einem notariellen Testament wird die Testamentsvollstreckung im Detail, d. h. insbesondere mit den einzelnen verbindlichen Anordnungen, ausformuliert. Hinsichtlich der Person wird lediglich angekündigt, dass der Erblasser die Person außerhalb der notariellen Niederschrift später durch ein gesonderte eigenhändiges Testament bestimmen wird. Dieses könnte lauten:

68 ▶ **Muster:**

Testament

Ich, der unterzeichnende Herr A., geboren am ..., wohnhaft [Anschrift], nehme Bezug auf mein notarielles Testament vom ..., UR-Nr. ... des Notars ... mit dem Amtssitz in ... und möchte dieses hiermit ergänzen. In meinem vorbezeichneten notariellen Testament habe ich Testamentsvollstreckung angeordnet, die Person des Testamentsvollstreckers jedoch nicht benannt. Hiermit benenne ich nunmehr zum Testamentsvollstrecker nach Maßgabe meiner Anordnungen in dem vorbezeichneten Testament meine Schwester B., geboren am ..., wohnhaft [Anschrift]. Im Übrigen soll mein vorgenanntes notarielles Testament unverändert bestehen bleiben.

[Ort, Datum und Unterschrift mit Vor- und Zunamen]

D. Testament durch Erklärung vor einem Notar

I. Allgemeine Formvoraussetzungen

69 Ein notarielles Testament kann entweder durch Erklärung oder durch Übergabe einer Schrift errichtet werden, § 2232 BGB. Das Beurkundungsverfahren für die Errichtung eines notariellen Testamentes durch Erklärung gegenüber dem Notar[83] richtet sich nach den **allgemeinen Vorschriften für die Beurkundung von Willenserklärungen** (§§ 8 ff. BeurkG), soweit das BeurkG nicht Sonderregelungen vorsieht (insbes. §§ 27, 32, 34, 35 BeurkG). Hinsichtlich des Testamentsinhaltes treffen den Notar die gesamten Betreuungs-, Beratungs-, Belehrungs- und Formulierungspflichten des § 17

---

83 Zur Übergabe einer Schrift siehe Teil F.

Abs. 1 BeurkG. Die Erklärung des Testators muss gegenüber dem Notar nicht zwingend mündlich ergehen. Seit **Aufgabe des Mündlichkeitsprinzips**[84] genügt es, wenn der Testator seine Zustimmung durch Körperzeichen zum Ausdruck bringt, und zwar auch dann, wenn er an sich hinreichend sprechen kann.[85] Kann ein solcher Testator hinreichend sprechen,[86] finden auch die §§ 22 ff. BeurkG keine Anwendung.

Vergisst der **Notar**, die Niederschrift zu unterschreiben, so kann er seine **Unterschrift** nach allgemeinen Regeln[87] auch später noch auf der Niederschrift **nachholen**, solange er nur das Amt des Notars noch bekleidet und die letztwillige Verfügung noch nicht durch das Nachlassgericht eröffnet wurde.[88] Ist das Testament bereits in amtliche Verwahrung gegeben worden und soll die Unterschrift vor Eröffnung nachgeholt werden, ist ein (separater) Nachtragsvermerk anzufertigen und in die amtliche Verwahrung durch das Nachlassgericht nachzureichen.[89] In der Regel wird für die materiell-rechtliche Wirksamkeit des Testamentes hierauf allerdings nicht ankommen, da die Unterschrift des Notars auf dem verschlossenen Testamentsumschlag gem. § 35 BeurkG die Unterschrift unter der Niederschrift ersetzt. Hat der Notar (auch) den Testamentsumschlag nicht unterschrieben, lässt sich auch diese Unterschrift bis zur Eröffnung der letztwilligen Verfügung nachholen.[90] Fällt dem Nachlassgericht das Fehlen der Unterschrift vor Übernahme in die besondere amtliche Verwahrung auf, muss es den Umschlag an den Notar zum Zwecke der Nachholung zurücksenden. War der Umschlag schon in die amtliche Verwahrung genommen, spricht nichts dagegen, dass der Notar das Nachlassgericht aufsucht und den Umschlag dort unterzeichnet, ohne dass hierdurch die amtliche Verwahrung unterbrochen würde.

70

II. Formale Prüfungen und Feststellungen des Notars im Überblick

Im Folgenden werden nur solche Feststellungen des Notar aufgelistet, die das formale Verfahren der und nach Beurkundung als solches betreffen. Feststellungen, insbesondere Aufklärungs- und Belehrungsvermerke, die sich aus dem Inhalt der zu errichtenden letztwilligen Verfügung ergeben, sind hier nicht berücksichtigt.

71

1. Notwendige Prüfungen/Feststellungen

Die nachfolgenden Punkte hat der Notar von sich aus in jedem Fall der Beurkundung eines Testamentes einer Prüfung zu unterziehen, und zwar unabhängig davon, ob für ihn im Einzelfall Besonderheiten erkennbar sind oder nicht:

72

(1) Identität der Beteiligten (§ 1 BeurkG, § 26 Abs. 2 DONot)
(2) Wunsch der Beteiligten, bis zu zwei Zeugen oder einen zweiten Notar hinzuzuziehen (s. u. 4.)
(3) Testier- bzw. Geschäftsfähigkeit der Beteiligten (s. o. B. 3.)
(4) Beherrschung der Urkundssprache (s. u. 5.)

---

84 Aufgegeben seit dem 1.8.2002 durch das OLG VertrÄndG v. 23.7.2002, BGBl. 2002 I, S. 2850.
85 Reimann/Bengel/Mayer/*Voit*, § 2232 Rn. 6.
86 Zum Begriff »hinreichend sprechen können« siehe sogl. Rdn. 104.
87 Reimann/Bengel/Mayer/*Limmer*, § 13 BeurkG Rn. 48 ff.
88 OLG Hamm OLGZ 1986, 159, 161; Armbrüster/Preuß/Renner/*Serger*, § 35 BeurkG Rn. 4; *Grziwotz/Heinemann*, § 35 BeurkG Rn. 20; Reimann/Bengel/Mayer/*Reimann*, § 13 BeurkG Rn. 52 und *Bengel*, § 13 BeurkG Rn. 53, 47; DNotI-Report 1998, 33, 35; **ähnlich** Eylmann/Vaasen/*Baumann*, § 35 BeurkG Rn. 2: Unterschrift kann längstens bis zur Ablieferung beim Nachlassgericht zur Verwahrung nachgeholt werden, dies allerdings auch trotz zwischenzeitlichen Versterbens des Erblassers; **a. A.** aber etwa MünchKommBGB/*Hagena*, § 2232 Rn. 127 u. § 35 BeurkG Rn. 17; *Winkler*, § 13 Rn. 91: Nachholung nur bis zum Tode des Erblassers möglich.
89 Reimann/Bengel/Mayer/*Reimann*, § 13 BeurkG Rn. 53; **a. A.** Reimann/Bengel/Mayer/*Bengel*, § 35 BeurkG Rn. 3: Notar kann Testament aus der amtlichen Verwahrung zurückholen, unterzeichnen und wieder in die amtliche Verwahrung zurückgeben.
90 *Grziwotz/Heinemann*, § 35 BeurkG Rn. 21, nach dessen Ansicht nicht erforderlich sei, dass die Urkundsperson zu diesem Zeitpunkt noch Notar, Notariatsverweser oder Notarvertreter ist.

Kapitel 2 Form der Verfügung von Todes wegen

  (5) Fähigkeit der Urkundsbeteiligten zu schreiben (s. u. 6.)
  (6) Einschränkungen in der Testierfreiheit (s. o. B. 1.)
  (7) Verstoß gegen ein notarielles Mitwirkungsverbot (s. u. 3.)
  (8) Feststellungen zur standesamtlichen Identifizierbarkeit des Testators (s. u. 8.)

73 Von der Frage, ob der Notar die vorstehenden Punkte geprüft hat, ist die Frage zu unterscheiden, ob er das Ergebnis der Prüfung durch einen **Vermerk in der Niederschrift** festhalten muss. Zu bejahen ist dies ausschließlich in denjenigen Fällen, in denen das Gesetz bzw. eine dienstrechtliche Vorschrift dies von ihm fordern. Dies trifft, auch ohne Besonderheiten im Einzelfall, nur zu auf **Punkt (1)** gem. § 26 Abs. 2 DONot und **Punkt (3)** gem. §§ 11, 28 BeurkG. In den Fällen der **Punkte (2), (4) und (5)** hat der Notar nach Maßgabe der einschlägigen Vorschriften, die hier an jeweils angegebener Stelle besprochen werden, zu verfahren, wenn und soweit ein Urkundsbeteiligter in den genannten Punkten eine entsprechende Besonderheit aufweist. Sind für den Notar keine entsprechenden Besonderheiten erkennbar, ist ein Vermerk nicht vorgeschrieben, im Interesse der Dokumentation (nur) zu Punkt (2) aber trotzdem üblich. Hinsichtlich **Punkt (6)** ist der Notar nicht zu einem Vermerk in der Niederschrift verpflichtet; dennoch ist ein entsprechender Vermerk zur Vermeidung einer möglicherweise drohenden Notarhaftung dringend zu empfehlen und auch allgemein üblich. Zu **Punkt (7)** sind Feststellungen in der Niederschrift grds. entbehrlich; der Notar hat im Ergebnis darauf zu achten, dass die Niederschrift keine Verfügungen enthält, zu deren Beurkundung er oder an deren Mitwirkung eine andere Person aufgrund eines Mitwirkungsverbotes gehindert ist. Zu **Punkt (8)** sind Feststellungen in der Niederschrift selbst nicht notwendig, aber zulässig.

2. Weitere Prüfungen/Feststellungen

74 Hinsichtlich der nachfolgenden Punkte erwächst dem Notar erst dann eine weitergehende Prüfungspflicht, wenn für ihn Anhaltspunkte dafür erkennbar sind, dass Besonderheiten vorliegen:
  (9) Körperliche Behinderung eines Urkundsbeteiligten (s. u. 7.)
  (10) Auslandsbezug (Staatsangehörigkeit, Vermögen im Ausland)
  (11) Aufklärung über Kosten der Beurkundung und gerichtlichen Hinterlegung
  (12) Auswahl des Hinterlegungsgerichtes (s. u. 10.)
  (13) Aufbewahrungsform beim Notar (s. u. 10.)

75 Zeigen sich Anhaltspunkte für eine **körperliche Behinderung** des Erblassers [**Punkt (9)**], ist der Notar zu weiterer Aufklärung der Behinderung verpflichtet und hat ggf. nach Maßgabe der einschlägigen Vorschriften (s. sogl. Rdn. 104 ff.) zu verfahren und entsprechende Vermerke in die Niederschrift aufzunehmen.

76 Berührungen mit **ausländischen Rechtsordnungen** [**Punkt (10)**] können in formaler Hinsicht wichtig sein zur Beurteilung etwa der Testierfähigkeit, der Testierfreiheit, der notwendigen Testamentsform und der Befugnis zur Eingehung bindender Verfügungen.[91] Aus diesen Gründen trifft den Notar gem. § 17 Abs. 1 BeurkG auch eine diesbezügliche Aufklärungspflicht, nach richtiger Ansicht[92] allerdings nur, wenn Anhaltspunkte für eine Auslandsberührung erkennbar sind. Ein Vermerk über die Prüfung bzw. das Ergebnis in der Niederschrift ist nicht zwingend, zur Vermeidung späterer Haftungsgefahren aber in der Praxis verbreitet.

77 Auf den Anfall oder die Höhe der **Kosten [Punkt (11)]** für die notarielle Beurkundung und/oder die gerichtliche Hinterlegung braucht der Notar nicht ungefragt hinzuweisen.[93] Nur wenn ein Beteiligter eine diesbezügliche Auskunft wünscht oder der Notar erkennt, dass ein Beteiligter offensichtlich

---

[91] Wegen der Einzelheiten sei auf Kapitel 19. verwiesen.
[92] Siehe BGH DNotZ 1963, 315; *Grziwotz/Heinemann*, § 28 Rn. 25; MünchKommBGB/*Hagena*, § 28 Rn. 22; *Winkler*, § 28 Rn. 2: Der Notar braucht die Staatsangehörigkeit des Testators nicht ungefragt festzustellen; gleiches muss konsequenterweise auch für die Belegenheit von Vermögen im Ausland gelten.
[93] Vgl. *Winkler*, § 17 Rn. 270.

einem Irrtum unterlegen ist (z. B. aufgrund der irrigen Äußerung eines Beteiligten, dass Testament koste wie im Falle eines Bekannten ja etwa »nur ca. 100,00 €«), muss der Notar aufklären.

3. Urkundsmantel

Das nachfolgende Muster für einen Urkundsmantel beruht auf den vorstehenden Ausführungen und geht von einem Sachverhalt ohne jedwede Besonderheiten in Person des Erblassers aus. In dem nachfolgenden Muster wird durch die Kennzeichnung »**Punkt (1), Punkt (2),** (...)« auf den entsprechenden Punkt in der vorstehenden Übersichten zu a) und b) Bezug genommen.

▶ **Muster: Urkundsmantel**

Verhandelt zu ..., am ...

Vor mir, Notar Z. mit dem Amtssitz in ..., erschien:

Herr A., geboren am ..., wohnhaft [Anschrift].

Herr A. ist geboren in ... (Geburtenbuch Nr. ... des Standesamtes ... [Punkt (8)]

Herr A. erklärte dem Notar seinen letzten Willen (mündlich)[94] **wie folgt:**

Ich will ein notarielles Testament errichten und kann über meinen Nachlass frei verfügen, bin also nicht durch einen notariellen Erbvertrag oder ein gemeinschaftliches Testament hieran gehindert. [Punkt (6)] **Ich habe ausschließlich die deutsche Staatsangehörigkeit.** [Punkt (10)] **Ich bin (nicht) verheiratet.**[95] **Ich verlange keine Hinzuziehung von Zeugen oder eines zweiten Notars.** [Punkt (2)] **Der Notar überzeugte sich anlässlich der Urkundsverhandlung von der Geschäftsfähigkeit des Erschienenen.** [Punkt (3)] **(...)**

Ich wurde vom Notar auf die gesetzlichen Erb- und Pflichtteilsrechte hingewiesen.[96] **Mir ist bekannt, dass mein Testament im Ausland möglicherweise nicht anerkannt wird.** [Punkt (10)] **Der Notar soll eine beglaubigte Abschrift dieser Niederschrift zu seiner Urkundensammlung nehmen.** [Punkt (13)]

Diese Niederschrift wurde dem Erschienenen vom Notar vorgelesen, von ihm genehmigt und von ihm und dem Notar wie folgt eigenhändig unterschrieben:

III. Mitwirkungsverbote

Die **allgemeinen Mitwirkungsverbote** für den Notar (§§ 3, 6 und 7 BeurkG), für den Dolmetscher (§ 16 Abs. 3 S. 2 BeurkG), für die Verständigungsperson (§ 24 Abs. 2 BeurkG) sowie für einen Zeugen oder zweiten Notar (§ 26 BeurkG) gelten selbstverständlich auch für die Beurkundung von Testamenten. Die allgemeinen Mitwirkungsverbote werden durch die **Sondervorschrift des § 27 BeurkG** erweitert bzw. konkretisiert. § 27 BeurkG erklärt alle Mitwirkungsverbote, die tatbestandlich auf den Erhalt eines rechtlichen Vorteils aus der zu beurkundenden Willenserklärung abstellen (§§ 7, 16 Abs. 3 S. 2, 24 Abs. 2, 26 Abs. 1 Nr. 2 BeurkG), für entsprechend anwendbar, wenn die Person in einer Verfügung von Todes wegen »bedacht« oder zum Testamentsvollstrecker ernannt wird. Für den Notarvertreter gilt Entsprechendes (§ 39 Abs. 4 BNotO); er soll sich der Ausübung des Amtes auch insoweit enthalten, als dem vertretenen Notar gem. § 27 BeurkG die Beurkundung untersagt wäre (§ 41 Abs. 2 BNotO).[97]

---

94 Wegen der Aufgabe des Mündlichkeitsprinzips (s. o. Rdn. 69) ist es nicht mehr erforderlich, in die Niederschrift einen Hinweis auf die »mündliche« Abgabe der Erklärung anzubringen, in der Praxis aber immer noch weit verbreitet und auch durchaus sinnvoll, da bei dokumentierter mündlicher Erklärung bereits der Anschein einer möglicherweise weniger sicheren Verständigung durch Körperzeichen vermieden wird.
95 Der Güterstand wirkt sich insbesondere auf die Höhe von etwaigen Pflichtteilsrechten aus, s. hierzu den Verweis in der nachfolgenden Fn. 97.
96 Siehe hierzu Rdn. 25.
97 Vgl. *Winkler*, § 27 Rn. 4.

Kapitel 2 Form der Verfügung von Todes wegen

81 In einer Verfügung von Todes wegen »bedacht« wird jeder **Erbe** und **Vermächtnisnehmer**,[98] und zwar unabhängig davon, ob sich aufgrund der Belastungen z. B. durch Vermächtnisse insgesamt ein wirtschaftlicher Vorteil errechnet. Nach wohl überwiegender Meinung fällt hierher nicht die »Begünstigung« durch eine Auflage, da diese mangels Forderungsrechts auf Seiten des »Begünstigten« lediglich einen gewissen faktischen, aber keinen »rechtlichen« oder »unmittelbaren« Vorteil verschaffe.[99]

82 Keine Ernennung zum **Testamentsvollstrecker** und damit unbedenklich ist das bloße Ersuchen an das Nachlassgericht, den Notar bzw. eine anderen mitwirkende Person zum Testamentsvollstrecker zu ernennen. Ebenso wenig ist es bedenklich, wenn der beurkundende Notar oder eine andere mitwirkende Person durch ein ergänzendes eigenhändiges Testament zum Erben, Vermächtnisnehmer oder Testamentsvollstrecker berufen wird.[100] Aus der besonderen Erwähnung des Testamentsvollstreckers folgt im Umkehrschluss, dass die Benennung als Vormund, Gegenvormund, Betreuer, Pfleger, Beistand etc. auch dann kein Mitwirkungsverbot auslöst, wenn das Amt gegen Vergütung ausgeübt werden soll.[101] Seit der Neufassung des § 3 Abs. 1 S. 1 Nr. 4 BeurkG findet § 27 BeurkG auch Anwendung, wenn der **Notarsozius** zum Erben, Vermächtnisnehmer oder Testamentsvollstrecker benannt wird.[102]

IV. Hinzuziehung eines Zeugen oder zweiten Notars (§ 29 BeurkG)

83 § 29 BeurkG schreibt vor, dass der Notar bei Beurkundung einer Verfügung von Todes wegen bis zu zwei Zeugen oder einen zweiten Notar zuziehen soll, wenn die Beteiligten dies verlangen. **Sinn** dieser Vorschrift ist es zu verhindern, dass von interessierter Seite der protokollierte Beurkundungsverlauf angezweifelt wird. Da der notariellen Niederschrift als öffentliche Urkunde ohnehin schon eine erhöhte Beweiskraft zukommt, besteht in der Regel keine Veranlassung, weitere Personen zur Beurkundung hinzuzuziehen. In der Praxis ist dies auch eher eine sehr seltene Ausnahme.

84 Das **Verlangen** der Beteiligten i. S. d. § 29 BeurkG ist notwendige Tatbestandsvoraussetzung. Im Umkehrschluss bedeutet dies, dass die Hinzuziehung weiterer Personen ohne Verlangen der Beteiligten, also etwa auf Veranlassung des Notars, grds. nicht zulässig ist, es sei denn, die Hinzuziehung ist durch andere Vorschriften vorgesehen (z. B. §§ 22, 25 BeurkG). Der Notar kann die Hinzuziehung von sich aus lediglich anregen. Regt er sie an, etwa weil er die Anwendbarkeit ausländischen Rechts für möglich hält und nach der **ausländischen Rechtsordnung** die Hinzuziehung von Zeugen zwingende Formvoraussetzung ist, und folgen die Beteiligten der Anregung nicht,[103] ist zur Vermeidung von Haftungsgefahren zu empfehlen, einen entsprechenden Vermerk in die Niederschrift aufzunehmen. Sind an der Beurkundung mehrere Personen beteiligt, ist ein entsprechendes **Verlangen aller Beteiligter** erforderlich.[104] Das Verlangen kann ausdrücklich oder durch schlüssiges Verhalten zum Ausdruck gebracht werden. Ein Grund muss weder angegeben werden noch vorliegen. Wird ein Zeuge oder zweiter Notar hinzugezogen und dabei die gesetzlichen Vorgaben beachtet, wonach ein Zeuge oder zweiter Notar hinzugezogen werden muss, so genügt die Hinzuziehung auch dann, wenn der Zeuge in der Niederschrift eine besondere Funktion zugeschrieben wird. Die Zuschrei-

---

98 MünchKommBGB/*Hagena*, § 27 BeurkG Rn. 15; Reimann/Bengel/Mayer/*Bengel*, § 27 BeurkG Rn. 3; *Winkler*, § 27 Rn. 7.
99 MünchKommBGB/*Hagena*, § 27 BeurkG Rn. 15; Reimann/Bengel/Mayer/*Bengel*, § 27 BeurkG Rn. 4; *Winkler*, § 27 Rn. 7; **a. A.** Soergel/*Mayer*, § 27 BeurkG Rn. 4; Eylmann/Vaasen/*Baumann* § 27 BeurkG Rn. 3; jeweils m. w. N.
100 S. etwa Reimann/Bengel/Mayer/*Bengel*, § 27 BeurkG Rn. 19 und *Winkler*, § 27 Rn. 9, beide zum Testamentsvollstrecker.
101 MünchKommBGB/*Hagena*, § 27 BeurkG Rn. 15; *Winkler*, § 27 Rn. 8.
102 *Winkler*, § 3 Rn. 74; **a. M.** wohl noch Reimann/Bengel/Mayer/*Bengel*, § 27 BeurkG Rn. 10 mit Verweisen auf ältere Rechtsprechung und Literatur.
103 Nach wohl h. M., z. B. Armbrüster/Preuß/Renner/*Seger*, § 29 Rn. 4; Grziwotz/Heinemann, § 29 Rn. 29; *Winkler*, § 29 Rn. 4 darf der Notar wegen des klaren Gesetzeswortlauts auch in diesem Falle keine weiteren Personen hinzuziehen; **a. A.** wohl Reimann/Bengel/Mayer/*Bengel*, § 29 BeurkG Rn. 7.
104 Reimann/Bengel/Mayer/*Bengel*, § 29 BeurkG Rn. 4.

bung einer besonderen Funktion hindert also nicht, dass der hinzugezogene Zeuge auch ohne ausdrückliche Erwähnung zugleich andere Funktionen ausfüllt. Wird z. B. ein Zeuge hinzugezogen und dieser als »Schreibzeuge« i. S. d. § 25 bezeichnet, bleibt es dennoch dabei, dass dieser Zeuge eben Zeuge und damit auch etwa Zeuge i. S. d. § 22 Abs. 1 S. 1 ist.

Das Recht, die **Auswahl der Person** der Zeugen bzw. des zweiten Notars zu treffen, hat allein der beurkundende Notar, nicht die Beteiligten.[105] Das Verlangen der Beteiligten ist nur insoweit bindend, als der Notar nicht statt des verlangten zweiten Notars einen (oder zwei) Zeugen hinzuziehen darf; zulässig ist aber die Hinzuziehung eines zweiten Notars statt der verlangten Zeugen.[106] Zu beachten sind die **Inkompabilitäten** des Zeugen und/oder zweiten Notars mit anderen Funktionen.[107] § 29 BeurkG steht zu den §§ 22 und 25 BeurkG in Wechselwirkung: Wird nach §§ 22 oder 25 BeurkG bereits *ein* Zeuge hinzugezogen, dürfen die Beteiligten gem. § 29 BeurkG die Hinzuziehung *eines* weiteren Zeugen oder *eines* zweiten Notars verlangen. Werden nach den §§ 22 und 25 BeurkG bereits *zwei* Zeugen oder *ein* zweiter Notar hinzugezogen, gestattet § 29 BeurkG nicht die Hinzuziehung eines dritten Zeugen oder Notars.[108] 85

Der Notar soll die Zuziehung von Zeugen oder des zweiten Notars sowie den Umstand, dass die Beteiligten dies verlangt haben, in der **Niederschrift vermerken**. Die Niederschrift soll von den insoweit hinzugezogenen Personen auch **unterschrieben** werden. 86

▶ **Muster: Vermerk der Zuziehung von Zeugen** 87

Alle Urkundsbeteiligten verlangten, dass bei der Beurkundung ein Zeuge/ein zweiter Notar hinzugezogen werde. Es wurde daher Herr B., geboren am . . ., wohnhaft [Anschrift], dem Notar ausgewiesen durch . . ., als Zeuge/zweiter Notar zur Verhandlung hinzugezogen.

(...)

Diese Niederschrift wurde den Erschienenen und dem Zeugen/zweiten Notar von dem Notar vorgelesen, von den Erschienenen genehmigt und von ihnen, dem Zeugen/zweiten Notar und dem Notar wie folgt eigenhändig unterschrieben:

Notar sollte von sich aus auf die Möglichkeit der Hinzuziehung gem. § 29 BeurkG hinweisen und zur Vermeidung etwaiger Haftungsrisiken den **Hinweis** in der Niederschrift dokumentieren, mag ein solcher Hinweis gesetzlich auch nicht vorgeschrieben sein.[109] 88

Ein **Verstoß** gegen die Soll-Vorschriften des § 29 BeurkG führt so wenig zur Unwirksamkeit der Urkunde wie die Hinzuziehung weiterer Personen ohne Verlangen der Beteiligten.[110] 89

V. Beurkundung mit einem Sprachunkundigen (§§ 16, 32 BeurkG)

Die für alle Niederschriften geltende Vorschrift des § 16 BeurkG wird bei Errichtung einer letztwilligen Verfügung durch die Sondervorschrift des **§ 32 BeurkG** ergänzt. Dies bedeutet, dass alle Vorschriften des § 16 BeurkG zu beachten sind und nur insoweit, als § 32 BeurkG etwas anderes sagt, dessen Bestimmungen Vorrang haben. Ist also ein Urkundsbeteiligter nach eigenen Angaben oder nach der Überzeugung des Notars der Sprache, in der die Niederschrift über eine letztwillige Verfügung aufgenommen wird, nicht hinreichend kundig, *und* hat der Notar gem. § 16 Abs. 1 BeurkG einen entsprechenden Vermerk in die Niederschrift aufgenommen, *muss* gem. § 32 BeurkG eine **schriftliche Übersetzung** gefertigt und soll diese der Niederschrift beigefügt werden. Der Sprachkundige kann auf die Fertigung der Übersetzung und/oder deren Beifügung zur Niederschrift ver- 90

---

105 MünchKommBGB/*Hagena*, § 29 BeurkG Rn. 11; Reimann/Bengel/Mayer/*Bengel*, § 29 BeurkG Rn. 8.
106 So zutr. Reimann/Bengel/Mayer/*Bengel*, § 29 BeurkG Rn. 8.
107 Siehe dazu ausführlicher XIII. (Rdn. 126 ff.).
108 *Winkler*, § 29 Rn. 6.
109 Siehe das Muster im Muster II.3 Punkt (2) (Rdn. 79).
110 *Winkler*, § 29 Rn. 12.

zichten. Der Verzicht *muss* in der Niederschrift festgestellt werden. Trotz Fertigung der schriftlichen Übersetzung und Vorlage zur Durchsicht muss die Niederschrift auch mündlich übersetzt werden.[111] Die mündliche Übersetzung kann jedoch darin bestehen, dass die schriftliche verlesen wird.[112] Die Übersetzung muss aber vom Notar bzw. dem hinzuzuziehenden Dolmetscher vorgetragen werden; es genügt nicht, wenn eine andere Person übersetzt und der Notar bzw. Dolmetscher dies nur kontrolliert.[113]

91 ▶ **Muster: Beurkundung mit nicht allgemein vereidigtem Dolmetscher unter Verzicht auf Vereidigung und schriftlicher Übersetzung**

Der Erschienene hat die ... Staatsangehörigkeit und ist nach eigenen Angaben und/oder nach Überzeugung des Notars der deutschen Sprache nicht hinreichend kundig. Der Notar zog daher als Dolmetscher für die ... Sprache hinzu Herrn D., geboren am ..., wohnhaft [Anschrift], dem Notar ausgewiesen durch ..., und nach Angaben aller Beteiligten mit diesen weder verwandt noch verschwägert. Er erklärte, die ... Sprache zu beherrschen.

Der Dolmetscher erklärte, nicht allgemein vereidigt zu sein. Der Erschienene verzichtete nach Belehrung durch den Notar auf eine Vereidigung des Dolmetschers durch den Notar.

Der Notar wies darauf hin, dass nach den gesetzlichen Bestimmungen eine schriftliche Übersetzung der Niederschrift anzufertigen ist. Der Erschienene verzichtete jedoch ausdrücklich auf die Fertigung einer solchen Übersetzung.

(...)

Diese Niederschrift wurde von dem Dolmetscher mündlich in die ... Sprache übersetzt, von den Erschienenen genehmigt und von ihnen, dem Dolmetscher und dem Notar eigenhändig wie folgt unterschrieben:

92 Sind an der Beurkundung auch **sprachkundige Personen** beteiligt, müssen *alle* Beteiligten auf eine Vereidigung des Dolmetschers verzichten und die Niederschrift verlesen *und* übersetzt werden:

93 ▶ **Muster:**

Diese Niederschrift wurde von dem Notar den Erschienenen vorgelesen, von dem Dolmetscher mündlich in die ... Sprache übersetzt, von den Erschienenen genehmigt und von ihnen, dem Dolmetscher und dem Notar eigenhändig wie folgt unterschrieben:

94 Ist der Dolmetscher allgemein für Beurkundungen wie der vorgesehenen vereidigt, genügt die **Bezugnahme auf den Eid**. Nach *Winkler*[114] soll sich der Notar hierbei allerdings nicht auf die Erklärung des Dolmetschers verlassen, da häufig nur eine allgemeine Vereidigung für gerichtliche Angelegenheiten erfolge.

95 ▶ **Muster:**

Der Dolmetscher erklärte, am ... durch ... zu Aktz. ... für die heutige Übersetzung einer notariellen Niederschrift allgemein vereidigt zu sein. Zum Nachweis legte er eine Ausfertigung des Protokolls über die Eidesleistung vor, von dem eine beglaubigte Abschrift als Anlage zu dieser Niederschrift genommen wird. Unter Berufung auf diesen Eid versicherte er, dass er treu und gewissenhaft übertragen werde.

96 Der **nicht allgemein vereidigte Dolmetscher** ist, wenn nicht alle Beteiligten hierauf verzichten, vom Notar nach Maßgabe des § 189 GVG zu vereidigen, und zwar vor der Übersetzung:

---

111 Siehe § 16 Abs. 2 S. 2 BeurkG: »außerdem«; Reimann/Bengel/Mayer/*Reimann*, § 16 BeurkG Rn. 8; *Winkler*, § 16 Rn. 17.
112 Reimann/Bengel/Mayer/*Reimann* § 16 BeurkG Rn. 8.
113 *Grziwotz/Heinemann*, § 16 Rn. 27; *Winkler*, § 16 Rn. 22.
114 § 16 Rn. 24.

▶ **Muster:** 97

Der Dolmetscher erklärte, nicht allgemein vereidigt zu sein. Nach Belehrung über die Bedeutung eines Eides und den strafrechtlichen Folgen eines falschen Eides legte der Dolmetscher den Eid ab, indem er dem Notar die Worte nachsprach: »Ich schwöre, dass ich treu und gewissenhaft übertragen werde«.

Wird von der Niederschrift eine **schriftliche Übersetzung** gefertigt, soll diese dem Sprachunkundigen zur Durchsicht vorgelegt werden; eine Verbindung der schriftlichen Übersetzung mit der Urschrift ist nicht zwingend, aber zweckmäßig.[115] 98

▶ **Muster:** 99

Der Dolmetscher fertigte von der gegenwärtigen Niederschrift eine schriftliche Übersetzung, die dem Erschienenen zur Durchsicht vorgelegt, von ihm und dem Dolmetscher unterschrieben und als Anlage dieser Niederschrift beigefügt wurde. Sodann wurde (...)

[Schlussformel mit Dolmetscher]

Hinsichtlich der **Rechtsfolgen eines Verstoßes** ist zu **differenzieren**:[116] Die Beurkundung ist nur dann unwirksam, wenn erstens in der Niederschrift die Sprachunkundigkeit festgestellt wird und zweitens entweder (1) eine schriftliche Übersetzung nicht gefertigt wurde und in der Niederschrift kein Vermerk über den Verzicht hierauf enthalten ist, oder (2) gegen die Muss-Vorschriften des § 16 Abs. 2 S. 1 und Abs. 3 S. 1 BeurkG verstoßen, die Niederschrift also nicht (auch) mündlich übersetzt wurde. Alle anderen Verstöße ziehen nicht die Unwirksamkeit der Beurkundung nach sich. Zu beachten sind die **Inkompatibilitäten** des Fremdsprachendolmetschers mit anderen Funktionen.[117] 100

VI. Schreibunfähigkeit eines Urkundsbeteiligten (§ 25 BeurkG)

Vermag ein Beteiligter nach seinen Angaben oder nach der Überzeugung des Notars seinen Namen nicht zu schreiben, so muss beim Vorlesen und der Genehmigung der Niederschrift durch den Beteiligten ein Zeuge oder zweiter Notar zugezogen werden, **§ 25 S. 1 BeurkG**. Die Schreibunfähigkeit in diesem Sinne bezieht sich allein auf die (Un)Fähigkeit, eine **Unterschrift** leisten zu können. Wer zwar seinen Namen, nicht jedoch andere Texte (der Urkundssprache) schreiben kann, ist schreibfähig. Ausreichend ist sogar die Fähigkeit, seinen Namen in fremdartigen Schriftzeichen zu schreiben, wenn der Notar nur anhand des äußeren Erscheinungsbildes des Schriftzuges den Unterschriftscharakter erkennen kann.[118] Der Grund für die Schreibunfähigkeit (z. B. körperliche Beeinträchtigung oder Unkenntnis) ist ohne Belang, d. h. auch Sehbehinderte, die ihren Namen schreiben können, müssen die Niederschrift selbst unterzeichnen. Die Erklärung des Beteiligten, nicht schreiben zu können, ist für den Notar bindend, solange sie nicht offensichtlich falsch ist. Die Feststellungen gem. § 25 S. 1 BeurkG sollen in der Niederschrift vermerken werden, § 25 S. 2 BeurkG. Wird ein Schreibzeuge hinzugezogen, muss dieser die Niederschrift anstelle des Schreibunfähigen unterschreiben. 101

▶ **Muster:** 102

Herr B. vermag nach eigenen Angaben und/oder nach Überzeugung des Notars seinen Namen nicht zu schreiben. Es wurde daher als Zeuge/zweiter Notar hinzugezogen Frau C., geboren am ..., wohnhaft [Anschrift], ausgewiesen durch ..., nach Angaben aller Beteiligten mit diesen weder verwandt noch verschwägert. Auf die Hinziehung eines weiteren Zeugen oder zweiten Notars wurde verzichtet.[119]

(...)

---

115 Armbrüster/Preuß/Renner/*Piegsa*, § 16 Rn. 26; Grziwotz/Heinemann, § 16 Rn. 24; Winkler, § 16 Rn. 17.
116 Reimann/Bengel/Mayer/*Bengel*, § 29 BeurkG, Rn. 2; Winkler, § 32 Rn. 16 ff.
117 Siehe dazu ausführlicher Rdn. 126 ff.
118 Armbrüster/Preuß/Renner/*Seger*, § 25 Rn. 3; Grziwotz/Heinemann, § 25 Rn. 9; Winkler, § 25 Rn. 4 unter Hinweis auf BGH MittBayNot 1994, 270.
119 Vgl. § 29 BeurkG: »bis zu zwei Zeugen«.

Diese Niederschrift wurde den Erschienenen vorgelesen, von ihnen genehmigt und von ihnen, dem Zeugen und dem Notar eigenhändig wie folgt unterschrieben:

103   Die Hinzuziehung eines Zeugen oder zweiten Notars gem. § 25 BeurkG ist nicht erforderlich, wenn schon nach § 22 oder § 29[120] BeurkG ein Zeuge oder zweiter Notar hinzugezogen wurde, allerdings mit der Maßgabe, dass der Zeuge die Urkunde unterschreiben *muss*. Zu beachten sind die **Inkompabilitäten** des Schreibzeugen mit anderen Funktionen.[121]

VII. Sondervorschriften bei behinderten Urkundsbeteiligten (§§ 22 ff. BeurkG)

1. Feststellung der Behinderung

104   Die §§ 22 bis 24 BeurkG enthalten Vorschriften für Beurkundungen mit Beteiligten, die ein körperliches Handikap aufweisen, nämlich nicht hinreichend zu hören und/oder zu sprechen und/oder zu sehen vermögen. Nicht zu **hören** vermag, wer wegen einer gesundheitlichen Beeinträchtigung nicht imstande ist, gesprochen Worte akustisch zu verstehen. Dies ist auch bei hochgradiger Schwerhörigkeit noch nicht der Fall, wenn der Betroffene mit Hilfe von technischen Mitteln (z. B. Hörgerät etc.) und nur bei langsamer Sprache Worte verstehen kann. Nicht zu **sprechen** vermag, wer sich wegen einer gesundheitlichen Beeinträchtigung nicht durch Sprachlaute verständlich machen kann. Dies ist noch nicht zu bejahen, wenn nur einzelne Sprachlücken durch Zeichen oder Gebärden ausgefüllt werden, solange die Verständigung noch ohne Zweifel möglich bleibt.[122] Nach (noch) h. M. genügt es dabei sogar, wenn der Betroffene nur durch mündliches »Ja« seine abschließende Zustimmung und im Übrigen durch Gebärden seinen Willen äußern kann.[123] Ist er indes auch nicht mehr in der Lage, seine Zustimmung durch ein mündliches »Ja«, sondern z. B. nur durch Nicken mit dem Kopf zu artikulieren, liegt keine Möglichkeit einer mündlichen Verständigung mehr vor. Nicht zu **sehen** vermag, wer wegen einer gesundheitlichen Beeinträchtigung[124] auch mit Hilfsmitteln (z. B. Brille, Lupe) außerstande ist, Geschriebenes zu lesen. Für **alle Behinderungen** gilt, dass sie nicht von Dauer sein müssen und ihr Schweregrad nicht abstrakt, sondern lediglich für die jeweilige konkrete Beurkundungssituation zu beurteilen ist. Die jeweilige Behinderung liegt auch vor, wenn der Beteiligte zwar an sich sprechen, sehen oder hören könnte, es ihm aber ärztlicherseits untersagt ist.

105   Für die **Feststellung des Handikaps** kommt es ausschließlich auf die Angabe des Beteiligten und/oder Überzeugung des Notars an. Der Notar ist an die eigene Einschätzung des Beteiligten, er weise ein entsprechendes Handikap auf, gebunden, es sei denn, sie ist offensichtlich falsch.[125] Verneint der Beteiligte eine Behinderung oder äußert er sich nicht hierzu, hat der Notar nach pflichtgemäßem Ermessen über das Vorliegen einer Behinderung i. S. d. § 22 BeurkG zu entscheiden.[126] Weist danach ein Beteiligter nach seinen Angaben oder nach der Überzeugung des Notars eines der vorbeschriebenen Handikaps auf, soll der Notar einen entsprechenden **Vermerk** hierüber in die Niederschrift aufnehmen, § 22 Abs. 1 S. 3 BeurkG.

---

120 Reimann/Bengel/Mayer/*Bengel*, § 25 Rn. 9.
121 Siehe dazu ausführlicher Rdn. 126 ff.
122 BayOBLG DNotZ 1969, 301, 302; MünchKommBGB/*Hagena*, § 2232 Rn. 7; *Winkler*, § 22 Rn. 6.
123 Armbrüster/Preuß/Renner/*Seger*, § 22 Rn. 4; MünchKommBGB/*Hagena*, § 2232 Rn. 7 f.; *Winkler*, § 22 Rn. 6; Tendenzen zu strengeren Maßstäben finden sich aber etwa bei Reimann/Bengel/Mayer/*Voit*, § 2232 Rn. 6 unter Hinweis darauf, dass das seinerzeit noch unter Geltung des Mündlichkeitsprinzips entwickelten weite Begriffsverständnis nunmehr seine Berechtigung verloren habe.
124 Der sehfähige **Analphabet** fällt nicht hierunter; dieser kann (nur) durch Erklärung vor einem Notar i. S. d. § 2232 S. 1 Hs. 1 BGB (s. auch Teil E. I.), hier aber ohne beurkundungsrechtliche Besonderheiten ein Testament oder Erbvertrag errichten.
125 *Winkler*, § 22 Rn. 13.
126 *Frenz*, ZNotP 1998, 373; *Winkler*, § 22 Rn. 14.

2. Zuziehung eines Zeugen oder zweiten Notars (§ 22 BeurkG)

Vermag ein Urkundsbeteiligter nach eigenen Angaben oder nach der Überzeugung des Notars nicht hinreichend zu hören, zu sprechen oder zu sehen, muss gem. § 22 Abs. 1 S. 1 BeurkG ein Zeuge oder zweiter Notar hinzugezogen werden, es sei denn, dass alle Beteiligten, d. h. auch diejenigen ohne Handikap, hierauf verzichten. Der beurkundende Notar ist allein berechtigt und verpflichtet, die **Auswahl** der Person des Zeugen oder zweiten Notars zu treffen.[127] Er kann den Vorschlägen der Beteiligten folgen, muss dies aber nicht. Eine Privatperson kann nicht zur Mitwirkung als Zeuge gezwungen werden. Ein anderer Notar ist hingegen zur Mitwirkung gem. § 15 BNotO verpflichtet. Sind **mehrere Urkundsbeteiligte** »behindert« i. S. d. § 22 BeurkG, kann der Notar die Hinzuziehung nur eines Zeugen oder eines zweiten Notars für alle genügen lassen. Der Zeuge oder zweite Notar soll die Niederschrift **unterschreiben** (§ 22 Abs. 2 BeurkG). | 106

Die **Kosten** des Zeugen sind Auslagen gem. § 137 Nr. 3 KostO. Eine Vereidigung der Zeugen findet nicht statt. Zu beachten sind die **Inkompabilitäten** des Zeugen und/oder zweiten Notars mit anderen Funktionen.[128] | 107

3. Zuziehung eines Gebärdensprachdolmetschers (§ 22 Abs. 1 S. 2 BeurkG)

(Nur) **auf Verlangen** eines hör- oder sprachbehinderten Beteiligten muss ein Gebärdensprachdolmetscher hinzugezogen werden. Der Notar darf die Hinzuziehung anregen[129], ist aber nicht berechtigt, die Hinzuziehung ohne ein entsprechendes Verlangen durchzusetzen; der Notar hat also wie bei § 29 BeurkG keinerlei Entschließungsermessen.[130] Die **Auswahl der Person** trifft der beurkundende Notar selbst.[131] Der hinzugezogene Gebärdensprachdolmetscher muss zur Verständigung geeignet sein; eine besondere Berufsqualifikation ist nicht notwendig.[132] Eine Vereidigung wie beim Fremdsprachendolmetscher (§ 16 BeurkG) ist nicht vorgesehen. Obwohl die Mitwirkungsverbote der §§ 6, 7, 26 und 27 BeurkG für den Gebärdensprachendolmetscher nach dem eindeutigen (aber insoweit bedenklichen) Gesetzeswortlaut nicht gelten, ist dem beurkundenden Notar standesrechtlich gleichwohl zu empfehlen, sich an diesen Verboten zu orientieren.[133] Zu beachten sind die **Inkompabilitäten** des Gebärdensprachdolmetschers mit anderen Funktionen.[134] | 108

4. Besonderheiten für hörbehinderte Beteiligte (§ 23 BeurkG)

Die Sondervorschrift des **§ 23 BeurkG** greift nicht schon deshalb ein, weil ein Urkundsbeteiligter hörbehindert ist. Wie bei den §§ 16 Abs. 2 und 24 Abs. 1 BeurkG ist notwendige, aber auch hinreichende Voraussetzung allein ein Vermerk in der Niederschrift, dass ein Beteiligter nicht hinreichend zu hören vermag. Nur unter der Voraussetzung, dass dieser Vermerk niedergelegt wird, **muss** gem. § 23 BeurkG die Niederschrift dem Hörbehinderten anstelle des Vorlesens in Gegenwart des Notars zur Durchsicht vorgelegt und von ihm genehmigt werden. Ein **Verstoß** macht die Beurkundung unwirksam. Wäre die Vorlage zur Durchsicht zwecklos, weil der hörbehinderte Beteiligten auch nicht lesen oder sehen kann, ist nach § 24 BeurkG zu verfahren. Spricht der Hörbehinderte nicht die Urkundssprache, richtet sich das Verfahren nach den **§§ 16, 32 BeurkG** mit der Maßgabe, dass die | 109

---

127 Reimann/Bengel/Mayer/*Bengel*, § 22 BeurkG Rn. 13; *Winkler*, § 22 Rn. 17; anders bei § 29 BeurkG: Verlangen nach einem zweiten Notar anstatt eines Zeugen ist bindend, s. Rdn. 85.
128 Siehe dazu ausführlicher sogl. Rdn. 126 ff.
129 Nach zutr. Ansicht gibt es keine Amtspflicht, die Hinzuziehung zu empfehlen, so zutr. Armbrüster/Preuß/Renner/*Seger*, § 22 Rn. 9; *Winkler*, § 22 Rn. 22; a. A. wohl Soergel/*J. Mayer*, § 22 Rn. 11.
130 MünchKommBGB/*Hagena*, § 2232 Rn. 45; *Winkler*, § 22 Rn. 22; a. A. Reimann/Bengel/Mayer/*Bengel*, § 22 BeurkG Rn. 18.
131 So zum Sprachdolmetscher i. S. d. § 16 BeurkG Reimann/Bengel/Mayer/*Reimann*, § 16 BeurkG Rn. 12.
132 Armbrüster/Preuß/Renner/*Seger*, § 22 Rn. 9; *Winkler*, § 22 Rn. 23.
133 Vgl. Armbrüster/Preuß/Renner/*Seger*, § 22 Rn. 9; *Winkler*, § 22 Rn. 23; Soergel/*Mayer*, § 22 BeurkG Rn. 13.
134 Siehe dazu ausführlicher sogl. Rdn. 126 ff.

schriftliche Übersetzung zwingend anzufertigen, ihm zur Durchsicht vorzulegen und von ihm zu genehmigen ist; daneben muss ihm die Niederschrift weder verlesen noch mündlich übersetzt werden.[135]

5. Musterformulierungen zu den §§ 22, 23 BeurkG

110 Der Notar hat in der Niederschrift nur die Tatsachen des §§ 22 Abs. 1, 23 Abs. 1 BeurkG zu vermerken. Weitere Hinweise mögen sinnvoll sein, wie etwa die Erklärung, dass die Hinzuziehung eines Gebärdensprachdolmetschers nicht gewünscht wurde. Damit ist belegt, dass der Notar auf die bestehende Möglichkeit der Hinzuziehung hingewiesen hat. Notwendig sind solche Vermerke indes nicht. Allein ihr Fehlen können dem Notar nicht zur Last gelegt werden.

a) Hörbehinderung

aa) Schriftliche Verständigung ist möglich; hier: ohne Zeugen

111 ▶ **Muster:**

Herr A. vermag nach seinen eigenen Angaben [und/oder: nach Überzeugung des beurkundenden Notars] nicht hinreichend zu hören, jedoch zu lesen und zu schreiben. Sämtliche Beteiligten verzichteten auf die Hinzuziehung eines Zeugen oder zweiten Notars. Herr A. verlangte nicht die Hinzuziehung eines Gebärdensprachdolmetschers, da eine Verständigung mit ihm möglich war.

(…)

Diese Niederschrift wurde den Erschienenen vorgelesen, Herrn A. zur Durchsicht vorgelegt, von ihnen genehmigt und von ihnen und dem Notar eigenhändig, wie folgt, unterschrieben:

bb) Schriftliche Verständigung ist möglich; hier: mit Zeugen

112 ▶ **Muster:**

Herr A. vermag nach seinen eigenen Angaben [und/oder: nach Überzeugung des beurkundenden Notars] nicht hinreichend zu hören, jedoch zu lesen und zu schreiben. Als Zeuge/zweiter Notar wurde hinzugezogen Frau B., geboren am …, wohnhaft [Anschrift], ausgewiesen durch …, mit den Beteiligten weder verwandt noch verschwägert. Herr A. verlangte nicht die Hinzuziehung eines Gebärdensprachdolmetschers, da eine Verständigung möglich mit ihm war.

(…)

Diese Niederschrift wurde den Erschienenen vorgelesen, Herrn A. zur Durchsicht vorgelegt, von ihnen genehmigt und von ihnen, der Zeugin/zweiten Notarin und dem beurkundenden Notar wie folgt eigenhändig unterschrieben:

b) Sprechbehinderung

aa) Schriftliche Verständigung ist möglich; hier: ohne Zeugen

113 ▶ **Muster:**

Herr A. vermag nach seinen eigenen Angaben [und/oder: nach Überzeugung des beurkundenden Notars] nicht hinreichend zu sprechen, jedoch zu lesen und zu schreiben. Sämtliche Beteiligten verzichteten auf die Hinzuziehung eines Zeugen oder zweiten Notars. Herr A. verlangte nicht die Hinzuziehung eines Gebärdensprachdolmetschers, da eine Verständigung mit ihm möglich war.

(…)

---

135 *Winkler*, § 23 Rn. 3.

Diese Niederschrift wurde den Erschienenen vorgelesen, von ihnen genehmigt und von ihnen und dem Notar wie folgt eigenhändig unterschrieben:

bb) Schriftliche Verständigung ist möglich; hier: mit Zeugen

▶ **Muster:** 114

Herr A. vermag nach seinen eigenen Angaben [und/oder: nach Überzeugung des beurkundenden Notars] nicht hinreichend zu sprechen. Als Zeuge/zweiter Notar wurde hinzugezogen Frau B., geboren am ..., wohnhaft [Anschrift], ausgewiesen durch ..., mit den Beteiligten weder verwandt noch verschwägert. Herr A. verlangte nicht die Hinzuziehung eines Gebärdensprachdolmetschers, da eine Verständigung mit ihm möglich war.

(...)

Diese Niederschrift wurde den Erschienenen vorgelesen, von ihnen genehmigt und von ihnen, dem Zeugen/zweiten Notar und dem beurkundenden Notar wie folgt eigenhändig unterschrieben:

c) Sehbehinderung

aa) Verständigung ist möglich; hier: ohne Zeugen

▶ **Muster:** 115

Herr A. vermag nach seinen eigenen Angaben [und/oder: nach Überzeugung des beurkundenden Notars] nicht hinreichend zu sehen. Sämtliche Beteiligten verzichteten auf die Hinzuziehung eines Zeugen oder zweiten Notars.

(...)

Diese Niederschrift wurde den Erschienenen vorgelesen, von ihnen genehmigt und von ihnen und dem Notar wie folgt eigenhändig unterschrieben:

bb) Verständigung ist möglich; hier: mit Zeugen

▶ **Muster:** 116

Herr A. vermag nach seinen eigenen Angaben [und/oder: nach Überzeugung des beurkundenden Notars] nicht hinreichend zu sehen. Als Zeugin wurde hinzugezogen Frau B., geboren am ..., wohnhaft [Anschrift], ausgewiesen durch ..., mit den Beteiligten weder verwandt noch verschwägert. Auf die Hinzuziehung eines weiteren Zeugen oder zweiten Notars wurde verzichtet.

(...)

Diese Niederschrift wurde den Erschienenen vorgelesen, von ihnen genehmigt und von ihnen, der Zeugin und dem Notar wie folgt eigenhändig unterschrieben:

6. Hör- und Sprachbehinderte ohne schriftliche Verständigungsmöglichkeit (§ 24 BeurkG)

§ 24 BeurkG regelt den Fall, dass ein Urkundsbeteiligter nicht hinreichend zu hören oder sprechen 117 und sich auch nicht schriftlich zu verständigen vermag. Dies ist zu bejahen, wenn der Hör- bzw. Sprechbehinderte aus körperlichen Gründen auch nicht lesen oder schreiben kann bzw. die Fähigkeit zu lesen oder schreiben nicht erlernt hat. Eine schriftliche Verständigung ist hingegen möglich, wenn der Hörbehinderte sprechen und lesen oder der Sprachbehinderte hören und schreiben kann.

§ 24 BeurkG greift auch dann ein, wenn ein Urkundsbeteiligter nicht mehr sprechen kann, aber eine 118 Verständigung mittels **Körperzeichen** (z. B. Kopfnicken etc.) möglich ist. Hier bleibt es bei § 24 BeurkG, weil diese Form der Verständigung weder eine schriftliche noch eine mündliche ist. Dies gilt sogar dann, wenn der Notar den Willen des Beteiligten im konkreten Fall mittels der Körperzeichen tatsächlich ermitteln kann, etwa weil er die Bedeutung einer bestimmten Erbeinsetzung ausführlich erläutert hat, der Beteiligte dieser z. B. durch Kopfnicken zustimmt und auf ausdrückliches Befragen durch Kopfschütteln zu Ausdruck bringt, keine weiteren Fragen zu haben.[136] Allerdings wird man in einem solchen Falle die Anforderungen an die Verständigungsmöglichkeit zwischen dem Testator und der Verständigungsperson i. S. d. § 24 BeurkG entsprechend herabsenken können. Es ist sogar denkbar, dass die Kommunikationsmöglichkeiten der Verständigungsperson nicht über diejenigen des Notars hinausgehen, z. B. wenn der Behinderte weder sehen, sprechen noch schreiben, aber hören und Fragen durch Körperzeichen eindeutig befürwortend oder verneinend beantworten kann. Gleichwohl ist auch in diesem Falle formal eine Verständigungsperson hinzuzuziehen, mag ihre Aufgabe auch lediglich darin bestehen, die Verständigung zwischen Notar und Behindertem zu überwachen.

119 Vermag der Beteiligte nach seinen Angaben nicht hinreichend zu hören oder zu sprechen und sich auch nicht schriftlich zu verständigen, soll der Notar dies in der Niederschrift **vermerken** (§ 24 Abs. 1 S. 1 BeurkG). Wie bei den §§ 16 Abs. 2 und 25 BeurkG ist der Vermerk notwendige, aber auch hinreichende Tatbestandsvoraussetzung für die Rechtsfolge: Wird ein solcher Vermerk niedergelegt, **muss** der Notar eine **Verständigungsperson** nach Maßgabe des § 24 BeurkG hinzuziehen und die entsprechenden Feststellungen ebenfalls in der Niederschrift vermerken. Als Verständigungsperson i. S. d. § 24 BeurkG eignet sich, wer in der Lage ist, in eigener persönlicher (Mit)verantwortung den Willen des behinderten Urkundsbeteiligten zu ermitteln.[137] Eine besondere Gebärdensprache ist für die Verständigung nicht erforderlich. Es genügt, wenn – wie in der Praxis häufig – der Beteiligte nur noch undeutlich sprechen kann, so dass ihn zwar nicht ein Fremder wie der Notar, wohl aber eine häufige Kontaktperson (Angehöriger, Freund, Pflegepersonal etc.) verstehen kann. Je komplizierter inhaltlich die Urkunde oder die Urkundsverhandlung ist, desto höher sind die Anforderungen, welche an die **Verständigungsmöglichkeit** zwischen dem Urkundsbeteiligten und der Verständigungsperson zu stellen sind. Je besser sich umgekehrt der Notar selbst mit dem Beteiligten (z. B. durch Körperzeichen wie Kopfnicken, Kopfschütteln etc.) verständigen kann, desto geringer sind die zu stellenden Anforderungen, siehe schon die vorgehende Rdn. 118.

120 Ob eine **hinreichende Verständigung** zwischen dem Urkundsbeteiligten und der Verständigungsperson möglich ist, hat der Notar nach seinem eigenen pflichtgemäßen Ermessen zu beurteilen. Grundsätzlich kann er davon ausgehen, dass die ja mit Einverständnis des Betroffenen hinzugezogene Verständigungsperson geeignet ist.[138] Die Auswahl der Verständigungsperson obliegt dem Notar.[139] Bestand tatsächlich keine Verständigungsmöglichkeit zwischen dem Behinderten und der Verständigungsperson, ist die **Urkunde unwirksam**.[140] Ging der Notar dabei nach pflichtgemäßer Einschätzung von der Verständigungsmöglichkeit aus, ist ihm kein Vorwurf zu machen. Zweifelt der Notar an der Verständigungsmöglichkeit, hat er seine Zweifel in der Niederschrift zu vermerken, § 24 Abs. 1 S. 3 BeurkG.

121 Für die **Verständigungsperson** gelten die **Mitwirkungsverbote** der §§ 24 Abs. 2, 27 BeurkG, im Übrigen jedoch nicht die der §§ 6, 7, 26 BeurkG.[141] Zu beachten sind die **Inkompabilitäten** der Ver-

---

136 Vgl. OLG Hamm, Beschl. v. 26.12.2002 – 15 W 385/01, MittBayNot 2002, 406; *Lerch*, § 24 Rn. 6; *Winkler*, § 24 Rn. 8. Bei der selben Verständigungssituation wäre die Beurkundung ohne die Maßgaben des § 24 BeurkG zulässig, wenn der Testator sprechen *kann* und nur *nicht will* (s. o. Rdn. 69). Dies mag man als Wertungswiderspruch ansehen, ist aber angesichts der klaren gesetzlichen Unterscheidung hinzunehmen.
137 Vgl. *Winkler*, § 24 Rn. 9, 14.
138 Gleich gelagert ist der Fall, wenn der Notar mit einem unerkannt Geschäftsunfähigen beurkundet, s. Rdn. 40 ff.
139 Reimann/Bengel/Mayer/*Bengel*, § 24 Rn. 12.
140 Reimann/Bengel/Mayer/*Bengel*, § 24 Rn. 2.
141 Armbrüster/Preuß/Renner/*Seger*, § 24 Rn. 7 mit dem zutr. Hinweis, dass auch in Härtefällen (es gibt z. B. nur eine einzige Verständigungsperson, der etwas zugewandt werden soll) für eine teleologische Reduktion des § 27 BeurkG kein Raum bleibt; *Winkler*, § 24 Rn. 13.

ständigungsperson mit anderen Funktionen.[142] Auch ein Urkundsbeteiligter kann als Verständigungsperson mitwirken, soweit dem nicht die §§ 24, 27 BeurkG entgegenstehen.[143]

Nach der gesetzlichen Systematik stehen hinsichtlich ein und desselben Urkundsbeteiligten der **Gebärdensprachdolmetscher** i. S. d. § 22 BeurkG und die Verständigungsperson i. S. d. § 24 BeurkG eigenständig nebeneinander.[144] In der Praxis kommt dieser begrifflichen Differenzierung allerdings keine Bedeutung zu, weil der behinderte Beteiligte kaum zwei Verständigungshelfer beanspruchen wird.

122

▶ **Muster:**

123

Herr A. vermag nach seinen eigenen Angaben [und/oder: nach Überzeugung des beurkundenden Notars] nicht hinreichend zu sehen und zu sprechen. Zur Beurkundung wurde als Verständigungsperson Frau B., geboren am . . ., wohnhaft [Anschrift], ausgewiesen durch . . ., hinzugezogen. Nach Überzeugung des Notars ist Herr A. mit der Hinzuziehung einverstanden und eine Verständigung zwischen ihm und der Verständigungsperson möglich. Auf die Hinzuziehung von Zeugen, eines zweiten Notars oder Gebärdensprachdolmetschers wurde verzichtet.

(. . .)

Diese Niederschrift wurde Herrn A. vorgelesen, ihm durch die Verständigungsperson inhaltlich verständlich gemacht, von ihm genehmigt und von ihm, der Verständigungsperson und dem Notar wie folgt eigenhändig unterschrieben:

7. Mehrere Behinderungen

Ist ein Urkundsbeteiligter in mehrfacher Hinsicht i. S. d. §§ 22 bis 25 BeurkG behindert, so ist wegen aller Behinderungen nach Maßgabe der einschlägigen Regelungen zu verfahren. **Sachverhalt:** Ein Urkundsbeteiligter vermag weder zu hören, zu sprechen noch zu schreiben. Eine Verständigung mittels Körperzeichen ist aber möglich.

124

▶ **Muster:**

125

Herr A. vermag nach seinen eigenen Angaben [und/oder: nach Überzeugung des beurkundenden Notars] nicht hinreichend zu hören, zu sprechen und zu schreiben. Als Zeugin wurde hinzugezogen Frau B., geboren am . . ., wohnhaft [Anschrift], ausgewiesen durch . . ., mit den Beteiligten weder verwandt noch verschwägert.[145] Weiterhin wurde zur Beurkundung als Verständigungsperson Herr C., geboren am . . ., wohnhaft [Anschrift], ausgewiesen durch . . ., hinzugezogen. Nach Überzeugung des Notars ist Herr A. mit der Hinzuziehung einverstanden und eine Verständigung zwischen ihm und der Verständigungsperson möglich. Auf die Hinzuziehung eines weiteren Zeugen oder zweiten Notars wurde verzichtet. Herr A. verlangte nicht die Hinzuziehung eines Gebärdensprachdolmetschers. (. . .)

Diese Niederschrift wurde den Erschienenen vorgelesen, Herrn A. zur Durchsicht vorgelegt, von ihnen genehmigt und von ihnen, der Zeugin, der Verständigungsperson und dem Notar wie folgt eigenhändig unterschrieben:

VIII. (In)kompabilitäten (§§ 16, 22, 24, 25, 29 BeurkG)

Der Notar hat sorgfältig darauf zu achten, dass bei Beurkundung nicht eine Personen zeitgleich für einen oder mehrere der Urkundsbeteiligten in mehreren, zueinander **inkompatiblen** Funktionen mitwirkt. Ausgehend von ihren Funktionen lassen sich **zwei Gruppen** bilden, nämlich einmal die

126

---

142 Siehe dazu ausführlicher Rdn. 126 ff.
143 Armbrüster/Preuß/Renner/*Seger*, § 24 Rn. 8; *Lerch*, § 24 Rn. 6; *Winkler*, § 24 Rn. 12.
144 Vgl. Armbrüster/Preuß/Renner/*Seger*, § 24 Rn. 5; *Winkler*, § 24 Rn. 12; in der Sache zutreffend Reimann/Bengel/Mayer/*Bengel*, § 24 BeurkG Rn. 12, der sich im Wege einer teleologischen Reduktion auf die Hinzuziehung nur eines Verständigungshelfers beschränken will; in jedem Falle müssen dann aber die strengeren Bestimmungen des § 24 BeurkG beachtet werden.
145 Die Hinzuziehung ist hier wegen § 25 BeurkG obligatorisch.

Kapitel 2 Form der Verfügung von Todes wegen

Gruppe der Personen mit **Zeugnisfunktion** (Zeuge und zweiter Notar gem. §§ 22, 29 BeurkG und Schreibzeuge gem. § 25 BeurkG) und die Gruppe der Personen mit **Kommunikationsfunktion** (Fremdsprachendolmetscher gem. § 16 BeurkG, Gebärdensprachdolmetscher gem. § 22 BeurkG und Verständigungsperson gem. § 24 BeurkG). Personalunion ist nur jeweils innerhalb einer Gruppe zulässig; dagegen kann nicht ein und dieselbe Person zeitgleich eine Funktion aus beiden Gruppen wahrnehmen.[146] Die (In)kompabilitäten und die Rechtsfolgen eines Verstoßes hiergegen lassen sich danach im **Überblick** wie folgt darstellen (ja = kompatibel; nein = inkompatibel; bei Verstoß: soll = Urkunde wirksam; muss = Urkunde unwirksam):

127

	Zeuge/zweiter Notar § 22	Gebärden-sprachdolmet-scher § 22	Verständi-gungsperson § 24	Schreibzeuge § 25	Zeuge/zweiter Notar § 29
Dolmetscher §§ 16, 32	nein soll[147]	ja	ja	nein muss[148]	nein soll[149]
Zeuge/zweiter Notar § 22		nein soll[150]	nein soll[151]	ja	ja
Gebärdensprach-dolmetscher § 22			Ja	nein diff.[152]	nein soll[153]
Verständigungsperson § 24				nein muss[154]	nein soll[155]
Schreibzeuge § 25					ja

128 Es obliegt dem pflichtgemäßen Ermessen des Notars zu entscheiden, ob er sich innerhalb derselben Gruppe tatsächlich nur einer Person für mehrere Urkundsbeteiligte oder für mehrere Funktionen bedienen oder ob er dies zur Vermeidung des Anscheins von **Interessenkollisionen** ablehnen möchte. Jedenfalls dann, wenn die betroffenen Beteiligten (abstrakt) gegengerichtete Interessen verfolgen, empfiehlt es sich, für jeden Beteiligten verschiedene Personen hinzuzuziehen.[156]

---

146 Zur **Kompabilität** von Dolmetscher, Gebärdensprachdolmetscher und Verständigungsperson Armbrüster/Preuß/Renner/*Seger*, § 24 Rn. 8; *Frank*, NotBZ 2003, 9; *Winkler*, § 22 Rn. 24; § 24 Rn. 12; a. A. aber *Grziwotz/Heinemann*, § 16 Rn. 39; zur Kompabilität der Zeugenfunktionen siehe § 25 BeurkG und z. B. *Winkler*, § 29 Rn. 6; zur **Inkompabilität** der Zeugen- mit den Kommunikationsfunktionen §§ 24 Abs. 3, 25 BeurkG und z. B. Armbrüster/Preuß/Renner/*Seger*, § 22 Rn. 9; *Winkler*, § 16 Rn. 23, § 22 Rn. 24, § 24 Rn. 12, § 29 Rn. 7.
147 Es handelt sich um einen Verstoß gegen § 22 BeurkG, der insgesamt nur Soll-Vorschriften enthält, vgl. *Winkler*, § 22 Rn. 29.
148 Sowohl § 16 BeurkG als auch § 25 BeurkG enthalten insoweit Muss-Vorschriften, so dass die Verletzung einer der beiden Normen zur Unwirksamkeit führt.
149 Der Verstoß gegen die Soll-Vorschrift des § 29 BeurkG ist für die Wirksamkeit der Urkunde unbeachtlich.
150 Es gilt das in Fn. 148 Gesagte entsprechend.
151 Der Verstoß gegen § 22 BeurkG lässt die Wirksamkeit der Beurkundung unberührt, vgl. schon Fn. 148.
152 Es ist je nach Sachverhalt zu differenzieren: Wird der Gebärdensprachdolmetscher aufgrund teleologischer Reduktion (s. Fn. 145) anstelle einer Verständigungsperson i. S. d. § 24 BeurkG hinzugezogen, führt die Personalunion entspr. § 24 Abs. 3 BeurkG zur Unwirksamkeit der Urkunde. Wirkt ohnehin schon eine Verständigungsperson i. S. d. § 24 BeurkG mit, verletzt die Personalunion lediglich die Soll-Vorschrift des § 22 Abs. 1 S. 2 BeurkG.
153 Es handelt sich lediglich um einen Verstoß gegen die Soll-Vorschriften des § 22 Abs. 1 S. 2 bzw. § 29 BeurkG.
154 Reimann/Bengel/Mayer/*Bengel*, § 24 Rn. 12.
155 Reimann/Bengel/Mayer/*Bengel*, § 24 Rn. 12.
156 *Grziwotz/Heinemann*, § 24 Rn. 11; *Winkler*, § 24 Rn. 12.

IX. Gemeinschaftliches Testament

Ein gemeinschaftliches Testament kann (nur) von Ehegatten und eingetragenen Lebenspartnern (§ 10 Abs. 4 S. 2 LPartG) errichtet werden. Wegen weiterer Einzelheiten, insbesondere im Hinblick auf die Bedeutung sog. wechselbezüglicher Verfügungen, siehe bereits oben C. 2. Einige Unterschiede im Gegensatz zum Erbvertrag sind dort[157] erwähnt. In der Literatur[158] wird dem beurkundenden Notar zu Recht empfohlen, die Beteiligten auch ungefragt auf die bestehenden und nicht abdingbaren einseitigen **Widerrufsmöglichkeiten** hinzuweisen.

129

▶ **Muster: Gemeinschaftliches Testament**

130

Verhandelt zu ..., am ...

Vor mir, Notar ... mit dem Amtssitz in ..., erschienen:

Eheleute Herr A., geboren am ... und Frau B. geborene C., geboren am ..., beide wohnhaft [Anschrift].

Herr A ist geboren in ... (Geburtenbuch Nr. ... des Standesamtes ...).

Frau B ist geboren in ... (Geburtenbuch Nr. ... des Standesamtes ...).

Die Erschienenen erklärten dem Notar ihren letzten Willen (mündlich)[159] wie folgt:

Wir haben am ... vor dem Standesbeamten in ... die Ehe miteinander geschlossen. Wir wollen ein gemeinschaftliches Testament errichten. Ein jeder von uns kann über seinen Nachlass frei verfügen, ist also weder durch einen notariellen Erbvertrag oder ein (eigenhändiges) gemeinschaftliches Testament mit einem Dritten hieran gehindert. Wir besitzen beide ausschließlich die deutsche Staatsangehörigkeit. Wir verlangen keine Hinzuziehung von Zeugen oder eines zweiten Notars. Der Notar überzeugte sich anlässlich der Urkundsverhandlung von der Geschäftsfähigkeit der Erschienenen.

[Testamentsinhalt; insbesondere Klarstellung, welche Verfügungen wechselbezüglich sind und welche nicht.]

Wir wurden vom Notar auf die gesetzlichen Erb- und Pflichtteilsrechte hingewiesen. Uns ist bekannt, dass unser Testament im Ausland möglicherweise nicht anerkannt wird. Der Notar soll eine beglaubigte Abschrift dieser Niederschrift zu seiner Urkundensammlung nehmen.

Der beurkundenden Notar hat darauf hingewiesen, dass jeder von uns zu unser beider Lebzeiten jederzeit und ohne Vorliegen eines besonderen Grundes durch einseitige Erklärung auch seine wechselbezüglichen Verfügungen widerrufen kann. Uns ist bekannt, dass der Widerruf der notariellen Beurkundung bedarf und dem anderen in Ausfertigung zugehen muss. Uns ist weiterhin bekannt, dass wir die Widerrufsmöglichkeit bei Beurkundung eines Erbvertrages ausschließen könnten.

Diese Niederschrift wurde den Erschienenen vom Notar vorgelesen, von ihnen genehmigt und von ihnen und dem Notar wie folgt eigenhändig unterschrieben:

X. Verfahren nach Beurkundung

Die Niederschrift über die Errichtung eines Testamentes soll gem. § 34 Abs. 1 S. 1 BeurkG in einen **Umschlag** genommen und mit dem Prägesiegel verschlossen werden. In den Umschlag gehört auch eine nach § 16 Abs. 2 S. 2 BeurkG gefertigte Übersetzung.[160] Auf dem Umschlag soll der Erblasser seiner Person nach näher bezeichnet und angegeben werden, wann das Testament errichtet worden ist; diese Aufschrift ist vom Notar zu unterzeichnen, § 34 Abs. 1 S. 3 BeurkG.

131

Der Notar soll veranlassen, dass das Testament unverzüglich in besondere **amtliche Verwahrung** gebracht wird. Dies gilt auch dann, wenn der bzw. die Erblasser ausdrücklich etwas anderes wünschen; der entgegenstehende Wille ist rechtlich nicht zu beachten. Für die besondere amtliche Verwahrung

132

---

157 Siehe E.II (Rdn. 145).
158 *Nieder/Kössinger*, § 14 Rn. 31.
159 Siehe hierzu Fn. 95.
160 *Winkler*, § 34 Rn. 3.

von Testamenten ist gem. § 344 Abs. 1 S. 1 Nr. 1 FamFG[161] dasjenige Amtsgericht[162] örtlich zuständig, in dessen Bezirk der Notar seinen Amtssitz hat. Der Erblasser kann jederzeit die Verwahrung bei einem anderen Amtsgericht verlangen, § 344 Abs. 1 S. 2 FamFG. Damit die Auffindung des abgelieferten Testaments nach dem Tode des Erblassers gewährleistet ist, muss der beurkundende Notar die Verwahrangaben im Sinne des § 78b Abs. 2 S. 2 BNotO elektronisch an die das Zentrale Testamentsregister führende Registerbehörde übermitteln, § 34a BeurkG. Die zu übermittelnden Verwahrangaben sind nach § 1 S. 1 Nr. 1 ZTRV die Daten des Erblassers, und zwar Familienname, Geburtsname, (alle) Vornamen, Geschlecht, Tag und Ort der Geburt, Geburtsstandesamt und Geburtenregisternummer, wenn die Geburt im Inland beurkundet wurde, Staat der Geburt, wenn der Erblasser im Ausland geboren wurde. Damit der Notar diese Daten zutreffend ermitteln kann, empfiehlt sich eine Einsicht in die Geburtsurkunde des Erblassers.

133 Die Einzelheiten zur Verschließung des Testamentes in einem Umschlag und die Inverwahrunggabe durch den Notar sind in den einschlägigen landesrechtlichen Verordnungen geregelt. Diese sehen in der Regel vor, dass der Notar amtlich vorgegebene Muster zu verwenden hat. Im Übrigen bestimmt § 20 Abs. 1 der jeweiligen landesrechtlichen Dienstvorschrift (DONot), wie der **Notar nach Ablieferung** des Testamentes aktenmäßig zu verfahren hat

134 Nicht geklärt ist, wie **spätere Korrekturen bzw. Ergänzungen** des abgelieferten Testaments durchzuführen sind. Zu denken ist hier z. B. an die Berichtigung einer offensichtlichen Unrichtigkeit gem. § 44a Abs. 2 BeurkG oder das Nachholen der vom Notar versehentlich vergessenen Unterschrift. Es spricht vieles dafür, dass der Notar einen Berichtigungsvermerk i. S. d. § 44a Abs. 2 BeurkG abfassen und diesen in Ergänzung zu dem Testament in amtliche Verwahrung nachreichen kann. Zur Nachholung der Unterschrift s. o. Rdn. 70.

135 Nach dem Tode des Erblassers **eröffnet** das Amtsgericht jedes abgelieferte Testament nach Maßgabe der §§ 348 ff. FamFG und benachrichtigt die gesetzlichen und testamentarischen Erben. Soweit bei einem gemeinschaftlichen Testament die Verfügungen der Ehegatten graphisch getrennt niedergelegt sind, findet eine entsprechende Teileröffnung nur der Verfügungen des verstorbenen Erblassers statt, § 349 Abs. 1 FamFG.

136 Eröffnet werden abgelieferte Testamente auch dann, wenn sie inhaltlich offensichtlich nicht (mehr) wirksam sind, insbesondere weil sie vom Erblasser eindeutig aufgehoben wurden. Möchte der Erblasser dies vermeiden, muss er sein Testament **aus der amtlichen Verwahrung zurücknehmen**. Hierzu ist er jederzeit ohne Angabe von Gründen berechtigt. Die Rücknahme eines notariellen Testamentes aus der amtlichen Verwahrung hat unwiderleglich die Wirkung eines **Widerrufs**, § 2256 BGB. Ein gemeinschaftliches Testament muss von beiden Ehegatten gemeinschaftlich zurückgenommen werden. Das Nachlassgericht benachrichtigt auch solche Erben, die in früheren Verfügungen bedacht waren, und zwar auch dann, wenn die früheren Verfügungen offensichtlich aufgrund neuerer Verfügungen unwirksam geworden sind. Solange das Gericht nicht alle Anschriften ermittelt hat, was naturgemäß eine geraume Zeit in Anspruch nehmen kann, unterbleibt die Eröffnung. Auch deshalb kann es für die Beteiligten zweckmäßig sein, überholte letztwillige Verfügungen aus der amtlichen Verwahrung herauszuholen.

XI. Besonderheiten bei der Auslegung notarieller Verfügungen

137 Für notarielle Testamente gelten grundsätzlich die **allgemeinen Auslegungsregeln** für letztwillige Verfügungen.[163] Trifft den Notar allerdings gem. § 17 Abs. 1 BeurkG eine Beratungs- und Formu-

---

161 Früher: § 2258a BGB.
162 Die sachliche Zuständigkeit der Amtsgerichte ergibt sich nunmehr aus § 342 Abs. 1 Nr. 1 FamFG, § 23a Abs. 2 Nr. 2 GVG.
163 *Nieder/Kössinger*, § 23 Rn. 23.

lierungspflicht,[164] ist bei der Auslegung grundsätzlich zu unterstellen, dass rechtliche Begriffe auch in ihrer **richtigen juristischen Begrifflichkeit** verwendet wurden.[165] Dies gilt insbesondere für die Begriffe Erbe, Vor- und Nacherbe, Ersatzerbe, Vermächtnis, Vorausvermächtnis, Teilungsanordnung, Auflage etc. Wird im notariellen Testament also z. B. eine Person zum Erben berufen und einer anderen Person im Wege des Vermächtnisses ein Gegenstand zugewandt, der seinem Wert nach nahezu den gesamten Nachlass darstellt, dürfen die rechtlichen Rollen der beiden Bedachten grds. nicht durch Auslegung vertauscht werden. Abweichungen vom Wortlaut sind zwar auch bei notariellen Verfügungen von Todes wegen nicht ausgeschlossen. Allerdings müssen hier im Rahmen der Auslegung entsprechend klare Indizien für die Abweichung gefordert werden. Aus der so beschriebenen wichtigen Bedeutung des Wortlautes notarieller Verfügungen von Todes wegen korrespondiert eine entsprechend **strenge Amtspflicht** des Notars, seine Formulierungen erstens mit größter Sorgfalt auszuwählen und sie zweitens mit dem Willen des Erblassers durch ausreichende Erläuterungen abzugleichen.

XII. Beweiswirkung im Rechtsverkehr

Das notarielle Testament ist eine **öffentliche Urkunde** i. S. d. §§ 415, 418 ZPO und erbringt bei ordnungsgemäßer Erstellung den Beweis für die Identität der Beteiligten, Ort und Zeit der Beurkundung sowie die Tatsache, dass die Beteiligten den niedergelegten Inhalt erklärt haben. **138**

Ein weiterer Vorteil der öffentlichen Urkunde ergibt sich für das **Grundbuchverfahren** aus § 35 Abs. 1 S. 2 GBO. Danach genügt für den Nachweis der Erbfolge anstelle eines Erbscheins die Vorlage der Verfügung und die Niederschrift über die Eröffnung der Verfügung. Nur wenn das Grundbuchamt die Erbfolge trotz Vorlage dieser Urkunden aus tatsächlichen Gründen[166] nicht für nachgewiesen erachtet, kann es die Vorlegung eines Erbscheins verlangen (§ 35 Abs. 1 S. 1 Hs. 2 GBO). Eine ähnliche Vorschrift ist § 12 Abs. 2 S. 2 HGB für das **Handelsregisterverfahren**. **139**

Im **Rechtsverkehr mit Kreditinstituten** gelten Besonderheiten: Gemäß den früheren Allgemeinen Geschäftsbedingungen der Banken und Sparkassen (dort jeweils Nr. 5 a. F.) konnte ein Kreditinstitut nach dem Tode eines Kunden die Vorlage eines Erbscheins, Testamentsvollstreckerzeugnis oder ähnlicher gerichtlicher Zeugnisse verlangen. Es konnte auf die Vorlage solcher Dokumente verzichten, wenn ihm eine Ausfertigung oder eine beglaubigte Abschrift von der öffentlichen Urkunde sowie der Niederschrift über die gerichtliche Eröffnung vorgelegt wurden. Der BGH[167] hat jene Klauseln als unwirksam angesehen und entschieden, dass ein Kreditinstitut sich nicht pauschal das Recht vorbehalten dürfe, zum Nachweis der Erbfolge die Vorlage eines Erbscheines zu verlangen. Das Gesetz erlaube grds. auch den Nachweis in anderer Form. In Reaktion auf die BGH-Entscheidung wurde Nr. 5 der AGB-Banken[168] und inhaltsgleich der AGB-Sparkassen[169] geändert: Nunmehr heißt es lediglich, dass derjenige, der sich auf die Rechtsnachfolge beruft, seine Berechtigung in geeigneter Weise nachzuweisen hat. Weiterhin heißt es – Bösgläubigkeit des Kreditinstituts ausgenommen – jetzt: »Wird der Bank eine Ausfertigung oder eine beglaubigte Abschrift der letztwilligen Verfügung (Testament, Erbvertrag) nebst zugehöriger Eröffnungsniederschrift vorgelegt, darf die Bank denjeni- **140**

---

164 Dies ist grundsätzlich bei allen notariellen Verfügungen von Todes wegen der Fall. Die einzigen Ausnahmen sind die Übergabe einer offenen Schrift, sofern der Notar den Text nicht lesen kann, und die Übergabe einer verschlossenen Schrift, s. dazu F.III. und VI.
165 H. M., etwa BGH DRiZ 1971, 26; MünchKommBGB/*Leipold*, § 2084 Rn. 38; *Nieder/Kössinger*, § 23 Rn. 23; Staudinger/*Otte*, Vor § 2064 Rn. 67.
166 Rechtliche Fragen wie z. B. solche betreffend die Auslegung des Testamentes oder die Wirksamkeit und Wirkung einer Ausschlagung hat das Grundbuchamt, mögen sie auch schwierig sein, selbst zu klären, siehe nur OLG München, Beschl. v. 3.6.2008 – 34 Wx 29/08, FamRZ 2009, 460 f.; BayObLG DNotZ 1995, 306 ff., jeweils m. w. N.
167 Urt. v. 08.10.2013 – XI ZR 401/12, MittBayNot 2014, 345 ff.
168 In der Fassung vom 15. Juli 2014 (siehe exemplarisch die AGB der Deutschen Bank, abrufbar auf www.deutsche-bank.de).
169 In der Fassung März 2014 (abrufbar exemplarisch auf www.sparkasse-aachen.de).

gen, der darin als Erbe oder Testamentsvollstrecker bezeichnet ist, als Berechtigten ansehen, ihn verfügen lassen und insbesondere mit befreiender Wirkung an ihn leisten. (...)« Damit hat sich die Rechtslage gleichsam in ihr Gegenteil verändert. Nunmehr reicht als Nachweis der Berechtigung jede (eröffnete) Verfügung von Todes wegen, also auch jedes privatschriftliche und möglicherweise auslegungsbedürftige Testament aus. Ob dies dem vom BGH bezweckten Verbraucherschutz tatsächlich näher kommt, erscheint durchaus fraglich. Als Konsequenz der neuen AGBs kann jedem Verbraucher nur dringend empfohlen werden, überholte privatschriftliche Testamente, die nicht in amtliche Verwahrung gegeben wurden, zu vernichten, damit diese nicht als scheinbar letzte und damit wirksame Verfügung eröffnet werden und die Verfügung über Bankguthaben ermöglichen.

E. Der Erbvertrag

I. Form des Erbvertrages

141 Der Erbvertrag ist ein Vertrag, in dem mindestens ein Beteiligter eine vertragsmäßige, d. h. **bindende Verfügung von Todes wegen** trifft (§§ 1941, 2278 BGB). Der Erbvertrag muss zur Niederschrift eines Notars[170] durch den Erblasser höchstpersönlich und bei gleichzeitiger Anwesenheit aller Vertragspartner geschlossen werden (§ 2276 Abs. 1 S. 1 BGB). Ein Vertragspartner, der keine Verfügungen von Todes wegen trifft, kann sich vertreten lassen. Für die Errichtung des Erbvertrages verweist § 2276 BGB auf die ordentliche öffentliche Testamentsform der §§ 2232, 2233 BGB. Insoweit kann auf die Ausführungen zum notariellen Testament in den Abschnitten D. und F. verwiesen werden. Zur Fähigkeit, einen Erbvertrag abzuschließen, s. o. B.IV. (Rdn. 52 ff.).

142 Die **vertragsmäßige letztwillige Verfügung** muss von dem anderen Vertragsschließenden angenommen und die **Annahmeerklärung** mitbeurkundet werden. Nach zutreffender Ansicht ist zwar eine konkludente Annahmeerklärung, die sich aus dem Kontext oder der Rolle des anderen Vertragsschließenden als Urkundsbeteiligter ergeben kann, ausreichend. Sicherheitshalber sollte dennoch eine, wenn auch nur pauschale Annahmeerklärung ausdrücklich in die Urkunde aufgenommen werden.[171]

143 ▶ **Muster: (beide Erschienenen sind Erblasser)**

Verhandelt zu ..., am ...

Vor mir, Notar ... mit dem Amtssitz in ..., erschienen:

Eheleute Herr A., geboren am ... und Frau B. geborene C., geboren am ..., beide wohnhaft [Anschrift].

Herr A. ist geboren in ... (Geburtenbuch Nr. ... des Standesamtes ...).

Frau B. ist geboren in ... (Geburtenbuch Nr. (...) des Standesamtes ...).

Die Erschienenen erklärten dem Notar ihren letzten Willen mündlich[172] wie folgt:

Wir wollen einen Erbvertrag schließen. Ein jeder von uns kann über seinen Nachlass frei verfügen, ist also weder durch einen notariellen Erbvertrag oder ein eigenhändiges gemeinschaftliches Testament mit einem Dritten hieran gehindert. Wir besitzen beide ausschließlich die deutsche Staatsangehörigkeit. Wir verlangen keine Hinzuziehung von Zeugen oder eines zweiten Notars. Der Notar überzeugte sich anlässlich der Urkundsverhandlung von der Geschäftsfähigkeit der Erschienenen. (...)

Wir wurden vom Notar über die Bindungswirkung vertragsmäßiger Verfügungen belehrt. Uns ist bekannt, dass solche Verfügungen nicht mehr einseitig aufgehoben oder abgeändert werden können und dass die Bindungswirkung durch gegenständliche Beschränkungen, Änderungs-, Rücktrittsvorbehalte oder andere individuelle Klauseln gemindert werden könnte. Im Hinblick hierauf erklären

---

170 Oder Konsuls, §§ 10 Abs. 2, 11 KonsG.
171 So in Hinblick auf unterschiedliche Stimmen in Rechtsprechung und Literatur m.w.N. die Empfehlung von *Nieder/Kössinger*, § 17 Rn. 77.
172 S. hierzu auch Fn. 95.

wir: (...) *[es folgen präzise Festlegungen, welche Verfügungen vertragsmäßige sind nebst entsprechenden Annahmeerklärungen und welche nicht; ggf. Rücktrittsvorbehalte etc.]*

Wir wurden vom Notar auf die gesetzlichen Erb- und Pflichtteilsrechte hingewiesen. Uns ist bekannt, dass unser Testament im Ausland möglicherweise nicht anerkannt wird. Der Erbvertrag und eine beglaubigte Abschrift hiervon sollen unverschlossen in der amtlichen Verwahrung des Notars verbleiben.

Diese Niederschrift wurde den Erschienenen vom Notar vorgelesen, von ihnen genehmigt und von ihnen und dem Notar wie folgt eigenhändig unterschrieben:

▶ **Muster: (nur ein Erschienener ist Erblasser)** 144

[Eingang wie vorstehend Rdn. 143]

Herr A. ist geboren in ... (Geburtenbuch Nr. ... des Standesamtes ...).

Die Erschienenen erklärten (mündlich)[173]:

Wir wollen einen Erbvertrag schließen, in dem nur A. letztwillige Verfügungen trifft, die Frau B. im nachgenannten Umfang als vertragsmäßige annimmt. Herr A. kann über seinen Nachlass frei verfügen, ist also weder durch einen notariellen Erbvertrag oder ein eigenhändiges gemeinschaftliches Testament mit einem Dritten hieran gehindert. Er besitzt ausschließlich die deutsche Staatsangehörigkeit und verlangt keine Hinzuziehung von Zeugen oder eines zweiten Notars. Der Notar überzeugte sich anlässlich der Urkundsverhandlung von der Geschäftsfähigkeit der Erschienenen. (...) [i.Ü. wie das vorstehende Muster]

II. Unterschiede zum gemeinschaftlichen Testament

Die Charakteristika eines Erbvertrages sowie seine Unterschiede zum **gemeinschaftlichen Testament** sind detailliert und übersichtlich aufgelistet bei *Nieder*.[174] Die wichtigsten Unterschiede sind: 145
– Die vertragsmäßige Verfügung beim Erbvertrag ist sofort **bindend**;[175] die wechselbezügliche Verfügung beim gemeinschaftlichen Testament wird dies erst mit dem Tode des anderen Teils. Bis zum Tode des anderen Teils ist beim gemeinschaftlichen Testament jederzeit ein Widerruf durch notariell beurkundete Erklärung zulässig.
– Vertragsmäßige Verfügungen in einem Erbvertrag können auch **einseitig**, d. h. von einem Erblasser gegenüber einem nicht letztwillig verfügenden Dritten vereinbart werden; wechselbezügliche Verfügungen in einem gemeinschaftlichen Testament müssen sich hingegen zwingend mindestens aus **je einer Verfügung** beider Ehegatten/Lebenspartner zusammensetzen (§ 2271 Abs. 1 BGB).
– Der Erbvertrag muss mindestens eine vertragsmäßige Verfügung enthalten (**Verbot des Totalvorbehalts**), das gemeinschaftliche Testament kommt ganz ohne wechselbezügliche Verfügung aus.[176]
– In einem Erbvertrag kann nur ein Beteiligter eine letztwillige Verfügung anordnen; in einem gemeinschaftlichen Testament müssen dies zwingend beide Beteiligten tun.
– Der Erbvertrag muss zwingend **notariell** (oder konsularisch) beurkundet, das gemeinschaftliche Testament kann auch eigenhändig verfasst werden.
– Der Erbvertrag kann von **jedermann**, das gemeinschaftliche Testament nur von Ehegatten oder eingetragenen Lebenspartner errichtet werden.
– Der Erbvertrag kann vom Notar **verwahrt** werden; das gemeinschaftliche Testament wird hingegen zwingend vom Nachlassgericht mit entsprechender Kostenfolge verwahrt.

---

173 S. hierzu auch Fn. 95.
174 *Nieder/Kössinger*, § 14 Rn. 19 ff.
175 Zur Bindungswirkung siehe ausführlich Kap. 7.
176 *Nieder/Kössinger*, § 14 Rn. 21.

III. Verfahren nach Beurkundung

146 Nach Beurkundung eines Erbvertrages hat der Notar mit diesem grundsätzlich genauso zu verfahren wie mit einem notariellen Testament, § 34 Abs. 2 BeurkG, insbesondere also dem zuständigen Nachlassgericht in Verwahrung zu geben. Die Vertragschließenden können aber, was in der Praxis zur Vermeidung der gerichtlichen Verwahrungskosten die Regel ist, die besondere amtliche Verwahrung durch das Nachlassgericht ausschließen. In diesem Falle hat der Notar die Urschrift selbst zu verwahren und die Verwahrangaben i. S. d. § 78b Abs. 2 S. 1 BNotO i. V. m. § 1 S. 1 Nr. 1 ZTRV[177] der das Zentrale Testamentsregister führenden Registerbehörde zu übermitteln, § 34a BeurkG. Nach Eintritt des Erbfalls ist der Erbvertrag an das Nachlassgericht abzuliefern, in dessen Verwahrung er verbleibt. Ist diese Ablieferung nicht innerhalb von 30 Jahren[178] seit Beurkundung erfolgt, hat der Notar gem. § 351 FamFG die Pflicht zu ermitteln, ob der Erblasser noch lebt. Die weitere aktenmäßige Vorgehensweise des Notars ist in den einzelnen landesrechtlichen Dienstordnungen für Notarinnen und Notare (dort jeweils §§ 9 Abs. 1, 18 Abs. 3, 20 DONot) geregelt.

147 Wegen der Eröffnung kann auf die Ausführungen zum Testament[179] verwiesen werden. Entsprechend gelten ebenfalls die dortigen Ausführungen zur Nachholung der vom Notar vergessenen Unterschrift, die bis zur Eröffnung des Erbvertrags zulässig ist. Eine Berichtigung nach § 44a BeurkG kann bis zur Eröffnung ohne Besonderheiten vorgenommen werden.

IV. Rückgabe aus der amtlichen Verwahrung

148 Seit Inkrafttreten des § 2300 Abs. 2 BGB ist auch die Rückgabe eines Erbvertrages aus der amtlichen Verwahrung möglich. Zivilgesetzliche **Voraussetzungen** sind: (1) der Erbvertrag darf nur Verfügungen von Todes wegen enthalten; (2) es darf noch kein Vertragsschließender verstorben sein; (3) die Rückgabe ist von allen Vertragsschließenden zu verlangen, (4) die Rückgabe kann nur an alle Vertragsschließenden höchstpersönlich und gemeinschaftlich erfolgen. Die aktenrechtliche Vorgehensweise bestimmen die jeweiligen landesrechtlichen Dienstordnungen für Notarinnen und Notare, dort jeweils § 20 Abs. 3 ggf. i. V. m. § 18 Abs. 4 DONot. Die Rückgabe hat die Wirkung, dass der Erbvertrag als **widerrufen** gilt, § 2300 Abs. i. V. m. § 2256 Abs. 1 S. 1 BGB; hierüber hat der Notar zu belehren, § 2256 Abs. 1 S. 2 BGB.

149 Der gem. § 20 Abs. 3 S. 1 der landesrechtlichen DONot zu fertigende Vermerk über die Rückgabe muss zwingend nur vom Notar unterschrieben werden; aus Gründen der Beweissicherung empfiehlt sich aber auch eine Unterschrift der Beteiligten.

150 ▶ **Muster: Rücknahmevermerk**

Vermerk

Am ... erschienen vor dem unterzeichnenden Notar ... mit dem Amtssitz in ... Herr A., geboren am ..., wohnhaft [Anschrift], ausgewiesen durch ..., und Frau B., geboren am ..., wohnhaft [Anschrift], ausgewiesen durch ... Der unterzeichnende Notar überzeugte sich anlässlich der mit den Erschienenen geführten Unterredung von deren Geschäftsfähigkeit.

Die Erschienenen beantragten die Rücknahme des Erbvertrages vom ... – UR-Nr. ... des unterzeichnenden Notars – aus der notariellen Verwahrung. Die Urschrift des vorbezeichneten Erbvertrages wurde den Erschienenen vorgelegt. Sie versicherten, dass es sich um denjenigen Erbvertrag handele, dessen Rückgabe sie beantragen. Der Notar überzeugte sich davon, dass der Erbvertrag nur Verfügungen von Todes wegen enthält.

Der Notar hat die Erschienenen darüber belehrt, dass der Erbvertrag durch die Rückgabe als aufgehoben gilt und dadurch möglicherweise auch eine frühere Verfügung von Todes wegen, die in diesem

---

177 Siehe hierzu oben Rdn. 132.
178 Dadurch sind die landesrechtlichen Bestimmungen in den Dienstordnungen für Notarinnen und Notare, dort jeweils § 20 Abs. 5, überholt, soweit diese noch auf eine 50jährige Frist abstellen.
179 Siehe D. X. (Rdn. 135 f.).

Erbvertrag aufgehoben wurde, wieder wirksam wird. Er wies ferner darauf hin, dass ohne eine Verfügung von Todes wegen die gesetzliche Erbfolge gilt.

Ein entsprechender Vermerk über die Rückgabe und deren Wirkung wurde auf der Urschrift des Erbvertrages angebracht. Sodann wurde die Urschrift des Erbvertrages mit dem Vermerk sowie die zu den Notariatsakten genommene beglaubigte Abschrift des Erbvertrages den Erschienenen persönlich zurückgegeben.

[Ort, Datum, Unterschrift der Erschienenen und des Notars]

▶ Wichtig 151

Dieser Erbvertrag gilt durch die am ... erfolgte Rückgabe aus der notariellen Verwahrung als aufgehoben (§§ 2300 Abs. 2, 2290, 2256 BGB).

F. Übergabe einer Schrift

I. Voraussetzungen und Anwendungsbereich

Ein **Testament** kann auch dadurch errichtet werden, dass der Erblasser dem Notar eine offene oder 152 verschlossene Schrift mit der Erklärung überreicht, dass die Schrift seinen letzten Willen enthalte. Während die §§ 2232, 2276 BGB diese Testamentsform materiell-rechtlich vorsehen, regeln die §§ 30, 33 BeurkG das einzuhaltende Beurkundungsverfahren. Auch ein **Erbvertrag** kann durch Übergabe einer entsprechenden Schrift beurkundet werden (§ 2276 Abs. 1 BGB). § 33 BeurkG stellt hierzu klar, dass § 30 BeurkG auch auf die Annahmeerklärung des nicht selbst letztwillig verfügenden Vertragsteils anzuwenden ist. Auch sind **Mischformen**[180] zulässig. Nicht durch Übergabe einer Schrift, sondern nur durch Erklärung gegenüber dem Notar, kann beurkunden, wer nach eigenen Angaben oder nach Überzeugung des Notars Geschriebenes nicht zu lesen vermag (§§ 2233 Abs. 2, 2276 Abs. 1 BGB), zum Minderjährigen siehe oben B.3.a).

An die zu übergebende **Schrift** werden **keine hohen Anforderungen** gestellt: Form, Material und so- 153 gar Schrifttyp (Maschinen- oder Blindenschrift, Stenografie, Chiffrierung, fremde Schriftzeichen etc.) sind beliebig wählbar, sofern die Schrift nur für den Testator, sei es auch mit Zuhilfenahme fremder Mittel (z. B. einem Wörterbuch), und für einen Dritten[181] überhaupt leserlich ist.[182] Orts- und Zeitangabe sind entbehrlich. Die Schrift braucht auch nicht vom Erblasser selbst verfasst worden zu sein. Allerdings ist zu fordern, dass der Testator den Inhalt der Schrift zumindest in seinen groben Zügen einmal gekannt hat, ansonsten wäre eine Verfügung denkbar, deren sittliche Verantwortung in keiner Weise auf den Testator zurückzuführen wäre. Allerdings genügt es nach hiesiger Ansicht z. B., wenn der Testator seinen letzten Willen mit einem rechtlichen Berater besprochen hat, der Berater den Entwurf später erstellt und der Testator die Möglichkeit zur Kenntnisnahme des Inhaltes hatte; ob er tatsächlich jemals einen Blick in den Entwurf hineingeworfen hat, ist hingegen irrelevant. Ebenfalls unbeachtlich ist, ob der Testator den Inhalt bei Beurkundung noch präsent oder statt dessen zwischenzeitlich vergessen hat.[183] Als **Übergabe** reicht es aus, wenn der Notar die Schrift in Gegenwart des Erblassers und mit dessen Zustimmung an sich nimmt.[184]

---

180 Z. B. ein Erblasser eines Erbvertrages verfügt durch Erklärung gegenüber einem Notar, ein anderer durch Übergabe einer Schrift.
181 Nicht auch für den Notar, § 30 S. 4 BeurkG.
182 *Winkler*, § 30 Rn. 5; MünchKommBGB/*Hagena*, § 2232 Rn. 19; Reimann/Bengel/Mayer/*Voit*, § 2232 Rn. 16.
183 Str., wie hier MünchKommBGB/*Hagena*, § 2232 Rn. 30; Palandt/*Weidlich*, § 2232 Rn. 3; für bloße Möglichkeit der Kenntnisnahme Reimann/Bengel/Mayer/*Voit*, § 2232 Rn. 18; Soergel/*Mayer*, § 2232 Rn. 17; alle m. w. N.
184 MünchKommBGB/*Hagena*, § 2232 Rn. 26.

154 Die Beurkundung durch Übergabe einer Schrift kommt in der Praxis eher selten vor. Denkbar sind aber vor allem die folgenden Konstellationen:
- Ein Erblasser, der die Vorzüge einer notariellen Beurkundung[185] wünscht, den Inhalt seiner Verfügung aber keinem Menschen, also auch nicht dem Notar, mitteilen möchte, kann durch Übergabe einer verschlossenen Schrift verfügen;
- Beurkundung umfangreicher und vorher eingehend ausgearbeiteter und besprochener Verfügungen von Todes wegen;
- Beurkundung eines bereits abgefassten Textes in für den Notar fremder Sprache (§ 30 S. 4 BeurkG);
- Beurkundung eines (früher) von einer Vertrauensperson (Rechtsanwalt, Steuerberater, Notar etc.) bereits abgefassten Testamentsentwurfs, ohne dass der Erblasser sich nochmals mit dessen Einzelheiten befassen möchte.[186]

II. Allgemeines zur Beurkundung

155 **Notwendiger Gegenstand** der notariellen Beurkundung ist allein der Vorgang, dass der Erblasser dem Notar eine Schrift übergibt und (mündlich oder durch Gebärden) erklärt, diese Schrift enthalte seinen letzten Willen. Fehlt eines dieser Bestandteile, ist die Beurkundung unwirksam. Die Beurkundung selbst richtet sich nach den allgemeinen Vorschriften (§§ 8 ff. BeurkG) mit den Maßgaben der §§ 30 ff. BeurkG. Die übergebene Schrift soll der Niederschrift beigefügt werden (§ 30 S. 5 BeurkG). Dies bedeutet zwar nicht, dass sie mit der Niederschrift geheftet werden muss, doch ist dies unbedingt zu empfehlen.[187] Die übergebene Schrift selbst ist nicht zu verlesen und wird nicht Inhalt der Niederschrift (§ 30 S. 5 BeurkG, anders im Falle der »normalen« Beurkundung i. S. d. §§ 2232 S. 1 Hs. 1 BGB, § 9 Abs. 1 S. 2 BeurkG). Sie ist aber derart zu kennzeichnen, dass eine Verwechselung ausgeschlossen ist (§ 30 S. 2 BeurkG). Die Niederschrift soll aussagen, ob die Schrift »offen« oder »verschlossen« übergeben wurde (§ 30 S. 3 BeurkG).

156 Auf dem Boden der hier vertretenen Ansicht ist der **Notar** im Hinblick auf § 17 BeurkG **verpflichtet** nachzuforschen, ob der Erblasser den Inhalt der Schrift zumindest früher einmal *in groben Zügen* gekannt hat (s. o. Rdn. 153) und ob er die Schrift lesen kann. Wie der Notar sich hiervon überzeugt, obliegt seinem pflichtgemäßen Ermessen. Danach genügt es in aller Regel, wenn er den Testator hierzu befragt und dieser eine positive Antwort gibt.

157 Zum **Verfahren nach Beurkundung** gelten die Ausführungen zur Beurkundung eines Testamentes bzw. eines Erbvertrages durch Erklärung, je nach Inhalt der übergebenen Schrift, entsprechend. Soweit danach die durch Übergabe der Schrift errichteten Verfügung in einem geschlossenen Umschlag in besondere amtliche Verwahrung zu geben oder nach dem Sterbefall zur Eröffnung abzuliefern ist, sind auch die übergebenen Schriften in den Umschlag zu nehmen (§ 34 Abs. 1 S. 2 BeurkG) bzw. abzuliefern. Da es sich um eine »echte« Beurkundung handelt, berechnen sich die notariellen **Kosten** wie bei einer Beurkundung nach § 8 ff. BeurkG, und zwar auch bei Übergabe einer verschlossenen Schrift.

III. Übergabe einer offenen Schrift

158 ▶ **Muster:**

[Urkundseingang wie Rdn. 79]

Ich will ein Testament durch Übergabe einer offenen Schrift errichten und (...) [weiter wie oben Muster Rdn. 79]

---

185 Siehe dazu eingangs A.II.
186 Vgl. Münchener Vertragshandbuch Erbrecht/*Nieder*, XV. 2 Anm. 2.
187 *Winkler*, § 30 Rn. 18.

Der Erschienene übergab dem Notar die dieser Niederschrift als Anlage beigefügte offene Schrift und erklärte dem Notar dabei mündlich, dass er den Inhalt der Schrift kenne, er die Schrift lesen könne und die Schrift seinen letzten Willen enthalte. Der Notar las die Schrift durch und besprach den Inhalt mit dem Erschienen. Der Notar kennzeichnete die Schrift dadurch, dass er sie mit dem von ihm unterschriebenen Vermerk: »Zu UR-Nr. . . . übergebene Schrift« versah.

[Schlusshinweise und Schlussformel wie Rdn. 79]

Bei Übergabe einer offenen Schrift erstreckt § 30 S. 4 Hs. 2 BeurkG die **notariellen Prüfungs- und Belehrungspflichten** gem. § 17 BeurkG ausdrücklich auch auf den Inhalt der übergebenen Schrift, falls der Notar die Sprache der Schrift lesen kann. Ist die Schrift lediglich in graphischer Hinsicht unleserlich verfasst, sollte der Notar auf eine leserliche Abfassung hinwirken; verweigert der Testator dies, kann die Beurkundung – zweckmäßigerweise mit einem entsprechenden Vermerk in der Niederschrift – dennoch stattfinden.[188] Hinsichtlich der inhaltlichen Beratung und Belehrung kann § 30 S. 4 BeurkG den Notar nicht verpflichten, dem Testator eine von diesem ausdrücklich abgelehnte Besprechung und Belehrung aufzuzwingen. Dies muss schon daraus folgen, dass der Testator die Schrift auch verschlossen überreichen könnte; es wäre reine Förmelei, wenn der Notar bei einem belehrungsunwilligen Erblasser auf eine vorherige Verschließung der Schrift bestehen würde. So kann der Fall z. B. liegen, wenn es sich um eine längere Schrift handelt und der zwar geschäftsfähige, aber aus gesundheitlichen Gründen recht kraftlose Erblasser eine vom Notar angebotene Erörterung ausdrücklich ablehnt. Ein entsprechender Vermerk in der Niederschrift könnte etwa lauten: 159

▶ Muster: 160

Der Notar las die Schrift durch und bot dem Erschienen an, ihren Inhalt mit ihm zu besprechen. Dieser wünschte jedoch ausdrücklich weder eine weitere Besprechung noch eine Verschließung der übergebenen Schrift.

IV. Übergabe einer verschlossenen Schrift

▶ Muster: 161

[Urkundseingang wie Rdn. 79]

Ich will ein Testament durch Übergabe einer verschlossenen Schrift errichten und (. . .) [weiter wie oben Muster Rdn. 79]

Der Erschienene übergab dem Notar den dieser Niederschrift als Anlage beigefügten verschlossenen Umschlag und erklärte dem Notar dabei, dass er die in diesem Umschlag befindliche Schrift kenne, er die Schrift lesen könne und dass die Schrift seinen letzten Willen enthalte. Der Notar erläuterte dem Erschienenen die Vorteile einer Testamentserrichtung durch Übergabe einer offenen Schrift und empfahl dem Erschienenen, diese Form der Beurkundung zu wählen. Der Erschienene wünschte dennoch, dass die Schrift verschlossen bleibe und verzichtete dadurch auf eine Prüfung und Belehrung durch den beurkundenden Notar. Der Notar kennzeichnete den übergebenen Umschlag dadurch, dass er ihn mit dem von ihm unterschriebenen Vermerk: »Zu UR-Nr. . . . übergebener verschlossener Umschlag« versah.

[Schlusshinweise und Schlussformel wie Rdn. 79]

Naturgemäß ist der Notar bei Übergabe einer verschlossenen Schrift hinsichtlich des Inhaltes **keine Prüfung und Belehrung** übernehmen. Dies ist auch hinnehmbar, da der Erblasser selbst die Entscheidung trifft, ob er die Schrift offen oder verschlossen übergeben möchte. Deshalb kann der Notar nur in ganz krass gelegenen Fällen verpflichtet sein, den Erblasser auf besondere Aspekte hinzuweisen, nämlich nur dann, wenn er eindeutige Anhaltspunkte dafür hat, dass die zu übergebende Schrift 162

---

188 *Winkler*, § 30 Rn. 9.

Kapitel 2   Form der Verfügung von Todes wegen

eine unwirksame Verfügung enthält oder sie nicht dem Willen des Erblasser entsprechen kann.[189] Zur ungefragten Nachforschung hierzu ist er aber keinesfalls verpflichtet.[190] Allenfalls kann man vom Notar auch ungefragt erwarten, dass er die **Motive** für den »Verschluss« **erforscht**, hierbei eventuelle Irrtümer des Testators (etwa zur Verschwiegenheitsverpflichtung des Notars) richtig stellt und den Testator darüber aufklärt, dass er eine offene Schrift überprüfen würde, damit der Erblasser sich bei seine Entscheidung um der Konsequenzen bewusst ist. Beharrt der Erblasser dennoch auf dem Verschluss seiner Schrift, hat er die Risiken fehlschlagender Verfügungen selbst zu tragen. Ein entsprechender Hinweis in der Niederschrift empfiehlt sich, obwohl auf die Unterlassung des Hinweises keine Haftung des Notars gestützt werden kann.[191] Eine andere, zu bejahende Frage ist, ob der Notar berechtigt ist, nach dem Inhalt der Schrift zu fragen und den Erblasser auf Bedenken hinzuweisen.[192]

163   Im Hinblick auf die unterschiedlichen Standpunkte, die in der Literatur anzutreffen sind, kann sich trotz der hier vertretenen Rechtsauffassung empfehlen, in die Niederschrift noch den weiteren Hinweis aufzunehmen:

164   ▶ **Muster:**

Nach Belehrung über die notariellen Mitwirkungsverbote der §§ 27, 7 BeurkG erklärte der Erschienene, dass die übergebene Schrift keine entsprechende Verfügung enthalte.[193]

G. Nottestamente

165   Im Gegensatz zu den ordentlichen Testamenten stehen die sog. **außerordentlichen Testamentsformen**.[194] Dies sind insbesondere die sog. Nottestamente als das Nottestament vor dem Bürgermeister (§§ 2249, 2250 BGB) und das Dreizeugentestament (§§ 2250, 2251 BGB). Allen diesen Testamenten ist gemein, dass sie nur in bestimmten **Notsituationen** errichtet werden dürfen und ihre **Gültigkeit** auf die Dauer von drei Monaten **befristet** ist, vorausgesetzt der Erblasser ist nicht verstorben und eine Fristhemmung ist nicht eingetreten. Errichtungsvoraussetzungen[195] sind für das Bürgermeistertestament, dass objektiv oder nach Ansicht des Bürgermeisters entweder Todesbesorgnis oder Absperrung (= Unerreichbarkeit der Außenwelt) vorliegen, und für das Dreizeugentestament, dass objektiv oder nach Ansicht der drei Zeugen entweder wegen so naher Todesgefahr nicht einmal mehr die Formen des Bürgermeistertestamentes eingehalten werden können, oder bei Absperrung oder bei Seereisen an Bord eines deutschen Schiffes außerhalb eines inländischen Hafens. Das jeweils einzuhaltende Beurkundungsverfahren folgt aus den §§ 2249 ff. BGB und den darin enthaltenen umfangreichen Verweisen auf die **Vorschriften des BeurkG**.

I. Bürgermeistertestament

166   Da der Bürgermeister gleichsam an die Stelle des Notars tritt (vgl. § 2249 Abs. 1 S. 4 BGB) entspricht der Urkundsmantel eines Bürgermeistertestamentes demjenigen eines notariellen Testamentes. Ergänzend ist der Bürgermeister gem. § 2249 Abs. 3 BGB verpflichtet, den Erblasser auf die **befristete Gültigkeit** hinzuweisen:

---

189   Weitergehend, aber abzulehnen Reimann/Bengel/Mayer/*Bengel*, § 30 BeurkG Rn. 9, wonach der Notar »stets« z. B. darauf hinzuweisen habe, dass die Einsetzung des beurkundenden Notars als Testamentsvollstrecker unwirksam wäre; wie hier restriktiver aber wohl auch *Winkler*, § 30 Rn. 9 f.
190   *Winkler*, § 27 Rn. 13, § 30 Rn. 10: Notar soll auf Unwirksamkeit einer Klausel hinweisen, wenn mit einer solchen zu rechnen ist, eine Pflicht bestünde aber nicht; **anders** offenbar Reimann/Bengel/Mayer/*Bengel*, § 30 BeurkG Rn. 9, siehe aber auch *ders.*, § 27 Rn. 10.
191   So zutr. Münchener Vertragshandbuch ErbR/*Nieder*, XV. 3 Anm. 8.
192   *Winkler*, § 30 Rn. 10.
193   Vgl. Münchener VertragshandbuchErbR/*Nieder*, XV. 3.
194   S. oben A. I.
195   Wegen der, im Einzelnen umstrittenen, Voraussetzungen, siehe ausf. *Nieder/Kössinger*, § 17 Rn. 62 ff.

▶ **Muster: Bürgermeistertestament** 167

Der Bürgermeister wies darauf hin, dass das gegenwärtige Testament seine Gültigkeit verliert, wenn seit heute drei Monate verstrichen sind und der/die Erschienene noch lebt, Beginn und Lauf dieser Frist aber gehemmt sind, solange der Erblasser außerstande ist, ein Testament vor einem Notar zu errichten.

Das Verfahren nach Beurkundung ist dasselbe wie beim notariellen Testament. 168

II. Dreizeugentestament

▶ **Muster: Dreizeugentestament** 169

Herr A., geboren am ..., wohnhaft [Anschrift], erklärte, ein Testament errichten zu wollen. Auf sein Ersuchen versammelten sich daher heute, am ..., in [Anschrift] die unterzeichnenden Zeugen

a) Frau B., geboren am ..., wohnhaft [Anschrift], und

b) Herr C., geboren am ..., wohnhaft [Anschrift], und

c) Frau D., geboren am ..., wohnhaft [Anschrift],

beim Erblasser. Der Erblasser ist den Zeugen von Person bekannt/wies sich aus durch ... und ist mit keinem Zeugen verwandt oder verschwägert. Keiner der Zeugen hegte Zweifel an der Geschäftsfähigkeit des Erblassers.

Nach Überzeugung aller Zeugen ist der gegenwärtige Ort infolge ... dergestalt abgesperrt, dass die Errichtung eines Testamentes vor einem Notar nicht möglich oder erheblich erschwert ist. (oder: Nach Überzeugung aller Zeugen befindet sich der Erblasser aufgrund ... in so naher Todesgefahr, dass voraussichtlich die Errichtung eines Testamentes vor einem Notar oder Bürgermeister nicht mehr möglich ist.)

Herr A. erklärte seinen letzten Willen (mündlich)[196] wie folgt: (...)

Diese Niederschrift wurde dem Erblasser vorgelesen, von ihm genehmigt und von ihm und allen Zeugen wie folgt eigenhändig unterschrieben:

H. Checkliste

▶ **Checkliste: Form der Verfügung von Todes wegen** 170

1. Vorüberlegungen
   - ☐ Auslandsberührung (insbes.: Staatsangehörigkeit des Erblassers, Nachlasswerte im Ausland)
   - ☐ Testierfreiheit (insbes.: Existenz früherer bindender Verfügungen; Existenz Pflichtteilsberechtigter)
   - ☐ Testierwille
   - ☐ Testierfähigkeit/Geschäftsfähigkeit
   - ☐ Notarielle vs. eigenhändige letztwillige Verfügung (insbes.: Stellenwert einer Beratung, Kosten-Nutzen-Abwägung; gewollte Bindung des Erblassers; Körperliche Behinderung des Erblassers; Sprachkundigkeit des Erblassers)
2. Eigenhändige Verfügung von Todes wegen
   - ☐ Gewollte inhaltliche und zeitliche Bindung des Erblassers (insbes.: Einzeltestament vs. gemeinschaftliches Testament)
   - ☐ Eigenhändigkeit
   - ☐ Unterschrift mit Ort und Datum
   - ☐ Verwahrung, ggf. durch das Nachlassgericht

---

196 Die Ausführungen in Fn. 95 gelten entsprechend.

Kapitel 2 Form der Verfügung von Todes wegen

3. Notarielle Verfügung von Todes wegen
   - ☐ Gemeinschaftliches Testament vs. Erbvertrag (insbes.: Aufbewahrung; lebzeitige Bindung)
   - ☐ Identitätsfeststellung der Urkundsbeteiligten
   - ☐ Feststellungen zur standesamtlichen Identifizierbarkeit des Erblassers
   - ☐ Hinzuziehung eines Zeugen oder zweiten Notars
   - ☐ Beherrschung der Urkundssprache
   - ☐ Körperliche Beeinträchtigung des Erblassers
   - ☐ Notarielle Mitwirkungsverbote
   - ☐ Einzelheiten zur Aufbewahrung/Hinterlegung
   - ☐ Bindung des Erblassers (insbes.: inhaltliche und zeitliche Reichweite; Lösungsmöglichkeiten)

Kapitel 3. Die Verteilung des Nachlasses auf einen oder mehrere Erben

Übersicht

	Rdn.
A. Erbeinsetzung	1
I. Gesamtrechtsnachfolge/Universalsukzession	2
II. Ausnahmen, Abweichungen von der Gesamtrechtsnachfolge	8
1. (Spezial-)Gesetzliche Ausnahmen	10
a) Hoferbrecht	10
b) §§ 563, 563a BGB	14
c) Rechtsgeschäfte unter Lebenden auf den Todesfall	15
d) Nachlassspaltung nach IPR	20
e) Weitere Einzelfälle	23
2. Anteile an Personengesellschaften	26
a) Gesellschaftsvertrag enthält keine Nachfolgeregelung	27
b) Gesellschaftsvertrag erhält eine erbrechtliche Nachfolgeregelung	28
aa) Einfache Nachfolgeklausel	28
bb) Qualifizierte Nachfolgeklausel	30
cc) Konsequenzen für die notarielle Praxis	31
III. Erbe	36
1. Erbfähigkeit	36
a) Natürliche Person	37
b) Nasciturus	38
c) Juristische Personen	40
d) Gesamthandsgemeinschaften	42
e) Tiere und sonstige nicht rechtsfähige Erben	49
2. Bestimmung des Erben	53
a) Durch den Erblasser	53
b) Durch Dritte	54
c) Durch das Gesetz	57
3. Belastungen und Einschränkungen des Erben	58
a) Beschränkungen und Beschwerungen i. S. d. § 2306 BGB	59
b) Familienrechtliche Anordnungen	62
c) Ausschluss der Vermögenssorge (§ 1638 Abs. 3 BGB)	64
IV. Mehrere Personen als Erben	68
1. Erbengemeinschaft	68
a) Entstehung	70
b) Rechtsnatur	71
aa) Grundbuchfähigkeit	72
bb) Erwerb von Gegenständen	73
cc) Fortführung eines Handelsgeschäfts	74
dd) Eintritt in Personengesellschaft	84
ee) Eintritt in Kapitalgesellschaft	86
c) Rechtsstellung der einzelnen Miterben	87
aa) Erbteil	87
bb) Exkurs: Gemeinschaftlicher Erbteil nach § 2093	88
cc) (Mit-) Verwaltungs- und -verfügungsrechte	91
(1) Maßnahmen der ordnungsgemäßen Verwaltung	92
(2) Zur Erhaltung notwendige Maßnahmen	97
(3) Sonstige Maßnahmen	98
dd) Auseinandersetzungsanspruch, Ausschluss der Auseinandersetzung	99
d) Beendigung	105
2. Mehrere Erben betreffende Verfügungen	106
a) Festlegung der Erbquoten	107
aa) Ausdrückliche Anordnung	108
bb) Auslegung, gesetzliche Auslegungs- und Vermutungsregeln	114
b) Teilungsanordnungen und Vorausvermächtnisse	115
c) Auflage	120
B. Ersatzerbeinsetzung und Anwachsung	122
I. Ersatzerbe	124
1. Wegfall des erstberufenen Erben	125
2. Ausdrückliche Ersatzerbenbenennung	128
3. Auslegung, gesetzliche Auslegungsregeln, tatsächliche Vermutungen	136
4. Rechtsstellung des Ersatzerben	143
II. Anwachsung	147
C. Pflichtteilszuwendung	151
I. Nichtberücksichtigung des Pflichtteilsberechtigten	152
II. Ausdrückliche Enterbung	153
III. Ausdrückliche Zuwendung des Pflichtteils	155
IV. Pflichtteilszuwendung unter Mitwirkung des Pflichtteilsberechtigten	160
V. Zuwendungen im wirtschaftlichen »Grenzbereich« des Pflichtteils	167
VI. Alternativrechte des Zuwendungsempfängers	168

Kapitel 3 Die Verteilung des Nachlasses auf einen oder mehrere Erben

A. Erbeinsetzung

1 Die in Art. 14 Abs. 1 S. 1 GG verankerte **Erbrechtsgarantie** gewährleistet die Privaterbfolge und die Testierfreiheit, räumt dem Erblasser also das Recht ein, sein privates Vermögen zu vererben.[1] Hierzu kann er mittels einer Verfügung von Todes wegen,[2] also im Weg der gewillkürten Erbfolge, festlegen, an welche von ihm bestimmten Personen sein Vermögen nach seinem Ableben übergehen soll. Die rechtstechnische Umsetzung des Erblasserwillens ist allerdings an die jeweils[3] geltenden erbrechtlichen Bestimmungen und Gestaltungsvorgaben gebunden.

I. Gesamtrechtsnachfolge/Universalsukzession

2 Nach § 1922 Abs. 1 BGB geht mit dem Tode einer Person deren Vermögen als Ganzes auf eine oder mehrere andere Personen (Erben) über. Dieser Übergang des gesamten Vermögens (**Universalsukzession**) auf den Erben erfolgt im Zeitpunkt des Ablebens des Erblassers unmittelbar und direkt von selbst, also insbesondere
– ohne besondere Übertragungsakte oder behördliche oder gerichtliche Mitwirkungshandlungen,[4]
– ohne Kenntnis des Erben vom Eintritt des Erbfalls oder Willen des Erben zum Rechtserwerb.[5]

3 Aus dem in § 1922 Abs. 1 BGB postulierten Grundsatz der **Gesamtrechtsnachfolge** folgt weiter:
– Es gibt immer mindestens einen Erben, der – wenn nicht aus einer Verfügung von Todes wegen ausdrücklich oder durch Auslegung[6] ersichtlich – nach den Vorschriften über die gesetzliche Erbfolge bestimmt wird.
– Die Erbeinsetzung auf einen einzelnen Nachlassgegenstand ist – da mit dem Prinzip der Gesamtrechtsnachfolge unvereinbar – rechtsdogmatisch nicht möglich.[7]

4 Die Frage nach der Erbfolge ist somit immer Kernfrage einer jeden Nachlassplanung und kann in vielen Fällen relativ knapp und einfach erfolgen:

5 ▶ **Muster:**
Zu meinem alleinigen und unbeschränkten Erben berufe ich meinen Sohn A.

6 Infolge des Prinzips der **Gesamtrechtsnachfolge** geht das **gesamte Vermögen** des Erblassers, das im Zeitpunkt seines Ablebens vorhanden ist, auf seinen oder seine Erben über, ohne dass es einer gesonderten Einzelaufzählung der nachlasszugehörigen Vermögensgegenstände in der Verfügung von Todes wegen bedarf. Von der Gesamtrechtsnachfolge erfasst wird die Summe aller Rechtsverhältnisse des Erblassers, soweit sie nicht höchstpersönlicher Natur sind,[8] und zwar einschließlich der Verbindlichkeiten[9] und unabhängig davon, ob die Erbschaft für den Erben wirtschaftlich vorteilhaft ist.[10] Allerdings fallen nur solche Vermögensgegenstände in den Nachlass, die im Zeitpunkt des Ablebens des Erblassers (noch) vorhanden sind und nur in der rechtlichen Ausgestaltung, wie sie im Todeszeitpunkt des Erblassers bestanden hat; Vermögen, das im Zeitpunkt des Erbfalles nicht (mehr) vorhanden ist, fällt nicht in den Nachlass und kann somit vom Erben nicht rechtswirksam erworben werden.

---

1 Palandt/*Weidlich*, Einl. vor § 1922 Rn. 4 m. w. N.
2 Einseitiges (§ 1937 BGB) oder gemeinschaftliches (§ 2265 BGB) Testament, Erbvertrag (§ 2274 BGB).
3 Bei Rechtsänderungen bis zum Ableben ist grundsätzlich das beim Erbfall geltende Erbrecht maßgeblich, vgl. Palandt/*Weidlich*, Einl. vor § 1922 Rn. 2.
4 Reimann/Bengel/Mayer, Teil A Rn. 9; Palandt/*Weidlich*, Einl. vor § 1922 Rn. 3
5 Palandt/*Weidlich*, Einl. vor § 1922 Rn. 3; § 1922 Rn. 6.
6 Einzelaufstellung von Auslegungsregeln siehe bei *Nieder/W.Kössinger*, § 23.
7 Vgl. Staudinger/*Otte*, § 2087 Rn. 4; Palandt/*Weidlich*, § 1922 Rn. 10.
8 Einzelaufstellungen s. Reimann/Bengel/Mayer, Teil A Rn. 15 ff., 45 f.; Nieder, § 1 Abschnitt II.; Palandt/*Weidlich*, § 1922 Rn. 36 ff.
9 Weitere Einzelheiten s. bei Reimann/Bengel/Mayer, Teil A Rn. 15 ff.
10 Ggf. muss der Erbe die Erbschaft ausschlagen, §§ 1942 ff. BGB.

Daher ist es nicht empfehlenswert, neben der Erbeinsetzung einzelne Vermögensgegenstände in einer Verfügung von Todes wegen gesondert und ausdrücklich aufzuführen, da es nicht nur überflüssig ist,[11] sondern infolge eines nach Errichtung der Verfügung möglicherweise eintretenden Vermögensabgangs zu einer in Bezug auf den betreffenden Vermögensgegenstand sachlich unrichtigen Verfügung von Todes wegen führen kann. 7

II. Ausnahmen, Abweichungen von der Gesamtrechtsnachfolge

Bestimmte Vermögensgegenstände fallen erst gar nicht in den Nachlass oder gehen abweichend von den allgemeinen Vorschriften des BGB auf den Rechtsnachfolger über. 8

Die wichtigsten Ausnahmen lassen sich in folgende Fallgruppen unterteilen: 9

1. (Spezial-)Gesetzliche Ausnahmen

a) Hoferbrecht[12]

In den Bundesländern Hamburg, Niedersachsen, Nordrhein-Westfalen und Schleswig-Holstein[13] gilt die Höfeordnung. Sofern zum Nachlass ein landwirtschaftlicher Betrieb (Hof) gehört, der in den Anwendungsbereich der **Höfeordnung** fällt, bildet dieser Hof ein Sondervermögen, welches getrennt vom übrigen Nachlass direkt und unmittelbar im Wege der Sondererbfolge auf einen Hoferben übergeht. Nur der übrige Nachlass, also das hoffreie Vermögen, fällt in den allgemeinen Nachlass und wird nach den allgemeinen erbrechtlichen Regeln des BGB vererbt.[14] 10

Im Ergebnis ähnliche **landesrechtliche Sondervorschriften** bestehen für nachlasszugehörige landwirtschaftliche Betriebe auch in den Bundesländern Baden-Württemberg, Hessen, Rheinland-Pfalz und Bremen;[15] die rechtstechnische Umsetzung der Hofzuweisung erfolgt in diesen Ländern mitunter aber nicht im Wege der Sondererbfolge, sondern (erst) auf der Ebene der Erbauseinandersetzung.[16] 11

Um eine etwaige Hoferbfolge nicht zu übersehen und die entsprechende Prüfung zu dokumentieren, nehmen gerade Notare in den ländlichen Regionen des Geltungsbereichs der Höfeordnung vorsorglich bei entsprechender Fehlanzeige die nachfolgende Erklärung des Erblassers in die Verfügung von Todes wegen auf: 12

▶ **Muster:** 13
Zu meinem Vermögen gehört kein Hof im Sinne der Höfeordnung.

b) §§ 563, 563a BGB

Ansprüche aus Mietverhältnissen fallen zwar im Wege der Gesamtrechtsnachfolge in den Nachlass.[17] 14

Bei **Mietverhältnissen über Wohnraum** treten nach § 563 BGB allerdings bislang im gemeinsamen Haushalt mit dem Erblasser lebende Personen[18] in das Mietverhältnis ein, und zwar unabhängig von der Erbfolge. Nur wenn diese Personen innerhalb eines Monats nach Kenntnis vom Tod des Mieters

---

11 Was nach *Langenfeld*, Testamentsgestaltung, Rn. 278 bei einer Zuweisung an den Alleinerben aber auch nicht schadet.
12 Ausführlich zum Hoferbenrecht siehe unten Kapitel 12.
13 Vgl. Palandt/*Weidlich*, § 64 EGBGB Rn. 2.
14 Palandt/*Weidlich*, § 1922 Rn. 11.
15 Einzelheiten s. Palandt/*Weidlich*, § 64 EGBGB Rn. 2.
16 Einzelheiten s. *Nieder/Nieder*, § 3 Rn. 83 ff.; Palandt/*Weidlich*, § 1922 Rn. 11 a. E.
17 Reimann/Bengel/Mayer, Teil A Rn. 20a.
18 Ehegatte oder Lebenspartner oder Familienangehörige oder Lebensabschnittspartner, vgl. § 563 Abs. 1 und Abs. 2 BGB.

dem Vermieter erklären, dass sie das Mietverhältnis nicht fortsetzen wollen, gilt der Eintritt als nicht erfolgt (§ 563 Abs. 3 BGB); in diesem Fall wird das Mietverhältnis mit den Erben fortgesetzt (§ 564 BGB).

War eine der vorgenannten Personen neben dem Erblasser **Mitmieter**, wird das Mietverhältnis – auch hier wieder unabhängig von der Erbfolge – nach § 563a BGB mit den überlebenden Mietern fortgesetzt. Sind diese damit nicht einverstanden, können sie das Mietverhältnis nach Maßgabe des § 563a Abs. 2 BGB außerordentlich kündigen.

c) Rechtsgeschäfte unter Lebenden auf den Todesfall

15 Vermögen, das bereits zu Lebzeiten des Erblassers aus seinem Vermögen ausgeschieden ist, wird von § 1922 BGB nicht erfasst. Das gilt auch für bereits zu Lebzeiten des Erblassers mit anspruchsbegründender Wirkung abgeschlossene Rechtsgeschäfte, deren Erfüllung jedoch auf den Zeitpunkt seines Ablebens hinausgeschoben wurde.

16 Handelt es sich dabei um **entgeltliche Rechtsgeschäfte auf den Todesfall**, deren Erfüllung auf den Tod des Erblassers bedingt oder befristet ist, sind hierauf die Vorschriften über Rechtsgeschäfte unter Lebenden anwendbar, sie werden also von § 1922 BGB nicht erfasst.[19]

17 Zu den **unentgeltlichen Rechtsgeschäften auf den Todesfall** zählen die auf den Tod des Schenkers aufschiebend befristete **Handschenkung** nach § 516 BGB, die auf den Tod befristete Schenkung nach § 518 BGB, **Schenkungen auf den Todesfall** nach § 2301 Abs. 1 und 2 BGB sowie der **Vertrag zu Gunsten Dritter auf den Todesfall** nach §§ 328, 331 BGB.[20] Hier sind die Einzelheiten solcher unentgeltlichen lebzeitigen Rechtsgeschäfte auf den Todesfall diffizil und für Berater und Beteiligte höchst fehlerträchtig,[21] da wegen der wirtschaftlich oft nahezu deckungsgleichen Sachlage Abgrenzungsprobleme zum Erbrecht, insbesondere zum dort vorgegebenen Form- und Typenzwang bestehen.[22]

18 So fallen beispielsweise **Lebensversicherungen**, die der Erblasser auf seinen Tod abgeschlossen hat, nur dann in den Nachlass, wenn der Erblasser **keinen** Bezugsberechtigten benannt hat.[23] Hat der Erblasser dagegen – gleich ob widerruflich (§ 159 Abs. 2 VVG) oder unwiderruflich (§ 159 Abs. 3 VVG) – einen Bezugsberechtigten bestimmt, dann erwirbt der Bezugsberechtigte, sofern der Versicherungsfall durch den Tod des Erblassers eingetreten ist, den Anspruch auf die Versicherungsleistung spätestens zu diesem Zeitpunkt originär und ohne Durchgangserwerb direkt aus dem Vermögen des Versicherers aufgrund eines echten Vertrages zu Gunsten Dritter auf den Todesfall und **ohne Durchgangserwerb**.[24] Folgender Hinweis kann daher in einer Verfügung von Todes wegen nicht schaden:

19 ▶ **Muster:**

Der Notar hat mich darüber informiert, dass etwa vorhandene Verträge zu Gunsten Dritter auf den Todesfall (z. B. Lebensversicherungen) möglicherweise nicht von dieser Verfügung von Todes wegen erfasst werden und mir empfohlen, ggf. unmittelbar mit den jeweiligen Vertragspartnern begleitende Vereinbarungen zu treffen.

---

19 V. *Dickhuth-Harrach*, § 46 Rn. 1.
20 *Nieder/W. Kössinger*, § 1 Rn. 121; Gesamtdarstellung Kap. 1 Rdn. 166 ff.; Nieder/*Nieder*, § 4; v. *Dickhuth-Harrach*, § 46 Rn. 5 ff.
21 *Langenfeld*, Testamentsgestaltung, Rn. 556.
22 V. *Dickhuth-Harrach*, § 46 Rn. 3 f.
23 Palandt/*Weidlich*, § 1922 Rn. 39; *Leitzen*, Lebensversicherungen im Erbrecht und Erbschaftsteuerrecht, RNotZ 2009, 129, 132.
24 Vgl. *Leitzen*, a. a. O., S. 129, 132 f.; Reimann/Bengel/Mayer, Teil A Rn. 23; Palandt/*Weidlich*, § 1922 Rn. 39.

d) Nachlassspaltung nach IPR[25]

In Fällen mit **Auslandsberührung** kann es mitunter zu einer sog. Nachlassspaltung kommen, d. h. einzelne Teile des Nachlasses unterliegen hinsichtlich der Rechtsnachfolge von Todes wegen **verschiedenen Rechtsordnungen** (Art. 3 Abs. 3 EGBGB).

Hier bilden die dem jeweiligen Sacherbrecht unterliegenden Vermögensteile selbständige Vermögensmassen, die jeweils unabhängig voneinander und jede für sich dem jeweils einschlägigen nationalen Sacherbrecht unterliegen. Das Prinzip der Gesamtrechtsnachfolge gilt insoweit nicht; jede Vermögensmasse wird vielmehr wie ein eigenständiger Gesamtnachlass behandelt.[26]

Für Erbfälle ab dem 17. August 2015 gilt in den meisten[27] EU-Mitgliedsstaaten die Europäische Erbrechtsverordnung (EuErbVO)[28], was zu einer deutlichen Reduktion der Fälle einer Nachlassspaltung innerhalb der Europäischen Union führen dürfte. Denn nach Art 21. Abs. 1 EuErbVO richtet sich die gesamte Rechtsnachfolge von Todes wegen nunmehr in allen Mitgliedsstaaten grundsätzlich nach dem Recht des Staates, in dem der Erblasser im Zeitpunkt seines Todes seinen gewöhnlichen Aufenthalt hatte. Dabei geht die Verordnung vom **Grundsatz der Nachlasseinheit** aus[29], so dass es in ihrem Geltungsbereich nur noch dann zu einer Nachlassspaltung kommen kann, wenn nach Art. 34 Abs. 1 EuErbVO aufgrund einer Rück- oder Weiterverweisung das Recht eines Drittstaates auf den Erbfall zur Anwendung gelangt, und das Recht dieses Drittstaates eine Nachlassspaltung vorsieht.[30]

Vorsorglich kann in einer notariellen Verfügungen von Todes wegen schon aus Nachweisgründen folgende Erklärung des Erblassers aufgenommen werden:

▶ **Muster:**

Ich bin [deutscher] Staatsangehöriger und habe meinen gewöhnlichen Aufenthalt in der Bundesrepublik Deutschland.

e) Weitere Einzelfälle

Mit dem Tod des Berechtigten **erlöschen folgende Sachenrechte** und fallen somit nicht in den Nachlass:
- **Nießbrauchrechte**, § 1061 BGB,
- **beschränkte persönliche Dienstbarkeiten** § 1090 Abs. 2 BGB i. V. m. § 1061 BGB, und zwar einschließlich des Wohnungsrechts,[31]
- dingliche (und schuldrechtliche) **Vorkaufsrechte**, § 1098 Abs. 1 BGB i. V. m. § 473 BGB (sofern nicht ein anderes bestimmt ist),
- die zu Gunsten einer bestimmten Person (subjektiv-persönliche, § 1111 BGB) auf deren Lebenszeit bestellte **Reallast**.[32]

Vollmachten oder **Auftragsverhältnisse** erlöschen im Zweifel mit dem Tod des Bevollmächtigten und fallen nicht in dessen Nachlass, § 168 BGB i. V. m. § 673 BGB. Auch höchstpersönliche Rechte, die an die Person des Inhabers geknüpft sind, fallen nicht in den Nachlass.[33]

---

25 Weiteres zu Erbfällen mit Auslandsberührung siehe Kapitel 19.
26 *Nieder/W. Kössinger*, § 5 Rn. 9.
27 Mit Ausnahme des Vereinigten Königreichs, Irlands und Dänemarks, die als Drittstaaten i. S. dieser Verordnung anzusehen sind, Zöller/*Geimer*, ZPO, Art. 20 EuErbVO, Rn. 1.
28 Verordnung (EU) Nr. 650/2012 (Erbrechtsverordnung)
29 Zöller/*Geimer*, ZPO, Art. 21 EuErbVO, Rn. 1; dies gilt auch bei einer Rechtwahl nach Art. 22 EuErbVO: eine gegenständlich beschränkte Rechtwahl und somit eine (gewillkürte) Nachlassspaltung ist nicht möglich, Zöller/*Geimer*, ZPO, Art. 22 EuErbVO, Rn. 1.
30 Zöller/*Geimer*, ZPO, Art. 21 EuErbVO, Rn. 2.
31 *Schöner/Stöber*, Rn. 1267.
32 *Schöner/Stöber*, Rn. 1314.
33 Einzelfälle s. Palandt/*Weidlich*, § 1922 Rn. 36.

25 Nach § 28 Abs. 1 UrhG sind **Urheberrechte** vererblich und fallen daher in den Anwendungsbereich des § 1922 BGB. Jedoch folgen aus § 29 Abs. 1 UrhG spezialgesetzliche Besonderheiten, die bei der Abfassung von Verfügungen von Todes wegen und bei einer Übertragung, somit auch bei der Erbauseinandersetzung oder Vermächtniserfüllung zu beachten sind.[34]

2. Anteile an Personengesellschaften

26 Sofern der Erblasser Gesellschafter einer Personengesellschaft (GbR, OHG, KG, Partnerschaftsgesellschaft) war, ist zu unterscheiden:

a) Gesellschaftsvertrag enthält keine Nachfolgeregelung

27 Enthält der betreffende Gesellschaftsvertrag **keine** Nachfolgeregelung für den Fall des Todes eines Gesellschafters, gilt nach den gesetzlichen Regelungen folgendes:
– Eine **GbR** wird nach § 727 Abs. 1 BGB mit dem Tode eines Gesellschafters aufgelöst. Der Gesellschaftszweck dieser Gesellschaft wandelt sich in eine nunmehr ausschließlich auf die Abwicklung ausgerichtete Tätigkeit um. Die Beteiligung des Erblassers fällt in den Nachlass und der Erbe bzw. die Erbengemeinschaft wird anstelle des Erblassers Mitglied der sich infolge der Auflösung in eine Liquidationsgesellschaft gewandelten GbR.[35]
– Bei der **OHG, KG und Partnerschaftsgesellschaft** hat der Tod eines persönlich haftenden Gesellschafters nicht die Auflösung, sondern nur das Ausscheiden des verstorbenen Gesellschafters zur Folge (§§ 131 Abs. 3 Nr. 1 HGB; § 9 Abs. 1 PartGG). In diesem Fall erlischt die Mitgliedschaft des persönlich haftenden Gesellschafters vor ihrem Übergang auf den Erben, so dass die Gesellschaftsbeteiligung erst gar nicht in seinen Nachlass fällt;[36] in den Nachlass fällt dann (nur) der infolge des Ausscheidens entstehende Abfindungsanspruch,[37] sofern er nicht gesellschaftsvertraglich ausgeschlossen ist.
– Beim **Tod eines Kommanditisten** wird die KG mangels abweichender vertraglicher Bestimmung mit den Erben fortgesetzt (§ 177 HGB). Der Kommanditist scheidet also anders als ein persönlich haftender Gesellschafter nicht aus der Gesellschaft aus, sondern die KG wird mangels abweichender vertraglicher Bestimmung mit den Erben fortgesetzt. Bei mehreren Erben erfolgt der Eintritt unter entsprechender Spaltung des KG-Anteils gemäß den Erbquoten einzeln im Wege der nachfolgend näher beschriebenen Sondererbfolge, also außerhalb der Erbengemeinschaft.[38]

b) Gesellschaftsvertrag erhält eine erbrechtliche Nachfolgeregelung

aa) Einfache Nachfolgeklausel

28 Ist im Gesellschaftsvertrag ausdrücklich geregelt, dass beim Tode eines Gesellschafters dessen Gesellschaftsanteil auf seine Erben übergeht oder die Gesellschaft beim Tode eines Gesellschafters mit seinen Erben fortgesetzt wird (sog. einfache Nachfolgeklausel), dann werden der oder die Erben anstelle des verstorbenen Gesellschafters Gesellschafter der betreffenden Personengesellschaft.[39] Einerseits wegen des **Konflikts zwischen der im Erbrecht auf den Nachlass beschränkbaren Erbenhaftung und der im Gesellschaftsrecht geltenden unbeschränkten und nicht beschränkbaren Haftung** mit dem gesamten Vermögen und andererseits wegen der organisationsrechtlichen Unterschiede zwischen einer Erbengemeinschaft[40] und der Stellung eines Gesellschafters einer Personengesellschaft

---

34 Weitere Einzelheiten hierzu s. *Gloser*, DNotZ 2013, 497 m. Formulierungsvorschlägen.
35 BGH NJW 1982, 170; Palandt/*Weidlich*, § 1922 Rn. 14.
36 Baumbach/Hopt/*Roth*, § 131 Rn. 34.
37 BGHZ 22, 186.
38 *V. Dickhuth-Harrach*, § 61 Rn. 10; Baumbach/Hopt/*Roth*, § 177 Rn. 2, 3 und § 161, Rn. 4; Palandt/*Weidlich*, § 1922 Rn. 21.
39 § 727 Abs. 1 Hs. 2 BGB; § 131 Abs. 3 HGB; bei Partnerschaftsgesellschaft jedoch nur dann, wenn der oder die Erben die berufsrechtlichen Voraussetzungen des PartG erfüllen, § 9 Abs. 4 S. 2 PartG.
40 S. u., Rdn. 99.

geht die h. M. davon aus, dass die Gesellschaftsbeteiligung des Erblassers daher getrennt von dessen sonstigem Nachlass direkt und unmittelbar im Wege der Sondererbfolge[41] auf den Erben übergeht. Bei mehreren Erben geht daher der vererbte Personengesellschaftsanteil also nicht – wie etwa der übrige Nachlass – auf die Erbengemeinschaft über, sondern jeder einzelne Miterbe erhält direkt und unmittelbar seinen eigenen, entsprechend seiner Erbquote vom Gesellschaftsanteil des Erblassers abgeteilten Gesellschaftsanteil, wird also sofort mit Eintritt des Erbfalls und **ohne vorherige Erbauseinandersetzung** als Einzelperson Mitglied der Gesellschaft.[42] Von einer Erbteilsübertragung wird somit der betreffende Gesellschaftsanteil nicht erfasst und muss ggf. gesondert übertragen werden.[43]

Eine **Erbengemeinschaft** ist nach gefestigter Rechtsprechung des BGH[44] nach wie vor **weder rechts- noch parteifähig**, und zwar auch nicht unter Berücksichtigung der geänderten Rechtsprechung **zur Rechtsfähigkeit der GbR und Wohnungseigentümergemeinschaft**[45] und kann somit niemals Mitglied einer Personengesellschaft werden[46]. 29

bb) Qualifizierte Nachfolgeklausel

Wenn nach den Regelungen im Gesellschaftsvertrag nicht alle Erben, sondern nur einer oder einzelne von ihnen (z. B. der Ehegatte oder eines von mehreren Kindern) als Nachfolger zugelassen sind (sog. **qualifizierte Nachfolgeklausel**) gilt Entsprechendes: Auch hier geht die Rechtsprechung[47] davon aus, dass ausschließlich der oder **die nachfolgeberechtigten Erben unmittelbar und in vollem Umfang** – mehrere unter entsprechender sofortiger Teilung jeweils als Einzelperson – in die Gesellschafterstellung des Erblassers nachrücken, und zwar ohne vorherigen Zwischenerwerb der Erbengemeinschaft oder der verbleibenden Gesellschafter.[48] 30

cc) Konsequenzen für die notarielle Praxis

Um die Beteiligung als persönlich haftender Gesellschafter an einer Personengesellschaft »vererblich« zu stellen, **muss der Gesellschaftsvertrag entsprechende Nachfolgeregelungen** enthalten, um den oder einzelnen Erben die Fortführung der Gesellschafterstellung des Erblassers überhaupt erst zu ermöglichen. Entsprechende Verfügungen von Todes wegen können nur umgesetzt werden, wenn der Gesellschaftsvertrag dieses zulässt; **das Gesellschaftsrecht geht dem Erbrecht vor**.[49] Ggf. muss der Gesellschaftsvertrag an den Willen des Erblassers angepasst werden.[50] Lässt andererseits der Gesellschaftsvertrag aufgrund einer Nachfolgeklausel die Rechtsnachfolge von Erben in die Gesellschaftsbeteiligung des persönlich haftenden Gesellschafters zu, kann die betreffende nachfolgeberechtigte Person nur dann an die Stelle des verstorbenen Gesellschafters treten, wenn sie auch dessen Erbe ist; ein Vermächtnis reicht insoweit nicht.[51] 31

Aus diesen Gründen müssen **Gesellschaftsrecht und Erbrecht aufeinander abgestimmt bzw. aneinander angepasst** werden. Eine solche Anpassung empfiehlt sich nicht nur bei Anteilen an Personengesellschaften, sondern auch bei Anteilen an Kapitalgesellschaften; hier sind zwar die Gesellschafts- 32

---

41 Zur Terminologie vgl. *v. Dickhuth-Harrach*, § 61, Rn 17 ff.
42 BGHZ 68, 224 = DNotZ 1977, 550; Palandt/*Weidlich*, § 2032 Rn. 8; *Nieder/W. Kössinger*, § 20 Rn. 2 ff.
43 Palandt/*Weidlich*, § 2032 Rn. 8; § 2033 Rn. 6.
44 Zuletzt BGH, Beschl. vom 17.10.2006 – VIII ZB 94/05, DNotZ 2007, 134; *Reimann*, ZNotP 2006, 162, 163.
45 *Nieder/W. Kössinger*, § 20 Rn. 2.
46 Baumbach/Hopt/*Roth*, § 177 Rn. 3 und § 161 Rn. 4.
47 BGHZ 68, 225; anders noch BGHZ 22, 186.
48 Zum Vor- und Nacherben vgl. *v. Dickhuth-Harrach*, § 61 Rn. 88 ff.
49 Beck'sches Notarhandbuch/*Bengel/Reimann*, Teil C. Rn. 152; Reimann/Bengel/Mayer, Teil A Rn. 454 m. w. N. aus der Rechtsprechung.
50 Weitere Einzelheiten hierzu s. *v. Dickhuth-Harrach*, § 61 Rn. 68 ff.
51 Palandt/*Weidlich*, § 1922 Rn. 16.

beteiligungen vererblich,[52] jedoch können die betreffenden Gesellschaftsverträge – auch unentgeltliche – Einziehungsrechte[53] und/oder Abtretungsverpflichtungen[54] für den Fall des Ablebens eines Gesellschafters vorsehen oder das Gesetz ein späteres Ausscheiden der Erben anordnen,[55] was aus Sicht der Erben wirtschaftlich der Rechtslage bei Personengesellschaften gleichkommt. Um hier die erforderliche Anpassung und Abstimmung vornehmen zu können **muss der Notar die aktuellen Gesellschaftsverträge kennen** und bei der erbrechtlichen Beratung nach etwaigen nachlasszugehörigen Gesellschaftsbeteiligungen fragen, um einer etwaigen Haftung[56] bei einer fehlerhaften Anwendung von gesellschaftsrechtlichen Vorgaben aus dem Wege zu gehen. Seine entsprechende Sachverhaltserforschung sollte er schon aus Nachweisgründen in der Verfügung von Todes wegen durch Ergänzung des nachfolgend vorgeschlagenen Textes dokumentieren.

33 ▶ **Muster:**

Ich verfüge über keine Anteile an Gesellschaften.

34 Fallen in den Nachlass Gesellschaftsbeteiligungen und besteht der Erblasser auf einer sofortigen Beurkundung seiner Verfügung von Todes wegen **ohne vorherige Überprüfung der Gesellschaftsverträge durch den Notar**, weil er etwa der Gesellschaftsbeteiligung untergeordnete Bedeutung beimisst oder sich aufgrund der gesellschaftsrechtlichen Mehrheitsverhältnisse gar nicht in der Lage sieht, den Gesellschaftsvertrag seinen erbrechtlichen Wünschen anzupassen, kann der nachfolgende Hinweis in die Verfügung von Todes wegen aufgenommen werden:

35 ▶ **Muster:**

Der Notar hat darauf hingewiesen, dass die heutigen Verfügungen von Todes wegen möglicherweise nicht mit den gesellschaftsrechtlichen Vorgaben der nachlasszugehörigen Gesellschaftsbeteiligungen vereinbar sind und empfohlen, etwa entgegenstehende gesellschaftsvertragliche Regelungen entsprechend anzupassen bzw. auf eine entsprechende Anpassung hinzuwirken. Dennoch will ich es bei den heutigen Verfügungen von Todes wegen unverändert belassen und verzichte insbesondere auf eine vorherige Prüfung der Gesellschaftsverträge durch den Notar. Ich entbinde den Notar von jeglicher Haftung, wenn meine heutigen Verfügungen von Todes wegen aufgrund etwa entgegenstehender gesellschaftsvertraglicher Regelungen ganz oder teilweise nicht durchführbar sein sollten.

III. Erbe

1. Erbfähigkeit

36 Nach § 1922 Abs. 1 BGB geht das Vermögen des Erblassers mit seinem Tod auf eine oder mehrere andere Personen (Erben) über. Hierzu zählt zunächst jede natürliche (§ 1 ff. BGB) und juristische (§§ 21 ff. BGB) Person.

a) Natürliche Person

37 Eine natürliche Person kann allerdings nur Erbe werden, wenn sie im Zeitpunkt des Eintritts des Erbfalls lebt (§ 1923 Abs. 1 BGB). **Der Erbe muss also den Erblasser überleben**, und wenn (nachweisbar) nur um eine »juristische« Sekunde.[57] Eine vor oder gleichzeitig[58] mit dem Erblasser verstorbene natürliche Person scheidet somit als tauglicher Erbe aus; an deren Stelle treten dann etwa vorhandene Ersatzerben, in Ermangelung solcher tritt die gesetzliche Erbfolge ein.

---

52 Z. B. § 15 Abs. 1 GmbHG; § 77 Abs. 1 S. 1 GenG.
53 Z. B. § 34 GmbHG, § 237 Abs. 6 AktG.
54 Reimann/Bengel/Mayer, Teil A Rn. 466.
55 § 77 Abs. 1 S. 2 GenG.
56 BGH, Urt. vom 18.4.2002 – IX ZR 72/99, ZNotP 2002, 357, 358.
57 Palandt/*Weidlich*, § 1923 Rn. 2.
58 Vgl. § 11 VerschG: »Kann nicht bewiesen werden, dass von mehreren gestorbenen oder für tot erklärten Menschen der eine den anderen überlebt hat, so wird vermutet, dass sie gleichzeitig gestorben sind«.

b) Nasciturus

In Abweichung von den allgemeinen Grundsätzen des Beginns der Rechtsfähigkeit von natürlichen Personen (§ 1 BGB) **ist nach § 1923 Abs. 2 BGB das bereits gezeugte, aber noch nicht geborene Kind (sog. Nasciturus) erbfähig**, aber nur, wenn es lebend zur Welt kommt.[59] In diesem Fall fällt die Erbschaft (§ 1942 BGB) erst mit Vollendung der Geburt, also mit Erlangung der Rechtsfähigkeit an,[60] wobei der Anfall dann aber aufgrund der Fiktion des § 1923 Abs. 2 BGB auf den Zeitpunkt des Eintritts des Erbfalls zurückwirkt. In der Zeit zwischen Erbfall und Geburt 38
– werden die künftigen **Rechte des Nasciturus** grundsätzlich von dem oder den sorgeberechtigten Elternteil(en) wahrgenommen, sofern ihnen die elterliche Sorge zustünde, wenn das Kind bereits geboren wäre, anderenfalls durch einen Pfleger, soweit Fürsorgebedarf besteht (§ 1912 Abs. 2 und 1 BGB)
– ist eine Erbauseinandersetzung ausgeschlossen (§ 2043 Abs. 1 BGB);
– kann nach herrschender Meinung die Erbschaft bereits ausgeschlagen werden;[61]
– ist eine Annahme der Erbschaft jedoch noch nicht möglich.[62]

Das im Zeitpunkt des Erbfalls **noch nicht gezeugte Kind, und zwar auch das postmortal gezeugte**[63]**, kann dagegen nicht Erbe, wohl aber Vermächtnisnehmer (§§ 2162 Abs. 2, 2178 BGB) werden**. Ist es dennoch als Erbe berufen, so ist es nach der (widerlegbaren) Auslegungsregel des § 2101 Abs. 1 S. 1 BGB »im Zweifel« als Nacherbe eingesetzt, kann also immerhin Nacherbe werden. 39

c) Juristische Personen

Juristische Personen[64] sind vom Gesetz mit eigener Rechtsfähigkeit ausgestattete Institutionen und somit nach den allgemeinen Grundsätzen der Rechtsfähigkeit auch erbfähig. Das BGB setzt die **Erbfähigkeit juristischer Personen** voraus, wie sich aus zahlreichen Einzelvorschriften ergibt.[65] 40

Die juristische Person muss allerdings im Zeitpunkt des Anfalls der Erbschaft als solche existieren, also **wirksam entstanden sein**; befindet sie sich noch in der Gründungsphase, kann sie nicht Erbe, sondern allenfalls Nacherbe werden (§ 2101 Abs. 2 BGB). Eine (einzige) Ausnahme hiervon bildet § 84 BGB für die Stiftung von Todes wegen, wonach eine erst nach dem Tod des Stifters als rechtsfähig anerkannte Stiftung für die betreffende Zuwendung des Stifters als schon vor dessen Tod entstanden gilt. Aus dem Umkehrschluss zu dieser Ausnahmeregelung folgt, dass mangels planwidriger Regelungslücke eine solche Vorverlagerung nicht auf sonstige juristische Personen in der Gründungsphase erstreckt werden kann, und zwar auch nicht über eine analoge Anwendung des § 1923 Abs. 2 BGB.[66] 41

d) Gesamthandsgemeinschaften

Gesamthandsgemeinschaften sind grundsätzlich nicht rechtsfähig. Soweit sie jedoch im Rechtsverkehr – ähnlich einer juristischen Person – unter eigenem Namen auftreten und eigene Rechte und Pflichten erwerben können, gelten sie wegen der damit verbundenen **Teilrechtsfähigkeit** allerdings als erbfähig, d. h. der Anfall der Erbschaft erfolgt dann direkt und unmittelbar in das Gesamthands- 42

---

59 Palandt/*Weidlich*, § 1923 Rn. 6.
60 Reimann/Bengel/Mayer, Teil A Rn. 13 m. w. N.
61 OLG Stuttgart MittBayNot 1993, 221; Palandt/*Weidlich*, § 1946 Rn. 1 m. w. N.; siehe auch unten, Kapitel 14 Rdn. 115 mit Formulierungsvorschlag Rdn. 116.
62 Palandt/*Weidlich*, § 1943 Rn. 4; § 1946 Rn. 1.
63 Reimann/Bengel/Mayer, Teil A Rn. 14.
64 Zu kirchlichen juristischen Personen, auch zu Unterschieden zwischen katholischer und evangelischer Kirche siehe *Kemmer*, ZEV 2004, 492 ff.
65 §§ 84, 2044 Abs. 2, 2101 Abs. 2, 2106 Abs. 2 S. 2, 2163 Abs. 2 BGB.
66 Reimann/Bengel/Mayer, Teil A Rn. 13; Palandt/*Weidlich*, § 1923 Rn. 7.

vermögen.[67] Zu solchen teilrechtsfähigen und damit erbfähigen Gesamthandsgemeinschaften zählen
- die OHG, § 124 Abs. 1 HGB,
- die KG, § 161 Abs. 2 HGB i. V. m. § 124 Abs. 1 HGB,
- die Partnerschaftsgesellschaft, § 7 Abs. 2 PartGG i. V. m. § 124 Abs. 1 HGB,
- (jetzt wohl auch) die Gemeinschaft der Wohnungseigentümer als nunmehr teilrechtsfähiger[68] Verband, § 10 Abs. 6 WEG, jedenfalls soweit die Teilrechtsfähigkeit reicht.

43 Die **GbR** dürfte aufgrund der geänderten Rechtsprechung des BGH[69] zur Rechts- und Parteifähigkeit der GbR nunmehr jedenfalls als Außengesellschaft ebenfalls **erbfähig** sein,[70] da danach jedenfalls eine Außen-GbR als Gesamthandsgemeinschaft im Rechtsverkehr grundsätzlich jede Rechtsposition einnehmen kann und somit dogmatisch stark der OHG angenähert wird.

44 Eine **Erbengemeinschaft** ist dagegen nach gefestigter Rechtsprechung des BGH[71] nach wie vor **weder rechts- noch parteifähig**, und zwar auch nicht unter Berücksichtigung der geänderten Rechtsprechung zur Rechtsfähigkeit der GbR und Wohnungseigentümergemeinschaft und kann damit auch nicht Erbe sein.[72]

45 Beim **nichtrechtsfähigen Verein** war bislang umstritten, ob dieser erbfähig ist, ob also der Anfall der Erbschaft direkt und unmittelbar in das Gesamthandsvermögen erfolgen kann.[73] Vielfach wird in der jüngeren Kommentarliteratur die Teilrechtsfähigkeit des nichtrechtsfähigen Vereins z. T. unter Berufung auf die geänderte, auch auf den nichtrechtsfähigen Verein zu übertragende Rechtsprechung des BGH zur Rechts- und Parteifähigkeit der GbR bejaht,[74] was dann auch zur entsprechenden Erbfähigkeit des nichtrechtsfähigen Vereins führen dürfte.

46 Lehnt man die Erbfähigkeit des nichtrechtsfähigen Vereins auch weiterhin ab, kommen bei einer dennoch erfolgten Erbeinsetzung eines nichtrechtsfähigen Vereins die in der Vergangenheit praktizierten Umdeutungsansätze[75] zum Tragen, wie etwa die Umdeutung in eine Erbeinsetzung der oder ein Universalvermächtnis an die einzelnen Vereinsmitglieder mit der jeweiligen Auflage, das angefallene Vermögen ausschließlich den Vereinszwecken zuzuführen.

47 Wer sich nicht sicher ist, ob der eingesetzte Verein oder eine sonstige als Erbe vorgesehene Institution im Zeitpunkt des Erbfalls erbfähig ist und sich auch nicht auf – zumindest vage – Umdeutungsprognosen einlassen will, kann folgende Alternativgestaltung vorsehen:

48 ▶ **Muster:**

Zu meinem alleinigen und unbeschränkten Erben berufe ich den nichtrechtsfähigen Verein unter der Bezeichnung A mit dem Sitz in B-Stadt (Vereinsanschrift z. Z. . . .).

Sollte der eingesetzte Erbe wider Erwarten nicht erbfähig sein, setze ich hilfsweise

[Beispiel 1] dessen im Zeitpunkt meines Ablebens vorhandenen Vereinsmitglieder -untereinander zu gleichen Erbteilen- zu meinen Erben ein.

---

67 Reimann/Bengel/Mayer, Teil A Rn. 11; Palandt/*Weidlich*, § 1923 Rn. 7.
68 Palandt/*Bassenge*, § 10 WEG Rn. 26 ff.
69 BGH, Urt. vom 29.1.2001 – II ZR 331/00, DNotZ 2001, 234; vgl. auch BGH, Beschl. vom 17.10.2006 – VIII ZB 94/05, DNotZ 2007, 134.
70 So auch *Nieder/R. Kössinger*, § 8 Rn. 1 a. E.; Palandt/*Weidlich*, § 1923 Rn. 7 a. E.; Reimann/Bengel/Mayer, Teil A Rn. 11.
71 BGH, Beschl. vom 17.10.2006 -VIII ZB 94/05, DNotZ 2007, 134; *Reimann*, ZNotP 2006, 162, 163.
72 So wohl auch *Nieder/R. Kössinger*, § 8 Rn. 1, dort Fußnote 9; siehe unten Rdn. 71.
73 Vgl. zum Meinungsstand Reimann/Bengel/Mayer, Teil A Rn. 11 a. E.
74 Palandt/*Ellenberger*, § 54 Rn. 7; Palandt/*Weidlich*, § 1923 Rn. 7 a. E; Reimann/Bengel/Mayer, Teil A Rn. 11 a. E., jeweils m. w. N.
75 Vgl. Reimann/Bengel/Mayer, Teil A Rn. 11 a. E. m. w. N.

[Beispiel 2] den Träger des nichtrechtsfähigen Vereins, also diejenige juristische oder erbfähige Person, zu deren Untergliederung der nichtrechtsfähige Verein zählt, zu meinem alleinigen Erben ein.

Gleichzeitig beschwere ich in diesem Fall den oder die Erben mit der Auflage, das bei ihnen infolge der Erbschaft angefallene, nach Abzug etwaiger Nachlassverbindlichkeiten verbleibende Vermögen dem vorgenannten Verein für seine Zwecke dauerhaft und unentgeltlich zur Verfügung zu stellen.

... [ggf. Testamentsvollstreckung]

e) Tiere und sonstige nicht rechtsfähige Erben

Die voraufgeführten Umdeutungsansätze im Zusammenhang mit der Erbeinsetzung von nichtrechtsfähigen Vereinen sind auch der juristische Ansatz, um **Tiere oder sonstige nichtrechtsfähige Institutionen** trotzdem in den Genuss von nachlasszugehörigem Vermögen gelangen zu lassen. Da in diesen Fällen eine Erbeinsetzung oder Vermächtniszuwendung des unmittelbar Begünstigten mangels Rechtsfähigkeit ausscheidet, behilft sich die Kautelarpraxis damit, einer bestimmten rechtsfähigen Person, beispielsweise 49
– dem rechtsfähigen Träger des Begünstigten oder dessen rechtsfähigen Mitgliedern,
– oder bei Tieren: einer rechtsfähigen natürlichen oder juristischen Person, bei welcher das Tier untergebracht ist bzw. werden soll,

die für den unmittelbar Begünstigten vorgesehenen Vermögenswerte kraft Erbfolge oder im Wege der eines Vermächtnisses zuzuwenden. Gleichzeitig wird jedoch der (rechtsfähige) Erbe oder Vermächtnisbedachte im Wege der Auflage[76] verpflichtet, die ihm vom Erblasser zugewendeten Vermögensgegenstände dem Auflagenbegünstigtem, also dem Tier oder der sonstigen nichtrechtsfähigen Institution, zukommen zu lassen.

Die **praktischen Nachteile** dieser Lösung liegen in der Schwierigkeit, die Vollziehung der Auflage zu gewährleisten bzw. zu überwachen: Während bei größeren Zuwendungen an nichtrechtsfähige Institutionen mittels Anordnung einer (i. d. R. gebührenpflichtigen) Testamentsvollstreckung der Vollzug der Auflage abgesichert werden kann, erscheint eine Testamentsvollstreckung im Zusammenhang mit der Versorgung von Tieren oft unverhältnismäßig.[77] 50

Auch eine auflösend bedingte Erbeinsetzung oder ein auflösend bedingtes Vermächtnis für den Fall der Nichterfüllung der Auflage beseitigt die voraufgeführten Überwachungsprobleme – jedenfalls im Zusammenhang mit der Versorgung von Tieren – nicht, die sich in diesem Fall nur von der »Überwachung der Vollziehung der Auflage« auf die »Überwachung des Bedingungseintritts« verschieben. 51

▶ **Muster: Versorgung eines Tieres** 52

Zu meinem alleinigen und unbeschränkten Erben berufe ich ... [rechtsfähige natürliche oder juristische Person, z. B. Tierheim e. V.].

Gleichzeitig beschwere ich den Erben mit der Auflage, meinen Hund W. bei sich aufzunehmen und bis zu seinem Lebensende artgerecht zu halten und zu versorgen.

Ich ordne Testamentsvollstreckung zum Zwecke der Überwachung der Auflage an und bestimme als Testamentsvollstrecker Herrn B. Der Testamentsvollstrecker ist berechtigt, für sich einen Nachfolger im Amt des Testamentsvollstreckers zu benennen. Der Testamentsvollstrecker erhält eine Vergütung nach der jeweils aktuellen Tabelle des Rheinischen Notariats, ... höchstens jedoch jährlich ... €.

---

76 Siehe unten Rdn. 120.
77 *Langenfeld*, Testamentsgestaltung, Rn. 851.

2. Bestimmung des Erben

a) Durch den Erblasser

53 Das **Verbot der Stellvertretung im Zusammenhang mit der Errichtung einer Verfügung von Todes wegen** (§ 2064 BGB) gilt auch bei der Bestimmung des Erben: Der Erblasser muss die Person des Erben selbst bestimmen und darf deren Bestimmung keinem anderen überlassen (§ 2065 Abs. 2 BGB); auch die Festlegung der Erbquoten kann der Erblasser keinem Dritten überlassen.[78] Eine ausdrückliche namentliche oder individuelle Bezeichnung des Erben und der Erbquoten ist somit schon aus Gründen der Rechtsklarheit in aller Regel empfehlenswert, zwingend erforderlich ist eine solche Konkretisierung durch den Erblasser allerdings nicht. Es genügt, wenn **anhand konkreter Angaben** in der Verfügung von Todes wegen die Person des Bedachten von jeder sachkundigen Person objektiv bestimmt werden kann, ohne dass deren Ermessen auch nur mitbestimmend ist.[79] Im konkreten Einzelfall kann eine Abgrenzung allerdings schwierig werden: So sieht das OLG Frankfurt in einer heftig kritisierten Entscheidung in der häufig im sog. »Geschiedenentestament« anzutreffenden Verfügung, wonach der Erblasser diejenigen Personen zu seinen Nacherben beruft, die der Vorerbe selbst zu seinen gewillkürten Erben berufen hat, einen Verstoß gegen § 2065 Abs. 2 BGB, während die herrschende Lehre diese Klausel nach wie vor für zulässig erachtet.[80]

b) Durch Dritte

54 Das **Verbot der Drittbestimmung** erstreckt sich nur auf die Festlegung des Erben. Es gilt nicht bzw. nur eingeschränkt bei
– (Voraus-)[81] Vermächtnissen (§§ 2151, 2152 BGB)
– Auflagen (§ 2193 BGB)
– der Erbauseinandersetzung (§ 2048 Sätze 2 und 3 BGB)
– der Testamentsvollstreckung (§§ 2198 bis 2200 BGB)
– Bestimmung des Hoferben (§ 14 Abs. 3 HöfeO)[82]
– lebzeitigen Rechtsgeschäften auf den Todesfall.[83]

55 Will oder kann der Erblasser im Zeitpunkt der Errichtung seiner Verfügung von Todes wegen noch keine sichere Entscheidung treffen -etwa bei der Festlegung eines Nachfolgers im Unternehmen, weil seine Kinder altersbedingt noch nicht den erforderlichen Ausbildungsstand erreicht haben-, so muss er sich anstelle einer Erbeinsetzung der vorgenannten Ausnahmemöglichkeiten bedienen.

56 ▶ **Muster:**
Zu meiner alleinigen und unbeschränkten Erbin berufe ich meine Ehefrau A. Allerdings vermache ich mein unter der Firma X betriebenes Einzelunternehmen mit allen Aktiven und Passiven entweder meinem Sohn B oder meinem Sohn C. Wer von beiden Söhnen für die Unternehmensnachfolge besser geeignet ist und damit Vermächtnisnehmer wird, soll D [Dritter, z. B. Testamentsvollstrecker] nach seinem freien Ermessen und ohne gerichtliche Nachprüfung bestimmen. Die Vermächtnisbestimmung hat frühestens nach meinem Ableben und spätestens bis zum ...[Datum] schriftlich zu erfolgen.[84]

---

78 *Nieder/R. Kössinger*, § 8 Rn. 36.
79 Palandt/*Weidlich*, § 2065 Rn. 7, 8; *Nieder/R. Kössinger*, § 8 Rn. 15 und 36.
80 OLG Frankfurt a. M., Beschl. vom 10.12.1999 -20 W 224/97, DNotZ 2001, 143 mit Anm. *Kanzleiter*; *Langenfeld*, Testamentsgestaltung, Rn. 746 bis 753; Beck'sches Notarhandbuch/*Bengel/Reimann*, Teil C. Rn. 131; weitere Einzelfälle s. Palandt/*Weidlich*, § 2065 Rn. 7.
81 *Langenfeld*, Testamentsgestaltung, Rn. 494.
82 *Nieder/Nieder*, § 3 Rn. 91 a. E.
83 *Nieder/Nieder*, § 4 Rn. 81.
84 Vgl. weitere Formulierungsvorschläge bei *Langenfeld*, Testamentsgestaltung, Rn. 978; *Nieder/R. Kössinger*, § 8 Rn. 43; Reimann/Bengel/Mayer, Formulare Rn. 65, Seite 443.

c) Durch das Gesetz

Hat der Erblasser keine gewillkürten Erben berufen, so tritt die gesetzliche Erbfolge ein. Daneben seien der Vollständigkeit halber an dieser Stelle auch **die gesetzlichen Auslegungsregeln in §§ 2066 bis 2073 BGB** erwähnt, die dann eingreifen, wenn der Erblasser durch die Verwendung von Gattungsbegriffen bestimmte Personengruppen zu Erben berufen hat, ohne deren Beteiligungsquoten festzulegen. Ist kein anderer Erblasserwille festzustellen, wird aufgrund der vorausgeführten Auslegungsregeln das betreffende Beteiligungsverhältnis gesetzlich bestimmt. 57

3. Belastungen und Einschränkungen des Erben

Der Erblasser kann dem Erben Belastungen auferlegen, ihn bzw. den gesetzlichen Vertreter des Erben in der Verfügungsbefugnis einschränken oder ausschließen und bindende Anweisungen erteilen. 58

a) Beschränkungen und Beschwerungen i. S. d. § 2306 BGB

Hierzu zählen einerseits die in § 2306 BGB genannten Beschränkungen und Beschwerungen. 59

Als **Beschränkungen** gelten danach 60
– die Anordnung einer Vor- und Nacherbfolge,
– die Anordnung einer Testamentsvollstreckung,
– die Anordnung einer wertverschiebenden[85] Teilungsanordnung.

Als **Beschwerungen** bezeichnet § 2306 BGB 61
– das Vermächtnis
– und die Auflage.

b) Familienrechtliche Anordnungen[86]

Ferner kann der Erblasser mittels letztwilliger Verfügung 62
– einen **Vormund** (§§ 1776, 1777 BGB)[87], ggf. auch mehrere Vormünder[88] oder erforderlichenfalls einen Pfleger (§ 1917 BGB) für einen minderjährigen Erben benennen
– bestimmte Personen **als Vormund**[89] oder Pfleger[90] **ausschließen** (§§ 1782, 1915 BGB)
– für einen Vormund (§ 1803 BGB) oder einen Pfleger (§§ 1915, 1917 Abs. 2 BGB) **Verwaltungsanordnungen** treffen und/oder Befreiungen anordnen (§§ 1852 bis 1856, 1915, 1917 Abs. 2 BGB).[91]

▶ **Muster:** 63
Soweit eines meiner Kinder bei meinem Tod noch minderjährig ist und eine Vormundschaft angeordnet wird, benenne ich gemäß 1776, 1777 BGB für jedes minderjährige Kind als Vormund Frau A. [ggf.] Ich befreie den Vormund im gesetzlich zulässigen Umfang von allen in §§ 1852 bis 1854 BGB angeordneten Beschränkungen. Meinen Bruder B, seine Ehefrau sowie seine Abkömmlinge schließe ich nach § 1782 BGB von der Vormundschaft aus.

---

85 Palandt/*Weidlich*, § 2306 Rn. 3 a. E.
86 Siehe auch *Nieder/R. Kössinger*, § 15 Rn. 323 ff.; *Langenfeld*, Testamentsgestaltung, Rn. 678 ff.
87 *Ott*, BWNotZ 2014, 138 ff.
88 *Ott*, BWNotZ 2014, 138, 140, (143 Formulierungsvorschlag).
89 *Ott*, BWNotZ 2014, 138, 142.
90 Auch bei Ergänzungspflegschaft, vgl. Palandt/*Götz*, § 1917 Rn. 1.
91 *Ott*, BWNotZ 2014, 138, 141.

c) Ausschluss der Vermögenssorge (§ 1638 Abs. 3 BGB)

64 Schließlich kann der Erblasser die **Verwaltungsbefugnis** des gesetzlichen Vertreters des minderjährigen Erben nach § 1638 BGB durch Verfügung von Todes wegen **ausschließen**, und zwar
– sowohl für den aufgrund gewillkürter Erbfolge erworbenen Erbteil
– als auch für den gesetzlichen Erbteil[92]
– als auch für den Pflichtteilsanspruch und des zu seiner Erfüllung Geleisteten.[93]

65 Umstritten ist, ob sich die Verwaltungsbefugnis auch auf die Annahme oder Ausschlagung des Zugewendeten bzw. auf die Geltendmachung des Pflichtteilsanspruchs erstreckt.[94]
– Bei der **Annahme oder Ausschlagung** einer Zuwendung kann ein Elternteil nach h. M. **nicht** von der Vertretung des Kindes ausgeschlossen werden.[95]
– Bei der **Geltendmachung des Pflichtteilsanspruchs** wird dies vielfach anders gesehen und die Möglichkeit, die Eltern auch insoweit von der Vertretung auszuschließen, bejaht.[96] Das DNotI[97] weist allerdings zurecht darauf hin, dass diese Frage bislang höchstrichterlich noch nicht geklärt ist und somit derzeit zumindest **unsicher** ist, ob eine derartige Anordnung rechtlich Bestand hat.

66 Ist nur ein Elternteil von der Vermögenssorge ausgeschlossen, so verwaltet es der andere Elternteil allein (§ 1638 Abs. 3 BGB); sind beide Elternteile ausgeschlossen, wird das Vermögen von einem Pfleger verwaltet (§ 1909 Abs. 1 BGB), den der Erblasser benennen kann (§ 1917 Abs. 1 BGB) oder anderenfalls das Vormundschaftsgericht ernennt.

67 ▶ **Muster:**

Sollte ein Erbe, Vermächtnisnehmer oder Pflichtteilsberechtigter im Zeitpunkt des Eintritts des Erbfalles noch minderjährig sein, verfüge ich nach 1638 Abs. 3 BGB, dass dessen Eltern das diesem Begünstigtem aufgrund der heutigen Verfügung von Todes wegen oder aufgrund von Pflichtteilsrechten zufallende Vermögen nicht verwalten sollen; auch etwaige Pflichtteilsrechte oder gesetzliche Erbrechte eines minderjährigen Erben, Vermächtnisnehmers oder Pflichtteilsberechtigten sollen – soweit rechtlich möglich – nicht durch seine Eltern geltend gemacht werden. Die gesamten voraufgeführten Vermögensgegenstände bzw. Rechte sollen vielmehr ausschließlich von Herrn A als Pfleger für den betreffenden Begünstigten verwaltet bzw. geltend gemacht werden. [ggf.] Ich befreie den Pfleger im gesetzlich zulässigen Umfang von allen in §§ 1852 bis 1854 BGB angeordneten Beschränkungen.

IV. Mehrere Personen als Erben

1. Erbengemeinschaft

68 Hinterlässt der Erblasser – aufgrund gesetzlicher oder gewillkürter Erbfolge – mehrere Erben, so wird der Nachlass **gemeinschaftliches Vermögen der Erben**, § 2032 Abs. 1 BGB. Der Nachlass wird Gesamthandsvermögen der Miterben, über das alle Erben nur zusammen verfügen können (§ 2033 Abs. 2; 2040 Abs. 1 BGB); es entsteht eine der drei dem BGB bekannten Gesamthandsgemeinschaften,[98] die Erbengemeinschaft.

---

92 BayObLG FamRZ 1964, 522; *Nieder/R. Kössinger*, § 15 Rn. 318; *Langenfeld*, Testamentsgestaltung, Rn. 677; Palandt/*Götz*, § 1638 Rn. 2.
93 OLG Hamm FamRZ 1969, 662; *Frenz*, DNotZ 1995, 908; *Nieder/R. Kössinger*, § 15 Rn. 318; Palandt/*Götz*, § 1638 Rn. 3.
94 Vgl. zum Sach- und Meinungsstand: DNotI-Gutachten, DNotI-Report 21/2009, S. 165 f.
95 OLG Düsseldorf, Beschl. vom 29.5.2007 – 5 UF 75/07, FamRZ 2007, 2091; Palandt/*Götz*, § 1638 Rn. 2.
96 OLG Düsseldorf, Beschl. vom 29.5.2007 – 5 UF 75/07, FamRZ 2007, 2091; OLG Hamm FamRZ 1969, 662; *Frenz*, DNotZ 1995, 908.
97 DNotI-Report 21/2009, S. 165, 166.
98 Neben GbR und die Gütergemeinschaft.

▶ **Muster:**

Zu meinen unbeschränkten Erben berufe ich meine Kinder, und zwar

1. meinen Sohn A

2. und meine Tochter B,

untereinander zu gleichen Erbteilen, also zu je einem Erbteil von einem Halb.

a) Entstehung

Die Erbengemeinschaft entsteht **unabhängig vom Willen** der einzelnen Miterben mit Eintritt des Erbfalls kraft Gesetzes. Eine andere Begründung, etwa durch Realakt oder Rechtsgeschäft ist nicht möglich,[99] und zwar auch nicht im Wege der Vermächtniserfüllung: Ist ein Nachlassgegenstand mehreren Personen vermacht, so steht dieser Gegenstand den Vermächtnisnehmern grundsätzlich in Bruchteilsgemeinschaft (§§ 741 ff. BGB) zu, deren quotale Beteiligung entweder der Erblasser selbst oder ein von ihm ermächtigter Beschwerter bzw. ein von ihm benannter Dritter (§ 2153 BGB) festlegt oder die anderenfalls nach § 2157 i. V. m. §§ 2089 bis 2093 BGB ermittelt wird.[100]

b) Rechtsnatur

Die **Erbengemeinschaft ist nach h. M. weder rechts- noch parteifähig**, und zwar auch nicht bei Berücksichtigung der neueren Rechtsprechung zur Rechtsfähigkeit der Gesellschaft bürgerlichen Rechts. Begründet wird dies damit, dass eine Erbengemeinschaft – im Gegensatz zur GbR und der Wohnungseigentümergemeinschaft – **nicht rechtsgeschäftlich begründet werden kann**, auch nicht auf Dauer angelegt, sondern auf Auseinandersetzung gerichtet ist und schließlich nicht über eigene Organe verfügt, durch die sie im Rechtsverkehr handeln könnte.[101] Die Erbengemeinschaft ist somit kein eigenständiges, handlungsfähiges Rechtssubjekt, sondern lediglich eine gesamthänderisch verbundene Personenmehrheit, der mit dem Nachlass ein Sondervermögen zugeordnet ist.[102] Demzufolge ist eine Erbengemeinschaft beispielsweise nicht erbfähig.[103]

aa) Grundbuchfähigkeit

Für die **Eintragung der Erbengemeinschaft im Grundbuch** gelten die allgemeinen Grundsätze für die Eintragung von Gesamthandsgemeinschaften. Jedes einzelne Mitglied der Erbengemeinschaft ist mit dem das konkrete Gesamthandverhältnis klarstellenden Zusatz »in Erbengemeinschaft« in das Grundbuch einzutragen, und zwar **ohne Angabe von Erbquoten oder Bruchteilen**.[104] Ist ein Mitglied der ursprünglichen Erbengemeinschaft seinerseits verstorben, ist an seiner Stelle sein Erbe und – bei mehreren Erben – jedes einzelne (lebende)[105] Mitglied der Untererbengemeinschaft in das Grundbuch einzutragen.[106]

---

99 Palandt/*Weidlich*, Einf. vor § 2032 Rn. 1.
100 Nach § 2091 BGB wird vermutet, dass mehrere Personen zu gleichen Teilen eingesetzt sind.
101 BGH, Beschl. vom 17.10.2006 -VIII ZB 94/05, DNotZ 2007, 134; BGH, Urt. vom 11.9.2002 – XII ZR 187/00, MittBayNot 2003, 228; *Ann*, MittBayNot 2003, 193; Palandt/*Weidlich*, Einf. vom § 2032 Rn. 1.
102 BGH, Beschl. vom 17.10.2006 -VIII ZB 94/05, DNotZ 2007, 134; BGH, Urt. vom 11.9.2002 – XII ZR 187/00, MittBayNot 2003, 228.
103 Siehe oben Rdn. 44.
104 Hügel/*Reetz*, Grundbuchordnung, § 47 GBO Rn. 66.
105 Ein verstorbener Miterbe kann nicht eingetragen werden, *Demharter*, GBO, § 19 Rn. 98; Palandt/*Weidlich*, § 2032 Rn. 3.
106 Hügel/*Reetz*, a. a. O., § 47 GBO Rn. 68.

bb) Erwerb von Gegenständen

73 Obwohl nicht rechtsfähig, kann die Erbengemeinschaft oder ein Testamentsvollstrecker **für die Erbengemeinschaft**[107] **Gegenstände erwerben**, sofern sich das betreffende Rechtsgeschäft auf den Nachlass bezieht (§ 2041 S. 1 BGB), insbesondere wenn das Rechtsgeschäft aus Mitteln des Nachlasses finanziert wird.[108] Hierzu gehören beispielsweise auch Grundstücke.[109]

cc) Fortführung eines Handelsgeschäfts

74 Eine (ungeteilte) Erbengemeinschaft kann ferner ein ererbtes Handelsgeschäft, also das Unternehmen eines verstorbenen Einzelkaufmanns, als werbendes Unternehmen gemeinschaftlich unter der bisherigen Firma **fortführen**, und zwar
– mit oder ohne Nachfolgevermerk (§ 22 Abs. 1 HGB)
– sowie zeitlich unbegrenzt
– und ohne sich zu einer Handelsgesellschaft zusammenschließen zu müssen.[110]

75 Die **Fortführung** selbst kann als **Verwaltungshandlung**[111] mit Stimmenmehrheit beschlossen werden (§§ 2038 i. V. m. § 745 BGB) oder ein Miterbe kann hierzu von den übrigen Miterben ausdrücklich oder stillschweigend bevollmächtigt sein.[112] Das spätere Ausscheiden einzelner Miterben aus der Erbengemeinschaft durch Erbteilsübertragung oder Teilerbauseinandersetzung hat hierauf keinen Einfluss, solange mindestens zwei Miterben verbleiben;[113] im Falle der Veräußerung aller Erbteile ist allerdings umstritten, ob die Erbteilserwerber das von den ursprünglichen Miterben in ungeteilter Erbengemeinschaft fortgeführte Handelsunternehmen ihrerseits fortführen können.[114]

76 Führt die Erbengemeinschaft **das geerbte Handelsgeschäft** fort, entsteht dadurch keine handelsrechtliche Gesellschaft, sondern das Unternehmen **bleibt nach h. M. ein Einzelunternehmen**,[115] welches allerdings mehrere Inhaber hat, die nach § 31 HGB in das Handelsregister einzutragen sind.[116] Prokuren bleiben grundsätzlich bestehen (§ 52 Abs. 3 HGB). Ein Miterbe kann nach der Rechtsprechung jedoch nicht gleichzeitig Prokurist des fortgeführten Unternehmens sein, da er sich nicht selbst vertreten könne;[117] demzufolge
– erlischt die einem Miterben erteilte Prokura mit dem Erbfall,
– kann ein Miterbe nicht zum Prokuristen bestellt werden.

77 Entsprechende Erbnachweise sind im Rahmen der Handelsregisteranmeldung nach den allgemeinen Regeln zu erbringen.

78 ▶ **Muster:**

HRA 12345

Einzelfirma »C. e. K.«

Zum Handelsregister Abteilung A melden wir, die Unterzeichnenden, zur Eintragung an:

---

107 Unmittelbar und ohne Zwischenerwerb, vgl. Palandt/*Weidlich*, § 2041 Rn. 1.
108 Weitere Einzelheiten vgl. Palandt/*Weidlich*, § 2041 Rn. 2.
109 Kersten/Bühling/*Wegmann*, § 117 Rn. 10; Palandt/*Weidlich*, § 2041 Rn. 2, jeweils m. w. N.
110 H. M., BGH MittBayNot 1984, 267, 268 = NJW 1985, 136 = BGHZ 92, 259; Palandt/*Weidlich*, § 2032 Rn. 4; Kersten/Bühling/*Wachter*, § 126 Rn. 25; Nieder/W. Kössinger, § 22 Rn. 3 m. w. N.
111 Kersten/Bühling/*Wachter*, § 126 Rn. 25.
112 Palandt/*Weidlich*, § 2032 Rn. 4 unter Hinweis auf BGH NJW 1959, 2114; 1960, 962.
113 KG JW 39, 565; Baumbach/Hopt/*Hopt*, § 22 Rn. 2; Kersten/Bühling/*Wachter*, § 126 Rn. 25; Nieder/W. *Kössinger*, § 22 Rn. 3; Palandt/*Weidlich*, § 2032 Rn. 4.
114 Ablehnend: KG MittRhNotk 1999, 156; bejahend *Heil*, MittRhNotk 1999, 148.
115 *Nieder/W. Kössinger*, § 22 Rn. 3.
116 *Nieder/W. Kössinger*, § 22 Rn. 3; Baumbach/Hopt/*Hopt*, § 31 Rn. 3, 6.
117 BGHZ 30, 397; 32, 67; Palandt/*Weidlich*, § 2032 Rn. 5 a. E.; a. A. Baumbach/Hopt/*Hopt*, § 48 Rn. 2, § 52 Rn. 4.

Der bisherige Inhaber der Firma, nämlich Herr C., ist am ...[Datum] verstorben und von uns, den Unterzeichnenden beerbt worden. Wir führen das Geschäft mit unveränderter Firma in ungeteilter Erbengemeinschaft fort.

Die Prokura des unterzeichnenden Miterben X ist erloschen.

Als Erbnachweis

[Beispiel 1] nehmen wir Bezug auf die Nachlassakten des dortigen Amtsgerichts, Az. ...

[Beispiel 2] fügen wir bei:

[Beispiel 2.1] Ausfertigung des gemeinschaftlichen Erbscheins des Amtsgerichts N vom ... [Datum], Az. ...

[Beispiel 2.2] Notarielle Verfügung von Todes wegen vom ...[Datum] -UR.Nr. .../... des Notars N in N-Stadt – mit Eröffnungsprotokoll des Amtsgerichts N vom ...[Datum].

Die Geschäftsanschrift der Einzelfirma lautet: ...

N-Stadt, den ...[Datum]

(Unterschriften aller Miterben, Beglaubigungsvermerk)

Die bloße **Fortführung des Handelsgeschäfts** durch die Erbengemeinschaft führt unabhängig von der Dauer der Fortführung **nicht kraft Gesetzes zu einer Umwandlung in eine OHG oder GbR**,[118] wenngleich sich die auf Auflösung gerichtete Erbengemeinschaft regelmäßig nicht als optimale Organisationsform zur Führung eines Unternehmens eignet. Es bleibt den Erben allerdings unbenommen, durch Abschluss eines entsprechenden Gesellschaftsvertrages eine Gesellschaft, insbesondere eine Handelsgesellschaft, zu errichten, das Unternehmensvermögen durch Einzelrechtsübertragung[119] in die so errichtete neue Gesellschaft einzubringen und es sodann in der neuen Rechtsform fortzuführen.[120] Solange dies jedoch nicht ausdrücklich oder durch schlüssiges Verhalten geschehen ist, bleibt **nur die Erbengemeinschaft Inhaber des Unternehmens** und kann unter ihrer (fortgeführten) Firma Rechte erwerben, Verbindlichkeiten eingehen und klagen und verklagt werden.[121] 79

Konsequenz der Firmenfortführung durch die (nicht rechtsfähige) Erbengemeinschaft ist allerdings, dass dann **jeder einzelne Miterbe persönlich, unbeschränkt und unbeschränkbar für im Betrieb des Geschäfts begründeten Verbindlichkeiten haftet** (§§ 27 Abs. 1, 25 Abs. 1 HGB). Das gilt sowohl 80
– für die ab dem Erbfall begründeten Neuverbindlichkeiten
– als auch für die vor dem Erbfall begründeten Altverbindlichkeiten.[122]

Die in §§ 1975–2017 BGB vorgesehenen Möglichkeiten einer Haftungsbeschränkung für Nachlassverbindlichkeiten werden durch die handelsrechtlichen Spezialnormen in §§ 27, 25 HGB verdrängt. Wollen die **Miterben diese Haftung vermeiden**, bestehen (nur) folgende Möglichkeiten: 81
– Die Fortführung des Handelsgeschäfts unter der bisherigen Firma wird vor Ablauf von drei Monaten seit Kenntnis des letzten Miterben vom Erbfall mit Mehrheitsbeschluss[123] **eingestellt** (§ 27 Abs. 2 S. 1 HGB). Ob unter »Einstellung« auch die Veräußerung oder Verpachtung an Dritte oder

---

118 BGH MittBayNot 1984, 267 = NJW 1985, 136 = BGHZ 92, 259.
119 Die Erbengemeinschaft ist kein umwandlungsfähiger Rechtsträger i. S. d. § 124 UmwG, sodass eine Umwandlung durch Ausgliederung nach dem UmwG nicht möglich ist, vgl. Kersten/Bühling/*Wachter*, § 126 Rn. 27.
120 BGH MittBayNot 1984, 267, 268 = NJW 1985, 136 = BGHZ 92, 259; Kersten/Bühling/*Wachter*, § 126 Rn. 27; Palandt/*Weidlich*, § 2032 Rn. 7.
121 Palandt/*Weidlich*, § 2032 Rn. 5.
122 *K. Schmidt*, NJW 1985, 2785, 2790; Palandt/*Weidlich*, § 2032 Rn. 6; Nieder/W. Kössinger, § 22 Rn. 4; Baumbach/Hopt/*Hopt*, § 27 Rn. 4.
123 Baumbach/Hopt/*Hopt*, § 27 Rn. 5.

die Einbringung des Unternehmens in eine von den Erben gegründete Handelsgesellschaft oder nur die völlige Aufgabe des Geschäftsbetriebs fällt, ist streitig.[124]
- Das Handelsgeschäft wird nicht unter der bisherigen, sondern **von Anfang an unter völlig neuer**[125] **Firma fortgeführt**[126].
- Der Erbe **schlägt** die Erbschaft **aus**.

82 Umstritten und somit ungeklärt ist, ob eine Haftung für Altverbindlichkeiten nach § 27 Abs. 1, 25 Abs. 2 HGB – insbesondere durch rechtzeitige[127] Eintragung einer entsprechenden Haftungsbeschränkung in das Handelsregister – ausgeschlossen werden kann.[128]

83 Für **minderjährige Miterben** bestehen daneben die besonderen Möglichkeiten der Haftungsbeschränkung nach § 1629a BGB,[129] d. h. sie können mit Eintritt der Volljährigkeit ihre Haftung auf den Bestand ihres bei Eintritt der Volljährigkeit vorhandenen Vermögens beschränken (§ 1629a Abs. 1 BGB). Hat der Minderjährige jedoch nicht binnen drei Monaten nach Eintritt der Volljährigkeit die Auseinandersetzung des Nachlasses verlangt, wird vermutet, dass
- die aus einem solchen Verhältnis herrührende Verbindlichkeit (erst) nach dem Eintritt der Volljährigkeit entstanden ist (§ 1629a Abs. 4 S. 1 BGB)
- das gegenwärtige Vermögen des volljährig Gewordenen bereits bei Eintritt der Volljährigkeit vorhanden war (§ 1629a Abs. 4 S. 2 BGB).

dd) Eintritt in Personengesellschaft

84 Wird eine **Personengesellschaft** (GbR, OHG, KG) mit mehreren Erben des verstorbenen Gesellschafters fortgesetzt, geht die nachlasszugehörige Gesellschaftsbeteiligung mit dem Erbfall im Wege der **Sondererbfolge** direkt und unmittelbar auf jeden einzelnen Miterben entsprechend seiner Erbquote über, und zwar getrennt vom übrigen Nachlass; die Erbengemeinschaft als solche wird also zu keinem Zeitpunkt Mitglied der Personengesellschaft.[130]

85 War der Erblasser persönlich haftender Gesellschafter, haftet jeder einzelne Miterbe als Rechtsnachfolger nach allgemeinem Erbrecht unbeschränkt und persönlich. Bei der OHG oder KG können jedoch die Erben des persönlich haftenden Gesellschafters eine Haftungsbeschränkung nach § 139 HGB herbeiführen; ob dies analog auch für die GbR gilt, ist umstritten.[131] Dem **minderjährigen Erben** eines GbR-Gesellschafters steht ein Kündigungsrecht nach § 723 Abs. 1 Nr. 2 BGB zu.

ee) Eintritt in Kapitalgesellschaft

86 Anteile an **Kapitalgesellschaften** gehen nach allgemeinem Erbrecht – jedenfalls zunächst – auf mehrere Erben in Erbengemeinschaft über. Die Vererblichkeit der Anteile ist in § 15 GmbHG für die GmbH und in § 77 GenG für die Genossenschaft ausdrücklich geregelt; für die Aktiengesellschaft ergibt sich dies indirekt aus § 69 AktG, einer dem § 18 GmbHG entsprechenden Vorschrift. Eine andere Frage ist, ob die so ererbten Gesellschaftsanteile der Erbengemeinschaft oder einzelnen Miterben auch endgültig verbleiben oder ob sie nicht etwa durch gesetzliche (z. B. § 77 GenG) oder gesellschaftsvertragliche Ausscheidenstatbestände (z. B. Einziehungsrechte) nach dem Erbfall auf andere Rechtsträger übergeleitet werden bzw. werden können.

---

124 Bejahend: Baumbach/Hopt/*Hopt*, § 27 Rn. 5; Kersten/Bühling/*Wachter*, § 126 Rn. 25; a. A. RG 56, 196.
125 Eine neue Firma kann auch die das Geschäft fortführende ungeteilte Erbengemeinschaft annehmen, vgl. Baumbach/Hopt/*Hopt*, § 22 Rn. 2.
126 Baumbach/Hopt/*Hopt*, § 27 Rn. 1; Nieder/*W. Kössinger*, § 22 Rn. 5.
127 Eine rechtzeitige Eintragung ist praktisch meist gar nicht möglich, vgl. Nieder/*W. Kössinger*, § 22 Rn. 5; siehe auch Baumbach/Hopt/*Hopt*, § 25 Rn. 15.
128 Bejahend Nieder/*W. Kössinger*, § 22 Rn. 5; Baumbach/Hopt/*Hopt*, § 27 Rn. 8 m. w. N.
129 Nieder/*W. Kössinger*, § 22 Rn. 8 ff.; Palandt/*Weidlich*, § 2032 Rn. 6 a. E.
130 S. o. Rdn. 26 ff., 29.
131 Palandt/*Sprau*, § 727 Rn. 3 m. w. N.

c) Rechtsstellung der einzelnen Miterben

aa) Erbteil

Der **Erbteil** des einzelnen Miterben, also sein **Anteil am Nachlass** (§ 1922 Abs. 2 BGB), bezeichnet einerseits seine ideelle quotale Mitberechtigung am Gesamthandsvermögen.[132] Ferner sind mit dem Erbteil aber auch die **mitgliedschaftlichen Rechte und Pflichten** des Miterben innerhalb der Erbengemeinschaft verbunden, insbesondere im Hinblick auf die Mitverwaltung (§ 2038 BGB), Mitverfügungsbefugnis (§ 2040 Abs. 1 BGB) und Auseinandersetzung des Nachlasses (§ 2042 BGB), die demzufolge im Falle einer Erbteilspfändung[133] oder -veräußerung[134] auf den Erwerber übergehen. Beim Erbteil handelt es sich somit um denjenigen (einzigen) nachlassbezogenen Vermögensgegenstand des Miterben, über den er vor einer Erbauseinandersetzung selbständig und ohne Mitwirkung der übrigen Miterben verfügen kann (§ 2033 Abs. 1 BGB). Der Erbteil kann somit insbesondere – auch zu einem Bruchteil[135] – mittels jeweils notariell zu beurkundenden Vertrages (§ 2033 Abs. 1 BGB) **veräußert**[136], **verpfändet**[137] und mit sonstigen Rechten Dritter, z. B. einem Nießbrauch, belastet werden.[138] Ferner unterliegt der Erbteil auch der Pfändung durch die Gläubiger des betreffenden Miterben.[139] Dagegen bleibt die **Mitberechtigung des Miterben an den einzelnen Nachlassgegenständen gesamthänderisch gebunden**,[140] d. h. über die einzelnen Gegenstände des Nachlasses können nur alle Miterben **zusammen verfügen** (§§ 2040 Abs. 1, 2033 Abs. 2 BGB); die (gesamthänderisch gebundene) Mitberechtigung des einzelnen Miterben an einzelnen Nachlassgegenständen ist somit auch nicht isoliert pfändbar.[141]

bb) Exkurs: Gemeinschaftlicher Erbteil nach § 2093

Der Erblasser kann nach § 2093 BGB mehrere Erben auf ein und denselben Bruchteil der Erbschaft (**gemeinschaftlicher Erbteil**) einsetzen und so bestimmte Erben in Gruppen, auch in Untergruppen zusammenfassen[142]; dies kann ausdrücklich oder auch konkludent[143] geschehen. Solch ein »gemeinschaftlicher Erbteil« bezeichnet nicht etwa einen selbständigen Vermögensgegenstand i. S. der vorherigen Ausführungen, über den beispielsweise nur alle auf den gemeinschaftlichen Erbteil eingesetzten Erben gemeinsam verfügen können. Vielmehr handelt es sich lediglich um einen **gedachten Einheitsbruchteil**, dessen Selbständigkeit und Einheitlichkeit gegenüber den anderen Erben **lediglich der bei der Festlegung der Bruchteile** (§§ 2089–2092 BGB), der **Anwachsung** (§ 2094 Abs. 1 S. 2, Abs. 2 BGB) und **Ersatzerbenberufung** (§ 2098 Abs. 2 BGB) **fingiert** wird.[144] Der gemeinschaftliche Erbteil soll bei der gewillkürten Erbfolge die Funktion übernehmen, die bei der gesetzlichen Erbfolge die Berufung nach Stämmen hat.[145]

---

132 Palandt/*Weidlich*, § 2033 Rn. 1.
133 Palandt/*Weidlich*, § 2038 Rn. 1, § 2040 Rn. 1, § 2042 Rn. 2.
134 Palandt/*Weidlich*, § 2033 Rn. 6.
135 *Schöner/Stöber*, Rn. 964 m. w. N.; Kersten/Bühling/*Wegmann*, § 118 Rn. 4; Palandt/*Weidlich*, § 2033 Rn. 2 und § 2371 Rn. 1.
136 Muster s. bei Kersten/Bühling/*Wegmann*, § 118 Rn. 16 M oder bei *Schöner/Stöber*, Rn. 955.
137 Würzburger Notarhandbuch/*Baumann*, Teil 4 Kap. 2 Rn. 285, 286; *Schöner/Stöber*, Rn. 973; Kersten/Bühling/*Wegmann*, § 118 Rn. 14.
138 Palandt/*Weidlich*, § 2033 Rn. 1.
139 Zöller/*Stöber*, § 859 Rn. 15.
140 Siehe oben Rdn. 68.
141 Zöller/*Stöber*, § 859 Rn. 15.
142 Staudinger/*Otte*, § 2093 Rn. 1 und 2
143 *Nieder/R. Kössinger*, § 8 Rn. 14; Palandt/*Weidlich*, § 2093 Rn. 1.
144 *Nieder/R. Kössinger*, § 8 Rn. 13.
145 *Nieder/R. Kössinger*, § 8 Rn. 13.

89 ▶ **Muster:**

Ich setze die beiden Kinder meiner vorverstorbenen Schwester A, nämlich meinen Neffen B und meine Nichte C – untereinander zu gleichen Teilen – auf einen ersten gemeinschaftlichen Erbteil von einem Halb zu meinen unbeschränkten Erben ein.

Ferner setze ich die drei Kinder meines vorverstorbenen Bruders D, nämlich meine Nichte E, meinen Neffen F und meine Nichte G – untereinander zu gleichen Teilen – auf einen weiteren gemeinschaftlichen Erbteil von einem Halb zu meinen unbeschränkten Erben ein.

90 Im Außenverhältnis bilden jedoch nur die Unterbruchteile der jeweiligen Gruppenmitglieder selbständige Erbteile i. S. der vorherigen Ausführungen in Rdn. 87, so dass auch im Erbschein nur die Unterbruchteile, nicht jedoch die gemeinschaftlichen Erbteile aufzuführen sind.[146]

cc) (Mit-) Verwaltungs- und -verfügungsrechte

91 Nach § 2038 Abs. 1 BGB steht die **Verwaltung** des Nachlasses den Erben grundsätzlich **gemeinschaftlich** zu. Diese Regelungen sind allerdings **dispositiv**:
– Der Erblasser kann etwa durch Anordnung einer Testamentsvollstreckung (Verwaltungsvollstreckung i. S. d. § 2209 i. V. m. § 2207 BGB) einzelnen Miterben oder Dritten die **alleinigen Verwaltungsrechte** zuweisen oder im Wege einer Auflage (§ 1940 BGB) den Miterben von der gesetzlichen Regelung abweichende Anordnungen betreffend die Verwaltung erteilen.[147]
– Die Miterben selbst können eine vom Gesetz abweichende Verwaltung vereinbaren oder mit Mehrheit beschließen.[148]

(1) Maßnahmen der ordnungsgemäßen Verwaltung

92 Soweit die gesetzlichen Vorschriften zur Anwendung gelangen, ist bei **Maßnahmen der ordnungsgemäßen Verwaltung**[149] jeder Miterbe den anderen gegenüber zur Mitwirkung verpflichtet (§ 2038 Abs. 1 S. 2 Hs. 1 BGB). Ferner kann eine der Beschaffenheit des gemeinschaftlichen Gegenstandes entsprechende ordnungsgemäße Verwaltung und Benutzung dann mit **Stimmenmehrheit**[150] beschlossen werden (§ 2038 Abs. 2 S. 1 i. V. m. § 745 Abs. 1 BGB).

93 Bei der rechtlichen **Umsetzung eines solchen Mehrheitsbeschlusses** im Außenverhältnis ist unter Anwendung des Abstraktionsprinzips zu unterscheiden:

94 **Verpflichtungsgeschäfte** können im Rahmen einer ordnungsgemäßen Verwaltung bereits aufgrund eines Mehrheitsbeschlusses wirksam abgeschlossen werden, ohne dass es der Mitwirkung der überstimmten Erben bedarf; die Nachlassverwaltung umfasst hier sowohl Geschäftsführung wie Vertretung, betrifft also sowohl das Innen- als auch das Außenverhältnis.[151]

95 Bei **Verfügungsgeschäften** über Nachlassgegenstände ist die Rechtslage allerdings umstritten.[152] Nach § 2040 Abs. 1 BGB können die Erben über einen Nachlassgegenstand nämlich nur gemein-

---

146 *Nieder/R. Kössinger*, § 8 Rn. 13.
147 *Nieder/R. Kössinger*, § 15 Rn. 198; Palandt/*Weidlich*, § 2038 Rn. 2.
148 BGHZ 56, 47 = DNotZ 1972, 22 = MittBayNot 1971, 256 = NJW 1971, 1265; Palandt/*Weidlich*, § 2038 Rn. 2.
149 Definition und Einzelfälle s. Palandt/*Weidlich*, § 2038 Rn. 6 ff.
150 Muster eines Mehrheitsbeschlusses der Erbengemeinschaft s. Kersten/Bühling/*Wegmann*, § 116 Rn. 6.
151 H. M. BGHZ 56, 47 = DNotZ 1972, 22 = MittBayNot 1971, 256 = NJW 1971, 1265; Palandt/*Weidlich*, § 2038 Rn. 5; Kersten/Bühling/*Wegmann*, § 116 Rn. 3 a. E.
152 Zum Meinungsstand vgl. BGH, Urt. vom 28.4.2006 – LwZR 10/05, MittBayNot 2007, 131 = ZNotP 2006, 309.

schaftlich, also zusammen verfügen. Demzufolge ging – jedenfalls bisher – der BGH und ein Teil der Literatur[153] davon aus, dass
- § 2040 Abs. 1 BGB (generell) lex specialis zu § 2038 BGB sei und somit
- jedwede Verfügungen, also auch solche, die zur Erfüllung der mit Mehrheitsbeschluss im Rahmen einer ordnungsgemäßen Verwaltung wirksam eingegangenen Verpflichtungsgeschäfte erforderlich sind, nur mit **Mitwirkung aller Erben** getroffen werden können. Wirken überstimmte Miterben – entgegen ihren Verpflichtungen aus § 2038 Abs. 1 S. 2 Hs. 1 BGB – an der Umsetzung des Mehrheitsbeschlusses nicht mit, müssen sie von den übrigen Miterben notfalls auf die Abgabe der für die Verfügung erforderlichen Willenserklärungen verklagt werden und machen sich ggf. schadensersatzpflichtig.

Mit Urteil des BGH vom 11.11.2009[154] wird diese Ansicht – ausdrücklich auf den Fall der Kündigung von Mietverträgen beschränkt – nicht weiter aufrecht erhalten, und zwar mit dem Argument, dass wenn der **Abschluss eines Mietvertrages** mit Stimmenmehrheit möglich sei, gleiches auch für die **Kündigung** als actus contrarius gelten müsse. Ob der BGH mit dieser Entscheidung einer in der Literatur stark vertretenen Ansicht, **§ 2038 Abs. 1 S. 2 BGB sei generell lex specialis zu § 2040 Abs. 1 BGB**[155] den Vorzug gibt, bleibt abzuwarten.[156] Jedenfalls dürften künftig solche Verpflichtungsgeschäfte mit Stimmenmehrheit aufgehoben oder inhaltlich geändert werden, die von der Mehrheit der Erben nach § 2038 Abs. 1 S. 2 Hs. 1 BGB hätten wirksam abgeschlossen werden können. 96

(2) Zur Erhaltung notwendige Maßnahmen

Maßnahmen, die zur Erhaltung des Nachlasses notwendig sind,[157] kann jeder Miterbe **ohne Mitwirkung der anderen** treffen (§ 2038 Abs. 1 S. 2 Hs. 2 BGB). Auch hier stellt sich die Frage nach dem Verhältnis zu § 2040 Abs. 1 BGB, also ob der einzelne Miterbe ohne Mitwirkung der anderen auch die erforderlichen Verfügungen treffen kann, die zur Erhaltung des Nachlasses erforderlich sind. Die überwiegende Meinung[158] bejaht dies zu Recht, zumal anderenfalls wegen u. U. erheblicher Zeitverzögerungen im Zusammenhang mit der Einholung der erforderlichen Zustimmungen notwendige Erhaltungsmaßnahmen nicht rechtzeitig getroffen werden könnten. 97

(3) Sonstige Maßnahmen

Maßnahmen, die nicht unter § 2038 Abs. 1 S. 2 BGB fallen, also weder die ordnungsgemäße Verwaltung betreffen noch zur Erhaltung des Nachlasses erforderlich sind, können nach § 2038 Abs. 1 BGB **nur von allen Erben gemeinschaftlich, also zusammen beschlossen werden**, ohne dass eine Mitwirkungspflicht des einzelnen Miterben besteht. Auch entsprechende Verfügungen können nach § 2040 Abs. 1 BGB nur unter Mitwirkung aller Erben getroffen werden. Die allgemeinen Regelungen, etwa zur Stellvertretung oder Zustimmung, finden Anwendung.[159] 98

dd) Auseinandersetzungsanspruch, Ausschluss der Auseinandersetzung

Die **Erbengemeinschaft als Zwangsverbund** ist nicht auf Dauer, sondern auf Liquidation angelegt. Demzufolge kann **jeder Miterbe grundsätzlich jederzeit die Auseinandersetzung der Erbengemeinschaft verlagen**, § 2042 Abs. 1 BGB, und zwar ohne wichtigen Grund und auch zur Unzeit. Der An- 99

---

153 BGHZ 56, 47 = DNotZ 1972, 22 = MittBayNot 1971, 256 = NJW 1971, 1265; vgl. die Nachweise in DNotI-Report 2/2010 S. 17.
154 BGH, Urt. vom 11.11.2009 – XII ZR 210/05, DNotZ 2010, S. 210.
155 Vgl. die Nachweise bei BGH, Urt. vom 11.11.2009 – XII ZR 210/05, DNotZ 2010, S. 210, 211 f. und BGH, Urt. vom 28.4.2006 – LwZR 10/05, MittBayNot 2007, 131 = ZNotP 2006, 309.
156 Vorsichtig: DNotI in DNotI-Report 2/2010, S. 17, 18.
157 Einzelfälle s. Palandt/*Weidlich*, § 2038 Rn. 11.
158 BGH, Urt. vom 11.11.2009 – XII ZR 210/05, DNotZ 2010, S. 210, 211 f.; Palandt/*Weidlich*, § 2040 Rn. 1; Kersten/Bühling/*Wegmann*, § 116 Rn. 2.
159 Palandt/*Weidlich*, § 2038 Rn. 10.

spruch richtet sich gegen alle übrigen Miterben, ist auf die vollständige Abwicklung und Verteilung des gesamten Nachlasses, also auf **Beendigung der Erbengemeinschaft** gerichtet (§ 2042 Abs. 2 i. V. m. §§ 750 bis 758 BGB) und wirkt für oder gegen etwaige Erbteilserwerber.[160] Eine auf das Ausscheiden einzelner Miterben oder Verteilung einzelner Nachlassgegenstände beschränkte **Teilauseinandersetzung**[161] ist möglich und in der notariellen Praxis häufig,[162] aber nur einvernehmlich und unter Mitwirkung aller Erben durchführbar.[163]

100 Nach § 2044 Abs. 1 BGB kann der Erblasser allerdings die **Auseinandersetzung** in Ansehung des Nachlasses oder einzelner Nachlassgegenstände durch letztwillige Verfügung **ausschließen** oder von der Einhaltung einer Kündigungsfrist abhängig machen, und zwar
– auch mit Wirkung für und gegen etwaige Erbteilserwerber (§ 2044 Abs. 1 S. 2 i. V. m. § 751 S. 1 BGB);[164]
– auch in Bezug auf einzelne Erbstämme[165]
– sowohl bei gewillkürter als auch bei gesetzlicher Erbfolge.[166]

101 Verboten sind dann sowohl Veräußerungen von Nachlassgegenständen an Dritte, Teilungsmaßnahmen unter Miterben und die Umwandlung von Gesamthands- in Miteigentum der Miterben; umstritten ist, ob auch eine Erbteilsveräußerung nach § 2033 Abs. 1 BGB vom Auseinandersetzungsverbot erfasst wird.[167] Der Erblasser kann anstelle eines vollständigen Auseinandersetzungsverbots als ein »Weniger« auch die **Auseinandersetzung lediglich erschweren**, z. B. von einer bestimmten Mehrheit abhängig machen:[168]

102 ▶ **Muster:**

> **Die nach mir entstehende Erbengemeinschaft darf sich bis zu dem Zeitpunkt, in welchem mein jüngstes zur Erbfolge gelangendes Kind das 25. Lebensjahr vollendet hat, über nachlasszugehörigen Grundbesitz (bebaute und unbebaute Grundstücke, Wohnungs- und Teileigentum und sonstige grundstücksgleiche Rechte) und/oder über Miteigentumsanteile hieran nur einvernehmlich auseinandersetzen.**

103 Das **Auseinandersetzungsverbot** beschränkt den Anspruch auf jederzeitige Auseinandersetzung (§ 2042 Abs. 1 BGB) **mit rein schuldrechtlicher Wirkung**, d. h.
– die Erben können sich **einvernehmlich** über die vom Erblasser getroffenen Anordnungen **hinwegsetzen**[169]
– es ist **nicht** im Grundbuch eintragbar.[170]

104 Will der Erblasser dies vermeiden, muss er das **Auseinandersetzungsverbot als Vermächtnis oder Auflage** ausgestalten bzw. mit einem Vermächtnis oder einer Auflage und ggf. einer Testamentsvollstreckung verknüpfen.[171]

---

160 Palandt/*Weidlich*, § 2042 Rn. 2.
161 Muster und weitere Einzelheiten hierzu s. u., Kapitel 18 Teil A.
162 Weitere Einzelheiten mit Formulierungsvorschlägen siehe unten, Kapitel 18 Abschnitt A.
163 Kersten/Bühling/*Wegmann*, § 117 Rn. 15 ff.; Palandt/*Weidlich*, § 2042 Rn. 9 ff.; .
164 *Nieder/R. Kössinger*, § 15 Rn. 248.
165 Palandt/*Weidlich*, § 2044 Rn. 1.
166 BayObLG NJW 1967, 1136; Palandt/*Weidlich*, § 2044 Rn. 1.
167 Bejahend: MünchKommBGB/*Ann*, § 2044 Rn. 7; ablehnend: Staudinger/*Werner*, § 2044 Rn. 14.
168 RGZ 110, 273; *Nieder/R. Kössinger*, § 15 Rn. 248; Palandt/*Weidlich*, § 2044 Rn. 1.
169 BGH, Beschl. vom 14.5.2009 – V ZB 176/08, MittBayNot 2010, 136; Palandt/*Weidlich*, § 2044 Rn. 2.
170 Jedenfalls (entgegen dem Wortlaut des § 2044 Abs. 1 S. 2 BGB) nicht vor vorheriger Umwandlung der Erbengemeinschaft in eine Bruchteilsgemeinschaft, vgl. *Nieder/R. Kössinger*, § 15 Rn. 257; Staudinger/*Werner*, § 2044 Rn. 3; Palandt/*Weidlich*, § 2044 Rn. 2.
171 *Langenfeld*, Testamentsgestaltung, Rn. 498 ff.; vgl. auch Reimann/Bengel/Mayer, Teil A Rn. 278; *Nieder/R. Kössinger*, § 15 Rn. 247 ff., .

d) Beendigung

Mit **vollständiger Auseinandersetzung** bzw. dem dinglichem Vollzug der abschließenden Verteilung aller Nachlassgegenstände oder bei Ausscheiden des vorletzten Miterben endet die Erbengemeinschaft; danach kann sie vertraglich nicht wieder hergestellt werden.[172] Auch Erbteilsübertragungen nach § 2033 Abs. 1 BGB oder Abschichtungsvereinbarungen sind von da an nicht mehr möglich. Als **weitere Beendigungsgründe** können auch Zeitablauf, Erbteilspfändung und Insolvenz eines Miterben in Betracht kommen.[173] In der notariellen Praxis häufig anzutreffen ist in diesem Zusammenhang die (freiwillige) vollständige oder teilweise Erbauseinandersetzung durch **Erbauseinandersetzungsvertrag**, welcher bei nachlasszugehörigem Grundbesitz (Grundstücke, Sondereigentum nach dem WEG, Erbbaurechte) oder Anteilen an einer GmbH der notariellen Beurkundung bedarf.[174] Ein freiwilliges Ausscheiden aus der Erbengemeinschaft ist daneben auch durch eine grundsätzlich formlose Abschichtungsvereinbarung [neue Fußnote mit folgendem Inhalt einfügen: BGH DNotZ 1999, 60 = MittRhNotK 1998, 248; V. Dickhuth-Harrach, a.a.O., § 26 Rn. 68 ff.] möglich, die bei nachlasszugehörigem Grundbesitz allerdings der Form des § 29 GBO bedarf. [neue Fußnote mit folgendem Inhalt einfügen: V. Dickhuth-Harrach, a.a.O., § 26 Rn. 69.] Weitere Einzelheiten hierzu und Formulierungsvorschläge finden sich im nachfolgenden Kapitel 18.[175] Neben der einvernehmlichen Auseinandersetzung durch Vertrag kann eine Auseinandersetzung allerdings auch erfolgen durch

- den Testamentsvollstrecker, § 2204 Abs. 1 BGB,
- gerichtliche oder notarielle[176] Vermittlung §§ 363, 487 FamFG i. V. m. Landesrecht,
- Auseinandersetzungs- oder Teilungsklage,[177]
- gerichtliche Zuweisung eines landwirtschaftlichen Betriebes nach §§ 13–17 GrdstVG,
- Teilungsversteigerung von nachlasszugehörigem Grundbesitz (Grundstücke, Sondereigentum nach dem WEG, Erbbaurechte) nach §§ 2042 Abs. 2, 753 Abs. 1 S. 1 BGB i. V. m. § 180 ZVG.

2. Mehrere Erben betreffende Verfügungen

Das **Rechtsverhältnis zwischen mehreren Erben** ergibt sich bei gesetzlicher Erbfolge aus den allgemeinen gesetzlichen Bestimmungen. Im Rahmen der gewillkürten Erbfolge kann bzw. muss der Erblasser zusätzliche Verfügungen treffen.

a) Festlegung der Erbquoten

Setzt der Erblasser im Rahmen der gewillkürten Erbfolge mehrere Erben ein, muss er auch die jeweilige **Größe der Erbteile** (§ 1922 Abs. 2 BGB), also der Bruchteile, zu denen die einzelnen Erben am Nachlass beteiligt sind (**Erbquoten**), ausdrücklich oder zumindest konkludent bestimmen. Diese Festlegung muss **vom Erblasser selbst** erfolgen und kann nicht etwa einem Dritten überlassen werden.[178] Gibt der Erblasser keine Quoten an und können diese auch nicht durch Auslegung einschließlich etwa einschlägiger gesetzlicher Auslegungs- und Vermutungsregelungen festgestellt werden, scheitert jedenfalls eine gewillkürte Erbeinsetzung mehrerer Personen; in diesem Fall tritt die gesetzliche Erbfolge ein. Die (dann fehlgeschlagene) gewillkürte Erbeinsetzung kann dann möglicherweise in andere Verfügungen, beispielsweise Vermächtnisse oder Auflagen, umgedeutet werden.

---

172 Palandt/*Weidlich*, § 2042 Rn. 18; Kersten/Bühling/*Wegmann*, § 117 Rn. 11.
173 Palandt/*Weidlich*, § 2042 Rn. 1.
174 §§ 311b, 11 Abs. 2 ErbbauRG; 15 GmbHG.
175 Ansonsten s. auch Kersten/Bühling/*Wegmann*, § 117 Rn. 6 ff.
176 Formulierungsvorschlag s. Kersten/Bühling/*Wegmann*, § 117 Rn. 29 ff.
177 Palandt/*Weidlich*, § 2042 Rn. 20.
178 Siehe oben Rdn. 53.

aa) Ausdrückliche Anordnung

108 Aus diesem Grund sollte der Testamentsgestalter die **Erbquoten** so **konkret festlegen**, dass diese möglichst ohne ergänzende Auslegung oder Rückgriff auf gesetzliche Auslegungs- und Vermutungsregelungen zweifelsfrei bestimmt werden können.[179]

109 ▶ **Muster:**

> Zu meinen unbeschränkten Erben berufe ich meine Tochter A und meinen Sohn B, und zwar untereinander zu gleichen Teilen, also zu je einem Erbteil von einem Halb.

110 Allerdings ist nicht erforderlich, dass feste Erbquoten angegeben werden, **Bestimmbarkeit** reicht.[180] In manchen Fällen ist auch nur eine konkret bestimmbare Erb- oder Erbquotenfestlegung angebracht, etwa weil der Erblasser im Zeitpunkt der Testamentserrichtung nicht sicher weiß, wie viele Personen im Zeitpunkt des Eintritts des Erbfalls als Erben oder welche Personen mit welcher Pflichtteilsquote in Betracht kommen.

111 ▶ **Muster 1: (oft bei kinderlosen Ehepaaren mit Kinderwunsch)**

> Der Überlebende von uns beruft zu seinen unbeschränkten Erben die etwa aus unserer Ehe noch hervorgehenden gemeinsamen leiblichen und/oder adoptierten Abkömmlinge, mehrere untereinander entsprechend den Regelungen der gesetzlichen Erbfolge erster Erbordnung nach dem Überlebenden.[181]

112 ▶ **Muster 2: (oft in sog. »Behindertentestamenten« anzutreffen)**

> Zu meinen Erben berufe ich:
>
> a) meinen Sohn A in Höhe eines Erbteils, der die Hälfte seines gesetzlichen Erbteils um fünf Prozentpunkte übersteigt und
>
> b) meine Ehefrau B in Höhe des nach a) verbleibenden restlichen Erbteils.[182]

113 Aus der Verfügung von Todes wegen sollte ferner zweifelsfrei ersichtlich sein, auf **welchen Zeitpunkt** es bei der Feststellung der für die Bestimmung heranzuziehenden Umstände ankommt, ob es also etwa auf die Umstände ankommt, die zum Zeitpunkt der Testamentserrichtung oder im Zeitpunkt des Eintritts des Erbfalls oder zu einem anderen Zeitpunkt vorliegen.[183] In den voraufgeführten Beispielen ist das durch die Bezugnahme auf die »gesetzliche Erbfolge« bzw. auf den »gesetzlichen Erbteil« jeweils der Zeitpunkt des Eintritts des Erbfalls.[184]

bb) Auslegung, gesetzliche Auslegungs- und Vermutungsregeln

114 Bei **unklarer Quotenfestlegung** sind zunächst die allgemeinen erbrechtlichen Auslegungsgrundsätze[185] heranzuziehen, um den Willen des Erblassers festzustellen. Nur wenn danach immer noch kein eindeutiger Wille des Erblassers ermittelt werden kann, greifen ergänzend die gesetzlichen Auslegungsregelungen der §§ 2087–2092 BGB ein.[186]

---

179 Vgl. Reimann/Bengel/Mayer, Teil A Rn. 187.
180 Siehe oben Rdn. 53.
181 Vgl. hierzu auch *Nieder/R. Kössinger*, § 8 Rn. 16 mit weiteren Mustern in Rn. 22 ff.
182 So häufig in sog. Behindertentestamenten, was auch nach Inkrafttreten des Gesetzes zur Änderung des Erb- und Verjährungsrechts am 1.1.2010 weiterhin empfohlen wird, vgl. *Baumann/Karsten*, RNotZ 2010, 95, 97 ff.
183 *Nieder/R. Kössinger*, § 8 Rn. 16; bei Anwendung der gesetzlichen Auslegungsregelung des §§ 2087 BGB ist das beispielsweise der Zeitpunkt der Testamentserrichtung, vgl. Palandt/*Weidlich*, § 2087 Rn. 7 m. w. N.
184 *Nieder/R. Kössinger*, § 8 Rn. 16.
185 Näheres s. Palandt/*Ellenberger*, § 133 Rn. 13; Palandt/*Weidlich*, § 2084 Rn. 1 ff.
186 Palandt/*Weidlich*, § 2087 Rn. 1, § 2088 Rn. 1, § 2089 Rn. 1; § 2091 Rn. 1, § 2092 Rn. 1.

b) Teilungsanordnungen und Vorausvermächtnisse

Der Erblasser kann ferner bestimmten Miterben **einzelne Vermögensgegenstände** dergestalt zuweisen, dass er ihnen einen **schuldrechtlichen Anspruch** auf Übertragung des betreffenden Gegenstandes gegenüber den übrigen Miterben einräumt. Als Gestaltungsinstrument kommen insoweit in erster Linie[187] die **Teilungsanordnung** (§ 2048 BGB) und das **Vorausvermächtnis** (§ 2150 BGB) in Frage. Beide Rechtsinstitute führen grundsätzlich zu keiner unmittelbaren dinglichen Rechtsänderung, da das Gesetz keine **Sonderrechtsnachfolge** in einzelne Gegenstände zulässt,[188] sondern wirken nur auf schuldrechtlicher Ebene und bedürfen daher zu ihrer Erfüllung jeweils gesonderter Übertragungsakte. Sie unterscheiden sich wie folgt: 115

Die **Teilungsanordnung** 116
- ist **wertneutral**, d. h. der Wert des zugewendeten Gegenstandes ist in voller Höhe auf den Erbteil des begünstigten Miterben anzurechnen und – soweit der Wert des zugewendeten Gegenstandes über den Wert des Erbteils hinausgehen sollte – aus dem sonstigen Vermögen des Erben auszugleichen, so dass alle Miterben jedenfalls wirtschaftlich im Ergebnis eine Beteiligung am Gesamtnachlass entsprechend ihren jeweiligen Erbquoten erhalten. Der begünstigte Miterbe hat somit aus der Teilungsanordnung zwar einen schuldrechtlichen Anspruch auf Übertragung des betreffenden Gegenstandes, ist im Gegenzug gegenüber seinen Miterben aber auch zur **Übernahme** unter Anrechnung auf seinen Erbteil und erforderlichenfalls zur Ausgleichung **verpflichtet**.[189]
- kann nur als einseitige Verfügung und damit **nicht wechselbezüglich** oder **erbvertraglich bindend** angeordnet werden.
- muss erst im Zeitpunkt der Erbauseinandersetzung erfüllt werden.
- führt bei Sach- und Rechtsmängeln zur Anwendung der §§ 2042 Abs. 2, 757 BGB.[190]
- bindet zwingend auch einen Ersatzerben.[191]

▶ **Muster: Teilungsanordnung** 117

Ich setze meine Kinder A, B und C zu gleichen Teilen zu meinen unbeschränkten Erben ein.

Mein Sohn A erhält im Wege einer echten Teilungsanordnung alle nachlasszugehörigen Kraftfahrzeuge zu Alleineigentum. Er hat sich somit den Wert der Kraftfahrzeuge auf seinen Erbteil anrechnen zu lassen und einen etwaigen Mehrwert ggf. auch aus seinem sonstigen Vermögen gegenüber den übrigen Miterben auszugleichen ... (ggf. Sachverständigenklausel betreffend Wert)

Das **Vorausvermächtnis** 118
- ist **wertverschiebend**, d. h. der Wert des Vorausvermächtnisses wird **nicht** auf den Erbteil des Begünstigten angerechnet und der Begünstigte muss auch nicht einen etwaigen Mehrwert ausgleichen, sondern erhält den im Voraus vermachten Gegenstand zusätzlich zu und neben seiner quotalen Beteiligung am restlichen Nachlass; die übrigen Miterben partizipieren wirtschaftlich also in keiner Weise – auch nicht indirekt über Anrechnungs- oder Ausgleichsverpflichtungen – an den im Voraus vermachten Gegenständen.[192]
- begründet keinen **schuldrechtlichen Anspruch** der übrigen Miterben gegen den Begünstigten auf Übernahme des im Voraus vermachten Gegenstandes; der Begünstigte kann das Vorausvermächtnis vielmehr – ggf. auch isoliert – ausschlagen, § 2180 BGB.[193]

---

187 Zur Auflage siehe unten Rdn. 120.
188 Siehe oben Rdn. 3.
189 *Reimann/Bengel/Mayer*, Teil A Rn. 248.
190 *Reimann/Bengel/Mayer*, Teil A Rn. 266 ff.
191 So jedenfalls *Reimann/Bengel/Mayer*, Teil A Rn. 260.
192 *Nieder/R. Kössinger*, § 15 Rn. 208 f.; *v. Dickhuth-Harrach*, § 31 Rn. 2, 8.
193 *Langenfeld*, Testamentsgestaltung, Rn. 481; *Nieder/R. Kössinger*, § 15 Rn. 212.

- kann **wechselbezüglich oder erbvertraglich bindend** angeordnet werden und unterliegt dann dem Schutz gegen beeinträchtigende Verfügungen des Erblassers nach § 2288 BGB.[194]
- ist bereits mit dem Erbfall fällig, §§ 2174, 2176, 2046 Abs. 1 S. 1, 2059 Abs. 2 BGB.[195]
- hat einen besseren Rang als die Teilungsanordnung, wenn Nachlassverbindlichkeiten geltend gemacht werden, §§ 1991 Abs. 2 BGB, § 327 Abs. 2 InsO.[196]
- ist beim Erbschaftskauf im Zweifel nicht mitverkauft, § 2373 BGB.[197]
- wird im Zweifel nicht von einer angeordneten Nacherbfolge erfasst, sondern wird freies Vermögen des durch das Vorausvermächtnis begünstigten Vorerben, § 2110 Abs. 2 BGB.[198] Handelt es sich beim Begünstigten um den alleinigen Vorerben, hat das **Vorausvermächtnis sogar dingliche Wirkung**, da es dann keines gesonderten Übertragungsaktes mehr bedarf, sondern die im Voraus vermachten Gegenstände vielmehr direkt und unmittelbar mit Eintritt des Erbfalls (freies) Eigentum des Vorerben werden.[199]
- fällt unter die Auslegungsregel des § 2085 BGB, d. h. bei Unwirksamkeit einer von mehreren in einem Testament enthaltenen Verfügungen kann ein Vorausvermächtnis dennoch wirksam bleiben.[200]
- führt nur bei Gattungssachen (§ 2155 BGB) nach §§ 2182 ff. BGB zur einer Haftung für Sach- und Rechtsmängel, ansonsten nicht.[201]
- begünstigt einen Ersatzerben nur dann, wenn dies durch Auslegung ermittelt werden kann.[202]
- wird erbschaftsteuerlich wie ein Vermächtnis an einen Dritten behandelt.[203]

119 ▶ **Muster: Vorausvermächtnis**

Ich setze meine Kinder A, B und C zu gleichen Teilen zu meinen unbeschränkten Erben ein.

Meinem Sohn A vermache ich im Voraus, also ohne Anrechnung auf seinen Erbteil und ohne eine Verpflichtung zur Ausgleichung, alle nachlasszugehörigen Kraftfahrzeuge zu Alleineigentum.

c) Auflage

120 Nach § 1940 BGB kann der Erblasser den Erben oder Vermächtnisnehmer zu einer Leistung verpflichten, **ohne einem anderen ein Recht auf die Leistung zuzuwenden**. Damit begründet die Auflage zwar eine Leistungspflicht des Beschwerten, jedoch im Gegensatz zum Vermächtnis **kein eigenes Forderungsrecht** des Begünstigten, sofern – was bei einer Auflage nicht zwingend erforderlich ist – überhaupt eine konkret begünstigte Person vorhanden ist.[204] Daher eignet sich eine Auflage in der Regel nicht dazu, bestimmten Miterben oder sonstigen Dritten Vermögenswerte zuzuweisen. Die Auflage ist vielmehr ein **Gestaltungsinstrument**, welches in der Praxis dann zur Anwendung gelangt, wenn die **sonstigen erbrechtlichen Gestaltungsmittel versagen**. So werden mittels einer Auflage häufig
- Tieren, nichtrechtsfähigen Personen oder sonstigen nichtrechtsfähigen Institutionen Zuwendungen gemacht,[205]

---

194 *Nieder/R. Kössinger*, § 15 Rn. 215; Reimann/Bengel/Mayer, Teil A Rn. 255 ff.; *Langenfeld*, Testamentsgestaltung, Rn. 481.
195 *Nieder/R. Kössinger*, § 15 Rn. 210.
196 *Nieder/R. Kössinger*, § 15 Rn. 211; Reimann/Bengel/Mayer, Teil A Rn. 262 ff.
197 Reimann/Bengel/Mayer, Teil A Rn. 259; *Nieder/R. Kössinger*, § 15 Rn. 217.
198 *Nieder/R. Kössinger*, § 15 Rn. 217.
199 BGHZ 32, 60 = NJW 1960, 959.
200 Reimann/Bengel/Mayer, Teil A Rn. 261.
201 Reimann/Bengel/Mayer, Teil A Rn. 269; Palandt/*Weidlich*, § 2182 und 2183, jeweils Rn. 1.
202 Reimann/Bengel/Mayer, Teil A Rn. 260; Palandt/*Weidlich*, § 2096 Rn. 7; Staudinger/*Otte*, § 2096 Rn. 15.
203 *Langenfeld*, Testamentsgestaltung, Rn. 481.
204 Palandt/*Weidlich*, § 2192 Rn. 1.
205 Muster siehe oben Rdn. 52.

– verschuldete oder nicht wirtschaftsfähige Personen (kontrolliert) in den Genuss von nachlasszugehörigem Vermögen versetzt. Die **Rechtsposition des Auflagenbegünstigten ist nämlich weder pfändbar**[206] **noch vererblich**,[207] da der Begünstigte bei einer Auflage keinen eigenen durchsetzbaren Anspruch auf die Leistung hat.

Allerdings können nach den gesetzlichen Bestimmungen (§ 2194 BGB) zunächst nur   121
– der Erbe,
– der Miterbe,
– derjenige, welchem der Wegfall des mit der Auflage zunächst Beschwerten unmittelbar zustattenkommen würde, sowie
– die zuständige Behörde, wenn die Vollziehung im öffentlichen Interesse liegt,

den Vollzug der Auflage verlangen, sofern der Erblasser nicht einem von ihnen mittels Verfügung von Todes wegen diese Befugnis entzogen hat.[208] Ferner sind daneben aber auch
– ein vom Erblasser benannter Vollziehungsberechtigter sowie
– der (oft jedoch gebührenpflichtige) Testamentsvollstrecker (§§ 2203, 2208 Abs. 2, 2223 BGB)

berechtigt, die Erfüllung der Auflage notfalls im Klagewege durchzusetzen.[209] Umstritten ist, ob ein durch die Auflage Begünstigter auch gleichzeitig Vollziehungsberechtigter sein kann.[210] Ist der Begünstigte – etwa bei einem verschuldeten Erben – gleichzeitig zum Testamentsvollstrecker bestellt, kann und muss er jedenfalls in seiner Eigenschaft als Testamentsvollstrecker die Auflage vollziehen, sofern sie aus den der Testamentsvollstreckung unterliegenden Nachlassteilen erfüllt werden kann; generell rechtsmissbräuchlich ist allerdings, die Vollziehung vom – daneben ebenfalls vollziehungsberechtigten – Erben oder Miterben zu fordern, wenn der Testamentsvollstrecker zur Erfüllung der Auflage selbst imstande ist.[211]

B. Ersatzerbeinsetzung und Anwachsung

Stellt sich heraus, dass eine **Erbeinsetzung aus irgendeinem Grund gegenstandslos oder aus anderen**   122
Gründen unwirksam (geworden) ist, z. B. aufgrund Vorversterbens oder Ausschlagung durch den Bedachten oder aufgrund von Willens-, Form- oder sonstigen Rechtsmängeln, tritt grundsätzlich die gesetzliche Erbfolge ein.[212] Etwas anderes gilt nur, wenn
– der Erblasser entweder anstelle des erstberufenen Erben (rechtswirksam) einen anderen als Erben, also einen Ersatzerben eingesetzt hat (§ 2096 BGB) und dieser Ersatzerbe nicht seinerseits als Erbe wegfällt oder
– bei Wegfall eines von mehreren Erben Anwachsung (§ 2094 BGB) bei den übrigen Erben eintritt.

Dabei geht das **Recht des Ersatzerben dem Anwachsungsrecht vor** (§ 2099 BGB), d. h. eine Anwachsung kommt nur dann in Betracht, wenn bei Wegfall eines von mehreren Erben weder ausdrücklich noch aufgrund gesetzlicher Vermutungen eine Ersatzerbenbenennung vorliegt und der Erblasser die Anwachsung nicht ausdrücklich oder konkludent ausgeschlossen hat (§ 2094 Abs. 3 BGB).[213]   123

---

206 Staudinger/*Otte*, § 1940 Rn. 1.
207 MünchKommBGB/*Rudy*, § 2192 Rn. 3; Palandt/*Weidlich*, § 2192 Rn. 1.
208 MünchKommBGB/*Rudy*, § 2194 Rn. 5; *Nieder*/R. *Kössinger*, § 9 Rn. 120; Staudinger/*Otte*, § 2194 Rn. 6.
209 *Nieder*/R. *Kössinger*, § 9 Rn. 119; MünchKommBGB/*Rudy*, § 2194 Rn. 4, 5.
210 Ablehnend: *Wochner*, MittRhNotK 1994, 97, Vorwerk, ZEV 1998, 297; bejahend: OLG Karlsruhe, Urt. vom 7.5.2004 – 14 U 103/02, NJW-RR 2004, 1307, Staudinger/*Otte*, § 2194 Rn. 9; MünchKommBGB/*Rudy*, § 2194 Rn. 3.
211 MünchKommBGB/*Rudy*, § 2194 Rn. 4.
212 *V. Dickhuth-Harrach*, § 22 Rn. 1.
213 *V. Dickhuth-Harrach*, a. a. O., § 22 Rn. 6; Palandt/*Weidlich*, § 2099 Rn. 1; § 2094 Rn. 3.

I. Ersatzerbe

124 Der Ersatzerbe kommt nur zum Zuge, wenn der erstberufene Erbe vor oder nach Eintritt des Erbfalls **mit Wirkung auf den Zeitpunkt des Eintritts des Erbfalls** wegfällt.[214] In diesem Punkt unterscheidet er sich vom Nacherben (§§ 2100 ff. BGB), dem der Nachlass erst zufällt, nachdem ihn zuvor ein anderer, nämlich der Vorerbe, zeitlich befristet inne hatte;[215] bei **Zweifeln**, ob Nach- oder Ersatzerbfolge angeordnet ist, ist eine **Einsetzung als Ersatzerbe** anzunehmen (§ 2102 Abs. 2 BGB).

1. Wegfall des erstberufenen Erben

125 **Wegfall** des ursprünglichen Erben ist jeder Umstand, der dazu führt, dass der erstberufene Erbe **zu keinem Zeitpunkt Erbe wird**. Es muss sich also um Umstände handeln, die entweder vor dem Erbfall eintreten oder deren Wirkungen, wenn sie nach dem Erbfall eintreten, auf den Zeitpunkt des Erbfalls (ex tunc) zurückwirken.[216]

126 Als **Wegfallgründe** vor dem Erbfall kommen in Betracht:
- Vorversterben des Erben/Totgeburt einer als Erbe eingesetzten Leibesfrucht vor dem Erbfall,
- Erb- und/oder Zuwendungsverzicht (§§ 2346 Abs. 1, 2352 BGB),
- Nichterleben einer aufschiebenden Bedingung nach § 2074,
- Eintritt einer auflösenden Bedingung vor dem Erbfall,
- Nichtigkeit oder Widerruf einer Erbeinsetzung.

127 Nach Eintritt des Erbfalls führen folgende Ereignisse – mit Rückwirkung auf den Erbfall – zum Wegfall eines Erben:
- Totgeburt einer als Erbe eingesetzten Leibesfrucht nach dem Erbfall
- Erbausschlagung (§§ 1952, 1953 BGB)
- Anfechtung (§§ 2078, 2079 BGB)
- Erbunwürdigkeitserklärung (§ 2344 BGB)
- Ausfall einer aufschiebenden Bedingung
- Nichterteilen einer staatlichen Genehmigung einer Stiftung (§ 84 BGB).

2. Ausdrückliche Ersatzerbenbenennung

128 Die Einsetzung eines Ersatzerben sollte **insbesondere für die praktisch bedeutsamen Fälle des Vorversterbens und der Ausschlagung** ausdrücklich erfolgen, um später Auslegungsstreitigkeiten zu vermeiden.[217] Der Erblasser kann – und sollte zumindest in bestimmten Fällen[218] – zwischen einzelnen Wegfallgründen differenzieren und ggf. an einzelne Wegfallgründe unterschiedliche Rechtsfolgen anknüpfen.[219] In Bezug auf die Person des Ersatzerben und seine Erbquote gelten die für eine Erbeinsetzung maßgeblichen allgemeinen Grundsätze. Daher kann der Erblasser den oder die Ersatzerben namentlich konkret benennen, ggf. sogar mehrstufig sowohl neben- als auch hintereinander, und ihre Erbquoten genau festlegen:[220]

129 ▶ **Muster:**

Sollte der Erbe vorversterben oder aus einem anderen Grund als Erbe wegfallen, berufe ich ersatzweise meine Schwester B zu meiner alleinigen und unbeschränkten Erbin.

---

214 Würzburger Notarhandbuch/*Keim*, Teil 4 Kap. 1 Rn. 166; *Nieder/R. Kössinger*, § 8 Rn. 46.
215 *Nieder*, ZEV 1996, 241.
216 Staudinger/*Otte*, § 2096 Rn. 5; Palandt/*Weidlich*, § 2096 Rn. 7; *Nieder/R. Kössinger*, § 8 Rn. 51.
217 *Langenfeld*, Testamentsgestaltung, Rn. 296, 298; *v. Dickhuth-Harrach*, § 22 Rn. 19.
218 Siehe unten Rdn. 132.
219 Diese Differenzierungsmöglichkeit ergibt sich aus einem Umkehrschluss zu § 2097 BGB; vgl. auch *Langenfeld*, Testamentsgestaltung, Rn. 299.
220 Palandt/*Weidlich*, § 2096 Rn. 2

Sollte auch meine vorgenannte Schwester vorversterben oder aus einem anderen Grund als (Ersatz-) Erbin wegfallen, berufe ich wiederum ersatzweise

a) Herrn C und

b) Frau D,

untereinander zu gleichen Erbteilen, also zu je einem Erbteil von einem Halb, zu meinen unbeschränkten Erben.

Andererseits reicht es jedoch auch aus, wenn Ersatzerbe und bei mehreren Ersatzerben: die Ersatzerbquoten anhand der Angaben des Erblassers **eindeutig bestimmbar** sind: 130

▶ **Muster:** 131

Sollte ein Erbe vorversterben oder aus einem anderen Grund als Erbe wegfallen, sind Ersatzerben seine leiblichen Abkömmlinge, mehrere untereinander nach den Regeln über die gesetzliche Erbfolge erster Erbordnung nach dem Weggefallenen.

Im voraufgeführten Muster können folgende **Gestaltungsfallen** enthalten sein: 132
— Schlägt ein als Erbe berufener Pflichtteilsberechtigter die Erbschaft aus, kann er, wenn die Voraussetzungen des § 2306 BGB vorliegen, trotzdem den Pflichtteil verlangen. Aufgrund der voraufgeführten Formulierung würden dann seine **Abkömmlinge als Ersatzerben** zum Zuge kommen und der Stamm des Ausschlagenden u. U. doppelt berücksichtigt.[221]
— Entsprechendes galt jedenfalls bis zum 1.1.2010 für den Fall, dass der zunächst berufene Erbe aufgrund eines Zuwendungsverzichts (§ 2352 BGB) als Erbe wegfällt; auch hier bestand die Gefahr der Doppelberücksichtigung seines Stammes, da sich ein Zuwendungsverzicht – anders als der Erb- und Pflichtteilsverzicht – bis dahin nicht auf die Abkömmlinge des Verzichtenden erstreckt hat. Dieses Problem hat sich inzwischen relativiert: Für Erbfälle, die nach dem 31.12.2009 eintreten, verweist § 2352 S. 3 n. F. BGB nunmehr auf § 2349 BGB, wonach jedenfalls vermutet wird, dass sich ein **Zuwendungsverzicht auch auf die Abkömmlinge des Verzichtenden erstreckt**, und zwar unabhängig davon, ob der Verzichtende für seinen Verzicht abgefunden worden ist oder nicht. Die Neufassung gilt unabhängig davon, ob der Zuwendungsverzichtsvertrag bereits vor Inkrafttreten bzw. Verabschiedung der Neufassung geschlossen worden ist oder nicht.[222] Da es sich bei § 2349 BGB allerdings nur um **eine widerlegbare Vermutungsregelung** handelt, schadet es jedoch auch künftig nicht, diesen Fall ausdrücklich mit zu regeln.

Sollen also die voraufgeführten Gestaltungsfallen sicher ausgeschlossen werden, bedarf es weiterer 133
ausdrücklicher Regelungen:[223]

▶ **Muster: kurz** 134

Ein Erbe, der den Pflichtteil verlangt oder [ggf.: gegen eine Abfindung] auf die Erbschaft verzichtet hat, ist mit seinem ganzen Stamm von der Erbfolge und Zuwendungen jeder Art ausgeschlossen.

▶ **Muster: ausführlich** 135

Zu meinem alleinigen und unbeschränkten Erben berufe ich meinen Sohn A. Sollte der Erbe vorversterben, sind Ersatzerben seine eheleiblichen Abkömmlinge, mehrere untereinander nach den Regeln über die gesetzliche Erbfolge erster Erbordnung. Dies gilt auch, wenn der Erbe aus einem anderen Grund als Erbe wegfallen sollte, es sei denn, dass er die Erbschaft ausgeschlagen hat, um den Pflichtteil zu verlangen oder [ggf.: gegen eine Abfindung] auf die Erbschaft verzichtet hat. In diesem Fall und

---

[221] *Nieder/R. Kössinger*, § 8 Rn. 85 m. w. N.; Würzburger Notarhandbuch/*Keim*, Teil 4 Kap. 1 Rn. 170; Palandt/*Weidlich*, § 2069 Rn. 4; *v. Dickhuth-Harrach*, § 22 Rn. 34 ff.
[222] MünchKommBGB/*Wegerhoff*, § 2352 Rn. 13; für die alte Rechtslage vgl. MünchKommBGB/*Wegerhoff*, § 2352 Rn. 14; *Nieder/R. Kössinger*, § 8 Rn. 87.
[223] Vgl. *Nieder/R. Kössinger*, § 8 Rn. 86; Würzburger Notarhandbuch/*Keim*, Teil 4 Kap. 1 Rn. 171; *Langenfeld*, Testamentsgestaltung, Rn. 306.

Kapitel 3 Die Verteilung des Nachlasses auf einen oder mehrere Erben

wenn keine Abkömmlinge des Weggefallenen vorhanden sind, berufe ich wiederum ersatzweise meinen Neffen B zu meinem alleinigen und unbeschränkten Erben. Alle Ersatzerbenbenennungen erfolgen jeweils unabhängig bzw. abweichend von anders lautenden gesetzlichen Auslegungs-, Vermutungs- und Ergänzungsbestimmungen.[224]

3. Auslegung, gesetzliche Auslegungsregeln, tatsächliche Vermutungen

136 Fehlt es an einer ausdrücklichen Ersatzerbenberufung, so ist vorrangig durch **individuelle Auslegung** zu ermitteln, ob ein realer oder hypothetischer Wille des Erblassers in Bezug auf einen Ersatzerben ermittelt werden kann:[225] Was hätte der Erblasser im Zeitpunkt der Testamentserrichtung gewollt, sofern er vorausschauend den Wegfall des Erben bedacht hätte. Hierzu sind nicht nur die allgemeinen Regeln der einfachen und ergänzenden Auslegung heranzuziehen, sondern auch außerhalb des Testaments liegende Umstände sowie Äußerungen des Erblassers.[226] Ausreichend ist, wenn sich für die behauptete Willensrichtung des Erblassers ein auch noch so geringer Anhaltspunkt oder ein noch so unvollkommener Ausdruck aus dem Testament selbst ergibt (**Andeutungstheorie**).[227]

137 Kommt eine individuelle Auslegung zu keinem Ergebnis, greifen zunächst die gesetzlichen Auslegungsregeln (z. B. §§ 2097, 2098, 2102 Abs. 1, 2068, 2069 BGB) und nachrangig[228] von der Rechtsprechung für bestimmten Lebenssachverhalte angenommene **stets widerlegbare Vermutungen** ein, die letztendlich auf der allgemeinen Lebenserfahrung oder auf besonderer Fachkunde beruhen.[229]

138 Mit der voraufgeführten Prüfungsreihenfolge: (Auslegung – gesetzliche Auslegungsregeln – tatsächliche Vermutungen) logisch nicht vereinbar ist die teilweise vertretene und daher als »überraschend«[230] bezeichnete Auffassung, dass sogar **ein in einem notariellen Testament ausdrücklich benannter Ersatzerbe nicht immer den nach §§ 2069, 2102 Abs. 1 BGB vermuteten Ersatzerben vorgeht**,[231] insbesondere dann, wenn ausdrücklich andere Personen als Abkömmlinge zu Ersatzerben berufen sind. Daher ist gerade für die letztgenannten Fälle (Ausschluss von Abkömmlingen als Ersatzerben) dringend eine klarstellende Regelung zu empfehlen, um jeglichen Unsicherheiten aus dem Weg zu gehen.[232]

139 ▶ **Muster:**

Alle Ersatzerbenbenennungen erfolgen jeweils unabhängig bzw. abweichend von anders lautenden gesetzlichen Auslegungs-, Vermutungs- und Ergänzungsbestimmungen.

140 Die Frage, ob und in welchen Fällen **Abkömmlinge aufgrund gesetzlicher Auslegungsregeln als Ersatzerben zum Zuge kommen**, ist insbesondere im Anwendungsbereich des § 2069 BGB Gegenstand häufiger Auseinandersetzungen und damit verbundener Rechtsunsicherheiten. Eine sichere Prognose ist oftmals nicht mehr möglich: So soll beispielsweise § 2069 BGB nicht anwendbar sein, wenn der Erblasser notariell ausdrücklich verfügt hat, eine Ersatzerbenbestimmung nicht treffen zu wollen, da es an den hierfür erforderlichen Zweifeln fehle;[233] andererseits ist § 2069 BGB anwendbar,

---

224 Hierzu siehe unten Rdn. 138.
225 Palandt/*Weidlich*, § 2069 Rn. 1; *Nieder/R. Kössinger*, § 8 Rn. 55.
226 BGH DNotZ 1976, 546; BayObLG DNotZ 1989, 176; *Nieder/R. Kössinger*, § 8 Rn. 55.
227 BGHZ 22, 357 = NJW 1957, 421; BGHZ 74, 116 = NJW 1979, 1350; BGHZ 80, 246 = NJW 1981, 1736.
228 *Langenfeld*, Testamentsgestaltung, Rn. 301.
229 *Nieder/R. Kössinger*, § 8 Rn. 57; *Langenfeld*, Testamentsgestaltung, Rn. 305.
230 *Nieder*, ZEV 1996, 241; *Langenfeld*, Testamentsgestaltung, Rn. 303; *Nieder/R. Kössinger*, § 8 Rn. 65.
231 BayObLG MittRhNotK 1993, 326 = MittBayNot 1994, 149 =NJW-RR 1994, 460; Staudinger/*Otte*, § 2096 Rn. 3 m. w. N.; Palandt/*Weidlich*, § 2096 Rn. 2; *v. Dickhuth-Harrach*, § 22 Rn 26 ff.
232 *Langenfeld*, Testamentsgestaltung, Rn. 304; *Nieder/R. Kössinger*, § 8 Rn. 66; Würzburger Notarhandbuch/*Keim*, Teil 4 Kap. 1 Rn. 168, 169.
233 BayObLG, Beschl. vom 14.12.2004 – 1Z BR 65/04, FGPrax 2005, 71 = Rpfleger 2005, 315 = FamRZ 2005, 1127; Palandt/*Weidlich*, § 2069 Rn. 1; kritisch *Nieder/R. Kössinger*, § 8 Rn. 58.

wenn der Erblasser zwar notariell auf eine ausdrückliche Ersatzerbenbenennung verzichtet hat, die individuelle Auslegung jedoch ergeben hat, dass ein die Anwendung der Auslegungsregel des § 2069 BGB widersprechender Erblasserwille nicht feststellbar ist.[234] Auch hier empfiehlt sich eine klarstellende Regelung:

▶ **Muster:** 141

Ersatzerben will ich heute nicht bestimmen und schließe insoweit auch die Anwendung aller gesetzlichen Auslegungs-, Vermutungs- und Ergänzungsbestimmungen ausdrücklich aus.

(ein Erbe) Sollte der Erbe also vorversterben oder aus einem anderen Grund als Erbe wegfallen, tritt vorbehaltlich späterer Verfügungen von Todes wegen die gesetzliche Erbfolge nach mir ein.

(mehrere Erben) Sollte ein Erbe also vorversterben oder aus einem anderen Grund als Erbe wegfallen, wächst der Erbteil vorbehaltlich späterer Verfügungen von Todes wegen dem oder den übrigen Erben im Verhältnis ihrer Erbbeteiligung an.[235]

Im Einzelfall umstritten ist ferner, ob und in ggf. welchen Fällen **der Rechtsgedanke des § 2069 BGB entweder analog oder im Rahmen einer ergänzenden Auslegung** herangezogen werden kann, insbesondere wenn der erstberufene Erbe kein Abkömmling des Erblassers, sondern eine andere dem Erblasser nahestehende Person war.[236] Für möglich gehalten wurde dies aus dem einen oder anderen Grund u. a. für folgende Personengruppen: 142

– Ehegatte[237] und einseitige Abkömmlinge eines vorverstorbenen Ehegatten;[238]
– Lebensgefährtin, Geliebte und deren Abkömmlinge;[239]
– Geschwister, Stief- oder Geschwisterkinder;[240]
– Mutter;[241]
– Schwiegersohn;[242]
– Paten- und Pflegekinder.[243]

4. Rechtsstellung des Ersatzerben

Der **Ersatzerbe wird mit Eintritt des Erbfalls originärer Erbe**, und zwar wegen der Rückwirkung der Wegfallgründe auch dann, wenn diese erst nach dem Erbfall eingetreten sind. Daher muss der Ersatzerbe nur den Eintritt des Erbfalls (zumindest als Erzeugter), nicht jedoch auch den Wegfall des Erstberufenen erleben.[244] Vor Eintritt des Erbfalls stehen dem Ersatzerben folglich keinerlei Rechte, insbesondere keine Anwartschaftsrechte zu. Fällt der Erstberufene erst nach Eintritt des Erbfalls weg, gilt für die Schwebezeit zwischen Erbfall und Wegfall folgendes: 143

---

234 OLG München, Beschl. vom 4.3.2009 – 31 Wx 073/08, RNotZ 2009, 490 = FGPrax 2009, 122; Palandt/*Weidlich*, § 2069 Rn. 1.
235 Siehe unten Rdn. 147.
236 Vgl. MünchKommBGB/*Leipold*, § 2069 Rn. 34; Staudinger/*Otte*, § 2069 Rn. 26; Palandt/*Weidlich*, § 2069 Rn. 8 ff.
237 OLG Frankfurt a. M. NJW-RR 1996, 261; Palandt/*Weidlich*, § 2069 Rn. 10.
238 BGH, Urt. vom 28.3.2001 – IV ZR 245/99, NJW-RR 2001, 1153 = ZNotP 2001, 240 = DNotI-Report 2001, 93; Palandt/*Weidlich*, § 2069 Rn. 3.
239 BayObLG NJW-RR 1993, 459; Staudinger/*Otte*, § 2069 Rn. 29.
240 Palandt/*Weidlich*, § 2069 Rn. 10; Staudinger/*Otte*, § 2069 Rn. 29, jeweils m. w. N.
241 *Nieder/R. Kössinger*, § 8 Rn. 69 m. w. N.
242 Staudinger/*Otte*, § 2069 Rn. 29; *Nieder/R. Kössinger*, § 8 Rn. 69, jeweils m. w. N.
243 Staudinger/*Otte*, § 2069 Rn. 29 m. w. N.
244 Staudinger/*Otte*, § 2096 Rn. 12.

Kapitel 3   Die Verteilung des Nachlasses auf einen oder mehrere Erben

- Der Ersatzerbe kann nach Eintritt des Erbfalls die Erbschaft – ggf. auch auf den Ersatzerbteil beschränkt (§ 1951 BGB)[245] – **annehmen oder ausschlagen**, und zwar unabhängig davon, ob der ursprüngliche Erbe bereits weggefallen ist.[246]
- **Geschäftsführungs- und Verfügungsrechte** des Erben kann der Ersatzerbe allerdings erst wahrnehmen, wenn steht, dass er tatsächlich Erbe geworden ist, also erst mit Wegfall des Erstberufenen.[247]
- Die Bezeichnung der **Rechtsposition des Ersatzerben in der Schwebezeit** ist umstritten: vielfach wird sie mit als im Zweifel vererbliche und übertragbare »Anwartschaft« beschrieben.[248]

144   Der **Ersatzerbe** tritt, sofern der Erblasser nichts anderes bestimmt, grundsätzlich **anstelle des ursprünglich bedachten Erben in dessen Rechtsposition** ein. Vermächtnisse und Auflagen (§§ 2161, 2192 BGB) belasten ihn im Zweifel ebenso wie etwaige Teilungsanordnungen[249] oder Ausgleichungspflichten (§ 2051 Abs. 2 BGB)[250]; war der weggefallene Erbe selbst ausgleichungsberechtigt, ist es auch der Ersatzerbe (§ 2051 Abs. 2 BGB analog)[251], und zwar nach h. M. auch im Fall des § 2057a BGB (Ausgleichungspflicht bei besonderen Leistungen)[252]. Dagegen erhält der Ersatzerbe nicht den Voraus des überlebenden Ehegatten (§ 1932 BGB), da in seiner Person die Voraussetzungen dieser Norm nicht erfüllt sind; auch etwaige Vorausvermächtnisse fallen nur dann beim Ersatzerben an, wenn dies vom Erblasser ausdrücklich oder konkludent angeordnet worden ist.[253]

145   Der Erblasser kann dem **Ersatzerben** allerdings auch **eine andere Rechtsposition** als dem ursprünglichen Erben zuweisen, ihn z. B. mit einer geringeren Erbquote bedenken oder ihm besondere Vermächtnisse auferlegen[254] oder ihn mit besonderen Auflagen beschweren.

146   ▶ **Muster:**

Für den Fall, dass meine Tochter T ersatzweise nach mir zur Erbfolge gelangen sollte, beschwere ich sie, und nur sie allein, mit der Auflage, meine dereinstige Grabstätte auf ihre Kosten während der gesamten Grablaufzeit stets in einem der näheren Umgebung angepassten gepflegten und ordentlichen Erscheinungsbild zu halten bzw. halten zu lassen.

II. Anwachsung

147   Zur **Anwachsung** (§ 2094 BGB) kann es nur kommen, wenn **kein Ersatzerbe** bestimmt bzw. bestimmbar ist (§ 2099 BGB). Hat der Erblasser also weder ausdrücklich noch konkludent einen Ersatzerben bestimmt und führen auch gesetzliche oder von der Rechtsprechung aufgestellte Vermutungstatbestände zu keinem Ergebnis, ist zu unterscheiden:
- Hat der Erblasser nur eine Person zum Erben eingesetzt und fällt diese als Erbe weg, so tritt mangels eines Ersatzerben die gesetzliche Erbfolge nach dem Erblasser ein.
- Hat der Erblasser mehrere Personen als Erben eingesetzt und fallen **alle** eingesetzten Erben als Erben weg, so tritt mangels Ersatzerben ebenfalls die gesetzliche Erbfolge nach dem Erblasser ein.

---

245   Staudinger/*Otte*, § 1951 Rn. 2
246   Palandt/*Weidlich*, § 2096 Rn. 4; Staudinger/*Otte*, § 2096 Rn. 13; *Nieder*/*R. Kössinger*, § 8 Rn. 51, jeweils m. w. N.
247   Staudinger/*Otte*, § 2096 Rn. 13; Palandt/*Weidlich*, § 2096 Rn. 3, jeweils m. w. N.
248   BayObLGZ 60, 407; Palandt/*Weidlich*, § 2096 Rn. 4; a. A. Staudinger/*Otte*, § 2096 Rn. 14.
249   Staudinger/*Otte*, § 2096 Rn. 15; *Nieder*/*R. Kössinger*, § 8 Rn. 51; Reimann/Bengel/Mayer, Teil A Rn. 260.
250   Palandt/*Weidlich*, § 2096 Rn. 7; Staudinger/*Otte*, § 2096 Rn. 15; *Nieder*/*R. Kössinger*, § 8 Rn. 51.
251   Staudinger/*Werner*, § 2050 Rn. 7; MüKo/*Ann*, § 2050 Rn. 6; Palandt/*Weidlich*, § 2050 Rn. 2.
252   Palandt/*Weidlich*, § 2057a Rn. 3; MüKo/*Ann*, § 2057a Rn. 7 m. w. N.
253   Reimann/Bengel/Mayer, Teil A Rn. 260; Palandt/*Weidlich*, § 2096 Rn. 7; Staudinger/*Otte*, § 2096 Rn. 15.
254   *Nieder*/*R. Kössinger*, § 8 Rn. 51; *Langenfeld*, Testamentsgestaltung, Rn. 297 mit Formulierungsvorschlag für Vermächtnis.

- Hat der Erblasser mehrere Personen zu seinen Erben eingesetzt, fallen jedoch nur ein oder mehrere Erben als Erben dergestalt weg, dass zumindest ein Erbe übrig bleibt, tritt nach § 2094 BGB **Anwachsung** bei dem oder den verbleibenden Erben im dort jeweils genannten Beteiligungsverhältnis ein, allerdings nur dann,
    - wenn entweder die eingesetzten Erben die gesetzliche Erbfolge ausschließen (§ 2094 Abs. 1 BGB), d. h. der Nachlass vollständig verteilt ist, sei es, dass alle Erbteile entweder den Nachlass vollständig erschöpfen oder ein Fall des § 2089 BGB vorliegt oder der gesamte Nachlass durch Zuwendung einzelner Gegenstände an mehrere Erben verteilt ist und kein Fall des § 2087 Abs. 2 BGB vorliegt[255] oder
    - falls der Erblasser nur über einen Teil der Erbschaft verfügt hat, hinsichtlich dieses Teils, wenn die betreffenden Erben auf einen gemeinschaftlichen Erbteil i. S. d. § 2093 BGB[256] eingesetzt sind (§ 2094 Abs. 2 BGB)
    - **und** der Erblasser eine **Anwachsung nicht generell oder für einzelne Erben ausdrücklich ausgeschlossen** hat (§ 2094 Abs. 3 BGB).

Anderenfalls tritt die gesetzliche Erbfolge ein bzw. fällt der bei Ausschluss der Anwachsung für einzelne Erben frei gewordene Teil an die gesetzlichen Erben.

148

Die **Wegfallgründe** des § 2094 BGB sind nahezu identisch mit den Wegfallgründen beim Ersatzerben.[257] Umstritten ist allerdings, ob bei einer nichtigen Erbeinsetzung[258] eine Anwachsung generell ausgeschlossen ist[259] oder ob § 2094 BGB in allen[260] oder nur in bestimmten[261] Nichtigkeitsfällen Anwendung findet.

149

Während ein im Wege der Ersatzerbfolge hinzuerworbener Erbteil unter § 1951 BGB fällt,[262] also getrennt angenommen oder ausgeschlagen werden kann, gilt dies nicht bei der Anwachsung; insoweit bilden **ursprünglicher und angewachsener Erbteil einen einheitlichen Erbteil**, der nur insgesamt angenommen oder ausgeschlagen werden kann,[263] sofern der Erblasser nicht nach § 1951 Abs. 3 BGB die Bildung getrennter Erbteile ausdrücklich gestattet hat. Aus diesem Grund musste der Gesetzgeber den auf Vermächtnisse, Auflagen und Ausgleichungspflicht beschränkten Ausnahmetatbestand des § 2095 BGB schaffen, wonach nur für die dort geregelten Fälle der angewachsene Erbteil als besonderer Erbteil fingiert wird.[264]

150

C. Pflichtteilszuwendung

Ein Erblasser, der pflichtteilsberechtigten Personen möglichst nur den Pflichtteil zukommen lassen will, hat mehrere Möglichkeiten der praktischen Umsetzung.

151

I. Nichtberücksichtigung des Pflichtteilsberechtigten

Zunächst besteht die Möglichkeit, mittels Verfügung von Todes wegen andere Personen hinsichtlich des gesamten Nachlasses zu Erben einzusetzen und die **pflichtteilsberechtigte Person bei der originären Verteilung des Nachlasses überhaupt nicht zu berücksichtigen**, d. h. diese mit keinem Wort

152

---

255 Palandt/*Weidlich*, § 2094 Rn. 1; *Nieder/R. Kössinger*, § 8 Rn. 100.
256 Siehe oben Rdn. 88.
257 Siehe oben Rdn. 126, 127.
258 Z. B. § 2077 BGB, Anfechtung nach §§ 2078, 2079 BGB; Verstoß gegen §§ 7, 27 BeurkG; Sittenwidrigkeit gemäß § 138 BGB.
259 Palandt/*Weidlich*, § 2094 Rn. 2; *Nieder/R. Kössinger*, § 8 Rn. 100.
260 KG NJW 1956, 1523 m. w. N.
261 Staudinger/*Otte*, § 2094 Rn. 2.
262 Staudinger/*Otte*, § 1951 Rn. 2.
263 Staudinger/*Otte*, § 1951 Rn. 3; Palandt/*Weidlich*, § 1951 Rn. 1.
264 Staudinger/*Otte*, § 1951 Rn. 3.

zu erwähnen oder allenfalls zum Ersatzerben[265] einzusetzen. Durch die Verteilung des gesamten Nachlasses auf andere Personen bringt der Erblasser konkludent und unmissverständlich zum Ausdruck, dass der Pflichtteilsberechtigte, jedenfalls wenn die von ihm eingesetzten originären Erben zur Erbfolge gelangen, aus seinem Nachlass nichts, also allenfalls seinen Pflichtteil erhalten soll.[266] Der Pflichtteilsberechtigte muss dann ggf. nach Eintritt des Erbfalls nach den allgemeinen gesetzlichen Bestimmungen seine Pflichtteilsrechte gelten machen.

II. Ausdrückliche Enterbung

153 Um sicherzugehen, dass der Pflichtteilsberechtigte in keinem Fall mehr als seinen Pflichtteil erhält, insbesondere wenn alle vom Erblasser vorgesehenen Erben ersatzlos wegfallen, kann der Erblasser die betreffende Person ausdrücklich **enterben** (§ 1938 BGB). Allerdings erstreckt sich eine Enterbung im Zweifel, d. h. wenn nicht durch Auslegung ein anderer Erblasserwille festgestellt werden kann, nicht auf die Abkömmlinge des Pflichtteilsberechtigten,[267] so dass hier klarstellende Regelungen anzuraten sind.

154 ▶ **Muster: Enterbung**

Ich enterbe hiermit meinen Sohn A einschließlich seiner Abkömmlinge und schließe ihn und seine Abkömmlinge ausdrücklich von jeder Erbfolge aus. Die enterbten Personen sollen aus meinem Nachlass möglichst nichts, also allenfalls den Pflichtteil erhalten.

III. Ausdrückliche Zuwendung des Pflichtteils

155 Will der Erblasser den Pflichtteilsberechtigten ausdrücklich (nur) **in Höhe seines Pflichtteils bedenken**, sollte er tunlichst Formulierungen, wie etwa »Meinem Sohn A wende ich seinen Pflichtteil zu« oder »Mein Sohn A erhält nur seinen Pflichtteil« oder sinngemäße Formulierungen vermeiden. Denn hinter solchen Formulierungen können **verschiedene Auslegungsvarianten** stecken.
 – Eine Erbeinsetzung in Höhe der Hälfte des gesetzlichen Erbteils ist nach der Auslegungsregel des § 2304 BGB im Zweifel damit **nicht** verbunden, kommt also nur in Frage, wenn eine Auslegung positiv ergibt, dass der Erblasser dem Pflichtteilsberechtigten unmittelbar Rechte am Nachlass und Mitspracherechte bei der Verwaltung und Verteilung des Nachlasses einräumen wollte.[268]
 – Allerdings kann es sich um ein zu Gunsten des Pflichtteilsberechtigten ausgesetztes **(Geld-) Vermächtnis** in Höhe seines Pflichtteils handeln.
 – Schließlich kann jedoch nur ein **bloßer Verweis auf das allgemeine Pflichtteilsrecht** im Sinne einer Enterbung vorliegen, mit dem Ziel, dem Pflichtteilsberechtigten möglichst wenig aus dem Nachlass zukommen zu lassen.[269]

156 Bei der **Abgrenzung zwischen einer Vermächtniszuwendung oder einer bloßen Verweisung** hilft das Gesetz nicht weiter, da die vorgenannte Auslegungsregel des § 2304 BGB nur den Fall der Erbeinsetzung betrifft. Somit muss anhand der allgemeinen Auslegungsgrundsätze mitunter umständlich und langwierig ermittelt werden, was der Erblasser letztendlich gewollt hat. Dabei ist darauf abzustellen, ob der Erblasser den Pflichtteilsberechtigten begünstigen (Vermächtnis) oder ihm nur belassen wollte, was er ihm nach dem Gesetz sowieso nicht entziehen konnte (Pflichtteilsverweisung).[270] Die Un-

---

265 Auch die Einsetzung zum Ersatzerben ist ein Ausschluss von der Erbfolge i. S. d. § 2303 Abs. 1 BGB, vgl. Palandt/*Weidlich*, § 2303 Rn. 2.
266 *Nieder/R. Kössinger*, § 8 Rn. 105.
267 BayObLG DNotZ 1990, 425; Palandt/*Weidlich*, § 1938 Rn. 3; *Nieder/R. Kössinger*, § 8 Rn. 106.
268 Palandt/*Weidlich*, § 2304 Rn. 2; weitere Einzelfälle bei Staudinger/*Haas*, § 2304 Rn. 12.
269 MünchKommBGB/*Lange*, § 2304 Rn. 6, 8; Palandt/*Weidlich*, § 2304 Rn. 1; *Nieder/R. Kössinger*, § 8 Rn. 108; Staudinger/*Haas*, § 2304 Rn. 1; Reimann/Bengel/Mayer, Teil A Rn. 152 ff.
270 BGH, Urt. vom 7.7.2004 – IV ZR 135/03, DNotZ 2005, 45 = DNotI-Report 2004, 162 = NJW 2004, 3558; Palandt/*Weidlich*, § 2304 Rn. 1; Reimann/Bengel/Mayer, Teil A Rn. 154; *Nieder/R. Kössinger*, § 8 Rn. 109.

terscheidung zwischen Vermächtniszuwendung und allgemeiner Verweisung im Sinne einer Enterbung ist praktisch u. a. bedeutsam
- beim Verzicht nach § 2346 BGB, der vor dem Erbfall nur beim Pflichtteil möglich ist;
- im Zusammenhang mit § 852 Abs. 1 ZPO (Pfändung des Pflichtteilsanspruchs);
- im Zusammenhang mit einer Ausschlagung, die nur bei Vermächtnissen möglich (§ 2180 BGB) und ggf. wegen § 2307 BGB möglicherweise auch nötig ist;
- bei der Pflichtteilszuwendung an den überlebenden Ehegatten, der im Güterstand der Zugewinngemeinschaft gelebt hat, der bei einer Vermächtniszuwendung die Wahl zwischen der erbrechtlichen und der güterrechtlichen Lösung hat.[271]

Die Abgrenzung zwischen Vermächtnis und Pflichtteil ist allerdings **nicht mehr relevant im Hinblick auf unterschiedliche Verjährungsfristen**: Durch das am 1.1.2010 in Kraft getretene Gesetz zur Änderung des Erb- und Verjährungsrechts unterliegen nunmehr sowohl Pflichtteilsansprüche als auch Ansprüche aus Geldvermächtnissen nach §§ 195, 199 BGB der regelmäßigen Verjährung von drei Jahren; die bis dahin geltenden abweichenden Vorschriften der §§ 197 Abs. 1 Nr. 2 BGB und 2332 Abs. 1 BGB sind inzwischen aufgehoben bzw. entsprechend angepasst worden.[272] 157

Will der Erblasser den Pflichtteilsberechtigten ausdrücklich in seiner Verfügung von Todes wegen erwähnt wissen, sollte der Kautelarjurist aus den vorgenannten Gründen klar und unzweideutig festhalten, ob es sich um eine Enterbung oder anderenfalls um eine Erbeinsetzung oder um ein Vermächtnis handelt. 158

▶ **Muster:** 159

Ich setze zu Lasten des Erben und zu Gunsten meines Sohnes A folgendes Geldvermächtnis aus:

Mein Sohn A erhält einen Geldbetrag in Höhe seines Pflichtteils nach den jeweils einschlägigen gesetzlichen Bestimmungen.

Sollte A vor mir sterben, treten seine Abkömmlinge als Ersatzvermächtnisnehmer an seine Stelle, mehrere untereinander nach den Regeln über die gesetzliche Erbfolge erster Erbordnung. Dies gilt auch, wenn A aus einem anderen Grund nicht Vermächtnisnehmer werden sollte, es sei denn, dass er das Vermächtnis ausgeschlagen hat, um den Pflichtteil zu verlangen oder gegen eine Abfindung auf das Vermächtnis verzichtet hat. In diesem Fall entfällt das Vermächtnis ersatzlos.

IV. Pflichtteilszuwendung unter Mitwirkung des Pflichtteilsberechtigten

Haben sich Ehegatten zunächst gegenseitig zu Erben und ihre Kinder zu Erben des Letztversterbenden berufen (Berliner Testament), stellt sich gerade bei größeren Nachlässen nach dem Tode des erstversterbenden Ehegatten mitunter heraus, dass die gegenseitige Erbeinsetzung **erbschaftsteuerlich nachteilige Folgen** mit sich bringt, etwa weil 160
- der Nachlass des Erstversterbenden weit über den erbschaftsteuerlichen Ehegattenfreibeträgen liegt und/oder dieser weit über die für eine standesgemäße Versorgung des Überlebenden benötigen Mittel hinausgeht
- die Freibeträge der Kinder nach dem erstversterbenden Elternteil infolge ihrer (mit der gegenseitigen Erbeinsetzung der Eltern verbundenen stillschweigenden) Enterbung nutzlos verfallen.

Insbesondere der überlebende Ehegatte verlangt in derartigen Fällen oft eine Korrektur dieser auch von ihm nicht erwünschten Rechtsfolgen. Er allein kann daran testamentarisch jedoch nichts mehr ändern, sondern allenfalls die Erbschaft ausschlagen, was jedoch wegen des damit oft verbundenen Totalverlustes der Erbschaft nicht gewünscht oder nach Ablauf der Ausschlagungsfrist auch nicht mehr möglich ist. Hier können die Kinder – mit Einverständnis oder sogar auf einseitiges Verlangen 161

---

271 Staudinger/*Haas*, § 2304 Rn. 15; MünchKomm/*Lange*, § 2304 Rn. 12; Palandt/*Weidlich*, § 2304 Rn. 2 a. E.
272 Vgl. auch *Langenfeld*, NJW 2009, 3121; *Baumann/Karsten*, RhNotZ 2010, 95.

des überlebenden Elternteils – ganz oder auch nur teilweise ihren Pflichtteil nach dem erstversterbenden Elternteil geltend machen, um dadurch
- ihre Freibeträge nach dem erstverstorbenen Elternteil zu retten
- die Erbschaftsteuerlast des Erben zu reduzieren, da Pflichtteilsansprüche grundsätzlich zu den Nachlassverbindlichkeiten (§ 1967 Abs. 2 BGB, § 10 Abs. 5 Nr. 1 ErbStG) zählen[273]
- ihre Erbschaftsteuerlast als Schlusserben nach dem letztversterbenden Elternteil ebenfalls zu reduzieren, da die infolge der Pflichtteilserfüllung geleisteten Geldbeträge grundsätzlich nicht in den Nachlass des letztversterbenden Elternteils fallen und somit nicht die Freibeträge nach dem letztversterbenden Elternteil reduzieren.

162 Vor Anwendung dieses Gestaltungsinstruments muss immer geprüft werden, ob eine Geltendmachung des Pflichtteils durch die Kinder nicht aufgrund in der betreffenden Verfügung von Todes wegen enthaltenen **Pflichtteilsstrafklauseln (Jastrow'sche Klauseln)** sanktioniert wird, beispielsweise verfügt ist, dass Schlusserben, die beim Tod des Erstversterbenden den Pflichtteil geltend machen, einschließlich ihrer Abkömmlinge (automatisch) von der Erbfolge nach dem Letztversterbenden ausgeschlossen sind. Hier bedarf es zuvor entsprechender Testamentsänderungen durch den Überlebenden. Aus diesem Grunde sollten Pflichtteilsstrafklauseln von vornherein so formuliert werden, dass es entweder nicht automatisch oder nur dann zur Strafbewehrung kommt, wenn der Pflichtteil ohne Zustimmung des Überlebenden geltend gemacht wird.

163 ▶ **Muster:**

Sollte einer unserer Abkömmlinge beim Tode des Erstversterbenden von uns den Pflichtteil geltend machen, so stellen wir vorsorglich klar, dass der Überlebende von uns berechtigt ist, ihn und seine Abkömmlinge auch hinsichtlich des Nachlasses des Überlebenden auf den Pflichtteil zu setzen.

164 ▶ **Muster:**

Verlangt einer unserer Abkömmlinge beim Tode des Erstversterbenden gegen den Willen des Überlebenden den Pflichtteil, sind er und seine Abkömmlinge von der Erbfolge und allen sonstigen Zuwendungen nach dem Überlebenden ausgeschlossen, was der Überlebende hiermit einseitig testamentarisch verfügt.

165 Die **Erfüllung der geltend gemachten Pflichtteilsansprüche** erfolgt regelmäßig durch Erfüllungsvertrag zwischen dem überlebenden Elternteil und den pflichtteilsberechtigten Kindern, insbesondere um in diesem Zusammenhang von den gesetzlichen Bestimmungen abweichende Vereinbarungen hinsichtlich einer anderweitigen Abgeltung (z. B. Immobilie statt Geld) oder zur Fälligkeit und/oder Stundung zu treffen.

166 Im Zusammenhang mit **Fälligkeits- und/oder Stundungsvereinbarungen** sollten die Erfüllungsmodalitäten allerdings so getroffen werden, dass sie eine **tatsächliche wirtschaftliche Belastung des Schuldners darstellen**, also entweder sofort oder eine bestimmte Zeit nach dem Tode des Erstversterbenden fällig werden; denn wenn der Schuldner davon ausgehen konnte, die Verpflichtung unter normalen Umständen nicht selbst erfüllen zu müssen, lag jedenfalls nach der bisherigen Rechtsprechung des BFH **erbschaftsteuerlich keine Nachlassverbindlichkeit** i. S. d. § 10 Abs. 5 Nr. 1 ErbStG vor.[274] Demzufolge wurde eine Stundungsvereinbarung, wonach die Erfüllung des Pflichtteilsanspruchs dem überlebenden Ehegatten bis zu seinem Tod gestundet wird bzw. der Anspruch erst mit dessen Tod fällig wird, jedenfalls erbschaftsteuerrechtlich nicht anerkannt.[275]

---

[273] Palandt/*Weidlich*, § 1967 Rn. 7.
[274] BFH, Urt. vom 5.3.1997 – II R 24/94, DStRE 1998, 63.
[275] BFH, Urt. vom 27.6.2007 – II R 30/05, NJW-RR 2007, 1458 = MittBayNot 2008, 324 = ZNotP 2007, 437 = RNotZ 2007, 493.

Ob dies durch die Entscheidung des BFH vom 19.2.2013[276] in Zukunft wieder anders gesehen wird, ist derzeit nicht sicher zu prognostizieren: Nach dieser Entscheidung kann ein Schlusserbe, der Alleinerbe des zunächst überlebenden Ehegatten geworden ist, auch nach dessen Tod den noch nicht verjährten Pflichtteilsanspruch nach dem erstverstorbenen Ehegatten durch entsprechende Erklärung gegenüber dem Finanzamt geltend machen. Darin wird eine Abkehr vom sog. Belastungsprinzip gesehen, die es möglicherweise zukünftig wieder ermöglicht, den Pflichtteilsanspruch nach dem Erstversterbenden geltend zu machen und bis zum Ableben des überlebenden Ehegatten zu stunden.[277] Aufgrund dieser Rechtsprechung empfiehlt es sich,
- einen jedenfalls noch nicht verjährten Pflichtteilsanspruch nach dem Erstversterbenden unverzüglich nach dem Tode des Letztversterbenden gegenüber dem Finanzamt geltend zu machen[278]
- und ggf. mit dem erstversterbenden Erblasser bereits zu dessen Lebzeiten (nur) die Verjährung des Pflichtteilsanspruchs nach ihm bis zum Tode seines längerlebenden Ehegatten zu verlängern, um sich die Möglichkeit offen zu halten, nach dem Tode des Letztversterbenden (jedenfalls erbschaftsteuerlich) noch den Pflichtteil nach dem Erstversterbenden geltend machen zu können.[279]

V. Zuwendungen im wirtschaftlichen »Grenzbereich« des Pflichtteils

Hat der Erblasser dem Pflichtteilsberechtigten **Zuwendungen** gemacht, **die höher oder niedriger als der Pflichtteil ausfallen oder hat der Erblasser ihm anstelle seines gesetzlichen Geldanspruchs bestimmte Sachwerte** (z. B. Gegenstände) zur Abgeltung seines Pflichtteils zugewendet, handelt es sich formaljuristisch nicht um eine Zuwendung des gesetzlichen Pflichtteils, sondern um ein »**aliud**«; § 2304 BGB gilt beispielsweise für diese Fälle nicht.[280] Derartige Zuwendungen sind jedoch zumindest aus Sicht des Erblassers wirtschaftlich mit einer Zuwendung des Pflichtteils vergleichbar und daher oft auch erwünscht. Damit der Pflichtteilsberechtigte das Zugewendete nicht ausschlägt und/oder etwa angeordnete Belastungen akzeptiert, ist es gerade auch in den Fällen des »aliud« oftmals aus kaufmännischen Gründen ratsam und auch erforderlich, dem Pflichtteilsberechtigten Zuwendungen zu machen, die wertmäßig über seinem Pflichtteilsanspruch liegen, um ihm das vom Erblasser Zugewendete nebst den etwa damit verbundenen Belastungen »schmackhaft« zu machen. Dasselbe gilt für die Fälle, in denen der Erblasser eine Durchsetzung von Pflichtteilsrechten unbedingt vermeiden will, etwa um zu verhindern, dass sich seine Familie im Zuge langer und kostspieliger Rechtsstreitigkeiten hoffnungslos zerstreitet oder dass ein Betreuer im Zusammenhang mit sog. »Behinderten- oder Bedürftigentestamenten« die Erbschaft ausschlägt bzw. ausschlagen muss.

167

VI. Alternativrechte des Zuwendungsempfängers

Ist ein Pflichtteilsberechtigter mit der Höhe des ihm hinterlassenen Erbteils oder eines ihm zugewendeten Vermächtnisses oder mit den damit für ihn etwa verbundenen Einschränkungen **nicht einverstanden**, insbesondere weil er meint, dass er durch sein gesetzliches Pflichtteilsrecht besser gestellt sei, bestehen für ihn folgende Handlungsalternativen:

168

Ist der Pflichtteilsberechtigte – wenn auch nur mit einer geringfügigen Quote[281] – als (Mit-) Erbe eingesetzt, liegen die allgemeinen Anspruchsvoraussetzungen für den gesetzlichen Pflichtteil nach § 2303 BGB nicht vor, da der Pflichtteilsberechtigte dann nicht von der Erbfolge ausgeschlossen ist. Allerdings ist in diesem Fall weiter zu unterscheiden:

169

- Falls der zugewendete Erbteil mit Beschränkungen und Beschwerungen i. S. d. § 2306 BGB[282] belastet ist, kann der Pflichtteilsberechtigte unabhängig von der Größe des ihm hinterlassenen Erb-

---

276 BFH, Urt. vom 19.2.2013, II R 47/11, ZEV 2013, 220 = NJW 2013, 2623.
277 *Wälzholz*, MittBayNot 2014, 417, 418.
278 *Ihle*, notar 2014, 48, 51
279 *Wälzholz*, MittBayNot 2014, 417, 419 m. Formulierungsvorschlag.
280 Staudinger/*Haas*, § 2304 Rn. 6; vgl. auch MünchKommBGB/*Lange*, § 2304 Rn. 4.
281 Staudinger/*Haas*, § 2303 Rn. 65.
282 Siehe oben Rdn. 60, 61.

teils die Erbschaft **immer** ausschlagen und stattdessen **den vollen gesetzlichen Pflichtteil** verlangen.[283] Der nach den allgemeinen Regelungen des § 2303 BGB eigentlich gar nicht bestehende Pflichtteilsanspruch wird dem Pflichtteilsberechtigten erst durch die insoweit als »**lex specialis**« fungierende Sondernorm des § 2306 BGB eingeräumt, allerdings nur dann, wenn der hinterlassene Erbteil mit den in § 2306 BGB genannten Beschränkungen und Beschwerungen belastet ist;[284] eine Ermittlung der Größe des Erbteils ist nur noch für Erbfälle vor dem 1.1.2010 erforderlich.[285] Schlägt der Pflichtteilsberechtigte in einem solchen Fall nicht aus, muss er allerdings mit dem belasteten Erbteil vorlieb nehmen und kann allenfalls den Zusatzpflichtteil nach § 2305 geltend machen, wobei seit der Neufassung des § 2305 S. 2 BGB die Beschränkungen und Beschwerungen des § 2306 BGB bei der Berechnung allerdings außer Betracht bleiben.[286]

– Ist der zugewendete Erbteil dagegen **frei von Beschränkungen und Beschwerungen** i. S. d. § 2306 BGB, bleibt es zunächst bei den allgemeinen Regelungen, wonach infolge der Erbeinsetzung kein Anspruch auf den gesetzlichen Pflichtteil besteht. Der Pflichtteilsberechtigte muss sich mit dem ihm zugewendeten Erbteil begnügen. Ist der Berechtigte jedoch zu einer geringeren Quote als der Hälfte seines gesetzlichen Erbteils als Erbe eingesetzt, greift die Sonderregelung des § 2305 BGB, wonach der Pflichtteilsberechtigte dann (zusätzlich zu seinem unbelasteten Erbteil) einen Anspruch auf einen in Geld zu leistenden **Zusatzpflichtteil** in Höhe der Differenz zwischen dem unzureichenden Erbteil und dem vollen gesetzlichem Pflichtteil erhält.[287] Schlägt der Pflichtteilsberechtigte in einem solchen Fall den unbelasteten Erbteil aus, verliert er diesen ersatzlos und behält allenfalls seinen etwa bestehenden Anspruch auf den Zusatzpflichtteil; von einer Ausschlagung ist in einem solchen Fall somit regelmäßig abzuraten.

170 Erfolgte die **Zuwendung** des Erblassers dagegen nicht über eine Erbeinsetzung, sondern **im Wege eines Vermächtnisses**, bleibt zunächst festzuhalten, dass in einem solchen Fall die allgemeinen Voraussetzungen für den gesetzlichen Pflichtteil nach § 2303 BGB immer gegeben sind, da der Pflichtteilsberechtigte dann von der gesetzlichen Erbfolge ausgeschlossen ist. In diesem Fall[288] greift (unverändert) § 2307 BGB, wonach der Pflichtteilsberechtigte das ihm zugewandte Vermächtnis **immer** und unabhängig von der Größe und etwaigen mit der Zuwendung verbundenen Beschränkungen und Beschwerungen ausschlagen und stattdessen den vollen gesetzlichen Pflichtteil verlangen kann.[289] Schlägt er nicht aus, steht ihm nur das Vermächtnis mit den damit etwa verbundenen Einschränkungen zu, ggf. neben einem Zusatzpflichtteil nach § 2307 Abs. 1 S. 2 BGB, bei dessen Berechnung die Beschränkungen und Beschwerungen des § 2306 BGB nach wie vor außer Betracht bleiben.

---

283 *Baumann/Karsten*, RNotZ 2010, 95.
284 Palandt/*Weidlich*, § 2306 Rn. 1.
285 Palandt/*Weidlich*, § 2306 Rn. 1.
286 *Keim*, MittBayNot 2010, 85.
287 Palandt/*Weidlich*, § 2306 Rn. 1; Staudinger/*Haas*, § 2303 Rn. 65.
288 Für den Fall eines Vermächtnisses neben einem Erbteil s. Palandt/*Weidlich*, § 2307 Rn. 4.
289 Palandt/*Weidlich*, § 2307 Rn. 1.

Kapitel 4. Zuwendung einzelner Nachlassgegenstände

Übersicht

	Rdn.
A. Vermächtnisanordnung	4
I. Begriff des Vermächtnisses	4
II. Anfall, Fälligkeit und Verjährung des Vermächtnisses	7
III. Beschwerter und Bedachter des Vermächtnisses	15
1. Beschwerter des Vermächtnisses	15
a) Haupt- und Untervermächtnis	19
b) Vor- und Nachvermächtnis	21
2. Bedachter des Vermächtnisses	31
a) Mehrere Bedachte	32
b) Bestimmungsvermächtnis	34
c) Verteilungsvermächtnis	37
d) Ersatzvermächtnisnehmer versus Anwachsung	41
e) Vorausvermächtnis versus Teilungsanordnung	48
f) Kosten und Steuern	57
IV. Absicherung der Vermächtniserfüllung	62
1. Testamentsvollstreckung	65
2. Vormerkung	69
V. Arten des Vermächtnisses	73
1. Stückvermächtnis im Allgemeinen	74
a) Verschaffungsvermächtnis	78
b) Forderungsvermächtnis	86
2. Erlass und Schuldbefreiungsvermächtnis	90
3. Vermächtnis Rente und Dauernde Last	95
4. Nießbrauchsvermächtnis	100
a) Nießbrauchsvermächtnis versus Vorerbschaft	101
b) Ausgestaltung des Nießbrauchsvermächtnisses	105
c) Nießbrauch an beweglichen Sachen	110
d) Nießbrauch an unbeweglichen Sachen	112
e) Nießbrauch an Nachlass und Erbteilen	115
f) Nießbrauch an einzelkaufmännischem Unternehmen	123
g) Nießbrauch an Gesellschaftsanteilen	129
h) Nießbrauch an GmbH-Anteilen	138
5. Wohnungsrechtsvermächtnis	147
6. Gattungsvermächtnis	152
a) Geldvermächtnis	156
b) Pflichtteilsvermächtnis	159
7. Universalvermächtnis	161
8. Wahlvermächtnis	166
9. Zweckvermächtnis	169
B. Zuwendung unter Auflage	176
I. Begriff der Auflage	176
II. Anfall, Fälligkeit und Verjährung der Auflage	185
III. Beschwerter, Begünstigter und Vollziehungsberechtigter	188
1. Beschwerter der Auflage	188
2. Begünstigter der Auflage	193
a) Ersatzbegünstigter	194
b) Zweck- und Bestimmungsauflage	197
c) Steuern	203
3. Vollziehungsberechtigter	205
IV. Gegenstand der Auflage	212
1. Stück- und Gattungsauflagen	213
2. Verhaltensauflagen	214
3. Abgeschwächte Vermächtnisse	217
4. Unselbständige Stiftungen	220
5. Wahlauflagen	223
C. Rechtsgeschäfte unter Lebenden auf den Tod	225
I. Verfügung von Todes wegen versus Rechtsgeschäft unter Lebenden auf den Tod	225
1. Bindungs- und Sicherungsmöglichkeiten	226
2. Drittbestimmung des Zuwendungsempfängers	230
3. Synallagmatische Leistungsverhältnisse	231
4. keine Nachlasszugehörigkeit	233
II. Arten des Schenkungsversprechens	236
1. Versprechensschenkung auf den Tod mit Überlebensbedingung	236
2. Versprechensschenkung auf den Tod ohne Überlebensbedingung	242
3. Handschenkung auf den Tod	247
4. Versprechensschenkung und Handschenkung auf den Tod durch Vertrag zugunsten Dritter	253
a) Schenkung der Bezugsberechtigung einer Lebensversicherung	266
b) Schenkung eines Sparbuchs/Girokontos/Bausparvertrages u. ä	276
D. Wertsicherung einzelner Zuwendungen	283
I. Wertsicherung vor Eintritt des Erbfalles	285
II. Wertsicherung nach Eintritt des Erbfalles	288
E. Steuern	295
I. Erbschaftssteuer	296
II. Grunderwerbssteuer	300
III. Einkommenssteuer	302
F. Checklisten	305
I. Vermächtnis	306
II. Auflage	307
III. Rechtsgeschäfte unter Lebenden auf den Tod	308

Kapitel 4 Zuwendung einzelner Nachlassgegenstände

1 Der in § 1922 Abs. 1 BGB kodifizierte erbrechtliche Grundsatz der Universalsukzession erlaubt nicht, bestimmte Gegenstände einer zu begünstigenden Person unmittelbar dinglich im Erbwege zuzuweisen.

2 Um dieses Ziel mittelbar zu erreichen, stehen dem Erblasser nur schuldrechtliche Wege, und zwar als erbrechtliche Instrumentarien das **Vermächtnis** (dazu nachfolgend A, Rdn. 4 ff.) oder die Zuwendung unter **Auflage** (dazu nachfolgend B, Rdn. 176 ff.) sowie als Rechtsgeschäfte unter Lebenden das **Schenkungsversprechen von Todes wegen** (dazu nachfolgend C, Rdn. 225 ff.) zur Verfügung.

3 Da zwischen dem Tage, an welchem der Erblasser auf die vorbezeichnete Art und Weise zugunsten einer Person verfügt, und seinem Ableben ein im allgemeinen nicht absehbarer und unter Umständen sehr langer Zeitraum vergehen kann, besteht bei Zuwendungen insbesondere von Geldvermögen häufig das Bedürfnis nach einer **Wertsicherung** der Zuwendung (dazu nachfolgend D, Rdn. 283 ff.).

A. Vermächtnisanordnung

I. Begriff des Vermächtnisses

4 Ein Vermächtnis ist gemäß § 1939 BGB die Zuwendung eines **Vermögensvorteils**, ohne dass der Begünstigte als Erbe eingesetzt wird. Der Begriff des Vermögensvorteils ist weit zu verstehen: Gegenstand eines Vermächtnisses kann daher alles sein, was Inhalt der Leistungspflicht eines Schuldners nach § 241 Abs. 1 S. 1 BGB und Ziel eines Anspruchs eines Gläubigers nach § 194 Abs. 1 BGB sein kann, mithin bewegliche und unbewegliche Sachen sowie Rechte, insbesondere alle Arten von Forderungen.[1]

5 Der Gegenstand eines Vermächtnisses geht nach dem Ableben des Erblassers, dem Prinzip der Universalsukzession folgend, als Teil des Nachlasses zunächst auf den Erben bzw. die Erben in gesamthänderischer Verbundenheit zu Eigentum über. Dem mit dem Vermächtnis Bedachten (dazu nachfolgend Rdn. 31 ff.) steht gegen den mit dem Vermächtnis Beschwerten (dazu nachfolgend Rdn. 15 ff.) gemäß § 2174 BGB nur ein **schuldrechtlicher Anspruch** auf Erfüllung des Vermächtnisses zu.

6 Ein Vermächtnis kann in einem Gemeinschaftlichen Testament bzw. Erbvertrag sowohl einseitig testamentarisch als auch wechselbezüglich (§ 2070 Abs. 3 BGB) bzw. erbvertraglich bindend (§ 2278 Abs. 2 BGB) angeordnet werden.

II. Anfall, Fälligkeit und Verjährung des Vermächtnisses

7 Der Anspruch auf Erfüllung eines Vermächtnisses aus § 2174 BGB entsteht gemäß § 2176 BGB mit dem **Anfall des Vermächtnisses**, der gemäß § 2176 BGB im Grundsatz mit dem Erbfall erfolgt.

8 Steht das Vermächtnis unter einer Bedingung oder Befristung, fällt es gemäß § 2177 BGB demgegenüber erst mit dem Eintritt der Bedingung oder des Termins an, sofern dieser Zeitpunkt dem Erbfall nachfolgt. Ist der Bedachte zur Zeit des Erbfalles noch nicht gezeugt (nondum conceptus) oder wird seine Person durch ein erst nach dem Erbfall eintretendes Ereignis bestimmt, fällt das Vermächtnis gemäß § 2178 BGB erst mit der Geburt bzw. mit Eintritt des Ereignisses an. Bei zum Zeitpunkt des Erbfalles bereits Gezeugten, aber noch nicht Geborenen (nasciturus) fällt das Vermächtnis demgegenüber gemäß § 1923 Abs. 2 BGB analog bereits mit dem Erbfall an.[2]

9 In der Schwebezeit zwischen dem Erbfall und dem Anfall des Vermächtnisses finden gemäß § 2179 BGB die Vorschriften Anwendung, welche für eine aufschiebend bedingte Leistung gelten. Dem Be-

---

1 BGH NJW 2001 2883, 2883; MünchKommBGB/*Rudy*, Vor § 2147 Rn. 3 mit zahlreichen Beispielen aus der Rechtsprechung.
2 Palandt/*Weidlich*, § 2178 Rn. 1.

dachten steht daher während der Schwebezeit bereits eine durch Vormerkung sicherbare **Anwartschaft** (dazu nachfolgend Rdn. 69 ff.) zu. Ferner gelangen § 160 BGB und § 162 BGB, nicht jedoch § 161 BGB zur Anwendung, so dass für den Bedachten insoweit **kein dinglicher Schutz** gegen die Erfüllung des Vermächtnisses beeinträchtigende Verfügungen besteht.[3]

Die **Fälligkeit** eines Vermächtnisses fällt gemäß § 271 Abs. 1 BGB im Grundsatz mit dem Anfall zusammen. Nur wenn der Zeitpunkt der Erfüllung des Vermächtnisses dem freien Belieben des Beschwerten überlassen wird, fällt das Vermächtnis zwar mit dem Erbfall an, wird aber gemäß § 2181 BGB erst mit dem Ableben des Beschwerten fällig, sofern dieser das Vermächtnis nicht zuvor gemäß § 271 Abs. 2 BGB freiwillig erfüllt hat. Ein Untervermächtnis (dazu nachfolgend Rdn. 19 ff.) wird gemäß § 2186 BGB nicht vor dem Hauptvermächtnis fällig. 10

Nach Abschaffung des § 197 Abs. 1 Nr. 2 BGB mit zum 1.1.2010 in Kraft getretenen Gesetz zur Änderung des Erb- und Familienrechts (BGBl. I 2009, S. 3142) unterliegt der Anspruch auf Erfüllung des Vermächtnisses, soweit keine grundstücksbezogenen Rechte betroffen sind, der **dreijährigen Regelverjährung** des § 195 BGB, die gemäß § 199 Abs. 1 BGB mit dem Schluss des Jahres zu laufen beginnt, in welchem der Anspruch fällig wird und der Gläubiger von den den Anspruch begründenden Umständen Kenntnis erlangt hat oder ohne grobe Fahrlässigkeit erlangen müsste. Unabhängig von der Kenntnis oder dem Kennenmüssen des Gläubigers verjährt der Anspruch jedoch gemäß § 199 Abs. 3a BGB n. F. in 30 Jahren nach Fälligkeit. Richtet sich der Anspruch auf Übertragung eines Grundstücks oder auf Einräumung eines Rechts an einem Grundstück beträgt die Verjährung gemäß § 196 BGB zehn Jahre und beginnt gemäß § 200 BGB mit der Fälligkeit des Anspruchs unabhängig von der Kenntnis oder dem Kennenmüssen des Gläubigers zu laufen. 11

Sofern gerade bei Vermächtnissen im Familienbereich, die im wesentlichen der Vermeidung von Erbschaftsteuer dienen, zu befürchten ist, dass diese nicht zeitnah erfüllt werden und daher verjähren, kann die Fälligkeit des Vermächtnisses hinausgeschoben und zusätzlich eine **Verlängerung der Verjährungsfrist** gemäß § 202 Abs. 2 BGB in der Verfügung von Todes wegen angeordnet werden.[4] 12

▶ **Muster: Hinausschieben der Fälligkeit und Verlängerung der Verjährungsfrist** 13

Das Vermächtnis ist fällig nach Ablauf von ... Jahren nach meinem Ableben; der Anspruch auf Erfüllung des Vermächtnisses verjährt in dreißig Jahren ab dem gesetzlichen Verjährungsbeginn.

Gestaltungen dieser Art werden jedoch durch die §§ 2162, 2163 BGB begrenzt, da gemäß § 2162 Abs. 1 BGB ein Vermächtnis im Grundsatz nach Ablauf von 30 Jahren nach dem Erbfall unwirksam wird; Ausnahmen hiervon sieht § 2163 BGB im wesentlichen nur bei bedingten Vermächtnissen vor, wenn das die Bedingung auslösende Ereignis in der Person des Bedachten oder des Beschwerten eintritt. 14

III. Beschwerter und Bedachter des Vermächtnisses

1. Beschwerter des Vermächtnisses

Mit der Erfüllung des Vermächtnisses kann gemäß § 2147 S. 1 BGB nur ein **Erbe** oder ein **Vermächtnisnehmer** bzw., wie sich aus § 2148 BGB ergibt, eine Mehrzahl von Erben oder Vermächtnisnehmern beschwert werden. Diese Norm ist abschließend, andere rechtlich oder zumindest wirtschaftlich am Nachlass Beteiligte, wie Pflichtteilsberechtigte, von einer Auflage Begünstigte, Erbeserben oder Personen, welche durch Rechtsgeschäft unter Lebenden (Schenkung auf den Tod) vom Erblasser begünstigt wurden, scheiden daher als Beschwerte aus. 15

---

3 Palandt/*Weidlich*, § 2179 Rn. 2 m. w. N.; MünchKommBGB/*Rudy*, § 2179 Rn. 3 f.
4 *Odersky*, notar 2009, 362, 366 m. w. N.

In der Verfügung von Todes wegen ist festzulegen, welcher Erbe bzw. welcher Vermächtnisnehmer mit dem Vermächtnis beschwert ist. Fehlt eine solche Bestimmung, gilt § 2147 S. 2 BGB; danach ist der Erbe bzw. sind die Erben mit dem Vermächtnis beschwert.

16 ▶ **Muster: Bestimmung des mit dem Vermächtnis Beschwerten**

Ich ordne hiermit folgendes Vermächtnis an, welches unverzüglich nach meinem Tode

(Alt. 1) von meinen Erben

(Alt. 2) von dem Erben ...

(Alt. 3) von dem Vermächtnisnehmer ...

zu erfüllen ist: (...)

17 Der bzw. die Beschwerten sind Gläubiger des Vermächtniserfüllungsanspruchs aus § 2174 BGB. Im Außenverhältnis haften diese dem Bedachten gegenüber gemäß der §§ 2058, 420 ff. BGB als **Gesamtschuldner**, da § 2148 BGB nach h. M. nur das Innenverhältnis mehrerer Beschwerer regelt.[5] Im Innenverhältnis sind die Beschwerten, sofern in der Verfügung von Todes wegen keine anderweitige Bestimmung getroffen wird, gemäß § 2148 BGB im Verhältnis des ihnen im Erbwege bzw. als Vermächtnis zugewandten Vermögenswertes beschwert.

18 Wird der Beschwerte nicht Erbe oder Vermächtnisnehmer, bleibt das Vermächtnis gemäß § 2161 S. 1 BGB im Zweifel wirksam und beschwert ist gemäß § 2161 S. 2 BGB derjenige, welchem der Wegfall des zunächst Beschwerten unmittelbar zustatten kommt, beispielsweise der Ersatzerbe oder der Ersatzvermächtnisnehmer.[6]

a) Haupt- und Untervermächtnis

19 Ist der Vermächtnisnehmer seinerseits mit einem Vermächtnis beschwert, wird das Vermächtnis, welches dem Vermächtnisnehmer zugewandt wird, als **Hauptvermächtnis** und jenes, mit welchem er beschwert ist, als **Untervermächtnis** (§§ 2186 ff. BGB) bezeichnet. Der Vermächtnisnehmer ist somit Bedachter des Hauptvermächtnisses und Beschwerer des Untervermächtnisses; der Bedachte des Untervermächtnisses wird als Untervermächtnisnehmer bezeichnet.

20 ▶ **Muster: Grundstücksvermächtnis als Hauptvermächtnis mit Nießbrauchszuwendung als Untervermächtnis**

Ich, ..., ordne hiermit folgendes Vermächtnis an, welches unverzüglich nach meinem Tode von meinen Erben zu erfüllen ist:

...,

geboren am ...,

wohnhaft ...,

– nachfolgend »Vermächtnisnehmer« genannt –

erhält zu Eigentum den im Grundbuch des Amtsgerichts ... von ... Blatt ... verzeichneten Grundbesitz Flur..., Flurstück..., ... Gebäude- und Freifläche, ..., groß ... m², nebst wesentlichen Bestandteilen und Zubehör ... sowie Inventar.

Etwaige Eigentümerrechte und Rückgewähransprüche an auf diesem Grundbesitz ruhenden Grundpfandrechten sind mitvermacht. Etwaige im Zeitpunkt des Vermächtnisanfalls auf dem Grundbesitz ruhende Belastungen muss der Vermächtnisnehmer dinglich übernehmen einschließlich etwaiger privater und öffentlicher Lasten sowie noch nicht abgerechneter oder noch nicht gezahlter Anliegerkosten und Erschließungsbeiträge, ferner auch etwaige nachbarrechtliche Beschränkungen. Soweit

---

5 MünchKommBGB/*Rudy*, § 2148 Rn. 2 m. w. N. zum Streitstand.
6 MünchKommBGB/*Rudy*, § 2161 Rn. 3.

diese Belastungen vom Nießbraucher zu tragen sind, erfolgt die Übernahme erst mit Beendigung des Nießbrauchs. Zum Übernahmezeitpunkt hat der Vermächtnisnehmer unter Freistellung der Erben auch

(Alt. 1) sämtliche

(Alt. 2) die Verbindlichkeiten, welche den im Grundbuch eingetragenen Belastungen zugrunde liegen und den Grundbesitz betreffen,

persönlich zu übernehmen.

(Ggf.) Etwaige Pflichtteilslasten hat der Vermächtnisnehmer entgegen § 2318 BGB nicht zu tragen.

Während der Dauer des nachstehend angeordneten Nießbrauchs ist der Vermächtnisnehmer ohne Zustimmung des Nießbrauchers nicht berechtigt, übernommene Grundpfandrechte neu zu valutieren. Soweit diese nicht mehr valutieren, ist der Vermächtnisnehmer verpflichtet, auf Verlangen des Nießbrauchers die Löschung auf seine Kosten zu besorgen.

Sämtliche mit der Erfüllung des Vermächtnisses anfallenden Kosten und Steuern trägt der Vermächtnisnehmer.

Das Vermächtnis entfällt, wenn sich der Grundbesitz nicht in meinem Nachlass befindet (§ 2169 Abs. 1 BGB). Eine vorübergehende Unmöglichkeit der Leistung zum Zeitpunkt des Erbfalles steht der Gültigkeit des Vermächtnisses nicht entgegen (§ 2171 Abs. 2 BGB).

(Alt. 1) Sollte der Vermächtnisnehmer vorversterben oder aus einem anderen Grunde als Vermächtnisnehmer ausscheiden, entfällt das Vermächtnis ersatzlos. (Alt. 2) Ersatzvermächtnisnehmer ist sind die leiblichen ehelichen Abkömmlinge des Vermächtnisnehmers entsprechend den Regeln über die gesetzliche Erbfolge.

Ferner ordne ich, . . ., folgendes Untervermächtnis an, welches unverzüglich nach meinem Tode von dem vorbezeichneten Vermächtnisnehmer zu erfüllen ist:

. . .,

geboren am . . .,

wohnhaft . . .,

– nachstehend »Nießbraucher« oder »Untervermächtnisnehmer« genannt –

[– mehrere als Gesamtberechtigte gemäß § 428 BGB –] erhält das lebenslängliche und unentgeltliche Nießbrauchsrecht an dem vorstehend vermachten Grundbesitz.

(Alt. 1) Für das Nießbrauchsrecht gelten im übrigen die gesetzlichen Bestimmungen.

(Alt. 2) Als Inhalt des Nießbrauchs wird vereinbart, dass der Nießbraucher abweichend von den gesetzlichen Vorschriften alle den Grundbesitz betreffenden privaten und öffentlichen Lasten zu tragen hat, insbesondere abweichend von § 1041 BGB auch die außergewöhnlichen Erhaltungsmaßnahmen und abweichend von § 1047 BGB auch die außergewöhnlichen Lasten, ferner die Verkehrssicherungspflichten . . . sowie den Tilgungsdienst für die in Abt. III des Grundbuchs eingetragenen Grundpfandrechte. (Ggf.) Er schuldet bei der Ausübung des Nießbrauchs jedoch nur die Sorgfalt in eigenen Angelegenheiten (§ 277 BGB). Im Übrigen gelten die gesetzlichen Bestimmungen.

(Ggf.) Etwaige Pflichtteilslasten hat der Untervermächtnisnehmer entgegen § 2318 BGB nicht zu tragen.

Auf Verlangen des Untervermächtnisnehmers ist der Vermächtnisnehmer zur Eintragung des vorstehend vermachten Nießbrauchsrechtes mit dem zu hier geregelten Inhalt – ausgenommen der nicht eintragungsfähigen schuldrechtlichen Verpflichtungen – im Grundbuch zugunsten des Untervermächtnisnehmers verpflichtet, und zwar im Rang nach den bei meinem Tode im Grundbuch eingetragenen Belastungen, bei Grundpfandrechten jedoch nur, sofern diese noch valutieren.

Da dieses Nießbrauchsrecht der langfristigen persönlichen Versorgung dient, ist der Vermächtnisnehmer im Falle einer Veräußerung des Grundbesitzes verpflichtet, die vorstehend auferlegten schuldrechtlichen Verpflichtungen dem späteren Erwerber aufzuerlegen, und zwar mit der Maßgabe, dass der jeweilige Erwerber dem Nießbraucher in gleicher Weise verpflichtet bleibt.

Sämtliche mit der Erfüllung des Untervermächtnisses anfallenden Kosten und Steuern trägt der Untervermächtnisnehmer.

Ansprüche des Nießbrauchers aus diesem Nießbrauch verjähren in dreißig Jahren ab dem gesetzlichen Verjährungsbeginn.

Das Untervermächtnis entfällt, wenn sich der Grundbesitz nicht in meinem Nachlass befindet (§ 2169 Abs. 1 BGB). Eine vorübergehende Unmöglichkeit der Leistung zum Zeitpunkt des Erbfalles steht der Gültigkeit des Untervermächtnisses nicht entgegen (§ 2171 Abs. 2 BGB).

(Alt. 1) Sollte der Untervermächtnisnehmer vorversterben oder aus einem anderen Grunde als Untervermächtnisnehmer ausscheiden, entfällt das Untervermächtnis ersatzlos.

(Alt. 2) Ersatzvermächtnisnehmer ist .../sind die leiblichen/ehelichen Abkömmlinge des Untervermächtnisnehmers entsprechend den Regeln über die gesetzliche Erbfolge.

b) Vor- und Nachvermächtnis

21 Die Anordnung von Vor- und Nacherbschaft ermöglicht, das Vermögen zunächst einer Person, dem Vorerben, zuzuwenden. Bei dieser soll das Vermögen jedoch nicht endgültig verbleiben, vielmehr soll es bei Eintritt eines bestimmten Ereignisses (Termin, Ableben des Vorerben, Wiederverheiratung des Vorerben usw.) einer anderen Person, dem Nacherben, endgültig zukommen. In Ansehung eines einzelnen Gegenstandes kann dieses Ziel durch Anordnung eines **Vor- und Nachvermächtnisses** erreicht werden: Zunächst erhält der **Vorvermächtnisnehmer** als Bedachter den Gegenstand. Bei Eintritt eines bestimmten Ereignisses ist er bzw. sein Gesamtrechtsnachfolger jedoch damit beschwert, diesen Gegenstand dem **Nachvermächtnisnehmer** als endgültig Bedachten zuzuwenden (vgl. § 2191 Abs. 1 BGB). Bei einem Nachvermächtnis handelt es sich somit um ein **aufschiebend bedingtes oder befristetes Untervermächtnis** gemäß § 2177 BGB.[7]

22 Wie bei der Vor- und Nacherbschaft, sollten hier in der Verfügung von Todes wegen **Ersatzvor- und Ersatznachvermächtnisnehmer** bestimmt werden. Wird kein Ersatzvorvermächtnisnehmer benannt, ist gemäß § 2191 Abs. 2 i. V. m. § 2102 Abs. 1 BGB der Nachvermächtnisnehmer im Zweifel auch Ersatzvorvermächtnisnehmer.

23 Ferner ist in der Verfügung von Todes wegen das Ereignis anzugeben, welches den **Anfall des Nachvermächtnisses** auslöst. Ist kein Ereignis bestimmt, fällt das Nachvermächtnis gemäß § 2191 Abs. 2 i. V. m. § 2102 Abs. 1 BGB mit dem Tod des Vorvermächtnisnehmers an.

24 Ist der Vorvermächtnisnehmer ein Abkömmling des Erblassers, der zum Zeitpunkt der Errichtung der Verfügung von Todes wegen nach Kenntnis des Erblassers keinen Abkömmling hat, gelangt gemäß § 2191 Abs. 2 BGB zudem § 2107 BGB zur Anwendung. Nach dieser Vorschrift entfällt das Nachvermächtnis im Zweifel, wenn der Vorvermächtnisnehmer unter Hinterlassung von Abkömmlingen verstirbt. Auch insoweit empfiehlt sich daher in der Verfügung von Todes wegen eine klarstellende Regelung.

25 Werden mehrere Vorvermächtnisnehmer berufen und wird bestimmt, dass bei Wegfall eines Vorvermächtnisnehmers dessen Anteil den verbleibenden Vermächtnisnehmern anwächst, umfasst gemäß § 2191 Abs. 2 i. V. m. § 2110 Abs. 1 BGB das Nachvermächtnis im Zweifel auch diesen angewachsenen Vermächtnisanteil.

26 Die Nacherbschaft umfasst gemäß § 2111 BGB auch Surrogate der Nachlassgegenstände. Eine solche dingliche Surrogation erfolgt beim Nachvermächtnis demgegenüber nicht; der Nachvermächtnisnehmer ist vielmehr auf die bloß **schuldrechtliche Surrogation** des § 285 Abs. 1 BGB verwiesen.

---

7 Nieder/Kössinger/*Kössinger*, § 10 Rn. 151 ff.

Bei Verfügungen des Vorvermächtnisnehmers, welche die Erfüllung des Nachvermächtnisse beeinträchtigen oder vereiteln, kann der Nachvermächtnisnehmer daher nur Schadenersatzansprüche gemäß § 160 Abs. 1 BGB gegen den Vorvermächtnisnehmer geltend machen und trägt das damit verbundene Durchsetzungsrisiko. Er hat somit im Vergleich zum Nacherben insoweit eine erheblich schwächere Rechtsposition.[8] Ist Gegenstand des Vermächtnisses ein dingliches Recht, kann der Anspruch des Nachvermächtnisnehmers zumindest nach Eintritt des Erbfalles durch **Eintragung einer Vormerkung** im Grundbuch dinglich gesichert werden. Diese Vormerkung muss dem Nachvermächtnisnehmer vom Erblasser nach h. M. jedoch ausdrücklich mitvermacht werden (vgl. dazu Rdn. 69 ff.). Außerdem kann zu einer besseren Absicherung des Bedachten anstelle des Vor- und Nachvermächtnisses eine »**gegenständliche**« **Vor- und Nacherbschaft** dergestalt angeordnet werden, dass der zu Bedenkende Nacherbe wird und alle Gegenstände mit Ausnahme desjenigen, welchen er erhalten soll, durch Vermächtnisse anderen Personen zugewiesen werden.[9]

27 Da das Nachvermächtnis ein aufschiebend bedingtes Untervermächtnis ist, gelangen gemäß § 2179 BGB für die Zeit zwischen dem Erbfall und dem Anfall des Nachvermächtnisses die allgemeinen Vorschriften des Bürgerlichen Gesetzbuchs für aufschiebend bedingte Leistungen zur Anwendung. Dem Nachvermächtnisnehmer steht daher ab dem Zeitpunkt des Erbfalls eine **Anwartschaft** zu, die **übertragbar, verpfändbar und vererblich** ist, sofern die Vererblichkeit nicht durch § 2074 BGB ausgeschlossen ist.[10] Nach dieser Vorschrift, die auch auf ein aufschiebend bedingtes Vermächtnis anwendbar ist, entfällt dieses im Zweifel, wenn der Bedachte den Eintritt der Bedingung nicht erlebt. Der Begriff »Bedingung« i. S. d. § 2074 BGB umfasst jedoch nur echte Bedingungen, bei welchen ungewiss ist, ob sie tatsächlich eintreten werden. Wird als Ereignis, bei welchem das Nachvermächtnis anfällt, ein Termin, eine Frist oder das Ableben einer Person – zumeist das des Vorvermächtnisnehmers – bestimmt, findet § 2074 BGB demgegenüber keine Anwendung.[11] Während bei der Vor- und Nacherbschaft § 2108 Abs. 2 S. 1 BGB bestimmt, dass in solch einem Falle die Nacherbenanwartschaft im Zweifel vererblich ist, fehlt eine entsprechende Regelung für das Nachvermächtnis. Hat der Erblasser insoweit nichts festgelegt, kann daher nur durch Auslegung der Verfügung von Todes wegen ermittelt werden, ob die Anwartschaft auf das Nachvermächtnis vererblich ist oder ob an die Stelle des weggefallenen Nachvermächtnisnehmers ein Ersatzvermächtnisnehmer tritt. Um Auslegungsschwierigkeiten zu vermeiden, empfiehlt sich auch hier eine ausdrückliche Regelung in der Verfügung von Todes wegen.[12]

28 Bei aufschiebend bedingten Rechtsgeschäften werden darüber hinaus gemäß § 159 BGB die Eintrittsfolgen zurückbezogen, wenn dies nach dem Inhalt des Rechtsgeschäfts gewollt ist. Ein Vor- und Nachvermächtnis wird im Regelfall so auszulegen sein, dass ein **Rückbezug** nicht gewollt ist. Dies sollte in der Verfügung von Todes wegen jedoch ausdrücklich geregelt werden. Immerhin folgt in Ansehung der bis zum Anfall des Nachvermächtnisses gezogenen Nutzungen aus § 2184 BGB, dass diese dem Vorvermächtnisnehmer verbleiben.[13]

29 Der Vorvermächtnisnehmer kann gemäß § 2185 BGB i. V. m. den §§ 994 ff. BGB Ersatz der von ihm bis zum Anfall des Nachvermächtnisses auf den Vermächtnisgegenstand gemachten **Verwendungen** erlangen. Diese Regelung ist dispositiv, von ihr kann abgewichen werden kann, sofern dies vom Erblasser gewünscht wird.[14]

---

8 Nieder/Kössinger/*Kössinger*, § 10 Rn. 153 f. m. w. N.
9 Vgl. dazu und weiteren Sicherungsmöglichkeiten Nieder/Kössinger/*Kössinger*, § 10 Rn. 155 m. w. N.
10 Nieder/Kössinger/*Kössinger*, § 10 Rn. 154 m. w. N.
11 MünchKommBGB/*Leipold*, § 2074 Rn. 2.
12 MünchKommBGB/*Leipold*, § 2074 Rn. 2; Nieder/Kössinger/*Kössinger*, § 10 Rn. 135, 154.
13 Nieder/Kössinger/*Kössinger*, § 10 Rn. 139 m. w. N.
14 MünchKommBGB/*Rudy*, § 2185 Rn. 1.

Kapitel 4 Zuwendung einzelner Nachlassgegenstände

30 ▶ **Muster: Grundstücksvor- und -nachvermächtnis**

Ich, ..., ordne hiermit folgendes Vor und Nachvermächtnis an, welches unverzüglich nach meinem Tode von meinen Erben zu erfüllen ist:

...,

geboren am ...,

wohnhaft ...,

– nachfolgend »Vorvermächtnisnehmer« genannt –

erhält zu Eigentum den im Grundbuch des Amtsgerichts ... von ... Blatt ... verzeichneten Grundbesitz Flur ..., Flurstück ..., ... Gebäude- und Freifläche, ..., groß ... m², nebst wesentlichen Bestandteilen und Zubehör ... sowie Inventar.

Zum Nachvermächtnisnehmer berufe ich

...,

geboren am ...,

wohnhaft ...,

– nachfolgend »Nachvermächtnisnehmer« genannt –

Ersatzvorvermächtnisnehmer

(Alt. 1) ist

...,

geboren am ...,

wohnhaft ...

(Alt. 2) ist unter Wegfall des Nachvermächtnisses der Nachvermächtnisnehmer, ersatzweise dessen eheliche/leibliche Abkömmlinge entsprechend den Regeln über die gesetzliche Erbfolge.

Ersatznachvermächtnisnehmer sind die ehelichen/leiblichen Abkömmlinge des Nachvermächtnisnehmers entsprechend den Regeln über die gesetzliche Erbfolge.

Das Nachvermächtnis fällt mit dem Tode des Vorvermächtnisnehmers an. (Ggf.) Die Anwartschaft des Nachvermächtnisnehmers ist nicht übertragbar, nicht verpfändbar und unvererblich. Eine Übertragung oder Vererbung auf den Vorvermächtnisnehmer ist jedoch zulässig mit der Folge, dass jede ausdrückliche oder stillschweigende Ersatznachvermächtniseinsetzung entfällt.

Etwaige Eigentümerrechte und Rückgewähransprüche an auf diesem Grundbesitz ruhenden Grundpfandrechten sind jeweils mitvermacht. Dem Nachvermächtnisnehmer mitvermacht ist ferner ein Anspruch gegen den Vorvermächtnisnehmer auf Eintragung einer Vormerkung im Grundbuch zur Sicherung des Nachvermächtnisanspruchs, und zwar im Rang nach den bei meinem Tode im Grundbuch eingetragenen Belastungen, bei Grundpfandrechten jedoch nur, sofern diese noch valutieren.

Etwaige im Zeitpunkt des Anfalls des Vorvermächtnisses auf dem Grundbesitz ruhende Belastungen muss der Vorvermächtnisnehmer unter Freistellung der Erben dinglich und – insbesondere bei Grundpfandrechten bzgl.

(Alt. 1) sämtlicher zugrunde liegender Verbindlichkeiten

(Alt. 2) der zugrunde liegenden Verbindlichkeiten, soweit sie den Grundbesitz betreffen – auch persönlich übernehmen

einschließlich etwaiger privater und öffentlicher Lasten sowie noch nicht abgerechneter oder noch nicht gezahlter Anliegerkosten und Erschließungsbeiträge, ferner auch etwaige nachbarrechtliche Beschränkungen. Den Nachvermächtnisnehmer trifft diese Verpflichtung zur Freistellung der Erben des Vorvermächtnisnehmers, soweit solche Belastungen zum Zeitpunkt des Anfalls des Nachvermächtnisses vorhanden sind.

(Ggf.) Etwaige Pflichtteilslasten hat der Vorvermächtnisnehmer entgegen § 2318 BGB nicht zu tragen.

Die Rechtsfolgen des Anfalls des Nachvermächtnisses werden entgegen § 159 BGB nicht zurückbezogen.

(Alt. 1) Der Nachvermächtnisnehmer ist dem Vorvermächtnisnehmer nicht zum Verwendungsersatz verpflichtet.

(Alt. 2) Der Nachvermächtnisnehmer ist dem Vorvermächtnisnehmer nur zum Ersatz der notwendigen Verwendungen verpflichtet.

Sämtliche mit der Erfüllung des Vorvermächtnisses anfallenden Kosten und Steuern trägt der Vorvermächtnisnehmer; sämtliche mit der Erfüllung des Nachvermächtnisses anfallenden Kosten und Steuern trägt der Nachvermächtnisnehmer.

Das Vor- und das Nachvermächtnis entfallen, wenn sich der Grundbesitz nicht in meinem Nachlass befindet (§ 2169 Abs. 1 BGB). Eine vorübergehende Unmöglichkeit der Leistung zum Zeitpunkt des Erbfalles steht der Gültigkeit der Vermächtnisse nicht entgegen (§ 2171 Abs. 2 BGB).

2. Bedachter des Vermächtnisses

Bedachter eines Vermächtnisses ist der durch das Vermächtnis Begünstigte (Vermächtnisnehmer); 31
dieser ist **Gläubiger des Vermächtniserfüllungsanspruchs** aus § 2174 BGB.

a) Mehrere Bedachte

Ist mehreren Bedachten ein Gegenstand vermacht (Gemeinschaftliches Vermächtnis), sind die 32
Bruchteile zu bestimmen, zu welchen die Bedachten den Gegenstand erhalten sollen. Ohne eine solche Bestimmung finden gemäß § 2157 BGB die Vorschriften der §§ 2089 bis 2093 BGB entsprechende Anwendung. Gemäß § 2091 BGB steht den Vermächtnisnehmern der Gegenstand dann zu gleichen Bruchteilen zu, sofern sich aus den §§ 2066 bis 2069 BGB nichts anderes ergibt.

▶ **Muster: Bestimmung der Anteile mehrerer Vermächtnisnehmer** 33

... und ... – nachfolgend gemeinsam Vermächtnisnehmer genannt –, erhalten (Alt. 1) zu gleichen Teilen untereinander (Alt. 2), und zwar ... zu 1/3-Anteil und ... zu 2/3-Anteil, zu Eigentum ...

b) Bestimmungsvermächtnis

Gemäß § 2065 Abs. 2 BGB kann der Erblasser die Bestimmung der Person, welche eine Zuwendung 34
erhalten soll, nicht einem anderen überlassen. Dieser Grundsatz der höchstpersönlichen Bestimmung wird für Vermächtnisse von § 2151 Abs. 1 BGB durchbrochen, welcher dem Erblasser erlaubt, die Bestimmung, wer von mehreren Personen der Bedachte sein soll, dem Beschwerten oder einem Dritten zu überlassen.[15] Eine solche **Drittbestimmung** ist nach h. M. trotz des Wertungswiderspruchs zu § 2065 Abs. 2 BGB auch beim sog. Universalvermächtnis möglich, so dass auf diese Weise die Grenzen des § 2065 Abs. 2 BGB weiter aufgeweicht werden können (vgl. unten Rdn. 161 ff.).

Hinreichend bestimmt muss hierbei nur der Personenkreis sein, aus welchem der Bedachte ausgewählt werden soll. Anders als bei der Erbeinsetzung[16] muss der Erblasser jedoch keine objektiven Kriterien angeben, nach welchen der Bedachte zu bestimmen ist; er kann die Auswahl dem **freien** 35

---

15 Palandt/*Weidlich*, § 2151 BGB, Rn. 1.
16 In einschränkender Auslegung von § 2065 Abs. 2 BGB kann der Erblasser die Auswahl des Erben einem Dritten überlassen, sofern diese nach objektiven Kriterien erfolgt und dem Dritten kein Ermessen verbleibt, vgl. dazu MünchKommBGB/*Leipold*, § 2065 Rn. 26 ff.

Kapitel 4 Zuwendung einzelner Nachlassgegenstände

Ermessen des Bestimmungsberechtigten überlassen und damit in dessen Belieben stellen. Dies kann insbesondere bei der Auswahl eines Unternehmensnachfolgers sachgerecht sein.[17]

36 ▶ **Muster: Bestimmungsvermächtnis**

Ich ordne hiermit folgendes Bestimmungsvermächtnis an, welches unverzüglich nach meinem Tode von meinen Erben zu erfüllen ist:

Einer meiner beiden Enkel,

...,

geboren am ...,

wohnhaft: ...

und

...,

geboren am ...,

wohnhaft: ...

– nachfolgend Vermächtnisnehmer genannt –

erhält meine gesamte Bibliothek.

Die Bestimmung des Bedachten hat durch

Herrn ...,

geboren am ...,

wohnhaft: ...,

zu erfolgen, der sich bei der Auswahl davon leiten lassen soll, welcher meiner beiden Enkel das größere bibliophile Interesse hat.

(Ggf.) Etwaige Pflichtteilslasten hat der Vermächtnisnehmer entgegen § 2318 BGB nicht zu tragen.

Sämtliche mit der Erfüllung des Vermächtnisses anfallenden Kosten und Steuern trägt der Vermächtnisnehmer.

Das Vermächtnis entfällt, soweit sich die vermachten Gegenstände nicht in meinem Nachlass befinden (§ 2169 Abs. 1 BGB). Eine vorübergehende Unmöglichkeit der Leistung zum Zeitpunkt des Erbfalles steht der Gültigkeit des Vermächtnisses nicht entgegen (§ 2171 Abs. 2 BGB).

(Alt. 1) Sollte ein Vermächtnisnehmer vorversterben oder aus einem anderen Grunde als Vermächtnisnehmer ausscheiden, wird keine Ersatzvermächtnisnehmer bestimmt; vielmehr erhält der verbleibende Vermächtnisnehmer den Vermächtnisgegenstand unter Wegfall des Bestimmungsrechts. Sollte auch dieser vorversterben oder aus einem anderen Grunde als Vermächtnisnehmer ausscheiden, entfällt das Vermächtnis ersatzlos.

(Alt. 2) Ersatzvermächtnisnehmer sind jeweils die leiblichen/ehelichen Abkömmlinge eines Vermächtnisnehmers entsprechend den Regeln über die gesetzliche Erbfolge.

c) Verteilungsvermächtnis

37 Das Verteilungsvermächtnis gemäß § 2153 BGB ähnelt als weitere Ausnahme vom Grundsatz der höchstpersönlichen Bestimmung in § 2065 Abs. 2 BGB dem Bestimmungsvermächtnis gemäß § 2151 BGB.

---

17 MünchKommBGB/*Rudy*, § 2151 Rn. 2 m.w.N.

Bei einem Verteilungsvermächtnis wendet der Erblasser einen Gegenstand, der zumindest ideell teilbar sein muss, mehreren Personen zu, bestimmt, anders als beim Gemeinschaftlichen Vermächtnis gemäß § 2157 BGB, jedoch nicht selbst, welche Person welchen Anteil bekommt, sondern überlässt diese Bestimmung dem Beschwerten oder einem Dritten.[18] Ebenso wie beim Bestimmungsvermächtnis muss der Erblasser auch hier nur den bedachten Personenkreis festlegen, während er die **Verteilungskriterien** dem Belieben des Bestimmungsberechtigten überlassen kann.

Unterbleibt die Verteilungsbestimmung, weil der Bestimmungsberechtigte dazu endgültig nicht in der Lage, die Bestimmung unvollständig oder in sich widersprüchlich ist oder der Bestimmungsberechtigte eine ihm vom Nachlassgericht zur Bestimmung gesetzte Frist verstreichen lässt, sind die Bedachten gemäß § 2153 Abs. 2 i. V. m. § 2151 Abs. 3 S. 2 BGB zu gleichen Teilen berechtigt.[19]

▶ **Muster: Verteilungsvermächtnis**

Ich ordne hiermit folgendes Verteilungsvermächtnis an, welches unverzüglich nach meinem Tode von meinen Erben zu erfüllen ist:

...,

geboren am ...,

wohnhaft: ...

und

...,

geboren am ...,

wohnhaft: ...

– nachfolgend gemeinsam Vermächtnisnehmer genannt –

erhalten gemeinsam und insgesamt einen nicht wertgesicherten Barbetrag in Höhe von € ..., wobei ich den Anteil, den jeder Bedachte von dieser Summe erhält, nicht festlege.

Die Bestimmung der Anteile hat vielmehr durch

Herrn ...,

geboren am ...,

wohnhaft: ...,

zu erfolgen, der sich bei der Verteilung davon leiten lassen soll, in welchem Umfang sich die Vermächtnisnehmer in den letzten fünf Jahren vor meinem Ableben um meine Belange gekümmert haben.

(Ggf.) Etwaige Pflichtteilslasten hat der Vermächtnisnehmer entgegen § 2318 BGB nicht zu tragen.

Sämtliche mit der Erfüllung des Vermächtnisses anfallenden Kosten und Steuern trägt der jeweilige Vermächtnisnehmer.

Eine vorübergehende Unmöglichkeit der Leistung zum Zeitpunkt des Erbfalles steht der Gültigkeit des Vermächtnisses nicht entgegen (§ 2171 Abs. 2 BGB).

(Alt. 1) Sollte ein Vermächtnisnehmer vorversterben oder aus einem anderen Grunde als Vermächtnisnehmer ausscheiden, wächst sein Anteil dem verbleibenden Vermächtnisnehmer, welcher dann die gesamte Geldsumme erhält, an. Sollten beide Vermächtnisnehmer vorversterben oder aus einem anderen Grunde als Vermächtnisnehmer ausscheiden, entfällt das Vermächtnis ersatzlos.

(Alt. 2) Ersatzvermächtnisnehmer sind jeweils die leiblichen/ehelichen Abkömmlinge eines Vermächtnisnehmers entsprechend den Regeln über die gesetzliche Erbfolge.

---

18 Palandt/*Weidlich*, § 2153 Rn. 1.
19 MünchKommBGB/*Rudy*, § 2153 Rn. 6.

d) Ersatzvermächtnisnehmer versus Anwachsung

41 In der Verfügung von Todes wegen ist zu regeln, ob bei Wegfall des Vermächtnisnehmers durch Tod oder aus anderen Gründen,[20] insbesondere durch Ausschlagung gemäß § 2180 Abs. 2 BGB ein oder mehrere **Ersatzvermächtnisnehmer** berufen sind und in welchem Anteilsverhältnis sie an die Stelle des Weggefallenen treten oder ob das Vermächtnis – bei einem Vermächtnisnehmer – in diesem Falle ersatzlos entfällt bzw. – bei mehreren Vermächtnisnehmern – den Verbleibenden im Verhältnis ihrer Anteile anwächst.

42 ▶ **Muster: Entfallen des Vermächtnisses bei Wegfall des alleinigen Vermächtnisnehmers**

Sollte der Vermächtnisnehmer vorversterben oder aus einem anderen Grunde als Vermächtnisnehmer wegfallen, entfällt das Vermächtnis ersatzlos.

43 ▶ **Muster: Bestimmung von Ersatzvermächtnisnehmern bei einem Vermächtnisnehmer**

Ersatzvermächtnisnehmer (Alt. 1) ist ... (Alt. 2) sind die Abkömmlinge des Vermächtnisnehmers entsprechend den Regeln über die gesetzliche Erbfolge.

44 ▶ **Muster: Bestimmung von Ersatzvermächtnisnehmern bei mehreren Vermächtnisnehmern und nachgeordnete Anwachsung**

Ersatzvermächtnisnehmer sind jeweils die Abkömmlinge eines Vermächtnisnehmers entsprechend den Regeln über die gesetzliche Erbfolge. Sind solche nicht vorhanden, wächst der Anteil den verbleibenden Vermächtnisnehmern im Verhältnis ihrer Anteile an.

45 ▶ **Muster: Unmittelbare Anwachsung des Vermächtnisses bei mehreren Vermächtnisnehmern**

Sollte ein Vermächtnisnehmer vorversterben oder aus einem anderen Grunde als Vermächtnisnehmer wegfallen, wächst sein Anteil den verbleibenden Vermächtnisnehmern im Verhältnis ihrer Anteile an.

46 Ist in der Verfügung von Todes nicht ausdrücklich ein Ersatzvermächtnisnehmer bestimmt, ist durch ergänzende Auslegung gemäß § 133 BGB zu ermitteln, ob eine solche Bestimmung konkludent erfolgt ist oder, ob – bei einem Vermächtnisnehmer – das Vermächtnis ersatzlos entfällt bzw. – bei mehreren Vermächtnisnehmern – der Anteil des weggefallenen Vermächtnisnehmers gemäß § 2158 Abs. 1 S. 1 BGB den Verbleibenden anwächst. Bei mehreren Vermächtnisnehmern geht die Bestimmung eines Ersatzvermächtnisnehmers – gleich ob explizit oder konkludent – gemäß § 2158 Abs. 2 i. V. m. § 2190 BGB der **Anwachsung** vor. Der gleiche Vorrang gilt bei einem Vermächtnis zugunsten einer Person: dieses entfällt beim Vorversterben des Vermächtnisnehmers gemäß § 2160 BGB und beim nachträglichen Wegfall nur, sofern kein Ersatzvermächtnisnehmer bestimmt ist.[21]

47 Bei einem Vermächtnis zugunsten eines Abkömmlings gilt im Zweifel § 2069 BGB, so dass Ersatzvermächtnisnehmer die Abkömmlinge des Vermächtnisnehmers entsprechend den Regeln über die gesetzliche Erbfolge sind. Doch auch außerhalb des persönlichen Anwendungsbereichs dieser Norm wird deren Rechtsgedanke für die ergänzende Auslegung von Verfügungen von Todes wegen herangezogen, so dass im Einzelfall die Bestimmung der Abkömmlinge zu Ersatzvermächtnisnehmern u. U. auch angenommen wird, wenn nicht Abkömmlinge, sondern andere nahestehende Verwandten zu Vermächtnisnehmern berufen sind.[22] **Ob bei Wegfall eines Vermächtnisnehmers ein Ersatzver-**

---

20 Vgl. die neben dem Ableben bestehenden einzelnen Wegfallmöglichkeiten bei Nieder/Kössinger/*Kössinger*, § 9 Rn. 19 f. m. w. N.
21 Nieder/Kössinger/*Kössinger*, § 9 Rn. 19.
22 MünchKommBGB/*Leipold*, § 2069 Rn. 34 mit Beispielen aus der Rechtsprechung.

mächtnisnehmer an dessen Stellte tritt, sollte daher zur Vermeidung von Unklarheiten in der Verfügung von Todes wegen stets ausdrücklich geregelt werden!

e) Vorausvermächtnis versus Teilungsanordnung

Auch einem Erben können einzelne Vermächtnisgegenstände zugewandt werden. Eine solche Zuwendung kann im Wege eines Vorausvermächtnisse i. S. d. § 2150 BGB erfolgen, mit der Folge dass sich der Bedachte die Zuwendung nicht auf seinen Erbteil anrechnen lassen muss: Er erhält das qua Vorausvermächtnis Zugewendete und **zusätzlich** den seiner Erbquote entsprechenden Anteil an dem sonstigen Nachlass. Ist demgegenüber eine Anrechnung des einzeln zugewandten Gegenstandes auf den Erbteil gewünscht, hat die Zuwendung durch **Teilungsanordnung** gemäß § 2048 S. 1 BGB zu erfolgen.[23]

48

▸ **Muster: Vorausvermächtnis**

49

Ich ordne hiermit folgendes Vorausvermächtnis (§ 2150 BGB) – mithin ohne eine Anrechnung auf den Erbteil des Vermächtnisnehmers – an, welches unverzüglich nach meinem Tode von meinen Erben zu erfüllen ist:

Der vorbezeichnete Erbe ... – nachstehend »Vermächtnisnehmer« genannt – erhält ...

(Ggf.) Etwaige Pflichtteilslasten hat der Vermächtnisnehmer entgegen § 2318 BGB nicht zu tragen.

Sämtliche mit der Erfüllung des Vorausvermächtnisses anfallenden Kosten und Steuern trägt der Vermächtnisnehmer.

Das Vorausvermächtnis entfällt, wenn sich der vermachte Gegenstand nicht in meinem Nachlass befindet (§ 2169 Abs. 1 BGB). Eine vorübergehende Unmöglichkeit der Leistung zum Zeitpunkt des Erbfalles steht der Gültigkeit des Vorausvermächtnisses nicht entgegen (§ 2171 Abs. 2 BGB).

(Alt. 1) Sollte der Vermächtnisnehmer vorversterben oder aus einem anderen Grunde als Vermächtnisnehmer ausscheiden, entfällt das Vorausvermächtnis ersatzlos.

(Alt. 2) Ersatzvermächtnisnehmer ist/sind die leiblichen/ehelichen Abkömmlinge des Vermächtnisnehmers entsprechend den Regeln über die gesetzliche Erbfolge.

Die Abgrenzung zwischen Vorausvermächtnis und Teilungsanordnung ist nicht nur relevant, wenn das Vermächtnis einer Person zugewandt wird, die vom Erblasser als Erbe eingesetzt wird, sondern auch, wenn der Vermächtnisnehmer als **Ersatzerbe** in Betracht kommt. In solchen Fällen sollte daher bei der Vermächtnisanordnung klar gestellt werden, ob das Vermächtnis als Vorausvermächtnis oder als Teilungsanordnung zu verstehen ist:

50

▸ **Muster: Vermächtnis als Vorausvermächtnis bzw. Teilungsanordnung bei Ersatzerbfolge**

51

Für den Fall, dass der Vermächtnisnehmer (Mit-)Erbe wird, ist das Vermächtnis (Alt. 1) als Vorausvermächtnis i. S. d. § 2150 BGB (Alt. 2) als Teilungsanordnung i. S. d. § 2048 Abs. 1 BGB angeordnet.

Auch der **alleinige Erbe** kann mit einem Vorausvermächtnis bedacht werden. Bei einem unbeschränkten Alleinerben, hat dies zwar keine wirtschaftlichen, bringt dem Alleinerben jedoch verschiedene rechtliche Vorteile. Er kann insbesondere die Erbschaft annehmen und das Vorausvermächtnis ausschlagen und umgekehrt.[24] Dies kann beispielsweise bei steuerlich motivierten Abweichungen vom Berliner Testament bedeutsam sein: Ehegatten setzen sich gegenseitig zum alleinigen und unbeschränkten Erben ein, der Erstversterbende vermacht den gemeinsamen Kindern jedoch

52

---

23 Vgl. zu den verschiedenen Gestaltungsmöglichkeiten einer Teilungsanordnung Nieder/Kössinger/*Kössinger*, § 15 Rn. 199 ff.
24 Zu den Vorteilen des Vorausvermächtnisses für den Alleinerben vgl. MünchKommBGB/*Rudy*, § 2150 Rn. 3 m. w. N.

bereits Grundbesitz und wendet den Nießbrauch daran dem überlebenden Ehegatten im Wege eines Vorausvermächtnisses zu. Nach dem Tode des Erstverstorbenen kann der längstlebende Ehegatte das Erbe annehmen, den Nießbrauch – gleich aus welchem Grunde – jedoch isoliert ausschlagen.

53 ▶ **Muster: Grundbesitzvermächtnis des erstversterbenden Ehegatten zugunsten der Kinder mit Nießbrauchsvorausvermächtnis zugunsten des überlebenden Ehegatten**

Der Erstversterbende von uns ordnet hiermit folgendes Vermächtnis an, welches unverzüglich nach dessen Ableben von dem Erben zu erfüllen ist:

Unsere vorbezeichneten Kinder ... und ... – nachfolgend gemeinsam »Vermächtnisnehmer« genannt – erhalten zu gleichen Teilen untereinander zu Eigentum den im Grundbuch des Amtsgerichts ... von ... Blatt ... verzeichneten Grundbesitz Flur ..., Flurstück ..., ... Gebäude- und Freifläche, ..., groß ... m², nebst wesentlichen Bestandteilen und Zubehör.

Etwaige Eigentümerrechte und Rückgewähransprüche an auf diesem Grundbesitz ruhenden Grundpfandrechten sind mitvermacht. Etwaige im Zeitpunkt des Vermächtnisanfalls auf dem Grundbesitz ruhende Belastungen muss der Vermächtnisnehmer dinglich übernehmen einschließlich etwaiger privater und öffentlicher Lasten sowie noch nicht abgerechneter oder noch nicht gezahlter Anliegerkosten und Erschließungsbeiträge, ferner auch etwaige nachbarrechtliche Beschränkungen. Soweit diese Belastungen gemäß den nachfolgenden Bestimmungen vom Nießbraucher zu tragen sind, erfolgt die Übernahme erst mit Beendigung des Nießbrauchs. Zum Übernahmezeitpunkt hat der Vermächtnisnehmer unter Freistellung der Erben auch die Verbindlichkeiten, welche den im Grundbuch eingetragenen Belastungen zugrunde liegen und den Grundbesitz betreffen, persönlich zu übernehmen.

Während der Dauer des nachstehend angeordneten Nießbrauchs ist der Vermächtnisnehmer ohne Zustimmung des Nießbrauchers nicht berechtigt, übernommene Grundpfandrechte neu zu valutieren. Soweit diese nicht mehr valutieren, ist der Vermächtnisnehmer verpflichtet, auf Verlangen des Nießbrauchers die Löschung auf seine Kosten zu besorgen.

Sämtliche mit der Erfüllung des Vermächtnisses anfallenden Kosten und Steuern trägt der Vermächtnisnehmer.

Das Vermächtnis entfällt, wenn sich der Grundbesitz nicht im Nachlass des Erstversterbenden von uns befindet (§ 2169 Abs. 1 BGB). Eine vorübergehende Unmöglichkeit der Leistung zum Zeitpunkt des Erbfalles steht der Gültigkeit des Vermächtnisses nicht entgegen (§ 2171 Abs. 2 BGB).

Ersatzvermächtnisnehmer sind jeweils die leiblichen/ehelichen Abkömmlinge eines Vermächtnisnehmers entsprechend den Regeln über die gesetzliche Erbfolge.

Der Erstversterbende von uns ordnet ferner folgendes Untervorausvermächtnis an, welches unverzüglich nach dessen Ableben von den vorstehend bezeichneten Vermächtnisnehmern zu erfüllen ist:

Der Längstlebende von uns – nachstehend »Nießbraucher« oder »Untervermächtnisnehmer« genannt –, erhält das lebenslängliche und unentgeltliche Nießbrauchsrecht an dem vorstehend vermachten Grundbesitz.

(Alt. 1) Für das Nießbrauchsrecht gelten die gesetzlichen Bestimmungen.

(Alt. 2) Als Inhalt des Nießbrauchs wird vereinbart, dass der Nießbraucher abweichend von den gesetzlichen Vorschriften alle den Grundbesitz betreffenden privaten und öffentlichen Lasten zu tragen hat, insbesondere abweichend von § 1041 BGB auch die außergewöhnlichen Erhaltungsmaßnahmen und abweichend von § 1047 BGB auch die außergewöhnlichen Lasten, ferner die Verkehrssicherungspflichten ... sowie den Tilgungsdienst für die in Abt. III des Grundbuchs eingetragenen Grundpfandrechte. (Ggf.) Er schuldet bei der Ausübung des Nießbrauchs jedoch nur die Sorgfalt in eigenen Angelegenheiten (§ 277 BGB). Im übrigen gelten die gesetzlichen Bestimmungen.

Auf Verlangen des Untervermächtnisnehmers ist der Vermächtnisnehmer zur Eintragung des vorstehend vermachten Nießbrauchsrechtes mit dem zu hier geregelten Inhalt – ausgenommen der nicht eintragungsfähigen schuldrechtlichen Verpflichtungen – im Grundbuch zugunsten des Untervermächtnisnehmers verpflichtet, und zwar im Rang nach den bei dem Tode des Erstversterbenden von uns im Grundbuch eingetragenen Belastungen, bei Grundpfandrechten jedoch nur, sofern diese noch valutieren.

Da dieses Nießbrauchsrecht der langfristigen persönlichen Versorgung dient, ist der Vermächtnisnehmer im Falle einer Veräußerung des Grundbesitzes verpflichtet, die vorstehend auferlegten schuldrechtlichen Verpflichtungen dem späteren Erwerber aufzuerlegen, und zwar mit der Maßgabe, dass der jeweilige Erwerber dem Nießbraucher in gleicher Weise verpflichtet bleibt.

Sämtliche mit der Erfüllung des Untervorausvermächtnisses anfallenden Kosten und Steuern trägt der Untervermächtnisnehmer.

Ansprüche des Nießbrauchers aus diesem Nießbrauch verjähren in dreißig Jahren ab dem gesetzlichen Verjährungsbeginn.

Das Untervorausvermächtnis entfällt, wenn sich der Grundbesitz nicht im Nachlass des Erstversterbenden von uns befindet (§ 2169 Abs. 1 BGB). Eine vorübergehende Unmöglichkeit der Leistung zum Zeitpunkt des Erbfalles steht der Gültigkeit des Untervermächtnisses nicht entgegen (§ 2171 Abs. 2 BGB).

Sollte der Untervermächtnisnehmer als Untervermächtnisnehmer ausscheiden, entfällt das Untervorausvermächtnis ersatzlos.

Beim **alleinigen Vorerben** macht ein Vorausvermächtnis insbesondere Sinn, wenn der qua Vorausvermächtnis zugewandte Gegenstand nicht der Vor- und Nacherbschaft unterliegen, sondern dem Ehegatten zur **uneingeschränkten Verfügung** zugewendet werden und in sein freies von der Nacherbschaft nicht erfasstes Vermögen fallen soll. Dies folgt im Zweifel bereits aus § 2110 Abs. 2 BGB, sollte jedoch in der Verfügung von Todes wegen explizit geregelt werden. Da dem alleinigen Vorerben der Nachlass qua Universalsukzession unmittelbar zufällt, hat das Vorausvermächtnis in diesem Sonderfall ausnahmsweise unmittelbar dingliche Wirkung.[25] 54

Bei Ehegatten wird beispielsweise zum Schutze vor Wiederverheiratung oder Pflichtteilsansprüchen einseitiger Kinder häufig gewünscht, das zwar wertvolle Nachlassgegenstände wie Grundbesitz der Vor- und Nacherbschaft unterliegen, das gesamte übrige Vermögen oder zumindest der gesetzliche Voraus (Hausrat) dem überlebenden Ehegatten jedoch zur freien Verfügung überlassen werden soll. Indem beispielsweise das gesamte nicht in Grundbesitz bestehende Vermögen dem überlebenden Ehegatten als Vorausvermächtnis zur uneingeschränkten Verfügung zugewandt wird, erstreckt sich die Vor- und Nacherbfolge faktisch nur noch auf den Grundbesitz, so dass im Ergebnis eine **quasi gegenständliche Nacherbfolge** erreicht werden kann.[26] 55

▶ **Muster: Vorausvermächtnis an zum alleinigen Vorerben eingesetzten Ehegatten** 56

Als Vorausvermächtnis erhält der Überlebende von uns zu seiner uneingeschränkten Verfügung

(Alt. 1) dasjenige, was ihm als gesetzlichem Erbe als Voraus gemäß § 1932 Abs. 1 S. 1 BGB zugestanden hätte.

(Alt. 2) das gesamte Vermögen des Erstversterbenden mit Ausnahme des zu seinem Nachlass gehörenden Grundbesitzes einschließlich Wohnungs- bzw. Teileigentum und Erbbaurechten.

f) Kosten und Steuern

In der Verfügung von Todes wegen ist zu regeln, welche Person die mit der Erfüllung des Vermächtnisses verbundenen Kosten und Steuern zu tragen hat. Sollen **Kosten** und **Steuern** vom Vermächtnisnehmer getragen werden, ist bei einem gemeinschaftlichen Vermächtnis zu bestimmen, in welchem Verhältnis die Kosten und Steuern zu tragen sind. Hierbei ist zu berücksichtigen, dass die Erbschaftsteuerlast im Hinblick auf Vorausempfänge und unterschiedliche Verwandtschaftsgrade zum Erblas- 57

---

25 Nieder/Kössinger/*Kössinger*, § 9 Rn. 45.
26 Nieder/Kössinger/*Kössinger*, § 9 Rn. 45.

ser bei den einzelnen Vermächtnisnehmern unterschiedlich sein kann und eine verhältnismäßige Aufteilung der Steuerlast zumeist nicht gewollt ist.

58 ▶ **Muster: Bestimmung des Verpflichteten für Kosten und Steuern bei einem Vermächtnisnehmer**

Sämtliche mit der Erfüllung des Vermächtnisses anfallenden Kosten und Steuern trägt der Vermächtnisnehmer.

59 ▶ **Muster: Bestimmung des Verpflichteten für Kosten und Steuern bei gemeinschaftlichen Vermächtnisnehmern**

Sämtliche mit der Erfüllung des Vermächtnisses anfallenden Kosten tragen die Vermächtnisnehmer im Verhältnis ihrer Anteile; die auf ihn insoweit entfallenden Steuern trägt jeder Vermächtnisnehmer selbst.

60 Ist in der Verfügung von Todes wegen die **Kostentragungspflicht** nicht geregelt, treffen diese den Beschwerten.[27] Von diesem sind folglich auch die Kosten der für die Erfüllung des Vermächtnisses notwendigen Grundbucheintragungen zu tragen.[28] Für die Transportkosten gelten die §§ 269 f. BGB sowie § 448 BGB analog.[29]

61 Die **Erbschaftssteuer** hat gemäß der §§ 3 Abs. 1 Ziff. 1, 20 Abs. 1 S. 1 ErbStG der Bedachte zu tragen; der Beschwerte kann das Vermächtnis gemäß § 10 Abs. 5 Ziff. 2 ErbStG als Nachlassverbindlichkeit von seinem Erwerb abziehen. Gemäß § 3 Ziff. 2 GrErwStG ist die Übertragung von Grundbesitz zur Erfüllung eines Vermächtnisses grunderwerbsteuerfrei.

IV. Absicherung der Vermächtniserfüllung

62 Da ein Vermächtnis dem Bedachten gemäß § 2174 BGB einen nur **schuldrechtlichen Anspruch** auf Erfüllung gewährt und der Gegenstand im Wege der Universalsukzession dinglich zunächst auf den oder die Erben übergeht, muss der Bedachte, sofern der Beschwerte sich weigert, das Vermächtnis zu erfüllen, notfalls auf Erfüllung klagen. Auch besteht das Risiko, dass der Beschwerte nach Eintritt des Erbfalles die Erfüllung des Vermächtnisses durch vorzeitige Verfügung über den Vermächtnisgegenstand vereitelt oder beeinträchtigt.

63 Den Bedachten vor diesen Risiken zu schützen, indem er unter Befreiung von den Beschränkungen des § 181 BGB vom Erblasser über dessen Tod hinaus bevollmächtigt wird, das Vermächtnis an sich selbst zu erfüllen, ist nicht zielführend, weil die **Vollmacht** vom Erben widerrufen werden kann. Zwar kann die Vollmacht unwiderruflich erteilt werden, woran auch der Erbe gebunden bleibt. Doch muss die Vollmacht dann bereits für den Erblasser unwiderruflich sein, was zumeist nicht gewollt ist. Denn eine für den Erblasser widerrufliche Vollmacht, die erst mit dem Erbfall und damit für den Erben unwiderruflich wird, ist nach h. M. unzulässig.[30]

64 Zum Schutz des Vermächtnisnehmers kommt jedoch als erbrechtliches Instrumentarium die Anordnung von Testamentsvollstreckung in Betracht; bei Grundbesitz, kann der Vermächtniserfüllungsanspruch zudem unter bestimmten Voraussetzungen durch Eintragung einer Vormerkung im Grundbuch gesichert werden.

---

27 Staudinger/*Otte*, § 2174 Rn. 28.
28 Staudinger/*Otte*, § 2174 Rn. 28; für die Umschreibungskosten entschieden durch BGH NJW 1962, 1602, 1604.
29 Soergel/*Wolf*, § 2174 Rn. 17; Staudinger/*Otte*, § 2174 Rn. 14, 28.
30 MünchKommBGB/*Schramm*, § 168 Rn. 38 m. w. N.

1. Testamentsvollstreckung

Der Erblasser kann **Testamentsvollstreckung** anordnen, den Vermächtnisnehmer, ersatzweise den 65
Ersatzvermächtnisnehmer zum Testamentsvollstrecker ernennen und dessen Aufgabenbereich gemäß § 2208 Abs. 1 BGB auf die Erfüllung des Vermächtnisanspruchs beschränken. Da höchstrichterlich bisher nicht geklärt ist, ob die Testamentsvollstreckung auch die Vermächtniserfüllung auf Seiten des Vermächtnisnehmers umfasst, sollte dies ausdrücklich angeordnet werden.[31]

Bei der Vermächtniserfüllung schließt der Testamentsvollstrecker ein Geschäft mit sich selbst ab, so 66
dass in der Anordnung einer solchen Testamentsvollstreckung die Befreiung von den Beschränkungen des § 181 BGB konkludent enthalten ist. Selbst wenn dem nicht gefolgt würde, stünden diese Beschränkungen der Vermächtniserfüllung nicht entgegen, weil sich diese ausschließlich als Erfüllung einer Verbindlichkeit i. S. d. § 181 l. Hs. BGB darstellt.[32] Dessen ungeachtet sollte der Testamentsvollstrecker vorsorglich von den Beschränkungen des § 181 BGB befreit werden.

Darüber hinaus sollte wie stets geregelt werden, ob der Testamentsvollstrecker eine **Vergütung** nach 67
§ 2221 BG erhält, was hier zumeist nicht gewollt sein wird. Bei einem Erbvertrag oder gemeinschaftlichen Ehegattentestament sollte ferner darauf hingewiesen werden, dass die Anordnung der Testamentsvollstreckung nur **einseitig testamentarisch** möglich ist, weil eine erbvertragliche Bindung gemäß § 2278 Abs. 2 BGB insoweit nicht zulässig ist. Gleiches gilt gemäß § 2270 Abs. 3 BGB bei einem gemeinschaftlichen Ehegattentestament.

▶ **Muster: Anordnung von Testamentsvollstreckung zur Vermächtniserfüllung** 68

Es wird Testamentsvollstreckung angeordnet und der vorbezeichnete Vermächtnisnehmer zum Testamentsvollstrecker ernannt (Var. bei Ersatzvermächtnisnehmern), ersatzweise der Ersatzvermächtnisnehmer – bei mehreren, der jeweils Älteste von ihnen. Alleinige Aufgabe des Testamentsvollstreckers ist es, – soweit rechtlich möglich – unter Befreiung von allen gesetzlichen Beschränkungen einschließlich der des § 181 BGB das vorstehende Vermächtnis für den Nachlass und für sich selbst zu erfüllen (Var. bei Grundbesitz), insbesondere den Grundbesitz an sich aufzulassen und die Eigentumsumschreibung zu bewirken. Weitere Aufgaben hat der Testamentsvollstrecker nicht. Die Testamentsvollstreckung ist folglich auf den vorstehend näher bezeichneten Vermächtnisgegenstand beschränkt. Der Testamentsvollstrecker erhält keine Vergütung und Auslagenerstattung.

(Var. bei Erbvertrag oder gemeinschaftlichem Testament)

Der Notar hat darauf hingewiesen, dass die vorstehende Anordnung der Testamentsvollstreckung nicht

(Var. Erbvertrag) mit erbvertraglicher Bindung (Var. gemeinschaftliches Testament) als wechselbezügliche Verfügung getroffen und daher von jedem von uns jederzeit abgeändert und widerrufen werden kann.

2. Vormerkung

Vor Eintritt des Erbfalles können ihrer Art nach vormerkungsfähige Ansprüche nach h. M. nicht 69
grundbuchlich gesichert werden, weil der Vermächtnisanspruch als zukünftiger Anspruch dem Vermächtnisnehmer vor dem Erbfall nur Chance auf den Rechtserwerb, jedoch noch keine ausreichend gesicherte Rechtsposition gewährt.[33] Dem Erblasser steht nämlich frei, den Vermächtnisanspruch durch Verfügung von Todes wegen wieder aufzuheben oder durch Rechtsgeschäft unter Lebenden zu vereiteln. Da letzteres gemäß § 2286 BGB (analog) auch bei erbvertraglich bindenden bzw. wech-

---

31 Vgl. *Odersky*, notar 2011, 242, 246 f.
32 Nieder/Kössinger/*Kössinger*, § 9 Rn. 25.
33 BGH NJW 2001, 2883, 2884 m. w. N.; Nieder/Kössinger/*Kössinger*, § 9 Rn. 2, 28; a. A. für den Fall der Testierunfähigkeit des Erblassers *Baldus/Stremnitzer*, DNotZ, 2006, 598 ff.

selbezüglichen Verfügungen möglich ist, versagt die h. M. dem Vermächtnisnehmer auch in diesen Fällen einen Vormerkungsschutz vor dem Erbfall.[34]

70 Nach Eintritt des Erbfalles besteht ein Sicherungsbedürfnis des Vermächtnisnehmers insbesondere bei aufschiebend bedingten Vermächtnissen, bei denen zwischen Anfall des Vermächtnisses mit dem Erbfall und seiner Fälligkeit eine größere Zeitspanne besteht. Nach dem Erbfall ist der Eigentumsverschaffungsanspruch des Vermächtnisnehmers zu einem der Art nach durch **Vormerkung** sicherbaren Anwartschaftsrecht erstarkt, doch auch hier lässt die h. M. eine grundbuchliche Absicherung durch Eintragung einer Vormerkung nur zu, wenn diese Sicherung dem Vermächtnisnehmer **mitvermacht** ist.[35]

71 ▶ **Muster: Sicherung eines Grundbesitzvermächtnisses durch Eintragung einer Vormerkung nach dem Erbfall**

Zur Sicherung des Eigentumsverschaffungsanspruchs des Vermächtnisnehmers ist der Beschwerte auf Verlangen des Vermächtnisnehmers verpflichtet, zu dessen Gunsten die Eintragung einer Vormerkung im Grundbuch zu bewilligen, und zwar im Rang nach den beim Erbfall im Grundbuch eingetragenen Belastungen, bei Grundpfandrechten jedoch nur, sofern diese noch valutieren.

72 Soll der zukünftige Vermächtnisanspruch bereits vor dem Erbfall durch Eintragung einer Vormerkung gesichert werden, ist dies nur möglich, indem durch **Rechtsgeschäft unter Lebenden** zwischen Erblasser und Vermächtnisnehmer, das neben der Errichtung der Verfügung von Todes wegen abzuschließen ist, ein **Verfügungsunterlassungsanspruch** begründet wird und dem Vermächtnisnehmer für den Fall des Verstoßes hiergegen ein Anspruch auf Übertragung des Grundbesitzes eingeräumt wird, der als bedingter Anspruch durch Eintragung einer Vormerkung im Grundbuch gesichert werden kann.[36]

V. Arten des Vermächtnisses

73 Da Gegenstand eines Vermächtnisses alles sein kann, das Inhalt der Leistungspflicht eines Schuldners und Ziel eines Anspruchs eines Gläubigers sein kann, lassen sich nach der Art der Gegenstände im wesentlichen folgende Vermächtnisarten unterscheiden:

1. Stückvermächtnis im Allgemeinen

74 Bei einem Stückvermächtnis ist Gegenstand des Vermächtnisses ein bestimmter Gegenstand (**Sache oder Recht**) des Nachlasses.

75 Bei einem solchen Vermächtnis sollte geregelt werden, welche Rechtsfolgen eintreten, wenn sich der vermachte Gegenstand zum Zeitpunkt des Erbfalles nicht mehr im Nachlass befindet: Entweder das Vermächtnis entfällt ersatzlos oder erstreckt sich auf ein etwaiges an die Stelle des Vermächtnisgegenstandes getretenes **Surrogat**. Fehlt eine solche Bestimmung, gelangt § 2169 BGB zur Anwendung: § 2169 Abs. 1 BGB bestimmt, dass ein Stückvermächtnis, sofern es nicht als Verschaffungsvermächtnis i. S. d. § 2170 BGB auszulegen ist, ersatzlos entfällt, wenn sich der vermachte Gegenstand beim Erbfall nicht mehr im Nachlass befindet.[37]

76 Etwas anderes gilt gemäß § 2169 Abs. 3 BGB nur, wenn dem Erblasser der Anspruch auf Leistung des Gegenstandes zusteht oder wenn der Gegenstand untergegangen oder dem Erblasser entzogen worden ist. Im ersten Fall ist Gegenstand des Vermächtnisses der Leistungsanspruch, im zweiten der Ersatzanspruch des Erblassers. § 2169 Abs. 3 Alt. 2 BGB umfasst nach seinem Wortlaut mithin

---

34 *Baldus/Stremnitzer*, DNotZ, 2006, 598, 601 m. w. N., a. A. OLG Celle DNotZ 1952, 236, 237 f.
35 Nieder/Kössinger/*Kössinger*, § 9 Rn. 28 m. w. N. zum Streitstand.
36 Nieder/Kössinger/*Kössinger*, § 9 Rn. 30; Muster eines mit einem Erbvertrag kombinierten Verfügungsunterlassungsvertrages in Münchener Vertragshandbuch/*Nieder/Otto*, Band 6, Muster XVI 31, S. 1076 ff.
37 Palandt/*Weidlich*, § 2169 Rn. 1.

nur das Surrogat bei Untergang oder Entzug des Gegenstandes (sog. commodum ex re), nicht aber das rechtsgeschäftliche Surrogat bei dessen Veräußerung (sog. commodum ex negotiatione). Nach h. M. ist die Vorschrift auch nicht erweiternd in diesem Sinne auszulegen, da das bürgerliche Recht nicht von einem allgemeinen Surrogationsprinzip beherrscht wird; allenfalls könnte die Verfügung von Todes wegen dahingehend ergänzend ausgelegt werden, dass im Falle der Veräußerung des Gegenstandes, dessen Erlös vermacht ist.[38]

▶ **Muster: Grundbesitzvermächtnis** 77

Ich ordne hiermit folgendes Vermächtnis an, welches unverzüglich nach meinem Tode von meinen Erben zu erfüllen ist:

...,

geboren am ...,

wohnhaft ...,

– nachstehend »Vermächtnisnehmer« genannt –

erhält zu Eigentum den im Grundbuch des Amtsgerichts ... von ... Blatt ... verzeichneten Grundbesitz Flur..., Flurstück..., ... Gebäude- und Freifläche, ..., groß ... m², nebst wesentlichen Bestandteilen und Zubehör ... sowie Inventar.

Etwaige Eigentümerrechte und Rückgewähransprüche an auf diesem Grundbesitz ruhenden Grundpfandrechten sind mitvermacht. Etwaige im Zeitpunkt des Vermächtnisanfalls auf dem Grundbesitz ruhende Belastungen muss der Vermächtnisnehmer unter Freistellung der Erben dinglich und – insbesondere bei Grundpfandrechten bzgl.

(Alt. 1) sämtlicher zugrunde liegender Verbindlichkeiten

(Alt. 2) der zugrunde liegenden Verbindlichkeiten, soweit sie den Grundbesitz betreffen – auch persönlich übernehmen einschließlich etwaiger privater und öffentlicher Lasten sowie noch nicht abgerechneter oder noch nicht gezahlter Anliegerkosten und Erschließungsbeiträge, ferner auch etwaige nachbarrechtliche Beschränkungen.

(Ggf.) Etwaige Pflichtteilslasten hat der Vermächtnisnehmer entgegen § 2318 BGB nicht zu tragen.

Sämtliche mit der Erfüllung des Vermächtnisses anfallenden Kosten und Steuern trägt der Vermächtnisnehmer.

(Alt. 1) Das Vermächtnis entfällt, wenn sich der Grundbesitz nicht mehr im Nachlass befindet (§ 2169 Abs. 1 BGB).

(Alt. 2) Sofern der Grundbesitz – gleich aus welchem Grunde – nicht mehr zum Nachlass gehört, ist sein Surrogat vermacht, soweit sich dieses noch im Nachlass befindet.

Eine vorübergehende Unmöglichkeit der Leistung zum Zeitpunkt des Erbfalles steht der Gültigkeit des Vermächtnisses nicht entgegen (§ 2171 Abs. 2 BGB).

(Alt. 1) Sollte der Vermächtnisnehmer vorversterben oder aus einem anderen Grunde als Vermächtnisnehmer ausscheiden, entfällt das Vermächtnis ersatzlos.

(Alt. 2) Ersatzvermächtnisnehmer ist .../sind die leiblichen/ehelichen Abkömmlinge des Vermächtnisnehmers entsprechend den Regeln über die gesetzliche Erbfolge.

a) Verschaffungsvermächtnis

Das Verschaffungsvermächtnis i. S. d. § 2170 Abs. 1 BGB ist ein besonderer Fall des Stückvermächtnisses; Gegenstand dieses Vermächtnisses ist eine Sache oder Forderung, die **nicht zum Nachlass** gehört und dem Bedachten vom Beschwerten noch verschafft werden muss. 78

---

38 MünchKommBGB/*Rudy*, § 2169 Rn. 13 f. m. w. N.

Kapitel 4 Zuwendung einzelner Nachlassgegenstände

79 Da § 2170 Abs. 1 BGB den in § 2169 Abs. 1 BGB festgelegten Grundsatz, wonach ein Vermächtnis entfällt, wenn sich der Gegenstand beim Erbfall nicht im Nachlass befindet, durchbricht, muss der Charakter als Verschaffungsvermächtnis in der Verfügung von Todes eindeutig zum Ausdruck kommen.[39] Ist der Gegenstand eines Stückvermächtnisses mit erbvertraglicher Bindung vermacht, wandelt sich das Stückvermächtnis gemäß § 2288 Abs. 2 BGB von Gesetzes wegen in ein Verschaffungsvermächtnis um, wenn der Vermächtnisgegenstand vom Beschwerten in Beeinträchtigungsabsicht veräußert wurde. Diese Vorschrift wird auf wechselbezügliche Verfügungen in Gemeinschaftlichen Testamenten analog angewandt.[40]

80 Ist der Beschwerte außerstande, den Gegenstand zu verschaffen, hat er gemäß § 2170 Abs. 2 S. 1 BGB **Wertersatz** zu leisten. Gleiches kann er nach § 2170 Abs. 2 S. 2 BGB tun, wenn die Verschaffung nur mit unverhältnismäßigen Aufwendungen möglich wäre.

81 Da sich der zu verschaffende Gegenstand nicht im Nachlass befindet, wird der Wert dessen, was dem mit dem Verschaffungsvermächtnis Beschwerten vom Erblasser zugewendet wird, um den Wert des zu verschaffenden Gegenstandes gemindert. Da ein Erbe seine Haftung auf den Wert des Nachlasses beschränken kann, ist ein Verschaffungsvermächtnis daher nur in Höhe des Wertes des dem Beschwerten zugewandten Erbteils durchsetzbar. Auch ist damit zu rechnen, dass der beschwerte Erbe die Erbschaft ausschlägt, wenn der Wert des zu verschaffenden Gegenstandes den Wert seines Erbteils übersteigt.[41]

82 Ist ein Vermächtnisnehmer mit dem Verschaffungsvermächtnis als **Untervermächtnis** beschwert gilt im Ergebnis das gleiche: Gemäß § 2187 Abs. 1 BGB kann der beschwerte Vermächtnisnehmer die Erfüllung des Verschaffungsvermächtnisses verweigern, soweit dessen Wert den Wert des Hauptvermächtnisses übersteigt. Alternativ kann der Vermächtnisnehmer in solch einem Falle das Hauptvermächtnis ausschlagen, so dass für ihn auch die Beschwerung mit dem Verschaffungsvermächtnis entfällt.[42]

83 In jedem Fall ist somit darauf zu achten, dass die Zuwendung an den Beschwerten den Wert des zu verschaffenden Gegenstandes übersteigt; ist der Beschwerte pflichtteilsberechtigt, muss der Zuwendungswert abzüglich des Wertes des zu verschaffenden Gegenstandes zumindest den Pflichtteil erreichen!

84 Ein Verschaffungsvermächtnis kommt häufig in den Fällen in Betracht, in welchen dem Erblasser nur ein **Anteil an dem Vermächtnisgegenstand** zusteht. Er beschwert dann den Eigentümer des anderen Anteils mit dem Vermächtnis, den gesamten Gegenstand einem Dritten zuzuwenden. Sind beispielsweise Ehegatten zu gleichen Teilen Eigentümer eines Grundstückes, das bereits nach dem Tod des Erstversterbenden zu Alleineigentum auf die gemeinsamen Kinder übergehen soll, wird der überlebende als alleiniger und unbeschränkter Erbe berufene Ehegatte mit dem Vermächtnis beschwert, seinen Anteil am Grundbesitz den Kindern zu verschaffen.

85 ▶ **Muster: Verschaffungsvermächtnis zu Lasten des zum alleinigen und unbeschränkten Erben eingesetzten überlebenden Ehegatten, betreffend Grundbesitz, der zu gleichen Teilen im Eigentum der Ehegatten steht, und nach dem Tode des Erstversterbenden vollständig den gemeinsamen Kindern zugewandt wird.**

Der Erstversterbende von uns ordnet hiermit folgendes Vermächtnis an, welches unverzüglich nach dessen Ableben von dem Erben zu erfüllen ist: Unsere vorbezeichneten Kinder ... und ... – nachstehend gemeinsam »Vermächtnisnehmer« genannt –, erhalten zu gleichen Teilen untereinander zu Eigentum, mithin jeweils einen ...-Miteigentumsanteil an den im Grundbuch des Amtsgerichts ... von ... Blatt ... verzeichneten Grundbesitz Flur ..., Flurstück ..., ... Gebäude- und Freifläche, ...,

---

39 Vgl. Nieder/Kössinger/*Kössinger*, § 9 Rn. 62.
40 MünchKommBGB/*Musielak*, § 2269 Rn. 36.
41 *Haegele*, Rpfleger 1964, 138, 140.
42 *Haegele*, Rpfleger 1964, 138, 140.

groß ... m², nebst wesentlichen Bestandteilen und Zubehör ... sowie Inventar. Soweit der Grundbesitz im Eigentum des Längstlebenden von uns steht, ist das Vermächtnis als Verschaffungsvermächtnis (§ 2170 BGB) angeordnet.

Etwaige Eigentümerrechte und Rückgewähransprüche an auf diesem Grundbesitz ruhenden Grundpfandrechten sind mitvermacht. Etwaige im Zeitpunkt des Vermächtnisanfalls auf dem Grundbesitz ruhende Belastungen muss der Vermächtnisnehmer unter Freistellung der Erben dinglich und – insbesondere bei Grundpfandrechten bzgl. der zugrunde liegenden Verbindlichkeiten, soweit sie den Grundbesitz betreffen – auch persönlich übernehmen einschließlich etwaiger privater und öffentlicher Lasten sowie noch nicht abgerechneter oder noch nicht gezahlter Anliegerkosten und Erschließungsbeiträge, ferner auch etwaige nachbarrechtliche Beschränkungen.

Sämtliche mit der Erfüllung des Vermächtnisses anfallenden Kosten und Steuern trägt der jeweilige Vermächtnisnehmer.

Das Vermächtnis entfällt, soweit sich der Grundbesitz nicht im Nachlass des Erstversterbenden und nicht im Eigentum des Längstlebenden von uns befindet. Eine vorübergehende Unmöglichkeit der Leistung zum Zeitpunkt des Erbfalles steht der Gültigkeit des Vermächtnisses nicht entgegen (§ 2171 Abs. 2 BGB).

Ersatzvermächtnisnehmer sind jeweils die leiblichen/ehelichen Abkömmlinge eines Vermächtnisnehmers entsprechend den Regeln über die gesetzliche Erbfolge.

b) Forderungsvermächtnis

Gegenstand eines Vermächtnisses kann auch eine Forderung des Erblassers gegen einen Dritten sein. 86

Da ein Forderungsvermächtnis durch Abtretung der Forderung gemäß § 398 BGB erfüllt wird, kann 87 Gegenstand des Vermächtnisses nur eine Forderung sein, deren **Abtretung** nicht gemäß § 399 BGB ausgeschlossen ist. Das Vermächtnis einer nicht abtretbaren Forderung wäre demgegenüber auf eine für jedermann unmögliche Leistung gerichtet und daher gemäß § 2171 Abs. 1 Alt. 1 BGB unwirksam.

Ist die Forderung zum Zeitpunkt des Erbfalles bereits erfüllt, ist gemäß § 2173 S. 1 BGB im Zweifel 88 der zur Erfüllung der Forderung geleistete Gegenstand vermacht, sofern sich dieser noch im Nachlass befindet. War Gegenstand der Leistung jedoch eine Geldsumme, ist diese nach § 2173 S. 2 BGB im Zweifel auch dann vermacht, wenn eine solche im Nachlass nicht vorhanden ist. Um insoweit Unklarheiten zu vermeiden, sollte die Frage der **Surrogation** auch bei einem Forderungsvermächtnis in der Verfügung von Todes wegen ausdrücklich geregelt werden.

▶ **Muster: Forderungsvermächtnis** 89

Ich ordne hiermit folgendes Vermächtnis an, welches unverzüglich nach meinem Tode von meinen Erben zu erfüllen ist:

...,

geboren am ...,

wohnhaft ...,

– nachfolgend Vermächtnisnehmer genannt –

erhält meine Forderung in Höhe von € ... gegen ... auf Rückzahlung des diesem durch privatschriftlichen Vertrag vom ..., der bei Beurkundung in Abschrift vorlag und als Anlage zu dieser Niederschrift genommen wird, gewährten Darlehens.

Soweit die Forderung zum Zeitpunkt des Vermächtnisanfalls bereits erfüllt ist,

(Alt. 1) entfällt das Vermächtnis ersatzlos und ist dem Vermächtnisnehmer nur die noch offene Restforderung vermacht.

Kapitel 4 Zuwendung einzelner Nachlassgegenstände

(Alt. 2) ist neben der verbleibenden Restforderung ein nicht wertgesicherter Barbetrag in Höhe der Rückzahlungssumme vermacht.

(Ggf.) Etwaige Pflichtteilslasten hat der Vermächtnisnehmer entgegen § 2318 BGB nicht zu tragen.

Sämtliche mit der Erfüllung des Vermächtnisses anfallenden Kosten und Steuern trägt der Vermächtnisnehmer.

Eine vorübergehende Unmöglichkeit der Leistung zum Zeitpunkt des Erbfalles steht der Gültigkeit des Vermächtnisses nicht entgegen (§ 2171 Abs. 2 BGB).

(Alt. 1) Sollte der Vermächtnisnehmer vorversterben oder aus einem anderen Grunde als Vermächtnisnehmer ausscheiden, entfällt das Vermächtnis ersatzlos.

(Alt. 2) Ersatzvermächtnisnehmer ist .../sind die leiblichen/ehelichen Abkömmlinge des Vermächtnisnehmers entsprechend den Regeln über die gesetzliche Erbfolge.

2. Erlass und Schuldbefreiungsvermächtnis

90   Eine besondere Art des Forderungsvermächtnisses ist das Erlass- bzw. Schuldbefreiungsvermächtnis. Es verpflichtet den Beschwerten, den Bedachten von einer Verbindlichkeit zu befreien, wobei Gläubiger der Erblasser, der Beschwerte oder ein Dritter sein kann.

91   Ist der Beschwerte Gläubiger der Forderung, gleich, ob es sich um eine eigene Forderung oder um eine vom Erblasser geerbte handelt, erfolgt die Vermächtniserfüllung durch Abschluss eines **Erlassvertrages** gemäß § 397 Abs. 1 BGB zwischen Beschwerten und Bedachten.

92 ▶ **Muster: Erlassvermächtnis**

Ich ordne hiermit folgendes Vermächtnis an, welches unverzüglich nach meinem Tode von meinen Erben zu erfüllen ist:

...,

geboren am ...,

wohnhaft ...,

– nachfolgend Vermächtnisnehmer genannt –

ist die mir gegen den Vermächtnisnehmer zustehende Forderung in Höhe von € ... auf Rückzahlung des dem Vermächtnisnehmer durch privatschriftlichen Vertrag vom ... gewährten Darlehens zu erlassen. Der Darlehensvertrag lag bei Beurkundung in Urschrift/Abschrift vor und wird (ggf.) in hiermit beglaubigter Abschrift als Anlage zu dieser Niederschrift genommen.

Soweit die Forderung zum Zeitpunkt des Vermächtnisanfalls bereits erfüllt ist, entfällt das Vermächtnis ersatzlos und ist dem Vermächtnisnehmer nur die noch offene Restforderung zu erlassen.

(Ggf.) Etwaige Pflichtteilslasten hat der Vermächtnisnehmer entgegen § 2318 BGB nicht zu tragen.

Sämtliche mit der Erfüllung des Vermächtnisses anfallenden Kosten und Steuern trägt der Vermächtnisnehmer.

(Alt. 1) Sollte der Vermächtnisnehmer vorversterben oder aus einem anderen Grunde als Vermächtnisnehmer ausscheiden, entfällt das Vermächtnis ersatzlos.

(Alt. 2) Ersatzvermächtnisnehmer ist .../sind die leiblichen/ehelichen Abkömmlinge des Vermächtnisnehmers entsprechend den Regeln über die gesetzliche Erbfolge.

93   Ist ein Dritter Gläubiger, beispielsweise auch ein nicht beschwerter Erbe, hat der Beschwerte den Bedachten von der Schuld zu befreien, indem er die Schuld als Dritter tilgt (§§ 267 Abs. 1, 362 Abs. 1 BGB), mit dem Bedachten und dem Gläubiger die **Übernahme der Schuld** vereinbart (§§ 414 ff. BGB) oder den Schuldner im Wege der **Erfüllungsübernahme** im Innenverhältnis von den Ansprüchen des Gläubigers freistellt (§ 329 BGB). In der Verfügung von Todes wegen sollte die Art der

Schuldbefreiung geregelt, insbesondere bestimmt werden, ob der Beschwerte, sofern der Gläubiger der Schuldübernahme nicht zustimmt, zur Ablösung der Schuld verpflichtet oder ob insoweit eine Freistellung im Innenverhältnis ausreichend ist. Mit Blick auf eine etwaige **Vorfälligkeitsentschädigung** kann diese Frage für den Beschwerten von erheblicher wirtschaftlicher Bedeutung sein.

▶ **Muster: Schuldbefreiungsvermächtnis** 94

Ich, ordne hiermit folgendes Vermächtnis an, welches unverzüglich nach meinem Tode von meinen Erben zu erfüllen ist:

...,

geboren am ...,

wohnhaft ...,

– nachfolgend ... gemeinsam Vermächtnisnehmer genannt –

hat bei der ... Bank ein Darlehen in Höhe von € ... aufgenommen (Darlehens-Nr. ...), das gegenwärtig noch mit ca. € ... valutiert. Der Vermächtnisnehmer erhält gegen den Beschwerten den Anspruch auf Befreiung von dieser Verbindlichkeit, soweit sie beim Anfall des Vermächtnisses noch besteht. Die Befreiung hat dergestalt zu erfolgen, dass der Beschwerte das Darlehen einschließlich einer etwaigen Vorfälligkeitsentschädigung und Gebühren ablöst oder die Schuld zur Befreiung des Vermächtnisnehmers übernimmt. Sollte der Gläubiger der Schuldübernahme nicht zustimmen, (Alt. 1) verbleibt es bei der Ablöseverpflichtung (Alt. 2) ist der Beschwerte, sofern er das Darlehen nicht ablöst, verpflichtet, den Vermächtnisnehmer von allen Ansprüchen des Gläubigers aus dem Darlehensverhältnis im Innenverhältnis freizustellen.

Sollte der Vermächtnisnehmer das Darlehen zum Zeitpunkt des Vermächtnisanfalls umgeschuldet haben, erstreckt sich der Befreiungsanspruch auf das neu aufgenommene Darlehen, jedoch in der Höhe beschränkt auf den Betrag, mit welchem das ursprüngliche Darlehen zum Zeitpunkt der Umschuldung noch valutierte.

(Ggf.) Etwaige Pflichtteilslasten hat der Vermächtnisnehmer entgegen § 2318 BGB nicht zu tragen.

Sämtliche mit der Erfüllung des Vermächtnisses anfallenden Kosten und Steuern trägt der Vermächtnisnehmer.

(Alt. 1) Sollte der Vermächtnisnehmer vorversterben oder aus einem anderen Grunde als Vermächtnisnehmer ausscheiden, entfällt das Vermächtnis ersatzlos.

(Alt. 2) Ersatzvermächtnisnehmer ist sind die leiblichen/ehelichen Abkömmlinge des Vermächtnisnehmers entsprechend den Regeln über die gesetzliche Erbfolge, soweit sie in das Schuldverhältnis mit dem Gläubiger eingetreten sind.

3. Vermächtnis Rente und Dauernde Last

Ist Gegenstand des Vermächtnisses eine Rente, hat der Beschwerte **periodisch wiederkehrende** 95 **gleichbleibende Leistungen** an den Bedachten zu erbringen, wobei Gegenstand der Leistung Geld oder eine vertretbare Sache sein kann. Sog. Zeitrenten sind für einen kalendermäßig festgelegten Zeitraum zu zahlen, während die sog. Leibrente auf die Lebenszeit des Bedachten geschuldet ist.

Eine Wertsicherung berührt den Charakter als Rente nicht, andere Abänderungsmöglichkeiten, ins- 96 besondere jene nach § 323a ZPO führen jedoch zur Qualifizierung der wiederkehrenden Zahlung als Dauernde Last.

In steuerlicher Hinsicht bestehen zwischen Rente und Dauernder Last nach heutiger Rechtslage 97 keine relevanten Unterschiede. Erbschaftssteuerlich ist vom Vermächtnisnehmer jeweils der Kapitalwert der wiederkehrenden Leistung zu versteuern, der bei der Zeitrente nach § 13 BewG und bei der Leibrente/Dauernden Last nach § 14 BewG berechnet wird.[43] Die einkommenssteuerliche Behand-

---

43 Vgl. dazu Nieder/Kössinger/*Kössinger*, § 9 Rn. 79 mit weiteren Einzelheiten zur Besteuerung.

Kapitel 4 Zuwendung einzelner Nachlassgegenstände

lung von Leibrente und Dauernder Last war bis zum 31.12.2007 unterschiedlich. Bis zu diesem Zeitpunkt konnten gemäß § 10 Abs. 1 Ziff. 1a S. 1 EStG a. F. nur abänderbare wiederkehrende Leistungen als Sonderausgaben von der Steuer abgezogen werden, während gemäß § 10 Abs. 1 Ziff. 1a S. 2 EStG a. F. bei Leibrenten nur der Ertragsanteil abzugsfähig war. Mit Inkrafttreten der Neufassung des § 10 Abs. 1 Ziff. 1a EStG können Leibrenten und Dauernde Lasten gleichermaßen in voller Höhe von der Steuer abgezogen werden, jedoch nur, wenn dem Rentenverpflichteten Mitunternehmeranteile, (Teil-)Betriebe oder Anteile an Kapitalgesellschaften zugewendet werden, aus welchen die wiederkehrende Zahlung zu erbringen ist. Bei der Zuwendung insbesondere von privatem Grundbesitz ist ein Sonderausgabenabzug nach geltendem Recht demgegenüber ausgeschlossen.[44]

98 ▶ **Muster: Vermächtnis Leibrente**

Ich ordne hiermit folgendes Vermächtnis an, welches unverzüglich nach meinem Tode von meinen Erben – nachstehend gemeinsam der Beschwerte genannt – zu erfüllen ist:

...,

geboren am ...,

wohnhaft ...,

– nachfolgend Vermächtnisnehmer genannt –

erhält ... auf Lebenszeit eine monatliche Leibrente in Höhe von € ... (in Worten: Euro ...).

Der geschuldete Rentenbetrag ist jeweils im voraus bis zum 3. Werktag eines jeden Monats zu zahlen, erstmals ... für den auf mein Ableben folgenden Monat.

Diese Zahlungsverpflichtung einschließlich der nachfolgenden Bestimmungen

(Alt. 1) geht im Falle des Versterbens eines Beschwerten auf dessen Erben über

(Alt. 2) ist höchstpersönlich und geht nicht auf die Erben eines Beschwerten über.

Das sog. Stammrecht der Leibrente verjährt in dreißig Jahren ab dem gesetzlichen Verjährungsbeginn.

(Alt. 1) Die Rente soll nicht wertgesichert sein und auch im übrigen der Höhe nach unverändert bleiben. § 323a ZPO wird ausdrücklich ausgeschlossen.

(Alt. 2) Die Rente soll wie folgt wertgesichert sein: Sollte sich der vom Statistischen Bundesamt in Wiesbaden oder seinem Nachfolgeinstitut für den Monat Oktober eines jeden Jahres festgestellte Verbraucherpreisindex für Deutschland (Basisjahr 2010 = 100) gegenüber dem für den Beurkundungsmonat bestehenden Index ändern, so soll sich jeweils vom Beginn des auf die Änderung folgenden Jahres an der zu zahlende Rentenbetrag in dem gleichen Verhältnis ändern, wie der neu festgestellte Index zu dem im Beurkundungsmonat festgestellten Index. Die Feststellung des geänderten Index sowie die Anpassung des Rentenbetrages hat jeweils durch den Beschwerten zu erfolgen. Unterlässt dieser die Anpassung, steht ihm die Einrede der Verjährung insoweit nicht zu. Sollte künftig der Verbraucherpreisindex durch das Statistische Bundesamt nicht mehr ermittelt werden, sind die Beteiligten verpflichtet, eine Wertsicherung zu vereinbaren, die der in dieser Urkunde getroffenen Regelung wirtschaftlich gleichwertig ist. Im Übrigen soll die Leibrente der Höhe nach unverändert bleiben. § 323a ZPO wird ausdrücklich ausgeschlossen.

Sofern Grundbesitz in den Nachlass fällt, ist der Beschwerte verpflichtet, zur Sicherung der vorvereinbarten wertgesicherten Rente zu Lasten des Grundbesitzes die Eintragung einer auf die Lebenszeit des Vermächtnisnehmers befristeten Reallast zu dessen Gunsten im Grundbuch zu bewilligen mit dem Vermerk, dass zur Löschung des Rechts der Nachweis des Todes des Berechtigten genügen soll. Die Reallast soll Rang erhalten nach den bei meinem Ableben im Grundbuch eingetragenen Belastungen, bei Grundpfandrechten jedoch nur, sofern diese noch valutieren.

---

44 Vgl. im Einzelnen *Wälzholz*, MittBayNot 2008, 93 ff.

Ferner hat sich der Beschwerte – mehrere als Gesamtschuldner haftend – dem Vermächtnisnehmer gegenüber in notarieller Urkunde
- wegen seiner Verpflichtung zur Zahlung des ... gemäß vorstehender Regelung wertgesicherten Betrages in Höhe von € ... ab dem vorgenannten Monat,
- wegen der vorbezeichneten Reallast,
- wegen der dem Grundstückseigentümer nach § 1108 BGB obliegenden Verpflichtung, die während der Dauer seines Eigentums fällig werdenden Leistungen auch persönlich zu bewirken,

unter Verzicht auf den Nachweis der Fälligkeit der sofortigen Zwangsvollstreckung zu unterwerfen.

(Ggf.) Die nach den allgemeinen versicherungsmathematischen Kapitalisierungsgrundsätzen mit einem Rechnungszinssatz von 5,5 % jährlich unter Zugrundelegung der jeweils gültigen allgemeinen Deutschen Sterbetafel zu ermittelnde kapitalisierte Betrag der Leibrente ist vom Vermächtnisnehmer sofort einforderbar, wenn
- der Beschwerte mit Rentenzahlungen ganz oder teilweise mehr als einen Monat in Verzug gerät, oder
- eine wesentliche Verschlechterung in den Vermögensverhältnissen eines Beschwerten i. S. d. § 490 Abs. 1 BGB eintritt oder Zwangsvollstreckungsmaßnahmen in den Grundbesitz eingeleitet werden.

Der Beschwerte ist verpflichtet, zur Sicherung des kapitalisierten Rentenanspruchs zugunsten des Vermächtnisnehmers die Eintragung einer nicht abtretbaren brieflosen Grundschuld in Höhe von € ... nebst 20 % Zinsen vom heutigen Tage an und 10 % Nebenleistung im Grundbuch zu bewilligen, und zwar im Rang nach der vorbezeichneten Reallast. Die Zinsen sind jeweils nachträglich am ersten Werktag des folgenden Kalenderjahres zu zahlen.

Die Grundschuld dient der Sicherung aller Ansprüche des Vermächtnisnehmers gegen den Beschwerten, die im Zusammenhang mit der vermachten Leibrente stehen, insbesondere des kapitalisierten Leibrentenbetrages sowie etwaiger Schadenersatzansprüche, sofern dieser nicht erfüllt wird.

Der Beschwerte hat sich in Ansehung der Grundschuld in notarieller Urkunde der sofortigen Zwangsvollstreckung in den belasteten Grundbesitz in der Weise zu unterwerfen, dass die Zwangsvollstreckung gegen den jeweiligen Eigentümer zulässig ist.

(Ggf.) Etwaige Pflichtteilslasten hat der Vermächtnisnehmer entgegen § 2318 BGB nicht zu tragen.

Sämtliche mit der Erfüllung des Vermächtnisses anfallenden Kosten und Steuern trägt der Vermächtnisnehmer.

Eine vorübergehende Unmöglichkeit der Leistung zum Zeitpunkt des Erbfalles steht der Gültigkeit des Vermächtnisses nicht entgegen (§ 2171 Abs. 2 BGB).

Sollte der Vermächtnisnehmer vorversterben oder aus einem anderen Grunde als Vermächtnisnehmer ausscheiden, entfällt das Vermächtnis ersatzlos.

▶ **Muster: Vermächtnis Dauernde Last** 99

Ich ordne hiermit folgendes Vermächtnis an, welches unverzüglich nach meinem Tode von meinen Erben – nachstehend gemeinsam der Beschwerte genannt – zu erfüllen ist:

...,

geboren am ...,

wohnhaft ...,

– nachfolgend Vermächtnisnehmer genannt –

erhält ... auf Lebenszeit eine monatliche ... nicht wertgesicherte dauernde Last in Höhe von € ... (in Worten: Euro ...).

Der geschuldete Zahlbetrag ist jeweils im voraus bis zum 3. Werktag eines jeden Monats zu zahlen, erstmals ... für den auf mein Ableben folgenden Monat.

Diese Zahlungsverpflichtung einschließlich der nachfolgenden Bestimmungen

(Alt. 1) geht im Falle des Versterbens eines Beschwerten auf dessen Erben über

(Alt. 2) ist höchstpersönlich und geht nicht auf die Erben eines Beschwerten über.

(Ggf.) Die dauernde Last soll wie folgt wertgesichert sein: Sollte sich der vom Statistischen Bundesamt in Wiesbaden oder seinem Nachfolgeinstitut für den Monat Oktober eines jeden Jahres festgestellte Verbraucherpreisindex für Deutschland (Basisjahr 2010 = 100) gegenüber dem für den Beurkundungsmonat bestehenden Index ändern, so soll sich jeweils vom Beginn des auf die Änderung folgenden Jahres an die zu zahlende monatliche Last in dem gleichen Verhältnis ändern, wie der neu festgestellte Index zu dem im Beurkundungsmonat festgestellten Index. Die Feststellung des geänderten Index sowie die Anpassung des Zahlungsbetrages hat jeweils durch den Beschwerten zu erfolgen. Unterlässt der Beschwerte die Anpassung, steht ihm die Einrede der Verjährung insoweit nicht zu. Sollte künftig der Verbraucherpreisindex durch das Statistische Bundesamt nicht mehr ermittelt werden, sind die Beteiligten verpflichtet, eine Wertsicherung zu vereinbaren, die der in dieser Urkunde getroffenen Regelung wirtschaftlich gleichwertig ist.

Die vorstehend vereinbarte dauernde Last sichert zusammen mit den übrigen Rechten und Einkünften des Vermächtnisnehmers dessen standesgemäßen Unterhalt und berücksichtigt gleichzeitig die Leistungsfähigkeit des Beschwerten aufgrund der Erträge aus dem Nachlass sowie den übrigen Rechten und Einkünften des Beschwerten. Tritt eine wesentliche Änderung derjenigen Verhältnisse ein, die heute für die Festlegung der Höhe der dauernden Last maßgeblich sind, kann in entsprechender Anwendung des § 323a ZPO von jedem Beteiligten eine angemessene Anpassung der Höhe der dauernden Last verlangt werden, wobei insoweit auf den standesgemäßen Unterhalt des Vermächtnisnehmers und die Leistungsfähigkeit des Beschwerten – jeweils wie vorstehend gekennzeichnet – abzustellen ist.

Obergrenze für die Höhe der dauernden Last aufgrund der Abänderungsmöglichkeit gemäß § 323a ZPO ist jedoch der nachhaltig monatlich aus dem Nachlass zu erzielende Ertrag. (Ggf.) Unberührt bleibt eine mögliche Erhöhung über diese Obergrenze hinaus aufgrund der Wertsicherung. Ergeben sich Erhöhungsbeträge sowohl aufgrund der Wertsicherung als auch aufgrund der Abänderungsmöglichkeit nach § 323a ZPO, sind vorrangig die wertsicherungsbedingten Erhöhungsbeträge zu der vorstehend als dauernden Last vereinbarten Summe zu addieren und nachrangig und nur, sofern die Obergrenze noch nicht erreicht oder überschritten ist, bis zu dieser die durch die Abänderungsmöglichkeit gemäß § 323a ZPO bedingten.

Der Beschwerte ist verpflichtet, zur Sicherung der vorvereinbarten (ggf.) wertgesicherten dauernden Last jedoch ohne Berücksichtigung der Anpassungsmöglichkeit gemäß § 323a ZPO an dem übertragenen Grundbesitz die Eintragung einer auf Lebenszeit des Vermächtnisnehmers befristeten Reallast zu dessen Gunsten im Grundbuch zu bewilligen mit dem Vermerk, dass zur Löschung des Rechts der Nachweis des Todes des Berechtigten genügen soll. Die Reallast soll Rang erhalten nach den bei meinem Ableben im Grundbuch eingetragenen Belastungen, bei Grundpfandrechten jedoch nur, sofern diese noch valutieren.

Ferner hat sich der Beschwerte – mehrere als Gesamtschuldner haftend – dem Vermächtnisnehmer gegenüber in notarieller Urkunde ... (weiter wie obiges Muster Vermächtnis Leibrente)

4. Nießbrauchsvermächtnis

100 Eine besondere Art des Stückvermächtnisses i. S. d. Zuwendung eines Rechts ist das Nießbrauchsvermächtnis. Vermacht der Erblasser einem Bedachten den Nießbrauch (§§ 1030 ff. BGB) an einem Gegenstand, erhält dieser das unvererbliche und bei natürlichen Personen unübertragbare **dingliche Nutzungsrecht** an diesem Gegenstand. Das Nutzungsrecht ist umfassend, es erlaubt dem Vermächtnisnehmer den Gegenstand entweder selbst zu nutzen oder einem Dritten entgeltlich oder unentgeltlich zur Nutzung zu überlassen, eine Sache insbesondere an einen Dritten zu vermieten, und nur die Früchte der Sache zu ziehen.[45]

---

45 Vgl. mit weiteren Angaben zum Eigentümer-Nießbraucherverhältnis Nieder/Kössinger/*Kössinger*, § 10 Rn. 158.

a) Nießbrauchsvermächtnis versus Vorerbschaft

Wirtschaftlich betrachtet, sind **nicht befreite Vorerbschaft** und **Nießbrauchsvermächtnis** ähnlich, 101
weil auch der nicht befreite Vorerbe nur zur Nutzung, jedoch nicht zur Verfügung über die Sache
berechtigt ist und die Regelungen zur Lastentragung beim Nießbrauch und der Vorerbschaft vergleichbar sind.[46]

Diese wirtschaftliche Äquivalenz überdeckt jedoch, dass rechtlich betrachtet, der **Vorerbe** im Vergleich zum Nießbraucher eine erheblich **stärkere Stellung** innehat: Da der nicht befreite Vorerbe Eigentümer der Nachlassgegenstände wird, kann er zumindest mit Zustimmung der Nacherben über die Gegenstände verfügen. Durch Übertragung des Anwartschaftsrechts des Vorerben kann ihm, sofern die Ersatznacherbschaft für diesen Fall ausgeschlossen ist, sogar die freie Verfügungsberechtigung eingeräumt werden. Darüber hinaus kann der Vorerbe im Wege der Erbteilsübertragung über seinen Erbteil verfügen, während der Nießbrauch von natürlichen Personen unübertragbar ist.[47] 102

Die Rechtsstellung des Nießbrauchers kann jener des Vorerben dadurch weiter angenähert werden, 103
dass der Nießbraucher zugleich zum Dauertestamentsvollstrecker gemäß § 2209 BGB über das nießbrauchsbelastete Vermögen ernannt wird (sog. **Dispositionsnießbrauch**) und auf diese Weise im Außenverhältnis die uneingeschränkte Verfügungsberechtigung über die Nachlassgegenstände erwirbt. Diese Rechtsmacht im Außenverhältnis ändert jedoch nichts daran, dass der Testamentsvollstrecker und Nießbraucher im Unterschied zum Vorerben nicht Eigentümer des Nachlasses ist, sondern im Innenverhältnis zum Erben Sachwalter fremden Vermögens bleibt. Dementsprechend ist der Testamentsvollstrecker zu einer Verwaltung des Vermögens im Interesse des Erben verpflichtet und gemäß der §§ 1036 Abs. 2, 1037, 1041 BGB im Grundsatz dazu verpflichtet, die bisherige wirtschaftliche Bestimmung der Sache aufrechtzuerhalten, während der Vorerbe im Rahmen seiner Befugnisse im eigenen Interesse zu handeln berechtigt ist. Hiermit korrespondiert, dass der Testamentsvollstrecker gegenüber dem Erben gemäß der §§ 2218, 666 BGB erheblich weitergehende Auskunfts- und Rechenschaftspflichten hat als der Vorerbe gemäß § 2121 BGB gegenüber dem Nacherben.[48]

Soll der zunächst Bedachte im Innenverhältnis stärker an den Zweitbedachten gebunden werden, 104
sollte diesem die Stellung als Nießbraucher und Testamentsvollstrecker und nicht jene als Vorerbe eingeräumt werden. Auch kann diese Lösung erbschaftssteuerlich günstiger sein, weil der Nießbraucher nur den Kapitalwert des nießbrauchsbelasteten Nachlasses zu versteuern hat und der Erbe diesen vom Nachlasswert abziehen kann, während Vor- und Nacherbe gemäß § 6 ErbStG jeweils den vollen Nachlasswert zu versteuern haben, sofern für den Nacherben nicht die Ermäßigung des § 27 ErbStG greift. Dies gilt nach Wegfall des § 25 ErbStG auch bei Vererbung an Abkömmlinge unter Nießbrauchsvorbehalt für den überlebenden Ehegatten.

b) Ausgestaltung des Nießbrauchsvermächtnisses

Der Nießbrauch kann einer oder mehreren Personen eingeräumt werden, mehreren als Gesamt- 105
berechtigten gemäß § 428 BGB oder als Bruchteilsberechtigten gemäß § 741 ff. BGB. Auch kann der Nießbrauch zunächst einer Person und aufschiebend bedingt auf deren Ableben einer anderen Person zugewandt werden.

Nach der gesetzlichen Regelung trägt der Nießbraucher die **Lasten** und **Kosten** der Sache mit Aus- 106
nahme der außergewöhnlichen Lasten (§ 1047 BGB) und der außergewöhnlichen Kosten (§§ 1041 S. 2, 1045 BGB).[49] Von dieser Regelung kann mit dinglicher Wirkung in beide Richtungen abgewichen werden: dem Nießbraucher können sämtliche Lasten und Kosten auferlegt (sog. **Nettonieß-**

---

46 Vgl. Nieder/Kössinger/*Kössinger*, § 10 Rn. 157 m. w. N.
47 Vgl. mit weitergehenden Erläuterungen zum Unterschied zwischen nicht befreiter Vorerbschaft und Nießbrauchsvermächtnis, Nieder/Kössinger/*Kössinger*, § 10 Rn. 157.
48 Vgl. mit weitergehenden Erläuterungen zu den rechtlichen Unterschieden der beiden Gestaltungsformen Nieder/Kössinger/*Kössinger*, § 10 Rn. 170 m. w. N.
49 Vgl. *Krauß*, Vermögensnachfolge in der Praxis, Rn. 1198 ff.

brauch), er kann aber auch von allen Lasten und Kosten befreit werden (sog. **Bruttonießbrauch**). Bei der Zuwendung eines Bruttonießbrauchs ist zu beachten, dass dieser nur verdinglicht werden kann, wenn er negativ formuliert wird, indem die Pflichten des Nießbrauchers abbedungen werden. Eine positive Formulierung im Sinne einer Aufbürdung dieser Pflichten auf den Eigentümer wäre mit dem Charakter des Nießbrauchsrechts als Dienstbarkeit, welches dem Eigentümer nur ein Dulden, aber kein aktives Tun abverlangt, unvereinbar.[50]

107 Ferner kann der Nießbraucher verpflichtet werden, zur Freistellung des Eigentümers, die **Verkehrssicherungspflichten** zu tragen; auch dies ist dinglicher Inhalt des Nießbrauchsrechts, entlastet den Eigentümer im Außenverhältnis jedoch nicht vollständig, da ihm eine Kontroll- und Überwachungspflicht bleibt.[51]

108 Nach h. M. kann zudem die **Haftung des Nießbrauchers** mit dinglicher Wirkung auf die Sorgfalt in eigenen Angelegenheiten gemäß § 277 BGB beschränkt werden.[52]

109 Der Nießbrauch kann sich auf den gesamten Gegenstand oder auf einen Anteil desselben beziehen, wobei insoweit zwischen **Bruchteilsnießbrauch** und **Quotennießbrauch** zu unterscheiden ist: Bruchteilsnießbrauch bedeutet Nießbrauch an einem Bruchteil des Gegenstandes; ein solcher Bruchteilsnießbrauch ist nicht nur, wie in § 1066 BGB vorausgesetzt, an dem Bruchteilseigentum eines Miteigentümers möglich; nach allgemeiner Meinung kann vielmehr auch der Alleineigentümer eines Gegenstandes an einem fiktiven Bruchteil desselben einen Nießbrauch bestellen.[53] Unter Quotennießbrauch ist demgegenüber der Nießbrauch an dem gesamten Gegenstand oder auch an einem Miteigentumsanteil zu verstehen, jedoch mit der Maßgabe, dass dem Nießbraucher die Nutzungen an dem Gegenstand bzw. Miteigentumsanteil nur quotal zustehen und im übrigen beim Eigentümer verbleiben. Während die Bestellung eines Quotennießbrauchs nach früherer Rechtsprechung nicht zulässig war, sieht ihn die heute h. M. als zulässig an.[54] Der Unterschied zwischen Bruchteils- und Quotennießbrauch zeigt sich beim Alleineigentümer in den Rechtsfolgen: Während der Alleineigentümer eines mit einem Bruchteilsnießbrauch belasteten Grundbesitzes einen belasteten und einen nicht belasteten Miteigentumsanteil veräußern kann, ist beim Quotennießbrauch, gleich ob der gesamte Grundbesitz oder nur ein Bruchteil veräußert wird, der Veräußerungsgegenstand immer quotal mit dem Nießbrauch belastet.[55]

c) Nießbrauch an beweglichen Sachen

110 Gegenstand des Nießbrauchs kann gemäß § 1030 Abs. 1 BGB eine **bewegliche Sache** sein. Während das Vermächtnis nur die Verpflichtung des Beschwerten begründet, dem Bedachten das Vermächtnis einzuräumen, erfolgt die Erfüllung des Vermächtnisses nach dem Vermächtnisanfall gemäß der § 1032 i. V. m. §§ 929 ff. BGB im Grundsatz durch **Einigung** zwischen Beschwertem und Bedachtem und **Übergabe** der Sache an den Bedachten.

111 ▶ **Muster: Nießbrauchsvermächtnis an beweglichen Sachen**

Ich ordne hiermit folgendes Vermächtnis an, welches unverzüglich nach meinem Tode von meinen Erben zu erfüllen ist:

...,

geboren am ...,

wohnhaft ...,

---

50 *Krauß*, Vermögensnachfolge in der Praxis, Rn. 1209 ff. m. w. N.; Nieder/Kössinger/*Kössinger*, § 10 Rn. 159 m. w. N.
51 *Schippers*, MittRhNotK 1996, 197, 204 f.
52 Vgl. *Krauß*, Vermögensnachfolge in der Praxis, Rn. 1200 m. w. N. zum Streitstand.
53 Nieder/Kössinger/*Kössinger*, § 10 Rn. 163 m. w. N.
54 Vgl. OLG Schleswig RNotZ 2009, 401 m. w. N.; Nieder/Kössinger/*Kössinger*, § 10 Rn. 165 m. w. N.
55 OLG Schleswig RNotZ 2009, 401, 402 m. w. N.

– nachstehend »Vermächtnisnehmer« genannt –

erhält das lebenslängliche und unentgeltliche Nießbrauchsrecht an ...

Der Nießbraucher schuldet bei der Ausübung des Nießbrauchs nur die Sorgfalt in eigenen Angelegenheiten (§ 277 BGB). Für das Nießbrauchsrecht gelten im übrigen die gesetzlichen Bestimmungen.

Ansprüche des Nießbrauchers aus diesem Nießbrauch verjähren in dreißig Jahren ab dem gesetzlichen Verjährungsbeginn.

(Ggf.) Etwaige Pflichtteilslasten hat der Vermächtnisnehmer entgegen § 2318 BGB nicht zu tragen.

Sämtliche mit der Erfüllung des Vermächtnisses anfallenden Kosten und Steuern trägt der Vermächtnisnehmer.

Das Vermächtnis entfällt, wenn sich der Gegenstand nicht in meinem Nachlass befindet (§ 2169 Abs. 1 BGB). Eine vorübergehende Unmöglichkeit der Leistung zum Zeitpunkt des Erbfalles steht der Gültigkeit des Vermächtnisses nicht entgegen (§ 2171 Abs. 2 BGB).

(Alt. 1) Sollte der Vermächtnisnehmer vorversterben oder aus einem anderen Grunde als Vermächtnisnehmer ausscheiden, entfällt das Vermächtnis ersatzlos.

(Alt. 2) Ersatzvermächtnisnehmer ist .../sind die leiblichen/ehelichen Abkömmlinge des Vermächtnisnehmers entsprechend den Regeln über die gesetzliche Erbfolge.

d) Nießbrauch an unbeweglichen Sachen

Der Nießbrauch an **Grundbesitz** entsteht (Erfüllungsgeschäft) gemäß § 873 Abs. 1 BGB durch Einigung von Eigentümer und Nießbraucher sowie Eintragung der Rechtsänderung im Grundbuch, die gemäß § 19 GBO vom Eigentümer in öffentlich-beglaubigter Form zu bewilligen ist. Die Eintragung des Nießbrauchsrechts im Grundbuch kann erst nach dem Vermächtnisanfall erfolgen. Um den Nießbraucher hierbei nicht von der Mitwirkung des Eigentümers abhängig zu machen, was bei zu erwartenden Spannungen oder größeren und daher oder aus anderen Gründen möglicherweise handlungsunfähigen Erbengemeinschaften vermieden werden sollte, kann der Erblasser die Eintragung bereits in der letztwilligen Verfügung von Todes wegen bewilligen, die zu diesem Zwecke zumindest einer öffentlichen Beglaubigung bedarf. Die **Bewilligung** ist für die Erben gemäß der §§ 130 Abs. 2, 873 Abs. 2 BGB bindend, bei einer notariellen und mithin beurkundeten Verfügung von Todes bereits mit dem Erbfall, bei einer eigenhändigen, öffentlich beglaubigten Verfügung von Todes wegen zu dem Zeitpunkt, zu welchem der Nießbraucher gemäß § 13 GBO den Antrag auf Eintragung des Nießbrauchsrechts beim Grundbuchamt stellt.[56] Alternativ kann der Nießbraucher zum **Testamentsvollstrecker** mit der einzigen Aufgabe ernannt werden, die Eintragung des Nießbrauchsrechts im Grundbuch zu bewirken.

112

Gegenstand des Nießbrauchs an unbeweglichen Sachen kann ein Grundstück, ein Erbbaurecht, ein Eigentumsrecht, ein Dauerwohn- und -nutzungsrecht sowie ein grundstücksgleiches Recht sein. Ebenso kann der Nießbrauch, wie unter Rdn. 109 dargestellt, im Wege des Bruchteilsnießbrauchs auf den ideellen Bruchteil eines solchen Belastungsgegenstandes beschränkt werden. Bei Grundstücken ist zudem möglich, den Nießbrauch auf eine reale nicht vermessene Teilfläche zu beschränken, sofern ein amtlicher Lageplan i. S. d. §§ 7 Abs. 2, 2 Abs. 3 GBO vorgelegt wird, aus welchem sich die belastete Teilfläche ergibt. Sofern dies als zu aufwendig erscheint, kann stattdessen der Nießbrauch am gesamten Grundstück bestellt, seine **Ausübung** aber auf eine Teilfläche beschränkt werden. Anders als ein Wohnungsrecht kann der Nießbrauch jedoch nicht gegenständlich auf einzelne Teile eines Gebäudes, insbesondere einzelne Räume beschränkt werden.[57]

113

---

56 Vgl. Nieder/Kössinger/*Kössinger*, § 10 Rn. 161 m. w. N.
57 *Schöner/Stöber*, Grundbuchrecht, Rn. 1364 ff. m. w. N.

Kapitel 4 Zuwendung einzelner Nachlassgegenstände

114 ▸ **Muster: Nießbrauchsvermächtnis Grundbesitz für mehrere Berechtigte als Gesamtgläubiger gemäß § 428 BGB mit Testamentsvollstreckung**

Ich ordne hiermit folgendes Vermächtnis an, welches unverzüglich nach meinem Tode von meinen Erben zu erfüllen ist: Die Eheleute

Herr ...,

geboren am ...,

und Frau ...,

geboren am ...,

beide wohnhaft ...,

– nachfolgend gemeinsam »Vermächtnisnehmer« genannt –

als Gesamtberechtigte gemäß § 428 BGB erhalten das lebenslängliche und unentgeltliche Nießbrauchsrecht an dem Grundbesitz, eingetragen im Grundbuch des Amtsgerichts ... von ..., Blatt ..., Flur ..., Flurstück ..., ... Gebäude- und Freifläche, ..., groß ... m².

Der Nießbraucher schuldet bei der Ausübung des Nießbrauchs nur die Sorgfalt in eigenen Angelegenheiten (§ 277 BGB).

(Alt. 1: Gesetzliche Lasten- und Kostenverteilung)

Im Übrigen gelten für das Nießbrauchsrecht die gesetzlichen Bestimmungen.

(Alt. 2: Nettonießbrauch)

Als Inhalt des Nießbrauchs wird ferner vereinbart, dass der Nießbraucher abweichend von den gesetzlichen Vorschriften alle den übertragenen Grundbesitz betreffenden privaten und öffentlichen Lasten zu tragen hat, insbesondere abweichend von § 1041 BGB auch die außergewöhnlichen Erhaltungsmaßnahmen und abweichend von § 1047 BGB auch die außergewöhnlichen Lasten, ferner die Verkehrssicherungspflichten ... sowie den Tilgungsdienst für die in Abt. III des Grundbuchs eingetragenen Grundpfandrechte. Im übrigen gelten die gesetzlichen Bestimmungen.

(Alt. 3: Bruttonießbrauch)

Als Inhalt des Nießbrauchs wird ferner vereinbart, dass der Nießbraucher abweichend von den §§ 1041, 1045, 1047, 1051 BGB keinerlei Lasten und Kosten zu tragen, nicht für die Erhaltung des Grundbesitzes in seinem wirtschaftlichen Bestand zu sorgen hat und auch nicht zur Sicherheitsleistung verpflichtet ist. (Bruttonießbrauch). Im übrigen gelten die gesetzlichen Bestimmungen.

(Ggf.) Etwaige Pflichtteilslasten hat der Vermächtnisnehmer entgegen § 2318 BGB nicht zu tragen.

Während der Dauer des Nießbrauchs ist der Eigentümer ohne Zustimmung des Nießbrauchers nicht berechtigt, übernommene Grundpfandrechte neu zu valutieren. Soweit diese nicht mehr valutieren, ist der Eigentümer verpflichtet, auf Verlangen des Nießbrauchers die Löschung auf seine Kosten zu besorgen.

Auf Verlangen des Vermächtnisnehmers sind die Erben zur Eintragung des vorstehend vermachten Nießbrauchsrechtes mit dem zu hier geregelten Inhalt, ausgenommen der nicht eintragungsfähigen schuldrechtlichen Verpflichtungen, im Grundbuch zugunsten des Vermächtnisnehmers verpflichtet und zwar im Rang nach den bei meinem Tode im Grundbuch eingetragenen Belastungen, bei Grundpfandrechten jedoch nur, sofern diese noch valutieren.

Da dieses Nießbrauchsrecht der langfristigen persönlichen Versorgung dient, sind die Erben im Falle einer Veräußerung des Grundbesitzes verpflichtet, die vorstehend auferlegten schuldrechtlichen Verpflichtungen dem späteren Erwerber aufzuerlegen, und zwar mit der Maßgabe, dass der jeweilige Erwerber dem Nießbraucher in gleicher Weise verpflichtet bleibt.

Sämtliche mit der Erfüllung des Vermächtnisses anfallenden Kosten und Steuern trägt der Vermächtnisnehmer.

Ansprüche des Nießbrauchers aus diesem Nießbrauch verjähren in dreißig Jahren ab dem gesetzlichen Verjährungsbeginn.

Das Vermächtnis entfällt, wenn sich der Grundbesitz nicht in meinem Nachlass (§ 2169 Abs. 1 BGB). Eine vorübergehende Unmöglichkeit der Leistung zum Zeitpunkt des Erbfalles steht der Gültigkeit des Vermächtnisses nicht entgegen (§ 2171 Abs. 2 BGB).

Sollte ein Vermächtnisnehmer vorversterben oder aus einem anderen Grunde als Vermächtnisnehmer ausscheiden, erhält der verbleibende Vermächtnisnehmer das Vermächtnis alleine. Sollten beide Vermächtnisnehmer vorversterben oder aus einem anderen Grunde als Vermächtnisnehmer ausscheiden, entfällt das Vermächtnis ersatzlos.

Es wird Testamentsvollstreckung angeordnet und der vorbezeichnete Vermächtnisnehmer zum Testamentsvollstrecker ernannt – bei mehreren, der Älteste von ihnen. Alleinige Aufgabe des Testamentsvollstreckers ist es, – soweit rechtlich möglich – unter Befreiung von allen gesetzlichen Beschränkungen einschließlich der des § 181 BGB das vorstehende Vermächtnis zu erfüllen, insbesondere das Nießbrauchsrecht einzuräumen und dessen Eintragung im Grundbuch zu bewirken. Weitere Aufgaben hat der Testamentsvollstrecker nicht. Der Testamentsvollstrecker erhält keine Vergütung und Auslagenerstattung.

(Var. bei Erbvertrag oder gemeinschaftlichem Testament) Der Notar hat darauf hingewiesen, dass die vorstehende Anordnung der Testamentsvollstreckung nicht (Var. Erbvertrag) mit erbvertraglicher Bindung (Var. gemeinschaftliches Testament) als wechselbezügliche Verfügung getroffen und daher von jedem von uns jederzeit abgeändert und widerrufen werden kann.

e) Nießbrauch an Nachlass und Erbteilen

Für den **Nießbrauch am Nachlass** finden gemäß § 1089 BGB die Vorschriften für den Nießbrauch am Vermögen gemäß der §§ 1085 ff. BGB entsprechende Anwendung. Gemäß § 1085 S. 1 BGB kann der Nießbrauch nicht am Nachlass als Inbegriff einer Sachgesamtheit, sondern nur an den einzelnen zum Nachlass gehörenden Gegenständen (Sachen und Rechte) nach den für diese Gegenstände geltenden Vorschriften bestellt werden. Zulässig ist auch die Bestellung des Nießbrauchs an einem Bruchteil des Nachlasses, bestellt wird er an den entsprechenden Bruchteilen der einzelnen Nachlassgegenstände. 115

Die rechtstechnische Bestellung des Nießbrauchs an den Einzelgegenständen des Nachlasses hat zur Konsequenz, dass sich der Nießbrauch zunächst nur auf diejenigen Nachlassgegenstände erstreckt, die zum Zeitpunkt der Vermächtniserfüllung im Nachlass vorhanden sind. Scheiden in der Folgezeit Gegenstände aus dem Nachlass aus, setzt sich der Nießbrauch an ihnen fort; gelangen dagegen Gegenstände zum Nachlass hinzu, unterfallen diese nicht automatisch dem Nießbrauch, dieser muss an diesen vielmehr neu bestellt werden, sofern der Vermächtnisnehmer hierauf einen Anspruch hat: eine dingliche **Surrogation** findet mithin nicht statt. Wird eine Surrogation, gleich ob commodum ex re oder commodum ex negotiatione, gewünscht, ist dies ausdrücklich in der Vermächtnisanordnung zu regeln.[58] 116

Etwas anderes gilt nur beim Dispositionsnießbrauch (vgl. dazu Rdn. 103): Verfügt der Testamentsvollstrecker, dem zugleich ein Nießbrauch am Nachlass bestellt ist, über Nachlassgegenstände, fallen nach h. L. die Surrogate gemäß § 2041 BGB analog in den Nachlass, und setzt sich der Nießbrauch an den Surrogaten fort. Das gleiche gilt hier gemäß § 2041 BGB analog für das commodum ex re.[59] 117

▶ **Muster: Nießbrauch am Nachlass** 118

Ich ordne hiermit folgendes Vermächtnis an, welches unverzüglich nach meinem Tode von meinen Erben zu erfüllen ist:

…,

---

58 Vgl. Nieder/Kössinger/*Kössinger*, § 10 Rn. 167 m. w. N.
59 Vgl. Nieder/Kössinger/*Kössinger*, § 10 Rn. 170 m. w. N.

geboren am ...,

wohnhaft ...,

– nachstehend »Vermächtnisnehmer« genannt –

erhält das lebenslängliche und unentgeltliche Nießbrauchsrecht am Nachlass von Frau ..., geboren am ... und verstorben am ... in ... mit letztem Wohnsitz in ..., deren alleiniger und unbeschränkter Erbe ich bin. Die Erbfolge ergibt sich aus dem Erbschein des Amtsgerichts ... vom ... (Az. ...), der bei Beurkundung in Ausfertigung vorlag und von dem eine hiermit beglaubigte Abschrift als Anlage zu dieser Niederschrift genommen wird.

Der Nießbrauch erstreckt sich auf alle Gegenstände, die sich zum Zeitpunkt des Vermächtnisanfalls im Nachlass befinden sowie auf alle etwaigen Surrogate, die nach diesem Zeitpunkt in den Nachlass gelangen werden.

Der Nießbraucher schuldet bei der Ausübung des Nießbrauchs nur die Sorgfalt in eigenen Angelegenheiten (§ 277 BGB). Für das Nießbrauchsrecht gelten im übrigen die gesetzlichen Bestimmungen.

Ansprüche des Nießbrauchers aus diesem Nießbrauch verjähren in dreißig Jahren ab dem gesetzlichen Verjährungsbeginn.

(Ggf.) Etwaige Pflichtteilslasten hat der Vermächtnisnehmer entgegen § 2318 BGB nicht zu tragen.

Sämtliche mit der Erfüllung des Vermächtnisses anfallenden Kosten und Steuern trägt der Vermächtnisnehmer.

Soweit zum Nachlass Grundbesitz gehört, sind die Erben auf Verlangen des Vermächtnisnehmers zur Eintragung des vorstehend vermachten Nießbrauchsrechtes mit dem zu hier geregelten Inhalt – ausgenommen der nicht eintragungsfähigen schuldrechtlichen Verpflichtungen – im Grundbuch zugunsten des Vermächtnisnehmers verpflichtet.

Eine vorübergehende Unmöglichkeit der Leistung zum Zeitpunkt des Erbfalles steht der Gültigkeit des Vermächtnisses nicht entgegen (§ 2171 Abs. 2 BGB).

(Alt. 1) Sollte der Vermächtnisnehmer vorversterben oder aus einem anderen Grunde als Vermächtnisnehmer ausscheiden, entfällt das Vermächtnis ersatzlos.

(Alt. 2) Ersatzvermächtnisnehmer ist .../sind die leiblichen/ehelichen Abkömmlinge des Vermächtnisnehmers entsprechend den Regeln über die gesetzliche Erbfolge.

119 Der **Nießbrauch an einem Erbteil** fällt anders als der Nießbrauch am Nachlass nicht unter § 1089 BGB, sondern wird als Nießbrauch an einem Recht gemäß der §§ 1068 ff. BGB angesehen. Dies hat zur Konsequenz, dass die Bestellung des Nießbrauchs an einem Erbteil gemäß § 1069 Abs. 1 i. V. m. § 2033 Abs. 1 BGB durch notariell zu beurkundende Übertragung erfolgt; der Nießbrauch erstreckt sich dann, der Erbquote entsprechend, auf alle in den Nachlass fallenden Gegenstände, eine Nießbrauchsbestellung an dem einzelnen Gegenstand ist entbehrlich. Scheidet ein Gegenstand aus dem Nachlass aus, bedarf es hierzu gemäß § 1071 Abs. 1 BGB der Zustimmung des Nießbrauchers; ein in den Nachlasses gelangendes **Surrogat** wird automatisch vom Nießbrauch erfasst.[60]

120 Nach allgemeiner Meinung kann bei einer **Mehrheit von Erben** ein Nießbrauch auch an allen Erbteilen bestellt werden. Dies entspricht wirtschaftlich dem Nießbrauch am Nachlass, rechtstechnisch wird aber auch der Nießbrauch an allen Erbteilen als Nießbrauch an Rechten gemäß der §§ 2068 ff. BGB und nicht als Nießbrauch am Nachlass gemäß § 2089 i. V. m. §§ 2085 ff. BGB angesehen, so dass anders als beim Nießbrauch am Nachlass der Nießbrauch an allen Erbteilen uno actu gemäß § 1069 Abs. 1 i. V. m. § 2033 Abs. 1 BGB durch notariell beurkundeten Übertragungsvertrag bestellt wird; die Bestellung an den einzelnen Nachlassgegenständen entfällt. Nießbrauch am Nachlass und Nießbrauch an allen Erbteilen unterscheiden sich zudem insofern, als die Verfügung über Nachlassgegenstände und damit insbesondere auch die Erbauseinandersetzung beim Nießbrauch am

---

60 Nieder/Kössinger/*Kössinger*, § 10 Rn. 168 m. w. N.

Nachlass ohne Zustimmung des Nießbrauchers möglich ist, dessen ungeachtet bleibt der Nießbrauch an den Gegenständen trotz Ausscheidens aus dem Nachlass aber bestehen. Beim Nießbrauch an den Erbteilen ist demgegenüber gemäß der §§ 1068 Abs. 2, 1066 Abs. 2, 1071 Abs. 1 BGB eine Verfügung über die Nachlassgegenstände nur mit Zustimmung des Nießbrauchers möglich ist, da mit vollständiger Auseinandersetzung des Nachlasses der Nießbrauch an den Erbanteilen unterginge.[61]

Gehört zum Nachlass Grundbesitz, kann der Nießbrauch am Erbteil, da mit ihm eine Beschränkung der Verfügungsbefugnis über der nießbrauchsbelasteten Gegenstand verbunden, im Wege der **Berichtigung im Grundbuch** vermerkt werden.[62] 121

▶ **Muster: Nießbrauchsvermächtnis am Erbteil** 122

Ich ordne hiermit folgendes Vermächtnis an, welches unverzüglich nach meinem Tode von meinen Erben zu erfüllen ist:

. . .,

geboren am . . .,

wohnhaft . . .,

– nachstehend »Vermächtnisnehmer« genannt –

erhält das lebenslängliche und unentgeltliche Nießbrauchsrecht an meinem . . .-Erbteil am Nachlass von Frau . . ., geboren am . . . und verstorben am . . . in . . . mit letztem Wohnsitz in . . . Die Erbfolge ergibt sich aus dem Erbschein des Amtsgerichts . . . vom . . . (Az. . . .), der bei Beurkundung in Ausfertigung vorlag und von dem eine hiermit beglaubigte Abschrift als Anlage zu dieser Niederschrift genommen wird.

Der Nießbraucher schuldet bei der Ausübung des Nießbrauchs nur die Sorgfalt in eigenen Angelegenheiten (§ 277 BGB). Für das Nießbrauchsrecht gelten im übrigen die gesetzlichen Bestimmungen.

Ansprüche des Nießbrauchers aus diesem Nießbrauch verjähren in dreißig Jahren ab dem gesetzlichen Verjährungsbeginn.

(Ggf.) Etwaige Pflichtteilslasten hat der Vermächtnisnehmer entgegen § 2318 BGB nicht zu tragen.

Sämtliche mit der Erfüllung des Vermächtnisses anfallenden Kosten und Steuern trägt der Vermächtnisnehmer.

Soweit zum Nachlass Grundbesitz gehört, sind die Erben auf Verlangen des Vermächtnisnehmers verpflichtet, die Berichtigung des Grundbuchs im Hinblick auf den Nießbrauch zu bewilligen.

Das Vermächtnis entfällt, wenn sich der Erbteil nicht in meinem Nachlass befindet (§ 2169 Abs. 1 BGB). Eine vorübergehende Unmöglichkeit der Leistung zum Zeitpunkt des Erbfalles steht der Gültigkeit des Vermächtnisses nicht entgegen (§ 2171 Abs. 2 BGB).

(Alt. 1) Sollte der Vermächtnisnehmer vorversterben oder aus einem anderen Grunde als Vermächtnisnehmer ausscheiden, entfällt das Vermächtnis ersatzlos.

(Alt. 2) Ersatzvermächtnisnehmer ist . . ./sind die leiblichen/ehelichen Abkömmlinge des Vermächtnisnehmers entsprechend den Regeln über die gesetzliche Erbfolge.

f) Nießbrauch an einzelkaufmännischem Unternehmen

Beim Nießbrauch an einem einzelkaufmännischen Unternehmen sind drei verschiedene Formen zu unterscheiden. 123

---

61 Nieder/Kössinger/*Kössinger*, § 10 Rn. 169 m. w. N.
62 *Schöner/Stöber*, Grundbuchrecht, Rn. 1366.

Kapitel 4 Zuwendung einzelner Nachlassgegenstände

124 Der Erblasser kann dem Bedachten im Wege eines bloßen **Nutzungsvermächtnisses** den **Reinertrag des Unternehmens** insgesamt oder teilweise zuwenden. Hierbei handelt es sich um keinen Nießbrauch im Rechtssinne, da nicht dinglicher Natur; vielmehr erhält der Bedachte nur einen **schuldrechtlichen Anspruch** gegen den Beschwerten auf ganze oder teilweise Auskehr des Reinertrages des Unternehmens.[63] Die Zuwendung des gesamten Reinertrages dürfte in den meisten Fällen nicht sachgerecht sein, da der mit dem Vermächtnis beschwerte Einzelunternehmer wenig motiviert sein wird, ein Gewinn zu erwirtschaften, der vollständig an einen Dritten abzuführen ist.

125 ▶ **Muster: Nutzungsvermächtnis am Einzelunternehmen**

Ich ordne hiermit folgendes Vermächtnis an, welches unverzüglich nach meinem Tode von meinen Erben zu erfüllen ist:

. . .,

geboren am . . .,

wohnhaft . . .,

– nachstehend »Vermächtnisnehmer« genannt –

erhält auf Lebenszeit die Nutzungen des im Handelsregisters des Amtsgerichts . . . unter HRA . . . eingetragenen Einzelunternehmen mit der Firma . . ., und zwar dergestalt, dass ihm der sich aus dem Jahresabschluss ergebende steuerliche Gewinn vollständig/zu . . . v. H. (in Worten: . . . vom Hundert) auszukehren ist. Die Auskehr des Jahresgewinnes ist jeweils zinslos fällig innerhalb von neun Monaten nach Ablauf des betreffenden Geschäftsjahres.

(Ggf.) Etwaige Pflichtteilslasten hat der Vermächtnisnehmer entgegen § 2318 BGB nicht zu tragen.

Sämtliche mit der Erfüllung des Vermächtnisses anfallenden Kosten und Steuern trägt der Vermächtnisnehmer.

Das Vermächtnis entfällt, wenn sich das Unternehmen nicht in meinem Nachlass befindet (§ 2169 Abs. 1 BGB). Eine vorübergehende Unmöglichkeit der Leistung zum Zeitpunkt des Erbfalles steht der Gültigkeit des Vermächtnisses nicht entgegen (§ 2171 Abs. 2 BGB).

(Alt. 1) Sollte der Vermächtnisnehmer vorversterben oder aus einem anderen Grunde als Vermächtnisnehmer ausscheiden, entfällt das Vermächtnis ersatzlos.

(Alt. 2) Ersatzvermächtnisnehmer ist . . ./sind die leiblichen/ehelichen Abkömmlinge des Vermächtnisnehmers entsprechend den Regeln über die gesetzliche Erbfolge.

126 Der Erblasser kann dem Bedachten ferner im Wege des **Ertragsnießbrauchs** oder **unechten Unternehmensnießbrauchs** den zwar dinglichen Nießbrauch an allen Unternehmensgegenständen zuwenden, jedoch mit der Maßgabe, dass der Nießbrauch nur auf den Ertrag des Unternehmens gerichtet ist. In diesem Falle erhält der Bedachte zwar eine dingliche Rechtsposition, nicht jedoch den unmittelbaren Besitz an den Unternehmensgegenständen. Auch bleibt er von der Unternehmensführung ausgeschlossen und haftet daher nicht für die Verbindlichkeiten des Unternehmens. Nach allgemeiner Meinung kann der Ertragsnießbrauch anders als das Nutzungsvermächtnis am Einzelunternehmen, da mit ihm keine Unternehmerstellung verbunden ist, nicht an dem gesamten Unternehmensertrag, sondern nur an einer **Quote des Ertrags** bestellt werden.[64]

127 ▶ **Muster: Ertragsnießbrauch am Einzelunternehmen**

Ich ordne hiermit folgendes Vermächtnis an, welches unverzüglich nach meinem Tode von meinen Erben zu erfüllen ist:

. . .,

geboren am . . .,

---

63 Vgl. Nieder/Kössinger/*Kössinger*, § 10 Rn. 174 m. w. N.
64 Nieder/Kössinger/*Kössinger*, § 10 Rn. 174 m. w. N.

wohnhaft ...,

– nachstehend »Vermächtnisnehmer« genannt –

erhält das lebenslängliche und unentgeltliche Nießbrauchsrecht an dem im Handelsregisters des Amtsgerichts ... unter HRA ... eingetragenen Einzelunternehmen mit der Firma ..., und zwar dergestalt, dass der Nießbrauch im Wege eines Quotennießbrauchs ausschließlich auf ... v. H. (in Worten: ... vom Hundert) des steuerlichen Gewinns des Unternehmens gerichtet ist (Ertragsnießbrauch).

Entgegen der §§ 1067 Abs. 1 S. 1, 1975 Abs. 2 BGB hat der Vermächtnisnehmer bei Beendigung des Nießbrauchs keinen Wertersatz für an ihn ausgeschüttete Gewinne zu leisten. Im übrigen gelten für den Nießbrauch die gesetzlichen Bestimmungen.

Ansprüche des Nießbrauchers aus diesem Nießbrauch verjähren in dreißig Jahren ab dem gesetzlichen Verjährungsbeginn.

(Ggf.) Etwaige Pflichtteilslasten hat der Vermächtnisnehmer entgegen § 2318 BGB nicht zu tragen.

Sämtliche mit der Erfüllung des Vermächtnisses anfallenden Kosten und Steuern trägt der Vermächtnisnehmer.

Das Vermächtnis entfällt, wenn sich der Gegenstand nicht in meinem Nachlass befindet (§ 2169 Abs. 1 BGB). Eine vorübergehende Unmöglichkeit der Leistung zum Zeitpunkt des Erbfalles steht der Gültigkeit des Vermächtnisses nicht entgegen (§ 2171 Abs. 2 BGB).

(Alt. 1) Sollte der Vermächtnisnehmer vorversterben oder aus einem anderen Grunde als Vermächtnisnehmer ausscheiden, entfällt das Vermächtnis ersatzlos.

(Alt. 2) Ersatzvermächtnisnehmer ist .../sind die leiblichen/ehelichen Abkömmlinge des Vermächtnisnehmers entsprechend den Regeln über die gesetzliche Erbfolge.

Wird dem Bedachten demgegenüber der volle Nießbrauch an den Unternehmensgegenständen zugewandt (**echter Unternehmensnießbrauch**), erhält er den unmittelbaren Besitz an den Unternehmensgegenständen und gemäß § 1067 Abs. 1 S. 1 BGB zum Zwecke der **selbständigen Wirtschaftsführung** das Umlaufvermögen auch zu Eigentum. Auf diese Weise tritt der Nießbraucher persönlich in die Unternehmerstellung ein und haftet unbeschränkt für die Verbindlichkeiten des Unternehmens. Eine Vielzahl von zivil- und steuerrechtlichen Einzelfragen, welche das Verhältnis von Nießbraucher und Eigentümer beim echten Unternehmensnießbrauch betreffen, sind gesetzlich nicht geregelt, von der Rechtsprechung bisher nicht entschieden worden und in der Literatur umstritten.[65] Zwar lassen sich die zivilrechtlichen Streitfragen durch umfassende Regelungen in der Verfügung von Todes wegen weitgehend ausräumen, die steuerlichen Risiken aber bleiben.[66] Als Alternativgestaltung bietet sich daher an, das Unternehmen in eine **Gesellschaft mit beschränkter Haftung & atypisch stille Gesellschaft** umzuwandeln, da der Nießbrauch sowohl an Geschäftsanteilen als auch an einer stillen Gesellschaft rechtlich eindeutig abgesichert ist.[67]

128

g) Nießbrauch an Gesellschaftsanteilen

An Rechten kann ein Nießbrauch gemäß § 1069 Abs. 2 BGB nur bestellt werden, wenn diese übertragbar sind. Wegen des Verfügungsverbotes in den §§ 717, 719 BGB kann daher ein Nießbrauch an Anteilen einer Personengesellschaft nur bestellt werden, wenn dies im Gesellschaftsvertrag zugelassen ist oder alle übrigen Gesellschafter der Verfügung zustimmen. In diesem Zusammenhang ist zu beachten, dass eine Bestimmung im Gesellschaftsvertrag, nach welcher die Gesellschaftsanteile ohne **Zustimmung der Mitgesellschafter** veräußert werden können, nicht zwingend dahingehend ausgelegt werden kann, dass dies auch die Nießbrauchsbestellung umfasst, weil die mit der Nießbrauchsbestellung verbundene Aufspaltung der Mitgliedschaftsrechte im Vergleich zur Veräußerung weiter-

129

---

65 Vgl. im Einzelnen Nieder/Kössinger/*Kössinger*, § 10 Rn. 175 m. w. N.
66 Muster dazu in Münchener Vertragshandbuch/*Nieder*/Otto, Band 6, Muster XVI. 23.
67 Münchener Vertragshandbuch/*Nieder*/Otto, Band 6, Anmerkung 2 zu Muster XVI. 23.

Kapitel 4 Zuwendung einzelner Nachlassgegenstände

gehende Folgen für die Mitgesellschafter haben kann. In der Literatur wird daher teilweise verlangt, dass die Bestellung eines Nießbrauchs im Gesellschaftsvertrag ausdrücklich zugelassen sein muss.[68]

130 Doch auch unter diesen Voraussetzungen ist strittig, in welcher Form ein Nießbrauch an Gesellschaftsanteilen bestellt werden kann. Nach früher herrschender Meinung konnten die Nutzungen des Gesellschaftsanteils von der Gesellschafterstellung im übrigen nicht mit dinglicher Wirkung abgespalten werden, da eine solche Aufspaltung der Gesellschafterrechte mit dem Wesen der Gesamthandsgemeinschaft nicht vereinbar sei. Der echte Nießbrauch an einem Gesellschaftsanteil musste daher durch Übertragung der vollen Gesellschafterstellung auf den Nießbraucher bestellt werden. Die hiermit verbundene überschießende Rechtsmacht des Nießbrauchers im Außenverhältnis ließ sich nur im Innenverhältnis durch entsprechende Treuhandvereinbarungen zwischen Gesellschafter und Nießbraucher wieder korrigieren.[69]

131 Nach heute h. M. wird eine solche Aufspaltung der Gesellschafterrechte als zulässig angesehen: der Nießbraucher erhält die **Nutzungsrechte** und für deren Sicherung notwendige **Verwaltungsrechte** mit dinglicher Wirkung, alle übrigen Gesellschafterrechte verbleiben dem Gesellschafter. Umstritten ist in diesem Zusammenhang jedoch, welche Verwaltungsrechte im einzelnen auf den Nießbraucher übergehen; insoweit ist daher, um Unklarheiten zu vermeiden, eine ausdrückliche Regelung in der Verfügung von Todes wegen zu empfehlen.[70] Die konkrete Ausgestaltung dieser Rechte hat auch Bedeutung für die einkommenssteuerliche Bewertung des Nießbrauchs, insbesondere für die Frage, ob der Nießbraucher als Mitunternehmer angesehen wird.[71] Allein aus diesem Grunde ist die Hinziehung eines Steuerberaters hier unerlässlich!

132 Darüber hinaus ist zu regeln, ob der Nießbrauch auch die bei der Gesellschaft bestehenden Darlehens- und Verrechnungskonten sowie ein etwaiges Sonderbetriebsvermögen erfasst[72] und ob sich der Nießbrauch bei einer Erhöhung des Festkapitals auch auf den Erhöhungsbetrag erstreckt, ferner als Folgenießbrauch auf die Surrogate des Gesellschaftsanteils, namentlich die Abfindung bei Ausscheiden des Gesellschafters und das Auseinandersetzungsguthaben bei Auflösung der Gesellschaft.[73]

133 ▶ **Muster: Echter Nießbrauch an Gesellschaftsanteilen ohne Vollrechtsübertragung**

Ich ordne hiermit folgendes Vermächtnis an, welches unverzüglich nach meinem Tode von meinen Erben zu erfüllen ist:

...,

geboren am ...,

wohnhaft ...,

– nachstehend »Vermächtnisnehmer« genannt –

erhält das lebenslängliche und unentgeltliche Nießbrauchsrecht an meinem Gesellschaftsanteil an der im Handelsregisters des Amtsgerichts ... unter HRA ... eingetragenen Gesellschaft mit der Firma ...

Der Nießbrauch erfasst auch die bei der Gesellschaft bestehenden Darlehens- und Verrechnungskonten und erstreckt sich auf alle Surrogate des Gesellschaftsanteils, insbesondere die Abfindung, sofern der Gesellschafter aus der Gesellschaft ausscheidet, sowie auf das auf ihn entfallende Auseinander-

---

68 Vgl. *Kruse*, RNotZ 2002, 69, 71 m. w. N.; *Frank*, MittBayNot 2010, 96, 97.
69 Vgl. im einzelnen *Kruse*, RNotZ 2002, 69, 72 f.; Nieder/Kössinger/*Kössinger*, § 10 Rn. 178 m. w. N.
70 Vgl. *Kruse*, RNotZ, 2002, 69, 74 ff.; *Frank*, MittBayNot 2010, 96, 99 f; Münchener Vertragshandbuch/*Schmidt-Husson*, Band 1, Anmerkungen 7 bis 10 zu Muster II. 10.
71 Vgl. *Frank*, MittBayNot, 2010, 96, 102.
72 Vgl. *Frank*, MittBayNot 2010, 96, 96 f.
73 Vgl. *Kruse*, RNotZ, 2002, 69, 79 ff.; *Frank*, MittBayNot 2010, 96, 99 f; Münchener Vertragshandbuch/*Schmidt-Husson*, Band 1, Anmerkung 5 zu Muster II. 10.

setzungsguthaben bei Auflösung der Gesellschaft. Das gleiche gilt, sofern sich der Gesellschaftsanteil durch Erhöhung des Festkapitalanteils – gleich ob aus Gesellschaftsmitteln oder durch Einlage – erhöht, für den erhöhten Gesellschaftsanteil, bei Erhöhung durch Bareinlage jedoch nur, wenn der Vermächtnisnehmer zunächst zur Freistellung des Gesellschafters die Einlageverpflichtung erfüllt. Stellt der Nießbraucher den Gesellschafter auf diese Weise frei, ist ihm die Einlage nach Beendigung des Nießbrauchs zinslos zu erstatten. Ein etwaiges Sonderbetriebsvermögen wird vom Nießbrauch demgegenüber nicht erfasst.

Die Stimm- und sonstigen Verwaltungsrechte aus dem Gesellschaftsanteil verbleiben dem Gesellschafter. Bei der Ausübung des Stimmrechts ist er jedoch an die Weisungen des Nießbrauchers gebunden, soweit Beschlüsse gemäß § 1071 BGB die Rechtsstellung des Nießbrauchers beeinträchtigen können. Der Gesellschafter ist verpflichtet, dem Nießbrauchers auf dessen jederzeitige Anforderung umfassend Auskunft über die Angelegenheiten der Gesellschaft zu erteilen.

Entgegen der §§ 1067 Abs. 1 S. 1, 1975 Abs. 2 BGB hat der Vermächtnisnehmer bei Beendigung des Nießbrauchs keinen Wertersatz für an ihn ausgeschüttete Gewinne zu leisten. Im übrigen gelten für den Nießbrauch die gesetzlichen Bestimmungen.

Ansprüche des Nießbrauchers aus diesem Nießbrauch verjähren in dreißig Jahren ab dem gesetzlichen Verjährungsbeginn.

(Ggf.) Etwaige Pflichtteilslasten hat der Vermächtnisnehmer entgegen § 2318 BGB nicht zu tragen.

Sämtliche mit der Erfüllung des Vermächtnisses anfallenden Kosten und Steuern trägt der Vermächtnisnehmer.

Das Vermächtnis entfällt, wenn sich der Gegenstand nicht in meinem Nachlass befindet (§ 2169 Abs. 1 BGB). Eine vorübergehende Unmöglichkeit der Leistung zum Zeitpunkt des Erbfalles steht der Gültigkeit des Vermächtnisses nicht entgegen (§ 2171 Abs. 2 BGB).

(Alt. 1) Sollte der Vermächtnisnehmer vorversterben oder aus einem anderen Grunde als Vermächtnisnehmer ausscheiden, entfällt das Vermächtnis ersatzlos.

(Alt. 2) Ersatzvermächtnisnehmer ist .../sind die leiblichen/ehelichen Abkömmlinge des Vermächtnisnehmers entsprechend den Regeln über die gesetzliche Erbfolge.

Der Notar hat darauf hingewiesen, dass die Bestellung eine Nießbrauchs an Gesellschaftsanteilen nur möglich ist, wenn dies im Gesellschaftsvertrag zugelassen ist oder alle übrigen Gesellschafter der Nießbrauchsbestellung zustimmen. Sofern eine Zustimmung erforderlich ist, hat er geraten, diese bereits jetzt einzuholen. Hiermit wird der Notar jedoch ausdrücklich nicht beauftragt.

134 Ähnlich wie beim Einzelunternehmen kann der Nießbrauch nach wohl herrschender, wenn auch umstrittener Meinung, auch bei Gesellschaftsanteilen im Wege des sog. **Ertragsnießbrauchs** auf den bloßen Gewinnanspruch reduziert werden, ohne dass der Nießbraucher den Gewinn bei Beendigung des Nießbrauchs wieder herausgeben müsste.[74] Auch hier ist zu regeln, ob sich der Nießbrauch bei Erhöhung der Beteiligung auch auf den erhöhten Kapitalanteil bezieht und ob sich der Nießbrauch an Surrogaten des Gesellschaftsanteils wie der Abfindung des Gesellschafters bei dessen Ausscheiden aus der Gesellschaft bzw. dem Auseinandersetzungsguthaben bei Auflösung der Gesellschaft fortsetzt.

135 Im Unterschied zum Echten Nießbrauch bedarf die Bestellung des Ertragsnießbrauchs gemäß § 717 S. 2 BGB weder einer Grundlage im Gesellschaftsvertrag noch der Zustimmung der übrigen Gesellschafter. Da dem Nießbraucher beim Ertragsnießbrauch keinerlei Verwaltungsrechte zustehen, kann er auf die Ausschüttungspolitik der Gesellschafter jedoch keinen Einfluss nehmen, so dass der Ertragsnießbrauch, insbesondere wenn die Gewinne aufgrund Gesellschafterbeschlusses weitgehend thesauriert werden, wirtschaftlich ins Leere laufen kann.[75]

---

74 Vgl. zum Streitstand Nieder/Kössinger/*Kössinger*, § 10 Rn. 180 m. w. N. und *Kruse*, RNotZ 2002, 69, 72 m. w. N.
75 *Kruse*, RNotZ 2002, 69, 71 f.

Kapitel 4 Zuwendung einzelner Nachlassgegenstände

136 ▶ **Muster: Ertragsnießbrauch an Gesellschaftsanteilen**

Ich ordne hiermit folgendes Vermächtnis an, welches unverzüglich nach meinem Tode von meinen Erben zu erfüllen ist:

...,

geboren am ...,

wohnhaft ...,

– nachstehend »Vermächtnisnehmer« genannt –

erhält das lebenslängliche und unentgeltliche Nießbrauchsrecht an meinem Gesellschaftsanteil an der im Handelsregisters des Amtsgerichts ... unter HRA ... eingetragenen Gesellschaft mit der Firma ..., und zwar dergestalt, dass der Nießbrauch ausschließlich auf den steuerlichen Gewinn des Gesellschaftsanteils gerichtet ist (Ertragsnießbrauch).

Der Nießbrauch erstreckt sich auch auf alle Surrogate des Gesellschaftsanteils, insbesondere die Abfindung, sofern der Gesellschafter aus der Gesellschaft ausscheidet, sowie auf das auf ihn entfallende Auseinandersetzungsguthaben bei Auflösung der Gesellschaft. Das gleiche gilt, sofern sich der Gesellschaftsanteil durch Erhöhung des Festkapitalanteils – gleich ob aus Gesellschaftsmitteln oder durch Einlage – erhöht, für den erhöhten Gesellschaftsanteil (ggf.), bei Erhöhung durch Bareinlage jedoch nur, wenn der Vermächtnisnehmer zunächst zur Freistellung des Gesellschafters die Einlageverpflichtung erfüllt. Stellt der Nießbraucher den Gesellschafter auf diese Weise frei, ist ihm die Einlage nach Beendigung des Nießbrauchs zinslos zu erstatten.

Entgegen der §§ 1067 Abs. 1 S. 1, 1975 Abs. 2 BGB hat der Vermächtnisnehmer bei Beendigung des Nießbrauchs keinen Wertsatz für an ihn ausgeschüttete Gewinne zu leisten. Im übrigen gelten für den Nießbrauch die gesetzlichen Bestimmungen.

Ansprüche des Nießbrauchers aus diesem Nießbrauch verjähren in dreißig Jahren ab dem gesetzlichen Verjährungsbeginn.

(Ggf.) Etwaige Pflichtteilslasten hat der Vermächtnisnehmer entgegen § 2318 BGB nicht zu tragen.

Sämtliche mit der Erfüllung des Vermächtnisses anfallenden Kosten und Steuern trägt der Vermächtnisnehmer.

Das Vermächtnis entfällt, wenn sich der Gegenstand nicht in meinem Nachlass befindet (§ 2169 Abs. 1 BGB). Eine vorübergehende Unmöglichkeit der Leistung zum Zeitpunkt des Erbfalles steht der Gültigkeit des Vermächtnisses nicht entgegen (§ 2171 Abs. 2 BGB).

(Alt. 1) Sollte der Vermächtnisnehmer vorversterben oder aus einem anderen Grunde als Vermächtnisnehmer ausscheiden, entfällt das Vermächtnis ersatzlos.

(Alt. 2) Ersatzvermächtnisnehmer ist .../sind die leiblichen/ehelichen Abkömmlinge des Vermächtnisnehmers entsprechend den Regeln über die gesetzliche Erbfolge.

137 Neben dem Echten Nießbrauch an Gesellschaftsanteilen und dem Ertragsnießbrauch wird als weitere Variante ein Nießbrauch am sogenannten **Gewinnstammrecht** diskutiert. Der Bundesgerichtshof hat bisher offen gelassen, ob ein solcher Nießbrauch überhaupt zulässig ist, in der Literatur ist diese Frage heftig umstritten.[76] In der Kautelarpraxis sollte aufgrund dieser unsicheren Rechtslage von der Bestellung eines Nießbrauchs am Gewinnstammrecht abgesehen werden.

h) Nießbrauch an GmbH-Anteilen

138 Beim Nießbrauch an GmbH-Anteilen ist ebenso wie bei Personengesellschaften zwischen dem sogenannten Echten Nießbrauch und dem bloßen Ertragsnießbrauch zu differenzieren.

---

[76] Vgl. Nieder/Kössinger/*Kössinger*, § 10 Rn. 181 m. w. N.; *Kruse*, RNotZ 2002, 69, 72 m. w. N.

Sowohl der **Echte Nießbrauch** als auch der **Ertragsnießbrauch** sind Nießbrauch an einem Recht i. S. d. §§ 1068 ff. BGB; der Vertrag, mit welchem das Vermächtnis eines Echten Nießbrauchs erfüllt wird, bedarf daher gemäß § 1069 Abs. 1 BGB i. V. m. § 15 Abs. 3 GmbHG der notariellen Beurkundung. Die Erfüllung eines Ertragsnießbrauchsvermächtnisses ist demgegenüber formfrei möglich, weil die Abtretung des Gewinnanspruchs formfrei möglich ist. 139

Da Geschäftsanteile gemäß § 15 Abs. 1 GmbHG frei veräußerlich sind, bedarf auch die Bestellung eines Echten Nießbrauchs an Geschäftsanteilen von Gesetzes wegen weder der **Zustimmung** der **Gesellschafter** noch jener der **Gesellschaft**. § 15 Abs. 1 GmbHG kann und wird jedoch regelmäßig gesellschaftsvertraglich abbedungen, indem die Bestellung eines Nießbrauchs an die Zustimmung der übrigen Gesellschafter und/oder der Gesellschaft gebunden wird. Eine **Vinkulierungsklausel**, die nicht allgemein die Verfügung über einen Geschäftsanteil für zustimmungsbedürftig erklärt, sondern gemäß § 15 Abs. 5 GmbH nur die Abtretung eines Geschäftsanteils, ist nach h. M. erweiternd dahingehend auszulegen, dass auch die Nießbrauchsbestellung zustimmungsbedürftig ist.[77] 140

Anders als bei Personengesellschaften ist bei Gesellschaften mit beschränkter Haftung die ganz h. M. darüber einig, dass dem Nießbraucher auch beim Echten Nießbrauch nur **Vermögensrechte** an dem Geschäftsanteil zufallen, während alle **Verwaltungsrechte** beim Gesellschafter verbleiben; insbesondere das Stimmrecht wird somit allein vom Gesellschafter ausgeübt. Diese Rechtsstellung des Gesellschafters kann im **Außenverhältnis** gegenüber der Gesellschaft auch vertraglich nicht beschränkt werden. Nur im **Innenverhältnis** gegenüber dem Nießbraucher bedarf der Gesellschafter gemäß § 1071 BGB für solche Gesellschafterbeschlüsse der Zustimmung des Nießbrauchers, welche dessen Stellung beeinträchtigen würden. Weitergehende Vereinbarungen zugunsten des Nießbrauchers wie Stimmrechtsvollmachten u. ä. sind schuldrechtlich im Verhältnis zwischen Gesellschafter und Nießbraucher möglich. Wegen der im Außenverhältnis nicht einschränkbaren Rechtsmacht des Gesellschafters führen Verstöße gegen Mitwirkungsrechte des Nießbrauchers jedoch nicht zur Unwirksamkeit der Verwaltungsakte des Gesellschafters, sondern begründen allenfalls **Sekundäransprüche** des Nießbrauchers gegenüber dem Gesellschafter.[78] 141

Unstrittig steht dem Nießbraucher der auf ihn entfallende Anteil des qua Gewinnverwendungsbeschlusses auszuschüttenden Jahresgewinnes (Gewinnanspruch) zu,[79] ausdrücklich sollte jedoch geregelt werden, ob sich die Nießbrauchsbestellung auf Surrogate des Geschäftsanteils wie Abfindungen und Auseinandersetzungsguthaben erstreckt und wie sich eine Kapitalerhöhung auf den Nießbrauch auswirkt.[80] 142

Insbesondere wegen der unterschiedlichen einkommensteuerlichen Konsequenzen eines Nießbrauchs an Geschäftsanteilen, je nach Ausgestaltung, ist die Zuziehung eines Steuerberaters bei den Gestaltungsüberlegungen unerlässlich.[81] 143

▶ **Muster: Echter Nießbrauch an Geschäftsanteilen** 144

Ich ordne hiermit folgendes Vermächtnis an, welches unverzüglich nach meinem Tode von meinen Erben zu erfüllen ist:

...,

geboren am ...,

wohnhaft ...,

---

77 *Barry*, RNotZ 2014, 401, 406 m. w. N.; Nieder/Kössinger/*Kössinger*, § 10 Rn. 186 m. w. N.
78 Vgl. *Barry*, RNotZ 2014, 401, 409 ff.; Nieder/Kössinger/*Kössinger*, § 10 Rn. 184 m. w. N.
79 Durch Thesaurierungsbeschlüsse können die Gesellschafter den Nießbrauch daher aushöhlen vgl. dazu *Barry*, RNotZ, 2014, 401, 409 m. w. N.
80 Vgl. Scholz/Winter/*Seibt*, GmbHG, § 15 Rn. 215 f. m. w. N.; Nieder/Kössinger/*Kössinger*, § 10 Rn. 185 f.
81 Vgl. *Frank*, MittBayNot 2010, 96, 102 f. m. w. N.; *Barry*, RNotZ 2014, 401, 402 ff. m. w. N.

– nachstehend »Vermächtnisnehmer« genannt –

erhält das lebenslängliche und unentgeltliche Nießbrauchsrecht an meinen Geschäftsanteilen (Nr. ... bis ...) im Nennbetrag von insgesamt € ... an der im Handelsregisters des Amtsgerichts ... unter HRB ... eingetragenen Gesellschaft mit der Firma ... GmbH.

Der Nießbrauch erstreckt sich auch auf alle Surrogate der Geschäftsanteile, insbesondere die Abfindung, sofern der Gesellschafter aus der Gesellschaft ausscheidet, sowie auf das auf ihn entfallende Auseinandersetzungsguthaben bei Auflösung der Gesellschaft. Das gleiche gilt bei Erhöhung des Stammkapitals aus Gesellschaftsmitteln für die neuen bzw. aufgestockten Geschäftsanteile.

Bei der Ausübung des Stimmrechts ist der Gesellschafter an die Weisungen des Nießbrauchers gebunden, soweit Beschlüsse gemäß § 1071 BGB die Rechtsstellung des Nießbrauchers beeinträchtigen können. Der Gesellschafter ist verpflichtet, dem Nießbrauchers auf dessen jederzeitige Anforderung umfassend Auskunft über die Angelegenheiten der Gesellschaft zu erteilen.

Entgegen der §§ 1067 Abs. 1 S. 1, 1975 Abs. 2 BGB hat der Vermächtnisnehmer bei Beendigung des Nießbrauchs keinen Wertersatz für an ihn ausgeschüttete Gewinne zu leisten. Im übrigen gelten für den Nießbrauch die gesetzlichen Bestimmungen.

Ansprüche des Nießbrauchers aus diesem Nießbrauch verjähren in dreißig Jahren ab dem gesetzlichen Verjährungsbeginn.

(Ggf.) Etwaige Pflichtteilslasten hat der Vermächtnisnehmer entgegen § 2318 BGB nicht zu tragen.

Sämtliche mit der Erfüllung des Vermächtnisses anfallenden Kosten und Steuern trägt der Vermächtnisnehmer.

Das Vermächtnis entfällt, wenn sich der Gegenstand nicht in meinem Nachlass befindet (§ 2169 Abs. 1 BGB). Eine vorübergehende Unmöglichkeit der Leistung zum Zeitpunkt des Erbfalles steht der Gültigkeit des Vermächtnisses nicht entgegen (§ 2171 Abs. 2 BGB).

(Alt. 1) Sollte der Vermächtnisnehmer vorversterben oder aus einem anderen Grunde als Vermächtnisnehmer ausscheiden, entfällt das Vermächtnis ersatzlos.

(Alt. 2) Ersatzvermächtnisnehmer ist .../sind die leiblichen/ehelichen Abkömmlinge des Vermächtnisnehmers entsprechend den Regeln über die gesetzliche Erbfolge.

Der Notar hat darauf hingewiesen, dass die Bestellung eine Nießbrauchs an Geschäftsanteilen gesellschaftsvertraglich an die Zustimmung insbesondere der Gesellschafter und/oder der Gesellschaft gebunden werden kann. Dies gilt selbst dann, wenn nach dem Wortlaut des Gesellschaftsvertrages nur die Abtretung von Geschäftsanteilen zustimmungsbedürftig ist. Sofern hiernach eine Zustimmung erforderlich ist, hat er geraten, diese bereits jetzt einzuholen. Hiermit wird der Notar jedoch ausdrücklich nicht beauftragt.

145 Bedarf die Bestellung des Nießbrauchs nach der Satzung der Gesellschaft der Zustimmung der Gesellschafter und/oder der Gesellschaft und ist diese möglicherweise nicht zu erlangen, bietet sich an, auf die Bestellung eines bloßen **Ertragsnießbrauchs**, d. h., einem Nießbrauch am Gewinnanspruch auszuweichen. Dieser unterfällt nicht den satzungsmäßigen Vinkulierungsbestimmungen, gewährt dem Nießbraucher im Vergleich zum Echten Nießbrauch jedoch eine schwächere Stellung, weil ihm selbst im Innenverhältnis gegenüber dem Gesellschafter keinerlei gesellschaftsrechtliche Mitwirkungsrechte zustehen, insbesondere kann er auf Gesellschafterbeschlüsse namentlich den Gewinnverwendungsbeschluss keinerlei Einfluss nehmen. Bei weitgehender Thesaurierung der Gewinne läuft der Ertragsnießbrauch daher wirtschaftlich ins Leere. Die Erstreckung des Nießbrauchs auf Surrogate und auf neue bzw. aufgestockte Geschäftsanteile bei Erhöhung des Stammkapitals ist auch hier ausdrücklich zu regeln.

▶ **Muster: Ertragsnießbrauch an Geschäftsanteilen** 146

Ich ordne hiermit folgendes Vermächtnis an, welches unverzüglich nach meinem Tode von meinen Erben zu erfüllen ist:

...,

geboren am ...,

wohnhaft ...,

– nachstehend »Vermächtnisnehmer« genannt –

erhält das lebenslängliche und unentgeltliche Nießbrauchsrecht an meinen Geschäftsanteilen (Nr. ... bis ...) an der im Handelsregisters des Amtsgerichts ... unter HRB ... eingetragenen Gesellschaft mit der Firma ... GmbH, und zwar dergestalt, dass der Nießbrauch ausschließlich auf den Gewinnanspruch gerichtet ist (Ertragsnießbrauch).

Der Nießbrauch erstreckt sich auch auf alle Surrogate der Geschäftsanteile, insbesondere die Abfindung, sofern der Gesellschafter aus der Gesellschaft ausscheidet, sowie auf das auf ihn entfallende Auseinandersetzungsguthaben bei Auflösung der Gesellschaft. Das gleiche gilt bei Erhöhung des Stammkapitals aus Gesellschaftsmitteln für die neuen bzw. aufgestockten Geschäftsanteile.

Entgegen der §§ 1067 Abs. 1 S. 1, 1975 Abs. 2 BGB hat der Vermächtnisnehmer bei Beendigung des Nießbrauchs keinen Wertersatz für an ihn ausgeschüttete Gewinne zu leisten. Im übrigen gelten für den Nießbrauch die gesetzlichen Bestimmungen.

Ansprüche des Nießbrauchers aus diesem Nießbrauch verjähren in dreißig Jahren ab dem gesetzlichen Verjährungsbeginn.

(Ggf.) Etwaige Pflichtteilslasten hat der Vermächtnisnehmer entgegen § 2318 BGB nicht zu tragen.

Sämtliche mit der Erfüllung des Vermächtnisses anfallenden Kosten und Steuern trägt der Vermächtnisnehmer.

Das Vermächtnis entfällt, wenn sich der Gegenstand nicht in meinem Nachlass befindet (§ 2169 Abs. 1 BGB). Eine vorübergehende Unmöglichkeit der Leistung zum Zeitpunkt des Erbfalles steht der Gültigkeit des Vermächtnisses nicht entgegen (§ 2171 Abs. 2 BGB).

(Alt. 1) Sollte der Vermächtnisnehmer vorversterben oder aus einem anderen Grunde als Vermächtnisnehmer ausscheiden, entfällt das Vermächtnis ersatzlos.

(Alt. 2) Ersatzvermächtnisnehmer ist .../sind die leiblichen/ehelichen Abkömmlinge des Vermächtnisnehmers entsprechend den Regeln über die gesetzliche Erbfolge.

5. Wohnungsrechtsvermächtnis

Ebenso wie der Nießbrauch an Grundbesitz entsteht (Erfüllungsgeschäft) auch ein Wohnungsrecht 147 (§ 1093 BGB) als besondere Form der beschränkten persönlichen Dienstbarkeit gemäß § 873 Abs. 1 BGB durch Einigung von Eigentümer und Berechtigtem sowie Eintragung der Rechtsänderung im Grundbuch, die gemäß § 19 GBO vom Eigentümer in öffentlich-beglaubigter Form zu bewilligen ist. Die Eintragung des Wohnungsrechts im Grundbuch kann erst nach dem Vermächtnisanfall erfolgen. Um den Wohnungsberechtigten hierbei nicht von der Mitwirkung des Eigentümers abhängig zu machen, was bei zu erwartenden Spannungen oder größeren und daher oder aus anderen Gründen möglicherweise handlungsunfähigen Erbengemeinschaften vermieden werden sollte, kann der Erblasser die Eintragung bereits in der letztwilligen Verfügung von Todes wegen bewilligen, die zu diesem Zwecke zumindest einer öffentlichen Beglaubigung bedarf. Die Bewilligung ist für die Erben gemäß der §§ 130 Abs. 2, 873 Abs. 2 BGB bindend, bei einer notariellen und mithin beurkundeten Verfügung von Todes bereits mit dem Erbfall, bei einer eigenhändigen, öffentlich beglaubigten Verfügung von Todes wegen zu dem Zeitpunkt, zu welchem der Wohnungsberechtigte gemäß § 13

Kapitel 4 Zuwendung einzelner Nachlassgegenstände

GBO den Antrag auf Eintragung des Wohnungsrechts beim Grundbuchamt stellt.[82] Alternativ kann der Wohnungsberechtigte zum **Testamentsvollstrecker** mit der einzigen Aufgabe ernannt werden, die Eintragung des Wohnungsrechts im Grundbuch zu bewirken.

148 Die Rechtsstellung des Wohnungsberechtigten bleibt hinter jener eines Nießbrauchers zurück, weil ihm nicht umfassend die Nutzungen der Sache zugewiesen werden, er ist vielmehr nur berechtigt, den Grundbesitz selbst zu bewohnen und – gemäß § 1093 Abs. 2 BGB – seine Familie sowie die zur standesgemäßen Bedienung und Pflege erforderlichen Personen in die Wohnung aufzunehmen. Eine **Überlassung an Dritte** zum selbständigen Wohnen ist gemäß § 1092 Abs. 1 S. 2 BGB nur zulässig, wenn dies vom Eigentümer gestattet ist.

149 Gegenstand eines Wohnungsrechts kann nur ein Grundbesitz mit aufstehendem Wohngebäude oder eine Eigentumswohnung sein, nicht jedoch ein ideeller Miteigentumsanteil.[83] Anders als ein Nießbrauchsrecht kann ein Wohnungsrecht jedoch an **realen Teilen eines Gebäudes**, beispielsweise einer einzelnen Wohnung oder auch nur an einzelnen Zimmern im Wege einer Beschränkung des Ausübungsbereichs der Dienstbarkeit bestellt werden.[84] Eine Erstreckung auf unbebaute Grundstücksteile wie Gärten und Zufahrten sowie auf nicht zu Wohnzwecken dienende Gebäulichkeiten, insbesondere Garagen ist zwar zulässig, jedoch nur, wenn das Wohnen Hauptzweck bleibt und die Benutzung der Nebenanlagen hauptsächlich im Rahmen dieses Hauptzwecks erfolgt.[85] **Belastungsgegenstand** kann daher auch nur das Flurstück sein, auf welchem das dem Wohnzweck dienende Gebäude aufsteht, nicht jedoch Nachbarparzellen, selbst wenn sich beispielsweise der zum Gebäude gehörende Garten oder die Zufahrt auf diese erstreckt.[86] Soll dem Berechtigten auch hieran ein Nutzungsrecht gewährt werden, bedarf es ebenso wie für alle sonstigen Nutzungsrechte, die über den vorstehend skizzierten Rahmen eines Wohnungsrechts hinausgehen, der Bestellung einer weiteren Benutzungsdienstbarkeit in Form einer beschränkten persönlichen Dienstbarkeit gemäß § 1090 BGB.

150 Wird das Wohnungsrecht nicht auf Nebenanlagen erstreckt, folgt aus seinem Zweck, dass zumindest die Mitbenutzung unbebauter Grundstücksteile, ohne die das Wohnungsrecht nicht ausgeübt werden kann, insbesondere von Zugangswegen sowie Ver- und Entsorgungsanlagen zulässig ist.[87] Darüber hinaus kann dem Wohnungsberechtigten gemäß § 1093 Abs. 3 BGB ein Mitbenutzungsrecht an zum gemeinschaftlichen Gebrauch der Bewohner bestimmten Anlagen und Einrichtungen gewährt werden.

151 ▶ **Muster: Wohnungsrechtsvermächtnis**

Ich, ..., ordne hiermit folgendes Vermächtnis an, welches unverzüglich nach meinem Tode von meinen Erben zu erfüllen ist:

...,

geboren am ...,

wohnhaft ...,

– nachfolgend »Vermächtnisnehmer« oder »Berechtigter« genannt –,

[– mehrere als Gesamtberechtigte gemäß § 428 BGB –] ... erhält/erhalten ein Wohnungsrecht nach Maßgabe der folgenden Bestimmungen:
1. Der Berechtigte kann auf Lebenszeit unter Ausschluss des jeweiligen Eigentümers (Alt. 1) die Wohnung im ... geschoss (Alt. 2) sämtliche Räume (Alt. 3) folgende Räume des in meinem Alleineigen-

---

82 Vgl. Nieder/Kössinger/*Kössinger*, § 10 Rn. 161 Fn. 555 m. w. N.
83 *Kraus*, Vermögensnachfolge in der Praxis, Rn. 1352.
84 Palandt/*Bassenge*, § 1093 Rn. 6 m. w. N.; *Krauß*, Vermögensnachfolge in der Praxis, Rn. 1357.
85 Palandt/*Bassenge*, § 1093 BGB, Rn. 3. m. w. N.
86 *Schöner/Stöber*, Grundbuchrecht, Rn. 1242.
87 MünchKommBGB/*Joost*, § 1093 Rn. 6; *Krauß*, Vermögensnachfolge in der Praxis, Rn. 1358.

tum stehenden Hausgrundbesitzes ... – eingetragen im Grundbuch des Amtsgerichts ... von ..., Blatt ..., Flur ..., Flurstück ..., Hof- und Gebäudefläche, ..., groß ... m² – benutzen: ...

2. Der Berechtigte hat weiterhin auf Lebenszeit das Recht zur Mitbenutzung der zum gemeinschaftlichen Gebrauch bestimmten Räumlichkeiten und Anlagen, insbesondere (opt.) des Kellers (opt.) und des Speichers (opt.) sowie von Hof und Garten.
3. Die Ausübung des Wohnungsrechtes kann Dritten (ggf.) nicht überlassen werden.
4. Das Wohnungsrecht erlischt, wenn der Berechtigte es voraussichtlich auf Dauer nicht mehr ausüben kann und die Wohnung deshalb endgültig verlässt. Eine Geldrente oder sonstige Entschädigung erhält er in diesem Falle nicht.
5. Schuldrechtlich wird folgendes vereinbart:
(Alt. 1 unentgeltlich) Das Wohnungsrecht ist unentgeltlich.
(Alt. 2: entgeltlich) Das Wohnungsrecht ist entgeltlich; solange er das Wohnungsrecht tatsächlich ausübt, hat der Berechtigte – mehrere als Gesamtschuldner haftend – hierfür an den Eigentümer monatlich einen Betrag in Höhe von € ... (in Worten: Euro ...) zu entrichten, und zwar jeweils bis zum 3. Werktag eines Monats, erstmals in dem Monat, der auf meinen Tod folgt. (Ggf.) Für den Fall, dass sich die Mieten für vergleichbare Wohnungen gemäß dem örtlichen Mietspiegel ... um mehr als ... v. H. (in Worten: ... von Hundert) gegenüber dem Stand heute verändern sollten, kann jeder Beteiligte mit Wirkung für die Zukunft eine entsprechende Neufestsetzung des Entgeltes verlangen.
Der Berechtigte trägt, solange er das Wohnungsrecht tatsächlich ausübt, (ggf.) ferner sämtliche in der Wohnung anfallenden Betriebskosten i. S. d. § 556 Abs. 1 BGB, die, soweit nicht gesondert abgerechnet, gemäß der Verordnung über die verbrauchsabhängige Abrechnung der Heiz- und Warmwasserkosten und im übrigen gemäß § 556a Abs. 1 BGB vom Eigentümer entsprechend § 556 Abs. 3 BGB abgerechnet werden.
Der Berechtigte übernimmt auf seine Kosten und zur Freistellung des Eigentümers die während der Ausübung des Wohnungsrechts in der Wohnung anfallenden Schönheitsreparaturen, ebenso die Ausführung von Bagatellinstandhaltungen (ggf.) sowie die Gartenpflege (ggf.) und die Verkehrssicherungspflichten. Im Übrigen ist der Eigentümer verpflichtet.
Während der Dauer des Wohnungsrechts ist der Eigentümer ohne Zustimmung des Berechtigten nicht berechtigt, Grundpfandrechte im Rang vor dem Wohnungsrecht neu zu valutieren. Soweit diese nicht mehr valutieren, ist der Eigentümer verpflichtet, auf Verlangen des Berechtigten die Löschung auf seine Kosten zu besorgen.
Ansprüche des Berechtigten aus diesem Wohnungsrecht verjähren in dreißig Jahren ab dem gesetzlichen Verjährungsbeginn.

(Ggf.) Etwaige Pflichtteilslasten hat der Vermächtnisnehmer entgegen § 2318 BGB nicht zu tragen.

Sämtliche mit der Erfüllung des Vermächtnisses anfallenden Kosten und Steuern trägt der Vermächtnisnehmer.

Auf Verlangen des Berechtigten sind die Erben zur Eintragung des vorstehend vermachten Wohnungsrechtes zugunsten des Berechtigen [– bei mehreren als Gesamtberechtigte gemäß § 428 BGB –] mit dem zu 1. bis 4. geregelten Inhalt im Grundbuch verpflichtet, und zwar im Rang nach den bei meinem Tode im Grundbuch eingetragenen Belastungen, bei Grundpfandrechten jedoch nur, sofern diese noch valutieren.

Da dieses Wohnungsrecht der langfristigen persönlichen Versorgung dient, sind die Erben im Falle einer Veräußerung des Grundbesitzes verpflichtet, die vorstehend auferlegten schuldrechtlichen Verpflichtungen dem späteren Erwerber aufzuerlegen, und zwar mit der Maßgabe, dass der jeweilige Erwerber dem Berechtigten in gleicher Weise verpflichtet bleibt.

Das Vermächtnis entfällt, wenn sich die Wohnung nicht in meinem Nachlass befindet (§ 2169 Abs. 1 BGB). Eine vorübergehende Unmöglichkeit der Leistung zum Zeitpunkt des Erbfalles steht der Gültigkeit des Vermächtnisses nicht entgegen (§ 2171 Abs. 2 BGB).

(Alt. 1) Sollte der Vermächtnisnehmer vorversterben oder aus einem anderen Grunde als Vermächtnisnehmer ausscheiden, entfällt das Vermächtnis ersatzlos.

(Alt. 2) Ersatzvermächtnisnehmer ist .../sind die leiblichen/ehelichen Abkömmlinge des Vermächtnisnehmers entsprechend den Regeln über die gesetzliche Erbfolge.

6. Gattungsvermächtnis

152 Gemäß § 2155 Abs. 1 S. 1 BGB hat der Erblasser die Möglichkeit, dem Bedachten kein konkretes Stück, sondern nur einen der Gattung nach bestimmten Gegenstand zukommen lassen. Hierbei kann es sich sowohl um **Rechte** als auch um vertretbare (12 Flaschen Rotwein) oder unvertretbare **Sachen** (1 Ölgemälde) handeln.[88]

153 Da § 2169 BGB nur auf Stückvermächtnisse anwendbar ist, muss der der Gattung nach bestimmte Gegenstand im Grundsatz nicht Bestandteil des Nachlasses sein. Der Erblasser ist im Wege eines sog. beschränkten Gattungsvermächtnisses jedoch berechtigt, die Gattungsschuld auf den Nachlass zu beschränken, was zumeist gewollt sein dürfte.[89]

154 In Abweichung von § 243 Abs. 1 BGB ist beim Gattungsvermächtnis keine Sache von mittlerer Art und Güte, sondern gemäß § 2155 Abs. 1 BGB eine den Verhältnissen des Bedachten entsprechende Sache zu leisten. Ob die Sache von dem Beschwerten, dem Bedachten oder einem Dritten (vgl. § 2155 Abs. 2 BGB) auszuwählen ist, sollte in der Verfügung von Todes wegen bestimmt werden. Andernfalls hat gemäß § 262 BGB im Zweifel der Beschwerte das Auswahlrecht.[90]

155 Die Haftung für Rechts- und Sachmängel bestimmen sich beim Gattungsvermächtnis nach den §§ 2181, 2182 BGB.[91]

a) Geldvermächtnis

156 Das Geldvermächtnis ist der häufigste Anwendungsfall eines Gattungsvermächtnisses, sofern der Auffassung gefolgt wird, das Geldvermächtnisse als Gattungsvermächtnisse zu qualifizieren sind.[92]

157 Gerade bei Geldvermächtnissen ist von entscheidender Bedeutung und daher unbedingt in der Verfügung von Todes wegen zu regeln, ob dem Vermächtnisnehmer ein **fixer Geldbetrag** zukommen soll, unabhängig davon, ob dieser Betrag im Nachlass vorhanden ist, oder ob die Schuld des Beschwerten i. S. eines beschränkten Gattungsvermächtnisses auf den Nachlass beschränkt sein soll. In letzterem Fall dürfte es häufig sachgerechter sein, keinen Festbetrag zu vermachen, sondern die Betragshöhe qualitativ zu umschreiben, indem das gesamte oder im Wege eines **Quotenvermächtnisses** ein Bruchteil des gesamten tatsächlich im Nachlass vorhandenen Geldvermögens gegebenenfalls nach Abzug aller Erblasser- und Nachlassverbindlichkeiten vermacht wird.[93] Da andere Vermächtnisse und Auflagen selbst auch Nachlassverbindlichkeiten i. S. d. § 1967 BGB sind, ist in der Verfügung von Todes wegen klarzustellen, dass diese bei der Betragsermittlung nicht abgezogen werden sollen.

158 ▶ **Muster: Geldvermächtnis**

Ich, ..., ordne hiermit folgendes Vermächtnis an, welches unverzüglich nach meinem Tode von meinen Erben zu erfüllen ist:

...,

geboren am ...,

wohnhaft ...,

– nachfolgend Vermächtnisnehmer genannt –

erhält

---

[88] Nieder/Kössinger/*Kössinger*, § 9 Rn. 58.
[89] Palandt/*Weidlich*, § 2155 Rn. 1.
[90] MünchKommBGB/*Rudy*, § 2155 Rn. 5 ff.
[91] Einzelheiten dazu bei Nieder/Kössinger/*Kössinger*, § 9 Rn. 59.
[92] Bejahend MünchKommBGB/*Rudy*, § 2155 Rn. 2 m. w. N. auch zur gegenteiligen Auffassung.
[93] Vgl. Nieder/Kössinger/*Kössinger*, § 9 Rn. 51 f.

(Alt. 1: Fixbetrag) einen (ggf.) nicht wertgesicherten Barbetrag in Höhe von € ... (in Worten: Euro ...).

(Alt. 2: gesamtes im Nachlass vorhandenes Geld- und Wertpapiervermögen) das gesamte bei meinem Ableben in bar und auf Konten vorhandene Geld- und Wertpapiervermögen, das nach Abzug aller Erblasser- und Nachlassverbindlichkeiten verbleibt, jedoch ohne Abzug der durch Verfügung von Todes wegen begründeten Nachlassverbindlichkeiten. (Alt. 3. Quote vom im Nachlass vorhandenen Geld- und Wertpapiervermögen) einen Betrag in Höhe von ... v. H. (in Worten: ... vom Hundert) des bei meinem Ableben in bar und auf Konten vorhandenen Geld- und Wertpapiervermögens, das nach Abzug aller Erblasser- und Nachlassverbindlichkeiten verbleibt, jedoch ohne Abzug der durch Verfügung von Todes wegen begründeten Nachlassverbindlichkeiten.

(Ggf.) Die Zahlung soll wie folgt wertgesichert sein: Sollte sich der vom Statistischen Bundesamt in Wiesbaden oder seinem Nachfolgeinstitut für den Monat, welcher dem Monat, in welchem die Zahlung fällig wird, um zwei Monate vorausliegt, festgestellte Verbraucherpreisindex für Deutschland (Basisjahr 2010 = 100) gegenüber dem für den Beurkundungsmonat bestehenden Index geändert haben, so soll sich der von den Erben zu zahlende Betrag in dem gleichen prozentualen Verhältnis ändern.

Sollte künftig der Verbraucherpreisindex durch das Statistische Bundesamt nicht mehr ermittelt werden, so soll eine Wertsicherung an dessen Stelle treten, welche der in dieser Urkunde getroffenen Regelung wirtschaftlich gleichwertig ist.

(Ggf.) Etwaige Pflichtteilslasten hat der Vermächtnisnehmer entgegen § 2318 BGB nicht zu tragen.

Sämtliche mit der Erfüllung des Vermächtnisses anfallenden Kosten und Steuern trägt der Vermächtnisnehmer.

(Alt. 1) Sollte der Vermächtnisnehmer vorversterben oder aus einem anderen Grunde als Vermächtnisnehmer ausscheiden, entfällt das Vermächtnis ersatzlos.

(Alt. 2) Ersatzvermächtnisnehmer ... ist/sind die leiblichen/ehelichen Abkömmlinge des Vermächtnisnehmers entsprechend den Regeln über die gesetzliche Erbfolge.

b) Pflichtteilsvermächtnis

Will der Erblasser einer pflichtteilsberechtigten Person den »Pflichtteil zuwenden«, ist aufzuklären, ob er dieser Person, ohne ihr etwas durch Verfügung von Todes wegen zuzuwenden, überlassen will, gegebenenfalls **Pflichtteilsansprüche** gemäß § 2317 BGB gegen den oder die Erben geltend zu machen, oder ob er ihr ein Geldvermächtnis in Höhe des Pflichtteils zuwenden will.[94] Im ersten Fall ist insoweit keine Regelung in der Verfügung von Todes wegen erforderlich, im zweiten Fall ist der pflichtteilsberechtigten Person ein **Geldvermächtnis** in Höhe des Pflichtteils zuzuwenden.

▶ **Muster: Geldvermächtnis in Höhe des Pflichtteils**

... (wie obiges Muster Geldvermächtnis)

erhält einen Barbetrag in Höhe des gesetzlichen Pflichtteilsanspruchs, welcher dem Vermächtnisnehmer bei meinem Ableben zustünde, wenn ich ihm keinerlei Nachlassvermögen zugewandt hätte.

... (wie obiges Muster Geldvermächtnis))

7. Universalvermächtnis

Vermacht der Erblasser dem Vermächtnisnehmer sein gesamtes oder nahezu sein gesamtes Vermögen, gleich worin es besteht, wird von einem Universalvermächtnis gesprochen.

Da eine solche Verfügung gemäß § 2087 Abs. 1 BGB im Zweifel als Erbeinsetzung auszulegen ist, muss in der Verfügung der **Vermächtnischarakter** zur Klarstellung eindeutig zum Ausdruck kommen.[95]

---

94 Vgl. Nieder/Kössinger/*Kössinger*, § 9 Rn. 53 m. w. N.
95 Nieder/Kössinger/*Kössinger*, § 9 Rn. 48.

Kapitel 4 Zuwendung einzelner Nachlassgegenstände

163 Strittig ist, ob ein Universalvermächtnis auch als Bestimmungsvermächtnis i. S. d. § 2151 BGB ausgestaltet werden kann. Trotz der damit verbundenen Aufweichung der Grenzen des § 2065 Abs. 2 BGB wird dies von der h. M. als zulässig angesehen. Damit bietet sich das Universalvermächtnis als Gestaltungsmittel z. B. bei **Unternehmertestamenten** an, wenn der Unternehmensnachfolger als Bedachter von einem Dritten bestimmt werden und die Grenzen des § 2065 Abs. 2 BGB hin zu § 2151 BGB ausgeweitet werden sollen.[96]

164 Da ein Universalvermächtnis wirtschaftlich betrachtet der Erbeinsetzung gleichkommt, werden hierauf die §§ 2385 Abs. 1, 2378 BGB analog angewandt, so dass der Vermächtnisnehmer auch die Nachlassverbindlichkeiten zu tragen hat.

165 ▶ **Muster: Universalvermächtnis**

Ich, ..., ordne hiermit folgendes Universalvermächtnis an, welches unverzüglich nach meinem Tode von meinen Erben zu erfüllen ist:

...,

geboren am ...,

wohnhaft ...,

– nachfolgend Vermächtnisnehmer genannt –

erhält mein gesamtes Vermögen (opt.) mit Ausnahme von ...

Der Vermächtnisnehmer ist verpflichtet, alle Nachlass- und Erblasserverbindlichkeiten unter Freistellung der Erben zu übernehmen.

Sämtliche mit der Erfüllung des Vermächtnisses anfallenden Kosten und Steuern trägt der Vermächtnisnehmer.

(Alt. 1) Sollte der Vermächtnisnehmer vorversterben oder aus einem anderen Grunde als Vermächtnisnehmer ausscheiden, entfällt das Vermächtnis ersatzlos.

(Alt. 2) Ersatzvermächtnisnehmer ... ist/sind die leiblichen/ehelichen Abkömmlinge des Vermächtnisnehmers entsprechend den Regeln über die gesetzliche Erbfolge.

8. Wahlvermächtnis

166 Bei einem Wahlvermächtnis i. S. d. § 2154 Abs. 1 S. 1 BGB wendet der Erblasser einem Bedachten einen von mehreren zur Auswahl stehenden Gegenständen zu. Er muss daher zunächst die Gegenstände festlegen, aus welchen die Auswahl getroffen werden soll.

167 Ferner kann der Erblasser die **auswahlberechtigte Person** bestimmen; dies kann ein Dritter (vgl. § 2154 Abs. 1 S. 2 BGB), der Beschwerte, aber auch der Bedachte selbst sein. Hat der Erblasser insoweit keine Bestimmung getroffen, gelangen unmittelbar die §§ 262 ff. BGB zur Anwendung; gemäß § 262 BGB steht das Wahlrecht dann dem Beschwerten zu.[97]

168 ▶ **Muster: Wahlvermächtnis**

Ich ordne hiermit folgendes Wahlvermächtnis an, welches unverzüglich nach meinem Tode von meinen Erben zu erfüllen ist:

...,

geboren am ...,

wohnhaft: ...

– nachfolgend Vermächtnisnehmer genannt –

---

96 Nieder/Kössinger/*Kössinger*, § 9 Rn. 49 m. w. N.
97 MünchKommBGB/*Rudy*, § 2154 Rn. 3 f.

erhält eines meiner Ölgemälde. Die Auswahl, welches Gemälde der Vermächtnisnehmer erhält, erfolgt

(Alt. 1) durch diesen selbst.

(Alt. 2) durch

Herrn ..., geboren am ..., wohnhaft: ...

(Ggf.) Etwaige Pflichtteilslasten hat der Vermächtnisnehmer entgegen § 2318 BGB nicht zu tragen.

Sämtliche mit der Erfüllung des Vermächtnisses anfallenden Kosten und Steuern trägt der Vermächtnisnehmer.

Das Vermächtnis entfällt, wenn sich keiner der zur Auswahl stehenden Gegenstände in meinem Nachlass befindet (§ 2169 Abs. 1 BGB). Eine vorübergehende Unmöglichkeit der Leistung zum Zeitpunkt des Erbfalles steht der Gültigkeit des Vermächtnisses nicht entgegen (§ 2171 Abs. 2 BGB).

(Alt. 1) Sollte der Vermächtnisnehmer vorversterben oder aus einem anderen Grunde als Vermächtnisnehmer ausscheiden, entfällt das Vermächtnis ersatzlos.

(Alt. 2) Ersatzvermächtnisnehmer ist.../sind die leiblichen/ehelichen Abkömmlinge des Vermächtnisnehmers entsprechend den Regeln über die gesetzliche Erbfolge.

9. Zweckvermächtnis

Eine weitere Lockerung des Bestimmtheitsgrundsatzes in § 2065 BGB stellt das Zweckvermächtnis i. S. d. § 2156 BGB dar. 169

Danach kann der Erblasser bei der Anordnung eines Vermächtnisses, dessen Zweck er bestimmt hat, die **Bestimmung der Leistung** dem **billigen Ermessen** des Beschwerten oder eines Dritten überlassen. Dem Bedachten kann er das Bestimmungsrecht nach h. M. demgegenüber nicht einräumen.[98] 170

Für ein Zweckvermächtnis ist kennzeichnend, dass der Erblasser in der Verfügung von Todes nur den **Zweck** festlegt, welchen er mit dem Vermächtnis verfolgt, die konkrete **Bestimmung der Leistung**, mit welcher der Zweck erfüllt wird, aber gemäß § 2156 S. 2 i. V. m. § 315 ff. BGB in das **Ermessen** des **Beschwerten** oder eines **Dritten** stellt. Ausreichend ist somit, dass der Erblasser zum Ausdruck bringt, dass er dem Bedachten irgendeinen Vermögenswert zukommen lässt; der Vermächtniszweck muss demgegenüber exakt bezeichnet werden, damit der Bestimmungsberechtigte ausreichende Anhaltspunkte für die Ausübung seines Ermessens hat.[99] 171

Setzen sich Ehegatten wechselseitig zum unbeschränkten und alleinigen Erben ein, wollen jedoch die **erbschaftssteuerlichen Freibeträge** nach dem Erstversterbenden, welche dieser gegenüber den gemeinsamen Kindern hat, nicht ungenützt lassen, bietet sich an, dass der Erstversterbende den Kindern im Wege eines Zweckvermächtnisses Vermögenswerte gleich welcher Art in Höhe des jeweiligen Steuerfreibetrages vermacht und dem überlebenden Ehegatten überlässt, welche konkreten Gegenstände dieser auf die Kinder zur Erfüllung des Vermächtnisses überträgt. Auf diese Weise kann zum Zeitpunkt der Errichtung der Verfügung von Todes wegen nicht absehbaren Veränderungen des Vermögensstruktur und der Lebensumstände der Ehegatten zum Zeitpunkt des Todes des Erstversterbenden optimal Rechnung getragen werden.[100] Noch mehr wirtschaftlichen Freiraum erhält der überlebende Ehegatte, wenn er zu diesem Zwecke berechtigt ist, Vermögenswerte innerhalb einer bestimmten Spanne den Kindern zuzuwenden, er die Höhe der Zuwendung mithin zwischen einem Minimal- und einem Maximalbetrag nach seinem Ermessen, geleitet durch den Zweck der Steuerersparnis auf der einen und seiner eigenen Alterssicherung auf der anderen Seite, frei bestimmen kann. 172

---

98 MünchKommBGB/*Rudy*, § 2156 Rn. 4 m. w. N. auch zur Gegenauffassung.
99 Vgl. MünchKommBGB/*Rudy*, § 2156 Rn. 3.
100 Vgl. Nieder/Kössinger/*Kössinger*, § 9 Rn. 60 m. w. N.

Kapitel 4 Zuwendung einzelner Nachlassgegenstände

173 Da ein solches Zweckvermächtnis das dem überlebenden Ehegatten als Alleinerben und Beschwerten zugewendete Vermögen schmälert, muss ein solches Vermächtnis zumindest insoweit erbvertraglich bindend bzw. wechselbezüglich angeordnet werden, als dem erstversterbenden Ehegatten nur gestattet sein darf, das Vermächtnis einseitig aufzuheben oder zu wertmäßig zu reduzieren, insbesondere jedoch nicht andere Personen als die Kinder an deren Stelle zu bedenken.

174 ▶ **Muster: Zweckvermächtnis des erstversterbenden Ehegatten zugunsten der Kinder mit fixer Vermächtnishöhe**

Der Erstversterbende von uns ordnet hiermit folgendes Vermächtnis an, welches unverzüglich nach dessen Ableben von dem Längstlebenden von uns zu erfüllen ist:

Jedes unserer Kinder/Unser vorbezeichnetes Kind . . .,

geboren am . . .,

wohnhaft . . .,

– nachfolgend (ggf.)gemeinsam »Vermächtnisnehmer« genannt –

erhält Vermögenswerte in Höhe des jeweils aktuellen Steuerfreibetrages i. S. d. Erbschaftssteuer- und Schenkungssteuergesetzes, derzeit € 400.000,00 pro Kind, maximal . . . pro Kind jedoch einen Betrag in Höhe von . . . v. H. (in Worten: . . . vom Hundert) des Nachlasswertes des Erstversterbenden.

(Alt. 1) Die Höhe der Zuwendung ist unabhängig davon, ob der (jeweilige) Freibetrag ganz oder teilweise bereits durch Zuwendungen unter Lebenden aufgezehrt ist.

(Alt. 2) Sofern der (jeweilige) Freibetrag bereits durch anzurechnende Zuwendungen unter Lebenden aufgezehrt ist, reduziert sich das (jeweilige) Vermächtnis ferner auf den noch tatsächlich zur Verfügung stehenden Freibetrag.

Dem Beschwerten bleibt es überlassen, welche Vermögensgegenstände er – gegebenenfalls auch aus seinem eigenen Vermögen oder unter Vorbehalt des lebenslänglichen, bei Grundbesitz dinglich sicherbaren Nießbrauchs – den/dem Vermächtnisnehmer/n zur Erfüllung des Vermächtnisses überträgt.

Sämtliche mit der Erfüllung des Vermächtnisses anfallenden Kosten und Steuern trägt der (jeweilige) Vermächtnisnehmer.

(Alt. 1) Sollte der/ein Vermächtnisnehmer vorversterben oder aus einem anderen Grunde als Vermächtnisnehmer ausscheiden, entfällt das Vermächtnis (ggf.) insoweit ersatzlos.

(Alt. 2) Ersatzvermächtnisnehmer sind jeweils die ehelichen/leiblichen Abkömmlinge des Vermächtnisnehmers – mehrere als gemeinschaftliche Vermächtnisnehmer – entsprechend den Regeln über die gesetzliche Erbfolge, wobei sich auch in diesem Falle die Höhe des auf die Ersatzvermächtnisnehmer insgesamt entfallenden Vermögens auf den Freibetrag beläuft, welcher dem als Vermächtnisnehmer ausgefallenen Kinde zugestanden hätte. Sind Abkömmlinge nicht vorhanden, entfällt das Vermächtnis insoweit ersatzlos.

(Var. bei Erbvertrag/Gemeinschaftlichem Ehegattentestament) Die vorstehenden Vermächtnisse sind erbvertraglich bindend angeordnet/wechselbezüglich. Dem Erstversterbenden bleibt jedoch vorbehalten, die Vermächtnisse unabhängig voneinander – betragsmäßig zu reduzieren oder gänzlich aufzuheben. Eine anderweitige Abänderung der Vermächtnisse ist ihm nicht gestattet.

175 ▶ **Muster: Zweckvermächtnis des erstversterbenden Ehegatten zugunsten der Kinder mit variabler Vermächtnishöhe**

Der Erstversterbende von uns ordnet hiermit folgendes Vermächtnis an, welches unverzüglich nach dessen Ableben von dem Längstlebenden von uns zu erfüllen ist:

Jedes unserer Kinder/Unser vorbezeichnetes Kind . . .,

geboren am . . .,

wohnhaft . . .,

– nachfolgend (ggf.)gemeinsam »Vermächtnisnehmer« genannt –

erhält Vermögenswerte maximal in Höhe des jeweils aktuellen Steuerfreibetrages i. S. d. Erbschaftssteuer- und Schenkungssteuergesetzes, derzeit € 400.000,00 (ggf.) pro Kind, minimal in Höhe des jeweiligen Pflichtteilsanspruchs einschließlich Pflichtteilsergänzungsansprüchen des Kindes.

Die Höhe der Zuwendung bestimmt der Beschwerte, der sein Ermessen hierbei ausschließlich von dem Zweck der Steuerersparnis unter gleichzeitiger Berücksichtigung seiner eigenen Alterssicherung leiten zu lassen hat. (Ggf.) Er ist auch nicht verpflichtet, allen Kindern Vermächtnisse in gleicher Höhe zukommen zu lassen, insbesondere wenn aufgrund von anzurechnender Vorschenkungen die bei den einzelnen Kindern noch zur Verfügung stehenden Steuerfreibeträge unterschiedlich hoch sind.

Dem Beschwerten bleibt es ferner überlassen, welche Vermögensgegenstände er – gegebenenfalls auch aus seinem eigenen Vermögen oder unter Vorbehalt des lebenslänglichen, bei Grundbesitz dinglich sicherbaren Nießbrauchs – den/dem Vermächtnisnehmer/n zur Erfüllung des Vermächtnisses überträgt.

Sämtliche mit der Erfüllung des Vermächtnisses anfallenden Kosten und Steuern trägt der (jeweilige) Vermächtnisnehmer.

(Alt. 1) Sollte der/ein Vermächtnisnehmer vorversterben oder aus einem anderen Grunde als Vermächtnisnehmer ausscheiden, entfällt das Vermächtnis (ggf.) insoweit ersatzlos.

(Alt. 2) Ersatzvermächtnisnehmer sind jeweils die ehelichen/leiblichen Abkömmlinge des Vermächtnisnehmers – mehrere als gemeinschaftliche Vermächtnisnehmer – entsprechend den Regeln über die gesetzliche Erbfolge, wobei sich auch in diesem Falle die Höhe des auf die Ersatzvermächtnisnehmer insgesamt entfallenden Vermögens maximal auf den Freibetrag beläuft, welcher dem als Vermächtnisnehmer ausgefallenen Kinde zugestanden hätte, und minimal auf die Höhe des Pflichtteilsanspruchs des weggefallenen Vermächtnisnehmers. Sind Abkömmlinge nicht vorhanden, entfällt das Vermächtnis insoweit ersatzlos.

(Var. bei Erbvertrag/Gemeinschaftlichem Ehegattentestament) Die vorstehenden Vermächtnisse sind erbvertraglich bindend angeordnet/wechselbezüglich. Dem Erstversterbenden bleibt jedoch vorbehalten, die Vermächtnisse unabhängig voneinander – betragsmäßig zu reduzieren oder gänzlich aufzuheben. Eine anderweitige Abänderung der Vermächtnisse ist ihm nicht gestattet.

B. Zuwendung unter Auflage

I. Begriff der Auflage

Eine Auflage gemäß § 1940 BGB ist eine Verfügung von Todes wegen, durch die ein Erbe oder ein Vermächtnisnehmer zu einer Leistung verpflichtet wird, jedoch ohne dass die durch die Leistung begünstigte Person ein Recht auf diese Leistung erhält. Im Unterschied zum Vermächtnis steht der **Leistungsverpflichtung** des Beschwerten mithin kein korrespondierender **Leistungsanspruch** des Begünstigten gegenüber.[101] Begünstigte von Auflagen könnten daher auch **nicht erbfähige Subjekte**, insbesondere Tiere oder nicht rechtsfähige Institutionen sein.[102]

176

Inhalt der Auflage kann jedwede Art der Leistung, mithin gemäß § 241 Abs. 1 BGB ein aktives Tun, aber auch ein Unterlassen sein. Daraus folgt, dass die Auflage ähnlich einem Vermächtnis eine Zuwendung beinhalten kann, jedoch nicht muss. Die Leistungsverpflichtung kann sogar den Vorteil des Beschwerten selbst bezwecken, indem dieser beispielsweise zu einer bestimmten Geldanlage oder Geschäftsführung angewiesen wird. Ist Inhalt der Auflage eine Zuwendung, muss diese zudem anders als das Vermächtnis dem Begünstigten nicht unbedingt einen Vermögensvorteil verschaffen.[103]

177

---

101 MünchKommBGB/*Leipold*, § 1940 Rn. 2.
102 Nieder/Kössinger/*Kössinger*, § 9 Rn. 107.
103 Nieder/Kössinger/*Kössinger*, § 9 Rn. 103 m. w. N.

Kapitel 4 Zuwendung einzelner Nachlassgegenstände

178 Zu unterscheiden ist die Zuwendung unter einer Auflage darüber hinaus von der Zuwendung unter einer Bedingung: Bei beiden Instituten besteht eine Leistungsverpflichtung des Beschwerten, bei der Zuwendung unter einer Auflage entsteht diese sofort, bei der Zuwendung unter einer aufschiebenden oder auflösenden Bedingung demgegenüber erst bzw. endgültig mit Bedingungseintritt, der zugleich den korrespondierenden Vermächtniserfüllungsanspruch des Bedachten entstehen lässt bzw. diesem endgültig belässt.[104] Da beide Rechtsinstitute im Einzelfall schwer voneinander abgrenzbar sein können (»A erhält € 10.000,00, muss aber mit dem Rauchen aufhören.«), sich in ihren Rechtsfolgen jedoch erheblich unterscheiden, ist die Verfügung von Todes wegen insoweit exakt zu formulieren.

179 Wird bei einer Zuwendung unter Auflage die Vollziehung der Auflage aufgrund eines Umstandes unmöglich, welchen der Beschwerte zu vertreten hat, ist er gemäß § 2196 Abs. 1 BGB bereicherungsrechtlich zur Herausgabe der Zuwendung verpflichtet. Das gleiche gilt gemäß § 2196 Abs. 2 BGB, wenn sich der Beschwerte weigert, die Auflage zu vollziehen und diese nicht durch Dritte vollzogen werden kann. Hat der Beschwerte demgegenüber die Unmöglichkeit der Vollziehung nicht zu vertreten, wird er von der Pflicht zur Auflagenleistung frei und kann die Zuwendung behalten.[105]

180 Soll die Zuwendung zwingend an die Auflage gekoppelt werden und bei Nichtvollzug der Auflage – gleich aus welchem Grunde – entfallen, können zur Verstärkung der Auflage die beiden Rechtsinstitute Zuwendung unter einer Auflage und Zuwendung unter einer Bedingung miteinander kombiniert werden, indem eine Zuwendung dergestalt bedingt wird, dass sie entfällt, wenn eine Auflage nicht eingehalten wird. Bei bedingten Erbeinsetzungen ist jedoch zu bedenken, dass diese notwendig die Anordnung einer umgekehrt bedingten Vor- und Nacherbschaft in sich bergen, was häufig nicht gewollt sein dürfte.[106]

181 ▶ **Muster: Vermächtnis unter Auflage sowie optional unter der Bedingung der Auflagenvollziehung**

Ich, ..., ordne hiermit folgendes Vermächtnis an, welches unverzüglich nach meinem Tode von meinen Erben zu erfüllen ist:

...,

geboren am ...,

wohnhaft ...,

– nachfolgend (ggf.)gemeinsam Vermächtnisnehmer genannt –

erhält mein Jagdgewehr Typ ...

(Ggf.) Etwaige Pflichtteilslasten hat der Vermächtnisnehmer entgegen § 2318 BGB nicht zu tragen.

Sämtliche mit der Erfüllung des Vermächtnisses anfallenden Kosten und Steuern trägt der Vermächtnisnehmer.

Das Vermächtnis entfällt, wenn sich der vermachte Gegenstand nicht in meinem Nachlass befindet (§ 2169 Abs. 1 BGB). Eine vorübergehende Unmöglichkeit der Leistung zum Zeitpunkt des Erbfalles steht der Gültigkeit des Vermächtnisses nicht entgegen (§ 2171 Abs. 2 BGB).

(Alt. 1) Sollte der Vermächtnisnehmer vorversterben oder aus einem anderen Grunde als Vermächtnisnehmer ausscheiden, entfällt das Vermächtnis ersatzlos.

(Alt. 2) Ersatzvermächtnisnehmer, der/die gleichfalls/jedoch nicht mit der nachstehenden Auflage beschwert wird/werden, ist .../sind die leiblichen/ehelichen Abkömmlinge des Vermächtnisnehmers entsprechend den Regeln über die gesetzliche Erbfolge.

---

104 Vgl. MünchKommBGB/*Leipold*, § 1940 Rn. 3; Nieder/Kössinger/*Kössinger*, § 9 Rn. 104 und § 15 Rn. 170 ff.
105 Palandt/*Weidlich*, § 2196 Rn. 1.
106 Vgl. Nieder/Kössinger/*Kössinger*, § 9 Rn. 108 und § 15 Rn. 177.

Der Vermächtnisnehmer wird mit der Auflage beschwert, innerhalb von ... Jahren nach meinem Ableben einen Jagdschein zu machen. Der Personenkreis, der die Vollziehung dieser Auflage verlangen kann, ergibt sich aus dem Gesetz (§ 2194 BGB). (Ggf.) Die Zuwendung zugunsten des Vermächtnisnehmers steht zudem unter der auflösenden Bedingung, dass die Auflage innerhalb der vorbezeichneten Frist erfüllt wird.

Ist bei einer Zuwendung unter einer Auflage die Auflage unwirksam, hat dies gemäß § 2195 BGB die Unwirksamkeit auch der Zuwendung nur zur Folge, wenn anzunehmen ist, dass der Erblasser die Zuwendung nicht ohne die Auflage gemacht hätte. Um insoweit Auslegungsschwierigkeiten zu vermeiden, sollte auch diese Rechtsfrage in der Verfügung von Todes wegen ausdrücklich geregelt werden. Ist umgekehrt die Zuwendung ganz oder teilweise unwirksam, ist die Auflage gemäß der §§ 2192, 2161 BGB im Zweifel nicht unwirksam;[107] auch insoweit ist eine explizite Regelung in der Verfügung von Todes wegen zu empfehlen.

▶ **Muster: Stückvermächtnis unter Auflage mit Regelung bei Unwirksamkeit der Auflage und/oder des Vermächtnisses**

Ich, ..., ordne hiermit folgendes Vermächtnis an, welches unverzüglich nach meinem Tode von meinen Erben zu erfüllen ist:

...,

geboren am ...,

wohnhaft ...,

– nachfolgend Vermächtnisnehmer genannt –,

erhält mein Segelboot Typ ...

(Ggf.) Etwaige Pflichtteilslasten hat der Vermächtnisnehmer entgegen § 2318 BGB nicht zu tragen.

Sämtliche mit der Erfüllung des Vermächtnisses anfallenden Kosten und Steuern trägt der Vermächtnisnehmer.

Das Vermächtnis und die nachfolgende Auflage entfallen, wenn sich der vermachte Gegenstand nicht in meinem Nachlass befindet (§ 2169 Abs. 1 BGB). Eine vorübergehende Unmöglichkeit der Leistung zum Zeitpunkt des Erbfalles steht der Gültigkeit des Vermächtnisses nicht entgegen (§ 2171 Abs. 2 BGB).

(Alt. 1) Sollte der Vermächtnisnehmer vorversterben oder aus einem anderen Grunde als Vermächtnisnehmer ausscheiden, entfällt das Vermächtnis ersatzlos.

(Alt. 2) Ersatzvermächtnisnehmer, der/die gleichfalls/jedoch nicht mit der nachstehenden Auflage beschwert wird/werden, ist .../sind die leiblichen/ehelichen Abkömmlinge des Vermächtnisnehmers entsprechend den Regeln über die gesetzliche Erbfolge.

Der Vermächtnisnehmer wird mit der Auflage beschwert, unverzüglich nach meinem Ableben dem im Vereinsregister des Amtsgerichts ... unter VR ... eingetragenen Segelverein mit dem Namen ... als Mitglied beizutreten. Sollte die Auflage – gleich aus welchem Grunde – nicht vollziehbar sein, insbesondere weil der Verein erloschen oder ein Beitritt nicht möglich ist, bleibt das Vermächtnis unberührt.

(Alt. 1) Der Personenkreis, welcher die Vollziehung dieser Auflage verlangen kann, ergibt sich aus dem Gesetz (§ 2194 BGB). (Ggf.) Das Vollziehungsrecht von ... wird jedoch ausgeschlossen.

(Alt. 2) Zum Vollziehungsberechtigten bestimme ich ausschließlich/neben den in § 2194 BGB bezeichneten Personen ... (Ggf.) Das Vollziehungsrecht von ... wird jedoch ausgeschlossen.

---

107 MünchKommBGB/*Rudy*, § 2195 Rn. 1 m. w. N.

184 Ebenso wie das Vermächtnis kann eine Auflage in einem Gemeinschaftlichen Testament bzw. Erbvertrag sowohl einseitig testamentarisch als auch wechselbezüglich (vgl. § 2070 Abs. 3 BGB) bzw. erbvertraglich bindend (vgl. § 2278 Abs. 2 BGB) angeordnet werden.

II. Anfall, Fälligkeit und Verjährung der Auflage

185 Für den Anfall und die Fälligkeit einer Auflage, mithin den Entstehungszeitpunkt der Leistungspflicht des Beschwerten gelten gemäß § 2192 die Bestimmungen zum Vermächtnis (§§ 2176 ff. BGB) entsprechend; insoweit wird daher auf die Ausführungen in Rdn. 7 ff. verwiesen.

186 Da der Leistungsverpflichtung des Beschwerten bei der Auflage keine Anspruch des Bedachten gegenüber steht, in Ansehung dessen die Einrede der Verjährung erhoben werden könnte, ist insoweit eine Verjährung der Auflage bereits rechtstechnisch nicht denkbar. Der Verjährung unterliegt jedoch der Vollziehungsanspruch gemäß § 2194 BGB. Für diesen gelten die allgemeinen Verjährungsregeln (§§ 194 ff. BGB), welchen auch der Vermächtniserfüllungsanspruch unterliegt. Insoweit wird daher auf die Ausführungen in Rdn. 11 f. verwiesen.

187 § 2192 BGB verweist ausdrücklich nicht auf die §§ 2162, 2163 BGB, so dass eine Auflage im Gegensatz zum Vermächtnis Ewigkeitscharakter haben kann und nicht nach Ablauf von 30 Jahren nach dem Erbfall unwirksam wird. Dies kann Bedeutung für stiftungsähnliche Auflagen haben, die zu wiederkehrenden Leistungen verpflichten (vgl. dazu unten Rdn. 220 ff.).

III. Beschwerter, Begünstigter und Vollziehungsberechtigter

1. Beschwerter der Auflage

188 Mit einer Auflage können gemäß § 2140 BGB nur **Erben** oder **Vermächtnisnehmer** beschwert werden, ein **Nacherbe** nur mit einer Auflage, die erst nach Anfall der Nacherbschaft zu erfüllen ist. Fehlt insoweit eine Bestimmung in der Verfügung von Todes wegen ist gemäß § 2192 i. V. m. § 2147 S. 2 BGB der Erbe beschwert. Mehrere Beschwerte haften ebenso wie beim Vermächtnis (vgl. oben Rdn. 17) im Außenverhältnis als Gesamtschuldner und im Innenverhältnis gemäß § 2192 i. V. m. § 2148 BGB im Verhältnis ihrer Zuwendung.[108]

189 Verstirbt der Beschwerte vor dem Erbfall oder schlägt der Beschwerte die ihn begünstigende Zuwendung aus, bleibt die Auflage, sofern kein anderer Wille des Erblasser anzunehmen ist, gemäß § 2192 i. V. m. § 2161 S. 1 BGB wirksam; beschwert ist in diesem Falle gemäß § 2192 i. V. m. § 2161 S. 1 BGB derjenige, welchem der Wegfall des zunächst Beschwerten unmittelbar zustatten kommt, beispielsweise der Ersatzerbe bzw. Ersatzvermächtnisnehmer. Um insoweit Unklarheiten zu vermeiden, empfiehlt sich eine ausdrückliche Regelung in der Verfügung von Todes wegen

190 ▶ **Muster: Regelung bei Wegfall des mit der Auflage Beschwerten**

Sollte der mit der Auflage Beschwerte vorversterben oder aus einem anderen Grunde als Beschwerter wegfallen,

(Alt. 1) entfällt die Auflage ersatzlos.

(Alt. 2) ist bzw. sind dessen Ersatzerben/Ersatzvermächtnisnehmer mit der Auflage beschwert.

191 Insbesondere bei durch Auflage angeordneten wiederkehrenden Leistungen muss zudem geregelt werden, ob die Verpflichtung des Beschwerten **höchstpersönlich** ist und mit seinem Ableben endet oder auf dessen **Gesamtrechtsnachfolger** übergeht.

---

108 Vgl. Nieder/Kössinger/*Kössinger*, § 9 Rn. 116 m. w. N.

▶ **Muster: Vererblichkeit der Beschwerung** 192

Die Beschwerung aus der Auflage

(Alt. 1) ist höchstpersönlich und geht nicht auf die Erben des Beschwerten über.

(Alt. 2) ist vererblich und geht auf die Erben des Beschwerten über.

2. Begünstigter der Auflage

Nur wenn eine Auflage eine Zuwendung beinhaltet, gibt es als Reflex der Leistungsverpflichtung des Beschwerten auch einen Begünstigten, welchem die Zuwendung zugute kommt. Wie oben bereits dargestellt (vgl. Rdn. 176) hat dieser anders als ein Vermächtnisnehmer jedoch keinen Anspruch auf die Leistung des Beschwerten. 193

a) Ersatzbegünstigter

Dessen ungeachtet ist auch bei der Auflage eine Regelung für den Fall erforderlich, dass der Begünstigte vor dem Erblasser verstirbt oder – bei juristischen Personen – erlischt. Die Auflage kann dann entfallen oder einem Ersatzbegünstigten zugewendet werden, wobei bei juristischen Personen zumeist sachgerecht sein dürfte, wenn der Ersatzfall nicht erst mit deren Erlöschen, sondern bereits mit deren Auflösung eintritt. 194

▶ **Muster: Entfallen der Auflage bei Wegfall des Begünstigten** 195

Sollte der Begünstigte vorversterben/zum Zeitpunkt meines Ablebens aufgelöst sein, entfällt die Auflage ersatzlos.

▶ **Muster: Bestimmung eines Ersatzbegünstigten** 196

Sollte der Begünstigte vorversterben/zum Zeitpunkt meines Todes aufgelöst sein, ist Begünstigter der Auflage ...

b) Zweck- und Bestimmungsauflage

Bei einer Zweckauflage i. S. d. § 2192 i. V. m. § 2156 BGB legt der Erblasser ebenso wie beim Zweckvermächtnis den Zweck fest, welchen er mit der Zuwendung erfolgt, überlässt jedoch dem Beschwerten, wie er, insbesondere mit welchen Zuwendungsgegenständen er diesen Zweck erfüllt. 197

▶ **Muster: Zweckauflage** 198

... wird mit der Auflage beschwert, zum Zwecke der Unterstützung Bedürftiger unverzüglich nach meinem Ableben Vermögenswerte aus meinem Nachlass im Gesamtwert von € ... an ... zu übertragen. Die Bestimmung der zuzuwendenden Vermögenswerte erfolgt durch den Beschwerten.

Sofern der Beschwerte vorverstirbt oder aus anderen Gründen als Erbe/Vermächtnisnehmer ausscheidet, sind die Ersatzerben/Ersatzvermächtnisnehmer mit der Auflage beschwert.

(Alt. 1) Der Personenkreis, welcher die Vollziehung dieser Auflage verlangen kann, ergibt sich aus dem Gesetz (§ 2194 BGB). (Ggf.) Das Vollziehungsrecht von ... wird jedoch ausgeschlossen.

(Alt. 2) Zum Vollziehungsberechtigten bestimme ich ausschließlich/neben den in § 2194 BGB bezeichneten Personen ... (Ggf.) Das Vollziehungsrecht von ... wird jedoch ausgeschlossen.

Während der Erblasser beim Zweckvermächtnis neben dem Zweck den Bedachten bestimmen muss, kann er die Zweckauflage gemäß § 2193 Abs. 1 BGB mit einer Bestimmungsauflage kombinieren und dem Beschwerten oder einem Dritten auch die Bestimmung der begünstigten Person überlassen. Die **kombinierte Zweck- und Bestimmungsauflage** erweitert damit die Spielräume des Erblassers im Hinblick auf den Grundsatz des § 2065 Abs. 2 BGB durchbrechende Drittbestimmungsmöglichkeiten. 199

200 Erforderlich ist jedoch, dass der Erblasser wie auch beim Bestimmungsvermächtnis den **Zweck der Auflage** in erkennbaren Umrissen bestimmt. Da § 2192 BGB nicht auf § 2151 BGB verweist, ist nämlich nicht zulässig, im Sinne einer reinen Bestimmungsauflage ohne Angabe des Auflagenwecks nur einen hinreichend konkreten Personenkreis zu bestimmen, der von der Zuwendung begünstigt werden soll.[109] Ist diese Voraussetzung aber erfüllt und der Auflagenzweck ausreichend bestimmt, steht im freien Ermessen des Bestimmungsberichtigten, welche Person er als Begünstigten auswählt.[110]

201 Wählt der Bestimmungsberechtigte den Begünstigten nicht aus, kann ihm gemäß § 2193 Abs. 2 S. 1 BGB, nachdem er zur Vollziehung rechtskräftig verurteilt worden ist, von dem Vollziehungsberechtigten i. S. d. § 2194 BGB (siehe dazu unten Rdn. 205 ff.) eine angemessene Frist zur Vollziehung gesetzt werden. Nach deren Ablauf geht das Bestimmungsrecht auf den Vollziehungsberechtigten über. Ist ein Dritter bestimmungsberechtigt, kann dieser aber beispielsweise wegen Vorversterbens die Bestimmung nicht treffen oder lässt er eine ihm vom Nachlassgericht gesetzte Frist verstreichen, geht das Bestimmungsrecht gemäß § 2193 Abs. 3 i. V. m. § 2151 Abs. 3 S. 2 BGB auf den Beschwerten über.

202 ▶ **Muster: Kombinierte Bestimmungs- und Zweckauflage**

… wird mit der Auflage beschwert, unverzüglich nach meinem Ableben Vermögenswerte aus meinem Nachlass im Gesamtwert von € … an eine gemeinnützige Organisation auszuzahlen, deren Zweck die Unterstützung Behinderter ist. Die Bestimmung des Begünstigten und der zuzuwendenden Vermögenswerte erfolgt durch den Beschwerten.

Sofern der Beschwerte vorverstirbt oder aus anderen Gründen als Erbe/Vermächtnisnehmer ausscheidet, sind die Ersatzerben/Ersatzvermächtnisnehmer mit der Auflage beschwert.

(Alt. 1) Der Personenkreis, welcher die Vollziehung dieser Auflage verlangen kann, ergibt sich aus dem Gesetz (§ 2194 BGB). (Ggf.) Das Vollziehungsrecht von … wird jedoch ausgeschlossen.

(Alt. 2) Zum Vollziehungsberechtigten bestimme ich ausschließlich/neben den in § 2194 BGB bezeichneten Personen … (Ggf.) Das Vollziehungsrecht von … wird jedoch ausgeschlossen.

c) Steuern

203 Ebenso wie der Erwerb des Vermächtnisnehmers unterliegt auch der Erwerb durch eine Auflage beim Begünstigten gemäß § 3 Abs. 2 Ziff. 2 Alt. 1 ErbStG der **Erbschaftsteuer**. Beim Beschwerten vermindert die Belastung, die ihm aus der Erfüllung der Auflagenverpflichtung entsteht, als Nachlassverbindlichkeit gemäß § 10 Abs. 5 Ziff. 2, Abs. 9 ErbStG den von ihm zu versteuernden Nachlasswert, sofern der Beschwerte nicht selbst begünstigt ist.

204 Vorstehendes gilt jedoch nur bei Auflagen, bei der eine Person begünstigt wird, die als Zuwendungsempfänger besteuert werden kann. Ist mit der Auflage demgegenüber keine Zuwendung, z. B. die Auflage, ein Tier zu pflegen, oder zumindest keine Zuwendung an eine konkrete Person verbunden, z. B. die Auflage einen Barbetrag in Höhe von € 1.000,00 an die Armen der Gemeinde zu verteilen, handelt es sich um eine sogenannte Zweckzuwendung i. S. d. §§ 1 Abs. 1 Ziff. 3, 8 ErbStG, die vom Beschwerten zu versteuern ist, sofern mit einer solchen Auflage nicht gemäß § 13 Abs. 1 Nr. 17 ErbStG ausschließlich ein kirchlicher, gemeinnütziger oder mildtätiger Zweck verfolgt wird.[111]

---

109 Vgl. Nieder/Kössinger/*Kössinger*, § 9 Rn. 111.
110 Palandt/*Weidlich*, § 2193 BGB, Rn. 1; Nieder/Kössinger/*Kössinger*, § 9 Rn. 117 m. w. N.
111 Vgl. Troll/Gebel/*Jülicher*, § 8 ErbStG Rn. 8 ff.

3. Vollziehungsberechtigter

Dem Begünstigten einer Auflage steht anders als einem Vermächtnisnehmer kein Anspruch auf die Leistung des Beschwerten zu; in § 2194 BGB ist jedoch ein Personenkreis bestimmt, der quasi in treuhänderischer Funktion die Vollziehung der Auflage vom Beschwerten verlangen kann. 205

Gemäß § 2194 S. 1 BGB sind der Erbe oder ein Miterbe vollziehungsberechtigt, wenn ein Vermächtnisnehmer mit der Auflage beschwert ist. Miterben sind darüber hinaus gegenüber einem anderen mit der Auflage beschwerten Miterben vollziehungsberechtigt. Ferner sind diejenigen Person vollziehungsberechtigt, welchen der Wegfall des mit der Auflage zunächst Beschwerten unmittelbar zustatten kommen würde (sog. Wegfallbegünstigte), mithin insbesondere Ersatzerben, Ersatzvermächtnisnehmer und Erben bzw. Vermächtnisnehmer, denen mangels Ersatzbestimmung infolge des Wegfalls die Zuwendung des Weggefallenen anwüchse. 206

Liegt die Vollziehung im öffentlichen Interesse, zum Beispiel bei Stiftungsauflagen, kann die Vollziehung gemäß § 2194 S. 2 BGB zudem von der zuständigen Behörde[112] verlangt werden. Hat der Erblasser Testamentsvollstreckung angeordnet, steht das Vollziehungsrecht neben dem Erben/Vermächtnisnehmer gemäß der §§ 2203, 2208 Abs. 2, 2223 BGB auch dem Testamentsvollstrecker zu.[113] 207

Die gesetzlichen Bestimmungen zur Person des Vollziehungsberechtigten sind jedoch disponibel. Der Erblasser kann daher auch andere als den vorbezeichneten Personen die Vollziehungsberechtigung einräumen oder einer nach den gesetzlichen Bestimmungen vollziehungsberechtigten Person diese Berechtigung entziehen.[114] 208

Ob der **Begünstigte zugleich Vollziehungsberechtigter** sein kann, ist gleich, ob ihm diese Position kraft Gesetzes oder durch Bestimmung des Erblasser eingeräumt wurde, mit Blick darauf, dass die Auflage in diesem Falle auf der Rechtsfolgenseite faktisch auf ein Vermächtnis hinausliefe, umstritten.[115] 209

▶ **Muster: Bestimmung des Vollziehungsberechtigten** 210

(Alt. 1) Der Personenkreis, welcher die Vollziehung dieser Auflage verlangen kann, ergibt sich aus dem Gesetz (§ 2194 BGB). (Ggf.) Das Vollziehungsrecht von ... wird jedoch ausgeschlossen.

(Alt. 2) Zum Vollziehungsberechtigten bestimme ich ausschließlich/neben den in § 2194 BGB bezeichneten Personen ... (Ggf.) Das Vollziehungsrecht von ... wird jedoch ausgeschlossen.

Sind mehrere Personen vollziehungsberechtigt, beispielsweise mehrere Miterben gegenüber einem Vermächtnisnehmer, steht jeden von ihnen das Vollziehungsrecht alleine zu. Ob ein Vollziehungsberechtigter von diesem Recht Gebrauch macht, steht in seinem Belieben, nur Testamentsvollstrecker werden kraft Amtes als verpflichtet angesehen, die Vollziehung zu verlangen. Das Vollziehungsrecht ist zwar vererblich, aufgrund seiner höchstpersönlichen Natur jedoch nicht übertragbar, kann nicht ge- und verpfändet werden und fällt auch nicht in die Insolvenzmasse des Vollziehungsberechtigten.[116] 211

IV. Gegenstand der Auflage

Dadurch dass eine Auflage dem Begünstigten keinen Vermögensvorteil verschaffen muss und selbst Auflagen zulässig sind, die überhaupt keinen Zuwendungscharakter haben, eröffnet die Auflage einen erheblich größeren Anwendungsbereich als ein Vermächtnis. 212

---

112 Die Zuständigkeit ist Ländersache: Übersicht bei MünchKommBGB/*Rudy*, § 2194 Rn. 8 Fn. 12.
113 MünchKommBGB/*Rudy*, § 2194 Rn. 4 m. w. N.
114 Nieder/Kössinger/*Kössinger*, § 9 Rn. 119 f.
115 Mit Nachweisen zum Streitstand Nieder/Kössinger/*Kössinger*, § 9 Rn. 121.
116 Vgl. Nieder/Kössinger/*Kössinger*, § 9 Rn. 122 ff. m. w. N.

Kapitel 4   Zuwendung einzelner Nachlassgegenstände

1. Stück- und Gattungsauflagen

213   Gegenstand einer Auflage kann ein **Stück**, aber gemäß § 2192 i. V. m. § 2155 Abs. 1 BGB auch nur eine der **Gattung** nach bestimmte Sache sein. Diese muss dem Nachlass nicht zugehören, ebenso wie beim Vermächtnis ist auch eine **Verschaffungsauflage** zulässig.[117] Wegen der Einzelheiten wird insoweit auf die entsprechenden Ausführungen beim Vermächtnis (Rdn. 73 ff.) verwiesen.

2. Verhaltensauflagen

214   Gegenstand der Auflage muss keine Zuwendung sein, vielmehr kann jede schuldrechtliche Verpflichtung i. S. d. § 241 BGB, insbesondere auch ein **Verhalten** in Form eines Tuns, Unterlassens oder Duldens zum Gegenstand der Auflage gemacht werden kann. Auf diese Weise hat der Erblasser die Möglichkeit, auf das Verhalten des von ihm bedachten Erben oder Vermächtnisnehmers über seinen Tod hinaus Einfluss zu nehmen. Zulässig ist zum Beispiel die Verpflichtung, ein Grundstück nicht zu veräußern, zu heiraten, einen bestimmten Beruf zu ergreifen, den Beruf, die Konfession oder den Wohnort nicht zu wechseln, einer Vereinigung (nicht) beizutreten, Geldzuwendungen auf eine bestimmte Weise oder für eine bestimmte Zeit anzulegen, abstinent zu leben oder die Bestattung des Erblassers auf eine bestimmte Weise durchzuführen.[118]

215   Der insoweit offene Tatbestand der Auflage wird nur dergestalt begrenzt, dass die zur Auflage gemachte Verpflichtung im Einklang mit der Rechtsordnung stehen muss; sittenwidrige Verpflichtungen (§ 138 BGB) oder solche, die gegen gesetzliche Verbote verstoßen (§ 134 BGB, § 2192 i. V. m. § 2171 BGB), sind deshalb unwirksam. Besonders zu erwähnen ist in diesem Zusammenhang, dass eine Auflage gemäß § 2302 BGB analog nichtig ist, wenn der Beschwerte dazu verpflichtet wird, eine Verfügung von Todes wegen mit einem bestimmten Inhalt zu errichten. Derartige **Beschränkungen der Testierfreiheit** sind nur durch Erbvertrag oder Gemeinschaftliches Testament möglich. Nicht unter das Verdikt des § 2302 BGB fällt demgegenüber eine Zuwendung, die mit der Bedingung verknüpft wird, dass der Bedachte eine bestimmte Verfügung von Todes wegen errichtet (sog. **kaptatorische Verfügung**).[119]

216   ▶ **Muster: Verhaltensauflage (Veräußerungsverbot)**

... wird mit der Auflage beschwert, den im Grundbuch des Amtsgerichts ... von ... Blatt ... eingetragenen Grundbesitz, Gemarkung ..., Flur ..., Flurstück ..., auf die Dauer von ... Jahren nach meinem Ableben nicht zu veräußern.

Sofern der Beschwerte vorverstirbt oder aus anderen Gründen als Erbe/Vermächtnisnehmer ausscheidet, sind die Ersatzerben/Ersatzvermächtnisnehmer mit der Auflage beschwert.

(Alt. 1) Der Personenkreis, welcher die Vollziehung dieser Auflage verlangen kann, ergibt sich aus dem Gesetz (§ 2194 BGB). (Ggf.) Das Vollziehungsrecht von ... wird jedoch ausgeschlossen.

(Alt. 2) Zum Vollziehungsberechtigten bestimme ich ausschließlich/neben den in § 2194 BGB bezeichneten Personen ... (Ggf.) Das Vollziehungsrecht von ... wird jedoch ausgeschlossen.

3. Abgeschwächte Vermächtnisse

217   Beabsichtigt der Erblasser einer Person einen Vermögensvorteil zuzuwenden, will jedoch – gleich aus welchen Gründen – nicht, dass der Bedachte dem Beschwerten als Anspruchsberechtigter gegenüber auftreten kann, bietet sich an, die Zuwendung im Wege einer Auflage als quasi abgeschwächtes Vermächtnis auszugestalten.[120]

---

117   Nieder/Kössinger/*Kössinger*, § 9 Rn. 115.
118   Vgl. mit weiteren Beispielen Palandt/*Weidlich*, § 2192 BGB, Rn. 3; Nieder/Kössinger/*Kössinger*, § 9 Rn. 108, 112, 115.
119   Vgl. Palandt/*Weidlich*, § 2302 Rn. 1 ff; Nieder/Kössinger/*Kössinger*, § 9 Rn. 113.
120   Vgl. Nieder/Kössinger/*Kössinger*, § 9 Rn. 110.

▶ **Muster: Zuwendung eines Vermögensvorteils als Auflage** 218

... wird mit der Auflage beschwert, unverzüglich nach meinem Ableben an den im Vereinsregister des Amtsgerichts ... unter VR ... eingetragenen Verein mit dem Namen ... einen nicht wertgesicherten Geldbetrag in Höhe von € ... zu zahlen.

Sofern der Beschwerte vorverstirbt oder aus anderen Gründen als Erbe/Vermächtnisnehmer ausscheidet, sind die Ersatzerben/Ersatzvermächtnisnehmer mit der Auflage beschwert.

(Alt. 1) Sollte der Begünstigte zum Zeitpunkt meines Ablebens aufgelöst sein, entfällt die Auflage ersatzlos.

(Alt. 2) Sollte der Begünstigte zum Zeitpunkt meines Todes aufgelöst sein, ist Begünstigter der Auflage ...

(Alt. 1) Der Personenkreis, welcher die Vollziehung dieser Auflage verlangen kann, ergibt sich aus dem Gesetz (§ 2194 BGB). (Ggf.) Das Vollziehungsrecht von ... wird jedoch ausgeschlossen.

(Alt. 2) Zum Vollziehungsberechtigten bestimme ich ausschließlich/neben den in § 2194 BGB bezeichneten Personen ... (Ggf.) Das Vollziehungsrecht von ... wird jedoch ausgeschlossen.

Auf die Auflage als abgeschwächtes Vermächtnis kann auch dann zurückgegriffen werden, wenn der Gegenstand der Zuwendung kein Vermögensvorteil ist. Das gleiche gilt, wenn zumindest unklar ist, ob die Zuwendung als Vermögensvorteil zu qualifizieren ist, so dass fraglich ist, ob der Anwendungsbereich eines Vermächtnisses eröffnet wäre.[121] 219

4. Unselbständige Stiftungen

Da § 2192 BGB nicht auf die §§ 2162 ff. BGB verweist und die Auflage mithin anders als das Vermächtnis in ihrer Wirksamkeit zeitlich nicht begrenzt ist (vgl. Rdn. 187), ist sie ein geeignetes Gestaltungsmittel, um **unselbständige Stiftungen von Todes wegen** zu errichten.[122] Während selbständige Stiftungen rechtsfähige juristischen Personen i. S. d. §§ 80 ff. BGB sind, sind unselbständige Stiftungen **Sondervermögen** des Trägers, welches von diesem dem Stiftungszweck entsprechend zu verwenden ist.[123] 220

Solche unselbständigen Stiftungen können in der Weise durch Verfügung von Todes wegen errichtet werden, dass einem Erben oder Vermächtnisnehmer zur Auflage gemacht wird, mit dem ganzen oder Teilen des ihm zugewendeten Vermögens eine Stiftung zu errichten. Die Satzung der Stiftung einschließlich der Bestimmung des Stiftungsträgers muss im Grundsatz in der Verfügung von Todes wegen festgelegt werden. Nach obergerichtlicher Rechtsprechung ist jedoch ausreichend, wenn der Erblasser im Testament nur den Stiftungszweck hinreichend bestimmt und Festlegung der Stiftungssatzung einschließlich Auswahl des Stiftungsträgers einem Dritten, z. B. dem Testamentsvollstrecker überlässt.[124] Sofern der Erbe/Vermächtnisnehmer nach der Stiftungssatzung nicht selbst Träger dieses Sondervermögens sein soll, sondern verpflichtet ist, dieses auf einen Dritten zu übertragen, bietet sich an, den Träger zumindest zum Vollziehungsberechtigten i. S. d. § 2194 BGB (vgl. Rdn. 205 ff.) zu bestimmen. Soll diesem eine stärkere Position eingeräumt werden, empfiehlt sich, dem Träger das zukünftige Stiftungsvermögen unmittelbar als Vermächtnis mit der Auflage der Stiftungserrichtung zuzuwenden. 221

---

121 Vgl. Nieder/Kössinger/*Kössinger*, § 9 Rn. 109.
122 Palandt/*Weidlich*, § 2192 Rn. 2; Nieder/Kössinger/*Kössinger*, § 9 Rn. 105.
123 Vgl. im einzelnen zur unselbständigen Stiftung MünchKommBGB/*Reuter*, Vor § 80 Rn. 97 ff.; Nieder/Kössinger/*Kössinger*, § 15 Rn. 308 ff.
124 Vgl. OLG München, ZEV 2014, 605 ff.

222 ▶ Muster: Auflage zur Stiftungserrichtung

... wird mit folgender Auflage beschwert: Er ist verpflichtet, eine unselbständige Stiftung nach Maßgabe der Satzung,[125] die als Anlage zu dieser Niederschrift genommen wird, zu errichten und

(Alt. 1) einen nicht wertgesicherten Geldbetrag in Höhe von € ...

(Alt. 2) das gesamte nach Abzug aller Erblasser- und Nachlassverbindlichkeiten verbleibende Nachlassvermögen in diese Stiftung einzubringen.

Sofern der Beschwerte vorverstirbt oder aus anderen Gründen als Erbe/Vermächtnisnehmer ausscheidet, sind die ... Ersatzerben/Ersatzvermächtnisnehmer mit der Auflage beschwert.

(Alt. 1) Der Personenkreis, welcher die Vollziehung dieser Auflage verlangen kann, ergibt sich aus dem Gesetz (§ 2194 BGB). (Ggf.) Das Vollziehungsrecht von ... wird jedoch ausgeschlossen.

(Alt. 2) Zum Vollziehungsberechtigten bestimme ich ausschließlich/neben den in § 2194 BGB bezeichneten Personen den in der Satzung bezeichneten Träger der Stiftung. (Ggf.) Das Vollziehungsrecht von ... wird jedoch ausgeschlossen.

5. Wahlauflagen

223 Ebenso wie ein Vermächtnis kann gemäß § 2192 i. V. m. § 2154 BGB auch eine Auflage als Wahlauflage angeordnet werden.

224 Der Beschwerte wird verpflichtet, dem Begünstigten aus mehreren zur Auswahl gestellten Gegenständen einen zuzuwenden, wobei das Auswahlrecht vom Erblasser dem Beschwerten, dem Begünstigten oder einem Dritten eingeräumt werden kann. Insoweit ergeben sich keine Besonderheiten gegenüber dem Wahlvermächtnis, so das auf die dortigen Ausführungen verwiesen werden kann (Vgl. Rdn. 166 ff.).

C. Rechtsgeschäfte unter Lebenden auf den Tod

I. Verfügung von Todes wegen versus Rechtsgeschäft unter Lebenden auf den Tod

225 Auch mit Rechtsgeschäften unter Lebenden können **quasierbrechtliche Wirkungen** erzielt werden. Solche Rechtsgeschäfte bieten gegenüber dem erbrechtlichen Instrumentarium eine Reihe von Vorteilen, so dass sie im Einzelfall als eine sachgerechte Alternativgestaltung zu Testament und Erbvertrag in Betracht zu ziehen sind.

1. Bindungs- und Sicherungsmöglichkeiten

226 Auch erbvertraglich bindende bzw. wechselbezügliche Verfügungen von Todes wegen schränken das Recht des Erblassers, durch **Rechtsgeschäft unter Lebenden**, insbesondere durch Schenkung über sein Vermögen zu verfügen, nicht ein (vgl. § 2286 BGB). Hat er für ein solches Rechtsgeschäft ein lebzeitiges Eigeninteresse, stehen dem beeinträchtigten Vertragserben bzw. dem wechselbezüglich Bedachten nach dem Tod des Erblassers selbst bei einer Schenkung keinerlei Ansprüche zu (vgl. §§ 2287 ff. BGB).[126]

227 Um sicherzustellen, dass einem Erben bestimmte Vermögensgegenstände nach dem Ableben zukommen, muss daher neben der Verfügung von Todes wegen zusätzlich ein **schuldrechtlicher Verfügungsunterlassungsvertrag** abgeschlossen werden, welcher bei Grundbesitz durch Eintragung einer Vormerkung im Grundbuch auch dinglich abgesichert werden kann. Ist eine solch weitgehende Absicherung des Erben gewünscht, kann unter Umständen sachgerechter sein, statt der **Kombination Erbvertrag und Verfügungsunterlassungsvertrag** von vornherein auf ein **Rechts-**

---

125 Satzungsmuster in Münchener Vertragshandbuch/*Hof*, Band 1, Muster VIII 6, S. 1415; *von Holt/Koch*, Stiftungssatzung, S. 167.; *Schlüter/Stolte*, Stiftungsrecht, S. 170.
126 Vgl. näher Nieder/Kössinger/*Nieder*, § 4 Rn. 78 m. w. N.

geschäft unter Lebenden auf den Todesfall auszuweichen. Dieses begründet im Gegensatz zu einer Verfügung von Todes wegen **sofort sicherbare Ansprüche**, da auf den Tod des Verfügenden bedingte Ansprüche durch die §§ 160 ff. BGB vor Zwischenverfügungen geschützt werden und bei Grundbesitz eine dingliche Sicherung durch Eintragung einer Vormerkung im Grundbuch möglich ist.[127]

Eingeschränkt wird die Gestaltungsfreiheit jedoch insofern, als mit einem Rechtsgeschäft unter Lebenden auf den Todesfall nur **Einzelgegenstände** oder das **gegenwärtige Vermögen** (vgl. § 311b Abs. 3 BGB), nicht jedoch das **künftige Vermögen** als solches zugewendet werden kann. Ein Vertrag, welcher im Sinne einer schuldrechtlichen Gesamtrechtsnachfolge zur Veräußerung des künftigen Vermögens verpflichtete, wäre gemäß § 311b Abs. 2 BGB nichtig.[128] 228

Die Kehrseite der sofortigen Bindung besteht zudem darin, dass zwischen Ehegatten abgeschlossene Rechtsgeschäfte unter Lebenden auf den Tod bei Scheidung nicht automatisch wegfallen; eine **analoge Anwendung von § 2077 BGB** wir von der h. M. abgelehnt, allenfalls über den Wegfall der Geschäftsgrundlage kann dem Zuwendenden hier im Einzelfall geholfen werden, sofern insoweit keine vertraglichen Vorkehrungen getroffen wurden.[129] 229

2. Drittbestimmung des Zuwendungsempfängers

Gemäß § 2065 Abs. 2 BGB darf der Erblasser im Grundsatz weder die Bestimmung der Person, welche eine Zuwendung erhalten soll, noch die Bestimmung des Zuwendungsgegenstandes einem Dritten überlassen. Lockerungen dieses Drittbestimmungsverbots sieht das Gesetz nur beim Vermächtnis und bei der Auflage vor. Wird ein Rechtsgeschäft unter Lebenden auf den Tod im Wege eines echten Vertrages zugunsten Dritter ausgestaltet, kann dieses **erbrechtliche Drittbestimmungsverbot** umgangen werden.[130] 230

3. Synallagmatische Leistungsverhältnisse

Erbverträge können zwar mit anderen Verträgen beispielsweise einer Versorgungszusage wie einer Pflegeverpflichtung in einer Urkunde verbunden werden (vgl. § 34 Abs. 2 BeurkG), so dass sie faktisch den Charakter eines entgeltlichen Rechtsgeschäfts zwischen Erblasser und Zuwendungsempfänger annehmen. Nach ganz h. M. stehen die Leistung des Erblassers und die Leistung des Zuwendungsempfängers jedoch nicht in einem **synallagmatischen Austauschverhältnis**, so dass die schuldrechtlichen Bestimmungen bei Leistungsstörungen (§§ 320 ff. BGB) nicht zur Anwendung gelangen. Eine Verknüpfung der Leistungen lässt sich hier nur durch die Vereinbarung eines rechtlichen Zusammenhanges im Wege einer Bedingung (§ 158 BGB) oder einer Geschäftseinheit (§ 139 BGB) herstellen.[131] 231

Rechtsgeschäfte unter Lebenden auf den Tod können demgegenüber nicht nur als einseitig verpflichtenden Schenkungen, sondern auch als **entgeltliche oder teilentgeltliche Rechtsgeschäfte** ausgebildet werden, bei welchen Leistung und Gegenleistung in einem synallagmatischen Austauschverhältnis stehen. 232

4. keine Nachlasszugehörigkeit

Gegenstände, welche durch ein Rechtsgeschäft unter Lebenden auf den Tod zugewendet werden, fallen nicht in den Nachlass. Der Zuwendungsempfänger erhält vielmehr mit Vollzug des Erfüllungsgeschäftes, der zumeist aufschiebend bedingt auf das Ableben des Zuwendungsempfängers erfolgt, 233

---

127 Vgl. Nieder/Kössinger/*Nieder*, § 4 Rn. 78.
128 Vgl. Nieder/Kössinger/*Nieder*, § 4 Rn. 87.
129 Vgl. Nieder/Kössinger/*Nieder*, § 4 Rn. 89 m. w. N.
130 Nieder/Kössinger/*Nieder*, § 4 Rn. 81.
131 Vgl. MünchKommBGB/*Musielak*, Vor § 2274 BGB, Rn. 19 m. w. N.; Nieder/Kössinger/*Nieder*, § 4 Rn. 83, 98.

Kapitel 4   Zuwendung einzelner Nachlassgegenstände

unmittelbar eine dingliche Rechtsstellung, während insbesondere einem Vermächtnisnehmer nur ein schuldrechtlicher Anspruch auf Erfüllung des Vermächtnisses mit den damit verbundenen Durchsetzungsschwierigkeiten zusteht.[132]

234   Die **Nichtzugehörigkeit zum Nachlass** hat insbesondere zur Konsequenz, dass die auf diese Weise zugewandten Vermögensgegenstände
- keiner Vor- und Nacherbschaft unterliegen,
- keiner Testamentsvollstreckung, insbesondere keiner Dauertestamentsvollstreckung unterliegen,
- sich ein gemäß § 1638 Abs. 1 BGB qua Verfügung von Todes wegen angeordneter Ausschluss des Vermögenssorgerechts nicht auf sie erstreckt.

235   Was Pflichtteilsansprüche angeht, unterliegen die Zuwendungsgegenstände zwar nicht den ordentlichen Pflichtteilsansprüchen, als Schenkungen unter Lebenden jedoch den **Pflichtteilsergänzungsansprüchen** gemäß der §§ 2325, 2329 BGB, und zwar unabhängig davon, wie weit die Schenkung zeitlich zurückliegt. Die Zehnjahresfrist des § 2325 Abs. 3 BGB beginnt nach der Rechtsprechung des Bundesgerichtshofs nämlich erst mit Eintritt des wirtschaftlichen Leistungserfolges zu laufen, der bei Rechtsgeschäften unter Lebenden auf den Tod wesensbedingt erst mit dem Ableben des Erblassers eintritt.[133] Besonderheiten gelten hier jedoch bei Lebensversicherungen, abhängig davon, ob die Bezugsberechtigung widerruflich oder unwiderruflich eingeräumt ist.[134] Nach der Rechtsprechung des Bundesgerichtshofs ist der Berechnung der Ergänzungspflichtteils der Wert zugrunde zu legen, welchen der Erblasser bei einer Veräußerung der Lebensversicherung zum Zeitpunkt seines Ablebens hätte erzielen können.[135]

II. Arten des Schenkungsversprechens

1. Versprechensschenkung auf den Tod mit Überlebensbedingung

236   Auf ein Schenkungsversprechen i. S. d. § 518 Abs. 1 S. 1 BGB auf den Tod des Schenkers, welches unter der Bedingung gegeben wird, dass der Beschenkte den Schenker überlebt, finden gemäß § 2301 Abs. 1 S. 1 BGB die Vorschriften über Verfügungen von Todes wegen Anwendung.

237   Derartige Schenkungsversprechen werden somit von Gesetzes wegen in eine Verfügung von Todes wegen umgedeutet. Ist eine solche Gestaltung gewünscht, sollte daher von vornherein auf das erbrechtliche Instrumentarium zurückgegriffen und ein Testament oder Erbvertrag errichtet werden.

238   Vollzieht der Schenker die Schenkung demgegenüber noch zu seinen Lebzeiten durch Leistung des zugewendeten Gegenstandes, finden gemäß § 2301 Abs. 2 BGB ausschließlich die Vorschriften unter Lebenden Anwendung, und zwar unabhängig davon, ob nur das Verpflichtungsgeschäft oder auch das Erfüllungsgeschäft bedingt abgeschlossen worden ist.[136] Leistung im Sinne dieser Vorschrift setzt jedoch voraus, dass der Schenker zu Lebzeiten **sämtliche Leistungshandlungen** vollbracht hat, so dass der Leistungserfolg ohne weiteres Zutun eintreten kann. Nach h. M. nicht vollzogen i. S. d. § 2301 Abs. 2 BGB ist daher ein Erfüllungsgeschäft, das erst nach dem Tode des Schenkers durch einen Bevollmächtigten oder Boten vollzogen wird. Ausreichend hierfür ist demgegenüber z. B. ein **auf den Tod des Schenkers aufschiebend bedingtes Erfüllungsgeschäft** oder ein unbedingtes Erfüllungsgeschäft, sofern dem Schenker für den Fall des Vorversterbens des Beschenkten ein Rückforderungsrecht eingeräumt wird.[137]

239   Da bei beweglichen Sachen zumeist auch die Übergabe erst zum Zeitpunkt des Ablebens des Schenkers erfolgen soll, bietet sich hier eine Übereignung unter Vereinbarung eines **Besitzkonstituts** gemäß

---
132   Vgl. Nieder/Kössinger/*Nieder*, § 4 Rn. 85.
133   BGH DNotZ 1987, 315, 315 ff.
134   Vgl. *Leitzen*, RNotZ 2009, 129, 142 ff. mit einer ausführlichen Darstellung des Streitstandes.
135   BGH NJW 2010, 3232 ff.
136   Vgl. MünchKommBGB/*Musielak*, § 2301 Rn. 16.
137   Vgl. mit weiteren Einzelheiten Nieder/Kössinger/*Nieder*, § 4, Rn. 19 ff.

§ 930 BGB an. Bei einer aufschiebend auf den Tod des Schenkers bedingten Übereignung ist hierfür nur erforderlich, dass der Schenker zum Zeitpunkt der dinglichen Einigung, mithin bei Vertragsabschluss Eigenbesitzer ist; ein späterer Verlust des Besitzes ist für die Übereignung unschädlich.[138] In gleicher Weise können verschenkte Rechte aufschiebend bedingt auf das Ableben des Schenkers an den Beschenkten abgetreten werden (§§ 413, 398 BGB).

Sofern bei der Schenkung einer beweglichen Sache oder eines Recht das Erfüllungsgeschäft, wenn auch aufschiebend bedingt auf den Tod des Schenkers, gleichzeitig mit dem Verpflichtungsgeschäft (Schenkungsabrede) abgeschlossen wird, handelt es sich rechtstechnisch um kein **Schenkungsversprechen** i. S. d. § 518 Abs. 1 S. 1 BGB, sondern um eine **Handschenkung** i. S. d. § 516 Abs. 1 BGB, weil für den Sofortvollzug im Sinne dieser Vorschrift eine aufschiebend bedingte Übereignung bzw. Abtretung ausreichend ist (vgl. dazu unten Rdn. 247 ff.). Ein praktischer Anwendungsbereich für eine Versprechensschenkung auf den Tod ist daher bei beweglichen Sachen oder Rechten nicht erkennbar. 240

Wegen der **Bedingungsfeindlichkeit der Auflassung** (§ 925 Abs. 2 BGB) scheidet ein aufschiebend bedingter Vollzug bei Grundstücksschenkungen aus. In der Literatur ist umstritten, ob bei Grundstücksschenkungen für den Leistungsvollzug i. S. d. § 2301 Abs. 2 BGB bereits ausreicht, wenn zwar der Antrag auf Eigentumsumschreibung beim Grundbuchamt erst nach dem Tode des Schenkers gestellt wird, zu seinen Lebzeiten jedoch bereits die Auflassung erklärt und eine Vormerkung zugunsten des Schenkers im Grundbuch eingetragen ist. Als sichere Alternativgestaltung bietet sich hier ein Schenkungsvertrag mit sofortigem Eigentumsübergang auf den Beschenkten im Grundbuch an; als »Überlebensbedingung« wird dem Schenker ein Rücktrittsrecht für den Fall des Vorversterbens des Beschenkten eingeräumt wird, das dinglich durch Eintragung einer Rückauflassungsvormerkung im Grundbuch gesichert wird.[139] 241

2. Versprechensschenkung auf den Tod ohne Überlebensbedingung

Steht ein Schenkungsversprechen nicht unter der Bedingung, dass der Beschenkte den Schenker überlebt, so dass die Erfüllung bei Vorversterben des Beschenkten gegenüber dessen Rechtsnachfolgern erfolgt, ist § 2301 Abs. 1 BGB nicht einschlägig. Ein solcher Vertrag unterliegt daher ausschließlich den **schenkungsrechtlichen Bestimmungen** (§§ 516 ff. BGB). 242

Gemäß § 518 Abs. 1 S. 1 BGB bedarf eine Versprechensschenkung der **notariellen Beurkundung**. Ein Formverstoß wird jedoch gemäß § 518 Abs. 2 BGB mit Bewirkung der versprochenen Leistung geheilt. Ebenso wie bei § 2301 Abs. 2 BGB (vgl. oben Rdn. 238 ff.) ist hierfür erforderlich, dass der Schenker alle **Leistungshandlungen** erbracht hat, die erforderlich sind, dass die Erfüllung ohne weiteres Zutun möglich ist. Da bei § 518 Abs. 2 BGB anders als bei § 2301 Abs. 2 BGB die Überlebensbedingung kein Tatbestandsmerkmal ist, können die zum Vollzug erforderlichen Leistungshandlungen auch nach dem Tod des Schenkers durch Bevollmächtigte oder Boten erbracht werden.[140] 243

Ein Schenkungsversprechen auf den Tod ohne Überlebensbedingung bietet sich somit insbesondere auch bei Grundbesitz an, wenn der Schenker diesen zu Lebzeiten noch nicht auch nicht unter Vorbehalt eines Nießbrauchsrechts oder Wohnungsrechts aus der Hand geben will, dem Zuwendungsempfänger aber bereits mit Vertragsabschluss eine sichere Erwerbsposition eingeräumt werden soll. 244

In solch einem Falle kann zunächst nur der schuldrechtliche Schenkungsvertrag abgeschlossen und der Beschenkte sowie dessen Rechtsnachfolger unter Befreiung von den Beschränkungen des § 181 BGB bevollmächtigt werden, nach dem Ableben des Schenkers die Auflassung auch für den Schenker zu erklären; alternativ kann der Grundbesitz bereits bei Abschluss des Schenkungsvertrages mit der Vollmacht an den beurkundenden Notar aufgelassen werden, die Eigentumsumschreibung erst 245

---

138 MünchKommBGB/*Oechsler*, § 930 BGB, Rn. 8.
139 Vgl. Nieder/Kössinger/*Nieder*, § 4 Rn. 21 f. m. w. N.
140 Vgl. mit weiteren Einzelheiten, Nieder/Kössinger/*Nieder*, § 4 Rn. 15 m. w. N.

nach dem Ableben des Schenkers zu bewilligen.[141] Eine erneute Auflassung ist in letzterem Fall nicht erforderlich, und zwar auch dann nicht, wenn der Beschenkte vorversterben und die Erfüllung der Schenkung gegenüber seinen Rechtsnachfolgern erfolgt; gegen Vorlage eines Erbnachweises kann der Grundbesitz in diesem Falle unmittelbar vom verstorbenen Schenker auf die Erben des Beschenkten umgeschrieben werden.[142]

246 ▶ **Muster: Grundstücksschenkung auf den Tod ohne Überlebensbedingung**

UR.Nr./...

Schenkungsvertrag

Verhandelt zu ... am ...

Vor mir, Notar

...

mit dem Amtssitz in ...

erschienen:
1. Herr..., geboren am ..., wohnhaft: ...,
2. Herr..., geboren am ..., wohnhaft: ...,

Herr ... wird nachfolgend als »Veräußerer«; Herr ... wird nachfolgend als »Erwerber« bezeichnet.

Die nachfolgende Zuwendung erfolgt unabhängig davon, ob der Erwerber den Veräußerer überlebt, vielmehr soll nur die Erfüllung dieser Zuwendung unter Lebenden auf die Zeit des Todes des Veräußerers hinausgeschoben sein; das Eigentum an dem Grundbesitz soll mithin erst nach dem Ableben des Veräußerers auf den Erwerber oder – falls dieser vorverstorben sein sollte – auf dessen Rechtsnachfolger übergehen.

I
Vorbemerkung

Der Veräußerer ist eingetragener Eigentümer des im Grundbuch des Amtsgerichts ... von ... Blatt ... verzeichneten Grundbesitzes

Gemarkung ...,

Flur ...,

Flurstück ...,   ...,   groß ... m².

Im Grundbuch sind folgende Belastungen eingetragen:

Abteilung II

.../keine

Abteilung III

.../keine

Der Notar hat das Grundbuch einsehen lassen am ...

Dies vorausgeschickt, erklärten die Erschienenen:

Wir schließen folgenden

---

141 Münchener Vertragshandbuch/*Nieder/Otto*, Band 6, Muster XVI.33, Anm. 2.
142 Vgl. *Schöner/Stöber*, Grundbuchrecht, Rn. 3345 ff.

II
Übertragungsvertrag

§ 1 Übertragungsgegenstand

Der Veräußerer überträgt dem Erwerber den vorbezeichneten Grundbesitz einschließlich aller wesentlichen Bestandteile und allem gesetzlichen Zubehör, soweit dieses im Eigentum des Veräußerers steht.

§ 2 Gegenleistung

Die Übertragung erfolgt schenkweise. Der Erwerber hat keine Gegenleistungen zu erbringen.

(Ggf.) Er hat sich diese Übertragung nicht/mit dem heutigen Verkehrswert zuzüglich Inflationsausgleich auf seinen Pflichtteil am Nachlass des Veräußerers anrechnen zu lassen. Zur Ausgleichung gemäß der §§ 2050 ff., 2316 BGB ist er nicht verpflichtet.

§ 3 Rücktrittsrecht

Der Veräußerer behält sich kein vertragliches Rücktrittsrecht von diesem Vertrag vor. Der Notar hat auf die dem Veräußerer verbleibenden gesetzlichen Rechte zur Rückforderung wegen Notbedarfs (§ 528 BGB) und zum Schenkungswiderruf wegen groben Undanks (§ 530 BGB) hingewiesen.

§ 4 Verjährung

Ansprüche auf Übergabe des Grundbesitzes und auf Verschaffung des Eigentums verjähren in dreißig Jahren ab dem gesetzlichen Verjährungsbeginn.

§ 5 Übergang sonstiger Gegenstände

Die Beteiligten sind darüber einig, dass das Eigentum an den mitveräußerten beweglichen Sachen zum Zeitpunkt des wirtschaftlichen Übergangs auf den Erwerber übergeht.

§ 6 Sach- und Rechtsmängel

1. Der Vertragsgegenstand wird übertragen in dem tatsächlichen Zustand, in dem er sich beim Ableben des Veräußerers befindet.
Rechte des Erwerbers wegen Sachmängeln des Vertragsgegenstandes sind, soweit der Veräußerer nicht vorsätzlich oder arglistig handelt, ausgeschlossen.
2. Die zum Zeitpunkt des wirtschaftlichen Übergangs (§ 7) bestehenden Miet- und Pachtverhältnisse werden übernommen. Auf die §§ 566 ff. BGB, insbesondere den Grundsatz »Veräußerung bricht nicht Miete«, die fortdauernde Haftung für die Rückgabe der Mietkaution sowie auf die gesetzlichen Kündigungsschutzbestimmungen wurde hingewiesen. Etwaige Mietkautionen sind mit Eigentumsumschreibung dem Erwerber auszuhändigen. (Var. bei aktueller Vermietung) Der Veräußerer ist berechtigt, bis zu seinem Ableben ohne Zustimmung des Erwerbers die gegenwärtig bestehenden (ggf.) Miet- und Pachtverträge zu verändern, zu beenden und beliebig neue Miet- oder Pachtverträge abzuschließen. (Var.: keine aktuellen Mietverhältnisse) Gegenwärtig bestehen nach Angabe des Veräußerers keine Miet- oder Pachtverhältnisse. Der Veräußerer ist jedoch berechtigt, bis zu seinem Ableben, ohne Zustimmung des Erwerbers beliebige Miet- oder Pachtverhältnisse abzuschließen.
Der Veräußerer garantiert, dass (opt.) er nicht über sein wesentliches Vermögen (Verkehrswert des Grundbesitzes nach Abzug der Verbindlichkeiten < 85 % des Gesamtnettovermögens des Veräußerers) verfügt und dass der Grundbesitz nicht unter Denkmalschutz (Var. bei Bebauung) oder Wohnungsbindung steht.
Nach Angabe des Veräußerers liegt der Grundbesitz ferner nicht in einem Entwicklungs-, Sanierungs-, Umlegungs- oder Flurbereinigungsgebiet.
Etwaige zum Zeitpunkt des wirtschaftlichen Übergangs (§ 7) bestehenden Baulasten, nachbarrechtliche Beschränkungen oder altrechtliche Dienstbarkeiten werden entschädigungslos übernommen. Dem Veräußerer sind derartige Rechte nicht bekannt. Er ist berechtigt, bis zu seinem Ableben solche Lasten beliebig ohne Zustimmung des Erwerbers zu begründen. Auf die Möglichkeit

Kapitel 4 Zuwendung einzelner Nachlassgegenstände

der Einsichtnahme in das Baulastenverzeichnis bei der unteren Bauaufsichtsbehörde wurde hingewiesen.

Der Veräußerer verpflichtet sich, den Grundbesitz im übrigen von allen privaten Rechten Dritter freizustellen.

§ 7 Wirtschaftlicher Übergang

Besitz, Nutzungen, Lasten, die Pflicht zur Entrichtung der Grundbesitzabgaben, die Gefahr des zufälligen Untergangs oder der zufälligen Verschlechterung des Grundbesitzes, ferner die allgemeinen Verkehrssicherungspflichten (Var. bei Bebauung) sowie alle Rechte und Pflichten aus den Gebäudeversicherungen gehen auf den Erwerber über mit dem Ableben des Veräußerers.

(Var. bei Bebauung) Der Notar hat auf die §§ 95 ff. VVG hingewiesen.

Der Veräußerer trägt dementsprechend alle bis zu seinem Ableben durch Bescheid festgesetzten Erschließungsbeiträge (§ 127 BauGB) und landesrechtliche Anliegerbeiträge sowie den bis zu diesem Zeitpunkt festgesetzten Kostenersatz für naturschutzrechtliche Ausgleichsmaßnahmen (§ 135a BauGB); im übrigen ist der Erwerber verpflichtet.

Da die Gemeinde unabhängig hiervon die Beiträge beim jeweiligen Eigentümer anfordert, hat der Notar den Beteiligten geraten, sich vor Beurkundung bei der Gemeinde entsprechend zu informieren.

§ 8 Vollzug, Hinweise

Die Beteiligten beauftragen den Notar mit dem Vollzug dieser Urkunde. Anfechtbare Bescheide sind jedoch unter Übersendung einer Abschrift an den Notar den Beteiligten selbst zuzustellen.

Der Notar hat auf alle für die Wirksamkeit und den Vollzug dieser Urkunde erforderlichen Genehmigungen/Vollmachtsbestätigungen hingewiesen und über die hiermit verbundenen Rechtsfolgen belehrt. Die Genehmigungen/Vollmachtsbestätigungen sowie die für den Vollzug erforderlichen Lastenfreistellungsunterlagen sollen vom Notar unter Übersendung eines Entwurfs eingeholt und – auch gemäß § 875 Abs. 2 BGB – für alle Beteiligten entgegengenommen werden.

Der Notar kann Anträge beim Grundbuchamt getrennt und eingeschränkt stellen und zurücknehmen. Er soll die Eigentumsumschreibung erst gegen Vorlage einer Sterbeurkunde des Veräußerers bewilligen und beantragen.

Der Notar hat darüber belehrt,
- dass Nebenabreden außerhalb dieser Urkunde zur Unwirksamkeit des gesamten Übertragungsvertrages führen; die Beteiligten erklären, dass alle Vertragsvereinbarungen in dieser Urkunde richtig und vollständig niedergelegt sind;
- dass alle Beteiligten gesamtschuldnerisch für Gebühren und Steuern haften und der Notar dem Finanzamt – Grunderwerbsteuerstelle und Schenkungssteuerstelle – gegenüber zur Anzeige dieses Vertrages verpflichtet ist;
- dass das Eigentum erst mit der Umschreibung im Grundbuch auf den Erwerber übergeht; dazu müssen alle Genehmigungen (ggf.) und die steuerliche Unbedenklichkeitsbescheinigung vorliegen.

Der Notar hat über die steuerlichen Auswirkungen der in dieser Urkunde getroffenen Vereinbarungen weder belehrt noch beraten.

§ 9 Kosten, Steuern

Alle Kosten dieser Urkunde und ihres Vollzugs sowie etwaige mit dem Grundstückserwerb verbundene Steuern trägt der Erwerber.

Die Beteiligten machen folgende Wertangaben:

Verkehrswert des Grundbesitzes: € . . .

III
Erklärungen gegenüber dem Grundbuchamt

Auflassung ohne Bewilligung

Die Beteiligten sind darüber einig, dass das Eigentum an dem übertragenen Grundbesitz auf den Erwerber übergeht. Der Veräußerer bevollmächtigt den Notar, dessen Vertreter und Amtsnachfolger unwiderruflich und über den Tod hinaus, die Eigentumsumschreibung zu bewilligen und zu beantragen.

Auflassungsvormerkung

Zur Sicherung des Anspruchs auf Eigentumsübertragung bewilligt der Veräußerer die Eintragung einer Vormerkung zugunsten des Erwerbers im Grundbuch. Der Erwerber bewilligt bereits jetzt die Löschung dieser Vormerkung gleichzeitig mit der Eigentumsumschreibung, sofern keine Zwischeneintragungen ohne seine Zustimmung vorliegen.

Löschungen

Die Beteiligten stimmen der Löschung aller Belastungen einschließlich Mithaftentlassungen zu, bewilligen diese, soweit sie selbst berechtigt sind, und beantragen sie.

Durchführungsvollmacht

Alle Beteiligten bevollmächtigen den Notar – auch dessen Sozius, deren Vertreter oder Amtsnachfolger – unter Befreiung von den Beschränkungen des § 181 BGB, ergänzende oder ändernde Erklärungen einschließlich Bewilligungen abzugeben, die zum Vollzug dieser Urkunde erforderlich sind, insbesondere soweit solche vom Grundbuchamt für Eintragungen gefordert werden.

Diese Niederschrift wurde den Erschienenen vom Notar vorgelesen, von den Erschienenen genehmigt sowie von diesen und dem Notar eigenhändig wie folgt unterschrieben:

3. Handschenkung auf den Tod

Unter den Begriff der Schenkung i. S. d. Bürgerlichen Gesetzbuches fällt neben der Versprechensschenkung i. S. d. § 518 Abs. 1 BGB auch die Handschenkung gemäß § 516 Abs. 1 BGB. Diese ist als **Realvertrag** ausgestaltet, bei welchem das Verpflichtungsgeschäft (Schenkungsabrede) und Erfüllungsgeschäft (Übereignung) im Wege des sofortigen Vollzuges zusammenfallen.[143] **Sofortvollzug** in diesem Sinne erfordert jedoch nur, dass die Tatbestandsvoraussetzungen des dinglichen Rechtsgeschäfts erfüllt sind, eine Bedingung oder Befristung (§§ 158 ff. BGB) des Verpflichtungs- und/oder Vollzugsgeschäfts steht einer Handschenkung demgegenüber nicht entgegen. Da § 518 Abs. 1 BGB nur die Versprechensschenkung erfasst, ist die Handschenkung zudem **formfrei** möglich.[144] Aus Beweis- und Rechtssicherheitsgründen ist eine notarielle Beurkundung dessen ungeachtet zu empfehlen. 247

Daraus folgt: Eine Handschenkung scheidet bei sog. gestreckten Erwerbstatbeständen wie der Auflassung aus, da hier ein Sofortvollzug bereits rechtstechnisch nicht möglich ist. Erfordert der dingliche Vollzug jedoch wie bei beweglichen Sachen nur Einigung und Übergabe (§§ 929, 854 BGB) oder Einigung und Vereinbarung eines Besitzkonstituts (§§ 929, 930 BGB) bzw. bei Rechten dessen Abtretung (§§ 413, 398 BGB) steht die Handschenkung im Grundsatz als Gestaltungsmittel zur Verfügung. Da der dingliche Vollzug in zulässiger Weise auf den Tod des Schenkers bedingt werden kann, ist auch eine Handschenkung auf den Tod möglich, selbst unter der Bedingung, dass der Beschenkte den Schenker überlebt. § 2301 Abs. 1 S. 1 BGB steht nicht entgegen, weil die Schenkung 248

---

143 Vgl. MünchKommBGB/*Koch*, § 516 Rn. 2.
144 Nieder/Kössinger/*Nieder*, § 4 Rn. 6 f. m. w. N.

gemäß § 2301 Abs. 2 BGB bereits vor dem Ableben des Schenkers vollzogen wird (vgl. dazu oben Rdn. 238).[145]

249 ▶ **Muster: Handschenkung beweglicher Sachen auf den Tod mit Überlebensbedingung**

UR.Nr./...

Schenkungsvertrag

Verhandelt zu ... am ...

Vor mir, Notar

...

mit dem Amtssitz in ...

erschienen:

1. Herr ...,

   geboren am ...,

   wohnhaft: ...,

2. Herr ...,

   geboren am ...,

   wohnhaft: ...,

Herr ... wird nachfolgend als »Schenker«; Herr ... wird nachfolgend als »Beschenkter« bezeichnet.

Die Erschienenen erklärten, wir schließen folgenden

Schenkungsvertrag

§ 1 Vertragsgegenstand

Der Schenker wendet dem Beschenkten hiermit folgende Gegenstände schenkweise zu:
1. Ölgemälde »See im Winter« von Emil Nolde,
2. Silberbesteck 128 teilig, Manufaktur Wilkens, Form Neubarock.

Die zugewendeten Gegenstände werden nachfolgend gemeinsam »Vertragsgegenstand« genannt.

§ 2 Überlebensbedingung

Die Zuwendung erfolgt unter der aufschiebenden Bedingung, dass der Beschenkte den Schenker überlebt.

§ 3 Gegenleistung

Die Zuwendung erfolgt schenkweise. Der Beschenkte hat keine Gegenleistungen zu erbringen.

(Ggf.) Er hat sich diese Schenkung mit dem heutigen Verkehrswert zuzüglich Inflationsausgleich auf seinen Pflichtteil am Nachlass des Schenkers anrechnen zu lassen. Zur Ausgleichung gemäß der §§ 2050 ff., 2316 BGB ist er nicht verpflichtet.

---

145 Vgl. Nieder/Kössinger/*Nieder*, § 4 Rn. 8 m.w.N.

§ 4 Rücktrittsrecht

Der Schenker behält sich kein vertragliches Rücktrittsrecht von diesem Vertrag vor. Der Notar hat auf die dem Schenker verbleibenden gesetzlichen Rechte zur Rückforderung wegen Notbedarfs (§ 528 BGB) und zum Schenkungswiderruf wegen groben Undanks (§ 530 BGB) hingewiesen.

§ 5 Sach- und Rechtsmängel

Der Vertragsgegenstand wird übertragen in dem tatsächlichen Zustand, in dem er sich zum Zeitpunkt des Ablebens des Schenkers befindet.

Rechte des Beschenkten wegen Sach- und Rechtsmängeln sind, soweit der Schenker nicht vorsätzlich oder arglistig handelt, ausgeschlossen.

§ 6 Übereignung

1. Die Beteiligten sind darüber einig, dass das Eigentum an den vorbezeichneten Gegenständen aufschiebend bedingt auf das Ableben des Schenkers und das Überleben des Beschenkten auf diesen übergeht.
2. Die Übergabe der Gegenstände erfolgt mit dem Ableben des Schenkers. Bis zu diesem Zeitpunkt werden sie dem Schenker vom Beschenkten, dem auf diese Weise und hiermit der mittelbare Besitz an den Gegenständen eingeräumt wird, zur unentgeltlichen Nutzung überlassen.

§ 7 Vollzug, Hinweise

Die Beteiligten beauftragen den Notar mit dem Vollzug dieser Urkunde.

Der Notar hat darüber belehrt,
– dass Nebenabreden außerhalb dieser Urkunde zur Unwirksamkeit des gesamten Schenkungsvertrages führen; die Beteiligten erklären, dass alle Vertragsvereinbarungen in dieser Urkunde richtig und vollständig niedergelegt sind;
– dass alle Beteiligten gesamtschuldnerisch für Gebühren und Steuern haften und der Notar dem Finanzamt – Schenkungssteuerstelle – gegenüber zur Anzeige dieses Vertrages verpflichtet ist.

Der Notar hat über die steuerlichen Auswirkungen der in dieser Urkunde getroffenen Vereinbarungen weder belehrt, noch beraten.

§ 8 Kosten, Steuern

Alle Kosten dieser Urkunde und ihres Vollzugs sowie etwaige mit der Schenkung verbundene Steuern trägt der Beschenkte.

Diese Niederschrift wurde den Erschienenen vom Notar vorgelesen, von den Erschienenen genehmigt sowie von diesen und dem Notar eigenhändig wie folgt unterschrieben:

▶ **Muster: Handschenkung beweglicher Sachen auf den Tod ohne Überlebensbedingung** 250

UR.Nr./

Schenkungsvertrag

Verhandelt zu ... am ...

Vor mir, Notar

...

mit dem Amtssitz in ...

erschienen:

1. Herr ...,

   geboren am ...,

Kapitel 4 Zuwendung einzelner Nachlassgegenstände

wohnhaft: ...,

2. Herr...,

geboren am ...,

wohnhaft: ...,

Herr... wird nachfolgend als »Schenker«; Herr... wird nachfolgend als »Beschenkter« bezeichnet.

Die nachfolgende Zuwendung erfolgt unabhängig davon, ob der Beschenkte den Schenker überlebt, vielmehr soll nur die Erfüllung dieser Zuwendung unter Lebenden auf die Zeit des Todes des Schenkers hinausgeschoben sein; das Eigentum soll mithin erst mit dem Ableben des Schenkers auf den Erwerber oder – falls dieser vorverstorben sein sollte – auf dessen Rechtsnachfolger übergehen.

Dies vorausgeschickt, erklärten die Erschienenen, wir schließen folgenden

Schenkungsvertrag

§ 1 Vertragsgegenstand

Der Schenker wendet hiermit dem Beschenkten folgende Gegenstände schenkweise zu:
1. Ölgemälde »See im Winter« von Emil Nolde,
2. Silberbesteck 128-teilig, Manufaktur Wilkens, Form Neubarock.

Die zugewendeten Gegenstände werden nachfolgend gemeinsam »Vertragsgegenstand« genannt.

§ 2 Gegenleistung

Die Zuwendung erfolgt schenkweise. Der Beschenkte hat keine Gegenleistungen zu erbringen.

(Ggf.) Er hat sich diese Schenkung mit dem heutigen Verkehrswert zuzüglich Inflationsausgleich auf seinen Pflichtteil am Nachlass des Schenkers anrechnen zu lassen. Zur Ausgleichung gemäß der §§ 2050 ff., 2316 BGB ist er nicht verpflichtet.

§ 3 Rücktrittsrecht

Der Schenker behält sich kein vertragliches Rücktrittsrecht von diesem Vertrag vor. Der Notar hat auf die dem Schenker verbleibenden gesetzlichen Rechte zur Rückforderung wegen Notbedarfs (§ 528 BGB) und zum Schenkungswiderruf wegen groben Undanks (§ 530 BGB) hingewiesen.

§ 4 Sach- und Rechtsmängel

Der Vertragsgegenstand wird übertragen in dem tatsächlichen Zustand, in dem er sich zum Zeitpunkt des Ablebens des Schenkers befindet.

Rechte des Beschenkten wegen Sach- und Rechtsmängeln sind, soweit der Schenker nicht vorsätzlich oder arglistig handelt, ausgeschlossen.

§ 5 Übereignung

1. Die Beteiligten sind darüber einig, dass das Eigentum an den vorbezeichneten Gegenständen aufschiebend bedingt auf das Ableben des Schenkers auf diesen bzw. auf dessen Rechtsnachfolger übergeht.
2. Die Übergabe der Gegenstände erfolgt mit dem Ableben des Schenkers. Bis zu diesem Zeitpunkt werden sie dem Schenker vom Beschenkten, dem auf diese Weise und hiermit der mittelbare Besitz an den Gegenständen eingeräumt wird, zur unentgeltlichen Nutzung überlassen.

§ 6 Vollzug, Hinweise

Die Beteiligten beauftragen den Notar mit dem Vollzug dieser Urkunde.

Der Notar hat darüber belehrt,

- dass Nebenabreden außerhalb dieser Urkunde zur Unwirksamkeit des gesamten Schenkungsvertrages führen; die Beteiligten erklären, dass alle Vertragsvereinbarungen in dieser Urkunde richtig und vollständig niedergelegt sind;
- dass alle Beteiligten gesamtschuldnerisch für Gebühren und Steuern haften und der Notar dem Finanzamt – Schenkungssteuerstelle – gegenüber zur Anzeige dieses Vertrages verpflichtet ist.

Der Notar hat über die steuerlichen Auswirkungen der in dieser Urkunde getroffenen Vereinbarungen weder belehrt, noch beraten.

§ 7 Kosten, Steuern

Alle Kosten dieser Urkunde und ihres Vollzugs sowie etwaige mit der Schenkung verbundene Steuern trägt der Beschenkte.

Diese Niederschrift wurde den Erschienenen vom Notar vorgelesen, von den Erschienenen genehmigt sowie von diesen und dem Notar eigenhändig wie folgt unterschrieben:

Der Anwendungsbereich der Handschenkung auf den Tod lässt sich zur sogenannten »**eingeleiteten** 251 **Handschenkung**« hin ausweiten, indem der Schenker zu Lebzeiten einen Boten oder Bevollmächtigen beauftragt, seine Willenserklärung (Schenkungsangebot und Übereignungs- bzw. Abtretungsangebot) dem Beschenkten nach seinem Ableben zu überbringen. Nach der Rechtsprechung des Bundesgerichtshofs unterliegt eine solche Gestaltung jedoch mangels lebzeitigem Vollzug dem **Verdikt des § 2301 Abs. 1 S. 1 BGB**, so dass eine eingeleitete Handschenkung auf Tod nur möglich ist, wenn die Schenkung nicht unter der Bedingung erfolgt, dass der Beschenkte den Schenker überlegt. Hat der Schenker den Beauftragten bzw. Boten jedoch, wie in solchen Fällen häufig gewünscht, gerade beauftragt, das Schenkungs- und Übereignungs- bzw. Abtretungsangebot dem Beschenkten erst nach seinem Ableben zu übermitteln, kann dies als Überlebensbedingung ausgelegt werden mit der Folge der Nichtigkeit der Schenkung gemäß § 2301 Abs. 1 BGB.[146]

Mit Blick auf diese Rechtsunsicherheiten kann von einer eingeleiteten Handschenkung auf den Tod 252 als Gestaltungsmittel nur abgeraten werden.

4. Versprechensschenkung und Handschenkung auf den Tod durch Vertrag zugunsten Dritter

Eine Versprechensschenkung sowie eine Handschenkung auf den Tod können auch in einen **echten** 253 **Vertrag zugunsten Dritter** gemäß § 328 Abs. 1 BGB eingebettet werden, indem sich eine vom Schenker (Versprechensempfänger) bestimmte Person (Versprechender) gegenüber diesem verpflichtet, dem Beschenkten (Dritten) eine bestimmte Leistung zu erbringen. Zwischen dem Schenker und dem Versprechensempfänger (Deckungsverhältnis) wird in solchen Fällen ein Auftrag (§ 662 BGB) oder ein Geschäftsbesorgungsvertrag (§ 675 Abs. 1 BGB) abgeschlossen, zwischen dem Versprechensempfänger und dem Dritten (Valutaverhältnis) besteht nur eine Kausalverhältnis, hier eine Schenkung, während der Vollzug der Schenkung zwischen dem Versprechenden und dem Dritten (Vollzugsverhältnis) erfolgt.

Bei der Gestaltung eines solchen Vertrages zugunsten Dritter ist folgendes zu beachten: 254

Wie sich aus § 328 Abs. 2 BGB ergibt, kennt das Bürgerliche Gesetzbuch keine allgemeine Aus- 255 legungsregel, nach welcher Verträge, die einen Dritten begünstigen, diesem auch einen Anspruch auf die Leistung des Versprechenden einräumen. Dass ein echter Vertrag zugunsten Dritter i. S. d. § 328 Abs. 1 BGB gewollt ist, sollte daher eindeutig zum Ausdruck gebracht werden.[147]

Der Anspruch des Dritten auf die Leistung entsteht beim echten Vertrag zugunsten Dritter unmittel- 256 bar gegenüber dem Versprechenden und, sofern nicht abweichend geregelt, sofort mit Begründung des Deckungsverhältnisses. Ist demgegenüber bestimmt, dass die Leistung erst nach dem Tode des

---

146 Vgl. Nieder/Kössinger/*Nieder*, § 4 Rn. 9 ff. m. w. N.
147 Vgl. Nieder/Kössinger/*Nieder*, § 4 Rn. 36.

Versprechensempfängers erfolgen soll, entsteht die Leistung gemäß § 331 Abs. 1 BGB im Zweifel erst mit dessen Tode.[148] Vor diesem Zeitpunkt hat der Dritte nur eine Hoffnung oder eine Chance auf den Rechtserwerb, ihm steht insoweit weder bereits ein bedingter Anspruch noch ein Minus, insbesondere kein Anwartschaftsrecht zu.[149] Um Unsicherheiten über den Entstehungszeitpunkt zu vermeiden und bei Leistungen i. S. d. § 331 Abs. 1 BGB nicht auf diese Zweifelsregel rekurrieren zu müssen, ist eine ausdrückliche vertragliche Regelung zu empfehlen.

257 Da der Anspruch des Dritten ex lege ohne dessen Zutun entsteht, ist er umgekehrt gemäß § 333 BGB berechtigt, dieses Recht gegenüber dem Versprechenden zurückzuweisen.

258 Insbesondere bei einem Vertrag zugunsten Dritter, bei dem die Leistung nicht sofort fällig ist, bedarf es einer vertraglichen Regelung, ob der Anspruch des Dritten ohne dessen Zustimmung abgeändert und wieder aufgehoben werden kann, und ob die Änderung bzw. Aufhebung nur gemeinsam durch den Versprechenden und den Versprechensempfänger erfolgen kann oder auch einseitig durch den Versprechensempfänger. Auch insoweit gibt es keine gesetzliche Auslegungsregel; vielmehr hängt insbesondere die Zustimmungsbedürftigkeit des Dritten, wenn insoweit keine Bestimmung getroffen wurde, gemäß § 328 Abs. 2 BGB von dem konkreten Vertragszweck ab.[150]

259 Soll die Leistung an den Dritten gemäß § 331 Abs. 1 BGB erst nach dem Tode des Versprechensempfängers erfolgen, bedarf es insoweit einer vertraglichen Regelung nur für den Zeitraum nach dem Ableben des Versprechensempfängers. Davor hat der Dritte wie dargestellt keinerlei gesicherte Rechtsposition, so dass sein zukünftiges noch nicht entstandenes Recht von dem Versprechenden und dem Versprechensempfänger gemeinsam oder, sofern dies im Deckungsverhältnis vorbehalten wurde, auch einseitig vom Versprechenden abgeändert und wieder aufgehoben werden kann. Der Anspruch gehört in diesem Zeitraum noch uneingeschränkt zum Vermögen des Versprechensempfängers mit der entsprechenden Verfügungsberechtigung, Pfändbarkeit und Insolvenzanfälligkeit. Hebt der Versprechensempfänger beispielsweise ein Sparbuch, das er im Wege eines echten Vertrages zugunsten Dritter auf den Tod i. S. d. § 331 Abs. 1 BGB einem Dritten schenkweise zugewandt hat, vollständig ab, geht der Beschenkte leer aus und hat auch keine Schadenersatzansprüche gegen den Nachlass.[151]

260 Hat sich der Versprechensempfänger vorbehalten, die Person des Dritten einseitig zu ändern, kann diese Änderung gemäß § 332 BGB im Zweifel auch in einer Verfügung von Todes wegen geschehen.

261 Wenn der Versprechensempfänger bei Schenkungen auf den Tod diese dem beschenkten Dritten gegenüber nicht vor seinem Ableben offenbaren will, kann die Schenkungsabrede, wie dargestellt nur dadurch zustande kommen, dass der Versprechensempfänger entweder einen Bevollmächtigten oder einen Boten, hier regelmäßig den Versprechenden, einschaltet, welcher dem beschenkten Dritten nach dem Ableben des Versprechensempfängers das Schenkungsangebot überbringt. Der Schenkungsvertrag kommt in solchen Fällen wie folgt zustande:
– Der Annahme des Schenkungsangebots steht gemäß der §§ 130 Abs. 2, 153 BGB nicht entgegen, dass der Versprechensempfänger vor der Vertragsannahme verstirbt, und die Annahmeerklärung muss gemäß § 151 S. 1 BGB dem Anbieter auch nicht zugehen. Spätestens mit Annahme des Schenkungsgegenstandes kommt damit post mortem konkludent der Schenkungsvertrag zwischen dem Versprechensempfänger und dem Dritten zustande.[152]
– Die Schenkung ist auch formwirksam. Der Bundesgerichtshof sieht die Schenkung auf den Tod durch Vertrag zugunsten Dritter als Versprechensschenkung an, die gemäß § 518 Abs. 1 S. 1 BGB der notariellen Beurkundung bedarf. Der Formmangel werde jedoch gemäß § 518 Abs. 2 BGB mit dem Ableben des Versprechensempfängers geheilt, weil der Dritte zu diesem Zeitpunkt gemäß

---

148 Vgl. Nieder/Kössinger/*Nieder*, § 4 Rn. 37 f. m. w. N.
149 Vgl. Palandt/*Grüneberg*, § 331 Rn. 3 m. w. N.; Nieder/Kössinger/*Nieder*, § 4 Rn. 45 m. w. N.
150 Vgl. Nieder/Kössinger/*Nieder*, § 4 Rn. 39.
151 Vgl. Nieder/Kössinger/*Nieder*, § 4 Rn. 45 m. w. N.
152 Vgl. Nieder/Kössinger/*Nieder*, § 4 Rn. 47 m. w. N.

§ 331 Abs. 1 BGB ex lege den Schenkungsgegenstand in Vollzug des Kausalverhältnisses zwischen Schenker und Beschenktem erhalte.[153] Da die Schenkungsabrede dem von-Selbst-Vollzug der Schenkung hier zeitlich nachfolgt, ist demgegenüber dogmatisch richtig, eine Schenkung auf den Tod durch Vertrag zugunsten Dritter als eine eingeleitete Handschenkung i. S. d. § 516 Abs. 1 S. 1 BGB (vgl. oben Rdn. 251) anzusehen, welche keiner besonderen Form bedarf.[154]

- Das Verdikt des § 2301 Abs. 1 S. 1 BGB steht der Schenkung auf den Tod durch Vertrag zugunsten Dritter, gleich ob von einem Schenkungsversprechen oder einer eingeleiteten Handschenkung ausgegangen wird, nicht entgegen, weil diese Norm nach ganz h. M. bei Verträgen zugunsten Dritter von § 331 BGB als lex specialis verdrängt wird.[155]

Ist der Dritte zum Zeitpunkt des Ablebens des Versprechensempfängers verstorben, fällt das Recht auf die Leistung in dessen Nachlass, es sei denn, es wurde ein Ersatzberechtigter bestimmt. § 2069 BGB ist nach der Rechtsprechung des Bundesgerichtshofs nicht analog anwendbar.[156] Insoweit ist daher eine ausdrückliche vertragliche Regelung zu empfehlen.

262

Da das Schenkungsangebot dem Dritten erst nach dem Ableben des Versprechensempfängers qua Boten oder Bevollmächtigtem zugeht, hat der Erbe des Versprechensempfängers die Möglichkeit, das Angebot zu widerrufen, wobei der Widerruf gemäß § 130 Abs. 1 S. 2 BGB dem Dritten vor oder gleichzeitig mit dem Angebot zugehen muss.[157] Es entsteht somit eine Wettlaufsituation zwischen dem Bevollmächtigten/Boten und dem Erben, die sich nur vermeiden lässt, wenn die Widerruflichkeit des Schenkungsangebots kautelarjuristisch ausgeschlossen wird. Dazu werden in der Literatur im Grundsatz drei Möglichkeiten vorgeschlagen:

263

1. Der Anspruch des Dritten wird durch eine parallele Verfügung von Todes wegen abgesichert, indem der Versprechensempfänger die Erben mit einem entsprechenden Unterlassungsvermächtnis zugunsten des Dritten beschwert. Diese Lösung dürfte jedoch versagen, wenn der Widerruf erfolgt, ehe die Erben Kenntnis von der Verfügung von Todes wegen erlangt haben.[158]
2. Das Schenkungsangebot wird unwiderruflich ausgestaltet, wobei eine Gestaltung, welche dem Versprechensempfänger den jederzeitigen Widerruf ermöglicht und nur dessen Erben den Widerruf verwehrt, unzulässig ist. Damit kann das Schenkungsangebot auch von dem Versprechensempfänger nicht mehr widerrufen werden.[159]
3. Am elegantesten, wenn auch in der Literatur umstritten und bisher nicht durch Rechtsprechung abgesichert,[160] erscheint demgegenüber folgende Lösung: Der Versprechensempfänger schließt bereits zu seinen Lebzeiten mit sich selbst als vollmachtloser Vertreter des Dritten den Schenkungsvertrag, der zunächst gemäß § 177 BGB Abs. 1 BGB schwebend unwirksam ist und nach dem Ableben des Versprechensempfängers von dem Dritten mit Rückwirkung gemäß § 184 Abs. 1 BGB genehmigt werden kann. Ein Widerruf dieses schwebend unwirksamen Vertrages durch die Erben ist gemäß § 178 S. 1 BGB nicht möglich, weil der Versprechensempfänger den Mangel der Vertretungsmacht kannte. Behält sich der Versprechensempfänger zudem ein lebzeitiges Rücktrittsrecht von dem Schenkungsvertrag vor, tritt vor seinem Ableben auch keine Bin-

---

153 BGH NJW 1984, 480, 481.
154 Vgl. *Gernhuber*, Schuldverhältnis, § 20 V 5.
155 Vgl. Staudinger/*Jagmann*, § 331 Rn. 17 f. m. w. N.; Nieder/Kössinger/*Nieder*, § 4 Rn. 49 m. w. N.
156 Nieder/Kössinger/*Nieder*, § 4 Rn. 49 m. w. N.
157 Vgl. Nieder/Kössinger/*Nieder*, § 4 Rn. 47 mit weiteren Einzelheiten zu der Frage, ob das Schenkungsangebot selbst oder nur die Vollmacht und der Auftrag an den Bevollmächtigten bzw. Boten widerrufen werden kann.
158 Vgl. Beck'sches Formularbuch ErbR/*Lehmann*, Muster I. V.1 Anm. 4.
159 Vgl. Nieder/Kössinger/*Nieder*, § 4 Rn. 53 mit weiteren Einzelheiten zu der Frage, inwieweit dadurch die Verfügungsberechtigung des Versprechensempfängers über das dem Dritten zugewendete Konto eingeschränkt ist.
160 Vgl. die Nachweise bei MünchKommBGB/*Gottwald*, § 331 Rn. 11; Münchener Vertragshandbuch/*Westphalen*, Band 2, Muster III.7 Anm. 11 m. w. N.

dungswirkung ein.¹⁶¹ Bei Vereinbarung des Rücktrittsrechts sollte auf den für die Wirksamkeit des Rücktritts gemäß der §§ 130 Abs. 1 S. 1, 349 BGB erforderlichen Zugang der Rücktrittserklärung beim Dritten verzichtet werden, ein Abbedingung des Zugangserfordernisses ist zumindest, sofern keine allgemeinen Geschäftsbedingungen vorliegen, zulässig.¹⁶² Sofern der Versprechensempfänger sich das Recht vorbehält einseitig, gegebenenfalls gemäß § 332 BGB auch durch Verfügung von Todes wegen, die Person des Zuwendungsempfängers auszutauschen, ist auf diese Weise auch ein Gleichlauf von Widerruf der Zuwendung im Deckungsverhältnis und Rücktritt vom Schenkungsvertrag im Kausalverhältnis gewährleistet.

264 Kautelarjuristisch gibt es folglich gegenwärtig keine abgesicherte Lösung, mit welcher der Widerruf der Schenkung verhindert werden kann. Steht ein solcher zu befürchten oder soll gerade dieses Risiko eliminiert werden, muss die Schenkungsabsicht bereits zu Lebzeiten des Schenkers dem beschenkten Dritten offengelegt und der Schenkungsvertrag vor dem Ableben des Schenkers mit dem Beschenkten abgeschlossen werden, gegebenenfalls unter Einräumung eines Rücktrittsrechts für den Schenker.

265 In der Praxis wird von der Schenkung auf den Tod durch Vertrag zugunsten Dritter als Gestaltungsinstrument insbesondere bei der Zuwendung von Lebensversicherungen, Bank- und Bausparguthaben Gebrauch gemacht.

a) Schenkung der Bezugsberechtigung einer Lebensversicherung

266 Ist Gegenstand der Leistung aus einem Vertrag zugunsten Dritter die Bezugsberechtigung einer **Lebensversicherung** sind neben den Bestimmungen des Bürgerlichen Gesetzbuches über den Vertrag zugunsten Dritter diese teilweise verdrängende versicherungsrechtliche Sondervorschriften zu beachten.

267 Im einzelnen: Wird ein Lebensversicherungsvertrag zwischen der Versicherung (Versprechender) und dem Versicherungsnehmer (Versprechensempfänger) auf den Tod des Versicherungsnehmers abgeschlossen und wird die **Bezugsberechtigung** für die Versicherungsleistung einem Dritten eingeräumt, ist, sofern nicht ausdrücklich geregelt, gemäß § 330 S. 2 BGB als lex specialis zu § 328 Abs. 2 BGB im Zweifel von einem echten Vertrag zugunsten des Dritten auszugehen, der somit einen eigenen Anspruch gegen die Versicherung erhält, gemäß § 159 Abs. 2 VVG als lex specialis zur Auslegungsregel des § 331 Abs. 1 BGB jedoch erst mit dem Ableben des Versicherungsnehmers.¹⁶³ Bis zu diesem Zeitpunkt hat der Dritte, wie oben dargestellt (vgl. Rdn. 256), keinerlei gesicherte Rechtsposition.¹⁶⁴

268 Die **Person des Bezugsberechtigten** kann, sofern nicht anderweitig geregelt, gemäß § 159 Abs. 1 VVG jederzeit vom Versicherungsnehmer ohne Zustimmung der Versicherung und des Dritten geändert werden, was im Kausalverhältnis zwischen dem Versprechensempfänger und dem Dritten den Widerruf des Schenkungsangebots bedeutet. Entgegen § 332 BGB kann die Änderung der Bezugsberechtigung jedoch nicht in einer Verfügung von Todes wegen geschehen; vielmehr ist die Änderung der Bezugsberechtigung gemäß § 13 Abs. 3 ALB der Versicherung als Versprechendem schriftlich anzuzeigen.¹⁶⁵

269 Werden als Bezugsberechtigte die Erben des Versprechensempfängers bestimmt, erhalten diese die Versicherungsleistung gemäß § 160 Abs. 2 S. 1 VVG im Verhältnis ihrer Erbanteile. Auch in diesem Falle fällt die Versicherungsleistung somit nicht in den Nachlass, sondern wird den Berechtigten schenkweise als Zuwendung unter Lebenden gewährt mit der Konsequenz, dass auch die Ausschla-

---

161 Vgl. Nieder/Kössinger/*Nieder*, § 4 Rn. 54 m. w. N.
162 Vgl. MünchKommBGB/*Einsele*, § 130 Rn. 12 m. w. N.; MünchKommBGB/*Gaier*, § 349 Rn. 6.
163 Vgl. Nieder/Kössinger/*Nieder*, § 4 Rn. 56 m. w. N.
164 Vgl. *Leitzen*, RNotZ 2009, 129, 133 f. m. w. N.
165 Vgl. Nieder/Kössinger/*Nieder*, § 4 Rn. 40 m. w. N., 56.

gung der Erbschaft das Bezugsrecht unberührt lässt (§ 160 Abs. 2 S. 2 VVG).[166] Ist demgegenüber gerade gewollt, dass die Versicherungsleistung in den Nachlass fällt, beispielsweise um sie der Vor- und Nacherbschaft oder einer Dauertestamentsvollstreckung zu unterwerfen oder insoweit gemäß § 1638 Abs. 1 BGB das Vermögenssorgerecht der Eltern auszuschließen, muss eine etwa bestehende Bezugsberechtigung der Versicherung gegenüber widerrufen und dieser mitgeteilt werden, dass die Versicherung in den Nachlass fallen soll; zu formulieren, dass die Versicherung »den Erben zufallen soll« oder ähnliche Formulierungen sind demgegenüber mit Blick auf § 160 Abs. 2 S. 1 VVG unklar!

Ist Bezugsberechtigter der Ehegatte, entfällt die Bezugsberechtigung nach der Rechtsprechung des Bundesgerichtshofs bei **Scheidung** nicht, eine analoge Anwendung von § 2077 Abs. 3 BGB wird abgelehnt. Dies gilt selbst dann, wenn der Ehegatte nicht namentlich benannt, sondern die Bezugsberechtigung allgemein«, wie in vielen Versicherungsformularen üblich,»dem Ehegatten der versicherten Person zugewendet wird.[167] In solch einem Falle kommt allenfalls ein Ausgleich zwischen der bezugsberechtigten geschiedenen Ehefrau und den Erben nach den Regeln über den Wegfall der Geschäftsgrundlage in Betracht.[168] 270

Ein **Widerruf der Bezugsberechtigung** durch den Versprechensempfänger selbst kann vertraglich ebenfalls ausgeschlossen werden, dies hat gemäß der §§ 159 Abs. 3 VVG, 13 Abs. 2 S. 1 ALB jedoch zur Konsequenz, dass der Bezugsberechtigte in Abweichung von den §§ 159 Abs. 2 VVG, 331 Abs. 1 BGB das Recht auf die Leistung aufschiebend bedingt auf den Eintritt des Versicherungsfalls sofort erhält.[169] Sofern die Schenkung der Versicherung als Versprechensschenkung und nicht als eingeleitete Handschenkung interpretiert wird, tritt damit die Heilung des Formmangels im Kausalverhältnis gemäß § 518 Abs. 2 BGB bereits zu diesem Zeitpunkt und nicht erst mit dem Ableben des Versicherungsnehmers ein.[170] Ferner ist der Anspruch des Dritten auf Leistung bereits mit Einräumung der unwiderruflichen Bezugsberechtigung übertragbar und vererblich. Sollte der Dritte vor dem Eintritt des Versicherungsfalles versterben, steht der Anspruch auf Leistung daher dessen Erben zu.[171] Dessen ungeachtet bleibt der Versicherungsnehmer berechtigt, im Deckungsverhältnis den Versicherungsvertrag zu ändern, gegebenenfalls gemäß § 165 Abs. 1 VVG die Umwandlung in eine prämienfreie Versicherung verlangen oder gemäß § 168 Abs. 1 VVG den Versicherungsvertrag zu kündigen, sich hieraus ergebende Rückzahlungsansprüche stehen in diesem Falle jedoch nach der Rechtsprechung des Bundesgerichtshofs dem unwiderruflich bestimmten Bezugsberechtigten zu.[172] 271

Ist im Kausalverhältnis zwischen dem Versprechensempfänger und dem Dritten vor dem Ableben des Versprechensempfängers noch kein Schenkungsvertrag zustande gekommen, sondern dem Dritten nur ein von der Versicherung zu übermittelndes Schenkungsangebot gemacht worden, kann dieses nach dem oben Gesagten (vgl. Rdn. 263 f.) nach dem Ableben des Versprechensempfängers von den Erben bis zur Annahme des Schenkungsangebots widerrufen werden (Wettlaufsituation). Dies gilt nach h. M. selbst dann, wenn die Bezugsberechtigung unwiderruflich eingeräumt ist, weil sich diese Unwiderruflichkeit nur auf die Vereinbarung zwischen dem Versprechenden und dem Versprechungsempfänger im Deckungsverhältnis bezieht.[173] Soll dies nach heutiger Rechtslage **rechtssicher** vermieden werden, muss der Schenkungsvertrag noch zu Lebzeiten des Schenkers mit dem Beschenkten abgeschlossen werden (vgl. oben Rdn. 253 ff.). 272

Die Bewertung der Versicherungsleistung im Rahmen von Pflichtteilsergänzungsansprüchen nach den §§ 2325, 2329 BGB wurde bereits dargestellt (vgl. oben Rdn. 233 ff.). 273

---

166 Vgl. Nieder/Kössinger/*Nieder*, § 4 Rn. 56 m. w. N.
167 Beck'sches Formularbuch ErbR/*Lehmann*, Muster I. V.1 Anm. 3 m. w. N.
168 Vgl. Nieder/Kössinger/*Nieder*, § 4 Rn. 56 mit Belegstellen zur BGH-Rechtsprechung.
169 Nieder/Kössinger/*Nieder*, § 4 Rn. 46 und 56 m. w. N.
170 *Leitzen*, RNotZ 2009, 129, 135 m. w. N.
171 *Leitzen*, RNotZ 2009, 129, 134 m. w. N.
172 BGH NJW 1966, 1071; vgl. Nieder/Kössinger/*Nieder*, § 4 Rn. 56 m. w. N.
173 Vgl. *Leitzen*, RNotZ 2009, 129, 136 m. w. N.

274 Besonderheiten gelten auch bei der erbschaftssteuerlichen Behandlung der Versicherungsleistungen.[174]

275 ▶ **Muster: Nachträgliche Benennung des Bezugsberechtigung einer Lebensversicherung**

Sehr geehrte Damen und Herren,

in Abänderung der bisherigen Bestimmung zur Bezugsberechtigung benenne ich hiermit jederzeit widerruflich/unwiderruflich zum Bezugsberechtigten der von mir abgeschlossenen Lebensversicherung (Versicherungs-Nr. . . .)

Herrn . . .

geboren am . . .,

wohnhaft: . . .,

– nachfolgend als Bezugsberechtigter bezeichnet –

Im Verhältnis zu dem Bezugsberechtigten ist die Zuwendung eine Schenkung, wobei ich dem Bezugsberechtigten kein bloßes Schenkungsangebot mache, vielmehr schließe ich, handelnd sowohl im eigenen Namen als auch als Vertreter ohne Vertretungsmacht im Namen des Bezugsberechtigten mit diesem hiermit folgenden Schenkungsvertrag:

Der Bezugsberechtigte erhält die Leistung aus der Versicherung schenkweise.

(Alt. 1) Ich behalte mir kein Rücktrittsrecht von diesem Schenkungsvertrag vor.

(Alt. 2) Ich, nicht jedoch meine Rechtsnachfolger, bin berechtigt, bis zu meinem Ableben von diesem Schenkungsvertrag jederzeit zurückzutreten; der Rücktritt ist wirksam, sobald ich den Rücktritt schriftlich erkläre; auf einen Zugang der Rücktrittserklärung beim Bezugsberechtigten wird von diesem verzichtet. Ein Widerruf der Zuwendung gegenüber der Versicherung beinhaltet auch den Rücktritt vom Schenkungsvertrag.

Ich bevollmächtige und beauftrage Sie, diesen Schenkungsvertrag dem Bezugsberechtigten nach meinem Ableben unverzüglich zum Zwecke der Genehmigung zu übermitteln (Var. bei Widerruflichkeit), sofern ihnen kein Widerruf zugegangen sein wird.

Höflich bitte ich Sie, mir die Annahme der vorstehenden Vereinbarungen schriftlich zu bestätigen.

Ich danke Ihnen für diese Mühe und verbleibe

mit freundlichen Grüßen

b) Schenkung eines Sparbuchs/Girokontos/Bausparvertrages u. ä

276 Sollen einem Dritten durch Vertrag zugunsten Dritter ein Bausparvertrag, das Guthaben eines Girokontos oder der Bestand eines Depotkontos schenkweise auf den Tod zugewandt werden, kann ebenso wie bei der Zuwendung einer Lebensversicherung das Schenkungsangebot nach dem Ableben des Schenkers von dessen Erben noch widerrufen werden (Wettlaufsituation). Um dieses Risiko zu vermeiden, sollte bei solchen Zuwendungen daher nicht nur eine Schenkungsangebot, sondern wie oben dargestellt, ein schwebend unwirksamer Schenkungsvertrag abgeschlossen werden, welcher nach dem Ableben des Schenkers nur noch der Genehmigung des Beschenkten bedarf.

277 Eine solche Schenkung auf den Tod, selbst wenn die Zuwendung im Deckungsverhältnis gegenüber dem Versprechenden unwiderruflich erfolgt, wird im allgemeinen so ausgelegt, dass der Schenker berechtigt bleibt, bis zu seinem Ableben selbst über das Guthaben zu verfügen. Gegenstand der Schenkung ist in solchen Fällen somit üblicherweise nur das Guthaben am Todestage des Schenkers.[175] Entscheidend dafür, ob die Vereinbarung zwischen dem Schenker und der Bank in diesem

---

174 Vgl. dazu den Überblick *bei* Beck'sches Formularbuch ErbR/*Lehmann*, Muster I. V.1 Anm. 8 m. w. N.
175 Vgl. MünchKommBGB/*Gottwald*, § 328 Rn. 59; Nieder/Kössinger/*Nieder*, § 4 Rn. 53.

Sinne als eine Schenkung auf den Tod durch Vertrag zugunsten Dritter ausgelegt wird und der Dritte entgegen § 331 Abs. 1 BGB nicht sofort Anspruchsinhaber wird, sind alle Umstände des Einzelfalls; ob das Konto auf den Namen des Versprechensempfängers oder auf den Namen des begünstigten Dritten lautet, hat in diesem Zusammenhang allenfalls Indizwirkung.[176] Um hier Unklarheiten zu vermeiden, ist eine ausdrückliche Regelung dringend zu empfehlen.

Bei der Schenkung eines Sparbuchs ist zudem folgendes zu beachten: Ein Sparbuch ist ein **qualifiziertes Legitimationspapier** i. S. d. § 808 Abs. 1 S. 1 BGB. Die Bank kann daher befreiend an den Inhaber des Sparbuchs leisten, unabhängig davon, ob dieser auch Inhaber der Forderung ist, es sei denn sie kann den Mangel seiner Berechtigung erkennen.[177] Wird das Sparbuch auf den Namen des Versprechensempfängers angelegt, der auch das Sparbuch erhält, die Forderung aus dem Sparvertrag im Wege eines echten Vertrages zugunsten Dritter auf den Tod des Schenkers aber einer anderen Person zugewandt, kann die Bank nach dem Ableben nur an den Dritten befreiend leisten, weil sie den Mangel der Forderungsberechtigung der Erben, die als Gesamtrechtsnachfolger Besitzer des Sparbuches sind, kennt. Auch eine vertragliche Gestaltung, bei welcher das Sparbuch von vornherein auf den Namen des begünstigten Dritten angelegt, der Schenker aber im Besitz des Sparbuchs verbleibt, wird im allgemeinen dahingehend ausgelegt, dass der Dritte gemäß § 331 Abs. 1 BGB erst mit dem Ableben des Schenkers Gläubiger der Forderung wird.[178] Solche Auslegungsschwierigkeiten lassen sich durch ausdrückliche Vertragsbestimmungen vermeiden.

278

▶ **Muster: Benennung des Begünstigten eines Sparbuchs/Girokontos**

279

Sehr geehrte Damen und Herren,

ich bin Inhaber des Sparbuchs/Girokontos Nr. . . . . mit einem Guthaben in Höhe von gegenwärtig € . . .

Ich wende das Guthaben, das am Tage meines Ablebens auf diesem Sparbuch/Girokonto vorhanden sein wird, hiermit jederzeit widerruflich/unwiderruflich im Wege eines echten Vertrages zugunsten Dritter gemäß § 328 Abs. 1 BGB

Herrn . . . ,
geboren am . . . ,
wohnhaft: . . . ,

– nachfolgend als Zuwendungsempfänger bezeichnet –

zu, der gemäß § 331 Abs. 1 BGB jedoch erst mit meinem Ableben berechtigt sein soll, die Leistung aus dem Sparbuch/Girokonto unmittelbar von Ihnen zu fordern. Ich behalte mir dementsprechend vor, bis zu meinen Ableben frei über das Guthaben zu verfügen.

(Var. bei Widerruflichkeit) Ich behalte mir das Recht vor, gemäß § 332 BGB auch einseitig durch Verfügung von Todes wegen eine andere Person als Zuwendungsempfänger zu bestimmen.

Im Verhältnis zu dem Zuwendungsempfänger ist die vorbezeichnete Zuwendung eine Schenkung, wobei ich dem Zuwendungsempfänger kein bloßes Schenkungsangebot mache, vielmehr schließe ich, handelnd sowohl im eigenen Namen als auch als Vertreter ohne Vertretungsmacht im Namen des Zuwendungsempfängers mit diesem hiermit folgenden Schenkungsvertrag:

Der Zuwendungsempfänger erhält die vorbezeichnete Zuwendung schenkweise.

(Alt. 1) Ich behalte mir kein Rücktrittsrecht von diesem Schenkungsvertrag vor.

(Alt. 2) Ich, nicht jedoch meine Rechtsnachfolger, bin berechtigt, bis zu meinem Ableben von diesem Schenkungsvertrag jederzeit zurückzutreten; der Rücktritt ist wirksam, sobald ich den Rücktritt schriftlich erkläre; auf einen Zugang der Rücktrittserklärung beim Zuwendungsempfänger wird

---

176 Vgl. MünchKommBGB/*Gottwald*, § 328 Rn. 58 f. m. w. N.
177 MünchKommBGB/*Habersack*, § 808 Rn. 28.
178 Vgl. Münchener Vertragshandbuch/*Westphalen*, Band 2, Muster III.7 Anm. 2; Nieder/Kössinger/*Nieder*, § 4 Rn. 58.

von diesem verzichtet. Ein Widerruf der Zuwendung gegenüber der Bank beinhaltet auch den Rücktritt vom Schenkungsvertrag.

Ich bevollmächtige und beauftrage Sie, diesen Schenkungsvertrag dem Zuwendungsempfänger nach meinem Ableben unverzüglich zum Zwecke der Genehmigung zu übermitteln (Var. bei Widerruflichkeit), sofern ihnen kein Widerruf zugegangen sein wird.

Höflich bitte ich Sie, mir die Annahme der vorstehenden Vereinbarungen schriftlich zu bestätigen.

Ich danke Ihnen für diese Mühe und verbleibe

mit freundlichen Grüßen

280 Da ein **dinglicher Vertrag zugunsten Dritter** unzulässig ist, mithin im Wege eines echten Vertrages zugunsten Dritter keine Vermögensgegenstände, die im Eigentum des Versprechensempfängers stehen, dem Dritten zugewandt werden können, ist die Schenkung eines Wertpapierdepots auf diesem Wege nicht möglich, weil der Schenker Eigentümer der Wertpapiere ist. In solchen Fällen müssen die Wertpapiere gegebenenfalls unter Vereinbarung eines Besitzmittlungsverhältnisses treuhänderisch zu Eigentum auf die Bank übertragen werden. Gegenstand der Leistung aus dem Vertrag zugunsten Dritter ist dann der sich aus dem Treuhandvertrag ergebende Rückübertragungsanspruch gemäß der §§ 667, 665, 575 BGB.[179]

281 Ist Gegenstand der Schenkung auf den Tod ein Bausparvertrag, wird diese im Zweifel dahingehend ausgelegt, dass auch die vom Bausparer nach Abschluss des Vertrages zugunsten Dritter noch zu erbringenden Leistungen, insbesondere Sparraten, Gegenstand der Zuwendung sind;[180] auch insoweit ist eine ausdrückliche Regelung anzuraten.

282 ▶ **Muster: Benennung des Begünstigten eines Bausparvertrages**

Sehr geehrte Damen und Herren,

ich bin Inhaber des Bausparvertrages Nr. ... mit einer Bausparsumme in Höhe von € ...

Ich wende alle Rechte aus diesem Bausparvertrag hiermit jederzeit widerruflich/unwiderruflich im Wege eines echten Vertrages zugunsten Dritter gemäß § 328 Abs. 1 BGB

Herrn ...,

geboren am ...,

wohnhaft: ...,

– nachfolgend als Zuwendungsempfänger bezeichnet –

zu, der gemäß § 331 Abs. 1 BGB jedoch erst mit meinem Ableben berechtigt sein soll, die Leistung unmittelbar von Ihnen zu fordern. Ich behalte mir dementsprechend vor, bis zu meinen Ableben, entsprechend den Bestimmungen des Bausparvertrages frei über das Bausparguthaben zu verfügen.

(Var. bei Widerruflichkeit) Ich behalte mir das Recht vor, gemäß § 332 BGB auch einseitig durch Verfügung von Todes wegen eine andere Person als Zuwendungsempfänger zu bestimmen.

Im Verhältnis zu dem Zuwendungsempfänger ist die vorbezeichnete Zuwendung eine Schenkung, wobei ich dem Zuwendungsempfänger kein bloßes Schenkungsangebot mache, vielmehr schließe ich, handelnd sowohl im eigenen Namen als auch als Vertreter ohne Vertretungsmacht im Namen des Zuwendungsempfängers mit diesem hiermit folgenden Schenkungsvertrag:

Der Zuwendungsempfänger erhält die Rechte aus dem Bausparvertrag einschließlich aller von mir auch zukünftig auf den Vertrag erbrachten Leistungen, insbesondere Sparraten schenkweise.

(Alt. 1) Ich behalte mir kein Rücktrittsrecht von diesem Schenkungsvertrag vor.

---

179 Vgl. Nieder/Kössinger/*Nieder*, § 4 Rn. 59, Muster in Münchener Vertragshandbuch/*Westphalen*, Band 2, Muster III.11.
180 Vgl. Kersten/Bühling/*Wegmann*, § 110 Rn. 6.

(Alt. 2) Ich, nicht jedoch meine Rechtsnachfolger, bin berechtigt, bis zu meinem Ableben von diesem Schenkungsvertrag jederzeit zurückzutreten; der Rücktritt ist wirksam, sobald ich den Rücktritt schriftlich erkläre; auf einen Zugang der Rücktrittserklärung beim Zuwendungsempfänger wird von diesem verzichtet. Ein Widerruf der Zuwendung gegenüber der Bausparkasse beinhaltet auch den Rücktritt vom Schenkungsvertrag.

Ich bevollmächtige und beauftrage Sie, diesen Schenkungsvertrag dem Zuwendungsempfänger nach meinem Ableben unverzüglich zum Zwecke der Genehmigung zu übermitteln (Var. bei Widerruflichkeit), sofern ihnen kein Widerruf zugegangen sein wird.

Höflich bitte ich Sie, mir die Annahme der vorstehenden Vereinbarungen schriftlich zu bestätigen und soweit, nach den Bedingungen des Bausparvertrages erforderlich, Ihre Zustimmung zu erteilen.

Ich danke Ihnen für diese Mühe und verbleibe

mit freundlichen Grüßen

D. Wertsicherung einzelner Zuwendungen

Soll einem Vermächtnisnehmer ein konkreter Geldbetrag als einmalige oder als wiederkehrende Leistung zugewendet werden, besteht häufig das Bedürfnis nach einer **Wertsicherung**, insbesondere, wenn der Erblasser noch jung ist und damit zu rechnen ist, dass bis zu dessen Ableben noch ein langer Zeitraum vergeht, in welchem die vermachte Geldsumme infolge der Inflation erheblich an Wert verlieren kann. 283

Zu unterscheiden sind in diesem Zusammenhang Wertsicherungsklauseln, welche den Wert des vermachten Geldbetrages zwischen der Errichtung der Verfügung von Todes wegen und dem Erbfall sichern, und solchen, welche der Wertsicherung nach Eintritt des Erbfalles dienen. 284

I. Wertsicherung vor Eintritt des Erbfalles

Die Sicherung eines vermachten Geldbetrages vor Eintritt des Erbfalles unterliegt nicht den Beschränkungen des Preisklauselgesetzes, weil das Wertsicherungsverbot in § 1 Abs. 1 PrKG ein Schuldverhältnis zwischen Gläubiger und Schuldner voraussetzt, das im Zeitpunkt der Errichtung der Verfügung von Todes noch nicht gegeben ist, sondern erst mit dem Erbfall und Anfall des Vermächtnisses entsteht.[181] 285

Sofern die Wertsicherung dem Inflationsausgleich dient, bietet sich an, diese an den vom Statistischen Bundesamt für jeden Kalendermonat festgestellten **Verbraucherpreisindex für Deutschland** zu koppeln, der im Internet unter www.destatis.de abgerufen werden kann. Hierbei ist zu beachten, dass das Basisjahr vom Statistischen Bundesamt im allgemeinen in Fünf-Jahres-Schritten verändert wird; gegenwärtig ist Basisjahr 2010. Die Veränderung des Basisjahrs beeinflusst die durch den Index abgebildete prozentuale Veränderung der Verbraucherpreise jedoch nicht und hat damit auf bestehende Klauseln, die noch auf ein anderes Basisjahr rekurrieren, keinen Einfluss. 286

▶ **Muster: Wertsicherung eines Geldvermächtnisses** 287

Der vorstehende Zahlungsbetrag soll wie folgt wertgesichert sein: Sollte sich der vom Statistischen Bundesamt in Wiesbaden oder seinem Nachfolgeinstitut für den Monat, welcher dem Monat, in welchem die Zahlung fällig wird, um zwei Monate vorausliegt, festgestellte Verbraucherpreisindex für Deutschland (Basisjahr 2010 = 100) gegenüber dem für den Beurkundungsmonat bestehenden Index geändert haben, so soll sich der von den Erben zu zahlende Betrag in dem gleichen prozentualen Verhältnis ändern.

Sollte künftig der Verbraucherpreisindex durch das Statistische Bundesamt nicht mehr ermittelt werden, so soll eine Wertsicherung an dessen Stelle treten, welche der in dieser Urkunde getroffenen Regelung wirtschaftlich gleichwertig ist.

---

181 Vgl. *Kluge*, MittRhNotK 2000, 409, 418 f. m. w. N.; Nieder/Kössinger/*Kössinger*, § 9 Rn. 150 m. w. N.

II. Wertsicherung nach Eintritt des Erbfalles

288 Wertsicherungen für den Zeitraum nach Eintritt des Erbfalles unterliegen dem Anwendungsbereich des **Preisklauselgesetzes**. Gemäß § 1 Abs. 1 PrKG darf der Betrag von Geldschulden nicht unmittelbar und selbsttätig durch den Preis oder Wert von anderen Gütern oder Leistungen bestimmt werden, die mit den vereinbarten Gütern oder Leistungen nicht vergleichbar sind.

289 Von diesem grundsätzlichen Verbot von Wertsicherungsklauseln macht § 2 Abs. 1 S. 1 eine Ausnahme insbesondere für
- wiederkehrende Leistungen, die auf Lebenszeit des Gläubigers zu erbringen sind, mithin Leibrenten und Dauernde Lasten (§ 3 Abs. 1 Ziff. 1a PrKG),
- wiederkehrende Leistungen, die für die Dauer von mindestens zehn Jahren zu erbringen sind, gerechnet vom Vertragsabschluss bis zur Fälligkeit der letzten Zahlung (§ 3 Abs. 1 Ziff. 1d PrKG),
- einmalige Zahlungen, die auf Grund einer Verfügung von Todes wegen zu erbringen sind, sofern die Zahlung nach dem Tode des Erblassers erfolgt (§ 3 Abs. 1 Ziff. 2a PrKG),

sofern der geschuldete Betrag durch die Änderung eines von dem Statistischen Bundesamt oder einem Statistischen Landesamt ermittelten Preisindexes für die Gesamtlebenshaltung oder eines vom Statistischen Amt der Europäischen Gemeinschaft ermittelten Verbraucherpreisindexes bestimmt wird (§ 3 Abs. 1 PrKG). Insoweit ist daher eine Wertsicherung auf der Grundlage des Verbraucherpreisindexes für Deutschland ebenfalls zulässig. Bei wiederkehrenden Leistungen kann zudem gemäß § 3 Abs. 2 und 3 PrKG an andere Indizes, die nicht Preisindizes sein müssen, angeknüpft werden.

290 Die Wertsicherungsklauseln müssen zudem gemäß § 2 Abs. 1 PrKG im Einzelfall **hinreichend bestimmt** sein und keine Vertragspartei **unangemessen benachteiligen**. An der hinreichenden Bestimmung fehlt es, wenn insbesondere der Preisindex, an welchem die Wertsicherung anknüpft, nicht genau bezeichnet ist. Eine unangemessene Benachteiligung wird beispielsweise bei einer einseitigen Wertsicherung angenommen, welche nur zu einer Erhöhung, nicht aber zu einer Verringerung des Zahlungsbetrages führen kann.[182]

291 ▶ **Muster: Wertsicherung einer Leibrente**

Die vorstehend vermachte Rente soll wie folgt wertgesichert sein: Sollte sich der vom Statistischen Bundesamt in Wiesbaden oder seinem Nachfolgeinstitut für den Monat Oktober eines jeden Jahres festgestellte Verbraucherpreisindex für Deutschland (Basisjahr 2010 = 100) gegenüber dem für den Beurkundungsmonat bestehenden Index ändern, so soll sich jeweils vom Beginn des auf die Änderung folgenden Jahres an der zu zahlende Rentenbetrag in dem gleichen Verhältnis ändern, wie der neu festgestellte Index zu dem im Beurkundungsmonat festgestellten Index. Die Feststellung des geänderten Index sowie die Anpassung des Rentenbetrages hat jeweils durch den Beschwerten zu erfolgen. Unterlässt dieser die Anpassung, steht ihm die Einrede der Verjährung insoweit nicht zu. Sollte künftig der Verbraucherpreisindex durch das Statistische Bundesamt nicht mehr ermittelt werden, sind die Beteiligten verpflichtet, eine Wertsicherung zu vereinbaren, die der in dieser Urkunde getroffenen Regelung wirtschaftlich gleichwertig ist. Im übrigen soll die Leibrente der Höhe nach unverändert bleiben. § 323a ZPO wird ausdrücklich ausgeschlossen.

292 ▶ **Muster: Wertsicherung einer dauernden Last**

Die vorstehend vermachte dauernde Last soll wie folgt wertgesichert sein: Sollte sich der vom Statistischen Bundesamt in Wiesbaden oder seinem Nachfolgeinstitut für den Monat Oktober eines jeden Jahres festgestellte Verbraucherpreisindex für Deutschland (Basisjahr 2010 = 100) gegenüber dem für den Beurkundungsmonat bestehenden Index ändern, so soll sich jeweils vom Beginn des auf die Änderung folgenden Jahres an die zu zahlende monatliche Last in dem gleichen Verhältnis ändern, wie der neu festgestellte Index zu dem im Beurkundungsmonat festgestellten Index. Die Feststellung des geänderten Index sowie die Anpassung des Zahlungsbetrages hat jeweils durch den Beschwerten zu erfolgen. Unterlässt der Beschwerte die Anpassung, steht ihm die Einrede der Verjährung insoweit

---

182 Vgl. *Kluge*, MittRhNotK 2000, 409, 414.

nicht zu. Sollte künftig der Verbraucherpreisindex durch das Statistische Bundesamt nicht mehr ermittelt werden, sind die Beteiligten verpflichtet, eine Wertsicherung zu vereinbaren, die der in dieser Urkunde getroffenen Regelung wirtschaftlich gleichwertig ist.

Die vorstehend vermachte dauernde Last sichert zusammen mit den übrigen Rechten und Einkünften des Vermächtnisnehmers dessen standesgemäßen Unterhalt und berücksichtigt gleichzeitig die Leistungsfähigkeit des Beschwerten aufgrund der Erträge aus dem Nachlass sowie den übrigen Rechten und Einkünften des Beschwerten. Tritt eine wesentliche Änderung derjenigen Verhältnisse ein, die heute für die Festlegung der Höhe der dauernden Last maßgeblich sind, kann in entsprechender Anwendung des § 323a ZPO von jedem Beteiligten eine angemessene Anpassung der Höhe der dauernden Last verlangt werden, wobei insoweit auf den standesgemäßen Unterhalt des Vermächtnisnehmers und die Leistungsfähigkeit des Beschwerten – jeweils wie vorstehend gekennzeichnet – abzustellen ist.

Obergrenze für die Höhe der dauernden Last aufgrund der Abänderungsmöglichkeit gemäß § 323a ZPO ist jedoch der nachhaltig monatlich aus dem Nachlass zu erzielende Ertrag. Unberührt bleibt eine mögliche Erhöhung über diese Obergrenze hinaus aufgrund der Wertsicherung. Ergeben sich Erhöhungsbeträge sowohl aufgrund der Wertsicherung als auch aufgrund der Abänderungsmöglichkeit nach § 323a ZPO, sind vorrangig die wertsicherungsbedingten Erhöhungsbeträge zu der vorstehend als dauernden Last vereinbarten Summe zu addieren und nachrangig und nur, sofern die Obergrenze noch nicht erreicht oder überschritten ist, bis zu dieser die durch die Abänderungsmöglichkeit gemäß § 323a ZPO bedingten.

293 Weitere Wirksamkeitsvoraussetzung für eine einmalige Zahlung auf Grund einer Verfügung von Todes wegen ist, dass zwischen der Begründung der Verbindlichkeit und der Endfälligkeit ein Zeitraum von mindestens **zehn Jahren** liegt oder die Zahlungen nach dem Tode des Beteiligten zu erfolgen haben (§ 3 Abs. 1 letzter Hs. PrKG). Bei einem Vermächtnisanspruch beginnt die Verbindlichkeit frühestens mit dem Ableben des Erblassers, da vor diesem Zeitpunkt kein Schuldverhältnis zwischen Erblasser und Bedachtem besteht (vgl. oben Rdn. 69). Daraus folgt zugleich, das mit dem Begriff »Tod eines Beteiligten« nicht das Ableben des Erblassers, sondern nur der Tod einer anderen Person gemeint sein kann.[183]

294 Diese Bestimmung des Preisklauselgesetzes hat zur Konsequenz, dass bei einer vermächtnisweise zugewandte Einmalzahlung, die nicht bereits mit dem Ableben des Erblassers fällig wird, sondern **aufschiebend bedingt** oder **befristet** ist, eine Wertsicherung für den Zeitraum zwischen dem Ableben des Erblassers und der Fälligkeit nur zulässig ist, wenn dieser Zeitraum entweder mindestens zehn Jahre beträgt oder die Fälligkeit vom Ableben einer anderen Person als dem Erblasser abhängig gemacht wird.

E. Steuern

295 Nachfolgend werden ergänzend zu den obigen Ausführungen einzelne Hinweise zu den steuerrechtlichen Konsequenzen bei der Zuwendung einzelner Vermögensgegenstände gegeben. Hierbei handelt es sich jedoch nur um kursorische Bemerkungen; in problematisch erscheinenden oder schwierigen Fällen, insbesondere wenn Betriebsvermögen Gegenstand der Zuwendung ist, sollte immer der Rat eines **Steuerberaters** eingeholt werden.

I. Erbschaftssteuer

296 Bei einem Vermächtnis hat die Erbschaftsteuer gemäß der §§ 3 Abs. 1 Ziff. 1, 20 Abs. 1 S. 1 ErbStG der **Bedachte** zu tragen; der Beschwerte kann das Vermächtnis gemäß § 10 Abs. 5 Ziff. 2 ErbStG als **Nachlassverbindlichkeit** von seinem Erwerb abziehen.

297 Zugrunde gelegt werden der Besteuerung die nach den Bestimmungen des **Bewertungsgesetzes** zu errechnenden Werte der zugewendeten Gegenstände. Seit der am 1.1.2009 in Kraft getretenen Re-

---

183 Vgl. *Kluge*, MittRhNotK 2000, 409, 419 m. w. N.

form des Erbschaftssteuerrechts ist insoweit auch **Grundbesitz** nicht mehr privilegiert, sondern wird zu einem dem Verkehrswert angenäherten Wert angesetzt. Bei Leibrenten und Dauernden Lasten ist jeweils der Kapitalwert der wiederkehrenden Leistung zu versteuern (vgl. näher Rdn. 97).

298 Kommt entweder die Anordnung von nicht befreiter **Vor- und Nacherbschaft** oder alternativ die Anordnung eines **Nießbrauchsvermächtnisses** in Betracht, ist zu beachten, dass sich beide Institute zwar wirtschaftlich kaum, in erbschaftsteuerlicher Hinsicht jedoch erheblich unterscheiden: der Nießbraucher hat bei der Zuwendung eines Nießbrauchsrechts nur den Kapitalwert des nießbrauchsbelasteten Nachlasses zu versteuern, welchen der Erbe vom Nachlasswert abziehen kann, während Vor- und Nacherbe im Grundsatz jeweils den vollen Nachlasswert zu versteuern haben (vgl. näher Rdn. 104).

299 Ebenso wie der Erwerb des Vermächtnisnehmers unterliegt auch der Erwerb durch eine **Auflage** beim Begünstigten gemäß § 3 Abs. 2 Ziff. 2 Alt. 1 ErbStG der Erbschaftsteuer, sofern es sich bei diesem um eine besteuerungsfähige Person handelt. Für den Beschwerten ist die Auflage umgekehrt eine Nachlassverbindlichkeit, welche den zu versteuernden Nachlasswert mindert (vgl. näher Rdn. 203 f.).

II. Grunderwerbssteuer

300 Der Grundstückserwerb von Todes wegen und Grundstücksschenkungen unter Lebenden im Sinne des Erbschaftssteuer- und Schenkungssteuergesetzes sind gemäß § 3 Ziff. 2 GrErwStG **grunderwerbssteuerfrei**, dies gilt insbesondere auch für die Übertragung von Grundbesitz zur Erfüllung eines Vermächtnisses.

301 Bei Rechtsgeschäften unter Lebenden gilt dies jedoch nur, **soweit** die Grundstücksübertragung schenkweise erfolgt; werden Gegenleistungen erbracht, und hierzu gehören seit der zu 1.1.2009 in Kraft getretenen Reform des Erbschaftssteuerrechts auch Vorbehaltsrechte wie ein Nießbrauchsrecht oder ein Wohnungsrecht, erfolgt die Übertragung in Höhe des Wertes der Gegenleistungen **teilentgeltlich** und unterliegt insoweit der Grunderwerbssteuer.

III. Einkommenssteuer

302 Einkommenssteuerliche Aspekte sind insbesondere bei der Zuwendung von **Betriebsvermögen** zu beachten. Hier ist eine detaillierte Prüfung durch einen **Steuerberater** unerlässlich! An dieser Stelle sei nur darauf hingewiesen, dass die konkrete Ausgestaltung eines Nießbrauchs an Gesellschaftsanteilen darüber entscheidet, ob der Nießbraucher als Mitunternehmer mit entsprechenden einkommenssteuerlichen Konsequenzen angesehen wird.[184]

303 Im Privatvermögensbereich kann die **Nießbrauchseinräumung** gleichfalls einkommenssteuerliche Auswirkungen haben, wenn die Nutzungen beispielsweise bei vermietetem Grundbesitz der Einkommensteuer unterliegen. Auf den Nutzungsgegenstand entfallende Betriebsausgaben bzw. Werbungskosten können nämlich nur vom Nießbraucher als wirtschaftlich Berechtigtem geltend gemacht werden. Ist der Nießbrauch nicht im Sinne eines Nettonießbrauchs so ausgestaltet, dass sämtliche Lasten und Kosten vom Nießbraucher zu tragen sind, können die beim Eigentümer verbleibenden Lasten und Kosten weder von diesem noch vom Nießbraucher steuermindernd geltend gemacht werden.

304 Seit dem 1.1.2008 besteht zwischen **Leibrenten** und **Dauernden Lasten** in einkommenssteuerlicher Hinsicht kein Unterschied mehr: beide können von dem Rentenpflichtigen gleichermaßen in voller Höhe von der Steuer abgezogen werden, jedoch nur, wenn dem Rentenverpflichteten betriebliches Vermögen zugewendet wird, aus welchen die wiederkehrende Zahlung zu erbringen ist (vgl. näher Rdn. 97).

---

184 Vgl. *Frank*, MittBayNot 2010, 96, 102 f.

F. Checklisten

Die folgenden Checklisten dienen als Merkposten für den Praktiker im Rahmen der Sachverhaltsauf- 305
klärung.

I. Vermächtnis

▶ **Checkliste zum Vermächtnis** 306

Gegenstand des Vermächtnisses:
☐ Stückvermächtnis oder Gattungsvermächtnis,
☐ bei Stückvermächtnis gegebenenfalls Verschaffungsvermächtnis,

Anfall und Fälligkeit des Vermächtnisses:
☐ mit dem Erbfall oder zu einem späteren Zeitpunkt,

Beschwerter des Vermächtnisses:
☐ ein Beschwerter oder mehrere Beschwerte,
☐ bei mehreren Beschwerten: Regelung des Innenverhältnisses,
☐ gegebenenfalls Haupt- und Untervermächtnis,
☐ gegebenenfalls Vor- und Nachvermächtnis,

Bedachter des Vermächtnisses:
☐ ein Bedachter oder mehrere Bedachte,
☐ bei mehreren Bedachten: Bestimmung der Vermächtnisanteile,
☐ Ersatzvermächtnisnehmer oder Anwachsung,
☐ bei Bestimmungsvermächtnis: Festlegung des Bestimmungsberechtigten,
☐ bei Verteilungsvermächtnis: Festlegung der Verteilungskriterien und des Bestimmungsberechtigten,
☐ bei Zuwendung an Erben oder potentiellen Ersatzerben: Vorausvermächtnis oder Teilungsanordnung,

Absicherung der Vermächtniserfüllung:
☐ Anordnung von Testamentsvollstreckung,
☐ bei Grundbesitz: vermächtnisweise Zuwendung einer Vormerkung,
☐ kumulative Absicherung durch Rechtsgeschäft unter Lebenden: Verfügungsunterlassungsvertrag,
☐ alternative Absicherung durch Rechtsgeschäft unter Lebenden: Übertragungsvertrag mit Vorbehaltsrechten,

Kosten und Steuern:
☐ Kostenverteilung zwischen Beschwertem und Bedachtem,
☐ Interne Kostenverteilung bei mehreren Bedachten/Beschwerten,
☐ Steuerliche Konsequenzen.

II. Auflage

▶ **Checkliste zur Auflage** 307

Gegenstand der Auflage:
☐ Zuwendung eines Vermögensvorteils: Stück- oder Gattungsauflage,
☐ Verhaltensauflage,

Anfall und Fälligkeit der Auflage:
☐ mit dem Erbfall oder zu einem späteren Zeitpunkt,

Beschwerter der Auflage:
☐ Beschwerter und Ersatzbeschwerter,

Kapitel 4 Zuwendung einzelner Nachlassgegenstände

☐ Vererblichkeit der Beschwerung,

Begünstigter der Auflage:
☐ Begünstigter und Ersatzbegünstigter,
☐ gegebenenfalls Zweck- und Bestimmungsauflage

Vollziehungsberechtigter der Auflage:
☐ Bestimmung des Vollziehungsberechtigten,
☐ gegebenenfalls Entzug der Vollziehungsberechtigung,

Kosten und Steuern:
☐ Kostenverteilung zwischen Beschwertem und Begünstigtem,
☐ Steuerliche Konsequenzen.

III. Rechtsgeschäfte unter Lebenden auf den Tod

308 ▶ **Checkliste zu Rechtsgeschäften unter Lebenden auf den Tod**

Gestaltungsalternativen:
☐ Versprechensschenkung auf den Tod mit Überlebensbedingung,
☐ Versprechensschenkung auf den Tod ohne Überlebensbedingung,
☐ Handschenkung auf den Tod,
☐ Versprechensschenkung und Handschenkung auf den Tod durch Vertrag zugunsten Dritter.

Kapitel 5. Sicherung der Erwerbsaussichten für Endbedachte

Übersicht

	Rdn.
Überblick über die Problemstellung	1
A. Vor- und Nacherbschaft	2
I. Grundlagen	2
1. Begriff der Vor- und Nacherbschaft	2
a) Struktur	2
b) Zeitliche Grenze	4
2. Allgemeine Rechtsstellung der Vorerben und des Nacherben	5
a) Vorerbe	5
b) Nacherbe	9
3. Bestimmung der Person des Nacherben/Vorerben; Ersatznacherben	15
a) Fehlende Bestimmung	15
b) Bezeichnung; Problem der unbekannten Nacherben	17
c) Ersatznacherben	19
4. Das Innenverhältnis zwischen Vor- und Nacherben während der Vorerbschaft und nach dem Nacherbfall	22
a) Pflicht zur ordnungsmäßigen Verwaltung	22
b) Verteilung der Nutzungen und Lasten	24
c) Kontroll- und Sicherungsrechte des Nacherben	26
d) Eintritt des Nacherbfalls	27
5. Beschränkungen und Verpflichtungen des Vorerben	29
a) Verfügungsbeschränkungen (§ 2113 BGB) und Vollstreckungsschutz (§ 2115 BGB)	31
b) Mitverwaltungsrechte des Nacherben	39
c) Dingliche Surrogation	40
d) Wertersatzpflicht	41
6. Rechtsfolgen des Nacherbfalls	42
7. Der befreite Vorerbe	43
a) Gesetzliche Befreiungsmöglichkeiten	43
b) Die Anordnung der Befreiung in der Verfügung von Todes wegen	47
8. Vor- und Nacherbfolge in der Erbengemeinschaft	49
a) Grundlagen	49
b) Erbauseinandersetzung unter Vorerben und deren Wirkung für Nacherben	50
9. Ausschlagung und Pflichtteil bei Vor- und Nacherbschaft	51
a) Ausschlagung und Pflichtteil des Vorerben	51
b) Ausschlagung und Pflichtteil des Nacherben	52
10. Erbenhaftung bei Vor- und Nacherbschaft	55
11. Nacherbschaftsbeschränkung und Grundbuch	56
II. Bewertung der Vor- und Nacherbschaft und deren Anwendungsbereich bei der Gestaltung von Verfügungen von Todes wegen	58
III. Gestaltung der Vor- und Nacherbschaft	64
1. Grundfall (zugleich Fall »unbekannter Nacherben«)	64
a) Sachverhalt und Interessenlage des Erblassers	64
b) Gestaltungsüberlegungen zu den Ausschlussfällen	65
2. Einseitige Kinder eines oder beider Ehegatten	76
a) Ziel des Ausschlusses des einseitigen Kindes (Typus 1)	77
aa) Sachverhalt und Interessenlage des Erblassers	77
bb) Gestaltungsüberlegungen	78
b) Ziel der Absicherung des eigenen einseitigen Kindes als Endbedachtem (Typus 2)	85
aa) Sachverhalt und Interessenlage des Erblassers	85
bb) Gestaltungsüberlegungen	86
3. Nacherbschaftsbeschränkung bei Erbeinsetzung von Kindern aus geschiedenen Ehen (»Geschiedenentestament«)	98
a) Sachverhalt und Interessenlage des Erblassers	98
b) Gestaltungsüberlegungen	99
4. Nacherbschaftsbeschränkung lediglich bezüglich Einzelgegenständen (»gegenständlich beschränkte Nacherbfolge«)	111
a) Sachverhalt und Interessenlage des Erblassers	111
b) Gestaltungsüberlegungen	112
5. Vorausvermächtnis zugunsten eines Vorerben	118
a) Sachverhalt und Interessenlage des Erblassers	118
b) Gestaltungsüberlegungen	119
6. Die Wiederverheiratungsklausel und andere Fälle aufschiebend bedingter Vor- und Nacherbschaft	122

Kapitel 5 Sicherung der Erwerbsaussichten für Endbedachte

	Rdn.
a) Sachverhalt und Interessenlage des Erblassers	122
b) Gestaltungsüberlegungen	126
aa) Die juristische Konstruktion	126
bb) Zulässigkeit der Wiederverheiratungsklausel	133
cc) Die Folgen der Wiederverheiratung	136
dd) Die Beschränkungen des Ehegatten und die Möglichkeiten zur Befreiung	140
ee) Allgemeine Überlegungen bei mehreren Mitnacherben	142
ff) Bewertung der Gestaltung und Gestaltungsalternativen	143
7. Entscheidung des Vorerben über Bestand und Ausgestaltung der Nacherbschaftsbeschränkung	149
a) Einführung und Interessenlage	149
b) Die Nacherbschaftsbeschränkung unter auflösender Bedingung einer »abweichenden Verfügung« des Vorerben	151
aa) Zulässigkeit der Gestaltung	151
bb) Gestaltungsüberlegungen	159
c) Die Befugnis des Vorerben zur inhaltlichen Ausgestaltung der Nacherbschaftsbestimmungen	172
aa) »Umverteilung« durch den Vorerben	174
(1) Zulässigkeit der Gestaltung	174
(2) Gestaltungsüberlegungen	177
bb) »Dieterle-Klausel«	182
(1) Zulässigkeit	182
(2) Gestaltungsüberlegungen	183
8. Die Befreiung des Vorerben von Beschränkungen über § 2136 BGB hinaus	188
a) Einführung und Interessenlage	188
b) Das aufschiebend bedingte Vorausvermächtnis	190
aa) Zulässigkeit der Gestaltung	190
bb) Gestaltungsüberlegungen	196
b) Zustimmungsvermächtnis	202
aa) Zulässigkeit der Gestaltung	202
bb) Gestaltungsüberlegungen	203
9. Beseitigung der Nacherbschaftsbeschränkung durch Geschäft zwischen Vor- und Nacherben	212
a) Erbausschlagung des Nacherben	213
b) Übertragung der Anwartschaft des Nacherben auf den Vorerben	214
aa) Zulässigkeit und Rechtsfolgen	214

	Rdn.
bb) Gestaltungsüberlegungen	216
c) Überführung von Nachlassgegenständen in das »freie« Vermögen des Vorerben	221
aa) Zulässigkeit der Gestaltung	222
(1) »Doppelverfügung«	222
(2) »Einzel-Geschäft« zwischen Vor- und Nacherben zur der Beseitigung der Nacherbschaftsbindung	224
bb) Gestaltungsüberlegungen	226
10. Vor- und Nacherbschaft und Testamentsvollstreckung	232
a) Erscheinungsformen der Testamentsvollstreckung	232
b) Nacherbentestamentsvollstreckung gem. § 2222 BGB	238
aa) Einführung	238
bb) Gestaltungsüberlegungen	242
IV. Gestaltungsalternativen zur Vor- und Nacherbschaft	247
V. Steuerrecht	253
1. Erbschaftsteuer	253
2. Einkommensteuer	257
VI. Checkliste	259
B. **Aufschiebend bedingte/befristete Vermächtnisse**	260
I. Das aufschiebend befristete/bedingte Herausgabevermächtnis	260
1. Grundlagen	260
a) Die Konstruktion und Rechtsnatur des befristeten/bedingten Herausgabevermächtnisses	260
b) Anwartschaft des Vermächtnisnehmers und deren gesetzlicher Schutz während der Schwebezeit	262
c) »Pflichtteilsfestigkeit« des angefallenen Vermächtnisses	270
d) Der Vermächtnisanspruch in der Nachlassinsolvenz	272
e) Haftung des Vermächtnisnehmers für Schulden des Erben?	276
2. Bewertung des Herausgabevermächtnisses	278
a) Konkurrenz der Gestaltungen bei den »Ausschlussfällen«	280
b) Konkurrenz der Gestaltungen bei den »Absicherungsfällen«	284
3. Gestaltung der Herausgabevermächtnisses	286
a) Allgemeine Gesichtspunkte bei der Gestaltung	287
b) Besondere Gestaltungsgesichtspunkte bei den Ausschlussfällen	292

	Rdn.
aa) Vermächtnisgegenstand und Ausgestaltung des Innenverhältnisses zwischen Erst- und Endbedachtem	292
bb) Bestimmung der Person des endbedachten Vermächtnisnehmers durch den erstbedachten Erben?	299
c) Besondere Gestaltungsgesichtspunkte bei den Absicherungsfällen	304
aa) Vermächtnisgegenstand	305
bb) Instrumente zur Stärkung des Schutzes des endbedachten Vermächtnisnehmers	307
(1) Auflassungsvormerkung	308
(2) Antizipierte Übereignung	309
(3) Testamentsvollstreckung	310
cc) Ausgestaltung des Innenverhältnisses zwischen Erst- und Endbedachtem	314
dd) Bestimmung der Person des endbedachten Vermächtnisnehmers durch den erstbedachten Erben?	319
4. Steuerrecht	324
5. Checkliste	325
II. Das Vor- und Nachvermächtnis	326
1. Grundlagen	326
a) Die Konstruktion und Rechtsnatur des Vor- und Nachvermächtnisses	326
b) Anwartschaft des Nachvermächtnisnehmers und deren gesetzlicher Schutz während der Schwebezeit	331
c) »Pflichtteilsfestigkeit« des Nachvermächtnisses	336
d) Der Nachvermächtnisanspruch in der Nachlassinsolvenz	337
e) Haftung des Nachvermächtnisnehmers für Schulden des Vermächtnisnehmers?	339
2. Bewertung des Vor- und Nachvermächtnisses	340
a) Konkurrenz der Gestaltungen bei den »Ausschlussfällen«	344
b) Konkurrenz der Gestaltungen bei den »Absicherungsfällen«	347
3. Gestaltung des Vor- und Nachvermächtnisses	349
a) Allgemeine Gesichtspunkte bei der Gestaltung	350
b) Besondere Gestaltungsgesichtspunkte bei den Ausschlussfällen	353

	Rdn.
aa) Vermächtnisgegenstand und Ausgestaltung des Innenverhältnisses zwischen Erst- und Endbedachtem	353
bb) Bestimmung der Person des Nachvermächtnisnehmers durch den Vorvermächtnisnehmer?	359
c) Besondere Gestaltungsgesichtspunkte bei den Absicherungsfällen	361
aa) Vermächtnisgegenstand	362
bb) Instrumente zur Stärkung des Schutzes des endbedachten Vermächtnisnehmers	363
(1) Auflassungsvormerkung, antizipierte Übereignung	364
(2) Testamentsvollstreckung	365
cc) Ausgestaltung des Innenverhältnisses zwischen Erst- und Endbedachtem	368
dd) Bestimmung der Person des Nachvermächtnisnehmers durch den Vorvermächtnisnehmer?	372
4. Steuerrecht	377
5. Checkliste	378
C. Nießbrauchsvermächtnis	379
I. Systematische Einführung	379
1. Das Wesen und die Bestellung des Nießbrauchs	380
2. Das gesetzliche Schuldverhältnis zwischen Nießbraucher und Eigentümer	385
a) Gesetzliche Ausgestaltung	385
b) Dingliche Änderung des gesetzlichen Schuldverhältnisses durch die Beteiligten	389
3. Besondere Erscheinungsformen des Nießbrauchs	392
a) Der Bruchteilsnießbrauch	392
b) Quotennießbrauch	394
c) Nießbrauch am gesamten Nachlass	395
d) Nießbrauch am Erbteil	398
e) Nießbrauch an allen Erbteilen	399
II. Bewertung des Nießbrauchsvermächtnisses	401
III. Die Gestaltung des Nießbrauchsvermächtnisses	408
1. Allgemeine Gestaltungsgesichtspunkte	408
2. Besonderheiten beim Nießbrauch an allen Erbschaftsgegenständen	418
3. Besonderheiten beim Nießbrauch an (allen) Erbteilen	421

Kapitel 5 Sicherung der Erwerbsaussichten für Endbedachte

		Rdn.
	4. Besonderheiten bei der Kombination von Nießbrauch und Testamentsvollstreckung	426
	5. Besonderheiten beim Bruchteils- und Quotennießbrauch	431
IV.	Muster	434
V.	Steuern	442
	1. Erbschaftsteuer	442
	2. Einkommensteuer	449
VI.	Checkliste	450
D.	Sicherung der Erwerbsaussichten des Schlusserben beim gemeinschaftlichen Testament/Erbvertrag (Einheitslösung)	451
I.	Einführung	451
	1. Der Schutz gegen abweichende Verfügungen von Todes wegen des länger lebenden Ehegatten	453
	2. Der gesetzliche Schutz gegen »aushöhlende« lebzeitige Verfügungen des länger lebenden Ehegatten	454
II.	Der Schutz des Schlusserben vor »aushöhlenden« lebzeitigen Verfügungen des erbrechtlich gebundenen Erblassers durch allein erbrechtliche Gestaltungen	461
	1. Verfügungsunterlassungsvermächtnis	462
	a) Einführung	462
	b) Die Gestaltung des Verfügungsunterlassungsvermächtnisses	465
	2. Verfügungsunterlassungsvermächtnis mit Sanktionierung durch aufschiebend bedingte Nacherbschaft des Schlusserben	476
	3. Verfügungsunterlassungsvermächtnis mit Sanktionierung durch aufschiebend bedingtes Herausgabevermächtnis	479
	a) Einführung	479
	b) Gestaltung des aufschiebend bedingten Herausgabevermächtnisses	482
	4. Verwaltungstestamentsvollstreckung über den zu sichernden Gegenstand	493
	a) Einführung	493
	b) Gestaltung der Verwaltungstestamentsvollstreckung	494
III.	Der Schutz des Schlusserben vor »aushöhlenden« lebzeitigen Verfügungen des erbrechtlich gebundenen Erblassers durch eine Kombination von Verfügung von Todes wegen und Rechtsgeschäft unter Lebenden	498
	1. Einführung	499
	a) Verfügungsunterlassungsvertrag	500
	b) Aufschiebend bedingte Übertragungsverpflichtung	501

		Rdn.
	2. Bewertung der vertraglichen Verfügungsunterlassungsverpflichtung nebst aufschiebend bedingter Übertragungspflicht	502
	3. Gestaltung der rechtsgeschäftlichen Verfügungsunterlassungsverpflichtung nebst aufschiebend bedingter Übereignungspflicht	505
IV.	Erbschaftsteuerrecht	517
V.	Checkliste	521
E.	Sicherung des Erbes bei drohender Verwertung durch Dritte	522
I.	Verfügungen von Todes wegen zugunsten von Menschen mit geistiger Behinderung	522
	1. Grundlagen des Behindertentestamentes	522
	a) Verfügungen von Todes wegen von Menschen mit Behinderungen	522
	b) Verfügungen von Todes wegen zugunsten von Menschen mit geistiger Behinderung	525
	aa) Ausgangssituation – Motive/Ziele der Eltern	525
	bb) Rechtliche Zulässigkeit des Behindertentestaments	532
	(1) Rechtsprechung der Zivilgerichte und der Sozial- und Verwaltungsgerichte – Sittenwidrigkeit?	532
	(2) Grenzen aus Grundgesetz und AGG	535
	(3) Grenzen der Gestaltungsfreiheit aus § 134 BGB i. V. m. den Heimgesetzen	537
	cc) Sozialrechtliche Grundlagen	547
	(1) Leistungen der Sozialträger	547
	(2) Nachrangprinzip	549
	(3) Überleitung von Rechten, insbesondere von Pflichtteilsansprüchen	550
	(4) Haftung der Eltern oder Geschwister aufgrund des Unterhaltsrechts	555
	dd) Betreuungsrechtliche Grundlagen	558
	ee) Behindertentestamente nach dem Erbfall	560
	2. Klärung des Sachverhaltes	561
	a) IPR und Familienrecht	562
	b) Wirtschaftliche Gegebenheiten, Rahmenbedingungen	563
	c) Lebenssituation des behinderten Menschen	564
	d) Personelle Gegebenheiten, sonstige Rahmenbedingungen	565

		Rdn.

3. Gestaltungen und Formulierungsvorschläge 567
   a) Allgemeine Formulierungsvorschläge/Haftungsvermeidung .. 567
      aa) Dokumentation der Besprechung und der angestrebten Regelungsziele 567
      bb) Belehrungshinweise in der Urkunde 569
   b) Allgemeine Fragen der Testamentsgestaltung zugunsten behinderter Menschen 572
   c) Regelungen und Empfehlungen zur Störfallvorsorge 579
      aa) Ersatznacherbenbestimmung 579
      bb) Vorsorge für den Fall des Vorversterbens des behinderten Kindes 580
      cc) Automatische Anpassungsklausel für die Höhe der Erbquote oder des Vermächtnisses. 581
      dd) Bedingtes Ergänzungsvermächtnis bei Schenkungen an Geschwister zur Sicherung vor Pflichtteilsergänzungsansprüchen 584
      ee) Auflage wegen der Mittelverwendung als Schutz vor dem Wegfall der Verwaltungsanordnung 589
      ff) Änderungsvorbehalt und Rücktrittsvorbehalt bei Erbvertrag 591
   d) Ziel: Erhalt des Vermögens und Besserstellung des behinderten Kindes durch die Erträge des Erbteils (Standardfall) 592
   e) Ziel: Erhalt des Vermögens und Besserstellung durch Erträge und Substanz des Erbteils 600
   f) Ziel: Maximale Reduzierung der Pflichtteilsansprüche des behinderten Kindes für den zweiten Erbfall (Vermeidung von Liquiditätsabflüssen) 603
   g) Ziel: Besserstellung des Kindes, Erhalt des Vermögens nicht gewollt oder nötig; Auszahlung des Vermächtnisses möglichst gestreckt über längeren Zeitraum . 616
   h) Ziel: Vermeidung einer Erbengemeinschaft zwischen dem Längstlebenden Ehepartner und dem behinderten Kind 620
   i) Ziel: Schutz der bereits erfolgten lebzeitigen Zuwendungen an die Geschwister; Behindertes Kind als alleiniger Vorerbe des Restvermögens 625
   j) Ziel: Vermeidung einer Erbengemeinschaft bei gleichzeitiger Sicherung der Substanz durch Alleinvorerbeinsetzung des Behinderten (sog. umgekehrte Vermächtnislösung) 630
   k) Ziel: Restvermögen soll an Heimträger oder heimträgernahe Stiftung fallen 631
   l) Ziel: Zahlung einer monatlichen Leibrente 636
   m) Ziel: Wohnungsrecht für den Behinderten 642
   n) Ziel: Vermeidung eines komplexen Behindertentestamentes ... 643
   o) Ziel: Benennung eines Betreuers 647
   p) Sonderfall: Kinder aus mehreren Beziehungen 650
   q) Sonderfall: nur behindertes Kind, keine Nacherben, kein Erhalt des Vermögens gewollt 653
   r) Sonderfall sehr großes Vermögen – Erträge reichen (teilweise) für Lebensunterhalt 656
   s) Sonderfall: Familienstiftung oder gemeinnützige Stiftung 659
4. Flankierende Maßnahmen zur Reduzierung des Umfangs der überleitbaren Ansprüche des Sozialleistungsträgers 661
   a) Vor dem Erbfall 661
   b) Nach dem (ersten) Erbfall 665
5. Rettungsmaßnahmen, falls kein Behindertentestament vorliegt 666
6. Dritte als Testatoren (Großeltern, Geschwister, Onkel, Tanten) 668
7. Risiken der Gestaltung und deren Begrenzung 678
   a) Risiko der Ausschlagung 678
   b) Zu kleiner Erbteil – Gefahren aus § 2306 BGB a. F. und § 2306 BGB n. F 682
   c) Gefahren aus lebzeitigen Schenkungen an andere Kinder 685
   d) Rechtliche und/oder tatsächliche Veränderungen 686
8. Ungeeignete Gestaltungen und typische Fehler 689
   a) Auflagenlösung 689
   b) Gesetzliche Erbfolge 693
   c) Enterbung, Verweisung auf Pflichtteil 694
   d) Behinderter als Nacherbe (Trennungslösung) 696

Kapitel 5 Sicherung der Erwerbsaussichten für Endbedachte

		Rdn.
e)	Pflichtteilsstrafklausel	698
f)	Pflichtteilsbeschränkung in guter Absicht	699
g)	Regelung nur des zweiten Erbfalles (Tod des Längstlebenden)	700
9.	Steuerrecht	701
10.	Checkliste	702
II.	Verfügungen von Todes wegen zugunsten von verschuldeten Menschen (Überschuldete)	705
1.	Allgemeine Grundlagen	705
2.	Grundlagen und Instrumente der Gestaltung	713
a)	Vor Eintritt des Erbfalles	713
b)	Nach Eintritt des Erbfalls	721
3.	Gestaltungen und Formulierungsvorschläge	722
a)	Ziel: Sicherung des »Wohnenbleibens« im Familienheim	722
b)	Ziel: Zuwendung des Vermögens an den Verschuldeten bei dauerhafter Sicherung des gesamten Vermögens, insbesondere des Grundbesitzes	728
aa)	Klassische Vor- und Nacherbfolge mit Testamentsvollstreckung	728
bb)	Einsetzung des Verschuldeten zum Nacherben	731
c)	Ziel: Wahlrecht für den Erben, ob er Vollerbe oder geschützter Erbe werden will	732

		Rdn.
d)	Ziel: Wegfall der Beschränkungen nach Beendigung des Insolvenzverfahrens	738
e)	Ziel: Sicherung des Nachlasses trotz entgegenstehender Bindungswirkung eines gemeinschaftlichen Testamentes – Pflichtteilsbeschränkung der Abkömmlinge in guter Absicht	746
4.	Steuerrecht	762
5.	Checkliste	763
III.	Verfügungen von Todes wegen zugunsten von Menschen, die auf Dauer Sozialleistungen beziehen (Langzeitarbeitslose – Hartz-IV-Empfänger)	765
1.	Grundlagen und Instrumente der Gestaltung	765
2.	Gestaltungen und Formulierungsvorschläge	776
a)	Ziel: Sicherung des Vermögens für die nächste Generation oder für das Alter, aber nicht der laufenden Erträge	776
b)	Ziel: Besserstellung des Bedürftigen unter Sicherung der Erträge und der Substanz	781
c)	Ziel: Nur Sicherung des Vermögens und der Erträge auf die Lebenszeit des Bedürftigen	801
3.	Steuerrecht	804
4.	Checkliste	805

Überblick über die Problemstellung

1 Das folgende Kapitel handelt von Gestaltungen des Erblassers in die »Tiefe des zeitlichen Raumes«: Der Nachlass oder einzelne Nachlassgegenstände sollen zunächst einem ersten Bedachten zustehen; für einen späteren Zeitpunkt wird jedoch der Übergang des Zugewandten auf einen zweiten (End-)Bedachten verfügt. Um dieses Ziel zu erreichen, stehen eine Reihe Gestaltungsvarianten zur Verfügung. Dabei steht im Mittelpunkt der Gestaltungsüberlegungen, wie der Widerstreit zwischen dem »Freiheitsinteresse« des Erstbedachten und dem Interesse des Endbedachten am Schutz seiner Erwerbsaussichten zu regeln ist. Die infrage kommenden Gestaltungen unterscheiden sich danach, wessen Interesse mehr Rechnung getragen werden soll. Größerer Freiheit für den Erstbedachten korrespondiert dabei zwangsläufig ein geringerer Schutz des Endbedachten – und umgekehrt. Die Skala der Grundgestaltungen reicht von der
– Vollerbschaft des Erstbedachten mit einer (erbrechtlich bindenden oder nicht bindenden) Schlusserbeneinsetzung des Endbedachten in einer eigenen Verfügung des Erstbedachten über
– eine Vollerbschaft des Erstbedachten mit Herausgabevermächtnissen zugunsten des Endbedachten über
– die befreite Vorerbschaft über
– die nicht befreite Vorerbschaft zur
– Erbeinsetzung des Endbedachten mit Anordnung von Nießbrauchsvermächtnissen für den Erstbedachten.

Dabei bieten die angesprochenen Grundgestaltungen wiederum eine Brandbreite von Gestaltungsmöglichkeiten, die im Einzelfall sogar eine ganz eigene Einordnung auf der angesprochenen Skala verlangen. Im Spannungsfeld der Interessen des Erst- und Endbedachten ist eine sehr individuelle Gestaltung und Gewichtung der Interessen möglich.

A. Vor- und Nacherbschaft

Literatur:

Brox, Die Bestimmung des Nacherben oder des Gegenstandes zur Zuwendung durch den Vorerben, Festschrift f. Bartholomeyczik, 1973, 41; *Busse*, Verfügungen von Todes wegen Geschiedener, MittRhNotK 1998, 225; *Dieterle*, Das Geschiedenen-Testament, BWNotZ 1971, 14; *Dillmann*, Verfügungen während der Vorerbschaft, RNotZ 2002, 1; *Frank*, Die Nacherbeneinsetzung unter Vorbehalt anderweitiger Verfügungen des Vorerben, MittBayNot 1987, 231; *Friederich*, Rechtsgeschäfte zwischen Vorerben und Nacherben, 1999; *Gantzer*, Rechtsgeschäfte zur Aufhebung der Vor-Nacherbschaft und ihre Form, MittBayNot 1993, 67; *Harder*, Unentgeltliche Verfügungen und ordnungsmäßige Nachlaßverwaltung des Vorerben, DNotZ 1994, 822; *Hartmann*, Die Beseitigung der Nacherbschaftsbeschränkung durch Geschäft zwischen Vor- und Nacherben, ZEV 2009, 107; *Heider*, Die Befugnis des Vorerben zu unentgeltlichen Verfügungen über Nachlaßgegenstände, ZEV 1995, 1; *Heskamp*, Überführung von Nachlassgegenständen in das nacherbschaftsfreie Vermögen des Vorerben, RNotZ 2014, 517; *Kanzleiter*, Der unbekannte Nacherbe, DNotZ 1970, 326; *ders.*, Ermächtigung des Vorerben zu Schenkungen aus dem Nachlass?, Festschrift f. Schippel, 1996, 287; *Keim*, Erbauseinandersetzung zwischen Vor- und Nacherben durch Freigabe aus der Nacherbenbindung?, DNotZ 2003, 823; *ders.*, Befugnisse des Nacherbentestamentsvollstreckers bei Verfügungen über Nachlassgegenstände, ZErb 2008, 1; *Kessel*, Eingriffe in die Vorerbschaft, MittRhNotK 1991, 137; *Leitzen*, Die Auseinandersetzung unter Mitvorerben und ihre Wirkung gegenüber Nacherben, RNotZ 2012, 159; *Ludwig*, Der »unbekannte« Nacherbe, DNotZ 1996, 995; *ders.*, Gegenständliche Nachlassspaltung bei Vor- und Nacherbschaft, DNotZ 2001, 102; *Maurer*, Fragen des (Eigen-)Erwerbs von Nachlaßgegenständen durch den Vor- oder Nacherben, DNotZ 1981, 223; *J. Mayer*, Der superbefreite Vorerbe? – Möglichkeiten und Grenzen der Befreiung, des Vorerben, ZEV 2000, 1; *N. Mayer*, Ermächtigung des Vorerben zur Beseitigung der Nacherbschaft, ZEV 1996, 104; *G. Müller*, Möglichkeiten der Befreiung des Vorerben über § 2136 hinaus, ZEV 1996, 179; *Muscheler*, Konsolidation bei Übertragung der Nacherbenanwartschaft auf den Vorerben, ZEV 2012, 289; *Musielak*, Zur Vererblichkeit des Anwartschaftsrechts eines Nacherben, ZEV 1995, 5; *Nieder*, Das Geschiedenentestament und seine Ausgestaltung, ZEV 1994, 156; *Reimann*, Die vorweggenommene Nacherbfolge, DNotZ 2007, 579; *Sarres*, Auskunftspflichten bei Vor- und Nacherbschaft, ZEV 2004, 56; *Schaub*, Nacherbenvermerk bei Grundstücken im Gesamthandsvermögen, ZEV 1998, 372; *Scheuren-Brandes*, Wiederverheiratungsklauseln nach der Hohenzollern-Entscheidung – Handlungsbedarf für die Gestaltungspraxis?, ZEV 2005, 185; *Sonntag*, Zur Rechtsnatur der Vorausvermächtnisses an den Vorerben, ZEV 1996, 450; *Völzmann*, Wiederverheiratungsklauseln, RNotZ 2012, 1; *Wagner*, Das Geschiedenentestament – eine sinnvolle erbrechtliche Gestaltungsform?, ZEV 1997, 369; *Zawar*, Das Vermächtnis in der Kautalarjurisprudenz, 1983; *ders.*, Der auflösend bedingte Vollerbe, DNotZ 1988, 16; *ders.*, Der bedingte oder befristete Erwerb von Todes wegen, DNotZ 1986, 515.

I. Grundlagen

1. Begriff der Vor- und Nacherbschaft

a) Struktur

§ 2100 BGB eröffnet die Möglichkeit, eine Person als Nacherben einzusetzen. Das bedeutet, dass »dieser erst Erbe wird, nachdem zunächst ein anderer Erbe geworden ist.« Beide sind – nacheinander – Erbe des Erblassers. Vor- und Nacherbe sind jeweils für den ihnen zugedachten Zeitraum Alleinerbe. Durch die Einsetzung eines Nacherben wird der Erbe zum Vorerben, womit sich die Anordnung der Nacherbschaft als eine Art **Beschränkung des Erben** darstellt (vgl. § 2306 Abs. 1 S. 1 BGB). 2

3 Das der Nacherbschaft unterliegende Vermögen geht mit dem vom Erblasser dafür angeordneten Zeitpunkt auf den Nacherben über (Nacherbfall). Sofern der Erblasser den Nacherbfall nicht durch die Festlegung eines Zeitpunkts oder Ereignisses (§ 2103 BGB) anders definiert hat, tritt der Nacherbfall mit dem Tode des Vorerben ein (§ 2106 Abs. 1 BGB). Der Erblasser kann mehrere Personen zu Vor- oder Nacherben einsetzen (als Mitvor- oder -nacherben) oder auch mehrere Nacherbschaften hintereinander anordnen, was den Nacherben wiederum seinerseits zum Vorerben macht.

b) Zeitliche Grenze

4 Die Anordnung der Nacherbschaft entfällt, wenn der Nacherbfall nicht innerhalb von 30 Jahren eintritt (§ 2109 Abs. 1 BGB). Hiervon sieht § 2109 BGB jedoch Ausnahmen vor. Insbesondere gilt diese einschneidende Begrenzung nicht, wenn der Nacherbfall in einem Ereignis in der Person des Vor- oder Nacherben liegt und der betreffende Vor- oder Nacherbe beim Erbfall schon gelebt hat. Damit sind die **gebräuchlichsten Gestaltungen**, insbesondere die Anknüpfung an den Tod des Vorerben, regelmäßig **von den zeitlichen Beschränkungen befreit**. Probleme bereitet § 2109 BGB dagegen bei der Anordnung weiterer Nacherbfolgen (gestaffelte Nacherbfolge): Hier kann auch die zweite Nacherbschaftsbeschränkung, die wiederum den Nacherben trifft, nur über die 30-Jahre-Frist hinaus bestehen, wenn auch der Nach-Nacherbe schon beim Erbfall gelebt hatte.[1]

2. Allgemeine Rechtsstellung der Vorerben und des Nacherben

a) Vorerbe

5 Abgesehen von der Beschränkung durch die Nacherbschaft ist der Vorerbe **echter Erbe**:
– Der Vorerbe ist nicht nur Nießbraucher, sondern Gesamtrechtsnachfolger (§ 1922 BGB) des Erblassers. Damit ist eine Beschränkung der Vor- und Nacherbschaft auf einzelne Gegenstände im Ausgangspunkt ausgeschlossen, jedoch durch eine besondere Gestaltung erreichbar (s. dazu Rdn. 111 ff.).
– Den Vorerben trifft die Erbenhaftung gemäß § 1967 BGB.
– Der Vorerbe wird Besitzer des Nachlasses (§ 867 BGB).
– Eigene Ansprüche oder dingliche Rechtspositionen gegenüber dem Erblasser erlöschen durch Konfusion bzw. Konsolidation.

6 Die Besonderheiten bestehen jedoch darin, dass der Vorerbe zwar grundsätzlich gemäß § 2112 BGB verfügungsbefugt über alle Nachlassgegenstände ist, er aber wichtigen dinglichen oder auch nur schuldrechtlich wirkenden **Beschränkungen und Verpflichtungen** unterliegt. Hierzu gehören insbesondere
– die dingliche Surrogation (§ 2111 BGB), die im Interesse des Nacherben einen möglichst vollständigen Erhalt des der Nacherbschaft unterliegenden Nachlasses anstrebt;
– die Verfügungsbeschränkungen der §§ 2113 ff. BGB.
– die Pflicht zur Ersatzleistung bei Eigenverwendung von Nachlassgegenständen (2134 BGB).

7 Das Bestehen von Sonderregeln für die der Nacherbschaft unterliegenden Erbschaftsgegenstände lassen das Vorerbschaftsvermögen im Ergebnis als **Sondervermögen** erscheinen, das im Interesse des Nacherben ein eigenes Schicksal hat. Insbesondere kann der Vorerbe weder der Nacherbschaft unterliegende Gegenstände an seine Erben vererben, noch kann er die Grenze zwischen Nacherbschafts- und Eigenvermögen einseitig durch Zuweisung von einer in die andere Vermögensmasse überschreiten – weder in den Nachlass hinein,[2] noch aus diesem heraus in sein Eigenvermögen[3] (s. hierzu jedoch die Gestaltungen unter Mitwirkung des Nacherben Rdn. 212 ff.).

---

[1] Instruktiv hierzu der Fall des OLG Hamm, Beschl. v. 14.12.2010 – I-15W 190/10, MittBayNot 2011, 407.
[2] BGHZ 40, 115, 125; OLG Stuttgart DNotZ 1974, 365, 367.
[3] OLG Stuttgart DNotZ 1974, 365, 366; *Maurer*, DNotZ 1981, 223, 225 f.

Möglich ist es dagegen, einen der Nacherbschaft unterliegenden **Erbteil** gemäß § 2033 BGB zu übertragen. Da es sich hierbei nicht um einen »zur Erbschaft gehörenden Gegenstand« handelt,[4] unterliegt der Erbteil keinen Verfügungsbeschränkungen gem. § 2113 ff. BGB. Die Rechte des Nacherben bleiben durch eine Erbteilsübertragung unberührt. Daher bedarf es zur Vornahme der vorgenannten Geschäfte nicht seiner Zustimmung.[5] 8

b) Nacherbe

Mit Eintritt des Nacherbfalls ist der Nacherbe selbst Erbe des Erblassers. Seine Erwerbsaussicht während der Zeit der Vorerbschaft ist über die gesetzlichen Regelungen so gesichert, dass von einem **Anwartschaftsrecht** des Vorerben auszugehen ist[6] (vgl. § 2108 Abs. 2 BGB). Der Nacherbe erwirbt das Anwartschaftsrecht mit dem Tod des Erblassers. 9

Das Anwartschaftsrecht ist vererblich (§ 2108 Abs. 2 BGB). Die **Vererblichkeit** des Anwartschaftsrecht kann der Erblassers ausschließen (§ 2108 Abs. 2 S. 1 BGB). Hochproblematisch ist die Frage, ob die Vererblichkeit durch die Einsetzung von Ersatznacherben ausgeschlossen ist. Bei einer ausdrücklichen Ersatzerbenbestimmung (§ 2096 BGB) wird überwiegend von einem konkludenten Ausschluss der Vererblichkeit ausgegangen.[7] Bei einer Ersatznacherbenbestimmung lediglich über die Auslegungsregelung des § 2069 BGB ist heftig umstritten, ob, sofern nicht der Erblasserwillen durch Auslegung zu ermitteln ist, § 2108 Abs. 2 S. 1 BGB oder § 2069 BGB den Anwendungsvorrang genießt.[8] Daher ist die Frage der Vererblichkeit des Nacherbenanwartschaftsrechts stets ausdrücklich zu regeln. 10

Das Anwartschaftsrecht ist **veräußerlich**, und zwar auch auf den Vorerben.[9] Das schuldrechtliche Geschäft bedarf gemäß §§ 2371, 2385 BGB der notariellen Beurkundung, das dingliche Vollzugsgeschäft analog § 2033 BGB. Ob die Veräußerbarkeit des Anwartschaftsrecht durch die Erblasseranordnung ausgeschlossen werden kann, ist bestritten,[10] wird jedoch von der h. M.[11] bejaht. Die Streitfrage dürfte für die praktische Gestaltung keine nennenswerte Bedeutung aufweisen, da die angeordnete Unveräußerlichkeit des Nacherbenanwartschaftsrechts hilfsweise dahin auszulegen ist, dass die Nacherbeneinsetzung unter der auflösenden Bedingung der Veräußerung des Anwartschaftsrecht steht, was zweifellos möglich ist.[12] Eine ausdrückliche hilfsweise Regelung in diesem Sinne ist bei der Gestaltung daher entbehrlich. Bei einer Veräußerung der Nacherbenanwartschaft auf den Vorerben erlischt die Nacherbschaftsbeschränkung. Sicher und von Dauer ist diese Folge jedoch nur, wenn keine Ersatznacherben berufen sind[13] (ausführlich zu den bestehenden Gestaltungsmöglichkeiten unten Rdn. 214 ff.). 11

Die **Verpfändung** des Anwartschaftsrechts ist möglich und bedarf notarieller Beurkundung (§§ 1274 Abs. 1 S. 1, 2033 BGB analog). Die Nacherbenanwartschaft ist auch pfändbar. Die **Pfändbarkeit** kann nicht ausgeschlossen werden (§§ 400, 399 BGB). Jedoch dürfte es möglich sein, die 12

---

4 BGH DNotZ 1970, 423, 424.
5 *Neusser*, MittRhNotK 1979, 143, 144 f.
6 St. Rspr. RGZ 83, 253, 254; BGHZ 37, 319, 326.
7 MünchKommBGB/*Leipold*, § 2069 Rn. 26.
8 Für § 2108 Abs. 2: RGZ 169, 38, 44; Palandt/*Weidlich*, § 2069 Rn. 6; für § 2069: OLG Bremen NJW 1970, 1923.
9 Allg.M.: MünchKommBGB/*Grunsky*, § 2100 Rn. 27; RGZ 83, 434, 437; BGHZ 87, 367, 369.
10 Dagegen: Staudinger/*Avenarius*, § 2100 Rn. 76.
11 RGZ 170, 163, 168; MünchKommBGB/*Grunsky*, § 2100 Rn. 27.
12 *Lange/Kuchinke*, § 28 VII 3.
13 Ganz h. M.: BayObLG NJW 1970, 1794, 1795; OLG Frankfurt a. M. DNotZ 1970, 691, 692; *Lange/Kuchinke*, § 28 VII 1. b; MünchKommBGB/*Grunsky*, § 2100 Rn. 27.

Pfändung zur auflösenden Bedingung für die Nacherbeneinsetzung zu erklären.[14] Diese Gestaltung kann jedoch noch nicht als gesichert angesehen werden.

13 Es gehört zum Definitionsmerkmal der Anwartschaft, dass diese dem Berechtigten nicht ohne seine Mitwirkung entzogen werden kann. Hierzu käme es aber, wenn der **Zuwendungsverzicht des Vorerben**, der auch dessen Abkömmlinge gemäß § 2352, 2349 BGB erfasst, Wirkung zulasten von dessen als Nacherben eingesetzten Abkömmlingen äußerte. An sich würden die Nacherben-Abkömmlinge mit dem Zuwendungsverzicht gemäß § 2102 BGB Ersatzerben und sodann von der Erstreckungswirkung des Zuwendungsverzichtes erfasst. Hiergegen bestehen angesichts der eigenständigen Rechtsposition des Nacherben, die über eine bloße Ersatzerbenposition hinausgeht, verfassungsrechtliche Bedenken.[15] Daher ist eine verfassungskonforme teleologische Reduktion angezeigt, wonach über §§ 2352, 2349 BGB lediglich eine reine Ersatzerbenposition der Abkömmlinge, nicht aber eine darüber hinausgehende, qualitativ höherwertige und eigenständige Nacherbenstellung beseitigt werden kann.[16]

14 Der Nacherbe muss seine Rechtstellung durch einen **eigenen Erbschein** nachweisen, der nach Eintritt der Nacherbfolge zu erteilen ist; seine Nennung im Erbschein des Vorerben oder der grundbuchliche Nacherbenvermerk (§ 51 GBO) reichen hierzu nicht.[17]

3. Bestimmung der Person des Nacherben/Vorerben; Ersatznacherben

a) Fehlende Bestimmung

15 Die Beschränkung durch Nacherbschaft sollte ausdrücklich und klar angeordnet werden. Das Gesetz hält einige Regeln bereit, die bei unvollständigen Verfügungen die Annahme einer angeordneten Nacherbschaft festlegen:
– Wenn ein beim Erbfall noch nicht Gezeugter als Erbe eingesetzt ist, so ist dieser im Zweifel als Nacherbe anzusehen (§ 2101 BGB).
– Die Anordnung einer Herausgabepflicht für den Erben wird als Einsetzung eines Nacherben angesehen (§ 2103 BGB).
– Wenn jemand nur für einen bestimmten Zeitraum Erbe sein soll, aber keine Bestimmung für den Rest der Zeit getroffen worden ist, sind Nacherben oder Vorerben die gesetzlichen Erben (§§ 2104, 2105, BGB – sog. konstruktive Vor- und Nacherbschaft).[18] Der Rechtscharakter dieser Bestimmungen ist im Falle der §§ 2104, 2105 BGB streitig. Unklar ist, ob es sich hierbei lediglich um durch konkrete Auslegung verdrängbare Auslegungsregeln oder teilweise eigenständige Anordnungen handelt.[19]

16 Der Gestalter einer Vor- und Nacherbschaft darf es auf solche Normen, die Lücken der Verfügung füllen und deren Rechtscharakter zudem umstritten ist, nicht ankommen lassen; er hat das Gewollte klar und unmissverständlich in der Terminologie des Gesetzes zu regeln.

b) Bezeichnung; Problem der unbekannten Nacherben

17 Nicht selten ist es der Wunsch des Erblassers, die Person des oder der Nacherben nicht namentlich zu bestimmen, weil die Personen entweder noch nicht existieren oder die bereits existierenden nicht abschließend erfasst sein sollen. So will z. B. der Erblasser die ehelichen Abkömmlinge seines Sohnes zu Nacherben bestimmen. Wenn in einem solchen Fall dieser bereits zwei Abkömmlinge hat, jedoch

---

14 *Hartmann*, ZNotP 2005, 82, 88 f.
15 *Klinck*, ZEV 2009, 533, 535.
16 *Keim*, RNotZ 2009, 574, 576; *G.Müller*, ZNotP 2011, 256, 261.
17 BGH DNotZ 1983, 315; OLG Zweibrücken, Beschl. v. 25.11.2010 – 3 W 179/10, RNotZ 2011, 113; OLG München, Beschl. v. 10.8.2012 – 34 Wx 207/12, DNotZ 2013, 153 f.
18 Dazu *Wilhelm*, NJW 1990, 2857, 2860.
19 In diesem Sinne für § 2104 BGB *Lange/Kuchinke*, § 28 II 1d.

auch etwaige weitere künftige Abkömmlinge nicht ausgeschlossen werden sollen, bleibt nur die Zuflucht in eine **unbestimmte Formulierung** (»Nacherben sind die ehelichen Abkömmlinge meines Sohnes X, derzeit Y und Z.«).[20] Eine solche Gestaltung ist zuweilen unumgänglich. »Weitere Abkömmlinge« einer Person können jedoch selbst im hohen Alter noch – ggfs. durch Adoption – hinzukommen.[21] Bis zu deren Tod sind weitere Nacherben daher nie auszuschließen. Eine solche **Ungewissheit über die Person der Nacherben** kann sich als eine schwere Hypothek für die Zeit der Vorerbschaft darstellen.[22] So bedarf der Vorerbe mitunter, um dauerhaft wirksam verfügen zu können, gemäß § 2113 BGB der Zustimmung sämtlicher Nacherben. Im Falle der »unbekannten Nacherben« muss im Falle der Vornahme einer zustimmungsbedürftigen Verfügung des Vorerben ein Pfleger gemäß § 1913 BGB bestellt werden.[23] In solchen Fällen ist die Zustimmung des Pflegers regelmäßig nicht zu erlangen. Eine solche bewusst offene Formulierung schließt damit zustimmungsbedürftige Verfügungen des Vorerben regelmäßig aus[24].

Nacherben sind in der Verfügung von Todes wegen soweit irgend möglich **abschließend namentlich zu benennen**, um die Notwendigkeit der Pflegerbestellung gemäß § 1913 BGB auszuschließen. Wenn der Kreis der Nacherben auf noch nicht bekannte Personen erstreckt werden soll, ist dringend empfohlen, für diese eine **Nacherbenvollstreckung** gemäß § 2222 BGB anzuordnen. 18

c) Ersatznacherben

§ 2096 BGB ermöglicht auch die Einsetzung einer Ersatzperson für den Fall, dass der Nacherbe vor oder nach Eintritt des Erbfalles wegfällt. Ein Wegfall kommt dabei in jeder denkbaren Form in Betracht:[25] Ausschlagung gem. § 1942 BGB, Vorversterben, Wegfall durch auflösende Bedingung, Zuwendungsverzicht gem. § 2352 BGB, Erbunwürdigkeit. Die Bestimmung von **Ersatznacherben** kann sowohl ausdrücklich als auch stillschweigend als auch im Wege ergänzender Auslegung[26] erfolgen. Auch bei der Nacherbschaft findet § 2069 BGB unstreitig Anwendung.[27] Über diese Bestimmung wird man, auch wenn eine Ersatznacherbenbestimmung nicht ausdrücklich getroffen ist, sehr häufig zur Annahme einer Ersatznacherbenanordnung gelangen. 19

Im Hinblick auf die Frage einer Ersatznacherbeneinsetzung ergeben sich insbesondere in zwei Fällen in der Praxis häufig **Auslegungsprobleme**: 20
– Das Nacherbenanwartschaftsrecht ist nach dem Gesetz vererblich (§ 2108 Abs. 2 BGB). Unklar ist, ob und wann durch die Einsetzung von Ersatznacherben zugleich die **Vererblichkeit des Anwartschaftsrechts** in der Person des Nacherben **ausgeschlossen** ist. Die Frage der Vererblichkeit des Nacherbenanwartschaftsrechts ist daher durch den Gestalter stets klar zu regeln.
– **Schlägt der Nacherbe** seine Nacherbschaft vor Eintritt des Nacherbfalls **aus**, macht er seinen Pflichtteil geltend und ist als Ersatznacherbe ein Abkömmling des Nacherben bestimmt, ist fraglich, ob die Ersatzerbenberufung Bestand haben soll, da hier eine Doppelbegünstigung im betreffenden Stamm eintritt. Im Fall der Ersatznacherbenberufung über die Vorschrift des § 2069 BGB spricht daher nach der Rechtsprechung eine tatsächliche Vermutung dafür, dass die Ersatznacherbenbestimmung entfällt.[28] Für den Fall der ausdrücklichen Ersatznacherbenbestimmung ist ein

---

20 Exemplarisch: OLG Stuttgart, Beschl. v. 7.7.2009 – 8 W 63/09, ZEV 2010, 94.
21 OLG München, Beschl. 13.1.2014 – 34 Wx 166/13, RNotZ 2014, 172, 175.
22 S. den Fall des OLG Stuttgart, Beschl. v. 7.7.2009 – 8 W 63/09, ZEV 2010, 94; ferner OLG Frankfurt a. M., Beschl. v. 27.1.2010 – 20 W 251/09, BeckRS 2010, 11501.
23 BGH, Beschl. v. 19.12.2013 – V ZB 209/12, ZNotP 2014, 106, 107.
24 Exemplarisch der Fall des OLG München, Beschl. 13.1.2014 – 34 Wx 166/13, RNotZ 2014, 172, in dem eine angestrebte »vorweggenommene Nacherbfolge« scheiterte.
25 *Nieder/Kössinger*, § 10 Rn. 64.
26 *Nieder*, ZEV 1996, 241, 243 f.
27 BGHZ 33, 60, 61; Palandt/*Weidlich*, § 2069 Rn. 6.
28 BGHZ 33, 60, 62; OLG Frankfurt a. M. Rpfleger 1970, 391.

solcher Vermutungssatz hingegen umstritten.[29] Hier ist es Sache der Auslegung im Einzelfall, ob für diesen Fall auch eine ausdrücklich angeordnete Ersatznacherbenbestimmung entfällt.

21 Die Rechtsstellung des Ersatznacherben bis zum Eintritt des Ersatzfalls ist als zwiespältig zu charakterisieren: Einerseits ist er – doppelt aufschiebend bedingt – vom Erblasser als Erbe eingesetzt. Daraus folgt, dass er über ein **eigenes Anwartschaftsrecht** verfügt. Andererseits vermittelt ihm die Position als Ersatzmann nach allgemeiner Auffassung bis zum Eintritt des Ersatzfalls, also seiner »Höherstufung« zum Nacherben, **keinerlei Sicherungs-/Kontrollrechte** hinsichtlich einzelner Nachlassgegenstände[30]. Beide Gesichtspunkte spielen bei der Gestaltung eine wichtige Rolle. Zum einen kann die Übertragung des Nacherbenanwartschaftsrecht durch den Nacherben das eigene Anwartschaftsrecht des Ersatznacherben nicht beeinträchtigen; insoweit ist seine Stellung stark. Zum anderen – in der Praxis besonders bedeutsam – muss er einer **Verfügung des Vorerben** zu deren Wirksamkeit nach allgemeiner Auffassung **nicht zustimmen**. Zur Absicherung seiner Position ist der Ersatzerbe jedoch in den Erbschein aufzunehmen.[31] Ferner ist der Ersatznacherbe auch im Grundbuch im Rahmen des Nacherbenvermerks einzutragen.[32] Der Nacherbenvermerk kann im Grundbuch nur gelöscht werden, wenn entweder ohne Zustimmung des Ersatznacherben über den Nachlassgegenstand wirksam verfügt worden ist oder aber auch der Ersatznacherbe die Löschung bewilligt.[33]

4. Das Innenverhältnis zwischen Vor- und Nacherben während der Vorerbschaft und nach dem Nacherbfall

a) Pflicht zur ordnungsmäßigen Verwaltung

22 Gemäß § 2130 Abs. 1 BGB trifft den Vorerben mit dem Nacherbfall die Pflicht zur Herausgabe des Nachlasses in dem Zustand, in dem sich der Nachlass bei fortgesetzter ordnungsgemäßer Verwaltung befände. Im Rahmen der sich daraus ergebenden **Pflicht zur ordnungsgemäßen Verwaltung** des Nachlasses wird die Ordnungsmäßigkeit unter Rückgriff auf die Interessen des Nacherben bestimmt.[34] Erfordert die ordnungsmäßige Verwaltung eine Verfügung des Vorerben über Nachlassgegenstände, etwa im Rahmen der Erfüllung einer Nachlassverbindlichkeit, so ist der Nacherbe verpflichtet, seine Zustimmung formgerecht und auf Kosten des Vorerben zu erteilen (§ 2120 BGB).

23 Der Vorerbe haftet dem Nacherben nur für die Sorgfalt, die er in eigenen Angelegenheiten anzuwenden pflegt (§ 2131 BGB). Der Vorerbe ist verpflichtet, Geld, das sich im Nachlass befindet, mündelsicher anzulegen (§ 2119 BGB). Weitere spezielle Sorgfaltspflichten ergeben sich aus §§ 2116–2118 u. 2123 BGB.

b) Verteilung der Nutzungen und Lasten

24 Während der Vorerbschaft gebühren dem Vorerben gemäß § 2111 Abs. 1 S. 1 BGB die **Nutzungen** und gemäß § 101 Nr. 1 BGB die Erzeugnisse und Bestandteile i. S. d. § 99 Abs. 1 BGB. Sonstige Erwerbe fallen als Surrogate gemäß § 2111 Abs. 1 BGB in den Nachlass. Korrespondierend zur Zuweisung der Nutzungen an ihn trägt der Vorerbe auch die **gewöhnlichen Erhaltungskosten** der Nachlassgegenstände (§ 2124 Abs. 1 BGB). Für von ihm für erforderlich zu haltende außergewöhnliche Erhaltungsaufwendungen stehen dem Vorerben die Nachlassmittel zur Verfügung; verwendet er Eigenmittel, so steht ihm gegenüber dem Nacherben ein Erstattungsanspruch zu (§ 2124 Abs. 2 BGB). Verwendungen, die über gewöhnliche und außergewöhnliche Erhaltungsmaßnahmen hinausgehen,

---

29 Dafür BayObLG Beschl. v. 2.3.2000 – 2Z BR 144/99, ZEV 2000, 274, 275; dagegen Staudinger/*Otte*, § 2096 Rn. 8.
30 Grundlegend RGZ 145, 316; BGHZ 40, 115, 119; MünchKommBGB/*Grunsky*, § 2102 Rn. 11.
31 RGZ 142, 171, 173; Palandt/*Weidlich*, § 2102 Rn. 6.
32 OLG Köln NJW 1955, 633; MünchKommBGB/*Grunsky*, § 2102 Rn. 13.
33 OLG Hamm NJW 1970, 1606; *Schöner/Stöber*, Rn. 3510.
34 *Lange/Kuchinke*, Erbrecht, § 28 V 2.

werden nach den Vorschriften über die Geschäftsführung ohne Auftrag behandelt (§ 2125 Abs. 1 BGB). Dem Vorerben steht ferner ein Wegnahmerecht zu (§ 2125 Abs. 2 BGB).

Außerordentliche Lasten (insbes. Nachlassverbindlichkeiten, aber auch Erschließungskosten) sind aus dem Nachlass zu berichtigen. Greift der Vorerbe auf Eigenmittel zurück, kann er zum Ersatz auf den Nachlassbestand zurückgreifen oder – nach Eintritt des Nacherbfalls – vom Nacherben Ersatz verlangen (§§ 2126, 2124 Abs. 2 BGB). 25

c) Kontroll- und Sicherungsrechte des Nacherben

Die vorgenannten Bindungen des Vorerben gegenüber dem Nacherben entfalten ihre Rechtsfolgen überwiegend erst nach Beendigung der Vorerbschaft. Während dieser stehen dem Nacherben, nicht aber dem Ersatznacherben,[35] gewisse Sicherungsrechte zu, die jedoch nicht sehr stark ausgeformt sind. Einmalig ist der Vorerbe auf Verlangen des Nacherben zur Vorlage eines **Verzeichnisses über die zum Nachlass gehörenden Gegenstände** (nicht: der Nachlassverbindlichkeiten) verpflichtet (§ 2121 BGB). Hieraus folgt nach allg.M. kein Anspruch auf Bekräftigung des Verzeichnisses durch eine eidesstattliche Versicherung.[36] Die Kosten des Verzeichnisses trägt der Nachlass (§ 2121 Abs. 4 BGB). Eine Pflicht des Vorerben, über den jeweils aktuellen Bestand des Nachlasses Auskunft zu erteilen, insbesondere über eine Veränderung des Nachlassbestandes durch Verfügungen und durch dingliche Surrogation besteht nur, wenn Grund zu der Annahme besteht, dass der Vorerbe durch sein Verhalten die Rechte des Nacherben erheblich verletzt (§ 2127 BGB). Werden demgegenüber die Rechte des Nacherben durch ein entsprechendes Verhalten des Vorerben oder eine ungünstige Vermögensentwicklung bei diesem gefährdet, so kann der Nacherbe **Sicherheitsleistung** durch den Vorerben verlangen (§ 2128 Abs. 1 BGB). Diese wird dem Vorerben häufig schwer fallen. Kommt der rechtskräftig verurteilte Vorerbe seiner Verpflichtung nicht fristgerecht nach, so kann der Nacherbe die gerichtliche Übertragung des Nachlasses in eine Treuhandverwaltung verlangen, die mit dem vollständigen Verlust der Verfügungsbefugnis des Vorerben einhergeht (§§ 2128 Abs. 2, 2129 Abs. 1 BGB). 26

d) Eintritt des Nacherbfalls

Aufgrund der nur sehr eingeschränkten Überwachungsmöglichkeiten des Nacherben während der Vorerbschaft verfügt der Vorerbe über eine relativ freie Stellung. Mit dem Nacherbfall findet dagegen eine strikte Abrechnung zwischen beiden statt. In erster Linie ist der Vorerbe zur **Herausgabe des Nachlasses** in dem Umfang und Zustand verpflichtet, in dem sich dieser bei fortgesetzter ordnungsmäßiger Verwaltung befände. Soweit es sich um zum Nachlass gehörende Gegenstände handelt, konkurriert dieser Anspruch mit § 985 BGB. Soweit dem Vorerben sachenrechtlich das Eigentum an bestimmten Früchten zugefallen ist, die ihm aber gemäß § 2133 BGB nicht gebühren (z. B. Übermaßfrüchte), gewährt § 2130 Abs. 1 BGB dem Nacherben einen schuldrechtlichen Herausgabeanspruch.[37] Der Vorerbe ist auf Verlangen des Nacherben verpflichtet, **Rechenschaft über die Nachlasssubstanz** abzulegen (§ 2130 Abs. 2 BGB). Für die Erbschaftsgegenstände, die der Vorerbe aufgrund der ihm zustehenden Verfügungsbefugnis für sich verwendet hat, ist er dem Nacherben zum **Wertersatz** verpflichtet (§ 2134 S. 1 BGB). Sollte er darüber hinaus gemäß § 2131 BGB schuldhaft gehandelt haben, besteht darüber hinaus ein **Schadensersatzanspruch** (§ 2134 S. 2 BGB). Allerdings haftet der Vorerbe nicht für Veränderungen und Verschlechterungen, die durch ordnungsgemäße Abnutzung während der Vorerbschaft entstanden sind (§ 2132 BGB). 27

Der Nacherbfall tritt ein mit dem vom Erblasser festgelegten Zeitpunkt oder Ereignis, in Ermangelung einer Bestimmung mit dem Tode des Vorerben (§ 2106 Abs. 1 BGB). Der Vorerbe hat selbst keine Möglichkeit, durch eigenen Entschluss den Nacherbfall herbei zu führen, es sei denn der Erb- 28

---

35 Allg.M.; RGZ 145, 316, 319 ff.
36 MünchKommBGB/*Grunsky*, § 2121 Rn. 7.
37 *Lange/Kuchinke*, § 28 VI 7.

lasser selbst knüpft den Eintritt des Nacherbfalles an ein Verhalten des Vorerben (z. B. Wiederverheiratung, Potestativbedingung).

5. Beschränkungen und Verpflichtungen des Vorerben

29 § 2112 BGB gesteht dem Vorerben grundsätzlich die **Verfügungsfreiheit** über sämtliche Nachlassgegenstände zu. Die folgenden Gesetzesbestimmungen ordnen jedoch zum Schutz des Nacherben umfangreiche dinglich wirkende Beschränkungen und schuldrechtlich wirkende Verpflichtungen für den Vorerben an. Von diesem kann der Erblasser in weitem Umfang **Befreiung** erteilen (§§ 2136, 2137 BGB).

a) Verfügungsbeschränkungen (§ 2113 BGB) und Vollstreckungsschutz (§ 2115 BGB)

30 Bezüglich Grundstücken und Rechten an Grundstücken sowie bezüglich Schiffen und Schiffsbauwerken, schließlich bei unentgeltlichen Verfügungen – über jedweden Nachlassgegenstand – ist der Vorerbe **in der Verfügung beschränkt**: Die Verfügung ist zunächst wirksam, **wird** beim Eintritt des Nacherbfalls jedoch insoweit **unwirksam**, als sie das Recht des Nacherben beeinträchtigt oder vereitelt (§ 2113 Abs. 1 BGB). Das Gesetz verleiht in den genannten Fällen der Verfügung des Vorerben eine **lediglich auflösend bedingte Wirksamkeit**. Es handelt sich bei dieser Beschränkung um eine absolute, also gegen jeden wirkende Beschränkung in der Verfügungsmacht.[38] Die Unwirksamkeit betrifft daher nur das dinglich Geschäft.[39]

31 Ob Verfügungsbeschränkungen auch ein Dritter unterliegt, den der Erblasser post- oder transmortal mit einer **Generalvollmacht** ausgestattet hat, ist streitig. Dies wäre nicht der Fall, wenn die vom Erblasser erteilte Vollmacht auch die Vertretung des Nacherben ermöglichte. Die h. M. lehnt dies jedoch ab und hält eine Vertretung des Nacherben während der Vorerbschaft nur über eine Testamentsvollstreckung gem. § 2222 BGB für möglich.[40]

32 Die Verfügungsbeschränkung ihrerseits unterliegt zwei praktisch wichtigen Einschränkungen:
– Ein Beeinträchtigen oder Vereiteln des Rechts des Nacherben liegt nicht vor, wenn eine **Zustimmung zur Verfügung** durch alle Nacherben (auch die bedingten oder – bei gestaffelter Nacherbfolge – die weiteren Nacherben) vorliegt:[41] Die Verfügung des Vorerben ist dann endgültig wirksam. Die Zustimmung hat, da sie lediglich eine Verfügung über einen Nachlassgegenstand beinhaltet, keinen höchstpersönlichen Charakter; Vertretung ist vielmehr zulässig. Liegt bei gestaffelter Nacherbfolge zwar die Zustimmung des Nacherben, nicht aber des Nach-Nacherben vor, ist die vom Vorerben getroffene Verfügung auch über den Eintritt des Nacherbfalls wirksam, verliert aber ihre Wirksamkeit mit Eintritt des zweiten Nacherbfalls.[42] Der Ersatznacherbe hat demgegenüber nach ganz h. M. bis zum Ersatzfall keinerlei Herrschaftsrechte an den Nachlassgegenständen.[43] Daher bedarf es der Zustimmung des Ersatznacherben zur Wirksamkeit der Verfügung des Vorerben nicht. In der Insolvenz des Nacherben erfolgt die Zustimmung durch den Insolvenzverwalter.[44]

Bestellt der Vorerbe ein dingliches Recht an einem Grundstück, das gegenüber dem Nacherben wirksam ist, kann dies im Grundbuch durch Eintragung eines **Wirksamkeitsvermerks** verlaut-

---

38 BGHZ 52, 269, 270; Palandt/*Weidlich*, § 2113 Rn. 8.
39 *Nieder/Kössinger*, § 10 Rn. 19.
40 H. M., Staudinger/*Avenarius*, § 2112 Rn. 34; Palandt/*Weidlich*, § 2112 Rn. 7; a. A. mit beachtlichen Argumenten KG OLGE 18, 338, 340 f.; neuerdings *Keim*, DNotZ 2008, 175, 178 ff.; diesem folgend jetzt auch Palandt/*Weidlich*, § 2112 Rn. 4.
41 BGHZ 40, 115, 119: Palandt/*Weidlich*, § 2113 Rn. 16; MünchKommBGB/*Grunsky*, § 2113 Rn. 15 f.
42 OLG München, Beschl. v. 7.8.2013 – 34 Wx 161/13, RNotZ 2013, 552.
43 RGZ 145, 316, 320 f.; BGHZ 40, 115, 119; BGH, Beschl. v. 19.12.2013 – V ZB 209/12, ZNotP 2014, 106, 107; OLG München, Beschl. v. 10.8.2012 – 34 Wx 187/13, 24 f.; *Dumoulin*, DNotZ 2003, 571, 575 ff.
44 DNotI-Report 2009, 65 ff.

bart werden.[45] Hierzu ist erforderlich, dass dem Grundbuchamt entweder die Wirksamkeit gegenüber dem Nacherben nachgewiesen ist oder alle Nacherben die Eintragung des Wirksamkeitsvermerks bewilligt haben. So wenig die Zustimmung von Ersatznacherben für die materielle Wirksamkeit der Verfügung gegenüber dem Nacherben erforderlich ist, ist deren Bewilligung für die Eintragung des Wirksamkeitsvermerks vonnöten.[46]
Zur Einwilligung verpflichtet ist der Nacherbe, wenn die ordnungsgemäße Verwaltung des Nachlasses eine Verfügung des Vorerben erfordert (§ 2120 BGB).

– § 2113 Abs. 3 BGB stellt klar, dass der gute Glaube des Erwerbers den Erwerb von Nachlassgegenständen vom nicht (hinreichend) verfügungsbefugten Vorerben ermöglicht: Solange der Nacherbenvermerk (§ 51 GBO) im Grundbuch eingetragen ist, ist der **gutgläubige Erwerb** ausgeschlossen; unterbleibt dagegen die Eintragung des Nacherbenvermerks, erwirbt der gutgläubige Erwerber vom Vorerben (§ 892 Abs. 1 S. 2 BGB). Besonders gefährlich für den Nacherben ist die Verfügung des Vorerben über bewegliche Sachen; hier wird der gutgläubige Erwerb gemäß § 932 BGB häufig stattfinden.

Fraglich ist das Vorliegen einer »Verfügung über ein Grundstück«, wenn im Nachlass eine **Gesamthandsbeteiligung** enthalten ist und sich lediglich im Gesamthandsvermögen ein Grundstück befindet. Wird ein Gesamthänder durch einen Dritten als Vorerben beerbt, findet § 2113 Abs. 1 BGB auf seinen Gesamthandsanteil keine (analoge) Anwendung.[47] Beerbt ein Gesamthänder den einzigen anderen Gesamthänder als Vorerben, findet § 2113 Abs. 1 BGB nach h. M. ebenfalls keine Anwendung.[48]

33

Der Verfügungsbeschränkung unterliegen schließlich gemäß § 2113 Abs. 2 BGB **alle unentgeltlichen Verfügung des Vorerben**, auch soweit sie nur teilweise unentgeltlich sind und gemischte Schenkungen darstellen.[49] Bei gemischten Schenkungen kann der Nacherbe die Herausgabe des Gegenstandes, über den verfügt worden ist, allerdings nur gegen Erstattung des Wertes des entgeltlichen Teils des Verfügungsgeschäfts verlangen.[50] Nach der Rechtsprechung ist eine Verfügung dann unentgeltlich, wenn (a) objektiv keine gleichwertige Gegenleistung an die Stelle des Verfügungsobjektes im Nachlass tritt und (b) subjektiv der Vorerbe um diesen Umstand positiv weiß oder er zumindest bei ordnungsgemäßer Verwaltung des Nachlasses unter Berücksichtigung seiner künftigen Herausgabepflicht bezüglich des Nachlasses das Fehlen der Gegenleistung oder deren fehlende Gleichwertigkeit hätte erkennen müssen.[51]

34

Zu den unentgeltlichen Verfügungen können auch ehebedingte Zuwendungen gehören.[52] Die Gegenleistung für eine Grundpfandrechtsbestellung wird darin gesehen, dass der Vorerbe dadurch zur Darlehensaufnahme in den Stand versetzt wird. Daher ist die Grundpfandsrechtsbestellung immer (nur) dann entgeltlich, wenn das Darlehen vollständig dem Nachlass zugutekommt.[53]

35

Zu beachten ist, dass der Vorerbe, soweit er in dinglicher Hinsicht unbeschränkt verfügungsbefugt ist, gleichwohl der **schuldrechtlichen Bindung** durch §§ 2130, 2134, 2138 Abs. 2 BGB unterliegt und § 2111 BGB gilt. Weitere Verfügungsbeschränkungen über den § 2113 BGB hinaus kann der Erblasser mit dinglicher Wirkung nicht anordnen (§ 137 BGB).

36

---

45 *Schöner/Stöber*, Rn 3490.
46 Zutr. Meikel/*Böhringer*, § 51 Rn. 111; DNotI-Report 2006, 15, 126 ff. gegen BayObLG, DNotZ 1998, 206, 207; *Schöner/Stöber*, Rn. 296 Fn. 221.
47 BGH Beschl. v. 15.3.2007 – V ZR 145/06, ZEV 2007, 323, 324; zum bisherigen Streitstand vgl. *B. Schaub*, ZEV 1997, 372, 374.
48 BGH NJW 1976, 893, 894.
49 BGH LM § 2113 Rn. 1; Palandt/*Weidlich*, § 2113 Rn. 9; a. M. MünchKommBGB/*Grunsky*, § 2113 Rn. 28.
50 BGH FamRZ 1990, 1344, 1345.
51 RGZ 125, 242, 245; BGHZ 5, 173, st.Rspr.; Palandt/*Weidlich*, § 2113 Rn. 10.
52 *Sandweg*, NJW 1989, 1965, 1971.
53 Staudinger/*Avenarius*, § 2113 Rn. 76.

Kapitel 5 Sicherung der Erwerbsaussichten für Endbedachte

37 **Vollstreckungsmaßnahmen** in den Nachlass sind möglich; Pfändungspfandrechte sind zunächst wirksam, werden aber gemäß § 2115 BGB beim Nacherbfall insoweit unwirksam, als sie das Nacherbenrecht vereiteln oder beeinträchtigen würden. Während des Bestehens der Vorerbschaft und der Wirksamkeit des Pfändungspfandrechts kann lediglich gemäß § 773 ZPO keine weitere Verwertungsmaßnahme erfolgen, was im Wege der Drittwiderspruchsklage gemäß § 771 ZPO geltend gemacht werden kann (§ 773 S. 2 ZPO). Gleiches gilt im Rahmen der **Insolvenz** gem. § 83 Abs. 2 InsO.

38 Von § 2115 BGB kann der Erblasser keine Befreiung erteilen (§ 2136 BGB). Sein Schutz gilt bei befreiter Vorerbschaft damit gleichermaßen. § 2115 BGB schützt vor Zwangsvollstreckung in jedwede Art von Nachlassgegenständen[54] und geht damit über den Schutz des § 2113 BGB weit hinaus. Die Schutzbestimmung gilt gemäß § 2115 S. 2 BGB nicht bei Vollstreckungen aus Sicherungsrechten an Nachlassgegenständen (etwa bereits zu Lebzeiten des Erblassers oder durch den Vorerben zulässigerweise mit Wirkung gegen den Nacherben[55] begründete Pfandrechte) oder wegen Nachlassverbindlichkeiten:[56] In allen diesen Fällen müsste nämlich auch der Nacherbe die Vollstreckung dulden. Im Anwendungsbereich des § 2115 BGB ist ein gutgläubiger Erwerb ausgeschlossen.[57] Die Vorschrift entfaltet ferner keinen Schutz hinsichtlich der Nutzungen, Früchte und Erzeugnisse, die in das Eigentum des Vorerben fallen.[58]

b) Mitverwaltungsrechte des Nacherben

39 In Abweichung zu § 2113 Abs. 1 BGB ist der Vorerbe zur Kündigung und Einziehung einer im Nachlass befindlichen Hypothekenforderung, Grund- oder Rentenschuld gemäß § 2114 BGB alleine berechtigt. Er kann jedoch nur mit Einwilligung des Nacherben Leistung an sich, im Übrigen nur Hinterlegung für sich und den Nacherben gemeinsam verlangen.

c) Dingliche Surrogation

40 Schutz des Nacherben vor der Verringerung der Nachlasssubstanz gewährt über die (nur punktuellen) Verfügungsbeschränkungen der §§ 2113, 2115 BGB hinaus vor allem der **Surrogationsgrundsatz** des § 2111 BGB. Danach werden nicht nur die Zuwächse auf Grund eines zum Nachlass gehörenden Rechts und die Ersatzvorteile (z. B. Versicherungsansprüche), sondern vor allem auch die rechtsgeschäftlich mit Mitteln der Erbschaft erzielten Gegenständen nachlasszugehörig (Mittelsurrogation). Bei der Subsumtion unter dem Begriff »mit Mitteln der Erbschaft« ist kein formal strenger Maßstab, sondern ein wirtschaftlicher anzulegen.[59] Es genügt, dass der Erwerb objektiv mit Nachlassmitteln erfolgt, auf subjektive Motive und Vorstellung der Beteiligten kommt es nicht an.[60] Erfolgt der Erwerb teilweise mit Nachlassmitteln, fällt ein entsprechender Bruchteil des Surrogates in den Nachlass.[61] Nicht nur die Veräußerung, sondern auch die Belastung von Nachlassgegenständen löst eine Surrogation aus: Die infolge Hypothekenbestellung erlangte Darlehenssumme fällt in den Nachlass.[62] Ohne weiteres unterfällt auch der Surrogation, was ein Miterbe unter Aufgabe seiner gesamthänderischen Beteiligung am Nachlass bei der Erbauseinandersetzung erhält, sei es auch eine Ausgleichsforderung gegen Miterben.[63] Der Nacherbe trägt die Beweislast für das Vorliegen eines

---

54 Lange/Kuchinke, § 28 IV 7b.
55 MünchKommBGB/Grunsky, § 2115 Rn. 5.
56 BGHZ 110, 176, 179; MünchKommBGB/Grunsky, § 2115 Rn. 4.
57 Palandt/Weidlich, § 2115 Rn. 6.
58 RGZ 80, 3, 7; Lange/Kuchinke, § 28 Fn. 146: auch die Zwangsverwaltung von Nachlassgrundstücken ist daher möglich.
59 BGHZ 40, 115, 123; OLG München, Beschl. v. 10.2.2012 – 34 Wx 143/11, RNotZ 2012, 226, 228.
60 MünchKommBGB/Grunsky, § 2111 Rn. 9.
61 BGH DNotZ 1977, 745, 746.
62 MünchKommBGB/Grunsky, § 2111 Rn. 11.
63 OLG Hamm ZEV 1995, 336; LG Köln MittRhNotK 1988, 21; Palandt/Weidlich, § 2111 Rn. 7.

Surrogationsvorganges.⁶⁴ Dies erschwert die Position des Nacherben in der Praxis außerordentlich und weicht damit den weitgehenden Schutz der Nachlasssubstanz wiederum erheblich auf.

d) Wertersatzpflicht

Soweit jenseits der §§ 2113 f. BGB unbeschränkte Verfügungsbefugnis besteht, ist der Vorerbe in der Lage, Erbschaftsgegenstände für sich zu verwenden, etwa den als Surrogat in den Nachlass fallenden Kaufpreis für einen veräußerten Nachlassgegenstand zu verbrauchen. § 2134 Abs. 1 BGB ordnet jedoch insoweit an, dass der Vorerbe dem Nacherben für die durch Verbrauch eingetretene Wertminderung des Nachlasses **Wertersatz** schuldet. Letztlich sanktionsfrei für sich verwenden kann der Vorerbe damit nur die Nutzungen und Früchte des Nachlasses, nicht aber dessen Substanz. Von der Wertersatzpflicht kann der Erblasser Befreiung erteilen (§ 2136 BGB).

41

6. Rechtsfolgen des Nacherbfalls

Das der Nacherbschaft unterliegende Vermögen fällt mit dem Nacherbfall dem Nacherben automatisch an; Erbe ist nicht mehr der Vorerbe, sondern der Nacherbe (§ 2139 BGB). § 2130 BGB gibt dem Nacherben das Recht auf Herausgabe des Nachlasses in dem Zustand, in dem sich dieser bei fortdauernder ordnungsgemäßer Verwaltung befunden hätte. Bei Fruchtziehung über das Maß der ordnungsgemäßen Wirtschaft hinaus kann der Nacherbe Wertersatz gem. § 2133 BGB verlangen. Für Gegenstände, die der Vorerbe nicht mehr herausgeben kann, da er sie für sich verwendet hat, hat er Wertersatz zu leisten (§ 2134 Abs. 1 BGB). Rechtsverhältnisse zwischen Erblasser und Vorerben, die durch die mit dem Erbfall durch Konfusion erloschen waren, leben wieder auf (§ 2143 BGB).

42

7. Der befreite Vorerbe

a) Gesetzliche Befreiungsmöglichkeiten

Die rechtliche Stellung des Vorerben ist durch dinglich wirkende Verfügungsbeschränkungen und schuldrechtliche Bindungen stark eingeschränkt und ähnelt zwar nicht rechtlich, aber im wirtschaftlichen Ergebnis der des Nießbrauchsberechtigten. Häufig besteht der Wunsch des Erblassers, den Vorerben möglichst wenigen Beschränkungen zu unterwerfen und stattdessen dem Nacherben vom Nachlass nur dasjenige zufallen zu lassen, was beim Nacherbfall noch vorhanden ist. Für diese Interessenlage gibt § 2136 BGB dem Erblasser die Möglichkeit, den Vorerben **von wesentlichen ihn treffenden Beschränkungen und Verpflichtungen zu befreien**. Wird im weitestmöglichen Umfang befreit, ist der Vorerbe
– zu entgeltlichen Verfügungen unbeschränkt in der Lage
– von der Pflicht zur ordnungsgemäßen Verwaltung befreit
– berechtigt, den Nachlass – auch unter Schonung seines eigenen Vermögens – ohne nachteilige Konsequenzen für sich zu verwenden und zu verbrauchen.

43

In der Folge hat der Nacherbe nur Anspruch »auf den Überrest«.⁶⁵ Nicht befreien kann der Erblasser den Nacherben von
– der Verfügungsbeschränkung betreffend unentgeltliche Verfügungen (§ 2113 Abs. 2 BGB)
– der Beschränkung von Zwangsverfügungen durch Vollstreckungsmaßnahmen (§ 2115 BGB)
– dem Grundsatz der dinglichen Surrogation (§ 2111 BGB)
– der Pflicht, ein Nachlassverzeichnis vorzulegen (§ 2121 BGB)
– der Pflicht zur Hinzuziehung eines Sachverständigen bei Feststellung des Zustandes von Nachlassgegenständen (§ 2122 BGB)
– der Pflicht zur Schadensersatzleistung bei Verstoß gegen das Verfügungsverbot aus § 2113 Abs. 2 BGB

44

---

64 BGH NJW 1983, 2874.
65 BGH ZEV 1994, 456.

Kapitel 5 Sicherung der Erwerbsaussichten für Endbedachte

– von Schadensersatzansprüchen bei Minderung der Erbschaft in Benachteiligungsabsicht (§ 2138 Abs. 2 BGB)

45 Insbesondere die **Schranke der Unentgeltlichkeit** (§ 2113 Abs. 2 BGB) wirft in der Praxis nicht selten Probleme auf. Das gilt vor allem, weil die Unentgeltlichkeit nur bei vollwertiger Gegenleistung ausgeschlossen ist, mithin auch bei der gemischten Schenkung die gesamte Verfügung unwirksam ist.[66] Um den Begriff der Unentgeltlichkeit ranken sich folglich vielfältige Abgrenzungsprobleme.

46 Zu den Möglichkeiten des Erblassers, den Vorerben im Ergebnis **über die Schranke des § 2136 BGB hinaus** von Beschränkungen **zu befreien**, ausführlich unten Rdn. 188 ff.

b) Die Anordnung der Befreiung in der Verfügung von Todes wegen

47 Meist wird es Wunsch des Erblassers sein, den Vorerben von **sämtlichen Beschränkungen und Verpflichtungen** zu befreien. Doch ist es auch möglich, differenzierte Formen der Befreiung zu wählen. Der Erblasser kann:
– nur einzelne von mehreren Vorerben befreien
– nur von einzelnen Beschränkungen und Verpflichtungen befreien, sei es von einzelnen einschränkenden Gesetzesbestimmungen, sei es von einzelnen Arten von Verfügungen (z. B. Belastung zulässig, Veräußerung nicht).[67] Umstritten[68] ist, ob der Erblasser auch nur von **Verfügungsbeschränkungen bezüglich einzelner Gegenstände** befreien bzw. solche von einer generellen Befreiung ausnehmen kann (z. B. allgemein Befreiung, jedoch unter Aufrechterhaltung der Beschränkung des § 2113 Abs. 1 BGB für eine bestimmte Immobilie). Bei der Wahl des sichersten Weges stehen hier **Gestaltungsalternativen** zur Verfügung (vgl. unten Rdn. 188 ff.)
– Befreiung von Bedingungen (z. B. bestimmte Anlage des Kaufpreises) abhängig machen.[69]

48 Die vollständige Befreiung von allen Beschränkungen und Verpflichtungen wird gesetzlich vermutet, wenn der Nacherbe **auf den Überrest** eingesetzt ist (§ 2137 Abs. 1 BGB) oder der Vorerbe zur freien Verfügung ermächtigt wird (§ 2137 Abs. 2 BGB). Auf solcherlei Auslegungsregeln sollte es der Gestalter einer letztwilligen Verfügung nicht ankommen lassen; er sollte die Reichweite des Umfangs der Befreiung unzweifelhaft festlegen.

8. Vor- und Nacherbfolge in der Erbengemeinschaft

a) Grundlagen

49 Vor- und Nacherbfolge ist jeweils für unterschiedliche Erbteile möglich. Daher können in einer Erbengemeinschaft einzelne, mehrere oder auch alle Miterben durch Nacherbschaft beschränkt sein. Für einen Erbteil können mehrere Nacherben bestimmt sein.[70] Bei bezüglich mehrerer Erbteile angeordneten Nacherbschaftsbeschränkungen kann der Vorerbfall zu unterschiedlichen Zeitpunkten eintreten, so dass eine Erbengemeinschaft – hinsichtlich verschiedener Erbteile – zugleich aus Vor- und aus Nacherben bestehen kann.[71]

b) Erbauseinandersetzung unter Vorerben und deren Wirkung für Nacherben

50 Maßnahmen der Erbauseinandersetzung unterliegen nach h. M. bereits dann der Geltung der Verfügungsbeschränkungen, insbesondere des § 2113 Abs. 1 BGB, wenn an einer Erbengemeinschaft von Anfang an – also nicht durch späteren Übergang eines bestehenden Erbteils auf einen Vorerben,

---

66 BGHZ 5, 173, 182.
67 MünchKommBGB/*Grunsky*, § 2136 Rn. 8.
68 Dafür MünchKommBGB/*Grunsky*, § 2136 Rn. 8; dag. Staudinger/*Avenarius*, § 2136 Rn. 3.
69 Lange/Kuchinke, § 28 VI 2b.
70 KG DNotZ 1993, 607; *Leitzen*, RNotZ 2012, 159.
71 *Leitzen*, RNotZ 2012, 159.

hierzu Rdn. 33 – auch nur ein Vorerbe beteiligt ist.[72] Ist ein Nachlassgegenstand wirksam, ggfs. auch unter Mitwirkung von Nacherben, im Wege der Erbauseinandersetzung auf einen Vorerben übertragen worden, tritt dieser Gegenstand im Wege der Surrogation (§ 2111 BGB) an die Stelle des Erbteils des Vorerben.[73] Der auf Ebene der Erbengemeinschaft zugewiesene Gegenstand geht sodann bei Eintritt des Nacherbfalls auf den für den Vorerben bestimmten Nacherben automatisch über.[74] Über Kombinationen von Teilungsanordnungen und Vorausvermächtnissen lässt sich gezielt auch bei Vorhandensein von mehreren Vorerben eine gegenständlich beschränkte Nacherbfolge gestalten.[75]

9. Ausschlagung und Pflichtteil bei Vor- und Nacherbschaft

a) Ausschlagung und Pflichtteil des Vorerben

Ist ein Pflichtteilsberechtigter zum Vorerben eingesetzt, muss er unabhängig von der ihm zugedachten Quote nach dem seit 1.1.2010 geltenden Erbrecht[76] **stets ausschlagen, um den Pflichtteil geltend machen zu können** (§ 2306 Abs. 1 BGB n.F.). Für den Fall der Ausschlagung durch den Vorerben bestimmt die Auslegungsregel des § 2102 Abs. 1 BGB für den Zweifelsfall, dass der Nacherbe zugleich Ersatzerbe ist. 51

b) Ausschlagung und Pflichtteil des Nacherben

Ist ein Pflichtteilsberechtigter (nur) als Nacherbe bedacht, kommt es für seine Rechte nach neuem Recht (§ 2306 Abs. 1, 2 BGB n. F.) nicht mehr darauf an, zu welcher Quote er als Nacherbe eingesetzt ist. Vielmehr muss er **stets ausschlagen** um seinen **Pflichtteil** geltend machen zu können. Für den Nacherben beginnt die 6-wöchige Ausschlagungsfrist gemäß §§ 2139, 1944 BGB frühestens mit Kenntnis vom Nacherbfall. Er kann die Nacherbschaft jedoch bereits ab Eintritt des Erbfalls ausschlagen (§ 2142 Abs. 1 BGB). Der Umstand, dass die 3-jährige Verjährungsfrist des Pflichtteilsanspruchs jedoch bereits ab der Kenntnis vom Erbfall läuft (§ 2332 Abs. 1, 3 BGB), wird den Nacherben allerdings dazu zwingen, sich frühzeitig über die Frage einer Ausschlagung klar zu werden. Schlägt der Nacherbe aus, so wird bei Alleinerbschaft des Nacherben der Vorerbe Vollerbe (§ 2142 Abs. 2 BGB), sofern nicht ausdrücklich oder über § 2069 BGB Ersatznacherben berufen sind.[77] Die **Ersatznacherbenberufung** geht somit **dem Wegfall der Nacherbenbeschränkung vor**. Eine Ausnahme gilt jedoch nach einer Auslegungsregel der Rechtsprechung,[78] wenn Ersatznacherben die Abkömmlinge eines Nacherben sind, der ausgeschlagen hat, um den Pflichtteil zu erlangen: Die in diesem Fall eintretende Doppelbegünstigung des betreffenden Stammes entspräche regelmäßig nicht dem Willen des Erblassers. Die Rechtsprechung wendet diese Auslegungsregel dabei teilweise unabhängig davon an, ob es sich um eine ausdrückliche Ersatznacherbenberufung oder eine nach § 2069 BGB handelt.[79] Da die bezeichneten Auslegungsgrundsätze der Rechtsprechung nur eingreifen, wenn ein anderer – auch hypothetischer – Wille des Erblassers nicht anzunehmen ist, sollte der Gestalter in der Verfügung von Todes wegen die Folge einer Ausschlagung des Nacherben ausdrücklich regeln. 52

Sind **Mitnacherben** eingesetzt, so gilt: In erster Linie kommt es zur Ersatznacherbschaft, hilfsweise zur Anwachsung (§§ 2094, 2099) und erst in letzter Konsequenz zum Erstarken der Vorerbenrechte zur Vollerbschaft.[80] Dies darf nicht übersehen werden, wenn eine Ausschlagung durch einen Mit- 53

---

72 BGH, Beschl. v. 15.3.2007 – V ZB 145/06, DNotZ 2007, 700, 703; OLG Saarbrücken, Beschl. v. 3.5.1999 – 5 W 314/98, DNotZ 2000, 64, 66.
73 OLG München, Beschl. v. 10.2.2012 – 34 Wx 143/11, RNotZ 2012, 226, 228; MünchKommBGB/*Grunsky*, § 2111 Rn. 18.
74 Ausführlich *Leitzen*, RNotZ 2012, 159, 160 m. w. N.
75 Eingehend *Leitzen*, RNotZ 2012, 159, 161 ff.
76 Siehe zum alten Recht § 2306 Abs. 1 BGB a. F.
77 RG WarnR 13 Nr. 241; Palandt/*Weidlich*, § 2142 Rn. 3.
78 BGHZ 33, 60, 63; BayObLG Beschl. v. 2.3.2000 – 2Z BR 144/99, ZEV 2000, 274, 275.
79 BayObLG Beschl. v. 2.3.2000 – 2Z BR 144/99, ZEV 2000, 274, 275; OLG Stuttgart BWNotZ 1982, 64.
80 BayObLG FamRZ 1962, 538; MünchKommBGB/*Grunsky*, § 2142 Rn. 5.

nacherben zum erwogen wird, um den Vorerben zum partiellen Vollerben zu machen. Gegebenenfalls sollte bei der Gestaltung der Verfügung von Todes wegen erwogen werden, den Vorrang der Anwachsung auszuschließen (§ 2094 Abs. 3 BGB).

54 **Pflichtteilsberechtigte**, die lediglich zum **Ersatznacherben** berufen sind, gelten wegen ihrer schwachen Rechtsstellung nach h. M.[81] als enterbt. Sie erhalten daher ihren Pflichtteil, auch ohne die Erbschaft ausschlagen zu müssen.

10. Erbenhaftung bei Vor- und Nacherbschaft

55 Bis zum Eintritt des Nacherbfalls unterliegt der Vorerbe der Erbenhaftung nach den allgemeinen Grundsätzen. Der Nacherbe haftet für Nachlassverbindlichkeiten erst mit Eintritt des Nacherbfalls (§ 2144 Abs. 1 BGB). Für vom Vorerben begründete Verbindlichkeiten haftet der Nacherbe nur, wenn sie von Standpunkt eines sorgfältigen Beobachters in ordnungsmäßiger Verwaltung des Nachlasses eingegangen wurden.[82] Der Vorerbe bzw. seine Erben haften **auch nach Eintritt des Nacherbfalles**
– für solche Nachlassschulden, die er persönlich begründet hatte (Nachlasserbenschulden)
– für alle Nachlassverbindlichkeiten:
   a) mit dem Überrest, der ihm vom Nachlass in seiner Hand verblieben ist (z. B. Nutzungen und deren Surrogate)
   b) einschränkungslos, soweit eine unbeschränkte Erbenhaftung in seiner Person eingetreten war (§§ 1993 ff. BGB)
   c) soweit der Nacherbe rechtlich den Gläubigern nicht haftet oder diese von ihm Befriedigung nicht erlangen können[83] (**subsidiäre Haftung**, § 2145 Abs. 1 S. 1 BGB)
– für solche Nachlassverbindlichkeiten, die zwar den Nacherben treffen, aber im Innenverhältnis zwischen diesem und dem Vorerben von letzterem zu tragen sind (Zinsen und Lasten, die der Nacherbe gemäß §§ 103, 2124 ff. BGB tragen muss).

11. Nacherbschaftsbeschränkung und Grundbuch

56 Wird der Vorerbe als Berechtigter eines Rechts im Grundbuch eingetragen, so ist die Beschränkung der Nacherbschaft und gegebenenfalls auch etwaiger angeordnete Befreiung von Beschränkungen und Verpflichtungen gemäß § 2136 BGB im Grundbuch von Amts wegen einzutragen (§ 51 GBO). Dies gilt auch, wenn (wie in Fällen der Wiederverheiratungsklausel, s. dazu unten Rdn. 122 ff.) die Nacherbschaftsbeschränkung lediglich aufschiebend bedingt angeordnet ist.[84] Da der Ersatznacherbe Inhaber eines eigenen Anwartschaftsrechts ist, ist auch er in den Nacherbenvermerk aufzunehmen.[85] Die Funktion des Nacherbenvermerks im Grundbuch besteht darin, die Verfügungsbeschränkungen des Vorerben zu flankieren und den möglichen (§ 2113 Abs. 3 BGB) gutgläubigen Erwerb dritter Personen vom Vorerben auszuschließen. Der **Nacherbenvermerk** ist auf allen zum Nachlass gehörenden Grundstücken einzutragen, also auch auf solchen, die ganz oder teilweise Surrogate von Nachlassgegenständen im Sinne des § 2111 BGB sind. Soweit ein Nacherbenvermerk auf einem Surrogationsgrundstück einzutragen ist, ist bereits bei Eintragung einer entsprechenden Vormerkung das Recht des Nacherben zu verlautbaren.[86] Da bei einem Erwerb nur teilweise mit Mitteln der Erbschaft auch ein Surrogationserwerb von Grundbesitz zu einem Bruchteil möglich ist,[87] ist der Nacherbenvermerk gegebenenfalls auf einen Eigentumsbruchteil zu beschränken. Die Voraussetzungen des § 2111 BGB sind dem Grundbuchamt nicht nachzuweisen, wenn der Vorerbe die Eintra-

---

81 MünchKommBGB/*Lange*, § 2306 Rn. 9.
82 BGH NJW 1990, 1237, 1238; MünchKommBGB/*Grunsky*, § 2144 Rn. 2.
83 H. M. MünchKommBGB/*Grunsky*, § 2145 Rn. 4.
84 OLG Hamm, Beschl. v. 18.4.2011 – 15 W 518/10, ZEV 2011, 589.
85 OLG Frankfurt a. M. DNotZ 1970, 691, 692.
86 OLG München, Beschl. v. 10.2.2012 – 34 Wx 143/11, RNotZ 2012, 226, 228.
87 BGH DNotZ 1977, 745, 746.

gung des Vermerks bewilligt und das Grundbuchamt keine positive Kenntnis von der fehlenden Nacherbschaftszugehörigkeit des Grundstücks hat.[88] Soweit im Nachlass die Beteiligung an einer Grundbesitz haltenden Gesamthandsgemeinschaft enthalten ist, gelten in Ansehung der Beteiligung nicht die Beschränkungen der §§ 2113 ff. BGB;[89] konsequenterweise kommt ein Nacherbenvermerk nicht in Betracht. Verzichtet der Nacherbe in der Form des § 29 GBO von Anfang an oder später durch Abgabe einer Löschungsbewilligung auf den Nacherbenvermerk, so lässt das die Vor- und Nacherbschaft als solche unberührt, es wird lediglich die Sperre für den gutgläubigen Erwerb beseitigt.[90]

Der Nacherbenvermerk begründet **keine Grundbuchsperre**; Verfügungen sind dem Vorerben stets möglich und grundbuchlich zu vollziehen.[91] Sie verlieren ihre Wirksamkeit erst ex nunc mit Eintritt des Nacherbfalls, soweit sie die Rechte des Nacherben beeinträchtigen. In der Zwischenzeit ist der Nacherbe durch den Fortbestand des Nacherbenvermerks hinreichend geschützt.

Die **Löschung des Nacherbenvermerks vor Eintritt des Nacherbfalls** kommt im Grundbuch unter zwei Voraussetzungen in Betracht: 57
- auf Bewilligung aller Nacherben (auch der weiteren Nacherben bei gestaffelter Nacherbfolge, der lediglich aufschiebend bedingt eingesetzten Nacherben und auch der mit einem eigenen Anwartschaftsrecht ausgestatteten Ersatznacherben),[92]
- gegen Unrichtigkeitsnachweis gemäß § 22 Abs. 1 GBO. Das Grundbuch ist unrichtig, wenn das Grundstück seine Nachlasszugehörigkeit verloren hat. Dies ist zum einen der Fall, wenn der Veräußerung des Grundbesitzes (gleich ob entgeltlich oder unentgeltlich) alle Nacherben zugestimmt haben; einer Zustimmung der Ersatznacherben bedarf es nicht.[93] Bei befreiter Vorerbschaft ist dies weiter der Fall, wenn die Entgeltlichkeit der Veräußerung unter Zugrundelegung von Erfahrungssätzen offenkundig ist.[94] So liegt es regelmäßig, wenn mit außenstehenden Dritten ein gegenseitige Verpflichtungen begründender Vertrag geschlossen wird.[95] Bei Verträgen mit nahestehenden Personen kommen dagegen eher Zweifel an der Entgeltlichkeit in Betracht.[96] Dem objektiv beweisbelasteten Vorerben[97] stehen bei der Führung des Beweises die Entgeltlichkeit gegenüber dem Grundbuchamt alle Beweismittel offen, auch solche, die nicht der Form des § 29 GBO entsprechen.[98]

Bei entgeltlichen Verfügungen des Vorerben ist vor Löschung des Nacherbenvermerks nach h. M. den Nacherben rechtliches Gehör zu gewähren; für unbekannte Nacherben ist ggfs. ein Pfleger zu bestellen.[99] Hingegen müssen nicht die Ersatznacherben angehört werden, wenn der Vorerbe Grundbesitz mit Zustimmung aller Nacherben veräußert hat.[100]

---

88 *Schöner/Stöber*, Rn. 3530.
89 Siehe oben Rdn. 33.
90 BayObLG NJW-RR 1989, 1096 f.
91 OLG Frankfurt a. M., Beschl. v. 2.8.2011 – 20 W 346/11, DNotZ 2012, 150 f.; OLG München, Beschl. v. 7.8.2013 – 34 Wx 346/11, RNotZ 2013, 552.
92 OLG Frankfurt a. M. DNotZ 1970, 691, 693; OLG Hamm, Beschl. v. 18.4.2011 – 15 W 518/10, ZEV 2011, 589; MünchKommBGB/*Grunsky*, § 2102 Rn. 13.
93 RGZ 145, 316; BGHZ 40, 115, 119; MünchKommBGB/*Grunsky*, § 2102 Rn. 11.
94 OLG Düsseldorf, Beschl. v. 11.1.2008 – I-3 Wx 228/07, RNotZ 2008, 544, 546; Staudinger/*Avenarius*, § 2113 Rn. 94.
95 OLG Düsseldorf, Beschl. v. 11.1.2008 – I-3 Wx 228/07, RNotZ 2008, 544, 546; *Schöner/Stöber*, Rn. 3486.
96 Zu den Beweisanforderungen in diesem Fall: OLG Düsseldorf Beschl. v. 11.1.2008 – I-3 Wx 228/07, RNotZ 2008, 544, 546.
97 OLG Frankfurt a. M. Rpfleger 1977, 170.
98 *Schöner/Stöber*, Rn. 3491; a. M. LG Freiburg BWNotZ 1982, 17.
99 *Schöner/Stöber*, Rn. 3521; *Henn*, DNotZ 2013, 246, 247.
100 *Henn*, DNotZ 2013, 246, 249 f. überzeugend gegen OLG München, Beschl. v. 10.8.2012 – 34 Wx 187/12, DNotZ 2013, 24 f.

II. Bewertung der Vor- und Nacherbschaft und deren Anwendungsbereich bei der Gestaltung von Verfügungen von Todes wegen

58 Ein Blick auf die gesetzlichen Regelungen zur Vor- und Nacherbschaft sowie die systematische Einführung zu Abschnitt I. machen ersichtlich, dass das Nacheinander von Erben zwangsläufig zu einer **sehr komplexen Struktur** der juristischen Konstruktion führt. Gesetzliche Regelungen, die dem Schutz der Interessen der Beteiligten dienen, führen in vielfältiger Weise zu **Handhabungsschwierigkeiten** (z. B. der Begriff der Unentgeltlichkeit, der auch bei der befreiten Vorerbschaft immer wieder zu Abgrenzungsschwierigkeiten führt). Daher kommt die Wahl der Vor- und Nacherbschaft regelmäßig nur in den anerkannten Fallgruppen in Betracht, in denen die Vorteile der Gestaltung bei der Erreichung des gewünschten Ziels erheblich sind. Insbesondere bei folgenden Zielsetzungen des Erblassers kommt die Anordnung einer Vor- und Nacherbschaft in Betracht:

59 – (1) Negative Zielsetzung: Ausschluss von Erben/Pflichtteilsberechtigten des Erben (z. B. einseitige Kinder des Erben, geschiedene Ehegatten).
– (2) Positive Zielsetzung: Erhalt des Nachlasses für weitere Personen (z. B. Vorhandensein abzusichernder einseitiger Kinder des Erblassers, Wiederverheiratungsklausel).
– (3) Positive Zielsetzung: Erhalt des Nachlasses für den Vorerben selbst (Sicherung gegen Vollstreckungszugriff).
– (4) Positive Zielsetzung: Bindung des Nachlasses über zwei Generationen.
– (5) Negative Zielsetzung: Ausübung motivatorischen Druckes auf den Erben, ein bestimmtes Verhalten zu unterlassen (aufschiebend bedingt angeordnete Nacherbschaft).
– (6) Bestimmung des Zweitbedachten entgegen § 2065 Abs. 2 BGB durch den Erstbedachten.

60 In der Praxis ist festzustellen, dass das eigentliche Leitbild der Vor- und Nacherbschaft – die Funktion der Erhaltung des Nachlasses für den Endbedachten – tendenziell in der Hintergrund tritt und es den Erblassern in den überwiegenden Fällen um den Ausschluss missliebiger Personen vom Nachlass und die Schmälerung von Pflichtteilsrechten nach dem Erstbedachten durch Schaffung eines Sondervermögens geht[101] (»**Ausschlussfälle**«). Bei dieser Zielsetzung **fehlt es regelmäßig an einem Interesse des Erblassers, den Endbedachten in seinem Erwerbsinteresse zu schützen**. Im Gegenteil ist es hier meist Wunsch des Erblassers, den Erstbedachten weitest möglich in seinen lebzeitigen und letztwilligen Verfügungen freie Hand zu lassen (»**Freiheitsinteresse**«). Der wegen § 2136 BGB nur begrenzt dispositive Schutz des Endbedachten ist daher hier nicht Ziel, sondern – meist sehr störender – Nebeneffekt der Vor- und Nacherbschaft Gestaltung.

61 In den in Rdn. 59 vorgenannten Fallgruppen ist die Gestaltung der Vor- und Nacherbschaft zweifellos **geeignet**, die Zielsetzung des Erblassers zu erreichen. Wegen der Nachteile bei der späteren Handhabbarkeit der Gestaltung ist jedoch stets auf einer zweiten Stufe zu prüfen, ob die Gestaltung der Vor- und Nacherbschaft auch **erforderlich** ist oder ob ein einfacher handhabbares Gestaltungsmittel zur Zielerreichung ebenso tauglich ist (z. B. Herausgabevermächtnis; Nießbrauchsvermächtnis, siehe dazu Teile B, C. und D). Gerade in den Fällen, in denen Ausschluss- und Freiheitsinteresse bestehen, sind die diskutierten Modifikationen der Nacherbschaft, durch die über § 2136 BGB hinausgehende Befreiungen mittelbar erreicht werden sollen (ausführlich unten Rdn. 149 ff. und 188 ff.) entweder nicht unumstritten oder aber mit Nebenwirkungen belastet. Gerade in diesen Fällen ist im Einzelfall eine **Abwägung der Vor- und Nachteile der Gestaltungsalternative** zu prüfen (ausführlich im Hinblick zum Herausgabevermächtnis unten Teil B.).

62 In diese rein zivilrechtlichen Überlegungen ist weiterhin eine **Abwägung der steuerlichen Konsequenzen** – sowohl in erbschaftssteuer- als auch in einkommensteuerlicher Hinsicht – mit einzubeziehen (dazu unten Rdn. 253 ff.).

63 Gleich welche Konstruktion für die Zielerreichung des Erblassers gewählt wird, in jedem Fall ist der Erblasser im Rahmen der Beratung darauf hinzuweisen, dass ein Vorerbe, der zugleich Pflichtteils-

---

101 *Ludwig*, DNotZ 2001, 102, 117.

berechtiger ist, sich stets der gewählten Konstruktion durch **Ausschlagung und Geltendmachung des Pflichtteils** entziehen kann (§ 2306 Abs. 1 BGB).

III. Gestaltung der Vor- und Nacherbschaft

1. Grundfall (zugleich Fall »unbekannter Nacherben«)

a) Sachverhalt und Interessenlage des Erblassers

Der verwitwete Erblasser möchte sein einziges Kind S. als Erben einsetzen. Er möchte jedoch absichern, dass sein umfangreiches Immobilienvermögen bei einem Ableben des S. nicht an dessen Ehefrau fällt. Der Nachlass soll vielmehr »in der Familie« bleiben und in dem beim Tode des S. vorhandenen Bestand an dessen fünfjährige Tochter T und etwaige weitere Kinder des S. fallen. Die lebzeitige Verfügungsfreiheit des S. soll dabei deutlichen Vorrang haben vor dem Erwerbsinteresse der Enkelkinder. 64

b) Gestaltungsüberlegungen zu den Ausschlussfällen

Im Vordergrund steht hier die Ausschlusswirkung der Nacherbschaftbeschränkung gegenüber missliebigen Erben des Erben – Fallgruppe (1) der Rdn. 59. 65

Angemessen ist hier die im weitest gehenden Umfang des § 2136 BGB **befreite Vorerbschaft** des S., die Nacherbeneinsetzung »auf den Überrest« (dazu Rdn. 43 f.). 66

Der Gestalter einer Vor- und Nacherbschaft sollte nicht verkennen, welche Schwierigkeiten in der praktischen Handhabung der durch Nacherbschaftsbeschränkung eintretenden Vermögenssonderung für den Vorerben entstehen. Bereits durch die Vermengung von ererbtem Geldvermögen mit dem Eigenvermögen des Vorerben wird es spätestens beim Nacherbfall zu Unklarheiten kommen, welche Vermögenswerte welcher der zu unterscheidenden Vermögensmassen zuzuordnen sind. Diese Schwierigkeit wird durch mehrfache Surrogationsvorgänge verschärft. Mangels gesetzlicher Grundlage ist der Vorerbe nicht einmal zur Dokumentation von Surrogationsvorgängen verpflichtet.[102] Der Nacherbe trägt zudem die Beweislast für das Vorliegen eines Surrogationsvorganges.[103] Zu erwägen ist daher, dem Vorerben im Wege eines **Vermächtnisses** zugunsten des Nacherben die Verpflichtung aufzuerlegen, das der Nacherbschaft unterfallende Vermögen stets von seinem Eigenvermögen **für Außenstehende unterscheidbar zu halten und getrennt zu verwalten**. 67

Auch eine vermächtnisweise auferlegte **Beweislastregel** kann erwogen werden. In Betracht kommt, dem Vorerben, der nicht für eine Unterscheidbarkeit der Vermögensmassen gesorgt hat, (respektive seinem Erben) die Beweislast dafür aufzubürden, dass ein Gegenstand, dessen Zugehörigkeit zu den beiden Vermögensmassen streitig bleibt, zum Eigenvermögen des Vorerben gehört und nicht der Nacherbschaft unterliegt. Ein solches Vermächtnis zugunsten des Nacherben und zulasten des Vorerben begründet sodann eine Pflicht zum Abschluss eines – zulässigen[104] – Beweislastvertrages. Im Lichte des § 242 BGB dürfte eine solche Verpflichtung bereits zu einer Beweislastverschiebung führen.

Die **zeitlichen Beschränkungen** des § 2109 BGB bereiten hier keine Probleme, da der Nacherbfall in einem Ereignis in der Person des Vorerben liegt. 68

Die Frage der **Benennung von Nacherben** bereitet dann Schwierigkeiten, wenn der Erblasser auch weitere künftige Abkömmlinge seines Sohnes S. zu Nacherben bestimmen möchte (dazu oben Rdn. 17). Es bleibt dann nur die unbestimmte Formulierung, die auch künftige weitere Abkömmlinge erfasst. Da jedoch »weitere Abkömmlinge« einer Person selbst im hohen Alter noch – ggfs. durch Adoption – hinzukommen können, sind weitere Nacherben daher bis zum Tod des Vorerben 69

---

102 *Beckmann*, ZEV 2012, 637, a. A. *Grunsky*, Gedächtnisschrift M. Wolf, 2011, S. 639 ff.
103 BGH NJW 1983, 2874.
104 BGH DB 1974, 1283.

nie auszuschließen.[105] Zu beachten ist, dass Nacherben nicht allein deshalb »unbekannt« sind, weil ungewiss ist, ob der benannte oder zumindest unzweifelhaft bestimmte Nacherbe den Nacherbfall erleben, also den Vorerben überleben wird.[106] In diesem Falle der (teilweise) »**unbekannten Nacherben**« muss im Falle der Vornahme einer zustimmungsbedürftigen Verfügung des Vorerben oder von Vereinbarungen zwischen Vor- und Nacherben, die die Rechte der letzteren beeinträchtigen, ein Pfleger gemäß § 1913 BGB bestellt werden.[107] In solchen Fällen ist die **Zustimmung des Pflegers regelmäßig nicht zu erlangen**.[108] Diese erhebliche Konsequenz für die Handhabbarkeit der Nacherbschaft ist dem Erblasser, der eine offene Bezeichnung der Nacherben wünscht, eindringlich vor Augen zu führen. Wenn diese »offene« Gestaltung unumgänglich ist, ist dringend zu empfehlen, für diese eine **Nacherbentestamentsvollstreckung** gemäß § 2222 BGB anzuordnen[109] (s. hierzu näher Rdn. 238 ff.). Der Nacherbentestamentsvollstrecker nimmt die Befugnisse des Nacherben während der Dauer der Vorerbschaft war.[110] Eine Zustimmung zu den Verfügungen des Vorerben wird der Testamentsvollstrecker allerdings regelmäßig ohne Sicherstellung der potentiellen weitere Nacherben nur erteilen können, wenn deren Hinzukommen rein theoretisch ist. Über das Anwartschaftsrecht des Nacherben selbst zu verfügen, es etwa auf den Vorerben zu übertragen, ist dem Testamentsvollstrecker versagt.[111] Daher scheidet bei der »offenen« Benennung der Nacherben die Möglichkeit aus, später die Wirkungen der Nacherbschaft insgesamt durch die Übertragung der Anwartschaftsrechte aller Nacherben auf den Vorerben zu beenden (zu den dabei bestehenden Gestaltungsmöglichkeiten näher Rdn. 212 ff.). Der **Testamentsvollstrecker** sollte sodann verpflichtet werden, **sich bei der Ausübung seines Amtes nach der Auffassung zu richten, die die übrigen (bekannten) Nacherben** vertreten. Danach wäre der Testamentsvollstrecker also verpflichtet, für die unbekannten Nacherben einer Verfügung zuzustimmen, wenn dies auch alle übrigen Nacherben tun. Selbst wenn ein Nacherbentestamentsvollstrecker benannt ist, scheitert dessen Mitwirkung an einer unentgeltlichen »vorweggenommenen Nacherbfolge« zugunsten der bekannten Nacherben an dem für den Testamentsvollstrecker geltenden **Schenkungsverbot** (§ 2205 S. 3 BGB).[112] Dieses kann nur überwunden werden, wenn alle Nacherben der unentgeltlichen Verfügung des Testamentsvollstreckers zugestimmt haben.[113] Um dies für die unbekannten Nacherben sicherzustellen, kann an ein ergänzendes **Zustimmungsvermächtnis** zu deren Lasten gedacht werden (hierzu s. unten Rdn. 202 ff.). Dieses verpflichtet sie, der unentgeltlichen Verfügung zuzustimmen, der auch alle übrigen bekannten Nacherben zustimmen. Für diese Zustimmungshandlung ist wiederum der Testamentsvollstrecker zuständig, in dessen Funktionsbereich die Erfüllung aller die unbekannten Nacherben treffenden Pflichten fällt. Eine zusätzliche Einschaltung eines Ergänzungspflegers erscheint angesichts der bestehenden Zustimmungspflicht überflüssig.

70 Bei der **Ersatznacherbeneinsetzung** ist bei Vorhandensein mehrerer Ersatzerbenstämme zu klären, ob die Berufung zum Ersatznacherben auch dann Bestand haben soll, wenn ein Nacherbe zum Zweck des Pflichtteilsverlangens die Nacherbschaft ausschlägt (§ 2306 Abs. 1 und 2 BGB). In diesem Fall käme es zu einer Doppelbegünstigung des betreffenden Stammes. Soll dies verhindert werden, ist die Ersatznacherbeneinsetzung für diesen Fall auflösend zu bedingen.

71 Sind **Mitnacherben** eingesetzt, so ist zu beachten, dass es im Falle der in der Praxis nicht seltenen Erbausschlagung eines der Mitnacherben zu Unklarheiten bei den **Rechtsfolgen der Ausschlagung**

---

105 Dazu OLG Stuttgart, Beschl. v. 7.7.2009 – 8 W 63/09, ZEV 2010, 94; OLG München, Beschl. 13.1.2014 – 34 Wx 166/13, RNotZ 2014, 172.
106 BGH, Beschl. v. 19.2.2013 – V ZB 209/12, MittBayNot 2014, 460, 461; *Osterloh-Konrad*, AcP 215, 107, 158 ff.
107 BGH, Beschl. v. 19.2.2013 – V ZB 209/12, MittBayNot 2014, 460, 461.
108 *Reimann*, MittBayNot 2014, 466.
109 *Kanzleiter*, DNotZ 1970, 326, 327; *Nieder/Kössinger*, § 10 Rn. 67.
110 Palandt/*Weidlich*, § 2222 Rn. 3.
111 KG JW 1937, 1553; BayObLG NJW-RR 1989, 1096; MünchKommBGB/*Zimmermann*, § 2222 Rn. 6.
112 *Reimann*, MittBayNot 2014, 466 f.
113 S. nur Palandt/*Weidlich*, § 2205 Rn. 27.

kommt. Primär kommt es sodann zur Ersatznacherbschaft, hilfsweise – bei angeordnetem oder vermutetem Ausschluss der Ersatznacherbenanordnung für den Fall der Ausschlagung (siehe soeben Rdn. 70) – zur Anwachsung (§§ 2094, 2099). Nur wenn diese vom Erblasser ausgeschlossen worden ist, erstarken die Vorerbenrechte quotal zur Vollerbschaft.[114] Bei Einsetzung von Mitnacherben ist daher mit dem Erblasser zu klären, welche Folge er für den Fall der Erbausschlagung eines Nacherben bevorzugt: die Anwachsung des Nacherbenrechts bei den verbleibenden Nacherben oder die in der betreffenden Quote eintretende Vollerbschaft des Erben. Ist letzteres gewünscht, ist die Anwachsung auszuschließen (§ 2094 Abs. 3 BGB).

Die Frage, ob ein **Nacherbenanwartschaftsrecht** – entsprechend der gesetzlichen Grundregel[115] – veräußerlich und vererblich gestaltet oder ob die Übertragbarkeit ausgeschlossen werden sollte (s. Rdn. 11 und 214 ff.), ist anhand der Interessenlage des Erblassers im Einzelfall zu klären: **72**
– Hat der Erblasser Ersatznacherben bestimmt, wird es regelmäßig seinem Interesse entsprechen, dass die Anwartschaft nicht im Wege der **Vererbung** auf die Erben des Nacherben ein abweichendes Schicksal erfährt. Da man es im Rahmen der Gestaltung bei der Frage des Verhältnisses zwischen der Vererblichkeit des Anwartschaftsrechtes und der Ersatznacherbenbestimmung nicht auf die Auslegung im Einzelfall ankommen lassen sollte, ist die Frage in aller Regel im Sinne des **Ausschlusses der Vererblichkeit** zu regeln.[116]
– Sehr häufig wird dem Erblasser ferner daran gelegen sein, dass der Nacherbe die Anwartschaft nicht an einen Dritten **veräußern** kann. Die Veräußerbarkeit ist daher zumeist auszuschließen. Allerdings kann es gewollt sein, dass dem Vor- und dem Nacherben im Zusammenwirken **die Beseitigung der Nacherbschaftsbindung** ermöglicht werden soll. Das einfachste Mittel dazu ist die Übertragung des Anwartschaftsrechtes des Nacherben auf den Vorerben (s. hierzu ausführlich Rdn. 214 ff.). Durch eine solche Übertragung können jedoch die eigenen Anwartschaftsrechte eingesetzter Ersatznacherben nicht berührt werden:[117] Tritt der Ersatznacherbfall ein, so wird der Ersatznacherbe Nacherbe, und zwar ungeachtet der Übertragung des Anwartschaftsrechts durch den eigentlich berufenen Nacherben. Soll die Möglichkeit einer Übertragung auf den Vorerben offen gehalten und gesichert werden, ist daher jedwede Anordnung einer Ersatznacherbenstellung **auflösend zu bedingen** durch die Übertragung des Nacherbenanwartschaftsrechts auf den Vorerben[118] (ausführlich zum ganzen Themenkreis Rdn. 214 ff.). Ob jedoch die Übertragbarkeit auf den Vorerben wünschenswert ist, muss **im Einzelfall entschieden** werden. Dabei kann es durchaus im Interesse des Erblassers sein, ein späteres Zusammenwirken von Vor- und Nacherben auszuschließen, etwa in den Fällen, in denen die Wahl der Vorerbschaft das Ziel verfolgt, negativ eine Begünstigung bestimmter Erben des Vorerben auszuschließen (z. B. Geschiedenenkonstellation).

Die Person der **Ersatzerben** für den Fall des Wegfalls des Vorerben ist unbedingt zu benennen. Zwar enthält § 2102 Abs. 1 BGB die Regelung, dass der Nacherbe »im Zweifel« auch der Ersatzerbe ist. Auf eine solche Auslegungsregel, sollte es der Gestalter jedoch nie ankommen lassen, wenn eine klare Regelung möglich ist.[119] **73**

Der Nacherbfall sollte entsprechend der Bestimmung des § 2106 Abs. 1 BGB mit dem Tode des Vorerben eintreten. Dies stellt bei der Gestaltung den Regelfall dar. Das den **Nacherbfall auslösende Er- 74**

---

114 BayObLG FamRZ 1962, 538; MünchKommBGB/*Grunsky*, § 2142 Rn. 5.
115 Zur gesetzlich nicht ausdrücklich geregelten Veräußerlichkeit grundlegend RGZ 101, 185, 191, BGHZ 87, 367, 369.
116 So auch *Nieder/Kössinger*, § 10 Rn. 81.
117 Ganz h. M.: BayObLG NJW 1970, 1794, 1795; OLG Frankfurt a. M. DNotZ 1970, 691, 692; *Lange/Kuchinke*, § 28 VII 1 b; MünchKommBGB/*Grunsky*, § 2100 Rn. 27.
118 *Kanzleiter*, DNotZ 1970, 693, 697 f.; *Keim*, DNotZ 2003, 822, 836.
119 Abschreckendes Beispiel: OLG Celle Beschl. v. 10.12.2009 – 4 W 199/09, ZEV 2010, 95; dazu *Heinze*, ZEV 2010, 95, 97.

eignis ist ungeachtet der Ergänzungsregel des § 2106 Abs. 1 BGB stets auch dann festzulegen, wenn es der Tod des Vorerben ist.

75 ▶ **Muster:**

[notarieller Urkundseingang]

§ 1 Verhältnis zu früheren Verfügungen

Ich widerrufe hiermit vorsorglich alle meine früheren Verfügungen von Todes wegen.

§ 2 Erbeinsetzung

Ich setze hiermit mein einziges Kind, meinen Sohn ..., zu meinem alleinigen Erben ein. Mein Sohn ... ist lediglich Vorerbe, als solcher jedoch von allen Beschränkungen und Verpflichtungen, von denen das Gesetz eine Befreiung zulässt, befreit.

Nacherben sind die Tochter des Vorerben, meine Enkeltochter..., sowie etwaige weitere eheliche Abkömmlinge (einschließlich Adoptivkindern) meines Sohnes ..., untereinander zu gleichen Teilen.

Sollte einer der vorgenannten Nacherben vor mir und/oder der Vorerbin versterben oder aus einem sonstigen Grunde nicht zur Nacherbfolge gelangen, so sollen Ersatznacherben seine Abkömmlinge nach Stämmen zu gleichen Teilen und nach den Regeln der gesetzlichen Erbfolge sein. Sollte einer der vorgenannten Nacherben vor mir und/oder der Vorerbin versterben oder aus einem sonstigen Grunde nicht zur Nacherbfolge gelangen und keine Abkömmlinge hinterlassen, so wächst der dann freiwerdende Erbanteil den übrigen Nacherben nach dem Verhältnis ihrer Erbanteile zu. Sollte jedoch ein Nacherbe die Nacherbschaft ausschlagen und seinen Pflichtteil erhalten, entfällt bezüglich dessen Abkömmlingen die vorstehende Einsetzung zu Ersatznacherben. (optional:) Hinsichtlich des Erbanteils des ausschlagenden Nacherben entfällt die Nacherbschaftsbeschränkung; die Anwachsung des Nacherbenrechts bei den übrigen Nacherben wird insoweit ausgeschlossen. (oder:) Das Nacherbenrecht des Ausschlagenden wächst den verbleibenden Nacherben im Verhältnis ihrer Erbanteile an.

(optional:) Ungeachtet seiner weitest möglichen Befreiung von gesetzlichen Beschränkungen und Verpflichtungen eines Vorerben ist dieser im Wege des Vermächtnisses zugunsten der Nacherben verpflichtet, das der Nacherbschaftsbeschränkung unterliegende Vermögen von seinem Vermögen aus der Perspektive eines Dritten unterscheidbar zu halten. Insbesondere hat er Geldvermögen auf getrennten Konten zu verwalten und Surrogationsvorgänge durch das Führen geeigneter Unterlagen kenntlich zu machen. (optional:) Ist zwischen Vorerben bzw. seinen Erben und dem Nacherben streitig, ob ein Gegenstand zum Eigenvermögen des Vorerben gehört oder aber der Nacherbschaft unterliegt, trägt die Beweislast für die Zugehörigkeit des Gegenstandes zu seinem Eigenvermögen der Vorerbe.

Der Nacherbfall tritt ein mit dem Tode des Vorerben.

Nacherbenanwartschaftsrechte sind weder vererblich noch veräußerbar. (alternativ:) Nacherbenanwartschaftsrechte sind an den Vorerben veräußerbar; im Übrigen sind sie weder vererblich noch übertragbar. Im Falle der Veräußerung an den Vorerben entfallen alle ausdrücklichen, vermuteten oder schlüssigen Ersatznacherbeneinsetzungen bezüglich des betreffenden Nacherben.

Sollte mein Sohn ... vor mir versterben oder aus einem anderen Grunde als Vorerbe wegfallen, so berufe ich die vorgenannten Nacherben im selben Verhältnis zu Ersatzerben. Die Ersatzerben sind Vollerben.

§ 3 Nacherbentestamentsvollstreckung

In Ansehung sämtlicher in § 2 Absatz 2 bestimmten Nacherben ordne ich Nacherbentestamentsvollstreckung gemäß § 2222 BGB an. Die Aufgabe des Testamentsvollstreckers ist es, die gesetzlichen Rechte der Nacherben wahrzunehmen und deren Pflichten zu erfüllen. Die Testamentsvollstreckung endet mit dem Eintritt des Nacherbfalls.

Zum Testamentsvollstrecker, ausgestattet mit dem Recht einen Nachfolger im Amt zu benennen, bestimme ich ... Weitere Ersatztestamentsvollstrecker soll bei Bedarf das Nachlassgericht benennen. ...

erhält als Testamentsvollstrecker keine Vergütung, wohl aber Ersatz seiner Kosten und Auslagen. Andere Testamentsvollstrecker können eine angemessene Vergütung verlangen, die sich nach den Vorschlägen des Deutschen Notarvereins (Neue Rheinische Tabelle zur Testamentsvollstreckung) richten soll. Bei Streitigkeiten über die Höhe der Vergütung entscheidet der Präsident derjenigen Notarkammer als Schiedsgutachter für beide Seiten verbindlich, in deren Bereich sich das zuständige Nachlassgericht befindet.

Der Testamentsvollstrecker soll sich bei der Wahrnehmung seiner Aufgaben im Rahmen seines pflichtgemäßen Ermessens nach den Wünschen der jeweils aktuell vorhandenen Nacherben richten. Sollten die übrigen Nacherben bereit sein, einer einen einzelnen Nachlassgegenstand betreffenden unentgeltlichen Verfügung des Vorerben zuzustimmen, so sind die unbekannten Nacherben zur entsprechenden Erteilung ihrer Zustimmung verpflichtet (sog. Zustimmungsvermächtnis). Deren Zustimmung ist wiederum vom Testamentsvollstrecker zu erklären.

§ 4 Anfechtungsausschluss, Sonstiges

Die vorstehenden Verfügungen erfolgen ohne Rücksicht darauf, ob und gegebenenfalls welche Pflichtteilsberechtigten bei meinem Tode vorhanden sein sollten.

Der Erschienene erklärte: Hofgebundenes Vermögen besteht nicht. Ich bin nicht Inhaber von Gesellschaftsbeteiligungen, bei denen die gesellschaftsrechtlichen Nachfolgebestimmungen in Widerspruch zu den vorstehenden Verfügungen von Todes wegen stehen.

Weiteres möchte ich heute nicht bestimmen.

Der Notar hat mich über das gesetzliche Erb- und Pflichtteilsrecht aufgeklärt.

[Verlesungsvermerk]

2. Einseitige Kinder eines oder beider Ehegatten

Häufig begegnet in der Praxis der Fall, dass ein Ehegatte einseitige Kinder aus einer früheren Ehe oder sonstigen Beziehung hat. Diese Konstellation stellt wohl in der Praxis den **Hauptanwendungsfall** der Vor- und Nacherbschaft bei Ehegattenerbverträgen dar. In dieser Fallgruppe sind zwei ganz gegensätzliche Interessenlagen denkbar: 76

a) Ziel des Ausschlusses des einseitigen Kindes (Typus 1)

aa) Sachverhalt und Interessenlage des Erblassers

Der Ehemann hat ein Kind aus einer früheren Ehe, zu dem er keinen Kontakt mehr hat. Beide Ehegatten möchten daher sicherstellen, dass das **Kind** im Todesfall seines leiblichen Elternteils **möglichst wenig** an ihrem Vermögen **teilhat** und die gemeinsamen Kinder S und T möglichst ungeschmälert das elterliche Vermögen erhalten. 77

bb) Gestaltungsüberlegungen

Eine Teilhabe des einseitigen Kindes ist über das Pflichtteilsrecht (§ 2303 ff. BGB) abgesichert. Das tendenziell von Ehegatten favorisierte »Berliner Testament« mit seiner Einheitslösung führt, wenn der betreffende Ehegatte der Längstlebende ist, zu dem unerwünschten Ergebnis, dass der Pflichtteil des einseitigen Kindes nach seinem Elternteil sich auch aus dem noch vorhandenen Vermögen dessen Ehegatten bemisst. Die Gestaltungszielsetzung besteht hier allein darin, die Berechnungsgrundlage für den Pflichtteil des einseitigen Kindes bezüglich des Vermögens des leiblichen Elternteils zu reduzieren. Die Erwerbsaussicht des Nacherben ist nicht zu schützen. Der Sachverhalt ist ausschließlich der Fallgruppe 1 in Rdn. 59 zuzuordnen. Ein Interessenkonflikt – Verfügungsfreiheit des Vorerben contra Sicherungsinteresse des Nacherben – ergibt sich daher nicht. Daraus folgt, dass dem als Vorerbe eingesetzten Ehegatten in **weitest möglichem Umfang Befreiung von den Beschränkungen und Verpflichtungen des Vorerben** zu erteilen ist (s. dazu Rdn. 43 f.). Auch hier ist jedoch der Vorerbe 78

Kapitel 5 Sicherung der Erwerbsaussichten für Endbedachte

ggfs. durch vermächtnisweise Verpflichtung anzuhalten, das der Nacherbschaft unterliegende Vermögen von seinem Eigenvermögen unterscheidbar zu halten (s. Rdn. 67).

79 Zu den allgemeinen Erwägungen bezüglich der Bestimmung der Person des Nacherben, der Ersatznacherben, der Ersatzerben sowie der Definition des Nacherbfalls s. Rdn. 69 f. und Rdn. 74.

80 Bei **Mitnacherben** ist ggfs. zu regeln, welche Konsequenzen die Ausschlagung der Mitnacherbschaft haben soll. An sich kommt es in erster Linie zur Ersatznacherbschaft, hilfsweise zur Anwachsung (§§ 2094, 2099 BGB) und erst in letzter Konsequenz zum Erstarken der Vorerbenrechte zur Vollerbschaft.[120] Dies darf nicht übersehen werden, wenn eine Ausschlagung durch einen Mitnacherben in Betracht gezogen wird, um den Vorerben zum partiellen Vollerben zu machen. Gegebenenfalls sollte bei der Gestaltung der Verfügung von Todes wegen erwogen werden, den Vorrang der Anwachsung auszuschließen (§ 2094 Abs. 3 BGB).

81 Bei dieser Fallkonstellation, in der es nur um die pflichtteilsrechtliche Schlechterstellung des einseitigen Kindes gegenüber der Einheitslösung des Berliner Testaments geht, ist in der Zeit nach Eintritt des Erbfalls stets **ein späteres Entfallen des Grundes für die Nacherbschaftsbeschränkung** denkbar. So kann das einseitige Kind später versterben oder einen Pflichtteilsverzicht mit dem länger lebenden leiblichen Elternteil vereinbaren. Für diesen Fall sollten alle Möglichkeiten vorbehalten bleiben, durch Übertragung des Anwartschaftsrechtes des Nacherben auf den Vorerben die Beschränkung der Nacherbschaft zu beseitigen. Daher ist jedwede **Anordnung einer etwaigen Ersatznacherbenstellung auflösend zu bedingen** durch die Übertragung des Nacherbenanwartschaftsrechts auf den Vorerben[121] (s. Rdn. 72; ausführlich zum ganzen Themenkreis der Beendigung der Nacherbschaftswirkungen durch Geschäft zwischen Vor- und Nacherben Rdn. 212 ff.). Alternativ ist daran zu denken, die Nacherbschaftsbeschränkung durch das Entfallen des Pflichtteilsrechts des einseitigen Kindes und seiner Abkömmlinge auflösend zu bedingen.

82 Wenig Sorgfalt wird bei der Einsetzung eines Ehegatten zum Vorerben gemeinhin auf die Regelung der **Bindungswirkung** (Erbvertrag) bzw. der Wechselbezüglichkeit (gemeinschaftliches Testament) verwandt. Bei der Anordnung etwa, dass die »Vorerbeneinsetzung« des Ehegatten erbvertraglicher Bindung unterliegen, wird oft nicht – entsprechend der dogmatischen Struktur der Vorerbschaft (s. o. Rdn. 3) – zwischen der Erbeinsetzung und der Beschwerung mit Nacherbschaft differenziert. In diesem Fall kann sich die Frage stellen, ob auch die Beschränkung mit Nacherbschaft bindend verfügt ist, was regelmäßig nicht gewollt ist. Demgegenüber wird es dem Interesse des befreiten Vorerben entsprechen, dass jedenfalls die Befreiung von den Beschränkungen und Verpflichtungen, die seinen bloßen Vorerbenstatus erträglich machen, mit Bindungswirkung ausgestattet sind. Die Lösung ist daher in einer bindenden Regelung der Nacherbschaftsbeschränkung einschließlich Befreiungsanordnung zu sehen. Diese ist zu ergänzen um ein **Abänderungsrecht**, das dem Erblasser die Möglichkeit gibt, die gesamte Nacherbschaftsbeschränkung einseitig zu beseitigen, nicht aber isoliert die Anordnung von Befreiungen und Beschränkungen.

83 Bei der Frage der Vereinbarung eines **Rücktrittsrechts**[122] ist zu bedenken, dass sich durch die Vereinbarung eines voraussetzungslosen Rücktrittsrechts eine Rechtslage ergibt, die derjenigen beim gemeinschaftlichen Testament (§ 2271 BGB) entspricht. Praktisch kommt eine Ausübung eines solchen Rechtes nur im Falle der Trennung der Ehegatten vor Eintritt der Wirkungen gemäß §§ 2279 i. V. m. 2077 BGB und im Falle der späteren Heimunterbringung eines Ehegatten infolge schwerster Pflegebedürftigkeit in Betracht. In beiden Fällen eröffnet der Rücktrittsvorbehalt eine konkret im Einzelfall durchzuführende Abwägung, ob sich ein Rücktritt von Erbvertrag als die vorzugswürdige Alternative erweist. Daher spricht generell viel für den Vorbehalt eines solchen voraussetzungslosen Rechts zum Rücktritt vom Vertrag zu Lebzeiten des anderen Ehegatten. Dies gilt jedoch uneingeschränkt nur für den Regelfall, dass die Ehegatten sich gegenseitig als Erben einsetzen. Zu möglicher-

---

120 BayObLG FamRZ 1962, 538; MünchKommBGB/*Grunsky*, § 2142 Rn. 5.
121 Vgl. *Kanzleiter*, DNotZ 1970, 693, 697 f.; *Keim*, DNotZ 2003, 822, 836.
122 Allgemein hierzu *Herlitz*, MittRhNotK 1996, 153, 159 ff.

weise **unerwünschten Ergebnissen** gelangt man über ein Rücktrittsrecht dann, wenn ein Ehegatte nicht den anderen Ehegatten, sondern z. B. seine erstehelichen Kinder als Erben eingesetzt hat. In diesem Fall könnte im Fall der Demenz des Ehegatten mit den erstehelichen Kindern der andere Ehegatte durch Erklärung des Rücktritts den Erbvertrag insgesamt aufheben und – ohne Reaktionsmöglichkeit des anderen Ehegatten und entgegen dessen Verteilungsplan – die Geltung der gesetzlichen Erbfolge nach jenem herbeiführen. Hier ist entweder auf das Rücktrittsrecht zu verzichten oder die Rücktrittswirkungen sind ggfs. sachgerecht auf die bindenden/wechselbezüglichen Verfügungen zu beschränken und die nicht bindend getroffenen anderweitigen Verfügungen zugunsten der Kinder von der Aufhebungswirkung auszuklammern.

▶ **Muster:** 84

[Notarieller Urkundseingang Erbvertrag]

§ 1 Verhältnis zu früheren Verfügungen

Vorsorglich widerrufen wir hiermit alle etwa von uns gemeinschaftlich oder einem jeden von uns allein errichteten früheren Verfügungen von Todes wegen.

§ 2 Verfügungen des Ehemannes

Ich, der Ehemann, ..., setze hiermit meine Ehefrau, ..., zu meiner alleinigen und unbeschränkten Vollerbin ein.

Sollte meine vorgenannte Ehefrau vor mir versterben oder aus einem sonstigen Grunde nicht zur Erbfolge gelangen oder sollten wir gleichzeitig oder aufgrund desselben Ereignisses innerhalb von vier Wochen nacheinander versterben, so sollen an ihrer Stelle unsere gemeinsamen Kinder ... und ... zu gleichen Teilen meine Erben sein.

Sollte eines unserer vorgenannten Kinder vor mir versterben oder aus einem sonstigen Grunde nicht zur Erbfolge gelangen, so sollen an seiner Stelle seine Abkömmlinge (einschließlich Adoptivkindern) nach Stämmen zu gleichen Teilen und nach den Regeln der gesetzlichen Erbfolge treten.

Sollte eines der vorgenannten Kinder ohne Hinterlassung von Abkömmlingen vor mir versterben oder aus einem sonstigen Grunde nicht zur Erbfolge gelangen, so wächst der dann freiwerdende Erbanteil den übrigen Erben nach dem Verhältnis ihrer Erbanteile zu.

§ 3 Verfügungen der Ehefrau

Ich, die Ehefrau, ..., setze hiermit meinen Ehemann, Herrn ..., zu meinem alleinigen Erben ein.

Mein Ehemann ist lediglich Vorerbe, als solcher jedoch von allen Beschränkungen und Verpflichtungen, von denen das Gesetz eine Befreiung zulässt, befreit.

Nacherben sind unsere gemeinsamen Kinder ... und ..., untereinander zu gleichen Teilen.

Sollte einer der vorgenannten Nacherben vor mir und/oder der Vorerbin versterben oder aus einem sonstigen Grunde nicht zur Nacherbfolge gelangen, so sollen Ersatznacherben seine Abkömmlinge nach Stämmen zu gleichen Teilen und nach den Regeln der gesetzlichen Erbfolge sein. Sollte einer der vorgenannten Nacherben vor mir und/oder der Vorerbin versterben oder aus einem sonstigen Grunde nicht zur Nacherbfolge gelangen und keine Abkömmlinge hinterlassen, so wächst der dann freiwerdende Erbanteil den übrigen Nacherben nach dem Verhältnis ihrer Erbanteile zu. Sollte jedoch ein Nacherbe die Nacherbschaft ausschlagen und seinen Pflichtteil erhalten, entfällt bezüglich dessen Abkömmlingen die vorstehende Einsetzung als Ersatznacherben. (optional:) Hinsichtlich des Erbanteils des ausschlagenden Nacherben entfällt die Nacherbschaftsbeschränkung; die Anwachsung des Nacherbenrechts bei den übrigen Nacherben wird insoweit ausgeschlossen. (oder:) Das Nacherbenrecht des Ausschlagenden wächst den verbleibenden Nacherben im Verhältnis ihrer Erbanteile an.

(optional:) Ungeachtet seiner weitest möglichen Befreiung von gesetzlichen Beschränkungen und Verpflichtungen eines Vorerben ist dieser im Wege des Vermächtnisses zugunsten der Nacherben verpflichtet, das der Nacherbschaftsbeschränkung unterliegende Vermögen von seinem Vermögen aus der Perspektive eines Dritten unterscheidbar zu halten. Insbesondere hat er Geldvermögen auf getrennten Konten zu verwalten und Surrogationsvorgänge durch das Führen geeigneter Unterlagen kenntlich zu machen. (optional:) Ist zwischen Vorerben bzw. seinen Erben und dem Nacherben streitig, ob ein Gegenstand zum Eigenvermögen des Vorerben gehört oder aber der Nacherbschaft unterliegt, trägt die Beweislast für die Zugehörigkeit des Gegenstandes zu seinem Eigenvermögen der Vorerbe.

Der Nacherbfall tritt ein mit dem Tode des Vorerben.

Nacherbenanwartschaftsrechte sind an den Vorerben veräußerbar; im Übrigen sind sie weder vererblich noch übertragbar. Im Falle der Veräußerung an den Vorerben entfallen alle ausdrücklichen, vermuteten oder schlüssigen Ersatznacherbeneinsetzungen bezüglich des betreffenden Nacherben.

Sollte mein Ehemann vor mir versterben oder aus einem anderen Grunde als Vorerbe wegfallen oder sollten wir gleichzeitig oder aufgrund desselben Ereignisses innerhalb von vier Wochen nacheinander versterben, so sollen an seiner Stelle unsere gemeinsamen Kinder ... und ... zu gleichen Teilen meine Erben sein. Sie sind in diesem Falle Vollerben. Hinsichtlich Ersatzerbenbestimmung und Anwachsung gelten die Bestimmungen über die Ersatznacherben gemäß Absatz (4) entsprechend.

§ 4 Erbvertragliche Bindung, Anfechtungsausschluss, Sonstiges

Wir nehmen unsere vorstehenden Erklärungen über die gegenseitige Erbeinsetzung gemäß § 2 Absatz 1 und § 3 Absätze 1 und 2 mit erbvertraglicher Bindung gegenseitig an. Auf die Bedeutung der erbvertraglichen Bindung sind wir vom Notar hingewiesen worden.

Die weiteren Verfügungen, insbesondere die Verfügungen des Längstlebenden von uns, sind einseitig getroffen und sollen nur testamentarische Wirkung haben; sie können daher jederzeit einseitig widerrufen werden. Demgemäß ist der Überlebende von uns auch berechtigt, die für den Fall seines Todes getroffenen Verfügungen von Todes wegen abzuändern, aufzuheben oder zu ergänzen oder beliebig anderweitig über den Gesamtnachlass zu verfügen.

Die Ehefrau ist berechtigt, jederzeit die Nacherbschaftsbeschränkung als ganze durch einseitige testamentarische Verfügung aufzuheben. Zur einseitigen vollständigen oder teilweisen Aufhebung allein der Befreiung von den gesetzlichen Beschränkungen und Verpflichtungen eines Vorerben ist sie hingegen nicht berechtigt.

Ein jeder von uns behält sich das voraussetzungslos ausübbare Recht zum Rücktritt von diesem Erbvertrag zu unserer beider Lebzeiten vor. Der Notar hat uns darauf hingewiesen, dass dieses Recht nur in notariell beurkundeter Erklärung ausgeübt werden kann und dass zur Wirksamkeit des Rücktritts die Zustellung einer Ausfertigung an den anderen Teil erforderlich ist. (alternativ:) Keiner von uns behält sich ein Recht zum Rücktritt von diesem Erbvertrag vor.

Alle Verfügungen von Todes wegen in dieser Urkunde erfolgen ohne Rücksicht darauf, ob und gegebenenfalls welche Pflichtteilsberechtigten beim Tode des Verfügenden vorhanden sein sollten.

Die Beteiligten erklärten: Hofgebundenes Vermögen besteht nicht. Wir sind nicht Inhaber von Gesellschaftsbeteiligungen, bei denen die gesellschaftsrechtlichen Nachfolgebestimmungen in Widerspruch zu den vorstehenden Verfügungen von Todes wegen stehen. Über im Ausland befindliches Vermögen, auf das ausländisches Erbrecht Anwendung finden könnte, verfügen wir nicht.

[Verlesungsvermerk]

b) Ziel der Absicherung des eigenen einseitigen Kindes als Endbedachtem (Typus 2)

aa) Sachverhalt und Interessenlage des Erblassers

85 Der Ehemann war verwitwet, hat aus erster Ehe ein Kind und ist in zweiter, kinderloser Ehe mit seiner neuen Ehefrau verheiratet, die ebenfalls verwitwet ist und ihrerseits ein Kind aus erster Ehe hat. Er hat ein gutes Verhältnis zu seinem Kind aus erster Ehe. Dieses soll in jedem Fall letztlich sein Mehrfamilienhaus erhalten, dessen Erträge jedoch lebenslang seiner Ehefrau zustehen sollen.

bb) Gestaltungsüberlegungen

Der Ehemann befindet sich in dem im Ansatz nicht auflösbaren **Zielkonflikt**, einerseits den eigenen Ehegatten bedenken und für den Fall seines Todes versorgen zu wollen, andererseits aber das **eigene Kind als Endbedachten abzusichern** und nicht dem Gutdünken des überlebenden Ehegatten auszuliefern. Diese »gemischte« Interessenlage ist der Fallgruppe 2 (Rdn. 59) zuzuordnen. Hat der andere Ehegatte (im Beispiel die Ehefrau) ebenfalls ein Kind aus erster Ehe, bietet sich auch insoweit die Beschränkung mit Nacherbschaft an. Hier kommt es wieder darauf an, ob die Ehefrau ihr Kind möglichst schlecht stellen möchte (Typus 1); dann wird dieses Ziel durch die Einsetzung der Ehefrau lediglich zur Vorerbin, die ja aus Gründen der Absicherung des Kindes des Ehemannes im Rahmen des Typus 2 angezeigt ist, mit erreicht. Will die Ehefrau hingegen ihr eigenes Kind als ihren Endbedachten ebenso absichern wie dies ihr Ehemann mit dem seinigen anstrebt, kommt in gleicher Weise die Einsetzung des Ehemannes zum Vor- und des eigenen Kindes zum Nacherben in Betracht (»Typus 2 auf beiden Seiten«). 86

Den folgenden Überlegungen liegt die typische Konstellation zugrunde, dass beide Ehegatten ihr jeweils einseitiges Kind als Endbedachten abgesichert wissen wollen. 87

Prägendes Merkmal der beschriebenen Interessenlage beim Typus 2 ist der Zielkonflikt »Absicherung des Ehegatten contra Absicherung des einseitigen Kindes«. Demgemäß liegt der Schwerpunkt der Gestaltungsüberlegungen bei der Frage, **wie weitgehend der Vorerbe von den Beschränkungen und Verpflichtungen befreit** werden soll. Die Interessenlage ist hier im Einzelfall zu ermitteln. 88

Bedarf der überlebende Ehegatte wegen seiner eigenen wirtschaftlich unabhängigen Lage der Substanz der Erbmasse nicht, kommt in Betracht, dass der Ehegatte im Interesse des endbedachten Kindes sämtlichen Beschränkungen unterliegen soll. In solchen Fällen kann als **Gestaltungsalternative** die Erbeinsetzung des eigenen Kindes, verbundenen mit einem Nießbrauchsvermächtnis zugunsten des Ehegatten (dazu Teil D.) als die übersichtlichere und leichter zu handhabende Alternative vorzugswürdig sein. Zu ergänzen ist die Gestaltung um einen vom Ehegatten erklärten Verzicht auf seinen Pflichtteil[123] sowie gegebenenfalls auf die Durchführung des Zugewinnausgleichs im Todesfall. 89

Die **völlige Befreiung des Ehegatten** von allen Beschränkungen und Verpflichtungen ist in der Praxis wohl **überwiegend gewünscht**. Sie reduziert jedoch erheblich die Absicherung der Erwerbsaussichten des einseitigen Kindes. Sie steigert zugleich die Wahrscheinlichkeit der Geltendmachung des Pflichtteils durch das Kind des Erblassers. In jedem Fall ist die Unterscheidbarkeit des Nacherbschaftsvermögens vom Eigenvermögen des Vorerben durch eine entsprechende Vermächtnisverpflichtung anzustreben (s. Rdn. 67). 90

Bei der Frage, wie sich der konkrete Interessenausgleich zwischen Ehegatten und einseitigem Kind in der Frage der Befreiung von Beschränkungen und Verpflichtungen niederschlägt, sind auch **differenzierende Regelungen** möglich. So kann der Erblasser seinen Ehegatten nur von einzelnen Beschränkungen und Verpflichtungen befreien, sei es von einzelnen einschränkenden Gesetzesbestimmungen, sei es von einzelnen Arten von Verfügungen (z. B. Belastung zulässig, Veräußerung nicht).[124] Interessegerecht könnte im Ausgangsfall eine Gestaltung sein, wonach der Ehegatte grundsätzlich von allen Beschränkungen und Verpflichtungen befreit wird, hinsichtlich des Mehrfamilienhauses es jedoch bei den Beschränkungen des § 2113 Abs. 1 BGB bleibt (**gegenständlich differenzierende Befreiung**). Dass der Erblasser auch nur von Verfügungsbeschränkungen bezüglich einzelner Gegenstände befreien bzw. solche von einer generellen Befreiung ausnehmen kann, entspricht zwar wohl h. M.[125], ist jedoch noch nicht höchstrichterlich entschieden. Als **sicherer Weg** für eine gegenständlich differenzierende Gestaltung erscheint im vorgenannten Fall die Anordnung einer befreiten Vorerbschaft, 91

---

[123] *Nieder/Kössinger*, § 21 Rn. 22.
[124] MünchKommBGB/*Grunsky*, § 2136 Rn. 8.
[125] MünchKommBGB/*Grunsky*, § 2136 Rn. 8; Palandt/*Weidlich*, § 2136 Rn. 3; dagegen Staudinger/*Avenarius*, § 2136 Rn. 3.

verbunden mit einem Grundstücksvermächtnis zugunsten des einseitigen Kindes, wiederum gekoppelt mit einem Nießbrauchsvermächtnis betreffend den Grundbesitz als Untervermächtnis zugunsten des Ehegatten. Das Vermächtnis zugunsten des einseitigen Kindes weist dabei den weiteren Vorteil auf, dass es auch davon abhängig gemacht werden kann, dass der Sohn auf seine Pflichtteilsansprüche verzichtet. Auf diesem Wege kann ein Anreiz für das einseitige Kind geschaffen werden, die vom Elternteil gehegte Planvorstellung insgesamt zu akzeptieren.

92 Sollte – anders als im Ausgangsfall – der **geschiedene erste Ehegatte** des Erblassers **noch leben**, ergeben sich weitere Gestaltungsanlässe: Ist das einseitige Kind noch minderjährig, stünde im Falle des Todes des Erblassers dem geschiedenen Elternteil die Vermögenssorge allein zu (§ 1680 BGB), und zwar auch hinsichtlich der ererbten Gegenstände. Hier ist regelmäßig an die familienrechtlich wirkende Anordnung nach § 1638 BGB zu denken,[126] wonach dem geschiedenen Elternteil die Vermögenssorge bezüglich der Nachlassgegenstände nicht zusteht. Ferner ist die Gefahr zu erörtern, dass bei einem Versterben des einseitigen Kindes nach dem Erbfall die Möglichkeit besteht, dass im Wege gesetzlicher Erbfolge nach dem einseitigen Kind Nachlassgegenstände im Ergebnis an den geschiedenen Ehegatten fallen können. Dies wird oft Anlass zu einer Gestaltung des sog. **Geschiedenentestaments** sein, in dessen Rahmen das Kind wiederum nur zum (befreiten) Vorerben eingesetzt oder mit aufschiebend bedingten Herausgabevermächtnissen belastet wird (siehe näher Rdn. 99 ff.).

93 Auch bei dem für den Typus 2 charakteristischen Interessenkonflikt nach dem Erbfall besteht ein dringendes Bedürfnis, den Weg für einen **Interessenausgleich durch Vereinbarungen** zwischen dem Vorerben (länger lebenden Ehegatten) und dem Nacherben (einseitiges Kind) in weitest möglichem Umfang zu eröffnen (hierzu eingehend Rdn. 212 ff.). Daher sollten auch hier alle Möglichkeiten vorbehalten bleiben, durch Übertragung des Anwartschaftsrechtes des Nacherben auf den Vorerben die Beschränkung der Nacherbschaft zu beseitigen. Folglich ist auch hier die **Anordnung einer etwaigen Ersatznacherbenstellung auflösend zu bedingen** durch die Übertragung des Nacherbenanwartschaftsrechts auf den Vorerben.[127]

94 Zur Ausgestaltung der **Bindungswirkung** und zum Vorbehalt eines **Rücktrittsrechtes** siehe oben Rdn. 82 f. Mit **erbvertraglicher Bindungswirkung** sollte nur die gegenseitige Erbeinsetzung der Ehegatten getroffen sein. Beim Fehlen gemeinsamer Kinder in der »Patchwork-Familie« ist ein Interesse des erstversterbenden Ehegatten, den Längerlebenden an dessen Verfügung zugunsten seines eigenen einseitigen Kindes zu binden, regelmäßig nicht erkennbar. Mit erbvertraglicher Bindungswirkung sollte daher nur die gegenseitige Erbeinsetzung der Ehegatten getroffen werden.

95 Bei allen Überlegungen in diesem Zusammenhang ist zu bedenken, dass sowohl das Kind als Nacherbe als auch der Ehegatte als Vorerbe pflichtteilsberechtigt ist und daher stets die Möglichkeit zur Ausschlagung der Vor- bzw. Nacherbschaft und Geltendmachung des Pflichtteils hat (§ 2306 BGB). Damit ist die Umsetzung des im Einzelfall vom Erblasser gefundenen Interessenausgleichs stets völlig offen. Soweit interessengerecht und vor allem erreichbar, sollte die Lösung daher durch **Pflichtteilsverzichte** von Kind und Ehegatten abgesichert werden.[128] Der Pflichtteilsverzicht des Ehegatten sollte, sofern er im Einzelfall gewollt ist, ausdrücklich vorgesehen werden. Auf eine von der Rechtsprechung im Einzelfall vorzunehmende Auslegung der Verfügungen im Sinne eines stillschweigenden Pflichtteilsverzichts desjenigen Ehegatten, der erhebliche Beschränkungen akzeptiert,[129] sollte es der Gestalter nicht ankommen lassen. Bei der Vereinbarung eines Pflichtteilsverzichts ist die Frage zu klären, ob dieser mit Ausübung eines etwa vorbehaltenen Rechts zum Rücktritt vom Erbvertrag ebenfalls entfällt oder aber auch isoliert fortbestehen soll. Zumeist wird letztere Alternative nicht interes-

---

126 *Nieder/Kössinger*, § 21 Rn. 20.
127 Vgl. *Kanzleiter*, DNotZ 1970, 693, 697 f.; *Keim*, DNotZ 2003, 822, 836.
128 *Nieder/Kössinger*, § 21 Rn. 22.
129 BGH NJW 1977, 1728; *Keim*, ZEV 2001, 1, 3.

segemäß sein. Soll der Verzicht dagegen unabänderbar sein, wird regelmäßig ein Verzicht auf einen Rücktrittsvorbehalt sachgerecht sein.

Ferner ist im Einzelfall daran zu denken, den Pflichtteilsverzicht durch einen **Verzicht** des Ehegatten auf die **Durchführung des Zugewinnausgleichs im Todesfalle** zu ergänzen,[130] um dem länger lebenden Ehegatten die Option zur güterrechtlichen Lösung (§ 1371 Abs. 2, 3 BGB) zu nehmen.

96

▶ **Muster:**

97

[Notarieller Urkundseingang]

§ 1 Verhältnis zu früheren Verfügungen

Vorsorglich widerrufen wir hiermit alle etwa von uns gemeinschaftlich oder einem jeden von uns allein errichteten früheren Verfügungen von Todes wegen.

§ 2 Erbeinsetzung durch den Ehemann

Ich, der Ehemann, ..., setze hiermit meine Ehefrau, ..., zu meiner alleinigen Erbin ein.

Meine Ehefrau ist lediglich Vorerbin, als solche jedoch von allen Beschränkungen und Verpflichtungen, von denen das Gesetz eine Befreiung zulässt, befreit.

Nacherbe ist mein Sohn aus erster Ehe ...

Sollte der vorgenannte Nacherbe vor mir und/oder der Vorerbin versterben oder aus einem sonstigen Grunde nicht zur Nacherbfolge gelangen, so sollen Ersatznacherben seine ehelichen Abkömmlinge (einschließlich Adoptivkindern) nach Stämmen zu gleichen Teilen und nach den Regeln der gesetzlichen Erbfolge sein.

Ungeachtet ihrer weitest möglichen Befreiung von gesetzlichen Beschränkungen und Verpflichtungen einer Vorerbin ist diese im Wege des Vermächtnisses zugunsten der Nacherben verpflichtet, das der Nacherbschaftsbeschränkung unterliegende Vermögen von ihrem Vermögen aus der Perspektive eines Dritten unterscheidbar zu halten. Insbesondere hat sie Geldvermögen auf getrennten Konten zu verwalten und Surrogationsvorgänge durch das Führen geeigneter Unterlagen kenntlich zu machen. (optional:) Ist zwischen der Vorerbin bzw. ihren Erben und den Nacherben streitig, ob ein Gegenstand zum Eigenvermögen der Vorerbin gehört oder aber der Nacherbschaft unterliegt, trägt die Beweislast für die Zugehörigkeit des Gegenstandes zu ihrem Eigenvermögen die Vorerbin.

Der Nacherbfall tritt ein mit dem Tode der Vorerbin.

Nacherbenanwartschaftsrechte sind an die Vorerbin veräußerbar; im Übrigen sind sie weder vererblich noch übertragbar. Im Falle der Veräußerung an die Vorerbin entfallen alle ausdrücklichen, vermuteten oder schlüssigen Ersatznacherbeneinsetzungen bezüglich des betreffenden Nacherben.

Sollte meine Ehefrau vor mir versterben oder aus einem anderen Grunde als Vorerbin wegfallen oder sollten wir gleichzeitig oder aufgrund desselben Ereignisses innerhalb von vier Wochen nacheinander versterben, so soll an ihre Stelle mein vorgenannter Sohn ... aus erster Ehe mein Alleinerbe sein. Als solcher ist er Vollerbe.

Sollte auch mein Sohn ... vor mir versterben oder aus einem sonstigen Grunde nicht zur Erbfolge gelangen, so sollen an seiner Stelle seine ehelichen Abkömmlinge (einschließlich Adoptivkindern) nach Stämmen zu gleichen Teilen und nach den Regeln der gesetzlichen Erbfolge treten.

(optional:) § 3 Vermächtnisanordnungen des Ehemannes

Ich, der Ehemann, ... setze für den Fall, dass ich durch meine Ehefrau ... als Vorerbin beerbt werde, folgendes Vermächtnis aus:

Mein Sohn ... erhält den in meinem Eigentum stehenden Grundbesitz in ..., ..., eingetragen im Grundbuch von ... Blatt ... als ...

---

[130] *Reimann/Bengel/J.Mayer*, Formularteil Rn. 51.

Die am Todestage etwa auf dem Grundbesitz ruhenden Belastungen und die durch sie gesicherten grundbesitzbezogen Verbindlichkeiten hat der Vermächtnisnehmer zur völligen Entlastung des Nachlasses zu übernehmen.

Ersatzvermächtnisnehmer anstelle meines Sohnes ... sind dessen eheliche Abkömmlinge (einschließlich Adoptivkindern) zu gleichen Teilen und nach den Regeln der gesetzlichen Erbfolge.

Das Vermächtnis entfällt insoweit, als sich dieser Grundbesitz im Zeitpunkt meines Todes nicht mehr in meinem Eigentum befindet. Es entfällt ferner vollständig, wenn der Vermächtnisnehmer seinen Pflichtteil nach mir gegen den Willen meiner Ehefrau ... geltend macht. Meine Ehefrau ist ferner berechtigt, die Erfüllung des Vermächtnisses von einem in schriftlicher Form erfolgenden Verzicht meines Sohnes ... auf die ihm zustehenden Pflichtteilsansprüche nach mir abhängig zu machen. Der Vermächtnisnehmer ist verpflichtet, meine Ehefrau mit dem Ergebnis von allen auf den Vermächtnisgegenstand bezogenen Verbindlichkeiten freizustellen, dass diese hierfür nicht mehr haftet.

Die mit der Vermächtniserfüllung verbundenen Kosten sowie etwaige Steuern trägt der Vermächtnisnehmer.

Der Vermächtnisnehmer ist im Wege des Untervermächtnisses verpflichtet, meiner Ehefrau ... das lebenslängliche Nießbrauchsrecht an dem vermachten Grundbesitz einzuräumen. Auf das Nießbrauchsrecht sollen die gesetzlichen Bestimmungen Anwendung finden mit der Maßgabe, dass die Nießbrauchsberechtigte sämtliche ordentlichen und außerordentlichen, privaten und öffentlichen Kosten, Lasten, Steuern sowie sämtliche Instandhaltungs- und Instandsetzungskosten zu tragen hat. Die Nießbrauchsberechtigte schuldet bei der Ausübung des Nießbrauchs nur diejenige Sorgfalt, die sie in eigenen Dingen anzuwenden pflegt.

Das Nießbrauchsrecht kann zur Ausübung Dritten nicht überlassen werden.

Soweit beim Anfall des Untervermächtnisses noch Verbindlichkeiten valutieren sollten, die zum Erwerb des Grundbesitzes oder zur Finanzierung von grundbesitzbezogenen Investitionen (einschließlich Erschließungskosten) eingegangen wurden, ist die Nießbraucherin verpflichtet, diese Verbindlichkeiten (Zins und Tilgung) vertragsgemäß zu erfüllen und den Vermächtnisnehmer von einer Inanspruchnahme im Innenverhältnis freizustellen. Kommt sie mit dieser Verpflichtung mehr als zwei Monate in Verzug, entfällt das Nießbrauchsrecht.

Schuldrechtlich beginnt das Nutzungsrecht der Nießbraucherin mit dem Erbfall. Das Nießbrauchsrecht ist an nächst offener Rangstelle in das Grundbuch mit dem Vermerk einzutragen, dass zu seiner Löschung der Nachweis des Todes der Berechtigten genügt.

§ 4 Verfügungen der Ehefrau

Ich, die Ehefrau, ..., setze hiermit meinen Ehemann, Herrn ..., zu meinem alleinigen Erben ein.

Mein Ehemann ist lediglich Vorerbe, als solcher jedoch von allen Beschränkungen und Verpflichtungen, von denen das Gesetz eine Befreiung zulässt, befreit.

Nacherbin ist meine Tochter ... aus erster Ehe.

[optional] Das zu § 2 Absatz 5 angeordnete Vermächtnis zugunsten der Nacherbin gilt entsprechend.

Sollte die vorgenannte Nacherbin vor mir und/oder der Vorerbin versterben oder aus einem sonstigen Grunde nicht zur Nacherbfolge gelangen, so sollen Ersatznacherben ihre Abkömmlinge (einschließlich Adoptivkindern) nach Stämmen zu gleichen Teilen und nach den Regeln der gesetzlichen Erbfolge sein.

Der Nacherbfall tritt ein mit dem Tode des Vorerben.

Nacherbenanwartschaftsrechte sind an den Vorerben veräußerbar; im Übrigen sind sie weder vererblich noch übertragbar. Im Falle der Veräußerung an den Vorerben entfallen alle ausdrücklichen, vermuteten oder schlüssigen Ersatznacherbeneinsetzungen bezüglich des betreffenden Nacherben.

Sollte mein Ehemann vor mir versterben oder aus einem anderen Grunde als Vorerbe wegfallen oder sollten wir gleichzeitig oder aufgrund desselben Ereignisses innerhalb von vier Wochen nacheinander versterben, so soll an seiner Stelle meine Tochter ... meine Alleinerbin sein. Als solche ist sie Vollerbin.

Sollte auch meine Tochter ... vor mir versterben oder aus einem sonstigen Grunde nicht zur Erbfolge gelangen, so sollen an ihrer Stelle ihre Abkömmlinge (einschließlich Adoptivkindern) nach Stämmen zu gleichen Teilen und nach den Regeln der gesetzlichen Erbfolge treten.

§ 5 Erbvertragliche Bindung, Anfechtungsausschluss, Sonstiges

Wir nehmen unsere vorstehenden Erklärungen über die gegenseitige Erbeinsetzung gemäß § 2 Absätze 1 und 2 sowie § 4 Absätze 1 und 2 mit erbvertraglicher Bindung gegenseitig an. Ferner unterliegt das Nießbrauchs-Untervermächtnis in § 3 zugunsten der Ehefrau erbvertraglicher Bindung. Auf die Bedeutung der erbvertraglichen Bindung sind wir vom Notar hingewiesen worden.

[Im Übrigen Text wie § 4 des Musters Rdn. 84; der Abänderungsvorbehalt ist auf beide Erblasser zu beziehen].

§ 6 Pflichtteilsverzicht, Ehevertrag

Wir verzichten hiermit wechselseitig auf unser gesetzliches Pflichtteilsrecht nach dem anderen Ehegatten und nehmen den Verzicht des jeweils anderen hiermit an. (bei vorbehaltenem Rücktrittsrecht:) Dieser Verzicht verliert seine Wirksamkeit, wenn ein Ehegatte von seinem Recht zum Rücktritt vom vorstehenden Erbvertrag wirksam Gebrauch gemacht hat.

(optional:) Weiter vereinbaren wir hiermit im Wege eines Ehevertrages, dass im Falle der Beendigung des für unsere Ehe geltenden gesetzlichen Güterstandes durch Tod eines Ehegatten die Durchführung des (güterrechtlichen) Zugewinnausgleichs gem. § 1371 Abs. 2 BGB ausgeschlossen ist.

3. Nacherbschaftsbeschränkung bei Erbeinsetzung von Kindern aus geschiedenen Ehen (»Geschiedenentestament«)

a) Sachverhalt und Interessenlage des Erblassers

E hat aus seiner geschiedenen Ehe eine Tochter T, die derzeit 24 Jahre alt, liiert, aber unverheiratet und derzeit noch kinderlos ist. E möchte diese Tochter zu seiner Alleinerbin einsetzen. Ihm ist der Gedanke schwer erträglich, dass nach seinem Tode im Rahmen einer Erbfolge nach seiner Tochter seine geschiedene Ehefrau in den Genuss seiner Vermögenswerte kommen könnte. **98**

b) Gestaltungsüberlegungen

Die meisten geschiedenen Ehegatten wünschen, dass der ehemalige Scheidungsgegner nicht vermittelt über den Erbfall eines gemeinsamen Kindes an seinem Nachlass partizipiert, sei es durch gesetzliche Erbfolge oder seine Pflichtteilsberechtigung.[131] Diese Geschiedenenkonstellation stellt einen klassischer Anwendungsfall der Nacherbschaftsbeschränkung dar (Fallgruppe 1 der Rdn. 59 – »Ausschlussfälle«). **99**

Da es dem Erblasser in keiner Weise auf den Erhalt von Vermögenswerten aus seinem Nachlass für die Nacherben ankommt und diese nur konstruktionsbedingt vonnöten sind, ist das als Erbe eingesetzte Kind in **weitest möglichem Umfang** von den Beschränkungen und Verpflichtungen eines Nacherben **zu befreien**. Im Einzelfall kann jedoch auch die Gefahr von »Kollusion« zwischen Kind geschiedenem Elternteil bestehen. Hier ist dann auf die Anordnungen von Befreiungen ggfs. zu verzichten. **100**

Auch im Übrigen sollte die Ausgestaltung der Nacherbschaftsbeschränkung so wenig belastend wie möglich für das Kind erfolgen.[132] Daraus erklärt sich das Bestreben, die Auswahl der Nacherben dem Vorerben selbst zu überlassen. Dies wird im Rahmen der sog. **Dieterle-Klausel**[133] dadurch erreicht, dass zu Nacherben diejenigen Personen bestimmt werden, die der Vorerbe zu seinen eigenen **101**

---

131 Reimann/Bengel/J.Mayer/*Limmer* A 366.
132 *Wagner*, ZEV 1997, 369, 370; Reimann/Bengel/J.Mayer/*Limmer*, A 367.
133 *Dieterle*, BWNotZ 1971, 14, 15 f.

Erben bestimmt. Solche Gestaltungen, für die in der Praxis ein erhebliches Bedürfnis besteht, stehen jedoch ganz offensichtlich in einem besonderen Spannungsverhältnis zu § 2065 Abs. 2 BGB. Ihre Zulässigkeit wurde gleichwohl lange einhellig bejaht, ist aber in jüngerer Zeit heftig umstritten. Die wohl noch h. M. in der Literatur lässt eine solche Gestaltung zu.[134] Allerdings haben sich mittlerweile zwei Obergerichte[135] für die Nichtigkeit einer solchen Klausel wegen Verstoßes gegen § 2065 BGB ausgesprochen. Ein **vorsichtiger Berater** sollte daher von einer solchen Gestaltung **abraten**.[136]

102 Stattdessen hat der Erblasser selbst den **Kreis der Nacherben** zu bestimmen. Zu Nacherben können etwa die Abkömmlinge des Erben bestimmt werden. Für den Fall, dass dieser kinderlos verstirbt, sollte jedenfalls ersatzweise auf den größeren Kreis der gesetzlichen Erben des Kindes abgestellt werden. Dabei sind die nicht gewünschten Personen (geschiedener Elternteil sowie dessen Familie) vom erbberechtigten Kreis auszuschließen.[137] Zu beachten ist, dass in der Person der Enkelkinder wiederum die Gefahr besteht, dass im Wege gesetzlicher Erbfolge Nachlassgegenstände an den geschiedenen Ehegatten als Großelternteil fallen können. Daher ist im Falle der Bestimmung der Abkömmlinge des Kindes zu Nacherben auch diesen wiederum der Status von Vorerben zuzuweisen. Hierbei ist allerdings die Zeitgrenze des § 2109 BGB zu beachten. Werden »die Abkömmlinge« des Kindes oder seine gesetzlichen Erben zu Nacherben bestimmt, so ergibt sich wiederum zwingend das Problem der »**unbekannten Nacherben**« (s. Rdn. 17): Jedenfalls für unentgeltliche Verfügungen über Nachlassgegenstände ist dann die Zustimmung eines Pflegers gemäß § 1913 BGB erforderlich, die praktisch nicht zu erlangen ist. Um Handlungsfähigkeit auf Seiten der unbekannten Nacherben herzustellen, ist dann eine Nacherbenvollstreckung gemäß § 2222 BGB anzuordnen. Wird die Nacherbschaft durch das Vorhandensein eigener Abkömmlinge des Kindes auflösend bedingt (s. Rdn. 104), so scheiden diese naturgemäß als Nacherben aus. Hier hat der Erblasser andere Personen zu bestimmen.

103 Wenn der Krisenfall eintritt und das Kind von dem geschiedenen Elternteil als gesetzlichem Erben beerbt wird, ist es besonders wichtig, dass der Nacherbe die Gegenstände, die der Nacherbfolge unterliegen eindeutig identifizieren kann und insoweit Beweis führen kann. Daher ist hier eine vermächtnisweise Verpflichtung des Vorerben, den der Nacherbschaft unterliegenden Nachlass unterscheidbar zu halten, besonders empfohlen (vgl. Rdn. 67).

104 Das Risiko, vor dem die Gestaltung Schutz bieten will und auch effektiv zu bieten vermag – das Beerben des Kindes durch seinen Elternteil –, ist in der Praxis recht gering.[138] Angesichts dessen wirken die Folge der lebenslangen Beschränkung durch die (wenn auch befreite) Vorerbschaft, insbesondere der Ausschluss eigenen Vererbens der Nachlassgegenstände, besonders belastend.[139] Es stellt sich daher stets die Frage nach der **Verhältnismäßigkeit der Belastung für das Kind**. Daher ist besonderes Augenmerk auf die Möglichkeiten zu richten, die **Nacherbschaftsbeschränkung auflösend zu bedingen**:[140]
– Die Nacherbschaftsbeschränkung kann durch den **Tod des geschiedenen Ehegatten** auflösend bedingt werden.[141] Damit entfällt der Grund für die Gestaltung, sofern sich der Ausschlusswille des Erblassers auf den geschiedenen Ehegatten beschränkt. Erstreckt er sich hingegen auch auf dessen etwaige weitere Kinder, die als Halbgeschwister des erbenden Kindes nach diesem gesetzlich erbberechtigt wären, scheidet diese Lösung aus.

---

134 Staudinger/*Otte*, § 2065 Rn. 16; *Ivo*, DNotZ 2002, 260, 263 ff.
135 OLG Frankfurt a. M., Beschl. v. 10.12.1999 – 20 W 224/97, DNotZ 2001, 143, 144 ff.; OLG Hamm, Beschl. v. 24.8.2006 – 15W 66/06, JMBl. NRW 2006, 56, 57 f. = MDR 2007, 663.
136 *Kanzleiter*, DNotZ 2001, 149, 150; *J.Mayer*, ZErb 2001, 197, 205.
137 *Reimann/Bengel/J.Mayer/Limmer* A 367.
138 *Wagner*, ZEV 1997, 369, 370.
139 *Wagner*, ZEV 1997, 369, 370.
140 *N.Mayer*, ZEV 1996, 104, 106; *Nieder/Kössinger*, § 21 Rn. 41.
141 *Busse*, MittRhNotK 1998, 225, 236.

- Es kann weiter an die **Errichtung einer Verfügung von Todes** wegen durch das Kind angeknüpft werden, in dem der geschiedene Elternteil enterbt ist.[142] Dieser Umstand wäre dann durch Vorlage der Verfügung beim Nachlassgericht nachzuweisen. Hier bleibt jedoch einerseits das Risiko, dass diese Verfügung später geändert wird oder wegen Gegenstandslosigkeit doch gesetzliche Erbfolge eintritt. Andererseits bleibt, falls das Kind keine eigenen Abkömmlinge hat, ein Pflichtteilsrecht des geschiedenen Ehegatten erhalten, das immerhin eine mittelbare Teilhabe an Nachlassgegenständen des Erblassers gewährt.
- Schließlich kann die Nacherbschaftsbeschränkung entfallen, wenn dem Kind ein **eigener Abkömmling geboren** wird.[143] In diesem Fall sind gesetzliches Erb- und Pflichtteilsrecht des geschiedenen Ehegatten ausgeschlossen (§§ 1924, 1925, 1930 BGB). Der Gestaltungsgrund ist entfallen. Allerdings bleibt das Risiko, dass das Kind den geschiedenen anderen Elternteil durch Verfügung von Todes wegen bedenkt. Dieses Risiko ist jedoch bei Vorhandensein eigener Abkömmlinge in der Praxis eher theoretisch. Es besteht jedoch die (entfernte) Möglichkeit, dass der Abkömmling des Kindes später seinerseits vorversterben und damit das gesetzliche Erbrecht des geschiedenen Ehegatten wieder aufleben könnte.[144] Hierauf ist der Erblasser eindringlich hinzuweisen. Erfahrungsgemäß neigen Erblasser jedoch dazu, dieses Restrisiko gering zu achten und in Kauf zu nehmen.

Soll einer der vorstehend dargestellten Umstände zur auflösenden Bedingung erhoben werden, so ist der Erblasser unmissverständlich darauf hinzuweisen, dass er mit der gewünschten Abmilderung der Folgen der Nacherbschaftsbeschränkung für sein Kind zugleich auch die Effektivität der Regelung in gewissem Umfang reduziert. Dies gilt es für den Erblasser abzuwägen. **105**

Ist der Erblasser zu einer Schwächung seiner Schutzkonstruktion, die mit der auflösenden Bedingtheit der Nacherbschaftsbeschränkung unvermeidlich verbunden ist, nicht bereit, bleiben **Alternativgestaltungen**: Einerseits ist eine Drittbestimmung des Endbedachten über eine Vermächtnislösung gemäß § 2151 BGB möglich.[145] Andererseits kann das Kind mit durch seinen Tod **aufschiebend bedingten Herausgabevermächtnissen** beschwert werden. Diese verpflichten im Ergebnis die vom Erblasser auszuschließenden Personen, sollten ihnen Nachlassgegenstände zufallen, diese an bestimmte Personen herauszugeben[146] (siehe eingehend zum Herausgabevermächtnis Abschnitt B Rdn. 260 ff.). Beide Varianten vermeiden bereits im Ansatz die Einschränkungen, denen das Kind bei der Vor- und Nacherbschaft unterliegt und sind daher tendenziell **vorzugswürdig**. **106**

In Betracht kommt auch eine **Kombinationslösung**:[147] Für Zeiten, in denen die Gefahr der indirekten Teilhabe des geschiedenen Ehegatten und seiner etwaigen weiteren Kinder aus einer neuen Beziehung besonders groß sind, nämlich zu Lebzeiten des geschiedenen Ehegatten, kann die sichere Nacherbschaftskonstruktion gewählt werden. Lebt der geschiedene Ehegatte nicht mehr und droht ein Erwerb durch etwaige Halbgeschwister mangels Pflichtteilsberechtigung nur noch in geringfügigem Umfang, wäre die »Geschiedenensicherung« über das weniger belastende Herausgabevermächtnis zu verwirklichen. **107**

Die **Vererblichkeit des Nacherbenanwartschaftsrechts** sollte vorsichtshalber ausgeschlossen werden, damit dieses nicht im Wege der Rechtsnachfolge von Todes wegen an die nicht erwünschten Personen fallen kann.[148] Ob auch die **Veräußerbarkeit der Anwartschaft** ausgeschlossen werden sollte, ist Frage des Einzelfalls. Soweit nicht das Risiko besteht, dass durch Übertragungen auf den Vorerben die Ziele des Erblassers unterlaufen werden, sollte im Interesse größerer Flexibilität die Veräußerung an diesen zugestanden werden. **108**

---

142 *N. Mayer*, ZEV 1996, 104, 106.
143 *Nieder/Kössinger*, § 21 Rn. 41.
144 Gegen diese Gestaltung daher *Busse*, MittRhNotK 1998, 225, 236.
145 *Nieder/Kössinger*, § 10 Rn. 74; *Kanzleiter*, DNotZ 2001, 149, 152.
146 *Nieder*, ZEV 1994, 156, 159.
147 Grundlegend *Nieder*, ZEV 1994, 156, 159; *Busse*, MittRhNotK 1998, 225, 236.
148 *Reimann/Bengel/J.Mayer/Limmer* A 372; *Busse*, MittRhNotK 1998, 225, 233.

Kapitel 5 Sicherung der Erwerbsaussichten für Endbedachte

109 Ist das als Erbe einzusetzende Kind noch minderjährig, kann der Erblasser für den Fall seines Todes Sorge dafür tragen, dass der geschiedene Ehegatte nicht im Wege der ihm dann allein zustehenden elterlichen Sorge den Nachlass des Erblassers verwaltet. Dies geschieht durch die **Anordnung gem. § 1638 BGB**, wonach sich die Vermögenssorge nicht auf die Nachlassgegenstände erstreckt.

110 ▶ **Muster:**

[notarieller Urkundseingang]

§ 1 Verhältnis zu früheren Verfügungen

Ich widerrufe hiermit vorsorglich alle meine früheren Verfügungen von Todes wegen.

§ 2 Erbeinsetzung

Ich setze hiermit mein einziges Kind, meine Tochter ..., zu meiner alleinigen Erbin ein. Meine Tochter ... ist lediglich Vorerbin, als solche jedoch von allen Beschränkungen und Verpflichtungen, von denen das Gesetz eine Befreiung zulässt, befreit.

Nacherben sind die gesetzlichen Erben meiner Tochter zu ihren gesetzlich vorgesehenen Anteilen, wobei meine geschiedene Ehefrau ... als ihre Mutter sowie deren sämtliche Verwandte vom Kreis der Nacherben ausgeschlossen sind.

Ungeachtet ihrer weitest möglichen Befreiung von gesetzlichen Beschränkungen und Verpflichtungen einer Vorerbin ist sie im Wege des Vermächtnisses zugunsten der Nacherben verpflichtet, das der Nacherbschaftsbeschränkung unterliegende Vermögen von ihrem Vermögen aus der Perspektive eines Dritten unterscheidbar zu halten. Insbesondere hat sie Geldvermögen auf getrennten Konten zu verwalten und Surrogationsvorgänge durch das Führen geeigneter Unterlagen kenntlich zu machen. (optional:) Ist zwischen der Vorerbin bzw. ihren Erben und den Nacherben streitig, ob ein Gegenstand zum Eigenvermögen der Vorerbin gehört oder aber der Nacherbschaft unterliegt, trägt die Beweislast für die Zugehörigkeit des Gegenstandes zu ihrem Eigenvermögen die Vorerbin.

Der Nacherbfall tritt ein mit dem Tod der Vorerbin.

Nacherbenanwartschaftsrechte sind weder vererblich noch veräußerbar. (alternativ:) Nacherbenanwartschaftsrechte sind an die Vorerbin veräußerbar; im Übrigen sind sie weder vererblich noch übertragbar. Im Falle der Veräußerung an die Vorerbin entfallen alle ausdrücklichen, vermuteten oder schlüssigen Ersatznacherbeneinsetzungen bezüglich des betreffenden Nacherben.

Sollte meine Tochter ... vor mir versterben oder aus einem anderen Grunde als Vorerbin wegfallen, so berufe ich ihre Abkömmlinge nach Stämmen zu gleichen Teilen zu Ersatzerben. Sollten weder meine Tochter noch Abkömmlinge von ihr zur Erbfolge gelangen, so ist mein Schulfreund ... alleiniger Ersatzerbe, und zwar als Vollerbe.

Soweit Abkömmlinge meiner Tochter ... zur Nacherbfolge gelangen oder meine Ersatzerben sind, gelten für sie jeweils die Beschränkungen der Nacherbschaft gemäß den vorstehenden Absätzen entsprechend. Die zeitliche Schranke des § 2109 BGB bleibt unberührt.

Sämtliche vorstehend angeordneten Nacherbschaftsbeschränkungen sind für jeden Vorerben dadurch auflösend bedingt, dass ihm ein eigener Abkömmling geboren wird oder er einen solchen adoptiert. Mit Eintritt der Bedingung ist der betreffende Vorerbe Vollerbe. Mir ist bewusst, dass wiederum ein erbrechtlicher Erwerb von Gegenständen meines Nachlasses oder von Pflichtteilsansprüchen durch meine geschiedenen Ehefrau in Betracht kommt, wenn der Abkömmling meiner Tochter später verstirbt oder meine Tochter meine geschiedene Ehefrau durch Verfügung von Todes wegen bedenkt.

§ 3 Nacherbentestamentsvollstreckung

In Ansehung sämtlicher Nacherben ordne ich Nacherbentestamentsvollstreckung gemäß § 2222 BGB an. Die Aufgabe des Testamentsvollstreckers ist es, die gesetzlichen Rechte der Nacherben wahrzunehmen und deren Pflichten zu erfüllen. Die Testamentsvollstreckung erlischt mit Eintritt der auflösenden Bedingung gemäß § 2 Absatz 8, im Übrigen in Ansehung der betreffenden Nacherben mit Eintritt des Nacherbfalls.

Zum Testamentsvollstrecker, ausgestattet mit dem Recht einen Nachfolger im Amt zu benennen, bestimme ich ... Weitere Ersatztestamentsvollstrecker soll bei Bedarf das Nachlassgericht benennen. ... erhält als Testamentsvollstrecker keine Vergütung, wohl aber Ersatz seiner Kosten und Auslagen. Andere Testamentsvollstrecker können eine angemessene Vergütung verlangen, die sich nach den Vorschlägen des Deutschen Notarvereins (Neue Rheinische Tabelle zur Testamentsvollstreckung) richten soll. Bei Meinungsverschiedenheiten entscheidet der Präsident derjenigen Notarkammer als Schiedsgutachter für beide Seiten verbindlich, in dessen Bereich sich das Nachlassgericht befindet.

Der Testamentsvollstrecker soll sich bei der Wahrnehmung seiner Aufgaben im Rahmen seines pflichtgemäßen Ermessens nach den Wünschen der jeweils aktuell vorhandenen Nacherben richten.

§ 4 Anfechtungsausschluss, Sonstiges

[Text wie in § 4 des Musters Rdn. 75]

[Verlesungsvermerk]

4. Nacherbschaftsbeschränkung lediglich bezüglich Einzelgegenständen (»gegenständlich beschränkte Nacherbfolge«)

a) Sachverhalt und Interessenlage des Erblassers

Die Erblasserin möchte ihren Ehemann als Vorerben, ihre gemeinsame Tochter als Nacherbin einsetzen. Die Wirkung der Nacherbschaft soll jedoch nicht hinsichtlich ihres Gesamtnachlasses, sondern lediglich hinsichtlich ihres werthaltigen, von ihren Eltern ererbten Grundbesitzes bestehen. Allein auf dieses beschränkt sich ihr Interesse am Erhalt für die endbedachte Tochter. 111

b) Gestaltungsüberlegungen

Der Wunsch des Erblassers kann dahin gehen, einen **Einzelgegenstand** über die nach § 2136 BGB mögliche Befreiung hinaus gänzlich aus der Nacherbschaftsbeschränkung auszunehmen oder umgekehrt nur einen Gegenstand der Nacherbschaftswirkung zu unterstellen. Letzteres kann z. B. nur bezüglich eines bestimmten Grundstücks oder eines Unternehmen gewünscht sein. Mit dem Mittel der Erbeinsetzung ist dieses Ziel nicht erreichbar. Der Grundsatz der Universalsukzession (§§ 1922, 2087 BGB) steht einer Erbfolge in Einzelgegenstände entgegen.[149] Die Anordnung einer Nachfolge in Einzelgegenstände ist jedoch gemäß §§ 2087 Abs. 2, 2174 BGB durch Vermächtnis möglich. Diese Möglichkeit besteht, wie § 2110 Abs. 2 BGB belegt, auch bei der Vor- und Nacherbschaft. Diese Bestimmung zeigt, dass es in der Macht des Erblassers steht, durch entsprechende Anordnung Einzelgegenstände der beschränkenden Wirkung der Nacherbschaft durch Anordnung eines **Vorausvermächtnisses** zu entziehen. Nach dieser Norm kann der Erblasser verfügen, dass der im Wege des Vorausvermächtnisses dem Vorerben zugewandte Gegenstand dem Nacherben nicht gemäß § 2139 BGB an und ist folglich auch nicht an ihn gemäß § 2130 BGB heraus zu geben ist.[150] 112

Der **alleinige Vorerbe** erwirbt den vorausvermächtnisweise vermachten Gegenstand **stets und zwingend vorerbschaftsfrei**, ohne dass es hierzu eines dinglichen Aktes der Vermächtnisvollziehung bedürfte.[151] Bei eingesetzten Mit-Vorerben bedarf es freilich zu einem vorerbschaftsfreien Erwerb in das Eigenvermögen des bedachten Mitvorerben des Vermächtnisvollzugs.

Durch Anordnung eines Vorausvermächtnisses ist also die **gegenständliche Beschränkung der Nacherbschaftswirkung** im Ergebnis erreichbar. Dabei kann auch durch eine Bündelung von Vermächtnisanordnungen der Gesamtnachlass mit Ausnahme eines Gegenstandes, einer Vermögensgruppe (Grundbesitz) oder Sachinbegriffes (Unternehmen) vorausvermächtnisweise zugewandt wer-

---

149 Palandt/*Weidlich*, § 2100 Rn. 2, zu bestehenden Ausnahmen: § 1922 Rn. 11
150 Palandt/*Weidlich*, § 2110 Rn. 2, MünchKommBGB/*Grunsky*, § 2110 Rn. 3.
151 BGHZ 32, 60, 62; eingehend zur Herleitung dieses Ergebnisses *Sonntag*, ZEV 1996, 450 ff.

den und so die Nacherbschaftswirkung auf Einzelgegenstände beschränkt werden. Die Bündelung von Einzelzuwendungen steht dabei der Annahme eines Vermächtnisses nicht entgegen.[152]

113 Unterfällt ein Gegenstand – gleich, ob beim alleinigen Vorerben automatisch oder bei Mitvorerben nach dinglichem Vollzug des Vorausvermächtnisses – nicht mehr der Nacherbschaftsbeschränkung, ist dies im **Erbschein** zum Ausdruck zu bringen.[153] Demgegenüber ist es angesichts der eingetretenen **gegenständlichen Beschränkung des Nacherbenrechts** sachlich **verfehlt**, wenn vereinzelt vorgeschlagen wird, dem Wertverhältnis des der Nacherbschaft unterliegenden Nachlasses zu den dem Vorausvermächtnis unterfallenden Nachlassgegenständen zusätzlich durch eine **Quotenbildung** im Rahmen des Erbscheins Ausdruck zu verleihen.[154]

114 Ist Gegenstand des Vorausvermächtnisses ein Grundstück, ist die Eintragung eines **Nacherbenvermerkes** mangels Nachlasszugehörigkeit unzutreffend, daher unzulässig.[155] Das Vorausvermächtnis ist in seinem Bestand von der Erbenstellung unabhängig, kann daher auch angenommen werden, wenn die Vorerbschaft ausgeschlagen wird.[156] Sollte eine solche Freiheit vom Erblasser nicht gewünscht werden, wäre das Vorausvermächtnis durch die Ausschlagung der Erbschaft auflösend zu bedingen.

115 Ob der Vorerbe in Anbetracht der Gegenstände, die der Nacherbschaft unterfallen, gemäß § 2136 BGB von Beschränkungen befreit werden soll, ist Sache der Interessenlage im Einzelfall.

116 Eine **Gestaltungsalternative** zur »gegenständlich beschränkten Vorerbschaft« besteht, insbesondere bei der auf einen Gegenstand beschränkten Nacherbschaftsbeschränkung, in einer Vollerbeneinsetzung des Erben, verbunden mit einem auf dessen Tod aufschiebend bedingten **Herausgabevermächtnisses** betreffend diesen weiter zu gebenden Gegenstand (dazu ausführlich Rdn. 190 ff. u. Abschn. B Rdn. 260 ff.). Bei dieser Alternativgestaltung genießt der Endbedachte jedoch über die §§ 2177, 2179 BGB einen allein schuldrechtlich wirkenden Schutz, der allerdings durch das vermächtnisweise Zuwenden eines Anspruchs auf Eintragung einer Vormerkung (§ 883 BGB)[157] oder auf aufschiebende bedingte Übertragung des Gegenstandes in Erfüllung des Vermächtnisses (§ 161 BGB)[158] ausgedehnt werden kann. Diese Alternativgestaltung kommt insbesondere in Betracht, wenn die Zielsetzung nicht der möglichst sichere Erhalt des betreffenden Gegenstandes für den Endbedachten ist, sondern dieser nur – unter Umgehung der Erben des Erben – dasjenige erhalten soll, was im Zeitpunkt des Todes des Erben noch übrig ist. Eine Alternativgestaltung stellt das aufschiebend bedingte Herausgabevermächtnis daher primär für den Fall der befreiten Vorerbschaft dar. Im Verhältnis zur gegenständlich beschränkten Nacherbfolge »in den Überrest« stellt das aufschiebend bedingte Herausgabevermächtnis die während der Vorerbschaft weniger komplexe, jedoch wegen des Erfordernisses der Vermächtniserfüllung kostenintensivere und umständlichere Variante dar. Als Alternative weniger geeignet erscheint das aufschiebend bedingte Herausgabevermächtnis dagegen in den Fällen der nicht befreiten Vorerbschaft, in denen es dem Erblasser auf den Erhalt des Einzelgegenstandes für den Endbedachten ankommt. In diesen Interessenlagen ist demgegenüber das **Vermächtnis** des Einzelgegenstandes zugunsten des Endbedachten **mit einem Nießbrauchs-Untervermächtnis** zugunsten des Erben die Gestaltungsalternative zur gegenständlich beschränkten (nicht befreiten) Vorerbschaft.

---

152 Palandt/*Weidlich*, § 2087 Rn. 6.
153 KG JFG 21, 122; OLG München, Beschl. v. 1.10.2014 – 31 Wx 314/14, MDR 2014, 1328; Palandt/*Weidlich*, § 2110 Rn. 2.
154 So BayObLGZ 1965, 458, 465; Graf, Nachlassrecht, 10. Aufl., Rdnr. 4.283; dag. zurecht OLG München, Beschl. v. 1.10.2014 – 31 Wx 314/14, MDR 2014, 132.
155 OLG München JFG 23, 300, 302; Palandt/*Weidlich*, § 2110 Rn. 2.
156 *Lange/Kuchinke*, § 29 V 1d Fn. 168.
157 BayObLG Rpfleger 1981, 190; *Zawar*, DNotZ 1986, 515, 525 f.
158 MünchKommBGB/*Schlichting*, § 2179 Rn. 4.

▶ **Muster:**

[Notarieller Urkundseingang]

§ 1 Vor- und Nacherbschaft

Ich, ..., setze hiermit meinen Ehemann ... zu meinem alleinigen Erben ein.

Er ist lediglich Vorerbe. (optional:) Als solcher ist er jedoch von allen Beschränkungen und Verpflichtungen, von denen das Gesetz eine Befreiung zulässt, befreit.

Nacherbin ist unsere gemeinsame Tochter ...

Sollte die vorgenannte Nacherbin vor mir und/oder dem Vorerben versterben oder aus einem sonstigen Grunde nicht zur Nacherbfolge gelangen, so sollen Ersatznacherben ihre Abkömmlinge (einschließlich Adoptivkindern) nach Stämmen zu gleichen Teilen und nach den Regeln der gesetzlichen Erbfolge sein.

(optional:) Ungeachtet seiner weitest möglichen Befreiung von gesetzlichen Beschränkungen und Verpflichtungen eines Vorerben ist dieser im Wege des Vermächtnisses zugunsten der Nacherben verpflichtet, das der Nacherbschaftsbeschränkung unterliegende Vermögen von seinem Vermögen aus der Perspektive eines Dritten unterscheidbar zu halten. Insbesondere hat er Geldvermögen auf getrennten Konten zu verwalten und Surrogationsvorgänge durch das Führen geeigneter Unterlagen kenntlich zu machen. (optional:) Ist zwischen Vorerben bzw. seinen Erben und den Nacherben streitig, ob ein Gegenstand zum Eigenvermögen des Vorerben gehört oder aber der Nacherbschaft unterliegt, trägt die Beweislast für die Zugehörigkeit des Gegenstandes zu seinem Eigenvermögen der Vorerbe.

Der Nacherbfall tritt ein mit dem Tode des Vorerben.

Nacherbenanwartschaftsrechte sind an den Vorerben veräußerbar; im Übrigen sind sie weder vererblich noch übertragbar. Im Falle der Veräußerung an den Vorerben entfallen alle ausdrücklichen, vermuteten oder schlüssigen Ersatznacherbeneinsetzungen bezüglich des betreffenden Nacherben.

Sollte der Vorerbe vor mir versterben oder aus einem anderen Grunde als Vorerbe wegfallen, so soll an seiner Stelle unsere Tochter ... meine Alleinerbin sein. Sie ist in diesem Falle Vollerbin. Weitere Ersatzerben sind ihre Abkömmlinge (einschließlich Adoptivkindern) nach Stämmen zu gleichen Teilen und nach den Regeln der gesetzlichen Erbfolge.

§ 2 Vorausvermächtnis

Im Wege des Vorausvermächtnisses erhält mein Ehemann ... alle Nachlassgegenstände, die nicht Grundbesitz darstellen oder solchem rechtlich gleichstehen. Diese Gegenstände sollen ihm somit ohne die Beschränkungen der Nacherbschaft zur freien Verfügung zustehen. Nur der im Nachlass vorhandene Grundbesitz sowie grundbesitzähnliche Gegenstände unterliegen somit im Ergebnis der Beschränkung der Nacherbschaft gemäß § 1 Absatz 2.

Das Vorausvermächtnis ist höchstpersönlich; es entfällt ferner, wenn mein Ehemann gleichzeitig mit mir verstirbt oder wir aufgrund desselben Ereignisses innerhalb von vier Wochen nacheinander nacheinander versterben.

[allgemeine Regelungen und Verlesungsvermerk wie Muster Rdn. 75]

5. Vorausvermächtnis zugunsten eines Vorerben

a) Sachverhalt und Interessenlage des Erblassers

Die Erblasserin möchte ihre beiden Kinder zu gleichen Teile als Erben einsetzen. Ihr Sohn soll jedoch wegen seiner vielfältig vorhandenen nichtehelichen Kinder, die vom Vermögen der Erblasserin ausgeschlossen werden sollen, nur befreiter Vorerbe sein, seine Schwester hingegen Vollerbin. Die Erblasserin verfügt neben umfangreichem sonstigem Vermögen über zwei Einfamilienhäuser. Jedes der Kinder bewohnt eines von diesen. Jedes der Kinder soll das von ihm bewohnte im Wege des Vorausvermächtnisses erhalten. Dabei soll das dem Sohn zugeordnete Haus weiterhin der Nacherbschaft unterliegen.

b) Gestaltungsüberlegungen

119 Auch im Falle der Belastung mit Nacherbschaft kann der Erblasser einem vom mehreren Erben im Wege des Vorausvermächtnisses Gegenstände zuwenden. Dabei kann es dem Erblasserwillen entsprechen, dass bei einer Erbengemeinschaft einem Vorerben nicht nur im Wege einer Teilungsanordnung, sondern im Wege des Vorausvermächtnisses ein Gegenstand zugeordnet wird. Im Falle der Teilungsanordnung ist durch § 2111 BGB gewährleistet, dass der dem Vorerben zugeordnete Gegenstand weiterhin der Nacherbschaft unterliegt. Fraglich ist, ob dies auch bei einem Gegenstand der Fall sein kann, der dem Vorerben im Wege des Vollzugs eines Vorausvermächtnisses übertragen wird. § 2110 Abs. 2 BGB scheint mit seiner Bestimmung, dass sich das Nacherbenrecht »im Zweifel« nicht auf das Vorausvermächtnis bezieht, eine **Wahlmöglichkeit des Erblassers** vorauszusetzen, den Gegenstand des Vorvermächtnisses entweder der Nacherbschaft zu unterstellen oder dieser Beschränkung zu entziehen.[159] Im letzteren Fall führte der Erwerb des Gegenstandes durch einen von mehreren Mit-Vorerben im Ergebnis nur zur Zuweisung der alleinigen Nutzung für die Dauer der Vorerbschaft an dem betreffenden Mit-Vorerben, während der Gegenstand bei Eintritt des Nacherbfalles dem Nacherben mit dem übrigen Nachlass anfällt.[160] Diese Auffassung gesteht es dem Erblasser zu, kraft seines Gestaltungswillens, den an sich durch Vorausvermächtnisvollzug aus der Nacherbschaftbindung herausfallenden Gegenstand der Nacherbschaftswirkung zu unterstellen. Die im Zunehmen begriffene Gegenmeinung verweist auf die Gesetzgebungsgeschichte, wonach in den Motiven nicht bezweifelt wurde, dass der Erwerb durch den Vorerben nacherbschaftsfrei erfolge.[161] Eine Erstreckung der Nacherbschaftswirkung auf den Vorausvermächtnisgegenstand komme nicht in Betracht.[162] Die **Frage** muss daher als **offen** angesehen werden.

120 Bei solch unsicherer Rechtsgrundlage sollte die Gestaltung immer den sichersten Weg gehen und eine **Nachvermächtnisanordnung**[163] vorsehen.

Bei dieser Alternativgestaltung genießt der Nacherbe jedoch in Ansehung des Vorausvermächtnisgegenstandes über die §§ 2177, 2179 BGB einen allein schuldrechtlich wirkenden Schutz. Dieser kann allerdings durch das vermächtnisweise Zuwenden eines Anspruchs auf Eintragung einer Vormerkung (§ 883 BGB)[164] oder auf aufschiebende bedingte Übertragung des Gegenstandes in Erfüllung des Vermächtnisses (§ 161 BGB)[165] ausgedehnt werden. Will man hiervon, gerade bei befreiter Vorerbschaft, nicht Gebrauch machen, ist die **Position des Nacherben insgesamt ungesicherter**. Insbesondere wird die Pflichtteilsfestigkeit der Gestaltung zwar von der ganz h. M. angenommen, ist aber nicht unumstritten und von der Rechtsprechung nicht bestätigt (zum Nachvermächtnis ausführlich Kap. V. B. II., Rdn. 326 ff.). Daher sollte man sich nicht auf die Gestaltung des Nachvermächtnisses beschränken, sondern dieses hilfsweise anordnen.

---

159 So auch die bisher h. M.: *Flad*, DGWR 1937, 233 ff.; *Ludwig*, DNotZ 2001, 102, 113; Staudinger/*Avenarius*, § 2110 Rn. 4, 10; Soergel/*Harder/Wegmann*, § 2110 Rn. 2; *v.Dickhuth-Harrach*, Handbuch der Erbfolgegestaltung, 2011, § 23 Rn. 70.
160 Bamberger/Roth/*Litzenburger*, § 2110 Rn. 2.
161 Mot. V. S. 567.
162 *Nolting*, Die Befreiung des Vorerben über § 2136 BGB hinaus, 2003, S. 127 ff.; Staudinger/*Otte*, § 2150 Rn. 4; Palandt/*Weidlich*, § 2110 Rn. 2.
163 Palandt/*Weidlich*, § 2110 Rn. 2.
164 BayObLG Rpfleger 1981, 190; *Zawar*, DNotZ 1986, 515, 525 f.
165 MünchKommBGB/*Schlichting*, § 2179 Rn. 4.

▶ **Muster:**

[Notarieller Urkundseingang]

[§ 1 Erbeinsetzung der Kinder, Nacherbschaftsbeschränkung für den Sohn]

§ 2 Vorausvermächtnisse

Ich bin Eigentümerin des in den Grundbüchern des Amtsgerichts ... von
a) ... Blatt ... (Ulmenweg 6),
b) ... Blatt ... (Erlenweg 5)

eingetragenen Grundbesitzes.

Für den Fall, dass sich der gesamte vorstehend näher bezeichnete Grundbesitz im Zeitpunkt meines Todes noch in meinem Eigentum befindet, treffe ich die nachfolgenden Vorausvermächtnisanordnungen:

Mein vorgenannter Sohn ... erhält den Grundbesitz Ulmenweg 6.

Meine vorgenannte Tochter ... erhält den Grundbesitz Erlenweg 5.

Der jeweilige Erwerber hat alle im Zeitpunkt des Erbfalls vorhandenen, im Grundbuch eingetragenen und nicht eingetragenen dinglichen Belastungen und etwaige durch diese gesicherten und auf den betreffenden Grundbesitz bezogenen Verbindlichkeiten zur Entlastung der Erbengemeinschaft zu übernehmen.

Wegen etwaiger Wertunterschiede zwischen den den einzelnen Erben zugewiesenen Werten findet ein Ausgleich zwischen den Erben nicht statt. Keiner der Erben hat sich den zugewendeten Grundbesitz auf seine Erbquote anrechnen zu lassen.

Entgegen der Bestimmung in § 2110 Absatz 2 BGB soll der meinem Sohn ... im Wege des Vorausvermächtnisses zugewandte Grundbesitz weiterhin der Beschränkung der Nacherbschaft unterliegen.

Hilfsweise – für den Fall, dass diese Zuordnung des Vorausvermächtnisgegenstandes zu dem der Nacherbschaft unterliegenden Vermögen nicht möglich sein sollte – belaste ich meinen Sohn ... mit folgendem Nachvermächtnis betreffend den Grundbesitz Ulmenweg, das mit seinem Tode anfällt:

Ich vermache diejenigen Vermögenswerte, die im Zeitpunkt seines Todes von dem Vorausvermächtnisgegenstand in dessen Nachlass noch vorhanden sind im Wege des Nachvermächtnisses seinen beiden Kinder ... und ... zu gleichen Teilen. Ersatznachvermächtnisnehmer sind jeweils die Abkömmlinge (einschließlich Adoptivkindern) des jeweiligen Nachvermächtnisnehmers nach Stämmen zu gleichen Teilen und nach den Regeln der gesetzlichen Erbfolge.

Dem Nachvermächtnisnehmer gebührt nur der Überrest dessen, was vom Vermächtnisgegenstand bei Anfall des Nachvermächtnisses noch übrig ist.

Zusätzlich sind dem Nachvermächtnisnehmer jedoch im Rahmen eines gesonderten aufschiebend bedingten Unter- und Verschaffungsvermächtnisses die Ersatzgegenstände (Surrogate entsprechend § 2111 BGB) vermacht, die an die Stelle des Vorvermächtnisgegenstandes getreten sein sollten.

Bis zum Anfall des Nach-/Untervermächtnisses soll mein Sohn ... frei wie ein von alle Verpflichtungen und Beschränkungen befreiter Vorerbe über den Vorausvermächtnisgegenstand sowie seine etwaigen Surrogate (entsprechend § 2111 BGB) entgeltlich verfügen können. Der Nachvermächtnisnehmer ist nicht berechtigt, irgendwelche Sicherheiten für die Erfüllung seines bedingten Vermächtnisanspruches (z. B. Auflassungsvormerkung) zu verlangen. Der Vorausvermächtnisnehmer soll ferner, soweit dies gesetzlich möglich ist, von seinen schuldrechtlichen Verpflichtungen gegenüber den Nachvermächtnisnehmern (etwa gerichtet auf ordnungsgemäße Verwaltung) – auch soweit sie die Surrogate betreffen – befreit sein. Die dem Nach-/Untervermächtnis unterfallenden Gegenstände sind in dem Zustand geschuldet, in dem sie sich bei Erfüllung des Nach-/Untervermächtnisses befinden.

Bis zum Anfall des Nach-/Untervermächtnisses stehen die Nutzungen der vermachten Gegenstände dem Beschwerten zu.

Ein Ersatz von Verwendungen auf vermachte Gegenstände durch den Nach-/Untervermächtnisnehmer findet nicht statt.

Die Anwartschaft des betreffenden Nachvermächtnisnehmers ist weder veräußerlich noch vererblich.

[§ 5 Anfechtungsausschluss, Sonstiges und Verlesungsvermerk wie § 4 und Verlesungsvermerk bei Muster Rdn. 75.]

6. Die Wiederverheiratungsklausel und andere Fälle aufschiebend bedingter Vor- und Nacherbschaft

a) Sachverhalt und Interessenlage des Erblassers

122 Die Ehefrau ist Inhaberin eines beträchtlichen Vermögens. Sie möchte grundsätzlich im Rahmen eines Berliner Testamentes ihren Ehemann als Erben einsetzen, der wiederum die gemeinsamen Kinder als Schlusserben einsetzt. Sie schätzt die Gefahr allerdings als nicht gering ein, dass im Falle einer Wiederverheiratung ihres Ehemannes der Erwerb ihrer Kinder als Schlusserben ihres Ehemannes deutlich reduziert ausfällt. Sie will ihren Ehemann daher nur so lange als unbeschränkten Erben sehen, wie dieser sich nicht wieder verehelicht. Danach soll er zwar Erbe bleiben, jedoch soll er dann allen Nacherbschaftsbeschränkungen unterliegen. Die Kinder sollen dann bei seinem Tod ihre Nacherben werden.

123 Unter der Konstellation der aufschiebend bedingten Vor- und Nacherbschaft sind die Fälle zu verstehen, in denen grundsätzlich eine Vollerbschaft des Erben gewünscht ist, jedoch ab Eintritt eines bestimmten Ereignisses oder Datums die Beschränkung des Erben mit Nacherbschaft gewollt ist. Motive hierfür können sein:
– **Schutzinteresse**: Der Erwerb des gemeinschaftlich eingesetzten Schlusserben wird durch ein Verhalten des Erben gefährdet, wodurch das Sicherungsbedürfnis des Schlusserben steigt. Das klassische Beispiel hierfür ist die **Wiederverheiratung** des länger lebenden Ehegatten. Das Erwerbsinteresse des Schlusserben kann hier durch eine verstärkte Neigung zum Verbrauch des Nachlasses gefährdet sein, in jedem Fall aber durch die mit der Eheschließung einhergehende Verringerung der Pflichtteilsquote.
– **Motivationsdruck**: Der Erblasser möchte den Erben motivieren, ein bestimmtes Verhalten zu unterlassen, z. B. die Zuwendung zu einer verfassungswidrigen Partei.

124 In den Fällen, in denen von vorneherein die Trennungslösung der Vor- und Nacherbschaft gewünscht war, stellen die genannten Bedingungen (z. B. Wiederverheiratung) lediglich einen – neben dem Tod als Befristung – alternativ angeordneten Nacherbfall dar. In der hier zu behandelnden Konstellation ist dagegen die gesamte Konstruktion der Vor- und Nacherbschaft nur für den Fall des Eintritts des betreffenden Ereignisses, also bedingt, gewollt. Dabei kann das Ereignis, das die Bedingung darstellt (z. B. Wiederverheiratung),
– eine Doppelfunktion haben: sowohl als Auslöser der Konstruktion der Vor- und Nacherbschaft als auch zugleich als das den Nacherbfall auslösende Ereignis. Hierbei handelt es sich gewissermaßen um ein »**2-Phasen-Modell**«: 1. Phase: Vollerbschaft, 2. Phase: Erbenstellung der Nacherben.
– lediglich als Auslöser einer Vor- und Nacherbschaftskonstruktion gewollt sein, die wiederum den Tod des Vorerben als den Nacherbfall auslösende Ereignis beinhaltet. Hier ließe sich von einem »**3-Phasen-Modell**« sprechen (1.Phase: Vollerbschaft des Erben, 2. Phase: Vorerbschaft des Erben, 3. Phase: Erbenstellung der Nacherben).

125 Die weiteren Überlegungen sollen an Hand der praktisch am ehesten in Erscheinung tretenden **Wiederverheiratungsklausel** angestellt werden.

b) Gestaltungsüberlegungen

aa) Die juristische Konstruktion

Die juristische Konstruktion der aufschiebend bedingten Vor- und Nacherbschaft wird in der Literatur am Beispiel der Wiederverheiratungsklausel diskutiert. Die vertretenen Auffassungen sind dabei vielfältig: **126**
- Nach der herrschenden Rechtsprechung und nach wie vor h. M. in der Literatur handelt es sich um eine **Kombination aus auflösend bedingter Vollerbschaft** und einer diese überlagernden **aufschiebend bedingt angeordneten Nacherbschaft**.[166] Dabei wird trotz der zunächst bestehenden Vollerbschaft des überlebenden Ehegatten, weil er zugleich aufschiebend bedingt Vorerbe ist, die Geltung der Nacherbschaftsbeschränkungen, insbesondere der §§ 2113 ff. BGB, auch schon in der Phase vor der Wiederverheiratung einhellig angenommen.[167]
- Eine weitere Auffassung nimmt die Anwendung der § 2113 ff. BGB bereits in der Vollerbschaftsphase durch die h. M. zum Anlass für die Annahme, ein solchen Beschränkungen unterfallender Vollerbe könne der Sache nach nur ein Vorerbe sein. Dabei wird die Vorerbschaft als durch die endgültige Nichtverheiratung des überlebenden Ehegatten auflösend bedingte Vorerbschaft eingeordnet.[168]
- Eine andere Auffassung hebt darauf ab, dass die Erbenstellung des überlebenden Ehegatten in jedweder der vertretenen konstruktiven Spielarten der aufschiebend bedingten Vor- und Nacherbschaft als zeitlich beschränkte gewollt ist. Eine auflösend bedingte Erbenstellung stelle jedoch nach dem gesetzlich zwingenden Leitbild der §§ 2103 ff. BGB stets ein Fall der Vorerbschaft dar.[169] Nach dieser Meinung ist der länger lebende Ehegatte daher stets und von Anfang an Vorerbe. Der Figur der aufschiebend bedingten Vollerbschaft bedürfe es nicht, da bei endgültigem Nichteintritt der Bedingung (Wiederverheiratung), wie bei der Ausschlagung der Nacherbschaft durch den Nacherben (§ 2142 Abs. 2 BGB), sämtliche Beschränkungen der Nacherbschaft rückwirkend endgültig entfallen.[170]
- Eine letzte Meinung schließlich nimmt den Ansatz der herrschenden Meinung, den länger lebenden Ehegatten zunächst als (auflösend bedingten) Vollerben einzuordnen, ernst und spricht ihn während dieser Phase von allen Beschränkungen der Vorerbschaft frei.[171] Die Vertreter dieser Auffassung sehen es dabei als alternative Gestaltungsmöglichkeiten des Erblassers an, entweder den Ehegatten bis zur Wiederverheiratung als (unbeschränkten) Vollerben einzusetzen oder aber als Vorerben mit den damit einhergehenden Beschränkungen.[172]

Mit Ausnahme der letztgenannten Meinung, gelangen alle dargestellten Auffassungen zu den **gleichen praktischen Ergebnissen**:[173] **127**
- Bis zum Eintritt der Bedingung (Wiederverheiratung) gelten – vorläufig – die Beschränkungen der §§ 2100 ff. BGB.
- Stirbt der länger lebende Ehegatte, ohne sich wieder verheiratet zu haben, führt der Ausfall der Bedingung zum rückwirkenden Entfallen sämtlicher Nacherbschaftsbeschränkungen; in der logi-

---

166 RGZ 156, 172, 181; BGH DNotZ 1986, 541, 543; *Simshäuser*, FamRZ 1972, 273, 274 Bamberger/Roth/*Litzenburger*, § 2269 Rn. 32.
167 RGZ 156, 172, 181; BGH FamRZ 1961, 275, 276; *Simshäuser*, FamRZ 272, 273, 274; Palandt/*Weidlich*, § 2269 Rn. 18.
168 MünchKommBGB/*Musielak*, § 2269 Rn. 54 ff.
169 *Wilhelm*, NJW 1990, 2857, 2860 f.; *Lange/Kuchinke*, § 24 IV 3d; *Reimann/Bengel/J.Mayer*, § 2269 Rn. 63; *Völzmann*, RNotZ 2012, 1, 10.
170 *Wilhelm*, NJW 1990, 2857, 2863.
171 OLG Celle, Beschl. v. 4.10.2012, 6 W 180/12, MittBayNot 2013, 252; *Leipold*, FamRZ 1988, 352, 353; *Buchholz*, MDR 1990, 375, 379; *Meier-Kraut*, NJW 1992, 143, 145.
172 OLG Celle, Beschl. v. 4.10.2012, 6 W 180/12, MittBayNot 2013, 252; *Leipold*, FamRZ 1988, 352, 353; *Buchholz*, MDR 1990, 375, 379; *Meier-Kraut*, NJW 1992, 143, 145; MünchKommBGB/*Musielak*, § 2269 Rn. 60.
173 MünchKommBGB/*Musielak*, § 2269 Rn. 54; Palandt/*Weidlich*, § 2269 Rn. 18 f.; *Zawar*, NJW 1988, 16, 17.

schen Sekunde vor seinem Tod steht fest, dass er immer Vollerbe war und ist. Sämtliche von ihm vorgenommene Verfügungen sind endgültig wirksam.
- Mit Wiederverheiratung verliert er entweder im 2-Phasen-Modell (Identität von auslösender Bedingung und Nacherbfall) die Erbenstellung, der Nacherbe wird Erbe. Beim 3-Phasen-Modell (Tod des Ehegatten als Nacherbfall) bleibt er der Beschränkung der Nacherbschaft unterworfen; mit seinem Tode werden der Nacherbe Erbe.

128 Demgegenüber gelangt die zuletzt genannte Mindermeinung zu der praktisch höchst bedeutsamen Abweichung, dass es der konstruktiven **Entscheidung des Erblassers** obliegt, den länger lebenden Ehegatten bis zur Wiederverheiratung als von jeglicher Beschränkung der §§ 2100 ff. BGB **freien Vollerben** zu behandeln oder aber ihn den Beschränkungen der Nacherbschaft mit der Möglichkeit der Befreiung in den Grenzen des § 2136 BGB zu behandeln. Diese praktisch äußerst bedeutsame Frage hat der BGH[174] ausdrücklich offen gelassen. Aus gestalterischer Sicht wäre eine solche Wahlmöglichkeit für den Erblasser wünschenswert. Allerdings bleibt für den Erblasserwillen nur Raum im Rahmen der Vorgaben, die aus dem erbrechtlichen Typenzwang folgen.[175] Als erstes Obergericht hat nunmehr das OLG Celle[176] im Sinne einer Wahlmöglichkeit des Erblassers entschieden.

129 Man wird hier zwischen den beiden dargestellten Konstruktionsmodellen unterscheiden müssen:

130 Die Konstellation, wonach »der Ehegatte mit Wiederverheiratung nicht mehr Erbe sein soll« (**2-Phasen-Modell**) mit seinem durch Bedingung/Befristung verkoppelten Nacheinander verschiedener Erben wertet das Gesetz in den §§ 2103 bis 2105 BGB als Typus der Vor- und Nacherbschaft.[177] Damit aber gelten wegen des erbrechtlichen Typenzwangs die gesetzlichen **Regeln der Vor- und Nacherbschaft zwingend**.[178]

131 Anders aber stellt sich die Lage da, wenn die Wiederverheiratung lediglich dazu führen soll, dass ab diesem Zeitpunkt die Erbenstellung durch den Tod als Nacherbfall befristet ist, die Wiederverheiratung also nach der Intention des Erblassers die Phase der Vorerbschaft erst auslösen soll (**3-Phasen-Modell**). Erst ab Wiederverheiratung ist die Konstruktion, die die §§ 2103 ff. BGB in der Tat zwingend als Vor- und Nacherbschaft wertet, gewollt.[179] Eine solche (aufschiebend) bedingt gewollte Nacherbschaftsbeschränkung[180] ist möglich, wie die ausdrückliche Erwähnung in § 2108 Abs. 2 S. 2 BGB belegt.[181] Mit dieser Auffassung auf die erste Phase die Regelungen der §§ 2100 ff. BGB anzuwenden, ist entgegen der herrschenden Meinung nicht plausibel, da der Eintritt der aufschiebenden Bedingung keine Rückwirkung entfalten kann.[182] Die Anwendbarkeit der §§ 2111, 2113 ff. BGB ist lediglich durch Analogieschluss zu begründen. Hierbei ist zu differenzieren: Während eine analoge Anwendung der Regelungen über die dingliche Surrogation (§ 2111 BGB) im Hinblick auf die möglicherweise später eintretende Nacherbschaftsbeschränkung angezeigt ist,[183] ist ein Bedürfnis für ein Analogieschluss zu den §§ 2113 ff. BGB nicht erkennbar: Wenn der Erblasser dem überlebenden Ehegatten diese Beschränkungen auch schon vor Wiederverheiratung unterwerfen will, steht ihm die Anordnung der Vorerbschaft von Anfang an frei. Zutreffend erscheint es daher anzunehmen, dass in der Spielart des 3-Phasen-Modells der überlebende Ehegatte **bis zur Wieder-**

---

174 DNotZ 1986, 541, 544.
175 Zutreffend *Reimann/Bengel/J.Mayer*, § 2269 Rn. 66.
176 Beschl. v. 4.10.2012, 6 W 180/12, MittBayNot 2013, 252; ablehnend *Braun*, MittBayNot 2013, 253, 254.
177 *Wilhelm*, NJW 1990, 2857, 2860 f.; *Zawar*, NJW 1988, 16, 19; *Lange/Kuchinke*, § 24 IV 3d .
178 *Wilhelm*, NJW 1990, 2857, 2860; *Reimann/Bengel/J.Mayer*, § 2269 Rn. 63.
179 MünchKommBGB/*Musielak*, § 2269 Rn. 58; *Meier-Kraut*, NJW 1992, 143, 145; ähnlich auch BGH DNotZ 1986, 541, 543.
180 *Simshäuser*, FamRZ 1972, 273, 274; *Meier-Kraut*, NJW 1992, 143, 145.
181 *Zawar*, DNotZ 1986, 515, 520; *Frank*, MittBayNot 1987, 231 f.
182 OLG Celle, Beschl. v. 4.10.2012, 6 W 180/12, MittBayNot 2013, 252; *Leipold*, FamRZ 1988, 352, 353; *Buchholz*, MDR 1990, 375, 379.
183 Vgl. *Hartmann*, RNotZ 2008, 150, 153, zur vergleichbaren Problematik der aufschiebend bedingten Testamentsvollstreckung.

verheiratung, weil er Vollerbe ist, **keinerlei Verfügungsbeschränkungen** (wohl aber dem Surrogationsgrundsatz des § 2111 BGB) unterworfen ist.[184] Mit der Wahl zwischen 2-Phasen-Modell und 3-Phasen-Modell hat der Erblasser damit die Entscheidungsmacht über den Grad der Beschränkung des Vorerben bis zur Wiederverheiratung.

Gleichwohl hat der Gestalter anzuerkennen, dass die vorgenannte Differenzierung der Rechtsfolgen von 2-Phasen- und 3-Phasen-Modell nicht der h. M. entspricht und damit nicht den zu wählenden sichersten Weg darstellt.[185] Daher ist – wohl auch nach der den hier vertretenen Ansatz stützenden Entscheidung des OLG Celle – für die **Gestaltungspraxis** noch Vorsicht geboten. Vorsichtshalber ist davon auszugehen, dass **der überlebende Ehegatte auch vor Wiederverheiratung den Beschränkungen der §§ 2113 ff. BGB unterworfen ist**, sei es, dass er neben seiner Stellung als auflösend bedingter Vollerbe zugleich aufschiebend bedingter Vorerbe ist oder dass er von vorneherein Vorerbe ist. 132

bb) Zulässigkeit der Wiederverheiratungsklausel

Die Zulässigkeit einer Wiederverheiratungsklausel ist in der Vergangenheit nie infrage gestellt worden. Dies hat sich durch die Rechtsprechung des Bundesverfassungsgerichts zur verfassungsrechtlich motivierten Inhaltskontrolle von Verfügung von Todes wegen geändert. Das BVerfG hatte in seiner Hohenzollern-Entscheidung[186] eine Klausel für sittenwidrig (§ 138 BGB) erachtet, in der der Erblasser die Nacherbeneinsetzung eines Abkömmlings von dessen Verheiratetsein in standesgemäßer Ehe abhängig macht (Ebenbürtigkeitsklausel). Das BVerfG füllt den Wertungsbegriff der Sittenwidrigkeit mit verfassungsrechtlichen Erwägungen zur durch **Art. 6 Abs. 1 GG** garantierten Eheschließungsfreiheit. Während der BGH[187] die Bestimmung im Erbvertrag nach ausführlichen Erwägungen für Rechtens erachtete, sah das BVerfG in der Ebenbürtigkeitsklausel einen unzumutbaren Druck auf den Nacherben und darin einen verfassungswidrigen Eingriff in dessen Eheschließungsfreiheit. Wenn auch die Begründungslinien des BVerfG verfassungsrechtlich äußerst zweifelhaft sind,[188] so ist doch die durch das BVerfG vorgenommen Überprüfung von Verfügungen von Todes wegen anhand des Maßstabs des **unzumutbaren Drucks auf die Eheschließungsfreiheit** für die Praxis zugrunde zu legen. Damit wird auch die aufschiebend bedingte Nacherbschaft, insbesondere die Wiederverheiratungsklausel, auf den **verfassungsrechtlichen Prüfstand** gebracht.[189] Für die Frage, ob eine solche Gestaltung sittenwidrig ist, wird es danach im Einzelfall auf eine Abwägung der Anerkennungswürdigkeit der vom Erblasser verfolgten Ziele einerseits und dem Maß des Drucks auf den Erben andererseits ankommen. Es muss also zu einer Abwägung der Grundrechtsposition des Erblassers (Testierfreiheit) mit der des Erben (Eheschließungsfreiheit oder anderer grundrechtlich geschützter Rechtspositionen wie Glaubens- oder Meinungsfreiheitfreiheit) kommen.[190] Dabei dürfte der BGH jedoch dazu neigen, die Testierfreiheit hoch zu bewerten und lediglich in besonderen Ausnahmefällen die verhaltensbezogene letztwillige Verfügung an der Grundrechtssphäre des Bedachten scheitern zu lassen.[191] 133

Von vorneherein problematisch dürften daher Gestaltungen sein, mit denen der Erblasser rein subjektive Anliegen verfolgt, die nicht auch objektiv anerkennenswert sind, so z. B. die Verhinderung einer Eheschließung mit einem bestimmten Partner oder der glaubensmäßigen Ausrichtung des Erben. 134

---

184 So auch OLG Celle, Beschl. v. 4.10.2012, 6 W 180/12, MittBayNot 2013, 252; *Meier-Kraut*, NJW 1992, 143, 145; MünchKommBGB/*Musielak*, § 2269 Rn. 60; *Leipold*, FamRZ 1988, 352, 353; *Buchholz*, MDR 1990, 375, 380.
185 *Zawar*, NJW 1988, 16, 19; *Reimann/BengelJ.Mayer*, § 2269 Rn. 77.
186 Beschl. v. 22.3.2004 – 1 BvR 2248/01, DNotZ 2004, 798.
187 Beschl. v. 2.12.1998 – IV ZB 19/97, BGHZ 140, 118.
188 S. die vernichtende Kritik von *Isensee*, DNotZ 2004, 754, 761 ff.; ferner auch *Otte*, ZEV 2004, 393, 396.
189 *Scheuren/Brandes*, ZEV 2005, 185; *Völzmann*, RNotZ 2012, 1, 3.
190 *Scheuren/Brandes*, ZEV 2005, 185.
191 Eingehend (das seinerzeitige Mitglied des Erbrechtssenats) *Wendt*, ZNotP 2009, 460, 466 ff.

Kapitel 5 Sicherung der Erwerbsaussichten für Endbedachte

135 Die Wirksamkeit einer Wiederverheiratungsklausel dürfte **umso eher gefährdet** sein, je **härter sie den länger lebenden Ehegatten wirtschaftlich trifft**. Hierbei ist zu berücksichtigen, dass dieser wegen der kurzen Ausschlagungsfrist (§§ 2306 Abs. 1, 2332 Abs. 1 BGB) häufig auch keinen Pflichtteil nach dem Erblasser mehr beanspruchen kann.[192] Gestaltungen, die den sich wieder verheiratenden länger lebenden Ehegatten mit »**Totalverlust**« seiner erbrechtlichen Positionen bedrohen, wird man daher als **besonders problematisch** ansehen müssen. Teilweise wird die Auffassung vertreten, dass generell der Verwendung des 2-Phasen-Modells (Zusammenfall von Bedingung und Nacherbfall) die verfassungsrechtliche Anerkennung zu verweigern ist.[193] Anders mag dies aussehen, wenn die Folge der Wiederverheiratung auf einen Quotenanteil an der Erbschaft beschränkt oder durch die Verpflichtung zur Einräumung eines Nießbrauchs am Nachlass abgefedert ist. In aller Regel **unbedenklich** dürften **Gestaltungen im 3-Phasen-Modell** sein, wonach die Eheschließung als solche noch nicht zum Verlust der Erbschaft, sondern lediglich zur Geltung der Vor- und Nacherbschaftsbeschränkungen führt.[194] Jedenfalls ist bei der genauen Ausgestaltung der Wiederverheiratungsklausel der sensible verfassungsrechtliche Rahmen der Fragestellung genauestens zu beachten. Wenn eine Wiederverheiratungsklausel gewünscht ist, so sollte sie möglichst ausgewogen gestaltet sein. Drastische Rechtsfolgen sollten unbedingt vermieden werden.

cc) Die Folgen der Wiederverheiratung

136 »Die« Wiederverheiratungsklausel gibt es nicht; an die Wiederverheiratung können **verschiedenste Rechtsfolgen** geknüpft werden, so z. B.:
– Eintritt der Nacherbfolge und damit der **Verlust der Erbschaft** durch den wieder verheirateten Ehegatten. Diese Gestaltung erscheint in ihrem Gerechtigkeitsverhalt und in der Verhältnismäßigkeit, mit der die Ziele des Erblassers verfolgt werden, als nicht angemessen. Sie ist zudem verfassungsrechtlich äußerst problematisch. Wenn eine solche Gestaltung gewollt ist, sollte sie in jedem Fall mit **kompensatorischen Maßnahmen** zugunsten des wieder heiratenden Ehegatten verbunden werden, die die wirtschaftliche Härte des Verlusts der Erbschaft erheblich mildern. Typischerweise ist hier die vermächtnisweise Zuwendung eines Nießbrauch am Gesamtnachlass oder an wesentlichen Nachlassgegenständen in Erwägung zu ziehen.[195]
– »**Auseinandersetzung nach den Regeln der gesetzlichen Erbfolge**«. Hierbei soll der Zustand eintreten, der eingetreten wäre, wenn der Erblasser von Anfang an nach den Regeln der gesetzlichen Erbfolge, also auch durch die Kinder, beerbt worden wäre. Strukturell liegt in einer solchen Regelung die Anordnung einer aufschiebend bedingten Nacherbschaft in Höhe des gesetzlichen Erbteils der Kinder, mit deren Einsetzung als aufschiebend bedingten Nacherben.[196] Dieser Regelung ist ein weit höherer Gerechtigkeitsgehalt zuzuerkennen als der Klausel mit »Totalverlust«. Sie ist jedoch in der Anwendung kompliziert, da der Ehegatte in Höhe seines gesetzlichen Erbteils Vollerbe, im Übrigen aber den Beschränkungen der Nacherbschaft unterworfen ist.
– Die Geltung der **Beschränkungen der Nacherbschaft ab Wiederverheiratung**, wobei der Tod des länger lebenden Ehegatten der Nacherbfall ist (3-Phasen-Modell). Hierbei kommt in Betracht, den wiederverheirateten Ehegatten von den Beschränkungen der §§ 2113 ff. BGB zu befreien oder auch nicht. Wenn eine Wiederverheiratungsklausel gewünscht ist, sollte diese Gestaltung **vorrangig** gewählt werden, da sie verfassungsrechtlich generell unproblematisch und auch zivilrechtlich regelmäßig interessengerecht erscheint.

137 Mit dem Eintritt des Nacherbfalls stellt sich die Frage, welches **Schicksal die eigenen, vom wiederverheirateten Ehegatten bindend getroffenen Verfügungen** von Todes wegen im gemeinschaft-

---

192 *Reimann/Bengel/J.Mayer*, § 2269 Rn., 59; Bamberger/Roth/*Litzenburger*, § 2269 Rn. 42.
193 *Reimann/Bengel/J.Mayer*, § 2269 Rn. 59; Bamberger/Roth/*Litzenburger*, § 2269 Rn. 30, 32; *Scheuren-Brandes*, ZEV 2005, 185, 186.
194 *Reimann/Bengel/J.Mayer*, § 2269 Rn. 59; *Völzmann*, RNotZ 2012, 1, 3 f.
195 Z. B. *Lange/Kuchinke*, § 24 IV 3c.
196 *Lange/Kuchinke*, § 24 IV 3 c; *Simshäuser*, FamRZ 1972, 273, 274.

lichen Testament bzw. Erbvertrag haben. Unklar ist, inwieweit diese Verfügungen ihre Bindungswirkung verlieren oder sogar mit der Wiederverheiratung automatisch ihre Rechtsgültigkeit einbüßen.

In der Rechtsprechung gibt es Tendenzen, insbesondere bei einer besonders harten Ausprägung der Wiederverheiratungsklausel, das **automatische Entfallen der Verfügungen** des wieder verheirateten Ehegatten anzunehmen.[197] Diese Konsequenz sieht die h. M.[198] zu Recht als zu weitgehend an. Nach h. M.[199] **entfällt** jedoch bei bindenden Verfügungen von Todes wegen **automatisch die Bindungswirkung**. Andere Stimmen wollen im Einzelfall auf die Auslegung der Verfügung ankommen lassen[200] oder die Bindung sogar generell fortbestehen lassen.[201] Eine allgemeine Position ohne Rücksicht auf die konkrete Ausgestaltung der Wiederverheiratungsklausel erscheint jedoch verfehlt. 138

Es zeigt sich, dass bei der Frage sowohl der Fortgeltung der Verfügungen des wieder verheirateten Ehegatten als auch der fortbestehenden Bindungswirkung **erhebliche Rechtsunsicherheit** besteht. Daher sind beide Fragen in der Verfügung von Todes wegen zu regeln.[202] Die vorzusehende Folge für die Verfügungen des wieder verheirateten Ehegatten sollte sich dabei an der Intensität der Wirkungen der Wiederverheiratungsklausel auf den wieder verheirateten Ehegatten bemessen. Ein automatisches Entfallen der Verfügungen des wieder verheirateten Ehegatten wird regelmäßig nicht sachgemäß sein. Bei der Verwendung des 3-Phasen-Modells (Nacherbschaftsbeschränkung bei Wiederverheiratung, Nacherbfall beim Tod des wieder verheirateten Ehegatten) ist im Einzelfall zu klären, ob überhaupt eine Auswirkung der Wiederverheiratungsklausel auf die Verfügungen des wieder verheirateten Ehegatten gewünscht ist. 139

dd) Die Beschränkungen des Ehegatten und die Möglichkeiten zur Befreiung

Nach der überwiegenden Auffassung, die für die Praxis zugrunde zu legen ist (s. o. Rdn. 126), unterliegt der überlebende Ehegatte schon **vor der Wiederverheiratung den Beschränkungen der Nacherbschaft**, weil er entweder bereits Vorerbe ist oder aber zumindest neben seine auflösend bedingten Vollerbenstellung seine Eigenschaft als aufschiebend bedingter Vorerbe tritt. Nach h. M.[203] gilt er regelmäßig mangels anders lautender Regelung in der Verfügung von Todes wegen als umfassend befreiter Vorerbe. Die Frage der Befreiung bleibt jedoch in jedem Fall Sache der Auslegung.[204] Bei solchen Auslegungsregeln sollte man es als Gestalter nie bewenden lassen. Daher ist zu regeln, ob und inwieweit der länger lebende Ehegatte vor seiner Wiederverheiratung gemäß § 2136 BGB von den Beschränkungen und Verpflichtungen des Vorerben befreit werden soll.[205] Nach der für die Praxis zugrunde zu legenden überwiegenden Auffassung ist eine **Befreiung über den Rahmen des § 2136 BGB hinaus nicht möglich**. 140

Bei dem in der Gestaltung vorzugswürdigen 3-Phasen-Modell ist über die vorgenannte Frage hinaus zu entscheiden, ob der wieder verheiratete Ehegatte, der ja nach wie vor Vorerbe ist, bis zum Eintritt des Nacherbfalles (Tod) von den Beschränkungen befreit werden soll oder nicht. Eine in der Praxis nahe liegende Gestaltung wird darin bestehen, den Ehegatten bis zur Wiederverheiratung von den Beschränkungen im weitest möglichen Umfang gemäß § 2136 BGB zu befreien, nach der Wieder- 141

---

197 KG NJW 1957, 1073, 1074; OLG Hamm ZEV 1994, 365, 366.
198 S. etwa *Reimann/Bengel/J.Mayer*, § 2269 Rn. 73.
199 BayObLG Beschl. v. 9.11.2001 – 1Z BR 31/01, NJW-RR 2002, 366, 367; *Lange/Kuchinke*, § 24 IV 3 e; MünchKommBGB/*Musielak*, § 2269 Rn. 62.
200 *Muscheler*, JZ 1994, 630, 632.
201 *Reimann/Bengel/J.Mayer*, § 2269 Rn. 70.
202 So auch *Völzmann*, RNotZ 2012, 1, 10.
203 BGH FamRZ 1961, 275, 276; *Wilhelm*, NJW 1990, 2857, 2863; Bamberger/Roth/*Litzenburger*, § 2269 Rn. 33.
204 *Lange/Kuchinke*, § 24 IV 3.
205 So auch *Völzmann*, RNotZ 2012, 1, 10.

verheiratung jedoch diese Befreiungen ggfs. entfallen zu lassen.[206] Einer solchen bedingten Befreiungsregelung dürften keine rechtlichen Hindernisse entgegenstehen.[207]

ee) Allgemeine Überlegungen bei mehreren Mitnacherben

142 Bei **Mitnacherben** ist ggfs. zu regeln, welche Konsequenzen die Ausschlagung der Mitnacherbschaft haben soll. An sich kommt es in erster Linie zur Ersatznacherbschaft, hilfsweise zur Anwachsung (§§ 2094, 2099) und erst in letzter Konsequenz zum Erstarken der Vorerbenrechte zur Vollerbschaft.[208] Dies darf nicht übersehen werden, wenn eine Ausschlagung durch einen Mitnacherben zum erwogen wird, um den Vorerben zum partiellen Vollerben zu machen. Gegebenenfalls sollte bei der Gestaltung der Verfügung von Todes wegen erwogen werden, den Vorrang der Anwachsung auszuschließen (§ 2094 Abs. 3 BGB).

ff) Bewertung der Gestaltung und Gestaltungsalternativen

143 Die aufschiebend bedingte Nacherbschaft, die entweder bewusst als Druckmittel des Erblassers eingesetzt wird, um zu einem bestimmten Verhalten zu motivieren, oder die eine Konsequenz eines Verhaltens des Erben darstellt, steht auf dem **verfassungsrechtlichen Prüfstand**. Eine solche Gestaltung dürfte stets ausscheiden, wenn es an einem objektiv nachvollziehbaren Interesse des Erblassers an einer solchen Gestaltung fehlt.

144 Bei der **Wiederverheiratungsklausel** besteht dagegen ein **nachvollziehbares Interesse** des Erblassers in dem Erhalt des Familienvermögens und der Absicherung des Schlusserben. Im Rahmen einer Verhältnismäßigkeitsprüfung ist jedoch dieses billigenswerte Ziel in **Relation** zu setzen zu den **wirtschaftlichen Nachteilen**, die den Ehegatten konkret treffen. Im Einzelfall kann eine Wiederverheiratungsklausel angezeigt sein, insbesondere wenn Ehegatten noch jung sind und beide über erhebliches, nicht in der Ehezeit gebildetes Vermögen verfügen, das sie jeweils für den Fall der Wiederverheiratung den gemeinsamen Kindern sichern möchten. Wenn eine Wiederverheiratungsklausel gewünscht ist, sollte sie individuell an den Gegebenheiten des Einzelfalls ausgerichtet sein, insbesondere daran, inwieweit der länger lebende Ehegatte des ererbten Vermögens zu seiner wirtschaftlichen Absicherung bedarf. Es ist ein ausgewogenes Ergebnis anzustreben. Ggfs. ist von der Möglichkeit Gebrauch zu machen, Einzelgegenstände (auch Gruppen von Einzelgegenständen) über die Zuwendung eines **Vorausvermächtnisses** aus der Wiederverheiratungsklausel auszunehmen und dem länger lebenden Ehegatten dauerhaft zuzuweisen.

145 Die Wiederverheiratungsklausel hat in der – zumindest heutigen – Beratungspraxis nicht ansatzweise die Bedeutung, die man angesichts des Maßes ihres Widerhalls in der juristischen Literatur annehmen könnte.

146 Als **Gestaltungsalternative** ist (jedenfalls beim 2-Phasen-Modell) an ein mit Wiederverheiratung anfallendes **Vermächtnis auf den Überrest** oder ein Vermächtnis gerichtet auf einen Wert, der dem gesetzlichen Erbteil des Kindes entspricht, zu denken. Hierbei kann sich im Interesse des sich wieder verheiratenden Ehegatten bei der zuletzt genannten Variante die Gestaltungsform des **Zweckvermächtnisses** (§ 2156 BGB) anbieten mit der Möglichkeit des Erben zur Auswahl der Gegenstände, mit denen er das Vermächtnis erfüllen will. Generell kann das Vermächtnis mit der **Nießbrauchszuwendung** an den wieder heiratenden Ehegatten im Wege des Untervermächtnisses verbunden werden. Da nach der h. M. der länger lebende Ehegatte als aufschiebend bedingt eingesetzter Vorerbe bis zur Wiederverheiratung nur im Rahmen der Grenzen des § 2136 BGB Befreiung erteilt werden kann, ist die Gestaltungsvariante des Vermächtnisses insbesondere dann angezeigt, wenn der länger lebende Ehegatte während dieser Phase keinerlei Beschränkungen unterworfen werden soll.[209]

---

206 *Völzmann*, RNotZ 2012, 1, 12; *Lange/Kuchinke*, § 24 IV 3c, allerdings zur Trennungslösung.
207 Generell zur Zulässigkeit bedingter Befreiung: *J.Mayer*, ZEV 2000, 1, 3; *Lange/Kuchinke*, § 28 VI 2b.
208 BayObLG FamRZ 1962, 538; MünchKommBGB/*Grunsky*, § 2142 Rn. 5.
209 *Zawar*, NJW 1988, 16, 19; *Wilhelm*, NJW 1990, 2857, 2864. Zu einer Auslegung in diesem Sinne auch LG Köln MittRhNotK 1974, 27.

Soll der Ehegatte beim 3-Phasen-Modell vor und nach der Wiederverheiratung von den Beschränkungen in dem von § 2136 BGB zugelassenen Umfang befreit sein, stellt sich die Frage, ob eine Wiederverheiratungsklausel mit ihrer Bedingungskonstruktion überhaupt angezeigt ist. Alternativ wäre an eine »schlichte« befreite Vorerbschaft mit dem Tod als Nacherbfall zu denken. Freilich bestünde der Vorteil der Wiederverheiratungsklausel, bei der die Nacherbschaft nur bedingt gewollt ist, darin, dass im Falle der endgültig unterbliebenen Wiederverheiratung die Bedingung ausfällt und der Ehegatte rückwirkend stets voll verfügungsbefugter Vollerbe war (s. Rdn. 127). Etwa von ihm ausgeführte Schenkungen bleiben somit endgültig wirksam.

▶ **Muster: Wiederverheiratungsklausel im »3-Phasen-Modell« (bis zur Wiederverheiratung Befreiung von den Nacherbschaftsbeschränkungen, danach nicht befreite Vorerbschaft, Tod als Nacherbfall)**

[Notarieller Urkundseingang]

§ 1 Verhältnis zu früheren Verfügungen

Vorsorglich widerrufen wir hiermit alle etwa von uns gemeinschaftlich oder einem jeden von uns allein errichteten früheren Verfügungen von Todes wegen.

§ 2 Erbeinsetzungen durch den Erstversterbenden

Wir setzen uns gegenseitig, der Erstversterbende den Überlebenden von uns, zum alleinigen Erben ein.

Solange sich der länger Lebende von uns nicht wieder verheiratet, soll er, soweit irgend rechtlich möglich, in seiner Verfügung über alle Nachlassgegenstände unbeschränkt und frei sein.

Mit Wiederverheiratung ist er jedoch nur noch Vorerbe und als solcher von den gesetzlichen Beschränkungen und Verpflichtungen nicht befreit (alternativ: als solcher jedoch von allen Beschränkungen und Verpflichtungen, von denen das Gesetz eine Befreiung zulässt, befreit.)

Nacherben sind unsere beiden Kinder . . . und . . ., zu je $1/2$ Anteil.

Sollte einer der vorgenannten Nacherben vor mir und/oder der Vorerbin versterben oder aus einem sonstigen Grunde nicht zur Nacherbfolge gelangen, so sollen Ersatznacherben seine Abkömmlinge nach Stämmen zu gleichen Teilen und nach den Regeln der gesetzlichen Erbfolge sein. Sollte einer der vorgenannten Nacherben vor mir und/oder der Vorerbin versterben oder aus einem sonstigen Grunde nicht zur Nacherbfolge gelangen und keine Abkömmlinge hinterlassen, so wächst der dann freiwerdende Erbanteil den übrigen Nacherben nach dem Verhältnis ihrer Erbanteile zu. Sollte jedoch ein Nacherbe die Nacherbschaft ausschlagen und seinen Pflichtteil erhalten, entfällt bezüglich dessen Abkömmlingen die vorstehende Einsetzung zu Ersatznacherben. (optional:) Hinsichtlich des Erbanteils des ausschlagenden Nacherben entfällt die Nacherbschaftsbeschränkung; die Anwachsung des Nacherbenrechts bei den übrigen Nacherben wird insoweit ausgeschlossen. (oder:) Das Nacherbenrecht des Ausschlagenden wächst den verbleibenden Nacherben im Verhältnis ihrer Erbanteile an.

Der Nacherbfall tritt ein mit dem Tode des Vorerben.

Nacherbenanwartschaftsrechte sind an den Vorerben veräußerbar; im Übrigen sind sie weder vererblich noch übertragbar. Im Falle der Veräußerung an den Vorerben entfallen alle ausdrücklichen, vermuteten oder schlüssigen Ersatznacherbeneinsetzungen bezüglich des betreffenden Nacherben.

(optional bei befreiter Vorerbschaft ab Wiederverheiratung:) Ab dem Moment der Wiederverheiratung ist der Vorerbe ungeachtet seiner weitestgehenden Befreiung im Wege des Vermächtnisses zugunsten der Nacherben verpflichtet, das der Nacherbschaftsbeschränkung unterliegende Vermögen von seinem Vermögen aus der Perspektive eines Dritten unterscheidbar zu halten. Insbesondere hat er Geldvermögen auf getrennten Konten zu verwalten und Surrogationsvorgänge durch das Führen geeigneter Unterlagen kenntlich zu machen. (optional:) Ist zwischen Vorerben bzw. seinen Erben und der Nacherben streitig, ob ein Gegenstand zum Eigenvermögen des Vorerben gehört oder aber der Nacherbschaft unterliegt, trägt die Beweislast für die Zugehörigkeit des Gegenstandes zu seinem Eigenvermögen der Vorerbe.

Kapitel 5 Sicherung der Erwerbsaussichten für Endbedachte

Uns ist bewusst, dass nach der derzeit herrschenden Auffassung in Rechtsprechung und juristischer Literatur der Längstlebende von uns infolge der von uns gewünschten Wiederverheiratungsklausel auch schon vor der Wiederverheiratung den Beschränkungen der §§ 2111 ff. BGB, insbesondere auch den Verfügungsbeschränkungen der §§ 2113 ff. BGB, unterworfen ist, diese Beschränkungen lediglich im Falle der endgültigen Nichtwiederverheiratung im Todeszeitpunkt diese Beschränkungen rückwirkend entfallen.

§ 3 Vermächtnisanordnung durch den Erstversterbenden

Der Erstversterbende von uns vermacht im Wege des Vorausvermächtnisses dem Längstlebenden von uns a) den gesamten Hausrat und die Wohnungseinrichtung, soweit er beim Erbfall in seinem Eigentum steht, b) sämtliche persönlichen Gegenstände im weitesten Sinne, c) ...

Diese Gegenstände sollen dem Längstlebenden auch im Falle einer Wiederverheiratung ohne die Beschränkung der Nacherbschaft zur freien Verfügung zustehen. Nur die im Nachlass vorhandenen sonstigen Gegenstände unterliegen somit im Ergebnis der Beschränkung durch Nacherbschaft gemäß § 2 Absatz 3.

§ 4 Erbeinsetzung durch den Längstlebenden

Der Längstlebende von uns setzt zu seinen Erben ein unsere beiden Kinder ... und ..., zu je $1/2$ Anteil.

Sollte einer der vorgenannten Erben vor dem Längstlebenden von uns versterben oder aus einem sonstigen Grunde nicht zur Erbfolge gelangen, so sollen Ersatzerben seine ehelichen Abkömmlinge (einschließlich Adoptivkindern) nach Stämmen zu gleichen Teilen und nach den Regeln der gesetzlichen Erbfolge sein.

Sollte einer der vorgenannten Erben ohne Hinterlassung ehelicher Abkömmlinge vor dem Längstlebenden von uns versterben oder aus einem sonstigen Grunde nicht zur Erbfolge gelangen, so wächst der dann freiwerdende Erbanteil den übrigen Erben nach dem Verhältnis ihrer Erbanteile zu.

§ 5 Gleichzeitiges Versterben

Sollten wir gleichzeitig oder aufgrund desselben Ereignisses innerhalb von vier Wochen nacheinander versterben, so gelten die Bestimmungen des vorstehenden § 4 für den Nachlass eines jeden von uns entsprechend.

§ 6 Erbvertragliche Bindung, Anfechtungsausschluss, Sonstiges

Wir nehmen unsere vorstehenden Erklärungen über die gegenseitige Erbeinsetzung gemäß § 2 Absätze 1 bis 3 mit erbvertraglicher Bindung gegenseitig an. Auf die Bedeutung der erbvertraglichen Bindung sind wir vom Notar hingewiesen worden.

[Im Übrigen Text wie § 4 des Musters Rdn. 84; die Abänderungsbefugnis ist sprachlich anzupassen an den »Längstlebenden«]

7. Entscheidung des Vorerben über Bestand und Ausgestaltung der Nacherbschaftsbeschränkung

a) Einführung und Interessenlage

149 Zwischen der Anordnung der Nacherbschaftsbeschränkung durch den Erblasser und dem Nacherbfall liegt meist eine große Zeitspanne. Während dieser Zeit kann das Bedürfnis nach einer Anpassung der Nacherbschaftsregelung entstehen. Es stellt ein zentrales Problem der Vor- und Nacherbschaftsgestaltung dar, dass solche Anpassungen zwar zu Lebzeiten des Erblassers meist durch eine von diesem vorgenommene ändernde Verfügung möglich sind, mit **dem Erbfall jedoch die Anpassungsmöglichkeit bezüglich der ganzen Vor- und Nacherbschaftskonstruktion verloren geht**. Daher ist es nicht selten der Wunsch des Erblassers, dass seine Anordnung nach dem Erbfall vom Vorerben bei Bedarf beseitigt oder in der Ausgestaltung geändert werden kann. Ein solches Anliegen des Erblassers setzt stets großes Vertrauen in den Vorerben voraus. Eine Befugnis zur völligen Beseitigung der Nacherbschaftsbeschränkung kommt zudem grundsätzlich nur in den Fallkonstellationen in Be-

tracht, in denen es dem Erblasser gerade nicht um die unabänderbare Absicherung des endbedachten Nacherben geht, sondern vielmehr nur um den Ausschluss bestimmter Personen vom Genuss des Nachlasses (erste Fallgruppe oben Rdn. 59 – »Ausschlussfälle«). Eine solche Befugnis des Vorerben kann im Einzelfall auch in den Fällen in Betracht kommen, in denen bei einseitigen Kindern des längstlebenden Ehegatten zum Zweck der Pflichtteilsreduzierung dieser nur zum befreiten Vorerben eingesetzt wird. Das dürfte jedoch regelmäßig nur in Betracht kommen, wenn die Gestaltung nur auf dem Ausschlussgedanken beruht und Gestaltung der Nacherbschaft nicht auch der Absicherung etwaiger einseitiger Kinder des Erstversterbenden dient.

Die Einflussnahme des Vorerben auf die Nacherbfolge wird in der Praxis in zwei Konstellationen gewünscht: **150**
— Die angeordnete Nacherbschaftsbeschränkung soll nur gelten, wenn der Vorerbe nichts Abweichendes verfügt. Die Anordnung der **Nacherbschaftsbeschränkung** ist dann **auflösend bedingt** durch eine abweichende (letztwillige oder lebzeitige) Verfügung des Vorerben. Diese Konstellation ist dadurch charakterisiert, dass an ein Verhalten des Vorerben das **Entfallen der Nacherbschaftsbeschränkung** geknüpft werden soll (sogleich b]).
— Der Vorerbe wird ermächtigt, unter **Aufrechterhaltung der Nacherbschaftsbeschränkung** Einfluss auf die Festsetzung der Nacherben zu nehmen oder gar diese erst durch eine Verfügung von Todes wegen selbst zu bestimmen (sogleich c]).

b) Die Nacherbschaftsbeschränkung unter auflösender Bedingung einer »abweichenden Verfügung« des Vorerben

aa) Zulässigkeit der Gestaltung

Nach Rechtsprechung[210] und h. M. im Schrifttum[211] ist es zulässig, dass der Erblasser die Nacherbenbeschränkung dadurch auflösend bedingt, dass der Vorerbe anderweitig über den Nachlass durch eigene Verfügung von Todes wegen verfügt. Die in der Praxis verbreitete Klausel ist so zu verstehen, dass die Beschränkung entfallen soll, wenn der Vorerbe **über seinen eigenen Nachlass eine Verfügung von Todes wegen** trifft, die von der Nacherbschaftsregelung des Erblassers abweicht.[212] Der Vorerbe verfügt dann im Ergebnis wegen des damit zugleich eintretenden Entfalls der Nacherbschaft nur über seinen eigenen Nachlass (dann einschließlich des ererbten Vermögens).[213] **151**

§ 2075 BGB zeigt, dass es grundsätzlich zulässig ist, eine Verfügung von einer auflösenden Bedingung abhängig zu machen. Ausweislich des Wortlauts der Vorschrift kann eine solche Bedingung auch im Verhalten des Bedachten selbst liegen. Solche **Potestativbedingungen** sind auch bei der Vorerbschaft zulässig.[214] Andererseits bestimmt § 2065 Abs. 1 S. 1 BGB, dass ein Erblasser nicht eine Verfügung derart treffen kann, »dass ein anderer zu bestimmen hat, ob sie gelten oder nicht gelten soll«. Ferner kann nach § 2065 Abs. 2 BGB die Bestimmung der Person, die eine Zuwendung erhalten soll, sowie die Bestimmung des Gegenstandes der Zuwendung nicht einem Dritten überlassen werden. Nach § 2065 BGB ist demnach eine Vertretung des Erblassers im Willen unzulässig. **152**

Die Gestaltung, dass eine Nacherbschaftsbeschränkung entfallen soll, wenn der Vorerbe eine bestimmte Verfügung von Todes wegen trifft, ist im Lichte des § 2075 BGB eindeutig möglich. Die Gestaltung begegnet auch unter dem Gesichtspunkt des § 2065 Abs. 2 BGB keinen Bedenken, **153**

---

210 RG JW 1910, 820 Nr. 42; RGZ 95, 278, 279 f.; BGH DNotZ 1954, 402, 404; DNotZ 1973, 105, 106; KG DNotZ 1956, 193, 199; OLG Hamm MittRhNotK 1999, 313; Beschl. v. 24.8.2006 – 15W 66/06, JMBl. NRW 2006, 56; BayObLG, Beschl. v. 3.8.2001 – 1Z BR 101/00, NJW-RR 2001, 1588, 1590.
211 *Lange/Kuchinke*, § 27 I 7b, Palandt/*Weidlich*, § 2065 Rn. 6 m. w. N. Einschränkend jedoch MünchKommBGB/*Leipold*, § 2065 Rn. 10 ff. m. w. N.
212 OLG Hamm DNotZ 1973, 110, 111.
213 OLG Hamm OLGZ 1973, 103, 104; Staudinger/*Otte*, § 2065 Rn. 19; *Reimann/Bengel/J.Mayer/Voit* Vorbem. vor § 2229 Rn. 24; *J.Mayer*, ZEV 2000, 1, 6.
214 BGH DNotZ 1954, 402, 404: OLG Hamm DNotZ 1967, 315, 316.

da hier keine Ermächtigung des Vorerben ausgesprochen wird, inhaltlich Bestimmungen über den Nachlass des Erblassers zu treffen: Die Geltung der Nacherbschaft entfällt bei einer bestimmten Verfügung des Vorerben über sein eigenen Nachlass, die dann – infolge der damit entfallenden Nacherbschaftsbeschränkung – auch das ererbte Vermögen erfasst. Jedoch verbietet § 2065 Abs. 1 BGB, dass die Geltung einer Verfügung in das Belieben eines Dritten gestellt wird. Dies aber ist ebenso eindeutig das Ergebnis der betreffenden Klausel.[215] Danach kann sich der Vorerbe nämlich selbst zum Vollerben aufschwingen.[216] Damit wird aber dieselbe Gestaltung von einer Norm erlaubt (§ 2075 BGB), von einer anderen jedoch prima facie verboten (§ 2065 Abs. 1 BGB). Dies ist eine Situation, die durch die Herstellung einer »**praktischen Konkordanz**« aufzulösen ist. Es kann also weder jede Nacherbschaftsbeschränkung, die von einer abweichenden Verfügung des Vorerben abhängig gemacht wird, verboten sein noch kann jede solche Gestaltung per se erlaubt sein. Das Spannungsverhältnis zwischen § 2075 BGB und § 2065 Abs. 1 BGB ist durch teleologische Auslegung des § 2065 aufzulösen. **Unzulässig** ist es nach dieser Bestimmung demnach, bei **Unfertigkeit des Erblasserwillens** dessen Vervollständigung der Entscheidung eines Dritten zu überlassen:[217] Der Dritte darf den Testierwillen des Erblassers inhaltlich nicht erst schaffen.[218]

154 Geht man von einer solchen im Lichte des § 2075 BGB präzisierten Zielsetzung des § 2065 BGB aus, so ergeben sich für die einzelnen in Betracht kommenden Gestaltungen etwas schärfere Abgrenzungskriterien. Der gesamte Bereich bleibt jedoch mit – je nach Gestaltung mehr oder minder großen – **Unsicherheiten** behaftet.[219] Im Einzelnen:

155 – Auflösende Bedingtheit der Nacherbschaft **bei Vornahme einer inhaltlich von dieser abweichenden gültigen letztwilligen Verfügung des Vorerben** über seinen Nachlass: Eine solche Gestaltung ist wertungsmäßig gerade **kein Ausdruck von Unschlüssigkeit** des Erblassers, kein Ersetzen des Erblasserwillens durch den des Vorerben. Hier hat bereits der Erblasser vielmehr einen **klaren alternativen** Willen gebildet. Dabei ist die Alternative (Entfallen der Nacherbschaftsbeschränkung) ausdrücklich bereits in den Willen des Erblassers aufgenommen:[220] Für den Fall, dass der Vorerbe, dem der Erblasser offenbar eine vernünftige Entscheidung zutraut, eine bestimmte eigene Anordnung trifft und diese für seinen eigenen Nachlass mit dem Todes des Vorerben Gültigkeit erlangt, will der Erblasser die Nacherbschaftsbeschränkung nicht mehr aufrechterhalten.[221] Es liegt hier somit kein Fall der von § 2065 Abs. 1 der verbotenen Unentschiedenheit des Erblassers vor. Danach ist es mit der ganz h. M. als **zulässig** anzusehen, dass das Entfallen der Nacherbschaft durch den Erblasser von einer letztwilligen Verfügung des Vorerben abhängig gemacht wird.

156 Auflösende Bedingtheit der Nacherbschaftsbeschränkung nur, wenn der Vorerbe sich bei seinen Verfügungen über seinen Nachlass **inhaltlich in einem vom Erblasser bestimmten Rahmen bewegt**: In einer solchen Gestaltung wird teilweise eine Umgehung des § 2065 Abs. 2 BGB gesehen, die zur Unwirksamkeit führe.[222] Dies überzeugt nicht. Kann der Erblasser die Nacherbschaftsbeschränkung von einer abweichenden testamentarischen Verfügung des Vorerben abhängig machen, so kann er die von ihm festzulegenden Anforderungen an diese Verfügung des Vorerben auch konkreter bestimmen. Je konkreter im Gegenteil die Vorgaben des Erblassers sind, desto spezifizierter ist sein alternativer Gestaltungswille ausgeprägt, desto weniger wird der Schutzzweck

---

215 Treffend: *Lange/Kuchinke*, § 27 I 7b; *Frank*, MittBayNot 1987, 231, 233.
216 OLG Hamm DNotZ 1967, 315, 316; *Reimann/Bengel/J.Mayer/Voit*, Vorbem. vor § 2229 Rn. 24.
217 Prot. V S. 19; BGH DNotZ 1954, 402, 404; *Dieterle*, BWNotZ 1970, 14, 16; *Brox*, FS Bartholomeyczik, S. 41, 43; Staudinger/*Otte*, § 2065 Rn. 14.
218 Soergel/*Loritz*, § 2065 Rn. 13.
219 Es irritiert ein wenig, dass der BGH in seiner letzten Entscheidung DNotZ 1981, 765, 768 (obiter) die Frage der Zulässigkeit der Gestaltung ausdrücklich offen gelassen hat. Möglicherweise wollte er allerdings nur eine gewisse Distanz zu der – in der Tat recht weit gehenden – Vorgängerentscheidung (BGH DNotZ 1973, 105) andeuten. Dazu unten Rdn. 174 ff.
220 *Brox*, FS Bartholomeyczik, S. 41, 43.
221 BGH DNotZ 1954, 402, 404; KG DNotZ 1956 193, 194; Staudinger/*Otte*, § 2065 Rn. 20; *Frank*, MittBayNot 1987, 231, 234; Soergel/*Loritz*, § 2065 Rn. 19.
222 *Brox*, FS Bartholomeyczik, S. 41, 51. So auch wohl auch OLG Hamm DNotZ 1967, 315, 316.

des § 2065 BGB tangiert. Der Erblasser kann also mit der h. M. bei der Ausgestaltung seiner auflösenden Bedingung für die Nacherbschaft **den inhaltlichen Rahmen, in dem sich die Verfügung des Vorerben zu halten hat, definieren.**[223] Im Rahmen des § 2065 BGB entspricht es daher der ganz h. M., dass eine Bestimmung des Vorerben zum Vollerben unter der Bedingung zulässig ist, dass der Vorerbe bestimmte Personen zu seinen eigenen Erben bestimmt (sog. kaptatorische Verfügung).[224]

Auflösende Bedingtheit der Nacherbschaft bei **Vornahme einer vom Erblasser definierten lebzeitigen Verfügung über Nachlassgegenstände:** Von § 2075 BGB gedeckt wäre es zweifellos auch, wenn der Erblasser seine Nacherbschaftsanordnung unter die auflösende Bedingung einer lebzeitigen Verfügung des Vorerben, z. B. über den zentralen Nachlassgegenstand (Grundstück, Betrieb) stellt. Hier hat sich der Erblasser in gleicher Weise nicht unentschieden verhalten. Er hat im Rahmen des § 2065 BGB zulässigerweise seinen Willen explizit alternativ artikuliert. Ein Unterschied in der Bewertung gegenüber der Verfügung von Todes wegen des Vorerben als auflösender Bedingung ist daher nicht gerechtfertigt. Die **lebzeitige Verfügung über einen Nachlassgegenstand als auflösende Bedingung** für die Nacherbschaftsbeschränkung ist daher ebenfalls als **zulässig** zu erachten.[225] Zu beachten ist hier aber, dass die Beschränkung der Nacherbschaft nicht hinsichtlich dieses einzelnen Gegenstandes auflösend bedingt werden kann.[226] Wenn daher das Interesse des Erblassers dahin geht, dem Vorerben die eigene lebzeitige Verfügung ausschließlich über den betreffenden (zentralen) Nachlassgegenstand zu ermöglichen, kommt nur die **Gestaltungsalternative** des aufschiebend bedingten Vorausvermächtnisses[227] in Betracht (dazu Rdn. 190 ff.). Die Fälle, in denen das Entfallen der (gesamten) Nacherbschaftsbeschränkung – zulässigerweise – an die lebzeitige Verfügung über einen Nachlassgegenstand gekoppelt werden, werden demgegenüber in der Praxis recht selten sein. 157

– Auflösende Bedingtheit der Nacherbschaft **bei bloßer Errichtung einer inhaltlich von dieser abweichenden letztwilligen Verfügung des Vorerben** über seinen Nachlass: Streitig ist, ob das Entfallen der Nacherbschaft ausschließlich an eine **gültige**, d. h. beim Tode des Vorerben tatsächlich rechtliche Wirkung entfaltende Verfügung von Todes wegen geknüpft werden kann[228] oder ob auch die bloße **Errichtung** einer entsprechenden Verfügung zur auflösenden Bedingung erhoben werden kann.[229] Es mag tatsächlich meist dem Willen des Erblassers entsprechen, mit seiner Nacherbschaftsanordnung erst dann zurücktreten zu wollen, wenn der Vorerbe tatsächlich letztgültig – also im Zeitpunkt seines Todes – wirksam eine von der Nacherbschaftsbestimmung abweichende eigene Verfügung getroffen hat.[230] Daher ist der Wille des Erblassers regelmäßig bei Unklarheiten meist in diesem interessegerechten Sinne auszulegen.[231] Das besagt jedoch nichts darüber, ob der Erblasser ausdrücklich einen anderen Anknüpfungspunkt wählen kann. Hierzu kann im Einzelfall durchaus Anlass bestehen. Denn das Anknüpfen an die gültige Verfügung im Todesfall hat die praktisch außerordentlich missliche Konsequenz, dass erst zum Zeitpunkt des 158

---

223 BGH DNotZ 1973, 105; OLG Hamm DNotZ 1973, 110, 111; MittRhNot 1999, 313, 314; Beschl. v. 24.8.2006 – 15W 66/06, JMBl NRW 2006, 56, 57 f.; Bamberger/Roth/*Litzenburger*, § 2065 Rn. 12; *Frank*, MittBayNot 1987, 231, 235; *J.Mayer*, ZEV 2000, 1, 6.
224 OLG Hamm Beschl. v. 24.8.2006 – 15W 66/06, JMBl. NRW 2006, 56, 57 f.; Staudinger/*Otte*, § 2065 Rn. 24; Soergel/*Loritz*, § 2065 Rn. 22; *J.Mayer*, ZEV 2000, 1, 6; a. A. *Brox*, FS Bartholomeyczik, S. 41, 50 f.
225 OLG Hamm MittRhNotK 1999, 313, 314; *Brox*, FS Bartholomeyczik, S. 41, 44; Palandt/*Weidlich*, § 2065 Rn. 6; Bamberger/Roth/*Litzenburger*, § 2065 Rn. 13; Soergel/*Loritz*, § 2065 Rn. 23; wohl auch Lange/*Kuchinke*, § 27 I 7b.
226 Dies widerspricht dem Grundsatz der Universalsukzession, siehe oben Rdn. 5.
227 *J.Mayer*, ZEV 2000 1, 6.
228 So offenbar Bamberger/Roth/*Litzenburger*, § 2065 Rn. 12 unter unzutreffender Berufung auf *Brox*, FS Bartholomeyczik, S. 41, 44 f.
229 So *Brox*, FS Bartholomeyczik, S. 41, 44; Soergel/*Loritz*, § 2065 Rn. 21.
230 Soergel/*Loritz*, § 2065 Rn. 21.
231 *Brox*, FS Bartholomeyczik, S. 41, 44; *Frank*, MittBayNot 1987, 231, 234.

Todes des Vorerben der Bedingungseintritt und damit die Vollerbenstellung des Vorerben fest steht.[232] Dies bedingt, dass z. B. die Löschung des Nacherbenvermerks erst beim Tode des Vorerben vorgenommen werden kann.[233] Solange der Vorerbe noch lebt, entfalteten damit (jedenfalls faktisch) die Verfügungsbeschränkung der §§ 2113 ff. BGB ihre Wirkung. Im Einzelfall mag es daher durchaus vom Erblasser gewünscht sein, die von ihm angeordnete Nacherbschaftsbeschränkung bereits zurückzunehmen, wenn der Vorerbe eine abweichende Verfügung von Todes wegen errichtet und damit frühzeitig Rechtsklarheit eintreten zu lassen.[234] Eine solche Gestaltung kommt immer dann in Betracht, wenn der Erblasser den Vorerben bei Entfallen des Grundes für die Nacherbschaftsbeschränkung möglichst frühzeitig von deren rechtlichen Belastungen freistellen möchte. Ein Anwendungsfall könnte das sog. **Geschiedenentestament** sein[235] (dazu oben Rdn. 98 ff.), bei dem der geschiedene Erblasser seine Kinder aus der geschiedenen Ehe nur deswegen lediglich als Vorerben bestimmt, um im Falle des Todes eines solchen Kindes auszuschließen, dass Vermögenswerte im Wege gesetzlicher Erbfolge an den geschiedenen Ehegatten gelangen. Hier kann dem Erblasser daran gelegen sein, bereits dann die Nacherbschaftsbeschränkung entfallen zu lassen, wenn das betreffende Kind eine Verfügung von Todes wegen errichtet, in dem der geschiedene Ehegatte enterbt wird. Bei einem Anknüpfen an die bloße Errichtung einer Verfügung von Todes wegen ist auch die **Löschung des Nacherbenvermerks** bei zweifelsfreiem Eintritt der auflösenden Bedingung und dessen Nachweis durch Vorlage der Verfügung bereits zu Lebzeiten des Vorerben möglich. Die Bedingung ist dann der Errichtungsakt als solcher, mag dieser auch noch keine Gewähr für die Gültigkeit der Verfügung im Todesfall des Vorerben bieten. Dies aber zum Anlass zu nehmen, um einem solchen Willen die Anerkennung zu versagen, ist aus § 2065 BGB nicht begründbar.

bb) Gestaltungsüberlegungen

159 Die Verfügungen von Todes wegen, mit denen sich die zur vorliegende Problematik veröffentlichen Gerichtsentscheidungen befassen, enthalten zumeist sinngemäß die Befugnis des Vorerben, die Verfügungen des Erblassers »abzuändern«. Dem Wortlaut nach sind solche Gestaltungen regelmäßig im Hinblick auf § 2065 BGB ausgeschlossen. Die Gerichte sind daher gezwungen, die Formulierungen in eine dogmatisch zulässige Konstruktion der auflösenden Bedingtheit der Nacherbschaft **umzudeuten**. Dies zeigt, dass bei der Ausgestaltung und Formulierung der auflösenden Bedingung für die Nacherbschaftsbeschränkung mit allergrößter Sorgfalt vorzugehen ist.[236]

160 Zunächst muss unmissverständlich zum Ausdruck kommen, dass die auflösende Bedingung für die Nacherbschaftsbeschränkung daran anknüpft, dass der **Vorerbe über seinen Nachlass eine bestimmte Verfügung von Todes wegen trifft**. Unklare Formulierungen drohen zu einem Scheitern an § 2065 Abs. 2 BGB zu führen[237] und eröffnen allenfalls die Chance einer Rettung durch den Richter im Wege der Umdeutung. Wie die »abweichende Verfügung« als auflösende Bedingung beschaffen sein muss, ist zweifelsfrei festzulegen. Anerkannt ist, dass eine »Abweichung« von der Verfügung des Erblassers im Rahmen der Nacherbschaft in folgendem bestehen kann:
– Anderweitige Verteilung des Nachlasses des Vorerben.[238] Hierunter fallen u. a. abweichende Erbeinsetzung zugunsten anderer Personen, abweichende Quotenverteilung im Rahmen desselben Erbenkreises, aber auch Teilungsanordnungen und Vermächtnisse.[239]
– Anordnung von Testamentsvollstreckung.[240]

---

232 KG DNotZ 1956, 195, 199; *Frank*, MittBayNot 1987 231, 234; *J.Mayer*, ZEV 2000 1, 6.
233 Soergel/*Loritz*, § 2065 Rn. 25.
234 Soergel/*Loritz*, § 2065 Rn. 21.
235 *N.Mayer*, ZEV 1996, 104, 106.
236 Staudinger/*Otte*, § 2065 Rn. 23; *Nieder/Kössinger*, § 10 Rn. 72.
237 Staudinger/*Otte*, § 2065 Rn. 23, 25.
238 BGH DNotZ 1973, 105, 106; *J.Mayer*, ZEV 2000, 1, 6.
239 RG HRR 1942 Nr. 838; KG DNotZ 1956, 155, 199.
240 KG DNotZ 1956, 195, 199.

Dem Erblasser ist es grundsätzlich möglich, **eine in irgendeiner Weise von seinen eigenen Verfügungen inhaltlich abweichende Verfügung** des Vorerben als auflösende Bedingung zu formulieren. Da jedoch bei der Gestaltung stets das Spannungsverhältnis zu § 2065 Abs. 1 BGB im Auge zu behalten ist, könnte bei einer solchen blankettartig formulierten Bedingung Zweifel daran bestehen, ob der Erblasser in der im Rahmen des § 2065 Abs. 1 BGB erforderlichen Weise sich einen klaren eigenen Willen gebildet hat. Von einer solch völlig offenen Formulierung der auflösenden Bedingung sollte daher vorsichtshalber abgesehen werden. Rechtlich sicherer und im Übrigen auch regelmäßig der Interessenlage des Erblassers angemessener ist, für den Eintritt der Bedingung einen **Rahmen für mögliche Verfügungen des Vorerben zu definieren**. Es kann insoweit ein Personenkreis ausgewählt werden, aus dem der Vorerbe Personen als seine bedachten Personen auswählen kann (kaptatorische Verfügung).[241] Es kann auch ein fester Personenkreis vorgegeben werden, innerhalb dessen lediglich eine gegenüber der Erblasserverfügung umverteilende Verfügung des Vorerben zugelassen wird (Quotenänderung, Teilungsanordnung, Vermächtnis). Es kann jedoch darüber hinaus auch die genaue Gestalt der Verfügung des Vorerben festgelegt werden, bei deren Vorliegen alleine die auflösende Bedingung eintreten soll und der Erblasser mit seiner Nacherbenbestimmung zurücktreten möchte.

161

Die Verfügung des Vorerben muss nicht notwendig als auflösende Bedingung für die Nacherbschaftsanordnung im ganzen angeordnet werden. Der Erblasser kann sich auch auf die **Anordnung der auflösenden Bedingung für die Einsetzung einzelner Nacherben** entscheiden.[242] Die Folge, die dann ohne weitere Zusatzanordnungen eintritt, ist, dass der Vorerbe in Anbetracht der betreffenden Quote Vollerbe ist.[243] Konstruktiv ist es aber jedenfalls auch möglich, dass der Erblasser für den Fall des Bedingungseintritts den von der Nacherbenbeschränkung frei gewordenen Bruchteil den verbleibenden Nacherben zuordnet und in diesem Sinne eine Anwachsung bestimmt.[244] Damit aber ist die Möglichkeit eröffnet, **unter Aufrechterhaltung der Nacherbfolge den bedachten Personenkreis durch den Vorerben ändern zu lassen** – eine hochproblematische Konsequenz (dazu sogleich unter c] Rdn. 172 ff.)).

162

Zweifelhaft ist, ob **die abweichende Verfügung des Vorerben als auflösende Bedingung zwingend erst nach dem Erbfall vorgenommen werden darf**.[245] Als rechtlich notwendig erscheint dies nicht, da eine auflösende Bedingung konstruktiv bereits einer noch nicht infolge Todes des Erblassers gültig gewordenen Verfügung von Todes wegen beigefügt werden kann. Gleichwohl ist von einer solchen Gestaltung einer auflösenden Bedingung wegen der ungesicherten Rechtslage abzuraten. Im Übrigen besteht hierfür auch kein praktisches Bedürfnis, da der Erblasser in diesem Fall veränderten Umständen, denen die gesamte Konstruktion der auflösend bedingten Nacherbschaft Rechnung tragen soll, meist selbst im Rahmen einer Änderung seiner Verfügung vom Todes wegen berücksichtigen kann.

163

In jedem Fall ist unmissverständlich zu regeln, ob der Erblasser das Zurücktreten seiner Nacherbschaftsanordnung **nur für den Fall möchte, dass die abweichende Verfügung des Vorerben tatsächlich (mit dessen Tode) gültig wird**, und er damit bis zu diesem Zeitpunkt einen Zustand rechtlicher Unsicherheit in Kauf nehmen möchte oder ob **bereits die Errichtung der Verfügung** die auflösende Bedingung auslösen soll. Letztere Gestaltung hat den Vorteil vorzeitiger Rechtsklarheit für sich, ist jedoch wegen des uneinheitlichen Meinungsbildes in der Literatur nicht als völlig gesichert anzuse-

164

---

241 BGH DNotZ 1973, 105, 106; OLG Hamm DNotZ 1973, 110, 111; MittRhNot 1999, 313, 314; Beschl. v. 24.8.2006 – 15W 66/06, JMBl. NRW 2006, 56, 57 f.; Bamberger/Roth/*Litzenburger*, § 2065 Rn. 12; *Frank*, MittBayNot 1987, 231, 235; *J.Mayer*, ZEV 2000, 1, 6.
242 *Frank*, MittBayNot 1987, 231, 235; Staudinger/*Otte*, § 2065 Rn. 23; *J.Mayer*, ZEV 2000, 1, 7; *Kanzleiter*, DNotZ 2001, 149, 151; *Nieder/Kössinger*, § 10 Rn. 73.
243 *Nieder/Kössinger*, § 10 Rn. 73.
244 *Frank*, MittBayNot 1987, 231, 235; Staudinger/*Otte*, § 2065 Rn. 23; übersehen von OLG Hamm DNotZ 1967, 315, 316.
245 So BGH DNotZ 1970, 358, 359; *Nieder/Kössinger*, § 10 Rn. 70.

hen. Soll sie Verwendung finden, sollte jedenfalls klargestellt werden, dass hilfsweise die auflösende Bedingung eintreten soll, wenn die abweichende Verfügung mit dem Tode des Vorerben Geltung erlangt. Auf diesem Wege lässt sich das Risiko umgehen, dass eine etwa von der Rechtsprechung festgestellte Unzulässigkeit einer Anknüpfung an die bloße Errichtung einer abweichenden Verfügung zu einer Unwirksamkeit der gesamten Bedingungskonstruktion führt.

165 Es ist zu empfehlen, dass die auflösende Bedingung stets an eine **in notarieller Form errichtete Verfügung von Todes wegen (oder lebzeitige Verfügung)** anknüpft. Dies dient der rechtssicheren Herbeiführung des Bedingungseintritts sowie der Sicherstellung sachgerechter Beratung.

166 Bei **Mitnacherben** ist ggfs. zu regeln welche Konsequenzen die Ausschlagung der Mitnacherbschaft haben soll. An sich kommt es in erster Linie zur Ersatznacherbschaft, hilfsweise zur Anwachsung (§§ 2094, 2099 BGB) und erst in letzter Konsequenz zum Erstarken der Vorerbenrechte zur Vollerbschaft.[246] Dies darf nicht übersehen werden, wenn eine Ausschlagung durch einen Mitnacherben zum erwogen wird, um den Vorerben zum partiellen Vollerben zu machen. Gegebenenfalls sollte bei der Gestaltung der Verfügung von Todes wegen erwogen werden, den Vorrang der Anwachsung auszuschließen (§ 2094 Abs. 3 BGB).

167 Zur Frage der Ausgestaltung der **Bindungswirkung** beim Ehegattenerbvertrag mit Nacherbschaftsbeschränkung s. o. Rdn. 82. Es liegt regelmäßig nahe, auch die auflösende Bedingung der Nacherbschaftsbeschränkung zum Schutz des belasteten Ehegatten erbvertraglich bindend zu gestalten.

168 **Muster einer auflösend bedingten Nacherbschaftsbeschränkung** – Bedingung: allgemein »abweichende« Verfügung Todes wegen des Vorerben:

Sachverhalt: Der Ehemann hat einseitige Kinder, zu denen ein getrübtes Verhältnis besteht und die im Falle seines Todes als Längstlebender nicht auch den Pflichtteil aus dem Vermögen der Ehefrau erhalten sollen. Endbedachte soll in jedem Fall die gemeinsame Tochter der Eheleute werden. Da deren persönliche Entwicklung jedoch mit Unsicherheiten behaftet ist, soll der Ehemann für den Fall, dass er der Längstlebende ist, die Nacherbenstellung der Tochter nach eigener vernünftiger Bewertung der Vor- und Nachteile entfallen lassen können.

169 ▶ **Muster:**

[Notarieller Urkundseingang]

§ 1 Verhältnis zu früheren Verfügungen

Vorsorglich widerrufen wir hiermit alle etwa von uns gemeinschaftlich oder einem jeden von uns allein errichteten früheren Verfügungen von Todes wegen.

§ 2 Verfügungen des Ehemannes

Ich, der Ehemann, ..., setze hiermit meine Ehefrau, ..., zu meiner alleinigen und unbeschränkten Vollerbin ein.

Sollte meine vorgenannte Ehefrau vor mir versterben oder aus einem sonstigen Grunde nicht zur Erbfolge gelangen oder sollten wir gleichzeitig oder aufgrund desselben Ereignisses innerhalb von vier Wochen nacheinander versterben, so soll an ihrer Stelle unsere gemeinsame Tochter ... Erbin sein.

Sollte auch unserer Tochter vor mir versterben oder aus einem sonstigen Grunde nicht zur Erbfolge gelangen, so sollen an ihrer Stelle ihre Abkömmlinge (einschließlich Adoptivkindern) nach Stämmen zu gleichen Teilen und nach den Regeln der gesetzlichen Erbfolge treten.

---

246 BayObLG FamRZ 1962, 538; MünchKommBGB/*Grunsky*, § 2142 Rn. 5.

§ 3 Verfügungen der Ehefrau

a) Erbeinsetzung

Ich, die Ehefrau, ..., setze hiermit meinen Ehemann, Herrn ..., zu meinem alleinigen Erben ein.

Mein Ehemann ist lediglich Vorerbe, als solcher jedoch von allen Beschränkungen und Verpflichtungen, von denen das Gesetz eine Befreiung zulässt, befreit.

Nacherbin ist unsere gemeinsame Tochter ...

Sollte unserer Tochter ... vor mir und/oder dem Vorerben versterben oder aus einem sonstigen Grunde nicht zur Nacherbfolge gelangen, so sollen Ersatznacherben ihre Abkömmlinge (einschließlich Adoptivkindern) nach Stämmen zu gleichen Teilen und nach den Regeln der gesetzlichen Erbfolge sein.

(optional:) Ungeachtet seiner weitest möglichen Befreiung von gesetzlichen Beschränkungen und Verpflichtungen eines Vorerben ist dieser im Wege des Vermächtnisses zugunsten der Nacherben verpflichtet, das der Nacherbschaftsbeschränkung unterliegende Vermögen von seinem Vermögen aus der Perspektive eines Dritten unterscheidbar zu halten. Insbesondere hat er Geldvermögen auf getrennten Konten zu verwalten und Surrogationsvorgänge durch das Führen geeigneter Unterlagen kenntlich zu machen. (optional:) Ist zwischen Vorerben bzw. seinen Erben und dem Nacherben streitig, ob ein Gegenstand zum Eigenvermögen des Vorerben gehört oder aber der Nacherbschaft unterliegt, trägt die Beweislast für die Zugehörigkeit des Gegenstandes zu seinem Eigenvermögen der Vorerbe.

Der Nacherbfall tritt ein mit dem Tode des Vorerben.

Nacherbenanwartschaftsrechte sind an den Vorerben veräußerbar; im Übrigen sind sie weder vererblich noch übertragbar. Im Falle der Veräußerung an den Vorerben entfallen alle ausdrücklichen, vermuteten oder schlüssigen Ersatznacherbeneinsetzungen bezüglich des betreffenden Nacherben.

Sollte mein Ehemann vor mir versterben oder aus einem anderen Grunde als Vorerbe wegfallen oder sollten wir gleichzeitig oder aufgrund desselben Ereignisses innerhalb von vier Wochen nacheinander versterben, so soll an seiner Stelle unsere Tochter ... meine Erbin sein. Sie ist in diesem Falle Vollerbin.

b) Auflösende Bedingung

Die vorstehend zu a) angeordnete Beschränkung meines Ehemannes durch Nacherbschaft zugunsten unserer Tochter ist dadurch auflösend bedingt, dass der Vorerbe
– nach Eintritt des Erbfalls
– durch notariell zu beurkundende Verfügung von Todes
– unter ausdrücklicher Bezugnahme auf diese Bedingungsregelung und damit ausdrücklich mit Wirkung zugleich sowohl für sein Eigenvermögen wie auch das von mir ererbte und ursprünglich der Nacherbschaft unterliegende Vermögen
– die Schlusserbfolge nach ihm selbst in dem Sinne abweichend regelt, dass unsere Tochter nicht seine unbeschränkte Vollerbin wird; die Abweichung kann dabei beliebiger Natur sein, also entweder in einer Abweichung bei der Erbeinsetzung liegen (gänzliche Enterbung, Beschränkung auf einen Bruchteil) oder auch in der Anordnung irgendeiner Beschränkung der Erbin (z. B. Testamentsvollstreckung, Nacherbschaft; Vermächtnis, Auflage)
– und diese Abweichung beim Tode meines Ehemannes Geltung erlangt.

[alternativ zum letztgenannten Bedingungsbestandteil:] Zum Eintritt der auflösenden Bedingung genügt es, dass mein Ehemann dem Nachlassgericht eine Verfügung von Todes wegen vorlegt, die den vorgenannten Anforderungen entspricht. Nicht notwendig ist hierzu, dass eine solche abweichende Verfügung auch beim Tode meines Mannes rechtliche Geltung erlangt. Hilfsweise wird angeordnet, dass jedenfalls dann, wenn diese abweichende Verfügung beim Tode des Längstlebenden Geltung erlangt, die auflösende Bedingung eintritt.

Der Notar hat darauf hingewiesen, dass mit Eintritt der auflösenden Bedingung der Vorerbe rückwirkend Vollerbe wird. Damit entfallen die zugunsten der Nacherben kraft Gesetzes bestehenden Schutzmechanismen und die Berechnung der Pflichtteile nach dem Vorerben bemisst sich auch nach dem ererbten Vermögen.

§ 4 Erbvertragliche Bindung, Anfechtungsausschluss, Sonstiges

Wir nehmen unsere vorstehenden Erklärungen über die gegenseitige Erbeinsetzung gemäß § 2 Absatz 1 und § 3a) Absätze 1 und 2 und die Bedingungsregelung zu § 3b) mit erbvertraglicher Bindung gegenseitig an. Auf die Bedeutung der erbvertraglichen Bindung sind wir vom Notar hingewiesen worden.

Die weiteren Verfügungen, insbesondere die Verfügungen des Längstlebenden von uns, sind einseitig getroffen und sollen nur testamentarische Wirkung haben; sie können daher jederzeit einseitig widerrufen werden. Demgemäß ist der Überlebende von uns auch berechtigt, die für den Fall seines Todes getroffenen Verfügungen von Todes wegen abzuändern, aufzuheben oder zu ergänzen oder beliebig anderweitig über den Gesamtnachlass zu verfügen.

Die Ehefrau ist berechtigt, jederzeit die Nacherbschaftsbeschränkung als ganze durch einseitige testamentarische Verfügung aufzuheben. Zur Aufhebung allein der Befreiung von den gesetzlichen Beschränkungen und Verpflichtungen eines Vorerben sowie der auflösenden Bedingung zu § 3b) ist sie hingegen nicht berechtigt.

[im Übrigen wie bei Muster Rdn. 84]

170 Muster einer auflösend bedingten Nacherbschaftsbeschränkung – Bedingung: inhaltlich vom Erblasser näher eingegrenzte »abweichende« Verfügung Todes wegen des Vorerben:

Sachverhalt: Wie vorstehend Rdn. 168, jedoch haben die Eheleute drei gemeinschaftliche Kinder. Es ist nicht auszuschließen, dass der Ehemann sich künftig mit den einseitigen Kindern über einen Pflichtteilsverzicht einigen wird. Daher soll der Ehemann für den Fall, dass er der länger Lebende ist, die Nacherbenstellung der gemeinsamen Kinder entfallen lassen können. Allerdings soll dies nur möglich sein, wenn der Ehemann als Längstlebender ausschließlich Erben aus dem Kreise der gemeinschaftlichen Abkömmlinge beruft.

171 ▶ **Muster:**

[Notarieller Urkundseingang]

[§ 1 wie bei Rdn. 169]

§ 2 Verfügungen des Ehemannes

Ich, der Ehemann, ..., setze hiermit meine Ehefrau, ..., zu meiner alleinigen und unbeschränkten Vollerbin ein.

Sollte meine vorgenannte Ehefrau vor mir versterben oder aus einem sonstigen Grunde nicht zur Erbfolge gelangen oder sollten wir gleichzeitig oder aufgrund desselben Ereignisses innerhalb von vier Wochen nacheinander versterben, so sollen an ihrer Stelle unsere gemeinsamen Kinder ..., ... und ... zu gleichen Teilen Erben sein.

Sollte eines unserer vorgenannten Kinder vor mir versterben oder aus einem sonstigen Grunde nicht zur Erbfolge gelangen, so sollen an seiner Stelle seine Abkömmlinge (einschließlich Adoptivkindern) nach Stämmen zu gleichen Teilen und nach den Regeln der gesetzlichen Erbfolge treten.

Sollte eines unserer vorgenannten Kinder vor mir versterben oder aus einem sonstigen Grunde nicht zur Erbfolge gelangen und keine Abkömmlinge hinterlassen, so wächst der dann freiwerdende Erbanteil den übrigen Erben nach dem Verhältnis ihrer Erbanteile zu.

§ 3 Verfügungen der Ehefrau

a) Erbeinsetzung

Ich, die Ehefrau, ..., setze hiermit meinen Ehemann, Herrn ..., zu meinem alleinigen Erben ein.

Mein Ehemann ist lediglich Vorerbe, als solcher jedoch von allen Beschränkungen und Verpflichtungen, von denen das Gesetz eine Befreiung zulässt, befreit.

Nacherben sind unsere gemeinsamen Kinder ..., ... und ..., untereinander zu gleichen Teilen.

Sollte einer der vorgenannten Nacherben vor mir und/oder der Vorerbin versterben oder aus einem sonstigen Grunde nicht zur Nacherbfolge gelangen, so sollen Ersatznacherben seine Abkömmlinge nach Stämmen zu gleichen Teilen und nach den Regeln der gesetzlichen Erbfolge sein. Sollte einer der vorgenannten Nacherben vor mir und/oder der Vorerbin versterben oder aus einem sonstigen Grunde nicht zur Nacherbfolge gelangen und keine Abkömmlinge hinterlassen, so wächst der dann freiwerdende Erbanteil den übrigen Nacherben nach dem Verhältnis ihrer Erbanteile zu. Sollte jedoch ein Nacherbe die Nacherbschaft ausschlagen und seinen Pflichtteil erhalten, entfällt bezüglich dessen Abkömmlingen die vorstehende Einsetzung zu Ersatznacherben. (optional:) Hinsichtlich des Erbanteils des ausschlagenden Nacherben entfällt die Nacherbschaftsbeschränkung; die Anwachsung des Nacherbenrechts bei den übrigen Nacherben wird insoweit ausgeschlossen. (oder:) Das Nacherbenrecht des Ausschlagenden wächst den verbleibenden Nacherben im Verhältnis ihrer Erbanteile an.

(optional:) Ungeachtet seiner weitest möglichen Befreiung von gesetzlichen Beschränkungen und Verpflichtungen eines Vorerben ist dieser im Wege des Vermächtnisses zugunsten der Nacherben verpflichtet, das der Nacherbschaftsbeschränkung unterliegende Vermögen von seinem Vermögen aus der Perspektive eines Dritten unterscheidbar zu halten. Insbesondere hat er Geldvermögen auf getrennten Konten zu verwalten und Surrogationsvorgänge durch das Führen geeigneter Unterlagen kenntlich zu machen. (optional:) Ist zwischen Vorerben bzw. seinen Erben und den Nacherben streitig, ob ein Gegenstand zum Eigenvermögen des Vorerben gehört oder aber der Nacherbschaft unterliegt, trägt die Beweislast für die Zugehörigkeit des Gegenstandes zu seinem Eigenvermögen der Vorerbe.

Der Nacherbfall tritt ein mit dem Tode des Vorerben.

Nacherbenanwartschaftsrechte sind an den Vorerben veräußerbar; im Übrigen sind sie weder vererblich noch übertragbar. Im Falle der Veräußerung an den Vorerben entfallen alle ausdrücklichen, vermuteten oder schlüssigen Ersatznacherbeneinsetzungen bezüglich des betreffenden Nacherben.

Sollte mein Ehemann vor mir versterben oder aus einem anderen Grunde als Vorerbe wegfallen oder sollten wir gleichzeitig oder aufgrund desselben Ereignisses innerhalb von vier Wochen nacheinander versterben, so sollen an seiner Stelle unsere gemeinsamen Kinder ..., ... und ... zu gleichen Teilen meine Erben sein. Sie sind in diesem Falle Vollerben.

b) Auflösende Bedingung

Die vorstehend zu a) angeordnete Beschränkung meines Ehemannes durch Nacherbschaft zugunsten unserer vorgenannten Kinder ist insgesamt und hinsichtlich aller Erbteile dadurch auflösend bedingt, dass der Vorerbe
- nach Eintritt des Erbfalls
- durch notariell zu beurkundende Verfügung von Todes
- unter ausdrücklicher Bezugnahme auf diese Bedingungsregelung und damit ausdrücklich mit Wirkung zugleich sowohl für sein Eigenvermögen wie auch das von mir ererbte und ursprünglich der Nacherbschaft unterliegende Vermögen
- die Schlusserbfolge nach ihm selbst in dem Sinne abweichend regelt, dass einer der zu vorstehendem Abschnitt a) Absätze 3 und 4 eingesetzten Nacherben nicht in der bezeichneten Weise und Quote sein eigener unbeschränkter Erbe wird; die Abweichung kann dabei beliebiger Natur sein, also entweder in einer Abweichung bei der Erbeinsetzung liegen (gänzliche Enterbung, Beschränkung auf einen geringeren Bruchteil) oder auch in der Anordnung irgendeiner Beschränkung eines Erben (z. B. Testamentsvollstreckung, Nacherbschaft; Vermächtnis, Auflage); jedoch dürfen die Begünstigten der Verfügung meines Ehemannes ausschließlich dem Kreise unserer gemeinschaftlichen Abkömmlinge zugehörig sein,
- und diese Abweichung beim Tode meines Ehemannes Geltung erlangt.

Der Notar hat darauf hingewiesen, dass mit Eintritt der auflösenden Bedingung der Vorerbe rückwirkend insgesamt alleiniger Vollerbe wird. Damit entfallen die zugunsten der Nacherben kraft Gesetzes bestehenden Schutzmechanismen und die Berechnung der Pflichtteile nach dem Vorerben bemisst sich auch nach dem ererbten Vermögen.

§ 4 Erbvertragliche Bindung, Anfechtungsausschluss, Sonstiges

[wie bei Muster Rdn. 169].

c) Die Befugnis des Vorerben zur inhaltlichen Ausgestaltung der Nacherbschaftsbestimmungen

172 Den Bestand der Nacherbschaftsbeschränkung ganz oder teilweise unter die auflösende Bedingung einer abweichenden Verfügung vom Todes wegen des Vorerben zu stellen, bringt den Nachteil mit sich, dass mit Bedingungseintritt die Beschränkung der Nacherbschaft insoweit vollständig entfällt. Die mit der Nacherbschaftsbeschränkung verfolgte Zielsetzung wird damit nicht erreicht. Nicht selten entspricht es daher dem Wunsch des Erblassers,
– dem Vorerben die rechtliche **Befugnis** einzuräumen, **den Nachlass unter Aufrechterhaltung der Nacherbschaft abweichend zu verteilen** oder gar
– diejenigen als Nacherben zu bestimmen, die der Vorerbe zu seinen eigenen Erben einsetzt.

173 Gerade letztere Gestaltung (sog. **Dieterle-Klausel**)[247] war in der Praxis in der Vergangenheit verbreitet, insbesondere bei der Ausgestaltung des sog. **Geschiedenentestaments** (dazu oben Rdn. 98 ff.). Bei diesem ist es lediglich das Anliegen des Erblassers, den geschiedenen Ehegatten vom Nachlass fernzuhalten, im Übrigen aber die zu Vorerben eingesetzten Abkömmlinge möglichst wenig zu belasten. Solche Gestaltungen, für die in der Praxis ein erhebliches Bedürfnis besteht, stehen jedoch ganz offensichtlich in einem besonderen Spannungsverhältnis zu § 2065 Abs. 2 BGB.

aa) »Umverteilung« durch den Vorerben

(1) Zulässigkeit der Gestaltung

174 Ob der Vorerbe ermächtigt werden kann, die Verteilung des Nachlasses im Kreise der Nacherben – unter Aufrechterhaltung der Nacherbfolge! – abweichend zu regeln ist, in der Rechtsprechung nicht einheitlich beantwortet worden.[248] Auch in der Literatur mehren sich insoweit die kritischen Stimmen.[249] Diesen wird man für den Fall beipflichten müssen, dass der Erblasser tatsächlich die Entscheidung, wer Nacherbe werden soll, ausdrücklich auf den Vorerben delegiert. Hierin liegt ein Verstoß gegen § 2065 Abs. 2 BGB.[250] Die **Ermächtigung an den Vorerben, einen von mehreren Nacherben zum alleinigen Nacherben zu bestimmen, ist daher unzulässig.** Gleiches dürfte gelten für die Ermächtigung an den Vorerben, unter Beibehaltung der Nacherbschaft die Erbquoten neu zu bestimmen.[251]

175 Andererseits ist es konstruktiv möglich, dass der Erblasser die Anordnung der auflösenden Bedingung lediglich auf einen Bruchteil der Erbschaft, d. h. auf einen einzelnen Nacherben beschränkt.[252] Grundsätzliche Folge des Bedingungseintritts ist sodann, dass der Vorerbe in Höhe der betreffenden Quote Vollerbe ist.[253] Jedoch hält das Erbrecht auch die konstruktive Möglichkeit bereit zu bestimmen, dass der von der Nacherbschaftsbindung an sich frei gewordene Anteil den übrigen verbleibenden Mitnacherben zugeordnet wird und diesen in diesem Sinne anwächst.[254] Damit lässt sich im Ergebnis durch geschickt formulierte und kombinierte auflösende Bedingungen die **Möglichkeit eröffnen, dass der Vorerbe unter Aufrechterhaltung der Nacherbschaft den Kreis der Nacherben verändert.** Durch diese – dogmatisch saubere – Konstruktion wäre es möglich, ein Ergebnis zu erreichen, das im Wege der offenen Delegation der Gestaltungsbefugnis wegen § 2065 Abs. 2 BGB nicht erreichbar ist. Eine solche Gestaltung wäre nicht mehr und nicht weniger als die Lösung eines der

---

247 *Dieterle*, BWNotZ 1971, 14, 15 f.
248 Offenbar bejahend BGH DNotZ 1973, 105, 106; ablehnend dagegen z. B. OLG Hamm DNotZ 1967, 315, 317.
249 *Lange/Kuchinke*, § 27 I 7c; *Frank*, MittBayNot 1987, 231, 235: *Nieder/Kössinger*, § 10 Rn. 73.
250 OLG Hamm, Beschl. v. 24.8.2006 – 15W 66/06, JMBl. NRW 2006, 56, 57 f.; *Lange/Kuchinke*, § 27 I 7c; *Frank*, MittBayNot 1987, 231, 235; *Nieder/Kössinger*, § 10 Rn. 73.
251 OLG Hamm, DNotZ 1967, 315, 316; *Lange/Kuchinke*, § 27 I 7c.
252 *Frank*, MittBayNot 1987, 231, 235; Staudinger/*Otte*, § 2065 Rn. 23; *J.Mayer*, ZEV 2000, 1, 7; *Kanzleiter*, DNotZ 2001, 149, 151; *Nieder/Kössinger*, § 10 Rn. 73.
253 *Nieder/Kössinger*, § 10 Rn. 73.
254 *Frank*, MittBayNot 1987, 231, 235; Staudinger/*Otte*, § 2065 Rn. 23; *J.Mayer*, ZEV 2000, 1, 7.

Grundprobleme der Vor- und Nacherbschaft, nämlich des Entfallens der Möglichkeit der aktiv gestaltenden Korrektur nach dem Tode des Erblassers. Die Gefahr ist nicht von der Hand zu weisen, dass ein Gericht in einer solchen Gestaltung, die formal-konstruktiv § 2065 Abs. 2 BGB nicht verletzt, eine **Umgehung** dieser Verbotsnorm sieht.[255]

Diese Gestaltung **ragt deutlich weiter in den Schutzzweck des § 2065 BGB hinein** als die Lösungen, die zu einem Entfallen der Nacherbschaft durch auflösende Bedingung führen (Siehe oben b]). Daher ist hier besondere **Vorsicht** geboten. 176

(2) Gestaltungsüberlegungen

Zur grundsätzlichen Ausgestaltung von auflösenden Bedingungen, die auch im Rahmen der vorstehend dargestellten Anwachsungslösungen die Grundlage der Gestaltung bieten, s. vorstehend unter Rdn. 159–165. 177

Bei der »Umverteilungskonstellation« (oben Rdn. 174) ist zunächst zu klären, ob die Nacherbschaft hinsichtlich derjenigen Nacherbeneinsetzung, bei der die auflösende Bedingung eingetreten ist, bezüglich der betreffenden Quote entfallen und insoweit Vollerbschaft des Vorerben eintreten oder aber die Nacherbschaft vollständig durch Anwachsung bei den übrigen Nacherben aufrecht erhalten bleiben soll. Soll der Vorerbe insoweit Vollerbe werden, kommt wiederum in Betracht, die Anforderungen an die Verfügung des Vorerben, z. B. in Anbetracht des begünstigten Personenkreises, näher einzugrenzen (s. Rdn. 156, 161). Denn insoweit verfügt der Vorerbe über seinen eigenen Nachlass, in dem sich dann auch die betreffende Vollerbenbeteiligung am Nachlass des Erblassers befindet. 178

Muster einer auflösend bedingten Nacherbeneinsetzung jedes einzelnen Nacherben gesondert – Bedingung: Abweichende Verfügung des Vorerben über die betreffenden Erbteile der Nacherben: 179

Sachverhalt: Wie vorstehend zu Muster Rdn. 168, jedoch haben die Eheleute drei gemeinschaftliche Kinder. Der Vorerbe soll durch entsprechende Verfügung unter grundsätzlicher Aufrechterhaltung der Nacherbschaftsbeschränkung die Nacherbenstellung einzelner Nacherben beseitigen können, da die künftige Entwicklung der Nacherben offen ist.

Siehe zu den **Bedenken** gegen die nachfolgende Gestaltung vorstehend Rdn. 174–176. 180

▶ **Muster:** 181

[Notarieller Urkundseingang]

[§§ 1 und 2 wie bei Muster Rdn. 171]

§ 3 Verfügungen der Ehefrau

[a) Erbeinsetzung wie bei Muster Rdn. 171]

b) Auflösende Bedingung

Die vorstehend zu a) angeordnete Einsetzung von Nacherben ist hinsichtlich jedes einzelnen der zu vorstehendem Abschnitt a) Absätze 3 und 4 eingesetzten Nacherben für sich genommen – also für die einzelnen Erbteile – dadurch auflösend bedingt, dass der Vorerbe
– nach Eintritt des Erbfalls
– durch notariell zu beurkundende Verfügung von Todes
– unter ausdrücklicher Bezugnahme auf diese Bedingungsregelung
– die Schlusserbfolge nach ihm selbst in dem Sinne abweichend regelt, dass der betreffende Nacherbe nicht in der vorstehend bezeichneten Weise und Quote sein eigener unbeschränkter Erbe wird; die Abweichung [entweder:] kann dabei entweder in einer Abweichung bei der Erbeinsetzung liegen

---

255 Kritisch auch *Lange/Kuchinke*, § 27 I 7 c: »Grenzen verschwimmen«.

(gänzliche Enterbung, Beschränkung nur des betreffenden Nacherben auf einen geringeren Bruchteil) oder auch in der Anordnung einer nicht allgemein alle Nacherben, sondern ausschließlich den betreffenden Nacherben treffenden Beschränkung durch Testamentsvollstreckung oder Nacherbschaft liegen [oder:] muss dabei in einer Enterbung des betreffenden Nacherben durch den Vorerben oder einer Reduzierung ausschließlich seines Erbteils liegen
- und diese Abweichung beim Tode meines Ehemannes Geltung erlangt.

Bei entsprechender eigener Verfügung des Vorerben kann die auflösende Bedingung auch hinsichtlich mehrerer Nacherben eintreten. Es muss die Nacherbenbeschränkung jedoch hinsichtlich mindestens eines Nacherben bestehen bleiben; andernfalls entfällt die angeordnete auflösende Bedingung hinsichtlich aller Nacherben, so dass diese sämtlich unbedingt Nacherben sind.

Tritt jeweils eine auflösende Bedingung hinsichtlich eines Erbteiles ein, [entweder:]so entfällt entgegen etwaiger gesetzlicher Auslegungsregeln nicht die Nacherbenbeschränkung in Höhe des betroffenen Erbteils, so dass der Vorerbe insoweit Vollerbe würde. Vielmehr wächst der vom Eintritt der auflösenden Bedingung betroffene Erbteil den verbleibenden Nacherben entsprechend ihrer Nacherbquote an. Die Nacherbenbeschränkung soll somit hinsichtlich der gesamten Erbschaft erhalten bleiben. [oder:] ist der Vorerbe insoweit Vollerbe.

§ 4 Erbvertragliche Bindung, Anfechtungsausschluss, Sonstiges

[wie bei Muster Rdn. 171].

bb) »Dieterle-Klausel«

(1) Zulässigkeit

182 Vom Fall der »Abänderungsbefugnis« im Rahmen der bestehen bleibenden Nacherbschaft ist die »Dieterle-Klausel« zu unterscheiden. Dabei bestimmt der Erblasser zu **Nacherben, wen der Vorerbe selbst zu seinen eigenen Erben einsetzt**[256]. Eine solche Gestaltung betrifft von allen bisher diskutierten Gestaltungen den Schutzzweck des § 2065 Abs. 2 BGB am intensivsten. Ihre Zulässigkeit wurde lange einhellig bejaht, ist aber in jüngerer Zeit heftig umstritten. Die wohl noch h. M. in der Literatur lässt eine solche Gestaltung zu.[257] Allerdings hat sich mittlerweile das OLG Frankfurt[258] dezidiert, jedoch ohne nähere Begründung, für die Nichtigkeit einer solchen Klausel wegen Verstoßes gegen § 2065 BGB ausgesprochen. Ferner ist auch eine neuere und deutlich differenzierter argumentierende Entscheidung des OLG Hamm[259] zu beachten. Danach sei die auflösend bedingte Nacherbeneinsetzung nicht zu beanstanden; diese setze aber für eine Vereinbarkeit mit § 2065 Abs. 2 BGB stets voraus, »dass der Erblasser selbst eine oder mehrere bestimmte Personen als Nacherben benennt«. An der »Bestimmtheit« der Erbenbenennung durch den Erblasser selbst aber fehlt es hier gerade. Demgegenüber wird für die Zulässigkeit einer solchen Gestaltung angeführt, dass der Vorerbe, dessen Erbenbestimmung auch die des Erblassers sein soll, lediglich indirekt und mittelbar die Entscheidung des Erblassers treffe, was im Rahmen des § 2065 Abs. 2 BGB zulässig sei.[260] Auch wenn man diese Prämisse zugrunde legt und die Gestaltung für zulässig hält, muss man sie im Lichte der neueren Entscheidungen des OLG Frankfurt und des OLG Hamm im Hinblick auf § 2065 Abs. 2 BGB als für die Praxis »grenzwertig« erachten.[261] Ein **vorsichtiger Berater** sollte daher von einer solchen Gestaltung **abraten**.[262] Als **Alternativgestaltung** ist hier eine Drittbestimmung des Endbedachten über eine

---

256 *Dieterle*, BWNotZ 1971, 14, 15 f.
257 Staudinger/*Otte*, § 2065 Rn. 16; *Ivo*, DNotZ 2002, 260, 263 ff.
258 OLG Frankfurt a. M., Beschl. v. 10.12.1999 – 20 W 224/97, DNotZ 2001, 143, 144 ff.
259 OLG Hamm, Beschl. v. 24.8.2006 – 15W 66/06, JMBl. NRW 2006, 56, 57 f. = MDR 2007, 663.
260 *Dieterle*, BWNotZ 1971, 14, 16; Staudinger/*Otte*, § 2065 Rn. 16; *Ivo*, DNotZ 2002, 260, 263; *Lange/Kuchinke*, § 27 I 6b.
261 So auch *Ivo*, DNotZ 2000, 260, 266; so auch bereits *Dieterle*, BWNotZ 1971, 14, 15 selbst: »Grenzfall«.
262 *Kanzleiter*, DNotZ 2001, 149, 150; *J.Mayer*, ZErb 2001, 197, 205.

Vermächtnislösung gemäß § 2151 BGB möglich.[263] Zu denken ist auch daran, dass die Nacherbschaftsbeschränkung sachgerecht auflösend bedingt wird, z. B. durch die Errichtung einer bestimmten Verfügung von Todes wegen durch den Vorerben oder durch die Geburt eines Kindes des Vorerben.[264]

(2) Gestaltungsüberlegungen

Bei der sog. »Dieterle-Klausel«, bei der zu Nacherben diejenigen Personen bestimmt werden, die Erben des Vorerben werden, ist zunächst zu entscheiden, ob nur die **gewillkürten Erben** des Vorerben Nacherben werden sollen oder auch die im Rahmen der gesetzlichen Erbfolge berufenen Erben. Grundsätzlich erscheint beides möglich. Da die Gestaltung bewusst möglichst viel Raum für die Gestaltung des Vorerben lassen will, empfiehlt sich, in erster Linie auf die gewillkürten Erben abzustellen und in Ermangelung einer Verfügung von Todes wegen auf die gesetzlichen Erben.[265] In jedem Fall müssen jedoch diejenigen Personen aus dem Kreise der gesetzlichen Erben eliminiert werden, die der Erblasser selbst als Nacherben ausschließen möchte. So ist es bei einem sog. Geschiedenentestament (s. dazu Rdn. 98) gerade Zweck der Nacherbschaftsbeschränkung, den geschiedenen Ehegatten und dessen Familie als potentielle Erben des eigenen Kindes auszuschließen. Bei der Verwendung der Gestaltung im Rahmen eines Geschiedenentestaments ist daher der nicht für den Nacherbenkreis zugelassene Personenkreis zu benennen und auszuklammern. Für den Fall, dass der Vorerbe keine danach zugelassenen Personen als seine eigenen Erben einsetzt, muss der Erblasser eine eigene Bestimmung von Nacherben hilfsweise vorsehen, um nicht die gesamte Nacherbschaftsbeschränkung infrage zu stellen.

183

Bei der »Dieterle-Klausel« kann für die Bestimmung der Nacherben durch letztwillige Verfügung des Vorerben m. E. nur darauf abgestellt werden, wer schließlich tatsächlich Erbe des Vorerben wird. Damit aber bleiben die Personen der Nacherben bis zum Zeitpunkt des Todes des Vorerben unbekannt. Die »Dieterle-Klausel« ist also zwingend mit dem Problem der »**unbekannten Nacherben**« (s. Rdn. 17) verknüpft: Jedenfalls für unentgeltliche Verfügungen über Nachlassgegenstände ist dann die Zustimmung eines Pflegers gemäß § 1913 BGB erforderlich, die praktisch nicht zu erlangen ist. Um Handlungsfähigkeit auf Seiten der unbekannten Nacherben herzustellen, ist dringend zu empfehlen, für diese eine Nacherbenvollstreckung gemäß § 2222 BGB anzuordnen (s. unten Rdn. 238 ff. u. Muster Rdn. 75).

184

Muster der Einsetzung der eigenen Erben des Vorerben als Nacherben (»sog. Dieterle-Klausel«):

185

Sachverhalt: Die geschiedene Ehefrau möchte ihren aus der geschiedenen Ehe mit ihrem Ehemann stammenden Sohn als Erben einsetzen. Sie sieht allerdings das Risiko, dass, falls dieser nach ihr kinderlos verstirbt, im Wege der gesetzlichen Erbfolge nach ihrem Sohn dessen leiblicher Vater, ihr geschiedener Ehemann, in den Genuss von Gegenständen aus ihrem Nachlass gelangt. Als Nacherben möchte sie die Personen bestimmen, die der Vorerbe selbst zu seinen eigenen Erben einsetzt. Es soll damit eine sachgerechte Auswahl der Nacherben aus dem Kreise der gemeinschaftlichen Abkömmlinge ermöglicht werden.

Siehe zu den **erheblichen Bedenken** gegen die nachfolgende Gestaltung vorstehend Rdn. 182.

186

---

263 *Nieder/Kössinger*, § 10 Rn. 74; *Kanzleiter*, DNotZ 2001, 149, 152; siehe oben Rdn. 106.
264 Siehe Rdn. 104.
265 So auch *Dieterle*, BWNotZ 1971, 14, 17, selbst.

187 ▶ **Muster:**

[Notarieller Urkundseingang]

§ 1 Verhältnis zu früheren Verfügungen

Vorsorglich widerrufe ich hiermit alle etwa von mir errichteten früheren Verfügungen von Todes wegen.

§ 2 Erbeinsetzung

Ich setze hiermit meinen Sohn, Herrn ..., zu meinem alleinigen Erben ein.

Mein Sohn ist lediglich Vorerbe, als solcher jedoch von allen Beschränkungen und Verpflichtungen, von denen das Gesetz eine Befreiung zulässt, befreit.

Nacherben sind in erster Linie diejenigen Personen, die mein Sohn ... in einer notariellen Verfügung von Todes wegen zu seinen eigenen Erben bestimmt hat und die nach ihm zur Erbfolge gelangen, um zwar im selben Beteiligungsverhältnis.

Sollte mein Sohn keine Verfügung von Todes wegen errichten, sind Nacherben die Personen, die seine gesetzlichen Erben sind, und zwar ebenfalls im selben Beteiligungsverhältnis.

Von dem Kreis der sich danach aus der Erbfolge nach meinem Sohn ... ergebenden Nacherben ist jedoch mein geschiedener Ehemann ... sowie dessen etwaige weitere Abkömmlinge und Verwandte in aufsteigender Linie ausgeschlossen und rechtlich so zu behandeln als hätten sie im Zeitpunkt des Erbfalls nicht gelebt. Sollte mein Sohn danach von keiner Person beerbt werden, die nach den vorstehenden Bestimmungen zu Kreise der zugelassenen Nacherben gehört, sind Nacherben ...

Der Nacherbfall tritt ein mit dem Tode des Vorerben.

Nacherbenanwartschaftsrechte sind an den Vorerben veräußerbar; im Übrigen sind sie weder vererblich noch übertragbar. Im Falle der Veräußerung an den Vorerben entfallen alle ausdrücklichen, vermuteten oder schlüssigen Ersatznacherbeneinsetzungen bezüglich des betreffenden Nacherben.

[§ 3 Nacherbentestamentsvollstreckung wie bei Muster Rdn. 75 und 246]

[§ 4 wie bei Muster Rdn. 75].

8. Die Befreiung des Vorerben von Beschränkungen über § 2136 BGB hinaus

a) Einführung und Interessenlage

188 Sehr häufig liegt der Wahl der Vor- und Nacherbschaftskonstruktion nicht das Interesse am Erhalt des Nachlasses für den Endbedachten zugrunde, sondern **allein das Interesse am Ausschluss Dritter vom Nachlass** (s. Rdn. 59 »Ausschlussfälle«). Dann möchte der Erblasser den Vorerben weitest möglich von den Beschränkungen und Verpflichtungen befreien. Nach § 2136 BGB können in erheblichen Umfange Befreiungen durch den Erblasser erteilt werden (befreite Vorerbschaft). Es bleiben danach jedoch eine Reihe von Beschränkungen und Verpflichtungen, über die der Erblasser nicht disponieren kann (s. o. Rdn. 43), deren wichtigste die Verfügungsbeschränkung betreffend unentgeltliche Verfügungen (§ 2113 Abs. 2 BGB) und der Grundsatz der dinglichen Surrogation (§ 2111 BGB) sind. Die verbleibenden Beschränkungen und Verpflichtungen bereiten durchaus praktische Probleme bei der Handhabung auch der befreiten Vorerbschaft. Beispielhaft sei hier an die Abgrenzungsschwierigkeiten bei dem Merkmal der Unentgeltlichkeit i. R. d. § 2113 Abs. 2 BGB erinnert (s. o. Rdn. 45).

189 Den Rahmen der Befreiungsmöglichkeiten im Rahmen der bestehenden Nacherbschaftsbeschränkung umschreibt § 2136 BGB abschließend. Diese Vorschrift will einen nicht disponiblen Schutz des Nacherben vor »willkürlichem, nachlässigen oder böslichem Handeln des Vorerben«[266] sicher-

---

[266] RGZ 77, 177, 178.

stellen. Soweit danach Beschränkungen erhalten bleiben, ist dies wegen des erbrechtlichen Typenzwangs für den Erblasser unabänderbar.[267] Allerdings werden **Ausweichgestaltungen** vertreten, die im Ergebnis eine Befreiung von Beschränkungen über den Rahmen des § 2136 BGB hinaus erreichbar machen.

b) Das aufschiebend bedingte Vorausvermächtnis

aa) Zulässigkeit der Gestaltung

Soweit sich der Wunsch nach einer vollumfänglichen Befreiung des Vorerben von allen Beschränkungen und Verpflichtungen auf einen einzelnen Nachlassgegenstand, deren mehrere oder auch eine ganze Vermögensgruppe beschränkt, so kommt als Gestaltung ein **Vorausvermächtnis** in Betracht, das den Wirkungen der Nacherbschaft nicht unterliegt (§ 2110 Abs. 2 BGB). Dieses führt beim Alleinvorerben zum automatischen nacherbschaftsfreien Erwerb in das Eigenvermögen des Vorerben;[268] ein Mitvorerbe erhält durch das Vorausvermächtnis, das nicht der Nacherbschaft unterliegt, den Anspruch auf nacherbschaftsfreien Erwerb aus dem Nachlass.[269] Auch ein solches Vorausvermächtnis kann **aufschiebend bedingt** angeordnet werden.[270] Die Bedingung kann auch darin liegen, dass der Vorerbe lebzeitig über den betreffenden Vermächtnisgegenstand verfügt. Bei Vornahme der Verfügung tritt dann die aufschiebende Bedingung ein. Dadurch erwirbt der Alleinvorerbe in diesem Moment zunächst vorerbschaftsfrei den veräußerten Gegenstand als Vorausvermächtnisnehmer und erlangt zugleich den Vermächtnisgegenstand als Teil seines Eigenvermögens und kann damit – vollständig ohne Geltung von Nacherbschaftsbeschränkungen – dem Erwerber Eigentum verschaffen.

190

Die Gestaltung wird in der Literatur erstaunlicherweise kaum unter dem Gesichtspunkt des § 2065 Abs. 1 BGB erörtert (s. ausführlich zur Problematik der auflösend bedingten Vor- und Nacherbschaft Rdn. 151 ff.), obgleich auch hier die Geltung einer Verfügung von einer Potestativbedingung (Vornahme einer lebzeitigen Verfügung des Bedachten) abhängig gemacht wird. Nur wird hier nicht die gesamte Nacherbschaftsbeschränkung bei einem bestimmten Verhalten des Vorerben vom Erblasser zurückgenommen, sondern es wird nur der einzelne Vermächtnisgegenstand vorerbschaftsfrei. Gleichwohl erscheint die Problematik im Hinblick auf § 2065 Abs. 1 BGB identisch. Die Frage der Zulässigkeit ist damit auch in der gleichen Weise zu beantworten wie bei der auflösenden bedingten Nacherbschaftsbeschränkung:[271] Die Anordnung eines solchen aufschiebend bedingten Vorausvermächtnisses steht **im Einklang mit § 2065 BGB**, da hier ebenfalls keine Vervollständigung eines »unfertigen Erblasserwillens« vorliegt, die allein gegen § 2065 Abs. 1 BGB verstieße.[272]

191

Fraglich ist, ob das aufschiebend bedingte Vorausvermächtnis, soweit es gerade eine unentgeltliche Verfügung des Vorerben ermöglichen soll, nicht als Umgehungsversuch an § 2136 BGB scheitert.[273] Die Gestaltung dient immerhin gerade dazu, eine von § 2136 BGB nicht tolerierte unentgeltliche Verfügung des Vorerben zuzulassen. Jedoch ist hier der Vorwurf einer verbotsgesetzlich relevanten »Umgehung« des § 2136 BGB verfehlt. Es liegt zwar im Ergebnis eine »Umgehung« vor. Diese hat der Gesetzgeber jedoch durch die Regelung des § 2110 Abs. 2 BGB ausdrücklich ermöglicht, indem er zugesteht, Einzelgegenstände von der Nacherbschaft auszunehmen. Die Gestaltung des aufschiebend bedingten Vorausvermächtnisses verlässt damit zulässigerweise das Regelungsgebiet der Vor- und Nacherbschaft und ist damit konsequenterweise nicht mehr den Bestimmungen (u. a.

192

---

267 BGHZ 7, 274, 276; Palandt/ *Weidlich*, § 2136 Rn. 2.
268 BGHZ 32, 60, 62; eingehend zur Herleitung dieses Ergebnisses: *Sonntag*, ZEV 1996, 450 ff.
269 Siehe Rdn. 106.
270 *Keller*, BWNotZ 1970, 49; *Kanzleiter*, FS Schippel, S. 287, 300; *J. Mayer*, ZEV 2000, 1, 5.
271 Ausführlich oben Rdn. 151 ff.
272 *Keller*, BWNotZ 1970, 49; i. Erg. auch *Kanzleiter*, FS Schippel, S. 287 Fn. 53.
273 Die Frage wirft mit Recht *Kornexl*, Nachlassplanung bei Problemkindern, Rn. 112, auf.

§ 2136 BGB) unterworfen, die dieses Rechtsinstitut ausformen.[274] Die Gestaltung **kann daher nicht an § 2136 BGB scheitern**.

193 Es lässt sich somit festhalten, dass die Gestaltung des aufschiebend bedingten Vorausvermächtnisses (unter Zugrundelegung der ganz h. M. zur auflösend bedingten Nacherbschaft)[275] nicht gegen § 2065 Abs. 1 BGB verstößt und auch nicht an § 2136 BGB zu messen ist. Die **Zulässigkeit der Gestaltung** entspricht daher zu Recht – soweit ersichtlich – einhelliger Meinung.[276] Sie ist damit gegenüber der **Gestaltungsalternative** eines **Zustimmungsvermächtnisses** (dazu sogleich unten Rdn. 202 ff.) der »sicherere Weg«.[277]

194 Allerdings folgt aus dem vorstehend aufgeführten Grund für die Zulässigkeit der Gestaltung – Verfügung des Vorerben über eigenes Vermögen – zugleich eine Schwäche der Gestaltung: Die Konstruktion basiert auf einem **Durchgangserwerb des vermachten Gegenstandes beim Vorerben**. Dieser aber kann zu einer **pflichtteilsergänzungspflichtigen Verfügung des Vorerben** führen.[278] Erwägenswert ist, ob sich dieser nacherbschaftsfreie Zwischenerwerb des Vorerben konstruktiv dadurch vermeiden lässt, dass man die Bedingung für das Vorausvermächtnis erst mit dinglicher Wirksamkeit der Veräußerung an den Dritten eintreten lässt. An sich ist dies denkbar, da die gegen § 2113 Abs. 2 BGB verstoßende Verfügung aufgrund der Konstruktion der Verfügungsbeschränkung[279] den (vorläufigen) dinglichen Rechtserwerb des Dritten nicht hindert. Mit dem Rechtserwerb des Dritten ist jedoch der veräußerte Gegenstand (zunächst) aus dem Nachlass verschwunden. Der Bedingungseintritt für das Vorausvermächtnis geht sodann in Leere, da sich der Vermächtnisgegenstand nicht mehr im Nachlass befindet. Dies aber ist die Voraussetzung für das Vorausvermächtnis. Der Durchgangserwerb des Vorerben ist daher unvermeidbare Voraussetzung der Konstruktion.

195 War das **Fernhalten unliebsamer Pflichtteilsberechtigter** des Vorerben Beweggrund für die Wahl der Nacherbschaftskonstruktion, ist die Anordnung des aufschiebenden bedingten Vorausvermächtnisses daher grundsätzlich **kontraindiziert**. Dieser Umstand mag im Einzelfall hinter dem Vorteil zurücktreten, dass dem Vorerben durch diese Handlungsoption eine spätere Korrektur der Gestaltungsentscheidung des Erblassers wegen im Nachhinein geänderter Umstände ermöglicht wird. Die vorgenannte Problematik wird durch die **Gestaltungsalternative** des Zustimmungsvermächtnisses (s. sogleich Rdn. 202 ff.) vermieden.

bb) Gestaltungsüberlegungen

196 Dem **Alleinvorerben** kann somit also z. B. ein Grundstück oder Unternehmen (als Sachinbegriff) unter der aufschiebenden Bedingung vorerbschaftsfrei durch Vorausvermächtnis zugewandt werden, dass er den Vermögensgegenstand oder die Vermögensgegenstände dritten Personen lebzeitig überträgt.[280] Bei **Mitvorerbschaft** muss der Mitvorerbe zunächst als Nichtberechtigter – und damit unwirksam – über den vermachten Gegenstand verfügen. Hierdurch tritt die aufschiebende Bedingung ein und er erlangt damit den schuldrechtlichen Anspruch auf vorerbschaftsfreie Übertragung von der Vorerbengemeinschaft. Mit der Erfüllung dieses Anspruches wird die vorab vorgenommene Verfügung wiederum gemäß § 185 Abs. 2 S. 1 BGB wirksam. In dieser Konstellation wird der als Nichtberechtigter verfügende Mitvorerbe gut beraten sein, das schuldrechtliche Geschäft mit dem Erwerber unter Rücktrittsvorbehalt zu schließen.

---

274 *Ludwig*, DNotZ 2001, 102, 105; MünchKommBGB/*Grunsky*, § 2136 Rn. 1; *Kanzleiter*, FS Schippel, S. 287 Fn. 53.
275 Siehe oben Rdn. 151 ff.
276 MünchKommBGB/*Grunsky*, § 2136 Rn. 1; Palandt/*Weidlich*, § 2136 Rn. 4; *Keller*, BWNotZ 1970, 49; *J.Mayer*, ZEV 2000, 1, 5; *Ludwig*, DNotZ 2001, 102, 105, 110 ff.; *G. Müller*, ZEV 1996, 179, 180.
277 *Kornexl*, Nachlassplanung bei Problemkindern, Rn. 113.
278 *Kornexl*, Nachlassplanung bei Problemkindern, Rn. 113.
279 Dazu oben Rdn. 30.
280 *G. Müller*, ZEV 1996, 179, 180; *J. Mayer*, ZEV 2000, 1, 5.

197 Die **aufschiebende Bedingung** für das Vorausvermächtnis kann der Erblasser grds. **frei festlegen**. In Betracht kommt dabei eine Verfügung über den Vermächtnisgegenstand unter Lebenden, aber auch das Anknüpfen einer Verfügung von Todes wegen des Vorerben.[281] Für den Fall, dass der Erblasser an eine Verfügung von Todes wegen anknüpfen möchte, gelten hier die gleichen Gestaltungsmöglichkeiten wie bei der auflösend bedingten Nacherbschaft (s. hierzu Rdn. 159 ff.). Auch beim aufschiebend bedingten Vorausvermächtnis kann der Erblasser die Person des Erwerbers bei der Verfügung unter Lebenden oder des Bedachten mit der Verfügung von Todes wegen dem Personenkreis nach (etwa aus dem Kreise der vom Erblasser bezeichneten Nacherben) oder sogar ganz exakt vorgegeben.

198 Die aufschiebende Bedingung darf beim Anknüpfen an eine lebzeitige Verfügung des Vorerben nicht erst eintreten, wenn der Nachlassgegenstand bereits aus dem Nachlass durch Verfügung des Vorerben verschwunden ist; dann kann der Bedingungseintritt nicht mehr zu einem Erwerb des Vorerben führen. Es sollte also vorsichtshalber nicht so formuliert werden, dass das Vorausvermächtnis erst Wirkung entfaltet, wenn der Erwerbsvorgang zugunsten des Erwerbers bereits abgeschlossen ist. Vielmehr ist die Bedingung bei mehraktigen Erwerbsvorgängen (Übereignung und Übergabe beweglicher Sachen, Übereignung von Grundbesitz durch Einigung und Eintragung) so zu gestalten, dass sie eintritt, wenn der **rechtsgeschäftliche Teil des Erwerbsvorgangs zugunsten des Erwerbers vollendet** ist. Dann befindet sich der Vermächtnisgegenstand noch im Nachlass und es kann durch das Vorausvermächtnis ein nacherbschaftsfreier Erwerb des Vorerben herbeigeführt werden. Der Erwerber erwirbt sodann bei Vollendung des Erwerbstatbestandes vom voll Berechtigten ohne die Geltung der Verfügungsbeschränkungen der Nacherbschaft. Das beschriebene Gestaltungsproblem stellt sich beim Anknüpfen an eine **vermächtnisweise Zuwendung** durch den Vorerben nicht. Dort tritt die Bedingung stets zu einem Zeitpunkt ein, in dem der Vermächtnisgegenstand, der ja dem Vermächtnisnehmer erst übertragen werden muss, sich noch im Nachlass (in der Hand des Nacherben) befindet. Um die Vermächtniserfüllung ggfs. zu erleichtern, bietet sich insoweit die Anordnung einer Testamentsvollstreckung an.

199 Begrenzt der Erblasser den Kreis der möglichen Adressaten der Verfügung auf die von ihm benannten Nacherben, wird damit eine **wertverschiebende Verteilung des Nachlasses unter den künftigen Mitnacherben** ermöglicht.[282] Auf diesem Wege kann der Vorerbe die Verteilung des Nachlasses unter den Nacherben im Ergebnis unter Abweichung von den Bestimmungen des Erblassers regeln. Über eine explizit angeordnete Befugnis zur Abänderung der Verfügung des Erblassers wäre dies wegen § 2065 Abs. 2 BGB nicht möglich.[283] Bei der Gestaltung über ein aufschiebend bedingtes Vorausvermächtnis wird jedoch der Schutzbereich des § 2065 Abs. 2 BGB nicht berührt, da der Vorerbe infolge der eingetretenen aufschiebenden Bedingung für das Vorausvermächtnis über seinen eigenen Nachlassgegenstand lebzeitig oder letztwillig verfügt:[284] Der Erwerber/Bedachte erwirbt nicht unmittelbar aufgrund einer Verfügung von Todes wegen des Erblassers, sondern aufgrund lebzeitiger oder letztwilliger Verfügung des Vorerben aus dessen eigenem nacherbschaftsfreien Vermögen. Durch diese dem Vorerben zulässigerweise einräumbare Steuerungsmöglichkeit ist das aufschiebend bedingte Vorausvermächtnis insbesondere ein vorzügliches **Instrument der Unternehmensnachfolge**.

200 **Muster eines aufschiebend bedingten Vorausvermächtnisses** – Bedingung: lebzeitige oder letztwillige Verfügung des Vorerben zugunsten eines gemeinsamen Abkömmlings:

Sachverhalt: Der Ehemann ist in zweiter Ehe verheiratet und hat drei ersteheliche Kinder, deren Erwerb er abgesichert wissen möchte. Sein werthaltiges Einfamilienhaus soll seine als befreite Vorerbin eingesetzte zweite Ehefrau jedoch später einem der Kinder letztwillig oder lebzeitig zuwenden können. Er traut ihr eine sachgerechte Auswahl unter den Kindern zu.

---

281 *J. Mayer*, ZEV 2000, 1, 5.
282 *Nieder/Kössinger*, § 10 Rn. 43; *J. Mayer*, ZEV 2000, 1, 5.
283 Siehe oben Rdn. 174.
284 *Kanzleiter*, FS Schippel, S. 287 Fn. 53.

Kapitel 5 Sicherung der Erwerbsaussichten für Endbedachte

201 ▶ **Muster:**

[Notarieller Urkundseingang]

[§ 1 wie bei Muster Rdn. 84]

[§ 2 Verfügungen der Ehefrau]

§ 3 Verfügungen des Ehemannes

a) Erbeinsetzung

Ich, der Ehemann, ..., setze hiermit meine Ehefrau, ..., zu meiner alleinigen Erbin ein.

Meine Ehefrau ist lediglich Vorerbin, als solche jedoch von allen Beschränkungen und Verpflichtungen, von denen das Gesetz eine Befreiung zulässt, befreit.

Nacherben sind meine drei Kinder aus erster Ehe ..., ... und ..., untereinander zu gleichen Teilen.

Sollte einer der vorgenannten Nacherben vor mir und/oder der Vorerbin versterben oder aus einem sonstigen Grunde nicht zur Nacherbfolge gelangen, so sollen Ersatznacherben seine Abkömmlinge nach Stämmen zu gleichen Teilen und nach den Regeln der gesetzlichen Erbfolge sein. Sollte einer der vorgenannten Nacherben vor mir und/oder der Vorerbin versterben oder aus einem sonstigen Grunde nicht zur Nacherbfolge gelangen und keine Abkömmlinge hinterlassen, so wächst der dann freiwerdende Erbanteil den übrigen Nacherben nach dem Verhältnis ihrer Erbanteile zu. Sollte jedoch ein Nacherbe die Nacherbschaft ausschlagen und seinen Pflichtteil erhalten, entfällt bezüglich dessen Abkömmlingen die vorstehende Einsetzung zu Ersatznacherben. (optional:) Hinsichtlich des Erbanteils des ausschlagenden Nacherben entfällt die Nacherbschaftsbeschränkung; die Anwachsung des Nacherbenrechts bei den übrigen Nacherben wird insoweit ausgeschlossen. (oder:) Das Nacherbenrecht des Ausschlagenden wächst den verbleibenden Nacherben im Verhältnis ihrer Erbanteile an.

Der Nacherbfall tritt ein mit dem Tode der Vorerbin.

Nacherbenanwartschaftsrechte sind an die Vorerbin veräußerbar; im Übrigen sind sie weder vererblich noch übertragbar. Im Falle der Veräußerung an die Vorerbin entfallen alle ausdrücklichen, vermuteten oder schlüssigen Ersatznacherbeneinsetzungen bezüglich des betreffenden Nacherben.

Sollte meine Ehefrau vor mir versterben oder aus einem anderen Grunde als Vorerbin wegfallen oder sollten wir gleichzeitig oder aufgrund desselben Ereignisses innerhalb von vier Wochen nacheinander nacheinander versterben, so sollen an ihrer Stelle meine drei vorgenannten Kinder ..., ... und ... zu gleichen Teilen meine Erben sein. Sie sind in diesem Falle Vollerben.

b) Aufschiebend bedingtes Vorausvermächtnis

Meine Ehefrau ist berechtigt, einer oder mehreren zum Kreise der Nacherben gehörenden Personen gemäß a) Absatz 4 – bei mehreren in einem von ihr festzulegenden Bruchteilsverhältnis – das mir gehörige Einfamilienhaus ... durch lebzeitige Verfügung zu übertragen. Die Bedingungen der Übertragung im Übrigen kann sie frei festlegen; insbesondere kann sie sich etwa den Nießbrauch an dem Grundbesitz vorbehalten. Soweit sie sich sonstige Gegenleistungen gewähren lässt, dürfen diese jedoch nur ihr selbst oder Personen aus dem Kreise der Nacherben zugute kommen, wie etwa Ausgleichszahlungen an andere Nacherben.

Ferner ist die Vorerbin befugt, durch Vermächtnis den vorgenannten Grundbesitz einer oder mehreren zum Kreise der Nacherben gehörenden Personen gemäß a) Absätze 3 und 4 – bei mehreren in einem von ihr festzulegenden Bruchteilsverhältnis – zuzuwenden. Nach- und sonstige Untervermächtnisse zulasten der Vermächtnisnehmer sowie Auflagen sind nur zulässig, soweit diese Personen aus dem Kreise der Nacherben zugute kommen.

Macht meine Ehefrau von einer der beiden vorstehend eingeräumten Befugnisse Gebrauch, so ist ihr der vorbezeichnete Grundbesitz als Vorausvermächtnis und damit ohne die Beschränkungen der Nacherbschaft (§ 2110 Abs. 2 BGB) zugewandt. Die aufschiebende Bedingung für das Vorausvermächtnis tritt dabei bei der lebzeitigen Übertragung mit der Vornahme des rechtsgeschäftlichen Teils des Erwerbsvorgangs (dingliche Einigung gem. § 873 BGB) und bei der Vermächtnisanordnung mit deren Wirksamwerden im Todesfalle ein. Voraussetzung für den Eintritt der Bedingung ist jedoch jeweils, dass sich die Verfügung in dem von mir vorbezeichneten zulässigen Rahmen hält.

§ 4 Erbvertragliche Bindung, Anfechtungsausschluss, Sonstiges

[entsprechend Muster Rdn. 84].

b) Zustimmungsvermächtnis

aa) Zulässigkeit der Gestaltung

Die Beschränkungen und Verpflichtungen des Vorerben dienen sämtlich dem Schutz der Interessen des Nacherben. Über diese ist wegen des erbrechtlichen Typenzwangs zwar nicht der Erblasser dispositionsbefugt, wohl aber der Adressat des Schutzes, der Nacherbe:[285] Er kann nach eigenem Gutdünken durch Zustimmung Verfügungen des Vorerben jeglicher Art zur endgültigen Wirksamkeit verhelfen[286] oder auch auf die Geltendmachung von Ansprüchen verzichten, die sich aus einer Verletzung der schuldrechtlichen Verpflichtungen des Vorerben ergeben. Der Thematik der Befreiung von Beschränkungen und Verpflichtungen durch den Erblasser kann man sich vor dem Hintergrund dieser Erkenntnis alternativ gewissermaßen »von der anderen Seite« nähern: Konstruktiv ist es ohne weiteres möglich, dass der Erblasser den Nacherben durch Vermächtnis verpflichtet, auf seinen Schutz zu verzichten und z. B. unentgeltlichen Verfügungen zuzustimmen, bestimmte Verwaltungsmaßnahmen als »ordnungsgemäß« im Sinne des § 2130 BGB anzuerkennen oder Surrogate eines bestimmten Gegenstandes dem Vorerben oder dessen Erben herauszugeben (sog. **Zustimmungsvermächtnis**). Dabei handelt es sich grundsätzlich um den zulässigen Inhalt eines Vermächtnisses. Jedoch wird durch diese indirekt wirkende Konstruktion das nicht disponible Verbot des § 2136 BGB im Ergebnis umgangen. Die wohl h. M.[287] hält eine solche Konstruktion auch im Hinblick auf § 2136 BGB für grundsätzlich zulässig. Die Grenze zwischen zulässiger Gestaltung und nicht anzuerkennender Umgehung des § 2136 BGB ist dabei jedoch auch nach der h. M. schwierig zu ziehen, weshalb die Gestaltung mit **nicht unerheblichen Unsicherheiten behaftet** ist.[288] Richtigerweise wird man die Grenzlinie der Zulässigkeit danach ziehen können, ob durch die Gestaltung ein erbrechtliches Prinzip – z. B. die vom Erblasser nicht zu erlassende Verfügungsbeschränkung bei unentgeltlichen Verfügungen – generell abbedungen werden soll; in diesem Falle spricht viel für einen Verstoß der Gestaltung gegen § 2136 BGB. Demgegenüber erscheint eine Zustimmungs- oder sonstige Handlungspflicht des Nacherben **im Einzelfall** als **zulässig**.[289] Hierfür spricht, dass das Gesetz durchaus die Verpflichtung des Nacherben zur Zustimmung zu einer einzelnen Verfügung des Vorerben kennt (§ 2120 BGB).[290] Wenn man trotz der bestehenden Unsicherheiten die Gestaltung wählt, sollte daher allenfalls eine auf eine Verfügung bezüglich einzelner Gegenstände bezogene Vermächtnisverpflichtung zu Lasten des Nacherben begründet werden. Versuche, den Vorerben auf diesem Wege pauschal von grundsätzlichen Beschränkungen zu befreien, dürften ebenso zum Scheitern verurteilt sein, wie die Versuche, ein entsprechendes Ergebnis über die alleinige Nacherbenvollstreckereigenschaft des Vorerben gemäß § 2222 BGB[291] zu erzielen. Die **Gestaltungsalternative** des aufschie-

202

---

285 G. Müller, ZEV 1996, 179, 180.
286 Siehe Rdn. 32.
287 OLG Düsseldorf Beschl. v. 14.6.1999 – 3 Wx 104/99, DNotZ 2001, 140, 142; G. Müller, ZEV 1996, 179, 180; Staudinger/Avenarius, § 2113 Rn. 5; Kornexl, Nachlassplanung bei Problemkindern, Rn. 112; a. A. hingegen Ludwig, DNotZ 2001, 102; MünchKommBGB/Grunsky, § 2136 Rn. 9; Wübben, ZEV 2000, 30; Erman/M.Schmidt § 2136 Rn. 3.
288 G.Müller, ZEV 1996, 179, 180; J. Mayer, ZErb 2001, 197, 206; Kanzleiter, ZNotP 2003, 127, 131.
289 Bühler, BWNotZ 1967, 174, 180; Nieder/Kössinger, § 10 Rn. 44.
290 Bühler, BWNotZ 1967, 174, 180.
291 Müller, ZEV 1996, 179, 180 f.; s. zu § 2222 BGB RGZ 77, 177, 178; MünchKommBGB/Zimmermann, § 2222 Rn. 4.

bend bedingten Vorausvermächtnisses (vorstehend Rdn. 190) stellt insoweit die gegenüber dem Zustimmungsvermächtnis sicherere Variante dar.[292]

bb) Gestaltungsüberlegungen

203 Vor dem Hintergrund der ungeklärten Zulässigkeit der Gestaltung insgesamt ist in jedem Fall möglichst zurückhaltend von der Anordnung eines Zustimmungsvermächtnisses Gebrauch zu machen. Allgemeine Formulierungen, die die Intention der Umgehung der Gesamtprinzips der begrenzten Befreiungsmöglichkeit gemäß § 2136 BGB zum Ausdruck bringen, sind zu unterlassen. Die Verpflichtung zur Zustimmung sollte daher auf eine **einzelne unentgeltliche Verfügung** hinsichtlich eines konkret benannten Gegenstandes beschränkt werden.[293] Gleiches gilt für die Anordnung der Anerkennung eines bestimmten Verhaltens als ordnungsgemäße Verwaltung im Sinne des § 2130 BGB.

204 Die Verpflichtung zur Zustimmung zu einer unentgeltlichen Verfügung des Vorerben kann dabei an weitere **Voraussetzungen** gekoppelt werden, z. B. dass der Adressat der zu ermöglichenden Schenkung einem bestimmten Personenkreis angehören muss.

205 Bei der Formulierung der Regelung ist der Eindruck zu vermeiden, als solle der Vorerbe entgegen § 2136 BGB zur unentgeltlichen Verfügung ermächtigt werden. Man sollte sich nicht auf die sachgerechte Auslegung als Zustimmungsvermächtnis durch die Gerichte verlassen.

206 Zu beachten ist, dass die Nacherben bei der auferlegten Verpflichtung zur Genehmigung einer unentgeltlichen Verfügung bereits während der Vorerbschaftszeit tätig werden müssen. Um dies praktisch so einfach wie möglich zu gestalten, empfiehlt es sich, ein solches Zustimmungsvermächtnis mit der Anordnung einer **Nacherbentestamentsvollstreckung** gemäß § 2222 BGB **zu verbinden**. Dabei ist jedoch darauf zu achten, dass der alleinige Vorerbe nicht zum Nacherbenvollstrecker bestimmt werden kann.[294]

207 Das Zustimmungsvermächtnis ist im Hinblick auf § 2136 BGB eine trotz der Entscheidung des OLG Düsseldorf[295] noch nicht voll abgesicherte Gestaltung. Die sichere **Gestaltungsalternative** ist das aufschiebend bedingte Vorausvermächtnis. Dieses weist aber den Nachteil auf, dass es zu einem Zwischenerwerb des Vorerben und damit zu Pflichtteilsergänzungsansprüchen von womöglich missliebigen Pflichtteilsberechtigten des Vorerben führt.[296] Wenn dieser – je nach vorliegender Interessenlage erhebliche – Nachteil auch der Lösung über ein Zustimmungsvermächtnis eigen wäre, wäre diese Gestaltung wohl für die rechtsgestaltende Praxis disqualifiziert. Dem ist jedoch nicht so. Zwar handelt es sich bei der unentgeltlichen Verfügung des Vorerben, welcher der Nacherbe pflichtgemäß zustimmt, um eine endgültig wirksame Schenkung durch den Vorerben an den Erwerber, die auf den ersten Blick ebenfalls Pflichtteilsergänzungsansprüche missliebiger Pflichtteilsberechtigter auslöst. Doch die teleologische Auslegung des § 2325 BGB zeigt, dass die mit Zustimmung des Nacherben ausgeführte Schenkung nicht pflichtteilsergänzungspflichtig ist: Ratio des § 2325 BGB ist es nämlich ersichtlich, eine Aushöhlung des Pflichtteilsanspruches durch den Erblasser zu verhindern.[297] Bei bestehender Nacherbschaftsbeschränkung bliebe jedoch der Gegenstand infolge der Zugehörigkeit zum Sondervermögen Nachlass ohne die ausgeführte Schenkung bei der Pflichtteilsberechnung außer Ansatz. Durch die Schenkung des Vorerben wird daher der Pflichtteilsanspruch des Pflichtteilsberechtigten in keiner Weise reduziert. Die mit Zustimmung des Nacherben ausgeführte Schenkung des Vorerben liegt daher nicht im Schutzbereich des § 2325 BGB und ist

---

292 *Kornexl*, Nachlassplanung bei Problemkindern, Rn. 112; skeptisch zur Verwendbarkeit in der Gestaltungspraxis auch *Kanzleiter*, FS Schippel, S. 287, 294.
293 So auch *Nieder/Kössinger*, § 10 Rn. 44.
294 RGZ 77, 177, 178.
295 Beschl. v. 14.6.1999 – 3 Wx 104/99 –, DNotZ 2001, 140, 142.
296 Siehe oben Rdn. 194.
297 MünchKommBGB/*Lange*, § 2325 Rn. 1; Palandt/*Weidlich*, § 2325 Rn. 1.

damit keine Schenkung im Sinne dieser Bestimmung. Der Vorteil der Gestaltung liegt also im Verhältnis zum aufschiebend bedingten Vorausvermächtnis darin, dass diese **Gestaltung keine Pflichtteilsergänzungsansprüche missliebiger Pflichtteilsberechtigter des Vorerben auslöst.**

Damit ergibt sich für die Gestaltungspraxis, dass 208
- das **aufschiebend bedingte Vorausvermächtnis** als die sicherere Gestaltung gewählt werden sollte, wenn die Wahl der Nacherbschaftsbeschränkung **nicht den Ausschluss von Pflichtteilsberechtigten** des Vorerben bezweckt, demgegenüber
- das **Zustimmungsvermächtnis** in Erwägung zu ziehen ist, wenn einerseits eine Schenkung eines Einzelgegenstandes dem Vorerben ermöglich werden soll, jedoch gerade die **Ausschlusswirkung** der Nacherbschaft gegenüber Pflichtteilsberechtigten des Vorerben Grund für die Wahl der Gestaltung war. Die Beteiligten sind jedoch in jedem Fall auf die Unsicherheiten der Gestaltung im Hinblick auf § 2136 BGB hinzuweisen.

Wird danach das Zustimmungsvermächtnis gewählt, ist dem Erblasser aber die sichere Wirksamkeit 209 der unentgeltlichen Verfügung in der Endabwägung wichtiger als der Ausschluss der Pflichtteilsberechtigten des Vorerben, kann der verschenkte Gegenstand auch **hilfsweise** im Rahmen eines aufschiebend bedingten Vorausvermächtnisses zugewandt werden.

Muster eines »Zustimmungsvermächtnisses«: Pflicht des Nacherben, einer unentgeltlichen Ver- 210 fügung des Vorerben zuzustimmen:

Sachverhalt: Der Ehemann möchte zu seiner Erbin seine Ehefrau einsetzen, mit der er in zweiter Ehe verheiratet ist. Einerseits sollen von seinem Nachlass die erstehelichen Kinder seiner Ehefrau ausgeschlossen sein, zu denen diese keinerlei Kontakt mehr hat; andererseits sollen seine drei erstehelichen Kinder letztlich den Überrest seines Vermögens erben. Seine Ehefrau soll aber berechtigt sein, sein Einfamilienhaus als Hauptvermögenswert auch einem seiner drei Kinder zu beliebigen Bedingungen lebzeitig zuzuwenden. Der Ehemann traut ihr eine sachgerechte Auswahl unter den Kindern zu.

▶ **Muster:** 211

[Notarieller Urkundseingang]

[§ 1 wie bei Muster Rdn. 84]

[§ 2 Verfügungen der Ehefrau]

§ 3 Verfügungen des Ehemannes

a) Erbeinsetzung [wie § 3a) Muster Rdn. 201]

b) Vorausvermächtnis

Sollte meine Ehefrau einem oder mehreren zum Kreise der Nacherben gehörenden Personen gemäß a) Absatz 4 – bei mehreren in einem von ihr festzulegenden Bruchteilsverhältnis – das mir gehörige Einfamilienhaus ... durch lebzeitige Verfügung übertragen, so sind die von mir eingesetzten Nacherben im Wege des Vorausvermächtnisses verpflichtet, zu dieser Verfügung im Hinblick auf die Verfügungsbeschränkung des § 2113 Abs. 2 BGB ihre formgerechte Zustimmung zu erteilen. Dies gilt unabhängig davon, ob die Übertragung voll-, teil- oder unentgeltlich erfolgt. Die Bedingungen der Übertragung im Übrigen kann meine Ehefrau frei festlegen; insbesondere kann sie sich etwa den Nießbrauch an dem Grundbesitz vorbehalten. Soweit sie sich sonstige Gegenleistungen gewähren lässt, besteht die Verpflichtung der Nacherben zur Zustimmung jedoch nur, wenn diese Gegenleistungen ihr selbst oder Personen aus dem Kreis der Nacherben zugutekommen, wie etwa Ausgleichszahlungen an andere Nacherben.

§ 4 Nacherbentestamentsvollstreckung

In Ansehung sämtlicher in § 3a) bestimmten Nacherben ordne ich Nacherbentestamentsvollstreckung gemäß § 2222 BGB an. Die Aufgabe des Testamentsvollstreckers ist es, die gesetzlichen Rechte

der Nacherben wahrzunehmen und deren Pflichten zu erfüllen. Die Testamentsvollstreckung endet mit dem Eintritt des Nacherbfalls.

Zum Testamentsvollstrecker, ausgestattet mit dem Recht einen Nachfolger im Amt zu benennen, bestimme ich ... Weitere Ersatztestamentsvollstrecker soll bei Bedarf das Nachlassgericht benennen. ... erhält als Testamentsvollstrecker keine Vergütung, wohl aber Ersatz seiner Kosten und Auslagen. Andere Testamentsvollstrecker können eine angemessene Vergütung verlangen, die sich nach den Vorschlägen des Deutschen Notarvereins (Neue Rheinische Tabelle zur Testamentsvollstreckung) richten soll. Bei Streitigkeiten über die Höhe der angemessenen Vergütung entscheidet auf Antrag einer Seite der Präsident derjenigen Notarkammer als Schiedsgutachter gemäß § 317 BGB, in deren Bereich sich das zuständige Nachlassgericht befindet.

§ 5 Erbvertragliche Bindung, Anfechtungsausschluss, Sonstiges

[wie bei Muster Rdn. 84].

9. Beseitigung der Nacherbschaftsbeschränkung durch Geschäft zwischen Vor- und Nacherben

212 Nach dem Erbfall können durchaus Umstände eintreten, die es für Vor- und Nacherben wünschenswert erscheinen lassen, die zeitlich nacheinander gestaffelte Berechtigung am Nachlass einvernehmlich zu beenden. So kann z. B. die Notwendigkeit eines Ausschlusses missliebiger Pflichtteilsberechtigter des Vorerben infolge eines mit diesen vereinbarten Pflichtteilsverzichts entfallen oder es kann der Wunsch der Beteiligten bestehen, dass der Nacherbe auf seine Nacherbenstellung gegen Abfindung verzichtet. Vielfältige andere Gründe sind denkbar.

a) Erbausschlagung des Nacherben

213 Der Nacherbe hat gemäß § 2142 Abs. 1 BGB bereits mit dem Eintritt des Erbfalls die Möglichkeit, die ihm zugedachte **Nacherbschaft auszuschlagen**. Die Rechtsfolge der Ausschlagung besteht gemäß § 2142 Abs. 2 BGB grundsätzlich darin, dass die Nacherbschaft dem Vorerben verbleibt. Dieser ist damit Vollerbe. Allerdings gilt dies nach dem Gesetz nur „soweit nicht ein anderes bestimmt" ist. Dies ist aber der Fall, wenn der Erblasser Ersatznacherben bestimmt hat. Jedenfalls über den auch auf die Nacherbeneinsetzung anwendbaren § 2069 BGB[298] wird man sehr oft zur Annahme der Ersatznacherbenanordnung bzgl. der Abkömmlinge des Nacherben gelangen. Soll die Erbschaft dem Vorerben als Vollerben verbleiben, müssten sodann auch sämtliche Ersatznacherben ausschlagen. Diese sind jedoch in der Praxis oft „die Abkömmlinge des Nacherben" oder auch „etwaige weitere Abkömmlinge des Nacherben" und damit bis zum Tod des Nacherben nicht (abschließend) bekannt. In solchen Fällen müsste für die Ausschlagung der Nacherbschaft ein Pfleger gemäß § 1913 Satz 2 BGB bestellt werden. Dieser wird sich dazu regelmäßig jedoch nicht bereitfinden. Die Ausschlagung durch die Nacherben als Gestaltungsmittel wird in der Praxis daher **selten in Betracht kommen**.

b) Übertragung der Anwartschaft des Nacherben auf den Vorerben

aa) Zulässigkeit und Rechtsfolgen

214 Das Anwartschaftsrecht des Nacherben ist veräußerlich[299], und zwar auch auf den Vorerben.[300] Die Veräußerung bedarf im zugrunde liegenden schuldrechtlichen Grundgeschäft analog §§ 2371, 2385 BGB[301] und in ihrem dinglichen Vollzugsgeschäft analog § 2033 Abs. 2 BGB[302] der notariellen Beurkundung. Der Erwerb des Nacherbenanwartschaftsrechts führt in der Person des Vorerben zur Konsolidation: Die **Nacherbenanwartschaft**, die der Nacherbe übertragen hat, **erlischt**, und zwar endgül-

---

298 BGHZ 33, 60, 61; MünchKommBGB/*Leipold*, § 2069 Rn. 3; *Nieder*, ZEV 1996, 241, 243.
299 Allg.M.: RGZ 83, 434, 437; BGHZ 87, 367, 369; MünchKommBGB/*Grunsky*, § 2100 Rn. 27.
300 BayObLG NJW 1970, 1794, 1795; *Lange/Kuchinke*, § 28 VII 1b.
301 MünchKommBGB/*Grunsky*, § 2100 Rn. 28.
302 RGZ 170, 163, 169; MünchKommBGB/*Grunsky*, § 2100 Rn. 28.

tig.³⁰³ Endgültig Vollerbe wird der Vorerbe damit jedoch nur dann, wenn keine Ersatznacherben (oder gar weitere Nacherben im Rahmen einer gestuften Nacherbfolge) eingesetzt sind.³⁰⁴ Denn der Nacherbe ist nur imstande, seine eigene Anwartschaft zu übertragen. Im Falle der Anordnung einer Ersatznacherbschaft etwa wird die Rechtsposition des Ersatznacherben durch die Übertragung der Nacherbenanwartschaft nicht berührt:³⁰⁵ Tritt der Ersatznacherbfall ein, so erstarkt dessen eigenes, jedoch schwach ausgeprägtes Anwartschaftsrecht und der Ersatznacherbe ist vollgültiger Nacherbe. Dann verbleibt der Vorerbe trotz Übertragung der Anwartschaft des ursprünglichen Nacherben in dieser Rechtsposition. Tritt dagegen der Umstand, der den Ersatznacherben zum Nacherben macht (regelmäßig der Tod des Nacherben) vor dem Tod des Vorerben nicht ein, war der Vorerbe durch Übertragung der Anwartschaft des Nacherben endgültig Vollerbe geworden.

Wegen der stets bestehenden **Möglichkeit der Aufwertung der Ersatznacherbenanwartschaft zur Anwartschaft als Nacherbe** hat der Nacherbenvermerk im Grundbuch auch die Ersatznacherben aufzuführen; daher kann er trotz Übertragung der Nacherbenanwartschaft nicht gelöscht werden.³⁰⁶

Die Übertragung der Nacherbenanwartschaft auf den Vorerben ist somit dann **keine sichere Gestaltung, wenn Ersatznacherben berufen sind**, sei es ausdrücklich oder sei es über § 2069 BGB. Die Übertragung der Nacherbenanwartschaft ist in diesen Fällen ausschließlich dann geeignet, wenn alle Ersatznacherben ebenfalls ihre eigene Anwartschaft auf den Vorerben übertragen. In der Regel werden diese jedoch noch minderjährig oder gar nicht geboren und daher unbekannt sein. Der zu bestellende Pfleger (§§ 1909, 1913 Satz 2 BGB) wird die Übertragung der Ersatznacherbenanwartschaft regelmäßig verweigern, da diese – zumindest ohne die meist nicht gewollte Abfindungszahlung an die Ersatznacherben – nicht deren Interessen entspricht.³⁰⁷

215

bb) Gestaltungsüberlegungen

Im Hinblick auf diese Problematik ist bei jeder Vor- und Nacherbschaftsgestaltung präventiv mit dem Erblasser zu klären, ob nicht jedwede **Anordnung einer Ersatznacherbenstellung auflösend bedingt** erfolgen sollte durch die Übertragung des Nacherbenanwartschaftsrechts auf den Vorerben.³⁰⁸ Will der Erblasser eine Übertragung zulassen, ist eine solche Gestaltung unbedingt zu empfehlen. Die Alternative, es auf eine gerichtliche Hilfe – durch Nichtanwendung des § 2069 BGB³⁰⁹ oder eine ergänzenden Auslegung³¹⁰ – ankommen zu lassen, ist naturgemäß mit großer Unsicherheit behaftet und nicht empfehlenswert.

216

Die Übertragung der Nacherbenanwartschaft auf den Vorerben kann daher nur dann als sichere Gestaltung empfohlen werden, wenn entweder keine Ersatznacherben berufen sind – sei es auch aufgrund der empfohlenen auflösenden Bedingung – oder aber ausnahmsweise alle Ersatznacherben ihr eigenes Anwartschaftsrecht mit auf den Vorerben übertragen.

217

Der Weg über die Übertragung des Anwartschaftsrechts setzt voraus, dass dessen Übertragung auf den Vorerben nicht in der Verfügung von Todes wegen ausgeschlossen worden ist.

218

---

303 Eingehend *Muscheler*, ZEV 2012, 289, 291 f.; i. Erg. ähnlich BayObLG NJW 1970, 1794, 1795; Staudinger/*Behrends/Avenarius*, § 2100 Rn. 69.
304 *Muscheler*, ZEV 2012, 289, 291 f.
305 Ganz h. M.: BayObLG NJW 1970, 1794, 1795; OLG Frankfurt a. M. DNotZ 1970, 691, 692; *Lange/Kuchinke*, § 28 VII 1. b; MünchKommBGB/*Grunsky*, § 2100 Rn. 27.
306 OLG Hamm DNotZ 1970, 688, 689 f.; BayObLG DNotZ 1970, 686, 687.
307 *Bergermann*, MittRhNotK 1972, 743, 789; *Keim*, DNotZ 2003, 822, 823.
308 *Kanzleiter*, DNotZ 1970, 693, 697 f.; *Keim*, DNotZ 2003, 822, 836.
309 So die Hilfe des LG München II MittBayNot 1980, 29, 30 bei einem Fall des § 2069 BGB.
310 Vgl. OLG Stuttgart BWNotZ 1982, 64, 65.

Kapitel 5 Sicherung der Erwerbsaussichten für Endbedachte

219 **Muster einer Veräußerung der Nacherbenanwartschaft auf den Vorerben:**

Sachverhalt: Im Erbvertrag der Eheleute ist die Ehefrau nur als nicht befreite Vorerbin eingesetzt. Nacherbin ist die gemeinsame Tochter, ersatzweise deren Abkömmlinge. Vorausschauend ist die Ersatznacherbenbestimmung seinerzeit unter der auflösenden Bedingung der Übertragung der Nacherbenanwartschaft auf die Vorerbin angeordnet worden. Die Tochter will nunmehr nach Australien auswandern und ohne Gegenleistung auf die Nacherbschaft »verzichten«.

220 ▶ **Muster:**

[Notarieller Urkundseingang]

§ 1 Vorbemerkungen

Die Erschienene zu 1., Frau ..., und ihr Ehemann ... haben sich in dem privatschriftlichen gemeinschaftlichen Testament vom ... wechselseitig zu nicht befreiten Vorerben eingesetzt. Nacherbin ist die gemeinschaftliche Tochter der Eheleute ..., die zu 2. Erschienene. Ersatznacherben unter der auflösenden Bedingung der Übertragung des Nacherbenanwartschaftsrechtes auf die Vorerbin sind die Abkömmlinge der Nacherbin. Der Nacherbfall tritt ein mit dem Tode der Vorerbin. Herr ... ist am ... verstorben. Der am ... erteilte Erbschein des Amtsgerichts ... (Az.: ...) weist Frau ... als nicht befreite Vorerbin, die zu 2. Erschienene als Nacherbin aus sowie die Abkömmlinge der Nacherbin als auflösend bedingt eingesetzte Ersatznacherben. Der zu 2. Erschienenen steht aufgrund ihrer Stellung als Nacherbin ein sog. Nacherbenanwartschaftsrecht zu. Die Veräußerung des Nacherbenanwartschaftsrechts ist in dem vorgenannten gemeinschaftlichen Testament nicht ausgeschlossen worden. Frau ... wird nachfolgend »Vorerbin«, Frau ... wird »Nacherbin« genannt.

§ 2 Vertragsgegenstand

Die Nacherbin veräußert hiermit der dies annehmenden Vorerbin ihr in § 1 dieser Urkunde näher bezeichnetes Nacherbenanwartschaftsrecht am Nachlass ihres verstorbenen Vaters ...

Die Übertragung des Nacherbenanwartschaftsrechts erfolgt zugleich mit dinglicher Wirkung entsprechend § 2033 BGB.

§ 3 Gegenleistung

Die Vorerbin hat für die Übertragung des Nacherbenanwartschaftsrechts keinerlei Gegenleistung zu erbringen.

§ 4 Weitere Vertragsbedingungen

Im Übrigen werden diesem Übertragungsvertrag folgende weitere Bedingungen zugrunde gelegt: Die Übertragung des Nacherbenanwartschaftsrechts erfolgt ohne Haftung für Güte und Beschaffenheit der zum Nachlass gehörenden Gegenstände und Werte. Die Nacherbin ist verpflichtet, das übertragene Nacherbenanwartschaftsrecht frei von Pfandrechten und anderen Rechten Dritter zu verschaffen. Der Notar wird ermächtigt, im Namen der Beteiligten entsprechend § 2384 BGB Anzeige an das Nachlassgericht zu erstatten.

§ 5 Genehmigungen, Grundbuchberichtigung

Zu diesem Vertrag erforderliche Genehmigungen bleiben vorbehalten. Sie sollen durch den beurkundenden Notar eingeholt werden und werden mit ihrem Eingang bei diesem allen Beteiligten gegenüber wirksam.

Zum Nachlass des verstorbenen Herrn ... gehört im Wesentlichen ein hälftiger Miteigentumsanteil an dem im Grundbuch des Amtsgerichts ... von ... Blatt ... eingetragenen Grundbesitz Flur ... Flurstück ... Im Grundbuch ist Frau ... als Alleineigentümerin eingetragen. In Abteilung II Nr. ... ist bezüglich des früheren 1/2 Anteils des Herrn ... vermerkt, dass die Erschienenen zu 2. Nacherbin und ihre leiblichen ehelichen Abkömmlinge auflösend bedingt Ersatznacherben sind. Aufgrund der in § 2 vereinbarten Übertragung des Nacherbenanwartschaftsrechts bewilligen und beantragen die Beteiligten die Berichtigung des Grundbuches dahingehend, dass der Vermerk in Abt. II Nr. ... des Blattes ... gelöscht wird. Der beurkundende Notar, dessen amtlich bestellter Vertreter oder Nachfolger im Amt wird bevollmächtigt, Anträge aus dieser Urkunde dem Grundbuchamt gegenüber zu stellen, die in dieser Urkunde gestellten Anträge dem Grundbuchamt gegenüber auch einzeln oder beschränkt zu stellen oder zurückzuziehen sowie alle Erklärungen und Bewilligungen abzugeben, die zum Vollzug der Urkunde erforderlich oder zweckmäßig sind.

§ 6 Kosten

Die mit dieser Urkunde jetzt und in der Folge verbundenen Gerichts- und Notarkosten trägt die Vorerbin.

[Verlesungsvermerk]

c) Überführung von Nachlassgegenständen in das »freie« Vermögen des Vorerben

Der Vorerbe unterliegt in Ansehung der Nachlassgegenstände bestimmten Verfügungsbeschränkungen. Die Verfügungsbeschränkung ist dabei so konstruiert, dass die Verfügung des Nacherben zwar grundsätzlich wirksam wird (§ 2112 BGB), jedoch ihre Wirksamkeit mit Eintritt des Nacherbfalles insoweit entfällt, als sie »das Recht des Nacherben vereiteln oder beeinträchtigen würde« (§ 2113 Abs. 1 BGB). Aus dieser Konstruktion folgt zugleich, dass die Verfügung des Vorerben unbeschränkt wirksam ist oder wird, wenn alle Nacherben ihr im Vorhinein zustimmen oder sie im Nachhinein genehmigen.[311] Nicht erforderlich für die Wirksamkeit der Verfügung des Vorerben ist dagegen die Zustimmung der Ersatznacherben.[312] Hieraus ergeben sich effektive Gestaltungsmöglichkeiten für die Überführung von Nachlassgegenständen in das »freie« Vermögen des Vorerben.

221

aa) Zulässigkeit der Gestaltung

(1) »Doppelverfügung«

Als Weg zur Herausnahme eines Nachlassgegenstandes aus dem gebundenen Nachlass wird zunächst eine »**Doppelverfügung**« vorgeschlagen:[313] Zunächst veräußert der Vorerbe den Nachlassgegenstand mit Zustimmung des Nacherben an einen Dritten oder an den Nacherben. Damit erwirbt dieser freies Eigentum. Im zweiten Schritt, der auch in ein und derselben Urkunde vorgenommen werden könne, überträgt er den Gegenstand auf den Vorerben zurück. Da dieser vom uneingeschränkt Berechtigten erwerbe, gelange der Erwerb nicht in sein gebundenes, sondern in sein freies Vermögen.

222

Diese Konstruktion ist – jedenfalls wenn Verfügungsgegenstand Grundbesitz ist – umständlich und kostenintensiv.[314] Auch eine erbschaftsteuerliche Problematik der (Hin-)Übertragung auf den Dritten ist nicht von der Hand zu weisen. Daher ist – im Hinblick auf die Begünstigung des § 29 Abs. 1 Nr. 1 ErbStG – eine ausdrückliche oder stillschweigende **Rückübertragungsverpflichtung** betreffend den übertragenden Gegenstand integraler Bestandteil der Konstruktion.[315] Eben diese Rückübertragungsverpflichtung ist es jedoch, die zu einem **Surrogationsvorgang** im Rahmen des § 2111 BGB führt: Der Vorerbe wendet dem Dritten den Erbschaftsgegenstand (=»Mittel des Nachlasses«) zu, wogegen ihm aus diesem Geschäft unmittelbar der Rückforderungsanspruch gegen den Dritten erwächst. Damit aber ist dieser Anspruch Surrogat des Nachlassgegenstandes,[316] ebenso wie im Rahmen des sich sofort anschließenden Rückerwerbs anstelle des Rückforderungsanspruchs wiederum

223

---

311 Allg.M.: RGZ 145, 316, 321; BGHZ 40, 115, 119; Staudinger/*Avenarius*, § 2113 Rn. 17.
312 Allg.M.: RGZ 145, 316, 321; BGHZ 40, 115, 119; Staudinger/*Avenarius*, § 2113 Rn. 17.
313 Grundlegend: *Maurer*, DNotZ 1981, 223, 230; zustimmend Palandt/*Weidlich*, § 2100 Rn. 18; Soergel/*Harder/Wegmann*, § 2111 Rn. 14.
314 *Nieder/Kössinger*, § 10 Rn. 91; *Heskamp*, RNotZ 2014, 517, 518.
315 *Maurer*, DNotZ 1981, 223, 231; *Hartmann*, ZEV 2009, 107, 110.
316 Dies verkennt das OLG München, Beschl. v. 28.4.2011 – 34 Wx 72/11, MittBayNot 2012, 46.

Kapitel 5 Sicherung der Erwerbsaussichten für Endbedachte

der Nachlassgegenstand als Surrogat tritt.[317] Es kommt somit nicht zu dem gewünschten Transfer in das freie Eigenvermögen des Vorerben. Die Konstruktion der Doppelverfügung ist damit **untauglich**.

(2) »Einzel-Geschäft« zwischen Vor- und Nacherben zur der Beseitigung der Nacherbschaftsbindung

224 Früher wurde überwiegend die Meinung vertreten, dass der Vorerbe auch mit Zustimmung des Nacherben nicht den Wechsel eines Gegenstandes von der Vorerbschaftsmasse in sein freies Vermögen bewerkstelligen könne.[318] Alle neueren Stimmen in Rechtsprechung und Literatur halten demgegenüber die einvernehmliche Überführung eines Nachlassgegenstandes vom gebundenen in das freie Vermögen des Vorerben – auch ohne Hin- und Herübertragung – **im Ergebnis für möglich**.[319] Zur Begründung des allgemein gewünschten Ergebnisses sind eine Reihe von Ansätzen entwickelt worden:

225 Namentlich die Rechtsprechung[320] favorisiert eine »Auseinandersetzung«, die durch eine »Übertragung«, bei Grundstücken in Form einer Auflassung gemäß §§ 873, 925 BGB, dinglich zu vollziehen sei.[321] Dabei soll jedoch die Grundbucheintragung als konstitutiver Akt entfallen – der Vorerbe ist ja schon Rechtsinhaber. Die Löschung des Nacherbenvermerks erfolgt sodann nachfolgend als bloße Grundbuchberichtigung.[322] Andere bieten als Erklärungsmodell eine Insichverfügung durch den Vorerben an, die mit der Zustimmung des Nacherben wirksam werde.[323] Das gewünschte Ergebnis lässt sich dogmatisch am saubersten unter Rückgriff auf die vom Testamentsvollstrecker wie auch vom Insolvenzverwalter her bekannte Figur der **Freigabe**[324] erzielen. Die Freigabe ist empfangsbedürftige Willenserklärung des Nacherben, die dem Vorerben zugehen muss.[325] Wenn die Anordnung der Nacherbschaftsbeschränkung auch im Interesse des Nacherben besteht, wird man zusätzlich dessen Zustimmung fordern müssen.[326] Die Freigabeerklärung ist grundsätzlich formfrei.[327] Soweit sie sich auf Grundbesitz bezieht, bedarf sie jedoch für Grundbuchzwecke der Form des § 29 GBO. Die Löschung des Nacherbenvermerks im Grundbuch hat sodann lediglich deklaratorische Funktion, da eine Nacherbschaftsbindung mit Zugang der Freigabeerklärung beim Vorerben nicht mehr besteht. Einer Zustimmung etwaiger Ersatznacherben bedarf es zur Wirksamkeit der Freigabe nicht.[328] Nach allen Auffassungen unterliegt der aus der Nacherbschaftsbindung »herausgenommene« Gegenstand künftig weder den Verfügungsbeschränkungen noch der Herausgabepflicht (§ 2130 BGB) und auch nicht mehr der dinglichen Surrogation (§ 2111 BGB). Die **Rechtsfolgen sind auf den betreffenden Nachlassgegenstand beschränkt**. Die Vor- und Nacherbschaft bleibt als solche unberührt.

---

317 *Reimann*, DNotZ 2007, 579, 591; *Hartmann*, ZEV 2009, 107, 110; a. A. *Heskamp*, RNotZ 2014, 517, 518: Surrogationsgrundsatz tritt bei Mitwirkung des Nacherben zurück.
318 OLG Stuttgart DNotZ 1974, 365, 366; *Maurer*, DNotZ 1981, 223, 225 f.
319 BGH, Urt. v. 13.10.2000 – V ZR 451/98, DNotZ 2001, 392, 394 (obiter); BayObLG, Beschl. v. 1.3.2005 – 2 ZR BR 231/04, RNotZ 2005, 366, 367; *Gantzer*, MittBayNot 1993, 67, 68; MünchKommBGB/*Grunsky*, § 2113 Rn. 5; *Nieder*, ZEV 1996, 241, 246; Bamberger/Roth/*Litzenburger*, § 2113 Rn. 26; Palandt/*Weidlich*, § 2100 Rn. 18; *Keim*, DNotZ 2003, 822, 829 ff.; *Hartmann*, ZEV 2009, 107, 110 f.; *Heskamp*, RNotZ 2014, 517, 520 ff.
320 BGH, Urt. v. 13.10.2000 – V ZR 451/98, DNotZ 2001, 392, 394; BayObLG Beschl. v. 1.3.2005 – 2 ZR BR 231/04, RNotZ 2005, 366, 367.
321 BayOLG, Beschl. v. 1.3.2005 – 2 ZR BR 231/04, RNotZ 2005, 367, 368.
322 BayOLG, Beschl. v. 1.3.2005 – 2 ZR BR 231/04, RNotZ 2005, 367, 368.
323 *Ludwig*, Vor- und Nacherbschaft im Grundstücksrecht, 1998, 256 ff.; *Friedrich*, Rechtsgeschäfte zwischen Vor- und Nacherben, Rn. 306 ff.; Soergel/Harder/*Wegmann* § 2111 Rn. 14.
324 Grundlegend: *Keim*, DNotZ 2003, 823, 829; ferner *Hartmann*, ZEV 2009, 107, 111 f.; dem folgend *Heskamp*, RNotZ 2014, 517, 520 f.; *Osterloh-Konrad*, AcP 215 (2015), S. 107, 110.
325 *Keim*, DNotZ 2003, 823, 833.
326 *Heskamp*, RNotZ 2014, 517, 522.
327 *Heskamp*, RNotZ 2014, 517, 522 f.
328 *Keim*, DNotZ 2003, 822, 831 f.; *Hartmann*, ZEV 2009, 107, 112; *Heskamp*, RNotZ 2014, 517, 520 f.

bb) Gestaltungsüberlegungen

Insbesondere wegen der auch beim BayObLG auf Resonanz gefallenen neuen Position des BGH, die auch von der juristischen Literatur durchweg zustimmend aufgenommen worden ist, hat sich eine für die Praxis **verlässliche Grundlage** für eine solche Gestaltung ergeben.[329]

226

Eine herrschende Meinung bezüglich der konstruktiven Herleitung des anerkannten Ergebnisses ist derzeit innerhalb der neueren Auffassung nicht auszumachen. Eine Entscheidung des Gestalters für eines der Erklärungsmodelle ist entbehrlich. Die Formulierungen sollten jedoch so gefasst sein, dass nach allen vertretenen Auffassungen die Voraussetzungen für die Herausnahme aus der Nacherbschaftsbindung erfüllt sind.

227

Etwaige **auf den freigegebenen Gegenstand bezogene Verbindlichkeiten** bleiben Nachlassverbindlichkeiten und **gehen beim Nacherbfall auf den Nacherben über**. Daher ist durch begleitende vertragliche Vereinbarung abzusichern, dass der Vorerbe entweder diese Verbindlichkeiten erfüllt oder im Wege der Novation mit dem Gläubiger eine Eigenverbindlichkeit anstatt der Nachlassverbindlichkeit begründet.[330] Die Beseitigung der betreffenden Nachlassverbindlichkeit ist als aufschiebende Bedingung für die Wirksamkeit der Freigabe zu vereinbaren.

228

Durch **Bündelung der Herausnahme von Einzelgegenständen** aus der Nacherbschaftsbindung ist auch die **Herausnahme sämtlicher Nachlassgegenstände** aus der Nacherbschaftsbindung möglich, ohne dass es der Mitwirkung der Ersatznacherben bedürfte.[331] Insoweit ergibt sich ein Gestaltungsinstrument für alle Fälle, in denen zur Übertragung der Anwartschaft des Nacherben nicht geraten werden kann. Diese Gestaltung kommt in ihrem wirtschaftlichen Ergebnis der Übertragung des Anwartschaftsrechtes gleich, jedoch **ohne dass es der Zustimmung der Ersatznacherben bedürfte**. Hieraus könnte unberechtigterweise[332] gefolgert werden, dass auch dieser Gestaltung die Zustimmung des Ersatznacherben erforderlich ist. Aus Gründen der Vorsicht mag man bei einer alle Nachlassgegenstände erfassenden Herausnahme aus der Nacherbschaftsbindung in sprachlicher Hinsicht die wesentlichen Nachlassgegenstände gesondert aufführen und lediglich die wirtschaftlich weniger relevanten Gegenstände in Form einer separaten Klausel erfassen. Zur Sicherheit sollte eine salvatorische Klausel vorgesehen werden.

229

Muster einer Übertragung von Nachlassgegenständen in das freie Vermögen des Vorerben:

230

Sachverhalt: Wie bei Muster Rdn. 219, jedoch enthält das gemeinschaftliche Testament der Eheleute keine auflösende Bedingung für die Einsetzung von Ersatznacherben. Die Tochter soll eine Abfindung in Geld aus dem Nachlass erhalten.

▶ **Muster:**

231

[Notarieller Urkundseingang]

§ 1 Vorbemerkungen

Die Erschienene zu 1., Frau ..., und ihr Ehemann ... haben sich in dem gemeinschaftlichen privatschriftlichen Testament vom ... wechselseitig zu nicht befreiten Vorerben eingesetzt. Nacherbin ist die gemeinschaftliche Tochter der Eheleute ..., die zu 2. Erschienene. Zu Ersatznacherben sind – unbedingt – die Abkömmlinge der Nacherbin bestimmt. Der Nacherbfall tritt ein mit dem Tode der Vorerbin. Herr ... ist am ... verstorben. Der am ... erteilte Erbschein des Amtsgerichts ... (Az.: ...) weist Frau ... als nicht befreite Vorerbin aus, die zu 2. Erschienene als Nacherbin sowie die Abkömmlinge der Nacherbin als Ersatznacherben. Frau ... wird nachfolgend »Vorerbin«, Frau ... wird »Nacherbin« genannt.

---

329 So auch *Keim*, RNotZ 2005, 368.
330 Hierzu *Hartmann*, ZEV 2009, 107, 112 f.
331 Näher *Hartmann*, ZEV 2009, 107, 112 f.
332 Ausführlich *Hartmann*, ZEV 2009, 107, 112 f.

Kapitel 5 Sicherung der Erwerbsaussichten für Endbedachte

§ 2 Bestand des Nachlasses

Der Nachlass des Herrn ... besteht im Wesentlichen aus folgenden Gegenständen:
– dem im Grundbuch des Amtsgerichts ... von ... Blatt ... eingetragene Grundbesitz, bestehend aus Flur ..., Flurstück ...
– Wertpapiere: ...
– Forderungen: ...
– Bargeld: ...
– Weiter befinden sich im Nachlass die Wohnungseinrichtung sowie die persönlichen Gegenstände des Erblassers sowie seine Kleidung.

Es bestehen nach Angabe der Beteiligten keine Nachlassverbindlichkeiten mehr.

§ 3 Überführung von Nachlassgegenständen in nacherbschaftsfreies Vermögen der Vorerbin

Zwischen der Vorerbin einerseits und der Nacherbin andererseits besteht Einigkeit, dass die zu § 2 Spiegelstriche 1 bis 3 bezeichneten Nachlassgegenstände künftig nicht mehr der Nacherbschaft unterliegen, sondern in das nacherbschaftsfreie Vermögen der Vorerbin überführt werden sollen.

Gleiches soll auch hinsichtlich der übrigen Nachlassgegenstände gemäß § 2 Spiegelstriche 4 und 5 gelten.

Als Gegenleistung für die Überführung in freies Vermögen der Vorerbin ist der Nacherbin eine Abfindung gemäß dem nachfolgenden Absatz zu gewähren.

Die Vorerbin ist verpflichtet, bis zum ... an die Nacherbin einen Betrag in Höhe von ...€ auf deren Konto ... zu zahlen.

Die Vorerbin unterwirft sich der Nacherbin gegenüber in Höhe des vorstehend vereinbarten Betrages der sofortigen Zwangsvollstreckung in ihr gesamtes Vermögen. Der Nacherbin kann jederzeit nach dem vorgenannten Fälligkeitstermin ohne weitere Nachweise vollstreckbare Ausfertigung dieser Urkunde erteilt werden.

Die Nacherbin ist sich mit der Vorerbin darüber einig, dass sämtliche Nachlassgegenstände gemäß § 2 hiermit der Vorerbin als nacherbschaftsfreies Vermögen zustehen sollen. Die Nacherbin gibt die bezeichneten Gegenstände aus dem der Nacherbschaft unterliegenden Vermögen hiermit frei und stimmt einer entsprechenden hiermit hilfsweise vorgenommenen Insichverfügung der Vorerbin zu.

Die vorstehende Erklärung der Nacherbin steht in ihrer Rechtswirksamkeit hinsichtlich der Nachlassgegenstände zu Absätzen 1 und 2 unter der aufschiebenden Bedingung des Eingangs des vorgenannten Abfindungsbetrages.

Die Beteiligten sind verpflichtet, dem Notar die Abfindungszahlung unverzüglich zu bestätigen. Erfolgt die Bestätigung durch die Vorerbin, hat diese die Zahlung durch Vorlage geeigneter Belege nachzuweisen.

Die Bedingung gilt als eingetreten, wenn der Notar der Vorerbin oder dem Grundbuchamt eine Ausfertigung dieser Urkunde erteilt hat. Der Notar wird angewiesen, der Vorerbin oder dem Grundbuchamt eine Ausfertigungen und beglaubigte Abschriften dieser Urkunde erst zu erteilen, wenn ihm die Nacherbin die Zahlung der Abfindung bestätigt hat oder ihm diese anderweitig nachgewiesen ist.

Klarstellend stellen die Beteiligten fest, dass in dieser Urkunde keine Verfügung über die Nacherbenanwartschaftsrechte der Nacherbin getroffen wird, die Nacherbeneigenschaft der Nacherbin daher unberührt bleibt.

§ 4 Haftung

Eine Haftung für Güte und Beschaffenheit der betreffenden Nachlassgegenstände besteht nicht.

§ 5 Grundbuchberichtigung, Genehmigungen

Zum Nachlass des verstorbenen Herrn ... gehört der im Grundbuch des Amtsgerichts ... von ... Blatt ... eingetragenen Grundbesitz Flur ... Flurstück ...

Im Grundbuch ist bereits die Vorerbin als Eigentümerin eingetragen. Ferner enthält das Grundbuch in Abt. II Nr. ... einen Nacherbenvermerk. Dessen Löschung im Wege der Grundbuchberichtigung wird hiermit bewilligt. Hilfsweise bewilligen die Beteiligten und beantragt die Vorerbin hiermit die Löschung des Vermerks in Abt. II Nr. ... Der Notar soll diese Anträge erst beim Grundbuchamt einreichen, wenn ihm die Zahlung des Abfindungsbetrages nachgewiesen ist.

Der beurkundende Notar, dessen amtlich bestellter Vertreter oder Nachfolger im Amt werden bevollmächtigt, Anträge aus dieser Urkunde dem Grundbuchamt gegenüber zu stellen, die in dieser Urkunde gestellten Anträge dem Grundbuchamt gegenüber auch einzeln oder beschränkt zu stellen oder zurückzuziehen sowie alle Erklärungen und Bewilligungen abzugeben, die zum Vollzug der Urkunde erforderlich oder zweckmäßig sind.

§ 6 Hinweise; salvatorische Klausel; Sonstiges; Kosten

Der Notar hat die Beteiligten eingehend auf die Rechtslage bei bestehenden Vor- und Nacherbschaft und über die bestehenden Möglichkeiten für die einvernehmliche Aufhebung der Nacherbschaftsbindung des Vorerben, insbesondere auch die Übertragung von Nacherbenanwartschaftsrechten unterrichtet.

Sollte eine Bestimmung dieser Urkunde unwirksam sein oder werden, so wird die Gültigkeit dieser Urkunde im Übrigen hiervon nicht berührt. Die Beteiligten sind aber in einem solchen Falle verpflichtet, unverzüglich eine anderweitige rechtswirksame Vereinbarung zu treffen, welche den Eintritt des erstrebten wirtschaftlichen bzw. rechtlichen Erfolges möglichst gewährleistet. Sollte die Erstreckung der Vereinbarungen gemäß § 3 auch auf die Nachlassgegenstände zu § 2 Spiegelstriche 4 und 5 die gesamte Regelung unwirksam machen, soll die Vereinbarung ersatzweise lediglich die Nachlassgegenstände gemäß § 2 Spiegelstriche 1 bis 3 erfassen.

Die mit dieser Urkunde jetzt und in der Folge verbundenen Gerichts- und Notarkosten trägt die Vorerbin.

[Verlesungsvermerk]

10. Vor- und Nacherbschaft und Testamentsvollstreckung

a) Erscheinungsformen der Testamentsvollstreckung

In dem Nacheinander der Berechtigung am Nachlass, das durch die Vor- und Nacherbschaft begründet wird, hat der Erblasser verschiedene Möglichkeiten der Anordnung von Testamentsvollstreckung. Zunächst kann er selbstverständlich eine normale **Abwicklungsvollstreckung** im Rahmen der Vorerbschaft nach den allgemeinen Regeln vorsehen. 232

In Betracht kommt ferner eine **Verwaltungstestamentsvollstreckung** für die Zeit der **Vorerbschaft**. Diese Spielart der Testamentsvollstreckung entzieht dem Vorerben vollständig und dauerhaft das Verfügungsrecht über den Nachlass, das ihm gemäß § 2112 BGB grundsätzlich zusteht. Nach h. M. ist die Verfügungsbefugnis des Testamentsvollstreckers nicht durch die für den Vorerben geltenden Beschränkungen des § 2113 ff. BGB beschränkt, sondern er unterliegt lediglich der testamentsvollstreckungsrechtlichen Beschränkung des § 2205 S. 3 BGB.[333] Für die Praxis noch nicht abschließend entschieden ist die Frage, ob der Erblasser auch diese Schranke dadurch überwinden kann, dass er den Testamentsvollstrecker als Dritten ergänzend mit einer post- oder transmortalen **Generalvollmacht** ausstattet. Dies wäre der Fall, wenn die vom Erblasser erteilte Vollmacht auch die Vertretung des Nacherben ermöglichte. Die h. M. lehnt dies jedoch ab und hält eine Vertretung des Nacherben während der Vorerbschaft nur über eine Testamentsvollstreckung gem. § 2222 BGB für möglich.[334] 233

---

333 RG JW 1938, 1454; OLG Stuttgart BWNotZ 1980, 92; a. A. MünchKommBGB/*Zimmermann*, § 2222 Rn. 9; Palandt/*Weidlich*, § 2205 Rn. 24.

334 Staudinger/*Avenarius*, § 2112 Rn. 34; a. A. mit überzeugenden Argumenten neuerdings *Keim*, DNotZ 2008, 175, 178 ff. unter Anknüpfung an der älteren Rspr. d. KG (OLGE 18, 338, 340 f.); diesem folgend etwa Palandt/*Weidlich*, § 2112 Rn. 4.

Kapitel 5 Sicherung der Erwerbsaussichten für Endbedachte

Allerdings sind nach ganz überwiegender Auffassung unentgeltliche Verfügungen des Testamentsvollstreckers möglich, wenn diese mit Zustimmung aller durch die Verfügungsbeschränkung des § 2205 S. 3 BGB geschützten Personen – Vor- und Nacherben sowie etwa noch zu befriedigende Vermächtnisnehmer oder Auflagenbegünstigte[335] – erfolgt.[336]

234 Die Anordnung einer Verwaltungstestamentsvollstreckung kommt insbesondere dann in Betracht, wenn der Vollstreckungszugriff durch Gläubiger des Vorerben über den in § 2115 BGB hinaus enthaltenen Schutz (siehe Rdn. 37) ausgedehnt werden soll. Diese Norm schützt nicht vor Zugriff auf die Früchte des Nachlasses, da diese dem Vorerben als freies Vermögen zustehen und somit pfändbar sind.[337] Auch der Pfändungsschutz über die Testamentsvollstreckung gemäß § 2214 BGB ist insoweit nicht völlig lückenlos. Denn pfändbar ist dasjenige, worauf der Bedachte trotz der Entziehung der Verfügungsbefugnis durch § 2211 BGB Anspruch hat. Im Ergebnis sind dies wiederum allein die Nutzungen des Nachlasses,[338] die der Testamentsvollstrecker gemäß der ordnungsmäßigen Verwaltung des Nachlasses herauszugeben hat.[339] Dem Erblasser steht es allerdings zu, die Verwaltung des Nachlasses im einzelnen zu regeln (§ 2216 Abs. 2 S. 1 BGB). In diesem Rahmen kann der Erblasser etwa Anweisung treffen, dem Bedachten nur solche Nutzungen und gegebenenfalls Teile der Nachlasssubstanz zukommen zu lassen, die im Rahmen der Pfändungsschutzbestimmungen dem Vollstreckungszugriff entzogen sind. Über die Testamentsvollstreckung ist somit im Ergebnis ein erhöhter Schutz gegen Vollstreckungszugriffe von Gläubigern des Vorerben erreichbar. Daher hat die **Kombination von Nacherbschaftsbeschränkung und Verwaltungstestamentsvollstreckung** überragende Bedeutung im Fall der Testamentsgestaltung bei »Problemkindern«, so insbesondere beim **Behinderten- und Verschuldetentestament** (siehe ausführlich hierzu die Erläuterungen und Muster in Abschn. E. I.–III.). Der Nacherbe kann zum Testamentsvollstrecker während der Vorerbschaft benannt werden.[340]

235 Denkbar ist ferner eine Verwaltungstestamentsvollstreckung lediglich für die Dauer der Nacherbschaft. Hierbei handelt es sich um einen Fall aufschiebend bedingter Testamentsvollstreckung.[341]

236 Schließlich kann der Erblasser Verwaltungstestamentsvollstreckung für beide Phasen der Vor- und Nacherbschaft anordnen. In diesem Fall soll der Testamentsvollstrecker den Verfügungsbeschränkungen des § 2113 BGB nicht unterliegen, da er die beschränkte Verfügungsbefugnis des Vorerben mit der Zustimmungsbefugnis des Nacherben in seiner Person vereine.[342]

237 Der spezifische Fall der Testamentsvollstreckung im Bereich der Vor- und Nacherbschaft besteht in der **Nacherbentestamentsvollstreckung** gemäß § 2222. Diese Form kann mit den vorgenannten Formen der Testamentsvollstreckung kombiniert werden.

b) Nacherbentestamentsvollstreckung gem. § 2222 BGB

aa) Einführung

238 Der Nacherbentestamentsvollstrecker nimmt sämtliche Befugnisse des Nacherben während der Dauer der Vorerbschaft an dessen Stelle war.[343] Es handelt sich also um eine Beschwerung nicht des Vor-, sondern des Nacherben.[344] Die Befugnisse und Aufgaben ergeben sich aus der konkret be-

---

335 MünchKommBGB/*Zimmermann*, § 2205 Rn. 71.
336 BGHZ 57, 84, 92; Palandt/*Weidlich*, § 2205 Rn. 30.
337 RGZ 80, 1, 7; Palandt/*Weidlich*, § 2115 Rn. 1.
338 MünchKommBGB/*Zimmermann*, § 2214 Rn. 4.
339 BGH NJW-RR 1986, 1069; *Bengel/Reimann*, Abschn. 6 Rn. 192.
340 BayObLG NJW 1959, 1920, 1922; Palandt/*Weidlich*, 2197 Rn. 5.
341 Siehe hierzu *Hartmann*, RNotZ 2008, 150.
342 BGHZ 40, 115 ff.; OLG Düsseldorf, Beschl. v. 3.1.2012 – I-3 Wx 217/11, MittBayNot 2013, 468.
343 Palandt/*Weidlich*, § 2222 Rn. 4.
344 *Staudinger/Reimann* § 2222 Rn. 4.

stehenden Rechtsstellung des Nacherben.[345] Eine Zustimmung zu den Verfügungen des Vorerben ist bei Nacherbentestamentsvollstreckung ausschließlich durch den Testamentsvollstrecker zu erteilen.[346] Über das Anwartschaftsrecht des Nacherben selbst zu verfügen, es etwa auf den Vorerben zu übertragen, ist dem Testamentsvollstrecker jedoch versagt.[347] Ist Nacherbe eine minderjährige oder unter Betreuung stehende Person bedarf der Testamentsvollstrecker zu seinen Handlungen **nicht der Genehmigung** des Familien- oder Betreuungsgerichts.[348]

Die Anwendung des § 2205 S. 3 BGB (**Verbot unentgeltlicher Verfügungen** des Testamentsvollstreckers) bereitet beim Nacherbentestamentsvollstrecker Schwierigkeiten. Nach h. M. ist der Testamentsvollstrecker durch diese Norm **an der Zustimmung zu einer unentgeltlichen Verfügung des Vorerben gehindert**.[349] 239

Auch die Nacherbentestamentsvollstreckung ist im Grundbuch von Amts wegen mit einem Testamentsvollstreckervermerk einzutragen.[350] Beim Nacherbenvermerk gemäß § 51 GBO ist zusätzlich zu vermerken, dass zur Ausübung der Rechte des Nacherben Testamentsvollstreckung angeordnet ist.[351] 240

Besonders angeraten ist die Anordnung einer Nacherbentestamentsvollstreckung in folgenden Fällen: 241
- Vom Erblasser gewünschte »**offene**« **Bestimmung der Nacherben** (»die Abkömmlinge« oder »die gesetzlichen Erben« des Vorerben):[352] Bei einer solchen Fassung der Bestimmung ist zur Wahrnehmung der Befugnisse der Nacherben, z. B. zur Vornahme einer zustimmungsbedürftigen Verfügung des Vorerben oder einer Vereinbarung zwischen Vor- und Nacherben, ein Pfleger gemäß § 1913 BGB zu bestellen. In solchen Fällen ist die **Zustimmung des Pflegers regelmäßig nicht zu erlangen**. Durch die Anordnung der Testamentsvollstreckung werden die – bekannten wie unbekannten – Nacherben aus ihrer Entscheidungszuständigkeit verdrängt; die Notwendigkeit zur Pflegebestellung gemäß § 1913 BGB entfällt damit zugleich.[353] Zu beachten ist aber, dass auch durch die Anordnung einer Nacherbentestamentsvollstreckung nach h. M. eine Zustimmung zu unentgeltlichen Verfügungen an § 2205 S. 3 BGB scheitert.[354]
- Gleiches gilt, wenn der Nacherbe erst durch ein noch künftig eintretendes Ereignis bestimmt wird.[355] Auch hier droht ohne Testamentsvollstreckung eine Pflegerbestellung.
- Die Nacherben sind zwar bestimmt und abschließend benannt, sie sind jedoch **minderjährig** oder stehen unter **Betreuung**:[356] Hier bedürfen die gesetzlichen Vertreter des betroffenen Nacherben zur Erteilung einer Zustimmung zu einer Verfügung des Vorerben der familien- oder betreuungsgerichtlichen Genehmigung. Auch diese wird häufig schwer zu erlangen sein.
- Der Nacherbe steht unter Betreuung, Vormundschaft oder elterlicher Sorge des Vorerben.[357] Wegen des Interessenkonfliktes droht auch in diesem Fall die Pflegerbestellung.
- Bei mehreren Nacherben muss zur Überbrückung von Uneinigkeit im Kreis der Nacherben die einheitliche Rechtsausübung gegenüber dem Vorerben gewährleistet werden.

---

345 Palandt/*Weidlich*, § 2222 Rn. 4.
346 MünchKommBGB/*Zimmermann*, § 2222 Rn. 5; Staudinger/*Reimann*, § 2222 Rn. 12.
347 KG JW 1937, 1553; MünchKommBGB/*Zimmermann*, § 2222 Rn. 6.
348 BayObLG NJW-RR 1989, 1096; Palandt/*Weidlich*, § 2222 Rn. 4.
349 Bamberger/Roth/*J. Mayer*, § 2222 Rn. 7; Staudinger/*Reimann*, § 2205 Rn. 56; a. A. *Keim*, ZErb 2008, 5, 7: Unentgeltlichkeit ist nur in der Relation zum Nacherben unzulässig.
350 Soergel/*Damrau*, § 2222 Rn. 8.
351 KG JW 1938, 1411; *Demharter*, § 52 Rn. 12; DNotI-Report 2010, 13, 15.
352 *Kanzleiter*, DNotZ 1970, 326, 327; *Nieder/Kössinger*, § 10 Rn. 67.
353 BayObLG NJW 1960, 965, 966; *Kanzleiter*, DNotZ 1970, 326, 337.
354 Siehe Rdn. 239.
355 Staudinger/*Reimann*, § 2222 Rn. 4.
356 *Nieder/Kössinger*, § 10 Rn. 101.
357 *Keim*, ZErb 2008, 5, 6.

bb) Gestaltungsüberlegungen

242 Zu beachten ist, dass der Nacherbentestamentsvollstrecker den Nacherben für Pflichtverletzungen im Rahmen des zwischen ihnen bestehenden gesetzlichen Schuldverhältnisses gemäß § 2219 BGB haftet.[358] Wenn dies von der Motivation der Anordnung der Nacherbentestamentsvollstreckung in Betracht kommt, sollte der Erblasser **Vorgaben für die Aufgabenerfüllung** machen. Soll etwa die Konstruktion nur dazu dienen, an Stelle eines Pflegers einen »Vertreter« derjenigen Nacherben zu schaffen, die derzeit unbekannt sind oder deren künftige Existenz ungewiss ist, kann der Testamentsvollstrecker zur Berücksichtigung des Willens und der Interessen der vorhandenen Nacherben verpflichtet werden.

243 Bei der **Person des Testamentsvollstreckers** gilt als Einschränkung, dass der alleinige Vorerbe weder zum Verwaltungstestamentsvollstrecker noch zum Nacherbentestamentsvollstrecker gemäß § 2222 BGB bestellt werden kann.[359] Es können aber Nacherbentestamentsvollstrecker sein:
- der **alleinige Vorerbe zusammen mit weiteren Personen** als Mittestamentsvollstrecker, sofern ausgeschlossen ist, dass es durch Wegfall der übrigen Testamentsvollstrecker zu einer Alleintestamentsvollstreckung durch ihn kommen kann;[360]
- der Mitvorerbe, wenn er mit weiteren Dritten gemeinschaftlicher Testamentsvollstrecker ist;[361]
- der gesetzliche Vertreter des Nacherben,[362]
- der gesetzliche Vertreter des Vorerben.[363]

244 Ob einer von mehreren Vorerben allein zum Nacherbentestamentsvollstrecker gemäß § 2222 BGB berufen werden kann, ist streitig.[364] Da gewichtige Gründe dagegen sprechen, dass der Interessenkonflikt hier in hinreichendem Umfang aufgehoben ist, sollte eine solche Gestaltung unterbleiben.

245 Bei der Anordnung von Testamentsvollstreckung ist besondere Sorgfalt auf die genaue **Beschreibung der Art der Testamentsvollstreckung** zu verwenden. Selbst wenn etwa der Erblasser Verwaltungstestamentsvollstreckung sowohl zunächst für den Vorerben als auch später für den Nacherben anordnet, ist damit nicht automatisch auch eine Nacherbentestamentsvollstreckung verbunden.[365]

246 ▶ **Muster:**

§ ... Nacherbentestamentsvollstreckung

In Ansehung sämtlicher in § ... Absatz ... bestimmten Nacherben ordne ich Nacherbentestamentsvollstreckung gemäß § 2222 BGB an. Die Aufgabe des Testamentsvollstreckers ist es, die gesetzlichen Rechte der Nacherben wahrzunehmen und deren Pflichten zu erfüllen. Die Testamentsvollstreckung endet mit dem Eintritt des Nacherbfalls.

Zum Testamentsvollstrecker, ausgestattet mit dem Recht einen Nachfolger im Amt zu benennen, bestimme ich ... Weitere Ersatztestamentsvollstrecker soll bei Bedarf das Nachlassgericht benennen. ... erhält als Testamentsvollstrecker keine Vergütung, wohl aber Ersatz seiner Kosten und Auslagen. Andere Testamentsvollstrecker können eine angemessene Vergütung verlangen, die sich nach den Vorschlägen des Deutschen Notarvereins (Neue Rheinische Tabelle zur Testamentsvollstreckung) richten soll. Bei Streitigkeiten über die Höhe der Vergütung entscheidet auf Verlangen einer Seite der Präsident derjenigen Notarkammer als Schiedsgutachter für beide Seiten verbindlich, in dessen Bereich sich das zuständige Nachlassgericht befindet.

---

358 Staudinger/*Reimann*, § 2222 Rn. 12; Palandt/*Weidlich*, § 2222 Rn. 3.
359 RGZ 77, 177, 178; OLG Karlsruhe MDR 1981, 943; a. A. *Rohlff*, DNotZ 1971, 518, 527 ff.
360 KG JFE 11, 126; *Keim*, ZErb 2008, 5, 6.
361 BayObLG NJW 1976, 1692; NJW-RR 1989, 1096.
362 *Keim*, ZErb 2008, 5, 6; Palandt/*Weidlich*, § 2222 Rn. 2.
363 *Keim*, ZErb 2008, 5, 6; Palandt/*Weidlich*, § 2222 Rn. 2.
364 Bejahend RGZ 77, 177, 178; BayObLG NJW-RR 1989, 1096; dagegen *Keim*, ZErb 2008, 5, 6; Bamberger/Roth/*J. Mayer*, § 2222 Rn. 5.
365 BayObLG NJW 1959, 1920, 1922; *Nieder/Kössinger*, § 10 Rn. 100.

Soweit der Testamentsvollstrecker auch die Rechte und Interessen noch nicht existenter oder unbekannter Nacherben wahrzunehmen hat, soll er sich bei der Wahrnehmung seiner Aufgaben im Rahmen seines pflichtgemäßen Ermessens nach den Interessen und Wünschen der jeweils aktuell vorhandenen Nacherben richten.

IV. Gestaltungsalternativen zur Vor- und Nacherbschaft

In vorstehendem Abschnitt III. werden die klassischen Anwendungsfälle der Vor- und Nacherbschaftskonstruktion behandelt. Dabei handelt es sich jeweils um eine taugliche Gestaltung, um die vom Erblasser verfolgten Ziele zu verwirklichen. Zu bedenken ist bei der Wahl der Nacherbschaftsbeschränkung jedoch stets, dass die Vor- und Nacherbschaft eine **sehr komplexe Struktur** der juristischen Konstruktion bedeutet und die gesetzlichen Regelungen in vielfältiger Weise zu **Handhabungsschwierigkeiten** führen (z. B. der Begriff der Unentgeltlichkeit, der auch bei der befreiten Vorerbschaft immer wieder Abgrenzungsschwierigkeiten heraufbeschwört, sowie die Handhabung des Surrogationsgrundsatzes im Alltag der Beteiligten). 247

Unter **Abwägung der Vor- und Nachteile der Gestaltungsalternativen** ist daher stets zu prüfen, ob die Nacherbschaftsbeschränkung tatsächlich unumgänglich ist: 248

— Die Wahl der Nacherbschaftsbeschränkung führt wegen der teilweise nicht disponiblen gesetzlichen Bestimmungen oft zu erheblichen »Kompromissen«, die der Erblasser bei der Verfolgung anderer Interessen machen muss. Gerade in den (in der Praxis sehr häufig vorkommenden) Fällen, in denen es dem Erblasser ausschließlich um den Ausschluss von missliebigen Erben/Pflichtteilsberechtigten des Erben (z. B. einseitige Kinder des Erben, geschiedene Ehegatten) geht (»Ausschlussinteresse«), ist dem korrespondieren Interesse des Erblassers, den Vorerben möglichst gar nicht zu beschränken (»Freiheitsinteresse«) wegen der gemäß § 2136 BGB begrenzten Befreiungsmöglichkeiten nie voll zu entsprechen. Bei den »Ausschlussfällen« bietet sich dabei vor allem das **aufschiebend bedingte Herausgabevermächtnis** an. Dabei werden Nachlassgegenstände, die beim Tod des Erstbedachten dem missliebigen Erben zuzufallen drohen oder in eine Pflichtteilsberechnung Eingang finden könnten, mit dem Tod des Erstbedachten vermächtnisweise und damit obligatorisch aus dem Nachlass ausgegliedert und Dritten zugeordnet. Ausführlich zum Herausgabevermächtnis unten Abschnitt B. 249

— Im Einzelfall mag dem Sicherungsinteresse des Endbedachten gegebenenfalls bereits durch eine **bindende Schlusserbeneinsetzung** durch den Erstbedachten Genüge getan sein. Wegen der erheblichen Schutzlücken für den Endbedachten im Hinblick auf gesetzlich stets mögliche lebzeitige Verfügungen des Erstbedachten sind begleitende Gestaltungen zum Schutz des bindend bedachten Schlusserben angezeigt: **Verfügungsunterlassungsvermächtnisse und -verträge, kombiniert mit aufschiebend bedingten Herausgabevermächtnissen** für den Fall, dass der Erstbedachte den Verfügungsunterlassungspflichten zuwider handelt. Ausführlich zu diesen Gestaltungen unten Abschnitt D. 250

— Soll schließlich dem Sicherungsinteresse des Endbedachten der Vorrang gebühren, ist als einfachere Alternative zur nicht befreiten Vorerbschaft an die **Erbeinsetzung des »Endbedachten«** zu denken verbunden mit **Nießbrauchsvermächtnissen** zugunsten des »Erstbedachten«. Diese können sich sowohl auf den Gesamtnachlass als auch auf bestimmte Gegenstände beziehen. Eingehend zum Nießbrauchsvermächtnis unten Abschnitt C. 251

Im Übrigen enthalten die Einzelerörterungen der Anwendungsfälle der Vor- und Nacherbschaft in Abschnitt III. stets Hinweise zu konkret in Betracht kommenden Alternativgestaltungen. 252

Kapitel 5 Sicherung der Erwerbsaussichten für Endbedachte

V. Steuerrecht

1. Erbschaftsteuer

253 Ungeachtet der bestehenden erbrechtlichen Beschränkungen wird der Vorerbe gemäß § 6 Abs. 1 ErbStG **wie ein Vollerbe** besteuert. Dies gilt auch für den Fall der nicht befreiten Vorerbschaft, in dem die Stellung des Vorerben wirtschaftlich der des Nießbrauchberechtigten sehr nahe kommt.[366] Der Vorerbe darf die Erbschaftsteuer aus dem Nachlass begleichen (§ 2126 BGB, § 20 Abs. 4 ErbStG). Wird die Steuer erst nach dem Nacherbfall festgesetzt und ist sie bislang nicht gezahlt, hat der Nacherbe den Vorerben bzw. dessen Erben gemäß § 257 S. 1 BGB von der mit dem Erbfall verbundenen Erbschaftsteuer freizustellen.[367]

254 Der Erwerb des Anwartschaftsrechts bei Eintritt des Erbfalls führt beim **Nacherben** noch nicht zu einem steuerpflichtigen Erwerb.[368] Der Nacherbe hat **erst beim Nacherbfall** den Nachlass als vom Erblasser stammend zu versteuern (§ 6 Abs. 2 ErbStG). Der Nachlass des Erblassers wird hier also **zum zweiten Mal** besteuert. Die Einzelheiten richten sich danach, ob der Nacherbfall beim Tod des Vorerben oder bei Eintreten eines anderen Ereignisses eintritt:
- Tritt der Nacherbfall – wie zumeist gewollt – beim Tode des Vorerben ein, kann der Besteuerung auf Antrag die Steuerklasse zugrunde gelegt werden, die für das Verhältnis des Nacherben zum Vorerben gilt (§ 6 Abs. 2 S. 2 ErbStG). Diese Möglichkeit wird oftmals günstiger sein, wenn z. B. der Erblassers ein Onkel des Vorerben, Nacherbe das Kind des Letzteren ist. Beerbt der Nacherbe im Fall der Antragstellung gemäß § 6 Abs. 2 S. 2 ErbStG zugleich den Vorerben, liegt ein einheitlicher steuerlicher Erwerb vor. Beide Nachlässe sind jedoch im Hinblick auf ihre unterschiedliche Herkunft zu trennen und jeweils der Regelung der betreffenden Steuerklasse zu unterwerfen (§ 6 Abs. 2 S. 3 ErbStG). Der Freibetrag für das Eigenvermögen des Vorerben kann jedoch nur insoweit geltend gemacht werden, als der konkret für das Nacherbschaftsvermögen bestehende Freibetrag nicht verbraucht worden ist (§ 6 Abs. 2 S. 3 ErbStG). Es kommt also im Ergebnis nicht zu einer doppelten Gewährung von Freibeträgen. Für jeden der beiden Erwerbe gilt der Steuersatz, der für den ganzen Erwerb gelten würde. Die grundsätzlich erfolgende doppelte Besteuerung des Nachlasses wird beim Nacherbfall um zwischen 10 und 50 % gemindert, wenn der Nacherbfall binnen 10 Jahre nach dem Erbfall eintritt und für Vor- und Nacherben jeweils die Steuerklasse I gilt (§ 27 ErbStG), also z. B. bei Vorerbeneinsetzung des Ehegatten und Nacherbeneinsetzung des gemeinsamen Kindes.
- Tritt der Nacherbfall bei einem anderen Umstand als dem Tod des Vorerben ein, findet im Ergebnis durch die Anrechnung der vom Vorerben gezahlten Erbschaftsteuer eine Doppelbesteuerung des Nachlasses nicht statt (§ 6 Abs. 3 S. 2 ErbStG). Ein Erstattungsanspruch des Vorerben gegenüber dem Nacherben besteht dabei jedoch nicht, so dass diese Regelung nur dem Nacherben zugute kommt.

255 In den in der Praxis überwiegenden Fällen tritt der Nacherbfall mit dem Tode des Vorerben ein. Die damit eintretende **doppelte Besteuerung des Nachlasses** wird oft als Argument gegen das Institut der Vor- und Nacherbschaft angeführt. In dieser Pauschalität geschieht dies zu unrecht. Es ist vielmehr danach zu differenzieren, mit welchen Alternativgestaltungen die Vor- und Nacherbschaft konkurriert.
- In den häufigen Fällen, in denen die Alternative die Schlusserbenseinsetzung des Nacherben durch den Vorerben wäre (z. B. im Falle der zu mindernden Pflichtteilsansprüche einseitiger Kinder des längstlebenden Ehegatten) entspricht diese **Doppelbesteuerung** der Lage, die **auch bei der Einheitslösung des Berliner Testaments gilt**. Auch hier wird derselbe Nachlass grundsätzlich zweimal besteuert.

---

366 RFH RStBl. 1931, 241.
367 LG Bonn, Urt. v. 24.1.2012 – 10 O 453/10, ZEV 2012, 321, 322.
368 *Meincke*, ErbStG, § 6 Rn. 8.

– Die (in der Praxis eher selten gewünschte) nicht befreite Vorerbschaft steht dagegen in **Konkurrenz zum Nießbrauchvermächtnis** zugunsten des Erstbedachten und zulasten des Endbedachten (dazu unten Teil C.). Hier sieht die Lage anders aus. Nach § 25 ErbStG a. F. war der Abzug des Kapitalwertes eines vermachten Nießbrauchrechts vom steuerlichen Erwerb des Erben bei einem Nießbrauchsrecht zugunsten des Ehegatten ausgeschlossen. Diese Bestimmung ist zum 1.1.2009 ersatzlos gestrichen worden. Der **Kapitalwert des Nießbrauchs** kann somit vom erbschaftsteuerlichen Erwerb des Erben **voll abgezogen** werden. Der Kapitalwert wird demgegenüber als Erwerb des Nießbrauchers bei diesem versteuert. Hierbei gelten zudem die Bewertungsgrundsätze der §§ 13–16 BewG mit der Festsetzung eines Höchstwertes in § 16 BewG. Hier findet daher eine »Doppelbesteuerung« bereits im Ansatz nicht statt. Die Gestaltung ist damit ggfs. erbschaftsteuerlich günstiger als die Vor- und Nacherbschaft.

Ob und wie die Vor- und Nacherbschaftsgestaltung im Verhältnis zur alternativen Gestaltungen (Einheitslösung des Berliner Testaments, Niesbrauchvermächtnis) erbschaftsteuerlich zu bewerten ist, kann daher stets nur **im Einzelfall geprüft werden** und lässt sich nicht pauschal bestimmen. Die Behauptung einer pauschalen ungünstigen Doppelbesteuerung der Vor- und Nacherbschaft in dieser Form ist falsch. 256

2. Einkommensteuer

Der Vorerbe ist Eigentümer des Nachlasses. Ihm gebühren die Erträge, die er auch zu versteuern hat. Ihm stehen demgegenüber alle Möglichkeiten zur Geltendmachung von Abschreibung für Abnutzung (AfA) und sonstiger Werbungskosten zur Verfügung. Die gleiche Situation ergibt sich für den Nacherben nach dem Nacherbfall, wobei mangels Anschaffungskosten keine neue Abschreibungsmöglichkeiten zu seinen Gunsten entstehen. Demgegenüber stellt sich die Position des erbschaftsteuerlich (s. Rdn. 255 f.) oft günstiger gestellten **Nießbrauchers nachteiliger** dar: Auch er hat die Einnahmen wie der Vorerbe zu versteuern. Ihm steht, da es sich der Struktur nach um einen **Zuwendungsnießbrauch** handelt, nach dem dritten Nießbrauchserlass[369] jedoch keine AfA-Befugnis zu. 257

Im Rahmen der steuerlichen Prüfung, welche Gestaltung die günstigere ist, darf das Augenmerk nicht einseitig auf das Erbschaftssteuerrecht gelegt werden, vielmehr ist die steuergünstigste Lösung im Rahmen einer **Gesamtschau auf Erbschaft- und Einkommensteuerrecht** zu ermitteln. 258

VI. Checkliste

▸ **Checkliste: Vor- und Nacherbschaft** 259

- ☐ Ist die Wahl der Vor- und Nacherbschaft im konkreten Fall alternativlos?
- ☐ Person des Vorerben?
- ☐ Umfang der Befugnisse des Vorerben, ggfs. seiner Befreiung?
- ☐ Bestimmung des Nacherben?
- ☐ Ersatznacherben?
- ☐ Entfallen der Ersatznacherbenbestimmung
  - ☐ bei Geltendmachung von Pflichtteilsansprüchen durch einen Nacherben?
  - ☐ bei Veräußerung des Nacherbenanwartschaftsrechtes an den Vorerben?
- ☐ Bei Ausschlagung durch einen von mehreren Vorerben: Einrücken eines Ersatznacherben oder Anwachsung bei den übrigen oder quotale Vollerbschaft des Vorerben?
- ☐ Nacherbentestamentsvollstreckung (z. B. bei unbekannten Nacherben)?
- ☐ Auslöser des Nacherbfalles (regelmäßig Tod des Vorerben)?
- ☐ Veräußerbarkeit/Vererblichkeit des Nacherbenanwartschaftsrechts?
- ☐ Ersatzerbenbestimmung?
- ☐ (bei Erbverträgen oder gemeinschaftlichen Testamenten:) Bindungswirkung?

---

369 V. 27.7.1998 Rn. 32, 74.

B. Aufschiebend bedingte/befristete Vermächtnisse

Literatur:
Baltzer, Das Vor- und Nachvermächtnis in der Kautelarjurisprudenz, 2007; *Bühler*, Zum Inhalt der Vermächtnisanwartschaft im Vergleich zur Anwartschaft des Nacherben, BWNotZ 1967, 174; *Damrau*, Das Behindertentestament mit Vermächtnislösung, ZEV 1998, 1; *Damrau/J. Mayer*, Zur Vor- und Nachvermächtnislösung beim sog. Behindertentestament, ZEV 2001, 293; *Hartmann*, Das sog. Behindertentestament: Vor- und Nacherbschaftskonstruktion oder Vermächtnisvariante? ZEV 2001, 89; *ders.*, Das Vorvermächtnis mit Vorerbschaftswirkung, ZEV 2007, 458; *Hölscher*, Das aufschiebend bedingte Universal-Herausgabevermächtnis, ZEV 2009, 213; *Keller*, Überlegungen zum Ehegattentestament, BWNotZ 1970, 49; *U. Mayer*, Die Sicherung des Vermächtnisnehmers – Darstellung und Vergleich der verschiedenen Möglichkeiten, BWNotZ 1997, 62; *Nieder*, Das Geschiedenentestament und seine Ausgestaltung, ZEV 1994, 156; *Randt*, Das Vor- und Nachvermächtnis, BWNotZ 2001, 75; *Reimann*, Das Herausgabevermächtnis als Alternative zur Nacherbfolgenanordnung, MittBayNot 2002, 4; *Watzek*, Vor- und Nachvermächtnis, MittRhNotK 1999, 37; *Werkmüller*, Gestaltungsmöglichkeiten des Erblassers bei der Anordnung von Vor- und Nachvermächtnissen, ZEV 1999, 343.

I. Das aufschiebend befristete/bedingte Herausgabevermächtnis

1. Grundlagen

a) Die Konstruktion und Rechtsnatur des befristeten/bedingten Herausgabevermächtnisses

260 Bei der Vor- und Nacherbschaft vollzieht sich der Übergang des Nachlasses vom Erst- auf den Endbedachten mit dem Nacherbfall automatisch (§ 2139 BGB). Die alternative Gestaltungsmöglichkeit hierzu besteht darin, den Übergang von Nachlassgegenständen vom erstbedachten Erben auf einen Endbedachten über ein **Vermächtnis** zu konstruieren. Dieses wirkt jedoch gemäß § 2174 BGB allein schuldrechtlich, bedarf also des dinglichen Vollzugs. Bei der vom Erblasser gewünschten hintereinander geschalteten Berechtigung zweier Personen am Nachlass ist das Vermächtnis deswegen ein mögliches Gestaltungsmittel, weil der Vermächtnisanspruch zwar grundsätzlich bereits mit dem Erbfall anfällt, d. h. entsteht (§ 2176 BGB). Der Anfall kann jedoch auch beliebig über Einfügung von **Bedingungen** und **Befristungen** auf einen späteren Zeitpunkt verschoben werden (§ 2177 BGB). So kann etwa jedwedes in der Person des Erben liegende Ereignis zum Anfall eines solchen Herausgabevermächtnisses führen. Dies gilt z. B. für den Fall der Wiederverheiratung,[370] was das Herausgabevermächtnis zu einer **Gestaltungsalternative** zur Vor- und Nacherbschaft im Rahmen von **Wiederverheiratungsklauseln** macht. Vor allem aber ist unstreitig, dass der Zeitpunkt des Anfalls des Vermächtnisses auch auf den (ungewissen) Zeitpunkt des (gewissen) Todes des beschwerten Erben festgelegt und damit befristet werden kann.[371] Dieses befristete Herausgabevermächtnis kann mit der (ungewissen) aufschiebenden Bedingung verknüpft werden, dass der bedachte Vermächtnisnehmer den Erben überlebt.

261 Ein solchermaßen ausgestaltetes kombiniert befristetes und bedingtes (Herausgabe-) Vermächtnis ist damit funktional vergleichbar mit der Vor- und Nacherbschaft und konkurriert mit dieser in der Gestaltungspraxis. Wie auch bei der Verwendung von Vorausvermächtnissen bei der Vor- und Nacherbschaft (s. ausführlich oben A. Rdn. 112 f., 190) kann auch beim Herausgabevermächtnis die Wirkung entsprechend der Grundstruktur des Vermächtnisses auf **einzelne Vermögensgegenstände** beschränkt werden oder aber auch **ganze Vermögensgruppen** erfassen (z. B. Grundbesitz). Es kann sogar über das von der ganz h. M.[372] anerkannte Universalvermächtnis auf den **gesamten Nachlass** bezogen werden.[373]

---

370 *Reimann*, MittBayNot 2002, 4, 6; Palandt/*Weidlich*, § 2163 Rn. 2.
371 RG JW 1918, 502, 503; OLG Bremen DNotZ 1956, 149, 151; Palandt/*Weidlich*, § 2177 Rn. 4; *Reimann*, MittBayNot 2002, 4, 6.
372 BGH ZEV 1995, 32; BayObLG FamRZ 1986, 728, 731; Staudinger/*Otte*, § 2151 Rn. 2.; *Mayer*, ZEV 1995, 247; *Lange/Kuchinke*, § 29 II 2 a; *Schlitt*, ZErb 2006, 226, 227.
373 *Hölscher*, ZEV 2009, 213, 214.

b) **Anwartschaft des Vermächtnisnehmers und deren gesetzlicher Schutz während der Schwebezeit**

Die Stellung des Vermächtnisnehmers ist während der Schwebezeit bis zum Anfall des Vermächtnisses gänzlich abweichend gegenüber der Stellung des Nacherben während der Vorerbschaft gestaltet. Während der Zeit der Vorerbschaft schlägt sich die dingliche Konstruktionsweise der Vor- und Nacherbschaft (§ 2139 BGB) in einer ebenso dinglich wirkenden und nur in Grenzen (§ 2136 BGB) disponiblen Beschränkung des Vorerben (§§ 2111, 2113, 2115 BGB) und in der Sonderung des Nachlasses vom Eigenvermögen des Erben nieder. Alle diese dinglichen Wirkungen fehlen beim schwebenden Vermächtnisanspruch, da dieser selbst **rein schuldrechtlich** wirkt (§ 2174 BGB). § 2179 BGB erklärt für die Schwebezeit die Regelungen des Allgemeinen Teils des BGB über die aufschiebenden Bedingungen für anwendbar. Hieraus wird allgemein gefolgert, dass der Vermächtnisnehmer während der Schwebezeit bereits eine rechtlich geschützte **Anwartschaft** innehat, die rechtsgeschäftlich übertragbar, pfändbar und vererblich ist.[374]

262

Im Einzelnen ergibt sich aus diesem Verweis des § 2179 BGB:

263

– Eine den §§ 2113 Abs. 1 und 2115 BGB entsprechende Schutzvorschrift für den Anwartschaftsberechtigten enthält § 161 BGB. Diese Bestimmung verlangt jedoch, um zu vergleichbaren Schutzwirkungen zu gelangen, eine aufschiebend bedingte Verfügung im dinglichen Sinne über einen Gegenstand. Da beim aufschiebend bedingten Herausgabevermächtnis jedoch mit dem Vermächtnisanspruch lediglich eine schuldrechtliche Rechtsposition aufschiebend bedingt zugewandt ist, findet diese Vorschrift auf das aufschiebend befristete/bedingte Herausgabevermächtnis keine Anwendung.[375] Daraus ergeben sich für den aufschiebend/bedingt befristet eingesetzten Vermächtnisnehmer gravierende Folgen: Als Anwartschaftsberechtigter genießt er **keinerlei dinglichen Schutz gegen Zwischenverfügungen** des erstberechtigten Erben oder gegen **Vollstreckungsmaßnahmen** von dessen Gläubigern. In der Insolvenz des erstbedachten Erben gehört der Vermächtnisgegenstand zur **Insolvenzmasse** und unterliegt der Verwertung durch den Insolvenzverwalter.

– Demgegenüber gilt § 160 BGB: Danach kann der aufschiebend bedingte Vermächtnisnehmer im Falle des Eintritts der Bedingung vom Beschwerten Schadensersatz verlangen, wenn während der Schwebezeit durch dessen Verschulden das von der Bedingung abhängige Recht vereitelt oder beeinträchtigt wurde. Die Rechtsfolge von Verfügungen oder einer Verschlechterung des Gegenstandes während der Schwebezeit ist also allein die **Schadensersatzpflicht**. Diese tritt erst mit dem Anfall des Vermächtnisses ein, also z. B. erst beim Tod des Erben. Doch auch schon während der Schwebezeit kann der Vermächtnisnehmer mit Mitteln des einstweiligen Rechtsschutzes (einstweilige Verfügung, Arrest) seine Sicherstellung – z. B. durch Eintragung einer Auflassungsvormerkung auf einem aufschiebend befristetet vermachten Grundbesitz – erzwingen[376] oder sogar Nachlassverwaltung anordnen lassen[377].

264

– Bei treuwidrigem Vereiteln des Bedingungseintritts findet § 162 BGB Anwendung.

265

Wird der Vermächtnisgegenstand durch den erstbedachten Erben veräußert, tritt in Ansehung der an die Stelle des Gegenstandes tretenden Ersatzgegenstände keine dingliche Surrogation gemäß § 2111 BGB ein; eine Analogie kommt für das Vermächtnisrecht nicht in Betracht. Jedoch findet § 285 BGB, der eine **schuldrechtliche Surrogation** anordnet, auch auf Vermächtnisansprüche Anwendung.[378] Der Herausgabeanspruch aus dem Vermächtnis erstreckt sich auf das Surrogat, wenn der Vermächtnisnehmer dies verlangt (sog. verhaltener Anspruch).[379] Ob dieses Verlangen schon vor An-

266

---

374 BGH MDR 1963, 824; Staudinger/*Otte*, § 2179 Rn. 7.
375 *Bungeroth*, NJW 1967, 1357; MünchKommBGB/*Schlichting*, § 2179 Rn. 4; *Bühler*, BWNotZ 1967, 180 ff; a. A. allein *Gudian*, NJW 1967, 431.
376 *Bungeroth*, NJW 1967, 1357; MünchKommBGB/*Schlichting*, § 2179 Rn. 2; *J.Mayer*, ZEV 2000, 1, 8.
377 *G.Müller*, ZEV 1996, 181; *Hölscher*, ZEV 2009, 213, 216.
378 KG ZEV 1999, 494, 495; *Palandt/Grüneberg* § 285 Rn. 2; *Bühler*, BWNotZ 1967, 174, 175; *Hölscher*, ZEV 2009, 213, 215.
379 *Bühler*, BWNotZ 1967, 174, 175; *Palandt/Grüneberg* § 285 Rn. 9.

fall des Vermächtnisses gestellt werden kann,[380] erscheint zweifelhaft. Eine ausdrückliche **Regelung der Surrogationsfolgen** empfiehlt sich daher.[381]

267 Nach § 159 BGB sind die wirtschaftlichen Folgen des angeordneten Vermächtnisses nur dann auf einen früheren Zeitpunkt (z. B. den Erbfall, d. h. den Erwerb des Erstbedachten) zurück zu beziehen, wenn sich dies der Verfügung von Todes wegen des Erblassers entnehmen lässt. Während der Schwebezeit gezogene **Früchte** verbleiben gemäß § 2184 BGB dem mit dem Vermächtnis belasteten Erstbedachten.[382] Eine Haftung für im Übermaß gezogene Früchte besteht nicht.[383]

268 Hinsichtlich der vom Erben als Erstbedachtem in der Schwebezeit gemachten Verwendungen finden über § 2185 BGB nach der Rechtsprechung des BGH die §§ 994 ff. BGB Anwendung.[384] Notwendige **Verwendungen** (mit Ausnahme der gewöhnlichen Unterhaltungskosten) und die Aufwendungen für außerordentliche, auf den Stammwert gelegte Lasten (z. B. Erschließungskosten) sowie Tilgungsleistungen wären danach vom Vermächtnisnehmer zu erstatten. Doch ist der belastete Erbe schon mit der regelmäßig früh eintretenden Kenntnis des aufschiebend befristeten/bedingten Herausgabevermächtnisses i. S. der §§ 994 ff. BGB als »bösgläubig« anzusehen.[385] Daher sind die vorgenannten Verwendungen in der Praxis meist nur nach den Vorschriften über die Geschäftsführung ohne Auftrag (§ 994 Abs. 2 BGB), lediglich nützliche Verwendungen hingegen gar nicht zu erstatten (§ 996 BGB). Häufig bleibt am Ende allenfalls eine Bereicherungshaftung des Vermächtnisnehmers. Die **Rechtsstellung des Erben** ist hier also **wesentlich ungünstiger als die des Vorerben**.

269 Auch ohne dass der Erblasser den Erstbedachten hierzu vermächtnisweise verpflichtet, ist dieser gegenüber dem Endbedachten zur **ordnungsgemäßen Verwaltung** des vermachten Gegenstandes **verpflichtet**.[386]

c) »Pflichtteilsfestigkeit« des angefallenen Vermächtnisses

270 Eines der Hauptmotive für die Wahl der Vor- und Nacherbschaft ist in der Praxis, dass durch die Schaffung eines Sondervermögens die Partizipation von unerwünschten Erben und Pflichtteilsberechtigten vermieden wird: Das der Nacherbschaft unterliegende Vermögen fällt nicht an die Erben des Erstbedachten und wird auch nicht in die Berechnung des Pflichtteils nach diesem einbezogen. Mit dem Kriterium der »**Pflichtteilsfestigkeit**« der Gestaltung steht und fällt die Tauglichkeit des aufschiebend bedingten/befristeten Herausgabevermächtnisses als Alternative zur Vor- und Nacherbschaft. Wird der Vermächtnisgegenstand in die Pflichtteilsberechnung nach dem Erstbedachten einbezogen, schiede diese Gestaltungsalternative aus, wenn der Pflichtteil einer missliebigen Person möglichst klein gehalten werden soll.

271 Gemäß § 2311 BGB werden Schulden, die schon zu Zeiten des Erblassers bestanden (Erblasserschulden) vom Wert des Nachlasses bei der Pflichtteilsberechnung abgezogen.[387] Hierzu gehören nicht die vom Erblasser selbst angeordneten Vermächtnisse, die als Erbfallschulden den Pflichtteilsansprüchen nachgehen.[388] Es sind dies jedoch nur die Vermächtnisse, die der Erblasser, nach dem die

---

380 So *Bühler*, BWNotZ 1967, 174, 175 Fn. 8.
381 *J.Mayer*, ZEV 2000, 1, 8; *Hölscher*, ZEV 2009, 213, 215.
382 BGH DNotZ 1992, 247, 250.
383 *Bühler*, BWNotZ 1967, 174, 176.
384 BGH DNotZ 1992, 247, 248 f.; kritisch *Watzek*, MittRhNotK 1999, 37, 44 ff.; a. A. – § 2124 ff. BGB analog – *Maur*, NJW 1990, 1161, 1162 f.
385 BGH DNotZ 1992, 247, 254; *Bühler*, BWNotZ 1967, 174, 177 Fn. 14; Staudinger/*Otte*, § 2185 Rn. 2; kritisch: *Watzek*, MittRhNotK 1999, 37, 44 f.
386 BGH DNotZ 1992, 247, 250; a. A. *Bühler*, BWNotZ 1967, 174, 178.
387 MünchKommBGB/*Lange*, § 2311 Rn. 10 f.
388 BGH NJW 1988, 136, 137; Palandt/*Weidlich*, § 2311 Rn. 5; MünchKommBGB/*Lange*, § 2311 Rn. 10.

Pflichtteilsansprüche geltend gemacht werden, selbst angeordnet hat.[389] Demgegenüber ist das hier in Rede stehende aufschiebend bedingte/befristete **Herausgabevermächtnis** durch den ersten Erblasser begründet worden und hat sich im Vermögen des Erstbedachten (= zweiter Erblasser) als eine (schwebende) Verbindlichkeit schon zu seinen Lebzeiten ausgewirkt. Das aufschiebend bedingte oder befristete Vermächtnis ist damit nach h. M.[390] **nach dem erstbedachten Erben im Rahmen des § 2311 BGB vom Aktivnachlass abzusetzen.** Vereinzelt wird dagegen wegen des Umstandes, dass das Vermächtnis als Verbindlichkeit erst mit dem Tode des Erstbedachten entsteht, eine Parallele zu dem nicht absetzbaren, vom dem Erstbedachten selbst herrührenden Vermächtnis gezogen.[391] Diese Bedenken erscheinen bei teleologischer Interpretation des § 2311 BGB als nicht berechtigt. Maßgeblich ist, dass der Vermächtnisanspruch nicht auf einem Willensentschluss des Erstbedachten (=zweiten Erblassers), sondern auf einer Anordnung des ersten Erblassers beruht. Dass es sich hierbei um eine schwebende Belastung handelt, die ihre belastende Wirkung erst nach dem Tod des erstbedachten Erblassers zeitigt, ist demgegenüber unerheblich.[392] Auch diese begründet nach allg.M. eine Anwartschaft.

d) Der Vermächtnisanspruch in der Nachlassinsolvenz

272 Besondere Probleme können sich bei **Überschuldung des Nachlasses des Erstbedachten** ergeben. In der Praxis begegnet insbesondere der Fall, dass wegen Sozialhilfebedürftigkeit des Erstbedachten die sozialhilferechtliche Erbenhaftung gemäß § 102 SGB XII (früher § 92c BSHG) besteht. Bei Überschuldung des Nachlasses ist der Erbe des Erstbedachten zur Einleitung des Nachlassinsolvenzverfahrens gem. § 1980 BGB verpflichtet. Es stellt sich hier die entscheidende Frage, wie der Vermächtnisanspruch in diesem Verfahren behandelt wird und ob die Erfüllung des Anspruchs zugunsten des Endbedachten gewährleistet ist. Diskutiert wird diese Fragestellung primär beim Nachvermächtnis im Rahmen eines Behindertentestaments (zu diesen Gestaltungen eingehend Abschn. E Rdn. 620 ff.). Sie ist jedoch hier in gleicher Weise relevant.

273 Zunächst stellt sich die Frage des **Ranges des Vermächtnisanspruches.** Erbfallschulden wie Pflichtteilsansprüche, Vermächtnisse, Auflagen sind gemäß § 327 Abs. 1 Nr. 1 und 2 InsO in der Nachlassinsolvenz nachrangig zu befriedigen. »Vermächtnisse« in diesem Sinne sind jedoch nach allg.M.[393] nur die vom Erblasser, d. h. hier: vom Erstbedachten, angeordnete Verbindlichkeiten. Der Anspruch auf Erfüllung des Herausgabevermächtnisses ist demgegenüber ein schlichter schuldrechtlicher Anspruch, der vom (ersten) Erblasser dem Erstbedachten aufgebürdet worden ist,[394] damit echte Erblasserschuld. Sie ist damit **gleichberechtigte Insolvenzforderung.** Als solche wird sie im Verfahren als aufschiebend bedingte Forderung nach Maßgabe des § 191 Abs. 1 InsO voll berücksichtigt.[395]

---

389 *Watzek*, MittRhNotK 1999, 37, 41; DNotI-Report 18/99, S. 149, 151; *Hartmann*, ZEV 2001, 89, 93; *Damrau/J.Mayer*, ZEV 2001, 293, 295; *Reimann*, MitBayNot 2002, 4, 8; Palandt/*Weidlich*, § 2311 Rn. 5; s. a. § 327 Abs. 1 Nr. 2 InsO.
390 MünchKommBGB/*Lange*, § 2311 Rn. 11; AnwKomm-BGB/*Bock* § 2311 Rn. 13; *Bamberger/Roth/J. Mayer* § 2311 Rn. 8; *Dieterle*, BWNotZ 1971, 14, 19; *Nieder*, ZEV 1994, 156, 158; *Wagner*, ZEV 1997, 369, 370; *Busse*, MittRhNotK 1998, 225, 239; *Watzek*, MittRhNotK 1999, 37, 41 Kanzleiter, DNotZ 2001, 152 Fn. 10; *Hartmann*, ZEV 2001, 89, 93; *Reimann*, MittBayNot 2002, 1, 7; *Hölscher*, ZEV 2011, 569, 570 f.
391 *Ebenroth*, Erbrecht, Rn. 491; *Zawar*, Das Vermächtnis in der Kautelarjurisprudenz, S. 61; zweifelnd auch *J.Mayer*, ZEV 2000, 1, 9.
392 Maßgeblich ist, dass der Rechtsgrund gelegt ist: MünchKommBGB/*Lange*, § 2311 Rn. 10; Palandt/*Weidlich*, § 2311 Rn. 4; *Hölscher*, ZEV 2011, 569, 570.
393 *Reimann*, MittBayNot 2002, 1, 8; *Hess/Kropshofer*, InsO, § 226 Rn. 10; Uhlenbruck/*Lüer*, InsO, § 327 Rn. 4; *Hölscher*, ZEV 2009, 213, 215.
394 *Damrau*, ZEV 1998, 1, 3; DNotI-Report 18/1999, 149, 150.
395 *Baltzer*, Das Vor- und Nachvermächtnis in der Kautelarjurisprudenz, Rn. 316.

Kapitel 5 Sicherung der Erwerbsaussichten für Endbedachte

274 Das Rangverhältnis zwischen der sozialhilferechtlichen Erbenhaftung (§ 102 SGB XII) und dem Vermächtniserfüllungsanspruch ist äußerst umstritten. Einer Auffassung zufolge sind beide Ansprüche gleichrangig.[396] Der überzeugenden h. M. zufolge ist die **sozialhilferechtliche Erbenhaftung gegenüber dem Vermächtniserfüllungsanspruch** jedoch **nachrangig**. Erstere ist nämlich gemäß § 102 Abs. 2 SGB XII auf den »Wert des Nachlasses« beschränkt. Dieser aber entspricht nach h. M. dem in § 2311 BGB verwendeten Begriff: Darunter ist also der Nachlass abzüglich der Nachlassverbindlichkeiten, also auch der vom ersten Erblasser stammenden Vermächtnisverbindlichkeit, zu verstehen.[397]

275 Unabhängig vom Rangverhältnis speziell zur sozialhilferechtlichen Erbenhaftung zeigt sich jedoch, dass der **Vermächtniserfüllungsanspruch** wie alle Insolvenzforderungen **nur mit der Insolvenzquote des § 195 InsO berücksichtigt** wird. Diese massive Schwäche des Herausgabevermächtnisses kann indes durch ergänzende Anordnung von **Testamentsvollstreckung** effektiv ausgeglichen werden.[398]

e) Haftung des Vermächtnisnehmers für Schulden des Erben?

276 Der Vermächtnisnehmer ist nicht Erbe des Erstbedachten. Daher trifft ihn weder die zivilrechtliche Erbenhaftung gemäß § 1967 BGB noch die sozialhilferechtliche des § 102 SGB XII.[399] Gleichwohl wird in der Literatur für die äquivalente Situation des Vor- und Nachvermächtnisses eine **Haftung des Nachvermächtnisnehmers für die Verbindlichkeiten des erstbedachten Vorvermächtnisnehmers** für den Fall diskutiert, dass der Nachlass des Vorvermächtnisnehmers allein aus dem Vermächtnisgegenstand besteht. Dies wird nicht häufig der Fall sein, ist jedoch bei hoch verschuldeten oder sozialhilfebedürftigen Erstbedachten denkbar. Dann aber scheint das Vermächtnis zugunsten des Endbedachten in seiner konkreten Erscheinung einem sog. Universalvermächtnis gleichzukommen. Der Universalvermächtnisnehmer aber haftet einer verbreiteten Auffassung zufolge analog §§ 2385 Abs. 1, 2382 BGB für die Nachlassverbindlichkeiten.[400] Im Schrifttum wird dieser Analogieschluss teilweise auch für die Konstellation des Nachvermächtnisses gezogen.[401] Es ist davon auszugehen, dass die Vertreter dieser Auffassung wegen der Strukturgleichheit mit dem lediglich einen Erben treffenden Herausgabevermächtnisses die Analogie auch hier für angebracht erachten.

277 In beiden Fällen aber ist die **Analogie zu §§ 2385 Abs. 1, 2382 BGB verfehlt**. Auf den Vertrag, mit dem ein vom Erblasser angeordnetes Universalvermächtnis erfüllt wird, § 2385 BGB anzuwenden, ist sachgerecht: Die Gläubiger des Erblassers dürfen nicht deswegen leer ausgehen, weil der Erblasser die Weiterleitung der gesamten Haftungsmasse vom (haftenden) Erben auf einen (nicht haftenden) Vermächtnisnehmer verfügt hat.[402] Dagegen greift die ratio des § 2385 BGB im Falle des Nach- und des Herausgabevermächtnisses aber auch nicht ansatzweise: Dort geht es um die Antwort auf eine vom Schuldner veranlasste Verlagerung der Haftungsmasse vom haftenden Erben auf einen grundsätzlich nicht haftenden Dritten. Hier ist die »Verlagerung der Haftungsmasse« dagegen nicht durch den Schuldner (den Erstbedachten) veranlasst, sondern die Folge einer legitimen erbrechtlichen Verfügung des ursprünglichen Erblassers über seinen Nachlass. Daher haftet der letztbedachte Ver-

---

396 *Damrau*, ZEV 1998, 1 ff.; *Damrau/J.Mayer*, ZEV 2001, 293 ff.; *Trilsch-Eckart*, ZEV 2001, 229 f.; Staudinger/*Otte*, § 2191 Rn. 8 (alle zum Nachvermächtnis).
397 BVerwGE 66, 161, 163; 90, 250, 251; DNotI-Report 18/1999, S. 149, 150 f.; *Hartmann*, ZEV 2001, 89, 93; *Weidlich*, ZEV 2001, 94, 95; eingehend *Baltzer*, Das Vor- und Nachvermächtnis in der Kautelarjurisprudenz, Rn. 326–372.
398 Siehe unten Rdn. 312 f.
399 BVerwGE 61, 161, 163; BGHZ 123, 368, 375 (jeweils zum Nachvermächtnis).
400 *Dobroschke*, DB 1967, 803, 805; Staudinger/*Olshausen*, § 2385 Rn. 13; Palandt/*Weidlich*, § 2385 Rn. 2; dag. Staudinger/*Otte*, § 2191 Rn. 8.
401 *V.d.Loo*, MittRhNotK 1989, 233, 243; *Settergren*, Das »Behindertentestament« im Spannungsfeld zwischen Privatautonomie und sozialhilferechtlichem Nachrangprinzip, S. 41; *Joussen*, NJW 2003, 1851, 1852; AnwKomm-BGB/*J.Mayer*, § 2191 Rn. 20.
402 Vgl. Staudinger/*Olshausen*, § 2382 Rn. 1.

mächtnisnehmer in der behandelten Konstellation nach richtiger Auffassung nicht für Schulden des erstbedachten Erben oder Vorvermächtnisnehmers.[403] Die Frage kann jedoch **für die Praxis noch nicht als abschließend geklärt** angesehen werden.

2. Bewertung des Herausgabevermächtnisses

Das Herausgabevermächtnis konkurriert bei der Gestaltung mit der Vor- und Nacherbschaft. Deren Wahl liegen in der Praxis regelmäßig **zwei Motive** zu Grunde:

- In der einen Grundkonstellation geht es dem Erblasser um den Ausschluss missliebiger dritter Personen von seinem Nachlass und die Schmälerung von Pflichtteilsrechten nach dem Erstbedachten (**Ausschlussfälle**). Bei dieser Zielsetzung fehlt es regelmäßig an einem Interesse des Erblassers, den Endbedachten in seinem Erwerbsinteresse zu schützen. Vielmehr wünscht der Erblasser meist, dem Erstbedachten weitest möglich in seinen lebzeitigen und letztwilligen Verfügungen freie Hand zu lassen (**Freiheitsinteresse**). Der wegen § 2136 BGB nur begrenzt dispositive Schutz des Endbedachten ist daher hier nicht Ziel, sondern – meist extrem störender – Nebeneffekt der Gestaltung der Vor- und Nacherbschaft.
- In der anderen Konstellation geht es dagegen explizit darum, die Erwerbserwartung des Endbedachten durch Beschränkungen des Erstbedachten zu Lebzeiten und in erbrechtlicher Hinsicht zu erreichen (**Absicherungsfälle**). Hier ist die Ausschlusswirkung, die das Ziel der erstgenannten Konstellation ist, eher Nebeneffekt. Das Absicherungsinteresse kann sich im Einzelfall darauf beschränken, dass lediglich der Zugriff Dritter (Gläubiger des Erstbedachten, Insolvenzverwalter) verhindert werden soll, jedoch grundsätzlich der Nachlass den Interessen des Erstbedachten dienen soll (**Fälle des »Schutzes des Nachlasses«**). So ist etwa die typische Interessenlage beim Behinderten- und Verschuldetentestament (dazu Abschnitt. E. I.–III.). Das Absicherungsinteresse kann demgegenüber auch ausschließlich auf den Endbedachten ausgerichtet sein, dem der Nachlass möglichst ungeschmälert erhalten bleiben soll (**Fälle des »Schutzes des Endbedachten«**). In diese Fällen ist freilich vorrangig an die Gestaltungsalternative der unmittelbaren Erbeinsetzung des »Endbedachten« zu denken, verbunden mit einem Nießbrauchsvermächtnis zugunsten des »Erstbedachten« (s. dazu Abschn. C.).

Die Frage, inwieweit das befristete/bedingte Herausgabevermächtnis eine empfehlenswerte Gestaltungsalternative zur Vor- und Nacherbschaft ist, ist für jede der beiden Fallgestaltungen durch Vergleich der jeweiligen Vor- und Nachteile der Regelungen zu beantworten.

a) Konkurrenz der Gestaltungen bei den »Ausschlussfällen«

Dem **Ausschlussinteresse** entspricht die Konstruktion der Vor- und Nacherbschaft in unübertrefflicher Weise. Durch Schaffung eines Sondervermögens wird der Erwerb durch nicht erwünschte Personen im Wege des automatischen Übergangs auf den Nacherben (§ 2139 BGB) vermieden, damit zugleich auch eine Pflichtteilsrelevanz des Nachlasses nach dem Erstbedachten. Auch beim Herausgabevermächtnis wird die Zuordnung zum Endbedachten – unter Ausschluss missliebiger Personen – verlässlich erreicht; allerdings handelt es sich lediglich um eine rein schuldrechtlich wirkende Zuordnung, die noch des Vollzugs bedarf. Der hierin liegende Nachteil kann jedoch bei Bedarf auch durch ergänzende Anordnung einer Erfüllungstestamentsvollstreckung kompensiert werden.[404] Die Ausschlusswirkung in pflichtteilsrechtlicher Hinsicht ist auch beim Herausgabevermächtnis abgesichert, da nach zutreffender ganz h. M. die Gestaltung pflichtteilsfest ist.[405]

Die möglichst weitgehende lebzeitige und letztwillige Verfügungsfreiheit des Erstbedachten (**»Freiheitsinteresse«**) kann bei der Vor- und Nacherbschaft im Ausgangspunkt völlig sicher nur innerhalb

---

403 Ausführlich *Hartmann*, ZEV 2001, 89, 93; zustimmend *Kornexl*, Nachlassplanung bei Problemkindern, Rn. 327; *Baltzer*, Das Vor- und Nachvermächtnis in der Kautelarjurisprudenz, Rn. 375 ff.
404 *J.Mayer*, ZEV 2000, 1, 9; *Hölscher*, ZEV 2009, 213, 219, eingehend *Hartmann*, ZEV 2007, 458, 459 ff.
405 Siehe Rdn. 270 f.

der Grenzen des § 2136 BGB erreicht werden. Soweit hierüber hinausgehende Befreiungen mittelbar erreicht werden sollen, sind diese Gestaltungen (ausführlich oben Abschn. A. Rdn. 149 ff., 188 ff.) entweder nicht unumstritten oder aber mit Nebenwirkungen belastet:

- Eine recht verlässliche Gestaltung, mit der die lebzeitige und letztwillige Verfügungsfreiheit des Vorerben hergestellt werden kann, ist die **auflösende Bedingtheit der Nacherbschaftsanordnung** (s. oben eingehend Abschn. A. Rdn. 151 ff.). Sie führt aber wegen der notwendig vollständigen Bedingtheit der Nacherbschaftsbeschränkung zur einer völligen **Hintanstellung der intendierten Ausschlusswirkung**.
- Die bedingte nacherbschaftsfreie Zuwendung von einzelnen Gegenständen durch **Vorausvermächtnis** (s. oben Abschn. A. Rdn. 190 ff.) ist zwar eine probate und gesicherte Gestaltung. Sie führt jedoch ebenfalls zu einer auf diesen Gegenstand beschränkten Beseitigung der Ausschlusswirkung. Wird ein Gegenstand unter der aufschiebenden Bedingung einer lebzeitigen Verfügung im Wege des Vorausvermächtnisses zugewandt, kommt es zu einem konstruktiv notwendigen **Durchgangserwerb des vermachten Gegenstandes beim Vorerben** und damit im Einzelfall zu einer **pflichtteilsergänzungspflichtigen Verfügung des Vorerben**.[406] Die Hintanstellung des Ausschlussinteresses ist beiden vorgenannten Gestaltungen eigen. Dieser massive Nachteil mag im Einzelfall hinter dem Vorteil zurücktreten, dass dem Vorerben eine spätere Korrektur der Gestaltungsentscheidung des Erblassers wegen im Nachhinein geänderter Umstände ermöglicht wird.
- Die Gestaltungsmöglichkeiten, die diskutiert werden, um Ausschlussinteresse und Freiheitsinteresse mit einander zu vereinbaren, basieren auf der **Aufrechterhaltung der Vor- und Nacherbschaft einerseits und dem Ermöglichen einer eigenen Verteilungsentscheidung des Vorerben andererseits** (auf einzelne Erbteile beschränkte auflösend bedingte Nacherbschaft [s. dazu oben Abschn. A. Rdn. 174 ff.] oder »Dieterle-Klausel« [dazu oben Abschn. A. Rdn. 182 ff.]). Diese bestechenden Gestaltungen sind jedoch je nach Ausgestaltung mehr oder weniger heikel. Sie entsprechen jedenfalls nicht dem Gebot des sichersten Weges.[407]

282 Demgegenüber unterliegt beim Herausgabevermächtnis der Gegenstand im Vermögen des Erstbedachten **keinerlei dinglichen Beschränkungen**. Da eine § 2136 BGB vergleichbare Vorschrift im Vermächtnisrecht fehlt, können die bestehenden **schuldrechtlichen Beschränkungen** (§§ 160, 2179 BGB) im Rahmen allgemeiner Gestaltungsgrenzen **abbedungen** werden.[408]

283 **Fazit:** Wo es also dem Erblasser lediglich um den Ausschluss dritter Personen geht, erweist sich die **Gestaltung des Herausgabevermächtnisses** als grundsätzlich flexibler und in den Rechtsfolgen **überlegen**.[409] Die Gestaltung weist jedoch den nicht zu verkennenden **Nachteil** einer geringeren gesetzlichen Regelungsdichte auf, die zu größerem Gestaltungsaufwand und damit auch einer erhöhten Fehleranfälligkeit bei der Gestaltung führt.[410] Restunsicherheiten in Form einer diskutierten Haftung für Nachlassverbindlichkeiten des Erstbedachten bleiben schließlich, wenn der Vermächtnisgegenstand sein Gesamtvermögen darstellt (s. Rdn. 276 f.).

b) Konkurrenz der Gestaltungen bei den »Absicherungsfällen«

284 Hier ist das Motiv für die Wahl der Nacherbschaftsbeschränkung entweder die **Absicherung des Nachlasses gegen Zugriff von Gläubiger und Insolvenzverwalter** (Fälle der »Schutzes des Nachlasses«) oder primär der Schutz des **Erwerbs des Endbedachten**. Die damit für die Zeit der Berechtigung des Erstbedachten gewünschten Beschränkungswirkungen zum Schutz des Nachlasses oder des Endbedachten sind **idealtypisch bei der Vor- und Nacherbschaft gewährleistet** (§§ 2111, 2112 ff. BGB, § 773 ZPO, § 83 Abs. 2 InsO). Beim Herausgabevermächtnis fehlt dieser Schutz völlig. Jedoch ist es

---

406 *Kornexl*, Nachlassplanung bei Problemkindern, Rn. 113; näher oben A. Rn. 194 f.
407 *Reimann*, MittBayNot 2002, 4, 5.
408 *Bühler*, BWNotZ 1967, 174, 180; *Zawar*, DNotZ 1986, 515, 524; Palandt/ *Weidlich*, § 2179 Rn. 1; *Nieder/ Kössinger*, § 10 Rn. 146.
409 *Reimann*, MittBayNot 2002, 4, 5.
410 *J.Mayer* ZEV 2000, 1, 8; *Reimann*, MittBayNot 2002, 4, 5.

möglich, das Herausgabevermächtnis durch Beifügung von Testamentsvollstreckung (Verwaltungstestamentsvollstreckung und Abwicklungstestamentsvollstreckung)[411] im Ergebnis bei Bedarf den **Nacherbschaftswirkungen anzugleichen.**[412] Insoweit kann das Herausgabevermächtnis eine echte **Gestaltungsalternative** insbesondere zu einer Nacherbschaftsgestaltung sein, die im Ergebnis durch Vorausvermächtnisse auf bestimmte Gegenstände beschränkt ist (zur »gegenständlich beschränkten Nacherbschaft« s. Abschn. A. Rdn. 111 ff.). Freilich ist der gegenüber der Vor- und Nacherbschaft gesteigerte Gestaltungsaufwand zu bedenken. Dieser kann aber wegen der flexibleren Regelungsmöglichkeiten gegebenenfalls auch von Vorteil sein.

In der »Absicherungskonstellation« ist jedoch **Vorsicht** geboten, wenn mit einer **Überschuldung** oder **Sozialhilfebedürftigkeit** des erstbedachten Erben zu rechnen ist. Hier ist zwar durch entsprechende Ergänzung durch Testamentsvollstreckung nach hier vertretener Auffassung eine der Nacherbschaftsbeschränkung gleichkommende Sicherheit zu erzielen.[413] Die Lösung ist jedoch insbesondere unter dem Gesichtspunkt der teilweise vertretenen Analogie zu § 2385 BGB und der damit verbundenen Haftung des Endbedachten für die Schulden des Erstbedachten noch nicht abschließend geklärt.

285

3. Gestaltung des Herausgabevermächtnisses

Das Herausgabevermächtnis ist zunächst unter dem Gesichtspunkt allgemeiner Gestaltungsüberlegungen zu betrachten. Sodann sind die sich bietenden Gestaltungsmöglichkeiten getrennt nach den vorstehend zu 2. behandelten Zielsetzungen zu betrachten, je nachdem, ob das »Ausschluss- und Freiheitsinteresse« des Erblassers oder aber sein »Absicherungsinteresse« im Vordergrund steht.

286

a) Allgemeine Gesichtspunkte bei der Gestaltung

Die Schwebezeit bis zum Anfall des Vermächtnisses wird durch § 2162 BGB grundsätzlich auf 30 Jahre beschränkt. Wird jedoch – wie regelmäßig – als Auslöser für den Anfall des Herausgabevermächtnisses ein Umstand in der Person des Erstbedachten gewählt (Tod, Wiederverheiratung), bereitet die **Begrenzung der zulässigen Schwebezeit auf 30 Jahre** durch § 2162 BGB gemäß § 2163 BGB **keinerlei Probleme.**[414] Probleme können sich allenfalls in den seltenen Fällen der gestuften Vermächtnisanordnungen ergeben. Es sind dies die Fälle, in denen – was möglich ist – der Vermächtnisnehmer des Herausgabevermächtnisses seinerseits durch ein Nachvermächtnis beschwert ist. Typischer Fall ist hier die Geschiedenenkonstellation, in der das Risiko der gesetzlichen Erbfolge des geschiedenen Ehegatten nicht nur in der Person des gemeinsamen Kindes, sondern auch in dessen Abkömmlingen besteht. Hier wirkt limitierend, dass die 30-Jahres-Frist nur dann nicht gilt, wenn der Berechtigte des Herausgabevermächtnisses, der dann nur Vorvermächtnisnehmer ist (im Geschiedenenfall also das Enkelkind) seinerseits beim Erbfall (des ersten Erblassers) bereits gelebt hat.

287

Eine zentrale Gestaltungsaufgabe ist es, den **Zeitpunkt des Entstehens des Vermächtnisanspruchs**, also des »Anfalls« des Herausgabevermächtnisses, zu bestimmen. In Betracht kommt, dass das Herausgabevermächtnis bereits mit dem Erbfall anfällt und erst später – z. B. beim Tode des Erben als Erstbedachtem – fällig wird (sog. **betagtes Vermächtnis**). Hier ist die Vermächtnisverbindlichkeit sofort mit dem Erbfall existent, jedoch mit einer Fälligkeitsbestimmung versehen. Hier besteht zunächst der Vorteil, dass die **Pflichtteilsfestigkeit** dieser Gestaltung unbestritten ist.[415] Daher kommt diese Gestaltung als der sicherste Weg in Betracht, wenn (1) nur ein bestimmter Gegenstand vermacht ist und (2) Verfügungen über ihn durch den Erstbedachten nicht drohen und daher (3) auch keine Surrogationsproblematik entstehen kann. Das betagte Vermächtnis scheidet jedoch

288

---

411 *Watzek*, MittRhNotK 1999, 37; *Hölscher*, ZEV 2009, 213, 219.
412 Eingehend (für den Fall des Nachvermächtnisses): *Hartmann*, ZEV 2007, 458, 459 ff.
413 Rdn. 272–277.
414 *Reimann*, MittBayNot 2002, 4, 6.
415 *J.Mayer*, ZEV 2000, 1, 9; *Schwarz*, ZEV 2011, 292, 293.

aus, wenn der Bedachte später selbst zur Benennung der Vermächtnisnehmer ermächtigt werden soll. Das folgt daraus, dass der Anfall des Vermächtnisses die Identifizierung des Vermächtnisnehmers voraussetzt; bis dahin ist der Anfall des Vermächtnisses hinausgeschoben.[416]

289 Sollen dagegen Verfügungen des Erstbedachten über den Vermächtnisgegenstand möglich und auch dessen Surrogate vermacht sein, können diese wiederum nur durch ein aufschiebend bedingtes Vermächtnis erfasst werden, während das ursprüngliche Vermächtnis durch die Verfügung auflösend bedingt ist.[417] In einer solchen Situation ist die Wahl eines lediglich in der Fälligkeit aufgeschobenen Vermächtnisses unzweckmäßig. Demgegenüber wird in der Praxis regelmäßig die Wahl des **aufschiebend befristeten Vermächtnisses** sachgerechter sein, das erst beim Tod des Erstbedachten anfällt.

290 Beim aufschiebend bedingten (nicht beim befristeten) Herausgabevermächtnis, wenn also z. B. das Herausgabevermächtnis bei Wiederverheiratung anfallen soll, ist § 2074 BGB zu beachten. Danach gilt das Vermächtnis im Zweifel nicht, wenn der Bedachte den Bedingungseintritt nicht erlebt. Die Vermächtnisanwartschaft ist dann im Zweifel nicht vererblich.[418] Durch § 2074 BGB wird damit eine Störungsanfälligkeit der Gestaltung begründet, die meist nicht gewollt sein wird. Daher sind ausdrücklich für den Fall des Vorversterbens des Vermächtnisnehmers **Ersatzvermächtnisnehmer** zu bestimmen, auch wenn nach einer älteren Entscheidung des BGH[419] § 2069 BGB Anwendung findet. Auf die Anordnung von Ersatzvermächtnisnehmern findet § 2074 BGB keine Anwendung.[420]

291 Während der Schwebezeit ist die **Vermächtnisanwartschaft** des Vermächtnisnehmers soweit nicht § 2074 BGB eingreift, **vererblich, ferner übertragbar und pfändbar**. Regelmäßig wird es interessegerecht sein, die Vererblichkeit und Übertragbarkeit der Anwartschaft durch den Bedachten in der Verfügung auszuschließen.[421]

b) Besondere Gestaltungsgesichtspunkte bei den Ausschlussfällen

aa) Vermächtnisgegenstand und Ausgestaltung des Innenverhältnisses zwischen Erst- und Endbedachtem

292 Das Herausgabevermächtnis wird immer dann als Alternative zur Nacherbschaftsbeschränkung in Betracht zu ziehen sein, wenn es dem Erblasser ausschließlich um den **Ausschluss missliebiger Dritter als Erben und Pflichtteilsberechtigen** des Erstbedachten geht. Hier will der Erblasser dem Erstbedachten zugleich eine weitest mögliche **Freiheit zu lebzeitigen und letztwilligen Verfügungen** zugestehen.

293 Große Sorgfalt ist hierbei zunächst darauf zu verwenden, den **Gegenstand des Vermächtnisses** klar zu bestimmen. Die Interessenlage besteht hier darin, dass zunächst nur vermacht sein soll, was bei der Entstehung des Vermächtnisanspruches noch vom Nachlass des Erblassers übrig ist. Es geht gerade nicht darum, den Nachlass ungeschmälert zu erhalten. Ein solches **Vermächtnis »auf den Überrest«** des vererbten Nachlasses im Zeitpunkt des Entstehens des Vermächtnisses ist nach ganz h. M. möglich.[422] Diese Gestaltung muss man nicht kompliziert als Vermächtnis aller Nachlassgegenstände unter der aufschiebenden Bedingung, dass die einzelnen Nachlassgegenstände beim Tode des Erstbedachten noch vorhanden sind, verstehen.[423] Vermächtnisgegenstand sind schlicht die Gegenstän-

---

416 *Hölscher*, ZEV 2011, 569, 570, gegen *Schwarz*, ZEV 2011, 292 ff.
417 Vgl. OLG Oldenburg DNotZ 1958, 95, 96.
418 MünchKommBGB/*Leipold*, § 2074 Rn. 4.
419 BGH NJW 1958, 22.
420 MünchKommBGB/*Leipold*, § 2074 Rn. 2.
421 *Hölscher*, ZEV 2009, 213, 214.
422 OLG Bremen DNotZ 1956, 149, 150 f.; OLG Oldenburg DNotZ 1958, 95, 96 mit zust. Anmerkung *Eder*, DNotZ 1958, 97; MünchKommBGB/*Grunsky*, § 2137 Rn. 2; *G.Müller*, ZEV 1996, 179, 181; *v.Olshausen*, DNotZ 1979, 707, 716; *J.Mayer*, ZEV 2000, 1, 8; *Hölscher*, ZEV 2009, 213, 216; a. A. für das Universalvermächtnis *Wübben*, Anwartschaftsrechte im Erbrecht, S. 283 ff.
423 So OLG Oldenburg DNotZ 1958, 95, 96.

de, die vom Nachlass noch vorhanden sind. Es genügt, dass der Vermächtnisgegenstand bei der Entstehung der Vermächtnisverbindlichkeit bestimmt ist. Das Herausgabevermächtnis auf den Überrest ist unmissverständlich zu formulieren, da andernfalls wegen der (dispositiven) Auslegungsregel des § 2103 BGB die Interpretation der Regelung als Vor- und Nacherbschaft droht.[424]

Andererseits ist wegen der gerade gewollten Freiheit des Erstbedachten zur Verfügung in großen Maße die Möglichkeit zur Umschichtung des Nachlasses während der Schwebezeit gegeben. Damit besteht die Gefahr, dass die vom Erblasser intendierte Ausschlusswirkung hinsichtlich der wirtschaftlich an die Stelle getretenen Gegenstände entfällt.[425] Der diesen Sachverhalt an sich erfassende § 285 BGB greift hier nicht: Diese Bestimmung setzt eine unmöglich gewordene Verpflichtung voraus, an der es ja gerade fehlt, weil der nicht mehr vorhandene Gegenstand als nicht zum Überrest gehörig gerade gar nicht vermacht ist. Daher ist hier eine **Erfassung der Ersatzgegenstände** der ursprünglichen Nachlassgegenstände als Gegenstand des Vermächtnisses **unerlässlich**. Sinnvoll ist es, bei der Definition des Surrogats an den durch Rechtsprechung und Literatur hinreichend definierten Begriff des Surrogats i. S. d. § 2111 BGB anzuknüpfen.[426] Zweifel an der Zulässigkeit einer solchen Klausel bestehen nicht.[427]

294

Der Anspruch des Erstbedachten (bzw. seiner Erben) auf **Verwendungsersatz** richtet sich gemäß § 2185 BGB nach den §§ 994 ff. BGB. Ab Kenntnis des Erben vom Herausgabevermächtnis sind danach selbst notwendige Verwendungen nur nach Maßgabe der **Geschäftsführung ohne Auftrag** erstattungsfähig.[428] Demgegenüber kann der Vorerbe stets sogar Ersatz subjektiv notwendiger außergewöhnlicher Aufwendungen verlangen (§ 2124 Abs. 2 BGB). Diese gegenüber der Vorerbschaft deutlich schlechtere Lage wird den erstbedachten Erben nicht dazu veranlassen, besondere Aufwendungen auf den Vermächtnisgegenstand zu machen.[429] Daher wird häufig erwogen, die §§ 2124–2126 BGB auf den Fall des Vermächtnisses für anwendbar zu erklären[430] oder den Erstbedachten als gutgläubig i. S. d. §§ 994 ff. BGB zu definieren.[431] Dies ist möglich und prima facie gerecht. Jedoch greift jede Verbesserung der Verwendungsersatzsituation erst mit dem Anfall des Vermächtnisses, damit regelmäßig mit dem Tod des erstbedachten Erben. Der damit erweiterte Verwendungsersatz fällt somit in den Nachlass und nützt daher nur den Erben des Erstbedachten und seinen Pflichtteilsberechtigten. Deren Erwerb aus dem Nachlass des Erblassers soll in der hier vorliegenden Konstellation aber gerade so gering wie möglich gehalten werden.[432] Daher ist es in den »Ausschlussfällen« erwägenswert, dem Erstbedachten **jeden Verwendungsersatzanspruch zu versagen**.[433] Die im Einzelfall zu erwägende Alternative ist die **Inbezugnahme der §§ 2124 ff. BGB**. In Betracht kommt auch eine Begrenzung des Aufwendungsersatzes auf den Betrag der Wertsteigerung, die bei Anfall des Vermächtnisses infolge der Verwendungen noch vorhanden ist.

295

Die Bestimmung des § 2184 BGB, wonach vor Anfall des Vermächtnisses entstandene **Erträge** dem Erstbedachten verbleiben, ist an sich sachgerecht. Da jedoch auch diese Erträge und ihre Surrogate in den Nachlass des Erstbedachten fallen, wirkt § 2184 der angestrebten Zielsetzung – weitestgehender Ausschluss missliebiger Personen vom Nachlass des Erblassers – tendenziell entgegen. Man könnte daher im Einzelfall erwägen, Abweichendes zu regeln:[434] Es könnte eine **Herausgabepflicht für noch**

296

---

424 *Reimann*, MittBayNot 2002, 4, 6.
425 *J.Mayer*, ZEV 2000, 1, 8; *Reimann*, MittBayNot 2002, 4, 6.
426 *J.Mayer*, ZEV 2000, 1, 8; *Reimann*, MittBayNot 2002, 4, 6; *Hölscher*, ZEV 2009, 213, 215.
427 *Hölscher*, ZEV 2009, 213, 215, gegen unklare Bedenken bei *Wagner*, ZEV 1997, 369, 370.
428 Siehe oben Rdn. 268.
429 *Bühler*, BWNotZ 1967, 174, 177 Fn. 14.
430 *Reimann*, MittBayNot 2002, 4, 6; *Hölscher*, ZEV 2009, 213, 216.
431 *Baltzer*, Das Vor- und Nachvermächtnis in der Kautelarjurisprudenz, Rn. 505.
432 Zutr. *Hölscher*, ZEV 2009, 213, 216.
433 *Hölscher*, ZEV 2009, 213, 216.
434 Vgl. *Reimann*, MittBayNot 2002, 4, 7.

vorhandene Nutzungen (z. B. im Bankguthaben enthaltene aufgelaufene Zinserträge) und deren Surrogate gemäß § 2111 BGB angeordnet werden.[435]

297 Der Erblasser ist bei der **Ausgestaltung der Pflichten des Erstbedachten im Hinblick auf den Vermächtnisgegenstand** und seiner **Haftung gemäß § 160 BGB** nur durch die allgemeinen rechtlichen Gestaltungsschranken (z. B. §§ 138, 276 Abs. 2 BGB) gebunden.[436] Er ist damit **weitestgehend frei**. So kann jede Haftung für (auch grob) fahrlässige Verschlechterung des Vermächtnisgegenstandes ausgeschlossen werden. Soweit man sich hierbei auf die Regelung der Haftung beschränkt, bleibt es jedoch bei der Grenze des § 276 Abs. 2 BGB, wonach die Haftung für vorsätzliche Pflichtverletzung nicht im Voraus erlassen werden kann. Auf die Schranke des § 276 Abs. 2 BGB kommt es jedoch dann nicht an, wenn der Erblasser den Erben bereits von den gesetzlich bestehenden Verpflichtungen betreffend den vermachten Gegenstand befreit, so ihn z. B. – was zulässig ist[437] – von der Pflicht zur ordnungsgemäßen Verwaltung freistellt. Bei einer solchen Anordnung fehlt es im Falle einer vorsätzlichen Beschädigung des Vermächtnisgegenstandes bereits an einer Pflichtverletzung, ohne dass es auf den Erlass einer Haftung entgegen § 276 Abs. 2 BGB ankäme.[438] Daher sollte in diesem Fall ausdrücklich die Verpflichtung gemäß § 2174 BGB dahingehend eingeschränkt werden, dass die vorhandenen **Gegenstände in dem Zustand herauszugeben sind, in dem sie sich beim Anfall des Vermächtnisses befinden**, der Vermächtnisnehmer also auch »qualitativ auf den Überrest« eingesetzt ist.

298 Meist wünscht der Erblasser, dass der Erstbedachte den Vermächtnisgegenstand vollkommen sanktionslos **für sich selbst verwenden** oder **unentgeltlich über ihn verfügen** kann. Das zugestandene Verhalten »vereitelt oder beeinträchtigt« jedoch den Erwerb des Vermächtnisnehmers gemäß § 160 BGB und gerät zu einem Problem im Lichte des § 276 Abs. 2 BGB. Um dieses Problem zu lösen, wird vorgeschlagen, dem Vermächtnisnehmer die Verpflichtung aufzuerlegen, auf etwaige Schadensersatzansprüche zu verzichten,[439] oder auch ein solches Verhalten als auflösende Bedingung für das Vermächtnis zu definieren.[440] Aller dieser Kunstgriffe bedarf es jedoch nicht, wenn man als Vermächtnisgegenstand von vorneherein den bei Anfall des Vermächtnisses bestehenden Überrest des Nachlasses nebst Surrogaten bestimmt. Damit wird die **volle Verfügungsfreiheit des Erstbedachten** nicht erst auf der Ebene der Modifizierung der Haftung, sondern bereits auf der Ebene der Bestimmung des Vermächtnisgegenstandes – also gedanklich wesentlich früher – gesichert: Vermacht ist eben nur, worüber der Erbe nicht bereits zu seinen Gunsten oder zugunsten Dritter verfügt hat. Bei einer solchen Beschränkung des Vermächtnisgegenstandes stellt sich die Frage nach einen Haftung gemäß § 160 BGB nicht.[441]

bb) Bestimmung der Person des endbedachten Vermächtnisnehmers durch den erstbedachten Erben?

299 Im Rahmen der Vor- und Nacherbschaft sind alle Versuche, bei fortbestehender Nacherbschaftsbeschränkung dem Erstbedachten die Auswahl des Endbedachten zu überlassen, im Hinblick auf § 2065 Abs. 2 BGB problematisch.[442] Eine Auswahl des Endbedachten ist verhältnismäßig gesichert nur dadurch zu erreichen, dass die Nacherbschaftsbeschränkung durch eine abweichende Verfügung des Vorerben über sein eigenes Vermögen auflösend bedingt ist.[443] Damit ist eine **sichere Entschei-**

---

435 *Baltzer*, Das Vor- und Nachvermächtnis in der Kautelarjurisprudenz, Rn. 509.
436 *Bühler*, BWNotZ 1967, 174, 180; Palandt/*Weidlich*, § 2179 Rn. 1; *Nieder/Kössinger*, § 10 Rn. 146; *Baltzer*, Das Vor- und Nachvermächtnis in der Kautelarjurisprudenz, Rn. 483.
437 *Zawar*, DNotZ 1986, 515, 525.
438 Vgl. *v. Olshausen*, DNotZ 1979, 707, 716.
439 *Bühler*, BWNotZ 1967, 174, 181.
440 *Bühler*, BWNotZ 1967, 174, 181; *Gudian*, NJW 1967, 431 f.; *Nieder/Kössinger*, § 10 Rn. 146.
441 *V. Olshausen*, DNotZ 1979, 707, 716; AnwKomm-BGB/*J. Mayer* § 2191 Rn. 23, dies verkennt *Zawar*, DNotZ 1986, 515, 525.
442 Siehe Abschn. A. Rdn. 172 ff.
443 Siehe Abschn. A. Rdn. 151 ff.

dungsmöglichkeit für den Vorerben nur um den Preis des Verlustes der Vermögenstrennung zu erreichen, auf den es gerade zum Zweck der Ausschlusses missliebiger Erben und Pflichtteilsberechtiger des erstbedachten Vorerben ankommt.

Im Vermächtnisrecht jedoch wird § 2065 Abs. 2 BGB durch § 2151 BGB eingeschränkt. Danach kann sich der Erblasser auf die Benennung eines abgegrenzten und überschaubaren Personenkreises[444] beschränken, aus dem **der Beschwerte den Bedachten auswählen kann** (§ 2151 Abs. 1 BGB). Die Benennung ist dabei eine formlose, empfangsbedürftige und unwiderrufliche Willenserklärung.[445] Daher kann der Erblasser den Erben ermächtigen, aus einem von ihm vorgebenden Personenkreis – etwa dem Kreise von dessen Abkömmlingen oder gesetzlichen Erben[446] – eine Person oder mehrere als Bedachte zu Lebzeiten durch Erklärung diesen gegenüber auszuwählen. Dass erst mit dem Tode des Bestimmenden das Vermächtnis anfällt, der Bedachte somit schon vor der Entstehung des Vermächtnisses benannt ist, schadet nicht: Die Auswahlerklärung ist selbst als aufschiebend bedingtes Rechtsgeschäft zu verstehen, für den Fall, dass das Vermächtnis anfällt.[447] Dieser Weg weist jedoch den Nachteil auf, dass der Erbe, der die Auswahl trifft, an seine einmal verlautbarte Auswahlentscheidung wegen der Unwiderruflichkeit der Erklärung gebunden ist. Eine Korrektur ist nicht mehr möglich.

300

Vor diesem Hintergrund wäre ideal, wenn der Erbe die Auswahlentscheidung auch **im Rahmen seiner eigenen Verfügung von Todes wegen** treffen könnte. Die Zulässigkeit einer solchen Gestaltung wird – soweit der Problemkreis überhaupt erörtert wird – überwiegend bestritten. Die Bestimmungserklärung sei gerade keine Verfügung von Todes wegen, sondern ein Rechtsgeschäft unter Lebenden.[448] Teilweise wird die Gestaltung für zulässig erachtet.[449] Die ablehnende Meinung verkennt, dass in einer Verfügung von Todes wegen als Vehikel durchaus eine Willenserklärung unter Lebenden enthalten sein kann.[450] Abgegeben ist eine solche Erklärung, die einer Verfügung von Todes wegen beigefügt ist, erst, wenn die Verfügung durch den Tod des Äußernden gültig wird; dann erst soll aus Sicht des Erklärenden über die Vermittlung des Nachlassgerichts die Geschehenskette bis zum Zugang der Erklärung eröffnet sein.[451] Da der Zeitpunkt der Abgabe der Willenserklärung erst beim Tod des Äußernden anzunehmen ist, ergibt sich auch nicht das Problem, dass durch eine Änderung der Verfügung vor dem Ableben des erklärenden Erben eine einmal getroffene Entscheidung unzulässigerweise widerrufen würde.[452] Es ist also als zulässig anzusehen, dass der Erblasser die Auswahl des Vermächtnisnehmers aus einem von ihm festgelegten Personenkreis dem Erben durch lebzeitig abgegebene Erklärung oder aber in einer Verfügung von Todes wegen enthaltenen Willenserklärung zugesteht.[453]

301

Da die Möglichkeit der Benennung des Vermächtnisnehmers gemäß § 2151 BGB **in einer Verfügung des von Todes wegen** des Erstbedachten umstritten ist, kann sie **nicht als der sicherste Weg** gelten. Daher sollte aus Gründen der Vorsicht auf die Möglichkeit der Bestimmung durch Verfügung von Todes wegen verzichtet werden. Vielmehr könnte eine **gestaffelte Regelung des Erblassers** so aussehen, dass in erster Linie der Erbe durch lebzeitige Erklärung die Auswahl zu treffen befugt ist. Ersatzweise ist ein Dritter – etwa ein vom Erstbedachten zu benennender Testamentsvoll-

302

---

444 RGZ 96, 15, 17; BGHZ 121, 357, 360; Palandt/*Weidlich*, § 2151 Rn. 1.
445 Palandt/*Weidlich*, § 2151 Rn. 3.
446 *Kanzleiter*, ZNotP 2003, 127, 130.
447 *Hölscher*, ZEV 2009, 213, 217.
448 *Dieterle*, BWNotZ 1971, 14, 18; *Busse*, MittRhNotK 1998, 225, 238; *Reimann/Bengel/J.Mayer/Limmer* A 376.
449 *Keller*, BWNotZ 1970, 49, 52; *Hölscher*, ZEV 2009, 213, 217.
450 RGZ 176, 380, 383; OLG Stuttgart, Beschl. v. 5.3.2012 – 8 W 75/12, RNotZ 2012, 453, 454; *Flume*, AT II § 14 2; MünchKommBGB/*Einsele*, § 130 Rn. 13.
451 *Hölscher*, ZEV 2009, 213, 217.
452 *Hölscher*, ZEV 2009, 213, 217.
453 *Keller*, BWNotZ 1970, 49, 52; *Hölscher*, ZEV 2009, 213, 217.

strecker[454] – zu benennen, der nach dem Tode des Erstbedachten den Vermächtnisnehmer bestimmt. Höchst ersatzweise sollte der Erblasser, will er es nicht bei der Regelung des § 2151 Abs. 2 BGB (Gesamtgläubigerschaft sämtlicher Mitglieder des von Erblasser benannten Personenkreises) belassen, selbst eine Bestimmung treffen[455].

303 Fraglich ist, ob über die Verwendung der »**Dieterle-Klausel**« die Auswahl des Vermächtnisnehmers durch den Erstbedachten in einer Verfügung von Todes wegen sicherer gestaltet werden kann. Danach wären Vermächtnisnehmer diejenigen Personen, die der Erbe selbst zu seinen gewillkürten Erben einsetzt – mit Ausnahme freilich der aus Sicht des Erblassers gerade auszuschließenden Personen.[456] Hinsichtlich der Dieterle-Klausel bestehen im Rahmen der Vor- und Nacherbschaft jedoch erhebliche Bedenken unter dem Gesichtspunkt des § 2065 Abs. 2 BGB.[457] Diese Bestimmung gilt auch im Vermächtnisrecht. Hier besteht kein Grund zu einer geringeren Skepsis gegenüber dieser Gestaltung.[458] Im Gegenteil: Im Vermächtnisrecht ist in § 2151 Abs. 1 BGB eine Durchbrechung des Grundsatzes des § 2065 Abs. 2 BGB geschaffen. Diese aber ist vom Gesetzgeber bewusst restriktiv gefasst insoweit, als der Erblasser selbst den Personenkreis, aus dem die Auswahl erfolgen soll, vorgeben muss. Im Rahmen einer Dieterle-Klausel hinter dieser Voraussetzung des vom Erblasser selbst bestimmten Personenkreises zurückzubleiben, erscheint systematisch fragwürdig und daher riskant. Die Dieterle-Klausel ist daher trotz der Besonderheiten des Vermächtnisrechtes auch in ihrer Vermächtnisvariante **nicht empfehlenswert**.[459]

Wenn unbedingt ein einschränkungsloses Bestimmungsrecht des Erben bestehen soll, ließe sich dies im Rahmen einer der Drittbestimmung in wesentlich weiterem Umfang zugängliche Zweckauflage (§ 2193 BGB) in Verbindung mit einer Vollziehungstestamentsvollstreckung realisieren.[460] Allerdings kommt diese Konstruktion nicht in der Variante der betagten, sondern nur als aufschiebende bedingte (vgl. Rdn. 288) Auflage in Betracht.[461]

c) **Besondere Gestaltungsgesichtspunkte bei den Absicherungsfällen**

304 Zuweilen kommt es dem Erblasser darauf an, mit seiner Gestaltung entweder nur den Zugriff von Gläubigern des Erstbedachten oder des Insolvenzverwalters zu verhindern (Fälle des »Schutzes des Nachlasses«) oder aber explizit den Erwerb des endbedachten Vermächtnisnehmers zu sichern (Fälle des »Schutzes des Endbedachten«). Dies schränkt das die Fallgruppe der »Ausschlussfälle« charakterisierende Interesse, dem erstbedachten Erben möglichst große Verfügungsfreiheit einzuräumen, ein (Fälle des »Schutzes des Nachlasses«) oder schließt es sogar gänzlich aus (Fälle des »Schutzes des Endbedachten«). Bei einer solchen Interessenlage kommt zunächst die Nacherbschaftsbeschränkung in Betracht. Denn die Beschränkungswirkungen zum Schutz des Endbedachten sind **idealtypisch bei der Vor- und Nacherbschaft gewährleistet** (§§ 2111, 2112 ff. BGB, § 773 ZPO, § 83 Abs. 2 InsO). Dieser ist das Herausgabevermächtnis vom Befund der gesetzlichen Vorgaben her klar unterlegen.

aa) Vermächtnisgegenstand

305 In den Absicherungsfällen geht es, anders als in den Ausschlussfällen darum, **den Vermächtnisgegenstand dem Endbedachten zu erhalten**. In der »Reinform« der Absicherungsfälle kommt daher eine Vermächtnisanordnung »auf den Überrest« gerade nicht in Betracht. Es sind aber durchaus auch

---

454 *Busse*, MittRhNotK 1998, 225, 238; *Hölscher*, ZEV 2009, 213, 217; *Reimann/Bengel/J.Mayer/Limmer* A 376.
455 *Dieterle*, BWNotZ 1971, 14, 19.
456 *Dieterle*, BWNotZ 1971, 14, 15, 19 (zum Vermächtnisrecht).
457 Siehe Abschn. A. Rdn. 182 ff.
458 A. A. *Wagner*, ZEV 1997, 369, 370; *Baltzer*, Das Vor- und Nachvermächtnis in der Kautelarjurisprudenz, Rn. 558.
459 So auch *Hölscher*, ZEV 2009, 213, 218; eher vorsichtig auch *Schwarz*, ZEV 2011, 292, 293 f.
460 *Schwarz*, ZEV 2011, 292.
461 *Hölscher*, ZEV 2011, 569 f.

»Mischformen« denkbar, in denen dem Erstbedachten grundsätzlich auch die Nachlassgegenstände zum Verbrauch zustehen sollen. Gleichzeitig soll aber während der Berechtigung des Erstbedachten und auch nach dessen Tode im Interesse des Endbedachten Schutz vor Gläubiger- und Insolvenzverwalterzugriffen gewährleistet werden. In solchen Fallkonstellationen (s. Muster Rdn. 323) ist wiederum an eine Vermächtnisanordnung »auf den Überrest« zu denken.

Im Einzelfall, insbesondere bei den soeben angesprochenen »Mischformen«, ist es möglich, dass bei flankierend angeordneter Testamentsvollstreckung (dazu sogleich Rdn. 310) der Testamentsvollstrecker über den Vermächtnisgegenstand verfügen soll oder muss. In diesem Fall ist eine **Erfassung der Ersatzgegenstände** der ursprünglichen Nachlassgegenstände als Gegenstand des Vermächtnisses **unerlässlich**. Sinnvoll ist es, an den Begriff des Surrogats i. S. d. § 2111 BGB anzuknüpfen.[462] 306

bb) Instrumente zur Stärkung des Schutzes des endbedachten Vermächtnisnehmers

Durch flankierende Verfügungen lässt sich auf verschiedene Weise die Stellung des Vermächtnisnehmers während der Schwebezeit erheblich verbessern. Die **Schutzwirkungen der Nacherbschaft können so in vergleichbarer Weise herbeigeführt werden**. 307

(1) **Auflassungsvormerkung**

Ein Schutz gegen Zwischenverfügungen des erstbedachten Erben und Vollstreckungsmaßnahmen von Gläubigern lässt sich bei Grundstücken wirksam erreichen, indem der Erblasser den Erstbedachten durch Vermächtnis verpflichtet, die Eintragung einer **Auflassungsvormerkung** zu bewilligen, die den künftigen Vermächtnisanspruch sichert.[463] Auf die umstrittene Frage, ob bei einem solchen Grundstücksvermächtnis die Bewilligung stets stillschweigend mit vermacht ist,[464] sollte man es bei der Gestaltung nicht ankommen lassen. 308

(2) **Antizipierte Übereignung**

Bei Mobilien besteht die funktional vergleichbare Alternative in der Verpflichtung des Erstbedachten, den Gegenstand unmittelbar nach dem Erwerb dem Zweitbedachten **aufschiebend bedingt durch den Bedingungseintritt zu übereignen**.[465] Hierdurch wird § 161 BGB anwendbar, der dem Zweitbedachten dinglichen Schutz gegen Zwischenverfügungen und die Vollstreckung durch Gläubiger des Erstbedachten gewährt. Bei Mobilien ist allerdings der dingliche Schutz wegen der durch § 161 Abs. 3 BGB eröffneten Möglichkeit des gutgläubigen Erwerbes deutlich eingeschränkt. 309

(3) **Testamentsvollstreckung**

Die vom Erblasser gewollte Steuerung des Nachlassgegenstandes hin zum Vermächtnisnehmer ist beim Herausgabevermächtnis bedroht: zunächst während der eigentumsrechtlichen Zuordnung des Gegenstandes zum erstbedachten Erben bis zum Anfall des Vermächtnisses, meist seinem Tod; dann aber auch danach bis zur erfolgreichen Übertragung auf den Vermächtnisnehmer. Während dieser beiden Phasen kommen zwei Arten der **Testamentsvollstreckung** in Betracht. 310

Für die Zeit bis zum Anfall des Vermächtnisses kann der Erblasser **Verwaltungs-Testamentsvollstreckung** anordnen.[466] Dadurch wird der zugewandte Gegenstand der Verfügung des Erstbedachten entzogen; verfügungsbefugt ist allein der Testamentsvollstrecker (§ 2205 BGB). Dem korrespondierend ist ein Zugriff durch Gläubiger des erstbedachten Erben gemäß § 2214 BGB ausgeschlossen. 311

---

462 *J.Mayer*, ZEV 2000, 1, 8; *Reimann*, MittBayNot 2002, 4, 6; *Hölscher*, ZEV 2009, 213, 215.
463 LG Aachen Rpfleger 1986, 306; *Zawar*, DNotZ 1986, 515, 525 f.; *Kraiß*, BWNotZ 1986, 12; *Bühler*, BWNotZ 1970, 174, 181; *Watzek*, MittRhNotK 1999, 37, 46 f.
464 Zum Streitstand *Nieder/Kössinger*, § 10 Rn. 146 m. w. N.
465 *Zawar*, Das Vermächtnis ist der Kautelarjurisprudenz, S. 86; *Watzek*, MittRhNotK 1999, 37, 47; *Nieder/Kössinger*, § 10 Rn. 146.
466 *Bühler*, BWNotZ 1970, 174, 181 f.; *Busse*, MittRhNotK 1999, 225, 235.

Kapitel 5 Sicherung der Erwerbsaussichten für Endbedachte

Die Wirkung des § 2214 BGB besteht auch im Insolvenzverfahren über das Vermögen des Erstbedachten und verhindert trotz Massezugehörigkeit des Vermächtnisgegenstandes den Zugriff des Insolvenzverwalters.[467] Der Testamentsvollstrecker ist dem erstbedachten Erben zur ordnungsgemäßen Verwaltung des Vermächtnisgegenstandes verpflichtet (§ 2216 Abs. 1 BGB). Die »Ordnungsmäßigkeit« der Verwaltung als wertungsoffener Begriff steht über die bindenden Anordnungen gemäß § 2216 Abs. 2 S. 1 BGB weitgehend der Definition durch den Erblasser offen.[468] Der Erblasser kann somit den Testamentsvollstrecker verbindlich anweisen, in welchem Umfang dem Erstbedachten Nutzungen des künftigen Vermächtnisgegenstandes zukommen sollen. Gemäß § 2208 Abs. 1 S. 1 BGB kann der Erblasser den Testamentsvollstrecker dinglich wirkenden[469] Verfügungsbeschränkungen unterwerfen. So ist gegebenenfalls klarzustellen, dass der Testamentsvollstrecker über den Vermächtnisgegenstand nicht verfügen soll. Durch Verwaltungsanordnungen und Einschränkung der Verfügungsmacht des Testamentsvollstreckers kann der Erblasser einen individuellen Ausgleich zwischen den Interessen des Erst- und des Zweitbedachten herbeiführen. Es kommt auch in Betracht, den Erstbedachten und den Zweitbedachten zu gemeinschaftlichen Testamentsvollstreckern zu benennen.[470]

312 Mit dem Tode des erstbedachten Erben erlischt die flankierend angeordnete Dauertestamentsvollstreckung.[471] Die Aufhebung der Vermögenstrennung durch die Testamentsvollstreckung geht damit verloren. Bis zur Erfüllung des Anspruchs auf Auskehrung des Vermächtnisgegenstandes entfällt der Schutz gegen Zwischenverfügungen seitens dessen Erben sowie gegen Zugriffe von Gläubigern des Erstbedachten. Daher ist die Anordnung der Verwaltungstestamentsvollstreckung um das Element der **Vermächtniserfüllung** zu ergänzen. Diese Möglichkeit ist, anders als bei der parallelen Problematik beim Nachvermächtnis (zu diesem s. Rdn. 366), unumstritten.[472]

313 Eine solche Verlängerung der Testamentsvollstreckung bietet auch effektiven **Schutz** gegen die erheblichen Risiken für den Vermächtniserfüllungsanspruch **in der Nachlassinsolvenz**. Hier ist bezüglich der Wirkungen der Testamentsvollstreckung zeitlich zu differenzieren:
- Vor Eröffnung des Nachlassinsolvenzverfahrens ist der Testamentsvollstrecker kraft seiner Verfügungsmacht ungeachtet der Überschuldung des Nachlasses **zur Vermächtniserfüllung in der Lage**. Mangels objektiver »Benachteiligung« – der Vermächtnisgegenstand gehörte wegen der Verwaltungstestamentsvollstreckung nie zur Haftungsmasse des Erstbedachten – scheidet eine Insolvenzanfechtung nach Eröffnung des Insolvenzverfahrens durch den Insolvenzverwalter aus.[473]
- Im Nachlassinsolvenzverfahren kommt es insolvenzbedingt zu einer Reduktion des Vermächtniserfüllungsanspruches. Teilweise wird die Auffassung vertreten, es spiele dabei keine Rolle, dass der Vermächtnisgegenstand der Haftungsmasse über § 2214 BGB entzogen sei.[474] Richtig hieran ist, dass die fehlende Zugehörigkeit zur Haftungsmasse der Reduktion des Anspruchs auf die Insolvenzquote im Rahmen eines Nachlassinsolvenzverfahrens nicht entgegensteht. Gleichwohl bietet die Testamentsvollstreckung effektiven Schutz:[475] Die den Gläubigerzugriff abschirmende Wirkung des § 2214 BGB wird durch die Eröffnung des Insolvenzverfahrens in keiner Weise gehindert. Allgemeiner Auffassung zufolge greift § 80 InsO im Hinblick auf Vermögensgegenstände, die der Testamentsvollstreckung unterliegen, nicht; **es bleibt – trotz Massezugehörigkeit**[476] **– beim alleinigen Verfügungsrecht des Testamentsvollstreckers**, welches das des Insolvenzverwal-

---

467 BGH, Urt. v. 11.5.2006 – IX ZR 42/05, DNotZ 2006, 865, 866 mit zust. Anm. *Kesseler*, RNotZ 2006, 474; MünchKommBGB/*Zimmermann*, § 2214 Rn. 3; Staudinger/*Reimann*, § 2214 Rn. 5.
468 BGH NJW-RR 1986, 1069 f.; *Eichenhofer*, JZ 1999, 226, 229 f.
469 Etwa MünchKommBGB/*Zimmermann*, § 2208 Rn. 7.
470 *Bühler*, BWNotZ 1967, 174 8181; *Nieder/Kössinger*, § 10 Rn. 146.
471 MünchKommBGB/*Zimmermann*, § 2225 Rn. 1; *Damrau*, FS Kraft, S. 37.
472 *J.Mayer*, ZEV 2000, 1, 9; *Hölscher*, ZEV 2009, 213, 219.
473 *Hartmann*, ZEV 2007, 458, 459 f.
474 *Damrau/J.Mayer*, ZEV 2001, 293, 294.
475 Ausführlich *Hartmann*, ZEV 2007, 458, 461 f.
476 BGH, Urt. v. 11.5.2006 – IX ZR 42/05, DNotZ 2006, 865, 866.

ters verdrängt.⁴⁷⁷ Dieser Umstand ist bereits bei der Frage der Eröffnung des Insolvenzverfahrens zu berücksichtigen. Meist wird es daher, wenn der erstbedachte Erbe sozialhilfebedürftig oder anderweitig verschuldet war, damit bereits an einer die Kosten deckenden Masse fehlen, die Insolvenzeröffnung daher ausbleiben. Dann kommt es gar nicht zu der drohenden Reduktion des Vermächtnisanspruchs. Aber selbst wenn das Insolvenzverfahren durchgeführt wird, kommt dieses durch Verteilung der übrigen Masse zur Beendigung. Sodann besteht der Vermächtniserfüllungsanspruch, insoweit als er nicht im Insolvenzverfahren hat befriedigt werden können, als vollgültiger Anspruch fort (§ 201 Abs. 1 InsO). Der **durch Testamentsvollstreckung gesicherte Vermächtniserfüllungsanspruch wird also regelmäßig die Nachlassinsolvenz ungeschmälert überstehen**. Der Befriedigung des Vermächtniserfüllungsanspruchs steht sodann folglich nichts entgegen.

cc) Ausgestaltung des Innenverhältnisses zwischen Erst- und Endbedachtem

In den »Ausschlussfällen« ist die Interessenlage des Erblassers für die Ausgestaltung des Innenverhältnisses zwischen Erstbedachtem und Vermächtnisnehmer regelmäßig klar: Die Rechtsstellung des Erstbedachten soll einerseits so komfortabel wie möglich sein, andererseits ist darauf zu achten, dass nach dessen Tode möglichst nichts vom noch vorhandenen Nachlass des Erblassers in dessen Nachlass verbleibt. Demgegenüber sind bei den »Absicherungsfällen«, in denen der Schutz des Endbedachten zentrales Anliegen des Erblassers ist, weit **differenziertere Ausgestaltungen des Innenverhältnisses** angezeigt. Wenn auch hier dem Erstbedachten in den »Mischfällen« (Rdn. 284) eine möglichst freie Position eingeräumt werden soll, kann eine Annäherung an die Regelung bei den Ausschlussfällen geboten sein. 314

Der Anspruch des Erstbedachten (bzw. seiner Erben) auf **Verwendungsersatz** richtet sich gemäß § 2185 BGB nach den §§ 994 ff. BGB und damit nur nach Maßgabe der **Geschäftsführung ohne Auftrag**. Diese Regelung wird den erstbedachten Erben nicht dazu veranlassen, besondere Aufwendungen auf den Vermächtnisgegenstand zu machen.⁴⁷⁸ Da es hier aber gerade regelmäßig auf den Erhalt des Gegenstandes für den Endbedachten ankommt, ist hier daran zu denken, die ausgewogener gestalteten §§ 2124–2126 BGB oder die Vorschriften der §§ 994 ff. BGB, die für Gutgläubige gelten, für anwendbar zu erklären.⁴⁷⁹ Sachgerecht erscheint auch eine Begrenzung des Verwendungsersatzes auf den Wert der durch die Verwendungen bewirkten und bei Anfall des Vermächtnisses noch vorhandenen **Wertsteigerungen**. 315

Die Bestimmung des § 2184 BGB, wonach vor Anfall des Vermächtnisses entstandene **Erträge** dem Erstbedachten verbleiben, dürfte meist sachgerecht sein. Wenn durch die Beschaffenheit des Vermächtnisgegenstandes (z. B. Bankguthaben) jedoch absehbar besondere Praktikabilitäts- und Nachweisprobleme entstehen, kann Abweichendes vereinbart werden. Es könnte hier etwa eine **Herausgabepflicht für noch vorhandene Nutzungen**⁴⁸⁰ (z. B. im Bankguthaben enthaltene aufgelaufene Zinserträge) und deren Surrogate gemäß § 2111 BGB angeordnet werden. 316

Der Erblasser ist bei der **Ausgestaltung der Pflichten des Erstbedachten im Hinblick auf den Vermächtnisgegenstand** im Rahmen des zwingenden Rechts **weitestgehend frei**.⁴⁸¹ Bei den Absicherungsfällen wird es – anders als bei den Ausschlussfällen – dabei weniger darum gehen, die Stellung des Erstbedachten möglichst zu erleichtern und frei zu gestalten. Im Gegenteil kommen im Einzelfall hier Verbesserungen der Position des endbedachten Vermächtnisnehmers in Betracht: 317

---

477 Prot V., S. 286, zu § 2211 BGB; BGH, Urt. v. 11.5.2006 – IX ZR 42/05, RNotZ 2006, 470, 472 mit zust. Anm. *Kesseler*; MünchKommBGB/*Zimmermann*, § 2214 Rn. 3; Staudinger/*Reimann*, § 2214 Rn. 5; RGRK/*Kregel*, § 2214 Rn. 3; vgl. a. LG Aachen NJW 1960, 46.
478 *Bühler*, BWNotZ 1967, 174, 177 Fn. 14.
479 *Reimann*, MittBayNot 2002, 4, 6; *Hölscher*, ZEV 2009, 213, 216; *Baltzer*, Das Vor- und Nachvermächtnis in der Kautelarjurisprudenz, Rn. 505.
480 *Baltzer*, Das Vor- und Nachvermächtnis in der Kautelarjurisprudenz, Rn. 509.
481 *Bühler*, BWNotZ 1967, 174, 180; Palandt/*Weidlich*, § 2179 Rn. 1; *Nieder/Kössinger*, § 10 Rn. 146; *Baltzer*, Das Vor- und Nachvermächtnis in der Kautelarjurisprudenz, Rn. 483.

- Da die Verpflichtung zur ordnungsgemäßen Verwaltung nicht ganz unumstritten ist,[482] sollte diese Verpflichtung ausdrücklich geregelt werden.[483]
- Der Haftungsmaßstab kann verschärft und die Haftung für Zufall angeordnet werden.[484]
- Vermächtnisweise kann ein Auskunftsanspruch zugewandt werden.[485]
- Pflichten aus dem Verhältnis zwischen Vorerben und Nacherben können in das Verhältnis zwischen Erben und Vermächtnisnehmer implementiert werden.[486]

318 Dinglich wirkende Beschränkungen des Erben können dagegen wegen des erbrechtlichen Typenzwangs nicht begründet werden.[487]

dd) Bestimmung der Person des endbedachten Vermächtnisnehmers durch den erstbedachten Erben?

319 Das Anliegen, den Erstbedachten den Endbedachten auswählen zu lassen, charakterisiert die »Ausschlussfälle«, in denen der Erstbedachte mit möglichst großer Freiheit ausgestattet werden soll. In den »Absicherungsfällen« wird es regelmäßig das Interesse des Erblassers sein, den Endbedachten selbst zu bestimmen. Doch kann auch gewünscht sein, dass der Erblasser nur den Kreis der Person festlegen möchte, aus dem der Endbedachte oder die Endbedachten durch den Erstbedachten auszuwählen sind. Hier bietet sich an, nach § 2151 BGB zu verfahren. Eine **gestaffelte Regelung des Erblassers** könnte so aussehen, dass in erster Linie der Erbe durch lebzeitige Erklärung die Auswahl zu treffen befugt ist, ersatzweise der Erblasser einen Dritten benennt oder dem Erstbedachten die Benennung eines Dritten anheim stellt, der die Auswahl nach dem Tode des Erben trifft; höchst ersatzweise ist eine eigene Entscheidung des Erblassers vorzusehen.

320 Muster zum »**Ausschlussfall**«: Zielsetzung des Ausschlusses missliebiger Personen und Einräumung größtmöglichster Freiheit des Bedachten:

Sachverhalt: Der geschiedene Ehemann hat eine derzeit noch kinderlose Tochter aus seiner geschiedenen Ehe. Er möchte sie zur Erbin einsetzen, aber zugleich unter allen Umständen vermeiden, dass im Falle deren Todes im Wege der gesetzlichen Erbfolge nach seiner Tochter Gegenstände seines Nachlasses an seine geschiedene Ehefrau fallen, die außer der gemeinsamen Tochter keine weiteren Abkömmlinge hat. Er möchte jedoch durch seine Verfügungen seiner Tochter ein Maximum an Verfügungsfreiheit unter Lebenden wie von Todes wegen ermöglichen. Insbesondere soll sie auch nach Belieben unentgeltliche Verfügungen vornehmen dürfen.

321 ▶ **Muster:**

[Notarieller Urkundseingang]

§ 1 Verhältnis zu früheren Verfügungen

Vorsorglich widerrufe ich hiermit alle etwa von mir errichteten früheren Verfügungen von Todes wegen.

§ 2 Erbeinsetzung

Ich setze hiermit mein einziges Kind, meine Tochter..., zu meiner alleinigen Vollerbin ein.

Sollte die vorgenannte Erbin vor mir versterben oder aus einem sonstigen Grunde nicht zur Erbfolge gelangen, so sollen Ersatzerben ihre Abkömmlinge (einschließlich Adoptivkindern) nach Stämmen zu gleichen Teilen und nach den Regeln der gesetzlichen Erbfolge sein.

---

482 Siehe oben Rdn. 269.
483 *Baltzer*, Das Vor- und Nachvermächtnis in der Kautelarjurisprudenz, Rn. 513.
484 *Zawar*, DNotZ 1986, 515, 526; *Nieder/Kössinger*, § 10 Rn. 146.
485 *Bühler*, BWNotZ 1967, 174, 181; *Zawar*, DNotZ 1986, 515, 526.
486 *Baltzer*, Das Vor- und Nachvermächtnis in der Kautelarjurisprudenz, Rn. 514.
487 *Bühler*, BWNotZ 1967, 174, 180; *Zawar*, DNotZ 1986, 515, 524.

§ 3 Vermächtnisanordnungen

Zulasten meiner Erbin bzw. meiner Erben ordne ich folgende aufschiebend befristeten und bedingten Vermächtnisse an, die mit dem Tod des (jeweiligen) Erben anfallen und sodann sofort fällig sind:

Ich vermache diejenigen Vermögenswerte, die
- im Zeitpunkt des Todes des betreffenden Erben von meinem Nachlass noch in seinem Nachlass vorhanden sind und
- die von Todes wegen an meine geschiedene Ehefrau ... fallen oder in die Berechnung ihres Pflichtteils nach dem Erben eingehen,

den Personen, die der beschwerte Erbe durch lebzeitige Erklärung aus dem Kreise seiner Familienmitglieder auswählt. Zur Familie in vorgenannte Sinne zählt auch ein Lebensgefährte, jedoch nicht meine geschiedene Ehefrau ... sowie die Personen, die mit ihr in gerader Linie verwandt sind. Trifft der Beschwerte keine solche Auswahlentscheidung, steht diese einem vom Beschwerten in einer Verfügung von Todes wegen bestimmten Testamentsvollstrecker über seinen eigenen Nachlass zu. Bestimmt der Beschwerte keinen Testamentsvollstrecker mit dieser Aufgabe oder nimmt dieser die Bestellung nicht innerhalb von ... Monaten nach dem Tode des Erben vor, sind Vermächtnisnehmer ... Ersatzvermächtnisnehmer sind jeweils die Abkömmlinge (einschließlich Adoptivkindern) des jeweiligen Vermächtnisnehmers.

Dem Vermächtnisnehmer gebührt einerseits nur der Überrest dessen, was von meinem Nachlass bei Anfall des Vermächtnisses noch übrig ist, andererseits sind Vermächtnisgegenstand aber auch die Ersatzgegenstände (Surrogate entsprechend § 2111 BGB), die an die Stelle von Nachlassgegenständen getreten sein sollten und die Voraussetzungen zu Absatz 2 (1. und 2. Spiegelstrich) erfüllen.

Bis zum Anfall des Vermächtnisses soll der Erbe frei über die Nachlassgegenstände entgeltlich oder unentgeltlich verfügen können. Der Vermächtnisnehmer ist nicht berechtigt, irgendwelche Sicherheiten für die Erfüllung seines befristeten und bedingten Vermächtnisanspruches (z. B. Auflassungsvormerkung) zu verlangen. Der Erbe soll ferner – soweit dies gesetzlich möglich ist – von seinen schuldrechtlichen Verpflichtungen gegenüber dem Vermächtnisnehmer (etwa gerichtet auf ordnungsgemäße Verwaltung) befreit sein. Die dem Vermächtnis unterfallenden Gegenstände sind in dem Zustand geschuldet, in dem sie sich bei Erfüllung des Vermächtnisses befinden.

Bis zum Anfall des Nachvermächtnisses stehen die Nutzungen der vermachten Gegenstände und der Surrogate von Nachlassgegenständen dem Beschwerten zu. (alternativ:) Bis zum Anfall des Vermächtnisses gezogene Nutzungen der vermachten Gegenstände und der Surrogate von Nachlassgegenständen sind, soweit sie beim Anfall des Vermächtnisses noch vorhanden sind, mit vermacht.

Ein Ersatz von Verwendungen auf Nachlassgegenstände durch den Vermächtnisnehmer findet nicht statt. (alternativ:) Für den Ersatz von Verwendungen gelten die §§ 2124–2126 BGB entsprechend. (alternativ:) Ersatz von Verwendungen auf Nachlassgegenstände durch den Vermächtnisnehmer findet entsprechend §§ 2124–2126 BGB statt, jedoch nur insoweit, als diese bei Anfall des Vermächtnisses noch wertsteigernd vorhanden sind.

Die Anwartschaft des betreffenden Vermächtnisnehmers ist weder veräußerlich noch vererblich.

Sollte meine geschiedene Ehefrau ... nach einem der Vermächtnisnehmer gesetzliche Erbin sein, so ist zulasten dieses Vermächtnisnehmers ein Nachvermächtnis angeordnet, für das wiederum sämtliche vorstehenden Bestimmungen gelten. Der Notar hat auf die zeitliche Beschränkung für das Nachvermächtnis durch §§ 2162, 2163 BGB hingewiesen.

(optional:) Sämtliche Anordnungen von Vermächtnissen in diesem Paragrafen sind auflösend dadurch bedingt, dass meine vorgenannte geschiedene Ehefrau ... und sämtliche Personen, mit der sie in gerader Linie verwandt ist, verstorben sind.

[§ 4 Anfechtungsausschluss, Sonstiges und Verlesungsvermerk jeweils wie bei Muster Rdn. 75.]

322 **Muster zum »Absicherungsfall«:** Zielsetzung der Absicherung der Erwerbsaussichten des Endbedachten (mit Befugnis des Erstbedachten zum Verbrauch von Nachlassgegenständen – »Mischkonstellation«):

Sachverhalt: Der verwitwete Ehemann hat eine Tochter, gegen die seit drei Jahren schon ein Vollstreckungstitel besteht und die zudem labil und durch Dritte extrem beeinflussbar ist. Der Vater sieht daher Bedarf, sie »vor sich selbst und dem Zugriff des Gläubigers zu schützen« und den Enderwerb des einzigen Sohnes der Tochter zu sichern. Gleichwohl möchte der Erblasser sie »aus psychologischen Gründen« als Erbin einsetzen. Er möchte ihr jedoch die Verwaltung des Nachlasses entziehen. Der Nachlass soll gegebenenfalls auch zu ihren Gunsten in der Substanz vermindert werden können. Das Versorgungsinteresse seiner Tochter soll Vorrang haben vor der Sicherung des Erwerbsinteresses seines Enkels.

323 ▶ **Muster:**

[Notarieller Urkundseingang]

[§ 1 Verhältnis zu früheren Verfügungen wie bei Muster Rdn. 321]

§ 2 Erbeinsetzung

Ich setze hiermit mein einziges Kind, meine Tochter . . ., zu meiner alleinigen Vollerbin ein.

Sollte die vorgenannte Erbin vor mir versterben oder aus einem sonstigen Grunde nicht zur Erbfolge gelangen, so soll Ersatzerbe ihr Sohn . . . sein, wiederum ersatzweise dessen Abkömmlinge (einschließlich Adoptivkindern) nach Stämmen zu gleichen Teilen und nach den Regeln der gesetzlichen Erbfolge.

§ 3 Vermächtnisanordnungen

Ist meine Tochter . . . meine Erbin, so ordne ich zu ihren Lasten folgende aufschiebend befristeten und bedingten Vermächtnisse an, die mit ihrem Tod anfallen und sodann sofort fällig sind:

Ich vermache diejenigen Vermögenswerte, die im Zeitpunkt des Todes meiner Tochter . . . von meinem Nachlass noch in ihrem Nachlass vorhanden sind, meinem Enkelsohn . . . Ersatzvermächtnisnehmer sind dessen eheliche Abkömmlinge (einschließlich Adoptivkindern) nach Stämmen zu gleichen Teilen und nach den Regeln der gesetzlichen Erbfolge.

Dem Vermächtnisnehmer gebührt einerseits nur der Überrest dessen, was von meinem Nachlass bei Anfall des Vermächtnisses noch übrig ist, andererseits sind Vermächtnisgegenstand aber auch die Ersatzgegenstände (Surrogate entsprechend § 2111 BGB), die an die Stelle von Nachlassgegenständen getreten sein sollten.

Bis zum Anfall des Vermächtnisses soll der Testamentsvollstrecker gemäß § 4 nach Maßgabe der dort getroffenen Anweisungen über die Nachlassgegenstände verfügen können. Der Vermächtnisnehmer ist nicht berechtigt, irgendwelche Sicherheiten für die Erfüllung seines bedingten Vermächtnisanspruches (z. B. Auflassungsvormerkung) zu verlangen.

Bis zum Anfall des Vermächtnisses gezogene Nutzungen der vermachten Gegenstände und der Surrogate von Nachlassgegenständen sind, soweit sie beim Anfall des Vermächtnisses noch vorhanden sind, mit vermacht.

Ein Ersatz von Verwendungen auf Nachlassgegenstände durch den Vermächtnisnehmer findet nicht statt. (alternativ:) Ersatz von Verwendungen auf Nachlassgegenstände durch den Vermächtnisnehmer findet entsprechend §§ 2124–2126 BGB statt, jedoch nur insoweit, als diese bei Anfall des Vermächtnisses noch wertsteigernd vorhanden sind.

Die Anwartschaft des Vermächtnisnehmers ist weder veräußerlich noch vererblich.

§ 4 Testamentsvollstreckung

Ich ordne, sollte ich von meiner Tochter . . . beerbt werden, für meinen Nachlass Testamentsvollstreckung an.

Sicherung der Erwerbsaussichten für Endbedachte Kapitel 5

Testamentsvollstrecker soll sein ..., ersatzweise ... Weitere Ersatztestamentsvollstrecker soll bei Bedarf das Nachlassgericht bestellen. Jeder Ersatztestamentsvollstrecker muss jedoch im Zeitraum von dreißig Jahren nach dem Erbfall das Amt übernommen haben.

Aufgabe des Testamentsvollstreckers ist es,

a) den Nachlass auf Dauer im Rahmen einer Verwaltungstestamentsvollstreckung nach den Grundsätzen einer ordnungsgemäßen Verwaltung zu verwalten und

b) im Sinne einer »verlängerten« Abwicklungsvollstreckung die angeordneten aufschiebend befristeten und bedingten Herausgabevermächtnisse gemäß § 3 aus dem Nachlass meiner Tochter... heraus zu erfüllen. Der Übertragungsakt hat unverzüglich zu erfolgen.

Bezüglich der Verwaltungstestamentsvollstreckung gemäß a) treffe ich folgende für den Testamentsvollstrecker bindende Verwaltungsanordnung gemäß § 2216 Abs. 2 BGB:

Der Testamentsvollstrecker hat meiner Tochter... aus den Erträgnissen des Nachlasses und – soweit diese nicht ausreichen – aus der Substanz jeweils Folgendes zuzuwenden:
- fortlaufende Überlassung von Geldbeträgen in der Höhe des jeweiligen Rahmens, der nach den zum jeweiligen Zeitpunkt gültigen gesetzlichen Vorschriften nicht pfändbar ist (§ 850b ZPO),
- Geschenke zu besonderen Anlässen wie z. B. Weihnachten, Ostern, Geburtstag, wobei bei der Auswahl der Geschenke auf die Bedürfnisse und Wünsche meiner Tochter... einzugehen ist,
- Zuschüsse zur Finanzierung von Urlaub und Urlaubsgestaltung, Freizeitgestaltung, Hobbies,
- Zuschüsse für Kleidung etc.,
- Zuschüsse für Einrichtungsgegenstände und andere Güter des persönlichen Bedarfs,
- kostenfreie Überlassung des Gebrauchs einer etwa im Nachlass befindlichen Wohnimmobilie.

Mir ist bekannt, dass auf den zugewendeten Pfändungsfreibetrag der Wert anderer der genannten Zuwendungen sowie pfändungsfreies Arbeitseinkommen angerechnet werden können. Solange nicht alle Forderungen aus Vollstreckungstiteln gegen meine Tochter verjährt sind, entfallen alle vorstehenden Verpflichtungen jedoch, wenn und soweit die Zuwendungen pfändbar wären.

Für welche der genannten Leistungen die Reinerträge des Vermögens bzw. der Substanz verwendet werden, bestimmt der Testamentsvollstrecker nach pflichtgemäßem Ermessen, wobei er immer die Interessen und Wünsche meiner Tochter ... zu beachten hat. Sollten die jeweiligen Reinerträge in einem Jahr nicht in voller Höhe für die vorbezeichneten Leistungen verwandt werden, so hat der Testamentsvollstrecker sie gewinnbringend anzulegen.

Das Interesse der Versorgung meiner Tochter hat stets Vorrang vor dem Erhalt von Nachlassgegenständen für meinen Enkelsohn als Endbedachten.

Die Dauer-Testamentsvollstreckung für meine Tochter... endet spätestens mit dem Tod des letzten im Einklang mit dem gemäß dem vorstehenden Absatz 2 bestimmten Ersatztestamentsvollstreckers, im übrigen mit ihrem Tod, unbeschadet der Fortdauer der Testamentsvollstreckung als Abwicklungsvollstreckung gemäß Absatz 3b).

Der Testamentsvollstrecker ist von allen gesetzlichen Beschränkungen und Verpflichtungen befreit, von denen Befreiung erteilt werden kann, auch von den Beschränkungen des § 181 BGB.

Die namentlich benannten Testamentsvollstrecker erhalten keine Vergütung, jedoch Ersatz ihrer Kosten und Auslagen. Alle weiteren Ersatztestamentsvollstrecker können eine angemessene Vergütung verlangen. Diese soll sich nach den Vorschlägen des Deutschen Notarvereins (sog. Neue Rheinische Tabelle) richten. Bei Meinungsverschiedenheiten über die Höhe der angemessenen Vergütung entscheidet der Präsident derjenigen Notarkammer als Schiedsgutachter für beide Seiten verbindlich gemäß § 317 BGB, in deren Bereich sich das zuständige Nachlassgericht befindet.

[§ 5 Anfechtungsausschluss, Sonstiges und Verlesungsvermerk wie bei Muster Rdn. 75.)

4. Steuerrecht

324 In erbschaftsteuerlicher Hinsicht ist von Bedeutung, ob sich gegenüber der Alternativgestaltung der Vor- und Nacherbschaft Änderungen ergeben. Sofern der Anknüpfungspunkt für den Anfall oder die Fälligkeit des Herausgabevermächtnisses – wie in der Gestaltungspraxis zumeist – der Tod des erstbedachten Erben ist, ist dies aufgrund der Bestimmung des § 6 Abs. 4 ErbStG nicht der Fall[488] (hierzu näher oben Abschn. A. Rdn. 253–256). Es kommt somit auch hier zu einer **doppelten Besteuerung**. Wenn demgegenüber ein anderer Anknüpfungspunkt als der Tod des Erstbedachten gewählt wird, z. B. die Wiederverheiratung des Erben, gilt der Verweis des § 6 Abs. 4 ErbStG nicht. Der Erwerb des Vermächtnisnehmers wird dann als vom (ersten) Erblasser herrührend besteuert.[489]

5. Checkliste

325 ▶ **Checkliste: aufschiebend bedingtes/befristetes Herausgabevermächtnis**
- ☐ Welche Fallgruppe des Herausgabevermächtnisses: »Ausschluss-« oder »Absicherungsfall?
- ☐ Person des Vermächtnisnehmers – Bestimmung durch Erblasser oder Erben (§ 2151 BGB)?
- ☐ Ersatzvermächtnisnehmer?
- ☐ Zeitpunkt des Entstehens des Vermächtnisanspruches (Anfall) – Tod des Erblassers oder Tod des Erben?
- ☐ Vom Anfall abweichende Fälligkeit des Vermächtnisanspruches?
- ☐ Vermächtnisgegenstand: Vermächtnis »auf den Überrest«?, Surrogate von Nachlassgegenständen?
- ☐ Einhaltung der zeitlichen Grenze (§ 2162 BGB) bei gestuften Vermächtnissen?
- ☐ Ersatz der Verwendungen des Erben während der Schwebezeit?
- ☐ Herausgabe der Nutzungen des Erben während der Schwebezeit?
- ☐ Haftung des Erben für Eigenverbrauch, Verschlechterung oder Veräußerung von Nachlassgegenständen?
- ☐ Flankierender Schutz des Vermächtnisnehmers (vor allem bei »Absicherungsfällen«) durch Auflassungsvormerkung, antizipierte Übereignung, Testamentsvollstreckung?
- ☐ Ausschluss der Veräußerbarkeit und Vererblichkeit der Anwartschaft des Vermächtnisnehmers?

II. Das Vor- und Nachvermächtnis

1. Grundlagen

a) Die Konstruktion und Rechtsnatur des Vor- und Nachvermächtnisses

326 Zuweilen wünscht der Erblasser, einen **einzelnen Gegenstand** seines Nachlasses in zeitlicher Reihenfolge nacheinander verschiedenen Personen zuzuwenden. Für die gewünschte Sukzessivberechtigung an einem Einzelgegenstand stellt das Gesetz das Institut des Vor- und Nachvermächtnisses (§ 2191 BGB) zur Verfügung.

327 Prägend für das Vor- und Nachvermächtnis ist, dass
- der Endbedachte letztlich einen oder mehrere **Einzelgegenstände**, eine **Vermögensgruppe** (z. B. Grundbesitz) oder auch theoretisch – in der Spielart des Universalvermächtnisses[490] – den **Gesamtnachlass**
- im Wege des Vermächtnisses
- zu einem bestimmten Zeitpunkt oder bei Eintritt eines bestimmten Ereignisses erhalten soll und

---

488 *J.Mayer*, ZEV 2000 1, 8; *Reimann*, MittBayNot 2002, 4, 8.
489 *Kapp/Ebeling*, ErbStG § 6 Rn. 52.
490 Nach ganz h. M. zulässig: BGH ZEV 1995, 32, BayObLG FamRZ 1986, 728, 731; Staudinger/*Otte*, § 2151 Rn. 2.; *Mayer*, ZEV 1995, 247; *Lange/Kuchinke*, § 29 II 2 a; *Schlitt*, ZErb 2006 226, 227.

– der Erstbedachte, der mit der Verpflichtung zur Herausgabe des Vermachten belastet ist, **denselben Vermächtnisgegenstand** seinerseits als **Vermächtnisnehmer** erlangt hat.

Soll der Endbedachte hingegen einem Erben als Erstbedachtem nachfolgen, kommt nur die Vor- und Nacherbschaft (s. vorstehend Abschn. A.) oder das aufschiebend befristete/bedingte Herausgabevermächtnis (s. vorstehend) in Betracht.[491] Dabei sind das aufschiebend bedingte/befristete **Herausgabevermächtnis** und das **Nachvermächtnis konstruktiv identisch**: Beide beinhalten vermächtnisweise Herausgabepflichten (§ 2174 BGB); sie sind beide bedingte oder befristete Vermächtnisse, die zu einem festzulegenden Ereignis oder Termin anfallen.[492] Sie unterscheiden sich nur in der Person des Belasteten: hier Erbe, dort Vermächtnisnehmer. Das Nachvermächtnis ist damit eine Spielart des Untervermächtnisses, lediglich mit der Besonderheit, dass der Gegenstand des (Vor-)Vermächtnisses und der Gegenstand des Untervermächtnisses identisch sind (**Grundsatz der Identität des Vermächtnisgegenstandes**).[493]

328

§ 2191 Abs. 2 BGB erklärt aus dem Recht der Nacherbschaft mit den §§ 2102, 2106 Abs. 1, 2107 und 2110 Abs. 1 BGB nur einzelne Auslegungsregeln für entsprechend anwendbar. Damit wird im Gegenschluss klargestellt, dass im übrigen die dinglich geprägte Konstruktion der Nacherbschaft mit ihrem automatischen Vollzug der Sukzession (§ 2139 BGB) hier gerade nicht gilt. Das Nachvermächtnis ist somit einschränkungslos **ein aufschiebend befristetes/bedingtes Vermächtnis**, auf das neben den Bestimmungen über das Untervermächtnis (§§ 2186–2188 BGB) die §§ 2177, 2179 BGB Anwendung finden.[494]

329

Es kann daher betreffend die Fragen der Anwartschaft des (Nach-)Vermächtnisnehmers und deren gesetzlicher Schutz während der Schwebezeit, der »Pflichtteilsfestigkeit« des angefallenen (Nach-)Vermächtnisses, des (Nach-)Vermächtnisanspruchs in der Nachlassinsolvenz, der eventuellen Haftung des (Nach-)Vermächtnisnehmers für Schulden des Vorvermächtnisnehmers auf die Ausführungen vorstehend Abschn. B. I.1.b) bis e), die vom aufschiebend befristeten/bedingten Vermächtnis handeln, verwiesen werden. Nachfolgend soll, um Wiederholungen möglichst zu vermeiden, jeweils nur eine kurze Zusammenfassung der beim Herausgabevermächtnis ermittelten Ergebnisse erfolgen.

330

b) Anwartschaft des Nachvermächtnisnehmers und deren gesetzlicher Schutz während der Schwebezeit (ausführliche Darstellung bei der Behandlung des Herausgabevermächtnisses – Rdn. 262 ff.])

Der Nachvermächtnisnehmer hat während der Schwebezeit bis zum Anfall des Nachvermächtnisses bereits eine rechtlich geschützte **Anwartschaft** inne, die rechtsgeschäftlich übertragbar, pfändbar und vererblich ist.[495] Die Schwäche des Nachvermächtnisses liegt in seinem allein obligatorischen Charakter (§ 2174 BGB): Zum einen ist der Vorvermächtnisnehmer, während er den Gegenstand innehat, dinglich über den Gegenstand **unbeschränkt zur Verfügung imstande**; folglich besteht auch ein ungehinderter **Zugriff von Eigengläubigern** des Bedachten. § 2115 BGB gilt hier nicht. Der Nachvermächtnisnehmer ist **allein durch Schadensersatzansprüche** geschützt (§§ 160 Abs. 1, 2179 BGB); dinglicher Schutz wird ihm hingegen, da § 161 BGB nicht eingreift, nicht zuteil.[496] In der Insolvenz des Vorvermächtnisnehmers gehört der Vermächtnisgegenstand zur **Insolvenzmasse** und unterliegt der Verwertung durch den Insolvenzverwalter. Der Übergang des Gegenstandes vollzieht sich bei Eintritt des Nachvermächtnisfalles, anders als bei der Nacherbschaft (§ 2139 BGB), nicht automatisch, sondern bedarf eines gesonderten rechtsgeschäftlichen Vollzugsaktes des Vorvermächtnisnehmers oder seines Erben.

331

---

491 *Baltzer*, Das Vor- und Nachvermächtnis in der Kautelarjurisprudenz, Rn. 780.
492 *Baltzer*, Das Vor- und Nachvermächtnis in der Kautelarjurisprudenz, Rn. 776.
493 MünchKommBGB/*Schlichting*, § 2191 Rn. 4; *Watzek*, MittRhNotK 1999, 37, 38.
494 *Watzek*, MittRhNotK 1999, 37, 38; *Nieder/Kössinger*, § 10 Rn. 151 ff.
495 *Watzek*, MittRhNotK 1999, 37, 40; *Baltzer*, Das Vor- und Nachvermächtnis in der Kautelarjurisprudenz, Rn. 247 ff.
496 *Bungeroth*, NJW 1967, 1357 f.; *Zawar*, DNotZ 1986, 515, 524; *Watzek*, MittRhNotK 1999, 37, 38 f.

332 Da § 2191 Abs. 2 BGB nicht auf § 2111 BGB verweist, findet lediglich gem. § 285 BGB eine **schuldrechtliche Surrogation** statt.[497]

333 Bis zum Anfall des Nachvermächtnisses gezogene **Früchte** verbleiben gemäß § 2184 BGB dem Vorvermächtnisnehmer.[498]

334 Hinsichtlich der vom Vorvermächtnisnehmer gemachten Verwendungen finden über § 2185 BGB nach der Rechtsprechung des BGH die §§ 994 ff. BGB Anwendung.[499] Ab Kenntnis des Vorvermächtnisnehmers vom Bestehen des Nachvermächtnisses ist er als »bösgläubig« einzuordnen.[500] Daher kann er selbst notwendige **Verwendungen** nur noch nach den Vorschriften über die Geschäftsführung ohne Auftrag (§ 994 Abs. 2 BGB), lediglich nützliche Verwendungen hingegen gar nicht erstattet verlangen (§ 996 BGB). Die Rechtsstellung des Vorvermächtnisnehmers ist hier also wesentlich ungünstiger als die des Vorerben gemäß § 2124 BGB.

335 Der Vorvermächtnisnehmer ist gegenüber dem Nachvermächtnisnehmer gesetzlich zur **ordnungsgemäßen Verwaltung** des vermachten Gegenstandes verpflichtet.[501]

c) »Pflichtteilsfestigkeit« des Nachvermächtnisses (ausführliche Darstellung bei der Behandlung des Herausgabevermächtnisses – Rdn. 270 ff.])

336 Eines der Motive für die Wahl der Bestimmung eines Endbedachten kann es sein, die Partizipation von missliebigen Erben und Pflichtteilsberechtigten des Erstbedachten am Nachlassgegenstand zu unterbinden. In diesen Fällen steht und fällt die Tauglichkeit des Nachvermächtnisses mit dessen »**Pflichtteilsfestigkeit**«. Die ganz h. M.[502] hebt zurecht hervor, dass das Nachvermächtnis im Rahmen des § 2311 BGB nicht wie ein nicht abzugsfähiges Vermächtnis des Vorvermächtnisnehmers zu behandeln ist. Es ist schon durch den ersten Erblasser begründet worden ist und hat sich daher im Vermögen des Vorvermächtnisnehmers (=zweiter Erblasser) als eine (schwebende) Verbindlichkeit schon zu seinen Lebzeiten ausgewirkt. Sie ist daher als echte Erblasserschuld nach dem Vorvermächtnisnehmer **im Rahmen des § 2311 BGB vom Aktivnachlass abzusetzen.**

d) Der Nachvermächtnisanspruch in der Nachlassinsolvenz (ausführliche Darstellung bei der Behandlung des Herausgabevermächtnisses – Rdn. 272 ff.])

337 Bei Überschuldung des Nachlasses des Vorvermächtnisnehmers ist dessen Erbe zur Einleitung des Nachlassinsolvenzverfahrens gem. § 1980 BGB verpflichtet. Als echte Erblasserschuld ist der Nachvermächtnisanspruch **gleichberechtigte Insolvenzforderung** und unterfällt nicht dem Nachrang des § 327 Abs. Nr. 1 und 2 InsO.[503] Sie wird gemäß § 191 Abs. 1 InsO berücksichtigt, dies aber **nur mit der Insolvenzquote des § 195 InsO**. Diese erhebliche Schwäche des Nachvermächtnisses kann indes durch ergänzende Anordnung von **Testamentsvollstreckung** effektiv ausgeglichen werden.[504]

---

497 *Watzek*, MittRhNotK 1999, 37, 39; allg. zum bedingten Vermächtnis: *Bühler*, BWNotZ 1967, 174, 175; *Hölscher*, ZEV 2009, 213, 215.
498 BGH DNotZ 1992, 247, 250.
499 BGH DNotZ 1992, 247, 248 f.; kritisch *Watzek*, MittRhNotK 1999, 37, 44 ff.; a. A. – § 2124 ff. BGB analog – *Maur*, NJW 1990, 1161, 1162 f.
500 BGH DNotZ 1992, 247, 254; *Bühler*, BWNotZ 1967, 174, 177 Fn. 14; Staudinger/*Otte*, § 2185 Rn. 2; kritisch: *Watzek*, MittRhNotK 1999, 37, 44 f.
501 BGH DNotZ 1992, 247, 250; a. A. *Bühler*, BWNotZ 1967, 174, 178.
502 MünchKommBGB/*Lange*, § 2311 Rn. 11; *Dieterle*, BWNotZ 1971, 14, 19; *Nieder* ZEV 1994, 156, 158; *Wagner* ZEV 1997, 369, 370; *Busse*, MittRhNotK 1998, 225, 239; *Watzek*, MittRhNotK 1999, 37, 41 *Kanzleiter*; DNotZ 2001, 152 Fn. 10; *Hartmann*, ZEV 2001, 89, 93; *Reimann*, MittBayNot 2002, 1, 7; AnwKomm-BGB/ *Bock* § 2311 Rn. 13; Bamberger/Roth/*J. Mayer*, § 2311 Rn. 8. a. A. *Ebenroth* Erbrecht Rn. 491; *Zawar*, Das Vermächtnis in der Kautelarjurisprudenz, S. 61; zweifelnd auch *J. Mayer*, ZEV 2000, 1, 9.
503 *Reimann*, MittBayNot 2002, 1, 8; *Hess/Kropshofer*, InsO, § 226 Rn. 10; Uhlenbruck/*Lüer*, InsO, § 327 Rn. 4; *Hölscher*, ZEV 2009, 213, 215.
504 Siehe unten Rdn. 365–367.

Das Rangverhältnis zwischen der sozialhilferechtlichen Erbenhaftung (§ 102 SGB XII) und dem Nachvermächtnisanspruch ist äußerst umstritten. Nach h. M. ist die **sozialhilferechtliche Erbenhaftung gegenüber dem Vermächtniserfüllungsanspruch nachrangig.**[505] 338

e) Haftung des Nachvermächtnisnehmers für Schulden des Vermächtnisnehmers? (ausführliche Darstellung bei der Behandlung des Herausgabevermächtnisses – Rdn. 276 f.)

Auch wenn der Gegenstand des Nachvermächtnisses das vollständige Vermögen des Vorvermächtnisnehmers darstellt und das Nachvermächtnis sich in seiner konkreten Erscheinung wie ein sog. Universalvermächtnis auswirkt, **haftet der Nachvermächtnisnehmer in keinem Fall für die Schulden des Vorvermächtnisnehmers.**[506] Die im Schrifttum befürwortete Analogie zu §§ 2385 Abs. 1, 2382 BGB[507] entbehrt jeder Grundlage. Die Frage kann jedoch noch nicht als geklärt angesehen werden. Hier ist daher **Vorsicht geboten**. 339

2. Bewertung des Vor- und Nachvermächtnisses

Ein Hauptmotiv für die Bestimmung eines Endbedachten hinsichtlich eines **einzelnen Gegenstands** kann es einerseits sein, den Gegenstand nicht den Erben des Erstbedachten zukommen zu lassen und ihn auch nicht in die Pflichtteilsberechnung nach diesem Eingang finden zu lassen (**Ausschlussinteresse**). So liegen die Dinge etwa beim **Geschiedenentestament**:[508] Vermögen, das einem Abkömmling des Erblassers zufällt, soll mit dessen Tod nicht an den geschiedenen Ehegatten des Erblassers fallen, nicht einmal mittelbar in Form einer pflichtteilsrechtlichen Beteiligung. Dem Erblasser wird es bei einer solchen Motivlage darauf ankommen, dem Erstbedachten die **größtmögliche Freiheit** zur Verfügung unter Lebenden und von Todes wegen einzuräumen.[509] Dem Erblasser kann es aber auch gerade darauf ankommen, den Vermächtnisgegenstand dem Nachvermächtnisnehmer zu erhalten und seinen Übergang auf diesen weitestgehend abzusichern (**Erhaltungsinteresse**). Dann gilt es, den Gegenstand möglichst effektiv gegen vereitelnde Verfügungen des Erstbedachten oder Zugriffe seiner Gläubiger – vor oder nach dem Tode des Erstbedachten – zu schützen. Zu nennen ist für diese Fallgruppe exemplarisch etwa das **Testament zugunsten verschuldeter oder insolventer Personen** (s. dazu nachfolgend Abschn. E.II.) und vor allem das sog. **Behindertentestament** (s. hierzu allgemein Abschn. E. I. und zur Bedeutung der Vermächtnislösung dort Rdn. 620 ff.). 340

Für die Sukzessivberechtigung von Erst- und Endbedachtem sieht das Gesetz neben dem Vor- und Nachvermächtnis die Vor- und Nacherbschaft vor. Es ist nun nicht so, dass entsprechend der Grunddifferenzierung in § 2087 BGB bei Gesamtnachlässen die Vor- und Nacherbschaft und bei Einzelgegenständen das Vor- und Nachvermächtnis exklusiv einschlägig ist. Vielmehr kann einerseits über eine Kombination der Nacherbschaftsbeschränkung mit Vorausvermächtnissen ungeachtet des Grundsatzes der Gesamtrechtsnachfolge (§ 1922 BGB) letztlich nur ein Einzelgegenstand (z. B. Immobilie) den Wirkungen der Nacherbschaft unterstellt werden (dazu Abschn. A. Rdn. 111 ff.). Beim Alleinerben führt diese Gestaltung zu keinen konstruktiven Problemen. Will der Erblasser aber mehrere Erben einsetzen, ist dasselbe Resultat – Beschränkung der nacheinander geschalteten Berechtigung an einem Einzelgegenstand oder einer Vermögensgruppe (z. B. Grundbesitz) – über die Anordnung von Vor- und Nacherbschaft beschränkt auf den Erbteil des betreffenden Erben verbunden mit 341

---

505 BVerwGE 66, 161, 163; 90, 250, 251; DNotI-Report 18/1999, S. 149, 150 f.; *Hartmann*, ZEV 2001, 89, 93; *Weidlich*, ZEV 2001, 94, 95; eingehend *Baltzer*, Das Vor- und Nachvermächtnis in der Kautelarjurisprudenz, Rn. 326–372 m. N. zur Gegenmeinung.
506 Ausführlich *Hartmann*, ZEV 2001, 89, 93; zustimmend *Kornexl*, Nachlassplanung bei Problemkindern, Rn. 327; *Baltzer*, Das Vor- und Nachvermächtnis in der Kautelarjurisprudenz, Rn. 375 ff.
507 *V. d. Loo*, MittRhNotK 1989, 233, 243; *Settergren*, Das »Behindertentestament« im Spannungsfeld zwischen Privatautonomie und sozialhilferechtlichem Nachrangprinzip, S. 41; *Joussen*, NJW 2003, 1851, 1852; AnwKomm-BGB/*J.Mayer*, § 2191 Rn. 20.
508 Siehe Abschn. A. Rdn. 98 ff.; eingehend *Busse*, MittRhNotK 1998, 225 ff.
509 *Reimann*, MittBayNot 2002, 4, 5.

Kapitel 5 Sicherung der Erwerbsaussichten für Endbedachte

Teilungsanordnungen und Vorausvermächtnissen zwar auch erreichbar. Die Gestaltung ist jedoch mit erheblichem Aufwand verbunden. Andererseits muss auch das Vor- und Nachvermächtnis nicht auf Einzelgegenstände beschränkt werden. Es kann – als mehrere »gebündelte« Vermächtnisse – Vermögensgruppen und in der Gestalt des sog. Universalvermächtnisses[510] sogar den Gesamtnachlass erfassen. In letzterem Fall läge allerdings die Erbeinsetzung verbunden mit einem Universal-Herausgabevermächtnis näher.

342 **Nacherbschaftsbeschränkung und Nachvermächtnis** könnten somit theoretisch **in allen Konstellationen mit einander konkurrieren.** Praktisch wird sich die Alternative zwischen beiden Gestaltungen in der Beratungspraxis jedoch nur dort stellen, wo **Einzelgegenstände** oder **Vermögensgruppen** nacheinander verschiedenen Personen zugewandt werden sollen.

343 Die Frage, welche Gestaltung im Einzelfall empfehlenswert ist, ist gesondert danach zu bewerten, welches Motiv des Erblassers für die Sukzessivberechtigung im Vordergrund steht: das Ausschlussinteresse, mit dem in der Regel das Interesse größtmöglicher Freiheit des Erstbedachten einhergeht, oder das Erhaltungsinteresse.

a) Konkurrenz der Gestaltungen bei den »Ausschlussfällen« (ausführlichere Darstellung bei der Behandlung des Herausgabevermächtnisses – Rdn. 280 ff.)])

344 Dem **Ausschlussinteresse** wird durch den automatischen Übergang auf den Nacherben (§ 2139 BGB) idealtypisch zur Geltung verholfen. Dem steht das Nachvermächtnis, da es nach zutreffender ganz h. M. pflichtteilsfest ist,[511] nur insoweit nach, als es eine rein schuldrechtlich wirkende Zuordnung zum Nachvermächtnisnehmer begründet, die noch des Vollzugs bedarf. Hier hilft jedoch bei Bedarf die Anordnung einer Vermächtnistestamentsvollstreckung gemäß § 2223 BGB[512] oder ein unwiderrufliche Bevollmächtigung des Nachvermächtnisnehmers auf den Nachvermächtnisfall.[513]

345 Die lebzeitige Verfügungsfreiheit des Erstbedachten (»**Freiheitsinteresse**«) kann bei der Vor- und Nacherbschaft im Ausgangspunkt völlig sicher nur innerhalb der Grenzen des § 2136 BGB erreicht werden. Die Gestaltungen, mit denen diese Grenzen im Ergebnis überschritten werden und insbesondere auch eine letztwillige Verfügungsfreiheit erreicht werden sollen, sind entweder mit erheblichen Nachteilen behaftet oder unsicher.[514] Demgegenüber fehlt es beim Nachvermächtnis an jeglicher – als belastend empfundener – dinglicher Beschränkung des Vorvermächtnisnehmers; bestehende schuldrechtliche Bindungen können ausnahmslos im Rahmen allgemeiner Gestaltungsgrenzen **abbedungen** werden.[515]

346 **Fazit:** Wo es also dem Erblasser lediglich um den Ausschluss dritter Personen geht, erweist sich die **Gestaltung des Vor- und Nachvermächtnisses** als grundsätzlich flexibler und in den Rechtsfolgen **überlegen**.[516] Nachteilig ist demgegenüber die geringere gesetzliche Regelungsdichte. Diese führt zu erhöhtem Gestaltungsaufwand und damit auch größerer Fehleranfälligkeit.

b) Konkurrenz der Gestaltungen bei den »Absicherungsfällen«

347 Ist das Motiv für die Wahl der Nacherbschaftsbeschränkung die **Erhaltung von Vermögenswerten für den Endbedachten und die Absicherung seines Erwerbs**, sprechen die Sicherungsmechanismen der §§ 2111, 2112 ff. BGB, § 773 ZPO, § 83 Abs. 2 InsO) zunächst für die Nacherbschaftsbeschrän-

---

510 Nach ganz h. M. zulässig: BGH ZEV 1995, 32; BayObLG; Staudinger/*Otte*, § 2151 Rn. 2.; *Schlitt*, ZErb 2006 226, 227.
511 Siehe Rdn. 336.
512 Siehe unten Rdn. 366; eingehend *Hartmann*, ZEV 2007, 458, 459 ff.
513 *Baltzer*, Das Vor- und Nachvermächtnis in der Kautelarjurisprudenz, Rn. 802.
514 Siehe Abschn. A. Rdn. 149 ff., 188 ff.
515 *Watzek*, MittRhNotK 1999, 37, 47; *Baltzer*, Das Vor- und Nachvermächtnis in der Kautelarjurisprudenz, Rn. 396 ff., 478 ff.
516 *Baltzer*, Das Vor- und Nachvermächtnis in der Kautelarjurisprudenz, Rn. 776.

kung. Der dort gesetzlich vorhandene Schutz fehlt beim Nachvermächtnis. Er kann aber durch ergänzende Gestaltungen (insbesondere Verwaltungstestamentsvollstreckung und Abwicklungstestamentsvollstreckung)[517] hergestellt und im Ergebnis den **Nacherbschaftswirkungen angeglichen** werden.[518] Insoweit kann das Vor- und Nachvermächtnis eine echte **Gestaltungsalternative** zu einer Nacherbschaftsgestaltung sein, insbesondere wenn **mehrere Personen zu Erben** eingesetzt werden sollen und eine sukzessive Zuordnung von Einzelgegenständen erfolgen soll.

Wenn mit einer **Überschuldung** oder **Sozialhilfebedürftigkeit** des erstbedachten Erben zu rechnen ist, sollte bei der Wahl des Vor- und Nachvermächtnisses in der »Absicherungskonstellation« mit besonderer **Vorsicht** verfahren werden. Hier ist zwar durch entsprechende Ergänzung durch Testamentsvollstreckung nach hier vertretener Auffassung eine der Nacherbschaftsbeschränkung gleichkommende Sicherheit zu erzielen.[519] Die Lösung ist jedoch insbesondere unter dem Gesichtspunkt der teilweise vertretenen Analogie zu § 2385 BGB und der damit verbundenen Haftung des Endbedachten für die Schulden des Erstbedachten **noch nicht abschließend geklärt**. 348

3. Gestaltung des Vor- und Nachvermächtnisses

Wegen der strukturellen Identität von Herausgabevermächtnis und Vor- und Nachvermächtnis ergibt sich für letztere Gestaltung im Ausgangspunkt derselbe Regelungsbedarf wie er unter Abschnitt B Rdn. 286 ff. ausführlich zum Herausgabevermächtnis dargestellt wurde. Zur Vermeidung von Wiederholungen werden im Folgenden nur die Ergebnisse der Gestaltungsüberlegungen zusammengefasst sowie die Unterschiede gegenüber dem Herausgabevermächtnis dargestellt. 349

a) Allgemeine Gesichtspunkte bei der Gestaltung

Die **Begrenzung der zulässigen Schwebezeit auf 30 Jahre** durch § 2162 BGB bereitet im Regelfall wegen § 2163 BGB **keinerlei Probleme**. Die zeitliche Grenze kann jedoch bei den eher seltenen, aber möglichen[520] Fällen der mehrfach gestuften Nachvermächtnisanordnungen zum Tragen kommen. 350

Das Nachvermächtnis ist gem. § 2191 BGB **notwendig aufschiebend bedingt oder befristet**.[521] Der Zeitpunkt des **Anfalls des Nachvermächtnisses** ist genau zu bestimmen. Regelmäßig wird in der Praxis an den Tod des Vorvermächtnisnehmers angeknüpft und damit eine Befristung gewählt werden, was gemäß §§ 2106, 2191 Abs. 2 BGB auch im Zweifel anzunehmen ist. Aber auch ein Anknüpfen an eine in der Person des Vorvermächtnisnehmers liegendes ungewisses Ereignis (Bedingung), etwa dessen Wiederverheiratung,[522] ist denkbar. Die klare Abgrenzung zwischen Bedingung und Befristung ist wegen § 2074 BGB wichtig. Diese Bestimmung ordnet nur für erstere an, dass die Zuwendung im Zweifel entfällt, wenn der Bedachte zuvor verstirbt. Bei bedingten Nachvermächtnissen sollte daher regelmäßig ein Ersatznachvermächtnisnehmer benannt werden. 351

Während der Schwebezeit ist die **Vermächtnisanwartschaft** des Nachvermächtnisnehmers, soweit nicht § 2074 BGB eingreift, **vererblich, ferner übertragbar und pfändbar**.[523] Regelmäßig wird es interessegerecht sein, die Vererblichkeit und Übertragbarkeit der Anwartschaft durch den Bedachten in der Verfügung auszuschließen.[524] 352

---

517 *Watzek*, MittRhNotK 1999, 37, 47; *Baltzer*, Das Vor- und Nachvermächtnis in der Kautelarjurisprudenz, Rn. 446 ff.
518 Eingehend *Baltzer*, Das Vor- und Nachvermächtnis in der Kautelarjurisprudenz, Rn. 446 ff.; *Hartmann*, ZEV 2007, 458, 459 ff.
519 Rdn. 337 f.
520 S. nur Palandt/*Weidlich*, § 2191 Rn. 2.
521 MünchKommBGB/*Schlichting*, § 2191 Rn. 5.
522 *Watzek*, MittRhNotK 1999, 37, 40.
523 *Nieder/Kössinger*, § 10 Rn. 154.
524 *Hölscher*, ZEV 2009, 213, 214.

b) Besondere Gestaltungsgesichtspunkte bei den Ausschlussfällen

aa) Vermächtnisgegenstand und Ausgestaltung des Innenverhältnisses zwischen Erst- und Endbedachtem

353 Das weitgehend frei gestaltbare Vor- und Nachvermächtnis bietet sich vor allem in den »Ausschlussfällen« als Alternative zur Nacherbschaftsbeschränkung an. Denn hier geht es dem Erblasser um die **Ausschlusswirkung in Kombination mit maximaler Freiheit zu lebzeitigen und letztwilligen Verfügungen** für den Erstbedachten.

354 Regelmäßig wird in diesen Fällen ein **Nachvermächtnis »auf den Überrest«** interessegemäß sein.[525]

355 Um die Ausschlusswirkung effektiv eingreifen zu lassen, ist es dann erforderlich, auch die **Surrogate (§ 2111 BGB)** der ursprünglichen Nachlassgegenstände zum Gegenstand des Vermächtnisses zu machen. Allerdings handelt es sich bei dieser Anordnung **mangels Identität** des Surrogates mit dem ursprünglichen Vermächtnisgegenstand nicht um ein Nachvermächtnis, sondern um eine **eigenständiges, aufschiebend bedingtes Verschaffungsvermächtnis (§§ 2169, 2170 BGB)** als Untervermächtnis.

356 Der Anspruch des Erstbedachten (bzw. seiner Erben) auf **Verwendungsersatz** richtet sich gemäß § 2185 BGB nach den §§ 994 ff. BGB. Diese Regelungen stellen den Vorvermächtnisnehmer schlechter als den Vorerben. Um die Ausschlusswirkung zu intensivieren, ist erwägenswert, dem Erstbedachten **jeden Verwendungsersatzanspruch zu versagen**.[526] Im übrigen kommt auch eine Inbezugnahme der §§ 2124 ff. BGB oder eine Definition des Vorvermächtnisnehmers als »gutgläubig« i. S. d. §§ 994 ff. BGB in Betracht.[527] Sachgerecht erscheint auch eine Begrenzung des Verwendungsersatzes auf die bei Anfall des Nachvermächtnisses noch vorhandene Wertsteigerung.

357 Die **Erträge** bis zum Anfall des Nachvermächtnisses verbleiben nach § 2184 BGB dem Vorerben. Wiederum um die Ausschlusswirkung zu verstärken, könnte eine **Herausgabepflicht für noch vorhandene Nutzungen**[528] (z. B. im Bankguthaben enthaltene aufgelaufene Zinserträge) und deren Surrogate gemäß § 2111 BGB angeordnet werden. Der Vorteil im Hinblick auf die Ausschlusswirkung ist allerdings gegen die nachteiligen Wirkungen (höherer Buchhaltungsaufwand, Streitanfälligkeit) im Einzelfall abzuwägen.

358 Der Erblasser ist bei der **Ausgestaltung der Pflichten des Erstbedachten im Hinblick auf den Vermächtnisgegenstand** und seiner **Haftung gemäß § 160 BGB** weitestgehend frei.[529] Er kann etwa die Verpflichtung gemäß § 2174 BGB dahingehend einschränken, dass die vorhandenen **Gegenstände in dem Zustand herauszugeben sind, in dem sie sich beim Anfall des Vermächtnisses befinden**. Der Nachvermächtnisnehmer kann also auch »qualitativ auf den Überrest« eingesetzt werden.[530] Die **volle Verfügungsfreiheit des Erstbedachten** ist dadurch herzustellen, dass bei der Bestimmung des Nachvermächtnisgegenstandes klargestellt wird, dass eben nur dasjenige vermacht ist, worüber der Vorvermächtnisnehmer nicht bereits zu seinen Gunsten oder zugunsten Dritter verfügt hat. Bei einer solchen Beschränkung des Vermächtnisgegenstandes stellt sich die Frage nach einen Haftung gemäß § 160 BGB erst gar nicht.[531]

---

525 Nach ganz h. M. zulässig; *Baltzer*, Das Vor- und Nachvermächtnis in der Kautelarjurisprudenz, Rn. 488 ff. m. w. N.
526 *Hölscher*, ZEV 2009, 213, 216 (zum Herausgabevermächtnis).
527 Vgl. *Watzek*, MittRhNotK 1999, 37, 45 f.
528 *Baltzer*, Das Vor- und Nachvermächtnis in der Kautelarjurisprudenz, Rn. 509.
529 *Watzek*, MittRhNotK 1999, 37, 47; *Baltzer*, Das Vor- und Nachvermächtnis in der Kautelarjurisprudenz, Rn. 396 ff., 478 ff.
530 *Watzek*, MittRhNotK 1999, 37, 47; *Baltzer*, Das Vor- und Nachvermächtnis in der Kautelarjurisprudenz, Rn. 396 ff., 478 ff. 2.
531 *V.Olshausen*, DNotZ 1979, 707, 716; AnwKomm-BGB/*J. Mayer* § 2191 Rn. 23.

bb) Bestimmung der Person des Nachvermächtnisnehmers durch den Vorvermächtnisnehmer?

Soll es dem Vorvermächtnisnehmer überlassen werden, wer Endbedachter ist, so ist dies unter Einschränkung des § 2065 Abs. 2 BGB im Vermächtnisrecht nach Maßgabe des § 2151 Abs. 1 BGB gestattet. Ob der Vorvermächtnisnehmer die Auswahlentscheidung aus dem vom Erblasser vorzugebenden abgegrenzten Personenkreis als formlose, empfangsbedürftige und unwiderrufliche Willenserklärung[532] dabei auch **im Rahmen seiner eigenen Verfügung von Todes wegen** treffen kann, ist zwar anzunehmen, jedoch sehr umstritten. Statt dessen sollte daher, eine **gestaffelte Regelung des Erblassers** besser so aussehen, dass in erster Linie der Vorvermächtnisnehmer durch lebzeitige Erklärung die Auswahl zu treffen befugt ist, ersatzweise der Erblasser einen Dritten benennt oder dem Erstbedachten die Benennung eines Dritten anheim stellt, der die Auswahl nach dem Tode des Vorvermächtnisnehmers trifft. Hilfsweise ist eine eigene Entscheidung des Erblassers vorzusehen. 359

Demgegenüber ist die **Dieterle-Klausel** auch in ihrer Vermächtnisvariante **nicht empfehlenswert**.[533] 360

c) Besondere Gestaltungsgesichtspunkte bei den Absicherungsfällen

Bei Dominanz des »Erhaltungsinteresses« ist die uneingeschränkte Möglichkeit des Erstbedachten zur freien Verfügung gerade auszuschließen. Dieser Zielsetzung wird die **Vor- und Nacherbschaft auf ideale Weise** durch die §§ 2111, 2112 ff. BGB, § 773 ZPO, § 83 Abs. 2 InsO gerecht. Der normative Befund beim Vor- und Nachvermächtnis scheint diese Gestaltung demgegenüber für die Fallgruppe der Absicherungsfälle zu disqualifizieren. Diese Nachteile in der gesetzlichen »Grundausstattung« können jedoch durch ergänzende Gestaltungen kompensiert werden. 361

aa) Vermächtnisgegenstand

In den Absicherungsfällen geht es darum, **den Vermächtnisgegenstand dem Endbedachten zu erhalten**. Eine Nachvermächtnisanordnung »auf den Überrest« kommt danach gerade nicht in Betracht. Gleichwohl sind in der Praxis Interessenlagen häufig, in denen weniger die Möglichkeit des Erstbedachten, sich den Nachlass **durch Verbrauch nutzbar zu machen**, ausgeschlossen werden soll, sondern vielmehr der Zugriff von Gläubigern. Typisch ist dies für das Behinderten- und Verschuldetentestament. Hier ist eine »Mischform« denkbar, bei der wiederum an eine Nachvermächtnisanordnung »auf den Überrest« zu denken ist. Dann ist wiederum eine **Erfassung der Ersatzgegenstände** (Surrogate gemäß § 2111 BGB) der ursprünglichen Nachlassgegenstände als Gegenstand des Vermächtnisses **unerlässlich**. 362

bb) Instrumente zur Stärkung des Schutzes des endbedachten Vermächtnisnehmers

Ungeachtet der schwachen normativen Grundausstattung des Nachvermächtnisses lässt sich durch **flankierende Verfügungen** die Stellung des Nachvermächtnisnehmers während der Schwebezeit erheblich verbessern. Die Schutzwirkungen der Nacherbschaft können so in vergleichbarer Weise herbeigeführt werden. 363

(1) Auflassungsvormerkung, antizipierte Übereignung

Zum Schutz gegen Zwischenverfügungen des Vorvermächtnisnehmers und vor allem gegen den Zugriff von Gläubigern des Erstbedachten sowie des Insolvenzverwalters kann bei Grundstücken die Pflicht zur Bewilligung einer **Auflassungsvormerkung** mit vermacht werden, die den künftigen Nachvermächtnisanspruch sichert.[534] Bei Mobilien besteht zwar die Möglichkeit den Gegenstand 364

---

532 Palandt/*Weidlich*, § 2151 Rn. 3.
533 So auch *Hölscher*, ZEV 2009, 213, 218.
534 LG Aachen Rechtspfleger 1986, 306; *Zawar*, DNotZ 1986, 515, 525 f.; *Kraiß*, BWNotZ 1986, 12; *Bühler*, BWNotZ 1970, 174, 181; *Watzek*, MittRhNotK 1999, 37, 46 f.

des Nachvermächtnisses **aufschiebend bedingt durch den Eintritt des Nachvermächtnisfall zu übereignen**.[535] Es droht hier jedoch gemäß § 161 Abs. 3 BGB der gutgläubige Erwerb durch Dritte.

(2) Testamentsvollstreckung

365 Um Verfügungen des Vorvermächtnisnehmers während der Zeit seiner Berechtigung und vor allem auch den Vollstreckungszugriff von Gläubigern und die Verwertung in der Insolvenz des Vorvermächtnisnehmers auszuschließen, kann der Erblasser bis zum Anfall des Nachvermächtnisses **Verwaltungs-Testamentsvollstreckung** anordnen.[536] Damit ist gemäß § 2214 BGB nicht nur ein Zugriff durch Gläubiger des Vorvermächtnisnehmers, sondern trotz Massezugehörigkeit des Vermächtnisgegenstandes auch der des Insolvenzverwalters[537] ausgeschlossen. Der Erblasser kann den Testamentsvollstrecker gemäß § 2216 BGB verbindlich anweisen, in welchem Umfang dem Vorvermächtnisnehmer Nutzungen oder auch die Substanz des Nachvermächtnisgegenstandes zukommen sollen. Es kommt auch in Betracht, den Vor- und den Nachvermächtnisnehmer zu gemeinschaftlichen Testamentsvollstreckern zu benennen.[538]

366 Mit dem Tode des Vorvermächtnisnehmers erlischt die Dauertestamentsvollstreckung.[539] Bis zur Erfüllung des Nachvermächtnisanspruchs entfällt der Schutz gegen Zwischenverfügungen seitens dessen Erben (§ 2205 BGB) sowie gegen Zugriffe von Gläubigern des Erstbedachten (§ 2214 BGB). Daher ist die Anordnung der Verwaltungstestamentsvollstreckung um das Element der **Nachvermächtniserfüllung** zu ergänzen. Dass diese Möglichkeit **gemäß § 2223 BGB** besteht, entspricht ganz h. M., ist jedoch vereinzelt bestritten worden.[540] Auch die abweichenden Autoren halten jedoch offenbar eine »aufgabenverlängernde Testamentsvollstreckung« zur Nachvermächtniserfüllung dann für möglich, wenn der Erblasser dies gesondert anordnet.[541] Daher kann bei klarer entsprechender Regelung die Möglichkeit der Testamentsvollstreckung zur Erfüllung des Nachvermächtnisanspruches als gesichert gelten.

367 Eine solche Verlängerung der Testamentsvollstreckung bietet auch effektiven **Schutz** gegen die erheblichen Risiken für den Nachvermächtniserfüllungsanspruch **in der Nachlassinsolvenz**: Die fehlende Zugriffsmöglichkeit des Insolvenzverwalters führt dazu, dass der **durch Testamentsvollstreckung gesicherte Nachvermächtniserfüllungsanspruch eine etwaige Nachlassinsolvenz ungeschmälert übersteht**.[542]

cc) Ausgestaltung des Innenverhältnisses zwischen Erst- und Endbedachtem

368 Bei den »Absicherungsfällen«, in denen der Schutz des Nachvermächtnisnehmers zentrales Anliegen des Erblassers ist, ist eine **differenziertere Ausgestaltungen des Innenverhältnisses** erforderlich. Wenn demgegenüber letztlich nur ein Vollstreckungszugriff von außen oder der Zugriff des Insolvenzverwalters durch Gestaltung verhindert werden soll (Behinderten-/Verschuldetentestament), kann dagegen eine Annäherung an die Regelung bei den Ausschlussfällen geboten sein.

369 Der Anspruch auf **Verwendungsersatz** kann je nach Zielrichtung des Erblasser (wie in den Ausschlussfällen) ganz ausgeschlossen werden. Ansonsten ist an eine Anwendung der ausgewogener gestalteten §§ 2124–2126 BGB oder derjenigen Vorschriften der §§ 994 ff. BGB zu denken, die für

---

535 *Zawar*, Das Vermächtnis ist der Kautelarjurisprudenz, S. 86; *Watzek*, MittRhNotK 1999, 37, 47; *Nieder/Kössinger*, § 10 Rn. 146.
536 *Bühler*, BWNotZ 1970, 174, 181 f.; *Hartmann*, ZEV 2007, 458, 459.
537 BGH, Urteil v. 11.5.2006 – IX ZR 42/05, DNotZ 2006, 865, 866 mit zust. Anm. *Kesseler*, RNotZ 2006, 474; MünchKommBGB/*Zimmermann*, § 2214 Rn. 3; Staudinger/*Reimann*, § 2214 Rn. 5.
538 *Bühler*, BWNotZ 1967, 174, 181; *Nieder/Kössinger*, § 10 Rn. 146.
539 MünchKommBGB/*Zimmermann*, § 2225 Rn. 1; *Damrau*, FS Kraft, S. 37.
540 *Damrau*, FS Kraft, S. 37, 38 ff.; ebenso *Damrau/J.Mayer*, ZEV 2001, 293, 294.
541 *Damrau/J.Mayer*, ZEV 2001, 293, 294; AnwKomm-BGB/*J.Mayer* § 2191 Rn. 25.
542 oben Rdn. 313; eingehend *Hartmann*, ZEV 2007, 458, 461 f.

Gutgläubige gelten.[543] In Betracht kommt auch eine Begrenzung des Verwendungsersatzes auf die bei Anfall des Nachvermächtnisses noch vorhandene Wertsteigerung.

Die **Erträge** vor Anfall des Nachvermächtnisses dem Erstbedachten zu belassen (§ 2184 BGB), ist regelmäßig sachgerecht. Entstünden dadurch besondere Praktikabilitäts- und Nachweisprobleme, kann z. B. auch eine **Herausgabepflicht für noch vorhandene Nutzungen**[544] (z. B. im Bankguthaben enthaltene aufgelaufene Zinserträge) und deren Surrogate gemäß § 2111 BGB angeordnet werden. 370

Der Erblasser ist bei der **Ausgestaltung der Pflichten des Erstbedachten im Hinblick auf den Vermächtnisgegenstand** im Rahmen des zwingenden Rechts **weitestgehend frei**.[545] Daher kann er auch die Rechtsposition des Vorvermächtnisnehmers verschärfen (s. dazu die Ausführungen beim Herausgabevermächtnis, oben Rdn. 317). 371

dd) Bestimmung der Person des Nachvermächtnisnehmers durch den Vorvermächtnisnehmer?

Das Anliegen, den Erstbedachten den Endbedachten auswählen zu lassen, charakterisiert insbesondere die »Ausschlussfälle«, in denen der Erstbedachte mit möglichst großer Freiheit ausgestattet werden soll. Dies ist in den »Absicherungsfällen« meist anders. Dient die Sukzessiv-Konstruktion dagegen nur dazu, den Zugriff von Gläubigern und des Insolvenzverwalters auszuschließen, kann auch hier eine solche Drittbestimmungsmöglichkeit gewollte sein. In diesem Fall bietet sich wiederum die oben in Rdn. 319 dargestellte »gestaffelte« Gestaltung an. 372

Muster für einen »Ausschlussfall« (Geschiedenenkonstellation): Zielsetzung des Ausschlusses missliebiger Personen und Einräumung größtmöglicher Freiheit des Bedachten: 373

Sachverhalt: Der geschiedene Ehemann ist in zweiter Ehe verheiratet. Er hat aus zweiter Ehe einen Sohn und aus erster geschiedener Ehe eine derzeit noch kinderlose Tochter. Er möchte seine zweite Ehefrau, ersatzweise den Sohn, als Erben seines nicht unerheblichen Vermögens einsetzen. Seine Tochter soll jedoch im Wege des Vermächtnisses sein Mehrfamilienhaus erhalten. Es soll aber vermieden werden, dass seine geschiedene Ehefrau, die außer der gemeinsamen Tochter keine weiteren Abkömmlinge hat, im Falle des Todes der Tochter im Wege der gesetzlichen Erbfolge Gegenstände seines Nachlasses erlangt. Er möchte jedoch durch seine Verfügungen seiner Tochter ein Maximum an Verfügungsfreiheit unter Lebenden wie von Todes wegen ermöglichen. Insbesondere soll sie auch nach Belieben unentgeltliche Verfügungen vornehmen dürfen.

▸ **Muster:** 374

[Notarieller Urkundseingang]

[§ 1 Verhältnis zu früheren Verfügungen wie Muster Rdn. 321.]

§ 2 Erbeinsetzung

Ich setze hiermit meine Ehefrau..., mit der ich in zweiter Ehe verheiratet bin, zu meiner alleinigen Vollerbin ein.

Sollte die vorgenannte Erbin vor mir versterben oder aus einem sonstigen Grunde nicht zur Erbfolge gelangen oder sollten wir gleichzeitig oder aufgrund desselben Ereignisses innerhalb von vier Wochen nacheinander versterben, so soll Ersatzerbe unser gemeinsamer Sohn..., sein, wiederum ersatzweise dessen eheliche Abkömmlinge (einschließlich Adoptivkindern) nach Stämmen zu gleichen Teilen und nach den Regeln der gesetzlichen Erbfolge.

---

543 *Baltzer*, Das Vor- und Nachvermächtnis in der Kautelarjurisprudenz, Rn. 505.
544 *Baltzer*, Das Vor- und Nachvermächtnis in der Kautelarjurisprudenz, Rn. 509.
545 *Bühler*, BWNotZ 1967, 174, 180; Palandt/*Weidlich*, § 2179 Rn. 1; *Nieder/Kössinger*, § 10 Rn. 146; *Baltzer*, Das Vor- und Nachvermächtnis in der Kautelarjurisprudenz, Rn. 483.

Kapitel 5 Sicherung der Erwerbsaussichten für Endbedachte

§ 3 Vermächtnisanordnungen

Zulasten meines Erben ordne ich folgende Vermächtnisse zugunsten meiner aus erster Ehe stammenden Tochter ... an:

Sie erhält den mir gehörigen, lastenfreien Hausgrundbesitz in ..., ..., eingetragen im Grundbuch von ... Blatt ... als ..., soweit sich dieser Grundbesitz im Zeitpunkt meines Todes noch in meinem Eigentum befindet. Mit vermacht sind sämtliche Bestandteile und sämtliches Zubehör des Grundbesitzes.

Ersatzvermächtnisnehmer anstelle von ... sind deren Abkömmlinge (einschließlich Adoptivkindern) nach Stämmen zu gleichen Teilen und nach den Regeln der gesetzlichen Erbfolge.

Die mit der Vermächtniserfüllung verbundenen Kosten sowie etwaige Steuern trägt der Vermächtnisnehmer.

§ 4 Anordnung von Nach- und Untervermächtnissen

Den Vermächtnisnehmer zu § 3 belaste ich mit dem nachfolgenden Nachvermächtnis, das mit dem Todes des Vermächtnisnehmers anfällt:

Ich vermache diejenigen Vermögenswerte, die
– im Zeitpunkt des Todes des Vorvermächtnisnehmers von dem Vermächtnisgegenstand zu § 3 in dessen Nachlass noch vorhanden sind und
– die von Todes wegen an meine geschiedene Ehefrau ... fallen oder in die Berechnung ihres Pflichtteils nach dem Vorvermächtnisnehmer eingehen,

im Wege des Nachvermächtnisses den Personen, die der Vorvermächtnisnehmer durch lebzeitige Erklärung aus dem Kreise seiner Familienmitglieder auswählt. Zur Familie im vorgenannten Sinne zählt auch ein Lebensgefährte, jedoch nicht meine geschiedene Ehefrau ... sowie die Personen, die mit ihr in gerader Linie verwandt sind. Trifft der Vorausvermächtnisnehmer keine solche Auswahlentscheidung, steht diese einem von ihm in einer Verfügung von Todes wegen bestimmten Testamentsvollstrecker über seinen eigenen Nachlass zu. Bestimmt der Beschwerte keinen Testamentsvollstrecker mit dieser Aufgabe oder nimmt der Testamentsvollstrecker die Bestimmung nicht innerhalb von ... Monaten vor, sind Nachvermächtnisnehmer ... Ersatznachvermächtnisnehmer sind jeweils die Abkömmlinge (einschließlich Adoptivkindern) des jeweiligen Nachvermächtnisnehmers nach Stämmen zu gleichen Teilen und nach den Regeln der gesetzlichen Erbfolge.

Dem Nachvermächtnisnehmer gebührt nur der Überrest dessen, was vom Vermächtnisgegenstand bei Anfall des Nachvermächtnisses noch übrig ist.

Zusätzlich sind dem Nachvermächtnisnehmer jedoch im Rahmen es eines gesonderten aufschiebend bedingten Unter- und Verschaffungsvermächtnisses die Ersatzgegenstände (Surrogate entsprechend § 2111 BGB) vermacht, die an die Stelle von Nachlassgegenständen getreten sein sollten.

Bis zum Anfall des Nach-/Untervermächtnisses soll der Vorvermächtnisnehmer frei über den Vermächtnisgegenstand zu § 3 sowie seine etwaigen Surrogate (entsprechend § 2111 BGB) entgeltlich oder unentgeltlich verfügen können. Der Nachvermächtnisnehmer ist nicht berechtigt, irgendwelche Sicherheiten für die Erfüllung seines bedingten Vermächtnisanspruches (z. B. Auflassungsvormerkung) zu verlangen. Der Vorvermächtnisnehmer soll ferner, soweit dies gesetzlich möglich ist, von seinen schuldrechtlichen Verpflichtungen gegenüber den Nachvermächtnisnehmern (etwa gerichtet auf ordnungsgemäße Verwaltung) – auch soweit sie die Surrogate betreffen – befreit sein. Die dem Nach-/Untervermächtnis unterfallenden Gegenstände sind in dem Zustand geschuldet, in dem sie sich bei Erfüllung des Nach-/Untervermächtnisses befinden.

Bis zum Anfall des Nach-/Untervermächtnisses stehen die Nutzungen der vermachten Gegenstände dem Beschwerten zu. (alternativ:) Bis zum Anfall des Nach-/Untervermächtnisses gezogene Nutzungen der vermachten Gegenstände sind, soweit sie zu diesem Zeitpunkt noch vorhanden sind, mit vermacht.

Ein Ersatz von Verwendungen auf vermachte Gegenstände durch den Nach-/Untervermächtnisnehmer findet nicht statt. (alternativ:) Für den Ersatz von Verwendungen des Vorvermächtnisnehmers gelten die §§ 2124–2126 BGB entsprechend. (alternativ:) Ersatz von Verwendungen auf Nachlassgegenstände durch den Vermächtnisnehmer findet entsprechend §§ 2124–2126 BGB statt, jedoch nur insoweit, als diese bei Anfall des Vermächtnisses noch wertsteigernd vorhanden sind.

Die Anwartschaft des betreffenden Nachvermächtnisnehmers ist weder veräußerlich noch vererblich.

Sollte meine geschiedene Ehefrau ... nach einem der Nach-/Untervermächtnisnehmer gesetzliche Erbin sein, so ist zulasten dieses Nach-/Untervermächtnisnehmers ein Vermächtnis angeordnet, für das wiederum sämtliche vorstehenden Bestimmungen gelten. Der Notar hat auf die zeitliche Beschränkung für dieses weitere Vermächtnis durch §§ 2162, 2163 BGB hingewiesen.

(optional:) Sämtliche Anordnungen von Nach- und Untervermächtnissen sind auflösend dadurch bedingt, dass meine vorgenannte geschiedene Ehefrau ... und sämtliche Personen, mit der sie in gerader Linie verwandt ist, verstorben sind.

[§ 5 Anfechtungsausschluss, Sonstiges und Verlesungsvermerk
wie § 4 und Verlesungsvermerk bei Muster Rdn. 75.]

Muster für »Absicherungsfall«: Zielsetzung der Absicherung der Erwerbsaussichten des Endbedachten (mit Befugnis des Erstbedachten zum Verbrauch von Nachlassgegenständen – »Mischkonstellation«): **375**

Sachverhalt: Der Ehemann ist in zweiter Ehe verheiratet. Seine erste Ehefrau ist verstorben. Er hat aus zweiter Ehe einen Sohn und aus der ersten Ehe eine Tochter. Er möchte seine zweite Ehefrau, ersatzweise den Sohn, als Erben seines nicht unerheblichen Vermögens einsetzen. Seine Tochter, die einen Sohn hat, soll jedoch im Wege des Vermächtnisses sein Mehrfamilienhaus erhalten. Gegen die Tochter besteht seit drei Jahren schon ein Vollstreckungstitel. Sie ist zudem labil und durch Dritte extrem beeinflussbar. Der Vater sieht daher Bedarf, sie »vor sich selbst und dem Zugriff des Gläubigers zu schützen« und den Enderwerb des Hauses durch den einzigen Sohnes der Tochter zu sichern. Er möchte ihr daher die Verwaltung des Nachlasses entziehen. Der Vermächtnisgegenstand soll gegebenenfalls aber auch zu ihren Gunsten verbraucht werden können. Das Versorgungsinteresse seiner Tochter soll Vorrang haben vor den Erwerbsinteressen seines Enkels.

▶ **Muster:** **376**

[Notarieller Urkundseingang]

[§ 1 Verhältnis zu früheren Verfügungen

§ 2 Erbeinsetzung und

§ 3 Vermächtnisanordnungen jeweils wie bei Muster Rdn. 374.]

§ 4 Anordnung von Nach- und Untervermächtnissen

Den Vermächtnisnehmer zu § 3 belaste ich mit dem nachfolgenden Nachvermächtnis, das mit dem Tode des Vermächtnisnehmers anfällt:

Ich vermache den zugewandten Vermächtnisgegenstand, sofern er im Zeitpunkt des Todes des Vorvermächtnisnehmers zu § 3 in dessen Nachlass noch vorhanden sind, den Abkömmlingen meiner Tochter, bei mehreren untereinander nach Stämmen zu gleichen Teilen. Derzeit ist das einzige Kind meiner Tochter mein Enkelsohn ... Soweit der Vermächtnisgegenstand im Nachlass des Vorvermächtnisnehmers nicht mehr vorhanden sein, sind dem Nachvermächtnisnehmer im Rahmen es eines gesonderten aufschiebend bedingten Unter- und Verschaffungsvermächtnisses die Ersatzgegenstände (Surrogate entsprechend § 2111 BGB) vermacht, die an die Stelle des Vermächtnisgegenstandes getreten sein sollten.

Bis zum Anfall des Nach-/Untervermächtnisses soll der Testamentsvollstrecker gemäß § 5 frei über den Vermächtnisgegenstand zu § 3 sowie seine etwaigen Surrogate entsprechend § 2111 BGB verfügen können. Der Nachvermächtnisnehmer ist nicht berechtigt, irgendwelche Sicherheiten für die Erfüllung seines bedingten Vermächtnisanspruches (z. B. Auflassungsvormerkung) zu verlangen. Der Vorvermächtnisnehmer soll ferner, soweit dies gesetzlich möglich ist, von seinen schuldrecht-

Kapitel 5 Sicherung der Erwerbsaussichten für Endbedachte

lichen Verpflichtungen gegenüber dem Nachvermächtnisnehmer (etwa gerichtet auf ordnungsgemäße Verwaltung) – auch soweit sie die Surrogate betreffen – befreit sein. Die dem Nach-/Untervermächtnis unterfallenden Gegenstände sind in dem Zustand geschuldet, in dem sie sich bei Erfüllung des Nach-/Untervermächtnisses befinden.

Bis zum Anfall des Nach-/Untervermächtnisses stehen die Nutzungen der vermachten Gegenstände dem Beschwerten zu. (alternativ:) Bis zum Anfall des Nach-/Untervermächtnisses gezogene Nutzungen der vermachten Gegenstände sind, soweit sie zu diesem Zeitpunkt noch vorhanden sind, mit vermacht.

Ein Ersatz von Verwendungen auf vermachte Gegenstände durch den Nach-/Untervermächtnisnehmer findet nicht statt. (alternativ:) Ersatz von Verwendungen auf Nachlassgegenstände durch den Vermächtnisnehmer findet entsprechend §§ 2124–2126 BGB statt, jedoch nur insoweit, als diese bei Anfall des Vermächtnisses noch wertsteigernd vorhanden sind.

Die Anwartschaft des betreffenden Nachvermächtnisnehmers ist weder veräußerlich noch vererblich.

§ 5 Testamentsvollstreckung

Ich ordne für den Fall, dass meiner Tochter ... das Vorvermächtnis gemäß § 3 anfällt, für den Vermächtnisgegenstand und seine Surrogate (§ 2111 BGB) Testamentsvollstreckung an.

Testamentsvollstrecker soll sein ..., ersatzweise ... Weitere Ersatztestamentsvollstrecker soll bei Bedarf das Nachlassgericht bestellen. Jeder Ersatztestamentsvollstrecker muss jedoch im Zeitraum von dreißig Jahren nach dem Erbfall das Amt übernommen haben.

Aufgabe des Testamentsvollstreckers ist es,

a) den Vermächtnisgegenstand zu § 3 sowie dessen Surrogate entsprechend § 2111 BGB auf Dauer im Rahmen einer Verwaltungstestamentsvollstreckung zu verwalten und

b) im Sinne einer »verlängerten« Abwicklungsvollstreckung gemäß § 2223 BGB die Nach-/und Untervermächtnisse gemäß § 4 aus dem Nachlass meiner Tochter ... heraus zu erfüllen. Der Übertragungsakt hat dabei unverzüglich zu erfolgen.

Bezüglich der Verwaltungstestamentsvollstreckung treffe ich jeweils folgende für den Testamentsvollstrecker bindende Verwaltungsanordnung gemäß § 2216 Abs. 2 BGB:

Der Testamentsvollstrecker hat meiner Tochter ... aus den Erträgnissen des Nachlasses und – soweit diese nicht ausreichen – aus der Substanz jeweils Folgendes zuzuwenden:
- fortlaufende Überlassung von Geldbeträgen in der Höhe des jeweiligen Rahmens, der nach den zum jeweiligen Zeitpunkt gültigen gesetzlichen Vorschriften nicht pfändbar ist (§ 850b ZPO),
- Geschenke zu besonderen Anlässen wie z. B. Weihnachten, Ostern, Geburtstag, wobei bei der Auswahl der Geschenke auf die Bedürfnisse und Wünsche meiner Tochter ... einzugehen ist,
- Zuschüsse zur Finanzierung von Urlaub und Urlaubsgestaltung, Freizeitgestaltung, Hobbies,
- Zuschüsse für Kleidung etc.,
- Zuschüsse für Einrichtungsgegenstände und andere Güter des persönlichen Bedarfs.
- kostenfreie Überlassung des Gebrauchs einer Wohnimmobilie, die Teil des Vermächtnisgegenstandes oder sein Surrogat entsprechend § 2111 BGB ist.

Mir ist bekannt, dass auf den zugewendeten Pfändungsfreibetrag der Wert anderer der genannten Zuwendungen sowie pfändungsfreies Arbeitseinkommen angerechnet werden können. Solange nicht alle Forderungen aus Vollstreckungstiteln gegen meine Tochter verjährt sind, entfallen alle vorstehenden Verpflichtungen jedoch, wenn und soweit die Zuwendungen pfändbar wären.

Für welche der genannten Leistungen die Reinerträge des Vermögens bzw. der Substanz verwendet werden, bestimmt der Testamentsvollstrecker nach pflichtgemäßem Ermessen, wobei er immer die Interessen und Wünsche meiner Tochter ... zu beachten hat. Sollten die jeweiligen Reinerträge in einem Jahr nicht in voller Höhe für die vorbezeichneten Leistungen verwandt werden, so hat der Testamentsvollstrecker sie gewinnbringend anzulegen.

Das Interesse der Versorgung meiner Tochter hat stets Vorrang vor dem Erhalt von Vermächtnisgegenständen und ihrer Surrogate für meinen Enkelsohn als Endbedachten.

Die Dauer-Testamentsvollstreckung für meine Tochter... endet spätestens mit dem Tod des letzten im Einklang mit dem gemäß dem vorstehenden Absatz (2) bestimmten Ersatzvollstreckers, im übrigen mit ihrem Tod, unbeschadet der Fortdauer der Testamentsvollstreckung als Abwicklungsvollstreckung gemäß Absatz 3b).

Der Testamentsvollstrecker ist von allen gesetzlichen Beschränkungen und Verpflichtungen befreit, von denen Befreiung erteilt werden kann, auch von den Beschränkungen des § 181 BGB.

Die namentlich benannten Testamentsvollstrecker erhalten keine Vergütung, jedoch Ersatz ihrer Kosten und Auslagen. Alle weiteren Ersatztestamentsvollstrecker können eine angemessene Vergütung verlangen. Diese soll sich nach den Vorschlägen des Deutschen Notarvereins (sog. Neue Rheinische Tabelle) richten. Bei Meinungsverschiedenheiten über die Höhe der angemessenen Vergütung entscheidet der Präsident derjenigen Notarkammer als Schiedsgutachter für beide Seiten verbindlich gemäß § 317 BGB, in deren Bereich das zuständige Nachlassgericht liegt.

[§ 6 Anfechtungsausschluss, Sonstiges und Verlesungsvermerk
wie § 3 und Verlesungsvermerk bei Muster Rdn. 75.]

4. Steuerrecht

Gemäß § 6 Abs. 4 ErbStG werden Nachvermächtnisse erbschaftsteuerlich wie die Nacherbschaft behandelt (hierzu näher oben A. Rdn. 253–256), wenn der **Anfall des Nachvermächtnisses mit dem Tod des Vorvermächtnisnehmers** eintritt. Es kommt somit auch hier zu einer doppelten Besteuerung. Anders ist es gem. § 6 Abs. 4, 3 ErbStG, wenn ein **anderer Auslöser** für das Entstehen des Nachvermächtnisses gewählt wird. Dann wird das Vorvermächtnis als auflösend, das Nachvermächtnis als aufschiebend bedingter Anfall gewertet. Dies führt dazu, dass die vom Vorvermächtnisnehmer entrichtete Steuer in der Person des Nachvermächtnisnehmers **angerechnet** wird, während eine Korrektur beim Vorvermächtnisnehmer unterbleibt. 377

5. Checkliste

▶ **Checkliste: Vor-/Nachvermächtnis** 378

- ☐ Welche Fallgruppe des Nachvermächtnisses: »Ausschluss-« oder »Absicherungsfall«?
- ☐ Person des Nachvermächtnisnehmers – Bestimmung durch Erblasser oder Vorvermächtnisnehmer (§ 2151 BGB)?
- ☐ Ersatznachvermächtnisnehmer?
- ☐ Zeitpunkt des Entstehens des Nachvermächtnisanspruches (Anfall)?
- ☐ Vom Anfall abweichende Fälligkeit des Nachvermächtnisanspruches?
- ☐ Vorvermächtnisgegenstand: Nachvermächtnis »auf den Überrest«?, Zuwendung von Surrogaten des Vorvermächtnisgegenstandes im Wege des zusätzlichen Unter-/Verschaffungsvermächtnisses?
- ☐ Einhaltung der zeitlichen Grenze (§ 2162 BGB) bei gestuften Nachvermächtnissen?
- ☐ Ersatz der Verwendungen des Vorvermächtnisnehmers während der Schwebezeit?
- ☐ Herausgabe der Nutzungen des Vorvermächtnisnehmers während der Schwebezeit?
- ☐ Haftung des Vorvermächtnisnehmers für Eigenverbrauch, Verschlechterung oder Veräußerung des Vorvermächtnisgegenstandes?
- ☐ Flankierender Schutz des Nachvermächtnisnehmers (vor allem bei »Absicherungsfällen«) durch Auflassungsvormerkung, antizipierte Übereignung, Testamentsvollstreckung?
- ☐ Ausschluss der Veräußerbarkeit und Vererblichkeit der Anwartschaft des Nachvermächtnisnehmers?

C. Nießbrauchsvermächtnis

Literatur:

Bünger, Nießbrauch am Nachlaß und an Erbteilen, BWNotZ 1963, 100; *Harder*, Zur Lehre vom Eigentümernießbrauch, DNotZ 1970, 267; *Petzoldt*, Vorerbschaft und Nießbrauchsvermächtnis, BB 1975, Beil. 6; *Pöppel*, Grundstücksnießbrauch in der notariellen Praxis, MittBayNot 2007, 85; *Rohlff*, Nießbraucher und Vorerbe als Testamentsvollstrecker, DNotZ 1971, 518; *Schippers*, Aktuelle Fragen zum Grundstücksnießbrauch in der notariellen Praxis, MittRhNotK 1996, 197; *Schlieper*, Vor- und Nacherbschaft oder Nießbrauchsvermächtnis – Zur zweckmäßigen Gestaltung der Verfügung von Todes wegen-, MittRhNotK 1995, 249; *Schön*; Der Nießbrauch an Sachen, 1992.

I. Systematische Einführung

379 Will der Erblasser den Nachlass oder Nachlassgegenstände zunächst einem Erst- und sodann einem Endbedachten zugute kommen lassen, bietet sich als Alternative zur Vor- und Nacherbschaft die Erbeinsetzung verbunden mit einem Nießbrauchsvermächtnis an. Während die Vor- und Nacherbschaft ein echtes Nacheinander der Berechtigung – erst in der Person des Vor-, dann des Nacherben – bedeutet, gibt es beim Nießbrauchsvermächtnis genau genommen bei der Berechtigung am Nachlass kein Nacheinander, sondern ein zeitgleiches Nebeneinander: Der Erbe als »Endbedachter« wird mit dem Erbfall Eigentümer des Nachlasses, dem »Erstbedachten« ist jedoch für die Dauer des angeordneten Nießbrauchs die Nutzung des Nachlasses oder von Nachlassgegenständen zugeordnet. Diese aufgespaltete Berechtigung ähnelt im wirtschaftlichen Ergebnis der (insbesondere nicht befreiten) Vorerbschaft.[546] Während jedoch der Vorerbe als Eigentümer grundsätzlich verfügungsbefugt ist, erfolgt hier sofort eine Zuordnung der Substanz und des Eigentums nebst Verfügungsbefugnis zum »Endbedachten«. Deren Kehrseite ist ein vollständiger Ausschluss der Verfügungsbefugnis des Erstbedachten. Auf der Skala der in Betracht kommenden Grundgestaltungen beim Nacheinander von Erst- und Endbedachtem[547] bietet damit die **Nießbrauchslösung die intensivste Form des Schutzes des Endbeachten.**

1. Das Wesen und die Bestellung des Nießbrauchs

380 Der Nießbrauch ist das dingliche Recht, einen Gegenstand in Besitz zu nehmen, ihn zu verwalten, zu bewirtschaften und **die Nutzungen aus ihm zu ziehen** (§ 1030 Abs. 1, § 1036 Abs. 1 BGB). Da der Nießbrauch wesensmäßig Dienstbarkeit ist,[548] ist der Eigentümer nur zur **Duldung der Nutzung durch den Nießbraucher**, nicht aber zu eigenem positiven Tun verpflichtet, etwa zur Unterhaltung des Gegenstandes.[549] Der Nießbrauch ist nicht vererblich (§ 1061 BGB) und bei natürlichen Personen nicht übertragbar (§§ 1059, 1059a BGB). Seine Ausübung kann lediglich Dritten überlassen werden (§ 1059 S. 2 BGB). Die Befugnis zur Überlassung kann mit dinglicher Wirkung ausgeschlossen werden, was jedoch nicht die **Pfändbarkeit** des Nießbrauchs beseitigt.[550] Während dem Vorerben als Eigentümer die Verfügungsbefugnis grundsätzlich gemäß § 2112 BGB zusteht, hat der Nießbraucher diese Rechtsmacht ausschließlich hinsichtlich des Inventars beim Grundstücksnießbrauch (§ 1048 BGB).

381 Eine Verfügungsbefugnis des Nießbrauchers kann auch nicht als dinglicher Inhalt des Nießbrauchs (sog. Dispositionsnießbrauch) vereinbart werden.[551] Nur durch ergänzende **Ermächtigung gemäß § 185 Abs. 1 BGB**[552] oder Ernennung des Nießbrauchers zum **Testamentsvollstrecker** kann eine

---

546 MünchKommBGB/*Pohlmann*, vor § 1030 Rn. 9.
547 Siehe dazu oben Rdn. 1.
548 MünchKommBGB/*Pohlmann*, vor § 1030 Rn. 1.
549 BayObLG DNotZ 1973, 299, 301.
550 BGHZ 95, 99, 101.
551 Ganz h. M., Palandt/*Bassenge*, § 1030 Rn. 8.
552 BGH NJW 1982, 31, 32 spricht von »schuldrechtlichem Verfügungsrecht«.

Verfügungsmöglichkeit erreicht werden. Ein Zugriff auf die Substanz des belasteten Gegenstandes (z. B. teilweise Einziehung einer nießbrauchsbelasteten Forderung oder Verbrauch eines Gegenstandes) verstößt ebenfalls gegen das Wesen des Nießbrauchs und kann nur schuldrechtlich durch ergänzende Vermächtnisanordnung ermöglicht werden.[553]

Abzugrenzen ist der Nießbrauch als dingliches Recht von rein **schuldrechtlichen Nutzungsrechten**,[554] die auch Gegenstand eines »Nutzungsvermächtnisses« sein können.[555]

382

Der Nießbrauch kann an Sachen und Sachgesamtheiten (§§ 1030 bis 1067, 1085 bis 1089 BGB) sowie an Rechten (§§ 1068 bis 1084 BGB) bestellt werden. Die **Bestellung** erfolgt jeweils nach den für die Übertragung des betreffenden Gegenstandes geltenden Regeln (§§ 1032, 1069 BGB): z. B.: §§ 929 ff., 873, 398 BGB.

383

Der Nießbrauch kann einer Einzelperson oder auch mehreren in einem frei zu bestimmenden **Beteiligungsverhältnis** eingeräumt werden, insbesondere in Bruchteilsgemeinschaft (§§ 741 ff. BGB) oder als Gesamtberechtigten gemäß 428 BGB,[556] jedoch nicht als Mitberechtigten gem. § 432 BGB.[557] Anerkannt ist, dass der Eigentümer sich selbst einen Nießbrauch bestellen kann (**Eigentümernießbrauch**), soweit dabei die sachenrechtliche Publizität gewahrt ist.[558] Für Grundstücke ist diese Möglichkeit anerkannt.[559] Ein besonderes schutzwürdiges Interesse gem. § 1063 Abs. 2 BGB ist hierzu nicht erforderlich.[560] An Stelle der Einigung über die Bestellung des Rechts tritt bei zu belastenden Grundstücken in diesem Fall die einseitige Erklärung des Eigentümers.[561] Bei Mobilien wird die Möglichkeit eines Eigentümernießbrauchs bestritten.[562]

384

2. Das gesetzliche Schuldverhältnis zwischen Nießbraucher und Eigentümer

a) Gesetzliche Ausgestaltung

Das Nießbrauchsrecht begründet ein **gesetzliches Schuldverhältnis** zwischen den Beteiligten. Dieses regelt deren Rechtsbeziehungen schuldrechtlich, aber eigentümlicherweise als Inhalt des dinglichen Rechts.[563] Danach ist der Nießbraucher vor allem verpflichtet zur

385

- Erhaltung der Sache in ihrem wirtschaftlichen Bestand und zur gewöhnlichen Unterhaltung (§ 1041 BGB); hierzu zählen die Erhaltungsmaßnahmen, die bei ordnungsgemäßer Bewirtschaftung regelmäßig, d. h. wiederkehrend innerhalb kürzerer Zeitabstände, zu erwarten sind, wie etwa normale Verschleißreparaturen;[564]
- ordnungsgemäßen Bewirtschaftung (§§ 1036 Abs. 2, 1041 BGB)
- Erhaltung der bisherigen wirtschaftlichen Bestimmung der Sache (§ 1036 Abs. 2 BGB)
- Unterlassung einer wesentlichen Veränderung oder Umgestaltung der Sache (§ 1037 BGB)
- Tragung der laufenden öffentlichen und privaten Lasten (z. B. Schuldzinsen) und des Versicherungsbeitrages (§§ 1047, 1045 Abs. 2 BGB).

Nicht verpflichtet ist er, die öffentlichen Lasten zu tragen, die als auf den Stammwert der Sache gelegt anzusehen sind (§ 1047 BGB), z. B. Erschließungskosten. Er hat auch nicht die Tilgungsleistungen betreffend auf den Gegenstand ruhender Schulden zu erbringen. Dieser Lastenverteilung liegt

386

---

553 *Rohlff*, DNotZ 1971, 518, 522.
554 MünchKommBGB/*Pohlmann*, vor § 1030 Rn. 10.
555 *Nieder/Kössinger*, § 10 Rn. 159.
556 BGH NJW 1981, 176, 177.
557 H. M.: OLG München RNotZ 2009, 596, 597: mangels Unteilbarkeit des Nießbrauchs.
558 LG Hamburg DNotZ 1969, 39, 40; Palandt/*Bassenge*, § 1030 Rn. 3.
559 BGH, Beschl. v. 14.7.2011 – V DB 271/11, ZNotP 2011, 386.
560 BGH, Beschl. v. 14.7.2011 – V DB 271/11, ZNotP 2011, 386, 387.
561 LG Hamburg DNotZ 1969, 39, 40; *Harder*, DNotZ 1970, 267, 270; Palandt/*Bassenge*, § 1030 Rn. 3.
562 *Kanzleiter*, DNotZ 1999, 443 m. w. N.
563 RGZ 143, 231, 234; *Amann*, DNotZ 1989, 531, 534.
564 BGH, Urt. v. 23.1.2009 – V ZR 197/07, ZEV 2009, 349.

zugrunde, dass der Nießbraucher nur die Lasten tragen soll, deren Entrichtung aus dem Ertrag der Sache erwartet werden darf.[565]

387 Der Nießbraucher hat gemäß § 1050 BGB nicht für die **allgemeine Entwertung** der Sache bei ordnungsgemäßer Ausübung seines Rechtes einzustehen. Er hat die Sache folglich nur in ihrem wirtschaftlichen Bestand, nicht aber in ihrem Kapitalwert zu erhalten.[566]

388 Zur Vornahme von **außergewöhnlichen Ausbesserungen und Erneuerungen** ist der Nießbraucher berechtigt, aber nicht verpflichtet (§§ 1041, 1049 BGB), also z. B. nicht zur vollständigen Erneuerung der Dacheindeckung.[567] Ebenso ist aber auch der Eigentümer zur Vornahme von solchen Erhaltungsmaßnahmen berechtigt, nicht aber verpflichtet.[568] Nimmt der Nießbraucher solche Maßnahmen selbst vor, so hat er einen Verwendungsersatzanspruch lediglich nach den Vorschriften über die Geschäftsführung ohne Auftrag (§ 1049 Abs. 1 BGB). Daraus folgt, dass bei entgegenstehendem Willen des Eigentümers der Nießbraucher mit seinem Verwendungsersatzbegehren regelmäßig ausfallen wird; die Ausübung des Wegnahmerechtes (§ 1049 Abs. 2 BGB) wird aus praktischem Grund zudem meist ausscheiden.[569] Anders als der Vorerbe bei subjektiv notwendigen Verwendungen (§ 2124 Abs. 2 BGB), kann der Nießbraucher auch nicht die Aufwendungen aus dem Gegenstand bestreiten. Bei außergewöhnlichen Ausbesserungen ist somit die **Stellung des Nießbrauchers deutlich schlechter als die des Vorerben**.

b) Dingliche Änderung des gesetzlichen Schuldverhältnisses durch die Beteiligten

389 Die Beteiligten können mit dinglicher Wirkung die gesetzlichen Regeln über das gesetzliche Schuldverhältnis zugunsten beider Seiten **abweichend regeln**.[570] Beim Nießbrauch am Grundstück ist dies durch Eintragung der Einigung im Grundbuch zu erzielen. Nicht zur Disposition steht jedoch der **Wesenskern des Nießbrauchs**. Dieser wird umrissen durch den Ausschluss von aktiven Leistungspflichten des Eigentümers, die begriffswesentliche Grenze zwischen Eigentum und Nießbrauch sowie den Grundsatz der Erhaltung der Substanz der mit dem Nießbrauch belasteten Sache.[571] Mit **dinglicher Wirkung unabdingbar** sind damit z. B.:[572]

- die Pflicht zur körperlichen Erhaltung der Sache (§ 1041 S. 1 BGB)[573]
- das Besitzrecht des Nießbrauchers (§ 1036 Abs. 1 BGB)
- die Pflicht zur ordnungsgemäßen Wirtschaft (§ 1036 Abs. 2 BGB)
- das Verbot der Umgestaltung (§ 1037 Abs. 1 BGB, str.)
- die Regelungen über die übermäßige Fruchtziehung (§ 1039 Abs. 1 BGB)
- die ausgeschlossene Haftung des Nießbrauchers für die im Lauf der Zeit eintretende Kapitalwertminderung (§ 1050 BGB)[574]
- nach einer Meinung der Haftungsmaßstab des § 276 BGB: Eine Haftung lediglich für diligentia quam in suis (vgl. § 2131 BGB) kann nicht dinglich vereinbart werden.[575]

---

565 MünchKommBGB/*Pohlmann*, § 1047 Rn. 1.
566 BGH, Urt. v. 23.1.2009 – V ZR 197/07, ZEV 2009, 349.
567 BGH, Urt. v. 23.1.2009 – V ZR 197/07, ZEV 2009, 349.
568 BGHZ 52, 234, 237; 113, 179, 184.
569 *Schlieper*, MittRhNot 1995, 249, 253.
570 MünchKommBGB/*Pohlmann*, vor § 1030 Rn. 14.
571 BayObLG DNotZ 1973, 299, 300; MünchKommBGB/*Pohlmann*, vor § 1030 Rn. 21.
572 MünchKommBGB/*Pohlmann*, vor § 1030 Rn. 21.
573 BayObLG MittBayNot 1977, 189; *Schippers*, MittRhNotK 1996, 197, 200.
574 MünchKommBGB/*Pohlmann*, § 1050 Rn. 3.
575 OLG Frankfurt a. M., Beschl. v. 23.8.2014 – 20 W 39/13, NotBZ 2014, 384; *Schlieper*, MittRhNot 1995, 249, 254; a. A. die wohl h. M. in der Literatur: *Frank*, DNotZ 2006, 472; *Pöppel*, MittBayNot 2007, 88, 90.

Die anderen Bestimmungen des Gesetzes, die das gesetzliche Schuldverhältnis ausgestalten, stehen demgegenüber mit dinglicher Wirkung zur Disposition der Beteiligten. In der Praxis besonders bedeutsam ist die abweichende Regelung der Lastentragung in § 1047 BGB. Diese wird in der Praxis regelmäßig der individuellen Interessenlage angepasst.

390

Die Beteiligten sind nicht gehindert, das dem Nießbrauch zugrunde liegende Kausalverhältnis **mit lediglich schuldrechtlicher Wirkung** abweichend auszugestalten. Diese schuldrechtlichen Vereinbarungen können **auch einen Inhalt haben, der dinglich nicht vereinbart werden kann**.[576]

391

3. Besondere Erscheinungsformen des Nießbrauchs

a) Der Bruchteilsnießbrauch

Der Nießbrauch kann auch an einem Miteigentumsanteil eines Miteigentümers bestellt werden (§ 1066 BGB). Ein solcher Nießbrauch wird als solcher an der Sache behandelt.[577] Darüber hinaus ist jedoch anerkannt, dass auch der **Alleineigentümer einen ideellen Bruchteil seines Eigentums** mit einem Nießbrauch belasten kann, obgleich ein ideeller Miteigentumsanteil gar nicht vorhanden ist. Dies folgt aus dem Fehlen einer den §§ 1095, 1114 BGB entsprechenden Vorschrift für den Nießbrauch.[578] Belastungsgegenstand des Nießbrauchs ist in diesem Fall nur der (unabgeteilte) Bruchteil, während der Rest unbelastet bleibt.

392

Für das Verhältnis zwischen Eigentümer und Nießbraucher besteht eine Nutzungs- und Verwaltungsgemeinschaft, auf die §§ 741 ff. BGB entsprechend anzuwenden sind.

393

b) Quotennießbrauch

Möglich ist es nach BGH und h. M. auch, den gesamten Gegenstand mit einem Nießbrauch zu belasten, der jedoch nur auf eine bestimmte Quote der Gesamtnutzung gerichtet ist (sog. **Quotennießbrauch**).[579] Es dürfte auch möglich sein, einen Quotennießbrauch an einem Miteigentumsanteil zu bestellen.[580] Das Verhältnis zwischen Eigentümer und Nießbraucher richtet sich nach den §§ 1041 bis 1048 BGB; soweit Kosten durch die gemeinsame Nutzungsziehung und die gemeinsame Verwaltung bedingt sind (z. B. Rechtsverfolgungskosten), gelten hingegen die Bestimmungen über der §§ 741 ff., insbes. § 748 BGB, für die Nutzungs- und Verwaltungsgemeinschaft entsprechend.[581]

394

c) Nießbrauch am gesamten Nachlass

Als Unterfall des Nießbrauchs an einem Vermögen (§§ 1085 ff. BGB) ist auch die Bestellung an der gesamten Erbschaft möglich (§ 1089 BGB). Wie § 1085 BGB klarstellt, wird hierbei das Spezialitätsprinzip nicht aufgegeben: Es handelt sich um ein **Nießbrauch an den einzelnen Nachlassgegenständen**, der jeweils nach den dafür geltenden Regeln zu bestellen ist. Die mögliche Bestellung eines Nießbrauchs an einem Bruchteil der Erbschaft ist wiederum ein Bruchteilsnießbrauch an allen Nachlassgegenständen. Ist ein Nachlassgegenstand nicht übertragbar, scheidet auch eine Nießbrauchsbestellung an ihm aus (§ 1069 Abs. 2 BGB); dann wird jedoch im Wege der Auslegung eine Pflicht zur Nutzungsüberlassung an dem Gegenstand anzunehmen sein.[582]

395

---

576 Allg.M. BGH, Urt. v. 23.1.2009 – V ZR 197/07, ZEV 2009, 349; Palandt/*Bassenge*, vor § 1030 Rn. 4.
577 Palandt/*Bassenge*, § 1066 Rn. 1.
578 KG JW 1936, 2747; LG Wuppertal MittRhNot 1996, 234; Palandt/*Bassenge*, § 1066 Rn. 4.
579 BGH, Urt. v. 6.6.2003 – V ZR 392/02 DNotZ 2004, 140, 141; KG JW 1936, 2747; BayObLG DNotZ 1974, 241, 242.
580 OLG Schleswig, Urt. v. 6.11.2008 – 2 W 174/08, DNotI-Report 2009, 86; DNotI-Gutachten Nr. 61887; MünchKommBGB/*Pohlmann*, § 1030 Rn. 41; dag. Staudinger/*Frank*, § 1030 Rn. 41.
581 BGH, Urt. v. 6.6.2003 – V ZR 392/02 DNotZ 2004, 140, 141; Palandt/*Bassenge*, § 1030 Rn. 5.
582 MünchKommBGB/*Pohlmann*, § 1085 Rn. 5.

396 Mit Ausscheiden eines Gegenstandes aus dem Nachlass erlischt das Nießbrauchsrecht an ihm ebenso wenig, wie der zum Nachlass hinzu erworbene neue Gegenstand automatisch im Sinne einer **Surrogation** dem Nießbrauch unterworfen wird.[583] Eine Surrogation kann schuldrechtlich angeordnet werden, indem der Erblasser dem Nießbraucher zusätzlich den Anspruch auf Bestellung des Nießbrauchs an Ersatzgegenständen zuwendet.

397 Der **Nießbraucher an einer Erbschaft haftet** zwingend mit den nießbrauchsbelasteten Gegenständen **für alle Nachlassverbindlichkeiten** (§ 1086 BGB). Hierzu gehört nicht die Erbschaftssteuer.[584] Aus dem Erblasserwillen kann sich allerdings anderes ergeben.[585] Der Erbe ist ferner berechtigt, vom Nießbraucher die nießbrauchsfreie Herausgabe der Nachlassgegenstände zu verlangen, die er zur Befriedigung der Nachlassgläubiger benötigt (§ 1087 BGB). Er kann daher insoweit die Bestellung des Nießbrauchs gegebenenfalls von vornherein einredeweise verweigern.[586] Eine gesamtschuldnerische **persönliche Haftung des Nießbrauchers** gegenüber den Nachlassgläubigern besteht gemäß § 1088 Abs. 1 S. 1 BGB unabdingbar für wiederkehrende Leistung (z. B. Zinsen auf Nachlassforderungen); im Innenverhältnis zwischen Erben und Nießbraucher ist der Nießbraucher allein verpflichtet (§ 1088 Abs. 3 S. 1 BGB). Soweit das Gesetz nur das Innenverhältnis von Erbe und Nießbraucher regelt (§§ 1087, 1088 Abs. 3 BGB), sind die Bestimmungen dispositiv.[587]

d) Nießbrauch am Erbteil

398 Ein Nießbrauch kann an dem Erbteil eines von mehreren Miterben begründet werden. Es handelt sich dann um einen Rechtsnießbrauch gemäß § 1068 BGB. Zur Bestellung bedarf es der notariellen Beurkundung (§§ 2033 Abs. 1, 1069 Abs. 1 BGB). Beim Erbteilsnießbrauch besteht **kein dingliches Recht an einzelnen Gegenständen des Nachlasses**.[588] Andererseits werden die Gegenstände, die im Wege der dinglichen Surrogation gem. § 2041 BGB in den Nachlass gelangt sind, durch den Nießbrauch am Erbteil mittelbar automatisch erfasst.[589] Analog § 1066 BGB nimmt der Nießbraucher die Verwaltungs- und Nutzungsrechte in der Erbengemeinschaft an Stelle der Erben war.[590] Die **Auseinandersetzung der Erbschaft** und **sonstige Verfügungen** über Nachlassgegenstände können gemäß § 1071 BGB **nur mit Zustimmung des Nießbrauchers** erfolgen.[591] Die Verfügungsbeschränkung beim Erbteilsnießbrauch ist im Grundbuch eintragungsfähig.[592] §§ 1086 bis 1088 BGB gelten, da es sich um einen Rechtsnießbrauch handelt, nicht.[593]

e) Nießbrauch an allen Erbteilen

399 Bei der Einsetzung von Miterben hat der Erblasser, will er den ganzen Nachlass zum Nießbrauchsgegenstand machen, die **Wahl zwischen** dem **Nießbrauch am Nachlass** nach § 1089 BGB oder demjenigen **an allen Erbteilen**.[594] In der wirtschaftlichen Auswirkung sind beide Varianten weitestgehend gleich,[595] rechtlich jedoch im Ansatz grundverschieden und daher **strikt auseinander zu halten**. Im ersten Fall handelt es sich um einen **Sach-** im zweiten um einen **Rechtsnießbrauch**. Daraus ergeben sich vor allem folgende Unterschiede:

---

583 OLG Bremen DB 1970, 1436; MünchKommBGB/*Pohlmann*, § 1089 Rn. 8.
584 RGZ 172, 147, 148 f.
585 BFH BStBl. II 1979, S. 562, 564.
586 BGHZ 19, 309, 312.
587 RGZ 153, 29, 30 f.; Palandt/*Bassenge*, § 1088 Rn. 2.
588 MünchKommBGB/*Pohlmann*, § 1089 Rn. 14.
589 *Bünger*, BWNotZ 1963, 100, 101; MünchKommBGB/*Pohlmann*, § 1089 Rn. 14.
590 MünchKommBGB/*Pohlmann*, § 1089 Rn. 14; Palandt/*Bassenge*, § 1089 Rn. 2.
591 OLG Hamm DNotZ 1977, 376, 378; MünchKommBGB/*Pohlmann*, § 1089 Rn. 14; Palandt/*Bassenge*, § 1089 Rn. 2.
592 OLG Hamm DNotZ 1977, 376, 378; *Bünger*, BWNotZ 1969, 100, 102.
593 Palandt/*Bassenge*, § 1089 Rn. 2.
594 Zu Zulässigkeit: RGZ 153, 29, 30 f.
595 *Nieder/Kössinger*, § 10 Rn. 169.

– Der Nießbrauch an allen Erbteilen ist durch **einen Bestellungsakt** gemäß §§ 2033 Abs. 1, 1069 Abs. 1 BGB zu begründen, der Nießbrauch am gesamten Nachlass durch eine Fülle von Einzelakten.
– Eine **Verfügung über Nachlassgegenstände** bedarf beim Sachnießbrauch nicht der Zustimmung des Nießbrauchers, lässt den Nießbrauch jedoch unberührt. Demgegenüber bedürfen bei einem Nießbrauch an allen Erbteilen Verfügungen über Nachlassgegenstände der Zustimmung des Nießbrauchers (§§ 1071, 1066 Abs. 2 BGB), der Gegenstand scheidet dann aber unbelastet aus dem Nachlass aus.[596]
– Der Nießbrauch an allen Erbteilen erfasst automatisch über § 2041 BGB den **Nachlass in seinem jeweiligen Bestand**, währen beim Nachlassnießbrauch eine Surrogation nur umständlich durch zusätzliche Vermächtnisanordnung möglich ist.

Danach sollte der Erblasser den **Nießbrauch an allen Erbteilen** insbesondere in folgenden Fällen wählen:

400

– Dem Nießbraucher soll ein **Mitspracherecht** bei Erbauseinandersetzung und anderen Verfügungen über Nachlassgegenstände zustehen, ohne dass er als Testamentsvollstrecker allein verfügungsberechtigt über den Nachlass sein soll.[597]
– Die **Nachlasszusammensetzung ist größeren Wandlungen** unterworfen und der Nießbrauch soll sich auf die Neuzugänge zum Nachlass erstrecken, ohne dass es einer erneuten Nießbrauchsbestellung bedarf.

II. Bewertung des Nießbrauchsvermächtnisses

In besonderer Weise vergleichbar ist die Stellung des Nießbrauchers mit der des nicht befreiten Vorerben. Aber die Stellung des Nießbrauchers kann auch der des befreiten Vorerben angenähert werden, indem man den Nießbraucher zugleich zum Testamentsvollstrecker einsetzt, ihn damit zu Verfügungen und durch schuldrechtliche Ermächtigung sogar zum Verbrauch des Nachlasses ermächtigt. Das Nießbrauchsvermächtnis **konkurriert in der Gestaltungspraxis also durchaus mit allen Formen der Vor- und Nacherbschaft**. Bei der Entscheidung für Vor- und Nacherbschaft oder Nießbrauchsvermächtnis sind beide Varianten in jeder einzelnen Fallkonstellation auf ihre Vor- und Nachteile hin zu überprüfen. Zu beachten sind etwa folgende Gesichtspunkte:

401

– Wie der Abriss über das gesetzliche Schuldverhältnis zwischen Eigentümer und Nießbraucher zeigt,[598] sind auch beim Nießbrauch die Rechtsbeziehungen zwischen »Erst-« und »Endbedachtem« durchaus komplex. Dass hier ein signifikanter Vorteil bei der **Handhabbarkeit** gegenüber der Vor- und Nacherbschaft besteht, kann nicht ohne weiteres behauptet werden.

402

– Bei einer Kombination von Nießbrauch und Testamentsvollstreckeramt des Nießbrauchers ist der Erstbedachte wegen § 2205 S. 3 BGB an unentgeltlichen Verfügungen gehindert. Insoweit ergibt sich keine Unterschied zum befreiten Vorerben. Da der Testamentsvollstrecker zudem von der Pflicht zur ordnungsgemäßen Verwaltung des Nachlasses nicht entbunden werden kann (§ 2220 BGB) und wegen § 1036 Abs. 2 BGB die Zweckbestimmung der Nachlassgegenstände erhalten muss, ist seine **Pflichtenbindung gegenüber dem Erben unabdingbar stärker als die zwischen Vor- und Nacherben**.[599]

403

– Ein **Nachteil des Nießbrauchs** besteht darin, dass dieser durch den Erblasser nur schuldrechtlich zugewendet werden kann, eine automatische Entstehung mit dem Erbfall ausgeschlossen ist.[600] Hieraus folgen zwei rein praktische Nachteile: Zum einen kann, wenn eine rechtliche Beratung nach dem Erbfall fehlt, die Notwendigkeit des Bestellungsaktes von Laien verkannt und damit die **Bestellung des vermachten dinglichen Rechtes vergessen** werden.[601] Zum anderen kann

404

---

596 *Bünger*, BWNotZ 1963, 100, 102 f.; *Nieder/Kössinger*, § 10 Rn. 169.
597 *Bünger*, BWNotZ 1963, 100, 103; *Nieder/Kössinger*, § 10 Rn. 169.
598 Siehe oben Rdn. 385 ff.
599 *Schlieper*, MittRhNotK 1995, 249, 253.
600 MünchKommBGB/*Pohlmann*, § 1089 Rn. 3.
601 *Nieder/Kössinger*, § 10 Rn. 161.

die Bestellung des Nießbrauchs **aufwendig** und mit **Zusatzkosten** verbunden sein. Im einzelnen richtet sich dies auch danach, ob man den Vermögensnießbrauch an allen Nachlassgegenständen oder aber den Nießbrauch am Erbteil oder allen Erbteilen wählt.

405 – Wenn der Erbe ohne Zugriff auf die Nachlasssubstanz seinen Lebensunterhalt nicht selbst bestreiten kann, da er selbst über kein hinreichendes Einkommen verfügt, scheidet die reine Nießbrauchslösung aus. In einem solchen Fall sind zumindest begleitend Vermächtnisse anzuordnen, die den Erben für die Zeit des bestehenden Nießbrauchs mit liquiden Mitteln ausstatten.[602]

406 – Der **große Vorteil der Nießbrauchslösung** besteht darin, dass der Nachlass insgesamt nur **einmal der Erbschaftsteuer** unterliegt.[603] Dies ist dann von großem Gewicht, wenn bei Vor- und Nacherbschaft die Doppelbesteuerung des Nachlasses droht. Das ist bei größeren Vermögen der Fall. In der überwiegenden Zahl der Fälle kommt es dagegen nach dem seit 1.1.2009 geltenden Erbschaftssteuerrecht wegen der erhöhten Freibeträge zu gar keiner Doppelbesteuerung. Potentiell nachteilig ist bei der Nießbrauchslösung auch die **zeitgleich eintretende Steuerpflicht von Erbe und Nießbraucher**. Da der Erbe, solange der Nießbrauch besteht, keinerlei Erträge ziehen kann, wird die sofortige Steuerbelastung bei fehlendem Eigenvermögen des Erben problematisch sein. Bei wirtschaftlich engeren Verhältnissen der Beteiligten ist daher die Nießbrauchslösung meistens als nicht sinnvoll anzusehen. Hier ist die Vor- und Nacherbschaft günstiger, da der Nacherbe erst nach Erbfall steuerpflichtig wird und der Vorerbe die Steuer aus dem Nachlass zu erfüllen berechtigt ist (§ 2124 Abs. 2 BGB, § 22 ErbStG). Weiter ist zu berücksichtigen, dass beim Nießbrauchsvermächtnis ertragsteuerlich[604] zwingend ein Zuwendungsnießbrauch angenommen wird und bei diesem das noch bestehende **AfA-Volumen** mit dem Erbfall **vollständig verloren** geht. Ertragsteuerlich günstiger ist daher die Vorerbenstellung des Erstbedachten. Bei der steuerlichen Bewertung ist festzuhalten, dass das Nießbrauchsvermächtnis erbschaftsteuerlich äußerst vorteilhaft sein kann, jedoch – etwa bei »normalen« Vermögen innerhalb der Freibeträge – nicht sein muss. Demgegenüber kann sich das Nießbrauchsvermächtnis einkommensteuerlich durchaus nachteilig auswirken. Die steuerliche Bewertung der Gestaltungsalternative Vor- und Nacherbschaft oder Nießbrauchsvermächtnis **muss stets im Einzelfall, und zwar durch einen steuerlichen Berater, geprüft werden.**[605]

407 Danach wird die Nießbrauchslösung aus erbschaftssteuerlichen Gründen vor allem bei größeren Vermögen in Betracht zu ziehen sein.

III. Die Gestaltung des Nießbrauchsvermächtnisses

1. Allgemeine Gestaltungsgesichtspunkte

408 Zunächst ist, um Unklarheiten und Streit zu vermeiden, in jedem Fall der **Belastungsgegenstand des Nießbrauchs klar zu bezeichnen**. Es geht hierbei in erster Linie um die Abgrenzung zwischen Nießbrauch am Nachlass als »gebündelten« Sachnießbrauchsrechten und dem Nießbrauch an allen Erbteilen. Diese werden häufig wegen der vergleichbaren wirtschaftlichen Auswirkungen nicht hinreichend auseinander gehalten. Da sie jedoch rechtlich andere Folgen haben, ist hier eine klare Einordnung durch den Erblasser notwendig.

409 Weiter sollte der Gestalter, um Zweifel auszuschließen, die **Dauer des vermachten Nießbrauchs** bestimmen. Regelmäßig wird dem Versorgungscharakter durch eine lebenslange Nießbraucherstellung Rechnung getragen werden. Denkbar sind jedoch auch Befristungen und auflösende Bedingungen, deren Anordnung im Rahmen der allgemeinen Grenzen möglich ist (§§ 134, 138, 242 BGB).

---

602 *Schlieper*, MittRhNotK 1995, 249, 264.
603 Zum Erbschaftsteuerrecht siehe ausführlich unten Rdn. 442.
604 Hierzu siehe unten Rdn. 449.
605 *Schlieper*, MittRhNotK 1995, 249, 258.

Die **Wiederverheiratung** als auflösende Bedingung vorzusehen ist im Lichte der Hohenzollern-Ent- **410** scheidung des BVerfG,[606] nach der die Eheschließungsfreiheit (Art. 6 GG) auch bei der Errichtung erbrechtlicher Verfügungen zu berücksichtigen sein soll, nicht unproblematisch.[607] Im Einzelfall dürfte eine solche Klausel jedoch zulässig sein, wenn die wirtschaftliche Auswirkung auf den länger lebenden und durch Nießbrauch abgesicherten Ehegatten sich für diesen in zumutbaren Grenzen halten. Ist die Beendigung des Nießbrauchs bei Wiederverheiratung gewünscht, ist regelmäßig für eine angemessene **Kompensation** des länger lebenden Ehegatten Sorge zu tragen. In Betracht kommt hier weniger, den Ehegatten aufschiebend bedingt durch die Wiederverheiratung auf seinen gesetzlichen Erbteil (ggfs. ohne das »Zugewinnviertel«) einzusetzen. Dadurch entstünde eine konstruktive Vor- und Nacherbschaft; die Erben wären allein wegen des möglichen Bedingungseintrittes von Anfang an den Beschränkungen der Nacherbschaft unterworfen.[608] Weniger einschneidend ist daher eine Abfindung über ein Vermächtnis (z. B. in Höhe des gesetzlichen Erbteils ohne »Zugewinnviertel« oder bzgl. eines werthaltigen Vermögensgegenstandes). In Betracht kommt wiederum ein Zweckvermächtnis (§ 2156 BGB), bei dem die Erben zur Auswahl des Vermächtnisgegenstandes befugt sind.

Das Nießbrauchsvermächtnis wirkt rein schuldrechtlich und bedarf daher des **dinglichen Vollzugs**. **411** Es stellt sich zunächst die Frage, welche Rechtslage in der Zwischenzeit bis zur Vollendung des Erwerbs des dinglichen Rechts durch den Vermächtnisnehmer gelten soll. Regelmäßig wird gewünscht sein, dass **ab dem Erbfall der Nießbrauch bereits schuldrechtlich** zwischen den Beteiligten **gelten** soll. Es ist umstritten, ob dies auch ohne ausdrückliche Regelung im Wege der (typisierten) Auslegung anzunehmen ist.[609] Daher ist die Frage ausdrücklich in der Verfügung zu regeln.

Es besteht die Gefahr, dass von rechtlich nicht beratenen Beteiligten der dingliche Bestellungsakt **412** versäumt wird. Von großem praktischem Vorteil wäre es daher, insbesondere bei der Bestellung des Nießbrauchs an Grundstücken, wenn der **dingliche Bestellungsakt (nebst Eintragungsbewilligung) in der Verfügung von Todes wegen antizipiert** werden könnte.[610] Die dingliche Einigung bedarf zweier Erklärungen, der des Erblassers/Erben und des Vermächtnisnehmers. Beide vorzufertigen, stößt konstruktiv jedoch auf Schwierigkeiten. Diese wären nur zu überwinden, wenn man die einseitige Erklärung des Erblassers in der Verfügung von Todes wegen als Bestellung eines Eigentümernießbrauchs ansieht und mit dem Erbfall sodann die Beteiligung des Vermächtnisnehmers für entbehrlich erachtete. Der Eigentümernießbrauch ist zumindest für Grundstücke anerkannt.[611] Es wäre dann gleichsam der Eigentümernießbrauch Vermächtnisgegenstand.[612] Wenn der Nießbrauch schon im Grundbuch eingetragen wäre, das dingliche Recht also schon bestünde, stünde einer solchen Konstruktion jedoch § 1059 S. 1 BGB entgegen. Wenn aber das Recht noch nicht besteht, kann die Erklärung des Vermächtnisnehmers nicht als entbehrlich für die Rechtsbegründung angesehen werden. Hinzu kommt, dass bei Grundstücken, bei denen die Gestaltung im wesentlich in Betracht käme, immerhin noch der Eintragungsantrag zu stellen wäre, ein weiterer vom Vermächtnisnehmer zu veranlassender Schritt also gerade nicht vollständig vermieden wird. Dann aber sollte wegen ihres geringen praktischen Ertrags und zugleich bestehenden erheblichen dogmatischen Zweifeln auf diese Konstruktion verzichtet werden. Statt dessen sollte man einen **eindringlicher Belehrungsvermerk über die Notwendigkeit eines dinglichen Vollzugs** in die Verfügung aufnehmen. Dieser Vermerk kann, wenn der Nießbraucher nicht ohnehin Testamentsvollstrecker ist, ggfs. mit einer Vollmacht zugunsten des Vermächtnisnehmers kombiniert werden, die ihn zur Bestellung ermächtigt.

---

606 Beschl. v. 22.3.2004 – 1 BvR 2248/01, DNotZ 2004, 798.
607 Vgl. *Scheuren/Brandes*, ZEV 2005, 185.
608 Siehe oben A. Rdn. 126 ff.
609 KG NJW 1964, 1808, 1809, will (zu Unrecht) dem Vermächtnisnehmer die Nutzungen beim Grundstücksnießbrauch erst ab dessen Eintragung im Grundbuch zusprechen.
610 So *Nieder/Kössinger*, § 10 Rn. 161; *Mayer*, BWNotZ 1997, 62.
611 Siehe oben Rdn. 384.
612 Dies halten *Nieder/Kössiger* § 10 Rn. 160, für möglich.

413 Der Nießbrauch ist nicht übertragbar, kann jedoch in seiner Ausübung Dritten überlassen werden (§ 1059 BGB). Anerkanntermaßen kann die **Überlassung des Nießbrauchs** zur Ausübung an Dritte mit dinglicher Wirkung **ausgeschlossen** werden.[613] Freilich wird hierdurch die Pfändbarkeit des Nießbrauchs nicht ausgeschlossen.[614] Es kann im Einzelfall durchaus im Interesse des Erblassers liegen, dass dem »Erstbedachten«, dem Nießbraucher, die Nutzungen nur persönlich zustehen sollen und dieser nicht in der Lage sein soll, während des Bestehen des Nießbrauchs die Ausübung dritten Personen zugänglich zu machen. In diesem Fall sollte ausdrücklich die Überlassung des Nießbrauchs an Dritte in der Verfügung von Todes wegen ausgeschlossen werden. Bei der dinglichen Bestellung des Nießbrauchs ist dieser Umstand als Inhalt der dinglichen Einigung zu fassen.

414 In weitem Umfang ist das zwischen Nießbraucher und Eigentümer bestehende gesetzliche Schuldverhältnis der abweichenden dinglichen Ausgestaltung zugänglich. Insbesondere kommt dies für die **Lastentragung nach § 1047 BGB** in Betracht. Diese Lastenverteilung kann bei auf den Nachlassgegenständen ruhenden Verbindlichkeiten zu erheblichen Problemen führen. So hat die Zinsen von bestehenden Verbindlichkeiten der Nießbraucher zu tragen, der diese aus den Einnahmen bestreiten können wird – so die gesetzgeberische Grundannahme. Demgegenüber liegt die Tilgungsleistung beim Eigentümer. Dies mag dann unproblematisch sein, wenn der Eigentümer, dem keinerlei Erträge aus dem nießbrauchsbelasteten Gegenstand zufließen, eigene Mittel zur Verfügung hat. Daran aber wird es nicht selten fehlen, etwa im Falle der Erbenstellung minderjähriger Kinder. In diesem Fall könnte es äußerstenfalls auf Grund der Lastentragungsregel des § 1047 BGB zu einer Zwangsvollstreckung aus vorgehenden Grundpfandrechten oder wegen etwaiger Erschließungskosten kommen.[615] Es bietet sich als Ausweg an, entweder durch zusätzliche Vermächtnisse **den Erben mit liquiden Nachlassmitteln auszustatten** oder aber ihm das Recht auf Bestreitung der Tilgungsleistung aus der Nachlasssubstanz einzuräumen.[616] Ist der Nießbraucher seinerseits hinreichend leistungsfähig oder decken die Erträge auch etwaige Tilgungsleistungen, so liegt eine Modifikation der Lastentragung dahingehend näher, dass sämtliche Lasten und Kosten, auch die Tilgungsleistungen, vom Nießbraucher zu tragen sind. In diesem Falle stehen dem Nießbraucher nur noch die »Netto-Erträge« zu (sog. **Netto-Nießbrauch**).[617] Dies kann insbesondere einkommensteuerlich günstig sein, da nur der Nießbraucher Werbungskosten geltend machen kann.[618] Umgekehrt kann es im Einzelfall auch zweckmäßig sein, die Lastentragung abweichend von der differenzierenden Ausgestaltung in § 1047 BGB vollständig dem Erben (Eigentümer) aufzubürden (sog. **Brutto-Nießbrauch**: dem Nießbraucher verbleiben die »Brutto-Erträge«). Eine solche Gestaltung kommt freilich nur in Betracht, wenn der Erbe über hinreichendes eigenes Vermögen verfügt. Bei der Erbenstellung von Kindern und der Nießbrauchszuwendung an den überlebenden Ehegatten kommen auch **zeitlich differenzierende Lösungen** in Betracht. So könnte z. B. bis zum Bezug eigenen Einkommens durch die Kinder ein Netto-Nießbrauch, nach diesem Zeitpunkt zur Entlastung des abzusichernden Ehegatten die Tragung nach dem gesetzlichen Modell oder sogar ein Brutto-Nießbrauch angeordnet werden. Jede Lösung ist dabei auf ihre **einkommensteuerlichen Auswirkungen** zu überprüfen.

415 Die **Vornahme der außergewöhnlichen Unterhaltungsmaßnahmen** sowie die **Tragung der damit verbundenen Kosten** sind im Gesetz unbefriedigend geregelt. Der Nießbraucher ist nur für die gewöhnliche Unterhaltung zuständig. Für außergewöhnliche Ausbesserungen (z. B. Neueindeckung des Dachs, Ersetzen der Zentralheizung) ist von Gesetzes wegen niemand verpflichtet. Werden solche Unterhaltungsmaßnahmen vom Erben nicht vorgenommen und entspricht deren Vornahme auch nicht seinem Willen, scheidet ein Verwendungsersatzanspruch aus Geschäftsführung ohne Auftrag aus. Bei erklärtem gegenteiligen Willen dürfte auch eine Erstattung nach den Regeln des Berei-

---

613 BGHZ 95, 99, 101.
614 BGHZ 95, 99, 101.
615 *Schlieper*, MittRhNot 1995, 249, 254.
616 *Schlieper*, MittRhNot 1995, 249, 254.
617 *Schippers* MittRhNotK 1996, 199, 204.
618 Siehe unten Rdn. 449.

cherungsrechts unter dem Gesichtspunkt der aufgedrängten Bereicherung ausgeschlossen sein. Daher sollte die **Pflicht zur Vornahme außergewöhnlicher Ausbesserungen** einem der Beteiligten zugewiesen werden. Dem Eigentümer/Erben kann diese Pflicht nicht dinglich,[619] jedoch schuldrechtlich im Wege eines flankierenden Vermächtnisses zugunsten des Nießbrauchers auferlegt werden. Eine Zuweisung der Pflicht an den Nießbraucher ist demgegenüber auch durch dingliche Änderung des gesetzlichen Schuldverhältnisses möglich.[620] Soll danach der Erbe die außergewöhnlichen Aufwendungen tragen, ist er wiederum ggfs. mit liquiden Mitteln aus der Erbschaft auszustatten.[621] Auch hierbei sind die **einkommensteuerlichen Konsequenzen** zu bedenken.

Der **Nießbraucher** ist mit dem Erbfall **erbschaftssteuerpflichtig**. Soweit er die Steuer für den kapitalisierten Wert des Nießbrauchs nicht aufzubringen in der Lage ist, wird er die jährliche Besteuerung wählen. Denkbar ist es jedoch auch, die Besteuerung des Nießbrauchskapitals dadurch zu ermöglichen, dass der Erblasser dem Nießbraucher den Zugriff auf die Substanz des Nachlasses in dem Maße ermöglicht, dass er zur Begleichung der einmaligen Erbschaftssteuerschuld in der Lage ist. Häufig noch problematischer ist die **Position des Erben**, die sich durch dessen **sofort eintretende Erbschaftssteuerbelastung** ergibt. Verfügt er nicht über eigenes Einkommen oder über liquide Nachlassmittel, kann er in Schwierigkeiten kommen, die Erbschaftssteuer zu leisten. Der Nachlass, an dem der Nießbrauch jeweils bestellt ist, haftet gemäß § 1086 BGB zwar für Nachlassverbindlichkeiten, jedoch nicht für die Erbschaftssteuer, die den Erben trifft.[622] Der Erbe kann folglich nicht die Freigabe von nießbrauchsbelasteten Nachlassgegenständen gemäß § 1087 BGB verlangen bzw. die Nießbrauchsbestellung verweigern.[623] Der Erblasser kann jedoch, wenn dem Erben eine Begleichung der Erbschaftssteuerschuld aus dem Nachlass ermöglicht werden soll, anordnen, dass der Nießbrauch nur an denjenigen Gegenständen vermacht ist, die nach Erbschaftssteuerzahlung durch den Erben übrig sind.[624] Denkbar ist es auch, den Nießbraucher durch Untervermächtnis zu verpflichten, den Erben in Höhe der anfallenden Erbschaftssteuer aus den ihm zufließenden Beträgen freizustellen oder aber dem Erben nießbrauchsfreies Vermögen zuzuwenden.[625]

416

Der Wahl der Vermächtnislösung liegt insbesondere bei größeren Vermögen auch die Intention zugrunde, dass z. B. der überlebende Ehegatte wertmäßig auf die Erträge des Nachlassvermögens beschränkt werden, also gerade nicht Zugriff auf die Substanzwerte erlangen soll. Hierbei ist stets daran zu denken, dass das **Pflichtteilsrecht in § 2307 BGB** dem überlebenden Ehegatten die Wahl zugesteht, das Nießbrauchsvermächtnis anzunehmen und sich auf das Einfordern der Differenz zum (ggfs. »großen«) Pflichtteil zu beschränken oder das Vermächtnis ganz auszuschlagen und vollständig den Pflichtteil geltend zu machen. Dies wird oft nicht gewollt sein. Der Gestalter sollte sich nicht darauf verlassen, dass die Rechtsprechung des BGH dahin neigt, bei Bedarf auch stillschweigende Pflichtteilsverzichte bei einer gemeinschaftlichen Verfügung der Ehegatten im Wege der Auslegung anzunehmen.[626] Die Gestaltung über das Nießbrauchsvermächtnis für den längerlebenden Ehegatten ist daher, soweit die Regelung als abschließende Begünstigung gedacht ist, mit einem **ausdrücklichen Pflichtteilsverzicht** des Ehegatten zu verbinden. Gegebenenfalls ist auch ergänzend an einen **Verzicht auf die Durchführung des güterrechtlichen Zugewinnausgleichs im Todesfall** zu denken, um dem nicht erbenden Ehegatten die Wahl zwischen erb- und güterrechtlicher Lösung zu nehmen.

417

---

619 Palandt/*Bassenge*, § 1041 Rn. 3.
620 BayObLG DNotZ 1986, 151, 152 f.
621 *Schlieper*, MittRhNot 1994, 249, 254.
622 RGZ 172, 147, 148 f.
623 RGZ 172, 147, 148 f.
624 BFH BStBl. II. 1979, S. 562, 564; MünchKommBGB/*Pohlmann*, § 1089 Rn. 12.
625 *Schlieper*, MittRhNot 1994, 249, 256.
626 BGHZ 22, 364, 367; DNotZ 1977, 747, 748.

2. Besonderheiten beim Nießbrauch an allen Erbschaftsgegenständen

418 Da die Nießbrauchsbestellung nach den Regeln über die Übertragung des Gegenstandes vonstatten geht, kann an **Gegenständen, die von Gesetzes wegen nicht übertragbar sind**, ein Nießbrauch nicht bestellt werden. Hier wird zumeist im Wege der Auslegung erreicht werden, dass der Erblasser dem Vermächtnisnehmer als Minus zumindest die **schuldrechtliche Nutzung** zuwenden wollte.[627] Dieses Ergebnis sollte jedoch nicht der Auslegung überlassen werden, sondern ausdrücklich als gewollt klargestellt werden.

419 Eine **Surrogation** findet beim Nießbrauch am Gesamtnachlass als Summe von einzelnen Sachnießbrauchsrechten **nicht statt**.[628] Es kann jedoch durchaus im Interesse des Erblassers sein, auch etwaige Ersatzgegenstände, die für Nachlassgegenstände in den Nachlass gelangen, zum Gegenstand des Nießbrauchs zu machen. Beim Sachnießbrauch muss der Erblasser dem Nießbrauchsvermächtnisnehmer durch gesondertes Vermächtnis den **Anspruch auf Bestellung an den Ersatzgegenständen mit vermachen**. Teilweise wird vertreten, der Erblasser könne in der Verfügung von Todes wegen den dinglichen Bestellungsakt durch einseitige Erklärung antizipieren.[629] Dieser Ansicht ist zuzugeben, dass bei Abstellen auf die Surrogate entsprechend § 2111 BGB die für den dinglichen Bestellungsakt erforderliche sachenrechtliche Bestimmtheit gewährleistet ist. Ferner unterliegt auch keinem Zweifel, dass die dinglichen und formellen Erklärungen, die der Erblasser in der Verfügung von Todes wegen vornimmt, den Erben binden.[630] Schwierigkeiten bereitet es jedoch, die erforderliche dingliche Willenserklärung des Vermächtnisnehmers zu antizipieren. Vorsichtshalber sollte es daher lediglich bei der schuldrechtlichen Anordnung des der zur Bestellung des Nießbrauchs verbleiben. Durch erläuternden Hinweis sollte auf die Notwendigkeit des Bestellungsaktes in der Verfügung von Todes wegen hingewiesen werden. Bei einer Kombination des Nießbrauchs mit Testamentsvollstreckung kann dem Vermächtnisnehmer die Bestellung an den Surrogaten zugewiesen werden.[631] Bei einer vom Erblasser gewünschten Surrogation »in den Nießbrauch hinein« sollte jedoch als **Gestaltungsalternative der Nießbrauch an allen Erbteilen** dem Nießbrauch am Gesamtnachlass vorgezogen werden. Die Nachlasssurrogate gemäß § 2041 BGB werden durch den Rechtsnießbrauch an den Erbteilen sodann mittelbar, aber automatisch erfasst.

420 Bei einem Nießbrauch an Nachlassgegenständen sind die Miterben an einer Erbauseinandersetzung nicht gehindert; diese lässt den Nießbrauch unberührt.[632] Ist eine solche jederzeitige Auseinandersetzungsmöglichkeit nicht gewollt, so sollte der Erblasser ein **Teilungsverbot gemäß § 2044**, etwa bis zum Tode des Nießbrauchers, verfügen.

3. Besonderheiten beim Nießbrauch an (allen) Erbteilen

421 Soll bei mehreren Miterben der Nießbrauch nur zu Lasten eines Miterben eingeräumt werden, so bleibt nur die Wahl eines Rechtsnießbrauchs am Miterbenanteil des betreffenden Erben. Gibt es nur einen Erben, scheidet – mangels Erbteils – der Erbteilsnießbrauch aus. Hier bleibt nur der Nachlassnießbrauch. Zu erwägen ist im Einzelfall, ob bei der Gestaltung des Nießbrauchs an allen Erbteilen als Auffangregelung hilfsweise ein Erbschaftsnießbrauch angeordnet werden sollte, für den Fall, dass wider Erwarten beim Erbfall nur ein Erbe vorhanden ist.

422 Im übrigen sichert der Nießbrauch an dem Erbanteil nur eines Miterben oder aber an allen Miterbenanteilen, dass der Nießbrauch, soweit er eingeräumt ist, automatisch mittelbar die in den Nachlass gelangenden **Surrogate** erfasst.[633]

---

627 MünchKommBGB/*Pohlmann*, § 1085 Rn. 5.
628 OLG Bremen, DB 1970, 1436; MünchKommBGB/*Pohlmann*, § 1089 Rn. 5.
629 MünchKommBGB/*Petzoldt*, § 1085 Rn. 5.
630 BGHZ 48, 351, 356.
631 Zur flankierenden Anordnung von Testamentsvollstreckung näher unten Rdn. 426 ff.
632 *Bünger*, BWNotZ 1963, 100, 102.
633 Siehe oben Rdn. 398 f.

Ferner ist, ohne dass dem Nießbraucher ein eigenes aktives Verfügungsrecht über Nachlassgegenstände eingeräumt wäre, jedwede Auseinandersetzungsmaßnahme oder sonstige **Veräußerung nur mit Zustimmung des Nießbrauchers** möglich.[634] Über die Verwendung des Erbteilsnießbrauchs ist damit eine **umfassende passive Kontroll- und Sperrkompetenz des Nießbrauchers** im Hinblick auf Verfügungen über Nachlassgegenstände verbunden. 423

Der Nießbrauch besteht unmittelbar nur an den Erbteilen, lediglich mittelbar an den Nachlassgegenständen.[635] »Nutzung des Erbteils« ist daher nur der **den Erbteil betreffende Reinerlös**.[636] Wegen des mangelnden Bezugs des dinglichen Nutzungsrechts zur Nutzung des einzelnen Nachlassgegenstandes einerseits und zu den ihn betreffenden Unterhaltungsmaßnahmen, Lasten und Kosten andererseits ist fraglich, ob **die hierfür vorhandenen und für den Sachnießbrauch entwickelten Regelungen (insbes. §§ 1041, 1047 BGB) passen**: Die Kosten für die Erneuerung des Daches einer Nachlassimmobilie betreffen nicht unmittelbar die »Erhaltung des Erbteils in seinem wirtschaftlichen Bestand« (vgl. § 1041 BGB). Die öffentlichen Lasten betreffend ein Nachlassgrundstück sind eben nicht unmittelbar solche »des Erbteils«. Dies wird bei Formulierungsvorschlägen, soweit sie sich überhaupt für den Erbteilsnießbrauch finden, regelmäßig übersehen. Gleichwohl sind die zu entscheidenden Fragen hinsichtlich der Nachlassgegenstände (z. B. Grundbesitz), wer etwa für Unterhaltungsmaßnahmen in welchem Umfang zuständig ist oder wer welche Lasten zu tragen hat, dieselben wie beim Sachnießbrauch. Eine klare **Regelung in der Vermächtnisanordnung** ist angezeigt. Die Regelungen haben dabei genau so auszufallen, wie sie im Falle des Nießbrauchs an einer Erbschaft getroffen worden wären. Da diese Regelungen sich auf Sachen beziehen, also beim Rechtsnießbrauch gewissermaßen »aus der Regelungsebene fallen«, könnte fraglich sein, ob sie Bestandteil des gesetzlichen Schuldverhältnisses zwischen Nießbraucher und Miterben sein können. Vorsichtshalber sollte man die Bestimmungen daher hilfsweise als schuldrechtlich wirkende anordnen. 424

Eines **Auseinandersetzungsausschlusses** gem. § 2044 BGB bedarf es beim Nießbrauch an (allen) Erbteilen nicht, da ohnehin jede Auseinandersetzungshandlung dinglich der Zustimmung des Nießbrauchsberechtigten bedarf.[637] 425

4. Besonderheiten bei der Kombination von Nießbrauch und Testamentsvollstreckung

Die nach allg. M.[638] mögliche **Kombination von Nießbrauch und Testamentsvollstreckung** verschafft dem Nießbraucher eine umfassende Verwaltungs- sowie über die Testamentsvollstreckung auch Verfügungsbefugnis über alle nießbrauchsbelasteten Gegenstände. Da solche Befugnisse denen des (befreiten) Vorerben sehr ähnlich sind, stellt sich bei der Auslegung der Verfügung von Todes wegen in besonderer Schärfe das Problem der **Abgrenzung zur Vor- und Nacherbschaft**.[639] Bei der Formulierung der Verfügung von Todes wegen ist die Abgrenzung daher unmissverständlich hervorzuheben.[640] 426

Der Testamentsvollstrecker-Nießbraucher kann von der Verpflichtung zur ordnungsgemäßen Verwaltung des Nachlasses nicht befreit werden (§§ 2216, 2220 BGB). Ferner bestehen unabdingbare Auskunftsansprüche des Erben (§§ 2218, 666, 2220 BGB). Damit ist der Testamentsvollstrecker-Nießbraucher im Verhältnis zum Erben in einer **strikteren Pflicht- und Haftungsbindung** als es für das Verhältnis zwischen Vor- und Nacherben gilt. 427

---

634 Siehe oben Rdn. 398 f.
635 Staudinger/*Frank*, § 1089 Rn. 29.
636 Staudinger/*Frank*, § 1089 Rn. 29; MünchKommBGB/*Pohlmann*, § 1089 Rn. 14.
637 Siehe oben Rdn. 398, 423.
638 BayObLG Rpfleger 1981, 64, 65; Staudinger/*Reimann*, § 2197 Rn. 25.
639 Vgl. BayObLG Rpfleger 1981, 64, 65.
640 *Nieder/Kössinger*, § 10 Rn. 170.

428 Bei der Verfügung des Testamentsvollstrecker-Nießbrauchers tritt analog § 2041 (oder § 2111 BGB) infolge der bestehenden Testamentsvollstreckung **dingliche Surrogation** ein: Bei der Verfügung fällt der erlangte Ersatzgegenstand in den Nachlass.[641] Teilweise geht man weiter davon aus, dass das Surrogat – auch beim Nießbrauch an der Erbschaft – automatisch vom bestellten Nießbrauch erfasst wird.[642] Letzteres erscheint zweifelhaft: Zwar ist über die dingliche Surrogation die Nachlasszugehörigkeit des Surrogats und damit die Erstreckung der Testamentsvollstreckung offenkundig; wie aber konstruktiv die Erstreckung des Nießbrauchs als dinglichem Recht bei einem reinen Sachnießbrauch auf die in den Nachlass gelangenden Ersatzgegenstände erfolgen soll, erschließt sich nicht. Vielmehr ist davon auszugehen, dass es auch hier eines **gesonderten Aktes der Bestellung des Nießbrauchs** bedarf, den freilich der Testamentsvollstrecker-Nießbraucher selbst vornehmen kann. Diese Aufgabe des Testamentsvollstreckers sollte vorsichtshalber gesondert erwähnt werden. Aus Praktikabilitätsgründen sollte man daher bei einer gewollten automatischen Erstreckung des Nießbrauchs auch auf die Surrogate statt des Erbschaftsnießbrauchs den Nießbrauch an allen Erbteilen wählen: Der Rechtsnießbrauch erstreckt sich mittelbar automatisch auf die in den Nachlass gelangenden Surrogate.

429 Auch bei der Kombination von Nießbrauch und Testamentsvollstreckung ist dem Nießbrauchsvermächtnisnehmer ein **Substanzverbrauch für eigene Zwecke** nur mit einem zusätzlichen **ergänzenden Vermächtnis** möglich.[643]

430 Die Anordnung einer Testamentsvollstreckung kann durch vielfältige **zusätzliche Verfügungen und Anweisungen individuell ausgestaltet** werden.
- So ist es z. B. möglich, den Nachlass einem **Teilungsverbot gemäß § 2044**, etwa bis zum Tode des Nießbrauchers, zu unterwerfen. Bei einer Verwaltungs-Testamentsvollstreckung über alle Erbteile wird dies zwar von der h. M.[644] als der Testamentsvollstreckung immanent betrachtet. Dies wird jedoch neuerdings bestritten.[645] Daher ist es zweckmäßig klarzustellen, dass der Anspruch der Miterben auf Auseinandersetzung im Rahmen der Dauertestamentsvollstreckung ausgeschlossen ist. Hierbei ist wegen §§ 2044 Abs. 1 S. 2, 750 BGB zu klären, dass das Auseinandersetzungsverbot beim Tode eines Miterben nicht erlischt.
- Es kann zum Gegenstand der Testamentsvollstreckung gemacht werden, dass der Nießbrauchsvermächtnisnehmer unter Befreiung von § 181 BGB berechtigt ist, sich den **Nießbrauch an den Nachlassgegenständen (ggfs. nebst Surrogaten) selbst einzuräumen**. Dies erleichtert den erforderlichen Vollzug des Nießbrauchsvermächtnisses bei Vorhandensein mehrerer Miterben.
- Der Testamentsvollstrecker kann in den Stand versetzt werden, **Auseinandersetzungsentscheidungen gemäß § 2048 BGB** nach billigem Ermessen zu treffen, lebzeitig oder sogar durch eigene Verfügung von Todes wegen.[646] Z. B. einen Auseinandersetzungsplan in das eigene Testament des Längstlebenden aufnehmen zu können, bietet insbesondere bei in Bruchteilseigentum der Ehegatten stehenden Immobilien die Möglichkeit einheitlicher Auseinandersetzungsvorgaben.
- Ferner ist es darüber hinaus möglich, durch Anordnung von zusätzlichen kombinierten Zweck-/Bestimmungsvermächtnissen gemäß §§ 2151, 2153, 2156 BGB[647] dem Testamentsvollstrecker bezüglich Einzelgegenständen oder Vermögensgruppen eine **Umverteilung des Nachlasses** unter den Erben zu ermöglichen.[648] Dies kann freilich nur innerhalb der tatbestandlichen Grenzen der gesetzlichen Bestimmungen, also insbesondere unter Festlegung eines Zweckes gem.

---

641 RGZ 138, 132, 133; *Lange/Kuchinke*, § 41 VI 3.
642 *Rohlff*, DNotZ 1971, 518, 522; Staudinger/*Reimann*, 12. A. § 2197 Rn. 25; *Nieder/Kössinger*, § 10 Rn. 170.
643 *Rohlff*, DNotZ 1971, 518, 522; Staudinger/*Reimann*, § 2197 Rn. 25.
644 BGH, Beschl. v. 14.5.2009 – V ZB 176/08, ZNotP 2009, 358; OLG Karlsruhe ZEV 2005, 256, 257; MünchKommBGB/*Zimmermann*, § 2209 Rn. 3.
645 *Scheuren-Brandes*, ZEV 2007, 306, 308 f.
646 *Keller*, BWNotZ 1970, 49, 51.
647 Eine solche Kumulierung ist zulässig: RGZ 96, 15, 19; MünchKommBGB/*Schlichting*, § 2156 Rn. 2.
648 *Keller*, BWNotZ 1970, 49, 52 f.; Münchener Vertragshandbuch/*Nieder*, 6/II XVI.20 Nr. 8.

§ 2156 BGB durch den Erblasser, erfolgen. Der Zweck kann dabei mit der Zielsetzung der **Ausstattung** angegeben werden.[649] Die Befugnis hierzu kann zeitlich befristet werden, so z. B. etwa bei Wiederverheiratung des länger lebenden Ehegatten als Nießbrauchsvermächtnisnehmers entfallen.

– Umgekehrt kann auch die **Verfügungsbefugnis** des Testamentsvollstreckers, etwa hinsichtlich einzelner Vermögensgruppen (Grundbesitz), dadurch **eingeschränkt** werden, dass eine Verfügung nur mit Zustimmung von Erben möglich ist oder aber ganz ausgeschlossen wird.

– Zu erwägen ist, ob im Rahmen eines **Zweckvermächtnisses** (§ 2156 BGB) dem länger lebenden Ehegatten die Befugnis eingeräumt werden kann, stets oder unter bestimmten Voraussetzungen **aus dem Nachlass seinen Lebensunterhalt zu bestreiten**. Als Testamentsvollstrecker könnte er sodann die Auswahl über die Gegenstände treffen, mit denen das Vermächtnis zu erfüllen ist[650] – eine elegante Lösung. Unstr. kann die Bestimmung einem Testamentsvollstrecker übertragen werden.[651] Die Frage, ob dies aber auch gilt, wenn dieser zugleich der Bedachte ist, hat der BGH[652] jedoch verneint. In der Literatur ist die Frage nach wie vor umstritten.[653] Will man die Gestaltung wegen ihrer erheblichen praktischen Vorteile gleichwohl nutzen – wovon eher abzuraten ist –, so sollte zumindest im Rahmen einer Auffanglösung ein anderer Dritter als Bestimmungsberechtigter benannt werden, der dem Bedachten nahe steht.[654]

5. Besonderheiten beim Bruchteils- und Quotennießbrauch

Der Nießbrauch kann quotal beschränkt werden. Dabei kann einmal Belastungsgegenstand ein (bei Alleineigentum auch nicht abgeteilter) Bruchteil der Berechtigung sein (Bruchteilsnießbrauch). Gegenstand der Belastung kann jedoch auch der Gesamtgegenstand sein, wobei der Nießbrauch als Recht, die Nutzungen aus dem Gegenstand zu ziehen, auf eine Quote beschränkt ist. Eine durch beide Gestaltungen erreichbare quotale Beschränkung der Nutzungsziehung kommt immer dann in Betracht, wenn in der Person z. B. des länger lebenden Ehegatte eine **Versorgungslücke** geschlossen werden soll, zu seiner Versorgung jedoch nicht die gesamten Nutzungen erforderlich. Die Quote ist an der zu schließenden Versorgungslücke auszurichten. Dabei sind auch die steuerlichen Konsequenzen der konkret vorzusehenden Lastentragung zu berücksichtigen 431

Einkommensteuerlich ist zu beachten, dass der Vermächtnisnießbrauch dem Zuwendungsnießbrauch gleichgestellt wird und es in Höhe der Nießbrauchsquote zum Verlust des AfA-Volumens kommt.[655] Nach dem Nießbrauchserlass vom 24.7.1998[656] sind die Einkünfte, Werbungskosten und AfA entsprechend der vorgesehenen Quote aufzuteilen und zuzuweisen.[657] 432

Bei der **Wahl zwischen Bruchteils und Quotennießbrauch** ist zu bedenken, dass die Belastungsgegenstände verschieden sind. Wenn der Nießbraucher, ungeachtet der Beschränkung seiner Nutzung auf eine Quote, rechtlich an der Substanz der ganzen Sache gesichert sein soll, ist der Quotennießbrauch vorzugswürdig.[658] 433

---

649 *Keller*, BWNotZ 1970, 49, 53.
650 So der Vorschlag von *Keller*, BWNotZ 1970, 49, 51.
651 MünchKommBGB/*Schlichting*, § 2156 Rn. 4.
652 BGH DNotZ 1992, 509, 510.
653 Dafür Soergel/*Wolf*, § 2156 Rn. 4; *Kanzleiter*, DNotZ 1992, 510, 512 f.; dag. MünchKommBGB/*Schlichting*, § 2156 Rn. 4; Palandt/*Weidlich*, § 2156 Rn. 1.
654 So *Kanzleiter*, DNotZ 1992, 510, 513.
655 Siehe unten Rdn. 449.
656 BStBl. 1998 I, S. 914.
657 Vgl. BFH DB 1985, 2538, 2540.
658 Staudinger/*Frank*, § 1030 Rn. 41.

IV. Muster

434 Muster eines Ehegattenerbvertrages (»Württembergische Lösung«): Erbeinsetzung der Kinder, Vermächtnis u. a. eines **Nießbrauchs am Nachlass** für den länger lebenden Ehegatten

Sachverhalt: Die Ehegatten leben in wirtschaftlich »gehobenen Verhältnissen« und verfügen über vergleichbar hohes Vermögen. Die drei Kinder sollen beim Tod eines Elternteils in den Genuss der Nachlasssubstanz gelangen, insbesondere des erheblichen Immobilienvermögens. Der länger lebende Ehegatte soll, vor allem wegen der hälftig bestehenden Berechtigung an einigen Immobilien, Verfügungsbefugnis als Testamentsvollstrecker erlangen. Eine Wiederverheiratung soll eine Reduzierung der wirtschaftlichen Zuwendungen zugunsten des länger lebenden Ehegatten zur Folge haben. Mit größeren Änderungen in der Nachlasszusammensetzung ist nicht zu rechnen.

435 ▶ **Muster:**

[Notarieller Urkundseingang]

§ 1 Verhältnis zu früheren Verfügungen

Vorsorglich widerrufen wir hiermit alle etwa von uns gemeinschaftlich oder einem jeden von uns allein errichteten früheren Verfügungen von Todes wegen.

§ 2 Erbeinsetzungen

Ein jeder von setzt unsere drei gemeinsamen Kinder, ..., ... und ..., zu je 1/3 Anteil zu seinen Vollerben ein.

Diese Erbeinsetzungen gelten unabhängig davon, ob der Verfügende als erster oder als längstlebender Ehegatte verstirbt oder ob wir gleichzeitig oder aufgrund desselben Ereignisses innerhalb von vier Wochen nacheinander versterben.

Sollte eines unserer vorgenannten Kinder beim Erbfall verstorben sein oder aus einem anderen Grunde nicht zur Erbfolge gelangen, so sollen an seine Stelle seine Abkömmlinge nach Stämmen zu gleichen Teilen und nach den Regeln der gesetzlichen Erbfolge treten.

Sollte eines der vorgenannten Kinder ohne Hinterlassung von Abkömmlingen vor dem Verfügenden versterben oder aus einem sonstigen Grunde nicht zur Erbfolge gelangen, so wächst der dann freiwerdende Erbanteil den übrigen Erben nach dem Verhältnis ihrer Erbanteile zu.

§ 3 Vermächtnisanordnungen des Erstversterbenden

Der Erstversterbende von uns vermacht dem Längstlebenden zur Alleinberechtigung

a) das gesamte Inventar und sämtliche Einrichtungsgegenstände des gemeinsamen Haushalts, soweit sie in seinem Eigentum stehen,

b) alle seine persönlichen Gegenstände im weitesten Sinne nebst Schmuck und

c) die Guthabenanteile des Erstversterbenden an allen denjenigen Konten, die auf die Eheleute gemeinsam lauten.

Sodann vermacht der Erstversterbende dem Längstlebenden den lebenslänglichen Nießbrauch an seinem gesamten Nachlass in der Gestalt und Zusammensetzung, die er nach Vollzug der Vermächtnisse zu Absatz 1 hat. An jedem Nachlassgegenstand ist somit ein Nießbrauchsrecht zugunsten des Längstlebenden von uns zu bestellen. In der Zeit vom Erbfall bis zur Bestellung der Nießbrauchsrechte haben sich die Beteiligten so zu stellen, als wäre der Nießbrauch mit dem Erbfall entstanden. Vermacht ist ferner der Nießbrauch an sämtlichen Gegenständen, die Surrogate von Nachlassgegenständen i. S. d. § 2111 BGB darstellen. An etwaigen Nachlassgegenständen, die von Gesetzes wegen nicht übertragbar sind, ist statt des Nießbrauchs ein schuldrechtliches Nutzungsrecht einzuräumen, auf das die nachfolgenden Bestimmungen über den Nießbrauch entsprechend anzuwenden sind.

[optional:] Die Ausübung des Nießbrauch kann Dritten nicht überlassen werden.

Auf die zu bestellenden Nießbrauchsrechte finden die gesetzlichen Bestimmungen Anwendung, soweit nachfolgend nichts Abweichendes bestimmt ist.

Soweit der Nießbrauch an Grundbesitz zu bestellen ist, gilt für ihn abweichend folgender Rechtsinhalt: Auf das Nießbrauchrecht sollen die gesetzlichen Bestimmungen Anwendung finden mit der Maßgabe, dass der Nießbrauchsberechtigte sämtliche ordentlichen und außerordentlichen, privaten und öffentlichen Kosten, Lasten, Steuern, ferner sämtliche Instandhaltungs- und Instandsetzungskosten zu tragen hat. Er trägt ferner Zins- und Tilgungsleistungen hinsichtlich etwaiger auf den im Nachlass befindlichen Grundbesitz bezogener Verbindlichkeiten. Der Nießbraucher ist dem Eigentümer zur Vornahme aller erforderlichen Erhaltungs-, Ausbesserungs- und Erneuerungsmaßnahmen verpflichtet, auch soweit diese über das gesetzlich in § 1041 BGB vorgesehene Maß hinausgehen.

Der Längstlebende von uns ist berechtigt, die Eintragung eines entsprechenden Nießbrauchsrechts im Grundbuch zu verlangen, mit dem Vermerk, dass zur Löschung des Rechts der Nachweis des Todes des Berechtigten genügt.

Schuldrechtlich ist zu vereinbaren: Die zu bestellenden Nießbrauchsrechte an den Nachlassgegenständen sind jeweils unentgeltlich vermacht. Dem Nießbraucher ist im Rahmen des Grundstücksnießbrauchs das Recht auf Neuvalutierung der eingetragenen Grundpfandrechte einzuräumen. Die Grundpfandrechte dürfen jedoch ausschließlich zur Sicherung solcher Darlehensverbindlichkeiten verwandt werden, die der Nießbraucher eingeht, um solche Lasten und Kosten zu tragen, die nach dem Inhalt des Rechtes von ihm zu tragen sind (z. B. Erschließungsbeiträge, Instandhaltungs- und Instandsetzungskosten). Eigentümerrechte und Rückgewähransprüche sind für die Dauer des Nießbrauchs dem Nießbraucher abzutreten. Soweit die Rechte bei Beendigung des Nießbrauchs noch bestehen, sind sie mit Wirkung ab der Beendigung des Nießbrauchs den Erben abzutreten. Die Erben haben bei Ende des Nießbrauchs den Nießbraucher bzw. seine Erben von den durch die Grundpfandrechte gesicherten Verbindlichkeiten der vorgenannten Art mit dem Ergebnis freizustellen, dass diese für die Verbindlichkeiten nicht mehr haften.

[optional:] Alle vermachten Nießbrauchsrechte sind auflösend bedingt durch die Wiederverheiratung des Berechtigten. Im Falle der Wiederverheiratung sind dem Längstlebenden von uns zum Zwecke der Entschädigung für die verloren gehende Nachlassnutzung vermächtnisweise [entweder z. B.] Vermögenswerte zu übertragen, die ¼ des reinen Nachlasswertes beim Erbfall entsprechen. Die Auswahl der Gegenstände, mit denen das Vermächtnis zu erfüllen ist, haben die beschwerten Erben nach ihrem billigen Ermessen zu treffen. [oder:] die jeweils im Nachlass befindlichen hälftigen Anteile an dem Grundbesitz ... und ... zu übertragen, und zwar unter befreiender Übernahme sämtlicher eingetragener Belastungen und der durch sie gesicherten auf den betreffenden Grundbesitz bezogenen Verbindlichkeiten durch den längstlebenden Ehegatten. [alternativ zur Wiederverheiratungsklausel:] Eine etwaige Wiederverheiratung des länger lebenden Ehegatten hat keinen Einfluss auf den Bestand der Nießbrauchsrechte.

Für alle vorstehenden Vermächtnisse für den Längstlebenden von uns gilt: Die Vermächtnisse sind höchstpersönlich. Ein Ersatzvermächtnisnehmer soll also nicht bestimmt werden. Die Vermächtnisse entfallen, wenn der Vermächtnisnehmer gleichzeitig mit dem Erblasser oder aufgrund desselben Ereignisses innerhalb von vier Wochen nach ihm verstirbt. Die mit dem Anfall der Vermächtnisse sowie der Vermächtniserfüllung verbundenen Kosten und Steuern trägt der Vermächtnisnehmer.

§ 4 Ausschluss der Auseinandersetzung

Der Erstversterbende von uns schließt hiermit die Auseinandersetzung seines Nachlasses aus (§ 2044 BGB). Dieser Ausschluss wird mit dem Tode des Längstlebenden von uns unwirksam, nicht jedoch, wenn ein Miterbe vorher versterben sollte.

§ 5 Testamentsvollstreckung

Der Erstversterbende von uns ordnet hinsichtlich seines Nachlasses Testamentsvollstreckung an. Zum Testamentsvollstrecker über seinen Nachlass bestimmt der Erstversterbende den Längstlebenden von uns. Dieser ist berechtigt, einen Nachfolger im Amt des Testamentsvollstreckers zu benennen. Weitere Ersatztestamentsvollstrecker soll bei Bedarf das zuständige Nachlassgericht benennen.

Kapitel 5 Sicherung der Erwerbsaussichten für Endbedachte

[bei auflösend bedingtem Nießbrauch bei Wiederverheiratung:] Die Testamentsvollstreckung erlischt mit Wiederverheiratung des längstlebenden Ehegatten.

Aufgabe des Testamentsvollstreckers ist es,

a) die vorstehenden Vermächtnisse in § 3 zu erfüllen,

b) nach seinem billigen Ermessen den Nachlass auseinanderzusetzen, wobei er sich auch auf die Aufstellung eines Auseinandersetzungsplanes, den er auch in eine eigene Verfügung von Todes wegen aufnehmen kann, beschränken kann,

c) den gesamten Nachlass bis zu seinem Tode im Rahmen einer Dauertestamentsvollstreckung (§ 2209 BGB), auch nach einer etwaigen (Teil-)Erbauseinandersetzung, zu verwalten.

Der Testamentsvollstrecker ist in der Eingehung von Verbindlichkeiten für den Nachlass nicht beschränkt. Er ist von allen Verpflichtungen befreit, soweit dies gesetzlich zulässig ist, insbesondere von den beschränkenden Bestimmungen des § 181 BGB.

Der Testamentsvollstrecker erhält keine Vergütung, jedoch Ersatz seiner Kosten und Auslagen.

[Gegebenenfalls:] § 6 Pflichtteilsverzicht,
Verzicht auf güterrechtlichen Zugewinnausgleich im Todesfall

Ein jeder von uns verzichtet hiermit auf sein gesetzliches Pflichtteilsrecht am Nachlass des Erstversterbenden von uns. (optional:) Ferner verzichten wir wechselseitig auf die Durchführung des güterrechtlichen Zugewinnausgleichs im Todesfall. [Gegebenenfalls bei Rücktrittsvorbehalt:] Der Verzicht entfällt, (optional:) die vorstehenden Verzichte entfallen, wenn ein Ehegatte von dem vorbehaltenen Recht zum Rücktritt von diesem Erbvertrag Gebrauch macht.

§ 7 Erbvertragliche Bindung, Anfechtungsausschluss, Sonstiges

Wir nehmen unsere vorstehenden Erklärungen in § 3 mit erbvertraglicher Bindung gegenseitig an. Auf die Bedeutung der erbvertraglichen Bindung sind wir vom Notar hingewiesen worden.

[Im Übrigen Text wie § 4 des Musters Rdn. 75]

§ 8 Hinweise

Der Notar hat uns insbesondere auf Folgendes hingewiesen: a) Die vermachten Nießbrauchsrechte entstehen nicht automatisch beim Erbfall, sondern müssen durch weitere Rechtsgeschäfte erst begründet werden; soweit der Nießbrauch an Grundbesitz einzuräumen ist, muss hierzu eine Grundbucheintragung erfolgen; b) [soweit Pflichtteilsverzicht nicht gewünscht:] Dem länger lebenden Ehegatten bleibt durch vorstehende Gestaltung sein gesetzliches Pflichtteilsrecht erhalten. Auf die von § 2307 BGB gebotenen Wahlmöglichkeiten hat der Notar uns hingewiesen.

[Verlesungsvermerk]

436 Muster eines Ehegattenerbvertrages (»Württembergische Lösung«) mit Erbeinsetzung der Kinder, Vermächtnis u. a. eines **Nießbrauchs an allen Erbteilen** für den länger lebenden Ehegatten

Sachverhalt: Wie Rdn. 434, jedoch soll der Ehegatte keine eigene Verfügungsbefugnis erhalten. Er soll lediglich hinsichtlich aller Verfügungen der Erben ein »Vetorecht« erhalten. Zum Nachlass gehören Wertpapiere, die bei Bedarf ungeschichtet werden sollen.

▶ Muster:

[Notarieller Urkundseingang]

§ 1 Verhältnis zu früheren Verfügungen [wie bei Muster Rdn. 444]

§ 2 Erbeinsetzungen [wie bei Muster Rdn. 444]

§ 3 Vermächtnisanordnungen

[Absatz 1 wie bei Muster Rdn. 444]

Sodann vermacht der Erstversterbende dem Längstlebenden den lebenslänglichen Nießbrauch an den Erbteilen aller Erben. In der Zeit vom Erbfall bis zur Bestellung der Nießbrauchsrechte an den Erbteilen haben sich die Beteiligten so zu stellen, als wäre der Nießbrauch jeweils mit dem Erbfall entstanden.

[optional:] Die Ausübung des Nießbrauch kann Dritten nicht überlassen werden.

Auf die zu bestellenden Nießbrauchsrechte finden die gesetzlichen Bestimmung Anwendung, soweit nachfolgend nichts Abweichendes bestimmt ist. Soweit der Nießbrauch – mittelbar – den Nachlassgrundbesitz betrifft, gilt in Ansehung dieses Grundbesitzes als Inhalt des Nießbrauchs am Erbteil Folgendes: Der Nießbrauchsberechtigte ist verpflichtet, sämtliche ordentlichen und außerordentlichen, privaten und öffentlichen Kosten, Lasten, Steuern, ferner sämtliche Instandhaltungs- und Instandsetzungskosten zu tragen. Er trägt ferner Zins- und Tilgungsleistungen hinsichtlich etwaiger auf den im Nachlass befindlichen Grundbesitz bezogener Verbindlichkeiten. Die Lastentragungsregel gilt jeweils, soweit die genannten Lasten auf den Inhaber des betreffenden nießbrauchsbelasteten Erbteils entfallen. Der Nießbraucher ist dem Miterben zur Vornahme aller erforderlichen Erhaltungs-, Ausbesserungs- und Erneuerungsmaßnahmen hinsichtlich der Nachlassgegenstände verpflichtet, auch soweit diese über das gesetzlich in § 1041 BGB vorgesehene Maß hinausgehen. Da zweifelhaft sein kann, ob vorstehende Bestimmungen dinglicher Inhalt des Nießbrauchsrechts am Erbteil sein können, sind sie im Rahmen der Nießbrauchsbestellung hilfsweise auch schuldrechtlich zu treffen.

In den Grundbüchern des Nachlassgrundbesitzes ist die sich aus dem Erbteilsnießbrauch ergebende Verfügungsbeschränkung einzutragen, soweit zulässig mit dem Vermerk, dass zur Löschung des Vermerks der Nachweis des Todes des Nießbrauchsberechtigten genügt.

Schuldrechtlich gilt in Ansehung der Nießbrauchsrechte an den Erbteilen: Die zu bestellenden Nießbrauchsrechte sind jeweils unentgeltlich vermacht. Dem Nießbraucher ist das Recht auf Neuvalutierung auf Grundbesitz eingetragener Grundpfandrechte einzuräumen. Die Grundpfandrechte dürfen jedoch ausschließlich zur Sicherung solcher Darlehensverbindlichkeiten verwandt werden, die der Nießbraucher eingeht, um solche Lasten und Kosten zu tragen, die nach dem Inhalt des Rechtes oder aufgrund schuldrechtlicher Verpflichtungen von ihm zu tragen sind (z. B. Erschließungsbeiträge, Instandhaltungs- und Instandsetzungskosten). Eigentümerrechte und Rückgewähransprüche sind für die Dauer des Nießbrauchs dem Nießbraucher abzutreten. Soweit die Rechte bei Beendigung des Nießbrauchs noch bestehen, sind sie mit Wirkung ab der Beendigung des Nießbrauchs den Erben abzutreten. Die Erben haben bei Ende des Nießbrauchs den Nießbraucher bzw. seine Erben von den durch die Grundpfandrechte gesicherten Verbindlichkeiten der vorgenannten Art mit dem Ergebnis freizustellen, dass diese für die Verbindlichkeiten nicht mehr haften.

[zum Gesichtspunkt der Wiederverheiratung des Vermächtnisnehmers: wie bei Muster Rdn. 435 § 3]

Für alle vorstehenden Vermächtnisse für den Längstlebenden von uns gilt: Die Vermächtnisse sind höchstpersönlich. Ein Ersatzvermächtnisnehmer soll also nicht bestimmt werden. Die Vermächtnisse entfallen, wenn der Vermächtnisnehmer gleichzeitig mit dem Erblasser oder aufgrund desselben Ereignisses innerhalb von vier Wochen nach ihm verstirbt. Die mit dem Anfall der Vermächtnisse sowie der Vermächtniserfüllung verbundenen Kosten und Steuern trägt der Vermächtnisnehmer.

Sollte der Erstversterbende von uns wider Erwarten von nur einem Erben beerbt werden, so ist dem längstlebenden Ehegatten im Erbfall ersatzweise ein Nießbrauch an allen Nachlassgegenständen vermacht, soweit diese nicht bereits nach Absatz 1 zur Alleinberechtigung vermacht sind. Die vorstehenden Bestimmungen sollen auf den dann vermachten Erbschaftsnießbrauch entsprechende Anwendung finden.

[Ggf.] § 4 Pflichtteilsverzicht, Verzicht auf güterrechtlichen Zugewinnausgleich im Todesfall

[wie Muster Rdn. 435 zu § 6]

§ 5 Erbvertragliche Bindung, Anfechtungsausschluss, Sonstiges

[wie Muster Rdn. 435 zu § 7]

§ 6 Hinweise

Der Notar hat uns insbesondere auf Folgendes hingewiesen: a) Die vermachten Nießbrauchsrechte an den einzelnen Erbteilen der Miterben entstehen nicht beim Erbfall automatisch, sondern müssen durch weitere Rechtsgeschäfte erst begründet werden; diese bedürfen der notariellen Beurkundung. Ferner sind die Vermerke über die eintretenden Verfügungsbeschränkungen betreffend die Nachlassgegenstände zur Eintragung in das Grundbuch zu bewilligen und im Grundbuch einzutragen. Auch der hilfsweise bei Vorhandensein nur eines Erben vermachte Nießbrauch an allen Nachlassgegenständen bedarf jeweils eines gesonderten Bestellungsaktes, im Falle von Grundbesitz zudem der Eintragung des Nießbrauchs im Grundbuch. b) [soweit Pflichtteilsverzicht nicht gewünscht:] Dem länger lebenden Ehegatten bleibt durch vorstehende Gestaltung sein gesetzliches Pflichtteilsrecht erhalten. Auf die von § 2307 BGB gebotenen Wahlmöglichkeiten hat der Notar uns hingewiesen.

[Verlesungsvermerk]

438 **Muster eines Ehegattenerbvertrages**: Erbeinsetzung der Kinder, **Nießbrauch an Grundstück** für den länger lebenden Ehegatten

Sachverhalt: Die Ehegatten sind bereits vorgerückten Alters und verfügen neben einem älteren, durchaus werthaltigen und im Eigentum allein des Ehemannes stehenden Einfamilienhaus über geringes gemeinsames Barvermögen. Das Haus ist noch belastet mit in geringer Höhe valutierenden Krediten. Es soll bei Erstversterben des Ehemannes der Substanz nach an die drei Kinder fallen, die alle in wirtschaftlich sehr guten Verhältnissen leben und über ansehnliche Einkommen verfügen. Die überlebende Ehefrau soll das Haus weiter nutzen, aber von den wirtschaftlichen Lasten des Hauses weitest möglich befreit werden. Ein Verfügungsrecht des Längstlebenden wird nicht gewünscht.

439 ▶ **Muster:**

[Notarieller Urkundseingang]

§ 1 Verhältnis zu früheren Verfügungen [wie Muster Rdn. 435]

§ 2 Erbeinsetzungen [wie Muster Rdn. 435]

§ 3 Vermächtnisanordnungen des Erstversterbenden

Der Erstversterbende von uns vermacht dem Längstlebenden zur Alleinberechtigung

a) das gesamte Inventar und sämtliche Einrichtungsgegenstände des gemeinsamen Haushalts, soweit sie in seinem Eigentum stehen

b) alle seine persönlichen Gegenstände im weitesten Sinne nebst Schmuck und

c) sein sämtliches Geld- und Wertpapiervermögen.

Sodann vermacht der Ehemann, für den Fall, dass er der Erstversterbende der Ehegatten ist, der Ehefrau den lebenslänglichen Nießbrauch an dem in seinem Alleineigentum stehenden Hausgrundstück ... In der Zeit vom Erbfall bis zur Bestellung des Nießbrauchsrechts haben sich die Beteiligten so zu stellen, als wäre der Nießbrauch mit dem Erbfall entstanden.

Auf das Nießbrauchsrecht sollen die gesetzlichen Bestimmungen Anwendung finden mit der Maßgabe, dass der Eigentümer sämtliche ordentlichen und außerordentlichen, privaten und öffentlichen

Kosten, Lasten, Steuern, ferner sämtliche Instandhaltungs- und Instandsetzungskosten zu tragen hat. Er trägt ferner Zins- und Tilgungsleistungen hinsichtlich etwaiger auf das Hausgrundstück ... bezogenen Verbindlichkeiten. Der Eigentümer ist dem Nießbraucher zur Vornahme aller erforderlichen Erhaltungs-, Ausbesserungs- und Erneuerungsmaßnahmen verpflichtet, auch soweit diese über das gesetzlich in § 1041 BGB vorgesehene Maß hinausgehen. Soweit vorstehende Bestimmungen nicht dinglicher Inhalt des Nießbrauchsrechts sein können, sollen sie im Rahmen der Nießbrauchsbestellung hilfsweise nur schuldrechtlich getroffen werden.

Eine etwaige Wiederverheiratung der Ehefrau hat keinen Einfluss auf den Bestand des Nießbrauchsrechts.

Die Ehefrau ist berechtigt, die Eintragung eines entsprechenden Nießbrauchsrechts im Grundbuch zu verlangen, mit dem Vermerk, dass zur Löschung des Rechts der Nachweis des Todes des Berechtigten genügt.

Schuldrechtlich ist in Ansehung des Grundbesitznießbrauchs zu vereinbaren: Das zu bestellende Nießbrauchrecht ist unentgeltlich vermacht.

Für alle vorstehenden Vermächtnisse für den Längstlebenden von uns gilt: Die Vermächtnisse sind höchstpersönlich. Ein Ersatzvermächtnisnehmer soll also nicht bestimmt werden. Die Vermächtnisse entfallen, wenn der Vermächtnisnehmer gleichzeitig mit dem Erblasser oder aufgrund desselben Ereignisses innerhalb von vier Wochen nach ihm verstirbt. Die mit dem Anfall der Vermächtnisse sowie der Vermächtniserfüllung verbundenen Kosten und Steuern trägt der Vermächtnisnehmer.

§ 4 Ausschluss der Auseinandersetzung

[wie § 4 des Musters Rdn. 435]

[Gegebenenfalls:] § 5 Pflichtteilsverzicht, Verzicht auf den güterrechtlichen Zugewinnausgleich im Todesfall [wie § 6 des Musters Rdn. 435]

§ 6 Erbvertragliche Bindung, Anfechtungsausschluss, Sonstiges [wie § 7 des Musters Rdn. 435]

§ 7 Hinweise [wie § 8 des Musters Rdn. 435]

[Verlesungsvermerk]

Muster eines Ehegattenerbvertrages mit Erbeinsetzung der Kinder, Vermächtnis u. a. eines **Quotennießbrauchs an einem Mehrfamilienhaus** für den länger lebenden Ehegatten   440

Sachverhalt: Der Ehemann ist Eigentümer eines 8-Familien-Hauses. Beide Ehegatten verfügen über geringes Geldvermögen. Die drei Kinder sollen Erbe des Erstversterbenden werden, insbesondere sollen sie beim Tod des Vaters die werthaltige Immobilie erhalten. Für die Ehefrau könnte sich unter Berücksichtigung der Witwenbezüge und des der Ehefrau zugedachten Barvermögens eine »Versorgungslücke« ergeben. Diese soll durch eine Beteiligung der Ehefrau an den Mieteinnahme geschlossen werden. Nennenswertes Abschreibungsvolumen besteht hinsichtlich des Mehrfamilienhauses nicht mehr; größere Investitionen sind auf die Lebensdauer der Eheleute nicht zu erwarten.

▶ **Muster:**   441

[Notarieller Urkundseingang]

§ 1 Verhältnis zu früheren Verfügungen [wie Muster Rdn. 435]

§ 2 Erbeinsetzungen [wie Muster Rdn. 435]

§ 3 Vermächtnisanordnungen des Erstversterbenden

[Absatz 1 wie bei Muster Rdn. 435]

Sodann vermacht der Ehemann, für den Fall, dass er der Erstversterbende der Ehegatten ist, der Ehefrau den lebenslänglichen Nießbrauch an dem gesamten in seinem Alleineigentum stehenden Hausgrundstück ..., gerichtet auf einen 4/10 Anteil der gesamten Nutzungen (Quotennießbrauch). In der Zeit vom Erbfall bis zur Bestellung des Quotennießbrauchsrechts haben sich die Beteiligten so zu stellen, als wäre der Nießbrauch mit dem Erbfall entstanden.

Auf das Nießbrauchrecht sollen die gesetzlichen Bestimmungen Anwendung finden mit der Maßgabe, dass der Eigentümer hinsichtlich des gesamten Hausgrundstücks ... sämtliche ordentlichen und außerordentlichen, privaten und öffentlichen Kosten, Lasten, Steuern, ferner sämtliche Instandhaltungs- und Instandsetzungskosten zu tragen hat. Er trägt ferner Zins- und Tilgungsleistungen etwaiger auf das Hausgrundstück ... bezogener Verbindlichkeiten. Der Eigentümer ist dem Nießbraucher zur Vornahme aller erforderlichen Erhaltungs-, Ausbesserungs- und Erneuerungsmaßnahmen verpflichtet, auch soweit diese über das gesetzlich in § 1041 BGB vorgesehene Maß hinausgehen. Soweit vorstehende Bestimmungen nicht dinglicher Inhalt des Nießbrauchsrechts sein können, sollen sie im Rahmen der Nießbrauchsbestellung hilfsweise nur schuldrechtlich getroffen werden.

Eine etwaige Wiederverheiratung der Ehefrau hat keinen Einfluss auf den Bestand des Nießbrauchsrechts.

Die Ehefrau ist berechtigt, die Eintragung eines entsprechenden Quoten-Nießbrauchsrechts im Grundbuch zu verlangen, mit dem Vermerk, dass zur Löschung des Rechts der Nachweis des Todes des Berechtigten genügt.

Schuldrechtlich ist in Ansehung des Quoten-Nießbrauchs zu vereinbaren: Der zu bestellende Nießbrauch ist unentgeltlich vermacht.

Für alle vorstehenden Vermächtnisse für den Längstlebenden gilt: Die Vermächtnisse sind höchstpersönlich. Ein Ersatzvermächtnisnehmer soll also nicht bestimmt werden. Die Vermächtnisse entfallen, wenn der Vermächtnisnehmer gleichzeitig mit dem Erblasser oder aufgrund desselben Ereignisses innerhalb von vier Wochen nach ihm verstirbt. Die mit dem Anfall der Vermächtnisse sowie der Vermächtniserfüllung verbundenen Kosten und Steuern trägt der Vermächtnisnehmer.

§ 4 Ausschluss der Auseinandersetzung [wie § 4 des Musters Rdn. 435]

[Gegebenenfalls:] § 5 Pflichtteilsverzicht, Verzicht auf den güterrechtlichen Zugewinnausgleich im Todesfall [wie § 6 des Musters Rdn. 435]

§ 6 Erbvertragliche Bindung, Anfechtungsausschluss, Sonstiges [wie § 7 des Musters Rdn. 435]

§ 7 Hinweise [wie § 8 des Musters Rdn. 435]

[Verlesungsvermerk]

V. Steuern

1. Erbschaftsteuer

442 Der Nießbraucher ist als Vermächtnisnehmer erbschaftsteuerpflichtig (§ 3 Abs. 1 Nr. 1 ErbStG). Anders als der Vorerbe gem. § 20 Abs. 4 ErbStG ist der Nießbrauchsvermächtnisnehmer nicht berechtigt, die Steuer aus der Substanz des mit dem Nießbrauch belasteten Vermögens zu begleichen. § 23 ErbStG gewährt dem Nießbrauchsberechtigten ein **Wahlrecht** bei der Besteuerung: Er kann wählen zwischen der einmaligen Versteuerung des Kapitalwertes des Nießbrauchs oder einer jährlich wiederkehrenden Versteuerung des Jahreswertes. Gemäß § 23 Abs. 2 ErbStG ist die Wahl der jährlich wiederkehrenden Besteuerung keine endgültige, da der Nießbraucher die Jahressteuer zum jeweiligen nächsten Fälligkeitstermin mit ihren Kapitalwert ablösen kann. Die Wahl der jährlichen Besteuerung kann insbesondere für finanziell nicht so starke Nießbraucher von Interesse sein. Der Nachteil einer jährlichen Besteuerung besteht im Falle einer überdurchschnittlichen Lebensdauer des Nießbrauchers in der insgesamt höheren Steuerzahlung.

Früher konnten jährliche Zahlungen einkommensteuerrechtlich als dauernde Last abgezogen werden.[659] Durch die Reform des Instituts der Versorgungsleistungen und Neufassung des § 10 Abs. 1a EStG durch das Jahressteuergesetz 2008[660] hat sich dies geändert.[661] Auch § 35b S. 3 EStG, der durch die Erbschaftsteuerreform zum 1.1.2009 eingefügt wurde, ist wohl nichts anderes zu entnehmen.[662] Es bleibt daher nur die **Teilanrechnung der Erbschaftssteuer auf die Einkommensteuer** gemäß § 35b EStG.

443

Die **Bewertung des Nießbrauchs** erfolgt gemäß §§ 13 ff. BewG. Dabei beträgt der jährliche Steuerwert höchstens 1/18,6 des Steuerwerts des Gegenstandes. Bei der Kapitalisierung wird der sich ergebende Wert multipliziert mit dem Vervielfältiger, der sich aus der jährlich aktualisierten Anlage zu § 14 Abs. 1 BewG ergibt. Nach Ansicht der Finanzverwaltung[663] ist jedoch nunmehr § 14 Absatz 2 BewG anwendbar. Danach ist eine **Neuberechnung des ex post geringeren Kapitalwertes** des Nießbrauchs vorzunehmen, wenn die tatsächliche Lebensdauer des Nießbrauchsvermächtnisnehmers den Wert der im Jahr des Erbfalls geltenden und der Bewertung zugrunde gelegten Sterbetafel in bestimmten Grenzen unterschreitet.

444

Bei einem Nießbrauch am Nachlass oder einem Erbteil ergibt sich die Steuerbelastung aus der Summe der steuerlichen Einzelwerte. Dabei ist jedoch nicht ausgeschlossen, dass sich ergebende Erträge mit ertragslosen Aufwendungen verrechnet werden.[664]

445

Bei der **Besteuerung des Erben** wird grundsätzlich der Kapitalwert des Nießbrauchs vom Wert des Erwerbs des Erben abgezogen. § 25 ErbStG in der Fassung, die bis zum 31.12.2008 Gültigkeit hatte, versagte jedoch den Abzug, wenn der Ehegatte des Erblassers Nießbraucher ist. Mit der ersatzlosen Streichung des § 25 ErbStG zum 1.1.2009 ist diese Einschränkung entfallen. Es kommt damit **stets zum Abzug des Kapitalwerts des Nießbrauchs**.[665] Damit wird der Nachlass im Ergebnis nur einmal bei der Besteuerung berücksichtigt; es kommt anders als bei der Vor- und Nacherbschaft zu keiner Doppelbesteuerung. Das Nießbrauchsvermächtnis ist damit **erbschaftsteuerlich potentiell bedeutend günstiger**. Die Höhe des Abzugspostens Nießbrauch unterliegt nach Ansicht der Finanzverwaltung dabei gem. § 14 Abs. 2 BewG der nachträglichen Reduzierung, wenn die tatsächliche Lebensdauer des Nießbrauchsvermächtnisnehmers den Wert der im Jahr des Erbfalls geltenden und der Bewertung zugrunde gelegten Sterbetafel in einem bestimmten Maße unterschreitet.[666]

446

Dem steht als **Nachteil** gegenüber, dass der **Erbe** seinen Erwerb **sofort zu versteuern** hat, obgleich er keinen Zugriff auf die Erträge des Nachlasses hat und auch ohne Zustimmung des Nießbrauchers die Nachlasssubstanz nicht zur Erfüllung seiner Steuerpflicht verwerten kann. Allerdings kann die sofortige Steuerpflicht des Nießbrauchers bei fehlender Zugriffsmöglichkeit auf die Nachlasssubstanz noch durch die Wahl der jährlichen Besteuerung gemildert werden.

447

Die beschriebenen Nachteile sprechen entscheidend gegen die Wahl des Nießbrauchsvermächtnisses, wenn bei der Vor- und Nacherbschaft die Gefahr einer Doppelbesteuerung wegen der erhöhten Freibeträge konkret gar nicht besteht. Daher kommt die Nießbrauchslösung regelmäßig nur dort als erbschaftsteuerlich günstig in Betracht, wo das betreffende zu hinterlassende Vermögen deutlich über die Freibeträge hinausgeht.[667]

448

---

659 BFH BStBl. II 1994, S. 690; *Kapp/Ebeling*, ErbStG, § 23 Rn. 26 ff.
660 BGBl. I 2007, S. 3150.
661 *Littmann/Bitz/Pust/Derlien*, Einkommensteuerrecht, § 35b Rn. 51; *Herzig/Joisten/Vossel*, DB 2009, 584, 589 ff.
662 Ausführlich *Herzig/Joisten/Vossel*, DB 2009, 584, 589 ff.; zweifelnd *Schmidt/Heinicke*, EStG, § 10 Rn. 65 (Stichwort »ErbSt«).
663 ErbSt-Erlass BStBl. I 2009, S. 713, 745, Abschn. 42 Abs. 5; *Ihle*, notar 2010, 59, 61; krit. *Söffing/Thonemann*, ErbStB 2009, 325, 335.
664 BFH BStBl. II 1970, S. 368; *Nieder/Kössinger*, § 10 Rn. 171.
665 S. a. ErbSt-Erlass BStBl. I 2009, S. 713, 744, Abschn. 42 Abs. 2.
666 Siehe Rdn. 444.
667 *Schlieper*, MittRhNotK 1995, 249, 257.

2. Einkommensteuer

449 Entsprechend dem dritten Nießbrauchserlass vom 24.7.1998[668] werden die Einkünfte aus den nießbrauchsbelasteten Gegenständen steuerlich stets dem Nießbraucher zugerechnet, gleich ob man das Nießbrauchsvermächtnis als Vorbehalts- oder Zuwendungsnießbrauch einordnet. Da nur der Nießbraucher Einkünfte erzielt, können auch **nur die Aufwendungen des Nießbrauchers als Werbungskosten** bei der Einkommensteuer in Ansatz gebracht werden.[669] Daher kann es bei hohem Einkommen des Nießbrauchers einkommensteuerlich sinnvoll sein, dem Nießbraucher Unterhaltungskosten für die Gegenstände und die Lastentragung über das Maß des § 1047 BGB hinaus möglichst weitgehend aufzuerlegen. Der Erbe kann als Eigentümer ohne Einnahmen Werbungskosten grundsätzlich nicht geltend machen kann. Der Vermächtnisnießbrauch wird steuerlich wie ein Zuwendungsnießbrauch eingeordnet.[670] Da der Erblasser die Aufwendungen getragen hatte und nicht der Nießbraucher, liegt die **AfA-Befugnis beim Erben**.[671] Der Vermächtnisnießbrauch führt also zur Vernichtung noch vorhandenen AfA-Volumens.[672] In dieser Hinsicht ist einkommensteuerrechtlich die Vor- und Nacherbschaft die günstigere Alternative dar.

VI. Checkliste

450 ▶ **Checkliste: Nießbrauchsvermächtnis**

- ☐ Ist die Wahl des Nießbrauchsvermächtnisses im Vergleich zur Vor- und Nacherbschaft wirklich gewollt und vorzugswürdig?
- ☐ Belastungsgegenstand des Nießbrauchs: Nachlass oder Erbteile?
- ☐ Umfang des Nießbrauchs:
  - ☐ Bruchteils-/Quotennießbrauch?
  - ☐ Soll der Nießbrauch auch Surrogate von Nachlassgegenständen erfassen?
- ☐ Dauer des Nießbrauchs?
- ☐ Ist eine Verfügungsbefugnis des Nießbrauchers über Nachlassgegenstände gewollt? Ggfs. Anordnung von Testamentsvollstreckung oder »schuldrechtliche Gestattung«
- ☐ Soll der Nießbraucher Nachlasssubstanz für eigene Zwecke verbrauchen können, z. B. zur Zahlung der Erbschaftsteuer?
- ☐ Abweichung von der gesetzlichen Lastenverteilung gem. § 1047 BGB?
- ☐ Flankierender Pflichtteilsverzicht des (nur) mit dem Nießbrauch bedachten Ehegatten bei gemeinschaftlichen Verfügungen von Todes wegen? Ggfs. flankierender Verzicht auf die Durchführung des güterrechtlichen Zugewinnausgleichs im Todesfall?
- ☐ Auswirkungen einer Wiederverheiratung auf den Nießbrauch?

D. Sicherung der Erwerbsaussichten des Schlusserben beim gemeinschaftlichen Testament/Erbvertrag (Einheitslösung)

Literatur:
Buchholz, Zur bindenden Wirkung des Erbvertrages, FamRZ 1987, 440; *Dieckmann*, Zum Auskunfts- und Wertermittlungsanspruch des Pflichtteilsberechtigten, NJW 1988, 1809; *Dilcher*, Die Grenzen erbrechtlicher Bindung zwischen Verfügungsfreiheit und Aushöhlungsnichtigkeit, Jura 1988, 72; *Hülsmeier*, Die Abwertung der Rechtsstellung des Vertragserben, NJW 1981, 2043; *ders.*, Der Vorbehalt abweichender Verfügungen von Todes wegen beim Erbvertrag, NJW 1986, 3115; *Kohler*, Vormerkbarkeit eines durch abredewidrige Verfügung bedingten Rückerwerbsanspruches, DNotZ 1989, 339; *Kuchinke*, Enttäuschte Erberwartungen eines Schlußer-

---

668 BStBl. I 1998, S. 914 ff.
669 BFH MittBayNot 1994, 264, 266.
670 BFH MittBayNot 1994, 264, 265; BMF-Schreiben v. 22.4.1994, MittBayNot 1994, 282.
671 BFH MittBayNot 1994, 264, 265; *Schubert*, MittBayNot 2000, 203, 206; *Schlieper*, MittRhNotK 1995, 249, 258.
672 *Schmidt/Kulosa*, EStG, § 7 Rn. 58.

ben, JuS 1988, 853; *Langenfeld*, Freiheit oder Bindung beim gemeinschaftlichen Testament oder Erbvertrag von Ehegatten, NJW 1987, 1577; *Ludewig*, Pflichtteilskürzung durch Schenkung an der Pflichtteilsberechtigten beim Erbvertrag, MDR 1985, 372; *Lüke*, Vertragliche Störungen beim »entgeltlichen« Erbvertrag, 1990; 196; *Remmele*, »Lebzeitiges Eigeninteresse« bei Schenkungen zugunsten des zweiten Ehegatten? NJW 1981, 2290; *Sarres*, Kann der potenzielle Erbe lebzeitige Verfügungen des Erblassers verhindern?, ZEV 2003, 232; *Spellenberg*, Verbotene Schenkungen gebundener Erblasser in der Rechtsprechung, NJW 1986, 2531; *Speth*, Schutz des überlebenden Ehegatten bei gemeinschaftlichem Testament, NJW 1985, 463; *Stöcker*, Erbenschutz zu Lebzeiten des Erblassers bei der Betriebsnachfolge in Familienunternehmen und Höfe, WPM 1980, 482; *Zawar*, Das Vermächtnis in der Kautelajurisprudenz, 1983.

I. Einführung

Die Abschnitte A. bis C. befassen sich mit Gestaltungen, in denen der Erblasser selbst die zeitlich nacheinander geschalteten Berechtigungen zunächst eines Erst- und sodann eines Endbedachten hinsichtlich seines Nachlasses oder einzelner eigener Vermögensgegenstände angeordnet hat. Der vorliegende Abschnitt beschäftigt sich demgegenüber mit der **Absicherung des Schlusserben beim sog. Berliner Testament** (Einheitslösung). Hier setzt der erstversterbende Ehegatte den länger lebenden Ehegatten als Erben ein. Dieser wiederum setzt als (Schluss-)Erben z. B. das gemeinsame Kind ein. Hier geht es nun nicht darum, dass der Erstversterbende durch eigene gestufte Gestaltung den Übergang des zugewandten Vermögens vom erstbedachten länger lebenden Ehegatten auf den endbedachten Schlusserben im Rahmen einer als eigene Verfügung vom Todes wegen gestaltet. Vielmehr erfolgt der Übergang des Vermögens des länger lebenden Ehegatten auf den Schlusserben aufgrund dessen eigener Verfügung. Es verzichtet hier der erstversterbende Ehegatte darauf, diesen Erwerb durch eigene Verfügung von Todes wegen (z. B. Nacherbschaft, Herausgabevermächtnis etc.) sicher zu stellen. Es kann aber im Interesse des Erstversterbenden liegen, dass die Verfügung des Längstlebenden zu Gunsten des Schlusserben in dessen Interesse abgesichert wird. Hier geht es folglich um die Frage, welche Gestaltungen der Ehegatten möglich sind, um den späteren Erwerb des Kindes als Schlusserben des länger lebenden Ehegatten sicher zu stellen. 451

Die gewünschte Sicherung des Schlusserben muss dabei zwei Risikobereiche erfassen. Zum einen droht die Gefahr einer abweichenden Verfügung von Todes wegen des länger lebenden Ehegatten; zum anderen kann dieser auch durch lebzeitige Verfügungen den Erwerb des Schlusserben vereiteln. 452

1. Der Schutz gegen abweichende Verfügungen von Todes wegen des länger lebenden Ehegatten

Dem Risiko einer abweichenden Verfügung von Todes wegen durch den länger lebenden Ehegatten ist zunächst dadurch entgegenzuwirken, dass die Ehegatten eine Handlungsform für ihre Verfügung von Todes wegen wählen, die eine **erbrechtliche Bindungswirkung** entfaltet. Erforderlich ist also die Wahl eines gemeinschaftlichen Testamentes oder Erbvertrages. Über die Möglichkeit der Wechselbezüglichkeit der Verfügungen beim gemeinschaftlichen Testament (§ 2270 BGB) sowie beim Erbvertrag der Festlegung der vertraglichen Bindungswirkung (§ 2278 BGB) ist jeweils eine erbrechtliche Bindung zu erzielen, die spätere abweichende Verfügungen von Todes wegen des länger lebenden Ehegatten zu Lasten des Schlusserben ausschließt (§§ 2271 Abs. 1 S. 2, Abs. 2 S. 1, 2289 Abs. 1 S. 2 BGB). Bezüglich der Möglichkeiten der Ausgestaltung einer vertragsmäßigen Bindung bzw. Wechselbezüglichkeit sei auf die Darstellung in Kapitel 7 verwiesen. 453

2. Der gesetzliche Schutz gegen »aushöhlende« lebzeitige Verfügungen des länger lebenden Ehegatten

Bei bindenden Verfügungen im gemeinschaftlichen Testament und Erbvertrag ist auch der bindend eingesetzte Schlusserbe nicht dagegen geschützt, dass der länger lebende Ehegatte seine erbrechtlich fixierte Verfügung durch **lebzeitige anderweitige Disposition** über sein Vermögen unterläuft und damit »aushöhlt«. § 2286 BGB, der trotz seines Standortes im Recht des Erbvertrages entsprechend 454

Kapitel 5 Sicherung der Erwerbsaussichten für Endbedachte

auf das gemeinschaftliche Testament anwendbar ist,[673] stellt die unbeschränkte Verfügungsmöglichkeit unter Lebenden ausdrücklich klar. Durch die Vornahme solcher Verfügungen verstößt der Erblasser gegen keinerlei Verpflichtungen, weil solche auch durch die bindende Verfügung von Todes wegen nicht begründet werden.[674] Folglich gewährt die erbrechtlich bindende Schlusserbeneinsetzung lediglich eine **tatsächliche Erwartung des Erwerbs von Nachlassgegenständen**, jedoch keine rechtlich gesicherte Anwartschaft.[675]

455 An entgeltliche Verfügungen über Vermögensgegenstände trotz erbrechtlich bindender Erbeinsetzung knüpft das Gesetz keinerlei Rechtsfolgen. Konsequenzen sieht das Gesetz ausschließlich für **Schenkungen vor, die in Benachteiligungsabsicht erfolgen** (§ 2287 BGB). Die vorausgesetzte subjektive Zielrichtung des erbrechtlich Gebundenen wird dabei allgemein bereits dann ohne weitere Motivforschung angenommen, wenn bei einer Schenkung das lebzeitige Eigeninteresse des Erblassers an der Vornahme der Verfügung fehlt.[676] Einen **erweiterten Schutz** über beeinträchtigende Schenkungen hinaus bietet § 2288 BGB **für den bindend bedachten Vermächtnisnehmer**. Danach ist der Vermächtnisnehmer, wenn der Erblassers in Benachteiligungsabsicht den Vermächtnisgegenstand zerstört, beschädigt oder beiseite schafft, durch einen Wertersatzanspruch (Abs. 1), bei Veräußerung oder Belastung durch einen Verschaffungs-, ersatzweise einen Wertersatzanspruch gegen den Erben gesichert. Auch die §§ 2287, 2288 BGB finden auf das gemeinschaftliche Testament entsprechende Anwendung.[677]

456 Der Bundesgerichtshofs hat darüber hinaus zeitweise versucht, die Fälle der beeinträchtigenden Schenkung bei bestehender erbrechtlicher Bindung unter dem Gesichtspunkt der **Aushöhlungsnichtigkeit** (§ 138 BGB) recht weitgreifend zu erfassen.[678] Eine Nichtigkeit nach dieser Bestimmung kommt jedoch nach allgemeiner heutiger Auffassung nur bei Vorliegen »ganz besonderer Ausnahmefälle« in Betracht.[679] Demgegenüber wird diskutiert, ob beeinträchtigende Zuwendungen durch Rechtsgeschäfte unter Lebenden auf den Todesfall (Schenkung von Todes wegen, Vertrag zugunsten Dritter auf den Todesfall) erbrechtlichen Verfügungen gleich zu stellen sind und damit an §§ 2271 Abs. 1 S. 2, Abs. 2, 2289 Abs. 1 S. 2 BGB scheitern.[680] Die herrschende Meinung[681] wendet demgegenüber auf alle unentgeltlichen lebzeitigen Zuwendungen ausschließlich die Vorschriften unter der über die Rechtsgeschäfte unter Lebenden an. Unentgeltliche Zuwendungen von erbrechtlich gebundenen Personen werden danach grundsätzlich **ausschließlich durch die §§ 2287, 2288 BGB geregelt**. Bei pflichtteilsberechtigten Schlusserben können daneben (zeitlich und der Höhe nach begrenzt) **Pflichtteilsergänzungsansprüche** aus §§ 2325, 2329 BGB treten. Alle diese Vorschriften gewähren dem bindend bedachten Schlusserben lediglich Bereicherungsansprüche und damit wegen des Verweises auch auf § 818 Abs. 3 BGB nur mäßigen Schutz.

457 Weiterhin besteht keinerlei Schutz des Schlusserben gegen **familienrechtliche Rechtsgeschäfte** des erbrechtlichen gebundenen Erblassers, wie Eheschließung, Annahme eines Kindes oder Vaterschaftsanerkenntnis.[682] Diese Akte sind auch dann uneingeschränkt möglich, wenn sie den Schlusserben dadurch mittelbar beeinträchtigen, dass sie zu Pflichtteilsansprüchen oder gar zu Anfechtungsrechten (§ 2079 BGB) führen. Letztere sind freilich bereits in der bindenden Verfügung von Todes wegen unbedingt auszuschließen.

---

673 BGH DNotZ 1951, 344, 345; 1965, 357, 358; Palandt/*Weidlich*, § 2286 Rn. 1.
674 BGH DNotZ 1960, 207, 208.
675 MünchKommBGB/*Musielak*, § 2286 Rn. 3.
676 St.Rspr.: BGHZ 59, 343, 350; 82, 274, 282; MünchKommBGB/*Musielak*, § 2287 Rn. 12 f.
677 BGHZ 82, 274, 278; Palandt/*Weidlich*, § 2271 Rn. 10.
678 BGH DNotZ 1955, 85, 86; ausführlich *Mattern*, DNotZ 1964, 196 ff.
679 BGH DNotZ 1965, 357, 358; 1973, 421, 425; Palandt/*Weidlich*, § 2286 Rn. 1.
680 Staudinger/*Kanzleiter*, § 2289 Rn. 23 f. m. w. N.
681 BGHZ 66, 9, 14; Palandt/*Weidlich*, § 2289 Rn. 13; Staudinger/*Kanzleiter*, § 2289 Rn. 25.
682 Palandt/*Weidlich*, § 2286 Rn. 2.

458 Umstritten ist, ob die ebenfalls mittelbar beeinträchtigende **Aufhebung eines Erb- oder Pflichtteilsverzicht** mit einem anderen Pflichtteilsberechtigten gemäß § 2351 BGB einer Verfügung von Todes wegen gleichzustellen ist und Schutz insoweit gemäß § 2289 Abs. 1 S. 2 BGB zu gewähren ist.[683] Ein gewisser Schutz gegen die Aufhebung kann darin bestehen, dass der Verzichtsvertrag unter Mitwirkung des bindend bedachten Schlusserben erfolgt und die eigentlichen Parteien des Verzichts sich gegenüber diesem dazu verpflichten, den Vertrag nicht ohne seine Zustimmung aufzuheben. Ein Verstoß würde möglicherweise die vertragswidrige Aufhebung ganz ausschließen,[684] in jedem Fall aber immerhin Schadensersatzansprüche gewähren.[685] Durch den BGH geklärt ist jedoch, dass die Aufhebung eines Erb- oder Pflichtteilsverzichts durch den gebundenen Erblasser nicht unter § 2287 BGB fällt.[686]

459 Vor dem Hintergrund des somit insgesamt nur **schwach ausgeprägten gesetzlichen Schutzes des bindend bedachten Schlusserben** stellte sich die Frage, durch welche ergänzenden Gestaltungen erbrechtlicher Art und ggf. auch in Kombination mit Rechtsgeschäften unter Lebenden der Schutz des Schlusserben verbessert werden kann.

460 Klarheit muss jedoch von vornherein darüber bestehen, dass bei jedweder Sicherung des Schlusserben **nicht ausschließbare Restrisiken** bestehen bleiben, insbesondere unmittelbare oder auch nur mittelbare Beeinträchtigungen des Schlusserben durch tatsächliche Handlungen (Beschädigung etc.), familienrechtliche Akte und schlichtes Schuldenmachen, dessen Konsequenzen der Schlusserbe im Rahmen der Erbenhaftung zu spüren bekäme.[687]

II. Der Schutz des Schlusserben vor »aushöhlenden« lebzeitigen Verfügungen des erbrechtlich gebundenen Erblassers durch allein erbrechtliche Gestaltungen

461 In Betracht kommen zur Stärkung des Schutzes des bindend eingesetzten Schlusserben zunächst rein erbrechtliche Gestaltungen. Diese müssen zum **Ziel haben, lebzeitige Verfügungen zu unterbinden**, welche die erbrechtliche Bindung unterlaufen. Dabei kann allein mit den Mitteln des Erbrechts in erster Linie Schutz bezüglich solcher Vermögenswerte gewährt werden, die vom erstversterbenden Erblasser dem Längstlebenden vererbt werden und sodann von diesem an den Schlusserben weitervererbt werden sollen. In Betracht kommen aber auch erbrechtliche Gestaltungen, mittels deren der Erstversterbende den als seinen Erben eingesetzten Längerlebenden an Verfügungen über dessen eigenes Vermögen (z. B. den dem Längstlebenden ohnehin schon gehörenden $1/2$ Miteigentumsanteil an einem Hausgrundstück) hindern kann.[688] Alternativ kann der Ausschluss lebzeitiger Verfügungen über ein flankierendes Rechtsgeschäft unter Lebenden verfolgt werden (s. nachfolgend Rdn. 498 ff.).

1. Verfügungsunterlassungsvermächtnis

a) Einführung

462 In Betracht kommt zunächst die Belastung des länger lebenden Ehegatten durch ein zugunsten des Schlusserben angeordnetes Vermächtnis, wonach der Erbe/zweite Erblasser über bestimmte Gegenstände des Nachlasses des Erstversterbenden (z. B. Grundstücke) nicht verfügen darf. Ein solches Vermächtnis begründet mit seinem Anfall einen **schuldrechtlichen Unterlassungsanspruch**. Dieser bietet keinerlei dinglich wirkenden Schutz. Er entspricht inhaltlich den Rechten, die zugunsten des Schlusserben aus einem zwischen diesem und dem längstlebenden Erblasser geschlossenen Ver-

---

683 Dagegen MünchKommBGB/*Musielak*, § 2289 Rn. 15, dafür *Schindler*, DNotZ 2004, 824, 830.
684 So *Reimann/Bengel/J.Mayer*, § 2287 Rn. 37.
685 *Reimann/Bengel/J.Mayer*, § 2287 Rn. 37; *Schindler*, DNotZ 2004, 824, 835, 838.
686 BGH DNotZ 1981, 49, 52 f.
687 *Reimann/Bengel/J.Mayer*, § 2286 Rn. 33; *Nieder/Kössinger*, § 13 Rn. 27.
688 Dies übersehen *Nieder/Kössinger*, § 13 Rn. 27, die hierfür stets ein Rechtsgeschäft unter Lebenden für erforderlich halten.

fügungsverzichtsvertrages folgen. Wird ein solcher von der ganz h. M.[689] für zulässig erachtet (§ 137 S. 2 BGB), bestehen gegen ein entsprechende vermächtnisweise auferlegte Pflicht ebenfalls keine Bedenken.[690]

463 Um eine solche Anordnung umgehungsfest zu gestalten, sollte dem Längstlebenden nicht nur die Verfügung selbst untersagt werden, sondern vorsichtshalber **auch die Eingehung einer auf eine Verfügung gerichteten schuldrechtlichen Verpflichtung**.[691] Ansonsten könnte die Pflicht, eine Verfügung zu unterlassen, dadurch umgangen werden, dass der Erblasser sich schuldrechtlich zur Vornahme einer solchen Verfügung nach seinem Tode verpflichtet. Diese wäre als Nachlassverbindlichkeit nach dem Tode des Erblasser zu erfüllen. Auf die Hoffnung, dass eine solche Manipulation an § 138 BGB scheitern wird, sollte man es bei der Gestaltung nicht ankommen lassen.

464 Der schuldrechtliche Unterlassungsanspruch kann als solcher nicht durch eine Vormerkung gesichert werden (vgl. § 883 Abs. 1 S. 1 BGB).[692] Allenfalls ließe sich bei drohendem Verstoß gegen die Unterlassungsverpflichtung im Wege einer einstweiligen Verfügung ein Veräußerungsverbot erwirken und bei Grundstücken im Grundbuch eintragen lassen.[693] Als Sanktion im Falle eines Verstoßes kommen im übrigen lediglich Ansprüche auf Wiederherstellung des vorherigen Zustandes,[694] bei Unmöglichkeit **Schadensersatzansprüche** gegen den länger lebenden Ehegatten in Betracht.[695] Die effektivste Sicherung des für sich genommen nur durch Sekundäransprüche gesicherte Unterlassungsanspruchs ist dessen **Kombination** mit einem durch einen Verstoß gegen die Unterlassungsverpflichtung aufschiebend bedingten **Herausgabevermächtnis** (s. sogleich Rdn. 479 ff.).

b) Die Gestaltung des Verfügungsunterlassungsvermächtnisses

465 Wird eine solche Verfügungsunterlassungspflicht strikt angeordnet, berücksichtigt sie ausschließlich das Interesse des Schlusserben. Die Regelung kann dann allerdings im Einzelfall den Längstlebenden unbillig beeinträchtigen, wenn dieser etwa in eine wirtschaftliche **Notlage** gerät. In solchen Fällen neigt die Rechtsprechung dazu, im Wege der Auslegung Einschränkungen des Verbots anzunehmen und z. B. die Befugnis zur Beleihung zuzugestehen.[696] Hierfür sollte das Vermächtnis vorbeugende Regelungen vorsehen.[697]

466 Diese können darin bestehen, dass man die Befugnis zur Verfügung zugesteht, wenn
   – eine **Kreditaufnahme** im Interesse des Grundbesitzes erforderlich ist, die durch ein Grundpfandrecht gesichert werden muss, oder
   – der gebundene Erblasser in eine wirtschaftliche **Notlage** gerät, etwa eine Immobilie zum Zweck der Begleichung von ansonsten ungedeckten Pflegekosten veräußern muss.

467 Ob und welche Ausnahmen vorgesehen werden, ist jeweils im Einzelfall zu klären. Insbesondere gegen den Vorbehalt der Veräußerung im Pflegefall wird häufig das Interesse der Beteiligten ins Feld geführt werden, möglichst wenig Raum für den Sozialhilferegress zu bieten. Soll eine Beleihung im Interesse des Grundbesitzes vorbehalten werden, ist ergänzend zu regeln, dass solche vom gebundenen Erblasser eingegangenen, dem Grundbesitz zugute gekommenen Verbindlichkeiten vom bindend Bedachten zu übernehmen sind, wenn er nicht mit dem Erben identisch ist.

---

689 St.Rspr.: BGHZ 12, 115, 121 f.; DNotZ 1960, 207, 208; 1973, 421, 425; MünchKommBGB/*Musielak*, § 2286 Rn. 11 ff.
690 *Recker*, MittRhNotK 1978, 125, 127 f.; *Nieder/Kössinger*, § 13 Rn. 22; *Reimann/Bengel/J.Mayer*, § 2286 Rn. 34; *Lange/Kuchinke*, § 25 V 12c.
691 *Nieder/Kössinger*, § 13 Rn. 29.
692 BGHZ 12, 115, 122; MünchKommBGB/*Musielak*, § 2286 Rn. 12.
693 BGH DNotZ 1997, 720, 723; *Langenfeld*, NJW 1987, 1577, 1580; MünchKommBGB/*Musielak*, § 2286 Rn. 13.
694 BGH DNotZ 1964, 232, 233; *Recker*, MittRhNotK 1978, 125, 130.
695 BGH DNotZ 1960, 207, 208; 1962, 497, 499; *Reimann/Bengel/J.Mayer*, § 2286 Rn. 25.
696 BGH FamRZ 1967, 470, 472; MünchKommBGB/*Musielak*, § 2286 Rn. 13.
697 *Nieder/Kössinger*, § 13 Rn. 24.

Wird der Unterlassungsverpflichtung zuwider gehandelt, entstehen zwar bereits mit Eintritt der Un- 468 möglichkeit der Wiederherstellung des vorherigen Zustandes Schadensersatzansprüche und nicht erst mit dem zweiten Erbfall.[698] Allerdings scheint die Bezifferung eines wirtschaftlichen Schadens vor Eintritt des zweiten Erbfalls problematisch. Aus diesem Grunde sollte an die Verletzung der Unterlassungsverpflichtung ein **aufschiebend bedingtes Geldvermächtnis** zulasten des Längstlebenden und zugunsten des Schlusserben **als Sanktion** und als unwiderlegliche Definition eines anzunehmenden Mindestschadens angeordnet werden.

Soll auf eine dinglich wirkende Verstärkung in Form eines vormerkungsgesicherten aufschiebend be- 469 dingten Herausgabevermächtnisses, das im Falle des Verstoßes gegen das Verfügungsverbot anfällt, verzichtet werden, so sollte dies in der Verfügung klargestellt werden.

Fraglich ist, ob eine **Pflicht zur Unterlassung einer Verfügung** rein erbrechtlich durch den Erstver- 470 sterbenden nur bezüglich seines Nachlasses oder **auch bezüglich des Vermögens des Längstlebenden** erreicht werden kann. Die Frage stellt sich, wenn z. B. eine Immobilie im hälftigen Eigentum beider Ehegatten steht und der Schlusserbe nicht nur im Erwerb des Halbanteils des erstversterbenden Ehegatten, sondern auch in dem des Anteils des länger lebenden Ehegatten gesichert werden soll. Hier hilft zweifelsfrei ein lebzeitiges Rechtsgeschäft zwischen beiden Ehegatten und Schlusserben.[699] Ob aber auch rein erbrechtlich ein vom Erstversterbenden angeordnetes Verfügungsunterlassungsvermächtnis des Inhalts möglich ist, dass der Längstlebende als **Erbe verpflichtet ist, seinen eigenen Anteil nicht zu veräußern**, ist nicht völlig klar. Zwar kann Gegenstand eines Vermächtnisses jedwede Leistung sein, also auch ein Unterlassen.[700] Inwieweit diese Leistung jedoch einen Bezug auf den Nachlass aufweisen muss, scheint nicht abschließend geklärt. Teilweise wird ein »notwendige[r] Bezug zum Erblasservermögen« verlangt, der beim Verschaffungsvermächtnisses (§§ 2169, 2170 BGB) gerade darin bestehe, dass die Beschaffung des Gegenstandes mit Mitteln des Nachlasses zu erfolgen habe.[701] Wegen des völligen Fehlens eines Bezuges zum Nachlass schiede danach ein Verfügungsunterlassungsvermächtnis bezogen auf das Eigenvermögen des Längstlebenden aus. Anderseits wird betont, dass die Leistung gerade keinen Bezug zum Nachlass aufweisen müsse.[702] Bei der nicht geklärten Rechtslage sollte daher insoweit – ggfs. ergänzend – auf die **Verwendung einer inhaltgleichen Auflage** ausgewichen werden. Auch deren Inhalt kann ein Unterlassen sein.[703] Anerkanntermaßen kann auch auferlegt werden, die Veräußerung eines Grundstückes zu unterlassen,[704] und zwar auch eines solchen, das nicht dem Nachlass angehört.[705] Sofern der Schlusserbe – wie regelmäßig – auch Ersatzerbe für den Längstlebenden ist, ist der Schlusserbe hinsichtlich der Unterlassungsauflage ohne weiteres vollziehungsberechtigt (§ 2194 S. 1 BGB);[706] andernfalls wäre er zum (vollziehungsberechtigten)[707] Testamentsvollstrecker mit diesem Aufgabengebiet zu bestimmen. Die Schwäche der Lösung über die Auflage besteht allerdings darin, dass bei der Nichterfüllung der Auflagenverpflichtung ein Schadensersatzanspruch gemäß § 280 BGB fraglich ist[708] und damit im Falle der Nichterfüllung eine effektive Sanktion nicht zur Verfügung steht. § 2196 BGB gewährt nur halbherzige Sanktionen nach Bereicherungsrecht. Da diese Rechtslage nicht zwingend ist, kann[709] und sollte

---

698 So aber *Nieder/Kössinger*, § 13 Rn. 22 unter unzutreffendem Verweis auf *Recker*, MittRhNotK 1978, 125, 128.
699 *Nieder/Kössinger*, § 13 Rn. 27. Näher unten Rdn. 498 ff.
700 MünchKommBGB/*Leipold*, § 1939 Rn. 6.
701 MünchKommBGB/*Leipold*, § 1939 Rn. 9.
702 *Lange/Kuchinke*, § 29 II 2c.
703 BGH, Urt. v. 24.6.2009 – IV ZR 202/07, ZNotP 2009, 352, 354.
704 OLG Köln FamRZ 1990, 1402, 1403; Erman/*Schlüter*, § 1939 Rn. 2.
705 BGH FamRZ 1985, 278, 279; MünchKommBGB/*Leipold*, § 1940 Rn. 4; *Damrau/Seiler*, § 1940 Rn. 5.
706 Zur Vollziehungsberechtigung des Ersatzerben s. nur MünchKommBGB/*Schlichting*, § 2194 Rn. 2.
707 *Lange/Kuchinke*, § 30 III 3.
708 Wohl befürwortend *Lange/Kuchinke*, § 30 III 5 d; dag. MünchKommBGB/*Schlichting*, § 2194 Rn. 9; vgl. a. RG WarnR 1937 Nr. 133 a. E.
709 MünchKommBGB/*Schlichting*, § 2196 Rn. 2; Staudinger/*Otte*, § 2196 Rn. 8.

als Sanktion für eine Nichterfüllung der Auflage **eine vermächtnisweise auferlegte Geldzahlungsverpflichtung als Strafe** durch den Erblasser selbst angeordnet werden.

471 Ist eine so weitgehende Bindung des länger lebenden Ehegatten gewollt, wie es die Verfügungsunterlassungsverpflichtung begründet, sind stattdessen als **Gestaltungsalternativen** zu erwägen
– die (gegenständlich beschränkte) nicht befreite Vorerbschaft (s. Abschnitt A. Rdn. 111 ff.), gegebenenfalls mit Zustimmungsvermächtnissen (s. Abschnitt A. Rdn. 202 ff.) bezüglich erlaubter Verfügungen des Längstlebenden und die
– lebzeitige Übertragung unter Vorbehalt von Nießbrauch (ggfs. mit schuldrechtlicher Gestattung von Beleihungen im Interesse des Grundbesitzes) und Rückforderungsrecht.[710]

472 **Muster einer Verfügungsunterlassungsverpflichtung** betreffend Grundbesitz des Erblassers

Sachverhalt: Im gegenseitigen Erbvertrag der Eheleute nach Art des Berliner Testaments setzt die Ehefrau u. a. ihren Ehemann als Erben, dieser wiederum erbvertraglich bindend den gemeinsamen Sohn als Schlusserben ein. Die Ehefrau will jedoch ihren Ehemann jedenfalls schuldrechtlich dahin gehend binden, dass er nur in Ausnahmefällen über das in ihrem Nachlass befindliche Einfamilienhaus verfügen darf.

473 ▶ **Muster:**

[Notarieller Urkundseingang]

§ 1 Verhältnis zu früheren Verfügungen

§ 2 Gegenseitige Erbeinsetzung

§ 3 Vermächtnisanordnung der Ehefrau

Ich, die Ehefrau, belaste für den Fall, dass der mir gehörende Hausgrundbesitz ... in meinem Nachlass vorhanden ist, meinen Ehemann ... zugunsten des von mir zu § 4 bestimmten Schlusserben mit dem nachfolgenden Vermächtnis:

Mein Ehemann als mein Erbe ist verpflichtet, Verfügungen über den vorgenannten Grundbesitz zu unterlassen und keine Verpflichtungen einzugehen, die auf solche Verfügungen gerichtet sind.

Mein Ehemann ist jedoch zur Bestellung eines Grundpfandrechts auf dem Hausgrundbesitz berechtigt, soweit dies zu Erlangung von Kreditmitteln erforderlich ist, die ausschließlich dem Hausgrundbesitz zugute kommen (insbesondere zur Vornahme von Investitionen oder Tragung auf dem Grundbesitz ruhender Lasten wie Erschließungskosten). Mein Ehemann ist verpflichtet, vor Vornahme der Verfügung den Schlusserben zu informieren.

Das Vermächtnis fällt mit meinem Tode an.

Im Falle der Zuwiderhandlung gegen die Unterlassungsverpflichtung steht dem Schlusserben im Wege eines weiteren Vermächtnisses ersatzweise ein Geldanspruch in Höhe des durch Gutachten eines vereidigten Sachverständigen zu ermittelnden Verkehrswertes des Grundbesitzes im Zeitpunkt der Zuwiderhandlung zu.

Trotz der bestehenden Gestaltungsmöglichkeiten zur Verbesserung des Schutzes des Erwerbsinteresses des Schlusserben, z. B. in Form eines durch den Verstoß gegen die Verpflichtung aufschiebend bedingten und grundbuchlich sicherbaren Herausgabevermächtnisses zugunsten meines Sohnes, möchte ich mich auf die Begründung der vorstehenden Verpflichtung meines Ehemannes beschränken.

§ 4 Schlusserbeneinsetzung des Sohnes, ersatzweise der Abkömmlinge

§ 5 Bindungswirkung

---

710 *Reimann/Bengel/J.Mayer*, § 2286 Rn. 35.

Muster einer Verfügungsunterlassungsverpflichtung betreffend gemeinschaftlichen Grundbesitz des Erblassers und des Erben 474

Abwandlung zum Sachverhalt in Rdn. 472: Das Einfamilienhaus gehört beiden Ehegatten je zur Hälfte. Jeder will erreichen, dass der Längstlebende nicht nur über die von ihm vererbte, sondern auch die diesem schon gehörende Hälfte nicht verfügen darf.

▶ **Muster:** 475

§ 3 Vermächtnisanordnung und Auflage des erstversterbenden Ehegatten

Der Erstversterbende von uns belastet für den Fall, dass der ihm gehörende hälftige Miteigentumsanteil an dem Hausgrundbesitz ... in seinem Nachlass vorhanden ist, den länger lebenden Ehegatten zugunsten des Schlusserben gemäß § 4 mit dem nachfolgenden Vermächtnis sowie mit der nachfolgenden Auflage:

Der länger lebende Ehegatte ist vermächtnisweise verpflichtet, Verfügungen über den vorgenannten Grundbesitz – und zwar den ihm bereits gehörenden Miteigentumsanteil hieran sowie den vom Erstversterbenden ererbten – zu unterlassen und keine Verpflichtungen einzugehen, die auf solche Verfügungen gerichtet sind.

Den länger lebenden Ehegatten trifft diese Verpflichtung hinsichtlich des ihm bereits gehörenden Miteigentumsanteils an vorgenanntem Grundbesitz hilfsweise auch im Wege der Auflage.

Der länger lebende Ehegatte ist jedoch zur Bestellung eines Grundpfandrechts auf dem Hausgrundbesitz berechtigt, soweit dies zu Erlangung von Kreditmitteln erforderlich ist, die ausschließlich dem Hausgrundbesitz zugute kommen (insbesondere zur Vornahme von Investitionen oder Tragung auf dem Grundbesitz ruhender Lasten wie Erschließungskosten). Der Längstlebende von uns ist verpflichtet, vor Vornahme der Verfügung den Schlusserben zu informieren.

[Rest des Musters wie die letzten drei Absätze von § 3 bei Muster Rdn. 473]

2. Verfügungsunterlassungsvermächtnis mit Sanktionierung durch aufschiebend bedingte Nacherbschaft des Schlusserben

Denkbar ist es, die Vornahme der ungewünschten »aushöhlenden« Verfügung des länger lebenden Ehegatten als Anknüpfung zu nehmen für den **Eintritt einer Nacherbschaftsbeschränkung mit dem Schlusserben als Nacherben**.[711] Dies wäre identisch mit der Anordnung einer durch die Verfügung auflösend bedingten Vollerbenstellung des Längstlebenden.[712] Dabei hätte die aushöhlende Verfügung eine Doppelfunktion: Zum einen begründet sie die Beendigung der Vollerbschaft und deren Umwandlung in eine bloße Vorerbenstellung des Längstlebenden; zugleich löst sie den Nacherbfall aus. Die Konstruktion ist insoweit mit der klassischen Wiederverheiratungsklausel[713] identisch. Anders als jene (Art. 6 GG!) ist sie jedoch rechtlich unbedenklich zulässig. 476

Die Folge einen solchen Gestaltung wäre, dass gegen eine aushöhlende Verfügung dinglicher Schutz im Rahmen des § 2113 BGB gewährt würde, also nur bei Verfügungen über Grundstücke und unentgeltlichen Verfügungen. Bei beweglichen Sachen besteht zudem in erheblichem Umfang das Risiko eines gutgläubigen Erwerbs des Dritterwerbers (§ 2113 Abs. 3 BGB). Zudem ist bei einer solchen Konstruktion zu beachten, dass der überlebenden Ehegatte zwar zunächst Vollerbe, aber zugleich aufschiebend bedingt nur Vorerbe ist. Daher gelten die **Nacherbschaftsbeschränkungen**, insbesondere der §§ 2113 ff. BGB, **auch schon vor dem Bedingungseintritt**[714] und damit völlig unabhängig von einer später vorgenommenen aushöhlenden Verfügung. 477

---

711 *Recker*, MittRhNotK 1978, 125, 128; *Lange/Kuchinke*, § 25 V 12c.
712 Diese Gestaltung schlagen *Nieder/Kössinger*, § 13 Rn. 17 vor.
713 Siehe oben Abschn. A. Rdn. 122 ff.
714 RGZ 156, 172, 181; BGH FamRZ 1961, 275, 276; Palandt/*Weidlich*, 2269 Rn. 18.

478 Ist eine so weitgehende Beschränkung des länger lebenden Ehegatten gewünscht, liegt die einfachere **Gestaltungsalternative** der unbedingten Nacherbschaftsbeschränkung (ggf. gegenständlich beschränkt auf den dem Schlusserben zu sichernden Gegenstand)[715] bedeutend näher. Die Gestaltung der aufschiebend bedingten Nacherbschaftsbeschränkung ist daher **nicht empfehlenswert**.

3. Verfügungsunterlassungsvermächtnis mit Sanktionierung durch aufschiebend bedingtes Herausgabevermächtnis

a) Einführung

479 Anstelle einer aufschiebend bedingten Nacherbschaftsbeschränkung als Sicherung der Pflicht zur Unterlassung einer Verfügung kommt als wesentlich praktikablere Gestaltung ein **aufschiebend bedingtes Herausgabevermächtnis** in Betracht: Das Vermächtnis fällt in dem Moment an, in dem der länger lebende Ehegatte die aushöhlende Verfügung über den betreffenden Gegenstand vornimmt. Das allein würde wegen der rein schuldrechtlichen Wirkung auch des Herausgabevermächtnisses wieder nur zu Schadensersatzpflichten führen. Doch kann ein solcher Vermächtnisanspruch, der auf die sanktionsweise Übereignung des Gegenstandes gerichtet ist, nach dem Eintritt des ersten Erbfalls zu Lasten des länger legenden Ehegatten **dinglich gesichert** werden.

480 Bei **Mobilien** bietet die antizipierte Übereignung des betreffenden Gegenstandes Schutz, die aufschiebend bedingt durch die Vornahme der pflichtwidrigen Verfügung erfolgt. Schutz bietet sodann § 161 Abs. 1 BGB, der die spätere aushöhlende Zweitverfügung unwirksam macht und für den Fall des Bedingungseintritts Schutz gegen die Vollstreckung durch Gläubiger des Längstlebenden gewährt. Freilich wird dieser Schutz durch die Möglichkeit des gutgläubigen Erwerbes (§ 161 Abs. 3 BGB), die gerade bei Mobilien sehr groß ist, erheblich eingeschränkt.

481 Bei **Grundbesitz** tritt an die Stelle der nicht möglichen antizipierten bedingten Übereignung (§ 925 S. 2 BGB) die **Vormerkbarkeit des bedingten Anspruchs** (§ 883 Abs. 1 S. 2 BGB). Damit ist erreichbar, dass eine pflichtwidrige Verfügung über das Vehikel des damit ausgelösten, seinerseits vormerkungsgesicherten Übertragungsanspruchs dinglich fehlschlägt. Die Gestaltung mutet auf den ersten Blick wie eine Umgehung des § 137 S. 1 BGB an, wird jedoch von der ganz h. M. und vor allem der einhelligen Rechtsprechung für zulässig angesehen.[716]

b) Gestaltung des aufschiebend bedingten Herausgabevermächtnisses

482 Das aufschiebend bedingte Herausgabevermächtnis (hierzu eingehend Abschnitt B. I. dieses Kapitels) begründet eine Anwartschaft des aufschiebend bedingt eingesetzten Schlusserben/Vermächtnisnehmers, die allerdings zunächst rein schuldrechtlich ausgestaltet und geschützt ist.[717] Für die Verdinglichung des Schutzes ist der länger lebende Ehegatte dazu zu verpflichten, unmittelbar nach dem Erbfall den zu schützenden beweglichen Gegenstand dem Schlusserben **aufschiebend bedingt durch die Vornahme der pflichtwidrigen Verfügung zu übereignen**.[718] Bei Grundbesitz ist der Erbe zu verpflichten, eine **Auflassungsvormerkung** zu bewilligen, die den künftigen Vermächtnisanspruch sichert. Auf die umstrittene Frage, ob bei einem solchen (bedingten) Grundstücksvermächtnis die Bewilligung stets stillschweigend mit vermacht ist,[719] sollte man es bei der Gestaltung nicht ankommen lassen. Die Bewilligung kann bei notariellen Verfügungen von Todes wegen in die Verfügung aufgenommen werden.[720]

---

715 Siehe Abschn. A. Rdn. 111 ff.
716 BGH DNotZ 1997, 720, 722 f.; MünchKommBGB/*Armbrüster*, § 137 Rn. 35; *Reimann/Bengel/J.Mayer*, § 2286 Rn. 30; a. M. Erman/*Palm*, § 137 Rn. 9; *Timm*, JZ 1989, 13, 21.
717 Eingehend Abschnitt B. Rdn. 262 ff.
718 Zur vergleichbaren Gestaltung beim Nachvermächtnis: *Watzek*, MittRhNotK 1999, 37, 47; *Nieder/Kössinger*, § 10 Rn. 146.
719 Zum Streitstand *Nieder/Kössinger*, § 10 Rn. 146 m. w. N.
720 *Nieder/Kössinger*, § 10 Rn. 161; *Mayer*, BWNotZ 1997, 62.

Das bedingte Herausgabevermächtnis bewirkt, wenn es an die pflichtwidrige Verfügung durch den Längstlebenden anknüpft, in erster Linie eine effektive Sicherung der Verfügungsunterlassungspflicht. Empfehlenswert ist es jedoch, die Bedingung alternativ auch eintreten zu lassen, wenn **Vollstreckungsmaßnahmen** in den zu schützenden Gegenstand erfolgen oder der länger lebende Ehegatte in **Insolvenz**[721] gerät. 483

Das aufschiebend bedingte Herausgabevermächtnis führt im Falle des Bedingungseintritts zu einem Nacheinander der Berechtigung erst des längstlebenden Ehegatten und sodann des Schlusserben als Vermächtnisnehmer. Damit stellen sich für den Fall des Bedingungseintritts eine Reihe von Fragen betreffend das **Innenverhältnis zwischen den sukzessiv Berechtigten:** 484
- Der Anspruch des Längstlebenden als Erben auf **Verwendungsersatz** richtet sich gemäß § 2185 BGB nach den §§ 994ff. BGB und damit nur nach den Regeln über die Geschäftsführung ohne Auftrag. Soll das Herausgabevermächtnis als reine Sanktion für einen Verstoß gegen die Unterlassungsverpflichtung dienen, erscheint der **vollständige Ausschluss** von Verwendungsersatzansprüchen angebracht. Tritt die Bedingung dagegen bei Erfolgen einer Zwangsvollstreckungsmaßnahme ein, sollten die ausgewogener gestalteten §§ 2124–2126 BGB oder die Vorschriften der §§ 994 ff. BGB, die für Gutgläubige gelten, für anwendbar erklärt werden[722]. Die Ersatzpflicht sollte dabei auf die noch vorhandene Wertsteigerung durch die Verwendungen begrenzt werden.
- Die Bestimmung des § 2184 BGB, wonach vor Anfall des Vermächtnisses entstandene **Erträge** dem Erben verbleiben, dürfte meist sachgerecht sein.
- Da die Verpflichtung zur ordnungsgemäßen Verwaltung nicht ganz unumstritten ist[723], sollte diese Verpflichtung ausdrücklich geregelt werden[724].
- Der Haftungsmaßstab kann verschärft und die Haftung für Zufall angeordnet werden[725].
- Vermächtnisweise kann ein Auskunftsanspruch zugewandt werden[726].

Die Herausgabepflicht hat bei Verstoß gegen die Verfügungsunterlassungsverpflichtung die Funktion einer Sanktion. Im Falle der in den Gegenstand erfolgenden Zwangsvollstreckung oder der Insolvenz des Erben fehlt der angeordneten Übereignung dagegen der Sanktionscharakter. Daher ist die Frage, ob dem Längstlebenden das Recht eingeräumt werden soll, sich im Rahmen der Übertragung etwa den **Nießbrauch oder ein Wohnungsrecht an dem Übertragungsgegenstand vorzubehalten,**[727] differenziert zu beantworten. Soll die Übertragung ausschließlich bei pflichtwidrigem Verhalten des Längstlebenden erfolgen, erscheint ein solcher Schritt unangebracht. Knüpft die Herausgabe dagegen an eine Zwangsvollstreckungsmaßnahme oder die Insolvenz ist eine solche Regelung im Interesse des Längstlebenden zu erwägen. 485

Weiter ist zu klären, ob im Rahmen der Grundbesitzübertragung der erwerbende Schlusserbe etwaige auf dem Grundbesitz abgesicherte **Verbindlichkeiten** übernehmen soll. Dies wird man regelmäßig als billig ansehen können. 486

Regelmäßig wird den Beteiligten die äußerst effektive ergänzende Gestaltung einer aufschiebend bedingten Übertragungsverpflichtung zugunsten des Schlusserben genügen. Auf weitere Ausgestaltung 487

---

721 Zur Insolvenzfestigkeit einer aufschiebend bedingten Übertragung im Mobilienrecht BGH, Urt. v. 17.11.2005 – IX ZR 162/04, NJW 2006, 915.
722 Zur vergleichbaren Problematik beim Nachvermächtnis *Reimann* MittBayNot 2002, 4, 6; *Hölscher* ZEV 2009, 213, 216.
723 S. Abschnitt B. Rn. 10.
724 *Baltzer* Das Vor- und Nachvermächtnis in der Kautelarjurisprudenz, Rn. 513.
725 Zawar DNotZ 1986, 515 (526); *Nieder/Kössinger* § 10 Rn. 146.
726 *Bühler* BWNotZ 1967, 174, 181; *Zawar* DNotZ 1986, 515, 526.
727 *Recker*, MittRhNotK 1978, 125, 130.

der bei pflichtwidriger Verfügung eintretenden Schadensersatzansprüche wie bei der bloßen Verfügungsunterlassungsverpflichtung[728] wird daher verzichtet werden können.

488 Wie dargestellt, ist es möglich, dem länger lebenden Ehegatten auch die Pflicht aufzuerlegen über **ihm selbst bereits gehörende Gegenstände seines eigenen (nicht ererbten) Vermögens nicht zu verfügen**,[729] also etwa auch über den ihm bereits gehörenden Anteil an einer Immobilie. Wegen der Unsicherheit, ob diese Unterlassungspflicht konstruktiv ebenfalls durch ein Vermächtnis erreicht werden kann, ist geraten, diese Verpflichtung vorsichtshalber ergänzend durch eine entsprechende und zweifellos zulässige **Auflage** aufzuerlegen.[730] Auch diese Unterlassungspflicht betreffend eigenes Vermögen des länger lebenden Ehegatten kann dabei durch eine aufschiebend bedingtes Herausgabevermächtnis gesichert werden. Dass das Vermächtnis des Erstversterbenden sich auch auf die Übereignung eines nicht dem Nachlass zugehörigen Gegenstandes beziehen kann, wird durch die Regelung des Verschaffungsvermächtnisses in §§ 2169, 2170 BGB ausdrücklich klargestellt. Dabei steht außer Frage, dass der vermachte Gegenstand auch im Eigentum des Beschwerten stehen kann.[731]

489 **Muster einer Verfügungsunterlassungsverpflichtung** betreffend Grundbesitz und Möbelstück (jeweils im Alleineigentum des Erblassers) nebst **aufschiebend bedingten Übereignungspflichten**

Sachverhalt: Wie bei Rdn. 472. Hier möchte jedoch der Erblasser auch einen ihm gehörenden Barocksekretär dem Schlusserben sichern. Ferner soll die Pflicht zur Unterlassung von Verfügungen dinglich abgesichert werden.

490 ▶ **Muster:**

§ 3 Vermächtnisanordnung der Ehefrau

Ich, die Ehefrau, belaste für den Fall, dass der mir gehörende Hausgrundbesitz ... und der Barocksekretär [nähere Beschreibung] – oder einer der beiden vorgenannten Gegenstände – in meinem Nachlass vorhanden sind, meinen Ehemann ... zugunsten unseres Sohnes ... als Schlusserben mit dem nachfolgenden Vermächtnis:

Mein Ehemann als mein Erbe ist verpflichtet, Verfügungen über den vorgenannten Grundbesitz und den Barocksekretär zu unterlassen und keine Verpflichtungen einzugehen, die auf solche Verfügungen gerichtet sind.

Mein Ehemann ist jedoch zur Bestellung eines Grundpfandrechts auf dem Hausgrundbesitz berechtigt, soweit dies zu Erlangung von Kreditmitteln erforderlich ist, die ausschließlich dem Hausgrundbesitz zugute kommen (insbesondere zur Vornahme von Investitionen oder Tragung auf dem Grundbesitz ruhender Lasten wie Erschließungskosten). Mein Ehemann ist verpflichtet, vor Vornahme der Verfügung unseren Sohn zu informieren.

Im Falle

a) der Zuwiderhandlung gegen die Unterlassungsverpflichtung oder

b) einer in den betreffenden Gegenstand erfolgenden Zwangsvollstreckung oder

c) der Eröffnung des Insolvenzverfahren über das Vermögen meines Ehemannes

ist unser Sohn berechtigt, von meinem Ehemann ... die unverzügliche Übertragung (in den Fällen zu a] und b]) der betreffenden Gegenstände und (im Falle zu c]) beider Gegenstände zu verlangen.

---

[728] Siehe Rdn. 468, 470 u. Rdn. 473 M V. D.1. Dieser Verweis (M.V.D.1) wird so nicht ganz klar. Diese Bezeichnung findet sich sonst nirgends im Text.

[729] Siehe oben Rdn. 470 u. Rdn. 475 M V. D.2. Dieser Verweis (M.V.D.1) wird so nicht ganz klar. Diese Bezeichnung findet sich sonst nirgends im Text.

[730] Siehe oben Rdn. 470 u. Rdn. 475 M V. D.2. Dieser Verweis (M.V.D.1) wird so nicht ganz klar. Diese Bezeichnung findet sich sonst nirgends im Text.

[731] *Bühler*, DNotZ 1964, 581, 583; MünchKommBGB/*Schlichting*, § 2170 Rn. 8; Staudinger/*Otte*, § 2170 Rn. 16.

Zur Sicherung der bedingten Übertragungsverpflichtungen ist mein Ehemann verpflichtet, unverzüglich nach dem Erbfall den Barocksekretär aufschiebend bedingt durch die Ausübung des Übereignungsbegehrens durch unseren Sohn ... an diesen zu übereignen. Ferner bewillige ich bereits hiermit die Eintragung einer Auflassungsvormerkung zur Sicherung des aufschiebend bedingten Übertragungsanspruchs auf dem Grundbesitz ... in das Grundbuch. Unser Sohn soll sodann die Eintragung beim Grundbuchamt beantragen. Im Hinblick auf die beschränkte Zulässigkeit eine Beleihung des Grundbesitzes gemäß Absatz 3, ist bei der Auflassungsvormerkung ein einmal ausnutzbarer Vorrangsvorbehalt für Grundpfandrechte bis zu einem Betrag von ... € nebst 20 v. H. Zinsen jährlich und 20 v. H. einmaliger Nebenleistung einzutragen, was ich hiermit bewillige.

Für die Zeit bis zum Anfall der Herausgabevermächtnisse gilt Folgendes: Mein Ehemann ... hat die Vermächtnisgegenstände nach den Grundsätzen einer ordnungsgemäßen Verwaltung verwalten. Bis zum Anfall der Vermächtnisse gezogene Nutzungen der vermachten Gegenstände verbleiben in jedem Falle meinem Ehemann ... Er kann bei Anfall der Vermächtnisse Ersatz seiner Verwendungen auf die vermachten Gegenstände vom Vermächtnisnehmer nicht verlangen. (alternativ:) Er kann bei Anfall des Vermächtnisses Ersatz seiner Verwendungen auf die vermachten Gegenstände vom Vermächtnisnehmer nach Maßgabe der §§ 2124–2126 BGB verlangen, jedoch nur insoweit, als die durch diese entstandene Wertsteigerung bei der Erfüllung des Herausgabevermächtnisses noch vorhanden ist.

Etwa bei der Übertragung des Grundbesitzes auf diesem abgesicherte grundbesitzbezogene Verbindlichkeiten hat unser Sohn ... schuldbefreiend zu übernehmen.

Eine weitere Gegenleistung steht meinem Ehemann im Rahmen der Übertragungen nach den folgenden Bestimmungen nur dann zu, wenn das Vermächtnis wegen Zwangsvollstreckungsmaßnahmen oder Insolvenzeröffnung anfällt: In diesen Fällen ist mein Ehemann berechtigt, sich im Rahmen der Übereignung des Gegenstandes ein lebenslängliches, Dritten nicht zu überlassendes Wohnungsrecht am Grundbesitz vorzubehalten. Sämtliche ordentlichen und außerordentlichen, privaten und öffentlichen Kosten, Lasten, Steuern, ferner sämtliche Instandhaltungs- und Instandsetzungskosten hat er als Berechtigter dieses Rechts zu tragen. Er trägt ferner Zins- und Tilgungsleistungen etwaiger auf dem Grundbesitz eingetragener Grundpfandrechte sowie der durch sie gesicherten und auf das Hausgrundstück ... bezogenen Verbindlichkeiten. Er ist als Wohnungsberechtigter zur Vornahme aller erforderlichen Erhaltungs-, Ausbesserungs- und Erneuerungsmaßnahmen verpflichtet. Eine etwaige Wiederverheiratung meines Ehemannes ... soll keinen Einfluss auf den Bestand des Wohnungsrechts haben.

Ersatzvermächtnisnehmer bezüglich der Verfügungsunterlassungsverpflichtung sowie der aufschiebend bedingten Herausgabevermächtnisse sind die Ersatzerben an stelle unseres Sohnes ... Vermächtnisse zugunsten meines Ehemannes ... sind höchstpersönlich.

Muster einer Verfügungsunterlassungsverpflichtung betreffend gemeinschaftlichen Grundbesitz des Erblassers und des Erben **nebst aufschiebend bedingter Übereignungspflicht** 491

Abwandlung zum Sachverhalt Rdn. 489: Das Einfamilienhaus gehört beiden Ehegatten je zur Hälfte; der Barocksekretär existiert nicht. Jeder will erreichen, dass der Längstlebende nicht nur über die von ihm vererbte, sondern auch die diesem schon gehörende Hälfte nicht verfügen darf. Dies soll dinglich gesichert werden.

▶ **Muster:** 492

§ 3 Vermächtnisanordnung der Ehefrau

[Absätze 1 bis 3 wie in Muster Rdn. 475 – nur ohne Barocksekretär]

Im Falle

a) der Zuwiderhandlung gegen die Unterlassungsverpflichtung oder

b) einer in den Grundbesitz erfolgenden Zwangsvollstreckung oder

c) der Eröffnung des Insolvenzverfahren über das Vermögen des Erstversterbenden von uns ist unser Sohn berechtigt, vom länger lebenden Ehegatten die unverzügliche Übertragung des gesamten Grundbesitzes ..., also unserer beider derzeitiger hälftiger Anteile hieran, zu verlangen.

Zur Sicherung der bedingten Übertragungsverpflichtungen bewilligt ein jeder von uns jeweils bereits hiermit die Eintragung einer Auflassungsvormerkung zur Sicherung des aufschiebend bedingten Übertragungsanspruchs auf dem gesamten Grundbesitz ... in das Grundbuch. Unser Sohn soll sodann die Eintragung beim Grundbuchamt beantragen. Im Hinblick auf die beschränkte Zulässigkeit eine Beleihung des Grundbesitzes gemäß Absatz 3, ist bei der Auflassungsvormerkung ein einmal ausnutzbarer Vorrangsvorbehalt für Grundpfandrechte bis zu einem Betrag von ... € nebst 20 v. H. Zinsen jährlich und 20 v. H. einmaliger Nebenleistung einzutragen, was ein jeder von uns hiermit bewilligt.

Für die Zeit bis zum Anfall der Herausgabevermächtnisse gilt Folgendes: Der Längstlebende von uns soll den Grundbesitz nach den Grundsätzen einer ordnungsgemäßen Verwaltung verwalten. Bis zum Anfall der Vermächtnisse gezogene Nutzungen der vermachten Gegenstände verbleiben in jedem Falle dem Längstlebenden von uns. Dieser kann bei Anfall der Vermächtnisse Ersatz seiner Verwendungen auf den Grundbesitz nicht verlangen. (alternativ:) Er kann bei Anfall des Vermächtnisses Ersatz seiner Verwendungen auf die vermachten Gegenstände vom Vermächtnisnehmer nach Maßgabe der §§ 2124–2126 BGB verlangen, jedoch nur insoweit, als die durch diese entstandene Wertsteigerung bei der Erfüllung der Herausgabevermächtnisse noch vorhanden ist.

Etwa bei der Übertragung des Grundbesitzes auf diesem abgesicherte grundbesitzbezogene Verbindlichkeiten hat unser Sohn ... schuldbefreiend zu übernehmen.

Eine weitere Gegenleistung steht dem Längstlebenden von uns im Rahmen der Übertragung nach den folgenden Bestimmungen nur dann zu, wenn das Vermächtnis wegen Zwangsvollstreckungsmaßnahmen oder Insolvenzeröffnung anfällt: In diesen Fällen ist der Längstlebende von uns berechtigt, sich im Rahmen der Übereignung des Grundbesitzes ein lebenslängliches, Dritten nicht zu überlassendes Wohnungsrecht am Grundbesitz vorzubehalten. Sämtliche ordentlichen und außerordentlichen, privaten und öffentlichen Kosten, Lasten, Steuern, ferner sämtliche Instandhaltungs- und Instandsetzungskosten hat er als Berechtigter dieses Rechts zu tragen. Er trägt ferner Zins- und Tilgungsleistungen etwaiger auf den Grundbesitz eingetragener Grundpfandrechte sowie der durch sie gesicherten und auf das Hausgrundstück ... bezogenen Verbindlichkeiten. Er ist als Wohnungsberechtigter zur Vornahme aller erforderlichen Erhaltungs-, Ausbesserungs- und Erneuerungsmaßnahmen verpflichtet. Eine etwaige Wiederverheiratung des Längstlebenden von uns soll keinen Einfluss auf den Bestand des Wohnungsrechtes haben.

Ersatzvermächtnisnehmer bezüglich der Verfügungsunterlassungsverpflichtung sowie der aufschiebend bedingten Herausgabevermächtnisse sind die Ersatzerben anstelle unseres Sohnes ... Vermächtnisse zugunsten des Längstlebenden von uns sind höchstpersönlich.

4. Verwaltungstestamentsvollstreckung über den zu sichernden Gegenstand

a) Einführung

493 Ein effektives Mittel zum Schutz des Schlusserben vor lebzeitigen beeinträchtigen Verfügungen des länger lebenden Ehegatten kann auch die Anordnung von **Verwaltungstestamentsvollstreckung** über den betreffenden, vom erstverstorbenen Ehegatten erworbenen Gegenstand darstellen.[732] Hierbei ist jedoch zu bedenken, dass es sich dabei um eine äußerst einschränkende Maßnahme zu Lasten des länger lebenden Ehegatten handelt. Ferner kann sich die Entziehung der Verfügungsbefugnis durch die Anordnung der Testamentsvollstreckung nur auf Gegenstände des Nachlasses des Erstversterbenden beziehen. Das Eigenvermögen des Längstlebenden vermag sie dagegen nicht zu erfassen.

b) Gestaltung der Verwaltungstestamentsvollstreckung

494 Es kommt nicht nur in Betracht, durch die Anordnung der Testamentsvollstreckung dem länger lebenden Ehegatten die Verfügungsmacht vollständig zu entziehen und diese dem Schlusserben zuzu-

---

[732] *Recker*, MittRhNotK 1978, 125, 128; *Nieder/Kössinger*, § 13 Rn. 26.

weisen. Es kann durchaus im Einzelfall dem Interesse eines Erblassers entsprechen, einen Nachlassgegenstand bis zum Schlusserbfall durch beide gemeinschaftlich verwalten zu lassen. Dann kommt in Betracht, **Erben und Schlusserben zu gemeinschaftlichen Testamentsvollstreckern** zu benennen.[733] Hierbei muss sichergestellt werden, dass der Alleinerbe niemals alleiniger Testamentsvollstrecker ist. Dies wäre unzulässig.[734]

Eine **Gestaltungsalternative** besteht für den Fall gemeinschaftlicher Testamentsvollstreckung in der Zuweisung des zu verwaltenden Gegenstandes an den Schlusserben und die Absicherung des Erben durch ein Nießbrauchsvermächtnis. 495

Im Übrigen sei zu den Fragen einer Verwaltungstestamentsvollstreckung auf die Ausführungen in Kapitel 9 Rdn. 17 ff. verwiesen.

Muster einer Verwaltungstestamentsvollstreckung zulasten des länger lebenden Ehegatten 496

Sachverhalt: Der Ehemann ist Inhaber eines umfangreichen Aktiendepots. Beim Erbfall soll dieses an seine Ehefrau fallen. Damit das Depot bis zum Schlusserbfall nicht durch Anlageentscheidungen seiner äußerst risikofreudigen Ehefrau gefährdet ist, möchte er die Verwaltung der zur Schlusserbin bestimmten Tochter, die Bankkauffrau ist, und seiner Erbin gemeinschaftlich anvertrauen.

▶ **Muster:** 497

§ ... Testamentsvollstreckung

Ich, der Ehemann, ordne für meinen Nachlass Testamentsvollstreckung an.

Gemeinschaftliche Testamentsvollstrecker sollen sein meine Ehefrau ... als Alleinerbin und unsere Tochter ... Jede der Testamentsvollstreckerinnen ist berechtigt, anstelle ihrer selbst Ersatztestamentsvollstrecker zu bestimmen. Weitere Ersatztestamentsvollstrecker soll bei Bedarf das Nachlassgericht bestellen. Die Testamentsvollstreckung erlischt mit dem Eintritt des Schlusserbfalls.

Aufgabe der Testamentsvollstrecker ist es ausschließlich, gemeinschaftlich mein Aktiendepot bei der A-Bank auf Dauer zu verwalten.

Die Testamentsvollstrecker erhalten für ihre Tätigkeit keine Vergütung, wohl aber Ersatz ihrer Kosten und Auslagen.

III. Der Schutz des Schlusserben vor »aushöhlenden« lebzeitigen Verfügungen des erbrechtlich gebundenen Erblassers durch eine Kombination von Verfügung von Todes wegen und Rechtsgeschäft unter Lebenden

Beim Schutz des bindend eingesetzten Schlusserben gegen lebzeitige Verfügungen des längstlebenden der Erblasser kann man sich auf rein erbrechtliche Gestaltungen beschränken (s. vorstehend Rdn. 461 ff.). Alternativ kann man sich jedoch auch **ergänzender schuldrechtlicher Gestaltungen** im Rahmen von **Rechtsgeschäften unter Lebenden** bedienen, um »aushöhlende« lebzeitige Verfügungen zu unterbinden. Die Bindungen, die durch Verfügung von Todes wegen im Wege der Vermächtnis- und Auflagenanordnung dem länger lebenden Erblasser auferlegt werden können, lassen sich auch gleich zum Gegenstand eines die Verfügung von Todes wegen begleitenden Rechtsgeschäfts unter Lebenden machen: Einerseits die Verpflichtung zur Unterlassung solcher Verfügungen und zu deren Absicherung andererseits die Vereinbarung einer aufschiebend durch den Verstoß bedingten Übereignungsverpflichtung betreffend den zu schützenden Gegenstand. 498

---

733 *Bühler*, BWNotZ 1967, 174, 181; *Nieder/Kössinger*, § 10 Rn. 146 (beide für den Fall des Nachvermächtnisses).
734 St.Rspr.: RGZ 77, 177, 178; 163, 57, 158; *Nieder/Kössinger*, § 15 Rn. 30.

Kapitel 5 Sicherung der Erwerbsaussichten für Endbedachte

1. Einführung

499 Erbrechtlicher Ausgangspunkt der Gestaltung ist im gegebenen Zusammenhang die gemeinschaftliche Verfügung von Todes wegen in der Form des Berliner Testaments: gegenseitige Erbeinsetzung von Eheleuten oder Partnern und die gemeinsame Schlusserbeneinsetzung eines Dritten, typischerweise der gemeinsamen Kinder.

a) Verfügungsunterlassungsvertrag

500 Durch vertragliche Vereinbarungen unter Lebenden kann sich der Längstlebende der Erblasser zur lebzeitigen Absicherung seiner bindenden Schlusserbeneinsetzung dazu verpflichten, über bestimmte Vermögenswerte lebzeitig nicht zu verfügen. Es kann sich dabei um Gegenstände handeln, z. B. Grundstücke, die im Nachlass des Erstversterbenden enthalten sind, aber auch um solche, die sich im Eigenvermögen des länger lebenden Ehegatten befinden.[735] Ein solcher vom länger lebenden Erblasser geschlossener Verfügungsverzichtsvertrag gem. § 137 S. 2 BGB wird von der ganz h. M.[736] für zulässig erachtet. Er verstößt insbesondere auch nicht gegen § 2302 BGB, da es sich bei einem solchen Vertrag ausschließlich um einen Vertrag unter Lebenden handelt.[737] Der aus dem Vertrag folgende, allein schuldrechtlich wirkende Unterlassungsanspruch kann nicht durch eine Vormerkung gesichert werden.[738] Nur bei drohendem Verstoß gegen die Unterlassungsverpflichtung ließe sich ein Veräußerungsverbot erwirken und im Grundbuch eintragen lassen.[739] Bei einen Verstoß kommt im Übrigen primär ein Anspruch auf Wiederherstellung des vorherigen Zustandes,[740] hilfsweise **Schadensersatzansprüche** gegen den verbotswidrig Verfügenden in Betracht.[741] Diese Ansprüche entstehen dem Grunde nach bereits mit Vornahme der Verfügung. Der Schaden tritt jedoch erst beim Tode des Längstlebenden ein. In diesem Moment aber entfällt der Schadensersatzanspruch des Schlusserben infolge Konfusion.[742] Der Schutz des Schlusserben ist damit lediglich schwach ausgeprägt. Er kann zwar durch Vertragsstrafeversprechen gesichert werden.[743] Die effektivste Sicherung erfolgt jedoch durch eine Kombination durch eine durch einen Verstoß gegen die Unterlassungsverpflichtung aufschiebend bedingten Übereignungsverpflichtung.

b) Aufschiebend bedingte Übertragungsverpflichtung

501 Um die bloße Verfügungsunterlassungsverpflichtung mit einer durchgreifenden Sanktion zu verbinden, bedarf es einer zusätzlichen Übertragungsverpflichtung betreffend den zu schützenden Gegenstand (»Sicherungsschenkung«).[744] Diese ist aufschiebend bedingt und tritt in Geltung, wenn der gebundene Erblasser pflichtwidrig verfügt. Bei **Mobilien** bietet die antizipierte Übereignung des betreffenden Gegenstandes über § 161 Abs. 1 BGB einen gewissen dinglichen Schutz gegen Zweitverfügungen (beachte aber § 161 Abs. 3 BGB!). Bei **Grundbesitz** ist der aufschiebend bedingte Übereignungsanspruch seinerseits **vormerkbar** (§ 883 Abs. 1 S. 2 BGB). Über den Umweg der dinglichen Sicherung der Sanktion (Übereignungsanspruch) ist damit im Ergebnis die Unterlassungsverpflichtung dinglich abgesichert: Eine vertragswidrige Verfügung des Erblassers löst den vormerkungsgesi-

---

735 *Nieder/Kössinger*, § 13 Rn. 27.
736 St.Rspr.: BGHZ 12, 115, 121 f.; DNotZ 1960, 207, 208; 1973, 421, 425; MünchKommBGB/*Musielak*, § 2286 Rn. 11 ff.; Palandt/ *Weidlich*, § 2286 Rn. 3.
737 *Knieper*, DNotZ 1968, 331, 337.
738 BGHZ 12, 115, 122; MünchKommBGB/*Musielak*, § 2286 Rn. 13.
739 BGH DNotZ 1997, 720, 723; *Langenfeld*, NJW 1987, 1577, 1580.
740 BGHZ 37, 147, 151 f.; DNotZ 1964, 232, 233; *Recker*, MittRhNotK 1978, 125, 130; *Hohmann*, ZEV 1996, 24, 25.
741 BGH DNotZ 1960, 207, 208; 1962, 497, 499; *Reimann/Bengel/J.Mayer*, § 2286 Rn. 25.
742 *Reimann/Bengel/J.Mayer*, § 2286 Rn. 25.
743 *Recker*, MittRhNotK 1978, 125, 130.
744 *Lange/Kuchinke*, § 25 V 12c.

cherten Übertragungsanspruch aus und scheitert damit an § 883 Abs. 2 S. 1 BGB. Diese Gestaltung ist trotz § 137 S. 1 BGB nach einhelliger Rechtsprechung und ganz h. M. in der Literatur zulässig.[745]

2. Bewertung der vertraglichen Verfügungsunterlassungsverpflichtung nebst aufschiebend bedingter Übertragungspflicht

Die Kombination zwischen der vertraglicher Verpflichtung, eine lebzeitige Verfügung zu unterlassen, und gleichzeitiger Sanktionierung eines Verstoßes durch eine – dinglich abgesicherte – lebzeitigen Übereignungsverpflichtung ist als effiziente Gestaltung möglich. Wie dargestellt,[746] ist ein solches Ergebnis (nur) **bei der Sicherung des Schlusserben beim Berliner Testament**[747] jedoch **auch durch rein erbrechtliche Gestaltung** erreichbar. Insbesondere bedarf es entgegen teilweise anzutreffender Einschätzung[748] nicht etwa zwingend eines Rechtsgeschäft unter Lebenden, um den Längstlebenden an Verfügungen über sein Eigenvermögen zu hindern.[749] **Zwingend** bedarf es demgegenüber der **rechtsgeschäftlichen Gestaltung unter Lebenden**, wenn es um einen entgeltlichen Erbvertrag zwischen einem Erblasser und dem designierten Erben geht, also im **Zwei-Personen-Verhältnis**: Verpflichtet sich etwa jemand zur Pflege oder Leistung einer Leibrente gegenüber einem anderen und setzt dieser den Verpflichteten dafür bindend zum Erben ein, bedarf es – mangels Gestaltungsmittel des Erbrechts zur Beschränkung lebzeitiger Verfügungsmöglichkeit – eines beschränkenden Vertrags unter Lebenden.[750] (Dazu Kapitel 16 Abschnitt C.)

502

Bei der hier indes allein in Rede stehenden Konstellation des Berliner Testaments mit bindend eingesetztem Schlusserben ist der Unterschied zwischen dem rein erbrechtlichen und dem kombinierten erbrechtlich-schuldrechtlichen Wege demgegenüber rein konstruktiver Art: Während bei der Gestaltung über Vermächtnisse und Auflage das effektiv beschränkende Element der Konstruktion, nämlich die aufschiebende bedingte Übereignungspflicht, erst mit dem Tode des Erstversterbenden als aufschiebend bedingte Verpflichtung des Schlusserben entsteht, ist die ganze Konstruktion bei einem Rechtsgeschäft unter Lebenden schon existent, bevor es überhaupt zum ersten Erbfall gekommen ist. Besteht aber in unserer Konstellation grundsätzlich die Wahl zwischen beiden Wegen, fragt sich, wann eine sofortige Bindung über rechtsgeschäftliche Vereinbarung unter Lebenden überhaupt geboten ist. Dies dürfte nur dann der Fall sein, wenn ausnahmsweise bereits eine **lebzeitige Bindung beider Erblasser** gegenüber dem Schlusserben gewünscht ist. Dies ist denkbar, wenn Letzterer umfangreich in den Grundbesitz der Erblasser investieren will oder weil er in der Konstellation des Berliner Testaments sich zu lebzeitigen Leistungen an die Erblasser verpflichten soll. Ansonsten dürfte eine lebzeitige Bindung der Erblasser aufgrund Rechtsgeschäfts unter Lebenden regelmäßig nicht sachgerecht sein.

503

Als **Gestaltungsalternative** dürfte für die danach in Betracht kommenden Fallgestaltungen regelmäßig die **lebzeitige Übertragung** mit Vorbehalt von Nutzungsrechten für die Übergeber und ggfs. eines auf Sonderfälle beschränken Rückforderungsrechtes weniger kompliziert und vorzugswürdig sein.

504

3. Gestaltung der rechtsgeschäftlichen Verfügungsunterlassungsverpflichtung nebst aufschiebend bedingter Übereignungspflicht

Zunächst bedarf es der Überlegung, **zwischen welchen Beteiligten** der Vertrag abgeschlossen werden soll. Denkbar ist eine Vertragsgestaltung zwischen beiden Erblassern und Schlusserben sowie auch eine solche zwischen den Erblassern im Rahmen eines echten Vertrags zugunsten Dritter gem. § 328

505

---

745 BGH DNotZ 1997, 720, 722 f.; MünchKommBGB/*Armbrüster*, § 137 Rn. 35; *Reimann/Bengel/J.Mayer*, § 2286 Rn. 30; a. M. Erman/*Palm*, § 137 Rn. 9; *Timm*, JZ 1989, 13, 21.
746 Siehe oben Rdn. 461, 479 ff.
747 *Lange/Kuchinke*, § 25 V 12c.
748 So *Nieder/Kössinger*, § 13 Rn. 27.
749 Siehe oben Rdn. 470.
750 *Lange/Kuchinke*, § 25 V 12 c; *Nieder/Kössinger*, § 13 Rn. 28.

BGB.[751] Im letzteren Falle ist ausdrücklich zu regeln, ob die Bindungswirkung gegenüber dem Schlusserben so ausgestaltet sein soll, als wäre er unmittelbar Vertragsbeteiligter, oder aber ob eine Änderung und Aufhebung des Vertrages auch ohne seine Mitwirkung möglich sein soll. In den Fällen, in denen überhaupt im Rahmen des Berliner Testaments ein Rechtsgeschäft unter Lebenden angezeigt ist, dürfte im Interesse des Schlusserben regelmäßig eine strikte Bindung an die Vereinbarungen gewollt sein. Daher sollte der Vertrag unter seiner Beteiligung geschlossen werden. Soweit der Gegenstand auch etwaigen **Ersatzbedachten** zufallen soll, ist zu beachten, dass auch diese im Wegen eines echten Vertrages zugunsten Dritter aus den Rechtsgeschäften unter Lebenden zu begünstigen sind.

506 Bei der zu beachtenden **Form** ist zunächst zu differenzieren. Die schlichte Verfügungsunterlassungsverpflichtung ist für sich genommen nach h. M. formfrei möglich, kann daher auch schlüssig getroffen werden.[752] Formbedürftig ist sie nur, wenn sie mit einem **Erbvertrag eine rechtliche Einheit** darstellt.[753] Wann dies der Fall ist, wird kontrovers diskutiert.[754] Vorsichtshalber sollte daher bei nicht auszuschließender »Vertragseinheit« zwischen Erbvertrag und Unterlassungsverpflichtung die Form des § 2276 BGB eingehalten werden. Bei Grundstücken führt jedoch die ergänzende aufschiebend bedingte Übereignungspflicht ohne weiteres zu einer **Beurkundungspflichtigkeit des gesamten Vertrages** (erbrechtlicher Teil und Vertrag unter Lebenden) aus § 311b Abs. 1 BGB. Richtet man sich dabei nach den für § 311b Abs. 1 BGB von der Rechtsprechung vertretenen Grundsätzen,[755] können beide Teile in getrennten Urkunden enthalten sein, wenn mindestens in der zweiten die Abhängigkeit von der ersten zum Ausdruck gebracht wird. Da hier einiges ungeklärt ist, sollte vorsichtshalber in einer Urkunde beurkundet werden. Dem Interesse an Geheimnisschutz gegenüber dem Grundbuchamt kann durch Einreichung einer auszugsweisen beglaubigten Kopie zum Zwecke der Bewirkung der Grundbucheintragungen Genüge getan werden.

507 Der **Gegenstand**, auf den sich die Verfügungsunterlassungsverpflichtung nebst aufschiebend bedingter Übereignungspflicht beziehen soll, ist klar zu bestimmen. Diese Pflichten können sich auf einzelne Vermögensgegenstände, eine Vermögensgruppe (z. B. Grundbesitz),[756] grundsätzlich sogar auf den Gesamtnachlass beziehen.[757] Ferner können beide Verpflichtungen **auch auf das Eigenvermögen des Längstlebenden** erstreckt werden. Bei gegenständlich zu weit gehenden Verpflichtungen besteht jedoch das Risiko einer Nichtigkeit gem. § 138 BGB wegen Selbstknebelung.[758] Überdies steht § 311b Abs. 2 BGB der Erstreckung der bedingten Übereignungspflicht auf den gesamten Nachlass und das gesamte Eigenvermögen entgegen. Sachgerecht wird regelmäßig die **Beschränkung beider Verpflichtungen auf einzelne Gegenstände** von besonderer Wichtigkeit sein, etwa auf eine Immobilie, oder aber auf den gesamten Grundbesitz.

508 Um die Verfügungsunterlassungsverpflichtung umgehungsfest zu gestalten, sollte dem Längstlebenden vorsichtshalber **auch die Eingehung einer auf eine Verfügung gerichteten schuldrechtlichen Verpflichtung**[759] untersagt werden.

509 Zu prüfen ist im Einzelfall, ob den Erblassern nicht in Sonderfällen eine Verfügung über den geschützten Gegenstand zugestanden werden sollte. Dies kommt insbesondere in Betracht, wenn eine **Kreditaufnahme** im Interesse des Grundbesitzes erforderlich ist, die durch ein Grundpfandrecht gesichert werden muss. Um dem Schlusserben die Kontrolle über die weitere Verwendung der Grundschuld einzuräumen, kann den Erblassern die Pflicht auferlegt werden, die Eigentümer-

---

751 BGH DNotZ 1960, 207, 208.
752 BGH DNotZ 1960, 207, 208; *Lange/Kuchinke*, § 25 V 12 c; MünchKommBGB/*Musielak*, § 2286 Rn. 11.
753 BGHZ 36, 65, 71; FamRZ 1967, 470, 471; MünchKommBGB/*Musielak*, § 2286 Rn. 11.
754 Vgl. die Darstellung des Streitstandes bei *Reimann/Bengel/J.Mayer*, § 2286 Rn. 24.
755 Z. B. BGH, Urt. v. 13.2.2003 – IX ZR 76/99, DNotZ 2004, 632, 634.
756 BGH FamRZ 1967, 470, 471.
757 *Nieder/Kössinger*, § 13 Rn. 29.
758 MünchKommBGB/*Musielak*, § 2286 Rn. 11.
759 *Nieder/Kössinger*, § 13 Rn. 29.

rechte und Rückgewähransprüche an eine Gesellschaft bürgerlichen Rechts, bestehend aus den Erblassern und dem Schlusserben, abzutreten. Eine Befugnis der Erblasser, den Gegenstand bei Eintritt einer wirtschaftlichen **Notlage** (Pflegefall) veräußern zu dürfen, wird in den hier in Frage stehenden Konstellationen regelmäßig wegen der Schutzbedürftigkeit des Schlusserben nicht interessengemäß sein.

Für die Verdinglichung des Schutzes sind von der Verfügungsunterlassungsverpflichtung betroffene Mobilien dem Schlusserben aufschiebend bedingt durch die Vornahme der pflichtwidrigen Verfügung zu übereignen.[760] Bei Grundbesitz ist die **Auflassungsvormerkung** zur Sicherung des aufschiebend bedingten Übereignungsanspruches zu bewilligen und sofort zur Eintragung ins Grundbuch zu bringen. Sollen Personen, die in der Verfügung von Todes wegen ersatzweise bedacht sind, ebenfalls Vormerkungsschutz genießen, ist eine zusätzliche eigene Vormerkung für diese zu bewilligen. 510

Die aufschiebende Bedingung, unter der die Eigentumsübertragungspflicht steht, sollte alternativ auch eintreten, wenn **Vollstreckungsmaßnahmen** in den zu schützenden Gegenstand erfolgen oder wenn ein Erblasser in **Insolvenz**[761] gerät. 511

Für den Fall des Bedingungseintritts sind etwaige Ansprüche der Erblasser auf **Ersatz der Verwendungen** während der Zeit bis zum Bedingungseintritt regelmäßig auszuschließen. Die Verpflichtung zur ordnungsgemäßen Verwaltung kann ausdrücklich geregelt werden. 512

Tritt die Bedingung für die Übereignungspflicht aus Gründen ein, die nicht in einer vertragswidrigen Verfügung der Erblasser liegen, etwa bei Zwangsvollstreckungsmaßnahmen in den zu schützenden Gegenstand, so ist es zumeist angemessen, den Vollzug der »Sicherungsschenkung« mit dem **Vorbehalt eines Nutzungsrechts**[762] an dem Übertragungsgegenstand zu verbinden. Hierbei dürfte ein Dritten nicht überlassbares Wohnungsrecht sachgerechter sein als der für Gläubiger und Insolvenzverwalter verwertbare Nießbrauch. Demgegenüber erscheint der Vorbehalt eines Nutzungsrechtes bei pflichtwidrigem Verhalten der Erblasser im Regelfall als unangemessen. 513

Im Rahmen der Übereignung von Grundbesitz wird die schuldbefreiende **Übernahme** von auf den Grundbesitz bezogenen **Verbindlichkeiten** durch den vorzeitig erwerbenden Schlusserben sachgerecht sein. 514

Muster eines Berliner Testament mit lebzeitigem Verfügungsunterlassungsvertrag nebst aufschiebend bedingter Übertragungsverpflichtung 515

Sachverhalt: Die Eheleute haben eine Tochter, die wiederum zwei Kinder hat. Die Eheleute sind Eigentümer eines stark sanierungsbedürftigen, aber derzeit lastenfreien Einfamilienhauses. Sie möchten eine Verfügung von Todes wegen in Form eines Berliner Testaments errichten. Die Tochter ist bereit, eine erhebliche Summe an Eigenkapital in die Sanierung des Hauses zu investieren, möchte aber in ihrem Erwerb des Hauses im Gegenzug gesichert sein. Hierzu soll sie nicht nur bindend als Schlusserbin eingesetzt, sondern auch gegen »lebzeitige Risiken« für ihren Erwerb so weit als möglich geschützt werden. Eine lebzeitige Übertragung des Grundbesitzes unter Vorbehalt eines Nutzungsrechtes ist (aus psychologischen Gründen) nicht gewollt.

---

760 Zur vergleichbaren Gestaltung beim Nachvermächtnis: *Watzek*, MittRhNotK 1999, 37, 47; *Nieder/Kössinger*, § 10 Rn. 146.
761 Zur Insolvenzfestigkeit einer aufschiebend bedingten Übertragung im Mobilienrecht BGH, Urt. v. 17.11.2005 – IX ZR 162/04, NJW 2006, 915.
762 Vgl. *Recker*, MittRhNotK 1978, 125, 130.

516 ▶ **Muster:**

Teil A.: Erbvertrag

§ 1 Verhältnis zu früheren Verfügungen

§ 2 Gegenseitige Erbeinsetzung

§ 3 Schlusserbeneinsetzung der Tochter,
Ersatzerbenbestimmung der zwei Kinder der Tochter

§ 4 Bindungswirkung, Sonstiges; Anfechtungsausschluss (§ 2079 BGB)

Teil B.: Verfügungsunterlassungsverpflichtung
mit aufschiebend bedingter Übereignungsverpflichtung

§ 1 Vorbemerkungen

Der Notar hat das nachstehend näher bezeichnete Grundbuch einsehen lassen und hierbei folgenden Grundbuchstand festgestellt: ...

§ 2 Verfügungsunterlassungsverpflichtung

Ein jeder von uns, Eheleute ... und ..., verpflichtet sich gegenüber unserer Tochter, Frau ..., ohne deren Zustimmung über den vorbezeichneten Hausgrundbesitz nicht zu verfügen oder sich zu einer solchen Verfügung zu verpflichten. Dem steht es gleich, wenn ein etwa eingetragenes Grundpfandrecht ohne Zustimmung von Frau ... neu valutiert wird.

Unsere Tochter ist in Ansehung des Grundbesitzes zur Erteilung ihrer Zustimmung verpflichtet, wenn wir als Eigentümer oder einer von uns einen Kredit aufnimmt, der ausschließlich dem Hausgrundbesitz zugute kommt (insbesondere zur Tragung von Investitionen oder auf dem Grundbesitz ruhenden Lasten wie Erschließungskosten) und hierzu die Neuvalutierung eines eingetragenen oder die Bestellung eines neuen Grundpfandrechts auf dem Hausgrundbesitz erforderlich ist.

Diese Verpflichtung besteht für den Fall, dass die Ersatzerbenbestimmung zu Teil A. § 3 beim Erbfall zum Tragen kommt, auch gegenüber den Ersatzerben im Sinne eines echten Vertrages zugunsten Dritter (§ 328 BGB). Diese Verpflichtung kann ohne Zustimmung der begünstigten Ersatzerben aufgehoben oder abgeändert werden.

§ 3 Aufschiebend bedingte Übertragungsverpflichtung

Im Falle

a) der Zuwiderhandlung gegen die Unterlassungsverpflichtung zu § 2 oder

b) einer in den betreffenden Gegenstand erfolgenden Zwangsvollstreckung oder

c) der Eröffnung des Insolvenzverfahrens über das Vermögen eines Eigentümers

ist Frau ... berechtigt, von demjenigen Eigentümer, in Ansehung dessen Beteiligung eine der vorstehenden Bedingungen eingetreten ist, die unverzügliche Übertragung des betreffenden Miteigentumsanteils auf sich oder einen von ihr zu benennenden Dritten zu verlangen. Ist der Längstlebende der Eheleute ... Alleineigentümer, bezieht sich die Übereignungspflicht auf das gesamte Eigentum.

Diese Verpflichtung besteht für den Fall, dass die Ersatzerbenbestimmung zu Teil A. § 3 im Erbfall zum Tragen kommt, auch zugunsten der Ersatzerben, die zu einem Erwerb zu je $1/2$ Anteil berechtigt sind. Auch diese Verpflichtung besteht im Sinne eines echten Vertrages zugunsten Dritter (§ 328 BGB). Sie kann ohne Zustimmung der Begünstigten aufgehoben oder abgeändert werden.

Zur Sicherung dieser bedingten Übertragungsansprüche bewilligen die Eigentümer, die Eheleute ... und ..., und beantragen alle Erschienenen die Eintragung

a) je einer Auflassungsvormerkung zugunsten von Frau ... im Grundbuch auf beiden Miteigentumsanteilen an rangbereiter Stelle,

b) je eine Auflassungsvormerkung zugunsten der Kinder der Frau ..., ... und ..., zu je 1/2 Anteil im Grundbuch auf beiden Miteigentumsanteilen im Rang nach der Auflassungsvormerkung zu a),

c) einen mehrmals ausnutzbaren Vorrangsvorbehalt für Grundpfandrechte bis zu einer Höhe von ... € nebst 20 v. H. Zinsen jährlich und 20 v. H. einmaliger Nebenleistung bei den Auflassungsvormerkungen zu a) und b). Der Notar hat den Grundbuchinhalt mit den Beteiligten erörtert. Er wird angewiesen, dem Grundbuchamt eine auszugsweise beglaubigte Kopie dieser Urkunde, die nur Teil B. enthält, vorzulegen.

Die Eigentümerrechte und Rückgewähransprüche bezüglich derzeit eingetragener oder künftig neu bestellter Grundpfandrechte sind hiermit den Eheleuten ... und Frau ... in Gesellschaft bürgerlichen Rechts abgetreten. Die Beteiligung jedes der Eheleute ... an der Gesellschaft bürgerlichen Rechts ist nicht vererblich und steht sodann dem Längstlebenden zu. Der Anteil der Frau ... ist hingegen vererblich. Soweit im Falle des Todes der Frau ... ihr Anteil an der Gesellschaft nicht an ihre beiden Kinder, ... und ..., fällt, ist der Erbe zur Übertragung des Anteils an diese verpflichtet. Die Beteiligten werden dem Kreditinstitut die Abtretung selbst anzeigen.

Bis zum Bedingungseintritt zu Abs. 1 gezogene Nutzungen verbleiben dem jeweiligen Eigentümer. Der zur Übereignung verpflichtete Eigentümer kann Ersatz seiner Verwendungen auf den Hausgrundbesitz nicht verlangen.

Etwa bei der Übertragung des Grundbesitzes auf diesem abgesicherte grundbesitzbezogene Verbindlichkeiten hat Frau ... schuldbefreiend zu übernehmen ggfs. gesamtschuldnerisch neben dem Verbleibenden der Eheleute ... Durch Änderung der Sicherungszweckabreden mit den Gläubigern ist sicherzustellen, dass künftig nur noch Verbindlichkeiten der Frau ... auf dem Grundbesitz abgesichert werden.

Eine weitere Gegenleistung steht dem zur Übertragung des Grundbesitzes verpflichteten Eigentümer nach den folgenden Bestimmungen nur dann zu, wenn eine Bedingung zu Abs. 1b) oder c) eingetreten ist: In diesen Fällen ist der übertragende Eigentümer berechtigt, die Übereignung von der Bestellung eines Dritten nicht überlassbaren Wohnungsrechts am gesamten Übertragungsgegenstand abhängig zu machen. Bei dessen Bestellung ist zu vereinbaren, dass der Berechtigte sämtliche ordentlichen und außerordentlichen, privaten und öffentlichen Kosten, Lasten, Steuern, ferner sämtliche Instandhaltungs- und Instandsetzungskosten zu tragen hat. Er trägt ungeachtet der Verpflichtung der Frau ... zur Schuldübernahme betreffend die grundbesitzbezogenen Verbindlichkeiten zu Abs. 5 ferner im Innenverhältnis die hierauf anfallenden Zins- und Tilgungsleistungen. Der Berechtigte ist zur Vornahme aller erforderlichen Erhaltungs-, Ausbesserungs- und Erneuerungsmaßnahmen verpflichtet. Eine etwaige Wiederverheiratung eines Berechtigten soll keinen Einfluss auf den Bestand des Wohnungsrechts haben.

IV. Erbschaftsteuerrecht

Der Erwerb des länger lebenden Ehegatten, der als Erbe eingesetzt ist, ist gemäß § 3 Abs. 1 Nr. 1 ErbStG steuerpflichtig. Die **Verfügungsunterlassungsverpflichtung**, die dem Längstlebenden vermächtnisweise auferlegt ist, bleibt als erbrechtlich angeordnete Verfügungsbeschränkung bei der Bewertung des Erwerbs **außer Betracht** (§ 9 Abs. 3 S. 2 BewG). Dies gilt auch in Anbetracht lediglich schuldrechtlich wirkender Erblasser-Anordnungen, welche die Verwendung von erbten Gegenständen durch den Erben betreffen.[763]

517

Das **Herausgabevermächtnis** ist in der behandelten Konstellation stets aufschiebend **bedingt**. Solange die Bedingung (pflichtwidrige Verfügung, Zwangsvollstreckungsmaßnahme, Insolvenz) noch nicht eingetreten ist, kommt es in der Person des Schlusserben/Vermächtnisnehmers noch nicht zu einem steuerrelevanten Erwerb und gem. § 9 Abs. 1 Nr. 1a), § 12 ErbStG i. V. m. § 4 BewG **noch nicht zu einer Entstehung von Erbschaftsteuer**. Umgekehrt wirkt das noch schwebende

518

---

[763] RFH RStBl. 1931, 896; *Meincke*, ErbStG, § 12 Rn. 28; *Kapp/Ebeling*, ErbStG, § 12 Rn. 84.

Kapitel 5 Sicherung der Erwerbsaussichten für Endbedachte

Herausgabevermächtnis auf Seiten des Erben noch nicht gemäß § 10 Abs. 5 Nr. 2 ErbStG erwerbsmindernd: Solange das Vermächtnis bei der Ermittlung des Erwerbs auf Seiten des Schlussererben/Vermächtnisnehmers gem. § 9 Abs. 1 Nr. 1a) ErbStG unberücksichtigt bleibt, kann korrespondierend die **Last in der Person des nur potentiell belasteten Erben nicht abgezogen werden** (§ 10 Abs. 6 S. 1 ErbStG).[764] Erst bei Bedingungseintritt kommt es zur Steuerpflicht beim Vermächtnisnehmer. Entsprechend entfällt das Abzugsverbot des § 10 Abs. 6 S. 1 ErbStG auf Seiten des Erben.[765] Die Steuer ist innerhalb eines Jahres auf Antrag des Erben neu festzusetzen (§§ 6 Abs. 2 i. V. m. 5 Abs. 2 BewG).[766]

519 Bei der rechtsgeschäftlich eingegangenen Verfügungsunterlassungspflicht liegt mangels Bereicherung beim Begünstigten noch keine Schenkung gemäß § 7 Abs. 1 Nr. 1 ErbStG vor.

520 Auch bei der rechtsgeschäftlichen Übernahme einer aufschiebend bedingten Übertragungsverpflichtung liegt noch kein steuerbarer Tatbestand vor, da die Schenkung noch nicht ausgeführt ist (§ 9 Abs. 1 Nr. 2 ErbStG). Erst mit der Ausführung der Übertragung, nachdem durch Bedingungseintritt die Übertragungsverpflichtung wirksam gewordenen ist, entsteht danach die Schenkungssteuer.

V. Checkliste

521 ▶ **Checkliste: Sicherung bei der »Einheitslösung«**

Schutz des bindend bedachten Schlusserben durch rein erbrechtliche oder durch kombiniert erbrechtlich/schuldrechtliche Gestaltung?

1. Beim (rein erbrechtlichen) Verfügungsunterlassungsvermächtnis:
   - ☐ Ausnahme von der auferlegten Verfügungsunterlassungspflicht bei Notlage/Kreditbedarf des Längstlebenden?
   - ☐ Pflicht zur Unterlassung von Verfügungen nur über Gegenstände aus dem Nachlass des Erstversterbenden oder auch bezüglich Vermögensgegenständen im Vermögen des Längstlebenden?
   - ☐ Flankierung der Unterlassungsverpflichtung durch aufschiebend bedingtes Herausgabevermächtnis?
   - ☐ Wenn ja:
   - ☐ Herausgabepflicht auslösende Faktoren: pflichtwidrige Verfügung, Zwangsvollstreckungsmaßnahmen in den zu erhaltenden Gegenstand, Insolvenzeröffnung?
   - ☐ Gestaltung des Innenverhältnisses zwischen Herausgabepflichtigem und Schlusserben betr. Verwendungsersatz, Herausgabe von Erträgen, Haftungsmaßstab?
   - ☐ Soll dem Längstlebenden für den Fall der Herausgabepflicht der Vorbehalt eines Nutzungsrechtes gestattet werden?
2. Bei der Kombination von Erbvertrag und schuldrechtlichen Vereinbarungen:
   - ☐ Sanktion der schuldrechtlichen Verfügungsunterlassungsverpflichtung durch aufschiebend bedingte Übereignungspflicht?
   - ☐ Welche Vermögensgegenstände sollen Gegenstand der Verfügungsunterlassungs- und bedingten Übereignungspflicht sein?
   - ☐ Ausnahme von der auferlegten Verfügungsunterlassungspflicht bei Notlage/Kreditbedarf der Unterlassungspflichtigen?
   - ☐ Soll der Schlusserbe Partei des schuldrechtlichen Vertrages sein oder Vertrag zugunsten Dritter?
   - ☐ Form des Vertrages?

---

764 *Meincke*, ErbStG, § 10 Rn. 53 f.
765 *Meincke*, ErbStG, § 12 Rn. 17.
766 *Meincke*, ErbStG, § 12 Rn. 17.

- ☐ Herausgabepflicht auslösende Faktoren: pflichtwidrige Verfügung, Zwangsvollstreckungsmaßnahmen in den zu erhaltenden Gegenstand, Insolvenzeröffnung?
- ☐ Gestaltung des Innenverhältnisses zwischen Herausgabepflichtigem und Schlusserben betr. Verwendungsersatz, Herausgabe von Erträgen, Haftungsmaßstab?
- ☐ Soll dem Längstlebenden für den Fall der Herausgabepflicht der Vorbehalt eines Nutzungsrechtes gestattet werden?

E. Sicherung des Erbes bei drohender Verwertung durch Dritte

I. Verfügungen von Todes wegen zugunsten von Menschen mit geistiger Behinderung

Literatur:
Baltzer, Die Vermächtnislösung lebt! -Zur Anspruchskonkurrenz zwischen Nachvermächtnisnehmer und anderen Gläubigern, insbesondere dem Sozialhilfeträger-, ZEV 2008, 116; *Baltzer/Reisnecker*, Vorsorgen mit Sorgenkindern, 2012; *Bengel*, Gestaltung letztwilliger Verfügungen bei Vorhandensein behinderter Abkömmlinge, ZEV 1994, 29; *Damrau*, Auswirkungen des Testamentsvollstreckeramtes auf elterliche Sorge, Vormundschaft und Betreuung, ZEV 1994, 1; *Damrau*, Das Behindertentestament mit Vermächtnislösung, ZEV 1998, 1; *Damrau/J. Mayer*, Zur Vor- und Nachvermächtnislösung beim sog. Behindertentestament, ZEV 2001, 293; *Dietz*, § 14 HeimG – Gut gemeinter Schutz für Heimbewohner und -bewerber, Fallstrick für den Testamentsgestalter, MittBayNot 2007, 453; *Dietz/Spall*, Das Behindertentestament im Vollzug: Erste Schritte nach dem Erbfall, ZEV 2012, 456; *Eichenhofer*, Das Behindertentestament oder: Sozialhilfe für Vermögende? JZ 1999, 226; *Fensterer*, Das Testament zugunsten behinderter und bedürftiger Personen, 2008; *Grziwotz*, Die umgekehrte Vermächtnislösung, ZEV 2002, 409 ff.; *Grziwotz*, Das Behindertentestament nach Hartz IV, NotBZ 2006, 149; *Hartmann*, Das sog. Behindertentestament – Vor- und Nacherbschaftskonstruktion oder Vermächtnislösung? ZEV 2001, 89; *Heinz-Grimm/Krampe/Pieroth* (Hrsg.), Testamente zugunsten von Menschen mit Behinderungen, 3. Aufl. 1997; *Keim*, Gefahren für das Behindertentestament durch fehlerhafte Erbauseinandersetzung, DNotZ 2014, 895; *Kornexl*, Nachlassplanung bei Problemkindern, 2006; *Krauß*, Vermögensnachfolge in der Praxis, 3. Aufl. 2012; *Kunz/Butz/Wiedemann*, Heimgesetz, 10. Aufl. 2004; *Limmer*, Testamentsgestaltung bei behinderten und überschuldeten Erben, in: Tiedke/Kanzleiter (Hrsg.), Erbrechtsberatung 2007- Aktuelle Entwicklungen im Erbrecht und Erbschaftsteuerrecht, Tagungsband, S. 43; *Lingenfelser*, Zur Bedeutung des § 14 Heimgesetz in der Rechtspraxis – Eine Bestandsaufnahme, BWNotZ 2001, 118; *Litzenburger*, Die interessengerechte Gestaltung des gemeinschaftlichen Testaments von Eltern behinderter Kinder, RNotZ 2004, 138; *Ludyga*, Vererben im betreuten Wohnen – Zur Bedeutung der »Landesheimgesetze« in der testamentarischen Gestaltungspraxis, ZEV 2014, 177; *May*, Die Gestaltung von lebzeitigen und letztwilligen Verfügungen zu Gunsten eines sozialhilfebedürftigen behinderten Abkömmlings, 2008; *G. Müller*, Zur Anwendung des § 14 HeimG im Rahmen des sog. Behindertentestaments, in: Zehn Jahre Deutsches Notarinstitut, 2003, S. 153 ff.; *Mundanjohl/Tanck*, Die Problematik des § 2306 Abs. 2 BGB und des § 1371 Abs. 2 Hs. BGB beim Behindertentestament, ZErb 2006, 177; *v. Proff*, Erbrechtsgestaltung nach der jüngsten BGH-Rechtsprechung zum Behindertentestament, RNotZ 2012, 272; *Ruby*, Behindertentestament: Häufige Fehler und praktischer Vollzug, ZEV 2006, 66; *Ruby/Schindler/Wirich*, Das Behindertentestament, 2. Aufl. 2014; *Schaal*, Auswirkungen des Landesheimgesetzes auf die erbrechtliche Praxis, BWNotZ 2008, 114; *Schindler*, Lebzeitige Zuwendungen und Behindertentestament – zugleich ein Beitrag zur Anwendbarkeit der Werttheorie beim Bestehen von Pflichtteilsergänzungsansprüchen und zur Anwendung von § 2326 BGB, ZErb 2006, 186, 193; *Schuhmann*, Das sog. Behindertentestament, UVR 2005, 176; *Spall*, Das Behindertentestament – ein Überblick für die notarielle Praxis, FS 200 Jahre Notarkammer Pfalz, 121; *Spall*, Zur so genannten Vermächtnislösung beim Behindertentestament MittBayNot 2001, 249; *Spall*, Die vernachlässigten Erbquoten der Geschwisterkinder, § 2306 Abs. 2 BGB und Behindertentestament, ZEV 2006, 344; *Spall*, Behindertentestament und Heimgesetz, MittBayNot 2010, 9; *Springmann*, Behindertentestament: Verlust des Vermögensschutzes bei Erbteilsübertragung oder Erbauseinandersetzung?, ZEV 2014, 293; *Tersteegen*, Letztwillige Verfügungen zugunsten des Heimträgers – Inkrafttreten des Wohn- und Teilhabegesetzes – WTG NRW, 2009, 222; *Tersteegen*, Drittzuwendungen an den Heimträger – zugleich Anmerkung zu BGH 26. Oktober 2011-, RNotZ 2012, 376; *Trilsch-Eckardt*, Nochmals: Vorweggenommene Erbfolge und Behindertentestament – Replik zu Weidlich, ZEV 2001, 94 – ZEV 2001, 229; *Weidlich*, Vorweggenommene Erbfolge und Behindertentestament, ZEV 2001, 94, 96; *Wirich*, Betreuungsrechtliche Probleme des Behindertentestamentes, ZErb 2013, 281.

Kapitel 5 Sicherung der Erwerbsaussichten für Endbedachte

Formulierungsbeispiele sind abgedruckt bei:

Baltzer/Reisnecker, Rn. 901 (Nacherbschaftslösung), Rn. 902 (Vermächtnislösung), Rn. 903 (Kombination); *Grziwotz*, ZEV 2002, 409, 410 (umgekehrte Vermächtnislösung); *Heinz-Grimm/Krampe/Pieroth*, S. 233 ff., Testamentsentwürfe I bis V (Vermächtnisvarianten); *Kornexl* (mit allen erdenklichen Gestaltungen); Kersten/Bühling/*Wegmann/Faßbender*, § 108 Rn. 31 M; *Krauß*, Rn. 5385 (klassische Vor- und Nacherbfolge als Erbvertrag – Vollmuster auf 12 Druckseiten); *Langenfeld*, Rn. 787 ff. (Erbschafts- und Vermächtnisvarianten); *Limmer*, ZFE 2002, 156 (klassische Vor- und Nacherbfolge); *Reimann/Bengel/Mayer*, Formularteil Rn. 79 (Referenzmuster für klassische Vor- und Nacherbfolge); *Ruby/Schindler/Wirich*, § 6 (Muster für Erbschaftslösung und für Vermächtnislösung); *Spall*, MittBayNot 2001, 249, 255 (Leibrentenlösung); Würzburger Notarhandbuch/*G. Müller*, 4. Aufl. 2015, 4. Teil, Kap. 1 Rn. 395 ff.

1. Grundlagen des Behindertentestamentes

a) Verfügungen von Todes wegen von Menschen mit Behinderungen

522 Der Fachbegriff »Behindertentestament« führt in die Irre, denn nach dem Wortsinne könnte man meinen, es sei die Verfügung eines Behinderten. Stattdessen wird damit allgemein die Verfügung von Todes wegen **zugunsten** eines Menschen mit Behinderungen, insbesondere eines geistig behinderten Menschen, bezeichnet.

523 Verfügungen von Todes wegen, die Menschen mit geistigen oder körperlichen Behinderungen selbst errichten wollen, werden an dieser Stelle nicht behandelt. Siehe hierzu die Darstellung oben bei *Bous*, Kapitel 2 Rdn. 104 ff.

524 Unter dem Begriff des Behindertentestamentes werden alle Verfügungen von Todes wegen erfasst, die (auch) zugunsten von Behinderten errichtet werden. Vom Begriff des Behindertentestamentes wird auch der Erbvertrag umfasst.

b) Verfügungen von Todes wegen zugunsten von Menschen mit geistiger Behinderung

aa) Ausgangssituation – Motive/Ziele der Eltern

525 Viele Menschen mit Behinderungen sind dauerhaft auf staatliche Hilfeleistungen, wie insbesondere die Eingliederungshilfe, Hilfe zur Pflege, Hilfe zum Lebensunterhalt und Grundsicherung bei Erwerbsminderung (allgemein Sozialhilfe), angewiesen. Eltern von Kindern mit Behinderungen befürchten daher zu recht, dass ihr mühsam erarbeitetes und angespartes Vermögen im Erbfall von der Sozialhilfe »aufgezehrt« wird, und zwar innerhalb kürzester Zeit, so dass auch das behinderte Kind aus dem ersparten und vererbten Vermögen keine Vorteile erzielt und nach dem Verbrauch des Vermögens durch den Sozialleistungsträger erneut auf die Sozialhilfe angewiesen ist, ohne besondere Vorteile zu haben. Im Vordergrund steht bei fast allen Eltern als Motiv und damit als Gestaltungsziel das hilfebedürftige Kind und dessen Versorgung und Besserstellung.

526 **Primäres Ziel** des Behindertentestamentes ist es somit in der ganz überwiegenden Anzahl von Fällen, dem Kind, besonders nach dem Tod der Eltern, eine **über die normale Sozialhilfe hinausgehende Lebensqualität** zu sichern, was nur möglich ist, wenn Zuwendungen gewährt werden, die nicht vom Sozialhilfeträger weggenommen werden können oder auf Sozialleistungen anzurechnen sind.

527 Gibt es gesunde Geschwister des behinderten Kindes, ist ein weiteres, sekundäres Ziel, das Vermögen der Familie zu erhalten und die Zugriffsmöglichkeiten der Sozialhilfeträger auf dieses Vermögen auszuschließen.

528 Die Gestaltung eines Behindertentestamentes gehört zu den schwierigsten und komplexesten Gestaltungen der juristischen Erbrechtsberatung. Dem Laien sind die verschiedenen erbrechtlichen Gestaltungsinstrumente und deren Wirkungsweise oft nur schwer verständlich zu machen. Darüber hinaus bedarf es immer einer individuellen, an den Einzelfall angepassten Regelung. Ein »**Standard-Behinderten-Testament**« **gibt es nicht**. Die Lebenssituation, die Bedürfnisse und die Wünsche der Beteiligten sind in jedem Fall einzeln zu berücksichtigen und einer angemessenen Gestaltungslösung zu-

zuführen. Zu beachten sind auch der Umfang des Vermögens und dessen Zusammensetzung und Verteilung zwischen den Eheleuten.

Trotz aller juristischen Schwierigkeiten und damit verbundenen Risiken ist die Gestaltung eines auf die Bedürfnisse von Eltern einem behinderten Kind empfehlenswert und den Eltern und dem Kind als eine notarielle Leistung geschuldet. Nach *Spall* hat sich das Gestaltungsmodell vom kritisch beäugten und umstrittenen Exoten[767] zum erbrechtlichen Standardprodukt entwickelt.[768] **529**

Das Behindertentestament will hierbei eine Situation schaffen, die dem Behinderten eine über die Sozialhilfe hinausgehende zusätzliche Absicherung und Besserstellung gewährt. In den Fällen, in denen die Höhe des Nachlasses nicht ausreicht, die Sozialhilfeleistungen dauerhaft zu ersetzen, lässt sich dieses Ziel einer zusätzlichen Absicherung und Besserstellung des Hinterbliebenen behinderten Menschen nur dann verwirklichen, wenn dem Sozialhilfeträger der Zugriff auf den Nachlass weitestgehend abgeschnitten wird. Die erforderlichen erbrechtlichen Instrumente hierfür sind: Vor- und Nacherbfolge, Vor- und Nachvermächtnis, Dauerverwaltungstestamentsvollstreckung, Nacherbentestamentsvollstreckung. **530**

Wichtigstes Gestaltungsinstrument ist die Testamentsvollstreckung, weil nur durch diese die Erträge geschützt werden können. Bei der Gestaltung kann je nach Ziel auf die Nacherbfolge oder das Nachvermächtnis verzichtet werden. Die **Testamentsvollstreckung** ist dagegen **immer erforderlich** und angezeigt. Nur bei der Enterbungsvariante -die das Behindertentestament vermeidet- kann auf die Testamentsvollstreckung verzichtet werden. **531**

bb) Rechtliche Zulässigkeit des Behindertentestaments

(1) Rechtsprechung der Zivilgerichte und der Sozial- und Verwaltungsgerichte – Sittenwidrigkeit?

Gegen die Behindertentestamente ist in der juristischen Literatur vereinzelt der Vorwurf der Sittenwidrigkeit gemäß § 138 Abs. 1 BGB erhoben worden.[769] Der BGB hat demgegenüber die **Sittenwidrigkeit** von Behindertentestamenten in zwei Grundsatzentscheidungen vom 21.3.1990 und vom 20.10.1993 **grundsätzlich verneint**.[770] Die Entscheidungen sind zu einem bescheidenen bis mittlerem Vermögen[771] ergangen. Bei einem (sehr) großen Nachlassvermögen, bei dem aus den Nutzungen des Pflichtteils des behinderten Kindes neben den Annehmlichkeiten praktisch auch die gesamte Grundversorgung auf Lebenszeit bestritten werden könnte, kann aus dieser Rechtsprechung keine Rechtssicherheit gewonnen werden.[772] **532**

---

767 »Teufelszeug«, so ein württembergischer Bezirksnotar, zitiert von *Ruby/Schindler/Wirich*, Rn. 3.
768 *Spall*, FS 200 Jahre, S. 121, 122.
769 *Raiser*, MDR 1995, 238; *Köbl* ZfSH/SGB 1990, 449; für eine Änderung der sozialrechtlichen Vorschriften um einen Zugriff auf das Vermögen des Hilfeempfängers zu ermöglichen: *Eichenhofer*, JZ 1999, 226, 232.
770 BGH DNotZ 1992, 241 mit Anm. *Reimann*, 245 = NJW 1990, 2055; BGH DNotZ 1994, 380 = BGHZ 123, 368 = NJW 1994, 248 = ZEV 1994, 35 mit Anm. *Bengel*, 29. Jüngst bestätigt durch BGH, Urt. vom 19.1.2011, DNotZ 2011, 381 mit Anm. *Ivo*, 389 = NJW 2011, 1586 = ZEV 2011, 258 = MittBayNot 2012, 138 mit Anm. *Spall*, 141. Auch die Instanzgerichte folgen dem, so etwa OLG Köln, Urt. vom 9.12.2009 – 2 U 46/09, RNotZ 2010, 139 mit Anm. *Vaupel*.
771 In der Entscheidung von 1990 betrug der Nachlass etwa 30.000 DM, in der Entscheidung von 1993 etwa 460.000 DM.
772 *Nieder/Kössinger*, § 21 Rn. 103; *Wendt*, ZNotP 2008, 2, 7. In einem Fall eines sehr großen Vermögens wird man die Gestaltung aus Gründen der Vorsicht so wählen, dass überschüssige Erträge, die nicht für die Annehmlichkeiten und die Bildung angemessener Rücklagen erforderlich sind, vom Testamentsvollstrecker für die Heimkosten freizugeben sind und somit öffentliche Hilfe ganz oder teilweise entbehrlich machen. Die grundsätzliche Struktur eines Behindertentestamentes wäre aber gleichwohl möglich. Das Risiko einer Ausschlagung durch den gesetzlichen Vertreter steigt bei einem solch großen Pflichtteilsanspruch und muss ebenfalls durch die Gestaltung minimiert werden.

Kapitel 5   Sicherung der Erwerbsaussichten für Endbedachte

533 Ferner kann sich die Sittenwidrigkeit eines Behindertentestamentes aus den Umständen des Einzelfalles immer ergeben, insbesondere wenn für das behinderte Kind kein Vorteil ersichtlich ist. Dies kann etwa bei einem sehr kleinen Nachlassanteil, der keine nennenswerten Erträge abwirft, der Fall sein.[773] Der Notar als vorsichtiger Testamentsgestalter sollte diese Grenzen nicht vollständig ausloten und durch die Gestaltung solchen Vorwürfen bereits im Vorfeld den Boden entziehen.

534 Die **Rechtsprechung** der **Verwaltungs**-[774] und **Sozialgerichte**[775] **erkennt** die Gestaltung durch Behindertentestament ebenfalls **grundsätzlich** an.

(2) Grenzen aus Grundgesetz und AGG

535 Gemäß Art. 3 Abs. 3 S. 3 GG gilt: »Niemand darf wegen seiner Behinderung benachteiligt werden«. Die Grundrechte entfalten über die zivilrechtlichen Generalklauseln und die Rechtsprechung der Gerichte auch Wirkung zwischen Privaten. Das Behindertentestament will jedoch gerade einer Diskriminierung entgegenwirken und zu einer Besserstellung des behinderten Menschen beitragen. Es versucht, Benachteiligungen zu vermeiden.

536 Das Allgemeine Gleichbehandlungsgesetz (AGG) findet gemäß § 19 Abs. 4 AGG keine Anwendung auf familien- und erbrechtliche Schuldverhältnisse.[776]

(3) Grenzen der Gestaltungsfreiheit aus § 134 BGB i. V. m. den Heimgesetzen

537 Grenzen ergeben sich neben dem bereits besprochenen § 138 BGB i. V. m. dem sozialhilferechtlichen Nachrangprinzip vor allem aus § 134 BGB i. V. m. § 14 Heimgesetz bzw. nunmehr aus den landesrechtlichen Nachfolgevorschriften, soweit diese bereits erlassen sind.[777] Derzeit ist dies in Ba-

---

773 *Odersky*, Notar 2008, 123, 125. Der Testamentsgestalter sollte in einem solchen Fall darauf hinwirken, dass dem Testamentsvollstrecker zur Erbringung der Annehmlichkeiten ausdrücklich erlaubt ist, die Substanz des Nachlassanteils aufzubrauchen.
774 OVG Bautzen MittBayNot 1998, 127 mit Anm. *Krauß* = ZEV 1997, 344; OVG Saarland, Urt. vom 17.3.2006, 3 R 2/05 – DNotI-Report 2006, 99 = MittBayNot 2007, 65 mit Anm. *Spall*, 69; VG Lüneburg, Urt. vom 27.8.1999 – 7 A 53/98, NJW 2000, 1885; jüngst OVG Münster, Beschl. vom 18.7.2008 – 12 A 2471/06, ZEV 2009, 402: Behindertentestament von h. M. in Rechtsprechung und Literatur anerkannt.
775 LSG Baden-Württemberg, Beschl. vom 9.10.2007 – L 7 AS 3528/07, ZEV 2008, 147 = RNotZ 2008, 115.
776 *Nieder/Kössinger*, § 21 Rn. 105.
777 Baden-Württemberg: Landesheimgesetz (LHeimG BW) vom 10.6.2008, GBl. BW 2008, 169, in Kraft seit 1.7.2008 (vgl. *Schaal*, BWNotZ 2008, 114). Bayern: Gesetz zu Regelung der Pflege-, Betreuungs- und Wohnqualität im Alter und bei Behinderung (Pflege- und Wohnqualitätsgesetz – PfleWoqG), BayGVBl 2008, 346, in Kraft seit 1.8.2008. Berlin: Gesetz über Selbstbestimmung und Teilhabe in betreuten gemeinschaftlichen Wohnformen (Wohnteilhabegesetz – WTG Bln) vom 3.6.2010 (GVBl. Berlin 2010, 285), in Kraft seit 1.7.2010. Brandenburg: Gesetz über das Wohnen mit Pflege und Betreuung des Landes Brandenburg (Brandenburgisches Pflege- und Betreuungswohngesetz – BbgPBWoG) vom 8.7.2009 (GVBl. Brandenburg I 2009, 298), in Kraft seit 1.1.2010. Bremen: Gesetz zur Sicherstellung der Rechte von Menschen mit Unterstützungs-, Plege- und Betreuungsbedarf in unterstützenden Wohnformen (Bremisches Wohn- und Betreuungsgesetz- BremWoBeG) vom 5.10.2010 (GBl. 2010, 509), in Kraft seit 21.10.2010. Hamburg: Hamburgisches Gesetz zur Förderung der Wohn- und Betreuungsqualität älterer, behinderter und auf Betreuung angewiesener Menschen (Hamburgisches Wohn- und Betreuungsqualitätsgesetz – HmbWBG) vom 15.12.2009 (Hamb. GVBl. I 2009, 494), in Kraft seit 1.1.2010. Hessen: Hessisches Gesetz über Betreuungs-und Plfegeleistungen, (HGBP) vom 7.3.2012 (GVBl. I 2012, 34), in Kraft seit 21.3.2012. Mecklenburg-Vorpommern: Gesetz zur Förderung der Qualität in Einrichtungen für Pflegebedürftige und Menschen mit Behinderung sowie zur Stärkung ihrer Selbstbestimmung und Teilhabe (Einrichtungenqualitätsgesetz – EQG M-V) vom 17.5.2010 (GVOBl. M-V 2010, 241), in Kraft seit 29.5.2010. Niedersachsen: Niedersächsisches Heimgesetz (NHeimG) vom 29.6.2011, in Kraft seit 6.7.2011 (GVBl. 2011, 196). Nordrhein-Westfalen: Gesetz über das Wohnen mit Assistenz und Pflege in Einrichtungen (Wohn- und Teilhabegesetz – WTG) (Art. 1 des Gesetzes zur Umsetzung der Föderalismusreform auf dem Gebiet des Heimrechts und zur Änderung von Landesrecht vom 12.11.2008), in Kraft seit 10.12.2008, GVBl. NRW 2008, S. 738. Inhaltlich bringt das Gesetz Änderungen gegenüber dem bis-

den-Württemberg,⁷⁷⁸ Bayern,⁷⁷⁹ Berlin, Brandenburg, Bremen, Hamburg, Hessen, Mecklenburg-Vorpommern, Niedersachsen, Nordrhein-Westfalen,⁷⁸⁰ Rheinland-Pfalz, Saarland, Sachsen, Sachsen-Anhalt und in Schleswig-Holstein der Fall.

Das **Heimgesetz** des Bundes enthält in § 14 ein Zuwendungsverbot. Danach ist es zum Schutz volljähriger Heimbewohner vor Ausnutzung ihrer Abhängigkeit, Hilflosigkeit und Arglosigkeit dem Träger des Heims, seinem Leiter, den Beschäftigten oder sonstigen Mitarbeitern untersagt, sich von oder zugunsten von Bewohnern oder Bewerbern um einen Heimplatz über das für die Unterbringung, Beköstigung und Pflege der Bewohner vereinbarte Entgelt hinaus Geld- oder geldwerte Leistungen versprechen oder gewähren zu lassen (§ 14 Abs. 1 und 5 HeimG), soweit es sich jeweils nicht um geringwertige Aufmerksamkeiten handelt. Rechtsfolge eines Verstoßes ist die Nichtigkeit der Verfügung, weil § 14 HeimG ein Verbotsgesetz im Sinne von § 134 BGB ist.⁷⁸¹ Folge ist, dass die Erbschaft oder das Vermächtnis dem Bedachten nicht anfällt. Unter Heim ist gemäß § 1 Abs. 1 HeimG jede Einrichtung zu verstehen, die dem Zweck dient, ältere Menschen, Pflegebedürftige oder behinderte Volljährige aufzunehmen, ihnen Wohnraum zu überlassen sowie Betreuung und Verpflegung zur Verfügung zu stellen oder vorzuhalten. **538**

Bei behinderten Menschen dürfte fast immer der Anwendungsbereich des Heimgesetzes eröffnet sein. Dies dürfte auch bei den heute immer mehr verbreiteten Wohngruppen des betreuten Wohnens der Fall sein, denn Einrichtungen des betreuten Wohnens fallen nur dann nicht unter das Verbotsgesetz, wenn keine Verpflichtung des Mieters besteht, Verpflegung und weitergehende Betreuungsleistungen von bestimmten Anbietern anzunehmen. Die bundesrechtliche Vorschrift des § 14 HeimG wurde vom Bundesverfassungsgericht als verfassungsmäßig angesehen.⁷⁸² Normzweck ist der Schutz der Heimbewohner vor Ungleichbehandlung, vor wirtschaftlicher Ausnutzung und Beeinträchtigung ihrer Testierfreiheit. Zu den neuen landesrechtlichen Vorschriften liegt noch keine Rechtsprechung vor. **539**

---

herigen HeimG des Bundes. Insbesondere findet sich keine unmittelbar § 14 HeimG (Verbot mit Erlaubnisvorbehalt) entsprechende Norm. § 10 WTG NRW verbietet Zuwendungen. Es gibt einzelne, gesetzlich geregelte Ausnahmen, aber keine Ausnahmegenehmigung wie bisher in § 14 Abs. 6 HeimG. Rheinland-Pfalz: Landesgesetz über Wohnformen und Teilhabe (LWTG) vom 22.12.2009 (GVBl. Berlin 2009, 399), in Kraft seit 1.1.2010. Saarland: Saarländisches Gesetz zur Sicherung der Wohn-, Betreuungs- und Pflegequalität für ältere Menschen sowie pflegebedürftige und behinderte Volljährige (Landesheimgesetz Saarland – LHeimGS), vom 6.5.2009, in Kraft seit 19.6.2009. Sachsen: Gesetz zur Regelung der Betreuungs- und Wohnqualität im Alter, bei Behinderung und Pflegebedürftigkeit im Freistaat Sachsen (Sächsisches Betreuungs- und Wohnqualitätsgesetz – SächsBeWoG) vom 12.7.2012, in Kraft seit 12.8.2012 (GVB. 2012, 397). Sachsen-Anhalt: Gesetz über Wohnformen und Teilhabe des Landes Sachsen-Anhalt (Wohn- und Teilhabegestz – WTG LSA) vom 17.2.2011 (GVBl. 2011, 136). Schleswig-Holstein: Gesetz zur Stärkung von Selbstbestimmung und Schutz von Menschen mit Pflegebedarf oder Behinderung (Selbstbestimmungsgesetz – SbStG), vom 18.6.2009, in Kraft seit dem 1.8.2009. Zum Übergang der Gesetzgebungsbefugnis auf die Länder durch Art. 74 Abs. 1 Nr. 7 GG im Zusammenhang mit Föderalismusreform, siehe *Drasdo*, NVwZ 2008, 639.

778 Eine aktuelle Übersicht findet sich auf der Homepage des DNotI (www.dnoti.de) unter Informationen, Arbeitshilfen, Erbrecht.
779 Zur Rechtslage in Bayern: *Ludyga*, ZEV 2014, 177.
780 Zur Rechtslage in Nordrhein-Westfalen: *Tersteegen*, RNotZ 2009, 222 und RNotZ 2012, 376; *Spall*, MittBayNot 2010, 9, 15.
781 BGHZ 110, 235 = NJW 1990, 1603; *Nieder/Kössinger/Nieder*, § 3 Rn. 6 m. w. N. Zu den abweichenden Mindermeinungen siehe *Lingenfelser*, BWNotZ 2001, 118, 125.
782 BVerfG DNotZ 1999, 56 = NJW 1998, 2964 m. w. N. auch zu kritischen Stimmen. Das BVerfG sieht das Gesetz als verfassungsmäßig und mit der Testierfreiheit vereinbar an, weil die Norm solche Verfügungen nicht ausschließt, die dem Betroffenen nicht mitgeteilt und gleichsam im Stillen angeordnet werden. Daher liege ein Verstoß gegen das Übermaßverbot nicht vor und die Testierfreiheit sei gewahrt.

Kapitel 5   Sicherung der Erwerbsaussichten für Endbedachte

540   Auch **Zuwendungen der Eltern** von Heimbewohnern oder anderen Angehörigen, also durch Dritte, **unterliegen dem Verbot**.[783]

541   Allgemein anerkannt ist, dass unter das Verbot des § 14 HeimG nicht nur Zuwendungen unter Lebenden, wie Schenkungen und Schenkungsversprechen, sondern auch Erbverträge. Dagegen unterfallen testamentarische, also einseitige Zuwendungen, aufgrund des Tatbestandsmerkmals des »Sich-Gewähren-Lassen« nur dann, wenn Einvernehmen zwischen dem Testierenden und dem Bedachten besteht. Erfährt der Bedachte erst nach dem Tode des Heimbewohners von der Verfügung, ist diese **stille Testierung** wirksam.[784] Das OLG München hatte allerdings in einer fraglos grundrechtswidrigen Entscheidung einen Verstoß gegen § 14 HeimG bei einer Drittzuwendung auch dann bejaht, wenn der Heimträger zwar erst nach dem Tode des Erblassers Kenntnis erlangt hat, der Heimbewohner aber noch im Heim lebt.[785] Der BGH hat nunmehr in seinem Beschluss vom 26.10.2011[786] aufgrund der Vorlage des OLG Karlsruhe[787] Klarheit geschaffen und festgestellt:

> »Zum Schutze der Testierfreiheit ist § 14 Abs. 1 HeimG nach alledem verfassungskonform dahin auszulegen, dass er Angehörigen eines Heimbewohners die Einsetzung des Heimträgers als Nacherbe in einem stillen Testament, von dem der Heimträger erst nach dem Tode des Erblassers erfährt, nicht verbietet.«

Auch die Einsetzung des Heimträgers zum Nacherben ist somit zwar vom Verbot erfasst,[788] aber die **Einsetzung des Heimträgers zum Nacherben ist möglich**, wenn der Träger erst nach dem Erbfall aufgrund der Eröffnung von der Zuwendung des Angehörigen erfährt, auch wenn der Heimbewohner noch im Heim lebt (stilles Testament). Die Kenntnis des Landesverbandes ist dem Heimträger nicht zuzurechnen.[789]

542   Analog wurde das Heimgesetz angewandt bei Zuwendungen an Verwandte eines Verbotsadressaten[790] und an den Alleingesellschafter des Heimträgers, um eine Umgehung zu verhindern. Nicht anwendbar ist das Heimgesetz jedoch auf die häusliche Pflege und auf das Verhältnis zwischen Betreuer und Betreutem.

543   Nach der Rechtsprechung und der h. M. in der Literatur sind **Zuwendungen an Stiftungen**, auch wenn sie dem Heimträger nahe stehen, nicht vom Verbotstatbestand erfasst.[791] Allerdings darf die Stiftung nicht die Gesellschafterin des Heimträgers sein. Gleiches gilt für eine Zuwendung an eine Stadt, die nicht selbst Heimträger war, mit der Auflage, das Erbe für die Altenheime zu verwenden.[792] Die Rechtsprechung hat bislang noch keine klaren Kriterien herausgearbeitet.[793] Das VG

---

783   LG Flensburg NJW 1993, 1866; OLG München NJW 2006, 2642 = DNotZ 2006, 933.
784   BayObLG NJW 1992, 55 ff.; BayObLG NJW 1993, 1143 f.; BVerfG DNotZ 1999, 56 = NJW 1998, 2964; BGH Beschl. vom 26.10.2011, IV ZB 33/10, MittBayNot 2012, 297.
785   OLG München NJW 2006, 2642 = DNotZ 2006, 933. Dagegen zu Recht sehr kritisch Tersteegen, ZErb 2007, 414, 415 f.; zustimmend Schaal, BWNotZ 2008, 114, 115.
786   BGH Beschl. vom 26.10.2011, IV ZB 33/10, MittBayNot 2012, 297 mit Anm. G. Müller, 298; so ausdrücklich auch OLG Stuttgart Beschl. vom 21.3.2013, 8 W 253/11, MittBayNot 2014, 353 für § 9 LHeimG BW mit Anm. G. Müller, 355.
787   OLG Karlsruhe Beschl. vom 9.12.2010, 11 Wx 120/09, ZEV 2011, 424.
788   OLG Düsseldorf ZEV 1997, 459, wo die Kinder des Heimleiters als Nacherben eingesetzt waren.
789   OLG Stuttgart Beschl. vom 21.3.2013, 8 W 253/11, MittBayNot 2014, 353, 355 für § 9 LHeimG BW.
790   OLG Düsseldorf ZEV 1997, 459; Ziegert, ZErb 2003, 166.
791   BayObLG Beschl. vom 4.6.2003, 1 Z BR 17/03, DNotZ 2003, 873 = ZEV 2003, 462; Limmer, S. 76, auch wenn diese dem Heim nahe stehen; Dietz, MittBayNot 2007, 453, 457, bei nur ideeller Nähe zum Heimträger. Anders aber VGH Baden-Württemberg Urt. vom 1.7.2004 – 6 S 40/04, MittBayNot 2005, 317, für Zuwendungen an eine Priesterbruderschaft, die Eigentümerin eines Seniorenheimes ist und dieses durch einen religiös nahe stehenden Verein betreibt.
792   BayObLG Beschl. vom 9.2.2000 – 1 Z BR 149/99, NJW 2000, 1875 = FamRZ 2000, 1126 = Rpfleger 2000, 274.
793   Dietz, MittBayNot 2007, 453, 457.

Würzburg hat es in einem Erlaubnisverfahren für die analoge Anwendung des Verbotes des § 14 Abs. 1 HeimG als ausreichend angesehen, wenn die juristischen Personen derart miteinander verbunden sind, dass diese Verbindung für jeden Außenstehenden erkennbar ist, und er davon ausgehen kann, dass die Zuwendung z. B. an die Stiftung zumindest mittelbar auch der Arbeit der anderen juristischen Person zugute kommt.[794] Für die nach außen erkennbare Verbindung reicht nach Ansicht des Gerichtes bereits der gemeinsame Internetauftritt aus. Problematisch dürfte auch sein, wenn dieselben juristischen Personen in der Betreibergesellschaft und dem Zuwendungsempfänger entscheiden können.[795]

Die genaue Rechtweite des Verbotes ist daher für den Testamentsgestalter nicht immer sicher zu bestimmen, zumal angesichts der gesetzlichen Neuregelung in den Landesgesetzen, auch wenn sie in der Regel den Inhalt des Bundesheimgesetzes übernommen haben, zusätzliche Unsicherheit herrscht. Der Anwendungsbereich des § 14 HeimG ist aus der Sicht des Gestalters von Verfügungen von Todes wegen erschreckend weit. Dabei liegt die Gefahr weniger in der fehlenden Kenntnis der Norm als vielmehr in der Unterschätzung ihres konturlosen Anwendungsbereiches.[796] **Der Notar hat gemäß § 18 BeurkG** auf erforderliche Genehmigungen hinzuweisen und dies in der Niederschrift zu vermerken. Er muss daher auf die **mögliche Unwirksamkeit der Erbeinsetzung und** (soweit anwendbar) **die Möglichkeit einer Ausnahmegenehmigung** (nach § 14 Abs. 6 HeimG bzw. Landesgesetz) **hinweisen**.[797] Als sicherster Weg wird für die Testamentsgestaltung dazu geraten, die Genehmigung vorsorglich zu beantragen.[798] Die Heimgesetze von Nordrhein-Westfalen (§ 10 WTG NRW[799]), Brandenburg, Berlin und Rheinland-Pfalz kennen die behördliche Genehmigungsmöglichkeit jedoch nicht mehr oder nur eingeschränkt.[800]

544

Das **stille Testament** ist daher das Mittel der Wahl. Es empfiehlt sich, in das Testament eine Erklärung des Erblassers dahingehend aufzunehmen, dass der Heimträger von der Zuwendung **keine Kenntnis hat** und der Erblasser hierüber auch künftig stillschweigen wird. Ferner ist der Erblasser im Belehrungsvermerk darauf hinzuweisen, dass dem Heimträger keine Kenntnis von der Zuwendung verschafft werden darf, um die Wirksamkeit der Verfügung nicht zu gefährden.[801] Bei einem gemeinschaftlichen Testament oder Erbvertrag sollte zudem aus Gründen der Vorsicht darauf geachtet werden, dass nicht durch eine vollständige Eröffnung der Verfügung von Todes wegen der Heimträger schon im ersten Erbfall von der Zuwendung durch den Längstlebenden Kenntnis erlangen kann. Das Nachlassgericht wird die Verfügungen des Längstlebenden eröffnen, wenn diese nicht sprachlich und räumlich eindeutig von den Anordnungen des zuerst Verstorbenen trennbar sind. Hierzu reicht es nicht aus, wenn formuliert wird: »Der Längstlebende von uns . . .«[802]

Zur Störfallvorsorge ist immer auch eine Ersatzerbenbestimmung für den Fall der Nichtigkeit zu bestimmen.[803] Bei Erbeinsetzung einer Stiftung, die dem Heimträger nahe steht, bietet es ich an, eine entsprechende übergeordnete Landes- oder Bundesstiftung einzusetzen, besser noch eine Stiftung mit ähnlichem Zweck aber ohne jeden Bezug zum Heim, etwa die Aktion Mensch (früher: Aktion Sorgenkind).

545

---

794 VG Würzburg Urt. vom 3.6.2008 – W 1 K 08.638, ZEV 2008, 601 mit Anm. *Limmer* = verkürzt in notar 2008, 225 mit Anm. *Odersky*.
795 *Dietz*, MittBayNot 2007, 453, 457.
796 *Dietz*, MittBayNot 2007, 453, 460.
797 Siehe den Haftungsfall OLG München ZEV 1996, 145 f. mit Anm. *Rossak*.
798 *Odersky*, notar 2008, 225; *Spall*, MittBayNot 2010, 9, 14, nach *Spall*, wird im Bundesland Hessen die Ausnahmegenehmigung auch noch nach Eintritt des Nacherbfalls, aber vor Annahme der Nacherbschaft durch den Heimträger erteilt. Jedenfalls sollte sie so früh als möglich eingeholt werden.
799 Hierzu *Tersteegen*, RNotZ 2012, 376.
800 Dies wird von einigen Autoren als verfassungswidrig angesehen, *Ludyga*, ZEV 2014, 177, 179 Fn. 22 m. w. N.
801 *Tersteegen*, RNotZ 2012, 376, 378.
802 *Dickhuth-Harrach*, § 19 IV. 3., 4. Rn. 27 bis 37.
803 Wie hier: *Tersteegen*, ZErb 2007, 414, 416; *Ruby/Schindler/Wirich*, Rn. 113.

546 Auf keinen Fall sollte zudem verfügt werden, dass die Zuwendung gerade für das bestimmte Heim zu verwenden ist.

cc) Sozialrechtliche Grundlagen

(1) Leistungen der Sozialträger

547 Menschen mit Behinderungen benötigen meist lebenslang die Unterstützung der Allgemeinheit und haben gesetzliche Ansprüche auf staatliche Sozialleistungen. Die Leistungen nach SGB II – früher Sozialhilfe bzw. Arbeitslosenhilfe- stehen Menschen mit Behinderungen nur dann zu, wenn sie als erwerbsfähig i. S. d. § 8 SGB II gelten. Hierzu muss auf absehbare Zeit mindestens drei Stunden täglich Erwerbstätigkeit auf dem allgemeinen Arbeitsmarkt möglich sein. Da dies bei schwer körperlich oder geistig behinderten Menschen nur selten der Fall ist, stehen ihnen die Leistungen nach SGB XII zu. Dies sind die bedarfsabhängigen Leistungen der Eingliederungshilfe (§§ 53 ff. SGB XII), Hilfe zur Pflege (§§ 61 ff. SGB XII) sowie ergänzend Hilfe zum Lebensunterhalt – auch Grundsicherung – (§§ 27 ff. SGB XII). Die staatliche Förderung für die Einrichtungen der Behindertenhilfe (Werkstätten oder Wohnstätten für Menschen mit Behinderungen), sind in SGB IX (Rehabilitation und Teilhabe behinderter Menschen) geregelt. Behinderte haben ein Recht auf die Hilfe, die notwendig ist, um die Behinderung zu beseitigen, zu bessern, ihre Verschlimmerung zu verhüten oder ihre Folgen zu lindern.

548 Welche Leistungen nach SGB ein behindertes Kind tatsächlich erhält oder welche Leistungen ihm zustehen, ist für die Testamentsgestaltung der Eltern im Regelfall nicht bedeutsam. Zum einen wissen die Beteiligten oft selbst nicht genau, aufgrund welcher Rechtsgrundlage der Träger der Sozialleistungen erbringt oder zahlt; zum anderen können sich diese Leistungen auch im Laufe des Lebens ändern.[804] Ein Einstieg in die Details der Sozialleistungen ist daher für den Testamentsgestalter nicht erforderlich, solange die Hilfebedürftigkeit auf Dauer gegeben ist. Anders ist dies nur dann, wenn ein Mensch mit Behinderungen auf dem allgemeinen Arbeitsmarkt tätig ist und allein oder in der Familie wohnen kann. In einem solchen Fall ist vor Errichtung eines Behindertentestamentes zu prüfen, ob überhaupt eine Inanspruchnahme von bedarfsabhängigen Sozialleistungen erfolgt, die im Erbfall zum Rückgriff führen kann.

(2) Nachrangprinzip

549 Auch Menschen mit Behinderungen erhalten die bedarfsabhängigen Sozialleistungen der Eingliederungshilfe, der Hilfe zur Pflege und der Hilfe zum Lebensunterhalt nur dann, wenn der Lebensbedarf nicht anderweitig durch eigenes Einkommen oder verwertbares Vermögen gedeckt ist. Nach diesem sozialhilferechtlichen **Nachrangprinzip** (Subsidiaritätsprinzip) besteht die **Pflicht zum Einsatz von eigenem Einkommen und Vermögen**. Ausnahmen von diesem Grundsatz ergeben sich aus § 90 Abs. 2 SGB XII (Schonvermögen), insbesondere Nr. 9 (Geldvermögen bis zu einer bestimmten Höhe) und Nr. 8 (angemessenes Hausgrundstück).

(3) Überleitung von Rechten, insbesondere von Pflichtteilsansprüchen

550 Umfasst von der Einstandspflicht ist auch das, was der Hilfeempfänger von Todes wegen als Erbe oder Vermächtnis erwirbt. Der Sozialleistungsträger kann somit auf das Erbe oder den Erbteil zugreifen und dieses verwerten. Einen **Pflichtteilsanspruch** kann er gemäß § 93 Abs. 1 S. 1, 4 SGB XII **auch ohne und gegen den Willen des Pflichtteilsberechtigten** auf sich **überleiten**, und zwar auch dann, wenn dieser nicht geltend gemacht ist und nicht geltend gemacht werden soll. Der Sozialleistungsträger steht insoweit deutlich besser dar als ein sonstiger Gläubiger, denn dieser kann nur dann einen Pflichtteilsanspruch gemäß § 852 Abs. 1 ZPO pfänden, wenn der Anspruch vertraglich anerkannt wurde oder rechtshängig ist.

---

804 Detaillierte Darstellung bei *Kornexl*, Rn. 233 ff.

551 Neben der Pflicht des Hilfeempfängers besteht die Ersatzpflicht seiner Erben nach Maßgabe des § 102 SGB XII und des § 35 SGB II für die bedarfsabhängigen Sozialleistungen wie Eingliederungshilfe und Grundsicherung, die innerhalb von zehn Jahren vor dem Erbfall aufgewendet wurden. Die **Erben des Hilfeempfängers**, also des Behinderten selbst, haften mit dem beim Tode vorhandenen Nachlass (§ 102 Abs. 2 S. 2 SGB XII). Mit dem Tode des Hilfeempfängers verliert bisherige Schonvermögen diese Eigenschaft.

552 **Nicht** auf sich **überleiten** kann der Sozialleistungsträger das **Recht zur Ausschlagung** eines Erbes oder eines Vermächtnisses. § 93 SGB XII greift nach inzwischen nahezu einhelliger Meinung nur ein bei Ansprüchen oder Forderungen, nicht jedoch bei höchstpersönlichen Gestaltungsrechten und lässt somit eine Überleitung des Ausschlagungsrechts nicht zu. Bislang ist die Rechtsfrage allerdings noch nicht vom Gesetzgeber ausdrücklich klargestellt. Der BGH hatte die Frage in den beiden grundlegenden Entscheidungen zum Behindertentestament zunächst ausdrücklich offengelassen. Bereits seit seinen Ausführungen zur Erbausschlagung eines Insolvenzschuldners während der Wohlverhaltensperiode konnte aber kein Zweifel mehr daran bestehen, dass der BGH eine Überleitbarkeit des Ausschlagungsrechts ablehnen wird. In seiner Entscheidung zum Pflichtteilsverzicht eines behinderten Sozialleistungsbeziehers hat er nun klar gegen die Überleitbarkeit des Ausschlagungsrechts auf den Sozialleistungsträger ausgesprochen.[805] Eine Überleitung des Ausschlagungsrechtes ist somit nur nach einer Gesetzesänderung möglich, deren verfassungsrechtliche Grenzen zu prüfen wären, weil der BGH das Ausschlagungsrecht im Sinne einer »negativen Erbrechtsfreiheit« als geschützt ansieht.[806] Das Recht zur Ausschlagung betrifft den Kernbereich des grundgesetzlich geschützten Erbrechtes und eine Überleitung griffe in die Erbrechtsgarantie ein. Betroffen wären gleichermaßen das Recht des Erblassers, seine Erben selbst zu bestimmen als auch das Erbrecht des Erben. Eine verfassungskonforme Gestaltung dürfte die Überleitung des Rechts auf Ausschlagung und insbesondere deren Ausübung wohl nur unter sehr engen Voraussetzungen zulassen. M. E. ist auch seitens der Politik derzeit nicht mit einer solchen Änderung des Gesetzes zu rechnen.

553 Gleichwohl ist die **Ausschlagungsmöglichkeit** die **Achillesverse** des Behindertentestamentes. Die Ausschlagung, die zum vom Sozialleistungsträger überleitbaren Pflichtteilsanspruch führen würde, erfolgt für den nicht geschäftsfähigen Behinderten durch dessen gesetzlichen Vertreter, der der familien- oder betreuungsgerichtlichen Genehmigung bedarf. Die Ausschlagungsfrist beginnt erst mit der Kenntnis des gesetzlichen Vertreters vom Anfall der Erbschaft und dem Grunde der Berufung (§ 1944 Abs. 2 S. 1 BGB). Ist der Betreuer oder der sorgeberechtigte Elternteil, wie im Regelfall, auch der Erbe, so ist ein Ergänzungspfleger oder Ergänzungsbetreuer zu bestellen. Bis dahin ist der Fristbeginn gehemmt.

554 Die **Entscheidung** gesetzlichen Vertreters hat sich dabei **ausschließlich** an den **Belangen** und dem **Wohl des Behinderten** zu orientieren. Hierbei sind nicht nur rein finanzielle Interessen zu berücksichtigen, sondern alle Belange des Behinderten, wie insbesondere ein Leben nach seinen Wünschen und Vorstellungen zu führen. Die öffentlichen Belange des Sozialleistungsträgers sind demgegenüber nicht zu berücksichtigen. Das LG Köln und ihm folgend das OLG Köln[807] haben die Erbausschlagung eines Ergänzungsbetreuers nicht genehmigt, weil eine Ausschlagung nicht im Interesse der durch ein Behindertentestament als nicht befreite Vorerbin eingesetzten Betreuten gelegen hätte. Ob eine Ausschlagung dem Interesse des Behinderten dient, ist allerdings immer eine Frage des Einzelfalles. Nahe liegend und interessegerecht dürfte eine Ausschlagung sein bei einem dauerhaft ertraglosen Nachlass, der dem behinderten Kind keine Vorteile bringt, oder bei schwerster Behinderung wie dauerhafter Bewusstlosigkeit, die eine Besserstellung des behinderten Kindes unmöglich macht. Ein mittelbarer Einfluss des Sozialhilfeträgers auf die Ausschlagungsentscheidung durch die Anord-

---

805 BGH, Urt. vom 19.1.2011, DNotZ 2011, 381 mit Anm. *Ivo*, 389 = NJW 2011, 1586 = ZEV 2011, 258 = MittBayNot 2012, 138 mit Anm. *Spall*, 141.
806 *Menzel*, Die negative Erbfreiheit, MittBayNot 2013, 289.
807 OLG Köln Beschl. vom 29.6.2007 – 16 Wx 112/07, ZEV 2008, 196; so jetzt auch OLG Celle Beschl. vom 20.4.2009, 17 W 132/08, Rechtsdienst der Lebenshilfe, 2009, 81.

nung einer Leistungskürzung nach § 26 Abs. 1 S. 1 Nr. 1 SGB XII kommt aus zwei Gründen nicht in Betracht: zum einen muss sich ein behinderter Hilfeempfänger im Rahmen des § 26 SGB XII das Verhalten seines gesetzlichen Vertreters nicht zurechnen lassen; zum anderen würde ein solches Verlangen des Sozialhilfeträgers faktisch auf einen Zwang zur Ausschlagung hinauslaufen.[808]

(4) Haftung der Eltern oder Geschwister aufgrund des Unterhaltsrechts

555 Die Haftung der Eltern eines behinderten volljährigen Kindes ist gesetzlich beschränkt. Bei volljährigen erwerbsgeminderten Hilfeempfängern sind für Grundsicherungsleistungen nach § 41 SGB XII die Regressmöglichkeiten gegen die Eltern gemäß § 43 Abs. 2 SGB XII ausgeschlossen (Rückgriffsperre), sofern deren jährliches Gesamteinkommen i. S. d. § 16 SGB IV unter einem Betrag von 100.000 € liegt. Hierbei muss das alleinige Einkommen des einzelnen Elternteils diese Summe überschreiten.[809] Es wird zudem vermutet, dass das Einkommen der Unterhaltsverpflichteten diese Grenze nicht überschreitet, § 43 Abs. 3 Satz 2 SGB XII.

556 Bei den anderen bedarfsabhängigen Sozialleistungen greift eine weitere Privilegierung zugunsten der unterhaltsverpflichteten Verwandten eines behinderten Menschen ein. Gemäß § 94 Abs. 1 S. 2 SGB XII sind Verwandte zweiten oder entfernteren Grades generell von einer Überleitung der Unterhaltsansprüche ausgenommen. Hinsichtlich der Eltern ist der übergehende Unterhaltsanspruch auf monatlich 26 € begrenzt, wenn das Kind Hilfen zur Gesundheit oder Eingliederungshilfe empfängt. Für Hilfen zum Lebensunterhalt beträgt der Höchstbetrag 20 €. Eltern behinderter Kinder leisten somit aufgrund übergeleiteten Unterhaltsrechts einen einkommens- und vermögensunabhängigen (Höchst-)Betrag von 46 € bei vollstationärer Unterbringung ihrer Kinder in einer Wohnstätte.[810]

557 Geschwister und andere Verwandte sind bereits nach BGB nicht unterhaltsverpflichtet. Eine Überleitung von Ansprüchen kommt daher nicht in Betracht.

dd) Betreuungsrechtliche Grundlagen

558 Ein volljähriger Mensch mit geistigen Behinderungen steht im Regelfall unter Betreuung.[811] Häufig wird Betreuer ein Elternteil sein. Im Erbfall kommt es dann zu Interessenkonflikten, falls der Längstlebende mit dem Behinderten eine Erbengemeinschaft bildet oder Vermächtnisse zu erfüllen sind oder er zugleich (Nach-)Erbe des Behinderten ist. Häufig ist der Längstlebende zudem zugleich Testamentsvollstrecker. Hierbei können sich Interessenkonflikte ergeben.[812] So kann der Elternteil, der zugleich Betreuer ist, die Entscheidung über die Ausschlagung nicht treffen. Noch nicht abschließend geklärt ist, in welchen Fällen ein Ergänzungsbetreuer einzusetzen ist.[813] Jedenfalls für die Erbausschlagungsentscheidung dürfte immer ein Ergänzungsbetreuer nötig sein, wenn der Hauptbetreuer als Testamentsvollstrecker oder in anderer Weise durch das Testament begünstigt ist.

559 In der Gestaltung sollten daher vorsorglich solche Doppelstellungen (möglichst) vermieden werden. Dieser Rat ist leicht erteilt, jedoch in der Umsetzung nicht so einfach, weil bei den wenigsten Familien geeignete Personen in ausreichender Zahl zur Verfügung stehen. Die praktische Lösung besteht darin, eine solche Doppelstellung zu belassen und aufgrund Benennung von Ersatztestamentsvollstreckern im Testament zu gegebener Zeit zu entscheiden, welches Amt angenommen bzw. beibehalten wird. Ich rate dazu, das Amt des Testamentsvollstreckers mit einer Person aus der Kernfamilie zu besetzen und gegebenenfalls lieber die Betreuung durch eine fremde Person führen zu lassen. Auch ist die Einsetzung eines Ergänzungsbetreuers nicht unbedingt sehr problematisch.

---

808 *Ruby/Schindler/Wirich*, Rn. 39.
809 BSG Urt. vom 25.4.2013, FamRZ 2014, 385.
810 Der Betrag ist wertgesichert und passt sich gemäß § 94 Abs. 2 S. 3 SGB XII an die Entwicklung des Kindergeldes an. Derzeit sind dies € 31,07 und € 23,90, Höchstbetrag mithin € 54,97.
811 Zu den betreuungsrechtlichen Problemen des Behindertentestamentes: *Wirich*, ZErb 2013, 281 ff.
812 Vgl. hierzu *Damrau*, ZEV 1994, 1.
813 Siehe hierzu *Ruby/Schindler/Wirich*, § 4 Rn. 2 ff., 12 ff.

ee) Behindertentestamente nach dem Erbfall

Nach dem Erbfall muss das Behindertentestament vollzogen werden.[814] Bei der **Erbauseinandersetzung** muss darauf geachtet werden, dass auch die Surrogate weiterhin den Regelungen der Testamentsvollstreckung und der Nacherbschaft unterliegt. Auf keinen Fall darf eine Erbteilsübertragung gegen Abfindung erfolgen, weil die Abfindung nicht das Surrogat des Erbteils ist.[815] Die Schutzwirkungen entfallen dann. Richtig ist allein eine klassische Erbauseinandersetzung in deren Rahmen dem Vorerben auch ein Geldbetrag auf sein Konto ausgezahlt werden kann. Der Geldbetrag ist auf einem Vorerbenkonto unter der Verwaltung des Testamentsvollstreckers einzuzahlen.[816]

2. Klärung des Sachverhaltes

Die Klärung des Sachverhaltes ist bei jeder Erbrechtsgestaltung unabdingbar. Beim Behindertentestament werden in einem stärkeren Maße als sonst die Grenzen der Gestaltung ausgelotet. Das Risiko von Fehlern aufgrund mangelnder **Sachverhaltsaufklärung** daher größer. Umso sorgfältiger sind der Sachverhalt und die Gestaltungsziele der Beteiligten zu klären.

a) IPR und Familienrecht

Staatsangehörigkeit der Erblasser, Erbstatut und Güterstand: vertraglich Gütergemeinschaft oder Gütertrennung vereinbart? Ausländisches Güterrecht? (erhöht den gesetzlichen Erbteil der Kinder bei deutschem Erbstatut und damit auch Pflichtteil), Besitz im Ausland?

b) Wirtschaftliche Gegebenheiten, Rahmenbedingungen

Wie ist die Vermögenszusammensetzung? Gibt es einen landwirtschaftlichen Betrieb? Gesellschaftsbeteiligungen, Unternehmen?

Wie ist Vermögensverteilung zwischen den Eheleuten? Gleichmäßig oder einseitig?

Größe des Vermögens: Sind nachhaltig Erträge zu erwirtschaften? Oder muss das Vermögen des behinderten Kindes aufgezehrt werden?

Zuwendungen und insbesondere Schenkungen an die anderen Kinder in den vergangenen 10 Jahren? Anrechnungsvereinbarung auf deren Pflichtteil?

Sind Schenkungen in Zukunft geplant?

c) Lebenssituation des behinderten Menschen

Aktive Teilnahme am Leben? Hobbys, Liebhabereien? Körperliche und/oder geistige Behinderung? Geschäftsfähigkeit? Vermögen des Behinderten? Rentenanwartschaften? (nach 20 Jahren Tätigkeit in einer Werkstatt für Menschen mit Behinderungen steht Behinderten eine Erwerbsminderungsrente in Höhe von 80 % des Rentenniveaus eines durchschnittlichen Beitragszahlers in Deutschland zu).

d) Personelle Gegebenheiten, sonstige Rahmenbedingungen

Wer ist Betreuer? Wer kommt später als Betreuer in Betracht? Wer kann Testamentsvollstrecker sein? Stehen mehrere Personen zur Verfügung? Wer kümmert sich persönlich um den Behinderten? Ist der

---

814 *Dietz/Spall*, ZEV 2012, 456 ff.
815 LG Kassel Beschl. vom 17.10.2013, 3 T 342/13, ZEV 2014, 104 mit Anm. *Wirich*, 107; hierzu *Keim*, DNotZ 2014, 895; a. A.: *Springmann*, ZEV 2014, 293.
816 *Ruby/Schindler/Wirich*, § 5 Rn 1 ff., dort findet sich auch zwei Muster für die Erbauseinandersetzung, Rn 5 und Rn 6.

Behinderte in die Familie eingebunden? Alter der Erblasser, des Behinderten? Tödlich verlaufende Erkrankungen? Lebenserwartung des Behinderten?

566 Umfangreiche Checklisten zur Sachverhaltsaufklärung bei Problemkindern finden sich bei *Kornexl*, Rn. 942 bis 946.

3. Gestaltungen und Formulierungsvorschläge

a) Allgemeine Formulierungsvorschläge/Haftungsvermeidung

aa) Dokumentation der Besprechung und der angestrebten Regelungsziele

567 Die mit den Beteiligten geführte **Besprechung** sollte detailliert **dokumentiert** werden. Am besten eignet sich hierfür eine Checkliste oder ein diktierter Aktenvermerk über den Verlauf der Besprechung. Der Vermerk kann auch mit dem Entwurf den Beteiligten übersandt werden. Damit ist zugleich gewährleistet, dass die Beteiligten die dem Notar gemachten Angaben kontrollieren und gegebenenfalls korrigieren können. In der Praxis ist davon auszugehen, dass nach einer ersten Besprechung ein Vorentwurf gefertigt wird. Danach sollte eine erneute Besprechung angesetzt werden, da sich häufig nach Vorlage des schriftlichen Entwurfes weitere Fragen der Beteiligten ergeben. Im Allgemeinen dürfte ein juristisch nicht vorgebildeter Erblasser mit Entwurf überfordert sein. Die zweite Besprechung kann in einfach gelagerten Fällen auch mit der Beurkundung kombiniert werden.

568 ▶ **Muster: Hinweise im Anschreiben nach der ersten Besprechung mit dem Notar:**

Sehr geehrte/r Herr/Frau/Eheleute [...],

in der vorbezeichneten Angelegenheit übersende ich Ihnen anliegend den Entwurf der von mir vorbereiteten Urkunde zur Regelung der Erbfolge zu Ihrer gefälligen Kenntnisnahme.

Ich darf Sie bitten, den vorliegenden Entwurf kritisch zu überprüfen und mir ggf. Änderungswünsche mitzuteilen.

Der Entwurf bedarf noch einer erneuten ausgiebigen Besprechung vorab oder anlässlich der Beurkundung, da es – wie bereits in der ersten, mit mir geführten Besprechung erläutert – juristisch verschiedene Wege gibt, die zur Gestaltung eines Behindertentestamentes begangen werden können. Stichworte hierfür sind: Vermächtnis- oder Vor- und Nacherblösung.

Beide Lösungen haben gleichermaßen Vorteile und Nachteile, die zu erörtern sind.

Die mittlerweile klassische Lösung geht von einer Erbeinsetzung des behinderten Kindes als Vorerbe aus, und zwar bereits beim ersten Erbfall, also dem Versterben eines Ehepartners. Das behinderte Kind wird dabei in der Höhe eines Erbteils, der zumindest geringfügig über dem gesetzlichen Pflichtteil liegen muss, zum sogenannten nicht befreiten Vorerben eingesetzt. Dadurch wird erreicht, dass der ererbte Nachlassanteil von ihm nicht verwertet und daher auch nicht im sozialhilferechtlichen Sinne eingesetzt werden kann. Nach heutiger Rechtslage kann der Sozialhilfeträger also nicht auf den Anteil des Kindes am Nachlass zugreifen.

Als Nacherben werden die Abkömmlinge des behinderten Kindes und, falls keine solchen vorhanden sind, seine Geschwister oder andere Verwandte eingesetzt. Der Nacherbfall tritt mit dem Tod des Vorerben ein. Nachteil dieser Lösung ist, dass sowohl nach dem Erstversterbenden als auch nach dem Längstlebenden eine Erbengemeinschaft mit ihrem behinderten Kind entsteht.

Anstelle der Vor- und Nacherbeneinsetzung kann auch ein Vor- und Nachvermächtnis ausgesetzt werden (Vermächtnislösung). Hierdurch wird eine Erbengemeinschaft vermieden. Dies kann sowohl beim ersten Erbfall (Tod des ersten Ehepartners) als auch beim zweiten Erbfall (Tod des länger Lebenden) angeordnet werden.

Die Vermächtnislösung wird in der juristischen Literatur jedoch als risikoreicher beschrieben. Insbesondere besteht bei der Vermächtnislösung eine ungleich größere Gefahr, dass nach dem Tode ihres behinderten Kindes die Ansprüche des Sozialhilfeträgers mit den Ansprüchen der Nachvermächtnisnehmer konkurrieren. Es kann also sein, dass nach dem Tode ihres behinderten Kindes der dann noch

vorhandene Teil seines Vermächtnisses aufgezehrt wird und nicht den Nachvermächtnisnehmern zugute kommt.

Eine höchstrichterliche oder gesetzliche Klärung steht hier noch aus.

Zusätzlich wird bei beiden Lösungen eine Dauertestamentsvollstreckung bis zum Tode des behinderten Kindes angeordnet. Zum Testamentsvollstrecker wird eine dem Behinderten besonders verbundene Person bestellt, die Sie auswählen müssen.

Wichtig ist die Regelung der Aufgaben des Testamentsvollstreckers. Denn dieser soll dem behinderten Kind die Annehmlichkeiten zukommen lassen, die seine Lebenssituation und Lebensqualität verbessern, aber nicht dem Sozialhilferegress ausgesetzt sind.

Daneben kommen auch weitere Annehmlichkeiten in Frage, etwa die Anordnung von Vermächtnissen für den Behinderten (etwa ein Wohnungsrecht in einem selbst genutzten Haus).

Im Einzelfall muss aber auch erwogen werden, ob die für die anderen Erben mit dem Behindertentestament verbundenen nachteiligen Beschränkungen und Belastungen im Einzelfall angesichts der gegenüberstehenden Vorteile des Behindertentestaments gewünscht sind. Hierbei sind auch die unterschiedlichen Wege (Vermächtnis- oder Erblösung) in die Überlegungen mit einzubeziehen.

Zu erörtern wird auch sein, ob zur Reduzierung der Pflichtteilsansprüche nach dem Längstlebenden der Längstlebende vom Erstversterbenden nur zum Vorerben und das weitere Kind/die weiteren Kinder zu Nacherben des Erstversterbenden berufen werden sollen. Dies minimiert die Pflichtteilsansprüche, die der Sozialhilfeträger überleiten könnte, wenn das Vermächtnis ausgeschlagen würde, schränkt den Längerlebenden jedoch stärker ein als eine unbeschränkte Vollerbschaft.

[*im Folgenden anpassen an Entwurf*] Der vorgelegte Entwurf geht beim Tode Erstversterbenden von der Vermächtnislösung aus. Hierdurch wird eine Erbengemeinschaft vermieden und der Längstlebende ist rechtlich in einer starken Position als Alleinerbe. Es kann jedoch zur Ausschlagung des Vermächtnisses und zur Geltendmachung des Pflichtteils kommen. Dieses Risiko muss Ihnen bewusst sein. Alternativ könnte auch schon beim Tode des Erstversterbenden das behinderte Kind zum Miterben berufen werden. Dies könnte das genannte Risiko mindern, führt aber zu einer Erbengemeinschaft zwischen dem behinderten Kind und dem Längstlebenden.

Beim Tode des Längstlebenden greift die Erblösung mit einer klassischen Vor- und Nacherbfolge.

Anstelle eines gemeinschaftlichen Testamentes habe ich einen Erbvertrag vorbereitet. Ein Erbvertrag ist für Sie kostengünstiger, da eine Hinterlegungsgebühr beim Amtsgericht entfällt. Nachteile gibt es nicht. Ein Erbvertrag kann heute genauso wie ein Testament durch Rücknahme aus der amtlichen Verwahrung des Notars vollständig aus der Welt geschafft werden.

Es existiert für Behindertentestamente leider keine Patentlösung, die immer und für jeden Fall richtig ist. In jedem Einzelfall sind – ausgehend von den verfolgten Gestaltungszielen der Beteiligten – die Vorteile und Nachteile der unterschiedlichen Wege abzuwägen.

Die Entscheidung, welche Ziele Sie vorrangig verfolgen, welche Nachteile Sie tragen wollen und welche Risiken Sie eingehen oder nicht eingehen wollen, müssen Sie selbst treffen. Als Notar kann ich nur beratend zur Seite stehen und bei der Auswahl der rechtlichen Instrumente helfen.

Ferner sind bei einem Behindertentestament zukünftigen Entwicklungen im Auge zu behalten. Aufgrund neuer Rechtsprechung oder Gesetzesänderungen, aber auch aufgrund der Änderung tatsächlicher Umstände, besteht das Erfordernis, die Verfügungen von Todes wegen regelmäßig zu überprüfen und gegebenenfalls anzupassen.

Ich darf Sie bitten, mit meinem Büro telefonisch einen Besprechungstermin abzustimmen.

Bitte erwähnen Sie bei der Terminabsprache, dass es sich um die zeitintensive Besprechung/Beurkundung eines Behindertentestamentes handelt, die ausschließlich mit mir persönlich stattfinden soll.

Mit freundlichen Grüßen

[. . .], Notar

Kapitel 5 Sicherung der Erwerbsaussichten für Endbedachte

bb) Belehrungshinweise in der Urkunde

569   In jedes Behindertentestament sollte eine Belehrung aufgenommen werden. Ein Formulierungsbeispiel nach *Bengel* (gekürzt):

570   ▶ **Muster: Belehrungen**

> Über die rechtliche Tragweite unserer vorstehenden Erklärungen wurden wir vom Notar eingehend belehrt. Insbesondere wurden wir hingewiesen,
> – auf das Pflichtteilsrecht, vor allem auf die Bestimmungen des § 2306 BGB (Beschränkung eines Pflichtteilsberechtigten durch die Einsetzung eines Nacherben und die Ernennung eines Testamentsvollstreckers) und das damit verbundene Risiko einer Ausschlagung insbesondere durch das behinderte Kind;
> – auf das Wesen einer Vor- und Nacherbfolge und eines Vor- und Nachvermächtnisses;
> – auf das Wesen einer Testamentsvollstreckung;
> – auf die erbvertragliche Bindungswirkung.
>
> Der Notar hat ferner darauf hingewiesen, dass diese Verfügung von Todes wegen in angemessenen Abständen auf ihre Zweckmäßigkeit und rechtliche Zulässigkeit geprüft werden sollte.[817]

571   Jedes beurkundete Behindertentestament sollte zudem vom Notar in einer Liste erfasst werden, damit er im Falle von relevanten Änderungen der Rechtslage die Beteiligten anschreiben und informieren kann. Dies verringert die Haftungsrisiken erheblich.

b) Allgemeine Fragen der Testamentsgestaltung zugunsten behinderter Menschen

572   Die **Größe der Erbquote** für das behinderte Kind und der Umfang des Vermächtnisses wird nach unten begrenzt durch den Pflichtteil plus x, damit kein Restpflichtteil verbleibt. Dies heißt aber nicht, dass das Kind mit Behinderungen schlechter gestellt werden muss gegenüber den anderen Kindern. Viele Eltern, gerade auch von behinderten Kindern, wollen **alle Kinder gleich behandeln** und auch das behinderten Kind mit der gesetzlichen Erbquote bedenken.[818] Hiergegen bestehen keine Bedenken. Im Gegenteil: Die Gefahr einer Ausschlagung wird erheblich reduziert.

Viele Notare raten den Eltern zu einer sehr geringen Erbquote zugunsten des behinderten Kindes. Durch die verbreiteten Musterformulierungen wird dieser Eindruck verstärkt. Sinnvoll ist die Mindesterbquote jedoch nur beim ersten Erbfall. Der Längstlebende sollte dem behinderten Kind die gesetzlich Erbquote, jedenfalls deutlich mehr als den Pflichtteil zukommen lassen. Soll das behinderte Kind nach dem Willen der Eltern für den zweiten Erbfall mit der gesetzlichen Erbquote eingesetzt werden, muss allerdings bedacht werden, dass das Kind bereits vom Erstversterbenden etwas erhält. Entweder vermindert man deshalb die Erbquote nach dem Längstlebenden geringfügig oder ordnet an, dass sich das behinderte Kind den Erwerb vom erstverstorbenen Elternteil auf seinen Erbteil nach dem Längstlebenden anrechnen lassen muss.

573   Ein **Auseinandersetzungsverbot** ist allenfalls nur für den ersten Erbfall sinnvoll. Bei der Vor- und Nacherbfolge kann der Überlebende durch ein Auseinandersetzungsverbot hinsichtlich des Grundbesitzes geschützt werden. Bedeutung könnte dies bei einem Nachlass haben, der ausschließlich aus einem selbst genutzten Einfamilienhaus besteht. Der länger lebende kann damit vor einem Teilungsbegehren des gesetzlichen Betreuers geschützt werden. Zwingend nötig ist dies aber nicht, weil wegen der Testamentsvollstreckung eine Auseinandersetzung sowieso nur mit Zustimmung des Testamentsvollstreckers möglich ist. Gegebenenfalls reicht daher eine entsprechende Vollstreckungsanweisung an den Testamentsvollstrecker aus.

574   Eine **Teilungsanordnung** ist auch bei der klassischen Vor- und Nacherbfolge möglich. Hierdurch kann die gegenständliche Zuordnung einzelner Nachlassgegenstände erreicht werden. Denkbar

---

817 Wer ausführliche und umfassende Belehrungshinweise mag, schaue bei *Kornexl*, Rn. 70 nach.
818 Wie hier auch *Spall*, MittBayNot 2001, 249.

etwa hinsichtlich der Verteilung von Grundbesitz und Geldvermögen. Dem behinderten Kind kann auf seinen Erbteil Geld zugeordnet und dem gesunden Kind Grundbesitz. Eine solche Teilungsanordnung i. S. d. § 2048 BGB führt nicht zu Wertverschiebungen. Im Wege der Auseinandersetzung gibt das behinderte Kind für die Übertragung bestimmter Vermögenswerte auf sich seine gesamthänderische Beteiligung an den übrigen Nachlassgegenständen auf. Deswegen erwirbt das Kind die ihm zugeteilten Gegenstände mit Mitteln des Nachlasses, so dass diese gemäß § 2111 BGB weiterhin der Vor- und Nacherbfolge unterliegen. Ebenso setzt sich die Testamentsvollstreckung an den erworbenen Gegenständen fort. Der Schutzmechanismus eines Behindertentestamentes wird also durch eine Erbauseinandersetzung zwischen den Mit(vor)erben entsprechend der Teilungsanordnung nicht beeinträchtigt.[819] Im Rahmen der üblichen Testamentsvollstreckeranweisung wird ausdrücklich bestimmt, dass sich die Testamentsvollstreckung an den zugewiesenen Nachlassgegenständen fortsetzt. Durch eine ausdrückliche Teilungsanordnung wird der Nachteil der klassischen Lösung gemildert. Sie kann daher empfohlen werden.

Teilweise wird vorgeschlagen, dem Testamentsvollstrecker für die Kapitalanlage mehr Freiheiten einzuräumen.[820] Das Gesetz (§ 2119 BGB) sieht eine **mündelsichere Anlage** vor. Hiermit sind diverse Verpflichtungen und Beschränkungen verbunden. Es sollte dann angeordnet werden, dass der Vorerbe von den Beschränkungen des § 2119 BGB befreit ist. 575

▶ Muster: 576

Befreiung wird dem Vorerben jedoch erteilt von den Beschränkungen des § 2119 BGB (Anlegung von Geld).

Kornexl befreit den Vorerben noch weitergehend:[821] 577

▶ Muster: 578

Der Vorerbe ist beim ersten und beim zweiten Erbfall ausschließlich von den in den §§ 2116, 2118 und 2119 BGB enthaltenen Verpflichtungen befreit; somit ist er insbesondere nicht dazu verpflichtet, zur Erbschaft gehörende Wertpapiere zu hinterlegen und das im Nachlass befindliche oder anstelle von Nachlassgegenständen erhaltene Geld mündelsicher i. S. d. §§ 1806 ff. BGB anzulegen.

c) Regelungen und Empfehlungen zur Störfallvorsorge

aa) Ersatznacherbenbestimmung

Beim klassischen Behindertentestament ist auf die **Ersatznacherbenbestimmung** besondere Sorgfalt zu verwenden. Die Nacherbfolge tritt erst mit dem Tode des behinderten Abkömmlings ein. Bis dahin können benannte Nacherben bereits weggefallen sein. Allgemein wird empfohlen, die Ersatznacherben zu bestimmen und die Nacherbenanwartschaftsrechte nicht vererblich zu stellen. Dies ist richtig, soweit es mehrere gesunde Kinder gibt, die ihrerseits bereits Abkömmlinge haben. Gibt es aber nur ein weiteres Kind, welches kinderlos ist, stellt sich die Frage nach der Ersatzerbfolge anders. Denkbar ist, dass der Erblasser dann auch das Schwiegerkind bedenken will. Dies im Regelfall aber nur dann, wenn der Nacherbe bei seinem Tode noch verheiratet und nicht getrennt war. Entweder erfolgt die weitere Ersatznacherbenberufung dann insoweit bedingt oder der Erblasser stellt die Nacherbenanwartschaftsrechte vererblich für den Fall, dass keine Abkömmlinge vorhanden sind. Der Nacherbe kann auf diese Weise selbst entscheiden, wer bei seinem Wegfall in die Nacherbenstellung eintritt. Jedenfalls wird durch die Vererblichkeit der Nacherbenanwartschaftsrechte verhindert, dass der Vorerbe zum unbeschränkten Vollerben erstarkt. Zu Lebzeiten des behinderten Menschen hat dies noch keine Auswirkung. Die Schutzwirkung der Testamentsvollstreckung bleibt bestehen. 579

---

819 *Ruby/Schindler/Wirich*, Rn. 69–72.
820 Reimann/Bengel/Mayer/*Bengel* Teil A Rn. 534; *Spall*, FS 200 Jahre, S. 121, 145.
821 *Kornexl*, Rn. 317.

Allerdings tritt nach seinem Tode die Erbenhaftung ein und der Sozialleistungsträger kann auf den Nachlass des Behinderten zugreifen.

bb) Vorsorge für den Fall des Vorversterbens des behinderten Kindes

580 Wird das behinderte Kind beim Ehegattentestament für den ersten Erbfall als Vorerbe eingesetzt ist es zwingend nötig, **den Längstlebenden vorrangig zum Nacherben** zu berufen. Ansonsten findet sich dieser beim unerwarteten Tode des behinderten Kindes in einer Erbengemeinschaft mit den sonstigen Nacherben wieder. Auch sollte klar geregelt werden, was gilt, wenn das Kind vor dem zuerst versterbenden der Eltern verstirbt.

cc) Automatische Anpassungsklausel für die Höhe der Erbquote oder des Vermächtnisses.

581 Um etwaigen Veränderungen vorzubeugen, eignen sich Anpassungsklauseln wie die Folgende für ein Vermächtnis.

582 ▶ **Muster: Anpassungsklausel**

> Sollten sich die gesetzlichen Erbquoten der Kinder, etwa aufgrund des Hinzutretens oder des Wegfalls von gesetzlichen Erben, ändern, so erhöhen oder vermindern sich die Vermächtnisse für unseren Sohn B entsprechend. Er soll immer ein Quotenvermächtnis in Höhe von 60 % des gesetzlichen Erbteils erhalten.

583 Entsprechendes kann auch für eine Erbquote angeordnet werden.

dd) Bedingtes Ergänzungsvermächtnis bei Schenkungen an Geschwister zur Sicherung vor Pflichtteilsergänzungsansprüchen

584 Zur Sicherung von Pflichtteilsergänzungsansprüchen wird empfohlen, ein bedingtes, als Vorvermächtnis ausgestaltetes Vorausvermächtnis anzuordnen. Lebzeitige Schenkungen des Erblassers können nach den § 2325 ff. BGB Pflichtteilsergänzungsansprüche auslösen. Diesen Pflichtteilsergänzungsanspruch kann der Sozialleistungsträger nach § 93 Abs. 1 S. 4 SGB XII auf sich überleiten. Ein solches Vermächtnis ist sinnvoll, wenn **tatsächlich Schenkungen** in den letzten 10 Jahren vor Testamentserrichtung oder solche Schenkungen, die die Frist nicht in Gang gesetzt haben, **vorgenommen worden sind**. Nur wenn ein solcher Tatbestand vorliegt, sollte eine Aufnahme ins Testament erfolgen.[822] Eine prophylaktische Aufnahme würde das Testament überfrachten und löste im Erbfall nur unnötigen Klärungsbedarf seitens des Sozialleistungsträgers aus.

585 Auf die Problematik hat insbesondere *Weidlich* hingewiesen.[823] Ihm folgend wurden Formulierungsvorschläge veröffentlicht.

586 Nach *Schindler* bietet sich in Anschluss an *Bengel* folgendes Vermächtnis an:[824]

587 ▶ **Muster: Vermächtnis**

> Ich beschwere den jeweiligen Miterben von B ... zu dessen Gunsten mit folgendem bedingten Vorausvermächtnis: Soweit B beim Erbfall wegen lebzeitiger Zuwendungen von mir an andere Personen Pflichtteilsergänzungsansprüche gegen die Miterben zustehen würden, haben die Beschwerten B einen baren Geldbetrag zu zahlen bzw. zu verschaffen. Die Höhe dieses Geldvermächtnisses ist wie der zum Bedingungseintritt führende Pflichtteilsergänzungsanspruch zu ermitteln, jedoch ist dabei anstelle der Pflichtteilsquote von B die vom Erblasser für diesen Erbfall zugewendete Erbquote heranzuziehen. Bei der Berechnung des Geldvermächtnisses findet eine Anrechnung i. S. v. § 2326 Satz 2 BGB nicht statt. B ist deshalb letztlich in Höhe dieser Erbquote am gemäß § 2325 Abs. 2 BGB maßgeb-

---

[822] A. A. *Krauß*, Rn. 5174, der für eine prophylaktische Aufnahme (auch im Hinblick auf erst noch entstehende Ansprüche) eintritt.
[823] *Weidlich*, ZEV 2001, 94, 96; hierzu kritisch in einer Replik: *Trilsch-Eckardt*, ZEV 2001, 229.
[824] *Schindler*, ZErb 2006, 186, 193.

lichen Wert der lebzeitigen Zuwendungen bedacht. B ist jedoch nur Vorvermächtnisnehmer. Nachvermächtnisnehmer sind seine etwa vorhandene Abkömmlinge, ersatzweise die oben durch mich als Nacherben benannten Personen gemäß den dort getroffenen Verteilungsgrundsätzen. Die Anwartschaft des Nachvermächtnisnehmers ist weder vererblich noch übertragbar noch zu sichern. Das Nachvermächtnis fällt mit dem Tod von B an. Die bis dahin zu ziehenden Nutzungen stehen dem Vorvermächtnisnehmer zu. Sie dürften jedoch nur in derselben Weise verwendet werden wie die Erträge eines Miterbenanteils. Zur Sicherung der vorstehend angeordneten Verwendung der Nutzungen ordne ich Nachvermächtnisvollstreckung an, für die die nachstehend getroffenen Bestimmungen über die Testamentsvollstreckung am Miterbenanteil von B, auch hinsichtlich der Person des Vermächtnisvollstreckers, entsprechend gelten.

Formulierungsmuster finden sich auch bei *Ruby/Schindler/Wirich*, S. 102 sowie *Kornexl*, Rn. 389. **588**

ee) Auflage wegen der Mittelverwendung als Schutz vor dem Wegfall der Verwaltungsanordnung

Kornexl hat den Vorschlag gemacht, den Behinderten mit der zusätzlichen Auflage zu beschweren, **589** die Substanz und die Erträge des Nachlasses nur so zu verwenden, wie dies in der Verwaltungsanordnung für den Testamentsvollstrecker angeordnet ist. Zwar verhindert die Verwaltungsanordnung an den Testamentsvollstrecker den Zugriff auf die dem Behinderten zustehende Erträge. Diskutiert wird allerdings, ob die Verwaltungsanordnung nach dem Erbfall nicht über § 2216 Abs. 2 S. 2 BGB ausgehebelt werden kann.[825] Als zusätzliche Sicherheit und sinnvolle Ergänzung wird daher eine Auflage empfohlen. *Kornexl* schlägt vor:[826]

▶ **Muster: Auflage** **590**

Unter der Bedingung, dass die vorstehende Verwaltungsanordnung außer Kraft gesetzt oder – gleich aus welchem Grund – unwirksam werden sollte, beschwert ein jeder von uns unser Kind B vorsorglich mit einer Auflage. Es darf die Substanz und die Erträge seiner Nachlassbeteiligungen ausschließlich so verwenden, wie dies in der Verwaltungsanordnung vorgesehen ist.

ff) Änderungsvorbehalt und Rücktrittsvorbehalt bei Erbvertrag

Beim Behindertentestament ist es **unbedingt** erforderlich, **auf künftige Entwicklungen reagieren** zu **591** können. Auch der Längstlebende von Eheleuten muss daher völlig freie Hand für Änderungen haben. Die Befugnis sollte auch zu Lebzeiten des anderen Partners bestehen, wenn dieser – etwa aufgrund einer Demenz – nicht mehr handlungsfähig sein sollte. Zudem ist ein freies Rücktrittsrecht vom Erbvertrag empfehlenswert. Aufgrund des Rücktrittsvorbehaltes dürfte sich eine Scheidungsklausel erübrigen.

d) Ziel: Erhalt des Vermögens und Besserstellung des behinderten Kindes durch die Erträge des Erbteils (Standardfall)

Es sind verschiedene erbrechtliche Gestaltungen überlegt worden, um ein Zugriff des Sozialhilfeträ- **592** gers auszuschließen. Die mittlerweile klassische Lösung geht von einer (Mit-)Erbeinsetzung des behinderten Kindes aus, und zwar bereits beim ersten Erbfall, also dem Versterben eines Ehepartners. Das behinderte Kind wird dabei in der Höhe eines Erbteils, der zumindest geringfügig über dem gesetzlichen Pflichtteil liegen muss, zum **nicht befreiten Vorerben** eingesetzt.[827] Dadurch wird erreicht, dass der ererbte Nachlassanteil von ihm nicht verwertet und daher auch nicht im sozialhilferechtlichen Sinne eingesetzt werden kann. Als Nacherben werden die Abkömmlinge des behinderten Kindes, falls keine solchen vorhanden sind, seine Geschwister oder andere Verwandte (Nichten, Neffen) eingesetzt. Der Nacherbfall tritt mit dem Tod des Vorerben ein.

---

825 Vgl. zu den verschiedenen Meinungen *Kornexl*, Rn. 279; *Ruby/Schindler/Wirich*, Rn. 21 ff.
826 *Kornexl*, Rn. 281, 282.
827 Grundsätzlich wird dazu geraten, den Behinderten zum nicht befreiten Vorerben einzusetzen, *Kornexl*, Rn. 301; *Spall*, FS 200 Jahre, S. 121, 141.

593 Zusätzlich wird eine Dauertestamentsvollstreckung bis zum Tode des behinderten Kindes angeordnet. Zum Testamentsvollstrecker wird eine dem Behinderten besonders verbundene Person bestellt.

594 Wichtigster Bestandteil ist die Regelung der Aufgaben des Testamentsvollstreckers. Denn dieser soll ja dem behinderten Kind die Annehmlichkeiten zukommen lassen, die seine Lebenssituation verbessern, aber nicht dem Sozialhilferegress ausgesetzt sind. Daneben kommen auch weitere Annehmlichkeiten in Frage, etwa die Anordnung von Vermächtnissen für den Behinderten (etwa ein Wohnungsrecht in einem Zimmer im Haus der Familie).

595 Steht die **Sicherung des Vermögens** für die Familie im **Vordergrund** der Erwägungen, so ist die Vor- und Nacherbfolge mit Verwaltungstestamentsvollstreckung das Mittel der Wahl. Durch die Nacherbfolge ist der dem behinderten Kind zugeteilte Nachlass zu seinen Lebzeiten vor der Verwertung durch die Eigengläubiger, zu denen auch der Sozialleistungsträger gehört, geschützt (§ 2115 BGB, § 773 ZPO; § 83 Abs. 2 InsO). Nach dem Tode geht der Nachlass nicht vom Behinderten auf dessen Erben, sondern vom Erblasser auf die Nacherben über. Ein Kostenersatzanspruch nach § 102 SGB XII besteht daher nicht. Vorteil dieser Lösung ist die **hinreichend geklärte Rechtslage**. Nachteil die gesamthänderische Bindung der Miterben mit dem behinderten Kind.[828] Diese Erbengemeinschaft wollen viele Eltern nicht.

596 ▶ **Muster eines Erbvertrages für eine Familie mit einem Kind mit Behinderungen und einem weiteren Kind nach dem Grundmuster von *Bengel*:**[829]

Aus unserer Ehe sind zwei Kinder, nämlich A und B, hervorgegangen. Unsere Tochter B ist geistig und körperlich behindert und bedarf der lebenslangen Betreuung und Fürsorge. Vor allem zu ihrer Absicherung und Besserstellung treffen wir die nachfolgenden Verfügungen von Todes wegen.

Alsdann erklärten die Erschienenen einander und dem Notar gegenüber ihren letzten Willen mündlich wie folgt:

§ 1 Widerruf früherer Verfügungen von Todes wegen

Wir heben auf und widerrufen hiermit alle unsere etwaigen früheren gemeinschaftlichen Verfügungen von Todes wegen und ein jeder von uns widerruft auch alle etwaigen einseitigen letztwilligen Verfügungen.

§ 2 Verfügungen des Erstversterbenden

Der Zuerstversterbende von uns beiden setzt hiermit mit erbvertraglich bindender Wirkung

1. den Überlebenden von uns beiden als (Mit-)Erbe zu 6/7-Anteilen,

2. unser Kind B als (Mit-)Erbe zu 1/7-Anteil,

ein.

Sollte unser Kind B vor oder nach dem Eintritt des Erbfalles wegfallen, also beispielsweise die Erbschaft ausschlagen oder vorversterben, so wächst dessen Anteil dem Überlebenden von uns beiden an (§ 2094 BGB), so dass der Überlebende alleiniger Erbe des Zuerstversterbenden wird.

Das als (Mit-)Erbe eingesetzte Kind B wird jedoch nur Vorerbe.

Der Vorerbe wird von den Beschränkungen der §§ 2113 ff. BGB ausdrücklich nicht befreit. Befreiung wird dem Vorerben jedoch erteilt von den Beschränkungen des § 2119 BGB (Anlegung von Geld).

Der Nacherbfall tritt ein mit dem Tode des Vorerben.

Nacherbe wird der Überlebende von uns beiden.

---

828 Siehe zu den Vor- und Nachteilen: *Spall*, MittBayNot 2001, 249, 250 f.
829 Reimann/Bengel/Mayer, Formularteil Rn. 79 (dort als gemeinschaftliches Testament); dieses Muster war Gegenstand der beiden grundlegenden Entscheidungen des BGH zur Sittenwidrigkeit (BGH DNotZ 1992, 241 mit Anm. *Reimann*, 245 = NJW 1990, 2055; BGH DNotZ 1994, 380 = NJW 1994, 248).

Ersatznacherbe wird unser Kind A, ersatzweise dessen Abkömmlinge zu unter sich gleichen Stammanteilen gemäß den Regeln der gesetzlichen Erbfolge.

Für den jeweiligen Nacherben entfällt die Ersatznachfolge jedoch, wenn dieser sein Anwartschaftsrecht auf den Vorerben überträgt.

§ 3 Letztwillige Verfügung des Überlebenden

Ohne erbvertragliche und wechselbezügliche Bindung mit dem Recht zur jederzeitigen beliebigen Änderung und Aufhebung bestimmt der Überlebende von uns für den Fall seines Todes testamentarisch was folgt:

Der Überlebende von uns beruft hiermit

unser Kind A – zu 2/3 Anteil –, und

unser Kind B – zu 1/3 Anteil –

zu seinen Erben.

Diese Erbeinsetzung gilt auch im Falle unseres gleichzeitigen Versterbens für einen jeden von uns.

Für den Fall, dass unser Kind A vor dem Erbfall verstirbt oder aus einem anderen Grunde nicht Erbe wird, so sollen jeweils seine Abkömmlinge zu unter sich gleichen Stammanteilen gemäß den Regeln der gesetzlichen Erbfolge Ersatzerben sein.

Unser vorstehend als Mit-(schluss-)erbe eingesetztes Kind B wird auch beim Schlusserbfall nur Vorerbe. Der Vorerbe wird von den Beschränkungen der §§ 2113 ff. BGB ausdrücklich nicht befreit. Befreiung wird dem Vorerben jedoch erteilt von den Beschränkungen des § 2119 BGB (Anlegung von Geld).

Nacherbe wird unser Kind A.

Der Nacherbfall tritt ein mit dem Tode des Vorerben.

Für den Fall, dass einzelne als Nacherben berufene Kinder nicht Nacherbe werden wollen oder können, also beispielsweise ausschlagen oder vorversterben, treten an deren Stelle als Ersatznacherben jeweils ihre Abkömmlinge zu unter sich gleichen Stammanteilen gemäß den Regeln der gesetzlichen Erbfolge. Die Ersatznacherbfolge erlischt, wenn der Nacherbe sein Anwartschaftsrecht auf den Vorerben überträgt.

§ 4 Testamentsvollstreckung

Mit Rücksicht darauf, dass unser Kind B wegen seiner Behinderung nicht in der Lage sein wird, seine Angelegenheiten selbst zu besorgen, insbesondere die ihm durch den jeweiligen Erbfall zufallenden Vermögenswerte selbst zu verwalten, wird sowohl für den Erbfall nach dem Zuerstversterbenden von uns beiden als auch für den Schlusserbfall jeweils hinsichtlich des Erbteiles unseres Kindes B Testamentsvollstreckung (Dauervollstreckung gemäß § 2209 BGB) auf dessen Lebenszeit angeordnet.

Aufgabe des jeweiligen Testamentsvollstreckers ist die Verwaltung des Erbteiles unseres Kindes B und damit die Verwaltung des Nachlasses gemeinsam mit den weiteren Miterben.

Der jeweilige Testamentsvollstrecker hat alle Verwaltungsrechte auszuüben, die unserem Kind B als (Mit-)Vorerbe zustehen. Er ist zur Verwaltung des Nachlasses in Gemeinschaft mit den weiteren Miterben berechtigt und verpflichtet. Über den Erbteil selbst darf der jeweilige Testamentsvollstrecker nicht verfügen, jedoch soll er an der Auseinandersetzung der Erbengemeinschaft mitwirken. Der Testamentsvollstrecker nimmt auch die Rechte der Nacherben wahr. Er ist von den Beschränkungen des § 181 BGB (Verbot des Selbstkontrahierens und der Doppelvertretung) ausdrücklich befreit.

Nach Teilung des Nachlasses setzt sich die Testamentsvollstreckung an den dem Vorerben zugefallenen Vermögenswerten fort. Sowohl der Zuerstversterbende als auch der Überlebende von uns beiden trifft folgende, für den jeweiligen Testamentsvollstrecker verbindliche Verwaltungsanordnung gemäß § 2216 Abs. 2 BGB:

Kapitel 5 Sicherung der Erwerbsaussichten für Endbedachte

Der jeweilige Testamentsvollstrecker hat unserem Kind B die ihm gebührenden anteiligen jährlichen Reinerträgnisse (Nutzungen) des Nachlasses, wie beispielsweise etwaige anteilige Miet- und Pachtzinsen, Zinserträge, Dividenden- und Gewinnanteile und etwaige sonstige Gebrauchsvorteile und Früchte von Nachlassgegenständen, nur in Form folgender Leistungen zuzuwenden:

- Überlassung von Geldbeträgen in Höhe des jeweiligen Rahmens, der nach den jeweiligen einschlägigen Gesetzen einem Behinderten maximal zur freien Verfügung stehen kann [*alternativ:* Überlassung von Geldbeträgen unterhalb der für B jeweils gültigen Vermögensfreigrenze bei Inanspruchnahme von bedarfsabhängigen Sozialleistungen];
- Aufwendungen für persönliche Anschaffungen wie z. B. Musikgeräte, Fernseher und andere technische Geräte entsprechend der technischen Entwicklung und Einrichtungsgegenstände für das Zimmer unseres Kindes B, auch die Stellung zusätzlicher modischer Kleidung;
- Geschenke zu Weihnachten, Ostern, Pfingsten und zu seinem Geburtstag sowie Namenstag;
- Zuschüsse zur Finanzierung eines Urlaubes und zur Urlaubsgestaltung sowie für Freizeiten und Kuraufenthalte, einschließlich der Anschaffung der dafür erforderlichen Gegenstände und Kleidungsstücke, und ggf. Bezahlung einer Begleitperson;
- Zuwendungen zur Befriedigung individueller Bedürfnisse sportlicher, geistiger und künstlerischer Art sowie in Bezug auf die Freizeitgestaltung, insbesondere Hobbys und der Besuch von Veranstaltungen, Konzerten, Fußballspielen;
- Übernahme der Mitgliedsbeiträge für Vereine aller Art;
- Aufwendungen für Besuche bei Verwandten und Freunden, und zwar einschließlich der Aufwendungen für eine erforderliche Begleitperson;
- Aufwendungen für zusätzliche persönliche Betreuung wie bei Spaziergängen, Einkäufen und Ähnliches;
- Aufwendungen für ärztliche Behandlungen einschließlich Chefarztbehandlung, sonstige Therapien, Medikamente und Hilfsmittel (z. B. Brille, Zahnersatz), die von der Krankenkasse oder dem Sozialleistungsträger nicht oder nicht vollständig bezahlt werden, sowie die Kosten einer privaten Zusatzversicherung.

Der Testamentsvollstrecker ist angewiesen, auf die Bedürfnisse und -soweit möglich- auf die Wünsche von B einzugehen.

Für welche der genannten Leistungen die jährlichen Reinerträgnisse verwendet werden sollen, ob diese also auf sämtliche Leistungen gleichmäßig oder nach einem bestimmten Schlüssel verteilt werden oder ob diese in einem Jahr nur für eine oder mehrere der genannten Leistungen verwendet werden, entscheidet der jeweilige Testamentsvollstrecker nach billigem Ermessen, wobei er allerdings immer auf das Wohl unseres Kindes B bedacht sein muss.

Werden die jährlichen Reinerträgnisse in einem Jahr nicht in voller Höhe in Form der bezeichneten Leistungen unserem Kind B zugewendet, sind die entsprechenden Teile vom jeweiligen Testamentsvollstrecker gewinnbringend anzulegen.

Sind größere Anschaffungen für unser Kind B, wie beispielsweise der Kauf eines Gegenstandes zur Steigerung des Lebensstandards unseres Kindes B oder eine größere Reise oder Ähnliches, beabsichtigt, hat der jeweilige Testamentsvollstrecker entsprechende Rücklagen zu bilden, die dann zugunsten unseres Kindes B zur gegebenen Zeit zu verwenden sind.

Wenn gewollt: Wenn und soweit die Erträge des Erbteils nicht ausreichen, um dauerhaft die vorstehenden Leistungen zur Steigerung der Lebensqualität, des Lebensstandards oder der Lebensfreude in dem Maße zu erbringen, wie es dem Wohl unseres Kindes entspricht, soll der Testamentsvollstrecker auch die Substanz hierfür verwenden. Es soll somit den Erbteil aufbrauchen dürfen, wenn und soweit es für die Erbringung der genannten Leistungen auf die Lebenszeit unseres Kindes erforderlich ist.

Im Übrigen gelten für die Testamentsvollstreckung die gesetzlichen Bestimmungen.

Zum Testamentsvollstrecker über den Erbteil unseres Kindes B (beim Erbfall nach dem Zuerstversterbenden von uns beiden) wird der Überlebende von uns beiden ernannt. (Ersatz-) Testamentsvollstrecker für den Fall, dass der vorennannte Testamentsvollstrecker vor oder nach Annahme des Amtes wegfällt – auch durch eigene Kündigung – soll unser Kind A werden. Der (Ersatz-) Testamentsvollstrecker wird hiermit ermächtigt, jederzeit einen Nachfolger zu ernennen.

Testamentsvollstrecker über den Erbteil unseres Kindes B (beim Schlusserbfall) soll unser Kind A werden. Der Testamentsvollstrecker wird hiermit ermächtigt, jederzeit einen Nachfolger zu ernennen.

Der Testamentsvollstrecker erhält eine übliche und angemessene Vergütung sowie Ersatz seiner Auslagen.

§ 5 Schlussbestimmungen

Wir sind von dem Notar auf die bindende Wirkung der erbvertraglichen Regelung in § 2 hingewiesen worden. Jeder von uns behält sich jedoch ein einseitiges Rücktrittsrecht von diesem Erbvertrag vor. Der Notar hat uns darüber belehrt, dass der Rücktritt vom Erbvertrag der notariellen Beurkundung bedarf, und von dieser Rücktrittserklärung eine Ausfertigung dem anderen Vertragsbeteiligten zugestellt werden muss.

Alle übrigen Verfügungen und Anordnungen des Erstversterbenden und des Längstlebenden sind einseitig testamentarisch getroffen und jederzeit, und zwar auch zu Lebzeiten des anderen Ehepartners und/oder nach seinem Tode, beliebig abänderbar und aufhebbar.

Wir nehmen die von uns in dieser Urkunde abgegebenen Erklärungen gegenseitig an.

Weitere Bestimmungen wollen wir nicht treffen.

§ 6 Auffangklausel

Sollte die hier getroffene Gestaltung wider Erwarten, etwa aufgrund der Änderung der Rechtslage, unwirksam sein oder werden, so erhält unser Kind B in beiden Erbfällen nur den Pflichtteil.

§ 7 Belehrungen

[siehe Rdn. 570]

Diese Niederschrift ...

In der zweiten Auflage von *Bengel* wurde zudem ein Auseinandersetzungsverbot vorgeschlagen.[830] Es findet sich daher heute noch in manchen Testamenten. Es ist angesichts der Testamentsvollstreckung nicht nötig. 597

Seit der dritten Auflage ist in seinem Muster zudem ein Vermächtnis für die gesunden Kinder zu Lasten des erstversterbenden Ehegatten aufgenommen. Ein solches Vermächtnis macht -außer bei sehr großen Vermögen- nur Sinn, wenn die Erb- und damit auch Pflichtteilsansprüche des behinderten Kindes für den zweiten Erbfall möglichst reduziert werden sollen. Es wird daher nachfolgend unter »Ziel: Maximale Reduzierung der Pflichtteilsansprüche des behinderten Kindes«, Rdn. 603 ff., behandelt. 598

▶ **Muster eines Testamentes für einen alleinstehenden Erblasser mit zwei Kindern nach dem klassischen Grundmodell von *Bengel*:** 599

Die Erschienene erklärte:

Ich will ein Testament errichten und bin durch frühere bindende Verfügungen von Todes wegen hieran nicht gehindert. Ich bin Witwe. Mit meinem verstorbenen Ehemann hatte ich kein gemeinschaftliches Testament oder Erbvertrag errichtet.

Ich besitze die deutsche Staatsangehörigkeit. Ich wünsche nicht die Zuziehung von Zeugen. Ich habe zwei Kinder, nämlich A und B. Mein Sohn B ist geistig und körperlich behindert und bedarf der lebenslangen Betreuung und Fürsorge. Ich treffe die nachstehenden Anordnungen insbesondere aus Sorge um das Wohlergehen meines Sohnes B.

---

830 Dittmann/Reimann/Bengel, Testament und Erbvertrag, 2. Aufl. 1986, Formularteil Rn. 63, seit der dritten Auflage fehlt eine solche Anordnung.

Kapitel 5 Sicherung der Erwerbsaussichten für Endbedachte

Der Notar überzeugte sich durch die Verhandlung von der Testierfähigkeit der Erschienenen. Diese erklärte daraufhin dem Notar mündlich ihren letzten Willen wie folgt:

§ 1 Widerruf früherer Verfügungen von Todes wegen

Ich widerrufe alle etwaigen früheren Verfügungen von Todes wegen.

§ 2 Erbeinsetzung

Zu meinen Erben berufe ich hiermit meine beiden Söhne

B [genaue Angaben],

zu 30 % (in Worten: dreißig vom Hundert)

A [genaue Angaben]

zu 70 % (in Worten: siebzig vom Hundert),

und zwar ohne Rücksicht darauf, ob und welche Pflichtteilsberechtigten bei meinem Tode vorhanden sein werden.

Mein als Miterbe eingesetztes Kind B wird jedoch nur Vorerbe.

Der Vorerbe wird von den Beschränkungen der §§ 2113 ff. BGB ausdrücklich nicht befreit.

Der Nacherbfall tritt ein mit dem Tode des Vorerben.

Nacherbe soll sein mein Sohn A.

Ersatznacherbe sollen sein dessen Abkömmlinge zu unter sich gleichen Stammanteilen gemäß den Regeln der gesetzlichen Erbfolge. Die Nacherbenanwartschaftsrechte sind nur auf den Vorerben übertragbar.

Sollten keine Abkömmlinge beim Nacherben vorhanden sein, sind die Nacherbenanwartschaftsrechte vererblich.

§ 3 Testamentsvollstreckung

Mit Rücksicht darauf, dass mein Kind B wegen seiner Behinderung nicht in der Lage sein wird, seine Angelegenheiten selbst zu besorgen, insbesondere die ihm durch den Erbfall zufallenden Vermögenswerte selbst zu verwalten, wird Testamentsvollstreckung (Dauervollstreckung gemäß § 2209 BGB) auf die Lebenszeit meines Kindes B angeordnet.

Aufgabe des Testamentsvollstreckers ist die Verwaltung des Erbteiles meines Kindes B und damit die Verwaltung des Nachlasses gemeinsam mit den weiteren Miterben. Der Testamentsvollstrecker hat alle Verwaltungsrechte auszuüben, die meinem Kind B als Vorerbe zustehen. Über den Erbteil selbst darf der Testamentsvollstrecker nicht verfügen, jedoch soll er bei der Auseinandersetzung der Erbengemeinschaft mitwirken. Der Testamentsvollstrecker nimmt auch die Rechte der Nacherben wahr. Er ist von den Beschränkungen des § 181 BGB (Verbot des Selbstkontrahierens und der Doppelvertretung) ausdrücklich befreit.

Nach Teilung des Nachlasses setzt sich die Testamentsvollstreckung an den dem Vorerben zugefallenen Vermögenswerten fort. Ich bestimme folgende Verwaltungsanordnung gemäß § 2216 Abs. 2 BGB:

Der jeweilige Testamentsvollstrecker hat meinem Kind B die ihm gebührenden anteiligen jährlichen Reinerträgnisse (Nutzungen) des Nachlasses, wie beispielsweise etwaige anteilige Miet- und Pachtzinsen, Zinserträge, Dividenden- und Gewinnanteile und etwaige sonstige Gebrauchsvorteile und Früchte von Nachlassgegenständen nur in Form folgender Leistungen zuzuwenden:
– Überlassung von Geldbeträgen in Höhe des jeweiligen Rahmens, der nach den jeweiligen einschlägigen Gesetzen einem Behinderten maximal zur freien Verfügung stehen kann [*alternativ:* Überlassung von Geldbeträgen unterhalb der für B jeweils gültigen Vermögensfreigrenze bei Inanspruchnahme von bedarfsabhängigen Sozialleistungen;

- Aufwendungen für persönliche Anschaffungen wie z. B. Musikgeräte, Fernseher und andere technische Geräte entsprechend der technischen Entwicklung und Einrichtungsgegenstände für das Zimmer unseres Kindes B, auch die Stellung zusätzlicher modischer Kleidung;
- Geschenke zu Weihnachten, Ostern, Pfingsten und zu seinem Geburtstag sowie Namenstag;
- Zuschüsse zur Finanzierung eines Urlaubes und zur Urlaubsgestaltung sowie für Freizeiten und Kuraufenthalte, einschließlich der Anschaffung der dafür erforderlichen Gegenstände und Kleidungsstücke, und ggf. Bezahlung einer Begleitperson;
- Zuwendungen zur Befriedigung individueller Bedürfnisse sportlicher, geistiger und künstlerischer Art sowie in Bezug auf die Freizeitgestaltung, insbesondere Hobbys, Veranstaltungen, Konzerte, Fußballspiele;
- Übernahme der Mitgliedsbeiträge für Vereine aller Art;
- Aufwendungen für Besuche bei Verwandten und Freunden, und zwar einschließlich der Aufwendungen für eine erforderliche Begleitperson;
- Aufwendungen für zusätzliche persönliche Betreuung wie bei Spaziergängen, Einkäufen und Ähnliches;
- Aufwendungen für ärztliche Behandlungen einschließlich Chefarztbehandlung, sonstige Therapien, Medikamente und Hilfsmittel (z. B. Brille, Zahnersatz), die von der Krankenkasse oder dem Sozialleistungsträger nicht oder nicht vollständig bezahlt werden, sowie die Kosten einer privaten Zusatzversicherung.

Der Testamentsvollstrecker ist angewiesen, auf die Bedürfnisse und -soweit möglich- auf die Wünsche von B einzugehen.

Für welche der genannten Leistungen die jährlichen Reinerträgnisse verwendet werden sollen, ob diese also auf sämtliche Leistungen gleichmäßig oder nach eine bestimmten Schlüssel verteilt werden oder ob diese in einem Jahr nur für eine oder mehrere der genannten Leistungen verwendet werden, entscheidet der Testamentsvollstrecker nach billigem Ermessen, wobei er allerdings immer auf das Wohl meines Kindes B bedacht sein muss.

Werden die jährlichen Reinerträgnisse in einem Jahr nicht in voller Höhe in Form der bezeichneten Leistungen meinem Kind B zugewendet, sind die entsprechenden Teile vom Testamentsvollstrecker gewinnbringend anzulegen.

Sind größere Anschaffungen für mein Kind B, wie beispielsweise der Kauf eines Gegenstandes zur Steigerung des Lebensstandards meines Kindes B oder eine größere Reise oder ähnliches, beabsichtigt, hat der Testamentsvollstrecker entsprechende Rücklagen zu bilden, die dann zugunsten meines Kindes B zur gegebenen Zeit entsprechend zu verwenden sind.

Wenn gewollt: Wenn und soweit die Erträge des Erbteils nicht ausreichen, um dauerhaft die vorstehenden Leistungen zur Steigerung der Lebensqualität, des Lebensstandards oder der Lebensfreude in dem Maße zu erbringen, wie es dem Wohl unseres Kindes entspricht, soll der Testamentsvollstrecker auch die Substanz hierfür verwenden. Es soll somit den Erbteil aufbrauchen dürfen, soweit es für die Erbringung der genannten Leistungen auf die Lebenszeit unseres Kindes erforderlich ist.

Im Übrigen gelten für die Testamentsvollstreckung die gesetzlichen Bestimmungen.

Zum Testamentsvollstrecker über den Erbteil meines Kindes B bestimme ich meinen Sohn A. Ersatztestamentsvollstrecker wird Herr XY [genaue Personalien]. Der (Ersatz-) Testamentsvollstrecker wird hiermit ermächtigt, jederzeit einen Nachfolger zu ernennen.

Der Testamentsvollstrecker erhält eine übliche und angemessene Vergütung sowie Ersatz seiner Auslagen.

§ 4 Belehrungen

[*siehe Rdn. 570, auf Einzeltestament anpassen*]

§ 5 Grabstätte

Meinen Erben mache ich zur Auflage, für ein standesgemäßes Begräbnis zu sorgen, meine künftige Grabstätte nach meinem Tode würdig einzurichten und zu gestalten und sie, solange sie besteht, zu pflegen und in guter Ordnung zu halten.

§ 6 Auffangklausel

Sollte die hier getroffene Gestaltung wider Erwarten, etwa aufgrund der Änderung der Rechtslage, unwirksam sein oder werden, so erhält mein Kind B nur den Pflichtteil.

Weiter will ich nichts bestimmen.

[eventuell Betreuervorschlag, Rdn. 649, und üblicher Schlussvermerk]

e) Ziel: Erhalt des Vermögens und Besserstellung durch Erträge und Substanz des Erbteils

600 Häufig ist der Nachlass nicht so groß, dass allein durch die Erträge die Besserstellung des Kindes erreicht werden kann. Die Eltern eines behinderten Kindes wünschen dann häufig, dass der Testamentsvollstrecker auch die Substanz des Vererbteils oder Vorvermächtnisses verwenden soll.

601 Um dieses Ziel zu erreichen, sollte gleichwohl keine Befreiung von den gesetzlichen Beschränkungen als Vorerbe vorgesehen werden. Richtig ist es vielmehr, dem Testamentsvollstrecker ausdrücklich anzuweisen, auch die **Substanz zu verwenden**, wenn und soweit die Erträge auf Dauer nicht ausreichen, um die angeordneten Leistungen an den behinderten Menschen zu erbringen.[831] Dies ist auf jeden Fall dann zulässig, wenn der Testamentsvollstrecker auch für die Nacherben eingesetzt ist. Rechtskonstruktiv dürfte es sich um ein Vermächtnis zu Lasten der Nacherben handeln. Die Gestaltung ist auch sozialhilfefest.

602 ▶ **Muster:**

Wenn und soweit die Erträge des Erbteils nicht ausreichen, um dauerhaft die vorstehenden Leistungen zur Steigerung der Lebensqualität, des Lebensstandards oder der Lebensfreude in dem Maße zu erbringen, wie es dem Wohl unseres Kindes entspricht, so soll der Testamentsvollstrecker auch die Substanz des Erbteils hierfür verwenden. Er soll somit den Erbteil aufbrauchen dürfen, soweit es für die Erbringung der genannten Leistungen auf die Lebenszeit unseres Kindes erforderlich ist.

f) Ziel: Maximale Reduzierung der Pflichtteilsansprüche des behinderten Kindes für den zweiten Erbfall (Vermeidung von Liquiditätsabflüssen)

603 Wenn die Reduzierung der Pflichtteilsansprüche im Vordergrund steht, etwa weil das Risiko der Ausschlagung sehr groß ist oder die Eltern davon ausgehen, dass eine Besserstellung des Behinderten durch die Annehmlichkeiten des Leistungskataloges kaum möglich ist, ist immer über die Einsetzung des länger lebenden Ehepartners zum Vorerben und der gesunden Kinder zu Nacherben in die Betrachtung zu ziehen (Trennungslösung).[832] Insbesondere, wenn das Vermögen ungleich zwischen den Eheleuten verteilt ist, und der Partner mit dem größeren Vermögen der Erstversterbende ist, hat man einen ganz erheblichen Reduzierungseffekt. Hierbei werden der Ehepartner zum befreiten Vorerben und das Kind mit Behinderungen zum nicht befreiten Vorerben berufen. Nacherbe des Kindes mit Behinderungen ist der Längstlebende und ersatzweise die gesunden Kinder. Diese werden zudem zu Nacherben nach dem Erstversterbenden berufen. Ausgehend von der Vor- und Nacherbfolgelösung ist daher zu ergänzen:

604 ▶ **Muster:**

Der als (Mit-)Erbe des Erstversterbenden von uns berufene länger lebende Ehepartner ist ebenfalls nur Vorerbe. Nacherbe ist unser Kind A, ersatzweise seine Abkömmlinge nach den Regeln der gesetzlichen Erbfolge erster Ordnung. Der länger lebende Ehepartner ist, soweit möglich, von allen gesetzlichen Beschränkungen befreit.

Der Nacherbfall tritt ein mit dem Tode des Vorerben.

---

831 *Ruby/Schindler/Wirich*, Rn. 80; *Spall*, FS 200 Jahre, S. 121, 143 f.
832 *Ruby*, ZEV 2006, 66, 67.

Dabei ist zu überlegen, ob diese Nacherbfolge nicht zudem auflösend bedingt wird für den Fall, dass das behinderte Kind vor dem länger lebenden Ehepartner verstirbt. Die Grundlage dieser Nacherbenanordnung ist dann entfallen. Der Ehepartner würde dann aufgrund der eingetretenen Nacherbfolge alleiniger und unbeschränkter Vollerbe des erstverstorbenen Ehepartners. Zumindest bei jüngeren Eheleuten kann dies eine Überlegung wert sein. Das Testament wird hierdurch aber noch komplizierter und für die Beteiligten noch undurchschaubarer. 605

Die Trennungslösung kann auch mit der Vermächtnislösung kombiniert werden. Das behinderte Kind erhält dann beim ersten Erbfall ein Vorvermächtnis. Die Eheleute setzen sich hierbei zunächst gegenseitig zu Vorerben ein. Nacherben sind die gesunden Kinder. 606

▶ **Muster:** 607

Wir setzen uns hiermit gegenseitig, der Erstversterbende den Überlebenden zum alleinigen Vorerben ein, und zwar ohne Rücksicht darauf, ob und welche Pflichtteilsberechtigte beim Tode des Erstversterbenden von uns vorhanden sein werden.

Der Vorerbe ist von allen Beschränkungen und Verpflichtungen befreit, von denen er nach dem Gesetz befreit werden kann. Ihm stehen alle Rechte zu, die ihm nach dem Gesetz zustehen können, einschließlich des Rechts auf Verzehr des Nachlasses.

Nacherben sind unsere Kinder A und C, ersatzweise deren Abkömmlinge nach den Regeln der gesetzlichen Erbfolge erster Ordnung. Die Nacherbenanwartschaft ist nicht vererblich und nur auf den Vorerben übertragbar.

Durch die Gestaltung steigt allerdings das Risiko der Ausschlagung und Pflichtteilsgeltendmachung, weil der Erbteil nach dem Längstlebenden geringer wird. 608

Alternativ könnte beim Tode des Erstversterbenden zugunsten der gesunden Kinder bereits ein **Vermächtnis** ausgesetzt werden. 609

▶ **Muster in Ergänzung zur Vermächtnislösung:** 610

Der Erstversterbende von uns vermacht unserer Tochter A ein Geldvermächtnis in gleicher Höhe wie unserem behinderten Kind B. Dieses Vermächtnis fällt an beim Tode des Erstversterbenden, ist jedoch fällig und zahlbar erst mit dem Tode des Längstlebenden. Eine Sicherstellung kann nicht verlangt werden.

Größer wird der Effekt, wenn anstelle eines Vermächtnisses in der Höhe des Pflichtteils bzw. des Vermächtnisses für das behinderte Kind ein solches in der Höhe des fiktiven gesetzlichen Erbteils oder höher, etwa hinsichtlich des gesamten Vermögens, mit Ausnahme des Pflichtteils des behinderten Kindes, ausgeworfen wird. Dann steigt aber die Gefahr der Ausschlagung und Pflichtteilsgeltendmachung beim ersten Erbfall und beim zweiten Erbfall. 611

▶ **Muster in Ergänzung zur Nacherblösung:** 612

Der Erstversterbende von uns vermacht unserer Tochter A ein Geldvermächtnis im Werte ihres gesetzlichen Erbteils am Nachlass des erstversterbenden Elternteils. Dieses Vermächtnis fällt an beim Tode des Erstversterbenden, ist jedoch fällig und zahlbar erst mit dem Tode des Längstlebenden. Eine Sicherstellung kann nicht verlangt werden.

Bengel schlägt in seinem Referenztestament für die Erbfolge nach dem Erstversterbenden folgende Formulierung vor:[833] 613

---

833 Reimann/Bengel/Mayer, Formularteil Rn. 79.

614 ▶ **Muster: Vermächtnisse**

Der Längerlebende als Miterbe des erstversterbenden Ehegatten wird mit folgendem Vermächtnis zugunsten des der gemeinsamen Kinder beschwert:

a) Vermächtnisgegenstand

Ein jedes der gemeinschaftlichen Kinder mit Ausnahme von B erhält ein Vermächtnis im Werte seines gesetzlichen Erbteils am Nachlass des zuerst versterbenden Elternteils. Der Beschwerte ist berechtigt, das Vermächtnis durch Übereignung beliebiger Vermögensgegenstände zu erfüllen.

b) Fälligkeit

Die Vermächtnisse fallen jeweils mit dem Tod des Zuerstversterbenden an, sind jedoch erst 20 (i. W. zwanzig) Jahre nach ihrem Anfall ohne Beilage von Zinsen fällig. Vor Fälligkeit kann Sicherung, gleich welcher Art, nicht verlangt werden.

c) Ersatzvermächtnisnehmer

Ersatzvermächtnisnehmer sind jeweils die Abkömmlinge der Vermächtnisnehmer zu unter sich gleichen Stammanteilen. Entfällt ein Vermächtnisnehmer vor dem Anfall des Vermächtnisses ohne Hinterlassung von Abkömmlingen, entfällt auch das zu seinen Gunsten angeordnete Vermächtnis.

615 Der Anfall zwanzig Jahre nach dem ersten Erbfall ist steuerlich motiviert, § 6 Abs. 4 ErbStG, wonach beim Tode des Erstversterbenden anfallende und erst beim Tode des Längstlebenden fällige Vermächtnisse gleich der Vor- und Nacherbfolge behandelt werden und mithin steuerlich keinen Vorteil bringen. Bei kleineren und durchschnittlichen Nachlässen ist ein solches Vermächtnis steuerlich wenig geeignet, da die Freibeträge der Ehegatten und Kinder völlig ausreichen. Ein solches Vermächtnis kann aber zur Reduzierung der Erb- und Pflichtteilsansprüche genutzt werden. Dann kann als Anfallzeitpunkt auch der Tod des Längstlebenden gewählt werden. Es ist dann jedoch zu prüfen, ob nicht bereits beim Tode des Erstversterbenden die gesunden Kinder zu Nacherben des länger lebenden Elternteils berufen werden. Dies dürfte für die Beteiligten leichter verständlich sein.

g) Ziel: Besserstellung des Kindes, Erhalt des Vermögens nicht gewollt oder nötig; Auszahlung des Vermächtnisses möglichst gestreckt über längeren Zeitraum

616 Wenn der Erhalt des Nachlasses für die gesunden Kinder nicht das primäre Ziel ist, und zudem eine Erbengemeinschaft vermieden werden soll, bietet sich die doppelte **Vermächtnislösung** für den **ersten** und **zweiten Erbfall** an. Das Kind mit Behinderungen wird hierbei sowohl nach dem Erstversterbenden als auch nach dem Überlebenden der Eheleute zum Vorvermächtnisnehmer eingesetzt. Geht es den Eltern nur allein um die Sicherung des behinderten Kindes und ist die (mögliche) Aufzehrung des Vermögens nachrangig oder erwünscht, ist das Vor- und Nachvermächtnis mit Verwaltungstestamentsvollstreckung die richtige Lösung. Vorteil einer solchen Vermächtnisgestaltung ist vor allem die Vermeidung einer Erbengemeinschaft mit dem Behinderten.

617 Das Vor- und Nachvermächtnis ist zwar nicht insolvenz- und pfändungsfest,[834] was aber für das Behindertentestament unerheblich ist. In Kombination mit einer Verwaltungsvollstreckung (§ 2214 BGB) ist auf die **Lebenszeit** des behinderten Vorvermächtnisnehmers ein Zugriff **ausgeschlossen**.[835] Ob ein Vorrang des Nachvermächtnisanspruchs gegenüber dem Kostenerstattungsanspruch des Sozialleistungsträgers besteht, weil erstere eine an sich den Erblasser treffende Schuld (Erblasserschuld) ist, während der Kostenerstattungsanspruch erst mit dem Erbfall entsteht (Erbfallschuld) und ferner der Sozialleistungsträger nach § 102 SGB XII nur auf den Aktivnachlass zugreifen kann, ist streitig und von der Rechtsprechung noch nicht geklärt.[836] Einige Stimmen gehen davon aus, dass eine An-

---

[834] *Reul/Heckschen/Wienberg*, S. 318. Eine dem § 2115 BGB entsprechende Vorschrift gibt es für das Vermächtnis nicht. Der Nachvermächtnisnehmer ist normaler Nachlassgläubiger.
[835] Nieder/Kössinger/*Kössinger*, § 8 Rn. 139.
[836] Ausgelöst wurde diese Diskussion durch *Damrau*, ZEV 1998, 1 ff.

spruchskonkurrenz zwischen dem schuldrechtlichen Anspruch des Nachvermächtnisnehmers und Kostenersatzanspruch des Sozialleistungsträgers ergebe.[837] Noch weiter geht die gelegentlich vertretene Ansicht, wonach auf das Nachvermächtnis, welches im Regelfall das gesamte Vermögen ausmache, die Vorschriften über den Erbschaftskauf (§§ 2378 Abs. 1 2385 BGB) analog anwenden will.[838] Die ganz h. M. nimmt allerdings an, dass der Erbe des Vorvermächtnisnehmers nur mit dem angefallenen Aktivvermögen hafte. Daher stehe ein Kostenersatz nicht zu befürchten, denn zu den berücksichtigungsfähigen Nachlassverbindlichkeiten gehöre – wie bei § 2311 BGB – auch die Verpflichtung aus einem Nachvermächtnis, die bereits in der Person des Vorvermächtnisnehmers entstanden ist und damit eine Erblasserschuld und keine Erbfallschuld darstellt.[839] Obwohl fast alle Literaturstimmen zu Recht der h. M. folgen, wird **vielfach gleichwohl aus Gründen der Vorsicht von der Vermächtnislösung** bis zur Klärung durch die Rechtsprechung **abgeraten**.[840] Ist die Sicherung des Nachlasses für die Nachvermächtnisnehmer allerdings nicht das vorrangige Ziel der Erblasser, spricht nichts gegen die Vermächtnislösung, wenn die Erblasser das Risiko in Kauf nehmen. Die Vermächtnislösung ist richtigerweise genau tauglich wie die klassische Vor- und Nacherbengestaltung.[841] Streitig ist auch, ob sich der Vorrang des Nachvermächtnisanspruchs durch die Einbeziehung der Erfüllung des Nachvermächtnisses in den Aufgabenbereich des ohnehin bestellten Dauertestamentsvollstreckers erzielen lässt.[842] Es wird daher empfohlen, ausdrücklich eine Vermächtnisvollstreckung gemäß § 2223 BGB anzuordnen, die auch die Erfüllung des Nachvermächtnisses umfasst.[843] Durch die vorgeschaltete Dauervollstreckung ist ferner gewährleistet, dass der Testamentsvollstrecker bei Eintritt des Nachvermächtnisanfalls noch die Verfügungsbefugnis über die zu leistenden Gegenstände besitzt.

Das zugewandte Vermächtnis muss **mindestens die Höhe des Pflichtteils** erreichen, um die Entstehung eines überleitbaren Pflichtteilsanspruches (§ 2307 Abs. 1 S. 2 BGB) auszuschließen.[844]

▶ **Muster:**

Aus unserer Ehe sind drei Kinder, nämlich A, B und C hervorgegangen. Ein Kind, unsere Tochter B, ist geistig und körperlich behindert und bedarf der lebenslangen Betreuung und Fürsorge. Vor allem zu ihrer Absicherung und Besserstellung treffen wir die nachfolgenden Verfügungen von Todes wegen.

Wir verlangen nicht die Zuziehung von Zeugen.

Alsdann erklärten die Erschienenen einander und dem Notar gegenüber ihren letzten Willen mündlich wie folgt:

§ 1 Widerruf früherer Verfügungen von Todes wegen

Wir heben auf und widerrufen hiermit alle unsere etwaigen früheren gemeinschaftlichen Verfügungen von Todes wegen und ein jeder von uns widerruft auch alle etwaigen einseitigen letztwilligen Verfügungen.

---

837 *Damrau*, ZEV 1998, 1 ff; *Damrau/J. Mayer*, ZEV 2001, 293, 294.
838 *Van de Loo*, MittRhNotK 1989, 233, 243; *Joussen*, NJW 2003, 1851, 1852 m. w. N.; hiergegen zutreffend *Hartmann*, ZEV 2001, 89, 93; *Kornexl*, Rn. 327; zweifelnd *Krauß*, Rn. 5119.
839 *Hartmann*, ZEV 2001, 89; *Kornexl*, Rn. 327; DNotI-Gutachten DNoI-Rep 1999, 149; *Weidlich*, ZEV 2001, 94, 96 f; *Spall*, MittBayNot 2001, 249; *Joussen*, NJW 2003, 1851, 1852 f.; jüngst umfassend und überzeugend *Baltzer*, ZEV 2008, 116 ff.
840 Z. B. *Joussen*, NJW 2003, 1851, 1853.
841 *Ruby/Schindler/Wirich*, Rn. 142.
842 *Spall*, ZEV 2002, 5, 6 f. m. w. N.; **A. A.** *Damrau/J. Mayer*, ZEV 2001, 293, 294.
843 *Kornexl*, Rn. 328; vgl. auch AnwKomm-BGB/*J. Mayer*, § 2191 Rn. 24, 25, der genau differenziert zwischen den verschiedenen Aufgabenbereichen.
844 *Hartmann*, ZEV 2001, 89, 91.

Kapitel 5 Sicherung der Erwerbsaussichten für Endbedachte

§ 2 Gegenseitige Erbeinsetzung

Wir setzen uns hiermit gegenseitig, der Erstversterbende den Überlebenden zum alleinigen Erben ein, und zwar ohne Rücksicht darauf, ob und welche Pflichtteilsberechtigte beim Tode des Erstversterbenden von uns vorhanden sein werden.

§ 3 Vermächtnis des Erstversterbenden

Der Zuerstversterbende von uns beiden vermacht hiermit testamentarisch unserer behinderten Tochter B, geboren am ..., wohnhaft bei uns,

einen baren Geldbetrag, der wertmäßig 60 % des gesetzlichen Erbanteils unserer Tochter von derzeit einem Sechstel beim Tode des Erstversterbenden von uns entspricht, derzeit also ein Quotenvermächtnis von 1/10 (in Worten: ein Zehntel) des Nachlasses des Erstversterbenden.

Sollte unsere Tochter B vor oder nach dem Eintritt des Erbfalles wegfallen, also beispielsweise das Vermächtnis ausschlagen oder vorversterben, so entfällt das Vermächtnis ersatzlos.

Die als Vermächtnisnehmer eingesetzte Tochter B wird jedoch nur Vorvermächtnisnehmer.

Nachvermächtnisnehmer wird der Überlebende von uns beiden. Der Nachvermächtnisfall tritt ein mit dem Tode des Vorvermächtnisnehmers.

Ersatznachvermächtnisnehmer sind unsere weiteren Kinder A, geboren am ... und C, geboren am ..., untereinander zu gleichen Teilen, weiter ersatzweise deren Abkömmlinge nach den Regeln der gesetzlichen Erbfolge erster Ordnung.

Das Vermächtnis ist binnen sechs Monaten nach dem Erbfall zu erfüllen und auszuzahlen. Hierfür ist ein auf den Namen von B als Vorvermächtnisnehmer lautendes Konto, welches unter der alleinigen Verfügungsbefugnis des Testamentsvollstreckers steht, anzulegen.

Alternativ im Einzelfall, wenn verzögerte Auszahlung nötig oder verlangt:[845]

Das Vermächtnis fällt mit dem Erbfall an. Eine Abtretung des Vermächtnisanspruches ist nur mit Zustimmung des Längstlebenden zulässig. Das Vermächtnis ist zur Zahlung erst beim Tode des Längstlebenden fällig und ist bis dahin gestundet. Eine angemessene Verzinsung findet bis dahin dadurch statt, dass der Längstlebende von uns unserer Tochter B im Sinne von § 5 die dort genannten Leistungen zukommen lässt. Die konkrete Art der Leistung setzt der Testamentsvollstrecker in Absprache mit dem Längstlebenden von uns fest. Der Längstlebende von uns kann das Vermächtnis vorzeitig erfüllen. Bei Wiederverheiratung oder Begründung einer eheähnlichen Verbindung des Längstlebenden von uns ist das Vermächtnis sofort fällig.

Maßgebend für die Berechnung der Höhe des Vermächtnisses sind grundsätzlich der Bestand und der Wert des Nachlasses zum Zeitpunkt des Todes des zuerstversterbenden Ehegatten. Dabei sind Haushaltsgegenstände, Wohnungseinrichtung, persönliche Gebrauchsgegenstände und Kleidung – soweit ohne Verkaufswert – in die Vermächtnisberechnung nicht mit einzubeziehen.[846]

---

845 Allgemein (z. B. *Krauß*, Rn. 5112) wird vor einem hinausgezögerten Anfall des Vermächtnisses gewarnt, weil die Gefahr der Ausschlagung steigt. Im geeigneten Einzelfall, insbesondere, wenn die Zuwendungen an das behinderte Kind beim ersten und beim zweiten Erbfall ausreichend bemessen sind, kann m. E. gleichwohl das Risiko eingegangen werden, weil der Längstlebende das Vermächtnis bei drohender Ausschlagung vorzeitig erfüllen kann. Angesichts des Erfordernisses der betreuungsgerichtlichen Genehmigung der Ausschlagung dürfte hierzu auch noch die nötige Zeit bestehen. Nicht möglich wäre die Anordnung eines aufschiebend bedingten Vermächtnisses, hierzu *Krauß*, Rn. 5111.

846 Diese Einschränkung kommt nur dann in Betracht, wenn die Vermächtnisquote deutlich über dem Pflichtteil liegt und der Nachlass nicht im Wesentlichen aus den herausgenommenen Gegenständen besteht.

§ 4 Letztwillige Verfügung des Überlebenden

Ohne erbvertragliche und wechselbezügliche Bindung mit dem Recht zur jederzeitigen beliebigen Änderung und Aufhebung bestimmt der Überlebende (Längstlebende) von uns für den Fall seines Todes testamentarisch was folgt:

Der Überlebende von uns beruft hiermit unsere Söhne A, geboren am …, und C, geboren am …, zu gleichen Teilen zu seinen Erben.

Für den Fall, dass einer unserer vorgenannten Söhne A und C vor dem Erbfall verstirbt oder aus einem anderen Grunde nicht Erbe wird und Abkömmlinge hinterlässt, treten diese als Ersatzerben an seine Stelle, und zwar untereinander zu gleichen Teilen nach Stämmen und den sonstigen Regeln der gesetzlichen Erbfolge erster Ordnung.

Eine gleichartige Regelung gilt auch für den Fall, dass ein Ersatzerbe fortgefallen ist.

Auch diese Schlusserbeneinsetzung erfolgt ohne Rücksicht darauf, ob und welche Pflichtteilsberechtigten beim Tode des Längstlebenden vorhanden sein sollten.

§ 5 Vermächtnis des Überlebenden (Längstlebenden) von uns

Der Überlebende von uns beiden vermacht hiermit testamentarisch

unserer Tochter B, vorgenannt, einen baren Geldbetrag, der wertmäßig 60 % des gesetzlichen Erbanteils unserer Tochter von einem Drittel beim Tode des Längstlebenden von uns entspricht, derzeit also ein Quotenvermächtnis von 1/5 (in Worten: ein Fünftel) des Nachlasses des Überlebenden.

Sollte unsere Tochter B vor oder nach dem Eintritt des Erbfalles wegfallen, also beispielsweise das Vermächtnis ausschlagen oder vorversterben, so entfällt das Vermächtnis ersatzlos.

Die als Vermächtnisnehmer eingesetzte Tochter B wird jedoch nur Vorvermächtnisnehmer.

Nachvermächtnisnehmer sind unsere Söhne A und C, beide vorgenannt, ersatzweise deren Abkömmlinge nach den Regeln der gesetzlichen Erbfolge erster Ordnung. Der Nachvermächtnisfall tritt ein mit dem Tode des Vorvermächtnisnehmers.

Das Vermächtnis fällt mit dem Tode des Längstlebenden an. Eine Abtretung des Vermächtnisanspruches ist nur mit Zustimmung des Erben zulässig. Das Vermächtnis ist zur Zahlung erst fällig bei Veräußerung, Belastung von Nachlassgrundstücken oder der Erbauseinandersetzung über den Grundbesitz, spätestens jedoch innerhalb von zwei Jahren seit dem Tode des Längstlebenden. Bis zur Fälligkeit erhält der Vermächtnisnehmer vom Nettoertrag des Nachlasses einen seinem Vermächtnis entsprechenden Anteil. Das Vermächtnis kann jederzeit vorzeitig erfüllt werden.

Maßgebend für die Berechnung der Höhe des Vermächtnisses sind grundsätzlich der Bestand und der Wert des Nachlasses des Längstlebenden zum Zeitpunkt seines Todes. Dabei sind Haushaltsgegenstände, Wohnungseinrichtung, persönliche Gebrauchsgegenstände und Kleidung – soweit ohne Verkaufswert- in die Vermächtnisberechnung nicht mit einzubeziehen.[847]

§ 6 Testamentsvollstreckung

Mit Rücksicht darauf, dass unsere Tochter B wegen ihrer Behinderung nicht in der Lage sein wird, ihre Angelegenheiten selbst zu besorgen, insbesondere die ihr durch den jeweiligen Erbfall zufallenden Vermögenswerte selbst zu verwalten, wird sowohl für den Erbfall nach dem Zuerstversterbenden von uns beiden als auch für den Schlusserbfall jeweils hinsichtlich des Vermächtnisses unserer Tochter B Testamentsvollstreckung (Dauervollstreckung gemäß § 2209 BGB) auf deren Lebenszeit angeordnet.

Aufgabe des jeweiligen Testamentsvollstreckers ist die Verwaltung des Vermächtnisses unserer Tochter B und damit die Verwaltung ihres Nachlassanteiles.

---

847 Diese Einschränkung kommt nur dann in Betracht, wenn die Vermächtnisquote deutlich über dem Pflichtteil liegt und der Nachlass nicht im Wesentlichen aus den herausgenommenen Gegenständen besteht.

Der jeweilige Testamentsvollstrecker hat alle Verwaltungsrechte auszuüben, die unserer Tochter B als Vermächtnisnehmer zustehen. Über das Vermächtnis selbst darf der jeweilige Testamentsvollstrecker nicht verfügen. Die unserer Tochter B zugefallenen Barbeträge sind nach dem pflichtgemäßen Ermessen des Testamentsvollstreckers verzinslich, aber mündelsicher anzulegen.

Nach Vermächtniserfüllung oder Teilung des Nachlasses setzt sich die Testamentsvollstreckung an den dem Vorvermächtnisnehmer zugefallenen Vermögenswerten fort. Der Testamentsvollstrecker hat auch das Nachvermächtnis zu erfüllen und nimmt die Rechte der Nachvermächtnisnehmer wahr. Er ist von den Beschränkungen des § 181 BGB (Verbot des Selbstkontrahierens und der Doppelvertretung) ausdrücklich befreit.

Sowohl der Zuerstversterbende als auch der Überlebende von uns beiden trifft folgende, für den jeweiligen Testamentsvollstrecker verbindliche Verwaltungsanordnung gemäß § 2216 Abs. 2 BGB.

Der jeweilige Testamentsvollstrecker hat unserer Tochter B die ihr gebührenden anteiligen jährlichen Reinerträgnisse (Nutzungen) des Nachlasses, wie beispielsweise etwaige anteilige Miet- und Pachtzinsen, Zinserträge, Dividenden- und Gewinnanteile und etwaige sonstige Gebrauchsvorteile und Früchte von Nachlassgegenständen, nur in Form folgender Leistungen zuzuwenden:

[Katalog der Leistungen wie Rdn. 596]

Für welche der genannten Leistungen die jährlichen Reinerträgnisse verwendet werden sollen, ob diese also auf sämtliche Leistungen gleichmäßig oder nach eine bestimmten Schlüssel verteilt werden oder ob diese in einem Jahr nur für eine oder mehrere der genannten Leistungen verwendet werden, entscheidet der jeweilige Testamentsvollstrecker nach billigem Ermessen, wobei er allerdings immer auf das Wohl unserer Tochter B bedacht sein muss. Soweit möglich und vertretbar sollen sämtliche Wünsche unserer Tochter B erfüllt werden. Der Testamentsvollstrecker hat auch die Wünsche und Anregungen des Längstlebenden von uns zu berücksichtigen. Nach dem Tode des Längstlebenden von uns sollen der gesetzliche Betreuer und die Heimbetreuer unserer Tochter B ebenfalls Wünsche und Anregungen geben können.

Werden die jährlichen Reinerträgnisse in einem Jahr nicht in voller Höhe in Form der bezeichneten Leistungen unserer Tochter B zugewendet, sind die entsprechenden Teile vom jeweiligen Testamentsvollstrecker gewinnbringend anzulegen.

Sind größere Anschaffungen für unserer Tochter B, wie beispielsweise der Kauf eines Gegenstandes zur Steigerung ihrer Lebensqualität oder ihres Lebensstandards oder eine größere Reise oder ähnliches, beabsichtigt, hat der jeweilige Testamentsvollstrecker entsprechende Rücklagen zu bilden, die dann zugunsten unserer Tochter B zur gegebenen Zeit entsprechend zu verwenden sind.

Reichen die Erträgnisse nicht aus, um die vorgenannten Leistungen dauerhaft zu erbringen, soll der Testamentsvollstrecker die Leistungen, soweit dies erforderlich ist, auch aus der Substanz der durch die Vermächtnisse zugefallenen Vermögenswerte erbringen.

Sollte ein Verwandter die ständige Pflege unserer Tochter B übernehmen, so soll er für die Mühe und die Arbeit und für die Unterkunft im Einvernehmen mit dem gesetzlichen Vertreter ein angemessenes Entgelt erhalten.

Im Übrigen gelten für die Testamentsvollstreckung die gesetzlichen Bestimmungen. Der Testamentsvollstrecker haftet nur bei vorsätzlichem oder grob fahrlässigem Handeln.

Zum Testamentsvollstrecker über das Vermächtnis unserer Tochter B (beim Erbfall nach dem Zuerstversterbenden von uns beiden) wird der Überlebende von uns beiden ernannt, ersatzweise unser Sohn A, weiter ersatzweise unser Sohn C. Der Testamentsvollstrecker wird hiermit ermächtigt, jederzeit einen Nachfolger zu ernennen.

Testamentsvollstrecker über das Vermächtnis unserer Tochter B (beim Schlusserbfall) soll unser Sohn A, vorgenannt, ersatzweise unser Sohn C werden. Der Testamentsvollstrecker wird hiermit ermächtigt, jederzeit einen Nachfolger zu ernennen.

Sollte kein Nachfolger ernannt worden sein, soll das Nachlassgericht einen Testamentsvollstrecker ernennen.

Der Testamentsvollstrecker erhält eine jährliche Vergütung von X % der Erträge des Nachlasses. Ferner erhält er Ersatz seiner Auslagen. Unsere Söhne A und C erhalten für die Testamentsvollstreckung keine Vergütung, aber Ersatz der Auslagen.

§ 7 Betreuer

[*wie Rdn. 649*]

§ 8 Belehrungen

[*wie Rdn. 570*]

§ 9 Schlussbestimmungen

Sollten sich die gesetzlichen Erbquoten der Kinder, etwa aufgrund Wegfalls oder des Hinzutretens von gesetzlichen Erben, ändern, so erhöhen oder vermindern sich die Vermächtnisse für unsere Tochter B entsprechend. Sie soll immer ein Quotenvermächtnis von 60 % des jeweiligen gesetzlichen Erbteils erhalten.

Wir sind von dem Notar auf die bindende Wirkung der erbvertraglichen Regelung in § 2 hingewiesen worden. Jeder von uns behält sich jedoch ein einseitiges Rücktrittsrecht von diesem Erbvertrag vor. Der Notar hat uns darüber belehrt, dass der Rücktritt vom Erbvertrag der notariellen Beurkundung bedarf, und von dieser Rücktrittserklärung eine Ausfertigung dem anderen Vertragsbeteiligten zugestellt werden muss.

Alle übrigen Anordnungen und Verfügungen des Erstversterbenden und des Längstlebenden sind testamentarisch getroffen und jederzeit – also auch zu Lebzeiten des anderen Ehegatten und/oder nach dessen Tod – beliebig abänderbar und aufhebbar.

Wir nehmen die von uns in dieser Urkunde abgegebenen Erklärungen gegenseitig an.

Sollten diese Verfügungen von Todes wegen, aus welchen Gründen auch immer, nichtig sein, so bestimmen wir, dass unsere Tochter B vom Erstversterbenden als auch vom Längstlebenden von uns lediglich ihren Pflichtteil erhalten soll.

Weitere Bestimmungen wollen wir nicht treffen.

(Schlussvermerk)

h) Ziel: Vermeidung einer Erbengemeinschaft zwischen dem Längstlebenden Ehepartner und dem behinderten Kind

Die Vor- und Nacherbfolge und die Vermächtnislösung können miteinander kombiniert werden. Beim **ersten Erbfall** wird ein **Vorvermächtnis** für das behinderte Kind ausgeworfen, während für den **zweiten Erbfall** die **Vor- und Nacherbfolge** angeordnet wird. So wird zumindest die **Erbengemeinschaft** nach dem **Erstversterbenden** vermieden. Viele Eltern scheuen die Erbengemeinschaft mit dem behinderten Kind, wollen andererseits aber nach dem Tode des behinderten Kindes das vererbte Vermögen sicher auf die gesunden Kinder übergehen lassen. Sind mehrere Kinder vorhanden, ist der Pflichtteilsanspruch beim Erstversterbenden zudem recht gering. Es bietet sich dann die Kombination aus Vor- und Nachvermächtnislösung nach dem Erstversterbenden und die Vor- und Nacherbfolgelösung nach dem Längstlebenden an. Um die Problematik des Zugriffs des Sozialleistungsträgers auf das Nachvermächtnis zu mindern, wird der Testamentsvollstrecker zudem angewiesen, wenn die Erträgnisse und Nutzungen nicht ausreichen, zunächst auf Vorvermächtnisvermögen zuzugreifen, soweit es zu Erbringung des Leistungskataloges nötig ist. 620

Die meisten Eltern akzeptieren die Gefahr des Zugriffs des Sozialleistungsträgers nach dem Tod des behinderten Kindes hinsichtlich des geringen (Rest-) Vermögensteils, wenn damit das übrige Vermögen unangetastet bleibt. 621

Gegen die Kombinationslösung wird vorgebracht, dass damit die Erbengemeinschaft nur beim Tode des zuerst verstorbenen Ehepartners vermieden wird. Das ist richtig, verkennt aber die Unterschiede 622 zwischen dem ersten und zweiten Erbfall: Die Erbengemeinschaft des Längstlebenden mit dem behinderten Kind nach dem ersten Erbfall ist wesentlich belastender als die Erbengemeinschaft nach dem Tode des Längstlebenden. Die Erbengemeinschaft nach dem Erstverstorbenen würde, wenn nicht sogleich eine Erbauseinandersetzung erfolgt, viele Jahre oder Jahrzehnte bestehen bleiben. Die Erbengemeinschaft nach dem Längstlebenden ist demgegenüber auf sofortige Auseinandersetzung ausgerichtet. Der wesentliche Vermögensgegenstand der Durchschnittsfamilie, das selbst genutzte Einfamilienhaus, kann nach dem zweiten Erbfall durch Verkauf oder Übernahme gegen Auszahlung innerhalb der Familie verwertet werden.

623 Beispiel: Eheleute haben drei Kinder: A, B und C. Sie wollen die behinderte Tochter B absichern. Eine Erbengemeinschaft beim Tode des Erstversterbenden soll vermieden werden. Alle Kinder sollen gleich viel bekommen. Das beim Tode von B noch vorhandene Vermögen soll an die nicht behinderten Kinder A und C zur einen Hälfte und zur anderen Hälfte an eine gemeinnützige Stiftung fallen. Die Stiftung ist nicht Heimträger und steht diesem auch nicht nahe. Diese Konstellation ist Grundlage des nachfolgenden Formulierungsbeispiels.

624 ▶ **Muster Kombination:**

Vorbemerkung ...

I. Widerruf früherer Verfügungen von Todes wegen

II. Verfügungen des Erstversterbenden

§ 1 Gegenseitige Erbeinsetzung

Wir setzen uns hiermit gegenseitig, der Erstversterbende den Überlebenden mit erbvertraglich bindender Wirkung zum unbeschränkten und alleinigen Erben ein, und zwar ohne Rücksicht darauf, ob und welche Pflichtteilsberechtigten beim Tode des Erstversterbenden von uns vorhanden sein werden.

§ 2 Vermächtnis des Erstversterbenden

Der Zuerstversterbende von uns beiden vermacht hiermit unserer Tochter B, geboren am ..., wohnhaft im Behindertenwohnheim in ..., einen Geldbetrag, der wertmäßig 60 % (sechzig vom Hundert) des gesetzlichen Erbteils unserer Tochter B am Nachlass des Erstversterbenden von uns entspricht. Sollte unsere Tochter B vor oder nach dem Eintritt des Erbfalles wegfallen, also beispielsweise das Vermächtnis ausschlagen oder vorversterben, so entfällt das Vermächtnis ersatzlos.

Wenn gewünscht: Das Vermächtnis fällt mit dem Erbfall an. Eine Abtretung des Vermächtnisanspruches ist nur mit Zustimmung des Alleinerben zulässig. Das Vermächtnis ist zur Zahlung erst beim Tode des Alleinerben fällig und ist bis dahin gestundet. Eine angemessene Verzinsung findet bis dahin dadurch statt, dass der Längstlebende von uns unserer Tochter B im Sinne von nachstehend IV. die dort genannten Leistungen zukommen lässt. Es steht dem Längstlebenden frei, das Vermächtnis vorab ganz oder teilweise zu erfüllen. Das Vermächtnis unterliegt der nachfolgend angeordneten Testamentsvollstreckung.

Die als Vermächtnisnehmer eingesetzte Tochter B wird jedoch nur Vorvermächtnisnehmer.

Nachvermächtnisnehmer wird der Überlebende von uns beiden. Der Nachvermächtnisfall tritt ein mit dem Tode des Vorvermächtnisnehmers.

Ersatzvermächtnisnehmer ist zur einen Hälfte die XY-Stiftung [...] und zur anderen Hälfte unsere Tochter C, geboren am ..., und unser Sohn A, geboren am [ ], die beiden Kinder untereinander zu gleichen Teilen, ersatzweise deren Abkömmlinge nach den Regeln der gesetzlichen Erbfolge erster Ordnung. Sollten keine Abkömmlinge vorhanden sein, so ist der verwitwete Ehepartner des weggefallenen Kindes Nachvermächtnisnehmer. Gibt es keinen verwitweten Ehepartner beim Tode des Vorvermächtnisnehmers, so sind das verbleibende Kind oder dessen Abkömmlinge oder dessen verwitweter Ehepartner anstelle des weggefallenen Kindes Nachvermächtnisnehmer. Gibt es keine Abkömmlinge und auch keine verwitweten Schwiegerkinder, so ist die Stiftung alleiniger Nachvermächtnisnehmer.

Für den Fall, dass die als Nachvermächtnisnehmer berufene Stiftung nicht Nachvermächtnisnehmer werden will oder kann, also beispielsweise ausschlägt, fällt das Vermächtnis an unsere anderen Nachvermächtnisnehmer entsprechend der vorstehenden Regelung.

Maßgebend für die Berechnung der Höhe des Vermächtnisses sind grundsätzlich der Bestand und der Wert des Nachlasses zum Zeitpunkt des Todes des zuerst versterbenden Ehegatten. Dabei sind Haushaltsgegenstände, Wohnungseinrichtung, persönliche Gebrauchsgegenstände und Kleidung – soweit ohne Verkaufswert – in die Vermächtnisberechnung nicht mit einzubeziehen.

III. Letztwillige Verfügung des Überlebenden

Ohne erbvertragliche und wechselbezügliche Bindung mit dem Recht zur jederzeitigen beliebigen Änderung und Aufhebung bestimmt der Überlebende von uns für den Fall seines Todes testamentarisch was folgt:

Der Überlebende von uns beruft hiermit zu seinen Erben unsere Kinder A [...], C [...], und unsere behinderte Tochter B, zu je 1/3 Anteil.

Diese Erbeinsetzung gilt auch im Falle unseres gleichzeitigen Versterbens.

Für den Fall, dass einer unserer Erben vor dem Erbfall verstirbt oder aus einem anderen Grunde nicht Erbe wird, sollen dessen Abkömmlinge zu unter sich gleichen Stammanteilen gemäß den Regeln der gesetzlichen Erbfolge Ersatzerben sein.

Sollte ein Erbe weggefallen sein ohne Abkömmlinge hinterlassen zu haben, so wächst der Anteil den übrigen Erben zu gleichen Teilen an.

Unsere vorstehend als Mit(-schluss-)erbe eingesetzte Tochter B wird beim Schlusserbfall nur Vorerbe. Der Vorerbe wird von den Beschränkungen der §§ 2113 ff. BGB ausdrücklich nicht befreit.

Nacherbe ist zur einen Hälfte die XY-Stiftung und zur anderen Hälfte unsere Tochter C und unser Sohn A, die beiden Kinder untereinander zu gleichen Teilen, ersatzweise deren Abkömmlinge nach den Regeln der gesetzlichen Erbfolge erster Ordnung. Sollten keine Abkömmlinge vorhanden sein, so ist der im Zeitpunkt des Nacherbfalles noch vorhandene verwitwete Ehepartner des weggefallenen Kindes Nacherbe. Gibt es keinen verwitweten Ehepartner beim Tode des Vorerben, so sind das verbleibende Kind oder dessen Abkömmlinge oder dessen verwitweter Ehepartner anstelle des weggefallenen Kindes Nacherbe. Gibt es keine Abkömmlinge und auch keine verwitweten Schwiegerkinder, so ist die vorgenannte Stiftung alleiniger Nacherbe.

Der Nacherbfall tritt ein mit dem Tode des Vorerben.

Für den Fall, dass die als Nacherbe berufene Stiftung nicht Nacherbe werden will oder kann, also beispielsweise ausschlägt, fällt der Nachlass an unsere anderen Erben, untereinander zu gleichen Teilen, ersatzweise an deren Abkömmlinge.

Die Nacherbenanwartschaftsrechte sind nicht vererblich und nur auf den Vorerben übertragbar.

Bei der Erbteilung nach dem Längstlebenden von uns ist zu berücksichtigen, dass unsere Tochter B bereits vom Erstversterbenden ein Vermächtnis (II § 2) erhalten hat. Dieses Vermächtnis ist bei der Erbteilung nach dem Längstlebenden von ihrem Anteil zum Abzug zu bringen, so dass im Ergebnis alle drei Kinder wertmäßig gleichgestellt sind.

IV. Testamentsvollstreckung

Mit Rücksicht darauf, dass unsere Tochter B wegen ihrer Behinderung nicht in der Lage sein wird, ihre Angelegenheiten selbst zu besorgen, insbesondere die ihr durch den jeweiligen Erbfall zufallenden Vermögenswerte selbst zu verwalten, wird sowohl für den Erbfall nach dem Zuerstversterbenden von uns beiden als auch für den Schlusserbfall jeweils hinsichtlich des Vermächtnisses und des Erbteiles unserer Tochter B Testamentsvollstreckung (Dauervollstreckung gemäß § 2209 BGB) auf deren Lebenszeit angeordnet.

Aufgabe des Testamentsvollstreckers ist die Erbauseinandersetzung, die Erfüllung des Vermächtnisses und die Verwaltung des Vermächtnisses und des Erbteiles unserer Tochter B und damit die Verwaltung des Nachlasses gemeinsam mit den weiteren Miterben.

Kapitel 5 Sicherung der Erwerbsaussichten für Endbedachte

Der Testamentsvollstrecker hat alle Verwaltungsrechte auszuüben, die unserer Tochter B als (Mit-)Vorerbe bzw. als Vorvermächtnisnehmer zustehen. Er ist zur Verwaltung des Nachlasses in Gemeinschaft mit den weiteren Miterben berechtigt und verpflichtet. Über den Erbteil und das Vermächtnis selbst darf der Testamentsvollstrecker nicht verfügen.

Nach Erfüllung des Vermächtnisses oder Teilung des Nachlasses setzt sich die Testamentsvollstreckung an den dem Vorerben bzw. Vorvermächtnisnehmer zugefallenen Vermögenswerten fort. Sowohl der Zuerstversterbende als auch der Überlebende von uns beiden trifft folgende, für den jeweiligen Testamentsvollstrecker verbindliche Verwaltungsanordnung gemäß § 2216 Abs. 2 BGB:

Der Testamentsvollstrecker hat unserer Tochter B den zugewendeten Nachlass und die ihr gebührenden anteiligen jährlichen Reinerträgnisse (Nutzungen) des Nachlasses, wie beispielsweise etwaige anteilige Miet- und Pachtzinsen, Zinserträge, Dividenden- und Gewinnanteile und etwaige sonstige Gebrauchsvorteile und Früchte von Nachlassgegenständen, nur in Form folgender Leistungen zuzuwenden:

[*Katalog der Leistungen wie vor Rdn. 596*]

Für welche der genannten Leistungen die jährlichen Reinerträgnisse verwendet werden sollen, ob diese also auf sämtliche Leistungen gleichmäßig oder nach einem bestimmten Schlüssel verteilt werden oder ob diese in einem Jahr nur für eine oder mehrere der genannten Leistungen verwendet werden, entscheidet der Testamentsvollstrecker nach billigem Ermessen, wobei er allerdings immer auf das Wohl unserer Tochter B bedacht sein muss.

Er hat dafür zu sorgen,

dass unsere Tochter B stets bestmöglich betreut wird und in der Lage ist, ihr Leben wie bisher weiterzuführen;

dass Erleichterungen, Hilfen und insgesamt das persönliche Wohl und die persönlichen Bedürfnisse unserer Tochter B entsprechend dem Grad ihrer Behinderung im Vordergrund stehen.

Werden die jährlichen Reinerträgnisse in einem Jahr nicht in voller Höhe in Form der bezeichneten Leistungen unserer Tochter B zugewendet, sind die entsprechenden Teile vom jeweiligen Testamentsvollstrecker gewinnbringend anzulegen.

Sollte beim Tode des Längstlebenden das Vermächtnis des Erstversterbenden noch nicht vollständig erfüllt oder noch ein Restbetrag vorhanden sein, so hat der Testamentsvollstrecker vorrangig das Geldvermächtnis und dessen Erträge für die Erbringung der vorgenannten Leistungen an B zu verwenden. Sollte das Vermächtnis des Erstversterbenden aufgebraucht sein, so kann der Testamentsvollstrecker, wenn und soweit die Erträge des Erbteils nicht ausreichen, auch dessen Substanz in Anspruch nehmen. Unser vorrangiges Ziel ist die Besserstellung unserer Tochter B durch die vorgenannten Leistungen und nicht der Erhalt des Nachlasses.

Sind größere Anschaffungen für unsere Tochter B, wie beispielsweise der Kauf eines Gegenstandes zur Steigerung des Lebensstandards unserer Tochter B oder eine größere Reise oder ähnliches, beabsichtigt, hat der Testamentsvollstrecker entsprechende Rücklagen zu bilden, die dann zugunsten unserer Tochter B zur gegebenen Zeit entsprechend zu verwenden sind.

Der Testamentsvollstrecker nimmt auch die Rechte der Nacherben und Nachvermächtnisnehmer wahr. Er ist von den Beschränkungen des § 181 BGB (Verbot des Selbstkontrahierens und der Doppelvertretung) ausdrücklich befreit. Im Übrigen gelten für die Testamentsvollstreckung die gesetzlichen Bestimmungen.

Zum Testamentsvollstrecker über das Vermächtnis unserer Tochter B (beim Erbfall nach dem Zuerstversterbenden von uns beiden) wird der Überlebende von uns beiden ernannt. Ersatztestamentsvollstrecker ist unser Sohn A, vorgenannt. Sollte auch unser Sohn A das Amt nicht führen können oder wollen, so soll unsere Tochter C, vorgenannt, Testamentsvollstrecker sein, weiter ersatzweise der XY-Betreuungsverein [ ]. Der Testamentsvollstrecker wird hiermit ermächtigt, jederzeit einen Nachfolger zu ernennen. Sollte der Testamentsvollstrecker vor oder nach Annahme des Amtes wegfallen – auch durch eigene Kündigung –, ohne einen Nachfolger ernannt zu haben, so ersuchen wir das zuständige Nachlassgericht, nach Anhörung der Stiftung, vorgenannt, einen Testamentsvollstrecker zu bestellen.

Zum Testamentsvollstrecker über den Erbteil unserer Tochter B (beim Schlusserbfall) wird unser Sohn A, vorgenannt, ernannt. Sollte A das Amt nicht führen können oder wollen, so soll Testamentsvollstrecker unsere Tochter C, vorgenannt, sein, weiter ersatzweise der XY-Betreuungsverein [ ]. Sollte der ernannte Testamentsvollstrecker wegfallen oder das Amt nicht antreten, so soll er selber einen geeigneten Nachfolger bestimmen oder die Bestimmung eines Nachfolgers dem zuständigen Nachlassgericht – nach Anhörung der XY-Stiftung, vorgenannt, – überlassen.

Dem Testamentsvollstrecker steht für seine Tätigkeit eine angemessene Vergütung zu. Die Vergütung soll sich im ersten Jahr der Testamentsvollstreckung nach dem Bruttowert des Nachlassanteils richten, in den folgenden Jahren jeweils nach dem Bruttowert des Nachlassanteils, welches der Testamentsvollstrecker zu verwalten hatte. Als angemessene Vergütung werden die vom früheren Verein für das Notariat in Rheinpreußen aufgestellten Richtsätze festgelegt. Neben der Tätigkeitsvergütung sind dem Testamentsvollstrecker die von ihm nachgewiesenen Aufwendungen zu ersetzen.

V. Sonstiges

§ 1 Auffangklausel

Sollte die hier getroffene Gestaltung wider Erwarten, etwa aufgrund der Änderung der Rechtslage, unwirksam sein oder werden, so erhält unser Kind B in beiden Erbfällen nur den Pflichtteil.

[…]

i) Ziel: Schutz der bereits erfolgten lebzeitigen Zuwendungen an die Geschwister; Behindertes Kind als alleiniger Vorerbe des Restvermögens

Wenn die Eheleute den gesunden Kindern bereits erhebliches Vermögen übertragen haben, kann es sich in geeigneten Fällen anbieten, das Kind mit Behinderungen zum alleinigen Vorerben einzusetzen. Hierdurch soll vermieden werden, dass sich ein Pflichtteilsrestanspruch ergibt, der dann für die Tochter und damit für die Familie verloren wäre.

Beispiel: Eheleute mit drei Kindern A, B, C und D. Tochter B ist behindert. Sie habe vor mehr als zehn Jahren gegen Versorgungsleistungen ihren großen Bauernhof auf die Söhne A und C übertragen. Die Tochter D ist ebenfalls vor mehr als zehn Jahren durch Immobilien abgefunden worden. Geringe Pflichtteilsergänzungsansprüche bestehen noch. Der gesetzliche Erbteil beim Tode des Erstversterbenden ist aber ausreichend groß. Das verbleibende Vermögen, ein vermietetes Hausgrundstück soll nunmehr an die behinderte Tochter B gehen. Nach dem Tode von B soll das Vermögen an die Familie zurückfallen.

Als Lösung bietet es sich an, die Tochter B beim Tod des erstversterbenden Ehepartners mit einer Erbquote deutlich über dem Pflichtteil zum Miterben neben dem Längstlebenden und beim Tod des Längstlebenden die Tochter B zum Alleinerben nach dem Längstlebenden zu berufen. **Vorsicht:** Hierbei ist zu beachten, dass der **Erbteil** beim Tode des Erstversterbenden **ausreichend groß** ist, so dass sich kein Pflichtteilsergänzungsanspruch ergeben kann.

▶ **Muster:**

Wir haben vier Kinder. Ein Kind, unsere Tochter B, ist behindert und kann nicht für sich selbst sorgen. Insbesondere zu Ihrer Absicherung und Besserstellung treffen wir die folgenden Verfügungen. An unsere behinderte Tochter soll somit unser gesamtes Vermögen, bis auf das Gebrauchsvermögen und den Schmuck, fallen. Unsere übrigen Kinder sind bereits vor mehr als zehn Jahren anderweitig abgefunden worden.

Alsdann erklärten die Erschienenen einander und dem Notar gegenüber ihren letzten Willen mündlich wie folgt:

§ 1 Widerruf früherer Verfügungen von Todes wegen

[…]

Kapitel 5 Sicherung der Erwerbsaussichten für Endbedachte

§ 2 Verfügungen des Erstversterbenden

Der Zuerstversterbende von uns beiden setzt hiermit mit erbvertraglich bindender Wirkung den Überlebenden von uns beiden als (Mit-)Erbe zu 7/8-Anteilen, und unser Kind B, geboren am ... als (Mit-)Erbe zu 1/8-Anteilen,[848] ein.

Sollte unser Kind B vor oder nach dem Eintritt des Erbfalles wegfallen, also beispielsweise die Erbschaft ausschlagen oder vorversterben, so wächst dessen Anteil dem Überlebenden von uns beiden an (§ 2094 BGB), so dass der Überlebende alleiniger Erbe des Zuerstversterbenden wird.

Das als (Mit-)Erbe eingesetzte Kind B wird jedoch nur Vorerbe.

Der Vorerbe wird von den Beschränkungen der §§ 2113 ff. BGB ausdrücklich nicht befreit.

Der Nacherbfall tritt ein mit dem Tode des Vorerben.

Nacherbe wird der Überlebende von uns beiden. Ersatznacherbe werden unsere weiteren Kinder, nämlich: A, geboren am ..., C, geboren am ..., D, geboren am ...,

-untereinander zu gleichen Anteilen-, weiter ersatzweise deren Abkömmlinge zu unter sich gleichen Stammanteilen gemäß den Regeln der gesetzlichen Erbfolge.

§ 3 Letztwillige Verfügung des Überlebenden

Ohne erbvertragliche und wechselbezügliche Bindung mit dem Recht zur jederzeitigen beliebigen Änderung und Aufhebung bestimmt der Überlebende von uns für den Fall seines Todes testamentarisch was folgt:

Der Überlebende von uns beruft hiermit unser Kind B, vorgenannt, zu seinem alleinigen Erben.

Diese Erbeinsetzung gilt auch im Falle unseres gleichzeitigen Versterbens.

Unser vorstehend als Schlusserbe eingesetztes Kind B wird auch beim Schlusserbfall nur Vorerbe. Der Vorerbe wird von den Beschränkungen der §§ 2113 ff. BGB ausdrücklich nicht befreit. Der Nacherbfall tritt ein mit dem Tode des Vorerben. Die Nacherben sind gleichzeitig Ersatzerben.

Nacherbe werden unsere weiteren Kinder, nämlich:

A, C und D, vorgenannt, -untereinander zu gleichen Anteilen-.

Für den Fall, dass einzelne als Nacherben berufene Erben nicht Nacherbe werden wollen oder können, also beispielsweise ausschlagen oder vorversterben, treten an deren Stelle als Ersatznacherben jeweils ihre Abkömmlinge zu unter sich gleichen Stammanteilen gemäß den Regeln der gesetzlichen Erbfolge.

§ 4 Vermächtnisse

Der Überlebende von uns vermacht den Kindern A, C und D, vorgenannt, -untereinander zu gleichen Anteilen- das gesamte Inventar unsere Wohnung und das sonstige Gebrauchsvermögen. Die Tochter D erhält den Schmuck.

§ 5 Testamentsvollstreckung

[Regelungen wie oben Rdn. 596]

629 Als andere Möglichkeit bietet sich an, dem Behinderten neben seiner Nachlassbeteiligung als Miterbe ein bedingtes, als Vorvermächtnis ausgestaltetes Vorausvermächtnis zuzuwenden, welches ebenfalls unter Dauertestamentsvollstreckung steht.[849] Ein Formulierungsbeispiel findet sich vorstehend unter Rdn. 584, 586.

---

848 Die Erbquote ist in Höhe des gesetzlichen Erbteils angeordnet. Sie könnte, wenn nicht die Pflichtteilsergänzungsansprüche bestünden, auch kleiner sein. Der Pflichtteil wäre nur 1/16 Anteil. Denkbar wäre daher etwa auch 1/15. Damit stiege jedoch zudem die Ausschlagungsgefahr.
849 *Ruby/Schindler/Wirich*, Rn. 100.

j) Ziel: Vermeidung einer Erbengemeinschaft bei gleichzeitiger Sicherung der Substanz durch Alleinvorerbeinsetzung des Behinderten (sog. umgekehrte Vermächtnislösung)

Grziwotz[850] hat als Variante die Alleinerbeneinsetzung des behinderten Kindes mit Anordnung einer Vor- und Nacherbfolge unter Dauer-Testamentsvollstreckung bei umfassenden Vermächtnissen zugunsten der nicht behinderten Abkömmlinge vorgeschlagen (sog. umgekehrte Vermächtnislösung). Die Gestaltung verhindert sicher den Zugriff des Sozialleistungsträgers auf den Nachlass. Durch die Vermächtnisse wird das behinderte Kind gegenständlich beschränkter Vorerbe. Eine fremdbestimmte Erbengemeinschaft wird hierbei vermieden; die Teilung des Nachlasses erleichtert. Problem ist das Prognoserisiko hinsichtlich der Zusammensetzung des Nachlasses. In bestimmten Einzelfällen kann die umgekehrte Vermächtnislösung eine interessante Alternative sein.[851] In vereinfachter Form ist unter Rdn. 628 ein solches »umgekehrtes Vermächtnis« als Formulierungsbeispiel wiedergegeben.

630

k) Ziel: Restvermögen soll an Heimträger oder heimträgernahe Stiftung fallen

Paare mit nur einem, behinderten Kind wollen häufig den Träger des Heimes, in dem das behinderte Kind lebt, zum Erben berufen. Eine solche **Erbeinsetzung** verstößt gegen das Heimgesetz und **ist nichtig, wenn sie zur Kenntnis des Trägers gelangt**. Eine Einsetzung des Heimträgers als Erbe oder Vermächtnisnehmer kommt nur in Betracht, wenn dieser zu Lebzeiten des Testators von der Zuwendung nichts erfährt. Bei einer von einem Angehörigen des Heimbewohners angeordneten Nacherbfolge erfährt der Träger seine Nacherbeneinsetzung jedoch zwangsläufig aufgrund der Testamentseröffnung beim Anfall an den Vorerben. Entsprechendes gilt bei einem Vor- und Nachvermächtnis. Nach dem Beschluss des BGH vom 26. Oktober 2011[852] ist dies jedoch unschädlich. Eine Zuwendung an den Heimträger selbst ist daher beim Behindertentestament nur durch ein **stilles Testament** möglich. Allgemein zu den Grenzen des Heimgesetzes und zu den landesrechtlichen Vorschriften, die anstelle des Heimgesetzes des Bundes getreten sind, siehe oben Rdn. 537 f.

631

Auch bei einem stillen Testament oder Erbvertrag bestehen Risiken. Was ist, wenn der Heimträger nach dem Tode des Erstversterbenden von der Verfügung des Überlebenden durch die Eröffnung des gesamten Erbvertrages oder gemeinschaftlichen Testamentes erfährt? Es ist daher vorrangig die Zuwendung an eine dem Träger nahe stehende **Stiftung** oder einen **Förderverein** zu empfehlen. Die Lebenshilfe-Vereine etwa haben entsprechende Stiftungen errichtet. Eine Nacherbeneinsetzung einer dem Träger nahe stehenden Stiftung ist nach zutreffender Ansicht zulässig. Allerdings lauern auch hier **Gefahren**, weil die Grenzen der analogen Anwendung auf dem Träger nahe stehenden Personen noch nicht ausgelotet sind. Aufgrund der Entscheidung des Verwaltungsgerichts Würzburg vom 3.6.2008 und der weit reichenden und verfassungswidrigen analogen Anwendung des Heimgesetzes durch das OLG München in seiner Entscheidung vom 20.6.2006 sind die Grenzen einer zulässigen Gestaltung nicht immer ersichtlich.[853] Es ist zu hoffen, dass seit der BGH Entscheidung vom 16.10.2011[854] die grundrechtlich verbürgte Erbrechtsgarantie (Art. 14 Abs. 1 GG), die auch die Testierfreiheit umfasst, auch bei der Auslegung der Heimgesetze in Zukunft hinreichend beachtet wird und die verfassungsrechtlich gebotene Zurückhaltung seitens der Gerichte bei der Bejahung der Nichtigkeit von Verfügungen von Todes wegen geübt werden wird.

632

---

850   *Grziwotz*, ZEV 2002, 409 f. (mit Musterformulierung); Formulierungsvorschlag auch bei *Krauß*, Rn. 5270 (nur Abkömmlinge), Rn. 5273 (Ehegatte und Abkömmlinge), Rn. 5275 (zusätzliches Nießbrauchvermächtnis für länger lebenden Ehegatten); siehe auch *Kornexl*, Rn. 336, Muster 345 ff.
851   *Ruby/Schindler/Wirich*, Rn. 134.
852   BGH Beschl. vom 26.10.2011, IV ZB 33/10, MittBayNot 2012, 297 mit Anm. *G. Müller*, 298.
853   Siehe Nachweise vorstehend Rdn. 541–544.
854   BGH Beschl. vom 26.10.2011, IV ZB 33/10, MittBayNot 2012, 297 mit Anm. *G. Müller*, 298; so auch schon die Vorinstanz OLG Karlsruhe Beschl. vom 9.12.2010, 11 Wx 120/09, ZEV 2011, 424; folgend OLG Stuttgart Beschl. vom 21.3.2013, 8 W 253/11, MittBayNot 2014, 353 für § 9 LHeimG BW.

633 Daher muss aus Gründen der Vorsicht immer eine ausdrückliche **Ersatznacherbenberufung** oder **Ersatznachvermächtnisnehmerberufung** für den Fall erfolgen, dass das Verbotsgesetz doch eingreift. Möglich ist die Zuwendung an die übergeordnete Landesstiftung oder Bundesstiftung oder an eine andere Organisation der Behindertenhilfe, die mit dem Heimträger in keiner Weise in Beziehung steht. Hierbei ist die hilfsweise Ersatzerbeinsetzung ausdrücklich für den Fall der Unzulässigkeit der Zuwendung nach dem einschlägigen Heimgesetz anzuordnen.

634 Ein jeder Testamentsgestalter sollte eine solche Zuwendung an den Heimträger oder in die Nähe des Heimträgers nur nach **ganz ausführlicher Belehrung** über die **Gefahren** in der Urkunde und nach **Hinweis** auf das **Genehmigungserfordernis** des § 14 Abs. 6 HeimG Bund (wo anwendbar) bzw. der Landesheimgesetze beurkunden. Ein Genehmigungsverfahren ist nur **vor** Testamentserrichtung möglich, da nach Eintritt der Erbfolge und Kenntniserlangung über die Zuwendung die Genehmigung nicht mehr erfolgen kann. In Nordrhein-Westfalen hat der Gesetzgeber die Genehmigungsmöglichkeit durch das WTG NRW abgeschafft. Hier bleibt abzuwarten, ob das Gesetz in dieser Fassung einer verfassungsrechtlichen Überprüfung standhält. In seiner Entscheidung zur Verfassungsmäßigkeit des Heimgesetzes des Bundes hatte das Bundesverfassungsgericht die grundrechtlich geschützte Testierfreiheit auch unter Hinweis auf die Genehmigungsmöglichkeit als gewahrt angesehen. Vor allem hatte das BVerfG auf die Möglichkeit des stillen Testierens verwiesen. Ein solches stilles Testieren ist den Eltern behinderter Kinder möglich, auch wenn sie ihr Kind nicht überleben.

Es bedarf einer klarstellenden gesetzlichen Regelung, wonach bei freigiebigen Zuwendungen durch Verfügungen von Todes wegen an Stiftungen, insbesondere Zustiftungen, die nicht selbst Heimträger sind, und an Fördervereine die Heimgesetze keine Anwendung finden oder eine solche Zuwendung als Spende z. B. i. S. v. § 10 Abs. 4 WTG NRW zu werten ist.

635 Eine Musterformulierung ist an dieser Stelle angesichts der immer noch unklaren Reichweite der Heimgesetze nicht angezeigt. Es soll damit der Eindruck vermieden werden, es handle sich hierbei um eine übliche Standardgestaltung. Im Einzelfall, wenn die Beteiligten das Risiko bewusst eingehen wollen, wird sich der Notar einer solchen Gestaltung nicht versagen können und dürfen. Denkbar ist möglicherweise die Zulässigkeit einer Spende durch letztwillige Verfügung, wobei darauf zu achten ist, dass die Zuwendung nach dem Wortlaut allen Behinderten in der Einrichtung zugute kommt.[855] Eine **Musterformulierung** für ein Vermächtnis zugunsten des Heimträgers mit Warnhinweis und Ersatzvermächtnisnehmerberufung findet sich bei *Tersteegen*.[856]

▶ **Muster: Belehrungen bei Zuwendung an Heimträger/Stiftung:**

Der Notar hat uns eingehend über die heimrechtlichen Zuwendungsverbote belehrt und darauf hingewiesen, dass auch erbrechtliche Verfügungen zugunsten von Heimen, ihren Trägern oder dem Heimträger nahe stehenden Personen unwirksam sein können. Ferner hat er uns darauf hingewiesen, dass die rechtliche Möglichkeit gegeben ist, eine behördliche Ausnahmegenehmigung (wenn landesrechtlich eingeräumt) zu beantragen. Der Notar hat uns erläutert, dass die Zuwendung und damit unsere Verfügungen in diesem Erbvertrag unwirksam sind, wenn der Begünstigte vor dem Erbfall hiervon Kenntnis erhält. Die Erschienenen erklärten daraufhin: Wir wünschen nicht die Einholung einer Ausnahmegenehmigung und bestehen auf Beurkundung wie in dieser Urkunde niedergelegt. Der Wunsch auf Zuwendung beruht auf unserer eigenen, unbeeinflussten Willensbildung und der Begünstigte und dessen Mitarbeiter haben von der Zuwendungsabsicht bislang keinerlei Kenntnis und wir werden hierüber auch künftig absolut stillschweigen. Wir haben nicht und werden auch künftig mit unserem behinderten Kind hierüber nicht sprechen. Sollte die Verfügung zugunsten des Begünstigten in dieser Urkunde gleichwohl unwirksam sein oder werden, so sollen alle anderen von uns in dieser Urkunde getroffenen Verfügungen wirksam bleiben.

---

855 *Tersteegen*, RNotZ 2009, 222, 225 f.; siehe auch *Spall*, MittBayNot 2010, 9 f.
856 *Tersteegen*, RNotZ 2009, 222, 226.

l) Ziel: Zahlung einer monatlichen Leibrente

Spall[857] hat als weitere Variante der Vermächtnislösung das Leibrentenvermächtnis vorgeschlagen. Dem behinderten Abkömmling wird hierbei vermächtnisweise eine von den Erben monatlich zu entrichtende, lebenslange Rente kombiniert mit Dauer-Testamentsvollstreckung bezüglich der zufließenden Rentenbeträge zugewendet.

636

Ausgangswert der Rente soll der Reinwert einer über dem Pflichtteil liegenden Quote am Nachlass. Der ermittelte Betrag ist sodann unter Berücksichtigung eines Rechnungszinses auf die erwartete Lebenszeit des Behinderten zu verrenten. Grundlage sind die geltenden Sterbetafeln. Hinsichtlich der bei Tod noch vorhandenen Beträge ist ein Nachvermächtnis möglich. Zudem kann ein bedingtes Vermächtnis im Hinblick auf Pflichtteilsergänzungsansprüche vorgesehen werden.

637

Die Leibrentenlösung kommt dann in Betracht, wenn eine Nachlassbeteiligung des Behinderten, etwa bei einem Unternehmen, unbedingt verhindert werden muss. Die Leibrentenlösung beim Behindertentestament hat den psychologischen Nachteil einer jeden vertraglich mit Privaten vereinbarten Leibrente: Mit den Jahren meinen die Zahlungsverpflichteten, dass sie lange genug gezahlt hätten. Dies kann das persönliche Verhältnis zum Behinderten belasten und dient nicht dem Familienfrieden. Außerdem trägt der Behinderte das Insolvenzrisiko.

638

Spall macht (hier nur sprachlich und inhaltlich leicht modifiziert) folgendes Formulierungsbeispiel:[858]

639

▶ **Muster:**

640

§ 1 Leibrentenvermächtnis

Ich vermache meinem Sohn B [genaue Angaben] eine lebenslange Leibrente, die ihm von dem oder den Erben zu zahlen ist. Ausgangswert für die Rente ist der Reinwert von drei Vierteln des fiktiven gesetzlichen Erbteils meines Sohnes B.

Der so ermittelte Betrag ist unter Berücksichtigung eines Rechnungszinses von 4 % (i.W.: vier vom Hundert) jährlich auf der Grundlage der an meinem Todestag geltenden Sterbetafel auf die Lebenszeit meines Sohnes B zu verrenten.

Die so errechnete Rente ist von dem oder den Erben in monatlichen Teilbeträgen von je einem Zwölftel des errechneten Jahresbetrages zu zahlen. Die erste Rente ist zahlbar ab dem Monat, der auf die Testamentseröffnung folgt. Die Zahlung hat jeweils bis zum dritten Werktag eines jeden Monats im Voraus zu erfolgen.

Zu Abtretung des Anspruches bedarf es der Zustimmung des oder der Erben. Ein Kapitalwahlrecht besteht nicht.

Der Erbe – mehrere als Gesamtschuldner – hat sich auf erstes Anfordern wegen der Zahlungsverpflichtung der sofortigen Zwangsvollstreckung zu unterwerfen. Sicherheitsleistung kann nicht verlangt werden/kann nur in folgender Form verlangt werden: [...].

Eine Wertsicherung der Rente oder ein Anpassungsvorbehalt wird nicht angeordnet.

Die Verpflichtung zur Rentenzahlung ist befristet. Mit dem Tode meines Sohnes B fällt die Leibrente ersatzlos weg.

---

857 *Spall*, MittBayNot 2001, 249, 250.
858 *Spall*, MittBayNot 2001, 249, 255; ein weiteres Muster für ein Leibrentenvermächtnis findet sich bei *Kornexl*, Rn. 598 (Leibrentenvermächtnis – wertgesichert); Muster nach *Spall* auch bei *Krauß*, Rn. 5131.

Kapitel 5 Sicherung der Erwerbsaussichten für Endbedachte

§ 2 Nachvermächtnis

[wenn gewollt:] Hinsichtlich des vorstehenden Vermächtnisses wird ein Nachvermächtnis angeordnet. Nachvermächtnisnehmer sind die Geschwister von B, nämlich A und C, zu gleichen Teilen, ersatzweise deren Abkömmlinge, untereinander nach den Regeln der gesetzlichen Erbfolge; weiter ersatzweise tritt Anwachsung ein.

Das Anwartschaftsrecht ist nicht vererblich und nicht übertragbar. Nachvermächtnisfall ist der Tod meines Sohnes B. Vermacht ist dasjenige, was von der Substanz der B zugeflossenen Rentenbeträge samt Erträgnissen hieraus und Surrogaten beim Nachvermächtnisfall noch vorhanden ist.

Durch das Nachvermächtnis wird die Verpflichtung zur Zahlung der Rente nicht verlängert.

§ 3 Testamentsvollstreckung

Zum Zwecke der dauernden Verwaltung des meinem Sohn B Zugewendeten, einschließlich der Erträgnisse hieraus, wird Testamentsvollstreckung in Form der Dauertestamentsvollstreckung angeordnet. Die Testamentsvollstreckung erstreckt sich außerdem auf den Vollzug des Vermächtnisses zugunsten der Nachvermächtnisnehmer.

[Es folgt übliche Regelung mit Leistungskatalog, wie Rdn. 596].

641 Ohne das Nachvermächtnis (§ 2) fiele der aufgrund der Renten in der Hand des Testamentsvollstreckers angesparte Betrag in den Nachlass des Behinderten. Sinn macht die Anordnung aber nur, wenn die Rente so hoch ist, dass sich ein nennenswerter Betrag ergeben kann. Bei der Lösung nach *Spall* ist ein bedingtes Aufstockungsvermächtnis nicht nötig, da sich der Reinwert nach einer über dem Pflichtteil liegenden Quote errechnet. Wird eine bestimmte Rentenhöhe vom Erblasser festgelegt, sollte ergänzend mit einem bedingten Aufstockungsvermächtnis gearbeitet werden.[859] Für den Fall, dass der Wert des Vermächtnisses unter einer bestimmten Quote vom Nachlasswert liegen sollte, erhält das behinderte Kind zusätzlich den fehlenden Betrag in Geld. Andernfalls droht ein Pflichtteilsrestanspruch aus § 2307 Abs. 1 S. 2 BGB.

m) Ziel: Wohnungsrecht für den Behinderten

642 Die Aussetzung eines **Wohnrechtsvermächtnisses** dürfte nur in wenigen Ausnahmefällen in Betracht zu ziehen sein, nämlich dann, wenn sich das Wohnungsrecht auf solche Räumlichkeiten bezieht, die speziell auf das Leben des behinderten Menschen ohne seine Eltern abgestimmt sind, etwa ein betreutes Wohnen in einer Gruppe. Demgegenüber kann ein Wohnungsrecht am elterlichen Haus für die gesunden Geschwister eine erhebliche Belastung darstellen. Dies dürfte nur ausnahmsweise interessengerecht sein.[860] Jedenfalls müsste eine auflösende Bedingung zur Vermeidung von Ersatzansprüchen bei Aufgabe des Wohnungsrechtes aufgenommen werden. Die Bewertung eines solchen Rechts dürfte zudem schwierig sein.

n) Ziel: Vermeidung eines komplexen Behindertentestamentes

643 Erscheint den Beteiligten ein echtes Behindertentestament als zu kompliziert, bleibt als Alternativlösung zur gesetzlichen Erbfolge die **Enterbung** des behinderten Kindes. Der entstehende Pflichtteilsanspruch kann dann vom Sozialleistungsträger übergeleitet werden.

644 Eine maximale Pflichtteilsreduzierung für den zweiten Erbfall wird dadurch erreicht, dass der zuerst versterbende Ehepartner den Längstlebenden zum **Vorerben** und die **gesunden Kinder zu Nacherben** einsetzt.

---

859 *Kornexl*, Rn. 321; *Ruby/Schindler/Wirich*, Rn. 136.
860 Zum Wohnrechtsvermächtnis beim Behindertentestament: *Spall*, MittBayNot 2001, 249, 253.

Bei sehr kleinen Vermögen, die im Wesentlichen aus Hausrat bestehen, kann es sich auch anbieten, es bei der gesetzlichen Erbfolge für den ersten Erbfall zu belassen, da der Hausrat dem länger lebenden Ehegatten als gesetzlicher Voraus gebührt.

Ferner kommen lebzeitige Übertragungen in Betracht, die die 10-Jahres-Frist in Gang setzten.

o) Ziel: Benennung eines Betreuers

Die Eltern eines erwachsenen behinderten Kindes haben nicht die Möglichkeit, rechtlich verbindlich einen Betreuer zu bestimmen. Nur der volljährige Betreute selbst kann einen Wunsch äußern, der für das Betreuungsgericht rechtlich beachtlich ist, § 1897 Abs. 4 S. 1 BGB. Die Eltern können lediglich einen **unverbindlichen Vorschlag** machen.[861] Im Regelfall dürfte das Betreuungsgericht dem Vorschlag aber folgen, wenn der Behinderte, der auch bei fehlender Geschäftsfähigkeit ein eigenes Vorschlagsrecht hat, nichts anderes wünscht. Es spricht daher nichts dagegen, einen solchen Vorschlag in das Testament oder den Erbvertrag aufzunehmen.[862] Ratsam ist es, das Betreuungsgericht bereits zu Lebzeiten über die Person eines geeigneten Ersatzbetreuers zu informieren oder eine solche Person schon als Ersatzbetreuer bestellen zu lassen.[863]

Vorteil einer solchen Aufnahme in der Verfügung von Todes wegen ist, dass damit auch die Frage der Personenidentität zwischen Betreuer, Testamentsvollstrecker und (Nach-)Erbe angesprochen und gelöst werden kann.

▶ **Muster: Bennennung eines Betreuers**

§ ... Betreuer

Zum gesetzlichen Betreuer für unseren behinderten Sohn B schlagen wir nach unserem Ableben unsere Tochter A, vorgenannt, vor. Sie ist als Betreuerin besonders geeignet und wird von unserem Sohn B geschätzt und akzeptiert. Seit vielen Jahren ist sie unserem behinderten Sohn vertraut und aufgrund ihrer Erfahrung, Persönlichkeit und Ausbildung gehen wir davon aus, dass sie die Gewähr bietet, sich auch für unseren behinderten Sohn einzusetzen und den persönlichen Kontakt aufrecht zu erhalten. Aufgrund seiner Behinderung bedarf unser Sohn B der lebenslangen Fürsorge und Betreuung.

p) Sonderfall: Kinder aus mehreren Beziehungen

Gelegentlich stammen die Kinder aus mehreren Beziehungen. Hierbei sind die **unterschiedlichen** gesetzlichen **Erbquoten** und damit Pflichtteilsquoten beim ersten und zweiten Erbfall zu berücksichtigen. Im Einzelfall kann auch an eine **Adoption** gedacht werden, um das Problem der unterschiedlichen Quoten zu beseitigen.

Nachfolgend ein Vorschlag für den Fall von zwei gemeinschaftlichen Kindern, wobei eines behindert ist. Der Ehemann hat ferner zwei Kinder aus erster Ehe, die bei seinem Tode mit dem Pflichtteil bedacht werden sollen. Das gesunde gemeinschaftliche Kind soll alleiniger Erbe werden. Ersatzweise dessen Abkömmlinge und weiter ersatzweise die Kinder des Ehemannes aus erster Ehe.

Vorgeschlagen wird hier eine **Vermächtnislösung**, da auf diese Weise eine Erbengemeinschaft vermieden wird und die jeweiligen Erbquoten aufgrund der Kinderzahl gering sind. Die Vermögenserhaltung ist nicht Primärziel der Eltern. Außerdem könnte bei einer (Mit-)Erbeneinsetzung des behinderten Kindes ein Erbschein sowohl nach dem Erstversterbenden als auch nach dem Längstlebenden nötig werden, da flexible Erbquoten ausgeworfen werden müssten. Bei der Vermächtnislösung ist dies nicht der Fall.

---

861 Anders bei der Vormundschaft für minderjährige Kinder, § 1776 BGB.
862 DNotI-Report 2015, 9.
863 DNotI-Report 2015, 9, 10

Kapitel 5 Sicherung der Erwerbsaussichten für Endbedachte

652 ▶ **Muster einer Vermächtnislösung**

Aus unserer Ehe sind zwei Kinder hervorgegangen, nämlich A, geboren am ... und B, ... Ein Kind, unser Sohn B, ist behindert und bedarf der lebenslangen Betreuung und Fürsorge. Vor allem zu seiner Absicherung und Besserstellung treffen wir die nachfolgenden Verfügungen von Todes wegen.

Aus der vorherigen Ehe des Ehemannes stammen die Tochter C, geboren am ..., und der Sohn D, geboren am ...

[üblicher Eingang, siehe Rdn. 596]

§ 1 Widerruf früherer Verfügungen von Todes wegen

[...]

§ 2 Gegenseitige Erbeinsetzung

[...]

§ 3 Vermächtnis des Erstversterbenden von uns

Der Zuerstversterbende von uns beiden vermacht hiermit testamentarisch

unserem behinderten Sohn B,

geboren am ..., wohnhaft bei uns,

einen baren Geldbetrag, der wertmäßig 60 % des gesetzlichen Erbanteils unseres Sohnes B entspricht, und zwar

– von einem Viertel, wenn die Ehefrau die Zuerstversterbende ist, derzeit also ein Quotenvermächtnis von 15 % (in Worten: fünfzehn Prozent) des Nachlasses der Ehefrau,

– von einem Achtel, wenn der Ehemann der Zuerstversterbende ist, derzeit also ein Quotenvermächtnis von 7,5 % (in Worten: siebenundeinhalb Prozent) des Nachlasses des Ehemannes.

Sollte unser Sohn B vor oder nach dem Eintritt des Erbfalles wegfallen, also beispielsweise das Vermächtnis ausschlagen oder vorversterben, so entfällt das Vermächtnis ersatzlos.

Der als Vermächtnisnehmer eingesetzte Sohn B wird jedoch nur Vorvermächtnisnehmer.

Nachvermächtnisnehmer wird der Überlebende von uns beiden. Der Nachvermächtnisfall tritt ein mit dem Tode des Vorvermächtnisnehmers.

Ersatznachvermächtnisnehmer ist unsere Tochter A, vorgenannt, weiter ersatzweise deren Abkömmlinge nach den Regeln der gesetzlichen Erbfolge erster Ordnung, weiter ersatzweise die Kinder des Ehemannes aus erster Ehe, nämlich C und D, zu gleichen Teilen.

[Regelungen zum Anfall und Fälligkeit, eventuell zu Berechnung, siehe Rdn. 619]

§ 4 Vermächtnis des Ehemannes

Der Ehemann vermacht, gleichgültig, ob er der Erstversterbende oder der Längstlebende ist, für den Fall seines Todes seinen beiden Kindern aus erster Ehe, nämlich C und D, beide vorgenannt, jeweils einen Geldbetrag in Höhe ihres jeweiligen gesetzlichen Pflichtteilsanspruchs, der sich beim Tode des Ehemannes für sie ergibt.

Ersatzvermächtnisnehmer sind deren Abkömmlinge zu gleichen Teilen nach den Regeln der gesetzlichen Erbfolge erster Ordnung.

§ 5 Erbeinsetzung des Überlebenden von uns

Ohne erbvertragliche und wechselbezügliche Bindung mit dem Recht zur jederzeitigen beliebigen Änderung und Aufhebung bestimmt der Überlebende (Längstlebende) von uns für den Fall seines Todes testamentarisch was folgt:

Der Überlebende von uns beruft hiermit unsere Tochter A, geboren ... zu seinem Erben.

Für den Fall, dass unsere vorgenannte Tochter A vor dem Erbfall verstirbt oder aus einem anderen Grunde nicht Erbe wird und Abkömmlinge hinterlässt, treten diese als Ersatzerben an ihre Stelle, und zwar untereinander zu gleichen Teilen nach Stämmen und den sonstigen Regeln der gesetzlichen Erbfolge erster Ordnung, weiter ersatzweise die Kinder des Ehemannes aus erster Ehe, und zwar C und D, beide vorgenannt, zu gleichen Teilen.

Eine gleichartige Regelung gilt auch für den Fall, dass ein Ersatzerbe fortgefallen ist.

Auch diese Schlusserbeneinsetzung erfolgt ohne Rücksicht darauf, ob und welche Pflichtteilsberechtigten beim Tode des Längstlebenden vorhanden sein sollten.

§ 6 Vermächtnis des Überlebenden von uns

Der Überlebende von uns beiden vermacht hiermit testamentarisch

unserem Sohn B, vorgenannt, einen baren Geldbetrag, der wertmäßig 60 % des gesetzlichen Erbanteils unseres Sohnes entspricht, und zwar

– von einem Halb, wenn die Ehefrau die Längstlebende ist, also ein Quotenvermächtnis von 30 % (in Worten: dreißig Prozent) des Nachlasses der Ehefrau,

– von einem Viertel, wenn der Ehemann der Längstlebende ist, also ein Quotenvermächtnis von 15 % (in Worten: fünfzehn Prozent) des Nachlasses des Ehemannes.

Sollte unser Sohn B vor oder nach dem Eintritt des Erbfalles wegfallen, also beispielsweise das Vermächtnis ausschlagen oder vorversterben, so entfällt das Vermächtnis ersatzlos.

Der als Vermächtnisnehmer eingesetzte Sohn B wird jedoch nur Vorvermächtnisnehmer.

Nachvermächtnisnehmer ist unsere gemeinsame Tochter A, vorgenannt, ersatzweise deren Abkömmlinge nach den Regeln der gesetzlichen Erbfolge erster Ordnung, weiter ersatzweise die Kinder des Ehemannes aus erster Ehe, und zwar C und D, beide vorgenannt, zu gleichen Teilen. Der Nachvermächtnisfall tritt ein mit dem Tode des Vorvermächtnisnehmers.

[im Folgenden Regelungen zum Anfall und zur Fälligkeit, eventuell zu Berechnung, wie Rdn. 619]

§ 7 Testamentsvollstreckung *[Regelung wie bei Rdn. 619]*;

§ 8 Betreuer *[wie Rdn. 649]*

§ 9 Belehrungen *[wie Rdn. 570]*

§ 10 Schlussbestimmungen

Sollten sich die gesetzlichen Erbquoten der Kinder, etwa aufgrund des Hinzutretens oder des Wegfalls von gesetzlichen Erben, ändern, so erhöhen oder vermindern sich die Vermächtnisse für unseren Sohn B entsprechend. Er soll immer ein Quotenvermächtnis in Höhe von 60 % des gesetzlichen Erbteils erhalten.

[Rücktrittsvorbehalt und Änderungsbefugnis, siehe Rdn. 596]

q) Sonderfall: nur behindertes Kind, keine Nacherben, kein Erhalt des Vermögens gewollt

Zuweilen wollen Eltern, die nur das behinderte Kind haben, niemanden sonst bedenken, also keine Verwandten, auch nicht eine gemeinnützige Stiftung als Nacherbe. Sie wollen sicher gehen, dass ihr **Vermögen allein dem Kinde** zugute kommt. In einer solchen Konstellation kann das Kind zum Alleinerben eingesetzt werden. Lediglich durch die **Dauertestamentsvollstreckung** mit Verwaltungsanordnung wird gesichert, dass das Vermögen dem behinderten Kind zur Besserstellung auf seine Lebenszeit erhalten bleibt.

653

654 ▶ **Praxistipp**

Beim Tod des behinderten Kindes haften dessen Erben für die Sozialleistungen der letzten zehn Jahre vor dem Tod. Im Regelfall dürfte damit das Restvermögen an den Sozialleistungsträger fallen, was bei dieser Konstellation auch interessengerecht ist.

655 ▶ **Muster[864] für eine Witwe**

Ich will ein Testament errichten und bin durch frühere bindende Verfügungen von Todes wegen hieran nicht gehindert. Ich bin Witwe. Mit meinem verstorbenen Ehemann hatte ich kein gemeinschaftliches Testament oder Erbvertrag errichtet.

Ich besitze die deutsche Staatsangehörigkeit. Ich wünsche nicht die Zuziehung von Zeugen. Ich habe nur ein Kind. Mein Sohn B ist geistig und körperlich behindert und bedarf der lebenslangen Betreuung und Fürsorge. Ich treffe die nachstehenden Anordnungen insbesondere aus Sorge um das Wohlergehen meines Sohnes B. Mein Sohn lebt in einem betreuten Wohnen der .../in einer Wohnstätte der ...

Der Notar überzeugte sich durch die Verhandlung von der Testierfähigkeit der Erschienenen. Diese erklärte daraufhin dem Notar mündlich ihren letzten Willen wie folgt:

§ 1 Widerruf früherer Verfügungen von Todes wegen

Ich widerrufe alle etwaigen früheren Verfügungen von Todes wegen.

§ 2 Erbeinsetzung

Zu meinem alleinigen Erben berufe ich hiermit meinen Sohn

B [genaue Angaben].

§ 3 Testamentsvollstreckung

Mit Rücksicht darauf, dass mein Kind B wegen seiner Behinderung nicht in der Lage sein wird, seine Angelegenheiten selbst zu besorgen, insbesondere die ihm durch den Erbfall zufallenden Vermögenswerte selbst zu verwalten, wird Testamentsvollstreckung (Dauervollstreckung gemäß § 2209 BGB) auf die Lebenszeit meines Kindes B angeordnet.

Aufgabe des Testamentsvollstreckers ist die Verwaltung des Erbes meines Kindes B und damit die Verwaltung des Nachlasses. Nach meinem Tode soll der Testamentsvollstrecker meinen Haushalt auflösen und durch freihändigen Verkauf liquidieren. Gegenstände, die mein Sohn B für sein Zimmer gebrauchen kann, soll er ihm zur freien Verfügung überlassen. Er darf Gegenstände, die mein Sohn nicht haben will, an gemeinnützige Organisationen oder Bedürftige überlassen.

Ich bestimme folgende Verwaltungsanordnung gemäß § 2216 Abs. 2 BGB:

Der jeweilige Testamentsvollstrecker hat meinem Kind B die ihm gebührenden anteiligen jährlichen Reinerträgnisse (Nutzungen) des Nachlasses, wie beispielsweise etwaige anteilige Miet- und Pachtzinsen, Zinserträge, Dividenden- und Gewinnanteile und etwaige sonstige Gebrauchsvorteile und Früchte von Nachlassgegenständen nur in Form folgender Leistungen zuzuwenden:

[Katalog der Leistungen wie Rdn. 596]

Es ist Aufgabe des Testamentsvollstreckers, meinem Kind mit Hilfe des Nachlasses ein selbstbestimmtes, bestmöglich gestaltetes Leben zu ermöglichen und den Nachlass für das persönliche Wohl und den persönlichen Bedürfnissen entsprechend dem Grad der Behinderung und seinen Wünschen zu verwenden.

Für welche der genannten Leistungen die jährlichen Reinerträgnisse verwendet werden sollen, ob diese also auf sämtliche Leistungen gleichmäßig oder nach eine bestimmten Schlüssel verteilt werden oder ob diese in einem Jahr nur für eine oder mehrere der genannten Leistungen verwendet werden,

---

864 Ein Formulierungsbeispiel für eine solche Gestaltung findet sich auch bei *Heinz-Grimm/Krampe/Pieroth*, S. 233, Testamentsentwurf I.

entscheidet der Testamentsvollstrecker nach billigem Ermessen, wobei er allerdings immer auf das Wohl meines Kindes B bedacht sein muss.

Werden die jährlichen Reinerträgnisse in einem Jahr nicht in voller Höhe in Form der bezeichneten Leistungen meinem Kind B zugewendet, sind die entsprechenden Teile vom Testamentsvollstrecker gewinnbringend anzulegen.

Sind größere Anschaffungen für mein Kind B, wie beispielsweise der Kauf eines Gegenstandes zur Steigerung des Lebensstandards meines Kindes B oder eine größere Reise oder ähnliches, beabsichtigt, hat der Testamentsvollstrecker entsprechende Rücklagen zu bilden, die dann zugunsten meines Kindes B zur gegebenen Zeit entsprechend zu verwenden sind.

Auch die Substanz des meinem Sohn B zugefallenen Vermögens darf der Testamentsvollstrecker angreifen und für ihn verwenden, wenn die Erträge des Nachlasses nicht ausreichen, die voraufgeführten Leistungen zu erbringen. Die Substanz darf hierbei nur insoweit angegriffen werden, wie es für die Erbringung der voraufgeführten Leistungen erforderlich ist.

Der vorhandene Nachlass soll somit dazu dienen, meinem Erben die bestmögliche Betreuung, Pflege und Versorgung zu ermöglichen, ohne Rücksicht darauf, ob dadurch der Nachlass in seinem Bestand angegriffen wird oder nicht. Mir kommt es darauf an, meinem Kind eine Versorgung zu bieten, die auf die Dauer seines Lebens über das gesetzliche Mindestmaß hinausgeht.

Der Testamentsvollstrecker soll hinsichtlich meiner Grabstätte einen Grabpflegevertrag abschließen. Die Modalitäten meiner Bestattung habe ich bereits beim Beerdigungsinstitut Seelenfrieden in D-Dorf festgelegt. Der Testamentsvollstrecker soll nach dem Tode meines Sohnes B dafür sorgen, dass die Kosten der Beerdigung meines Sohnes B, der Grabstelle und der Grabpflege, solange die Friedhofssatzung dies ermöglicht, beglichen werden. Insoweit wird eine gesonderte Testamentsvollstreckung angeordnet, die vom Tod meines Sohnes bis zur Erledigung dieser Aufgabe andauert.

Im Übrigen gelten für die Testamentsvollstreckung die gesetzlichen Bestimmungen.

Zum Testamentsvollstrecker über den Erbteil meines Kindes B bestimme ich Herrn XY [genaue Personalien], ersatzweise Frau XY [genaue Personalien] Der (Ersatz-) Testamentsvollstrecker wird hiermit ermächtigt, jederzeit einen Nachfolger zu ernennen. Ist der Ersatz-Testamentsvollstrecker weggefallen, ohne einen Nachfolger benannt zu haben, soll das Nachlassgericht einen geeigneten Testamentsvollstrecker ernennen. Dieser soll Erfahrungen im Umgang mit behinderten Menschen haben.

Der Testamentsvollstrecker erhält eine übliche und angemessene Vergütung sowie Ersatz seiner Auslagen.

§ 4 Belehrungen

[wie Rdn. 570]

§ 5 Grabstätte

Meinem Erben mache ich zur Auflage, meine künftige Grabstätte nach meinem Tode würdig einzurichten und zu gestalten und sie, solange sie besteht, zu pflegen und in guter Ordnung zu halten.

Weiter will ich nichts bestimmen.

[Schlussvermerk]

r) Sonderfall sehr großes Vermögen – Erträge reichen (teilweise) für Lebensunterhalt

Gesichert ist das Behindertentestament nach der Rechtsprechung des BGH für kleinere bis mittlere Vermögen. Eine Entscheidung zu einem großen oder sehr großen Vermögen gibt es (noch) nicht.[865] Aber auch in einer solchen Konstellation ist die Errichtung eines Behindertentestaments sinnvoll, allein schon deshalb, um eine Struktur zu schaffen, die gewährleistet, dass das behinderte Kind auf Lebenszeit besser versorgt wird. Allerdings wird man bei einem großen Vermögen nur die Sub-

656

---

865 v. Proff, RNotZ 2012, 272, 278.

stanz des Erbes sichern können und die Erträge, nachdem die üblichen Leistungen vorrangig erbracht worden sind, auch für den Unterhalt des Kindes verwenden müssen. Ansonsten wäre die Gefahr der Ausschlagung sehr groß, denn wenn die Erträge des Pflichtteils ausreichen, auch den Lebensunterhalt auf Dauer zu tragen, könnte es aus der Sicht des betreuten Kindes besser sein, die Erbschaft auszuschlagen und den Pflichtteil zu verlangen, weil es dann frei über den Nachlass verfügen kann. Vor allem droht aber das Verdikt der Sittenwidrigkeit gemäß § 138 BGB i. V. m. dem sozialhilferechtlichen Nachranggrundsatz, weil dann nicht mehr die Versorgung des Kindes, sondern allein die Sicherung der Erträge zur Mehrung des Familienvermögens zulasten der Sozialkassen im Vordergrund steht.

657 Bei einem großen bis sehr großen Vermögen müssen sich Erblasser daher mit der Sicherung der Substanz begnügen. Dies dürfte im Regelfall auch den Wünschen der Erblasser entsprechen, die die Förderung des Kindes mit Behinderungen im Fokus haben. Wenn dessen Besserstellung erreicht ist, wird auch die Anrechnung der freien Erträgnisse auf die Sozialleistungen akzeptiert werden. Nicht verbrauchte Erträge stehen nach dem Ableben des Behinderten für einen etwaigen Sozialhilferegress nach 102 SGB XII zur Verfügung. Einem zusätzlichen Herausgabevermächtnis, durch welches solche thesaurierten Erträge innerhalb der Familie weitergeleitet würden, käme – anders als einem auf die Substanz der Nachlassbeteiligung bezogenen Vermächtnis – kein Vorrang gegenüber dem sozialhilferechtlichen Ersatzanspruch zu.[866]

658 ▶ **Muster[867] als Zusatz beim Behindertentestament:**

> Wenn und soweit die Erträge des Nachlasses so groß sind, dass die vorgenannten Leistungen uneingeschränkt auf Dauer des Lebens unseres Kindes B erbracht werden können, dürfen die nicht erforderlichen Erträge auch für den allgemeinen Lebensunterhalt einschließlich der Unterbringungskosten unseres Kindes verwandt werden. Hierbei soll auf die bestmögliche Unterbringung und Versorgung, ohne Rücksicht auf die damit verbundenen Kosten, geachtet werden. Verbleiben auch nach Erbringung der Leistungen und Tragung des Lebensunterhaltes noch Erträge, sind diese gewinnbringend anzulegen und kommen zu gegebener Zeit den Nacherben zugute. Diese überschüssigen Erträge werden hiermit den Nacherben vermacht.

s) Sonderfall: Familienstiftung oder gemeinnützige Stiftung

659 Für Eltern eines behinderten Kindes kommt die lebzeitige Errichtung einer Familienstiftung oder einer gemeinnützigen Stiftung schon wegen des erforderlichen Vermögens nur selten in Betracht. Ferner müsste sie außerhalb der 10-Jahres-Frist errichtet werden, weil auch die Zuwendung an eine Stiftung nach der Rechtsprechung des BGH als Schenkung angesehen wird, die Pflichtteilsansprüche auslöst. Die Errichtung einer Stiftung von Todes wegen würde einen doppelten Aufwand darstellen, da zumindest ein den Pflichtteil übersteigender Teil des Vermögens als Vorerbe mit Dauertestamentsvollstreckung dem Behinderten selbst zufallen sollte, damit nicht Pflichtteilsansprüche übergeleitet werden können. Als Nacherbe könnte die Stiftung eingesetzt werden.

660 Für andere Angehörige kann eine solche Stiftung eine interessante Variante darstellen. Siehe hierzu unten Rdn. 670.

4. Flankierende Maßnahmen zur Reduzierung des Umfangs der überleitbaren Ansprüche des Sozialleistungsträgers

a) Vor dem Erbfall

661 Ist eine Reduzierung des Erb- und Pflichtteils des behinderten Kindes gewollt, um mögliche Ansprüche des Sozialleistungsträgers zu minimieren, kommen als flankierende Maßnahmen zur Reduzierung des Erb- und Pflichtteils in Betracht:

---

866 *Kornexl*, Rn. 361 Fn. 165.
867 Musterformulierung auch bei *Kornexl*, Rn. 362.

- wenn der Erblasser nicht verheiratet ist: Heirat oder Lebenspartnerschaft zu Verringerung des gesetzlichen Erbteils und damit des Pflichtteils der übrigen Erben und damit auch des Kindes mit Behinderungen,
- bei Ehepaaren mit ausländischer Staatsangehörigkeit: Vereinbarung der Zugewinngemeinschaft unter Wahl des deutschen Güterrechts eventuell Wahl des Erbstatuts,
- bei Ehepaaren mit Gütertrennung: Vereinbarung zu modifizierten Zugewinngemeinschaft,
- insbesondere wenn Kinder aus verschiedenen Beziehungen vorhanden sind: Adoption der übrigen Kinder,
- wenn der Erwachsene mit Behinderungen die nötige Geschäftsfähigkeit besitzt: Pflichtteilsverzicht,
- Maßnahmen der lebzeitigen Reduktion des Nachlasses, insbesondere durch lebzeitige Übertragungen.

Alle Maßnahmen, die der Pflichtteilsreduzierung dienen, sind bei der Beratung in den Blick zu nehmen. Allgemein zu den Möglichkeiten der Reduktion siehe oben *Worm*, Kapitel 10 Rdn. 83 ff. 662

Die Gestaltungsmöglichkeiten durch lebzeitige Übertragungen haben seit dem 1. Januar 2010 aufgrund des Gesetzes zur Änderung des Erb- und Verjährungsrechts vom 24. September 2009[868] wieder mehr an Bedeutung gewonnen. Nach alter Rechtslage waren sie wegen der Zehn-Jahres-Frist des § 2325 Abs. 3 BGB a. F. und der fatalen Folgen des § 2306 BGB allenfalls bei sehr jungen und gesunden Eltern empfehlenswert. Seit der Reform gilt nunmehr das Abschmelzungsprinzip von je einem Zehntel pro Jahr des § 2325 Abs. 3 und das Risiko des § 2306 BGB ist auf eine Pflichtteilsergänzung, die im Allgemeinen kalkulierbar sein wird, begrenzt. 663

Der **Pflichtteilsverzicht** eines geschäftsfähigen behinderten Menschen ist jedenfalls dann nicht sittenwidrig, wenn er sich auf den Tod des Erstversterbenden der Eltern beschränkt. Das OLG Köln hat den Pflichtteilsverzicht trotz bereits bestehender Hilfebedürftigkeit als wirksam angesehen.[869] Der Bundesgerichtshof ist dem in einer grundlegenden Entscheidung gefolgt.[870] Bei geschäftsfähigen behinderten Menschen ist daher ein Pflichtteilsverzicht, jedenfalls für den ersten Erbfall, empfehlenswert.[871] 664

b) Nach dem (ersten) Erbfall

Ist eine Reduzierung des Umfanges der Erb- und Pflichtteilsansprüche des behinderten Kindes gewollt, um mögliche Ansprüche des Sozialleistungsträgers für den zweiten Erbfall zu minimieren, kann eine Pflichtteilsgeltendmachung der gesunden Abkömmlinge nach dem Tode des zuerst verstorbenen Elternteils überlegt werden. Ein Anerkenntnisvertrag mit verzinslicher Stundungsabrede führt dann dazu, dass beim zweiten Erbfall diese Ansprüche den pflichtteilsunterworfenen Nachlass des zuletzt versterbenden Elternteils mindern. 665

Ein Erlass des entstandenen Pflichtteilsanspruchs durch **Erlassvertrag** (§ 397 BGB) dürfte auch weiterhin risikobehaftet sein. Bei Beziehern von ALG II geht der Anspruch kraft Gesetzes ohne Überleitungsanzeige über. Der Erlassvertrag ist daher schon mangels Forderungsinhaberschaft unwirksam. Bezog der Pflichtteilsberechtigte Sozialhilfe, geht der Anspruch erst mit Überleitungsanzeige über. Hier könnte somit ein Erlass möglich sein.[872] Allerdings könnten Leistungskürzungen drohen.

---

868 BGBl. I 2009, S. 3142.
869 OLG Köln, Urt. vom 9.12.2009 – 2 U 46/09, RNotZ 2010, 139 mit Anm. *Vaupel*.
870 BGH, Urt. vom 19.1.2011, DNotZ 2011, 381 mit Anm. *Ivo*, 389 = NJW 2011, 1586 = ZEV 2011, 258 = MittBayNot 2012, 138 mit Anm. *Spall*, 141.
871 *Ivo*, siehe vor, DNotZ 2011, 387, 388.
872 *v. Proff*, RNotZ 2012, 272, 279.

5. Rettungsmaßnahmen, falls kein Behindertentestament vorliegt

666 Gelegentlich kommt es vor, dass kein Behindertentestament vorliegt und aufgrund gesetzlicher oder testamentarischer Erbfolge das Kind mit Behinderungen (Mit-) Erbe wird. In einem solchen Fall ist der Nachlass für den Lebensunterhalt bis zum Schonvermögen von € 2600 zu verwenden.

667 Es wird hierzu vorgeschlagen, nachträglich die Wirkungen des Behindertentestamentes durch **Ausschlagung gegen Versorgungsvertrag** zu erzielen. Bei diesem Modell schlägt der gesetzliche Betreuer des behinderten Menschen die angefallene Erbschaft aus und vereinbart durch Vertrag mit dem durch die Ausschlagung begünstigen Erben, dass dieser solche Zuwendungen zu machen hat, die dem üblichen Katalog der Vergünstigungen in einem Behindertentestament entsprechen. Eine solche Erbausschlagung bedarf der betreuungsgerichtlichen Genehmigung. Sie dürfte jedoch nicht genehmigungsfähig sein, denn nunmehr muss der behinderte Mensch selbst, vertreten durch den Betreuer die Rechtsfolgen setzen. Er macht sich damit selbst bedürftig. Das OLG Hamm hat jüngst eine solche Ausschlagung als sittenwidrig und nicht genehmigungsfähig angesehen.[873] Dem ist der Bundesgerichtshof nun entgegengetreten.[874] Einige Stimmen in der Literatur leiten hieraus ab, dass auch eine Ausschlagung genehmigungsfähig ist. Hier bleibt die weitere Entwicklung abzuwarten. Wenn dieser Weg einer Rettungsmaßnahme als einzige Chance trotz der schwankenden Rechtsprechung begangen werden soll, sollte bei der Ausgestaltung der Vereinbarung darauf geachtet werden, dass die Vermögensverschiebung zum durch die Ausschlagung Begünstigten mittels einer gleichwertigen Gegenleistung neutralisiert wird und damit Ertrag und Substanz dem behinderten Menschen etwa durch eine Leibrente auf Dauer zugutekommt. Hierbei kann dann geregelt werden, dass vorrangig die Annehmlichkeiten bezahlt werden und erst danach die Rente für den Lebensunterhalt genommen werden kann. M. E. dürfte eine solche Vereinbarung nicht von vornherein dem Verdikt der Sittenwidrigkeit unterfallen, weil hier ein legitimes Interesse des behinderten Menschen besteht und keine einseitige Vermögensverschiebung allein zulasten des Sozialleistungsträgers erfolgt. Ein solcher Vertrag würde zumindest die Chance wahren, das primäre Ziel eines Behindertentestamentes im Nachhinein zu erreichen.

6. Dritte als Testatoren (Großeltern, Geschwister, Onkel, Tanten)

668 Die verbreiteten Gestaltungsmodelle für Behindertentestamente gehen davon aus, dass die Eltern oder ein Elternteil des behinderten Kindes den Erbvertrag oder das Testament errichten. Es kommt jedoch häufig auch vor, dass andere Personen, wie Geschwister oder Onkel und Tanten den behinderten Menschen begünstigen wollen.

669 Da in der Seitenlinie keine Pflichtteilsansprüche bestehen, ist eine solche Gestaltung wesentlich einfacher und die Gestaltungsräume sind größer. Hierbei kann z. B. auch elegant mit der -sonst ungeeigneten- Auflagenlösung[875] gearbeitet werden.

670 Möglich wäre es bei einem größeren Vermögen auch, eine Familienstiftung oder eine gemeinnützige Stiftung zu errichten.

671 Eine **Familienstiftung** wird allein zugunsten einer Familie oder einzelner Personen gegründet. Eine steuerliche Begünstigung ist damit nicht verbunden. Die Zuwendung des Vermögens an die Stiftung löst Schenkungssteuer aus. Für eine solche Familienstiftung ist nur ein Vorstand, am besten bestehend aus mindestens drei Personen, nötig. Ein Kuratorium oder Familienrat ist nicht zwingend, aber möglich. Eine Mindestzahl für ein solches Gremium besteht nicht. Es sollten aber mindestens drei Mitglieder sein. Vorteil einer solchen Stiftung ist, dass eine dauerhafte Struktur zu besseren Ver-

---

[873] OLG Hamm, Beschl. vom 16.7.2009 – 15 Wx 85/09, ZEV 2009, 471 mit Anm. *Leipold*; so auch schon OLG Stuttgart, Beschl. vom 25.6.2001 – 8 W 494/99, ZEV 2002, 367 = NJW 2001, 3484.
[874] BGH, Urt. vom 19.1.2011, DNotZ 2011, 381 mit Anm. *Ivo*, 389 = NJW 2011, 1586 = ZEV 2011, 258 = MittBayNot 2012, 138 mit Anm. *Spall*, 141.
[875] Hierzu nachstehend Rdn. 689.

sorgung des behinderten Kindes geschaffen wird. Die Satzung müsste ähnlich den Anweisungen an einen Testamentsvollstrecker beim Behindertentestament gestaltet werden. Alle 30 Jahre unterliegt eine Familienstiftung erneut der Erbschaftsbeteuerung. Nach dem Tode des behinderten Kindes sollte das Stiftungsvermögen dann entweder satzungsgemäß für andere Familienangehörige verwendet werden oder die Stiftung danach als eine gemeinnützige Stiftung weiter bestehen oder das Stiftungsvermögen sollte an eine andere gemeinnützige Organisation (Stiftung) fallen. Ein Problem ist hierbei, dass eine Stiftung auf Dauer ausgerichtet sein muss, § 80 Abs. 2 BGB.

Eine **gemeinnützige Stiftung** verfolgt demgegenüber allein gemeinnützige Zwecke. Aber auch eine gemeinnützige Stiftung eignet sich zur Versorgung eines behinderten Menschen, weil der Stifter anordnen kann, dass ein Teil des Einkommens der Stiftung für bestimmte Personen zu verwenden ist. Gemäß § 58 Ziff. 5 AO darf höchstens ein Drittel des Einkommens einer Stiftung dafür verwendet werden, den Stifter selbst oder seine nächsten Angehörigen zu unterhalten. 672

Als Unterart wäre auch eine unselbständige fiduziarische Stiftung denkbar. Hierbei bildet das Stiftungsvermögen lediglich ein treuhänderisch gehaltenes Sondervermögen einer anderen Stiftung. Ähnlich ist die Zustiftung unter Auflage an eine bestehende Stiftung zu sehen. Dieser Weg dürfte durchaus gangbar sein, zumal etwa die Lebenshilfe in ihren Bezirken jeweils Stiftungen errichtet hat. Diese Stiftungen oder auch die Bundesstiftung der Lebenshilfe haben die nötigen Kenntnisse und Strukturen zur Förderung von Behinderten. 673

Wollen die **Großeltern** Vermögen dem Enkelkind mit Behinderungen zukommen lassen, stehen ihnen die gleichen Gestaltungsinstrumente zur Verfügung wie den Eltern. Hierbei sind aber die Pflichtteilsansprüche des behinderten Menschen im Auge zu gehalten. 674

Der Gestaltungsspielraum ist gleichwohl auch für die Großeltern größer als für die Eltern, da z. B. mittels Vor- und Nacherbfolge auch Vermögen am behinderten Enkelkind vorbei an die übrigen Enkel vererbt werden kann, um auf diese Weise Erb- und Pflichtteilsansprüche des behinderten Enkelkindes zu minimieren. Soll unmittelbar nahezu das gesamte Vermögen auf die übrigen Enkel vererbt werden, ist auch dies möglich, wenn der pflichtteilsberechtigte Elternteil des behinderten Kindes auf sein Pflichtteilsrecht am Nachlass seiner Eltern verzichtet. Mittels eines auch gegenüber den eigenen Abkömmlingen wirksamen Pflichtteilsverzicht des pflichtteilsberechtigten Elternteils des behinderten Kindes gegenüber seinen Eltern (= Großeltern des behinderten Kindes) kann zuverlässig erreicht werden, dass keine Pflichtteilsansprüche des behinderten Enkelkindes am Nachlass der Großeltern entstehen können, auch wenn der Elternteil vor dem behinderten Enkelkind verstirbt. Solange der Elternteil lebt, besteht zwar ohnehin kein Pflichtteilsrecht des Enkelkindes, aber gleichwohl ist der Verzicht gegebenenfalls sinnvoll, da dann, wenn der pflichtteilsberechtigte Elternteil des behinderten Kindes innerhalb von drei Jahren ebenfalls verstirbt, sich der Pflichtteilsanspruch des behinderten Kindes auch auf den zum Vermögen des verstorbenen Elternteils gehörenden Pflichtteilsanspruch am Nachlass des vorverstorbenen Großelternteils bezieht. 675

Gleiches gilt bei lebzeitigen Zuwendungen an die anderen Enkelkinder, um den Nachlass am behinderten Enkelkind vorbei zu lenken. 676

Musterformulierung eines Pflichtteilsverzichtes siehe oben bei *Worm*, Kapitel 10 Rdn. 2 ff. 677

7. Risiken der Gestaltung und deren Begrenzung

a) Risiko der Ausschlagung

Auch bei noch so sorgfältiger Gestaltung eines Behindertentestamentes besteht **immer das Risiko** einer **Erbausschlagung**. Ist das behinderte Kind nicht geschäftsfähig, muss der gesetzliche Vertreter über die Frage der Ausschlagung der Erbschaft entscheiden. Ist das Kind noch minderjährig wird ein Ergänzungspfleger zu bestellen sein, da der überlebende allein sorgeberechtigte Elternteil insoweit von einer Vertretung ausgeschlossen ist. Bei einem Erwachsenen mit geistiger Behinderung sind als Betreuer im Regelfall nächste Angehörige eingesetzt, so dass im Regelfall ein Ergänzungsbetreuer zu bestellen ist. 678

679 Die Entscheidung dieses gesetzlichen Vertreters hat sich dabei ausschließlich an den Belangen und dem Wohl des behinderten Menschen zu orientieren. Hierbei sind nicht nur rein finanzielle Interessen zu berücksichtigen, sondern alle Belange des behinderten Menschen, wie insbesondere ein selbstbestimmtes Leben nach seinen Wünschen und Vorstellungen zu führen. Die öffentlichen Belange des Sozialleistungsträgers sind demgegenüber nicht zu berücksichtigen. Das LG Köln und ihm folgend das OLG Köln[876] haben jüngst die **Erbausschlagung** eines Ergänzungsbetreuers **nicht genehmigt**, weil eine Ausschlagung nicht im Interesse der durch ein Behindertentestament als nicht befreite Vorerbin eingesetzten Betreuten gelegen hätte.

680 Im Regelfall kann es daher nicht zur Ausschlagung kommen. Gefahren können aus dem Wert des Nachlasses resultieren, insbesondere, wenn dieser relativ klein ist. Ist bei einem relativ kleinen Nachlass das Vermögen zudem in Werten gebunden, die keinen oder **nur geringen Ertrag** abwerfen, besteht das Risiko, das der Betreuer für den Behinderten ausschlägt, weil dies im wohl verstanden Interesse des Behinderten liege. Hier ist das Behindertentestament also nicht anzuraten oder ausdrücklich aufzunehmen, dass auch die **Substanz** für die Verbesserung der Lebensqualität **zu verwenden ist**. Ist der Behinderte so schwerstbehindert (z. B. Wachkoma), dass ihm keine sinnvollen Annehmlichkeiten durch den Testamentsvollstrecker zugewandt werden können, dürfte ebenfalls eine Ausschlagung nicht gänzlich auszuschließen sein.

681 Im Einzelfall muss auch erwogen werden, ob die für die anderen Erben mit dem Behindertentestament verbundenen Beschränkungen in Relation zu den Vorteilen des Behindertentestaments gewünscht sind.

b) Zu kleiner Erbteil – Gefahren aus § 2306 BGB a. F. und § 2306 BGB n. F

682 Aufgrund der Regelung des § 2306 BGB a. F. drohte bei einem Behindertentestament der Super-GAU, wenn dem Behinderten genau der Pflichtteil oder weniger zugewandt wurde. Gemäß § 2306 BGB a. F. **fielen** damit **alle Beschränkungen kraft Gesetzes weg**. Der Behinderte wurde damit unbeschränkter Erbe in Höhe der bestimmten Erbquote. Das Behindertentestament stürzte damit in sich zusammen.

683 Nach neuem Recht besteht diese Gefahr nicht mehr.[877] Gleichwohl ist der Behinderte weiterhin auf eine Quote einzusetzen, die über dem Pflichtteil liegt, damit es nicht zur Ausschlagung kommt und nicht Ansprüche auf den Restpflichtteil übergeleitet werden können.[878] Würde der Behinderte auf eine Quote gesetzt, die nur einen Teil des Pflichtteils abdeckt, so bleibt, auch wenn nicht ausgeschlagen wird, ein Anspruch auf den Restpflichtteil bestehen, den der Sozialleistungsträger überleiten kann.

684 Aufgrund der Neufassung des § 2306 BGB besteht nunmehr auch nicht mehr die lange Zeit nicht gesehene Gefahr der zu kleinen Nacherbenanteile der Geschwisterkinder.[879]

c) Gefahren aus lebzeitigen Schenkungen an andere Kinder

685 Lebzeitige Schenkungen der Eltern an die gesunden Kinder können für das Behindertentestament gefährlich sein, weil sie Pflichtteilsergänzungsansprüche auslösen könnten. Aufgrund der Neufassung des § 2306 BGB führt dies zwar nicht mehr zum **Super-GAU**, nämlich zum Wegfall aller Beschränkungen, jedoch zum Ergänzungspflichtteil, der uneingeschränkt dem Zugriff des Sozialleistungsträgers unterliegt. Vorsorge kann in einem solchen Fall durch ein bedingtes Vorvermächtnis getroffen werden. Siehe hierzu Rdn. 586.

---

876 OLG Köln, Beschl. vom 29.6.2007 – 16 Wx 112/07, ZEV 2008, 196; so jetzt auch OLG Celle, Beschl. vom 20.4.2009 – 17 W 132/08, RdL 2009, 81.
877 *Spall*, ZErb 2007, 271, 273.
878 *Spall*, ZErb 2007, 271, 273.
879 Siehe hierzu etwa *Spall*, ZEV 2006, 344; *Mundanjohl/Tanck*, ZErb 2006, 177.

d) Rechtliche und/oder tatsächliche Veränderungen

Die Gestaltung eines Behindertentestamentes hängt am seidenen Faden der Nichtausschlagung des Erbes. Nach derzeitiger Rechtslage kann nur der Erbe selbst oder sein Vertreter die Ausschlagung erklären. Eine Überleitung auf den Sozialleistungsträger ist *de lege lata* ausgeschlossen. Sollte der Gesetzgeber das SGB entsprechend ändern, könnte in Zukunft möglicherweise auch das Ausschlagungsrecht überleitbar sein. 686

Auch tatsächliche Veränderungen nach Errichtung stellen eine Bedrohung für das Behindertentestament dar. Der künftige Wegfall von kinderlosen gesetzlichen Erben erhöht die gesetzliche Erbquote und damit den Pflichtteil des behinderten Kindes. 687

▶ **Praxistipp** 688

In jedem Falle ist daher beim gemeinsamen Testament oder Erbvertrag von Eheleuten dem Längstlebenden freie Hand zu geben; siehe vorstehend Rdn. 591.

8. Ungeeignete Gestaltungen und typische Fehler

a) Auflagenlösung

In älteren Behindertentestamenten findet man häufig die **Auflagenlösung**. Das behinderte Kind wird hierbei enterbt und die gesunden Kinder mit der Auflage belastet, diesem etwa ein monatliches Taschengeld zu zahlen und andere Vergünstigungen wie Aufnahme in die Familie am Wochenende, die Gewährung von persönlichen Gegenständen, die nicht auf Sozialleistungen anzurechnen sind. Durch die Enterbung entsteht der Pflichtteilsanspruch, den der Sozialleistungsträger auf sich überleitet. Da die Auflage kein eigenes Recht des Begünstigten gewährt, ist auch nicht eine Ausschlagung vor Geltendmachung des Pflichtteils erforderlich. 689

Die Auflagenlösung ist daher für Eltern von Kindern mit Behinderungen **völlig ungeeignet**. Weder das primäre Ziel noch das sekundäre Ziel werden erreicht. 690

Notare, die früher solche Behindertentestamente beurkundet haben, sollten diese Testamente überprüfen und die Beteiligten anschreiben, damit eine Neufassung erfolgt. Da die Eltern behinderter Kinder über die Träger der Behindertenhilfe wie die Bundesvereinigung Lebenshilfe und deren Ortsvereine als Elternselbsthilfeorganisationen oder z.B. die Evangelische Stiftung Hephata gut informiert werden, dürften allerdings in vielen Fällen bereits eine Neufassung erfolgt sein. 691

Möglich und sinnvoll ist die Gestaltung über eine Auflage für solche Erblasser, die keinem Pflichtteilsanspruch des behinderten Kindes ausgesetzt sind, wie Geschwister oder Onkel und Tanten.[880] 692

b) Gesetzliche Erbfolge

Gänzlich ungeeignet ist die **gesetzliche Erbfolge**. Weder das primäre noch des sekundäre Ziel eines Behindertentestamentes wird dann erreicht. Der gesamte Erbteil des behinderten Kindes unterliegt sowohl beim ersten wie beim zweiten Erbfall dem Zugriff des Sozialleistungsträgers. Das behinderte Kind hat den Erbteil bis auf das Schonvermögen für den Unterhalt einzusetzen. **Besser** ist dann schon die **Enterbungslösung**. Jedes Ehegattentestament mit gegenseitiger Erbeinsetzung ist daher schon ein Schritt in die richtige Richtung. Allein wenn der gesamte Nachlass fast nur aus Hausrat besteht, dürfte es aufgrund des gesetzlichen Voraus (§ 1932 BGB) für den ersten Erbfall günstiger sein, es bei der gesetzlichen Erbfolge zu belassen. 693

---

880 Vorstehend 6. Rdn. 668.

c) Enterbung, Verweisung auf Pflichtteil

694 Zunächst könnte man daran denken, dem behinderten Kind durch **Enterbung** nichts oder nur wenig zukommen zu lassen. Doch dann entsteht der Pflichtteilsanspruch, der dann wiederum vom Sozialhilfeträger übergeleitet und geltend gemacht werden könnte. Darüber hinaus wollen viele Eltern ihrem behinderten Kind ja gerade etwas zukommen lassen, um dessen Lebenssituation zu verbessern.

695 Eine Enterbung und Verweisung auf den Pflichtteil kann bei einem sehr kleinen Vermögen oder bei vielen Kindern beim ersten Erbfall jedoch dann empfehlenswert sein, falls der Pflichtteilsanspruch das Schonvermögen von derzeit € 2600 nicht überschreitet. Der Aufwand einer Testamentsvollstreckung oder gar einer Erbeinsetzung zu einem Bruchteil dürfte in diesem Falle in keinem Verhältnis zum Nutzen stehen. Bei dieser Lösung ist zu beachten, dass sich auf dem Konto des Behinderten nicht zu viel Guthaben befindet, weil ansonsten ein Teil des Freibetrages bereits aufgezehrt ist. Die Pflichtteilslösung kommt ferner dann in Betracht, wenn kein Testamentsvollstrecker im Familienkreis zur Verfügung steht und die Kosten der lebenslangen Testamentsvollstreckung durch einen professionellen Testamentsvollstrecker den Wert des zugedachten Erbteils übersteigen. Auch kann im Einzelfall der Wunsch der Testatoren dahingehen, möglichst einfache und handhabbare Gestaltungen zu wählen. Dies z. B., wenn die Familie mit einer dauerhaften Testamentsvollstreckung schlicht überfordert wäre.

d) Behinderter als Nacherbe (Trennungslösung)

696 Eine andere Gestaltungsvariante für Eheleute ist der von *Litzenburger*[881] zum Behindertentestament entwickelte Vorschlag einer **Einsetzung des behinderten Kindes zum Nacherben** beim ersten Erbfall. Damit wird trotz faktischer Enterbung eine Überleitung des Pflichtteilsanspruchs verhindert. Beim Behindertentestament ist diese Lösung sehr problematisch, weil angesichts der fehlenden Erträge der Druck auf den Betreuer steigt, die Ausschlagung zu erklären.[882] Beim geschäftsfähigen Bedürftigen, der selbst entscheidet, ob er ausschlägt oder nicht, liegt der Fall häufig anders. Die Situation ist auch nicht vergleichbar mit der hinausgeschobenen Fälligkeit von Vermächtnissen, weil die vorzeitige Erfüllung als Handlungsvariante nicht zur Verfügung steht.

697 Beim geschäftsunfähigen Behinderten ist von der Verwendung des Trennungsmodells grundsätzlich abzuraten.[883] Empfehlenswert ist die Lösung daher nur beim geschäftsfähigen, nur körperlich Behinderten, mit dem die Testamentsgestaltung vorher abgestimmt war, so dass von einer Annahme der Erbschaft ausgegangen werden kann. Auch für das Bedürftigentestament ist die Gestaltung möglich. Siehe hierzu Verfügungen zugunsten von Menschen, die auf Dauer Sozialleistungen beziehen, Rdn. 765 ff.

e) Pflichtteilsstrafklausel

698 Eine Pflichtteilsstrafklausel verhindert auch für den ersten Erbfall bei Eheleuten nicht die Überleitung und Geltendmachung des Pflichtteils seitens des Sozialleistungsträgers.[884] Eine solche Klausel stellt nach daher **keine geeignete Gestaltung** für das Behindertentestament dar, auch nicht für den ersten Erbfall.

f) Pflichtteilsbeschränkung in guter Absicht

699 Nicht möglich ist die Anwendung des § 2338 BGB auf die Behindertentestamente.[885] Die Tatbestandsvoraussetzung der Überschuldung liegt nicht vor.

---

[881] *Litzenburger*, RNotZ 2004, 138, 146 ff.
[882] *Ruby/Schindler/Wirich*, Rn. 124.
[883] *Ruby/Schindler/Wirich*, Rn. 124; *Kornexl*, Rn. 355: allenfalls Alternative zur Enterbungslösung.
[884] Seit BGH, Urt. vom 8.12.2004 – IV ZR 223/03, DNotZ 2005, 296 mit Anm. *Spall*, nunmehr endgültig entschieden.
[885] *Kornexl*, Rn. 640.

g) Regelung nur des zweiten Erbfalles (Tod des Längstlebenden)

Gelegentlich wollen Eltern eines behinderten Kindes nur den zweiten Erbfall regeln, weil sie der Meinung sind, dass, solange einer von ihnen lebt, das Kind nicht hilfebedürftig wird. Dies ist aber in Regelfall ein Trugschluss: zum einen weil heute die Kinder häufig bereits zum Lebzeiten beider Elternteile in eine Wohnstätte oder ein betreutes Wohnen ziehen, zum anderen, weil spätestens beim Bezug einer Wohnstätte oder eines betreuten Wohnens vom Sozialleistungsträger die Frage nach dem ererbten Vermögen gestellt wird und etwaige Pflichtteilsansprüche mangels Fristablauf oder Hemmung noch nicht verjährt sein werden.

▶ **Praxistipp**

In jedem Falle ist daher auch der Erbfall nach dem erstversterbenden Elternteil durch Erbeinsetzung oder Vermächtnis zu regeln. Eine **Pflichtteilsstrafklausel** reicht **nicht** aus.

9. Steuerrecht

Steuerliche Besonderheiten gelten für das Behindertentestament nicht. Es kann daher auf die allgemeinen Hinweise, insbesondere zur Vor- und Nacherbfolge, verwiesen werden.

10. Checkliste

Eine Checkliste für die Sachverhaltsaufklärung findet sich oben unter Rdn. 561. Im Übrigen Checkliste wie bei jeder Verfügung von Todes wegen.

Folgende Punkte sollten nach Entwurfsfertigung beim Behindertentestament nochmals geprüft und durchdacht werden:

▶ **Checkliste: Behindertentestament**

- ☐ bei Ehegattenverfügungen beide Erbfälle erfasst (erster und zweiter Erbfall) und durch ausreichende Beteiligung des behinderten Kindes am Nachlass geregelt?
- ☐ Uneingeschränkte Änderungsmöglichkeit für den Längstlebenden gewährleistet?
- ☐ Erbquoten des behinderten Kindes (für beide Erbfälle) richtig berechnet (Pflichtteil plus x), insbesondere im Hinblick auf Güterstand (Gütertrennung, ausländischer Güterstand)?
- ☐ Gefahr der Erbausschlagung durch ausreichende Nachlassbeteiligung und Vorteile des behinderten Kindes minimiert?
- ☐ Ersatznacherben bzw. Ersatznachvermächtnisnehmer richtig und umfassend bestimmt (Abkömmlinge, Seitenlinie)?
- ☐ Soll der Testamentsvollstrecker bei kleineren Vermögen oder Erbquoten auch Nachlasssubstanz für die zu erbringenden Leistungen verwenden dürfen?
- ☐ Heimgesetz beachtet? Ersatzerbe bzw. Ersatzvermächtnisnehmer bei Zuwendungen an dem Heimträger nahe stehenden Stiftungen bestimmt?
- ☐ Testator auf die Risiken und Unwägbarkeiten hingewiesen?
- ☐ Auf Erfordernis regelmäßiger Kontrolle und gegebenenfalls Anpassung hingewiesen?

II. Verfügungen von Todes wegen zugunsten von verschuldeten Menschen (Überschuldete)

Literatur:
Baltzer/Reisnecker, Vorsorgen mit Sorgenkindern, 2012, Rn. 704 ff.; *Baumann*, Die Pflichtteilsbeschränkung in »guter Absicht«, ZEV 1996, 121; *Engelmann*, Letztwillige Verfügungen zugunsten Verschuldeter oder Sozialhilfeberechtigter, 2. Aufl. 2001; *Everts*, Letztwillige Verfügungen zugunsten überschuldeter und bedürftiger Personen, ZErb 2005, 353; *Flik*, Gemeinschaftliches Testament bei überschuldeten Ehegatten, BWNotZ 1979, 53; *Hartmann*, Verfügungen von Todes wegen zugunsten verschuldeter und insolventen Personen, ZNotP 2005, 82; *Keller*, Die Beschränkung des Pflichtteils in guter Absicht, NotBZ 2000, 253; *Kleensang*, Ehegattenverfügungen bei behinderten, sozialhilfebedürftigen oder verschuldeten Kindern: Einsetzung des »Problemkindes« als

Nacherbe?, RNotZ 2007, 22; *Kesseler*, Erwerb von Todes wegen im Restschuldbefreiungsverfahren nach der InsO, RNotZ 2003, 557; *Kornexl*, Nachlassplanung bei Problemkindern, 2006; *Limmer*, Testamentsgestaltung bei überschuldeten Erben im Hinblick auf die Auswirkungen des Verbraucherinsolvenz- und Restschuldbefreiungsverfahrens, ZEV 2004, 133; *Litzenburger*, Das Bedürftigentestament – Erbfolgegestaltung zu Gunsten von Langzeitarbeitslosen (Hartz-IV-Empfängern), ZEV 2009, 278; *Mayer, J.*, Testamentsgestaltung bei überschuldeten Erben, MittBayNot 2011, 445 (Teil I), 2012, 18 (Teil II); *Menzel*, Der überschuldete Vermächtnisnehmer – zugleich Anmerkung zum Beschluss des BGH vom 10.3.2011, IX ZB 168/09-, MittBayNot 2011, 374; *Reul/Heckschen/Wienberg*, Insolvenzrecht in der Gestaltungspraxis, 2012, entstanden auf der Grundlage von: *Reul/Heckschen/Wienberg*, Insolvenzrecht in der Kautelarpraxis, Schriftenreihe des DNotI Bd. 15, 2006; *Rossak*, Pfändbarkeit, Pfändung und Pfandverwertung von Nießbrauch und Wohnungsrecht, MittBayNot 2000, 383; *Schaal/Grigas*, Der Regierungsentwurf zur Änderung des Erb- und Verjährungsrechtes, BWNotZ 2008, 2; *Tönnies*, Die teilweise Ausschlagung als Gestaltungsmittel bei Testamentsvollstreckung, ZNotP 2003, 92;

Formulierungsbeispiele bei

Baltzer/Reisnecker, Rn. 904; *Hartmann*, ZNotP 2005, 82; *Kleensang*, RNotZ 2007, 22; *Kornexl*, Rn. 400 ff.; *Krauß*, Vermögensnachfolge in der Praxis, 3. Aufl., Rn. 5386 (Einzeltestament bei überschuldetem Abkömmling); *Menzel*, MittBayNot 2011, 374, 375 (Vermächtnis fällt erst nach Ablauf des Insolvenzverfahrens an); *Reul/Heckschen/Wienberg*, P. II. (zahlreiche Varianten); Würzburger Notarhandbuch/*Limmer*, 4. Aufl. 2015, Teil 4, Kap. 1, Rn. 424.

1. Allgemeine Grundlagen

705 Eine Zugriffsgefahr seitens der Gläubiger auf das Erbe besteht erst mit dem Erbfall; selbst eine erbvertraglich mit dem Verschuldeten vereinbarte Zuwendung ist trotz des Schutzes nach §§ 2287 f. BGB rechtlich bloß eine begründete Erwartung und keine pfändbare Rechtsposition.[886]

706 Erst mit dem Erbfall kann der Gläubiger somit auf das Erbe zugreifen. Ist der überschuldete Erbe Alleinerbe, so wird er im Wege der Gesamtrechtsnachfolge Inhaber sämtlicher Vermögenspositionen des Erblassers, die damit unbeschränkt pfändbar sind. Nach § 792 ZPO kann ein Gläubiger sogar anstelle des Schuldners den Erbschein beantragen, um so z. B. die Berichtigung des Grundbuches zu veranlassen und die Eintragung einer Sicherungshypothek nach § 866 ZPO zu erreichen. Ist der Schuldner nur Miterbe, so kann der Gläubiger den Miterbenanteil gemäß § 859 Abs. 2 ZPO pfänden.

707 Durch die **Enterbung** des Überschuldeten wird somit auf einfache Art und Weise ein **Zugriff** auf den Nachlass **zuverlässig verhindert**.[887] Beim pflichtteilsberechtigten Erben bleibt als Vermögensposition jedoch der **Pflichtteilsanspruch**. Dieser ist zwar nach dem Wortlaut des § 852 Abs. 1 ZPO nur pfändbar, wenn er durch Vertrag anerkannt oder rechtshängig geworden ist, aber eine **Pfändung** des Anspruchs als in seiner zwangsweisen Verwertbarkeit aufschiebend bedingter Anspruch ist nach der Rechtsprechung des BGH vor vertraglicher Anerkennung oder Rechtshängigkeit **möglich**.[888] Bis dahin kann der Gläubiger diesen jedoch **nicht verwerten**. Der gepfändete Pflichtteilsanspruch darf dem Gläubiger erst dann zur Einziehung überwiesen werden, wenn die Voraussetzungen des § 852 Abs. 1 ZPO vorliegen.[889] Die Entscheidungsfreiheit des verschuldeten Pflichtteilsberechtigten wird auch gewahrt gegenüber den Gläubigeranfechtungsvorschriften: Das Unterlassen der Geltendmachung eines Pflichtteilsanspruchs unterliegt nicht den Anfechtungsvorschriften i. S. d. Anfechtungsgesetzes und der InsO.[890] Im Gegensatz zum Sozialleistungsträger, der Pflichtteilsansprüche auch dann auf sich überleiten und durchsetzen kann, wenn der pflichtteilsberechtigte Hilfeempfänger sie nicht geltend macht, ist jedem sonstigen Gläubiger die **Verwertung des Pflichtteilsanspruchs** somit **nur möglich,** wenn er vertraglich **anerkannt** oder **rechtshängig** gemacht wurde.

---

886 Nieder/Kössinger/*Kössinger*, § 21 Rn. 118; *Limmer*, ZEV 2004, 134 m. w. N.
887 *Hartmann*, ZNotP 2005, 82.
888 BGHZ 123, 183; bestätigt durch BGH Beschl. vom 26.2.2009 – VII ZB 30/08, DNotZ 2009, 860.
889 BGH Beschl. vom 26.2.2009 – VII ZB 30/08, DNotZ 2009, 860.
890 BGH NJW 1997, 2384 = DNotZ 1998, 823 = ZEV 1997, 345.

Wird der Verschuldete Erbe, steht ihm das höchstpersönliche Recht zu, die **Erbschaft auszuschlagen.** 708
Selbst wenn der Erbe einem Insolvenzverfahren unterliegt, kann er eine vor oder während des Verfahrens anfallende Erbschaft ausschlagen, § 83 Abs. InsO. Diese höchstpersönliche Entscheidung ist nicht anfechtbar.

Auch in der **Wohlverhaltensperiode** des Restschuldbefreiungsverfahrens gehört es nicht zu seinen 709
Obliegenheiten, die Erbschaft anzunehmen. Der Verzicht auf die Geltendmachung des Pflichtteilsanspruchs in der Wohlverhaltensphase stellt -ebenso wie die Ausschlagung der Erbschaft oder der Verzicht auf ein Vermächtnis- **keine Obliegenheitsverletzung** dar.[891] Nimmt er die Erbschaft in dieser Phase gleichwohl an oder macht den Pflichtteil geltend, verbleibt ihm **die Hälfte des Wertes** der Erbschaft oder Pflichtteils, § 295 Abs. 1 Nr. 2 InsO (Halbteilungsgrundsatz). Dies soll einen Anreiz für den Schuldner bieten, die Erbschaft anzunehmen oder den Pflichtteil geltend zu machen.

Der Anfall einer Erbschaft nach Abschluss des Restschuldbefreiungsverfahrens ist unschädlich. Die 710
Gläubiger können dann nicht mehr auf das Erbe zugreifen.

Für den Vertragsgestalter begründet dies einen wesentlichen Unterschied zwischen nur Verschulde- 711
ten und auch Bedürftigen: Immer wenn der Sozialleistungsträger (Sozialamt, ARGE) Sozialhilfe oder ALG II leistet, droht **die Überleitung des Pflichtteils** gemäß § 93 SGB XII bei jedem Erbfall. Bei Eheleuten mit bedürftigen Kindern droht somit die **Überleitung** von Pflichtteilsansprüchen schon beim Tod des **erstversterbenden** Elternteils. Die Überleitung erfolgt unabhängig von der Geltendmachung durch den Pflichtteilsberechtigten. Auf seine Entscheidung kommt es nicht an. Die gegenseitige Erbeinsetzung und Pflichtteilsstrafklauseln helfen nicht weiter. Sie verhindern **nicht** die Überteilung und Verwertung des Pflichtteilsanspruchs durch den Sozialleistungsträger. Zu den Gestaltungsmöglichkeiten, um die Pflichtteilsüberleitung auszuschließen siehe nachstehend Verfügungen von Todes wegen zugunsten von Menschen, die auf Dauer Sozialleistungen beziehen (Langzeitarbeitslose, Hartz IV-Empfänger) Rdn. 765 ff.

Demgegenüber droht bei **lediglich Verschuldeten** die Geltendmachung von Pflichtteilsansprüchen 712
nur vom berechtigten **Kind selbst**. Dieses wird aber -trotz der nur hälftigen Ablieferungsverpflichtung- nur ausnahmsweise den Pflichtteil bei eigener Insolvenz verlangen und im Regelfall auf den zweiten Erbfall, der hoffentlich erst nach Ablauf der Wohnverhaltensperiode eintritt, spekulieren. Andererseits ist die Entscheidung vom Erblasser und dessen Berater nicht so kalkulierbar wie beim Testament zugunsten eines nicht geschäftsfähigen behinderten Menschen, da die Entscheidung des Verschuldeten über die Ausschlagung oder Pflichtteilsgeltendmachung nicht immer nur nach objektiven Kriterien getroffen wird und nicht vernünftig sein muss. Demgegenüber bedarf die Ausschlagung beim geistig behinderten Menschen der betreuungsgerichtlichen Genehmigung, was eine gewisse Kalkulierbarkeit bedingt.

2. Grundlagen und Instrumente der Gestaltung

a) Vor Eintritt des Erbfalles

Seit jeher ist die Enterbung oder nach dem Erbfall die Ausschlagung das einfachste und effektivste 713
Gestaltungsmittel. Es ist aber nur teilweise zielführend, da der Erblasser dem Verschuldeten ja etwas zuwenden will. Wesentliche Gestaltungsinstrumente für Verschuldetentestamente sind daher die Zuwendung unpfändbaren Vermögens,[892] die (Verwaltungs-)Testamentsvollstreckung, die Vor- und Nacherbfolge und, nur bei Abkömmlingen, die Pflichtteilsbeschränkung in guter Absicht.

Ein **Wohnungsrecht** ist unpfändbar, wenn die Überlassung an Dritte ausgeschlossen ist.[893] Demgegen- 714
über ist ein **Nießbrauchrecht** pfändbar, auch wenn die Ausübung der Überlassung ausgeschlossen ist.[894]

---

891 BGH Beschl. vom 25.6.2009 – IX ZB 196/08, DNotZ 2009, 860, 862.
892 Hierzu *Reul/Heckschen/Wienberg*, P. Rn. 54 ff.
893 Siehe ausführlich *Rossak*, MittBayNot 2000, 383, 386 f.
894 Nieder/Kössinger/*Kössinger*, § 8 Rn. 154; ausführlich *Rossak*, MittBayNot 2000, 383 f.

Ein **Rentenvermächtnis** ist pfändbar und unterfällt dem § 850b Abs. 1 Nr. 3 ZPO. Es ist nur in Höhe des Pfändungsfreibetrages nach § 850c ZPO unpfändbar. Für die Berechnung des effektiv pfändbaren Betrages wird der Vermächtnisbetrag, Arbeitseinkommen und etwaige Naturalleistungen addiert, § 850b Abs. 2 i. V. m. § 850e Nr. 2 und Nr. 3 ZPO.[895]

715 Standardinstrument und Mittel der Wahl ist die Vor- und Nacherbfolge. Durch die **Nacherbeneinsetzung** ist die **Verwertung** des Nachlasses durch die Eigengläubiger des Vorerben **ausgeschlossen**. Durch die §§ 2115 BGB, 773 ZPO, 83 Abs. 2 InsO wird das gesamte der Nacherbenbindung unterliegende Sondervermögen vor der Verwertung -nicht jedoch Pfändung- geschützt.

716 Das **Vor- und Nachvermächtnis** kommt auch in Frage, erweist sich aber **nicht als insolvenz- und pfändungsfest**.[896] In Kombination mit einer Verwaltungsvollstreckung (§ 2214 BGB) ist lediglich auf die Lebenszeit des Vorvermächtnisnehmers ein Zugriff ausgeschlossen.[897] Eine dem § 2115 BGB entsprechende Vorschrift gibt es für das Vermächtnis nicht. Der Nachvermächtnisnehmer ist normaler Nachlassgläubiger. Ob ein Vorrang des Nachvermächtnisanspruchs gegenüber dem Kostenerstattungsanspruch des Sozialleistungsträgers besteht, weil erstere eine an sich den Erblasser treffende Schuld (Erblasserschuld) ist, während der Kostenerstattungsanspruch erst mit dem Erbfall entsteht (Erbfallschuld) und ferner der Sozialleistungsträger nach § 102 SGB XII nur auf den Aktivnachlass zugreifen kann, ist streitig und von der Rechtsprechung noch nicht geklärt.[898]

717 **Vermächtnisansprüche** unterlagen nach altem Recht einer 30-jährigen Verjährungsfrist. Bis zum Ablauf der Frist konnte der Bedachte die Annahme und damit den eigentlichen Erwerb hinauszögern. Nach neuem Recht verjähren die Ansprüche bereits nach **drei Jahren**, so dass dieses Spielen auf Zeit ihren Reiz verloren hat.[899] Allerdings könnte nach neuem Recht mit der Verlängerung der Verjährungsfrist agiert werden. Im Testament kann formuliert werden:[900]

718 ▶ **Muster:**

Das Vermächtnis verjährt erst in 30 Jahren ab dem gesetzlichen Verjährungsbeginn.

719 **Pflichtteilsverzichte** sind auch während eines Insolvenzverfahrens und im Restschuldbefreiungsverfahren nach h. M. ohne Obliegenheitsverstoß möglich,[901] aber nicht zielführend und eher kontraproduktiv. Die Nichtgeltendmachung des Pflichtteils steht dem Berechtigten frei und vom normalen Gläubiger kann eine Verwertung nicht vorgenommen werden. Im Verhältnis zum Sozialleistungsträger dürfte sich der Verzicht häufig als unwirksam erweisen.

720 **Auflagen** zugunsten des überschuldeten Erben scheiden wegen ihrer unsicheren Vollziehung im Regelfall aus.[902] Allerdings kann ein Testamentsvollstrecker für den Vollzug der Auflage sorgen.

b) Nach Eintritt des Erbfalls

721 Die Ausschlagung der Erbschaft und die Nichtgeltendmachung des Pflichtteils stehen dem Pflichtteilberechtigten frei. Seit der Entscheidung des BGH vom 25.6.2009[903] ist auch geklärt, dass dies auch in der Wohlverhaltensphase so ist. Anders sieht dies die bislang h. M. beim Bezug von bedarfsabhängigen Sozialleistungen. Die Ausschlagung einer werthaltigen Erbschaft, die dazu führt, dass die Sozialhilfebedürftigkeit fortbesteht, verstößt gegen die guten Sitten, es sei denn, die Ausschla-

---

895 *Reul/Heckschen/Wienberg*, P. Rn. 64.
896 *Reul/Heckschen/Wienberg*, P. Rn. 105.
897 Nieder/Kössinger/*Kössinger*, § 8 Rn. 139.
898 Sie hierzu oben die Nachweise unter Rdn. 617.
899 Vgl. noch zum alten Recht ausführlich *Hartmann*, ZNotP 2005, 82, 86; *Reul/Heckschen/Wienberg*, Insolvenzrecht in der Kautelarpraxis, S. 316.
900 So der Vorschlag von *Schaal/Grigas*, BWNotZ 2008, 2, 23.
901 DNotI-Report 2003, 179, 181. Der Verzicht ist auch nicht anfechtbar, BGH NJW 1997, 2384.
902 *Reul/Heckschen/Wienberg*, P. Rn. 95 (mit Musterformulierung).
903 BGH Beschl. vom 25.6.2009 – IX ZB 196/08, ZEV 2009, 469.

gung ist durch besondere, legitime Interessen des Erben nachvollziehbar motiviert.[904] Vereinbarungen über die Ausschlagung gegen Besserstellung des Verschuldeten seitens der durch die Ausschlagung begünstigten Erben sind möglich, wenn die Ausschlagung nicht sittenwidrig ist.[905] Eine solche Gestaltung kommt daher im Regelfall nur dann in Betracht, wenn bedarfsabhängige Sozialleistungen nicht bezogen werden.

3. Gestaltungen und Formulierungsvorschläge

a) Ziel: Sicherung des »Wohnenbleibens« im Familienheim

Geht es den Beteiligten in erster Linie um das »Wohnenbleiben« im Familienheim bietet sich die Zuwendung unpfändbarer Vermächtnisse, wie etwa ein höchstpersönliches **Wohnungsrecht**[906] oder der **Nießbrauch an ertraglosen Gegenständen**, wie etwa am Hausrat und sonstigem Gebrauchsvermögen an. Möglich ist auch die Zuwendung einer Leibrente bis zur Pfändungsfreigrenze. 722

Zu Erben werden in diesem Falle dem Verschuldeten nahe stehende Personen berufen: etwa dessen Kinder, Geschwister, gegebenenfalls auch den Ehepartner. Hierbei sind jedoch auch die erbschaftsteuerlichen Auswirkungen im Auge zu behalten. 723

Zur Stärkung der Position des Verschuldeten ist es möglich, den Erben auf die Zeit des Bestehens des Wohnungsrechtes die Verfügung über den Grundbesitz ohne Zustimmung des verschuldeten Wohnungsberechtigten zu verbieten. Zur Kontrolle dieses Verbotes kann der Verschuldete auf seine Lebenszeit zum Testamentsvollstrecker berufen werden. Hierbei ist zu beachten, dass eine Vergütung für den Testamentsvollstrecker ausgeschlossen wird, da diese ansonsten pfändbar wäre. Durch die Testamentsvollstreckung kommt der Verschuldete in eine stärkere Position gegenüber den Erben. 724

Der Wohnungsberechtigte darf **nicht** zur entgeltlichen oder unentgeltlichen Überlassung an Dritte berechtigt sein. Auch sollte das Wohnungsrecht keinesfalls so weit reichend ausgestaltet sein, dass es einem pfändbaren Nießbrauchrecht nahe kommt. 725

▶ **Muster: Wohnrechtvermächtnis** 726

Vermächtnis – Wohnungs- und Benutzungsrecht –

Mein Kind V erhält an dem Grundbesitz [Lage, Grundbuchblatt] ein lebenslängliches und unentgeltliches Wohnungsrecht unter Ausschluss des Eigentümers an folgenden Räumlichkeiten:

an der dem gesamten Haus [Straße, Hausnummer], bestehend aus allen Räumen im Erd- und Obergeschoss.

Das Wohnungsrecht umfasst die Mitbenutzung aller dem gemeinschaftlichen Gebrauch dienenden Räume, Anlagen und Einrichtungen. Für die Ausübung des Rechtes sollen die gesetzlichen Bestimmungen gelten.

Der Wohnungsberechtigte ist berechtigt, beliebige Personen in den Haushalt aufzunehmen oder als Besuch zu empfangen und zu beherbergen.

Übt der Berechtigte das Wohn- und Mitbenutzungsrecht nicht selbst aus, darf es Dritten weder entgeltlich noch unentgeltlich überlassen werden.

Dieses Wohn- und Benutzungsrecht ist mit Ausnahme seiner Unentgeltlichkeit als beschränkte persönliche Dienstbarkeit gemäß § 1093 BGB in das Grundbuch an rangbereiter Stelle einzutragen.

---

904 OLG Hamm Beschl. vom 16.7.2009 – 15 Wx 85/09, ZEV 2009, 471 mit Anm. *Leipold*; OLG Stuttgart Beschl. vom 25.6.2001 – 8 W 494/99, ZEV 2002, 367 = NJW 2001, 3484; **a. A.** LG Aachen Beschl. vom 4.11.2004 – 7 T 99/04, ZEV 2005, 120 = NJW-RR 2005, 307; *J. Mayer*, ZEV 2002, 369, 370; so auch der BGH für einen behinderten Sozialleistungsempfänger: Urt. vom 19.1.2011, DNotZ 2011, 381 mit Anm. *Ivo*, 389 = NJW 2011, 1586 = ZEV 2011, 258 = MittBayNot 2012, 138 mit Anm. *Spall*, 141.
905 So im Falle OLG Hamm Beschl. vom 16.7.2009 – 15 Wx 85/09, ZEV 2009, 471 mit Anm. *Leipold*.
906 Zur Pfändung von Wohnrecht und Nießbrauch ausführlich *Rossak*, MittBayNot 2000, 383 f.

Alle mit dem Haus- und Grundbesitz verbundenen einmaligen sowie wiederkehrenden Kosten und Lasten (wie z. B. Instandhaltungskosten, Grundbesitzabgaben, Schornsteinfegergebühren, Sach- und Eigentümerhaftpflichtversicherungsprämien, Strom-, Wasser-, Gas- und Heizungskosten etc.) trägt der Erbe als Eigentümer mit Ausnahme von [welche Kosten nicht?], die wie folgt anteilmäßig auf den Wohnungsberechtigten umgelegt werden:

727 ▶ **Muster: Nießbrauch am Inventar und am Hausrat**

Ferner vermache ich meinem Kind V den Nießbrauch an dem gesamten Inventar in meinem Haus und an meinem gesamten Hausrat.

b) Ziel: Zuwendung des Vermögens an den Verschuldeten bei dauerhafter Sicherung des gesamten Vermögens, insbesondere des Grundbesitzes

aa) Klassische Vor- und Nacherbfolge mit Testamentsvollstreckung

728 Die klassische Lösung und beschränkt auf das Nötigste ist die **nicht befreite**[907] **Vor- und Nacherbfolge** mit **Dauertestamentsvollstreckung**.[908] Formulierungsbeispiel hierzu oben bei *Hartmann*, Rdn. 75 oder Rdn. 117 aber ohne die dort vorgesehenen Befreiungen des Vorerben.

729 Mit dieser Gestaltung wird sicher und zuverlässig eine Verwertung des Nachlasses verhindert. Dem Vorerben stehen die Nutzungen des Nachlasses zu, die jedoch einer Pfändung unterliegen, soweit die Pfändungsfreigrenzen überschritten werden. Nachteil ist, dass der Vorerbe Zeit seines Lebens den Preis einer Vorerbenstellung zahlt und der Testamentsvollstreckung unterliegt. Je nach Alter und Vermögenszusammensetzung muss dies aber nicht unbedingt ein großer Nachteil sein. Bei der Gestaltung ist darauf zu achten, dass die Nacherbenanwartschaftsrechte auf den Vorerben übertragen werden können und im Falle einer solchen Übertragung alle Ersatznacherbeneinsetzungen entfallen. Auf diese Weise hat die Familie die Möglichkeit, nach einer nachhaltigen Besserung die Vor- und Nacherbfolge wieder aufzulösen. Dies setzt natürlich die Mitwirkung der Nacherben voraus. Der Testamentsvollstrecker sollte auch die Rechte der Nacherben wahrnehmen.

730 ▶ **Muster:**

Die Nacherbenanwartschaftsrechte sind auf den Vorerben übertragbar; im Übrigen sind sie weder vererblich noch übertragbar. Im Falle der Übertragung auf den Vorerben entfällt jegliche ausdrückliche oder schlüssige Ersatznacherbeneinsetzung.

bb) Einsetzung des Verschuldeten zum Nacherben

731 Eine weitere Variante der Vor- und Nacherbfolge besteht darin, den Verschuldeten zum Nacherben des erstversterbenden Ehepartners zu machen. Auf diese Weise wird die Überleitung eines Pflichtteilsanspruchs auf den Sozialleistungsträger ausgeschlossen. Diese Gestaltung eignet sich somit insbesondere bei Bedürftigen und wird dort mit einem Formulierungsbeispiel von *Kleensang*[909] vorgestellt, siehe unten Rdn. 777, 778.

c) Ziel: Wahlrecht für den Erben, ob er Vollerbe oder geschützter Erbe werden will

732 Auf ein sehr interessantes Gestaltungsinstrument hat *Tönnies*[910] für den Fall aufmerksam gemacht, dass bei Testamentserrichtung noch unklar ist, ob der Erbe im Erbfall tatsächlich überschuldet sein wird oder nicht. *Tönnies* weist darauf hin, dass § 1951 Abs. 3 BGB es dem Erblasser ermöglicht,

---

907 Zur Frage, ob nicht eine befreite Vorerbenstellung ausreicht: ablehnend *Reul/Heckschen/Wienberg*, P. Rn 81.
908 *Reul/Heckschen/Wienberg*, P. Rn. 67 f., Rn. 68.
909 *Kleensang*, RNotZ 2007, 22, 26 mit Muster; Beck'sches Formularbuch Erbrecht/*Kleensang*, F. II. 3.
910 *Tönnies*, ZNotP 2003, 92.

den Erben auf mehrere Erbteile einzusetzen und ihm zu erlauben, den einen Erbteil anzunehmen und den anderen Erbteil auszuschlagen.[911] Dies gilt nach h. M. zumindest analog auch für den Fall, dass ein Erbe durch einen einheitlichen Berufungsgrund (z. B. Testament) mehrfach (alternativ) unter Anordnung unterschiedlicher Beschränkungen oder Beschwerungen eingesetzt ist.[912] Wenn der Erblasser es gestattet, kann der Erbe kann daher die eine Erbeinsetzung annehmen und die andere ausschlagen. Allerdings ist *Tönnies* konkreter Vorschlag nicht unproblematisch. Er bildete folgenden Fall:

Beispielfall: Der 70-jährige Witwer Fritz Reich und dessen einziges Kind, die ebenfalls verwitwete Eleonore Arm (=V) konfrontieren den Notar mit folgendem Problem: Reich würde sein nicht unbeträchtliches Vermögen am liebsten seiner Tochter zukommen lassen. Aufgrund einer Verkettung unglücklicher Umstände hat Arm jedoch Verbindlichkeiten in beträchtlicher Höhe. Hinzu kommen Sorgen wegen eines anhängigen Haftpflichtprozesses, bei dem u. U. weitere Verbindlichkeiten in so beträchtlicher Höhe auf Arm zukommen könnten, dass Arm diese entweder gar nicht oder erst nach vielen Jahren durch Verbraucherinsolvenz oder Vergleich aus der Welt schaffen könnte. Reich und Arm haben jedenfalls die Sorge, dass der Nachlass des Reich im Todesfall von den Gläubigern des Arm weggepfändet werden könnte, dass sie sich schweren Herzens dazu durchgerungen haben, dass Reich seine Tochter vorsichtshalber enterben und stattdessen deren beiden Kinder, die 16-jährige Anita (=EK 1) und den 19-jährigen Jochen (=EK 2) als Erben einsetzen solle. Sie, Vater und Tochter, gehen übereinstimmend davon aus, dass die guten Enkelkinder die Mutter am Tage X schon nicht leer ausgehen lassen.

▶ **Muster nach *Tönnies* (verkürzt)**

[...] § 2 Erbeinsetzung

Zu meiner alleinigen Erbin setze ich meine Tochter V [genaue Angaben], ein.

§ 3 Ersatzerben der Erbin im Falle von deren Vorversterben

Für den Fall, dass meine in § 2 als Erbin eingesetzte Tochter vor mir versterben sollte, ordne ich folgende Ersatzerbfolge an:

Ersatzerben sind in diesem Fall die Kinder der Erbin, meine Enkel: 1. EK 1, [Angaben], 2. EK 2, [Angaben], zu je 1/2-Anteil, ersatzweise deren Abkömmlinge nach der gesetzlichen Erbfolge.

§ 4 Ersatzerben der Erbin im Falle von deren Ausschlagung

Für den Fall, dass meine in § 2 als Erbin eingesetzte Tochter die Erbschaft ausschlagen sollte, ordne ich folgende Ersatzerbfolge an:

Ersatzerben sind auch in diesem Fall die in § 3 eingesetzten Ersatzerben zu je 1/2 Anteil, ersatzweise deren Abkömmlinge nach der gesetzlichen Erbfolge.

Nacherbin nach jedem Vorerben ist in diesem Falle meine in § 2 genannte Tochter V. Ersatznacherbfolge wird nicht angeordnet.

---

911 Nach h. M. kann der Erbe z. B. zu zehn Erbteilen von jeweils 1/10 eingesetzt werden. Der Erblasser kann ihm gestatten, diese Erbteile teilweise auszuschlagen oder anzunehmen, AnwKomm-BGB/*Ivo*, § 1951 Rn. 6.
912 BayObLG NJW-RR 1997, 72 = ZEV 1996, 425; Palandt/*Weidlich*, § 1951 Rn. 5; AnwKomm-BGB/*Ivo*, § 1951 Rn. 8 m. w. N.; siehe auch *Reul/Heckschen/Wienberg*, P. Rn. 90 f.; **A. A.** nur hinsichtlich der dogmatischen Begründung: *Edenfeld*, Anm. zu BayObLG ZEV 1996, 425, 427, der zu Recht darauf hinweist, dass es eines Rückgriffes auf § 1951 Abs. 3 BGB (analog) nicht bedarf. Die durch Bedingungen abgestufte Mehrfach-Erbeinsetzung ein und desselben Alleinerben ist bereits aufgrund der §§ 2074, 2075 BGB uneingeschränkt zulässig.

Sollte meine Tochter die Nacherbschaft ausschlagen oder vor Eintritt des Nacherbfalls versterben, werden die Vorerben dadurch zu Vollerben.

Die Vorerben sind von den gesetzlichen Beschränkungen nicht befreit. Der jeweilige Nacherbfall tritt ein, wenn der jeweilige Vorerbe stirbt, spätestens jedoch 10 Jahre nach meinem Tode.

Die Nacherbenanwartschaft ist vererblich und übertragbar.

§ 5 Ausschlagung nur der Vollerben-,
nicht hingegen der Nacherbenstellung durch meine Tochter V

Entsprechend dem Rechtsgedanken des § 1951 Abs. 3 BGB gestatte ich meiner Tochter V hiermit ausdrücklich, im Falle meines Todes nur ihre Vollerbeneinsetzung gemäß § 2, nicht hingegen ihre Nacherbenstellung gemäß § 4 dieses Testamentes auszuschlagen. Macht meine Tochter V somit von diesem gestatteten Ausschlagungsrecht ausdrücklich Gebrauch, wird sie dadurch Nacherbin nach den in § 4 genannten Vorerben.

§ 6 Verwaltungs-Testamentsvollstreckung für Erbteile der Vorerben

Wenn und solange die Vor- und Nacherbfolge gemäß § 4 bestehen sollte, ordne ich bezüglich der Erbteile der Vorerben Testamentsvollstreckung an.

Testamentsvollstrecker soll meine in § 2 bezeichnete Tochter V sein.

Für den Fall, dass die vorgenannte Testamentsvollstreckerin das Amt nicht annehmen oder vor oder nach Antritt ihres Amtes wegfallen sollte, soll keine Testamentsvollstreckung mehr stattfinden.

Die Testamentsvollstreckerin soll die Erbteile der Vorerben bzw. die dem jeweiligen Vorerben bei der Erbauseinandersetzung zugewiesenen Gegenstände bis zum Eintritt des Nacherbfalles verwalten.

Die Testamentsvollstreckung bezüglich des jeweiligen Erbteils endet mit dem Eintritt der Nacherbschaft.

Die Testamentsvollstreckerin soll in der Eingehung von Verbindlichkeiten für den Nachlass nicht beschränkt und in dem gesetzlich zulässigen Umfang auch sonst von Beschränkungen, insbesondere denen aus § 181 BGB, befreit sein.

Für ihre Tätigkeit erhält die Testamentsvollstreckerin neben dem Ersatz ihrer Auslagen keine Vergütung. [...]

735 Entscheidende **Schwachstelle** der Gestaltung ist, dass die **Nacherbenanwartschaftsrechte** des überschuldeten Nacherben, die bei seiner Ausschlagung der Vollerbenstellung entstehen, **pfändbar** sind.[913] Zwar kann der überschuldete Nacherbe später auch zusätzlich die Nacherbschaft ausschlagen, wenn sie ihm zufällt, aber dann ist mit der Gestaltung nur wenig gewonnen. Allerdings hatte der Überschuldete eine zweite Chance. *Tönnies* selbst weist darauf hin, dass der Erbe stattdessen z. B. für den Fall der Ausschlagung seiner Vollerbenstellung auch als Vorerbe eingesetzt oder lediglich mit einem Wohnrechtsvermächtnis bedacht werden könne. Wenn der überschuldete Erbe verheiratet sei, könne man z. B. auch daran denken, seinen Ehegatten für den Fall der Ausschlagung als Vorerben und den Nacherbfall bei Scheidung oder Tod des Ehegatten eintreten zu lassen. Wesentlich ist für *Tönnies* allein der im Vorschlag zum Ausdruck kommende Gedanke, dass es möglich ist, dem Erben nicht vor die Alternative »alles oder nichts« zu stellen, sondern ihm für den Fall seiner Ausschlagung ganz gezielt darüber entscheiden zu lassen, ob er Vollerbe werden oder weniger als die Vollerbenstellung erwerben möchte.

---

913 *Reul/Heckschen/Wienberg*, P. Rn 93.

Ist bei Testamentserrichtung noch unklar, ob der Erbe im Erbfall tatsächlich überschuldet sein wird oder nicht,[914] und droht die Gefahr, dass der Testator bei einer Besserung nicht mehr selbst ändern kann oder kann er dies nicht zuverlässig beurteilen,[915] bietet sich daher in Fortführung von *Tönnies* folgende Gestaltung an: 736

▶ **Muster:** 737

[...] **§ 2 Erbeinsetzung**

Zu meiner alleinigen und unbeschränkten Erbin setze ich meine Tochter V [genaue Angaben], ein.

§ 3 Ersatzerben, wenn die Erbin vor mir verstirbt

Für den Fall, dass meine in § 2 als Erbin eingesetzte Tochter vor mir versterben sollte, ordne ich folgende Ersatzerbfolge an:

Ersatzerben sind in diesem Fall die Kinder der Erbin, meine Enkel: 1. EK 1, [Angaben], 2. EK 2, [Angaben], zu je 1/2-Anteil, ersatzweise deren Abkömmlinge nach der gesetzlichen Erbfolge.

§ 4 Erbfolge, wenn die Erbin ausschlägt

Für den Fall, dass meine in § 2 als Erbin eingesetzte Tochter die Erbschaft als unbeschränkte Vollerbin ausschlagen sollte, ordne ich folgende Erbfolge an:

Erbin ist wiederum meine Tochter V. Sie ist in diesem Fall jedoch nur nicht befreite Vorerbin. Nacherben sind in diesem Fall die in § 3 eingesetzten Ersatzerben zu je 1/2 Anteil, ersatzweise deren Abkömmlinge nach der gesetzlichen Erbfolge erster Ordnung.

Die Vorerbin ist von den gesetzlichen Beschränkungen nicht befreit.

Die Nacherbenanwartschaft ist nicht vererblich und nur auf die Vorerbin übertragbar. Im Falle der Übertragung auf die Vorerbin entfällt jegliche ausdrückliche oder schlüssige Ersatznacherbeneinsetzung.

Sollte meine Tochter auch die Vorerbschaft ausschlagen, sind die Nacherben zugleich unbeschränkte Ersatzerben.

**§ 5 Ausschlagung nur der Vollerben-,
nicht hingegen der Vorerbenstellung durch die Erbin**

Entsprechend dem Rechtsgedanken des § 1951 Abs. 3 BGB gestatte ich meiner Tochter V hiermit ausdrücklich, im Falle meines Todes ihre Vollerbenstellung gemäß § 2 dieses Testamentes auszuschlagen, gleichwohl aber ihre Vorerbenstellung gemäß § 4 nicht auszuschlagen und die Erbschaft insoweit anzunehmen. Macht meine Tochter V somit von diesem ihr gestatteten Ausschlagungsrecht Gebrauch, wird sie dadurch Vorerbin gemäß § 4 dieses Testamentes.

Der Notar hat mich darauf hingewiesen, dass die Möglichkeit einer solchen Teilausschlagung nach einer Entscheidung des Bayerischen Obersten Landesgerichtes möglich ist, aber juristisch nicht unumstritten ist,[916] und bislang eine Entscheidung des Bundesgerichtshofes nicht vorliegt. Jedenfalls ist die Ausschlagung einer Erbschaft und Annahme eines Vermächtnisses möglich.[917] Sollte die Ausschlagung der Vollerbschaft und Annahme der Vorerbenstellung durch meine Tochter V rechtlich nicht

---

914 *Tönnies*, ZNotP 2003, 92, 93 denkt an folgende Fälle: ein drohender Haftpflichtprozess wird gewonnen; das Verbraucherinsolvenzverfahren wurde inzwischen durchlaufen und Restschuldbefreiung erteilt; Vergleichsverhandlungen waren erfolgreich; unerwartet erfolgreiche Geschäfte.
915 *Tönnies*, ZNotP 2003, 92, 93 weist als Beispiele auf die Geschäftsunfähigkeit, den plötzlichen Tod, eine Fehleinschätzung bei Testamentserrichtung hin. Niemand könne zu irgendeinem Zeitpunkt besser beurteilen, ob eine Vollerbenstellung des Verschuldeten das Richtige wäre oder nicht, als der Verschuldete selbst im Todesfall des Erblassers.
916 *Reul/Heckschen/Wienberg*, P. Rn 92.
917 AnwKomm-BGB/*Ivo*, § 1950 Rn. 6.

möglich sein, so würde meine Tochter unbeschränkte Vollerbin.[918] Will sie dieses Risiko nicht eingehen oder aus einem anderen Grunde umfassend jede Erbenstellung ausschlagen, so vermache ich meiner Tochter V für diesen Fall folgende Vermächtnisse: [Wohnungsrecht, andere nicht pfändbare Rechtspositionen; ev. Auflage zugunsten der Tochter V]

§ 6 Testamentsvollstreckung

[wie nachstehend unter Formulierungsbeispiel 29]

§ 7 Befristung für Anordnung der Vor- und Nacherbschaft und Testamentsvollstreckung

[wie nachstehend unter Formulierungsbeispiel 29]

d) Ziel: Wegfall der Beschränkungen nach Beendigung des Insolvenzverfahrens

738 Häufig wollen die Beteiligten, dass die Beschränkungen bei einer Besserung der Verhältnisse wieder wegfallen. Als Beispiel dient folgender Fall:

Eheleute wollen sich gegenseitig absichern. Das einzige Kind (V) ist überschuldet. Ein Enkelkind (EK) ist vorhanden. Die Eheleute haben die Hoffnung, dass die Überschuldung des Kindes in einigen Jahren überwunden sein wird. Das Kind V ist berufstätig und bezieht keine Leistungen nach Hartz IV (ALG II), so dass die Überleitung des Pflichtteilsanspruchs nicht droht.

739 Daher können sich die Eheleute zunächst gegenseitig zu unbeschränkten Vollerben berufen. Ansonsten müsste eine Gestaltung gewählt werden, die die Überleitung des Pflichtteilsanspruchs nach dem Erstversterben auf den Sozialleistungsträger verhindert.

740 Solange einer der Erblasser lebt und noch testieren kann, ist eine Anpassung des Testamentes nach Besserung der Situation, etwa Restschuldbefreiung, möglich. Bei einem Erbvertrag sollte daher der Längstlebende jederzeit -auch zu Lebzeiten des anderen Partners, etwa bei dessen Geschäftsunfähigkeit- noch Änderungen vornehmen können. Im Erbvertrag ist bei Vorhandensein von Problemkindern stets ein einseitiges Rücktrittsrecht vorzusehen.

741 Nach dem Tode beider Eltern lässt sich das Ziel am einfachsten und klarsten mit einer **auflösenden Bedingung** erreichen. Wird mit einer solchen Bedingung gearbeitet, entsteht jedoch ein **pfändbares Anwartschaftsrecht**,[919] weil die Vorerbschaft bei Bedingungseintritt zur Vollerbschaft erstarkt. Daher wird stattdessen auch **vorgeschlagen**, anstelle einer Bedingung nur ein **Motiv** anzugeben und den Vorerben auf die Anfechtung zu verweisen.[920] Dieser Weg ist aber auch nicht frei von Risiken, weil zum einen der Vorrang der Auslegung gilt und die Bedingung im Wege der ergänzenden Testamentsauslegung (gleichwohl) gefunden werden könnte, und zum anderen der Erblasser bei deutlicher Motivangabe gerade nicht im Irrtum war, der Erbe würde auf Dauer verschuldet bleiben. Gegen die Gestaltung unter Motivangabe spricht jedoch entscheidend, dass sie für sich genommen kein vom Gesetz vorgesehenes Instrument der Testamentsgestaltung ist.[921] Die Probleme werden auf die spätere Auslegung oder Anfechtung des Testamentes verschoben. Das eigentlich Gewollte wird kaschiert und verschwiegen, um den Gläubige auszubooten. Dabei dürfte es für die Aussichten einer erfolgreichen Anfechtung und damit dem Wegfall der Beschränkungen (wohl noch) besser sein, wenn aus dem Testament selbst zunächst kein ausdrücklich beschriebenes Motiv erkennbar ist.

---

918 Eine unwirksame Ausschlagung führt zur Annahme der Erbschaft, AnwKomm-BGB/*Ivo*, § 1951 Rn. 10.
919 *Hartmann*, ZNotP 2005, 82, 88.
920 *Kleensang*, RNotZ 2007, 22, 26 mit Muster; *Everts* ZErb 2005, 353, 357; so auch Reul/Heckschen/Wienberg, P. Rn. 160 f., die auch auf die Risiken der Motivlösung hinweisen, aber im Ergebnis darauf abstellen, dass die verbleibenden Risiken vom Anfechtenden zu tragen sind, Rn. 164. Kritisch auch *Mayer, J.*, MittBayNot 2012, 18, 19.
921 *Kornexl*, Rn. 422 Fn. 208.

Denn wenn demnächst reihenweise Testamente wegen vermeintlichen Irrtums erfolgreich angefochten werden, dürften sich die Gläubiger ebenfalls darauf einstellen und die potentiellen künftigen Vollerbenrechte vorsorglich – für den Fall der Anfechtung- pfänden.[922]

Vorzugswürdig ist daher, trotz der Gefahr der Pfändung des Anwartschaftsrechtes, **die ausdrückliche Anordnung einer auflösenden Bedingung**. Die auflösend bedingte Vorerbschaft beinhaltet gleichzeitig die aufschiebend bedingte Einsetzung als unbeschränkter Vollerbe. Die aufschiebend bedingte Einsetzung als Vollerbe kann ihrerseits auflösend bedingt werden durch die Pfändung des Anwartschaftsrechtes.[923] Kommt es zur Pfändung, entsteht die unbeschränkte Vollerbenstellung nicht. Zuzugestehen ist, dass man sich hier im Kreis dreht.[924] Möglicherweise kommt es somit nie zu Vollerbschaft. Dies ist aber bei Motivangabe auch nicht anders. Durch die Bedingung hat der Verschuldete aber eine doppelte Chance. Gegen die Bedingungslösung wird auch vorgebracht, dass im Hinblick auf eine Gläubigerbenachteiligung Nichtigkeit gemäß § 138 BGB droht.[925] Dem ist *Hartmann* überzeugend entgegengetreten. Nach h. M. die Begründung eines Rechtes unter der auflösenden Bedingung seiner Pfändbarkeit ohne weiteres zulässig.[926] Dem Rechtsinhaber werde legitimerweise von vornherein eine beschränkte Rechtsposition zugewandt und dem Pfändungsgläubiger könne keine bessere Rechtsstellung als dem Rechtsinhaber zustehen. 742

Kornexl hat eine eigene Lösung entwickelt, die zunächst absurd klingt.[927] Mit Wegfall der Verschuldung soll der Nacherbfall eintreten und das Erbe dem Nacherben oder Nachvermächtnisnehmer anfallen. Diese werden mit einer Auflage beschwert, einen bestimmten Anteil der Nachlassbeteiligung auf das einstige Problemkind zu übertragen. Der ehemals Bedürftige erhält somit im Ergebnis nun einen unbelasteten Teil seiner früheren Nachlassbeteiligung zurück. Die Problematik der Pfändbarkeit sieht *Kornexl* dadurch gelöst, dass dem ehemals bedürftigen Kind kein eigener Anspruch (nur Auflage) eingeräumt wird. Ein Dritter, der sog. Vollziehungsberechtigte, soll die Erfüllung der Auflage einfordern. Dieser Gestaltungsvorschlag begegnet jedoch Bedenken. Ob mit dieser tollkühnen Gestaltung eines Nachvermächtnisses unter dem Mantel der Auflage zuverlässig jedwede Pfändung ausgeschlossen wird, muss sehr bezweifelt werden.[928] M. E. wird die Rechtsprechung die Schaffung eines durch diesen Kunstgriff unpfändbaren Vermögens des Verschuldeten nicht zulassen, zumal es ihm sofort wirtschaftlich und irgendwann -jedenfalls zum Teil- auch rechtlich unbeschränkt zustehen soll. Das Ergebnis ist (wohl) zu schön um wahr zu sein. Ferner ist der Nachlass beim Nacherben im Falle seiner Insolvenz völlig ungeschützt und damit unsicher, ob der ehemals Bedürftige den zugedachten Teil zurückerhält. Schließlich besteht die Gefahr, dass die Vollziehung der Auflage unterbleibt.[929] Von einer solchen Gestaltung nach *Kornexl* ist daher als Regelgestaltung abzuraten. 743

Vorzugswürdig ist nach alledem daher die Lösung über die nicht befreite Vor- und Nacherbfolge, Verwaltungstestamentsvollstreckung und Bedingung. Noch weitgehend ungeklärt sind aber die Probleme, die durch das Nachtragsverteilungsverfahren nach § 203 Abs. 1 Nr. 3 InsO drohen.[930] 744

---

922 Das Recht, welches durch die Anfechtung entsteht, kann als künftiges Recht Gegenstand der Zwangsvollstreckung sein, §§ 857, 844 ZPO, so *Reul/Heckschen/Wienberg*, P. Rn. 163.
923 So der Vorschlag von *Hartmann*, ZNotP 2005, 82, 88. Siehe hierzu *Reul/Heckschen/Wienberg*, P. Rn. 158.
924 So *Everts*, ZErb 2005, 353, 357; *Kornexl*, Rn. 416: stringent und juristisch nicht zu beanstanden, im Ergebnis aber nutzlos.
925 *Mayer, J.*, MittBayNot 2012, 18, 20; *Reul/Heckschen/Wienberg*, P. Rn. 159, zu Problematik der Lösungsklauseln B. Rn. 128; hiergegen zutreffend und umfassend *Hartmann*, ZNotP 2005, 82, 88.
926 *Hartmann*, ZNotP 2005, 82, 88.
927 So er selbst: *Kornexl*, Rn. 423.
928 *Everts*, ZErb 2005, 353, 357 Fn. 38.
929 Beck'sches Formularbuch Erbrecht/*Kleensang*, F. II. 2 Ziff. 5.
930 *Mayer, J.*, MittBayNot 2012, 18, 22.

745 ▶ **Muster nach *Hartmann*:[931] Erbvertrag von Eheleuten bei verschuldetem Kind (Sohn V)**

[üblicher Urkundseingang]

§ 1 Widerruf früherer Verfügungen von Todes wegen

Wir heben auf und widerrufen hiermit alle unsere etwaigen früheren gemeinschaftlichen Verfügungen von Todes wegen und ein jeder von uns widerruft auch alle etwaigen einseitigen letztwilligen Verfügungen.

§ 2 Gegenseitige Erbeinsetzung

Wir setzen uns hiermit gegenseitig, der Erstversterbende den Überlebenden zum unbeschränkten und alleinigen Erben ein, und zwar ohne Rücksicht darauf, ob und welche Pflichtteilsberechtigte beim Tode des Erstversterbenden von uns vorhanden sein werden.

§ 3 Letztwillige Verfügung des Überlebenden

Ohne erbvertragliche und wechselbezügliche Bindung mit dem Recht zur jederzeitigen – auch zu Lebzeiten des anderen Ehepartners- beliebigen Änderung und Aufhebung bestimmt der Überlebende und im Falle unseres gleichzeitigen Todes ein jeder von uns für den Fall seines Todes testamentarisch was folgt:

(1) Der Überlebende von uns beruft hiermit

unseren Sohn V

zu seinem Erben. Dieser soll nur Vorerbe sein.

Der Vorerbe ist im Hinblick auf seine Überschuldung und die damit bestehenden Risiken von Vollstreckungsmaßnahmen nur nicht befreiter Vorerbe.

(2) Nacherbe ist unser Enkelkind EK.

Sollte der vorgenannte Nacherbe vor dem Überlebenden von uns oder vor dem Vorerben versterben oder aus einem sonstigen Grunde nicht zur Erbfolge gelangen, so sollen an seiner Stelle seine Abkömmlinge nach Stämmen und zu gleichen Teilen Ersatznacherben sein.

(3) Der Nacherbfall tritt ein mit dem Tode des Vorerben.

Die Nacherbenanwartschaftsrechte sind auf den Vorerben übertragbar; im Übrigen sind sie weder vererblich noch übertragbar. Im Falle der Übertragung auf den Vorerben entfällt jegliche ausdrückliche oder schlüssige Ersatznacherbeneinsetzung.

(4) Der benannte Nacherbe ist zugleich Ersatzerbe. Der Ersatzerbe ist unbeschränkter Vollerbe.

§ 4 Testamentsvollstreckung

(1) Der Überlebende von uns ordnet für den Fall, dass der Vorerbe zur Erbfolge gelangt, beginnend mit seinem Tode Testamentsvollstreckung an.

(2) Zum Testamentsvollstrecker bestimmt der Überlebende von uns Herrn/Frau N. N. Der Testamentsvollstrecker soll nach Annahme des Amtes einen Nachfolger ernennen.

Ersatztestamentsvollstrecker soll bei Bedarf das Nachlassgericht benennen. Jeder Ersatztestamentsvollstrecker muss jedoch im Zeitpunkt des Erbfalls bereits gelebt haben.

(3) Aufgabe des Testamentsvollstreckers ist es, das dem Vorerben V zugewandte Vermögen auf Dauer zu verwalten.

(4) Der Überlebende von uns trifft hinsichtlich der Dauertestamentsvollstreckung folgende für den Testamentsvollstrecker bindende Verwaltungsanordnung gemäß § 2216 Abs. 2 BGB:

---

931 *Hartmann*, ZNotP 2005, 82, 89 (dort als Muster eines Testamentes).

Der Testamentsvollstrecker hat dem Vorerben aus den Erträgnissen der Vermögenswerte und – soweit diese nicht ausreichen – aus der Substanz jeweils Folgendes zuzuwenden:

a) Fortlaufende Überlassung von Geldbeträgen in der Höhe des jeweiligen Rahmens, der nach den zum jeweiligen Zeitpunkt gültigen gesetzlichen Vorschriften konkret nicht pfändbar ist (§§ 850b, 850e ZPO),

b) Geschenke zu besonderen Anlässen wie z. B. Weihnachten, Ostern, Geburtstag, wobei bei der Auswahl der Geschenke auf die Bedürfnisse und Wünsche des Vorerben einzugehen ist,

c) Zuschüsse zur Finanzierung von Urlaub und Urlaubsgestaltung, Freizeitgestaltung, Hobbys,

d) Zuschüsse für Kleidung, Schuhe und andere Gebrauchsgegenstände,

e) Zuschüsse für Einrichtungs- und Haushaltsgegenstände und andere Güter des persönlichen Bedarfs.

Uns ist bekannt, dass auf den zugewendeten Pfändungsfreibetrag gemäß vorstehendem Buchstaben a) der Wert anderer Zuwendungen gemäß b) bis e) sowie pfändungsfreies Arbeitseinkommen angerechnet werden können.

Alle vorstehenden Verpflichtungen entfallen, wenn und soweit die Zuwendungen pfändbar wären.

Für welche der genannten Leistungen die Reinerträge des Vermögens bzw. der Substanz verwendet werden, bestimmt der Testamentsvollstrecker nach pflichtgemäßem Ermessen, wobei er immer auf das Wohl und die Wünsche des Vorerben bedacht sein muss. Werden die jeweiligen Reinerträge in einem Jahr nicht in voller Höhe für die vorbezeichneten Leistungen dem Vorerben zugewendet, so hat der Testamentsvollstrecker sie gewinnbringend anzulegen.

(5) Die Dauer-Testamentsvollstreckung für unseren Sohn V endet spätestens mit dem Tod des letzten im Einklang mit dem gemäß vorstehenden Absatz 2. bestimmten Ersatzvollstreckers, im Übrigen mit seinem Tod.

(6) Die jeweiligen Testamentsvollstrecker sind von allen gesetzlichen Beschränkungen und Verpflichtungen befreit, von denen Befreiung erteilt werden kann, auch von den Beschränkungen des § 181 BGB.

(7) Der namentlich benannte Testamentsvollstrecker erhält keine Vergütung, jedoch Ersatz seiner Kosten und Auslagen. Alle weiteren Ersatztestamentsvollstrecker können eine angemessene Vergütung verlangen. Diese soll sich nach den Vorschlägen des Deutschen Notarvereins (sog. Neue Rheinische Tabelle) richten. Bei Meinungsverschiedenheiten über die Höhe der angemessenen Vergütung entscheidet ein von der örtlich zuständigen Industrie- und Handelskammer zu benennender Sachverständiger als Schiedsgutachter für beide Seiten verbindlich gemäß § 317 BGB.

§ 5 Befristung für die Anordnung von Nacherbschaft und Testamentsvollstreckung

(1) Mit Ablauf des Jahres ... [Datum] *oder z. B.* Mit Vorlage einer Bestätigung der XY-Bank gegenüber dem Nachlassgericht darüber, dass ihr keine Forderungen gegenüber dem Vorerben mehr zustehen *oder z. B.* mit Abschluss des Restschuldbefreiungsverfahrens erlischt die Anordnung einer Nacherbschaft und der Testamentsvollstreckung gemäß § 3 Absatz 3. Unser Sohn V ist ab diesem Zeitpunkt unbeschränkter Vollerbe.

(2) Das bis zu diesem Termin gegebenenfalls bestehende Anwartschaftsrecht des Vorerben ist weder veräußerlich noch vererblich.

(3) Sollte das gegebenenfalls bestehende Anwartschaftsrecht gepfändet werden, so erlischt die zu Absatz (1) vorbezeichnete Befristung/Bedingung. Die Beschränkungen der Vor- und Nacherbschaft und der Testamentsvollstreckung gelten in diesem Fall zeitlich entsprechend den Bestimmungen in §§ 3 und 4.

Der Notar hat darauf hingewiesen, dass die vorstehend getroffene Regelung über die auflösende Bedingtheit der Befristung/Bedingung gemäß Absatz (1) in einem Rechtsstreit möglicherweise nicht anerkannt wird und dann ein etwa bestehendes Anwartschaftsrecht des Vorerben auf Erlangung einer unbeschränkten Erbenstellung doch pfändbar und in einem Insolvenzverfahren verwertbar sein kann.

Kapitel 5 Sicherung der Erwerbsaussichten für Endbedachte

§ 6 Anfechtungsausschluss, Sonstiges

Die vorstehenden Verfügungen erfolgen ohne Rücksicht darauf, ob und gegebenenfalls welche Pflichtteilsberechtigte bei meinem Tode vorhanden sein sollten.

Der Notar hat uns über das gesetzliche Erb- und Pflichtteilsrecht – auch beim ersten Erbfall- und dessen Überleitbarkeit auf den Sozialhilfeträger aufgeklärt.

§ 7 Schlussbestimmungen, Rücktrittsrecht

(1) Wir sind von dem Notar auf die bindende Wirkung der erbvertraglichen Regelung in § 2 hingewiesen worden.

(2) Wir nehmen die von uns in dieser Urkunde abgegebenen Erklärungen gegenseitig an.

(3) Jeder von uns behält sich jedoch ein einseitiges Rücktrittsrecht von diesem Erbvertrag vor. Der Notar hat die Beteiligten darüber belehrt, dass der Rücktritt vom Erbvertrag der notariellen Beurkundung bedarf, und von dieser Rücktrittserklärung eine Ausfertigung dem anderen Vertragsbeteiligten zugestellt werden muss.

(4) Weitere Bestimmungen wollen wir nicht treffen.

Diese Niederschrift (...)

e) Ziel: Sicherung des Nachlasses trotz entgegenstehender Bindungswirkung eines gemeinschaftlichen Testamentes – Pflichtteilsbeschränkung der Abkömmlinge in guter Absicht

746 Im Falle der Überschuldung oder Verschwendungssucht von **Abkömmlingen** besteht die gesetzlich vorgesehene Möglichkeit der Pflichtteilsbeschränkung in guter Absicht, § 2338 BGB.[932]

747 Hierbei handelt es sich um eine Spezialnorm, die dem § 2306 BGB vorgeht. Die angeordneten Beschränkungen blieben entgegen § 2306 BGB a. F. auch dann bestehen, wenn der hinterlassene Erbteil nicht größer als die Hälfte des gesetzlichen Erbteils war.

748 Für die Überschuldung sind die Kriterien der Insolvenzordnung maßgeblich. Überschuldung liegt vor, wenn die Passiva die Aktiva übersteigen.[933] Bei einem Behinderten liegt typischerweise keine Überschuldung vor, da Unterhaltsansprüche gegen die Eltern und Ansprüche gegen den Sozialleistungsträger bestehen. Die Gestaltung ist daher **ungeeignet** für sog. **Behindertentestamente**.[934]

749 Für die Pflichtteilsbeschränkung in guter Absicht ist gesetzlich eine **Durchbrechung der Bindungswirkung** beim Erbvertrag und für wechselbezügliche Verfügungen beim gemeinschaftlichen Testament angeordnet, §§ 2289 Abs. 2, 2271 Abs. 3 BGB. Ein gebundener Testator kann noch **nachträglich** die Beschränkungen des § 2338 BGB anordnen, und zwar **hinsichtlich der ganzen Zuwendung**, nicht nur hinsichtlich des Pflichtteils.[935] Dies gilt sowohl zu Lebzeiten des Vertragspartners als auch nach dessen Ableben.

750 In der Verfügung von Todes wegen sind nach § 2338 Abs. 2 S. 1 i. V. m. § 2336 Abs. 1–3 BGB die Gründe und der Sachverhalt wie bei der Pflichtteilsentziehung genau darzulegen.

751 Der Testator kann den Abkömmling mit einer **beliebig großen Erbquote** oder mit einem **Vermächtnis in beliebiger Höhe** bedenken. Möglich ist es auch, ihn auf den Pflichtteils zu setzen. Für den Abkömmling bleibt jedoch immer die Möglichkeit der Ausschlagung, wobei der ihm dann gegebenenfalls zustehende Pflichtteil weiterhin den Anordnungen des § 2338 BGB unterliegt, wenn dessen Voraussetzungen vorliegen.[936]

---

932 Siehe hierzu ausführlich: *Keller*, NotBZ 2000, 253; *Baumann*, ZEV 1996, 121.
933 Nieder/Kössinger/*Kössinger*, § 8 Rn. 132.
934 *Baumann*, ZEV 1996, 121, 127 Fn. 76 noch zum BSHG; Nieder/Kössinger/*Kössinger*, § 8 Rn. 133, 150.
935 Nieder/Kössinger/*Kössinger*, § 8 Rn. 149.
936 Nieder/Kössinger/*Kössinger*, § 8 Rn. 145, 146.

Die Pflichtteilsbeschränkung durch Nacherbfolge oder Nachvermächtnis sollte immer mit einer Verwaltungstestamentsvollstreckung kombiniert werden. 752

Der dem Abkömmling nach § 2338 Abs. 1 S. 2 zustehende Anspruch auf den Reinertrag ist dabei gemäß § 863 Abs. 1 S. 2 ZPO nur beschränkt durch seine Eigengläubiger pfändbar. § 863 Abs. 1 ZPO lautet: 753

Ist der Schuldner als Erbe nach § 2338 des Bürgerlichen Gesetzbuchs durch die Einsetzung eines Nacherben beschränkt, so sind die Nutzungen der Erbschaft der Pfändung nicht unterworfen, soweit sie zur Erfüllung der dem Schuldner seinem Ehegatten, seinem früheren Ehegatten, seinem Lebenspartner, einem früheren Lebenspartner oder seinen Verwandten gegenüber gesetzlich obliegenden Unterhaltspflicht und zur Bestreitung seines standesmäßigen Unterhalts erforderlich sind. Das Gleiche gilt, wenn der Schuldner nach § 2338 des Bürgerlichen Gesetzbuchs durch die Ernennung eines Testamentsvollstreckers beschränkt ist, für seinen Anspruch auf den jährlichen Reinertrag. 754

Unterstellt der Erblasser der Testamentsvollstreckung nicht nur den Nachlass, sondern entgegen § 2338 Abs. 1 S. 2 auch die Verwaltung der Nachlasserträge, so kann sich der Erbe von diesen Beschränkungen durch Ausschlagung befreien. Duldet er sie, wird in Rechtsprechung und Schrifttum vertreten, dass damit auch die Nutzungen dem Zugriff der Eigengläubiger entzogen sind.[937] 755

Die Pflichtteilsbeschränkung in guter Absicht hat den Nachteil, dass als Nacherben und als Nachvermächtnisnehmer **nur** die **gesetzlichen Erben des Abkömmlings** und nur im Verhältnis ihrer gesetzlichen Erbteile eingesetzt werden können. Abweichungen sind nicht möglich.[938] 756

▶ **Muster: Pflichtteilsbeschränkung in guter Absicht als Vermächtnis nach Wälzholz[939]** 757

Mein Kind V ist aufgrund folgenden Sachverhaltes überschuldet: [genaue Angaben].

Am ... [Datum] hat V Insolvenzantrag gestellt. Das Insolvenzverfahren (AG X-Stadt, Az. XY) läuft derzeit. Bis zur Restschuldbefreiung, sofern diese zu gewähren ist, werden noch viele Jahre vergehen. Der zukünftige Erwerb von V ist erheblich gefährdet. Ich möchte daher das Pflichtteilsrecht meines Kindes V in guter Absicht beschränken.

V erhält ein Barvermächtnis in Höhe von 100 % -i.W.: einhundert vom Hundert- seines Pflichtteilsanspruchs. Er ist jedoch nur Vorvermächtnisnehmer. Der Nachvermächtnisfall tritt mit dem Tod des Vermächtnisnehmers ein. Nachvermächtnisnehmer sind seine gesetzlichen Erben nach dem Verhältnis der gesetzlichen Erbteile.[940] Der Vorvermächtnisnehmer ist in keiner Weise befreit.

Weiterhin ordne ich für das Vermächtnis Dauertestamentsvollstreckung an – auch über die Dauer der Erfüllung des Vermächtnisses hinaus. Der Anspruch auf den jährlichen Reinertrag des Vermächtnisses verbleibt dem Vermächtnisnehmer. Sollte der Vermächtnisnehmer das Vermächtnis ausschlagen und den Pflichtteil verlangen, so unterliegt der Pflichtteil den gleichen Beschränkungen, wie vorstehend für das Vermächtnis angeordnet.

Testamentsvollstrecker ist B, ersatzweise C. Hilfsweise soll das zuständige Nachlassgericht einen geeigneten Testamentsvollstecker bestimmen. Der Testamentsvollstrecker ist von § 181 BGB befreit und erhält eine angemessene Vergütung, die ich heute nicht festlegen möchte.

Sollte V im Zeitpunkt meines Todes nicht mehr überschuldet sein, so gilt: [Erbfolge für diesen Fall]

---

937 Nieder/Kössinger/*Kössinger*, § 8 Rn. 141 m.w.N.
938 *Reul/Heckschen/Wienberg*, P. Rn. 58.
939 Formulierungsvorschlag nach *Wälzholz*, Aktuelle Entwicklungen im Rahmen der Erbschaftsteuer und Testamentsgestaltung bei Überschuldung, Skript Bielefelder Notartag 2006; vgl. auch den Formulierungsvorschlag bei Münchener Vertragshandbuch Band VI/*Nieder*, Form. XVI. 18; *Langenfeld*, Testamentsgestaltung, Rn. 850 M 145; Nieder/Kössinger/*Kössinger*, § 8 Rn. 152; Beckches Formularbuch Erbrecht/*Kleensang*, C.VI 3.
940 Keinesfalls sollten die Nacherben namentlich abschließend festgelegt werden. Denn bei Hinzutreten eines anderen gesetzlichen Erben – und sei es eines bisher unbekannten – wäre die ganze Beschränkung nichtig.

Kapitel 5 Sicherung der Erwerbsaussichten für Endbedachte

Entfällt die Überschuldung meines Kindes nach meinem Tode, so entfallen die vorstehenden Beschränkungen mit dem Eintritt des bezeichneten Ereignisses.

758 ▶ **Praxistipp**

Das Vor- und Nachvermächtnis ist **nicht insolvenz- und pfändungsfest**. In Kombination mit einer Verwaltungsvollstreckung (§ 2214 BGB) ist lediglich auf die Lebenszeit des Vorvermächtnisnehmers ein Zugriff der Gläubiger ausgeschlossen.[941]

759 ▶ **Muster: Pflichtteilsbeschränkung in guter Absicht mit gesetzlicher Erbquote nach Kössinger**[942]

§ 1 Erbeinsetzung

Zu meinen Erben berufe ich hiermit zu gleichen Teilen meine drei Kinder, nämlich

meine Tochter A [Name, Geburtsdatum, Anschrift],

meine Tochter B [Name, Geburtsdatum, Anschrift],

meinen Sohn V [Name, Geburtsdatum, Anschrift],

und zwar ohne Rücksicht darauf, ob und welche Pflichtteilsberechtigte bei meinem Tode vorhanden sein werden.

Sollte einer meiner Erben vor mir versterben oder aus einem anderen Grunde als Erbe entfallen, so treten an seine Stelle seine Abkömmlinge nach der gesetzlichen Erbregel erster Ordnung.

§ 2 Pflichtteilsbeschränkung in guter Absicht, Testamentsvollstreckung

Mein Sohn V ist aufgrund folgenden Sachverhaltes überschuldet: [genaue Angaben]. Am ... [Datum] ist der Insolvenzantrag mangels Masse abgelehnt worden. Durch diese Überschuldung ist sein späterer Erwerb erheblich gefährdet. Ich setze daher gemäß § 2338 BGB meinen Sohn V bezüglich seines Erbteils nur zum Vorerben ein. Nacherben auf seinen Tod sind seine gesetzlichen Erben nach den Regeln der gesetzlichen Erbfolge. Das Anwartschaftsrecht der Nacherben ist weder vererblich noch übertragbar. Der Vorerbe wird ferner gemäß § 2338 BGB durch eine Verwaltungstestamentsvollstreckung für die Zeit der Vorerbschaft beschränkt. Die Testamentsvollstreckung soll sich dabei auch auf den Teil des jährlichen Reinertrages erstrecken, der den gemäß § 863 Abs. 1 Satz 1 ZPO unpfändbaren Betrag übersteigt, sofern mein Sohn V damit einverstanden ist. Der Testamentsvollstrecker hat gleichzeitig die Befugnisse gemäß § 2222 BGB (Nacherbentestamentsvollstreckung). Ich ersuche das Nachlassgericht einen geeigneten Testamentsvollstrecker zu bestimmen. Sollte mein Sohn V seinen Erbteil ausschlagen und den Pflichtteil verlangen, so soll dieser Pflichtteil den gleichen Beschränkungen unterliegen, sie sie vorstehend für den Erbteil angeordnet sind. Sollte mein Sohn nicht Erbe werden können oder wollen, so sind die Nacherben seine Ersatzerben und sämtliche Beschränkungen entfallen für diese.

760 Die Beschränkung sollte mit einer auflösenden Bedingung versehen werden, weil sich zwar dies auch im Wege der ergänzenden Testamentsauslegung ermitteln ließe,[943] die h. M. zu Unrecht aber die ergänzende Auslegung nicht zulässt, wenn der Testator die Testamentsvollstreckung auf die Lebenszeit des Verschuldeten angeordnet hat.[944] Wird mit einer Bedingung gearbeitet, entsteht ein pfändbares Anwartschaftsrecht,[945] weil die Vorerbschaft bei Bedingungseintritt zur Vollerbschaft erstarkt. Daher wird stattdessen auch vorgeschlagen, anstelle einer Bedingung nur ein Motiv anzugeben und

---

941 Nieder/Kössinger/*Kössinger*, § 8 Rn. 139.
942 Nieder/Kössinger/*Kössinger*, § 8 Rn. 152.
943 MünchKommBGB/*Lange*, § 2338 Rn. 6 m. w. N.; OLG Bremen FamRZ 1984, 213.
944 NomosKommBGB/*Herzog*, § 2338 Rn. 15.
945 *Hartmann*, ZNotP 2005, 82, 88.

den Vorerben auf die Anfechtung zu verweisen.[946] Dieser Weg ist aber auch nicht frei von Risiken, da zum einen der Vorrang der Auslegung gilt und die Bedingung im Wege der ergänzenden Testamentsauslegung gefunden werden könnte, und zum anderen der Erblasser bei deutlicher Motivangabe gerade nicht im Irrtum ist.[947] Vorzugswürdig ist daher, trotz der Gefahr der Pfändung, eine Bedingung. Nachstehender Vorschlag für eine auflösende Bedingung ist daher selbst wiederum bedingt. Die aufschiebend bedingte Einsetzung als unbeschränkter Vollerbe ist ihrerseits bedingt durch die Pfändung des Anwartschaftsrechtes.[948] Kommt es zur Pfändung, entsteht die unbeschränkte Vollerbenstellung erst mit Aufhebung der Pfändung. Damit hat der Vorerbe die Möglichkeit, auch nach Pfändung noch eine Aufhebung zu erreichen. Zuzugestehen ist, dass man sich hier im Kreis dreht.[949] Möglicherweise kommt es somit nie zu Vollerbschaft. Dies ist aber bei Motivangabe auch nicht anders. Durch die Bedingung hat der Verschuldete aber eine doppelte Chance.

▶ **Muster:** 761

Die Pflichtteilsbeschränkung entfällt auflösend bedingt auf den Zeitpunkt des dauerhaften und endgültigen Wegfalls der Überschuldung, dies jedoch nur dann, wenn das dahingehend entstehende Anwartschaftsrecht des Vorerben nicht gepfändet ist. Bei einer Pfändung des Anwartschaftsrechts bleibt die Pflichtteilsbeschränkung bis zur Aufhebung der Pfändung bestehen.

4. Steuerrecht

Steuerliche Besonderheiten gelten für Testamente zugunsten von Verschuldeten nicht. Es kann daher auf die allgemeinen Hinweise, insbesondere zur Vor- und Nacherbfolge, verwiesen werden. Bei Zuwendungen in die Nähe des Verschuldeten, etwa an den Ehepartner, den Lebensgefährten oder an die Kinder ist darauf zu achten, dass geringere Freibeträge und/oder höhere Steuersätze gelten können. Gegebenenfalls sollten zur optimalen Ausnutzung von Freibeträgen die Zuwendungen an mehrere nahe stehende Personen gemacht werden. 762

5. Checkliste

Checkliste wie bei jeder Verfügung von Todes wegen abarbeiten. Eine Checkliste für die Sachverhaltsaufklärung beim Behindertentestament findet sich oben Kapitel 5 unter Rdn. 561 ff. Dies kann entsprechend modifiziert auch auf Verschuldete angewendet werden. Folgende Punkte sollten nach Entwurfsfertigung beim Verschuldetentestament nochmals geprüft und durchdacht werden: 763

▶ **Checkliste: Verschuldetentestament** 764

- ☐ bei Ehegattenverfügungen beide Erbfälle erfasst (erster und zweiter Erbfall) und geregelt? Erster Erbfall meist kein Problem.
- ☐ Unbeschränkte Änderungsmöglichkeit für den Längstlebenden gewährleistet?
- ☐ Gefahr der Erbausschlagung durch ausreichende Nachlassbeteiligung und Vorteile des Verschuldeten minimiert?
- ☐ Ersatznacherben bzw. Ersatznachvermächtnisnehmer richtig und umfassend bestimmt (Abkömmlinge, Seitenlinie)?
- ☐ Regelung für den Wegfall der Überschuldung getroffen (Bedingung, Motivangabe)?
- ☐ gegebenenfalls flankierende Maßnahmen: lebzeitige Gestaltungen, Erb- und Pflichtteilsverzicht?
- ☐ Testator auf die Risiken und Unwägbarkeiten hingewiesen?
- ☐ auf Erfordernis regelmäßiger Kontrolle und gegebenenfalls Anpassung hingewiesen?

---

946 *Kleensang*, RNotZ 2007, 22, 26 mit Muster; *Everts*, ZErb 2005, 353, 357.
947 *Litzenburger*, ZEV 2009, 278, 280; *Kornexl*, Rn. 422.
948 So der Vorschlag von *Hartmann*, ZNotP 2005, 82, 88.
949 So *Everts*, ZErb 2005, 353, 357.

Kapitel 5 Sicherung der Erwerbsaussichten für Endbedachte

III. Verfügungen von Todes wegen zugunsten von Menschen, die auf Dauer Sozialleistungen beziehen (Langzeitarbeitslose – Hartz-IV-Empfänger)

Literatur:
Wie vorstehend Kapitel 5. E. II. Verfügungen von Todes wegen zugunsten Verschuldeter, speziell zusätzlich: *Engelmann*, Letztwillige Verfügungen zugunsten Verschuldeter oder Sozialhilfeberechtigter, 2. Auf. 2001; *Everts*, Letztwillige Verfügungen zugunsten überschuldeter und bedürftiger Personen, ZErb 2005, 353; *Ivo*, Die Erbschaftsausschlagung eines Sozialhilfeempfängers, FamRZ 2003, 6; *Kleensang*, Ehegattenverfügungen bei behinderten, sozialhilfebedürftigen oder verschuldeten Kindern: Einsetzung des »Problemkindes« als Nacherbe?, RNotZ 2007, 22; *Klühs*, Das sog. »Bedürftigentestament« und seine Alternativen – Eine Bestandsaufnahme, ZEV 2011, 15; *Kornexl*, Nachlassplanung bei Problemkindern, 2006; *Littig*, Typische Probleme des Behinderten- und Bedürftigentestamentes mit Ausblick auf die Auswirkungen des Gesetzes zur Änderung des Erb- und Verjährungsrechtes, FS Damrau, 2008; *Litzenburger*, Das Bedürftigentestament – Erbfolgegestaltung zu Gunsten von Langzeitarbeitslosen (Hartz-IV-Empfängern), ZEV 2009, 278; *Tersteegen*, Gestaltungsmissbrauch bei der Testamentsgestaltung zulasten des Sozialhilfeträgers? – Ein Zwischenruf aus Anlass des Beschlusses des SG Dortmund vom 25.9.2009, S. 29 AS 309/09 ER-, MittBayNot 2010, 105; *Tersteegen*, Sozialhilferechtliche Verwertbarkeit von Vermögen bei Anordnung von Verwaltungstestamentsvollstreckung, ZEV 2008, 121.

Formulierungsbeispiel bei
Baltzer/Reisnecker, Rn. 904; *Litzenburger*, ZEV 2009, 278.

1. Grundlagen und Instrumente der Gestaltung

765 Die gefundenen Gestaltungen für Behindertentestamente lassen sich im Grunde auch auf so genannte **Bedürftigentestamente**[950] übertragen. Hierbei handelt es sich um solche Erben, die dauerhaft auf **bedarfsabhängige Sozialleistungen** angewiesen sind. Fallgruppen sind der Bezug von Grundsicherung im Alter, Sozialhilfe oder der Bezug von Grundsicherung für Arbeitsuchende (Arbeitslosengeld II -kurz ALG II- bzw. im Volksmund Hartz IV). *Kornexl* sieht aufgrund des vorgenommenen Abbaus staatlicher Unterstützung bei Dauerarbeitslosigkeit in Zukunft eine höhere Nachfrage für Bedürftigentestamente.[951]

766 Zudem sind diese sozialleistungsbedürftigen Erben häufig auch überschuldet. Die Überschuldung spielt für die Gestaltung des Bedürftigentestaments allerdings nur eine geringe Rolle, da damit keine weitergehenden Probleme verbunden sind. Anders ist es, wenn zwar eine Überschuldung besteht, aber keine Bedürftigkeit gegeben ist. Siehe hierzu vorstehend Kapitel 5. E. II. Aufgrund der großen Unterschiede zwischen der Rechtslage bei einem lediglich Überschuldeten und der Rechtslage bei einem Bedürftigen, der zugleich auch Hilfeempfänger nach SGB II oder SGB XII ist, werden diese getrennt behandelt.

767 Im Gegensatz zum Behindertentestament gibt es zum Bedürftigentestament noch nicht so viele Veröffentlichungen und noch wenig Rechtsprechung. Hier befindet sich der Gestalter noch auf dünnem Eis. Aufgrund **relevanter Unterschiede** ergeben sich zahlreiche weitere Herausforderungen für die Gestaltungsaufgabe. Ferner könnte die **Sittenwidrigkeit** in **einem anderen Licht** zu sehen sein.[952] Vor allem, weil der bedürftige Erbe im Gegensatz zum behinderten Kind selbst entscheidungs- und handlungsfähig ist und von daher seitens des Sozialleistungsträgers die Zurechnung der An-

---

950 Begründet wurde dieser Begriff von *Kornexl* auf der Zweiten Jahresarbeitstagung des Notariats in Würzburg am 23.9.2004.
951 *Kornexl*, Rn. 207.
952 So etwa *Littig*, S. 208 insbesondere auch für die Gestaltung mit einer auflösenden Vorerbenstellung und Beendigung der Testamentsvollstreckung bei Wegfall des Leistungsbezuges. **A.A.** *Kornexl*, Rn. 206, 207: Es sieht keinen Unterschied zwischen der fehlenden Erwerbsfähigkeit beim behinderten Kind und der fehlenden Erwerbsmöglichkeit. Für die Zulässigkeit auch *Tersteegen*, MittBayNot 2010, 105, 107, der allerdings auch zu einer gewissen Vorsicht bei der Gestaltung rät.

nehmlichkeiten leichter möglich sein dürfte und damit Kürzungen der Sozialleistungen begründet erscheinen können.

In der Rechtsprechung sind bislang nur solche Fälle entschieden worden, bei denen aufgrund der hilfebedürftigen Situation der durch die Verfügung Bedachten (Alkoholkrankheit[953] bzw. dauerhafte geistige Behinderung)[954] ein besonderes Interesse der Erblasser an deren Versorgung bestand. Für die Sittenwidrigkeit kommt es immer auf die Wertung im Einzelfall an.[955] Klare Abgrenzungskriterien sind seitens der Gerichte noch nicht herausgearbeitet worden. Eine eindeutige Aussage für Fälle reiner Bedürftigkeit (»arbeitsscheuer Sozialhilfeempfänger«) ohne Krankheit oder Behinderung lässt sich noch nicht treffen. M. E. sollte hier große Vorsicht bei der Gestaltung an den Tag gelegt werden. Das Sozialgericht Dortmund hat in einem Verfahren auf Gewährung vorläufigen Rechtsschutzes ein solches Testament als sittenwidrig angesehen. Die Grundsätze eines Behindertentestamentes seien auf einen arbeitsfähigen Hilfeempfänger nicht zu übertragen. Die Testierfreiheit könne nicht so weit gehen, dass dem Erben sämtliche Annehmlichkeiten (Hobbys, Reisen) aus dem Nachlass finanziert werden, während für den Lebensunterhalt der Steuerzahler aufkommen müsse.[956]

768

Der Testamentsgestalter sollte daher nicht zu viel versprechen und auf Unwägbarkeiten hinweisen. Es gilt der Grundsatz: »Weniger kann mehr sein« oder »Die Schraube sollte nicht überdreht werden«. Auch ist vor einer Verwendung der nachstehenden Formulierungsbeispiele abzuklären, ob der Aufwand einer Testamentsvollstreckung in einem vernünftigen Verhältnis zum damit verbundenen Vorteil steht. Dies wird nur in Ausnahmefällen gegeben sein.

769

Wesentliche Unterschiede zum Behindertentestament sind:
– Geschäftsfähigkeit des Begünstigten ist gegeben, was weitere Handlungsoptionen eröffnet aber auch andere Risiken schafft oder erhöht,
– Bedürftigkeit besteht oftmals nur für einen begrenzten Zeitraum, spätestens mit der Alters- oder Berufsunfähigkeitsrente entfällt sie häufig,
– Im SGB II gibt es für ältere Bezieher von ALG II höhere Freibeträge (§ 12 SGB II),
– Fraglich ist, ob der Bedürftige den Preis für den Schutz des Erbes durch Vor- und Nacherbfolge und Bevormundung durch den Testamentsvollstrecker akzeptieren will,
– der Bedürftige hat im Gegensatz zum Behinderten häufig eigenes (Schon-) Vermögen, welches er vererbt, aber in seinem Todesfall seine Eigenschaft als Schonvermögen verliert und der Erbenhaftung des § 35 SGB II oder des § 102 SGB XII für die in den letzten 10 Jahren vor dem Erbfall geleisteten Sozialleistungen ausgesetzt ist.[957]

770

Letzteres kann dazu führen, dass zwar durch die Vor- und Nacherbfolge das ererbte Sondervermögen des Bedürftigen geschützt ist und ihm daher höhere Sozialleistungen zustehen, aber in seinem Todesfall dafür das eigene (Schon-) Vermögen umso starker in Anspruch genommen wird.

771

Neben den für ein Verschuldetentestament bestehenden Gesichtspunkte ist bei einem Bedürftigentestament die Möglichkeit der **Pflichtteilsüberleitung** nach § 93 SGB XII bzw. § 33 Abs. 1 SGB II gegeben. Es muss daher bei bedürftigen Kindern immer auch der erste Erbfall bedacht und so geregelt werden, dass kein Pflichtteilsanspruch übergeleitet werden kann. Die übliche gegenseitige Erbeinsetzung von Eheleuten ist ungeeignet, denn sie führt zum Überleitung des Pflichtteilsanspruchs. Ebenso führt die Enterbung des Bedürftigen im zweiten Erbfall zur Überleitung des Pflichtteils. Die Enterbung kann daher nur dann in Betracht kommen, wenn der Pflichtteilsanspruch den Betrag des anrechnungsfreien Schonvermögens nicht erreicht.

772

---

953 LSG Baden-Württemberg, Beschl. vom 9.10.2007, L 7 AS 3528/07, ZEV 2008, 147.
954 OVG Saarlouis, Beschl. vom 17.3.2006, 3 R 2/05, MittBayNot 2007, 65 = ZErb 2006, 275.
955 *Tersteegen*, ZEV 2008, 121, 124.
956 SG Dortmund, Beschl. vom 25.9.2009 – S. 29 AS 309/09 ER, BeckRS 2009, 72868 = ZEV 2010, 54 mit Anm. *Keim* 56; siehe hierzu auch *Tersteegen*, MittBayNot 2010, 105 f.
957 Zum Sozialhilferegress gegenüber den Erben: *Conradis*, ZEV 2005, 379.

Kapitel 5 Sicherung der Erwerbsaussichten für Endbedachte

773 Problematisch bei der Ausgestaltung eines Bedürftigentestaments ist dabei nicht die Sicherung der Substanz, sondern der Schutz des Ertrages. Die Substanz kann zuverlässig durch die Einsetzung zum nicht befreiten Vorerben geschützt werden. Da dem nicht befreiten Vorerben die Verwertung des Nachlasses rechtlich nicht möglich ist, kann weder der Bezug von Sozialhilfe noch von Arbeitslosengeld II (ALG II) davon abhängig gemacht werden. Da der Nacherbe nicht Erbe des Vorerben wird, scheidet auch eine Erbenhaftung nach § 102 SGB XII bzw. § 35 SGB II von vornherein aus.[958]

774 Allerdings kann der mit der Nacherbschaft belastete Vorerbe die Erbschaft gemäß § 2306 BGB ausschlagen und den Pflichtteil verlangen. Auf den Pflichtteil kann der Sozialleistungsträger wiederum zugreifen. Eine Überleitung des Ausschlagungsrechtes selbst ist aber nach einhelliger Meinung[959] nicht möglich, weil das Ausschlagungsrecht ein höchstpersönliches Gestaltungsrecht und kein Anspruch ist.

775 Eine ganz andere Frage stellt sich, wenn der Sozialhilfeempfänger eine ihm angefallene werthaltige Erbschaft ausschlagen will, um weiterhin Sozialleistungen beziehen zu können. Ob ein Sozialleistungsempfänger die ihm angefallene werthaltige Erbschaft ausschlagen kann oder nicht, ist höchst umstritten. Die bislang h. M. in der Rechtsprechung geht von der Sittenwidrigkeit aus.[960] Demgegenüber wird in der Literatur überwiegend davon ausgegangen, dass die Ausschlagung als solche nicht am Maßstab des § 138 BGB zu messen ist.[961] Dem scheint auch der BGH zuzuneigen. Die Begründung zum Pflichtteilsverzicht eines behinderten Bedürftigen dürfte auch für den nicht Behinderten gelten.[962] Allerdings kann der Sozialleistungsträger bei pflichtteilsberechtigten Sozialleistungsempfängern dann den Pflichtteil überleiten. Ferner stellt sich die Frage der Leistungskürzung auf das für den Lebensunterhalt unerlässliche.[963] Schlägt der Betreuer als gesetzlicher Vertreter aus, bedarf seine Ausschlagungserklärung gemäß § 1908i Abs. 1 S. 1 BGB i. V.m § 1822 Nr. 2 BGB der betreuungsgerichtlichen Genehmigung. Die Ausschlagung der Eltern für ein minderjähriges Kind gemäß § 1643 Abs. 2 S. 1 BGB grundsätzlich der familiengerichtlichen Genehmigung.

2. Gestaltungen und Formulierungsvorschläge

a) **Ziel: Sicherung des Vermögens für die nächste Generation oder für das Alter, aber nicht der laufenden Erträge**

776 **Klassische Lösung** ist die Anordnung einer **nicht befreiten Vor- und Nacherbfolge** mit **Verwaltungstestamentsvollstreckung** auf Dauer, wobei, wie beim Behindertentestament der bedürftige Erbe bereits beim ersten Erbfall als Vorerbe einzusetzen ist, damit eine Überleitung von Pflichtteilsansprüchen nicht möglich ist. Als Formulierungsbeispiel kann das nachfolgend unter Rdn. 783 vorgestellte Muster dienen, jedoch ohne die dort vorgeschlagenen Einschränkungen auf die Verwendung der Er-

---

958 *Litzenburger*, ZEV 2009, 278, 279; LPK-SGB XII/*Brühl*, § 90 Rn. 126. Hiervon zu unterscheiden ist der Fall, bei dem der Erbe des Bedürftigen von ihm zum nicht befreiten Vorerben berufen wird. Hierbei entsteht eine Nachlassverbindlichkeit, so dass der Nacherbe seine Zustimmung zur Verwertung erteilen muss, BVerwGE 66, 161; LPK-SGB XII/*Conradis*, § 102 Rn. 17.

959 OLG Stuttgart NJW 2001, 3484, 3486 = ZEV 2002, 367 mit Anm. *J. Mayer*; OLG Frankfurt a. M. ZEV 2004, 34, 25 mit Anm. *Spall*; *Ivo*, ZErb 2004, 174; *Litzenburger*, ZEV 2009, 278, 279; inzwischen auch ausdrücklich vom BGH bestätigt: Urt. vom 19.1.2011, DNotZ 2011, 381 mit Anm. *Ivo*, 389 = NJW 2011, 1586 = ZEV 2011, 258 = MittBayNot 2012, 138 mit Anm. *Spall*, 141.

960 OLG Hamm Beschl. vom 16.7.2009, 15 Wx 85/09, ZEV 2009, 471 mit Anm. *Leipold*; OLG Stuttgart Beschl. vom 25.6.2001 8 W 494/99, ZEV 2002, 367 = NJW 2001, 3484; **a. A.** LG Aachen Beschl. vom 4.11.2004, 7 T 99/04, ZEV 2005, 120 = NJW-RR 2005, 307.

961 *J. Mayer*, ZEV 2002, 369, 370; *Ivo*, FamRZ 2003, 6 ff. m. w. N. auch zur Literatur, die § 138 BGB auf die Ausschlagungserklärung nicht anwenden will.

962 BGH, Urt. vom 19.1.2011, DNotZ 2011, 381 mit Anm. *Ivo*, 389 = NJW 2011, 1586 = ZEV 2011, 258 = MittBayNot 2012, 138 mit Anm. *Spall*, 141; zweifelnd zur Übertragbarkeit der Rechtsprechung auf nicht Behinderten: DNotI-Gutachten vom 12. Juli 2013, Abruf-Nr. 125189.

963 § 26 Abs. 1 Nr. 1 SGB XII (früher § 25 Abs. 2 Nr. 1 BSHG); § 31 Abs. 4 SGB II; vgl. zustimmend zur Kürzungsmöglichkeit *Ivo*, FamRZ 2003, 6, 8.

träge. Nachteil einer solchen Lösung ist, dass sich der Bedürftige die Erträge vollständig auf etwaige Sozialleistungen anrechnen lassen muss. Dem steht der Vorteil gegenüber, dass er die Gelder zur freien Verfügung hat und selbst verwaltet. Dies dürfte sich dann anbieten, wenn die wegfallenden Sozialleistungen nicht sehr hoch sind oder die Bedürftigkeit voraussichtlich nur eine begrenzte Zeit bestehen wird. Schließlich kann sich auch aus der Zusammensetzung des Nachlasses ergeben, dass eine Verwaltung der Erträge nicht nötig ist. Besteht der Nachlass, wie häufig, nur aus einer selbst genutzten oder nur zu einem untergeordneten Teil vermieteten Immobilie, dürfe sich eine Sicherung der Erträge erübrigen. Den Wohnvorteil muss sich der Bedürftige ohnehin anrechnen lassen bzw. erhält insoweit keine Unterstützung für eine Miete. Die geringen Erträge aus Vermietung oder Verpachtung dürften häufig für Erhaltungsaufwand zu verwenden sein. Der Nutzen einer Testamentsvollstreckung stünde hier in keinem vernünftigen Verhältnis zum erreichten Nutzen.

Eine **andere Gestaltungsvariante** für Eheleute ist die von *Kleensang* in Anlehnung an einen Vorschlag von *Litzenburger*[964] zum Behindertentestament entwickelten Vorschlag einer **Einsetzung des Bedürftigen zum Nacherben** beim ersten Erbfall. Damit wird ebenfalls eine Überleitung des Pflichtteilsanspruchs verhindert. Beim Behindertentestament ist diese Lösung problematisch, weil angesichts der fehlenden Erträge der Druck auf den Betreuer steigt, die Ausschlagung zu erklären. Beim Bedürftigen, der selbst entscheidet, ob er ausschlägt oder nicht, liegt der Fall häufig anders. Hier erweist sich der vorgeschlagene Weg als sehr nützlich, um die Pflichtteilsüberleitung auszuschließen. 777

▶ **Muster nach *Kleensang*[965]** 778

Ehegattenverfügung mit gegenseitiger Einsetzung der Ehegatten zu Vorerben, Einsetzung des Verschuldeten (= V) zum Nacherben unter Anordnung einer mit Eintritt des Nacherbfalls aufschiebend bedingten Vorerbschaft

[allgemeiner Urkundseingang mit Widerruf bisheriger Verfügungen von Todes wegen]

§ 1 Gegenseitige Erbeinsetzung

Wir setzen uns gegenseitig, der Erstversterbende den Längstlebenden von uns, zu Erben ein. Jeder Ehegatte soll jedoch nur Vorerbe sein. Er ist von allen Beschränkungen und Verpflichtungen befreit, von denen er befreit werden kann. Ihm stehen alle Rechte zu, die ihm nach dem Gesetz zustehen können, einschließlich des Rechts zum Verbrauch des Nachlasses.

§ 2 Nacherben

Nacherben des Zuerstversterbenden sind unsere Kinder K und V. Ersatznacherben sind deren Abkömmlinge nach den Regelungen der gesetzlichen Erbfolge erster Ordnung und nach Stämmen. Der Nacherbfall tritt mit dem Tode des jeweiligen Vorerben ein. Die Nacherbenanwartschaft ist nur auf den Vorerben übertragbar und nicht vererblich. Überträgt ein Nacherbe seine Nacherbenanwartschaft auf den Vorerben, erlöschen die Rechte aller Ersatznacherben.

Mit Eintritt des Nacherbfalls ist unser Kind V jedoch wiederum nur Vorerbe. Er ist von den Beschränkungen und Beschwerungen, die das Gesetz dem Vorerben auferlegt, ausdrücklich nicht befreit. Nacherben sind die die Abkömmlinge unseres Kindes V nach den Regelungen der gesetzlichen Erbfolge erster Ordnung und nach Stämmen. Ersatznacherbe ist unser Kind K und weiter dessen Abkömmlinge.

Der Nacherbfall tritt mit dem Tode des Vorerben ein. Die Nacherbenanwartschaft ist nur auf den Vorerben übertragbar und nicht vererblich. Überträgt der Nacherbe seine Nacherbenanwartschaft auf den Vorerben, erlöschen die Rechte aller Ersatznacherben.

Die vorgenannten Nacherben sind zugleich Erben des Längstlebenden, unser Sohn V jedoch wiederum nur als Vorerbe mit den vorstehend angeordneten Beschränkungen.

---

964 RNotZ 2004, 138, 146 ff.
965 *Kleensang*, RNotZ 2007, 22, 26 mit Muster; Beck'sches Formularbuch Erbrecht/*Kleensang*, F. II. 3.

§ 3 Dauertestamentsvollstreckung

Ferner wird hinsichtlich der unserem Kind V zufallender Vorerbteile Dauertestamentsvollstreckung angeordnet. Der Testamentsvollstrecker hat alle Befugnisse, die ihm gesetzlich zustehen können. Er ist von den Beschränkungen des § 181 BGB befreit. Die Testamentsvollstreckung setzt sich nach einer etwaigen Auseinandersetzung des Nachlasses an den unserem Kind V zufallenden Vermögenswerten fort. Der Testamentsvollstrecker hat die Aufgabe, den Erbteil unseres Kindes V sowie auch dessen Anteil am gegebenenfalls auseinander gesetzten Nachlass unter Einschluss etwaiger Nacherbenrechte zu verwalten, die Rechte der Nacherben wahrzunehmen und Erträge des Erbteils sowie auch die Substanz der Erbschaft, soweit sie unserem Kind K 1 zusteht, nur insoweit an diesen herauszugeben, als diese Vermögenswerte von einem Gläubiger nicht gepfändet und von einem Sozialhilfeträger nicht herausverlangt oder mit Sozialleistungsansprüchen verrechnet werden können. Soweit der Testamentsvollstrecker unserem Kind V Zuwendungen aus der Substanz der Erbschaft macht, gelten ihm diese als Vorausvermächtnis zugewandt.

Zum Testamentsvollstrecker ernennen wir ... (nicht V selbst; entweder K oder Dritten)

[Regelung über Ersatztestamentsvollstrecker und Benennungsrecht für Testamentsvollstrecker]

§ 4 Motiv

Die vorstehend zu Lasten unseres Kindes V angeordneten Beschränkungen sollen dazu dienen, unseren Nachlass vor dem Zugriff von Eigengläubigern unseres Kindes V zu schützen und ihm zugleich ein regelmäßiges Einkommen für seinen Lebensunterhalt zu verschaffen, das über das Niveau einer staatlichen Grundversorgung hinausgeht bzw. von Gläubigern nicht gepfändet werden können. Hierbei handelt es sich lediglich um ein Motiv für die vorstehende Gestaltung, jedoch ausdrücklich nicht um eine Rechtsbedingung für diese.[966]

779 Eine Untervariante dieses Formulierungsbeispiels ist es, den Ehepartner beim ersten Erbfall zum Vollerben und nur zu einem Teil zum Vorerben zu berufen, und zwar mit der Quote, mit der der Verschuldete Nacherbe werden soll.

780 ▶ **Muster nach *Kleensang* für die Konstellation zweier Kinder**[967]

Jeder Ehegatte soll jedoch in Höhe einer Erbquote von 3/16 nur Vorerbe sein. Zu 13/16 Anteil ist der überlebende Ehegatte dagegen Vollerbe.

b) Ziel: Besserstellung des Bedürftigen unter Sicherung der Erträge und der Substanz

781 Die kautelarjuristische Idealgestaltung eines Bedürftigentestamentes würde dem Bedürftigen auch die Erträge belassen und in einer solchen Weise zukommen lassen, dass eine Anrechnung auf Sozialleistungen ausgeschlossen ist. Der Grundsatz des Nachrangs von Sozialleistungen soll damit umgangen werden. Ob die Rechtsprechung und die Verwaltungspraxis dies anerkennen wird, ist noch ungeklärt.[968] Auch könnten angesichts leerer Kassen auch Änderungen seitens der Gesetzgebung drohen.

782 Der Schutz des Ertrages ist nur durch eine Verwaltungstestamentsvollstreckung möglich. Die Ausgestaltung der Testamentsvollstreckung sollte dabei aus Gründen der Vorsicht weniger darauf gerichtet sein, den Ertrag möglichst umfassend dem Sozialleistungsträger vorzuenthalten, sondern vielmehr darauf, die Lebensumstände des Bedürftigen tatsächlich zu verbessern.[969]

---

966 Ob mit der Motivangabe das Ziel erreicht wird, dass damit eine Anfechtung gelingt, wenn der Grund für die Anordnungen entfällt, erscheint zweifelhaft, *Litzenburger*, ZEV 2009, 278, 280; *Kornexl*, Rn. 422; *Hartmann*, ZNotP 2005, 82, 87. Siehe hierzu nachstehend auch Rdn. 800 und oben Verfügungen zugunsten von Verschuldeten, Rdn. 741.
967 *Kleensang*, RNotZ 2007, 22, 26.
968 Das SG Dortmund, Beschl. vom 25.9.2009 – S. 29 AS 309/09 ER, BeckRS 2009, 72868 = ZEV 2010, 54, hat im Verfahren des vorläufigen Rechtsschutzes eine Sittenwidrigkeit als wahrscheinlich angesehen.
969 So auch *Litzenburger*, ZEV 2009, 278, 280.

▶ **Muster nach *Litzenburger*[970] (leicht modifiziert) für ein Bedürftigkeitstestament** 783

§ 1 Erbeinsetzung

(1) Ich setze meinen Sohn V zu meinem alleinigen Vorerben ein.

Er ist allen gesetzlichen Beschränkungen und Verpflichtungen unterworfenen.

[*Vorsicht*:[971] Mit dem etwaigen Ende der Testamentsvollstreckung (§ 2 Abs. 8) erlangt mein Sohn V die Rechtsstellung eines befreiten Vorerben, der von allen gesetzlichen Beschränkungen – soweit zulässig – befreit ist.]

(2) Der Nacherbfall tritt ein mit dem Tode des Vorerben [*Vorsicht*:[972] oder mit der rechtskräftigen Feststellung eines Gerichts, dass die Verwaltungstestamentsvollstreckung (§ 2) unwirksam ist].

(3) Nacherben sind zu gleichen Teilen die Kinder meines Sohnes, derzeit sind dies EK 1 und EK 2. Ersatznacherben sind deren Abkömmlinge zu gleichen Stammanteilen und nach den Regeln der gesetzlichen Erbfolge erster Ordnung.

(4) Die Nacherbenrechte sind nicht vererblich und nicht übertragbar, ausgenommen die Veräußerung an den Vorerben. Mit Übertragung auf den Vorerben entfällt auch jede ausdrückliche oder stillschweigende Ersatznacherbeneinsetzung.

§ 2 Testamentsvollstreckung

(1) Ich ordne bis zum Tod des Vorerben Testamentsvollstreckung über den Nachlass an.

(2) Der Testamentsvollstrecker hat dem Vorerben zum Zwecke der Verbesserung der Lebensqualität den gesamten jährlichen Reinertrag des Vorerbteils nur in Form folgender Leistungen – soweit diese nicht auf V zustehende Sozialleistungen angerechnet werden können – zuzuwenden:
– Zuwendungen zur Befriedigung der individuellen Bedürfnisse in Bezug auf Freizeit oder Hobby;
– Finanzierung von Urlauben und Ausflügen;
– Aufwendungen für die Besuche bei Freunden und Verwandten;
– Aufwendungen für ärztliche oder sonstige Heilbehandlungen und Therapien, Medikamente und medizinische Hilfsmittel, die von der Krankenkasse nicht vollständig bezahlt werden;
– Aufwendungen für persönliche Sachen wie Kleidung und andere Gebrauchsgegenstände, für Hausrats- und Einrichtungsgegenstände;
– *Aufwendungen für private Versicherungen und für staatlich geförderte Altersvorsorgeverträge*,[973]
– *Aufwendungen für ein angemessenes Fahrzeug*,[974]

---

970 *Litzenburger*, ZEV 2009, 278, 280.
971 M. E. sollte es auf Dauer bei der nicht befreiten Vorerbschaft verbleiben. Siehe hierzu nachstehend Rdn. 786.
972 Dass der Nacherbfall dann eintritt, erscheint zumindest im Regelfall nicht zielführend zu sein. Damit verlöre der Vorerbe alles. Tritt diese Rechtsfolge zu einem Zeitpunkt ein, zu dem die Pflichtteilsansprüche noch nicht verjährt sind, würde dies zudem auf den Sozialleistungsträger übergeleitet. Jedenfalls sollte die Rechtsfolge entgegen der Formulierung von *Litzenburger* nur bei einer rechtskräftigen Entscheidung eintreten.
973 Vorschlag von mir, denn gemäß § 12 Abs. 2 Nr. 2 und Nr. 3 SGB II ist dieses Vermögen einschließlich der thesaurierten Erträge bei den Grundsicherungsleistungen für Arbeitssuchende geschützt. Ähnlich § 90 Abs. 2 Nr. 2 SGB XII bei Sozialhilfe. Vorsicht: Im Alter sind die Erträge aber auf die Grundsicherung im Alter und auf Sozialhilfe anrechenbar.
974 Vorschlag von mir, denn gemäß § 12 Abs. 3 Nr. 2 SGB II ist ein angemessenes Kraftfahrzeug (jedenfalls 5000 € bis 7500 €) für jeden in der Bedarfsgemeinschaft lebenden erwerbsfähigen Hilfebedürftigen bei den Grundsicherungsleistungen für Arbeitssuchende geschützt. Vor allem dürfte dies ein großes Bedürfnis abdecken. Im Rahmen des SGB XII ist ein Kraftfahrzeug nur dann Schonvermögen, wenn es als ein Gegenstand zur Aufnahme oder Fortsetzung der Berufsausbildung oder der Erwerbstätigkeit unentbehrlich ist. Bei Anschaffung eines KFZ aus den Mitteln der Erbschaft unterliegt es aufgrund der dinglichen Surrogation weiterhin der Vor- und Nacherbfolge sowie ist aufgrund der Testamentsvollstreckung vom Hilfeempfänger nicht verwertbar und damit kann die Gewährung der Hilfe nicht von der Verwertung des Fahrzeu-

Kapitel 5 Sicherung der Erwerbsaussichten für Endbedachte

– ein Taschengeld, jedoch nicht mehr als der Betrag, den ein Sozialleistungsempfänger ungekürzt zur freien Verfügung haben darf.

(3) Für welche der genannten Leistungen der Reinertrag verwendet wird, ob diese also auf sämtliche Leistungen gleichmäßig oder nach einem bestimmten Schlüssel verteilt werden oder ob diese in einem Jahr nur für eine oder mehrere der genannten Leistungen verwendet werden, entscheidet der Testamentsvollstrecker nach billigem Ermessen, wobei er allerdings immer auf das Wohl des Vorerben bedacht sein muss.

(4) Wird der jährliche Reinertrag in einem Jahr nicht in voller Höhe in Form der bezeichneten Leistungen verwendet, sind die entsprechenden Teile vom Testamentsvollstrecker gewinnbringend anzulegen.

(5) Vorerbe und Testamentsvollstrecker sind dabei von den Beschränkungen des § 2119 BGB befreit.

(6) Zum Testamentsvollstrecker wird XY berufen.

(7) Auf schriftlichen Antrag des Vorerben muss das Nachlassgericht den Testamentsvollstrecker entlassen und durch den vom Vorerben vorgeschlagenen Nachfolger ersetzen, wenn dessen Ernennung keiner der in § 2201 BGB genannten Gründe entgegensteht.

Sich selbst kann der Vorerbe nicht vorschlagen. Der Antrag muss vom Vorerben höchstpersönlich gestellt werden.

(8) Die Testamentsvollstreckung endet ersatzlos, wenn der Vorerbe:

1. für einen ununterbrochenen Zeitraum von 12 Monaten tatsächlich weder Sozialhilfe nach den jeweils geltenden Vorschriften des SGB XII noch Grundsicherung für Arbeitssuchende nach den jeweiligen Vorschriften des SGB II erhalten hat und

2. dies gegenüber dem Nachlassgericht erklärt und die Richtigkeit eidesstattlich versichert.

Bezieht der Vorerbe danach erneut Sozialleistungen ändert dies an den eingetretenen Rechtsfolgen nichts mehr.

§ 3 Teilnichtigkeit

(1) Sollte die in § 2 Abs. 8 enthaltene Beendigungsklausel der Testamentsvollstreckeranordnung undurchführbar oder aus irgendeinem Grund unwirksam sein oder werden, so entfällt sie ersatzlos und die nicht befreite Vorerbschaft sowie die Testamentsvollstreckung bestehen, wie angeordnet, fort.

(2) Sollte eine andere Bestimmung in dieser Urkunde ganz oder teilweise undurchführbar oder unwirksam sein oder werden, soll der übrige Teil hiervon nicht berührt und die unwirksame Anordnung, soweit möglich, sinngemäß ausgeführt werden. Weiteres will ich derzeit nicht bestimmen.

Diese Niederschrift ...

784 Die Voraussetzungen für den Wegfall der Testamentsvollstreckung lassen sich auch positiv ausdrücken:

785 ▶ **Muster:**

Die Testamentsvollstreckung endet ersatzlos, wenn der Vorerbe Alters- oder Berufsunfähigkeitsrente bezieht und dies dem Nachlassgericht nachgewiesen wird.

786 Mir erscheint die **Umwandlung** von einer **nicht befreiten** in eine **befreite** Vorerbschaft bei Wegfall der Bedürftigkeit **gefährlich** zu sein. Jedenfalls, wenn die Vermögenssicherung beim Erblasser im Vordergrund steht, sollte nur der Wegfall der Testamentsvollstreckung, nicht aber der Wegfall der gesetzlichen Beschränkungen des Vorerben angeordnet werden. Anderenfalls könnte m. E. mit Wegfall der Beschränkungen ein Regress des Sozialleistungsträgers drohen, denn aufgrund des Wegfalls

---

ges abhängig gemacht werden. Auch einem SGB XII Leistungsempfänger kann damit das Autofahren auch dann ermöglicht werden, wenn er es für seine Erwerbstätigkeit nicht benötigt.

der gesetzlichen Beschränkungen im Nachhinein wird der Erbe rückwirkend zum befreiten Vorerben. Zumindest könnte der Sozialleistungsträger seine Leistungen darlehensweise (§ 23 Abs. 5 SGB II) gewähren, da künftig nach Wegfall der Bedürftigkeit und der gesetzlichen Vorerbenbeschränkungen einsetzbares Vermögen vorhanden sein wird.[975] Dieses Problem will *Litzenburger* anscheinend dadurch vermeiden, dass der Wegfall der Beschränkungen nur aufgrund einer Erklärung des Bedürftigen gegenüber dem Nachlassgericht eintritt. Dies ist geschickt formuliert, wirft aber die Frage auf, ob der Sozialleistungsträger, zumindest dann, wenn nach einem längeren Zeitraum als 12 Monaten erneut die Hilfebedürftigkeit eintritt, den Leistungsempfänger auf die Möglichkeit einer Erklärung gemäß § 2 (8) des Testamentes verweisen kann, um auf diese Weise nicht erneut hilfebedürftig zu werden oder zu bleiben. Es könnte dem Bedürftigen bei Verweigerung eine Kürzung gemäß § 31 Abs. 4 SGB II bzw. § 26 SGB XII drohen. Solange diese Problemfelder nicht abschließend ausgelotet sind, sollte eine auflösende Bedingung beim Bedürftigentestament nur bei entsprechend deutlicher Belehrung und/oder in geeigneten Sonderfällen eingesetzt werden.

Bei der Gestaltung ist ferner zu bedenken: Je mehr nicht anrechenbare Leistungen gewährt werden sollen und je stärker die Rechtsstellung des Bedürftigen wird, desto eher entlarvt sich das Testament als letztlich allein gewollt zur Umgehung des Grundsatzes Nachrangigkeit. Es droht dann das Verdikt der **Sittenwidrigkeit** (§ 138 BGB). 787

Auch das Entlassungsrecht für den unliebsamen Testamentsvollstrecker ist sehr interessant, kann aber auch die Gestaltung angreifbarer machen. Das bessere Mittel dürfte hier die richtige Wahl des Testamentsvollstreckers sein. 788

Überhaupt sind alle Mechanismen in Testamenten **gefährlich**, die es dem bedürftigen **Erben selbst** ermöglichen, **Einfluss auf die Rechtsfolgen** zu nehmen. Die tatsächliche Ausübung solcher Gestaltungsrechte durch den Erben dürfte nicht mehr von der grundrechtlich geschützten Testierfreiheit des Erblassers gedeckt sein und könnte als rechtsmissbräuchliches und unredliches Verhalten ihm zugerechnet werden, denn er hält den Zustand seiner Bedürftigkeit aufrecht, obwohl es selbst es in der Hand hat, den Zustand zu beseitigen. Dieses Verhalten ist vergleichbar mit einer Erbausschlagung eines Bedürftigen, die von der h. M. als sittenwidrig angesehen wird.[976] Solche Gestaltungen könnten, auch wenn sie nicht bereits dem Verdikt der Sittenwidrigkeit unterliegen, jedenfalls zu Leistungskürzungen oder -Einstellungen gemäß § 31 Abs. 4 SGB II bzw. § 26 SGB XII führen.[977] Sicherer erscheint es daher, die Beendigung der Testamentsvollstreckung und -wenn trotz der aufgezeigten Risiken gewünscht- die Befreiung von den gesetzlichen Vorerbenbeschränkungen von der Entscheidung eines Dritten abhängig zu machen. Dieser hat dann aufgrund einer Prognose zu entscheiden. 789

▶ **Muster: Eigenes Formulierungsbeispiel in Weiterführung von *Litzenburger*:** 790

Die Testamentsvollstreckung endet ersatzlos, wenn:

1. der Vorerbe dem Testamentsvollstrecker nachgewiesen hat, dass er für einen ununterbrochenen Zeitraum von 12 Monaten tatsächlich weder Sozialhilfe nach den jeweils geltenden Vorschriften des SGB XII noch Grundsicherung für Arbeitssuchende nach den jeweiligen Vorschriften des SGB II erhalten hat, und

---

975 § 23 Abs. 5 S. 1 SGB II lautet: »Soweit Hilfebedürftigen der sofortige Verbrauch oder die sofortige Verwertung von zu berücksichtigen Vermögen nicht möglich ist oder für sie eine besondere Härte bedeuten würde, sind Leistungen als Darlehen zu erbringen«. Ob Verwertbarkeit tatsächlich ausscheidet und somit Leistungen als Zuschuss und nicht als Darlehen zu erbringen sind, oder ob die Verwertung einfach nur lange Zeit benötigt, ist eine Frage des Einzelfalles, LPK-SGB II/*Müder*, § 23 Rn. 44 m. w. N.

976 OLG Hamm Beschl. vom 16.7.2009 – 15 Wx 85/09, ZEV 2009, 471 mit Anm. *Leipold*; OLG Stuttgart Beschl. vom 25.6.2001 8 W 494/99, ZEV 2002, 367 = NJW 2001, 3484; **a. A.** LG Aachen Beschl. vom 4.11.2004 – 7 T 99/04, ZEV 2005, 120 = NJW-RR 2005, 307; *J. Mayer*, ZEV 2002, 369, 370; *Ivo*, FamRZ 2003, 6 ff. m. w. N. zu einem Teil der Literatur, die § 138 BGB auf die Ausschlagungserklärung nicht anwenden will.

977 Auch wenn dies nach derzeitiger Rechtslage und oder Rechtsprechung noch nicht der Fall sein sollte, führte ein häufiger Einsatz des Bedürftigentestamentes sicherlich zu einer gesetzgeberischen Korrektur.

Kapitel 5 Sicherung der Erwerbsaussichten für Endbedachte

2. der Testamentsvollstrecker davon überzeugt ist, dass auf Dauer eine Hilfebedürftigkeit des Vorerben entfallen ist, und

3. der Testamentsvollstrecker dies gegenüber dem Nachlassgericht erklärt.

Bezieht der Vorerbe danach erneut bedarfsabhängige Sozialleistungen, ändert dies an den eingetretenen Rechtsfolgen nichts mehr. Der Testamentsvollstrecker trifft seine Prognoseentscheidung nach pflichtgemäßem Ermessen. Er haftet nur bei einer vorsätzlich falschen Erklärung.

791 Gänzlich **ungeeignet und gefährlich** wäre eine Gestaltung, durch die der nicht befreite Vorerbe bei Wegfall der Bedürftigkeit zum **Vollerben** erstarken könnte; denn zum einen gelten vorstehende Bedenken zum befreiten Vorerben umso mehr, zum anderen gilt: Wenn der Vorerbe kurze Zeit nach Wegfall seiner Bedürftigkeit, aber nach seiner Erstarkung zum Vollerben verstirbt, ist die Erbenhaftung gemäß § 35 SGB II oder § 102 SGB XII für die Sozialleistungen der letzten 10 Jahre vor seinem Tod gegeben, da die Sozialleistungen ihm gewährt wurden und seine Erben nunmehr den Nachlass erhalten. Anders ist dies, wenn die Nacherbfolge (befreit oder nicht) bestehen bleibt, weil dann der Erbe nicht vom Vorerben, sondern noch vom ursprünglichen Erblasser erbt.[978]

792 Der vorsichtige Gestalter wird daher das Muster von *Litzenburger* nur in der Form anwenden, dass die nicht befreite Vor- und Nacherbfolge auf Dauer erhalten bleibt.

793 Einen weiteren Gestaltungsvorschlag macht *Everts*[979] für folgenden Fall:

> ▶ Beispiel:
>
> Ein Ehepaar hat zwei Söhne, B und V, im Alter von 46 und 44 Jahren. Enkelkinder sind vorhanden. Der jüngere Sohn V hat erhebliche finanzielle Probleme. Er hat Zahlungsrückstände aus größeren Ratenkaufverträgen, die sich infolge plötzlicher Arbeitslosigkeit vor einigen Jahren nunmehr erheblich aufsummiert haben. Er bezieht mittlerweile Arbeitslosengeld II. Ob er jemals wieder in Arbeit kommen wird und seine Schulden abzahlen kann, ist ungewiss, aber auch nicht ausgeschlossen. Um ein Privatinsolvenzverfahren hat man sich noch keine Gedanken gemacht. Solange sich die Verhältnisse beim betreffenden Sohn nicht bessern, soll dafür Sorge getragen werden, dass dessen Erbe nicht für seine Schulden verbraucht wird; zugleich soll er aber »schon etwas bekommen«, nur sollen hierauf weder seine Gläubiger noch der Staat zugreifen können, insbesondere soll ihm, wenn er schon das – niedrige – Arbeitslosengeld II bezieht, dieses nach dem Erbfall nicht versagt oder gekürzt werden können.

794 *Everts* schlägt vor, im gemeinschaftlichen Testament der Eheleute den bedürftigen Verschuldeten (= Sohn V) sowohl nach dem Erstversterbenden als auch nach dem Längstlebenden der Eltern mit einer Erbquote von 5 % über der Hälfte des gesetzlichen Erbteils (nicht 5 %-Punkte) als Vorerbe einzusetzen, wobei dies nur dann gilt, wenn der Sohn V persönlich zu Erbfolge gelangt. Nimmt der Sohn das Erbe nicht an, soll beim ersten Erbfall der länger lebende Elternteil alleiniger Erbe sein, und beim zweiten Erbfall die gemeinsamen Abkömmlinge zu gleichen Teilen. Die verminderte Erbquote soll somit nur für V persönlich gelten. Auch die Vorerbenstellung soll nur für V persönlich gelten.

795 Nicht deutlich wird, wieso *Everts* den Sohn V auch nach dem Längstlebenden nur mit der hälftigen Erbquote zuzüglich 5 % bedenken will. Stimmiger erschiene es aus Gründen der Gleichbehandlung der Stämme und zur Vermeidung der Pflichtteilsgeltendmachung beim zweiten Erbfall, den Sohn V nach dem Längstlebenden zu gleichen Teilen neben B zu berufen und für die Erbteilung nach dem

---

978 *Litzenburger*, ZEV 2009, 278, 279; LPK-SGB XII/*Brühl*, § 90 Rn. 126. Hiervon zu unterscheiden ist der Fall, bei dem der Erbe des Bedürftigen von ihm zum nicht befreiten Vorerben berufen wird. Hierbei entsteht eine Nachlassverbindlichkeit, so dass der Nacherbe seine Zustimmung zur Verwertung erteilen muss, BVerwGE 66, 161; LPK-SGB XII/*Conradis*, § 102 Rn. 17.

979 *Everts*, ZErb 2005, 353–360.

Längstlebenden anzuordnen, dass sich V dasjenige auf seinen Erbteil anzurechnen lassen hat, was er vom erstversterbenden Elternteil beim ersten Erbfall bereits erhalten hat. Auch sollte ausdrücklich geregelt werden, was gilt, wenn V den Pflichtteil nach dem Erstversterbenden verlangt: Ist dann sein ganzer Stamm bei der Erbfolge nach dem Längstlebende ausgeschlossen oder soll sein Stamm erben, sich aber den Pflichtteil nach dem Erstversterbenden beim Tode des Längstlebenden anrechnen lassen? *Everts* empfiehlt, den Vorerben nur wie folgt zu befreien:[980]

▶ **Muster:** 796

Unser Sohn V ist als Vorerbe jeweils ausschließlich von den Beschränkungen der §§ 2116, 2118 und 2119 BGB befreit. Der Vorerbe ist somit insbesondere nicht verpflichtet, zur Erbschaft gehörende Wertpapiere zu hinterlegen und das im Nachlass befindliche oder anstelle von Nachlassgegenständen erhaltene Geld mündelsicher im Sinne der §§ 1806 ff. BGB anzulegen.

Für die Testamentsvollstreckung macht er folgenden Vorschlag:[981] 797

▶ **Muster:** 798

Des Weiteren treffen wir nachstehende Verfügungen von Todes wegen, die für jeden von uns frei widerruflich sind:

1. Nur für den Fall, dass unser Sohn V persönlich beim Tode des Erstversterbenden und/oder des Letztversterbenden in der jeweils vorgenannten Quote zur Erbfolge gelangt und dabei zugleich den Beschränkungen der Vor- und Nacherbfolge nach Maßgabe der vorstehenden Bestimmungen unterliegt, ordnen wir über dessen jeweiligen Anteil an unserem Nachlass für die gesamte Dauer der jeweiligen Vorerbschaft Testamentsvollstreckung an.

a) Zum Testamentsvollstrecker ernennt ein jeder von uns für den Fall, dass er der Erstversterbende von uns sein sollte, den überlebenden Ehegatten. Dieser, nicht aber ein Ersatztestamentsvollstrecker, ist von den Beschränkungen des § 181 BGB befreit, sofern diese Vorschrift auf seine Handlungen entsprechende Anwendung finden sollte.

Sollte der Überlebende von uns das Amt nicht annehmen können oder wollen oder noch zu seinen Lebzeiten das Amt nicht mehr ausüben können oder wollen, so soll diejenige Person Testamentsvollstrecker sein, die der Überlebende in seiner Eigenschaft als Testamentsvollstrecker für den Fall seiner Amtsbeendigung zum Amtsnachfolger bestimmt; wiederum ersatzweise soll das Nachlassgericht einen geeigneten Ersatztestamentsvollstrecker ernennen. Unabhängig davon endet das Amt des Testamentsvollstreckers nach dem Erstversterbenden von uns mit dem Tod des Überlebenden.

Unabhängig von der Reihenfolge unseres Ablebens ernennt der Längerlebende von uns [Name des Testamentsvollstreckers] zum Testamentsvollstrecker, ersatzweise [Name des Ersatztestamentsvollstreckers]. Sollte auch dieser das Amt nicht annehmen können oder wollen oder das Amt nicht mehr ausüben können oder wollen, so soll das Nachlassgericht einen geeigneten Ersatztestamentsvollstrecker ernennen. Wir stellen klar, dass der Testamentsvollstrecker bzw. Ersatztestamentsvollstrecker von den Beschränkungen des § 181 BGB nicht befreit ist, sofern diese Vorschrift auf seine Handlungen entsprechende Anwendung finden sollte.

Die vorstehende Testamentsvollstreckerbestimmung gilt auch dann, wenn das Testamentsvollstreckeramt nach dem erstversterbenden Ehegatten durch dessen Tod endet, auch wenn zu diesem Zeitpunkt der Überlebende nicht mehr Testamentsvollstrecker sein sollte, so dass dieser Testamentsvollstrecker das gesamte unserem Sohn V von Todes wegen zugewendete Vermögen aus dem Nachlass beider Elternteile zu verwalten hat.

b) Die Aufgabe der Testamentsvollstrecker ist es jeweils, den betreffenden Erbteil von – ausschließlich – V sowie dessen Anteil am etwa bereits auseinander gesetzten Nachlass zu verwalten, unter Einschluss etwaiger Nacherbenrechte (§ 2222 BGB) auf die Dauer der jeweiligen Vorerbschaft.

---

980 *Everts*, ZErb 2005, 353, 358.
981 *Everts*, ZErb 2005, 353, 359.

Der jeweilige Testamentsvollstrecker hat dabei unserem Sohn V folgende Zuwendungen zu machen (Verwaltungsanordnung im Sinne von § 2216 Abs. 2 BGB): fortlaufende Überlassung von Geldbeträgen in der Höhe des jeweiligen Rahmens, der nach den zum Zuwendungszeitpunkt geltenden Vorschriften konkret dem Pfändungsschutz unterliegt und/oder der den Rahmen dessen nicht übersteigt, was im Falle des Bezugs bedarfsabhängiger Sozialleistungen unser Sohn V nach den dann einschlägigen Bestimmungen maximal zur freien Verfügung haben darf, insbesondere
- Geschenke zu besonderen Anlässen, wie z. B. Weihnachten, Ostern, Geburtstag,
- Zuwendungen zur Befriedigung von persönlichen Bedürfnissen, insbesondere Urlaub, Freizeitgestaltung einschließlich Ausflüge, Hobbys sowie Güter des persönlichen Bedarfs,
- Zuschüsse für Kleidung und Einrichtungsgegenstände.

(Fakultativ: Sollten die vorstehend beschriebenen Anordnungen allein aus den – vorrangig heranzuziehenden – Erträgnissen der Nachlassvermögenswerte nicht in angemessener Weise erfüllt werden können, darf die Nachlasssubstanz hierfür bis zur Höhe des Vorerbteils von V verwendet werden. Die hierfür erforderlichen Vermögenswerte sind insofern – ggfs. anteilig – vermächtnisweise zugewandt, um V ein dauerhaftes angemessenes Einkommen über dem Sozialleistungsniveau zu verschaffen, § 850b Abs. 1 Nr. 3 ZPO.)

Everts ist Anhänger der Motivlösung und schlägt daher folgenden Schluss vor:

799 ▶ **Muster nach *Everts***

Motiv

Die vorstehenden Beschränkungen unseres Sohnes V durch die Anordnung von Nacherbfolge und Testamentsvollstreckung erfolgen, um unseren Nachlass vor dem Zugriff der Eigengläubiger von V zu schützen und um ihm zugleich ein regelmäßiges Einkommen für seinen Lebensunterhalt zu verschaffen, das über das Niveau einer staatlichen Grundversorgung hinausgeht. Unabhängig hiervon würden wir die vorstehenden letztwilligen Verfügungen auch dann treffen, falls wir dabei Pflichtteilsberechtigte übergangen hätten, die uns nicht bekannt sind oder erst in Zukunft pflichtteilsberechtigt oder geboren werden.

800 *Everts* will V über die Motivangabe die Möglichkeit der Anfechtung der angeordneten Beschränkung des V eröffnen. Mit wirksamer Anfechtung würde das Testament jedoch nicht mit allen Anordnungen unwirksam. Die Wirkung der Anfechtung erfasst bei § 2078 BGB nur solche Verfügungen, die dem Irrtum des Erblassers unterliegen.[982] Ein Hinweis darauf, ob V dann aber Vollerbe zu ¹/₂ oder nur in Höhe des halben gesetzlichen Erbteils zuzüglich 5 % bleiben soll, ergibt sich folgerichtig aus *Everts* Gestaltungsvorschlag nicht. Auch dies zeigt, dass die Motivangabe kein taugliches Instrument der Testamentsgestaltung ist. Wollte man die aufgeworfene Frage auch bereits im Vorhinein beantworten, müsste die Rechtsfolge für den Fall der Anfechtung bereits angeordnet werden. Damit wird der Anfechtung wegen Irrtums aber die Voraussetzung genommen. Der Testator befand sich gerade nicht im Irrtum und hat die Varianten der künftigen Entwicklung auch erkannt. Empfehlenswert ist daher -in geeigneten Fällen- die Kombination mit einer Bedingung gemäß dem Lösungsvorschlag von *Hartmann* beim Verschuldetentestament. Siehe dazu oben Rdn. 741 ff., 745.

c) Ziel: Nur Sicherung des Vermögens und der Erträge auf die Lebenszeit des Bedürftigen

801 Will der Erblasser den Bedürftigen nur besser stellen, und ist die Erhaltung des vererbten Vermögens für die nächste Generation nicht gewollt oder nötig, etwa bei einem kinderlosen Hilfeempfänger ohne Geschwister, ist es ausreichend, den Bedürftigen als Erben oder Vermächtnisnehmer einzusetzen und eine Verwaltungstestamentsvollstreckung (§ 2209 BGB) anzuordnen.[983] Auf Lebenszeit ist damit eine Verwertung des Vermögens, und bei entsprechender Ausgestaltung der Verwaltungsanweisung (§ 2216 BGB) der Erträge, ausgeschlossen.[984] Dies gilt auch dann, wenn der Testaments-

---

982 AnwKomm-BGB/*Fleindl*, § 2078 Rn. 36.
983 *Tersteegen*, ZEV 2008, 121, 124.
984 *Tersteegen*, ZEV 2008, 121, 123, 124.

volltrecker auch die Substanz des Nachlasses gemäß der Verwaltungsanweisung verwenden darf. Erst im Todesfall des Bedürftigen kann der Sozialleistungsträger dann auf den Nachlass zugreifen.

Diese Gestaltung ist nicht sittenwidrig, wenn sie der Sorge des Erblassers um das Wohl des Erben entspricht und in dessen gesundheitlicher Situation begründet ist.[985] 802

Formulierungsbeispiel wie Verwaltungstestamentsvollstreckung beim Behindertentestament, Rdn. 596, eventuell mit Ergänzungen wie bei Rdn. 783. 803

3. Steuerrecht

Steuerliche Besonderheiten gelten für Testamente zugunsten von Menschen, die auf Dauer Sozialleistungen beziehen, nicht. Es kann daher auf die allgemeinen Hinweise, insbesondere zur Vor- und Nacherbfolge, verwiesen werden. Bei Zuwendungen in die Nähe des Verschuldeten, etwa an den Ehepartner, den Lebensgefährten oder an die Kinder ist darauf zu achten, dass geringere Freibeträge und höhere Steuersätze gelten können. Gegebenenfalls sollte daher zur optimalen Ausnutzung von Freibeträgen an mehrere nahe stehende Personen zugewandt werden. 804

4. Checkliste

Checkliste wie bei jeder Verfügung von Todes wegen abarbeiten. Eine Checkliste für die Sachverhaltsaufklärung beim Behindertentestament findet sich oben Kapitel 5. E. I. unter Rdn. 561 ff. Dies kann entsprechend modifiziert auch auf Bedürftige angewendet werden. 805

▶ **Checkliste zum Bedürftigentestament:**

Folgende Punkte sollten nach Entwurfsfertigung beim Bedürftigentestament nochmals geprüft und durchdacht werden:
- ☐ bei Ehegattenverfügungen beide Erbfälle erfasst (erster und zweiter Erbfall) und geregelt?
- ☐ Überleitung des Pflichtteilsanspruchs und des Pflichtteilsergänzungsanspruchs durch Erbeinsetzung ausgeschlossen?
- ☐ Achtung: Pflichtteilsanspruch beim Erstversterbenden der Eltern beachtet?
- ☐ unbeschränkte Änderungsmöglichkeit für den Längstlebenden gewährleistet?
- ☐ Gefahr der Erbausschlagung durch ausreichende Nachlassbeteiligung und Vorteile des Bedürftigen minimiert?
- ☐ Ersatznacherben bzw. Ersatznachvermächtnisnehmer richtig und umfassend bestimmt (Abkömmlinge, Seitenlinie)?
- ☐ Regelung für den Wegfall der Bedürftigkeit getroffen (Bedingung, Motivangabe)?
- ☐ gegebenenfalls flankierende Maßnahmen: lebzeitige Gestaltungen, Erb- und/oder Pflichtteilsverzicht?
- ☐ Testator auf die Risiken und Unwägbarkeiten hingewiesen?
- ☐ auf Erfordernis regelmäßiger Kontrolle und gegebenenfalls Anpassung hingewiesen?

---

985 LSG Baden-Württemberg, Beschl. vom 9.10.2007 – L 7 AS 3528/07, ZEV 2008, 147.

Kapitel 6. Verfügungen von Todes wegen von Ehegatten

Übersicht

	Rdn.
A. Grundlagen	1
I. Gemeinschaftliche Testamente	4
II. Erbverträge unter Ehegatten	12
III. Einzeltestamente und getrennte Gestaltung von Ehegattenverfügungen	15
IV. Form der Verfügungen von Todes wegen von Lebenspartnern nach dem LPartG	17
B. Gestaltung von Verfügungen von Todes wegen von Ehegatten	18
I. Einheitslösung	18
1. Regelungsziele	18
2. Verfügungen von Todes wegen bei kinderlosen Ehegatten	21
a) Berücksichtigung möglicher künftiger Abkömmlinge bei jüngeren Ehegatten	22
b) Verteilung des beiderseitigen Vermögens auf gesetzliche Erben mit Bindung	28
3. Verfügungen von Todes wegen bei Ehegatten mit gemeinsamen Kindern	34
a) Berliner Testament	34
b) Ehegatten mit minderjährigen Kindern	38
c) Ehegatten mit Gestaltungswünschen für einzelne Vermögensgegenstände	42
d) Ehegatten mit von der unbeschränkten Schlusserbfolge ausgeschlossenem »Problemkind«	51
e) Ehegatten mit bislang ungleich behandelten Kindern	56
4. Verfügungen von Todes wegen bei Ehegatten mit Kindern aus unterschiedlichen Beziehungen	60
a) Bevorzugung der gemeinsamen Kinder beim Tod des Überlebenden	61
b) Gleichbehandlung aller Kinder beim Tod des Überlebenden	66
5. Pflichtteilsstrafklauseln bei der Einheitslösung	72
6. Einheitslösung bei Lebenspartnern nach LPartG	75
II. Trennungslösungen	76
1. Regelungsziele	76
a) Vor- und Nacherbschaft	77
b) Vollerbeneinsetzung mit begleitenden Vermächtnissen	78
2. Ehegatten mit Kindern aus unterschiedlichen Beziehungen	80
a) Anordnung einer Vor- und Nacherbschaft	80
b) Vollerbeneinsetzung aller Kinder mit Vermächtnissen zugunsten des überlebenden Ehegatten	84
c) Vollerbeneinsetzung des Ehegatten und Herausgabevermächtnis zugunsten der einseitigen Kinder	88
3. Geschiedenentestament	91
a) Vor- und Nacherbfolge	92
b) Vermächtnislösungen	95
4. Pflichtteilsansprüche bei Trennungslösungen	99
5. Trennungslösungen bei Lebenspartnern nach LPartG	105
III. Wiederverheiratungsklauseln	106
1. Regelungsziele und Zulässigkeit	106
2. Wiederverheiratungsklauseln in Verfügungen von Todes wegen mit Einheitslösung	109
3. Wiederverheiratungsklauseln in Verfügungen von Todes wegen mit Trennungslösungen	114
4. Alternative Wiederverheiratungsklauseln	120
5. Öffnungsklauseln zugunsten des neuen Ehegatten	127
IV. Vermächtnis über Haushaltsgegenstände	129
1. Regelungsziel	129
2. Vermächtnisse über Haushaltsgegenstände bei Trennungslösungen	130
V. Vorsorge für besondere Konstellationen	133
1. Vorsorge für zeitnahes Versterben beider Ehegatten (»Katastrophen-Klauseln«)	133
2. Vorsorge für den Scheidungsfall	138
VI. Besonderheiten bei der fortgesetzten Gütergemeinschaft	148
1. Voraussetzungen und Wirkungen der fortgesetzten Gütergemeinschaft	148
2. Auseinandersetzung der fortgesetzten Gütergemeinschaft	159
VII. Steuerliche Aspekte	160
VIII. Checkliste für Verfügungen von Ehegatten und Lebenspartnern	163

Literatur:

Basty, Bindungswirkung bei Erbvertrag und gemeinschaftlichem Testament, MittBayNot 2000, 73; *Battes*, Gemeinschaftliches Testament und Ehegattenerbvertrag als Gestaltungsmittel für die Vermögensordnung der

Kapitel 6   Verfügungen von Todes wegen von Ehegatten

Familie, 1974; *Brambring*, Bindung beim Ehegattentestament und -erbvertrag, ZAP 1993, 619; *Britz*, Ersatzerbeneinsetzung statt Schlusserbeneinsetzung im Berliner Testament, RNotZ 2001, 389; *Buchholz*, Erbfolge und Wiederverheiratung, 1996; *Bühler*, Zur Wechselbezüglichkeit und Bindung beim gemeinschaftlichen Testament und Erbvertrag, DNotZ 1962, 359; *Busse*, Verfügungen von Todes wegen Geschiedener, MittRhNotK 1998, 225; *v. Dickhuth-Harrach*, Gemeinschaftliches Testament oder Erbvertrag? Eine kautelar-juristische Gestaltungsalternative im entstehungsgeschichtlichen Kontext, FS Otte 2005, 55; *Frohnmayer*, Geschiedenentestament, 2004; *Ivo*, Nochmals: Abschied von Dieterle, DNotZ 2002, 260; Erbrechtliche Bindung nach der Ehescheidung?, ZFE 2004, 292; *Kanzleiter*, Die Aufrechterhaltung der Bestimmungen in unwirksamen gemeinschaftlichen Testamenten als einseitige letztwillige Verfügungen, DNotZ 1973, 133; *Kanzleiter*, Gemeinschaftliche Testamente bitte nicht auch für Verlobte!, FamRZ 2001, 1198; *ders.*, Die entsprechende Anwendung von Vorschriften über den Erbvertrag auf das gemeinschaftliche Testament, FS Otte 2005, 157; ders., Der Irrtum über die Bindungswirkung als Grundlage der Selbstanfechtung von wechselbezüglichen Verfügungen in einem gemeinschafichen Testament durch den Erblasser, MittBayNot 2012, 264 ff.; *Keim*, Regelungen für den »gemeinsamen« und gleichzeitigen Tod im Ehegattentestament, ZEV 2005, 10; *Klüsener/Walter*, Vorteile, Tragweite und Gefahren bei der Errichtung eines gemeinschaftlichen Testaments, ZFE 2002, 282; *Kornexl*, Gibt es einen Nachtrag zum Erbvertrag?, ZEV 2003, 62; *Kornexl*, Nochmals: Gibt es einen Nachtrag zum Erbvertrag? – Replik zu Lehmann, ZEV 2003, 235; *Krebber*, Die Sicherung erbrechtlicher Erwerbsaussichten im Lichte erbrechtlicher Prinzipien, AcP 204, 2004, 149; *Lehmann*, Nochmals: Gibt es einen Nachtrag zum Erbvertrag? – Anmerkung zu Kornexl, ZEV 2003, 234; *Limmer*, Geschiedenentestament, ZFE 2002, 19; *Mayer*, Der superbefreite Vorerbe. – Möglichkeiten und Grenzen der Befreiung des Vorerben, ZEV 2000, 1; *Menzel*, Die negative Erbfreiheit, MittBayNot 2013, 289 ff.; *Nieder*, Die Feststellung der Wechselbezüglichkeit beim gemeinschaftlichen Testament, ZErb 2001, 120; *Nieder*, Das Geschiedenentestament und seine Ausgestaltung, ZEV 1994, 156; *Meincke*, Vorteile und Nachteile von Ehegatten-Testamenten und Erbverträgen, DStR 1981, 523; *Müller*, Möglichkeiten der Befreiung des Vorerben über § 2136 BGB hinaus, ZEV 1996, 179; *Pfeiffer*, Das gemeinschaftliche Ehegattentestament – Konzept, Bindungsgrund und Bindungswirkung, FamRZ 1993, 1266; *Preisinger*, Das gemeinschaftliche Testament, zur Problematik der Erforschung des Erblasserwillens für Beteiligte und Gerichte, RPfleger 1995, 325; *Ritter*, Der Konflikt zwischen einer erbrechtlichen Bindung aus erster Ehe und einer Verfügung des überlebenden Ehegatten zugunsten eines neuen Lebenspartners, 1999; *Sachs*, Ehegattentestament und Pflichtteilsrecht, JUS 2001, 292; *Scheuren-Brandes*, Wiederverheiratungsklauseln nach der Hohenzollern-Entscheidung – Handlungsbedarf für die Gestaltungspraxis?, ZEV 2005, 185; *Schmucker*, Die Bindungswirkung beim gemeinschaftlichen Testament und Erbvertrag, ZNotP 2006, 414; *Schnabel*, Das Geschiedenentestament, 2005; *Völzmann, Alexander*, Wiederverheiratungsklauseln, RhNotZ 2012, 1 ff.; *Wacke*, Gemeinschaftliche Testamente von Verlobten, FamRZ 2001, 457; *Wolf*, Freiheit und Bindung beim gemeinschaftlichen Testament und Erbvertrag, FS Musielak 2004, 693.

A. Grundlagen

1   Bei der Nachlassplanung von Ehegatten stehen besondere, von den ehelichen Lebens- und Interessenverhältnissen geprägte Ziele im Vordergrund. Im deutschen Güterrecht bleiben die Vermögensmassen der Eheleute in der Regel dinglich getrennt. Einzige Ausnahme bildet die heute eher ungewöhnliche Gütergemeinschaft nach den §§ § 1415 ff. BGB. Auch wenn es im Regelfall daher kein rechtlich gemeinschaftliches Ehevermögen gibt, empfinden viele ihr beiderseitiges Vermögen als eine **wirtschaftliche Einheit**, die sie gerade auch beim Tod eines Ehegatten als solche erhalten möchten. Bei dem Versuch, Sachverhalte und Gestaltungsziele zu typisieren, lässt sich zum einen die klassische Lebensgemeinschaft mit und ohne Kinder erkennen, bei der die Kinder, falls vorhanden, im Wesentlichen gleich behandelt werden sollen. Eine Gruppe mit anderen Gestaltungsbedürfnissen sind Familien mit einseitigen oder nichtehelichen Kindern sowie solche mit behinderten oder überschuldeten Kindern. Dabei wäre ohne Gestaltung der **Zugriff des Sozialhilfeträgers** auf den Nachlass zu erwarten. Auch große Unterschiede in Alter oder Gesundheitszustand der Ehepartner können typischer Weise andere Regelungsziele in den Vordergrund rücken. In jüngeren Jahren und für den gesünderen der beiden Eheleute zielt der Gestaltungwunsch eher auf die Absicherung. Im fortgeschrittenen Alter wird oft die Regelung der Erbfolge nach beider Eheleute Tod zunehmend wichtig. Auch die Dauer der Ehe und die Frage, ob das beiderseitige Vermögen gemeinsam erwirtschaftet oder durch Erbschaft bzw. vorehelich von nur einem Ehegatten erworben wurde, können die Gestaltungsziele der Eheleute unterschiedlich prägen.

2 Dabei mag es Aspekte von Leistung und Gegenleistung geben, etwa in dem Sinne, dass ein Ehegatte nur deshalb in einer bestimmten Art und Weise verfügt, weil er seinerseits gewisse Verfügungen des anderen Ehegatten für den Fall dessen Todes erwartet. Allerdings ist das **Gegenseitigkeitsverhältnis**, welches ein Grund für die synallagmatische Verknüpfung des § 2270 Abs. 1 BGB beim gemeinschaftlichen Testament ist,[1] häufig nur einer von mehreren Gesichtspunkten. Auch bei der traditionellen Familie ohne die Herausforderungen einseitiger Kinder können die Interessen aufgrund neuer Bedürfnisse und Vorlieben in der Lebensphase nach Fortgang des jüngsten Kindes aus dem elterlichen Haushalt gerade in Zeiten höherer Lebenserwartung durchaus von dem klassischen Modell abweichen. Man erkennt als neuere soziologische Erscheinung eine stärkere **Solidarisierung** unter den Eheleuten zueinander und zu ihrem Umfeld.[2] Dabei spielt die Versorgung und Sicherung des Unterhaltes, aber auch persönliche Vorlieben und Abneigungen zu Personen häufig eine größere Rolle als Teilhabegedanken und leistungsgerechtes Verteilen gemeinsamen Vermögens im Sinne eines ausgeglichenen »Gebens« und »Nehmens«.

3 Reichweite und Möglichkeit vertragsähnlicher und außervertraglicher Bindungen sind bei den im Folgenden vorgestellten Verfügungsformen unterschiedlich. Diese und der gewünschte **Vertrauensschutz** der Ehegatten an ihre jeweiligen Verfügungen müssen für den Gestalter bei Auswahl und individueller Ausgestaltung der Verfügungen von Ehegatten im Vordergrund stehen.

I. Gemeinschaftliche Testamente

4 Das gemeinschaftliche Testament wird häufig auch als Ehegattentestament bezeichnet, weil es Ehegatten (§ 2265 BGB) und eingetragenen Lebenspartnern (§ 10 Abs. 4 LPartG) ausdrücklich vorbehalten ist.

5 Im Unterschied zu Erbverträgen muss das gemeinschaftliche Testament letztwillige **Verfügungen beider** Ehegatten oder Lebenspartner enthalten. Diese können entweder wechselbezüglich oder einseitig sein. Jeder Ehegatte kann Verfügungen treffen, die grundsätzlich auch in einem Einzeltestament erfolgen könnten. Zusätzlich zu dem Einzeltestament bietet das gemeinschaftliche Testament die Möglichkeit wechselbezüglicher Verfügungen. Streng betrachtet sind auch wechselbezügliche Verfügungen zunächst einseitige Verfügungen, die erst nach dem Tod des Ehegatten Bindungswirkung entfalten (§ 2271 Abs. 2 BGB). Mangels gesetzlicher Definition knüpfen sich an das Wesensmerkmal der gemeinschaftlichen Errichtung aufgrund eines gemeinsamen Willens verschiedene Theorien. Diese reichen von dem Erfordernis einer Urkundeneinheit (objektive Theorie) bis zu der Folgerung des Gemeinschaftlichkeitswillens aus Umständen, die auch außerhalb des Dokumentes liegen können (rein subjektive Theorie).[3] Vor diesem Hintergrund unterscheidet man erstens gleichzeitige, nur **äußerlich** gemeinschaftliche Testamente, die inhaltlich nicht aufeinander abgestimmt sind, zweitens **gegenseitige** Testamente, in denen sich die Ehegatten gegenseitig bedenken, aber dies nicht voneinander abhängig machen und drittens **wechselbezügliche** oder abhängige gemeinschaftliche Testamente, in denen die Verfügungen des einen Ehegatten sämtliche oder teilweise im Hinblick und mit Rücksicht auf die Verfügungen des anderen Ehegatten getroffen sind und mit diesen stehen und fallen sollen.[4]

6 Die Wechselbezüglichkeit der Verfügung ist das entscheidende Element für die **Bindungswirkung** des gemeinschaftlichen Testaments (§§ 2270, 2271 Abs. 1 BGB). Wechselbezügliche Verfügungen

---

[1] BayObLG Beschl. vom 26.1.1999 – 1 Z BR 44/98, NJW-RR 1999, 878; ebenso schon *Jakobs*, FS Bosch, 1976, S. 447, 455.
[2] *Battes*, Gemeinschaftliches Testament und Ehegattenerbvertrag als Gestaltungsmittel für die Vermögensordnung der Familie, S. 220 ff. spricht von einem Solidaritätsprinzip, welches mit Aspekten des Äquivalenzprinzips konkurriert.
[3] Vgl. Überblick bei *Nieder/Kössinger*, § 14 Rn. 4; Palandt/*Weidlich*, Einführung zu § 2265 Rn. 2.
[4] Diese Einteilung soll auf eine aus dem Gemeinen Recht überlieferte Differenzierung zurückgehen, vgl. MünchKommBGB/*Musielak*, Vor § 2265 Rn. 15 ff.; Staudinger/*Kanzleiter*, Vorbem zu §§ 2265 ff. Rn. 14 ff.

sind nach der gesetzlichen Auslegungsregel in § 2270 Abs. 1 BGB solche, von denen anzunehmen ist, dass die des einen Ehegatten nicht ohne diejenige des anderen getroffen worden wären. Wer den anderen Ehegatten nach seinem Ableben an seine Verfügungen binden möchte, muss folglich bestimmen, dass die Verfügungen des anderen mit den eigenen stehen und fallen sollen. Wechselbezüglichkeit stützt sich auf den »Zusammenhang des Motivs«[5] zwischen verschiedenen Verfügungen, bei dessen Wegfall der Testierende nicht auf den sonst üblichen Weg der Anfechtung verwiesen wird (§ 2078 Abs. 2 BGB), sondern das Gesetz eine unmittelbar eintretende **Unwirksamkeit** anordnet (§ 2270 Abs. 1 BGB). Diese Unwirksamkeit betrifft, ebenso wie die Wechselbezüglichkeit, nur eine einzelne Verfügung, nicht das Testament als Ganzes.[6] Es muss für jede **einzelne Verfügung** geprüft oder ausdrücklich klargestellt werden, ob sie diesen Zusammenhang mit einer oder mehreren Anordnungen des anderen Ehegatten aufweist oder aufweisen soll.[7] Eine Bindung ohne Wechselbezüglichkeit ist beim gemeinschaftlichen Testament nicht möglich. Dagegen ist nach einhelliger Rechtsprechung[8] eine **Wechselbezüglichkeit ohne Bindung** sehr wohl zulässig.

7 Angesichts der Begrifflichkeit mag überraschend erscheinen, dass einhellig auch eine **einseitige Wechselbezüglichkeit** anerkannt wird, wenn und soweit dem anderen Verfügenden der Wille zur Abhängigkeit seiner Verfügung fehlt.[9] In dem Fall hängt nur die Verfügung des einen von der Wirksamkeit derjenigen des anderen Ehegatten ab, nicht aber umgekehrt. Auch kann die beiderseitige Wechselbezüglichkeit einer eigenen letztwilligen Verfügung nachträglich wieder beseitigt werden mit dem Ergebnis, dass der Testierende selbst weiter gebunden bleibt, dem anderen Ehegatte aber die Möglichkeit zu abweichender Testierung eröffnet wird; § 2271 BGB dem also nicht entgegensteht. So ist etwa nur der Ehemann an die Einsetzung der Schlusserben gebunden, etwa wenn er in einem zweiten, einseitigen Testament zum Ausdruck bringt, dass er seine Ehefrau zur Erbin bestimmt, seine in dem gemeinschaftlichen Testament zunächst als Schlusserben eingesetzten eigenen Verwandten von der Erbfolge ausschließt, so dass diese auch nach dem Tode der Ehefrau von dem Nachlass nichts erhalten sollen. Darin liegt dann der **Ausschluss** der beiderseitigen Wechselbezüglichkeit und die Bestimmung einer einseitigen Wechselbezüglichkeit in dem Sinne, dass nur die Ehefrau in jedem Fall seine Erbin wird, auch wenn seine eigenen Verwandten nicht zu Schlusserben nach dem Tod der Ehefrau berufen sind mit der Folge, dass die Ehefrau berechtigt war, die Erbeinsetzung der Verwandten des Ehemannes aufzuheben.[10]

8 Bei der Gestaltung sind die Ehegatten grundsätzlich frei zu entscheiden, ob und in welcher Reichweite Bindungswirkung ihrer Verfügungen durch Wechselbezüglichkeit entstehen soll. Möglich ist auch, die Wechselbezüglichkeit nur während bestehender Ehe anzuordnen und im Scheidungsfalle die Verfügungen als einseitige, jederzeit widerrufliche fortgelten zu lassen. Durch ausdrückliche **Änderungsvorbehalte** oder Freistellungsklauseln kann die bindende Wirkung auch abbedungen werden.[11] Die Änderungsbefugnis kann Bedingungen nennen oder nur aus bestimmten Gründen gestattet sein. Eine Überprüfung des Vorliegens solcher Gründe kann ausgeschlossen werden, wenn der Erblasser anordnet, dass die Verfügung des ändernden Ehegatten keiner gerichtlichen Nachprüfung

---

5 Prütting/Wegen/Weinreich/*Avenarius*, § 2270 Rn. 1; *Pfeiffer*, FamRZ 1993, 1266, 1274 f.; *Bühler*, DNotZ 1962, 359, 361: »Zusammenhang im Motiv« mit Verweis auf die Protokolle zum BGB.
6 Staudinger/*Kanzleiter*, § 2270 Rn. 2 m. w. N.
7 BGH Urt. vom 16.6.1987 – IVa ZR 74/86, NJW-RR 1987, 1410; OLG Köln Urt. vom 24.4.1995 – 2 Wx 4/95, FamRZ 1996, 310. Vgl. auch *Nieder/Kössinger*, § 11 Fn. 79 m. w. N.
8 BGH Urt. vom 3.7.1964 – V ZR 57/62, NJW 1964, 2056; BGH Urt. vom 10.12.1986 – IVa ZR 169/85, NJW 1987, 901; OLG Stuttgart Beschl. v 25.2.1986 – 8 W 553/85, DNotZ 1986, 553.
9 Palandt/*Weidlich*, § 2270 Rn. 2 m. w. N.; MünchKommBGB/*Musielak*, § 2270 Rn. 3; *Pfeiffer*, FamRZ 1993, 1266.
10 So KG Beschl. vom 16.12.1937 – 1 Wx 584/37, DNotZ 1938, 179, 180.
11 BGH Urt. vom 10.12.1986 – IVa ZR 169/85, NJW 1987, 902; OLG Stuttgart Beschl. vom 25.2.1986 – 8 W 553/85, DNotZ 1986, 553.

unterliegt.¹² Auf andere Anordnungen als Erbeinsetzungen, Vermächtnisse und Auflagen kann sich die Wechselbezüglichkeit nicht beziehen (§§ 2270 Abs. 3, 2278 Abs. 2 BGB). Insoweit bestehen **Parallelen zum Erbvertrag**. Testamentsvollstreckung, Teilungsanordnungen, Erbverzicht, Pflichtteilsentziehung und die bloße Enterbung können grundsätzlich nur frei widerruflich angeordnet werden. Ausdrückliche Regelungen zur Reichweite der gewollten Wechselbezüglichkeit, die in jedem Fall stets empfehlenswert sind, sollten daher insoweit einschränkend formuliert werden, dass die Verfügungen nur insoweit wechselbezüglich getroffen sind, wie dies gesetzlich zulässig ist.

Die Wechselbezüglichkeit bewirkt gegenüber **früheren Verfügungen**, dass diese insoweit aufgehoben sind, als sie den wechselbezüglichen zuwiderlaufen (§ 2258 Abs. 1 BGB). **Nachträgliche Verfügungen** sind nicht als solche unwirksam, sondern nur insoweit, als sie den wechselbezüglichen Verfügungen widersprechen oder den anderen Testierenden rechtlich oder wirtschaftlich beeinträchtigen (§ 2271 Abs. 1 S. 2 BGB, analog § 2289 BGB). Allerdings ist der Begriff der **Beeinträchtigung** nach § 2289 BGB nicht völlig deckungsgleich mit dem des Widerspruchs in § 2258 Abs. 1 BGB.¹³ Selbst Verfügungen, die einer sittlichen Pflicht oder einer auf Anstand zu nehmenden Rücksicht entsprechen, sind nur dann von der Bindungswirkung des § 2271 Abs. 2 BGB verschont, wenn sie durch einen ausdrücklichen oder aufgrund Auslegung ermittelten **Änderungsvorbehalt** zugelassen sind.¹⁴ Nach dem Erbfall kann ohne Änderungsvorbehalt die Bindungswirkung gemäß § 2271 Abs. 2 Halbs. 2 BGB nur durch Ausschlagung des Zugewendeten beseitigt werden. Durch Ausschlagung entfallen Bindungswirkung und Vermögensanfall.¹⁵

9

Zu Lebzeiten des anderen Ehegatten ist gemäß § 2271 Abs. 1 BGB ein **einseitiger Widerruf** der wechselbezüglichen Verfügungen möglich. Aus Gründen der Rechtssicherheit und zur Verwirkung eines Offenheitsprinzips, das dem heimlichen Sinneswandel entgegensteht, wird dafür eine notariell beurkundete Widerrufserklärung und die **Zustellung** der Urschrift oder einer Ausfertigung an den anderen verlangt (§§ 2271 Abs. 1, 2296 BGB). Die Zustellung einer beglaubigten Abschrift genügt nicht.¹⁶ Der Widerruf ist unwirksam, wenn der andere vor dem Zugang verstirbt. Der Tod des Erklärenden dagegen führt gemäß § 130 Abs. 2 BGB grundsätzlich nicht zur Unwirksamkeit des Widerrufs.¹⁷ Bei **Geschäftsunfähigkeit** des Adressaten muss für die Entgegennahme des Widerrufs ein Betreuer bestellt werden.¹⁸ Falls der widerrufende Ehegatte selbst Betreuer ist, ist dieser wegen § 181 BGB nicht zur Empfangnahme befugt. An seiner Stelle muss der Widerruf einem dafür zu bestellenden **Ergänzungsbetreuer** zugehen (§ 1899 Abs. 4 BGB), der auch ein Abkömmling des Erklärungsempfängers sein kann.¹⁹

10

Dem Erbvertrag gegenüber bietet das gemeinschaftliche Testament den heute kaum praktisch erheblichen **Vorteil**, dass die bereits ab dem 16. Lebensjahr vorliegende Testierfähigkeit ausreicht, während der beschränkt geschäftsfähige Ehegatte einen Erbvertrag nur mit Zustimmung seines gesetzlichen Vertreters und Genehmigung des Familiengerichts abschließen kann (§ 2275 Abs. 2 BGB). Die von Gesetzes wegen zwingende Widerrufsmöglichkeit zu Lebzeiten des anderen lässt das gemeinschaftliche Testament zwar gegenüber dem Erbvertrag flexibler erscheinen. Dieser Vorteil ist

11

---

12 Vgl. BGH Urt. vom 26.4.1951 – IV ZR 4/50, NJW 1951, 959.
13 Palandt/*Weidlich*, § 2289 Rn. 2 m. w. N.
14 Staudinger/*Kanzleiter*, § 2271 Rn. 33 und Rn. 56; BGH Urt. vom 30.11.1977 – IV ZR 165/76, DNotZ 1978, 298 f.
15 Palandt/*Weidlich*, § 2271 Rn. 16 ff.
16 Ständige Rechtsprechung vgl. unlängst BGH Urt. vom 10.7.2013 – IV ZR 224/12, DNotZ 2013, 943, 947; Palandt/*Weidlich*, § 2271 Rn. 5 m. w. N. auf die ständige Rechtsprechung.
17 BGH Urt. vom 10.7.2013 – IV ZR 224/12, DNotZ 2013, 943, 947 mit Verweis auf ständige Rechtsprechung seit BGH Beschl. vom 19.10.1967 – III ZB 18/67, DNotZ 1968, 360, 361; Palandt/*Weidlich*, § 2271 Rn. 7.
18 Vgl. OLG Hamm Beschl. vom 5.11.2013 – I-15 W 17/13, ErbR 2014, 133 f.
19 OLG Nürnberg Beschl. vom 6.6.2013 – 15 W 764/13, RhNotZ 2013, 506. Nach LG Leipzig Beschl. vom 1.10.2009 – 4 T 549/08, ZEV 2010, 30, ist auch eine Zustellung an den Vorsorgebevollmächtigten wirksam.

jedoch ein vermeintlicher. Denn dies ist durch Vereinbarung eines **Rücktrittsvorbehalts** beim Erbvertrag gestaltbar, so dass insoweit beide Instrumente angeglichen werden können. Dagegen ist die freie Wahl zwischen der privatschriftlichen und der notariellen Form ein trügerischer Vorteil des gemeinschaftlichen Testaments, der erhebliche **Risiken** in sich birgt. In der Praxis zeigen leidvolle Erfahrungen mit privatschriftlichen sogenannten Berliner Testamenten mit häufig ungewollter Bindungswirkung, dass den wenigsten die Reichweite ihrer privatschriftlich formulierten gemeinschaftlichen Testamente bewusst ist. Die Wechselbezüglichkeit in ihrer Komplexität kann ohne fachkundige Beratung kaum interessengerecht formuliert werden. Von **Nachteil** ist die endgültige Bindung des Überlebenden an wechselbezügliche Verfügungen. Dieser Nachteil verwirklicht sich vor allem bei **jüngeren Ehegatten** und erst recht bei einem ohne fachkundige Beratung errichteten, privatschriftlichen gemeinschaftlichen Testament. Bei älteren Ehegatten, die eine bindende Einsetzung des Letztbedachten wünschen, kann sich dagegen der spätere **Einsatzzeitpunkt** des Schutzes vor Beeinträchtigungen, nämlich erst mit dem Tod des Erstversterbenden, nachteilig auswirken. Demgegenüber ist der Endbedachte beim Erbvertrag bereits **ab Vertragsschluss** gegen in Beeinträchtigungsabsicht erfolgte Verfügungen geschützt (§§ 2287, 2288 BGB). Die erschwerte Form des Widerrufs wechselbezüglicher Verfügungen durch notariell beurkundete Widerrufserklärung und Zustellung entspricht den Anforderungen an den Rücktritt beim Erbvertrag, stellt also weder einen Nachteil noch einen Vorteil dar. Ein in der Praxis als erheblich empfundener Nachteil ist die zwingende amtliche Verwahrung des notariellen gemeinschaftlichen Testaments beim Nachlassgericht (§ 34 Abs. 1 BeurkG) und die damit verbundene zusätzliche gerichtliche **Hinterlegungsgebühr**, die nach dem Gerichts- und Notarkostengesetz (GNotKG) pauschal € 75,00 beträgt, unabhängig vom Wert. Im Gegensatz dazu können die Beteiligten beim Erbvertrag die besondere amtliche Verwahrung ausschließen und die Verwahrung beim Notar anordnen (§ 34 Abs. 3 BeurkG). Zudem steht der Erbvertrag auch Verlobten offen. Auch wenn die Kostenprivilegierung beim gleichzeitigen Abschluss mit einem Ehevertrag nach der alten KostO durch das GNotKG aufgehoben wurde, wird in einer verbreiteten Praxis der **Erbvertrag** vorgezogen. Die folgenden Formulierungsbeispiele legen daher auch den Schwerpunkt auf den Erbvertrag.

II. Erbverträge unter Ehegatten

12 **Abschlussvoraussetzung** für einen Erbvertrag ist persönliches Handeln und grundsätzlich die unbeschränkte Geschäftsfähigkeit (§§ 2274, 2275 BGB). Zwar ist für Ehegatten der Abschluss eines Erbvertrages auch bei beschränkter Geschäftsfähigkeit möglich. Dazu bedarf der beschränkt geschäftsfähige Ehegatte jedoch der Zustimmung seines gesetzlichen Vertreters sowie in der Regel der gerichtlichen Genehmigung (§ 2275 Abs. 2 BGB). In persönlicher Hinsicht dagegen bestehen keine Einschränkungen. Im Gegensatz zum gemeinschaftlichen Testament steht der Erbvertrag allen Personen als Instrument zur bindenden Nachlassgestaltung offen, insbesondere auch Verlobten. In formeller Hinsicht ist zwingend Beurkundung bei gleichzeitiger Anwesenheit beider Teile erforderlich (§ 2276 BGB). Seinen vertragsmäßigen Charakter zeigt der Erbvertrag auch bei der Anwendung der allgemeinen Regeln über die **Vertragsauslegung** und der grundsätzlichen Anknüpfung an den objektiven Erklärungsinhalt (§§ 133, 157 BGB), während sich beim gemeinschaftlichen Testament die Auslegung grundsätzlich an dem subjektiv gemeinsamen Willen der Eheleute orientiert.[20]

13 Im Gegensatz zum gemeinschaftlichen Testament sind Erbverträge auch dann möglich, wenn nur ein Beteiligter letztwillige Verfügungen treffen will und der Vertragspartner sich nur zu lebzeitigen Leistungen verpflichtet oder selbst nur einseitig, nicht bindend testiert, sogenannter einseitiger Erbvertrag. Der Normalfall unter Eheleuten dürfte jedoch der **zweiseitige Erbvertrag** sein, in dem jeder der beiden für den Fall seines Todes vertragsmäßige Verfügungen trifft. Meistens werden Eheleute einen sogenannten **gegenseitigen Erbvertrag** schließen, in dem sie sich gegenseitig bedenken.

---

[20] BGH Urt. vom 26.9.1990 – IV ZR 131/89, NJW 1991, 169; Palandt/*Weidlich*, Einf. vor § 2265 Rn. 12; *Nieder/Kössinger*, § 14 Rn. 42.

An vertragsmäßig bindende Verfügungen ist der Testierende grundsätzlich mit **Vertragsschluss** gebunden, nicht erst mit dem ersten Todesfall wie beim gemeinschaftlichen Testament. Die **Bindungswirkung** kann einseitig nur durch Anfechtung und Rücktritt beseitigt werden. Ein Rücktritt kann vertraglich vorbehalten werden (§ 2293 BGB). Ansonsten ist er nur unter den engen Voraussetzungen der §§ 2294 f. BGB zulässig. Durch die Vereinbarung eines vertraglichen Rücktrittsrechts kann der Erbvertrag dem gemeinschaftlichen Testament angenähert werden, welches nach der gesetzlichen Regelung zwingend lebzeitig widerruflich ist (§ 2271 BGB). Gerade bei jüngeren Ehegatten empfiehlt sich ein Rücktrittsvorbehalt in aller Regel. Der Vertragscharakter des Erbvertrages verlangt, dass mindestens eine Verfügung vertragsmäßig und daher bindend ist (sog. **Verbot des Totalvorbehalts**). Wenn dies der Fall ist, können die anderen Verfügungen einem Änderungsvorbehalt unterliegen. Dies unterscheidet den Erbvertrag vom gemeinschaftlichen Testament, welches auch möglich ist, wenn keine wechselbezüglichen Verfügungen getroffen werden sollen. Seit der Einführung der **Rücknahmemöglichkeit** des Erbvertrages aus der Verwahrung gemäß § 2300 Abs. 2 BGB können die Erblasser ihre überholten letztwilligen Verfügungen vor der Nachwelt grundsätzlich geheim halten. Zwar ist die Rücknahme ausgeschlossen, wenn der Erbvertrag auch andere Bestimmungen als Verfügungen von Todes wegen enthält, wie etwa bei einem kombinierten Ehe- und Erbvertrag oder einem Erbvertrag mit Pflegeverpflichtungen.[21] Dennoch wiegt die bei entsprechender Gestaltung mögliche Rücknahme einen zuvor oft bemängelten Nachteil des Erbvertrages auf. Der Ehegatte und der vertragsmäßige Schlusserbe sind bereits ab Vertragsschluss vor **Verfügungen** des Erblassers in Beeinträchtigungsabsicht geschützt (§§ 2287, 2288 Abs. 2 BGB).

III. Einzeltestamente und getrennte Gestaltung von Ehegattenverfügungen

Völlig getrennte Verfügungen finden sich bei Ehegatten eher selten. In den meisten Fällen wünschen die Ehepartner bei einer **gemeinsamen Nachlassplanung** einen gewissen Vertrauensschutz an den Bestand oder eine Bindungswirkung des anderen an die getroffenen Verfügungen. Da beides bei Einzeltestamenten nicht erreicht werden kann, greift die Praxis hierauf kaum zurück. Denkbar sind Einzeltestamente allenfalls, wenn Art und Umfang der Vermögensverhältnisse der Partner oder die Herkunft des Vermögens derart unterschiedlich ist, dass sie über ihren jeweiligen Nachlass völlig unabhängig voneinander verfügen wollen. Sinnvoll können Einzeltestamente dagegen bei **Ehen mit Auslandsberührung** sein, wenn die zur Anwendung kommende Rechtsordnung, wie etwa typischer Weise diejenigen aus dem römischen Rechtskreis, gemeinsame oder bindende Verfügungen für unzulässig erachtet. Um nicht die Unwirksamkeit eines dennoch errichteten Erbvertrages oder gemeinschaftlichen Testaments zu riskieren, kann es sich in dem Fall empfehlen, ausnahmsweise auf Einzelgestaltungen auszuweichen.[22]

Zuweilen werden Wünsche nach **Geheimhaltung** der Verfügungen des Überlebenden beim Tod des Erstversterbenden vorgetragen und deshalb zumindest sprachlich getrennte Verfügungen erwogen. Nach § 349 Abs. 1 FamFG sind beim Tod des Erstversterbenden bei gemeinschaftlichen Testamenten und Ehegattenerbverträgen die Verfügungen des anderen, soweit sie sich sondern lassen, nicht zu eröffnen. An der sprachlichen Zusammenfassung in der »Wir-Form« scheitert jedoch nach h. M. diese Möglichkeit, da die Verfügungen dann beiden Ehegatten zuzuordnen ist.[23] Selbst wenn eine **Trennbarkeit** nach § 349 Abs. 1 FamFG vorliegt, wird dies zur Geheimhaltung kaum beitragen. Denn die Rechtsprechung verlangt auch die Eröffnung der Verfügungen, die der Erstversterbende

---

21 Vgl. *Keim*, Die Aufhebung von Erbverträgen durch Rücknahme aus amtlicher oder notarieller Verwahrung, ZEV 2003, 55, 56; *v.Dickhuth-Harrach*, Die Rückgabe eines Erbvertrages aus der notariellen Verwahrung, RNotZ 2002, 384, 388 f.
22 Zu Auslandsberührung vgl. Kapitel 19 Rdn. 30.
23 Vgl. nur OLG Hamm Beschl. vom 7.3.2012 – I-15 W 104/11, DNotZ 2013, 37; dazu Anmerkung von Volmer, DNotZ 2013, 39; *Bumiller/Harders*, FamFG, § 349 Rn. 4.; OLG Zweibrücken Beschl. vom 25.7.2002 – 3 W 141/02, RNotZ 2003, 137; BayObLG Beschl. vom 19.9.1989 – BReg 1a Z 16/98, Rpfleger 1990, 22. Vgl. auch *Cypionka*, DNotZ 1988, 722, 724 zum alten § 2273 BGB, der durch die FGG—Reform seit 1.9.2009 in das neue FamFG übernommen wurde

für den Fall getroffen hat, dass er der Überlebende ist. Dies gilt selbst dann, wenn diese Verfügungen durch den Tod des Erstversterbenden gegenstandslos geworden sind. Die Annahme, dass der andere Ehegatte eine darauf abgestimmte Verfügung für den Fall seines eigenen Längerlebens getroffen hat, liegt auf der Hand. Dasselbe gilt für gemeinsam konzipierte Einzeltestamente der Ehegatten. Zwar wird in dem Fall nur die letztwillige Verfügung des Erstversterbenden eröffnet. Diese wird jedoch sinnvollerweise nicht nur Bestimmungen für den Fall enthalten, dass er der Erstversterbende sein wird, sondern auch für den Fall, dass er der Überlebende ist. Auch dann liegt die Annahme nahe, dass der andere Ehegatte eine ähnlich lautende Verfügung für den Fall seines Überlebens getroffen hat. Damit muss die Geheimhaltung missglücken.

IV. Form der Verfügungen von Todes wegen von Lebenspartnern nach dem LPartG

17 Partner einer eingetragenen Lebenspartnerschaft können gemäß § 10 Abs. 4 LPartG ausdrücklich auch ein gemeinschaftliches Testament errichten. Die Vorschriften der §§ 2266 ff. BGB gelten entsprechend. Da ein Erbvertrag ohnehin grundsätzlich[24] allen Geschäftsfähigen offensteht, stellen sich die Wahlmöglichkeiten für eingetragene Lebenspartner in derselben Art wie für Ehegatten. Insoweit kann für eingetragene Lebenspartner vollumfänglich auf die vorstehenden Ausführungen verwiesen werden.

B. Gestaltung von Verfügungen von Todes wegen von Ehegatten

I. Einheitslösung

1. Regelungsziele

18 Eine **einheitliche Nachlassplanung** werden Ehegatten insbesondere dann wünschen, wenn nur gemeinsame Kinder, die im Wesentlichen gleich behandelt werden sollen, oder keine Kinder vorhanden sind. Hinzukommt meist, dass Ehegatten ihr jeweiliges Vermögen gemeinsam erwirtschaftet haben oder aus sonstigen Gründen als Einheit betrachten. Die Begrifflichkeit »**Einheitslösung**« rührt von dem einzigen und einheitlichen Berufungsgrund, aus dem der als Voll- und Schlusserbe eingesetzte Dritte seine Erbenstellung ableitet.[25] Denn zunächst setzt jeder Ehegatte den anderen zum alleinigen **Vollerben** ein und bestimmt schon in der Verfügung einen Erben für den Überlebenden der beiden. Die Begriffe Vollerbe oder unbeschränkter Erbe verdeutlichen, dass die Einheitslösung gewollt ist. Denn der Terminus Alleinerbe oder Universalerbe für sich schließt noch nicht die Annahme einer **Vor- und Nacherbschaft** aus, und zwar selbst in einem notariellen Testament nicht.[26] Der unbeschränkte Schlusserbe wird von beiden Ehegatten auch zum Ersatzerben benannt für den Fall, dass der jeweils andere Ehegatte vor ihm versterben sollte und deshalb nicht Erbe wird. Dieses Ziel lässt sich sowohl mit Hilfe eines gemeinschaftlichen Testaments als sogenanntes »**Berliner Testament**« nach § 2269 als auch durch einen Ehegattenerbvertrag gemäß § 2280 BGB erreichen. Die Vollerbeneinsetzung des Überlebenden mit Schlusserbfolge kommt vor allem in Betracht, wenn die **Absicherung** des Lebensabends für den Überlebenden die entscheidende Rolle spielt, es aber nicht nur um die finanzielle Bewegungsfreiheit geht, sondern auch um Unabhängigkeit und **Verfügungsbefugnis**. Die Vorstellung, dass nach der gesetzlichen Regelung Kinder oder Verwandte als Miterben etwa über den Verkauf der vom Ehegatten geerbten Immobilie mit zu entscheiden haben, ist in der Praxis für viele Paare der erste Anlass, überhaupt eine letztwillige Verfügung in Erwägung zu ziehen. Wenn das Vermögen gemeinsam erwirtschaftet wurde oder nur ein bescheidenes eigenes Vermögen vorhanden ist, wird meist keine Teilung mit den Kindern oder Verwandten gewollt sein. Auch eine Trennung der Vermögensmassen beider Ehegatten nach dem Tod des Erstversterbenden, wie sie die Vor- und Nacherbschaft bewirkt, ist dann in der Regel nicht gewollt.

---

24 Zu möglichen Problemen bei ausländischen Testierenden vgl. Kapitel 19 Rdn. 30.
25 Palandt/*Weidlich*, § 2269 Rn. 3.
26 OLG Hamm Beschl. vom 10.2.2003 – 15 W 216/02, Rpfleger, 2003, 504; Palandt/*Weidlich*, § 2269 Rn. 6.

Anders ist die Interessenlage, wenn es einem oder beiden Ehegatten auch, wenngleich nicht nur, auf **19** die **spätere Begünstigung** des oder der Schlusserben ankommt. Bei der Einheitslösung kann der Schutz der letztlich Begünstigten nur in erheblich **geringerem Umfang** erreicht werden als bei der Trennungslösung. Dem alleinigen Vollerben steht die uneingeschränkte Verfügungsbefugnis über das ererbte Vermögen zu. Außerdem kann er es vollständig verbrauchen. Zwar sind spätere letztwillige Verfügungen von Todes wegen gemäß § 2271 Abs. 1 S. 2 BGB unwirksam, soweit sie den sogenannten wechselbezüglichen Verfügungen im gemeinschaftlichen Testament zuwiderlaufen bzw. **Beeinträchtigungen** der bindenden Verfügungen beim Erbvertrag gemäß § 2289 Abs. 1 S. 2 BGB enthalten. Die freie lebzeitige Verfügungsbefugnis steht nach § 2286 BGB jedoch auch dem erbvertraglich oder durch wechselbezügliches Testament gebundenen Erblasser zu. Der Schlusserbe ist gemäß und beim gemeinschaftlichen Testament entsprechend §§ 2287, 2288 BGB lediglich vor missbräuchlichen Schenkungen geschützt. Das sind **Schenkungen in Beeinträchtigungsabsicht**, bei denen ein Missbrauch der Verfügungsbefugnis festgestellt werden kann.[27] Deshalb muss mit der Erbeinsetzung im Rahmen der Einheitslösung das uneingeschränkte **Vertrauen** einhergehen, dass der Ehegatte nicht etwa durch Ausnutzung seiner lebzeitigen Verfügungsbefugnis das ererbte Vermögen in einer Weise mindert, die den Vorstellungen des verstorbenen Ehegatten zuwider laufen. Dies kann insbesondere bei **Wiederverheiratung** des überlebenden Ehegatten der Fall sein.

Gegen die Wahl der Einheitslösung können mögliche **erbschaftsteuerliche Nachteile** sprechen. Da **20** das Vermögen beider Ehegatten in der Hand des Überlebenden zusammenfällt, bleiben zum einen mögliche steuerliche Freibeträge nach dem erstversterbenden Ehegatten ungenutzt und zum anderen kann beim zweiten Erbfall ein Progressionsnachteil durch die erhöhte Erbmasse drohen. Auch eine mögliche **Pflichtteilslast** erhöht sich durch die Vereinigung des beiderseitigen Vermögens in der Hand des überlebenden Ehegatten beim zweiten Erbfall. Falls Pflichtteilsberechtigte vorhanden sind und in der Verfügung nicht hinreichend bedacht werden sollen, kann dies gegen die Einheitslösung sprechen. Sie kann etwa problematisch sein, wenn bei mehreren gemeinsamen Kindern eines begünstigt und ein anderes, aus welchen Gründen auch immer, nur pflichtteilsberechtigt sein soll. Bei kinderlosen Ehegatten kann die Einheitslösung zu einer **ungewünschten Begünstigung der Eltern** des Überlebenden führen, falls es denkbar ist, dass beim Tod des überlebenden Ehegatten dessen Eltern noch leben und diese gerade nicht zu Schlusserben berufen werden. Auch bei einseitigen Kindern oder einseitig aus einer Familie stammendem Vermögen wird man die **Nachteile der Trennungslösungen** sehr sorgfältig gegen die Nachteile der Einheitslösung abwägen müssen.

2. Verfügungen von Todes wegen bei kinderlosen Ehegatten

Bei kinderlosen Ehegatten unterscheiden sich die Zielsetzungen in der Regel danach, ob es sich um **21** ein jüngeres Paar handelt, bei dem gemeinsame Kinder nicht ausgeschlossen sind, oder um ein älteres kinderloses Ehepaar, bei dem künftige gemeinsame oder gemeinsam adoptierte Kinder faktisch unmöglich sind.

a) Berücksichtigung möglicher künftiger Abkömmlinge bei jüngeren Ehegatten

Erste Voraussetzung in jedem Fall ist die unbeschränkte **Testierfreiheit** der Eheleute. Eine Beschrän- **22** kung kann sich aus einem vorherigen Erbvertrag oder aus einem gemeinschaftlichen Ehegattentestament mit einem früheren Ehegatten ergeben. Wenn die frühere Ehe nicht geschieden wurde, sondern durch Tod des früheren Ehegatten endete, bedarf es besonderer Sorgfalt, die **Reichweite der Bindungswirkung** einer etwaigen früheren Verfügung zu ermitteln. Wenn kein Änderungsvorbehalt in der früheren Verfügung enthalten war, sind spätere Verfügungen, die der bindenden zuwiderlaufen, unwirksam. Bei Scheidung werden nach der gesetzlichen Vermutung gemäß §§ 2077, 2268, 2279 BGB gegenseitige Zuwendungen in der Regel unwirksam. Es empfiehlt sich, diese entscheidende Voraussetzung zu Beginn des Erbvertrages bzw. des gemeinschaftlichen Testaments festzuhalten. Früher getroffene, einseitig widerrufliche Verfügungen von Todes wegen werden nach § 2268

---

[27] Palandt/*Weidlich*, § 2287 Rn. 6.

Abs. 1 BGB grundsätzlich durch ein späteres Testament aufgehoben. Dennoch sollte zur Vermeidung von späteren Unklarheiten deutlich werden, ob und inwieweit frühere Testamente weiterhin **Bestand** haben sollen oder nicht. In aller Regel werden die Beteiligten eine umfassende neue Regelung anstreben, so dass die **vorsorgliche Aufhebung** früherer Verfügungen von Todes wegen an den Anfang der neuen Ehegattenverfügung gehört.

23   Im Fall jüngerer **kinderloser Ehegatten** sollte die Situation der möglichen Abkömmlinge mit in Erwägung gezogen werden. Naturgemäß können diese nicht namentlich bezeichnet werden. Der Vorteil der letztwilligen Verfügung durch notarielle Urkunde ist dadurch für die Abkömmlinge noch nicht vollständig zunichte. Zwar können die Kinder beim Tod des Überlebenden ihren Erbnachweis dann nicht allein durch Vorlage des **Erbvertrages nebst Eröffnungsniederschrift** führen. Ein Erbschein wird dennoch nicht ohne weiteres verlangt werden können. Denn im Rahmen des § 35 Abs. 1 GBO ist anerkannt, dass vorgelegte öffentliche Urkunden wie eidesstattliche Versicherungen und öffentliche Personenstandsurkunden vom Grundbuchamt berücksichtigt werden müssen.[28] Auch andere Institutionen wie Banken haben in der Regel ein öffentliches Testament zusammen mit den genannten Urkunden als ausreichenden Erbnachweis anzuerkennen. Der BGH hat festgestellt, dass eine Regelung in den Allgemeinen Geschäftsbedingungen der Banken, die diese uneingeschränkt berechtigen, einen Erbschein als Erbnachweis zu verlangen, im Verkehr mit Verbrauchern unwirksam ist.[29] Ein Erbe kann den Erbnachweis auch in anderer Form erbringen. Hiervon weicht die dem Urteil zugrundeliegende Klausel ab, da sie die Bank unabhängig von konkreten Zweifeln am Erbrecht das Recht einräumt, die Vorlage eines Erbscheins zu verlangen. Der BGH sieht darin eine unangemessene Benachteiligung nach § 307 Absatz 1 und Absatz 2 Nr. 1 BGB. Bei noch unbekannten Abkömmlingen wird man jedoch regelmäßig die **Bindungswirkung** bzw. beim gemeinschaftlichen Testament die **Wechselbezüglichkeit** auf die gegenseitige Erbeinsetzung beschränken wollen. Das Eltern-Kind-Verhältnis ist noch offen. Auch ist in dem Fall noch unklar, ob einer oder mehrere Abkömmlinge möglicherweise aufgrund einer Behinderung oder anderer Herausforderungen für eine Vollerbenstellung nach dem Überlebenden ungeeignet sind. Die Erbeinsetzung anderer Personen oder der gesetzlichen Erben eines jeden Ehegatten zu gleichen Teilen und nach Stämmen sollte hier ersatzweise für den Fall erfolgen, dass sich tatsächlich keine gemeinsamen Abkömmlinge einstellen.

24   Auch ein **vertragliches Rücktrittsrecht** ist regelmäßig im wohlverstandenen Interesse jüngerer Ehegatten. Den wenigsten ist an einer unabänderlichen Nachlassregelung gelegen. Vielmehr steht eine Art **Notfallvorsorge** für sie im Vordergrund. Außerdem wird mit einem freien Rücktrittsrecht der Erbvertrag der gesetzlichen Lage beim gemeinschaftlichen Testament angeglichen, welches zwingend widerruflich ist. Darüber hinaus kann man den Rücktritt als eine Vorsorge für die Situation einer Ehekrise ansehen, in dem unabhängig von der gesetzlichen Regelung des § 2077 BGB eine Möglichkeit besteht, sich von den Bindungen des Erbvertrages zu lösen.[30] Im Sinne einer Notfallvorsorge kann es in dem Fall angebracht sein, die Auswirkungen des Rücktritts auf den Wegfall der vertragsmäßig bindenden Verfügungen zu begrenzen und die einseitig getroffenen Verfügungen, die in der Regel Abkömmlinge oder Verwandte begünstigen, bis zu einer anderweitigen Testierung aufrecht zu erhalten. Eine **Anfechtung** wegen Übergehung von Pflichtteilsberechtigten ist an sich schon deshalb ausgeschlossen, weil es gerade die Absicht der Ehegatten ist, etwaige gemeinsame Kinder beim Tod des Erstversterbenden zu enterben. Es ist ihrem Gestaltungswunsch also immanent, gerade

---

28   OLG München vom 12.1.2012 – 34 Wx 501/11, DNotZ 2012, 461 f.; BayObLG Beschl. vom 8.6.2000 – 2Z BR 29/00, DNotZ 2001, 385; BayObLG Beschl. vom 7.10.1994 – 2Z BR 84/94, DNotZ 1995, 306; offenbar auch BGH Beschl. vom 9.7.1980 – V ZB 3/80, Rpfleger 1980, 417; *Demharter*, Grundbuchordnung, § 35 Rn. 40; *Schöner/Stöber*, Grundbuchrecht, 14. Auflage Rn. 790. Meikel/*Roth*, GBO, § 35 Rn. 120.
29   BGH Urteil vom 08.10.2013 – XI ZR 401/12, notar 2014, 22 f. mit Anmerkung *Odersky*. Vgl. auch BGH Urt. vom 7.6.2005 – XI ZR 311/04, MittBayNot 2006, 157 mit Anmerkung *Keim*, Erbnachweis gegenüber Banken ohne Erbschein, WM 2006, 753.
30   Vgl. dazu sogleich im Kapitel »Vorsorge für den Scheidungsfall«, Rdn. 138 ff.

nicht wegen Geburt eines Kindes die vertragsmäßig bindende Vollerbeneinsetzung des anderen anzugreifen. Nach § 2079 S. 2 BGB ist die Anfechtung ausgeschlossen, wenn anzunehmen ist, dass der Erblasser die Verfügung auch in Kenntnis des Vorhandenseins der weiteren Pflichtteilsberechtigten getroffen hätte. Der Ausschluss des Anfechtungsrechts ist daher nur eine vorsorgliche Klarstellung.

▶ **Muster für einen Erbvertrag jüngerer kinderloser Paare mit vorsorglicher Berücksichtigung möglicher Abkömmlinge und Rücktrittsrecht** 25

§ 1 Widerruf

Alle etwa früher von uns, gemeinsam oder einzeln, errichteten Verfügungen von Todes wegen heben wir hiermit auf.

§ 2 Erbeinsetzung nach dem Erstversterbenden

Wir schließen die gesetzliche Erbfolge aus und setzen uns gegenseitig, der Erstversterbende den Überlebenden von uns, zum alleinigen und unbeschränkten Vollerben des Erstversterbenden von uns ein.

§ 3 Erbeinsetzung nach dem Überlebenden

Der Überlebende von uns setzt zu seinen alleinigen und unbeschränkten Erben zu gleichen Teilen unsere gemeinschaftlichen oder gemeinsam adoptierten Kinder ein,

ersatzweise die jeweiligen Abkömmlinge eines weggefallenen Kindes, einschließlich adoptierter Kinder, unter einander nach den Regeln der gesetzlichen Erbfolge.

Weiter ersatzweise, falls keine Abkömmlinge vorhanden sind, setzt der Überlebende von uns zu seinen Erben ein: (...)

§ 4 Vermächtnisse

(...)

§ 5 Bindungswirkung, Verzicht auf Anfechtungsrecht

(1) Der Notar hat uns über die Bindungswirkung beim Erbvertrag belehrt.

(2) Daraufhin erklären die Erschienenen: Wir treffen die gegenseitige Erbeinsetzung unter vorstehendem § 2 erbvertragsmäßig und nehmen diese wechselseitig an.

Die Erbeinsetzung nach dem Überlebenden von uns erfolgt mit rein einseitiger testamentarischer Wirkung derart, dass ein jeder von uns die dazu getroffenen Verfügungen von Todes wegen jederzeit ohne die Mitwirkung des anderen wieder aufheben und abändern kann. Wenn einer von uns seine Verfügungen aufgrund des vorstehenden Vorbehaltes ändert, bleiben die übrigen in diesem Erbvertrag getroffenen Vereinbarungen – einschließlich der Verfügung des Erstversterbenden von uns – weiterhin wirksam.

(3) Das einseitige Rücktrittsrecht von diesem Erbvertrag behalten wir uns ausdrücklich vor. Der Notar hat uns darauf hingewiesen, dass der Rücktritt notarieller Beurkundung bedarf und eine Ausfertigung der Rücktrittsurkunde dem anderen Beteiligten zugehen muss. Der Notar auch uns auch darüber belehrt, dass durch einen Rücktritt grundsätzlich der gesamte Erbvertrag einschließlich einseitiger Verfügungen unwirksam wird (§ 2298 Abs. 2 BGB).

Dazu erklären wir: Wir vereinbaren abweichend von § 2298 Abs. 2 BGB, dass im Fall des Rücktritts nur die erbvertragsmäßigen Verfügungen wegfallen, die einseitigen Verfügungen eines jeden von uns aber wirksam bleiben, sofern sie nicht gesondert widerrufen werden.

(4) Der Notar hat uns über das gesetzliche Erb- und Pflichtteilsrecht und das Anfechtungsrecht wegen Übergehung von Pflichtteilsberechtigten belehrt.

Dazu erklären die Erschienenen, dass sie alle Verfügungen unabhängig vom Vorhandensein etwaiger weiterer Pflichtteilsberechtigter zur Zeit des jeweiligen Erbfalls treffen und insoweit auf ihr Anfechtungsrecht nach §§ 2281, 2079 BGB verzichten.

Kapitel 6 Verfügungen von Todes wegen von Ehegatten

26 Beim **gemeinschaftlichen Testament** ist auf die Formulierung der Wechselbezüglichkeit besonderes Augenmerk zu legen. Gerade bei jüngeren Ehegatten soll in aller Regel sichergestellt werden, dass der Überlebende von beiden die Verfügungen für den zweiten Erbfall auch nach dem Tod des anderen noch ändern kann und insoweit gerade **keine Bindung** eintritt. Da in der Praxis weitgehend der Erbvertrag vorgezogen wird,[31] werden die folgenden Formulierungsbeispiele nur noch von dem Modell des Erbvertrages ausgehen. Bei der Abfassung eines gemeinschaftlichen Testaments sind die Ausführungen zur Wechselbezüglichkeit in allen folgenden Konstellationen entsprechend dem Gestaltungswunsch der Beteiligten und in Anlehnung an die vertragsmäßige Bindungswirkung beim Erbvertrag zu formulieren. Bei den Regelungen zum Anfechtungsverzicht gelten §§ 2079 ff. BGB direkt; die Verweisungskette, die die Anwendbarkeit für den Erbvertrag anordnet, entfällt.

27 ▶ **Muster für ein gemeinschaftliches Testament jüngerer kinderloser Paare mit vorsorglicher Berücksichtigung möglicher Abkömmlinge**

§ 1 Widerruf

(...)

§ 2 Erbeinsetzung nach dem Erstversterbenden

(...)

§ 3 Erbeinsetzung nach dem Überlebenden

(...)

§ 4 Vermächtnisse

(...)

§ 5 Bindungswirkung, Verzicht auf Anfechtung

(1) Der Notar hat uns über die Bindungswirkung wechselbezüglicher Verfügungen in gemeinschaftlichen Testamenten und über die besondere Form des Widerrufs solcher Verfügungen belehrt.

(2) Daraufhin erklären die Erschienenen: Wir treffen die gegenseitige Erbeinsetzung als wechselbezügliche Verfügungen, so dass diese in ihrem Bestand voneinander abhängig und nur in der besonderen Form widerruflich sein sollen.

Alle anderen Verfügungen, insbesondere die Erbeinsetzung nach dem Überlebenden von uns, gelten unabhängig voneinander und sind jederzeit einseitig widerruflich. Sie bleiben auch bei Widerruf oder Nichtigkeit anderer Verfügungen in diesem Testament bestehen.

(3) Der Notar hat uns über das gesetzliche Erb- und Pflichtteilsrecht und das Anfechtungsrecht wegen Übergehung von Pflichtteilsberechtigten belehrt.

Dazu erklären die Erschienenen, dass sie alle Verfügungen unabhängig vom Vorhandensein etwaiger weiterer Pflichtteilsberechtigter zur Zeit des jeweiligen Erbfalls treffen und insoweit auf ihr Anfechtungsrecht nach § 2079 BGB verzichten.

b) Verteilung des beiderseitigen Vermögens auf gesetzliche Erben mit Bindung

28 Bei normalen oder bescheidenen Vermögensverhältnissen steht bei älteren kinderlosen Paaren zum einen zwar auch die Absicherung des überlebenden Ehegatten im Vordergrund. Die Benennung der Begünstigen nach dem Tod beider spielt in der Regel jedoch mit zunehmendem Lebensalter eine größere Rolle, weil ihnen dieses Szenario näher erscheint als bei jüngeren Leuten. Wenn den Ehegatten nicht etwa wegen besonderer Zuwendung und Unterstützung an der Begünstigung einer bestimmten Person gelegen ist, sondern der **familiäre Bezug** wichtig ist, werden sie ihre jeweiligen

---

31 Zu den Gründen vgl. bei Rdn. 11.

Familien gleichermaßen bedenken wollen, und zwar unabhängig davon, wer von ihnen beiden zuerst verstirbt. Wenn nicht bestimmte Personen ausgeschlossen werden sollen, bietet es sich an, den jeweiligen **Familienstamm** auf einen gemeinschaftlichen Erbteil nach § 2093 BGB zu setzen. Dies hat für Ersatzberufung und Anwachsung innerhalb der Gruppe der gesetzlichen Erben eines jeden Ehegatten Bedeutung.[32] Dass es sich um einen **gemeinschaftlichen Erbteil** handelt, muss nicht, sollte aber zur Vermeidung von Zweifeln vorsorglich ausdrücklich angeordnet werden, auch wenn eine Ziffernbildung im Wortlaut der Verfügung und ein naher Verwandtschaftsgrad innerhalb der Gruppe als Indiz für einen dahingehenden Erblasserwillen angenommen werden.[33]

Häufig besteht der Wunsch, die **Vermögenswerte**, die einer der Ehegatten aus der eigenen Familie, sei es durch Schenkungen oder Erbschaften, erhalten hat, nach dem Tod des Überlebenden in diesen Familienstamm auch wieder zurückfließen zu lassen. Dies kann durch eine entsprechende **Teilungsanordnung** erfolgen. Schwierigkeiten des Nachweises, welche Gegenstände aus dem jeweiligen Familienstamm herrühren, müssen dabei freilich in Kauf genommen werden. Für eventuell über den Erbteil zugewendete Werte, die dem einen Familienstamm wieder zufließen sollen, sollten **Vorausvermächtnisse** angeordnet werden, um einen Wertausgleich unter den Erben zu vermeiden. 29

▸ **Muster eines Erbvertrags älterer kinderloser Paare mit gleichmäßiger Verteilung des beiderseitigen Vermögens auf die gesetzlichen Erben beider und Änderungsvorbehalt für den eigenen Familienstamm** 30

§ 1 Widerruf

(...)

§ 2 Erbeinsetzung nach dem Erstversterbenden

(...)

§ 3 Erbeinsetzung nach dem Überlebenden

Der Überlebende von uns setzt zu seinen Erben ein

(1) seine eigenen gesetzlichen Erben und

(2) die gesetzlichen Erben seines Ehegatten

und zwar zu jeweils $1/2$ Anteil als gemeinschaftlicher Erbteil.

Der Überlebende von uns trifft folgende Teilungsanordnung:

Jeder Familienstamm erhält ohne Ausgleichsverpflichtung die Nachlassgegenstände, die nachweislich aus seinem Vermögen stammen. Wenn ein Familienstamm danach mehr erhält als es seiner Erbquote entspricht, ist dieser Mehrerhalt als Vorausvermächtnis zugewendet.

§ 4 Vermächtnisse

(...)

§ 5 Bindungswirkung, Verzicht auf Anfechtungsrecht

Der Notar hat uns über die Bindungswirkung beim Erbvertrag belehrt.

Daraufhin erklären die Erschienenen:

(1) Wir treffen die gegenseitige Erbeinsetzung unter vorstehendem § 3 erbvertragsmäßig und nehmen diese wechselseitig an.

---

[32] Vgl. Palandt/*Weidlich*, § 2093 Rn. 1.
[33] Palandt/*Weidlich*, § 2093 Rn. 1. MünchKomm/*Rudy*, § 2093 Rn. 2.

(2) Die Erbeinsetzung nach dem Überlebenden von uns erfolgt insoweit erbvertragsmäßig bindend, als die gesetzlichen Erben des Erstversterbenden von uns bedacht sind. Die Erbeinsetzung der eigenen gesetzlichen Erben des Überlebenden ist jedoch einseitig testamentarisch und kann von dem Überlebenden frei widerrufen und abgeändert werden.

(3) Ein vertragliches Rücktrittsrecht will sich keiner von uns vorbehalten.

(4) Verzicht auf Anfechtungsrecht (...)

31 Wenn dagegen das Vermögen überwiegend aus der Familie **nur eines Ehepartners** stammt oder der Kontakt nur zu einer Verwandtschaftsseite besteht, soll dieser familiären Bindung häufig dadurch Rechnung getragen werden, dass das gesamte oder wesentliche Vermögen nach dem Tod des Überlebenden in diesen Familienstamm geht. In dem Fall bedarf es besonderer Klarstellung, ob das Vermögen als Einheit betrachtet wird und deshalb die erbrechtliche Einheitslösung angestrebt wird oder eine **Vor- und Nacherbschaft** gewollt ist. Ein Indiz für die Trennungslösung und gegen die Einheitslösung soll sein, wenn der vermögende Ehegatte Wert darauf legt, dass die **Vermögenssubstanz ungeschmälert** auf den Endbegünstigten übergeht.[34] Wenn dagegen das Vermögen als Einheit betrachtet und dem vermögenslosen Ehegatten uneingeschränkte **Verfügungsbefugnis** zugutekommen soll, muss in der Erbeinsetzung nach dem vermögenden Ehegatten klargestellt werden, dass der andere Ehegatte als unbeschränkter oder Vollerbe eingesetzt ist.

32 Es ist eine Frage des Einzelfalls, ob die Begünstigung des einen Familienstammes bindend gewollt ist oder ob dem Überlebenden Änderungsmöglichkeiten eingeräumt werden, damit dieser auf geänderte Umstände und neue Erfahrungen nach dem Tod des Ehegatten angemessen testamentarisch reagieren kann. In der Regel liegt die Bindung nur im Interesse desjenigen, aus dessen Familie das Vermögen kommt. In dem Fall kann ein **einseitiger Änderungsvorbehalt** zu seinen Gunsten Handlungsmöglichkeiten offenhalten, um späteren Entwicklungen Rechnung zu tragen. Das Beispiel geht davon aus, dass das Vermögen aus der Familie des Ehemannes stammt.

33 ▶ **Muster eines Erbvertrags für ältere kinderlose Paare mit Rückfluss des beiderseitigen Vermögens in lediglich einen Familienstamm nur mit Bindung des anderen Ehegatten und Änderungsvorbehalt für den eigenen Familienstamm**

§ 1 Widerruf

(...)

§ 2 Erbeinsetzung nach dem Erstversterbenden

(...)

§ 3 Erbeinsetzung nach dem Überlebenden

Der Überlebende von uns setzt zu seinen Erben die gesetzlichen Erben des Ehemannes ein, untereinander zu gleichen Teilen und nach den Regeln der gesetzlichen Erbfolge.

§ 5 Bindungswirkung, Verzicht auf Anfechtungsrecht

(1) Der Notar hat uns über die Bindungswirkung beim Erbvertrag belehrt.

(2) Daraufhin erklären die Erschienenen:

Wir treffen die gegenseitige Erbeinsetzung unter vorstehendem § 2 erbvertragsmäßig und nehmen diese wechselseitig an.

Die Erbeinsetzung nach dem Überlebenden von uns erfolgt insoweit erbvertragsmäßig bindend, als die Ehefrau die Überlebende von uns ist. Der Ehemann nimmt dies hiermit an. Die Erbeinsetzung sei-

---

[34] BGH Urt. vom 22.9.1982 – IVa ZR 26/81, NJW 1983, 277; Palandt/*Weidlich*, § 2269 Rn. 7.

ner eigenen gesetzlichen Erben für den Fall, dass der Ehemann der Überlebende von uns ist, erfolgt jedoch einseitig testamentarisch und kann von ihm frei widerrufen und abgeändert werden.

(3) Ein vertragliches Rücktrittsrecht will sich keiner von uns vorbehalten.

(4) Verzicht auf Anfechtungsrecht (...)

3. Verfügungen von Todes wegen bei Ehegatten mit gemeinsamen Kindern

a) Berliner Testament

Wenn nur gemeinsame Kinder vorhanden sind und das Verhältnis der Eltern zu allen gleich gut ist, wünschen die Eheleute regelmäßig eine erbrechtliche Gestaltung nach dem sogenannten **Berliner Testament**. Die Ehegatten setzen sich gegenseitig zu alleinigen Vollerben ein und die gemeinsamen Kinder zu Erben des Überlebenden zu gleichen Teilen. Weitere Voraussetzung für die Sinnhaftigkeit eines Berliner Testaments in Reinform ist, dass keines der Kinder ausgleichspflichtige **Vorausempfänge** erhalten hat oder aus sonstigen Gründen anders behandelt werden soll. Zudem sollte es sich um bescheidene bis normale Vermögensverhältnisse handeln, weil dann trotz der Kumulation der Vermögenswerte beider Ehegatten in der Hand des Überlebenden der beiden **erbschaftssteuerliche Erwägungen** überflüssig sind. Die vorhandenen Kinder sollten in der Verfügung namentlich und empfehlenswerter Weise mit Geburtsdaten benannt werden, gegebenenfalls auch mit der derzeitigen eigenen Wohnanschrift. Dann kann der Erbnachweis ohne weiteres allein aufgrund des eröffneten Erbvertrages oder notariell beurkundeten Testaments geführt werden. Wenn weitere oder später gemeinsam adoptierte Kinder der Eheleute nicht tatsächlich ausgeschlossen werden können, sollten diese vorsorglich aufgenommen werden.

34

Hinsichtlich der **Bindungswirkung** ist je nach Einzelfall der familiären Situation zu unterscheiden, ob sämtliche Verfügungen bindend sein sollen, etwa weil jeder Ehegatte sicher stellen will, dass die Kinder nach seinem Tod gleich behandelt werden. Selbst in einem solchen Fall wird regelmäßig eine **Änderungsbefugnis** für den Überlebenden gewünscht, falls ein Kind nach dem Tod des Erstversterbenden den Pflichtteil gegen den Willen des überlebenden Elternteils geltend macht. Denn damit wird die von den Ehegatten gewollte Absicherung des Überlebenden durch die Einheit des elterlichen Vermögens unterlaufen. Dasselbe Ergebnis kann grundsätzlich auch mit einer Pflichtteilsstrafklausel erreicht werden, wobei die genaue Ausgestaltung und präzise Formulierung dieser Klauseln eine große Herausforderung ist.[35] Eine strenge Bindung an die Schlusserbeneinsetzung ist allenfalls bei erwachsenen Kindern und einem entsprechend gefestigten Verhältnis zu den Eltern empfehlenswert. Insbesondere kommt sie in Betracht, wenn die Kinder bereits wirksam auf den Pflichtteil verzichtet haben. Wegen der weitreichenden Bindung sollte ein deutlicher Hinweis in der Urkunde erfolgen. Auch beim Erbvertrag ist trotz des Vertragscharakters eine **Anfechtung** wegen Motivirrtums grundsätzlich möglich.[36] Wenn eine strenge Bindungswirkung gewollt ist, muss deshalb die nach § 2079 BGB mögliche Anfechtung wegen Übergehung eines Pflichtteilsberechtigten beachtet werden. Heiratet der Überlebende wieder oder adoptiert er nach dem Tod des Erstversterbenden weitere Kinder, könnte er sich nach der gesetzlichen Regelung unter bestimmten Voraussetzungen durch Anfechtung von der bindenden Schlusserbeneinsetzung befreien. Denn in der Regel bewirkt die Anfechtung die **Unwirksamkeit** aller Verfügungen, so dass die gesetzliche Erbfolge gilt.[37] Die Anfechtung ist jedoch gemäß § 2079 S. 2 BGB ausgeschlossen, wenn anzunehmen ist, dass der Erblasser die Verfügung auch in Kenntnis des Vorhandenseins der weiteren Pflichtteilsberechtigten getroffen hätte.

35

---

35 Dazu vgl. unten ausführlich Kapitel 10 Rdn. 177 ff. und Kapitel 9 Rdn. 498 ff. Zu den Tücken der Pflichtteilsklauseln vgl. auch OLG Hamm Beschl. vom 27.10.2012 – I 15 W 134/12, MittBayNot 2013, 313 mit Anmerkung *Braun*, MittBayNot 2013, 314 f.; OLG Schleswig Beschl. vom 24.1.2013 – 3 Wx 59/12, DNotZ 2013. 461.

36 *Krebber*, Die Anfechtbarkeit des Erbvertrages wegen Motivirrtums – Ein Beitrag zum Verständnis des Erbvertrages, DNotZ 2003, 20 ff.; *Nieder/Kössinger*, § 24 Rn. 10.

37 Vgl. *Nieder/Kössinger*, § 24 Rn. 12.

Um es nicht auf den hypothetischen Erblasserwillen im Zeitpunkt der Errichtung der Verfügung ankommen zu lassen, sollte das Anfechtungsrecht vorsorglich ausgeschlossen werden.

36 In anderen Fällen ist meist keine weitreichende Bindung an die Schlusserbeneinsetzung gewollt. Bei kleineren Kindern ist deren Entwicklung noch derart offen, dass die regelmäßige Interessenlage der Eheleute in erster Linie auf gegenseitige Absicherung im ersten Erbfall abzielt. Folglich sollte auch nur die gegenseitige Erbeinsetzung bindend formuliert werden. Die Einsetzung der Kinder als Schlusserben dagegen sollte einer **unbeschränkten Änderungsbefugnis** unterliegen. Denkbar ist auch eine begrenzte Änderungsbefugnis, mit der zwar unterschiedlichen Entwicklungen der Kinder Rechnung getragen werden kann, aber eine Erbeinsetzung Familienfremder ausgeschlossen wird. Eine Entscheidung des OLG Düsseldorf[38] ist Anlass, mit den Beteiligten zu erörtern, ob diese Änderungsbefugnis auch das Recht beinhalten soll, ein Kind gänzlich zu enterben oder ob lediglich eine Verschiebung der Quoten und bis zu welcher Grenze gestattet sein soll. Das OLG Düsseldorf ist der Ansicht, dass eine Änderungsbefugnis des Überlebenden bezüglich der Erbquoten nicht die Ermächtigung erfasst, ein Kind gänzlich zu enterben. Die – soweit ersichtlich – einzige Anmerkung kritisiert dieses Urteil und plädiert dafür, keine sprachlichen Vorkehrungen gegen derartige justizielle Ausreißer zu treffen, vielmehr das nachvollziehbare Interesse an der Geheimhaltung der elterlichen Sorgen im Blick auf mögliche unerwünschte Entwicklungen ihrer Kinder zu respektieren.[39] Dennoch erscheint es zudem empfehlenswert, im Rahmen der Vorbereitung mit den Beteiligten die Frage zu klären, wie weit die Befugnis des Überlebenden gehen soll und eine Gestaltung zu wählen, die dem gerecht wird. Dabei sollte die **Enterbungsoption** zwar sprachlich nicht in den Vordergrund gestellt werden. Der vorsichtige Gestalter wird jedoch, falls die Ehegatten die Änderungsbefugnis ausdrücklich auch auf Enterbungen erstrecken wollen, eine Klarstellung anstreben. Um möglichen Verbesserungen der Vermögenssituation und damit **steuerliche Gestaltungsoptionen** freizuhalten, kann es empfehlenswert sein, dem Überlebenden das Aussetzen zusätzlicher **Vermächtnisse** einzuräumen, um etwa durch Zuwendungen an Enkel erbschaftsteuerliche Freibeträge auszunutzen.

37 ▶ **Muster für einen Ehegattenerbvertrag nach dem Modell des Berliner Testaments mit unterschiedlicher Reichweite der Bindung**

§ 1 Widerruf

(...)

§ 2 Erbeinsetzung nach dem Erstversterbenden

Wir schließen die gesetzliche Erbfolge aus und setzen uns gegenseitig, das heißt der Erstversterbende den Überlebenden von uns, zum alleinigen und unbeschränkten Vollerben des Erstversterbenden von uns ein.

§ 3 Erbeinsetzung nach dem Überlebenden

Der Überlebende von uns setzt zu seinen alleinigen und unbeschränkten Erben zu gleichen Teilen unsere gemeinschaftlichen Kinder ein,

1. **[Name, Geburtsdatum, Wohnort] und**

2. **[Name, Geburtsdatum, Wohnort],**

3. **[Name, Geburtsdatum, Wohnort]**

sowie weitere künftige gemeinschaftliche und gemeinsam adoptierte Abkömmlinge von uns,

ersatzweise die jeweiligen Abkömmlinge eines weggefallenen Kindes, einschließlich adoptierter Kinder, unter einander nach den Regeln der gesetzlichen Erbfolge.

---

38 OLG Düsseldorf Beschl. vom 29.1.2007 – I 3 Wx 256/06, DNotZ 2007, 774.
39 *Schmucker*, Anmerkung zu OLG Düsseldorf Beschl. vom 29.1.2007, DNotZ 2007, 777, 780.

Falls keine Abkömmlinge eines weggefallenen Kindes vorhanden sind, soll Anwachsung bei den anderen Kindern eintreten.

Falls keine Abkömmlinge vorhanden sind, gilt (...)

§ 4 Vermächtnisse

(...)

§ 5 Bindungswirkung, Verzicht auf Anfechtungsrecht

Der Notar hat uns über die Bindungswirkung beim Erbvertrag belehrt.

Alternativen:

Daraufhin erklären die Erschienenen:

(1) Wir treffen die gegenseitige Erbeinsetzung unter vorstehendem § 2 erbvertragsmäßig und nehmen diese wechselseitig an.

(2) Die Erbeinsetzung nach dem Überlebenden von uns erfolgt mit rein einseitiger testamentarischer Wirkung derart, dass ein jeder von uns die dazu getroffenen Verfügungen von Todes wegen jederzeit ohne die Mitwirkung des anderen wieder aufheben und abändern kann. Wenn einer von uns seine Verfügungen aufgrund des vorstehenden Vorbehaltes ändert, bleiben die übrigen in diesem Erbvertrag getroffenen Vereinbarungen – einschließlich der Verfügung des Erstversterbenden von uns – weiterhin wirksam.

Oder:

Daraufhin erklären die Erschienenen:

(1) Wir treffen sämtliche vorstehende Erklärungen, insbesondere auch die Erbeinsetzung unserer Abkömmlinge als Schlusserben erbvertragsmäßig und nehmen diese wechselseitig an.

Uns ist bewusst, dass wir aufgrund dieser Bindungswirkung den Erbvertrag und alle hierin getroffenen Verfügungen nur gemeinsam ändern oder aufheben können. Nach dem Tod des Erstversterbenden von uns ist dies nicht mehr möglich.

(2) Die Erbeinsetzung nach dem Überleben von uns erfolgt ohne Rücksicht darauf, ob und gegebenenfalls welche Pflichtteilsberechtigte beim Tode des Überlebenden von uns vorhanden sein sollten. Das gesetzliche Anfechtungsrecht schließen wir insoweit aus.

Falls gewünscht zusätzlich:

(3) Sollte allerdings einer unserer Abkömmlinge beim Tod des Erstversterbenden von uns in Verzug begründender Weise gegen den Willen des Überlebenden den Pflichtteil geltend machen, ist der Überlebende berechtigt, über dessen Erbteil anderweitig letztwillig zu verfügen.

Oder:

Daraufhin erklären die Erschienenen:

(1) Wir treffen sämtliche vorstehende Erklärungen, insbesondere auch die Erbeinsetzung unserer Abkömmlinge als Schlusserben erbvertragsmäßig und nehmen diese wechselseitig an.

(2) Der Überlebende von uns ist jedoch berechtigt, die Erbteile unserer gemeinschaftlichen Abkömmlinge zu ändern, auch einzelne Abkömmlinge gänzlich zu enterben und Vorausvermächtnisse zugunsten einzelner Abkömmlinge auszusetzen. Eine Begünstigung anderer Personen als gemeinschaftlicher Abkömmlinge ist allerdings ausgeschlossen.

Er ist auch berechtigt, Vermächtnisse bis zur Höhe des erbschaftsteuerlichen Freibetrages zugunsten unserer Enkel oder weiterer Abkömmlinge anzuordnen. Eine Begünstigung anderer Personen als gemeinschaftlicher Abkömmlinge ist allerdings ausgeschlossen.

Er ist ferner berechtigt, hinsichtlich des Erbteils einzelner Abkömmlinge eines vorverstorbenen Kindes Testamentsvollstreckung anzuordnen, und zwar jeweils bis zur Vollendung des ... Lebensjahres eines Abkömmlings.

(3) Evtl. vertragliches Rücktrittsrecht

(4) Verzicht auf Anfechtungsrecht (...)

b) Ehegatten mit minderjährigen Kindern

38 Zusätzlich zu dem Wunsch, sich gegenseitig abzusichern, wollen Ehegatten mit kleinen Kindern in aller Regel insbesondere Vorsorge für den Fall treffen, dass sie beide zu einem Zeitpunkt versterben, in dem ein Kind noch minderjährig ist. Das minderjährige Kind erhält dann einen **Vormund**. Dieser wird gemäß § 1779 BGB vom Familiengericht ausgewählt. Die Ehegatten sollten auf die Möglichkeit hingewiesen werden, gemäß § 1777 Abs. 3 BGB in der Form einer letztwilligen Verfügung einen Vormund benennen oder auch bestimmte Personen als Vormund auszuschließen (§ 1782 BGB). Den von den Sorgeberechtigten benannten Vormund darf das Gericht nur in besonderen Fällen übergehen (§ 1778 BGB). Die Eltern müssen nicht denselben Vormund benennen und dies auch nicht zwingend gemeinschaftlich festlegen. Wenn sie allerdings verschiedene Personen benennen, ist gemäß § 1776 Abs. 2 BGB die Benennung durch den zuletzt Verstorbenen maßgeblich. Es ist möglich, den Vormund von bestimmten Pflichten zu entbinden, so etwa von der Pflicht zur mündelsicheren Anlage (§ 1853 BGB) und zur Rechnungslegung (§ 1854 BGB). Ob dies sinnvoll ist, muss im Einzelfall mit den Eltern besprochen werden. Die **Befreiung** erleichtert dem Vormund möglicherweise die Entscheidung, das Amt zu übernehmen. Unbedingt empfehlenswert ist in jedem Fall, vor der Benennung in der letztwilligen Verfügung mit dem beabsichtigten Vormund dessen Bereitschaft zu klären.

39 ▶ **Muster für eine Vormundbenennung**

§ 1 bis § 5

(...)

§ 6 Vormundbenennung

Sollte eines unserer Kinder beim Tode des Überlebenden von uns noch minderjährig sein, benennen wir als Vormund Frau A., [Geburtsdatum, Anschrift] ersatzweise Herrn B., [Geburtsdatum, Anschrift].

Der Vormund ist, soweit gesetzlich zulässig, von den Beschränkungen der §§ 1852 bis 1855 befreit.

40 Dem bestellten Vormund steht gemäß § 1793 BGB die **Personen- und Vermögenssorge** zu. Für die Vermögenssorge bedarf der Vormund jedoch gemäß §§ 1821, 1822 BGB stets der familiengerichtlichen Genehmigung für die dort genannten Verfügungen und Rechtsgeschäfte. Es ist daher vor allem bei Immobilienvermögen und **größeren Nachlässen** empfehlenswert, die Vermögenssorge von der Personensorge zu trennen. Das wird durch die Anordnung einer **Testamentsvollstreckung** erreicht, wodurch die Vermögenssorge einer anderen Person übertragen wird. Diese Trennung kann zum einen den Vormund entlasten. Sie stellt auch eine Erleichterung insofern dar, als der Testamentsvollstrecker grundsätzlich unbeschränkt verfügungsbefugt ist und keiner gerichtlichen **Genehmigung** nach §§ 1821, 1822 BGB bedarf. Dies gilt auch dann, wenn die Testamentsvollstreckung über den Erbteil eines minderjährigen Erben angeordnet ist.[40] Wenn gewünscht, kann die Testamentsvollstreckung über den Eintritt der Volljährigkeit hinaus angeordnet werden. Dagegen endet die Vermögenssorge des Vormunds zu diesem Zeitpunkt. Gerade bei vermögenden Eltern ist es oft ein ausdrücklicher Wunsch, dass die Kinder nicht bereits mit Erreichen der Volljährigkeit unbeschränkte Verfügungsbefugnis erhalten. Ob die Testamentsvollstreckung nur den Erbteil des oder der noch minderjährigen Kinder erfassen soll oder den gesamten Nachlass, ist im Einzelfall unter Berücksichtigung der mit der gesamten Testamentsvollstreckung verbundenen Beschränkung der bereits volljährigen Kinder abzuwägen.[41] Um die **Vorteile** einer Trennung von Personen- und Vermögenssorge zu nutzen, sollte für jede Tätigkeit eine unterschiedliche Person benannt werden.

---

40 BGH Beschl. vom 30.11.2005 – IV ZR 280/04, ZEV 2006, 262.
41 Näheres zur Testamentsvollstreckung Kapitel 9 Rdn. 78 ff.

Die **Doppelstellung** führt regelmäßig zu Interessengegensätzen, die die Bestellung eines Ergänzungspflegers (§ 1909 BGB) erforderlich machen können. Teilweise wird ein Ergänzungspfleger stets, auch ohne konkreten Anlass verlangt, weil der gesetzliche Vertreter rechtlich immer gehindert sei, den Erben gegenüber sich selbst als Testamentsvollstrecker bei der Wahrung seiner Rechte zu vertreten.[42] Wegen dieser rechtlichen Unsicherheiten sollte eine Doppelfunktion als Vormund und Testamentsvollstrecker vermieden werden.[43]

▶ **Muster für die Trennung von Personen- und Vermögenssorge durch Anordnung einer Testamentsvollstreckung** 41

§ 1 bis § 6

(...)

§ 7 Testamentsvollstreckung

(1) Sollte eines unserer Kinder beim Tode des Überlebenden von uns noch nicht das ... Lebensjahr vollendet haben, ordnen wir bis zur Vollendung des ... Lebensjahres dieses Kindes Dauer-Testamentsvollstreckung an.

Der Testamentsvollstrecker ist in der Eingehung von Verbindlichkeiten für den Nachlass nicht beschränkt. Er ist, soweit gesetzlich zulässig, von allen Beschränkungen befreit.

(2) Aufgabe des Testamentsvollstreckers ist die Verwaltung des jeweiligen Erbteils des betreffenden Kindes.

Alternativ:

Aufgabe des Testamentsvollstreckers ist die Verwaltung unseres gesamten Nachlasses bis zur Vollendung des ... Lebensjahres des jüngsten Kindes.

Nach Vollendung des ... Lebensjahres des jüngsten Kindes hat der Testamentsvollstrecker die Auseinandersetzung unseres Nachlasses unter den Erben zu bewirken.

(3) Zum Testamentsvollstrecker ernennen wir Herrn C., [Geburtsdatum, Anschrift], ersatzweise Frau D., [Geburtsdatum, Anschrift]. Der Testamentsvollstrecker ist berechtigt, jederzeit einen Nachfolger zu ernennen. Fällt der Testamentsvollstrecker weg, ohne einen Nachfolger zu benennen, so ersuchen wir das Nachlassgericht, einen geeigneten Testamentsvollstrecker zu ernennen.

(4) Von dem Testamentsvollstrecker erwarten wir, dass er eine Vergütung nicht verlangt. Er erhält jedoch Ersatz der Kosten, die ihm in Ausübung des Amtes entstehen.

(5) Solange eines unserer Kinder im Haushalt des Vormunds lebt, hat der Testamentsvollstrecker dem Vormund die für Unterhalt und Ausbildung des Kindes angemessenen Geldbeträge zur Verfügung zu stellen. Sofern die Erträgnisse des Nachlasses dafür nicht ausreichen, ist der Testamentsvollstrecker befugt, für diese Kosten auch den Vermögensstamm zu verwenden.

Der Testamentsvollstrecker ist berechtigt, wenn er dies nach seinem freien Ermessen für angemessen hält, dem Erben bereits vor Vollendung des ... Lebensjahres Vermögenswerte oder Erträgnisse aus dem Nachlass zur freien Verfügung zu überlassen, wenn der Erbe diese zu Ausbildungszwecken oder zur Erlangung einer selbständigen Lebensstellung verwenden will.

---

42 OLG Hamm Beschl. vom 13.1.1993 – 15 W 216/92, FamRZ 1993, 1122; OLG Nürnberg Beschl. vom 29.6.2001 – 11 UF 1441/01, DNotI-Report 2001, 198. Vgl. auch OLG Zweibrücken Beschl. von 21.12.2006 – 5 UF 190/06, MittBayNot 2008, 55. Vgl. auch Kapitel 9 Rdn. 791.
43 Vgl. die Empfehlung bei *Müller/Güde*, Familienrechtliche Anordnungen in letztwilligen Verfügungen – Erbrechtliche Instrumentarien für besondere familiäre Situationen, ErbStB 2008, 187 ff.

c) Ehegatten mit Gestaltungswünschen für einzelne Vermögensgegenstände

42 Zuweilen haben Ehegatten den Wunsch, in ihrer letztwilligen Verfügung sicherzustellen, dass trotz grundsätzlicher Gleichbehandlung ihrer gemeinsamen Kinder einzelne Vermögensgegenstände einer bestimmten Person zugutekommen. Für diese **gegenständliche Zuwendungen** bieten sich in Ergänzung zum reinen Berliner Testament Vorausvermächtnisse nach § 2150 BGB oder Teilungsanordnungen nach § 2048 BGB an.[44] Die Kombination von beidem im Wege einer überquotalen Teilungsanordnung mit Zuwendung des Mehrwertes als Vorausvermächtnis ist zwar grundsätzlich möglich, allerdings wegen der unterschiedlichen Rechtsfolgen problematisch und insgesamt nicht empfehlenswert.[45]

43 Sinnvoll sind derartige Überlegungen regelmäßig erst bei älteren oder solchen Paaren, die der Ansicht sind, die Zusammensetzung ihres Vermögens im Todeszeitpunkt, vor allem die Zugehörigkeit des konkreten Gegenstandes zum Nachlass, schon absehen zu können. In der Praxis handelt es sich meist um Immobilien, Unternehmensbeteiligungen oder um Gegenstände mit persönlichem Erinnerungswert wie Schmuck oder Sammlungen. Ziel kann zum einen sein, Streit unter den Miterben im Rahmen der **Erbauseinandersetzung** zu vermeiden. Zum anderen kann auf diese Weise auch eine **Belohnung** für ein besonderes Engagement eines Kindes für einen Vermögensgegenstand erfolgen, etwa wenn das Kind bereits seit Jahren die Mietverwaltung der zu vererbenden Immobilie übernommen hat oder in dem Unternehmen tätig ist.

44 Das **Vorausvermächtnis** stellt den Begünstigten in vielerlei Hinsicht besser als eine Teilungsanordnung.[46] So erfolgt beim Vorausvermächtnis **keine Anrechnung** auf den Erbteil. Der Begünstigte kann aufgrund seines schuldrechtlichen Übereignungsanspruchs gegen die Erbengemeinschaft den Gegenstand schon vor der Erbauseinandersetzung verlangen. Ferner ist eine vom Erbteil **isolierte Ausschlagung** möglich (§ 2180 BGB). Die Teilungsanordnung dagegen konkretisiert nur den Erbteil, beinhaltet aber keinen Begünstigungswillen. Die Teilungsanordnung kommt erst bei der Erbauseinandersetzung zum Tragen. Vorher kommt das entsprechende Kind nicht in den Genuss der Alleineigentümerposition. Durch Ausschlagung des Erbteils wird die Teilungsanordnung gegenstandslos.

45 Die Wahl zwischen Teilungsanordnung und Vorausvermächtnis hängt davon ab, wie wichtig dem Erblasser einerseits die **Gleichbehandlung** seiner Kinder ist und ob die gegenständliche Zuwendung lediglich Streit vermeiden soll. Dies spricht eher für eine Teilungsanordnung. Wenn dagegen **lebzeitiges Engagement** des Kindes für den Vermögensgegenstand honoriert werden soll, spricht dies für einen **Begünstigungswillen**, der mit dem Vorausvermächtnis besser erreicht wird. Ein weiterer erheblicher Unterschied besteht in der möglichen Bindungswirkung. Eine Teilungsanordnung gemäß § 2048 BGB kann nicht der erbvertraglichen Bindungswirkung unterliegen, beim gemeinschaftlichen Testament nicht der Wechselbezüglichkeit. Dies folgt daraus, dass § 2048 BGB weder in § 2270 Abs. 3 BGB noch in § 2278 Abs. 2 BGB aufgeführt ist. Dagegen kann das Vorausvermächtnis, wie jedes Vermächtnis, bindend ausgestaltet werden. Kann bei den Beteiligten ein Wille zur **wertverschiebenden Begünstigung** festgestellt werden, sollte erörtert werden, ob Ersatzvermächtnisnehmer eingesetzt werden sollen. Denkbar ist aber auch, dass mit dem Vorausvermächtnis lediglich besondere Affektionsinteressen bedacht werden sollen, die mit dem Vorversterben oder der Ausschlagung des Vorausvermächtnisses entfallen. In jedem Fall muss bei der Gestaltung zweifelsfrei formuliert werden, ob eine gegenständliche Zuwendung im Wege des Vorausvermächtnisses oder einer Teilungsanordnung erfolgen soll.

---

44 Allgemein zu Teilungsanordnungen vgl. unten Kapitel 9 Rdn. 238 ff.
45 Ausdrücklich abgeraten wird davon bei *Nieder/Kössinger*, § 15 Rn. 234. Vgl. auch Staudinger/*Otte*, § 2150 Rn. 9.
46 Ausführlich zu den rechtlichen und praktischen Unterschieden MünchKommBGB/*Heldrich*, § 2048 Rn. 16 f.; *Nieder/Kössinger*, § 15 Rn. 226 ff. und Kapitel 9 Rdn. 256 ff.

Zu den Formulierungsvorschlägen für **Teilungsanordnungen** und Übernahmerechte vgl. Kapitel 9 Rdn. 243, 274.

▶ **Muster für ein Vorausvermächtnis bei gegenseitiger Erbeinsetzung**

§ 1 bis § 3

(...)

§ 4 Vorausvermächtnis

Der Überlebende von uns vermacht im Wege des Vorausvermächtnisses (1) unserer Tochter ... den gesamten Schmuck der Ehefrau und (2) unserem Sohn ... die Kupferstichsammlung des Ehemanns, und zwar ohne Anrechnung auf ihr jeweiliges Erbteil und ohne Ausgleichungspflicht aus dem sonstigen Vermögen.

Ersatzvermächtnisnehmer sind die jeweiligen Abkömmlinge eines Bedachten unter sich zu gleichen Teilen und nach Stämmen.

Alternativ:

Ersatzvermächtnisnehmer bestimmen wir nicht. Jedes Vorausvermächtnis entfällt, wenn der jeweilige Bedachte vor dem Tod des Überlebenden von uns wegfallen oder aus einem anderen Grund nicht Vermächtnisnehmer werden sollte.

Bisweilen wünschen die Eltern, dass ein bestimmter Vermögensgegenstand von allen ihren Kindern und deren Familien gemeinsam genutzt und eine Auseinandersetzung ausgeschlossen werden soll. In der Praxis kommen solche Wünsche bei größeren Mietobjekten auf, die zur Versorgung der Familienmitglieder dienen, aber auch bei Ferienhäusern, etwa weil sie den Enkeln erhalten bleiben sollen. Zu beachten ist, dass die längst mögliche Dauer eines **Auseinandersetzungsverbots** gemäß § 2044 Abs. 2 S. 1 BGB grundsätzlich 30 Jahre beträgt. Allerdings kann vom Erblasser darüber hinaus bei natürlichen Personen ein bestimmtes Ereignis, wie etwa der Tod eines Erben, als Schlusspunkt des Auseinandersetzungsverbotes bestimmt werden (§ 2044 Abs. 2 S. 2 BGB).[47] Bei entsprechend spätem Todeszeitpunkt kann dadurch die 30-jährige Frist faktisch verlängert werden. Ein Auseinandersetzungsverbot kann freilich durch **Vereinbarung aller Miterben** unterlaufen werden. Durch Anordnung einer Testamentsvollstreckung, deren einzige Aufgabe die Überwachung des Auseinandersetzungsverbotes ist, kann dies ausgeschlossen werden.

Auch als **Schutzmöglichkeit** gegenüber Gläubigern eines Miterben kann ein Auseinandersetzungsverbot mit Testamentsvollstreckung ein wirksames Mittel sein. Denn die Ernennung eines Testamentsvollstreckers schließt die Anordnung der Versteigerung eines Grundstücks zum Zwecke der Aufhebung der Gemeinschaft an einem ihr unterliegenden Grundstück auch gegenüber dem Gläubiger eines Miterben aus, der den Erbteil gepfändet hat.[48] Allerdings kann eine **lebenslängliche Erbengemeinschaft** für die Kinder auch zu Unbill führen. Schließlich ist ihnen die **wirtschaftliche Verwertung** des dem Auseinandersetzungsverbot unterliegenden Objekts auf ihre Lebenszeit entzogen. Vor allem wenn dieser Gegenstand der einzig Werthaltige des Nachlasses ist, wird man die erheblichen Nachteile für die Kinder besprechen müssen, die auf Lebenszeit in eine Erbengemeinschaft zusammen gezwungenen wären. Nur in Sonderfällen wird man dazu raten können.

---

47 Näheres zum Auseinandersetzungsverbot unten Kapitel IX.
48 BGH Beschl. vom 14.5.2009, V ZB 176/08, LexisNexis LNR 2009, 14889.

50 ▶ **Muster für ein Auseinandersetzungsverbot bezüglich eines einzelnen Nachlassgegenstandes in Ergänzung zum Berliner Testament**

§ 1 bis § 3

(...)

§ 4 Auseinandersetzungsverbot

Wir sind zu je ½ Anteil Miteigentümer des Objekts ... Gemarkung ... Flur ... Flurstück ... Der Überlebende von uns schließt die Auseinandersetzung hinsichtlich dieses Objekts bis zum Todes des Längstlebenden unserer gemeinsamen Kinder aus.

V. Testamentsvollstreckung

Der Überlebende von uns ordnet Testamentsvollstreckung an.

Der Testamentsvollstrecker ist in der Eingehung von Verbindlichkeiten für den Nachlass nicht beschränkt. Er ist, soweit gesetzlich zulässig, von allen Beschränkungen befreit.

(2)

Aufgabe des Testamentsvollstreckers ist die Überwachung des Verbots der Auseinandersetzung bis zum Tode des Längstlebenden unserer gemeinsamen Kinder. (...)

d) Ehegatten mit von der unbeschränkten Schlusserbfolge ausgeschlossenem »Problemkind«

51 In manchen Situationen haben die Eltern den Wunsch, eines von mehreren gemeinsamen Kindern nicht in dem gleichen Maße am Nachlass zu beteiligen. Die Gründe können unterschiedlich sein, etwa weil der Kontakt abgebrochen ist oder das Kind sich in anderer Weise entgegen der Vorstellungen der Eltern entwickelt hat oder zum Schutz eines behinderten oder verschuldeten Kindes. In den letztgenannten Fällen wird man häufig der **Trennungslösung** zuneigen.[49] Freilich kann ein umfassender Ausschluss eines Kindes vom Nachlass nicht erreicht werden. Denn dem Kind steht als Pflichtteilsberechtigtem eine grundsätzlich **unentziehbare Mindestbeteiligung** am Nachlass der Eltern zu.[50] Wenn nicht besondere Schutzaspekte vor dem Zugriff der Eigengläubiger des Erben eine Rolle spielen, wie bei einem behinderten oder verschuldeten Erben, ist eine reine **Enterbung** des »Problemkindes« erwägenswert. Allerdings muss in dem Fall sehr sorgfältig geprüft werden, ob die **Einheitslösung** hier der richtige Weg ist. Denn durch die gegenseitige Erbeinsetzung erhöht sich der Pflichtteilsanspruch des enterbten Kindes beim Tod des Überlebenden.[51]

52 Die Eltern können zum einen gemäß § 1938 BGB ein sogenanntes **Negativtestament** errichten. Das Kind wird von der Erbfolge ausgeschlossen, ohne positiv einen Erben zu bestimmen. Eine reine Enterbung kann allerdings nicht mit bindender Wirkung erfolgen, und zwar weder in einem Erbvertrag[52] noch in einem gemeinschaftlichen Testament als wechselbezügliche Anordnung.[53] Folge einer reinen Enterbung ist, dass die gesetzliche Erbfolge ohne die enterbte Person eintritt. Aufgrund des eigenständigen Erbrechts eines jeden Abkömmlings ist bei Fehlen konkreter Anhaltspunkte im Zwei-

---

49 Vgl. in diesem Kapitel Rdn. 76 unten und zum behindertem oder verschuldeten Erben oben Kapitel 5 Rdn. 522 ff., 705 ff.
50 BVerfG Urt. vom 19.4.2005 – 1 BvR 1644/00, DNotZ 2006, 60. Zur Pflichtteilsentziehung vgl. Kapitel 10 Rdn. 83 ff.
51 Zur grundsätzlichen Zulässigkeit des Pflichtteilsverzichts eines behinderten Sozialleistungsbeziehers BGH Urt. vom 19.1.2011 – IV ZR 7/10, DNotZ 2011, 381 mit Anmerkung *Ivo*, DNotZ 2011, 387 ff. Dazu auch *Menzel*, Die negative Erbfreiheit, MittBayNot 2013, 289 ff.
52 OLG München Beschl. vom 13.9.2005 – 31 Wx 64/05, DNotZ 2006, 132; Palandt/*Weidlich*, § 2278 Rn. 5.
53 BayObLG Beschl. vom 21.6.1992 – 1 BReg 62/1991, NJW-RR 1992, 1356; Palandt/*Weidlich*, § 2270 Rn. 13.

fel nur die ausdrücklich enterbte Person ausgeschlossen, nicht aber deren Abkömmlinge.[54] Es muss also mit den Beteiligten geklärt werden, ob sich das Zerwürfnis mit dem einen Kind nur auf dessen Person oder auch auf die, gegebenenfalls sogar noch ungeborenen Abkömmlinge erstreckt. Wenn die **Reichweite der Enterbung** nicht eindeutig aus der Verfügung hervorgeht, besteht die Möglichkeit, dass sich durch entsprechende Auslegung die gegen das Kind gerichtete Sanktion unbeabsichtigt auch auf die Enkel erstreckt. Andererseits kann bei einer Nachlassbeteiligung der Abkömmlinge des enterbten Kindes das Gestaltungsziel dennoch vereitelt werden, und zwar dann, wenn der Enkel vor seinem enterbten Elternteil verstirbt, so dass dieser über die gesetzliche Erbfolge doch in den Genuss des Nachlasses kommt. Die Problemlage ist hier vergleichbar mit der bei erbenden Kindern von **Geschiedenen**. Auf die dortigen Gestaltungsempfehlungen wird verwiesen.[55] Wenn die Eheleute die Enterbung eines Kindes bindend verfügen wollen, können sie dies nur mit einer **positiven Erbeinsetzung** einer anderen Person erreichen. In dem Fall allerdings muss mit den Beteiligten die beabsichtigte Reichweite der Bindungswirkung besonders erörtert werden. Mit einer Änderungsbefugnis kann auf eine mögliche künftige Versöhnung reagiert werden, es kann aber dadurch auch die vom vorverstorbenen Ehegatten gewollte **Sanktion unterlaufen** werden. Dies ist naturgemäß eine Frage des Einzelfalls, die sich jeder Typisierung entzieht.

▶ **Muster für die Schlusserbeneinsetzung eines Kindes und Enterbung des anderen Kindes nebst Abkömmlingen** 53

§ 1 bis § 2

(...)

§ 3 Erbeinsetzung nach dem Überlebenden

Der Überlebende von uns setzt zu seinem alleinigen und unbeschränkten Erben unseren Sohn [Name, Geburtsdatum, Wohnort] ein,

ersatzweise seine Abkömmlinge, einschließlich adoptierter Kinder, unter einander nach den Regeln der gesetzlichen Erbfolge.

Unsere Tochter [Name, Geburtsdatum, Wohnort] und ihre Abkömmlinge enterben wir.

Der Notar hat uns darauf hingewiesen, dass der Tochter und, falls diese beim Tode der Überlebenden von uns vorverstorben sein sollte, deren Abkömmlingen das gesetzliche Pflichtteilsrecht zusteht.

§ 4 Bindungswirkung, Verzicht auf Anfechtungsrecht

Der Notar hat uns über die Bindungswirkung beim Erbvertrag belehrt.

Daraufhin erklären die Erschienenen:

(1) Wir treffen sämtliche vorstehenden Verfügungen erbvertragsmäßig bindend und nehmen diese wechselseitig an.

(2) Sollte unser Sohn ohne Abkömmlinge zu hinterlassen vor dem Überlebenden von uns versterben, so ist der Überlebende von uns berechtigt, über den Nachlass anderweitig zu verfügen, allerdings nicht zugunsten unserer Tochter.

(3) Evtl. vertragliches Rücktrittsrecht

(4) Verzicht auf Anfechtungsrecht (...)

In Einzelfällen wollen die Ehegatten zwar das »**Problemkind**« nicht ausschließen, trauen ihm aber 54
auf Dauer einen verantwortungsvollen Umgang mit dem ererbten Vermögen nicht zu. Gründe sind hierfür – abgesehen von behinderten und verschuldeten Erben, die an anderer Stelle behandelt

---

54 BayObLG Urt. vom 10.4.1989 – BReg 1a 72/88, DNotZ 1990, 425; Palandt/*Weidlich*, § 1938 Rn. 3.
55 Zum Geschiedenentestament vgl. bei Rdn. 91 und Kapitel 5 Rdn. 98 ff.

werden[56] – regelmäßig Spiel- oder Drogenprobleme, andere charakterliche Schwächen, befürchteter Einfluss von Schwiegerkindern oder von einem problematischen sozialen Umfeld des Kindes. Eine Enterbung ist regelmäßig nicht gewollt, weil sich die Eltern gerade um das Kind und seine wirtschaftliche Existenz sorgen. Sie möchten in der Regel mit dem Erhalt des Vermögens für das Kind und dessen Abkömmlinge dauerhaft eine **Lebensgrundlage** sicherstellen. Ziel ist deshalb in erster Linie, dem Kind die Verfügungsbefugnis zu entziehen und dadurch die Vermögenssubstanz zu schützen. Wenn **Dauertestamentsvollstreckung** bis zum Tod des Kindes gewollt ist, sollte davon abgesehen werden, ein etwa gleichaltriges Geschwisterkind zum Testamentsvollstrecker zu ernennen. Allenfalls denkbar wäre eine erste Benennung des anderen Kindes mit der Pflicht, sogleich einen Nachfolger im Amt des Testamentsvollstreckers für den Fall seines eigenen Todes zu bestimmen.[57] Mit dieser wohlgemeinten Dauertestamentsvollstreckung können die Eltern freilich nicht verhindern, dass das Kind gemäß § 2301 Abs. 1 BGB den Erbteil ausschlägt und den Pflichtteil verlangt. Ihr Ziel, das Kind dazu zu bewegen, die mit Testamentsvollstreckung belastete Erbschaft anzunehmen, wird nur über den **wirtschaftlichen Anreiz** erreicht.

55 ▶ **Muster Schlusserbeneinsetzung der gemeinsamen Kinder und Dauertestamentsvollstreckung für ein Kind**

§ 1 bis § 4

(...)

§ 6 Testamentsvollstreckung

(1) Der Überlebende von uns ordnet Testamentsvollstreckung an.

Der Testamentsvollstrecker ist in der Eingehung von Verbindlichkeiten für den Nachlass nicht beschränkt. Er ist, soweit gesetzlich zulässig, von allen Beschränkungen befreit.

(2) Aufgabe des Testamentsvollstreckers ist die Auseinandersetzung der Erbengemeinschaft und die dauerhafte Verwaltung des Erbteils unseres Sohnes ... bis zu dessen Tod. Der Testamentsvollstrecker hat unserem Sohn die für seinen angemessenen Unterhalt erforderlichen Geldbeträge zur Verfügung zu stellen. Sofern die Erträgnisse des Nachlasses dafür nicht ausreichen, ist der Testamentsvollstrecker befugt, für diese Kosten auch den Vermögensstamm zu verwenden.

Der Testamentsvollstrecker ist berechtigt, wenn er dies nach seinem freien Ermessen für angemessen hält, unserem Sohn Vermögenswerte oder Erträgnisse aus dem Nachlass zur freien Verfügung zu überlassen, wenn er diese zu Ausbildungszwecken oder zur Erlangung einer selbständigen Lebensstellung verwenden will.

(3) Zum Testamentsvollstrecker ernennen wir ... [Geburtsdatum, Anschrift], ersatzweise Frau Rechtsanwältin ... [Geburtsdatum, Anschrift]. Der Testamentsvollstrecker ist berechtigt, jederzeit einen Nachfolger zu ernennen.

Alternativ:

(3) Zum Testamentsvollstrecker ernennen wir unsere Tochter ... Sie ist verpflichtet, sogleich nach Amtsantritt einen Nachfolger im Amt des Testamentsvollstreckers zu ernennen. Sollte der Testamentsvollstrecker wegfallen, ohne einen Nachfolger zu benennen, ersuchen wir das zuständige Nachlassgericht einen geeigneten Testamentsvollstrecker zu bestimmen.

(4) Der Notar hat uns auf das gesetzliche Pflichtteilsrecht und die Vorschrift des § 2306 Abs. 1 BGB hingewiesen.

---

56 Kapitel 5 Rdn. 522 ff, 705 ff.
57 Näheres zur Testamentsvollstreckung im Kapitel 9 Rdn. 74 ff.

e) Ehegatten mit bislang ungleich behandelten Kindern

Der Wunsch nach wirtschaftlicher **Gleichbehandlung** der gemeinsamen Kinder geht oft über die formal gleiche Beteiligung am Nachlass hinaus. Das Problem kommt auf, wenn ein oder mehrere Kinder zu Lebzeiten von den Eltern nichts oder weniger erhalten hat bzw. haben als ein Geschwisterkind. Die Eltern können nur vor oder bei der Zuwendung die spätere **Ausgleichung** anordnen (§ 2050 Abs. 3 BGB). Unmöglich ist und bleibt es, die Ausgleichungspflicht in der letztwilligen Verfügung selbst zu treffen. Derartiges sollte nach dem Regierungsentwurf zur Erbrechtsreform durch einen neuen § 2050 Abs. 4 BGB eingeführt werden. Auf Empfehlung des Rechtsausschusses des Deutschen Bundestages vom 23.6.2009, der das Plenum des Bundestages am 2.7.2009 folgte, wurde diese Ergänzung jedoch gestrichen.[58] Deshalb ist auch nach Inkrafttreten der Erbrechtsreform am 1.1.2010 eine gewünschte Gleichstellung nur durch **Hilfskonstruktionen** in der letztwilligen Verfügung zu erreichen, wenn eine Anordnung der Ausgleichung bei der Zuwendung unterlassen wurde. Durch ein **Vorausvermächtnis** soll das zu Lebzeiten begünstigte Kind beschwert und die bislang nicht bedachten Kinder begünstigt werden. Im Ergebnis verschiebt das Vorausvermächtnis die Anordnung der gleichen Erbteile für die gemeinsamen Kinder. Falls das ungleich behandelte Kind bereits Abkömmlinge hat, liegt es nahe, dass die Eltern die Enkel dieses Stammes in gleicher Weise begünstigen wollen für den Fall, dass das Kind vorverstirbt. Problematisch wird die Anordnung einer solchen **späten Gleichstellung** allerdings dann, wenn die Höhe des angeordneten Vorausvermächtnisses dazu führt, dass den oder dem Miterben weniger verbleibt als der Pflichtteil. Denn der Pflichtteil unterliegt nicht der testamentarischen Dispositionsbefugnis.[59]

▶ **Muster für ein Vorausvermächtnis zur Kompensation lebzeitiger Zuwendungen an ein anderes Kind**

§ 1 bis § 3

(...)

§ 4 Vermächtnisse

Der Überlebende von uns vermacht unserem Kind ... im Wege des Vorausvermächtnisses einen Geldbetrag in Höhe von € ... zuzüglich ... % Zinsen seit dem (Datum der Schenkung an das Geschwisterkind). Dieses Vorausvermächtnis setzen wir aus, weil wir unserem anderen Kind ... denselben Betrag am ... geschenkt haben und dabei keine Ausgleichung angeordnet haben.

Ersatzvermächtnisnehmer sind die Abkömmlinge des Bedachten unter sich zu gleichen Teilen und nach Stämmen. Sind Abkömmlinge nicht vorhanden, so entfällt das Vorausvermächtnis ersatzlos.

Wenn dagegen die **lebzeitige Zuwendung** unter Anordnung der Ausgleichung erfolgt ist und die Eltern bei einer Erbeinsetzung aller Kinder zu gleichen Teilen sicher stellen wollen, dass diese **Ausgleichung bei der Erbauseinandersetzung** auch tatsächlich erfolgt, empfiehlt es sich, dies in der letztwilligen Verfügung zu erwähnen. Denn möglicherweise ist diese Zuwendung dem anderen Geschwisterkind unbekannt. Häufig wirken an einem Schenkungsvertrag zwischen den Eltern und dem Zuwendungsempfänger die Geschwister gerade nicht mit. Eine **Offenlegung** in der letztwilligen Verfügung der Eltern kann verhindern, dass das lebzeitig begünstigte Kind diese Anordnung und damit seine eigene Verpflichtung bei der Erbauseinandersetzung »vergisst«.

---

58 BT-Drucks. 16/13543, S. 7 Ziffer 11.
59 BGH Urt. vom 30.9.1981 – IVa ZR 127/80, NJW 1982, 575. MünchKommBGB/*Heldrich*, § 2050 Rn. 31; Prütting/Wegen/Weinreich/*Tschichoflos*, § 2050 Rn. 19.

59 ▶ Muster für die Offenlegung einer bei der lebzeitigen Zuwendung angeordneten Ausgleichungspflicht

§ 1 bis § 3

(...)

IV. Ausgleichung

Wir haben unserem Kind... mit Vertrag vom... – UR.Nr.... des Notars... in... – eine Eigentumswohnung im Wert von € (...) geschenkt und dabei angeordnet, dass dieser Betrag im Erbfall bei der Auseinandersetzung zur Ausgleichung zu bringen ist.

4. Verfügungen von Todes wegen bei Ehegatten mit Kindern aus unterschiedlichen Beziehungen

60 Bei Ehegatten mit einseitigen Kindern besteht regelmäßig ein **Zielkonflikt** zwischen der Absicherung des Ehegatten einerseits und einer gesicherten Beteiligung der eigenen leiblichen Kinder am Nachlass andererseits. Entscheidend ist auch, ob es gemeinsame Kinder gibt oder voraussichtlich geben wird und wie diese im Vergleich zu den einseitigen Kindern gestellt werden sollen. Denkbar sind grundsätzlich **drei Zielsetzungen**, und zwar (1) entweder die eigenen leiblichen Kinder zu bevorzugen oder (2) alle Kinder unabhängig von der leiblichen Verwandtschaft gleich zu behandeln oder (3) die gemeinsamen gegenüber den einseitigen zu begünstigen. Für die erste Zielsetzung eignet sich die Einheitslösung nicht. Wenn eine getrennte Erbfolge nach dem jeweiligen leiblichen Elternteil gewollt ist, bietet sich die Trennungslösung im Wege der Vor- und Nacherbschaft an. So wird man etwa bei finanziell besser gestellten Paaren, die erst im fortgeschrittenen Alter erneut geheiratet haben und die in der Regel den eigenen Kindern das eigene Vermögen zukommen lassen möchten, von der Einheitslösung abraten. Vielmehr kommt als **Alternative** eine Vollerbeneinsetzung der leiblichen Kinder unter Anordnung eines Nießbrauchsvermächtnisses für den Ehegatten in Betracht. Dadurch wird dem Ehegatten nicht die Substanz, sondern lediglich das **Nutzungsrecht** zugewandt. Insoweit entspricht diese Gestaltung dem Vorschlag bei vermögenden Ehegatten.[60] Die Wahl zwischen **Einheits- und Trennungslösung** muss davon abhängig gemacht werden, wie das Verhältnis des jeweiligen Ehegatten zu den betreffenden Kindern ist. Eine Rolle spielt auch, ob man den Kindern eine **Erbengemeinschaft** untereinander zutraut und nicht zuletzt, ob die Geltendmachung von Pflichtteilsansprüchen der leiblichen Kinder des Erstversterbenden zu befürchten steht. Auch die **Vermögensdifferenz** zwischen den Ehegatten und der Grad der jeweiligen wirtschaftlichen **Abhängigkeit** ist bei der Abwägung für die eine oder andere Variante in Betracht zu ziehen. Typischer Weise ist die Trennungslösung bei einseitigen Kindern die geeignete und bei allen Schwierigkeiten dennoch das einfachere Modell. Die Einheitslösung kommt dagegen bei »Patchworkfamilien« mit mittleren bis kleineren Vermögen und solchen mit gemeinsamen Kindern in Betracht, bei denen in der Regel die **gegenseitige Absicherung** im Vordergrund steht.

a) Bevorzugung der gemeinsamen Kinder beim Tod des Überlebenden

61 Zusammen mit der Alleinerbeneinsetzung im ersten Erbfall sollen die gemeinsamen Abkömmlinge bei der Schlusserbeneinsetzung bevorzugt werden. Im familiären Hintergrund besteht dann meist zu den einseitigen Kindern ein gestörtes Verhältnis und die gemeinsamen werden als die »**Kernfamilie**« betrachtet. Wie auch sonst bei einem »Berliner Testament« besteht das Problem der **Pflichtteilsberechtigung** beim Tod des Erstversterbenden. Pflichtteilsstrafklauseln und die Aussicht auf eine Nachlassbeteiligung beim Tod des Überlebenden versagen freilich als Anreiz bei den einseitigen Kindern. Auch wird man von dem einseitigen Kind in aller Regel **keine besondere Rücksichtnahme** auf den Ehegatten des verstorbenen Elternteils erwarten können. Die Pflichtteilsberechtigung des einseitigen Kindes sollte daher aktiv in die Gestaltung einfließen. Auch muss bedacht werden, dass bei der

---

60 Vgl. unten Rdn. 78, Kapitel 5 Rdn. 406 und zur steuerorientierten Testamentsgestaltung Kapitel 20.

Einheitslösung einseitige Pflichtteilsberechtigungen notwendigerweise dazu führen, dass der nach dem Längstlebenden Pflichtteilberechtigte indirekt vom Nachlass des vorverstorbenen Ehegatten profitiert, soweit die Vermögensmasse des eigenen Elternteils durch den Nachlass des Vorverstorbenen noch gemehrt ist. Wenn solches verhindert werden soll, sind Trennungslösungen vorzuziehen.[61] Die reine **Enterbung** oder ausdrückliche Beschränkung des einseitigen Abkömmlings auf den Pflichtteil kann als unerwünscht hart empfunden werden. Aus atmosphärischen Gründen kann daher eine gestaltende Zuwendung an den einseitigen Abkömmling, ohne die Beteiligung am Nachlass wirtschaftlich zu erhöhen, empfehlenswert sein. Dies kann durch ein **Vermächtnis in Höhe des Pflichtteils** geschehen. Der Unterschied zum gesetzlichen Pflichtteilsrecht besteht neben der Geste in der Gestaltungsmöglichkeit bei der Fälligkeit des Vermächtnisses. Wenn dem Erben über die Dreimonatseinrede nach § 2014 BGB hinaus mehr Zeit gegeben werden soll für die Erfüllung, muss der Erblasser dies anordnen. Vorgeschlagen wird im Formulierungsbeispiel eine Verlängerung auf 6 Monate, aber auch dies ist abweichend gestaltbar. Freilich kann das einseitige Kind ein solches Vermächtnis ausgeschlagen und den Pflichtteil geltend machen. Dieser ist in der Regel sofort fällig. Eine **Stundung** des Pflichtteilserfüllungsanspruchs kann nach § 2331a BGB nur verlangt werden, wenn die Erfüllung eine unbillige Härte für den Erben wäre. Die herausgeschobene Fälligkeit des Vermächtnisses ist daher kein Mittel der Liquiditätsabsicherung des Erben, aber ein Versuch, bei grundsätzlicher Bereitschaft zu gütlicher Einigung die Schärfe der Enterbung abzumildern. Zusätzlich kann eine **Ersetzungsbefugnis** angeordnet werden etwa dergestalt, dass nach Wahl des Erben das Vermächtnis anstelle des beim Pflichtteilsanspruch geschuldeten Geldes auch durch Übereignung von werthaltigen Gegenständen erfüllt werden kann. Die Bewertung dieser Gegenstände kann freilich streitanfällig sein. Ein weiterer Unterschied ist die **Verjährung**. Während der Pflichtteilsanspruch nach § 2332 BGB in drei Jahren verjährt, gilt für die Verjährung des Vermächtnisanspruchs gemäß § 197 Abs. 1 Nr. 2 BGB nach wie vor die 30-jährige Frist. Die gemäß § 202 Abs. 2 BGB grundsätzlich mögliche Verlängerung durch Rechtsgeschäft dürfte gerade beim Pflichtteilsanspruch praktisch nicht relevant sein. Keinen Unterschied macht dagegen die Zuwendung als Vermächtnis in Höhe der Pflichtteilsquote für den **Auskunftsanspruch** gemäß § 2314 BGB.[62] Auch der mit einem Vermächtnis bedachte Pflichtteilsberechtigte ist auskunftsberechtigt, und zwar unabhängig von der Höhe des Vermächtnisses oder dessen Ausschlagung.[63] Bei der **Bindungswirkung** ist regelmäßig die jederzeitige einseitige Änderbarkeit der Zuwendung an das einseitige Kind gewollt. Wenn jedoch sich der Ehegatten mit dem einseitigen Kind die Möglichkeit offen halten möchte, seinem Abkömmling mehr als ein Geldvermächtnis in Höhe des Pflichtteils zuzuwenden, bedarf es insoweit eines Änderungsvorbehaltes, da ansonsten eine solche erhöhte Zuwendung die alleinige Vollerbenstellung des Ehegatten beeinträchtigen würde.

▶ **Muster für die Einheitslösung mit Einsetzung nur der gemeinsamen Kinder als Schlusserben und Vermächtnis in Höhe des Pflichtteils zugunsten der einseitigen Kinder** 62

§ 1 Widerruf

(...)

§ 2 Erbeinsetzung nach dem Erstversterbenden

Wir schließen die gesetzliche Erbfolge aus und setzen uns gegenseitig, das heißt der Erstversterbende den Überlebenden von uns, zum alleinigen und unbeschränkten Vollerben des Erstversterbenden von uns ein.

---

61 Dazu sogleich Rdn. 76 ff. in diesem Kapitel.
62 So aber Beck'sches Formularbuch Erbrecht/*Braun*, Anm. 2 zu Form E. III. 3.
63 BGH Urt. vom 1.10.1958 – V ZR 53/58, BHGZ 28, 177, 179; OLG Düsseldorf Urt. vom 23.9.1994 – 7 U 198/93, FamRZ 1995, 1236, 1237; Palandt/*Weidlich*, § 2314 Rn. 3.

§ 3 Erbeinsetzung nach dem Überlebenden

Der Überlebende von uns setzt zu seinen Erben zu gleichen Teilen unsere gemeinschaftlichen Kinder ein,

1. [Name, Geburtsdatum, Wohnort] und

2. [Name, Geburtsdatum, Wohnort],

sowie weitere künftige gemeinschaftliche und gemeinsam adoptierte Abkömmlinge von uns,

ersatzweise die jeweiligen Abkömmlinge eines weggefallenen Kindes, einschließlich adoptierter Kinder, unter einander nach den Regeln der gesetzlichen Erbfolge.

Falls keine Abkömmlinge vorhanden sind, soll Anwachsung eintreten.

§ 4 Vermächtnis der Ehefrau

Ich, die Ehefrau, vermache meinem Sohn aus erster Ehe, ..., einen baren Geldbetrag, der der Höhe seines gesetzlichen Pflichtteils nach mir entspricht.

Ersatzvermächtnisnehmer sind die jeweiligen Abkömmlinge meines Sohnes unter sich zu gleichen Teilen und nach Stämmen.

Der oder die Erben haben dieses Vermächtnis innerhalb von sechs Monaten nach meinem Tode auf Kosten des Vermächtnisnehmers, der etwa anfallende Kosten, Steuern und Gebühren zu tragen hat, zu erfüllen.

§ 5 Bindungswirkung, Verzicht auf Anfechtungsrecht

Der Notar hat uns über die Bindungswirkung beim Erbvertrag belehrt.

Daraufhin erklären die Erschienenen:

(1) Wir treffen die gegenseitige Erbeinsetzung unter vorstehendem § 2 erbvertragsmäßig und nehmen diese wechselseitig an

(2) Alle anderen Verfügungen erfolgen mit rein einseitiger testamentarischer Wirkung derart, dass ein jeder von uns die dazu getroffenen Verfügungen von Todes wegen jederzeit ohne die Mitwirkung des anderen wieder aufheben und abändern kann. Wenn einer von uns seine Verfügungen aufgrund des vorstehenden Vorbehaltes ändert, bleiben die übrigen in diesem Erbvertrag getroffenen Vereinbarungen – einschließlich der Verfügung des Erstversterbenden von uns – weiterhin wirksam.

Klargestellt wird, dass das Vermächtnis der Ehefrau zugunsten ihres Sohnes aus erster Ehe mit rein einseitiger testamentarischer Wirkung derart erfolgt, dass sie dieses Vermächtnis jederzeit ohne die Mitwirkung des anderen wieder aufheben und abändern kann.

Ihr bleibt das Recht vorbehalten, das Vermächtnis zugunsten ihres Sohnes durch einseitige Verfügung auf einen Betrag zu erhöhen, der bis zu ... über dem gesetzlichen Pflichtteil liegt.

(3) Evtl. vertragliches Rücktrittsrecht

(4) Verzicht auf Anfechtungsrecht ...

63 Selbst wenn das einseitige Kind wirtschaftlich auf den **Pflichtteil** beschränkt werden soll, besteht zuweilen der Wunsch, ihm Gegenstände mit familiärem Affektionsinteresse zuzuwenden. Die gesetzliche Wertung in § 2169 Abs. 1 BGB geht davon aus, dass ein **Sachvermächtnis** unwirksam ist, wenn sich der zugewandte Gegenstand zur Zeit des Erbfalls nicht im Nachlass befindet. Regelungsbedürftig ist in dem Fall nur, dass es sich nicht um ein **Verschaffungsvermächtnis** handelt, weil dies der gesetzlichen Vermutungsregel nach § 2169 Abs. 1 2. Halbs. BGB entgegenstünde. Nach § 2307 Abs. 1 S. 2 BGB hat sich ein pflichtteilsberechtigter Vermächtnisnehmer den Wert des Vermächtnisses auf seinen Pflichtteilsanspruch anrechnen zu lassen und kann nur den **Pflichtteilsrestanspruch** in Höhe der Differenz verlangen. Freilich kann er das Vermächtnis gemäß § 2307 Abs. 1 S. 1 BGB auch ausschlagen und in voller Höhe den Pflichtteil verlangen. Die Schwierigkeit liegt auch hier in der

streitanfälligen **Bewertung** des Vermächtnisgegenstandes. Liegt dieser ersichtlich und erheblich unter dem Wert des Pflichtteilsanspruchs, wird der wirtschaftliche Anreiz für eine Ausschlagung des Vermächtnisses und Geltendmachung des Pflichtteils sprechen. Dessen Höhe wiederum hängt davon ab, ob der Elternteil des einseitigen Abkömmlings der Erstversterbende ist oder der Überlebende, der bereits die Vermögensmassen beider Ehegatten auf sich vereinigt hat. Diese **indirekte Beteiligung** des einseitigen Kindes am Nachlass des Ehegatten ist der entscheidende Nachteil der Einheitslösung, der in solchen familiären Situationen häufig ausschlaggebend für die Wahl von Trennungslösungen ist.[64] Ist allerdings der immaterielle Wert des zugewendeten Gegenstandes für den Abkömmling groß genug, kann mit der im Formulierungsbeispiel vorgeschlagenen auflösenden Bedingung das **Wahlrecht auf den Pflichtteilsrestanspruch** genommen werden. Die Erben können dem pflichtteilsberechtigten Vermächtnisnehmer gemäß § 2307 Abs. 2 BGB eine Frist zur Erklärung über Annahme oder Ausschlagung des Vermächtnisses setzen. Nach Ablauf dieser Frist besteht für die Erben Rechtssicherheit um die sonst streitanfällige Bewertungsfrage.

▸ **Muster für ein Sachvermächtnis zugunsten des einseitigen Kindes** 64

§ 1 bis § 3

(...)

§ 4 Vermächtnis des Ehegatten mit einseitigem Kind

Ich, ..., vermache meinem Sohn ... aus erster Ehe, ..., folgenden Gegenstand aus meinem Familienvermögen: ...

Es handelt sich nicht um ein Verschaffungsvermächtnis.

Ersatzvermächtnisnehmer sind die jeweiligen Abkömmlinge meines Sohnes unter sich zu gleichen Teilen und nach Stämmen.

Das Vermächtnis entfällt ersatzlos und geht nicht auf die Ersatzvermächtnisnehmer über, wenn und soweit mein Sohn entweder Pflichtteilsansprüche in Verzug begründender Weise gegen den Willen meines Erben geltend macht oder das Vermächtnis ausschlägt.

Alternativ mag die Erfüllung des Vermächtnisses mit einem **Verzicht auf die bereits entstandenen** 65
Pflichtteilsansprüche gekoppelt werden. Durch den Tod des Elternteils bereits entstandene Pflichtteilsansprüche sind im Rahmen eines Erlassvertrages nach § 397 BGB ohne Formerfordernis verzichtbar.[65]

b) Gleichbehandlung aller Kinder beim Tod des Überlebenden

Bei jungen »Patchworkfamilien«, in denen »meine Kinder«, »deine Kinder« und »unsere Kinder« in 66
einem gemeinsamen Hausstand aufwachsen, soll häufig eine **unterschiedliche Behandlung** der jeweiligen Kinder vermieden werden. Alle Kinder sollen gleich behandelt werden, völlig unabhängig von der leiblichen Abstammung. Besonderes Augenmerk muss dabei der Bindungswirkung bzw. Reichweite möglicher **Änderungsbefugnisse** gelten. Denn es muss sichergestellt sein, dass der Überlebende die einseitigen Kinder des anderen nicht zurücksetzen darf. Dagegen kann der Erstversterbende regelmäßig darauf vertrauen, dass der Überlebende die gemeinsamen Kinder nicht grundlos von einer Nachlassbeteiligung ausschließt und hinsichtlich der einseitigen Kinder des Überlebenden dürfte er kein Interesse haben, so dass insoweit eine umfassende Änderungsbefugnis naheliegt. Eine weitere Herausforderung ist die **Pflichtteilsberechtigung** der leiblichen Kinder. Wie bei jedem »Berliner Testament« ist die Geltendmachung des Pflichtteils eine Möglichkeit, den Nachlassverteilungsplan der Ehegatten zu unterlaufen.

---

64 Vgl. sogleich Rdn. 76 ff. in diesem Kapitel.
65 Vgl. Vorschlag bei Beck'sches Formularbuch/*Braun*, Form.E. III. 3.

Kapitel 6   Verfügungen von Todes wegen von Ehegatten

67 Die beste Absicherung für das Gestaltungsziel der Ehegatten ist in allen Fällen ein **Pflichtteilsverzicht** sämtlicher Pflichtteilsberechtigter.[66] Häufig scheitert diese optimale Gestaltung an der fehlenden Mitwirkung eines oder mehrerer Kinder. Bei minderjährigen Kindern oder wenn künftige nicht ausgeschlossen sind, kommt ein wirksamer Pflichtteilsverzicht wegen der faktisch nicht erreichbaren gerichtlichen **Genehmigung** nach § 2347 Abs. 1 BGB ohnehin nicht in Betracht. In der Regel müssen daher die Ehegatten versuchen, die Auswirkungen der Pflichtteilsansprüche der Kinder auf ihr Gestaltungsziel **ohne deren Mitwirkung** so weit wie möglich abzufedern.

68 Wenn der eine Ehepartner mehr Kinder hat als der andere stellen die Pflichtteilsrechte **erhebliche Gefährdungen** für die Gestaltungsziele dar, und zwar sowohl beim ersten als auch beim zweiten Erbfall.[67] Sind zum Beispiel aus der ersten Ehe des Ehemannes zwei Kinder und ein gemeinsames der Ehegatten vorhanden, werden durch die Alleinerbeneinsetzung der Ehefrau die einseitigen Kinder des Ehemannes enterbt. Beim Tod der Ehefrau ist das gemeinsame Kind **alleiniger Pflichtteilsberechtigter**. Ihm stünde danach schon als Pflichtteilsanspruch die Hälfte des Nachlasses der Mutter zu, der sich nun aus den vereinigten Vermögensmassen beider Ehegatten zusammen setzt. Die testamentarische Anordnung der Gleichbehandlung mit den einseitigen Kindern des Ehemannes führt dagegen nur zu einem 1/3 Erbteil des gemeinsamen Kindes. Von dieser »Schlechterstellung« gegenüber dem Pflichtteil in Höhe der Hälfte des Nachlasses könnte sich das gemeinsame Kind ohne vorsorgende Gestaltung durch Anwendung der §§ 2305, 2306 BGB befreien. Es könnte den **Zusatzpflichtteil** nach § 2305 BGB verlangen. Dieser wäre nach dem Wert der vereinigten Vermögensmassen beider Ehegatten zu berechnen. Zusätzlich wären ihm gegenüber nach § 2306 Abs. 1 S. 1 BGB die dort aufgeführten Beschränkungen und Beschwerungen unwirksam, da der testamentarisch zugewandte Erbteil geringer ist als der Pflichtteil. Dagegen hilft die klassische **Pflichtteilsstrafklausel**[68] nach dem Tod des Erstversterbenden nicht. Solche Klauseln versagen bei der Einheitslösung typischer Weise als Anreize, wenn die Vermögensverhältnisse der beiden weit auseinander fallen und die **Anzahl der leiblichen Kinder** des einen von der des anderen abweicht. Daher sollte, bevor bei »Patchworkfamilien« die Einheitslösung wirklich in Betracht gezogen werden kann, sehr sorgfältig geprüft werden, wie sich die Vermögenswerte beider Ehegatten zu einander verhalten und wie die möglichen Pflichtteilsrechte aussehen und ob sich alle Abkömmlinge zu einem Pflichtteilsverzicht bereit erklären könnten. Der **Wertvergleich** der Nachlässe beider Ehegatten bereitet bei jüngeren Ehegatten faktische Probleme, was die Entscheidung für die Einheitslösung in solchen Konstellationen nur schwieriger macht.

69 Mit **bedingten Quotenvermächtnissen** kann beim ersten Erbfall möglichen Zusatzpflichtteilsansprüchen abgeholfen werden. Diese Empfehlung des Schrifttums[69] zielt darauf ab, die **Berechnungsgrundlage** für den Pflichtteilsrestanspruch beim Tod des Überlebenden zu verringern. Die einseitigen Kinder, die eine Schlechterstellung durch ein Pflichtteilsverlangen der gesetzlichen Erben des Überlebenden befürchten müssen, erhalten von ihrem leiblichen Elternteil, für den Fall, dass dieser als erster verstirbt, ein mit seinem Tode anfallendes Vermächtnis. Dieses Vermächtnis beschwert den alleinerbenden Überlebenden bereits ab dem ersten Erbfall. Nach herrschender Meinung ist es eine **Nachlassverbindlichkeit**, auch wenn sie den Überlebenden selbst nicht tatsächlich belastet. Als Nachlassverbindlichkeit ist es gemäß §§ 1967 Abs. 1, 1922 BGB **Abzugsposten** und bei der Berech-

---

66 Vgl. zu Pflichtteilsverzichtsverträgen Kapitel 10 Rdn. 2 ff.; auch *Kornexl*, Nachlassplanung bei Problemkindern, Rn. 451.

67 Zu den Tücken der Pflichtteilsklauseln OLG Hamm Beschl. vom 27.11.2012 – I 15 W 134/12, MittBayNot 2013, 313 mit Anmerkung *Braun*, MittBayNot 2013, 314 f.; OLG Schleswig Beschl. vom 24.1.2013 – 3 Wx 59/12, DNotZ 2013. 461; OLG Stuttgart Beschl. vom 9.11.1978 – 8 W 507/78, DNotZ 1979, 104 ff., *v. Olshausen*, DNotZ 1979, 707 ff.; *Nieder/Kössinger*, § 21 Rn. 23.

68 Dazu sogleich unter Rdn. 72 und Kapitel 9 Rdn. 498 ff.

69 Vgl. die Vorschläge bei *Nieder/Kössinger*, § 21 Rn. 24; Reimann/Bengel/Mayer/*Limmer*, Teil A Rn. 360; *v. Olshausen*, Die Sicherung gleichmäßiger Vermögensteilhabe bei »Berliner Testament« mit nicht-gemeinsamen Kindern als Schlusserben, DNotZ 1979, 707 ff.; *Kornexl*, Nachlassplanung bei Problemkindern, Rn. 459 ff.

nung des Pflichtteilsrestanspruchs des gesetzlichen Erben des Überlebenden nach § 2311 BGB zu berücksichtigen.[70] Überwiegend wird empfohlen, das Vermächtnis auf die Höhe der gesetzlichen Erbquote der leiblichen Kinder beim Tod des Elternteils festzulegen.[71] Vereinzelt wird dagegen empfohlen das Vermächtnis in Höhe des **gesamten Vermögens** des Erstversterbenden auszusetzen.[72] Dies ist überzeugend, da damit der pflichtteilsrelevante Nachlass noch effektiver reduziert wird, insbesondere wenn der Erstversterbende der vermögendere Partner war. Die **Fälligkeit** des Vermächtnisses wird zur Schonung der Liquidität des Überlebenden bis zu dessen Tod hinausgeschoben. Sichergestellt werden muss jedoch, dass der Vermächtnisanspruch nur verwirklicht wird, wenn beim Tod des Längstlebenden die geplante Vermögensverteilung tatsächlich durch den Pflichtteilsrestanspruch unterlaufen wird. Sie verliert ihren Anordnungsgrund, wenn dies nicht mehr möglich ist. Dies ist dann der Fall, wenn ein Pflichtteilsverzicht oder Erlass eines entstandenen Pflichtteilsrestanspruchs nach dem Erbfall vorliegt. Daher ist das Vermächtnis für diesen Fall **auflösend bedingt** anzuordnen. Da die Liquidität des Überlebenden nicht belastet werden soll, gilt es zu verhindern, dass die Vermächtnisnehmer vom Erben Sicherheit verlangen. Dies kann zum einen mit Hilfe eines Untervermächtnisses zugunsten des Erben erfolgen. Zum anderen kann eine **Auflage** angeordnet werden, mit der den Vermächtnisnehmern ein Sicherungsverlangen verwehrt wird. Das folgende Formulierungsbeispiel wählt diesen Weg weil die Konstruktion von Vermächtnissen und Untervermächtnissen den Beteiligten erfahrungsgemäß schwer vermittelbar ist.

Steuerlich ist zu beachten, dass das erst beim Tod des Längstlebenden fällige Vermächtnis unter § 6 Abs. 4 ErbStG fällt und damit der Nacherbschaft gleichsteht. Diese steuerlich **ungünstige Folge** wird hier in Kauf genommen, weil bei dieser Gestaltung die finanzielle Absicherung des überlebenden Ehegatten im Vordergrund steht. Wenn der Überlebende keiner Absicherung bedarf und steuerlich orientierte Gestaltungen im Vordergrund stehen, sollte auf unmittelbare Zuwendungen an die Kinder durch Vermächtnisse oder direkte Erbeinsetzung zurück gegriffen werden.[73]

▸ **Muster für eine Schlusserbeneinsetzung aller Kinder und ein bedingtes Quotenvermächtnis**

§ 1 Widerruf

(...)

§ 2 Erbeinsetzung nach dem Erstversterbenden

Wir schließen die gesetzliche Erbfolge aus und setzen uns gegenseitig, das heißt der Erstversterbende den Überlebenden von uns, zum alleinigen und unbeschränkten Vollerben des Erstversterbenden von uns ein.

§ 3 Erbeinsetzung nach dem Überlebenden

Der Überlebende von uns setzt zu seinen Erben zu gleichen Teilen

unsere gemeinschaftlichen – einschließlich gemeinsam adoptierter – Kinder sowie die Kinder der Ehefrau aus erster Ehe ... und den Sohn des Ehemannes ... zu denselben Erbquoten ein wie unsere gemeinschaftlichen Kinder,

---

70 *Reimann*, Das Herausgabevermächtnis als Alternative zur Nacherbfolgeanordnung, MittBayNot 2002, 4, 7 m. w. N. bei Fn. 30. Nach *J. Mayer*, ZEV 2000, 1, 9, ist die Berücksichtigungsfähigkeit des Vermächtnisses nur gegeben, wenn es sofort beim Tod des Erstversterbenden anfällt und lediglich die Fälligkeit auf den Tod des Überlebenden hinausgeschoben wird. Dagegen *Reimann* a. a. O.
71 *Nieder/Kössinger*, § 21 Rn. 24; Reimann/Bengel/Mayer/*Limmer*, Teil A Rn. 360; *v. Olshausen*, DNotZ 1979, 707, 719.
72 *Kornexl*, Nachlassplanung bei Problemkindern, Rn. 460 bei Fn. 228.
73 Zur alternativen Gestaltung mit Auflage vgl. Kapitel 9 Rdn. 483. Zur steuerorientierten Testamentsgestaltung unten Kapitel 20.

ersatzweise die jeweiligen Abkömmlinge eines weggefallenen Kindes, einschließlich adoptierter Kinder, unter einander nach den Regeln der gesetzlichen Erbfolge.

Falls keine Abkömmlinge vorhanden sind, soll Anwachsung eintreten.

§ 4 Vermächtnisse

Für den Fall, dass ich, ... [Ehepartner mit der größeren Anzahl von Kindern] der Erstversterbende von uns sein sollte, beschwere ich meinen Ehepartner ... mit folgenden Vermächtnissen:

1. Meine leiblichen Kinder erhalten jeweils einen Geldbetrag. Die Höhe des Geldbetrages errechnet sich nach dem Reinwert meines Nachlasses entsprechend § 2311 BGB, geteilt durch die Anzahl meiner leiblichen Kinder.

2. Diese Vermächtnisse fallen mit meinem Tod an. Sie sind allerdings erst mit dem Tod meines Ehepartners fällig und bis zu diesem Zeitpunkt nicht zu verzinsen. Den Vermächtnisnehmern mache ich es zur Auflage, bis zu diesem Zeitpunkt eine Sicherung des Anspruchs nicht zu verlangen und nicht mit Vollstreckungsmaßnahmen durchzusetzen.

3. Ersatzvermächtnisnehmer sind die jeweiligen Abkömmlinge eines Bedachten unter sich zu gleichen Teilen und nach Stämmen, so dass sich mehrere Abkömmlinge die vorstehend bestimmten Beträge oder Quoten teilen müssen.

4. Diese Vermächtnisse sind sämtliche und jedes einzeln auflösend bedingt.

Sämtliche Vermächtnisse entfallen, wenn keiner der Abkömmlinge meines Ehepartners nach dessen Tod Pflichtteilsansprüche oder Pflichtteilsergänzungsansprüche wegen etwaiger ergänzungspflichtiger Zuwendungen des Überlebenden an seinen vorverstorbenen Ehegatten geltend macht. Diese auflösende Bedingung gilt als eingetreten, wenn

– zu Lebzeiten meines Ehegatten sämtliche, bei dessen Tod tatsächlich pflichtteilsberechtigte Abkömmlinge einen Pflichtteilsverzicht abgeschlossen haben, der sich auf ihre Pflichtteilsansprüche und Pflichtteilsergänzungsansprüche wegen der vorgenannten Zuwendungen erstreckt, oder

– sämtliche, beim Tod meines Ehegatten tatsächlich pflichtteilsberechtigte Abkömmlinge den Erben des Ehegatten ihre etwaigen Pflichtteils- und Pflichtteilsergänzungsansprüche wegen der vorgenannten Zuwendungen erlassen haben oder haben verjähren lassen.

Jedes einzelne Vermächtnis ist ferner für sich auflösend bedingt. Es entfällt, wenn der jeweilige Vermächtnisnehmer nach meinem Tod Pflichtteilsansprüche, insbesondere auch Pflichtteilsrestansprüche gemäß §§ 2305, 2307 BGB in Verzug begründender Weise gegen den Willen des Erben geltend macht und erhält. Entsprechendes gilt bei der Geltendmachung und Befriedigung etwaiger Pflichtteilsergänzungsansprüche wegen der vorgenannten Zuwendungen. Bei Eintritt dieser auflösenden Bedingung erhöht sich der Geldbetrag bzw. die Quote der übrigen Vermächtnisnehmer, denen insoweit ein weiteres bedingtes Vermächtnis anfällt.

§ 5 Bindungswirkung, Verzicht auf Anfechtungsrecht

Der Notar hat uns über die Bindungswirkung beim Erbvertrag belehrt.

Daraufhin erklären die Erschienenen:

(1) Wir treffen sämtliche vorstehende Erklärungen, insbesondere auch die Erbeinsetzung unserer gemeinschaftlichen und unserer einseitigen Abkömmlinge als Schlusserben erbvertragsmäßig und nehmen diese wechselseitig an.

Uns ist bewusst, dass wir aufgrund dieser Bindungswirkung den Erbvertrag und alle hierin getroffenen Verfügungen nur gemeinsam ändern oder aufheben können. Nach dem Tod des Erstversterbenden von uns ist dies nicht mehr möglich.

(2) Die Erbeinsetzung nach dem Überleben von uns erfolgt ohne Rücksicht darauf, ob und gegebenenfalls welche Pflichtteilsberechtigte beim Tode des Überlebenden von uns vorhanden sein sollten. Das gesetzliche Anfechtungsrecht schließen wir insoweit aus.

(3) Evtl. vertragliches Rücktrittsrecht

Ggf. zusätzlich:

(4) Sollte allerdings einer unserer gemeinschaftlichen Abkömmlinge beim Tod des Erstversterbenden von uns in Verzug begründender Weise gegen den Willen des Überlebenden den Pflichtteil geltend machen, ist der Überlebende berechtigt, über dessen Erbteil anderweitig zu verfügen.

Oder:

(4) Pflichtteilsstrafklausel

5. Pflichtteilsstrafklauseln bei der Einheitslösung

Typische Zielsetzung des Erblassers bei der Einheitslösung ist wirtschaftliche **Absicherung** des Partners. Die Verwirklichung dieses Willens setzt voraus, dass die Abkömmlinge, die im Rahmen der Einheitslösung bei dem ersten Erbfall enterbt sind, **keine Pflichtteilsansprüche** gegen den Willen des überlebenden Ehegatten geltend machen. Zum einen belastet die Zahlungsverpflichtung den Überlebenden wirtschaftlich. Zum anderen führt die Erfüllung von Pflichtteilsansprüchen nach dem Tod des Erstversterbenden zu einer **Besserstellung** des gemeinschaftlichen Abkömmlings, der den Pflichtteil nach dem ersten Erbfall bereits erhalten hat. Denn ohne besondere Regelung bleibt dieser Abkömmling Schlusserbe beim zweiten Erbfall. Die Kinder dagegen, die sich den Erwartungen der Eltern gemäß verhalten und keine Pflichtteilsansprüche geltend machen, werden nur beim zweiten Erbfall berücksichtigt, müssen dann mit dem Geschwisterkind teilen, das den Pflichtteil nach dem Erstversterbenden bereits erhalten hat und überdies dadurch die Vermögensmasse des Überlebenden vermindert hat. Vollends unterlaufen wird der elterliche Verteilungsplan, wenn einseitige Kinder vorhanden sind und diese nach dem ersten Todesfall den Pflichtteil verlangen.[74] Durch entsprechende Testamentsgestaltung versucht die Kautelarpraxis seit langem die Auswirkung von Pflichtteilsverlangen abzufedern oder zu vermeiden, indem die Geltendmachung für den Abkömmling möglichst unattraktiv wird. Eine Möglichkeit besteht darin, dem Überlebenden für den Fall der Geltendmachung des Pflichtteils eine entsprechende Änderungsbefugnis einzuräumen (»**fakultative Ausschlussklausel**«).[75] Wer dem Überlebenden keinen Entscheidungsspielraum geben oder zumuten will, kann mit einer **automatischen Ausschlussklausel** die enterbende Wirkung für den zweiten Erbfall unmittelbar mit dem Pflichtteilsverlangen eintreten lassen. Die Schlusserbeneinsetzung ist dann auflösend bedingt zu formulieren. Die Erbfolge im zweiten Erbfall steht hier erst dann fest, wenn die **auflösende Bedingung** tatsächlich eingetreten oder ihr Nichteintritt endgültig unmöglich ist. Damit sind solche Fälle problematisch, in denen die Pflichtteilsansprüche nach dem ersten Erbfall beim Eintritt des zweiten noch nicht verjährt sind, weil zwischen beiden Todesfällen weniger als 3 Jahre liegen. Zuvor sind die Abkömmlinge, die den Pflichtteil nach dem Erstversterbenden noch geltend machen können, streng betrachtet nur **Vorerben**, die loyalen Abkömmlinge Nacherben. Die Folge ist, dass bei solchen Klauseln das Grundbuchamt im Rahmen des § 35 Abs. 1 GBO trotz Eröffnungsprotokoll mit notariellem Testament oder Erbvertrag die Vorlage eines **Erbscheins** verlangen kann, um den Bedingungseintritt oder Nichteintritt für den Nacherbfall klarzustellen.[76] Im Übrigen dürfte die **Abschreckungswirkung** einer Pflichtteilsstrafklausel bei der Einheitslösung jedenfalls dann sehr be-

72

---

[74] Vgl. vorstehend Rdn. 66 ff. Ausführliche Darstellungen bei Kapitel 10 Rdn. 182 ff.; *Worm*, Pflichtteilserschwerungen und Pflichtteilsstrafklauseln, RNotZ 2003, 535 ff.; *v. Dickhuth-Harrach*, FS Rheinisches Notariat, 1998, S. 185, 210 ff.; Reimann/Bengel/Mayer/*Mayer*, Teil B. §§ 2269 Rn. 81 ff.; *Nieder/Kössinger*, § 14 Rn. 72 ff. Zur besonderen Problematik bei einseitigen Kindern auch *v. Olshausen*, DNotZ 1979, 707 ff.
[75] Vgl. die alternative Gestaltung mit Änderungsbefugnis im Formulierungsbeispiel Rdn. 71 bei V. Bindungswirkung (4) und in Kapitel 10 Rdn. 194; Staudinger/*Kanzleiter*, § 2269 Rn. 63; *Nieder/Kössinger*, § 14 Rn. 85.
[76] Offengelassen, ob Erbschein stets notwendig oder ob Vorlage eines eidesstattlichen Versicherung über das Nichtvorliegen ausreicht bei OLG Köln Beschl. vom 14.12.2009 – 2WX 59/09, RNotK 2012, 263. Anders OLG Frankfurt Beschl. vom 18.11.1993 – 20 W 158/93, DNotZ 1995, 312, 314, wonach eine eidesstattliche Versicherung über das Nicht-Geltendmachen des Pflichtteils ausreichen soll. Ebenso *Völzmann*, Der Nachweis negativer Tatsachen im Grundbuchverfahren, RhNotK 2012, 380, 384 f. Für Einzelfallabwägung *Worm*, RNotZ 2003, 535, 550.

grenzt sein, wenn das Vermögen des Erstversterbenden erheblich größer ist als das des Überlebenden. Das den Pflichtteil fordernde Kind erhält den Pflichtteil aus dem Nachlass des erstversterbenden Elternteils in dem Fall faktisch zweimal, einmal bei dem Tod des Erstversterbenden und das zweite Mal aufgrund seiner Enterbung beim Tod des Überlebenden, dessen Vermögen auch aus dem restlichen Nachlass des Erstversterbenden besteht. Ferner versagen solche Klauseln, wenn dem Abkömmling eine **zeitnahe finanzielle Beteiligung** am Nachlass des Erstversterbenden wichtiger ist als die Aussicht auf eine künftige, aber wertmäßig – bei allgemein gestiegener Lebenserwartung durch Verbrauch möglicherweise erheblich geminderte – unsichere höhere Quote am Nachlass des Überlebenden.

73 Wenn Pflichtteilsstrafklauseln dennoch gewählt werden, muss den **Tatbestandsvoraussetzungen** besonderes Augenmerk gewidmet werden, wann ein »Pflichtteilsverlangen« vorliegt.[77] Selbst die häufig empfohlene Formulierung des »Verlangen des Pflichtteils gegen den Willen des Überlebenden« ist auslegungsbedürftig. In Anlehnung an *Tanck*[78] wird hier empfohlen, das Verlangen »in Verzug begründender Weise gegen den Willen des Überlebenden« als sanktionsauslösendes Verhalten festzulegen. Es gilt vor allem zu verhindern, dass die Sanktion der Enterbung auch dann automatisch eingreift, wenn zur **Vermeidung von Steuernachteilen** aufgrund einvernehmlicher Absprache zwischen Erbe und Pflichtteilsberechtigtem der Pflichtteil bereits beim ersten Erbfall gezahlt werden soll. Bei größeren Nachlässen ist dies häufig die einzige Möglichkeit, auf die geänderte **Vermögens- und Lebenssituation** des Überlebenden zu reagieren und die andernfalls verschenkten Freibeträge der Kinder nutzbar zu machen.[79] Diese Gestaltungsmöglichkeit sollte nicht völlig verschlossen werden.

74 ▶ **Muster für eine einfache Pflichtteilstrafklausel bei der Einheitslösung**[80]

Sollte einer unserer Abkömmlinge beim Tod des Erstversterbenden von uns in Verzug begründender Weise gegen den Willen des Überlebenden den Pflichtteil geltend machen, ist er von der Erbfolge nach dem Überlebenden von uns ausgeschlossen.

6. Einheitslösung bei Lebenspartnern nach LPartG

75 Partnern einer eingetragenen Lebenspartnerschaft stehen dieselben Gestaltungsmöglichkeiten zur Verfügung wie Ehepartnern. Sie können gemäß § 10 Abs. 4 LPartG auch ein gemeinschaftliches Testament errichten. Die Vorschriften der §§ 2266 ff. BGB gelten entsprechend. Der Erbvertrag steht ohnehin grundsätzlich[81] allen Geschäftsfähigen offen. Insoweit kann für eingetragene Lebenspartner vollumfänglich auf die vorstehenden Ausführungen zur Einheitslösung bei Ehegatten verwiesen werden.

II. Trennungslösungen

1. Regelungsziele

76 Trennungslösungen bewirken, dass der Nachlass des Erstversterbenden und das **Eigenvermögen des Überlebenden** voneinander getrennt vererbt wird. Je nach Wunsch und Bedarf wird der überlebende Ehegatte stärker oder weniger stark durch die Rechte der Endbedachten eingeengt. Auch können

---

77 Zur Auslegung einer Zahlung als Pflichtteilsverlangen OLG Hamm Beschl. vom 13.2.2013 – I-15 W 421/12, DNotZ 2013, 785. Generell skeptisch zu sog. automatischen Pflichtteilsstrafklauseln *Braun*, Anmerkung zum Beschluss des OLG Hamm vom 27.11.2012 – I-15 W 134/12, MittBayNot 2013, 314 f.; zur Formulierung der Tatbestandvoraussetzungen *Radke*, Verlangen, Erhalten oder Durchsetzen: Gestaltungsalternativen bei der Pflichtteilsklausel, ZEV 2001, 136 ff.
78 Mayer/Süß/Tanck/Bittler/Wälzholz/*Tanck*, Handbuch Pflichtteilsrecht, 2003, § 12 Rn. 49.
79 BFH Urt. vom 19.2.2013 – II R 47/11, MittBayNot 2013, 342 zur umstrittenen Frage der Besteuerung von Pflichtteilsansprüchen, die als einziges Mittel zur Vermeidung steuerlicher Nachteile des sog. »Berliner Testaments« erfüllt werden sollen. Dazu Anmerkung *Selbherr*, MittBayNot 2013, 344 ff.
80 Weitere Formulierungsbeispiele vgl. unten im Kapitel 10 Rdn. 191 ff.
81 Zu möglichen Problemen bei ausländischen Testierenden vgl. Kapitel 19.

eigene wirtschaftliche Probleme des Vorerben ein Grund für eine gewünschte Trennung der Vermögensmassen sein. Trennungslösungen eignen sich außerdem für Paare mit Kindern aus unterschiedlichen Beziehungen, bei denen je nach Erbfall unterschiedliche **Pflichtteilsberechtigungen** bestehen. In den Fällen gilt es zu verhindern, dass die Pflichtteilsberechtigten des Überlebenden vom Nachlass des Erstversterbenden profitieren. Vor allem, wenn keine gemeinsamen Kinder vorhanden sind, streben Ehegatten in solchen »Patchworkfamilien« bisweilen an, die jeweilige **Vermögenssubstanz** im Ergebnis nur den eigenen leiblichen Abkömmlingen zukommen zu lassen. Grundsätzlich lassen sich zwei, im Einzelnen variantenreiche Gestaltungen unterscheiden:

a) Vor- und Nacherbschaft[82]

Der gesetzliche Normalfall einer Trennung der Vermögensmassen ist die Einsetzung des Ehegatten zum Vorerben, ob befreit oder nicht befreit. Die Kinder werden zu Nacherben und gleichzeitig auch zu Ersatzerben für den Fall eingesetzt, dass der Erblasser selbst der Längerlebende ist. Das gesetzliche Leitbild geht bei der Vor- und Nacherbschaft vom Gedanken der **Substanzerhaltung** aus. Da auch Surrogate der Nacherbschaft unterliegen (§ 2111 BGB) und der Vorerbe bei eigennütziger Verwendung oder übermäßiger Fruchtziehung Wertersatz schuldet (§§ 2133, 2134 BGB), stehen dem Vorerben im Ergebnis lediglich die **Erträgnisse** der Erbschaft zu. Die Substanz bleibt dem Nacherben erhalten.[83] Der Vorerbe hat daher eine dem Nießbraucher ähnliche Stellung. Selbst bei weitgehender Befreiung (§ 2136 BGB) hat der Vorerbe jedenfalls nicht die Möglichkeit, Nachlassgegenstände eigenständig zu vererben oder zu verschenken. Deshalb werden die mit der Nacherbschaft verbundenen **Beschränkungen** vom Vorerben regelmäßig als belastend empfunden. Allenfalls dann, wenn der längerlebende Ehegatte wegen eigener wirtschaftlicher Probleme zum Vorerben eingesetzt wird, können die Beschränkungen einen gewünschten **Schutz** vor sich selbst bewirken und in dem Fall auch aus Sicht des Vorerben angemessen erscheinen. Anders dürfte jedoch die Interessenlage sein, wenn die Vermögen von den Ehegatten gleichermaßen erwirtschaftet wurden und mit der Trennungslösung in erster Linie eine Abwehr einseitiger Pflichtteilsberechtigter erreicht werden soll. Dann sollte eine teilweise oder vollständige Befreiung des Vorerben von den Beschränkungen zu erwogen werden. Mit der Figur des sog. **superbefreiten Vorerben** werden Gestaltungen vorgeschlagen, die dem Erstbedachten noch weitergehende Befugnisse zu billigen,[84] allerdings unter Inkaufnahme erheblicher **Risiken** für die Substanzerhaltung und die gewünschte Begrenzung der Pflichtteilsberechtigungen. Dies gilt vor allem, wenn dem superbefreiten Vorerben auch unentgeltliche Verfügungen gestattet sein sollen. Dies führt zu einem **Durchgangserwerb** beim Vorerben mit der Folge, dass dessen Eigenvermögen vorübergehend gemehrt wird und damit auch die Bemessungsgrundlage für einen etwaigen Pflichtteil.[85]

b) Vollerbeneinsetzung mit begleitenden Vermächtnissen

Eine weitere Variante der Trennungslösung ist die Erbeinsetzung der endbedachten Kinder zu **Vollerben** bereits beim ersten Erbfall mit gleichzeitiger Zuwendung von Vermächtnissen an den überlebenden Ehegatten. Praktisch relevant ist vor allem der umfassende, lebzeitige **Nachlassnießbrauch**. Denkbar ist aber auch ein Nießbrauch an einzelnen Erbteilen. Bei dem weitergehenden Nachlassnießbrauch erhält der überlebende Ehegatte im Vermächtniswege die Früchte und Gebrauchsvorteile

---

82 Vgl. ausführlich vorstehend in Kapitel 5 Rdn. 2 ff.
83 BGH Urt. vom 4.11.1987 – IVa ZR 118/86, NJW-RR 1988, 386; für viele Palandt/*Weidlich*, § 2100 Rn. 11.
84 Reimann/Bengel/Mayer/*Reimann*, Teil A. Rn. 97 ff.; *Kornexl*, Nachlassplanung bei Problemkindern, Rn. 108 ff.; *Rossak*, Problematik der gegenständlichen Beschränkung einer zeitlich gestuften Sukzession, insbesondere bei Vor- und Nacherbfolge, ZEV 2005, 14 ff.; *Dillmann*, Verfügungen während der Vorerbschaft, RNotZ 2002, 1, 18 ff.; *Mayer*, Der superbefreite Vorerbe? – Möglichkeiten und Grenzen der Befreiung des Vorerben, ZEV 2000, 1, 5 ff.; *Müller*, Möglichkeiten der Befreiung des Vorerben über § 2136 BGB hinaus, ZEV 1996, 179 ff. Vgl. auch Kapitel 5 Rdn. 188 ff.
85 *Kornexl*, Nachlassplanung bei Problemkindern, Rn. 113; *Dillmann*, RNotZ 2002, 1, 18.

am gesamten Nachlass, nicht aber die Verfügungsbefugnis. Wenn zusätzlich **Testamentsvollstreckung** angeordnet und der überlebende Ehegatte zum Testamentsvollstrecker ernannt wird, erhält er immerhin die **Verfügungsmöglichkeiten** in der Reichweite der §§ 2205 ff. BGB. Damit kommt seine Rechtsstellung der eines befreiten Vorerben nahe. Ein Dispositionsnießbrauch ist nach allgemeiner Meinung zulässig und ein übliches Gestaltungsmittel für den Versorgungsnießbrauch.[86] Flankiert mit einem **Auseinandersetzungsverbot** nach § 2044 BGB ist diese Gestaltung gebietsweise verbreitet als sog. Württemberger Lösung. Diese Variante sichert die Rechtsposition der Endbedachten, die bereits mit dem ersten Erbfall Vollerben werden, umfassend. Selbst bei Vermögensverfall des überlebenden Ehegatten ist kein Substanzverlust zu befürchten. Die wirtschaftliche Zweckbestimmung der Nachlassgegenstände hat der Nießbraucher gemäß §§ 1036 Abs. 2, 1037, 1041 BGB grundsätzlich zu erhalten. Dagegen ist der Vorerbe dazu während der Vorerbschaft als rechtlicher Eigentümer der Gegenstände nicht verpflichtet. Der Erblasser wird diese Nießbrauchs-Testamentsvollstrecker-Gestaltung daher vorziehen, wenn im Innenverhältnis zu den Endbedachten eine strenge Bindung des Überlebenden und gleichzeitig im Außenverhältnis eine **freie Verfügungsbefugnis** erreicht werden soll.[87] Zudem ist das Nießbrauchsvermächtnis durch Ausnutzung der **erbschaftsteuerlichen Freibeträge** beim ersten Erbfall und die dadurch erreichte Vermeidung der Doppelbelastung steuerlich günstiger als die Nacherbfolge.[88] Eine Herausforderung ist allerdings dabei die genaue Ausgestaltung, um zu verhindern, dass diese später als Anordnung einer Vor- und Nacherbschaft ausgelegt wird.[89]

79 Auch eine Spielart der Trennungslösung ist die Erbeinsetzung des überlebenden Ehegatten zum Vollerben mit gleichzeitigem **Herausgabevermächtnis** an die endbedachten Kinder, welches erst mit dem Tod des Überlebenden anfällt. Nach dem ersten Erbfall entsteht eine Anwartschaft des Endbedachten auf die Herausgabe des Vermächtnisses. Diese **Anwartschaft** erstreckt sich je nach Ausgestaltung auf den Nachlass als Ganzes, auf bestimmte Nachlassgegenstände oder auf beim zweiten Erbfall noch vorhandene Nachlassgegenstände, den sog. Überrest. Sie ist grundsätzlich vererblich und veräußerlich. Für den überlebenden Ehegatten dürfte diese Gestaltung der Trennungslösung die angenehmste sein, da er in seiner **Verfügungsbefugnis** unter Lebenden nicht beschränkt ist.[90] Dementsprechend ist der Schutz des oder der Endbedachten verhältnismäßig schwach, weil § 2288 BGB nur vor willkürlichen Maßnahmen und solchen in Beeinträchtigungsabsicht schützt.[91]

2. Ehegatten mit Kindern aus unterschiedlichen Beziehungen

a) Anordnung einer Vor- und Nacherbschaft

80 Bei der Gestaltung einer Vor- und Nacherbschaft wird der Ehegatte mit den einseitigen Kindern seinen Partner nur als Vorerben einsetzen und seine Kinder als Nacherben, wenn es der Wunsch ist, dass den Kindern die **Vermögenssubstanz**, zumindest nach der gesetzlichen Vorgabe, grundsätzlich ungeschmälert zugutekommen soll. Um dies zu erreichen, unterliegt der Vorerbe erheblichen **Beschränkungen**. Sofern der Erblasser diese Beschränkungen lockern möchte, muss er in der letztwilligen Verfügung **Befreiung** davon anordnen. Zwar ist eine ausdrückliche Erklärung oder bestimmte Ausdrucksweise nicht erforderlich. Vielmehr soll ein nur andeutungsweise zum Ausdruck gekommener

---

[86] *Nieder/Kössinger*, § 10 Rn. 170 m. w. N. in Fn. 608.
[87] Nach *Nieder/Kössinger*, § 10 Rn. 170, ist daher diese Gestaltung gegenüber der Vor- und Nacherbschaft stets vorzugswürdig. Vgl. aber differenzierend in Kapitel 5 Rdn. 401 ff.
[88] Vgl. auch *Mayer*, Erbschaftsteuer sparen um jeden Preis – Testamentsklauseln auf dem Prüfstand (Teil II), DStR 2004, 1409 ff.; *Kornexl*, Nachlassplanung bei Problemkindern, Rn. 163. Zur Erbschaftsteuer vgl. Kapitel 20 Rdn. 172 ff.
[89] MünchKommBGB/*Pohlmann* Vor § 1030 Rn. 9; BayObLG Beschl. vom 7.11.1980 – BReg 1 Z 64/80, Rpfleger 1981, 64.
[90] Auch *Hölscher*, Das aufschiebend bedingte Universalherausgabevermächtnis, ZEV 2009, 213 ff.; *Kornexl*, Nachlassplanung bei Problemkindern, Rn. 539 ff.
[91] Vgl. Palandt/*Weidlich*, § 2288 Rn. 3. Damrau/*Krüger*, Praxiskommentar Erbrecht, 2. Aufl. (2011), § 2288 Rn. 4.

Befreiungswille genügen.[92] Für die Gestaltung freilich gilt, dass angesichts der weitreichenden Folgen der Beschränkungen und der Bedeutung einer Befreiung höchste Klarheit geboten ist.

Die Interessen des Ehegatten an der weitgehenden Befreiung und die der einseitigen Kinder, die auf eine größtmögliche Beschränkung des Vorerben gerichtet sind, liegen naturgemäß im **Widerstreit**. Der Erblasserwille bedarf insoweit einer besonders sorgfältigen Ermittlung in der Vorbereitungsphase. Strittig und angesichts ausstehender obergerichtlicher Klärung nicht empfehlenswert ist es, Befreiungen von den gesetzlichen Beschränkungen auf einzelne Vermögensgegenstände zu beziehen.[93] Wenn dies gewollt ist, sollten diese Gegenstände als **Vorausvermächtnis** zugewendet werden. Sie unterfallen dann nicht der Bindung der Nacherbschaft. 81

Der Nacherbe erwirbt mit dem ersten Erbfall ein grundsätzlich veräußerliches, vererbbares, pfändbares und verpfändbares **Anwartschaftsrecht** auf den Nachlass des Verstorbenen. Die Übertragbarkeit und Vererblichkeit kann freilich vom Erblasser ausgeschlossen werden.[94] Bei Vorversterben des Nacherben wird er in diesem Fall eine **Ersatznacherbenanordnung** treffen. Eine Übertragung auf familienfremde Dritte ist regelmäßig nicht im wohlverstandenen Interesse des Erblassers. Unbedingt empfehlenswert ist es jedoch, die **Übertragbarkeit auf den Vorerben** zu ermöglichen. Nur dann kann er durch Einigung mit den Nacherben eine unbeschränkte Erbenstellung erlangen.[95] Anders mag es nur sein, wenn die Beschränkung des Vorerben als Selbstzweck Ziel des Erblassers ist. Im Regelfall steht aber der **Schutz des Nacherben** im Vordergrund. Wenn dieser sich mit dem Vorerben verständigt, bedarf es seines weitergehenden Schutzes nicht mehr. In dem Fall sollte angeordnet werden, dass mit der Übertragung auf den Vorerben jede Ersatznacherbenanordnung entfällt. Denn die Veräußerung der Anwartschaft durch den Nacherben lässt ansonsten die Rechte der Ersatznacherben unberührt. Die Folge wäre, dass der Vorerbe trotz Übertragung der Anwartschaft auf ihn seine unbeschränkte Erbenstellung in dem Augenblick wieder verliert, in dem sie auch der Nacherbe durch Eintritt des Ersatznacherbfalls, typischer Weise bei Tod des Vorerben, verloren hätte.[96] Vorsicht ist bei der Bestimmung von **Ersatznacherben** geboten. Meist werden die namentlich bekannten Kinder des Erstversterbenden zu Nacherben eingesetzt, ersatzweise deren im Zeitpunkt des Nacherbfalls vorhandene Abkömmlinge. Ob die Einsetzung von Ersatznacherben allein schon zur Unvererblichkeit führt, ist zumindest unklar.[97] Von der Übertragung des Nacherbenanwartschaftsrechts als Ganzes zu unterscheiden sind **Verfügungen über einzelne Nachlassgegenstände**. Diese kann er auch als nicht befreiter Vorerbe mit Zustimmung aller Nacherben, aber ohne die Zustimmung der Ersatznacherben, wirksam vornehmen.[98] Die häufig vorgeschlagene Einsetzung der »Abkömmlinge zu gleichen Teilen und nach Stämmen«[99] birgt offenbar[100] die Unklarheit in sich, ob sämtliche 82

---

92 OLG Hamm Beschl. vom 27.4.2010 – I-15 Wx 234 u 235/09, ZErb 2010, 273 f.; BayObLG Beschl. vom 18.3.2004 – 1 Z BR 44/03, MittBayNot 2004, 450; Palandt/*Weidlich*, § 2136 Rn. 5; Damrau/Bothe/Hennicke, Praxiskommentar Erbrecht, § 2136 Rn. 3. Überblick bei *Mayer*, Der superbefreite Vorerbe? – Möglichkeiten und Grenzen der Befreiung des Vorerben, ZEV 2000, 1 ff.
93 Für viele nur Reimann/Bengel/Mayer/*Reimann*, Teil A. Rn. 96 m. w. N. zum Streitstand.
94 Vgl. nur Palandt/*Weidlich*, § 2108 Rn. 4 ff. m. w. N.
95 *Hartmann*, Die Beseitigung der Nacherbschaftsbeschränkung durch Geschäfts zwischen Vor- und Nacherben, ZEV 2009, 107 ff. m. w. N.
96 Allg. Meinung Palandt/*Weidlich*, § 2100 Rn. 16; *Kanzleiter*, DNotZ 1970, 693 ff.; Anmerkung zu OLG Frankfurt a. M. Beschl. vom 7.8.1970, 6 W 260/70, DNotZ 1970, 691.
97 *Mayer*, Anmerkungen zum Beschluss des Bayerischen Obersten Landesgerichts vom 30.9.1993, MittBayNot 1994, 111; OLG Braunschweig Beschl. vom 11.11.1993 – 4 W 13/93, FamRZ 1995, 443; mit näherer Prüfung des Erblasserwillens differenzierend OLG Stuttgart Beschl. vom 3.5.1994 – 8 W 256/93, FamRZ 1994, 1553.
98 BGH Urt. vom 25.9.1963 – V ZR 130/61, NJW 1963, 2320; BGH Urt. vom 13.10.2000 – V ZR 451/98, DNotZ 2001, 392; BayObLG Beschl. vom 1.3.2005 – 2Z BR 231/04, DNotZ 2005, 790 m. w. N. auf die ständige Rechtsprechung. Auch *Dumoulin*, Nacherbenzustimmung zur Grundstücksüberlassung vom Vorerben an Nacherben, DNotZ 2003, 571 ff.
99 Vgl. nur Beck'sches Formularbuch Erbrecht/*Braun*, Form.E. III. 4.
100 So BayObLG Beschl. vom 19.1.2001 – 1 Z BR 176/99, FamRZ 2001, 1561 ff.

zur Zeit des Nacherbfalles lebende Abkömmlinge Nacherben sein sollen, oder nur die jeweils nächstverwandten Abkömmlinge. Auch wenn die Verfügung unter Heranziehung der gesetzlichen Regelung (§ 1924 Abs. 2 BGB) im Ergebnis wohl dem Erblasserwillen entsprechend ausgelegt wurde, kann die Ergänzung des Wortes »nächstverwandt« solche Zweifel vermeiden. Hinsichtlich der **Bindungswirkung** ist zu berücksichtigen, dass jeder Ehegatte in aller Regel im Verhältnis zu seinen eigenen leiblichen Kindern frei sein will, deren Einsetzung aufzuheben oder abzuändern. Der andere Ehepartner hat regelmäßig kein Interesse an der Beteiligung und genauen Verteilung unter den einseitigen Kindern des anderen. In der Regel sollte sich die Bindungswirkung auf diese Anordnungen nicht erstrecken.

83 ▶ **Muster einer gegenseitigen Einsetzung der Ehegatten zu Vorerben, der Kinder des Erstversterbenden zu Nacherben und der Kinder des Überlebenden zu Schlusserben**

§ 1 Widerruf

(...)

§ 2 Erbeinsetzung nach dem Ehemann

Ich schließe die gesetzliche Erbfolge aus und setze meine Ehefrau zu meiner alleinigen Erbin ein. Sie ist jedoch nur Vorerbin. Sie ist – soweit gesetzlich zulässig – von allen Beschränkungen befreit.

Zu Nacherben setze ich meine leiblichen Kinder ... und ... ein, ersatzweise die jeweiligen nächstverwandten Abkömmlinge eines weggefallenen Kindes, einschließlich adoptierter Kinder, unter einander nach den Regeln der gesetzlichen Erbfolge.

Der Nacherbfall tritt mit dem Tod der Vorerbin ein.

Das Nacherbenanwartschaftsrecht ist nicht vererblich und nicht übertragbar. Ausgenommen ist die Übertragung auf die Vorerbin, die zulässig ist. Mit Übertragung auf die Vorerbin entfällt jede Ersatznacherbeneinsetzung.

Die Nacherben und die Ersatznacherben sind auch Ersatzerben für den Fall, dass meine Ehefrau vor mir verstirbt.

§ 3 Erbeinsetzung nach der Ehefrau

Ich schließe die gesetzliche Erbfolge aus und setze meinen Ehemann zu meinem alleinigen Erben ein. Er ist jedoch nur Vorerbe. Er ist – soweit gesetzlich zulässig – von allen Beschränkungen befreit.

Zu Nacherben setze ich meine leiblichen Kinder ... und ... ein, ersatzweise die jeweiligen nächstverwandten Abkömmlinge eines weggefallenen Kindes, einschließlich adoptierter Kinder, unter einander nach den Regeln der gesetzlichen Erbfolge.

Der Nacherbfall tritt mit dem Tod des Vorerben ein.

Das Nacherbenanwartschaftsrecht ist nicht vererblich und nicht übertragbar. Ausgenommen ist die Übertragung auf die Vorerbin, die zulässig ist. Mit Übertragung auf den Vorerben entfällt jede Ersatznacherbeneinsetzung.

Die Nacherben und die Ersatznacherben sind auch Ersatzerben für den Fall, dass mein Ehemann vor mir verstirbt.

§ 4 Vorausvermächtnis, Vermächtnis über Haushaltsgegenstände[101]

(...)

---

101 Vgl. unten bei Rdn. 129 ff.

§ 5 Bindungswirkung, Verzicht auf Anfechtungsrecht

Der Notar hat uns über die Bindungswirkung beim Erbvertrag belehrt.

Daraufhin erklären die Erschienenen:

Mit Ausnahme der nachstehend bestimmten treffen wir sämtliche Verfügungen in dieser Urkunde, soweit gesetzlich zulässig, erbvertragsmäßig bindend und nehmen diese wechselseitig an.

Die jeweilige Einsetzung der Nacherben und Ersatznacherben durch einen jeden von uns erfolgt nur in einseitig testamentarischer Weise.

Uns ist bewusst, dass wir aufgrund dieser Bindungswirkung den Erbvertrag und die hierin getroffenen bindenden Verfügungen – das sind alle mit Ausnahme der Nacherben und Ersatznacherbeneinsetzung – nur gemeinsam ändern oder aufheben können. Nach dem Tod des Erstversterbenden von uns ist dies nicht mehr möglich.

Sämtliche Verfügungen erfolgen ohne Rücksicht darauf, ob und gegebenenfalls welche Pflichtteilsberechtigte beim Tode des Überlebenden von uns vorhanden sein sollten. Das gesetzliche Anfechtungsrecht schließen wir insoweit aus.

§ 6 Vertragliches Rücktrittsrecht; Verzicht auf Anfechtungsrecht; Unwirksamkeit bei Scheidung

(...)

b) Vollerbeneinsetzung aller Kinder mit Vermächtnissen zugunsten des überlebenden Ehegatten

Als Kombinationsgestaltung werden zum einen alle Kinder des Erblassers zu Vollerben eingesetzt. 84 Zum anderen erhält der Ehegatte ein **Nießbrauchsvermächtnis**. Durch die **Vollerbeneinsetzung** werden die erbschaftsteuerlichen Freibeträge ausgenutzt. Diese Gestaltung ist freilich nicht auf Ehegatten mit einseitigen Kindern beschränkt.[102] Sie eignet sich aber dafür aufgrund der direkten Nachlassbeteiligung der einseitigen Kinder des Erstversterbenden in besonderer Weise. Je nachdem in welchem Umfang der überlebende Ehegatte für seinen Lebensunterhalt auf Zuwendungen angewiesen ist, erhält er ein Nießbrauchsvermächtnis entweder am gesamten Nachlass oder, bei entsprechend hohem Reinerlös des Nachlasses, auch nur an einem Erbteil. Ein solcher **Rechtsnießbrauch an Erbteilen** gemäß §§ 1086 ff. BGB ist freilich nur möglich, wenn mehrere Erben eingesetzt sind. Wird nur ein Kind als Alleinerbe eingesetzt, entstehen keine Erbteile, so dass auch ein Nießbrauch an Erbteilen nicht möglich ist. Zur Dokumentation des Pflichtenkanons der Erben sollte beim Nießbrauch am ganzen Nachlass die Notwendigkeit ausdrücklich erwähnt werden, den **Nießbrauch an jedem Nachlassgegenstand**, bei Immobilien mit grundbuchlicher Sicherung, zu bestellen. Wie immer bei Nießbrauchsfällen ist die **Kostentragungspflicht** für den außerordentlichen Aufwand gestaltungsbedürftig. Nach der gesetzlichen Regelung in §§ 1089, 1085 bzw. beim Erbteilsnießbrauch in § 1068 Abs. 2, jeweils i. V. m. §§ 1041, 1047 BGB werden diese dem Eigentümer, hier also den Erben, auferlegt. Da die Erben jedoch aus dem Nachlass bzw. dem mit dem Nießbrauch belasteten Erbteil keine Nutzungen ziehen, erscheint es unangemessen, ihnen die außergewöhnlichen Erneuerungskosten und öffentlichen Lasten aufzuerlegen.

Ein weiteres Element ist die **Dauertestamentsvollstreckung**. Auch wenn häufig der überlebende Ehe- 85 gatte zum Testamentsvollstrecker ernannt wird, ist dies nicht zwingend. Je nach Lebensalter und geschäftlicher Versiertheit kann die Einsetzung einer anderen Vertrauensperson näher liegen. Die Testamentsvollstreckung gewährleistet eine zügige **Erfüllung des Nießbrauchsvermächtnisses**. Sie bewirkt zudem eine Unabhängigkeit des Überlebenden von Mitwirkung und Wohlwollen der Erben. Bei einseitigen Kindern ist dies häufig ein erheblicher Gesichtspunkt. Um dies zu erreichen, ist es

---

102 Als steuerlich motivierte Gestaltung und »Württembergische Lösung« bezeichnet ist sie vor allem in Süddeutschland verbreitet, vgl. *Mayer*, Erbschaftssteuersparen um jeden Preis – Testamentsklauseln auf dem Prüfstand (Teil II), DStR 2004, 1409 ff. Vgl. auch Kapitel 5 Rdn. 379 ff.

ausreichend, die Testamentsvollstreckung mit dem Tod des Überlebenden enden zu lassen. Wenn allerdings durch die Erbeinsetzung einseitige und gemeinsame Kinder in einer **Erbengemeinschaft** zusammen kommen, kann es empfehlenswert sein, die Testamentsvollstreckung für die Zeit nach dem Tod des Überlebenden als Abwicklungsvollstreckung fortzusetzen. Bei einem Nießbrauch am gesamten Nachlass sollte zusätzlich ein **Erbauseinandersetzungsverbot** unter den Erben auf die Lebensdauer des Nießbrauchsberechtigten angeordnet werden. Ziel ist die Erben daran zu hindern, die Auseinandersetzung, die trotz Nießbrauchs möglich wäre, gegen den Willen des überlebenden Ehegatten zu erzwingen. Zwar setzt sich der Nießbrauch unverändert an den auseinandergesetzten Vermögenswerten fort. Denn bestehende dingliche Rechte bleiben durch einen Eigentümerwechsel unberührt. Dennoch sind damit Unannehmlichkeiten praktischer Art verbunden, die dem überlebenden Ehegatten in der Regel erspart werden sollten. Dagegen besteht bei einem an Erbteilen angeordneten Nießbrauch insoweit kein Handlungsbedarf, da der Erbteilsnießbraucher durch die §§ 1068 Abs. 2, 1066 Abs. 2 BGB ausreichend geschützt ist. Für **Haushaltsgegenstände** sollte in jedem Fall zusätzlich ein Vermächtnis ausgesetzt werden, um dem Überlebenden das gewohnte Weiterwirtschaften zu erleichtern. Wenn beide Ehegatten vermögend sind und ein Nachlassnießbrauch nicht benötigt wird, kann sich das Vermächtnis auch darauf beschränken. Zur **Bindungswirkung** ist zu beachten, dass das jeweilige Elternteil hinsichtlich Art und Umfang der Begünstigung seiner eigenen einseitigen Kinder in aller Regel frei bleiben will, so dass in den meisten Fällen nur die Vermächtnisse zugunsten des Ehegatten und allenfalls, sofern vorhanden, die Erbeinsetzung der **gemeinsamen Kinder** bindend auszugestalten sind. Wenn beide Ehegatten einseitige Kinder haben, sind überdies **Pflichtteilsverzichte** zu erwägen. Andernfalls könnte die beabsichtigte Nachlassverteilung durch die Geltendmachung Pflichtteils- und Pflichtteilsrestansprüchen unterlaufen werden.

86 Ein **Nachteil** dieser Gestaltung ist, dass sie als Versorgungsmodell für den überlebenden Ehegatten nur dann geeignet ist, wenn der Nachlass überhaupt nennenswerte **Früchte und Gebrauchsvorteile** abwirft. Kaum empfehlenswert ist sie daher, wenn die Zusammensetzung des Nachlasses und damit das Vorhandensein von Nutzungsmöglichkeiten noch unabsehbar ist. Eine weitere Schwierigkeit ist die Beteiligung der als Vollerben eingesetzten Kinder am Nachlass bereits mit dem ersten Erbfall, die für den Überlebenden unabänderlich ist.[103] Bei kleineren Kindern und entsprechendem **Prognoserisiko** für deren künftige Entwicklung ist diese Gestaltung deshalb grundsätzlich problematisch. Von Einzelfällen abgesehen sollte die Nießbrauchs-Testamentsvollstrecker-Lösung nur bei älteren Paaren mit weitgehend vorhersehbarer **Nachlassstruktur** und einer für gering gehaltenen Fehlentwicklungsgefahr der Endbedachten angewendet werden.

87 ▶ **Muster für eine Vollerbeneinsetzung der (einseitigen und gemeinsamen) Kinder mit Vermächtnissen zugunsten des überlebenden Ehegatten**

§ 1 Widerruf

(...)

§ 2 Erbeinsetzung nach dem Erstversterbenden

(...)

Der Erstversterbende von uns schließt die gesetzliche Erbfolge aus und setzt zu seinen Erben ein seine sämtlichen Kinder, einschließlich adoptierter, unter einander zu gleichen Teilen,

ersatzweise die jeweiligen Abkömmlinge eines weggefallenen Kindes, einschließlich adoptierter Kinder, unter einander zu gleichen Teilen und nach den Regeln der gesetzlichen Erbfolge.

§ 3 Vermächtnisse des Erstversterbenden

Der Erstversterbende von uns beschwert seine Erben mit folgenden Vermächtnissen zugunsten des Überlebenden von uns:

---

103 Vgl. *Mayer*, DStR 2004, 1409, 1410.

1. Der Erstversterbende vermacht dem Überlebenden von uns auf dessen Lebenszeit den Nießbrauch an seinem gesamten Nachlass, welcher den Erben nach Erfüllung aller Nachlassverbindlichkeiten verbleibt.
   Die Erben sind verpflichtet, zur Erfüllung dieses Vermächtnisses an jedem einzelnen Nachlassgegenstand den Nießbrauch zu bestellen. Bei Immobilien haben die Erben auf ihre Kosten den Nießbrauch durch Eintragung im Grundbuch an nächstoffener Rangstelle mit Löschungserleichterung bei Todesnachweis zu sichern.
   Für den Nießbrauch gelten die gesetzlichen Bestimmungen, jedoch mit der Maßgabe, dass abweichend davon der Nießbraucher für die Dauer des Nießbrauchs im Verhältnis zum Eigentümer auch die außerordentlichen privaten und öffentlichen Lasten zu tragen hat.
2. Zugunsten des Überlebenden von uns ordnet der Erstversterbende von uns vermächtnisweise an, dass die Auseinandersetzung der Erbengemeinschaft, auch bezüglich einzelner Nachlassgegenstände, auf die Lebenszeit des Überlebenden von uns nur mit dessen Zustimmung zulässig ist.
3. Vermächtnis über Haushaltsgegenstände ...[104]
4. Die vorstehenden Vermächtnisse sind rechtlich selbständig, so dass die Annahme auf einzelne Gegenstände beschränkt werden kann. Sie stellen keine Verschaffungsvermächtnisse dar.
5. Ein Ersatzvermächtnisnehmer wird nicht bestimmt. Die Vermächtnisse entfallen ersatzlos, wenn der Überlebende von uns die oder einzelne Vermächtnisse nicht annehmen kann oder will.

§ 4 Erbeinsetzung nach dem Überlebenden von uns

Der Überlebende von uns setzt zu seinen unbeschränkten Erben ein seine sämtlichen Kinder, einschließlich adoptierter, untereinander zu gleichen Teilen,

ersatzweise die jeweiligen Abkömmlinge eines weggefallenen Kindes, einschließlich adoptierter Kinder, unter einander zu gleichen Teilen und nach den Regeln der gesetzlichen Erbfolge.

§ 5 Testamentsvollstreckung

Der Erstversterbende von uns ordnet Testamentsvollstreckung an.

Aufgabe des Testamentsvollstreckers ist die Erfüllung der Vermächtnisse, insbesondere die Verschaffung des Nießbrauchs am gesamten Nachlass. Danach setzt sich die Testamentsvollstreckung als Dauertestamentsvollstreckung an den Vermögenswerten fort. Die Dauertestamentsvollstreckung endet mit dem Tod des Überlebenden von uns. Danach hat der Testamentsvollstrecker die Aufgabe, die Auseinandersetzung der Erbengemeinschaft nach billigem Ermessen zu bewirken.

Der Testamentsvollstrecker ist in der Eingehung von Verbindlichkeiten nicht beschränkt und von allen gesetzlichen Beschränkungen, soweit gesetzlich zulässig, befreit.

Zum Testamentsvollstrecker ernennt der Erstversterbende von uns den Überlebenden von uns. Der Testamentsvollstrecker ist berechtigt, jederzeit einen Nachfolger zu ernennen. Endet das Amt des Testamentsvollstreckers ohne Benennung eines Nachfolgers, so wird das zuständige Nachlassgericht ersucht, einen geeigneten Testamentsvollstrecker zu ernennen.

Der Überlebende von uns erhält keine Vergütung oder Aufwendungsersatz. Die Kosten, die ihm in Ausübung des Amtes entstehen, sind ihm zu ersetzen. Einem anderen Testamentsvollstrecker steht Ersatz der notwendigen Auslagen und eine angemessene Vergütung zu. (Ggf. Näheres zur Vergütungsregelung)

§ 6 Bindungswirkung, Verzicht auf Anfechtungsrecht, evtl. vertragliches Rücktrittsrecht, evtl. Unwirksamkeit bei Scheidung

(...)

---

[104] Dazu unten bei Rdn. 129 ff.

c) Vollerbeneinsetzung des Ehegatten und Herausgabevermächtnis zugunsten der einseitigen Kinder

88 Bei dieser Variante setzen sich die Ehegatten gegenseitig zu **Vollerben** ein. Zugunsten der einseitigen Kinder wird ein auf den Tod des Überlebenden aufschiebend befristetes Vermächtnis auf **Herausgabe** bestimmter oder dann noch vorhandener Vermögensgegenstände ausgesetzt. Dadurch erhält der überlebende Ehegatte die weitmöglichste **Verfügungsfreiheit**. Den – einseitigen und/oder gemeinsamen – Kindern steht bereits mit dem ersten Erbfall eine grundsätzlich vererbliche und veräußerliche **Vermächtnisanwartschaft** zu. Ihr Schutz ist allerdings gegenüber allen anderen Trennungslösungen der geringste, da § 2288 BGB nur vor willkürlichen Maßnahmen und Verfügungen in Beeinträchtigungsabsicht schützt.[105] Deshalb ist diese Gestaltung bei einseitigen Kindern auch die wohl Anfälligste für ein Durchkreuzen des elterlichen Nachlassverteilungsplans. Denn die **gering gesicherte Erwerbsaussicht** kann bei den einseitigen Kindern einen Anreiz bilden, das Vermächtnis auszuschlagen und den Pflichtteil geltend zu machen (§ 2307 Abs. 1 BGB).[106] Als Versuch, den Anreiz gering zu halten, soll hier deshalb zusätzlich ein Verschaffungsvermächtnis ausgesetzt werden, das sich auf die **Ersatzgegenstände** bezieht, die an die Stelle für vom Erstversterbenden geerbter Vermögenswerte getreten sind. Um die Freiheit des überlebenden Ehegatten zu erhalten, sollte auch dieses **Verschaffungsvermächtnis** auf die Gegenstände beschränkt sein, die beim zweiten Erbfall tatsächlich noch vorhanden sind. Im Interesse dieser häufig gewollten, größtmöglichen **Verfügungsbefugnis** des Überlebenden ist klarzustellen, dass für Substanzverluste, also Nachlassgegenstände, die nach dem ersten Erbfall aus dem Vermögen ausscheiden, kein Ersatz geschuldet ist. Genauso wenig wird eine Ersatzpflicht für die gezogen Nutzungen regelmäßig gewünscht sein. Diese **Privilegierungen** zugunsten des Überlebenden sollten ausdrücklich bestimmt sein. Andernfalls droht die Gefahr, dass der überlebende Ehegatte durch das Herausgabevermächtnis enger beschränkt wird als ein Vorerbe, der die Nutzungen immerhin behalten darf. Im Ergebnis wird das Vermächtnis dadurch zu einem **Herausgabevermächtnis auf den Überrest**.[107] Eine zusätzliche Absicherung für den Überlebenden bietet die Anordnung eines Untervermächtnisses oder einer Auflage zu seinen Gunsten, die beide den Vermächtnisnehmern eine dingliche **Sicherung** oder zwangsweise Durchsetzung des Herausgabeanspruchs bis zum Tod des Überlebenden verweigern.[108] Regelungsbedarf ergibt sich ferner für Ersatz von **Aufwendungen**, die der Überlebende in die herauszugebenden Gegenstände investiert hat. Das ist insbesondere der Fall, wenn jeder Ehegatte nur einseitige Kinder hat. So kommen außergewöhnliche, notwendige Verwendungen etwa auf Immobilien, die an die einseitigen Kinder des Erstversterbenden herauszugeben sind, diesen zugute und mindern insoweit das Eigenvermögen des Überlebenden. Solche Aufwendungen sollten daher den Erben des Überlebenden ersetzt werden. Je nach Familienkonstellation kann es sich anbieten, beim **zweiten Erbfall** die gesetzliche Erbfolge eintreten zu lassen. Das ist vor allem dann sinnvoll, wenn, wie das Formulierungsbeispiel unterstellt, jeder Ehegatte nur einseitige Kinder hat. Denn die einseitigen Kinder des Erstversterbenden sind über das Herausgabevermächtnis am Nachlass ihres vorverstorbenen Elternteils hinreichend beteiligt.

89 Die **Schwäche** dieser Gestaltung liegt in der unbekannten Größe dessen, was beim Tod des Überlebenden noch vorhanden ist. Sie ist daher im Grundsatz vor allem bei solchen Vermögensverhältnissen geeignet, in denen **kein Totalverbrauch** durch den Überlebenden zu erwarten ist.

---

105 Palandt/*Weidlich*, § 2288 Rn. 2.; MünchKomm/*Musielak*, § 2288 Rn. 2.
106 Vgl. sogleich »Pflichtteilsansprüche bei Trennungslösungen« Rdn. 99.
107 Überblick bei *Hölscher*, Das aufschiebend bedingte Universalherausgabevermächtnis, ZEV 2009, 213. Vgl. auch Kapitel 5 Rdn. 260 ff.
108 Dazu auch *Kanzleiter*, Die letztwillige Verfügung geschiedener Ehegatten, ZNotP 2003, 127, 131.

▶ **Muster für eine Vollerbeneinsetzung der Ehegatten mit Herausgabevermächtnis zugunsten der jeweiligen einseitigen Kinder**

90

§ 1 Widerruf

(…)

§ 2 Erbeinsetzung nach dem Erstversterbenden

Wir schließen die gesetzliche Erbfolge aus und setzen uns gegenseitig, das heißt der Erstversterbende den Überlebenden von uns, zum alleinigen und unbeschränkten Vollerben des Erstversterbenden von uns ein.

§ 3 Erbeinsetzung nach dem Überlebenden von uns

Der Überlebende von uns setzt zu seinen unbeschränkten Erben seine sämtlichen Kinder, einschließlich adoptierter, ein, untereinander zu gleichen Teilen,

ersatzweise die jeweiligen Abkömmlinge eines weggefallenen Kindes, einschließlich adoptierter Kinder, unter einander zu gleichen Teilen und nach den Regeln der gesetzlichen Erbfolge.

§ 4 Vermächtnisse des Erstversterbenden

Der Erstversterbende von uns beschwert den Überlebenden von uns zugunsten seiner sämtlichen Kinder, einschließlich adoptierter, untereinander zu gleichen Teilen, mit dem Vermächtnis, sämtliche Nachlassgegenstände, soweit sie beim Tod des Überlebenden von uns noch vorhanden sind, an die Vermächtnisnehmer herauszugeben.

Im Wege des Verschaffungsvermächtnisses erstreckt es sich auch auf solche Gegenstände, die bei wirtschaftlicher Betrachtungsweise als Ersatz für einen Nachlassgegenstand zwischen erstem Erbfall und Fälligkeit dieses Vermächtnisses in das Vermögen des Überlebenden von uns geflossen sind. § 2111 BGB findet insoweit entsprechende Anwendung.

Der Überlebende von uns ist weder zum Ersatz von gezogenen Nutzungen noch von Verlusten der Nachlasssubstanz verpflichtet.

Diese Vermächtnisse werden erst drei Monate nach dem Tod des Überlebenden von uns fällig. Die Vermächtnisse sind rechtlich selbständig, so dass die Annahme auf einzelne Gegenstände beschränkt werden kann.

Im Wege des Untervermächtnisses zugunsten des Überlebenden ordnet der Erstversterbende an, dass bis zum Zeitpunkt der Fälligkeit der Herausgabevermächtnisse die Vermächtnisnehmer nicht berechtigt sind, von dem Überlebenden Sicherungen für ihren Vermächtnisanspruch zu verlangen oder durchzusetzen.

Ersatzvermächtnisnehmer sind die jeweiligen Abkömmlinge eines weggefallenen Kindes, einschließlich adoptierter Kinder, unter einander zu gleichen Teilen und nach den Regeln der gesetzlichen Erbfolge.

§ 5 Bindungswirkung, Verzicht auf Anfechtungsrecht,
evtl. vertragliches Rücktrittsrecht, evtl. Unwirksamkeit bei Scheidung

(…)

3. Geschiedenentestament

Ziel eines sogenannten **Geschiedenentestaments** ist es zu verhindern, dass Vermögenswerte des eigenen Nachlasses an den geschiedenen Partner gelangen. Eine direkte Beteiligung am Nachlass des geschiedenen Partners ist bei entsprechend interessengerechter Gestaltung und im Übrigen auch aufgrund lebensnaher gesetzlicher Auslegungsregeln grundsätzlich nicht zu befürchten.[109] Ab-

91

---

109 Näher dazu in diesem Kapitel »Vorsorge für den Scheidungsfall« und in Kapitel 5 Rdn. 98 ff.

Kapitel 6 Verfügungen von Todes wegen von Ehegatten

gesehen von Unterhaltsansprüchen gegen die Erben (§ 1586b BGB), die in einer Verfügung von Todes wegen nicht gestaltbar sind, geht es vor allem um die **mittelbare Nachlassbeteiligung** des Ex-Partners. Diese droht nur bei Vorhandensein gemeinsamer Kinder. Wird das gemeinsame Kind Erbe des erstversterbenden Elternteils und verstirbt das Kind später ohne eigene Abkömmlinge und vor dem Elternteil, ist das geschiedene Elternteil gesetzlicher und pflichtteilsberechtigter **Erbe des Kindes**. Von dem, durch den Nachlass vermehrten Kindesvermögen profitiert der geschiedene Ehegatte, sei es als gesetzlicher Erbe oder bei Enterbung als **Pflichtteilsberechtigter**. Die üblichen Gestaltungsvorschläge eines Geschiedenentestaments richten sich auf eine **Vor- und Nacherbfolge**, auflösend bedingt auf den Tod des geschiedenen Ehegatten.[110] Alternativ oder zusätzlich können für den Fall des Todes des Kindes auch **Herausgabevermächtnisse** zugunsten Dritter angeordnet werden. Die Gestaltungsvarianten ähneln insoweit den für Ehegatten mit einseitigen Kindern dargestellten, allerdings mit der abweichenden Zielsetzung, dass nicht die Absicherung der Endbegünstigten im Zentrum steht, sondern die Verhinderung der Vermögensbeteiligung des geschiedenen Partners. Bei minderjährigen Kindern verschärft sich die Problematik durch die dem überlebenden Elternteil allein zukommende **Vermögenssorge**, die grundsätzlich auch ererbtes Vermögen umfasst. Die Vermögenssorge kann nach § 1638 BGB durch letztwillige Verfügung entzogen werden. Das Verfügungsrecht des geschiedenen Ehegatten ist auch bei Verwaltungs-Testamentsvollstreckung nicht zu befürchten. In dem Fall allerdings kann der geschiedene Ehegatte als gesetzlicher Vertreter des Kindes dessen Rechte geltend machen. Auch eine **Kombination** aus Entzug der Vermögenssorge und Testamentsvollstreckung ist zulässig.[111] Bei der Vorbereitung einer Gestaltung gilt es herauszufinden, ob dem Erblasser an der Verhinderung einer mittelbaren Nachlassbeteiligung seines geschiedenen Ehegatten gelegen ist und welche Bedeutung er dem beimisst. Anhand der Fragen, ob überhaupt, in welchem **Umfang** und wie lange er dafür **Einschränkungen** seiner Erben im Kauf nehmen möchte, lassen sich die in Betracht kommenden, im folgenden dargestellten Gestaltungsvarianten sortieren.

a) Vor- und Nacherbfolge

92 Das durch die Anordnung der Vor- und Nacherbfolge geschaffene **Sondervermögen** fällt beim Tod des Kindes weder an den geschiedenen Ehegatten noch wird es für die Berechnung dessen möglicher Pflichtteilsansprüche herangezogen. Dazu setzt der geschiedene Erblasser seine Kinder aus der geschiedenen Ehe als befreite **Vorerben** ein. Um die Vorerben so wenig wie möglich zu beschränken, wurde in der Vergangenheit vorgeschlagen, als Nacherben diejenigen Personen zu bestimmen, die der Vorerbe selbst durch letztwillige Verfügung zu seinen Erben benennt. Nach ihrem Erfinder ist sie als »**Dieterle-Klausel**« bekannt.[112] Damit sollte die Bestimmung des Nacherben dem Vorerben überlassen werden. Die Zulässigkeit dieser Klausel ist in Frage gestellt worden, weil sie die Bestimmung des Nacherben allein dem Willen des Vorerben überlässt und damit möglicherweise gegen den Grundsatz der **Höchstpersönlichkeit** der Testamentserrichtung verstoßen könnte. Das Selbstbestimmungsgebot des § 2065 Abs. 2 BGB verlange, dass der Erblasser selbst die Person und den Gegenstand der Zuwendung bestimme.[113] Zwar erachtete lange Zeit und noch immer eine gewich-

---

110 Vgl. *Busse*, Verfügungen von Todes wegen Geschiedener, MittRhNotK 1998, 225 ff.; *Reimann/Bengel/Mayer/Limmer*, Teil A. Rn. 361 ff.; *Limmer*, ZFE 2002, 19 ff.; *Nieder* ZEV 1994, 156 ff.; *Reimann* ZEV 1995, 329 ff.; *Wagner* ZEV 1997, 469 ff. Vgl. auch Kapitel 5 Rdn. 98 ff.
111 Ausführlich *Frenz*, Familienrechtliche Anordnungen, DNotZ 1995, 908 ff.
112 *Dieterle*, BWNotZ 1971, 15 ff.; *Schäfer*, BWNotZ 1962, 203; Staudinger/*Avenarius*, § 2100 Rn. 38; *Ivo*, DNotZ 2002, 260 ff.; Palandt/*Weidlich*, § 2065 Rn. 7; Staudinger/*Otte*, § 2065 Rn. 16.
113 OLG Hamm Beschl. vom 24.8.2006 – 15 W 66/06; MDR 2007, 663; BayObLG Beschl. vom 18.3.2004 – 1Z BR 0044/03, MittBayNot 2004, 450 f.; OLG Frankfurt a. M. Beschl. vom 10.12.1999 – AZ 20 W 224/97, DNotZ 2001, 143; zweifelnd schon BGH Urt. vom 4.12.1980 – IVa ZR 46/80, DNotZ 1981 – 765, 767/768 oben, ob an der Rechtsprechung aus dem Jahre, die diese Gestaltung für möglich angesehen hatte, festzuhalten sei.

tige Meinung die Dieterle-Klausel für zulässig.[114] Jedoch wird der vorsichtige Gestalter alternative Lösungen in Betracht ziehen, etwa unter Zuhilfenahme eines jedenfalls unstreitig zulässigen **Negativtestaments**. Der Erblasser kann als Nacherben die künftigen Abkömmling des Kindes oder deren gesetzliche Erben einsetzen und ausdrücklich den geschiedenen Partner, dessen weitere Abkömmlinge, die nicht vom Erblasser stammen, sowie dessen Verwandte in aufsteigender Linie ausschließen. Möglich ist auch, eine **bedingte Nacherbeneinsetzung** für den Fall, dass Nachlassgegenstände auf den unerwünschten Personenkreis übergehen oder **Grundlage der Pflichtteilsberechnung** für den geschiedenen Partner werden. Nachteilig sind bei jeder Nacherbeneinsetzung die Beeinträchtigungen des Vorerben, die auch bei einer Befreiung nach § 2136 BGB bestehen bleiben.[115] Über das der **Vorerbschaft** unterliegende Vermögen kann der Vorerbe nicht selbst letztwillig und nicht unentgeltlich verfügen. Die Erfahrung mit angeordneten Nacherbschaften zeigt, dass die Rechtsfolgen von den Vorerben in der Regel als erhebliche Beeinträchtigung, zuweilen als regelrechte **Entmündigung** empfunden werden.[116] Diese ist aber regelmäßig vom Erblasser nicht beabsichtigt, da sich sein Interesse im Kern auf die **Ausschließung** seines geschiedenen Partners richtet und nicht etwa auf einen besonderen Schutz der Nacherben.

Bei der Vorbereitung muss daher herausgefunden werden, inwieweit der geschiedene Erblasser den sichersten, aber seine Kinder beeinträchtigenden Weg gehen möchte oder ob **Modifikationen** der Nacherbfolge zur Erleichterung für die Kinder in Betracht kommen. Auch sollte überlegt werden, ob nicht auf die weniger einschränkenden **Herausgabevermächtnisse** zurückgegriffen werden kann. Als Abwandlung ist eine **Befristung** der Nacherbfolge auf das Erreichen eines bestimmten Lebensalters und/oder auf das Vorhandensein eigener Kinder des Vorerben erwägenswert. Auch mit Vorausvermächtnissen kann eine Befreiung des Vorerben erreicht werden. Für zulässig angesehen wird auch, die konkret bestimmte Nacherbeneinsetzung unter die auflösende oder aufschiebende **Bedingung** zu stellen, dass der Vorerbe selbst anderweitig verfügt.[117] Zwar gibt dies dem Vorerben im Ergebnis freie Hand, durch eine eigene Verfügung die Nacherbfolge zu beseitigen. Jedoch dürfte der **Nachweis** für diesen Bedingungseintritt, der zur Vollerbschaft führen soll, angesichts der grundsätzlich freien Widerruflichkeit letztwilliger Verfügungen problematisch sein. Als praktisch funktionale **Erleichterung** für den Vorerben eignet sich eine solche Anordnung damit nicht. Deshalb geht das folgende Formulierungsbeispiel von der klassischen Nacherbschaft aus. Mit einer begleitenden **Testamentsvollstreckung** sollte vor allem in dem Fall gearbeitet werden, dass das Kind aus der gescheiterten Ehe noch minderjährig ist.

▶ **Muster für ein Geschiedenentestament mit Anordnung von Nacherbfolge und Testamentsvollstreckung**

Vorbemerkung
Ich bin von meinem ersten Ehegatten ... rechtskräftig geschieden. Aus dieser Ehe stammt mein Sohn ... Weitere Abkömmlinge habe ich nicht, auch keine nicht-ehelichen oder adoptierten. Ich möchte ein Testament errichten und bin daran durch frühere Verfügungen nicht gehindert. Insbesondere habe ich weder ein gemeinschaftliches Testament mit meinem früheren Ehegatten noch einen bindenden Erbvertrag errichtet.

---

114 Für weiterhin zulässig halten die Klausel Staudinger/*Otte*, 2003, § 2065 Rn. 16; *Kanzleiter* DNotZ 2001, 149; *Ivo*, Nochmals: Abschied von »Dieterle«?, DNotZ 2002, 260 ff. Vgl. auch *Kornexl*, Nachlassplanung bei Problemkindern, Rn. 521 ff.
115 Zu Möglichkeiten und Grenzen der Befreiung des Vorerben *Mayer*, ZEV 2000, 1. Vertiefend auch oben Kapitel 5 Rdn. 43 ff. und 188 ff.
116 Vgl. auch *Reimann*, Das Herausgabevermächtnis als Alternative zur Nacherbfolgeanordnung, MittBayNot 2002, 4 ff.; *Nieder/Kössinger*, § 21 Rn. 41.
117 *Busse*, MittRhNotK 1998, 225, 232; *Kanzleiter*, DNotZ 2001, 149, 151 f.; *Kornexl*, Nachlassplanung bei Problemkindern, Rn. 521 m. w. N. in Fn. 272.

Kapitel 6 Verfügungen von Todes wegen von Ehegatten

§ 1 Widerruf

(...)

§ 2 Erbeinsetzung

Ich setze meinen Sohn ... zu meinem alleinigen Erben ein.

Sollten zum Zeitpunkt meines Todes weitere Kinder von mir vorhanden sein, so sind alle Kinder unter sich zu gleichen Teilen zu Erben berufen.

§ 3 Nacherbfolge

Mein Sohn ... ist jedoch nur Vorerbe. Er ist – soweit gesetzlich zulässig – von allen Beschränkungen befreit.

Zu Nacherben setze ich die gesetzlichen Erben meines Sohnes ein, unter sich zu den gesetzlich vorgesehenen Anteilen, wobei mein geschiedener Ehegatte ... sowie dessen sämtliche Verwandte vom Kreis der Nacherben ausgeschlossen sind.

Der Nacherbfall tritt mit dem Tod des Vorerben ein. Nacherbenanwartschaftsrechte sind weder vererblich, noch veräußerbar. *(alternativ:)* Ausgenommen ist die Übertragung auf den Vorerben, die zulässig ist. Mit Übertragung auf den Vorerben entfällt jede Ersatzerbeneinsetzung.

Die eingesetzten Nacherben sind gleichzeitig auch Ersatzerben und zwar als Vollerben.

Die Anordnung der Nacherbfolge ist jedoch auflösend bedingt. Sie entfällt mit der Folge, dass Vollerbschaft eintritt, wenn
– mein geschiedener Ehegatte verstirbt,
– mein Sohn ... eigene Abkömmlinge hat,
– mein Sohn das ... Lebensjahr vollendet hat.

§ 4 Evtl. Vorausvermächtnisse

§ 5 Evtl. Vormundbenennung

§ 6 Testamentsvollstreckung

Sollte mein Sohn ... bei meinem Tode noch nicht das ... Lebensjahr vollendet haben, ordne ich Dauertestamentsvollstreckung an.

Der Testamentsvollstrecker hat den Nachlass zu verwalten, bis mein Sohn ... das ... Lebensjahr vollendet hat.

Der Testamentsvollstrecker ist auch Nacherbenvollstrecker für alle Nacherben. Diese Testamentsvollstreckung endet erst mit Beendigung sämtlicher Vorerbschaften.

Er ist in der Eingehung von Verbindlichkeiten für den Nachlass nicht beschränkt. Er ist, soweit gesetzlich zulässig, von allen Beschränkungen befreit.

Zum Testamentsvollstrecker ernenne ich ..., [Geburtsdatum, Anschrift], ersatzweise ..., [Geburtsdatum, Anschrift]. Der Testamentsvollstrecker ist jederzeit berechtigt, einen Nachfolger zu ernennen. Endet das Amt des Testamentsvollstreckers ohne Benennung eines Nachfolgers, so wird das zuständige Nachlassgericht ersucht, einen geeigneten Testamentsvollstrecker zu ernennen.

Der Testamentsvollstrecker erhält Ersatz der notwendigen Auslagen und eine angemessene Vergütung. (Ggf. Näheres zur Vergütungsregelung).

§ 7 Evtl. Beschränkung der Vermögenssorge/Pflegerbestellung

Sollte mein Sohn ... bei meinem Tode noch nicht volljährig sein, ordne ich an, dass mein geschiedener Ehegatte von der Verwaltung sämtlicher Vermögensgegenstände, die mein Sohn aufgrund dieser Verfügung von Todes wegen aus meinem Nachlass erwirbt, ausgeschlossen ist.

Zum Pfleger für solche Vermögenswerte bestimme ich ..., ersatzweise ... Der Pfleger ist, soweit gesetzlich zulässig, von allen Beschränkungen befreit.

b) Vermächtnislösungen

Die Nachteile der Vor- und Nacherbschaft werden vermieden durch aufschiebend bedingte **Herausgabevermächtnisse**.[118] Der geschiedene Erblasser beschwert seine Erben mit Vermächtnissen, die allerdings erst beim Tod des Erben anfallen. Gegenstand des Vermächtnisses sind alle **Vermögensgegenstände**, die aus dem Nachlass des Erblassers herrühren. Begünstigte Personen sind diejenigen, die bei der Vor- und Nacherbschaft als **Nacherben** eingesetzt würden. Dadurch wird vermieden, dass die Vermögenswerte des Erblassers an den **geschiedenen Ehegatten**, dessen Abkömmlinge, die nicht vom Erblasser abstammen, und an dessen Verwandten aufsteigender Linie fallen.

Im Schrifttum werden Vermächtnislösungen häufig als aufschiebend, auf den Tod des beschwerten Erben bedingte Konstruktionen formuliert.[119] Deren **Pflichtteilsfestigkeit** ist jedoch unsicher:[120] Denn die Nachlassgegenstände gehören hiernach bis zum Bedingungseintritt, dem Tod, zum Vermögen des Beschwerten und unterliegen gemäß § 2177 BGB erst mit dem Bedingungseintritt dem Herausgabevermächtnis. Mit dem Tod des Erben ist jedoch ein etwaiger Pflichtteilsanspruch des geschiedenen Elternteils bereits entstanden. Ob für die Berechnung des Pflichtteilsanspruchs der erst in derselben Sekunde entstandene Herausgabeanspruch nach § 2311 BGB abgezogen werden kann, muss als zumindest **zweifelhaft** angesehen werden. Rechtsprechung zu dieser Konkurrenz liegt, soweit ersichtlich, nicht vor. Eine Alternative bietet die Gestaltung des Herausgabevermächtnisses unter der **auflösenden Bedingung** in der Weise, dass es entfällt, wenn die Gegenstände beim Tod des Erben nicht an den geschiedenen Partner oder dessen einseitige Verwandtschaft fallen würden. Damit belastet das Vermächtnis das Vermögen des erbenden Kindes bereits ab dem Tod des Erblassers. Der bereits **bestehende Herausgabeanspruch** zugunsten des Begünstigten mindert beim Tod des Kindes dessen Nachlass gemäß § 2311 BGB ohne weiteres. Bei dieser unter dem Gesichtspunkt der **Pflichtteilsvermeidung** vorzugswürdigen Gestaltung wird der Erbe bei Untergang oder Verlust der herauszugebenden Gegenstände nach dem allgemeinen **Leistungsstörungsrecht** von der Herausgabepflicht frei. Dem Begünstigten gegenüber ist er nur bei Verschulden zu Schadensersatz verpflichtet. Hinsichtlich vom Erben gezogener **Nutzungen** und getätigter Verwendungen erfordert diese Vermächtnisgestaltung jedoch einige von den gesetzlichen Vorgaben abweichende Regelungen. Denn es entspricht regelmäßig **nicht dem Erblasserwillen**, dass der Erbe Früchte (§ 2184 S. 1 BGB) und Surrogate (§ 285 BGB) herauszugeben hat. Die gesetzlichen Vorgaben gemäß § 2185 BGB verweisen dazu auf die Vorschriften zum Eigentümer-Besitzer-Verhältnis, so dass es auf die Kenntnis der Herausgabepflicht, sog. **Bösgläubigkeit**, sowie auf die Notwendigkeit der Verwendungen für den Erhalt der Gegenstände ankommt. Bei einem auflösend bedingten Vermächtnis ist dem Erben der Herausgabeanspruch bekannt, so dass er stets bösgläubig im Sinne des Eigentümer-Besitzer-Verhältnisses ist. Da der geschiedene Erblasser einerseits seine Kinder nicht über Gebühr belasten und andererseits den Vermächtnisnehmer nicht in besonderem Maße schützen möchte, wird er abweichend von der gesetzlichen Regelung Befreiungen erteilen und den **Vermächtnisanspruch insoweit einschränken**.

---

118 Vertiefend *Reimann*, Das Herausgabevermächtnis als Alternative zur Nacherbfolgeanordnung, MittBayNot 2002. 4 ff.; Reimann/Bengel/Mayer/*Limmer*, Teil. A Rn. 374 ff. Zu den damit verbundenen Problemen aber *Mayer*, ZEV 2000, 1 ff. Vgl. auch Kapitel 5 Rdn. 247 ff.

119 Reimann/Bengel/Mayer/*Limmer*, Teil. A Rn. 375; *Limmer*, ZFE 2002, 19; Beck'sches Formulbuch Erbrecht/*Kössinger*, Form.E. I. 3. Anm. 9c).

120 Vgl. auch *Kornexl*, Nachlassplanung bei Problemkindern, Rn. 530; Mayer/Tanck/Süß/Bittler/Wälzholz/ *Mayer*, Handbuch Pflichtteilsrecht, § 12 Rn. 24 f. Anders im Ergebnis Kapitel 5 Rdn. 271.

97 ▶ **Muster für ein auflösend bedingtes Herausgabevermächtnis**

§ 1 Widerruf

(...)

§ 2 Erbeinsetzung

Ich setze meinen Sohn ... zu meinem alleinigen, unbeschränkten Vollerben ein.

Sollten zum Zeitpunkt meines Todes weitere Kinder von mir vorhanden sein, so sind alle Kinder unter sich zu gleichen Teilen zu Erben berufen.

§ 3 Herausgabevermächtnisse

Meinen Sohn ... beschwere ich mit dem auflösend bedingten Herausgabevermächtnis auf den Überrest, das heißt bezüglich der dann noch vorhandenen Gegenstände, einschließlich Surrogate, welche ihm aus meinem Nachlass zugeflossen sind.

Das Vermächtnis fällt mit meinem Tod an. Es ist jedoch erst nach dem Tod meines Sohnes ..., dann aber unverzüglich, zu erfüllen.

Vermächtnisnehmer sind die gesetzlichen Erben meines Sohnes ein, unter sich zu den gesetzlich vorgesehenen Anteilen, wobei mein geschiedener Ehegatte ... sowie dessen sämtliche Verwandte vom Kreis der Nacherben ausgeschlossen sind.

Das Vermächtnis ist auflösend bedingt. Es entfällt,
– falls mein geschiedener Ehepartner ... und Elternteil meines Sohnes vor meinem Sohn verstirbt;
– falls beim Tod meines Sohnes niemand aus dem Kreis folgender Personen dessen Erbe wird: ...

oder:

– sobald mein Sohn ... mindestens einen leiblichen Abkömmling hat,
– sobald mein Sohn ... das ... Lebensjahr vollendet hat.

Für Vermögensgegenstände, die zu diesem Zeitpunkt nicht mehr im Vermögen meines Sohnes vorhanden sind, ohne dass an ihre Stelle ein Surrogat getreten ist, entfällt das Vermächtnis. Mein Sohn ist nicht zum Ersatz für gezogene Nutzungen verpflichtet. Nachgewiesene Aufwendungen für die Vermögensgegenstände, die herauszugeben sind, sind den Erben meines Sohnes nur dann zu ersetzen, wenn sich der Wert der Vermögensgegenstände nachweislich erhöht hat. Notwendige Verwendungen sind in jeden Fall zu erstatten, es sei denn, es handelt sich um gewöhnliche Erhaltungskosten.

Im Wege des Untervermächtnisses zugunsten meines Sohnes verfüge ich, dass bis zum Zeitpunkt der Fälligkeit der Herausgabevermächtnisse die Vermächtnisnehmer nicht berechtigt sind, von meinem Sohn Sicherungen für ihren Vermächtnisanspruch zu verlangen oder durchzusetzen.

98 Eine weitere Variante der Vermächtnislösungen ist ein **Nachvermächtnis**. Dieses belastet nicht den Erben, sondern einen Vermächtnisnehmer. Es kommt zum Einsatz, wenn die Kinder aus der geschiedenen Ehe nicht Erben, sondern lediglich Vermächtnisnehmer werden. Erwägenswert ist diese Gestaltung insbesondere dann, wenn der Erblasser neben den Kindern aus der geschiedenen Ehe **weitere Personen** begünstigen will, etwa Kinder und Ehefrau aus zweiter Ehe. In dem Fall will der Erblasser meist eine **Erbengemeinschaft** zwischen den Kindern aus erster Ehe und der Zweitfamilie vermeiden. Zu Erben wird der Erblasser seine Zweitfamilie einsetzen. Die Kinder aus erster Ehe beteiligt er am Nachlass mit Vermächtnissen in Höhe ihrer **gesetzlichen Erbquote**. Unabhängig davon, ob Geld- oder entsprechend werthaltige Sachvermächtnisse angeordnet werden, kann eine mittelbare Beteiligung des geschiedenen Partners beim Tod der bedachten Kinder durch die Anordnung von Nachvermächtnissen gemäß § 2191 BGB verhindert werden. Hinsichtlich der inhaltlichen Gestaltung unterscheidet sich das Nachvermächtnis nicht von den **Herausgabevermächtnissen**, so dass auf die vorstehenden Ausführungen dazu verwiesen werden kann.

4. Pflichtteilsansprüche bei Trennungslösungen

Bei Vorliegen einer Vor- und Nacherbschaft kommen sowohl Pflichtteilsansprüche des überlebenden Ehegatten als auch der Kinder des Erblassers in Betracht. Sofern die Kinder des Erstversterbenden zu Nacherben berufen sind, können sie den Pflichtteil nur durch **Ausschlagung der Nacherbschaft** erhalten (§ 2306 Abs. 1, 2 BGB). Die Ausschlagungsfrist beginnt für den Nacherben nicht vor Eintritt des Nacherbfalls.[121] Die Berechtigung zur Ausschlagung besteht jedoch bereits ab Kenntnis vom Tod des Erstversterbenden und dessen beeinträchtigender Verfügungen (§ 2142 BGB). Da die Verjährung für den Pflichtteilsanspruch gemäß § 2332 Abs. 1, 3 BGB unabhängig von der Ausschlagung läuft, wird der Nacherbe gut daran tun, die Nacherbschaft innerhalb der Verjährungsfrist für den Pflichtteilsanspruch nach dem Erstversterbenden auszuschlagen. Erhält der Nacherbe von dem Vorerben den Pflichtteil ausgezahlt, ohne in der Folge die Nacherbschaft auszuschlagen, muss er sich dies als **rechtsgrundlosen Vorausempfang** auf seinen Erbteil im Nacherbfall anrechnen lassen.[122]

Auch bei einem **Nießbrauchsvermächtnis** mit Testamentsvollstreckung kann der mit dem Vermächtnis belastete, pflichtteilsberechtigte Endbedachte gemäß § 2306 Abs. 1 BGB die Erbschaft ausschlagen, um den Pflichtteil zu erhalten. Bei einem **Herausgabevermächtnis** zugunsten des pflichtteilberechtigten Endbegünstigten bei gleichzeitiger Vollerbeneinsetzung des überlebenden Ehegatten muss der Pflichtteilsberechtigte das **bedingte Vermächtnis** zu seinen Gunsten gemäß § 2307 BGB ausschlagen, um seinen Pflichtteil geltend machen zu können.

Insoweit kann es auch bei der Trennungslösung dazu kommen, dass ein Abkömmling den Verteilungsplan der Eltern unterläuft. Dann kommen **Verwirkungsklauseln** in Betracht, wonach der Pflichtteilsberechtigte unter der auflösenden Bedingung zum Nacherben eingesetzt wird, dass er seinen Pflichtteil nicht gegen den Willen des Vorerben geltend macht.[123] Beim zweiten Erbfall bestehen Pflichtteilsansprüche nur, wenn der Abkömmling enterbt ist. Dann berechnet sich der Pflichtteil nur aus dem Eigenvermögen des Letztversterbenden und nicht aus dem Vermögen des Erstversterbenden. Insoweit sind **Pflichtteilsstrafklauseln** etwa dergestalt, dass beim zweiten Erbfall nur derjenige als Erbe eingesetzt ist, der beim ersten Erbfall den Pflichtteil nicht geltend gemacht hat, problemlos. Allerdings sollte man die praktischen Schwierigkeiten bei einer solchen **bedingten Erbeinsetzung** bedenken und sie grundsätzlich nur mit Zurückhaltung einsetzen. Die auf das Nichtvorliegen eines Ereignisses, nämlich das Nicht-Geltendmachen von Pflichtteilsansprüchen bedingte Erbeinsetzung führt im Zweifel dazu, dass im Rahmen des § 35 Abs. 1 GBO trotz notariellem Testament oder Erbvertrag die Vorlage eines Erbscheins verlangt werden kann, um den **Bedingungseintritt** oder Nichteintritt für den Nacherbfall nachzuweisen.[124]

▸ **Muster für eine Pflichtteilsstrafklausel bezogen auf die Nacherbfolge**

Sollte einer unserer Abkömmlinge beim Tod des Erstversterbenden von uns in Verzug begründender Weise gegen den Willen des Überlebenden den Pflichtteil geltend machen, so entfällt für ihn und seine Abkömmlinge die Einsetzung zu Nacherben. Sie sind dann ferner von der Erbfolge nach dem Überlebenden von uns ausgeschlossen.

Der als **Vorerbe** eingesetzte pflichtteilsberechtigte Ehepartner ist, selbst als befreiter Vorerbe, im Sinne des § 2306 Abs. 1 BGB belastet. Dies gilt auch, wenn er auflösend bedingt oder befristet zum Erben berufen ist.[125] Er kann wählen, ob er die Vorerbschaft annimmt oder sie ausschlägt.

---

121 Reimann/Bengel/Mayer/*Mayer*, Teil B. § 2269 Rn. 80; Palandt/*Weidlich*, § 2306 Rn. 6.
122 Palandt/*Weidlich*, § 2306 Rn. 6; Prütting/Wegen/Weinreich/*Deppenkemper*, § 2306 Rn. 5.
123 So auch die Gestaltungsempfehlung bei *Nieder/Kössinger*, § 14 Rn. 95; Damrau/*Riedel/Lenz*, § 2306 Rn. 24. Vgl. zu Pflichtteilsklauseln auch unten Kapitel 10 Rdn. 191 ff.
124 Vgl. *Nieder/Kössinger*, § 15 Rn. 195. Anders wohl OLG Frankfurt a. M. Beschl. vom 18.11.1993 – 20 W 158/93, DNotZ 1995, 312, 314, demzufolge eine eidesstattliche Versicherung über das Nicht-Geltendmachen des Pflichtteils ausreichen soll.
125 MünchKommBGB/*Lange*, § 2306 Rn. 7; Prütting/Wegen/Weinreich/*Deppenkemper*, § 2306 Rn. 3.

Dann kann er beim gesetzlichen Güterstand seinen kleinen Pflichtteil gemäß § 1371 Abs. 3 BGB und zusätzlich den güterrechtlichen Zugewinnausgleichsanspruch geltend machen.[126]

104 Bei einem **Nießbrauchsvermächtnis** mit Testamentsvollstreckung kann der mit dem Nießbrauchsvermächtnis begünstigte Ehegatte dieses ausschlagen und den Pflichtteil geltend machen. Alternativ kann er das Vermächtnis annehmen und den Pflichtteilsrest beanspruchen (§ 2307 Abs. 1 Sätze 1, 2 BGB). Solange ihm der Erbe keine Erklärungsfrist nach § 2307 Abs. 2 BGB setzt, hat der überlebende Ehegatte für die Ausschlagung des Vermächtnisses keine Frist zu beachten. Bei einem **Herausgabevermächtnis** kann der beschwerte Ehegatte gemäß § 2306 Abs. 1 BGB ausschlagen und den kleinen Pflichtteil gemäß § 1371 Abs. 3 BGB verlangen.

5. Trennungslösungen bei Lebenspartnern nach LPartG

105 Auch bei der Trennungslösung kann für Partner einer eingetragenen Lebenspartnerschaft ohne Einschränkung auf die für Ehegatten ausgeführten Einzelheiten verwiesen werden. Es ergeben sich weder inhaltliche noch formelle Unterschiede, da ihnen dieselben Gestaltungsmöglichkeiten zur Verfügung stehen wie Ehepartnern. Sie können gemäß § 10 Abs. 4 LPartG auch ein gemeinschaftliches Testament errichten. Die Vorschriften der §§ 2266 ff. BGB gelten entsprechend. Der Erbvertrag steht ohnehin grundsätzlich[127] allen Geschäftsfähigen offen. Insofern ergeben sich keine Abweichungen zu den für Ehegatten formulierten Gestaltungsbeispielen.

III. Wiederverheiratungsklauseln

1. Regelungsziele und Zulässigkeit

106 Wiederverheiratungsklauseln sind Bestimmungen, mit denen erreicht werden soll, dass der Nachlass des Erstversterbenden im Fall einer **erneuten Heirat** des überlebenden Ehegatten ganz oder teilweise bestimmten Personen, etwa den gemeinschaftlichen Kindern, zukommt.[128] Erwogen werden solche Regelungen vor allem von **jüngeren Eheleuten** mit erheblichem Vermögen, das aus den jeweiligen Familien stammt, sie also nicht gemeinschaftlich erarbeitet haben. Daher soll es nach dem Willen der Ehegatten auch den gemeinschaftlichen Kindern ungeschmälert erhalten bleiben. Deren Nachlassbeteiligung verringert sich, wenn der Überlebende unbedingter Vollerbe des Erstversterbenden würde und durch dessen Wiederheirat mit dem neuen Ehegatten und eventuell aus dieser Verbindung hervorgehender Kinder zusätzliche Berechtigte am Nachlass partizipieren. **Ziel von Wiederverheiratungsklauseln** ist zum einen, den Nachlass für die gemeinschaftlichen Kinder zu sichern. Zum anderen soll der **Vermögensabfluss** in – aus der Sicht des Erstversterbenden – familienfremde Hände verhindert werden.[129] Soweit mit einer solchen Klausel der Ehegatte davon abgehalten werden soll, erneut zu heiraten, sog. »Zölibatsklausel«, dürfte die Zielsetzung jedoch **verfassungsrechtlichen Bedenken** ausgesetzt sein.[130] Außerdem könnte sie im Zeitalter der nicht ehelichen Lebensgemeinschaften unschwer umgangen werden. Hinsichtlich **Rechtsfolgen und Ausgestaltung** lassen sich drei unterschiedliche Klauselgruppen unterscheiden: (1) Mit Wiederheirat verliert der Überlebende sein Erbrecht nach dem Erstversterbenden in **vollem Umfang** und er muss den Nachlass des Erstversterbenden an die gemeinschaftlichen Kinder oder sonstige genannte Personen herausgeben; (2) er verliert bei erneuter Heirat sein Erbrecht nur insoweit, als es **über seinen gesetzlichen Erbteil** hinausgeht

---

126 Palandt/*Weidlich*, § 2303 Rn. 14 ff.; Prütting/Wegen/Weinreich/*Deppenkemper*, § 2303 Rn. 9, jeweils m. w. N.
127 Zu möglichen Problemen bei ausländischen Testierenden vgl. Kapitel 19.
128 Zum Gesamtkomplex vgl. auch *Völzmann*, Wiederverheiratungsklauseln, RhNotZ 2012, 1 ff.
129 *Zawar*, FS Schippel, 1996, S. 327, 337; Staudinger/*Kanzleiter*, § 2269 Rn. 39 ff.; Palandt/*Weidlich*, § 2269 Rn. 16; Reimann/Bengel/Mayer/*Mayer*, Teil B. § 2269 Rn. 58 ff.; *Nieder/Kössinger*, § 14 Rn. 111 ff. Weiterführend *Buchholz*, Erbfolge und Wiederverheiratung, 1986. Vgl. auch Kapitel 5 Rdn. 122 ff.
130 Reimann/Bengel/Mayer/*Mayer*, Teil B. § 2269 Rn. 58 ff.

oder (3) den gemeinschaftlichen Kindern stehen aufschiebend **bedingte Vermächtnisse** für den Fall der Wiederheirat zu, etwa auf Geldzahlung in Höhe ihres gesetzlichen Erbteils.[131]

Von der Rechtsprechung ist, soweit ersichtlich, die **Zulässigkeit** solcher Regelungen bislang trotz ihres erkennbaren Sanktionscharakters nicht problematisiert worden. Insoweit mag man grundsätzlich von der Wirksamkeit solcher Klauseln ausgehen. Im Schrifttum mehren sich dagegen die Stimmen, die **Unwirksamkeit wegen Sittenwidrigkeit** annehmen, wenn eine Klausel geeignet ist, dem überlebenden Ehegatten eine erneute Eheschließung nach wirtschaftlichen Kriterien entscheidend zu erschweren. Das kann zum einen der Fall sein, wenn der überlebende Ehegatte bereits mit Eheschließung seine Erbenstellung vollständig verliert und aufgrund der Verfristung seiner **Ausschlagungsmöglichkeit** (§ 2306 Abs. 1 S. 2 BGB) nicht einmal den Pflichtteil verlangen kann.[132] Auch eine vorzeitige **Auszahlungspflicht** mag im Einzelfall den Wiederheiratswilligen unzumutbar unter Druck zu setzen.[133] Solche Klauseln können das **Grundrecht auf Eheschließungsfreiheit** (Art. 6 Abs. 1 GG) beeinträchtigen.[134] Daher ist eine sorgfältige Abwägung von Ziel und Wirkung angezeigt. Vor diesem Hintergrund sollten sich Wiederverheiratungsklauseln von dem Maßstab leiten lassen, dass das **Risiko der Sittenwidrigkeit** umso geringer ist, je mehr dem Überlebenden trotz Wiederheirat von dem Nachlass des Erstversterbenden verbleibt. Eine Klausel mit Anordnung der gesetzlichen Erbfolge im Fall der Wiederheirat hat das BayObLG jedenfalls für unbedenklich erklärt.[135]

107

Wenn die gemeinsamen Kinder bereits mit Wiederheirat einen Teil des ihnen zugedachten Vermögens erhalten, stellt sich die Frage, inwieweit der Überlebende an seine eigenen Verfügungen hinsichtlich seines Eigenvermögens gebunden ist. Bei Fehlen einer ausdrücklichen Bestimmung gehen gewichtige Stimmen davon aus, dass die Wiederverheiratungsklausel auch eine **Befreiung von der Bindung** des Überlebenden beinhalte.[136] Unabhängig davon, ob die Einheitslösung oder die Trennungslösung zur Anwendung kommt, soll bei Eingreifen einer Wiederverheiratungsklausel der Überlebende hinsichtlich seines **Eigenvermögens** frei werden, zugunsten seiner neuen Familie neu zu testieren. Andere differenzieren je nach gewähltem Typus der Wiederverheiratungsklausel und danach, inwieweit der Überlebende durch die Wiederheirat der Vorteile am Nachlass des Erstversterbenden verlustig geht.[137] Um derartigen späteren Auslegungsschwierigkeiten zu begegnen, sollten Wiederverheiratungsklauseln in jedem Fall eine Aussage über die **Reichweite der Bindungswirkung** für das Eigenvermögen des wiederverheirateten Überlebenden enthalten.[138] Meist wird es dem Willen

108

---

131 Vgl. auch Reimann/Bengel/Mayer/*Mayer*, Teil B. § 2269 Rn. 58. Zu den weiteren Gestaltungsmöglichkeiten *Völzmann*, Wiederverheiratungsklauseln, RhNotZ 2012, 1, 11 ff.; *Nieder/Kössinger*, § 15 Rn. 184; Damrau/*Klessinger*, Praxiskommentar Erbrecht, § 2269 Rn. 46; *Buchholz*, Erbfolge und Wiederverheiratung, 1996, S. 16 ff.
132 Prütting/Wegen/Weinreich/*Löhnig*, § 2074 Rn. 7 f.; Palandt/*Weidlich*, § 2269 Rn. 16; Reimann/Bengel/Mayer/*Mayer*, Teil B. § 2269 Rn. 58.
133 Staudinger/*Otte*, § 2074 Rn. 58.
134 Vgl. den sog. »Hohenzollern-Beschluss« des BVerfG, Beschl. vom 22.3.2004 – 1 BvR 2248/01, DNotZ 2004, 798. Dazu *Scheuren-Brandes*, Wiederverheiratungsklauseln nach der Hohenzollern-Entscheidung – Handlungsbedarf für die Gestaltungspraxis?, ZEV 2005, 185 ff., der Wiederverheiratungsklauseln generell auf dem verfassungsrechtlichen Prüfstand sieht. Auch Otte, Die Bedeutung der »Hohenzollern«-Entscheidung des Bundesverfassungsgerichts für die Testierfreiheit, ZEV 2004, 393.
135 BayObLG Beschl. vom 9.11.2001 – 1Z BR 31/01, NJW-RR 2002, 366. Vgl. auch Staudinger/*Kanzleiter*, § 2269 Rn. 39, wonach eine Wiederverheiratungsklausel in jedem Fall unproblematisch sein soll, wenn nur die unbeschränkte Vollerbenstellung eingeschränkt wird.
136 Zum gemeinschaftlichen Testament BGH Urt. vom 15.5.1985 – IVa ZR 231/83, FamRZ 1985, 1123; BayObLG Beschl. vom 9.11.2001 – 1 Z BR 31/01, FamRZ 2002, 640, 641; OLG Hamm Beschl. vom 23.6.1994 – 15 W 265/93, FamRZ 1995, 250, 251; Palandt/*Weidlich*, § 2269 Rn. 20; MünchKommBGB/*Musielak*, § 2269 Rn. 62; zum Erbvertrag OLG Karlsruhe Beschl. vom 13.4.1961 – 5 W 200/60, NJW 1961, 1410. Ausführlich *Jünemann*, ZEV 2000, 81, 86.
137 Staudinger/*Kanzleiter*, § 2269 Rn. 45 ff., 48; *Buchholz*, Erbfolge und Wiederverheiratung, 1996, S. 96 ff.
138 Vgl. Reimann/Bengel/Mayer/*Mayer*, Teil B. § 2269 Rn. 70, 71; *Radke*, Überlegungen zur Gestaltung der Wechselbezüglichkeit im gemeinschaftlichen Testament, NotBZ 2001, 15, 16.

der Beteiligten entsprechen, die Verfügungen lediglich abänderbar und nicht unwirksam werden zu lassen.[139] Wenn die Bindung an die Verfügungen des Überlebenden zugunsten der gemeinsamen Kinder trotz Wiederheirat aufrecht erhalten bleiben soll, ist zu beachten, dass dem Überlebenden dann grundsätzlich auch die Anfechtung wegen **Übergehung von Pflichtteilsberechtigten** (§§ 2281, 2079 BGB) verwehrt ist. Denn die Existenz einer Wiederverheiratungsklausel zeigt, dass die Erblasser die Möglichkeit des Hinzutretens eines weiteren Pflichtteilsberechtigten, gerade eines neuen Ehepartners, ausdrücklich bedacht hatten. Die zusätzliche Anordnung der Bindungswirkung schließt die Anfechtung in aller Regel aus.[140]

2. Wiederverheiratungsklauseln in Verfügungen von Todes wegen mit Einheitslösung

109 Bei der Einheitslösung setzen sich die Eheleute gegenseitig zu alleinigen Vollerben ein. Um die durch Wiederheirat hinzutretenden Berechtigten von einer Nachlassbeteiligung auszuschließen und die Verfügungsbeschränkung des überlebenden Ehegatten zu erreichen, wird eine Kombination von auflösend bedingter Vollerbenstellung und aufschiebend bedingter Vor- und Nacherbschaft angeordnet.[141] Die Vollerbenstellung des überlebenden Ehegatten steht unter der auflösenden **Bedingung der Wiederheirat**. Bei Eintritt der Bedingung wird der Ehegatte zum Vorerben, die gemeinschaftlichen Kinder zu Nacherben.[142] Aufgrund dieser aufschiebend bedingten **Vorerbenstellung** gelten die Verfügungsbeschränkungen des Vorerben nach §§ 2113 ff. BGB bereits ab dem Tod des Erstversterbenden. Sie sind in Erbschein und Grundbuch auszuweisen.[143] Da der Überlebende nur im Zweifel die Rechtsstellung eines befreiten Vorerben innehat, sollte dies ausdrücklich angeordnet werden. Allerdings kann dem Vorerben nicht von allen Beschränkungen Befreiung erteilt werden (§ 2113 Abs. 2 BGB). Dadurch entsteht eine **erhebliche Beeinträchtigung** der Rechtsstellung des Überlebenden, die bei der Einheitslösung in aller Regel gerade nicht beabsichtigt ist. Die Wiederverheiratungsklausel läuft also den vorstehend dargestellten Vorteilen der reinen Einheitslösung zuwider. Auch vor diesem Hintergrund muss sehr sorgfältig abgewogen werden, ob der Wille der Eheleute tatsächlich auf eine solche Klausel gerichtet ist oder ob der Wunsch, den gemeinschaftlichen Kindern Vermögen zu erhalten, bei gleichzeitiger Verfügungsbefugnis des Überlebenden nicht besser durch eine **gegenständliche Vermächtnisanordnung** erreicht wird.

110 Um den möglichen **verfassungsrechtlichen Bedenken** Rechnung zu tragen, sollte dem überlebenden Ehegatten bei Wiederheirat nicht seine gesamte Erbenstellung genommen werden. Dies ist vor allem dann unbillig, wenn der Ehegatte kaum eigenes Vermögen hatte und seinen Unterhalt vornehmlich aus dem hinterlassenen Vermögen seines verstorbenen Ehegatten bestreitet. Zudem dürfte in aller Regel im Zeitpunkt der Wiederheirat die Sechswochenfrist für die **Ausschlagung** bereits abgelaufen sein, so dass er nicht mehr ausschlagen und den Pflichtteil verlangen kann. Eine Anfechtung der konkludent oder ausdrücklich erklärten Erbschaftsannahme nach §§ 1954, 119 BGB kann ihm nicht gelingen, weil er sich bei einer ausdrücklichen Wiederverheiratungsklausel nicht in einem Irrtum befunden haben kann.[144] Dann verbliebe dem Überlebenden nichts vom Nachlass seines Ehegatten, nicht einmal der Pflichtteil. Das wäre ein Ergebnis, welches die **Grenzen der Testierfreiheit** im Übrigen sprengen würde. Es erscheint daher empfehlenswert, dem Überlebenden mit Wiederheirat

---

139 *Nieder/Kössinger*, § 14 Rn. 124 m. w. N. in Fn. 236.
140 Staudinger/*Kanzleiter*, § 2269 Rn. 45 m. w. N.; Reimann/Bengel/Mayer/*Mayer*, Teil B. § 2269 Rn. 73; *Buchholz*, Erbfolge und Wiederverheiratung, S. 66.
141 Zur Zulässigkeit dieser Kombination BGH Beschl. vom 6.11.1985 – IVa ZB 5/85, DNotZ 1986, 541 ff.; h. M. im Schrifttum: vgl. *Völzmann*, Wiederverheiratungsklauseln, RhNotU 2012, 1, 12 ff.; Palandt/*Weidlich*, § 2269 Rn. 17; Staudinger/*Kanzleiter*, § 2269 Rn. 42 m. w. N.
142 Die hintereinandergeschaltete Anordnung von Voll- und Vorerbschaft hat das OLG Celle Beschl. vom 4.10.2012 – 6 W 180/12, MittBayNot 2013, 252 durch eine umstrittene Auslegung einer Widerveriratungsklausel entnommen. Zur Kritik vgl. *Braun*, Anmerkung zu OLG Celle Beschl. vom 4.10.2012 – 6 W 180/12, MittBayNot 2013, 253 ff.
143 Reimann/Bengel/Mayer/*Mayer*, Teil B. § 2269 Rn. 64.
144 Reimann/Bengel/Mayer/*Mayer*, Teil B. § 2269 Rn. 59.

keine weiteren Beschränkungen als die **Einsetzung zum Vorerben** aufzuerlegen, den Nacherbfall selbst jedoch erst mit dessen Tode anzuordnen.[145] Zwar dürfte eine Wiederverheiratungsklausel dieser Art keinen Wirksamkeitsbedenken ausgesetzt sein. Dennoch sollten Bedingungen im Erbrecht im Interesse von Rechtssicherheit und Rechtsfrieden grundsätzlich nur mit Zurückhaltung eingesetzt werden. Denn wer nicht sicher weiß, dass ihm Vermögenswerte endgültig verbleiben, wird auf diese Gegenstände kaum Fürsorge und Investitionen verwenden.[146] Da auf den überlebenden Ehegatten dieselben Probleme zukommen wie bei der Trennungslösung, sollte flankierend und bedingt für den Fall der Wiederheirat dem überlebenden Ehegatten die **Haushaltsgegenstände** vermacht werden. Nur so ist sichergestellt, dass er auch im Fall der Wiederheirat diese Gegenstände ohne Einschränkung zu seiner Verfügung hat.

▶ **Muster für eine Wiederverheiratungsklausel mit auflösend bedingter Vollerbeneinsetzung und aufschiebend bedingter Vorerbschaft und Nacherbfall bei Tod des Überlebenden** 111

§ 1 Widerruf

(...)

§ 2 Erbeinsetzung nach dem Erstversterbenden

Wir schließen die gesetzliche Erbfolge aus und setzen uns gegenseitig, das heißt der Erstversterbende den Überlebenden von uns, zum Erben des Erstversterbenden von uns ein. Der Überlebende von uns ist bis zum Zeitpunkt seiner Wiederheirat unbeschränkter Vollerbe.

Im Fall seiner Wiederheirat wird er nur Vorerbe. Soweit gesetzlich zulässig, ist er von allen gesetzlichen Beschränkungen und Verpflichtungen befreit.

Zu Nacherben setzt der Erstversterbende von uns unsere gemeinschaftlichen oder gemeinsam adoptierten Kinder ein, ersatzweise die jeweiligen nächstverwandten Abkömmlinge eines weggefallenen Kindes, einschließlich adoptierter Kinder, unter einander nach den Regeln der gesetzlichen Erbfolge.

Der Nacherbfall tritt ein mit dem Tod des Vorerben.

Das Nacherbenanwartschaftsrecht ist nicht vererblich und nicht übertragbar. Ausgenommen davon ist die Übertragung auf den Vorerben. Mit Übertragung auf den Vorerben entfällt die Ersatznacherbeneinsetzung.

§ 3 Vermächtnis

Bedingt auf den Fall, dass der Überlebende von uns Vorerbe wird, vermacht ihm der Erstversterbende von uns im Wege des Vorausvermächtnisses, also ohne die Beschränkungen der bedingten Nacherbschaft, sämtliche Gegenstände unseres gemeinsamen Hausstandes zu Alleineigentum, insbesondere Mobiliar, Haushaltsgegenstände, technische Geräte. Das Vermächtnis erstreckt sich auch auf Gegenstände, an denen Anwartschaftsrechte bestehen, und auf unser gemeinsam genutztes Automobil.

Die einzelnen vermachten Gegenstände sind rechtlich selbständige Vermächtnisse, so dass die Annahme auf einzelne Gegenstände beschränkt werden kann. Sie stellen keine Verschaffungsvermächtnisse dar.

Ein Ersatzvermächtnisnehmer wird nicht bestimmt. Sie entfallen ersatzlos, wenn mein Ehepartner die oder einzelne Vermächtnisse nicht annehmen kann oder will.

§ 4 Bindungswirkung

Der Notar hat uns über die Bindungswirkung beim Erbvertrag belehrt.

---

145 Ebenso Palandt/*Weidlich*, § 2269 Rn. 17; *Otte*, ZEV 2004, 393; Beck'sches Formularbuch Erbrecht/*Brambring*, Form. E. V. 1.
146 Vgl. die Grundsatzempfehlung bei *Nieder/Kössinger*, § 15 Rn. 195.

Daraufhin erklären die Erschienenen:

(...)

Für den Fall der Wiederheirat des Überlebenden von uns entfällt für den Überlebenden von uns die Bindung an die sein Eigenvermögen betreffenden Verfügungen. Der Überlebende ist also befugt, die dazu getroffenen Verfügungen von Todes wegen wieder aufzuheben und abzuändern.

112 In der Regel sind es jedoch nicht gesamte Vermögensmassen, sondern einzelne Gegenstände, etwa Immobilien, die den gemeinschaftlichen Kindern bei Wiederheirat erhalten werden sollen. Dann erscheinen die Beschränkungen des Überlebenden, die durch eine den gesamten Nachlass erfassende Nacherbfolge ausgelöst werden, überzogen. Da eine Nacherbfolge nur in einzelne Gegenstände gegen den Grundsatz der Universalsukzession verstößt und deshalb nicht angeordnet werden kann,[147] muss mit einer **Kombination** aus Nacherbfolge und **umfassendem Vorausvermächtnis** Abhilfe geschaffen werden. Das Vorausvermächtnis wird an den Gegenständen, die nicht zwingend in der Familie verbleiben müssen, ausgesetzt.[148] Dadurch kommt man dem ursprünglichen Wunsch der Ehegatten, die sich für die Einheitslösung entscheiden, in aller Regel näher, weil dem überlebenden Ehegatten mehr Spielraum verbleibt.

113 ▶ **Muster für eine Wiederverheiratungsklausel mit auflösend bedingter Vollerbeneinsetzung und aufschiebend bedingter Vorerbschaft, die durch weitgehende Vorausvermächtnisse nur »gegenständlich beschränkt« wirkt**

§ 1 und § 2

(...)

§ 3 Vermächtnisse

Bedingt auf den Fall, dass der Überlebende von uns Vorerbe wird, vermacht ihm der Erstversterbende von uns im Wege des Vorausvermächtnisses, also ohne die Beschränkungen der bedingten Nacherbschaft, sämtliche beweglichen und unbeweglichen Nachlassgegenstände mit Ausnahme des im folgenden näher bezeichneten Grundbesitzes: ...

Die unter § 2 angeordnete Nacherbfolge umfasst im Ergebnis somit nur den genannten Grundbesitz. Sollte das Eigentum an diesem Grundbesitz nicht in den Nachlass fallen, so entfällt auch die Anordnung der Nacherbfolge.

§ 4 Bindungswirkung

(...)

3. Wiederverheiratungsklauseln in Verfügungen von Todes wegen mit Trennungslösungen

114 Bei der Trennungslösung bereitet eine Wiederverheiratungsklausel grundsätzlich keine besonderen Schwierigkeiten. Der Überlebende ist ohnehin nur Vorerbe. Die Anordnung der Nacherbschaft selbst ist also unbedingt. Ist der Vorerbe nicht gemäß § 2136 BGB befreit, steht eine Beeinträchtigung der Nacherben durch eine Wiederverehelichung nicht zu besorgen, weil die gesetzlichen Beschränkungen die Nacherben hinreichend sichern. Bei einer Befreiung des Vorerben von den gesetzlichen Beschränkungen dagegen kommen verschiedene, auf die Wiederheirat **bedingte Anordnungen** in Betracht. Als den Nacherbfall auslösendes Ereignis kann zusätzlich zum Tod des Vorerben die **Wiederheirat** bestimmt werden. Dadurch wird der Zeitpunkt des Nacherbfalls auf das Ereignis

---

147 Für viele vgl. nur Palandt/*Weidlich*, § 2100 Rn. 2.
148 Sog. gegenständlich beschränkte Nacherbschaft: *Rossak*, Problematik der gegenständlichen Beschränkung einer zeitlich gestuften Sukzession, insbesondere bei Vor- und Nacherbfolge, ZEV 2005, 14 ff.; *Kornexl*, Nachlassplanung bei Problemkindern, Rn. 109 ff.

der Wiederheirat vorverlegt.[149] Der Überlebende geht im Zeitpunkt der Wiederheirat seiner Stellung als Vorerbe vollständig verlustig. Die für den Tod des Vorerben angeordnete Nacherbfolge wird im Fall seiner Wiederheirat hinfällig. Insoweit ist nicht die Nacherbfolge an sich bedingt, sondern der **Eintritt des Nacherbfalls**. Allerdings ist der vollständige Verlust der erbrechtlichen Stellung des Vorerben im Fall der Wiederheirat nach inzwischen häufiger vertretener Auffassung aus verfassungsrechtlichen Gründen bedenklich.[150] Eine Abmilderung des Sanktionscharakters lässt sich durch die auf die Wiederheirat bedingte Anordnung der **gesetzlichen Erbfolge** erreichen. Dem Überlebenden verbleibt bei Wiederheirat sein gesetzlicher Erbteil nach seinem verstorbenen Ehepartner. Er wird von der **Nacherbenbindung** frei. Der Rest des Nachlasses geht dann im Nacherbfall auf die Abkömmlinge über. Der Überlebende ist auflösend bedingter Vorerbe hinsichtlich des gesamten Nachlasses und aufschiebend bedingter Vollerbe mit seiner **gesetzlichen Erbquote**. Da dem Überlebenden hier sein gesetzlicher Erbteil verbleibt, ist mit dem BayObLG diese Gestaltung als unproblematisch anzusehen.[151]

▸ **Muster für eine auflösend bedingte Vorerbschaft mit aufschiebend auf die Wiederheirat bedingter Vollerbeneinsetzung auf die gesetzliche Erbquote** 115

§ 1 Widerruf

(...)

§ 2 Erbeinsetzung nach dem Erstversterbenden zum Vorerben

(...)[152]

Falls der Überlebende wieder heiratet, tritt der Nacherbfall im Zeitpunkt seiner Wiederheirat ein, jedoch mit der Maßgabe, dass aufschiebend bedingt auf diesen Fall der Überlebende als Erbe auf seinen gesetzlichen Erbteil nach dem Erstversterbenden eingesetzt ist und dieser Erbteil der Nacherbenbindung nicht unterworfen ist.

§ 3 Bindungswirkung

Der Notar hat uns über die Bindungswirkung beim Erbvertrag belehrt.

Daraufhin erklären die Erschienenen:

(...)

Für den Fall der Wiederheirat des Überlebenden von uns entfällt für den Überlebenden von uns die Bindung an die sein Eigenvermögen betreffenden Verfügungen. Der Überlebende ist also befugt, die dazu getroffenen Verfügungen von Todes wegen wieder aufzuheben und abzuändern.

Ebenfalls mildern Sanktionscharakter hat die Anordnung der Nacherbschaft mit bedingtem **Nießbrauchsvermächtnis** zugunsten des Überlebenden. Danach wird der Nacherbfall zwar mit Wiederheirat ausgelöst. Der Überlebende erhält jedoch für diesen Fall ein aufschiebend bedingtes Nießbrauchsvermächtnis am gesamten Nachlass des Erstversterbenden auf Lebenszeit.[153] Nießbrauch am gesamten Nachlass ist die praktisch häufigste Form des **Vermögensnießbrauchs**. Er ist Nießbrauch an den einzelnen Nachlassgegenständen und richtet sich nach dem für den **jeweiligen Gegenstand** geltenden Vorschriften (§§ 1089, 1085 BGB).[154] An beweglichen Gegenständen kann der Nießbrauch formlos durch Einigung und Übergabe bestellt werden (§ 1032 BGB), an Immobilien 116

---

149 Palandt/*Weidlich*, § 2269 Rn. 21; *Zawar*, DNotZ 1986, 515, 521 ff.
150 Vgl. die Darstellung bei vorstehender Rdn. 58 ff. und in Kapitel 5 Rdn. 133 ff.; Reimann/Bengel/Mayer/ *Mayer*, Teil B § 2269 Rn. 60.
151 BayObLG Beschl. vom 9.11.2001 – 1Z BR 31/01, NJW-RR 2002, 366. Vgl. auch *Scheuren-Brandes*, ZEV 2005, 185, 186.
152 Wie im Formulierungsbeispiel bei Rdn. 83.
153 Vgl. *Nieder/Kössinger*, § 14 Rn. 116.
154 Vgl. nur MünchKommBGB/*Pohlmann*, § 1089 Rn. 2.

durch Einigung und Eintragung (§ 873 BGB), die wegen § 29 GBO einer öffentlich beglaubigten Eintragungsbewilligung bedarf. Gegenüber der Situation ohne Wiederheirat ist diese Folge bei wirtschaftlicher Betrachtung für den Vorerben im Zweifel, je nach Zusammensetzung des Nachlasses, die am wenigsten belastende. Dem Vermögensnießbraucher geht lediglich die **Verfügungsbefugnis** über den Nachlass und dessen Gegenstände ab. Gerade dies ist als Wiederverheiratungsklausel häufig beabsichtigt. Abweichend von den gesetzlichen Bestimmungen des Nießbrauchs sollten die **außerordentlichen Lasten** und der außerordentliche Erhaltungsaufwand, die nach dem Gesetz den Eigentümer treffen, dem Nießbraucher auferlegt werden. Denn durch den Nießbrauch ist es dem Erben als neuem Eigentümer verwehrt, wirtschaftliche Erträge aus den Nießbrauchsgegenständen zu ziehen. Daher dürfte es regelmäßig nicht interessengerecht sein, ihm die außerordentlichen Belastungen zuzumuten. Dies entspricht der üblichen Regelung beim Vorbehaltsnießbrauch im Rahmen der vorweggenommenen Erbfolge und stellt insoweit keine Besonderheit dar. Trotz des Nießbrauchs am gesamten Nachlass ist eine **Erbauseinandersetzung** ohne weiteres möglich. Denn das Nießbrauchsrecht an den einzelnen Gegenständen bleibt unverändert bestehen. Da die Wiederverheiratungsklausel nicht die bestmögliche Absicherung des Überlebenden zum Ziel hat, mag insoweit auf die Anordnung eines Auseinandersetzungsverbotes nebst Dauertestamentsvollstreckung für die Lebzeit des Nießbrauchers verzichtet werden.

117 ▶ **Muster für eine durch die Wiederheirat ausgelöste Nacherbschaft mit bedingtem Nießbrauchsvermächtnis am Nachlass zugunsten des Überlebenden**

§ 1 Widerruf

(...)

§ 2 Erbeinsetzung nach dem Erstversterbenden zum Vorerben

(...)[155]

Falls der Überlebende wieder heiratet, tritt der Nacherbfall im Zeitpunkt seiner Wiederheirat ein.

§ 3 Vermächtnis

Bedingt auf den Fall, dass der Überlebende von uns wieder heiratet, vermacht ihm der Erstversterbende von uns den lebenslangen Nießbrauch an seinem gesamten Nachlass, welcher nach Abzug der Nachlassverbindlichkeiten verbleibt.

Für den Nießbrauch gelten die gesetzlichen Bestimmungen mit der Maßgabe, dass abweichend davon der Nießbraucher für die Dauer seines Rechts im Verhältnis zum Eigentümer auch den außerordentlichen Aufwand nach §§ 1041, 1047 BGB zu tragen hat. Soweit Immobilien in den Nachlass fallen, ist der lebenslange Nießbrauch durch rangbereite Eintragung im Grundbuch zu sichern.

Der oder die Nacherben haben dieses Vermächtnis unverzüglich nach dem Nacherbfall auf Kosten des Vermächtnisnehmers, der etwa anfallende Kosten, Steuern und Gebühren zu tragen hat, zu erfüllen.

118 Möglich ist ferner, den ansonsten befreiten Vorerben mit der Wiederheirat den gesetzlichen **Beschränkungen** zu unterwerfen. Die Befreiung von den Beschränkungen nach § 2136 BGB kann wie jedes Rechtsgeschäft auch bedingt oder befristet angeordnet werden.[156] Mit der Wiederheirat greifen die gesetzlichen Verfügungsbeschränkungen, Kontroll- und Mitwirkungsrechte zugunsten der **Nacherben** ein. Da der Erstversterbende den Vorerben auch von vornherein den Beschränkungen hätte unterwerfen können, bestehen gegen eine solche Anordnung keine Bedenken. Gegebenenfalls kann dies mit der Anordnung einer für den Fall der Wiederheirat angeordneten **Testamentsvollstreckung** begleitet werden.

---

155 Wie im Formulierungsbeispiel bei Rdn. 83.
156 Palandt/*Weidlich*, § 2136 Rn. 8; Staudinger/*Avenarius*, § 2136 Rn. 22 f.

▶ **Muster für eine bedingte Anordnung von Beschränkungen des Vorerben für den Fall der Wiederheirat**

§ 1 Widerruf

(...)

§ 2 Erbeinsetzung nach dem Erstversterbenden zum Vorerben

(...)[157]

Die Befreiung des Vorerben von allen gesetzlichen Beschränkungen und Verpflichtungen gilt jedoch nur bis zum Zeitpunkt seiner Wiederheirat. Ab dem Zeitpunkt seiner Wiederheirat gelten für den Vorerben sämtliche gesetzliche Beschränkungen.

§ 3 Vermächtnisse (über Haushaltsgegenstände etc.)

§ 4 Testamentsvollstreckung

Der Erstversterbende von uns ordnet für den Fall, dass der Überlebende von uns wieder heiratet, Testamentsvollstreckung an.

Der Testamentsvollstrecker hat den Nachlass bis zum Tode des Überlebenden zu verwalten.

Der Testamentsvollstrecker ist auch Nacherbenvollstrecker für alle Nacherben. Diese Testamentsvollstreckung endet erst mit Beendigung sämtlicher Vorerbschaften.

Er ist in der Eingehung von Verbindlichkeiten für den Nachlass nicht beschränkt. Er ist, soweit gesetzlich zulässig, von allen Beschränkungen befreit.

Zum Testamentsvollstrecker ernenne ich ..., [Geburtsdatum, Anschrift], ersatzweise ..., [Geburtsdatum, Anschrift]. Der Testamentsvollstrecker ist jederzeit berechtigt, einen Nachfolger zu ernennen. Endet das Amt des Testamentsvollstreckers ohne Benennung eines Nachfolgers, so wird das zuständige Nachlassgericht ersucht, einen geeigneten Testamentsvollstrecker zu ernennen.

Der Testamentsvollstrecker erhält Ersatz der notwendigen Auslagen und eine angemessene Vergütung. (Ggf. Näheres zur Vergütungsregelung)

4. Alternative Wiederverheiratungsklauseln

In der Beratungspraxis verliert sich bei näherer Betrachtung der Rechtsfolgen häufig das Interesse der Beteiligten an den klassischen Wiederverheiratungsklauseln. Ihre **praktische Relevanz** ist daher sehr viel geringer als es die nachvollziehbaren Regelungsziele und die Aufmerksamkeit im Schrifttum vermuten lassen. Die Wünsche der Ehegatten lassen sich auch mit alternativen Gestaltungen erreichen, ohne diese problematische Konstruktion in Anspruch zu nehmen. So lassen sich neu hinzutretende gesetzliche Erben mit einer bindenden **Schlusserbeneinsetzung** zugunsten der gemeinschaftlichen Kinder und einem Verzicht auf das Anfechtungsrecht wegen Übergehung von **Pflichtteilsberechtigten** (§§ 2281, 2079 BGB) ausschließen, verbunden gegebenenfalls mit einer beschränkten **Änderungsbefugnis** für eine freie Quotenverschiebung unter den Abkömmlingen.[158] Mit dem Ausschluss des Anfechtungsrechts wegen übergangener Pflichtteilberechtigter können der neue Ehegatte und mögliche Kinder aus dieser Verbindung nur noch mit **Pflichtteilsansprüchen** die Nachlassbeteiligung der gemeinschaftlichen Kinder beeinträchtigen.

---

157 Wie im Formulierungsbeispiel bei Rdn. 83.
158 Vgl. *Kornexl*, Nachlassplanung bei Problemkindern, Rn. 909.

121 ▶ **Muster einer bindenden Schlusserbeneinsetzung mit Anfechtungsverzicht als Alternative zur klassischen Wiederverheiratungsklausel**

§ 1 bis § 4

(...)

§ 5 Bindungswirkung, Verzicht auf Anfechtungsrecht

Der Notar hat uns über die Bindungswirkung beim Erbvertrag belehrt.

Daraufhin erklären die Erschienenen:

(1)

Wir treffen die gegenseitige Erbeinsetzung und die Erbeinsetzung unserer gemeinschaftlichen Kinder und sonstigen Abkömmlinge erbvertragsmäßig und nehmen diese wechselseitig an.

(2)

Hinsichtlich der Erbeinsetzung unserer gemeinschaftlichen Kinder und sonstigen Abkömmlinge wird dem Überlebenden von uns jedoch insoweit eine Änderungsbefugnis eingeräumt, dass er deren Erbquoten untereinander verändern und auch Enterbungen vornehmen kann, jedoch nur zugunsten eines anderen gemeinschaftlichen Abkömmlings.

(4)

Der Notar hat uns über das gesetzliche Erb- und Pflichtteilsrecht und das Anfechtungsrecht wegen Übergehung von Pflichtteilsberechtigten belehrt.

Dazu erklären die Erschienenen, dass sie alle Verfügungen unabhängig vom Vorhandensein etwaiger weiterer Pflichtteilsberechtigter zur Zeit des jeweiligen Erbfalls treffen und insoweit auf ihr Anfechtungsrecht nach §§ 2281, 2079 BGB verzichten. Wir sind uns bewusst, dass dieser Verzicht auf das Anfechtungsrecht insbesondere auch für den Fall einer möglichen Wiederheirat des Überlebenden von uns gilt.

122 Streitanfälliger dagegen erscheinen **bedingte Geld- oder Herausgabevermächtnisse** bezogen auf die Höhe des Erbteils.[159] Mit solchen Vermächtnissen erhalten die gemeinsamen Kinder im Fall der Wiederheirat ein Geldbetrag in Höhe des **gesetzlichen Erbteils** aus dem Wert des Nachlasses des Erstversterbenden im Zeitpunkt seines Todes. Die gewünschte Folge, das Abwandern des Vermögens in die neue Familie des Überlebenden zu verhindern, wird zwar erreicht. Problematisch ist jedoch, dass die Rechtsstellung des bedingten **Vermächtnisnehmers** nach dem Tod des Erstversterbenden gemäß § 2174 **BGB** wesentlich schwächer ist als die eines **Nacherben**. Denn nach h. M. steht dem Vermächtnisnehmer kein dinglich wirkender Schutz gegen beeinträchtigende Verfügungen zu, sondern lediglich **Schadensersatzansprüche**.[160] Die Verpflichtung des Überlebenden, im Zeitpunkt seiner Wiederheirat den Nachlasswert für den – möglicherweise Jahre zurückliegenden – Zeitpunkt des Erbfalles zu ermitteln, birgt **praktische Probleme**. Um diesen Schwierigkeiten zu begegnen wird sogar empfohlen, bei der Anordnung eines solchen Vermächtnisses die Erstellung eines amtlichen **Nachlassverzeichnisses** und eine Nachlassschätzung anzuordnen.[161] Auch das Konkurrenzverhältnis mit den Pflichtteilsrechten der Schlusserben muss bei Anordnung eines aufschiebend bedingten Vermächtnisses geregelt werden. Sonst kann problematisch sein, wie sich eine etwaige Geltendmachung von **Pflichtteilsansprüchen** durch einen Abkömmling auf dessen bedingten Vermächtnisanspruch

---

159 Palandt/*Weidlich*, § 2269 Rn. 19; *Nieder/Kössinger*, § 14 Rn. 122; Becksches Formularbuch Erbrecht/ *Brambring*, Form.E. V. 2.
160 Reimann/Bengel/Mayer/*Mayer*, Teil B. § 2269 Rn. 75 m. w. N. zur h. M.; gemäß § 2174 BGB richtet sich die Rechtsstellung des Vermächtnisnehmers nach §§ 158–160, 162 BGB, nicht aber nach § 161 BGB. Vgl. auch Kapitel 5 Rdn. 262 ff.
161 Vgl. *Nieder/Kössinger*, § 14 Rn. 122 bei Fn. 233.

auswirkt.[162] Eine solche Anordnung sollte daher nur nach vorsichtiger Abwägung des damit verbundenen **Konfliktpotentials** in Betracht gezogen werden.

▶ **Muster für ein bedingtes Quotenvermächtnis in Geld** 123

§ 1 bis § 3

(...)

§ 4 Vermächtnis

Bedingt auf den Fall, dass der Überlebende von uns wieder heiratet, hat er unseren gemeinschaftlichen Kindern einen Geldbetrag in Höhe des ihrem jeweiligen gesetzlichen Erbteil entsprechenden Bruchteils des Nachlasswertes des Erstversterbenden von uns, berechnet auf den Zeitpunkt des Erbfalls, auszuzahlen. Das jeweilige Vermächtnis ist innerhalb von 3 Monaten nach der Wiederheirat zur Zahlung fällig. Die Vermächtniseinsetzung ist weiterhin dadurch bedingt, dass von dem jeweiligen Vermächtnisnehmer beim Tod des Erstversterbenden von uns der gesetzliche Pflichtteil nicht geltend gemacht wird.

Häufig ist es jedoch nicht die gesamte Vermögensmasse, die den gemeinschaftlichen Kindern erhalten werden soll. Vielmehr bezieht sich das **Erhaltungsinteresse** der Erblasser in aller Regel auf **einzelne Gegenstände**, meist Immobilien. Erheblich verständlicher und für die Vermögensdispositionen des Überlebenden praktikabler ist in solchen Fällen ein **Sachvermächtnis** über diese bestimmten Vermögenswerte zugunsten der Kinder. Wenn feststeht, dass der Überlebende diese Immobilien nicht zu seiner Versorgung benötigt, sollte man erwägen, diese Immobilien bereits beim ersten Erbfall auf die Kinder übergehen zu lassen. Selbst wenn diese Gegenstände zur Absicherung des Überlebenden benötigt werden, kann ein unbedingtes, nach dem ersten Erbfall zu erfüllendes Vermächtnis mit einem **Nießbrauchsuntervermächtnis** zugunsten des Überlebenden angeordnet werden. Eine Wiederheirat stört den Zuteilungsplan in diesem Fall nicht. Sie bedarf keiner gesonderten Regelung. Insofern handelt es sich bei dieser Gestaltung nicht um eine Wiederverheiratungsklausel im engeren Sinne. Dennoch erscheint diese Alternative unter dem Aspekt der schutzwürdigen Interessen der gemeinschaftlichen Kinder zielführend, jedenfalls dann, wenn der Erhalt im **Familienverbund** und der zwischenzeitliche **Nießbrauch** des Überlebenden ohne Verwertungsrecht das maßgebliche Ziel ist. Denn die Eigentümerstellung der Kinder schützt die Immobilie vor Verfügungen des Überlebenden, und zwar weitaus besser als es bei einer **befreiten Vorerbschaft** des Überlebenden der Fall ist. 124

Als weitere Gestaltung kann der Erblasser die für die Kinder zu erhaltende Immobilie zum Gegenstand einer **bedingten Übertragungspflicht** machen. Ausgelöst durch die Wiederheirat des Überlebenden steht den gemeinsamen Kindern ein Erwerbsrecht an der entsprechenden Immobilie zu. Je nach Versorgungsnotwendigkeit kann die Pflicht zur Übertragung der Immobilie auf die Kinder mit einem **Nießbrauchsuntervermächtnis** zugunsten des Überlebenden gekoppelt werden. Dieser auf die Wiederheirat bedingte Übertragungsanspruch kann zum einen als Vertrag zugunsten Dritter bindend vereinbart werden und unmittelbar als bedingter Anspruch grundbuchlich mit einer Vormerkung gesichert werden. Alternativ kann im Wege eines bindenden, bedingten Vermächtnisses auch der **Anspruch auf Vormerkungseintragung** mitvermacht werden.[163] Die Vormerkung bietet einen besseren Schutz vor Verfügungen des Überlebenden als seine Stellung als befreiter Vorerbe. Damit dürfte diese Alternative auch unter dem Aspekt der schutzwürdigen Interessen der gemeinschaftlichen Kinder **vorzugswürdig** sein. 125

---

162 Dazu Reimann/Bengel/Mayer/*Mayer*, Teil B. § 2269 Rn. 78 f. m. w. N.
163 Vgl. *Kornexl*, Nachlassplanung bei Problemkindern, Rn. 909 f.

126 ▶ **Muster eines bedingt vermächtnisweise zugewendeten Gestaltungsrechts/ Übertragungsanspruchs**

§ 1 bis § 3

(...)

§ 4 Vermächtnis: Bedingter Übertragungsanspruch

Bedingt auf den Fall, dass der Überlebende von uns wieder heiratet, erhalten unsere gemeinschaftlichen, einschließlich gemeinsam adoptierter Kinder zu gleichen Teilen, ersatzweise die jeweiligen nächstverwandten Abkömmlinge eines weggefallenen Kindes, einschließlich adoptierter Kinder, unter einander nach den Regeln der gesetzlichen Erbfolge als Gesamtberechtigte gemäß § 428 BGB ein Erwerbsrecht an dem nachstehend näher bezeichneten Grundbesitz, deren Eigentümer wir gegenwärtig zu je $1/2$ Miteigentumsanteil sind: ...

Der Übertragungsanspruch der vorgenannten Berechtigten entsteht mit wirksamer Ausübung des Erwerbsrechts, das heißt mit schriftlicher Erklärung durch mindestens einen Erwerbsberechtigten gegenüber dem Überlebenden von uns innerhalb von sechs Monaten nach Kenntnisnahme von der Wiederheirat durch alle Erwerbsberechtigten. Wird das Erwerbsrecht nicht innerhalb dieser Frist ausgeübt, so erlischt es. Das bedingte Erwerbsrecht und das Ausübungsrecht sind vererblich, jedoch nicht rechtgeschäftlich übertragbar.

Die Übertragung auf die Erwerbsberechtigten hat unentgeltlich zu erfolgen. Die Erwerbsberechtigten haben jedoch alle Kosten für die Übertragung sowie alle beim Tod des Erstversterbenden von uns auf dem Grundbesitz bestehenden Belastungen mit den zugrundeliegenden Verbindlichkeiten zur Zeit des ersten Erbfalls zu übernehmen.

Das bedingte Erwerbsrecht erlischt ersatzlos, wenn der genannte Grundbesitz unter Mitwirkung von uns beiden zu unser beiden Lebzeiten veräußert oder übertragen werden sollte.

Die Erwerbsberechtigten sind berechtigt, zur Sicherung des bedingten Übertragungsanspruchs nach dem ersten Erbfall die Eintragung einer Auflassungsvormerkung zu verlangen.

Ggf. zusätzlich:

Die Übertragung auf die Erwerbsberechtigten hat unter dem Vorbehalt des unentgeltlichen lebenslangen Nießbrauchsrechts für den Überlebenden von uns zu erfolgen. Für den Nießbrauch gelten die gesetzlichen Bestimmungen mit der Maßgabe, dass abweichend davon der Nießbraucher für die Dauer seines Rechts im Verhältnis zum Eigentümer auch den außerordentlichen Aufwand nach §§ 1041, 1047 BGB zu tragen hat. Er ist durch rangbereite Eintragung im Grundbuch zu sichern.

5. Öffnungsklauseln zugunsten des neuen Ehegatten

127 Bei sämtlichen Wiederverheiratungsklauseln oder alternativen Gestaltungen sind Öffnungsklauseln zugunsten des neuen Ehegatten denkbar. Praktisch relevant und im Einzelfall empfehlenswert können solche Möglichkeiten vor allem sein, wenn die **Wohnimmobilie** bei Wiederheirat an die Kinder fallen soll. Dann kann dem Überlebenden die Befugnis eingeräumt werden, zugunsten des neuen Ehegatten im Vermächtniswege ein **Wohnrecht** oder einen **Nießbrauch** auf dessen Lebenszeit zuzuwenden. Möglicherweise will man anordnen, dass dies entfallen soll, wenn der neue Ehegatten seinerseits erneut heiratet.[164] Das **Wohnrechtsvermächtnis** ist dann auflösend auf die Wiederheirat des neuen Ehegatten bedingt. Eine solche Vermächtnisbefugnis des Überlebenden sollte allerdings als **Öffnung der Wiederverheiratungsklausel** ausdrücklich in der Anordnung enthalten sein. Andernfalls können Auslegungsschwierigkeiten entstehen.

---

164 Vgl. *Nieder/Kössinger*, § 14 Rn. 123.

▸ **Muster für eine Vermächtnisbefugnis zugunsten des neuen Ehegatten** 128

Der Überlebende von uns ist befugt, im Fall seiner Wiederheirat durch letztwillige Verfügung ein unentgeltliches Wohnrecht an dem vorstehend genannten Grundbesitz zugunsten des neuen Ehegatten auf dessen Lebzeit einzuräumen. Von dieser Befugnis darf nur Gebrauch gemacht werden, wenn gleichzeitig angeordnet wird, dass das Wohnrecht des neuen Ehegatten entfällt, wenn dieser seinerseits erneut heiratet.

IV. Vermächtnis über Haushaltsgegenstände

1. Regelungsziel

Für den Überlebenden spielen die Gegenstände des gemeinsamen Haushalts eine entscheidende Rolle bei der Frage, ob und wie er nach dem Tod des Partners in gewohnter Weise weiter wirtschaften kann. Das **Regelungsziel** eines jeden Vermächtnisses über Haushaltsgegenstände ist es, dem Überlebenden die **Fortsetzung des Haushalts** mit den bisherigen Gegenständen zu ermöglichen. Zwar besteht ein gesetzlicher Anspruch auf Haushaltsgegenstände und **Hochzeitsgeschenke** als Voraus nach § 1932 Abs. 1 BGB. Dieser entfällt aber unter anderem, wenn der überlebende Ehegatte nicht gesetzlicher, sondern **testamentarischer Erbe** wird. Zudem ist dieser Anspruch bei einer Erbengemeinschaft mit Abkömmlingen gemäß § 1932 Abs. 1 S. 2 BGB auf die Gegenstände beschränkt, die zur Führung eines **angemessenen Haushalts** benötigt werden. Der Überlebende kann also darauf verwiesen werden, dass er genügend Gegenstände besitze oder ihm die Anschaffung aus **Eigenmitteln** zumutbar sei.[165] Bei Lebenspartnern gewährt § 10 Abs. 1 S. 3 bis 5 LPartG dem Überlebenden einen dem § 1932 BGB weitgehend entsprechenden Voraus. Im Unterschied zu Eheleuten ist hier jedoch der Anspruch auf den Voraus ausdrücklich davon abhängig, dass der längerlebende Lebenspartner **zugleich Erbe** wird. Dies folgt aus dem Begriff »zusätzlich« in § 10 Abs. 1 S. 3 LPartG. Daraus wird gefolgert, dass dem überlebenden Lebenspartner kein Anspruch auf den Voraus zustehen soll, wenn sein Erbrecht wegen eines begründeten Antrages des Erblassers auf Aufhebung der Lebenspartnerschaft wegfällt.[166] Umgekehrt besteht aber genauso wie bei Eheleuten **Gestaltungsbedarf bei testamentarischen Zuwendungen**. 129

2. Vermächtnisse über Haushaltsgegenstände bei Trennungslösungen

Kein Handlungsbedarf besteht, wenn sich die Ehe- oder Lebenspartner bei gemeinsamer Nachlassplanung gegenseitig zu **alleinigen Vollerben** einsetzen. In allen anderen Fällen sind jedoch Regelungen über die Haushaltsgegenstände angezeigt, wenn der Überlebende nicht auf die wohlwollende Mitwirkung anderer Nachlassbeteiligter angewiesen sein soll. Bei **Trennungslösungen** ist ferner zu berücksichtigen, dass grundsätzlich sämtliche Nachlassgegenstände der Vor- und Nacherbschaft unterliegen. Durch ein **Vorausvermächtnis** wird erreicht, dass sich diese Bindung nicht auf die zugewendeten Gegenstände erstreckt und der Überlebende insoweit frei ist (§ 2110 Abs. 2 BGB). 130

Bei dem **Begriff Haushaltsgegenstände** besteht Einigkeit, dass auch Mietmöbel (Leasing) und Miteigentumsanteile erfasst sind.[167] Nicht erfasst sind persönliche Gegenstände (Kleidung, Schmuck) und solche, die zur Berufsausübung des Erblassers benötigt wurden. Das privat genutzte **Automobil** ist wohl auch den Haushaltsgegenständen zuzuordnen.[168] Um Zweifel über die Eigenschaft des Automobils als Haushaltsgegenstand auszuräumen, empfiehlt sich eine Klarstellung. Dasselbe gilt für **Anwartschaftsrechte** auf den Eigentumserwerb, die der Erblasser bei größeren Anschaffungen im Rahmen von finanzierten Käufen erworben haben mag. 131

---

165 Vgl. Palandt/*Weidlich*, § 1932 Rn. 6; Erman/*Lieder*, § 1932 Rn. 12.
166 Damrau/*Seiler*, Praxiskommentar Erbrecht, § 1932 Rn. 5.
167 Palandt/*Weidlich*, § 1932 Rn. 5.
168 Soweit ersichtlich nur AG Erfurt Urt. vom 31.11.2001 – 28 C 765/00, FamRZ 2002, 849 f.

132 ▸ **Muster für ein Vermächtnis über Haushaltsgegenstände bei der Trennungslösung**

§ 4 Vermächtnisse

Ich beschwere meine Erben im Wege des Vorausvermächtnisses, d. h. ohne die Beschränkungen der Vor- und Nacherbschaft, mit folgenden Vermächtnissen zugunsten meines Ehepartners:

Mein Ehepartner erhält sämtliche Gegenstände unseres gemeinsamen Hausstandes zu Alleineigentum, insbesondere Mobiliar, Haushaltsgegenstände, technische Geräte. Das Vermächtnis erstreckt sich auch auf Gegenstände, an denen Anwartschaftsrechte bestehen, und auf unser gemeinsam genutztes Automobil.

Die einzelnen vermachten Gegenstände sind rechtlich selbständige Vermächtnisse, so dass die Annahme auf einzelne Gegenstände begrenzt werden kann. Sie stellen keine Verschaffungsvermächtnisse dar.

Ein Ersatzvermächtnisnehmer wird nicht bestimmt. Sie entfallen ersatzlos, wenn mein Ehepartner die oder einzelne Vermächtnisse nicht annehmen kann oder will.

Die Vermächtnisse sind binnen drei Monaten nach meinem Tod auf Kosten des Vermächtnisnehmers zu erfüllen.

V. Vorsorge für besondere Konstellationen

1. Vorsorge für zeitnahes Versterben beider Ehegatten (»Katastrophen-Klauseln«)

133 Der eher seltene Fall des gleichzeitigen Ablebens löst bei vielen testierwilligen Paaren großes Unbehagen und den Wunsch nach vorsorgender Gestaltung aus. § 11 Verschollenheitsgesetz enthält zwar eine **Vermutungsregel**, wonach der gleichzeitige Tod angenommen wird, wenn die Reihenfolge des Sterbens nicht mehr geklärt werden kann, wie es bei Autounfällen, Flugzeugabstürzen und Naturkatastrophen regelmäßig der Fall sein dürfte. Für die **Anwendbarkeit** dieser Vermutungsregel ist die Todesursache unerheblich. In dem Fall kann keiner der beiden Erbe des anderen werden, da nicht erbfähig ist, wer vor oder gleichzeitig mit dem Erblasser verstorben ist (§ 1923 Abs. 1 BGB). Für diese Fälle ist eine **schlichte Ersatzerbeneinsetzung** ausreichend.[169]

134 Überlebt jedoch der eine den anderen nachweislich auch nur um kürzeste Zeit, findet die Vermutungsregel **keine Anwendung**. Die Erbfolge tritt dann nach jedem Erblasser getrennt ein. Der Wille der Ehegatten ist für diesen Fall regelmäßig darauf gerichtet, den auch als **Schlusserben** eingesetzten Dritten zu begünstigen. In einer verbreiteten Praxis werden daher Katastrophen-Klauseln vorgeschlagen, wonach »der Schlusserbe auch Ersatzerbe für das gleichzeitige oder annähernd gleichzeitige Versterben beider Ehegatten sein soll«. Um die Frage, was die Erblasser noch als annähernd gleichzeitig ansehen unzweideutig zu beantworten, empfehlen neuere Formulierungen eine dem Kalender nach bestimmte **Zeitspanne** für den zweiten Todesfall festzulegen, etwa binnen eines Monats nach dem ersten Todesfall. Eingesetzt werden dann die als Schlusserben für den zweiten Erbfall bestimmten Personen.[170] **Erbrechtlich** wollen die Ehegatten damit erreichen, dass der Letztversterbende nur dann den Erstversterbenden beerbt, wenn er den Erstversterbenden eine bestimmte Zeit überlebt. Andernfalls soll der Nachlass des Erstversterbenden direkt auf die gemeinsamen Kinder übergehen und nicht den Umweg über den Letztversterbenden nehmen. Aus steuerlicher Sicht bezwecken die Eheleute, dass sie von den gemeinsamen Kindern ohne zusätzliche **Erbschaftsteuerbelastung** beerbt werden, wenn sie kurz nacheinander sterben. Die Bestimmung, dass der Nachlass nicht endgültig an den zunächst eingesetzten Erben fällt, wenn ein bestimmtes Ereignis eintritt, ist erbrechtlich und erbschaftsteuerlich zwingend eine **Vor- und Nacherbschaft**. Üblicherweise wird deshalb die vorerwähnte knappe Katastrophen-Klausel als Anordnung einer Vorerbschaft unter

---

169 Vgl. auch *Feick*, Klauseln zum »gemeinsamen Versterben« in Ehegattentestamenten: Ende eines Mythos? – Zivilrechtliche und erbschaftsteuerliche Folgen, ZEV 2006, 16, 17 ff.; *Nieder/Kössinger*, § 8 Rn. 72.
170 Tanck/Krug/Daragan/*Tanck*, Testamente, § 20 Rn. 117 und für die Vor- und Nacherbfolge § 20 Rn. 11.

den Eheleuten verstanden. Die als Schlusserben eingesetzten Kinder sind danach auch Nacherben. Der **Nacherbfall** tritt ein, wenn der Überlebende innerhalb der Frist nachverstirbt.[171] Der Verlust des **erbschaftsteuerlichen Freibetrages** nach dem Erstversterbenden lässt sich auch nicht durch testamentarische Anordnungen gestalten, denn er hängt zwingend an der **Vorerbschaft** zwischen den Ehepartnern. Die steuerlich ungünstige Vor- und Nacherbschaft zwischen den Ehegatten kann allerdings durch **Ausschlagung** der Kinder vermieden werden. Ausgeschlagen wird die Erbschaft, die dem Überlebenden als Vorerben angefallen ist. Dessen Ausschlagungsrecht ist vererblich und die **Ausschlagungsfrist** endet gemäß § 1952 Abs. 2 BGB nicht vor der Frist, die für das eigene Ausschlagungsrecht der Erben gilt. Der Nachlass des Erstversterbenden fällt aufgrund der Ausschlagung der Vorerbschaft direkt an die Kinder als Ersatzerben nach dem Erstversterbenden. Zudem sind die Kinder Erben des Überlebenden. Dadurch wird die **erstrebte Selbstständigkeit** der beiden Nachlässe wieder erreicht und die Kinder können nach jedem Elternteil die erbschaftsteuerlichen Freibeträge in Anspruch nehmen.[172] Angesichts der **Seltenheit** des zeitnahen Versterbens mag man eine sorgsame Vorsorge für solche Fälle zurückstellen und hoffen, dass im unwahrscheinlichen Fall noch Zeit für die **Ausschlagungslösung** bleibt.

In besonderen Konstellationen, in denen die konkrete Vorsorge für ein zeitnahes Versterben für die Beteiligten von zentraler Bedeutung ist, können die vereinzelt vorgeschlagenen **neuen Katastrophen-Klauseln** erwogen werden. Diese führen zu dem gewünschten Ergebnis, ohne den zeitkritischen Weg der Ausschlagung zur Vermeidung der erbschaftsteuerlichen Falle gehen zu müssen. Jedoch kommen sie nicht mit der schlanken Formulierung der traditionellen Klauseln aus. Sie arbeiten mit einer **umgekehrten Vor- und Nacherbschaft**: Die Kinder werden Vorerben und der Überlebende Nacherbe. Kern der Anordnung ist eine **doppelt bedingte Einsetzung** der Kinder durch jeden Ehegatten, und zwar zum einen aufschiebend bedingt für den Fall, dass er aufgrund eines auch für den anderen lebensbedrohlichen Ereignisses stirbt und zum anderen auflösend bedingt für den Fall, dass der Überlebende die bestimmte Frist überlebt. Der Erstversterbende wird von den Kindern als **Vorerben** beerbt. Stirbt der Überlebende innerhalb der Frist, fällt die auflösende Bedingung aus. Damit entfällt die konstruktive Nacherbfolge und die Kinder werden **Vollerben**. Überlebt der Ehegatte die gesetzte Frist, tritt mit Ablauf der Frist der Nacherbfall ein. Der letztversterbende Ehegatte wird nunmehr Vollerbe. Dieser **erbrechtliche Rollentausch** führt erbschaftsteuerlich zu dem gewünschten Ergebnis, wenn man ihn mit einem **Universalvermächtnis** zugunsten des Überlebenden flankiert, so dass der Überlebende als Nacherbe in den Genuss des gesamten Nachlasses des Erstversterbenden kommt, einschließlich der **Nutzungen**.[173] Als Vorerben sind die Kinder steuerpflichtig, weil sie gemäß §§ 3 Abs. 1 Nr. 1, 6 Abs. 1 ErbStG Erben des Erstversterbenden sind.[174] Nach diesem stehen ihnen die entsprechenden **Freibeträge** zu. Wenn nun der Überlebende innerhalb der angeordneten Frist verstirbt, entfällt die Nacherbfolge und die Kinder werden Vollerben. Ein zweiter Erbfall, der die Kinder erneut zu Vollerben machen würde, tritt dadurch nicht ein. Wenn dagegen der andere Ehepartner nicht innerhalb der Frist verstirbt, ist die Vorerbschaft der Kinder auf diesem Zeitpunkt auflösend bedingt und der Nacherbfall tritt mit Ablauf der Frist ein. Nicht der Tod, sondern der **Fristablauf** löst die Nacherbschaft aus. Nach § 6 Abs. 3 ErbStG ist die Vorerbschaft dann ein auflösend bedingter Erwerb und die Nacherbschaft ein aufschiebend bedingter. Daher erwirbt der Überlebende als Nacherbe von seinem erstversterbenden Ehegatten und kann die Ehegattenfreibeträge und gegebenenfalls **Versorgungsfreibeträge** in Anspruch nehmen. Durch die Belastung mit dem Universalvermächtnis sind die Kinder steuerlich nicht bereichert (§ 10 Abs. 1 ErbStG). Die Verbindlichkeiten

135

---

171 Palandt/*Weidlich*, § 2096 Rn. 5; *Nieder/Kössinger*, § 8 Rn. 73; *Feick*, ZEV 2006, 16, 17 m. w. N.; *Keim*, Regelungen für den »gemeinsamen« oder »gleichzeitigen« Tod im Ehegattentestament, ZEV 2005, 10, 13; *Kornexl*, Nachlassplanung bei Problemkindern, Rn. 846.
172 So auch *Kornexl*, Nachlassplanung bei Problemkindern, Rn. 846/847; *Daragan*, Nochmals: Klauseln zum »gemeinsamen Versterben« in Ehegattentestamenten: Ende eines Mythos?, ZErb 2006, 119, 121.
173 Ausführlich zur vorgeschlagenen Gestaltung: *Daragan*, ZErb 2006, 119, 120 f. Zur Zulässigkeit eines Universalvermächtnisses Staudinger/*Otte*, § 2151 Rn 2; MünchKomm/*Schlichting*, § 2151, Rn 8.
174 Vgl. nur *Meincke*, ErbStG, § 6 Rn. 4.

aus dem Universalvermächtnis sind **Nachlassverbindlichkeiten**. Da das Universalvermächtnis nicht mit dem Tod des Vorerben, sondern mit dem für das zeitnahe Versterben festgelegten Fristablauf anfällt, gilt das Abzugsverbot des § 6 Abs. 4 ErbStG nicht. An den Überlebenden fällt die wirtschaftlich entkleidete Nacherbschaft, der **Nettonachlasswert** kommt ihm aufgrund des Universalvermächtnisses zugute, den er versteuern muss. Im Ergebnis wird so besteuert, als sei eine Vor- und Nacherbschaft nicht angeordnet gewesen.[175]

136 Angesichts der **Komplexität** der Gestaltung und der relativen Unwahrscheinlichkeit des zeitnahen Versterbens mag man abwägen, ob die vorgeschlagene Formulierung für **sehr vorsichtige Erblasser** empfohlen werden soll oder ob man es nicht doch bei einer einfachen Ersatzerbeneinsetzung belässt.

137 ▶ **Muster für eine neue Katastrophen-Klausel**

> Für den Fall, dass einer von uns aufgrund eines Ereignisses stirbt, das auch für den anderen lebensbedrohlich ist, entfällt die gegenseitige Erbeinsetzung und es gilt unabhängig und abweichend von gesetzlichen oder richterlichen Auslegungs- oder Vermutungsregeln ausschließlich folgende Anordnung:
>
> Beim Tod eines jeden von uns sind unsere Kinder (*oder andere als Schlusserben für den zweiten Erbfall eingesetzte Personen*) Vorerben zu gleichen Teilen. Alleiniger Nacherbe ist der Überlebende von uns. Der Nacherbfall tritt ein, wenn der Überlebende nicht innerhalb von ... Wochen nach dem Tod des Erstversterbenden gestorben ist. Stirbt der Überlebende von uns innerhalb der Frist, entfällt die Nacherbfolge ersatzlos.
>
> Aufschiebend bedingt auf den Nacherbfall wird jeder Vorerbe mit einem Universalvermächtnis beschwert, an den Überlebenden das herauszugeben, was ihm als Vorerbe zugefallen ist, insbesondere alles, was ihm als Nutzung gebührte.

2. Vorsorge für den Scheidungsfall

138 Für geschiedene Erblasser hält das Gesetz einige lebensnahe **Auslegungsregeln** bereit. § 2077 Abs. 1 BGB geht davon aus, dass Verfügungen zugunsten des Ehegatten keinen Bestand mehr haben sollen, wenn die Ehe scheitert. Dies gilt gemäß der Verweisungsnorm § 2268 Abs. 1 BGB auch für sämtliche Verfügungen in gemeinschaftlichen Testamenten und über § 2279 BGB auch für Verfügungen in Erbverträgen, und zwar sowohl für vertragsmäßige (§ 2279 Abs. 1 BGB) als auch für einseitige (§ 2279 Abs. 2 BGB). Allerdings ist dies nur eine **Zweifelsregel**. Sie gilt nach § 2077 Abs. 3 BGB nicht, wenn anzunehmen ist, dass der Erblasser die letztwillige Verfügung auch dann getroffen hätte, wenn er die Scheidung oder Auflösung der Ehe bedacht hätte. Vorsicht ist insbesondere geboten, weil nach der Rechtsprechung des BGH **wechselbezügliche Verfügungen**, die auch nach der Scheidung fortgelten, nicht durch eine neue, einseitige Verfügung aufgehoben werden können.[176] Dieselbe Problematik kann sich auch bei **Ehegattenerbverträgen** stellen. Sind diese Zweifel an einem möglichen Fortgeltungswillen nicht zu beseitigen, besteht für den geschiedenen Erblasser insoweit Gestaltungsbedarf, als ihm eine **vorsorgliche Anfechtung** der früheren Verfügungen empfohlen werden muss. Die Anfechtung hat bei Hinzutreten späterer Pflichtteilsberechtigter wie einem nachgeborenen Kind oder einem neuen Ehegatten fristgerecht, regelmäßig binnen **Jahresfrist** (§ 2283 BGB) und formgerecht mittels notarieller Urkunde (§ 2282 Abs. 3 BGB) zu erfolgen. Möglich ist dies freilich nur, wenn das Anfechtungsrecht wegen Übergehung Pflichtteilsberechtigter **nicht ausgeschlossen** wurde.[177]

139 Gestaltungsbedarf besteht insoweit, als die Auslegungsregel in der Ehekrise oft **zufällige Ergebnisse** hervorbringt. Die Unwirksamkeit der Verfügung tritt gemäß §§ 2077 Abs. 1, 2279 Abs. 2 BGB ein, wenn die Ehe vor dem Tod des Erblassers aufgelöst worden ist. Nach § 2077 Abs. 1 S. 3 BGB wird diese **Unwirksamkeitsfolge** vorverlagert. Der Ehescheidung steht es danach gleich, wenn die Schei-

---

175 Vgl. auch *Daragan*, ZErb 2006, 119, 121 f.
176 BGH Urt. 7.7.2004 – IV ZR 187/03, DNotZ 2005, 51 mit Anm. *Kanzleiter*, ZEV 2005, 181 ff. Vgl. auch *Ivo*, Erbrechtliche Bindung nach der Ehescheidung, ZFE 2004, 292 ff.
177 Vgl. oben bei Rdn. 108.

dungsvoraussetzungen gemäß §§ 1565 ff. BGB im Todeszeitpunkt vorlagen und der Verstorbene den Scheidungsantrag gestellt oder ihm zugestimmt hatte. In der Phase des **Getrenntlebens** besteht die Unsicherheit, ob die Voraussetzungen für die Scheidung und damit für die Unwirksamkeit der Verfügung vorliegen. Selbst die Stellung des Scheidungsantrags reicht für sich genommen noch nicht aus. Häufig liegen nämlich bei Stellung des Scheidungsantrags noch nicht alle **Scheidungsvoraussetzungen** vor, z. B. das Trennungsjahr. Sogar eine einjährige Trennung begründet nach der Rechtsprechung für sich genommen noch keine ausreichende Vermutung für das Scheitern der Ehe.[178] Vielmehr setzt die Feststellung des Scheiterns der Ehe voraus, dass aufgrund einer **Gesamtschau der Umstände** eine Wiederherstellung der ehelichen Lebensgemeinschaft nicht erwartet werden kann. Die gesetzlichen Scheidungsvoraussetzungen sind als auflösende Bedingung ein **sehr später Zeitpunkt**, in dem das Paar schon getrennte Wege geht und sich in aller Regel auch nicht mehr über erbrechtliche Regelungen ver- und gebunden wissen möchte. Die Rechtsprechung fordert zudem die Rechtshängigkeit des Scheidungsantrags als Voraussetzung für den **Fortfall des Ehegattenerbrechts**. Daher kann es auf die genaue Todesstunde des einen Ehegatten und auf die Uhrzeit der Zustellung des Scheidungsantrags an den anderen ankommen.[179]

Um solchen Zufälligkeiten vorzubeugen, bietet das **einseitige Rücktrittsrecht** ein flexibles Gestaltungsmittel. Dieses können die Beteiligten ausüben, müssen aber nicht. Da der Rücktritt gemäß § 2298 Abs. 1 BGB **sämtliche Verfügungen** des Erbvertrags unwirksam werden lässt, besteht Anlass, bei der Vorbereitung diese Folge mit den Beteiligten zu erörtern. Die dann eintretende **gesetzliche Erbfolge** entspricht häufig nicht dem Wunsch der Beteiligten. Häufig wollen die Ehegatten nur den getrennt lebenden Partner ausschließen und ihre ersatzweise, für den Fall seines Vorversterbens getroffenen Verfügungen **aufrechterhalten**. Da § 2298 Abs. 1 BGB gemäß Abs. 3 abdingbar ist, schlägt das Formulierungsbeispiel vor, die **einseitigen Verfügungen** trotz Rücktritt bis zu einem anderweitigen Testieren fortgelten zu lassen. 140

▶ **Muster für ein einseitiges Rücktrittsrecht** 141

Das einseitige Rücktrittsrecht von diesem Erbvertrag behalten wir uns ausdrücklich vor.

Der Notar hat uns darauf hingewiesen, dass der Rücktritt notarieller Beurkundung bedarf und eine Ausfertigung der Rücktrittsurkunde dem anderen Beteiligten zugehen muss und dass durch einen Rücktritt grundsätzlich der gesamte Erbvertrag einschließlich einseitiger Verfügungen unwirksam wird (§ 2298 Abs. 2 BGB).

Dazu erklären die Beteiligen: Wir vereinbaren abweichend von § 2298 Abs. 2 BGB, dass im Fall des Rücktritts nur die erbvertragsmäßigen Verfügungen wegfallen, die einseitigen Verfügungen eines jeden von uns aber wirksam bleiben, sofern sie nicht gesondert widerrufen werden.

Mit einem Rücktrittsrecht wird allerdings kein **Automatisierungseffekt** erreicht. Ein Gestaltungsrecht muss immerhin ausgeübt werden, und dies in einer Situation, die für die Beteiligten bereits aus anderen Gründen belastend ist. Da die **Unwirksamkeitsfolge** gemäß § 2077 Abs. 3 BGB lediglich eine Zweifelsregel ist, sollte bestimmt werden, dass diese auch im Einzelfall gelten soll. Zwar nimmt die Rechtsprechung den **Fortgeltungswillen** nur in besonderen Ausnahmefällen an.[180] Diese Rechtsprechung gibt jedoch Anlass zu vorsorglichen Klarstellungen. Alternativ oder zusätzlich kann eine **auflösende Bedingung** helfen. Unzureichend wäre dann, die Voraussetzungen des § 2077 Abs. 1 BGB lediglich zu wiederholen. Zur Vorverlegung dieses Zeitpunktes kann als auflösende Bedingung die Stellung des **Scheidungsantrags** durch einen der beiden Ehepartner vereinbart wer- 142

---

178 BGH Beschl. vom 2.7.2008 – IV ZR 34/08, ZFE 2009, 177; OLG Koblenz Urt. 27.11.2006 – 12 U 136/06, FamRZ 2007, 590.
179 So im Fall des BayObLG Beschl. vom 31.1.1990 – 1a BReg Z 24/89, NJW-RR 1990, 517 f.
180 So aber in BGH Urt. vom 4.4.2004 – IV ZR 187/03, DNotZ 2005, 51 ff.; Anm. *Kanzleiter*, ZEV 2005, 181 ff.

den.[181] Dabei sollte klargestellt werden, dass dies auch und gerade dann gilt, wenn die sonstigen Scheidungsvoraussetzungen noch nicht vorliegen.

143 ▶ **Muster für ein Unwirksamwerden aller Verfügungen bei Scheidung**

> Sämtliche in dieser Urkunde getroffenen Verfügungen werden unwirksam bei Auflösung der Ehe oder wenn einer von uns den Scheidungsantrag rechtshängig gemacht hat. Im Fall des Scheidungsantrags tritt Unwirksamkeit auch dann ein, wenn bei Antragstellung die Scheidungsvoraussetzungen noch nicht gegeben sind und unabhängig davon, wer den Antrag gestellt hat.

144 Falls die Beteiligten nicht die Unwirksamkeit, sondern nur eine **freie Abänderbarkeit** bei Scheidung wünschen, gilt es lediglich die Bindungswirkung zu beseitigen. Die Verfügungen sollen als einseitige und daher auch einseitig widerrufliche aufrechterhalten bleiben. Dies kann für Verfügungen erwägenswert sein, mit denen die Ehegatten Dritte bedacht haben, wenn das Verhältnis zu diesen Personen nicht zwingend an den Bestand der Ehe geknüpft ist. Dies ist insbesondere bei **gemeinsamen Kindern** typischer Weise der Fall. Möglich sind auch **Mischlösungen**, wonach die gegenseitigen Verfügungen der Eheleute untereinander bei Scheidung unwirksam und diejenigen zugunsten anderer Personen als einseitige Verfügungen **bis zu einem etwaigen einseitigen Widerruf** weiter gelten sollen.

145 ▶ **Muster für das Fortgelten als einseitige Verfügungen**

> Die vorstehenden Verfügungen gelten bei Auflösung der Ehe oder wenn einer von uns den Scheidungsantrag rechtshängig gemacht hat fort, allerdings als einseitige Verfügungen, die jederzeit einseitig widerrufen werden können. Das gilt im Fall des Scheidungsantrags auch, wenn bei Antragstellung die Scheidungsvoraussetzungen noch nicht gegeben sind und unabhängig davon, wer den Antrag gestellt hat.

146 Nur in besonderen **Ausnahmefällen** werden die Ehegatten selbst im Fall einer Scheidung an ihren bindenden Verfügungen festgehalten werden wollen. Wenn jedoch im Beratungsgespräch diese **ungewöhnliche Interessenlage** der Beteiligten hervortritt, muss dies in die erbvertragliche Gestaltung einfließen, damit die **gesetzliche Zweifelsregelung** insoweit ausgeschlossen wird. Wegen der erheblichen Rechtsfolgen und Einschränkungen mit Blick auf eine etwaige Zweitfamilie erscheint hierbei ein besonderer Hinweis des Notars über die ungewöhnliche **Reichweite der Bindung** empfehlenswert. In dem Fall kommt dem Anfechtungsrecht wegen Übergehen eines Pflichtteilsberechtigten (§§ 2281, 2079 BGB) besondere Bedeutung zu. Allerdings zeigt die Anordnung einer Bindungswirkung über die Ehescheidung hinaus im Zweifel, dass der Erblasser die Möglichkeit des Scheiterns dieser Ehe und damit eine mögliche Zweitfamilie grundsätzlich in Betracht gezogen hatte. Die zusätzliche Anordnung der Bindungswirkung schließt dann die **Anfechtung** wegen Übergehens eines Pflichtteilsberechtigten in aller Regel aus.[182]

147 ▶ **Muster bei ausnahmsweise umfassendem Fortgeltungswillen**

> Die vorstehenden Verfügungen gelten auch bei Auflösung der Ehe fort, soweit sie vertragsmäßig sind auch als vertragsmäßig bindende.
>
> Der Notar hat uns über die Bindungswirkung beim Erbvertrag belehrt und insbesondere auf die über die Scheidung der Ehe hinausgehende Bindung belehrt. Uns ist bewusst, dass wir diese Verfügungen nur noch gemeinsam einvernehmlich ändern und aufheben können.

---

181 *Frenz*, Erbrechtliche Gestaltung bei Scheitern der Ehe, ZNotP 2000, 67, 69.
182 Damrau/*Klessinger*, Praxiskommentar Erbrecht, § 2269 Rn. 57; vgl. auch zu Wiederverheiratungsklauseln: Reimann/Bengel/Mayer/*Mayer*, Teil B. § 2269 Rn. 73; *Buchholz*, Erbfolge und Wiederverheiratung, S. 66.

VI. Besonderheiten bei der fortgesetzten Gütergemeinschaft

1. Voraussetzungen und Wirkungen der fortgesetzten Gütergemeinschaft

Die fortgesetzte Gütergemeinschaft ist eine in der Praxis **seltene Konstellation**, wie insgesamt der Güterstand der Gütergemeinschaft.[183] Dessen erhebliche Nachteile bestehen in der weitreichenden **Haftung des Gesamtguts** und der komplizierten Rechtslage aufgrund der unterschiedlichen Vermögensmassen, so dass der Güterstand allenfalls bei einfachen, überschaubaren Vermögensverhältnissen angebracht sein kann. Außerdem besteht ein nicht abdingbarer Zwang zum **gemeinschaftlichen Handeln** und eine Streitanfälligkeit bei der Auseinandersetzung sowie eine Vielzahl unklarer Rechtsfragen, da die Rechtsprechung aufgrund der geringen Verbreitung dieses Güterstandes nicht in derselben Weise wie beim gesetzlichen Güterstand die Gelegenheit zur höchstrichterlichen Klarstellung hatte.[184]

148

Wenn die Ehegatten Gütergemeinschaft und deren Fortsetzung ehevertraglich vereinbart hatten und zudem gemeinschaftliche Abkömmlinge vorhanden sind, tritt mit dem Tod eines Ehegatten die fortgesetzte Gütergemeinschaft ein (§ 1483 Abs. 1 BGB). Wurde dagegen im Ehevertrag lediglich die **Gütergemeinschaft**, nicht aber ihre Fortsetzung im Todesfall vereinbart, endet gemäß § 1482 BGB die Gütergemeinschaft mit dem ersten Todesfall. Der Anteil des Erblassers am Gesamtgut sowie sein **Vorbehalts- und Sondergut** fällt in den Nachlass, nicht aber die einzelnen Gesamtgutsgegenstände.[185] Ist der überlebende Ehegatte Alleinerbe, so bedarf es keiner Auseinandersetzung. Wird er aber Miterbe, entstehen zwei Gesamthandsgemeinschaften, die getrennt auseinanderzusetzen sind. Zunächst muss das **Gesamtgut der Gütergemeinschaft** auseinandergesetzt werden und im Anschluss daran das **Gesamtgut der Erbengemeinschaft**.[186] Die alte Rechtslage, wonach die Gütergemeinschaft kraft Gesetzes fortgesetzt wurde (§ 1508 BGB a. F.), wenn nicht Abweichendes vereinbart wurde, gilt weiterhin für Gütergemeinschaften, die vor dem 1.7.1958 geschlossen wurden.[187]

149

Eine entsprechende **ehevertragliche Fortsetzungsvereinbarung** führt dennoch nicht zur Fortsetzung der Gütergemeinschaft, wenn (1) es keine gemeinschaftlichen Abkömmlinge gibt oder beide Ehegatten gleichzeitig versterben, (2) alle gemeinschaftlichen Abkömmlinge auf ihren Anteil am Gesamtgut verzichten (§ 1517 BGB) oder von der Fortsetzung der Gütergemeinschaft durch letztwillige Verfügung ausgeschlossen sind (§ 1511 BGB), (3) der Erblasser die Fortsetzung der Gütergemeinschaft in letztwilliger Verfügung ausgeschlossen hat (§ 1509 BGB), (4) der überlebende Ehegatte die Fortsetzung innerhalb der Ausschlagungsfrist gegenüber dem Nachlassgericht ablehnt (§ 1484 BGB) oder (5) wenn der überlebende Ehegatte oder alle gemeinschaftlichen Abkömmlinge für erbunwürdig erklärt worden sind (§ 1506 i. V. m. §§ 2339–2345 BGB). In diesen Fällen findet eine Fortsetzung der Gütergemeinschaft nicht statt und es bleibt bei der **Vererbung des Gesamtguts** gemäß § 1482 BGB. Zudem schließen die Ehegatten in der Regel zusammen mit dem Ehevertrag auch ein **Erbvertrag** ab. Der Inhalt solcher letztwilliger Verfügungen ist regelmäßig mit der Fortsetzung der Gütergemeinschaft **unvereinbar**. Eine ausdrückliche Bestimmung, dass die Fortsetzung nicht eintreten soll, ist nach allgemeiner Ansicht keineswegs erforderlich. Vielmehr kann sich dies auch stillschweigend aus den letztwilligen Bestimmungen ergeben. So scheitert etwa die Fortsetzung

150

---

183 *Gernhuber/Coester-Waltjen*, Lehrbuch des Familienrechts, § 38 I hält die Gütergemeinschaft für einen »alternden Güterstand« und *Langenfeld*, FamRZ 1987, 9, 13 für »nicht mehr zeitgemäß«. Zur Verbreitung des Güterstandes *Mai*, BWNotZ 2003, 55, 56 f.

184 Überblick über die Vor- und Nachteile bei MünchKommBGB/*Kanzleiter*, Vorbemerkungen zu §§ 1483–1519.

185 Vgl. nur Palandt/Brudermüller, § 1482 Rn. 1.

186 OLG Stuttgart Urt. vom 19.3.1996 – 17 UF 113/95, FamRZ 1996, 1474; Palandt/*Brudermüller*, § 1482 Rn. 1.

187 Der 1.7.1958 ist der Tag des Inkrafttretens des Gleichberechtigungsgesetzes vom 18.6.1957, BGBl. I 1957, S. 609.

der Gütergemeinschaft schon an einer **wechselseitigen Alleinerbeneinsetzung** der Ehegatten, weil sie den Ausschluss der gemeinschaftlichen Abkömmlinge enthält.[188]

151 Wenn allerdings die im Güterstand der Gütergemeinschaft lebenden Ehegatten keine Verfügungen von Todes wegen treffen wollen, kommt der ehevertraglichen Vereinbarung der Fortsetzung der Gütergemeinschaft Bedeutung zu. Denn der überlebende Ehegatte steht sich im Rahmen der gesetzlichen Erbfolge bei Fortsetzung in der Regel besser als bei Beendigung der Gütergemeinschaft. Die fortgesetzte Gütergemeinschaft verhindert für die Zeit ihres Bestehens die **Auflösung und Spaltung** des ehelichen Vermögens. Bei der fortgesetzten Gütergemeinschaft trennt man vier verschiedenen **Vermögensmassen**: (1) das Gesamtgut der fortgesetzten Gütergemeinschaft nach § 1485 BGB, (2) das Vorbehaltsgut des überlebenden Ehegatten gemäß § 1486 Abs. 1 BGB, (3) das Sondergut des überlebenden Ehegatten gemäß § 1486 Abs. 2 BGB und (4) das Vermögen der Abkömmlinge. Den Abkömmlingen gegenüber gehört der Anteil des Verstorbenen am Gesamtgut nicht zum Nachlass (§ 1483 Abs. 1 S. 3 BGB). Sie beerben den Verstorbenen nur hinsichtlich seines **Vorbehalts- und Sondergutes**. Ansprüche am Gesamtgut können die gemeinschaftlichen Abkömmlinge gemäß § 1505 BGB erst **nach Beendigung** der fortgesetzten Gütergemeinschaft, also nach dem Tod des Überlebenden, geltend machen. Mit Ausnahme der Sonderfälle des § 1495 BGB kann kein Abkömmling die erbrechtliche Auseinandersetzung mit dem überlebenden Ehegatten erzwingen. Zudem hat der überlebende Ehegatte die starke Stellung des **Verwalters des Gesamtguts** (§ 1487 Abs. 1 BGB). Weitere begünstigende Nebeneffekte sind der Umstand, dass das Gesamtgut trotz der Gesamthandsgemeinschaft mit den Abkömmlingen nicht für deren **Verbindlichkeiten** haftet (§ 1488 BGB) und dass beim Tod eines Abkömmlings vor Beendigung der fortgesetzten Gütergemeinschaft nur dessen Kinder, nicht aber dessen Ehepartner an seine Stelle treten (§ 1490 BGB).[189]

152 Bei Vorhandensein **einseitiger Abkömmlinge** des Verstorbenen gelten freilich all diese Wirkungen nicht. Nach § 1483 Abs. 2 BGB gelten diesen gegenüber die Erb- und Pflichtteilsansprüche in derselben Weise, als ob die Gütergemeinschaft nicht fortgesetzt worden wäre. Die einseitigen Kinder haben nach herrschender Ansicht sogar Anspruch auf **zwangsweise Auseinandersetzung** des Gesamtgutes gemäß §§ 2042, 753 BGB.[190] Damit können sie den Erhalt des Gesamtgutes gefährden und die Wirkungen der fortgesetzten Gütergemeinschaft unterlaufen.[191] Bei Vorhandensein einseitiger Kinder ist die fortgesetzte Gütergemeinschaft **regelmäßig untauglich**.

153 Als Folge der Fortsetzung der Gütergemeinschaft müssen sämtliche anteilsberechtigte Abkömmlinge bei **Verfügungen über Grundbesitz** des Gesamtgutes mitwirken (§ 1424 BGB). Als Wohlverhaltensanreiz wird daher vorgeschlagen, durch letztwillige Verfügung den Abkömmling, der seine Mitwirkung ohne triftigen Grund verweigert, zu verpflichten, die Hälfte des Wertes seines Anteils am Gesamtgut an den überlebenden Elternteil zu zahlen und zusätzlich seinen Anteil am Gesamtgut nach dem Tod des Überlebenden bis auf die Hälfte herabzusetzen (§§ 1511, 1512 BGB).[192] Allerdings handelt es sich bei dieser Herabsetzung nicht um eine zulässigerweise vertragsmäßige Verfügung (§ 2278 BGB). Die Bestimmung gemäß § 1512 BGB kann daher nicht allein Gegenstand eines **Erbvertrages** sein. Begleitet sie jedoch nur eine wechselseitige erbvertragliche Alleinerbeneinsetzung, wäre sie unsinnig. Denn eine fortgesetzte Gütergemeinschaft wäre dann bereits aufgrund der **Alleinerbenstellung** des Überlebenden ausgeschlossen. Daher ist eine solche Bestimmung nur denkbar, wenn **kein Ehe- und Erbvertrag** geschlossen wird, sondern zunächst im Rahmen des Ehevertrages allein die Fortsetzung der Gütergemeinschaft vereinbart wird und zu einem späteren Zeitpunkt letztwillige

---

188 Palandt/*Brudermüller*, § 1511 Rn. 2; *Nieder/Kössinger*, § 14 Rn. 155 m. w. N. in Fn. 289.
189 Vgl. zu den Wirkungen ausführlich Staudinger/*Thiele*, Vorbem zu §§ 1483 -1518 Rn. 1 ff.
190 Staudinger/*Thiele*, § 1483 Rn. 22; Erman/*Heinemann*, § 1483 Rn. 5; Palandt/*Brudermüller*, § 1483 Rn. 3; *Nieder/Kössinger*, § 14 Rn. 158. A. A. MünchKommBGB/*Kanzleiter*, § 1483 Rn. 15.
191 Da dies dem Wesen der fortgesetzten Gütergemeinschaft widerspricht, ist MünchKommBGB/*Kanzleiter* a. a. O. auch der Ansicht, dass eine von den einseitigen Abkömmlingen erzwungene Auseinandersetzung unzulässig ist.
192 So der Vorschlag bei Reimann/Bengel/Mayer/*Bengel*, Teil A. Rn. 346.

Verfügungen der Ehegatten getroffen werden. Solche spätere letztwilligen Verfügungen bedürfen allerdings der jeweiligen **Zustimmung des anderen Ehegatten** in Form der notariellen Beurkundung (§ 1516 Abs. 2 S. 3 BGB). Alternativ kann diese Bestimmung nebst Zustimmung gemäß § 1516 Abs. 3 BGB auch in einem gemeinschaftlichen Testament getroffen werden. Trotz seiner Zustimmung bleibt es dem überlebenden Ehegatten im Übrigen unbenommen, nach dem Erbfall die Fortsetzung der Gütergemeinschaft abzulehnen (§ 1484 BGB).[193]

Zwar mag der Gedanke, den maßgeblichen **Nachteil** der fortgesetzten Gütergemeinschaft durch Wohlverhaltensanreize abzumildern, zunächst bestechend sein. Jedoch stellen sich erhebliche praktische Probleme. Schon die böswillige **Mitwirkungsverweigerung** durch den Abkömmling dürfte sich schwer nachweisen lassen. Überdies beseitigt diese Anordnung nicht die **Verfügungsbeschränkung** des überlebenden Ehegatten, sondern gibt den Kindern lediglich Anreize, an etwa beabsichtigten Verfügungen des Überlebenden mitzuwirken. 154

▶ **Muster für eine fortgesetzte Gütergemeinschaft im Rahmen eines Ehevertrags über die Vereinbarung der Gütergemeinschaft nach den Bestimmungen des Bürgerlichen Gesetzbuchs** 155

Die Gütergemeinschaft wird nach dem Tod eines von uns zwischen dem überlebenden Ehegatten und unseren gemeinschaftlichen Abkömmlingen fortgesetzt.

▶ **Muster einer Sanktion durch Herabsetzung des Anteils nicht mitwirkungswilliger Abkömmlinge bei vereinbarter fortgesetzter Gütergemeinschaft** 156

Ich habe mit meiner Ehefrau am ... – URNr. ... des Notars ... – den Güterstand der Gütergemeinschaft und nach dem Tod eines von uns die Fortsetzung der Gütergemeinschaft zwischen dem überlebenden Ehegatten und unseren gemeinschaftlichen Abkömmlingen vereinbart.

Ich, der Ehemann, bestimme für den Fall, dass mit meinem Tode die fortgesetzte Gütergemeinschaft eintritt folgendes:

Derjenige Abkömmling, der ohne wichtigen Grund seine Mitwirkung an einer Verfügung meiner Ehefrau über Grundbesitz des Gesamtgutes verweigert, erhält bei Beendigung der fortgesetzten Gütergemeinschaft nur die Hälfte des ihm ansonsten gebührenden Anteils.

Den Abkömmlingen gegenüber gehört der Anteil des Verstorbenen am Gesamtgut **nicht zum Nachlass** (§ 1483 Abs. 1 S. 3 BGB). Ihnen stehen daher keine Pflichtteils – oder Pflichtteilsergänzungsansprüche zu. Dies wird zuweilen als **Vorteil** dieses Güterstandes angesehen. Allerdings ist zu berücksichtigen, dass sich der gesetzliche Erbteil des Ehegatten bei Gütergemeinschaft im Gegensatz zur Zugewinngemeinschaft nicht erhöht, so dass der Erb- und Pflichtteil der Abkömmlinge größer ist als beim gesetzlichen Güterstand. Die erheblichen **Nachteile** des Güterstandes insgesamt lassen daher eine besonders sorgfältige Prüfung des Einzelfalls notwendig werden, ob die heute unübliche Gestaltung der fortgesetzten Gütergemeinschaft nicht doch in ihren Nachteilen überwiegt.[194] Insoweit kann nur empfohlen werden, zwar diese Gestaltung nicht gänzlich in Vergessenheit geraten zu lassen, aber allenfalls in Sonderfällen zu berücksichtigen.[195] 157

Erforderliche **nachlassgerichtliche Zeugnisse** sind zum einen das Zeugnis über die Fortsetzung der Gütergemeinschaft nach § 1507 BGB. Zusätzlich bedarf es eines Erbscheins gemäß § 2353 BGB betreffend das **Vorbehalts- und Sondervermögen** des verstorbenen Ehegatten. Bei Vorhandensein einseitiger Kinder des Verstorbenen sind auch diese im Zeugnis über die Fortsetzung der Gütergemeinschaft anzugeben, weil ihr Erbrecht das Gesamtgut der fortgesetzten Gütergemeinschaft gemäß 158

---

193 Allg.M. vgl. Palandt/*Brudermüller*, § 1516 Rn. 1.
194 Dazu ausführliche Wertung bei MünchKommBGB/*Kanzleiter*, Vor § 1483 Rn. 8 ff. und § 1408 Rn. 20; *Langenfeld*, Handbuch der Eheverträge, Rn. 507 ff.; *Münch*, Ehebezogene Rechtsgeschäfte, Rn. 326 ff. Mit Berechnungsbeispielen *Bonefeld*, Die Gütergemeinschaft (Teil 2), ZErb 2002, 286 ff.
195 I. d. S. wohl auch *Nieder/Kössinger*, § 14 Rn. 164.

§ 1484 Abs. 2 BGB mindert.[196] In dem Erbschein über das Vorbehalts- und Sondervermögen sind **einseitige Abkömmlinge** bei gesetzlicher Erbfolge mit ihrem Erbteil anzugeben.

2. Auseinandersetzung der fortgesetzten Gütergemeinschaft

159 Die fortgesetzte Gütergemeinschaft endet durch Tod des überlebenden Ehegatten (§ 1493 BGB), durch Tod oder Verzicht sämtlicher anteilsberechtigter Abkömmlinge (§§ 1490, 1491 BGB), durch Aufhebungsvertrag, – erklärung oder Urteil auf Aufhebungsklage (§§ 1492, 1495 BGB) oder durch Wiederheirat des überlebenden Ehegatten (§ 1493 BGB). Für die **Auseinandersetzung** gelten dieselben Bestimmungen wie bei der Auseinandersetzung der Gütergemeinschaft im Übrigen (§§ 1497 f.) und zusätzlich die §§ 1499 ff. BGB. Gemäß §§ 1498, 1476 Abs. 1 BGB hat der Ehegatte einen Anspruch auf die **Hälfte des Überschusses** des Gesamtguts. Die andere Hälfte steht den an die Stelle des verstorbenen Ehegatten getretenen, anteilsberechtigten Abkömmlingen zu, die diesen unter sich nach § 1503 BGB teilen. Besondere **Schwierigkeiten** bei der Auseinandersetzung bereiten regelmäßig Bewertungsfragen und Übernahmerechte.[197]

VII. Steuerliche Aspekte

160 Die **Einheitslösung** kann wegen der Vereinigung der Vermögensmassen beider Ehegatten in der Hand des Überlebenden unter erbschaftsteuerlichen Aspekten problematisch sein. Die Bewertung des Grundbesitzes im Rahmen der Erbschaftsteuerreform ist Anlass gewesen, diese typische Gestaltung zu überdenken.[198] Überschreiten die Vermögensverhältnisse der Ehegatten absehbar die steuerlichen Freibeträge, bedeutet ein Ausschluss der Kinder vom Nachlass des Erstversterbenden eine vermeidbare steuerliche Belastung der Familie und sollte daher nicht gewählt werden. Zwar mag die Steuerermäßigung gemäß § 27 Abs. 1 ErbStG unter Umständen die **Doppelbelastung** mindern, falls die Eltern innerhalb von 10 Jahren hintereinander versterben. Jedoch ist dies im Rahmen der Nachfolgegestaltung eine nicht planbare Erwägung.

161 Allerdings wurden im Rahmen der Erbschaftsteuerreform mit Wirkung zum 1.1.2009 die steuerlichen **Freibeträge** im Verhältnis zu Ehegatten auf 500 000,00 € und zu jedem Kind auf 400.000,00 € erhöht. Als »Faustregel« wird man bei einem Ehepaar mit zwei gemeinsamen Kindern die **Einheitslösung** aus steuerlichen Gründen erst dann verwerfen, wenn der Steuerwert des Vermögens beider Ehegatten insgesamt 800.000,00 € überschreitet, gleichmäßig verteilte Vermögen beider Ehegatten vorausgesetzt. In dem Fall bliebe der erste Erbfall innerhalb des Freibetrages der Ehegatten von 500.000,00 €. Im zweiten Erbfall nimmt jedes Kind den jeweiligen Freibetrag in Höhe von 400.000,00 € in Anspruch. Bei drei und mehr gemeinsamen Kindern und gleichmäßiger Vermögensverteilung sind erbschaftsteuerliche Erwägungen regelmäßig erst ab einem Steuerwert des gemeinsamen Vermögens von über 1 Mio. € angezeigt. Untauglich ist diese Faustformel jedoch bei **ungleicher Vermögensverteilung** auf beide Ehegatten. In dem Fall wird man genauere Ermittlungen anstellen müssen. Das Vorhanden sein **einseitiger Kinder** ist für sich genommen aus steuerlicher Sicht noch kein zwingendes Argument gegen die Einheitslösung. Denn nach § 15 Abs. 3 ErbStG ist auf entsprechenden Antrag das Verwandtschaftsverhältnis zum Erstverstorbenen der Ehegatten zugrunde zu legen, falls der Schlusserbe mit diesem näher verwandt war und der Ehegatte an die Verfügung gebunden war. Dasselbe gilt nach der Rechtsprechung des Bundesfinanzhofes auch, wenn der überlebende Ehegatte zwar nicht an die Verfügung gebunden war, aber von der **Änderungsbefugnis** keinen Gebrauch machte.[199] Durch Vereinbarung und Ausnutzung des gestalterisch hilfreichen

---

196 Palandt/*Brudermüller*, § 1507 Rn. 3; *Nieder/Kössinger*, § 14 Rn. 158 m. w. N. in Fn. 296.
197 Vgl. vertiefend Gernhuber/*Coester-Waltjen*, Lehrbuch des Familienrechts, § 38 I 1. *Münch*, Ehebezogene Rechtsgeschäfte, Rn. 356 ff. mit Formulierungsvorschlägen Rn. 842 ff.
198 Vgl. auch *Mayer*, Berliner Testament ade? – Ein Auslaufmodell wegen zu hoher Erbschaftsteuerbelastung,? ZEV 1998, 50; Reimann/Bengel/Mayer/*Mayer*, Teil B. Vor § 2265 ff. BGB Rn. 47 f.
199 BFH Urt. vom 16.6.1999 – II R 57/96, ZNotP 1999, 418; BFH Urt. vom 16.9.1982 – II R 20/81, NJW 1983, 415.

Änderungsvorbehalts kann sich dennoch unter Umständen die Zurechnung in eine ungünstige Steuerklasse ergeben. Auch die Anordnung von Vor- und Nacherbschaft (sog. **Trennungslösung**) führt wegen § 6 ErbStG zu einer erbschaftsteuerlichen Doppelbesteuerung.

Abhilfe bieten verschiedenste **Vermächtnisarten** zugunsten von Kindern und Enkelkindern sowie die sofortige Erbeinsetzung mehrerer Kinder, Anordnung eines **Nachlassnießbrauchs** nebst Testamentsvollstreckung für den Ehegatten oder bei der Einheitslösung auch die Erfüllung des **Kindespflichtteils** beim Tod des Erstversterbenden.[200]

162

VIII. Checkliste für Verfügungen von Ehegatten und Lebenspartnern

▶ **Checkliste** 163

1. Sind für beide Partner identische Nachlassregelungen gewünscht?
   - Nein → getrennte Verfügungen in Einzeltestament, gemeinschaftlichem Testament oder Erbvertrag, Bindungswirkung gewünscht? Reichweite der Bindungswirkung?
   - Ja → problematisch bei Patchwork-Familien, großen Unterschieden im Wert der Vermögensmassen
2. Wahl zwischen Einzeltestament, Erbvertrag, gemeinschaftlichem Testament
3. Zielsetzung der Gestaltung beim Tod des Erstversterbenden
   - Absicherung des Lebensabends für den Überlebenden
     → Einheitslösung
     → Vermögensnießbrauch/Vermächtnisse bei Trennungslösung
   - Absicherung der Endbegünstigten
     → Trennungslösungen
     → Vermächtnisse, z. B. Haushaltsgegenstände für den Partner
     → Nachlassteilung zwischen Partner und Kindern
   - Steuerliche Nachteile vermeiden
     → Nachlassteilung zwischen Partner und Kindern
     → Vermächtnisse zugunsten von Kindern und Enkeln
4. Auswirkungen des Ehegüterstandes
5. Objektbezogener Verteilungsplan
   - Teilungsanordnung
   - Vermächtnisse
6. Gewünschte Bindungswirkung
   - vollumfänglich
   - für alle Zuwendungen an den Partner
   - nur für bestimmte Verfügungen
   - so gering wie möglich → beim Erbvertrag Verbot des Totalvorbehaltes
7. Nachträgliche, einseitige Änderungen
   - vollumfänglicher Änderungsvorbehalt
   - Änderungsvorbehalt nur zur wertverschiebenden Nachlassverteilung unter Abkömmlingen
   - bedingter Änderungsvorbehalt
   - freies Rücktrittsrecht
   - bedingtes Rücktrittsrecht
8. Vorsorge für den Scheidungsfall
   → freies Rücktrittsrecht
   → § 2077 BGB
9. Vorsorge für den Fall der Wiederverheiratung
   - Nein
   - Ja → Anordnung der Nacherbschaft mit Wiederheirat

---

[200] Näheres zur steuerorientierten Testamentsgestaltung in Kapitel 20.

Kapitel 6   Verfügungen von Todes wegen von Ehegatten

    → bedingte Trennungslösungen
    → bedingte Erbeinsetzung
    → bedingte Vermächtnisse

10. Vorsorge für Störfall Pflichtteilsberechtigung
    - Nein
    - Ja, für welche Pflichtteilsberechtigte

Eigene Kinder	→ Pflichtteilsverzicht
	→ Pflichtteilsstrafklauseln
Unbekannte Pflichtteilberechtigte	→ Verzicht auf Anfechtungsrecht
Künftiger Ehegatte	→ Wiederverheiratungsklausel
	→ Verzicht auf Anfechtungsrecht

Kapitel 7. Bindung des Erblassers – Umfang und Ausgestaltung

Übersicht

	Rdn.			Rdn.
A.	Überblick über Formen rechtsgeschäftlicher und erbrechtlicher Bindung ... 1		II. Widerruf wechselbezüglicher und einseitiger Verfügungen 8	
B.	Gemeinschaftliches Testament 4		III. Bindungswirkung und Widerrufsvorbehalt 10	
I.	Persönlicher Anwendungsbereich, Anwendungsfälle 4		C. Erbvertrag 13	

A. Überblick über Formen rechtsgeschäftlicher und erbrechtlicher Bindung

§ 2302 BGB sanktioniert Verträge, durch die sich der Erblasser verpflichtet, eine Verfügung von Todes wegen zu errichten, nicht zu errichten, aufzuheben oder nicht aufzuheben, mit der Nichtigkeit. Der Erblasser kann daher ein von ihm errichtetes Einzeltestament ganz oder teilweise frei widerrufen (§ 2253 BGB). Eine **erbrechtliche Bindung** des Erblassers lässt sich jedoch durch einen **Erbvertrag** (§§ 1941, 2274 ff. BGB) und durch infolge Todes eines Ehegatten und Annahme der Erbschaft durch den anderen bindend gewordenen in einem **gemeinschaftlichen Testament** (§§ 2265 ff. BGB) enthaltene **wechselbezügliche Verfügungen** erreichen.[1] Im Erbvertrag oder gemeinschaftlichen Testament enthaltene Verfügungen von Todes wegen begründen zwischen den Beteiligten zu Lebzeiten des Erblassers keine Rechte oder Pflichten.[2] Der Erblasser kann mithin durch Rechtsgeschäft unter Lebenden wirksam auch über solche Vermögensgegenstände verfügen, über die er mit gegenläufigem Inhalt vertragsmäßig von Todes wegen verfügt hat (§ 2286 BGB). Sollen derartige lebzeitige Verfügungen verhindert werden, muss der Erblasser mit sofortiger rechtlicher Bindung verpflichtet werden. Die Erfüllung der Verpflichtung kann auf den Erbfall hinausgeschoben werden (§ 2301 BGB).[3] Dem beeinträchtigten Vertragserben bzw. vertragsmäßig bedachten Vermächtnisnehmer stehen nach dem Erbfall Herausgabeansprüche (§ 2287 BGB, § 2288 Abs. 2 BGB) bzw. Ersatzansprüche (§ 2288 Abs. 1 BGB) zu.

Soll die letztwillige (erst mit Tod wirkende) Bindung des Erblassers sofort greifen, ist der Erbvertrag (§ 2274 ff. BGB) und nicht das gemeinschaftliche (§§ 2265 ff. BGB) Testament das richtige Instrument.[4] Bei **Auslandsbezug**, d. h. **gewöhnlichen Aufenthalt im Ausland, ausländischer Staatsangehörigkeit** eines Vertragsbeteiligten oder im Ausland belegenem Nachlassvermögen, ist stets genau zu prüfen, ob das etwa anwendbare ausländische Sachrecht die erbvertragliche Bindung anerkennt oder den Erbvertrag als nichtig oder jedenfalls nicht vertraglich bindend ansieht.[5]

Bei einem »**einseitigen**« **Erbvertrag** trifft nur ein Vertragspartner eine vertragsmäßige Verfügung, die der andere Vertragspartner annimmt. Beim »**zweiseitigen**« **Erbvertrag** treffen beide Vertragspartner vertragsmäßige Verfügungen, bei einem »mehrseitigen« Erbvertrag mehrere Beteiligte. Vertragsmäßig und damit bindend getroffen werden können nur Erbeinsetzungen, Vermächtnisse und Auflagen (§ 2278 Abs. 2 BGB).

2

3

---

1 Zur Gestaltungsalternative Erbvertrag und gemeinschaftliches Testament vgl. *v. Dickhuth-Harrach*, FS Otte, 2005, S. 55.
2 BGH v. 19.1.1954, V ZB 28/53, BGHZ 12, 115, 118; Staudinger/*Kanzleiter*, Einl. zu §§ 2274 ff. Rn. 5.
3 Staudinger/*Kanzleiter*, Einl. zu §§ 2274 ff., Rn. 6. Vgl. dazu Kapitel 1 Rdn. 168.
4 Zu den Formvorschriften vgl. Kapitel 2; zu Ehegattenverfügungen eingehend Kapitel 6.
5 Vgl. dazu eingehend Kapitel 19 Rdn. 79 ff., 117 ff.

B. Gemeinschaftliches Testament

I. Persönlicher Anwendungsbereich, Anwendungsfälle

4 Nur Ehegatten oder in eingetragener Lebenspartnerschaft lebende Personen (Lebenspartner, § 1 Abs. 1 S. 1 LPartG) können ein gemeinschaftliches Testament errichten (§ 2265 BGB, ggf. i. V. m. § 10 Abs. 4 S. 1 LPartG). Die Form des gemeinschaftlichen Testaments ist anderen Personen verschlossen, insbesondere Geschwistern oder in nichtehelicher Lebensgemeinschaft lebenden Personen.[6] Die Ehegatten bzw. Lebenspartner können wechselbezügliche (§ 2270 BGB) Verfügungen treffen. Nur Erbeinsetzungen, Vermächtnisse und Auflagen können wechselbezüglich getroffen werden (§ 2270 Abs. 3 BGB). Wechselbezüglich kann nicht das ganze Testament als solches, sondern nur die darin enthaltenen einzelnen Verfügungen sein.[7] Das Verhältnis der **Wechselbezüglichkeit** muss mithin für die jeweilige einzelne Verfügung des einen Ehegatten mit Bezug auf eine Verfügung des anderen festgestellt werden. Wechselbezüglich sind Verfügungen, von denen anzunehmen ist, dass die Verfügung des einen Ehegatten nicht ohne die Verfügung des anderen getroffen sein würde (§ 2270 Abs. 1 BGB). Rechtsfolge der Wechselbezüglichkeit ist, dass die Nichtigkeit oder der Widerruf der einen Verfügung die Unwirksamkeit der anderen zur Folge hat (§ 2270 Abs. 1 BGB).

5 In der Praxis sollte stets eindeutig festgelegt werden, welche Verfügungen zueinander im Verhältnis der Wechselbezüglichkeit stehen.

6 ▶ **Muster:**

Die von den erschienenen Eheleuten A in Abschn. II getroffene jeweilige Erbeinsetzung des Überlebenden nach dem Erstversterbenden ist vollumfänglich wechselbezüglich zur entsprechenden Erbeinsetzung durch den anderen. Sie ist weiter vollumfänglich wechselbezüglich zur in Abschn. III getroffenen Schlusserbeinsetzung der gemeinsamen Kinder. Der Notar hat eingehend über die Folgen der Wechselbezüglichkeit belehrt.

7 Das gemeinschaftliche Testament muss nicht notwendig wechselbezügliche Verfügungen enthalten. Vielmehr kann es die Zusammenfassung einseitiger Verfügungen der Eheleute sein. In der Praxis kommt dies freilich selten vor.[8] Ein derartiges privatschriftliches gemeinschaftliches Testament kann z. B. getroffen werden, um von der Formerleichterung des § 2267 BGB Gebrauch zu machen. Abweichend von § 2247 BGB muss danach nur einer der Ehegatten das Testament errichten und der andere Ehegatte die gemeinschaftliche Erklärung eigenhändig mitunterzeichnen (**gleichzeitige Verfügungen**, *testamenta mere simultanea*).

II. Widerruf wechselbezüglicher und einseitiger Verfügungen

8 Jeder Ehegatte kann zu Lebzeiten des anderen die von ihm getroffenen Verfügungen frei widerrufen.[9] Der Widerruf wechselbezüglicher Verfügungen muss durch notariell beurkundete Erklärung erfolgen und dem anderen Ehegatten in Urschrift oder Ausfertigung zugehen (§§ 2271 Abs. 1 S. 1, 2296 Abs. 2 BGB). Der Widerruf hat die Unwirksamkeit der wechselbezüglichen Verfügungen auch des anderen Ehegatten zur Folge (§ 2270 Abs. 1 BGB). Einseitige (nicht wechselbezügliche) Verfügungen können sowohl zu Lebzeiten als auch nach dem Tod des anderen Ehegatten in gleicher Weise widerrufen werden wie solche in einem einseitigen Testament (§§ 2253 ff. BGB), also ins-

---

6 Zu den Konsequenzen des untauglichen Versuchs eines gemeinschaftlichen Testaments bei diesem Personenkreis vgl. *v. Proff*, ZErb 2008, 254.
7 BGH v. 16.6.1987 – IVa ZR 74/86, NJW-RR 1987, 1410 m. w. N.; Kapitel 6 Rdn. 6.
8 *V. Dickhuth-Harrach*, FS Otte, 2005, S. 55, 74.
9 Eine als »gemeinschaftliches Testament« betitelte Verfügung von Todes wegen, die Ehegatten in notarieller Urkunde (§ 2276 BGB) errichten, ist in Wirklichkeit Erbvertrag, wenn darin der Widerruf der Verfügungen zu Lebzeiten der Ehegatten ausgeschlossen wird; vgl. Staudinger/*Kanzleiter*, § 2271 Rn. 1.

besondere durch neues Testament (§ 2254 BGB).[10] Nach dem Tod des erstversterbenden Ehegatten hat der überlebende Ehegatte die Wahl (§ 2271 Abs. 2 BGB):
– er kann das ihm Zugewendete annehmen (§ 1943 BGB); dann hat er die Bindung an seine eigenen wechselbezüglichen Verfügungen in Kauf zu nehmen;
– er kann ausschlagen (§ 1942 Abs. 1 BGB) und damit die Bindung vermeiden.

Nimmt der überlebende Ehegatte an, kann er seine eigenen wechselbezüglichen Verfügungen nach der dispositiven gesetzlichen Regelung nur in folgenden Fällen außer Kraft setzen: 9
– der Bedachte macht sich einer Verfehlung schuldig, die den Erblasser zur Entziehung des Pflichtteils berechtigt oder, falls der Bedachte nicht zu den Pflichtteilsberechtigten gehört, zu der Entziehung berechtigen würde, wenn der Bedachte ein Abkömmling des Erblassers wäre (§§ 2271 Abs. 2 S. 2, 2294, 2333 BGB). Die engen Voraussetzungen (z. B. der Bedachte trachtet dem Erblasser nach dem Leben) dürften regelmäßig nicht erfüllt sein. Der Widerruf erfolgt durch Verfügung von Todes wegen. Sie muss den Widerrufsgrund angeben (§ 2270 Abs. 2 S. 2 i. V. m. § 2336 BGB).
– Ist der Bedachte ein pflichtteilsberechtigter Abkömmling des Erblassers, so kann der Erblasser durch eine spätere letztwillige Verfügung die nach § 2338 BGB zulässigen Anordnungen treffen (§ 2271 Abs. 3 i. V. m. § 2289 Abs. 2 BGB). Die Verfügung von Todes wegen muss den Widerrufsgrund angeben (§ 2338 Abs. 2 i. V. m. § 2336 Abs. 2 S. 1 BGB). Auch diese Voraussetzungen sind nur in Ausnahmefällen erfüllt. Der **Abkömmling** muss **verschwenderisch** oder **überschuldet** sein. Zulässig ist es lediglich, das Pflichtteilsrecht des Abkömmlings durch die Anordnung von **Nacherbschaft**, **Nachvermächtnissen** oder **Testamentsvollstreckung** zu beschränken. Der Abkömmling darf dagegen nicht enterbt werden.
– Bindend gewordene eigene wechselbezügliche Verfügungen können analog §§ 2281 ff. BGB angefochten werden (**Selbstanfechtung**).[11] Allerdings ist die Anfechtung in der Kautelarpraxis häufig ausgeschlossen, etwa durch die Formulierung: »Sämtliche Verfügungen in diesem Testament sind ohne Rücksicht auf vorhandene oder künftige pflichtteilsberechtigte Personen getroffen; Anfechtungsrechte nach §§ 2079, 2281 ff. BGB schließe ich daher aus.«
– Es wird ein **Zuwendungsverzicht** mit dem bindend Bedachten vereinbart (§ 2352 S. 1 BGB).

III. Bindungswirkung und Widerrufsvorbehalt

Von der **Wechselbezüglichkeit** ist die **Bindungswirkung** der betreffenden Verfügungen zu unterscheiden. Die Wechselbezüglichkeit wirkt sich bereits mit Errichtung des gemeinschaftlichen Testaments aus. Sie hat zur Folge, dass jeder Ehegatte seine wechselbezügliche Verfügung dem anderen Ehegatte gegenüber nur durch notariell beurkundete Erklärung widerrufen kann (§§ 2271 Abs. 1 S. 1, 2296 Abs. 2 BGB). Mit dem Widerruf durch den einen Ehegatten wird auch die wechselbezügliche Verfügung des anderen unwirksam (§ 2270 Abs. 1 BGB). 10

Bindungswirkung tritt beim gemeinschaftlichen Testament (anders als beim Erbvertrag) dagegen erst mit dem Tod des erstversterbenden Ehegatten und Annahme von dessen Verfügungen (§ 1943 BGB) ein. Der überlebende Ehegatte ist dann an seine wechselbezüglichen Verfügungen gebunden (§ 2271 Abs. 2 BGB). Er kann sich hiervon grds. nur unter den dargestellten Voraussetzungen lösen.[12] Die Bindungswirkung erfasst nur wechselbezügliche Verfügungen. Die Ehegatten können einseitige Verfügungen nicht mit Bindungswirkung ausstatten.[13] 11

Nach gefestigter Rechtsprechung sind **Widerrufsvorbehalte** zulässig. Dies ergibt sich schon daraus, dass die Eheleute es in der Hand haben, ob sie eine Verfügung als wechselbezüglich oder einseitig 12

---

10 Staudinger/*Kanzleiter*, § 2271 Rn. 3.
11 Staudinger/*Kanzleiter*, § 2271 Rn. 69.
12 Vgl. oben Rdn. 9.
13 *V. Dickhuth-Harrach*, FS Otte, 2005, S. 55, 74 m. w. N.

bestimmen. Die Eheleute können im gemeinschaftlichen Testament bestimmen, dass der überlebende Ehegatte die für ihn (mit Tod des anderen und Annahme von dessen Zuwendungen) bindend gewordenen (§ 2271 Abs. 2 S. 1 BGB) eigenen wechselbezüglichen Verfügungen einseitig widerrufen kann.[14] Er ist dann nicht an die engen gesetzlichen Widerrufsvoraussetzungen[15] gebunden. Ein **Widerrufsvorbehalt** nimmt der betreffenden Verfügung nicht ihre Wechselbezüglichkeit. Entscheidend ist, dass er einen Widerruf in der Form der §§ 2253 ff. BGB (insbesondere durch einseitiges Testament) nur nach dem Tod des Erstversterbenden und nicht bereits zu Lebzeiten beider Eheleute zulässt.[16] Hinsichtlich der Gestaltung des Widerrufsvorbehalts besteht weitestgehende Freiheit. Er kann unbedingt und unbeschränkt erfolgen. Er kann aber auch unter Beschränkungen oder Bedingungen gestellt werden, z. B. unter die auflösende Bedingung der Wiederheirat des überlebenden Ehegatten. Außerdem kann er inhaltlich beschränkt werden, z. B. in der Weise, dass er nur zu Gunsten bestimmter Personen, etwa der ehelichen Abkömmlinge, ausgeübt werden darf.[17]

C. Erbvertrag

13 Der Erbvertrag kann anders als das gemeinschaftliche Testament auch zwischen Personen geschlossen werden, die miteinander nicht verwandt sind. Er steht – vorbehaltlich der vorgenannten[18] Einschränkungen bei Auslandsbezug, insbesondere **gewöhnlichem Aufenthalt im Ausland, ausländischer Staatsangehöriger** oder **ausländischen** Nachlassvermögens – jedermann offen. Der Erbvertrag muss mindestens eine vertragsmäßige Verfügung (§ 2278 Abs. 1 BGB) enthalten.[19] Im Übrigen kann er inhaltlich sowohl einseitige letztwillige Verfügungen (§ 2299 BGB) als auch Rechtsgeschäfte unter Lebenden enthalten (vgl. § 2295 BGB).

14 Vertragsmäßig können nur Erbeinsetzungen, Vermächtnisse und Auflagen getroffen werden (§§ 1941 Abs. 1 BGB, 2278 Abs. 2 BGB). Alle anderen Verfügungen, z. B. Teilungsanordnungen (§ 2048 BGB) oder Testamentsvollstreckung (§ 2197 BGB) können zwar in den Erbvertrag aufgenommen werden (§ 2299 Abs. 1 BGB), sind aber stets zwingend nur einseitige Verfügung. In der Praxis sollte stets eindeutig festgelegt werden, welche Verfügungen vertragsmäßig und welche einseitig getroffen sind.

15 ▶ **Muster:**

Die von den erschienenen Eheleuten A in Abschn. II getroffene gegenseitig Erbeinsetzung nach dem Erstversterbenden ist vertragsmäßig getroffen. Alle übrigen in diesem Erbvertrag enthaltenen Verfügungen, insbesondere die in Abschn. III getroffene Schlusserbeinsetzung der jeweiligen einseitigen Kinder aus erster Ehe, sind einseitig getroffen. Sie können mithin von jedem Erblasser zu Lebzeiten beider Ehegatten oder nach dem Tod des anderen ohne dessen Kenntnis oder gar Mitwirkung einseitig widerrufen oder geändert werden, insbesondere durch Widerrufs- oder Änderungstestament.

16 Mit Abschluss des Erbvertrages entfalten die darin getroffenen vertragsmäßigen Verfügungen Bindungswirkung. Ihre einseitige Aufhebung oder Änderung durch Verfügung von Todes wegen ist damit schon zu Lebzeiten der Vertragspartner nur unter eingeschränkten Voraussetzungen möglich (§ 2289 Abs. 1 S. 2 BGB). Daher eignet sich der Erbvertrag besser als das gemeinschaftliche Testa-

---

14 RG v. 5.4.1932 – IV 218/31, DNotZ 1932, 348; BGH v. 26.4.1951 – IV ZR 4/50, BGHZ 2, 35; BGH v. 18.1.1956 – IV ZR 199/55, FamRZ 1956, 83; KG v. 14.11.1905 – OLGE 12, 386; v. 28.2.1924 – X 74, OLGE 44, 102; v. 7.10.1976 – 12 U 2349/75, DNotZ 1977, 749; OLG Hamm v. 7.11.1994 – 15 W 288/94, NJW-RR 1995, 777; OLG Zweibrücken v. 28.10.1991 – 3 W 34/91, NJW-RR 1992, 587, 588; Staudinger/*Kanzleiter*, § 2271 Rn. 56.
15 Vgl. oben II. 2., Rdn. 9.
16 Staudinger/*Kanzleiter*, § 2271 Rn. 56.
17 Vgl. Staudinger/*Kanzleiter*, § 2271 Rn. 56.
18 Vgl. oben Rdn. 2.
19 *V. Dickhuth-Harrach*, FS Otte, 2005, S. 55, 74.

ment zur Regelung »entgeltlicher Rechtsverhältnisse«.[20] Die Bindungswirkung lässt sich durch **Rücktritts**– (§ 2293 BGB) und **Änderungsvorbehalte** (§ 2297 S. 1 BGB) dosieren. Mit ihnen lassen sich die gesetzlichen Einschränkungen abbedingen, die anderenfalls gelten:

– Vertragsmäßige Verfügungen können zu Lebzeiten der Vertragspartner nur durch Erbvertrag unter Einschluss aller Vertragspartner aufgehoben werden (§ 2290 BGB), bei Eheleuten auch durch gemeinschaftliches Testament (§ 2292 BGB). Vermächtnisse oder Auflagen können alternativ durch Einzeltestament des Erblassers mit notariell beurkundeter Zustimmungserklärung des Vertragspartners aufgehoben werden (§ 2291 BGB). Die Mitwirkung eines nicht als Vertragspartner bedachten Dritten (§ 1941 Abs. 2 Alt. 2 BGB) ist dagegen nicht erforderlich. Der Erbvertrag ist kein Vertrag zu Gunsten Dritter i. S. d. § 328 BGB.[21] Auf das vorbeschriebene Recht zur Aufhebung unter Mitwirkung aller Vertragspartner kann nicht wirksam verzichtet werden (arg. § 2302 BGB).[22]

– Sofern sich der Erblasser nicht den **Rücktritt** vorbehalten hat (§ 2293 BGB), kann er nur in den Fällen des § 2294 BGB (Verfehlungen des Bedachten) oder des § 2295 BGB (Aufhebung des Gegenverpflichtung) einseitig zurücktreten. Verfehlungen des Bedachten rechtfertigen den Rücktritt nur, wenn dem Bedachten der Pflichtteil entzogen werden könnte (§§ 2294, 2333 BGB). Der Rücktritt nach § 2295 BGB setzt voraus, dass sich der Bedachte dem Erblasser gegenüber durch sog. **Verpfründungsvertrag** zu lebzeitigen wiederkehrenden Leistungen verpflichtet hat (z. B. Unterhalt oder Pflege) und diese Verpflichtung aufgehoben wird.[23] Der Rücktritt muss durch notariell beurkundete Erklärung erfolgen und dem Vertragspartner in Urschrift oder Ausfertigung zugehen (§ 2296 Abs. 2 BGB). Auf dieses Rücktrittsrecht kann wirksam verzichtet werden (arg. § 2298 Abs. 3 BGB).[24]

– Ist der Bedachte ein pflichtteilsberechtigter Abkömmling des Erblassers, so kann der Erblasser durch eine spätere letztwillige Verfügung die nach § 2338 BGB zulässigen Anordnungen treffen (§ 2289 Abs. 2 BGB). Die Verfügung von Todes wegen muss den Widerrufsgrund angeben (§ 2338 Abs. 2 i. V. m. § 2336 Abs. 2 S. 1 BGB). Auch diese Voraussetzungen sind nur in Ausnahmefällen erfüllt. Der Abkömmling muss verschwenderisch oder überschuldet sein. Zulässig ist es lediglich, das Pflichtteilsrecht des Abkömmlings durch die Anordnung von Nacherbschaft, Nachvermächtnissen oder Testamentsvollstreckung zu beschränken. Der Abkömmling darf dagegen nicht enterbt werden.

– Vertragsmäßige Verfügungen können unter den Voraussetzungen der §§ 2281 ff. BGB angefochten werden (**Selbstanfechtung**).[25] Allerdings ist die Anfechtung in der Kautelarpraxis häufig ausgeschlossen.

– Eine vertragsmäßige Verfügung kann durch **Zuwendungsverzicht** des bindend Bedachten beseitigt werden (§ 2352 S. 1 BGB).

Anders als beim gemeinschaftlichen Testament kann der überlebende Vertragspartner nach dem Tod 17 des anderen die Bindung an seine eigenen vertragsmäßigen Verfügungen grds. nicht dadurch aufheben, dass er das ihm Zugewandte ausschlägt. Dies geht nur, soweit er sich den Rücktritt vorbehalten hat (§ 2298 Abs. 2 S. 2 BGB).

Regelmäßig empfiehlt sich die Aufnahme von **Rücktritts-** und **Änderungsvorbehalten**. Nur so kann 18 der Erblasser auf die unvorhersehbaren Entwicklungen in unserer schnelllebigen Zeit flexibel reagieren.[26] Beim klassischen »**Berliner Testament**« von Ehegatten in der Form des Erbvertrages, d. h. ge-

---

20 *Meincke*, DStR 1981, 523, 528; Dittmann/Reimann/Bengel/*J. Mayer*, vor §§ 2265 ff. BGB Rn. 34; zum entgeltlichen Erbvertrag vgl. auch *J. Mayer*, DNotZ 2012, 89.
21 BGH v. 19.1.1954 – V ZB 28/53, BGHZ 12, 115, 119 f.
22 *V. Dickhuth-Harrach*, FS Otte, 2005, S. 55, 75.
23 Zum Rücktritt vom Erbvertrag wegen unterbliebener Pflegeleistungen vgl. BGH v. 5.10.2010, IV ZR 30/10, ZEV 2011, 254.
24 *V. Dickhuth-Harrach*, FS Otte, 2005, S. 55, 76.
25 Staudinger/*Kanzleiter*, § 2271 Rn. 69.
26 Ebenso Dittmann/Reimann/Bengel/*J. Mayer*, § 2278 BGB, Rn. 13.

genseitiger Einsetzung zum Alleinerben und Schlusserbeinsetzung der Kinder lässt sich das gleiche Ergebnis erreichen, indem die Schlusserbfolge überhaupt nicht vertragsmäßig, sondern einseitig erfolgt:

19 ▶ **Muster:**

§ 3 Erbvertragliche Bindung

1. Wir nehmen unsere Erklärungen in § 1 über die gegenseitige Erbeinsetzung mit erbvertraglicher Bindung gegenseitig an.

Ein vertragliches Rücktrittsrecht will sich keiner von uns vorbehalten.

2. Die Regelung der Erbfolge nach dem Längstlebenden von uns in § 2 ist einseitig getroffen und soll nur testamentarisch wirken. Sie kann von jedem von uns jederzeit, auch nach dem Tod des Erstversterbenden von uns, einseitig widerrufen werden.

20 Werden Rücktritts- oder Änderungsvorbehalte in die Urkunde aufgenommen, sind auch die Folgen regelungsbedürftig, die ein Rücktritt eines Erblassers von einer eigenen vertragsmäßigen Verfügung oder ihre Änderung für die Verfügungen des Vertragspartners hat. Nach der Zweifelsregel des § 2298 Abs. 2 BGB sind mit dem Rücktritt eines Erblassers von einer vertragsmäßigen Verfügung die vertragsmäßigen Verfügungen des anderen Vertragspartners ebenfalls aufgehoben.

21 Der **Rücktrittsvorbehalt** (§ 2293 BGB) soll es dem Erblasser erlauben, sich zu Lebzeiten des Vertragspartners durch Rücktritt (nicht durch Testament) einseitig von seinen Verfügungen zu lösen.[27] Der Rücktritt muss durch notariell beurkundete Erklärung erfolgen und dem Vertragspartner in Urschrift oder Ausfertigung zugehen (§ 2296 Abs. 2 BGB). Dieser muss mithin in Kenntnis gesetzt werden. Der Zurücktretende muss also »mit offenem Visier« auftreten. Ein Rücktritt durch einseitiges Widerrufstestament (§§ 2253 ff. BGB) genügt mithin nicht. Im Übrigen besteht weitgehende Gestaltungsfreiheit. So kann sich z. B. nur einer der Erblasser den Rücktritt vorbehalten.[28] Der Vorbehalt kann den gesamten Erbvertrag oder nur einzelne Verfügungen erfassen.[29] Entscheidend ist, dass er einen Widerruf in der Form der §§ 2253 ff. BGB (insbesondere durch einseitiges Testament) nur nach dem Tod des Erstversterbenden und nicht bereits zu Lebzeiten beider Eheleute zulässt.[30] Der Rücktrittsvorbehalt kann unbedingt und unbeschränkt erfolgen. Er kann aber auch unter Beschränkungen oder Bedingungen gestellt werden, z. B. unter die auflösende Bedingung der Wiederheirat des überlebenden Ehegatten. Außerdem kann er inhaltlich beschränkt werden, z. B. in der Weise, dass er nur zu Gunsten bestimmter Personen, etwa der ehelichen Abkömmlinge, ausgeübt werden darf.

22 Der Änderungsvorbehalt (auch **Freistellungsklausel**) erlaubt es dem Erblasser ebenfalls, sich einseitig von seinen Verfügungen zu lösen (vgl. § 2297 BGB).[31] Anders als beim Rücktrittsvorbehalt wird er durch einseitiges Widerrufs- oder Änderungstestament (§§ 2253 ff. BGB) ausgeübt. Der Änderungsvorbehalt kann (Auslegungsfrage!)[32] eine Änderung sowohl zu Lebzeiten des Vertragspartners als auch danach erlauben.[33] Der Vertragspartner muss mithin keine Kenntnis erhalten, ja die Änderung kann sogar nach seinem Tod erfolgen. In der Praxis empfiehlt sich eine Klarstellung darüber, ob eine Änderung schon vor oder erst nach dem Tod des Erstversterbenden zulässig ist. Der Änderungs-

---

27 Zum Rücktrittsvorbehalt eingehend *J. Mayer*, DNotZ 90, 755; *Herlitz*, MittRhNotK 96, 153; *v. Dickhuth-Harrach*, FS Otte, 2005, S. 55, 77 ff.
28 *V. Dickhuth-Harrach*, FS Otte, 2005, S. 55, 77.
29 *V. Dickhuth-Harrach*, FS Otte, 2005, S. 55, 77.
30 Staudinger/*Kanzleiter*, § 2271 Rn. 56.
31 *Keim*, NJW 2009, 818.
32 Instruktiv BayObLG v. 9.11.1995 – 1Z BR 31/95, DNotZ 1996, 316: der Änderungsvorbehalt war ergänzend dahin auszulegen, dass er eine Änderung der Schlusserbfolge durch den Ehemann ohne Mitwirkung oder Kenntnis der im Koma liegenden Frau durch Testament einen Tag vor dem Tod der Frau erlaubte.
33 Palandt/*Weidlich*, § 2289 Rn. 8.

vorbehalt kann in gleicher Weise wie der Rücktrittsvorbehalt unter Einschränkungen oder Bedingungen gesetzt oder inhaltlich eingeschränkt oder vorbehaltlos vereinbart werden.[34] Soll die als »Erbvertrag« bezeichnete Urkunde jedoch tatsächlich Erbvertrag und nicht nur gemeinschaftliches oder einseitiges Testament sein, muss sie zumindest eine bindende Verfügung von Todes wegen enthalten.[35] Daher darf kein umfassender und unbeschränkter bedingungsloser Änderungsvorbehalt (**Totalvorbehalt**) vorgesehen werden.[36] Streitig ist, ob alle im Erbvertrag enthaltenen Verfügungen unter einen eingeschränkten Änderungsvorbehalt gestellt werden dürfen.[37] Sicherheitshalber empfiehlt es sich, wenigstens eine vertragsmäßige Verfügung ohne jeden Änderungsvorbehalt zu beurkunden.[38] Unproblematisch ist dagegen ein umfassender Rücktrittsvorbehalt.[39]

Zulässig und in der Praxis häufig sind gerade in Ehegattenerbverträgen mit gegenseitiger Alleinerbeinsetzung und bindender Schlusserbeinsetzung unbeschränkte Änderungsvorbehalte der folgenden Art hinsichtlich der Schlusserbfolge:[40]

23

▶ **Muster:**

24

Hinsichtlich der Erbfolge nach dem Erstversterbenden behält sich jeder Ehegatte ein freies Rücktrittsrecht vor. Der Rücktritt muss durch notariell beurkundete Erklärung erfolgen. Er kann nur zu Lebzeiten des Vertragspartners erfolgen. Er muss dem Vertragspartner in Urschrift oder Ausfertigung zugehen.

Hinsichtlich der Erbfolge nach dem Letztversterbenden behält sich dieser das Recht vor, diese nach dem Tod der Erstversterbenden beliebig einseitig testamentarisch aufzuheben oder zu ändern.

Denkbar und in der Praxis ebenfalls gebräuchlich ist in derartigen Konstellationen alternativ hierzu eine Beschränkung zu Gunsten der eigenen Abkömmlinge:[41]

25

▶ **Muster:**

26

Hinsichtlich der Erbfolge nach dem Erstversterbenden behält sich jeder Ehegatte ein freies Rücktrittsrecht vor. Der Rücktritt muss durch notariell beurkundete Erklärung erfolgen. Er kann nur zu Lebzeiten des Vertragspartners erfolgen. Er muss dem Vertragspartner in Urschrift oder Ausfertigung zugehen.

Hinsichtlich der Erbfolge nach dem Letztversterbenden behält sich dieser das Recht vor, diese nach dem Tod der Erstversterbenden beliebig einseitig testamentarisch aufzuheben oder zu ändern, jedoch nur zu Gunsten gemeinschaftlicher Abkömmlinge. Dies umfasst ausdrücklich auch die Befugnis, einzelne Abkömmlinge zu enterben sowie Testamentsvollstreckung durch einzelne Abkömmlinge (oder beliebige andere Personen) anzuordnen. Verfügungen zu Gunsten sonstiger Personen sind dagegen (ansonsten) ausgeschlossen.

Abzuraten ist von Änderungsvorbehalten, die an bestimmte kaum justitiable Voraussetzungen geknüpft sind, z. B. das Wohlverhalten oder Schlechtverhalten eigener Abkömmlinge. Sie provozieren Rechtsstreit unter den Erbprätendenten.[42]

27

---

34 V. *Dickhuth-Harrach*, FS Otte, 2005, S. 55, 80 f.
35 BGH v. 8.1.1958 – IV ZR 219/57, BGHZ 26, 204, 208 = NJW 1958, 498; *J. Mayer*, DNotZ 1990, 755, 774 f.
36 V. *Dickhuth-Harrach*, FS Otte, 2005, S. 55, 79.
37 So m. E. zu Recht *Hülsmeier*, NJW 1986, 3115, 3118; *J. Mayer*, DNotZ 1990, 755, 774 f.; v. *Dickhuth-Harrach*, FS Otte, 2005, S. 55, 81. A. A. OLG Köln v. 10.9.1993 – 2 Wx 34/93, NJW-RR 1994, 651; Palandt/*Weidlich*, § 2289 Rn. 9.
38 *Herlitz*, MittRhnotK 96, 153, 158; v. *Dickhuth-Harrach*, FS Otte, 2005, S. 55, 81.
39 *J. Mayer*, DNotZ 1990, 755, 762, 770 Fn. 94; v. *Dickhuth-Harrach*, FS Otte, 2005, S. 55, 80.
40 Vgl. *J. Mayer*, DNotZ 1990, 755, 762, 764 f.
41 *Keim*, NJW 2009, 818; *J. Mayer*, DNotZ 1990, 755, 764.
42 Beispiel bei *J. Mayer*, DNotZ 1990, 755, 763.

Kapitel 7 Bindung des Erblassers – Umfang und Ausgestaltung

28 ▶ **Checkliste**
- ☐ Bereits lebzeitige Bindung gewollt? Dann Rechtsgeschäft unter Lebenden. Falls nicht:
- ☐ Besonderheiten in der Person des Erblassers (insb. ausländische Staatsangehörigkeit oder Ansässigkeit) oder in der Nachlasszusammensetzung (Auslandsvermögen, Gesellschaftsbeteiligung, Hof i. S. d. HöfeO)?
- ☐ Sonstige Anhaltspunkte für die Nichtgeltung des BGB-Erbrechts?
- ☐ Sind die Beteiligten miteinander verheiratet/Lebenspartner i. S. d. § 1 Abs. 1 S. 1 LPartG?
- ☐ Ist eine einseitige, zweiseitige oder mehrseitige Vereinbarung gewollt?
- ☐ Soll ein einseitiger Widerruf/Rücktritt auch nach Tod des Vertragspartners möglich sein?

Kapitel 8. Gestaltungsmöglichkeiten bei nichtehelichen Lebensgemeinschaften

Übersicht

	Rdn.			Rdn.
A.	Ausgangslage: Begriffsbestimmung, fehlendes gesetzliches Erbrecht	1	C. Berücksichtigung einer etwaigen Trennung	8
B.	Überblick über Gestaltungsmöglichkeiten	3	D. Freies Rücktrittsrecht im Erbvertrag der nichtehelichen Lebensgemeinschaft	15
			E. Steuerrecht	18

A. Ausgangslage: Begriffsbestimmung, fehlendes gesetzliches Erbrecht

Nach der Rechtsprechung ist unter einer **nichtehelichen Lebensgemeinschaft** eine verschiedengeschlechtliche oder gleichgeschlechtliche Gemeinschaft zwischen zwei Personen zu verstehen, die auf Dauer angelegt ist, daneben keine weitere Lebensgemeinschaft gleicher Art zulässt und sich durch innere Bindungen auszeichnet, die ein gegenseitiges Einstehen der Partner füreinander begründen, also über die Beziehungen in einer reinen Haushalts- und Wirtschaftsgemeinschaft hinausgehen.[1]

Endet eine nichteheliche Lebensgemeinschaft durch Tod eines Lebensgefährten, so hat der überlebende Partner kein gesetzliches Erbrecht. Die Anordnung des gesetzlichen Erbrechts des überlebenden Ehegatten durch § 1931 BGB findet auf in nichtehelicher Lebensgemeinschaft lebende Personen weder unmittelbare noch analoge Anwendung.[2] Gleiches gilt für die Regelung über den Voraus des überlebenden Ehegatten in § 1932 BGB.[3] Mangels gesetzlichen Erbrechts hat der überlebende Partner auch kein Pflichtteilsrecht (§ 2303 BGB). Wenn der verstorbene Partner pflichtteilsberechtigte Angehörige hinterlässt, ist der Überlebende mit Pflichtteilsansprüchen in Höhe des halben Nachlasswerts belastet. Dagegen ist der nichteheliche Lebensgefährte nach h. M. »Familienangehöriger« i. S. d. § 1969 Abs. 1 S. 1 BGB.[4] Hat er von seinem verstorbenen Partner Unterhalt bezogen, kann er daher von den Erben in den ersten 30 Tagen nach dem Erbfall Unterhalt in der bisher gezahlten Höhe und die Benutzung der Wohnung und Haushaltsgegenstände verlangen.

B. Überblick über Gestaltungsmöglichkeiten

Mangels gesetzlichen Erbrechts kann eine Absicherung des überlebenden Lebensgefährten über den Tod des Erstversterbenden hinaus nur rechtsgeschäftlich erfolgen. Dabei steht das Ziel einer möglichst umfassenden Absicherung in Konflikt mit der Erbschaftsteuerbelastung.

Der Partner kann durch Rechtsgeschäft unter Lebenden abgesichert werden. In Betracht kommt z. B. die Einräumung eines **Wohnrechts** oder ein **Vertrag zu Gunsten Dritter**, insbesondere die Benennung als Bezugsberechtigter einer **Lebensversicherung**.[5] Beim gemeinsamen **Immobilienerwerb** durch die Partner kann sich ein Erwerb in **Gesellschaft bürgerlichen Rechts** anbieten. Dabei sollten die Gesellschaftsanteile durch ausdrückliche Regelung im Gesellschaftsvertrag vererblich gestellt

---

1 Vgl. BGH v. 31.10.2007 – XII ZR 261/04, NJW 2008, 443 mit Anm. *v. Proff* = FamRZ 2008, 247, mit Anm. *Grziwotz*. A. A. hinsichtlich der Einbeziehung gleichgeschlechtlicher Verbindungen noch (vor Inkrafttreten des LPartG) BVerfG v. 17.11.1992 – 1 BvL 8/87, BVerfGE 87, 234, 264; *Schulz*, FamRZ 2007, 593.
2 Münchener Anwaltshandbuch ErbR/*Ritter*, § 12 Rn. 3; Reimann/Bengel/Mayer/*Bengel*, Testament und Erbvertrag, A Rn. 399 f.
3 Reimann/Bengel/Mayer/*Bengel*, Testament und Erbvertrag, A Rn. 402.
4 Palandt/*Weidlich*, § 1969 Rn. 1; Reimann/Bengel/Mayer/*Bengel*, Testament und Erbvertrag, A Rn. 402; *Strätz*, FamRZ 1980, 301, 308; OLG Düsseldorf v. 14.12.1982 – 21 U 120/82, NJW 1983, 1566; a. M. *Steinert*, NJW 1986, 683, 686.
5 Dazu im Einzelnen *v. Proff*, RNotZ 2008, 462.

und § 727 BGB mithin abbedungen werden. Es kann die Anwachsung unter Ausschluss der Abfindung angeordnet werden.

5 ▶ **Muster:**

Bei Tod eines Gesellschafters wird die Gesellschaft unter Ausschluss der Abfindung unter den verbleibenden Gesellschaftern fortgesetzt. Verbleibt nur ein Gesellschafter, so wächst das Gesellschaftsvermögen diesem verbliebenen Gesellschafter unter Ausschluss einer Abfindung der Erben an.

6 Zivilrechtlich handelt es sich nach wohl h. M. nicht um eine unentgeltliche Vereinbarung, wenn sie alle Gesellschafter gleichermaßen betrifft.[6] Erbschaftsteuerlich handelt es sich jedoch um eine Schenkung auf den Todesfall und damit einen Erwerb von Todes wegen, der beim Tod eines Gesellschafters eintritt (§ 3 Abs. 1 Nr. 2 S. 2 ErbStG).[7] Die von Todes wegen erfolgende Anwachsung (§ 1 Abs. 1 Nr. 3 S. 1 GrEStG) ist nach § 3 Nr. 2 GrEStG von der Grunderwerbsteuer befreit. Die Belastung mit ErbSt lässt sich m. E. auch nicht dadurch vermeiden, dass die Lebensgefährten die Immobilie in Bruchteilseigentum erwerben und jeder Partner dem anderen seinen Miteigentumsanteil durch Rechtsgeschäft unter Lebenden zuwendet, welches schuldrechtlich aufschiebend befristet auf den Tod und unter doppelter aufschiebender Bedingung abgeschlossen wird, dass die nichteheliche Lebensgemeinschaft der Beteiligten beim Tod noch fortbesteht und dass der andere Partner überlebt.[8]

7 Im Folgenden geht es um eine Absicherung durch Verfügung von Todes wegen. Als Form kommt bei Geltung deutschen Erbrechts das Einzeltestament (§§ 1937, 2229 ff. BGB) und der Erbvertrag (§§ 1941, 2274 ff. BGB) in Betracht. Die Form des gemeinschaftlichen Testaments ist Ehegatten oder in eingetragener Lebenspartnerschaft lebende Personen vorbehalten (§ 2265 BGB, ggf. i. V. m. § 10 Abs. 4 S. 1 LPartG).[9]

C. Berücksichtigung einer etwaigen Trennung

8 Nichteheliche Lebensgemeinschaften enden erfahrungsgemäß nicht selten durch Trennung. Lässt sich der letztwilligen Verfügung keine entsprechende Andeutung des Erblasserwillens entnehmen, so wird die Streitfrage virulent, ob § 2077 BGB analoge Anwendung auf die nichteheliche Lebensgemeinschaft findet mit der Folge, dass letztwillige Zuwendungen an den Lebensgefährten mit einer Trennung der Partner gegenstandslos werden. Die h. M. verneint eine Analogie.[10] Diese Ansicht verdient Zustimmung. § 2077 BGB knüpft an die Auflösung, den Scheidungs- oder Aufhebungsantrag der Ehe und damit an formalisierte und leicht nachprüfbare Beendigungstatbestände an. Der Auszug

---

6 Vgl. BGH v. 22.11.1956, II ZR 222/55, BGHZ 22, 186, 194; v. 20.12.1965, II ZR 145/64, DNotZ 1966, 620; v. 14.5.1986, IVa ZR 155/84, BGHZ 98, 48, 56; *obiter* bestätigt in BGH v. 2.6.1997, II ZR 81/96, BGHZ 135, 387, 390; MünchKommBGB/*Lange*, 5. Aufl. 2010, § 2325 Rn. 35 m. w. N.; MünchKomm-*Koch*, 6. Aufl. 2012, § 516 Rn. 97; Staudinger-*Kanzleiter* (2014), § 2301, Rn. 51; *Reimann*, in *Reimann/Bengel/J. Mayer*, Testament und Erbvertrag, 5. Aufl. 2006, C. § 2301, Rn. 74 m. w. N.; *Schlögel*, MittBayNot 2009, 100, 103 f.

7 Vgl. BFH v. 1.7.1992 – II R 20/90, BStBl. 1992 II, 912; v. 1.7.1992 – II R 12/90, BStBl. 1992 II, 925, 927 (für § 7 Abs. 7 ErbStG); Troll/Gebel/Jülicher/*Gebel*, ErbStG, § 3 Rn. 270; zweifelnd *Meincke*, ErbStG, § 3, Rn. 70.

8 Vgl. dazu *v. Proff*, RNotZ 2008, 313, 329 f.; NotBZ 2010, 73, 82 f.; a. A. *Egerland*, NotBZ 2002, 233.

9 Zu den Konsequenzen des untauglichen Versuchs eines gemeinschaftlichen Testaments bei nichtehelichen Partnern vgl. *v. Proff*, ZErb 2008, 254.

10 Münchener Anwaltshandbuch Erbrecht/*Ritter*, § 12 Rn. 17; Reimann/Bengel/Mayer/*Bengel*, Testament und Erbvertrag, A Rn. 401; Staudinger/*Löhnig*, Anh. zu §§ 1297 ff. Rn. 164; MünchKommBGB/*Leipold*, § 2077, Rn. 5; RG v. 17.6.1926 – 52/26 IV, JW 1927, 1202 (»eheähnliches Verhältnis«); BayObLG v. 6.9.1983 – BReg. 1 Z 53/83, FamRZ 1983, 1226; BayObLG v. 31.5.2001, 1Z BR 3/01, ZEV 2001, 438; OLG Celle v. 23.6.2003, 6 W 45/03, ZEV 2003, 328; DNotI, Gutachten v. 14.9.2001, Dokumentnummer 1251; a. A. MünchKommBGB/*Wellenhofer*, nach § 1302 Rn. 50; *Meier-Scherling*, DRiZ 1979, 296, 299.

eines Partners aus der Wohnung lässt sich hiermit nicht vergleichen. Die h. M. bürdet die Beweislast mithin demjenigen auf, der sich auf die Unwirksamkeit der Zuwendung beruft. Dieser Streit um die Beweislast kann erhebliche praktische Folgen haben.[11] Folgt man der h. M., so kommt aus Sicht der Übergangenen nur eine Anfechtung der letztwilligen Verfügung wegen **Motivirrtums** (§ 2078 Abs. 2 BGB) in Betracht.[12] Dabei ist insbesondere die einjährige Anfechtungsfrist zu beachten, die mit dem Zeitpunkt in Gang gesetzt wird, in dem der Anfechtungsberechtigte vom Anfechtungsgrund Kenntnis erlangt hat.

Soweit ersichtlich noch nicht höchstrichterlich entschieden ist der Fall, dass der Lebensgefährte durch letztwillige Verfügung bedacht wird, man anschließend heiratet und später geschieden wird. Ist der Bedachte bei Errichtung der letztwilligen Verfügung mit dem Testator verlobt, so findet § 2077 BGB nach h. M. Anwendung, nicht dagegen wenn er »nur« Lebensgefährte ohne gegenseitiges Eheversprechen ist.[13] 9

In letztwilligen Verfügungen, durch die der Lebensgefährte bedacht wird, sollte daher stets der **Trennungsfall** berücksichtigt werden. Hier empfiehlt sich regelmäßig die Aufnahme einer auflösenden Bedingung des Inhalts, dass alle zu Gunsten des Partners getroffenen Verfügungen ihre Gültigkeit verlieren, wenn die Lebensgemeinschaft beim Tode des Erblassers insbesondere wegen räumlicher Trennung nicht mehr besteht.[14] Wichtig ist, die auflösende Bedingung auf den Trennungsfall zu beschränken. Sie sollte nicht auf die »Beendigung der nichtehelichen Lebensgemeinschaft« bezogen werden.[15] Die nichteheliche Lebensgemeinschaft wird nämlich auch dadurch beendet, dass die Lebensgefährten heiraten. Gerade in diesem Fall soll eine zu Gunsten des Partners getroffene Verfügung von Todes wegen, insbesondere eine Alleinerbeinsetzung, nach dem Willen der Beteiligten regelmäßig fortbestehen. Etwas anderes mag dann gelten, wenn infolge der Klausel die gesetzliche Erbfolge zum Zuge kommt und die letztwillige Zuwendung hinter dem gesetzlichen Ehegattenerbteil zurück bleibt. 10

Was die Formulierung der **auflösenden Bedingung** betrifft, so kommt insbesondere die Anknüpfung an die räumliche Trennung oder an die melderechtliche Registrierung in Betracht. Wird auf die räumliche Trennung, d. h. den Auszug eines Partners aus der gemeinsam bewohnten Wohnung infolge nunmehr weggefallener emotionaler Verbundenheit abgestellt, so hat dies jedenfalls in der Theorie den Vorteil, dass der Willen der Beteiligten damit regelmäßig zur Geltung kommt. Allerdings ist eine derartige Regelung praktisch äußerst streitanfällig, weil sie gesetzliche Erben und Pflichtteilsberechtigte des erstverstorbenen Partners dazu animieren kann, eine Trennung zu behaupten. Auch kann diese Lösung bei einer Versöhnung der Partner nach Trennung versagen. Der Nachweis einer Trennung kann zudem praktisch schwer zu führen sein, insbesondere wenn der Erbfall länger zurück liegt. 11

Demgegenüber hat eine an der übereinstimmenden Wohnung im melderechtlichen Sinn (§ 12 Melderechtsrahmengesetz) anknüpfende Formulierung zwar den Vorteil der eindeutigen Nachweisbarkeit. Sie ist jedoch missbrauchsanfällig. Man denke an die Ex-Partnerin, die sich angesichts des nahen Todes ihres Verflossenen eingedenk dessen Testaments wieder bei ihm anmeldet. Zudem ist die Anknüpfung an die gemeldete Wohnung nicht zuverlässig, weil sie die gesetzlichen Erben des säumigen Erblassers benachteiligt, der sich nach dem Auszug von seiner Ehemaligen nicht abgemeldet hat. 12

---

11 Exemplarisch OLG Celle v. 23.6.2003, 6 W 45/03, ZEV 2003, 328 mit Anm. *Leipold*. Das Gericht hält nicht für erwiesen, dass die Erblasserin davon ausging, die Lebensgemeinschaft mit ihrem früheren Partner wieder herzustellen.

12 Der Fortbestand der nichtehelichen Lebensgemeinschaft kann Gegenstand einer so genannten unbewussten Vorstellung sein, die nach einhelliger Auffassung zur Anfechtung berechtigt; Reimann/Bengel/Mayer/*Bengel*, Testament und Erbvertrag, A Rn. 401 m. w. N.; Palandt/*Weidlich*, § 2078, Rn. 6; *Sandweg*, BWNotZ 1990, 49, 56; DNotI, Gutachten v. 14.9.2001, Dokument-Nr. 1251.

13 DNotI, Gutachten v. 12.5.2005, Dokument-Nr. 59069.

14 Ebenso Staudinger/*Löhnig*, Anh. zu §§ 1297 ff. Rn. 164.

15 So aber Münchener Anwaltshandbuch Erbrecht/*Ritter*, § 12 Rn. 18.

13 Ist nach dem Erbfall eines Partners das Grundbuch zu berichtigen, so gilt im Hinblick auf die dem Grundbuchamt gegenüber zu führenden Nachweise Folgendes: Ist der Partner aufgrund einer in öffentlicher Urkunde getroffenen letztwilligen Verfügung Erbe geworden,[16] so darf das Grundbuchamt nicht nach § 35 Abs. 1 S. 2 Hs. 2 GBO einen Erbschein verlangen. Vielmehr genügt die Vorlage der Verfügung und der Niederschrift über ihre Eröffnung (§ 35 Abs. 1 S. 2 Hs. 1 GBO). Der Nichteintritt einer auflösenden Bedingung ist eine negative Tatsache. Bezweifelt das Grundbuchamt den Nichteintritt der auflösenden Bedingung, so kann dieser durch eidesstattliche Versicherung nachgewiesen werden.[17] Die Beweismittelbeschränkung des § 29 GBO auf öffentliche oder öffentlich beglaubigte Urkunden gilt insofern nicht.[18] Ist der Partner dagegen nicht Erbe geworden, weil die an seine Erbeinsetzung geknüpfte auflösende Bedingung eingetreten ist, so haben die an seine Stelle tretenden Erben stets den Bedingungseintritt eidesstattlich zu versichern. Sind sie in öffentlicher Urkunde als Erben benannt, so ist ein Erbschein darüber hinaus gehend nicht erforderlich.

14 ▶ **Muster (Einzeltestament):**

Die Erbeinsetzung von X [Partnerin des Erblassers] steht unter der auflösenden Bedingung, dass X und ich bei meinem Tode wegen Trennung nicht mehr in nichtehelicher Lebensgemeinschaft zusammen leben.

D. Freies Rücktrittsrecht im Erbvertrag der nichtehelichen Lebensgemeinschaft

15 Schließen in nichtehelicher Lebensgemeinschaft lebende Personen einen Erbvertrag, so entspricht die Aufnahme eines freien, nicht an einen Grund gebundenen Rücktrittsrechts regelmäßig dem Willen der Beteiligten.[19] Von einem an die Trennung der nichtehelichen Lebensgemeinschaft gebundenen **Rücktrittsrecht** ist abzuraten, weil damit im Rücktrittsfall Streit über das Vorliegen der Rücktrittsvoraussetzungen vorprogrammiert ist.

16 Auch wenn ein freies Rücktrittsrecht vereinbart wird, sollte stets flankierend eine **auflösende Bedingung** des Inhalts in die Urkunde aufgenommen werden, dass alle zu Gunsten des Partners oder zu Gunsten allein dem Partner nahestehender – möglichst namentlich aufzuführender – Personen getroffenen Verfügungen ihre Gültigkeit verlieren, wenn die Lebensgemeinschaft beim Tode des Erstversterbenden wegen räumlicher Trennung nicht mehr besteht.[20] Das (freie) Rücktrittsrecht allein wird dem Willen der Beteiligten regelmäßig nicht gerecht. Dieser geht praktisch ausnahmslos dahin, dass die Trennung automatisch die letztwillige Zuwendung entfallen lassen soll. Überdies nehmen die Beteiligten auch im Fall der bloßen Vereinbarung eines Rücktrittsrechts (ohne auflösende Bedingung) nicht selten irrtümlich an, dass die Zuwendung sich mit Trennung erledigt habe. Zudem ist denkbar, dass ein Lebensgefährte nach Errichtung des Erbvertrages geschäftsunfähig wird. Ein Rücktritt des Geschäftsunfähigen ist damit ausgeschlossen (§ 2296 Abs. 1 S. 1 BGB).[21] Ein Rücktritt des anderen Partners ist nur gegenüber dem gesetzlichen Vertreter des Geschäftsunfähigen möglich (§ 131 BGB).

17 ▶ **Muster eines Erbvertrages von Lebensgefährten mit einseitigen Kindern**

URNr./2015:

Erbvertrag

Heute, den

---

16 Dies ist der Fall, wenn die an die Zuwendung geknüpfte auflösende Bedingung, dass sich die Partner nicht getrennt haben, endgültig nicht eingetreten ist.
17 Vgl. *Schöner/Stöber*, Rn. 790 mwN.
18 *Schöner/Stöber*, Rn. 790.
19 *Kornexl*, Nachlassplanung bei Problemkindern, Rn. 890; *Sandweg*, BWNotZ 1990, 49, 56. Zur Grundbuchberichtigung nach dem Tod des Erblassers kann auf die obigen Ausführungen Rdn. 13 verwiesen werden.
20 Zur Formulierung s. o. Rdn. 14.
21 Staudinger/*Kanzleiter*, § 2296 Rn. 4.

erschienen vor mir,

Dr.

Notar

mit dem Amtssitz ...

Frau ...,

deren Lebensgefährte, Herr ...,

dem Notar ausgewiesen durch die Vorlage ihrer Bundespersonalausweise.

Die Erschienenen erklärten:

Wir wollen einen Erbvertrag schließen und sind durch frühere Verfügungen von Todes wegen hieran nicht gehindert.

Wir sind deutsche Staatsangehörige, haben in Deutschland unseren gewöhnlichen Aufenthalt und gehen fest davon aus, dass sich hieran auch in Zukunft nichts ändert.

Zu unserem Vermögen gehört kein Hof i. S. d. Höfeordnung, kein Auslandsvermögen und keine Gesellschaftsbeteiligung.

Zur Registrierung der Urkunde machen wir folgende Ergänzungsangaben:

a) Frau ... ist geboren in ... als Tochter der Eheleute

...

Standesamt ... Reg.Nr. ...

und

b) Herr ... ist geboren in ... als Sohn der Eheleute

...

Standesamt ... Reg.Nr. ...

Wir verlangen keine Zuziehung von Zeugen oder eines zweiten Notars. Der Erbvertrag soll unverschlossen in der amtlichen Verwahrung des Notars bleiben.

Der Notar überzeugte sich von der erforderlichen Geschäfts- und Testierfähigkeit der Erblasser.

Die Erschienenen erklärten dem Notar mündlich wie folgt:

Wir schließen den nachstehenden

ERBVERTRAG

§ 1 Widerruf

Alle Verfügungen von Todes wegen, die wir gemeinsam oder einzeln bisher errichtet haben, widerrufen wir hiermit.

§ 2 Erbfolge nach dem Erstversterbenden

I. Gegenseitige Erbeinsetzung nach dem Erstversterbenden

Wir setzen uns gegenseitig, der Erstversterbende den Längstlebenden, zum alleinigen und unbeschränkten Erben ein.

II. Herausgabevermächtnisse nach Frau ... als Erstversterbender

Frau ... belastet ihren Erben mit folgendem betagtem Herausgabevermächtnis:

1. Der Erbe hat alles, was aus dem Nachlass des Erblassers beim Tod des Erben noch vorhanden ist, an die Tochter der Erblasserin Frau ..., Frau ... (Vermächtnisnehmer) herauszugeben. Der Anspruch des

Vermächtnisnehmers auf Nutzungsherausgabe gemäß § 2184 BGB ist ausgeschlossen. Der Vermächtnisnehmer ist lediglich auf den Überrest eingesetzt. Der Verwendungsersatzanspruch des Erben gemäß §§ 2185, 994 ff. BGB ist auf die noch vorhandenen Werterhöhungen beschränkt. Die fortbestehenden Nachlassverbindlichkeiten übernimmt der Erbe.

2. Anfall, Fälligkeit:

Das Vermächtnis fällt mit dem Erbfall an, wird aber erst mit dem Tod des Erben fällig (betagtes Vermächtnis).

3. Erfassung von Ersatzgegenständen (Surrogate):

§ 2111 BGB gilt entsprechend. Als Vermächtnisgegenstand herauszugeben ist daher v. a. auch, was der Erbe auf Grund eines zur Erbschaft gehörenden Rechts oder als Ersatz für die Zerstörung, Beschädigung oder Entziehung eines Erbschaftsgegenstands oder durch Rechtsgeschäft mit Mitteln der Erbschaft erwirbt, sofern nicht der Erwerb ihm als Nutzung gebührt.

4. Unvererblichkeit, Unübertragbarkeit:

Die Anwartschaft und Rechte des Vermächtnisnehmers zwischen Erbfall und Fälligkeit des Vermächtnisses sind nicht vererblich oder übertragbar.

5. Soweit Grundbesitz zum Nachlass gehört, hat der Bedachte keinen Anspruch darauf, dass seine Anwartschaft durch Eintragung einer Vormerkung gesichert wird.

III. Herausgabevermächtnisse nach Herrn ... als Erstversterbendem

Herr ... belastet seinen Erben mit folgendem betagtem Herausgabevermächtnis:

1. Der Erbe hat alles, was aus dem Nachlass des Erblassers beim Tod des Erben noch vorhanden ist, an die Töchter,

a) Frau ... und

b) Frau ...

(Vermächtnisnehmer) herauszugeben. Der Anspruch des Vermächtnisnehmers auf Nutzungsherausgabe gemäß § 2184 BGB ist ausgeschlossen. Der Vermächtnisnehmer ist lediglich auf den Überrest eingesetzt. Der Verwendungsersatzanspruch des Erben gemäß §§ 2185, 994 ff. BGB ist auf die noch vorhandenen Werterhöhungen beschränkt. Die fortbestehenden Nachlassverbindlichkeiten übernimmt der Erbe.

2. Anfall, Fälligkeit:

Das Vermächtnis fällt mit dem Erbfall an, wird aber erst mit dem Tod des Erben fällig (betagtes Vermächtnis).

3. Erfassung von Ersatzgegenständen (Surrogate):

§ 2111 BGB gilt entsprechend. Als Vermächtnisgegenstand herauszugeben ist daher v. a. auch, was der Erbe auf Grund eines zur Erbschaft gehörenden Rechts oder als Ersatz für die Zerstörung, Beschädigung oder Entziehung eines Erbschaftsgegenstands oder durch Rechtsgeschäft mit Mitteln der Erbschaft erwirbt, sofern nicht der Erwerb ihm als Nutzung gebührt.

4. Unvererblichkeit, Unübertragbarkeit:

Die Anwartschaft und Rechte des Vermächtnisnehmers zwischen Erbfall und Fälligkeit des Vermächtnisses sind nicht vererblich oder übertragbar.

5. Soweit Grundbesitz zum Nachlass gehört, hat der Bedachte keinen Anspruch darauf, dass seine Anwartschaft durch Eintragung einer Vormerkung gesichert wird.

§ 3 Schlusserbfolge nach Frau ...

Sofern Frau ... die Längstlebende ist, setzt sie als einseitige Verfügung, zu ihren Erben ein:

ihre Tochter, Frau ... allein.

Sollte die eingesetzte Erbin vor dem Erbfall versterben oder aus einem sonstigen Grunde nicht Erbe werden, so treten ihre Abkömmlinge entsprechend den Regeln über die gesetzliche Erbfolge an ihre Stelle.

§ 4 Schlusserbfolge nach Herrn ...

Sofern Herr ... der Längstlebende ist, setzt er als einseitige Verfügung, zu seinen Erben ein:

a) Frau ... und

b) Frau ...

zu je $1/2$ Anteilen.

Sollte ein eingesetzter Erbe vor dem Erbfall versterben oder aus einem sonstigen Grunde nicht Erbe werden, so treten seine Abkömmlinge entsprechend den Regeln über die gesetzliche Erbfolge an seine Stelle.

Sind solche nicht vorhanden, wächst der Erbteil des Weggefallenen dem oder den anderen eingesetzten Erben im Verhältnis ihrer Erbteile an.

§ 5 Erbvertragliche Bindung

1. Wir nehmen unsere Erklärungen in § 2 über die gegenseitige Erbeinsetzung mit erbvertraglicher Bindung gegenseitig an.

2. Ein jeder von uns behält sich ein freies Rücktrittsrecht vor. Der Rücktritt erfolgt durch Erklärung gegenüber dem anderen Vertragschließenden. Die Erklärung bedarf der notariellen Beurkundung.

3. Die übrigen Verfügungen sind einseitig getroffen und sollen nur testamentarisch wirken. Sie können von jedem von uns jederzeit, auch nach dem Tod des Erstversterbenden von uns, einseitig widerrufen werden.

§ 6 Ausschluss Anfechtungsrecht, Unwirksamkeit bei Eheauflösung oder Trennung

1. Nach Hinweis des Notars auf das Anfechtungsrecht wegen Übergehens von Pflichtteilsberechtigten erklären wir, dass sämtliche vorstehenden Verfügungen von Todes wegen ohne Rücksicht darauf getroffen sind, ob, welche und wie viele Pflichtteilsberechtigte zum Zeitpunkt des jeweiligen Erbfalls vorhanden sind.

Auf das Anfechtungsrecht aus § 2079 BGB (evtl. i. V. m. § 2281 BGB) wird daher ausdrücklich verzichtet.

2. Die in § 2 dieser Urkunde getroffenen Erklärungen über die gegenseitige Erbeinsetzung sind unwirksam, wenn die Voraussetzungen für die Aufhebung, insbesondere Scheidung, einer etwaigen von uns noch einzugehenden Ehe vorliegen und einer von uns die Aufhebung beantragt oder wenn die zwischen uns bestehende nichteheliche Lebensgemeinschaft durch Trennung endet. An ihre Stelle treten als einseitige Verfügung von Todes wegen die jeweils eingesetzten Schlusserben.

§ 7 Weitere Erklärungen

Alles Vorstehende ist unser wohlüberlegter letzter Wille.

Weitere Bestimmungen wünschen wir zur Zeit nicht zu treffen.

Die mit dieser Urkunde verbundenen Kosten tragen wir.

Wir erbitten je begl. Abschrift dieser Urkunde für uns wie für die Urkundensammlung des Notars, diese kann dort unverschlossen verwahrt werden. Auch bei nachträglicher Hinterlegung soll der Notar keine Ausfertigung, sondern nur eine beglaubigte Abschrift verwahren, die auf Nachweis der Rücknahme aus der amtlichen Hinterlegung zu vernichten, jedenfalls Dritten nicht mehr zugänglich zu machen ist.

Vorgelesen vom Notar, von den Erschienenen genehmigt und eigenhändig, wie folgt, unterschrieben:«

Kapitel 8 Gestaltungsmöglichkeiten bei nichtehelichen Lebensgemeinschaften

E. Steuerrecht

18 Im **Erbschaft- und Schenkungssteuerrecht** fällt der Lebensgefährte unter die Steuerklasse III (§ 15 Abs. 1 ErbStG).[22] Er unterliegt daher einem Erbschaftsteuersatz von 30 %, bei Erwerben über 13 000 000 € von 50 % (§ 19 Abs. 1 ErbStG). Ihm steht nicht der höhere Freibetrag des Ehegatten in Höhe von 500 000 € nach § 16 Abs. 1 Nr. 1 ErbStG, sondern nur in Höhe von 20 000 € nach § 16 Abs. 1 Nr. 7 ErbStG zu.[23] Auch der besondere Versorgungsfreibetrag (§ 17 ErbStG) steht dem Lebensgefährten nicht zu.[24] Die Steuerbegünstigung des Mehrfacherwerbs nach § 27 ErbStG ist auf Erwerbe durch Personen der Steuerklasse I beschränkt und erfasst daher nicht den Erwerb durch den Lebensgefährten.[25] Die Steuerfreiheit des Zugewinnausgleichs ist in der nichtehelichen Lebensgemeinschaft (§ 5 ErbStG) nicht analog anwendbar.[26]

19 **Steueroptimierung** ist unter nichtehelichen Partnern eingeschränkt möglich. Im Bereich der **Einkommensteuer** wendet die Rechtsprechung die strengen Grundsätze zur Anerkennung von Angehörigenverträgen[27] im Hinblick auf Ehegattenverträge und Verträge zwischen Eltern und ihren Kindern[28] grds. nicht auf nichteheliche Partner an. Bei der Anerkennung von **Vereinbarungen zwischen nichtehelichen Partnern** ist die Rechtsprechung und Finanzverwaltung mithin deutlich großzügiger.[29] **Erbschaftsteuerlich** ist die Übertragung von Betriebsvermögen nach den freilich durch das BVerfG in Teilen für verfassungswidrig erklärten[30] §§ 13a, 13b ErbStG privilegiert und unter bestimmten Voraussetzungen sogar gänzlich befreit.[31] Bei der **Grunderwerbsteuer** sind der Erwerb von Todes wegen oder durch Schenkung befreit (§ 3 Nr. 2 S. 1 GrEStG), nicht jedoch entgeltliche Geschäfte.[32] Im Zusammenhang mit der unentgeltlichen Übertragung von Anteilen an gewerblich geprägten GmbH & Co. KG, die unter die Betriebsvermögensprivilegierung der §§ 13a, 13b ErbStG fallen, dürfte durch die jüngste BFH-Rechtsprechung die GrESt-Befreiung auch dann gesi-

---

22 BFH v. 27.10.1982 – II B 77/81, BStBl. 1983 II, 114; die hiergegen erhobene Verfassungsbeschwerde ist vom BVerfG mit Beschl. v. 1.6.1983 – 1 BvR 107/83, BStBl. 1984 II, 172, nicht zur Entscheidung angenommen worden, weil sie keine hinreichende Aussicht auf Erfolg hatte.
23 BFH v. 27.10.1982 – II B 77/81, BStBl. 1983 II, 114.
24 BFH v. 27.10.1982 – II B 77/81, BStBl. 1983 II, 114; bestätigt durch BVerfG 1.6.1983 – 1 BvR 107/83, BStBl. 1984 II, 172; BVerfG v. 15.5.1990 – 2 BvR 592/90, BStBl. 1990 II, 764; *Meincke*, ErbStG, § 17 Rn. 5; a. A. FG Hamburg v. 2.11.1981 – II 287/81, EFG 1982, 253.
25 *Meincke*, ErbStG, § 27 Rn. 3.
26 Münchener Anwaltshandbuch Erbrecht/*Ritter*, § 12 Rn. 22.
27 BFH v. 15.4.1999 – IV R 60/98, BStBl. II 1999, 524/525. Vgl. auch Niedersächs. FG v. 5.2.2001 – 14 K 105/96, EFG 2001, 1111 mit Anm. *J. Hoffmann*; *D. Gosch*, StBp 2000, 251 f. Vgl. auch *R. Wacker*, StJb. 2002/2003, 85/96 ff. Zu Darlehensverträgen zwischen nahen Angehörigen vgl. *H. Pump/J. Kurella*, StBp 2001, 239 ff. Allgemeine Darstellung bei *G. Ramisch*, Rechtsverhältnisse zwischen Angehörigen im Ertragssteuerrecht.
28 BFH v. 22.8.1951 – IV 246/50 S., BFHE 55, 449 = BStBl. III 1951, 181 (Steuerliche Anerkennung kann einer Personengesellschaft zwischen dem Betriebsinhaber und seinen drei Töchtern nicht allein deshalb versagt werden, weil außerbetriebliche, z. B. steuerliche und familienrechtliche Gesichtspunkte, den Abschluss des Gesellschaftsvertrags veranlasst haben); v. 29.5.1972 – GrS 4/71, BFHE 106, 504 = BStBl. II 1973, 5 (Steuerliche Anerkennung der Gewinnverteilungsabrede zwischen dem Betriebsinhaber und seinen Kindern, die als Kommanditisten bzw. atypisch stille Gesellschafter in die neu gegründete KG eintraten, nur soweit die Beteiligung der nicht mitarbeitenden Kinder auf längere Sicht zu einer auch unter Berücksichtigung der gesellschaftsrechtlichen Beteiligung der Kinder angemessenen Verzinsung des tatsächlichen Werts des Gesellschaftsanteils führt). Zu Verträgen zwischen Eltern und Kindern vgl. auch BFH v. 10.3.1988 – IV R 214/85, BFHE 153, 520.
29 Vgl. BFH v. 5.12.1985 – IV R 182/84, BFH/NV 1986, 452; v. 14.4.1988 – IV R 225/85, BFHE 153, 224; v. 27.11.1989 – GrS 1/88, BFHE 158, 563/576.
30 BVerfG v. 17.12.2014 – 1 BvL 21/12, BStBl II 2015, 50; dazu *Hannes*, ZEV 2015, 7.
31 Zu den rückwirkend zum 1.1.2009 in Kraft getretenen Änderungen durch das Wachstumsbeschleunigungsgesetz vgl. *v. Proff*, ZNotP 2010, 137, 142.
32 Die Steuerbefreiungen in § 3 Nr. 4 und 5 GrEStG gelten nur für Ehegatten.

chert sein, wenn zwischen der Grundstückseinbringung in die KG und der Übertragung der KG-Anteile an die Partnerin weniger als fünf Jahre (§ 5 Abs. 3 GrEStG) liegen.[33]

▶ **Checkliste: Nichteheliche Lebensgemeinschaft** 20

☐ Welche Dauer und Festigkeit hat die nichteheliche Lebensgemeinschaft?
☐ Warum gehen die Beteiligten nicht die Ehe bzw. eingetragene Lebenspartnerschaft (§ 1 Abs. 1 S. 1 LPartG) ein?
☐ Gibt es Pflichtteilsberechtigte?
☐ Bestehen Ansatzpunkte für eine erbschaftsteuerliche Optimierung?
☐ Ist die Erbeinsetzung des Partners trotz u. U. hoher Erbschaftsteuerbelastung gewollt oder reicht eine anderweitige vermächtnisweise Absicherung, z. B. durch Wohnrecht?
☐ Sollen die zu Gunsten des Partners getroffenen Verfügungen mit einer Trennung automatisch entfallen (auflösende Bedingung)?
☐ Ist bei einem Erbvertrag ein freies Rücktrittsrecht oder jedenfalls für den Trennungsfall gewollt?

---

33 Vgl. BFH v. 7.10.2009 – II R 58/08, BStBl. II 2010, 302 = DStR 2009, 2534; dazu *Hannes/Onderka/v. Oertzen*, ZEV 2010, 137, 139.

Kapitel 9. Einflussnahme des Erblassers über seinen Tod hinaus

Übersicht	Rdn.
A. **Testamentsvollstreckung**	1
I. Grundlagen	1
1. Nachlassverwaltung und -auseinandersetzung durch einen Testamentsvollstrecker	1
2. Grenzen der Testamentsvollstreckung	6
II. Gestaltung der Testamentsvollstreckung	11
1. Zielsetzung der Testamentsvollstreckung	11
a) Auseinandersetzungsvollstreckung	12
b) Verwaltungsvollstreckung	17
c) Vermächtnisvollstreckung	23
d) Testamentsvollstreckung und Bestimmungsvermächtnis	26
e) Testamentsvollstreckung und Vor- und Nacherbschaft	30
f) Vollstreckungsschutz durch Testamentsvollstreckung	37
2. Anordnung, Beginn und Beendigung der Testamentsvollstreckung	40
a) Anordnung	40
b) Beginn	41
c) Beendigung	48
3. Bestimmung des Testamentsvollstreckers	54
a) Auswahl und Ernennung	54
b) Ersatztestamentsvollstrecker, Nachfolgeernennung	70
4. Gegenstand der Testamentsvollstreckung	78
a) Nachlass	79
b) Erbteil	80
c) Vermächtnis	82
d) Einzelner Nachlassgegenstand	88
e) Auflage	91
5. Konkretisierung der Aufgaben und Befugnisse des Testamentsvollstreckers, Erleichterungen für den Testamentsvollstrecker	92
a) Gesetzliche Aufgaben und Befugnisse des Testamentsvollstreckers	92
b) Erweiterung der Aufgaben und Befugnisse des Testamentsvollstreckers	104
c) Beschränkung der Aufgaben und Befugnisse des Testamentsvollstreckers	119
6. Haftungserleichterung für den Testamentsvollstrecker	134
7. Durchführung der Testamentsvollstreckung	140
a) Rechtsstellung des Testamentsvollstreckers	140
b) Verhältnis Testamentsvollstrecker und Erben	144
c) Verhältnis Testamentsvollstrecker und Nachlassgericht	153
d) Testamentsvollstreckung und Grundbuch	156
e) Testamentsvollstreckung und Handelsregister	164
f) Nachweis des Testamentsvollstreckeramtes und der Verfügungsbefugnis	167
8. Vergütung	172
9. Testamentsvollstreckung und IPR	186
10. Alternativen zur Testamentsvollstreckung: Vollmacht – Treuhand	193
a) Vollmacht anstelle oder neben Testamentsvollstreckung	193
b) Vollmacht bei Nachlassvermögen im Ausland	216
c) Treuhandlösung	220
d) Alleinerbeneinsetzung	221
e) Auseinandersetzungsverbot	222
III. Steuerrecht	223
IV. Checkliste	230
B. **Teilungsanordnung**	231
I. Grundlagen – Vorgaben für die Nachlassauseinandersetzung	231
1. Vorgaben für die Nachlassauseinandersetzung durch Teilungsanordnung	231
2. Grenzen der Teilungsanordnung	236
II. Gestaltung der Teilungsanordnung	238
1. Anordnung der Teilungsanordnung	238
a) Formelle Teilungsanordnung	239
b) Materielle Teilungsanordnung	242
2. Absicherung der Teilungsanordnung	251
a) Absicherung durch bedingtes Vermächtnis	251
b) Absicherung durch bedingte Erbeinsetzung	253
3. Alternativen zur Teilungsanordnung	255
a) Vorausvermächtnis	255
aa) Unterschiede zwischen Teilungsanordnung und Vorausvermächtnis	256
bb) Ausgestaltung eines Vorausvermächtnisses	264
b) Übernahmerecht	270

Kapitel 9 — Einflussnahme des Erblassers über seinen Tod hinaus

	Rdn.
III. Steuerrecht und Teilungsanordnung	278
1. Teilungsanordnung und Erbschaftsteuer	278
2. Teilungsanordnung und Einkommensteuer	283
IV. Checkliste	285
C. Auseinandersetzungsverbot	286
I. Grundlagen	286
1. Ausschluss der Auseinandersetzung über den Nachlass	286
2. Grenzen des Auseinandersetzungsverbots	290
II. Gestaltung des Auseinandersetzungsverbots	295
1. Anordnung eines Auseinandersetzungsverbots	295
a) Auseinandersetzungsverbot gemäß § 2044 Abs. 1 BGB	295
b) Auseinandersetzungsverbot als Auflage	307
c) Auseinandersetzungsverbot als Vermächtnis	309
d) Auseinandersetzungsverbot als Verwaltungsanordnung für den Testamentsvollstrecker	314
2. Absicherung des Auseinandersetzungsverbots	319
a) Absicherung durch bedingtes Vermächtnis	319
b) Absicherung durch bedingte Erbeinsetzung	321
3. Eintragung des Auseinandersetzungsverbots im Grundbuch	323
4. Alternative zum Auseinandersetzungsverbot	325
III. Checkliste	328
D. Erbrechtliche Auflage	329
I. Begriff und Wirkungen der erbrechtlichen Auflage	329
1. Begriff der Auflage	329
2. Auflagenbegünstigter und Auflagenbeschwerter	331
a) Auflagenbegünstigter	331
b) Auflagenbeschwerter	338
3. Durchsetzbarkeit der erbrechtlichen Auflage	345
II. Abgrenzung der Auflage zu anderen erbrechtlichen Gestaltungsmöglichkeiten und dessen Kombinationsmöglichkeiten	361
1. Abgrenzung zum bloßen Wunsch	361
2. Abgrenzung zu Vermächtnis	365
3. Abgrenzung und Kombinationsmöglichkeiten zu Bedingung	370
a) Abgrenzung	370
b) Kombinationsmöglichkeiten	375
4. Vor- und Nachteile der Auflage	381

	Rdn.
III. Inhaltliche Gestaltungsmöglichkeiten von Auflagen	382
1. Wesensbestandteile und inhaltliche Grenzen der Auflage	382
a) »Muss-Bestandteile« einer Auflage	382
b) Grenzen der Sittenwidrigkeit und Gesetzeswidrigkeit	387
c) Zeitliche Beschränkung der Auflage	400
d) Inhaltliche Bestimmtheit der Auflage	401
2. Vermögensrechtliche Auflage	403
3. Zweckauflage	406
4. Erbrechtliche Auflage und Herausgabeobliegenheit im Insolvenzverfahren	422
IV. Praktische Einzelfälle	424
1. Auflagen zu Gunsten von Tieren	424
2. Verwendungsgebot	428
3. Auflagen zur Grabpflege und Grabgestaltung sowie Lesen heiliger Messen	430
4. Auflagen zugunsten behinderter Personen	439
5. Auflagen zur Anregung bestimmten Verhaltens	440
a) Auseinandersetzungsverbote	440
b) Anordnung eines Mediationsverfahrens	444
c) Verkaufsverbot oder Verkaufsregelungen	445
d) Betretungsverbot	449
e) Verbindlichkeiten ablösen	451
f) Freistellungsverpflichtung von Verbindlichkeiten Dritter	453
g) Beleihungsgebot	454
h) Nutzungsgebot	456
i) Verpachtungsgebot	458
j) Verteilung von Andenken	460
k) Verbindung mit Sanktionen	462
l) Anordnung zu bestimmtem Verhalten im Gesellschaftsrecht	464
aa) OHG	464
bb) Stimmrechtswahrnehmung	466
m) Auflagen zur Beachtung der Rechtswahl nach EU-Erbrechtsverordnung	468
n) Betreuungsgebot	473
V. Auflagen im Unternehmertestament	474
a) Auflagen zur Unternehmensführung	474
b) Auflagen zur Abfindung ausscheidender Gesellschafter	477
VI. Auflage zur Errichtung einer unselbstständigen Stiftung	479
VII. Auflagen zur möglichst optimierten steuerlichen Gestaltung	483

		Rdn.
E.	**Straf- und Verwirkungsklauseln**	490
I.	Sinn und Bedeutung von Verwirkungsklauseln	490
II.	Konsequenzen bei Eintritt der Verwirkung	495
III.	Mögliche Gestaltungen von Pflichtteilsstrafklauseln	498
	1. Einfache Pflichtteilsstrafklausel	498
	a) Anrechnungsklausel	498
	b) Pflichtteilsstrafklausel (fakultativ)	502
	c) Automatische Pflichtteilsstrafklausel	509
	d) Empfohlene einfache Pflichtteilsklausel	519
	e) Pflichtteilsklausel bei unterschiedlichen Pflichtteilsberechtigten	521
	2. Vor- und Nachteile der verschiedenen Pflichtteilsstrafklausel	523
	a) Grundsätzliche Gefahren	523
	b) Begrenzte Wirkung bei einseitigen Vermögensverhältnissen	526
	c) Vorteile für den Erben bei der Anrechnungsmethode	528
	d) Erforderlichkeit eines Erbscheins	529
	3. Voraussetzungen für das sanktionsauslösende Verhalten	539
	a) Subjektive Voraussetzungen	539
	b) Objektive Anknüpfungspunkte	542
	c) Erbschaftsteuerliche Aspekte	555
	d) Zusammenfassende Empfehlung	559
IV.	Problematische Einzelfälle bei der Verwendung von Pflichtteilsstrafklauseln	569
	1. Wirkungen nach Verjährung des Pflichtteilsanspruchs oder des Todes des Längerlebenden	569
	2. Spätere einvernehmliche Rückzahlung der Pflichtteilsforderung	579
	3. Wechselbezüglichkeit der Pflichtteilsstrafklausel und Änderungsvorbehalt	584
	4. Besonderheiten einer Pflichtteilsstrafklausel bei Patchwork-Ehe	596
	5. Pflichtteilsstrafklausel im Behinderten-Testament	599
	6. Vor- und Nacherbschaft	615
	7. Jastrow'sche Klausel	616
	a) Gestaltungsalternativen	616
	b) Steuerliche Aspekte	626
	c) Zusammenfassende Gestaltungsempfehlung	627
	8. Änderungsvorbehalt	630
V.	Musterempfehlung einer einfachen Pflichtteilsklausen	634
F.	**Anfechtungsausschluss bei Übergehen eines Pflichtteilsberechtigten**	637
I.	Bedeutung des Anfechtungsausschlusses	637
	1. Voraussetzungen der Anfechtungsmöglichkeit	637

		Rdn.
	2. Ausschluss der Verzichtsmöglichkeit	646
II.	Rechtliche Einordnung des Anfechtungsausschlusses	657
G.	**Schiedsklauseln**	664
I.	Bedeutung von Schiedsklauseln bei erbrechtlichen Gestaltungen	664
II.	Vor- und Nachteile einer Schiedsklausel	675
	1. Allgemeine Erläuterungen	675
	2. Zeitfaktor	676
	3. Kostenfaktor	677
	4. Geheimhaltung	678
	5. Auswahl und Qualität der Schiedsrichter	679
	6. Schlichtungswirkung	681
	7. Grenzüberschreitende Rechtsstreitigkeiten	682
	8. Schiedsverfahren – Vor- und Nachteile	683
III.	Voraussetzung des Schiedsverfahrens	684
IV.	Ablauf eines Schiedsverfahrens	685
V.	Abgrenzung Schiedsklausel und Schiedsgutachten	686
VI.	Inhalt und Inhaltliche Grenzen von Schiedsklauseln	696
	1. Inhaltliche Reichweite der Schiedsvereinbarung	696
	2. Sachliche Grenzen	701
	a) allgemeine Grenzen	701
	b) Entlassung eines Testamentsvollstreckers	702
	c) Rechtsstreit mit Pflichtteilsberechtigten	707
	d) Konsequenzen für die Gestaltungspraxis	710
	3. Persönliche Grenzen	714
VII.	Inhaltliche Gestaltung von Schiedsklauseln	716
	1. Form und mögliche Bindungswirkung	716
	2. Person des Schiedsrichters; Individuelle oder institutionelle Besetzung des Schiedsgerichts	726
	a) Allgemeine Darstellung	726
	b) Ad hoc zu benennendes Schiedsgericht:	730
	c) Institutionelles Schiedsgericht	732
	d) Mischformen	739
	e) Testamentsvollstrecker als Schiedsrichter	744
	f) Zusammenfassung und zusammenfassender Formulierungsvorschlag	747
VII.	Mediationsklausel als Alternative zur Schiedsklausel	751
H.	**Familienrechtliche Anordnung**	757
I.	Allgemeine Darstellung	757
II.	Verwaltungsanordnungen des Erblassers	758

Kapitel 9 Einflussnahme des Erblassers über seinen Tod hinaus

		Rdn.			Rdn.
	1. Verwaltungsanordnung nach § 1639 BGB	758	IV.	Vormundsbenennungsrecht der Eltern	780
				1. Möglichkeiten der Benennung	780
	2. Grenzen der Verwaltungsanordnung	761		2. Trennung zwischen Personensorge und Vermögenssorge	788
	3. Ausschluss der Einkunftsverwendung, § 1649 BGB	764	V.	Kombination von Testamentsvollstreckung und Benennung eines Vormundes	790
III.	Entzug des Verwaltungsrechts	767			
	1. Anordnung der Beschränkung der Vermögenssorge	767		1. Entscheidungsgründe für die Auswahl	790
	2. Folgen der Entziehung	770			
	3. Pflegerbenennung	771		2. Personalunion von Vormund und Testamentsvollstrecker	791
	4. Grenzen der Entziehung	775		3. Benennung eines Nebenvollstreckers	802
	a) Entscheidung über Annahme oder Ausschlagung	775	VI.	Vergütung des Vormunds	810
	b) Entscheidung über Geltendmachung von Pflichtteilsansprüchen	777	VII.	Schlussbetrachtung	812

A. Testamentsvollstreckung

Literatur:
Lehrbücher, Handbücher etc.: *Bengel/Reimann*, Handbuch der Testamentsvollstreckung, 5. Aufl. 2013; *Klingelhöffer*, Vermögensverwaltung in Nachlasssachen, 2002; *Bonefeld/J. Mayer*, Testamentsvollstreckung, 4. Aufl. 2014; *Muscheler*, Die Haftungsordnung des Testamentsvollstreckers, 1994; *Muscheler*, Entlassung des Testamentsvollstreckers und letztwillige Schiedsklausel, ZEV 2009, 317; *Reimann*, Testamentsvollstreckung in der Wirtschaftspraxis, 3. Aufl. 1998; *Rott/Kornau/Zimmermann*, Testamentsvollstreckung, 2. Aufl. 2012; *Winkler*, Der Testamentsvollstrecker, 21 Aufl. 2013; *Zimmermann*, Die Testamentsvollstreckung, 4. Aufl. 2014. – **Aufsätze:** *Damrau*, Auswirkungen des Testamentsvollstreckeramtes auf elterliche Sorge, Vormundschaft und Betreuung, ZEV 1994, 1; *Eckelskamper*, Die Vergütung des Testamentsvollstreckers – eine »Nicht-enden-wollende Geschichte«, RNotZ 2010, 242; *Gehse*, Zur Anordnung einer Dauervollstreckung über den hofgebundenen Nachlass, RNotZ 2009, 643; *Hartmann*, Aufschiebend bedingte Testamentsvollstreckung, RNotZ 2008, 150; *ders.*, Das Vorvermächtnis mit Vorerbschaftswirkung, ZEV 2007, 458; *Hartmann*, Das sog. Behindertentestament: Vor- und Nacherbschaftskonstruktion oder Vermächtnisvariante, ZEV 2001, 89; *Horn*, Ist die Testamentsvollstreckung nach Entlassung des namentlich benannten Testamentsvollstreckers beendet?, ZEV 2007, 521; *Keim*, Gekauft ist nicht geschenkt – Der Nachweis der Entgeltlichkeit von Verfügungen des Testamentsvollstreckers im Grundbuchverkehr, ZEV 2007, 470; *Kesseler*, Die Vereitelung der Ziele der Testamentsvollstreckung durch Veräußerung des Miterbanteils, NJW 2006, 3672; *Muscheler*, Die vom Testamentsvollstrecker erteilte Vollmacht, ZEV 2008, 213; *Muscheler*, Entlassung des Testamentsvollstreckers und letztwillige Schiedsklausel, ZEV 2009, 317; *Reimann*, Die Zulässigkeit der Testamentsvollstreckung für einen Kommanditanteil, DNotZ 1990, 190; *Wacke*, Die Testamentsvollstreckung im deutschen und europäischen Recht, Jura 1989, 577; *Weidlich*, Die Testamentsvollstreckung an einer Beteiligung einer werbenden OHG bzw. Kommanditgesellschaft, ZEV 1994, 205; *ders.*, Befugnisse des Testamentsvollstreckers bei der Verwaltung von Beteiligungen einer werbenden BGB-Gesellschaft, ZEV 1998, 339.

I. Grundlagen

1. Nachlassverwaltung und -auseinandersetzung durch einen Testamentsvollstrecker

1 Der Erblasser kann über seinen Tod hinaus durch die Anordnung der Testamentsvollstreckung Einfluss auf die Verwaltung (§ 2209 BGB) und die Auseinandersetzung des Nachlasses (§§ 2203 f. BGB) nehmen oder einzelne Aufgaben im Zusammenhang mit der Erbfolgeregelung einem Testamentsvollstrecker übertragen. Das Gesetz räumt dem Testamentsvollstrecker eine sehr freie und selbständige Stellung ein. Das gesetzliche Verwaltungsrecht des Testamentsvollstreckers ist allgemein und unbeschränkt; es erstreckt sich auf den gesamten Nachlass, d. h. alle Nachlassgegenstände, so-

weit der Erblasser nicht etwas anderes anordnet.¹ Der Verwaltungs- und Verfügungsbefugnis des Testamentsvollstreckers nicht unterworfen sind das Erbe als Ganzes bzw. die Erbteile der Miterben; diese sind keine Nachlassgegenstände.² Der Testamentsvollstrecker kann daher nicht über das Erbe als Ganzes bzw. Erbteile einzelner Miterben verfügen.

Der Erblasser kann abweichend von den gesetzliche Vorgaben die Befugnisse des Testamentsvollstreckers nach seinen Vorstellungen beschränken und ausgestalten. Er kann die Befugnisse aber auch erweitern, indem er den Testamentsvollstrecker von gesetzlichen Beschränkungen im Rahmen des Zulässigen befreit (s. § 2220 BGB). 2

Die Ausgestaltung der Testamentsvollstreckung kann sich auf einzelne Aufgaben beschränken, wie beispielsweise die Erfüllung von Vermächtnissen, sie kann sich aber auch auf die Auseinandersetzung des Nachlasses oder auf eine dauerhafte Verwaltung des Nachlasses beziehen. 3

Das der Testamentsvollstreckung unterworfene Vermögen bildet ein getrennt vom Vermögen des oder der Erben zu verwaltendes **Sondervermögen**. Der Testamentsvollstrecker verwaltet dieses Vermögen als Treuhänder und Träger eines privaten Amtes, das ihm vom Erblasser übertragen wird.³ Der Erbe kann auf die Amtsführung des Testamentsvollstreckers nicht durch Weisungen Einfluss nehmen. Der Testamentsvollstrecker ist nicht auf die Mitwirkung oder Zustimmung des Erben angewiesen; er unterliegt keiner gerichtlichen oder behördlichen Kontrolle.⁴ 4

Regelmäßig **angestrebte Ziele**, die der Erblasser mit der Anordnung der Testamentsvollstreckung erreichen will, sind: 5
– die Übertragung der Erbauseinandersetzung auf den Testamentsvollstrecker als Vertrauensperson des Erblassers,
– Verhinderung des Zugriffs wirtschaftlich unerfahrener Erben auf den Nachlass,
– Schutz von nicht durchsetzungsfähigen Erben vor anderen, durchsetzungsstarken Miterben
– Verfahrenserleichterung hinsichtlich der Nachlassverwaltung und -auseinandersetzung bei einer größeren Zahl von Erben oder bei verstreut lebender Erben,
– Vermeidung des Erfordernisses betreuungs- oder familiengerichtlicher Genehmigungen und Verfahrenserleichterung, soweit zu erwarten ist, dass ein Teil der Erben im Zeitpunkt des Erbfalls minderjährig sein wird,
– die Stärkung eines einzelnen Erben im Rahmen der Erbauseinandersetzung,
– die Absicherung der Erfüllung von Auflagen und Vermächtnissen,
– die Ermächtigung des Vermächtnisnehmers zur Vermächtniserfüllung,
– Verhinderung des Zugriffs von Eigengläubigern des Erben auf den Nachlass (§ 2214 BGB),
– die Absicherung der Umsetzung des Erblasserwillens,
– der Vermögenserhalt zugunsten eines Erben/Vermächtnisnehmers bis dieser ein bestimmtes Lebensalter erreicht hat,
– die Absicherung einer substanzsichernden Unternehmensnachfolge,
– durch die Verbindung von Testamentsvollstreckung und Vor- und Nacherbschaft den Zugriff von Gläubigern auf das durch den Vorerben ererbte Vermögen zu vereiteln bzw. zu erschweren (u. a. im Rahmen des sog. Behindertentestaments).

2. Grenzen der Testamentsvollstreckung

Wird ein **pflichtteilsberechtigter Erbe** durch die Anordnung der Testamentsvollstreckung beschränkt ist **Zurückhaltung geboten**: Der Erbe kann sich in diesem Fall dazu veranlasst sehen, die Testamentsvollstreckung dadurch zu umgehen, dass er die Erbschaft ausschlägt und den Pflichtteil 6

---

1 Bengel/Reimann, Kapitel 1 Rn. 61.
2 MünchKommBGB/*Zimmermann* § 2205 Rn 63.
3 AnwKomm-BGB/*J. Mayer*, vor §§ 2197 ff. Rn. 2. Bengel/Reimann, Kapitel 1 Rn. 11.
4 Bengel/Reimann, Kapitel 1 Rn. 17.

verlangt, § 2306 Abs. 1 BGB. Anders kann es sich allerdings verhalten, wenn die Beschränkung in guter Absicht erfolgt, § 2338 Abs. 1 S. 2 BGB.

7 Der Wirksamkeit einer Anordnung der Testamentsvollstreckung kann eine **bindende Verfügung von Todes wegen** entgegenstehen. Ein Erblasser kann zwar im Wege einer einseitigen Verfügung von Todes wegen seinen Vertragserben mit der Anordnung der Testamentsvollstreckung beschränken, allerdings nur soweit er sich diese Möglichkeit bei den vertragsgemäß getroffenen Verfügungen vorbehalten hat.[5] Ist ein Erbe bindend zum (Vertrags-)Erben geworden, kann der Überlebende diesen Erben ohne einen entsprechenden Vorbehalt nicht mehr durch die Anordnung der Testamentsvollstreckung beschränken.[6] Im Einzelfall soll bereits die Auswechslung des Testamentsvollstreckers zur Beeinträchtigung des Vertragserben führen, insbesondere, wenn der vertragsmäßig Bedachte selbst Testamentsvollstrecker sein sollte.[7]

8 Besonderheiten gelten hinsichtlich der Testamentsvollstreckung soweit diese mit Bezug auf **Gesellschaftsvermögen** angeordnet wird. Hier kann die Anordnung der Testamentsvollstreckung gesellschaftsrechtlichen Vorgaben widersprechen und unzulässig sein.

9 Nicht der Testamentsvollstreckung unterwerfen werden können **Lebensversicherungen**, die außerhalb des Nachlasses an den Bezugsberechtigten fließen. Etwas anderes gilt allerdings, wenn mit dem Versicherungsträger vereinbart ist, dass die Versicherungssumme an den Nachlass gezahlt werden soll.

10 Zur Anordnung einer Dauertestamentsvollstreckung über den **hofgebundenen Nachlass** s. Gehse RNotZ 2008, 643.

II. Gestaltung der Testamentsvollstreckung

1. Zielsetzung der Testamentsvollstreckung

11 Die Ausgestaltung der Testamentsvollstreckung richtet sich nach der Zielsetzung, die der Erblasser verfolgt. Im Folgenden werden verschiedene gängige Zielsetzungen und Vollstreckungstypen angesprochen. Die nachstehend angesprochene Auseinandersetzungs-, Verwaltungs- und Vermächtnisvollstreckung können miteinander kombiniert werden.

a) Auseinandersetzungsvollstreckung

12 Die Zielsetzung des Erblassers kann darauf beschränkt sein, eine geordnete Abwicklung und Auseinandersetzung seines Nachlasses zu sichern. Ordnet der Erblasser Testamentsvollstreckung an, ohne nähere Angaben zum Aufgabenbereich des Testamentsvollstreckers zu machen, beinhaltet diese Anordnung die Nachlassabwicklung und -auseinandersetzung: Der Testamentsvollstrecker hat die letztwillige Verfügung des Erblassers zur Ausführung zu bringen und die Auseinandersetzung zu bewirken, §§ 2203, 2204 BGB. Neben der Durchführung der Auseinandersetzung, bei der eine etwaige Teilungsanordnung zu beachten ist, obliegt dem Testamentsvollstrecker insbesondere die Befriedigung von Rechten Dritter, die Erfüllung von Vermächtnissen und die Umsetzung von Auflagen zu Lasten der Erben. Bis zur Auseinandersetzung hat der Testamentsvollstrecker den Nachlass zu verwalten, § 2205 S. 1 BGB. Die Auseinandersetzung ist alsbald vorzunehmen.[8] Eine verzögerte Auseinandersetzung kann zur Entlassung des Testamentsvollstreckers gem. § 2227 HS 1 BGB führen und u. U. zu Schadensersatzansprüchen.

---

[5] BGH NJW 2011, 1733, Urt. V. 6.4.2011 – IV ZR 232/09; OLG Hamm MittRhNotK 1996, 176; OLG München, Beschl. v. 3.6.2008 – 34 Wx 029/08, RNotZ 2008, 619.
[6] BGH NJW 1962, 912, 913; OLG München, Beschl. v. 3.6.2008 – 34 Wx 029/08, RNotZ 2008, 612; *Nieder/Kössinger*, § 15 Rn. 35.
[7] KG, Urt. v. 23.11.2009 – 8 U 144/09, RNotZ 2010, 137.
[8] AnwKomm-BGB/*J. Mayer*, § 2204 Rn. 20.

Die Auseinandersetzung nach den gesetzlichen Vorschriften richtet sich nach den Regeln über die 13
Auseinandersetzung zwischen Miterben. Dies führt dazu, dass der Testamentsvollstrecker Sachen, die nicht in Natur geteilt werden können, zu verkaufen hat; bei Grundstücken erfolgt der Verkauf nach den Vorschriften der Zwangsvollstreckung, bei beweglichen Sachen nach den Regeln des Pfandverkaufs, §§ 2204 Abs. 1, 2042 Abs. 2, 753 Abs. 1 BGB. Darüber hinaus soll der Testamentsvollstrecker aber auch zum freihändigen Verkauf berechtigt sein, da § 2205 S. 2 BGB die Vorgabe des § 753 BGB verdrängt.[9] Ist der gesetzlich abgesteckte Rahmen für die Auseinandersetzung aus Sicht des Erblassers zu eng, kann er dem Testamentsvollstrecker für die Durchführung der Auseinandersetzung weitergehendes **Ermessen** einräumen.

Für den Fall, dass ein namentlich benannter Testamentsvollstrecker vor oder nach Antritt seines Amtes wegfällt, sollte klargestellt werden, ob von Gerichts wegen ein anderer **ersatzweise** zum Testamentsvollstrecker ernannt werden soll, § 2197 Abs. 2 BGB. Ohne eine entsprechende ausdrückliche Regelung oder eine Regelung, die wenigstens im Wege der Auslegung als Anordnung einer Ersatztestamentsvollstreckung gedeutet werden kann, entfällt die Testamentsvollstreckung, wenn der vom Erblasser benannte Testamentsvollstrecker aus welchem Grunde auch immer wegfällt. Fehlt die ersatzweise Berufung eines Testamentsvollstreckers, kann der vom Erblasser benannte Testamentsvollstrecker durch Amtsniederlegung die angeordnete Testamentsvollstreckung außer Kraft setzen. 14

Will der Erblasser dem Testamentsvollstrecker seine Aufgabe erleichtern, kann er ihn in dem gesetzlich zulässigen Umfang von Beschränkungen befreien.[10] 15

▶ **Muster: Auseinandersetzungsvollstreckung** 16

Für meinen Nachlass ordne ich Testamentsvollstreckung an. Zum Testamentsvollstrecker ernenne ich Herrn Rechtsanwalt A. Für den Fall, dass der Testamentsvollstrecker vor oder nach Antritt seines Amtes wegfällt, soll durch das Nachlassgericht ein anderer zum Testamentsvollstrecker ernannt werden.

Der Testamentsvollstrecker soll den Nachlass verwalten, etwaige Rechte Dritter befriedigen und den Nachlass alsbald nach seinem billigen Ermessen auseinandersetzen.

Der Testamentsvollstrecker soll in der Eingehung von Verbindlichkeiten nicht beschränkt sein. In dem gesetzlich zulässigen Umfang soll er auch sonst von Beschränkungen, insbesondere von solchen aus § 181 BGB befreit sein.

Der Testamentsvollstrecker kann für seine Tätigkeit eine Vergütung und die Erstattung seiner Auslagen verlangen. Die Höhe der Vergütung beträgt 2 % des Nettonachlassvermögens. Soweit der Testamentsvollstrecker umsatzsteuerpflichtig ist, ist zusätzlich die Umsatzsteuer geschuldet. Die Höhe der Vergütung ist im Übrigen bei Meinungsverschiedenheiten auf Antrag eines Beteiligten durch den Präsidenten der Rheinischen Notarkammer gemäß § 317 BGB verbindlich festzusetzen.

b) Verwaltungsvollstreckung

Der Erblasser kann dem Testamentsvollstrecker die Verwaltung des Nachlasses übertragen, ohne ihn 17
mit weiteren Aufgaben zu betrauen, § 2209 S. 1 2. Hs. BGB (**reine Verwaltungsvollstreckung**). In diesem Fall obliegt die Nachlassauseinandersetzung den Erben, nicht dem Testamentsvollstrecker. Eine solche reine Verwaltungsvollstreckung bietet sich u. a. an, wenn auf der einen Seite eine Auseinandersetzung nicht erforderlich ist, da nur ein Erbe berufen wurde und keine sonstigen Aufgaben zur Ausführung der letztwilligen Verfügung zu erledigen sind, auf der anderen Seite aber dem Erbe z. B. wegen seines geringen Alters oder seiner Unerfahrenheit der unmittelbare Zugriff auf den Nachlass verwehrt werden soll. Die reine Verwaltungsvollstreckung kann auch im Hinblick auf nur einen Erben und dessen Erbteil angeordnet werden. Sie kann aber auch nutzbar gemacht werden, um dem überlebenden Ehegatten, der neben den Kindern des Erblassers Erbe wird, die Verwaltung des Nach-

---

9 RGZ 108, 289; *Nieder/Kössinger*, § 15 Rn. 7.
10 S. u. Rdn. 104 ff. II. 3.

lasses unter Ausschluss der übrigen Erben zu sichern.[11] Ferner kann die reine Verwaltungsvollstreckung im Rahmen der Enterbung in guter Absicht gem. § 2338 BGB genutzt werden.[12]

18 ▶ **Muster: Verwaltungsvollstreckung**

Für den Fall, dass mein vorgenannter Erbe im Zeitpunkt des Erbfalls noch nicht das 25. Lebensjahr vollendet haben sollte, ordne ich Testamentsvollstreckung an und bestimme hierzu folgendes:

Zum Testamentsvollstrecker ernenne ich meine Schwester A. Für den Fall, dass sie vor oder nach Antritt ihres Amtes wegfällt, soll von Gerichts wegen ein anderer zum Testamentsvollstrecker ernannt werden.

Der Testamentsvollstrecker soll den Nachlass verwalten und etwaige Rechte Dritter befriedigen. Die Testamentsvollstreckung endet mit Vollendung des 25. Lebensjahres meines Erben.

Bis dahin soll der Testamentsvollstrecker meinem Erben aus den Erträgen des Nachlasses einen angemessenen Unterhalt gewähren.

Der Testamentsvollstrecker ist befugt, nach seinem Ermessen einzelne Nachlassgegenstände, die er für die Erfüllung seiner Aufgaben, insbesondere den Schutz des betroffenen Erben, nicht oder nicht mehr benötigt, freizugeben.

19   Der Erblasser kann im Einzelfall ein Interesse daran haben, dass die Testamentsvollstreckung nicht mit der Ausführung der letztwilligen Verfügung endet, sondern über eine Nachlassauseinandersetzung hinaus andauert, § 2209 S. 1 2. Hs. BGB (**Dauertestamentsvollstreckung**). Es besteht auch die Möglichkeit die Anordnung der Dauertestamentsvollstreckung mit der Anordnung eines Auseinandersetzungsverbots für bestimmte Zeit zu verbinden. Ein Motiv für die Anordnung der Dauertestamentsvollstreckung kann wiederum der Schutz junger, unerfahrener Erben sein. Dem noch jungen Erben soll mitunter der Zugriff auf den Nachlass befristet verwehrt werden, um die Nachlasssubstanz zu sichern und den Erben vor einem ungeordneten Lebenswandel zu bewahren, der drohen kann, wenn ein Erbe in jungen Jahren über größeres Vermögen verfügen kann, möglicherweise destabilisiert durch den Verlust des vererbenden Elternteils.

20   Die Dauertestamentsvollstreckung endet grundsätzlich 30 Jahre nach dem Erbfall, § 2210 S. 1 BGB. Gemäß § 2210 S. 2 BGB kann der Erblasser aber auch anordnen, dass die Verwaltung bis zum Erreichen eines bestimmten Alters oder auch des Todes des Erben oder des Testamentsvollstreckers oder bis zum Eintritt eines anderen Ereignisses in der Person des einen oder des anderen fortdauern soll, soweit der Erbe oder der Testamentsvollstrecker keine juristische Person ist, §§ 2210 S. 3, 2163 Abs. 2 BGB.

21   Wird die Testamentsvollstreckung durch das Erreichen eines bestimmten Alters eines Erben befristet, kann die Anordnung der Testamentsvollstreckung u. U. sinnvoll durch die Anordnung des Ausschlusses der Auseinandersetzung[13] ergänzt werden. Die Dauertestamentsvollstreckung kann aber auch für einzelne Erben über den Zeitpunkt der Auseinandersetzung des Nachlasses hinaus angeordnet werden.[14]

22 ▶ **Muster: Verwaltungsvollstreckung**

Für den Fall, dass ein Erbe im Zeitpunkt des Erbfalls noch nicht das 25. Lebensjahr vollendet haben sollte, ordne ich Testamentsvollstreckung für diesen Erben an und bestimme hierzu Folgendes:

Zum Testamentsvollstrecker ernenne ich Herrn Rechtsanwalt A. Für den Fall, dass der Testamentsvollstrecker vor oder nach Antritt seines Amtes wegfällt, soll von Gerichts wegen ein anderer zum Testamentsvollstrecker ernannt werden.

---

11 Zur Umgehung der Testamentsvollstreckung durch Erbanteilsübertragung s. *Kesseler*, NJW 2006, 3672, 3674. S. a. Reimann/Bengel/*Mayer*, Kapitel 5 Rn. 183.
12 *Nieder/Kössinger*, § 15 Rn. 12.
13 S. u. Rdn. 286 ff.
14 *Nieder/Kössinger*, § 15 Rn. 10.

Die Testamentsvollstreckung bezieht sich auf den betreffenden Erbteil und die damit wirtschaftlich zusammenhängenden Vermögensgegenstände und Verbindlichkeiten. Nach einer etwaigen Teilung des Nachlasses setzt sich die Testamentsvollstreckung an den dem betreffenden Erben zugefallenen Vermögenswerten fort.

Der Testamentsvollstrecker soll für den jeweiligen Erben, für dessen Erbteil Testamentsvollstreckung angeordnet ist, bei der Nachlassverwaltung mitwirken, wie auch bei der Befriedigung der Rechte Dritter; er soll ferner bei der Auseinandersetzung des Nachlasses nach freiem Ermessen mitwirken. Die Testamentsvollstreckung endet für den betroffenen Erben mit Vollendung seines 25. Lebensjahres.

Bis dahin soll der Testamentsvollstrecker die Erträgnisse und soweit erforderlich die Substanz des Nachlasses nach seinem Ermessen für Ausbildungszwecke des jeweiligen Erben verwenden und ihm einen angemessenen Unterhalt gewähren.

Der Testamentsvollstrecker ist befugt, nach seinem Ermessen einzelne Nachlassgegenstände, die er für die Erfüllung seiner Aufgaben, insbesondere den Schutz des betroffenen Erben, nicht oder nicht mehr benötigt, freizugeben.

Der Testamentsvollstrecker soll in der Eingehung von Verbindlichkeiten nicht beschränkt sein. In dem gesetzlich zulässigen Umfang soll er auch sonst von Beschränkungen, insbesondere von solchen aus § 181 BGB, befreit sein.

Der Testamentsvollstrecker kann für seine Tätigkeit eine angemessene Vergütung und die Erstattung seiner Auslagen verlangen. Die Höhe der Vergütung beträgt 3 % des Nettonachlassvermögens im Zeitpunkt des Erbfalls für das erste und für jedes weitere angefangene Jahr der Testamentsvollstreckung 0,5 % des verwalteten Nettonachlassvermögens am Beginn des jeweiligen Jahres. Soweit der Testamentsvollstrecker umsatzsteuerpflichtig ist, ist zusätzlich die Umsatzsteuer geschuldet. Die Höhe der Vergütung ist im Übrigen bei Meinungsverschiedenheiten auf Antrag eines Beteiligten durch den Präsidenten der Rheinischen Notarkammer gemäß § 317 BGB verbindlich festzusetzen.

c) Vermächtnisvollstreckung

Der Erblasserwille kann darauf gerichtet sein, den Testamentsvollstrecker lediglich mit der Aufgaben zu betrauen, für die Ausführung der einem Vermächtnisnehmer auferlegten Beschwerungen zu sorgen, § 2223 BGB. Bei den Beschwerungen geht es dabei typischerweise um Untervermächtnisse, Nachvermächtnisse und Auflagen. Ob der Testamentsvollstrecker die Beschwerungen gem. § 2203 BGB selbst zur Ausführung zu bringen hat oder vom Vermächtnisnehmer lediglich die Ausführung verlangen kann, § 2208 Abs. 2 BGB, richtet sich nach der Verfügung des Erblassers; ohne besondere Anordnung, ist der Testamentsvollstrecker mit der Ausführung betraut, § 2203 BGB. Testamentsvollstrecker kann bei der Vermächtnisvollstreckung der Alleinerbe aber auch der Bedachte werden.[15] Bezieht sich die Vermächtnisvollstreckung auf ein Nachvermächtnis, ist zu erwägen, sie mit einer Verwaltungstestamentsvollstreckung zu verbinden. Der Vermächtniserfüllungsanspruch ist in der Insolvenz nicht besser gestellt als andere Forderungen; die Anordnung der Verwaltungstestamentsvollstreckung stärkt den Vermächtniserfüllungsanspruch, s. u. Rdn. 37 ff.).

▶ **Muster: Vermächtnisvollstreckung**

Ich vermache meinen Kindern zu gleichen Teilen meinen Grundbesitz in ... Sie werden mit einem Vermächtnis zugunsten meiner Ehefrau belastet, das dieser den lebenslangen Nießbrauch am vorgenannten Grundbesitz gewährt. (*Nähere Ausgestaltung des Nießbrauchrechtes*). Ich ordne insoweit Testamentsvollstreckung an. Zum Testamentsvollstrecker ernenne ich meine Ehefrau.

---

15 *Halding-Hoppenheit*, RNotZ 2005, 311, 325 m. w. N.

25 Der Verwaltungs- und Verfügungsbefugnis des Testamentsvollstreckers nicht unterworfen sind die Erbteile der Miterben; diese sind keine Nachlassgegenstände.[16] Folge ist, dass der Testamentsvollstrecker ein Nießbrauchrecht an einem Miterbenanteil nicht wirksam bestellen kann. Eine entsprechende Bestellung bedarf der Mitwirkung des betroffenen Erben.

d) Testamentsvollstreckung und Bestimmungsvermächtnis

26 Das Gesetz gestattet dem Erblasser – in Abweichung vom Grundsatz der materiellen Höchstpersönlichkeit von Verfügungen von Todes wegen – mittels Bestimmungsvermächtnissen einem Dritten die Entscheidung bezüglich der Auswahl unter mehreren Vermächtnisnehmern bzw. mehreren Vermächtnisgegenständen bzw. dem Vermächtnisgegenstand zu übertragen, §§ 2151 ff. BGB.[17] Macht der Erblasser von dieser sehr flexiblen Möglichkeit Gebrauch, kann er die mitunter schwierige Aufgabe der Konkretisierung des Vermächtnisses in die Hände eines Testamentsvollstreckers legen. Der Testamentsvollstrecker kann dabei beauftragt werden, sowohl die Person des Begünstigten als auch den Gegenstand des Vermächtnisses zu bestimmen.[18]

27 Einen Anwendungsfall für ein entsprechendes Bestimmungsvermächtnis liefert die Vergütung von **Pflegeleistungen von Angehörigen.** Für diese kann der Abkömmling von den anderen Abkömmlingen, die mit ihm als gesetzliche Erben zur Erbfolge gelangen, einen Ausgleich verlangen, § 2057a Abs. 1 S. 2 BGB. Entsprechendes gilt für die Ausgleichung besonderer Leistungen eines Abkömmlings zugunsten des Erblassers, § 2057a Abs. 1 S. 1 BGB.

28 Die Bestimmung der Vergütung für geleistete Pflegedienste, die aus der Erbmasse zu erbringen ist, wirft in der Praxis regelmäßig Schwierigkeiten auf. Hier kann durch die Anordnung der Testamentsvollstreckung zum Zwecke der Bestimmung der Vergütung ein unter den Erben streitanfälliges Thema in die Hände eines neutralen Dritten als Testamentsvollstrecker gelegt werden. Testamentsvollstreckung bietet sich aber auch an, wenn die pflegende Person nicht zum Kreis der gesetzlich privilegierten Personen gehört, die einen gesetzlichen Anspruch auf Vergütung haben. Der Testamentsvollstrecker hat dabei nicht nur die Vorgaben des Erblassers sondern auch die zwingenden gesetzlichen Vorgaben zu berücksichtigen. Die Anordnung der Testamentsvollstreckung ist in diesem Zusammenhang als isolierte Bestimmung sowohl bei gewillkürter als auch bei gesetzlicher Erbfolge denkbar.

29 ▶ **Muster: Testamentsvollstreckung bei Bestimmungsvermächtnis**

Ich vermache demjenigen, der mich im Alter pflegen wird, eine angemessene Vergütung. Die Vergütung richtet sich vor allem nach dem Zeitaufwand und dem Schwierigkeitsgrad der Pflege. Daneben soll ein etwaiger Verzicht auf eigenes Erwerbseinkommen honoriert werden, wenn der Verzicht gleistet wurde, um die Pflege erbringen zu können.

Für die Bestimmung der Höhe der Vergütung ordne ich Testamentsvollstreckung an. Zum Testamentsvollstrecker ernenne ich Herrn A. Einzige Aufgabe des Testamentsvollstreckers ist es, die Höhe der Vergütung unter Berücksichtigung etwaiger einschlägiger zwingender gesetzlicher Vorgaben im Übrigen nach billigem Ermessen zu bestimmen.

e) Testamentsvollstreckung und Vor- und Nacherbschaft

30 Ordnet der Erblasser ergänzend zur Vor- und Nacherbschaft allgemein Testamentsvollstreckung an, bedeutet dies, dass die Testamentsvollstreckung nicht in zeitlicher Hinsicht begrenzt ist; sie gilt daher für die Dauer der Vor- und Nacherbschaft nicht nur für die Vorerbschaft.[19] Der Erblasser kann die

---

16 MünchKommBGB/*Zimmermann* § 2205 Rn 63.
17 Übersicht hierzu bei AnwKomm-BGB/*J. Mayer*, § 2151 Rn. 22.
18 *Nieder/Kössinger*, § 3 Rn. 55.
19 OLG Düsseldorf, MittBayNot 2012, 468, unter Verweis auf § 2368 Abs. 1 S. 2 BGB, Beschl. v. 3.1.2012 – I – 3 Wx 217/11.

Testamentsvollstreckung abweichend hiervon zeitlich auf die Dauer der Vorerbschaft oder der Nacherbschaft begrenzen.

Inhaltlich kann der Erblasser die Testamentsvollstreckung auf die Wahrnehmung der Vorerbenrechte oder der Nacherbenrechte beschränken. Der Erblasser kann auch anordnen, dass die Rechte des Nacherben während der Dauer der Vorerbschaft von einem Testamentsvollstrecker ausgeübt werden, der in dieser Zeit auch die Pflichten des Nacherben erfüllt, § 2222 BGB. Eine entsprechende Anordnung beschwert den Nacherben. Der Vorerbe wird durch eine entsprechende Anordnung nicht beschränkt. Etwaige **Zustimmungen** des Nacherben zu Verfügungen des Vorerben über Nachlassgegenstände sind vom Nacherbentestamentsvollstrecker, nicht von den Erben zu erteilen. Eine **Zustimmung des Familiengerichts** ist bei minderjährigen Nacherben konsequenterweise auch nicht erforderlich. Damit ist die Anordnung der Nacherbentestamentsvollstreckung besonders erwägenswert, wenn **Nacherben minderjährige Kinder** bzw. noch nicht geborene Erben sind. Die Nacherbentestamentsvollstreckung kann ebenfalls hilfreich sein, wenn der oder die Nacherben nur durch Umstände bestimmbar werden, die erst nach Eintritt des Nacherbfalls eintreten. Ferner ist sie erwägenswert, wenn eine noch nicht genehmigte Stiftung Nacherbe werden soll.[20] Zur Übertragung des Anwartschaftsrechts des Nacherben auf den Vorerben ist der Nacherbentestamentsvollstrecker nicht befugt.[21]

31

Grundsätzlich kann der Erblasser auch anordnen, dass der Nacherbentestamentsvollstrecker zugleich auch Testamentsvollstrecker zulasten des Vorerben sein soll, soweit dieser nicht mit dem alleinigen Vorerben identisch ist.[22] In diesem Fall ist fraglich, ob der Testamentsvollstrecker auch die Kontroll-, Sicherungs- und Mitwirkungsrechte des Nacherben auszuüben hat; dies soll bei ausdrücklichem Erblasserwillen der Fall sein;[23] ein entsprechender Erblasserwille solle in der Verfügung von Todes wegen klar zum Ausdruck kommen. Der Testamentsvollstrecker ist bei einer gleichzeitigen Berufung für den Vor- und den Nacherbfall nicht durch die Bestimmungen der §§ 2113 f. BGB beschränkt. Zu beachten ist, dass der alleinige Vorerbe nicht zugleich Nacherbentestamentsvollstrecker gem. § 2222 BGB sein kann.[24]

32

▶ **Muster: Nacherbentestamentsvollstreckung**

33

Ich ordne Testamentsvollstreckung an und bestimmt hierzu folgendes:

Die Testamentsvollstreckung wird für die Dauer der Vorerbschaft angeordnet. Der Testamentsvollstrecker soll für die Dauer der Vorerbschaft lediglich die Kontroll- und Mitwirkungsrechte des Nacherben wahrnehmen.

Von der Nacherbentestamentsvollstreckung zu unterscheiden ist die **Testamentsvollstreckung zulasten des Vorerben und/oder des Nacherben**. Diese kann als Dauertestamentsvollstreckung ausgestaltet werden, § 2209 BGB. Die Vollstreckung kann für die Dauer der Vorerbschaft und der Nacherbschaft oder nur für die Dauer einer der beiden Erbschaften angeordnet werden. Im Übrigen kann die Testamentsvollstreckung für den Vor- und/oder Nacherben entsprechend den allgemeinen Regeln im Einzelfall ausgestaltet werden. Der alleinige Vorerbe kann auch nicht zum einzigen Verwaltungstestamentsvollstrecker bestellt werden.[25]

34

Ist der Testamentsvollstrecker nur für den Vorerbfall bestellt, kann er dennoch **ohne Zustimmung der Nacherben** über Gegenstände verfügen, die bei Handeln des Vorerben den Beschränkungen der §§ 2113, 2114 BGB unterworfen wären. Der Testamentsvollstrecker leitet seine Rechte vom Erblas-

35

---

20 *Nieder/Kössinger*, § 10 Rn. 101.
21 AnwKomm-BGB/*J. Mayer*, § 2222 Rn. 5.
22 *Nieder/Kössinger*, § 10 Rn. 102 m. w. N.
23 BayObLGZ 1959, 128, 135 f.; AnwKomm-BGB/*J. Mayer*, § 2222 Rn. 11.
24 OLG Karlsruhe MDR 1981, 943.
25 *Nieder/Kössinger*, § 10 Rn. 102 m. w. N.

ser ab und nicht vom Vorerben; er ist daher nicht wie der Vorerbe beschränkt.[26] Für den Fall, dass Testamentsvollstreckung für den Vor- und den Nacherbfall angeordnet ist, ist dies unbestritten.[27] Wird Testamentsvollstreckung nur für den Vorerbfall angeordnet, ist es zur Vermeidung von Rechtsunsicherheiten hilfreich, wenn im Rahmen der Anordnung der Testamentsvollstreckung klargestellt wird, dass der Testamentsvollstrecker ohne Zustimmung des Nacherben verfügungsberechtigt sein soll.

36 ▶ **Muster: Testamentsvollstreckung bei Vor- und Nacherbschaft**

Ich ordne Testamentsvollstreckung an und bestimme hierzu Folgendes:

Die Testamentsvollstreckung wird sowohl für den Vorerbfall als auch für den Nacherbfall angeordnet. Der Testamentsvollstrecker hat die gesetzlichen Aufgaben. Die Testamentsvollstreckung endet, sobald der jüngste Nacherbe das 21. Lebensjahr vollendet hat, der Nacherbfall eingetreten und der Nachlass auseinandergesetzt worden ist. Bis dahin soll der Testamentsvollstrecker den Nachlass verwalten. Darüber hinaus soll er für die Dauer der Vorerbschaft auch die Kontroll- und Mitwirkungsrechte des Nacherben wahrnehmen. Zum Testamentsvollstrecker ernenne ich Herrn A.

Der Testamentsvollstrecker ist befugt, nach seinem Ermessen einzelne Nachlassgegenstände, die er für die Erfüllung seiner Aufgaben, insbesondere den Schutz des betroffenen Erben, nicht oder nicht mehr benötigt, freizugeben.

Der Testamentsvollstrecker soll in der Eingehung von Verbindlichkeiten nicht beschränkt sein. In dem gesetzlich zulässigen Umfang soll er auch sonst von Beschränkungen, insbesondere von solchen aus § 181 BGB, befreit sein.

f) Vollstreckungsschutz durch Testamentsvollstreckung

37 Die Anordnung der Testamentsvollstreckung kann dazu dienen, einen Erben vor seinen Eigengläubigern zu schützen. Ist Testamentsvollstreckung angeordnet, sind die Gläubiger des Erben gem. § 2214 BGB aufgrund der fehlenden Verfügungsbefugnis des Erben gem. § 2211 Abs. 1 BGB an jeglichen Vollstreckungsmaßnahmen einschließlich Insolvenz gehindert[28] Entsprechende Ziele werden mitunter bei dauerhaft sozialhilfebedürftigen Erben oder überschuldeten Erben verfolgt.[29] Ist die Zielsetzung des Erblassers auf den Schutz des Erben beschränkt, reicht die Anordnung einer reinen Verwaltungstestamentsvollstreckung.

38 Der Vollstreckungsschutz erstreckt sich auch auf die Versteigerung zum Zwecke der Auseinandersetzung der Gemeinschaft an einem der Testamentsvollstreckung unterliegenden Grundstück. Dies gilt auch wenn die Vollstreckung von einem Gläubiger eines Miterben betrieben wird, dessen Anteil nicht der Testamentsvollstreckung unterworfen ist.[30]

39 Die Anordnung der Testamentsvollstreckung führt aber zu keinem vollständigen **Schutz des Nachlassvermögens vor Vollstreckungsmaßnahmen**. So kann ein etwaiger Anspruch des Erben auf Überlassung eines Nachlassgegenstandes gem. 2217 Abs. 1 BGB ebenso gepfändet werden wie ein etwaiger Anspruch auf Auszahlung von Nutzungen im Rahmen der ordnungsgemäßen Verwaltung gem. § 2216 BGB.[31] Auch kann durch eine entsprechende Anordnung die Pfändung des Erbteils eines Miterben nicht verhindert werden. Der Erblasser kann aber den **Pfändungsschutz erweitern**, indem er von seinem Recht Gebrauch macht, die Verwaltung des Nachlasses im Einzelnen zu regeln

---

26 OLG Stuttgart BWBotZ 1980, 92. A. a. MünchKommBGB/*Zimmermann*, § 2205 Rn. 64, Staudinger/*Reimann*, § 2205 Rn. 157.
27 BGHZ 40, 115. Bengel/Reimann/*Schaub*, Kapitel 4 Rn. 194.
28 BGH Beschl. v. 14.5.2009 Az. V ZB 176/08 ZNotP 2009, 358; Bengel/Reimann, Kapitel 1 Rn. 216 ff.
29 S. zum sog. Behindertentestament und zum Testament zugunsten überschuldeter Erben Kapitel 5 Rdn. 522 ff. und 705 ff.
30 BGH, Beschl. v. 14.5.2009 – V ZB 176/08, ZNotP 2009, 358.
31 Bengel/Reimann, Kapitel 1 Rn. 220.

(§ 2216 Abs. 2 BGB) und anordnet, dass dem Erben nur solche Nutzungen oder Teile des ihm zugewiesenen Nachlasses zukommen sollen, die der Vollstreckung aufgrund der Pfändungsschutzbestimmungen entzogen sind. Zur Testamentsvollstreckung im Unternehmensbereich s. Kapitel 11 C.

2. Anordnung, Beginn und Beendigung der Testamentsvollstreckung

a) Anordnung

Die Anordnung der Testamentsvollstreckung erfolgt durch letztwillige Verfügung; § 2197 BGB spricht von der Anordnung »durch Testament«. Die Anordnung kann auch im Rahmen eines Erbvertrages erfolgen, da in einem Erbvertrag Verfügungen getroffen werden können, die durch Testament getroffen werden können. Sie ist dann aber keine vertragsmäßige Verfügung sondern eine einseitige Verfügung, §§ 2299 Abs. 1, 2278 Abs. 2 BGB. Eine Anordnung durch Rechtsgeschäft unter Lebenden ist nicht möglich.[32]

40

b) Beginn

Die Testamentsvollstreckung beginnt mit dem Erbfall, soweit der Erblasser nicht etwas anderes bestimmt. Der Erblasser kann die Testamentsvollstreckung bedingt oder befristet anordnen. Das Amt des konkreten Testamentsvollstreckers, das von der Testamentsvollstreckung zu unterscheiden ist, beginnt mit der Annahme des Amtes durch den Testamentsvollstrecker, § 2202 Abs. 1 BGB.[33]

41

Der Erblasser kann die Testamentsvollstreckung unter eine aufschiebende oder auflösende Bedingung oder Befristung stellen, §§ 2074 f. BGB.[34] Die Testamentsvollstreckung entfaltet ihre Wirkung dann grundsätzlich erst mit Bedingungseintritt bzw. Fristablauf. Hinsichtlich der Surrogationswirkung wird aber eine Vorwirkung vor Bedingungseintritt bzw. Fristablauf angenommen.[35] Ein vom Zeitpunkt des Erbfalls abweichender Beginn der Testamentsvollstreckung kann sinnvoll sein bei Anordnung der Vor- und Nacherbschaft, wenn nur für die Zeit nach dem Nacherbfall eine Testamentsvollstreckung gewünscht wird. Entsprechendes gilt, wenn nur für den Fall des Eintritts der Ersatzerbfolge eine Testamentsvollstreckung gewünscht wird. Ein vom Zeitpunkt des Erbfalls abweichender Beginn der Testamentsvollstreckung kann auch sinnvoll sein, wenn der Testamentsvollstrecker zunächst als Vormund handeln soll; ein Nebeneinander von Vormund- und Testamentsvollstreckerstellung ist problematisch, da der Vormund als Testamentsvollstrecker wegen Interessenkonflikts nicht die Aufgabe des Vormundes wahrnehmen kann, den Testamentsvollstrecker zu kontrollieren.[36]

42

▶ **Muster: Bestimmung des Beginns der Testamentsvollstreckung**

43

Für meinen Nachlass ordne ich Testamentsvollstreckung an. Die Testamentsvollstreckung beginnt mit dem Eintritt des Nacherbfalls. Sie entfällt, wenn im Zeitpunkt des Nacherbfalls alle Erben das 24. Lebensjahr vollendet haben.«Wird die Testamentsvollstreckung im Rahmen eines gemeinschaftlichen Testamentes oder eines Erbvertrages angeordnet, sollte deutlich gemacht werden, für welchen Erbfall (für jeden Erblasser, nur für einen konkreten Erblasser, oder insbesondere bei Ehegatten – nur für den Längstlebenden) die Testamentsvollstreckung angeordnet wird. Soweit gewünscht sollte auch der Fall des gleichzeitigen Versterbens geregelt werden.

▶ **Beispiel**

44

Der Längstlebende von uns bzw. für den Fall des gleichzeitigen Versterbens ein jeder von uns ordnet für seinen Nachlass Testamentsvollstreckung an und bestimmt dazu Folgendes:
...

---

32 Bengel/Reimann, Kapitel 2 Rn. 15.
33 AnwKomm-BGB/*J. Mayer*, § 2202 Rn. 2.
34 *Hartmann*, RNotZ 2008, 150, 151.
35 *Hartmann*, RNotZ 2008, 150, 152 f.
36 S. unten Rdn. 58.

45 ▶ **Muster: Testamentsvollstreckung für den Fall des Eintritts der Ersatzerbfolge**

Für meinen Nachlass ordne ich Testamentsvollstreckung an. Die Testamentsvollstreckung beginnt mit dem Eintritt der Ersatzerbfolge. Sie entfällt, wenn im Zeitpunkt des Ersatzerbfalls alle Erben das 24. Lebensjahr vollendet haben.

46 ▶ **Muster: Testamentsvollstreckung für die Zeit ab Volljährigkeit des erbenden Kindes**

Für meinen Nachlass ordne ich Testamentsvollstreckung an. Die Testamentsvollstreckung beginnt mit der Volljährigkeit meines Kindes. Sie endet mit Vollendung des 24. Lebensjahrs des Erben, meines Kindes. Testamentsvollstrecker soll A sein. Sollte mein Kind im Zeitpunkt des Erbfalls noch minderjährig sein, soll A zum Vormund meines Erben bestellt werden.

47 Zu beachten ist bei dem vorstehenden Formulierungsbeispiel, dass die familienrechtliche Anordnung nicht zu einer sicheren Bestimmung des Vormunds führt. Will der Erblasser Gewissheit haben über die Person, die das Erbe verwaltet, reicht eine familienrechtliche Anordnung nicht aus; die Vertrauensperson des Erblassers ist dann ab Eintritt des Erbfalls als Testamentsvollstrecker zu benennen; er kann daneben auch als Vormund bestimmt werden. Für die Kontrolle des Testamentsvollstreckers ist dann entweder eine weitere Person ersatzweise zu benennen oder es ist beizeiten ein Ergänzungspfleger zu bestellen.[37]

c) Beendigung

48 Regelt der Erblasser die Beendigung der Testamentsvollstreckung nicht ausdrücklich, endet sie mit Erledigung der dem Testamentsvollstrecker zugewiesenen Aufgaben,[38] aber auch wenn der Nachlass erschöpft ist.[39] Mit der vollständigen Auseinandersetzung des Nachlasses endet daher das Amt des Testamentsvollstreckers automatisch. Eine Aufhebung der Testamentsvollstreckung oder eine ausdrückliche Entlassung des Testamentsvollstreckers durch das Nachlassgericht sieht das Gesetz nicht vor und ist auch nicht erforderlich.[40]

49 Ferner gilt die 30-Jahres-Frist des § 2210 S. 1 BGB als Grundsatz, der durch die Regelung in § 2210 S. 2 BGB gelockert wird. Die Testamentsvollstreckung endet auch, wenn das Amt des Testamentsvollstreckers erlischt und kein anderer Testamentsvollstrecker mehr vorhanden ist, es sei denn der Erblasser hat bestimmt, dass in diesem Fall ein Ersatztestamentsvollstrecker zu bestellen ist.[41] Dieser kann durch einen Dritten, § 2198 Abs. 1 BGB, oder durch das Nachlassgericht bestellt werden, § 2200 Abs. 1 BGB.

50 Der Erblasser kann das Ende der Testamentsvollstreckung durch Bestimmung eines Endtermins, durch auflösende Bedingung oder Kombination von beidem festlegen.

51 Das Nachlassgericht[42] kann die **Entlassung des Testamentsvollstreckers** aus dem Amt aus wichtigem Grund anordnen, § 2227 BGB. Ein wichtiger Grund liegt insbesondere vor, wenn der Testamentsvollstrecker sich pflichtwidrig verhält und so eine nachhaltige Gefährdung der Rechte der Erben herbeiführt. Dabei reicht aus, dass der Testamentsvollstrecker das Recht der Miterben auf eine Auseinandersetzung der Erbengemeinschaft missachtet, indem er auf konkrete Auseinandersetzungsvorschläge nicht in angemessener Zeit reagiert. Hieraus folgt auch, dass auch ein Miterbe, dessen

---

37 Formulierungsbeispiel s. unten Rdn. 62.
38 BayObLG ZEV 1995, 370.
39 KG OLGE 37, 259.
40 BGH NJW 1964, 1316.
41 *Nieder/Kössinger*, § 15 Rn. 166.
42 Der Erblasser kann die Entscheidung über die Entlassung keinem Schiedsgericht übertragen; a. A. *Muscheler*, ZEV 2009, 317 m. w. N.

Erbanteil nicht der Testamentsvollstreckung unterliegt, die Entlassung des Testamentsvollstreckers aus wichtigem Grund verlangen und beantragen kann.[43]

Der Erblasser kann Streitigkeiten über die Entlassung des Testamentsvollstreckers nicht einem Schiedsgericht zuweisen.[44]

▶ **Muster: Bestimmung des Endes der Testamentsvollstreckung**

Die Testamentsvollstreckung endet drei Jahre nach erfolgreichem Abschluss einer Berufsausbildung des Erben, spätestens mit Vollendung seines 24. Lebensjahres.

3. Bestimmung des Testamentsvollstreckers

a) Auswahl und Ernennung

Zum Testamentsvollstrecker kann grundsätzlich jede **natürliche** aber auch **juristische**[45] **Person** bestellt werden, die geschäftsfähig ist, § 2201 BGB. Auch der Erbe und der Vermächtnisnehmer können Testamentsvollstrecker werden. Ist der Erbe Alleinerbe, kann er nicht zum alleinigen Testamentsvollstrecker sondern nur zum Mittestamentsvollstrecker oder Vermächtnisvollstrecker (§ 2223 BGB) ernannt werden.[46] Das gleiche gilt für den alleinigen Vorerben; dieser kann auch nicht alleiniger Nacherbenvollstrecker gem. § 2222 BGB werden.[47] Von der Nacherbenvollstreckung zu unterscheiden ist der Fall, dass der Vorerbe zum Testamentsvollstrecker für die Zeit nach Eintritt des Nacherbfalls ernannt wird, wenn der Nacherbfall nicht erst mit dem Tod des Vorerben eintritt; eine solche Anordnung ist zulässig. Auch kann der Nacherbe als Testamentsvollstrecker für die Vorerbschaft ernannt werden.[48]

Für den Testamentsvollstrecker gilt der Grundsatz der **persönlichen Amtsausübung**, §§ 2218, Abs. 1, 664 Abs. 1 S. 1 BGB. Der Testamentsvollstrecker, sei es eine natürliche oder juristische Person, darf im Zweifel die Ausführung der Testamentsvollstreckung im Ganzen einem Dritten nicht übertragen. Dies gilt, selbst wenn der Erbe zustimmt.[49]

Die **Leiter eines Heimes**, dessen Träger oder Beschäftigte können nur soweit zum Testamentsvollstrecker ernannt werden als damit kein Verstoß gegen § 14 Abs. 1 und 5 HeimG verbunden ist. Ein entsprechender Verstoß ist insbesondere dann naheliegend, wenn durch Verfügung von Todes wegen eine Vergütung für die Testamentsvollstreckung in Aussicht gestellt wird oder wenn eine Vergütung gem. § 2221 BGB geschuldet ist.[50] Soll dennoch eine der genannten Personen zum Testamentsvollstrecker ernannt werden, sollte vorsorglich eine Genehmigung gem. § 14 Abs. 6 HeimG eingeholt werden.

Der eine letztwillige Verfügung beurkundende **Notar** kann nicht in der von ihm beurkundeten Verfügung als Testamentsvollstrecker benannt werden, da eine entsprechende Regelung gegen das Beurkundungsgesetz verstoßen würde, §§ 27, 7, 3 Abs. 1 Nr. 4 BeurkG. Es bleibt aber die Möglichkeit, die Testamentsvollstreckung in der beurkundeten Verfügung von Todes wegen zu regeln bis auf die Benennung der Person des Testamentsvollstreckers; diese ist dann durch privatschriftliches Testament vorzunehmen.

---

43 OLG Hamm Beschl. v. 11.8.2009 – 15 Wx 115/09, NJW-Spezial 2009, 599, 600.
44 OLG Karlsruhe, Beschl. v. 28.7.2009 – 11 Wx 94/07, RNotZ 2010, 214 f.; a. A. Stein/Jonas/*Schlosser*, ZPO, § 1066 Rn. 3.
45 §§ 2210 S. 3, 2163 Abs. 2 BGB.
46 RGZ 77, 177.
47 *Nieder/Kössinger*, § 10 Rn. 102 m. w. N.
48 BayObLG NJW 1959, 1920.
49 RGZ 81, 166, 170.
50 *Rossak*, MittBayNot 1998, 407, 408.

58 Problematisch kann auch die Berufung einer Person zum **Vormund der Erben** sein, wenn diese zugleich als Testamentsvollstrecker ernannt wird. Dann besteht ein Interessenskonflikt insoweit als der Vormund die Ausführung der Testamentsvollstreckung zu überwachen hat. In diesem Fall ist die Bestellung eines Ergänzungspflegers gem. § 1909 Abs. 1 BGB erforderlich;[51] in derartigen Fällen kann der Erblasser im Rahmen der Vormundbestimmung einen Ergänzungspfleger benennen, der die Kontrollfunktion gegenüber dem Testamentsvollstrecker ausübt. Entsprechend verhält es sich, wenn die sorgeberechtigten Eltern erbender Kinder zu Testamentsvollstreckern berufen werden.[52]

59 ▶ **Muster: Testamentsvollstreckung und Vormundbestellung**

Soweit ein gemeinschaftliches Kind beim Tode des Letztversterbenden von uns noch minderjährig sein sollte, benennt der Überlebende von uns gemäß §§ 1776, 1777 BGB für dieses Kind als Vormund Herrn A, ersatzweise und für den Fall, dass der Vormund im Einzelfall an der Ausübung seiner Aufgaben gehindert ist (Wahrnehmung der Rechte der Erben gegenüber dem Testamentsvollstrecker) Frau B, die erforderlichenfalls zum Ergänzungspfleger bestellt werden soll.

60 Der Erblasser kann **mehrere Personen** als Testamentsvollstrecker ernennen. Diese üben ihre Tätigkeit in der Regel gemeinschaftlich aus, § 2224 Abs. 1 BGB; der Erblasser kann aber auch bestimmen, dass einzelnen Testamentsvollstreckern einzelne Aufgabengebiete zur alleinigen Wahrnehmung übertragen werden (**Aufgabenverteilung**). Durch die Ernennung mehrerer Testamentsvollstrecker kann eine wechselseitige Kontrolle angestrebt werden; es besteht allerdings dabei die Gefahr, dass sich die Testamentsvollstrecker gegenseitig blockieren.

61 Die als Testamentsvollstrecker ausgewählte Person sollte fachlich geeignet, mit der Amtsübernahme einverstanden und tatsächlich in der Lage sein, das Amt des Testamentsvollstreckers unter Berücksichtigung der konkret übertragenen Aufgaben auszuüben. Ferner sollte er mit den Erben zurecht kommen; je nach Lage der Dinge muss er in der Lage sein, den Erben Paroli zu bieten, oder sie fürsorglich zu unterstützen.

62 Die Auswahl des Testamentsvollstreckers erfolgt grundsätzlich durch den Erblasser. Tritt der Testamentsvollstrecker sein Amt nicht an, oder fällt er nach Amtsantritt weg, stellt sich die Frage, ob ein Dritter von Gerichts wegen zum Testamentsvollstrecker ernannt werden soll. In der Anordnung der Testamentsvollstreckung kann das Ersuchen des Erblassers an das Nachlassgericht gesehen werden, einen **Ersatztestamentsvollstrecker** zu ernennen. Ob dies der Fall ist oder die Testamentsvollstreckung ersatzlos entfällt, ist durch Auslegung zu ermitteln.[53] Um diese zu vermeiden sollte klargestellt werden, wenn ersatzweise das Nachlassgericht ersucht wird, einen Testamentsvollstrecker zu ernennen.

63 Der Erblasser kann die Bestimmung des Testamentsvollstreckers dem Nachlassgericht überlassen, § 2200 BGB,[54] oder einem Dritten das **Bestimmungsrecht übertragen**, § 2198 BGB. Dritter kann jede geschäftsfähige natürliche oder juristische Person sein.[55] Auch der Erbe kann Dritter sein.[56] Dementsprechend kann der Vorerbe sowohl einen Nacherbenvollstrecker i. S. v. § 2222 BGB ernennen, der bis zum Eintritt der Nacherbfolge die Rechte der Nacherben ausübt;[57] der Nacherbe kann aber auch einen Testamentsvollstrecker ernennen, der das Nachlassvermögen nach Eintritt

---

51 BayObLG DAVorm78, 470. Palandt/*Götz*, § 1909 Rn. 6.
52 *Nieder/Kössinger*, § 15 Rn. 30 m. w. N.; Bonefeld/Mayer, Rn. 10.
53 Bengel/Reimann, Kapitel 2 Rn. 2 f.; *Horn*, ZEV 2007, 521.
54 Bestellt das Nachlassgericht trotz entsprechender Bestimmung des Erblassers keinen (Ersatz-)Testamentsvollstrecker, so endet die Testamentsvollstreckung, so OLG Zweibrücken NJW-Spezial 2013, 71 – Beschl. v. 23.10.2012 – 3 W 120/12.
55 AnwKomm-BGB/*J. Mayer*, § 2198 Rn. 2.
56 RGZ 92, 68.
57 *Nieder/Kössinger*, § 15 Rn. 21.

des Nacherbfalls verwaltet. Der die Verfügung von Todes wegen beurkundende Notar kann nicht Dritter sein, s. § 7 BeurkG.

Die Ernennung des Testamentsvollstreckers liegt vorbehaltlich anderer Vorgaben des Erblassers im Ermessen der zur Ernennung ermächtigten Person. Sie kann sich grundsätzlich auch selber ernennen.[58] Der Dritte soll auch befugt sein, den Testamentsvollstrecker unter einer Bedingung, auf Zeit oder nur bezüglich bestimmter Vermögensgegenstände des Nachlasses zu ernennen.[59]

Umstritten ist, ob die zur Ernennung eines Testamentsvollstreckers ermächtigte Person ihre Befugnis erneut ausüben kann, wenn der zunächst ernannte Testamentsvollstrecker sein Amt nicht annimmt oder es niederlegt.[60] Um dieser Streitfrage aus dem Weg zu gehen, empfiehlt es sich, dem Testamentsvollstrecker das Recht einer erneuten Testamentsvollstreckerbestimmung einzuräumen.

▶ **Muster: Testamentsvollstreckerbenennung durch den Erblasser**

Ich ordne Testamentsvollstreckung an. Zum Testamentsvollstrecker ernenne ich Herrn A, ersatzweise Frau B. Für den Fall, dass die genannten Testamentsvollstrecker vor oder nach Antritt ihres Amtes wegfallen, soll durch das Nachlassgericht ein anderer zum Testamentsvollstrecker ernannt werden.

▶ **Muster: Testamentsvollstreckerbenennung durch das Nachlassgericht.**

Ich ordne Testamentsvollstreckung an. Der Testamentsvollstrecker soll durch das Nachlassgericht ernannt werden.

▶ **Muster: Testamentsvollstreckerbenennung durch einen Dritten**

Ich ordne Testamentsvollstreckung an. Herr A ist ermächtigt, den Testamentsvollstrecker zu bestimmen. Sollte ein von ihm bestimmter Testamentsvollstrecker das Amt nicht annehmen, es niederlegen oder aus einem anderen Grunde als Testamentsvollstrecker ausscheiden, ist Herr A weiter ermächtigt, einen anderen Testamentsvollstrecker zu bestimmen.

Der Erblasser kann mehrere Personen als Testamentsvollstrecker ernennen. Er kann auch den Testamentsvollstrecker ermächtigen, einen oder mehrere Mitvollstrecker zu ernennen, § 2199 Abs. 1 BGB. Die Benennung mehrerer Testamentsvollstrecker bringt regelmäßig eine größere Schwerfälligkeit bei der Durchführung der Testamentsvollstreckung mit sich. Sind mehrere Testamentsvollstrecker berufen, ist zu klären, ob diese nur bei Einstimmigkeit handlungsfähig sind oder auch aufgrund Mehrheitsbeschlusses. Von Gesetzes wegen können mehrere Testamentsvollstrecker nur einstimmig handeln; über Meinungsverschiedenheiten entscheidet das Nachlassgericht, § 2224 Abs. 1 S. 1 HS 2 BGB.

b) Ersatztestamentsvollstrecker, Nachfolgeernennung

Der Erblasser kann für den Fall, dass der ernannte Testamentsvollstrecker vor oder nach Annahme seines Amtes wegfällt, einen anderen Testamentsvollstrecker als **Ersatztestamentsvollstrecker** ernennen, § 2197 Abs. 2 BGB.

Ohne die Benennung eines Ersatztestamentsvollstreckers ist mangels einer klaren Aussage in der Verfügung von Todes wegen durch Auslegung zu bestimmen, ob die Testamentsvollstreckung bei Wegfall des Testamentsvollstreckers entfällt oder von Gerichts wegen ein Ersatztestamentsvollstrecker benannt werden soll.

---

58 Bengel/Reimann, Kapitel 2 Rn. 134.
59 AnwKomm-BGB/*J. Mayer*, § 2198 Rn. 3.
60 Staudinger/*Reimann*, § 2198 Rn. 11; bejahend AnwKomm-BGB/*J. Mayer*, § 2198 Rn. 4. Bengel/Reimann, Kapitel 2 Rn. 138.

Kapitel 9 — Einflussnahme des Erblassers über seinen Tod hinaus

72 ▶ **Muster: Regelung für den Fall des Wegfalls des Testamentsvollstreckers**

Für den Fall, dass die genannten Testamentsvollstrecker vor oder nach Antritt ihres Amtes wegfallen, entfällt die Testamentsvollstreckung ODER soll durch das Nachlassgericht ein anderer zum Testamentsvollstrecker ernannt werden.

73 Die Ernennung eines Ersatztestamentsvollstreckers kann dahingehend beschränkt werden, dass der Haupttestamentsvollstrecker in Teilbereichen an der Wahrnehmung seines Amtes verhindert ist, bspw. wegen Interessenkollision aufgrund gleichzeitiger Funktion als Vormund.[61]

74 Der Erblasser kann den Testamentsvollstrecker ermächtigen, einen **Nachfolger** zu ernennen, § 2199 Abs. 2 BGB, so wie er einem Dritten das Bestimmungsrecht für den Testamentsvollstrecker übertragen kann. Das Ernennungsrecht endet mit dem Erlöschen des Amtes des Testamentsvollstreckers.[62]

75 Problematisch kann in diesem Zusammenhang eine rein vorsorgliche Ernennung eines Nachfolgers sein, die dem Nachlassgericht nicht während der Amtszeit des Testamentsvollstreckers zugeht, sondern erst bei Wegfall des den Nachfolger bestimmenden Testamentsvollstreckers abgegeben werden soll. Eine solche Bestimmung soll mangels rechtzeitigem Zugangs unwirksam sein.[63] Anders dürfte es sich dann verhalten, wenn die Übertragung des Bestimmungsrechts durch den Erblasser erkennen lässt, dass das Bestimmungsrecht erforderlichenfalls als solches gem. § 2198 Abs. 1 S. 1 BGB zu verstehen ist.[64] Dann kann der Testamentsvollstrecker zunächst sein Amt niederlegen und erst dann einen »Nachfolger« bestimmen, was bei einer Anordnung nach § 2199 Abs. 2 BGB allein nicht möglich wäre.

76 ▶ **Muster: Testamentsvollstrecker und Nachfolgerbestimmung**

Der Testamentsvollstrecker ist ermächtigt einen Nachfolger zu bestimmen; er kann dies auch unabhängig vom Fortbestand seines Amtes als Testamentsvollstrecker tun.

77 Das Problem des nicht rechtzeitigen Zugangs der Testamentsvollstreckerbestimmung stellt sich aber auch hier, wenn der Dritte vor Abgabe der Bestimmung des Testamentsvollstreckers beim Nachlassgericht verstirbt.[65] Damit bleibt das Problem, dass vorsorgliche »**Schubladenernennung**«, die für den Fall des Ablebens des Testamentsvollstreckers bzw. Dritten abgefasst werden, keine wirksame Grundlage für die Ernennung eines Testamentsvollstreckers sind, soweit die Testamentsvollstreckerbestimmung nicht vor dem Ableben des Testamentsvollstreckers bzw. Dritten an das Nachlassgericht abgegeben wurde.[66]

4. Gegenstand der Testamentsvollstreckung

78 Die Testamentsvollstreckung muss sich nicht notwendig auf den gesamten Nachlass beziehen. Der Erblasser kann die Testamentsvollstreckung hinsichtlich des Vermögens, das ihr unterliegen soll, beschränken, § 2208 Abs. 1 BGB. Gegenstand der Testamentsvollstreckung kann lediglich ein Erbteil, ein Vermächtnis, ein einzelner Nachlassgegenstand aber auch eine Auflage sein.

a) Nachlass

79 Soweit der Erblasser keine anderen Bestimmungen trifft, umfasst die Anordnung der Testamentsvollstreckung den gesamten Nachlass.[67] Dies gilt sowohl für die Auseinandersetzungsvollstreckung als auch für die Dauertestamentsvollstreckung. Eine abweichende Anordnung des Erblassers kann be-

---

61 S. o. Rdn. 59.
62 AnwKomm-BGB/*J. Mayer*, § 2199 Rn. 3.
63 *Nieder/Kössinger*, § 15 Rn. 22.; s. a. AnwKomm-BGB/*J. Mayer*, § 2199 Rn. 11.
64 AnwKomm-BGB/*J. Mayer*, § 2199 Rn. 3.
65 AnwKomm-BGB/*J. Mayer*, § 2198 Rn. 4.
66 *Nieder/Kössinger*, § 15 Rn. 22.
67 AnwKomm-BGB/*J. Mayer*, § 2205 Rn. 2.

reits darin gesehen werden, dass der Erblasser in seiner Verfügung von Todes wegen nicht über seinen gesamten Nachlass verfügt. Da der Testamentsvollstrecker gem. § 2203 BGB nur die Aufgabe hat, die Verfügungen des Erblassers auszuführen, erstreckt sich die Testamentsvollstreckung nur auf die Vermögenswerte, bezüglich derer in der Verfügung von Todes wegen Anordnungen getroffen werden. Enthält ein Testament z. B. lediglich Vermächtnisanordnungen in Verbindung mit der Anordnung der Testamentsvollstreckung nicht aber eine Erbeinsetzung, bezieht sich diese nur auf die durch Vermächtnis verteilten Nachlasswerte.

b) Erbteil

Die Testamentsvollstreckung kann auf einen Erbteil beschränkt werden. Eine solche Beschränkung ist zu erwägen, wenn ein Erbe minderjährig ist, oder der Erblasser in gut gemeinter Absicht den Erben von der Verwaltung des vererbten Vermögens ausschließen will. Soweit sich die Testamentsvollstreckung auf einen Erbteil bezieht, ist regelmäßig eine Dauertestamentsvollstreckung gemeint. 80

▶ **Muster: Testamentsvollstreckung bezüglich eines Erbteils** 81

Für den Erbteil, der auf meine Tochter entfällt, ordne ich Testamentsvollstreckung an und bestimme hierzu Folgendes:

Die Testamentsvollstreckung bezieht sich auf den betreffenden Erbteil und die damit wirtschaftlich zusammenhängenden Vermögensgegenstände und Verbindlichkeiten. Nach einer etwaigen Teilung des Nachlasses setzt sich die Testamentsvollstreckung an den dem betreffenden Erben zugefallenen Vermögenswerten fort.

Der Testamentsvollstrecker soll den Erbteil meiner Tochter verwalten und bei der Erbauseinandersetzung die Rechte meiner Tochter wahrnehmen. Die Testamentsvollstreckung endet mit dem Tod meiner Tochter.

Bis dahin soll der Testamentsvollstrecker die Erträge nach Abzug der Aufwendungen und soweit erforderlich die Substanz des Nachlasses nach seinem Ermessen für die Gewährung eines angemessenen Unterhalts für meine Tochter einsetzen.

Der Testamentsvollstrecker ist befugt, nach seinem Ermessen einzelne Nachlassgegenstände, die er für die Erfüllung seiner Aufgaben, insbesondere den Schutz des betroffenen Erben, nicht oder nicht mehr benötigt, freizugeben.

Der Testamentsvollstrecker soll in der Eingehung von Verbindlichkeiten nicht beschränkt sein. In dem gesetzlich zulässigen Umfang soll er auch sonst von Beschränkungen, insbesondere von solchen aus § 181 BGB, befreit sein.

c) Vermächtnis

Soll Gegenstand der Testamentsvollstreckung ein Vermächtnis sein, kann eine reine Abwicklungsvollstreckung oder eine Dauertestamentsvollstreckung angeordnet werden. 82

Bei der **Abwicklungsvollstreckung** beschränkt sich die Aufgabe des Testamentsvollstreckers darauf, die Erfüllung des Vermächtnisses durchzuführen. Durch die Anordnung einer entsprechenden Testamentsvollstreckung kann die **Erfüllung des Vermächtnisses** abgesichert werden, wenn der Erblasser insoweit Zweifel an der Zuverlässigkeit der Erben hat oder eine reibungslose Vermächtniserfüllung aufgrund des Verhältnisses zum Vermächtnisnehmer nicht zu erwarten ist. Auch kann die Abwicklungsvollstreckung genutzt werden, um dem bedachten Vermächtnisnehmer die Möglichkeit einzuräumen, das Vermächtnis selber zu erfüllen, indem er zum Testamentsvollstrecker gemacht wird. Auf diese Weise kann u. a. erreicht werden, dass sich der Vermächtnisnehmer ein Grundstück selber überträgt und auch die dafür erforderliche Auflassung erklärt, ohne dass es der Mitwirkung der Erben bedarf. Bei einem solchen Kontext sollte klargestellt werden, ob der Testamentsvollstrecker auch berechtigt ist, ein unter Umständen für die Finanzierung eines zu leistenden 83

Herauszahlungsbetrages erforderliches Grundpfandrecht zu bestellen. Die Abwicklungsvollstreckung kann auch in Bezug auf ein Nachvermächtnis angeordnet werden.[68]

84 ▶ **Muster: Abwicklungstestamentsvollstreckung bezüglich Vermächtnis**

> Ich vermache meinem Neffen mein Hausgrundstück in ... Er ist mit dem Untervermächtnis beschwert, die Hälfte des Verkehrswertes des Hausgrundstücks an die Erbengemeinschaft zu zahlen. Der Wert ist im Streitfall durch einen vereidigten Sachverständigen zu bestimmen.
>
> Ich ordne Testamentsvollstreckung an. Testamentsvollstrecker ist der Vermächtnisnehmer. Einzige Aufgabe des Testamentsvollstreckers ist die Erfüllung des Vermächtnisses. In diesem Zusammenhang ist der Testamentsvollstrecker auch berechtigt, ein Finanzierungspfandrecht zu bestellen, um die Finanzierung des Herauszahlungsbetrages sicherstellen zu können; dabei muss sichergestellt werden, dass ein etwaiges Finanzierungspfandrecht nur zur Besicherung des Herauszahlungsbetrages verwendet wird.

85 Im Zusammenhang mit der Anordnung eines Vermächtnisses kann auch eine **Dauertestamentsvollstreckung** bezüglich des Vermächtnisgegenstandes angeordnet werden. Dadurch wird die Verwaltung des Vermächtnisgegenstandes dem Vermächtnisnehmer nach Erfüllung des Vermächtnisses entzogen. Durch die Anordnung der Dauertestamentsvollstreckung kann dem Vermächtnisnehmer der Zugriff auf den Vermächtnisgegenstand auf Dauer oder befristet verwehrt werden, beispielsweise weil der Vermächtnisnehmer noch relativ jung ist.

86 Von der Abwicklungs- oder einer Dauertestamentsvollstreckung ist die vorstehend erwähnte Vermächtnisvollstreckung gem. § 2223 BGB zu unterscheiden.

87 ▶ **Muster: Dauertestamentsvollstreckung bezüglich Vermächtnis**

> Der Erstversterbende von uns vermacht jedem unserer Kinder ein Barvermächtnis in Höhe von 200 000 EUR. Bezüglich dieser Vermächtnisse ordnet er Dauertestamentsvollstreckung an. Die Testamentsvollstreckung endet für jeden Vermächtnisnehmer mit Vollendung des 24. Lebensjahres. Testamentsvollstrecker ist der Längstlebende von uns.

d) Einzelner Nachlassgegenstand

88 Soll nur ein einzelner Nachlassgegenstand der Testamentsvollstreckung unterworfen werden, kann der Erblasser die Rechte des Testamentsvollstreckers gem. § 2208 Abs. 1 BGB entsprechend beschränken. Die Testamentsvollstreckung kann z. B. auf eine Immobilie beschränkt werden, während das übrige Nachlassvermögen nicht der Vollstreckung unterliegt. Eine Beschränkung der Testamentsvollstreckung kann statt dessen nur oder darüber hinaus auch in zeitlicher Hinsicht angeordnet werden.

89 Ist Testamentsvollstreckung bezüglich einzelner Nachlassgegenstände angeordnet, ist eine gegenständlich beschränkte Teilerbauseinandersetzung grundsätzlich nur mit Zustimmung aller Miterben zulässig.[69]

90 ▶ **Muster: Testamentsvollstreckung bezüglich einzelner Nachlassgegenstände**

> Hinsichtlich des Mehrfamilienhauses in ... ordne ich Dauertestamentsvollstreckung an. Die Testamentsvollstreckung endet zehn Jahre nach dem Erbfall. Der Testamentsvollstrecker soll die Immobilie verwalten und Erträge nach Abzug der Aufwendungen an die Erben entsprechend ihren Erbquoten ausschütten. Bis zum Ende der Testamentsvollstreckung ist die Auseinandersetzung über die Immobilie ausgeschlossen.

---

68 *Hartmann*, ZEV 2007, 458, 460.
69 Staudinger/*Reimann*, § 2208 Rn. 11.

e) Auflage

Ordnet der Erblasser eine Auflage an, kann er die Ausführung durch die Anordnung der Testamentsvollstreckung absichern.[70] Ist allgemein Testamentsvollstreckung angeordnet, ist auch der Testamentsvollstrecker im Rahmen seiner allgemeinen Aufgabe, die Verfügungen des Erblassers auszuführen, befugt, den Vollzug der Auflage zu verlangen, auch wenn er nicht ausdrücklich in § 2194 BGB erwähnt wird. Der Erblasser kann dem Testamentsvollstrecker aber auch ausdrücklich die Aufgabe zuweisen, für den Vollzug einer Auflage zu sorgen; dies kann auch die einzige Aufgabe des Testamentsvollstreckers sein.[71]

5. Konkretisierung der Aufgaben und Befugnisse des Testamentsvollstreckers, Erleichterungen für den Testamentsvollstrecker

a) Gesetzliche Aufgaben und Befugnisse des Testamentsvollstreckers

Die gesetzlichen Aufgaben und Befugnisse des Testamentsvollstreckers sind in den §§ 2203 ff. BGB geregelt. Danach hat der Testamentsvollstrecker, vorbehaltlich anderer Anordnungen des Erblassers die letztwillige Verfügung auszuführen, den Nachlass ggfs. unter den Miterben auseinanderzusetzen.

Zur Erfüllung seiner Aufgaben ist der Testamentsvollstrecker befugt, bis dahin den Nachlass zu verwalten (**Verwaltungsbefugnis**), § 2205 Abs. 1 S. 1 BGB, die Nachlassgegenstände in Besitz zu nehmen und über diese zu verfügen (**Verfügungsbefugnis**), § 2205 Abs. 1 S. 2 BGB. Er hat die Befugnis, über die Nachlassgegenstände zu verfügen, im Zweifel auch wenn ihm lediglich Verwaltung des Nachlasses übertragen wurde.[72] Unterliegen der Verwaltung des Testamentsvollstreckers nur einzelne Nachlassgegenstände, so steht ihm die Verfügungsbefugnis nur bezüglich dieser Gegenstände zu, § 2208 Abs. 1 S. 2 BGB. Die Verwaltungs- und Verfügungsbefugnis des Testamentsvollstreckers erlaubt diesem alle Erklärungen abzugeben und Handlungen vorzunehmen, die im Rahmen der Erfüllung seiner Aufgaben dienlich sein können und sich auf den Nachlass beziehen. Er ist berechtigt und verpflichtet, Nachlassforderungen geltend zu machen und einzuziehen. Steht dem Erblasser ein Pflichtteilsanspruch zu und unterliegt dieser der Testamentsvollstreckung, ist der Testamentsvollstrecker verpflichtet, diesen Anspruch geltend zu mach und durchzusetzen, sofern der Erblassers nichts Gegenteiliges bestimmt hat.[73] Über andere Vermögenswerte, insbesondere des Erben, kann der Testamentsvollstrecker aufgrund seines Amtes nicht verfügen.

Ein Pflichtteilsanspruch kann, auch wenn dem Testamentsvollstrecker die Verwaltung des Nachlasses zusteht, nur gegen den Erben geltend gemacht werden, § 2213 Abs. 1 S. 3 BGB. Dem Testamentsvollstrecker fehlt für die Erfüllung von Pflichtteilsansprüchen die Befugnis; er ist insbesondere nicht befugt, **Pflichtteilsansprüche** ohne Zustimmung der Erben anzuerkennen.[74] An ein Anerkenntnis des Erben ist der Testamentsvollstrecker andererseits nicht gebunden, da sonst Erbe und Pflichtteilsberechtigter durch Festlegung eines überhöhten Pflichtteilsanspruchs den Nachlass schädigen könnten, den der Testamentsvollstrecker ordnungsgemäß zu verwalten hat.[75]

Er schuldet dem Pflichtteilsberechtigten auch keine Auskunft über die Nachlasshöhe,[76] wohl aber dem Erben. Der Erblasser kann die Befugnisse des Testamentsvollstreckers insoweit nicht erweitern.[77] Dem Erben gegenüber ist der Testamentsvollstrecker verpflichtet, ein **Nachlassverzeichnis** zu erstellen; § 2215 Abs. 1 BGB. Er ist dem Erben gegenüber darüber hinaus zur **Rechnungslegung** verpflichtet; § 2218 BGB.

---

70 AnwKomm-BGB/*J. Mayer*, vor §§ 2192–2196 Rn. 7.
71 BayObLGZ 1986, 24, 29, BayObLG FamRZ 1991, 612, 613; AnwKomm-BGB/*J. Mayer*, § 2194 Rn. 5.
72 OLG Bremne RNotZ 2013, 225, Beschl. v. 24.1.2013 – 3 W 26/12.
73 BGH NJW 2015, 59, Urt. v. 5.11.2014 – IV ZR 104/14.
74 BGHZ 51, 125, 128; AnwKomm-BGB/*J. Mayer*, § 2213 Rn. 14.
75 BGHZ 51, 125, 130.
76 A. A: *Klingehöffer*, ZEV 2000, 262.
77 *Nieder/Kössinger*, § 15 Rn. 45.

Kapitel 9 Einflussnahme des Erblassers über seinen Tod hinaus

96 Die Anordnung der Testamentsvollstreckung führt nicht dazu, dass dem sorgeberechtigten Elternteil des pflichtteilsberechtigten Erben die Verwaltung über den Pflichtteil entzogen wird. Eine **Beschränkung der elterlichen Verwaltungsrechte** hinsichtlich des Pflichtteilsanspruchs kann nur erreicht werden, wenn dem Pflichtteilsberechtigten ein Vermächtnis zugewandt wird, das der Testamentsvollstreckung unterworfen wird. Theoretisch kann dieses Ziel auch im Rahmen einer Erbeinsetzung des Pflichtteilsberechtigten erreicht werden.[78]

97 Im **Innenverhältnis**, d. h. im Verhältnis zu dem Erben und etwaigen Vermächtnisnehmern, ist die Verwaltungs- und Verfügungsbefugnis des Testamentsvollstreckers durch das **Gebot der ordnungsgemäßen Verwaltung** des Nachlasses begrenzt, § 2216. Dieses **Gebot** ist **zwingend**; der Testamentsvollstrecker kann davon auch nicht durch den Erblasser befreit werden, § 2220 BGB. Die Ordnungsgemäßheit der Verwaltung ist nach objektiven Kriterien zu bestimmen.[79] Die gesetzliche Verwaltungs- und Verfügungsbefugnis geht darüber hinaus im Innenverhältnis nicht weiter als im Außenverhältnis.

98 Im **Außenverhältnis** ist die Verwaltungs- und Verfügungsbefugnis von Gesetzes wegen – abgesehen von unentgeltlich Verfügungen, § 2205 Abs. 1 S. 3 BGB – grundsätzlich unbeschränkt. Der Testamentsvollstrecker darf insbesondere auch über Grundstücke und Rechte an Grundstücken verfügen. Dem Testamentsvollstrecker sind allerdings Insichgeschäfte vorbehaltlich anderer Anordnungen des Erblassers, die sich auch durch Auslegung ergeben können, grundsätzlich nicht gestattet.[80] Das Gebot der ordnungsgemäßen Verwaltung des Nachlasses spiegelt sich im Außenverhältnis insofern wider, als der Testamentsvollstrecker Verbindlichkeiten für den Nachlass nur eingehen darf, soweit die Eingehung zur ordnungsgemäßen Verwaltung erforderlich ist, § 2206 Abs. 1 S. 1 BGB.

99 Der Rechtsverkehr wird bei Verstoß gegen das Gebot der ordnungsgemäßen Verwaltung durch die **Grundsätze des guten Glaubens** geschützt. Dritte können auf die Verpflichtungs- und Verfügungsbefugnis des Testamentsvollstreckers vertrauen, wenn sie bei Vertragsschluss (fahrlässig) annehmen konnten, dass die aus dem Vertragsschluss resultierende Verbindlichkeit im Rahmen ordnungsgemäßer Verwaltung eingegangen werden durfte, auch wenn dies objektiv nicht der Fall ist.[81] Soweit der Dritte erkennt oder hätte erkennen müssen, dass der Testamentsvollstrecker außerhalb der Grenzen einer ordnungsgemäßen Verwaltung handelt, kann er u. U. Ansprüche gegen den Testamentsvollstrecker entsprechend § 179 BGB geltend machen. Im Übrigen gelten für das Handeln des Testamentsvollstreckers die Grundsätze, die für den **Missbrauch der Vertretungsmacht** durch den Bevollmächtigten entwickelt worden sind. Entsprechende Verfügungen sind dem Dritten gegenüber unwirksam.[82] Das Missbrauchsverbot gilt auch, soweit dem Testamentsvollstrecker ergänzend eine Vollmacht erteilt worden ist.

100 Durch § 2205 Abs. 1 S. 3 BGB wird die Verwaltungs- und Verfügungsbefugnis des Testamentsvollstreckers insofern beschränkt, als dieser zu unentgeltlichen Verfügungen nur berechtigt ist, soweit sie einer sittlichen Pflicht oder Anstandspflicht entsprechen (**Schenkungsverbot**). Die Beschränkung der Verfügungsbefugnis wirkt dinglich. Verfügungen die unter Nichtbeachtung der Beschränkungen vorgenommen werden sind (schwebend) unwirksam.[83] Sie werden mit Genehmigung durch sämtliche Erben (auch Vor- und Nacherben), aber auch aller Vermächtnisnehmer und Auflagenbegünstigten wirksam.[84] Das Erfordernis der Zustimmung aller Vermächtnisnehmer und Auflagenbegüns-

---

78 Gutachten DNotI-Report 2009, 165.
79 BGHZ 25, 275, 280.
80 BGH FamRZ 1989, 963, in entsprechender Anwendung des § 181 BGB.
81 AnwKomm-BGB/*Kroiß*, § 2368 Rn. 21; AnwKomm-BGB/*J. Mayer*, § 2206 Rn. 3; s. a. *Nieder/Kössinger*, § 15 Rn. 41 und 49.
82 BGH NJW 1987, 1070.
83 BGH NJW 1971, 2264; BayObLG FamRZ 1987, 104.
84 BGH FamRZ 1991, 188 f.

tigten folgt aus dem Ziel des Schenkungsverbots, das auch den Schutz dieser Beteiligten erfasst; s. § 2219 Abs. 1 BGB.[85]

Unentgeltlichkeit einer Verfügung ist gegeben, wenn **objektiv** keine gleichwertige Gegenleistung erbracht wird. Der Testamentsvollstrecker muss darüber hinaus **subjektiv** die Unentgeltlichkeit kennen oder fahrlässig nicht kennen.[86] Einigkeit zwischen Testamentsvollstrecker und dem Dritten ist keine Voraussetzung für die Bejahung der Unentgeltlichkeit. Rechtsgrundlose Verfügungen sind grundsätzlich als unentgeltlich zu bewerten und damit unwirksam.[87] Einer unentgeltlichen Verfügung steht eine teilunentgeltliche Verfügung gleich.[88] Das Grundbuchamt hat die Entgeltlichkeit von Verfügungen des Testamentsvollstreckers zu prüfen.[89] 101

Der Erwerber kann nicht auf Gutglaubensschutz hoffen, da der Gutglaubensschutz zwar das Vertrauen auf das tatsächlich fehlende Eigentum ersetzen kann, nicht aber die mangelnde Verfügungsbefugnis des Testamentsvollstreckers wegen Unentgeltlichkeit der Verfügung[90] Der Verkehrsschutz durch den öffentlichen Glauben des Testamentsvollstreckerzeugnisses, §§ 2368 Abs. 3, 2366 f. BGB, hilft dem Erwerber insoweit ebenfalls nicht weiter. Zwar umfasst der Gutglaubensschutz Verfügungsgeschäfte und Verpflichtungsgeschäfte;[91] er erstreckt sich aber nicht auf die Entgeltlichkeit. 102

Der Testamentsvollstrecker bedarf für sein Handeln keiner Genehmigung des Betreuungs- oder Familiengerichts, selbst wenn zu den Erben Minderjährige oder geschäftsunfähige Volljährige gehören, deren gesetzlicher Vertreter bei entsprechendem Handeln einer Genehmigung bedürfte.[92] 103

b) Erweiterung der Aufgaben und Befugnisse des Testamentsvollstreckers

Der Erblasser kann die Aufgaben und Befugnisse des Testamentsvollstreckers über die gesetzlichen Grenzen hinaus inhaltlich oder zeitlich erweitern. 104

Das Gesetz selber erwähnt als mögliche Erweiterung der Befugnisse in **zeitlicher Hinsicht** die Dauertestamentsvollstreckung, § 2209 BGB. Der Erblasser muss aber die zeitlichen Schranken des § 2210 BGB beachten. 105

Der Erblasser kann dem Testamentsvollstrecker die **inhaltliche Befugnis** einräumen, Rechtsgeschäfte auch dann vorzunehmen, wenn sie im Rahmen einer ordnungsgemäßen Verwaltung nicht erforderlich sind, § 2207 S. 1 BGB. Das Schenkungsverbot nach § 2207 S. 2 BGB kann er demgegenüber nicht aufheben. Im Zweifel ist gem. § 2209 S. 2 BGB anzunehmen, dass dem reinen Verwaltungsvollstrecker und dem Dauertestamentsvollstrecker eine entsprechend erweiterte Ermächtigung erteilt ist. Das Gebot der ordnungsgemäßen Verwaltung gem. § 2016 Abs. 1 BGB bleibt davon unberührt. 106

Gemäß § 2207 S. 1 BGB kann der Erblasser dem Testamentsvollstrecker die Befugnis einräumen, abweichend von den Vorgaben des § 2206 BGB bei der **Eingehung von Verbindlichkeiten** für den Nachlass nicht beschränkt zu sein. Eine entsprechende Erweiterung der Befugnisse des Testamentsvollstrecker ist zweckmäßig, denn sie dient dem Interesse des Rechtsverkehrs und beseitigt die Zweifelsfragen, die sich bei Anwendung des § 2206 Abs. 1 ergeben können.[93] 107

---

85 BGH NJW 1971, 2264.
86 BGH NJW 1991, 842.
87 BGH FamRZ 1963, 426.
88 BGHZ 18, 67.
89 OLG München RNotZ 2012, 175 – Beschl. v. 6.12.1011 – 34 Wx 403/11; DNotI-Report 2011, 135.
90 AnwKomm-BGB/*J. Mayer*, § 2205 Rn. 22.
91 MünchKommBGB/*Mayer* § 2368 Rn. 47 ff.; AnwKomm-BGB/*Kroiß*, § 2368 Rn. 21.
92 RGZ 61, 144.
93 AnwKomm-BGB/*J. Mayer*, § 2207 Rn. 1.

108 Von den **Beschränkungen des § 181 BGB** kann der Erblasser den Testamentsvollstrecker nur im Rahmen der ordnungsgemäßen Verwaltung befreien, da der Erblasser den Testamentsvollstrecker von dieser nicht befreien kann, §§ 2220, 2216 BGB.

109 ▶ **Muster: Umfassende Befreiung des Testamentsvollstreckers von gesetzlichen Beschränkungen**

Der Testamentsvollstrecker soll in der Eingehung von Verbindlichkeiten nicht beschränkt sein. In dem gesetzlich zulässigen Umfang soll er auch sonst von Beschränkungen, insbesondere von solchen aus § 181 BGB, befreit sein.

110 Hat der Erblasser mehrere Testamentsvollstrecker ernannt, kann er abweichend von den Vorgaben des § 2224 Abs. 1 S. 1 BGB anordnen, dass jeder von ihnen einzelvertretungsberechtigt sein soll und die Entscheidungsbefugnis des Nachlassgerichtes bei Meinungsverschiedenheiten untern den Testamentsvollstreckern aufheben oder durch die entsprechende Befugnis eines Dritten ersetzen, § 2224 Abs. 1 S. 2 BGB.

111 ▶ **Muster: Erweiterung der Befugnisse mehrerer Testamentsvollstrecker**

A, B und C werden als Testamentsvollstrecker berufen. Jeder von ihnen ist einzelvertretungsberechtigt. Sollte es unter den Testamentsvollstreckern zu Meinungsverschiedenheiten kommen im Zusammenhang mit der Ausführung dieser letztwilligen Verfügung, soll A entscheiden.

112 Von der Pflicht zur Errichtung eines Nachlassverzeichnisses (§ 2215 BGB) kann der Testamentsvollstrecker gem. § 2220 BGB nicht befreit werden. Ebenso wenig kann der Testamentsvollstrecker befreit werden von dem Gebot der ordnungsgemäßen Verwaltung des Nachlasses (§ 2216 BGB), von der von den in § 2218 BGB bestimmten Pflichten den Erben gegenüber (insbesondere Auskunfts- und Rechenschaftspflicht sowie Herausgabepflicht), sowie von der Pflicht zum Schadensersatz für einen von ihm verschuldeten Schaden (§ 2219 BGB), § 2220 BGB. Von allen übrigen gesetzlichen Verpflichtungen kann der Erblasser dem Testamentsvollstrecker Befreiung erteilen (z. B. Herausgabepflicht gem. § 2217 BGB).

113 Bei der Anlage von Nachlassvermögen ist der Testamentsvollstrecker gut beraten mündelsichere Anlagen zu wählen, um Haftungsrisiken aus dem Weg zu gehen. Er ist aber nicht verpflichtet, die jeweils sicherste Anlageform zu wählen. Vielmehr sind ihm nur solche Anlageformen verwehrt, die den Grundsätzen einer ordnungsgemäßen Nachlassverwaltung zuwider laufen würden.[94] Eine Befreiung von diesen Anlagevorgaben kann der Erblasser dem Testamentsvollstrecker wegen § 2220 BGB nicht erteilen.

114 Wünscht der Erblasser, dass der Testamentsvollstrecker den Pflichtteilsanspruch eines Pflichtteilsberechtigten erfüllt, kann er dies durch die Ausgestaltung der Testamentsvollstreckung nicht erreichen, da der Pflichtteilsanspruch nur gegen den Erben geltend gemacht werden kann, § 2213 Abs. 1 S. 3 BGB.[95] Er kann dem Testamentsvollstrecker aber insoweit ergänzend eine postmortale Vollmacht erteilen.[96]

115 Der Erblasser kann dem Testamentsvollstrecker die Aufgabe zuweisen, bei Streitigkeiten über die Testamentsauslegung als Schiedsrichter zu fungieren; die Schiedsrichterfunktion kann sich aber nicht auf die Auslegung der Anordnung der Testamentsvollstreckung beziehen.[97]

---

94 BGH NJW 1987, 1070; *Nieder/Kössinger*, § 15 Rn. 41.
95 Für eine restriktive Auslegung dieser Norm plädiert *Klinghöffer*, ZEV 2000, 261, 262.
96 *Nieder/Kössinger*, § 15 Rn. 45; *Klinghöffer*, ZEV 2000, 261, 262.
97 BGH NJW 1964, 1316.

Werden dem Testamentsvollstrecker Aufgaben jenseits seiner gesetzlichen Aufgaben zugewiesen, ist zu beachten, dass bei nicht geschäftsfähigen Erben u. U. eine familiengerichtliche Genehmigung erforderlich sein kann.[98]

▶ **Muster: Befreiung des Testamentsvollstreckers von der höchstpersönlichen Amtsausübung**

(Anordnung der Testamentsvollstreckung und Ausgestaltung)

Der Testamentsvollstrecker ist berechtigt einzelne Arten von Aufgaben oder einzelne Aufgaben Dritten zur Erfüllung zu übertragen.

Von der Übertragung einzelner Aufgaben auf Dritte ist die grundsätzlich zulässige Vollmachterteilung durch den Testamentsvollstrecker zu unterscheiden.[99]

c) Beschränkung der Aufgaben und Befugnisse des Testamentsvollstreckers

Dem Erblasser steht es frei, die gesetzlichen Aufgaben und Befugnisse des Testamentsvollstreckers gegenständlich, inhaltlich oder zeitlich einzuschränken. Eine testamentarische Erweiterung der Aufgaben des Testamentsvollstreckers steht einer Einschränkung seiner Befugnisse nicht entgegen. Einen Mindestumfang der Aufgaben des Testamentsvollstreckers sieht das Gesetz nicht vor. Die Beschränkungen spiegeln die Zielsetzung der Testamentsvollstreckung wieder, s. dazu oben II. 1 (Verwaltungsvollstreckung, Vermächtnisvollstreckung, Nacherbenvollstreckung, Vollstreckungsschutz durch Testamentsvollstreckung etc.).

Neben der **zeitlichen Begrenzung** der Testamentsvollstreckung und der oben erörterten **Begrenzung des Gegenstandes** (II. 2.) der Testamentsvollstreckung kann der Erblasser **inhaltliche Beschränkungen** anordnen, indem er dem Testamentsvollstrecker nur einzelne der Aufgaben überträgt, die das Gesetz für den Fall der Testamentsvollstreckung vorsieht. In einer entsprechenden Anordnung ist ggfs. eine konkludente Beschränkung der jeweiligen gesetzlich vorgesehenen Verwaltungs-, Verpflichtungs- und Verfügungsbefugnisse zu sehen.

Das Gesetz erwähnt selber die Möglichkeit, die **Aufgabe** des Testamentsvollstreckers auf die Verwaltung des Nachlasses zu **beschränken**, § 2209 1. Hs. BGB; für die Auseinandersetzung des Nachlasses ist er bei einer solchen Anordnung des Erblassers nicht zuständig. Auch kann der Erblasser die Aufgabe des Testamentsvollstreckers darauf beschränken, die Erben zu kontrollieren; er kann dann die Ausführung der letztwilligen Verfügung von den Erben verlangen, ist selber dafür aber nicht zuständig, § 2208 Abs. 2 BGB.

▶ **Muster: Inhaltliche Beschränkung der Aufgaben des Testamentsvollstreckers bezüglich Grundstücksrechten**

Die Erben sollen über Grundstücke und Rechte an Grundstücken nur nach vorheriger Zustimmung des Testamentsvollstreckers verfügen. Die Aufgabe des Testamentsvollstreckers beschränkt sich auf die Erteilung entsprechender Zustimmungen.

Der Erblasser kann die **Verfügungsbefugnis** des Testamentsvollstreckers dadurch **begrenzen**, dass er Verfügungen über Grundbesitz von der **Zustimmung** der Erben, der Mehrheit der Erben oder auch **eines Dritten** abhängig macht. So kann die von Gesetzes wegen schwach ausgestaltete Kontrolle der Tätigkeit des Testamentsvollstreckers in Teilbereichen erreicht werden. Der Erblasser kann rechtsgeschäftliche Beschränkungen i. S. d. § 2208 BGB **mit dinglicher Wirkung** anordnen. Da umstritten ist, ob gewillkürte Beschränkungen i. S. d. § 2208 BGB durch den Erblasser regelmäßig dingliche

---

98 OLG Hamburg DNotZ 1983, 381.
99 S. hierzu Bengel/Reimann/*Klumpp*, Kapitel 6 Rn. 21 ff.

Wirkung haben,[100] ist es ratsam die Auswirkungen einer entsprechenden Beschränkung auf die Verfügungsbefugnis des Testamentsvollstreckers ausdrücklich zu klären.

124 ▶ **Muster: Inhaltliche Beschränkung der Befugnisse des Testamentsvollstreckers bezüglich Grundstücksrechten**

Über Grundstücke und Rechte an Grundstücken soll der Testamentsvollstrecker nur verfügen, wenn die Mehrheit der Erben der beabsichtigten Verfügung zugestimmt hat. Die Mehrheit ist auf der Grundlage der Erbquoten zu ermitteln. Das Zustimmungserfordernis soll keine dingliche Wirkung haben.

125 Der Erblasser kann auch eine **zeitliche Beschränkung** der Testamentsvollstreckung anordnen, die enger ist als die gesetzliche Regelung in § 2210 BGB. Dabei kann er eine starre Frist, ein bestimmtes Datum, das Erreichen eines bestimmten Alters eines Erben oder des Testamentsvollstreckers, oder den Eintritt eines bestimmten Ereignisses als zeitliche Schranke bestimmen.

126 ▶ **Muster: Zeitliche Beschränkung der Testamentsvollstreckung**

Die Testamentsvollstreckung endet mit Vollendung des 75. Lebensjahres des Testamentsvollstreckers oder mit dessen Tod. Sie endet ferner, sobald der Erbe eine Berufsausbildung abgeschlossen hat und über ein Jahr eine feste Anstellung hatte oder einer selbständigen Tätigkeit nachgegangen ist, die seinen Unterhalt für ein Jahr gesichert hat.

127 Über die **Beschränkungen**, denen der Testamentsvollstrecker im Rahmen seiner Zuständigkeit unterworfen ist, kann er sich im Einvernehmen mit den Erben **hinwegsetzen**, arg. § 137 Abs. 1 BGB. Verstöße gegen das Schenkungsverbot bedürfen neben der Genehmigung durch sämtliche Erben (auch Vor- und Nacherben) darüber hinaus auch der Genehmigung aller Vermächtnisnehmer und Auflagenbegünstigten.[101] Der Erblasser kann eine unentgeltliche Verfügung mit Zustimmung der vorstehend genannten Beteiligten nicht wirksam im Rahmen seiner Testamentsvollstreckungsanordnung untersagen. Einer Ausweitung der Aufgaben des Testamentsvollstreckers können die Erben nicht zustimmen.

128 Von den gesetzlichen Beschränkungen der Aufgaben und Befugnisse des Testamentsvollstreckers sind die **Verwaltungsanordnungen des Erblassers** zu unterscheiden. Der Unterschied zwischen Verwaltungsanordnungen einerseits und Beschränkung der Befugnisse andererseits besteht darin, dass erstere nur schuldrechtlich wirken, letztere demgegenüber die Verfügungsbefugnis des Testamentsvollstreckers einschränken.[102] Die Verwaltungsanordnung ist damit insoweit vorteilhaft, als sie die Sicherheit des Rechtsverkehrs nicht beeinträchtigt. Durch Verwaltungsanordnungen können dem Testamentsvollstrecker konkrete Vorgaben für die Erfüllung seiner Aufgaben durch den Erblasser gemacht werden, § 2216 Abs. 2 S. 1 BGB. Auf diesem Wege kann der Erblasser Einfluss auf die Durchführung der Nachlassverwaltung nehmen. Der Handlungsspielraum des Testamentsvollstreckers wir durch entsprechende Anordnungen eingeschränkt.

129 Die Anordnungen können gem. § 2216 Abs. 2 S. 2 BGB auf Antrag des Testamentsvollstreckers oder eines anderen Beteiligten durch das Nachlassgericht aufgehoben werden, wenn ihre Beachtung den Nachlass erheblich gefährden würde. Grundsätzlich kann das Nachlassgericht aber keine erbrechtlichen Anordnungen des Erblassers aufheben. Soweit eine Verwaltungsanordnung zugleich eine Teilungsanordnung umfasst, kann diese unter den genannte Voraussetzungen aufgehoben werden, auch wenn dadurch die Ausführung der Teilungsanordnung unmöglich wird.[103]

---

100 Für eine entsprechende Vermutung BGH NJW 1984, 2464; a. A. *Damrau*, JR 1985, 106. Einschränkend zur Befugnis des Erblassers, eine Beschränkung des Testamentsvollstreckers durch Zustimmungserfordernisse Dritter, die nicht Erben sind, mit dinglicher Wirkung anzuordnen, *Nieder/Kössinger*, § 15 Rn. 76, s. aber auch Rn. 18, 41 und 62.
101 BGH FamRZ 1991, 188 f.
102 AnwKomm-BGB/*J. Mayer*, § 2216 Rn. 21.
103 Staudinger/*Reimann*, § 2216 Rn. 29; Krug/Rudolf/Kroiß, Erbrecht § 13 Rn. 254 ff.

Einflussnahme des Erblassers über seinen Tod hinaus Kapitel 9

▶ **Muster: Verwaltungsanordnung** 130

Der Testamentsvollstrecker soll bei der Anlage des der Vollstreckung unterliegenden Geldvermögens die Sicherheit der Geldanlage vor der Rendite geben. Die Anlage in Form von einzelnen Aktienwerten soll nur im Ausnahmefall erfolgen; bereits vorhandene Aktien dürfen aber gehalten werden. Soweit Vermögen in Aktienwerte angelegt werden soll, soll als Anlageform ein Aktienindexfonds gewählt werden.

Das in den Nachlass fallende Einfamilienhaus soll verkauft werden. Vorrangig soll der Verkauf an einen Erben erfolgen. Sollte ein Erbe nach meinem Tod den vorgenannten Grundbesitz übernehmen wollen, so ist der Testamentsvollstrecker berechtigt, ihm diesen gegen Zahlung von 90 % des Verkehrswertes (Übernahmepreis) an die Erbengemeinschaft zu übereignen. Der Verkehrswert ist im Streitfall von einem vereidigten Sachverständigen zu ermitteln, der von der IHK Köln benannt werden soll. Der Vermögensvorteil, der einem Erben durch diese Anordnung eventuell zukommt, wird ihm als Vorausvermächtnis zugewendet.

Sollten mehrere Erben an der Übernahme interessiert sein, sollen sich die Erben untereinander durch Mehrheitsentscheid einigen, wer das Haus erhalten soll. Können sich die Erben nicht einigen, entscheidet der Testamentsvollstrecker. Im Zweifel soll er den Grundbesitz an denjenigen Erben verkaufen, der das höhere Aufgeld zum Übernahmepreis zu zahlen bereit ist. Das Recht zur Übernahme des Grundbesitzes ist innerhalb eines Jahres nach dem Erbfall geltend zu machen.

Der Erblasser kann die Befugnisse des Testamentsvollstreckers schließlich dadurch beschränken, 131 dass er ein **Auseinandersetzungsverbot** anordnet. An dieses ist der Testamentsvollstrecker gebunden. Im Einverständnis mit den Erben kann ein entsprechendes Verbot aber überwunden werden. Bei der ergänzenden Anordnung eines Auseinandersetzungsverbotes ist auf die Wechselwirkung beider Regelungsbereiche zu achten. Werden dem Testamentsvollstrecker Befugnisse – hier insbesondere bei der Auseinandersetzung – genommen, stehen diese Befugnisse möglicherweise den Erben zu.[104] Eine entsprechende Beschränkung der Befugnisse des Testamentsvollstreckers kann dann zu unbeabsichtigten Freiheiten der Erben führen.

Der Testamentsvollstrecker unterliegt nicht der Kontrolle durch das Nachlassgericht. Der Erblasser 132 kann ihn einer solchen Kontrolle auch nicht durch ausdrückliche Anordnung unterwerfen.[105] Der Erblasser kann aber durch die Bestellung mehrerer Testamentsvollstrecker, die ihre Tätigkeit in der Regel gemeinschaftlich ausüben, § 2224 Abs. 1 S. 1 1. Hs. BGB, eine gegenseitige Kontrolle ansteuern.

Der **Übertragung eines Erbanteils** oder des Erbe als Ganzes steht die Anordnung der Testamentsvoll- 133 streckung nicht entgegen. Bei einer entgeltlichen Übertragung steht der Erlös dem Veräußerer zu und unterliegt nicht den Beschränkungen der Testamentsvollstreckung.[106]

6. Haftungserleichterung für den Testamentsvollstrecker

Der Testamentsvollstrecker haftet den Erben bei ordnungswidriger Verwaltung des Nachlasses.[107] 134 Diese kann auch zu seiner Entlassung aus dem Amt durch das Nachlassgericht führen, § 2227 BGB. Der Erblasser kann den Testamentsvollstrecker vor diesen Folgen nicht schützen. Von der Haftung auf Schadensersatz für einen vom Testamentsvollstrecker verschuldeten Schaden (§ 2219 BGB) kann der Erblasser dem Testamentsvollstrecker keine Befreiung erteilen; auch kann er den Haftungsmaßstab des Testamentsvollstreckers nicht mildern, § 2220 BGB.

Dies gelingt auch nicht auf dem Umweg einer Befreiung von dem Gebot der ordnungsgemäßen Ver- 135 waltung des Nachlasses gem. § 2216 Abs. 1 BGB, und damit dem Merkmal des Verschuldens i. S. d.

---

104 Bengel/Reimann, 2 Rn. 65 unter Hinweis auf § 2211 Abs. 1 BGB.
105 Staudinger/*Reimann*, § 2208 Rn. 16.
106 MünchKommBGB/*Zimmermann*, § 2211 Rn. 6.
107 Näheres hierzu bei/Bonefeld/Mayer, Rn. 436 ff.

§ 2219 BGB. Eine Befreiung des Testamentsvollstreckers von diesem Gebot lässt das Gesetz ebenfalls nicht zu, § 2220 BGB. Wohl kann der Erblasser den Testamentsvollstrecker durch Verwaltungsanordnung beauftragen und berechtigen, beispielsweise bei der Kapitalanlage Risiken einzugehen, die dieser ohne eine entsprechende Anordnung im Rahmen ordnungsgemäßer Verwaltung nicht eingehen dürfte.[108]

136 Die Geltendmachung von Schadensersatzansprüchen kann der Erblasser aber zu unterbinden versuchen, indem er den Erben zu Auflage macht, den Testamentsvollstrecker nicht auf Schadensersatz in Anspruch zu nehmen. Der Erblasser kann auch erwägen, die Geltendmachung von Schadensersatzansprüchen gegen den Testamentsvollstrecker durch aufschiebend bedingte Vermächtnisse zu sanktionieren.

137 ▶ **Muster: Schutz des Testamentsvollstreckers vor Schadensersatzansprüchen**

Für den Fall, dass ein Erbe einen Schadensersatzanspruch gem. § 2219 BGB gegen den Testamentsvollstrecker geltend macht, setze ich zugunsten des Testamentsvollstreckers ein Vermächtnis aus. Das Vermächtnis entspricht der Höhe nach dem geltend gemachten Schadensersatz. Mit dem Vermächtnis ist derjenige Erbe beschwert, der den Schadensersatzanspruch geltend macht.

Sollte ein Dritter, insbesondere ein Vermächtnisnehmer einen Schadensersatzanspruch gem. § 2219 BGB gegen den Testamentsvollstrecker geltend machen, der zugleich Erbe ist, gilt das vorstehend gesagte entsprechend.

Sollte ein Dritter, insbesondere ein Vermächtnisnehmer, der nicht zugleich Erbe ist, eine Schadensersatzanspruch gem. § 2219 BGB gegen den Testamentsvollstrecker geltend machen, erhält der Testamentsvollstrecker ein Geldvermächtnis in Höhe des geltend gemachten Schadensersatzes nur, wenn ihm keine grobe Fahrlässigkeit oder Vorsatz zur Last fällt. In diesem Fall ist der Vermächtnisnehmer, ersatzweise alle Erben mit dem Vermächtnis beschwert.

138 Der Testamentsvollstrecker ist seinerseits gut beraten, haftungsträchtige Entscheidungen nur nach Rücksprache mit den Erben und nach Möglichkeit mit deren vorheriger Zustimmung vorzunehmen. Erforderlichenfalls kann er auch eine Haftungsfreistellung von den zustimmenden Erben gegenüber Dritten anstreben.

139 Der Erblasser kann das Haftungsrisiko des Testamentsvollstreckers gerade bei umfangreichen Vollstreckertätigkeiten dadurch begrenzen, dass er dem Testamentsvollstrecker gestattet, einzelne Aufgaben Dritten zu übertragen.[109] Den Testamentsvollstrecker trifft in diesem Fall nur die Haftung für ein Auswahl- und Aufsichtsverschulden; überträgt er Aufgaben Dritten, ohne hierzu vom Erblasser ermächtigt zu sein, haftet er dagegen weitergehend auf vollen Schadensersatz.[110]

7. Durchführung der Testamentsvollstreckung

a) Rechtsstellung des Testamentsvollstreckers

140 Der Testamentsvollstrecker ist Träger eines (privaten) Amtes; er ist weder Vertreter des Erblassers noch der Erben bzw. Erbengemeinschaft oder des Nachlasses.[111] Soweit seine Verwaltung reicht, ist er grundsätzlich verpflichtungs-, verfügungs-, erwerbs- und prozessführungsberechtigt, §§ 2205 f. BGB. Er ist berechtigt, im eignen Namen den Erben zu verpflichten, über Nachlassgegenstände zu verfügen, für den Nachlass Gegenstände zu erwerben und als Partei kraft Amtes Prozesse für den Erben zu führen.[112] Die Verpflichtung durch den Testamentsvollstrecker beschränkt sich auf das Nachlassvermögen, sie erstreckt sich nicht auf das Eigenvermögen des Erben. Hat der Testamentsvollstrecker gehandelt, bevor er sein Amt durch Erklärung gegenüber dem Nachlassgericht angenommen hat,

---

108 *Nieder/Kössinger*, § 15 Rn. 82.
109 MünchKommBGB/*Zimmermann*, § 2218 Rn. 5 m. w. N. Formulierungsbeispiel s. o. Rdn. 117.
110 Bengel/Reimann/*Klumpp*, Kapitel 6 Rn. 12 f.
111 BGHZ NJW 1954, 1036.
112 Zum Ablauf der Testamentsvollstreckung im Einzelnen s. Krug/Rudolf/Kroiß, Erbrecht § 13 Rn. 65 ff.

kann er seine bisherigen Handlungen nach Amtsannahme genehmigen und so wirksam machen, §§ 177, 180 BGB.[113]

Der Testamentsvollstrecker sollte wie jeder Vertreter offenlegen, wenn er für den Nachlass handelt, damit deutlich wird, dass er nicht im eigenen Namen handelt.

Der Testamentsvollstrecker ist zu **unentgeltlichen Verfügungen** nur berechtigt, wenn sie einer sittlichen Pflicht oder dem Anstand entsprechen, § 2205 S. 3 BGB (**Schenkungsverbot**). Eine unberechtigte unentgeltliche Verfügung des Testamentsvollstreckers ist schwebend unwirksam; sie kann durch Genehmigung durch die Erben geheilt werden, § 182 Abs. 1 BGB.[114] Bei einem Verkauf an einen Dritten kann das Verbot der unentgeltlichen Verfügung zu unerwünschten Unsicherheiten führen.[115] Denn bereits eine teilunentgeltliche Verfügung führt zu einer unwirksamen Verfügung.[116] Diese kann dadurch vermieden werden, dass die Erben der Veräußerung vorsorglich zustimmen. Ist eine entsprechende Zustimmung nicht zu erzielen, bleibt die Ungewissheit, ob die Verfügung des Testamentsvollstreckers wirksam ist. Das kann zur Haftung des Testamentsvollstreckers führen. Hat der Erblasser angeordnet, dass der in den Nachlass fallende Grundbesitz durch den Testamentsvollstrecker verkauft werden soll, kann das aus einer (teil-)unentgeltlichen Verfügung resultierende Haftungsrisiko, insbesondere das des Testamentsvollstreckers, dadurch vermindert werden, dass ein Vermögensvorteil, der einem kaufenden Erben dadurch entsteht, dass er Grundbesitz aus dem Nachlass zu einem Preis unter dem Verkehrswert kauft, dem kaufenden Erben als Vorausvermächtnis zugewandt wird und der Testamentsvollstrecker ermächtigt wird, den Begünstigten des Vorausvermächtnisses zu bestimmen.

▶ **Muster: Lockerung des Schenkungsverbots**

Der Testamentsvollstrecker soll den in den Nachlass fallenden Grundbesitz verkaufen. Verkauft er den Grundbesitz an einen Erben und erwirbt dieser den Grundbesitz zu einem Preis unter dem Verkehrswert, wird dem kaufenden Erben dieser Vorteil als Vorausvermächtnis zugewandt. Der Testamentsvollstrecker ist berechtigt, unter den kaufinteressierten Erben einen auszuwählen; er soll im Zweifel den Erben auswählen, der den höchsten Kaufpreis bietet.

b) Verhältnis Testamentsvollstrecker und Erben

Soweit die Verwaltungsbefugnis des Testamentsvollstreckers reicht, verdrängt sie die Verfügungsbefugnis des Erben, §§ 2205, 2211, 2212 BGB. Im Übrigen bleibt der Erbe verfügungsberechtigt; §§ 2208, 2217 BGB. Die Möglichkeit des Erben schuldrechtliche Verpflichtungen bezüglich einzelner Nachlassgegenstände einzugehen, bleibt von der Anordnung der Testamentsvollstreckung unberührt. Ebenso kann ein Erbe unabhängig hiervon über seinen Erbteil gem. § 2033 BGB verfügen.

Die Verfügungsbeschränkung der Erben beginnt mit dem Erbfall und nicht erst in dem Zeitpunkt, in dem der Testamentsvollstrecker sein Amt annimmt. Dieser ist seinerseits erst verfügungsberechtigt mit Amtsannahme. In der Zwischenzeit kann die ansonsten fehlende Verfügungsberechtigung hinsichtlich des Nachlasses durch eine Vollmacht erreicht werden.[117]

Verfügungen des Erben im Verantwortungsbereich des Testamentsvollstreckers sind unwirksam. Der **gute Glaube** eines Dritten wird aber bei Geschäften mit dem Erben entsprechend den allgemeinen Vorschriften zum gutgläubigen Erwerb geschützt, § 2211 Abs. 2 BGB i. V. m. §§ 932 ff., 892 f.,

---

113 Palandt/*Weidlich*, § 2202 Rn. 1.
114 Palandt/*Weidlich*, § 2205 Rn. 30.
115 Zur Löschung des Testamentsvollstreckervermerks im Grundbuch in derartigen Fällen s. *Nieder/Kössinger*, § 15 Rn. 108 f. Der Nachweis der Entgeltlichkeit bedarf nicht der Form des § 29 GBO, OLG München, Beschl. v. 18.2.2010 – 34 Wx 9/10, RNotZ 2010, 397, 398.
116 Die teilunentgeltliche Verfügung steht einer unentgeltlichen gleich, AnwKomm-BGB/*J. Mayer*, § 2205 Rn. 14.
117 S. u. 11 Rdn. 193 ff.

Kapitel 9 Einflussnahme des Erblassers über seinen Tod hinaus

1032, 1207, 1244, 2364 ff. BGB.[118] So kann der Dritte vom Erben wirksam erwerben, wenn er das Bestehen der Testamentsvollstreckung nicht kannte oder er gutgläubig annahm, dass der Gegenstand der Testamentsvollstreckung nicht unterlag. Entsprechendes gilt, wenn der Dritte gutgläubig annahm, dass der Gegenstand nicht zum Nachlass gehört. Bei Grundstücksrechten ist der gutgläubige Erwerb im Wesentlichen ausgeschlossen durch die Eintragung der Testamentsvollstreckung im Grundbuch gem. § 52 GBO, sowie der Aufnahme eines Testamentsvollstreckervermerks im Erbschein, §§ 2364, 2366 BGB.

147 Ein gutgläubiger Erwerb vom Testamentsvollstrecker bezüglich solcher Gegenstände, die nicht der Testamentsvollstreckung unterliegen, kommt nur in Betracht, wenn der Dritte den Testamentsvollstrecker für den Eigentümer hält oder Beschränkungen des Testamentsvollstreckers im Testamentsvollstreckerzeugnis nicht angegeben sind.[119] Der gutgläubige Erwerb eines Dritten vom Testamentsvollstrecker kann für diesen zu Schadensersatzpflichten führen.

148 Das Gesetz statuiert zahlreiche **zwingende Pflichten** (§ 2220 BGB) des Testamentsvollstreckers gegenüber dem Erben. So ist der Testamentsvollstrecker verpflichtet, eine Nachlassverzeichnis zu erstellen, § 2215 BGB. Er ist eine ordnungsgemäße Verwaltung schuldig, § 2216 BGB. Ferner schuldet er dem Erben Auskunft und Rechnungslegung, § 2218 BGB. Verletzt der Testamentsvollstrecker diese Pflichten schuldhaft, ist er wiederum zwingend zum Schadensersatz verpflichtet, §§ 2219, 2220 BGB.[120]

149 Der Testamentsvollstrecker hat Nachlassgegenstände an die Erben herauszugeben, die er für die Erfüllung seiner Aufgaben nicht mehr braucht, § 2217 Abs. 1 S. 1 BGB. Der Erblasser kann den Testamentsvollstrecker von dieser Pflicht befreien, § 2220 BGB. Mit der Herausgabe erlischt das Verwaltungsrecht des Testamentsvollstreckers hinsichtlich dieser Nachlassgegenstände, § 2217 Abs. 1 S. 2 BGB. Der Erblasser kann den Testamentsvollstrecker auch berechtigen, nach seinem Ermessen einzelne Nachlassgegenstände, die er für die Erfüllung seiner Aufgaben, insbesondere den Schutz des betroffenen Erben, nicht oder nicht mehr benötigt, über den von § 2217 Abs. 1 S. 1 BGB gesteckten Rahmen hinaus freizugeben und den Testamentsvollstrecker so entlasten. Durch eine entsprechende Anordnung kann der Erblasser den Testamentsvollstrecker vor Schadensersatzansprüchen schützen, die entstehen könnten, wenn dieser jenseits seiner Verpflichtung gem. § 2217 Abs. 1 BGB Nachlassgegenstände ohne Zustimmung der Erben herausgibt.

150 Nutzungen aus Nachlassgegenständen sind gem. § 2216 BGB herauszugeben.[121]

151 Der Erbe kann die **Entlassung** des Testamentsvollstreckers aus wichtigem Grund jederzeit beantragen, § 2227 BGB. Ein wichtiger Grund sind insbesondere grobe Pflichtverletzungen oder die Unfähigkeit zur ordnungsgemäßen Geschäftsführung.[122] Strafvermächtnisse oder andere Anordnungen, durch die der Erblasser versucht, den Erben davon abzubringen, einen Antrag auf Entlassung eines amtierenden Testamentsvollstreckers zu stellen, sind unwirksam.[123] Hat der Erblasser Sorge, dass der Erbe durch die Antragstellung auf Entlassung des Testamentsvollstreckers den Wegfall der Testamentsvollstreckung als solcher anstreben könnte, kann er Vorsorge treffen, indem er einen Ersatztestamentsvollstrecker beruft oder anordnet, dass das Nachlassgericht für den Fall, dass der Testamentsvollstrecker entlassen wird, einen Ersatztestamentsvollstrecker ernennt.

152 ▶ **Muster: Sicherung der Berufung eines Ersatztestamentsvollstreckers**
Für den Fall, dass der Testamentsvollstrecker vor oder nach Antritt seines Amtes wegfällt, soll durch das Nachlassgericht ein anderer zum Testamentsvollstrecker ernannt werden.

---

118 AnwKomm-BGB/*J. Mayer*, § 2211 Rn. 11.
119 AnwKomm-BGB/*J. Mayer*, § 2211 Rn. 13.
120 Zur Möglichkeit der Begrenzung der Schadensersatzpflicht s. o. Rdn. 134 ff.
121 BGH NJW-RR 1986, 1069.
122 Näher hierzu AnwKomm-BGB/*J. Mayer*, § 2227 Rn. 6 ff.
123 RGZ 177, 128, 135.

c) Verhältnis Testamentsvollstrecker und Nachlassgericht

Der Testamentsvollstrecker unterliegt nicht der Aufsicht des Nachlassgerichts, erst recht ist er diesem gegenüber nicht weisungsgebunden.[124]

Im Rahmen einer angeordneten Testamentsvollstreckung ist das Nachlassgericht aber in folgenden Fällen zuständig:[125]
- Ernennung des Testamentsvollstreckers, soweit der Erblasser das Gericht hierum durch Verfügung von Todes wegen ersucht hat, § 2200 BGB.
- Annahme des Amtes durch den Testamentsvollstrecker, § 2202 Abs. 2 S. 1 BGB.
- Entgegennahme der Erklärung des Testamentsvollstreckers über seinen Nachfolger, § 2198 Abs. 1 BGB.
- Fristsetzung gegenüber bestimmungsberechtigten Dritten für Benennung des Testamentsvollstreckers, § 2198 Abs. 2 BGB.
- Außerkraftsetzung von Verwaltungsanordnungen des Erblassers gegenüber dem Testamentsvollstrecker, § 2216 Abs. 2 S. 2 BGB.
- Entscheidung bei Meinungsverschiedenheiten mehrerer Testamentsvollstrecker, wenn der Erblasser insoweit keine anderweitige Regelung getroffen hat, § 2224 Abs. 1 BGB.
- Entgegennahme der Kündigung des Testamentsvollstreckers, § 2226 BGB.
- Entlassung des Testamentsvollstreckers aus dem Amt aus wichtigem Grund, § 2227 BGB.
- Erteilung und Einziehung des Testamentsvollstreckerzeugnisses, §§ 2368, 2361 BGB.

Ein erteiltes Testamentsvollstreckerzeugnis wird mit der Beendigung des Amtes des Testamentsvollstreckers ohne weiteres kraftlos, § 2369 Abs. 3 2. Hs. BGB. Das Nachlassgericht hat das Testamentsvollstreckerzeugnis dann von Amts wegen aus Gründen der Verkehrssicherheit einzufordern.[126]

d) Testamentsvollstreckung und Grundbuch

Ist Testamentsvollstreckung angeordnet, so ist dies bei der Eintragung des Erben **von Amts wegen in das Grundbuch einzutragen**, es sei denn, dass das Nachlassgrundstück nicht der Verwaltung durch den Testamentsvollstrecker unterliegt, § 52 GBO. Anderseits ist die Testamentsvollstreckung in das Grundbuch einzutragen, wenn zwar nicht der Nachlass als solcher aber ein Grundstück als Vermächtnisgegenstand der Testamentsvollstreckung unterliegt.[127]

Die Eintragung eines Testamentsvollstreckervermerks in das Grundbuch ohne gleichzeitige Eintragung der Erben ist nicht zulässig.[128] Die Eintragung des Testamentsvollstreckervermerks ist andererseits aber auch keine Voraussetzung für die Möglichkeit des Testamentsvollstreckers über Grundbesitz zu verfügen, soweit er seine Verfügungsbefugnis gemäß § 35 Abs. 2 2. Hs., Abs. 1 S. 2 GBO nachweisen kann.

Der Erblasser kann nicht verfügen, dass die Eintragung des Testamentsvollstreckervermerks unterbleiben soll, soweit der von ihm hinterlassene Grundbesitz der Testamentsvollstreckung unterliegt. Stellt der Erblasser aber klar, dass der in den Nachlass fallende Grundbesitz oder einzelne Grundstücke nicht der Testamentsvollstreckung unterliegen sollen, ist insoweit auch eine Eintragung des Testamentsvollstreckervermerks nicht zulässig. Der Testamentsvollstrecker kann seinerseits nicht auf

---

124 Vgl. OLG Köln OLGZ 1987, 280.
125 Vgl. *Nieder/Kössinger*, § 15 Rn. 89.
126 BayObLG 53, 357.
127 BayObLGZ 1990, 82. Im Einzelfall kann die Frage, ob die Testamentsvollstreckung in das Grundbuch einzutragen ist, schwierig zu beantworten sein, s. DNotI-Report 2010, 13 zu der Frage, ob die Anordnung der Testamentsvollstreckung für eine Untererbengemeinschaft zur Eintragung eines Vermerks im Grundbuch eines Grundstücks führt, das zu einer Obererbengemeinschaft gehört, der die Untererbengemeinschaft angehört.
128 BayObLG DNotZ 1996, 99, 101.

die Eintragung des Testamentsvollstreckervermerks verzichten.[129] Er kann aber grundsätzlich einzelne Nachlassgegenstände unter den Voraussetzungen des § 2217 Abs. 1 BGB aus der Verwaltung freigeben; bei einem Grundstück, das der Verwaltung des Testamentsvollstreckers unterliegt, wird man aber nur in Ausnahmefällen annehmen können, dass der Testamentsvollstrecker das Grundstück zur Erfüllung seiner Aufgaben nicht benötigt.

159 Sind die Gesellschafter einer Gesellschaft bürgerlichen Rechts als Eigentümer eines Gesellschafts-Grundstücks im Grundbuch eingetragen und wird der Gesellschaftsanteil des Erblassers einem Miterben zugewandt, so ist der Wechsel des Gesellschafters aufgrund Erbfolge im Grundbuch einzutragen. Dazu bedarf es – soweit Testamentsvollstreckung angeordnet ist – der Bewilligung des Testamentsvollstreckers und des als Inhaber des Gesellschaftsanteils einzutragenden Erben, nicht aber der übrigen Erben. Die gesellschaftsvertragliche Zulässigkeit der Rechtsnachfolge wird durch die Bewilligung der übrigen Gesellschafter nachgewiesen.[130]

160 Ordnet der Erblasser Testamentsvollstreckung an und wird die Testamentsvollstreckung in das Grundbuch eingetragen, hat dies weitreichende **Folgen**: Der Erbe kann nicht mehr über das Grundstück verfügen, § 2211 Abs. 1 BGB, es sei denn, dass die Testamentsvollstreckung ganz oder bezüglich des Grundstücks beendet ist, oder die Verfügung mit Zustimmung des Testamentsvollstreckers erfolgt, § 185 BGB. Ein gutgläubiger Erwerb durch einen Dritten vom Erben ist ab Eintragung des Testamentsvollstreckervermerks nicht mehr möglich, § 2211 Abs. 2 i. V. m. § 892 Abs. 1 S. 2 BGB.

161 Der **Testamentsvollstreckervermerk ist zu löschen**, wenn das Grundbuch insoweit unrichtig geworden ist, § 22 Abs. 1 GBO. Dies ist insbesondere der Fall, wenn die Testamentsvollstreckung beendet ist, der Grundbesitz nicht mehr der Testamentsvollstreckung unterliegt, weil es wirksam veräußert wurde oder infolge Überlassung an den Erben gem. § 2217 BGB (Freigabe).

162 Soweit eine **Nacherbentestamentsvollstreckung** angeordnet wurde, gilt, dass mit dem Nacherbenvermerk auch die Beschränkungen des Nacherben bei der Wahrnehmung seiner Rechte durch die Anordnung der Testamentsvollstreckung im Grundbuch mit einzutragen ist, § 52 GBO. Einen etwaigen Verzicht auf die Eintragung des Nacherbenvermerks im Grundbuch ist vom Nacherbentestamentsvollstrecker zu erklären. Wird ein entsprechender Verzicht erklärt, wird weder die Nacherbfolge noch die Nacherbentestamentsvollstreckung im Grundbuch eingetragen.[131] Einen Verzicht wird der Testamentsvollstrecker zur Vermeidung von Schadensersatzansprüchen nur im Einvernehmen mit den Nacherben erklären.

163 Da der Testamentsvollstrecker nicht unentgeltlich über Nachlassgegenstände verfügen kann, ist dem Grundbuchamt u. U. die Entgeltlichkeit nachzuweisen. Der Nachweis kann bei Grundbesitz durch Vorlage eines Wertgutachtens erbracht werden.[132]

e) Testamentsvollstreckung und Handelsregister

164 Soweit die Testamentsvollstreckung reicht, obliegt die Vornahme von Anmeldungen zum Handelsregister dem Testamentsvollstrecker, wenn diese ohne die Anordnung der Testamentsvollstreckung durch die Erben vorzunehmen wären. Die Anmeldung ist kein höchstpersönlicher Rechtsakt und kann daher vom Testamentsvollstrecker an Stelle der Erben vorgenommen werden.[133] Ist lediglich eine Abwicklungsvollstreckung angeordnet, sollen jedoch die Erben und nicht der Testamentsvollstrecker zur Anmeldung befugt sein.[134] Obliegt eine Anmeldung nicht den Erben, sondern z. B.

---

129 OLG München JFG 20, 294.
130 KG, Beschl. v. 9.12.2008 – 1 W 41/07, RNotZ 2009, 251 f.
131 BayObLGZ 1989, 183, 186 f.
132 Näheres zum Nachweis der Entgeltlichkeit gegenüber dem Grundbuchamt bei *Keim*, ZEV 2007, 470.
133 BGH NJW 1989, 3152, 3153.
134 OLG München, Beschluss v. 7.7.2009 – 31 Wx 115/08, NJW-RR 2010, 15.

dem Geschäftsführer einer GmbH, bleibt der Geschäftsführer anmeldepflichtig; der Testamentsvollstrecker ist nicht zur Vornahme von Anmeldungen befugt.

Soweit wirksam die Dauertestamentsvollstreckung über den Geschäftsanteil einer Personengesellschaft angeordnet wurde, soll diese auch anmeldefähig und -pflichtig sein; zuständig für die Anmeldung ist der Testamentsvollstrecker.[135] Für den Fall der Dauertestamentsvollstreckung über einen Kommanditanteil hat der BGH dies bestätigt.[136] Die Anordnung einer lediglich beaufsichtigenden Testamentsvollstreckung ist demgegenüber nicht anmeldepflichtig, da sie zu keinen Verfügungsbeschränkungen der Erben führt. 165

Die Frage, ob die Anordnung der Testamentsvollstreckung in der **Liste der GmbH-Gesellschafter** zu vermerken ist, ist noch nicht abschließend geklärt. Im Hinblick auf die Bedeutung der Liste für den gutgläubigen Erwerb von GmbH-Anteilen, erscheint es sachgerecht eine angeordnete Testamentsvollstreckung in der Gesellschafterliste zu vermerken.[137] Für die Einreichung der entsprechenden Liste ist der Geschäftsführer zuständig. Die Rechtsprechung steht einem entsprechenden Vermerk in der Gesellschafterliste ablehnend gegenüber.[138] 166

f) Nachweis des Testamentsvollstreckeramtes und der Verfügungsbefugnis

Den **Nachweis der Verfügungsbefugnis** erbringt der Testamentsvollstrecker u. a. gegenüber dem Grundbuchamt durch Vorlage eines **Testamentsvollstreckerzeugnisses**,[139] das auf Antrag vom Nachlassgericht ausgestellt wird, § 2368 Abs. 1 S. 1 BGB.[140] Falls der Erblasser dem Testamentsvollstrecker nach § 2207 S. 1 BGB die Befugnis einräumt, Rechtsgeschäfte auch dann vorzunehmen, wenn sie im Rahmen einer ordnungsgemäßen Verwaltung nicht erforderlich sind, ist dies im Testamentsvollstreckerzeugnis zu vermerken. Ebenso sind gegenständliche, inhaltliche oder zeitliche Beschränkungen der Testamentsvollstreckung durch den Erblasser im Testamentsvollstreckerzeugnis zu vermerken, § 2368 Abs. 1 S. 2 BGB. 167

Die Befreiung von den Beschränkungen des § 181 BGB kann nicht in das Testamentsvollstreckerzeugnis aufgenommen werden.[141] 168

▶ **Muster: Antrag auf Erteilung eines Testamentsvollstreckerzeugnisses** 169

Am ... verstarb in ..., mit letztem Wohnsitz in ..., – nachfolgend auch »Erblasser« genannt – Herr ... Er war deutscher Staatsangehöriger.

Der Erblasser hat folgende Verfügung ... von Todes wegen hinterlassen: [...]

Die Eröffnung dieser letztwilligen Verfügung wird beantragt. ODER Die Eröffnung dieser letztwilligen Verfügung ist beim Amtsgericht ... unter dem Aktenzeichen ... erfolgt.

Der Erblasser hat mich zum Testamentsvollstrecker ernannt. Der Testamentsvollstrecker hat die Befugnis Verbindlichkeiten für den Nachlass einzugehen. (*Ggf. sind Beschränkungen der Testamentsvollstreckung anzuführen.*)

Ich nehme das Amt des Testamentsvollstreckers an.

---

135 Bengel/Reimann/*Mayer*, Kap. 5 Rn. 212 m. Formulierungsvorschlag für die entsprechende Handelsregisteranmeldung.
136 BGH DNotZ 2012, 788, Beschl. v. 14.2.1012 – II ZB 15/11.
137 *Reymann*, GmbHR 2009, 343; *Herrler*, BB 2008, 2272; a. A. *Wachter*, DB 2009, 159, 166; Scholz/*Schneider*, GmbHG Nachtrag MoMiG, § 40 Rn. 13; Baumbach/Hueck/*Zöllner/Noack*, GmbHG § 40 Rn. 15, ohne spezifische Angaben zum Fall der Testamentsvollstreckung.
138 OLG München MittBayNot 2012, 153 – Beschl. v. 15.11.2011 – 31 WX 274/11.
139 S. a. Krug/Rudolf/Kroiß, Erbrecht § 13 Rn. 37 ff.
140 Hierzu s. Kapitel 14 Rdn. 309 ff.
141 OLG Hamm DNotZ 2004, 808.

Ein Rechtsstreit über die Gültigkeit der letztwilligen Verfügung ist nicht anhängig. Weitere Verfügungen von Todes wegen des Erblassers sind nicht vorhanden.

Über die Bedeutung einer eidesstattlichen Versicherung und die möglichen strafrechtlichen Folgen der Abgabe einer falschen eidesstattlichen Versicherung belehrt, versichere ich an Eides statt, dass mir nichts bekannt ist, was der Richtigkeit meiner Angaben entgegensteht.

Ich beantrage die Erteilung eines Testamentsvollstreckerzeugnisses, das mich als Testamentsvollstrecker mit den vorstehend genannten Befugnissen ausweist. Ich bitte um Übersendung einer Ausfertigung des Testamentsvollstreckerzeugnisses an den Notar.

Den Wert des Nachlasses nach Abzug der Verbindlichkeiten gebe ich mit ca. . . . EUR an. Die mit der heutigen Urkunde und ihrer Durchführung verbundenen Kosten trägt der Nachlass; Kostenrechnungen werden erbeten zu meinen Händen.

170 Die **Gutglaubensvorschriften** des Erbscheins finden auf das Testamentsvollstreckerzeugnis entsprechende Anwendung, § 2368 Abs. 3 Hs. 1 BGB. Der gute Glaube eines Dritten auf die richtige Bezeichnung des Testamentsvollstreckers und seiner aus dem Zeugnis ersichtlichen Befugnisse wird geschützt.[142] Der gute Glaube erstreckt sich nicht auf die Zugehörigkeit eines Gegenstandes zum Nachlass. Mit der Beendigung des Amtes des Testamentsvollstreckers endet auch der gute Glaube des Testamentsvollstreckerzeugnisses, § 2368 Abs. 3 2. Hs. BGB.[143]

171 Der Testamentsvollstrecker kann den Nachweis auch durch Vorlage einer anderen öffentlichen Urkunde erbringen, insbesondere durch eine **notarielle Verfügung von Todes** wegen in Verbindung mit einem Eröffnungsprotokoll des Nachlassgerichts und dem Nachweis der Amtsannahme gegenüber dem Nachlassgericht, falls in der Urkunde der Testamentsvollstrecker als solcher namentlich genannt ist, § 35 Abs. 2 2. Hs., Abs. 1 S. 2 GBO.

8. Vergütung

172 Der Testamentsvollstrecker kann für die Führung seines Amtes eine **angemessene Vergütung** verlangen, sofern nicht der Erblasser ein anderes bestimmt hat, so § 2221 BGB.[144] Nähere Angaben zu der Frage, welche Vergütung angemessen ist, macht das Gesetz nicht. In der Praxis wird zur Konkretisierung der Angemessenheit auf die sog. »Rheinische Tabelle«[145] bzw. die sog. »Neue Rheinische Tabelle«[146] zurückgegriffen. Werden mehrere Testamentsvollstrecker benannt, haben diese unabhängig voneinander Vergütungsansprüche. Die Höhe der Vergütung richtet sich nach den allgemeinen Grundsätzen.[147]

173 **Aufwendungen** sind neben einer etwaigen Vergütung gem. §§ 2218, 670 BGB zu erstatten. Unter Aufwendungen fallen auch berufliche Dienstleistungen des Testamentsvollstreckers, die regelmäßig nur entgeltlich geleistet werden. Hierzu zählt beispielsweise die Tätigkeit als Steuerberater oder Rechtsanwalt. Die Kosten für Hilfspersonen, das der Testamentsvollstrecker für die Durchführung der Testamentsvollstreckung einsetzt, kann er nicht als Auslagen geltend machen, wenn er selbst in der Lage und fähig ist, die delegierte Tätigkeit auszuüben.[148]

174 Der Erblasser kann es dabei bewenden lassen, auf die angemessene Vergütung zu verweisen. Verfährt der Erblasser entsprechend, ist es im Hinblick auf etwaige Meinungsverschiedenheiten sinnvoll, dass der Erblasser einen Dritten bestimmt, der über die Frage der angemessenen Vergütung entscheidet.

---

142 *Nieder/Kössinger*, § 15 Rn. 91.
143 AnwKomm-BGB/*Kroiß*, § 2368 Rn. 21.
144 Zur Frage der Vergütung s. Bonefeld/Mayer, Rn. 462 ff., Krug/Rudolf/Kroiß Erbrecht § 13 Rn. 269 ff., und Beck'sches Formularbuch Erbrecht/*Eckelskemper*, S. 206.
145 Richtlinie des Rheinpreußischen Notarvereins von 1925 wiedergegeben bei Bonefeld/Mayer, Rn. 483.
146 Wiedergegeben in ZEV 2000, 181.
147 BGH NJW 1967, 2400.
148 OLG Köln NJW-Spezial 2012, 232 Urt. v. 11.1.2012 – 2 U 54/11.

Das Nachlassgericht kann mit dieser Aufgabe nicht betraut werden. Bei Streitigkeiten über die Höhe der Vergütung entscheidet nicht das Nachlassgericht, sondern das ordentliche Zivilgericht.[149]

▶ **Muster: Allgemeine Regelung der Testamentsvollstreckervergütung** 175

Der Testamentsvollstrecker kann für seine Tätigkeit eine angemessene Vergütung und die Erstattung seiner Auslagen verlangen. Die Höhe der Vergütung soll sich nach den Vorschlägen des Deutschen Notarvereins richten (sog. Neue Rheinische Tabelle).

Der Erblasser kann die Höhe der Testamentsvollstreckervergütung vorgeben. Dabei kann zwischen der Grundvergütung und einer Zusatzvergütung bei Dauervollstreckung unterschieden werden. Die Anordnung des Erblassers ist für den Testamentsvollstrecker verbindlich; er kann ggfs. nur die Übernahme der Testamentsvollstreckung ablehnen.[150] Eine besondere oder gar zusätzliche Vergütung für den Testamentsvollstrecker gemäß einer Gebührenordnung, die für seinen Berufsstand gilt, bzw. bei Rechtsanwälten, Notaren oder Steuerberatern, ist nicht geschuldet.[151] Wohl aber ist im Zweifel anzunehmen, dass die Vergütung sich ggfs. um die vom Testamentsvollstrecker zu zahlende Mehrwertsteuer erhöht. Ob dies vom Erblasser gewollt ist, sollte bei Benennung von Testamentsvollstreckern, die mehrwertsteuerpflichtig sind, ausdrücklich klargestellt werden. 176

Die Testamentsvollstreckervergütung richtet sich, vorbehaltlich anderer Vorgaben durch den Erblasser, nach dem Bruttowert des Nachlasses. Bei der Dauervollstreckung nur über einen Erbteil ist es für die Berechnung der Testamentsvollstreckervergütung vertretbar, den gesamten Bruttonachlass zugrunde zu legen, da sich der Testamentsvollstrecker in diesem Fall auch den übrigen Erben gegenüber haftbar machen kann.[152] Ist Aufgabe des Testamentsvollstreckers lediglich die Erfüllung eines Vermächtnisses oder die Vollstreckung bezüglich eines Teils des Nachlasses, ist Bemessungsgrundlage für die Vergütung lediglich der entsprechende Teilwert. 177

▶ **Muster: Konkrete Regelung der Testamentsvollstreckervergütung** 178

Der Testamentsvollstrecker kann für seine Tätigkeit eine Vergütung und die Erstattung seiner Auslagen verlangen. Die Höhe der Vergütung beträgt 3 % des Bruttonachlassvermögens im Zeitpunkt des Erbfalls für das erste und für jedes weitere angefangene Jahr der Testamentsvollstreckung 0,5 % des verwalteten Bruttonachlassvermögens am Beginn des jeweiligen Jahres. Soweit der Testamentsvollstrecker umsatzsteuerpflichtig ist, ist zusätzlich die Umsatzsteuer geschuldet. Die Höhe der Vergütung ist im Übrigen bei Meinungsverschiedenheiten auf Antrag eines Beteiligten durch den Präsidenten der Rheinischen Notarkammer gemäß § 317 BGB verbindlich festzusetzen.

Statt einer prozentualen Vergütung kann auch eine **Vergütung nach Zeitaufwand** mit bestimmtem Stundensatz oder eine Kombination aus prozentualer und Zeitvergütung angeordnet werden. 179

Die **Vergütung** des Testamentsvollstreckers ist grundsätzlich **einkommensteuerpflichtig**.[153] Ggfs. ist die Vergütung auch **umsatzsteuerpflichtig**.[154] Setzt der Erblasser eine Vergütung fest, die erheblich von der angemessenen Vergütung abweicht, kann die Vergütungsanordnung als Vermächtnis gedeutet werden;[155] die Zuwendung an den Testamentsvollstrecker unterliegt dann der **Erbschaftsteuer**. Dies kann für den Testamentsvollstrecker günstiger sein. Der Erblasser kann auch ausdrücklich anordnen, das dem Testamentsvollstrecker ein bestimmter Vermögenswert als **Vermächtnis** zugedacht 180

---

149 BGH WPM 1972, 101.
150 *Nieder/Kössinger*, § 15 Rn. 149.
151 MünchKommBGB/*Zimmermann*, § 2221 Rn. 9.
152 BGH ZEV 2005, 22.
153 BGH ZEV 2005, 357. S. a. Beck'sches Formularbuch Erbrecht/*Eckelskemper*, S. 212 f.; Bengel/Reimann/*Piltz*, Kapitel 8 Rn. 171 ff.
154 Beck'sches Formularbuch Erbrecht/*Eckelskemper*, S. 214 f.
155 *Nieder/Kössinger*, § 15 Rn. 149.

wird, um so die Besteuerung zu beeinflussen. Oft wird dadurch ein **günstigerer Steuersatz** erreicht und der Anfall von Umsatzsteuer vermieden werden können.[156] In diesem Fall sollte zugleich klargestellt werden, dass der Testamentsvollstrecker sich das Vermächtnis auf eine angemessene Vergütung anrechnen lassen muss, wenn diese gefordert wird.

181 Unabhängig von den vorstehenden Überlegungen kann es geboten sein, die Tätigkeit des Testamentsvollstreckers statt durch eine Vergütung durch ein Vermächtnis zu honorieren. Der Nachlass wird dadurch insofern geschont, als mit weniger Mitteln ein höherer Mittelzufluss beim Testamentsvollstrecker erreicht werden kann. So kann u. a. leichter ein Konsens zwischen Erben und Testamentsvollstrecker über die angemessene Vergütung erreicht werden. Da so gesehen nicht nur die Vermeidung von Einkommensteuer ein mögliches Ziel einer entsprechenden Regelung ist, ist in einer entsprechenden Regelung kein steuerlicher Umgehungstatbestand zu sehen.

182 ▶ **Muster: Vermächtnis als Testamentsvollstreckervergütung**

Ich vermache dem Testamentsvollstrecker 10 000,00 EUR. Dieses Vermächtnis ist auf eine Vergütung, die der Testamentsvollstrecker geltend macht anzurechnen.

183 Anstelle eines Geldvermächtnisses kann auch erwogen werden, dem Testamentsvollstrecker den **Hausrat** zu vermachen. Das hat aus der Sicht des Testamentsvollstrecker den Vorteil, dass ihm die in der Regel aufwändige und leidige Auseinandersetzung über diesen Teil des Nachlasses erspart wird. Eine entsprechende Anordnung wird man aber im Zweifel nur vorsehen, wenn der Testamentsvollstrecker einen besonderen Bezug zum Hausrat hat. Für einen Testamentsvollstrecker, der nicht auch Angehöriger ist, wird man an ein Vermächtnis des Hausrats nur denken, wenn keiner der Erben einen besonderen Bezug hierzu hat bzw. der Hausrat im Wesentlichen wertlos ist.

184 Die **Fälligkeit** der Testamentsvollstreckervergütung tritt grundsätzlich nach Rechnungslegung und Beendigung des Amtes ein. Der Erblasser kann insbesondere bei Dauertestamentsvollstreckung abweichende Regelungen treffen.

185 Die Vergütung kann nicht nur durch letztwillige Verfügung getroffen werden, sondern auch durch eine **lebzeitige Vergütungsvereinbarung** zwischen Erblasser und Testamentsvollstrecker.

9. Testamentsvollstreckung und IPR

186 Die Zulässigkeit der Testamentsvollstreckung, die Rechtsstellung des Testamentsvollstreckers und alle weiteren Fragen der Testamentsvollstreckung richten sich nach dem Erbstatut.[157] Bei der Errichtung einer Verfügung von Todes wegen auf die ausländisches Erbrecht Anwendung findet, kann daher nicht ohne weiteres auf die Testamentsvollstreckung nach deutschem Recht Bezug genommen werden, da dem ausländischen Recht möglicherweise ein Äquivalent für die deutsche Testamentsvollstreckung fehlt. Um in derartigen Fällen Problemen vorzubeugen, die aus der Anwendbarkeit ausländischen Erbrechts resultieren können, kann es sinnvoll sein, der Person, die als Testamentsvollstrecker vom Erblasser ins Auge gefasst wurde, alternativ oder ergänzend eine postmortale Vollmacht zu erteilen.

187 Bei der Errichtung einer Verfügung von Todes wegen auf die aus deutscher Sicht deutsches Erbrecht Anwendung findet, bleibt zu prüfen, ob kein Fall der **Nachlassspaltung** gegeben ist oder droht. Das Problem der Nachlassspaltung kann auch nach Inkrafttreten der EuErbVO noch auftreten. In diesem Fall ist es möglich, die Testamentsvollstreckung u. U. wie gem. § 2208 Abs. 1 BGB auf das Vermögen zu begrenzen, das deutschem Erbrecht unterliegt und für das sonstige Vermögen – wenn über-

---

156 Der BFH hat für den Fall, dass der Testamentsvollstrecker eine Vergütung erhält, die das angemessene Maß überschreitet, und der unangemessene Teil der Vergütung zivilrechtlich als Vermächtnis gewertet wird, erklärt, dass diese Qualifikation erbschaftsteuerrechtlich nicht verbindlich sei, Urt. v. 2.2.2005 – II R 18/03, NJW 2005, 1967.
157 Bengel/Reimann/*Haas*, Kapitel 9 Rn. 1 ff.

haupt – auf das Rechtsinstitut im ausländischen Recht abzustellen, das der Testamentsvollstreckung nach deutschem Recht am nächsten kommt. So kann einem ggfs. komplizierten Nebeneinander deutscher Testamentsvollstreckung und ausländischer Nachlassverwaltung vorgebeugt werden.

▶ **Muster: Beschränkung der Testamentsvollstreckung auf Nachlass, der deutschem Recht unterliegt** 188

Die Testamentsvollstreckung ist beschränkt auf Vermögen, das nach deutschem Erbrecht vererbt wird. Soweit Grundstücke Teil des Nachlasses sind, unterfallen diese nur der Testamentsvollstreckung, wenn sie in Deutschland belegen sind.

In Ergänzung einer nach ausländischem Recht unvermeidbaren oder nach deutschem Recht angeordneten Testamentsvollstreckung kann bei Vorhandensein von Auslandsvermögen im Einzelfall die Errichtung einer über den Tod hinaus wirksamen oder mit dem Tod des Erblassers wirksam werdenden **Vollmacht** hilfreich sein. Diese ermöglicht es dem Bevollmächtigten neben dem Testamentsvollstrecker für den Nachlass zu handeln und kann zur Vermeidung lästiger bürokratischer Verfahren beitragen. Bevollmächtigter kann auch der Testamentsvollstrecker sein. Die Vollmacht sollte den Anforderungen des Vollmachtstatuts entsprechen und in der Sprache des Landes verfasst sein, in der sie angewandt werden soll. 189

Den Erben kann aufgegeben werden, dem Testamentsvollstrecker eine entsprechende Vollmacht zu erteilen. 190

▶ **Muster: Auflage zur Erteilung einer Vollmacht für den Testamentsvollstrecker bei Auslandsvermögen**[158] 191

Sofern Nachlassgegenstände im Ausland belegen sind, haben die Erben dem Testamentsvollstrecker eine internationale Nachlassvollmacht nach dem Muster der Kommission für europäische Angelegenheiten (CAE) der internationalen Union des lateinischen Notariats (UINL) für die Dauer der Testamentsvollstreckung zu erteilen. Die Erben haben sich in diesem Fall einer eigenen Tätigkeit zu enthalten, soweit und solange der Bevollmächtigte von der Vollmacht Gebrauch macht (Auflage).

Zum Muster einer internationalen Nachlassvollmacht s. u. Rdn. 218. 192

10. Alternativen zur Testamentsvollstreckung: Vollmacht – Treuhand

a) Vollmacht anstelle oder neben Testamentsvollstreckung

Der Erblasser kann anstelle oder in Ergänzung der Testamentsvollstreckung der Person seines Vertrauens eine Vollmacht erteilen, die es dem Vollmachtnehmer erlaubt, ab dem Tod des Vollmachtgebers/Erblassers oder zu Lebzeiten des Erblassers und über dessen Tod hinaus Rechtsgeschäfte für den Nachlass vorzunehmen (**postmortale oder transmortale Vollmacht**). Die Vollmacht steht grundsätzlich isoliert neben der Testamentsvollstreckung.[159] Inhaltlich kann die Vollmacht als **Generalvollmacht** oder **Spezialvollmacht** ausgestaltet werden. Die Vertretungsmacht des Vollmachtnehmers ist in jedem Fall auf den Nachlass begrenzt.[160] Handelt der Vollmachtnehmer nach dem Erbfall aufgrund der Vollmacht des Erblassers, wirkt sein Handeln für und gegen die Erben; er vertritt die Erben.[161] Dem **Alleinerben** kann dementsprechend **keine Vollmacht** erteilt werden, die über den Tod des Erblassers hinaus wirkt, da er sich nicht selber vertreten kann. Die Vertretungsmacht bezieht sich aber nur auf den Nachlass nicht auch auf das sonstige Eigenvermögen des Erben.[162] Auch wenn der 193

---

158 S. v. Oertzen, ZEV 1995, 167, 171.
159 OLG München DNotZ 2012, 303 – Beschl. v. 15.11.2011 – 14 Wx 388/11; s. hierzu Anm. von *Weidlich* in MittBayNot 2013, 196. Näher hierzu *Bengel/Reimann*, Kapitel 1 Rn. 36 ff., *Bonefeld/Mayer*, Rn. 305 ff.
160 *Nieder/Kössinger*, § 15 Rn. 95.
161 BGHZ 87, 19.
162 RGZ 106, 185; BGH FamRZ 1983, 477.

Kapitel 9 — Einflussnahme des Erblassers über seinen Tod hinaus

Bevollmächtigte damit die Erben vertritt, bedarf er keiner Zustimmung der Erben.[163] Die Vollmacht erlaubt ein Handeln unmittelbar nach dem Erbfall; die Testamentsvollstreckung erlaubt ein Handeln erst nach Abgabe einer förmlichen Amtsannahmeerklärung gegenüber dem Nachlassgericht, darüber hinaus muss ggfs. ein Testamentsvollstreckerzeugnis vorgelegt werden.

194 Die Vollmacht führt, anders als eine Testamentsvollstreckung, nicht zu einer Beschränkung der **Erben**. Diese **bleiben verfügungsberechtigt** und können neben dem Vollmachtnehmer handeln, während sie neben einem Testamentsvollstrecker nicht handlungsberechtigt sind. Darüber hinaus können die Erben eine **Vollmacht widerrufen**, während sie eine Testamentsvollstreckung dulden müssen. Wird die Vollmacht einer anderen Person erteilt als dem Testamentsvollstrecker, ist dieser widerrufsberechtigt, soweit seine Verwaltungsbefugnis reicht.[164] Will der Erblasser die Vollmacht gegen einen Widerruf durch den Testamentsvollstrecker absichern, sollte er dies in der Vollmacht oder im Rahmen der Anordnung der Testamentsvollstreckung zum Ausdruck bringen. Zu beachten ist auch, dass es umstritten ist, ob der Nacherbe durch eine vom Erblasser erteilte Vollmacht vertreten werden kann.[165]

195 Auf der anderen Seite sind die Befugnisse des Vollmachtnehmers in der Regel weitergehend als die des Testamentsvollstreckers, der von Gesetzes wegen, wie vorstehend erwähnt, zahlreichen Beschränkungen unterworfen ist, die teilweise zwingend sind, vgl. § 2220 BGB. Der Bevollmächtigte unterliegt insbesondere keinem Schenkungsverbot. Schließlich ist die Testamentsvollstreckung zeitlich befristet, § 2210 BGB, während für die Vollmacht von Gesetzes wegen keine zeitliche Befristung gilt.

196 Das Nebeneinander von Vollmacht und Testamentsvollstreckung ist grundsätzlich zulässig,[166] kann aber im Einzelfall zu Problemen führen, wenn Testamentsvollstrecker und Vollmachtnehmer nicht die gleiche Person sind, da dann mitunter nicht klar ist, ob die Testamentsvollstreckung durch die fortgeltende Vollmacht beschränkt wird.[167] Werden Vollmacht und Testamentsvollstreckung in die Hände der gleichen Person gelegt – was grundsätzlich zulässig ist –,[168] kann dies sinnvoll sein: Der Vollmachtnehmer kann unentgeltliche Rechtsgeschäfte vornehmen, die der Testamentsvollstrecker nicht vornehmen darf; ferner kann der Vollmachtnehmer – soweit die Vollmacht dies gestattet – Rechtsgeschäfte mit sich selbst vornehmen, was dem Testamentsvollstrecker nur eingeschränkt gestattet werden kann.[169]

197 Ein Nebeneinander von Vollmacht – insbesondere zugunsten des Testamentsvollstreckers – und Testamentsvollstreckung ist auch insofern erwägenswert, als damit die Handlungsfähigkeit des Nachlasses bis zu dem Zeitpunkt sichergestellt werden kann, ab dem der Nachweis des Testamentsvollstreckers bezüglich seiner Handlungsbefugnis geführt werden kann. Dies kann besondere Bedeutung erlangen, wenn zum Nachlass ein Unternehmen oder Auslandsvermögen gehört. Ferner ist eine Vollmacht erwägenswert, um sicherzustellen, dass die Verfügungsberechtigung bezüglich des Nachlasses zwischen Erbfall und Amtsantritt des Testamentsvollstreckers gegeben ist.

198 Das Verhältnis einer Vollmacht neben einer angeordneten Testamentsvollstreckung ist umstritten.[170] Grundsätzlich ist davon auszugehen, dass Vollmacht und Testamentsvollstreckung unabhängig nebeneinander stehen. Ein Erblasser kann aber bestimmen, ob eine bereits früher erteilte Vollmacht neben einer angeordneten Testamentsvollstreckung Bestand haben soll. Sind Testamentsvollstrecker

---

163 BGH NJW 1969, 1245 und 1995, 215.
164 Staudinger/*Reimann*, § 2211 Rn. 11; a. A. Beck'sches Formularbuch Erbrecht/*Eckelskemper*, S. 205.
165 Dagegen Staudinger/*Avenarius*, § 2112 Rn. 34; Palandt/*Weidlich*, § 2112 Rn. 8; a. A. KG OLGE 18, 338, 340 f.
166 BGH WM 1962, 840, RGZ 106, 186.
167 Näher zum Nebeneinander von Testamentsvollstreckung und Vollmacht: Reimann/Bengel/*Reimann*, Rn. 36 ff. und *Nieder/Kössinger*, § 15 Rn. 98.
168 Reimann/Bengel/Mayer, Testament und Erbvertrag, A 115.
169 Gegenüberstellung von Testamentsvollstreckung und Vollmacht bei Bonefeld/Mayer, Rn. 312 und bei Beck'sches Formularbuch Erbrecht/*Eckelskemper*, C VII 1, S. 204.
170 S. hierzu *Nieder/Kössinger*, § 15 Rn. 98; s. auch *von Dickhuth-Harrach*, § 50 Rn. 8 ff.

und Bevollmächtigter nicht dieselbe Person, sollte zur Vermeidung von Kompetenzkonflikten gegebenenfalls klargestellt werden, ob der Testamentsvollstrecker oder der Bevollmächtigte vorrangig handlungsberechtigt sein soll, oder ob beide gleichberechtigt handlungsberechtigt sein sollen.

Der Vollmachtnehmer muss beim Handeln aufgrund Vollmacht keinen Erbnachweis vorlegen. Er bedarf bei Verfügungen über Nachlassgegenstände keiner Genehmigung des Vormundschaftsgerichts, auch wenn minderjährige Erben vertreten werden.[171] **199**

Die Vollmacht bedarf nicht der **Form** einer letztwilligen Verfügung.[172] Es ist aber dennoch ratsam sie notariell beurkunden zu lassen, damit im Verlustfall eine neue Ausfertigung erteilt werden kann. Darüber hinaus kann durch die notarielle Beurkundung Bedenken vorgebeugt werden, dass die Identität des Vollmachtgebers mit der des Unterzeichners nicht übereinstimmt oder dessen Geschäftsfähigkeit im Zeitpunkt der Vollmachterrichtung nicht gegeben war. Diese Aspekte werden in der Praxis oft unterschätzt; eine Heilung nach Tod des Vollmachtgebers ist aber nicht mehr möglich. **200**

Die Vollmacht kann grundsätzlich auch innerhalb einer Verfügung von Todes wegen erteilt werden.[173] Von einem solchen Vorgehen ist aber abzuraten, da der Zugang der Vollmacht beim Vollmachtnehmer Probleme aufwirft.[174] **201**

▶ **Muster: Generalvollmacht über den Tod hinaus** **202**

Hierdurch bevollmächtige ich Herrn A, mich in allen Angelegenheiten, soweit dies rechtlich zulässig ist, gerichtlich und außergerichtlich zu vertreten.

Die Vollmacht dient dazu, die Rechte von Herrn A als Testamentsvollstrecker meines Nachlasses zu stärken.

Jeder Bevollmächtigte ist berechtigt, für einzelne Arten von Geschäften oder für einzelne Geschäfte Untervollmacht zu erteilen.

Jeder Bevollmächtigte ist befugt, Rechtsgeschäfte mit sich im eigenen Namen und als Vertreter Dritter vorzunehmen (Befreiung von den Beschränkungen des § 181 BGB).[175]

Diese Vollmacht soll durch meinen Tod nicht erlöschen.

Im Einzelfall kann die Errichtung einer Generalvollmacht als zu weitgehend empfunden werden. Abhilfe kann dann eine Spezialvollmacht schaffen. **203**

▶ **Muster: Spezialvollmacht über den Tod hinaus** **204**

Hierdurch bevollmächtige ich Herrn A, mich hinsichtlich der Verwaltung meines Mietshauses in . . . in allen Angelegenheiten gerichtlich und außergerichtlich zu vertreten. Die Vollmacht erstreckt sich insbesondere auf die Betreuung der Mietverhältnisse; sie umfasst aber auch die Unterhaltung des Mietshauses.

Der Bevollmächtigte ist berechtigt, für einzelne Arten von Geschäften oder für einzelne Geschäfte Untervollmacht zu erteilen.

Der Bevollmächtigte ist befugt, Rechtsgeschäfte auch als Vertreter Dritter vorzunehmen (Befreiung vom Verbot der Mehrfachvertretung).

Diese Vollmacht soll durch meinen Tod nicht erlöschen.

---

171 RGZ 108, 186.
172 RGZ 114, 351.
173 OLG Köln NJW 1950, 702.
174 Näher hierzu Bengel/Reimann, Kapitel 1 Rn. 46.
175 Palandt/*Weidlich*, Einf. vor § 2197 Rn. 10 ff. zufolge kann dem Testamentsvollstrecker eine Befreiung vom Verbot des Insichgeschäfts nicht erteilt werden.

205 Mit der Erfüllung von Pflichtteilsansprüchen kann der Erblasser den Testamentsvollstrecker nicht betrauen, wohl aber kann er ihm eine entsprechende über den Tod hinaus geltende Vollmacht erteilen.[176]

206 ▶ **Muster: Vollmacht für die Erfüllung von Pflichtteilsansprüchen**

Hierdurch bevollmächtige ich Herrn A, die Pflichtteilsansprüche meines Sohnes B zu befriedigen. A ist im Rahmen seiner vorstehenden Aufgaben berechtigt, mich in allen Angelegenheiten gerichtlich und außergerichtlich zu vertreten. Er ist in diesem Zusammenhang insbesondere bevollmächtigt, Nachlassgegenstände zu verkaufen und den Erlös an den Pflichtteilsberechtigten in Anrechnung auf seinen Anspruch auszuzahlen.

Der Bevollmächtigte ist auch berechtigt, Prozessvollmachten zu erteilen.

Der Bevollmächtigte ist befugt, Rechtsgeschäfte auch als Vertreter Dritter vorzunehmen (Befreiung vom Verbot der Mehrfachvertretung).

Diese Vollmacht soll durch meinen Tod nicht erlöschen.

207 Soll die Vollmacht erst nach dem Tod des Erblassers zur Vertretung berechtigen, ist dies in der Vollmacht zum Ausdruck zu bringen.

208 ▶ **Muster: Zusatz bei postmortaler Vollmacht**

Die Vollmacht tritt mit meinem Tod in Kraft. Als Nachweis des Todes des Vollmachtgebers genügt die Vorlage einer Sterbeurkunde.

209 Eine transmortale oder postmortale Vollmacht kann grundsätzlich jederzeit widerrufen werden. Es ist aber auch eine – vorbehaltlich eines Widerrufs aus wichtigem Grund – befristet unwiderrufliche Vollmacht denkbar.[177] Diese kann erwägenswert sein, wenn dadurch die Erfüllung von Ansprüchen Dritter sichergestellt werden soll. Zum **Widerruf** ist nach dem Erbfall jeder Miterbe berechtigt; er kann den Widerruf einzeln und mit Wirkung für sich erklären.[178] Durch den Widerruf eines einzelnen Erben wird die Vertretungsmacht bezüglich der anderen Erben nicht berührt.[179] Auch Testamentsvollstrecker, Nachlassverwalter und Nachlasspfleger sind zum Widerruf berechtigt.[180] Die transmortale oder postmortale Vollmacht kann ausnahmsweise unwiderruflich erteilt werden, nämlich dann, wenn sie (auch) im Interesse des Vollmachtnehmers/Auftragnehmers – dann in der Regel als Spezialvollmacht – erteilt wird.[181] Bei Eigeninteressen des Vollmachtnehmers an der Durchführung eines bestimmten Geschäfts wird diesbezüglich unter Umständen sogar ein stillschweigender Verzicht auf die Widerruflichkeit angenommen.[182] In der Regel ist eine Vollmacht, insbesondere eine Generalvollmacht[183] aber widerruflich und eine Unwiderruflichkeitsabrede wirkungslos.[184]

210 Der Erblasser kann versuchen, den Widerruf einer postmortalen oder transmortalen Vollmacht zu verhindern, in dem er für den Fall eines Widerrufs Sanktionen gegen die Erben ausspricht. Er kann beispielsweise die Erbeinsetzung auflösend bedingt durch einen Widerruf des Erben anordnen oder den Erben mit durch den Widerruf aufschiebend bedingten Vermächtnissen beschweren. Von

---

176 *Nieder/Kössinger*, § 15 Rn. 45; *Klinghöffer*, ZEV 2000, 261 (262).
177 Bengel/Reimann, Kapitel 1 Rn. 54.
178 OLG Hamburg DNotZ 1967, 31.
179 Bengel/Reimann, Kapitel 1 Rn. 56.
180 *Nieder/Kössinger*, § 15 Rn. 96.
181 BayObLG MittBayNot 1989, 308, 309; *Nieder/Kössinger*, § 15 Rn. 96.
182 BayObLG MittBayNot 1989, 308, 309.
183 BGH 12, 104. Die Unwirksamkeit soll sich nur auf die Unwiderruflichkeitserklärung beziehen, nicht auf die Vollmacht als solche, Palandt/*Weidlich*, Einf. vor § 2197 Rn. 13.
184 BGH DNotZ 1972, 229. Der Unwiderruflichkeit einer Vollmacht soll nur durch Vertrag mit dem Vollmachtnehmer erreicht werden können; ein einseitiger Verzicht des Vollmachgebers soll unwirksam sein, RGZ 109, 333; *Nieder/Kössinger*, § 15 Rn. 96 mit weiteren Angaben zum Streitstand.

einer derartigen Beschwerung bzw. im Einzelfall Knebelung der Erben sollte man aber in der Regel absehen.

Eine Vollmacht neben der Testamentsvollstreckung kann dem jeweils amtierenden Testamentsvollstrecker erteilt werden. 211

Zu erwägen ist, den Erben die Auflage zu machen, die Ausübung der Vollmacht zu dulden. 212

▶ **Muster: Auflage im Zusammenhang mit einer Vollmacht für den Testamentsvollstrecker** 213

Den Erben wird zur Auflage gemacht, die dem Testamentsvollstrecker erteilte Vollmacht und die sich daraus ergebenden Rechtsfolgen zu dulden und die Vollmacht nicht zu widerrufen, solange die Testamentsvollstreckung durch den bevollmächtigten Testamentsvollstrecker andauert.

Ferner kann dem Erben zur Auflage gemacht werden, einem etwaigen Nachfolge- Testamentsvollstrecker eine Vollmacht zu erteilen. 214

▶ **Muster: Auflage, dem Nachfolge-Testamentsvollstrecker eine Vollmacht zu erteilen** 215

Den Erben wird zur Auflage gemacht, einem durch den von mir eingesetzten Testamentsvollstrecker benannten Nachfolger eine gleichlautende Vollmacht zu erteilen.

b) Vollmacht bei Nachlassvermögen im Ausland

Ist Teil des Nachlasses Auslandsvermögen kann die Erteilung einer Vollmacht über den Tod hinaus eine sinnvolle Maßnahme in Ergänzung einer Verfügung von Todes wegen und insbesondere der Anordnung der Testamentsvollstreckung sein. Anders als die Stellung als Testamentsvollstrecker mit den Befugnissen entsprechend des deutschen Erbrechts, ist die Stellung eines Vertreters in allen Rechtsordnungen grundsätzlich bekannt. Eine Vollmacht kann dementsprechend auf eine höhere Akzeptanz im Ausland hoffen. 216

Zu beachten bei der Errichtung einer Vollmacht ist das Vollmachtstatut; das ist das Recht des Landes, in dem von der Vollmacht Gebrauch gemacht werden soll.[185] In materiellrechtlicher Hinsicht ist zu berücksichtigen, dass nach zahlreichen Rechtsordnungen eine Vollmacht mit dem Tod des Vollmachtgebers erlischt,[186] insbesondere in den Ländern des Common-Law. Bei Errichtung einer Vollmacht sind daher die Besonderheiten des Wirkungsstatuts genau zu beachten.[187] Eine hilfreiche Vorlage für die Errichtung einer internationalen Nachlassvollmacht liefert die Kommission für europäische Angelegenheiten (CAE) der internationalen Union des lateinischen Notariats (UINL). 217

▶ **Muster einer internationalen Nachlassvollmacht:** 218

Der/Die Erschienene erklärte folgende

Nachlassvollmacht

zu notariellem Protokoll:

Am ... verstarb mein/e ..., geboren am ... in ...

---

[185] *Dorsel*, MittRhNotK 1997, 6, 9 m. w. N.
[186] Reimann/Bengel/J. Mayer, Testament und Erbvertrag, B 48a m. w. N.
[187] *Süß/Haas*, Erbrecht in Europa, § 6 Rn. 81.

Kapitel 9 Einflussnahme des Erblassers über seinen Tod hinaus

Hierdurch bevollmächtige ich für mich und meine Erben

Herrn/Frau [genaue Personalien des Bevollmächtigten],

mich in allen Angelegenheiten, die den Nachlass des/der verstorbenen Herrn/Frau ... betreffen, gerichtlich und außergerichtlich zu vertreten, zu diesem Zweck alle Rechtsgeschäfte und Rechtshandlungen ohne Ausnahme vorzunehmen.

Infolgedessen und zu diesem Zweck soll die Bevollmächtigte berechtigt sein:

Alle Sicherungsmaßnahmen ohne jede Einschränkung zu treffen:

Die Versiegelung jeder Art zu beantragen; die Endsiegelung mit oder ohne gleichzeitige Aufnahme eines Verzeichnisses der versiegelt gewesenen Gegenstände zu verlangen.

Die Errichtung von Nachlassverzeichnissen (Inventare) und die Öffnung von Schließfächern und versiegelten Briefen zu veranlassen.

Von allen Testamenten, Testamentsnachträgen und Schenkungen Kenntnis zu nehmen.

Von jedem Dritten Auskünfte über alle Bestandteile des Aktivvermögens und der Schulden zu erwirken.

Alle gerichtlichen Maßnahmen zur Sicherung des Nachlassvermögens zu beantragen.

Die Erbenstellung einzunehmen:

Die Erbschaft ohne Einschränkung oder unter der Rechtswohltat des Inventars anzunehmen oder sie auszuschlagen; der Erfüllung von Vermächtnissen jeder Art zuzustimmen oder zu widersprechen, sie auszuliefern oder entgegenzunehmen, (auch) ihre Herabsetzung (nach Belieben) zu verlangen.

Zu handeln und zu verwalten:

Verwaltungshandlungen jeder Art mit den weitestgehenden Befugnissen durchzuführen und insbesondere:

Den Inhalt von Schließfächern aller Art zu entnehmen, Effekten, Wertsachen und Geldsummen, sie mögen Erträgnisse oder Kapitalien darstellen, in Empfang zu nehmen und darüber zu quittieren; auf jede vorhandene Sicherheit gegen Bezahlung zu verzichten.

Konten bei Banken jeder Art zu eröffnen und bestehen zu lassen, Geldbeträge einzuzahlen, Schecks auszustellen, einzuziehen und zu indossieren. Effekten und Wertsachen in Verwahrung zu geben oder zu entnehmen.

Renten, Aktien, Obligationen und Effekten aller Art, die an den Börsen notiert (bewertet) werden, zu erwerben, zu zeichnen und zu verkaufen.

Schließfächer zu mieten und alle darauf bezüglichen Rechte auszuüben.

Vermögensteile zu vermieten oder zu verpachten; Grundstücke zu pachten, alles das unter Verpflichtungen und Bedingungen, die der Bevollmächtigte bestimmt.

An Versammlungen von Gesellschaften, Verbänden oder Berufsvereinigungen (Syndikaten) teilzunehmen, Ämter auszuüben, das Stimmrecht auszuüben und Protokolle zu unterzeichnen.

Den Vollmachtgeber bei Versicherungsgesellschaften zu vertreten und insbesondere Versicherungsscheine zu unterzeichnen und sie zu kündigen.

Den Vollmachtgeber bei allen Behörden, z. B. bei der Postverwaltung, allen Finanzämtern, der Stadtverwaltung, dem Grundbuchamt, dem Straßenverkehrsamt, dem Elektrizitätswerk zu vertreten.

Zu diesem Zweck Erklärungen aller Art zu unterzeichnen, Steuern und Abgaben zu bezahlen, Beschwerden (Einsprüche) und freiwillige oder streitige Gesuche vorzubringen.

Stundungen zu erwirken, Bürgschaften zu vereinbaren, Eintragungen aller Art in den Grundbüchern und Hypothekenregistern zu bewilligen.

In Fällen von Konkurs, Zwangsvergleich oder gerichtlicher Liquidation von Schulden an Gläubigerversammlungen teilzunehmen und den Vollmachtgeber zu vertreten.

Zu verfügen:

Grundstücke, insbesondere den Grundbesitz in ... [genaue Lage], Handelsgeschäfte, Schiffe, Aktien, Obligationen – auch soweit sie an der Börse nicht notiert sind – bewegliche Sachen und Rechte ohne Ausnahme, Forderungen, Erbschaftsrechte und überhaupt alle erdenklichen Rechtsgüter zu erwerben, zu verkaufen und auszutauschen zu Preisen und gegen Verpflichtungen und Bedingungen, die der Bevollmächtigte bestimmt.

Kaufgelder zu kassieren, darüber zu quittieren, auf Eintragungen zu verzichten, auch wenn sie von Amts wegen zu bewirken sind.

Hypotheken, Pfandrechte und überhaupt Sicherheiten aller Art auch ohne Bezahlung aufheben bzw. löschen zu lassen, Surrogationen (Ersatz bzw. Auswechslung von Sicherheiten) zuzustimmen.

Aufzuteilen:

Die Abwicklung und Teilung des Nachlasses oder ein der Teilung gleichwertiges Rechtsgeschäft in jeder Form gütlich oder gerichtlich durchführen; Anteile am Nachlass im Namen des Vollmachtgebers mit oder ohne Ausgleichssumme (Geldausgleich) zu empfangen, auf Eintragungen zu verzichten, auch wenn sie von Amts wegen zu bewirken sind.

Gerichtliche Schritte einzuleiten:

Den Vollmachtgeber sowohl als Kläger als auch als Beklagten vor Gericht zu vertreten, Verteidiger und gerichtliche Hilfspersonen zu bestellen, Prozesshandlungen oder Vollstreckungsmaßnahmen jeder Art zu bewirken oder zu beantragen.

Einen Schiedsvertrag oder einen Vergleich abzuschließen.

Verschiedene Verfügungen:

Zu obigen Zwecken Urkunden und Schriftstücke aller Art auszustellen und zu unterzeichnen, Eintragungen im Grundbuch zu beantragen, den Wohnsitz zu bestimmen und überhaupt alles Nötige zu tun.

Der Bevollmächtigte ist berechtigt, Rechtsgeschäfte mit sich im eigenen Namen und als Vertreter Dritter abzuschließen.

Der Bevollmächtigte ist berechtigt, Untervollmacht zu erteilen.

Dem Bevollmächtigten sollen zunächst zwei Ausfertigungen dieser Urkunde erteilt werden.

Diese Urkunde [...]

Ein Formulierungsbeispiel einer internationalen Spezialvollmacht für den Verkauf eines Grundstücks findet sich bei Kersten/Bühling/*Bischoff*, § 24 Rn. 76 M.

c) Treuhandlösung

Als Alternative zur Erteilung einer postmortalen oder transmortalen Vollmacht wird auch die Begründung eines Treuhandverhältnisses zu Lebzeiten des Erblassers erörtert.[188] Diese gibt dem Erblasser die Möglichkeit, bestimmte Vermögenswerte zu seinen Lebzeiten auf einen Treuhänder zu übertragen. Dabei kann der Erblasser auf sein Widerrufsrecht gem. Auftragsrecht verzichten (§ 671 Abs. 1 BGB).[189] Nachteil einer entsprechenden Gestaltung ist, dass der Erblasser den betroffenen

---

188 *Nieder/Kössinger*, § 15 Rn. 102.
189 *Nieder/Kössinger*, § 15 Rn. 102.

Gegenstand bereits zu Lebzeiten übertragen muss. Ferner trifft den Treuhänder eine Haftung, die dieser mitunter nicht zu tragen bereit ist.

d) Alleinerbeneinsetzung

221 Die umfassenden Befugnisse kann der Erblasser der Person seines Vertrauens bei der Ausführung seiner letztwilligen Verfügung erteilen, indem er diese zu seinem Alleinerben macht. Dieser unterliegt dann nicht den Beschränkungen, denen ein Testamentsvollstrecker unterworfen ist. Die Verteilung des Nachlasses kann der Erblasser insbesondere durch Universalvermächtnisse, Untervermächtnisse, Quotenvermächtnisse und Einzelvermächtnisse und Teilungsanordnungen anstreben. Dabei kann er dem Alleinerben auch das Bestimmungsrecht gem. § 2151 Abs. 1 BGB einräumen.

e) Auseinandersetzungsverbot

222 Wird lediglich angestrebt die Auseinandersetzung des Nachlasses für einen bestimmten Zeitraum zu verhindern, um beispielsweise die Erben an einer übereilten Versilberung des Nachlasses zu hindern, kommt als Alternative zur Testamentsvollstreckung ein Auseinandersetzungsverbot in Betracht.[190] Der Ausschluss der Auseinandersetzung kann dabei für den ganzen Nachlass oder lediglich für einzelne Nachlassgegenstände angeordnet werden.

III. Steuerrecht

223 Die Pflichten und Rechte bezüglich des der Testamentsvollstreckung unterworfenen Vermögens weist das Gesetz teilweise dem Erben und teilweise dem Testamentsvollstrecker zu.[191] Der Erblasser kann durch Verfügung von Todes wegen die steuerrechtlichen Rechte und Pflichten des Testamentsvollstreckers gegenüber der Finanzverwaltung nicht ändern,[192] soweit es um seine Amtsführung geht.

224 Der Testamentsvollstrecker hat gem. § 34 Abs. 3 AO im Rahmen seiner Vollstreckeraufgaben die steuerlichen Pflichten zu erfüllen, soweit seine Verwaltung reicht. Falls das Finanzamt ein entsprechendes Verlangen äußert, ist der Testamentsvollstrecker verpflichtet, die Erbschaftssteuererklärung abzugeben, § 31 Abs. 5 ErbStG. Er hat für die Zahlung der Erbschaftsteuer zu sorgen, § 32 Abs. 1 S. 2 ErbStG; auf Verlangen der Finanzverwaltung hat er aus dem Nachlass Sicherheit zu leisten, § 32 Abs. 1 S. 3 ErbStG. Hiermit gehen Risiken für den Testamentsvollstrecker einher. Vor diesem Hintergrund ist er berechtigt, unmittelbar fällige Zahlungen wie Vermächtnisse von dem Vorliegen einer steuerlichen **Unbedenklichkeitsbescheinigung** abhängig zu machen;[193] ein entsprechendes Vorgehen des Testamentsvollstreckers drängt sich insbesondere auf, wenn Leistungen an im Ausland lebende Personen zu erbringen sind. Der Testamentsvollstrecker haftet für die Steuerschulden gesamtschuldnerisch neben dem Steuerschuldner, wenn er seine Verpflichtungen vorsätzlich oder grob fahrlässig verletzt, §§ 69, 34 AO.

225 Die **Kosten der Testamentsvollstreckung**, die unmittelbar im Zusammenhang mit der Abwicklung, Regelung oder Verteilung des Nachlasses oder mit der Erlangung des Erwerbs entstehen, sind als Nachlassverbindlichkeiten **erbschaftsteuerlich abzugsfähig**, § 10 Abs. 5 Nr. 3 S. 1 ErbStG. Hierzu zählen die Kosten der Konstituierung und der Auseinandersetzung des Nachlasses, nicht aber die Kosten der Dauertestamentsvollstreckung.[194]

---

190 S. hierzu Rdn. 286 ff.
191 Im Einzelnen s. Bengel/Reimann/*Piltz*, Kapitel 8 Rn. 1 ff.
192 Bengel/Reimann/*Piltz*, Kapitel 8 Rn. 8.
193 So *Nieder/Kössinger*, § 15 Rn. 161.
194 Bengel/Reimann/*Piltz*, Kapitel 8 Rn. 170; *Nieder/Kössinger*, § 15 Rn. 156.

Die Kosten der Testamentsvollstreckung sind bei Dauer- bzw. Verwaltungsvollstreckung allerdings als **Betriebsausgaben oder Werbungskosten** abzugsfähig. Anders soll es sich bei den Kosten der Testamentsvollstreckung bei einer Auseinandersetzungs- oder Abwicklungsvollstreckung verhalten.[195] 226

Zur Frage der **Besteuerung der Testamentsvollstreckervergütung** s. o. Rdn. 180. 227

Auf Verlangen des Finanzamtes hat der Testamentsvollstrecker eine **Erbschaftsteuererklärung** abzugeben, § 31 Abs. 5 ErbStG. Darüber hinaus hat der Testamentsvollstrecker für die Bezahlung der Erbschaftsteuer zu sorgen, § 32 Abs. 1 S. 2 ErbStG. Auf Verlangen des Finanzamtes ist aus dem Nachlass Sicherheit für die Erbschaftsteuer zu leisten, § 32 Abs. 1 S. 3 ErbStG. Wenn der Testamentsvollstrecker sofort fällige Vermächtnisse erfüllen muss oder die Erbschaftsteuerfestsetzung erst lange nach der Erbauseinandersetzung zu erwarten ist, kann er dieser Verpflichtung u. U. nicht gerecht werden. Im Einzelfall kann es daher ratsam sein, dem Testamentsvollstrecker die Befugnis einzuräumen, die Erbauseinandersetzung bis zur Festsetzung der Erbschaftsteuer hinauszuzögern; entsprechendes gilt für die Erfüllung von Vermächtnissen. 228

▶ **Muster: Durchführung der Testamentsvollstreckung und Steuerrecht** 229

Der Testamentsvollstrecker ist berechtigt, die Auseinandersetzung des Nachlasses einschließlich der Erfüllung der vorstehend ausgesetzten Vermächtnisse auszusetzen, bis die Erbschaftsteuer für die jeweils betroffenen Erben rechtskräftig festgesetzt wurde.

IV. Checkliste

▶ **Checkliste: Testamentsvollstreckung** 230

☐ Die Anordnung des Erblassers sollte klar erkennen lassen, welches Regelungsziel verfolgt wird, insbesondere ob eine Auseinandersetzungs-, eine Verwaltungs-, eine Vermächtnisvollstreckung oder eine Kombination dieser Vollstreckungsformen gewollt ist.
☐ Gegenstand der Testamentsvollstreckung kann der gesamte Nachlass, ein Erbteil, ein Vermächtnis oder einzelne Nachlassgegenstände aber auch die Ausführung einer Auflage sein.
☐ Die Befugnisse des Testamentsvollstreckers können vom Erblasser erweitert oder beschränkt werden.
☐ Der Erblasser kann dem Testamentsvollstrecker durch Verwaltungsanordnungen Vorgaben für die Amtsführung machen (wichtig z. B. beim Behindertentestament)
☐ Einzelnen von mehreren Testamentsvollstreckern können bestimmte Aufgabengebiete zur alleinigen Wahrnehmung übertragen werden und einzeln oder gemeinsam zur Vertretung berechtigt sein (Aufgabenteilung).
☐ Für den Fall, dass ein namentlich benannter Testamentsvollstrecker vor oder nach Antritt seines Amtes wegfällt, sollte klargestellt werden, ob von Gerichts wegen ein anderer zum Ersatztestamentsvollstrecker ernannt werden soll.
☐ Bei der Anordnung einer Nacherbentestamentsvollstreckung ist zu beachten, dass der alleinige Vorerbe nicht zum einzigen Testamentsvollstrecker bestellt werden kann.
☐ Die Berufung der gleichen Person zum Vormund der Erben und Testamentsvollstrecker kann problematisch sein, da ein Interessenskonflikt besteht, insoweit als der Vormund die Ausführung der Testamentsvollstreckung zu überwachen hat.
☐ Bei der Testamentsvollstreckung in ein einzelkaufmännisches Unternehmen oder eine Beteiligung an einer Personengesellschaft mit unbeschränkter Haftung ist zu beachten, dass diese grundsätzlich nicht mit handels- und gesellschaftsrechtlichen Grundsätzen vereinbar ist. Eine eingeschränkt verwaltende oder nur beaufsichtigende Testamentsvollstreckung ist aber möglich.
☐ Der Erblasser sollte die Dauer der Testamentsvollstreckung regeln.

---

195 BFH BStBl. II 1980, 351 = NJW 1980, 1872; Bengel/Reimann/*Piltz*, Kapitel 8 Rn. 170.

- ☐ Die Vergütung des Testamentsvollstreckers sollte geregelt werden.
- ☐ In Fällen der Testamentsvollstreckung in ein einzelkaufmännisches Unternehmen oder eine Beteiligung an einer Personengesellschaft mit unbeschränkter Haftung kann dem Testamentsvollstrecker ergänzend eine Vollmacht erteilt werden, die ihm die Fortführung des Unternehmens oder die Wahrnehmung der Gesellschafterrechte ermöglicht.
- ☐ Die Testamentsvollstreckung kann allgemein durch eine Vollmacht ergänzt werden, die über den Tod des Erblassers hinaus wirkt.
- ☐ Das Nebeneinander von Vollmacht und Testamentsvollstreckung kann im Einzelfall sinnvoll sein bei im Ausland belegenen Vermögenswerten; im Einzelfall ist es bei Auslandsvermögen aber auch sinnvoll, die Testamentsvollstreckung auf das Inlandsvermögen zu beschränken, insbesondere soweit das ausländische eine Testamentsvollstreckung nach deutschem Vorbild nicht kennt.

B. Teilungsanordnung

Literatur:
Benk, Teilungsanordnung, Vorausvermächtnis, Übernahmerecht, MittRhNotK 1979, 53; *Loritz*, Teilungsanordnung und Vorausvermächtnis, NJW 1988, 2679; *Wälzholz*, Erbauseinandersetzung und Teilungsanordnung nach der Erbschaftsteuerreform, ZEV 2009, 113

I. Grundlagen – Vorgaben für die Nachlassauseinandersetzung

1. Vorgaben für die Nachlassauseinandersetzung durch Teilungsanordnung

231 Der Erblasser kann den Erben Vorgaben für die Auseinandersetzung des Nachlasses machen, § 2048 S. 1 BGB. Inhalt der Teilungsanordnung können dabei sowohl Vorgaben zum Verfahren der Auseinandersetzung als auch zum Inhalt derselben sein. Die Teilungsanordnung ist **wertneutral**, d. h. einen Einfluss auf die Erbquote oder die wertmäßige Beteiligung einzelner Erben hat die Teilungsanordnung grundsätzlich nicht; ist diese gewollt, ist an ein Vermächtnis zu denken. Auch führt die Teilungsanordnung nicht zu einer Sonderrechtsnachfolge in einzelne Nachlassgegenstände. Die Teilungsanordnung wirkt unter den Erben nur schuldrechtlich; die Erben können sich daher übereinstimmend darüber hinwegsetzen. Der Testamentsvollstrecker ist grundsätzlich an eine Teilungsanordnung gebunden. Stimmen alle Erben (sowie etwaige Auflagebegünstigte und Vermächtnisnehmer) zu, kann er sich über das Verbot allerdings hinwegsetzen, ohne später deswegen Schadensersatzansprüchen ausgesetzt zu sein.[196]

232 Die Teilungsanordnung ist ein Rechtsinstitut eigener Art; sie kann aber auch **Vermächtnis** oder **Auflage** sein.[197] Die Unterscheidung hat praktische Relevanz. Die Teilungsanordnung verpflichtet jeden einzelnen Erben schuldrechtlich gegenüber den anderen Erben und beinhaltet u. U. die Verpflichtung einen bestimmten Nachlassgegenstand zu übernehmen; anders als ein Vermächtnis kann eine Teilungsanordnung nicht ausgeschlagen werden.

233 Eine reine Teilungsanordnung kann zudem (anders als Auflage und Vermächtnis) nicht als wechselbezügliche Verfügung bzw. mit **Bindungswirkung** angeordnet werden. Soll eine Bindungswirkung erreicht werden, ist die Teilungsanordnung als Vermächtnis oder Auflage auszugestalten.

234 Ist ein Erblasser durch ein vorangegangenes gemeinschaftliches Testament oder einen Erbvertrag gebunden, soll er nach Auffassung des BGH dennoch auch ohne ausdrücklichen oder stillschweigenden Vorbehalt in der gemeinsamen Verfügung von Todes wegen in der Lage sein, **nachträglich** eine

---

[196] AnwKomm-BGB/*Eberl-Borges*, § 2044 Rn. 5.
[197] *Nieder/Kössinger*, § 15 Rn. 199 m. w. N.

Teilungsanordnung zu treffen, wenn damit keine Wertverschiebung unter den Erben eintritt.[198] Dem steht entgegen, dass bereits die verbindliche Zuordnung einzelner, weniger attraktiver Nachlassgegenstände eine Beeinträchtigung darstellen kann. Die Wertung des BGH steht auch im Widerspruch zu § 2306 Abs. 1 S. 1 BGB a. F., der eine Teilungsanordnung als eine Beschränkung des Erben wertet.[199]

Zu § 2049 BGB s. Kapitel 12 Rdn. 5 ff. 235

2. Grenzen der Teilungsanordnung

Erfolgt die Erbauseinandersetzung nach billigem Ermessen eines Dritten gem. § 2048 S. 2 BGB, ist sie für die Erben nicht verbindlich, wenn sie offenbar **unbillig** ist, § 2048 S. 3 Hs. 1 BGB. Die Auseinandersetzung erfolgt dann durch Urteil, § 2048 S. 3 2. HS BGB. 236

Pflichtteilsberechtigte Erben haben darüber hinaus die Möglichkeit, die Teilungsanordnung zu entkräften, indem sie die Erbschaft ausschlagen und den Pflichtteil verlangen, § 2306 Abs. 1 S. 1 BGB. Dies gilt unabhängig davon, ob einem pflichtteilsberechtigten Erben nur die Hälfte seines gesetzlichen Erbteils oder mehr vererbt wird. 237

II. Gestaltung der Teilungsanordnung

1. Anordnung der Teilungsanordnung

Inhalt der Teilungsanordnung können wie erwähnt sowohl Vorgaben zum Verfahren der Auseinandersetzung als auch zum Inhalt derselben sein. 238

a) Formelle Teilungsanordnung

Hinsichtlich des Verfahrens der Erbauseinandersetzung kann der Erblasser Verwaltungsanordnungen treffen; z. B. kann er die **Verwaltung** des Nachlasses abweichend von § 2038 Abs. 1 BGB ganz oder teilweise in die Hände eines Miterben legen, ohne Testamentsvollstreckung anzuordnen. Der Erblasser kann die **Verteilung** auch in die Hände eines Dritten legen, wie § 2048 S. 2 BGB ausdrücklich vorsieht; Dritter in diesem Sinne kann neben dem Miterben[200] auch der Testamentsvollstrecker[201] sein. Zu beachten ist, dass der Miterbe, soweit Testamentsvollstreckung angeordnet ist, lediglich einen Aufteilungsplan erstellen kann, ohne die Verteilung selbst vornehmen zu können; diese erfolgt dann durch den Testamentsvollstrecker. 239

▸ **Muster: Formelle Teilungsanordnung** 240

Der Miterbin A wird als Teilungsanordnung aufgetragen, den Hausrat und den Schmuck unter den Erben nach billigem Ermessen zu verteilen.

Als eine spezielle Verwaltungsanordnung (mit negativem Inhalt) kann das Auseinandersetzungsverbot gewertet werden.[202] Im weiteren Sinne kann auch die Einsetzung eines Schiedsrichters, der Streitfragen unter den Erben entscheiden soll, als Teilungsanordnung verstanden werden.[203] 241

---

198 BGHZ 82, 274, 278 f. = NJW 1982, 43 mit abl. Anm. *Schubert*, NJW 1982, 441. Dem BGH folgen Palandt/*Weidlich*, § 2271 Rn. 16; MünchKommBGB/*Musielak*, § 2271 Rn. 17; Soergel/*Wolf*, § 2271 Rn. 16.
199 So *Nieder/Kössinger*, § 15 Rn. 240.
200 RGZ 110, 270, 274.
201 Staudinger/*Werner*, § 2048 Rn. 13.
202 S. hierzu Rdn. 286 ff.
203 S. hierzu Rdn. 664 ff.

b) Materielle Teilungsanordnung

242 Bei der eigentlichen und häufigsten Teilungsanordnung regelt der Erblasser die **Verteilung einzelner** oder aller **Nachlassgegenstände** unter den Erben. Dabei muss sich der Erbe den Wert des ihm zugeordneten Nachlassgegenstandes voll auf seinen Erbanteil anrechnen lassen. Ist der Wert des zugewiesenen Gegenstandes höher als der Erbanteil, hat der **Ausgleich** mit den anderen Erben **durch Eigenmittel** zu erfolgen. In diesen Fällen liegt die Vermutung nahe, dass die Teilungsanordnung als Übernahmerecht auszulegen ist.[204]

243 Durch Teilungsanordnung kann z. B. auch bestimmt werden, dass bestimmte Vermächtnisse oder etwaige Pflichtteilsforderungen von einem oder mehreren bestimmten Erben zu tragen sind. In diesem Zusammenhang sind ggfs. auch Regelungen zum Wertausgleich zu treffen, der Kennzeichen der Teilungsanordnung ist.

244 ▶ **Muster: Teilungsanordnung mit Regelung etwaiger Ausgleichszahlungen**

> Zu meinen Erben berufe ich meine Kinder A und B zu gleichen Teilen. Ich ordne an, dass meinen Grundbesitz A und mein Unternehmen B erhalten soll. Den Wert dieser Vermögensgegenstände müssen sich beide auf ihren Erbteil anrechnen lassen. Soweit ein Erbe dem anderen Erben einen Wertausgleich zahlen muss, kann diese Zahlung auf Wunsch des zahlungspflichtigen Erben in drei gleichen Raten geleistet werden, von denen die erste Rate ein Jahr nach dem Erbfall fällig wird und die folgenden Raten jeweils ein Jahr später.

245 Soll ein **Wertausgleich** nach dem Willen des Erblassers nicht oder nicht vollständig auf der Grundlage des wirklichen Wertes erfolgen, kann dieser ausgeschlossen werden (wertverschiebende Teilungsanordnung).

246 ▶ **Muster: Wertverschiebende Teilungsanordnung**

> Falls die vorstehende Teilungsanordnung bezüglich der genannten Gegenstände dazu führt, dass ein Erbe mehr Vermögen erhält, als ihm aufgrund seiner Erbquote zusteht, wird ihm dieser Vermögensvorteil als Vermächtnis zugewandt. Das Vermächtnis besteht nur, wenn der Begünstigte die Erbschaft annimmt und erst wenn der Nachlass auseinandergesetzt wird.

247 Im Rahmen einer Teilungsanordnung kann auch festgelegt werden, dass und in welcher Weise **Vorempfänge** berücksichtigt werden sollen.

248 ▶ **Muster: Teilungsanordnung zur Regelung von Vorempfängen**

> Unser Sohn hat zu Lebzeiten ein Baugrundstück übertragen bekommen. Dieses muss er sich mit dem Verkehrswert im Zeitpunkt des Erbfalls auf sein Erbe anrechnen lassen. Unsere Tochter hat zu Lebzeiten 100 000 EUR von uns geschenkt bekommen. Diese Schenkung muss sie sich unter Berücksichtigung der Inflation vom Zeitpunkt der Schenkung bis zum Erbfall auf ihr Erbe anrechnen lassen.

249 Teilungsanordnungen können auch bei angeordneter Vor- und Nacherbschaft nutzbar gemacht werden. Dabei ist allerdings darauf zu achten, dass auch bei Durchführung der Nachlassauseinandersetzung durch die Vorerben aufgrund der Surrogation gem. § 2111 BGB keine endgültige Auseinandersetzung erfolgt, es sei denn, dass der Erblasser für jeden Vorerben separat einen oder mehrere Nacherben einsetzt.[205] Im Rahmen von **Behindertentestamenten**[206] kann die Anordnung einer Teilungsanordnung sinnvoll sein, um dem behinderten Erben Geldvermögen zuzuweisen und damit die Testamentsvollstreckung zu erleichtern und gleichzeitig dem oder den anderen Vorerben die Lästigkeiten der Vor- und Nacherbschaft zu ersparen.

---

204 Reimann/Bengel/Mayer, A 249. Zum Übernahmerecht s. u. 341 ff.
205 *Nieder/Kössinger*, § 15 Rn. 236 ff.
206 S. Kapitel 5 Rdn. 522 ff.

▶ **Muster: Teilungsanordnung und Testamentsvollstreckung**   250

Der Nachlass des Längstlebenden von uns soll so verteilt werden, dass unser Sohn A (für dessen Erbanteil Testamentsvollstreckung und Nacherbschaft angeordnet wurde) in Anrechnung auf seinen Erbteil einen entsprechenden Anteil unseres Geldvermögens (Wertpapiere, Aktien, Sparguthaben etc.) erhält, während die anderen Kinder die Sachwerte, insbesondere den Grundbesitz und das verbleibende Geldvermögen erhalten sollen. Sollte die Erbquote unseres Sohnes A nicht vollständig aus dem Geldvermögen bedient werden können, sollen die anderen Kinder den fehlenden Betrag anteilig aus ihrem eigenen Vermögen aufbringen, so dass unser Sohn A im Ergebnis nicht an den Sachwerten beteiligt wird. Durch diese Anordnung wollen wir sicherstellen, dass die Auseinandersetzung der Erbengemeinschaft zwischen unserem Sohn A und unseren anderen Abkömmlingen möglichst schnell und reibungslos erfolgen kann und der Testamentsvollstrecker lediglich Geldvermögen zu verwalten hat.«

2. Absicherung der Teilungsanordnung

a) Absicherung durch bedingtes Vermächtnis

Soll die Durchsetzung einer Teilungsanordnung abgesichert werden, bedarf es weitergehender Anordnungen, da die Erben die Teilungsanordnung einvernehmlich ignorieren können. Eine Möglichkeit der Absicherung besteht darin, den Erben, der die Teilungsanordnung missachtet, mit einem bedingten (Straf-)Vermächtnis zu belasten.   251

▶ **Muster: Durch Strafvermächtnis bewehrte Teilungsanordnung**   252

Ein Erbe, der gegen die vorstehende Teilungsanordnung verstößt, hat 1/4 des ihm zugewendeten Nachlassvermögens an A zu entrichten.

b) Absicherung durch bedingte Erbeinsetzung

Eine noch stärkere Sanktionierung des Verstoßes gegen eine Teilungsanordnung wird durch die Anordnung einer auflösend bedingten Nacherbeneinsetzung erreicht. Der Preis für eine entsprechende Verfügung sind die Nachteile der Vor- und Nacherbschaft, die bei einem bloßen Vermächtnis mit Strafcharakter vermieden werden können. Eine derart weitreichende Folge wird man nur mit großer Zurückhaltung anordnen. Dabei ist zu bedenken, dass die übereinstimmende Abweichung der Erben von einer Teilungserklärung nach dem Erbfall einer sachgerechten Regelung vermutlich eher entspricht als die auf unsicheren Prognosen im Zeitpunkt der Testamentserrichtung beruhende Anordnung des Erblassers.   253

▶ **Muster: Durch Nacherbschaft bewehrte Teilungsanordnung**   254

Soweit ein Erbe gegen die vorstehende Teilungsanordnung verstößt, treten an dessen Stelle seine gewillkürten bzw. hilfsweise dessen gesetzlichen Ersatzerben ein.

3. Alternativen zur Teilungsanordnung

a) Vorausvermächtnis

Die Teilungsanordnung ist von einem (Voraus-)Vermächtnis zu unterscheiden. Auch das Vermächtnis ist geeignet, einzelne Nachlassgegenstände bestimmten Erben bzw. Personen zuzuordnen. Beide Rechtsinstrumente unterscheiden sich aber in vielerlei Hinsicht. Der Erbe ist im Ergebnis durch ein Vorausvermächtnis erheblich bessergestellt als durch eine Teilungsanordnung.   255

aa) Unterschiede zwischen Teilungsanordnung und Vorausvermächtnis

Wichtigster Unterschied zwischen Teilungsanordnung und Vorausvermächtnis ist, dass die bloße Teilungsanordnung nicht zu einer wertmäßig unterschiedlichen Beteiligung der Erben führt. Durch   256 das Vorausvermächtnis wird einem Erben demgegenüber ein **Vermögensvorteil** im Werte des zugewandten Nachlassgegenstandes gewährt, ohne dass eine Anrechnung auf den Erbteil erfolgt.

257 Zu beachten ist, dass aus der Zuwendung bestimmter Nachlassgegenstände an einzelne Erben ungewollte Konsequenzen resultieren können, wenn wesentliche Nachlassgegenstände unter den Erben durch Vorausvermächtnisse – und nicht durch Teilungsanordnung – verteilt werden, im Zeitpunkt des Erbfalls einzelne vermachte Gegenstände aber nicht mehr vorhanden sind. Dann ist das Vermächtnis des nicht mehr vorhandenen Gegenstandes im Zweifel unwirksam, § 2169 Abs. 1 BGB. Folge ist, dass der mit dem weggefallenen Gegenstand bedachte Miterbe im Vergleich zu den anderen Erben das Nachsehen hat. Der Erblasser ist in derartigen Fällen gehalten sein Testament zu aktualisieren, um ungewünschte Folgen zu vermeiden. Gleiches gilt, wenn Nachlassgegenstände, die auf dem Vermächtniswege unter den Erben verteilt wurden, sich nach Errichtung der letztwilligen Verfügung unterschiedlich im Wert entwickeln. Die Erfahrung zeigt allerdings, dass die Anpassung von letztwilligen Verfügungen an geänderte tatsächliche Verhältnisse nur selten vorgenommen werden.

258 Das Vermächtnis kann unabhängig von der Erbauseinandersetzung geltend gemacht werden, §§ 2174, 2176 BGB, während ein Gegenstand, der im Rahmen einer Teilungsanordnung zugewiesen wird, erst im Rahmen der Erbauseinandersetzung geltend gemacht werden kann.[207]

259 Der Vermächtnisnehmer kann das Vermächtnis unter Verlust der Zuwendung und ohne Wahrung einer Ausschlagungsfrist (§ 2180 BGB) ausschlagen, gleichzeitig die Erbschaft aber annehmen. Eine entsprechende Möglichkeit hat der durch eine Teilungsanordnung belastete Erbe grundsätzlich nicht; er ist den Miterben gegenüber verpflichtet, den zugeteilten Gegenstand zu übernehmen. Ihm bleibt ggfs. nur die **Ausschlagung**; dem pflichtteilsberechtigten Erben stehen dann aber die Rechts aus § 2306 Abs. 1 BGB zu.[208]

260 Eine reine Teilungsanordnung kann anders als ein Vorausvermächtnis nicht als wechselbezügliche Verfügung bzw. mit **Bindungswirkung** angeordnet werden.[209]

261 Das Recht des Nacherben erstreckt sich im Zweifel, d. h. insbesondere vorbehaltlich anderweitiger Verfügungen, nicht auf ein dem Vorerben zugewendetes Vorausvermächtnis, § 2110 Abs. 2 BGB. Ein Gegenstand, der einem Miterben durch Teilungsanordnung zugeteilt wird, unterliegt demgegenüber einer angeordneten **Vor- und Nacherbschaft**[210] und ist umso weniger attraktiv für den bedachten Erben. Entsprechend ist beim Erbschaftskauf zu unterscheiden.[211]

262 Bei angeordneter **Testamentsvollstreckung** ist zu beachten, dass das Vorausvermächtnis nur bei ausdrücklicher Anordnung der Testamentsvollstreckung unterliegt. Die Teilungsanordnung ist demgegenüber ohne weiteres vom Testamentsvollstrecker zu beachten.

263 Teilungsanordnung und Vorausvermächtnis unterscheiden sich bei der **Erbschaftsteuer** erheblich. Während die Teilungsanordnung erbschaftsteuerlich unbeachtlich ist, wird ein Vorausvermächtnis wie ein Vermächtnis an einen Dritten behandelt.[212]

bb) Ausgestaltung eines Vorausvermächtnisses

264 Die Anordnung eines Vorausvermächtnisses sollte zum Ausdruck bringen, dass eine Anrechnung auf den Erbteil nicht gewollt ist.

---

207 Der Anspruch aus Vermächtnis geht dem Erbanspruch vor, §§ 1991, Abs. 4, 1992 BGB i. V. m. § 327 Abs. 1 Nr. 2 InsO, soweit der Erbe nicht zugleich Pflichtteilsberechtigter ist, § 327 Abs. 1 Nr. 1 InsO.
208 Hierzu s. o. Rdn. 237.
209 Reimann/Bengel/Mayer, A 255 f.
210 *Mattern*, DNotZ 1963, 450, 455.
211 *Mattern*, DNotZ 1963, 450, 455.
212 S. u. Rdn. 278 ff.

▶ **Muster: Vermächtnis ohne Anrechnung auf Erbteil** 265

Ich vermache meinem jüngsten Sohn meine Münzsammlung ohne Anrechnung auf sein Erbteil.

Der Erblasser hat auch die Möglichkeit einem Erben einen Vermögensgegenstand als Vorausvermächtnis zuzuwenden, gleichzeitig aber einen vollständigen oder **teilwesen Wertausgleich** zugunsten der Erbengemeinschaft anzuordnen. Dieses Ziel wird erreicht, indem der Vermächtnisnehmer mit einem Untervermächtnis in Höhe des ganzen oder teilweisen Wertes des zugewendeten Gegenstandes zugunsten der Erbengemeinschaft beschwert wird. So werden Vorausvermächtnis und Teilungsanordnung in ihren wirtschaftlichen Folgen mehr oder weniger angenähert. Es bleiben aber die vorstehend angeführten Unterschiede, die zur Erreichung der Regelungsziele des Erblassers nutzbar gemacht werden können. 266

▶ **Muster: Vorausvermächtnis mit Verpflichtung zum (teilweisen) Wertausgleich** 267

Der Längstlebende von uns vermacht unserem jüngsten Sohn als Vorausvermächtnis die Münzsammlung. Gleichzeitig belastet er ihn mit einem Vermächtnis zugunsten der Erbengemeinschaft in Höhe des halben Verkehrswertes der Sammlung.

Sollte bei Anordnung eines Vorausvermächtnisses im Rahmen von gemeinschaftlichen Testamenten oder Erbverträgen eine **Bindung des Längstlebenden** nicht gewollt sein, sollte dies ausdrücklich klargestellt werden. Bei der Frage, ob eine Bindungswirkung wünschenswert ist oder nicht, ist die Einschränkung zu beachten, die sich aus § 2288 BGB zum Schutz des Vermächtnisnehmers vor lebzeitigen Verfügungen ergeben kann. 268

▶ **Muster: Vermächtnis und Bindungswirkung** 269

Der Längstlebende von uns vermacht unserer Tochter als Vorausvermächtnis sämtlichen Schmuck; eine Anrechnung auf den Erbteil soll nicht erfolgen.

Die Aussetzung dieses Vermächtnisses erfolgt ohne Bindungswirkung für den Längstlebenden von uns.

b) Übernahmerecht

Die Zuweisung einzelner Nachlassgegenstände durch Teilungsanordnung beinhaltet regelmäßig die Pflicht des Erben, den Gegenstand auch zu übernehmen.[213] Der Erblasserwille kann aber auch darauf gerichtet sein, dem begünstigten Erben das Recht zur Übernahme[214] eines bestimmten Nachlassgegenstandes einzuräumen, ohne ihn mit einer entsprechenden Übernahmeverpflichtung zu belasten. Eine entsprechende Rechtsfolge kann durch die Begründung eines Übernahmerechtes erreicht werden. Dieses kann zwar als bloße Teilungsanordnung ausgestaltet sein,[215] regelmäßig wird es aber als Vorausvermächtnis zu verstehen sein.[216] Das Übernahmerecht ist ein Gestaltungsrecht; erst durch seine Ausübung entsteht ein Übertragungsanspruch. 270

Das Übernahmerecht kann mit einer Verpflichtung zur Erbringung einer Gegenleistung an den Nachlass verbunden werden; es kann – auch bei Ausgestaltung als Vermächtnis – ferner vorsehen, dass ggfs. der übernommene Gegenstand auf das Erbrecht anzurechnen ist. In diesem Fall ist das Wahlrecht als vermachter Vermögensvorteil zu sehen.[217] 271

---

213 Staudinger/*Werner*, § 2048 Rn. 6.
214 Ein gesetzliches Übernahmerecht ist lediglich in § 2048 BGB für das Landgut geregelt.
215 *Nieder/Kössinger*, § 15 Rn. 245. Das Übernahmerecht kann dann wie eine Teilungsanordnung grundsätzlich auch nicht als wechselbezügliche Verfügung oder mit Bindungswirkung angeordnet werden.
216 *Benk*, MittRhNotK 1979, 53, 61.
217 *Nieder/Kössinger*, § 15 Rn. 244. Reimann/Bengel/Mayer A 277.

272 Wird das Übernahmerecht als Vermächtnis ausgestaltet, kann der begünstigte Erbe die Vermächtniserfüllung nach Geltendmachung bereits vor der Erbauseinandersetzung verlangen.[218] Ist das Übernahmerecht als Teilungsanordnung ausgestaltet, kann der begünstigte Erbe die Erfüllung im Rahmen der Erbauseinandersetzung verlangen.

273 Erblasser äußern gelegentlich den Wunsch, dass das Elternhaus von einem Kind übernommen werden soll, soweit dieses die Übernahme wünscht. So soll im Einzelfall u. a. sichergestellt werden, dass das Elternhaus und damit der Zugang der übrigen Kindern zum Elternhaus erhalten bleibt. In derartigen Fällen wird die Wahrscheinlichkeit einer Übernahme des Elternhauses erhöht, wenn der übernehmende Erbe einen »Rabatt« auf den Verkehrswert und damit einen Anreiz zur Übernahme erhält. Der Vermögensvorteil, der mit einem solchen Rabatt einhergeht, wird dem Begünstigten als Vorausvermächtnis zugewandt. Bei einer derartigen Gestaltung sollte sichergestellt werden, dass der begünstigte Erbe nicht nur des Rabattes wegen die Immobilie übernimmt und umgehend verkauft. Ein kurzfristiger Verkauf und damit die Verfehlung des Erblasserwillens sollte vielmehr sanktioniert werden. Selbstverständlich kann ein Übernahmerecht auch ohne Nachlass auf den Verkehrswert eingeräumt werden.

274 ▶ **Muster: Übernahmerecht bezüglich des Elternhauses**

> Sollte unser Sohn A nach dem Tod des Längstlebenden von uns unser Haus in X-Stadt übernehmen wollen, so ist er berechtigt, diesen von der Erbengemeinschaft gegen Zahlung von 90 % des Verkehrswertes (Übernahmepreis) an die Erbengemeinschaft zu übernehmen. Der Verkehrswert ist im Streitfall von einem vereidigten Sachverständigen zu ermitteln, der von der IHK Köln benannt werden soll. Der Vermögensvorteil, der unserem Sohn durch diese Anordnung eventuell zukommt, wird ihm als Vorausvermächtnis zugewendet.
>
> Das Recht zur Übernahme des Grundbesitzes ist innerhalb eines Jahres nach dem Erbfall geltend zu machen.
>
> Soweit der Übernehmer des vorgenannten Grundbesitzes innerhalb von 10 Jahren nach Übernahme den Grundbesitz verkauft, anderweitig veräußert, insbesondere verschenkt, vermietet oder Dritten zur Nutzung überlässt, hat er für jedes angefangene Jahr, in dem er das Haus innerhalb der Frist nicht selber nutzt, d. h. bewohnt, 1 % des ermittelten Verkehrswertes an die Erbengemeinschaft zu zahlen. Die Anmietung des verkauften Grundbesitzes ist Eigennutzung, wenn der Grundbesitz selbst bewohnt wird.

275 Soll das Recht zur Übernahme einem von **mehreren Erben** eingeräumt werden, sind ergänzende Regelungen ratsam, für den Fall, dass mehrere Erben an der Übernahme eines bestimmten Nachlassgegenstandes interessiert sind. Sinnvollerweise erhält dann der Erbe den Zuschlag, der das höchste Gebot abgibt.

276 ▶ **Muster: Übernahmerecht bezüglich des Elternhauses für unbestimmten Erben**

> Sollte einer unserer Erben nach dem Tod des Längstlebenden von uns unser Haus in A-Stadt übernehmen wollen, so ist er berechtigt, diesen von der Erbengemeinschaft gegen Zahlung von 80 % des Verkehrswertes (Übernahmepreis) an die Erbengemeinschaft zu übernehmen. Der Verkehrswert ist im Streitfall von einem vereidigten Sachverständigen zu ermitteln, der von der IHK Köln benannt werden soll. Der Vermögensvorteil, der einem Erben durch diese Anordnung eventuell zukommt, wird ihm als Vorausvermächtnis zugewendet.
>
> Sollten mehrere Erben an der Übernahme interessiert sein, sollen sich die Erben untereinander durch Mehrheitsentscheid einigen, wer das Haus erhalten soll. Erzielen sie keine Einigung, soll derjenige zur Übernahme des Grundbesitzes berechtigt sein, der das höhere Aufgeld zum Übernahmepreis zu zahlen bereit ist.

---

218 Wird das Übernahmerecht lediglich als Teilungsanordnung ausgestaltet, kann das Übernahmerecht erst bei Auseinandersetzung des Nachlasses geltend gemacht werden, *Nieder/Kössinger*, § 15 Rn. 245, Krug/Rudolf/Kroiß, Erbrecht, § 19 Rn. 109.

Das Recht zur Übernahme des Grundbesitzes ist innerhalb eines Jahres nach dem Erbfall geltend zu machen.

Soweit der Übernehmer des vorgenannten Grundbesitzes innerhalb von 10 Jahren nach Übernahme den Grundbesitz verkauft, anderweitig veräußert, insbesondere verschenkt, vermietet oder Dritten zur Nutzung überlässt, hat er für jedes angefangene Jahr, in dem er das Haus innerhalb der Frist nicht selber nutzt, d. h. bewohnt, 1/10 der Differenz zwischen Übernahmepreis zuzüglich Aufgeld und ermittelten Verkehrswert an die Erbengemeinschaft zu zahlen. Die Anmietung des verkauften Grundbesitzes ist Eigennutzung, wenn der Grundbesitz selbst bewohnt wird.

Soll das Übernahmerecht in erster Linie Übernahmepflicht sein, wie dies für die Teilungsanordnung typisch ist, kann die Durchsetzung der Pflicht durch eine Auflage zulasten des Übernahmeverpflichteten, die Beschwerung mit einem Strafvermächtnis, oder die auflösend bedingte Erbeinsetzung abgesichert werden.[219] 277

III. Steuerrecht und Teilungsanordnung

1. Teilungsanordnung und Erbschaftsteuer

Die Teilungsanordnung ist grundsätzlich erbschaftsteuerrechtlich neutral. Sie wirkt nicht dinglich sondern nur schuldrechtlich. Anders als beim Vorausvermächtnis lässt sie die Auseinandersetzung des Nachlasses entsprechend den Erbquoten unberührt und führt nicht zu einer vermögensmäßigen Besserstellung eines Erben in Abweichung von seiner Erbquote. 278

Soweit Erbvermögen wertmäßig abweichend vom Verkehrswert besteuert wird, z. B. Betriebsvermögen, wirkte sich dies bei einer Teilungsanordnung im Rahmen der Besteuerung nach dem bis zum 1.1.2009 anwendbaren Recht nicht aus. Anders verhielt es sich, wenn die gleiche Vermögensverteilung durch ein (Voraus-)Vermächtnis angestrebt wurde. Bei dieser Rechtslage bleibt es auch nach dem 1.1.2009, soweit das ErbStG nicht in Sonderbestimmungen etwas anderes bestimmt.[220] 279

Die steuerrechtlich unterschiedliche Behandlung von Teilungsanordnung und (Voraus-)Vermächtnis hat sich mit der am 1.1.2009 in Kraft getretenen Erbschaftsteuerreform entschärft, da anders als bisher Grundbesitz nun grundsätzlich bei der Bemessung der Erbschaftsteuer mit seinem Verkehrswert anzusetzen ist und nicht wie bisher mit dem in der Regel deutlich niedrigeren Ertragswert. 280

Darüber hinaus enthält das ab dem 1.1.2009 anwendbare Recht mit den §§ 13a Abs. 3 S. 2, 13b Abs. 3 S. 1 und 19a Abs. 2 S. 3 ErbStG Sonderbestimmungen insbesondere für Betriebsvermögen. Diesen Regelungen zufolge kommen bei einer Nachlassteilung unter Beteiligung von Betriebsvermögen, die aus der Privilegierung von Betriebsvermögen resultierenden Vorteile demjenigen Erben zugute, dem die entsprechenden Vermögenswerte letztlich zufallen. Dabei spielt es keine Rolle, ob die Auseinandersetzung aufgrund einer Teilungsanordnung oder Vermächtnisaussetzung des Erblassers erfolgt, freiwillig von den Erben vereinbart oder vom Testamentsvollstrecker angeordnet wird.[221] 281

Beispiel: In den Nachlass fällt ein Wertpapierdepot im Wert von einer Million Euro, so wie ein Unternehmen von gleichem Wert, das aber für erbschaftsteuerliche Zwecke nur mit 500 000 Euro zu bewerten ist. Wird das Vermögen auf die Kinder A und B im Wege der Teilungsanordnung verteilt, hätten beide Erben den gleichen Wert zu versteuern (750 000 EUR). Wird demgegenüber A Alleinerbe und erhält B das Unternehmen als Vermächtnis, hätte A den erbschaftsteuerlich relevanten Nachlasswert abzüglich des Wertes des Vermächtnisses zu versteuern (1,5 Million EUR minus 500 000 EUR = 1 Million EUR), während B den erbschaftsteuerlich relevanten Wert des Unternehmens zu versteuern hätte (500 000 EUR). 282

---

219 S. o. Rdn. 251 ff.
220 *Wälzholz*, ZEV 2009, 113, 114.
221 *Wälzholz*, ZEV 2009, 113, 114 f.

2. Teilungsanordnung und Einkommensteuer

283 Anders als bei der Erbschaftsteuer kann sich eine Teilungsanordnung im Rahmen der Einkommensteuer auswirken.[222] Zwar wirkt eine Teilungsanordnung nur schuldrechtlich und wird erst durch die tatsächliche Übertragung des wirtschaftlichen Eigentums an den jeweiligen Wirtschaftsgütern i. S. v. § 39 Abs. 2 Nr. 2 AO vollzogen. Eine derartige Übertragung wird aber steuerrechtlich **rückwirkend** auf den Erbfall anerkannt, wenn dies von den Erben gewollt wird. Folge in diesem Fall ist, dass die Einnahmen aus einem wirtschaftlichen Gut, das einem Erben/Vermächtnisnehmer übertragen wird, diesem allein zugerechnet werden.[223] Treffen die Erben keine Regelung, stehen die Einnahmen aus dem Nachlass der Erbengemeinschaft zu und sind von dieser zu versteuern.

284 Einkommensteuerliche Folgen kann eine Teilungsanordnung insbesondere auch dann entfalten, wenn sie Abfindungszahlungen unter den Erben vorsieht.[224] Sowohl bei der steuerlichen Berücksichtigung von laufendem Einkommen als auch von Abfindungszahlungen im Rahmen der Erbauseinandersetzung kommt es auf die tatsächliche Auseinandersetzung an, nicht auf die Vorgaben der Teilungsanordnung; auch steuerrechtlich können sich die Erben über diese hinwegsetzen.[225]

IV. Checkliste

285 ▶ **Checkliste: Auseinandersetzung**

☐ **Rechtsinstrument.** Bei der Ausgestaltung einer Teilungsregelung sollte wegen der unterschiedlichen Rechtsfolgen klar zum Ausdruck kommen welche Rechtsqualität die Regelung haben soll, d. h. insbesondere ob es sich um eine bloße Teilungsanordnung handelt, eine Auflage oder ein Vermächtnis.

☐ Bei der Wahl zwischen **Teilungsanordnung** und **Vorausvermächtnis** ist entscheidend, dass die Teilungsanordnung nicht zu einer wertmäßig unterschiedlichen Beteiligung der Erben führt. Der Unterschied zwischen Teilungsanordnung und Vorausvermächtnis ist unter wirtschaftlichen Gesichtspunkten besonders groß, wenn ein Gegenstand, der einem Erben zugewiesen wird, im Zeitpunkt des Erbfalls nicht mehr Teil des Nachlasses ist, weil er bereits verkauft oder verbraucht wurde. Bei einer Zuweisung durch Teilungsanordnung hat die veränderte Zusammensetzung des Nachlasses keine nachteiligen wirtschaftlichen Konsequenzen für den Erben, der den weggefallenen Gegenstand erhalten sollte. Bei Zuweisung durch Vermächtnis geht der Erbe grundsätzlich leer aus.

☐ **Bindungswirkung.** Soll die Teilungsanordnung in einem gemeinschaftlichen Testament oder in einem Erbvertrag mit bindender Wirkung erfolgen, muss sie als Vermächtnis oder Auflage ausgestaltet sein.

C. Auseinandersetzungsverbot

Literatur:
Sarres, Aufschub und Ausschluss der Erbauseinandersetzung, ZEV 2005, 191.

---

222 Die Rechtslage hat sich insoweit durch die Erbschaftsteuerreform vom 1.1.2009 nicht geändert, *Wälzholz*, ZEV 2009, 113, 114.
223 BFH BStBl. II 2002, S. 850 für den Fall der rückwirkenden Auseinandersetzung 2 1/4 Jahre nach dem Erbfall. Zustimmend BMF BStBl. I 2002, 2392.
224 Näheres hierzu bei AnwKomm-BGB/Pohl/*Hartl*, Anh. zu § 2032 Rn. 7 ff.
225 BMF v. 14.3.2006, IV B 2 – BStBl. I, S. 2242–7/06 Tz. 67.

I. Grundlagen

1. Ausschluss der Auseinandersetzung über den Nachlass

Die Auseinandersetzung des Nachlasses ist Leitbild des Gesetzgebers. Jeder Miterbe kann grundsätzlich jederzeit die Auseinandersetzung der Erbengemeinschaft verlangen, § 2042 Abs. 1 BGB. Von dieser Regel sollte nicht ohne hinreichenden Grund abgewichen werden. Andernfalls werden Erben mit mitunter unterschiedlichen Erwartungen und Vorstellungen von der Nutzung des ihnen zugefallenen Erbes unnötig aneinander gekettet. 286

Soll im Einzelfall die Auseinandersetzung ausgeschlossen werden, bieten sich hierfür verschiedene Wege an. Der Erblasser kann sich darauf beschränken, den Erben gegenüber eine **rechtlich unverbindliche Bitte** zu äußern oder einen entsprechenden Rat zu erteilen. Er kann das Auseinandersetzungsverbot aber auch als schuldrechtliche (negative) Teilungsanordnung gem. § 2044 regeln, als Auflage, als Vermächtnis oder als Verwaltungsanordnung für den Testamentsvollstrecker. 287

Der Ausschluss der Auseinandersetzung kann sich auf den ganzen Nachlass oder lediglich auf einzelne Nachlassgegenstände beziehen. Der Ausschluss kann auf Dauer oder auf bestimmte Zeit angeordnet werden. Der Erblasser kann die Auseinandersetzung auch lediglich von der Einhaltung einer Kündigungsfrist abhängig machen oder sie in anderer Weise erschweren.[226] Adressat der Beschränkung der Auseinandersetzung können alle Erben sein oder nur einzelne Erben oder Erbstämme.[227] Der Ausschluss wirkt für und gegen den Sonderrechtsnachfolger, der einen Erbanteil erwirbt, §§ 2044 Abs. 1 S. 2, 751 S. 1 BGB. 288

Motiv für die Anordnung eines Auseinandersetzungsverbotes kann sein, der Erhalt des Familienvermögens, der Erhalt einer bestimmten Immobilie oder eines Unternehmens. Der Erblasser kann mit dem Auseinandersetzungsverbot auch anstreben, die Auseinandersetzung von einem Mehrheitsbeschluss der Erben abhängig zu machen oder die übereilte Auseinandersetzung zu verhindern; bei einer derartigen Zielsetzung kann er sich darauf beschränken, die Auseinandersetzung von der Einhaltung einer Kündigungsfrist abhängig zu machen. 289

2. Grenzen des Auseinandersetzungsverbots

Das Auseinandersetzungsverbot gemäß § 2044 BGB gilt grundsätzlich nicht zeitlich unbefristet, auch wenn eine **Befristung** durch den Erblassers fehlt; es wird von Gesetzes wegen spätestens 30 Jahre nach dem Erbfall unwirksam, § 2044 Abs. 2 S. 1 BGB. Die Frist kann länger ausfallen, wenn der Erblasser anordnet, dass das Auseinandersetzungsverbot bis zum Eintritt eines bestimmten Ereignisses in der Person eines Miterben oder, falls er eine Nacherbfolge oder ein Vermächtnis anordnet, bis zum Eintritt der Nacherbfolge oder bis zum Anfall des Vermächtnisses gelten soll, § 2044 Abs. 2 S. 2 BGB.[228] 290

Bei einem Auseinandersetzungsverbot, das als Auflage ausgestaltet ist, gelten die zeitlichen Grenzen des § 2044 BGB nicht.[229] Bei Ausgestaltung des Verbots als Verwaltungsanordnung gilt § 2210 BGB, bei Ausgestaltung als Vermächtnis gilt § 2162 BGB. 291

Trotz angeordneten Auseinandersetzungsverbotes kann die Auseinandersetzung verlangt werden, wenn ein wichtiger Grund vorliegt, §§ 2044 Abs. 1 S. 2, 749 Abs. 2 BGB. Leicht zu übersehen ist, dass das befristete Auseinandersetzungsverbot im Zweifel mit dem **Tod eines Miterben** außer Kraft tritt, §§ 2044 Abs. 1 S. 2, 750 BGB; ist etwas anderes gewollt, sollte dies ausdrücklich geregelt 292

---

226 Zur Zulässigkeit der Anordnung eines Mehrheitsbeschlusses als Voraussetzung der Auseinandersetzung s. AnwKomm-BGB/*Eberl-Borges*, § 2044 Rn. 4.
227 AnwKomm-BGB/*Eberl-Borges*, § 2044 Rn. 4.
228 Zur Frage, ob durch die mehrfach hintereinander angeordnete Nacherbfolge die gesetzliche Befristung der Nacherbfolge gemäß § 2109 BGB überschritten werden kann, s. MünchKommBGB/*Ann*, § 2044 Rn. 2, der dies wie die h. M. bejaht, m. w. N.
229 S. AnwKomm-BGB/*Mayer*, Vor §§ 2192 ff. Rn. 7.

werden. Zu beachten ist, dass das Auseinandersetzungsverbot weder bei **Pfändung**, §§ 2044 Abs. 1 S. 2, 751 S. 2 BGB, noch im **Insolvenzfall**, § 84 Abs. 2 InsO, gilt.

293 **Pflichtteilsberechtigte Erben** haben darüber hinaus die Möglichkeit, das Auseinandersetzungsverbot zu entkräften, indem sie die Erbschaft ausschlagen und den Pflichtteil verlangen, § 2306 Abs. 1 S. 1 BGB. Dies gilt unabhängig davon, ob dem pflichtteilsberechtigten Erben nur die Hälfte seines gesetzlichen Erbteils oder mehr vererbt wird.

294 Der **Übertragung eines Erbanteils** oder des Erbes als Ganzes steht die Anordnung eines Auseinandersetzungsausschlusses nicht entgegen.

II. Gestaltung des Auseinandersetzungsverbots

1. Anordnung eines Auseinandersetzungsverbots

a) Auseinandersetzungsverbot gemäß § 2044 Abs. 1 BGB

295 Mit rein schuldrechtlicher Wirkung kann der Erblasser den Ausschluss der Auseinandersetzung gem. § 2044 Abs. 1 BGB bestimmen.[230] Diese Verfügung wird als Teilungsanordnung mit negativem Inhalt verstanden[231] und kann wie diese (anders als Auflage und Vermächtnis)[232] weder wechselbezüglich noch erbvertraglich bindend sondern nur einseitig angeordnet werden.

296 Die Erben können sich einvernehmlich über ein derartiges Auseinandersetzungsverbot hinwegsetzen.[233] Damit Erben nicht aus falschverstandener Pietät dennoch eine Bindung an das Auseinandersetzungsverbot annehmen, ist es ratsam die eingeschränkte Bindung in der Verfügung zum Ausdruck zu bringen.

297 ▶ **Muster: Befristetes Auseinandersetzungsverbot**

Die Auseinandersetzung des Nachlasses wird bis zur Volljährigkeit des jüngsten Erben gem. § 2044 Abs. 1 BGB ausgeschlossen. Ferner soll eine Auseinandersetzung nur erfolgen, wenn die Mehrheit der Erben sie verlangt. Einvernehmlich können die Erben die Auseinandersetzung jederzeit durchführen.

Das Auseinandersetzungsverbot soll nach dem Tod eines Miterben (*nicht*) weiter gelten.

298 Durch die Vorgabe einer Frist für die Geltendmachung des Auseinandersetzungsanspruchs gem. § 2042 Abs. 1 BGB kann u. U. einer übereilten Auseinandersetzung vorgebeugt werden.

299 ▶ **Muster: Fristabhängige Auseinandersetzung**

Ein Erbe kann die Auseinandersetzung des Nachlasses frühestens ein Jahr nach Geltendmachung des Auseinandersetzungsanspruchs verlangen.

300 Die Auseinandersetzung kann von der Zustimmung einzelner Erben oder eines bestimmten Quorums der Erben abhängig gemacht werden.[234]

301 ▶ **Muster: Mehrheitsabhängige Auseinandersetzung**

Die Auseinandersetzung des Nachlasses soll nur erfolgen, wenn die Mehrheit der Erben sie verlangt. Die Mehrheit bestimmt sich nach Erbteilen.

---

230 Eine dingliche Wirkung des Auseinandersetzungsverbots ist wegen § 137 BGB ausgeschlossen.
231 H. M., s. Reimann/Bengel, A 280 m. w. N.
232 Einige Stimmen in der Literatur gehen davon aus, dass ein Auseinandersetzungsverbot immer entweder Auflage oder Vermächtnis ist, Staudinger/*Werner* § 2044 Rn. 5, MünchKommBGB/*Ann* § 2048 Rn. 3. *Nieder/Kössinger*, § 15 Rn. 251. A. A. Reimann/Bengel, A 278 ff. m. w. N., AnwKomm-BGB/*Eberl-Borges*, § 2044 Rn. 3 m. w. N.
233 BGHZ 40, 115, 117.
234 AnwKomm-BGB/*Eberl-Borges*, § 2044 Rn. 4.

▶ **Muster: Zustimmungsabhängige Auseinandersetzung** 302

Die Auseinandersetzung des Nachlasses soll nur erfolgen, wenn der Überlebende von uns einer Auseinandersetzung zustimmt.

Das Auseinandersetzungsverbot muss sich nicht notwendig auf den gesamten Nachlass beziehen; es 303 kann auch auf einzelne Nachlassgegenstände oder Vermögensarten beschränkt werden.[235]

▶ **Muster: Gegenständlich beschränktes Auseinandersetzungsverbot** 304

Die Auseinandersetzung wird bezüglich des in den Nachlass fallenden Mietshauses in ... ausgeschlossen. Ein Erbe kann die Auseinandersetzung bezüglich dieser Immobilie frühestens ein Jahr nach Geltendmachung seines Auseinandersetzungsverlangens fordern.

Um zu erreichen, dass ein Vermögensverlust durch Auseinandersetzung zur Unzeit in besonderem 305 Maße von dem Erben zu tragen ist, der die Auseinandersetzung erzwingt, kann der Erbe, der die Auseinandersetzung verlangt, mit einem Vermächtnis zugunsten der übrigen Erben beschwert werden. Ein solches Vermächtnis kann z. B. den Inhalt haben, dass dieser Erbe einen bestimmten Anteil des ihm zugedachten Nachlassvermögens an die anderen Erben abgeben muss.

▶ **Muster: Auseinandersetzungsverbot in Form einer negativen Teilungsanordnung** 306

Wer die Auseinandersetzung des Nachlasses gegen den Willen der Mehrheit der Erben verlangt, wird mit dem Vermächtnis belastet, 1/3 des Wertes des ihm zugewendeten Vermögens, das dem Auseinandersetzungsverbot unterliegt, an die übrigen Erben im Verhältnis der Erbquoten, die diesen Erben zu stehen, zu leisten.

b) Auseinandersetzungsverbot als Auflage

Will der Erblasser verhindern, dass die Erben sich einvernehmlich über das Auseinandersetzungsver- 307 bot hinwegsetzen, kann er dies durch eine Auflage anstreben, die die Nichtbeachtung des Erblasserwillens sanktioniert. Bei Nichtbeachtung der Auflage kann die Vollziehung nicht nur von den Erben sondern auch von einem Nichterben verlangt werden, wenn diesem der Wegfall des mit der Auflage beschwerten Erben zustatten kommen würde, § 2194 BGB. Der Erblasser kann den Kreis der Vollziehungspersonen darüber hinaus erweitern.[236] Tut er dies nicht oder gibt es keine Vollziehungsberechtigten außer den Erben, läuft die Auflage leer, wenn die Erben sich einvernehmlich über sie hinwegsetzen.

▶ **Muster: Auseinandersetzungsverbot in Form einer Auflage** 308

Ich mache jedem Erbe zur Auflage das vorstehend verfügte Auseinandersetzungsverbot zu beachten.

c) Auseinandersetzungsverbot als Vermächtnis

In der Literatur werden Auseinandersetzungsverbote mitunter nicht lediglich als Regelung gem. 309 § 2044 BGB sonder als Vermächtnis zugunsten der anderen Miterben gedeutet.[237]

Ein als Vermächtnis ausgestaltetes Auseinandersetzungsverbot verhindert, dass der Vollzug – anders 310 als bei Ausgestaltung als Auflage – auch von einem Nichterben verlangt werden kann, wenn diesem der Wegfall des mit der Auflage beschwerten Erben zustatten kommen würde. Bei der Auflage ist zudem umstritten, ob der Begünstigte der Auflage auch vollziehungsberechtigt sein kann;[238] dieser

---

235 AnwKomm-BGB/*Eberl-Borges*, § 2044 Rn. 4.
236 AnwKomm-BGB/*Mayer*, § 2194 Rn. 15.
237 Palandt/*Weidlich*, § 2044, Rn. 3, MünchKommBGB/*Ann*, § 2044 Rn. 13, *Nieder/Kössinger*, § 15 Rn. 251. Kritisch hierzu Reimann/Bengel, A 281.
238 Zur Problematik s. AnwKomm-BGB/*Mayer*, § 2194 Rn. 9. *Mayer* bejaht unter Hinweis auf OLG Karlsruhe NJW-RR 2004, 1307 zurecht die Vollzugsberechtigung des Begünstigten.

Unsicherheit kann man ausweichen, wenn das Auseinandersetzungsverbot als Vermächtnis ausgestaltet wird.

311 Der Unterschied der Ausgestaltung eines Auseinandersetzungsverbots als Anordnung i. S. v. § 2044 Abs. 1 BGB einerseits und als Vermächtnis andererseits besteht in der fehlenden bzw. gegebenen Möglichkeit, die Anordnung mit Bindungswirkung bzw. wechselbezüglich auszugestalten. Nur soweit die Anordnung als Vermächtnis (oder Auflage) erfolgt, kann eine Bindungswirkung erreicht werden; der Begünstigte kann in diesem Fall ausschlagen.

312 Soll das Auseinandersetzungsverbot als Vermächtnis ausgestaltet werden, sollte dies bei der Formulierung klar zum Ausdruck kommen.

313 ▶ **Muster: Auseinandersetzungsverbot in Form eines Vermächtnisses**
Ich vermache jedem Erbe den Anspruch gegen jeden Miterben die Unterlassung der Auseinandersetzung zu verlangen.

d) Auseinandersetzungsverbot als Verwaltungsanordnung für den Testamentsvollstrecker

314 Die Ausgestaltung des Auseinandersetzungsverbots als Regelung i. S. v. § 2044 Abs. 1 BGB als Auflage oder als Vermächtnis, ist in der Regel auch gleichzeitig als Verwaltungsanordnung gem. § 2216 Abs. 2 S. 1 BGB zu deuten.[239] Sie schränkt so die Befugnisse des Testamentsvollstreckers bei der Nachlassverwaltung ein. Ein Auseinandersetzungsverbot kann aber auch lediglich als eine ausdrückliche Verwaltungsanordnung ausgestaltet und so in die Hände eines Testamentsvollstreckers gelegt werden. Dieser ist an ein Auseinandersetzungsverbot gebunden. Stimmen alle Erben (sowie etwaige Auflagebegünstigte und Vermächtnisnehmer) zu, kann er sich über das Verbot allerdings hinwegsetzen, ohne später deswegen Schadensersatzansprüchen ausgesetzt zu sein.[240]

315 Bei der Gestaltung von Auseinandersetzungsverbot und Testamentsvollstreckung ist auf die Wechselwirkung beider Regelungsbereiche zu achten. Werden dem Testamentsvollstrecker Befugnisse – hier insbesondere bei der Auseinandersetzung – genommen, stehen diese Befugnisse möglicherweise den Erben zu.[241] Eine unvollständige oder zu restriktive Regelung der Befugnisse des Testamentsvollstreckers kann dann zu unbeabsichtigten Freiheiten der Erben führen.

316 ▶ **Muster: Auseinandersetzungserschwerung in Form einer Verwaltungsanordnung für den Testamentsvollstrecker**
Ich ordne Testamentsvollstreckung an und bestimme hierzu folgendes:

... (nähere allgemeine Ausgestaltung der Testamentsvollstreckung)

Der Testamentsvollstrecker soll den Nachlass bis zur Auseinandersetzung verwalten und etwaige Rechte Dritter befriedigen. Die Auseinandersetzung des Nachlasses obliegt grundsätzlich den Erben. Beschließen die Erben die Auseinandersetzung des Nachlasses, ist der Testamentsvollstrecker berechtigt hieran mitzuwirken. Insbesondere soll er bei Meinungsverschiedenheiten unter den Erben bezüglich der Auseinandersetzung des Nachlasses diese nach freiem Ermessen durchführen. Er kann auch die Auseinandersetzung bei Meinungsverschiedenheiten unter den Erben nach freiem Ermessen aufschieben.

317 Soweit Testamentsvollstreckung angeordnet wird, kann es auch sachgerecht sein, die Erbauseinandersetzung von der Zustimmung des Testamentsvollstreckers abhängig zu machen; so verbleibt dem Testamentsvollstrecker die Verfügungsbefugnis.

---

239 Reimann/Bengel, A 286.
240 AnwKomm-BGB/*Eberl-Borges*, § 2044 Rn. 5.
241 Bengel/Reimann, Kapitel 2 Rn. 65 unter Hinweis auf § 2211 Abs. 1 BGB.

▶ **Muster: Auseinandersetzung und Erfordernis der Zustimmung des Testaments-** 318
vollstreckers

Ich ordne gem. § 2044 Abs. 1 BGB an, dass der Nachlass grundsätzlich nicht auseinandergesetzt werden soll, bevor der jüngste Erbe volljährig ist. Der Testamentsvollstrecker wird insoweit angewiesen, den Nachlass auf Verlangen eines Erben schon vorher auseinanderzusetzen, wenn einer Auseinandersetzung aus seiner Sicht zum Zeitpunkt des Verlangens keine sachlichen Gründe entgegenstehen.

2. Absicherung des Auseinandersetzungsverbots

a) Absicherung durch bedingtes Vermächtnis

Um die Durchsetzung eines Auseinandersetzungsverbotes abzusichern, bedarf es weitergehender An- 319
ordnungen als den vorstehend erwähnten, da die Erben das Verbot einvernehmlich unbeachtet lassen können. Eine Möglichkeit der Absicherung des Auseinandersetzungsverbots besteht darin, den Erben, der das Auseinandersetzungsverbot missachtet, mit einem bedingten Vermächtnis zu beschweren; dabei ist sinnvollerweise als Begünstigter des Vermächtnisses eine Person zu bestimmen, die nicht Mitglied des Erbenkreises ist.

▶ **Muster: Absicherung des Auseinandersetzungsverbotes durch Vermächtnis** 320

Ein Erbe, der unter Verstoß gegen das vorstehend verfügte Auseinandersetzungsverbot die Auseinandersetzung verlangt oder an ihr mitwirkt, hat 1/3 des ihm zugewendeten Nachlassvermögens, das dem Auseinandersetzungsverbot unterliegt, an A zu entrichten.

b) Absicherung durch bedingte Erbeinsetzung

Eine noch stärkere Sanktionierung des Verstoßes gegen ein Auseinandersetzungsverbot wird durch 321
die Anordnung einer auflösend bedingten Nacherbeneinsetzung erreicht.[242] Der Preis für eine entsprechende Verfügung sind die Nachteile der Vor- und Nacherbschaft, die bei einem bloßen Vermächtnis mit Strafcharakter vermieden werden können.

▶ **Muster: Absicherung des Auseinandersetzungsverbotes durch bedingte Erbein-** 322
setzung

Soweit ein Erbe, unter Verstoß gegen das vorstehend verfügte Auseinandersetzungsverbot die Auseinandersetzung des Nachlasses verlangt, treten an dessen Stelle seine gewillkürten bzw. hilfsweise dessen gesetzliche Ersatzerben.

3. Eintragung des Auseinandersetzungsverbots im Grundbuch

Der Ausschluss der Auseinandersetzung hat nur schuldrechtliche Wirkung unabhängig davon ob er 323
als Regelung i. S. v. § 2044 Abs. 1 BGB, als Auflage, Verwaltungsanordnung oder als Vermächtnis ausgestaltet ist. Er kann daher nicht in das Grundbuch eingetragen werden. Zwar verweist § 2044 Abs. 1 S. 2 BGB auf § 1010 BGB. Eine Eintragung i. S. v. § 1010 BGB ist aber nur möglich wenn die Erbengemeinschaft sich zuvor in eine **Bruchteilsgemeinschaft** umwandelt. Dies kann vom Erblasser durch Auflage oder die Anordnung eines bedingten Vermächtnisses vorgegeben werden.

▶ **Muster: Auflage Erbengemeinschaft in Bruchteilsgemeinschaft umzuwandeln** 324

Ich mache jedem meiner Erben zur Auflage, die Erbengemeinschaft bezüglich des Grundbesitzes in ... im Wege der Teilbauseinandersetzung in eine Bruchteilsgemeinschaft umzuwandeln. Die Bruchteile, die auf den einzelnen Erben entfallen, sollen seiner Erbquoten entsprechen. Die Auflage beinhaltet ferner, dass nach Bildung der Bruchteilsgemeinschaft ein Auseinandersetzungsausschluss gemäß § 1010 BGB in das Grundbuch einzutragen ist.

---

242 *Nieder/Kössinger*, § 15 Rn. 256 m. w. N.

4. Alternative zum Auseinandersetzungsverbot

325 Als Alternative zum Auseinandersetzungsverbot ist die Anordnung der **Testamentsvollstreckung** zu erwägen. Diese hat den Vorteil, dass sie anders als das Auseinandersetzungsverbot nicht durch einvernehmliches Handeln der Erben umgangen werden kann. Sie ist zudem flexibler in der Ausgestaltung.

326 Ähnlich wie das Auseinandersetzungsverbot kann die Testamentsvollstreckung für den ganzen Nachlass oder lediglich für einzelne Nachlassgegenstände angeordnet werden. Die Testamentsvollstreckung kann auf Dauer oder auf bestimmte Zeit angeordnet werden.

327 Die Anordnung der Testamentsvollstreckung anstelle eines Auseinandersetzungsverbotes vermeidet die vorstehend angesprochene Gefahr, dass zu weitgehende, vom Testamentsvollstrecker zu beachtende Verwaltungsanordnungen die Befugnisse des Testamentsvollstreckers beschränken, mit der Folge, dass die Erben unbeabsichtigte Freiheiten erlangen. Auf der anderen Seite ist zu berücksichtigen, dass die Testamentsvollstreckung in der Regel Kosten auslöst, die der Nachlass zu tragen hat.

III. Checkliste

328 ▶ **Checkliste: Auseinandersetzungsverbot**

- ☐ **Rechtsinstrument.** Angesichts der gravierenden Unterschiede bei der Ausgestaltung eines Auseinandersetzungsverbots, insbesondere hinsichtlich Durchsetzbarkeit und Bindungswirkung sollte aus der Formulierung klar ersichtlich sein, ob bei einer Verfügung i. S. v. § 2044 BGB eine Auflage, eine Verwaltungsanordnung oder ein Vermächtnis vom Erblasser gewollt ist.
- ☐ **Bindungswirkung.** Das Auseinandersetzungsverbot gem. § 2044 BGB kann nicht mit wechselbezüglicher oder bindender Wirkung abgegeben werden, wohl aber eine entsprechende Verfügung in Form einer Auflage oder eines Vermächtnisses.
- ☐ **Reichweite.** Das Auseinandersetzungsverbot sollte deutlich erkennen lassen, ob es sich auf den gesamten Nachlass oder nur einzelne Nachlassgegenstände bezieht.
- ☐ **Geltungsdauer.** Es sollte klargestellt werden, ob das Auseinandersetzungsverbot bei Tod eines Miterben enden (so die Vermutung des § 750 BGB) oder weitergelten soll.
- ☐ **Erbeninteressen.** Bei der Anordnung eines Auseinandersetzungsverbotes sollte berücksichtigt werden, dass die Ausgestaltung, insbesondere die Laufzeit des Verbotes die Freiheit der Erben nicht ohne hinreichenden Grund einschränkt.

D. Erbrechtliche Auflage

Literatur:
Brambring/Mutter (Hrsg.), Beck'sches Formularbuch Erbrecht, 3. Aufl. 2014; *Dargan*, Die Auflage als erbschaftssteuerliche Gestaltungsmittel, DStR 1999, 393; *Dörner*, ZEV 2012, 505 ff., EuErbVo: Die Verordnung zum Internationalen Erb- und Erbverfahrensrecht ist in Kraft!; *Groll*, Praxis-Handbuch Erbrechtsberatung, 4. Aufl. 2015; *Groll/Trilsch*, Praxishandbuch Erbrechtsberatung, B V.; *Heeg*, Alternativen zur Nacherbeneinsetzung: Ist die erbrechtliche Auflage ein geeignetes Instrument zur Erbschaft(steuer)planung?, DStR 2007, 89 ff.; *Langenfeld*, Testamentsgestaltung, 5. Aufl. 2015; *J. Mayer*, Berliner Testament ade? – Ein Auslaufmodell wegen zu hoher Erbschaftsteuerbelastung?, ZEV 2/1998; *Mayer*, ZEV 2004, 334, Anspruch auf Vollziehung einer Auflage durch begünstigten Erben; *Menzel*, MittBayNot 2013 289 ff., Die negative Erbfreiheit; *Nieder/Kössinger*, Handbuch der Testamentsgestaltung, Grundlagen und Gestaltungsmittel für Verfügungen von Todes wegen und vorbereitende Erbfolgemaßnahmen, 4. Auflage, 2011; *dies.*, Handbuch der Testamentsgestaltung, II. Erbrechtliche Auflage (§§ 1940, 2192 ff.); *Palandt*, Bürgerliches Gesetzbuch, 74. Aufl. 2015; *Scherer* (Hrsg.), Münchener Anwaltshandbuch Erbrecht, 4. Aufl. 2014; *M. Schmidt* in Erman, BGB, 14. Aufl., Band 2; *Smid*, Rechtliche Schranken der Testierfreiheit aus § 138 I BGB, NJW 1990, 409; *Staudinger/Otte/Avenarius*; Kommentar zum Bürgerlichen Gesetzbuch, Neubearbeitung 2002; *Vorwerk*, Geldzuwendung durch erbrechtliche Auflage, ZEV 1998, 297, 298; *Wochner*, Stiftungen und stiftungsähnliche Körperschaften als Instrumente dauerhafter Vermögensbindung, MittRhNotK 1994, 89.

I. Begriff und Wirkungen der erbrechtlichen Auflage

1. Begriff der Auflage

Nach § 1940 BGB kann der Erblasser den Erben oder einen Vermächtnisnehmer durch letztwillige Verfügung zu einer Leistung (Tun oder Unterlassen) verpflichten, ohne einem anderen damit bereits ein Recht auf die Leistungen zuzuwenden. Das so definierte Institut der erbrechtlichen Auflage wird mit den nur fünf Paragraphen, nämlich §§ 2192 bis 2196 BGB geradezu »stiefmütterlich« behandelt. Über § 2192 BGB gelten für die Auflage verschiedene Vorschriften des Vermächtnisrechtes entsprechend. 329

Was Gegenstand eines schuldrechtlichen Vertrages unter Lebenden sein kann, ist im Zivilrecht auch als Inhalt einer Auflage geeignet. Die Auflage kann den gleichen Inhalt haben wie ein Vermächtnis, also eine wirtschaftliche Leistung. Weitergehend braucht die Leistung bei der Auflage aber keinen Vermögenswert zu haben und kann auch in einem Tun oder Unterlassen bestehen. 330

2. Auflagenbegünstigter und Auflagenbeschwerter

a) Auflagenbegünstigter

Der Erblasser will durch eine Auflage den Erben oder Vermächtnisnehmer beschweren, um eine bestimmte Leistung zu erreichen. Im Unterschied zum Vermächtnis steht der Leistungsverpflichtung des beschwerten Erben jedoch kein Erfüllungsanspruch des **Begünstigten** gegenüber. Aus der Betrachtungsweise des Erben besteht zwischen dem Vermächtnis und der Auflage insoweit kein Unterschied. Hingegen besteht aus der Betrachtungsweise des **Begünstigten** für diesen der Unterschied darin, dass er nach § 1940 BGB kein eigenes Recht auf Erfüllung der Auflage hat. 331

Allerdings muss die Auflage nicht zwingend einen **Begünstigten** vorsehen; sie kann auch Leistungen beinhalten, die einem bestimmten Zweck, einer Sache, einem Tier, der Allgemeinheit oder einem nicht rechtsfähigen Personenkreis zu Gute kommen. 332

▶ **Muster:** 333

Meine Erben werden zu gleichen Teilen mit der Auflage beschwert, jährlich 30 % der Rendite meines gesamten Aktienvermögens für Förderung der Kinder-Krebsforschung zu verwenden. Sie können und müssen den Betrag geeigneten Hochschulen oder Forschungsinstituten nach eigenem Ermessen zur Verfügung stellen.

Wenn der Erblasser den Zweck der Auflage bestimmt hat, kann es in Abweichung zu den für das Vermächtnis geltenden Beschränkungen von § 2065 Abs. 2 BGB dem **Beschwerten** oder einem Dritten überlassen bleiben, die Person des Leistungsempfängers zu bestimmen. Die hierfür einschlägige Regelung des § 2193 BGB geht über die für das Vermächtnis geltenden §§ 2151, 2152 BGB, die dem Beschwerten die Auswahl des Bedachten aus einem vom Erblasser bezeichneten Personenkreis ermöglichen, erheblich hinaus. 334

Ist der Zweck der Auflage hingegen nicht bestimmt, muss dann jedoch der **Begünstigte** in der nach § 2065 Abs. 2 BGB erforderlichen Bestimmtheit bezeichnet sein. Da dem durch die Auflage **Begünstigten** kein eigenes Forderungsrecht gegenüber dem Beschwerten zugebilligt wird, ist die Rechtsstellung, die der durch die Auflage Begünstigte erlangt hat, auch nicht vererblich.[243] Wird also in einer letztwilligen Verfügung nur der durch die Auflage Begünstigte namentlich benannt, also keine weitere Regelung für den Fall dessen Vorversterbens getroffen, und fehlt es an für die Auslegung maßgebenden anderen Anknüpfungspunkten, wird sich die Begünstigung, die mit der Auflage bezweckt ist, nur auf die Person erstrecken, die nach dieser letztwilligen Verfügung durch die Auflage namentlich begünstigt werden soll.[244] 335

---

243 KG ZEV 1998, 306, 307.
244 *Vorwerk*, ZEV 1998, 297, 298.

336 Soll also eine Zuwendung, die über die erbrechtliche Auflage angeordnet ist, über den Tod oder den sonstigen Wegfall des namentlich genannten **Begünstigten** hinaus dessen Erben oder bei unnatürlichen Personen dessen Rechtsnachfolger zukommen, wird dies in der letztwilligen Verfügung in der Regel ausdrücklich anzuordnen sein, um eine Auslegung der letztwilligen Verfügung auszuschließen, durch die die Zuwendung entfällt, sobald der namentlich benannte Begünstigte verstorben oder aus sonstigen Gründen weggefallen ist.

337 ▶ **Muster:**

Meine Erben werden zu gleichen Teilen mit der Auflage beschwert, jährlich 30 % der Rendite meines gesamten Aktienvermögens dem Tierschutzverein X Stadt e. V. oder dessen Rechtsnachfolger oder derjenigen Organisation, die dessen Tätigkeiten übernimmt, zur Verwendung für das Tierheim in X Stadt zur Verfügung zu stellen.

b) Auflagenbeschwerter

338 Ist der mit der Auflage Beschwerte nicht benannt, gilt die Vermutung des § 2147 S. 2 BGB i. V. m. § 2192 BGB, wonach der Erbe beschwert ist.

339 Der **Nacherbe** kann nicht mit einer Auflage beschwert werden, die er schon vor Eintritt des Nacherbfalles erbringen soll.[245] Vor dem Eintritt des Nacherbfalles hat der Nacherbe lediglich ein Anwartschaftsrecht auf die Erbstellung und ist somit noch nicht Erbe. Nach § 1940 BGB kann nur dem Erben oder einem Vermächtnisnehmer eine Auflage gemacht werden, nicht aber dem Nacherben bereits vor dem Eintritt des Nacherbfalles. Allerdings kann die Auflage so gestaltet werden, dass sie sich nach Eintritt des Erbfalls auch auf den Nacherben bzw. auch auf den Ersatzerben bezieht.

340 ▶ **Muster:**

Ich mache es meinem Vorerben und zugleich mit dessen Einsetzen auch meinem Nacherben bzw. Ersatznacherben zur Auflage, ...

341 Verstirbt der Beschwerte der Auflage, so gilt § 2192 BGB i. V. m. § 2161 BGB. Danach bleibt die Auflage im Zweifel aufrecht erhalten und neuer Beschwerter ist dann derjenige, dem der Wegfall des Beschwerten zu Gute kommt. Der Erblasser kann für den Fall des Wegfalls des Beschwerten einen **Ersatzbeschwerten** benennen.

342 Hat der Erblasser beispielsweise den Vermächtnisnehmer beschwert und keinen Ersatzvermächtnisnehmer bestimmt, so würde dem Erben der Wegfall des Vermächtnisnehmers im Sinne des § 2161 BGB unmittelbar zustatten kommen, so dass dann der Erbe der neue Beschwerte der Auflage ist. Da eine Auflage oft einen höchstpersönlichen Charakter hat und nur eine bestimmte Person treffen soll, sollte stets für den Wegfall des Beschwerten ein **Ersatzbeschwerter** benannt werden.[246]

343 ▶ **Muster:**

Mit der nachstehenden Auflage werden die Vermächtnisnehmer A, B und C entsprechend ihrer quotenmäßigen Anteile beschwert. Fällt ein Vermächtnisnehmer vor endgültiger Erfüllung der Auflage weg, so obliegt den verbleibenden Vermächtnisnehmern diese Auflage alleine.

oder

Fällt der mit der Auflage beschwerte Vermächtnisnehmer weg, obliegt die Erfüllung der Auflage dem Erben, da er bei Wegfall des Vermächtnisnehmer auch Inhaber des Bar- und Sparvermögens wird.

344 Selbstverständlich ist es nicht möglich, eine Person mit einer Auflage zu beschweren, die in gar keiner Weise eine Zuwendung von dem Erblasser erhalten soll.

---

245 BayObLG NJW 1967, 446.
246 Palandt, § 2192 Rn. 3.

3. Durchsetzbarkeit der erbrechtlichen Auflage

Da der **Begünstigte** einer erbrechtlichen Auflage keinen unmittelbaren Anspruch gegenüber dem **Beschwerten** hat, aber andererseits die Erfüllung der Auflage nicht in das Belieben des Beschwerten gestellt werden soll, wird durch die gesetzliche Regelung des § 2194 BGB bestimmt, wer die Vollziehung der Auflage verlangen kann.

345

Vollziehungsberechtigte Personen sind demnach:
- der Erbe, falls ein Vermächtnisnehmer mit der Auflage beschwert ist,
- der Miterbe gegenüber dem beschwerten Miterben oder Vermächtnisnehmer,
- alle Personen, denen der Wegfall des mit der Auflage zunächst Beschwerten unmittelbar zustatten kommen würde (der sogenannte Wegfallbegünstigte). Der Wegfallbegünstigte ist somit der Ersatzerbe, Nacherbe, Ersatzvermächtnisnehmer oder der Anwachsungsberechtigte.
- die zuständige Behörde, wenn die Vollziehung im öffentlichen Interesse liegt (§ 2194 S. 2 BGB).
- der Testamentsvollstrecker,
- der vom Erblasser als Vollziehungsberechtigter ausdrücklich Benannte.

346

Ob ein Erbe, der durch die Auflage selbst begünstigt ist, die Vollziehung einer Auflage verlangen kann, ist umstritten. Gegen ein solches Klagerecht spricht, dass § 1940 BGB gerade vorsieht, dass der Begünstigte keinen Anspruch auf die dem Beschwerten auferlegte Leistung hat und es deshalb dem Wesen der Auflage widerspreche, wenn er sich diesen Anspruch praktisch auf dem Umweg verschaffen würde, dass er das Klagerecht aus § 2194 BGB ausübe.[247] Die Wahrnehmung des Vollziehungsanspruches habe eine treuhänderische Funktion und diene gerade nicht dem Vermögensinteresse des Vollziehungsberechtigten.

347

Gegen diese Ansicht wird eingewandt, dass sie dem Fehlen der Anspruchsberechtigung des **Begünstigten** ein größeres Gewicht beilege als der Verpflichtung des **Beschwerten** und damit das Unterscheidungsmerkmal zwischen Auflage und Vermächtnis für wichtiger halte als die vom Erblasser gewollte Vollziehung der Auflage. Insbesondere das OLG Karlsruhe[248] hat deshalb dem durch die Auflage begünstigten Erben ein **Klagerecht** eingeräumt, da der Zweck des gesetzlich eingeräumten Klagerechtes, nämlich die Verpflichtung zur Leistung durchzusetzen, auf die kein Anspruch besteht, erreicht wird, gleichgültig ob die Auflage einen Dritten oder den Vollziehungsberechtigten selbst begünstigt.

348

Da die Streitfrage auch nach dem zitierten Urteil des OLG Karlsruhe noch nicht endgültig geklärt ist, sollte im Zusammenhang mit der Formulierung einer erbrechtlichen Auflage ein Dritter zum **Vollziehungsberechtigten** bestimmt werden.[249]

349

▶ **Muster:**

350

Ich verleihe meinem Schwager, Herrn X, die Befugnis, die Vollziehung der vorstehend angeordneten Auflage zu verlangen.[250]

Es ist sinnvoll als **Vollziehungsberechtigten** eine Person zu benennen, die rein menschlich und persönlich gesehen »auf der Seite des durch die Auflage Begünstigten steht«, da von dieser dann der Vollzug dieser Auflage sicherer erwartet werden kann.

351

Da der Begünstigte den Vollzug der Auflage nicht erzwingen kann und die anderen **Vollziehungsberechtigten** nicht unbedingt ein Interesse an der Durchsetzbarkeit haben, bietet sich auch die Anordnung einer Testamentsvollstreckung an, da der Testamentsvollstrecker Kraft seines Amtes dann zur Durchsetzung verpflichtet ist. Auch ist nur der Testamentsvollstrecker gemäß § 670 BGB berech-

352

---

247 So *Vorwerk*, ZEV 1998, 297; *Wochner*, MittRhNotK 1994, 89, 97.
248 OLG Karlsruhe ZEV 2004, 331 ff.
249 So auch die Empfehlung von *Mayer*, ZEV 2004, 334.
250 Zur Zulässigkeit der Vollziehungsberechtigung durch denjenigen, dem der Erblasser das Forderungsrecht in der letztwilligen Verfügung ausdrücklich eingeräumt hat vgl. Staudinger/*Otte/Avenarius*, § 2194 Rn. 6.

Kapitel 9 Einflussnahme des Erblassers über seinen Tod hinaus

tigt, seine Auslagen für die Rechtsverfolgung gegenüber dem Beschwerten dem Nachlass anzulasten; bei allen anderen Vollziehungsberechtigten fallen sie diesem selbst zur Last.

353 Der **Vollzugsberechtigte** hat bei der etwa erforderlichen gerichtlichen Durchsetzung einer Auflage darauf zu achten, dass er eine Leistungsklage mit dem Antrag auf Leistung an den Begünstigten und nicht an den Vollziehungsberechtigten selbst stellt. Auch aus diesem Grund sollte daher zweckmäßigerweise zur Durchsetzung einer Auflage Testamentsvollstreckung angeordnet werden, da nur hier sicher ist, dass die Auflage auch vollzogen wird.

354 Die Testamentsvollstreckung kann auf die Durchsetzung der Auflage beschränkt werden (§§ 2208 Abs. 1 S. 2, 2223 BGB), wenn die Anordnung einer sich auf den gesamten Nachlass erstreckenden Testamentsvollstreckung vom Erblasser nicht gewünscht ist.

355 ▶ **Muster:**

Ich ordne nach meinem Tod Testamentsvollstreckung an. Zum Testamentsvollstrecker bestimme ich ... Einzige Aufgabe des Testamentsvollstreckers ist die Erfüllung bzw. Überwachung der angeordneten Auflage.

356 Der Erblasser kann auch anordnen, dass ein Testamentsvollstrecker lediglich die Erfüllung der Auflage überwacht, während ein anderer Testamentsvollstrecker für alle sonstigen Aufgaben zuständig ist.

357 ▶ **Muster:**

Einzige Aufgabe des Testamentsvollstreckers A. ist die Erfüllung bzw. Überwachung der angeordneten Auflage. Im Übrigen ernenne ich nachfolgend in Abschnitt ... meines Testamentes einen allgemeinen Testamentsvollstrecker, der alle anderen Aufgaben übernimmt.

358 Der Erblasser kann auch ausdrücklich und klarstellend anordnen, dass er **keinen Vollziehungsberechtigten** wünscht.

359 ▶ **Muster:**

Auf eine Anordnung zur Überwachung und Einhaltung der Auflage durch Bestimmung eines Testamentsvollstreckers oder eines anderen Vollziehungsberechtigten wird ausdrücklich verzichtet. Außerdem sollen auch allen anderen sonst gesetzlich Vollziehungsberechtigten den Vollzug der Auflage nicht zwangsweise durchsetzen.

360 Dann ist die Auflage faktisch aber nicht mehr als ein bloßer Wunsch.

II. Abgrenzung der Auflage zu anderen erbrechtlichen Gestaltungsmöglichkeiten und dessen Kombinationsmöglichkeiten

1. Abgrenzung zum bloßen Wunsch

361 Ein Wunsch des Erblassers begründet anders als die Auflage keine rechtliche Verpflichtung zur Erfüllung. Der Erblasser kann jeder beliebigen Person gegenüber einen Wunsch äußern. Dies geschieht in der Gestaltungspraxis durch die Aufnahme eines Rates oder einer Empfehlung des Erblassers. Da ein Wunsch **keinen Verpflichtungscharakter enthält**, steht es in der freien Entscheidung des Angesprochenen, ob er dem Wunsch folgt. Deshalb kann der Angesprochene frei entscheiden, ob und inwieweit er auch einem eher sittenwidrigen Wunsch des Erblassers Folge leistet.

362 ▶ **Muster:**

Auf dem in meinem Eigentum stehenden Hausgrundstück ... befindet sich ein Dorfkreuz. Die Unterhaltspflicht obliegt der Stadt X. Mir war es zu meinen Lebzeiten stets ein besonderes Anliegen, dieses Dorfkreuz sowie die weiteren Kreuze in meinem Heimatdorf zu pflegen.

Meinem Erben wird hiermit die moralische Verpflichtung auferlegt, dieses Dorfkreuz sowie alle weiteren in meinem Heimatort X vorhandenen Dorfkreuze sowie das Feldkreuz Napoleon-Kreuz stets in einem würdigen und gepflegten Zustand zu erhalten, soweit diese Aufgaben nicht von der Stadt X oder einem Dritten erfüllt werden. Das Dorfkreuz am Haus ... wird zweimal im Jahr als Segensaltar geschmückt, nämlich am Fronleichnamsfest und am Patronatsfest am 4. Juli eines jeden Jahres. Diese ehrenvolle Aufgabe, den Segensaltar herzurichten, hat meine Familie schon seit Generationen übernommen.

Diese Anordnung stellt ausdrücklich keine Auflage und auch kein Vermächtnis zu Gunsten der Stadt X oder eines Dritten dar.

Die Abgrenzung zwischen Auflage, bloßem **Wunsch**, Vermächtnis oder Bedingung sollte wie am Ende im obigen Formulierungsbeispiel klar und unmissverständlich formuliert werden. In einem vom Kammergericht[251] ergangenen Urteil hat das Gericht die vom Erblasser angeordnete Erbeinsetzung und die damit einhergehende Unternehmensnachfolge unter der Maßgabe, dass der Erbe mit seinem Ehepartner den Güterstand der Gütertrennung zu vereinbaren habe, im Wege der Auslegung zu einem -rechtlich unverbindlichen- bloßen **Wunsch** umgedeutet. 363

Eine solche spätere gerichtliche Umdeutung des vermeintlichen Erblasserwillens kann bei klarer Formulierung der Abgrenzung vermieden werden. 364

2. Abgrenzung zu Vermächtnis

Gegenstand einer Auflage ist anders als beim Vermächtnis die Verpflichtung zu einer Leistung, einem Tun oder Unterlassen. Der Pflicht des **Beschwerten** steht bei einer Auflage kein Rechtsanspruch eines eventuell Begünstigten der Auflage gegenüber. Ein **Begünstigter** muss noch nicht einmal zwingend benannt werden. Sowohl bei der Auflage als auch beim Vermächtnis besteht jedoch die Verpflichtung des Erben bzw. der Beschwerten, die Auflage bzw. das Vermächtnis zu erfüllen. 365

Da bei der Auflage der **Begünstigte** anders als der Vermächtnisnehmer keinen einklagbaren Rechtsanspruch hat, besteht für den lediglich mit einer Auflage **Beschwerten** der Vorteil, dass er unter Umständen nicht unter einem solchen Druck auf Erfüllung der Auflage steht. Durch die Anordnung einer Auflage statt eines Vermächtnisses können u. a. auch nicht gewollte Pfändungen von Gläubigern des Auflagenbegünstigten vermieden werden, weil ja kein pfändbarer Anspruch besteht. Handelt es sich bei dem Zuwendungsempfänger um eine rechtsfähige Person, ist es meist sinnvoller, dieser ein Vermächtnis zuzuwenden, da der Bedachte hierdurch einen eigenen anklagbaren Anspruch erhält. Soll hingegen eine nichtrechtsfähige Vereinigung oder auch eine Sache (z. B. ein Haustier) bedacht werden, kommt nur die Auflage als Gestaltungsmittel in Betracht.[252] 366

Wird dem durch die erbrechtliche Auflage Begünstigten in der letztwilligen Verfügung durch den Erblasser ein Anspruch auf Vollziehung der Auflage zugebilligt, besteht im Wege der Auslegung dieser letztwilligen Verfügung »die Gefahr«, dass eine äußerlich als erbrechtliche Auflage ausgestaltete letztwillige Verfügung dann doch die Anordnung eines Vermächtnisses enthält.[253] Da dies aus unten nachfolgend noch näher darzulegenden Gründen nicht gewünscht sein kann, sollte klar formuliert sein, ob es sich um ein Vermächtnis oder um eine Auflage handelt.[254] 367

Insbesondere wenn der Eintritt von Ereignissen für den Erblasser bei der Gestaltung seiner letztwilligen Verfügung noch unsicher ist, neigt der Gestalter häufig dazu, diese Eventualitäten statt durch ein bedingtes Vermächtnis durch eine Auflage zu regeln oder die beiden Gestaltungen zu vermischen. Haben sich beispielsweise Eheleute gegenseitig zu Erben eingesetzt und zum Schlusserben bindend ihre Kinder und soll dem Längstlebenden gleichwohl die Möglichkeit zur Veräußerung der in den 368

---

251 KG FamRZ 1968, 334.
252 So auch Tanck/Krug/*Riedel* NotarFormulare Testamente, 5. Auflage, § 15 Rn. 11.
253 *Vorwerk*, ZEV 1998, 298.
254 In der bereits zitierten Entscheidung des Kammergerichts in ZEV 1998, 307 befindet sich ein nahezu lehrbuchreifer Abriss einer Argumentation über die für eine Auslegung heranzuziehenden Kriterien zur Abgrenzung zwischen einem Vermächtnis und einer Auflage.

Nachlass des Erstversterbenden fallenden Immobilie verbleiben, wenn gleichzeitig sichergestellt wird, dass den Kindern ein Anteil aus dem Kauferlös verbleibt, könnte dies besser durch Anordnung eines bedingten Vermächtnisses statt durch eine Auflage geregelt werden. Eine Vermischung dieser beiden Institute sollte vermieden werden.

369 ▶ **Muster:**

Trotz der nachfolgenden teilweise bindenden Erbeinsetzung des Längstlebenden von uns ist jeder von uns ausdrücklich berechtigt, über diesen Grundbesitz nach seinem Belieben frei und uneingeschränkt zu verfügen. Er darf diesen Grundbesitz sowohl verkaufen als auch verschenken oder anderweitig darüber verfügen.

Lediglich für den Fall einer solchen entgeltlichen oder unentgeltlichen Veräußerung des vorgenannten Grundbesitzes oder gegebenenfalls seines Surrogates ordnet der Erstversterbende das folgende bedingte Vermächtnis zu Gunsten der Kinder der Ehefrau an (und nicht! bzw. macht es der Erstversterbende von uns dem Längstlebenden zur Auflage). Dieses bedingte Vermächtnis (und nicht! bzw. die Auflage) werden durch den Ehemann erbvertraglich bindend, durch die Ehefrau aber einseitig testamentarisch und somit durch die Ehefrau einseitig jederzeit frei widerruflich angeordnet.

Im Falle der entgeltlichen Veräußerung des Grundbesitzes erhält jedes der beiden Kinder der Ehefrau, nämlich ... einen $1/4$ Anteil an dem nach Begleichung der vom Längstlebenden aus Anlass des Verkaufs zu zahlenden Kosten, Gebühren und etwaigen Steuern verbleibenden Verkaufserlöses zu Alleineigentum. Der Betrag ist zinslos fällig und zahlbar 10 Tage nach Zahlung des Kaufpreises.

3. Abgrenzung und Kombinationsmöglichkeiten zu Bedingung

a) Abgrenzung

370 Letztwillige Verfügungen von Todes wegen können wie Rechtsgeschäfte unter Lebenden auch unter einer **Bedingung** getroffen werden. Dem Erblasser wird dadurch die Möglichkeit gegeben, durch entsprechende Klauseln künftigen Entwicklungen Rechnung zu tragen, die Herrschaft über sein Vermögen über seinen Tod hinaus zu erstrecken und den Willen des Bedachten durch seinen eigenen in der Rechtswirkung fortlebenden Willen zu beeinflussen.[255]

371 Es ist dem Erben oder Vermächtnisnehmer freigestellt, ob er eine **Bedingung** erfüllen will oder nicht. Er muss dann nur die Konsequenzen der Bedingung tragen. Das bedeutet, dass die Gegenleistung von einer **Bedingung** abhängig ist, deren Erfüllung im Belieben des Verpflichteten steht.

372 ▶ **Muster:**

Meiner Nichte N vermache ich mein Motorrad unter der aufschiebenden Bedingung, dass sie innerhalb von zwei Jahren ab dem Erbfall die Fahrberechtigung zur Führung dieses Motorrades im öffentlichen Straßenverkehr erwirbt.

373 Will der Erblasser ein bestimmtes Verhalten des Beschwerten erreichen, wie beispielsweise keinen Alkohol mehr zu trinken oder nicht mehr dem Glücksspiel zu frönen, ist eine Erbeinsetzung unter einer **Bedingung** möglicherweise gekoppelt mit Testamentsvollstreckung sinnvoller. Der Erbe würde dann nur etwas aus dem Nachlass erhalten, wenn er auch tatsächlich von Alkohol oder Glücksspielen ablässt, die vom Erblasser formulierte Bedingung also auch tatsächlich eintritt.

374 Bei einer Bedingung, die ein Erbe oder Vermächtnisnehmer erfüllen soll, gibt es also keine Pflicht zur Leistung. Die Erfüllung steht im Belieben des Verpflichteten. Er muss jedoch die Konsequenzen tragen, die der Erblasser mit dem Eintritt oder dem Nichteintritt der Bedingung verknüpft hat.

---

255 *Hilgers*, MittRhNotK 1962, 381.

b) Kombinationsmöglichkeiten

In Abgrenzung hierzu kann auch eine Auflage durch die Anordnung von Sanktionen abgesichert werden. Die Erbeinsetzung oder der Vermächtnisanfall kann unter die auflösende **Bedingung** der Nichtvollziehung der Auflage gestellt werden. Dabei sollte aber festgelegt werden, ob und welche vergeblichen Maßnahmen des Vollziehungsberechtigten dem Bedingungseintritt voraus gehen müssen. Anderenfalls ist die Rechtslage nicht anders als bei der bedingten Zuwendung.[256] 375

▶ **Muster:** 376

Ich vermache Frau A einen Geldbetrag in Höhe von € ... mit der Auflage ...

Falls sie der Auflage trotz rechtskräftiger Verurteilung nicht nachkommt, fällt das Vermächtnis an Herrn B, den ich zugleich mit der Vollziehung der zunächst Frau A auferlegten Auflage beauftrage.[257]

Denkbar ist auch die Verknüpfung einer Auflage mit der **Bedingung**, dass zum Beispiel der Erbe seiner Nichte das gesamte zum Nachlass gehörende Inventar des Friseursalons aushändigen soll unter der aufschiebenden Bedingung, dass die Nichte tatsächlich den Beruf der Friseurin ergreift. 377

▶ **Muster:** 378

Das gesamte in meinem Nachlass fallende Inventar des von mir betriebene Friseursalon soll mein Erbe an meine Nichte N zu Eigentum übertragen, wenn diese nach ihrer Ausbildung tatsächlich den Beruf der Friseurin dauerhaft ausübt.

Die Auflage an die als Erbin eingesetzte Tochter, ihre behinderte Schwester zu unterstützen, wenn diese nicht mehr wie bisher alleine wohnen kann, ist als Kombination einer Auflage unter einer aufschiebenden Bedingung denkbar. 379

▶ **Muster:** 380

Ich mache es meiner Tochter A zur Auflage, meine weitere Tochter B, die behindert ist, wie nachfolgend angeordnet zu unterstützen, soweit dies aufgrund ihrer Behinderung erforderlich ist. Zur Zeit kann meine Tochter B die von ihr genutzte Wohnung trotz ihrer Behinderung noch alleine bewohnen und in Ordnung halten. Sollte sie hierzu aufgrund ihrer Behinderung nicht mehr in der Lage sein, ist meine Tochter A als alleinige Erbin verpflichtet, meine weitere Tochter B in den in den Nachlass fallenden Wohnräumen aufzunehmen und für diese zu sorgen. Über den Eintritt der aufschiebenden Bedingung, dass also meine Tochter aufgrund ihrer Behinderung die Wohnung nicht mehr alleine nutzen kann, entscheidet in Zweifelsfällen die Aussage der durch ein schriftliches Attest festzulegenden Einschätzung des meine Tochter behandelnden Hausarztes.

4. Vor- und Nachteile der Auflage

Stichwortartig lassen sich folgende Vor- und Nachteile der Auflage zusammenfassen[258]: 381

Vorteile:
- kein unmittelbar Berechtigter erforderlich (Zuwendung auch an Tiere oder nicht rechtsfähige Personenkreise möglich)
- Auswahl des Begünstigten durch Dritte möglich (Zweckauflage)
- Einflussmöglichkeit auf Verhalten eines Bedachten
- Geeignet für erbrechtliche Anordnungen, die nicht vermögensrechtliche Vorteile bringen (z. B. Teilungsverbot)
- zeitlich unbegrenzt wirksam (z. B. Vermögen auf Dauer zu Stiftungszwecken zu verwenden)

---

256 Münchener Anwaltshandbuch Erbrecht/*Stahl*, § 14 Rn. 30.
257 Ähnliche Formulierung in Münchener Anwaltshandbuch Erbrecht/*Stahl*, § 14 Rn. 30.
258 ähnlich auch Groll/*Trilsch* Praxishandbuch, Erbrechtsberatung, 4. Auflage, B V Rn. 21.

Kapitel 9 Einflussnahme des Erblassers über seinen Tod hinaus

Nachteile:
- kein unmittelbar Berechtigter vorhanden
- nicht von Begünstigten erzwingbar und gegen den Willen des Beschwerten schwer durchsetzbar
- bei Nichterfüllung kein Schadensersatz für den Begünstigten
- Erfüllung der Auflage ist nachrangig zum Pflichtteil und schmälert diesen nicht (jedoch Verteilung der Pflichtteilsansprüche zwischen Erben und Auflagenbegünstigten nach §§ 2318, 2322 BGB möglich)

III. Inhaltliche Gestaltungsmöglichkeiten von Auflagen

1. Wesensbestandteile und inhaltliche Grenzen der Auflage

a) »Muss-Bestandteile« einer Auflage

382 Bei der Formulierung einer Auflage sollten immer bestimmte »Muss-Bestandteile« enthalten sein.

383 Zwecks Streitvermeidung sollte der Begriff »Auflage« ausdrücklich verwendet werden, damit die Abgrenzung zum Vermächtnis, zur Bedingung oder zum bloßen Wunsch klar definiert ist.

384 Wegen der im juristischen Schrifttum festzustellenden »Auslegungsfreudigkeit« der Gerichte[259] genügt es bei der Formulierung einer letztwilligen Verfügung nicht mehr, einfach nur zu sagen, eine Auflage sei eine Auflage. Denn damit ist nicht gewährleistet, dass dies nicht später bei einem gerichtlichen Streit über den Inhalt einer letztwilligen Verfügung in ein Vermächtnis ausgelegt wird.

385 ▶ **Muster:**

Entgegen jeder anderslautenden gesetzlichen oder richterlichen Auslegungs- oder Vermutungsregel ordne ich durch Auflagen und nicht durch Vermächtnisse, also ohne ein Recht der Begünstigten zu begründen, die ihnen zugedachten Leistungen zu fordern, an: (weitere Beschreibung des Inhalt der Auflage)

386 Folgende Regelungsinhalte sollten bei jeder von einem Erblasser angeordneten Auflage geregelt werden:
- Wer mit der Auflage konkret beschwert wird und was gilt, wenn der Beschwerte wegfällt,
- Bestimmung des Vollziehungsberechtigten,
- Überlegung, ob Testamentsvollstreckung zur Absicherung der Vollziehung sinnvoll ist,
- Verbindung der Auflage mit einer aufschiebenden oder auflösenden Bedingung, um den Druck der Vollziehung voran zu treiben.

b) Grenzen der Sittenwidrigkeit und Gesetzeswidrigkeit

387 Da Inhalt der Auflage nur sein kann, was auch Gegenstand eines Schuldvertrages unter Lebenden sein kann, findet er seine Begrenzung am Verbot sittenwidriger (§ 138 BGB), unmöglicher und gesetzwidriger (§ 134, 2171 2192 BGB) Leistungen.

388 Demnach ist jede Gestaltung im Bereich des Erbrechts an § 138 Abs. 1 BGB zu messen.[260]

389 Die von einem Erblasser gewünschte Herbeiführung höchstpersönlicher Entscheidungen durch Erbeinsetzung oder Vermächtniszuwendung, die unter eine Potestativbedingung gestellt werden, kann danach gegen § 138 Abs. 1 BGB verstoßen. Zur Beurteilung hierfür heranzuziehende Kriterien sind nach Auffassung von *Otte* der Umfang der versprochenen Zuwendung, der Grad, wie sehr der Bedachte auf diese Zuwendung angewiesen ist sowie die Geeignetheit, den Bedachten in Schwierigkeiten zu bringen.[261]

---

259 Vgl. KG FamRZ 1968, 334, in dem eine als Potestativbedingung gewollte Güterstandsvereinbarung des erbenden Nachkommens vom Gericht im Wege der Auslegung zu einem rechtlich unverbindlichen Wunsch umgedeutet wurde.
260 *Smid*, NJW 1990, 409.
261 Staudinger/*Otte/Avenarius*, § 2074 Rn. 34.

Auflösende Bedingungen, deren Eintritt sich erst nach dem Anfall der Zuwendung entscheidet, seien hierbei strenger zu beurteilen als aufschiebende Bedingungen, die den Bedachten mit dem Ausbleiben eines Vermögenszuwachses bedrohen.[262] Als Beispiele für **sittenwidrige** und damit nichtige Bedingungen werden solche aufgeführt, die auf die **höchstpersönliche Entscheidung des Bedachten** Einfluss nehmen wollen, wie z. B. Konfessionszugehörigkeit, Wahl eines bestimmten Berufes, eines bestimmten Wohnortes (was gerade bei der Übernahme eines landwirtschaftlichen Betriebes für den Erblasser eine große Rolle spielt) oder der Eheschließung oder Vereinbarung von Gütertrennung.

Die Einflussnahme eines Erblassers beispielsweise auf die Berufswahlfreiheit oder die Verpflichtung zur Wahl eines bestimmten Wohnsitzes durch die Verknüpfung entsprechender Bedingungen kann zu einem Eingriff in die Berufswahlfreiheit und in die Freizügigkeit darstellen, so dass der mit der Bedingung verbundene faktische Zwang zur Wahl eines bestimmten Berufes bzw. zum Wohnsitzwechsel einen Verstoß gegen § 138 Abs. 1 BGB darstellen kann.

In der Literatur wird versucht, zwischen achtenswerten »vermögensbezogenen« Zwecken der Bedingungen und anderen, gegebenenfalls unwirksamen Zwecksetzungen zu unterscheiden.

Im Bereich der Gestaltung letztwilliger Verfügung ist jedoch Verlässlichkeit und Planungssicherheit die Grundlage für jeden Gestaltungsvorschlag. Die Rechtsfolge des § 138 Abs. 1 BGB (Unwirksamkeit) ist gravierend und unter allen Umständen zu vermeiden.

Es ist deshalb überlegenswert, den Anfall der erbrechtlichen Anordnung nicht unter eine **Bedingung** zu stellen, sondern das vom Erblasser gewünschte Ergebnis über eine Auflage zu erreichen. Es soll dann eine unbedingte Auflage angeordnet werden, deren Fälligkeit dann bis zum Eintritt der vom Erblasser gewünschten Zielvorgabe des Qualifikationserwerbs bzw. der »Wohnsitznahme am Unternehmenssitz« aufgeschoben wird. Die innerhalb einer bestimmten Karenzzeit »nacherfüllenden« Nachkommen sollen dann bei Fälligkeit (also dem Eintritt der vom Erblasser bestimmten Zielvorgabe) in gleicher Weise und gleichem Maße wie die Erben am Unternehmen beteiligt werden.

▶ **Muster:**[263]

Für den Fall, dass einer oder einige meiner Nachkommen aufgrund der in dieser Urkunde dargelegten Qualifikationsanforderung/Wohnsitzbestimmung nicht Erben werden, treffe ich nachfolgende Anordnungen im Wege der erbrechtlichen Auflage:

Qualifikationsklausel: Die zum Zeitpunkt des Erbfalls nicht entsprechend der Qualifikationsanforderung ausgebildeten Nachkommen sollen jeweils nach Erlangen der geforderten Qualifikation gleichberechtigt mit den Erben als Unternehmenserbe beteiligt werden. Voraussetzung hierfür ist, dass die geforderte Qualifikation vor der Auseinandersetzung der Erbengemeinschaft erfolgt ist.

Wohnsitzklausel: Die zum Zeitpunkt des Erbfalls nicht am Unternehmenssitz ansässigen Nachkommen sollen jeweils nach ausschließlicher Wohnsitznahme am Unternehmenssitz gleichberechtigt mit den Erben als Unternehmenserbe beteiligt werden. Voraussetzung hierfür ist, dass die ausschließliche Wohnsitznahme am Unternehmenssitz mindestens ... (Karenzzeit) vor der Auseinandersetzung der Erbengemeinschaft erfolgt ist.

Zu diesem Zweck ordne ich Folgendes an: Die Erben sind verpflichtet, jedem zum Beginn der Auseinandersetzung der Erbengemeinschaft die geforderte berufliche Qualifikation aufweisenden und/oder bereits mindestens ... (Karenzzeit) ausschließlich am Unternehmenssitz ansässigen Nachkommen, der nicht Erbe geworden ist, eine Beteiligung am (Unternehmen) zu übertragen. Die Höhe des zu übertragenden Anteils ermittelt sich aus der Anzahl der Erben und Auflagebegünstigten (Beteiligte). Nach Erfüllung der Auflage und Auseinandersetzung der Erbengemeinschaft soll jeder Beteiligte Inhaber eines gleich hohen Anteils am Unternehmen sein.

Die Auflage entsteht mit dem Erbanfall. Die Erbteile sind mit der Auflage belastet.

---

262 Staudinger/*Otte/Avenarius*, § 2074 Rn. 51.
263 Ähnlicher Formulierungsvorschlag von Heeg, DStR 2007, 89, 92.

Der Auflagenbegünstigte hat die geforderte berufliche Qualifikation/seinen ausschließlichen Wohnsitz am Unternehmenssitz (mit Zuzugsdatum) dem Testamentsvollstrecker in geeigneter Form nachzuweisen (Diplom; berufsqualifizierendes Abschlusszeugnis/Meldebestätigung; eidesstattliche Versicherung; Steuerbescheid; o. ä.). ...[264]

396 Wie vorstehend dargestellt kommt eine **Sittenwidrigkeit** einer letztwilligen Verfügung insbesondere dann in Betracht, wenn vom Beschwerten ein höchstpersönliches Verhalten abverlangt würde.[265]

397 Im Rechtssinne beschwert ist bei der hier vorgeschlagenen Formulierung durch die Auflage der Erbe oder Vermächtnisnehmer. Von dem Erben oder Vermächtnisnehmer als Auflagebeschwerten wird jedoch in der hier dargestellten Fallkonstellation kein eigenes Verhalten ausbedungen, dass über eine Leistung/Vermögenszuwendung hinausgeht. Die vom Erblasser gewünschte Zielvorgabe wird allein durch das Verhalten des Begünstigten herbeigeführt oder eben nicht herbeigeführt.

398 Der **Auflagenbegünstigte** hat dabei wie bereits dargestellt keine eigene Rechtsposition am Gegenstand der Auflage, insbesondere keinen Erfüllungsanspruch. Wenn die durch Auflage ausbedungene Leistung nicht erfolgt, besteht kein rechtlicher Schutz des Auflagenbegünstigten. Die Einflussnahme auf das Verhalten des Auflagenbegünstigten stellt sich damit aus rechtlicher Sicht lediglich als Reflexwirkung der bedingten Auflagenbelastung des Beschwerten dar. Dies ist im Rahmen der Beurteilung, ob ein Verstoß gegen § 138 Abs. 1 BGB und somit **Sittenwidrigkeit** vorliegt, unbeachtlich.[266]

399 Das rechtliche Risiko der Unwirksamkeit einer Berufswahlklausel bzw. Wohnsitzklausel oder der Einflussnahme auf die rechtliche Gestaltung der Ehe wird also entscheidend gemindert, wenn die an die Erfüllung einer Zielvorgabe des Erblassers geknüpfte Zuwendung nicht durch Erbeinsetzung bzw. im Vermächtniswege erfolgt, sondern per Auflage. Unter dem Gesichtspunkt der Gestaltungssicherheit ist daher die Auflage zur Sicherung und Durchsetzung des dargestellten Gestaltungsziels der vorzugswürdigere Weg.

c) Zeitliche Beschränkung der Auflage

400 Es ist fraglich, ob der Nachlass zeitlich unbegrenzt in der Weise mit einer erbrechtlichen Auflage belastet werden kann, dass einem Dritten und ihm folgend weiteren Dritten regelmäßig wiederkehrende Geldzahlungen zufließen. Die ratio des § 2210 BGB legt nahe, diese Regelung für den Fall entsprechend anzuwenden. Gemäß § 2210 BGB endet die einem Testamentsvollstrecker übertragene Verwaltungsvollstreckung dreißig Jahre nach Eintritt des Erbfalles, sofern die Ausnahmen, die § 2210 S. 2 BGB zulässt, nicht vorliegen. Da auch jene Ausnahmen eine zeitlich unbegrenzte Bindung des Nachlasses ausschließen, wird man auch eine durch erbrechtliche Auflage getroffene Anordnung, durch die eine zeitlich unbegrenzte Geldzuwendung an Dritte gewollt ist, den zeitlichen Grenzen des § 2210 BGB unterwerfen müssen. Dies müsste auch dann gelten, wenn die Durchsetzung der Vollziehung der erbrechtlichen Auflagen nicht in die Hände eines Testamentsvollstreckers gelegt worden ist.[267]

d) Inhaltliche Bestimmtheit der Auflage

401 Eine zu konkret formulierte Auflage kann auch Nachteile mit sich bringen. Verfügt der Erblasser beispielsweise, dass seine Zuwendung nur dafür verwendet werden kann, ein bestimmtes Projekt des Erblassers im konkreten Detail zu finanzieren und besteht dieses Projekt zum Todeszeitpunkt des Erblassers gar nicht mehr oder ist das Projekt in der vom Erblasser gewünschten Form nicht realisierbar, könnte die Auflage ins Leere laufen. Es ist daher ratsam, die Auflage etwas offener zu formulieren und dann mit konkreten Wünschen des Erblassers flankierend zu beschreiben.

---

264 Ähnlicher Formulierungsvorschlag von *Heeg*, DStR 2007, 89, 92.
265 MünchKommBGB/*Leipold*, § 1940 Rn. 5.
266 *Heeg*, DStR 2007, 89, 93.
267 *Vorwerk*, ZEV 1998, 297, 298.

▶ **Muster:**

Ich vermache dem Verein ... ein Geldvermächtnis in Höhe von x Euro. Ich beschwere den Vermächtnisnehmer mit der Auflage, das Geld ausschließlich für die Instandhaltung des Vereinsheims zu verwenden. Ich würde mir wünschen und empfehlen, dass von diesem Geld zunächst die Renovierung der Außenfassade bezahlt wird. Wenn jedoch der Verein nachvollziehbare Gründe dafür sieht, das Geld in eine andere Form für die Sanierung des Vereinsheimes zu verwenden, bin ich auch damit einverstanden.

2. Vermögensrechtliche Auflage

Die durch eine Auflage angeordnete Leistung kann in der Zuwendung eines Vermögensvorteils bestehen, in einer Geldleistung, in einer Sachleistung oder Kombination von beiden. Möglich ist auch ein Wahlrecht zwischen Geld- und Sachleistung (Wahlauflage §§ 2192, 2154 BGB) oder eine Ersetzungsbefugnis.

▶ **Muster:**

Hiermit setze ich meine beiden Kinder A und B zu meinen Erben zu je ¹/₂ Anteil ein. Weiterhin erteile ich ihnen die Auflage, meinem Neffen Thomas jährlich einmal einen zweiwöchigen Urlaub bzw. Kuraufenthalt zu finanzieren. Weiterhin erteile ich ihnen die Auflage, bis zu einem Betrag von jährlich 1.500 EUR für meinem vorgenannten Neffen medizinische Maßnahmen zu bezahlen, die aus ärztlicher Sicht nicht unbedingt erforderlich aber dennoch wünschenswert sind und für die weder die Krankenkasse, eine Versicherung noch der Sozialhilfeträger aufkommen.[268]

Die Ausübung der Wahl kann dem Testamentsvollstrecker zugewiesen werden (§ 2154 Abs. 1 S. 2 BGB), ebenso die Ausübung der Ersetzungsbefugnis.

3. Zweckauflage

Abweichend von § 2065 Abs. 2 BGB ist auch eine Auflage mit unbestimmtem Leistungsgegenstand als Zweckauflage (§§ 2192, 2156 BGB) möglich. Bei ihr muss der Erblasser selbst, wenn auch allgemein, lediglich einen **Zweck** festlegen, dem die Auflage dienen soll. Die Zweckauflage bietet den weitestgehenden Gestaltungsraum der erbrechtlichen Gestaltungsmittel. Bei der Zweckauflage kann der Erblasser sowohl die Person des Begünstigten wie den Gegenstand der Auflage von einem Dritten bestimmen lassen. Der Zweck muss nur soweit bestimmt sein, dass sich für das billige Ermessen bei der Bestimmung der Leistung ausreichend Anhaltspunkte ergeben.

▶ **Muster:**

Mein Erbe, die X-Stiftung in Y, wird mit folgender Auflage beschwert:

Die X-Stiftung in Y darf den ihr zufallenden Nachlass nur für Projekte verwenden, welche ausschließlich durch Spenden finanziert werden. Die Auswahl der konkreten Verwendung des Nachlasses obliegt in Absprache mit der X-Stiftung der nachfolgend unter Abschnitt ... dieser Urkunde genannten Testamentsvollstreckerin.

Außerdem kann die Auflage so angeordnet werden, dass die Leistung erst beim Tode des Letztversterbenden zu erbringen ist.

In der Praxis hegen insbesondere ältere Erblasser häufiger den Wunsch, durch Auflage zur Verbesserung der Einrichtung und Ausstattung ihres Altersheims beizutragen. Das bisherige Verbot des § 14 Heimgesetz ist im Zusammenhang mit der Föderalismusreform nunmehr durch den Landesgesetzgeber geregelt. Auch die Landesgesetze verbieten häufig **Zuwendungen an den Heimträger**.[269]

---

268 Ähnlicher Formulierungsvorschlag von Groll/*Trilsch*, Praxishandbuch Erbrechtsberatung, 4. Aufl. B V. Rn. 54.
269 Bspw. in NRW § 10 des Gesetzes über das Wohnen mit Assistenz und Pflege in Einrichtungen GVBl. NRW 2008, 738.

410 Bei der Formulierung entsprechender Auflagen ist darauf zu achten, dass diese keine Umgehung der entsprechenden Verbotsvorschriften darstellen. Eine solche Umgehung läge vor, wenn durch die gewählte rechtliche Gestaltung der Tatbestand des Verbotsgesetzes selbst nicht erfüllt ist, dennoch der von ihm verbotene Erfolg herbeigeführt wird.[270] Das kann also der Fall sein, wenn die verbotene Zuwendung nicht an den Verbotsadressaten selbst, sondern an eine ihr nahe stehende oder sonst verbundene Person geht und dadurch eine mittelbare bzw. indirekte Begünstigung der Verbotsadressatin erfolgt.[271] Wenn aber der Erblasser den Erben die Entscheidung über die Verwendung des vererbten Vermögens im Rahmen eines nur allgemein vorgegebenen Zwecks überlässt und keine bestimmte **Zuwendung an den Heimträger** verfügt, der Erbe also weder Träger des vom Erblasser im Zeitpunkt der Testamentserrichtung bewohnten Heims ist noch zu dem Heimpersonal gehört, liegt ein Verstoß gegen das Zuwendungsverbot nicht vor.[272]

411 ▶ **Muster:**

Die Erbeinsetzung erfolgt unter der Auflage, dass der Erbe den Erlös aus dem Verkauf der zum Nachlass gehörenden Wertpapiere den in der Stadt X lebenden Armen zu Gute kommen lässt. Dabei hat der Erbe den Erlös aus dem Verkauf des Wertpapiervermögens nach freiem Ermessen für soziale und karitative Maßnahmen in der Stadt X zu verwenden, die vor allem den älteren Bürgern der Stadt zu Gute kommen. Beispielsweise werden genannt:
– Verbesserung der Einrichtung und Ausstattung und Altenheime in der Stadt X, ohne Rücksicht auf die Trägerschaft
– Unterstützung älterer bedürftiger Menschen, in Not geratener Familien und karitativer Hilfsdienste[273]

412 Noch weitergehend als bei der Vermächtnisanordnung braucht der Erblasser bei der Auflage noch nicht einmal einen **Begünstigten** zu bestimmen, sondern kann sich auf die Angabe des **Zwecks** beschränken und die Bestimmung des Begünstigten dem Beschwerten oder einem Dritten übertragen (§ 2193 BGB). Maßgebend ist lediglich, dass die Zweckbestimmung im Sinne des § 2193 BGB hinreichend bestimmt ist. Nach Auffassung des OLG München vom 28.5.2014[274] sind die Grenzen hierbei nicht eng zu sehen. Ausreichend sei etwa die Bestimmung, eine festgelegte Summe für »fromme und wohltätige Zwecke« oder allgemein für »wohltätige Zwecke« zu verwenden. Die Entscheidung des Bestimmungsberechtigten erfolgt nach dessen freiem Ermessen, soweit sich aus der letztwilligen Verfügung keine anderen Anhaltspunkte ergeben.

413 ▶ **Muster:**

Der Längstlebende von uns beschwert den vorgenannten Erben bzw. die Ersatzerbin mit folgender Auflage: Der Erbe bzw. die Ersatzerbin hat aus unserem Nachlass einen Geldbetrag in Höhe von 50 % des nach Abzug der Verbindlichkeiten verbleibenden Spar- und Barvermögens des Längstlebenden von uns, maximal jedoch einen Betrag in Höhe von € 50 000,– (in Worten: Euro fünfzigtausend) an eine soziale Einrichtung oder eine karitative Einrichtung zu spenden. An welche Einrichtung der Geldbetrag gespendet werden soll, werden wir noch schriftlich festlegen. Sollte eine schriftliche Festlegung unsererseits nicht erfolgen, kann und hat der Erbe bzw. die Ersatzerbin selbst eine soziale oder karitative Einrichtung zu bestimmen oder den Geldbetrag anderweitigen sozialen Zwecken zu widmen. Der Betrag von € 50 000,- soll nicht dem Inflationsausgleich entsprechend angepasst werden.

414 Die Entscheidung muss sich jedoch im Rahmen der vom Erblasser vorgegebenen **Zwecke** halten.[275]

---

270 BGH NJW 1991, 1060, 1061.
271 BayObLG NJW 2000, 1875.
272 BayObLG NJW 2000, 1959.
273 Eine ähnliche Formulierung lag dem Rechtsstreit vor dem BayObLG NJW 2000, 1959 zu Grunde.
274 DNotZ 2014, 702.
275 BGH NJW 1993, 2168, 2169.

▶ **Muster:** 415

Die Erbin Frau A hat 50 % (in Worten: fünfzig Prozent) des in dem Nachlass vorhandenen Bar- und Sparvermögens für wohltätige Zwecke zu verwenden. Es soll ein Fonds gebildet werden, der sicher angelegt werden soll und aus welchem arme, bedürftige und kranke Menschen in Thailand unterstützt und Bettelmönche in Thailand mit Nahrung versorgt werden sollen. Ferner soll mit diesem Vermögen bedürftigen Waisenkindern in Thailand und herrenlosen Tieren in Thailand geholfen werden Die verbleibenden 50 % des in dem Nachlass vorhandenen Bar- und Sparvermögens stehen der Erbin Frau A nur für sich selbst und für die Versorgung und artgerechte Haltung der von mir bis zu meinem Tode gehaltenen Tiere zur Verfügung.

Der Erblasser kann dem Beschwerten weitgehende Gestaltungsfreiheit einräumen, indem er die Bestimmung des **Begünstigten** in das freie Belieben und die Bestimmung der Leistung in das billige Ermessen des Beschwerten oder eines Dritten stellt, wenn nur der angegebene **Zweck** hinreichende Maßstäbe für die Bestimmung an die Hand gibt. 416

Demnach kann der Erblasser dem Erben oder einem Vermächtnisnehmer eine Auflage anordnen, mit Mitteln des Nachlasses eine Stiftung unter Lebenden zu errichten[276] oder Vermögenswerte als unselbstständige Stiftung in eine vom Testamentsvollstrecker noch auszusuchende bestehende Stiftung einzubringen.[277] Diese Gestaltung empfiehlt sich dann, wenn der Erblasser den Träger der Stiftung und die Stiftungsverfassung nicht selbst festlegen will und dem Beschwerten oder einem Dritten Spielraum bei der Gestaltung der Stiftungssatzung eingeräumt werden soll.[278] Gegenstand einer Auflage kann somit jedes Tun oder Unterlassen sein, ohne das sie einen vermögensrechtlichen Inhalt haben muss. 417

Der **Zweck** kann ganz allgemein gehalten werden, so dass es dem Beschwerten völlig freisteht, in welcher Form oder mit welchem Geldbetrag er einen bestimmten Zweck erfüllen will. 418

▶ **Muster:** 419

Ich erteile meinen beiden Erben die Auflage, jedes Jahr zu Weihnachten alten oder bedürftigen Menschen eine Freude zu machen.

Gleichwohl ist es ratsam, einen konkreten Geldbetrag zu nennen. 420

▶ **Muster:** 421

Ich erteile meinen beiden Erben die Auflage, jedes Jahr zu Weihnachten alten oder bedürftigen Menschen eine Freude zu machen und dafür einen Geldbetrag von jährlich je € 2 500,00 zu verwenden.

Besteht zu befürchten, dass sich der Beschwerde nicht an die Erfüllung der Auflage halten wird, sollte die Auflage noch konkreter gefasst werden oder gleich ein konkretes Vermächtnis ausgesetzt werden.

4. Erbrechtliche Auflage und Herausgabeobliegenheit im Insolvenzverfahren

Nach § 295 Abs. 1 Ziffer 2 Insolvenzordnung ist Vermögen, dass ein Schuldner von Todes wegen während der Wohlverhaltensperiode erwirbt, zur Hälfte des Wertes an den Treuhänder herauszugeben. Da es zum Wesensmerkmal der erbrechtlichen Auflage nach § 2194 BGB gehört, dass der aus der Auflage **Begünstigte** aus eigenem Recht keinen Anspruch auf Vollziehung der Auflage herleiten kann, unterliegt die noch nicht erfüllte Auflage auch nicht dem Zugriff der Gläubiger des Begünstigten. Nach der Vollziehung der Auflage handelt es sich hingegen um einen »Erwerb von Todes wegen«, der dann unter § 295 Abs. 1 Ziffer 2 Insolvenzordnung zu subsumieren ist. Demnach führt die Anordnung einer erbrechtlichen Auflage zu Gunsten des überschuldeten Berechtigten nur dann zu 422

---

276 Palandt, § 2192 Rn. 3.
277 OLG München, DNoti-Report 2015, 6 f.
278 *Wochner*, MittRhNotK 1994, 89, 97.

einer Herausgabeobliegenheit nach § 295 Abs. 1 Ziffer 2 Insolvenzordnung, wenn diese Auflage während der laufenden Wohlverhaltensperiode dem Begünstigten gegenüber »vollzogen« wird. Kommt es während dieser Zeit jedoch nicht zu einem solchen Vollzug, scheidet eine Herausgabeobliegenheit aus. Auch eine Obliegenheitsverletzung kann darin nicht erkannt werden, da der aus der Auflage Begünstigte schon nach materiellem Recht gemäß § 2194 BGB keinen eigenen Anspruch auf Vollziehung der Auflage hat. Demnach ist eine Auflage gegenüber einem Erben, einer dritten Person nach Ablauf des Restschuldbefreiungsverfahrens bestimmte Gegenstände an den **überschuldeten Berechtigten** zu übertragen, eine gangbare Gestaltungsmöglichkeit.

423 ▶ **Muster:**

Meiner Tochter als alleinige Erbin mache ich es zur Auflage, meinem Sohn nach vollständigem Ablauf des gegen ihn bestehenden Insolvenzverfahrens und nur dann, wenn dieser wieder einer regelmäßigen Arbeit nachgeht, eine monatliche Zuwendung in Höhe von x Euro bis zum Erreichen dessen 65. Lebensjahres zu zahlen.

IV. Praktische Einzelfälle

1. Auflagen zu Gunsten von Tieren

424 Begünstigter einer Auflage muss nicht zwingend eine natürliche oder jedenfalls eine juristische Person sein. Häufig wollen Erblasser mittels einer Auflage ihre Haustiere versorgt wissen. Die erfolgt häufig in ausführlicher und detaillierte Form.

425 ▶ **Muster:**

Meine drei Haflinger »Nico«, »Anja« und »Minka« vermache ich meinem vorgenannten Sohn A zu Alleineigentum. Ich mache es dem Vermächtnisnehmer zur Auflage, die Haflinger nicht zu verkaufen und diese soweit irgend möglich nicht vom Anwesen zu entfernen, solange bis Krankheit und/oder Alter der Tiere diesen Unterhalt überflüssig machen sollen. Die Pferde sollen zu ihren Lebzeiten weiter auf den bisher üblicherweise genutzten Weiden grasen und in ihren gewohnten Stallungen verbleiben.

Ich beschwere den Vermächtnisnehmer A mit der weiteren Auflage, diese Pferde weiterhin wie gewohnt und vorbeschrieben zu versorgen.

Die Kosten der Versorgung der Pferde sind von dem Vermächtnisnehmer zu bestreiten. Für ausreichend Stroh und Heu wird gemäß dem von mir abgeschlossenen Vertrag Herr X sorgen.

426 In etwas undifferenzierter Form kann für das Wohl und Wehe eines Tieres gesorgt werden.

427 ▶ **Muster:**

Ich beschwere meine Erbin A mit folgender Auflage: Die Erbin ist verpflichtet, die von mir bis zu meinem Tode gehaltenen Tiere so zu versorgen, dass die Tiere artgerecht gehalten und unter keinen Umständen ausgesetzt oder in einem Tierheim untergebracht werden.

Die Anordnung einer Auflage zur Haustierversorgung hat erbschaftssteuerliche Vorteile, die nachstehend unter Rdn. 488 dargestellt werden.

2. Verwendungsgebot

428 Der Erblasser kann auch angehalten werden, bestimmte Verwendungen betreffend das Nachlassvermögen zu unterlassen.

429 ▶ **Muster:**

Ich beschwere meinen Erben A mit folgender Auflage: A ist nicht berechtigt, dass zum Nachlass gehörende Vermögen für seinen Vater, Herrn B, oder dessen Familie zu verwenden und auch keine Bürgschaften oder sonstige Verpflichtungen für diesen und seine Familie zu übernehmen.

3. Auflagen zur Grabpflege und Grabgestaltung sowie Lesen heiliger Messen

Häufig wünschen die Erblasser gerade in ländlichen und christlich geprägten Gebieten eine ausführliche Regelung zur Gestaltung ihrer Beerdigung, der Herrichtung und Pflege der Grabstätte oder auch der langjährigen Gedenken. Dem Bedürfnis mancher Klienten, sie würden gerne in ihrem Hochzeitsanzug oder dem teuren Pelzmantel bestattet werden, sollte man mit Sensibilität entgegnen, da eine letztwillige Verfügung erst mehrere Wochen nach dem Tod des Erblassers eröffnet wird und die Bestattung dann vielleicht schon im kalten und eher unattraktiven Totenhemd erfolgt ist.

Ebenso und aus den gleichen Gründen ist auch von Regelungen der Gestaltung der eigenen Trauerfeier (Gesang, Bewirtung) abzuraten.[279]

Es bietet sich an, derartige Wünsche in eine **Vorsorgevollmacht** einzubinden, damit der Bevollmächtigte dies dann auch in der gebührenden Form veranlassen kann.

In der Praxis bietet es sich auch an, die Wünsche schriftlich zu fixieren und zu den persönlichen Akten, insbesondere zum Stammbuch zu nehmen, da dies nach Eintritt des Todes von dem Bestatter immer zuerst gesichtet wird. Dieser wird dann in der Regel diese Wünsche beachten.

Alternativ bietet sich auch an, einer jungen, voraussichtlich länger lebenden Person die Wünsche zu Lebzeiten mitzuteilen,

Manche Erblasser belassen es bei der Beschreibung der **Grabstätte** und geben die weitere Pflege in die Hände einer professionellen Pflege.

▶ **Muster:**

Meinem Erben mache ich zur Auflage, für mich eine Grabstätte auf dem Friedhof der Kirchengemeinde ... sofern möglich auf 30 Jahre zu pachten, mindestens aber für die Dauer der ortsüblichen vollen Ruhezeit. Als Grabstein möchte ich einen Marmorblock der Größe ... mit folgender Inschrift ... Das Grab soll vierteljährig neu gestaltet werden; mit der Ausführung ist die Friedhofsgärtnerei ... zu betrauen, mit der ein entsprechender Grabpflegevertrag abzuschließen ist.[280]

Für viele Erblasser ist die konkrete Ausgestaltung der Grabpflege sowie das langjährige Lesen von Heiligen Messen eine echte Herzensangelegenheit.

▶ **Muster:**

Der Längstlebende von uns oder für den Fall unseres gleichzeitigen Ablebens ein jeder von uns, beschwert die Vorausvermächtnisnehmerin Frau A mit folgender Auflage:

Die Vorausvermächtnisnehmerin ist verpflichtet, unsere Grabstätte, die Grabstätte der Eltern des Ehemannes, nämlich der Eheleute X, sämtlich in Y-Stadt, sowie die Grabstätte der Eltern der Ehefrau, nämlich der Eheleute W, gelegen in Z-Stadt, auf die Dauer ihres jeweiligen Bestehens stets in einem würdigen und gepflegten Zustand zu erhalten und zu bepflanzen und an katholischen Feiertagen mit Kerzen und Blumen zu schmücken. Sie ist ferner verpflichtet, für die genannten Personen jährlich zwei bis dreimal auf ihre Kosten eine Heilige Messe in der Katholischen Kirche ... lesen zu lassen.

Bestimmten Erblasser ist es wichtig, dass an sie oder Angehörige noch viele Jahre durch eine Lesung in einer Heiligen Messe gedacht wird.

▶ **Muster:**

Mein Erbe wird mit folgender Auflage beschwert:

Er ist verpflichtet an meinem Namenstag und dem Namenstag meiner Schwester,
– am 19. November für Frau A

---

279 So aber als Inhalt einer Auflage formuliert bei Münchener Anwaltshandbuch Erbrecht/*Stahl*, § 14 Rn. 10.
280 Ähnlicher Formulierungsvorschlag bei Münchener Anwaltshandbuch Erbrecht/*Stahl*, § 14 Rn. 12 und Tanck/*Krug*, 5. Aufl. § 15 Rn. 14.

– am 25. November für Frau B,

sowie an unserem Todestage je eine heilige Messe in der Katholischen Kirche in X-Stadt feiern zu lassen und zwar jeweils auf die Dauer von dreißig Jahren nach dem jeweiligen Sterbedatum.

4. Auflagen zugunsten behinderter Personen

440 Bezieht eine Person Leistungen nach dem SGB XII ist es nicht sinnvoll, ihn zum Miterben oder Vermächtnisnehmer zu machen. Hieraus resultierende Ansprüche würden entweder durch gesetzlichen Forderungsübergang direkt auf den Sozialhilfeträger übergehen oder zur Kürzung von Sozialleistungen führen. Wenn die Zuwendung nicht unter das Schonvermögen fällt, ist diese auch grundsätzlich pfändbar. Wenn die behinderte Person dagegen nur mit einer Auflage bedacht wird, hat sie keinen eigenen Anspruch, der dann auch nicht pfändbar ist. Ist der Begünstigte allerdings pflichtteilsberechtigt, wäre die Gestaltung mit einer Auflage schädlich, da dann der Pflichtteilsanspruch übergeleitet werden kann und sonstige Vermögensvorteile aus einer Auflage nicht auf den Pflichtteil angerechnet werden, sondern unabhängig davon bestehen.[281]

5. Auflagen zur Anregung bestimmten Verhaltens

a) Auseinandersetzungsverbote

440 Will der Erblasser erreichen, dass sich seine Erben über ein in den Nachlass fallendes Grundstück nicht auseinandersetzen sollen und sich über dieses Teilungsverbot gemäß § 2044 BGB auch nicht einvernehmlich hinweg setzen können, bietet es sich an, dieses Teilungsverbot gemäß § 2044 BGB als Auflage zu gestalten.[282]

441 ▶ **Muster:**

Im Wege der Auflage verbiete ich meinen vier Erben die Teilung des Nachlasses hinsichtlich meines Grundstückes X. Ich untersage auch ausdrücklich eine einverständliche Teilung zwischen den Miterben sowie die Teilungsversteigerung. Dieses ausgesprochene Teilungsverbot soll mit dem Ablauf von X Jahren ab meinem Todestag entfallen. Testamentsvollstreckungsanordnung (...) Dem Testamentsvollstrecker wird ausdrücklich aufgegeben, die Einhaltung des von mir ausgesprochenen Teilungsverbotes zu überwachen und eine Teilung auch nicht bei übereinstimmenden Willen der Miterben zu gestatten.[283]

442 Entsteht nach Erfüllung der angeordneten Vermächtnisse an einem Grundbesitz eine Bruchteilsgemeinschaft mehrerer Eigentümer, kann der Erblasser durch die Anordnung einer Auflage das Verbot der zwangsweisen Aufhebung dieser Bruchteilsgemeinschaft erreichen.

443 ▶ **Muster:**

Ich beschwere die vorgenannten Vermächtnisnehmer des Hauses X-Straße 19 in Y-Stadt sowie die Erbin nunmehr mit folgender Auflage: Das Haus X-Straße 19 in Y-Stadt darf nur mit Einverständnis aller Eigentümer verkauft werden. Das Recht, die Aufhebung der Bruchteilsgemeinschaft an diesem Grundbesitz zu verlangen, soll für immer ausgeschlossen werden. Ich mache es den Vermächtnisnehmern und der Erbin zur Auflage, Zug um Zug mit der Grundbuchberichtigung auf die Erbin und Eigentumsumschreibung auf die Vermächtnisnehmer, durch die sie dann in Bruchteilsgemeinschaft Eigentümer werden, den Ausschluss des Rechtes, die Aufhebung der Bruchteilsgemeinschaft zu verlangen als Belastung eines jeden Miteigentumsanteils zugunsten der jeweiligen anderen Miteigentumsanteile gemäß § 1010 BGB in das Grundbuch eintragen zu lassen.

---

281 Auf diese Problematik der Pflichtteilsanrechnung weist auch Groll/*Trilsch*, Praxishandbuch, Erbrechtsberatung, 4. Auflage, BV Rn. 54 hin.
282 MünchKommBGB/*Schlichting*, § 2044 Rn. 14.
283 Ähnliche Formulierung von Groll/*Trilsch*, Praxishandbuch Erbrechtsberatung, B IV Rn. 7.

b) Anordnung eines Mediationsverfahrens

Es bieten sich mehrere Gestaltungsvarianten an, wenn der Erblasser die Erben oder Vermächtnisnehmer in seiner letztwilligen Verfügung im Streitfall zur Durchführung einer Mediation anhalten will. 444

Der Erblasser kann durch Auflage anordnen, dass vor einer Teilungsversteigerung, Erbauseinandersetzungsklage, gerichtlichen Durchsetzung einer Teilungsanordnung oder vor einem Vermächtnis oder einem Untervermächtnis ein Mediationsverfahren zu beschreiten ist, §§ 1940, 2192 ff. BGB.

Die Auflage könnte man auch mit einer Testamentsvollstreckung kombinieren, in der der Testamentsvollstrecker angehalten ist, bei Streitigkeiten zwischen den Begünstigten Erbteilungen/Auszahlungen/Vollziehungen erst vorzunehmen, wenn eine Mediation zwischen den Beteiligten stattgefunden hat. Das Ergebnis der Mediation könnte dann den entsprechenden Weisungen des Erblassers gemäß in der Verteilung durch den Testamentsvollstrecker berücksichtigt werden. Dabei ist jedoch das Spannungsverhältnis zu § 2065 Absatz 2 BGB zu beachten, wonach der Erblasser die Benennung eines Erben nicht einem Dritten überlassen darf.[284]

c) Verkaufsverbot oder Verkaufsregelungen

Familientraditionsbewahrende Erben hegen häufig den Wunsch, dass der »Familienbesitz« zusammengehalten wird und die über Generationen gesammelten Wertgegenstände zusammengehalten werden. 445

▶ **Muster:** 446

Ich mache es meinem Vor- und meinem Nacherben bzw. Ersatznacherben zur Auflage, dass die von mir ererbten und zu meinen Lebzeiten in der Burg X befindlichen Gegenstände nicht verkauft werden dürfen und in der Burg X verbleiben müssen, so lange der Vor- bzw. Nacherbe bzw. eines oder mehrere seiner Abkömmlinge Eigentümer der Burg X sind. Mein Vor- bzw. Nacherbe darf diese Gegenstände nur verkaufen, wenn dies einmal nicht mehr der Fall sein sollte.

Traditionsbewusste Erblasser wollen häufig regeln, dass die Nachlassgegenstände selbst bei einem Verkauf in der Familie verbleiben. 447

▶ **Muster:** 448

Ich mache es sowohl den Vermächtnisnehmern als gegebenenfalls wie vorstehend beschrieben bei Vorliegen der dort genannten Voraussetzungen für einen zulässigen Verkauf dann auch dem Vor- und den Nacherben bzw. Ersatznacherben zur Auflage, bei einem beabsichtigten Verkauf von mir vermachter bzw. vererbter Gegenstände und Möbel diese zunächst durch ein Sachverständigengutachten eines anerkannten und unabhängigen Gutachters, der von der zuständigen Handwerkskammer zu bestimmen ist, sofern nicht alle Beteiligten sich einvernehmlich auf einen Gutachter einigen können, schätzen zu lassen und sodann Abkömmlingen in grader Linie und/oder Verwandten in Seitenlinie bis zum 3. Grad zu einem Kaufpreis von 90 % des so ermittelten Schätzwertes zum Kauf anzubieten, bevor sie an Dritte verkauft werden.

d) Betretungsverbot

Dem lebzeitigen Feind gönnt der Erblasser häufig keinerlei auch nur mittelbare Vorteile nach seinem Tod. Es ist ihm dann ein Anliegen, dass dieser »Feind« keinerlei Vorteile an seinem Nachlass erhält, diesen gar noch nicht einmal betreten darf. 449

---

284 Zur Mediationsklausel im Erbrecht ausführlich *Töben*, RNotZ 2013, 333 sowie Rdn. 751 ff.

Kapitel 9 — Einflussnahme des Erblassers über seinen Tod hinaus

450 ▶ **Muster:**

Ich, Herr A, beschwere meine Erbin mit folgender Auflage:

Die Erbin darf ihre Mutter bzw. meine geschieden Frau aus zweiter Ehe Frau E nie das in den Nachlass fallende Haus X-Straße 4 betreten lassen.

e) Verbindlichkeiten ablösen

451 Manche Erblasser sind davon überzeugt, dass ihre Erben anders als von dem Erblasser vorgelebt das Vermögen nicht in seinem Sinne verwalten können. Sie treffen dann auch Anordnungen hinsichtlich des Umgangs mit Verbindlichkeiten.

452 ▶ **Muster:**

Meine beiden vorgenannten Erbinnen beschwere ich mit folgender Auflage: Aus dem zum Zeitpunkt meines Todes vorhandenen Geld- und Anlagevermögen (Bar- und Sparvermögen, Fonds, etc.) haben meine Erbinnen zunächst die etwa auf den zum Zeitpunkt meines Todes in meinem Eigentum stehenden Immobilien lastenden Verbindlichkeiten abzulösen, so dass diese sämtlich lastenfrei gestellt werden. Mit dieser Auflage möchte ich verhindern, dass meine Erbinnen den Grundbesitz verkaufen, um die bestehenden Verbindlichkeiten abzulösen.

f) Freistellungsverpflichtung von Verbindlichkeiten Dritter

453 Hat ein Erblasser Verbindlichkeiten hinterlassen, die durch eine Bürgschaft eines Dritten abgesichert sind, ist es häufig sein Anliegen, dass dieser Bürge aus den Verbindlichkeiten nicht in Anspruch genommen wird. Hier bietet es sich an, den Erben durch Auflage anzuweisen, diese Freistellung einzuhalten.

▶ **Muster:**

Ich mache es meinen Erben zur Auflage, meinen Lebensgefährten, Herrn X, von allen Inanspruchnahmen des Gläubigers des Darlehens über ursprünglich 250.000,00 € (in Worten: zweihundertfünfzigtausend Euro), welches wir im Januar 2015 gemeinsam als gesamtschuldnerische Darlehensnehmer bei der X-Bank (Darlehens-Nummer Y) aufgenommen haben, bzw. der zum Zeitpunkt meines Todes existierenden Anschlussfinanzierung mindestens im Innenverhältnis ab dem Erbfall freizustellen.

Wenn irgend möglich, haben meine Erben auch eine Schuldhaftentlassung meines Lebensgefährten durch den Gläubiger im Außenverhältnis zu bewirken, und zwar entweder durch Ablösung oder Übernahme der Verbindlichkeiten. Alle dabei anfallenden Kosten haben meine Erben zu tragen.

Hintergrund dieser Auflage ist, dass mein Lebensgefährte die Mitschuldnerschaft für dieses Darlehen nur auf Verlagen der Bank und mein Bitten hin übernommen hat, das Darlehen aber ausschließlich meinem Grundbesitz in K dient, welcher aufgrund Erbfolge meinen Erben zufällt.

Da mein Lebensgefährte sich an der Rückzahlung des vorbeschriebenen Darlehens nicht beteiligen wird, verzichte ich auf die Anordnung einer vermächtnisweisen Zuwendung an ihn und belasse es bei der vorstehenden Auflage.

g) Beleihungsgebot

454 Dem Anliegen des Erblassers, sein von ihm hinterlassenen Haus weiter in Ordnung zu halten, verbinden diese häufig mit einer Anordnung, den Grundbesitz nur dann zu beleihen, wenn es der Investition in den Grundbesitz dient.

▶ **Muster:** 455

Ich beschwere hiermit meine Erben mit folgender Auflage: Meine Erben haben der Bestellung von Grundpfandrechten durch den vorgenannten Nießbraucher zuzustimmen, sofern die von dem Nießbraucher aufgenommenen Gelder ausschließlich für Investitionen in den jeweiligen vom Nießbrauchsrecht betroffenen Grundbesitz dienen.

h) Nutzungsgebot

Häufig ist es der ausdrückliche Wunsch des Erblassers, dass das von ihm hinterlassene Haus von seinen Erben auch tatsächlich weiterhin selbst bewohnt bzw. **genutzt** wird. 456

▶ **Muster:** 457

Zu meinem Nachlass wird das derzeit von mir bewohnte Einfamilienhaus in Y-Stadt, X-Straße 56, gehören. Ich beschwere meinen Erben mit folgender Auflage: Der Erbe hat das vorgenannte Wohnhaus auf die Dauer von mindestens zehn Jahren selbst und gegebenenfalls gemeinsam mit seiner Familie zu bewohnen. Die Auflage ist erfüllt, wenn der Erbe, gegebenenfalls gemeinsam mit seiner Familie, spätestens sechs Monate nach meinem Tode in das Einfamilienwohnhaus einzieht und auch für mindestens zehn Jahre dieses ab diesem Zeitpunkt ununterbrochen bewohnt. Sollte das vorgenannte Einfamilienhaus nicht von dem Erben und gegebenenfalls gemeinsam mit seiner Familie wie vorstehend beschrieben bewohnt werden, so soll das Haus von der nachstehend bestimmten Testamentsvollstreckerin verkauft werden. Der Erbe selbst ist vor Ablauf von zehn Jahren und sechs Monaten nach meinem Tod nicht berechtigt, über den Grundbesitz zu verfügen. Diese Befugnis obliegt zeitlich befristet der nachstehend bestimmten Testamentsvollstreckerin. Der nach Abzug etwaiger Verbindlichkeiten und Kosten verbleibende Verkaufserlös steht sodann zu $1/2$ Anteil meinem Erben zu. Den verbleibenden $1/2$ Anteil des Verkaufserlöses vermache ich hiermit der Schwester meines Erben bzw. meiner Nichte, Frau A, vorgenannt, zur alleinigen Verwendung. Sollte das Haus binnen dieser Frist nicht verkauft werden, so entfallen die Rechte der Vermächtnisnehmerin ersatzlos. Ersatzvermächtnisnehmer sollen nicht bestimmt werden.

i) Verpachtungsgebot

Manchen Erblassern ist es wichtig, dass der von ihm hinterlassene Grundbesitz möglichst langfristig wie bisher genutzt bzw. verpachtet wird. 458

▶ **Muster:** 459

Ich beschwere alle Vermächtnisnehmer der vorstehend beschriebenen Grundstücke mit folgender Auflage: Der vorstehend jeweils vermachte Grundbesitz muss, soweit es sich um Landwirtschaftsfläche handelt, wie bisher weiterhin meinem langjährigen Pächter Herrn A in X oder an dessen Hofnachfolger bzw. nach dessen Tod seinem Hoferben verpachtet werden, und zwar wenn, soweit und so lange er bzw. der Hofnachfolger bzw. Hoferbe dies wünschen und die Flächen wie bisher rein landwirtschaftlich nutzen. Ein bei meinem Tod gegebenenfalls bereits bzw. noch bestehender Pachtvertrag ist zunächst bis zu dessen vertragsgerechten Ablauf fortzuführen. Ein dann auf Wunsch des Herrn A bzw. seines Hofnachfolgers bzw. seines Hoferben nach meinem Tod neu abzuschließender Pachtvertrag hat für die Dauer von wenigstens zehn Jahren zu gelten und für diesen Zeitraum den Pachtzins in ortsüblicher Höhe festzuschreiben. Nach Ablauf dieser 10 Jahre können die Vermächtnisnehmer frei entscheiden.

j) Verteilung von Andenken

460 Gewisse Erblasser wünschen die Verteilung von Andenken an einem bestimmten Personenkreis, ohne die einzelnen Berechtigten genau zu bestimmen.

461 ▶ **Muster:**

Meine Erben beschwere ich zu gleichen Teilen mit der Auflage, meine Medaillen an meine Vereinskollegen des Sportvereins ... zu verteilen und dabei nach Möglichkeit deren Wünschen nachzukommen.[285]

k) Verbindung mit Sanktionen

462 Der Erblasser kann die **Durchsetzung der Auflage** durch die Anordnung von **Sanktionen** absichern. Die Erbeinsetzung oder der Vermächtnisanfall kann unter der auflösenden Bedingung der Nichtvollziehung zur Auflage gestellt werden.

463 ▶ **Muster:**

Ich setze Herrn A ein Vermächtnis über 10.000 € aus, mit der Auflage, ... Falls er der Auflage trotz rechtskräftiger Verurteilung nicht nachkommt, fällt das gesamte angeordnete Vermächtnis an Frau B, die ich sodann zugleich mit der Vollziehung dieser Auflage beauftrage.

l) Anordnung zu bestimmtem Verhalten im Gesellschaftsrecht

aa) OHG

464 Eine Einflussnahme auf in den Nachlass fallende Anteile an Gesellschaften wird erleichtert, wenn der Testamentsvollstrecker diese Rechte **treuhänderisch** für den Erben ausüben kann. Durch die Anordnung von Auflagen kann dieses Ziel erreicht werden.

465 ▶ **Muster:**

Meinen Erben mache ich es zur Auflage, dem Testamentsvollstrecker ihre Komplementäranteile an der X-OHG zu treuen Händen zu übertragen, um die angeordnete Verwaltungsvollstreckung zu ermöglichen

bb) Stimmrechtswahrnehmung

466 Zur Wahrnehmung gewisser Gesellschafterrechte ist häufig auch die Erteilung von **Vollmachten** ausreichend, deren Erstellung durch die Anordnung entsprechender Auflagen bewirkt werden kann.

467 ▶ **Muster:**

Meine Geschäftsanteile an der A GmbH vermache ich meiner Tochter mit der Auflage, den Testamentsvollstrecker zur Wahrnehmung ihres Stimmrechtes umfassend und unter Befreiung von den Beschränkungen des § 181 BGB zu bevollmächtigen.

m) Auflagen zur Beachtung der Rechtswahl nach EU-Erbrechtsverordnung

468 Die EuErbVO zielt auf einen Gleichlauf von internationaler Zuständigkeit und anwendbarem Recht (Artikel 27): Für Entscheidungen in Erbsachen sind in Bezug auf den gesamten Nachlass in erster Linie die Gerichte desjenigen Mitgliedstaats allgemein zuständig, in dem der Erblasser seinen gewöhnlichen Aufenthalt hatte (Artikel 4), und sie wenden – vorbehaltlich einer vom Erblasser nach Artikel 22 vorgenommen Rechtswahl – auf die Rechtsnachfolge von Todes wegen ihr eigenes Recht an (Artikel 21 Absatz 1). Die Zuständigkeit gilt für streitige wie nichtstreitige Verfahren. Mit »Ge-

---

[285] Weiteres Muster zum Andenken an Freund mit Bestimmungsrecht eines Dritten auch bei Tanck/Krug/Riedel NotarFormulare Testamente, 5. Auflage, § 15 Rn. 15.

richten« meint die VO alle Gerichte, Behörden und Angehörige von Rechtsberufen, wie z. B. Notare, die in den Mitgliedstaaten nach Maßgabe von Artikel 3 Absatz 2 gerichtliche oder gerichtsähnliche Funktionen in Erbsachen wahrnehmen.[286]

Der Erblasser kann gemäß Artikel 22 Absatz 1 bestimmen, dass er nach seinem Heimatrecht – bei Doppelstaatern nach einem der Heimatrechte – zum Zeitpunkt seines Todes oder zum Zeitpunkt der Rechtswahlerklärung beerbt werden will. Damit werden die Möglichkeiten einer Nachlassplanung erweitert. Der Erblasser kann die Anwendung des Aufenthaltsrechts zugunsten einer ihm möglicherweise besser vertrauten Rechtsordnung vermeiden. Die Wahl kann ausdrücklich erfolgen oder sich konkludent aus dem Inhalt einer Verfügung von Todes wegen ergeben (Abs. 2). Dass der Erblasser in seiner Verfügung von Todes wegen auf spezifische Bestimmungen seines Heimatrechts Bezug nimmt (EG 39 Satz 2), ist aber allenfalls ein Indiz für die Vornahme einer Rechtswahl und erlaubt keinesfalls einen zwingenden Schluss. Will der Erblasser sein Heimatrecht zum Zeitpunkt des Todes wählen, muss er aus Gründen der Rechtssicherheit die gewählte Rechtsordnung (ausdrücklich oder konkludent) konkret benennen. In materieller Hinsicht (Auslegung, Willensmängel) unterliegt die Rechtswahl dem Recht, das in der Erklärung als Erbstatut bezeichnet wird (vgl. Abs. 3). Sie ist formgültig, wenn sie eine der in Artikel 27 für Verfügungen von Todes wegen vorgesehenen Formen einhält (Artikel 27 Absatz 2). 469

▸ **Muster:** 470

Auf der Grundlage der Europäischen Erbrechtsverordnung wähle ich als deutscher Staatsangehöriger für mich und meinen Nachlass unabhängig von meinem gewöhnlichen Aufenthalt das deutsche Erbrecht.

Hierzu habe ich nachfolgend meinen Erben auch noch eine Auflage erteilt.

Ob sich die Rechtswahl dann auch auf alle sich aus der letztwilligen Verfügung ergebenden Rechtsstreitigkeiten bezieht, ist unklar. Es ist deshalb ratsam, die Erben, Vermächtnisnehmer, Testamentsvollstrecker, Auflagenbegünstigten etc. an die Anwendung deutschen Rechts zu binden. 471

▸ **Muster:** 472

Ich mache es meinen Erben (Vorerbin, Nacherben und/oder dem Ersatz-erben als Vollerben) zur Auflage, unabhängig von meinem gewöhnlichen Aufenthalt soweit rechtlich möglich in jedem Fall das deutsche Erbrecht für meinen Nachlass zu beachten und für alle Regelungen, die sich aus diesem Testament ergeben, anzuwenden.

n) Betreuungsgebot

Durch die Auflage kann auch ein Erbe oder Vermächtnisnehmer angewiesen werden, sich um die Betreuung einer dem Erblasser nahestehenden Person zu kümmern. 473

▸ **Muster:**

Mein Erbe ist verpflichtet – sofern er dazu berechtigt ist –, für meine demenzkranke Ehefrau, nämlich Frau A., sämtliche persönlichen und vermögensrechtlichen Angelegenheiten vorzunehmen bzw. sie darin zu unterstützen, und zwar, so lange diese in einem Pflegeheim bzw. Altenheim oder einer ähnlichen Einrichtung in einem Umkreis von weniger als 100 km von seinem Wohnort aufhält. Diese Verpflichtung endet mit dem Tode meiner Ehefrau.

---

286 Zur internationalen Zuständigkeit näher *Dörner*, ZEV 2012, 505, 509.

V. Auflagen im Unternehmertestament

a) Auflagen zur Unternehmensführung

474 Bei der Gestaltung eines **Unternehmertestamentes** ist häufig nicht absehbar, ob ein Nachkomme oder naher Verwandter bereit ist, in der Nachfolge des Inhabers die Unternehmensleitung zu übernehmen. Oftmals werden die Nachkommen ein »unternehmensfernes« Studium beginnen, in einem anderen Unternehmen beschäftigt sein, etc. In vielen Fällen werden Nachkommen vorübergehend oder dauerhaft ihren Wohnsitz fern vom Firmensitz genommen haben. Insbesondere im Bereich mittelständischer Unternehmen und landwirtschaftlicher Betriebe ist es oftmals Anliegen des Inhabers, die Nachkommen unter der Voraussetzung am (Unternehmens-) Nachlass zu beteiligen, dass sie auch tatsächlich unternehmerisch tätig werden und ihren Wohnort am Sitz des Unternehmens nehmen. Der Unternehmer möchte deshalb eine bestimmte Person nur dann zum Unternehmensnachfolger benennen, wenn er die entsprechende berufliche Qualifikation und die Wohnsitznahme am Ort des Unternehmens erfüllt. Dieses Ziel lässt sich womöglich über eine aufschiebend bedingte (Nach-) Erbschaft oder das aufschiebend bedingte (Sach-) Vermächtnis erreichen. Als Alternative steht die Auflage zur Verfügung.

475 Wenn sich die Verwaltung des Nachlasses überwiegend auf die in den Nachlass fallenden Unternehmerrechte und Gesellschaftsbeteiligungen bezieht, ist es sinnvoll, Testamentsvollstreckung anzuordnen. Zur Erleichterung der Tätigkeiten des Testamentsvollstreckers kann folgende Gestaltung im Zusammenhang mit einer Auflage gewählt werden:

476 ▶ **Muster:**

Dabei kann der Testamentsvollstrecker zur Verstärkung seiner Position im Unternehmen bezüglich sämtlicher Unternehmensbeteiligungen wählen, ob er
a) als Treuhänder handelt, also im eigenen Namen auftritt, jedoch für Rechnung der Erben bzw. Vermächtnisnehmer handelt,
b) als Bevollmächtigter, also im Namen und für Rechnung der Erben bzw. Vermächtnisnehmer handelt, oder
c) die Erben bzw. Vermächtnisnehmer nach außen als Unternehmer auftreten lässt, sich jedoch die Entscheidungsbefugnis im Innenverhältnis vorbehält.

Die Erben bzw. Vermächtnisnehmer haben nach Ausübung des Wahlrechtes durch den Testamentsvollstrecker diesem alle Vollmachten zu erteilen, die erforderlich sind, damit er die Verwaltung des Nachlasses in der gebotenen Effektivität wahrnehmen kann. Die Verpflichtung hierzu erfolgt durch Auflage an meine Erben bzw. Vermächtnisnehmer. Die Erfüllung der Auflage kann vom Testamentsvollstrecker selbst vorgenommen werden.

In jedem Fall sind Verfügungen der Erben bzw. Vermächtnisnehmer über meine sämtlichen Unternehmen und meine vollhaftenden Beteiligungen ohne Mitwirkung des Testamentsvollstreckers unzulässig.

Für sämtliche Beteiligungen ist der Testamentsvollstrecker in vollen Umfang – ausgenommen die sog. Kernrechte – berechtigt, die Gesellschafterrechte für meine Erben bzw. Vermächtnisnehmer wahrzunehmen.

Ich werde dafür Sorge tragen und mache den Erben zur Auflage, dass die etwaigen Mitgesellschafter der Wahrnehmung der Gesellschafterrechte durch den Testamentsvollstrecker zustimmen.

Der Testamentsvollstrecker kann sich für einzelne Angelegenheiten erforderlichenfalls einer fachkundigen Beratung bedienen. Die Kosten gehen dabei zu Lasten des Nachlasses.

Der Testamentsvollstrecker ist berechtigt, die in meinen Nachlass fallenden Unternehmen bzw. Unternehmensbeteiligungen nach billigem Ermessen unter Beachtung wirtschaftlicher und steuerlicher Aspekte umzustrukturieren, also in eine Gesellschaft oder in mehrere Gesellschaften, auch im Rahmen einer Betriebsspaltung, umzuwandeln.

Der Testamentsvollstrecker ist hierzu von allen Beschränkungen befreit, von denen er nach dem Gesetz befreit werden kann, insbesondere von der Beschränkung des § 181 BGB.

Dem Testamentsvollstrecker steht eine zeitaufwandsbezogene Vergütung nach den berufsüblichen Stundensätzen für Wirtschaftsprüfer zu. Darüber hinaus sind ihm die nachweisbaren Auslagen zu erstatten.

b) Auflagen zur Abfindung ausscheidender Gesellschafter

Wenn ein Unternehmer als Erblasser nicht natürliche Personen, sondern ihm verbundene Unternehmen zum Erben einsetzt, möchte er häufig auf die Verwendung seines Vermögens in dem zum Erben bestimmten Unternehmen Einfluss nehmen. Häufig ist es ein Anliegen des Erblassers, den Gesellschaftern, die aus dem zum Erben bestimmten Unternehmen innerhalb einer bestimmten Frist seit dem Erbfall ausscheiden, den durch den Erbfall hinzuerworbenen Vermögenswert bei der Abfindung für den ausscheidenden Gesellschafter unberücksichtigt zu lassen.

▶ **Muster:**

Für den Fall des Ausscheidens von Gesellschaftern aus den von mir zu Erben berufenen Unternehmen, sei es durch freiwilliges Ausscheiden oder aber durch Ausschluss aus einem im jeweiligen Gesellschaftsvertrag vereinbarten Grund oder aber auch durch Tod, ordne ich an, dass das gesamte von mir im Wege der Erbfolge erworbene Vermögen des betroffenen Unternehmens einschließlich aller Erträge und Surrogate dieses Vermögens für die Bemessung der Abfindung des ausscheidenden Gesellschafters unberücksichtigt bleiben muss. Die Abfindung ist so zu bemessen, als wäre das von mir geerbte Vermögen nicht auf das jeweilige Unternehmen übergegangen.

Die Gesellschafter haben durch ihre Buchungen des ererbten Vermögens sicherzustellen, dass dies zwingend beachtet wird. Bei einer Veräußerung der Firmen soll jedoch das Nachlassvermögen mitberücksichtigt werden und den Veräußerern dann anteilig zustehen.

VI. Auflage zur Errichtung einer unselbstständigen Stiftung

Ist der Zweck einer Stiftung hinreichend bestimmt, so ist die Errichtung einer unselbstständigen Stiftung aufgrund letztwilliger Verfügung auch in der Weise möglich, dass der Erblasser einem Dritten (hier: Testamentsvollstreckerin) die Auswahl des Stiftungsträgers und die inhaltliche Fassung der Stiftungssatzung überlässt.[287]

Die unselbstständige Stiftung unterscheidet sich von der selbstständigen Stiftung dadurch, dass sie keine eigene Rechtspersönlichkeit hat. Eigentümer des Stiftungsvermögens ist ein selbstständiger Stiftungsträger, der das Stiftungsvermögen der unselbstständigen Stiftung verwaltet. Die unselbstständige Stiftung entsteht entweder schuldrechtlich durch Treuhandgeschäft zwischen Stifter und Stiftungsträger oder Schenkung unter Auflage oder erbrechtlich durch Verfügung von Todes wegen.

In dem der Entscheidung des OLG München zugrundeliegenden Falles wurden die Erben mit der Auflage beschwert, eine unselbstständige Stiftung zu errichten. Für die Erfüllung der Auflage sollte die Testamentsvollstreckerin zuständig sein. Hierzu ist nachfolgende, an die in der Entscheidung wiedergegebene Anordnung angelehnte Formulierung denkbar:

▶ **Muster:**

Meiner Erbin bzw. meiner Testamentsvollstreckerin mache ich zur Auflage, das nach Abzug aller Verbindlichkeiten und Kosten verbleibende Nachlassvermögen in eine von ihr zu errichtende nicht rechtsfähige steuerbefreite Stiftung einzubringen, hierfür einen geeigneten Stiftungsträger auszusuchen und zu beauftragen und diesen zu verpflichten, die Stiftung auf Dauer getrennt von seinem Vermögen zu verwalten. Die Stiftung soll die Bezeichnung (...) erhalten. Zweck dieser Stiftung soll es sein, im Andenken an meinen Vater (...) den akademischen, aber auch den nicht akademischen Nachwuchs sowie die Ausbildung jeweils in technischen Berufen zu fördern, insbesondere durch die Auslobung von Preisen oder die Förderung berufsbildender Einrichtungen. [...] Meine Testamentsvollstreckerin hat alle Nachlassverbindlichkeiten, insbesondere Vermächtnisse zu erfüllen und für die Erfüllung der meinen

---

287 OLG München, Beschluss vom 28.5.2014 – 31 Wx 144/13 in DNotI-Report 2015, 6.

Erben gemachten Auflage Sorge zu tragen, insbesondere hat sie einen zuverlässigen Stiftungstreuhänder bzw. Rechtsträger auszuwählen, in seiner Trägerschaft die nicht rechtsfähige und steuerbefreite (...)-Stiftung zu errichten und meinen verbleibenden Nachlass in deren Stiftungsvermögen einzubringen. Im Zuge dessen ist sie berechtigt, mit dem Stiftungstreuhänder/Rechtsträger nach billigem Ermessen die Stiftungssatzung sowie die Treuhand bzw. einen Geschäftsbesorgungsvertrag zu vereinbaren.[288]

Der Stiftungszweck ist inhaltlich hinreichend bestimmt. Eine Vorgabe für die Stiftungssatzung kann in das billige Ermessen des Testamentsvollstreckers gestellt werden. Unmaßgeblich ist auch, dass sich aus der Anordnung noch nicht die Destinatäre ermitteln lassen. Begünstigter im Sinne des § 2193 BGB ist allein der auszuwählende Stiftungsträger, nicht der jeweilige Destinatär.

VII. Auflagen zur möglichst optimierten steuerlichen Gestaltung

483 Handelt es sich bei der Anordnung des Erblassers nicht um eine dem Erben oder Vermächtnisnehmer bindend auferlegte Verpflichtung, sondern um bloße unverbindliche Wünsche, Ratschläge oder Empfehlungen, so lässt sich eine diesen Willensäußerungen folgende Zuwendung nicht als vom Erblasser herrührender Erwerb von Todes wegen qualifizieren. Der Erwerb beruht vielmehr auf einer originären Willensbildung des Erben oder Vermächtnisnehmers und ist deshalb bei Erfüllung als Schenkung durch den Erben bzw. den Vermächtnisnehmer unter Lebenden zu behandeln. Die Abgrenzung zwischen unverbindlichen Inhalten einer letztwilligen Verfügung und bindenden Auflagen kann in der Praxis schwierig sein.[289]

484 Vornehmlich bei mehrstufigen Testamenten von Eheleuten können Gestaltungen mittels Auflagen unter Umständen eine geringere Steuerlast bewirken.[290] Da nach § 6 Abs. 4 Erbschaftsteuergesetz mit dem Tod des Beschwerten fällig werdende Vermächtnisse als Erwerb vom Letztverstorbenen versteuert werden, dass Risiko einer Umgehung im Sinne von § 42 Abgabenordnung auszuschließen und eine gesetzgeberische Erstreckung des § 6 Abs. 4 Erbschaftsteuergesetz anders als früher nunmehr auch auf Auflagen besteht, wird die Verwendung eines Zweckvermächtnisses statt die Anordnung einer Auflage in der Literatur teilweise favorisiert.[291]

485 Erbschaftsteuerliche Regelungen zur Auflage finden sich jedoch in § 3 Abs. 2 Nr. 2 Erbschaftsteuergesetz bedacht worden. Danach gilt das, was jemand **in Vollziehung einer** vom Erblasser angeordneten **Auflage** erwirbt, als vom Erblasser zugewendet, sofern keine einheitliche Zweckzuwendung vorliegt. Das ist nicht der Fall, wenn die Begünstigten der Auflage in der letztwilligen Verfügung von Todes wegen bezeichnet werden. Anders als ein Vermächtnis führt die Auflage erst dann zu einer Besteuerung, wenn sie erfüllt wird, denn erst dann entsteht die Erbschaftsteuer – und das ist das hier Ausschlaggebende (§ 9 Abs. 1 Nr. 1 lit. d Erbschaftsteuergesetz). Zur Berechnung des steuerpflichtigen Erwerbs beim Erben oder Vermächtnisnehmer muss die Verpflichtung aus der Auflage abgezogen werden, und zwar sofort, nicht erst mit ihrem Vollzug. Wenn die Fälligkeit zur Erfüllung der Auflage nun gestalterisch bis zum Tode des Letztversterbenden oder wegen § 6 Abs. 4 Erbschaftsteuergesetz nunmehr besser bis zu einem genau bestimmten Zeitpunkt hinausgeschoben ist, kommt allenfalls eine Abzinsung entsprechend der Lebenserwartung des Letztversterbenden oder besser bis zu dem bestimmten Zeitpunkt in Betracht. Für die diesbezügliche Gestaltung werden von *Daragan* die folgenden Klauseln vorgeschlagen,[292] die im Hinblick auf die Änderung § 6 Abs. 4 Erbschaftsteuergesetz betreffend den Zeitpunkt des Vollzuges nicht (nur) auf den Tod des Letztversterbenden son-

---

288 So die Formulierung des dem Beschluss des OLG München zugrundeliegenden Sachverhaltes; OLG München, DNotI-Report 2015, 6 f.
289 Viskorf/Knobel/Schuck/*Wälzholz*, Erbschaftsteuer- und Schenkungsteuergesetz, Bewertungsgesetz Kommentar, § 3 Ziffer 12 Rn. 207.
290 *Daragan*, DStR 1999, 393 ff. und *Heeg*, DStR 2007, 89 ff.
291 Vgl. Erman/*M. Schmidt*, § 2269 Rn. 1 und *Ebeling*, ZEV 2000, 87; *Langenfeld*, Auflage Testamentsgestaltung, Rn. 359.
292 *Daragan*, DStR 1999, 393, 396.

dern künftig besser auf einen bestimmten vom Erblasser zu bestimmenden Zeitpunkt festgelegt werden:

▶ **Muster:** 486

Freibetragsauflage: Unsere Kinder erhalten aus dem Nachlass des Erstversterbenden jeweils einen Geldbetrag, dessen Höhe sich nach den erbschaftsteuerlichen Freibeträgen bemisst, die ihnen für Erwerbe von Todes wegen nach dem Erstversterbenden zustehen, soweit diese Freibeträge nicht durch Zuwendungen unter Lebenden bereits verbraucht sind. Die Auflagen sollen mit dem Tode des Erstversterbenden entstehen. Sie sollen jedoch erst beim Tod des Letztversterbenden – besser: x Jahre nach dem Todes des Erstversterbenden (wg. § 6 Abs. 4 Erbschaftsteuergesetz neu) – vollzogen werden. Damit die Leistungen für die Zeit zwischen dem Tod des Erstversterbenden ... und dem Tod des Letztversterbenden – besser: ... dem Ablauf der x Jahre nach dem Tode des Erstversterbenden – im Werte erhalten bleiben, sollen sie rein rechnerisch, also ohne dass damit eine Verpflichtung zur Zahlung von Zinsen verbunden ist, ab dem Tod des Erstversterbenden zu 5,5 % verzinst werden. Sollte eines unserer Kinder vor oder nach dem ersten Erbfall wegfallen, sind seine Abkömmlinge Ersatzauflagenbegünstigte, deren Anteile an der Auflage sich nach den entsprechend anzuwendenden Regeln der Erbfolge erster Ordnung bestimmen. Stirbt das Kind, ohne Abkömmlinge zu hinterlassen, sind unsere anderen Kinder, ersatzweise deren Abkömmlinge, im gleichen Verhältnis auch durch diese Auflage begünstigt.

Erbteilsauflage: Unsere Kinder sollen aus dem Nachlass des Erstversterbenden Leistungen in Geld oder in Sachwerten erhalten, die den Zweck haben, unsere Kinder so zu stellen, als ob sie beim Tode des Erstversterbenden neben dem Letztversterbenden Erbe geworden wären, so dass sich die Höhe jeder Auflage insgesamt nach dem Wert des Erbteils bestimmt, der dem Kind beim Tode des Erstversterbenden alsdann nach den Regeln der gesetzlichen Erbfolge erster Ordnung zugestanden hätte, wenn es nicht von der Erbfolge nach dem Erstversterbenden ausgeschlossen worden wäre.

Erbenauflage: Unsere Kinder sollen aus dem Nachlass des Erstversterbenden Leistungen in Geld oder in Sachwerten erhalten, die den Zweck haben, unsere Kinder so zu stellen, als ob sie den Erstversterbenden allein beerbt hätten, so dass sich die Höhe jeder Auflage insgesamt nach dem Wert des Erbteils bestimmt, der dem Kind beim Tode des Erstversterbenden alsdann nach den Regeln der gesetzlichen Erbfolge erster Ordnung zugestanden hätte, wenn es nicht von der Erbfolge nach dem Erstversterbenden ausgeschlossen worden wäre.

Anders als bei einem Vermächtnis tritt bei einer Auflage die Steuerpflicht des von der Auflage 487 Begünstigten erst mit Vollzug der Auflage ein. Dessen ungeachtet kann der Verpflichtete die **Verbindlichkeit aus der Auflage sofort als Erbfallschuld abziehen**. Die Auflage ist beim Erben oder Vermächtnisnehmer also als Nachlassverbindlichkeit abziehbar (§ 10 Abs. 5 Nr. 2 ErbStG). Dies gilt unabhängig davon, ob eine korrespondierende Erfassung bei einem Begünstigten nach § 3 Abs. 2 Nr. 2 ErbStG oder als Zweckzuwendung nach § 8 ErbStG möglich ist. Ist der Erwerb infolge der Vollziehung der Auflage nach § 3 Abs. 2 Nr. 2 ErbStG steuerbar, so entsteht die Steuer nicht im Zeitpunkt des Erbfalls, sondern erst im Zeitpunkt der Vollziehung der Auflage (§ 9 Abs. 1 Nr. 1 lit. d. ErbStG). Mit Vollziehung ist grundsätzlich die Vollendung des Rechtserwerbs gemeint, also der Zeitpunkt, in dem die Rechtsfolge des Vollzugsgeschäfts eintritt. Daher wird es wie bei der Ausführung einer Grundstücksschenkung (§ 9 Abs. 1 Nr. 2 ErbStG) ausreichen, wenn der Beschwerte alles getan hat, was zur Vollendung des Rechtserwerbs auf seiner Seite erforderlich ist. Auf diese Weise lassen sich durch Auflagen besondere **Steuervorteile** erreichen, **weil der auflagenbeschwerte Erbe die Auflage sofort abziehen kann und der Auflagebegünstigte die Wertzuwendung erst mit der Ausführung zu besteuern hat.** Ferner hat die Auflage den erheblichen erbschaftsteuerlichen Vorteil, dass der Auflagenbegünstigte keinen eigenen Anspruch auf den per Auflage zugewandten Gegenstand hat.[293] Die Regelung durch Auf-

---

293 Viskorf/Knobel/Schuck/*Wälzholz*, Erbschaftsteuer- und Schenkungsteuergesetz, Bewertungsgesetz Kommentar, § 3 Ziffer 12 Rn. 208.

lage statt durch Vermächtnis dürfte auch nicht als rechtlich missbräuchliche Gestaltung nach § 42 Abgabenordnung zu bewerten sein. Wenn der Gesetzgeber das Vermächtnis und die Auflage wahlweise zur Verfügung stellt, ist die Wahl der Auflage statt des Vermächtnisses keine unangemessene Gestaltung, mag sie auch vornehmlich oder ausschließlich steuerlich motiviert sein.[294]

488 Der aus einer Auflage resultierende Erwerb ist beim Auflagenbegünstigten erbschaftsteuerpflichtig (§ 3 Abs. 2 Nr. 2 Erbschaftsteuergesetz). Der Erwerb aufgrund der Auflage gilt als vom Erblasser zugewendet (§ 3 Abs. 2 Nr. 2 Erbschaftsteuergesetz). Die Steuerpflicht des Auflagenbegünstigten entsteht jedoch erst mit Vollziehung der Auflage gemäß § 9 Abs. 1 Nr. 1 lit. d Erbschaftsteuergesetz. **Seit dem Jahre 2009 stehen erst beim Tode des Beschwerten fällige Auflagen den Nacherbschaften gleich (§ 6 Abs. 4 Erbschaftsteuergesetz).** Nach der Gesetzesbegründung gilt damit, dass Erwerbe aufgrund beim Tode des Beschwerten fälligen Auflagen wie bisher schon entsprechende Vermächtnisse nicht als Erwerb vom Erblasser, sondern als Erwerb vom Beschwerten zu versteuern sind. Die Auflage kann daher in diesem Fall nicht als Nachlassverbindlichkeit abgezogen werden. Soweit die Auflage jedoch keinen bestimmten Begünstigten ausweist, ist die aus ihr resultierende Zuwendung als Zweckzuwendung gemäß § 1 Abs. 1 Nr. 3 i. V. m. § 8 Erbschaftsteuergesetz beim Beschwerten zu versteuern.[295] Entschließt sich der durch die Auflage Beschwerte noch zu seinen Lebzeiten dazu, die angeordnete Auflage zu erfüllen, führt dies dazu, dass in diesem Zeitpunkt sämtliche gewünschten erbschaftssteuerlichen Folgen eintreten (§ 9 Abs. 1 Nr. 1d ErbStG). Der Beschwerte kann also den Wert der Auflage als Nachlassverbindlichkeit erbschaftssteuermindernd berücksichtigen, während er beim Auflagenbegünstigten zu einem korrespondierenden steuerpflichtigen Erwerb gemäß § 3 Abs. 2 Nr. 2 ErbStG führt. Der Nachteil dieser Gestaltung besteht darin, dass der Beschwerte die angeordnete Auflage tatsächlich zu seinen Lebzeiten erfüllen muss. Unterlässt er dies, geht die Gestaltung jedenfalls erbschaftssteuerlich ins Leere.[296]

Die Anordnung einer Auflage zur Haustierversorgung hat den erbschaftssteuerlichen Vorteil, dass die mit der Erfüllung verbundenen Kosten als Nachlassverbindlichkeiten gemäß § 10 Abs. 5 Nr. 2 ErbStG abgezogen werden können.[297] Ohne die Auflageanordnung kommt hingegen eine Berücksichtigung der Aufwendungen für den Unterhalt und die Versorgung von Haustieren als »gewöhnliche« Nachlassverbindlichkeiten nicht in Betracht.[298]

489 ▶ **Checkliste: Auflage**

☐ Durch die Anordnung einer Auflage kann der Erblasser ein bestimmtes Tun oder Unterlassen von seinem Erben oder Vermächtnisnehmern anfordern, ohne dass der hierdurch Begünstigte hierauf einen Anspruch hat. Anders als bei einem Vermächtnis kann die Anordnung der Auflage auch nur in der Erzielung eines bestimmten Zweckes liegen, ohne auch einen konkreten Begünstigten zu benennen.

☐ Da der Begünstigte einer Auflage keinen eigenen Anspruch auf Erfüllung der Auflage hat, ist es ratsam, zur Durchsetzung der Auflage einen Vollziehungsberechtigten zu bestimmen. In der Regel bietet sich hierfür die Anordnung einer Testamentsvollstreckung an.

☐ Die Auflage ist sprachlich und rechtlich klar von einem bloßen Wunsch des Erblassers oder der Anordnung eines Vermächtnisses aber auch der Anordnung einer Bedingung abzugrenzen.

☐ Will der Erblasser auf höchstpersönliche Entscheidungen eines erbrechtlich von ihm Begünstigten wie beispielsweise Wohnsitznahme am Firmensitz oder die Vereinbarung von Gütertrennung Einfluss nehmen, kann dies sittenwidrig sein. Durch die Einbeziehung dieser von der Anordnung betroffenen Person durch Anordnung einer Auflage, kann die sonst sittenwidrige Anordnung vermieden werden.

---

294 *Daragan*, DStR 1999, 393, 395.
295 *Meinke*, ErbStG, § 1 Rn. 11.
296 Tanck/Krug/*Riedel*, NotarFormulare Testamente, 5. Auflage, § 15 Rn. 32.
297 *Götz*, ZEV 2012, 649.
298 BFH ZEV 2010, 107.

☐ Inhaltlich kann die Auflage eine vermögensrechtliche Anordnung aber auch bloße ideelle Zweckvorgaben enthalten. Dabei sind Vorgaben des Erblassers zu Gunsten von Tieren, zur Grabpflege, zur Anregung ganz unterschiedlicher Verhaltensregelungen aber auch zur Gestaltung der in den Nachlass fallenden Unternehmen möglich.

☐ Da der durch die Auflage Begünstigte keinen eigenen Anspruch auf deren Vollziehung hat, unterliegt die noch nicht erfüllte Auflage bei Insolvenz des Berechtigten auch nicht dem Zugriff der Gläubiger.

☐ Anders als bei einem Vermächtnis tritt bei der Anordnung einer Auflage die Steuerschuld (Erbschaftsteuer) des von der Auflage Begünstigten erst mit Vollzug der Auflage ein. Der aus der Auflage Verpflichtete (Erbe oder Vermächtnisnehmer) kann die Verbindlichkeit aus der Auflage aber sofort als Erbfallschuld abziehen.

E. Straf- und Verwirkungsklauseln

Literatur:
Brambring/Mutter (Hrsg.), Beck'sches Formularbuch Erbrecht, 3. Aufl. 2014; *Demharter*, GBO, 27. Aufl. 2010; *Firsching/Graf*, Nachlassrecht, 9. Aufl. 2008, Pflichtteilsstrafklausel; *Groll*, Praxis-Handbuch Erbrechtsberatung, 4. Auflage, 2015; *Ivo*, Keine Rückgängigmachung der Wirkungen einer Pflichtteilsstrafklausel, ZEV 2004, 205, Anmerkung zu BayObLG v. 20.1.2004; *Keim*, Haftungsfallen bei Pflichtteilsklauseln, Pflicht des Rechtsanwalts zum »taktischen Foul«?, NJW 2007, 974; *Kerscher/Krug*, Das erbrechtliche Mandat, 4. Aufl. 2007; *Langenfeld*, Testamentsgestaltung, 5. Aufl. 2015, 5. Kapitel, § 3 Rn. 341 Muster 103; *J. Mayer*, Die Tücken von Pflichtteilsklauseln Anmerkung zum Beschluss des Pfälzischen OLG Zweibrücken vom 30.10.1998, 3 W 116/98, MittBayNot 1999, 265; *ders.*, Ja zu Jastrow? – Pflichtteilsklausel auf dem Prüfstand, ZEV 1995, 136, 137; *Nieder/Kössinger*, Handbuch der Testamentsgestaltung, Grundlagen und Gestaltungsmittel für Verfügungen von Todes wegen und vorbereitende Erbfolgemaßnahmen, 5. Aufl. 2015; *Reimann/Bengel/Mayer*, Testament und Erbvertrag, 5. Aufl. 2006; *Scherer* (Hrsg.), Münchener Anwalts Handbuch Erbrecht, 4. Aufl. 2013; *Wälzholz/Bachner*, Vertragsrecht, 5.4.2.1 Pflichtteilsstrafklausel – automatisch; *Weirich*, Erben und Vererben, 5. Aufl. 2004; *Wilsch*, Beck'scher Online-Kommentar GBO; *Kanzleiter*, Pflichtteilsstrafklauseln und Geltendmachung des übergeleiteten Pflichtteilsanspruchs durch den Sozialhilfeträger – Zugleich Anmerkungen zum Urteil des OLG Hamm vom 28.2.2013, DNotZ 2015, 5 ff.; *v. Proff*, Erbrechtsgestaltung zum Behindertentestament, RNotZ 2012, 272; *Worm*, Pflichtteilserschwerungen und Pflichtteilsklauseln, RNotZ 2003, 535 ff.

I. Sinn und Bedeutung von Verwirkungsklauseln

Wenn sich Eheleute zunächst gegenseitig zum Erben einsetzen und erst nach dem Tod des Längstlebenden die gemeinsamen oder auch die einseitigen Kinder Erbe werden, besteht die Gefahr, dass die Kinder nach dem Erstversterbenden den **Pflichtteil** verlangen und letztendlich auch erhalten. Sie erhalten dann den **Pflichtteil** nach dem Erstversterbenden und bleiben nach dem Tod des längerlebende Elternteils weiterhin noch Schlusserbe. Dies ist besonders dann unbefriedigend und nach dem Empfinden der Erblasser ungerecht, wenn nur ein Kind den **Pflichtteil** nach dem erstversterbenden Elternteil verlangt, dass andere aber nicht. Zu Lasten des loyalen Abkömmlings bereichert sich also derjenige, der sofort sein Pflichtteil verlangt, da er ja neben dem Pflichtteil nach dem Erstversterbenden noch die ungekürzte Schlusserbquote nach dem Längstlebenden erhält. Um in Ehegatten-Testamenten bzw. Erbverträgen unter Eheleuten ein Pflichtteilsverlangen der Kinder bereits nach dem Tod des zuerstverstorbenen Elternteils möglichst unattraktiv zu machen, wird der Abkömmling, der nach dem ersten Erbfall seinen Pflichtteil geltend macht, häufig durch besondere Klauseln von der Schlusserbfolge ausgeschlossen oder seine Erbrechte entsprechend gemindert. Mit solchen Klauseln soll verhindert werden, dass die nach dem Tode des Erstversterbenden gesetzlich Pflichtteilsberechtigten die dem überlebenden Ehegatten zufallende Erbmasse schmälern, indem ihre Schlusserbeneinsetzung testamentarisch unter eine auflösende Bedingung gestellt wird.[299]

490

---

[299] OLG München ZEV 2006, 411 ff.

Kapitel 9 Einflussnahme des Erblassers über seinen Tod hinaus

491 Bei der Errichtung eines gemeinschaftlichen Testamentes oder eines Erbvertrages wollen demnach Ehegatten regelmäßig den länger lebenden Teil absichern und das Vermögen erst nach dessen Tod auf die (einseitigen oder gemeinschaftlichen) Kinder verteilen. Das Verlangen des Pflichtteils nach dem Tod des Erstversterbenden kann diesen Plan empfindlich stören. Das zur Befriedigung des Pflichtteils aufgewendete Vermögen fehlt dem Längerlebenden für seinen eigenen Unterhalt. Der den Pflichtteil Fordernde ist, soweit er nach dem Tod des Längerlebenden weiter Berücksichtigung findet, wirtschaftlich bevorzugt. Die zur Lösung dieser Problematik vielfach verwendeten Pflichtteilsstrafklauseln sind nicht nur auf der Tatbestandsseite problematisch. Auch die Rechtsfolgen führen immer wieder zu Diskussionen.

492 Häufig finden sich insbesondere in klassischen Berliner Testamenten folgende Regelungen: »Wer von unseren Kindern beim ersten Erbfall seinen Pflichtteil verlangt, soll auch beim Tod des Zuletztversterbenden Elternteils nur den Pflichtteil erhalten.«

493 In subjektiver Hinsicht ist für den Tatbestand des »Verlangens« des Pflichtteils nach dem ersten Todesfall zwar im Zweifel zu fordern, dass der Pflichtteilsberechtigte bewusst – in Kenntnis der **Verwirkungsklausel-** den **Pflichtteil** verlangt. Eine weitere subjektive Voraussetzung in Form einer »böswilligen Auflehnung« gegen den Erblasserwillen – ist jedoch nicht erforderlich-.[300]

494 Allgemein, aber je nach Interessens- und Vermögenslage unterschiedlich dienen Pflichtteilsklauseln folgenden Zwecken:
– Entlastung des länger lebenden Ehegatten von der Pflichtteilsauszahlung und den damit verbundenen finanziellen und persönlichen Belastungen,
– Vermeidung einer ungerechten Bevorzugung des Kindes, das vorzeitig seinen Pflichtteil verlangt,
– Belohnung der »loyalen Kinder«, die den letzten Willen respektieren, durch Sicherung der als angemessen betrachteten Nachlassbeteiligung.

II. Konsequenzen bei Eintritt der Verwirkung

495 Bei der »klassischen« **Verwirkungsklausel** wird die Schlusserbeneinsetzung der Abkömmlinge des erstversterbenden Ehegatten an eine auflösende Bedingung im Sinne von § 2075 BGB geknüpft, die mit der Zuwiderhandlung gegen die Klausel eintritt.[301] Dabei ist anerkannt, dass der Eintritt der Bedingung auch noch nach dem Tode des letztversterbenden Ehegatten herbeigeführt werden kann.[302]

496 Der unter einer Verwirkungsklausel gestellte Erbe ist auflösend bedingter Vollerbe und aufschiebend bedingter Vorerbe und die Nacherbschaft ist aufschiebend bedingt, da erst beim Tod des Bedachten feststeht, ob er nicht gegen die Klausel verstoßen hat und daher Vollerbe geblieben ist.[303] Der Vorerbe ist dabei in der Regel befreiter Vorerbe.[304]

497 Im Zusammenhang mit der Schlusserbenregelung soll die Verwirkungsklausel auch das Interesse der Ehepartner, insbesondere des Erstversterbenden, daran sichern, dass nicht einer der Abkömmlinge bei der Verteilung des elterlichen Gesamtnachlasses bevorteilt wird.[305] Diese Zwecke sollen dadurch erreicht werden, dass die Schlusserbeneinsetzung der gemeinsamen Kinder unter die auflösende Bedingung eines Verlangens des Pflichtteils nach dem Erstversterbenden gestellt wird. Verlangt ein Schlusserbe den Pflichtteil nach dem ersten Todesfall, so entfällt seine Einsetzung als Schlusserbe, und zwar regelmäßig mit Wirkung auch für seine Abkömmlinge.[306] Es gilt dann nicht die Auslegungsregel des § 2069 BGB, vielmehr gilt die Anwachsung nach § 2094 BGB als gewollt.

---

300 Staudinger/*Otte*, § 2074 Rn. 64, *Lüppert*, NJW 1988 2712.
301 Palandt, § 2269 Rn. 13; OLG Zweibrücken MittBayNot 1999, 294, 295.
302 OLG Stuttgart DNotZ 1979, 104; *Lübbert*, NJW 1988, 2706, 2713.
303 Nieder/Kössinger/*Kössinger*, § 15 Rn. 187.
304 BayObLG NJW 1962, 1060.
305 Staudinger/*Otte*, § 2074 Rn. 64.
306 BayObLG FamRZ 1996, 440, 441; *Wackel*, DNotZ 1990, 403, 410.

Sämtliche Pflichtteilsklauseln können immer nur »Abschreckungsfunktion« haben. Der Pflichtteil kann hierdurch nicht genommen werden; die Zuwendung soll vielmehr hierauf beschränkt werden.[307]

III. Mögliche Gestaltungen von Pflichtteilsstrafklauseln

1. Einfache Pflichtteilsstrafklausel

a) Anrechnungsklausel

Als einfache **Pflichtteilsstrafklausel** bezeichnet man unter anderem die Anordnung, das ein Abkömmling, der nach dem Erstversterbenden den Pflichtteil verlangt, sich diesen auf sein Erbe nach dem Überlebenden anrechnen lassen muss (**Anrechnungsklausel**). Konstruktiv handelt es sich dabei um ein Vorausvermächtnis für die anderen Erben. 498

▶ Muster: 499

Wenn und soweit einer unsere Abkömmlinge nach dem Tode des Erstversterben von diesem den Pflichtteil verlangt und auch tatsächlich erhält, hat dieser Abkömmling den Wert des tatsächlich an ihn ausgezahlten Betrages in voller Höhe auf sein Erbteil nach dem Längstlebenden von uns anrechnen zu lassen.

Einen Pflichtteilsberechtigten wird eine solche Klausel kaum jemals abschrecken. Zum einen muss er sich nicht bis zum Tode des Längstlebenden gedulden, um aus dem Nachlass der Eltern etwas zu erhalten. Zum anderen ist er des Risikos enthoben, dass der längstlebende Elternteil zu Lebzeiten das gesamte Vermögen, häufig insbesondere auch ungewollt durch langjährige Pflegekosten, noch verbraucht. 500

Eine zusätzliche Anordnung des Erblassers, dass der Pflichtteilsberechtigte sich den Pflichtteil, den er beim ersten Erbfall erhält, nicht bloß auf den Erbteil sondern auch auf den Pflichtteil aus dem Nachlass des letztversterbenden Ehegatten nochmals anrechnen lassen müsse, ist unwirksam, weil dadurch der **Pflichtteil** nach dem längerlebenden Elternteil verkürzt würde und dies wegen des zwingenden Charakters des Pflichtteils durch einseitige Anordnung des Erblassers nicht möglich ist.[308] 501

b) Pflichtteilsstrafklausel (fakultativ)

In der eher »abgeschwächten« Form einer Pflichtteilsklausel kann der Längstlebende der Eheleute noch frei entscheiden, wie er auf das Pflichtteilsverlangen eines Abkömmlings reagieren möchte. 502

▶ Muster: 503

Für den Fall, dass einer unserer Abkömmlinge nach dem Tode des Zuerstversterbenden von uns vom Überlebenden den Pflichtteil verlangen sollte, muss er damit rechnen, dass der Längstlebende ihn als Erben ausschließt mit der Folge, dass er auch nach dessen Tod allenfalls den Pflichtteil verlangen kann.

Der Längstlebende ist aufgrund der ohnehin nur einseitig testamentarisch getroffenen Verfügungen des Längstlebenden von uns befugt, die vorstehend angeordnete Erbeinsetzung bzw. das Vermächtnis noch aufzuheben und dann nach freiem Belieben eine andere Erbeinsetzung bzw. Geldzuwendung zu bestimmen.

Diese vorgestellte Klausel kann dann eingefügt werden, wenn der Längstlebende ohnehin seine Verfügungen noch frei ändern kann und die Abkömmlinge nach dem Erstversterbenden lediglich bereits durch die Anordnung auch des dann ja verstorbenen Elternteils »gewarnt« werden sollen. 504

---

307 *Olshausen*, DNotZ 1979, 707.
308 Reimer/Bengel/Mayer/*Mayer*, Testament und Erbvertrag, § 2269 Rn. 89.

505 Die Aufnahme einer fakultative **Pflichtteilsstrafklausel** ist dann jedoch zur Regulierungsmöglichkeit des Erstversterbenden erforderlich, wenn der Überlebende ganz oder teilweise an seine letztwillige Verfügung gebunden ist. Sie ist dann auf die Intensität der Bindung abzustimmen. Bei einer starren Bindung der Erblasser ohne jeglichen Änderungsvorbehalt könnte die Formulierung lauten:

506 ▶ **Muster:**

> Für den Fall, dass einer unserer Abkömmlinge nach dem Tode des Erstversterbenden von uns vom Längstlebenden den Pflichtteil verlangen sollte[309], ist der Längstlebende von uns jedoch berechtigt, die ansonsten bindend bzw. wechselbezüglich bestimmte Schlusserbeneinsetzung durch Verfügung von Todes wegen in der Weise zu ändern, dass der betreffende Pflichtteilsberechtigte und auch sein ganzer Stamm von der Erbfolge nach dem Längstlebenden einschließlich aller etwa angeordneten Vermächtnisse und Auflagen ausgeschlossen werden.
>
> Das jenem Zukommende kann der Längstlebende von uns nach freiem Ermessen einem oder mehreren Personen aus dem Kreis der gemeinschaftlichen Abkömmlinge oder – wenn für diese dasselbe gilt – auch familienfremden Personen von Todes wegen zuwenden.[310]

507 Alternativ ist diesbezüglich auch eine noch freiere Formulierung möglich:

508 ▶ **Muster:**

> Für den Fall, dass einer unserer Abkömmlinge nach dem Tode des Erstversterbenden von uns vom Längstlebenden den Pflichtteil verlangen sollte[311], so ist der Längstlebende von uns befugt, ihn und seine Abkömmlinge von der Schlusserbfolge auszuschließen. Der Notar hat uns darauf hingewiesen, dass ein solcher Ausschluss von der Schlusserbfolge nicht automatisch eintritt, sondern eine entsprechende abändernde Verfügung von Todes wegen durch den überlebenden Ehegatten voraussetzt.[312]

c) Automatische Pflichtteilsstrafklausel

509 Bei der automatischen **Pflichtteilsstrafklausel** besteht die übliche Sanktion in der Enterbung beim zweiten Erbfall. Sie soll den Schlusserben davon abhalten, nach dem Tod des ersten Ehegatten den **Pflichtteil** zu verlangen. Macht er ihn geltend, wird er nicht Erbe des überlebenden Ehegatten und zwar automatisch und ohne weitere Verfügung des Längstlebenden.

510 Die Geltendmachung des Pflichtteils führt bei der automatischen Pflichtteilsstrafklausel zum Eintritt einer auflösenden Bedingung für die Erbeinsetzung und damit (auch ohne weitere Handlungen) zur Enterbung der den Pflichtteil fordernden Person, § 2075 BGB. Der frei werdende Erbteil kann entweder bei den weiteren Erben anwachsen (§ 2094 BGB), im Wege einer Ersatzberufung anderen Personen zugedacht werden (§ 2096 BGB) oder – wenn die Pflichtteilsstrafklausel rein enterbenden Charakter hat – frei bleiben, so dass insoweit gesetzliche Erbfolge eintritt. Sind die Rechtsfolgen in der Pflichtteilsstrafklausel nicht eindeutig definiert, ist der Wille der Ehegatten durch (ergänzende) Auslegung zu ermitteln. Maßgeblich ist dabei der übereinstimmende Wille im Zeitpunkt der Errichtung des Testamentes[313].

Das OLG Hamm[314] ging in seiner Entscheidung davon aus, dass die Pflichtteilsstrafklausel nicht nur zu einer Enterbung führt, sondern auch zum Anwachsen bei der verbleibenden Mitschlusserbin.

511 Kommt man zum Ergebnis, dass die Pflichtteilsstrafklausel nicht nur rein enterbenden Charakter hat, ist in einem zweiten Schritt zu prüfen, ob die in der Klausel enthaltene Anwachsung bzw. Ersatz-

---

309 Zur näheren Definition des »Verlangens« siehe auch Rdn. 552–554.
310 So auch die etwas abgewandelte, ähnliche Formulierung von *Worm*, RNotZ 2003, 535, 551.
311 Zur näheren Definition des »Verlangens« siehe auch Rdn. 552–554.
312 Ähnliche Formulierung von Beck'sche Formularbuch Erbrecht/*Kleensang*, C VI 4.
313 Näher hierzu *Braun*, Anmerkung zu OLG Hamm vom 27.11.2012 in MittBayNot 2013, 314 f.
314 OLG Hamm, MittBayNot 2013, 313.

berufung der erbrechtlichen Bindung unterliegt und, sollte die Bindungswirkung bejaht werden, ein Abänderungsrecht besteht.

Die Erblasser formulieren eine automatische Pflichtteilsstrafklausel häufig in etwa: 512

▶ **Muster:** 513

Verlangt[315] eines unserer Kinder nach dem Tod des erstversterbenden Elternteils den Pflichtteil, erhält er ebenso wie seine Abkömmlinge auch nach dem Tod des Letztversterbenden nur den Pflichtteil.

Jedes Kind ist also unter der auflösenden Bedingung (§§ 2075, 158 Abs. 2 BGB) zum Schlusserben 514 eingesetzt, dass es nach dem Tod des ersten Ehegatten keinen Pflichtteil geltend macht. Tritt die Bedingung ein, ist der gesamte Stamm des Abkömmlings beim zweiten Erbfall ausgeschlossen. Sein Erbteil wächst den anderen Erben nach § 2094 BGB an.

Bei der automatischen **Pflichtteilsstrafklausel** sollte trotz der oben dargestellten Vermutungen klar- 515 gestellt werden, ob sich als Folge des Pflichtteilsverlangens die Erbquoten der übrigen Kinder automatisch durch Anwachsung erhöhen oder gemäß § 2069 BGB die Abkömmlinge des Enterbten an dessen Stelle treten.[316]

Folgende Formulierung ist denkbar: 516

▶ **Muster:** 517

Für den Fall, dass einer unserer Abkömmlinge nach dem Tode des Erstversterbenden von uns vom Längstlebenden den Pflichtteil verlangen sollte[317], ist der betreffende Pflichtteilsberechtigte mit seinem ganzen Stamm von der Erbfolge nach dem Längstlebenden einschließlich aller etwa angeordneten Vermächtnisse und Auflagen ausgeschlossen. Das jenem Zukommende kann der Längstlebende von uns dann nach seinem freien Ermessen einem oder mehreren Personen aus dem Kreis der gemeinschaftlichen Abkömmlinge zuwenden. Unterlässt er eine solche Verfügung, wächst es den übrigen Abkömmlingen – soweit sie nicht ebenfalls von der Erbfolge ausgeschlossen sind – zu gleichen Teilen nach Stämmen an.[318]

Nicht nur die vorzitierte Entscheidung des OLG Hamm zeigt, dass bei der Gestaltung einer Pflicht- 518 **teilsstrafklausel nicht nur die auslösenden Momente genau definiert werden sollten, sondern auch die Rechtsfolgen. Der Gestalter hat ein besonderes Augenmerk auf die Bindung und ihre etwaige Durchbrechung zu legen.**

d) Empfohlene einfache Pflichtteilsklausel

Da die automatische Ausschlussklausel dazu führen kann, dass der überlebende Ehepartner nach 519 dem Tode des Erstversterbenden aufgrund einer möglichen bindenden Schlusserbeneinsetzung die automatische damit einhergehende Enterbung nicht mehr korrigieren kann[319], bietet sich folgende Änderungsbefugnis an.

> Die hier angeordnete auflösend bedingte Schlusserbeinsetzung wird in nicht wechselbe- 520 züglicher und bindender Weise getroffen, so dass der überlebende Ehegatte die Möglichkeit hat, die Enterbung für den Schlusserbfall zu widerrufen bzw. abzuändern. Er kann jedoch nur den Zustand wiederherstellen, der vor Eintritt der Enterbung bestanden hat. Er ist nicht berechtigt, eine ansonsten andere Schlusserbfolge anzuordnen.[320]

---

315 Zur näheren Definition des »Verlangens« siehe auch Rdn. 552–554.
316 *Mayer*, MittBayNot 1996, 80, 81.
317 Zur näheren Definition des »Verlangens« siehe auch Rdn. 552–554.
318 So die Formulierung von *Worm*, RNotZ 2003, 535, 550 f.
319 BayOLG ZEV 2004, 202.
320 Ähnliche Formulierungswahl auch von Tanck/Krug NotarFormulare Testamente, 5. Auflage, § 19 Rn. 118.

Kapitel 9 Einflussnahme des Erblassers über seinen Tod hinaus

e) Pflichtteilsklausel bei unterschiedlichen Pflichtteilsberechtigten

521 Haben die Erblasser bei Errichtung eines Erbvertrages oder gemeinschaftlichen Testamentes unterschiedliche pflichtteilsberechtigte Abkömmlinge, so ist bei der Formulierung darauf zu achten, dass Pflichtteilsberechtigte immer nur die eigenen Abkömmlinge und nicht die des anderen Ehepartners sind.

522 ▶ **Muster:**

> Für den Fall, dass ein Abkömmling des Erstversterbenden von uns nach dem Tode des Zuerstversterbenden von uns vom Überlebenden den Pflichtteil verlangen sollte, muss er damit rechnen, dass der Längstlebende ihn als Erben ausschließt mit der Folge, dass er nach dessen Tod nichts mehr oder bei gemeinsamen Abkömmlingen allenfalls den Pflichtteil verlangen kann.

2. Vor- und Nachteile der verschiedenen Pflichtteilsstrafklausel

a) Grundsätzliche Gefahren

523 Eine fakultative Strafklausel birgt die **Gefahr**, dass es dem überlebenden Ehegatten nicht mehr gelingt, seine Erbfolge anderweitig zu regeln, etwa weil er zwischenzeitlich nicht mehr testierfähig ist oder bereits ohne eine Änderung vorzunehmen ebenfalls kurze Zeit nach dem Pflichtteilsverlangen eines Abkömmlings verstirbt.

524 Unschädlich für die gerecht empfundene Verteilung des Vermögens auf die Abkömmlinge ist dies nur dann, wenn alle Erben nach dem Erstversterbenden in gleicher Höhe pflichtteilsberechtigt sind und der überlebende Ehegatte innerhalb der dreijährigen Verjährungsfrist des § 2332 BGB testierunfähig wird oder verstirbt. Dann haben auch die anderen Kinder bzw. Pflichtteilsberechtigten noch die Möglichkeit, ihren Pflichtteil nach dem Erstversterbenden aus dem Nachlass des letztversterbenden Elternteils zu verlangen. Sind dagegen die Pflichtteilsansprüche unterschiedlich hoch (etwa wegen §§ 2050, 2316 BGB oder § 2315 BGB; möglicherweise auch, weil es sich lediglich um einseitige Kinder des Erstversterbenden handelt), könnte derjenige mit dem höchsten Pflichtteilsanspruch in einem solchen Fall sogar Vorteile daraus ziehen, dass der überlebende Elternteil ihn nicht mehr enterben kann bzw. könnte.

525 Die Regelung einer automatisch wirkende Strafklausel hingegen begegnet diesen Gefahren, da sie auf das Pflichtteilsverlangen nach dem Tode des Erstversterbenden automatisch reagiert. Für diesen Fall müsste man die fakultative Strafklausel um eine automatische Anrechnungsanordnung ergänzen, um in solchen Fällen so zumindest eine Besserstellung einzelner Abkömmlinge zu verhindern.[321]

b) Begrenzte Wirkung bei einseitigen Vermögensverhältnissen

526 Verfügt nur der erstversterbende Ehegatte über wesentliches Vermögen, ist die **Abschreckungswirkung** einer für den zweiten Erbfall enterbenden Pflichtteilsstrafklausel erheblich eingeschränkt. Wenn bei einer solchen ungleichen Vermögensverteilung hingegen der längstlebende Ehegatte nur zum Vorerben und die Abkömmlinge zu Nacherben und gleichzeitig zu Schlusserben des Längstlebenden berufen werden, wird die Abschreckungswirkung einer solchen Pflichtteilsklausel erheblich erhöht. Diese Trennung hat dann den Vorteil, dass die Nacherbeneinsetzung gegenüber der Schlusserbeneinsetzung einen stärkeren Anreiz bietet auf die Geltendmachung von Pflichtteilsansprüchen nach dem Erstversterbenden zu verzichten, zumal dann, wenn der überlebende Ehegatte lediglich nicht befreiter Vorerbe ist.[322]

527 Dagegen zu halten sind dann aber wiederum die mit der Vorerbenstellung des längstlebenden Ehegatten verbundenen Beschränkungen, die oft von den Erblasserin nicht gewollt sind.

---

321 *Worm*, RNotZ 2003, 535, 550.
322 Beck'sche Formularbuch Erbrecht/*Kleensang*, C VI 5 Anm. Ziff. 7 und 9.

c) Vorteile für den Erben bei der Anrechnungsmethode

Der Erbe aus einer bloßen Anrechnungspflichtteilsstrafklausel kann aus dieser auch **Vorteile** ziehen. Verlangt nämlich der Pflichtteilsberechtigte nach dem Ableben des Erstversterbenden nicht seinen Pflichtteil, so wird er infolge dessen nach dem Tod des zuletztversterbenden Elternteils Schlusserbe. Wenn der Erbe des zuletzt verstorbenen Elternteils erst nach der Annahme dieser Erbschaft erkennt, dass die Erbschaft für ihn weniger vorteilhaft ist als das Verlangen der beiden Pflichtteile wäre, so kann er nun noch immer den Pflichtteil nach dem erstverstorbenen Elternteil verlangen. Dies soll sogar dann gelten, wenn der Pflichtteilsanspruch bereits verjährt ist. Dadurch entfällt wiederum die Schlusserbenstellung durch die in der letztwilligen Verfügung vorgesehene auflösende Bedingung, so dass der Erbe außerdem den Pflichtteil nach dem zuletztversterbenden Elternteil verlangen kann.[323]

528

d) Erforderlichkeit eines Erbscheins

Automatische Strafklauseln entwerten unter Umständen die notarielle Urkunde als **Erbnachweis**. Nach § 35 Abs. 1 S. 2 GBO genügt zumindest gegenüber dem Grundbuchamt die Vorlage einer in öffentlicher Urkunde enthaltene Verfügung von Todes wegen mit der Niederschrift über die Eröffnung und es ist kein gesonderter Erbschein erforderlich.[324] Anders hingegen wird bei der Verwendung einer auch in einer notariellen beurkundeten letztwilligen Verfügung enthaltenen automatischen Pflichtteilsklausel in der Regel ein Erbschein,[325] zumindest aber analog § 2356 Abs. BGB eine eidesstattliche Versicherung[326] gefordert.

529

Nach einem Beschluss des OLG Frankfurt[327] darf das Grundbuchamt die Eintragung einer Grundbuchberichtigung auf den Erben von der Vorlage eines Erbscheins abhängig machen, wenn es den Nachweis der Erbfolge durch eidesstattliche Versicherung nicht als erbracht ansieht. Die Prüfung, ob die Bedingung einer Pflichtteilsstrafklausel eingetreten ist, kann nach Auffassung des OLG Hamm[328] im Einzelfall schwierige tatsächliche und rechtliche Fragen aufwerfen, die nur im Erbscheinsverfahren entschieden werden können, welches gewährleistet, dass allen Beteiligten das rechtliche Gehör gewährt und die erforderliche Sachverhaltsaufklärung von Amts wegen (§ 26 FamFG) durchgeführt wird.

530

In der Literatur und Rechtsprechung ist umstritten, ob auch eine in öffentlicher Urkunde abgegebene eidesstattliche Versicherung als Beweismittel für die unterbliebene Geltendmachung des Pflichtteils im Grundbuchverfahren Verwendung finden kann oder immer ein Erbschein zu verlangen ist.[329] Die besseren Argumente sprechen dafür, auch eine eidesstattliche Versicherung als Beweismittel in bestimmten Fällen zuzulassen:
– Bei einer Negativtatsache besteht im Grundbuchverfahren zwangsläufig eine Nachweislücke.
– Eine eidesstattliche Versicherung ist auch in anderen Fällen ausreichend (beispielsweise zum Nachweis eines erklärten Rücktrittes).
– Bloße abstrakte Möglichkeiten, die das Erbrecht infrage stellen könnten, vermögen das Verlangen nach Vorlage eines Erbscheins nicht zu rechtfertigen.

531

Es kann daher zum Nachweis der Erbfolge genügen, wenn alle Erbprätendenten eidesstattliche Versicherungen dahingehend abgeben, ob ein Pflichtteil geltend gemacht wurde.[330]

---

323 BGH ZEV 2006, 501; Münchener Anwaltshandbuch Erbrecht/*Thoma*, § 21 Rn. 18.
324 *Demharter*, § 35 Rn. 31 ff.
325 OLG Frankfurt a. M. DNotZ 1995, 312.
326 OLG Zweibrücken DNotZ 1986, 240; *Schöner/Stöber*, Rn. 790.
327 OLG Frankfurt a. M. NJW-RR 1994, 2003.
328 OLG Hamm in ZEV 2014, 609.
329 Zum Streitstand und der Zitate der einzelnen Rechtsquellen OLG München in RNotZ 2013, 172, 174.
330 So ausdrücklich auch OLG München in RNotZ 2013, 172 ff.

532 Das OLG Köln[331] ist ebenfalls der Auffassung, dass bei Verwendung einer automatischen Pflichtteilsstrafklausel in einem notariellen Testament oder einem Erbvertrag der Nachweis der Tatsache der fehlenden Geltendmachung des Pflichtteils durch eine öffentliche Urkunde geführt werden muss. Es sei nicht fernliegend, dass eines der Kinder nach dem erstverstorbenen Elternteil den Pflichtteil verlangt. Es bestehe zudem kein allgemeiner Erfahrungssatz, wonach im Falle der gemeinschaftlichen Beantragung der Grundbuchberichtigung durch die in der letztwilligen Verfügung eingesetzten Erben von der fehlenden Geltendmachung des Pflichtteils auszugehen ist. Auch wenn die Antragsteller sich bei der Berichtigung des Grundbuches in rechtlicher Hinsicht für Erben halten, beinhaltet dies nicht zwangsläufig die Erklärung, es sei der Pflichtteil nicht geltend gemacht worden.

533 Richtigerweise wird man jeden einzelnen Fall gesondert darauf untersuchen müssen, ob die Zweifel – wie von § 35 Abs. 1 S. 2 Hs. 2 GBO verlangt – über eine entfernte abstrakte Möglichkeit hinausgehen. So wird der Fall, dass alle Abkömmlinge eine eidesstattliche Versicherung ablegen, anders zu beurteilen sein als eine solche Erklärung des einzigen Erben.[332]

534 Nicht in jedem Fall dürfte daher bei der Verwendung einer automatischen Strafklausel die Notwendigkeit für das Vorliegen eines **Erbscheines** oder einer eidesstattlichen Versicherung entfallen.[333] Insoweit dürfte letztlich bei der Gestaltung eines Testamentes oder Erbvertrages ein bloßer Änderungsvorbehalt bzw. eine fakultative Pflichtteilsstrafklausel vorzugswürdig sein, um auf die Besonderheiten des Einzelfalls besser reagieren zu können und die kostenauslösende Notwendigkeit der Vorlage eines Erbscheins oder einer zusätzlichen eidesstattlichen Versicherung nach dem Längstlebenden zu vermeiden.[334]

535 Hinsichtlich der **Notwendigkeit der Erteilung eines Erbscheines** muss zwischen den zwei grundlegenden Klauseln unterschieden werden:

536 ▶ **Muster 1:**

Der überlebende Ehegatte wird im Falle der Geltendmachung von Pflichtteilen von der Bindungswirkung des gemeinschaftlichen Testaments bzw. Erbvertrages befreit und ermächtigt, selbst zu entscheiden, ob er denjenigen, der den Pflichtteil geltend gemacht hat, von der Erbfolge ausschließen möchte.

▶ **Muster 2:**

Die Ehegatten bestimmen bereits im gemeinschaftlichen Testament oder Erbvertrag, dass im Falle der Geltendmachung des Pflichtteils der Abkömmling für den zweiten Erbfall enterbt ist.

537 Im Falle der ersten Variante (Formulierungsvorschlag 1) dürfte ein Erbschein entbehrlich sein, da nach dem zweiten Erbfall feststeht, ob der von der Bindungswirkung befreite Ehegatte von der Option Gebrauch gemacht hat und den betreffenden Abkömmling enterbt hat.

538 Bei der zweiten Variante (Formulierungsvorschlag 2) besteht hingegen eine Lücke im Nachweis der Erbfolge, denn Bedingung des Erbrechts ist, dass der Pflichtteil beim Tode des Erstversterbenden nicht geltend gemacht wurde.[335]

---

331 OLG Köln ZEV 2010, 97 f.
332 DNotI-Report 2002, 129, 130.
333 So auch *Worm*, RNotZ 2003, 535, 550.
334 So auch Beck'sche Formularbuch Erbrecht/*Kleensang*, C VI. 5 Anm. 1; *Ivo*, ZErb 2006, 7.
335 Eine zusammenfassende Darstellung der zwei unterschiedlichen Auffassungen, ob auch in diesem Fall die Verfügung samt Eröffnungsniederschrift ausreicht, ein Erbschein unerlässlich ist oder auch ein Nachweis durch Eidesstattliche Versicherung ausreichend ist, findet sich bei BeckOK-GBO/*Wülsch*, § 35 Rn. 108.

3. Voraussetzungen für das sanktionsauslösende Verhalten

a) Subjektive Voraussetzungen

In der Judikatur haben sich im Zusammenhang mit Pflichtteilsstrafklauseln eine Vielzahl von **Auslegungsschwierigkeiten** ergeben. 539

Für das Eingreifen von Pflichtteilsklauseln wird das Vorliegen eines (ungeschriebenen) subjektiven Tatbestandsmerkmals verlangt. Dabei ist fraglich, ob der den Pflichtteil fordernde Erbe sich in vorwerfbarer Weise gegen den Willen des Erblassers aufgelehnt haben muss.[336] 540

Die Rechtsprechung lässt es jedoch in der Regel genügen, dass der Pflichtteil in **Kenntnis** der damit verbundenen Sanktionen verlangt wird, die der Schlusserbe in Kauf nimmt.[337] Dabei genügt aber die Kenntnis der Pflichtteilsklausel[338], die der Pflichtteilsberechtigte in der Regel mit der Eröffnung und Bekanntgabe der letztwilligen Verfügung durch das Nachlassgericht erhält. Wann ein »Verlangen« des Pflichtteils vorliegt, ist jedoch bei nicht genauer Definition durch Auslegung zu ermitteln. Nach der Rechtsprechung reicht es aus, dass der Pflichtteilsberechtigte auch nur versucht hat, den Pflichtteil zu erlangen und wenn das Verlangen auf die Ernsthaftigkeit seiner Entscheidung schließen lässt.[339] 541

b) Objektive Anknüpfungspunkte

Unklarheit herrscht jedoch darüber, welches **Verhalten** letztlich die Enterbung im zweiten Erbfall auslösen soll. Ob bereits die Erhebung des Auskunftsanspruchs ein Verstoß darstellt, ist umstritten. Ein gerichtlich gefordertes isoliertes Auskunftsverlangen stellt bereits eine sehr erhebliche Belastung des überlebenden Ehegatten dar, so dass dies bereits zum Eintritt der durch die Pflichtteilsstrafklausel angeordneten Folgen führen kann. 542

Auf Tatbestandsseite ist vielfach nicht klar geregelt, welches Verhalten des Pflichtteilsberechtigten konkret eine Verwirkung auslösen soll. So erscheint beispielsweise bisweilen fraglich, ob die Klausel auch dann eingreifen soll, wenn der Pflichtteil mit Willen oder sogar auf Veranlassung des überlebenden Ehegatten verlangt und erfüllt wird.[340] 543

Auf Rechtsfolgenseite lässt sich in vielen Fällen nicht eindeutig bestimmen, was mit dem frei werdenden Erbteil geschehen soll. Zu denken wäre hier zum einen an einen Anfall des frei werdenden Erbteils an Ersatzberufene (ggf. über § 2069 BGB) oder zum anderen an eine Anwachsung an die übrigen Schlusserben gem. § 2094 BGB. Schließlich könnte der Pflichtteilsklausel im Einzelfall auch im Wege der Auslegung zu entnehmen sein, dass der überlebende Ehegatte hinsichtlich des frei werdenden Erbteils von jeder Bindung frei werden soll mit der Folge, dass er bzgl. dieses Erbteils eine neue Verfügung von Todes wegen treffen kann.

Überwiegend wird verlangt, dass der Pflichtteilsberechtigte den Pflichtteil bewusst und in Kenntnis der Pflichtteilsstrafklausel geltend mache und sich dem überlebenden Ehegatten bewusst widersetze und sich gegen den Erblasserwillen auflehne.[341] Ein böswilliges Verhalten und bewusstes Auflehnen gegen den Erblasserwillen müsse dagegen nicht vorliegen.[342]

Ob die Erbeinsetzung der Abkömmlinge jedoch auch dann in vollem Umfang erhalten bleibt, wenn diese nach Erlangung der Kenntnis von der Pflichtteilsklausel den geltend gemachten Pflichtteil auch (gerichtlich) durchsetzen bzw. die ausgezahlten Beträge endgültig behalten, ist bislang noch völlig 544

---

336 Reimann/Bengel/Mayer/*Mayer*, Testament und Erbvertrag, § 2269 Rn. 84.
337 *Firsching/Graf*, Rn. 1.221.
338 BayObLG NJW RR 1995, 265; KG FamRZ 1998, 124.
339 OLG München Rpfleger 2006, 543, 544.
340 Vergl. dazu *G. Müller/Grund*, ZErb 2007, 205, 207.
341 BayObLG, MittBayNot 1990, 251, 253.
342 OLG München, ZEV 2008, 341, 343.

ungeklärt. Maßgeblich dürfte insoweit ebenfalls sein, ob die Klausel nach dem ggf. durch Auslegung zu ermittelnden Willen der Erblasser selbst dann eingreifen soll, wenn der Pflichtteil mit Willen des überlebenden Ehegatten (etwa aus steuerlichen Gründen) geltend gemacht wird.[343] Jedenfalls nach Auffassung des OLG Frankfurt[344] soll die Ausschlusswirkung der Pflichtteilsklausel auch in diesem Fall eingreifen. Gegenüber dem Nachlassgericht bzw. in einem sonstigen Rechtsstreit bleiben die pflichtteilsberechtigten Abkömmlinge nach den allgemeinen Grundsätzen darlegungs- und beweispflichtig dafür, dass sie den Pflichtteil in Unkenntnis der Pflichtteilsklausel geltend gemacht haben.

545 Der Eintritt der auflösenden Bedingung könnte wie in Rdn. 528 dargestellt auch noch **nach dem Tod des überlebenden Ehegatten** trotz Annahme der Schlusserbschaft und Verjährung des Pflichtteils herbeigeführt werden.[345]

546 Die Auslegung könnte aber auch ergeben, dass die Verwirkung nur **bis zum Tod des Letztversterbenden** möglich ist.[346] Einem vom OLG Zweibrücken[347] entschiedener Fall lag folgende Formulierung zugrunde: »Sollte ein Abkömmling beim Tode des Zuerstversterbenden von uns seinen Pflichtteil »geltend machen und erhalten«, so scheidet er für sich und seine Rechtsnachfolger als Erbe des Überlebenden von uns aus.«

547 Das OLG Zweibrücken sah keinen Anlass, diese Formulierung in einem so weitgehenden Sinne auszulegen, dass bereits die alleinige Geltendmachung des Pflichtteilsanspruchs zur Verwirkung führt. Das Gericht legte bei seiner Auslegung auch die Motive für die Wahl einer Pflichtteilsstrafklausel zu Grunde. Wenn die Vertragsparteien mit der Pflichtteilsklausel letztlich nur Sorge dafür tragen wollten, dass dem Längerlebenden der gesamte Nachlass bis zum zweiten Erbfall ungeschmälert zur Verfügung steht, reicht die bloße Geltendmachung eben nicht.

548 Zur Vermeidung dieser Auslegungsunwägbarkeiten ist es für den Vertragsgestalter ratsam und erwägenswert, den mit einer Pflichtteilsstrafklausel verfolgten **Zweck** in der Verfügung von Todes wegen klarzustellen. Hierbei kommen folgende Zwecke in Betracht:
– lediglich Schutz des überlebenden Elternteils vor Geltendmachung der Pflichtteilsansprüche
– Schutz vor effektivem Vermögensverlust
– gleichmäßige Verteilung des Nachlasses.[348]

549 Bei der Formulierung sollte deswegen darauf geachtet werden, ob ein **Verlangen**, ein **Geltendmachen**, ein **Erhalten** und/oder ein **Durchsetzen** des Pflichtteilsanspruchs für die Einleitung der mit der Pflichtteilsstrafklausel verbundenen Sanktionen ausreicht.

550 Weiterhin sollte klargestellt werden, ob die **Erfüllung** des Pflichtteilsanspruchs zur Voraussetzung des Eingreifens der Verwirkungsklausel gemacht werden soll. Ebenso ist klar zu stellen, ob es ausreicht, wenn diese auch erst nach dem Tode des längstlebenden Ehegatten erfolgt. Dies ist nach dem jeweils von den Erblassern gewünschten und gewählten Zweck zu entscheiden.

551 Wenn der Schutz des überlebenden Ehegatten vor der Pflichtteilsforderung vorrangig sein sollte, genügt bereits eine **Geltendmachung** auch durch den Erben. Wenn eine Verwirkung der Erbeinsetzung zu Lasten des Ersatzerben vermieden werden soll, ist auf eine **persönliche Geltendmachung** durch den Pflichtteilsberechtigten selbst abzustellen. Wenn dem Schutzinteresse des überlebenden Ehegatten Vorrang eingeräumt wird, sollte die Verwirkungsklausel auch dann eingreifen, wenn ein **Erbe des (zwischenzeitlich verstorbenen) Pflichtteilsberechtigten** den Pflichtteilsanspruch geltend macht. Es bieten sich hierzu folgende Formulierungen an:

---

343 Dazu G. *Müller/Grund*, ZErb 2007, 205, 207.
344 DNotZ 2011, 552 m. Anm. *Kanzleiter* = MittBayNot 2011, 409 m. Anm. *Reymann*.
345 BGH NJW 2006, 3064.
346 OLG Zweibrücken MittBayNot 1999, 294, 295.
347 OLG Zweibrücken MittBayNot 1999, 294, 295.
348 So auch Münchener Anwaltshandbuch Erbrecht/*Kleensang*, C VI 5 Anm. 8.

▶ **Muster:** 552

Verlangt ein Abkömmling oder sein Erbe nach dem Tod des Erstversterbenden Ehegatten gegen den Willen des Längstlebenden in einer Weise, die geeignet ist Verzug zu begründen, von diesem den Pflichtteil oder macht er oder sein Erbe in der vorbezeichneten Weise diese Pflichtteilsansprüche geltend und werden die in dieser Weise geltend gemachten Pflichtteils- bzw. Pflichtteilsergänzungsansprüche von dem Längstlebenden erfüllt, so sind er und seine Abkömmlinge von der Erbfolge nach dem Längstlebenden von uns ausgeschlossen. Der Längstlebende von uns bleibt aber berechtigt, über den Erbteil des ausgeschlossenen Schlusserben in beliebiger Weise von Todes wegen anderweitig zu verfügen.[349]

Als etwas kürzere Alternativen bietet sich folgende Formulierung an:

▶ **Muster:** 553

Sollte nach dem Tode des Erstversterbenden – und sei es auch erst nach dem Tode des Längstlebenden von uns – der Pflichtteil durch wen auch immer geltend gemacht und auch erhalten worden sein,[350] so ist er von der Erbfolge nach dem Längstlebenden von uns ausgeschlossen.

Bei dieser als Alternative vorgestellten Formulierung wird hervorgehoben, dass die Strafklausel auch dann noch wirkt, wenn der Pflichtteilsberechtigte seinen Pflichtteil auch **nach dem Tod des Längstlebenden** gegenüber dem Nachlass geltend macht. Selbstverständlich kann diese Formulierung auch noch in die erste Alternative aufgenommen werden. Die vollständige und ausführliche Formulierung zu Rdn. 552 lautet dann:

▶ **Muster:** 554

Verlangt ein Abkömmling oder sein Erbe nach dem Tod des Erstversterbenden Ehegatten gegen den Willen des Längstlebenden in einer Weise, die geeignet ist Verzug zu begründen, von diesem – und sei es auch erst nach dem Tod des Längstlebenden von uns – den Pflichtteil oder macht er oder sein Erbe in der vorbezeichneten Weise diese Pflichtteilsansprüche geltend und werden die in dieser Weise geltend gemachten Pflichtteils- bzw. Pflichtteilsergänzungsansprüche von dem Längstlebenden erfüllt, so sind er und seine Abkömmlinge von der Erbfolge nach dem Längstlebenden von uns ausgeschlossen. Der Längstlebende von uns bleibt aber berechtigt, über den Erbteil des ausgeschlossenen Schlusserben in beliebiger Weise von Todes wegen anderweitig zu verfügen.[351]

c) Erbschaftsteuerliche Aspekte

Dass neben der bloßen Pflichtteilsgeltendmachung auch noch das Merkmal des »**Erhalt des Pflicht-** 555 **teils**« als kumulatives Tatbestandselement eingefügt wurde, hat überwiegend steuerliche Gründe. Die Pflichtteilsgeltendmachung kann bei größeren Nachlässen zu einer ganz erheblichen erbschaftsteuerlichen Entlastung führen, da der geltend gemachte Pflichtteil (aber erst ab der Geltendmachung) bei der Berechnung der Erbschaftsteuer des länger lebenden Ehegatten mindernd in Abzug gebracht werden kann (§ 10 Abs. 5 Nr. 2 ErbStG) und umgekehrt bei dem Abkömmling selbst zu einem steuerlichen Erwerb führt, sobald die Freibeträge nicht überschritten werden. Es kann daher durchaus angezeigt sein, gerade beim Berliner Testament die Möglichkeiten der Pflichtteilsgeltendmachung zur Verringerung der Erbschaftsteuer einzusetzen; damit wird überwiegend mit einer bloßen Pflichtteilsgeltendmachung (damit dieser als Abzugsposten gegen gerechnet werden kann) und anschließender Stundung des Pflichtteilsanspruchs gearbeitet. Die Stundung wird dabei in der Regel deshalb gewählt, weil damit der längerlebende Ehegatte durch eine finanzielle Auszahlung nicht zu sehr belastet ist.[352]

---

349 So die Formulierung von Beck'sche Formularbuch Erbrecht/*Kleensang*, C VI 5.
350 So die Formulierung von *Worm*, RNotZ 2003, 535, 552.
351 So die Formulierung von Beck'sche Formularbuch Erbrecht/*Kleensang*, C VI 5.
352 *Mayer*, MittBayNot 1999, 265, 266.

556 Häufig ist es deshalb gewünscht, dass zum Zwecke der **Reduzierung der Erbschaftssteuer** bzw. zur Ausnutzung von erbschaftssteuerlichen Freibeträgen oder sonstigen nicht vorhersehbaren Gründen ein Abkömmling bereits im Einvernehmen mit dem längerlebenden Elternteil nach dem Tode des erstversterbenden Elternteils von diesem den Pflichtteil verlangt. Wenn die Pflichtteilsstrafklausel dann nur greift, wenn dies gegen den Willen des Längstlebenden geschieht, bleibt diese gestalterische Möglichkeit bestehen, ohne dass es zwangsläufig zur Enterbung dieses Abkömmlings kommt.[353]

Die Rechtsprechung unterscheidet grundsätzlich nicht, ob ein »bewusster Ungehorsam« oder eine »einvernehmliche Pflichtteilsforderung« vorliegt[354], so dass die Schlusserbeneinsetzung dann bindend und die Rückgängigmachung der Enterbung ausgeschlossen wird.

557 ▶ **Muster:**

Verlangt ein Abkömmling nach dem Tode des erstversterbenden Elternteils entgegen dem Willen des Längerlebenden von uns seinen Pflichtteil, so ist er von der Erbfolge nach Längstlebenden ausgeschlossen.[355]

558 Es ist jedoch nicht auszuschließen, dass durch die Verwendung des Tatbestandsmerkmals »gegen den Willen des Längerlebenden« immer noch sehr viel an Unsicherheiten und Beweisschwierigkeiten verbleibt.[356]

d) Zusammenfassende Empfehlung

559 Auf das subjektive Merkmal des »Geltendmachen« kann wohl nicht verzichtet werden, da es anderenfalls der Längstlebende in der Hand hätte, durch ein unaufgefordertes Auszahlen des Pflichtteils an einem Abkömmling willkürlich die Sanktion auszulösen.[357]

560 Da streitig sein kann, ob sich der Pflichtteilfordernde in vorwerfbarer Weise dem Willen des Erblassers widersetzen muss oder ob ein bewusstes Geltendmachen ohne vorwerfbare Missachtung des Erblasserwillens ausreicht, sollte formuliert werden:

561 ▶ **Muster:**

Ein Pflichtteilsverlangen in diesem Sinne setzt dabei in subjektiver Hinsicht weder die Kenntnis dieser Bestimmung noch irgendein weiteres vorwerfbares Verhalten voraus.[358]

562 Eine solche Formulierung bietet sich beispielsweise zur Vorbeugung für den Fall an, dass ein Ergänzungspfleger für den Minderjährigen den Pflichtteil geltend macht, der über die näheren Umstände überhaupt nicht informiert ist.

563 Hinsichtlich der **Beschreibung des Pflichtteilsbegehrens** werden in der Gestaltungsliteratur unterschiedliche Formulierungen gewählt.

564 ▶ **Muster:**

Verlangt ein Schlusserbe beim Tod des Erstversterbenden den Pflichtteil, ...[359]

565 Hier wird also auf das Verlangen des Pflichtteils abgestellt.

566 Statt auf das Verlangen des Pflichtteils wird auch auf die Durchsetzung des Pflichtteilsverlangens abgestellt.

---

353 Vgl. hierzu auch *Kanzleiter*, ZEV 2014, 225, 230.
354 Schleswig-Holsteinisches OLG DNotZ 2013, 461.
355 *Pressler*, NJW 1997, 48, 2850 sowie *Mayer*, MittBayNot 1999, 265, 268.
356 *Mayer*, MittBayNot 1999, 265, 268.
357 *Worm*, RNotZ 2003, 535, 552.
358 *Worm*, RNotZ 2003, 535, 552.
359 *Langenfeld*, Testamentsgestaltung, 5. Kapitel § 3 Rn. 341 Muster 103.

▶ **Muster:**
Sollte ein Abkömmling beim Tod des Erstversterbenden den Pflichtteil durchsetzen, ...[360]

Da die Auslegung von Pflichtteilsklauseln in großer Zahl zum Gegenstand gerichtlicher Entscheidungen geworden sind, sollen nachfolgend die dabei angesprochenen Einzelfälle unter Gliederung der einzelnen Problemfelder näher dargelegt werden.

IV. Problematische Einzelfälle bei der Verwendung von Pflichtteilsstrafklauseln

1. Wirkungen nach Verjährung des Pflichtteilsanspruchs oder des Todes des Längerlebenden

Der BGH hat entschieden, dass Pflichtteilsstrafklauseln auch noch nach dem Ableben des längerlebenden Ehegatten verwirklicht werden können, selbst wenn der **Pflichtteil** bereits **verjährt** ist.[361]

Das OLG Zweibrücken hatte über folgende Formulierung zu entscheiden: »Sollte ein Abkömmling beim Tode des Zuerstversterbenden von uns sein Pflichtteil geltend machen und erhalten, so scheidet er für sich und seine Rechtsnachfolger als Erbe des Überlebenden von uns aus.«[362]

In dem entschiedenen Fall wurde der Pflichtteil zwar geltend gemacht, aber **bis zum Tode des letztversterbenden Ehegatten nicht ausgezahlt**. Das Gericht legte den Willen der Erblasser so aus, dass eine Verwirkung dann in Betracht kommt, wenn die Vertragspartner des Erbvertrages mit der Pflichtteilsklausel letztlich nur Sorge dafür tragen wollten, dass dem Längstlebenden von ihnen der Nachlass bis zum zweiten Erbfall ungeschmälert zur Verfügung steht.

Durch die beiden dargestellten Auslegungsvarianten bestehen folglich auch zwei Gestaltungsalternativen. Einerseits könnte man die Wirkung der Pflichtteilsstrafklausel mit dem Ableben des Längerlebenden enden lassen, andererseits mit der Verjährung des Pflichtteils am Nachlass des Erstversterbenden. Die **Beendigung der Pflichtteilsstrafklausel mit dem Tod des Längerlebenden** hat den Vorteil, dass dadurch keine konstruktive Vor- und Nacherbschaft entstehen kann. Gleichzeitig kann dies jedoch zu ungleicher Vermögensverteilung zwischen den Abkömmlingen führen, wenn ein Kind den Pflichtteil hinsichtlich des Todes des Erstversterbenden noch durchsetzt, die anderen aber nicht. Zur Vermeidung von Auslegungsschwierigkeiten in solchen Fällen sollte deshalb eine klarstellende Formulierung gewählt werden.

▶ **Muster:**
Derjenige der von uns eingesetzten Schlußerben, der hinsichtlich des Nachlasses des Erstversterbenden den Pflichtteil und/oder Pflichtteilsergänzungsansprüche und/oder Ausgleichsansprüche gegen den Willen des Längstlebenden – persönlich oder durch beliebige Dritte – gerichtlich verlangt (maßgeblich ist die Klageerhebung) oder den Anspruch auf sonstige Weise bis zur Auszahlung bzw. Erfüllung oder Leistung an Erfüllungs statt in anderer Weise durchsetzt oder ihn auf sein Verlangen bis zum Ableben des Längerlebenden erhält, ist einschließlich seines ganzen Stammes -vorbehaltlich der nachfolgenden Verzeihungsmöglichkeit- endgültig enterbt.[363]

Wenn jedoch die Pflichtteilsklausel neben der Entlastung des längerlebenden Ehegatten auch die Funktion hat, eine **doppelte Bevorzugung des den Pflichtteil verlangenden Kindes zu verhindern**, das neben dem Pflichtteil nach dem Zuerstversterbenden nicht noch sein Erbteil nach dem zuletztverstorbenen Elternteil erhalten soll, ist die Geltendmachung von Pflichtteilsansprüchen auch nach dem Tod des längerlebenden Elternteil grundsätzlich geeignet, die auflösende Bedingung herbei-

---

360 *Langenfeld*, Testamentsgestaltung, 5. Kapitel § 3 Rn. 341 Muster 104; ebenso Groll/*Edenfeldt*, Praxishandbuch Erbrechtsberatung, B VII Rn. 75.
361 BGH ZEV 2006, 501, 502.
362 OLG Zweibrücken MittBayNot 1999, 294.
363 *Eckhard Bachner* in Beck'sche Online Formulare Vertragsrecht, Pflichtteilsstrafklauseln automatisch, Ziffer 5.4.2.1.

zuführen. Stirbt nämlich der längerlebende Ehegatte noch vor der Verjährung des Pflichtteilsanspruches nach dem zuerstverstorbenen Ehegatten und wird auch kein entsprechender Verzicht erklärt, hat dies zur Folge, dass zunächst der betreffende Schlusserbe nur auflösend bedingter und damit konstruktiver Vorerbe ist. Denn seine Schlusserbenstellung ist auflösend bedingt durch das noch mögliche Pflichtteilsverlangen nach dem ersten Erbfall. Verfolgen die Eheleute mit der Pflichtteilsstrafklausel jedoch nur das Ziel, den längerlebenden Elternteil von Pflichtteilsansprüchen zu seinen Lebzeiten zu entlasten, so sollte der Notar, um die Probleme einer solchen auflösend bedingten Erbenstellung zu vermeiden, die Sanktion auf eine Geltendmachung des Pflichtteils zu dessen Lebzeiten beschränken.[364]

575 Auch die **Annahme der Erbschaft** nach dem zuletzt verstorbenen Elternteil führt nicht zwingend zur Unanwendbarkeit der Pflichtteilsstrafklausel.[365]

576 Anderenfalls könnte ein Kind nach Annahme der Erbschaft nach dem Längerlebenden noch den Pflichtteil nach dem zuerst verstorbenen Elternteil verlangen, ohne dadurch seinen Erbteil nach dem Längerlebenden durch die Pflichtteilsstrafklausel zu verlieren, und so die beabsichtigte Zielrichtung der Klausel leicht unterlaufen. Geschieht dies nämlich kurz vor Ablauf der Verjährungsfrist für den Pflichtteilsanspruch, so könnte das andere Kind auch nicht durch seinerseitige Pflichtteilsforderung verhindern, dass sich der Geschwisterteil so einen zusätzlichen Vorteil verschafft.

577 Der Zweck der Pflichtteilsstrafklausel, die gleichmäßige Verteilung des gemeinsamen Nachlasses unter den Kindern zu gewährleisten, kann daher ihre Anwendung auch nach einer Annahme der Schlusserbschaft durchaus rechtfertigen.[366]

578 Auch die **Geltendmachung des Pflichtteils nach dem Tod beider Elternteile** bei außerdem eingetretener Verjährung führt nicht grundsätzlich zur Verwirkung des Erbrechts. Anspruchsgegner ist nunmehr die Erbengemeinschaft, an der normalerweise auch die anderen Kinder beteiligt sind. Jeder Abkömmling hat es dadurch in der Hand, auch ohne die Pflichtteilsklausel ein Pflichtteilverlangen durch Erhebung der Einrede der Verjährung zu verhindern (§§ 2058, 425 BGB).[367]

2. Spätere einvernehmliche Rückzahlung der Pflichtteilsforderung

579 Hat ein als Schlusserbe eingesetzter Abkömmling nach dem Tod des erstversterbenden Elternteils den Pflichtteil bei bestehender Pflichtteilsstrafklausel gefordert und auch erhalten, aber später im Einvernehmen mit dem überlebenden Elternteil später wieder an diesen zurück gezahlt, hat die **Rückzahlung des zunächst erhaltenen Pflichtteils** keine Auswirkung auf die bereits eingetretene Verwirkungsfolge.[368]

580 Die durch die Geltendmachung des Pflichtteilsrechtes und Erfüllung des Pflichtteilsanspruches eingetretene Bedingung bewirkt den Wegfall desjenigen Abkömmlings, der den Pflichtteil erhalten hat, als Schlusserbe. Somit kann dann die durch den Eintritt der Bedingung ausgelöste Rechtswirkung nicht wieder beseitigt werden.[369]

581 Dieses Ergebnis ist interessengerecht, da der den Pflichtteil zurückzahlende Abkömmling sonst den Vorteil hätte, seine Entscheidung rückgängig machen zu können, wenn er nach Jahren zu der Einschätzung käme, dass er mit dem Erbteil nach dem überlebenden Ehegatten besser stünde als mit den Pflichtteilen nach beiden Todesfällen.

---

364 *Keim*, NJW 2007, 974, 975.
365 *Lübbert*, NJW 1988, 2706, 2713.
366 *Keim*, NJW 2007, 974, 975.
367 *Keim*, NJW 2007, 974, 976.
368 BayObLG ZEV 2004, 202 ff.
369 *Lüppert*, NJW 1988, 271.

Der überlebende Ehegatte ist dann in der Regel auch nicht berechtigt, in einem solchen Fall den als **582** **Pflichtteil ausgezahlten Wert zurückzunehmen** und den Abkömmling wieder zum Schlusserben einzusetzen. Das bayrische Oberlandesgericht[370] argumentiert einen solchen Fall betreffend dahingehend, dass die Regelung der Pflichtteilsklausel von der Schlusserbeneinsetzung nicht zu trennen sei, sondern das die Einsetzung eines jeden Abkömmlings zum Schlusserben auflösend bedingt dadurch ist, dass er beim ersten Todesfall den Pflichtteil fordert. Da die Pflichtteilsstrafklausel nur die Schlusserbeneinsetzung modifiziere, sei sie von dieser nicht als selbstständige Verfügung zu trennen und somit **Bestandteil der (wechselbezüglichen) Erbeinsetzung** im Sinne von § 2270 Abs. 3 BGB. Der überlebende Ehegatte sei an diese gebunden.

Im Zusammenhang mit der Schlusserbenregelung soll die Verwirkungsklausel auch das Interesse der **583** Ehepartner, insbesondere des Erstversterbenden, daran sichern, dass nicht einer der Abkömmlinge bei der Verteilung des elterlichen Gesamtnachlasses bevorteilt wird. Diese Zwecke sollen dadurch erreicht werden, dass die Schlusserbeneinsetzung der gemeinsamen Kinder unter die **auflösende Bedingung** eines Verlangens des Pflichtteils nach dem Erstversterbenden gestellt wird. Die auflösende Bedingung kann durch nachfolgende Ereignisse also nicht wieder beseitigt werden.[371]

3. Wechselbezüglichkeit der Pflichtteilsstrafklausel und Änderungsvorbehalt

Wechselbezüglich können gemäß § 2270 Abs. 3 BGB nur Erbeinsetzungen, Vermächtnisse und Auf- **584** lagen sein (bei Erbverträgen gilt § 2278 Abs. 2 BGB entsprechend). Eine **reine Enterbung** (§ 1938 BGB) kann daher **nicht mit erbrechtlicher Bindungswirkung** angeordnet werden. Beschränkt sich die Wirkung einer Pflichtteilsstrafklausel somit auf den Ausschluss des den Pflichtteil geltend machenden Abkömmlings von der Erbfolge nach dem überlebenden Ehegatten, kann sie nicht wechselbezüglich sein.[372]

Demnach kann eine Pflichtteilsstrafklausel den überlebenden Ehegatten nur dann binden, wenn sie **585** neben der negativen Komponente (Verlust der Erbenstellung) eine (positive) Erbeinsetzung hinsichtlich des frei gewordenen Erbteils enthält – und zwar wiederum in Form einer erbrechtlich bindenden letztwilligen Verfügung. Bindend ist dann aber an sich nicht die Pflichtteilsstrafklausel selbst, sondern die als weitere Verwirkungsfolge angeordnete Ersatzberufung (§ 2096 BGB) oder Anwachsung (§ 2094 BGB), sofern es sich hierbei um eine wechselbezügliche Verfügung handelt.[373]

Für die Gestaltungspraxis ist es deshalb wichtig, den **Umfang der Wechselbezüglichkeit** präzise fest- **586** zulegen. Wenn eine Pflichtteilsstrafklausel »automatisch« zum Verlust der Schlusserbenberufung führt, wird es in aller Regel zu empfehlen sein, die Wechselbezüglichkeit der hieran etwa anknüpfenden Ersatzberufung bzw. Anwachsung auszuschließen, um dem überlebenden Ehegatten die Möglichkeit einzuräumen, insoweit anderweitig zu testieren.

Will man hingegen nur bestimmte Änderungen zulassen (z.B. Erbeinsetzung der zunächst infolge **587** Pflichtteilsverlangen ausgeschlossenen Abkömmlinge) kommt die Anordnung eines eingeschränkten Änderungsvorbehaltes in Betracht.[374]

Es ist deshalb dann eine Freistellung des Letztversterbenden von der Bindungswirkung ratsam. **588**

▶ **Muster:** **589**

Die hier angeordnete durch die Geltendmachung des Pflichtteilsanspruches nach dem Erstversterbenden von uns auflösend bedingte Schlusserbeneinsetzung wird nicht in wechselbezüglicher und bindender Weise getroffen, so dass der überlebende Ehegatte die Möglichkeit hat, die durch die Ent-

---

370 BayObLG ZEV 2004, 202, 204.
371 *Ivo*, ZEV 2004, 205 Anm. 2.
372 *Ivo*, ZEV 2004, 205 Anm. 3.1.
373 Reimann/Bengel/Mayer/*Mayer*, Testament und Erbvertrag, § 2269 Rn. 87.
374 *Ivo*, ZEV 2004, 202, 206.

erbung für den Schlusserbfall eintretende Erbeinsetzung bzw. Anwachsung zu widerrufen bzw. abzuändern.

590 Die Pflichtteilsstrafklausel sollte nicht nur von ihrer »Tatbestandsseite«, sondern auch auf der »Rechtsfolgenseite« genau ausgearbeitet werden. Dazu gehören die Fragen, ob eine Ersatzerbfolge oder die Anwachsung bei den anderen Kindern eintritt und ob die Anwachsung wechselbezüglich bzw. erbvertraglich bindend erfolgt bzw. ob der länger lebende Ehegatte über den Erbteil beliebig oder zumindest wieder zugunsten des enterbten Kindes verfügen darf.[375]

591 Wiederum einschränkend kann dann nach Wunsch noch ergänzt werden.

592 ▶ Muster:

Er kann jedoch nur den Zustand wieder herstellen, der vor Eintritt der Enterbung bestanden hat. Er ist nicht berechtigt, eine andere Schlusserbfolge anzuordnen.[376]

593 Selbstverständlich kann auch angeordnet werden, dass bei unterbliebener Regelung des Längstlebenden dann die gesetzliche Erbfolge eintritt.

594 ▶ Muster:

Verlangt ein Abkömmling oder sein Erbe nach dem Tode des Erstversterbenden von uns gegen den Willen des Längstlebenden in einer Weise, die geeignet ist, den Verzug zu begründen, von diesem den Pflichtteil oder macht er oder sein Erbe in der vorbezeichneten Weise gegen diesen Pflichtteilsergänzungsansprüche geltend und werden diese geltend gemachten Pflichtteils- bzw. Pflichtteilsergänzungsansprüche von dem Längstlebenden erfüllt, so sind er und seine Abkömmlinge von der Erbfolge nach dem Längstlebenden von uns ausgeschlossen. Der Längstlebende von uns bleibt aber berechtigt, über den Erbteil des ausgeschlossenen Schlusserben in beliebiger Weise von Todes wegen anderweitig zu verfügen. Soweit der Längstlebende von uns über diesen Erbteil dann nicht mehr anderweitig verfügt, gilt diesbezüglich die gesetzliche Erbfolge unter Beachtung der vorgenannten Enterbung des Sohnes X.

595 Es muss unbedingt bedacht werden, ob der überlebende Ehegatte berechtigt sein soll, die getroffenen Anordnungen abzuändern, vielleicht wenigstens im Kreis der Abkömmlinge, das beantwortet dann auch die Frage, ob der überlebende Ehegatte dem durch die Pflichtteilsstrafklausel enterbten Kind wieder etwas zuwenden kann. Nur eine ausdrückliche Regelung schließt die Gefahr aus, dass – wie in dem vom OLG Hamm entschiedenen Fall – die Pflichtteilsstrafklausel, die eigentlich den überlebenden Ehegatten schützen sollte, gegen dessen Willen eingreift.[377]

4. Besonderheiten einer Pflichtteilsstrafklausel bei Patchwork-Ehe

596 In dem vom OLG Celle[378] entschiedenen Fall brachte die Ehefrau zwei und der Ehemann ein Kind in die neu geschlossene Ehe mit (Patchwork-Ehe). In das von den Eheleuten gemeinschaftlich errichtete Testament der Eheleute wurde eine Pflichtteilsstrafklausel aufgenommen, dass »*diejenigen Kinder, die nach dem Tod ihres Elternteils den Pflichtteil verlangen, nach dem Tod des Letztversterbenden wiederum* »*nur den Pflichtteil*« *erhalten sollten*«.

597 Die Erbfolge der Kinder des erstversterbenden Ehepartners stand nach dem überlebenden Ehegatten unter der auflösenden Bedingung (§ 2075 BGB), dass sie der Strafklausel nicht zuwider handelten. Da nach dem Tode des jeweiligen Stiefelternteils überhaupt kein Pflichtteilsrecht besteht und das Stiefkind dann gar nichts mehr erhalten würde, legte das OLG Celle die Strafklausel dahingehend

---

375 So ausdrücklich *Odersky*, notar 2013, 230, 232.
376 Ähnlich auch insoweit betreffend die Einschränkung *Kerscher/Krug*, Das erbrechtliche Mandat, § 8 Rn. 478 sowie auch bei Münchener Anwaltshandbuch Erbrecht/*Thoma*, § 21 Rn. 16.
377 *Münch*, FamRZ 2013, 1002, 1003 und *Kanzleiter*, ZEV 2014, 225, 230.
378 OLG Celle NJW-Spezial 2010, 40.

aus, dass derjenige, der nach dem Erstversterbenden den Pflichtteil verlangt, nur noch mit einem **Vermächtnis in Höhe des »fiktiven Pflichtteils«** nach dem überlebenden Ehegatten bedacht werden sollte. Deshalb wurde der Begriff »Pflichtteil« quasi in ein Geldvermächtnis umgedeutet, so dass die Pflichtteilsstrafklausel dahingehend ausgelegt wird, dass sie bei einem Stiefkind die Zuwendung eines Vermächtnisses bedeutet.[379]

Wenn also rechtlich ein »Pflichtteil« der Stiefkinder nicht besteht, sollte bei der Vertragsgestaltung aber auch der Auslegung von Testamenten beispielsweise im Erbscheinsverfahren darauf geachtet werden, dass in diesen Testamenten von Patchwork-Eltern aufgenommene Pflichtteilsklauseln nicht leichtfertig übergangen werden, sondern eine entsprechende Regelung dann als **Geldvermächtnis** in Höhe eines »fiktiven Pflichtteils« ausgelegt werden kann.[380] 598

Gerade bei Kindern aus unterschiedlichen Beziehungen (Patchwork-Ehe) ist in der Klausel darzustellen, ob die auflösende Bedingung auch dann eintreten soll, wenn auch das nicht pflichtteilsberechtigte Kind den Anspruch fordert[381].

5. Pflichtteilsstrafklausel im Behinderten-Testament

Wenn in dem pflichtteilsberechtigten Personenkreis eines Erblassers eine behinderte Person vorhanden ist, stellen sich eine Vielzahl von Einzelfragen, die an anderer Stelle zusammenfassend näher behandelt werden. Für die Anwendung der Pflichtteilsstrafklausel stellen sich eine Vielzahl von Fragen: 599
– Kann der Sozialhilfeträger den Pflichtteilsanspruch überleiten und geltend machen?
– Führt die Geltendmachung des Pflichtteilsanspruchs durch den Sozialhilfeträger im ersten Erbfall aufgrund der Pflichtteilsstrafklausel zur Enterbung der behinderten Person und damit zum überleitbaren Pflichtteil im zweiten Erbfall?
– Ist der überlebende Ehegatte an die Erbeinsetzung der anderen Abkömmlinge im zweiten Erbfall für den durch die Enterbung des Behinderten auf sie »übergehenden« Erbteil grundsätzlich gebunden?
– Kann der überlebende Elternteil abweichende Anordnungen im Sinne eines »Behinderten-Testamentes« treffen?[382]

Eine einschränkende Anwendung einer Pflichtteilsstrafklausel (Pflichtteilssanktionsklausel) ist nach der gefestigten Rechtsprechung des BGH im Rahmen der Auslegung von Pflichtteilssanktionsklauseln im Rahmen von sogenannten Behindertentestamenten möglich und anzunehmen[383]. 600

Dem liegt indes die Erwägung zugrunde, dass in den »herkömmlichen Fällen« einer Pfichtteilssanktionsklausel die eingesetzten Schlusserben durch die Aussicht, ihren Erbteil durch die Pflichtteilsforderungen im ersten Erbfall zu verlieren, davon abgehalten werden sollen, den überlebenden Ehegatten mit ihrer Pflichtteilsforderung zu belasten. Haben die Eltern eines behinderten Kindes, das neben seinen nicht behinderten Geschwistern zum Schlusserben bestimmt ist, aber über die Sicherung des überlebenden Ehegatten und Gleichbehandlung aller Kinder im Schlusserbfall hinaus durch ein sogenanntes Behindertentestament (mit Beschränkungen für den Schlusserbfall) dafür Sorge getragen, das Erbe des behinderten Kindes vor dem Zugriff des Sozialhilfeträgers im Schlusserbfall zu bewahren, dann könnte der Sozialhilfeträger bei einem unbeschränkten Eingriff der Sanktionsklausel entgegen dieser Elternintention nach dem letzten Erbfall erneut auf den Pflichtteil zugreifen. Denn in diesen Fällen könnte er wegen der testamentarisch verfügten Beschränkungen für den Erbteil des behinderten Abkömmlings im Schlusserbfall ersichtlich nicht motiviert werden, von einer Pflichtteilsforderung im ersten Erbfall abzusehen. Die Pflichtteilsstrafklausel würde ihm – bei uneingeschränkter Anwendung – vielmehr im Schlusserbfall geradezu mit dem erneuten Pflichtteilsanspruch den

---

379 Firsching/Graf, Rn. 1.221.
380 So auch ein Praxishinweis in OLG Celle NJW-Spezial 2010, 40 zu der vorgenannten Entscheidung.
381 Schleswig-Holsteinisches OLG DNotZ 2013, 461.
382 Eine detaillierte Beantwortung dieser Fragen findet sich bei Kanzleiter in DNotZ 2014, 5 ff.
383 BGH ZEV 2005, 117 ff.; BGH ZEV 2006, 76 ff.

Kapitel 9 Einflussnahme des Erblassers über seinen Tod hinaus

Zugriff auf das Erblasservermögen eröffnen. Weil dies aber dem in einem Behindertentestament niedergelegten Erblasserwillen widerspräche, ist in solchen Fällen nach der Rechtsprechung des BGH die Pflichtteilsstrafklausel einschränkend auszulegen: Die im Ehegattentestament niedergelegte Verwirkungsklausel greift dann nicht ein, soweit für das behinderte Kind der Pflichtteil im ersten Erbfall durch den Sozialhilfeträger gefordert worden ist. Es bleibt dann bei der (unter den verfügten Beschränkungen des Erbfalls im Schlusserbfall) angeordneten Schlusserbenstellung des behinderten Kindes.[384]

601 Bei einem Behinderten-Testament, das erst für den zweiten Erbfall eine Einsetzung des behinderten Kindes zum Vorerben vorsah, hat der BGH durch Auslegung letztlich entschieden, dass die Geltendmachung des Pflichtteils durch einen Sozialhilfeträger im ersten Erbfall nicht zum Eingreifen der Pflichtteilsstrafklausel auch im zweiten Erbfall führt.[385] Das Eingreifen der Pflichtteilsstrafklausel hätte dazu geführt, dass der Abkömmling nach dem Tode des Längerlebenden erneut pflichtteilsberechtigt gewesen wäre und somit dem Sozialhilfeträger auch nach dem Tod des Längslebenden wieder die Möglichkeit der Überleitung gegeben.

602 Durch den Eintritt der Verwirkung hätte sich der Sozialhilfeträger gerade durch das sanktionierte Verhalten einen **zusätzlichen Vermögensvorteil** gegenüber der sonst nach dem Längstlebenden eintretenden beschränkten Vorerbschaft verschafft. Es widerspricht aber dem Willen des Erblassers bei einem Behinderten-Testament, in einem solchen Fall, dem den Pflichtteil fordernden Kind zu ermöglichen, durch sein Verhalten, das ersichtlich unerwünscht und mit der Pflichtteilsstrafklausel bestraft werden sollte, nicht nur sich selbst wirtschaftliche Vorteile zu verschaffen, sondern auch noch dem anderen Abkömmling empfindliche Nachteile zuzufügen. Die Erblasser verfolgten daher mit der Pflichtteilsstrafklausel offensichtlich das Ziel, diese Nachlassverteilung zu sichern und nicht, den Begünstigten doch wieder den dadurch entstehenden Ausgleichsansprüchen des behinderten Kindes auszusetzen.

603 Nach dem Gesamtzusammenhang war das Testament nach Auffassung des BGH so zu verstehen, dass die Verwirkungsklausel nicht gelte, wenn der Pflichtteil vom Sozialhilfeträger geltend gemacht werde. Somit blieb dem behinderten Kind hier der vor dem Sozialhilfeträger durch Nacherbschaft und Testamentsvollstreckung geschützter Erbteil nach dem letztversterbenden Elternteil dann doch noch erhalten.

604 Es sollte deshalb klar formuliert werden, dass die **Geltendmachung des Pflichtteils durch einen Sozialhilfeträger** im ersten Fall nicht zum Eingreifen der Pflichtteilsstrafklausel im zweiten Erbfall führt.[386]

605 Aus diesem Urteil sollte für die Praxis der Gestaltung von Behindertentestamenten folgende Lehre gezogen werden:
 – als bewusstes Instrument des Behindertentestamentes ist die Anordnung einer Pflichtteilsstrafklausel ungeeignet. Sie verhindert die Überleitung und Durchsetzung des Pflichtteilsanspruchs des sozialhilfebedürftigen Kindes nach dem Tod des erstversterbenden Elternteils durch den Träger der Sozialhilfe nicht.
 – sollte aus außerhalb der Sozialhilfeproblematik liegenden Gründen gleichwohl jedoch eine Pflichtteilsstrafklausel in ein Behindertentestament aufgenommen werden, sollte ausdrücklich klargestellt werden, dass diese nicht wirken soll, wenn der Sozialhilfeträger den übergeleiteten Pflichtteilsanspruch geltend macht. Insoweit hat die Vertragsgestaltung Vorrang vor der Auslegung.
 – im Rahmen eines gemeinschaftlichen Behindertentestamentes sollte daher auf den klassischen Weg der »Vor- und Nacherbschaftslösung« zurückgegriffen werden.[387]

---

384 Dies bestätigend auch OLG Hamm, RNotZ 2013, 307 ff.
385 BGH DNotZ 2005, 296 ff. mit Anm. *Spall.*
386 Münchener Anwaltshandbuch Erbrecht/*Kleensang*, C VI 5 Anm. 6.
387 Ähnlich auch die Zusammenfassung von *Spall* als Anmerkung zu BGH DNotZ 2005, 299, 301.

Nach der Rechtsprechung des OLG Hamm[388] greift eine Pflichtteilsklausel auch dann, wenn nicht der Pflichtteilsberechtigte selbst, sondern der Träger der Sozialhilfe den Anspruch geltend macht. 606

Für die Vertragsgestaltung ist und bleibt die Verwendung der Pflichtteilssanktionsklausel im Behindertentestament eine »holprige Wegstrecke«.[389] 607

Sofern die behinderte Person noch geschäftsfähig ist, bietet sich als Alternative auch ein Pflichtteilsverzicht der behinderten Person an. 608

Für den Pflichtteilsverzicht eines behinderten Kindes, das Hilfe nach SGB XII bezieht, hat der BGH in seinem Urteil vom 19.1.2011 die Sittenwidrigkeit verneint.[390]

Ebenso hat der BGH[391] am 19.6.2009 entschieden, dass selbst der Verzicht auf die Geltendmachung eines bereits mit dem Erbfall entstandenen Pflichtteilsanspruchs in der Wohlverhaltensphase der Verbraucherinsolvenz keine Obliegenheitsverletzung des Schuldners darstellt. Daraus muss geschossen werden, dass erst recht ein Pflichtteilsverzicht auf einen künftig erst entstehenden Pflichtteilsanspruch nicht sittenwidrig sein kann.[392]

Bevor der BGH nicht ausdrücklich auch den Totalverzicht des Sozialleistungsbeziehers abgesegnet hat, sollte man sich in der notariellen Praxis bei geschäftsfähigen Behinderten an der Entscheidung des BGH orientieren. Nicht zu empfehlen ist jedenfalls ein Totalverzicht unter kompletter Enterbung des behinderten Kindes. Wenn ein Totalverzicht gewollt ist, kann dieser für den Schlusserbfall nur als flankierende Maßnahme zur Minimierung des Ausschlagungsdrucks gedacht sein, d. h., dass für den Schlusserbfall dennoch auch testamentarische Anordnungen zugunsten des behinderten Kindes (in Form eines Behindertentestaments) getroffen werden sollten. Andernfalls droht möglicherweise nicht nur die Nichtigkeit des Pflichtteilsverzichts nach § 138 BGB, sondern auch die der letztwilligen Verfügungen. 609

Um zu verhindern, dass bei einer etwaigen Unwirksamkeit eines Totalverzichts auch der an sich zulässige Pflichtteilsverzicht nach dem Erstversterbenden nichtig ist, sollte man bei der Formulierung des Pflichtteilsverzichts des geschäftsfähigen behinderten Sozialleistungsbeziehers eine Differenzierung zwischen dem Pflichtteilsverzicht nach dem erstversterbenden Elternteil und dem Pflichtteilsverzicht bezüglich des Schlusserbfalls vornehmen und diese Verzichte sodann mit folgender Klausel versehen: 610

▶ **Muster:** 611

Jeder Pflichtteilsverzicht ist rechtlich selbständig und unabhängig vom jeweils anderen wirksam. Die etwaige Unwirksamkeit eines Verzichts lässt die Wirksamkeit des anderen Verzichts ausdrücklich unberührt.

Dabei sollte der Notar auf die aktuelle Rechtsprechung des Bundesgerichtshofs (BGH) zur Sittenwidrigkeit des Pflichtteilsverzichts hinweisen, insbesondere darauf, dass der BGH nur über den Pflichtteilsverzicht des Sozialleistungsbeziehers nach dem Tod des erstversterbenden Elternteils entschieden hat. 612

Dabei kann die Ergänzung ratsam sein, dass der Verzichtende bereits abgefunden wurde durch zahlreiche persönliche und finanzielle Leistungen, die der Erblasser gegenüber dem Verzichtenden, insbesondere auch im Hinblick auf seine Behinderung, erbracht hat.)

Sollte eine vollständige Enterbung des behinderten Kindes nach Abgabe eines Totalverzichts stattfinden, sollte die mögliche Unwirksamkeit auch im Testament/Erbvertrag bedacht und hilfsweise Verfügungen getroffen werden:

---

388 OLG Hamm in NJW-RR 2013, 779.
389 *Wendt*, ZErb 2012, 313, 314 und auch *Menzel*, MittBayNot 2013, 289, 291.
390 BGH ZEV 2011, 258, 262.
391 BGH ZEV 2009, 469.
392 So auch *Keim*, RNotZ 2013, 419.

Kapitel 9 Einflussnahme des Erblassers über seinen Tod hinaus

613 ▶ **Muster:**

(Name behindertes Kind) hat mit Urkunde vom heutigen Tage, UR-Nr. ... des amtierenden Notars, auf sein Pflichtteilsrecht an unserem Nachlass (sowohl nach dem Erstversterbenden als auch nach dem Letztversterbenden) verzichtet. Für den Fall, dass der vorstehend genannte Pflichtteilsverzicht und/oder die vorstehenden Verfügungen unwirksam sein sollten, so dass unserem behinderten Kind ein Pflichtteilsanspruch oder bei Unwirksamkeit der heutigen Verfügungen ein gesetzlicher Erbteil zustehen würde, bestimmen wir Folgendes:

(... es folgen die hilfsweisen Verfügungen in Form eines klassischen Behindertentestaments).[393]

614 Mit dem Erbfall entsteht der Pflichtteilsanspruch (§ 2317 Absatz 1 BGB). Hat der Erblasser einen pflichtteilsberechtigten (§ 2303 BGB) Beziehrer von ALG II oder Sozialhilfe enterbt, drängt sich für diesen die Frage auf, ob er durch Erlassvertrag mit den Erben (§ 397 BGB) seinen Pflichtteilsanspruch zum Erlöschen bringen kann. Ein Erlass, den ein Pflichtteilsberechtigter vereinbart, der bereits beim Erbfall ALG II bezog, dürfte schon mangels Forderungsinhaberschaft und unabhängig von § 138 BGB unwirksam sein. Denn in diesem Fall geht der Pflichtteilsanspruch mit dem Erbfall kraft Gesetzes und ohne dass eine Überleitungsanzeige erforderlich wäre, auf den Leistungsträger über (§ 33 Absatz 1 S. 1 SGB II). Bezog der Pflichtteilsberechtigte beim Erbfall Sozialhilfe, bewirkt (erst) die schriftliche Überleitungsanzeige, dass der Pflichtteilsanspruch auf den Träger in der Höhe der von ihm seit dem Erbfall erbrachten Sozialleistungen übergeht (§ 93 Absatz 1 S. 1 SGB XII).[394]

Ist der Pflichtteilsberechtigte dagegen beim Abschluss des Erlassvertrages (§ 397 BGB) noch Inhaber des Pflichtteilsanspruchs, weil er noch keine Sozialleistungen bezieht, dürfte der Abschluss des Erlassvertrages von der »negativen Erbfreiheit« des Pflichtteilsberechtigten erfasst sein.[395]

6. Vor- und Nacherbschaft

615 Pflichtteilsstrafklauseln drohen dann zu versagen, wenn sich die **wesentlichen Werte im Vermögen des Erstversterbenden** befinden (vergl. hierzu auch Rdn. 526). Die Enterbung nach dem Längstlebenden wird einem Pflichtteilsberechtigten dann oftmals nicht sonderlich stören. Zum einen erhält er auch nach dem Längstlebenden wiederum den Pflichtteil. Zum anderen wird das Vermögen des Erstversterbenden -soweit noch vorhanden- für den Pflichtteil nach dem Überlebenden nochmals mit herangezogen. Eine Vor- und Nacherbschaft verhindert letzteres. Derjenige Pflichtteilsberechtigte, der schon beim ersten Erbfall sein Pflichtteil geltend gemacht hat, kann beim zweiten Erbfall dann nur noch Pflichtteilsansprüche am Eigennachlass des überlebenden Elternteils geltend machen, wenn ihn eine entsprechende Verwirkungsklausel von der Erbfolge nach dem Längstlebenden ausschließt. Die Abschreckungswirkung einer solchen Pflichtteilsklausel wird also durch die Anordnung der Vor- und Nacherbschaft erheblich erhöht.[396]

7. Jastrow'sche Klausel

a) Gestaltungsalternativen

616 Die mit einer Vorerbschaft verbunden Beschränkungen wollen die Beteiligten häufig nicht in Kauf nehmen. Als Alternative zur Reduzierung des Pflichtteils nach dem Längstlebenden hat deshalb Jastrow bereits zu Beginn des 20. Jahrhunderts vorgeschlagen, die einfache Pflichtteilsstrafklausel um **Vermächtnisse des Erstversterbenden zugunsten der Abkömmlinge** zu ergänzen.[397]

---

[393] Ausführlich hierzu *Menzel*, MittBayNot 2013, 289, 291 ff.
[394] *v. Proff*, RNotZ 2012, 275.
[395] Zur Problematik vertiefend *v. Proff*, RNotZ 2012, 272 ff.
[396] Beck'sches Formularbuch Erbrecht/*Kleensang*, C VI 5 Anm. 7.
[397] *Jastrow*, DNotV 1904, 424.

Zu diesem Zweck erhalten diejenigen Abkömmlinge, die beim Tode des Erstversterbenden ihren Pflichtteil nicht geltend machen, bei diesem Erbfall aus dem Nachlass des Erstversterbenden zusätzlich und belohnend ein Geldvermächtnis in Höhe ihrer gesetzlichen Erbteile, die beim Tode des Erstversterbenden anfallen. Dieses Geldvermächtnis wird dann jedoch erst beim Tode des Letztversterbenden fällig (§ 2181 BGB) und reduziert dann den Nachlass des überlebenden Ehegatten.

617

Als vom Erstversterbenden angeordnete Vermächtnisse mindern diese den Nachlass des letztversterbenden Ehegatten, da es sich hierbei um Nachlassverbindlichkeiten handelt. Dies führt wiederum automatisch zur einer **Verkürzung des Pflichtteilsanspruchs beim zweiten Erbfall**, da sich das Vermögen des Längstlebenden wegen der Vermächtnislasten aus dem Nachlass des Erstversterbenden und damit auch der Pflichtteil betragsmäßig verringert.

618

In der Regel ist es für den Pflichtteilsberechtigten bei Bestehen einer Jastow'sche Klausel wirtschaftlich uninteressant, den Pflichtteilsanspruch nach dem ersten Erbfall geltend zu machen. Eine Garantie hierfür ist jedoch die Jastrow'sche Klausel nicht. Benötigt etwa der Pflichtteilsberechtigte schnelle Liquidität oder ist er sich nicht sicher, dass das Vermögen bis zum zweiten Erbfall zusammengehalten wird, so wird ihm schon wegen der kurzen Verjährung des Pflichtteilsanspruches nach § 2332 Abs. 1 BGB möglicherweise der Behalt des Geldes nach dem Tode des Erstversterbenden wichtiger sein und er wird den finanziellen Verlust in Kauf nehmen.[398] Eine **undifferenzierte Jastrow'sche Klausel** kann wie folgt formuliert werden:

▶ **Muster:**

619

Wenn einer unserer Abkömmlinge nach dem Ableben des Erstversterbenden von uns einen Pflichtteilsanspruch gegen den Längstlebenden geltend machen sollte, ist dieser berechtigt, den diesen Anspruch stellenden Abkömmling und seinen Nachkommen durch einseitiges Testament von der Schlusserbfolge auszuschließen. Außerdem erhalten diejenigen Abkömmlinge, die den Pflichtteil nicht verlangen, beim ersten Erbfall ein Geldvermächtnis in Höhe des Wertes ihres gesetzlichen Erbteils. Dieses Vermächtnis ist ab dem Erbfall mit 6 % jährlich zu verzinsen und wird mit dem Tode des Längstlebenden mit den Zinsen fällig.[399]

Die Anwendung der »Jastrow'sche Klausel« setzt allerdings voraus, dass mehrere pflichtteilsberechtigte Abkömmlinge vorhanden sind. Ihr **Nachteil** liegt darin, dass die sofort anfallenden und auf den Tod des Längstlebenden geschuldeten Vermächtnisse vererblich und übertragbar sind und dies beim Vorversterben eines Abkömmlings dazu führen kann, dass Familienfremde etwas erwerben.[400] Angesichts dessen wird vorgeschlagen, die Vermächtnisse aufschiebend befristet mit dem Tod des Letztversterbenden entstehen zu lassen. Das Entstehen von gleichfalls vererblichen Anwartschaften wiederum lasse sich durch die zusätzliche Bedingung verhindern, dass der Bedachte den Tod des Letztversterbenden erleben muss.[401] Zwar ist dann ein anderes Problem die Folge: Verstirbt nämlich ein Vermächtnisnehmer vor dem Überlebenden, so entfällt damit zugleich die mit seinem Vermächtnis verbundene entlastende Wirkung. Dem könnte man aber dadurch begegnen, dass man die Höhe der Vermächtnisse an den neuen Erbquoten nach dem Längstlebenden ausrichte.[402] Diesen Bedenken Rechnung tragend wird die nachfolgende **modifizierte Jastrow'sche Klausel** vorgeschlagen.

620

---

398 Ähnlich auch Münchener Anwaltshandbuch Erbrecht/*Thoma*, § 21 Rn. 25.
399 So die ähnliche Formulierung von *Weirich*, Erben und Vererben, Rn. 1466.
400 *Weiss*, MDR 1979, 812.
401 *Weiss*, MDR 1979, 812.
402 *Strobel*, MDR 1980, 363, 364.

621 ▶ **Muster:**

§... Pflichtteilsklausel

(1) Verlangt und erhält einer unserer Abkömmlinge auf den Tod des Erstversterbenden gegen den Willen des Längstlebenden seinen Pflichtteil, so sind er und seine Abkömmlinge von der Erbfolge auf Ableben des Längstlebenden ausgeschlossen.

(2) Ferner erhält in diesem Fall jeder der oben berufenen Abkömmlinge mit Ausnahme dessen, der den Pflichtteil verlangt und erhalten hat und seinen Nachkommen, aus dem Nachlass des Erstversterbenden ein Geldvermächtnis in Höhe des Wertes seines gesetzlichen Erbteils auf Ableben des Erstversterbenden, wobei der gesetzliche Erbteil nach den Verhältnissen im Zeitpunkt des Todes des überlebenden Ehegatten zu bestimmen ist, berechnet aus dem Wert des zum Zeitpunkt des Todes des Längstlebenden noch vorhandenen Nachlasses des Erstversterbenden. Diese Vermächtnisse fallen erst mit dem Tod des Längstlebenden an und nur an zu diesem Zeitpunkt noch lebende Bedachte.[403]

622 Weiterhin können die Vermächtnisse in der vorgesehenen Form den Überlebenden im Verbrauch des Nachlasses beeinträchtigen, weil ihre Höhe unabänderlich feststeht und die Vermächtnisnehmer zur Sicherung ihrer bedingten Ansprüche z. B. Arreste nach § 916 Abs. 2 ZPO veranlassen könnten. Deshalb wird vorgeschlagen, **Vermächtnisse auf den Überrest** auszuwerfen.[404]

623 ▶ **Muster (Kurzform):**

Die Vermächtnisse sind der Höhe nach auf den beim Schlusserbfall verbleibenden Nachlass begrenzt. Sicherung kann nicht verlangt werden.[405]

oder

624 ▶ **Muster (ausführliche Form):**

Das Geldvermächtnis ist begrenzt und zwar in Höhe des Wertes des Nachlasses des Erstversterbenden im ersten Erbfall, abzüglich des ausgezahlten Pflichtteils, jedoch begrenzt auf das, was zum Zeitpunkt des Todes des Längstlebenden nach Abzug der vom Erblasser herrührenden oder durch ordnungsgemäße Nachlassverwaltung entstandenen Verbindlichkeiten vom Nachlass des Erstversterbenden noch vorhanden ist. Zum Zwecke der Wertberechnung der Vermächtnisse ist für das Verhältnis von Erben und Vermächtnisnehmern § 2111 BGB entsprechend anzuwenden. Das Vermächtnis fällt mit dem Tode des Längstlebenden an. Verlangen alle unsere Abkömmlinge nach dem Erstversterbenden ihren Pflichtteil, erhält X ein Vermächtnis in entsprechender Höhe. Für dieses gelten die vorstehenden Anordnungen entsprechend.[406]

625 Diese vorgeschlagene Begrenzung macht aber eine gegenständliche Ermittlung des im Nachlass des Letztversterbenden noch vorhandenen Nachlasses des Erstversterbenden erforderlich, was zu praktischen Schwierigkeiten führen kann. Die praktische Brauchbarkeit der Gestaltung steht und fällt damit, dass die Vermächtnisse zunächst vom Nachlass des überlebenden Ehegatten abgezogen werden und dann erst die Pflichtteile der illoyalen Abkömmlinge berechnet werden. Dies soll entgegen dem Regelfall der Nachrangigkeit von Vermächtnissen gegenüber Pflichtteilsansprüchen der Fall sein, da die Vermächtnisansprüche vom Erstversterbenden stammen. Hiergegen bestehen jedoch Bedenken, weil die Vermächtnisse erst mit dem zweiten Erbfall entstehen und sich in ihrer Höhe und Person der Berechtigten erst nach dem zweiten Erbfall bestimmen. Angesichts dieser Bedenken ist Vorsicht bei der Verwendung der Klausel angebracht.[407]

---

403 Nieder/Kössinger/*Nieder*, § 14 Rn. 79, der jedoch in Fn. 144 selbst einräumt, dass diese Fassung die fachjuristischen Grenzen übersteigt und wegen ihrer Länge und Komplexität sich kaum für die normale Testierpraxis eignet.
404 *Olzhausen*, DNotZ 1979, 707 ff., 714.
405 Ähnlicher Formulierungsvorschlag von *Worm*, RNotZ 2003, 553.
406 Ähnlicher Formulierungsvorschlag bei Beck'sches Formularbuch Erbrecht/*Kleensang*, C VI 7 (Variante 2).
407 So auch *J. Mayer*, ZEV 1995, 136, 137.

b) Steuerliche Aspekte

Bei der Anordnung einer Jastrow'schen Klausel in »Berliner Testamenten« sollte immer auch deren **steuerliche Behandlung** bedacht werden. Die Finanzverwaltung vertritt die Auffassung, dass die mit dem Tode des Erstversterbenden anfallenden Vermächtnisse, die erst mit dem Tode des überlebenden Ehegatten fällig sind, gemäß § 6 Abs. 4 Erbschaftssteuergesetz als beim Tode des Beschwerten fälliges Vermächtnis und somit der Nacherbschaft gleichstehend zu behandeln sind. Die Behandlung als Nacherbschaft durch § 6 Abs. 4 Erbschaftssteuergesetz führt wiederum dazu, dass die Vermächtnisse als Erwerb vom überlebenden Ehegatten anzusehen sind, mit der Folge, dass weder beim Tod des Erstversterbenden noch beim Tod des überlebenden Ehegatten ein Abzug nach § 10 Abs. 5 Nr. 2 Erbschaftssteuergesetz erfolgt. Auch kann es zu Einschränkungen der Freibeträge kommen, da der Freibetrag nach dem Erstversterbenden nicht ausgenutzt wird. Auch unter diesem Gesichtspunkt ist das Für und Wider der »Jastrow'sche Klausel« stets abzuwägen.

c) Zusammenfassende Gestaltungsempfehlung

Als **Alternative** zur Fälligkeit des Vermächtnisses auf dem Tode des längstlebenden Ehegatten bietet sich beispielsweise an, dass Vermächtnis nach Ablauf eines längeren Zeitraumes seit dem Tode des Erstversterbenden, z. B. nach 10 Jahren fällig zu stellen.[408]

Ungeachtet dieser Bedenken wird hier als Gesamtlösung bei der Verwendung einer »Jastrow'schen Idee« folgende **Gesamtformulierung** vorgeschlagen:

▶ **Muster:**

(1) Verlangt und erhält einer unserer Abkömmlinge auf den Tod des Erstversterbenden gegen den Willen des Längstlebenden seinen Pflichtteil, so sind er und seine Abkömmlinge von der Erbfolge auf Ableben des Längstlebenden ausgeschlossen.

(2) Ein jeder unserer übrigen Abkömmlinge erhält dann aus dem Nachlass des Erstversterbenden ein bereits mit dem ersten Todesfall anfallendes, bis zum Tod des Längstlebenden von uns gestundetes Geldvermächtnis in Höhe des Wertes, der seinem gesetzlichen Erbteil nach dem Tod des Erstversterbenden entspricht. Diese Vermächtnisforderungen sind nur an die ehelichen Abkömmlinge des Vermächtnisnehmers vererblich und übertragbar; sie sind ab dem Tod des Erstversterbenden von uns mit 6 % jährlich zu verzinsen, wobei die Zinsen jeweils am 31.12. eines jeden Jahres im Nachhinein zu bezahlen sind. Die Vermächtnisse sind der Höhe nach auf den beim Schlusserbfall verbleibenden Nachlass begrenzt. Sicherung kann nicht verlangt werden.[409]

Statt eines Geldvermächtnisses kann selbstverständlich auch ein Sachvermächtnis angeordnet werden.

8. Änderungsvorbehalt

Im Regelfall vertrauen die Eheleute bei intakten Familienverhältnissen darauf, dass ihre gegenseitige Kinder beim Tode des Erstversterbenden den Willen der Eltern achten und den Pflichtteil nicht geltend machen werden. In diesem Regelfall genügt möglicherweise bereits ein **Abänderungsvorbehalt** an Stelle des scharfen Schwertes der Pflichtteilsstrafklausel sowie der nicht immer unproblematischen Verwendung der Jastrow'sche Klausel.

▶ **Muster:**

Verlangt ein Abkömmling beim Tode des Erstversterbenden den Pflichtteil, so ist der Überlebenden berechtigt, ihn allein oder ihn einschließlich seiner Abkömmlinge auf seinen Tod zu enterben. Ein hierdurch weggefallener Erbteil wächst den übrigen Schlusserben anteilig an. Verlangen alle Schlusserben ihren Pflichtteil, so ist der Überlebende in der letztwilligen Verfügung auf seinen Tod frei.

---

408 *Landsittle*, Gestaltungsmöglichkeiten von Erbfällen und Schenkungen, Rn. 660.
409 Ähnliche Formulierungsvorschlag von *Worm*, RNotZ 2003, 535, 554 f.

632 Es ist je nach Fallgestaltung ratsam, dem Längstlebenden bei der Gestaltung etwas **Flexibilität** einzuräumen.

633 ▶ **Muster:**

> Wir treffen die gegenseitige Erbeinsetzung für den Fall des Ablebens des Erstversterbenden von uns in Abschnitt ... der Urkunde sowie grundsätzlich auch die Schlusserbeneinsetzung unserer Kinder in Abschnitt ... der Urkunde vertragsmäßig mit gegenseitiger Bindungswirkung. Jedoch ist jeder von uns für den Fall seines Überlebens berechtigt, die für den Todesfall des Zuletztversterbenden getroffenen Verfügungen in einseitiger Weise beliebig abzuändern, jedoch nur innerhalb des Kreises der gemeinschaftliche Abkömmlinge. Verfügung zugunsten sonstiger Personen sind nicht zulässig. Zulässig sind jedoch beliebige Verfügungen bezüglich Testamentsvollstreckung, insbesondere dann, wenn Minderjährige Erben zum Zuge kommen.[410]

V. Musterempfehlung einer einfachen Pflichtteilsklausen

634 Unter Berücksichtigung aller dargestellten Einzelheiten wird folgende Pflichtteilsklausel in einer Vielzahl von erbrechtlichen Regelungen die Basis einer abwägenden Gestaltung sein.

635 ▶ **Muster:**

> Verlangt einer unserer Abkömmlinge nach dem Tod des Erstversterbenden entgegen dem Willen des überlebenden Ehegatten seinen Pflichtteil, Zusatzpflichtteil oder Pflichtteilsergänzungsanspruch, dann ist er mit seinem ganzen Stamm sowohl für den ersten als auch für den zweiten Erbfall von der Erbfolge einschließlich aller etwa angeordneter Vermächtnisse und Auflagen ausgeschlossen.
>
> Die hier angeordnete auflösend bedingte Schlusserbeinsetzung wird in nicht wechselbezüglicher und bindender Weise getroffen, so dass der überlebende Ehegatte die Möglichkeit hat, die Enterbung für den Schlusserbfall zu widerrufen bzw. abzuändern. Er kann jedoch nur den Zustand wiederherstellen, der vor Eintritt der Enterbung bestanden hat. Er ist nicht berechtigt, eine ansonsten andere Schlusserbfolge anzuordnen.
>
> Ein Pflichtteilsverlangen liegt vor, wenn der Pflichtteilsberechtigte den Pflichtteilsanspruch in einer den Verzug begründenden Weise geltend gemacht hat. Dem gleichgestellt ist der Fall, dass der Berechtigte einen Wertermittlungsanspruch geltend gemacht hat. Das bloße Auskunftsverlangen durch Vorlage eines Nachlassverzeichnisses führt hingegen nicht zum Eintritt der Bedingung und demnach auch nicht zu einer Enterbung im Schlusserbfall.
>
> Wird der Pflichtteilsanspruch nach dem Tode des überlebenden Ehepartners im Einvernehmen mit allen Schlusserben geltend gemacht, erfüllt dies nicht den Tatbestand der auflösenden Bedingung. Gleiches gilt, wenn der Anspruch durch einen Nichtberechtigten (der bspw. erst am Nachlass des überlebenden Pflichtteilsberechtigt ist) geltend gemacht wird.
>
> Wird der Pflichtteilsanspruch durch einen Sozialhilfeträger aus übergeleitetem Recht (bspw. nach sozialrechtlichen Vorschriften) geltend gemacht, löst dies den Tatbestand der Bedingung hingegen nicht aus. Wird der Pflichtteilsanspruch durch einen Betreuer oder einem Dritten für den Pflichtteilsberechtigten geltend gemacht, führt dies hingegen zum Eintritt der auflösenden Bedingung.[411]

636 ▶ **Checkliste: Straf- und Verwirkungsklausel**

☐ Wenn die Eheleute sich zunächst nur gegenseitig zu Erben und erst der Längstlebende die gemeinsamen oder auch die nur einseitigen Abkömmlinge zum Erben einsetzen wollen, besteht das Bedürfnis, die Geltendmachung von Pflichtteilsansprüchen für die Abkömmlinge des Erstversterbenden gegenüber dem Längstlebenden möglichst unattraktiv zu machen.

---

410 Ähnlicher Formulierungsvorschlag von Nieder/Kössinger/*Kössinger*, § 21 Rn. 11.
411 ähnliche Formulierung auch Tanck/Krug/*Tanck* NotarFormulare Testamente, 5. Auflage, § 19 Rn. 118.

☐ Die bloße Bestimmung, dass sich der Pflichtteilsberechtigte den Wert des ausgezahlten Pflichtteil auf den Erbteil nach dem Längstlebenden anrechnen lassen muss, wird wenig Abschreckung erzeugen.
☐ Bei der Verwendung einer fakultativen Pflichtteilsstrafklausel kann der Längstlebende frei entscheiden, welche erbrechtlichen Konsequenzen er für sich zieht, wenn ein Abkömmling nach Versterben des anderen Elternteils von ihm das Pflichtteil verlangt.
☐ Bei der Verwendung einer automatischen Pflichtteilsstrafklausel wird der Pflichtteilsberechtigte, der vom überlebenden Elternteil den Pflichtteil nach dem erstversterbenden Elternteil verlangt, automatisch enterbt und »auf das Pflichtteils gesetzt.«
☐ Die Verwendung einer automatischen Pflichtteilsklausel entwertet die notarielle Urkunde als Erbnachweis und erfordert dann immer zwingend nach Eintritt des Erbfalls die Erteilung eines Erbscheins.
☐ Wenn sich die wesentlichen Werte im Vermögen des Erstversterbenden befinden sollten, hat die Pflichtteilsstrafklausel nur begrenzte Abschreckungswirkung. In solchen Fällen bietet sich als in der Regel dann bessere Alternative die Anordnung von Vor- und Nacherbschaft an.
☐ Bei der Formulierung einer Pflichtteilsstrafklausel sollte klargestellt werden, ob ein Verlangen, ein Geltendmachen, ein Durchsetzen oder eine Erhalten des Pflichtteils die mit der des Pflichtteilsstrafklausel verbundenen Sanktionen ausreichend ist.
☐ Zur Vermeidung von Auslegungsfragen über das Vorliegen der Voraussetzungen zum Pflichtteilsentzug ist auch anzugeben, welcher Zweck mit der Pflichtteilsstrafklausel erreicht werden soll.
☐ Wenn die automatische Pflichtteilsklausel nur eine reine Enterbung beinhaltet, kann sie nicht mit erbrechtlicher Bindung bzw. wechselbezüglich angeordnet werden. Nur der etwa darin enthaltene Teil, der zugleich auch positiv eine Erbeinsetzung hinsichtlich des »freigewordenen« Erbteils enthält, kann bindend bzw. wechselbezüglich getroffen werden.
☐ Bei der Verwendung der Pflichtteilsstrafklausel bei sog. »Patchwork-Ehen« ist darauf zu achten, dass ein Pflichtteilsanspruch immer nur gegenüber dem »eigenen« Elternteil besteht und deshalb je nach Lage ein Geldvermächtnis zuzuwenden ist.
☐ Bei dem sog. »Behindertentestament« ist von der Verwendung der Pflichtteilsstrafklausel abzuraten oder zumindest klarzustellen, dass diese nicht wirken soll, wenn der Sozialhilfeträger den übergeleiteten Pflichtteilsanspruch geltend macht.
☐ Als Alternative zur Pflichtteilsstrafklausel und zur Vor- und Nacherbschaft bietet sich je nach Fallkonstellation die auf den Tod der Längstlebenden gestundete Zuwendung von Vermächtnissen und somit die Verwendung der sogenannten »Jastrow'schen Klausel« in modifizierter Form an, die jedoch in der praktischen Anwendung und auch aus erbschaftsteuerlichen Gründen eine Vielzahl von »Tücken« nach sich ziehen kann.

F. Anfechtungsausschluss bei Übergehen eines Pflichtteilsberechtigten

Literatur:
Brambring/Mutter (Hrsg.), Beck'sches Formularbuch Erbrecht, 3. Aufl. 2014; *Bengel*, Zum Verzicht des Erblassers auf Anfechtung bei Verfügungen von Todes wegen, DNotZ 1984, 132 ff; *Damrau*, BB 1970, 467, 471; *Erman*, BGB Handkommentar, 12. Aufl. 2008; *Groll*, Praxis-Handbuch Erbrechtsberatung, 4. Aufl. 2015; *Hartmann*, Verfügungen von Todes wegen zugunsten verschuldeter und insolventer Personen, ZNotP, 2005, 82 ff.; Münchener Kommentar zum Bürgerlichen Gesetzbuch, 5. Aufl.; *Nieder/Kössinger*, Handbuch der Testamentsgestaltung, Grundlagen und Gestaltungsmittel für Verfügungen von Todes wegen und vorbereitende Erbfolgemaßnahmen, 3. Aufl. 2008; *Radke*, Das Berliner Testament; *Reimann/Bengel/Mayer*, Testament und Erbvertrag, 5. Aufl. 2006; *Scherer* (Hrsg.), Münchener Anwaltshandbuch Erbrecht, 4. Aufl. 2013; *Staudinger/Otte/Avenarius*; Kommentar zum Bürgerlichen Gesetzbuch, Neubearbeitung 2002.

Kapitel 9 Einflussnahme des Erblassers über seinen Tod hinaus

Krebber, DNotZ 2003, 20 ff., Die Anfechtbarkeit des Erbvertrages wegen Motivirrtumgs – Ein Beitrag zum Verständnis des Erbvertrages; *Rohlfing, Mittenzwei*, ZEV 2003, 49 ff., Der Erklärungsgegner bei der Anfechtung eines Erbvertrages oder gemeinschaftlichen Testaments;

I. Bedeutung des Anfechtungsausschlusses

1. Voraussetzungen der Anfechtungsmöglichkeit

637 Der Erblasser ist beim Erbvertrag an jede vertragsmäßige Verfügung von Todes wegen, d. h. Erbeinsetzung, Vermächtniszuwendung und Auflagenbegünstigung (BGB § 2278 Absatz 2 BGB) gebunden, wenn nicht regelwidrig die Bindung ausgeschlossen sein sollte. Die Bindungswirkung des Erbvertrags kann durch Aufhebung, Rücktritt oder Anfechtung beseitigt werden.

638 Da der Vertragsgegner aus den unterschiedlichsten Gründen häufig an der getroffenen Regelung festhalten will, bleibt dem Erblasser nur die Anfechtung des Erbvertrags. Hat ein Vertragspartner Erklärungen abgegeben, die keine Verfügungen von Todes wegen darstellen, so gelten für die Anfechtung die allgemeinen Vorschriften der §§ 119 ff. BGB. Einseitig nicht bindende Verfügungen von Todes wegen kann der Erblasser jederzeit und grundlos durch Widerruf beseitigen (§§ 2253 ff. BGB), eine Anfechtung ist nicht notwendig. Die Anfechtungsgründe vertragsmäßiger Verfügungen von Todes wegen entsprechen denen beim Testament (§ 2281 Absatz 1 i. V. m. §§ 2078 f. BGB). Eine Anfechtung kommt demnach bei einem Inhalts- und bei einem Erklärungsirrtum sowie (im Gegensatz zu den allgemeinen Vorschriften) einem Motivirrtum des Erblassers (§ 2078 Absatz 2 BGB) in Betracht, ferner dann, wenn ein Pflichtteilsberechtigter übergangen wurde, dessen Vorhandensein dem Erblasser bei Errichtung des Erbvertrags nicht bekannt gewesen oder der erst nach der Errichtung des Erbvertrags geboren oder pflichtteilsberechtigt geworden ist (§ 2079 BGB).

Verfügungen von Todes wegen können unabhängig von ihrem rechtlichen Kleid wegen Motivirrtums angefochten werden. Die Zulassung dieses Anfechtungsgrundes liegt folglich auch im Testamentsrecht nicht in dem Umstand begründet, dass es keine zu schützenden Verkehrsinteressen gibt, sondern ist wie beim Erbvertrag allein damit zu erklären, dass es sich um eine Verfügung von Todes wegen handelt. Bei diesen hat der Wille des Erblassers unabhängig von Verkehrsinteressen Vorrang.[412]

Da ein Erblasser seine mit bindender Wirkung getroffenen vertragsmäßigen Verfügungen von Todes wegen nicht widerrufen kann, steht ihm von Gesetzes wegen nach § 2281 BGB das Recht zu, seine vertraglich bindenden Verfügungen anzufechten, wenn er einem nach § 2078 BGB **beachtlichen Motivirrtum** unterlegen war oder wenn nach Vertragsschluss ein **weiterer Pflichtteilsberechtigter** hinzugetreten ist (§ 2079 BGB). Diese Anfechtung kann nach § 2283 BGB nur binnen Jahresfrist nach Kenntnis des Anfechtungsgrundes erfolgen, bedarf nach § 2282 Abs. 3 BGB der notariellen Beurkundung und erfolgt nach § 2281 Abs. 2 BGB gegenüber dem anderen Vertragsteil oder nach dessen Tod gegenüber dem Nachlassgericht.

639 Nach § 2079 BGB kann die Anfechtung auch darauf gestützt werden, dass der Erblasser einen zur Zeit des Erbfalls **vorhandenen Pflichtteilsberechtigten** (§ 2303 BGB) **übergangen** hat. Dabei handelt es sich um einen gesetzlich besonders hervorgehobenen Fall des Motivirrtums.

640 Voraussetzung für die Anwendbarkeit des § 2079 BGB ist, dass
- der Pflichtteilsberechtigte bei Eintritt des Erbfalles gelebt hat oder zumindest bereits gezeugt war (§ 1923 BGB),
- dem übergangenen Pflichtteilsberechtigten nichts aus dem Nachlass zugewandt worden ist und er auch nicht ausdrücklich enterbt wurde,[413]
- der Erblasser den Pflichtteilsberechtigten bei der Errichtung der Verfügung von Todes wegen nicht kannte, er erst nach Errichtung geboren oder sonst pflichtteilsberechtigt geworden ist.[414]

---

412 Zur Problematik näher *Krebber*, DNotZ 2003, 20 ff. und *Rohlfing*, ZEV 2003, 49 ff.
413 BayObLG FamRZ 1994, 1066, 1067.
414 BayObLG FamRZ 1983, 952.

Wird der Pflichtteilsberechtigte nach Errichtung des Testamentes oder Erbvertrages bekannt und ändert der Erblasser seine letztwillige Verfügung dennoch nicht entsprechend ab, ist die Anfechtung in der Regel ausgeschlossen, denn der Anfechtungsgegner kann nun beweisen, dass der ursächliche Zusammenhang zwischen dem Irrtum des Erblassers und dem Übergehen des Pflichtteilsberechtigten fehlt.[415]

641

Vor allem das Anfechtungsrecht übergangener Pflichtteilsberechtigter führt zu erheblichen Bestandsrisiken. Der Gefahr einer Anfechtung können die Vertragsparteien dadurch entgegenwirken, dass der Erblasser vertraglich auf die Geltendmachung noch nicht bekannter Anfechtungsgründe verzichtet. Die Anfechtung ist ferner gemäß § 2281 Absatz 1, BGB, § 2078 Absatz 1 BGB, § 2079 Satz 2 BGB ausgeschlossen, wenn der Erblasser den Erbvertrag auch in Kenntnis der Sachlage geschlossen hätte. Dann empfiehlt es sich, folgende Klausel in den Erbvertrag aufzunehmen:

642

▶ **Muster:**

643

Alle letztwilligen Verfügungen werden unabhängig davon getroffen, ob und welche Pflichtteilsberechtigten beim Ableben (eines jeden von uns) vorhanden sind. Eine Anfechtung nach § BGB § 2079 BGB scheidet aus.

(Falls gewünscht, kann auch auf die Anfechtung wegen eines Motivirrtums verzichtet werden:)

Wir verzichten auch auf ein eventuelles künftiges Anfechtungsrecht wegen Irrtums gemäß § BGB § 2078 BGB.[416]

Die Anfechtung ist also ausgeschlossen, wenn der Erblasser die Verfügung nach Kenntnis der Umstände **willentlich bestehen** lässt.[417] Daher sollte der Erblasser immer die wesentlichen Verfügungsmotive im Testament oder Erbvertrag angeben, um so den Erben oder eventuellen dritten Personen nach dem Erbfall den Nachweis zu erleichtern, dass die niedergelegten Beweggründe auch tatsächlich für die Testamentserrichtung bestimmend gewesen sind.[418] Hierzu können beispielsweise zählen: Das Einfamilienhaus soll auf jeden Fall im Eigentum der Familie bleiben; bestimmte, näher zu beschreibende Firmenanteile dürfen nicht voneinander getrennt werden; bestimmte Erben sollen bestimmte Erbteile unbedingt erhalten.

644

Ältere Ehegatten werden zur Anordnung für den überlebenden Ehegatten bindender Verfügungen zu Gunsten der gemeinsamen Kinder neigen, die dann durch Ausschluss des Rechts zur Anfechtung durch den überlebenden Ehegatten nach § 2079 BGB trotz Wiederheirat und eventueller Geburt oder Adoption von Kindern für den überlebenden Ehegatten bindend bleiben. Bei jüngeren Ehegatten mit nicht nur geringfügigen Vermögen kann nicht selten die Anordnung eines durch die Wiederheirat des überlebenden Ehegatten aufschiebend bedingten Vermächtnisses an die Kinder (zu erfüllen wann?) als das geringere Übel erscheinen.[419]

645

2. Ausschluss der Verzichtsmöglichkeit

Eine Anfechtung nach §§ 2078, 2079 BGB ist jedoch ausgeschlossen, wenn der Erblasser den Anfechtungsgrund rechtsmissbräuchlich herbeiführt,[420] wenn er die anfechtbare Verfügung bestätigt (§ 2284 BGB) oder wenn er auf das Recht **vertragsmäßig verzichtet** hat. Entsprechend § 2079 Abs. 2 BGB kann der Erblasser also im Erbvertrag auf das Recht zur Selbstanfechtung ganz oder teilweise verzichten.[421]

646

---

415 Erman/*M. Schmidt*, § 2078 Rn. 13; *Damrau*, BB 1970, 467, 471.
416 Näher hierzu auch *Rohlfing*, ZEV 2003, 49 ff.
417 BayObLG FamRZ 1995, 246, 248 f.
418 So auch die Empfehlung von Groll/*Esser*, Praxishandbuch Erbrechtsberatung, D II Rn. 488.
419 *Kanzleiter*, ZEV 2014, 225, 231.
420 Etwa bei Adoption eines Kindes einzig zu dem Zweck der Schaffung dieser Anfechtungsmöglichkeit (Beispiel von Erman/*M. Schmidt*, § 2281 Rn. 5).
421 MünchKommBGB/*Musielak*, § 2281 Rn. 16.

Kapitel 9 — Einflussnahme des Erblassers über seinen Tod hinaus

647 Die gesetzlichen Anfechtungsmöglichkeiten können zum entgegengesetzten Regelungsziel führen: Wenn der überlebende Ehegatte an die für seinen Tod getroffenen Anordnungen strikt gebunden sein soll, muss über den Ausschluss seines Anfechtungsrechts nach dem Tod des erstverstorbenen Ehegatten nach § 2281 ff. BGB, § 2078 BGB, § 2079 BGB nachgedacht werden. Der Ausschluss des Anfechtungsrechts bedeutet, dass die Wirksamkeit der Verfügung nicht vom sonst eventuell zur Anfechtung berechtigenden Umstand abhängen soll, d. h., er konkretisiert den Geltungsbereich der Verfügung von Todes wegen.[422]

648 Nach der Rechtsprechung kann ein Verzicht auch **konkludent** erfolgen, in dem die Eheleute sich gegenseitig als Erben einsetzen mit dem formulierten Zusatz »*gleichviel ob und welche Pflichtteilsberechtigten zur Zeit unseres Todes vorhanden sind*«,[423] oder indem der Erblasser zur Sicherung der Bedachten auf spätere »*Einreden und Anfechtungen*« verzichtet.[424]

649 Ob ein derartiger Verzicht auch sehr entfernt liegende, also erst später nach Vertragserrichtung hinzutretende Anfechtungsmöglichkeiten umfasst oder nur solche Tatsachen ausschließt, mit denen der Erblasser vernünftigerweise rechnen musste, bleibt bei derartigen relativ unkonkreten Formulierungen Auslegungsfrage.[425]

650 Allgemein wird nicht verlangt, dass der Erblasser ausdrücklich die Tatsachen bezeichnet, deren Eintritt oder Nichteintritt für den Bestand des Vertrages ohne Einfluss sein sollen.[426] Allgemein formulierte Klauseln etwa in dem Sinn, dass »*Veränderungen nach Abschluss des Vertrages auf seine Gültigkeit keinen Einfluss haben und ein Anfechtungsrecht nicht begründen sollen*« wird man dahingehend auszulegen haben, dass der Erblasser damit nur die Anfechtung wegen solcher Tatsachen ausgeschlossen hat, mit denen er vernünftigerweise rechnen musste.[427]

651 Demnach wird ein Verzicht auf die Anfechtungsrechte nach § 2078 BGB im allgemeinen dahingehend einschränkend auszulegen sein, dass die Anfechtung nur wegen solcher Umstände ausgeschlossen ist, mit denen der Erblasser rechnen oder die er voraussehen konnte; die **Anfechtung wegen unvorhersehbarer Umstände wird** im Zweifel dann möglich bleiben, was auch richtig ist, weil kein Erblasser die künftige Entwicklung vollständig voraussehen und planen kann, so dass ein völliger Ausschluss dieser Anfechtungsmöglichkeit nach § 2078 BGB nicht richtig wäre.[428]

652 Dagegen ist der in einen Erbvertrag oder gemeinschaftlichen Testament aufzunehmende **Verzicht auf die Anfechtungsmöglichkeit** nach § 2079 BGB bei Vorhandensein einer Schlusserbenbestimmung bei Bedarf und nach vorheriger Beratung der Beteiligten über dessen Bedeutung dringend notwendig, um diese entsprechend der von den Beteiligten intentierten Nachlassplanung auch bei einer etwaigen Wiederverheiratung des längerlebenden Ehegatten oder der Adoption eines weiteren Kindes durch den längstlebenden Ehegatten bestandsfest zu machen.[429] Möglich ist auch ein Verzicht auf künftige, noch nicht bekannte Anfechtungsgründe. Ein solcher Verzicht ist grundsätzlich im Hinblick auf die Anfechtungsmöglichkeit nach § 2079 BGB (Übergehen eines Pflichtteilsberechtigten) überlegenswert, aber nur mit Vorsicht aufzunehmen.[430]

653 In der notariellen Praxis kann nicht zuletzt auch aus erbschaftsteuerlichen Gründen etwa zur Erhöhung der erbschaftsteuerlichen Freibeträge und/oder der Einordnung in eine günstigere Steuerklasse eine zunehmenden Tendenz zur Erwachsenadoption von entfernten Verwandten wie z. B. Neffen und Nichten aber auch von bloßen Bekannten festgestellt werden.

---

422 *Bengel*, DNotZ 1984, 132, 139.
423 So die Formulierung in dem Fall BGH NJW 1983, 2249.
424 So die Formulierung in dem Fall OLG Celle NJW 1963, 353.
425 Staudinger/*Kanzleiter*, § 2281 Rn. 20; Erman/*M. Schmidt*, § 2281 Rn. 2.
426 MünchKommBGB/*Musielak*, § 2281 Rn. 16.
427 Reimann/Bengel/Mayer/*Mayer*, Testament und Erbvertrag, § 2281 Rn. 14.
428 *Radke*, Das Berliner Testament, S. 155.
429 Reimann/Bengel/Mayer/*Mayer*, Testament und Erbvertrag, § 2281 Rn. 24.
430 Mahnend insoweit Tanck/Krug/*Krug*: NotarFormulare Testamente 5. Auflage, § 24 Rn. 114.

Deshalb bieten sich folgende konkrete Formulierungen an:

▶ **Muster:** 654

Die vorstehenden Verfügungen haben auch Bestand, wenn ein Pflichtteilsberechtigter übergangen wird.[431] (kurze und knappe Formulierung)

▶ **Muster:** 655

Auf das Anfechtungsrecht nach § 2079 BGB wird verzichtet.[432](knappe Formulierung mit Paragrafenverweis)

Etwas ausführlichere und empfehlenswerte Gestaltung:

▶ **Muster:** 656

Sämtliche in dieser Urkunde getroffenen Verfügungen erfolgen unabhängig davon, ob und welche Pflichtteilsberechtigten gegenwärtig oder zum Zeitpunkt des jeweiligen Erbfalls vorhanden sind. Eine Anfechtung übergangener oder künftiger Pflichtteilsberechtigter wird ausgeschlossen.[433]

II. Rechtliche Einordnung des Anfechtungsausschlusses

Bei dem in einem Erbvertrag erklärten Verzicht auf einen Anfechtungsausschluss kann es sich nicht um eine Bestätigung im Sinne des § 2284 BGB handeln, da das konkrete Anfechtungsrecht noch nicht besteht. 657

Auch ein Verzicht im klassischen Sinne scheidet aus. Unter einem Verzicht versteht man nämlich eine Verfügung, also ein Rechtsgeschäft, das die Rechtslage eines Rechtsgegenstandes unmittelbar ändert.[434] Als Wirkung des Verzichts ergibt sich also immer die völlige oder teilweise Vernichtung einer dem Verzichtenden zustehenden Rechtsposition. Die bloße, abstrakte im Gesetz zugelassene Anfechtungsmöglichkeit, die noch nicht konkretisiert ist, stellt eine solche Rechtsposition nicht dar. 658

Allerdings könnte es sich um einen »Verzicht« auf ein künftiges Anfechtungsrecht handeln. Wenn dann allerdings schlechthin die Anfechtung auch wegen unvorhersehbarer Umstände ausgeschlossen werden soll, besteht die Gefahr, dass dieser Verzicht als selbstständiges Rechtsgeschäft selbst wiederum nach den allgemeinen Regeln des § 119 BGB anfechtbar ist.[435] 659

Mit dem meist wechselseitigen »*Verzicht auf ein künftiges Anfechtungsrecht nach den §§ 2078, 2079 BGB*« in einem Erbvertrag ändert der Erblasser nicht unmittelbar die Rechtslage eines Rechtsgegenstandes, sondern **konkretisiert den Geltungsbereich seiner erbvertraglichen Verfügungen**, ähnlich einer erbrechtlichen Bedingung. Genauso wie die Bedingung, dass jemand nur dann Erbe werden soll, wenn eine bestimmte Voraussetzung vorliegt oder nicht vorliegt, zweifelsfrei als Inhalt einer Verfügung von Todes wegen der für diese bestimmte Form bedarf, muss dies auch dann gelten, wenn wie hier angeordnet wird, dass jemand Erbe werden soll, ungeachtet ob der Erblasser in dem einen oder anderen Punkt von falschen Voraussetzungen ausgegangen sein sollte. Und etwas anderes beinhaltet ein »Verzicht auf ein künftiges Anfechtungsrecht« nicht. Deshalb sind für einen solchen »Verzicht« die **Formvorschriften des Erbvertrages** maßgebend. Deshalb kann dieser Verzicht als Verfügung von Todes wegen und Inhalt einer Erbeinsetzung **auch bindend**, also vertragsmäßig gemäß § 2278 BGB vereinbart werden.[436] Für den Bereich des gemeinschaftlichen Testamentes gelten dann die Regeln für den Erbvertrag analog. 660

---

431 Groll/*Edenfeld*, Praxishandbuch Erbrechtsberatung, B 7 Rn. 134.
432 So die knappe Formulierung von *Bengel*, DNotZ 1984, 132, 137.
433 Eine ähnliche Formulierung bei Beck'sches Formularbuch Erbrecht/*Kleensang*, C VI 8.
434 Palandt/*Heinrichs*, Überbl vor § 104 Rn. 16.
435 Auf diese Bedenken weist *Bengel*, DNotZ 1984, 132, 138, hin.
436 *Bengel*, DNotZ 1984, 132, 139.

Kapitel 9 Einflussnahme des Erblassers über seinen Tod hinaus

661 Um zu vermeiden, dass die späteren Erben den hypothetischen Willen des Erblassers zur Zeit der Testamentserrichtung ermitteln müssen, sollte in einem Erbvertrag klargestellt werden, ob die Anfechtung ausgeschlossen werden soll. Das Offenlassen einer Anfechtungsmöglichkeit ist in Folge der hiermit verbundenen Unwägbarkeiten grundsätzlich kein taugliches Gestaltungsmittel.[437]

662 Die Möglichkeit der Anfechtung zu dem Zweck, vom Erblasser angeordnete Beschränkungen eines verschuldeten oder sozialhilfebedürftigen Erben nach Wegfall der entsprechenden Problemlage auch nach Eintritt des Erbfalls wieder zu beseitigen, kann auch auf andere Art gelöst werden. Hierbei bieten sich die Anordnung von Testamentsvollstreckung und Nacherbschaft an, mit der Bestimmung, dass mit Wegfall der Verschuldung die Beschränkung der Nacherbschaft und die Testamentsvollstreckung wieder erlöschen.[438]

663 ▶ **Checkliste: Anfechtungsausschluss**

☐ Bei Übergehung von Pflichtteilsberechtigten oder auch dem Vorliegen eines anderen Motivirrtums kann ein durch Erbvertrag gebundener Erblasser seine letztwillige Verfügung unter Umständen anfechten.

☐ Es ist ratsam, die wesentlichen Verfügungsmotive des Erblassers in seiner letztwilligen Verfügung mit anzugeben.

☐ Der Erblasser kann die Möglichkeit der Anfechtung wegen Übergehung von Pflichtteilsberechtigten ausdrücklich ausschließen.

☐ Dieser Verzicht kann auch mit erbvertraglicher Bindung bzw. wechselbezüglich angeordnet werden.

G. Schiedsklauseln

Literatur:
Brambring/Mutter (Hrsg.), Beck'sches Formularbuch Erbrecht, 2. Aufl. 2009; *Baumbach/Lauterbach*, Zivilprozessordnung, 68. Aufl., § 1066 ZPO, Rn. 2; Empfehlung der Bundesnotarkammer für eine Schiedsvereinbarung mit Verfahrens- und Vergütungsvereinbarung, DNotZ 2000, 401 ff.; *Groll*, Praxis-Handbuch Erbrechtsberatung, 4. Auflage, 2015; *Gsänger*, Verfassungsrechtliche Grenzen der Gestaltungsmöglichkeiten im Familien-, Erb- und Gesellschaftsrecht-, Gründungsveranstaltung des Rheinischen Instituts für Notarrecht der Rheinischen Friedrich-Wilhelms-Universität Bonn am 4.11.2006, DNotZ 2007, 3 ff.; *Haas*, Letztwillige Schiedsverfügungen i. S. des § 1066 ZPO, ZEV 2007, 49 ff.; *Kohler*, DNotZ 1962, 125 ff.; Münchener Kommentar zum Bürgerlichen Gesetzbuch, 5. Aufl.; *Scherer* (Hrsg.), Münchener Anwalts Handbuch Erbrecht, 3. Aufl. 2010; *Muscheler*, Entlassung des Testamentsvollstreckers und letztwillige Schiedsklausel, ZEV 2009, 317; *Nieder/Kössinger*, Handbuch der Testamentsgestaltung, Grundlagen und Gestaltungsmittel für Verfügungen von Todes wegen und vorbereitende Erbfolgemaßnahmen, 3. Aufl. 2008; *von Oertzen/Pawlytta*, 3. Abschnitt. Schiedsverfahren und Mediation, § 67 Das erbrechtliche Schiedsgericht, Münchener Anwaltshandbuch; *Otte*, Die Schiedsklausel im Erbvertrag des Hauses Hohenzollern, FamRZ 2006, 309 ff.; *Pawlytta*, Erbrechtliches Schiedsgericht und Pflichtteilsrecht, ZEV 2003, 89; *Schmitz*, Schiedsvereinbarungen in der notariellen Praxis, RNotZ 2003, 591 ff.; *Schmitz*, SGH revisited, notar 2013, 205 ff.; *Schulze*, Letztwillig eingesetzte Schiedsgerichte, MDR 2000, 314 ff.; *Schwab/Walter*, Schiedsgerichtsbarkeit, 7. Aufl. 2005, Kapitel 32; *Voit*, Privatisierung der Gerichtsbarkeit, JZ 1997, 120; *Wagner*, Der Notar als Schiedsrichter, DNotZ 2000, 421 ff.; *Walter*, Schiedsverträge und Schiedsklauseln in der notariellen Praxis, insbesondere bei letztwilligen Verfügungen, MittRhNotK 1984, 69 ff.; *Wegmann*, Die Schiedsgerichtsbarkeit in Nachlasssachen, ZEV 2003, 20, 22; *Werner*, Das Schiedsverfahren als Instrument zur Lösung erbrechtlicher Streitigkeiten, ZEV 2011, 506 ff.

---

437 Beck'sches Formularbuch Erbrecht/*Kleensang*, C VI 8 Anm. 3.
438 So die aufgezeigten Möglichkeiten bei *Hartmann*, ZNotP 2005, 82, 91, § 4, für die Frage, wie die angeordneten Beschränkungen in Wegfall gebracht werden können, wenn der sie motivierende Grund weggefallen ist, wenn also Überschuldung oder Sozialhilfebezug nachträglich entfallen sind.

I. Bedeutung von Schiedsklauseln bei erbrechtlichen Gestaltungen

In der erbrechtlichen Gestaltungspraxis wird immer häufiger die Einbindung von letztwilligen Schiedsverfügungen propagiert. Besondere Konfliktanfälligkeit besteht im Erbrecht immer dann, wenn eine Vielzahl von Personen an einem inhomogenen Nachlass beteiligt ist, der aus diversen Vermögensgegenständen ungleicher Art und damit ungleichen Werts besteht. Dies ist insbesondere bei der Vererbung von Unternehmensvermögen der Fall. Schließlich mag hier auch eine Rolle spielen, dass viele potenzielle Erblasser vor einer Testamentserrichtung und dem damit verbundenen Gedanken an den eigenen Tod zurückschrecken. 664

Durch die bereits zu beobachtende und auch künftig zu erwartende **Zunahme von Erbrechtsstreitigkeiten** stellt sich für jeden Erblasser die Frage, ob er einen solchen Streit durch die Festlegung von Schiedsklauseln erleichtern kann. 665

Das X. Buch der ZPO ermöglicht es, Streitigkeiten durch private Schiedsgerichte entscheiden zu lassen. Ihre Entscheidung tritt an die Stelle der Entscheidung staatlicher Gerichte.[439] Im Erbvertrag handelt es sich insoweit um eine Schiedsvereinbarung im Sinne der §§ 1029 ff. ZPO, als vertragliche Streitigkeiten zwischen den Parteien des Erbvertrages von der Schiedsbindung erfasst sein sollen. Sofern nicht Streitigkeiten zwischen den Parteien des Erbvertrages erfasst sind, handelt es sich um einseitige Schiedsverfügungen. Letztlich spielt diese Unterscheidung beim Erbvertrag wegen des Beurkundungserfordernisses keine Rolle. 666

Die erbrechtliche Einordnung der Schiedsklausel in einer letztwilligen Verfügung ist streitig. Ein Teil des Schrifttums sieht sie als Auflage, mit der Folge, dass sie mit bindender Wirkung nach § 2278 Abs. 2 BGB vereinbart werden kann.[440] Andere sehen in der Schiedsvereinbarung eine Vereinbarung sonstigen Inhalts mit rein prozessualer Bedeutung.[441]

Die **Entscheidungen der privaten Schiedsgerichte** sind dann durch staatliche Gerichte nur eingeschränkt überprüfbar (vgl. §§ 1059, 1060 ZPO). Die Zulässigkeit der Anordnung einer Schiedsgerichtsklausel in einem Testament oder Erbvertrag wird allgemein bejaht und in § 1066 ZPO vorausgesetzt.[442] 667

Das Schiedsverfahren ist dann kein Teil des Zivilprozesses sondern die Entscheidung eines **privaten Gerichtes**. § 1066 ZPO bildet lediglich die Rechtsgrundlage. Die materielle Entscheidung erfolgt dann nach den erbrechtlichen Bestimmungen. 668

Eine an dieser Stelle zunächst noch undifferenzierte Formulierung zur **Anordnung** eines Schiedsverfahrens in einem Testamten oder einem Erbvertrag könnte lauten: 669

▸ **Muster:** 670

(1) Ich ordne an, dass sich alle Erben und Vermächtnisnehmer für Streitigkeiten, die durch dieses Testament hervorgerufen sind und ihren Grund im Erbfall haben, unter Ausschluss der ordentlichen Gerichte einem Schiedsgericht zu unterwerfen haben.[443]

(2) Das Schiedsgericht sowie die anzuwendende Verfahrensordnung ist von der …[444] mit Wirkung für alle Erben und Vermächtnisnehmer zu bestimmen.

Selbstverständlich können auch die Erben oder Vermächtnisnehmer noch **nach Eintritt des Erbfalls** für die zwischen ihnen bestehenden Erbstreitigkeiten ein Schiedsverfahren vereinbaren. 671

---

439 BGH NJW 1986, 3027.
440 *Mayer*, ZEV 2000, 263, 267.
441 *von Dickhuth-Harrach*, Handbuch der Erbfolgegestaltung, § 35 Rn. 3 ff.
442 *Schwab/Walter*, Schiedsgerichtsbarkeit, Kapitel 32 Rn. 25; *Baumbach/Lauterbach*, § 1066 ZPO Rn. 2.
443 Eine ähnliche Formulierung lag dem Rechtsstreit OLG Karlsruhe ZEV 2009, 466, zugrunde.
444 Bspw. Deutsche Schiedsgerichtsbarkeit für Erbstreitigkeiten e. V. (DSE).

672 ▶ **Muster:**

Herr/Frau ist am x in y verstorben.

Die Vertragschließenden vereinbaren hiermit, dass alle Streitigkeiten, die sich im Zusammenhang mit dem in § 1 näher bezeichneten Erbfall ergeben nach der Schiedsgerichtsordnung der Deutschen Schiedsgerichtsbarkeit für Erbstreitigkeiten e.V. (DSE), Hauptstraße 18, 74918 Angelbachtal/Heidelberg, unter Ausschluss des ordentlichen Rechtsweges endgültig entschieden werden.

Die Vertragsschließenden vereinbaren hiermit, dass
a) der Einzelrichter
b) ein Kollegialgericht entscheiden soll.[445]

673 Im Testament oder einem Erbvertrag gilt zusätzlich die Besonderheit, dass der Erblasser in seinem Testament verbindlich anordnen kann, dass **sämtliche Streitigkeiten** im Zusammenhang mit seinem Tod dem Schiedsgericht unterworfen sein sollen. Eine Klage vor einem staatlichen Gericht wird dann unzulässig.

Eine Formulierung für eine entsprechende Anordnung könnte lauten:

674 ▶ **Muster:**

Schiedsklausel für ein Einzeltestament: Ich ordne an, dass alle Streitigkeiten, die durch meinen Erbfall hervorgerufen werden, unter Ausschluss der ordentlichen Gerichte der... unterworfen sind.

Schiedsklausel für ein Ehegattentestament: Wir ordnen an, dass alle Streitigkeiten, die durch unsere Erbfälle hervorgerufen werden, unter Ausschluss der ordentlichen Gerichte der..., unterworfen sind.

II. Vor- und Nachteile einer Schiedsklausel

1. Allgemeine Erläuterungen

675 Der Notar sollte Schiedsvereinbarungen erwägen, wenn ein potentiell konfliktträchtiges, auf Dauer angelegtes Verhältnis begründet wird.

Ob die Beratungspraxis einem Erblasser auf die sich durch die Schiedsgerichtsbarkeit eröffneten Möglichkeiten aufmerksam machen sollte, hängt vor allem von der Abwägung deren Vorteile und Nachteile ab. Hierfür können abrissartig **einige generelle Beurteilungsmaßstäbe** genannt werden:[446]

2. Zeitfaktor

676 Unter Ausschöpfung des Rechtsmittelweges dauern staatliche Verfahren oft mehrere Jahre. Das Schiedsverfahren ermöglicht ein konzentrierteres Herangehen und **höheres Entscheidungstempo**, da beispielsweise ein Auseinandersetzungsplan der Erben nicht zwingend erstellt werden muss und die Streitigkeiten unter den Bedachten auf eine Instanz und somit auf ein zeitlich überschaubares Verfahren beschränkt ist. Die sich im Nachlas befindlichen Wirtschaftsgüter sind kurzfristig verfügbar und eine Nachlasszerschlagung wird vermieden. Dem Zeitvorteil steht jedoch das größere Risiko der Fehlentscheidung gegenüber.

3. Kostenfaktor

677 Das Schiedsverfahren ist regelmäßig **kostengünstiger**, jedenfalls dann, wenn man sich mit einem Einzelschiedsrichter begnügt und auf die Vertretung durch Rechtsanwälte verzichtet. Dadurch wird jedoch gleichzeitig das Risiko der Fehlentscheidung erhöht.

---

[445] So die Formulierung des Deutsche Schiedsgerichtsbarkeit für Erbrechtsstreitigkeiten e. V. unter www.dse-erbrecht.de »Downloads« DSE Schiedsvereinbarung PDF.
[446] Eine noch genauere Darstellung findet sich bei *Walter*, MittRhNotK 1984, 70, 71; *Schmitz*, RNotZ 2003, 591 f.

4. Geheimhaltung

In dem schiedsgerichtlichen Verfahren müssen keine öffentlichen Auseinandersetzungen geführt werden. Das Schiedsverfahren ist ein **nicht öffentliches Verfahren**, d. h. Interna aus den Beziehungen der Konfliktparteien werden nicht vor einer breiten Öffentlichkeit erörtert. Dadurch bleiben die Angelegenheiten familienintern und niemand verliert in dem nichtöffentlichen Verfahren sein Gesicht, zumindest nicht gegenüber Familienfremden. Hierdurch wird die Vergleichsbereitschaft der Beteiligten erhöht.

678

5. Auswahl und Qualität der Schiedsrichter

Der **Erblasser kann vorab** eine Person als **Schiedsrichter bestimmen**, die über gute Erbrechtskenntnisse, wirtschaftlichen Sachverstand, einschlägige Erfahrungen auf dem Gebiet der Erbauseinandersetzung oder Kenntnisse über die Familienverhältnisse verfügt. Einen Schiedsrichter, der in der Regel mit dem Erblasser **persönlich bekannt** war und somit auch häufig besser dessen Erben einschätzen kann als dies einem unbekannten staatlichen Richter möglich ist, wird es in der Regel einfacher fallen, zu erkennen, ob die vom Erblasser genannten Auswahlkriterien erfüllt worden sind.

679

Bei den institutionellen Schiedsgerichten werden **regelmäßig** nur fachlich hoch qualifizierte auf dem Gebiet des Erbrechts **spezialisierte Schiedsrichter** zur Verfügung gestellt und ausgebildet. Dadurch kann eine Auseinandersetzung mit mehr Sachkunde und Fingerspitzengefühl geführt werden. Andererseits liegt in der Person des Schiedsrichters auch häufig die Gefahr, dass er von einem Teil der Streitbetroffenen nicht hinreichend akzeptiert wird.

680

Institutionelle oder administrierte Schiedsgerichte bieten gegenüber parteibestimmten Schiedsgerichten, bei denen die Parteien selbst Schiedsrichter und Verfahren bestimmen, rechtlich relevante Vorteile.

Der Schlichtungs- und Schiedsgerichtshof deutscher Notare – SGH – bietet in §§ 7 und 8 seines Statuts ein Verfahren an, das der Annäherung an den gesetzlichen Richter dient. Sofern die Parteien in der Schiedsvereinbarung nichts anderes bestimmen, wird die Schlichtungs- und Schiedstätigkeit von Spruchkörpern des SGH wahrgenommen. Wählen die Parteien also nicht das normale Verfahren nach ZPO, in dem Sie vereinbaren, die Schiedsrichter selbst zu bestimmen, haben sie keinen Einfluss auf die Zusammensetzung des Schiedsgerichts.[447]

6. Schlichtungswirkung

Im Interesse der Aufrechterhaltung des Familienfriedens oder des Familienbetriebes sind die Beteiligten häufig weniger an rechtlichen Entscheidungen interessiert, sondern vielmehr an einer **gütlichen Beilegung** des Streits mit einem wirtschaftlich vernünftigen Ergebnis und der Aufrechterhaltung der Möglichkeit weiterer künftiger Zusammenarbeit. Dies kann durch ein Schiedsverfahren bestärkt werden. Das Schiedsverfahren endet meist mit einer Einigung, auf die der Schiedsrichter hinwirkt. Ansonsten kann der Schiedsrichter nach der Verhandlung einen Schiedsspruch schriftlich verfassen und den Parteien zustellen. Dieser Schiedsspruch hat die gleichen Wirkungen wie ein staatliches Urteil und kann z. B. auch mit Hilfe eines Gerichtsvollziehers **vollstreckt** werden.

681

7. Grenzüberschreitende Rechtsstreitigkeiten

Bei **grenzüberschreitenden Sachverhalten** kann durch das Schiedsverfahren auch gestalterisch auf den Sachverhalt Einfluss genommen werden. Fraglich ist allerdings, nach welchem Recht sich die Befugnisse des Erblassers richten, durch testamentarische Verfügung ein Schiedsgericht anzuordnen, wenn in der Sache ein ausländisches Erbrecht berufen ist.[448]

682

---

447 Näher hierzu *Schmitz*, notar 2013, 205, 206.
448 Darstellung der diesbezüglichen Rechtslage bei *Haas*, ZEV 2007, 49, 54.

8. Schiedsverfahren – Vor- und Nachteile

683 Zusammenfassend stellen sich aufgrund der besonderen Merkmale des Schiedsverfahrens folgende Vor- und Nachteile dar:

a) Vorteile
- Freiheit bei der Bildung des Spruchkörpers,
- Vertraulichkeit des Schiedsverfahrens,
- größere Bedeutung der mündlichen Verhandlung,
- erhöhte Vergleichschancen,
- Schnelligkeit des Verfahrens,
- dauerhafte Befriedung.

b) Nachteile
- möglicherweise höhere Kosten (jedoch ist die Beendigung in der Schlichtungsphase stark kostenprivilegiert),
- fehlende Rechtsfortbildung durch höchstrichterliche Rechtsprechung

Der Notar sollte die Vor- und Nachteile bei der Frage, ob er eine Schiedsvereinbarung empfehlen soll, abwägen.[449]

III. Voraussetzung des Schiedsverfahrens

684 Ein Schiedsverfahren setzt regelmäßig voraus, dass der Erblasser dies **angeordnet** hat **oder** sich die Parteien einer sog. **Schiedsvereinbarung** unterwerfen. Darin wird festgelegt, dass man anstelle eines langwierigen Prozesses vor den staatlichen Gerichten eine zügige und kompetente Klärung vor dem Schiedsgericht sucht.

IV. Ablauf eines Schiedsverfahrens

685 Das Verfahren beginnt mit der **Einreichung einer Klage** bei der bestimmten Schiedsstelle, die dann einen (oder mehrere) Schiedsrichter aus der Schiedsrichterliste benennt, sofern nicht der Erblasser diese bereits namentlich benannt hat. Dieser Schiedsrichter leitet das Verfahren mit den gleichen Befugnissen wie ein staatlicher Richter, allerdings mit folgenden Besonderheiten: Im Schiedsverfahren wird i. d. R. weniger schriftlich vorgetragen, dafür aber **mehr mündlich** verhandelt. Der Ort der Verhandlung wird jedenfalls beim institutionellen Schiedsverfahren von der Geschäftsstelle der Schiedsorganisation bestimmt, wenn die Parteien sich nicht auf einen Ort einigen können oder der Erblasser diesen nicht bereits festgelegt hat.

V. Abgrenzung Schiedsklausel und Schiedsgutachten

686 Eine **Schiedsvereinbarung** beziehungsweise **Schiedsklausel** im eigentlichen Sinne liegt nur vor, wenn das Schiedsgericht an Stelle des staatlichen Gerichtes endgültig über eine Rechtsstreitigkeit entscheiden soll.

687 Eine **Schiedsgutachtenabrede** hingegen ermöglicht es den Parteien gewisse Fehler des Schiedsgutachtens von den staatlichen Gerichten nachprüfen zu lassen. Bestimmt der Erblasser oder überträgt die Parteien die rechtsgestaltende Festsetzung der einander geschuldeten Leistungen Dritten, so handelt es sich nach gefestigter Rechtsprechung bei einer solchen Vereinbarung nicht um eine Schiedsabrede, sondern lediglich um eine Schiedsgutachterklausel, wenn die Festsetzung des Leistungsinhaltes nach dem Parteiwillen im Rahmen des § 319 BGB dann noch vom staatlichen Gericht überprüft werden soll.[450]

---

449 Näher hierzu auch *Schmitz*, notar 2013, 205 f.
450 Vgl. BGHZ 48, 25, 28, und BGH BB 1982, 1077.

Die Rechtsprechung des BGH geht davon aus, dass es sich in **den nicht eindeutig geregelten Zwei-** 688
felsfällen um eine gegenüber einer Schiedsabrede weniger weitgehende und daher für die Parteien
weniger gefährliche **Schiedsgutachtenklausel** handelt.[451]

Die Interpretation einer vom Erblasser angeordneten jedoch nicht eindeutig formulierten Schieds- 689
klausel muss sich vom Grundsatz der »wohlwollenden Auslegung« (§ 2084 BGB) leiten lassen.[452]

Dem **Erblasserwillen** ist nach Möglichkeit **zum Erfolg** zu **verhelfen**. Es geht also darum, die »Ein- 690
mischung« staatlicher Gerichte in die Familienangelegenheiten möglichst zu beschränken und die
Entscheidung in die Hände von Sachkundigen zu legen. Schiedsgutachten sind entsprechend § 319
Abs. 1 S. 1 BGB wegen »offenbaren Unrichtigkeiten« angreifbar, Urteile eines Schiedsgerichts hingegen nur -abgesehen von den in § 1059 Abs. 2 Nr. 1 und 2a ZPO genannten verfahrensrechtlichen
Verstößen- wegen Verstoßes gegen den ordre public (§ 1059 Abs. 2 Nr. 2d ZPO). Schiedsgutachten
sind darüber hinaus dagegen der Rechtskraft nicht fähig.

Soweit es sich um bloße tatsächliche Feststellungen handelt, also auch keine gerichtliche Entschei- 691
dung möglich wäre und einem Schiedsspruch auch keine Vollstreckungswirkung gegeben werden
könnte, fallen diese Tätigkeiten unter den Begriff des Schiedsgutachtens. Die Regeln der ZPO für
das Schiedsgerichtsverfahren sind darauf weder unmittelbar noch analog anzuwenden, sondern vielmehr die Vorschriften der §§ 315 ff. BGB.[453]

Als Beispiele für eine bloß gutachterliche Tätigkeit (**Schiedsgutachten**) können die Entscheidungen 692
über die Teilung des Nachlasses nach billigem Ermessen (Auseinandersetzung nach § 2048 Abs. 2
BGB), die Bestimmung eines Vermächtnisses oder einer Auflage nach billigem Ermessen gemäß
§§ 2156, 2182 BGB, die Benennung eines Vermächtnisnehmers gemäß §§ 2151, 2193 BGB, die
Feststellung eines Bedingungseintritts oder auch andere tatsächliche Feststellungen wie zum Beispiel
die Festlegung eines Grundstücks- oder Geschäftswertes oder eines entsprechenden Übernahmeprei-
ses genannt werden. Als Beispiel für die Anordnung einer Schiedsgutachterentscheidung kann die
nachfolgende Formulierung gewählt werden.

▶ **Muster:** 693

Der Längstlebende von uns trifft einseitig testamentarisch und somit jederzeit frei widerruflich folgende Teilungsanordnung:

... X soll das Haus ... zu Alleineigentum erhalten, sofern er/sie dies wünscht. Dazu kann er/sie innerhalb eines Jahres nach dem Tode des Längstlebenden von uns von dem/der/den Miterben/Miterbin
die Übertragung des Alleineigentums an diesem Grundbesitz verlangen. Er/Sie hat dann jedoch dem/
der/den Miterben/Miterbin die Hälfte/jeweils ... Anteil des gemäß nachstehend genannten Verfahrens zu bestimmenden Verkehrswertes des Grundbesitzes nebst Gebäuden und wesentlichen Bestandteilen zum Zeitpunkt des Todes des Längstlebenden von uns auszuzahlen.

Bei der **Ermittlung des Verkehrswertes** (Marktwertes) des Grundstückes, seiner Bestandteile, sowie
seines Zubehörs und bei der Ableitung der für die Wertermittlung erforderlichen Daten einschließlich
der Bodenrichtwerte sind die Grundlagen und Wertermittlungsverfahren so durchzuführen, wie diese
in der Verordnung über die Grundsätze für die Ermittlung der Verkehrswerte von Grundstücken (Immobilienwertermittlungsverordnung) vom 19. Mai 2010 (Bundesgesetzblatt Teil I Nr. 25 vom
27. Mai 2010, S. 639 ff.) festgelegt sind.

[ggf:, Dem Verkehrswert ist vorab jedoch ein Betrag in Höhe von ...,00 € (in Worten: ... Euro) wegen
der von ... bereits in das Objekt getätigten Investitionen abzuziehen.]

[Der abzuziehende Betrag soll nach Belehrung durch den Notar nicht durch Anpassung an die Entwicklung der Lebenshaltungskosten wertgesichert werden.]

---

451 BGH BB 1982, 1077 f.
452 BGH FamRZ 2006, 309 ff., 311.
453 *Walter*, MittRhNotK 1984, 69, 78.

Kapitel 9   Einflussnahme des Erblassers über seinen Tod hinaus

> Sollten unsere Erben sich über den Verkehrswert nicht einigen können, so entscheidet hierüber ein von dem zuständigen Gutachterausschuss zu bestimmender Sachverständiger unter Zugrundelegung der vorstehend näher bezeichneten Immobilienwertermittlungsverordnung für alle Beteiligten verbindlich. Die Kosten der Eigentumsübertragung sowie gegebenenfalls des Gutachtens tragen beide Erben je hälftig.
>
> Macht ... von diesem Recht nicht innerhalb eines Jahres nach dem Tod des Längstlebenden von uns Gebrauch, wobei im Zweifel für die Rechtzeitigkeit maßgebend ist der Zugang einer schriftlichen Ausübungserklärung bei dem/der/den Miterben/Miterbin, so entfällt dieses Recht ersatzlos.

694 In der Praxis ist die Grenzziehung zwischen Tatsachen und Rechtsfolgen mitunter schwierig. Es bietet sich an, dem Schiedsgericht eine **Doppelfunktion** zuzuweisen, nämlich sich auch in Bewertungsfragen gutachtlich zu äußern oder sonstige Feststellungen zu treffen.[454]

695 ▶ **Muster:**

> Im Wege der Auflage schließe ich für alle Erben, Vermächtnisnehmer und Auflagebegünstigten für alle Streitigkeiten, die ihren Grund im Erbfall haben und/oder im Zusammenhang mit der Verfügung von Todes wegen oder ihrer Ausführung stehen, die ordentlichen Gerichte aus.
>
> Zum Schiedsrichter mit den nachfolgenden Funktionen bestimme ich ... ersatzweise ... Der Schiedsrichter entscheidet als Einzelrichter und hat zugleich die Aufgabe, sich in Bewertungsfragen für einzelne Nachlassgegenstände gutachtlich verbindlich zu äußern.
>
> Der Schiedsrichter entscheidet, sofern keine zwingenden gesetzlichen Bestimmungen entgegenstehen, prozessrechtlich nach freiem Ermessen, im Übrigen, falls er von seinem Ermessen keinen Gebrauch macht, nach den einschlägigen Bestimmungen der Zivilprozessordnung und des Gerichtsverfassungsgesetzes, jedoch mit der Maßgabe, dass die Verhandlung nicht öffentlich ist und kein Anwaltszwang besteht. (Vergütungsregelung)[455]

VI. Inhalt und Inhaltliche Grenzen von Schiedsklauseln

1. Inhaltliche Reichweite der Schiedsvereinbarung

696 Unstreitig umfasst die Anordnung einer Schiedsklausel all die Rechtsstreitigkeiten, die von dem **Umfang der Verfügungsmacht** des Erblassers umfasst sind.[456]

697 Zum erfassten **Personenkreis** gehören damit die Erben, die Vermächtnisnehmer, diejenigen im Falle einer Auflage, denen gemäß § 2194 BGB der Wegfall des mit der Auflage zunächst Beschwerten unmittelbar zustatten kommt sowie die Testamentsvollstrecker.

698 **Inhaltlich** ist unstreitig von einer Schiedsgerichtsanordnung all das erfasst, was der Erblasser inhaltlich durch Testament gestalten kann. Hierzu zählen insbesondere die Entscheidungen über die Gültigkeit, Anfechtung und Auslegung von Testamenten, den Eintritt einer Bedingung oder Auflagenerfüllung, die Bezeichnung des Erben sowie die Entscheidung über das »Ob« einer wirksamen Erbeinsetzung.

699 Wer durch eine letztwillige Verfügung bedacht ist, muss in Bezug auf diese ihn begünstigende letztwillige Verfügung auch die Zuständigkeit von Schiedsgerichten akzeptieren. Dies führt dazu, dass nach herrschender Meinung folgende Streitigkeiten immer auch der **Zuständigkeit von Schiedsgerichten unterworfen werden können:**[457]
– Streitigkeiten unter Miterben
– Streitigkeit zwischen Erben und Vermächtnisnehmern

---

454 *Walter*, MittRhNotK 1984, 69, 78.
455 Ein ähnlicher Formulierungsvorschlag von Nieder/Kössinger/*Kössinger*, § 15 Rn. 334.
456 MünchKommBGB/*Leipold*, § 1937 Rn. 32; OLG Karlsruhe ZEV 2009, 466.
457 Ähnlich die Zusammenfassungen von *Beckmann*, ZEV 2003, 2021; Groll/*Hieke*, Praxishandbuch Erbrechtsberatung, D XVI Rn. 40.

- Streitigkeiten betreffend die Erfüllung von Auflagen
- Streitigkeiten zwischen dem Vermächtnisnehmer und dem Testamentsvollstrecker hinsichtlich der Erfüllung von Vermächtnissen
- Streitigkeiten zwischen dem Testamentsvollstrecker und dem Erben in Bezug auf den Umfang der Befugnisse des Testamentsvollstreckers
- Entscheidungen über die Gültigkeit, Inhalt, Auslegung und Anfechtung von Testamten
- Entscheidungen über die Erbauseinandersetzung
- Entscheidungen über die Ausgleichspflichten unter Abkömmlingen (§§ 2050 ff. BGB)
- Entscheidungen über den Eintritt oder Ausfall einer Bedingung
- Streitigkeiten über die Erbberechtigung
- Streitigkeiten über die angeordnete Teilungsanordnung
- Entscheidungen über die Wirksamkeit oder das Fortgelten des Erbvertrages[458]

Die vom Erblasser angeordnete **Schiedsklausel gilt nicht** hinsichtlich der bereits vor dem Eintritt des Erbfalls dem Erblasser gegenüber bestehenden Ansprüchen von Nachlassgläubigern; über deren prozessuale Durchsetzung kann er nicht rechtswirksam disponieren. Da das Schiedsgericht stets an Stelle des ordentlichen Gerichts tätig wird, kann es auch niemals in denjenigen Fragen entscheiden, welche in die ausschließliche Zuständigkeit des Nachlassgerichts fallen, wie beispielsweise das Erbscheinsverfahren oder andere Bereiche der freiwilligen Gerichtsbarkeit.[459] Auch Forderungen von Nachlassgläubigern sowie Streitigkeiten über die Zugehörigkeit von Vermögensgegenständen zum Nachlass sind nicht schiedsfähig.[460] 700

2. Sachliche Grenzen

a) allgemeine Grenzen

Es ist dem Erblasser unmöglich, **am Erbe nicht beteiligte Personen** oder von ihm ausgeschlossene Dritte am Schiedsverfahren zu beteiligen. Dies ist zum Schutz dieser Dritten auch geboten.[461] Bei der Gestaltung letztwilliger Schiedsklauseln ist unstreitig die **Grenze des § 2065 BGB** zu beachten. Danach kann der Erblasser die Bestimmung des Erben oder Vermächtnisnehmers nicht einem Dritten überlassen. Das Schiedsgericht tritt also nicht an die Stelle des Erblassers und kann deshalb den Erben nicht auswählen. Es kann allenfalls gemäß den Ausnahmevorschriften der §§ 2153 und 2156 BGB entscheiden, wer von mehreren Vermächtnisnehmern den ausgesetzten Vermächtnisgegenstand erhalten soll oder welcher Anteil des Vermächtnisses den einzelnen Berechtigten zufallen soll.[462] 701

b) Entlassung eines Testamentsvollstreckers

Fraglich ist, ob Streitigkeiten über die Entlassung eines Testamentsvollstreckers, die auf einer vom Erblasser angeordneten letztwilligen Verfügung gemäß § 1066 ZPO und nicht auf einer zwischen dem Testamentsvollstrecker und dem Erben und sonstigen Beteiligten vereinbarten Schiedsklausel beruhen, dem Schiedsgericht zugewiesen werden können. 702

Die **Befürworter der Schiedsfähigkeit des Entlassungsverfahrens** nach § 2227 BGB machen mit unterschiedlichen Schwerpunkten geltend, dass auch für privatrechtliche Parteistreitverfahren der freiwilligen Gerichtsbarkeit eine schiedsgerichtliche Zuständigkeit begründet werden kann.[463] Die in § 2227 BGB enthaltene Bestimmung der Zuständigkeit des Nachlassgerichtes ändere an diesem Ergebnis nichts, da es sich hierbei um eine bloße Organisationsvorschrift innerhalb der staatlichen 703

---

458 So auch Beck'sches Formularbuch Erbrecht/*Brambring*, B. I 1 Rn. 3.
459 *Otte*, zitiert von *Gsänger/Souren*, DNotZ 2007, 3 ff., 7 f.
460 Näher hierzu *Werner*, ZEV 2011, 506, 508.
461 *Schulze*, MDR 2000, 314 ff., 318.
462 *Walter*, MittRhNotK 1984, 69, 77.
463 *Schulze*, MDR 2000, 314 ff., 317.

Kapitel 9 Einflussnahme des Erblassers über seinen Tod hinaus

Gerichtszweige handele, deren Sinn nicht dahingehend festgelegt ist, die Schiedsgerichtsbarkeit schlechthin auszuschließen. Eine Ausnahme ergebe sich nach dieser Auffassung nur, wenn der Erblasser den Testamentsvollstrecker selbst zum Schiedsrichter bestimmt hat.

704 Die **Gegner der Schiedsfähigkeit des Entlassungsverfahrens** halten das Verfahren nach § 2227 BGB für ein Verfahren, das einen schwer abzugrenzenden Kreis der Beteiligten habe und deshalb nicht als echtes Streitverfahren angesehen werden könne. Eine Entscheidung, die für und gegen alle Nachlassbeteiligten wirken solle, könne in einem Streitverfahren nicht ergehen.[464]

705 Der Erblasser könne dem Schiedsgericht die Entscheidung über alle, aber auch nur über solche Fragen zuweisen, über die er kraft seiner Testierfähigkeit verfügen könne. Die Grenze für die Aufgabenübertragung nach § 1066 ZPO sei die allgemeine Reichweite der Testierfreiheit. Da der Erblasser nach dem materiellen Recht die Abberufung eines Testamentsvollstreckers nicht ausschließen und nicht erschweren darf, darf dies auch nicht durch Gestaltung des prozessualen Verfahrens möglich sein.[465]

706 Nach dem zwingenden Recht des § 2220 BGB kann der Erblasser den Testamentsvollstrecker nicht von ihm nach den §§ 2215, 2216, 2218 und 2219 BGB obliegenden Verpflichtungen befreien. Gegen diese Auffassung wird deshalb vorgebracht, dass der Erblasser den durch § 2220 BGB Geschützten ihr Schutzrecht ja gar nicht aus der Hand schlagen will; er will nur, dass über die Entlassung nicht durch ein staatliches Gericht, sondern durch ein Schiedsgericht entschieden wird. Da der Erblasser in seiner Verfügung von Todes wegen die Einsetzung des Testamentsvollstreckers auch auflösend bedingt durch das objektive Eintreten eines wichtigen Grundes im Sinne des § 2227 BGB anordnen kann und damit bei Eintritt der Bedingung das Amt des Testamentsvollstreckers automatisch erlischt, müsse es umgekehrt auch möglich sein, dass der Erblasser ohne die Anordnung einer auflösenden Bedingung die Streitfrage über die Entlassung im Sinne des § 2227 BGB einem Schiedsgericht übertragen kann.[466] Denn die Feststellung einer durch die Bedingungsregelung automatisch eintretenden Amtsbeendigung könnte der Erblasser ohne weiteres einem Schiedsgericht zuweisen. Welche der beiden vorgestellten Meinungen vorzugswürdig ist, kann und soll hier nicht entschieden werden.

c) **Rechtsstreit mit Pflichtteilsberechtigten**

707 Ebenfalls **umstritten** ist, ob auch Rechtsstreitigkeiten mit Pflichtteilsberechtigten schiedsfähig sind. Dies wird teilweise mit der Begründung abgelehnt, dass der Pflichtteilsberechtigte seine **Rechtsstellung nicht aus der letztwilligen Verfügung**, sondern aus dem Gesetz ableite und der Erblasser über die Rechtsstellung des Berechtigten nicht einseitig bestimmen könne. Der Erblasser sei nicht befugt, dem Pflichtteilsberechtigten den Weg zu den ordentlichen Gerichten zu verwehren, da bereits darin eine Beeinträchtigung des Pflichtteilsrechts liegen könne, so dass insoweit die Schranken der Schiedsfähigkeit erreicht seien.[467]

708 Es ist allerdings andererseits zu berücksichtigen, dass der Pflichtteilsberechtigte durch die Unterwerfung der Entscheidung des Streits durch ein Schiedsgericht nicht seinen Pflichtteil verliert. Es entscheidet dann lediglich nicht das staatliche Gericht, sondern das dem staatlichen Recht **nahezu gleichwertige private Schiedsgericht**.[468] Die Vorschrift des § 1066 ZPO weise nach dieser Auffassung einen selbstständigen Charakter auf und sei nicht von der materiell-rechtlichen Verfügungsbefugnis des Erblassers abhängig. Pflichtteilsberechtigte können wegen des mitunter sehr komplizierten Pflichtteilsrechts von den Vorteilen des Schiedsgerichts profitieren, insbesondere im Hinblick auf die Sachkompetenz der dort eingesetzten erfahrenen Erbrechtspraktiker.[469]

---

464 Staudinger/*Otte*, Vorb. zu §§ 1937 ff. Rn. 11.
465 OLG Karlsruhe ZEV 2009, 466 ff.
466 *Muscheler*, ZEV 2009, 317 ff.
467 So die zusammenfassende Darstellung des Vortrages von *Otte*, DNotZ 2007, 7 f.
468 *Schmitz*, RNotZ 2003, 591, 611 sowie derselbe in Notar 2013, 205.
469 So die Argumentation von *Pawlytta*, ZEV 2003, 89 ff.

Es spricht viel dafür, dass auch Streitigkeiten mit Pflichtteilsberechtigten der Schiedsvereinbarung unterworfen werden können; gestalterische Vorsicht ist jedoch geboten.[470]

Das OLG Frankfurt hat die Frage ausdrücklich offen gelassen.[471]

d) Konsequenzen für die Gestaltungspraxis

Für den Vertragsgestalter ist es wegen der aufgezeigten Unsicherheiten empfehlenswert, **in der letztwilligen Verfügung genau zu bestimmen, welche Streitigkeiten der Zuständigkeit des Schiedsgerichts übertragen werden sollen**, wobei derzeit wegen der Übertragung von Pflichtteilsstreitigkeiten in die Zuständigkeit von Schiedsgerichten wegen der unklaren Rechtshaltung Zurückhaltung geboten scheint. **Nur der risikofreudige Vertragsgestalter** sollte deshalb seiner Schiedsklauselregelung noch die Bestimmung beifügen:

▶ **Muster:**

Das Schiedsgericht entscheidet auch über geltend gemachte Pflichtteils- und Pflichtteilsergänzungsansprüche.[472]

Gestalterisch möglich wäre es aber auch, dem Pflichtteilsberechtigten ein Geldvermächtnis in Höhe des Pflichtteils zu geben, so dass sich im Ergebnis vermögensrechtlich keine Unterschiede ergeben. Streitigkeiten hinsichtlich des Vermächtnisses unterliegen dann sicherlich der Schiedsklausel.[473]

Sicherlich können Ansprüche von Nachlassgläubigern deren Forderungen entweder bereits gegen den Erblasser bestanden oder gegenüber den Erben bestehen, ohne dass sie auf einer Verfügung von Todes wegen beruhen, nicht der Schiedsgerichtsbarkeit unterworfen werden.[474] Hierbei handelt es sich um Klagen von Dritten oder um Klagen gegen Dritte.

3. Persönliche Grenzen

Die **Personalunion als Schiedsrichter und Testamentsvollstrecker** (mehr hierzu auch in Rdn. 744) kann zu Interessenkollisionen und damit zu einem Ausschluss vom Schiedsrichteramt führen. Dies ist insbesondere bei Streitigkeiten über die Rechtswirksamkeit einer letztwilligen Verfügung der Fall, von deren Bestand auch die Bestellung zum Testamentsvollstrecker abhängt oder über die Auslegung einer letztwilligen Verfügung, soweit diese den Bestand des Testamentsvollstreckeramtes selbst betrifft.[475]

Das OLG Frankfurt hat anerkannt, dass eine Schiedsklausel auch in der speziellen Form gültig ist, wonach der Testamentsvollstrecker zum Schiedsrichter bestimmt wird. Die beiden Ämter schließen sich nicht generell aus, sondern allenfalls im Einzelfall, wenn eine fehlende Überparteilichkeit oder Selbstbetroffenheit des Testamentsvollstreckers/Schiedsrichters vorläge. Dafür reiche aber nicht aus, dass durch die Doppelrolle zusätzliche Vergütungsansprüche entstehen – auch wenn diese bei einem hohen Nachlasswert nicht unbeträchtlich sein dürften.[476]

---

470 So ausdrücklich *Wegmann*, ZEV 2003, 20, 21 und *Schmitz*, notar 2013, 205, 207 f. sowie *Töben*, RNotZ 2013, 321, 334.
471 OLG Frankfurt, RNotZ 2013, 238, 242.
472 So die Überlegungen von *Beckmann*, ZEV 2003, 20, 22.
473 So der Vorschlag von *Töben*, RNotZ 2013, 321, 349 zur Frage der Einbindung des Pflichtteilsberechtigten in eine Mediationsklausel.
474 MünchKommBGB/*Leipold*, § 1937 Rn. 34.
475 BGH DNotZ 1965, 98.
476 OLG Frankfurt in RNotZ 2013, 238 f. und hierzu näher auch *Odersky*, notar 2013, 230, 236.

VII. Inhaltliche Gestaltung von Schiedsklauseln

1. Form und mögliche Bindungswirkung

716 Die Zulässigkeit eines letztwillig angeordneten Schiedsgerichts ergibt sich aus dem § 1066 ZPO und ist heute allgemein anerkannt.[477]

717 Mit der Formulierung in § 1066 ZPO »in gesetzlich statthafter Weise« durch letztwillig eingesetzte Schiedsgerichte soll auf die **allgemeinen Wirksamkeitsvoraussetzungen einer letztwilligen Verfügung** Bezug genommen werden, die erfüllt sein müssen.[478]

718 Der Erblasser muss daher testierfähig sein und er muss die Anordnung der Schiedsklausel in einem Testament oder Erbvertrag angeordnet haben. Auch die testamentarischen Formanforderungen müssen erfüllt sein; § 1031 ZPO gilt insoweit also nicht.

719 **Bei einem Erbvertrag** handelt es sich um ein zu mindestens zweiseitiges Rechtsgeschäft. Wird in ihm eine Schiedsvereinbarung getroffen, so bestimmt sich ihre Wirksamkeit nicht nach den Vorschriften der Erbverträge, da diese auf die Fälle des § 2278 Abs. 2 BGB beschränkt sind. Nach § 2299 BGB kann aber jeder Vertragsschließende in einem Erbvertrag auch einseitige Verfügungen treffen, die durch Testament getroffen werden können. Ist dies der Fall, ist allerdings erforderlich, dass die §§ 1025 ff. ZPO und somit insbesondere die Formerfordernisse des § 1031 ZPO (also notarielle Beurkundung) beachtet werden. Es handelt sich bei einem mit einer Schiedsabrede versehenen Erbvertrag also um den gesetzlichen Normalfall, dass geschäftsfähige Personen Streitigkeiten, die aus einer zwischen ihnen bestehenden Rechtsbeziehung entstehen können, unter Ausschluss staatliche Gerichtsbarkeit vor ein Schiedsgericht bringen wollen.[479]

720 Hat also ein Erblasser mit einer anderen Person einen notariell bindenden Erbvertrag geschlossen, in dem eine Schiedsvereinbarung nicht enthalten ist, **ist es dem Erblasser später nicht möglich, in einem späteren Testament eine Schiedsanordnung zu treffen**. Zwar kann ein Erblasser wie dargelegt gemäß § 1066 ZPO grundsätzlich in einer letztwilligen Verfügung für die sich aus dieser Verfügung zwischen Erben untereinander und mit Vermächtnisnehmern ergebenden Streitigkeiten ein Schiedsgericht einsetzen. Für Erbverträge gelten jedoch wie dargestellt die Formvorschriften des § 1031 ZPO unmittelbar für die selbst am Erbvertrag Beteiligten. Demnach würde die spätere Anordnung unwirksam sein.[480]

721 Darüber hinaus würde die **einer erbvertraglichen Anordnung nachfolgende nachträgliche Ernennung eines Schiedsrichters** in einem Testament in einem solchen Fall wohl auch gegen § 2289 BGB verstoßen und deshalb gemäß § 2289 Abs. 1 S. 2 BGB auch materiell unwirksam sein. § 2289 Abs. 1 S. 2 BGB schützt den Bedachten in seinem Vertrauen auf die erbvertraglicher Bindung, die der Erblasser durch den Abschluss des Vertrages im Umfang der vertragsmäßigen Verfügungen eingegangen ist. Durch die nachträgliche Einsetzung eines Schiedsrichters durch den Erblasser in einem späteren Testament wird der durch den Erbvertrag bedachte Erbe und/oder Vermächtnisnehmer der uneingeschränkten Interpretationsmacht des Schiedsrichters unterworfen und zugleich der Möglichkeit beraubt, die ordentlichen Gerichte anzurufen. **Die Einsetzung des Schiedsgerichts wäre also dann eine beeinträchtigte Verfügung im Sinne des § 2289 BGB.**[481]

---

477 MünchKommBGB/*Leipold*, § 1937 Rn. 29.
478 MünchKommBGB/*Leipold*, § 1937 Rn. 29.
479 *Schulze*, MDR 2000, 314.
480 OLG Hamm NJW-RR 1991, 455 f.
481 OLG Hamm NJW-RR 1991, 455 f.

Die **Einordnung** der durch eine letztwillige Verfügung angeordnete **Schiedsklausel in das System des Erbrechts ist streitig**. Ein Teil des Schrifttums sieht in einer Schiedsklausel eine Auflage.[482] Danach wäre der Erbe mit einer solchen Schiedsklausel im Sinne von § 2306 BGB beschwert und der Erblasser könnte innerhalb eines Erbvertrages eine Schiedsgerichtsvereinbarung vertragsmäßig und damit erbvertraglich bindend bzw. in einem gemeinschaftlichen Testament wechselbezüglich treffen.

722

Die Gegenmeinung verneint die Form einer **Auflage**.[483] Während die Auflage eine schuldrechtliche Leistungsverpflichtung begründe, werde durch eine Schiedsgerichtsvereinbarung aber gerade keine Leistungsverpflichtung statuiert, sondern die Kompetenz des Schiedsgerichts für den Streitfall festgelegt.[484] Nach anderer Auffassung handelt es sich bei der Einsetzung eines Schiedsgerichts um eine **Anordnung eigener Art**.[485] Von Bedeutung ist das Problem der Rechtsnatur der Schiedsklausel für die **Frage, ob sie mit bindender Wirkung nach § 2278 Abs. 2 BGB angeordnet werden kann**, was nur als Auflage möglich ist.

723

Die Rechtsprechung hat den Streit über die rechtliche Einordnung der Schiedsklausel noch nicht endgültig entschieden. Das Reichsgericht hat zwar dargelegt, dass die Rechtfertigung der einseitigen Schiedsgerichtsanordnung aus der ZPO erfolge und daher den Rückgriff auf die Auflage nach § 1940 BGB überflüssig mache.[486] Eine klare rechtliche Einordnung hat die Rechtsprechung insoweit jedoch erkennbar noch nicht vorgenommen.

724

Der Praktiker ist deshalb gehalten, den Klienten über die offenen Rechtsfragen in Kenntnis zu setzen. **Möglicherweise könnten in der letztwilligen Verfügung Strafklauseln aufgenommen werden,** wonach z. B. die Begünstigung, also die Erbeinsetzung bzw. Vermächtniszuwendung an die Beachtung der Schiedsgerichtsklausel geknüpft wird.[487]

725

2. Person des Schiedsrichters; Individuelle oder institutionelle Besetzung des Schiedsgerichts

a) Allgemeine Darstellung

Die Vorschriften der §§ 1034 ff. ZPO lassen dem Erblasser bzw. den Beteiligten grundsätzlich **weiten Raum bei der Bildung des Schiedsgerichts**. Hier sind idealtypisch zwei Arten von Schiedsgerichten gegenüber zu stellen: Entweder das ad hoc zu bildende oder das institutionell tätig werdende Schiedsgericht.

726

Bei den **ad hoc tätig werdenden Schiedsgerichten** wird das Schiedsgericht nur für den einen zur Entscheidung anstehenden Fall konstituiert. Die Schiedsrichter werden genau für dieses Verfahren bestellt oder vom Erblasser bereits im Vorfeld festgelegt. Wenn ihre Anzahl nicht von vornherein in der Anordnung festgelegt ist, entscheiden nach § 1034 Abs. 1 S. 2 ZPO drei Schiedsrichter. Es gibt aber auch Institutionen, die professionelle Schiedsgerichtsbarkeit betreiben. Wenn die **Schiedsgerichtsbarkeit voll institutionell** betrieben wird, entscheidet die Institution über die personelle Besetzung des Schiedsgerichts, dass heißt die Institution weist den Streit einem oder mehren Schiedsrichtern zu oder gibt eine Zuständigkeitsregelung vor.

727

Der Deutsche Notarverein als Zusammenschluss der Vereine des Nur-Notariats hat mit seiner Servicegesellschaft BNotV GmbH einen Schlichtungs- und Schiedsgerichtshof (SGH) gegründet, der allen Nur-Notaren und Anwaltsnotaren offen steht.[488]

728

---

482 *Langenfeld*, Testamentsgestaltung, 3. Kapitel § 9 Rn. 302.
483 *Walter*, MittRhNotK 1984, 69 f.; 76; *Haas*, ZEV 2007, 49.
484 MünchKommBGB/*Leipold*, § 1937 Rn. 31.
485 Nieder/Kössinger/*Kössinger*, Handbuch der Testamentsgestaltung, § 15 Rn. 331.
486 RGZ 100, 76, 77.
487 So der Vorschlag von Münchener Anwaltshandbuch Erbrecht/*Oertzen/Pawlytta*, § 67 Rn. 23.
488 ZNotP Beilage 1/2000; sowie die Empfehlung der Bundesnotarkammer für eine Schiedsvereinbarung mit Verfahrens- und Vergütungsvereinbarung in DNotZ 2000, 401 ff.

Kapitel 9 Einflussnahme des Erblassers über seinen Tod hinaus

729 Während ein ad hoc-Schiedsgericht dann zweckmäßig sein dürfte, wenn die kooperationswilligen Parteien auf die Nähe des zielgenau für einen eventuellen Streit bestimmten Schiedsrichters Wert legen, wird ein institutionelles Schiedsgericht sich eher dann empfehlen, wenn die Beteiligten diese Nähe nicht haben, weil sie beispielsweise unterschiedlichen Rechtskreisen angehören oder dies aus welchen Gründen auch immer nicht wünschen.[489]

b) Ad hoc zu benennendes Schiedsgericht:

730 Zur Anordnung eines nur für den einen Erbfall einzuberufenden Schiedsgerichts kann nachfolgende Anordnung ergehen.

731 ▶ **Muster:**

Über alle Streitigkeiten, die die Wirksamkeit, die Auslegung meines Testamentes oder die Regelung, Abwicklung oder Auseinandersetzung meines Nachlass betreffen, entscheidet unter Ausschluss des Rechtswegs ein Einzelschiedsrichter (oder alternativ: ein Schiedsgericht, das aus drei Schiedsrichtern besteht). Der Schiedsrichter (oder alternativ: die Schiedsrichter) wird/werden nach den §§ 1035 Abs. 2 ff. ZPO bestellt. oder alternativ: zum Schiedsrichter wird Herr/Frau ... bestellt. Für die Zuständigkeit des Schiedsgerichts und das schiedsgerichtliche Verfahren gelten im Übrigen die Bestimmungen der §§ 1066 1025 ff. ZPO.[490]

c) Institutionelles Schiedsgericht

732 Im Jahre 1998 wurde die Deutsche Schiedsgerichtsbarkeit für Erbrechtsstreitigkeiten (DSE) gegründet,[491] nach deren Schiedsordnung das Schiedsverfahren durchgeführt werden kann.

733 Auch bei dem vorstehend unter Abschnitt a) bereits genannten Schlichtungs- und Schiedsgerichtshof (SGH) handelt es sich um eine institutionelle Schlichtungs- und Schiedsgerichtorganisation, die den Beteiligten das Organisieren eines Schlichtungs- und Schiedsgerichtsgremiums und das bei diesem durchzuführenden Verfahren abnimmt.

734 In diesem jeweiligen Verfahren wird davon ausgegangen, dass die **Beteiligten mittels einer notariellen Urkunde eine Schiedsklausel unter Ausschluss der staatlichen Gerichtsbarkeit vereinbaren**. Bei der DNotV GmbH als Trägerin der vorgenannten SGH kann eine i. S. d. § 13a BeurkG verweisungsfähige notarielle Urkunde in der aktuellen Fassung in beglaubigter Abschrift angefordert werden. Die Empfehlung besteht aus drei Abschnitten, nämlich der Schiedsvereinbarung, einer Verfahrensvereinbarung und einer Vergütungsvereinbarung.[492] Diese Aufteilung soll es ermöglichen, die Abschnitte über die Verfahrensvereinbarung und die Vergütungsvereinbarung in beurkundeter Anlagen im Sinne des § 13a BeurkG aufzunehmen. Wird dieses Verfahren gewählt, so können in den vorgelesen Teil der Urkunde selbstverständlich auch weitere Vereinbarungen der Parteien zum Schiedsverfahren aufgenommen werden, die ausdrücklich Vorrang vor dem standardisierten Inhalt der Bezugsurkunde haben.

735 ▶ **Muster:**

Alle Streitigkeiten, welche die Wirksamkeit, die Auslegung meines Testaments oder die Regelung, Abwicklung oder Auseinandersetzung meines Nachlasses betreffen, werden unter Ausschluss des Rechtsweges zu den staatlichen Gerichten der Entscheidung des Schlichtungs- und Schiedsgerichtshofes deutscher Notare – SGH nach Maßgabe des Statuts und der zugehörigen Kostenordnung unterworfen, welche in der Urkunde des Notars ... in ... vom ... (UR.Nr. ...) niedergelegt sind. [Weitere Feststellung nach § 13a BeurkG]

---

489 *Wagner*, DNotZ 2000, 422.
490 *Wegmann*, ZEV 2003, 20, 22.
491 Näheres zu dieser Institution unter dse-erbrecht.de.
492 DNotZ 2000, 401 ff., 407.

Das Schiedsgericht entscheidet insbesondere über alle Streitigkeiten, die zwischen Erben untereinander, zwischen Erben und Vermächtnisnehmern oder zwischen Erben bzw. Vermächtnisnehmern und meinem Testamentsvollstrecker entstehen, einschließlich Maßnahmen des einstweiligen Rechtsschutzes. Das Schiedsgericht kann nach seinem pflichtgemäßen Ermessen auch die Auseinandersetzung durchführen. Es ist also an die gesetzlichen Teilungsregeln nicht gebunden. Das Schiedsgericht entscheidet verbindlich über den Eintritt einer vom Erblasser angeordneten Bedingung und über die Bewertung des Nachlasses und seiner Bestandteile.[493]

Sofern wie oben dargelegt zulässig und bei Risikofreudigkeit des Vertragsgestalters könnte noch hinzugefügt werden:

▶ **Muster:** 736

Es entscheidet auch über geltend gemachte Pflichtteils- und Pflichtteilsergänzungsansprüche.[494]

Schmitz[495] schlägt hierzu eine ähnliche Formulierung vor: 737

▶ **Muster:** 738

Alle schiedsfähigen Streitigkeiten, die in Bezug auf Rechtsverhältnisse entstanden sind oder künftig entstehen, die Grundlage, Gegenstand oder Folge des gegenwärtigen Vertrags sind, werden unter Ausschluss des Rechtsweges zu den staatlichen Gerichten der Entscheidung des Schlichtungs- und Schiedsgerichtshofs Deutscher Notare – SGH nach Maßgabe des Statuts und der zugehörigen Kostenordnung unterworfen, welche in der Urkunde des Notars Dr. Hans Wolfsteiner vom 19. Januar 2000, URNr. 82/2000 niedergelegt sind.

Die Beteiligten kennen die genannte Urkunde des Notars Dr. Hans Wolfsteiner und verzichten auf deren Verlesung und Beifügung zu dieser Niederschrift; auf sie wird gemäß § 13a BeurkG ausdrücklich verwiesen.

d) Mischformen

In der Praxis sind **Mischformen aus diesen Idealtypen von Schiedsgerichten** möglich, z. B. dergestalt, dass die Institution nur Schiedsrichterlisten bereit hält, die Bestellung von Personen aus diesen Schiedsrichterlisten durch die Parteien nach § 1035 Abs. 3 S. 2 ZPO erfolgt, während sich die Institution im übrigen auf die organisatorische Unterstützung des dann von den Parteien einberufenen Kollegiums beschränkt.[496] 739

Will der Vertragsgestalter nicht auch die starre Schiedsklausel verweisen, sondern auch spätere Änderungen der Schiedsordnung berücksichtigen, muss ein Weg der dynamischen Einbeziehung der Schiedsordnung gesucht werden. 740

Der Weg ist jedoch über § 317 BGB gangbar. Die Parteien treffen eine Schiedsvereinbarung des Inhalts, dass im Falle des SGH dessen Sekretär, nicht der Spruchkörper selbst, im Wege des Leistungsbestimmungsrechts des § 317 BGB das bei Anrufung des SGH geltende Statut festlegt. § 317 BGB lockert die Anforderungen an das Bestimmtheitsgebot, um im Falle unwägbarer, im Zeitpunkt des Vertragsschlusses noch nicht feststehender Leistungsinhalte nicht in die Nichtigkeit zu geraten. Dabei gilt § 317 BGB nicht nur unmittelbar für Leistungsinhalte, sondern auch für die Leistung betreffende Vorfragen.[497] 741

---

493 Ähnliche Formulierung bei *Wegmann*, ZEV 2003, 20, 22; Beck'sches Formularbuch Erbrecht/*Wegmann*, D. 11, S. 72; *Schmitz*, RNotZ 2003, 591, 611 f. sowie derselbe in notar 2013, 205 f.
494 *Beckmann*, ZWV 2003, 20, 22.
495 *Schmitz*, notar 2013, 205, 207.
496 So *Wegmann*, ZEV 2003, 20, 22.
497 So bereits *Heskamp*, RNotZ 2012, 415, 427 sowie *Hauschild/Böttcher*, DNotZ 2012, 577, 593 bei Schiedsklauseln im Gesellschaftsrecht.

Kapitel 9 Einflussnahme des Erblassers über seinen Tod hinaus

742 Schmitz[498] schlägt hierzu folgende allgemeine Schiedsklausel für unbestimmte Vertragsarten vor:

743 ▶ **Muster:**

Alle schiedsfähigen Streitigkeiten, die in Bezug auf Rechtsverhältnisse entstanden sind oder künftig entstehen, die Grundlage, Gegenstand oder Folge des gegenwärtigen Vertrags sind, werden unter Ausschluss des Rechtswegs zu den staatlichen Gerichten der Entscheidung des Schlichtungs- und Schiedsgerichtshofs Deutscher Notare – SGH unterworfen. Der Sekretär des SGH bestimmt entsprechend § 317 BGB das auf das Schiedsverfahren anwendbare Verfahrens-Statut einschließlich Kostenordnung auf Grundlage des bei Einleitung eines Schiedsverfahrens geltenden Statuts nebst Kostenordnung. Die Beteiligten verzichten auf den Zugang der entsprechenden Erklärung des Sekretärs.

e) Testamentsvollstrecker als Schiedsrichter

744 In der Praxis kommt es immer wieder vor, dass der **Testamentsvollstrecker zum Schiedsrichter** bestellt wird. Der Gestalter muss zunächst fragen, ob sich die Ämter von Testamentsvollstrecker und Schiedsrichter nicht gegenseitig ausschließen. Für die Frage, ob und inwieweit dies zulässig ist, ist zu differenzieren. Ist der Testamentsvollstrecker zur Entscheidung eines Rechtsstreits berufen, an dem er nicht selbst beteiligt ist, dann ist die Einsetzung zulässig. Der Testamentsvollstrecker ist also nicht von vornherein ein ungeeigneter Schiedsrichter. Anders ist die Rechtslage dann, wenn sich der Gegenstand des Verfahrens auf seine Stellung als Testamentsvollstrecker bezieht; denn niemand kann Schiedsrichter in eigener Sache sein.[499]

745 Das OLG Frankfurt am Main hat jüngst noch einmal bestätigt, dass sich die Ämter nicht grundsätzlich ausschließen. Dies könne nur in den Fällen fehlender Überparteilichkeit und der Selbstbetroffenheit der Fall sein.[500]

Aufgrund seiner Vorbefassung mit dem Sachverhalt ist der Testamentsvollstrecker also dann als Schiedsrichter ausgeschlossen, wenn es um Streitigkeiten über sein Amt geht.[501]

746 ▶ **Muster:**

Schiedsrichter ist der erstberufene Testamentsvollstrecker oder – falls er das Amt als Schiedsrichter nicht ausüben kann oder will – der nach Ziff. ... nächstberufene Testamentsvollstrecker.

f) Zusammenfassung und zusammenfassender Formulierungsvorschlag

747 Testamentarische Schiedsklauseln sind ein interessantes Instrument zur Lösung erbrechtlicher Konflikte. Im Vergleich zu einem klassischen Zivilprozess ist insbesondere die Vertraulichkeit sowie die Schnelligkeit und Kostengünstigkeit des Verfahrens von Vorteil. Die Möglichkeit, die Schiedsrichter durch die Parteien wählen zu lassen, eröffnet die Gelegenheit, Personen zu bestellen, denen die Parteien besonderes Vertrauen entgegenbringen bzw. die im Hinblick auf die relevanten Rechtsgebiete besondere Kenntnisse aufweisen. Ihr Einsatz empfiehlt sich insbesondere bei komplexen Erbfällen, bei denen eine Mehrzahl von Personen an einem inhomogen zusammengesetzten Nachlass beteiligt ist, da solche Erbfälle besonders streitanfällig sind. Speziell für Schiedsklauseln, die in einer letztwilligen Verfügung einseitig angeordnet werden, gelten im Vergleich zur normalen auf einem mindestens zweiseitigen Vertrag beruhenden Schiedsanordnung besondere Bedingungen.[502]

748 Unter Zugrundelegung der dargestellten Erkenntnisse kann je nach Fallkonstellation jedoch individuell anzupassen etwa nachfolgende Anordnung gewählt werden, wobei hier nur ein Einzelrichter als Schiedsrichter gewählt wurde.

---

498 *Schmitz*, notar 2013, 205, 207.
499 *Haas*, ZEV 2007, 49, 54.
500 OLG Frankfurt RNotZ 2013, 238, 242.
501 So ausdrücklich auch *Haas*, ZEV 2007, 54 und *Werner*, ZEV 2011, 506, 511.
502 Näher hierzu auch *Werner*, ZEV 2011, 506.

▶ **Muster:** 749

Schiedsverfahren

Streitigkeiten der Erben, Vermächtnisnehmer und sonstigen Beteiligten unter sich oder mit dem Testamentsvollstrecker, welche sich bei der Durchführung der letztwilligen Anordnung ergeben, sind unter Ausschluss des ordentlichen Richters durch einen Schiedsrichter als Einzelrichter zu entscheiden. Tatsachen kann er auch ohne Schiedsverfahren durch ein Schiedsgutachten feststellen. Soweit keine zwingenden Gesetze entgegenstehen, entscheiden Schiedsrichter und Schiedsgutachter prozeß- und materiellrechtlich nach freiem Ermessen. Schiedsrichter und -gutachter ist der erstberufene Testamentsvollstrecker oder – falls er das Amt als Schiedsrichter oder Schiedsgutachter nicht ausüben kann oder will – der nach Ziff. 1 nächstberufene Testamentsvollstrecker.

Zum Schiedsrichter und zugleich auch zum Schiedsgutachter wird Herr/Frau . . ., ersatzweise Herr/Frau . . . bestimmt.

Teilunwirksamkeit

Ist oder wird eine Bestimmung eines Testamentes ganz oder teilweise unwirksam, so soll der übrige Teil bestehen bleiben. Die Lücke ist von dem Testamentsvollstrecker durch Schiedsspruch durch diejenige zulässige Regelung auszufüllen, die den Zweck des unzulässigen Teiles mit der weitestgehenden Annäherung erreicht. Ist eine solche Ersatzlösung nicht möglich, so ist das Interesse des benachteiligten Beteiligten in Geld zu ersetzen.[503]

Verwirkung

Beteiligte, welche gleichwohl die ordentlichen Gerichte in anderen als den gesetzlich zwingend vorgeschriebenen Fällen anrufen oder einstweilige Verfügungen oder Arreste beantragen, haben alles, was sie noch als Vorempfang, Erbteil oder Vermächtnis unmittelbar oder als Surrogat besitzen, als Vermächtnis an die Erben im Verhältnis ihrer Erbteile herauszugeben.(Die Rechtsform des Vermächtnisses ist absichtlich gewählt, um die einem Vorerben auferlegten Beschränkungen zu vermeiden).[504]

Es ist davon auszugehen, dass es sich bei einer letztwilligen Schiedsverfügung um eine Ausnahme von 750 dem Grundsatz handelt, dass die staatliche Gerichtsbarkeit nur durch rechtsgeschäftliche Einigung ausgeschlossen werden kann. Diese Ausnahme ermöglicht der § 1066 ZPO. Im Anschluss an dieser Überlegung ergibt sich dann aber auch, dass diese einseitig verfügte Schiedsabrede genau wie ein rechtsgeschäftlich vereinbarter Schiedsvertrag zwischen den Parteien Wirkung entfaltet. Dies hat aber auch zur Folge, dass die später streitenden Parteien, die ihnen aufgelegte Schiedsklausel einvernehmlich wieder aufheben können.[505] Der Erblasser müsste diesen möglichen Schritt seiner späteren Erben also mit einer entsprechenden Verwirkungsklausel begegnen. Nur so kann der Erblasser sicher sein, dass sein Wille zur Durchführung eines Schiedsverfahrens auch Bestand hält.

VII. Mediationsklausel als Alternative zur Schiedsklausel

In den Bereich von Erbstreitigkeiten ist die Mediation bislang nicht nachhaltig vorgedrungen. Vornehmlich werden diese zumeist vor Gericht ausgetragen, obwohl allgemein Einigkeit darüber besteht, dass Gerichtsverfahren den Nachlass gefährden und den Familienfrieden zerstören. Gerade hier bietet die Mediation besondere Chancen.[506]   751

Bei Streitigkeiten über die letztwillige Verfügung hält eine Mediationsklausel als »Stolperstein« in der letztwilligen Verfügung die Beteiligten evtl. vom vorschnellen Gang zum Rechtsanwalt ab und damit auch vor einer vorschnellen Eskalation der Situation.   752

---

503 So Muster von *Kohler*, DNotZ 1962, 125 ff.
504 So auch der Vorschlag von *Kohler*, DNotZ 1962, 125 f., 134.
505 *Schultze*, MDR 2000, 314, 315.
506 *Risse* in Münchener Anwaltshandbuch Erbrecht, 4. Aufl. 2010, § 68.

Kapitel 9 Einflussnahme des Erblassers über seinen Tod hinaus

753 Es bieten sich mehrere Gestaltungsvarianten an, wenn der Erblasser die Erben oder Vermächtnisnehmer in seiner letztwilligen Verfügung im Streitfall zur Durchführung einer Mediation anhalten will.

a) Auflage:

Man kann zur Auflage machen, dass vor einer Teilungsversteigerung/Erbauseinandersetzungsklage/ gerichtlichen Durchsetzung einer Teilungsanordnung, eines Vermächtnisses oder eines Untervermächtnisses ein Mediationsverfahren zu beschreiten ist, § 1940, BGB § 2192 ff. BGB.

Die Auflage könnte man auch mit einer Testamentsvollstreckung kombinieren, in der der Testamentsvollstrecker angehalten ist, bei Streitigkeiten zwischen den Begünstigten Erbteilungen/Auszahlungen/Vollziehungen erst vorzunehmen, wenn eine Mediation zwischen den Beteiligten stattgefunden hat. Das Ergebnis der Mediation könnte dann den entsprechenden Weisungen des Erblassers gemäß in der Verteilung durch den Testamentsvollstrecker berücksichtigt werden. Dabei ist jedoch das Spannungsverhältnis zu § 2065 Absatz 2 BGB zu beachten, wonach der Erblasser die Benennung eines Erben nicht einem Dritten überlassen darf (vgl. zur Auflage auch Rdn. 444).

b) Bedingungen

Denkbar sind auch bedingte Erbeinsetzungen bzw. bedingte Vermächtnisse, § 2074 ff., BGB § 2177 BGB. Hierbei würde die Nichtdurchführung der Mediation vor (gerichtlicher) Geltendmachung zum Wegfall der jeweiligen Zuwendung führen. Solche Bedingungen sind als Gestaltungsmittel nicht empfehlenswert, da ein endgültiger Rechtsverlust selbst bei versehentlicher Missachtung einer Mediationsklausel droht.

Die Nichtdurchführung einer Mediation könnte auch zum Wirksamkeitseintritt aufschiebend bedingter Beschwerungen führen.

c) Beschränkung der Klagbarkeit

Ergänzend könnte man dem jeweiligen Beschwerten einer erbrechtlichen Anordnung (den Verpflichteten aus einer Teilungsanordnung, den Erben beim Vermächtnis, den Vermächtnisnehmer beim Untervermächtnis) oder auch schlicht dem jeweiligen Miterben eine prozessrechtliche Einrede geben, die die gerichtliche Durchsetzung oder die Durchführung eines gerichtlichen Verfahrens bis zur Durchführung einer Mediation hindert. Eine solche Einschränkung der Klagbarkeit erfolgt normalerweise im Zwei-Personen-Verhältnis durch einen dilatorischen Klageverzicht bzw. ein Stillhalteabkommen.[507]

754 Töben[508] schlägt hierzu folgende Regelung in der letztwilligen Verfügung vor:

755 ▶ **Muster:**

Streitigkeiten aus oder im Zusammenhang mit diesem Testament/Erbvertrag sollen die Bedachten (ggfs: und der Testamentsvollstrecker) einvernehmlich durch ein Mediationsverfahren beilegen. Das Beschreiten des Rechtsweges ist zulässig, wenn drei Monate nach Zusendung eines Mediationsantrags vergangen sind (ggfs: und trotz mehrerer Versuche eine Mediationssitzung nicht zustande gekommen ist) oder eine erste Mediationssitzung durchgeführt wurde.

756 ▶ **Checkliste: Schiedsklauseln**

☐ Der Erblasser kann durch letztwillige Verfügung anordnen, dass Streitigkeiten im Zusammenhang mit seinem Tod dem Schiedsgericht unterworfen sein sollen.

☐ Für die Anordnung einer Schiedsgerichtsbarkeit anstelle der staatlichen Gerichtsbarkeit spricht in der Regel das schnellere Entscheidungstempo, die zumeist kostengünstigere Gestaltung, das Geheimhaltungsinteresse durch Vermeidung eines öffentlichen Verfahrens sowie die Auswahlmöglichkeit spezialisierter oder persönlich bekannter Schiedsrichter. Zu-

---

507 Näher zur Mediationsklausel *Töben*, RNotZ 2013, 321 ff.
508 *Töben*, RNotZ 2013, 321, 334.

dem dürfte die Bereitschaft zu einer gütlichen Einigung der Beteiligten im Schiedsverfahren in der Regel größer sein.
- [ ] Ein Schiedsspruch hat die gleichen Wirkungen wie ein staatliches Urteil.
- [ ] Die Schiedsvereinbarung ist von der bloßen Schiedsgutachterklausel deutlich abzugrenzen bzw. dem Schiedsgericht ist zusätzlich auch noch eine gutachterliche Kompetenz zuzuweisen.
- [ ] Eine Schiedsklausel kann unstreitig für die Regelung aller Rechtsstreitigkeiten angeordnet werden, die von dem Umfang der Verfügungsmacht des Erblassers umfasst sind. Daher gilt es insbesondere nicht für das Erbscheinsverfahren und auch nicht für Streitigkeiten, die bereits zu Lebzeiten des Erblassers mit diesem geführt wurden.
- [ ] Ob Streitigkeiten über die Entlassung des Testamentsvollstreckers auf Anordnung des Erblassers oder Rechtsstreitigkeiten mit einem Pflichtteilsberechtigten im Schiedsverfahren entschieden werden können, ist streitig.
- [ ] Zur Vermeidung von Unklarheiten sollte der Erblasser in den Grenzen des Möglichen genauer bestimmen, welche konkreten Streitigkeiten der Zuständigkeit des Schiedsgerichts übertragen werden sollen.
- [ ] Hat der Erblasser mit einem Dritten einen bindenden Erbvertrag geschlossen, kann er nicht nachträglich noch einseitig testamentarisch ein Schiedsverfahren anordnen.
- [ ] Die Regelung einer Schiedsklausel kann wohl nicht mit erbvertraglicher Bindung erfolgen.
- [ ] Der Erblasser kann die Person des Schiedsrichters selbst bestimmen oder die Entscheidung einem institutionellen Schiedsgericht übertragen.
- [ ] Der Testamentsvollstrecker sollte nur dann in Personalunion gleichzeitig auch als Schiedsrichter benannt werden, wenn sich der Gegenstand des Verfahrens nicht auch auf seine Stellung als Testamentsvollstrecker bezieht.

H. Familienrechtliche Anordnung

Literatur:
Brambring/Mutter (Hrsg.), Beck'sches Formularbuch Erbrecht, 2. Aufl. 2009; *Damrau*, Elterliche Sorge, Verwaltungsrecht, Entzug, ZEV 1998, 90 ff.; *Frenz*, Familienrechtliche Anordnungen, DNotZ 1995, 908; *Groll*, Praxis-Handbuch Erbrechtsberatung, 4. Aufl. 2015; *Kirchner*, Vormundschaft und Testamentsvollstreckung im Elterntestament, MittBayNot 1997; *Krug* in Tanck/Krug/Daragan, Testamente in der anwaltlichen und notariellen Praxis, 3. Aufl., § 17, 203 ff.; *Muscheler*, Kein genereller Interessengegensatz zwischen elterlichem Sorgerecht und Testamentsvollstreckung, ZEV 2008, 330; *Nieder/Kössinger*, Handbuch der Testamentsgestaltung, Grundlagen und Gestaltungsmittel für Verfügungen von Todes wegen und vorbereitende Erbfolgemaßnahmen, 5. Aufl. 2015; *Scherer* (Hrsg.), Münchener Anwaltshandbuch Erbrecht, 4. Aufl. 2013; *Reimann*, Anmerkungen zu OLG Hamm, 13.1.1993 – 15 W 216/92, MittBayNot 1994, 55 ff.; *Schlüter*, Anmerkung zu OLG Nürnberg, ZEV 2002, 159.

I. Allgemeine Darstellung

Der Erblasser kann in seiner letztwilligen Verfügung auch Anordnungen mit familienrechtlichem Bezug treffen. Dabei ist der Eingriff in die **elterlichen Vermögensverwaltungsrechte** sowie die **Benennung von Vormündern und Pflegern** von praktischer Bedeutung. 757

II. Verwaltungsanordnungen des Erblassers

1. Verwaltungsanordnung nach § 1639 BGB

Ein Erblasser, welcher einem Minderjährigen etwas vererbt, kann in der letztwilligen Verfügung **anordnen, wie die Eltern des Kindes** (bzw. ein Elternteil) **das vererbte Vermögen zu verwalten haben** (§ 1639 BGB). So könnte beispielsweise der geschiedene Ehegatte sein Kind als Erbe einsetzen und bestimmen: 758

759 ▶ **Muster:**

Ich ordne gemäß § 1639 BGB an, dass das in den Nachlass fallende Vermögen nicht zum Ankauf von Aktien verwendet werden darf und auch die Erträge nicht in Aktien investiert werden dürfen. Das Geld hat auf dem Sparkonto zu verbleiben oder ist in Form von Sparbriefen anzulegen.

760 Die Anordnungen nach § 1639 BGB binden die Eltern jedoch nur im Innenverhältnis und beschränken daher ihre Vertretungsmacht anders als die nachfolgend noch näher darzulegende Anordnung nach § 1638 BGB nach außen nicht. Befolgen also die Eltern die Anordnungen des Erblassers nicht, sind ihre Geschäfte gleichwohl wirksam. Die Abweichung macht aber die Eltern nach § 1664 BGB schadensersatzpflichtig.[509]

2. Grenzen der Verwaltungsanordnung

761 Die verbindliche Anordnung nach § 1639 BGB ist abzugrenzen von der noch strengeren Beschränkung der Vermögenssorge (§ 1638 BGB), andererseits aber auch von unverbindlichen Wünschen, Bitten, Anregungen und Empfehlungen.

762 Der Erblasser kann die Beschränkungen der Vertretungsmacht der Eltern und/oder des Vormundes, die sich z. B. aus den §§ 1821 ff. BGB ergeben, **nicht beseitigen**, da diese im öffentlichen Interesse zum Schutze des Kindes geschaffen sind. Der **Erblasser kann** insbesondere die **gerichtlich genehmigungspflichtigen Rechtsgeschäfte nicht erweitern** und so dem Familiengericht Aufgaben zuweisen, die das Gesetz nicht vorsieht. Der Erblasser kann also beispielsweise nicht anordnen, dass Aktienkäufe der Genehmigung des Familiengerichts bedürfen. Er kann eine solche Geldanlage nur – wie oben dargelegt – generell verbieten.

763 Die **Verwaltungsanordnungen enden**, da sie sich nur an die Eltern wenden, mit dem **Ende der elterlichen Sorge**. Deshalb ist abzuwägen, ob diese Anordnungen nicht besser als erbrechtliche Auflage oder als Anordnung für den Testamentsvollstrecker formuliert werden sollten.[510]

3. Ausschluss der Einkunftsverwendung, § 1649 BGB

764 Als weitere Verwaltungsanordnung bietet sich der **Ausschluss der Verwendungsbefugnis des § 1649 Abs. 2 BGB** an, wonach die Eltern die Einkünfte des Vermögens, die zur ordnungsgemäßen Verwaltung des Vermögens und für den Unterhalt des Kindes nicht benötigt werden, für ihren eigenen Unterhalt und für den Unterhalt der minderjährigen unverheirateten Geschwister des Kindes bei Vorliegen bestimmter Voraussetzungen verwenden können.

765 ▶ **Muster:**

Meinem geschiedenen Ehemann entziehe ich das Recht, Einkünfte meiner Kinder aus dem Vermögen, das sie erben werden, nach § 1649 Abs. 2 BGB zu seinem eigenen Unterhalt zu verwenden.[511]

766 Das Recht zur Unterhaltsverwendung spielt in der Praxis keine große Rolle, da zur Verwendung nur Vermögenseinkünfte in Betracht kommen. Deshalb besteht die Möglichkeit hierfür nur bei großem Vermögen, deren Erträge auch tatsächlich ins Gewicht fallen.

III. Entzug des Verwaltungsrechts

1. Anordnung der Beschränkung der Vermögenssorge

767 Werden minderjährige Kinder geschiedener Eltern Erben eines Elternteils, so steht letztlich das Vermögenssorgerecht an dem ererbten Vermögen grundsätzlich dem anderen Elternteil, also dem ge-

---

509 Nähere Darlegungen bei Groll/*Zimmermann*, Praxishandbuch Erbrechtsberatung, D X Rn. 77.
510 Zur Problematik auch Groll/*Zimmermann*, Praxishandbuch Erbrechtsberatung, D X Rn. 74–76.
511 ähnliche Formulierung bei Münchener Anwaltshandbuch Erbrecht/*Keim*, § 18 Rn. 6a.

schiedenen Ehegatten zu. Geschiedene Erblasser aber ebenso auch Schwiegereltern wünschen den Eintritt einer solchen Situation häufig nicht. Denkbar ist auch der Fall, dass ein Erblasser nicht seinen jedenfalls aus seiner Sichtweise »missratenen« Sohn, sondern sein minderjähriges Enkelkind zum Erben einsetzen möchte und der Sohn dann möglichst keine Entscheidungsbefugnisse erhält. Der Erblasser kann deshalb in diesen Fällen einen Testamentsvollstrecker bestimmen, der das Vermögen bis beispielsweise zum 25. Lebensjahr des Erben verwaltet. Der Erblasser möchte aber auch gleichzeitig **ausschließen, dass der Sohn als gesetzlicher Vertreter des minderjährigen Erben Kontrollrechte gegenüber dem Testamentsvollstrecker wahrnimmt.**

Zur Regelung derartiger Zielinhalte kann der Erblasser deshalb in seiner Verfügung von Todes wegen gemäß § 1638 BGB anordnen, dass das von einem minderjährigen Kind von Todes wegen erworbene Vermögen nicht vom geschiedenen Ehegatten oder vom Schwiegerkind als dem Inhaber der elterlichen Vermögenssorge verwaltet wird. Dabei kommt es nicht darauf an, ob der Erwerb von Todes wegen auf gesetzlicher oder gewillkürter Erbfolge beruht. Möglich ist also auch, dass die gesetzliche Erbfolge beibehalten wird und somit das **gesetzliche Erbteil von der elterlichen Vermögenssorge ausgenommen** wird.   768

▶ **Muster:**   769

Soweit mein als Erbe eingesetzter Sohn zur Zeit meines Todes noch minderjährig ist, entziehe ich dessen Mutter gemäß § 1638 BGB das Recht, den Erwerb von Todes wegen zu verwalten.

oder

Sofern die Kinder des ... aus der Ehe mit seinem geschiedenen Ehegatten bei seinem Tod noch minderjährig sind, entzieht er seinem geschiedenen Ehegatten gemäß § 1638 BGB das Recht, den Erwerb der Kinder von Todes wegen zu verwalten.

2. Folgen der Entziehung

Eine solche Anordnung hat zunächst zur Folge, dass den Eltern mit der Verwaltungsbefugnis auch die Vermögenssorge entzogen ist. Da die Vermögenssorge die Grundlage für das Vertretungsrecht der **Eltern** bildet, **verlieren sie zugleich** mit dem Tod des Erblassers **die Befugnis zur gesetzlichen Vertretung des Kindes für die erworbenen Vermögensgegenstände.**[512] Der Erblasser kann auch nur einen Elternteil ausschließen. In diesem Fall erlangt der andere Elternteil nach § 1638 Abs. 3 BGB das alleinige Sorgerecht kraft Gesetzes.   770

3. Pflegerbenennung

Sind beide Elternteile ausgeschlossen, dann **hat das minderjährige Kind bezüglich dieses Vermögensteils infolge des Verwaltungsentzugs keinen gesetzlichen Vertreter mehr.** Es muss ihm dann für diese Aufgabe vom Familiengericht nach § 1909 BGB ein **Ergänzungspfleger** bestellt werden. Nach § 1917 Abs. 1 BGB kann der Erblasser die Person des Pflegers benennen.   771

▶ **Muster:**   772

Zur Verwaltung des aus meinem Nachlass stammenden Erbteils soll Herr/Frau ... als Pfleger bestellt werden. Herrn/Frau ... als Pfleger wird gemäß §§ 1852 ff. BGB umfassend Befreiung erteilt (sogenannte befreite Pflegschaft).[513]

---

512 BGH NJW 1989, 984 ff., 985; Palandt/*Diederichsen*, § 1638 Rn. 4.
513 Ähnliche Formulierungen von Tanck/Krug/Daragan/*Krug*, Testamente in der anwaltlichen und notariellen Praxis, § 17 Rn. 8 und 11 sowie Münchener Anwaltshandbuch Erbrecht/*Keim*, § 18 Rn. 6.

oder einschränkender bezüglich der Befreiung:

773 ▶ **Muster:**

Herr/Frau ... als Pfleger wird von der Verpflichtung zur Rechnungslegung gegenüber dem Familiengericht befreit.

774 Als **Alternative zur Benennung eines Pflegers** dürfte es jedoch sinnvoller sein, dass auch in diesen Fällen der Erblasser einen **Testamentsvollstrecker** ernennt mit der Aufgabe, den Nachlass bzw. den Erbteil oder die vermachten Vermögenswerte bis zur Volljährigkeit des Betroffenen (oder auch für eine längere Dauer) zu verwalten.[514]

4. Grenzen der Entziehung

a) Entscheidung über Annahme oder Ausschlagung

775 Nach wohl herrschender Meinung kann der Erblasser die sorgeberechtigten Eltern nicht von der Vertretung des Kindes bei der **Entscheidung über die Annahme oder Ausschlagung der Erbschaft** ausschließen.[515] Begründet wird diese Meinung damit, dass die Eltern bei der Annahme oder Ausschlagung nicht als Verwalter der Erbschaft handeln, sondern die Person des Erben vertreten. Die Entscheidung über die Ausschlagung und Annahme hätte eine »stark persönliche Note« und stelle deshalb das persönliche Recht des Erben dar und hierfür seien allein die Eltern zuständig.

776 Die Gegenmeinung stellt sich auf den Standpunkt, dass durch die Entscheidung des Erblassers nach § 1638 BGB den Eltern nicht nur die Verwaltung, sondern die Vermögenssorge für den Gegenstand insgesamt genommen werde. Mit dem Erbfall habe der Minderjährige Vermögen erworben. Mit dem gleichen Zeitpunkt sei bei Vorliegen einer Anordnung nach § 1638 BGB nicht nur die Verwaltung, sondern auch die Vermögenssorge und damit zugleich die gesetzliche Vertretungsbefugnis der Eltern bezüglich des Erbes ausgeschlossen. Es könne daher nur noch der Pfleger für den Minderjährigen ausschlagen.[516] Obwohl die Gegenmeinung die wohl überzeugenderen Argumente liefert, sollte der Praktiker sich der herrschenden Meinung anschließen.

b) Entscheidung über Geltendmachung von Pflichtteilsansprüchen

777 Etwas anders stellt sich das Meinungsbild zu dem Problem dar, ob die Anordnung nach § 1638 BGB auch die **Geltendmachung von Pflichtteilsrechten** umfasst. Wenn beispielsweise der Erblasser in zweiter Ehe verheiratet ist und seine jetzige Ehefrau zur alleinigen Erbin und seinen minderjährigen Sohn aus erster Ehe zum Schlusserben einsetzen möchte, traut er häufig seiner ersten Ehefrau (Kindesmutter) nicht zu, dass sie die Pflichtteilsansprüche des gemeinsamen Sohnes in sachgerechter Weiser wahrnehmen würde. Er möchte diese Aufgabe lieber einem Dritten überlassen. Die wohl herrschende Meinung geht davon aus, dass **sowohl der Pflichtteilsanspruch als auch das als Pflichtteil Geleistete einer Anordnung nach § 1638 BGB unterliegt**.[517] Der Pflichtteilsanspruch entsteht in der Person des Berechtigten kraft Gesetzes mit dem Tode des Erblassers. Er stellt einen Vermögenswert des Minderjährigen dar, der »von Todes wegen« erworben wird.

778 Es ist deshalb zulässig, dass der **Erblasser der Kindesmutter bzw. dem Sorgeberechtigten die Vermögenssorge für den Pflichtteilsanspruch entzieht** und hierfür eine das Familiengericht bindende Nennung eines Pflegers vornimmt.

---

514 So auch die Empfehlung von Beck'sche Formularbuch Erbrecht/*Brambring*, A I 4d.
515 Erman/*Michalski*, § 1638 Rn. 9.
516 *Frenz*, DNotZ 1995, 908, 913 f.
517 OLG Hamm FamRZ 1969, 662; Palandt/*Diederichsen*, § 1638 Rn. 3.

▶ **Muster:**

Soweit mein nicht zu meinem Erben eingesetzter Sohn zur Zeit meines Todes noch minderjährig ist, entziehe ich dessen Mutter das Recht, für diesen die Ansprüche aus dem ihm zustehenden Pflichtteilsrecht geltend zu machen. Hierfür soll vielmehr Herr/Frau . . . als Pfleger bestellt werden, der dann nach pflichtgemäßem Ermessen entscheidet, ob und in welcher Weise mein Sohn Pflichtteilsansprüche geltend macht.

IV. Vormundsbenennungsrecht der Eltern

1. Möglichkeiten der Benennung

Häufig besteht der Wunsch, für minderjährige Kinder Vorsorge hinsichtlich der Bestimmung eines Vormundes zu treffen. Die **Benennung eines Vormundes** für die Kinder steht den Eltern gemäß §§ 1776 ff. BGB zu. Die Benennung erfolgt durch letztwillige Verfügung und kann **nicht mit erbvertraglicher Bindung oder Wechselbezüglichkeit** erfolgen, sondern ist nur frei widerruflich möglich. Dies liefe auch dem Sinn und Zweck des Benennungsrechtes zuwider. Das Gesetz sieht nämlich ausdrücklich vor, dass bei abweichender Benennung diejenige des zuletzt verstorbenen Elternteils gilt (§ 1776 Abs. 2 BGB).

Auch der durch gemeinschaftliches Testament oder Erbvertrag gebundene Letztversterbende kann bezüglich seines Nachlasses nachträglich eine Anordnung nach §§ 1638, 1909 Abs. 1 S. 2, 1917 BGB treffen, da es sich um eine familienrechtliche Anordnung handelt.[518]

Der benannte Vormund darf ohne seine Zustimmung nur in den in § 1778 BGB genannten Fällen übergegangen werden. Zu beachten ist insbesondere der in § 1778 Abs. 1 Nr. 5 BGB geregelte Ausnahmefall, dass der mindestens 14-jährige Mündel der Bestellung des benannten Vormundes widersprechen kann. Die Benennung ist nur wirksam, wenn der **Benennende** zum Zeitpunkt seines Todes **sorgeberechtigt war** (§ 1777 Abs. 1 BGB).

Wenn jedoch bei einem außerhalb einer Ehe geborenen Kind der **leibliche Vater nicht sorgeberechtigt** ist, bietet sich gleichwohl folgende Benennung an: Die Mutter benennt für den Fall ihres Todes den leiblichen Vater, ersatzweise die von beiden Eltern gewünschte dritte Person zum Vormund. Der Vater benennt nur diese dritte Person. Stirbt dann die Mutter zuerst, wird der Vater als von der Mutter benannter Vormund sorgeberechtigt (§ 1793 BGB). Stirbt dann im Anschluss und somit später als die Mutter auch er, so wirkt seine Benennung der dritten Person. Das Benennungsrecht des Vaters resultiert dann daraus, dass er im Todeszeitpunkt als dann bestimmter Vormund das elterliche Sorgerecht hat. Er ist dann als Vater Elternteil und als Vormund sorgeberechtigt, so dass er im Todeszeitpunkt beide Voraussetzungen des Benennungsrechtes erfüllt.[519]

Stirbt hingegen der Vater zuerst, so verbleibt der Mutter uneingeschränkt das Sorgerecht. Im Falle ihres Todes wirkt dann ihre Benennung der dritten Person zum Vormund.

Die Vormundschaft endet mit der Erreichung der Volljährigkeit des Kindes (§ 1882 BGB). Wenn die Eltern befürchten, dass das 18 Jahre alte Kind das geerbte Vermögen selbst noch nicht verwalten kann, müssen sie **zusätzlich** einen **Testamentsvollstrecker** bestellen. In diesem Grundfall sollte dann angeordnet werden, dass die Testamentsvollstreckung erst nach Beendigung der Vormundschaft beginnt.

---

518 OLG Braunschweig DNotZ 1951, 274; Beck'sches Formularbuch Erbrecht/*Keim*, C. I.6 RN 3; MünchKommBGB § 1917 Rn. 10; *Frenz*, DNotZ 1995, 908 ff., 915.
519 So auch *Kirchner*, MittBayNot 1997, 203 ff., erläuternd dort in Fn. 3.

786 ▶ **Muster:**

Sollten wir beide verstorben sein, und sollten zu diesem Zeitpunkt einzelne der Erben noch minderjährig sein, benennen wir Herrn/Frau ... zum Vormund dieses Kindes. Der Vormund ist von den Beschränkungen der §§ 1852 bis 1854 BGB befreit.[520] Ferner ordnet der Längstlebende von uns Testamentsvollstreckung in der Form der dauerhaften Verwaltungsvollstreckung an. Die Testamentsvollstreckung beginnt für jeden Erbteil gesondert jeweils mit Beendigung der Vormundschaft über den betreffenden Miterben und endet mit der Vollendung des ... Lebensjahres des jeweiligen Erben. Da durch diese Regelung jedoch nur die Doppelstellung von Testamentsvollstrecker und Vormund vermieden werden soll, beginnt die Testamentsvollstreckung jeweils sofort, wenn die zum Testamentsvollstrecker berufene Person nicht zum Vormund für den betreffenden Miterben bestellt wird. Entsprechendes gilt, wenn die ernannte Person als Vormund abberufen wird.[521]

787 Wollen die Eltern für den Fall, dass Kinder auch beim Tod des überlebenden Ehegatten noch minderjährig sein könnten, Vorsorge treffen, so können Sie nach § 1776 Absatz 1 BGB einen Vormund benennen. Eine Befreiung des Vormunds von der Erstattung eines Vermögensverzeichnisses gegenüber dem Familiengericht nach § 1802 BGB ist ausgeschlossen.[522]

2. Trennung zwischen Personensorge und Vermögenssorge

788 Ist ein Vormund benannt, steht ihm im Erbfall die Personen- und Vermögenssorge für das minderjährige Kind zu (§ 1793 BGB). In diesem Zusammenhang ist zu überlegen, ob es nicht sachgerechter ist, **für die Personensorge einerseits und die Vermögenssorge andererseits zwei verschiedene Personen** vorzusehen.

789 Erfahrungsgemäß sollen menschlich nahestehende Personen wie etwa die Geschwister eines Ehegatten nach dem Willen der Eltern Vormund sein, die dann das Kind in die eigene Familie aufnehmen und für das Wohl des Kindes nach dem Tode dessen Eltern sorgen. Insbesondere bei zerstrittenen Familienverhältnissen oder auch bei Vorhandensein eines größeren Vermögens kann es letztlich auch im Interesse des Vormundes geboten sein, durch die Anordnung einer Testamentsvollstreckung als Dauertestamentsvollstreckung die **Vermögensverwaltung einer anderen Person** zu **übertragen**. Für diese Trennung zwischen der Personen- und Vermögenssorge spricht auch, dass der Testamentsvollstrecker für die in §§ 1821, 1822 BGB genannten Rechtsgeschäfte nicht der Genehmigung des Familiengerichts bedarf und die Testamentsvollstreckung anders als die Dauer der Vormundschaft über die Volljährigkeit des jeweiligen Kindes hinaus angeordnet werden kann.[523]

V. Kombination von Testamentsvollstreckung und Benennung eines Vormundes

1. Entscheidungsgründe für die Auswahl

790 Da sich die Testamentsvollstreckung nur auf den von den Eltern herrührenden Nachlass erstreckt und die minderjährigen Kinder der umfassenden Sorge, insbesondere auch im persönlichen Bereich bedürfen, genügt allein die Anordnung der Testamentsvollstreckung nicht den Interessen der Eltern, die die Sorge für ihre Kinder umfassend sicherstellen wollen. Auch die bloße Bestimmung eines Vormundes kann nicht immer alle Wünsche befriedigen.

2. Personalunion von Vormund und Testamentsvollstrecker

791 Die Anordnung einer Testamentsvollstreckung bedeutet nicht zugleich auch eine Beschränkung der Vermögenssorge nach § 1638 BGB. Beide Anordnungen schließen sich aber auch nicht aus. Viel-

---

520 Ähnliche Formulierung bei Münchener Anwaltshandbuch Erbrecht/*Keim*, § 18 Rn. 9 und ebenfalls Beck'sches Formularbuch Erbrecht/*Keim*, C I 6; *Kirchner*, MittBayNot 1997, 203, 207.
521 Ähnliche Formulierung bei *Kirchner*, MittBayNot 1997, 203, 207.
522 *Kanzleiter*, ZEV 2014, 225, 227.
523 So auch die Empfehlung von Beck'sches Formularbuch Erbrecht/*Brambring*, A I 4d.

mehr kommt eine **Anordnung über die Beschränkung der Vermögenssorge** nach § 1638 BGB neben einer Testamentsvollstreckung insbesondere die Bedeutung zu, dass auch **die dem Testamentsvollstrecker gegenüber bestehenden Kontrollrechte (§§ 2215 ff. BGB)** nicht von den ansonsten sorgeberechtigten Eltern, sondern von einem von dem Erblasser zu benennenden Dritten wahrgenommen werden. Werden deshalb Vormund und Testamentsvollstreckung dergestalt berufen, dass sie gleichzeitig im Amt sind, stellt sich die **Frage, ob es zweckmäßig ist, ein und dieselbe Person sowohl zum Testamentsvollstrecker wie zum Vormund zu bestellen.**

Da der Vormund im Gegensatz zum Testamentsvollstrecker nicht von den Beschränkungen des § 181 BGB befreit werden kann, könnte die Anordnung einer Ergänzungspflegschaft für das minderjährige Kind erforderlich sein, um dessen **Rechte gegenüber dem Testamentsvollstrecker wahrzunehmen.** 792

Gemäß § 2218 Abs. 1 BGB i. V. m. § 666 BGB hat ein Testamentsvollstrecker die Pflicht, den Erben unaufgefordert die erforderlichen Nachrichten zu geben sowie auf Verlangen **Auskunft** über den Nachlass zu erteilen. Bei längerer Dauer kann der Erbe gemäß § 2218 Abs. 2 BGB auch jährliche **Rechnungslegung** verlangen. Über diese Rechte des Kindes hat der Vormund als dessen gesetzlicher Vertreter zu wachen und diese Ansprüche gegebenenfalls geltend zu machen. 793

Wenn jetzt die gleiche Person zum Vormund und Testamentsvollstrecker ernannt ist, könnte diese **Doppelstellung** zu einem **Interessengegensatz** führen, der die Wahrnehmung beider Aufgaben durch ein und dieselbe Person ausschließt.[524] 794

Da die Aufstellung von Nachlassverzeichnissen, die Erteilung von Rechnungslegungen und Auskünften und deren Entgegennahme aber keine Willenserklärungen sind, und somit der Anwendungsbereich des § 1796 BGB (Entziehung der Vertretungsmacht) zweifelhaft ist und darüber hinaus nach § 1640 Abs. 2 Nr. 2 BGB der Erblasser die Eltern bzw. den Vormund gänzlich von der Inventarpflicht befreien kann, bezweifelt insbesondere die Literatur auch im Hinblick auf ebenfalls bestehende verfassungsrechtliche Bedenken den tatsächlichen und rechtlichen Interessengegensatz und somit die **Notwendigkeit** der Anordnung **einer Ergänzungspflegschaft.**[525] 795

Da die Kindesinteressen nach einer zum Teil vertretenen Auffassung im Ergebnis nachhaltiger geschützt seien, wenn ein Elternteil bzw. ein Vormund nicht nur als gesetzlicher Vertreter, sondern gleichzeitig als Testamentsvollstrecker handelt, besteht nach dieser Auffassung für die Anordnung einer Ergänzungspflegschaft mit dem Wirkungskreis der Vertretung bei Auskunft- und Rechnungslegungspflichten des Erben keinerlei Veranlassung. Anders sei dies nur, wenn gegen den Testamentsvollstrecker Schadensersatzansprüche wegen der Verletzung seiner Pflichten aus §§ 2215 ff. BGB durchgesetzt werden sollen. 796

Der Bundesgerichtshof hat sich gegen die generalisierende Betrachtungsweise ausgesprochen, dass durch den dargestellten Interessengegensatz die Wahrnehmung der Aufgaben der beiden Ämter durch ein und dieselbe Person stets auszuschließen sei und deshalb immer eine Ergänzungspflegschaft angeordnet werden müsse. 797

Nach Auffassung des BGH[526] führe die Risikogeneigtheit eines »typischen« Interessengegensatzes nicht immer zwangsläufig zur Anordnung einer Pflegschaft. Nach Auffassung des Gerichtes ist eine **Pflegschaft nur dann erforderlich,** wenn ein minderjähriger Erbe von seinem zugleich zum Testamentsvollstrecker berufenen Vormund bzw. Elternteil gesetzlich vertreten wird und **wenn aufgrund der bisherigen Erfahrungen** und des engen persönlichen Verhältnisses der Beteiligten **keinerlei Anlass** zu der Annahme **besteht,** der Vertreter werde -unbeschadet seiner eigenen Interessen- die **Belange des Vertretenen nicht im gebotenen Maße wahren und fördern.** 798

---

524 OLG Hamm MittBayNot 1994, 53, zum gleichgelagerten Fall der Interessenkollision zwischen Testamentsvollstrecker und Eltern; ebenso OLG Nürnberg ZEV 2002, 158.
525 *Schlüter*, ZEV 2002, 148, als Anm. zu OLG Nürnberg.
526 BGH ZEV 2008, 330 ff.

Kapitel 9 Einflussnahme des Erblassers über seinen Tod hinaus

799   Es müsse also nach dieser von der Rechtsprechung vertretenen Auffassung über die bloße Verhinderung hinaus ein »**gegenwärtiges Bedürfnis**« für die Bestellung eines Pflegers bestehen.

800   Diese Betrachtungsweise dürfte zu einer erheblichen Rechtsunsicherheit und für den Vertragsgestalter nahezu unüberschaubaren Rechtslage führen. Durch diese BGH-Rechtsprechung ist die Situation nun so, dass die Rechtsprechung den Schluss vom »typischen Interessenwiderstreit« auf eine konkrete Konfliktsituation »im Regelfall« für »gerechtfertigt« erklärt und damit dem gesetzlichen Vertreter eine Art »Beweislast« dafür aufbürdet, dass sein bisheriges Verhalten ein »Zuwarten« ratsam erscheinen lässt.[527]

801   Für die notarielle Praxis ergibt sich bei der hier dargestellten Rechtslage, gleichwohl den sichersten Weg zu wählen. **Wenn** ein **Ergänzungspfleger** von den Erblassern **nicht gewünscht** wird, ist es ratsam, das nicht der Vormund (gesetzlicher Vertreter) sondern eine dem Erblasser oder Erben sonst nahe stehende Person zum Testamentsvollstrecker ernannt wird.[528]

3. Benennung eines Nebenvollstreckers

802   Es ist auch denkbar, neben dem Vormund (gesetzlichen Vertreter) einen weiteren **Testamentsvollstrecker als Nebenvollstrecker** zu ernennen und ihm gemäß § 2224 Abs. 1 S. 3 BGB diejenigen Aufgaben zuzuweisen, die ansonsten, blieben sie beim gesetzlichen Vertreter, zu einem »erheblichen Gegensatz« im Sinne von § 1796 Abs. 2 BGB führen würden, von deren Wahrnehmung der Vormund also wegen seiner gleichzeitigen Stellung als Testamentsvollstrecker ausgeschlossen sein soll.[529]

803   Somit bestehen also folgende nachstehend unter a), b) und c) genannten drei Varianten:

Variante a):
– neben dem Vormund, der zugleich Testamentsvollstrecker bleibt, ernennen die Eltern eine weitere Person als Nebenvollstrecker

804   ▶ **Muster:**

...**Vormundbenennung**... (siehe oben)

Weiterhin ordne ich Testamentsvollstreckung in Form der dauerhaften Verwaltungsvollstreckung an. Zum Testamentsvollstrecker bestimme ich den vorgenannten Vormund. Er ist von den Beschränkungen des § 181 BGB befreit. Falls er das Amt nicht annimmt oder aus sonstigen Gründen nicht Testamentsvollstrecker wird oder später wegfällt, soll das Nachlassgericht einen geeigneten Testamentsvollstrecker benennen. Zudem ermächtige ich den Testamentsvollstrecker, einen oder mehrere Testamentsvollstrecker gemäß § 2199 Abs. 1 BGB (Mitvollstrecker) zu ernennen.

Alternativ: Zudem bestimme ich Herrn/Frau ... zum Mitvollstrecker gemäß § 2199 Abs. 1 BGB.

Jedoch beschränke ich gemäß §§ 2208, 2224 Abs. 1 Satz 3 BGB den Aufgabenkreis und die Rechte des jeweiligen Mitvollstreckers auf die Bereiche, die dem ernannten Testamentsvollstrecker aufgrund einer Interessenkollision von der Verwaltung rechtlich entzogen sind bzw. bei denen er in seiner Amtsausübung gehindert ist.

805   Variante b):
– es werden als Testamentsvollstrecker und Vormund verschiedene Personen bestimmt.

806   Variante c):
– Vormundschaft und Testamentsvollstreckung werden hintereinander geschaltet.

---

[527] So die zusammenfassende Betrachtungsweise von *Muscheler*, ZEV 2008, 332 ff.
[528] So auch die Empfehlung von *Reimann*, MittBayNot 1994, 55, 56.
[529] So die Empfehlung von *Reimann*, MittBayNot 1994, 56, ebenso *Kirchner*, MittBayNot 1997, 203, 206.

▶ **Muster:**

Die Testamentsvollstreckung beginnt mit der Beendigung der Vormundschaft gegenüber den Erben und endet mit der Vollendung des ... Lebensjahres des jeweiligen Erben. Da durch diese Regelung jedoch nur die Doppelbenennung von Vormund und Testamentsvollstreckung vermieden werden soll, beginnt die Testamentsvollstreckung sofort, wenn die zum Testamentsvollstrecker berufene Person nicht zum Vormund bestellt wird.

Bei allen unter a), b) und c) genannten Varianten sind also immer drei **Funktionsträger tätig** Der Testamentsvollstrecker verwaltet das geerbte Vermögen, der Ergänzungspfleger kontrolliert ihn und der Vormund (je nachdem personengleich mit dem Testamentsvollstrecker) ist für die Personensorge und die sonstigen Aufgaben zuständig.[530]

Bei Bestellung verschiedener Personen zum Vormund und Testamentsvollstrecker bzw. der Anordnung der Mitvollstreckung besteht also in der Regel kein Bedürfnis für einen Ergänzungspfleger. Ebenso ist es, wenn der Testamentsvollstrecker erst ab Volljährigkeit des Kindes tätig werden soll.

VI. Vergütung des Vormunds

Der berufsmäßige Vormund wird **bei Mittellosigkeit des Kindes** aus der Staatskasse bezahlt (§§ 1836d BGB, 1 Abs. 2 S. 2 VBVG), **bei einem vermögenden Kind** dagegen aus dem Kindesvermögen (§ 1 Abs. 1 S. 1 VBVG). Benennen die Eltern einen ehrenamtlichen Vormund, z. B. einen Freund oder Verwandten, erhält dieser Vormund aus der Staatskasse jährlich eine Pauschale (§ 1835a BGB). Ist das Kind vermögend, erhält der ehrenamtliche Vormund aus dem Kindesvermögen eine Vergütung (§ 1836 Abs. 2 BGB).

Es ist jedoch auch möglich, dem Vormund **im Wege eines Vermächtnisses eine »Vergütung« zukommen zu lassen** mit dem die Schlusserben beschwert sind. Da diese dann nicht der Einkommensteuer, sondern nur der Erbschaftssteuer unterliegt, dürfte dies in der Regel steuerlich günstiger sein.

VII. Schlussbetrachtung

Die **Anordnung der Testamentsvollstreckung** stellt gegenüber der familienrechtlichen Anordnung eine vorrangige, weil **flexiblere Maßnahme** dar. Einer Bestimmung nach § 1638 BGB kommt für diesen Fall nur ergänzende Funktion zu, nämlich für die Wahrnehmung der Kontrollrechte gegenüber dem Testamentsvollstrecker.

Ein **eigener Anwendungsbereich für Anordnungen nach § 1638 BGB** bleibt etwa für die sachgerechte Wahrnehmung von Pflichtteilsrechten. Ferner für den Fall, dass eine Testamentsvollstreckung wegen einer bereits eingetretenen erbrechtlichen Bindung des Erblassers nicht mehr möglich ist.

Neben einer Testamentsvollstreckung und der Anordnung eines Vermögenssorgeberechtigten bleibt schließlich ein eigener Anwendungsbereich für die Benennung eines Vormunds, da die Vormundschaft nicht nur die Vermögenssorge, sondern ebenso die Personensorge für den Minderjährigen umfasst.[531]

Der vom Familiengericht zu bestellende Pfleger unterliegt nach § 1915 BGB den gleichen Beschränkungen wie ein Vormund, insbesondere im Grundstücksbereich (vgl. §§ 1821, 1822 BGB). Dem Testamentsvollstrecker stehen damit die weiterreichenden Befugnisse zu. Allerdings ist von einer Testamentsvollstreckung dann abzuraten, wenn eine Person, die das Vertrauen des Erblasser geniest, nicht vorhanden ist.[532]

---

530 So die Zusammenfassung von Groll/*Zimmermann*, Praxishandbuch Erbrechtsberatung, D X Rn. 79.
531 So auch die Betrachtungsweise von *Frenz*, DNotZ 1995, 908, 920.
532 *Damrau*, ZEV 1998, 90, 91.

816 Die Testamentsvollstreckung birgt ebenfalls **Risiken** in Bezug auf die Regelung des § 2306 Abs. 1 BGB **bei Erbteilen, die nur unwesentlich über dem Pflichtteil liegen**. Im Gegensatz zur Anordnung nach § 1638 BGB stellt die Testamentsvollstreckung eine Beschränkung dar, die gemäß § 2306 BGB die Gefahr heraufbeschwört, dass die Eltern für das Kind die Erbschaft ausschlagen, was angesichts der Möglichkeit, dann den Pflichtteil fordern zu können, in diesen Fällen durchaus vom Familiengericht genehmigt werden könnte (§ 1643 Abs. 2 S. 1 BGB).[533]

817 Die Anordnung nach § 1638 Abs. 1 BGB hingegen stellt keine Beschwerung im Sinne des § 2306 Abs. 1 BGB dar.[534] Der Sorgerechtsinhaber kann daher auch mit Zustimmung des Familiengerichts nicht nach § 2306 Abs. 1 BGB über eine Ausschlagung des hinterlassenen Erbteils den von der Verwaltungsanordnung freien Pflichtteil erlangen, falls der hinterlassene Erbteil größer ist.[535]

818 ▶ **Checkliste: Familienrechtliche Anordnung**

- ☐ Eine Verwaltungsanordnung des Erblassers nach § 1639 BGB, wie die Eltern des vererbte Vermögen zu verwalten haben, bindet die Eltern nur im Innenverhältnis und beschränkt ihre Vertretungsmacht als solche nicht.
- ☐ Der Erblasser kann durch eine Verfügung von Todes wegen dem Sorgeberechtigten eines minderjährigen Erben gemäß § 1638 BGB das Recht entziehen, den Erwerb von Todes wegen zu regeln.
- ☐ Werden beide Elternteile von der Vermögenssorge ausgeschlossen, verlieren sie insoweit die gesetzliche Vertretungsbefugnis und es muss ein Ergänzungspfleger bestellt werden, den der Erblasser dann möglichst benennen sollte.
- ☐ Alternativ zur dann erforderlichen Ergänzungspflegschaft bietet sich in solchen Fällen aber dann die Anordnung einer Testamentsvollstreckung an.
- ☐ Nach wohl herrschender Meinung führt der vom Erblasser angeordnete Ausschluss über die Vermögenssorge nicht auch zum Entzug der Rechte des Sorgeberechtigten, über die Annahme oder die Ausschlagung der Erbschaft zu entscheiden.
- ☐ Andererseits kann der Erblasser jedoch nach herrschender Meinung dem Sorgeberechtigten die Vermögenssorge für die Ansprüche aus dem den Minderjährigen zustehenden Pflichtteilsrecht entziehen.
- ☐ Die Sorgeberechtigten können durch letztwillige Verfügung einen Vormund für das minderjährige Kind benennen. Dies ist auch dann noch möglich, wenn der Erblasser ansonsten durch Erbvertrag oder gemeinschaftliches Testament erbrechtlich gebunden ist, da es sich dabei um eine bloße familienrechtliche Anordnung handelt.
- ☐ Da die Vormundschaft mit der Erreichung der Volljährigkeit des Kindes endet, kann für die Zeit danach (nur) noch Testamentsvollstreckung angeordnet werden.
- ☐ Da der Testamentsvollstrecker bei Verfügungen über Nachlassgegenstände des Minderjährigen nicht der sonst bei Minderjährigen erforderlichen Genehmigung des Familiengerichts bedarf, bietet sich in verschiedenen Fällen die Trennung von Personensorge an den Vormund einerseits und Vermögenssorge an den Testamentsvollstrecker andererseits an.
- ☐ Wenn der Erblasser Testamentsvollstreckung anordnet, sollte er zusätzlich den Sorgeberechtigten auch die Vermögenssorge entziehen, da diese sonst die Kontrollrechte gegenüber dem Testamentsvollstrecker wahrnehmen.
- ☐ Wenn der Erblasser dann die gleiche Personen zum Testamentsvollstrecker und zum Vormund bestellt, kann wegen eventuell bestehenden Interessengegensatzes je nach Fallkonstellation die Notwendigkeit der Anordnung einer Ergänzungspflegschaft bestehen.

---

533 *Damrau*, ZEV 1998, 90, 91.
534 Palandt/*Weidlich*, § 2306 Rn. 8.
535 Beck'sches Formularbuch Erbrecht/*Keim*, C I 6 Rn. 3.

☐ Denkbar ist auch die Bestellung eines Nebenvollstreckers, der dann die Aufgaben wahrnimmt, an denen der Testamentsvollstrecker wegen seiner »Doppelfunktion« auch als Vormund wegen der Interessengensätze rechtlich gehindert ist.

Kapitel 10. Verminderung und Vermeidung von Pflichtteilsrechten

Übersicht

	Rdn.
A. Maßnahmen unter Mitwirkung des Pflichtteilsberechtigten	1
I. Grundlagen	1
II. Der Pflichtteilsverzicht vor dem Erbfall	2
1. Die Vorteile eines Pflichtteilsverzichts gegenüber einem Erbverzicht	2
2. Form und Inhalt des Pflichtteilsverzichts	4
3. Schuldrechtliches Verpflichtungsgeschäft	13
a) Verzicht mit Gegenleistungen	14
b) Unentgeltlicher Pflichtteilsverzicht	24
4. Ehegattenpflichtteilsverzicht	26
5. Der beschränkte Pflichtteilsverzicht	28
a) Gestaltung bezüglich des Pflichtteils nach dem erstversterbenden Elternteil	29
b) Gegenständlich beschränkter Pflichtteilsverzicht	39
6. Verpflichtung zur Unterlassung der Aufhebung	46
7. Inhaltskontrolle	52
8. Erb- und Pflichtteilsverzichte nach der EuErbVO	59
III. Der Verzicht auf Pflichtteilsansprüche nach dem Erbfall	60
IV. Anrechnungspflichten	66
1. Anrechnungsanordnung	67
a) Zu den Folgen einer zusätzlichen Ausgleichsanordnung	67
b) Beschreibung des Anrechnungsumfangs	69
2. Pflichtteilsanrechnung bei Berliner Modell	76
3. Verbot der Doppelanrechnung	78
B. Maßnahmen ohne Mitwirkung des Pflichtteilsberechtigten	81
I. Grundlagen	81
II. Pflichtteilsentziehung	83
III. Pflichtteilsbeschränkung in guter Absicht	89
IV. Zur Verringerung der Pflichtteilsquote, z. B. durch einen Güterstandswechsel	97
V. Wahl des Erbstatuts, Aspekte des Internationalen Privatrechts	100
VI. Bewertungsprivilegien	104
VII. Vermeidung des Vermögenserwerbs (Vor- und Nacherbschaft)	111
VIII. Lebzeitige Verfügungen und Pflichtteilsergänzungsansprüche	119
1. Zu den gesetzlichen Ausnahmen von § 2325 BGB	120
2. Zum Schenkungsbegriff	125
a) Die verschiedenen Formen der Entgeltlichkeit	125
b) Zur Abzugsfähigkeit und Bewertung von Gegenleistungen	130
c) Zur Beurteilung eines Erb- und/oder Pflichtteilsverzichts als Entgelt	135
d) Zur Abzugsfähigkeit vorbehaltener Nießbrauchs- und Wohnungsrechte	136
3. Rechtsgeschäfte zwischen Eheleuten	138
a) Vermögenstransfer durch Gütergemeinschaft	138
b) Zum Zugewinnausgleich bei Beendigung der Zugewinngemeinschaft	141
c) Unbenannte Zuwendungen	146
4. Pflichtteilserschwerungen mithilfe des Gesellschaftsrechts	148
a) Abfindungsausschlüsse	148
b) Lebzeitige Beteiligungsübertragungen	154
c) Einbindung des Pflichtteilsberechtigten in einen Gesellschaftsvertrag	156
d) Innengesellschaften	158
5. Zuwendung von Lebensversicherungen	161
6. Die Abschmelzung des § 2325 Abs. 3 BGB	168
7. Die pflichtteilsrechtlichen Vorteile lebzeitiger Zuwendungen im Überblick	176
C. Pflichtteilsklauseln und Alternativen	177
I. Grundlagen	177
II. Einfache Pflichtteilsklauseln	182
1. Die Rechtsfolgen einfacher Pflichtteilsklauseln	182
a) Zu den Vor- und Nachteilen einer automatischen bzw. fakultativen Enterbung	185
b) Vorschlag für eine automatische Pflichtteilsklausel (Rechtsfolgen)	188
c) Formulierung einer fakultativen Ausschlussklausel (Rechtsfolgen)	193
2. Der Verwirkungstatbestand	197
a) Der Urheber des Pflichtteilsverlangens	197

Kapitel 10 Verminderung und Vermeidung von Pflichtteilsrechten

	Rdn.			Rdn.
b) Zur Frage, welches Verhalten die Sanktionen auslösen soll	203		1. Ausschlagung des überlebenden Ehegatten gegen Abfindung	239
c) Subjektive Merkmale?	214		2. Pflichtteilserfüllung und Abfindung für einen Pflichtteilsverzicht nach dem Tod des Erstversterbenden	241
III. Vor- und Nacherbschaft	217			
IV. Jastrow'sche Klauseln	221			
1. Die zivilrechtliche Konzeption	221	II.	Die Abfindung für einen Erb- oder Pflichtteilsverzicht vor dem Erbfall gegenüber dem Erblasser, § 7 Abs. 1 Nr. 5 ErbStG	243
2. Die steuerlichen Probleme der Jastrow'schen Klauseln	228			
V. Verlängerte Verjährung der Pflichtteilsansprüche	235	III.	Die Abfindung für einen Verzicht auf künftige Pflichtteilsansprüche zu Lebzeiten des Erblassers unter künftigen gesetzlichen Erben	244
D. Steuerliche Aspekte	239			
I. Nachträgliche Ausnutzung der Freibeträge nach dem erstversterbenden Elternteil	239	E.	Checklisten	245

Literatur:

Bengel, Die gerichtliche Kontrolle von Pflichtteilsverzichten, ZEV 2006, 192; *Berresheim*, Steuerliche Gestaltungsmöglichkeiten nach dem Tode des Erblassers, RNotZ 2007, 501; *Böhringer*, Nachweis der Erbfolge im Grundbuchverfahren bei einer testamentarischen Pflichtteilsstrafklausel, BWNotZ 1988, 155; *Draschka*, Unbenannte Zuwendungen und der erbrechtliche Schutz gegen unentgeltliche Vermögensverfügungen, DNotZ 1993, 100; *Dressler*, Vereinbarungen über Pflichtteilsansprüche – Gestaltungsmittel zur Verringerung der Erbschaftssteuerbelastung, NJW 1997, 2848; *Ebeling*, Nochmals zum Thema: Vereinbarungen über Pflichtteilsansprüche, NJW 1998, 358; *Egerland*, Gegenseitige Grundstücksübertragungen auf den Todesfall als Gestaltungsmittel zur Verminderung von Erbschaftssteuer- und Pflichtteilsansprüchen, NotBZ 2002, 233; *Everts*, Neue Perspektiven zur Pflichtteilsdämpfung aufgrund der EuErbVO?, ZEV 2013, 124; *Gehse*, Grundstücksübergabe und Pflichtteilsergänzungsansprüche bei vorbehaltenen Rechten des Übergebers, RNotZ 2009, 361; *Gruber*, Pflichtteilsrecht und Nachlassspaltung, ZEV 2001, 463; *Hartmann*, Der Pflichtteilsverzicht des Erwerbers im Übertragungsvertrag, DNotZ 2007, 812; *Hayler*, Bestandskraft ehebedingter Zuwendungen im Bereich der Pflichtteilsergänzung (§§ 2325, 2329 BGB) – Vertragsgestaltung durch doppelten Güterstandswechsel?, DNotZ 2000, 68; *ders*. Die Drittwirkung ehebedingter Zuwendungen im Rahmen der §§ 2287, 2288 II 2, 2325, 2329 BGB – Problemlösung durch Rückgriff auf Wertungen des Güterrechts?, MittBayNot 2000, 290; *Heinrich*, Die Gestaltung von Übertragungsverträgen im Schatten des Pflichtteilsergänzungsrechts, MittRhNotK 1995, 157; *Herrler*, Anlauf der Frist nach § 2325 Abs. 3 Halbs. 1 BGB bei Rückbehalt eines teilweisen Wohnungsrechts verbunden mit einem dinglich gesicherten Rückerwerbsrecht?, ZEV 2008, 461; *Holler*, Besteuerung der Abfindung für den Verzicht auf einen künftigen Pflichtteilsanspruch, ErbR 2014, 21; *Jülicher*, Pflichtteilsansprüche im EStG und ErbStG – steuersparende Überlegungen vor und nach dem Erbfall, ZErb 2014, 126; *Kanzleiter*, »Pflichtteilsstrafklauseln« und Geltendmachung des übergeleiteten Pflichtteilsanspruchs durch den Sozialhilfeträger, DNotZ 2014, 5; *Kapfer*, Gerichtliche Inhaltskontrolle von Erb- und Pflichtteilsverzichtsverträgen?, MittBayNot 2006, 385; *Keim*, Entgeltlicher Vertrag oder belohnende Schenkung?, FamRZ 2004, 1081; *ders*. Die Reform des Erb- und Verjährungsrechts und ihre Auswirkungen auf die Gestaltungspraxis, ZEV 2008, 161; *ders*. Wie kann die Verjährungsfrist von Pflichtteilsansprüchen verlängert werden?, ZEV 2004, 173; *ders*. Fallstricke bei Erb- und Pflichtteilsverzichten, RNotZ 2013, 411; *Klingelhöffer*, Kollisionsrechtliche Probleme des Pflichtteils, ZEV 1996, 258; *ders*. Zuwendungen unter Ehegatten und Erbrecht, NJW 1993, 1097; *Klühs*, Entgeltlichkeit wechselseitiger Übertragungen von Miteigentumsanteilen auf den Todesfall, ZNotP 2011, 410; *Kohl*, Ausschluß und Beschränkung von Abfindungsansprüchen nach dem Tod eines Personengesellschafters gegen Pflichtteilsrecht und Zugewinnausgleich, MDR 1995, 865; *Kühle*, »Infektion« eines Pflichtteilsverzichtsvertrags durch einen sittenwidrigen Ehevertrag?, ZErb, 2013, 221; *Lange*, Pflichtteil als Gestaltungsgrenze bei der Nachfolge in Personengesellschaften, ZErb 2014, 97, 121; *ders*. Der Pflichtteilsanspruch entfernter Berechtigter bei Pflichtteilsverzicht näher Berechtigter, ZEV 2015, 69; *Langenfeld*, Die Bestandskraft ehebedingter Zuwendungen im Verhältnis zu Vertragserben und Pflichtteilsberechtigten, ZEV 1994, 129; *ders*. Kein Abschied von der ehebedingten Zuwendung im Verhältnis zu den pflichtteilsberechtigten Abkömmlingen, ZEV 1997, 6; *J. Mayer*, Der Pflichtteil der Schwiegertochter – Überlegungen zur Tauglichkeit von Pflichtteilsstrafklauseln anlässlich des Beschlusses des Bayerischen Obersten Landesgerichts vom 18.9.1995, MittBayNot 1996, 80; *ders*. Die Tücken von Pflichtteilsklauseln Anmerkung zum Beschluss des Pfälzischen OLG Zweibrücken vom 30.10.1998 3W 116/98, MittBayNot 1999, 265; *ders*. Ja zu »Jastrow«? – Pflichtteilsklausel auf dem Prüfstand, ZEV 1995, 136; *ders*. Unliebsame Folgen des Pflichtteilsverzichts, ZEV 2007, 556; *ders*. Zur Reichweite von Pflichtteilsklauseln: Stillschweigende Schlusserbeneinsetzung und Verbot zur Sicherung des Pflichtteilsanspruchs bis zum 2. Erbfall?, MittBayNot 2007, 19; *ders.* Es kommt auf die Sekunde an – Zum Pflichtteilsrecht bei Lebensversicherungen – Zugleich Anmerkungen zum Urt. Des BGH v. 28.4.2010 – IV ZR 73/08, DNotZ 2011, 89; *N. Mayer,* Probleme der Pflichtteilsergänzung bei Überlassungen im Rahmen einer vorweggenommen Erbfolge, FamRZ 1994, 739; *Müller,* Erbrechtsreform: Einführung einer Pro-Rata-Regelung im Rahmen der Plichtteilsergänzung, ZNotP 2007, 445; *Müller/Grund,* Pflichtteilsklausel und einvernehmliche Geltendmachung des Pflichtteils aus erbschaftssteuerlichen Gründen: zivilrechtliche Risiken – steuerliche Alternativen, ZErb 2007, 205; *Münch,* Infiziert der Ehevertrag erbrechtliche Verzichte oder Verfügungen?, ZEV 2008, 571; *Odersky,* Der wirksam-wirkungslose Erb- und Pflichtteilsverzicht nach der EU-ErbVO; *Papenmeier,* Pflichtteilsergänzung bei der Lebensversicherung – ein Zwischenruf, ZErb 2011, 154; *Rudy,* Totengräber des Pflichtteilsrechts oder doch Rächer der Enterbten? – Pflichtteilsergänzung bei Lebensversicherungen nach dem Urteil des Bundesgerichtshof vom 28. April 2010, ZErb 2010, 351; *Schindler,* Fristlauf bei pflichtteilsergänzungsrechtlichen Schenkungen, ZEV 2005, 290; *Spall,* Pflichtteilsstrafklausel beim gemeinschaftlichen Behindertentestament: Kolumbus-Ei oder trojanisches Pferd?, MittBayNot 2003, 356; *Theiss/Boger,* Möglichkeiten der Vorbeugung gegen Ansprüche aus 2325, 2329 BGB wegen Abfindungen für Erb- bzw. Pflichtteilsverzichte, ZEV 2006, 143; *von Proff zu Irnich,* Die nichteheliche Lebensgemeinschaft im Erbrecht, RNotZ 2008, 475; *Wälzholz,* Gestaltungsmöglichkeiten zur Reduzierung von Pflichtteilsansprüchen – ein Überblick –, Der Fachanwalt für Erbrecht 2005, 21; *ders.* Die (zeitliche) Geltendmachung von Pflichtteilsansprüchen – Zivil- und steuerrechtliche Überlegungen aus Anlass aktueller Rechtsprechung, ZEV 2007, 162; *ders.* Reduzierung von Pflichtteilsansprüchen durch gesellschaftsrechtliche Gestaltungen, NWB 2008, 3971; *Wegmann,* Gesellschaftsvertragliche Gestaltungen zur Pflichtteilsreduzierung, ZEV 1998, 135; *Weidlich,* Ehegattenzuwendung und Pflichtteilsergänzung in der Zugewinngemeinschaft, ZEV 2014, 345; *Wendt,* Pflichtteilsergänzung und widerrufliche Bezugsrechtsbestimmung in der Lebensversicherung, ZNotP 2011, 242; *Winkler,* Unternehmensnachfolge und Pflichtteilsrecht – Wege zur Minimierung des Störfaktors »Pflichtteilsansprüche«, ZEV 2005, 89; *Worm,* Pflichtteilserschwerungen und Pflichtteilsklauseln, RNotZ 2003, 535; *Zimmer,* Zur Auslegung von Pflichtteilsklauseln, NotBZ 1/2007, 10.

A. Maßnahmen unter Mitwirkung des Pflichtteilsberechtigten

I. Grundlagen

Laut Bundesverfassungsgericht steht das Pflichtteilsrecht nicht nur im Einklang mit dem Grundgesetz, es genieße sogar Verfassungsrang.[1] Dem trägt das einfache Recht Rechnung. Pflichtteilsansprüche lassen sich daher am sichersten vermeiden durch Maßnahmen im Einvernehmen mit dem Pflichtteilsberechtigten, insbesondere einen Pflichtteilsverzichtsvertrag nach § 2346 Abs. 2 BGB. Zur Reduzierung von Pflichtteilsansprüchen lassen sich im Einverständnis mit dem Pflichtteilsberechtigten auch Schenkungen dadurch nutzen, dass bei der Zuwendung bestimmt wird, dass sie auf den Pflichtteil angerechnet werden soll. Da dies bei nicht beurkundungsbedürftigen Schenkungen meist übersehen wird, hatte der Gesetzgeber im Rahmen der Reform des Erbrechts zunächst die Möglichkeit vorgesehen, im Nachhinein einseitig durch eine Verfügung von Todes wegen frühere Schenkungen für pflichtteilsreduzierend zu erklären. Diese Idee setzte sich dann aber nicht durch. Sind die Beteiligten sich einig, können sie freilich den Pflichtteil auch noch nach der Schenkung entsprechend reduzieren. Solche einvernehmlichen Lösungen – seien es Pflichtteilsreduzierungen, -verzichte oder -stundungen – sollten die Eltern immer anstreben. Selbst wenn ihr Ansinnen nicht zum Erfolg führt, ermöglicht es doch immerhin eine präzisere Einschätzung des künftigen Konfliktpotentials.

1

Häufig wird erst nach dem Erbfall auf die Pflichtteilsansprüche verzichtet. Zivilrechtlich wird so die Gefahr gebannt, dass die Ansprüche noch vor ihrer Verjährung an dem Erben weniger Gewogene vererbt wird, steuerlich wiederum wird ein nachträglicher Verzicht gegen Abfindung beim Berliner Modell oftmals genutzt, um so Vermögen in Ausnutzung der Freibeträge der Kinder nach dem Erstversterbenden jedenfalls in Höhe der Pflichtteilsansprüche auf die nächste Generation zu verlagern.

---

1 BVerfG, Beschl. v. 19.4.2005 – 1 BvR 1644/00, 1 BvR 188/03, DNotZ 2006, 60; Beschl. v. 11.5.2005 – 1 BvR 62/00, DNotZ 2005, 791.

II. Der Pflichtteilsverzicht vor dem Erbfall

1. Die Vorteile eines Pflichtteilsverzichts gegenüber einem Erbverzicht

2 Der bloße Pflichtteilsverzicht ist gegenüber einem Erbverzicht nach § 2346 Abs. 1 BGB vorzugswürdig (»Verzichte auf den Erbverzicht!«). Denn zwar beseitigt auch der Erbverzicht aufgrund der mit ihm verbundenen Vorversterbensfiktion des Verzichtenden dessen Pflichtteil, doch erhöht er nach § 2310 S. 2 BGB anders als ein reiner Pflichtteilsverzicht die Pflichtteilsansprüche der übrigen Pflichtteilsberechtigten.

Als tückisch erweist sich die Vorversterbensfiktion auch, wenn der Verzicht entgegen § 2349 BGB nicht mit Wirkung auch für die Abkömmlinge des Verzichtenden erfolgt. Ein Urteil des BGH[2] aus dem Jahr 2012 verdeutlicht die Gefahr: Die Tochter des Erblassers hatte nur für sich auf ihr Erb- und Pflichtteilsrecht verzichtet. Ihr Kind machte nach dem Tod des Großvaters (Erblassers), der seine Tochter zum Alleinerben eingesetzt hatte, Pflichtteilsansprüche geltend. Durch den Verzicht der Tochter wurde das Enkelkind nach § 2303 BGB i. V. m. § 1924 Abs. 2 BGB abstrakt pflichtteilsberechtigt. Damit kam es entscheidend darauf an, ob § 2309 BGB die Pflichtteilsansprüche sperren würde: Nach § 2309 2. Alt. BGB entfällt das Pflichtteilsrecht insoweit, als ein Abkömmling, der im Falle gesetzlicher Erbfolge den anderen ausschließen würde, das ihm Hinterlassene annimmt. Der BGH schränkte § 2309 2. Alt. BGB entgegen der herrschenden Lehre teleologisch und in fraglicher Differenzierung ein, wenn und da es nur um eine interne Verteilung innerhalb eines Stammes gehe, näher und entfernter Pflichtteilsberechtigter demselben und allein bedachten Stamm angehören. Dann jedenfalls greife § 2309 BGB nicht.

Indes ist nicht ganz sicher, ob nicht nach neuerer BGH-Rechtsprechung auch ein bloßer Pflichtteilsverzicht (beschränkt auf den eigenen Pflichtteil) dieselben Folgen hätte. Denn der BGH hatte bereits in einem Urteil vom 13.4.2011 entschieden, dass eine Enterbung einem Vorversterben i. S. v. § 2303 i. V. m. § 1924 Abs. 2 BGB gleichstehe.[3] Zu prüfen wäre dann weiter, ob ein etwaiges Entgelt für den Pflichtteilsverzicht als Annahme des Hinterlassenen i. S. v. § 2309 2. Alt. BGB den Pflichtteil des entfernteren Verwandten reduzieren würde.[4]

▶ Praxistipp:

Ein Kind sollte daher im Zweifel immer auch mit Wirkung für seine Abkömmlinge verzichten.

Der Vorteil, dass es dann keiner enterbenden Verfügung von Todes wegen mehr bedarf, spricht indes dann für einen Erbverzicht, wenn eine neue Verfügung etwa mangels Testierfähigkeit nicht mehr möglich ist. Denn beim Erbverzicht kann der Testierunfähige vertreten werden. Bei einem Erbverzicht sollte der Notar seine Belehrung über die pflichtteilserhöhende Wirkung bei den übrigen Pflichtteilsberechtigten dokumentieren.

Bei einem bloßen Pflichtteilsverzicht andererseits sollte der Notar sich in der Urkunde den Hinweis bestätigen lassen, dass der bloße Pflichtteilsverzicht um ein Enterbungstestament ergänzt werden muss, etwa mit den Worten:

---

2 BGH, Urt. v. 27.06.2012, IV ZR 239/10, DNotZ 2012, 724.
3 Vgl. Rdn. 83.
4 Vgl. zu alledem *Lange*, ZEV 2015, 69, 72 unter Verweis auf das Urteil des BGH vom 13.4.2011, demzufolge die Enterbung zu einem Wegfall des näher Berechtigten i. S. v. §§ 2303, 1924 Abs. 2 BGB führt.

Verminderung und Vermeidung von Pflichtteilsrechten **Kapitel 10**

▶ **Muster: Belehrung über die beschränkte Wirkung eines Pflichtteilsverzichts** 3

Das gesetzliche Erbrecht bleibt von diesem Verzicht unberührt.

[Bei einem wechselseitigen Verzicht etwa im Rahmen einer Scheidungsvereinbarung könnte man formulieren:]

Soweit einer von uns den anderen enterben will, wird dies gesondert durch ein entsprechendes Testament erfolgen. Auf die bei Errichtung eines eigenhändigen Testaments einzuhaltenden Formvorschriften hat der Notar hingewiesen.

Zur Zulässigkeit eines Pflichtteilsverzichts jedenfalls durch einen behinderten Sozialleistungsbezieher vgl. unten.[5] Nach wie vor ist unklar, ob das BGH-Urteil aus dem Jahr 2011 über einen behinderten Sozialhilfeempfänger hinaus auch auf Pflichtteilsverzichte von Hartz-IV-Beziehern (SGB II) erstreckt werden kann.[6]

2. Form und Inhalt des Pflichtteilsverzichts

Bei einem Verzicht auf das Pflichtteilsrecht vor dem Erbfall handelt es sich um ein Verfügungsgeschäft, das deshalb nicht als Vertrag zugunsten Dritter mit dinglicher Wirkung geschlossen werden kann und bezüglich dessen etwa auch ein Rücktrittsvorbehalt nicht möglich ist. Dieses Formgebot gilt nicht für andere dingliche Vollzugsgeschäfte wie Forderungsabtretungen als Gegenleistung für einen Verzicht, mag ihnen und dem Erbverzicht auch ein einheitliches Kausalgeschäft zugrunde liegen.[7] 4

Der Erblasser muss bei der Beurkundung **persönlich** anwesend sein (§ 2347 Abs. 2 S. 1 BGB) wobei jedoch für einen geschäftsunfähigen Erblasser sein gesetzlicher Vertreter handeln kann, § 2347 Abs. 2 S. 2 BGB.

▶ **Praxistipp** 5

Bei zweifelhafter Geschäftsunfähigkeit sollte der Notar im Zweifel zusätzlich auch den Erblasser selbst den Verzicht entgegennehmen lassen. Denn sollte sich später der Verzichtende doch als geschäftsfähig erweisen, hat ihn der vermeintliche gesetzliche Vertreter nicht wirksam vertreten können.

Für den schuldrechtlichen Verpflichtungsvertrag gilt das Stellvertretungsverbot nicht.[8] 6

Gleichzeitige Anwesenheit wie beim Erbvertrag ist beim Erb-/Pflichtteilsverzicht in § 2348 BGB nicht vorgeschrieben, so dass **Angebot und Annahme** auch getrennt beurkundet werden können. In diesem Fall ist zu beachten, dass nach der Rechtsprechung des BGH der Verzicht noch zu Lebzeiten des Erblassers wirksam werden muss.[9] Dasselbe gilt für eine Nachgenehmigung durch den etwa vollmachtlos vertretenen Verzichtenden.[10] 7

Zur Vermeidung von Zweifeln i. S. des § 2349 BGB ist ausdrücklich zu regeln, ob sich die Wirkungen des Verzichts auch auf die **Abkömmlinge des Verzichtenden** erstrecken. Umstritten ist, ob auch ein Verzicht nur zulasten der oder einzelner Abkömmlinge des Verzichtenden möglich ist. Diese Streitfrage lässt sich in zulässiger Weise dadurch umgehen, dass das betreffende Kind bindend eine entsprechende Erbeinsetzung oder ein bindendes Vermächtnis erhält und zugleich umfassend mit Wirkung auch für alle Abkömmlinge auf sein Pflichtteilsrecht verzichtet. Eine solche Gestaltung 8

---

5 Vgl. Rdn. 200.
6 Dazu ausführlich *Keim*, RNotZ 2013, 411, 419.
7 BGH, Urt. v. 07.12.2011, IV ZR 16/11, ZEV 2012, 145.
8 BGHZ 37, 319, 328.
9 BGH DNotZ 1997, 422.
10 BGH DNotZ 1978, 300.

kann Sinn machen, wenn einzelne oder alle Enkelkinder möglichst wenig erhalten sollen, das Kind selbst jedoch in den Genuss des Nachlasses kommen soll. Verstirbt das Kind vor, hätten die Enkelkinder ohne die angesprochene Gestaltung das volle Pflichtteilsrecht. (vgl. auch unten Rdn. 111).

9 Da es sich auch bei dem Verzicht um ein Rechtsgeschäft unter Lebenden auf den Todesfall handelt, gelten für etwaige Willensmängel, die Auslegung und die Rechtsfolgen einer etwaigen Teilunwirksamkeit die Regelungen des Allgemeinen Teils des BGB. Insbesondere sind deshalb Motivirrtümer ohne Belang, nicht etwa gelten §§ 2281 ff., 2078 BGB analog.[11]

10 Der Pflichtteilsverzicht umfasst – wenn auf das »Pflichtteilsrecht« verzichtet und nichts anderes geregelt wird – auch den Pflichtteilsrestanspruch nach den §§ 2305, 2307 BGB und Pflichtteilsergänzungsansprüche nach den §§ 2325 ff. BGB.

11 ▶ **Muster: Verzicht nach einem Elternteil vor dem Erbfall**

Herr A., geboren am ..., verzichtet seiner diesen Verzicht annehmenden Mutter, Frau A., geboren am ..., gegenüber hiermit umfassend und mit Wirkung auch für seine Abkömmlinge auf sein gesetzliches Pflichtteilsrecht nach dieser. Sein gesetzliches Erbrecht und Zuwendungen aufgrund von Verfügungen von Todes wegen[12] werden von diesem Verzicht nicht erfasst.

12 ▶ **Muster: Verzicht nach beiden Eltern vor dem Erbfall**

Herr A., geboren am ..., verzichtet einem jeden seiner diesen Verzicht annehmenden Eltern, den Eheleuten Herrn A., geboren am ..., und Frau A., geboren am ..., gegenüber hiermit umfassend und mit Wirkung auch für seine Abkömmlinge auf sein gesetzliches Pflichtteilsrecht. Sein gesetzliches Erbrecht und Zuwendungen aufgrund von Verfügungen von Todes wegen werden von diesem Verzicht nicht erfasst.

3. Schuldrechtliches Verpflichtungsgeschäft

13 Dem Pflichtteilsverzicht als abstraktem Verfügungsgeschäft liegt ein schuldrechtliches Grundgeschäft (Kausalgeschäft) zugrunde.[13] Ein unwirksamer Vollzug (ein unwirksamer Verzicht) führt nach dem Abstraktionsprinzip nicht zur Unwirksamkeit der schuldrechtlichen Vereinbarungen.[14]

Für das schuldrechtliche Grundgeschäft gilt nach ständiger höchstrichterlicher Rechtsprechung das Gebot der höchstpersönlichen Errichtung durch den Erblasser nach § 2347 Abs. 2 BGB nicht.

Ob für den schuldrechtlichen Vertrag die Formvorschrift des § 2348 BGB gilt, hat der BGH bislang offen gelassen; nach herrschender Meinung ist dies der Fall. Sonst könnte aus einem nicht beurkundeten Vertrag auf Abgabe einer Verzichtserklärung geklagt werden. Der Pflichtteilsberechtigte kann auf diesen Schutz nicht verzichten. Der Schutzzweck wird auch nicht dadurch erreicht, dass jeder Vertragsbeteiligte rechtsanwaltlich vertreten wird.[15]

Die herrschende Meinung wendet allerdings §§ 311b Abs. 1 S. 2, 518 Abs. 2 BGB analog an, so dass ein formgerecht erklärter Verzicht ein etwa unwirksames Verpflichtungsgeschäft heilt.[16] Ein formgerechter abstrakter Verzicht heilt den nicht beurkundeten schuldrechtlichen Vertrag sogar dann, wenn der beurkundete abstrakte Verzicht seinerseits deshalb unwirksam ist, weil der Erblasser nicht höchstpersönlich den Verzicht angenommen hat.[17]

---

11 BGH WPM 1980, 876.
12 Rein klarstellungshalber, da ein dinglicher Verzicht auf künftige Zuwendungen nicht möglich ist, vgl. *Nieder/Kössinger*, § 19 Rn. 2.
13 Vgl. *Nieder/Kössinger*, § 19 Rn. 25 f., auch zu den Folgen eines fehlenden Verpflichtungsgeschäfts.
14 Dazu ausführlich *Schotten* RNotZ 2012, 94 entgegen OLG Düsseldorf, Beschl. v. 21.06.2011, 3 Wx 56/11, RNotZ 2011, 499.
15 OLG Köln, Urteil v. 30.06.2010, 2 U 154/09, RNotZ 2010, 657.
16 *Bengel*, ZEV 2006, 192, 194.
17 *Schotten* RNotZ 2012, 94, 96.

a) Verzicht mit Gegenleistungen

Mitunter wird der Verzicht gegen eine Abfindung erklärt. Die zivilrechtliche Rechtsnatur der Gegenleistung (entgeltlich, unentgeltlich oder teilentgeltlich) (einkommensteuerlich handelt es sich laut BFH um einen unentgeltlichen Vorgang)[18] ist eine Streitfrage, die im Rahmen von Pflichtteilsergänzungsansprüchen noch akut wird (vgl. dazu unten Rdn. 135). Bedeutsam wird sie gerade auch wegen der mit dem Pflichtteilsverzicht verbundenen Beseitigung der **Verteidigungsrechte aus § 2328 BGB**, der für den nach § 2329 BGB in Anspruch genommenen pflichtteilsberechtigten Beschenkten entsprechend angewendet wird. Würde man in der Abfindung eine Pflichtteilsergänzungsansprüche auslösende Zuwendung sehen, könnten andere Pflichtteilsberechtigte dem Abgefundenen diese Abfindung teilweise über Pflichtteilsergänzungsansprüche wieder nehmen, ohne dass er davon auch nur seinen Pflichtteil einbehalten könnte. Denn darauf hat er gerade verzichtet.[19] Eine Lösung könnte in Abwandlung eines in anderem Zusammenhang gemachten Vorschlags vgl. unten Rdn. 33) darin bestehen, keinen Pflichtteilsverzicht zu beurkunden, sondern den Pflichtteil in eine sogenannte Naturalobligation umzuwandeln.

▶ **Muster: Umwandlung des Pflichtteils in eine Naturalobligation** 15

Herr A., geboren am ..., verzichtet seiner diesen Verzicht annehmenden Mutter Frau A., geboren am ..., gegenüber hiermit mit Wirkung auch für seine Abkömmlinge auf sein gesetzliches Pflichtteilsrecht nach dieser insoweit, als der Anspruch zwar mit dem Erbfall als Verpflichtung des Erben entsteht, dieser Anspruch aber gegen den Willen des Erben weder außergerichtlich durch Aufrechnung noch gerichtlich durchsetzbar ist (so genannte Naturalobligation oder unvollkommene Verbindlichkeit). Die vollständige oder teilweise Erfüllung des Pflichtteilsanspruchs ist also nur mit dem Willen des Erben möglich. Das gesetzliche Erbrecht und Zuwendungen aufgrund von Verfügungen von Todes wegen werden von diesem Verzicht nicht erfasst.

Sind Gegenleistungen vereinbart, sollte der Verzicht entsprechend **bedingt** werden. Ein Rücktrittsvorbehalt wäre demgegenüber wegen der Abstraktheit des Verzichts nur bezüglich des schuldrechtlichen Kausalgeschäfts möglich.[20] Bedingung (wegen § 2302 BGB aber nicht Verpflichtung) kann beispielsweise sein, dass der Erblasser in einer bestimmten Weise testiert bzw. nicht testiert, also bestimmte Verfügungen von Todes wegen aufrechterhält.[21]

▶ **Muster: Bedingter Pflichtteilsverzicht** 17

Herr A., geboren am ..., verzichtet seiner diesen Verzicht annehmenden Mutter Frau A., geboren am ..., gegenüber hiermit auf sein gesetzliches Pflichtteilsrecht nach dieser umfassend und mit Wirkung auch für seine Abkömmlinge unter der aufschiebenden Bedingung, dass ... Sein gesetzliches Erbrecht und Zuwendungen aufgrund von Verfügungen von Todes wegen werden von diesem Verzicht nicht erfasst.

Denkbar ist beim Berliner Modell insbesondere, dass der Verzichtende seine Schlusserbeinsetzung zur Bedingung des Pflichtteilsverzichts nach dem Erstversterbenden macht. Wird die Schlusserbfolge nicht durch einen Erbvertrag mit dem Verzichtenden zu seinen Gunsten bindend ausgestaltet, sondern stellt seine Erbenstellung nach dem Überlebenden nur eine Bedingung für den Verzicht dar, dann ist zu verhindern, dass die nachträglich wiederauflebenden Pflichtteilsansprüche verjähren: Der Überlebende Ehegatten muss auf die Einrede der Verjährung verzichten.[22]

Bedingung kann auch ein Vermächtnis (nach dem Erstversterbenden oder Überlebenden) bzw. dessen Erfüllung sein. Im Rahmen der Risikovorsorge ist hier zu bedenken, dass sich der Lebenssach-

---

18 BFH, Urt. v. 20.11.2012 – VIII R 57/10 –, ZEV 2013, 223; Urt. v. 9.2.2010 – VIII. R 43/06 –, ZEV 2010, 425.
19 Vgl. dazu *J. Mayer*, ZEV 2007, 556, 557.
20 *Nieder/Kössinger*, § 19 Rn. 24.
21 Zu den Nachteilen der Bedingungslösung vgl. Mayer/Süß/Tanck/*J. Mayer*, § 11 Rn. 9.
22 *Keim*, RNotZ 2013, 411, 420.

verhalt beträchtlich ändern kann. Ein vermachter Gegenstand kann – wenn es sich nicht gerade um ein Grundstück handelt und das Vermächtnis mit einem Verfügungsunterlassungsvertrag kombiniert wird – veräußert werden oder wegfallen. Wegen § 2318 BGB muss sich der Vermächtnisnehmer ferner das Vermächtnis möglicherweise kürzen lassen. Besteht diese Gefahr, könnte der Verzicht beschränkt werden auf den das Vermächtnis überschießenden Teil. Dann hat der Verzichtende die Gewissheit, dass nicht vom Erben sein Vermächtnis wegen des Verlust des § 2318 Abs. 2 BGB über den Pflichtteil hinaus gekürzt werden kann.[23]

19 ▶ **Muster: Verzicht gegen ein erbvertragliches Vermächtnis**

Herr A., geboren am ..., verzichtet seiner diesen Verzicht annehmenden Mutter Frau A., geboren am ..., gegenüber hiermit auf sein gesetzliches Pflichtteilsrecht nach dieser mit Wirkung auch für seine Abkömmlinge dergestalt, dass er für den Fall einer Ausschlagung nach § 2307 Abs. 1 S. 1 BGB keinerlei Pflichtteilsanspruch hat, für den Fall der Annahme des nachfolgenden Vermächtnisses aber keine über den Wert des Vermächtnisses hinausgehenden Pflichtteilsansprüche gemäß § 2307 Abs. 1 S. 2 BGB.

Sein gesetzliches Erbrecht und Zuwendungen aufgrund von Verfügungen von Todes wegen werden von diesem Verzicht nicht erfasst.

Frau A. setzt hiermit ein Vermächtnis zugunsten ihres Sohnes, Herrn A., wie folgt aus: [hier folgt dann der Inhalt des Vermächtnisses].

Sollte Herr A. vorversterben oder aus einem anderen Grund als Vermächtnisnehmer ausfallen, treten seine leiblichen ehelichen Abkömmlinge entsprechend der gesetzlichen Erbfolge erster Ordnung als Ersatzvermächtnisnehmer an seine Stelle. Das Nachrücken weiterer Ersatzvermächtnisnehmer wird ausgeschlossen.

[Es ist in der Verfügung klarzustellen, ob auch diese mit Bindungswirkung bedacht sind.]

Der vorstehende Pflichtteilsverzicht ist vollständig auflösend bedingt dadurch (alternative Bedingungen), dass der vermachte Gegenstand – sei es ganz oder auch nur teilweise – nicht in den Nachlass fällt, ferner dadurch, dass der Gegenstand zum Erbfall mit Rechten Dritter belastet ist, letztlich auch dadurch, dass sein Wert bis zum Erbfall gegenüber dem heutigen Wert um inflationsbereinigt mindestens ... (in Worten: ...) % sinkt.

20 Die als konstruktive Alternative bei Gegenleistungen vorgeschlagene Verknüpfung von schuldrechtlichem und dinglichem Vertrag (z. B.: *Pflichtteilsverzicht und Abfindungsvereinbarung bilden ein einheitliches Rechtsgeschäft i. S. v. § 139 BGB.*)[24] ist demgegenüber zu vage und führt letztlich nur im Falle einer Teil*unwirksamkeit* zu einem eindeutigen Ergebnis, nämlich der daraus resultierenden Gesamtunwirksamkeit, löst jedoch andere Konstellationen wie etwa eine Beeinträchtigung des als Gegenleistung vermachten Gegenstandes nicht zweifelsfrei.

21 Je nachdem, um was für eine Bedingung es sich handelt, stellt sich die Frage, ob der **Bedingungseintritt auch noch nach dem Erbfall** eintreten kann oder überhaupt soll eintreten können. Das ist je nach Bedingung klarzustellen. Die Entscheidung des BGH, ein Angebot auf Abschluss eines Pflichtteilsverzichtsvertrages könne nur zu Lebzeiten des Erblassers angenommen werden (vgl. oben Rdn. 7), ist auf diese Frage nicht übertragbar, da anders als beim bloßen Angebot zumindest schon ein wirksames Kausalgeschäft vorliegt und ein Bedingungseintritt nach dem Erbfall schuldrechtlich über § 159 BGB wie folgt zurückwirkt: Auf den mit dem Erbfall entstandenen Pflichtteil hat der Berechtigte in diesem Fall nachträglich zu verzichten.[25]

---

23 *Nieder/Kössinger*, § 19 Rn. 12.
24 Nach *Nieder/Kössinger*, § 19 Rn. 28.
25 So auch Mayer/Süß/Tanck/*J. Mayer*, § 11 Rn. 12, *Keim*, RNotZ 2013, 411 (416).

▶ **Muster: Klarstellung bei etwaigem Bedingungseintritt nach dem Erbfall** 22

Sollte die Bedingung erst nach dem Erbfall eintreten, hat der Verzichtende auf sämtliche durch den Erbfall etwa entstandenen Pflichtteils-, Pflichtteilsrest- und Pflichtteilsergänzungsansprüche nach dem/der verstorbenen ... zu verzichten und alles etwa so bereits Erlangte zurück zu gewähren.

Je nach Fallkonstellation und Bedingung ist an Sicherheiten zu denken und die Frage zu regeln, in welchem Umfang das Erhaltene zurück zu gewähren ist (Zinsen? Haftung bei Verbrauch?). Denkbar ist unter Umständen auch ein Verfügungsunterlassungsvertrag.[26] 23

b) Unentgeltlicher Pflichtteilsverzicht

Der unentgeltliche Verzicht ist keine Schenkung, sondern Vertrag sui generis.[27] Bei jedem Verzicht sollte – gleich ob in einem Übertragungsvertrag enthalten oder isoliert beurkundet – klargestellt werden, ob Gegenleistungen vereinbart werden und/oder der Verzicht unter Bedingungen steht. 24

Die für Erbverzichte geltenden Zweifelsregelungen der § 2350 Abs. 1 und Abs. 2 BGB gelten beim Pflichtteilsverzicht nach herrschender Meinung nicht, da anders als beim Erbvertrag sich durch den Verzicht die Pflichtteilsansprüche der anderen nicht erhöhen.[28] Soll der Pflichtteilsverzicht nur gegenüber bestimmten Erben gelten, muss dies folglich geregelt werden; ist das nicht der Fall, sollte dies klargestellt werden.

▶ **Muster: Klarstellung bei Pflichtteilsverzichten ohne Gegenleistungen/Bedingungen** 25

Eine Gegenleistung hat/haben ... der/die Erblasser nicht zu erbringen. Der Verzicht erfolgt unbedingt, insbesondere vom heutigen und künftigen Nachlasswert, der Nachlasszusammensetzung, davon, wer den Erblasser beerbt, und auch unabhängig von einer eventuellen Rückforderung des in dieser Urkunde übertragenen Grundbesitzes (*Alternative*: Anderes gilt jedoch im Falle einer Rückforderung des in dieser Urkunde übertragenen Grundbesitzes).

[Bei Verzichten nach dem Erstversterbenden sollte man noch ergänzen:]

Insbesondere wünschen die Beteiligten auch keine zugunsten des Pflichtteilsverzichtenden bindende Verfügung des Längstlebenden der Eltern oder gar einen Verfügungsunterlassungsvertrag.

Der Verzicht erfolgt allerdings unter der Bedingung, dass ausschließlich der Überlebende der Eltern den Erstversterbenden als Vollerbe beerbt und niemand sonst bedacht wird. Anderenfalls wird er vollständig hinfällig.

4. Ehegattenpflichtteilsverzicht

Verzichtet ein im gesetzlichen Güterstand lebender Ehegatte auf sein Pflichtteilsrecht, so erfasst dieser Verzicht nicht seine Zugewinnausgleichsansprüche.[29] Um Missverständnisse auszuschließen, sollte das entweder klargestellt oder ein entsprechender ehevertraglicher Verzicht hinzugefügt werden. Ferner sollten die Auswirkungen des Pflichtteilsverzichts auf etwaigen nachehelichen Unterhalt (§ 1586b BGB) geregelt werden. 26

▶ **Muster: Ehegattenpflichtteilsverzicht** 27

Ein jeder von uns verzichtet hiermit gegenüber dem diesen Verzicht annehmenden anderen Ehegatten auf sämtliche Pflichtteils- und Pflichtteilsergänzungsansprüche, die ihm bei dessen Tod zustehen würden.

---

26 Vgl. etwa den Formulierungsvorschlag in Reimann/Bengel/Mayer, Formularteil Rn. 80.
27 *Bengel*, ZEV 2006, 192, 194; *Nieder/Kössinger*, § 19 Rn. 25.
28 *Nieder/Kössinger*, § 19 Rn. 15.
29 *Nieder/Kössinger*, § 19 Rn. 3.

Kapitel 10 Verminderung und Vermeidung von Pflichtteilsrechten

Der vorstehende Verzicht beinhaltet ausdrücklich den Verzicht auf nachehelichen Unterhalt nach § 1586b BGB für den Fall des Vorversterbens des unterhaltspflichtigen Ehegatten.

(Alternative: Soweit der zuerst Versterbende bei seinem Tod dem anderen zur Leistung von nachehelichem Unterhalt verpflichtet sein sollte, behält sich dieser seine gesetzlichen Ansprüche gegen die Erben des Unterhaltsverpflichteten aus § 1586b BGB ausdrücklich vor.)

Das gesetzliche Erbrecht und Zuwendungen in Verfügungen von Todes wegen werden von dem Verzicht nicht erfasst, ebenso wenig etwaige güterrechtliche Ausgleichsansprüche. Auf solche soll in dieser Urkunde nicht verzichtet werden.

Eine Gegenleistung über den Verzicht hinaus hat keiner der Beteiligten zu erbringen.

Der Verzicht erfolgt unbedingt, insbesondere unabhängig vom heutigen und dem künftigen Nachlasswert, der Nachlasszusammensetzung und davon, wer den jeweils anderen beerbt.

Der Notar hat über das gesetzliche Erb- und Pflichtteilsrecht belehrt.

[Im Rahmen von Trennungsvereinbarungen sollte ferner ergänzt werden:]

Nach Hinweis des Notars erklären wir: Einen Erbvertrag oder ein gemeinschaftliches Testament, in welchem einer von uns durch den anderen bindend bedacht worden ist, haben wir bislang nicht errichtet.

Soweit einer von uns den anderen enterben will, wird dies gesondert durch ein entsprechendes Testament erfolgen. Auf die bei Errichtung eines eigenhändigen Testaments einzuhaltenden Formvorschriften hat der Notar hingewiesen.

5. Der beschränkte Pflichtteilsverzicht

28 Der Verzicht kann in diverser Hinsicht beschränkt werden, etwa auch auf einen Bruchteil oder einen bestimmten Betrag. Es lässt sich etwa auch ein besonderes Bewertungsverfahren zur Pflichtteilsberechnung vereinbaren.[30] Denkbar ist beispielsweise ebenfalls, dass der Verzichtende Beschränkungen und Beschwerungen im Sinne von § 2306 BGB übernimmt.

a) Gestaltung bezüglich des Pflichtteils nach dem erstversterbenden Elternteil

29 Verbreitet, gerade im Zusammenhang mit Übertragungen, sind (als Alternative zu der unten unter Rdn. 66 behandelten Anrechnung der Zuwendung auf den Pflichtteil) umfassende Pflichtteilsverzichte nach dem erstversterbenden Elternteil. Ein solcher ist gegenüber den verbreiteten Pflichtteilsklauseln vorzugswürdig, da letztere – wenn überhaupt – nur einen schwachen Schutz bieten (vgl. unten Rdn. 177, 179, 217).

30 ▶ **Muster: Verzicht nur nach dem Erstversterbenden der Eltern**

Der Erwerber verzichtet hiermit dem Erstversterbenden seiner Eltern gegenüber auf sein gesetzliches Pflichtteilsrecht nach diesem.

Alternative 1: Der Verzicht betrifft auch alle etwaigen Pflichtteilsergänzungsansprüche wegen Zuwendungen – seien es vergangene, seien es künftige – an andere, gleich um wen es sich handelt. *Alternative 2*: Vorbehalten bleiben lediglich Pflichtteilsergänzungsansprüche wegen zukünftiger Zuwendungen an andere als den derzeitigen Ehegatten des Erstversterbenden.

Der Verzicht erstreckt sich auf die Abkömmlinge des Verzichtenden. Ein jeder der Eltern nimmt den vorstehenden Verzicht hiermit an. Ein etwaiges gesetzliches Erbrecht oder Zuwendungen in einer Verfügung von Todes wegen werden von diesem Verzicht nicht erfasst, ebenso wenig das Erb- und Pflichtteilsrecht nach dem Längstlebenden der Eltern. Über das gesetzliche Erb- und Pflichtteilsrecht und die Unterschiede des Pflichtteils- zu einem Erbverzicht hat der Notar belehrt.

---

30 Eine Übersicht über die denkbaren Beschränkungsmöglichkeiten findet sich bei Mayer/Süß/Tanck/*J. Mayer*, § 11 Rn. 20 und bei *Nieder/Kössinger*, § 19 Rn. 4 ff.

Eine Gegenleistung haben die Eltern nicht zu erbringen. Der Verzicht erfolgt unbedingt, insbesondere unabhängig vom heutigen und künftigen Nachlasswert, der Nachlasszusammensetzung, davon, wer den Erblasser beerbt, und insbesondere auch von einer eventuellen Rückforderung des in dieser Urkunde übertragenen Grundbesitzes (*Alternative*: Anderes gilt jedoch im Falle einer Rückforderung des in dieser Urkunde übertragenen Grundbesitzes.)

Insbesondere wünschen die Beteiligten auch keine zugunsten des Pflichtteilsverzichtenden bindende Verfügung des Längstlebenden der Eltern oder gar einen Verfügungsunterlassungsvertrag.

Der Verzicht erfolgt lediglich unter der Bedingung, dass ausschließlich der Überlebende der Eltern den Erstversterbenden beerbt. Anderenfalls wird er vollständig hinfällig.

Bis zur Entscheidung des BFH vom 27.6.2007[31] wurde aus erbschaftsteuerlichen Gründen beim Berliner Modell ein beschränkter Pflichtteilsverzicht dergestalt empfohlen, dass alle Pflichtteilsansprüche nach dem erstversterbenden Elternteil – sei es vor dessen Tod oder auch danach – bis zum Tod des Überlebenden **gestundet** werden oder auf den Pflichtteil nach dem Tod gegen eine Abfindung verzichtet wird, die ihrerseits bis zum Tod des Überlebenden gestundet wird. So sollten die Freibeträge der Kinder nach dem Erstversterbenden in Höhe ihrer Pflichtteilsansprüche genutzt werden, ohne dass der Überlebende zu Lebzeiten darunter leiden müsste. Der BFH hat im Jahr 2007 jedoch entschieden, dass bei solchen Vereinbarungen die Kinder beim Tod des überlebenden Elternteils nicht die gestundeten Pflichtteilsansprüche nach dem Erstversterbenden bzw. die an deren Stelle getretenen Abfindungen als Nachlassverbindlichkeiten im Sinne des § 10 Abs. 5 ErbStG abziehen dürfen. Denn ungeschriebene Voraussetzung dieses Abzugsrechts sei eine wirtschaftliche Belastung für den überlebenden Ehegatten. Die fehle bei einer Stundung bis zu seinem Tod. Diese Rechtsprechung ist nunmehr zumindest teilweise überholt. Der BFH spricht in seinem Urteil vom 19.2.2013[32] von einer »eingeschränkten Bedeutung« des Kriteriums der wirtschaftlichen Belastung. Der Überlebende war noch binnen drei Jahren nach dem Tod seines Ehegatten gestorben. Jedenfalls einen derart noch nicht verjährten Pflichtteilsanspruch nach dem Erstversterbenden könnten die Kinder auch noch nach dem Tod des überlebenden Elternteils geltend machen. Dieser Pflichtteil sei dann vom Nachlass des Längstlebenden abzuziehen und nachträglich erbschaftsteuerlich beim ersten Todesfall zu berücksichtigen. Dass hier der Überlebende wirtschaftliche nicht belastet gewesen sei, sei nicht entscheidend. Die genaue Bedeutung der »wirtschaftlichen Belastung« bleibt damit nebulös. Es dürfte aber wohl dabei bleiben, dass eine Stundung bis zum Tod des Überlebenden erbschaftsteuerlich nicht anerkannt wird, da hier anders als im vom BFH entschiedenen Fall der Überlebende bis zu seinem Tod hätte von den Kindern in Anspruch genommen werden können.[33] Auf eine *konkrete* Gefahr der Inanspruchnahme kommt es dabei nach einhelliger Ansicht nicht an.

Eine bloße Sicherung der gestundeten Ansprüche dürfte als Belastung dem BFH nicht reichen. **Erbschaftsteuerlich** bringen die genannten Stundungsgestaltungen mithin keinen Vorteil, wenn man nicht die Abfindung voraussichtlich noch vor dem Ableben des Überlebenden fällig werden lässt. Dem in diesem Fall auch faktisch belasteten Erben kann die ihn dann treffende Beschwer immer noch dadurch erträglich gestaltet werden, dass er sich bei der zu leistenden Abfindung die üblichen Nutzungsrechte u. s. w. vorbehalten darf oder aber ihm auch eine Abfindung in Gestalt von Einbringungen in eine vom ihm gesteuerte Gesellschaft gestattet wird. Das spricht dafür, nicht einfach den Pflichtteil zu stunden, sondern ein betagtes Sachvermächtnis als Gegenleistung für einen Verzicht zu vereinbaren.[34]

---

31 BFH, Urt. v. 27.6 2007 – II R 30/05, NotBZ 2007, 337.
32 BFH, Urt. v. 19.2.2013 – II R 47/11, MittBayNot 2013, 342.
33 So auch *Ihle*, notar 2013, 202, 203 entgegen *Wachter*, ZEV 2013, 222.
34 Vgl. auch Reimann/Bengel/Mayer, Formularteil Rn. 82a.

Kapitel 10 Verminderung und Vermeidung von Pflichtteilsrechten

32 ▶ **Muster: Pflichtteilsverzicht nach dem Erstversterbenden gegen ein (erbschaftsteuerlich motiviert befristet) gestundetes Vermächtnis nach dem Erstversterbenden**

Herr A., geboren am . . ., verzichtet seinen diesen Verzicht annehmenden Eltern gegenüber hiermit mit Wirkung auch für seine Abkömmlinge auf sein gesetzliches Pflichtteilsrecht nach dem Erstversterbenden der Eltern dergestalt, dass er für den Fall einer Ausschlagung nach § 2307 Abs. 1 S. 1 BGB keinerlei Pflichtteilsanspruch hat, für den Fall der Annahme des nachfolgenden Vermächtnisses aber keine über den Wert des Vermächtnisses hinausgehende Pflichtteilsansprüche gemäß § 2307 Abs. 1 S. 2 BGB.

Sein gesetzliches Erbrecht und Zuwendungen aufgrund von Verfügungen von Todes wegen werden von diesem Verzicht nicht erfasst.

Der Erstversterbende der Eltern, der Eheleute A., setzt hiermit ein Vermächtnis zugunsten des Sohnes, Herrn A., in Höhe seiner sämtlichen Pflichtteilsansprüche aus, die diesem nach dem Tod des erstversterbenden Elternteils zustehen. Das Vermächtnis ist fällig und zu erfüllen binnen . . . Jahren nach dem Tod des erstversterbenden Elternteils. Es kann von überlebenden Elternteil auch in Sachwerten erfüllt werden.

Zur Vermächtniserfüllung soll der Überlebende Elternteil berechtigt sein, beliebige Nachlassgegenstände auf den Pflichtteilsberechtigten zu übertragen, wobei er sich (ohne Wertabzug) den lebenslangen Nießbrauch vorbehalten kann, bei dem er alle Kosten zu tragen hat. Er kann den Nießbrauch auf eigene Kosten an nächstoffener Rangstelle (maßgeblicher Zeitpunkt: Tod des ersten von uns) im Grundbuch zur Eintragung bringen. Der Längerlebende kann sich auch einen bedingten Anspruch auf Rückübertragung vorbehalten für den Fall der Verfügung des Vermächtnisnehmers über den Vermächtnisgegenstand ohne vorherige Zustimmung des Längerlebenden von uns, des Vorversterbens eines Vermächtnisnehmers vor dem Tode des Längerlebenden von uns, der Zwangsvollstreckung in den Vermächtnisgegenstand, ohne dass die Maßnahme innerhalb von drei Monaten wieder aufgehoben worden ist, der Insolvenz des Vermächtnisnehmers oder der Ablehnung mangels Masse. Der Beschwerte ist befugt, sich den bedingten Rückübertragungsanspruch bei Grundbesitz im Rang nach dem Nießbrauch, im Übrigen an nächstoffener Rangstelle im Grundbuch, auf eigene Kosten eintragen zu lassen.

Die Vermächtniserfüllung kann auch in der Weise erfolgen, dass die ausgewählten Nachlassgegenstände in eine Vermögensverwaltungsgesellschaft eingebracht werden, wobei der Überlebende die Rechtsform und die Bedingungen des Gesellschaftsvertrages, insbesondere die Beteiligungsverhältnisse, festlegt.

Anstelle des Sachvermächtnisses kann der Überlebende einzelne oder alle Pflichtteilsansprüche nach seiner Wahl in bar abgelten. Dabei darf er sich einen lebenslangen Nießbrauch und/oder die vorbezeichneten Rückforderungsrechte vorbehalten.

Sollte unser Sohn Herr A. vorversterben oder aus einem anderen Grund als Vermächtnisnehmer ausfallen, treten seine leiblichen ehelichen Abkömmlinge entsprechend der gesetzlichen Erbfolge erster Ordnung als Ersatzvermächtnisnehmer an seine Stelle. Das Nachrücken weiterer Ersatzvermächtnisnehmer wird ausgeschlossen.

[Bei der Bindung ist klarzustellen, ob auch diese mit Bindungswirkung bedacht sind.]

Beim Tod des Beschwerten etwa noch bestehende Verpflichtungen aus diesem Vermächtnis sind seinen Erben grundsätzlich zu erlassen. Davon ausgenommen sind Leistungspflichten, die der Beschwerte bis zu seinem Tod festgelegt, aber noch nicht erfüllt hat.

33 *Hartmann*[35] wiederum schlägt vor, den Pflichtteil nicht zu beseitigen, um die mit ihm verbundenen Vorteile, das denkbare Ausnutzen der Freibeträge der Kinder nach dem Erstversterbenden, zu erhalten. Der Überlebende könne vor gegen seinen Willen geltend gemachten Ansprüchen dadurch geschützt werden, dass die Ansprüche als so genannte **Naturalobligation** ausgestaltet werden.

---

35 *Hartmann*, DNotZ 2007, 820.

Verminderung und Vermeidung von Pflichtteilsrechten **Kapitel 10**

▶ Muster: Umwandlung des Pflichtteils nach dem erstversterbenden Elternteil in eine Naturalobligation   34

Der Erwerber verzichtet hiermit mit Wirkung auch für seine Abkömmlinge dem Erstversterbenden seiner Eltern gegenüber auf sein gesetzliches Pflichtteilsrecht nach diesem insoweit, als der Anspruch zwar mit dem Erbfall als Verpflichtung des Erben entsteht, dieser Anspruch aber gegen den Willen des Erben weder außergerichtlich durch Aufrechnung noch gerichtlich durchsetzbar ist (so genannte Naturalobligation oder unvollkommene Verbindlichkeit). Die vollständige oder teilweise Erfüllung des Pflichtteilsanspruchs ist also nur mit dem Willen des Erben des erstversterbenden Elternteils möglich. . . .*[weiter wie oben Rdn. 30]*[36]

▶ Hinweis: Bei jeder der vorgestellten Gestaltungen treten die bezweckten erbschaftsteuerlichen Wirkungen nur und erst dann ein, wenn und sobald der Anspruch schließlich – und zwar vor dem Tod des damit Belasteten – erfüllt wird.[37]   35

Einkommensteuerlich gilt bei **zinslos** gestundeten Zahlungsansprüchen die sogenannte Abzinsungs-Rechtsprechung des BFH: Bei Erfüllung der gestundeten Schuld wird die Forderung aufgespalten in einen Kapitalanteil und einen als Kapitalertrag in einer Summe zu versteuernden fiktiven Zinsertrag, der bei zinsloser Stundung mit 5,5 % angenommen wird.[38] Durch eine geringere Verzinsung lässt sich dies und durch eine jährliche Zahlungspflicht immerhin der Progressionsnachteil vermeiden. Erbschaftsteuerlich ist eine zinslose Stundung keine freigebige Zuwendung nach § 7 Abs. 1 Nr. 1 ErbStG wegen des Verzichts auf Zinsen.[39]

Zivilrechtlich kann eine Stundung bis zum Tod des Überlebenden nach wie vor sinnvoll sein.[40] Der überlebende Elternteil hat dann zu seinen Lebzeiten nichts zu befürchten, wohingegen die gesetzlich vorgesehenen Stundungsmöglichkeiten auch nach Neufassung des § 2331a BGB nur selten greifen werden.[41] Werden die Pflichtteilsansprüche vor dem Erbfall zugunsten des überlebenden Ehegatten gestundet, muss nicht etwa zum Schutz des stundenden Pflichtteilsberechtigten vor ihrer Verjährung diese in gleicher Weise verlängert werden. Denn anfänglich gestundete Forderungen beginnen nach § 199 Abs. 1 BGB erst nach Ablauf der Stundungsfrist zu verjähren. Wird der Pflichtteil hingegen erst nach dem Erbfall gestundet, ist zum Schutz des Pflichtteilsberechtigten die Verjährung zu verlängern.   36

▶ Muster: Pflichtteilsstundung bis zum Tod des Überlebenden zum Schutz des überlebenden Elternteils   37

Herr A., geboren am . . ., verzichtet seinen diesen Verzicht annehmenden Eltern gegenüber hiermit mit Wirkung auch für seine Abkömmlinge auf sein gesetzliches Pflichtteilsrecht partiell nach dem Erstversterbenden der Eltern dergestalt, dass sämtliche Pflichtteils-, Pflichtteilsrest- und Pflichtteilsergänzungsansprüche bis zum Tod des Längstlebenden der Eheleute A. gestundet werden. Vereinbart wird: Sicherheiten können nicht verlangt werden. Gegebenenfalls beschränken sich die Ansprüche auf den noch vorhandenen Nachlass des überlebenden Elternteils. Auch eine Wertsicherung wünschen die Beteiligten nicht.

Unberührt von der Stundung bleiben sämtliche Ansprüche aus § 2314 BGB, der unter anderem Auskunfts- und Wertermittlungsansprüche begründet.

Beginnend mit dem Todestag des Erstversterbenden der Eheleute A. sind die gestundeten Ansprüche mit . . . (in Worten: . . .) % zu verzinsen. Die Zinsen sind fällig jeweils am Jahresende für das dann je-

---

36 Nach *Hartmann*, DNotZ 2007, 812, 821.
37 BFH, Urt. v. 27.8.2003 – II R 58/01, ZEV 2004, 35.
38 Vgl. zum Ganzen *Hartmann*, DNotZ 2007, 812, 820, *Berresheim*, RNotZ 2007, 501, 521.
39 BFH, Urt. v. 31.3.2010 – II R 22/09, ZEV 2010, 379.
40 So auch *J. Mayer*, ZEV 2007, 556, 559.
41 So auch *Muscheler*, ZEV 2008, 105, 106.

Kapitel 10 Verminderung und Vermeidung von Pflichtteilsrechten

weils ablaufende Kalenderjahr. Die Schuld ist jederzeit vorher erfüllbar, ohne dass für den dadurch entgehenden Zins ein Schadenersatz geschuldet würde.

Die Stundung erfolgt unbedingt, insbesondere unabhängig vom heutigen und dem künftigen Nachlasswert und der Nachlasszusammensetzung. Insbesondere wünschen die Beteiligten auch keine zugunsten des Sohnes, Herrn A., bindende Verfügung des Längstlebenden der Eltern oder gar einen Verfügungsunterlassungsvertrag.

Die Stundung erfolgt lediglich unter der Bedingung, dass ausschließlich der Überlebende der Eltern den Erstversterbenden beerbt. Anderenfalls wird die Pflichtteilsstundung vollständig hinfällig.

Eine Gegenleistung hat Herr A. nicht zu erbringen.

Der Notar hat über das gesetzliche Erb- und Pflichtteilsrecht und die Rechtswirkungen des partiellen Pflichtteilsverzichts belehrt.

38 Alternativ kommt ein Verzicht gegen ein bis zum Tod des Überlebenden **gestundetes Vermächtnis** nach dem Erstversterbenden als Gegenleistung in Betracht. Die Formulierung unter Rdn. 32 ist dementsprechend anzupassen. Denkbar sind ferner als Gegenleistung für den Pflichtteilsverzicht bedingte und befristete Zahlungsansprüche des Verzichtenden, die erst bei Verkauf etwa des Familienheims durch den Überlebenden, spätestens mit dessen Tod, entstehen.

b) Gegenständlich beschränkter Pflichtteilsverzicht

39 Verbreitet sind so genannte gegenständlich beschränkte Pflichtteilsverzichte, die dazu führen, dass bestimmte Gegenstände oder auch Sachinbegriffe des Nachlasses oder des fiktiven Nachlasses (in Bezug auf Pflichtteilsergänzungsansprüche) bei der Berechnung der Pflichtteilsansprüche ignoriert werden. Da der Pflichtteilsanspruch nur ein Geldanspruch ist, wird dadurch nicht gegen den Grundsatz der Universalsukzession verstoßen.

40 Im Rahmen von Übertragungen auf einen Abkömmling sind solche Verzichte seitens der Geschwister sinnvoll. Zusätzlich könnte man zum Schutz des überlebenden Elternteils in die Urkunde umfassende Pflichtteilsverzichte dieser Geschwister nach dem Erstversterbenden aufnehmen. Wird man diese dann dadurch auflösend bedingen, dass sie im Falle einer Rückforderung der eigenen Abfindung entfallen, sollten doch die gegenständlich beschränkten unbedingt bestehen bleiben.

41 ▶ **Muster: Gegenständlich beschränkte Pflichtteilsverzichte der Geschwister des Erwerbers gegen Abfindung im Rahmen einer Übertragung**

Alle Geschwister des Erwerbers verzichten hiermit für sich und ihre Abkömmlinge auf ihr Pflichtteilsrecht am Nachlass des Veräußerers in der Weise, dass der Vertragsgegenstand gemäß gegenwärtiger Urkunde bei der Berechnung ihres Pflichtteils als nicht zum Nachlass des Veräußerers gehörend angesehen und aus der Berechnungsgrundlage für den Pflichtteilsanspruch, den Ausgleichspflichtteil und Pflichtteilsergänzungsanspruch ausgeschlossen wird.

Die Beteiligten vereinbaren diesen Verzicht schuldrechtlich auch untereinander, § 311b Abs. 5 BGB. *(vgl. dazu nachstehend Rdn. 49)*

Eine Gegenleistung über die oben unter... vereinbarte Zahlungspflicht hinaus hat keiner der Beteiligten zu erbringen. Diese gegenständlich beschränkten Verzichte erfolgen unbedingt, insbesondere unabhängig von einer eventuellen Rückforderung, vom heutigen und künftigen Nachlasswert, der Nachlasszusammensetzung, davon, wer den Veräußerer beerbt und insbesondere auch unabhängig davon, ob der Verzichtende künftig wegen Elternunterhalts in Anspruch genommen wird.

Der Veräußerer nimmt diese gegenständlich beschränkten Pflichtteilsverzichte an.

Die Vertragschließenden wurden darauf hingewiesen, dass die gegenständlich beschränkten Pflichtteilsverzichte das gesetzliche Erbrecht überhaupt und den Pflichtteil am Restvermögen des Veräußerers unberührt lassen. Der Notar hat über das gesetzliche Erb- und Pflichtteilsrecht belehrt.

Zu bedenken ist stets, dass die Pflichtteilsergänzungsansprüche sich in erster Linie gegen den Erben   42
und nur unter bestimmten Voraussetzungen (§ 2329 BGB) gegen den Beschenkten richten, weshalb
es sich mitunter bei lebzeitigen Übertragungen empfiehlt, den Erwerber die **Pflichtteilslast** übernehmen zu lassen, wenn sich nicht alle Pflichtteilsergänzungsansprüche durch entsprechende Verzichte beseitigen lassen:

▶ **Muster: Übernahme der Pflichtteilslast durch den Erwerber**   43

Der Erwerber übernimmt hiermit anstelle des Erben des Veräußerers alle aus der heutigen Urkunde etwa resultierenden Pflichtteilsergänzungsansprüche und verpflichtet sich, den Erben insoweit von der Inanspruchnahme durch Pflichtteilsberechtigte freizustellen. Aus dieser Vereinbarung erwachsen lediglich dem Veräußerer und dessen Erbe eigene Ansprüche. Andere können aus dieser Vereinbarung keine Rechte herleiten.

Auch dem Ehegatten des Veräußerers stehen gegebenenfalls Pflichtteilsergänzungsansprüche zu.   44
Eine etwaige Zustimmung nach § 1365 BGB und/oder § 2287 BGB ist dann gegebenenfalls wie folgt zu ergänzen:

▶ **Muster: Gegenständlich beschränkter Ehegattenpflichtteilsverzicht im Rahmen**   45
einer Übertragung

Der Ehegatte verzichtet außerdem, gegenständlich beschränkt auf das heutige Vertragsobjekt, auf Pflichtteilsergänzungsansprüche am Nachlass des Veräußerers. Das Vertragsobjekt soll auch im Rahmen des § 1586b BGB unberücksichtigt bleiben. Der persönlich anwesende Veräußerer nimmt diesen Verzicht an.

6. Verpflichtung zur Unterlassung der Aufhebung

Ein Pflichtteilsverzicht kann von den Vertragsbeteiligten wieder aufgehoben werden, § 2351 BGB.   46
Dinglich lässt sich dies nicht ausschließen, Erblasser und Verzichtendem lässt es sich lediglich schuldrechtlich verbieten. Schadenersatzansprüche gegen den Erben und den Verzichtenden wären die Folge.

Ein solches Verbot kommt insbesondere in Betracht, wenn Vermögen über einen Ehegatten (anderer Elternteil oder auch Stiefelternteil) mit einem oder mehreren einseitigen Kindern an gemeinsame oder einseitige Abkömmlinge des Zuwendenden gelangen soll, um so die Erbschaftsteuerfreibeträge auch nach dem anderen Elternteil bzw. Stiefelternteil auszunutzen. In dieser Konstellation sollten alle Kinder des Zwischengeschalteten zumindest gegenständlich beschränkt auf ihr Pflichtteilsrecht verzichten, und zwar mitsamt schuldrechtlichem Aufhebungsverbot.

Mitunter verzichtet auch ein Stiefelternteil schuldrechtlich zugunsten der Kinder des Ehegatten auf   47
sein Ehegattenpflichtteilsrecht. In solchen Konstellation ist daran zu denken, dass der Erblasser kann indes sogar ohne Aufhebung des Pflichtteilsverzichts seines Ehegatten und sogar trotz erbrechtlich bindender Verfügung etwa zugunsten seiner Kinder dem Ehegatten unter Lebenden Vermögen bis zur Höhe seines hypothetischen (!) Pflichtteils zuwenden kann. Die erbrechtliche Bindung nach §§ 2287 ff. BGB schützt davor nicht, denn die Erberwartung erfasst von vornherein nicht den Pflichtteil des Ehegatten.[42]

▶ **Muster: Schuldrechtliches Verbot der Aufhebung eines Pflichtteilsverzichts**   48

Sämtliche Beteiligten verpflichten sich schuldrechtlich gegenüber dem dies annehmenden Überträger und dessen Erben, die unter ... dieser Urkunde erklärten Pflichtteilsverzichte nicht ohne dessen Zustimmung bzw. Zustimmung seiner Erben wieder aufzuheben, andernfalls Schadenersatzansprüche die Folge sind.

---

42 Vgl. *Keim*, RNotZ 2013, 411 (415).

49 Auch bei Schenkungen an ein Kind besteht die Gefahr, dass die gegenständlich beschränkten Pflichtteilsverzichte der Geschwister ohne Kenntnis des Bedachten aufgehoben werden. Sind mehrere oder gar alle Abkömmlinge am Vertrag beteiligt, kommt ein Erbschaftsvertrag nach § 311b Abs. 5 BGB in Betracht, der jedoch ebenfalls nur schuldrechtlich wirkt und damit gegenüber dem oben erläuterten schuldrechtlichen Aufhebungsverbot keinen Vorteil bietet:

50 ▶ **Muster: Schuldrechtliches Verbot der Aufhebung eines Pflichtteilsverzichts**

Die Beteiligten vereinbaren diesen Verzicht schuldrechtlich auch untereinander, § 311b Abs. 5 BGB.

[Sollen auch alle früheren Zuwendungen mit einbezogen werden, könnte man weitergehender formulieren:]

Der Erwerber und alle seine mitanwesenden Geschwister betrachten sich hinsichtlich aller vom Übergeber ihnen oder einem oder mehreren von ihnen bislang und im Rahmen dieses Vertrages gemachter Zuwendungen als gleichgestellt. Sie verpflichten sich insoweit gegenseitig und mit Wirkung auch für ihre Erben, nach dem Tod des Übergebers wegen dieser Zuwendungen keinerlei Ansprüche irgendwelcher Art gegeneinander geltend zu machen. Vorbehalten bleiben Ansprüche wegen künftiger Zuwendungen, soweit das Gesetz solche Ansprüche begründet.[43]

51 ▶ Praxistipp

Der Alternativvorschlag,[44] den Verzichtenden nicht nur auf sein Pflichtteilsrecht nach dem Erblasser, sondern ihn zusätzlich auf die künftigen Pflichtteilsergänzungsansprüche verzichten zu lassen, und zwar gegenüber dem Übergeber und dem Übernehmer, mag mitunter leerlaufen, da doch der Übernehmer nicht zwingend Schuldner der Pflichtteilsergänzungsansprüche wird, sondern in erster Linie der Erbe. Ist der, der sich später als Erbe erweisen wird, nicht auch am Verzicht beteiligt, scheitert ein solcher Verzicht. Dasselbe droht, falls der Verzichtende vorverstirbt.

7. Inhaltskontrolle

52 Für Verunsicherung haben die folgen Überlegungen gesorgt: Ein Pflichtteilsverzichtsvertrag müsse inhaltlich ausgewogen sein und eine angemessene Abfindung erhalten, anderenfalls er wegen der Unausgewogenheit von Leistung und Gegenleistung unwirksam sein könne.[45] Je nachdem, ob der Pflichtteil im jeweiligen Fall (auch) der Sicherung des laufenden Unterhalts und der Altersversorgung des Verzichtenden diene oder lediglich die Teilhabe an einem größeren Familienvermögen zur Debatte stehe, sei – gerade bei Ehegatten – die Rechtsprechung zu Eheverträgen (Inhalts- und Ausübungskontrolle) auf den Pflichtteilsverzicht zu übertragen.[46] Bei erbrechtlichen Verzichten könne die Geschäftsgrundlage entfallen.[47] Hinzu kommen Gerichtsurteile zu den Grenzen erbrechtlicher Verfügungen wie die Hohenzollern-Entscheidung[48] des BVerfG.

53 Pflichtteilsverträge können **sittenwidrig** und so aufgrund § 138 BGB unwirksam sein.

Dabei ist zu differenzieren: Pflichtteilsverzichte finden sich mitunter im Rahmen von Ehegattenvereinbarungen, die die Rechtsprechung auf ihre eventuelle Sittenwidrigkeit hin prüft. Im Rahmen der dabei vorzunehmenden Gesamtschau kann ein zusätzlicher Pflichtteilsverzicht das Fass zum Über-

---

43 Nach *Nieder/Kössinger*, § 2 Rn. 309.
44 *J. Mayer*, ZEV 1996, 441, 445.
45 OLG Oldenburg, Urt. v. 16.3.2006 – 1 U 12/05, RNotZ 2006, 479; *Theiss/Boger*, ZEV 2006, 143, 145.
46 So *Wachter*, ZErb 2004, 238 und 306.
47 So *Wendt*, ZNotP 2006, 2.
48 BVerfG, Beschl. v. 22.3.2004 – 1 BVR 2248/01, ZEV 2004, 241.

laufen bringen.⁴⁹ Das ist indes nur dann denkbar, wenn der Pflichtteilsverzicht auch den Unterhalt aus § 1586b BGB umfasst.⁵⁰

Eine andere Frage in diesem Zusammenhang ist die, ob eine etwaige aus anderen Gründen hervorgerufene Teilunwirksamkeit auf den Pflichtteilsverzicht durchschlägt. Auch das dürfte die Ausnahme sein, wenn der Pflichtteilsverzicht nicht auch den Unterhaltsanspruch aus § 1586b BGB erfasst. Denn allein die Trennung ist dann Hintergrund des Pflichtteilsverzichts, nicht die Vereinbarungen zu den Scheidungsfolgen. Im Zweifel würden die Vertragspartner den Fortbestand des Verzichts mithin auch bei Unwirksamkeit der Scheidungsfolgenvereinbarungen wünschen.⁵¹ Wenn aber der Pflichtteilsverzicht auch den nachehelichen Unterhalt umfasst, sollte auch allenfalls dieser Teilaspekt des Pflichtteilsverzichts von der Unwirksamkeit infiziert werden, nicht auch der erbrechtliche Aspekt.⁵²

▶ **Praxistipp** 54

Begegnet wird dieser Gefahr nicht mit einem willkürlichen Zerreißen des Vertrages in zwei Urkunden, sondern einer **konkreten** salvatorischen Klausel, die explizit die Fortgeltung des Pflichtteilsverzichts feststellt.⁵³

Ferner sollte gerade im Rahmen von Eheverträgen der Anspruch aus § 1586b BGB im Zweifel ausdrücklich vom Pflichtteilsverzicht ausgenommen werden.

Auch isolierte Pflichtteilsverzichte gerade auch von Abkömmlingen können nach § 138 BGB unwirksam sein, dann jedoch nicht wegen eines etwaigen Ungleichgewichts von Leistung und Gegenleistung. Verzichte sogar ohne Gegenleistung sind üblich und von Rechtsprechung und Gesetzgeber anerkannt. Ob der Pflichtteilsanspruch geltend gemacht wird, ist genauso die freie persönliche Entscheidung des Berechtigten wie ein etwaiger vorheriger Verzicht.⁵⁴ Die Rechtsprechung zur Kontrolle von Eheverträgen, die gerade an der inhaltlichen Angemessenheit festmacht, hat damit nichts zu tun. In dem oft zitierten Fall des OLG München⁵⁵ wurden denn auch die vom BGH entwickelten Grundsätze zur Wirksamkeits- und Ausübungskontrolle nicht angesprochen, die Sittenwidrigkeit vielmehr konkret damit begründet, dass der aufgrund seines jungen Alters in einer schwächeren Position befindliche Verzichtende getäuscht und dadurch zum Verzicht bewegt wurde. Auch die Rechtsprechung zur Sittenwidrigkeit (eines Unterhaltsverzichtenden) eines mindestens absehbar staatliche Sozialleistungen in Anspruch nehmenden Ehegatten ist nicht übertragbar: Ein während des Bezugs von nachrangigen Sozialleistungen, aber vor dem Erbfall erklärter Verzicht ist nach herrschender Meinung nicht sittenwidrig.⁵⁶ 55

Davon zu unterscheiden ist die Frage einer Anwendung der Grundsätze des **Wegfalls der Geschäftsgrundlage**, die der BGH zurecht bejaht.⁵⁷ Das Institut findet grundsätzlich Anwendung auf Pflichtteilsverzicht, Erbverzicht und zugehörige Kausalgeschäfte, auf den Erbverzicht der Rechtssicherheit wegen aber nicht mehr ab dem Erbfall.⁵⁸ Regelmäßig wird es wegen der Natur der Verzichtsverträge aber an den mittlerweile in § 313 BGB kodifizierten Voraussetzungen fehlen.⁵⁹ Jedenfalls bei einem 56

---

49 So anschaulich *J. Mayer*, ZEV 2007, 559.
50 Vgl. dazu *Münch*, ZEV 2008, 571.
51 Vgl. dazu im Einzelnen *Kühle*, ZErb 2013, 221, 222; *Keim*, RNotZ 2013, 411, 418.
52 So überzeugend *Kühle*, ZErb 2013, 221, 224.
53 So auch *Bengel*, ZEV 2006, 1912, 196.
54 So zurecht auch *Oppermann*, RNotZ 2006, 483.
55 OLG München, Urt. v. 25.1.2006 – 15 U 4751/04, ZEV 2006, 313.
56 OLG Köln, Urt. v. 9.12.2009 – 2 U 46/09, RNotZ 2010, 139; vgl. auch *Vaupel*, RNotZ 2009, 497, 508 (auch zu den sehr wohl denkbaren sozialrechtlichen Sanktionen).
57 BGH ZEV 1997, 69 (indes nur in Bezug auf die als Rechtsgrund abgeschlossene Abfindungsvereinbarung); zustimmend *Wendt*, ZNotP 2006, 2.
58 So auch Mayer/Süß/Tanck/*J. Mayer*, § 11 Rn. 7.
59 So auch *Bengel*, ZEV 2006, 192, 195; *Kapfer*, MittBayNot 2006, 385, 389.

normalen Pflichtteilsverzicht kann eine Anpassung nicht auf eine unerwartete Vermögensentwicklung des Erblassers nach Vertragsschluss gestützt werden, insoweit handelt es sich gerade um ein Risikogeschäft. Das sollte in der Urkunde ausdrücklich klargestellt werden. Verbleibende Fälle werden selten sein, so etwa der, dass eine bestimmte Nachlassteilhabe als Gegenleistung/Geschäftsgrundlage gerade in Aussicht gestellt worden ist.[60]

57 Bei der **Ausübungskontrolle nach § 242 BGB** kommt es im Unterschied zur Störung der Geschäftsgrundlage nicht nur auf die Verhältnisse im Zeitpunkt des Vertragsschlusses an. Bislang nutzte die Rechtsprechung dieses Instrument lediglich, um Eheverträge anzupassen. Die in diesem Zusammenhang jüngst aufgeworfene Frage, ob diese inhaltlich ausgewogen sein müssten, anderenfalls sie wie schon Eheverträge einer richterlichen Inhaltskontrolle unterworfen sein könnten,[61] ist zu verneinen. Wenn der Vertrag weder sittenwidrig noch die Geschäftsgrundlage weggefallen ist, gilt: Planungssicherheit für den Erblasser muss ermöglicht werden.[62] Ein vorsichtiger Gestalter mag dennoch bei Verzichten ohne Gegenleistung folgenden Belehrungsvermerk in die Urkunde aufnehmen:

58 ▶ **Muster: Belehrungsvermerk**

Der Notar hat belehrt über die jüngst laut werdenden Stimmen und vereinzelte Urteile bezüglich der gerichtlichen Überprüfung von Pflichtteilsverzichtsverträgen auf ihre inhaltliche Angemessenheit. Er hat darauf hingewiesen, dass solche Verträge unwirksam oder unanwendbar sein könnten. Die Wirksamkeit der in dieser Urkunde enthaltenen Pflichtteilsverzichte sei mithin nicht sicher.

Selbstverständlich ist auch auf ein angemessenes Beurkundungsverfahren zu achten.[63]

8. Erb- und Pflichtteilsverzichte nach der EuErbVO

59 Ist das Errichtungsstatut nach Art. 25 der Verordnung deutsches Recht und danach ein Verzicht wirksam, entscheidet doch das Anwendungsstatut über die konkreten Wirkungen, also das Recht am gewöhnlichen Aufenthaltsort des Erblassers in seinem Todeszeitpunkt bzw. das vom ihm gewählte Staatsangehörigkeitsrecht. Gestattet dieses derartige Verzichte nun aber nicht, erweisen sich derartige Verzichte trotz ihrer Wirksamkeit als wirkungslos.[64] Meist wird der Erblasser – fachkundig beraten – erbrechtlich etwa über vorsorgliche oder spätere Rechtswahl auch nach einem Wegzug sicherstellen können, dass die Verzichte fortgelten, oftmals wird es dem Erblasser jedoch am nötigen Problembewusstsein fehlen. Im Einzelfall können deshalb Hinweise des den Verzicht beurkundenden Notars angebracht sein[65].

III. Der Verzicht auf Pflichtteilsansprüche nach dem Erbfall

60 Mit dem Erbfall treten an die Stelle des Pflichtteilsrechts die Pflichtteilsansprüche. Als Konsequenz daraus ist nach dem Erbfall der Verzicht auf die entstandenen Pflichtteils-, Pflichtteilsrest- und/oder Pflichtteilsergänzungsansprüche als Erlassvertrag (§ 397 BGB) formlos möglich, wenn nicht – etwa wegen einer Gegenleistung – eine andere Formvorschrift wie etwa § 311b BGB greift. Der Verzicht betrifft nicht das Pflichtteils*recht*, sondern sollte etwa lauten:

61 ▶ **Muster: Umfassender Verzicht auf alle Pflichtteilsansprüche nach dem Erbfall**

Herr A., geboren am . . ., verzichtet seinem dies annehmenden Vater, Herrn A., geboren am . . ., gegenüber hiermit umfassend auf alle Pflichtteils-, Pflichtteilsrest- und Pflichtteilsergänzungsansprüche, die ihm nach der verstorbenen Mutter zustehen.

---

60 Vgl. *Wendt*, ZNotP 2006, 2.
61 So *Wachter*, ZErb 2004, 238 und 306 unter Berufung auf die Funktion des Pflichtteilsrechts.
62 So schon *Bengel*, ZEV 2006, 192, 197.
63 Dazu im Einzelnen *Keim*, RNotZ 2013, 411, 418.
64 *Odersky*, notar 2014, 139, 140.
65 *Odersky*, notar 2014, 139, 141.

Nach dem Erbfall wird häufig aus erbschaftsteuerlichen Gründen gegen eine Abfindung – die nicht 62
zwingend ein Zahlungsanspruch sein muss – auf die Pflichtteilsansprüche verzichtet. Die erbschaftsteuerlichen Nachteile eines Berliner Testaments, das Verfallen der Freibeträge der Kinder nach dem erstversterbenden Elternteil, lassen sich so mildern oder gar beseitigen. Es handelt sich um eine Alternative einerseits zur Ausschlagung durch den überlebenden Ehegatten gegen eine Abfindung, andererseits zu einer einverständlichen Pflichtteilsgeltendmachung. Ziel ist es jeweils, die Erbschaftsteuerfreibeträge nach dem erstversterbenden Elternteil zu nutzen. Denn die für den Pflichtteilsverzicht zu leistende Abfindung (§ 3 Abs. 2 Nr. 4 ErbStG) bzw. die Pflichtteilsansprüche selbst (§ 3 Abs. 1 Nr. 1 ErbStG) gelten erbschaftsteuerlich als vom Erblasser herrührend. Der Verzicht gegen Abfindung hat dabei gegenüber der Geltendmachung der Pflichtteilsansprüche den Vorteil, dass bei schlecht formulierten Pflichtteilsklauseln nicht etwa das den Pflichtteil verlangende Kind seine Schlusserbenstellung zu verspielen droht. Der frühere erbschaftsteuerliche Vorteil, dass es beim Verzicht gegen Abfindung anstatt auf den Nominalwert der Pflichtteilsansprüche auf den bewertungsrechtlichen Wert der Abfindung ankommt, hat mit der Reform des Erbschaftsteuerrechts an Bedeutung verloren, ist aber etwa angesichts des in § 13c Abs. 1 ErbStG vorgesehenen Bewertungsabschlags für zu Wohnzwecken vermietete Grundstücke noch von Bedeutung.

▶ **Praxistipp**

Soll es aber entscheidend darauf ankommen, darf nicht bereits der Pflichtteilsanspruch im Sinne von § 3 Abs. 1 Nr. 1 ErbStG im steuerlichen Sinne geltend gemacht worden sein. Der Weg zu § 3 Abs. 2 Nr. 4 ErbStG ist dann verbaut. Eine Bezifferung ist dafür nicht notwendig.[66] Wird in einem solchen Fall dann aber doch noch auf den Anspruch ohne Gegenleistung, etwa des Familienfriedens zuliebe, verzichtet, ist dieser Verzicht laut dem zitierten BFH-Urteil eine steuerbare Schenkung des Verzichtenden an den Erben. § 13 Nr. 11 ErbStG erfasst gerade nur den noch nicht geltend gemachten Pflichtteil.

Wie auch der Verzicht gegen Abfindung ist auch das einverständliche Geltendmachen der Pflicht- 63
teilsansprüche jederzeit, auch noch **nach ihrer Verjährung**, möglich.

Einkommensteuerlich führen beide Modelle (Geltendmachung des Pflichtteils nebst Erfüllung oder 64
Leistung an Erfüllungs statt einerseits und Verzicht gegen Abfindung andererseits) anders als ein Verzicht vor dem Erbfall zu einer entgeltlichen Veräußerung.[67] Grunderwerbsteuerlich greift bei der Übertragung von Grundbesitz als Abfindung die Grunderwerbsbesteuerung des § 3 Nr. 2 GrEStG, gleich ob es sich bei dem übertragenen Grundstück um Nachlassvermögen handelt oder nicht.[68]

Wird die Abfindung (oder auch der Pflichtteilsanspruch selbst) **gestundet**, ist erbschaftsteuerlich die 65
schon oben im Rahmen einer Pflichtteilsstundung vor dem Erbfall dargestellte Rechtsprechung des BFH zu beachten, wonach eine erst mit dem Tod des Überlebenden fällig werdende Abfindung, weil sie für diesen keine Beschwer darstellt, nicht nach § 10 Abs. 5 ErbStG als Nachlassverbindlichkeit abzugsfähig ist (vgl. oben Rdn. 31). Die Erben erwerben in einem solchen Fall die Abfindung entgegen § 3 Abs. 2 Nr. 4 ErbStG nicht vom vorverstorbenen Elternteil, sondern vom Überlebenden. Gleich zu behandeln ist der Fall, dass der Pflichtteil – gegebenenfalls trotz zivilrechtlicher Konfusion und Verjährung – erst nach dem Tod des Überlebenden geltend gemacht wird.[69] (Zivilrechtlich kann letzteres aber sehr sinnvoll sein, vgl. unten Rdn. 82).

Entsprechend den obigen Ausführungen sollte daher, wenn die Freibeträge nach dem Erstversterbenden genutzt werden sollen, die Abfindung voraussichtlich noch vor dem Ableben des Überlebenden fällig werden.

---

66 BFH, Urt. v. 19.7.2006 – II R 1/05, ZEV 2006, 514.
67 Vgl. BFH, Urt. v. 16.12.2004 – III R 38/00, ZEV 2005, 315.
68 Mayer/Süß/Tanck/*Wälzholz*, § 17 Rn. 237.
69 *Berresheim* RNotZ 2007, 501, 520.

IV. Anrechnungspflichten

66 Freigebige lebzeitige Zuwendungen des Erblassers hat sich der Empfänger auf den Pflichtteil nach dem Zuwendenden anrechnen zu lassen, wenn bei der Schenkung der Erblasser eine solche Pflichtteilsanrechnung angeordnet hat, § 2315 Abs. 1 BGB. Bei gemischten Schenkungen und Schenkungen unter Auflagen gilt dasselbe, soweit der Wert der Zuwendung die Gegenleistung/Auflage übersteigt.

1. Anrechnungsanordnung

a) Zu den Folgen einer zusätzlichen Ausgleichsanordnung

67 Die bloße Anrechnung nach § 2315 BGB führt zu einer Pflichtteilsentlastung in voller Höhe der Vorempfänge. Eine Kombination mit einer Ausgleichsanordnung nach § 2050 Abs. 3 BGB i. V. m. § 2316 Abs. 1 BGB hat demgegenüber neben einer Pflichtteilsumverteilung (nach § 2316 Abs. 3 BGB zwingend) eine Entlastung nur in Höhe der Hälfte der Vorempfänge zur Folge (§ 2316 Abs. 4 BGB). Bei noch lebendem Ehegatten des Erblassers kann dies zu einem höheren Pflichtteil des beschenkten Abkömmlings führen als die bloße Pflichtteilsanrechnung.[70] Erschwerend kommt hinzu, dass der Erblasser die pflichtteilserhöhende Wirkung bei den übrigen Pflichtteilsberechtigten nicht nachträglich einseitig wieder beseitigen kann.[71] Die Anrechnungsanordnung nach § 2315 BGB kann demgegenüber jederzeit formlos vom Erblasser einseitig nachträglich eingeschränkt oder beseitigt werden.[72]

> **Praxistipp**
>
> In der Beurkundungspraxis sollte aus diesen Gründen eine Kombination der Pflichtteilsanrechnung mit einer Ausgleichsanordnung vermieden und nur eine Anrechnung auf den Pflichtteil nach § 2315 BGB angeordnet werden. Ein Ausgleich zwischen dem Erwerber und seinen Geschwistern sollte dadurch erfolgen, dass der Erwerber sich zu Geschwisterabfindungen verpflichtet, oder dadurch, dass die anderen aus dem Nachlass des Veräußerers entsprechend mehr erhalten.

Der durch eine Verfügung von Todes wegen angeordnete Ausgleich weist wie auch die Ausgleichsanordnung nach § 2050 Abs. 3 BGB im Übrigen den Nachteil auf, dass der Ausgleichungsverpflichtete bei nicht hinreichendem Nachlass nicht aus seinem Eigenvermögen zuzahlen muss, § 2056 BGB. Die Wahl sollte deshalb auf anlässlich der Zuwendung vereinbarte Abfindungsverpflichtungen des Erwerbers fallen.

Auch derartige Gleichstellungsgelder sollten in der Urkunde eindeutig auf den Pflichtteil angerechnet werden, wenn nicht gar sogar ein Pflichtteilsverzicht beurkundet wird.

68 ▶ **Muster: Pflichtteilsanrechnung der Geschwisterabfindungen**

Die Abfindungsberechtigten haben sich den jeweiligen Abfindungsbetrag zuzüglich Inflationsbereinigung auf ihren Pflichtteil anrechnen zu lassen.

b) Beschreibung des Anrechnungsumfangs

69 Da bei Übertragungsverträgen der Überträger sich häufig Rechte vorbehält, sollte bei der Anrechnung ausdrücklich geregelt werden, ob und inwieweit diese den auf den Pflichtteil anzurechnenden Betrag reduzieren.

---

[70] Dazu im Einzelnen Mayer/Süß/Tanck/*Tanck/Lenz*, § 6 Rd. 102; *Nieder/Kössinger*, § 2 Rn. 302 ff.; zur Auslegung bei fehlender ausdrücklicher Regelung im Vertrag, BGH, Urt. v. 27.1.2010 – IV ZR 91/09; DNotZ 2010, 78.
[71] *J. Mayer*, ZEV 1996, 441, 443.
[72] *J. Mayer*, ZEV 1996, 441, 446.

Ein eintretender Abkömmling eines nach der Anrechnungsanordnung wegfallenden Pflichtteils- 70
berechtigten muss sich nach § 2315 Abs. 3 BGB die Zuwendungen anrechnen lassen, die sich der
Weggefallene selbst hätte anrechnen lassen müssen, wenn er nicht beweist, dass die Anrechnungspflicht des Empfängers nur diesen konkret treffen sollte. Eine besondere Klarstellung wird anders
als bei einem Pflichtteilsverzicht üblicherweise nicht aufgenommen, sie schadet aber nicht.

▶ **Muster: Pflichtteilsanrechnung in Höhe des Wertes der freigebigen Zuwen-** 71
dung

Der Erwerber hat sich den heutigen Wert des Übertragungsobjekts, den die Beteiligten zu diesem
Zweck auf ... beziffern, zuzüglich Inflationsbereinigung aber ohne Abzug von Gegenleistungen und/
oder vorbehaltenen Nutzungsrechten mit Wirkung auch für seine Abkömmlinge auf sein Pflichtteilsrecht nach dem Veräußerer (... bei mehreren jeweils ... in voller Höhe/ ... hälftig) anrechnen zu lassen. Einen Pflichtteilsverzicht wünschen die Erschienenen nicht. Der Notar hat über das gesetzliche
Erb- und Pflichtteilsrecht belehrt.

Denkbar ist auch die Angabe eines konkreten Betrages. Ob dieser gegebenenfalls den in der Zuwen- 72
dung enthaltenen unentgeltlichen Anteil übersteigt, ist bei notarieller Beurkundung irrelevant, da ein
eventueller Überschuss gegebenenfalls zwar nicht mehr als Anrechnung nach § 2315 BGB gilt. Diese
ist auf den unentgeltlich zugewendeten Teil beschränkt. Wohl aber handelt es sich in Höhe des darüber gegebenenfalls hinausgehenden Teils um einen (wertmäßig beschränkten) Pflichtteilsverzicht.
Erst recht kann ein niedrigerer Anrechnungswert gewählt werden.

▶ **Muster: Pflichtteilsanrechnung in Höhe eines konkreten Betrages** 73

Die Anrechnung hat in Höhe von ...,– € (in Worten: ... Euro) zuzüglich Inflationsausgleich zu erfolgen.

Ist kein Pflichtteilsverzicht und auch keine Anrechnung gewünscht, ist dies klarzustellen. Nachdem 74
das ursprüngliche Vorhaben des Gesetzgebers, nachträgliche einseitige Anrechnungsanordnung in
Verfügungen von Todes wegen noch zuzulassen, im Rahmen der Erbrechtsreform nicht Gesetz wurde, ist diesbezüglich nichts regeln. Da aber andererseits eine derartige Gesetzesänderung in (ferner)
Zukunft nicht ausgeschlossen ist und diese dann wie die zum 1. Januar 2010 in Kraft getretene Erbrechtsreform alle nach dem Inkrafttreten eintretenden Erbfälle unabhängig vom Zeitpunkt der lebzeitigen Zuwendung erfassen könnte, ist eine Regelung dieses hypothetischen Falles durchaus nach
wie vor vertretbar.

▶ **Muster: Keine Anrechnung einer freigebigen Zuwendung** 75

Einen Pflichtteilsverzicht wünschen die Beteiligten nicht, weder ganz noch teilweise, weder nach dem
Erstversterbenden noch nach dem Überlebenden der Veräußerer noch nach beiden.

Alternative 1: Auch eine Pflichtteilsanrechnung wird derzeit nicht gewünscht, allerdings auch nicht
umgekehrt erbvertraglich eine nachträgliche, einseitig angeordnete Pflichtteilsanrechnung ausgeschlossen, falls diese in Zukunft einmal zulässig werden sollte.

Alternative 2: Auch eine Pflichtteilsanrechnung wird derzeit nicht gewünscht. Im Wege eines Erbvertrages vereinbaren wir hiermit, dass auch eine nachträgliche Anrechnung dieser Zuwendung gemäß
§ 2315 Abs. 1 S. 2 BGB ausgeschlossen sein soll.[73]

Die Anrechnung auf Pflichtteilsergänzungsansprüche nach dem Veräußerer nach § 2327 BGB bleibt
unberührt.

Der Notar hat über das gesetzliche Erb- und Pflichtteilsrecht belehrt.

---

73 Nach *Keim*, ZEV 2008, 164.

2. Pflichtteilsanrechnung bei Berliner Modell

76 Anders als im Rahmen der Ausgleichung sind beim Berliner Modell freigebige Zuwendungen nach dem Erstversterbenden nicht auf den Pflichtteil nach dem längstlebenden Elternteil anzurechnen. Das Vermögen der Eheleute ist nicht als einheitliches zu betrachten.[74] Dennoch ist dies in notarieller Urkunde möglich, nur handelt es sich dann genau genommen um einen (beschränkten) Pflichtteilsverzicht. Dasselbe gilt umgekehrt für Zuwendungen an andere als den Pflichtteilberechtigten selbst. Über einen beschränkten Pflichtteilsverzicht lassen sich einvernehmlich auch solche auf den Pflichtteil anrechnen.

Zusätzlich etwa zu dem Pflichtteilsverzicht nach dem Erstversterbenden könnte man beispielsweise formulieren:

77 ▶ **Muster: Zusätzliche »Anrechnung« nach dem längstlebenden Elternteil**

Der Erwerber hat sich ferner mit Wirkung auch für seine Abkömmlinge einen Betrag in Höhe von ...,– € zuzüglich Kaufkraftschwund auf sein Pflichtteilsrecht nach dem Längstlebenden der Eltern anrechnen zu lassen. Einen umfassenden Pflichtteilsverzicht wünschen die Beteiligten insoweit nicht.

Der Verzicht nach dem Erstversterbenden und die Anrechnung erfolgen unter der Bedingung, dass ausschließlich der Überlebende der Eltern den Erstversterbenden beerbt. Anderenfalls findet lediglich eine Anrechnung nach einem jeden der Eltern in Höhe jeweils des hälftigen oben genannten Anrechnungsbetrages statt.

3. Verbot der Doppelanrechnung

78 Das Verhältnis der gewillkürten Anrechnung auf den ordentlichen Pflichtteil nach § 2315 BGB zu der gesetzlich angeordneten Anrechnung von Eigengeschenken auf Pflichtteilsergänzungsansprüche nach § 2327 BGB ist ungeklärt.[75] Die Anrechnung darf, das folgt aus § 2327 Abs. 1 S. 2 BGB, nur einmal erfolgen. Das Verfahren ist umstritten, der Streit wegen der subsidiären Haftung des Beschenkten für Pflichtteilsergänzungsansprüche mitunter relevant.

79 Ein vergleichbares Problem ergibt sich bei Ehegattenzuwendungen. Hier darf die Pflichtteilsanrechnung nach § 2315 BGB und die Anrechnung auf einen Zugewinnausgleichsanspruch nach § 1380 Abs. 1 BGB nicht dazu führen, dass der Erwerber besser stünde, wenn er die Zuwendung nie erhalten hätte. Der Vertragsgestalter sollte daher die Reihenfolge der Anrechnung festlegen.

80 ▶ **Muster: Anrechnungsanordnung bei Ehegattenzuwendungen**

Die Übertragung stellt vorweggenommenen Zugewinnausgleich im Sinne des § 1380 BGB dar. In gleicher Weise hat sich der Erwerber die Zuwendung auf seinen Pflichtteil nach dem Veräußerer anrechnen zu lassen, soweit sich die angeordnete güterrechtliche Anrechnung nicht ausgewirkt hat.

B. Maßnahmen ohne Mitwirkung des Pflichtteilsberechtigten

I. Grundlagen

81 Ziel des Erblassers ist es oftmals, einem Pflichtteilsberechtigten möglichst wenig zukommen zu lassen. Es gibt Maßnahmen, mit deren Hilfe dies auch gegen den Willen eines Pflichtteilsberechtigten gelingt, indem nämlich dessen Pflichtteil reduziert oder gar beseitigt wird. Bei den in Abschnitt C. (Rdn. 177–238) behandelten Pflichtteilsklauseln ist die Zielsetzung eine andere. Dort soll ein Abkömmling im Rahmen des Berliner Modells dazu veranlasst werden, nicht bereits nach dem Erstversterbenden der Eltern Pflichtteilsansprüche geltend zu machen, sondern sich bis zum Erbfall nach dem Längstlebenden gedulden. Nach dem Überlebenden aber soll er durchaus bedacht werden.

---

74 BGH NJW 1983, 2875; *Nieder/Kössinger*, § 2 Rn. 290, 315.
75 Vgl. Bamberger/Roth/*J. Mayer*, § 2327 Rn. 6 und *Nieder/Kössinger*, § 2 Rn. 322.

Der **vollständigen Beseitigung** des Pflichtteilsrechts gegen den Willen des Pflichtteilsberechtigten 82
sind enge Grenzen gesetzt: Von der nur in Ausnahmefällen zulässigen Pflichtteilsentziehung zu unterscheiden ist die Pflichtteilsunwürdigkeit nach § 2334 Abs. 2 BGB wegen der in § 2339 Abs. 1 genannten Verfehlungen. Sie ist durch formlose Anfechtungserklärung gegenüber dem Unwürdigen geltend zu machen. Einer Klage wie bei der Erbunwürdigkeit bedarf es nicht. Die Maßregeln des § 2338 BGB (Pflichtteilsbeschränkung in guter Absicht) wiederum nehmen dem Pflichtteilsberechtigten nichts, es handelt sich um Maßnahmen der Zwangsfürsorge. Das Hinterlassene erhält er so, dass der sich damit einverstanden erklären müsste, wenn er sein eigenes Interesse wohl verstände. Mitunter ist es möglich, die **Pflichtteilsquote** auch gegen den Willen des Pflichtteilsberechtigten zu reduzieren. Alle übrigen Pflichtteilserschwerungen müssen an dem zweiten der Pflichtteilsberechnung zugrunde liegenden Faktor, dem **Nachlasswert**, ansetzen. In diesem Zusammenhang wird häufig übersehen, dass der pflichtteilsbelastete Erbe, etwa ein Abkömmling als Schlusserbe, seine eigenen Pflichtteilsansprüche gegen den Erstversterbenden noch geltend machen kann, auch wenn sie schon längst verjährt sind, und so den für die Pflichtteilsberechnung relevanten Schlussnachlasswert um seinen eigenen Pflichtteil senken kann.[76] Davon abgesehen muss jedoch der Erblasser selbst bereits den Nachlasswert zu reduzieren versuchen. In diesem Zusammenhang stellt sich dann die Frage, inwieweit lebzeitige Nachlassverringerungen Pflichtteilsergänzungsansprüche auslösen.

II. Pflichtteilsentziehung

Derzeit lässt sich ein Pflichtteil nur in Ausnahmefällen entziehen. Die Rechtsfolgen einer solchen 83
Entziehung betreffen nicht die Abkömmlinge des Verzichtenden. Ein vom BGH[77] im Jahre 2012 entschiedener Fall verdeutlicht das: Der Erblasser hatte seinem Kind den Pflichtteil entzogen und eines von dessen zwei Kindern zum Alleinerben eingesetzt. Das andere Enkelkind des Erblassers verlangte nach dessen Tod den Pflichtteil. Es sei – so die ganz herrschende Meinung – abstrakt pflichtteilsberechtigt nach § 2303 BGB. Sonst würde der ganze Stamm unter dem Verhalten des Kindes leiden. Der BGH und die herrschende Meinung begründen dies mit einer analogen Anwendung der Enterbung zu Vorversterben, Erbunwürdigkeit und Ausschlagung. Hier sei der eigentlich vorrangig Pflichtteilsberechtigte als vorverstorben zu behandeln. Die Abkömmlinge eines Erbunwürdigen stünden sonst besser als die eines nur Enterbten. § 2309 BGB wiederum greift eindeutig nicht, so dass der Abkömmling des Verzichtenden auch konkret pflichtteilsberechtigt war.

Auch das am 29. September 2009 verkündete Gesetz zur Änderung des Erb- und Verjährungsrechts änderte nichts daran, dass eine Entziehung nur ausnahmsweise in Betracht kommt. Es hat in diesem Kontext lediglich die Pflichtteilsentziehungsgründe für die verschiedenen Pflichtteilsberechtigten vereinheitlicht, den nichtehelichen Lebenspartner, Stief- und Pflegekinder in den Schutzbereich einbezogen (»einer dem Erblasser ähnlich nahe stehenden Person«) und den vagen Entziehungsgrund des »ehrlosen und unsittlichen Lebenswandels« durch eine rechtskräftige Verurteilung zu einer Freiheitsstrafe von mehr als einem Jahr ohne Bewährung ersetzt. Letztere genügt nach der Neufassung des Gesetzes indes nur dann, wenn dadurch die Teilhabe am Nachlass für den Erblasser unzumutbar wird. Der weitere Entziehungsgrund, dass der Pflichtteilsberechtigte sich eines Verbrechens oder eines schweren vorsätzlichen Vergehens etwa gegen den Erblasser schuldig gemacht hat, bleibt daneben bestehen. Sämtliche im Gesetz genannten Tatbestände sind nicht analogiefähig.[78]

Der **Grund der Entziehung** muss zur Zeit der Errichtung bestehen. Nach der Rechtsprechung ist 84
Schuldfähigkeit erforderlich. Diese setzt das BVerfG nicht mit der strafrechtlichen Schuldfähigkeit gleich, es genüge, wenn der Pflichtteilsberechtigte »den objektiven Unrechtstatbestand wissentlich und willentlich verwirklicht«.[79] Durch formlos mögliche Verzeihung erlischt das Recht zur Entziehung des Pflichtteils. Eine schon erklärte Entziehung wird unwirksam. Die Verzeihung ist keine

---

76 Vgl. BGH NJW 1987, 1260, 1262; *Nieder/Kössinger*, § 2 Rn. 314, § 14 Rn. 87.
77 BGH, Urt. 13.04.2011, IV ZR 204/09, DNotZ 2011, 866; vgl. dazu *Lange*, ZEV 2015, 69.
78 BGH NJW 1974, 1084, 1085.
79 BVerfG, Beschl. v. 19.4.2005 – 1 BvR 1644/00; 1 BvR 188/03, DNotZ 2006, 60.

Kapitel 10   Verminderung und Vermeidung von Pflichtteilsrechten

rechtsgeschäftliche Erklärung, sondern der nach außen kundgemachte Entschluss des Verzeihenden, über die Kränkungen hinweggehen zu wollen.[80]

85 § 2333 Nr. 3 a. F. bzw. Nr. 2 n. F. (Verbrechen oder schweres vorsätzliches Vergehen gegen den Erblasser oder dessen Ehegatten) erfordert nach der Rechtsprechung die Erfüllung eines weiteren ungeschriebenen Tatbestandsmerkmals, nämlich die »grobe Missachtung des Eltern-Kind-Verhältnisses«. Die Schwere wird nicht nach dem Strafrahmen beurteilt, sondern jeweils konkret im Einzelfall, so dass durchaus auch eine Beleidigung genügen kann.[81]

86 In **formeller** Hinsicht gilt: Der der Pflichtteilsentziehung zugrunde liegende Kernsachverhalt muss in der Verfügung von Todes wegen angegeben werden, § 2336 Abs. 2 BGB. Dazu zählt bei § 2333 Abs. 1 Nr. 4 BGB auch die Unzumutbarkeit der Teilhabe am Nachlass. Diese muss, so § 2336 Abs. 2 S. 2 Hs. 2 BGB, ausdrücklich in der Verfügung von Todes wegen begründet werden. Der BGH hat im soeben zitierten Urteil vom 13. April 2011 die Einziehung – nebenbei bemerkt – ohne weitere Begründung für ausreichend erachtet, obwohl sie knapp: »Mein Sohn hat das ihm anvertraute Geld veruntreut und dadurch mein Vertrauen in ihn zutiefst erschüttert.« Es ist unklar, ob das eine Trendwende darstellt. Dagegen spricht ein Beschluss vom gleichen Tage[82]. Dort heißt es, das Geschehen vom 13.1.1994 habe der Erblasser hinreichend deutlich durch den Verweis auf Faustschläge auf den Kopf sowie das Inkaufnehmen eines plötzlichen Todes umschrieben.

87 Die **Beweislast** trifft den Erben. Der Notar muss darauf hinweisen, aber wohl nicht auf die Möglichkeit einer Feststellungsklage hinsichtlich der Wirksamkeit der Pflichtteilsentziehung schon durch den Erblasser.[83] Ein Hinweis empfiehlt sich sicherheitshalber dennoch. Die Beweislast für eine Verzeihung trifft den Pflichtteilsberechtigten. Darauf gestützt könnte eine Pflichtteilentziehung im Rahmen einer Verfügung von Todes wegen wie folgt formuliert werden:

88 ▶ **Muster:**

Ein jeder von uns entzieht hiermit unserer Tochter ... geborene ..., geboren am ..., gemäß § 2333 Abs. 1 Nr. ... BGB ihren Pflichtteil.

Grund dafür ist, dass sie ... [*hier ist der Entziehungsgrund so präzise wie möglich zu beschreiben*]

Der Notar hat belehrt über die Voraussetzungen einer Pflichtteilsentziehung, insbesondere auch § 2337 BGB. Er hat insbesondere auch auf die den Pflichtteilsschuldner treffende Beweislast und die Beweisprobleme hingewiesen, ferner auf die Möglichkeit, schon heute ein selbstständiges Beweisverfahren nach den §§ 485 ff. ZPO zu beantragen und/oder eine Feststellungsklage zu erheben. Darum will sich der Erblasser gegebenenfalls selbst bemühen. Der Notar soll insoweit nichts veranlassen.

[*Oftmals sind die Kenntnisse des Erblassers hinsichtlich des Pflichtteilsentziehungsgrundes begrenzt. Dann könnte man wie folgt fortfahren:*]

Der Notar ferner darauf hingewiesen, dass die Entziehungsgründe in der Verfügung von Todes wegen konkret benannt werden müssen und die Ausführung des Tatbestandes in dieser Urkunde eventuell für eine Pflichtteilsentziehung nicht ausreichend ist. Dazu erklärt der Erblasser: Weitere Präzisierungen kann ich trotz der eventuellen Unwirksamkeit der Pflichtteilsentziehung nicht darlegen. Sollte sich die Pflichtteilsentziehung als unwirksam erweisen, sollen doch die übrigen Verfügungen unverändert gelten.

---

80 BGH NJW 1974, 1084, 1085.
81 BGH NJW 1974, 1084.
82 BGH, Beschl. v. 13.04.2011, IV ZR 102/09, ZEV 2011, 370.
83 So jedenfalls OLG Köln ZEV 2003, 464, 465; zur Zulässigkeit einer solchen Klage BGH NJW 1974, 1084, 1085.

III. Pflichtteilsbeschränkung in guter Absicht

Die Pflichtteilsbeschränkung in guter Absicht nach § 2338 BGB stellt eine Ausnahme von § 2306 Abs. 1 BGB dar und wird durch die Vollstreckungsbestimmungen des § 863 ZPO ergänzt. Nach § 2338 BGB lässt sich das Pflichtteilsrecht eines Abkömmlings entgegen § 2306 BGB immerhin durch eine Nacherbschaft/ein Nachvermächtnis und/oder eine Testamentsvollstreckung beschränken, allerdings nur, wenn der Pflichtteilsberechtigte sich derart der **Verschwendung ergeben** hat oder er dermaßen **überschuldet** ist, dass sein späterer Erwerb erheblich gefährdet ist. Die Verschwendungssucht (zweck- und nutzlose Verwendung als Ergebnis einer psychischen oder geistigen Erkrankung (Spiel- oder Kaufsucht oder anderer krankhafter Störungen))[84] oder Überschuldung muss zum Zeitpunkt der Errichtung der Verfügung von Todes wegen und auch noch später beim Erbfall vorliegen. Mit späterer Erwerb ist nicht nur das zu erwartende Erbe, sondern auch sonstiger Erwerb gemeint. Denn dessen Gefährdung indiziert eine mögliche Gefährdung des künftigen Nachlassvermögens.[85] Die Verlustgefahr kann sich auch aus einer Kombination beider Elemente ergeben, so bei einer Verschuldung, die zusammen mit der Verschwendung zu einer Erwerbsgefährdung führt, aber für sich genommen nicht das notwendige Überschuldungsstadium (Gesamtheit der Passiva übersteigt die der Aktiva) erreicht.[86] Beweispflichtig ist, wer die Beschränkung geltend macht. Eine gute Absicht zugunsten des Pflichtteilsberechtigten ist dabei nicht erforderlich.

In **formeller** Hinsicht gilt wie bei einer Pflichtteilsentziehung, dass der Grund der Beschränkung in der letztwilligen Verfügung angegeben werden muss, und zwar anhand der konkreten Umstände. Es genügt nicht, nur den Gesetzestext zu wiederholen. Auch das OLG Düsseldorf zieht eine Parallele zur Pflichtteilsentziehung und fordert einen Kernsachverhalt, über den dann später Beweis erhoben werden könne. Anderenfalls könne der Erbe später andere Gründe nachschieben.[87]

Eine **Dauertestamentsvollstreckung** als in § 2338 BGB vorgesehenes Instrument verhindert wegen § 2214 BGB einen Gläubigerzugriff bzw. unerwünschte Verfügungen des beschränkten Erben. Der Pflichtteilsberechtigte hat bei einer Testamentsvollstreckung nach § 2338 S. 2 Hs. 2 BGB Anspruch auf den jährlichen Reinertrag. Die Testamentsvollstreckeranordnungen können den Pflichtteilsberechtigten weitergehend beschränken, dann werden sie aber nicht mehr von § 2338 BGB gedeckt. Gemäß dem Vollstreckungsprivileg des § 863 ZPO unterliegt der gegebenenfalls dem Pflichtteilsberechtigten zustehende Reinertrag insoweit nicht der Pfändung, als er zur Erfüllung einer gesetzlichen Unterhaltspflicht des Schuldners oder seines standesgemäßen Unterhalts erforderlich sind. Damit nicht die Gläubiger mit dem Tod des Erben auf dessen Nachlass zugreifen, bedarf es ergänzend einer **Vor- und Nacherbschaft**.

Nach altem Recht waren solche dem Pflichtteilsberechtigten auferlegten Beschwerungen trotz § 2306 Abs. 1 S. 1 BGB a. F. im Falle einer wirksamen Pflichtteilsbeschränkung nach § 2338 BGB (unbeschadet eines weitergehenden Zusatzpflichtteils nach § 2305 BGB) auch dann wirksam, wenn der Erbteil kleiner oder gleich dem Pflichtteil war. Die **Ausschlagungsmöglichkeit** des § 2306 Abs. 1 S. 2 BGB a. F. im Falle eines größeren Erbteils blieb davon unberührt, diese hatte der Pflichtteilsberechtigte selbst in Fällen des § 2338 BGB. Jedoch konnte der Erblasser dem durch die Ausschlagung auflebenden Pflichtteilsanspruch die gleichen Beschwerungen auferlegen. Das gilt nun nach neuem Recht unabhängig von der Höhe des zugedachten Erbteils, mithin in jedem Fall: Der Pflichtteilsberechtigte kann ausschlagen und seinen Pflichtteil verlangen. Dieser mag vom Erblasser nach § 2338 BGB beschränkt werden. Um Auslegungsstreitigkeiten zu verhindern, sollte ausdrücklich klargestellt werden, dass die Beschwerungen auch den Pflichtteil betreffen. Es kann auch der Pflichtteilsberechtigte von vornherein enterbt und nur der Pflichtteil beschränkt werden. Ist der Erbteil kleiner als der Pflichtteil, steht dem Pflichtteilsberechtigten der Zusatzpflichtteil des § 2305

---

84 Vgl. *Kuhn* ZEV 2011, 288.
85 Staudinger/*v. Olshausen*, § 2338 Rn. 9.
86 Staudinger/*v. Olshausen*, § 2338 Rn. 9.
87 OLG Düsseldorf, Beschl. v. 02.03.2011, 3 Wx 214/08, ZEV 2011, 310 m. Anm. *Kuhn* ZEV 2011, 288.

BGB nach wie vor auch ohne Ausschlagung zu. Auch dieser kann entsprechend beschwert werden (Nachvermächtnisse zugunsten der gesetzlichen Erben und/oder Testamentsvollstreckung). Dasselbe gilt für etwaige Ergänzungspflichtteile.

93 Ein gravierender Nachteil des § 2338 BGB besteht darin, dass zwingend die **gesetzlichen Erben** des Pflichtteilsberechtigten Nacherben bzw. Nachvermächtnisnehmer werden müssen, auch wenn sie – wie vielleicht nicht- oder ersteheliche Kinder oder das Schwiegerkind – dem Erblasser nicht genehm sind.

> ▶ **Praxistipp**
>
> Da sich bis zum Tod des Vorerben insoweit noch Veränderungen ergeben können, sollten die gesetzlichen Erben nicht namentlich benannt werden.

94 Da ferner das Vollstreckungsprivileg des § 863 ZPO zu vernachlässigen ist,[88] ist einziger Vorteil der Pflichtteilsbeschränkung in guter Absicht, dass auch der Pflichtteil entsprechend belastet werden kann. Die Gestaltung bietet sich demnach nur dann an, wenn zu befürchten ist, dass der Pflichtteilsberechtigte nach § 2306 BGB das Erbe ausschlägt, den Pflichtteil verlangt und diesen Pflichtteil verschleudert. Die **Substanz des Pflichtteils** kann so vor Verfügungen seitens des Erben geschützt werden. Besteht diese Gefahr nicht, ist Ziel vielmehr etwa ein Schutz des Nachlasses vor Gläubigern des überschuldeten Pflichtteilsberechtigten, ist die bessere Alternative die einer Vor- und Nacherbschaft mit Testamentsvollstreckung ohne Pflichtteilsbeschränkung in guter Absicht (so genanntes »Bedürftigentestament«). Denn hier können die Nacherben frei bestimmt werden und durch eine Testamentsvollstreckung der Nachlass einschließlich der Nutzungen vor dem Zugriff der Eigengläubiger des Erben geschützt werden, § 2214 BGB, § 748 ZPO.

95 Einen zweiten Anwendungsfall des § 2338 BGB stellen **bindende Verfügungen** dar, da diese ausnahmsweise doch nachträglich einseitig entsprechend geändert werden können, §§ 2289 Abs. 2, 2271 Abs. 3 BGB. Bei fortgesetzter Gütergemeinschaft ermöglicht § 1513 Abs. 2 BGB Beschränkungen des Anteils des Abkömmlings am Gesamtgut.

96 ▶ **Muster:**

Erbeinsetzung:

Zu meinem alleinigen Vorerben setze ich meinen Sohn ..., geboren am ..., wohnhaft ..., ein. Dieser ist als Vorerbe von allen gesetzlichen Beschränkungen und Verpflichtungen, von denen befreit werden kann, nicht befreit (so genannte unbefreite Vorerbschaft).

Nacherben sind seine gesetzlichen Erben zum Zeitpunkt seines Todes nach dem Verhältnis ihrer gesetzlichen Erbteile.

Die Nacherbfolge tritt ein mit dem Ableben des Vorerben. Das Nacherbenanwartschaftsrecht ist zwischen Erbfall und Nacherbfall nicht vererblich und auch nicht übertragbar, lediglich auf den Vorerben. Die Ersatznacherbfolge ist dadurch auflösend bedingt.

Sollte mein Sohn ... vor dem Erbfall versterben oder aus einem anderen Grund als Erbe ausfallen, werden Erben ...

Testamentsvollstreckung:

Für den Fall, dass mein Sohn mich beerbt, ordne ich Testamentsvollstreckung an. Aufgabe des Testamentsvollstreckers ist die Verwaltung des gesamten Nachlasses auf die Dauer der Vor- und Nacherbschaft mit der Maßgabe, dass dem Vorerben der Anspruch auf den jährlichen Reinertrag verbleibt. Der Testamentsvollstrecker nimmt außerdem die Rechte aller Nacherben wahr, solange die Nacherbfolge gilt (§ 2222 BGB).

---

[88] Stein/Jonas/*Brehm*, ZPO, § 863 Rn. 2.

Der Testamentsvollstrecker ist in der Eingehung von Verbindlichkeiten für den Nachlass nicht beschränkt und von den Beschränkungen des § 181 BGB befreit.

Zum Testamentsvollstrecker bestimme ich ... Dieser hat das Recht, einen Nachfolger zu ernennen. Ersatzweise soll das Nachlassgericht einen Testamentsvollstrecker ernennen.

... hat als Testamentsvollstrecker nur Anspruch auf Auslagenersatz, nicht aber auf eine besondere Vergütung. Jeder andere Testamentsvollstrecker hat darüber hinaus Anspruch auf eine angemessene Vergütung.

Pflichtteilsbeschränkung in guter Absicht, § 2338 BGB:

Sollte mein Sohn seinen Erbteil ausschlagen und seinen Pflichtteil verlangen, so soll der Pflichtteil den gleichen Beschränkungen unterliegen, wie sie vorstehend für den Erbteil angeordnet sind.

Zur Begründung für die Beschränkungen, die aber auch unabhängig davon gelten sollen, führe ich aus: Mein Sohn ist infolge eines geschäftlichen Misserfolgs in der ...-Branche stark überschuldet. Der künftige Vermögenserwerb meines Sohnes ist dadurch erheblich gefährdet.

Der Notar hat mich über das gesetzliche Erb- und Pflichtteilsrecht und das Institut der Vor- und Nacherbschaft belehrt, insbesondere auch über § 2306 BGB, ferner auch über die Voraussetzungen einer Pflichtteilsbeschränkung in guter Absicht. Mir ist daher auch die den Erben treffende Beweislast bekannt. Die Durchführung eines selbständigen Beweisverfahrens (§§ 485 ff. ZPO) hat der Notar mir empfohlen. Darum will ich mich gegebenenfalls selbst bemühen.

IV. Zur Verringerung der Pflichtteilsquote, z. B. durch einen Güterstandswechsel

Die Pflichtteilsquote vermag der Erblasser durch zusätzliche Pflichtteilsberechtigte, etwa durch Heirat oder Begründung einer eingetragenen Lebenspartnerschaft, Adoption oder die Geburt von Kindern, zu senken. 97

Der Güterstand der Zugewinngemeinschaft wiederum ist bei mehreren Kindern pflichtteilsrechtlich wegen § 1371 Abs. 1 BGB[89] der günstigste Güterstand. Es wird empfohlen, diesen Güterstand gegebenenfalls schon vor anstehenden Pflichtteilsergänzungsansprüche auslösenden Zuwendungen zu vereinbaren, damit in jedem Fall auch insoweit die geringere Pflichtteilsquote gilt.[90] 98

Wollen Eheleute einen Zugewinnausgleich im Scheidungsfall ausschließen, ist mithin eine modifizierte Zugewinngemeinschaft gegenüber der Gütertrennung nicht nur erbschaftsteuerlich, sondern auch pflichtteilsrechtlich vorteilhaft. Soll ein Zugewinnausgleich indes nicht nur für den Scheidungsfall, sondern auch für den Todesfall ausgeschlossen werden, bietet es sich zur Erhaltung der pflichtteilsrechtlichen Vorteile der Zugewinngemeinschaft an, dies ebenfalls über eine Modifizierung der Zugewinngemeinschaft zu versuchen. Da jedoch über die Zulässigkeit derart weitgehender Modifizierungen gestritten wird, sollte – je nach Priorität – hilfsweise Gütertrennung vereinbart werden.

▶ **Muster: Ausschluss des Zugewinnausgleichs im Scheidungs- und im Todesfall ohne die pflichtteilsrechtlichen Nachteile der Gütertrennung** 99

Für den Fall, dass unser Güterstand auf andere Weise als durch den Tod eines von uns beendet wird, insbesondere für den Fall der Scheidung der Ehe, schließen wir den Ausgleich des Zugewinns vollständig aus. Das gilt auch für die Fälle der §§ 1385, 1386 BGB. Gleiches gilt im Falle des Todes eines Ehegatten, wenn der andere Ehegatte nicht Erbe oder Vermächtnisnehmer in Bezug auf dessen Nachlass wird. Im Übrigen (Erhöhung des gesetzlichen Erbteils nach § 1371 Abs. 1 BGB) verbleibt es beim gesetzlichen Güterstand der Zugewinngemeinschaft.

---

89 Möglicherweise auch mit Blick auf die güterrechtliche Lösung nach § 1371 Abs. 2 und 3; insoweit ist eine rückwirkende Vereinbarung pflichtteilsrechtlich nicht wirksam; vgl. Mayer/Süß/Tanck/*J. Mayer*, § 11 Rn. 121.
90 DNotI-Gutachten Nr. 12110.

Ein Zugewinnausgleich findet jedoch statt bei einer Beendigung des Güterstandes durch einen neuen Ehevertrag. *[vgl. dazu unten Rdn. 141]*

Jeder von uns stellt den anderen von allen Einschränkungen gemäß §§ 1365 bis 1369 BGB hinsichtlich der dort genannten Rechte und Gegenstände frei, sodass jeder jederzeit über die ihm gehörenden Rechte und Gegenstände entgeltlich oder unentgeltlich verfügen kann.

Sollten sich die vorstehenden Vereinbarungen als unzulässig erweisen, heben wir den gesetzlichen Güterstand der Zugewinngemeinschaft hiermit auf und vereinbaren, dass für unsere Ehe der Güterstand der Gütertrennung nach den Bestimmungen des Bürgerlichen Gesetzbuches gelten soll.

Wir wissen, dass dann nicht nur der Anspruch auf Ausgleich des Zugewinns eines Ehegatten in der Zukunft und die Beschränkungen der §§ 1365 ff. BGB sondern auch das erhöhte Erbrecht des überlebenden Ehegatten ausgeschlossen ist, sodass sich die Pflichtteilsansprüche von Kindern (bei mehr als einem Kind) bzw. Eltern erhöhen.

Wir wissen, dass auch im Güterstand der Zugewinngemeinschaft kein Ehegatte für Verbindlichkeiten des anderen haftet.

Für die Vergangenheit gilt ein Zugewinn als nicht eingetreten. Auf etwa bisher entstandene Ansprüche auf Zugewinnausgleich sowie auf etwaige Ausgleichsansprüche aus einer Ehegatteninnengesellschaft verzichten wir und nehmen den Verzicht gegenseitig an.

Ein Verzeichnis der zu unserem beiderseitigen Vermögen gehörenden Vermögensstücke soll dieser Urkunde nicht beigefügt werden.

Wir beantragen die Eintragung der vorstehenden Vereinbarungen und der vorsorglichen Gütertrennung in das Güterrechtsregister. Der Notar soll jedoch unbeschadet seines Rechts hierzu die Eintragung nur auf besondere schriftliche Anweisung eines von uns veranlassen.

V. Wahl des Erbstatuts, Aspekte des Internationalen Privatrechts

100 Im Falle einer Nachlassspaltung sind die Pflichtteilsrechte für jeden Nachlass gesondert zu berechnen.[91] So schien bis zum Inkrafttreten der EuErbVO eine Möglichkeit, Pflichtteilsansprüche zu vermindern, darin zu bestehen, über Art. 3a Abs. 2 EGBGB[92] Vermögen einer ausländischen Rechtsordnung zu unterstellen, welche dem Pflichtteilsberechtigten keine oder jedenfalls eine geringere Nachlassbeteiligung gewährt: Beispielsweise gilt nach den anglo-amerikanischen Kollisionsrechtsordnungen für die Vererbung von Grundstücken das Recht des Belegenheitsstaates und gesteht etwa das englische Recht Abkömmlingen keine Pflichtteilsansprüche zu.[93]

101 Mit Inkrafttreten der EuErbVO und Wegfall des Art. 3a Abs. 2 EGBGB entfiel aus deutscher Sicht indes die Möglichkeit, den Nachlass durch den bloßen Erwerb von Immobilien im Ausland zu spalten. Der Erblasser muss nunmehr zur Pflichtteilsreduzierung seinen gewöhnlichen Aufenthalt in das betreffende Land verlagern.

Das gilt auch für lebzeitige Zuwendungen, seien es unbedingte, seien es solche auf den Todesfall. Auch für daraus entstehende Pflichtteilsergänzungsansprüche gilt die EuErbVO und damit das allgemeine Erbstatut, Art. 23 Abs. 2 lit. h): Es kommt regelmäßig auf den gewöhnlichen Aufenthalt des Erblassers bei seinem Tod an. Der Zuwendungsempfänger kann also bei der Zuwendung nicht wissen, welches Recht und damit welche Ansprüche mit dem Tod des Erblassers auf ihn zukommen werden. Das können auch Rückforderungsrechte sein.

---

91 *Haas*, ZNotP 2002, 206, 211; *Gruber*, ZEV 2001, 463, 464.
92 Oder unter Ausnutzung völkerrechtlicher Vereinbarungen, die gemäß Art. 3 Abs. 2 EGBGB dem Kollisionsrecht vorgehen.
93 Das Gericht kann dem Betroffenen lediglich einen Unterhaltsanspruch zusprechen, vgl. *Gruber*, ZEV 2001, 463, 464 Fn. 54. Auch ließe sich daran denken, amerikanische Immobilien in *joint tenancy* (vgl. *Jülicher*, ZEV 2001, 469) gemeinsam mit dem Ehegatten zu erwerben (vgl. *Klingelhöffer*, ZEV 1996, 258, 260).

Art. 6 EGBGB, der Vorbehalt des *ordre public*, der nach Art. 35 EuErbVO nach wie vor gilt, steht einer gezielten Pflichtteilsreduzierung durch Verlagerung des Wohnsitzes ab Geltung der EuErbVO möglicherweise im Weg.[94] Dass ausländischer Grundbesitz bis zum Inkrafttreten der EuErbVO bei der Pflichtteilsberechnung unberücksichtigt blieb, war nicht offensichtlich mit wesentlichen Grundsätzen des deutschen Rechts unvereinbar. So hatte der BGH diese Frage nicht einmal angesprochen[95] und das OLG Köln sie mit einem Satz unter Bezugnahme auf die reichsgerichtliche Rechtsprechung verneint.[96] Nunmehr geht es bei einer Verlagerung des gewöhnlichen Aufenthalts aber um das deutsche Pflichtteilsrecht insgesamt, nicht mehr nur gegenständlich beschränkt auf ausländischen Grundbesitz. Einer vorsätzlichen Instrumentalisierung des ausländischen Rechts zum Zwecke der Pflichtteilsreduzierung stehen – zumindest theoretisch – auch die allgemeinen kollisionsrechtlichen Umgehungsgrundsätze[97] im Wege. Jedenfalls ziehen derart motivierte Vermögensverlagerungen eine analoge Anwendung des § 2325 BGB nach sich.[98]

102

Praktisch relevanter dürfte die Gefahr sein, dass der Erblasser unbewusst durch einen Wegzug ins Ausland (etwa nach Italien oder Spanien) die Pflichtteilsansprüche unbewusst erhöht oder gar Pflichtteilsverzichte leerlaufen lässt.[99]

Bei Ausländern aus anglo-amerikanischen Ländern mit Vermögen in Deutschland drohte über eine Rückverweisung gemäß Art. 4 Abs. 1 EGBGB (bzw. droht nach der EuErbVO durch einen Umzug nach Deutschland) deutsches Recht Anwendung zu finden. Hier lag der Gedanke nahe, das unbewegliche Vermögen durch Einbringung in eine Gesellschaft zu »mobilisieren«.[100] Nunmehr kann der Erblasser schlicht nach Art. 22 Abs. 1 EuErbVO sein pflichtteilsrechtlich günstigeres Heimatrecht wählen.

103

VI. Bewertungsprivilegien

Bei **Landgütern** ist grundsätzlich[101] der Ertragswert Berechnungsgrundlage für die Pflichtteilsansprüche weichender Geschwister (§ 2312 Abs. 1 i. V. m. § 2049 Abs. 2 BGB). Er macht mitunter nur einen Bruchteil des wirklichen Wertes aus.[102]

104

Dazu muss der Erblasser anordnen, dass einer von mehreren Erben das Recht haben soll, ein zum Nachlass gehörendes Landgut zum Ertragswert zu übernehmen. Dasselbe gilt bei nur einem Erben, § 2312 Abs. 2 BGB. Von diesem Bewertungsprivileg profitiert aber nur, wer zu dem Kreis der in § 2303 BGB genannten Pflichtteilsberechtigten zählt, § 2312 Abs. 3 BGB. Nach der Rechtsprechung kommt die Ertragswertberechnung ferner nur in Betracht, wenn davon ausgegangen werden kann, dass ein leistungsfähiger landwirtschaftlicher Betrieb vom Übernehmer erhalten werden kann.[103]

105

---

94 So auch *Everts*, ZEV 2013, 124, 126.
95 BGH NJW 1993, 1920.
96 OLG Köln FamRZ 1976, 170, 172; die Literatur sieht das teilweise kritischer. Nach überwiegender Ansicht wird ein Verstoß dann angenommen, wenn der Betroffene minderjährig oder bedürftig ist (*Dörner*, IPRax 994, 362, 363), einige reduzieren Art. 6 EGBGB auf den letzten Fall (*Gruber*, ZEV 2001, 463, 468; nur vereinzelt wird ein Verstoß in jedem Fall bejaht (*Pentz*, ZEV 1998, 449, 451).
97 *Gruber* ZEV 2001, 463, 468; ausführlich dazu Mayer/Süß/Tanck/*Süß* § 18 Rn. 328, der allerdings derartige und andere Umgehungen in der Praxis als erfolgversprechend einstuft.
98 So auch *Klingelhöffer*, ZEV 1996, 258, 259; a. A. Mayer/Süß/Tanck/*Süß* § 18 Rn. 344.
99 Vgl. *Everts*, ZEV 2013, 124, 126; s. auch oben Rdn. 59.
100 Vgl. *Klingelhöffer*, ZEV 1996, 258, 259.
101 Zu den Ausnahmen vgl. *von Dickhuth-Harrach*, FS Rheinisches Notariat, S. 185, 239) und detailliert – auch zu Voraussetzungen – Mayer/Süß/Tanck/Bittler/Wälzholz/*J. Mayer*, § 5 Rn. 217 ff.
102 Zu dessen genauer Berechnung *Müller-Feldhammer*, ZEV 1995, 161.
103 BGH NJW 1987, 951 und 1260.

106 ▸ **Muster: Erbrechtliches Recht zur Übernahme eines Landguts, § 2312 Abs. 1 S. 1 BGB**

> Mein Sohn ... erhält als Vorausvermächtnis das Recht, meinen landwirtschaftlichen Betrieb, eingetragen im Grundbuch des Amtsgerichts ... von ... unter Blatt ... als ..., mit allen Bestandteilen und dem Zubehör zum Ertragswert zu übernehmen. Er ist verpflichtet, den Übernahmepreis an die Miterben entsprechend ihrer Erbquoten zu bezahlen.

107 ▸ **Muster: Wertanordnung bei Alleinerbeinsetzung**

> Für mein Landgut ... ordne ich hiermit gemäß § 2312 Abs. 2 BGB an, dass für die Berechnung jeglicher etwaiger Pflichtteilsansprüche insoweit nur der Ertragswert zugrunde zu legen ist, wenn dieser zum maßgeblichen Berechnungszeitpunkt niedriger als der Verkehrswert ist.

108 Bei vorweggenommener Erbfolge – hier ist eine entsprechende Anwendung des § 2312 BGB möglich – darf das Landgut im Zeitpunkt des Erbfalls nicht schon aufgegeben worden sein.[104]

109 ▸ **Muster: Wertanordnung bei lebzeitiger Übergabe**

> Für mein in dieser Urkunde übertragenes Landgut ... ordne ich hiermit gemäß § 2312 Abs. 2 BGB analog an, dass für die Berechnung jeglicher etwaiger Pflichtteilsergänzungsansprüche nur der Ertragswert dieses Landguts zugrunde zu legen ist, wenn dieser zum maßgeblichen Berechnungszeitpunkt niedriger als der Verkehrswert ist.

110 Bei einem **Hof im Sinne der Höfeordnung** wiederum ist für Pflichtteilsansprüche der ebenfalls regelmäßig erheblich unter dem Verkehrswert liegende Hofeswert maßgeblich. Bei drohenden Pflichtteilsansprüchen spricht deshalb viel dafür, die Hofeigenschaft zu erhalten bzw. nach Möglichkeit zu begründen, gerade wenn diese allein durch Erklärung und Eintragung in die Höferolle begründet werden kann.

VII. Vermeidung des Vermögenserwerbs (Vor- und Nacherbschaft)

111 Will der Erblasser jemanden von Todes wegen begünstigen, sind jedoch nach dieser Person andere pflichtteilsberechtigt, die möglichst nichts erhalten sollen, lässt sich durch eine Vor- und Nacherbschaft der zu begünstigenden Person etwas zuwenden, ohne dass der Erwerb mit dem Eigenvermögen dieser Person zusammenfallen würde und so die Erb- und Pflichtteilsansprüche der missbilligten Personen erhöht würden. Im Unterschied zu den bisherigen Gestaltungen ist Ziel hier nicht eine Verringerung der Pflichtteilsansprüche von unmittelbar Pflichtteilsberechtigten oder potentiell unmittelbar Pflichtteilsberechtigten (vgl. dazu oben Rdn. 8), sondern es soll verhindert werden, dass sich die Pflichtteilsansprüche von mittelbar Pflichtteilsberechtigten noch erhöhen. Beispiele hierfür sind das so genannte »Geschiedenentestament«, das zu vermeiden sucht, dass über gemeinsame Abkömmlinge Vermögen (sei es über Erb-, sei es über Pflichtteilsansprüche) mittelbar an den Ex-Ehegatten fällt. Im Fall eines ungeliebten Enkels fallen beide Zielsetzungen zusammen. Zum einen lässt sich durch einen faktischen Pflichtteilsverzicht nur zulasten dieses Enkels dem Fall vorbeugen, dass dieses Enkelkind durch das Vorversterben der Zwischengeneration selbst unmittelbar Pflichtteilsansprüche erhält (vgl. auch oben Rdn. 8), zum anderen könnte über eine Einsetzung des Elternteils nur zum Vorerben verhindert werden, dass die Pflichtteilsansprüche des Enkelkindes nach diesem unnötig wachsen. Hier ist dann an dieselben Befreiungen zu denken, wie sie im Formulierungsvorschlag dem überlebenden Ehegatten zugutekommen (Rdn. 113).

112 Häufig haben einer oder beide Eheleute erstehliche Kinder, zu denen kein Kontakt besteht und die deshalb nicht nur nicht Schlusserben werden sollen, sondern deren Pflichtteilsansprüche nach dem Überlebenden sich durch dessen Begünstigung nicht noch unnötig erhöhen sollen. Es kann sich dabei auch um gemeinsame Kindern handeln. Diese Szenarien liegen den folgenden zwei Formulie-

---

104 BGH DNotZ 1995, 708.

rungsvorschlägen (Rdn. 113 und Rdn. 116) zugrunde. Sie zielen zugleich darauf ab, dass der Überlebende möglichst nicht unter den mit der Vorerbschaft einhergehenden Beschränkungen soll leiden müssen. Er soll also auch über die normalen Befreiungen hinaus gegebenenfalls zu unentgeltlichen Verfügungen und/oder einer Auswechselung der Nacherben – letzteres freilich nur um den Preis einer Beseitigung der Vor- und Nacherbschaft und damit auch der pflichtteilsrechtlichen Vorteile – in der Lage sein. Vorzugswürdig wäre es, wenn der Vorerbe bei Beibehaltung der Konstruktion (Vor- und Nacherbschaft) die Nacherben austauschen könnte, doch ist zu diesem Zweck erdachte so genannte Dieterle-Klausel zu unsicher.[105]

▶ **Muster:** 113

Erbeinsetzung:

Wir setzen uns wechselseitig, der Erstversterbende den Überlebenden von uns, zum alleinigen Vorerben ein, gleichviel ob und welche Pflichtteilsberechtigten beim Tode des Erstversterbenden vorhanden sind. Als Vorerbe ist der Überlebende von uns von allen Beschränkungen befreit, von denen nach dem Gesetz Befreiung erteilt werden kann (= so genannte befreite Vorerbschaft).

Der Nacherbfall tritt mit dem Tod des Vorerben ein.

Nach- und Ersatzerbe ist ..., geboren am ..., derzeit wohnhaft ..., ersatzweise – auch für den Fall, dass der Nacherbe nach Eintritt des Erbfalls (= Vorerbfall) wegfällt – seine jeglichen – auch nichtehelichen und adoptierte – Abkömmlinge entsprechend der gesetzlichen Erbfolge erster Ordnung, wiederum ersatzweise ...

Die Nacherbenrechte sind weder vererblich noch übertragbar, außer auf den Vorerben. Die Ersatznacherbfolge ist dadurch auflösend bedingt.

Vermächtnis zugunsten des Vorerben:

Der Vorerbe ist berechtigt, vor Eintritt des Nacherbfalles den zur Vorerbschaft gehörenden Grundbesitz und grundstücksgleiche Rechte samt Inventar und Mobiliar an beliebige Personen – die nicht zum Kreis unserer Abkömmlinge zählen müssen – zu übertragen, und zwar zu Bedingungen, die er bestimmen kann. Macht der Vorerbe von dieser Befugnis Gebrauch, so gilt ihm das überlassene Vertragsobjekt als durch Vorausvermächtnis auf den Eintritt des Erbfalls frei von der Vor- und Nacherbschaft zugewendet.

Das Nachrücken von Ersatzvermächtnisnehmern wird ausgeschlossen.

Auflösende Bedingung:

Dem Vorerben wird es gestattet, die Nacherbfolge dadurch zu beseitigen, dass er über seinen Nachlass – und damit auch über den Nachlass des Erstversterbenden von uns beiden – durch notariell beurkundete Verfügung von Todes wegen anderweitige Bestimmungen trifft, wobei ihm jedwede Regelung gestattet ist, auch eine solche, die andere Personen als unsere Abkömmlinge begünstigt. Dabei muss er ausdrücklich von dieser Änderungsbefugnis Gebrauch machen. Die Anordnung der Vor- und Nacherbfolge ist an die vorstehende auflösende Bedingung geknüpft. Der Vorerbe ist in diesem Fall alleiniger und unbeschränkter Vollerbe. Wir stellen klar, dass bereits der Zeitpunkt der Errichtung der abändernden Verfügung den Bedingungseintritt darstellt. Ob diese abändernde Verfügung von Todes wegen zum Zeitpunkt des Todes des Erblassers noch unwiderrufen ist, ist demgegenüber ohne Belang. Hilfsweise wird die Nacherbfolge dadurch auflösend bedingt (der Vorerbe mithin Vollerbe), dass der Vorerbe eine anderweitige Verfügung über den Nachlass trifft und diese zum Zeitpunkt seines Todes noch wirksam ist.[106]

---

105 Vgl. *Nieder/Kössinger*, § 21 Rn. 39.
106 Vgl. DNotI-Gutachten Nr. 12108.

Belehrungsvermerk:

Der Notar hat uns über das gesetzliche Erb- und Pflichtteilsrecht sowie das Institut der Vor- und Nacherbschaft belehrt. Andere Gestaltungen, etwa eine lebzeitige Vermögensübertragung auf den Schlusserben wünschen wir nicht, und dass, obwohl eine lebzeitige Übertragung nicht nur eine Pflichtteilsverdoppelung verhindern würde, sondern zusätzlich auch einen Abzug von Gegenleistungen und vorbehaltenen Rechten und gegebenenfalls auch eine Abschmelzung der Pflichtteilsansprüche nach § 2325 Abs. 3 BGB ermöglichen würde.

114 Zu beachten ist aus Sicht des Erstversterbenden, dass – wenn er befürchtet, dass der überlebende Ehegatte das Erbe wegen der Beschränkungen ausschlägt, um seinen Pflichtteil und gegebenenfalls auch den Zugewinnausgleich im Todesfall zu verlangen – die Formulierungsvorschläge mit einem Ehegattenpflichtteilsverzicht und einem Ausschluss des Zugewinnausgleichs für den Todesfall kombiniert werden könnten.

115 ▶ **Muster:**

Im Wege einer ehevertraglichen Vereinbarung schließen wir für den Fall, dass unsere Ehe durch den Tod eines Ehegatten beendet werden sollte, die Durchführung des Zugewinnausgleichs im Wege der sogenannten »güterrechtlichen Lösung« des § 1371 Abs. 2 und 3 BGB aus. Die Erhöhung des gesetzlichen Erbteils gemäß § 1371 Abs. 1 BGB bei der sogenannten »erbrechtlichen« Lösung wird durch diese Vereinbarung nicht ausgeschlossen, auch nicht der Zugewinnausgleich in allen sonstigen Fällen. Weitergehende güterrechtliche oder sonstige ehevertragliche Regelungen wollen wir nicht treffen, insbesondere wird keine Gütertrennung vereinbart. Über das gesetzliche Güterrecht, den gesetzlichen ehelichen und nachehelichen Ehegattenunterhalt und das Institut des Versorgungsausgleichs hat der Notar uns belehrt.

116 Erbeinsetzung nach der Ehefrau:

Zu ... ihrem alleinigen und unbeschränkten Erben setzt ... ihren Ehemann ... ein.

Sollte dieser den Erbfall nicht erleben oder aus einem anderen Grunde als Erbe ausfallen, so wird Erbe die gemeinsame Tochter ..., geboren am ..., derzeit wohnhaft ..., wiederum ersatzweise deren leibliche Abkömmlinge – eheliche wie nichteheliche –, nach den Regeln der gesetzlichen Erbfolge erster Ordnung.

117 Zu seinem alleinigen Vorerben setzt ... seine Ehefrau ... ein. Diese ist als Vorerbe von allen gesetzlichen Beschränkungen, von denen befreit werden kann, befreit (sogenannte befreite Vorerbschaft).

118 Der Nacherbfall tritt mit dem Tod des Vorerben ein.

Nacherbe ist die gemeinsame Tochter ..., bereits benannt, ersatzweise – auch für den Fall, dass der Nacherbe nach Eintritt des Erbfalls (= Vorerbfall) wegfällt – deren leibliche – eheliche wie nichteheliche – Abkömmlinge entsprechend der gesetzlichen Erbfolge erster Ordnung. Die Ersatznacherbfolge gilt dann nicht, wenn die gemeinsame Tochter ... nach dem Tod des Ehemannes das Erbe ausschlägt und den Pflichtteil verlangt. In diesem Fall wird die Ehefrau unbeschränkter Vollerbe.

Die Nacherbenrechte sind weder vererblich noch übertragbar, außer auf den Vorerben. Die Ersatznacherbfolge ist dadurch auflösend bedingt.

Sollte die Ehefrau den Erbfall nicht erleben oder aus einem anderen Grunde als Erbe ausfallen, so beruft der Ehemann die gemeinsame Tochter zu seinem alleinigen und unbeschränkten Erben, ersatzweise deren leibliche – eheliche wie nichteheliche – Abkömmlinge entsprechend der gesetzlichen Erbfolge erster Ordnung.

[hier folgen dann gegebenenfalls auch wieder einzelne oder alle weitergehenden »Befreiungen« des Vorerben wie in Rdn. 113]

VIII. Lebzeitige Verfügungen und Pflichtteilsergänzungsansprüche

Für Vermögensverlagerungen unter Lebenden stellt § 2325 BGB eine Schranke dar. Eine Schenkung zieht danach grundsätzlich Pflichtteilsergänzungsansprüche nach sich. Bedeutsam ist insoweit, dass der BGH im Jahr 2012 die sogenannte Theorie der Doppelberechtigung aufgegeben hat, jedenfalls für bei Schenkung noch nicht geborene Abkömmlinge, wohl auch für nach der Schenkung geehelichte Partner.[107] Auch einem erst beim Erbfall Pflichtteilsberechtigten können nunmehr Pflichtteilsergänzungsansprüche zustehen.

119

1. Zu den gesetzlichen Ausnahmen von § 2325 BGB

Lediglich bei Ausstattungen sieht das Gesetz Einschränkungen vor. Ferner findet § 2325 insoweit[108] keine Anwendung, als Schenkungen einer sittlichen Pflicht oder dem Anstand entsprechen (§ 2330 BGB).

120

Die Beteiligten haben, wenn die Voraussetzungen des § 1624 Abs. 1 BGB vorliegen, ein Wahlrecht zwischen Schenkung und **Ausstattung**. Gemäß § 1624 Abs. 1 BGB gelten Ausstattungen nur hinsichtlich eines etwaigen Übermaßes als Schenkung. Folglich lösen sie auch nur insoweit Pflichtteilsergänzungsansprüche aus. Kompensiert wird dieser Vorteil allerdings dadurch, dass Ausstattungen über § 2316 Abs. 1 und Abs. 3 BGB zwingend die Pflichtteile der anderen Abkömmlinge erhöhen,[109] dies sogar außerhalb der 10-Jahres-Frist des § 2325 Abs. 3 BGB. Dies spricht gegen die Wahl einer Ausstattung. Zwar schadet die pflichtteilserhöhende Wirkung einer Ausstattung dann nicht, wenn kein zu verteilender Nachlass mehr vorhanden ist. Denn eine Herauszahlungspflicht sieht § 2316 BGB nicht vor. Ausnutzen lässt sich dies aber deshalb nicht, weil es sich bei Übertragungen des gesamten oder wesentlichen Vermögens regelmäßig um (hinsichtlich des Überschusses) Pflichtteilsergänzungsansprüche auslösende Übermaßausstattungen handeln wird.[110] Reguläre Ausstattungen betreffen typischerweise nur einen Bauplatz oder eine vermietete Eigentumswohnung, also Vermögen, das die Eltern nicht mehr für ihre eigene langfristige Versorgung benötigen.[111] Ferner vertragen sich Nutzungsvorbehalte und Rückforderungsrechte nicht mit dem Vertragstyp Ausstattung.[112] Erschwerend kommt noch hinzu, dass nach der Rechtsprechung des BGH über § 2056 S. 2 BGB der »Zuvielbedachte« bei der Berechnung der Pflichtteilsergänzungsquoten wegfällt und sich so die Ergänzungsansprüche der anderen Pflichtteilsberechtigten entsprechend erhöhen.[113]

121

▶ Praxistipp

Vor einem leichtfertigen Gebrauch des Begriffs »Ausstattung« in Übergabeverträgen ist mithin zu warnen.

Anderenfalls könnte formuliert werden:

▶ **Muster:**

122

**Der Übergeber wendet dem Empfänger hiermit im Wege der Ausstattung anlässlich ... Folgendes zu:
... Der Empfänger nimmt diese Ausstattung hiermit an.**

---

107 BGH, Urt. v. 23.05.2012 – IV ZR 250/11, NJW 2012, 2730.
108 Vgl. BGH NJW 1981, 2458, 2459.
109 Die gesamte Pflichtteilslast mag allerdings sinken, da die Ausstattung beim Ehegattenpflichtteil vorab abzuziehen ist, vgl. das Beispiel von *Sailer*, NotBZ 2002, 81, 85.
110 *Langenfeld/Günther*, Grundstückszuwendungen im Zivil- und Steuerrecht, Rn. 631.
111 OLG Stuttgart BWNotZ 1997, 147, 148; *Langenfeld/Günther*, Grundstückszuwendungen im Zivil- und Steuerrecht, Rn. 631; *Sailer*, NotBZ 2002, 81.
112 Vgl. *Langenfeld/Günther*, Grundstückszuwendungen im Zivil- und Steuerrecht, Rn. 632; Beck'sches Notar-Handbuch/*Jerschke*, A. V. Rn. 48.
113 Vgl. Mayer/Süß/Tanck/*J. Mayer*, § 11 Rn. 143.

123 Eine **Anstandsschenkung** nach § 2330 BGB stellt eine Zuwendung dar, die nach den Anschauungen des sozialen Kreises des Schenkers nicht unterbleiben konnte, ohne dass dieser an Achtung und Ansehen verloren hätte. Erfasst werden daher in der Regel nur kleinere Gelegenheitsgeschenke, nicht aber der wesentliche Teil des Vermögens.[114] Dem Ehegatten einen Halbanteil an einem größeren Hausanwesen oder einem landwirtschaftlichen Betrieb zuzuwenden, gebietet bereits angesichts der hohen Werte regelmäßig nicht der Anstand.[115] Auch durch eine vorangegangene Leistung des Beschenkten veranlasste belohnende Schenkungen können allenfalls dann einer Anstandspflicht entsprechen, wenn das Geschenk nicht erheblich über das Maß an Freigebigkeit hinausgehen, das der Beschenkte als Ausgleich für die eigene Leistung vom Schenker anständigerweise erwarten durfte.[116]

124 **Pflichtschenkungen** wiederum können zwar durchaus den gesamten Nachlass ausschöpfen.[117] Erforderlich ist aber, dass die Belange von Schenker und Beschenktem es unabweisbar erscheinen lassen, die gesetzlich vorgeschriebene Mindestbeteiligung des Pflichtteilsberechtigten am Nachlass einzuschränken. Das Geschenk muss sittlich geboten sein; eine bloße sittliche Rechtfertigung reicht nach der höchstrichterlichen Rechtsprechung nicht aus.[118] Dabei könne es die für § 2330 BGB notwendige sittliche Pflicht gerade auch gebieten, den Pflichtteil nicht völlig auszuhöhlen.[119] Selbst aus belohnenden Schenkungen werde eine Pflichtschenkung daher allenfalls unter besonderen Umständen. Relevant könne sein, dass die Zuwendung die Existenz des Beschenkten sichere.[120] So führte der BGH im Mai 2006 anlässlich einer jedenfalls behaupteten 40 Jahre langen Hilfeleistung im Haushalt des Erblassers aus, dass eine Pflichtschenkung gemäß § 2330 BGB vorliegen könne. Es komme dabei nämlich nicht alleine auf Grunde der Dankbarkeit des Schenkers an, sondern wesentlich auch darauf, ob »Gesichtspunkte der Versorgung des Beschenkten, etwa eine Notlage in Folge der für den Schenker erbrachten Leistungen, dass Ausbleiben einer solchen Belohnung als sittlich anstößig erscheinen ließe«.[121] Es verwundert, dass der BGH in diesem Urteil im Gegensatz zu einem kurz zuvor vom gleichen Senat erlassenen Urteil (vgl. dazu sogleich Rdn. 125) die Möglichkeit einer nachträglichen Vergeltung mit keinem Wort anspricht.

2. Zum Schenkungsbegriff

a) Die verschiedenen Formen der Entgeltlichkeit

125 Belohnende Schenkungen, die allenfalls als Anstands- oder Pflichtschenkungen Pflichtteilsergänzungsansprüchen entzogen sind, sind abzugrenzen von (teil-)entgeltlichen Leistungen.[122] Eine Schenkung setzt Unentgeltlichkeit voraus, und zwar neben der objektiven Unentgeltlichkeit der Zuwendung auch die Einigung von Zuwendendem und Empfänger darüber.[123] Die eine Entgeltlichkeit begründende Übereinkunft kann durchaus sukzessive hergestellt werden: Selbst wenn eine so genannte vorweggenommene Erfüllungshandlung zunächst ohne Anspruch auf ein Entgelt erbracht wird, kann durch eine **nachträgliche Entlohnung** eine Entgeltabrede zustande kommen. So führte der BGH im März 2006 in einem Fall behaupteter 16-jähriger, mit den Jahren wegen des Gesundheitszustands gesteigerter Pflege und Versorgung und mindestens ebenso langen Mietzinszahlungen aus, es könne sich um eine gemischte Schenkung handeln, Pflegeleistungen können zudem – auch nachträglich – in Form echter Gegenleistungen bei gemischten Schenkungen als Abzugsposten in

---

114 BGH NJW-RR 1996, 705, 706; OLG Koblenz, Urt. v. 13.7.2006 – 7 U 1801/05, MittBayNot 2007, 135, 136.
115 BGH ZEV 1996, 186, 188; NJW-RR 1986, 1202; OLG Köln FamRZ 1997, 1113, 1114.
116 BGH NJW-RR 1986, 1202.
117 BGH NJW 1981, 2458, 2459.
118 BGH NJW 1986, 1926, 1927; 1984, 2939, 2940.
119 BGH NJW 1984, 2939, 2940; OLG Koblenz ZEV 2002, 460, 462.
120 BGH NJW-RR 1996, 705, 706.
121 BGH, Beschl. v. 3.5.2006 – IV ZR 72/05, ZEV 2006, 505; ähnlich OLG Karlsruhe OLGZ 1990, 467.
122 Vgl. *Keim*, FamRZ 2004, 1081.
123 Vgl. nur BGHZ 82, 274, 281.

Betracht kommen.[124] Die Erblasserin hatte die spätere Beklagte durch notarielles Testament zum Alleinerben eingesetzt und ihr vier Jahre vor ihrem Tod »im Wege vorweggenommener Erbfolge« »unentgeltlich« ihren Grundbesitz unter Vorbehalt eines unentgeltlichen lebenslangen Wohnungsrechts übertragen. Zur Begründung hieß es in der notariellen Urkunde, die Schenkung erfolge (in Anwendung des § 2330 BGB) als Ausgleich und als belohnende Zuwendung für die 12-jährige aufopferungsvolle Pflege und Versorgung durch die Beklagte in der Zeit der Schwerbehinderung der Erblasserin bis zum heutigen Tage. Die Beklagte habe überdies noch den Haushalt versorgt, obwohl sie selbst berufstätig sei. Für alle diese Leistungen sei niemals ein Entgelt geleistet worden.

Und am 14. Februar 2007 präzisierte der BGH, der Pflichtteilsberechtigte müsse auch nachträgliche Vereinbarungen über die Entgeltlichkeit von lebzeitigen Geschäften hinnehmen. Es stehe im Übrigen schon seit langem fest, dass der Erblasser seine Gegenleistung für ihm erbrachte Dienste auch nachträglich in den genannten Grenzen erhöhen kann.[125]

Die Anforderungen, die an die Entgeltabrede gestellt werden, sind auch in anderer Hinsicht gering. So liegt ein Entgelt nicht nur bei – sei es gleichzeitig, sei es nachträglich vereinbarten – synallagmatischen Leistungspflichten sondern auch dann vor, wenn eine künftige Leistung des Empfängers nur zur Wirksamkeitsbedingung der Zuwendung (**konditionale Verknüpfung**) oder zu ihrer Geschäftsgrundlage (**kausale Verknüpfung**) gemacht wird.[126] Um eine kausale Verknüpfung handelt es sich etwa bei der Errichtung eines Gebäudes auf einem fremden Grundstück mit dem – formlos mit dem Eigentümer vereinbarten – Hintergrund, dass dieser dem Erbauer das Eigentum verschaffen wird.[127]

126

Der misslichen Situation des Pflichtteilsberechtigten, der die Unentgeltlichkeit zu beweisen hat,[128] aber über eventuelle Vorleistungen nur selten etwas wissen wird, trägt die Rechtsprechung in solchen Fällen wie folgt Rechnung: Es sei zunächst Sache des Anspruchsgegners, die für die ins Feld geführte Vorleistung maßgeblichen Tatsachen »im Wege **substantiierten Bestreitens der Unentgeltlichkeit** vorzutragen«. Eine in der notariellen Urkunde enthaltene Angabe, wonach der Beklagte dem Erblasser »in der Vergangenheit außerhalb des laufenden Unterhaltsbedarfs darlehnsweise Geldleistungen i. H. v. 40 000,– DM (u. a. zur Finanzierung eines Zivilprozesses und für umfangreiche Hausreparaturen)« erbracht habe, sei insofern zu unbestimmt.[129]

127

▶ Praxistipp

Bereits erbrachte Leistungen des Erwerbers sollten in der notariellen Urkunde mithin detailliert aufgeführt werden.[130] Den Beteiligten wiederum ist zu raten, Beweise zu sichern und sich vor Übertreibungen zu hüten. Denn der Verdacht einer Manipulation wird in derartigen Konstellationen oft entstehen.

▶ Praxistipp

Für die Gestaltungspraxis bleibt festzuhalten, dass für Pflichtschenkungen nach der höchstrichterlichen Rechtsprechung nur ein sehr enger Anwendungsbereich verbleibt, vielmehr in erster Linie im Falle vorweggenommener Erfüllungshandlungen die Möglichkeit eines teilentgeltlichen Geschäfts ins Auge gefasst werden sollte. Allerdings sind dann auch etwaige steuerliche – gerade auch einkommensteuerliche – und sozialversicherungsrechtliche Folgewirkungen zu beachten.[131]

---

124 BGH, Urt. v. 8.3.2006 – IV ZR 263/04, ZEV 2006, 265.
125 BGH, Urt. v. 14.2.2007 – IV ZR 258/05, ZEV 2007, 326; so auch OLG Schleswig, Urt. v. 27.3.2012 – 3 U 39/11 – RNotZ 2012, 513.
126 BGH FamRZ 2002, 883, 884; NJW 1992, 2566, 2567.
127 BGH NJW 1992, 2566, 2567; vgl. auch Mayer/Süß/Tanck/*J. Mayer*, § 11 Rn. 128.
128 Von den gesetzlichen Schenkungsvermutungen der §§ 685, 1620 BGB einmal abgesehen.
129 BGH ZEV 1996, 186, 187.
130 So auch *von Dickhuth-Harrach*, Festschrift Rheinisches Notariat, S. 185, 233.
131 Vgl. BFH, ZEV 2000, 37; *Dietz*, MittBayNot 2008, 227, 228.

Kapitel 10 Verminderung und Vermeidung von Pflichtteilsrechten

128 Voraussetzung einer Schenkung ist neben der Unentgeltlichkeit eine Minderung der Vermögenssubstanz des Zuwendenden, die zum Beispiel bei einem **schuldrechtlichen Wohnungsrecht** selbst bei langer Dauer fehlen soll. Es handele sich – so der BGH – nicht um eine Schenkung, sondern um eine Leihe, selbst bei Ausschluss bestimmter Kündigungsrechte.[132] § 2287 BGB sei deshalb nicht einschlägig. Nichts anderes dürfte der BGH dann wohl auch im Rahmen des § 2325 BGB annehmen.[133] In der unentgeltlichen Einräumung eines dinglichen Nießbrauchs sieht der BGH demgegenüber eine Schenkung i. S. v. § 2287 BGB und damit wohl auch in Bezug auf § 2325 BGB.[134] Diese Differenzierung überzeugt nicht. Richtigerweise sollten die genannten erbrechtlichen Vorschriften auch auf weitreichende rein schuldrechtliche Nutzungsrechte analoge Anwendung finden.[135]

129 Die Entscheidung des OLG Dresden, der zufolge **Spenden** an Stiftungen keine Pflichtteilsergänzungsansprüche auslösen, da die Stiftung das gespendete Geld lediglich treuhänderisch verwalte, wurde mittlerweile vom BGH aufgehoben.[136] Stiftungsausstattungen und Zustiftungen fallen erst recht unter § 2325 BGB, ohne dass bei gemeinnützigen **Stiftungen** § 2330 BGB Anwendung fände.[137]

b) Zur Abzugsfähigkeit und Bewertung von Gegenleistungen

130 Zur Abgrenzung vollentgeltlicher Geschäfte von gemischten Schenkungen, die nur in Bezug auf den unentgeltlichen Anteil Pflichtteilsergänzungsansprüche auslösen können, ist ein Leistungsvergleich anzustellen. So führen zwar Abfindungen zugunsten von Geschwistern, die Übernahme von Verbindlichkeiten des Übergebenden sowie Leibrenten bzw. dauernde Lasten in der Regel nicht zur vollen Entgeltlichkeit; sie mindern aber als Gegenleistungen immerhin den der Pflichtteilsergänzung unterliegenden Erwerb.[138] Sogar **Rückforderungsrechte** sollen einen Abzug gestatten, wenn sie den Erwerber an einer Veräußerung des zugewendeten Objekts hindern.[139]

131 Für den Vergleich von Leistung und Gegenleistung kommt es auf den **Zeitpunkt des Vertragsabschlusses** an. Risikogeschäfte (aleatorische Geschäfte) sollen deshalb grundsätzlich entgeltliche Geschäfte und keine Schenkungen darstellen, wenn die Beteiligten aus dem Blickwinkel des Vertragsschlusses das beiderseitige Risiko als gleichwertig angesehen haben. Das mag unter Umständen etwa gelten für Gestaltung wie die folgenden, die Pflichtteilsergänzungsansprüche (und gegebenenfalls Schenkungsteuer) vermeiden sollen: Ehegatten oder Lebensgefährten übertragen sich wechselseitig auf den Todesfall ihre beiden halben Grundstücksmiteigentumsanteile oder bestellen sich wechselseitig auf den eigenen Tod Nießbrauchsrechte (vgl. dazu vertiefend unten Rdn. 158).

Im Falle einer Verrentung wiederum ist es wegen der Maßgeblichkeit der ex-ante-Betrachtung unerheblich, ob die Summe der gezahlten Renten später tatsächlich den Wert der Leistung erreicht. Lebenslange wiederkehrende Leistungen sind zu kapitalisieren,[140] selbst wenn dann später tatsäch-

---

132 BGH, Beschl. v. 11.7.2007 – IV ZR 218/06, ZEV 2008, 192.
133 So auch die Schlussfolgerung von *von Proff zu Irnich*, RNotZ 2008, 462, 475).
134 BGH ZEV 1996, 25.
135 So auch *J. Mayer*, ZEV 2008, 192, 193) zumindest für § 2287 BGB.
136 BGH, Urt. v. 10.12.2003 – 4 ZR 249/02, RNotZ 2004, 159 mit Anm. *Worm.*.
137 So auch *Werner*, ZEV 2009, 560, 562, auch zur noch ungelösten Fragen, inwieweit bei Familienstiftungen mit dem Ehegatten als Destinatär die 10-Jahres-Frist zu laufen beginnt.
138 *J. Mayer*, DNotZ 1996, 604, 615, 620.
139 So BGH, Urt. v. 25.11.2009 – XII. ZR 92/06, ZNotP 2010, 190, 194 (der auch diesen Zusammenhang berücksichtigt); OLG Koblenz, Urt. v. 17.10.2001 – 9 U 166/01, ZEV 2002, 460, 461; OLG Düsseldorf MittRhNotK 2000, 208, *Müller*, Erbrecht effektiv 2008, 30.
140 BGH NJW-RR 1996, 705, 707; DNotZ 1990, 902; Schleswig-Holsteinisches OLG, Urt. v. 25.11.2008 – 3 U 11/08, ZEV 2009, 81; OLG Koblenz ZEV 2002, 460, 461; OLG Oldenburg NJW-RR 1997, 263, 264; DNotI-Report 2002, 178, 180.

lich viel länger geleistet werden sollte.[141] Individuelle Besonderheiten, die eine kürzere Lebenserwartung des Schenkers wahrscheinlich machten, seien aber zu berücksichtigen, wenn sie den Vertragschließenden bekannt waren und der Erblasser auch tatsächlich kurze Zeit nach Vertragsabschluss verstorben ist.[142]

Auch **Pflegeverpflichtungen** sind dementsprechend nicht erst ab tatsächlicher Pflegebedürftigkeit abzugsfähig. Die ganz herrschende Meinung orientiert sich vielmehr zu Recht ausschließlich an der Erwartung der Beteiligten.[143] Hinsichtlich der Bewertung der danach berücksichtigungsfähigen (in Aussicht gestellten oder tatsächlich erbrachten) Pflegeleistungen ist primär vom vertraglich festgelegten Leistungsumfang auszugehen.[144] Orientiert sich dieser an den Pflegestufen des Pflegeversicherungsgesetzes, bieten sich die dort vorgesehenen Leistungen (§ 36 Abs. 3 SGB XI) als Maßstab an.[145]   132

Es steht es den Beteiligten grundsätzlich frei, den Wert der Gegenleistungen nach ihren Vorstellungen zu bewerten. Wenn auch das bloße Behaupten von Gegenleistungen und willkürliche Bewertungen unzulässig sind,[146] eröffnet diese so genannte **subjektive Äquivalenz** doch gerade bei Rechtsgeschäften im familiären Bereich einen weiten Bewertungsspielraum.[147] So hat etwa das OLG Koblenz[148] 2006 in folgendem Fall jegliche Pflichtteilsergänzungsansprüche verneint: Die Lebensgefährtin übertrug ihrem Lebensgefährten zu Lebzeiten unter Vorbehalt eines Nießbrauchsrechts und gegen Zahlung eines Barkaufpreises von 52.000,– € die zum Zeitpunkt der Übertragung bis zum ihrem Tod von ihr und dem Lebensgefährten genutzte Immobilie mit einem Wert von zur Zeit der Schenkung 127.000,– €. Bemerkenswert ist in diesem Zusammenhang weniger, dass das OLG Koblenz in diesem Fall das Nießbrauchsrecht als Gegenleistung und nicht als Auflage in Abzug brachte und auch nicht, dass es dieses auf die zum Zeitpunkt der Übertragung hypothetische Lebenserwartung der Übertragerin (22 Jahre) kapitalisierte, obwohl sie diese bei weitem nicht erlebte, als vielmehr, dass es von vornherein eine Pflichtteilsergänzungsansprüche auslösende Schenkung verneinte. Der Nießbrauch habe selbst unter Berücksichtigung der Mitbenutzung der Immobilie durch den Zuwendungsempfänger einen gewissen Wert, der zuzüglich des Barkaufpreises ungefähr 81 % des Verkehrswertes zum Zeitpunkt der Zuwendung. Diese Differenz aber stelle kein derart grobes Missverhältnis dar, dass dadurch der Wille der Vertragsschließenden indiziert wäre, eine gemischte Schenkung vorzunehmen.   133

> **Praxistipp**
>
> Auch wenn der BGH in seiner oben (vgl. Rdn. 125) wiedergegebenen Entscheidung vom 8. März 2006[149] entgegen dem Wortlaut des zu beurteilenden Vertrages, der doch gerade die Unentgeltlichkeit betonte und im Gegensatz zu einer gemischten Schenkung sogar von einer belohnenden Schenkung sprach (dies mit Blick auf § 2330 BGB) dem Berufungsgericht aufgab, zu prüfen, ob nicht die Übertragung eine nachträgliche Gegenleistung

---

141 Schleswig-Holsteinisches OLG, Urt. v. 25.11.2008 – 3 U 11/08, ZEV 2009, 81; OLG Koblenz, Urt. v. 6.3.2006 – 6 W 114/06, ZErb 2006, 282; a. A. *Sostmann*, MittRhNotK 1976, 479, 503; *N. Mayer*, FamRZ 1994, 739, 744; *Heinrich*, MittRhNotK 1995, 157, 168.
142 BGHZ 65, 75, 77; OLG Köln JMBl. NW 1997, 127; OLG Celle RNotZ 2003, 55, 56; OLG Oldenburg, NJW-RR 1997, 263.
143 OLG Koblenz ZEV 2002, 460, 461; OLG Oldenburg NJW-RR 1992, 778, 779; *J. Mayer*, Der Übergabevertrag, Rn. 74.
144 OLG Köln OLGR 1993, 43, 44.
145 Vgl. *Weyland*, MittRhNotK 1997, 55, 68; *J. Mayer*, DNotZ 1996, 604, 620; ebenso hinsichtlich der schenkungssteuerlichen Bewertung OFD Erfurt ZEV 2002, 457.
146 BGH DNotZ 1991, 498, 500) DNotZ 1973, 426.
147 Vgl. BGH FamRZ 2002, 883, 884; NJW-RR 1996, 754, 755; NJW 1995, 1349, 1350; 1981, 2458; OLG Düsseldorf DNotZ 1996, 652, 656; OLG Köln OLGR 1993, 43, 45.
148 OLG Koblenz, Urt. v. 6.3.2006 – 6 W 114/06, ZErb 2006, 282.
149 BGH, Urt. v. 8.3.2006 – IV ZR 263/04, ZEV 2006, 265.

für die Pflegedienste darstellte, ist vor einem Gebrauch des Begriffs »Schenkung« in Übergabeverträgen bei erheblichen Gegenleistungen oder Auflagen zu warnen. Er indiziert eine Einigung der Beteiligten über die Unentgeltlichkeit und mag so den ihnen eigentlich zur Verfügung stehenden Bewertungsspielraum zunichtemachen. Vorzugswürdig sind – wenn die Beteiligten nicht ausdrücklich einen Schenkungswillen äußern – gegebenenfalls die Begriffe »Übertragung« und/oder »vorweggenommene Erbfolge«. Vor konkreten Wertangaben – und sei es auch nur zum Zwecke der Kostenberechnung – sollte der Notar sich ebenfalls hüten, wenn sie nicht auf Wertgutachten beruhen. Ein zu geringer Wert hilft dem Pflichtteilsberechtigten, bei übertriebenen Angaben aber laufen die Beteiligten Gefahr, dass das Gericht eine wirksame Entgeltabrede unter Berufung auf eine willkürliche Überbewertung rundweg ablehnt.[150]

134 Der Gefahr eines Missbrauchs des Bewertungsspielraums zulasten von Pflichtteilsberechtigten (und nebenbei bemerkt Sozialhilfeträgern, die einen Rückforderungsanspruch nach § 528 BGB auf sich übergeleitet haben) begegnet die Rechtsprechung mit **Beweiserleichterungen**: Liege objektiv ein »auffallendes, grobes Missverhältnis« vor, so begründe dieser Umstand die tatsächliche Vermutung, dass sich die Beteiligten über die (teilweise) Unentgeltlichkeit einig seien. Der Zuwendungsempfänger müsse diese Vermutung durch Tatsachen erschüttern, die das Wertverhältnis von Leistung und Gegenleistung als angemessen erscheinen lassen.[151]

c) Zur Beurteilung eines Erb- und/oder Pflichtteilsverzichts als Entgelt

135 Ob Erb- und/oder Pflichtteilsverzichte ein Entgelt darstellen, wollte im Jahr 1985 der BGH nicht abschließend entscheiden; vollentgeltlich werde das Geschäft dadurch jedenfalls nicht.[152] Im Jahr 1990 schließlich qualifizierte derselbe Senat einen bloßen Pflichtteilsverzicht als Teilentgelt im Rahmen einer gemischten Schenkung, billigte allerdings zugleich die Entscheidung der Vorinstanz, ihn angesichts des hohen Schenkungswertes nicht gesondert zu bewerten.[153] Am 3. Dezember 2008 letztlich entschied der BGH, dass es sich bei einer für einen Erb- und Pflichtteilsverzicht gewährten Abfindung um ein Entgelt handele, soweit sie sich im Rahmen der Erberwartung des Verzichtenden halte. Insoweit löse sie mithin Pflichtteilsergänzungsansprüche nicht aus. Bei einem auffälligen Missverhältnis greife aber die soeben (vgl. oben Rdn. 134) dargestellte Vermutungswirkung, dass insoweit Einigkeit über die Unentgeltlichkeit bestanden habe.[154] Auf die Erwägung des Berufungsgerichts, dass das den Pflichtteilsberechtigten enterbende Testament erst Jahre später verfasst worden sei, es mithin bei der Zuwendung nicht subjektiv um eine Pflichtteilsreduzierung gegangen sein könne, ging der BGH nicht ein.

Ob der BGH einen bloßen Pflichtteilsverzicht – wie er in der Regel empfohlen wird (vgl. oben Rdn. 2) – genauso als Entgelt oder Teilentgelt beurteilen würde, ergibt sich aus dem Urteil nicht. Richtigerweise lässt sich entgegen der herrschenden Meinung[155] die Entscheidung des BGH auf reine Pflichtteilsverzichte mit der Maßgabe übertragen, dass es für die Angemessenheit der Gegenleistung auf die voraussichtlichen Pflichtteilsansprüche anstelle der Erberwartung ankommt, so schon das vor dem Urteil ergangene Schrifttum[156] mit der Begründung, dass wenn der Erblasser sich seine Testierfreiheit erkaufe – und sei es auch nur als Nebeneffekt –, es sich um eine entgeltliche Zuwendung handele, soweit die Abfindung angemessen sei. Eine solche ist nach einhelliger Ansicht

---

150 Vgl. auch Mayer/Süß/Tanck/*J. Mayer*, § 11 Rn. 140.
151 BGH, Urt. v. 14.2.2007 – IV ZR 258/05, ZEV 2007, 326; NJW-RR 1996, 754; NJW 1995, 1349, 1350.
152 BGH NJW 1986, 127.
153 BGHZ 112, 40, 53.
154 BGH, Beschl. v. 3.12.2008, IV ZR 58/07, ZEV 2009, 77.
155 Vgl. *Keim*, RNotZ 2013, 411 (417).
156 *Dieckmann* FamRZ 1986, 258; *Sostmann*, MittRhNotK 1976, 479, 497; *Heinrich*, MittRhNotK 1995, 157, 158; *Worm*, RNotZ 2003, 535, 545.

nicht als Gegenleistung anzusehen. Der Pflichtteilsverzicht als Mittel zweckmäßiger Vermögensvorsorge würde entwertet, wenn die für einen solchen Verzicht erbrachte Leistung Pflichtteilsergänzungsansprüchen unterliegen würde. Der Abgefundene selbst müsste dann in Bezug auf sein Abfindung später noch diese mindernde Pflichtteilsergänzungsansprüche anderer fürchten (vgl. dazu oben Rdn. 14). Indes kann ein Pflichtteilsverzicht nur insoweit als Gegenleistung bewertet werden, als er über eine bloße Pflichtteilsanrechnung hinausgeht.

d) Zur Abzugsfähigkeit vorbehaltener Nießbrauchs- und Wohnungsrechte

Die höchstrichterliche Rechtsprechung zieht bei der Berechnung von Pflichtteilsergänzungsansprüchen vorbehaltene Nießbrauchs- oder Wohnungsrechte und auch sonstige Nutzungsrechte – mag es sich auch um rein schuldrechtliche handeln[157] – nur ab, wenn das Zuwendungsobjekt – inflationsbereinigt – zwischen Schenkung und Erbfall an Wert gewann. Anderenfalls sei nach dem **Niederstwertprinzip** des § 2325 Abs. 2 S. 2 BGB der Wert des Geschenks zum Zeitpunkt des Erbfalls entscheidend.[158] Mit dem schon oben (vgl. Rdn. 125) dargestellten Urteil vom 8. März 2006[159] hat der Bundesgerichtshof diese ständige Rechtsprechung jüngst erneut bekräftigt. Indes findet sich in der Begründung die bislang unbekannte Einschränkung »unbeschadet etwaiger Härten im Einzelfall«. 136

▶ Praxistipp

Behält sich der Überträger ein Nutzungsrecht vor, wird man im Einzelfall – um auch dessen Abzug bei Pflichtteilsergänzungsansprüchen sicherzustellen – den Vertragsbeteiligten zu Investitionen mit Wertsteigerungen und zur Dokumentation des Wertes im Zeitpunkt der Übertragung – etwa mittels eines Wertgutachten – raten.

▶ Praxistipp

Zu beachten ist, dass mitunter Alternativkonstruktionen möglich sind, die wirtschaftlich zu keinem anderen Ergebnis als vorbehaltene Nutzungsrechte führen, Pflichtteilsergänzungsansprüche aber nach einhelliger Ansicht in jedem Fall, mithin unabhängig von der Wertentwicklung des Zuwendungsobjekts, reduzieren. So könnte etwa bei der Übertragung eines Miethauses anstelle eines Nießbrauchs eine (immer abzugsfähige) dauernde Last in Höhe der erzielten Miete vereinbart werden.[160] Bezeichnend ist eine Entscheidung des OLG Schleswig,[161] in der das Gericht den Abzug eines Nießbrauchs wegen des Niederstwertprinzips ablehnte, aber den einer daneben ebenfalls vereinbarten Leibrente zuließ.

Nach Anerkennung des so genannten **Stuttgarter Modells** durch den BFH[162] ist es eigentlich auch denkbar, anstelle eines Wohnungsrechts eine dauernde Last nebst Rückmietung durch den Übergeber zu vereinbaren. Nachdem nun jedoch wegen der Änderungen durch das Jahressteuergesetz 2008 jedenfalls im privaten Bereich Zahlungen an den Übergeber nicht mehr als Sonderausgaben absetzbar sind (der kapitalisierte Wert der Versorgungsleistungen führt lediglich zu Anschaffungskosten, die sich über Abschreibungen auswirken.), die Miete aber nach wie vor zu versteuern ist, dürfte sich das Modell aber allenfalls bei geplanten umfangreichen Erhaltungsaufwendungen, die nicht zu Herstellungsaufwand zählen, sondern als Werbungskosten abgesetzt werden können, noch lohnen. Zu beachten ist dann Folgendes: Die 10-Jahres-Abschmelzung des § 2325 Abs. 3 BGB beginnt in diesem

---

157 Z. B. Rückpacht im Fall des OLG Koblenz NJOZ 2006, 3869.
158 BGH DNotZ 1994, 784, 785; DNotZ 1993, 122.
159 BGH, Urt. v. 8.3.2006, IV ZR 263/04; ZEV 2006, 265.
160 So auch *Odersky*, notar 2009, 70, 71.
161 OLG Schleswig, Urt. v. 25.11.2008 – 3 U 11/08, ZEV 2009, 81.
162 BFH, Urt. v. 10.12.2003 – IX R 12/01, RNotZ 2004, 276.

Fall wegen der Miete nicht (vgl. Rdn. 169).[163] Nicht anerkannt wird die nachträgliche Umwandlung eines unentgeltlichen Wohnungsrechts in ein Mietverhältnis mit korrespondierender dauernder Last.[164]

137 Das höchstrichterliche Verständnis des Niederstwertprinzips ist laut BGH unabhängig davon, ob die Nutzungsrechte als **Gegenleistung** oder **Auflage** ausgestaltet werden.[165] Überhaupt besteht generell Einigkeit, dass eine Schenkung unter Auflage zwar in vollem Umfang Schenkung i. S. des § 2325 BGB ist, trotzdem der Wert der Auflage – nach dem BGH indes unter Berücksichtigung des Niederstwertprinzips – vom Wert der Schenkung abzuziehen ist.[166] Auch bezüglich des den Parteien eingeräumten Bewertungsspielraums (»subjektive Äquivalenz«) darf und sollte es keinen Unterschied machen, ob etwa ein Nießbrauch als Gegenleistung oder als Auflage ausgestaltet wird.[167] Dass das OLG Koblenz im oben (unter Rdn. 133) zitierten Urteil einen vorbehaltenen Nießbrauch nicht als Auflage, sondern als Gegenleistung angesehen hat, sollte somit nicht entscheidungserheblich sein, wenngleich sich bei einer Ausgestaltung als Auflage dogmatisch nicht von einem vollentgeltlichen Geschäft sprechen lässt.

▶ **Praxistipp**

Entgegen anders lautenden Vorschlägen[168] macht es deshalb keinen Unterschied, ob etwa ein Wohnungsrecht oder Nießbrauch als Gegenleistung oder Auflage ausgestaltet wird.

3. Rechtsgeschäfte zwischen Eheleuten

a) Vermögenstransfer durch Gütergemeinschaft

138 Der BGH sieht in der Vereinbarung einer Gütergemeinschaft eine Schenkung nur dann, wenn sich die Geschäftsabsichten der Eheleute »nicht zwecks Verwirklichung der Ehe auf eine Ordnung der beiderseitigen Vermögen« richten.[169] Nur dann sei Raum für die Annahme, ein Schenkungsvertrag verdränge die güterrechtliche causa für die Bereicherung. Als probates Gestaltungsmittel zur Pflichtteilsreduzierung wird eine Gütergemeinschaft allerdings regelmäßig ausscheiden.[170] Wegen der mit ihr verbundenen Nachteile,[171] insbesondere der Haftungsgemeinschaft, ist sie regelmäßig nicht dauerhaft akzeptabel. Ohnehin würde angesichts der mit ihr verbundenen höheren Pflichtteilsquote rechnerisch der Pflichtteilsanspruch eines Kindes nur vermindert, wenn das Vermögen des »Übertragenden« vor der Begründung der Gütergemeinschaft mehr als dreimal so groß war wie das des Ehepartners. Pflichtteilsansprüche von Eltern würden sogar zwingend erhöht. Es kommt erschwerend hinzu, dass der begünstigte Elternteil möglicherweise zuerst verstirbt. Bei gemeinsamen Kindern würde sich die Vermögensverlagerung auf ihn dann als kontraproduktiv erweisen.

139 Ein späterer Wechsel in die **Zugewinngemeinschaft** zur Vermeidung dieser Nachteile verbietet sich. Denn laut BGH liegen zu einer Schenkung führende ehefremde Zwecke insbesondere dann vor, wenn die Gestaltung gerade darauf abzielt, pflichtteilsberechtigte Abkömmlinge zu benachteiligen. Und der BGH präzisiert, dass es sich bei der Vereinbarung einer Gütergemeinschaft gerade dann um

---

163 *Schindler*, ZEV 2005, 290, 293; *Heinrich*, MittRhNotK 1995, 157, 164; *N. Mayer*, ZEV 1994, 325, 328; *Wegmann*, MittBayNot 1994, 307.
164 BFH, Urt. v. 17.12.2003 – IX R 56/03, BStBl. II 2004, 648.
165 Vgl. BGH NJW-RR 1996, 705, 706.
166 BGHZ 118, 49, 51; *Nieder/Kössinger*, § 2 Rn. 124; *Reiff*, FamRZ 1992, 363, 365, *Michael*, RNotZ 2007, 237, 259; Mayer/Süß/Tanck/*Pawlytta*, § 7 Rn. 36; *Keim*, FamRZ 2004, 1081, 1082.
167 So ebenfalls *Müller*, Erbrecht effektiv 2008, 30, 33; *Odersky*, notar 2009, 70; ebenso im Ergebnis BGH, Urt. v. 25.11.2009 – XII. ZR 92/06, ZNotP 2010, 190, 194.
168 Mayer/Süß/Tanck/*Pawlytta*, § 7 Rn. 37.
169 BGHZ DNotZ 1992, 503. Anderes gilt schenkungsteuerlich (§ 7 Abs. 1 Nr. 4 ErbStG).
170 Ebenso *Brambring*, ZEV 1996, 248, 252; *Wegmann* ZEV 1996, 201, 204.
171 Zu den Nachteilen ausführlich *Behmer*, MittBayNot 1994, 377.

eine Schenkung handele, wenn »nach einem einheitlichen Plan zunächst Gütergemeinschaft und nach einiger – auch längerer – Zeit ein anderer Güterstand vereinbart wird« (die kurzfristige Vereinbarung einer Gütergemeinschaft unter sofortiger Rückkehr zur Gütertrennung war bereits vom Reichsgericht[172] verworfen worden). An dem vom BGH geforderten einheitlichen Plan dürfte es nur fehlen, wenn die Gütergemeinschaft bereits vor der Eheschließung oder der Geburt der Pflichtteilsberechtigten vereinbart worden war. Dasselbe gilt möglicherweise für die Vereinbarung der Gütergemeinschaft anlässlich eines bedeutenden Erwerbs in der Absicht, den anderen daran hälftig zu beteiligen.[173]

Indiz für die Verfolgung ehefremder Zwecke ist laut BGH auch die Vereinbarung einer Gütergemeinschaft kurz vor dem Tod eines Ehegatten. Eine Schenkung liege auch nahe, wenn dem zunächst weniger begüterten Ehegatten eine höhere Auseinandersetzungsquote als die hälftige nach § 1476 BGB eingeräumt werde.[174] 140

b) Zum Zugewinnausgleich bei Beendigung der Zugewinngemeinschaft

Vereinbaren Eheleute **Gütertrennung** und wird ein dadurch entstandener Zugewinnausgleichsanspruch durch die Übertragung von Vermögenswerten abgegolten, stellt dies ein entgeltliches Geschäft dar.[175] Schenkungssteuer fällt ebenfalls nicht an (§ 5 Abs. 2 ErbStG); einkommensteuerlich handelt es sich um eine etwa nach § 23 EStG steuerbare Veräußerung.[176] 141

Lediglich insoweit, als die Leistung weit (vgl. oben Rdn. 133) über den Zugewinnausgleichsanspruch hinausgeht, handelt es sich um eine (gemischte) Schenkung, die entsprechende Pflichtteilsergänzungsansprüche nach sich zieht. Die Literatur stützt sich, da die Frage selbst bislang noch nicht Gegenstand höchstrichterlicher Rechtsprechung war, auf die oben zitierte Entscheidung des BGH zur Gütergemeinschaft. Ehegatten stehe es danach jederzeit frei, ihre güterrechtlichen Verhältnisse für die Zukunft zu ändern und den bis dahin geltenden Güterstand durch einen anderen zu ersetzen. Wenngleich analog zur vorbezeichneten Entscheidung auch bei der Vereinbarung der Gütertrennung gilt, dass die Ehegatten keine ehefremden Zwecke verfolgen dürfen, ist dies doch hier nicht der Fall. Denn nur ein tatsächlich erzielter Zugewinn lässt sich ausgleichen. Bei der Gütergemeinschaft ist die Begünstigung demgegenüber unabhängig von der bisherigen Entwicklung des beiderseitigen Vermögens möglich, ja sogar durch eine Vereinbarung bereits zu Beginn der Ehe. Als nachteilig erweist sich, dass die Gütertrennung bei mehr als einem Abkömmling die Pflichtteilsquoten der Kinder erhöht.

▶ **Praxistipp**

Mangels höchstrichterlicher Rechtsprechung empfiehlt sich ein entsprechender Belehrungsvermerk.[177]

Rückforderungsrechte vertragen sich nicht mit dem Ziel Zugewinnausgleich, das anderenfalls vorgeschoben erscheint, und sollten deshalb vermieden werden.[178]

---

172 RGZ 87, 301.
173 So *Wegmann*, ZEV 1996, 201, 206.
174 BGH DNotZ 1992, 503, 506.
175 So auch *Wegmann*, ZEV 1996, 201, 205; *Brambring*, ZEV 1996, 248, 252; *von Dickhuth-Harrach*, FS Rheinisches Notariat, S. 185, 223; *Hayler*, DNotZ 2000, 681, 686.
176 Vgl. vertiefend dazu *Wälzholz*, Der Fachanwalt für Erbrecht 2005, 21, 22; *Hollender/Schlütter*, DStR 2002, 1932, 1933.
177 So auch Mayer/Süß/Tanck/*Pawlytta*, § 7 Rn. 64 Fn. 194.
178 So auch *Münch*, ZEV 2005, 491, 492.

Kapitel 10 Verminderung und Vermeidung von Pflichtteilsrechten

142 ▶ **Muster: Übertragung als Zugewinnausgleich nach Gütertrennung**

Gütertrennung

Wir heben den gesetzlichen Güterstand der Zugewinngemeinschaft hiermit auf und vereinbaren, dass künftig in unserer Ehe für unsere Ehe der Güterstand der Gütertrennung nach den Bestimmungen des Bürgerlichen Gesetzbuches gelten soll.

Uns ist bekannt, dass aufgrund dieses Ehevertrages ein Anspruch auf Ausgleich des Zugewinns eines Ehegatten in der Zukunft und das erhöhte Erbrecht des überlebenden Ehegatten ausgeschlossen sind, sodass sich die gesetzlichen Erb- und Pflichtteilsansprüche von Kindern (bei mehr als einem Kind) bzw. Eltern erhöhen. Wir wissen, dass fortan jeder von uns frei über sein Vermögen im Ganzen und über die ihm gehörenden Gegenstände des ehelichen Haushalts verfügen kann.

Wir beantragen die Eintragung der Gütertrennung in das Güterrechtsregister. Der Notar soll jedoch unbeschadet seines Rechts hierzu die Eintragung nur auf besondere schriftliche Anweisung eines von uns veranlassen.

Mittels der heutigen Vereinbarungen über die Übertragung von Grundbesitz (Teil ... dieser Urkunde) wird unter Berücksichtigung der übrigen bereits verteilten Vermögenswerte der gesamte ausgleichspflichtige Zugewinn ausgeglichen und geregelt. Wir erklären ausdrücklich und übereinstimmend, dass mit bzw. nach Abschluss und Erfüllung dieses Vertrages alle wechselseitigen Zugewinnausgleichsansprüche ausgeglichen und abgegolten sind.

Im Übrigen sind wir darüber einig, dass Wertpapiere, Sparguthaben und sonstige Guthaben bei Kreditinstituten und sonstigen Instituten/Sparkassen, gleich welcher Art, demjenigen Ehegatten gehören, auf dessen Namen sie lauten. Die Vermögensgegenstände einschließlich PKW gehören demjenigen, der sie im Besitz hat und auf dessen Namen die jeweiligen Papiere ausgestellt sind.

Ein Verzeichnis der zu unserem beiderseitigen Vermögen gehörenden Vermögensstücke soll dieser Urkunde nicht beigefügt werden.

Sonstige ehevertragliche Vereinbarungen wollen wir derzeit nicht treffen, insbesondere nicht auf nachehelichen Unterhalt und/oder den Versorgungsausgleich verzichten oder die gesetzlichen Regelungen abändern. Über gesetzlichen Vorschriften zum nachehelichen Unterhalt und zum Versorgungsausgleich hat der Notar uns belehrt.

Übertragungsvertrag

Zum Ausgleich des durch die Gütertrennung entstandenen Anspruchs auf Ausgleich des bis heute in der Ehe der Erschienenen entstandenen Zugewinns überträgt hiermit ... der/dem dies annehmenden ... Folgendes: ...

Auf etwaige weitergehende Zugewinnausgleichsansprüche und etwaige bis heute entstandenen Ansprüche aus einer Ehegatteninnengesellschaft wird hiermit wechselseitig verzichtet.

Wegen der pflichtteils- und erbschaftsteuerrechtlichen Nachteile der Gütertrennung hat der Notar den Beteiligten geraten, gegebenenfalls in die Zugewinngemeinschaft zurückzukehren. Das wünschen die Beteiligten jedoch derzeit nicht, obgleich sie wissen, dass auch im Güterstand der Zugewinngemeinschaft kein Ehegatte für Verbindlichkeiten des anderen haftet und dass sich die Zugewinngemeinschaft derart modifizieren lässt, dass ein Zugewinnausgleich für den Scheidungs- und/oder den Todesfall ausgeschlossen wird.

143 ▶ Praxistipp

Im Rahmen von vorsorgenden Eheverträgen sollten sich Beteiligte, die einen Zugewinnausgleich im Scheidungsfall ausschließen wollen, die Möglichkeit offen halten, durch einen Güterstandswechsel einen Zugewinnausgleichsanspruch zu generieren, der sich dann für pflichtteilsfeste und schenkungssteuerfreie Vermögensverlagerungen nutzen lässt:

▶ **Muster: Modifizierte Zugewinngemeinschaft mit bedingtem Zugewinn-** 144
ausgleichsanspruch in einem vorsorgenden Ehevertrag

Für den Fall, dass unsere Ehe anders als durch Tod, insbesondere durch Scheidung unserer Ehe, aufgelöst werden sollte, schließen wir die Durchführung des Zugewinnausgleichs aus. Das gilt auch für die Fälle der §§ 1385, 1386 BGB.

Der Zugewinnausgleich soll also im Falle der Auflösung unserer Ehe durch Tod eines Ehegatten durchgeführt werden, und zwar durch Erbteilserhöhung oder güterrechtliche Lösung, außer, ein Scheidungs- bzw. Eheaufhebungsverfahren war zu diesem Zeitpunkt bereits rechtshängig. Auch im Fall einer Beendigung des Güterstandes durch Ehevertrag verbleibt es beim Zugewinnausgleich.

Wir schließen die Verfügungsbeschränkungen eines jeden von uns gemäß §§ 1365, 1369 BGB aus.

Die pflichtteilsrechtlichen und erbschaftsteuerlichen Nachteile der Gütertrennung werfen die Frage 145 auf, ob pflichtteilsrechtlich eine Rückkehr zur vorteilhaften Zugewinngemeinschaft (»**Güterstandsschaukel**«) anzuerkennen ist. In erbschaftsteuerlicher Hinsicht hat der BFH[179] am 12. Juli 2005 einen vorweggenommenen Zugewinnausgleich durch Vereinbarung einer Gütertrennung trotz alsbaldiger Rückkehr zur Zugewinngemeinschaft als entgeltlich behandelt, soweit durch die Gütertrennung ein Anspruch auf Zugewinnausgleich tatsächlich entstanden war. Einen so genannten **fliegenden Zugewinnausgleich** (als im Gegensatz zu einer bloßen unbenannten Zuwendung ehevertragliche Modifizierung des Zugewinnausgleichs ohne Güterstandswechsel dergestalt, dass eine vertragliche Ausgleichsforderung begründet wird und das Vermögen nach dem »Zugewinnausgleich« zum Anfangsvermögen erklärt wird)[180] hat er demgegenüber erbschaftsteuerlich als unentgeltlich eingestuft.[181]

Auch zivilrechtlich wird die zutreffende Ansicht vertreten, dass eine solche Güterstandsschaukel keine Pflichtteilsergänzungsansprüche auslöst.[182] Anders als bei einer temporären Gütergemeinschaft (vgl. oben Rdn. 139) kann es sich nicht um einen Rechtsmissbrauch handeln. Denn ein größerer Zugewinnausgleich ist regelmäßig erst nach langer Ehedauer möglich. Er erfasst nur solches Vermögen, zu dessen Erwerb der Ehepartner nach der gesetzlichen Wertung beigetragen hat. Hält man sich vor Augen, dass der BGH demonstrativ die Absicht verfolgt, allen Tendenzen entgegenzutreten, die es dem Erblasser ermöglichen, erhebliche Teile seines Vermögens zum Nachteil von Pflichtteilsberechtigten durch Rechtsgeschäft unter Lebenden am Nachlass vorbei an ihm genehmere Personen weiterzuleiten,[183] besteht allerdings ein erhebliches Risiko.

▶ **Praxistipp**

Mindestens sind daher entsprechende Belehrungsvermerke angezeigt. Das gilt erst recht für gewagte Versuche, allein durch einen fliegenden Zugewinnausgleich Vermögen zu übertragen, ohne Pflichtteilsergänzungsansprüche auszulösen. Dies wird nur ganz vereinzelt für pflichtteilsfest gehalten.[184]

---

179 BFH, Urt. v. 12.7.2005 – II R 29/02, ZEV 2005, 490.
180 Vgl. *Münch*, ZEV 2006, 44.
181 BFH, Urt. v. 24.8.2005 – II R 28/02, ZEV 2006, 41. Steuerlich sollten sich solche Fälle indes über § 29 Abs. 1 Nr. 3 ErbStG noch reparieren lassen, vgl. dazu *Münch*, ZEV 2006, 44, 45.
182 *Wegmann*, ZEV 1996, 201, 206; *Schotten*, NJW 1990, 2841, 2846; *Hayler*, MittBayNot 2000, 290, 293; *Worm*, RNotZ 2003, 535, 539, wohl auch *Langenfeld* »ZEV 1997, 6; a. A. *Winkler*, MittBayNot 2000, 423, 424; *Brambring*, ZEV 1996, 248, 253; *von Dickhuth-Harrach*, FS Rheinisches Notariat, 185, 224; Mayer/Süß/Tanck/*J. Mayer*, § 11 Rn. 114; *Münch*, ZEV 2005, 491, 492; *Wall*, ZEV 2007, 249, 252.
183 BGH DNotZ 1992, 513.
184 *Hüttemann*, DB 1999, 248; dazu ausführlich DNotI-Gutachten Nr. 1254 und Nr. 1263.

c) Unbenannte Zuwendungen

146 Bei unbenannten Zuwendungen handelt es sich nicht um Schenkungen. Da sie der Verwirklichung der ehelichen Lebensgemeinschaft dienen, fehlt es an der Einigung der Eheleute über die Unentgeltlichkeit.[185] Im erbrechtlichen Kontext behandelt der BGH unbenannte Zuwendungen indes grundsätzlich wie Schenkungen, da sie in der Regel immerhin objektiv unentgeltlich seien. Die Rechtsfigur der unbenannten Zuwendung ziele allein auf das Innenverhältnis der Eheleute ab. Zum Nachteil Dritter dürfe sie sich deshalb nicht auswirken. Anderes gelte nur, wenn die Leistung angesichts der Einkommens- und Vermögensverhältnisse der Ehegatten unterhaltsrechtlich, insbesondere für eine angemessene Alterssicherung, geboten sei. Auch eine unbenannte Zuwendung, die langjährige Dienste nachträglich vergüte, die ein Ehegatte dem anderen vor oder nach der Eheschließung geleistet habe, könne im Rahmen des objektiv Angemessenen als entgeltlich anzusehen sein. Beide Ausnahmefälle seien jedoch nicht die Regel.[186]

Bei diesen vom BGH als Ausnahmen angesprochenen Fallgruppen handelt es sich genau genommen nicht um ausnahmsweise pflichtteilsfeste unbenannte Zuwendungen, vielmehr um nicht-exklusive Beispiele für entgeltliche Rechtsgeschäfte unter Eheleuten.[187]

An entgeltliche Vereinbarungen unter Ehegatten stellt der BGH nun aber seit jeher besondere Anforderungen: Die beiderseitigen Beiträge zur gemeinsamen Lebensführung seien, selbst wenn sie beispielsweise durch die Mitarbeit im Betrieb des anderen erfüllt würden, angesichts der gegenseitigen Unterhaltspflicht grundsätzlich gleich zu achten. Dementsprechend sei es nicht selbstverständlich, langjährige Dienste irgendeiner Art nachträglich zu vergüten. Der Schutzzweck des § 2325 BGB erfordere es, bei der Beurteilung solcher Rechtsgeschäfte darauf abzustellen, ob die Leistungen nach den konkreten Verhältnissen in der Ehe noch als angemessen erscheinen konnten. Raum für eine Vergütung sei danach nur dann, wenn die Leistungen deutlich über das hinausgingen, was nach § 1360 BGB zur gemeinsamen Lebensführung beizusteuern war.[188] Eine Zuwendung, mit der ein Ehegatte dem anderen eine nachträgliche Anerkennung für langjährige Haushaltstätigkeit gewähre, sei daher in der Regel nicht als nachträgliche Entlohnung, sondern als nachträgliche belohnende Schenkung anzusehen. Und selbst Leistungen, die über das unterhaltsrechtlich gebotene Maß hinausgingen, seien nach § 1360b BGB im Zweifel nicht zu vergüten.[189] Entgeltlichkeit wegen Alterssicherung wiederum lehnte der BGH in einem Fall mit der Begründung ab, die beklagte Ehefrau sei auf die Zuwendung eines Nießbrauchs angesichts von Einkünften von mehr als 2 100 DM bei mietfreiem Wohnen für die Alterssicherung nicht angewiesen gewesen.[190]

Dieser Deutung der höchstrichterlichen Ausnahme entspricht, dass auch der BGH im Rahmen seiner Grundsatzentscheidung zur erbrechtlichen Behandlung der unbenannten Zuwendungen eine Entscheidung zitiert,[191] die sich so recht keiner der beiden Gruppen zuordnen lässt: Anlässlich der Trennung übertrug die Ehefrau dem Ehemann gegen eine Abfindung ihren Halbanteil an der gemeinsamen Eigentumswohnung.

---

185 BGH FamRZ 1990, 600, 601; BGHZ 84, 361, 364; BGH FamRZ 1989, 147, 149; BGH FamRZ 1988, 482, 485.
186 BGH DNotZ 1992, 513.
187 So auch *Langenfeld*, ZEV 1994, 129, 131, und *Herrler* MittBayNot 2011, 150, der für eine Erhöhung des Unterhaltsanspruchs nach §§ 1360, 1360a BGB und eine Gleichbehandlung mit der pflichtteilsrechtlichen Bewertung plädiert. Ex ante müsse geprüft werden, ob ein Anspruch auf die Leistung bestanden habe, wobei man den Eheleuten einen Prognosespielraum einräumen müsse. Die Verhältnisse beim Erbfall könnten dafür nur Indiz sein; vgl. auch *Hayler*, DNotZ 2000, 681, 684.
188 BGH DNotZ 1991, 498; ebenso OLG Frankfurt a. M. DNotI-Report 1994, 6.
189 BGH DNotZ 1992, 513; anders aber das OLG Oldenburg FamRZ 2000, 638 bei einer 30-jährigen Tätigkeit der Ehefrau als Sprechstundenhilfe in der Praxis des Ehemannes.
190 BGH NJW-RR 1996, 133; anders OLG Schleswig Beschl. v. 16.2.2010 – 3 U 39/09, ZEV 2010, 369 bei nur rund 840 € neben mietfreiem Wohnen.
191 BGH MittBayNot 1990, 117.

Oberlandesgerichte haben jedoch **darüber hinaus** jüngst die Ausnahme bejaht bei der Zuwendung eines Nießbrauchs an einem Hausgrundstück[192] bzw. einer privaten Rentenversicherung.[193] Die Alterssicherung müsse sich bei **nachträglicher** Betrachtung in einem nach den Einkommens- und Vermögensverhältnissen angemessenen Rahmen bewegen. Das DNotI diskutiert die Ausnahme bei einer Direktversicherung.[194] Bei einer derart nachträglichen Betrachtung dürfte wiederum der Erwerb von Todes wegen berücksichtigt werden müssen.

Die Literatur, die indes mitunter[195] die Rechtsprechung des BGH, die seither auch von den Instanzgerichten[196] vertreten wird, teilt, wendet sich teilweise gegen den BGH. Über die zwei vom BGH genannten Fallgruppen hinaus müsse eine unbenannte Zuwendung pflichtteilsfest auch dann sein, wenn sie eine angemessene (hälftige) Teilhabe an dem in der Ehe gebildeten Vermögen, insbesondere die hälftige Beteiligung am Familienheim, bezwecke.[197]

Für eine noch weitergehende Pflichtteilsfestigkeit unbenannter Zuwendungen spricht ein Vergleich mit der höchstrichterlichen Rechtsprechung zum Ausgleich von Leistungen im Falle einer Trennung. Die Behandlung unbenannter Zuwendungen muss darauf abgestimmt sein. Bei Trennung differenziert der BGH ausdrücklich gerade nicht zwischen Geld- und Sachleistungen einerseits und langjährigen Diensten wie der Mitarbeit im Betrieb des Ehegatten andererseits.[198] Wiederholt hat der BGH ausgeführt, die Finanzierung von Immobilien des anderen gehe über den Umfang von geschuldeten Beistandsleistungen im Rahmen der Verpflichtung zur ehelichen Lebensgemeinschaft (§ 1353 BGB) und zur Erfüllung der Unterhaltspflicht (§ 1360 BGB) ersichtlich hinaus.[199] Unter Umständen liege gar – und zwar auch ohne ausdrückliche Vereinbarung – eine Ehegatteninnengesellschaft vor.[200] Bestünde demgemäß im Rahmen einer Trennung ein Ausgleichsanspruch, dessen Erfüllung ein entgeltliches Geschäft darstellen würde, muss den Eheleuten auch bei noch intakter Ehe eine in gleicher Weise pflichtteilsfeste Zuteilung möglich sein. Darauf, ob im Trennungsfall ein solcher Ausgleichsanspruch tatsächlich bestehen würde, kann es dabei nicht ankommen. Denn bei nichtehelichen Lebensgemeinschaften und Ehen im Güterstand der Gütertrennung verfährt die Rechtsprechung insoweit großzügiger.[201] Die Zugewinngemeinschaft würde schlechter gestellt, wollte man der Tatsache Bedeutung beimessen, dass im Fall einer Trennung der gesetzliche Zugewinnausgleich Indiz gegen einen durch schlüssiges Verhalten zustande gekommenen Gesellschaftsvertrag ist.[202]

Um eine unzulässige Doppelbegünstigung handelt es sich nicht, denn in den Genuss der in $^1/_4$ erhöhten Erbquote gelangt auch der Ehegatte, der den größeren Zugewinn erzielte.

Es kann auch keinen Unterschied machen, ob der Alleinverdiener zunächst Alleineigentum erwarb und dann einen Halbanteil übertrug oder ob er von vornherein den Halbanteil des anderen abbezahl-

---

192 OLG Schleswig, Beschl. v. 16.02.2010, 3 U 39/09, MittBayNot 2011, 148.
193 OLG Stuttgart, Beschl. v. 26.01.2011, 19 W 52/10, ZEV 2011, 384.
194 DNotI-Report 2012, 114.
195 *Brambring*, ZEV 1996, 248, 251; ZEV 1997, 7, 8; Mayer/Süß/Tanck/*Pawlytta*, § 7 Rn. 52; *Draschka*, DNotZ 1993, 100; *Sandweg*, NJW 1989, 1965.
196 OLG Schleswig, Urt. v. 10.12.2013, – 3 U 29/13 – ZEV 2014, 260; OLG Koblenz, Urt. v. 28.8.2002 – 9 UF 745/01, RNotZ 2003, 52, 53.
197 *Weidlich*, ZEV 2014, 345, 348; *Langenfeld*, NJW 1994, 2133, 2135; ZEV 1994, 129, 133; *Kues*, FamRZ 1992, 924, 925; *Worm*, RNotZ 2003, 535, 541; ähnlich *Morhard*, NJW 1987, 1734, der allerdings die Obergrenze nicht in der Hälfte des Vermögens, sondern des tatsächlich erzielten Zugewinns sieht; auf den Rechtsmissbrauchgedanken stellt ab: Staudinger/*v. Olshausen*, § 2325 BGB Rn. 27.
198 BGH NJW 1999, 2962, 2966; NJW 1982, 2236.
199 Vgl. z. B. BGHZ 84, 361, 365.
200 BGH, Urt. v. 28.9.2005 – XII ZR 189/02, ZEV 2006, 216; NJW 2002, 3702, 3703; BGHZ 84, 361, 366.
201 Zur Zugewinngemeinschaft: BGH, Urt. v. 28.9.2005 – XII ZR 189/02, ZEV 2006, 216; FamRZ 1989, 147; NJW 1976, 328; BGHZ 68, 299, 304; zur Gütertrennung vgl. BGH FamRZ 1988, 482, 485; zur nichtehelichen Lebensgemeinschaft: BGH, Urt. v. 9.7.2008 – XII ZR 170/05, ZEV 2008, 489; FamRZ 1999, 1580, 1582; NJW 1997, 3371; OLG Schleswig MittBayNot 2003, 54.
202 Vgl. auch *Worm*, RNotZ 2003, 535, 542.

Kapitel 10 Verminderung und Vermeidung von Pflichtteilsrechten

te. Sonst würde auch der Erwerb einer Immobilie durch zwei Eheleute im Falle einer Einverdienerehe in Form der Tilgungen Pflichtteilsergänzungsansprüche auslösen. Stirbt der Verdienende, richtete sich der Pflichtteil damit nicht nur nach dessen Miteigentumsanteil sondern auch dem des anderen. Das widerspräche der Rechtsprechung des BGH zum nachehelichen Unterhalt, denn unterhaltsrechtlich steht die Haushaltsführung der Berufstätigkeit des anderen Ehegatten gleich. Konsequenterweise müssten dann auch Zweiverdienerehen darauf untersucht werden, inwieweit jeder Ehegatte seinen eigenen Anteil getilgt hat und auch tilgen konnte, sonst genau darauf überprüft werden, von welchem Konto die Tilgungen – wenn auch vielleicht auch nur zwecks Vereinfachung flossen.[203]

Zumindest sollte die hypothetische Zugewinnausgleichsforderung als den Nachlass und damit die Pflichtteilsansprüche senkende Nachlassverbindlichkeit betrachtet werden. Und auch in anderen Bereichen verlangt der BGH kein tatsächliches Entstehen des Anspruchs.[204] Und so wie Abfindungen für einen Pflichtteilsverzicht in Grenzen als entgeltlich angesehen werden, müssen auch Leistungen, die zu einer Verringerung der Zugewinnausgleichsforderung führen, als pflichtteilsfest angesehen werden. Wertungsmäßig ergibt sich kein Unterschied. Und auch der BGH betrachtet beide gleich, so wenn er im Rahmen des § 2287 BGB darauf hinweist, dass zu prüfen sei, ob der Erbe trotz Ansprüchen auf Zugewinnausgleich und Pflichtteil überhaupt benachteiligt sei.[205]

147 ▶ **Praxistipp**

Der Notar wird bei unbenannten Zuwendungen auf drohende Pflichtteilsergänzungsansprüche hinweisen und eine unterhaltsrechtliche Motivation bzw. Entgelte gegebenenfalls in der Urkunde dokumentieren.[206] In Zweifelsfällen dürfte ein durch eine Gütertrennung ermöglichter Zugewinnausgleich – möglicherweise ergänzt um eine Rückkehr in den gesetzlichen Güterstand – sicherer und auch steuerlich vorteilhaft sein, sieht doch der BFH im Anschluss an das Grundsatzurteil des BGH unbenannte Zuwendungen als steuerbar an.[207]

4. Pflichtteilserschwerungen mithilfe des Gesellschaftsrechts

a) Abfindungsausschlüsse

148 Verstirbt ein Gesellschafter einer Personengesellschaft, steuert (u. a.) eine Fortsetzungsklausel seine Beteiligung am Nachlass vorbei. Sie wächst den Anteilen der in der Gesellschaft verbleibenden Gesellschafter an. Lediglich der Abfindungsanspruch (§ 738 Abs. 1 S. 2 BGB) fällt in den Nachlass. Ist gesellschaftsvertraglich ein solcher aber ausgeschlossen – was bei einem Ausscheiden durch Tod für zulässig erachtet wird[208] –, kommen ordentliche Pflichtteilsansprüche nicht in Betracht. Dasselbe gilt bei einem kostenlosen Übernahmerecht[209] bzw. – im Falle einer GmbH – einer entschädigungslosen Einziehung oder unentgeltlichen Zwangsabtretung.[210] Auch Pflichtteilsergänzungsansprüche scheiden nach herrschender Meinung und der – allerdings schon betagten – Rechtsprechung des BGH aus: Es handele sich bei gesellschaftsvertraglichen Abfindungsausschlüssen, soweit sie nur jeden Gesellschafter in gleicher Weise treffen, nicht um Schenkungen von Todes wegen, sondern um **Risikogeschäfte** (aleatorische Geschäfte). Solche seien ihrer Natur nach entgeltlich, lösten somit

---

203 *Weidlich*, ZEV 2014, 345, 350.
204 Vgl. dazu *Weidlich*, ZEV 2014, 345, 348.
205 Vgl. *Weidlich*, ZEV 2014, 345, 348.
206 So auch der Ratschlag von *Klingelhöffer*, NJW 1993, 1097, 1101, 1103.
207 BFH NJW 1994, 2044; vgl. dazu *Albrecht*, ZErb 2002, 272; ZEV 1994, 149; *Billig*, ZEV 2002, 475, 476.
208 Vgl. *Winkler*, BB 1997, 1697, 1703; *Reimann*, ZEV 1994, 7, 11.
209 Nach BGH WM 1971, 1339 sogar bei einer nach dem Erbfall ausübbaren Übernahmeerklärung; vgl. auch *Rapp*, MittBayNot 1987, 70, 71.
210 *Reimann* DNotZ 1992, 472, 488; ZEV 1994, 7, 9; *Winkler*, BB 1997, 1697, 1699; *von Dickhuth-Harrach*, FS Rheinisches Notariat, S. 228.

keine Pflichtteilsergänzungsansprüche aus.[211] Allerdings müsse das Risiko in etwa identisch sein. So dürften weder das Alter noch der Gesundheitszustand der Gesellschafter beträchtlich voneinander abweichen.[212]

In jüngerer Zeit wird dieses Rechtsverständnis zunehmend angegriffen. Mit der Grundwertung des § 2325 BGB sei eine derartige Möglichkeit, Pflichtteilsansprüche zu umgehen, nicht zu vereinbaren. Außerdem sei das eigene Vorversterbensrisiko keine berücksichtigungsfähige Gegenleistung.[213] Wirtschaftlich gleiche die Gestaltung einer wechselseitigen bindenden Erbeinsetzung, die definitiv Pflichtteilsansprüche auslöst.

Ob der BGH heute noch ein entschädigungsloses Anwachsen als pflichtteilsfest ansehen würde, erscheint zweifelhaft. Denn die Bedeutung des Pflichtteilsrechts wurde von der Rechtsprechung seither mehrfach betont.[214] Vorsicht ist deshalb gegenüber dem Rat angebracht, Eheleute sollten zur Vermeidung von Pflichtteilsansprüchen der Kinder ihren Grundbesitz unter Verzicht auf Abfindungsansprüche in eine von ihnen zu gründende, diesen Grundbesitz verwaltende Gesellschaft einbringen.[215] Das gilt in gleicher Weise für vergleichbare Gestaltungen, die ebenfalls auf den Gedanken des Risikogeschäfts abstellen und so vor Pflichtteilsergänzungsansprüchen (und Schenkungsteuer) schützen sollen: Zwei Ehegatten oder Lebensgefährten (Grunderwerbsteuer!) übertragen sich wechselseitig auf den Todesfall ihre beiden halben Grundstücksmiteigentumsanteile oder aber sie übertragen sie wechselseitig sofort unter Vorbehalt eines Rückforderungsrechts für den Fall, dass der andere vorverstirbt, oder bestellen sich wechselseitig auf den eigenen Tod Nießbrauchsrechte.[216] Wirtschaftlich sind solche wechselseitigen Zuwendungen bindenden gegenseitigen Erbeinsetzungen gleichzusetzen. Letztere aber lösen zweifelsohne Pflichtteilsansprüche aus.

In jedem Fall beginnt die **Abschmelzung des § 2325 Abs. 3 BGB** nicht schon mit dem Abschluss des Gesellschafts- bzw. Tauschvertrages zu laufen. Denn das Vermögensopfer spürt der Verfügende erst mit seinem Tod (zu dieser Voraussetzung vgl. unten Rdn. 168).[217] 149

Erbschaftsteuerlich handelt es sich nach § 3 Abs. 1 Nr. 2 S. 2, § 7 Abs. 7 ErbStG in jedem Fall um eine Schenkung. 150

Inwieweit gegebenenfalls bei der Berechnung von Pflichtteilsergänzungsansprüchen sonstige gesellschaftsvertragliche Abfindungseinschränkungen wertmindernd zu berücksichtigen sind, wird kontrovers diskutiert.[218] Den Vorschlag[219] jedenfalls, für den Todesfall ein Ausschlussrecht für die Mitgesellschafter vorzusehen – dann sei pflichtteilsrechtlich nur der gesellschaftsrechtliche Abfindungswert anzusetzen – und die Mitgesellschafter sodann durch einen Stimmbindungsvertrag zu verpflichten, den auserkorenen Nachfolger nicht einzusetzen, dürfte die Rechtsprechung als Umgehungsgestaltung verwerfen. 151

---

211 BGH WM 1971, 1338, 1340; DNotZ 1966, 620, 622; BGHZ 22, 186, 194; *Lange*, ZErb 2014, 121, 123; *Rapp*, MittBayNot 1987, 70, 73; *Winkler*, BB 1997, 1697, 1703; *Wegmann*, ZEV 1998, 135; Beck'sches Formularbuch Erbrecht/*Mutter*, G. II. 3 Anm. 3; *Wälzholz*, Der Fachanwalt für Erbrecht 2005, 21, 22; *Winkler*, ZEV 2005, 89, 93.
212 KG DNotZ 1978, 109, 111; OLG Düsseldorf MDR 1977, 932.
213 *Kohl*, MDR 1995, 865, 869; wohl auch *Weirich*, Erben und Vererben, Rn. 932; *Reimann*, ZEV 1994, 7, 11; ähnlich *Finger*, DB 1974, 27; *Worm*, RNotZ 2003, 535, 543.
214 Vgl. BVerfG, Beschl. v. 19.4.2005 – 1 BvR 1644/00, 1 BvR 188/03, DNotZ 2006, 60; BGHZ 98, 226, 233.
215 So aber *Wegmann*, ZEV 1998, 135, 136; *Rapp*, MittBayNot 1987, 70, 73.
216 *Klühs* ZNotP 2011, 410; *Egerland*, NotBZ 2002, 233; *Krauß*, Überlassungsverträge in der Praxis, Rn. 181.
217 So auch *Winkler*, ZEV 2005, 89, 94; *Wälzholz*, NWB 2008, 3971, 3975; *Wegmann*, ZEV 1998, 135, 136; *Kohl*, MDR 1995, 865, 873; *Winkler*, BB 1997, 1697, 1704); a. A. *Müller* notar 2011, 315, 321.
218 Vgl. dazu vertiefend *Nieder/Kössinger*, § 20 Rn. 13; *Iversen*, NJW 2010, 183, 185.
219 *Krumm*, NJW 2010.

Kapitel 10   Verminderung und Vermeidung von Pflichtteilsrechten

152 ▶ **Praxistipp**

Der Notar sollte bei Risikogeschäften auf die pflichtteilsrechtliche Unsicherheit hinweisen, datiert doch die letzte Stellungnahme des BGH zur Pflichtteilsfestigkeit von Abfindungsausschlüssen bereits aus dem Jahre 1981 und wird sie auch darin doch nur am Rande erwähnt.[220] Im Kern betrifft die Entscheidung eine Beteiligungsübertragung (vgl. dazu unten Rdn. 154). Und schon 1981 führte der BGH nicht nur lediglich aus, die bisherige Rechtsprechung betrachte allseitige Abfindungsausschlüsse als entgeltlich. Sondern er forderte sogar, den Abfindungsausschluss bereits bei der Beurteilung der Zuwendung der Beteiligung – sie war dem Inhaber von einem der Gesellschafter übertragen worden – zu berücksichtigen.

153 ▶ **Muster: Personengesellschaft mit allseitigem Abfindungsausschluss im Todesfall**

Zweck der Gesellschaft ist … Die Gesellschaft wird auf unbestimmte Zeit eingegangen, sie ist mithin jederzeit nach § 723 BGB kündbar mit der Rechtsfolge einer Auflösung der Gesellschaft. Ein Erwerbsrecht für den einen oder anderen Gesellschafter soll für diesen Fall nicht vereinbart werden.

Im Falle des Todes eines Gesellschafters wird die Gesellschaft zwischen den verbliebenen Gesellschaftern fortgesetzt. Dem bzw. den verbleibenden Gesellschaftern wächst der Gesellschaftsanteil des Verstorbenen an. Jegliche Abfindung wird in diesem Fall ausgeschlossen. Von diesem Abschluss unberührt bleiben demgegenüber Abfindungsansprüche für den Fall einer Kündigung.

Eine weitere Ausgestaltung des Gesellschaftsverhältnisses im Rahmen dieser Beurkundung wünschen die Beteiligten nicht.

Über das gesetzliche Erb- und Pflichtteilsrecht und die pflichtteilsrechtlichen Risiken des vorstehenden Abfindungsausschlusses – er könnte Pflichtteilsergänzungsansprüche auslösen – hat der Notar belehrt.

b) Lebzeitige Beteiligungsübertragungen

154 Bei lebzeitigen Beteiligungszuwendungen – sei es durch Aufnahme in ein Einzelunternehmen oder eine Gesellschaft, sei es durch eine gemeinsame Gründung[221] – kann die damit verbundene Übernahme von Gesellschafterpflichten laut BGH unter Umständen eine adäquate Gegenleistung darstellen.[222] Es handele sich aber immer um eine Einzelfallentscheidung.[223] Nach der höchstrichterlichen Rechtsprechung ist insofern insbesondere der Kapitaleinsatz des Bedachten zu berücksichtigen, ferner, inwieweit sich der Beitrag aus zukünftigen Gewinnen bestreiten lässt. Auch die zu erbringende Arbeitsleistung und das Haftungsrisiko seien in den **Leistungsvergleich** einzustellen, bei ungleicher Lebenserwartung ferner – wie bereits erwähnt (vgl. oben Rdn. 148) – die gesellschaftsvertraglichen Abfindungsregeln.[224] Ein Abfindungsausschluss droht mithin die Aufnahme eines wesentlich Jüngeren selbst als unbeschränkt und persönlich haftenden Gesellschafter zu einer Schenkung werden zu lassen. Die Einräumung einer Unterbeteiligung ohne Haftungsübernahme und Arbeitsverpflichtung dürfte ebenfalls per se unentgeltlich sein, ferner die Zuwendung eines Kommanditanteils: Da der Kommanditist regelmäßig weder zur Geschäftsführung verpflichtet ist, noch – ist die Einlage erst erbracht – persönlich haftet, handelt es sich, wenn der Kommanditist nichts für den Erwerb auf-

---

220 BGH NJW 1981, 1956, 1957.
221 Vgl. BGH NJW 1990, 2616, 2617.
222 BGH NJW 1981, 1956, 1957; das bei § 2325 BGB allgemein, auch vom BGH selbst zitierte Urteil BGH NJW 1959, 1433 betrifft demgegenüber einen anderen Fall, vgl. *von Dickhuth-Harrach*, FS Rheinisches Notariat, S. 185, 225 Fn. 206.
223 So auch OLG Schleswig, Urt. v. 27.3.2012 – 3 U 39/11 – RNotZ 2012, 513.
224 BGH NJW 1981, 1956, 1957.

zuwenden hat, um eine Schenkung.²²⁵ Für rein vermögensverwaltende Gesellschaften bürgerlichen Rechts dürfte dasselbe gelten.²²⁶

Wann bei Beteiligungsübertragungen die **Abschmelzung des § 2325 Abs. 3 BGB** beginnt, ist streitig. In Anlehnung an die Rechtsprechung des BGH,²²⁷ die für den Fristlauf nach § 2325 Abs. 3 BGB a. F. einen wesentlichen Nutzungsverzicht fordert (vgl. unten Rdn. 168), wird vereinzelt auf das Ausscheiden des Erblassers oder jedenfalls auf den Verlust seines Mehrheitsstimmrechts abgestellt. Richtigerweise setzt jedoch bereits die Anteilsübertragung, wenn nicht die Ehefrau die Begünstigte ist oder sich der Zuwendende ein Nießbrauchsrecht vorbehält, die Abschmelzung bezüglich dieser zugewendeten Beteiligung (nicht aber hinsichtlich eventuell später noch durch Ausscheiden anwachsender) in Gang.²²⁸ Denn mag der Schenker auch nach wie vor noch eine Beteiligungsmehrheit halten, so muss er doch immerhin auf einen Teil der Gewinne verzichten. 155

▶ **Praxistipp**

Lebzeitige Beteiligungszuwendungen werden wegen des gegebenenfalls früheren Abschmelzungsbeginns pflichtteilsrechtlich gegenüber Anwachsungsgestaltungen häufig vorzugswürdig sein. Hinsichtlich der Streitfrage, inwieweit wegen möglicher späterer Abfindungseinschränkungen bei Pflichtteilsergänzungsansprüchen Abschläge gerechtfertigt sind,²²⁹ ergeben sich bei beiden Gestaltungen keine Unterschiede.

c) **Einbindung des Pflichtteilsberechtigten in einen Gesellschaftsvertrag**

Soll etwa der überlebende Ehegatte vor Pflichtteilsansprüchen der gemeinsamen Kinder geschützt werden und ist er bereit, auf eine Alleinerbenstellung zu verzichten, ist es ferner denkbar, die relevanten Teile des Nachlasses **lebzeitig** in eine Personengesellschaft einzubinden. Auf Ebene des Gesellschaftsvertrages sind dann Beschränkungen der Position des Erblassers möglich (etwa dadurch, dass der Erblasser selbst nur die Stellung eines Kommanditisten genießt). Dies wiederum gestattet dann eine unbeschränkte Erbeinsetzung des betreffenden Pflichtteilsberechtigten (mit einer über den Pflichtteil hinausgehenden Quote). Auf diese Weise wird dem pflichtteilsberechtigten Erben die Möglichkeit genommen ist, nach § 2306 BGB durch eine Ausschlagung den Pflichtteil zu erlangen. Denn die gesellschaftsrechtlichen Beschränkungen stellen keine Beschwer im Sinne des § 2306 BGB dar.²³⁰ Andere bezeichnen die Frage, ob § 2306 BGB hier (analog) greift, indes als absolut offen.²³¹ Schlägt der Pflichtteilsberechtigte dennoch aus, verliert er seinen Pflichtteil. Zu beachten sind bei derartigen Gestaltungen die Grenzen, die das Gesellschaftsrecht zieht, insbesondere Abfindungseinschränkungen und Hinauskündigungsklauseln. Letztere sind gesellschaftsrechtlich nur ausnahmsweise zulässig. 156

Davon zu unterscheiden sind vom BGH für wirksam erachtete Anordnungen im Rahmen **einer Verfügung von Todes wegen**, die den pflichtteilsberechtigten Erben zu einer Einbringung des ererbten Vermögens in eine Gesellschaft und/oder zu bestimmten gesellschaftsrechtlichen Vereinbarungen verpflichten. In derartigen Fällen sei sogar ein freies Hinauskündigungsrecht sachlich gerechtfertigt, 157

---

225 BGH NJW 1990, 2616, 2617; Staudinger/v. Olshausen, § 2325 BGB, Rn. 30; DNotI-Report 2002, 43, 44.
226 Von Dickhuh-Harrach, FS Rheinisches Notariat, S. 185, 226; Wälzholz, NWB 2008, 3971, 3976; vgl. dazu auch DNotI-Report 1996, 87, 88 f.
227 BGH ZEV 1994, 233; BGHZ 98, 226, 232.
228 So auch Wegmann, ZEV 1998, 135; Staudinger/v.Olshausen, § 2325 BGB, Rn. 56; DNotI-Report 2002, 43, 44.
229 Entsprechend der höchstrichterlichen Rechtsprechung zum Zugewinnausgleich = BGH NJW 1980, 229; vgl. Reimann, ZEV 1994, 7, 19, DNotZ 1992, 472, 481. Für Abschläge Spiegelberger, Die Steuerberatung 2002, 245, 248, 252; dagegen Winkler, BB 1997, 1697, 1702.
230 Lange, ZErb 2014, 97, 99.
231 Müller notar 2011, 315, 322.

denn es beruhe auf der Testierfreiheit des Erblassers.[232] Nicht äußern musste sich der BGH zu der im Gesellschaftsvertrag für diesen Fall enthaltenen – ebenfalls testamentarisch angeordneten – Abfindungseinschränkung. Diese dürfte in gleicher Weise zulässig sein.

Es handelt sich bei derartigen Anordnungen in Verfügungen von Todes wegen dogmatisch um mit Auflagen verbundene Teilungsanordnungen. Folge ist anders als im Fall der lebzeitigen Einbringung in eine Gesellschaft, dass § 2306 BGB greift. Der Pflichtteilsberechtigte kann ausschlagen und den Pflichtteil verlangen. Lässt er indes die Ausschlagungsfrist verstreichen, ist er an den Gesellschaftsvertrag und das darin etwa enthaltene freie Hinauskündigungsrecht mit der Folge einer nur eingeschränkten Abfindung gebunden.

d) Innengesellschaften

158   Der schon oben unter Rdn. 131 aufgeworfene Gedanke, dass im Falle der bei Eheleuten und Lebensgefährten oftmals angenommenen – lediglich durch schlüssiges Verhalten begründeten – Innengesellschaften[233] auch ein lebzeitiger freiwilliger Vermögensausgleich ohne Trennung pflichtteilsfest sein sollte, lässt sich auch für den Todesfall nutzen. Denn ein solcher Ausgleichsanspruch aus aufgelöster Gesellschaft würde, wenn er auch beim Tod eines Gesellschafters bestünde, als Nachlassverbindlichkeit etwaige Pflichtteilsansprüche schmälern. Der gesetzliche Zugewinnausgleichsanspruch für den Todesfall hilft hier nicht, da er nur durch Ausschlagung entsteht und eine der steuerlichen Fiktion des § 5 Abs. 2 ErbStG entsprechende gesetzliche Regelung, nach der auch pflichtteilsrechtlich ein fiktiver Ausgleichsanspruch vor Berechnung der Pflichtteilsansprüche vom Nachlass abgezogen werden dürfte, fehlt.

Es ist umstritten, ob jene Rechtsprechung zu Innengesellschaften auch den Todesfall des Zuwendungsempfängers betrifft, so dass dann auch im Todesfall ein entsprechender Ausgleichsanspruch entsteht.[234] Ausgleichsansprüche jedenfalls aus § 313 BGB hält der BGH, anders als beim Tod des Zuwendenden, für möglich.[235]

Wie dem auch sei, sollte dieses Ergebnis in geeigneten Fällen dadurch herbeigeführt werden können, dass vertraglich ausdrücklich eine entsprechende Innengesellschaft begründet wird, für die dann im Gesellschaftsvertrag das Entstehen eines entsprechenden Ausgleichsanspruchs auch im Todesfall statuiert werden kann.[236] Problematisch ist in diesem Zusammenhang allenfalls, dass tatsächlich eine solche Gesellschaft bestehen oder begründet werden muss, in der die Beteiligung den jeweiligen Beiträgen entspricht. Denn anderenfalls läge in der Zuwendung der Beteiligung eine Pflichtteilsergänzungsansprüche auslösende unbenannte Zuwendung. Die entsprechende Ausgestaltung eines Gesellschaftsverhältnisses zwischen einem haushaltsführenden Partner, der bei Tod des berufstätigen Ehegatten von diesem gesellschaftsrechtlich einen Ausgleich fordern könnte, dürfte die Rechtsprechung indes bei Eheleuten wegen ihrer Unterhaltspflicht nicht tolerieren (vgl. oben Rdn. 146). In manchem Fall – genannt wird als Beispiel das gemeinsame gleichwertige Betreiben eines Hotelgewerbes, formal aber nur unter dem Namen eines Ehegatten – mag der Vorschlag demgegenüber sinnvoll sein. Das betrifft genau genommen nicht nur Ehegatten, sondern in gleicher Weise jegliche Konstellation, in denen zwei oder mehr Personen, etwas betreiben oder herstellen und ihre internen Beiträge dem Außenverhältnis nicht entsprechen. Es dürfte sich in diesen Fällen meist ohnehin um eine schon durch schlüssiges Verhalten zustande gekommene Innengesellschaft handeln, so dass dem nachstehenden Formulierungsvorschlag[237] oft nur klarstellende Wirkung zukommen wird.

---

232 BGH, Urt. v. 19.3.2007 – II ZR 300/05, ZNotP 2007, 230.
233 Zuletzt BGH, Urt. v. 28.9.2005 – XII ZR 189/02, ZEV 2006, 216.
234 Im Regelfall dagegen *Coester*, JZ 2008, 315, 316) und ihm folgend *von Proff zu Irnich*, NJW 2008, 3266, 3269) (jedenfalls wenn der spendierfreudigere zuerst stirbt), und *Löhnig*, DNotZ 2009, 59, 61.
235 BGH, Urt. v. 25.11.2009 – XII. ZR 92/06, MittBayNot 2010, 394, 396.
236 So schon *Wall*, ZEV 2007, 249.
237 In Anlehnung an *Wall*, ZEV 2007, 249, 253.

▶ **Muster: Begründung einer Innengesellschaft** 159

Wir, ... und ..., halten fest und vereinbaren hiermit hilfsweise, dass zwischen uns eine Innengesellschaft besteht. Zweck der Gesellschaft war und ist ... [Beiträge bislang und künftige Beitragspflichten]

Wir halten fest und vereinbaren hiermit hilfsweise, dass bei Beendigung unserer Zusammenarbeit, sei es durch Trennung, sei es durch den Tod eines von uns – gleich wer es ist –, ein Ausgleich nach gesellschaftsrechtlichen Grundsätzen (§ 738 Abs. 1 S. 2 BGB) erfolgt.

▶ **Praxistipp** 160

In Abgrenzung gegenüber dem unter Rdn. 148 angesprochenen abfindungslosen Anwachsen, welches die Vermeidung jeglicher Pflichtteilsansprüche verfolgt, geht es hier schlichtweg darum, eine im Außenverhältnis zu weitgehende Gestaltung, die zu zu hohen Pflichtteilsansprüchen zu führen droht, zu korrigieren und damit in einigen (aber nicht allen) Fällen um eine Alternative zum Gütertrennungsmodell und unbenannten Zuwendungen. Der Ausgleich erfolgt anders als dort nicht schon zu Lebzeiten, sondern erst von Todes wegen. Dass eine solche Regelung auch unabhängig von etwaigen Pflichtteilsansprüchen gerade auch bei Nichtverheirateten als Störfallvorsorge für den Trennungsfall Sinn macht, liegt auf der Hand.

5. Zuwendung von Lebensversicherungen

Lebensversicherungen ermöglichen – wie überhaupt alle Verträge zugunsten Dritter auf den Todesfall und auch Schenkungsversprechen von Todes wegen – keine Pflichtteilsreduzierung. Zwar fällt das zugewandte Vermögen nicht in den Nachlass, wenn ein Bezugsberechtigter benannt und der Anspruch auf die Versicherungssumme nicht sicherungshalber abgetreten ist,[238] Pflichtteilsansprüche sind mithin nicht die Folge. Im Zuwendungsverhältnis handelt es sich aber grundsätzlich um Pflichtteilsergänzungsansprüche auslösende Schenkungen bzw. unbenannte Zuwendungen.[239] Nur in Einzelfällen dürfte es sich um Ausstattungen oder – entsprechend den obigen Ausführungen zur Abgrenzung unbenannter Zuwendungen von Unterhaltsleistungen bzw. Altersvorsorgeleistungen (vgl. oben Rdn. 146) – um entgeltliche Zuwendungen handeln. Die Aussage, Lebensversicherungen zur Sicherung einer angemessenen Altersversorgung des überlebenden Ehegatten lösten keine Pflichtteilsergänzungsansprüche aus,[240] ist von daher zutreffend, allerdings zu pauschal, als dass sie den Anforderungen der höchstrichterlichen Rechtsprechung genügen würde.[241] 161

Bislang bemaßen Rechtsprechung und herrschende Lehre Pflichtteilsergänzungsansprüche wegen im Valutaverhältnis geschenkter Lebensversicherungen lediglich nach den gezahlten Prämien, nicht hingegen nach dem Rückkaufswert oder der Versicherungssumme.[242] Nachdem jedoch der IX. Zivilsenat des BGH im Jahre 2003 bezüglich einer Insolvenzanfechtung entschieden hatte, dass der Bezugsberechtigte die gesamte Versicherungssumme an den Insolvenzverwalter herauszugeben habe,[243] schien sich das Blatt zu wenden. Gerade auch unter Berufung auf dieses Urteil berechneten seither die Gerichte die Pflichtteilsergänzungsansprüche wohl überwiegend aus der gesamten Versiche- 162

---

238 Vgl. BGH DNotZ 1997, 420; OLG Düsseldorf FamRZ 1998, 121; *Kornexl*, ZEV 2002, 173, 174 f.
239 BGH MittRhNotK 1987, 229.
240 So *Klingelhöffer*, ZEV 1995, 182; Reimann/Bengel/Mayer/*Bengel*, Teil A Rn. 602.
241 Skeptisch auch *von Dickhuth-Harrach*, FS Rheinisches Notariat, S. 185, 225 Fn. 202.
242 BGH NJW 1987, 3131, 3132; FamRZ 1976, 616; BGHZ 7, 134 (143); *von Dickhuth-Harrach*, FS Rheinisches Notariat, S. 185, 224; a. A. (Versicherungssumme) LG Freiburg FamRZ 1997, 517; *Liessem*, MittRhNotK 1988, 29, 40; *Harder*, FamRZ 1976, 617, 618.
243 BGH, Urt. v. 12.10.2003 – IX ZR252/01, BGHZ 156, 350.

Kapitel 10   Verminderung und Vermeidung von Pflichtteilsrechten

rungssumme, unter anderem das OLG Düsseldorf.[244] Eine überzeugende Überlegung des OLG dabei war ferner, dass auch Bezugsrechte bei Sparbüchern und Bausparverträgen in Höhe des gesamten Betrages, also inklusive aller Wertzuwächse, Pflichtteilsergänzungsansprüche auslösen. Das OLG Stuttgart hielt demgegenüber an der bisherigen, nur die Prämienzahlungen zugrunde legenden Rechtsprechung fest.[245] Zweck der Pflichtteilsergänzungsansprüche sei es lediglich, die Vermögensopfer des Erblassers ausgleichen. Die Versicherungssumme aber stamme nicht aus dessen Vermögen. Die in ihr enthaltenen Risiko- und Gewinnanteile flössen dem Bezugsberechtigten vielmehr unmittelbar vom Versicherer zu. Nur durch die Prämienzahlungen bereichere der Erblasser – mittelbar – den Bezugsberechtigten.

163   Über die gegen das zitierte Urteil des OLG Düsseldorf eingelegte Revision hat der IV. Zivilsenat des BGH nunmehr entschieden.[246] In seiner Begründung folgt der BGH dabei den Überlegungen des OLG Stuttgart, kommt jedoch durch ein neues Moment überraschenderweise nicht zu demselben Ergebnis. Gegenstand der Schenkung im Valutaverhältnis sei zwar zweifelsohne die Versicherungsleistung. Abzustellen sei jedoch auf die Entreicherung, nicht auf die Bereicherung. Unterstrichen werde das durch die Entstehungsgeschichte und den Gesetzeszweck: Schutzzweck sei es, eine Aushöhlung des Pflichtteilsrechts zu verhindern, nicht die Teilhabe an Zugewinnmöglichkeiten. Laut BGH nun besteht – und das ist die neue Facette – die Entreicherung indes nicht in den vom Erblasser gezahlten Prämien, sondern in dem Wert, »den der Erblasser aus den Rechten seiner Lebensversicherung in der letzten – juristischen – Sekunde seines Lebens nach objektiven Kriterien für sein Vermögen hätte umsetzen können.« Das sei in aller Regel der Rückkaufswert, könne aber auch ein objektiv zu belegender höherer Veräußerungswert sein, wenn ein solcher hätte erzielt werden können. Nur auf der Aufgabe dieses Rückkaufs-/Veräußerungswertes beruhe die Bereicherung des Bezugsberechtigten, nur der sei »verschenkter Gegenstand« im Sinne von § 2325 BGB. Die zwei entscheidenden Punkte des Urteils bestehen mithin im Abstellen auf die Entreicherung und zu deren Bemessung in der Betonung der Sekunde vor dem Tod. Letztere widerspricht § 2325 Abs. 2 S. 2 BGB, der bei unverbrauchbaren Gegenständen doch gerade auf den Wert im Zeitpunkt des Erbfalls und nicht auf den Moment davor abstellt.

164   Die nahe liegende Folgefrage, was das für die pflichtteilsrechtlich bislang gleich behandelten reinen Risikolebensversicherungen bedeutet, geht der BGH nicht ein. Da es hier an einem Rückkaufswert in der Sekunde vor dem Tod fehlt, gibt es eigentlich keine Entreicherung im Sinne des BGH. So sollte hier dann doch – so könnte man meinen – trotz aller Inkonsequenz auf die Prämien abgestellt werden. Im Kontext der Kapitallebensversicherungen wendet der BGH in seinem Urteil gegen die Prämientheorie aber gerade ein, dass sich in den Prämien auch Teile befänden, die für Zahlungen an andere Versicherungsnehmer und Verwaltungskosten verbraucht würden. Da bei Risikoversicherungen nahezu die gesamten Prämien darauf entfallen, wäre Folge – die Gedanken des BGH fortgeführt – dass Risikolebensversicherungen keinerlei Pflichtteilsergänzungsansprüche mehr auslösen würden! Das aber dürfte auch der BGH nicht wollen. Der dadurch zu Tage tretende Wertungswiderspruch entlarvt die Betonung der Sekunde vor dem Tod als Missverständnis der Entreicherung.

165   Das anerkannte schenkungsrechtliche Erfordernis einer Entreicherung als Abgrenzungsmoment etwa zu einer Leihe erfordert nicht, dass der geschenkte Vermögensgegenstand zuvor wesensgleich im Vermögen des Schenkers vorhanden war. Die Rechtsfigur der »mittelbaren Schenkung« wird verkannt: Wird Geld hingegeben zum verabredungsgemäßen Erwerb eines bestimmten Gegenstandes von einem Dritten, ist bei einem entsprechenden Parteiwillen nicht das Geld geschenkt sondern der Gegenstand, so der BGH selbst in seinem grundlegenden Urteil zur mittelbaren Schenkung im Jahr 1952.[247]

---

244   OLG Düsseldorf, Urt. v. 22.2.2008 – I-7 U 140/07, ZEV 2008, 292; ebenso LG Göttingen ZErb 2007, 307.
245   OLG Stuttgart, Urt. v. 13.12.2007 – 19 U 140/07, ZEV 2008, 145.
246   BGH, Urt. v. 28.4.2010 – IV ZR 73/08, RNotZ 2010, 405; vgl. dazu *Wendt*, ZNotP 2011, 242; *Rudy*, ZErb 2010, 351; *J. Mayer*, DNotZ 2011, 89; *Papenmeier*, ZErb 2011, 154.
247   BGH NJW 1952, 1171.

Im Übrigen ist der Erblasser durchaus in Gestalt der gesamten Versicherungssumme entreichert. Der BGH verkennt die Möglichkeit des Erblassers, auch noch in der letzten Sekunde vor seinem Tod die Versicherungssumme durch eine Beseitigung des Bezugsrechts selbst für den Nachlass zu vereinnahmen. Die Verssicherungssumme insgesamt wäre dann zweifelsohne für die Pflichtteilsberechnung heranzuziehen. Das kann in Gestalt eines Widerrufs des Bezugsrechts geschehen oder auch durch eine Verpfändung der Versicherungsansprüche: Dass die gesamte Versicherungssumme in den Nachlass fällt, wenn der Anspruch sicherheitshalber zur Kreditsicherung abgetreten ist, dadurch das Bezugsrecht verdrängt und so ordentliche Pflichtteilsansprüche auslöst, ist unumstritten.[248] Der Erblasser verschenkt mithin, lässt er das Bezugsrecht bestehen, im wahrsten Sinne des Wortes die Möglichkeit, das Bezugsrecht noch zu beseitigen!

166

Die Frage, ob und inwieweit der Erblasser selbst eine Bereicherung des Beschenkten ohne das Verschenken überhaupt noch nutzen könnte, ist nur im Rahmen des Ingangsetzens der Abschmelzung des § 2325 Abs. 3 BGB von Belang. Mit der Frage nach der Höhe der Entreicherung hat das nichts zu tun. Bei der Gelegenheit sei angemerkt: Die Abschmelzung des § 2325 Abs. 3 BGB wird durch Verfügungen zugunsten Dritter auf den Todesfall und Schenkungen von Todes wegen nicht in Gang gesetzt,[249] tritt doch der Rechtserwerb und die Ausgliederung aus dem Vermögen des Versicherungsnehmers erst mit dem Ableben des Versprechensempfängers ein. Anders ist es nur, wenn der Versicherungsnehmer den gesamten Versicherungsvertrag überträgt oder die Bezugsberechtigung unwiderruflich zuwendet.[250] Durch eine solche Zuwendung lässt der Zuwendende die Abschmelzung beginnen. Nachfolgende Zahlungen auf einen derartigen Vertrag lösen indes als gesonderte Zuwendungen insoweit wieder je eigenständige Abschmelzungen in Gang.

167

▶ **Praxistipp**

Sinnvoll ist – auch erbschaftsteuerlich – bei jedem Versicherungstyp im Regelfall die folgende Alternativkonstruktion: Der zu Begünstigende selbst schließt als Versicherungsnehmer auf das Leben des anderen eine Versicherung ab. Nach Möglichkeit sollte freilich der Versicherungsnehmer dabei auch die Prämien selbst zahlen, da es sich sonst – je nach Beteiligtenwille – wieder um eine mittelbare Schenkung der Versicherungssumme handeln kann.

6. Die Abschmelzung des § 2325 Abs. 3 BGB

Schenkungen an andere Personen als den Ehegatten oder eingetragenen Lebenspartner werden 10 Jahre nach der Leistung ergänzungsfest. Leistung in diesem Sinne ist nach einer nach wie vor maßgeblichen Entscheidung des BGH aus dem Jahre 1994 nicht bereits ein Verlust der Rechtsstellung (bei Grundstücken durch die grundbuchliche Umschreibung),[251] der Schenker müsse vielmehr zusätzlich darauf verzichten, den Gegenstand »im wesentlichen« weiter zu nutzen. Daran fehle es etwa, wenn er sich ein uneingeschränktes Nießbrauchsrecht vorbehalte.[252]

168

Daran ändert auch die zum 1. Januar 2010 in Kraft getretene Abschmelzung, nach der jedes volle Jahr ab Schenkung der für die Pflichtteilsergänzung relevante Betrag um 10 % sinkt, nichts. Voraussetzung für diese Abschmelzung ist unverändert eine »Leistung« im Sinne des BGH-Urteils.[253]

---

248 Vgl. BGH DNotZ 1997, 420; OLG Düsseldorf FamRZ 1998, 121; *Kornexl*, ZEV 2002, 173, 174 f.
249 *Von Dickhuth-Harrach*, FS Rheinisches Notariat, S. 185, 219; *J. Mayer*, DNotZ 2000, 905, 927.
250 So für die Einräumung eines unwiderruflichen Bezugsrechts für den Ehegatten, wenn auch auflösend bedingt durch eine Scheidung und wenn auch nur für den Todesfall BGH, Urt. v. 27.9.2012 – IX ZR 15/12 –, ZEV 2013, 272.
251 BGHZ 102, 289.
252 BGH DNotZ 1994, 784.
253 So auch *Odersky*, MittBayNot 2008, 2; *Müller*, ZNotP 2007, 447; *Keim*, ZEV 2008, 167.

Gegen den Leistungsbegriff des BGH wendet sich überwiegend das Schrifttum, welches allein darauf abstellt, ob der Übergeber den Substanzwert wieder an sich zu ziehen vermag: Nur bei einem freien Widerrufsrecht beginne die Frist nicht zu laufen.[254] Die wirtschaftliche Abgrenzung des BGH sei konturenlos.

▶ Praxistipp

Ein »Vorbehalt« von Nutzungen für den Ehegatten ist unschädlich, und zwar trotz der damit verbundenen faktischen Weiternutzung durch den Schenker selbst. Anderes gilt nur dann, wenn der Ehegatte nach § 1360 BGB zur Gebrauchsüberlassung verpflichtet ist oder sich der Übergeber gegen Scheidung und Vorversterben des anderen absichert.[255] Allerdings wird es sich dabei selbst regelmäßig um eine ergänzungspflichtige Zuwendung handeln.

169 Was die Deutung der – für den Praktiker ausschlaggebenden – BGH-Entscheidung zum Nießbrauchsvorbehalt anbelangt, besteht Einvernehmen darüber, dass der BGH ein **umfassendes Wohnungsrecht** – selbst wenn es Dritten nicht zur Ausübung überlassen werden darf – einem Nießbrauch gleichstellen würde.[256] Auf eine dingliche Absicherung kommt es dabei nicht an.[257]

▶ Praxistipp

Im Einzelfall mag sich deshalb eine Aufteilung in Wohnungseigentum empfohlen, ist doch pflichtteilsrechtlich die für die Abschmelzung notwendige »Leistung« für jede Eigentumseinheit gesondert zu beurteilen. Einzelne Einheiten können so gegebenenfalls unbelastet übertragen und die Abschmelzung dadurch in Gang gesetzt werden.[258]

170 Im Übrigen weichen die Einschätzungen voneinander ab. Es sind mittlerweile etliche (teilweise divergierende) oberlandesgerichtliche Urteile – aber kein weiteres BGH-Urteil mehr – ergangen.[259] Unklarheiten bestehen insbesondere bei **beschränkten Wohnungsrechten** und/oder vorbehaltenen **Rückforderungsrechten**. Die Tendenz in der Literatur und der obergerichtlichen Rechtsprechung geht dahin, dass ein Wohnungsrecht, welches nur einen Teil des Objekts betrifft, unschädlich ist.[260]

171 Mit Urteil vom 11. April 2008 lehnte das OLG Düsseldorf[261] den Beginn der 10-Jahres-Frist ab, weil der Veräußerer sich das Recht vorbehalten hatte, bei Verstoß gegen ein **Veräußerungs- und Belastungsverbot** den Übertragungsgegenstand zurückzuverlangen. Diese Entscheidung ist abzulehnen[262] und dürfte sich nicht durchsetzen. Lediglich ein freies oder ein unter reinen Wollensbedingungen stehendes **Rückforderungsrecht** hindert die Abschmelzung. Denn nur in diesen Fällen kann der Übergeber noch mit der Sache nach Belieben verfahren. Ob der Erwerber frei darüber verfügen kann,

---

254 *N. Mayer*, FamRZ 1994, 739, 745; ZEV 1994, 326, 327; *Reiff*, ZEV 1998, 241; *Worm*, RNotZ 2003, 535, 548.
255 Etwa mittels eines durch die Ehescheidung aufschiebend bedingten Nießbrauchs- oder Rückforderungsrechts, vgl. *Heinrich*, MittRhNotK 1995, 157, 162; DNotI-Gutachten Nr. 1268. Enger indes *Schlögel*, MittBayNot 2010, 398, 400, der auch bei nichtehelichen Lebensgemeinschaften eine (mindestens) konkludente Nutzungsvereinbarung annimmt und schon darauf gestützt die Abschmelzung ablehnt.
256 So z. B. OLG München, Urt. v. 25.6.2008 – 20 U 2205/08, RNotZ 2009, 102.
257 So etwa OLG Düsseldorf MittBayNot 2000, 120, 121; *N. Mayer*, ZEV 1994, 325, 328.
258 So auch *Heinrich*, MittRhNotK 1995, 157, 163; *Schippers*, MittRhNotK 1996, 197, 211; *N. Mayer*, ZEV 1994, 325, 329; *Wegmann*, MittBayNot 1994, 307.
259 Vgl. die Übersichten von *Herrler*, ZEV 2008, 461; *Gehse*, RNotZ 2009, 361; *Schindler*, ZEV 2005, 290.
260 OLG Karlsruhe, Urt. v. 15.1.2008 – 12 U 124/07 MittBayNot 2008, 305; OLG Oldenburg, Beschl. v. 14.11.2005 – 5 W 223/05, ZEV 2006, 80; OLG Celle, Beschl. v. 27.5.2003 – 6 U 236/02, DNotI-Report 2004, 17; OLG Bremen, Urt. v. 25.2.2005 – 4 U 61/04, DNotZ 2005, 702; OLG Düsseldorf FamRZ 1997, 1114; LG Münster MittBayNot 1997, 113, 327; *Wegmann*, MittBayNot 1994, 307, 308; *von Dickhuth-Harrach*, FS Rheinisches Notariat, S. 185, 218.
261 OLG Düsseldorf, Urt. v. 11.4.2008 – 7 U 70/07; DNotZ 2009, 67.
262 So auch *Diehn*, DNotZ 2009, 68.

darauf hatte das OLG Düsseldorf abgestellt, ist nach dem BGH-Urteil aus dem Jahre 1994 demgegenüber irrelevant.[263]

Eine andere Frage ist die, inwieweit die **typischen Rückforderungsrechte im Zusammenhang etwa mit einem beschränkten Wohnungsrecht** der Abschmelzung im Weg stehen. Auch in dieser Kombination sollten sie jedoch irrelevant sein.[264] Denn auch im Rahmen einer postulierten Gesamtschau bedeuten diese bedingten Rückforderungsrechte aus der entscheidenden Sicht des Überträgers keinerlei Nutzungsplus. Das damit verfolgte Ziel ist pflichtteilsrechtlich nicht zu beanstanden und hat nichts mit der vom im Grundsatzurteil des BGH zum Fristbeginn verfolgten Idee zu tun, die bewusste Verringerung von Pflichtteilsansprüchen zu unterbinden. 172

▶ **Praxistipp**

Angesichts der unsicheren Rechtslage empfiehlt es sich aber unter Umständen dann, wenn der Vertrag gerade eine Reduzierung von Pflichtteilsansprüchen bezweckt, zu viele Rückforderungsrechte zu vermeiden.[265]

Es ist umstritten, ob sich bezüglich der Abschmelzung ein Nießbrauchsvorbehalt und eine **dauernden Last** in Höhe der Erträge zugunsten des Überträgers unterscheiden. Die wohl noch überwiegend vertretene Ansicht besagt, dass die Vereinbarung einer monatlichen Zahlung anders als der Vorbehalt eines Nießbrauchs der Abschmelzung nicht entgegensteht. Andere Stimmen in der Literatur betonen demgegenüber, es sei aus wirtschaftlicher Sicht gleichgültig, ob ein Nießbrauch vorbehalten werde oder aber der Nutzen in Form wiederkehrender Leistungen dem Schenker verbleibe. Dem lässt sich entgegengehalten, dass der Erwerber die monatlichen Zahlungen zwar aus den Erträgen des übertragenen Objekts entrichten kann, nicht aber muss. Sie stellen deshalb anders als ein Nießbrauchsrecht keinen unmittelbaren Genuss der Sache mehr dar. Hinzu kommt, dass der Veräußerer auf eine reine Geldleistung angewiesen ist und anders als bei einem Nießbrauchsrecht keinen Einfluss mehr auf das überlassene Objekt hat. 173

▶ **Praxistipp**

Bei der Übertragung ausschließlich von Ertragsobjekten kann es sich mithin empfehlen, anstelle eines Nießbrauchs eine dauernde Last zu vereinbaren, wobei indes die durch das Jahressteuergesetz 2008 drastisch veränderten einkommensteuerlichen Rahmenbedingungen zu beachten sind.[266] Die Chancen auf eine Abschmelzung werden so immerhin erhöht. Im Übrigen stellt sich bei der Vereinbarung einer Rente oder dauernden Last bereits die Frage, ob überhaupt eine Schenkung im Sinne von § 2325 Abs. 1 BGB vorliegt. Zehrt die kapitalisierte Rente den Wert des übertragenen Objektes vollständig auf, kommt es auf eine Abschmelzung nicht mehr an. Die Übertragung ist dann ohnehin nicht pflichtteilsrelevant (vgl. schon oben Rdn. 130). Vorbehaltene Nießbrauchsrechte würde demgegenüber die Rechtsprechung nur dann vom Schenkungswert abziehen, wenn der Wert des Objektes zum Zeitpunkt der Schenkung geringer war als der zum Zeitpunkt des Todes des Schenkers.

Bejaht man insoweit einen Unterschied zwischen Nießbrauch und dauernder Last/Leibrente, macht es jedenfalls pflichtteilsrechtlich Sinn, bei unter Nießbrauchsvorbehalt übertragenen Gegenständen zum Zwecke des in Gangsetzens der Abschmelzung auf den Nießbrauch **gegen eine dauernde Last zu verzichten**. Von einer auf den ursprünglichen Schenkungszeitpunkt zurückwirkenden Abschmelzung kann zwar angesichts der BGH-Rechtsprechung zum Fristbeginn nicht ausgegangen wer- 174

---

263 Differenzierend demgegenüber *Herrler*, ZEV 2008, 461, 463.
264 Ebenso *Herrler*, ZEV 2008, 461, 464; anderer Ansicht OLG Düsseldorf FamRZ 1999, 1546 und DNotI-Gutachten 70477, *Gehse*, RNotZ 2009, 361, 370.
265 So auch Mayer/Süß/Tanck/*Pawlytta*, § 7 Rn. 177.
266 Ebenso *N. Mayer*, ZEV 1994, 325, 327; skeptisch aber Mayer/Süß/Tanck/*J. Mayer*, § 11 Rn. 154.

den.[267] Diskutiert wird aber ein Ingangsetzen der Abschmelzung immerhin mit Wirkung ab dem Zeitpunkt des Änderungsvertrages. In keinem Fall stellt die Aufgabe des Nießbrauchs gegen gleichwertige monatliche Zahlungen (in diesem Kontext ist die Bewertung des aufgegebenen Nießbrauchsrecht nicht unumstritten.)[268] eine neue Schenkung dar, die erneut Pflichtteilsergänzungsansprüche auslösen könnte.

175 Benötigt der Übergeber die Erträge des übertragenen Objekts nicht mehr, ist ihm andererseits sehr daran gelegen, die Abschmelzung des § 2325 Abs. 3 BGB in Gang zu setzen, stellt sich die Frage nach den pflichtteilsrechtlichen Folgen eines **unentgeltlichen Verzichts auf das Nießbrauchsrecht**. Dieser Verzicht stellt eine erneute Pflichtteilsergänzungsansprüche auslösende Zuwendung in Höhe des ab dann zu kapitalisierenden Nießbrauchswertes[269] dar. Da diese Schenkung vorbehaltlos erfolgt, schmelzen die dadurch ausgelösten Pflichtteilsergänzungsansprüche nach § 2325 Abs. 3 BGB ab. Dasselbe dürfte auch bezüglich der ursprünglichen Grundstücksschenkung gelten, jedenfalls dann, wenn der Überträger sich nicht umfassende Rückforderungsrechte oder andere für § 2325 Abs. 3 BGB schädliche Rechte vorbehalten hat. Verstirbt mithin der verzichtende Nießbrauchsinhaber nach Ablauf von mehr als 10 Jahren ab dem Verzicht, dürften weder in Bezug auf die Immobilie noch in Bezug auf den aufgegebenen Nießbrauch irgendwelche Ansprüche für Pflichtteilsberechtigte bestehen.

Fraglich sind jedoch die pflichtteilsrechtlichen Folgen für den Fall, der Verzichtende vor Ablauf dieser Frist verstirbt. Feststehen dürfte insoweit allein, dass in Bezug auf den aufgegebenen Nießbrauch Pflichtteilsergänzungsansprüche ausgelöst werden. Auch bezüglich der übertragenen Immobilie dürften Pflichtteilsansprüche auf den Beschenkten zukommen, wobei insoweit das später aufgegebene Nießbrauchsrecht ungeachtet seiner vorzeitigen Aufgabe mit seinem ex ante nach der Lebenserwartung kapitalisierten Wert in Abzug sollte gebracht werden dürfen. Ein und dasselbe Objekt würde sonst zweimal für Pflichtteilsergänzungsansprüche herangezogen. Das ist jedoch unsicher.

> **Praxistipp**
>
> Man wird daher trotz aller Unsicherheiten als Fazit festhalten können, dass die unentgeltliche Aufgabe eines Nießbrauchsrechts die Chance nach sich zieht, dass nach Ablauf weiterer 10 Jahren jegliche Pflichtteilsansprüche hinfällig werden, jedoch die Gefahr mit sich bringt, dass bei vorherigem Versterben des Verzichtenden nicht nur die Abzüge wegen des vorbehaltenen Nießbrauchsrechts stagnieren, sondern der unentgeltliche Verzicht sogar zusätzliche Pflichtteilsergänzungsansprüche auslöst.

7. Die pflichtteilsrechtlichen Vorteile lebzeitiger Zuwendungen im Überblick

176 > **Praxistipp**
>
> Lebzeitiger Vermögensübertragungen bieten neben der möglichen Abschmelzung einige Vorteile:
>
> Nach dem Niederstwertprinzip des § 2325 Abs. 2 S. 2 BGB bleiben andere als inflationsbedingte Wertsteigerungen des Geschenks außer Acht.
>
> Gegenleistungen und regelmäßig auch vorbehaltene Nutzungsrechte sind abzugsfähig, und zwar zu einem (in Grenzen) privatautonom bestimmbaren Wert. Behalten sich Eheleute bei der Übertragung ihres gemeinsamen Hausgrundstücks auf einen Dritten ein solches Recht in der Weise vor, dass das Nutzungsrecht nach dem Tod des Erstversterbenden

---

267 So auch DNotI-Gutachten Nr. 53983.
268 Bei Ausgleich durch eine Einmalzahlung ergibt sich jedoch das Problem, ob der Nießbrauch zu kapitalisieren ist oder ob nach dem Erbfall konkret zu ermitteln ist, auf welche Beträge ex post der Erblasser wirklich verzichtet hat.
269 Vgl. dazu im Einzelnen *Blum/Melwitz*, ZEV 2010, 77, 79, 80.

dem Überlebenden allein zusteht, soll es sich hierbei zudem nicht um eine wechselseitige Schenkung/unbenannte Zuwendung handeln. Eine solche würde erneut Pflichtteilsergänzungsansprüche entstehen lassen. Vielmehr soll ein entgeltliches Wagnisgeschäft vorliegen.[270]

Hat der Schenker den Pflichtteilsberechtigten seinerseits zuvor beschenkt, dabei aber – wie so oft – keine Anrechnung auf den Pflichtteil angeordnet, vermag er dies durch eine lebzeitige Zuwendung faktisch nachholen. Denn auf Pflichtteilsergänzungsansprüche muss sich ein Pflichtteilsberechtigter ihm zugewandte Geschenke auch ohne entsprechende Anordnung anrechnen lassen (§ 2327 Abs. 1 BGB) – »Flucht in die Pflichtteilsergänzung«.

Der Beschenkte haftet außerdem, wenn sich der Ergänzungsanspruch gemäß § 2329 BGB ausnahmsweise gegen ihn richtet, nur nach Bereicherungsrecht, kann sich also gemäß § 818 Abs. 3 BGB gegebenenfalls auf eine Entreicherung berufen. Die Ansprüche gegen ihn verjähren zudem nach § 2332 Abs. 1 BGB zum einen kenntnisunabhängig und zum anderen schon 3 Jahre nach dem Erbfall, nicht etwa erst gerechnet ab dem Schluss des betreffenden Jahres.

Im Übrigen wird der Pflichtteilsberechtigte trotz der ihm zustehenden Auskunftsansprüche und Beweiserleichterungen (vgl. oben Rdn. 134) mitunter in Beweisnot geraten, trifft ihn doch bezüglich der objektiven und subjektiven Schenkungsvoraussetzungen die Beweislast.

C. Pflichtteilsklauseln und Alternativen

I. Grundlagen

177 Von der Absicht, einem Pflichtteilsberechtigten möglichst nichts zu hinterlassen, ist die Intention vieler Ehegatten zu unterscheiden, sich zunächst ausschließlich gegenseitig zu bedenken und die Kinder erst nach dem Tod des Längstlebenden zum Zuge kommen zu lassen. Bei **nur gemeinsamen Abkömmlingen** ist effektivstes Mittel abgesehen von Pflichtteilsverzichten/-stundungen eine fortgesetzte Gütergemeinschaft. Nur Pflichtteilsansprüche einseitiger Abkömmlinge verhindert diese nicht (§ 1483 Abs. 2 BGB). Bei gleichmäßiger Beteiligung an einer Gesellschaft wiederum können Eheleute, die sich in Alter und Gesundheit gleichen, mittels eines Abfindungsausschlusses die Beteiligung des anderen mit dessen Tod nach der Rechtsprechung unter Umständen pflichtteilsfest zu erlangen versuchen. Zweifelhaft ist das aber jedenfalls dann, wenn die Eheleute gerade zu diesem Zweck Vermögen in die Gesellschaft eingebracht haben.

Alternativ bieten sich zum Schutz des überlebenden Elternteils vor Pflichtteilsansprüchen der vertrösteten Abkömmlinge sogenannte Pflichtteilsklauseln an. Diese machen sich die Aussicht der Kinder, Erben des Längstlebenden zu werden, zunutze. Der den Pflichtteil Verlangende setzt seine Schlusserbenstellung aufs Spiel. Denkbar ist es aber auch, Anreize zu schaffen, etwa dadurch, dass den Pflichtteilsberechtigten bestimmte ihnen wichtige Nachlassbestandteile oder Vergünstigungen zugewandt werden, die sie im Falle der Pflichtteilsgeltendmachung nach dem Erstversterbenden verlieren würden.

Ziel einer Pflichtteilsklausel kann es zusätzlich sein, zu verhindern, dass ein Kind sich durch ein Pflichtteilsverlangen nach dem Erstversterbenden besser stellt als die anderen bis zum Schlusserbfall Wartenden.

178 Nicht hingegen sind Pflichtteilsklauseln geeignet, in **Stiefkinderkonstellationen** für eine gleiche Schlussbeteiligung aller Kinder zu sorgen.[271] Pflichtteilsklauseln versagen insbesondere, wenn auf

---

270 DNotI-Gutachten Nr. 1268.
271 Vgl. Beck'sches Formularbuch Erbrecht/*Kleensang*, C VI. 3 Anm. 10.

beiden Seiten einseitige Kinder vorhanden sind.[272] Der Pflichtteil eines Kindes des Längstlebenden übersteigt möglicherweise die ihm zugedachte Erbquote. Würden aber deshalb die einseitigen Kinder des Erstversterbenden ihren Pflichtteil verlangen, erwiese sich die Klausel als Falle: Die Kinder erhielten im Schlusserbfall gar nichts mehr. Stattdessen mag es sich empfehlen, mit dem Tod des Erstversterbenden bereits anfallende, unbedingte Vermächtnisse nur zugunsten der eigenen Kinder (gegebenenfalls ergänzt um eine Anrechnung nach dem Längstlebenden) einzuräumen. Diese müssten dann für die Abkömmlinge entfallen, die trotzdem ihren Pflichtteil geltend machen.[273] Ist allerdings das Vermögen des Erstversterbenden geringer, entlasten diese Vermächtnisse den Nachlass des Längstlebenden möglicherweise nicht hinreichend. Dann helfen nur Pflichtteilsverzichte.

179 Mitunter wird die Abschreckungswirkung einer einfachen Pflichtteilsklausel nicht ausreichen. Das ist dann zu befürchten, wenn das **Vermögen der Eltern ganz überwiegend dem vermeintlich Erstversterbenden** gehört. Hier könnte man in Erwägung ziehen, die drohenden Pflichtteilsansprüche durch einen Zugewinnausgleich zu erschweren. Bei unerwartet umgekehrter Sterbensreihenfolge erwiese sich dies indes als kontraproduktiv. Eine Jastrow'sche Klausel, eine Vor- und Nacherbschaft oder eine hinausgezögerte Verjährung der Pflichtteilsansprüche nach dem Erstversterbenden bewirken in solchen Fällen immerhin, dass sich die Pflichtteilsansprüche nicht zweimal aus dessen Vermögen berechnen.

180 Sachverhalte, in denen Pflichtteilsklauseln sinnvoll sind, können **mit dem oben unter B. behandelten Szenario zusammenfallen**. Die in Teil B. und Teil C. behandelten Konstellationen überschneiden sich mitunter. So ist der Fall nicht selten, dass Eheleute eines von mehreren Kindern möglichst leer ausgehen lassen und die anderen Abkömmlinge erst nach dem Tod des Längstlebenden bedenken wollen. Hier sind Prioritäten zu setzen. Denn effektivstes Mittel, den Pflichtteil des einen Kindes zu erschweren, ist – abgesehen von einem Pflichtteilsverzicht – die lebzeitige Verlagerung von Vermögen auf die anderen Kinder. Handelt es sich bei dem unerwünschten Pflichtteilsberechtigten um ein einseitiges Kind eines Ehegatten, könnte dieser Vermögen pflichtteilsfest auch auf den anderen zu übertragen versuchen. Eine solche Vermögensverlagerung ist durch eine Verfügung von Todes wegen (etwa in Gestalt einer Vor- und Nacherbschaft) abzusichern, die verhindert, dass die Zuwendung wieder in den Nachlass des Übertragenden fällt, wenn der andere vorverstirbt. Pflichtteilsklauseln würden in solchen Fällen dann nur noch das zu vererbende Restvermögen betreffen.

181 Mitunter angedeutete Zweifel an der **Zulässigkeit von Pflichtteilsklauseln** im Lichte des verfassungsgemäßen Schutzes des Pflichtteilsrechts[274] schlagen wegen der gesetzlichen Wertung des neuen § 2331a BGB nicht durch. Der mit den Klauseln verfolgte Zweck, der Aufschub von Pflichtteilsansprüchen bis zum Tod beider Eltern, entspricht dem vom Gesetzgeber mit der Neufassung des § 2331a BGB verfolgten Zweck und kann mithin nicht sittenwidrig sein.[275]

II. Einfache Pflichtteilsklauseln

1. Die Rechtsfolgen einfacher Pflichtteilsklauseln

182 Als einfache Pflichtteilsklausel bezeichnet man unter anderem die Anordnung, dass ein Abkömmling, der nach dem Erstversterbenden den Pflichtteil verlangt, sich diesen auf sein Erbe nach dem Überlebenden anrechnen lassen muss (Anrechnungsklausel). Konstruktiv handelt es sich dabei um ein Vorausvermächtnis für die anderen Erben. Einen Pflichtteilsberechtigten wird eine solche Klausel kaum schrecken; zum einen muss er sich nicht bis zum Tod des Längstlebenden gedulden. Zum anderen muss er nicht mehr fürchten, dass dieser zu Lebzeiten das gesamte Vermögen verbraucht.

---

272 Vgl. auch *J. Mayer*, ZEV 1995, 136; MittBayNot 1999, 265, 268.
273 Vgl. *v. Olshausen*, DNotZ 1979, 707, 719.
274 *J. Mayer*, MittBayNot 2007, 19, 22.
275 So auch *Keim*, MittBayNot 2008, 395, 396.

Eher abschrecken wird ihn eine Klausel, die den Pflichtteilsverlangenden nach dem Überlebenden enterbt (**automatische Ausschlussklausel**) oder jedenfalls dem Überlebenden diese Möglichkeit einräumt (**fakultative Pflichtteilklausel**). Letzteres erübrigt sich freilich dann, wenn die Einsetzung der Schlusserben ohnehin nicht bindend war.

Pflichtteilsklauseln sind in der Verfügung von Todes wegen ausdrücklich aufzuführen. Im Wege der **Auslegung** entnimmt die Rechtsprechung Verfügungen von Todes wegen zwar mitunter eine Anrechnung des Pflichtteils nach dem Erstversterbenden auf das Schlusserbe, auch ohne dass der Erblasser dies ausdrücklich angeordnet hätte. Auch eine fakultative Pflichtteilklausel wird im Ergebnis bei bindender Schlusserbeneinsetzung überwiegend bejaht, nach herrschender Meinung jedoch nur über eine fristgebundene Anfechtung der Schlusserbeinsetzung durch den Überlebenden, ohne dass wie sonst in Fällen der Anfechtung der Überlebende Gefahr läuft, das Erbe nach dem Erstversterbenden zu verlieren.[276] Nur nach einer Mindermeinung kann ein nicht fristgebundener Änderungsvorbehalt bei Pflichtteilsverlangen im Wege ergänzender Auslegung gewonnen werden.[277]

183

Auch die umgekehrte Frage war schon Gegenstand von Gerichtsentscheidungen: Lässt sich Verfügungen von Todes wegen, in denen eine Schlusserbfolge fehlt, aber eine Pflichtteilsklausel enthalten war, aus der Pflichtteilsklausel eine **Schlusserbeinsetzung durch Auslegung** gewinnen?[278] Relevant wird diese Frage meist, weil eine solche Erbeinsetzung dann nach § 2270 BGB regelmäßig bindend sein dürfte. Bei notariellen Verfügungen ist für eine solche Auslegung kein Raum.[279] Anders sieht das nun das OLG München in einem Beschluss aus dem Jahre 2012[280]. In der zugrundeliegenden Verfügung war allerdings die Strafklausel mit einer Wiederverheiratungsklausel kombiniert. Ferner nahm das Gericht ausdrücklich auf die teilweise »untechnische« Formulierung des Testaments Bezug.

184

a) Zu den Vor- und Nachteilen einer automatischen bzw. fakultativen Enterbung

Eine fakultative Pflichtteilsklausel birgt die Gefahr, dass es dem Überlebenden nicht mehr gelingt, seine Erbfolge anderweitig zu regeln. Unschädlich ist dies nur dann, wenn alle Erben nach dem Erstversterbenden in gleicher Höhe pflichtteilsberechtigt sind und der überlebende Ehegatte innerhalb der dreijährigen Verjährungsfrist des § 2332 BGB verstirbt. Dann haben auch die anderen Kinder noch die Möglichkeit, ihren Pflichtteil nach dem Erstversterbenden zu verlangen. Sind indes die Pflichtteilsansprüche unterschiedlich hoch (etwa wegen §§ 2050, 2316 BGB oder § 2315 BGB, möglicherweise auch, weil es sich um einseitige Kinder handelt), könnte derjenige mit dem höchsten Pflichtteilsanspruch in einem solchen Fall sogar Kapital daraus schlagen, dass der Überlebende ihn nicht mehr enterben kann. Eine automatisch wirkende Pflichtteilsklausel begegnet dieser Gefahr, sie erfasst auch Pflichtteilsverlangen nach dem Tod des Erstversterbenden.[281] Folge ist in diesem Fall indes eine **konstruktive Vorerbschaft**: Solange sie den Pflichtteil noch geltend machen können, sind die Abkömmlinge nur (konstruktive) Vorerben.[282] Denn sobald sie ihren Pflichtteil einfordern, verlieren sie das Erbe wieder. Da die Verjährung des Pflichtteils seine Geltendmachung nicht verhindert, sondern lediglich dem Erben eine Einrede verschafft, dauert die wegen ihrer Beschränkungen

185

---

276 Vgl. die Nachweise bei Reimann/Bengel/Mayer/*Mayer*, Teil B. (§ 2269) Rn. 92; DNotI-Report 2006, 192.
277 Reimann/Bengel/Mayer/*Mayer*, Teil B. (§ 2269) Rn. 92; *Kanzleiter*, DNotZ 2014, 5, 10 jedenfalls dann, wenn der Überlebende als Reaktion auf einen vom Sozialhilfeträger übergeleiteten Pflichtteil nach dem Erstversterbenden zu einem Behindertentestament umschwenkt.
278 OLG München, Beschl. v. 29.3.2006 – 31 Wx 7/06 u. 8/06, ZEV 2006, 411; OLG Hamm, Beschl. v. 26.2.2004 – 15 W 486/03, NJW-RR 2004, 1520.
279 Ebenso Reimann/Bengel/Mayer/*Mayer*, Teil B. (§ 2269) Rn. 11 ff.
280 OLG München, Beschl. v. 16.07.2012, 31 Wx 290/11, DNotIR 2012, 161.
281 BGH, Urt. v. 12.7.2006 – IV R 298/03, ZEV 2006, 501, 502.
282 Vgl. BGH DNotZ 1986, 541; OLG Stuttgart OLGZ 1979, 52, 55; *Wälzholz*, ZEV 2007, 164; *Zawar*, DNotZ 1989, 116*, 140*, 141*).

unerwünschte Vor- und Nacherbschaft an, ohne dass ein Ende absehbar wäre.[283] Trägt man diesem Umstand nun aber dadurch Rechnung, dass nur ein Pflichtteilsverlangen vor dem Tod des Überlebenden die Sanktion auslöst, ist der eigentliche Vorteil der automatischen Pflichtteilsklausel wieder dahin.

▶ **Praxistipp**

Eine fakultative Pflichtteilsklausel andererseits sollte man in solchen Fällen um eine automatische Anrechnungsanordnung ergänzen, um so zumindest eine Besserstellung einzelner Abkömmlinge zu verhindern.

186 Eine automatische Pflichtteilsklausel nimmt dem überlebenden Ehegatten nicht die Möglichkeit, den Pflichtteil **im Einvernehmen** mit den Abkömmlingen auszuzahlen, um so deren Freibetrag nach dem Erstversterbenden zu nutzen und/oder die Steuerprogression abzumildern.[284] Zum einen löst die üblichen Pflichtteilsklauseln nicht aus, wer die Alternativkonstruktion wählt, nämlich nach dem Tod des Erstversterbenden gegen eine Abfindung auf den Pflichtteil verzichtet.[285] Zum anderen greifen nach ganz herrschender Meinung auch bei konventionellem Geltendmachen Pflichtteilsklauseln bei einvernehmlicher Auszahlung im Zweifel nicht.[286] Anders sah es jüngst das OLG Frankfurt.[287] Der Gestalter sollte dies dennoch klarstellen. So wird geraten, das Geltendmachen des Pflichtteils um das Merkmal »gegen den Willen des Überlebenden« zu ergänzen.[288]

▶ **Praxistipp**

Allerdings schafft man so erhebliche Unsicherheiten und Beweisschwierigkeiten. Vorzugswürdig erscheint es deshalb, dem Überlebenden zu gestatten, das enterbte Kind wieder zu bedenken. Diese Möglichkeit hat der Überlebende nicht ohnehin: Zwar lässt sich nach § 2278 Abs. 2 BGB eine reine Enterbung nicht bindend vereinbaren, bereits in Verbindung mit einer gleichzeitigen Ersatzschlusserbeneinsetzung – immer ist zugleich zu regeln, wer an die Stelle des Enterbten tritt – vermag der Überlebende sie aber nicht mehr abzuändern,[289] wenn nicht die Verfügung eine Änderung ausdrücklich gestattet und man nicht der Pflichtteilsklausel ein Änderungsrecht im Wege der Auslegung entnimmt (vgl. dazu oben Rdn. 183). Die Abschreckungswirkung einer automatischen Pflichtteilsklausel lässt so allerdings nach. Der Abkömmling kann – in gleicher Weise wie bei einer fakultativen Enterbung – noch auf seine Überredungskünste hoffen.

187 Automatische Pflichtteilsklauseln entwerten unter Umständen die notarielle Urkunde als **Erbnachweis**, worauf der Notar die Beteiligten sogar soll hinweisen müssen.[290] So wird in solchen Fällen ein Erbschein,[291] zumindest aber analog § 2356 Abs. 2 BGB eine eidesstattliche Versicherung[292] gefor-

---

283 So schon *Wälzholz*, ZEV 2007, 162, 165; entgegen Reimann/Bengel/Mayer/*Mayer*, Teil A. Rn. 423.
284 Vgl. zu dieser Gestaltung *J. Mayer*, ZEV 1998, 50, 53; *Ebeling*, NJW 1998, 358.
285 So auch *Ivo*, MittBayNot 2008, 326, 327;*Müller/Grund*, ZErb 2007, 205.
286 BayObLG FamRZ 1995, 1019, 1020; Staudinger/*Kanzleiter*, § 2269 BGB, Rn. 58.
287 OLG Frankfurt, Beschl. v. 02.08.2010, 20 W 49/09, DNotZ 2011, 552 m. Anm. *Kanzleiter;* die Klausel lautete: »auf den Pflichtteil bestehen«.
288 *J. Mayer*, ZEV 1998, 50, 53; *Dressler*, NJW 1997, 2848, 2850.
289 Vgl. *Lübbert*, NJW 1988, 2706, 2708.
290 So *Wälzholz/Bachner*, Beck'sche Online-Formulare, 5.4.2.1. Anm. 11.
291 OLG Frankfurt a. M. DNotZ 1995, 312; LG Kassel Rpfleger 1993, 397; *Böhringer*, BWNotZ 1988, 155, 158.
292 OLG München RNotZ 2013, 172; OLG Hamm ZErb 2011, 163; OLG Frankfurt a. M. MittRhNotK 1986, 23; OLG Zweibrücken DNotZ 1986, 240; LG Koblenz MittRhNotK 1995, 67; LG Köln MittRhNotK 1988, 177; LG Bochum Rpfleger 1992, 194; offen lassend, aber zumindest eine eidesstattliche Versicherung verlangend OLG Köln, Beschl. v. 14.12.2009 – 2 Wx 59/09, RNotZ 2010, 263.

dert. Nur selten wird auf beides verzichtet.[293] Richtigerweise wird man jeden Einzelfall gesondert darauf untersuchen müssen, ob die Zweifel – wie von § 35 Abs. 1 S. 2 2. Hs. GBO verlangt – über eine entfernte abstrakte Möglichkeit hinausgehen. So wird der Fall, dass alle Abkömmlinge eine eidesstattliche Versicherung vorlegen, anders zu beurteilen sein als eine solche Erklärung des einzigen Erbprätendenten.[294]

▶ **Praxistipp**

Nicht in jedem Fall dürfte sich bei einer automatischen Pflichtteilsklausel daher ein Erbschein oder gar eine eidesstattliche Versicherung erübrigen. Darauf sollte der Notar hinweisen. Der jüngste Vorschlag, angesichts dessen statt mit einer Enterbung mit einer Sanktion derart zu arbeiten, dass der den Pflichtteil Verlangende seinen Erbteil abzüglich des Pflichtteils an die übrigen Erben auszuzahlen hat,[295] vermeidet zwar den Erbschein, zieht jedoch – wenn nicht eine entsprechende Testamentsvollstreckung angeordnet wird – Auseinandersetzungsprobleme nach sich, die es sich nicht in Kauf zu nehmen lohnen dürfte.

b) Vorschlag für eine automatische Pflichtteilsklausel (Rechtsfolgen)

188 Bei einer automatischen Pflichtteilsklausel sollte klargestellt werden, ob sich als Folge des Pflichtteilsverlangens die Erbquoten der übrigen Kinder automatisch durch Anwachsung erhöhen oder ob gemäß § 2069 BGB die Abkömmlinge des Enterbten an dessen Stelle treten oder wer sonst als Ersatzerbe an die Stelle des Wegfallenden treten soll.[296] Durch die Formulierung »**mit seinem ganzen Stamm**« wird die Zweifelsregel des § 2069 BGB ausgeschaltet.

189 Bisweilen wird die Befürchtung geäußert, die Abkömmlinge könnten in derartigen Fällen noch auf dem Umweg über ihr gesetzliches Erbrecht den Längstlebenden beerben, wenn diesem keine neue Verfügung mehr gelingt. Dies droht jedoch nur dann, wenn Rechtsfolge der Klausel keine Enterbung war, sondern lediglich die Schlusserbeinsetzung durch das Pflichtteilsverlangen auflösend bedingt wurde. Auch Formulierungen wie »so erhält ... nur seinen Pflichtteil« bergen diese Gefahr und lassen sich überdies bei nicht pflichtteilsberechtigten einseitigen Kindern, Vorausempfängen oder Pflichtteilsentziehungen als Vermächtnis missverstehen.[297] Die hier vorgeschlagene Formulierung »**ist von der Erbfolge ausgeschlossen**« entgeht all diesen Gefahren.

190 Eine Folge ist dann die schon oben unter Rdn. 186 aufgeworfene Frage, inwieweit der Überlebende wegen der Reflexwirkung der Pflichtteilsklausel an die durch die Sanktion ausgelöste Ersatzerbfolge **gebunden** ist. Das sollte eindeutig geregelt werden, da anderenfalls die Rechtslage unklar ist. Zwar hat sich die Rechtsprechung bislang in Fällen diesen Punkt ignorierender Klauseln großzügig gezeigt und die gesamte Erbeinsetzung nach dem Längstlebenden mit der Konsequenz als gegenstandslos angesehen, dass jegliche Bindungswirkung für diesen entfallen sei, das allerdings nur, wenn alle Abkömmlinge den Pflichtteil verlangten bzw. es überhaupt nur ein Kind gab.[298] Verlangen demgegenüber nur einzelne Kindern den Pflichtteil, ist die Ersatzschlusserbeinsetzung der übrigen Abkömmlinge im Zweifel bindend,[299] da die BGH-Entscheidung zur nicht-kumulativen Anwendung der §§ 2069, 2270 Abs. 2 BGB[300] sich nicht auf die Anwachsung nach § 2094 Abs. 1 BGB übertragen

---

293 OLG Frankfurt, Beschl. v. 17.1.2013 – 20 W 413/12 –, DNotI Dokumentnummer 20w413_12; LG Stuttgart BWNotZ 1988, 163.
294 So zu Recht DNotI-Report 2002, 129, 130.
295 So DNotI-Gutachten Nr. 88831.
296 Ebenso *J. Mayer*, MittBayNot 1996, 80, 81; ZEV 1995, 136, 137; laut OLG München, Beschl. v. 29.1.2008 – 31 Wx 68/07, ZEV 2008, 341, 342) findet im Zweifel Anwachsung statt.
297 Vgl. BGH NJW-RR 1991, 706; *Hofstetter*, ZEV 1995, 192, 193.
298 OLG Zweibrücken DNotZ 1990, 814, 816) bei mehreren Abkömmlingen BayObLG MittBayNot 1990, 251, 252) bei einem Kind; vgl. auch DNotI-Report 2006, 192.
299 BayObLG, Beschl. v. 20.1.2004, 1Z BR 134/02, ZEV 2004, 202, 204.
300 BGH, Beschl. v. 16.1.2002 – IV ZB 20/01, DNotZ 2002, 661.

lässt.[301] Vertreten wird indes in der Literatur vereinzelt, im Wege der Auslegung könne man der Pflichtteilsklausel in solchen Fällen einen Änderungsvorbehalt entnehmen.[302]

191 ▶ **Muster: Automatische Pflichtteilsklausel bei mehreren Kindern (Rechtsfolgen)**

..., ist der betreffende Pflichtteilsberechtigte mit seinem ganzen Stamm von der Erbfolge nach dem Längstlebenden[303] einschließlich aller angeordneten Vermächtnisse und Auflagen ausgeschlossen.

Das jenem Zukommende kann der Längstlebende von uns nach freiem Ermessen einem oder mehreren Personen aus dem Kreis der gemeinschaftlichen Abkömmlinge zuwenden. Unterlässt er eine solche Verfügung, wächst es den übrigen Abkömmlingen – soweit sie nicht ebenfalls von der Erbfolge ausgeschlossen sind – zu gleichen Teilen nach Stämmen an.

Dem überlebenden Ehegatten bleibt die Möglichkeit vorbehalten, die Enterbung für den Schlusserbfall zu widerrufen.

[Für den Fall, dass alle Berechtigten – möglicherweise in abgestimmtem Vorgehen – den Pflichtteil verlangen, nützt dem Überlebenden die Möglichkeit, die anderen Abkömmlinge zu bedenken, nichts. Und auch ein automatisches Anwachsen bei den anderen Abkömmlingen würde das Ziel verfehlen. Daher bietet sich noch folgende Ergänzung an:]

Werden alle unsere Abkömmlinge gemäß der vorstehenden Regelung enterbt, dann kann der Überlebende von uns in beliebiger Weise und in beliebigem Umfang das gesamte Erbe auch Familienfremden von Todes wegen zuwenden. Erfolgt in diesem Fall keine Änderung, fallen die Erbteile der so Enterbten ... zu.

192 ▶ **Muster: Automatische Pflichtteilsklausel bei nur einem Kind (Rechtsfolgen)**

..., ist der betreffende Pflichtteilsberechtigte mit seinem ganzen Stamm von der Erbfolge nach dem Längstlebenden einschließlich aller angeordneten Vermächtnisse und Auflagen ausgeschlossen.

Das jenem Zukommende kann der Längstlebende von uns nach freiem Ermessen auch Familienfremden zuwenden. Unterlässt er eine solche Verfügung, fällt der Erbteil des so Enterbten ... zu.

Dem überlebenden Ehegatten bleibt die Möglichkeit vorbehalten, die Enterbung für den Schlusserbfall zu widerrufen.

c) Formulierung einer fakultativen Ausschlussklausel (Rechtsfolgen)

193 Eine fakultative Pflichtteilsklausel ist nur dann erforderlich, wenn der Überlebende ganz oder teilweise gebunden ist. Sie ist auf die Intensität der Bindung abzustimmen. Bei einer starren Bindung ohne jeglichen Änderungsvorbehalt könnte die Formulierung lauten:

194 ▶ **Muster: Fakultative Pflichtteilsklausel (Rechtsfolgen)**

..., ist der Längstlebende berechtigt, die Schlusserbeneinsetzung durch Verfügung von Todes wegen in der Weise zu ändern, dass der betreffende Pflichtteilsberechtigte und auch sein ganzer Stamm von der Erbfolge nach dem Längstlebenden einschließlich aller angeordneten Vermächtnisse und Auflagen ausgeschlossen werden.

Das jenem Zukommende kann der Längstlebende von uns nach freiem Ermessen einem oder mehreren Personen aus dem Kreis der gemeinschaftlichen Abkömmlinge oder – wenn für diese dasselbe gilt – auch Familienfremden von Todes wegen zuwenden.

---

301 *Keim*, ZEV 2002, 437; *Ivo* ZEV 2004, 205.
302 Vgl. dazu *J. Mayer*, MittBayNot 2005, 53, 54.
303 Hatte der Erstversterbende dem Pflichtteilsverlangenden ein Vermächtnis ausgesetzt, das ebenfalls entfallen soll, müsste es stattdessen heißen: »... sowohl für den ersten als auch für den zweiten Todesfall ...«.

(Nur) bei **unterschiedlich hohen Pflichtteilsansprüchen nach dem Erstversterbenden** sollte die Klausel um eine automatisch wirkende Anrechnung ergänzt werden.[304] Sonst könnte derjenige mit den höchsten Ansprüchen diese – falls noch nicht verjährt – noch nach dem Tod des Überlebenden geltend machen, ohne dass die anderen Kinder die Möglichkeit hätten, durch eigene Pflichtteilsverlangen gleichzuziehen.

▶ **Muster: Ergänzung einer fakultativen Pflichtteilsklausel um eine automatische Anrechnung**

In jedem Fall sind jegliche geltend gemachten Pflichtteilsansprüche nach dem Erstversterbenden auf das Schlusserbe anzurechnen, soweit sie – wann auch immer – erhalten werden.

2. Der Verwirkungstatbestand

a) Der Urheber des Pflichtteilsverlangens

Zu Streit führen mag die Frage, wer den Pflichtteil geltend machen muss. Das verdeutlichen folgende Fälle:[305] Nicht der Sohn selbst verlangte nach dem verstorbenen Vater den Pflichtteil, er verstarb vielmehr selbst binnen kurzem. Die gemäß § 2317 Abs. 2 BGB auch den Pflichtteilsanspruch erbende Schwiegertochter – die Stiefmutter des zum Schlusserben eingesetzten Enkels – verlangte daraufhin den Pflichtteil ihres verstorbenen Ehemannes. In einem anderen Fall machte ein Ergänzungspfleger für die noch minderjährigen Kinder Pflichtteilsansprüche geltend.[306]

So nahe es angesichts dieser Fälle liegt, nur höchstpersönliche Pflichtteilsverlangen zu strafen, so könnte doch ein Pflichtteilsberechtigter eine solche Klausel leicht durch eine Abtretung des Pflichtteilsanspruchs umgehen. Um all diese Fälle zu erfassen, ist daher jedenfalls bei einer fakultativen Pflichtteilsklausel der Einleitung »Verlangt einer unserer Abkömmlinge ...« folgende umfassende Formulierung vorzuziehen:

▶ **Muster:**

Sollte nach dem Tod des Erstversterbenden von uns ein Pflichtteil nach demselben von wem auch immer – (*Alt. 1*: nicht jedoch/*Alt. 2*: etwa auch) bei Geltendmachung durch den Erben des Pflichtteilsberechtigten – *geltend gemacht ... werden,* ...

Hinsichtlich einer automatischen Klausel aber dürfte sich angesichts der Vielzahl der möglichen Konstellationen a priori kaum jemals sinnvoll eine Entscheidung treffen lassen.[307] Immerhin ist gleichzeitig auch zu entscheiden, ob der ganze Stamm enterbt werden soll (vgl. oben Rdn. 188). Und das mag – so zeigt der Fall der Stiefmutter – nicht immer sinnvoll und gewollt sein.

▶ **Praxistipp**

Hier zeigt sich, dass eine nur fakultative Enterbung regelmäßig vorzugswürdig ist. Jedenfalls sollte dem Überlebenden die Möglichkeit eingeräumt werden, einen automatisch Enterbten wieder zu bedenken (vgl. schon oben Rdn. 186, dort indes aus erbschaftsteuerlichen Gründen).

Zwei neue Urteile des Bundesgerichtshofes befassen sich mit Pflichtteilsklauseln im Rahmen sogenannter **Behindertentestamente**. Bis zu diesen Entscheidungen war fraglich, ob der staatliche Leistungsträger im Falle einer Pflichtteilsklausel den übergeleiteten Pflichtteil des Behinderten nach dem

---

304 Vgl. schon *Worm,* RNotZ 2003, 535, 550; ebenso *Zimmer,* NotBZ 2007, 10, 14; vgl. auch oben Rdn. 185.
305 BayObLG MittBayNot 1996, 110; dazu *J. Mayer,* MittBayNot 1996, 80.
306 BayObLG MittBayNot 1990, 251, 253.
307 So auch *J. Mayer,* MittBayNot 1996, 80, 83.

Erstversterbenden auch geltend machen darf.[308] Dagegen wurde angeführt, Konsequenz sei die Enterbung nach dem Längstlebenden. Dieses Recht stehe dem staatlichen Leistungsträger aber genauso wenig zu wie das Ausschlagungsrecht im Falle eines klassischen Behindertentestamentes. Der BGH lehnte diese Argumentation ab. Der staatliche Leistungsträger sei nicht an der Geltendmachung des Pflichtteils nach dem Erstversterbenden gehindert. Eine Pflichtteilsklausel sei in derartigen Fällen im Übrigen so auszulegen, dass sie nach dem Überlebenden nicht zu einer Enterbung führe.[309] Anders entschied das OLG Hamm[310] im Falle eines einfachen »Berliner Testaments« bei einem behinderten Kind. Denn den Eltern wäre ein überleitbarer Pflichtteil nach dem Überlebenden lieber als eine Miterbenstellung des behinderten Kindes. Gerade in diesem Zusammenhang gewinnt auch die Frage Bedeutung, ob nicht im Wege der ergänzenden Auslegung ein gemeinschaftliches Testament so verstanden werden kann, dass – angedeutet durch die Pflichtteilsklausel – der Überlebende auf ein Pflichtteilsverlangen mit einer Änderungen seiner Verfügungen zu einem Behindertentestament reagieren kann.[311]

Die für Behindertentestamente im Allgemeinen wichtige Frage, ob der Staat selbst an dem Behinderten bzw. seinem Betreuer vorbei nicht nur den Pflichtteil, sondern auch das diesen erst begründende Ausschlagungsrecht nach § 2306 BGB auf sich überzuleiten imstande ist, hat der BGH durch das nachgenannte Urteil verneint.

In einer Kommentierung des Urteils des BGH v. 19.01.2011[312] zur Zulässigkeit eines Pflichtteilsverzichts eines behinderten Sozialleistungsbeziehers, dieser sei nicht sittenwidrig, erläutert *Wendt*, eine Pflichtteilsklausel nach dem Überlebenden hindere den Sozialhilfeträger sogar an einer Überleitung der Pflichtteilsansprüche nach dem Erstversterbenden.[313]

Im Rahmen eines Behindertentestaments ist daher sicherheitshalber, wenn Pflichtteilsansprüche nach dem Erstversterbenden überhaupt in Kauf genommen werden sollen[314] und wenn man nicht auf eine Pflichtteilsklausel verzichten will,[315] zu formulieren:

201 ▶ **Muster: Zusatz bei bestimmten Behindertentestamenten**

Sollte nach dem Tod des Erstversterbenden von uns ein Pflichtteil – von wem auch immer (nicht indes bei Geltendmachung durch den Sozialhilfe- bzw. Leistungsträger nach Überleitung gemäß § 93 Abs. 1 SGB XII bzw. § 33 Abs. 1 SGB II) – ...

202 ▶ Praxistipp

Sinnvoll ist in Behindertentestamenten ein durch ein Pflichtteilsverlangen nach dem Erstversterbenden aufschiebend bedingtes Vermächtnis zugunsten der anderen Kinder (so genannte Jastrow'sche Klausel, vgl. dazu unten Rdn. 221). Dem Betreuer des behinderten Kindes soll es mit Blick auf die künftigen Pflichtteilsansprüche nach dem Überlebenden zusätzlich unattraktiv gemacht werden, beim Tod des erstversterbenden Elternteils den Pflichtteil für den Betreuten zu verlangen.[316]

---

308 Vgl. etwa Landgericht Konstanz, Urt. v. 26.2.2003 – 5 O 329/2002, MittBayNot 2003, 398 mit Anmerkung *Spall*, MittBayNot 2003, 356; generell (nicht nur in Fällen einer Pflichtteilsklausel) gegen eine Geltendmachung ohne eine persönliche Entscheidung des Pflichtteilsberechtigten *Muscheler*, ZEV 2005, 119.
309 BGH, Urt. v. 8.12.2004 – IV ZR 223/03, RNotZ 2004, 176 und BGH, Urt. v. 19.12.2005 – IV ZR 245/03, ZEV 2006, 76.
310 Urt. v. 28.2.2013 – 10 U 71/12 – RNotZ 2013, 307.
311 So *Kanzleiter*, DNotZ 2014, 5, 10.
312 BGH, Urt. v. 19.01.2011, IV ZR 7/10, MittBayNot 2012, 138.
313 *Wendt* ZNotP 2011, 362.
314 Dagegen etwa *Litzenburger*, RNotZ 2005, 162, 165.
315 Das empfiehlt *Spall*, MittBayNot 2003, 356, 360) für Behindertentestamente.
316 So zurecht Bamberger/Roth/*Litzenburger*, § 2100 Rn. 5.

b) Zur Frage, welches Verhalten die Sanktionen auslösen soll

Üblicherweise wird auf ein **Verlangen** bzw. **Geltendmachen** des Pflichtteils abgestellt. Beide Begriffe sind unscharf. Zwar besteht weitestgehend Einigkeit, dass das Verlangen nicht konkret den Unterhalt des überlebenden Ehegatten gefährden muss.[317] Gerichte hatten aber bereits darüber zu befinden, ob bloße Auskunfts- oder Wertermittlungsverlangen[318] oder der Wunsch nach einer dinglichen Absicherung der Schlusserbfolge[319] darunter fallen. Auch andere entschiedene Fälle zeigen das in den beiden Begriffen verborgene Streitpotential: Das *OLG Düsseldorf* ließ das bloße Verlangen genügen, eine erfolgreiche Durchsetzung oder auch nur die Ausschlagung der Nacherbschaft nach § 2306 BGB als rechtliche Voraussetzung für die Pflichtteilsansprüche eines Nacherben sei nicht erforderlich.[320] In einem anderen Fall machte ein Kind die Unwirksamkeit des Testaments geltend. In einem solchen Fall greife eine Pflichtteilsklausel erst recht, so das *OLG München*.[321] Das OLG München[322] hat auch entschieden, dass es als Pflichtteilsverlangen ausgelegt werden könne, wenn ein als Schlusserbe eingesetzter Abkömmling nach dem Tod des erstversterbenden Elternteils dem überlebenden Elternteil die Zahlung des Pflichtteils als Darlehen zwar stundet, indes auf eine hohe Verzinsung und eine Absicherung durch eine Grundschuld drängt und sie auch erhält. Nach einem anderen Beschluss desselben Gerichts[323] kann ein Pflichtteilsverlangen im Sinne einer Pflichtteilsklausel auch dann vorliegen, wenn der Anspruch aufgrund eines zuvor erfolgten Erlasses objektiv schon nicht mehr bestand. Neben den beiden anerkannten Zwecken einer Pflichtteilsklausel sei es Ziel eben auch, den überlebenden Ehegatten davor zu schützen, dass dieser sich gegen unberechtigte Forderungen zur Wehr setzen müsse. Damit vergleichbar ist ein jüngst vom BGH[324] entschiedener Fall, dem die Geltendmachung eines schon verjährten Pflichtteilsanspruchs zugrunde lag. Obgleich der typische Zweck der Klausel, den Überlebenden zu schützen, hier nicht mehr erreicht werden konnte, griff laut BGH die Pflichtteilsklausel. 203

Angesichts all dieser Unklarheiten wird vorgeschlagen, zusätzlich auf das **Erhalten des Pflichtteils** abzustellen.[325] Zwar sei eine Bestrafung des Pflichtteilsverlangens – wenn es den Erblassern darum gehe – bereits vorher gerechtfertigt. Doch immerhin drohe der den Pflichtteil Verlangende, wenn es denn beim bloßen Verlangen blieb, nicht mehr zu erhalten als die loyalen Kinder. Neben dieser fragwürdigen Wertung löst aber auch dieser Formulierungsvorschlag nicht jeden Fall eindeutig. Das verdeutlicht ein vom BayObLG entschiedener Fall:[326] Der Pflichtteilsberechtigte hatte den Pflichtteil verlangt und auch erhalten, später dann aber im Einvernehmen dem überlebenden Elternteil zurückgezahlt. Ähnliche Auslegungsprobleme stellten sich dem OLG Zweibrücken[327] in einem Fall. Hier hatte der Berechtigte den Pflichtteil vor dem Tod des Überlebenden geltend gemacht, aber erst danach erhalten. 204

Andere knüpfen an ein »**Geltendmachen in Verzug begründender Weise**« an.[328] Dagegen wird das vage erforderliche Verschuldenskriterium des § 286 Abs. 4 BGB ins Spiel gebracht,[329] das sich jedoch beseitigen lässt. Eine Auskunftsklage oder ein Inverzugsetzen hingegen wird der Erbe tolerieren 205

---

317 BayObLG, Beschl. v. 20.1.2004 – 1Z BR 134/02; ZEV 2004, 202, 204.
318 BayObLG FamRZ 1991, 494.
319 Schleswig-Holsteinisches OLG ZEV 1997, 331, 333.
320 OLG Düsseldorf, Beschl. v. 18.07.2011, 3 Wx 124/11, RNotZ 2011, 554.
321 OLG München, Beschl. v. 07.04.2011, 31 Wx227/20, NJW-RR 2011, 1164.
322 OLG München, Beschl. v. 29.03.2006, 31 WX 7/06 und 8/06, ZEV 2006, 411.
323 OLG München, Beschl. v. 29.1.2008 – 31 Wx 68/07, ZEV 2008, 341.
324 BGH, Urt. v. 12.7.2006 – IV R 298/03, ZEV 2006, 501.
325 *Nieder/Kössinger*, § 14 Rn. 79.
326 BayObLG, Beschl. v. 20.1.2004 – 1Z BR 134/02; ZEV 2004, 202, 204.
327 MittBayNot 1999, 294 mit Anm. *Loritz* ZEV 1999, 187.
328 *Radke*, ZEV 2001, 135; Beck'sches Formularbuch Erbrecht/*Kleensang*, C VI. 3 Anm. 1; Mayer/Süß/Tanck/*J. Mayer*, § 12 Rn. 58, der in der 1. Aufl. unter § 12 Rn. 49 noch alternativ auf das Geltendmachen eines Wertermittlungsanspruchs nach § 2314 Abs. 1 S. 2 BGB abstellte.
329 *J. Mayer*, MittBayNot 2007, 19, 20.

können. Beherzigt man ferner die Empfehlung, es dem Überlebenden unbedingt ausdrücklich zu gestatten, eine etwaige automatische Enterbung rückgängig zu machen bzw. von vorneherein nur mit einer fakultativen Pflichtteilsklausel zu arbeiten, ist größtmögliche Klarheit nebst Flexibilität erreicht:

206 ▶ **Muster: Pflichtteilsklausel**

Sollte nach dem Tod des Erstversterbenden von uns ein Pflichtteil nach demselben von wem auch immer – [*Alt. 1*: nicht jedoch/*Alt. 2*: etwa auch] bei Geltendmachung durch den Erben des Pflichtteilsberechtigten – in Verzug begründender Weise (jedoch ohne die Entschuldigungsgründe des § 286 Abs. 4 BGB) geltend gemacht oder Auskunftsklage erhoben werden – gleich ob und wann der Pflichtteil gegebenenfalls erhalten wird –, ...

207 ▶ **Praxistipp**

Der Zweck der Klausel sollte hingegen nicht in der Verfügung angeordnet werden.[330] Die oben unter Rdn. 203 f. dargestellten Streitfälle werden dadurch nicht allesamt gelöst.

208 Wer trotz der oben dargestellten Nachteile eine automatische Pflichtteilsklausel wählt, muss ferner die unbegrenzte **konstruktive Vor- und Nacherbschaft** (vgl. oben Rdn. 185) beseitigen, etwa wie folgt:

209 ▶ **Muster: Zusatz bei einer automatischen Pflichtteilsklausel**

Die Wirkungen dieser Pflichtteilsklausel können nicht mehr nach dem Ableben des Längstlebenden von uns ausgelöst werden. Eine Vor- und Nacherbschaft soll ausdrücklich nicht eintreten.[331]

210 Dann muss bei unterschiedlich hohen Pflichtteilen nach dem Erstversterbenden freilich auch die automatische Klausel um eine automatische Anrechnung nach dem Überlebenden ergänzt werden:

211 ▶ **Muster: Ergänzung um eine automatische Anrechnung**

In jedem Fall sind jegliche geltend gemachten Pflichtteilsansprüche nach dem Erstversterbenden auf das Schlusserbe anzurechnen, soweit sie – wann auch immer – erhalten werden.

212 Das ist der Idee vorzuziehen, auf die Verjährung der Pflichtteilsansprüche nach dem Erstversterbenden abzustellen und so gegebenenfalls für eine überschaubare Zeit eine konstruktive Vor- und Nacherbschaft in Kauf zu nehmen. Denn nicht nur mag das bei kurz nacheinander sterbenden Ehegatten dazu führen, dass der Nachlass drei Jahre blockiert ist, praktische Folge wäre auch ein zweiter Erbscheinsantrag nach Eintritt der Verjährung. Wer diese Nachteile nicht scheut, könnte formulieren:

213 ▶ **Muster: Zeitlich begrenzte konstruktive Vor- und Nacherbschaft**

Die Wirkungen dieser Pflichtteilsklausel können auch noch nach dem Ableben des Längstlebenden von uns ausgelöst werden, indes nur, wenn ein Pflichtteilsanspruch noch vor seiner Verjährung in Verzug begründenden Weise (jedoch ohne die Entschuldigungsgründe des § 286 Abs. 4 BGB) geltend gemacht oder bis zu seiner Verjährung Auskunftsklage erhoben wird.

c) Subjektive Merkmale?

214 Es ist streitig, ob sich der den Pflichtteil Fordernde in vorwerfbarer Weise dem Willen des Erblassers widersetzen muss,[332] immerhin ein Handeln in Kenntnis der Verwirkungsklausel notwendig ist[333]

---

330 Entgegen Beck'sches Formularbuch Erbrecht/*Kleensang*, C VI. 3 Anm. 1.
331 Nach *Wälzholz*, ZEV 2007, 162, 166; im Ergebnis ebenso, aber mit anderer Formulierung Beck'sches Formularbuch Erbrecht/*Kleensang*, C VI. 3 Anm. 1.
332 So OLG Braunschweig OLGZ 1977, 185, 188; wohl auch *v. Olshausen*, DNotZ 1979, 713.
333 So OLG München, Beschl. v. 29.1.2008 – 31 Wx 68/07, ZEV 2008, 341, 342; BayObLG ZEV 1995, 191, 192; NJW-RR 1990, 969.

(so zuletzt auch das OLG Düsseldorf[334]) oder ein bewusstes Geltendmachen ohne vorwerfbare Missachtung des Erblasserwillens ausreicht.[335] Eine Klarstellung erscheint angesichts dessen angebracht, zum Beispiel:

▶ **Muster: Klarstellung zum subjektiven Tatbestand** 215

Ein Pflichtteilsverlangen in diesem Sinne setzt dabei in subjektiver Hinsicht weder die Kenntnis dieser Bestimmung noch irgendein weiteres vorwerfbares Verhalten voraus.

▶ **Praxistipp** 216

Und der Begriff »Strafklausel« sollte in der Verfügung von Todes wegen vermieden werden, impliziert er doch einen Vorwurf.

III. Vor- und Nacherbschaft

Pflichtteilsklauseln drohen zu versagen, wenn sich die wesentlichen Werte im Vermögen des Erstversterbenden befinden oder er Alleinverdiener ist, also – jedenfalls nach der Rechtsprechung – den Kindern möglicherweise erhebliche Pflichtteilsergänzungsansprüche wegen unbenannter Zuwendungen zustehen (vgl. oben Rdn. 146). Die Enterbung nach dem Längstlebenden wird einen Pflichtteilsberechtigten dann oftmals nicht sonderlich stören. Zum einen erhält er auch nach dem Längstlebenden wiederum den Pflichtteil. Zum anderen wird das Vermögen des Erstversterbenden – soweit noch vorhanden – für den Pflichtteil nach dem Überlebenden nochmals mit herangezogen. Eine Vor- und Nacherbschaft verhindert letzteres. 217

Zu beachten ist, dass die für das Pflichtteilsverlangen erforderliche Ausschlagung der Nacherbschaft nach dem Erstversterbenden (§ 2306 Abs. 2 BGB) in keiner Weise die Schlusserbfolge nach dem Längstlebenden beeinflusst. Je nach dessen Bindung ist deshalb insoweit zusätzlich eine Pflichtteilsklausel angebracht. Wegen des dem Nacherben nach § 2121 BGB zustehenden Anspruchs auf ein Erbschaftsverzeichnis darf hier – anders als sonst im Tatbestand einer Pflichtteilsklausel (vgl. oben Rdn. 206) nicht alternativ auf eine Auskunftsklage abgestellt werden. 218

Sinnvoll ist die Klarstellung, dass im Falle der Ausschlagung samt Pflichtteilsverlangen eines Nacherben dessen Abkömmlinge nicht Ersatznacherben werden. Denn diese sind nach der Rechtsprechung nur *im Zweifel* von der Erbfolge ausgeschlossen.[336] 219

▶ **Muster: Wechselseitige Vor- und Nacherbschaft bei gemeinsamen Kindern als Alternative zu einer Pflichtteilsklausel** 220

Wir setzen uns wechselseitig, der Erstversterbende den Überlebenden von uns, zum alleinigen Vorerben ein, gleichviel ob und welche Pflichtteilsberechtigten beim Tode des Erstversterbenden vorhanden sind. Als Vorerbe ist der Überlebende von uns von allen Beschränkungen und Verpflichtungen befreit, von denen nach dem Gesetz Befreiung erteilt werden kann (= so genannte befreite Vorerbschaft). Der Nacherbfall tritt mit dem Tod des Vorerben ein. Die Nacherbenrechte sind weder vererblich noch übertragbar, außer auf den Vorerben. Die Ersatznacherbfolge ist dadurch auflösend bedingt. Nach- und Ersatzerben sind entsprechend der gesetzlichen Erbfolge erster Ordnung unsere gemeinsamen Abkömmlinge, äußerst ersatzweise ...

Wird nach dem Tod des Erstversterbenden von uns – durch wen auch immer – ein Erbteil ausgeschlagen und in Verzug begründender Weise (jedoch ohne die Entschuldigungsgründe des § 286 Abs. 4 BGB) der entsprechende Pflichtteil geltend gemacht, treten in diesem Fall nicht die Abkömmlinge des betreffenden Pflichtteilsberechtigten als Ersatznacherben an seine Stelle. Vielmehr sind in diesem Fall die anderen Nacherben nach dem Verhältnis ihrer Erbteile insoweit Nacherben, soweit nicht für sie dasselbe zutrifft, und äußerst ersatzweise ...

---

334 OLG Düsseldorf, Beschl. v. 23.11.2010, 3 Wx 194/10, ZEV 2011, 653.
335 So *Lübbert*, NJW 1988, 2706, 2713; vgl. auch *Nieder/Kössinger*, § 14 Rn. 82.
336 Vgl. BayObLG MittRhNotK 2000, 212.

Die Erbeinsetzung des den Pflichtteil Verlangenden und seiner Abkömmlinge zu Schlusserben bzw. Ersatzschlusserben nach dem Längstlebenden von uns bleibt davon unberührt.

[Ist der Überlebende gebunden, sollte dann hier eine fakultative Pflichtteilsklausel folgen.]

In jedem Fall sind jedoch jegliche geltend gemachten Pflichtteilsansprüche nach dem Erstversterbenden auf das Schlusserbe anzurechnen, soweit sie – wann auch immer – erhalten werden.

In subjektiver Hinsicht setzt das Geltendmachen des Pflichtteils weder eine Kenntnis von dieser Vorschrift noch ein irgendwie geartetes vorwerfbares Verhalten voraus.

Die enterbende Wirkung der Pflichtteilsklausel kann anders als die Anrechnung auf den Schlusserbfall nicht mehr nach dem Ableben des Längstlebenden von uns ausgelöst werden. Eine Vor- und Nacherbschaft über den Schlusserbfall hinaus soll ausdrücklich nicht eintreten.

IV. Jastrow'sche Klauseln

1. Die zivilrechtliche Konzeption

221 Die mit einer Vorerbschaft verbundenen Beschränkungen werden die Eheleute vielfach nicht in Kauf nehmen wollen. Als Alternative zur Reduzierung des Pflichtteils nach dem Längstlebenden hat deshalb Jastrow bereits zu Beginn des 20. Jahrhunderts vorgeschlagen, die einfache Pflichtteilsklausel um Vermächtnisse des Erstversterbenden zugunsten der loyalen Abkömmlinge zu ergänzen.[337] Diese sollten sofort entstehen, indes erst mit dem Versterben des Längstlebenden fällig werden (so genannte betagte Vermächtnisse). Als Nachlassverbindlichkeiten reduzieren derartige Vermächtnisse den Pflichtteilsanspruch nach dem Längstlebenden.[338] Ihre Höhe lässt sich etwa nach den gesetzlichen Erb- oder Pflichtteilen der Vermächtnisnehmer bemessen. Die Konsequenzen solcher Vermächtnisse sind immens.[339] Eine noch darüber hinausgehende Schmälerung des Nachlasses des Überlebenden lässt sich durch Vermächtnisse in Höhe eines Mehrfachen des gesetzlichen Erbteils erreichen.[340] Ein Nachteil der ursprünglichen Fassung liegt darin, dass die betagten Vermächtnisse als selbständige Vermögenspositionen nach Belieben weitervererbt oder übertragen werden können. Angesichts dessen wird vorgeschlagen, die Vermächtnisse aufschiebend befristet mit dem Tod des Letztversterbenden entstehen zu lassen (sogenannte »neue Jastrow'sche Klausel«). Der Vorrang jener Vermächtnisse vor Pflichtteilsansprüchen ist dann aber unsicher.[341] Ein Risiko einzugehen lohnt hier nicht, zumal sich eine sichere Alternative findet. So lässt sich eine Vererbung der Vermächtnisse auch dadurch ausschließen, dass diese als höchstpersönliche Ansprüche ausgestaltet werden. Andererseits müssen sie sich nicht auf den Abkömmling selbst beschränken, sondern können auch den jeweiligen Ehegatten oder die Enkel einbeziehen. So bleibt ihre entlastende Wirkung mit hoher Wahrscheinlichkeit intakt. Formuliert werden könnte (»modifizierte alte Jastrow'sche Klausel«):

222 ▶ **Muster: Modifizierte Jastrow'sche Klausel (Teil 1: Betagte Vermächtnisse)**

[Einfache Pflichtteilsklausel, z. B.:]

Sollte nach dem Tod des Erstversterbenden von uns ein Pflichtteil nach demselben von wem auch immer – etwa auch bei Geltendmachung durch den Erben des Pflichtteilsberechtigten – in Verzug begründender Weise (jedoch ohne die Entschuldigungsgründe des § 286 Abs. 4 BGB) geltend gemacht oder Auskunftsklage erhoben werden – gleich ob und wann der Pflichtteil gegebenenfalls erhalten

---

337 Sein Formulierungsvorschlag ist abgedruckt bei *J. Mayer*, ZEV 1995, 136, 137.
338 *Busse*, MittRhNotK 1998, 225, 239; *Reimann*, MittBayNot 2002, 4, 7; *von Dickhuth-Harrach*, FS Rheinisches Notariat, S. 185, 211.
339 Vgl. die Berechnungsbeispiele von Kersten/Bühling/*Wegmann* § 106 Rn. 27 ff.
340 Vgl. *J. Mayer*, MittBayNot 1999, 265, 268; vgl. auch DNotI-Gutachten, DNotI-Report 2010, 21, 23, das sich mit der wohl zu verneinenden Frage befasst, ob sich eine weitere Pflichtteilsschmälerung durch ein mit dem Tod des Längstlebenden anfallendes bzw. fälliges Verschaffungsvermächtnis des Erstversterbenden zu Lasten des überlebenden Ehegatten erreichen lässt.
341 *J. Mayer*, ZEV 1995, 136; ZEV 2000, 1, 9.

wird –, ist der Längstlebende berechtigt, die Schlusserbeneinsetzung durch Verfügung von Todes wegen in der Weise zu ändern, dass der betreffende Pflichtteilsberechtigte und auch sein ganzer Stamm von der Erbfolge nach dem Längstlebenden einschließlich aller angeordneten Vermächtnisse und Auflagen ausgeschlossen werden. Ein Pflichtteilsverlangen in diesem Sinne setzt dabei in subjektiver Hinsicht weder die Kenntnis dieser Bestimmung noch irgendein weiteres vorwerfbares Verhalten voraus. Das jenem Pflichtteilsberechtigten Zukommende kann der Längstlebende von uns nach freiem Ermessen einem oder mehreren beliebigen Personen von Todes wegen zuwenden.

[und sodann:]

Ein jeder unserer übrigen, den Pflichtteil im ersten Todesfall nicht fordernden Abkömmlinge erhält [*bei einer fakultativen Pflichtteilsklausel*: im Falle einer derartigen Verfügung] [*bei einer automatischen Pflichtteilsklausel*: dann] aus dem Nachlass des Erstversterbenden ein sofort anfallendes, bis zum Tod des Längstlebenden von uns gestundetes Geldvermächtnis in Höhe des Wertes, der seinem gesetzlichen Erbteil nach dem Tod des Erstversterbenden entspricht. Diese Vermächtnisse sind nur an die (ehelichen) Abkömmlinge (evtl. auch Ehegatten) des Vermächtnisnehmers vererblich und übertragbar.

[Für den Fall, dass alle Abkömmlinge den Pflichtteil verlangen, kann außerdem hilfsweise einem Nichtabkömmling ein Vermächtnis ausgesetzt werden.]

Bei einer automatischen Pflichtteilsklausel mit Recht zur Wiedereinsetzung sind die Jastrow'schen Vermächtnisse außerdem an die Enterbung zu koppeln:

▶ **Muster: Abstimmung einer automatischen Pflichtteilsklausel auf die Jastrow'schen Vermächtnisse**

Dem überlebenden Ehegatten bleibt die Möglichkeit vorbehalten, die Enterbung für den Schlusserbfall zu widerrufen,[342] womit dann auch die Vermächtnisse für die anderen Abkömmlinge entfallen.[343]

Die Vermächtnisse sollten auf das **begrenzt** werden, was beim Tod des Längstlebenden aus dem Nachlass des Erstversterbenden noch vorhanden ist. Anderenfalls könnten die Vermächtnisnehmer zur Sicherung ihrer Ansprüche einstweiligen Rechtsschutz oder – unter den Voraussetzungen des § 1981 Abs. 2 BGB – eine Nachlassverwaltung beantragen.[344] Formuliert werden könnte:

▶ **Muster: Modifizierte Jastrow'sche Klausel (Teil 2: Begrenzung auf den Restnachlass)**

Die Vermächtnisse sind der Höhe nach auf den beim Schlusserbfall verbleibenden Nachlass des Erstversterbenden begrenzt. Sicherung kann nicht verlangt werden.

▶ **Praxistipp**

Der Kernunterschied der drei Alternativen Vor- und Nacherbschaft, Jastrow'sche Klausel und verlängerte Verjährung der Pflichtteilsansprüche (dazu sogleich Rdn. 235) besteht darin, dass die Position des Überlebenden bei der Jastrow'schen Klausel wesentlich stärker ist als in den übrigen Fällen. Ein Verlust der Vorteile der Einheitslösung ist mit allen drei Lösungen verbunden. So bedarf es beispielsweise auch bei Jastrow'schen Klauseln zur Berechnung der Vermächtnisse spätestens im zweiten Erbfall einer Aufstellung von Eigenvermögen und Ererbtem. Für den Überlebenden stellt sich bei jeder Disposition die Frage, welche Vermögensmasse er heranzieht. Während er im einen Fall die Vermächtnisse der loyalen Kinder mindert, senkt er im anderen Fall den Pflichtteil des enterbten Abkömmlings.[345]

---

342 Vgl. oben Rdn. 186.
343 Vgl. *Mohr*, BWNotZ 1997, 169, 177.
344 *V. Olshausen*, DNotZ 1979, 707, 714 Fn. 19; *J. Mayer*, ZEV 1995, 136, 137.
345 Vgl. *v. Olshausen*, DNotZ 1979, 707, 718.

2. Die steuerlichen Probleme der Jastrow'schen Klauseln

228 In **einkommensteuerlicher Hinsicht** ist zu beachten, dass Zinsen als Kapitaleinkünfte steuerbar sind. Bei unverzinslichen betagten Vermächtnissen (»modifizierte alte Jastrow'sche Klausel«) wendet der BFH § 12 Abs. 3 BewG analog an und fingiert eine Verzinsung von 5,5 %.[346] Das dürfte in gleicher Weise für erst mit dem Tod des Längstlebenden entstehende Vermächtnisse (»neue Jastrow'sche Klausel«) gelten.[347] Diese Zinsen sammeln sich bis zur Fälligkeit des Vermächtnisses an (»Zwangssparen«), was zu einer beträchtlichen Steuerprogression führen kann. Entscheidet man sich für ein betagtes Vermächtnis, sollte man daher zum einen eine geringere Verzinsung wählen. Zum anderen bietet es sich zur Vermeidung des Zwangsspareffekts an, eine jährliche Auszahlung anzuordnen:

229 ▶ **Muster: Modifizierte Jastrow'sche Klausel (Teil 3: Verzinsung der betagten Vermächtnisse)**

Diese Vermächtnisforderungen sind ab dem Tod des Erstversterbenden von uns mit 3,5 % jährlich zu verzinsen, wobei die Zinsen jeweils am 31.12. eines jeden Jahres im Nachhinein zu bezahlen sind.

230 ▶ **Praxistipp**

Eine Alternative besteht darin, anstelle von Geldvermächtnissen beispielsweise ein Grundstücksvermächtnis (gegebenenfalls als Verschaffungsvermächtnis) auszusetzen.[348]

231 Ein erst beim Tod des Längstlebenden fälliges Vermächtnis wird nach § 6 Abs. 4 ErbStG **erbschaftsteuerlich** in der gleichen ungünstigen Weise behandelt wie eine Nacherbschaft: Sowohl der Anfall an den Vorerben als auch der an den Nacherben unterliegt der Erbschaftsteuer (§ 6 Abs. 2 S. 1 ErbStG), wobei das Eigenvermögen des Vorerben mit der Nacherbschaft einen einheitlichen Erwerb darstellt. Nicht nur ein höherer Steuersatz mag die Folge sein, es steht den Abkömmlingen auch nur ein Freibetrag zu (§ 6 Abs. 2 S. 4 ErbStG). Wer diese erbschaftsteuerlichen Konsequenzen vermeiden will, muss die Vermächtnisse zu einem Zeitpunkt entstehen oder fällig werden lassen, der sich nicht am Todes des Längstlebenden orientiert.[349]

232 Alternativ ist – gerade nach Aufhebung des Abzugsverbots des § 25 ErbStG – an ein **Nießbrauchsuntervermächtnis** zugunsten des überlebenden Ehegatten an dem den nicht den Pflichtteil verlangenden Kindern sofort vermachten Kapital zu denken.[350] Finanzgerichtliche Entscheidungen zu dieser Gestaltung liegen nicht vor, doch sollten sich auf diese Weise die Freibeträge der Kinder nach dem Erstversterbenden nutzen lassen, ohne dass der überlebende Elternteil zu Lebzeiten eingeschränkt würde. Denn nach § 1067 Abs. 1 BGB bleibt er wegen des Nießbrauchs Eigentümer des vermachten Geldes und kann es verbrauchen. Er schuldet lediglich mit Beendigung des Nießbrauchs – also mit seinem Tod – Wertersatz. Der Anspruch auf Sicherheitsleistung für diesen künftigen Anspruch nach § 1067 Abs. 2 BGB kann und sollte abbedungen werden. Da der überlebende Ehegatte aber immerhin nicht von Todes wegen anderweitig über die vermachten Beträge verfügen kann, sondern sie zwingend seinen eigenen Nachlass schmälern, liegt kein Gestaltungsmissbrauch nach § 42 AO vor. Mangels Stundung dürften sich auch die oben aufgeführten einkommensteuerlichen Probleme erübrigen.

---

346 BFH ZEV 1997, 84.
347 So auch *J. Mayer*, ZEV 1998, 50, 56 f.
348 Dazu im Einzelnen *J. Mayer*, ZEV 1998, 50, 57.
349 So auch *J. Mayer*, ZEV 1998, 50, 55.
350 Nach *J. Mayer*, ZEV 1998, 50, 57.

▶ **Muster:** 233

Dem überlebenden Ehegatten wird hiermit ein lebenslanges Nießbrauchsuntervermächtnis an den den Vermächtnisnehmern vermachten Kapitalbeträgen vermacht. Jeglicher Anspruch auf Sicherheitsleistung aus § 1067 Abs. 2 BGB wird ausgeschlossen.

[Die Stundung der Vermächtnisse ist in diesem Fall zu streichen.]

▶ Praxistipp 234

> Die erbschaftsteuerlichen Probleme der Vor- und Nacherbschaft sowie der Jastrow'schen Klauseln werden oft nicht ins Gewicht fallen. Bei größeren Vermögen erhalten die Kinder regelmäßig bereits nach dem Erstversterbenden über ihren Pflichtteil hinausreichende Vermächtnisse, um die ihnen zustehenden Freibeträge auszunutzen. Häufig übertragen die Eltern ihnen – mit Blick auf das Wiederaufleben des Freibetrages nach zehn Jahren – auch zu Lebzeiten schon Vermögen. Anrechnungsanordnungen oder gar Pflichtteilsverzichte gegenüber dem Erstversterbenden sind insoweit die Regel.

V. Verlängerte Verjährung der Pflichtteilsansprüche

Die Schuldrechtsreform hat dem Erblasser die Möglichkeit eröffnet, Pflichtteilsansprüche einer bis zu dreißigjährigen Verjährung zu unterwerfen.[351] 235

Nimmt er diese Option wahr, können die loyalen Abkömmlinge auch dann, wenn der überlebende Ehegatte mehr als drei Jahre nach dem anderen verstirbt, noch ihren Pflichtteilsanspruch nach dem Erstversterbenden geltend machen. So würden sie – gleich hohe anrechenbare Vorausempfänge und Pflichtteilsquoten vorausgesetzt – mit dem Abkömmling gleichziehen, der bereits vor dem Tod des Längstlebenden seinen Pflichtteil verlangte.

Eine derartige Verjährungsverlängerung würde Jastrow'sche Vermächtnisse entbehrlich machen, sind doch diese in ihrer Urform nicht anderes als die (als Vermächtnis) einer dreißigjährigen Verjährung unterworfenen Pflichtteilsansprüche. Eine einfache Pflichtteilsklausel wäre indes (je nach Bindungswirkung) noch sinnvoll. In diesem Zusammenhang darf dann zwingend nur ein Verlangen vor dem Tod des Erstversterbenden die Sanktion auslösen.:[352]

Zivilrechtlich bringt der Vorschlag den Nachteil mit sich, dass dem Überlebenden sein Leben lang Pflichtteilsansprüche drohen. Diese lassen sich nicht wie die Jastrow'schen Vermächtnisse auf den Überrest beschränken. Im Unterschied zu den Jastrow'schen Vermächtnissen vermag der Erblasser zudem einer Vererbung oder Übertragung der Pflichtteilsansprüche allenfalls dadurch zu begegnen, dass die Abkömmlinge aufschiebend bedingt durch ihr Vorversterben auf ihren Pflichtteil nach dem Erstversterbenden verzichten. Immerhin sollte man sie dazu eher bewegen können als zu einem unbedingten Verzicht. Der Vorteil einer Verjährungsverlängerung andererseits liegt darin, dass möglicherweise keines der Kinder den Pflichtteil verlangt, da doch kein Pflichtteilsberechtigter eine Verjährung fürchten muss. Andererseits kann der pflichtteilsbelastete Erbe eine solche Verjährungsverlängerung im Falle eines drohenden Pflichtteilsverlangens immer noch anbieten. Einer Anordnung in der Verfügung von Todes wegen bedarf es dazu nicht. 236

Erbschaftsteuerlich hatte der BFH noch vor einigen Jahren entschieden, dass die Freibeträge der Kinder nach dem Erstversterbenden durch ihr Pflichtteilsverlangen nur genutzt werden können, wenn der überlebende Elternteil zu Lebzeiten darunter leidet. Eine Geltendmachung erst nach dessen 237

---

351 Streitig ist, ob der Erblasser dies **unmittelbar** in der Verfügung von Todes wegen anordnen (so *Amann,* DNotZ 2002, 94, 126) oder nur mittels Vermächtnis/Auflage zu einer Verjährungsvereinbarung verpflichten kann, wenn nicht in einem Erbvertrag auf die Verjährungseinrede verzichtet wird (so *Hein,* ZEV 2004, 173); vgl. auch *Keim,* ZEV 2004, 173.
352 Vgl. auch *Brambring,* ZEV 2002, 137, 138.

Tod brachte mithin erbschaftsteuerlich keinen Vorteil[353] (vgl. auch oben Rdn. 31, dort im Rahmen einer einvernehmlichen Pflichtteilsstundung zum Schutz des überlebenden Elternteils). Nach dem Urteil vom 19.2.2013[354] ist nun jedoch ein auch erst nach dem Tod des Überlebenden geltend gemachter Pflichtteilsanspruch nach dem Erstversterbenden erbschaftsteuerlich zu berücksichtigen. Das gelte unabhängig davon, ob der überlebende Elternteil konkret damit rechnen musste, den Anspruch zu Lebzeiten erfüllen zu müssen. Das gelte jedenfalls, wenn der Pflichtteilsanspruch im Zeitpunkt der Mitteilung an das Finanzamt noch nicht verjährt war. Damit dürfte der BFH indes nur den Fall meinen, dass der Überlebende noch innerhalb der regulären Verjährungsfrist stirbt, nicht aber den Fall, dass die Verjährungsfrist vorab vertraglich über den Tod des Überlebenden hinaus verlängert wurde.[355]

238   Durch die Vereinbarung einer fortgesetzten Gütergemeinschaft gemäß §§ 1483 ff. BGB lassen sich Pflichtteilsansprüche der gemeinsamen Abkömmlinge hinsichtlich des Gesamtguts vollständig ausschließen. Der überlebende Ehegatte setzt die Gütergemeinschaft unter seiner Verwaltung (§ 1487 Abs. 1 BGB) mit den gemeinschaftlichen Kindern fort. Neben den Nachteilen, die ohnehin schon mit der Gütergemeinschaft verbunden sind, kommt hier indes noch die komplizierte Rechtslage und die Einengung der Dispositionsfreiheit des Überlebenden hinzu: Jegliche Verfügung über Grundbesitz bedarf nach § 1487 Abs. 1 i. V. m. § 1424 BGB der Zustimmung der Abkömmlinge. Dennoch mag eine fortgesetzte Gütergemeinschaft, kombiniert eventuell mit einer Erklärung bestimmter Gegenstände zu Vorbehaltsgut, im Einzelfall – etwa bei älteren Eheleuten – sinnvoll sein.

D. Steuerliche Aspekte

I. Nachträgliche Ausnutzung der Freibeträge nach dem erstversterbenden Elternteil

1. Ausschlagung des überlebenden Ehegatten gegen Abfindung

239   Das Berliner Modell ist bei größeren Vermögen erbschaftsteuerlich nachteilig. Die Freibeträge der Kinder nach dem erstversterbenden Elternteil werden nicht ausgenutzt, stattdessen der Freibetrag des überlebenden Ehegatten nach dem Erstversterbenden und die Freibeträge der Kinder im Schlusserbfall möglicherweise überschritten, das eigentlich steuerfrei auf die Kinder verlagerbare Vermögen mithin zweimal versteuert, eventuell sogar verbunden mit einem Progressionsnachteil. Ein probates Mittel dagegen ist eine Erbausschlagung des überlebenden Elternteils, regelmäßig gegen eine Abfindung, mit der durchaus auch wesentliche Nachlassbestandteile dem überlebenden Ehegatten »verbleiben« können. Hinzu kommt gegebenenfalls der nach § 5 Abs. 2 ErbStG steuerfreie konkrete Zugewinnausgleich. Damit in einem solchen Fall keine Zweifel hinsichtlich der Ersatzerbeinsetzung entstehen, sollte in jeder Verfügung von Todes wegen vorsorglich geregelt werden, wer im Falle der Ausschlagung Erbe wird:

240 ▶ **Muster: Klarstellung bezüglich der Erbeinsetzung bei einer Ausschlagung durch den überlebenden Ehegatten**

Wir setzen uns wechselseitig, der Erstversterbende den Überlebenden von uns, zum alleinigen und unbeschränkten Erben ein, gleichviel ob und welche Pflichtteilsberechtigten beim Tode des Erstversterbenden vorhanden sind.

Ersatzerben für den Wegfall des Überlebenden, gleich aus welchem Grunde (z. B. bei Ausschlagung) sind die nachstehend benannten Schlusserben gemäß den dort getroffenen Verteilungsgrundsätzen.

---

353   BFH, Urt. v. 27.6 2007 – II R 30/05, NotBZ 2007, 337.
354   BFH, Urt. v. 19.2.2013 – II R 47/11, MittBayNot 2013, 342.
355   So auch *Ihle*, notar 2013, 202, 203 entgegen *Wachter*, ZEV 2013, 222 und entgegen *Geck*, DStR 2013, 1368.

2. Pflichtteilserfüllung und Abfindung für einen Pflichtteilsverzicht nach dem Tod des Erstversterbenden

Alternativ – und insbesondere nicht unter dem durch die Ausschlagungsfrist veranlassten Zeitdruck – lassen sich nach dem Erbfall mithilfe der Pflichtteilsansprüche der Kinder deren Freibeträge nach dem Erstversterbenden ausnutzen. Denn der Pflichtteil gilt erbschaftsteuerlich als Erwerb vom Erblasser, nicht etwa vom Erben. Soll demgemäß aus erbschaftsteuerlichen Gründen der Pflichtteil von Kindern – ganz oder teilweise – einvernehmlich geltend gemacht werden, ist dieser nicht zwingend in Geld zu erfüllen. Auch eine Leistung an Erfüllungs statt ist denkbar, ferner die Leistung einer Abfindung für einen Verzicht auf den mit dem Tod entstandenen Pflichtteil. Denn auch die Abfindung gilt nach § 3 Abs. 2 Nr. 4 ErbStG als vom Erblasser zugewandt. Folge im letztgenannten Fall ist erbschaftsteuerlich die Bewertung des zu versteuernden Erwerbs anhand der Abfindung (gegebenenfalls einer Immobilie), nicht anhand des Pflichtteils, was etwa im Rahmen des § 13c ErbStG von Bedeutung sein kann (vgl. auch oben Rdn. 62). Grunderwerbsteuerlich wiederum gilt die Befreiungsvorschrift des § 3 Nr. 2 GrEStG nur im letztgenannten Fall.[356] Einkommensteuerlich wird demgegenüber beides überwiegend als entgeltliches Veräußerungsgeschäft angesehen.[357]

241

Ausgeschlossen ist ein Verzicht gegen Abfindung nach Geltendmachung des Pflichtteils i. S. v. § 3 Abs. 1 Nr. 1 Alt. 3 ErbStG, die etwa bereits in einer Stundung des Pflichtteils gesehen wird.[358] Denn damit ist der Steuertatbestand bereits erfüllt. Der mit dem Pflichtteil Belastete kann diesen nach § 10 Abs. 5 Nr. 2 ErbStG bereits zu diesem Zeitpunkt von seinem zu versteuernden Erwerb abziehen (zu der insoweit problematischen Stundung auf Lebenszeit des Erben vgl. indes oben Rdn. 65). Daran würde es auch nichts ändern, wenn der Pflichtteilsberechtigte seinen Anspruch nach der Geltendmachung nicht weiter verfolgen sollte. Will er aber schließlich sogar – etwa aufgrund einer nachträglichen Einigung – dann doch noch unentgeltlich auf seinen Anspruch verzichten, ist Vorsicht geboten, denn dabei handelt es sich um eine steuerpflichtige unentgeltliche Zuwendung gemäß § 7 Abs. 1 Nr. 1 ErbStG des Kindes an den überlebenden Elternteil mit einem entsprechend geringen Freibetrag.[359] Davon zu unterscheiden ist der Fall, dass der Pflichtteilsberechtigte sich nach Verhandlungen schließlich mit weniger begnügt als zunächst geltend gemacht. In der Differenz liegt keine Schenkung.[360]

242

▶ **Praxistipp**

Bei Pflichtteilsverzichten vor dem Erbfall (auch) nach dem erstversterbenden Elternteil ist mithin das dadurch verloren gehende erbschaftsteuerliche Potential zu bedenken. Gegebenenfalls kann mit der bloßen Umwandlung in eine Naturalobligation (vgl. oben Rdn. 33), einer befristeten Stundung des Pflichtteils, einer für den Pflichtteilsverzicht gewährten Abfindung oder einem Verzicht gegen ein entsprechendes Vermächtnis gearbeitet werden (zu alledem vgl. oben Rdn. 31 ff.). Abfindung bzw. Vermächtnis sollen dabei jeweils die Freibeträge der Kinder in für die Eltern erträglicherer Weise als der Pflichtteil nutzen. Ein Vorteil gegenüber Korrekturversuchen nach dem Erbfall kann dabei insbesondere darin liegen, dass sich so der Freibetrag umfassend ausnutzen lässt. Sowohl die Erfüllung des Pflichtteils nach dem Erbfall als auch eine Leistung an Erfüllungs statt oder eine Abfindung für einen Verzicht auf den entstandenen Pflichtteil ermöglichen die Ausnutzung des Freibetrages doch gerade nur in Höhe des Pflichtteils,[361] der aber unter Umständen nur einen Bruchteil des zur Verfügung stehenden Freibetrages ausmacht. Denkbar ist möglicherweise auch ein Nießbrauchsuntervermächtnis an Geldvermächtnissen (vgl. oben Rdn. 232).

---

356 BFH, Urt. v. 10.7.2002 – II R 11/01, DStR 2002, 1527.
357 Mayer/Süß/Tanck/*Wälzholz*, § 17 Rn. 245.
358 Mayer/Süß/Tanck/*Wälzholz*, § 17 Rn. 54.
359 BFH, Urt. v. 19.07.2006 – II R 1/05, ZEV 2006, 514.
360 *Jülicher*, ZErb 2014, 126, 129.
361 Vgl. Mayer/Süß/Tanck/*Wälzholz*, § 17 Rn. 156.

Kapitel 10 Verminderung und Vermeidung von Pflichtteilsrechten

II. Die Abfindung für einen Erb- oder Pflichtteilsverzicht vor dem Erbfall gegenüber dem Erblasser, § 7 Abs. 1 Nr. 5 ErbStG

243 Nach der Fiktion des § 7 Abs. 1 Nr. 5 ErbStG ist als Schenkung unter Lebenden zu versteuern, was als Abfindung für einen Erbverzicht nach § 2346 BGB (vor dem Erbfall) gewährt wird. Dasselbe gilt für bloße Pflichtteilsverzichte. Das gilt unabhängig davon, wer die Abfindung leistet, mithin etwa auch dann, wenn die Abfindung nicht vom Erblasser stammt, sondern von Geschwistern. Dieser Fall müsse steuerlich ebenso behandelt werden wie der zuvor genannte Verzicht zu I. 2. nach dem Erbfall gegen Abfindung. So ermöglicht die Vorschrift erbschaftsteuerlich begünstigte Zuwendungen insbesondere auch zwischen nicht durch hohe Freibeträge Begünstigten wie Geschwistern, soweit nicht die Abfindung den Wert des Verzichts überschreitet.[362] Grunderwerbsteuerlich ist indes Vorsicht geboten. So hat der BFH jüngst § 3 Nr. 6 GrEStG für nicht anwendbar erklärt. Denn der Erwerber habe das Objekt nicht vom Elternteil erhalten, obgleich doch schenkungsteuerlich der Elternteil, demgegenüber der Pflichtteilsverzicht erklärt wurde, als Zuwendender anzusehen sei. Auch § 3 Nr. 2 S. 2 GrEStG befreie von der Steuer nur insoweit, als der Erwerb unentgeltlich erfolge, nicht aber, soweit etwa ein Nießbrauch übernommen werde.[363]

III. Die Abfindung für einen Verzicht auf künftige Pflichtteilsansprüche zu Lebzeiten des Erblassers unter künftigen gesetzlichen Erben

244 Schließen künftige gesetzliche Erben zu Lebzeiten des Erblassers einen Erbschaftvertrag nach § 311b Abs. 5 BGB, in dem ein Abkömmling gegen Abfindung durch den anderen auf die künftigen Pflichtteilsansprüche verzichtet, handelt es sich steuerlich ebenfalls um eine unentgeltliche Zuwendung, indes nicht durch den künftigen Erblasser, sondern von dem Zahlenden.[364] Die Steuerklasse (wohl mitsamt Freibetrag[365]) richte sich indes nach dem Verhältnis des Zahlungsempfängers nach dem künftigen Erblasser.

E. Checklisten

245 ▶ **Checkliste: (Erb- und) Pflichtteilsverzicht**

1. Art des Verzichts: Der Erbverzicht beseitigt unmittelbar das gesetzliche Erbrecht, erhöht allerdings die Pflichtteile der anderen Pflichtteilsberechtigten. Denkbar ist er bei einem testierunfähigen Erblasser. Denn der Pflichtteilsverzicht andererseits beseitigt nicht das gesetzliche Erbrecht => zusätzliche Verfügung von Todes wegen notwendig.

2. Umfang des Verzichts: Erbverzicht umfassend. Pflichtteilsverzicht vollständig oder beschränkt? Auch bezüglich Pflichtteilsergänzungsansprüchen?

3. Unentgeltliches oder entgeltliches Kausalgeschäft? Verzicht gegen Vermächtnis? Klarstellungsbedarf: Verzicht unabhängig von Vermögen des Erblassers und Person des Erben?

4. Form: Notarielle Beurkundung (§ 2348 BGB), auch für das Kausalgeschäft. Erblasser kann nicht vertreten werden, außer bei fehlender Geschäftsfähigkeit. Vertragsschluss durch Angebot und Annahme ist zulässig, wenn die Annahme noch vor dem Tod des Erblassers zugeht.

5. Rechtsfolge: Im Zweifel Erstreckung auf Abkömmlinge, § 2349 BGB. Bei Ehegattenpflichtteilsverzicht güterrechtliche Lösung des Zugewinnausgleichs (§ 1371 Abs. 2 BGB) und nach-

---

362 Vgl. dazu vertiefend Mayer/Süß/Tanck/*Wälzholz*, § 17 Rn. 188.
363 BFH, Beschluss vom 11.08.2014 – II B 131/13 –, DNotZ 2015, 205; ablehnend zu Recht *Behrens*, BB 2015, 168.
364 BFH, Urt. v. 16.05.2013 – II R 21/11 –, NJW 2013, 3120; Urt. v. 25.01.2001 – II R 22/98 –, RNotZ 2001, 295; zu den einkommensteuerlichen Folgen vgl. oben Rdn. 14.
365 So *Holler*, ErbR 2014, 21, 22.

ehelichen Unterhalt nach § 1586b BGB bedenken. Schuldrechtliches Aufhebungsverbot sinnvoll?

6. Steuerlich: Droht Wegfall der erbschaftsteuerlichen Rettung eines Berliner Modells? => Ausweggestaltungen?

▶ **Checkliste: Pflichtteilsklauseln** 246

1. Anwendungsbereich eröffnet?

Droht bei der Einheitslösung das Geltendmachen von Pflichtteilsansprüchen schon nach dem Erstversterbenden durch ein Kind, welches erst nach dem Tod beider Ehegatten bedacht werden soll? Und kann der Überlebende wegen einer erbrechtlichen Bindung oder einer einseitigen Vermögensverteilung (Stichwort: Pflichtteilsverdopplung) nicht adäquat darauf reagieren? Bei unterschiedlich hohen Pflichtteilen der Abkömmlinge ist eine automatische Anrechnung auf das Schlusserbe vorzusehen, damit nicht ein Kind sich etwa noch nach dem Tod des Längstlebenden durch das Geltendmachen des Pflichtteils nach dem Erstversterbenden einen Vorteil verschaffen kann.

2. Generelle Alternativen: Pflichtteilsverzicht oder -stundung, fortgesetzte Gütergemeinschaft.

3. Vorsicht bei einseitigen Kindern => Pflichtteile der Kinder sind unterschiedlich hoch. Zudem droht der Pflichtteil nach dem Überlebenden den Erbteil zu übersteigen.

4. Wahl der Klausel: Ist überlebender Ehegatte gebunden (=> einfache Pflichtteilsklausel) oder ist das Vermögen einseitig verteilt (=> Jastrow'sche Klausel oder Alternativgestaltungen wie eine Vor- und Nacherbschaft oder Verjährungsverlängerung und/oder pflichtteilsfeste lebzeitige Vermögensverlagerung auf den Ehegatten).

5. Gestaltung einer fakultativen Klausel: Pflichtteil vererblich, Betreuer kann ihn einfordern => Vorsicht beim Tatbestand. Subjektive Voraussetzungen definieren. Bei unterschiedlich hohen Pflichtteilen der Abkömmlinge ist eine automatische Anrechnung auf das Schlusserbe vorzusehen. Rechtsfolge einer fakultativen Pflichtteilsklausel: Beseitigung jeglicher Bindung in Bezug auf Erbteil des Pflichtteilsverlangenden oder nur Erweiterung der Freiheit des überlebenden Ehegatten?

6. Gefahren bei automatischer Pflichtteilsklausel: Rechtsfolge Anwachsung oder Ersatzberufung regeln. Dauernde konstruktive Vor- und Nacherbschaft ausschließen => automatische Anrechnungsanordnung bei unterschiedlich hohen Pflichtteilen. Einvernehmliches erbschaftsteuerlich motiviertes Geltendmachen ermöglichen.

Kapitel 11. Regelung der Nachfolge in Gesellschaftsvermögen[1]

Übersicht

	Rdn.
A. Zuwendung von Personengesellschaftsanteilen	1
I. Die gesetzliche Regelung beim Tod des Gesellschafters einer Personengesellschaft	1
1. Überblick	1
2. Gesellschafter einer Gesellschaft bürgerlichen Rechts	2
3. Persönlich haftender Gesellschafter einer Personenhandelsgesellschaft	4
4. Kommanditist	9
II. Abweichende gesellschaftsvertragliche Regelungsmöglichkeiten	10
1. Fortsetzungsklausel bei einer BGB-Gesellschaft	10
2. Auflösungsklausel bei Personenhandelsgesellschaften	14
3. Einfache Nachfolgeklausel	15
a) Allgemeines	15
b) Bestimmung einer abweichenden Teilungsquote	22
c) Zuweisung des Gesellschaftsanteils an einzelne von mehreren gesellschaftsvertraglich Nachfolgeberechtigten	25
d) Tod eines OHG-Gesellschafters oder KG-Komplementärs: § 139 HGB	28
4. Qualifizierte Nachfolgeklausel	32
a) Allgemeines	32
b) Die »Qualifikation«	34
c) Mehrheit von qualifizierten Nachfolgern und Teilungsquote	36
d) Das rechtliche Schicksal der selbständig übertragbaren Ansprüche aus dem Gesellschaftsverhältnis	39
e) »Fehlschlagen« der qualifizierten Nachfolgeklausel	43
f) Einkommensteuer	44
5. Eintrittsklausel	45
6. Rechtsgeschäftliche Nachfolgeklausel	48
7. Mehrheit von Klauseln in einem Gesellschaftsvertrag	50
III. Abfindungs-, Ausgleichs- und Pflichtteilsansprüche weichender Erben	51
1. Übersicht	51
2. Gegen die Gesellschaft gerichtete Ansprüche	52
a) Ansprüche gemäß §§ 738 und 740 BGB	52
b) Ausscheiden des Gesellschafters durch Tod	55
3. Erbrechtliche Ausgleichsansprüche der weichenden Miterben gegen den Nachfolger	62
4. Erbrechtliche Ausgleichsansprüche der weichenden Erben gegen den Nachfolger bei Eintrittsklausel	64
5. Pflichtteilsrechtliche Ansprüche	66
a) Grundsätze	66
b) Fortsetzungsklausel	67
c) Eintrittsklausel und rechtsgeschäftliche Nachfolgeklausel	69
d) Einfache und qualifizierte Nachfolgeklausel	70
IV. Die Abstimmung der Verfügung von Todes wegen auf den Gesellschaftsvertrag	72
1. Allgemeines	73
2. Abstimmung bei Fortsetzungsklausel mit Abfindungsausschluss	76
3. Abstimmung bei Eintrittsklausel	77
4. Abstimmung bei qualifizierter Nachfolgeklausel	78
5. Vermächtnis eines Gesellschaftsanteils	86
a) Gesellschaftsvertrag lässt Vermächtnis zu	86
b) Gesellschaftsvertrag lässt Vermächtnis nicht zu	90
6. Zuwendung im Wege der Vor- und Nacherbfolge	92
a) Allgemeines	92
b) Die Rechtsstellung des Vorerben	96
7. Unterlaufen einer erbvertraglichen Bindung	101
V. Beratungsempfehlungen	102
B. Vermächtnis des Nießbrauchs an einem Personengesellschaftsanteil	104
I. Überblick	104
II. Nießbrauchsarten	107
1. Vollnießbrauch	107
2. Ertragsnießbrauch	110
3. Nießbrauch im Rechtssinne	116

---

[1] Dieses Kapitel basiert auf Auszügen aus *von Dickhuth-Harrach*, Handbuch der Erbfolge-Gestaltung, 2010. Herr von Dickhuth-Harrach war Autor dieses Kapitels in der Vorauflage. In der vorliegenden Auflage wurde das Kapitel von Herrn Dorsel bearbeitet.

Kapitel 11   Regelung der Nachfolge in Gesellschaftsvermögen

		Rdn.
III.	Allgemeine Zulässigkeitsvoraussetzungen	120
	1. Vererblichkeit und Nachlasszugehörigkeit	120
	2. Übertragbarkeit und Zustimmung der Mitgesellschafter	121
	3. Zulassung einer Nießbrauchsbestellung als solcher	123
IV.	Einzelne Problemkreise	125
	1. Verluste	125
	2. Nießbrauch an einer Kommanditbeteiligung	126
V.	Kautelarjuristische Gestaltung	128
	1. Grundsätze	128
	2. Alternative Gestaltungen	133
	3. Wahl der Nießbrauchsart	134
C.	**Testamentsvollstreckung im Unternehmensbereich**	139
I.	Überblick	139
II.	Einzelkaufmännisches Unternehmen	141
	1. Abwicklungsvollstreckung und Verwaltungsvollstreckung	141
	2. Ersatzlösungen für Verwaltungsvollstreckung	143
	a) Vollmachtslösung	145
	b) Treuhandlösung	151
	c) Weisungsgeberlösung	154
	d) »Beaufsichtigende« Testamentsvollstreckung	155
	e) Umwandlungsanordnung	156
	3. Wahl durch den Testamentsvollstrecker	157
III.	Personengesellschaft	159
	1. Grundlagen	159

		Rdn.
	2. Voraussetzungen einer Testamentsvollstreckung	163
	a) Vererblichkeit und Übergang auf erbrechtlichem Weg	163
	b) Anordnung von Todes wegen	165
	c) Zulassung der Testamentsvollstreckung	166
	3. Kompetenzen des Testamentsvollstreckers	168
	a) Erbrechtliche Befugnisse und Beschränkungen	168
	b) Kernbereichsschutz als gesellschaftsrechtliche Beschränkung	170
	c) Außenseite und Innenseite der Beteiligung	172
	d) Nach dem Erbfall entstehende Gewinne	175
	e) Gründung neuer Unternehmen und Umwandlungen	176
	4. OHG und KG (Komplementär)	179
	5. Kommanditanteil	181
	a) Grundsätze	181
	b) Voraussetzungen	184
	6. GmbH & Co. KG	188
	7. Gesellschaft bürgerlichen Rechts	189
	8. Handelsregister	191
	9. Testamentsvollstreckerzeugnis	192
	10. Grundbuch	193
IV.	GmbH	194
	1. Die Rechte des Testamentsvollstreckers	194
	2. Grenzen der Rechtsmacht des Testamentsvollstreckers	196

Literatur:
Zur Zuwendung von Personengesellschaften: *Baumann, W.*, Mehrfachbeteiligungen an Gesamthandsgemeinschaften oder Die Eine-Person-Erbengemeinschaft (im Vergleich zur Einmann-Personengesellschaft), in: FS Otte, 15; *Carlé*, Die stille Gesellschaft als Instrument der Nachfolgeplanung, ErbStB 2007, 267; *Frenz*, Rechtsnachfolge in Kommanditanteile, MittRhNotK 1988, 1; *Gebel*, Betriebsvermögensnachfolge, 2. Auflage, 2002; *Grunewald*, Gesellschaftsrecht, 9. Auflage, 2014; *Gubitz*, Vererben am Nachlass vorbei, 2005 (zugl. Diss. Regensburg 2005); *Hermanns*, Die vorweggenommene Erbfolge in Gesellschaftsbeteiligungen, MittRhNotK 1997, 149; *Heydn*, Die erbrechtliche Nachfolge in Anteile an Partnerschaftsgesellschaften, ZEV 1998, 161; *ders*, Die erbrechtliche Nachfolge in Anteile an Partnerschaftsgesellschaften, 1999; *Hübner*, Die Eintrittsklausel im Einkommen- und Erbschaftsteuerrecht – Einordnungsschwierigkeiten – dargestellt am Praxisfall, ErbStB 2006, 17; *Ivo*, Die Vererbung von Kommanditanteilen, ZEV 2006, 302; *ders.*, Die Zuwendung von Personengesellschaftsanteilen durch Vermächtnis, FAErbR 2005, 29; *Keller*, Erbteilsveräußerung beim Tod eines Personengesellschafters, MittBayNot 2007, 96; *Leitzen*, Abfindungsklauseln bei Personengesellschaften und GmbHs – Aktuelle Entwicklungen und Auswirkungen der Erbschaftsteuerreform, RNotZ 2009, 315; *Luttermann*, Die Erbenhaftung bei Kommanditanteilen, ZErb 2008, 139; *Michalski*, Nachfolgeregelungen in Personengesellschaften. Neuere Entwicklungstendenzen, DB, Beilage Nr. 5/1980; MünchHdb. GesR Band I, 4. Auflage, 2014, *Klein/Lindemeier*, § 11, §§ 78 ff.; MünchHdb. GesR Band II, 4. Auflage, 2014, *Klein* §§ 42 ff.; MünchHdb. GesR Band V, 3. Auflage, 2009, *Oldenburg* Form. II.4. (§ 19 des Musters mit Anm.); *Pauli*, Unternehmensnachfolge durch Vermächtnis, 2007; *Piltz*, Die Besteuerung beim Ausscheiden aus einer Personengesellschaft mit dem Tode, ZEV 2006, 205; *Reimann*, Kautelarjuristische Maßnahmen zur Absicherung und Kontrolle der Unternehmensnachfolge, in: FS Otte (2005), 285; *ders.*, Das Nachvermächtnis als Gestaltungsmittel bei Personen-

gesellschaften, in FS Damrau (2007), 19; *Reymann,* Das Vermächtnis des Kommanditisten, ZEV 2006, 307; *Riedel,* Gesellschaftsvertragliche Nachfolgeregelungen im Lichte der neuen Erbschaftsteuer, ZErb 2009, 2; MünchVHdb. I/*Riegger* Form. III.1. (§ 11 des Musters mit Anm.); Form. III.23 bis III.26 (dort insbes. HR-Anmeldungen); MünchVHdb. IV,2/*Nieder,* Form. XVI.10.; *K. Schmidt,* HGB-Reform und gesellschaftsrechtliche Gestaltungspraxis, DB 1998, 61; *K. Schmidt,* Gesellschaftsrecht, 4. Auflage, 2002; *Winkler,* Unternehmertestament und gesellschaftsvertragliche Nachfolgeklauseln, ZErb 2006, 195; *Zöller,* Nachfolge von Todes wegen bei Beteiligungen an Personenhandelsgesellschaften, MittRhNotK 1999, 121; – **zu Abweichungs-, Ausgleichs- und Pflichtteilsansprüchen weichender Erben:** *Bratke,* Gesellschaftsvertragliche Abfindungsklauseln und Pflichtteilsansprüche, ZEV 2000, 16; *Bratke,* Die Auswirkungen gesellschaftsvertraglicher Abfindungsklauseln auf Pflichtteils- und erbrechtliche Ausgleichsansprüche,1998; *Götte,* Die Gewinn- und Auseinandersetzungsansprüche bei einer Gesellschafternachfolge aufgrund rechtsgeschäftlichen Eintrittsrechts, DNotZ 1988, 603; *Kuttler,* Vermögensrechtliche Auswirkungen nachfolgesteuernder Klauseln bei oHG und GmbH für die ausgeschlossenen Erben, 1997; *Reimann,* Gesellschaftsvertragliche Abfindung und erbrechtlicher Ausgleich, ZEV 1994, 7; *Riedel,* Die Bewertung von Gesellschaftsanteilen im Pflichtteilsrecht, 2006; – **zur Abstimmung auf den Gesellschaftsvertrag:** *Banck,* Vor- und Nacherbfolge im Gesellschaftsrecht, Diss. Kiel 1983; *Haegele,* Nacherben- und Testamentsvollstrecker-Vermerk bei Mitgliedschaft an einer BGB-Gesellschaft, Rpfleger 1977, 50; *Harder,* Unentgeltliche Verfügungen und ordnungsmäßige Nachlaßverwaltung des Vorerben, DNotZ 1994, 82; *Hefermehl,* Vor- und Nacherbfolge bei der Beteiligung an einer Personenhandelsgesellschaft, in: FS Westermann (1974), 223; *Heil,* Die ordnungsgemäße Verwaltung eines Unternehmens im Vor- und Nacherbenrecht, Diss. Bayreuth 1998; *Langner,* Vor- und Nacherbschaft an Personengesellschaftsanteilen, 1999; *Lutter,* Zur Beschränkung des Vorerben im Gesellschaftsrecht, ZGR 1982, 108 (Besprechung der Entscheidung BGHZ 78, 177); *Michalski,* Die Vor- und Nacherbschaft in einen OHG (KG-)- und GmbH-Anteil, Betrieb 1987, Beilage, 16; *Paschke,* Nacherbenschutz in der Vorerben-Personengesellschaft, ZIP 1985, 129; *K. Schmidt,* Nacherbenschutz bei Vorerbschaft an Gesamthandsanteilen, FamRZ 1976, 683; *S. Schmidt,* Vor- und Nacherbfolge im Recht der Personengesellschaften, BWNotZ 1983, 102; *Stimpel,* Der Gesellschafter als Vorerbe des verstorbenen einzigen Mitgesellschafters einer offenen Handelsgesellschaft, in: FS Rohwedder (1994), 477; *Timmann,* Vor- und Nacherbschaft innerhalb einer zweigliedrigen OHG oder KG, 2000; – **zum Vermächtnis des Nießbrauchs an einem Personengesellschaftsanteil:** *Bender,* Nießbrauch und Unterbeteiligung an Personengesellschaftsanteilen, DB 1979, 1445; *Bökelmann,* Nutzungen und Gewinn beim Unternehmensnießbrauch, 1971; *Brandi/Mühlmeier,* Übertragung von Gesellschaftsanteilen im Wege vorweggenommener Erbfolge und Vorbehaltsnießbrauch – Möglichkeiten und Grenzen der Erhaltung der Rechtsstellung des Altgesellschafters nach Substanzverlagerung auf einen Nachfolger, GmbHR 1997, 734; *Bunke,* Der Nießbrauch an der Beteiligung an einer Personalgesellschaft, DNotZ 1968, 5; *Finger,* Der Nießbrauch am Gesellschaftsanteil einer Personengesellschaft, DB 1977, 1033; *Gebel,* Nießbrauchsrechte und Nießbrauchslasten im Erb- und Schenkungsteuerrecht, ZErb 2006, 122 und 142; *Götz/Jorde,* Nießbrauch an Personengesellschaftsanteilen – Praxisprobleme, FR 2003, 998; *dies.,* Nießbrauch an Personengesellschaftsanteilen – Vertragsklauseln und ihre Tücken, ZErb 2005, 365; *Grunsky,* Probleme des Nießbrauchs an einem Unternehmen, BB 1972, 585; *Gschwendtner,* Nießbrauch am Anteil einer Personengesellschaft. Ein steuerrechtlicher Fingerzeig des BFH, NJW 1995, 1875; *Hepp-Schwab,* Die Mitgliedschaft des Personengesellschafters und der Nießbrauch an seinem Gesellschaftsanteil, 1998; *Hermanns,* Die vorweggenommene Erbfolge in Gesellschaftsbeteiligungen, MittRhNotK 1997, 149; *ders.,* Der Nießbrauch am Gesellschaftsanteil, MittRhNotK 1999, 235; *Götz/Hülsmann,* Der Nießbrauch im Zivil- und Steuerrecht, 10. Auflage, 2014; *Janssen/Nickel,* Unternehmensnießbrauch, 1998; *Korn,* Nießbrauchsgestaltungen auf dem Prüfstand, Teil I: DStR 1999, 1461; Teil II: DStR 1999, 1512; *Kruse,* Nießbrauch an der Beteiligung an einer Personengesellschaft, RNotZ 2002, 69; *Lindemeier,* Die Eintragung des Nießbrauchs am Kommanditanteil im Handelsregister, RNotZ 2001, 155; *Milatz/Sonneborn,* Nießbrauch an GmbH-Geschäftsanteilen: Zivilrechtliche Vorgaben und ertragsteuerliche Folgen, DStR 1999, 137; *Moench,* Verzicht auf den vorbehaltenen Nießbrauch – bevor es zu spät ist, ZEV 2008, 227; *Petzoldt,* Nießbrauch an Personengesellschaftsanteilen, DStR 1992, 1171; *ders.,* Nießbrauch an Kommanditanteilen und GmbH-Geschäftsanteilen, Zivil- und Steuerrecht, GmbHR 1987, 381, 433; *Reichert/Schlitt/Düll,* Die gesellschafts- und steuerrechtliche Gestaltung des Nießbrauchs an GmbH-Anteilen, GmbHR 1998, 565; *Rohlff,* Die Verwendung des Nießbrauchs am Anteil einer Personengesellschaft zur Einsparung von Schenkung- und Erbschaftsteuer, NJW 1971, 1337; *Schlieper,* Vor- und Nacherbschaft oder Nießbrauchsvermächtnis – Zur zweckmäßigen Gestaltung der Verfügung von Todes wegen, MittRhNotK 1995, 249; *Schön,* Der Nießbrauch am Gesellschaftsanteil, ZHR 158 (1994), 229; *Schüller,* Nießbrauch und Pfandrecht am Anteil einer Personengesellschaft, MittRhNotK 1980, 97; *Schulze zur Wiesche,* Der Nießbrauch am Kommanditanteil, DB 1970, 171; *ders.,* Der Nießbrauch am Gesellschaftsanteil, DStR 1980, 222; *ders.,* Der Nießbrauch am Gesellschaftsanteil einer Personengesellschaft, DStR 1995, 318; *ders.,* Die ertragsteuerliche Behandlung von Nießbrauch und Treuhand an einem KG-Anteil, BB 2004, 355; *Sittel,* Der Nießbrauch an Gesellschaftsanteilen, Diss. Hamburg 2006; *Söffing/Jordan,* Nießbrauch an einem Mitunternehmeranteil, BB 2004, 353; *Teichmann,* Der Nießbrauch an Gesellschaftsanteilen – Gesellschaftsrechtlicher Teil –, ZGR 1972, 1; *ders.,* Der Nießbrauch an Gesellschaftsanteilen – Probleme der praktischen Gestaltung –, ZGR 1973, 24; – **zur Testamentsvollstreckung im Unternehmensbereich:** *Behme,* Der Erblasserwille und das Gesellschaftsrecht – was darf der Testamentsvollstrecker in einer KG? ZErb 2008, 40; *Bengel/Reimann,* Handbuch der Testamentsvollstreckung, 5. Auflage, 2013; *Brandner,* Das einzelkaufmännische Unternehmen unter Testamentsvollstreckung, FS Stimpel (1985), 991; *Crezelius,* Unternehmenserbrecht, 2. Auflage, 2009; *Dauner-Lieb,* Unternehmen in Sondervermögen, 1998; *Dörrie,* Reichweite der Kompetenzen des Testamentsvollstreckers an Gesellschaftsbeteiligungen, ZEV 1996, 370; *Dörrie,* Die Testamentsvollstreckung im Recht der Personenhandelsgesellschaften und der GmbH, 1994; *Esch/Baumann/Schulze zur Wiesche,* Handbuch der Vermögensnachfolge, 7. Auflage, 2009; *Faust,* Die Testamentsvollstreckung am Anteil eines persönlich haftenden Gesellschafters, DB 2002, 189; *Frank,* Umwandlung einer Personengesellschaft in eine Kapitalgesellschaft durch den Testamentsvollstrecker – Ist eine Umwandlungsanordnung anzuraten?, ZEV 2003, 5; *Gayk,* Die Sicherung qualifizierter Unternehmensleitung beim einzelkaufmännischen Unternehmen über den Tod hinaus, 1998; *Grigas,* Testamentsvollstreckung im Handels- und Gesellschaftsrecht, BWNotZ 2002, 229; *Winkler,* Der Testamentsvollstrecker, 21. Auflage, 2013; *Hehemann,* Testamentsvollstreckung bei Vererbung von Anteilen an Personengesellschaften, BB 1995, 1301; *Heil,* Zur Haftungsbeschränkung in der Gesellschaft bürgerlichen Rechts: Bestätigung oder Abschied von der Gruppenlehre?, MittRhNotK 1999, 337; *Holzhauer,* Einschränkung der Verwaltungstestamentsvollstreckung im Handelsrecht, in *ders.,* Erbrechtliche Untersuchungen, 1973, 1; *Iliou,* Testamentsvollstreckung im Spannungsfeld zwischen der Verwirklichung des Erblasserwillens und unternehmerischer Entscheidungsverantwortung, ZErb 2008, 96; *Johannsen,* Führung von Handelsgeschäften und Verwaltung von Gesellschaftsanteilen einer Handelsgesellschaft durch den Testamentsvollstrecker, WM 1970, 570; *John,* Testamentsvollstreckung über ein einzelkaufmännisches Unternehmen, BB 1980, 757; *Klein,* Die Testamentsvollstreckung an Gesellschaftsbeteiligungen an offenen Handelsgesellschaften und Kommanditgesellschaften, DStR 1992, 292 und 326; *Kreppel,* Der Testamentsvollstrecker und die Erben des Gesellschafters, DStR 1996, 430; *Langenfeld/Gail,* Handbuch der Familienunternehmen, IV Rn. 138 ff., VIII Rn. 41; *Lorz,* Testamentsvollstreckung und Unternehmensrecht, 1994; *Marotzke,* Die Mitgliedschaft in einer offenen Handelsgesellschaft als Gegenstand der Testamentsvollstreckung, JZ 1986, 457; *Marotzke,* Die Nachlaßzugehörigkeit ererbter Personengesellschaftsanteile und der Machtbereich des Testamentsvollstreckers nach dem Urteil des Bundesgerichtshofs vom 14. Mai 1986, AcP 187 (1987), 123; *D. Mayer,* Testamentsvollstreckung am Kommanditanteil, ZIP 1990, 976; *ders.,* Zulässigkeitsgrenzen bei der Gestaltung von Personengesellschaftsverträgen, MittBayNot 1992, 1; *Michael,* Die Testamentsvollstreckung im Recht der BGB-Gesellschaft, Diss. Bochum 1997; *Pentz,* Zum Umfang der Verwaltungsbefugnis eines Testamentsvollstreckers an einem KG-Anteil, NZG 1999, 825; *Peters,* Die Eignung der Testamentsvollstreckung zur unternehmerischen Vermögensverwaltung an Großvermögen, 1998; *Philippi,* Testamentsvollstreckung an GmbH-Anteilen, Diss. Tübingen 2000; *Plank,* Testamentsvollstreckung und Handelsregister, 1998; *Reimann,* Testamentsvollstreckung in der Wirtschaftspraxis, 1985; *ders.,* Dauertestamentsvollstreckung für Kommanditanteile, DNotZ 1990, 190; *Schleitzer,* Testamentsvollstreckung am Gesellschaftsanteil eines persönlich haftenden Gesellschafters, 1994; *Schmellenkamp, E.,* Die Testamentsvollstreckung an Gesellschaftsanteilen, insbesondere Kommanditanteilen, und Ersatzlösungen, MittRhNotK 1986, 181; *E. Schmitz,* Testamentsvollstreckung an Personengesellschaftsanteilen, ZGR 1988, 140; *Schneider,* Testamentsvollstreckung beim Kommanditanteil – Ein Überblick über Voraussetzungen und Wirkungen, NJW 2015, 1142; *Stimpel,* Testamentsvollstreckung über den Anteil an einer Gesellschaft bürgerlichen Rechts, FS Brandner (1996), 779 ff.; *Tolksdorf,* Vermögensverwaltung durch den Testamentsvollstrecker in der Praxis, Teil 1, ErbStB 2008, 54, Teil 2, ErbStB 2008, 86; *Ulmer,* Testamentsvollstreckung am Kommanditanteil – Voraussetzungen und Rechtsfolgen, NJW 1990, 73; *Weidlich,* Die Testamentsvollstreckung im Recht der Personengesellschaften, 1993; *ders.,* Die Testamentsvollstreckung an Beteiligungen einer werbenden OHG bzw. Kommanditgesellschaft ZEV 1994, 205; *ders.,* Befugnisse des Testamentsvollstreckers bei der Verwaltung von Beteiligungen einer werbenden BGB-Gesellschaft, ZEV 1998, 339; *ders.,* Beteiligung des Testamentsvollstreckers und des Erben bei der formwechselnden Umwandlung von Personengesellschaften und GmbH, MittBayNot 1996, 1; *Wenninger,* Kompetenzen des Testamentsvollstreckers bezüglich gesellschaftsrechtlicher Umwandlungsmaßnahmen, ZEV 1999, 445; *Werkmüller,* der Unternehmensverkauf durch den Testamentsvollstrecker, ZEV 2006, 491; *Werner, R.,* Die Testamentsvollstreckung an einer GmbH & Co. KG, ZErb 2008, 195; *Winkler, K.,* »Echte« Testamentsvollstreckung am Unternehmen und OHG-Anteil?, in: FS Schippel (1996), 519.

A. Zuwendung von Personengesellschaftsanteilen

I. Die gesetzliche Regelung beim Tod des Gesellschafters einer Personengesellschaft

1. Überblick

Unter dem Gesichtspunkt des Bestandes einer werbenden Personengesellschaft und der Vererblichkeit einer Beteiligung an ihr besteht eine Stufenfolge:[2] 1
- Eine Gesellschaft bürgerlichen Rechts wird mit dem Tode eines Gesellschafters mangels anderweitiger Bestimmung des Gesellschaftsvertrages **aufgelöst**, § 727 BGB.[3]
- Der Tod eines OHG-Gesellschafters oder eines Komplementärs einer KG führt (nicht mehr)[4] zur Auflösung der Gesellschaft, sondern mangels abweichender vertraglicher Bestimmung nur zum **Ausscheiden** des Gesellschafters, § 131 Abs. 2 Nr. 1 HGB.
- Beim Tod des Partners einer Partnerschaftsgesellschaft wird die Gesellschaft nicht aufgelöst, sondern der Partner scheidet aus. Die Beteiligung an der Partnerschaft ist nicht vererblich (§ 9 Abs. 4 S. 1 PartGG),[5] der Erbe wird von vornherein auf den Abfindungsanspruch beschränkt.
- Beim Tod eines Kommanditisten wird die Gesellschaft mangels abweichender vertraglicher Bestimmung mit den **Erben** fortgesetzt, § 177 HGB.

2. Gesellschafter einer Gesellschaft bürgerlichen Rechts

Mit der Auflösung durch Tod eines Gesellschafters endet die Gesellschaft nicht, sondern verändert 2
ihren **Zweck**: Er verengt sich nunmehr auf Auseinandersetzung oder Liquidation, § 730 Abs. 1 BGB. Soweit dieser Zweck es erfordert, gilt die Gesellschaft als fortbestehend, § 730 Abs. 2 BGB. Der Erbe des verstorbenen Gesellschafters scheidet nicht aus der Gesellschaft aus, sondern wird Mitglied der Auseinandersetzungs- oder **Liquidationsgesellschaft**, vgl. § 727 Abs. 2 BGB. Hier ist die Rechtsstellung des verstorbenen Gesellschafters also ohne weiteres vererblich. Sind mehrere Erben vorhanden, stehen ihnen die Rechte an der Auseinandersetzungsgesellschaft **als Gesamthänder** zu; Sondererbfolge tritt in diesem Falle nicht ein.[6]

Die Mitglieder der Liquidationsgesellschaft können, wenn die Gesellschaft als werbende fortgesetzt 3
werden soll, die **Fortsetzung** beschließen. Dieser Beschluss bedarf allerdings – vorbehaltlich anderweitiger Bestimmung im Gesellschaftsvertrag – der Einstimmigkeit.[7] Das Interesse der Altgesellschafter an Fortsetzung – das häufig gegeben sein wird – kann sich also regelmäßig nur durchsetzen, wenn auch alle Neugesellschafter (Erben) zustimmen.

3. Persönlich haftender Gesellschafter einer Personenhandelsgesellschaft

Gemäß § 131 Abs. 2 Nr. 1 HGB führt der Tod des Gesellschafters einer OHG mangels abweichen- 4
der vertraglicher Bestimmung zu seinem **Ausscheiden**. Entsprechendes gilt beim Tode eines persönlich haftenden Gesellschafters einer Kommanditgesellschaft, § 161 Abs. 2 HGB. Beachte hierzu die durch das Handelsrechtsreformgesetz eingefügte Übergangsregelung in Art. 41 EGHGB.[8]

---

2 So seit dem Inkrafttreten des Handelsrechtsformgesetzes vom 22.6.1998, BGBl. I S. 1474.
3 Der Gesetzgeber des Handelsrechtsreformgesetzes hat also diese Bestimmung *nicht* an das neue Recht der OHG angeglichen; kritisch dazu *K. Schmidt*, DB 1998, 61, 65.
4 Wie vor Inkrafttreten des Handelsrechtsreformgesetzes.
5 Ausnahme: Gemäß § 9 Abs. 4 S. 2 PartGG kann der Partnerschaftsvertrag bestimmen, dass die Beteiligung an Dritte vererblich ist, die Partner im Sinne des § 1 Abs. 1 und 2 PartGG sein können. Für den verstorbenen Freiberufler kann dann also z. B. die qualifizierte Tochter oder der qualifizierte Ehegatte Partner werden, ggf. auch beide je zur Hälfte, vgl. MünchHdb.GesR I/*Salger*, § 44 Rn. 40.
6 BGH NJW 1982, 170, 171; MünchHdb. GesR I/*Klein/Lindemeier*, § 11 Rn. 6.
7 Vgl. BGHZ 8, 35, 41 ff.; MünchHdb. GesR I/*Klein/Lindemeier*, § 11 Rn. 5.
8 Näher MünchHdb. GesR I/*Klein/Lindemeier*, § 78 Rn. 23 ff.

Kapitel 11   Regelung der Nachfolge in Gesellschaftsvermögen

5   Die Gesellschaft wird, wenn **mehrere** Gesellschafter verbleiben, von diesen **fortgesetzt**. Der Anteil des verstorbenen Gesellschafters am Gesellschaftsvermögen geht im Wege der Anwachsung auf die übrigen Gesellschafter über, §§ 105 Abs. 2 HGB, 161 Abs. 2 HGB, 738 Abs. 1 S. 1 BGB. Dem Erben des verstorbenen Gesellschafters stehen – mangels anderweitiger Bestimmung im Gesellschaftsvertrag – als Äquivalent für sein Ausscheiden die Ansprüche aus § 738 Abs. 1 S. 2 BGB zu. Insbesondere ist ihm eine **Abfindung** in Höhe des Betrages zu zahlen, den er bei einer Auseinandersetzung erhalten hätte, wenn die Gesellschaft zur Zeit des Ausscheidens (hier: des Todes des verstorbenen Gesellschafters) aufgelöst worden wäre.[9]

6   Verbleibt nur noch **ein** Gesellschafter, dann ist eine Fortsetzung der Gesellschaft begrifflich nicht möglich. Folge ist im Regelfall – nämlich wenn keine abweichende Bestimmung getroffen ist und sich ferner keine besonderen Umstände aus dem konkreten Gesellschaftsverhältnis ergeben – der **Übergang** des Geschäfts mit Aktiven und Passiven auf den verbleibenden Gesellschafter. Es liegt ein Fall der Gesamtrechtsnachfolge vor. An die Stelle der aufgelösten Gesellschaft tritt als Rechtsträger der Gesellschafter. Die gesetzliche Regel ist als »Lotterie auf den Todesfall« kritisiert worden, durch die dem zufälligerweise längstlebenden Gesellschafter das gesamte Unternehmen zufalle.[10] Der Übergang vollzieht sich **automatisch**, nicht nur aufgrund eines Übernahmerechts. Übereignungshandlungen sind nicht erforderlich, Grundbücher sind nur zu berichtigen.[11]

7   Ein entsprechendes Problem ergab sich vor Inkrafttreten des Handelsrechtsreformgesetzes, wenn eine Fortsetzungsklausel vereinbart war, die Zahl der Gesellschafter sich auf zwei verringert hatte und nunmehr ein Gesellschafter verstarb. Die wohl h. M. nahm hier allerdings keinen automatischen Übergang an, sondern nur ein Übernahmerecht des verbleibenden Gesellschafters, das dieser durch eine Gestaltungserklärung ausüben konnte.[12] Der Kontext des Handelsrechtsreformgesetzes (Streichung des § 142 HGB, Einfügung eines Satzes 2 in § 140 Abs. 1 HGB)[13] spricht ebenso gegen die Beibehaltung dieser Meinung wie die Parallele zum Ausscheiden – insbesondere zur Ausschließung – des letzten Mitgesellschafters einer Personengesellschaft zu Lebzeiten:[14] Dieses Ausscheiden führt bei der Gesamthand zur Gesamtrechtsnachfolge.[15]

8   Nach Erlöschen der Gesellschaft und Übergang des Geschäfts ist der Vermögensinhaber nunmehr Einzelkaufmann. Handelt es sich bei diesem um einen bisher persönlich haftenden Gesellschafter, dann haftet er für alle früheren Geschäftsverbindlichkeiten (weiter) persönlich, ohne seine Haftung analog § 27 Abs. 2 HGB beschränken zu können; diese Vorschrift kann aber eingreifen, wenn das Unternehmen einem früheren Kommanditisten zufällt.[16]

4. Kommanditist

9   Beim Tode eines Kommanditisten wird die Gesellschaft mangels abweichender vertraglicher Bestimmung **mit dessen Erben fortgesetzt**, § 177 HGB. Anders als die Erben eines persönlich haftenden Gesellschafters scheiden also die Erben eines Kommanditisten grundsätzlich nicht aus der Gesellschaft aus. Der Erbe tritt in die Rechtsstellung des verstorbenen Kommanditisten ein. Bei mehreren Erben unterliegt der Kommanditanteil nicht der gesamthänderischen Bindung der Erbengemeinschaft, sondern spaltet sich im Wege der Sondererbfolge ohne weiteres entsprechend der Erbquote auf.

---

9   MünchHdb. GesR I/*Klein/Lindemeier*, § 78 Rn. 7 und 19.
10   MünchHdb. GesR I/*Klein/Lindemeier*, § 78, Rn. 10 unter Bezugnahme u. a. auf *Wiedemann*, Die Übertragung und Vererbung von Mitgliedschaftsrechten bei Handelsgesellschaften, 1965, 186.
11   MünchHdb. GesR I/*Klein/Lindemeier*, § 78 Rn. 10.
12   BGH LM HGB § 138 Nr. 2 = WM 1957, 512; MünchKommBGB/*Schäfer*, § 736 Rn. 9 m. w. N.; a. M. *K. Schmidt*, Gesellschaftsrecht, § 45 V 2c.
13   Vgl. hierzu bereits *K. Schmidt*, Gesellschaftsrecht, § 50 III 2.
14   *K. Schmidt*, Gesellschaftsrecht, § 45 V 2c.
15   BGHZ 113, 132, 133; BGHZ 48, 203, 206; *K. Schmidt*, Gesellschaftsrecht, § 44 III 2.
16   BGHZ 113, 132.

II. Abweichende gesellschaftsvertragliche Regelungsmöglichkeiten

1. Fortsetzungsklausel bei einer BGB-Gesellschaft

Im Gesellschaftsvertrag einer Gesellschaft bürgerlichen Rechts kann bestimmt sein, dass der Tod eines Gesellschafters die Auflösung der Gesellschaft nicht zur Folge hat, § 727 Abs. 1 BGB. Rechtsfolge ist, dass der verstorbene Gesellschafter – d. h. sein Erbe – aus der Gesellschaft ausscheidet und die Gesellschaft unter den übrigen Gesellschaftern fortbesteht, § 736 Abs. 1 BGB. Da die Klausel eine Fortsetzung **unter Ausschluss der Erben** meint, hieße sie besser »Ausschließungsklausel«.[17] Jedoch hat sich der Ausdruck »Fortsetzungsklausel« eingebürgert.

▶ **Muster: Fortsetzungsklausel**

Stirbt ein Gesellschafter, scheidet er aus der Gesellschaft aus. Die übrigen Gesellschafter führen die Gesellschaft fort.

Nach Inkrafttreten des Handelsrechtsreformgesetzes hat die Klausel in dieser Form im Bereiche der Personenhandelsgesellschaften keinen Anwendungsbereich mehr, weil nunmehr die Fortsetzung der Gesellschaft ohnehin die gesetzliche Regel ist. Die gesetzlich vorgesehene Fortsetzung kann aber in mancherlei Beziehungen ergänzt und präzisiert werden (»modifizierte Fortsetzungsklausel«).[18] Soweit keine Modifizierung erfolgt, sind Rechtsfolgen der Klausel: Der Anteil des verstorbenen Gesellschafters am Gesellschaftsvermögen wächst den übrigen Gesellschaftern an, § 738 Abs. 1 S. 1 BGB. Dem Erben des verstorbenen Gesellschafters stehen – mangels anderweitiger Bestimmung im Gesellschaftsvertrag – als Äquivalent für sein Ausscheiden die Ansprüche aus § 738 Abs. 1 S. 2 BGB zu.

▶ **Hinweis:** Für den Fall, dass nur noch ein Gesellschafter übrig bleibt, kann und sollte im Gesellschaftsvertrag bestimmt sein, ob der verbleibende Gesellschafter ein Recht zur Übernahme hat oder ob sich der Übergang automatisch vollzieht.[19] Nach bisher wohl überwiegender Meinung war im Zweifel ein Übernahmerecht anzunehmen (zu einer Parallelproblematik oben Rdn. 6–8). Die Entwicklung des Meinungsstandes bleibt abzuwarten.

2. Auflösungsklausel bei Personenhandelsgesellschaften

Nach Inkrafttreten des Handelsrechtsreformgesetzes ist im Gesellschaftsvertrag einer Personenhandelsgesellschaft eine neue Klausel möglich: Abweichend von der gesetzlichen Regel kann im Gesellschaftsvertrag bestimmt sein, dass der Tod eines Gesellschafters zur Auflösung der Gesellschaft führt (vgl. 131 Abs. 3 S. 1 Nr. 1 HGB, »mangels abweichender vertraglicher Bestimmung«). Hierdurch würde eine Rechtslage geschaffen, die der früheren gesetzlichen Regel des § 131 HGB und der nach wie vor bei der BGB-Gesellschaft bestehenden gesetzlichen Regel (§ 727 BGB) entspricht.

3. Einfache Nachfolgeklausel

a) Allgemeines

Bestimmt der Gesellschaftsvertrag, dass die Gesellschaft beim Tode eines persönlich haftenden Gesellschafters unter **Einbeziehung** der Erben fortgesetzt werden soll (vgl. § 139 Abs. 1 HGB), dann handelt es sich um eine »Nachfolgeklausel«. Diese liegt in der Form der »einfachen« Nachfolgeklausel vor, wenn die Fortsetzung **mit allen Erben** vereinbart ist. Die einfache Nachfolgeklausel stellt die Mitgliedschaft in der werbenden Gesellschaft abweichend von der gesetzlichen Regel (§ 727 BGB, § 131 Abs. 3 Nr. 1 HGB) **vererblich**.[20]

---

17 *K. Schmidt*, Gesellschaftsrecht, § 45 V 3c.
18 MünchHdb. GesR I/*Klein/Lindemeier*, § 79 Rn. 4 ff.
19 MünchHdb. GesR I/*Klein/Lindemeier*, § 79 Rn. 9 m. w. N.
20 MünchHdb. GesR I/*Klein/Lindemeier*, § 79 Rn. 14. *K. Schmidt*, Gesellschaftsrecht, § 45 V. 4 kritisiert zu Recht, dass die herrschende Betrachtung ungenau sei: Die Mitgliedschaft in einer Personengesellschaft sei

16 ▶ **Muster: Einfache Nachfolgeklausel (Fortsetzung mit allen Erben)**
Stirbt ein Gesellschafter, führen die Übrigen die Gesellschaft mit seinen Erben fort.

17 Der Rechtsübergang vollzieht sich bei Geltung einer einfachen Nachfolgeklausel auf erbrechtlichem Wege unmittelbar auf den oder die (gesetzlichen oder gewillkürten) Erben, ohne dass es weiterer Rechtshandlungen bedürfte. Abgesehen von den Möglichkeiten des § 139 HGB kann sich der Erbe der Nachfolge in die Beteiligung nur durch Ausschlagung der ganzen Erbschaft entziehen.[21]

18 Bei mehreren Erben unterliegt die Gesellschaftsbeteiligung abweichend von § 2032 Abs. 1 BGB nicht den gesamthänderischen Bindungen der Erbengemeinschaft, sondern **spaltet sich** ohne weiteres auf die Erben entsprechend ihrer Erbquote auf.[22] Die Klausel hat insoweit also bezüglich der Beteiligung eines vollhaftenden Gesellschafters die gleichen Rechtsfolgen, die bei der Vererbung einer Kommanditbeteiligung bereits von Gesetzes wegen (§ 177 HGB) gelten.[23] Verbreitet wird hier von »**Sondererbfolge**« gesprochen.

19 Die Berechtigung und Bedeutung dieses Begriffs ist umstritten. Allerdings bringt das Gesetz in § 139 HGB zum Ausdruck, dass jeder Erbe *als Einzelner* Mitglied der Personengesellschaft wird:[24] Jeder Erbe *einzeln* kann verlangen, dass ihm eine Kommanditistenstellung eingeräumt wird. Ferner wird weithin der Satz akzeptiert, dass eine Erbengemeinschaft aus organisations- und haftungsrechtlichen Gründen nicht Mitglied einer werbenden Gesellschaft sein könne. Damit ist aber der Begriff »Sondererbfolge« noch nicht legitimiert. *K. Schmidt* spricht stattdessen von »Sonderzuordnung« und fasst diese als eine sich kraft Gesetzes vollziehende Teil-Auseinandersetzung der Erbengemeinschaft auf.[25] Eine Unvereinbarkeit mit dem Begriff der Universalsukzession sieht *K. Schmidt* nicht:[26] Das Prinzip der erbrechtlichen Universalsukzession bedeute nur, dass die Erbschaft ohne Verfügungsgeschäfte auf die Erben übergehe; wie das Recht der Aufspaltung lehre, vertrage sich der Simultan-Anfall eines Vermögens an mehrere Rechtsnachfolger durchaus mit dem Rechtsinstitut der Universalsukzession. Der BGH spricht demgegenüber von »Einzelrechtsnachfolge«.[27]

20 Die Ansicht, dass eine der Sondererbfolge unterliegende Gesellschaftsbeteiligung nicht zum »Nachlass« gehöre, ist überholt. Die Differenzierung zwischen »Erbschaft« als Inbegriff aller der Vererbung unterliegenden Gegenstände und »Nachlass« als den Erben bei einer Erbenmehrheit nicht persönlich zugeordneten, gesamthänderischer Bindung unterliegendem (potentiellem) Sondervermögen ist im Rückzug begriffen.[28] Richtigerweise sind »Erbschaft« und »Nachlass« identische Begriffe, die gleichermaßen das Erblasservermögen, § 1922 Abs. 1 BGB, bezeichnen.[29]

---

ein vererbliches Recht. Die Nachfolgeklausel verhindere nur, dass sie entweder als Mitgliedschaft in einer Liquidationsgesellschaft vererbt werde (§ 727) oder vor ihrem Übergang auf den Erben erlösche (§ 131 Abs. 3 Nr. 1 HGB).

21 MünchHdb. GesR I/*Klein/Lindemeier*, § 79 Rn. 33.
22 A. A. *Grunewald*, Gesellschaftsrecht, § 1, Rn. 148 und § 3, Rn. 63, die sich mit plausiblen Argumenten dafür ausspricht, das Einrücken einer Erbengemeinschaft in die Rechtsposition eines persönlich haftenden Gesellschafters oder eines Kommanditisten zuzulassen. Eine dahin gehende Änderung der Rechtsprechung erwartet sie in absehbarer Zeit aber nicht, § 3, Rn. 63.
23 *K. Schmidt*, Gesellschaftsrecht, § 45 V 4.; *Grunewald*, Gesellschaftsrecht, § 3, Rn. 63.
24 *K. Schmidt*, Gesellschaftsrecht, § 45 V 3a.
25 *K. Schmidt*, a. a. O.
26 *K. Schmidt*, a. a. O., § 45 V 3c.
27 BGHZ 108, 187, 192 m. w. N.
28 Vgl. die Aufgabe dieser Differenzierung in MünchKommBGB/*Ulmer/Schäfer*, § 705 Rn. 112 sowie MünchKommBGB/*Schäfer*, § 727 Rn. 34.
29 Staudinger/*Marotzke*, § 1922 Rn. 103; Nieder/Kössinger/*W. Kössinger*, § 20 Rn. 20. Seit nicht mehr nur der Erbrechtssenat des BGH (BGHZ 98, 48), sondern ebenso dessen Gesellschaftsrechtssenat (BGHZ 108, 187) auch Gegenstände der Sondervererbung zum Nachlass gezählt hat, ist die Frage für die Praxis als beantwortet anzusehen. Vgl. aber auch unten Rn. 39–42.

Jedenfalls bedeutet »Sondererbfolge« **nicht** separate **Ausschlagbarkeit** der Gesellschaftsbeteiligung; der Erbe kann nur die gesamte Erbschaft ausschlagen.[30] Weitgehend Einigkeit besteht im Ergebnis auch darüber, dass der Erbe den Nachlassgläubigern auch für solche Nachlassverbindlichkeiten, die außerhalb der gesellschaftlichen Sphäre begründet worden sind, mit dem Wert seiner Gesellschaftsbeteiligung **haftet**, soweit die Nachlassgläubiger hierauf durch Pfändung des Anspruchs auf das künftige Auseinandersetzungsguthaben unter den Voraussetzungen des § 135 HGB schon zu Lebzeiten des Erblassers hätten zugreifen können.[31]

21

b) **Bestimmung einer abweichenden Teilungsquote**

Eine von der Erbquote abweichende Teilungsquote kann gesellschaftsvertraglich vereinbart werden. Schweigt der Gesellschaftsvertrag insoweit, hat es nach h. M. der Gesellschafter durch Verfügung von Todes wegen in der Hand, die Teilungsquote anders als die Erbquote zu bemessen. Der Sache nach handelt es sich bei einer solchen Bestimmung in einer Verfügung von Todes wegen um eine Teilungsanordnung, die – abweichend vom allgemeinen erbrechtlichen Grundsatz des § 2048 BGB – **unmittelbare dingliche Wirkung** hat (str.).[32] Die Befugnis hierzu kann im Gesellschaftsvertrag etwa durch folgende ergänzende Bestimmung klargestellt werden:

22

▶ **Muster: Abweichende Teilungsquote**

23

Die Mitgliedschaft des verstorbenen Gesellschafters geht auf die Miterben im Verhältnis ihrer Erbteile über. Jeder Gesellschafter ist berechtigt, durch Verfügung von Todes wegen das Teilungsverhältnis abweichend von den Erbteilen zu bestimmen.

In Zweifelsfällen muss in folgender Reihenfolge gefragt werden: (1) Ist bereits im Gesellschaftsvertrag eine Teilungsquote festgelegt? (2) Falls nicht: Hat der Gesellschafter durch Verfügung von Todes wegen eine Teilungsquote bestimmt? (3) Falls auch dies nicht zutrifft, ist die Teilungsquote mit der Erbquote identisch.

24

c) **Zuweisung des Gesellschaftsanteils an einzelne von mehreren gesellschaftsvertraglich Nachfolgeberechtigten**

Strittig – und vom BGH bisher nicht ausdrücklich geklärt – ist, ob der Erblasser die Möglichkeit hat, seinen Gesellschaftsanteil bei Vorhandensein mehrerer nach dem Gesellschaftsvertrag nachfolgeberechtigter Miterben nur einzelnen von ihnen mit unmittelbarer gesellschaftsrechtlicher Wirkung zuzuweisen. Die Streitfrage hat im Bereich der einfachen Nachfolgeklausel ebenso Bedeutung wie im Bereich der qualifizierten.[33]

25

Vertritt man mit der h. M. die Ansicht, dass der Erblasser mangels entgegenstehender Bestimmung im Gesellschaftsvertrag die Möglichkeit hat, die Teilungsquote mit unmittelbarer dinglicher Wirkung abweichend von der Erbquote zu bemessen, dann erscheint es konsequent, dem Erblasser auch die Befugnis zuzuerkennen, im gleichen Wege – dinglich wirkende Teilungsanordnung – einzelne nachfolgeberechtigte Miterben ganz der Teilhabe an dem Gesellschaftsanteil auszuschließen.[34] Da die Rechtsfrage höchstrichterlich nicht geklärt ist, empfiehlt *Langenfeld* folgende Formulierung:[35]

26

---

30 MünchKommBGB/*Schäfer*, § 727 Rn. 41; MünchHdb. GesR I/*Klein/Lindemeier*, § 79, Rn. 33.
31 MünchHdb. GesR I/*Klein/Lindemeier*, § 79 Rn. 68; vgl. auch Nieder/Kössinger/*W. Kössinger*, § 20 Rn. 30.
32 *Wiedemann*, Die Übertragung und Vererbung von Mitgliedschaftsrechten bei Handelsgesellschaften, 1965, 220 ff.; *Priester*, DNotZ 1977, 558, 561; Soergel/*Wolf*, § 2032 Rn. 16; wohl auch *Langenfeld*, Testamentsgestaltung, Rn. 486; in diesem Sinne auch BGHZ 68, 225, 236 und insbes. 238 »mangels anderweiter Regelung durch Gesellschaftsvertrag oder letztwillige Verfügung«. A. A. Nieder/Kössinger/*W. Kössinger*, § 20 Rn. 20; weitere Nachweise siehe MünchHdb. GesR I/*Klein/Lindemeier*, § 20 Rn. 20 mit Fn. 70.
33 Beispiele bei *v. Dickhuth-Harrach*, § 61 Rn. 24.
34 So *Langenfeld*, Hdb. der Familienunternehmen, Rn. IV 224 ff. und *ders.*, Testamentsgestaltung Rn. 284; a. A. MünchKommBGB/*Schäfer*, § 727 Rn. 30.
35 *Langenfeld*, Testamentsgestaltung Rn. 486.

27 ▶ **Muster: Zuweisung an einen von mehreren Nachfolgeberechtigten**
Meine Gesellschaftsbeteiligung als persönlich haftender Gesellschafter an der X-OHG erhält im Wege der erbrechtlichen Sondernachfolge, hilfsweise im Wege der Teilungsanordnung [*oder:* des Vorausvermächtnisses/Vermächtnisses] der Miterbe S.

d) Tod eines OHG-Gesellschafters oder KG-Komplementärs: § 139 HGB

28 Ist im Gesellschaftsvertrag einer Personenhandelsgesellschaft vereinbart, dass die Gesellschaft beim Tod eines persönlich haftenden Gesellschafters mit dessen Erben fortgesetzt wird, so kann gemäß § 139 Abs. 1 HGB jeder Erbe (separat) sein Verbleiben in der Gesellschaft davon abhängig machen, dass ihm unter Belassung des bisherigen Gewinnanteils die Stellung eines **Kommanditisten** eingeräumt und der auf ihn fallende Teil der Einlage des Erblassers als seine Kommanditeinlage anerkannt wird. Geschieht dies nicht, kann er sein Ausscheiden aus der Gesellschaft erklären, § 139 Abs. 2 HGB. Einen Anspruch auf die Einräumung der Kommanditistenstellung verleiht die Vorschrift also nicht. Allerdings kann der Gesellschaftsvertrag abweichend von § 139 Abs. 1 HGB einen solchen Anspruch gewähren. Der Gesellschaftsvertrag kann auch die **automatische Umwandlung** der Beteiligung in eine Kommanditbeteiligung vorsehen, und zwar auch differenzierend nur für einzelne, nicht für alle Erben.[36]

29 Die Vorschrift ist **unabdingbar**, § 139 Abs. 5 HGB. Sie ist aber nur anwendbar, wenn eine unmittelbare erbrechtliche Nachfolge vorliegt (einfache oder qualifizierte Nachfolgeklausel). Auch in den Fällen einer einfachen oder qualifizierten Nachfolgeklausel ist § 139 HGB aber nicht anwendbar, wenn der Nachfolger schon vor dem Erbfall persönlich haftender Gesellschafter war.[37]

30 Erben vermögen sich über § 139 HGB den Bürden der persönlichen Haftung ebenso zu entziehen wie etwa der Pflicht zur Geschäftsführung, § 114 Abs. 1 HGB, oder dem Wettbewerbsverbot des § 112 HGB, vgl. § 165 HGB. Wollen sich die Gesellschafter hiergegen schützen, dann hilft die Vereinbarung anderer Klauseln, insbesondere einer Eintrittsklausel oder einer rechtsgeschäftlichen Nachfolgeklausel. Nicht hingegen ist ein Schutz dadurch möglich, dass der Gesellschaftsvertrag den Erben für den Fall seines Ausscheidens mit Sanktionen belegt, beispielsweise dem Ausschluss einer Abfindung. Die Unabdingbarkeit, § 139 Abs. 5 HGB, bedeutet vielmehr, dass die Wahlfreiheit des Erben durch den Gesellschaftsvertrag nicht eingeschränkt werden darf; entgegenstehende Bestimmungen sind unwirksam (zulässig sind sie hingegen, wenn sie für alle Fälle des Ausscheidens eines Gesellschafters gelten).[38]

> ▶ **Hinweis:** Andererseits vermag § 139 HGB die **Testierfreiheit** nicht zu beschränken: Deshalb steht jedem Gesellschafter-Erblasser, wenn die Gesellschafter es bei einer erbrechtlichen Nachfolgeklausel belassen, immerhin noch die Möglichkeit offen, seine Erben durch *Verfügung von Todes wegen* für den Fall des Rückzugs in die Kommanditistenstellung mit Sanktionen zu belegen. Diese dürfen bis zur Zuwendung der Beteiligung – oder gar der gesamten Erbenstellung – unter der aufschiebenden Bedingung der Beibehaltung der Stellung als persönlich haftender Gesellschafter gehen.[39]

31 Durch § 139 Abs. 5 Hs. 2. HGB ausdrücklich zugelassen ist es, dass der Gesellschaftsvertrag an die Kommanditistenstellung eine andere – praktisch: niedrigere – Gewinnbeteiligung knüpft. Eine solche Verminderung der Gewinnbeteiligung dürfte regelmäßig angesichts des Wegfalls der persönlichen Haftung und der Pflicht zur Geschäftsführung sachgerecht sein.

---

36 MünchHdb. GesR I/*Klein*, (2. Aufl.) § 72 Rn. 46.
37 *Schlegelberger/K. Schmidt*, § 139 HGB, Rn. 65.
38 MünchHdb. GesR I/*Klein*, (2. Aufl.) § 72 Rn. 65 m. w.N in Fn. 190.
39 Vgl. im Einzelnen MünchHdb. GesR I/*Klein*, (2. Aufl.) § 73 Rn. 14 m. w. N.

4. Qualifizierte Nachfolgeklausel

a) Allgemeines

Soll die Gesellschaft nur mit bestimmten – oder einem bestimmten – Erben fortgesetzt werden, liegt eine »qualifizierte« Nachfolgeklausel vor. Die qualifizierte Nachfolgeklausel bewirkt nach h. M. eine auf den bestimmten Personenkreis oder die bestimmte Person **beschränkte Vererblichkeit** der Mitgliedschaft. Mit dem Tode des Gesellschafters geht seine Mitgliedschaft – nach h. M. kraft Sondererbfolge – unmittelbar auf denjenigen Erben über, der die von der Klausel geforderte Qualifikation aufweist. Bei mehreren qualifizierten Erben teilt sich die Beteiligung ohne weiteres auf. 32

▶ **Muster: Qualifizierte Nachfolgeklausel (Fortsetzung nur mit bestimmten Erben), einfache Form** 33

Verstirbt ein Gesellschafter, führen die Übrigen die Gesellschaft mit seinen Erben fort, soweit es sich bei ihnen um seine Abkömmlinge handelt. Andere Erben werden nicht Gesellschafter.

b) Die »Qualifikation«

Der Gesellschaftsvertrag kann die Qualifikationskriterien grundsätzlich **beliebig** wählen, sie weiter oder enger fassen. Grenzen setzt nur das zwingende Recht, insbesondere § 138 BGB. Im obigen Beispiel besteht die »Qualifikation« des Nachfolgers in dessen Eigenschaft als Abkömmling. Aber auch, wenn der Nachfolger nicht aufgrund persönlicher Eigenschaften bestimmt wird, sondern seine »Qualifikation« lediglich darin besteht, dass er vom Erblasser als Nachfolger bestimmt ist, liegt eine »qualifizierte« Nachfolgeklausel vor.[40] Der Gesellschaftsvertrag kann vorsehen, dass die Bestimmung durch lebzeitige Erklärung gegenüber den übrigen Gesellschaftern oder der Gesellschaft ebenso möglich ist wie durch Verfügung von Todes wegen. Möglich ist auch, dass der Gesellschaftsvertrag die als Nachfolger in Betracht kommende(n) Person(en) bereits **namentlich** bestimmt. 34

▶ **Muster: Qualifizierende Bestimmung des Nachfolgers (Gesellschaftsvertrag)** 35

Verstirbt ein Gesellschafter, führen die Übrigen die Gesellschaft nur mit einem Erben fort. Diesen Erben bestimmt der betreffende Gesellschafter durch Verfügung von Todes wegen oder durch lebzeitige Erklärung gegenüber den übrigen Gesellschaftern [*und/oder bei OHG oder KG: der Gesellschaft*].

c) Mehrheit von qualifizierten Nachfolgern und Teilungsquote

Sind mehrere qualifizierte Nachfolger vorhanden, geht die Gesellschaftsbeteiligung im Wege der Sondererbfolge **vollständig** – also nicht nur in Höhe ihrer Erbquote – und unmittelbar auf sie über.[41] 36

▶ **Beispiel:** A und B sind zu je 1/4 Erben, C zu 1/8 und D zu 3/8. Nur C und D sind als Nachfolger qualifiziert und vom Erblasser dazu bestimmt. Anordnungen über das Teilungsverhältnis am Gesellschaftsanteil fehlen. Hier geht der Gesellschaftsanteil des Erblassers *insgesamt* (nicht nur zu 1/2 Anteil) und *unmittelbar* auf C und D über, wobei er sich ohne weiteres in zwei selbständige Teilanteile aufspaltet.

---

40 Formulierungsbeispiel bei *Nieder*, MünchVHdb. VI/Form. XVI.10. zu V.
41 Dies ist seit BGHZ 68, 225 höchstrichterliche Rechtsprechung. Damit ist die *frühere* Theorie der Teilnachfolge (BGHZ 22, 186) erledigt. Eine unmittelbare Nachfolge sollte nach dieser Theorie nur in Höhe der Erbquote stattfinden, der Rest des Anteils sollte den übrigen Gesellschaftern anwachsen, verbunden allerdings mit deren Verpflichtung, den angewachsenen Teil auf die Nachfolger zu übertragen. Vgl. MünchHdb. GesR I/*Klein/Lindemeier*, § 79 Rn. 35 m. w. N.

37 Hinsichtlich der Teilungsquote gilt das oben zur einfachen Nachfolgeklausel Gesagte (Rdn. 25 ff.). Das Teilungsverhältnis bemisst sich demgemäß mangels anderweitiger Bestimmungen im Gesellschaftsvertrag oder, soweit dort nicht enthalten, in der Verfügung von Todes wegen, nach dem Verhältnis der Erbquoten, Im obigen Beispiel teilt sich also der Gesellschaftsanteil im Größenverhältnis von 1 (C) zu 3 (D). Der Klarheit halber sollte der Gesellschaftsvertrag über das Teilungsverhältnis eine Aussage machen, etwa in folgender Form:

38 ▶ **Muster: Gesellschaftsvertragliche Bestimmung des Teilungsverhältnisses**

Sind mehrere erbberechtigte Abkömmlinge vorhanden, dann teilt sich der Anteil des verstorbenen Gesellschafters unter seinen Nachfolgern entsprechend den Erbquoten [oder z. B.: entsprechend den Regeln gesetzlicher Erbfolge in der ersten Erbordnung] auf. Jeder Gesellschafter kann durch Verfügung von Todes wegen eine andere Aufteilung festlegen. Er kann ferner einzelne oder alle Abkömmlinge auch dann von der Nachfolge ausschließen, wenn sie seine Erben werden. Sind keine Abkömmlinge vorhanden, wird kein Abkömmling Erbe des verstorbenen Gesellschafters oder schließt dieser alle Abkömmlinge von der Nachfolge in die Gesellschaft aus, dann setzen die verbleibenden Gesellschafter die Gesellschaft fort.

d) Das rechtliche Schicksal der selbständig übertragbaren Ansprüche aus dem Gesellschaftsverhältnis

39 Von den Ansprüchen, die den Gesellschaftern einer Personengesellschaft aus dem Gesellschaftsverhältnis gegeneinander zustehen, sind – als Ausnahme zum Grundsatz des § 717 S. 1 BGB – **einige übertragbar**, insbesondere die Ansprüche auf einen Gewinnanteil und auf künftiges Auseinandersetzungsguthaben, § 717 S. 2 BGB. Es ist streitig, ob diese übertragbaren Ansprüche einer Mehrheit von Erben in ihrer gesamthänderischen Verbundenheit zustehen oder Gegenstand der Sondererbfolge sind und demgemäß ohne weiteres auf die (oder den) Nachfolger in der Gesellschaftsbeteiligung übergehen.

40 Der Gesellschaftsrechtssenat des BGH (II.) vertritt die »Abspaltungsthese« und nimmt die Ansprüche von der Sondererbfolge aus.[42] Der Erbrechtssenat[43] tendiert im Gegensatz dazu eher in Richtung einer einheitlichen, personen- und vermögensrechtliche Seite des Anteils gleichermaßen umfassenden Sondervererbung,[44] sagt dies aber nicht eindeutig.[45] Dogmatisch wurde das Problem bisher gängigerweise in die Frage gekleidet, ob diese Ansprüche zum Nachlass gehören. In der weiteren Diskussion ist allerdings die Fragwürdigkeit einer Differenzierung zwischen »Nachlass« und »Erbschaft« offenbar geworden (oben Rdn. 20). Angesichts dessen geht der II. Senat in BGHZ 108, 187, 192 zwar von der Zugehörigkeit zum Nachlass aus, nimmt diese aber nicht zum Anlass, von der Abspaltungsthese abzurücken. Er differenziert vielmehr nunmehr zwischen dem »Nachlass«, in den die Beteiligung als solche fällt, und dem »gesamthänderisch gebundenen übrigen Nachlass«, dem er die selbständig abtretbaren Vermögensrechte zuordnet.[46]

41 Für die Praxis empfiehlt es sich, das Schicksal der selbständig abtretbaren Ansprüche ausdrücklich zu regeln. Als Regelungsmöglichkeiten kommen in Betracht:
– Im **Gesellschaftsvertrag** kann vereinbart werden, dass die genannten Ansprüche abweichend von § 717 S. 2 BGB mit der Gesellschafterstellung zwingend verbunden sind und nur zusammen mit ihr übertragen und vererbt werden können.
– Hat der Gesellschaftsvertrag die Frage ungeregelt gelassen, können die Ansprüche in der **Verfügung von Todes wegen** zugewiesen werden, sei es an den Nachfolger, sei es an die übrigen Erben, sei es an einen Dritten.

---

42 BGHZ 108, 187, 192; Z 91, 132, 136; WM 1987, 981, 982.
43 BGHZ 98, 48.
44 In diesem Sinne die Interpretation von *Lorz*, ZEV 1996, 112, 113.
45 So die zutreffende Analyse von *Marotzke*, AcP 187, 223, 232.
46 Vgl. hierzu weiter *v. Dickhuth-Harrach*, § 61 Rn. 40.

Unstreitig können diese Ansprüche, wenn der Gesellschaftsvertrag nicht entgegensteht, **gesondert** – 42
also unabhängig von den übrigen Mitgliedschaftsrechten – durch Vermächtnis, Auflage oder Teilungsanordnung zugewiesen werden.[47] Bei der Zuweisung ist allerdings zu berücksichtigen, dass dem BGH zufolge ein Teil dieser Ansprüche, und zwar **laufende Gewinne** und »jedenfalls nach längerer Zeit erfolgreichen Einsatzes für das Unternehmen auch de(r) **Wert**« (sc. des Unternehmens) »nicht völlig dem Nachlass, sondern zu einem angemessenen Anteil ausschließlich dem Gesellschafter-Erben« zuzuordnen sein dürften.[48] *Insoweit* scheidet die Möglichkeit einer Zuweisung durch Verfügung von Todes wegen aus.

e) »Fehlschlagen« der qualifizierten Nachfolgeklausel

Die Klausel kann ins Leere gehen, wenn eine Verfügung von Todes wegen nicht erfolgt oder nicht auf 43
den Gesellschaftsvertrag abgestimmt ist. Bei der Gestaltung des Gesellschaftsvertrages sollte deshalb darauf geachtet werden, die Folgen eines Fehlschlags ausdrücklich zu regeln und dabei auch eine Bestimmung über eventuelle Abfindungsansprüche für diesen Fall zu treffen.[49]

f) Einkommensteuer

Die qualifizierte Nachfolgeklausel – ebenso wie die einfache[50] – führt bei Personengesellschaften zur 44
Buchwertfortführung (§ 6 Abs. 3 EStG). Abfindungszahlungen haben keine Veräußerungsgewinne und keine Anschaffungskosten zur Folge.[51]

5. Eintrittsklausel

Der Gesellschaftsvertrag kann bestimmen, dass mit dem Tode eines Gesellschafters kein automati- 45
scher Eintritt eines Nachfolgers verbunden ist, sondern dass ein potentieller Nachfolger das *Recht zum Eintritt* in die Gesellschaft erhält. Die Bestimmung ist Vertrag zugunsten Dritter. Die übrigen Gesellschafter erfüllen den Eintrittsanspruch durch Aufnahmevertrag. Das Eintrittsrecht kann *unabhängig* von der Erbenstellung gewährt werden. Häufig wird Motiv für die Vereinbarung eines Eintrittsrechts gerade die Absicht sein, die Gesellschaftsbeteiligung einem Dritten zuzuwenden, der nicht Erbe wird. Die Eintrittsklausel verhindert nicht, dass der Abfindungsanspruch in den Nachlass fällt[52] (zur hieraus folgenden Problematik unten Rdn. 77). Nur wenn ein Abfindungsanspruch gesellschaftsvertraglich ausgeschlossen ist, wird der Anteil auch wertmäßig am Nachlass vorbeigesteuert.[53]

▶ **Muster: Eintrittsklausel** 46

Verstirbt ein Gesellschafter, führen die Übrigen die Gesellschaft fort. Beim Tode des Gesellschafters Max Müller sen. allerdings hat dessen Sohn Max Müller jun. das Recht, anstelle seines Vaters zu den Bedingungen in die Gesellschaft einzutreten, die beim Todestag für den Vater bestanden. Der Eintritt erfolgt durch Vereinbarung mit den übrigen Gesellschaftern. Das Eintrittsverlangen muss innerhalb von drei Monaten nach dem Erbfall gestellt werden.

---

47 MünchHdb. GesR I/*Klein* (2. Aufl.), § 73 Rn. 9 m. w. N.
48 BGHZ 98, 48, 56 f., IVa. Zivilsenat; offen gelassen in BGHZ 91, 132, 137, II. Zivilsenat.
49 MünchHdb. GesR I/*Klein/Lindemeier*, § 79 Rn. 25; Formulierungsbeispiel bei *Nieder*, MünchVHdb. VI/Form. XVI.10. zu V.
50 MünchHdb. GesR I/*Farle*, § 82 Rn. 12.
51 BFH BStBl. II 1994, 625 = ZEV 1994, 185 mit Anm. *Piltz*; MünchHdb. GesR I/*Farle*, § 82 Rn. 14. Zur veränderten *erbschaftsteuerlichen* Behandlung nach der Erbschaftsteuerreform 2009 *Wälzholz*, ZEV 2009, 113, 119 f.
52 *Grunewald*, Gesellschaftsrecht, § 1, Rn. 162.
53 *K. Schmidt*, Gesellschaftsrecht, § 45 V. 6. a) bb).

47 Eine Eintrittsklausel kann auch, anders als im vorstehenden Beispiel, in der Weise gestaltet werden, dass nicht bereits eine bestimmte Person im Gesellschaftsvertrag als eintrittsberechtigt bezeichnet wird, sondern dass der Gesellschafter das Recht hat, den Eintrittsberechtigten durch Verfügung von Todes wegen – oder durch lebzeitige Erklärung – zu bestimmen.[54]

6. Rechtsgeschäftliche Nachfolgeklausel

48 Im Gesellschaftsvertrag können die Gesellschafter bereits verbindlich eine bestimmte Person benennen, die mit dem Tode (oder dem sonstigen Wegfall) eines Gesellschafters dessen Nachfolge antritt, ohne dass es noch weiterer Rechtsgeschäfte bedürfte. Eine solche »rechtsgeschäftliche Nachfolgeklausel« setzt die **Zustimmung des Nachfolgers** voraus, weil sie sonst einen unzulässigen Vertrag zu Lasten eines Dritten (und eine ebenso unzulässige Verfügung zugunsten eines Dritten) darstellen würde.[55] Die Rechtsstellung des Nachfolgers bei der rechtsgeschäftlichen Nachfolgeklausel ist – ebenso wie bei der Eintrittsklausel – von einer Erbenstellung unabhängig. Dogmatisch stellt die Klausel eine durch das Überleben des Nachfolgers aufschiebend bedingte und ferner durch den Tod des Gesellschafters aufschiebend befristete Anteilsübertragung unter Lebenden dar.

49 ▶ **Muster: Rechtsgeschäftliche Nachfolgeklausel**

Verstirbt ein Gesellschafter, führen die Übrigen die Gesellschaft fort. Beim Tode des Gesellschafters Max Müller sen. allerdings tritt sein Sohn Max Müller jun. an seine Stelle, und zwar unabhängig davon, ob Max Müller jun. Erbe wird. Max Müller jun. unterzeichnet diesen Gesellschaftsvertrag als zukünftiger Gesellschafter mit. Sein Eintritt in die Gesellschafterstellung seines Vaters bei dessen Tod soll bereits aufgrund der heutigen Vereinbarung bindend festgelegt sein, ohne dass es weiterer Rechtshandlungen von Max Müller sen. oder der übrigen Gesellschafter bedarf.

7. Mehrheit von Klauseln in einem Gesellschaftsvertrag

50 Es ist zulässig, dass die Gesellschafter für den Fall des Todes eines Gesellschafters die eine Klausel und für den Fall des Todes eines anderen Gesellschafters eine andere Klausel vereinbaren.[56] Jeder Gesellschafter kann also vertraglich die ihm individuell zweckmäßig erscheinende Nachfolgeregelung treffen.[57]

III. Abfindungs-, Ausgleichs- und Pflichtteilsansprüche weichender Erben

1. Übersicht

51 Die Nachfolge in Personengesellschaftsanteile kann vor allem drei Arten von gesellschaftsrechtlichen oder erbrechtlichen Ansprüchen auslösen:
- Gegen die **Gesellschaft** gerichtet: Die gesellschaftsrechtlichen Ansprüche eines ausgeschiedenen Gesellschafters bzw. seiner Erben, insbesondere gemäß § 738 Abs. 1 S. 2 BGB und § 740 BGB (unten Rdn. 52–59).
- Gegen den **Nachfolger** gerichtet: Erbrechtliche Ausgleichsansprüche der infolge einer qualifizierten Nachfolgeklausel weichenden Erben (unten Rdn. 67).
- Gegen den **Erben** gerichtet, subsidiär (§ 2329 BGB) gegen den Nachfolger oder – soweit ein Nachfolger nicht vorhanden ist – gegen die verbleibenden Gesellschafter: Pflichtteilsrechtliche Ansprüche (unten Rdn. 71 ff.).

---

54 Formulierungsbeispiel bei *Nieder*, MünchVHdb. VI., Form. XVI.10. zu II., 1.
55 BGHZ 68, 225, 231.
56 MünchHdb. GesR I/*Klein/Lindemeier*, § 79 Rn. 19.
57 Formulierungsbeispiel bei *v. Dickhuth-Harrach*, § 61 Rn. 51.

2. Gegen die Gesellschaft gerichtete Ansprüche

a) Ansprüche gemäß §§ 738 und 740 BGB

Ein Abfindungsanspruch weichender Erben nach § 738 Abs. 1 S. 2 BGB[58] oder ein Anspruch nach § 740 BGB kann nur entstehen, wenn der Tod eines Gesellschafters zum ersatzlosen **Ausscheiden** des Gesellschafters oder seiner Erben führt, nicht aber, wenn die Beteiligung mit dem Tod unmittelbar erbrechtlich oder rechtsgeschäftlich auf einen oder mehrere Nachfolger übergeht. Der Anspruch setzt m. a. W. die – gesetzlich angeordnete oder gesellschaftsvertraglich vereinbarte – Fortsetzung der Gesellschaft durch die verbleibenden Gesellschafter oder die Geltung einer gesellschaftsvertraglichen Eintrittsklausel voraus.[59] Außerdem kann der Anspruch nur gegeben sein, soweit er nicht gesellschaftsvertraglich oder durch Verfügung von Todes wegen ausgeschlossen oder beschränkt ist. Mangels gesellschaftsvertraglicher Regelung dürfte bei einer Eintrittsklausel – anders als bei einer Fortsetzungsklausel[60] – im Zweifel davon auszugehen sein, dass eine Abfindung weichender Erben ausgeschlossen sein soll.[61] 52

Der Anspruch aus § 738 Abs. 1 S. 2 BGB geht auf Rückgabe zur Benutzung überlassener Gegenstände, auf Befreiung von gemeinschaftlichen Schulden und auf Abfindung, der Anspruch aus § 740 BGB auf Beteiligung am Ergebnis schwebender Geschäfte. Anspruchsgegner ist die Gesellschaft (auch bei einer BGB-Gesellschaft); allerdings kann der Anspruch nach h. M. auch gegen die verbleibenden Gesellschafter geltend gemacht werden.[62] 53

Der Abfindungsanspruch gemäß § 738 Abs. 1 S. 2 BGB wird von Gesetzes wegen auf der Basis des wirklichen Wertes der Beteiligung (einschließlich stiller Reserven und des Firmenwertes) berechnet. Der Gesellschaftsvertrag kann den Anspruch aber beschränken, beispielsweise durch restriktive Bewertungsregelungen, wobei deren zulässige Grenzen für den Fall des Ausscheidens zu Lebzeiten Gegenstand ausgiebigen Meinungsstreits sind.[63] Nach h. M. ist jedenfalls ein **Abfindungsausschluss** in den Fällen **lebzeitigen Ausscheidens** grundsätzlich unwirksam.[64] Weniger problematisch ist der gesellschaftsvertragliche Ausschluss des Anspruchs aus § 740 BGB. 54

b) Ausscheiden des Gesellschafters durch Tod

Bei Geltung einer Fortsetzungsklausel kann hingegen nach h. M. für den Fall des Ausscheidens eines Gesellschafters durch Tod ein Abfindungsanspruch der Erben gesellschaftsvertraglich **vollständig ausgeschlossen** werden.[65] Dies gilt zunächst für einen »allseitigen«, d. h. nach dem Gesellschaftsvertrag gleichermaßen für alle Gesellschafter geltenden Ausschluss. Auch Bereicherungsansprüche der weichenden Erben sind hier nicht gegeben.[66] Der Werttransfer zu den verbleibenden Gesellschaftern 55

---

58 Bei einer OHG ist § 738 i. V. m. § 105 Abs. 3 HGB anwendbar, bei einer KG i. V. m. § 161 Abs. 2 HGB.
59 MünchHdb. GesR I/*Klein/Lindemeier*, § 81 Rn. 7.
60 MünchHdb. GesR I/*Klein/Lindemeier*, § 11 Rn. 75.
61 MünchKommBGB/*Schäfer*, § 727 Rn. 59 m. w. N.; MünchHdb. GesR I/*Klein/Lindemeier*, § 81 Rn. 9.
62 MünchHdb. GesR I/*Klein/Lindemeier*, § 11 Rn. 75; § 81 Rn. 10; *Götte*, DNotZ 1988, 603 ff.
63 Vgl. *K. Schmidt*, Gesellschaftsrecht, § 45 V. 3.
64 Näher: *Kellermann*, Höchstrichterliche Rechtsprechung zur Abfindung ausscheidender Gesellschafter einer Personengesellschaft – Buchwertklauseln in Steuerrecht und Gesellschaftsrecht als Gestaltungsaufgabe, Freundesgabe für *Franz Josef Haas*, 1996, 187. Hierin – insbes. 197 ff. – auch zur neueren Rechtsprechung des BGH (Z 123, 281 = NJW 1993, 3193v. 20.9.1993).
65 BGHZ 22, 186, 194; BGHZ 98, 48, 56; MünchHdb. GesR I/*Klein/Lindemeier*, § 79 Rn. 104; auch § 11, Rn. 75.
66 Näher zu bereicherungsrechtlichen Ansprüchen MünchHdb. GesR I/*Klein/Lindemeier*, § 81 Rn. 12 ff. auch für den Fall (Rn. 14), dass bei Geltung einer *Eintrittsklausel* Abfindungsansprüche ausgeschlossen werden.

sei, so ein zentrales Argument, nicht unentgeltlich, denn der eigenen Chance, den Kapitalanteil zu vermehren, stehe das Risiko gegenüber, den Kapitalanteil durch frühen Tod zu verlieren.[67]

56 Ist eine Abfindung »**einseitig**« ausgeschlossen, also nur für den Fall des Todes eines Gesellschafters – oder einzelner, aber nicht aller –, kommt Unentgeltlichkeit zwar in Betracht. Insbesondere kann ein Schenkungsversprechen vorliegen, das unter der Bedingung erteilt ist, dass der Beschenkte den Schenker überlebt, § 2301 Abs. 1 BGB. Die Wirksamkeit eines solchen Versprechens scheitert jedoch nach h. M. nicht daran, dass die nach § 2301 Abs. 1 BGB erforderliche Form einer Verfügung von Todes wegen nicht eingehalten ist. Denn der zugewendete Gegenstand ist zu Lebzeiten bereits geleistet: Durch Gesellschaftsvertrag – also durch Rechtsgeschäft unter Lebenden – haben die Gesellschafter dafür gesorgt, dass der Anteil und sein Wert mit dem Tod eines von ihnen den anderen zufallen, und zwar automatisch mit dem Tode.[68] Damit liegt **Vollzug** i. S. d. § 2301 Abs. 2 BGB vor.[69] Für »Vollzug« sowohl i. S. d. § 2301 Abs. 2 BGB als auch i. S.d § 516 Abs. 2 BGB ist ein aufschiebend bedingtes Erfüllungsgeschäft ausreichend.[70] Im Ergebnis wird daher auch ein einseitiger Abfindungsausschluss bei Geltung einer Fortsetzungsklausel und beim Übergang der Beteiligung auf Grund rechtsgeschäftlicher Nachfolgeklausel für zulässig gehalten.[71]

57 ▶ **Muster: Fortsetzungsklausel mit Abfindungsausschluss**

Stirbt ein Gesellschafter, führen die Übrigen die Gesellschaft fort. Den Erben des ausgeschiedenen Gesellschafters stehen keinerlei Abfindungsansprüche gegen Gesellschaft oder Gesellschafter zu.

58 Die Vereinbarung eines derartigen Abfindungsausschlusses kommt vor allem bei Fortsetzungs- und Eintrittsklauseln in Betracht, aber nicht nur dort.[72] Auch bei Geltung anderer Klauseln können Gesellschafterrechte u. U. den übrigen Gesellschaftern anwachsen, beispielsweise bei einer qualifizierten Nachfolgeklausel, wenn ein qualifizierter Nachfolger nicht vorhanden ist. Es ist nicht ersichtlich, was der Zulässigkeit eines Abfindungsausschlusses in solchen anderen Fällen entgegenstehen sollte. Ein Abfindungsausschluss dürfte dort also gleichermaßen wirksam sein.

59 Ist im Gesellschaftsvertrag eine Eintrittsklausel vereinbart und mit einem Abfindungsausschluss kombiniert, dann dürfte allerdings im Zweifel – mangels zulässiger, abweichender Regelung – der Abfindungsanspruch wieder aufleben, wenn der Eintritt nicht erfolgt (beispielsweise weil der Eintrittsberechtigte das Recht nicht ausübt oder weil eine zur Ausübung bestimmte Frist verstrichen ist).[73]

60 Der Gesellschaftsvertrag kann auch vorsehen, dass den Erben eine Abfindung zu leisten ist. In diesem Fall sollte die Berechnung des Abfindungsanspruchs im Gesellschaftsvertrag geregelt werden. Bei der Ausgestaltung einer entsprechenden Regelung sind abzuwägen, dass Interesse der Gesellschaft und der verbleibenden Gesellschafter an einer möglichst begrenzten Liquiditätsbelastung durch die Zahlung der Abfindung und das Interesse des Erblassers, den Erben einen Wert zu sichern, der dem Verkehrswert seiner Beteiligung möglichst weitgehend entspricht. Der Gestaltungsspielraum bei der Bestimmung des Abfindungsanspruchs ist groß, da sogar ein vollständiger Ausschluss von Abfindungsansprüchen als zulässig erachtet wird.

---

67 Siehe hierzu aus pflichtteilsrechtlicher Perspektive *v. Dickhuth-Harrach*, § 60 Rn. 41–44 und Kapitel 10 Rn. 145 ff.
68 *K. Schmidt*, Gesellschaftsrecht, § 45 V. 3. B.
69 BGH WM 1971, 1338, 1339; *K. Schmidt*, a. a. O.
70 Palandt/*Weidlich*, § 2301 Rn. 10.
71 MünchHdb. GesR I/*Klein/Lindemeier*, § 81 Rn. 13 und § 79 Rn. 105.
72 Zu eng deshalb MünchHdb. GesR I/*Klein* (2. Aufl.) § 72, Rn. 111: »lediglich«.
73 MünchHdb. GesR I/*Klein* (2. Aufl.) § 72, Rn. 105 m. w. N.

▶ **Muster: Fortsetzungsklausel mit Abfindungsregelung für die Erben des verstorbenen Gesellschafters** 61

Stirbt ein Gesellschafter, führen die übrigen die Gesellschaft fort. Den Erben des ausgeschiedenen Gesellschafters steht ein Abfindungsanspruch gegen die Gesellschaft zu. Die Höhe der Abfindung bestimmt sich entsprechend § ... des Gesellschaftsvertrages.

3. Erbrechtliche Ausgleichsansprüche der weichenden Miterben gegen den Nachfolger

Erhält infolge einer qualifizierten Nachfolgeklausel ein Miterbe mehr, als seiner Erbquote entspricht, 62 dann ist er seinen Miterben zum Ausgleich verpflichtet, soweit der Erblasser nicht durch Verfügung von Todes wegen etwas anderes bestimmt hat.[74] Mangels einer solchen abweichenden Bestimmung gilt der Grundsatz, dass der qualifizierte Miterbe gegenüber den anderen nicht mehr erhalten soll, als seinem Anteil an der Erbschaft entspricht. Die Erbquote bestimmt dann also den Anteil am Wert des Gesamtnachlasses.[75]

▶ **Hinweis:** In der Hand des Erblassers liegt es demgemäß, durch Verfügung von Todes wegen die Ausgleichspflicht vorzusehen, einzuschränken oder auszuschließen. Zweckmäßigerweise sollte der Erblasser eine Bestimmung treffen.[76]

▶ **Beispiele** für entsprechende Formulierungs- und Gestaltungsmöglichkeiten: (1) »Meinem Sohn A wende ich den Wert meiner Gesellschaftsbeteiligung im Wege des Vorausvermächtnisses ohne Verpflichtung zum Wertausgleich zu.« (2) »Erbrechtliche Ausgleichsansprüche der nicht zur Nachfolge in meine Gesellschaftsbeteiligung berufenen Miterben schließe ich aus.« (3) Festlegung eines Ausgleichs- bzw. Anrechnungsbetrages, der unter dem Wert der Beteiligung liegt, der Klarheit halber mit der – im Zweifel ohnehin anzunehmenden – Bestimmung, dass Ausgleichsansprüche im Übrigen ausgeschlossen sein sollen. (4) Einsetzung des Nachfolgers mit einem Erbteil, der mindestens dem Wert der Beteiligung im Verhältnis zum Gesamtnachlass entspricht.[77]

▶ **Muster: Qualifizierte Nachfolgeklausel mit Abfindungsregelung für den weichenden Miterben gegen den Nachfolger** 63

Stirbt der Gesellschafter A, wird die Gesellschaft mit dessen Erben X und den übrigen Gesellschaftern fortgeführt.

Stirbt der Gesellschafter B, wird die Gesellschaft mit dessen Erben Y und den übrigen Gesellschaftern fortgeführt.

Den weichenden Miterben des ausgeschiedenen Gesellschafters stehen keinerlei Abfindungsansprüche gegen die Gesellschaft zu.

Ihnen steht aber ein Abfindungsanspruch gegen den Nachfolger des ausgeschiedenen Gesellschafters zu. Die Höhe der Abfindung bestimmt sich entsprechend § ... des Gesellschaftsvertrages.

4. Erbrechtliche Ausgleichsansprüche der weichenden Erben gegen den Nachfolger bei Eintrittsklausel

Der Gesellschaftsvertrag kann bestimmen, dass mit dem Tode eines Gesellschafters kein automati- 64 scher Eintritt eines Nachfolgers verbunden ist, sondern dass ein potentieller Nachfolger das *Recht*

---

74 BGHZ 22, 186, 197; BGHZ 68, 225, 238.
75 BGHZ 68, 225, 238.
76 *K. Schmidt*, Gesellschaftsrecht, § 45 V. 5. C.
77 Vgl. auch MünchHdb. GesR I/*Klein*, (2. Aufl.) § 73 Rn. 10 m. w. N. in Fn. 21.

zum Eintritt in die Gesellschaft erhält.[78] Unabhängig hiervon ist die Frage zu beantworten, ob den Erben in einem solchen Fall ein Abfindungsanspruch zusteht. Der Gesellschaftsvertrag kann einen solchen Anspruch ausschließen. Der Gesellschaftsvertrag kann aber auch vorsehen, dass der eintretende Erbe zur Leistung einer Abfindung verpflichtet ist. Sein Recht zum Eintritt in die Gesellschaft steht dann unter der Bedingung, dass er die Belastung der Abfindungszahlung übernimmt.

Der Gestaltungsspielraum bei der Bestimmung eines etwaigen Abfindungsanspruchs ist auch in dieser Konstellation groß, da sogar ein vollständiger Ausschluss von Abfindungsansprüchen als zulässig erachtet wird.

65 ▶ **Muster: Eintrittsklausel mit Abfindungsregelung für die Erben des verstorbenen Gesellschafters**

Stirbt ein Gesellschafter, führen die übrigen die Gesellschaft fort. Beim Tod des Gesellschafters Max Müller hat dessen Nichte Leonie das Recht, an seiner Stelle zu den Bedingungen in die Gesellschaft einzutreten, die beim Todestag für den Max Müller bestanden. Der Eintritt erfolgt durch Vereinbarung mit den übrigen Gesellschaftern. Das Eintrittsverlangen muss innerhalb von drei Monaten nach dem Erbfall gestellt werden.

Bis zur Erklärung über den Beitritt halten die übrigen Gesellschafter den Gesellschaftsanteil des verstorbenen Gesellschafters treuhänderisch. Tritt die Berechtigte nicht in die Gesellschaft ein, wächst der Gesellschaftsanteil des verstorbenen Gesellschafters den übrigen Gesellschafter an, ohne dass den weichenden Erben des ausgeschiedenen Gesellschafters ein Abfindungsanspruch gegen die übrigen Gesellschafter zusteht.

Den weichenden Erben des ausgeschiedenen Gesellschafters stehen auch keinerlei Abfindungsansprüche gegen die Gesellschaft zu.

Den Erben von Max Müller steht bei Eintritt von Leonie Müller in die Gesellschaft ein Abfindungsanspruch gegen diese zu. Die Höhe der Abfindung bestimmt sich entsprechend § ... des Gesellschaftsvertrages.

5. Pflichtteilsrechtliche Ansprüche

a) Grundsätze

66 Das gesetzliche Pflichtteilsrecht kann weder durch Gesellschaftsvertrag noch durch Verfügung von Todes wegen beeinträchtigt werden. Der Berechnung des Pflichtteils ist der Wert des Nachlasses zugrunde zu legen, § 2311 Abs. 1 BGB. Die Vorschrift ist unabdingbar, arg. § 2311 Abs. 2 S. 2 BGB. »Wert« ist der **wirkliche** Wert, nach h. M. einschließlich stiller Reserven und des Firmenwerts.[79] Beschränkende gesellschaftsvertragliche Bewertungsvereinbarungen bleiben grundsätzlich außer Betracht; welche Ausnahmen hiervon anzuerkennen seien, wird intensiv diskutiert.[80] Bei der Bewertung des »fiktiven« Nachlasses gemäß § 2325 BGB, nämlich eines dem Nachlass hinzuzurechnenden Geschenks, gilt das Gleiche. Soweit allerdings die Gesellschaftsbeteiligung oder ihr Wert nicht in den Nachlass fallen, bleiben sie auch bei der Pflichtteilsberechnung außer Betracht.

---

[78] S. o. Rdn. 45.
[79] Siehe *v. Dickhuth-Harrach*, § 54 Rn. 37 ff. m. w. N. und BGH NJW 1982, 2441 für die Bewertung beim Zugewinnausgleich unter Hinweis auf die Grundsätze in BGH NJW 1973, 509, die für die Berechnung des Zugewinnausgleichs in gleicher Weise maßgeblich seien wie für die Berechnung des Pflichtteils. Vgl. *Crezelius*, Unternehmenserbrecht, Rn. 95, der sich unter Heranziehung der beim Zugewinnausgleich geltenden Grundsätze für eine generelle Berücksichtigung *latenter Steuern* bei der pflichtteilsrechtlichen Wertermittlung ausspricht.
[80] Palandt/*Weidlich*, § 2311 Rn. 11 m. w. N.; MünchKommBGB/*Lange*, § 2311 Rn. *33*; *Crezelius*, Unternehmenserbrecht, Rn. 94.

b) Fortsetzungsklausel

An der Nachlasszugehörigkeit der Gesellschaftsbeteiligung fehlt es, wenn der Gesellschaftsvertrag 67
eine Fortsetzungsklausel vorsieht. Die Beteiligung wird durch diese Klausel, wie es üblicherweise heißt, »**am Nachlass vorbeigesteuert**«. Für die Berechnung der auf dem tatsächlich vorhandenen Nachlass basierenden, »ordentlichen« Pflichtteilsansprüche nach §§ 2303 ff. BGB scheidet der Wert der Gesellschaftsbeteiligung deshalb aus.[81]

In den Nachlass fällt allerdings der Abfindungsanspruch gemäß § 738 Abs. 1 S. 2 BGB, soweit ge- 68
geben. Ist der Abfindungsanspruch ausgeschlossen oder eingeschränkt, kommt es für die Entstehung eines Pflichtteilsergänzungsanspruchs, § 2325 BGB, darauf an, ob der Ausschluss (oder die Beschränkung) unentgeltlich war. Dies ist bei **allseitigem** Abfindungsausschluss grundsätzlich nicht der Fall, so dass hier ein Anspruch aus § 2325 BGB ausscheidet.[82] Verzichten im Gesellschaftsvertrag hingegen nicht alle Gesellschafter auf den Abfindungsanspruch, liegt Unentgeltlichkeit vor. Die verbleibenden Gesellschafter haben dann dem (den) Pflichtteilsberechtigten den fehlenden Betrag insoweit zu ersetzen, als die Erben zur Ergänzung des Pflichtteils nicht verpflichtet sind, § 2329 Abs. 1 S. 1 BGB.

▶ **Hinweis: Erbschaftsteuerlich** bleibt allerdings eine Beschränkung oder ein Ausschluss der Abfindung nach Maßgabe des § 3 Abs. 1 Nr. 2 S. 2 ErbStG irrelevant.[83]

c) Eintrittsklausel und rechtsgeschäftliche Nachfolgeklausel

Im Hinblick auf das Pflichtteilsrecht weisen die Eintrittsklausel und die rechtsgeschäftliche Nachfol- 69
geklausel Parallelen zur Fortsetzungsklausel auf. Hier wie dort wird die Mitgliedschaft »am Nachlass vorbeigesteuert«.[84] Wie bei der Fortsetzungsklausel kommen deshalb zwar keine Pflichtteilsansprüche gemäß §§ 2303 ff. BGB, wohl aber **Pflichtteilsergänzungsansprüche** in Betracht. Soweit der Nachfolger den Erben ein Entgelt zu zahlen hat, scheiden sie allerdings aus.[85] Eine Schenkung kann ferner – wie bei Geltung einer Fortsetzungsklausel – bei *allseitigem* Eintrittsrecht ausscheiden.[86]

d) Einfache und qualifizierte Nachfolgeklausel

Bei der einfachen Nachfolgeklausel ist die Gesellschaftsbeteiligung Nachlassbestandteil, bei der qua- 70
lifizierten – ungeachtet allen dogmatischen Streits – jedenfalls ihr Wert. Demgemäß geht bei beiden Klauseln der Wert der Gesellschaftsbeteiligung in die Berechnungsgrundlage von Pflichtteilsansprüchen nach §§ 2303 ff. BGB ein, und zwar, wie oben bereits niedergelegt, grundsätzlich ungeschmälert durch eine etwaige einschränkende gesellschaftsvertragliche Bewertung.

In Sonderfällen erörtert die Literatur Kompromisslösungen. So, wenn ein nachfolgeberechtigter Mit- 71
erbe in die Mitgliedschaft des Erblassers einrückt, bald danach aber wieder ausscheidet – beispielsweise gerade deshalb, weil er Pflichtteilsansprüche sonst nicht zu erfüllen vermöchte – und zum Buchwert (oder einem anderen Wert, der aber unter dem wirklichen liegt) abgefunden wird.[87] Hier ist zu erwägen, ob die Abfindungsklausel – anders als im Falle des Verbleibens in der Gesellschaft – nicht auch das Pflichtteilsrecht beeinflussen müsste.[88] Weitergehend schlägt *Reimann*[89]

---

81 *Crezelius*, Unternehmenserbrecht, Rn. 96.
82 Siehe Kapitel 10 Rdn. 148 und *v. Dickhuth-Harrach*, § 60 Rn. 41–44.
83 Näher *Meincke*, § 3 ErbStG Rn. 62 ff.
84 MünchVHdb. VI./*Nieder* (5. Aufl.), Form. XVI.10, Anm. 7, 2.
85 BGH NJW 1959, 1433.
86 BGH DNotZ 1966, 620, 621.
87 Hierzu *Michalski*, DB Beilage Nr. 5/1980, 22 m. w. N.
88 *Michalski* a. a. O.; in diesem Sinne auch MünchVHdb. IV. 2/*Nieder*, (4. Aufl.), S. 668.
89 *Reimann*, ZEV 1994, 7, 10.

vor, Abschläge vom wirklichen Wert zu machen, die danach zu bemessen seien, wie hoch im Zeitpunkt des Eintritts der Nachfolge die Wahrscheinlichkeit einer Beendigung der Gesellschaftsbeteiligung sei.

IV. Die Abstimmung der Verfügung von Todes wegen auf den Gesellschaftsvertrag

72 Die Abstimmung ist in manchen Fallkonstellationen nicht oder kaum problematisch. In anderen hingegen muss die Verfügung von Todes wegen sorgfältig auf den Gesellschaftsvertrag abgestimmt sein und dessen Vorgaben beachten, um nicht entweder Gestaltungsspielräume ungenutzt zu lassen oder ins Leere zu gehen. In jedem Falle gilt: Der Erblasser ist an den **Gesellschaftsvertrag** gebunden. Für seine Verfügung von Todes wegen besteht daher nur so viel Gestaltungsspielraum, wie ihn der Gesellschaftsvertrag eröffnet.

1. Allgemeines

73 *Rechtlich* weniger problematisch ist die Abstimmung meist, wenn im Gesellschaftsvertrag
– die gesetzliche Regelung unverändert bleibt,
– eine Fortsetzungsklausel,
– oder eine Eintrittsklausel
– oder eine rechtsgeschäftliche Nachfolgeklausel vereinbart ist.

74 Ähnliches gilt oft, wenn eine einfache Nachfolgeklausel vereinbart ist. In diesen Fällen bedarf es nicht einmal einer Verfügung von Todes wegen. Eine Ausnahme gilt, wenn eine Eintrittsklausel vereinbart ist und der Gesellschaftsvertrag die Bestimmung des Eintrittsberechtigten einer Verfügung von Todes wegen überlässt. Aber auch hier ist die Abstimmung nicht schwierig; die Verfügung von Todes wegen braucht nur die betreffende Person zu bezeichnen. *Praktisch* bieten aber auch die rechtlich unproblematischen Fälle **Gefahrenquellen**. Schon bei Geltung der gesetzlichen Regelung können Probleme auftauchen.

> ▶ **Beispiel:** Fritz Fischer hat zusammen mit seinem Bruder ein Grundstück in Gesellschaft bürgerlichen Rechts erworben. Ein ausdrücklicher Gesellschaftsvertrag wurde nicht geschlossen. 30 Jahre später setzt Fritz Fischer seinen Sohn zum Erben ein in der Annahme, dieser werde auch »seinen Grundstücksanteil erben«. Tatsächlich jedoch hat der Tod des Vaters die Auflösung der Gesellschaft zur Folge und der Sohn ist, will er die Grundstücksbeteiligung halten, auf den Mitgesellschafter angewiesen.

75 Ähnliche Probleme können sich bei einem Abfindungsausschluss ergeben. Außerdem hat die Beratungspraxis die Fakten in den hier angesprochenen Fällen besonders sorgfältig zu ermitteln, damit die Verfügung von Todes wegen auf zutreffender Grundlage errichtet wird.

> ▶ **Beispiel:** Herbert Haller hat mit zwei Schulfreunden eine OHG gegründet. Der Gesellschaftsvertrag sieht vor, dass im Falle des Todes eines Gesellschafters – und des damit verbundenen Ausscheidens aus der Gesellschaft – seinen Erben keinerlei Abfindung zusteht. Jahrzehnte später setzt Herbert Haller seinen Sohn zum Erben ein in der Annahme, dieser werde somit auch in seine Gesellschaftsbeteiligung eintreten. **Ergebnis:** Die erbrechtliche Verfügung des Vaters geht *vollständig ins Leere*. Denn: (1) Da der Vater mit seinem Tode aus der Gesellschaft ausscheidet, § 131 Abs. 2 Nr. 1 HGB, tritt der Sohn als Erbe nicht in die Gesellschaft ein. (2) Eine Abfindung, § 738 BGB, ist wirksam ausgeschlossen worden. (3) Pflichtteilsergänzungsansprüche des Sohnes kommen selbst dann nicht in Betracht, wenn der Wert des außer der Gesellschaftsbeteiligung vorhandenen Restvermögens des Vaters geringfügig wäre; denn der Übergang des Anteils des Vaters am Gesellschaftsvermögen auf den verbleibenden Gesellschafter stellt mangels Unentgeltlichkeit keine Schenkung dar. Mag man diese praktischen Probleme auch der Vergesslichkeit der Gesellschafter zuschreiben – selten sind sie nicht.

2. Abstimmung bei Fortsetzungsklausel mit Abfindungsausschluss

Ist eine Fortsetzungsklausel mit einem Abfindungsausschluss kombiniert, dann ist bei Errichtung einer Verfügung von Todes wegen zu beachten, dass der Abfindungsausschluss – mangels anderweitiger Bestimmung im Gesellschaftsvertrag – den Bestand von **Drittgläubigerforderungen** (d. h. solchen, bei denen sich der Gesellschafter als Anspruchsinhaber und die Gesellschaft als Anspruchsgegner wie Dritte gegenüberstehen) unberührt lässt. Ferner dürften wohl auch Forderungen des Erblassers aus Sonderkonten, insbesondere **Privat- oder Darlehenskonten**, unberührt bleiben, falls nicht der Gesellschaftsvertrag etwas anderes bestimmt. Dann dürfte davon auszugehen sein, dass diese Ansprüche den Erben nicht sollten entzogen werden.[90] Hier kann also ein Regelungsbedürfnis bestehen, falls diese Rechte nicht den Erben entsprechend ihrer Erbquote zufallen sollen.

76

3. Abstimmung bei Eintrittsklausel

Mit dem Tode des Gesellschafters entsteht der Abfindungsanspruch der Erben gemäß § 738 Abs. 1 S. 2 BGB, soweit nicht ausgeschlossen. Ist der Eintrittsberechtigte nicht Alleinerbe, dann steht ihm der Abfindungsanspruch nicht oder nicht allein zu. Andererseits kann er seinen Aufnahmeanspruch im Zweifel nur gegen **Einlage** verwirklichen. Den Abfindungsanspruch kann er dann nicht zur Deckung seiner Einlageverpflichtung verwenden. Die Lösung des Problems kann entweder bei der Verfügung von Todes wegen oder beim Gesellschaftsvertrag ansetzen:[91] In der Verfügung von Todes wegen kann der Erblasser dem Eintrittsberechtigten den Abfindungsanspruch **vermachen**. Bereits im Gesellschaftsvertrag kann vereinbart werden, dass die übrigen Gesellschafter den Gesellschaftsanteil bis zum Eintritt **treuhänderisch** halten und ihn sodann auf den Eintrittswilligen unentgeltlich zu übertragen haben.[92]

77

4. Abstimmung bei qualifizierter Nachfolgeklausel

Die qualifizierte Nachfolgeklausel verlangt stets eine sorgfältige Abstimmung von Gesellschaftsvertrag und Verfügung von Todes wegen. Die Klausel geht ins Leere, wenn nicht folgende Voraussetzungen vorliegen:
– Es muss im Zeitpunkt des Erbfalls zumindest *eine* i. S. d. Gesellschaftsvertrages »**qualifizierte**« Person vorhanden sein.
– Diese Person muss vom Erblasser in der Verfügung von Todes wegen zum **Erben** (oder Miterben) eingesetzt worden sein.[93]

78

Mangelt es an einer Voraussetzung, so gilt: (1) Zunächst ist zu fragen, ob der Gesellschaftsvertrag eine Bestimmung für den eingetretenen Fall enthält. (2) Fehlt eine solche Bestimmung, wird die Gesellschaft unter den verbleibenden Gesellschaftern fortgesetzt. Dies gilt auch für die Gesellschaft bürgerlichen Rechts: Schlägt eine Nachfolgeklausel fehl, dann entfaltet sie jedenfalls noch die Wirkungen einer Fortsetzungsklausel.[94] (3) Darüber hinaus ist, wenn es lediglich an der Erbeinsetzung mangelt – wenn also zwar eine qualifizierte Person vorhanden, diese aber nicht Erbe ist – im Wege **ergänzender Auslegung** des Gesellschaftsvertrages zu ermitteln, ob der Nachfolgeklausel die Bedeutung einer **rechtsgeschäftlichen Eintrittsklausel** zuzuerkennen ist.[95] Das ist im Regelfall zu bejahen.

79

---

90 MünchHdb. GesR I/*Klein*, (2. Aufl.) § 72 Rn. 21 mit ausdrücklichem Hinweis in Fn. 49 darauf, dass Rechtsprechung oder Literatur zu dieser Frage bisher anscheinend nicht vorliegen.
91 Vgl. *K. Schmidt*, Gesellschaftsrecht, § 45 V. 6. a).
92 MünchVHdb. VI/*Nieder* Form. XVI.10. zu II., 1.
93 Das Sonderproblem des *Vermächtnisses* der Beteiligung an einen qualifizierten Nachfolger wird hier zunächst ausgeklammert und unten erörtert.
94 MünchHdb. GesR I/*Klein*, (2. Aufl.) § 72 Rn. 119 m. w. N.
95 BGH NJW 1978, 264.

Kapitel 11 Regelung der Nachfolge in Gesellschaftsvermögen

Ist der – oder sind die – Nachfolgeberechtigte(n) im Gesellschaftsvertrag eindeutig bestimmt, steht diesem (diesen) das Eintrittsrecht selbst zu. Ansonsten kommt ein Bestimmungsrecht der Erben in Betracht.[96]

80 Mit der Umdeutung in eine rechtsgeschäftliche Eintrittsklausel ist dem potentiellen Nachfolger freilich noch nicht durchschlagend geholfen. Es taucht hier vielmehr das gleiche Problem auf, das sich, wie oben erörtert, allgemein bei Eintrittsklauseln stellt: Dem Eintrittsberechtigten nützt sein Recht wenig, solange er nicht Inhaber des Abfindungsanspruchs ist. Dieser jedoch fällt in den Nachlass und steht dem Erben zu.

> ▶ **Beispiel** (gebildet in Anlehnung an einen Fall von *Flick*)[97]: Vater V ist Kommanditist einer KG. Mitgesellschafter sind seine Brüder B und C. Die Beteiligung des V hat einen Verkehrswert von € 2 Millionen. Der Gesellschaftsvertrag bestimmt, dass nur Abkömmlinge eines Gesellschafters dessen Nachfolger werden können. Für den Fall des Ausscheidens sieht der Gesellschaftsvertrag eine Abfindung in Höhe des halben Verkehrswertes vor. V und seine Ehefrau M haben eine Tochter T und einen ungeliebten Sohn S. In einem »Berliner Testament« haben sich die Eltern gegenseitig zu Erben und die Tochter T zur Schlusserbin eingesetzt; den Sohn S. haben sie enterbt. V verstirbt. **Würdigung**: Mutter M ist Erbin, kann aber mangels Qualifikation nicht erbrechtlich in die Gesellschaftsbeteiligung einrücken. Möglich wäre zwar ihr rechtsgeschäftlicher Eintritt. Dieser bedürfte aber der Zustimmung der Mitgesellschafter B und C, deren Interesse daran angesichts der für die verbleibenden Gesellschafter günstigen Abfindungsklausel gering ist. T und S. sind qualifiziert, aber nicht Erben. Die Familie V/M verliert also die Gesellschaftsbeteiligung und zugleich – infolge der Abfindungsbestimmung – die Hälfte des wirtschaftlichen Wertes der Beteiligung.

81 *Flick* würdigt den Fall so:[98] (1) T erhalte keine Chance, als Nachfolgerin ihres Vaters im Unternehmen tätig zu werden. (2) Auch die »Reparaturmöglichkeit« der Ausschlagung durch M versage, da dann der ungeliebte S. als Miterbe zum Zuge komme. Diese Beurteilung überzeugt nicht: (1) Unerörtert bleibt bei *Flick* vor allem die Möglichkeit, der T durch *ergänzende Auslegung* des Gesellschaftsvertrages ein rechtsgeschäftliches Eintrittsrecht einzuräumen.[99] (2) Eine Ausschlagung würde S. nicht zum Miterben machen. Durch die Enterbung des Sohnes und die Einsetzung der T zur alleinigen Schlusserbin haben die Eltern vielmehr unmissverständlich zu erkennen gegeben, dass sie die T auch als alleinige Ersatzerbin für den Fall des Wegfalls eines Ehepartners einsetzen wollten. Zum gleichen Ergebnis würde übrigens die Auslegungsregel des § 2097 BGB führen.

82 Eine angemessene Regelung durch Verfügung von Todes wegen könnte in Fällen wie dem obigen Beispielsfall folgendermaßen aussehen:
– Die Tochter wird zur Miterbin des Vaters eingesetzt und es wird ihr die Gesellschaftsbeteiligung allein zugewiesen.
– In Frage kommt auch eine Einsetzung der Tochter zur Alleinerbin. Einem Versorgungsbedürfnis der Mutter kann durch Vermächtnisse Rechnung getragen werden: Was die Gesellschaftsbeteiligung betrifft, so kann der Vater der Mutter den Gewinnanspruch, § 717 S. 2 BGB, vermachen.

83 Bestimmt nicht der Gesellschaftsvertrag schon, dass Mitgliedschaft und selbständig abtretbare Vermögensrechte **nur zusammen** übergehen können, dann sollte die Verfügung von Todes wegen bestimmen, ob mit der Beteiligung auch die selbständig abtretbaren Vermögensrechte auf den Nachfolger übergehen oder wem ggf. diese Rechte zustehen sollen.

---

96 MünchHdb. GesR I/*Klein*, (2. Aufl.) § 72 Rn. 35.
97 *Flick*, ZEV 1994, 34.
98 *Flick*, a. a. O.
99 Hierzu BGH NJW 1978, 264 = DB 1977, 2318; siehe auch BGH NJW-RR 1987, 989 = DNotZ 1988, 46 = FamRZ 1987, 261 = MittRhNotK 1987, 261.

Ungeachtet des Übergangs der Gesellschaftsbeteiligung nur auf bestimmte, qualifizierte Erben haften auch die übrigen, die »weichenden« Erben wie ausgeschiedene Gesellschafter für Altverbindlichkeiten der Gesellschaft und im Zweifel auch für die Sozialansprüche, also die im Gesellschaftsverhältnis begründeten Ansprüche der Gesellschaft gegen den Erblasser.[100] Regelmäßig dürfte es dem Willen des Erblassers entsprechen, dass im Innenverhältnis die Nachfolger diese Verbindlichkeiten allein zu tragen haben. Es empfiehlt sich vorsorglich, dies in der Verfügung von Todes wegen ausdrücklich klarzustellen.

Die qualifizierte Nachfolgeklausel kann einkommensteuerlich schädlich sein, wenn **Sonderbetriebsvermögen** vorhanden ist.[101]

5. Vermächtnis eines Gesellschaftsanteils

a) Gesellschaftsvertrag lässt Vermächtnis zu

▸ **Muster: Vermächtnis einer Gesellschaftsbeteiligung**

Verstirbt ein Gesellschafter, führen die Übrigen die Gesellschaft mit seinen Erben oder denjenigen Personen fort, denen der Gesellschafter seine Beteiligung vermacht. Jedoch sind nur Abkömmlinge des Gesellschafters nachfolgeberechtigt. Andere Personen können nicht Gesellschafter werden.

Der Gesellschaftsvertrag kann die Möglichkeit eröffnen, eine Gesellschaftsbeteiligung zum Gegenstand eines Vermächtnisses zu machen. Das Vermächtnis eines Gesellschaftsanteils bewirkt noch keinen unmittelbaren Eintritt des Bedachten in die Gesellschaft, sondern begründet nur einen schuldrechtlichen Anspruch gegen den Erben auf Übertragung des Anteils, § 2174 BGB. Ein unmittelbarer Rechtsübergang auf den Vermächtnisnehmer ist ausgeschlossen und kann auch nicht gesellschaftsvertraglich bewirkt werden.[102] Damit der Erbe den Anspruch erfüllen kann, muss er seinerseits Anteilsinhaber geworden sein. Die *Vererblichkeit* des Anteils ist deshalb Voraussetzung für den rechtlichen Erfolg eines Vermächtnisses. Vererblichkeit ist bei einem Kommanditanteil bereits von Gesetzes wegen gegeben, § 177 HGB. Im Übrigen setzt ein funktionierendes Vermächtnis eine – einfache oder qualifizierte – Nachfolgeklausel voraus.[103]

▸ **Hinweis:** Erlaubt der Gesellschaftsvertrag die Zuwendung des Gesellschaftsanteils durch Vermächtnis, so ist darin deshalb regelmäßig sowohl die *Vererblichstellung* des Anteils zu sehen als auch die *Zustimmung* aller Gesellschafter zur Übertragung des Anteils vom Vermächtnisnehmer auf den Erben.[104]

Als Vermächtnisnehmer kann der Berechtigte die Zuwendung der Gesellschaftsbeteiligung, anders als der Erbe (soweit er nicht zugleich Vorausvermächtnisnehmer ist und in dieser Eigenschaft handelt) separat ausschlagen, § 2180 BGB. Er ist berechtigt, einzutreten, aber nicht verpflichtet.

Die vermächtnisweise Zuwendung des Gesellschaftsanteils erfasst mangels anderweitiger konkreter Anhaltspunkte auch die gemäß § 717 S. 2 BGB selbständig abtretbaren Ansprüche, insbesondere auf Gewinnanteil und Auseinandersetzungsguthaben.[105]

---

100 Vgl. BGHZ 68, 225, 239 f.; MünchHdb. GesR I/*Klein*, (2. Aufl.) § 72 Rn. 71, § 74 Rn. 23.
101 Siehe hierzu Kapitel 20 Rdn. 268 und *v. Dickhuth-Harrach*, § 12 Rn. 57–59.
102 Nieder/Kössinger/*W. Kössinger*, § 20 Rn. 20; MünchHdb. GesR I/*Klein/Lindemeier*, § 79 Rn. 20.
103 *K. Schmidt*, Gesellschaftsrecht, § 45 V 5b.
104 Lässt der Gesellschaftsvertrag den Eintritt aufgrund Vermächtnisses zu, handelt es sich dabei *Nieder* zufolge insoweit um eine *Eintrittsklausel* (MünchVHdb VI./*Nieder*, 5. Aufl., Form. XVI.10, Anm. 8). Diese verleiht im Wege eines Vertrages zugunsten eines Dritten – hier des vom Erblasser einzusetzenden Vermächtnisnehmers – einen Anspruch auf Aufnahme gegen *die übrigen Gesellschafter*. Das Vermächtnis selbst, das ausschließlich einen Anspruch gegen den *Erben* begründet, dient dann der Ausfüllung des Eintrittsrechts.
105 MünchHdb. GesR II/*Klein*, (2. Aufl.) § 43 Rn. 22.

b) Gesellschaftsvertrag lässt Vermächtnis nicht zu

90 Lässt der Gesellschaftsvertrag das Vermächtnis eines Gesellschaftsanteils nicht ausdrücklich zu, dann scheitert die Zuwendung, wenn der Anteil nicht vererblich ist oder nicht vererblich gestellt ist (z. B. BGB-Gesellschaft oder OHG ohne Nachfolgeklausel). Sie *kann* aber auch bei Vererblichkeit des Anteils (z. B. GbR- oder OHG-Anteil mit einfacher oder qualifizierter Nachfolgeklausel, oder Kommanditanteil) scheitern. Besonders groß ist die Gefahr des Scheiterns im Bereiche qualifizierter Nachfolgeklauseln.

> **Beispiel:**[106] Laut Gesellschaftsvertrag sind nur Abkömmlinge zur Nachfolge qualifiziert. Der Erblasser setzt seine Ehefrau zur Alleinerbin ein und vermacht seinem Sohn die Beteiligung: Hier ist die Erbin nicht qualifiziert und der Qualifizierte nicht Erbe. Die Ehefrau vermag in die Mitgliedschaft nicht einzurücken und sie demgemäß auch nicht auf ihren Sohn zu übertragen; sie kann das Vermächtnis nicht erfüllen.

91 Ferner droht Scheitern allgemein – sowohl im Bereiche der einfachen als auch der qualifizierten Nachfolgeklausel –, weil sich der Eintritt des Vermächtnisnehmers im Wege der rechtsgeschäftlichen Übertragung des Anteils durch den Erben vollzieht und es an der hierzu regelmäßig erforderlichen **Zustimmung** der übrigen Gesellschafter fehlen kann. Aus allgemeinen Rechtsgrundsätzen, insbesondere aus § 242 BGB, kann sich allerdings u. U. eine Zustimmungspflicht ergeben. Insbesondere ist zu fragen, ob sich nicht im Regelfall bereits aus der gesellschaftsvertraglichen Vereinbarung einer Nachfolgeklausel eine Zustimmungspflicht ergibt[107] oder die Nachfolgeklausel nicht sogar bereits als vorweggenommene Zustimmung auszulegen ist.

> **Hinweis:** Scheitert die Übertragung mangels Zustimmung, dann hat der Erbe dem Vermächtnisnehmer aber die gemäß § 717 S. 2 BGB selbständig abtretbaren Ansprüche (insbesondere auf den Gewinnanteil und das Auseinandersetzungsguthaben) zu übertragen.[108]

6. Zuwendung im Wege der Vor- und Nacherbfolge

a) Allgemeines

92 Ist der Gesellschaftsanteil **vererblich** gestellt (durch einfache oder qualifizierte Nachfolgeklausel), kann der Erblasser auch Vor- und Nacherbfolge anordnen.[109] Der Gesellschaftsvertrag kann eine solche Anordnung zwar ausschließen;[110] mangels eines solchen Ausschlusses aber bedeutet die Vereinbarung einer Nachfolgeklausel grundsätzlich auch die Zulässigkeit von Vor- und Nacherbfolge.[111]

93 Bei qualifizierter Nachfolgeklausel setzt die Anordnung die Qualifikation sowohl des Vor- als auch des Nacherben voraus.[112]

94 Ist der **Vorerbe nicht qualifiziert**, dann kann die Mitgliedschaft des Erblassers nicht auf ihn übergehen und erlischt. Die Gesellschaft wird unter den verbleibenden Gesellschaftern fortgesetzt. Ein etwaiger Abfindungsanspruch fällt in den Nachlass und unterliegt der Vor- und Nacherbfolge.[113] Die Auslegung (sowohl – und primär – des Gesellschaftsvertrages als auch der Verfügung von Todes wegen) kann aber zu einem anderen Ergebnis führen. In Betracht kommt ein Eintrittsrecht für den

---

106 Vgl. auch den Fall BGH NJW 1978, 264.
107 In diese Richtung gehend MünchHdb GesR II/*Klein*, (2. Aufl.) § 72 Rn. 30 m. w. N.
108 BGH WM 1976, 251, 252; MünchHdb. GesR II/*Klein*, (2. Aufl.) § 43 Rn. 22 sowie MünchHdb. GesR I/*Klein*, (2. Aufl.)§ 72 Rn. 30.
109 BGHZ 69, 47, 49; BGHZ 77, 177, 181.
110 BGHZ 69, 47, 49.
111 BGHZ 77, 177, 181; MünchHdb. GesR I/*Klein*, (2. Aufl.) § 73 Rn. 22.
112 *K. Schmidt*, Gesellschaftsrecht, § 45 V. 9.
113 *Crezelius*, Unternehmenserbrecht, Rn. 51.

Nacherben, verbunden mit vermächtnisweiser Zuwendung des Gewinnanspruchs und des Anspruchs auf das künftige Auseinandersetzungsguthaben an den Vorerben.[114]

Ist der **Nacherbe nicht qualifiziert**, dann kann die Nacherbfolge nicht eintreten. Der Vorerbe scheidet aus; die Gesellschaft wird mit den verbleibenden Gesellschaftern fortgesetzt. Ein ggf. bestehender Abfindungsanspruch – als Surrogat des Gesellschaftsanteils – steht dem Nacherben zu.[115] Ob der Nacherbe Gesellschafter werden kann, richtet sich nach dem Inhalt des Gesellschaftsvertrages im Zeitpunkt des Nacherbfalls.[116]

95

b) Die Rechtsstellung des Vorerben

Der Vorerbe übt während seiner Gesellschaftszugehörigkeit grundsätzlich alle **Gesellschafterrechte** in vollem Umfang aus. Bei einer vollhaftenden OHG- oder KG-Beteiligung steht dem Vorerben das Wahlrecht des § 139 HGB zu, ohne dass er einer Zustimmung des Nacherben bedarf.[117] Der Nacherbe ist an die Entscheidung gebunden, kann also nach Eintritt des Nacherbfalls nicht verlangen, dass ihm die Stellung eines persönlich haftenden Gesellschafters eingeräumt wird.[118] Belässt es der Vorerbe allerdings bei der vollhaftenden Beteiligung, steht dem Nacherben das Wahlrecht erneut zu (h. M.).[119]

96

Während der Dauer der Vorerbschaft stehen entnahmefähige **Gewinne** als Nutzungen i. S. d. § 2111 BGB dem Vorerben zu. Nicht entnommene, der Eigenkapitalbildung dienende Gewinne hingegen gehören zur Erbschaft.[120] Ebenfalls zur Erbschaft gehören **stille Reserven**.[121]

97

Auch wenn sich Grundeigentum im Gesellschaftsvermögen befindet, gilt die Verfügungsbeschränkung des § 2113 Abs. 1 BGB nicht. Zur Erbschaft gehörender Gegenstand i. S. d. § 2113 Abs. 1 BGB ist der Gesellschaftsanteil, nicht das Grundeigentum. Der Vorerbe kann über die Gesellschaftsbeteiligung – wie allgemein über bewegliches Vermögen – **verfügen**, § 2112 BGB. Er ist im Wesentlichen nur durch das Verbot unentgeltlicher Verfügungen, § 2113 Abs. 2 BGB, beschränkt. Deshalb ist es dem Vorerben auch möglich, die vorgesehene Nacherbfolge in den Gesellschaftsanteil **zu vereiteln**, indem er

98

– den Anteil (entgeltlich) veräußert,[122] oder
– eine Mitgliedschaft gegen (vollwertige) Abfindung kündigt,[123] oder
– an einer Gesellschaftsvertragsänderung mitwirkt, die den Anteil unvererblich macht, sofern die Änderung als »entgeltlich« zu qualifizieren ist (dazu sogleich);[124] der Anteil kann auf den Nacherben nur übergehen, wenn der Gesellschaftsvertrag dies im Zeitpunkt des Nacherbfalls noch zulässt.[125]

---

114 MünchHdb. GesR I/*Klein*, (2. Aufl.) § 72 Rn. 119. Der von *Klein*, a. a. O., Fn. 310 für eine solche Auslegung zitierte BGH, II. Senat (WM 1987, 981 = NJW RR 1987, 989 = DNotZ 1988, 46) hat allerdings nicht dies, sondern weitaus Verschlungeneres in Betracht gezogen, nämlich ein Vermächtnis des Abfindungsanspruchs an den *Nach*erben (insoweit noch durchaus einsichtig, ebenso OLG Frankfurt DB 1988, 104), wobei aber dem Vorerben der »Gewinnanspruch und der künftige Anspruch auf die Abfindung oder das Auseinandersetzungsguthaben« verbleiben sollen. Zu Deutung und Kritik dieser Entscheidung *Marotzke*, JR 1988, 184; *Ulmer*, JZ 1987, 880; *Götte*, DNotZ 1988, 603.
115 MünchKommBGB/*Schäfer*, § 727, Rn. 55; *Crezelius*, Unternehmenserbrecht, Rn. 51.
116 MünchKommBGB/*Grunsky*, § 2112 Rn. 7; *Crezelius*, Unternehmenserbrecht, Rn. 51.
117 BGH NJW 1981, 1560, 1561; MünchKommBGB/*Grunsky*, § 2112 Rn. 7.
118 BGHZ 69, 47, 52; MünchKommBGB/*Grunsky*, § 2112 Rn. 7.
119 MünchHdb. GesR I/*Klein*, (2. Aufl.) § 73 Rn. 24 m. w. N.
120 BGHZ 78, 177, 188; vgl. auch BGHZ 109, 214, 219.
121 MünchHdb. GesR I/*Klein*, (2. Aufl.) § 73 Rn. 24 m. w. N.
122 BGHZ 69, 47; MünchKommBGB/*Grunsky*, § 2112 Rn. 7.
123 BGH NJW 1984, 362, 364; auch BGHZ 78, 177, 182; MünchKommBGB/*Grunsky*, § 2112 Rn. 8.
124 BGHZ 78, 177, 182.
125 BGHZ 78, 177, 181.

99 Die Mitwirkung des Vorerben an Gesellschaftsvertragsänderungen muss der Nacherbe in weitem Umfang gegen sich gelten lassen. **Entgeltlichkeit** der Mitwirkung, § 2113 Abs. 2 BGB, liegt nach der Rechtsprechung des BGH[126] regelmäßig bereits dann vor, wenn
 – die Gesellschaftsvertragsänderung alle Gesellschafter *gleichmäßig* betrifft,[127] oder
 – der Vorerbe zwar einseitigen Änderungen zu Lasten seines Gesellschaftsanteils zustimmt, dies aber eine Konzession dafür ist, dass die Mitgesellschafter *zusätzliche Leistungen* für die Erhaltung oder Stärkung des Gesellschaftsunternehmens erbringen.[128]

100 Die Mitwirkung des Vorerben ist m. a. W. insbesondere dann auch dem Nacherben gegenüber wirksam, wenn sie im **Gesellschaftsinteresse** geboten ist, der Erhaltung oder Stärkung des Unternehmens dient und somit im Ergebnis auch dem Vorerben-Anteil zugute kommt.[129] Ausreichend ist, dass der Vorerbe von der Entgeltlichkeit unter Berücksichtigung seiner Pflicht, den Nachlass ordnungsgemäß zu verwalten, **überzeugt sein darf**.[130]

7. Unterlaufen einer erbvertraglichen Bindung

101 Ein Erblasser-Gesellschafter, der über seine Gesellschaftsbeteiligung oder seinen Gesamtnachlass von Todes wegen bindend verfügt hat, ist dadurch in der Ausübung seiner gesellschaftlichen Rechte in keiner Weise eingeschränkt. Die erbvertragliche Bindung (oder die nach dem Tode eines Ehegatten eintretende Bindung an eine wechselbezügliche Verfügung in einem gemeinschaftlichen Testament) vermag das Recht des Erblassers zu Verfügungen unter Lebenden nicht zu beschränken, § 2286 BGB. Der Erblasser ist also in der Lage, seine erbrechtliche Bindung auf gesellschaftsrechtlichem Wege – durch Gesellschaftsvertragsänderung – zu unterlaufen.[131]

> ▶ **Beispiel:** Der Gesellschaftsvertrag enthält eine einfache Nachfolgeklausel. Der Gesellschafter hat seine Ehefrau mit erbvertraglicher Bindungswirkung zur Alleinerbin eingesetzt. Später wirkt er an einer Gesellschaftsvertragsänderung mit, wodurch an die Stelle der einfachen Nachfolgeklausel eine qualifizierte tritt und nur Abkömmlinge eines Gesellschafters nachfolgeberechtigt sind: Die Änderung ist wirksam, die Nachfolge der Ehefrau in den Anteil schlägt fehl.

V. Beratungsempfehlungen

102 Der Erblasser muss eindringlich befragt werden, ob er an Personengesellschaften beteiligt ist. So muss beispielsweise auch erfragt werden, ob etwa Grundstücke in Gesellschaft bürgerlichen Rechts – statt in Bruchteilseigentum – erworben worden sind. Erfahrungsgemäß droht die Beteiligungsform eines Grundstückserwerbs bei den Beteiligten schnell in Vergessenheit zu geraten; sie gehen später oft wie selbstverständlich davon aus, sie hätten vererbliche Bruchteile erworben.

103 Der Berater sollte auf eine Prüfung und nötigenfalls eine zweckmäßige **Neugestaltung** des Gesellschaftsvertrages drängen. Hierbei empfiehlt sich meist die Hinzuziehung des Steuerberaters der Beteiligten. Die Verfügung von Todes wegen ist sorgfältig auf den Gesellschaftsvertrag abzustimmen. Dabei ist zentrales Erfordernis, den **Primat des Gesellschaftsrechts** zu berücksichtigen. Die Verfügung von Todes wegen kann sich nur innerhalb des Raumes bewegen, den der Gesellschaftsvertrag ihr lässt. Der Gestaltungsspielraum für eine Verfügung von Todes wegen ist besonders dann einge-

---

[126] BGHZ 78, 177.
[127] BGH a. a. O., Ls. und 186.
[128] BGH a. a.O, Ls. und 183 f.
[129] BGHZ 78, 177, 183.
[130] BGH a. a. O., 184.
[131] BGH MDR 1974, 218; BGHZ 62, 20, 23; MünchHdb. GesR I/*Klein*, (2. Aufl.) § 72 Rn. 2 mwN. *Keine* Vereitelungsgefahr droht demgegenüber bei einer *rechtsgeschäftlichen Nachfolgeklausel*. Hier vollzieht sich der Erwerb nicht über das Erbrecht und er ist – vor allem – durch die Mitwirkung des Erwerbers bereits perfektioniert.

engt, wenn eine an sich zweckmäßige Neugestaltung des Gesellschaftsvertrages mangels Zustimmung der übrigen Gesellschafter nicht erreicht werden kann.

B. Vermächtnis des Nießbrauchs an einem Personengesellschaftsanteil

I. Überblick

Der Nießbrauch[132] an Personengesellschaftsanteilen[133] hat in der Unternehmenspraxis als mittelbare Unternehmensbeteiligung Bedeutung.[134] Er ist daneben ein wichtiges Instrument der Erbfolge-Gestaltung und auch der vorweggenommenen Erbfolge. Im Rahmen einer Verfügung von Todes wegen kann er mittels des hier zu behandelnden Nießbrauchsvermächtnisses zugewendet werden.

Der Nießbrauch führt eine Trennung von Substanz und Nutzungen des Belastungsgegenstandes herbei und gibt auf diese Weise die Möglichkeit, zwei Ziele mit einer Gestaltung zu erreichen, nämlich den Nießbraucher – beispielsweise den Ehegatten des Erblassers – mit den Nutzungen zu versorgen und zugleich die Substanz frühzeitig demjenigen zuzuweisen, der sie langfristig ohnehin erhalten sollte, beispielsweise gemeinsamen – oder auch einseitigen – Kindern. Der Nießbrauch ermöglicht also eine sukzessive Nachfolge.[135] Ein weiterer Grund für die Attraktivität des Nießbrauchs im Rahmen vorweggenommener Erbfolge ist aus erbschaftsteuerlicher Sicht, dass **Wertsteigerungen** der unter Nießbrauchsvorbehalt übertragenen Vermögensgegenstände bei der jüngeren Generation entstehen und daher beim späteren Erbfall nicht mehr der Erbschaftsteuer unterliegen.[136] Ein entsprechender Vorteil ergibt sich, wenn auch wegen der späteren Durchführung in geringerem Maße, bei der Erbfolge-Gestaltung mittels Nießbrauchsvermächtnis.

Der Nießbrauch an einer Personengesellschaftsbeteiligung unterscheidet sich von einer Unterbeteiligung dadurch, dass er eine dingliche Belastung der Mitgliedschaft darstellt, nicht nur einen bloß schuldrechtlichen Vertrag wie die Unterbeteiligung.[137] Andererseits handelt es sich beim Nießbrauch um *weniger* als eine Übertragung der Mitgliedschaft zur Nutzung wie bei der Treuhand. Diese dogmatische Abgrenzung gilt ungeachtet des Umstandes, dass Treuhandverhältnisse in der Gestaltungspraxis oft Nießbrauchszwecken dienen (wie beim sogleich zu behandelnden »Vollnießbrauch«).[138] Vor allem drei Nießbrauchsarten lassen sich unterscheiden.

II. Nießbrauchsarten

1. Vollnießbrauch

Eine bei Beachtung der allgemeinen Zulässigkeitsvoraussetzungen[139] anerkannte[140] Gestaltung ist der sog. Vollnießbrauch.[141] Der »Nießbraucher« übernimmt hier für die Dauer seines Rechts vollständig die **Stellung des Gesellschafters** nach innen und außen. Er trägt nach außen die mit der betreffenden Gesellschafterstellung verbundene Haftung und übt nach innen die Mitgliedschaftsrechte, insbesondere das Stimmrecht, aus. Er wird so zum »Gesellschafter auf Zeit«. Schuldrechtlich hat er aber nur Nießbrauchsrechte: Auf das Innenverhältnis zwischen Besteller (Erben) und Nießbraucher (Vermächtnisnehmer) finden weitestmöglich die Nießbrauchsvorschriften Anwendung. Rechts-

---

132 Siehe zum Nießbrauchsvermächtnis allgemein auch Kapitel 5 Rn. 366 ff. und *v. Dickhuth-Harrach*, § 29 Rn. 1–35.
133 Eine Checkliste zur Gestaltung eines Nießbrauchs an einer Personengesellschaftsbeteiligung durch eine Verfügung von Todes wegen findet sich bei *v. Dickhuth-Harrach*, § 62 Rn. 36.
134 *K. Schmidt*, Gesellschaftsrecht, § 61 II 1. a.
135 *Gebel*, ZErb 2006, 122.
136 *Janssen/Nickel*, Unternehmensnießbrauch, Vorwort.
137 *K. Schmidt*, Gesellschaftsrecht, § 61 II. 1. b.
138 *K. Schmidt*, Gesellschaftsrecht, § 61 II. 1. b.
139 S. u. III, Rdn. 120 ff.
140 BGH BB 1975, 295, 296 = DNotZ 1975, 735; *K. Schmidt*, Gesellschaftsrecht, § 61 II 1b.
141 Formulierungsbeispiel bei *Reimann/Bengel/J. Mayer*, Formularteil, Rn. 68.

dogmatisch handelt es sich nicht um einen Nießbrauch, sondern um eine treuhänderische Anteilsübernahme.[142] Konsequenz der Vollrechtsübertragung ist bei einer Personenhandelsgesellschaft, dass der Nießbraucher als Gesellschafter in das **Handelsregister** eingetragen wird.[143] Gehört zum Gesellschaftsvermögen einer Gesellschaft bürgerlichen Rechts Grundeigentum, kann der Nießbrauch an einer Beteiligung berichtigend im Grundbuch eingetragen werden.[144]

108 Entsprechendes gilt, wenn der Nießbrauch an einem **Teil** des Gesellschaftsanteils bestellt wird. Der Nießbraucher tritt mit dem betreffenden Teil des Anteils in die Gesellschaft ein.[145]

109 Bei **Beendigung** des Nießbrauchs ergibt sich die Frage, ob der Besteller oder dessen Rechtsnachfolger automatisch wieder in die Stellung als Gesellschafter einrückt. Das Gesetz schweigt. Daher ist den Beteiligten zu raten, anlässlich der Bestellung eine ausdrückliche Regelung zu treffen.[146] Im Übrigen tritt beim Vollnießbrauch auch ohne besondere Bestimmung das Auseinandersetzungsguthaben an die Stelle der Beteiligung.[147] Es ist gemeinsam an Nießbraucher und Gesellschafter zu leisten, beide haben es bei gleichzeitiger Bestellung eines Nießbrauchs daran mündelsicher anzulegen.[148]

2. Ertragsnießbrauch

110 Zulässig ist auch der Nießbrauch an den selbständig abtretbaren Rechten des § 717 S. 2 BGB, insbesondere am Gewinnanspruch und am künftigen Auseinandersetzungsguthaben.[149] Überwiegend wird diese Nießbrauchsart als **Ertragsnießbrauch** bezeichnet.[150] Sie beinhaltet nach h. M., dass der Nießbraucher so Anspruch auf den Gewinnanteil oder das Auseinandersetzungsguthaben hat, wie ihn ohne den Nießbrauch der Gesellschafter hätte.[151] Gesellschaftsrechtliche Teilhaberechte stehen dem Ertragsnießbraucher nicht zu. Steuerrechtlich ist der Ertragsnießbraucher nicht Mitunternehmer.[152]

111 Der Ertragsnießbrauch wirft dogmatische Probleme auf.[153] **(1)** Wenn Gegenstand des Nießbrauchs nicht die Beteiligung als solche, sondern der Gewinnanspruch ist, dann – so wird eingewendet – stünden dem Nießbraucher lediglich die Nutzungen des Gewinns zu, also insbesondere die Zinsen darauf, nicht der Gewinn selbst (der gemäß § 1079 BGB anzulegen wäre).[154] Dem wird entgegengehal-

---

142 BGH BB 1975, 295, 296 = DNotZ 1975, 735; *K. Schmidt*, GesR § 61 II 1b.
143 *Esch/Baumann/Schulze zur Wiesche*, I Rn. 1756 m. w. N.
144 OLG Hamm DB 1977, 579, 580. Näher *Kruse*, RNotZ 2002, 69, 84 f.
145 *Esch/Baumann/Schulze zur Wiesche*, I Rn. 1758.
146 *Esch/Baumann/Schulze zur Wiesche*, I Rn. 1757.
147 *Kruse*, RNotZ 2002, 69, 87.
148 *Bunke*, DNotZ 1968, 5, 16.
149 BGH BB 1975, 295 = DNotZ 1975, 735; vgl. auch BGHZ 58, 316; Palandt/*Bassenge*, § 1068 Rn. 4; *Esch/Baumann/Schulze zur Wiesche*, I Rn. 1760; MünchVHdb. VI/*Nieder* Form. XVI.24 Anm. 4 (3). Gegen die Zulässigkeit eines Ertragsnießbrauchs *Schön* ZHR 158 (1994), 229, 266.
150 Die Terminologie ist allerdings so mannigfaltig wie das Meinungsspektrum. Zum Teil wird hier von einem Nießbrauch »an den vermögensrechtlichen Bezügen« gesprochen und der Terminus »Ertragsnießbrauch« einer Nießbrauchsgestaltung vorbehalten, die mit der Aufspaltung von Mitgliedschaftsrechten verbunden ist, so MünchVHdb. VI/*Nieder* Form. XVI.24, Anm. 4 (2). Wie hier *Janssen/Nickel*, 28 ff.; *Esch/Baumann/Schulze zur Wiesche*, I Rn. 1760 f.; *Schlieper*, MittRhNotK 1995, 249, 263.
151 *Esch/Baumann/Schulze zur Wiesche*, I Rn. 1732.
152 *Spiegelberger*, Unternehmensnachfolge, § 12 Rn. 61; *Gebel*, ZErb 2006, 122, 128. Ausnahmsweise kann der Nießbraucher Mitunternehmer sein, z. B. wenn ihm maßgebliche Mitwirkungs- und Verwaltungsrechte eingeräumt werden, *Gebel* a. a. O. m. w. N.
153 Vgl. *Hermanns*, MittRhNotK 1997, 149, 153; *Janssen/Nickel*, 29; MünchVHdb. VI/*Nieder* Form. XVI.24 Anm. 4 (3).
154 Staudinger/*Frank*, Anh. zu §§ 1068 f., Rn. 65; vgl. auch *Spiegelberger*, Unternehmensnachfolge, § 12 Rn. 61: Der Ertragsnießbrauch führe »in praxi« nicht zu einem Nießbrauch an dem künftigen Auseinandersetzungsguthaben oder dem Anspruch am Gewinnanteil, sondern nur zu einer Nutzung an den Zinsen aus diesen Ansprüchen.

ten, es sei nicht § 1079 BGB, sondern § 1075 Abs. 2 BGB anzuwenden: Da die Gewinnansprüche auf die Leistung von verbrauchbaren Sachen – Geld – gerichtet seien, erwerbe der Nießbraucher daran Eigentum. Folge dieser Betrachtungsweise sei zwar die Verpflichtung des Nießbrauchers, bei Beendigung des Nießbrauchs Wertersatz zu leisten, § 1067 Abs. 1, S. 1 Hs. 2 BGB. Soweit die Wertersatzpflicht aber – wie meist – den Intentionen der Beteiligten widerspreche, sei sie als abbedungen anzusehen. (2) Die Gegenmeinung sieht damit die Grenze der Disponibilität der Nießbrauchsvorschriften als überschritten an.[155] Zum Nießbrauch gehöre es wesensgemäß, dass dem Nießbraucher nur die Nutzungen zustünden, dem Besteller aber die Substanz gebühre. Ohne die Wertersatzpflicht liege der Sache nach kein Nießbrauch, sondern eine Vorausabtretung der künftigen Gewinnansprüche vor, so dass die Nießbrauchsvorschriften insgesamt nicht anwendbar seien.[156] In der Praxis verwendete Formulierungen tragen dem letztgenannten Argument dadurch Rechnung, dass sie eine Wertersatzpflicht nur für verbrauchte Gewinne ausschließen,[157] so dass im Unternehmen verbliebene Anteile nach Beendigung des Nießbrauchs an den Gesellschafter zurückfallen.[158]

Der Ertragsnießbrauch verschafft dem Nießbraucher eine deutlich schwächere Rechtsstellung als ein Vollnießbrauch. Nach (wohl) h. M. gewährt der Ertragsnießbrauch dem Nießbraucher keinerlei Schutz vor Verfügungen des Gesellschafters über seinen Anteil. Demnach verliert der Nießbraucher sein Recht, wenn der Gesellschafter seinen Anteil veräußert.[159] Nun erlischt ein dingliches Recht allerdings nicht durch Veräußerung des Gegenstandes, an dem es besteht. Die h. M. geht aber davon aus, dass der Ertragsnießbrauch den Gesellschaftsanteil als solchen gar nicht belaste. Die h. M. ist dann nicht plausibel, wenn man den Ertragsnießbrauch als Zuweisung **verdinglichter Ansprüche** versteht[160] und nicht als Gestaltung auf rein schuldrechtlicher Ebene. Dingliche Gestaltung bedeutet zum einen (sachenrechtlicher Aspekt), dass der Nießbraucher auch im Verhältnis zu den Rechtsnachfolgern des Bestellers berechtigt ist.[161] Dingliche Gestaltung bedeutet zum anderen (gesellschaftsrechtlicher Aspekt), dass der Nießbraucher die ihm vom Besteller eingeräumten Rechte auch gegenüber der Gesellschaft und den Mitgesellschaftern durchsetzen kann.[162]

112

Ferner ist ein Schutz dagegen, dass der Erbe den Ertragsnießbrauch durch Mitwirkung an Beschlüssen, Gesellschaftsvertragsänderungen oder Verfügungen über den Anteil entwertet, nur mit rein schuldrechtlicher und daher relativ schwacher Wirkung möglich.[163] Ein entsprechender Nachteil ist mit umgekehrten Vorzeichen allerdings auch beim Vollnießbrauch gegeben: Dort kann der Besteller (Erbe) nur mit schuldrechtlichen Mitteln vor der überschießenden Rechtsmacht des Nießbrauchers (Vermächtnisnehmers) geschützt werden, hier ist es umgekehrt der Nießbraucher, dessen Schutz vor dem Besteller auf das Schuldrecht beschränkt ist. Die Frage für den Erblasser ist also insoweit letztlich nur, ob er das Risiko abredewidrigen Verhaltens dem Nießbraucher oder lieber dem Anteilsinhaber aufbürden möchte.

113

---

155 Staudinger/*Frank*, Anh. zu §§ 1068 f., Rn. 65 m. w. N.; *Kruse*, RNotZ 2002, 69, 71 f. m. w. N.
156 *Kruse*, RNotZ 2002, 69, 71 f.
157 Vgl. MünchVHdb. VI/*Nieder* Form. XVI.24, § 3 (1) a) und Anm. 5.
158 MünchVHdb. VI/*Nieder* a. a. O., Anm. 5.
159 Staudinger/*Frank*, Anh. zu §§ 1068 f. Rn. 65 m. w. N.
160 Vgl. die Darstellungen von *Schön*, ZHR 158 (1994), 229, 264 ff. (der selbst allerdings den Ertragsnießbrauch wegen Verstoßes gegen das Abspaltungsverbot für unzulässig hält, 266) und Staudinger/*Frank*, Anh. zu §§ 1068 f. Rn. 64.
161 *Schön*, ZHR 158 (1994), 229, 236.
162 *Schön* a. a. O.
163 Deshalb rät *K. Schmidt*, Gesellschaftsrecht § 61 II. 1. B) zur Treuhandlösung, d. h. in anderer Terminologie: zum Vollnießbrauch.

114 ▶ **Muster: Ertragsnießbrauch (als Quotennießbrauch)**

Ich bin Komplementärin der X-KG in Köln, eingetragen im Handelsregister des Amtsgerichts Köln unter HRA ... An meiner Gesellschaftsbeteiligung vermache ich meinem Ehemann ... einen Quotennießbrauch nach Maßgabe der folgenden Bestimmungen. Der Nießbrauch wird auf Lebenszeit meines Ehemannes vermacht, erlischt jedoch mit dessen Wiederverheiratung.

Gegenstand des Nießbrauchs sind mit einer Quote von 60 % (i. W.: sechzig v. h.) ausschließlich die Gewinnansprüche sowie der Anspruch auf ein etwaiges künftiges Auseinandersetzungsguthaben. Sollte ich meine Beteiligung bis zu meinem Ableben erhöht haben, unterliegt auch die Erhöhung mit der genannten Quote dem Nießbrauch. Der Nießbraucher darf die ihm zustehenden Beträge verbrauchen. Zum Wertersatz bei Beendigung des Nießbrauchs ist er nicht verpflichtet. Hat der Nießbraucher Gewinne zu versteuern, die handelsrechtlich nicht ihm, sondern meinem Erben als Gesellschafter zuzurechnen sind, ist der Erbe insoweit zur Erstattung verpflichtet. Hierbei sind die Gewinne als Spitzeneinkünfte des Nießbrauchers anzusehen.

Der Erbe hat den Nießbraucher über die Angelegenheiten der Gesellschaft zu unterrichten. Er hat dem Nießbraucher Einsicht in Unterlagen und Gesellschaftspapiere zu verschaffen, soweit dies für die Berechnung der dem Nießbrauch unterliegenden Ansprüche erforderlich ist. Im Übrigen stehen dem Nießbraucher keine Mitgliedschaftsrechte zu, insbesondere kein Stimmrecht in der Gesellschafterversammlung. Ich mache dem Erben jedoch zur Auflage, bei der Beschlussfassung der Gesellschafter die berechtigten Interessen des Nießbrauchers zu wahren, insbesondere nicht an Beschlüssen mitzuwirken, durch die betriebswirtschaftlich nicht erforderliche Rücklagen gebildet werden. Auch darf der Erbe ohne Zustimmung des Nießbrauchers über die Gesellschaftsbeteiligung keine Verfügungen treffen, die Rechte des Nießbrauchers beeinträchtigen.

115 Die Konstruktion eines Nießbrauchs am »**Gewinnstammrecht**«[164] hat sich demgegenüber nicht durchgesetzt.[165] Die Einführung eines »Gewinnstammrechts« als Nießbrauchsgegenstand soll die Erklärung dafür liefern, dass die einzelnen Gewinne als Früchte des Stammrechts (analog dem Nießbrauch an einer Leibrente, § 1073 BGB) dem Nießbraucher zustehen. Die h. M. lehnt die Lehre als Verstoß gegen den Grundsatz der Unteilbarkeit der Mitgliedschaft ab.[166]

3. Nießbrauch im Rechtssinne

116 Ein dritter Gestaltungstyp ist der »echte« Nießbrauch im Sinne des BGB, der »Nießbrauch im Rechtssinne«.[167] Er war früher sehr umstritten, ist aber heute ganz überwiegend anerkannt.[168] Bei unbefangener Betrachtung ist er als dogmatischer Normalfall zu betrachten: Die Gesellschaftsbeteiligung – die Mitgliedschaft – bleibt beim Besteller, ist aber durch den Nießbrauch als Recht an der Mitgliedschaft belastet.[169] Verfügungen über die Mitgliedschaft kann nicht der Nießbraucher, sondern nur der Gesellschafter als Rechtsinhaber treffen.[170] Es entsteht eine durch die §§ 1068 ff. BGB geordnete Rechtsgemeinschaft.[171] Der hier dem Nießbraucher zustehende Ertrag ist der nach Gesellschaftsrecht entnahmefähige Gewinn[172] einschließlich Zinsen auf Guthaben der Gesellschafterkonten;[173] nicht dazu gehören nicht ausgeschüttete stille Reserven und das Auseinandersetzungs-

---

164 Vgl. bereits *Siebert*, BB 1956, 1126.
165 Zu dieser Lehre *Janssen/Nickel*, 29 m. w. N.
166 Staudinger/*Frank*, [2002], Anh. zu §§ 1068 f. Rn. 67 m. w. N.; *Esch/Baumann/Schulze zur Wiesche*, I Rn. 1762 f.
167 *K. Schmidt*, Gesellschaftsrecht § 61 II 3.; ausführlich *Kruse*, RNotZ 2002, 69, 74 ff.
168 *Flume*, Personengesellschaft, § 17 VI; *K. Schmidt*, Gesellschaftsrecht, § 61 II. 1. b und 3. m. w. N.; Staudinger/*Frank*, Anh. zu §§ 1068 f., Rn. 57 ff. m. w. N.; *Esch/Baumann/Schulze zur Wiesche*, I Rn. 1759; vgl. auch BFH BStBl. II 1995, 241 = ZEV 1995, 37 = NJW 1995, 1918 (juris-Rn. 48 ff.).
169 *K. Schmidt*, Gesellschaftsrecht, § 61 II. 1. b.
170 *K. Schmidt*, Gesellschaftsrecht, § 61 II. 3.; *Esch/Baumann/Schulze zur Wiesche*, I Rn. 1759.
171 *Schön*, ZHR 158 (1994), 229, 253.
172 *K. Schmidt*, Gesellschaftsrecht, § 61 II. 3.; *Gebel*, ZErb 2006, 122, 128.
173 Palandt/*Bassenge*, § 1068 Rn. 5 m. w. N.

guthaben.[174] Eine Beteiligung des Nießbrauchers am Verlust besteht nicht.[175] Steuerlich behält der Besteller auch nach Einräumung des Nießbrauchs seine Eigenschaft als Mitunternehmer.[176]

Problematisch ist die Frage, welche Teilhaberechte (Verwaltungsrechte) mit der Belastung auf den Nießbraucher übergehen. Eine kritische Zone erreicht das diesbezügliche Meinungsspektrum, wenn vertreten wird, der Nießbrauch erfasse über die entnahmefähigen Erträge – als Früchte der Mitgliedschaft, §§ 100, 99 BGB– hinaus unmittelbar **kraft dinglichen Rechts** auch gewisse, für die Sicherung des Nutzungsanspruchs wesentliche Verwaltungsrechte, wobei in erster Linie – je nach Meinungsvariante in mehr oder minder weitem Umfang – an das Stimmrecht sowie an Informations- und Kontrollrechte gedacht ist. Hier droht eine Kollision mit dem gesellschaftsrechtlichen **Abspaltungsverbot**, wonach Mitgliedschaftsrechte, insbesondere das Stimmrecht, nicht von der Mitgliedschaft selbst getrennt werden können.[177] 117

Die genannten Meinungen, wonach die Teilhaberechte zwischen Anteilsinhaber und Nießbraucher aufzuteilen sind oder nur gemeinsam ausgeübt werden können, entsprechen nicht der Entwicklungsrichtung der höchstrichterlichen Rechtsprechung. Der BGH hat die Zulässigkeit dieser Nießbrauchsart in einer Entscheidung aus dem Jahre 1974 ausdrücklich offen gelassen.[178] Im Jahre 1989 hat der BGH in dem Verbot einer Stimmrechtsabspaltung kein Hindernis für die Zulässigkeit einer Dauertestamentsvollstreckung an einem Kommanditanteil gesehen und ausgeführt, die Testamentsvollstreckung bewirke »ebenso wie die Einsetzung eines Treuhänders oder die Bestellung eines Nießbrauchs« keine Abspaltung einzelner Rechte. Vielmehr würden die Mitgliedschaftsrechte – jedenfalls grundsätzlich – *insgesamt* von einem Dritten ausgeübt.[179] Im Jahre 1998 hat der BGH ausgesprochen, dass dem Gesellschafter einer BGB-Gesellschaft durch Einräumung eines Nießbrauchs an seiner Beteiligung nicht die Kompetenz genommen werde, bei Beschlüssen, welche die **Grundlagen der Gesellschaft** betreffen, selbst abzustimmen.[180] Im Jahre 2002 entschied der BGH, die Belastung eines Wohnungseigentums mit einem Nießbrauch lasse das Stimmrecht des Wohnungseigentümers unberührt. Dieses gehe auch nicht hinsichtlich einzelner Beschlussgegenstände auf den Nießbraucher über. Der Eigentümer brauche sein Stimmrecht weder allgemein noch in einzelnen Angelegenheiten gemeinsam mit dem Nießbraucher auszuüben.[181] 118

Im Sinne dieser Rechtsprechung und im Interesse einer klaren Zuordnung ist es, im Grundsatz alle mit Entscheidungen und Gestaltungen verbundenen Mitverwaltungsrechte dem Gesellschafter vorzubehalten.[182] Ohne Verlust an Klarheit kann und sollte dem Nießbraucher lediglich ein eigenes **Informationsrecht** zuerkannt werden.[183] Wollen die Beteiligten, dass der Nießbraucher das Stimmrecht aus der Beteiligung wahrnimmt, kann der Gesellschafter ihm eine entsprechende Vollmacht erteilen.[184] 119

---

174 BFH ZEV 1995, 37 = NJW 1995, 1918 (juris-Rn. 45 f.); *Gebel*, ZErb 2006, 122, 128; *Kruse*, RNotZ 2002, 69, 87.
175 Palandt/*Bassenge* § 1068 Rn. 5.
176 BFH BStBl. II 1995, 241 = ZEV 1995, 37 = NJW 1995, 1918; *Spiegelberger*, Unternehmensnachfolge, § 12 Rn. 49.
177 BGHZ 3, 354, 357; BGHZ 20, 363, 365. Zur Diskussion über das Abspaltungsverbot *K. Schmidt*, Gesellschaftsrecht, § 19 III. 4.
178 BGH BB 1975, 295, 296 = DNotZ 1975, 735.
179 BGHZ 108, 187, 199. In gleichem Sinne *K. Schmidt*, Gesellschaftsrecht § 19 III. 4. b und *Schön*, ZHR 158 (1994), 229, 253 m. w. N.
180 BGH NJW 1999, 571 = ZEV 1999, 246 = DNotZ 1999, 607.
181 BGHZ 150, 109 = NJW 2002, 1647 = DNotZ 2002, 881.
182 *K. Schmidt*, Gesellschaftsrecht, § 61 II. 3; vgl. (konkret für den Geschäftsanteil an einer GmbH) OLG Koblenz NJW 1992, 2163 = MittBayNot 1992, 2163 = MittRhNotK 1992, 276.
183 *K. Schmidt*, Gesellschaftsrecht, § 61 II. 3.
184 Vgl. *K. Schmidt*, Gesellschaftsrecht, § 61 II. 3.; *Esch/Baumann/Schulze zur Wiesche*, I Rn. 1759.

III. Allgemeine Zulässigkeitsvoraussetzungen

1. Vererblichkeit und Nachlasszugehörigkeit

120 Ein Nießbrauchsvermächtnis setzt die Vererblichkeit der Mitgliedschaft voraus. Bei der Beteiligung eines Kommanditisten ist diese von Gesetzes wegen gegeben, § 177 HGB, im Übrigen bedarf es einer Nachfolgeklausel. Eine Regelung im Gesellschaftsvertrag, der zufolge der Nießbrauch zu Lebzeiten des Gesellschafters zulässig ist, genügt nicht. Der Erblasser kann nur den Nießbrauch an einem Gesellschaftsanteil vermachen, der auf erbrechtlichem Wege übergeht und zum Nachlass gehört.

2. Übertragbarkeit und Zustimmung der Mitgesellschafter

121 Zur Bestellung des Nießbrauchs an einem Recht bedarf es gemäß § 1060 Abs. 2 BGB der Übertragbarkeit dieses Rechts. Sie ist bei einem **Ertragsnießbrauch** grundsätzlich gegeben. Nach § 717 S. 2 BGB sind insbesondere der Gewinnanspruch und der Anspruch auf zukünftiges Auseinandersetzungsguthaben abtretbar (allerdings kann der Gesellschaftsvertrag die Übertragbarkeit ausschließen oder einschränken). Einer Zustimmung der Mitgesellschafter zur Abtretung der in § 717 S. 2 BGB bezeichneten Ansprüche bedarf es mangels abweichender gesellschaftsvertraglicher Vereinbarung nicht. Der Erbe kann ein entsprechendes Nießbrauchsvermächtnis ohne weiteres erfüllen.[185]

122 Etwas anderes gilt bei einem **Vollnießbrauch** und bei einem **Nießbrauch im Rechtssinne**. Die Beteiligung als solche ist grundsätzlich nicht übertragbar, arg. § 717 S. 1 BGB. Hier bedarf es also der gesellschaftsvertraglichen Zulassung, ersatzweise der ad hoc erteilten Zustimmung der Mitgesellschafter.[186] Eine Pflicht zu einer notwendigen Zustimmung dürfte grundsätzlich nicht bestehen. In der Zustimmung zu einer Übertragung des Anteils wird im Zweifel die Zustimmung zur Belastung mit einem Nießbrauch enthalten sein.[187] Hat der Erblasser einen Vollnießbrauch vermacht, obwohl die Beteiligung nicht übertragbar und die Zustimmung der Mitgesellschafter nicht zu erlangen ist, dann ist im Wege der Auslegung der Verfügung von Todes wegen festzustellen, ob der Wille des Erblassers nicht zumindest einen Ertragsnießbrauch umfasste.

3. Zulassung einer Nießbrauchsbestellung als solcher

123 Beim Vollnießbrauch und beim echten Nießbrauch kann sich die Frage stellen, ob die Bestellung über die vorgenannten Voraussetzungen hinaus – insbesondere die Übertragbarkeit des zu belastenden Anteils oder die Zustimmung der Mitgesellschafter – auch die Zulassung einer Nießbrauchsbestellung als solcher voraussetzt, sei es durch Gesellschaftsvertrag oder durch Zustimmung der Gesellschafter. Die Frage ist zu verneinen. Ein schutzwürdiges Interesse der Mitgesellschafter an dieser zusätzlichen Voraussetzung ist nicht erkennbar.

124 Sobald man allerdings eine Nießbrauchsgestaltung anerkennt, die mit einer Aufspaltung von Mitgliedschaftsrechten verbunden ist, liegt es nahe, die Voraussetzung aufzustellen.[188] Das Einverständnis eines Mitgesellschafters mit einer Anteilsübertragung bedeutet nicht ohne weiteres auch sein Einverständnis mit einer Aufspaltung von Mitgliedschaftsrechten auf zwei Personen. Ausreichend soll es im Zweifel aber sein, wenn der Gesellschaftsvertrag generell die Belastung eines Anteils gestattet.[189]

---

185 Vgl. *Esch/Baumann/Schulze zur Wiesche*, I Rn. 1754.
186 Zur Frage, ob in einer gesellschaftsvertraglichen Nachfolgeklausel auf den Todesfall konkludent das gesellschaftsvertraglich erklärte Einverständnis der Mitgesellschafter zugunsten des durch die Nachfolgeklausel Begünstigten liege, siehe *Esch/Baumann/Schulze zur Wiesche*, I Rn. 1753 f.
187 Palandt/*Bassenge*, § 1069 Rn. 2.
188 So MünchKommBGB/*Petzoldt*, (3. Aufl.) § 1068 Rn. 12.
189 MünchKommBGB/*Petzoldt* a. a. O.

IV. Einzelne Problemkreise

1. Verluste

Nießbrauch bedeutet die Berechtigung, Nutzungen zu ziehen, nicht aber die Verpflichtung, Verluste zu tragen.[190] Dies gilt auch für den Vollnießbraucher; er ist im Innenverhältnis zur Übernahme eines Verlustes nicht verpflichtet.[191] Von mittelbarer Bedeutung ist ein Verlust allerdings für jeden Anteilsnießbraucher: Wo es keine Gewinne gibt, gibt es auch keine Früchte, § 99 BGB. Auch der Nießbraucher an einem Kommanditanteil ist mittelbar insofern am Verlust beteiligt, als der Gewinn folgender Jahre zur Auffüllung des Kapitalkontos oder zum Ausgleich eines etwaigen Verlustvortrags zu verwenden ist (vgl. § 169 Abs. 1 S. 2, Hs. 2 und § 167 Abs. 2 HGB, die allerdings abdingbar sind) und demgemäß als Nutzung nicht zur Verfügung steht. 125

2. Nießbrauch an einer Kommanditbeteiligung

Um dem Kommanditisten bei einer bestehenden Außenhaftung das Haftungsprivileg der §§ 171 f. HGB zu verschaffen, bedarf es der Eintragung des Nießbrauchs in das Handelsregister. Die Eintragung des Gesellschafters als Kommanditist reicht nicht aus.[192] 126

Der Nießbraucher eines Kommanditanteils hat, wenn die Gesellschaft die Anteile ihrer Mitglieder erhöht, ein Recht auf (Voll-) Erwerb eines Anteils weder, soweit die Gesellschafter hierfür eigene Leistungen erbringen, noch in dem Umfang, in dem die Gesellschaft nicht ausgeschüttete Gewinne verwendet.[193] In letzterem Falle, wenn es sich also um eine buchmäßige, aus Gesellschaftsmitteln bewirkte Kapitalerhöhung handelt, erstreckt sich der Nießbrauch allerdings auf die Erhöhung.[194] 127

V. Kautelarjuristische Gestaltung

1. Grundsätze

Der Meinungsstreit um den Nießbrauch an Personengesellschaftsanteilen muss Anlass sein, die **Rechtsfolgen** des Nießbrauchs und die **Rechtsstellung** des Erben einerseits und des Nießbrauchers andererseits so umfassend wie möglich zu fixieren. Dazu gehört eine Vereinbarung über die Ausübung der Mitgliedschaftsrechte. Insbesondere ist das Stimmrecht zu regeln, wobei Vollmachten in Betracht kommen. Anzuraten ist auch eine Bestimmung darüber, ob sich der Nießbrauch bei einer Erhöhung der Kapitalanteile auf diese erstrecken soll.[195] 128

Es ist möglich, diese Fixierung bereits im Gesellschaftsvertrag vorzunehmen. Fehlt sie dort, ist sie Aufgabe der Vermächtnisanordnung. Wird das Gebot umfassender Regelung beachtet, kann manche komplizierte und kontrovers diskutierte Rechtsfrage ihre Relevanz verlieren.[196] 129

> ▶ **Beispiel:** Der Erblasser legt in der Verfügung von Todes wegen fest, dass dem Nießbraucher der *Gewinn selbst* – und nicht nur die Zinsen darauf – endgültig verbleiben soll. Der Theorienstreit um die Frage, ob beim Nießbrauch am Gewinnanteil »Frucht« nur der Zins darauf sei, spielt dann keine Rolle mehr.[197]

---

190 *Kruse*, RNotZ 2002, 69, 81.
191 *Bunke*, DNotZ 1968, 5, 14.
192 Beck'sches Formularbuch ErbR/*Mutter*, G. III. 5. Anm. 2.; *Kruse*, RNotZ 2002, 69, 87.
193 So der Leitsatz von BGHZ 58, 316.
194 Palandt/*Bassenge*, § 1068 Rn. 5.
195 *Esch/Baumann/Schulze zur Wiesche* I Rn. 1767.
196 Vgl. *Janssen/Nickel*, 30 (zu 2.2.), die sogar auf die klärende Kraft der Auslegung vertrauen. Ausdrückliche Festlegung ist aber unbedingt vorzuziehen.
197 *Janssen/Nickel*, 30.

Kapitel 11 Regelung der Nachfolge in Gesellschaftsvermögen

130 Der Inhalt eines Nießbrauchs kann mit **dinglicher Wirkung** rechtsgeschäftlich gestaltet werden, soweit nicht die begriffswesentlichen Grenzen zwischen Eigentum und Nießbrauch und damit der **Grundsatz der Erhaltung der Substanz** des nießbrauchsbelasteten Rechts verletzt werden und drittschützende Vorschriften nicht berührt sind.[198] Soweit über die Zulässigkeit einer Gestaltung Zweifel bestehen, können hilfsweise entsprechende schuldrechtliche Vorkehrungen getroffen werden.[199]

131 Um die Stellung des Nießbrauchers zu stärken, ist daran zu denken, ihn zum **Verwaltungstestamentsvollstrecker** zu ernennen.[200]

132 Ein wesentlicher Aspekt der Gestaltung sind auch ertragsteuerliche Probleme, insbesondere die Frage, wem bei der konkreten Ausgestaltung des Nießbrauchs die auf den belasteten Gesellschaftsanteil entfallenden Einkünfte zuzurechnen sind, wer also als Mitunternehmer anzusehen ist.[201] Der Gefahr, dass der Gesellschafter nicht entnommenen Gewinn versteuern muss, ohne über entsprechende Einnahmen zu verfügen, kann durch die Vereinbarung begegnet werden, dass der Gesellschafter Begleichung der Einkommensteuerschuld aus dem Gesellschaftsvermögen verlangen kann.[202] Erbschaftsteuerliche Folgen sind ebenfalls in die Betrachtung einzubeziehen.[203]

2. Alternative Gestaltungen

133 Die juristische Diskussion über den Nießbrauch an einer Personengesellschaftsbeteiligung ist von so zahlreichen Problemen und Streitfragen geprägt, dass sich die Frage stellt, ob und welche wirtschaftlich möglichst gleichwertigen Alternativlösungen anstelle eines Nießbrauchs in Betracht kommen. Gelegentlich kann es sich zur Vermeidung der Zweifelsfragen empfehlen, statt des Nießbrauchs eine andere Zuwendungsform zu wählen, wenn dadurch dasselbe wirtschaftliche Ergebnis erreicht werden kann. Als alternative Gestaltungen kommen insbesondere in Betracht:
– Vermächtnis der **Gewinnansprüche**. Es werden hier die in § 717 S. 2 BGB bezeichneten Ansprüche vermacht, so dass der Erbe sie an den Vermächtnisnehmer abzutreten hat.
– Vermächtnis einer **Leibrente**. Hierdurch erhält der Begünstigte einen fiktiven Ertrag, beim Nießbrauch einen tatsächlichen.[204]
– Vermächtnis einer **Unterbeteiligung**.
– Die Einsetzung zum **Vorerben**. Der Vorerbe kann über einen im Nachlass befindlichen Gesellschaftsanteil verfügen (§ 2112 BGB). Diese Möglichkeit hat der Ertragsnießbraucher nicht. Derjenige, dem die Substanz des Anteils zufallen soll, ist also bei Vermächtnis eines Ertragsnießbrauchs besser geschützt.

3. Wahl der Nießbrauchsart

134 Die Wahl der Nießbrauchsart hängt vom Gestaltungsziel ab.[205] Der **Vollnießbrauch** vermittelt dem Nießbraucher die im Außenverhältnis uneingeschränkte Gesellschafterstellung und ist deshalb bei einer OHG- oder KG-Komplementärbeteiligung mit unbeschränkter Haftung und grundsätzlich auch mit der Geschäftsführungspflicht, § 114 Abs. 1 HGB, verbunden. Steuerrechtlich ist der Vollnießbraucher Mitunternehmer. Diese Rechtsfolgen werden häufig unerwünscht sein, wenn Gestal-

---

198 Palandt/*Bassenge*, Einf. vor § 1030, Rn. 2; *Kruse*, RNotZ 2002, 69, 75 f. m. w. N. sowie 87. Siehe hierzu auch Kapitel 5 Rdn. 389 ff. und *v. Dickhuth-Harrach*, § 29 Rn. 17–25.
199 *Kruse*, RNotZ 2002, 69, 87 und passim.
200 MünchVHdb VI/*Nieder*, Form. XVI.22; *Esch/Baumann/Schulze zur Wiesche*, I Rn. 1769.
201 Hierzu MünchHdb. GesR I/*Hohaus*, § 66 Rn. 38 ff.
202 *Spiegelberger*, Unternehmensnachfolge, § 12 Rn. 62 mit Formulierungsvorschlag in Rn. 56.
203 Hierzu *Gebel*, ZErb 2006, 122 ff. und 142 ff.; MünchHdb. GesR I/*Hohaus*, § 66 Rn. 56 ff.
204 *Spiegelberger*, Unternehmensnachfolge, § 12 Rn. 48.
205 Zur Beurteilung der Nießbrauchsarten *Esch/Baumann/Schulze zur Wiesche*, I Rn. 1760 f. und 1767 f.; siehe auch *Langenfeld*, Testamentsgestaltung, Rn. 987 (4. Aufl.).

tungsziel die Versorgung eines Familienangehörigen ist.[206] Sie gehen jedenfalls über dieses Ziel weit hinaus.

Die Möglichkeit, die Geschäftsführung aus wichtigem Grunde zu kündigen, § 712 Abs. 2 BGB (i. V. m. §§ 105 Abs. 2, 161 Abs. 2 HGB), löst nur ein Teilproblem; zudem kann fraglich sein, ob im Einzelfall ein wichtiger Grund vorliegt.[207] Hilfreich kann allerdings eine Gesellschaftsvertragsgestaltung sein, wonach die Erben eines vollhaftenden Gesellschafters das Recht haben, die Umwandlung in eine Kommanditbeteiligung zu verlangen.[208] § 139 HGB gibt ihnen dieses Recht noch *nicht*, sondern nach Abs. 2 nur die Möglichkeit, fristlos aus der Gesellschaft auszuscheiden, wenn die Mitgesellschafter einen entsprechenden Antrag nicht annehmen. 135

Schon eher wird ein Vollnießbrauch bei einer Kommanditbeteiligung in Betracht kommen, wo weder die unbeschränkte Haftung noch die Geschäftsführungspflicht gegeben sind. Voraussetzung ist allerdings, dass die auch bei einer Kommanditbeteiligung gegebene Steuerfolge der Mitunternehmerschaft des Nießbrauchers[209] für die Beteiligten kein Hindernis darstellt. 136

Für den **Ertragsnießbrauch** spricht, dass er es einem zu versorgenden Familienangehörigen erspart, sich um die Angelegenheiten der Gesellschaft mehr als unbedingt notwendig kümmern zu müssen. Notwendig ist hier regelmäßig lediglich ein Informationsrecht des Nießbrauchers. Die Missbrauchsgefahr infolge der relativ schwachen Rechtsstellung des Ertragsnießbrauchers wird für die Beteiligten in dieser familiären Konstellation meist nicht schwer wiegen. In problematischen Fällen kann der Erblasser zusätzlich Testamentsvollstreckung anordnen. Die Ausgestaltung als Quotennießbrauch bietet sich an, wenn ein Bruchteil des Ertrages zur Versorgung ausreicht. Ist der Erbe selbst im Unternehmen tätig, dient die Quotelung außerdem der Aufrechterhaltung seiner Motivation. 137

Als je nach Gestaltungsziel gleichwertige oder sogar bessere Gestaltungsmöglichkeit stellt sich der **Nießbrauch im Rechtssinne** dar. Dies gilt umso mehr, je mehr er sich als Gestaltungstypus herausbildet, dabei Varianten von Abspaltungslösungen an Bedeutung verlieren und die Akzeptanz dieses Typus in Rechtsprechung und Literatur weiterhin steigt. 138

C. Testamentsvollstreckung im Unternehmensbereich

I. Überblick

Testamentsvollstreckung bedarf als Gestaltungsinstrument im Unternehmensbereich vorsichtiger Anwendung. Am ehesten kommt sie als Übergangslösung, zum Beispiel bis zur Heranbildung des Nachfolgers, in Betracht.[210] Als Dauerlösung erscheint sie selten sinnvoll, weil zumeist perspektivlos, besonders wenn sie gegen den Willen der Erben durchgeführt wird.[211] Das Gesetz setzt der Testamentsvollstreckung Zeitschranken (Kapitel 9 Rdn. 48 ff.). Sind die Erben pflichtteilsberechtigt, können sie sich der Testamentsvollstreckung entledigen und den Pflichtteil verlangen, § 2306 BGB, und gerade dadurch u. U. das Unternehmen zum Scheitern verurteilen. Die Palette der Möglichkeiten zur Verminderung dieses Risikos ist nicht groß (z. B. zweite Einsetzung für den Fall der Ausschlagung).[212] Die beste Vorsorgemaßnahme, der Pflichtteilsverzicht, schaltet das Risiko zwar vollständig aus, bedarf aber wiederum des Einverständnisses der Erben. 139

---

206 Vgl. *Langenfeld*, Testamentsgestaltung, Rn. 987 und 984; vgl. auch BGH BB 1975, 295, 296 (laufende Versorgung der Witwe als Zuwendungszweck).
207 MünchVHdb. VI/*Nieder*, Form. XVI.23 Anm. 2.
208 Vgl. MünchVHdb. VI/*Nieder*, Form. XVI.24.
209 *Spiegelberger*, Unternehmensnachfolge, § 12 Rn. 49.
210 *Ebenroth* Rn. 687; *Langenfeld*, Testamentsgestaltung, Rn. 1004.
211 *Langenfeld*, Testamentsgestaltung, Rn. 1004.
212 Siehe hierzu *v. Dichhuth-Harrach*, § 24 Rn. 32 ff.

140 Vorsicht ist auch deswegen am Platze, weil die mit Verwaltungsvollstreckung verbundenen rechtlichen Probleme nur im Bereiche der Beteiligung an Kapitalgesellschaften als ausreichend geklärt angesehen werden können. Eine »echte«, am gesetzlichen Modell ausgerichtete **Verwaltungsvollstreckung am Einzelunternehmen** ist im Grundsatz rechtlich nicht möglich, es bedarf problematischer Ersatzkonstruktionen. Entsprechendes gilt für Verwaltungsvollstreckung an **vollhaftenden Personengesellschaftsbeteiligungen**.[213] Und selbst im Bereiche der Dauertestamentsvollstreckung an Kommanditanteilen können, trotz klärender, neuerer Rechtsprechung längst noch nicht alle praxisrelevanten rechtlichen Probleme als geklärt gelten.[214]

II. Einzelkaufmännisches Unternehmen

1. Abwicklungsvollstreckung und Verwaltungsvollstreckung

141 **Verwaltungsvollstreckung** – auch: Dauervollstreckung (§ 2209 BGB)[215] – an dem Handelsgeschäft eines Einzelkaufmanns ist nach ganz h. M. **unzulässig**, weil das erbrechtliche Haftungsmodell mit dem handelsrechtlichen unvereinbar ist und letzteres den Vorrang genießt (Art. 2 Abs. 1 EGHGB).[216] Handelsrechtlich muss nach dieser h. M. beim Betrieb eines einzelkaufmännischen Unternehmens stets eine Person unbeschränkt und unbeschränkbar haften.[217] Die Verpflichtungsmacht des Testamentsvollstreckers hingegen ist auf den Nachlass beschränkt, §§ 2206 f. BGB. Der Erbe hat stets die Möglichkeit, seine Haftung auf den Nachlass zu beschränken (§§ 1973 f., 1975 ff., 1990 BGB), ohne dass der Testamentsvollstrecker dies zu verhindern vermöchte (vgl. auch § 2206 Abs. 2 BGB). Der Testamentsvollstrecker andererseits haftet den Nachlassgläubigern gegenüber nicht persönlich. Dauertestamentsvollstreckung am Einzelunternehmen würde letztlich zu dem gesetzlich nicht zugelassenen Typus des »Einzelkaufmanns mit beschränkter Haftung« führen.[218]

142 **Abwicklungsvollstreckung** (auch »Auseinandersetzungsvollstreckung« genannt) hingegen hält auch die h. M. für zulässig.[219] Wenn der Testamentsvollstrecker im Rahmen einer vorübergehenden, möglichst rasch zu erledigenden Abwicklungsaufgabe neue Geschäftsschulden eingehe, dann sei die Haftungsbeschränkung auf den Nachlass hinzunehmen.[220]

2. Ersatzlösungen für Verwaltungsvollstreckung

143 Die Rechtsprechung bietet, um dem praktischen Bedürfnis abzuhelfen, für die Verwaltungsvollstreckung seit langem zwei Ersatzlösungen an, die aber in wichtigen Einzelheiten noch nicht als geklärt angesehen werden können und die in der Literatur nach wie vor grundsätzlich umstritten sind.[221] Bei

---

213 Staudinger/*Reimann*, § 2205 Rn. 91 m. w. N.; anders *Muscheler*, 416 und 295 ff.
214 Vgl. *K. Schmidt*, Gesellschaftsrecht, § 45 V. 8.
215 Nach verbreiteter Terminologie ist »Verwaltungsvollstreckung«, der Gesetzesüberschrift zum Trotz, der Oberbegriff für die beiden Vollstreckungsarten des § 2209 S. 1 Hs. 1 und Hs. 2 BGB, siehe auch *v. Dickhuth-Harrach*, § 33 Rn. 17–19.
216 BGHZ 12, 100; Staudinger/*Reimann*, § 2205 Rn. 91; *Ebenroth* Rn. 689. Gegen die h. M. und für eine »echte« Testamentsvollstreckung am Einzelunternehmen *Baur*, Der Testamentsvollstrecker als Unternehmer, FS Dölle I, 1963, S. 249 ff.; *Muscheler*, 285 ff. mit ausführlicher Darstellung des Streitstandes.
217 *Ebenroth* Rn. 688 f.; *Reimann*, Wirtschaftspraxis, Rn. 333.
218 BGHZ 12, 100; vgl. RGZ 132, 138, 144; *Ebenroth* Rn. 689; *Reimann*, Wirtschaftspraxis, Rn. 334. Dem hält *Muscheler*, 329 entgegen, dass die von der h. M. zugelassene Treuhandlösung, da die neuen Geschäftsgläubiger nicht Nachlassgläubiger würden, auf ein noch viel bedenklicheres »Handelsgeschäft ohne Haftung des Gesellschaftsvermögens« hinauslaufe.
219 MünchKommBGB/*Zimmermann*, § 2205 Rn. 18; Staudinger/*Reimann*, § 2205 Rn. 91; Bengel/*Reimann*/*D. Mayer*, Handbuch Testamentsvollstreckung, Rn. 5/116 f.
220 MünchKommBGB/*Zimmermann*, § 2205 Rn. 18; *Brandner*, FS Stimpel, 1985, S. 997; *Ebenroth* Rn. 690; Staudinger/*Reimann*, § 2205, Rn. 91.
221 Nachdrücklich gegen beide dieser Ersatzlösungen *Everts*, MittBayNot 2003, 427, 431.

der einen trifft die persönliche Haftung nur den Erben (Vollmachtslösung), bei der anderen nur den Testamentsvollstrecker (Treuhandlösung). Weitere, in der Literatur erörterte Möglichkeiten sind die sog. Weisungsgeberlösung sowie eine »beaufsichtigende« Testamentsvollstreckung.[222]

Ersatzlösungen können der Verfügung von Todes wegen auch im Wege der **Auslegung** entnommen werden. Voraussetzung ist hinsichtlich der Vollmachtslösung oder der Treuhandlösung die Feststellung, dass die Testamentsvollstreckung nach dem Willen des Erblassers auch das Handelsgeschäft erfassen soll.[223] Ergeben sich aus der Verfügung keine Anhaltspunkte für eine dieser beiden Lösungen, unterliegt es dem BGH zufolge dem pflichtgemäßen **Ermessen** des Testamentsvollstreckers, welche er wählt.[224]

144

a) **Vollmachtslösung**

Bei der sog. Vollmachtslösung führt der Testamentsvollstrecker das Unternehmen aufgrund einer Vollmacht des Erben in dessen Namen und unter dessen persönlicher Haftung.[225] Die Vollmacht ersetzt die Testamentsvollstreckung nicht, sondern **ergänzt** sie,[226] indem sie es dem Testamentsvollstrecker ermöglicht, den Erben über den Rahmen der §§ 2206, 2207 BGB hinaus *persönlich* zu verpflichten.[227] Die Rechtswirkungen der Testamentsvollstreckung bleiben deshalb erhalten. Insbesondere bleibt dem Erben die Verfügungsbefugnis über Nachlassgegenstände entzogen, § 2211 BGB, und seinen Eigengläubigern der Zugriff auf diese Gegenstände verwehrt, § 2214 BGB.[228] Der Grundsatz der dinglichen Surrogation[229] bleibt anwendbar.[230] Im **Handelsregister** wird der Erbe, nicht der Testamentsvollstrecker eingetragen.[231] Ob die Testamentsvollstreckung im Handelsregister durch Eintragung eines Testamentsvollstreckervermerks (deklaratorisch) verlautbart werden kann, ist umstritten; das Kammergericht hat den Vermerk in Anknüpfung an das Reichsgericht für unzulässig erachtet.[232] Der Erbe haftet für die neuen Geschäftsverbindlichkeiten unbeschränkt persönlich und für die alten gemäß §§ 27, 25 HGB. Er hat in entsprechender Anwendung des § 25 Abs. 2 HGB stets die Möglichkeit, seine Haftung erbrechtlich nach den Vorschriften des BGB zu beschränken.[233]

145

---

222 Instruktive tabellarische Übersicht von Mayer/Bonefeld/Wälzholz/Weidlich/*Weidlich*, Testamentsvollstreckung, Rn. 390.
223 Vgl. BGHZ 12, 100.
224 BGHZ 12, 100, 102.
225 BGHZ 12, 100, 102 m. w. N.; ausführlich zur Vollmachtslösung *Muscheler*, 342 ff.; *Lorz*, 37 ff.; ferner *Haegele/Winkler* Rn. 309 ff.; Bengel/Reimann/*D. Mayer*, Handbuch Testamentsvollstreckung, Rn. 5/129 ff. Ablehnend MünchKommBGB/*Brandner*, § 2205 Rn. 24b: Es stehe nicht in der Rechtsmacht des Erblassers, die Verpflichtungsbefugnis des Testamentsvollstreckers auf das Privatvermögen des Erben zu erstrecken.
226 *Lorz*, 39 ff. Gegen die h. M. *Muscheler*, 356 ff., der die vollstreckungsergänzende Vollmacht ablehnt (ebenso aber die Möglichkeit des Erblassers, den Erben zur Erteilung einer vollstreckungs*ersetzenden* Vollmacht zu verpflichten, 360 ff.).
227 BGHZ 12, 100, 103; *Lorz*, 39 ff.; *Reimann*, Wirtschaftsrechtspraxis, Rn. 354 ff.
228 *Lorz*, 39 ff.; *Reimann*, Wirtschaftsrechtspraxis, Rn. 356 f.
229 Siehe hierzu auch *v. Dickhuth-Harrach*, § 26 Rn. 14 ff.
230 *Lorz*, 41 f.
231 BGHZ 12, 100, 102 f.
232 KG ZEV 1996, 67 mit Anm. *Schaub* (Fall der Verwaltungsvollstreckung über einen Kommanditanteil); RGZ 132, 138, 140 f.; *Haegele/Winkler* Rn. 317; MünchKommBGB/*Brandner* (3. Aufl.), § 2205 Rn. 24a; anders MünchKommBGB/*Zimmermann* (4. Aufl.), § 2205 Rn. 23. Für Zulässigkeit *Schaub*, a. a. O.; *Weidlich*, 90 m. w. N. (Fn. 284); LG Konstanz FamRZ 1990, 441 (Fall der Vollmachtslösung).
233 Bengel/Reimann/*D. Mayer*, Handbuch Testamentsvollstreckung, Rn. 5/130; *Winkler*, Testamentsvollstreckung, Rn. 304.

146 Die von den Erben zu erteilende Vollmacht muss unwiderruflich sein, sollen die vom Erblasser mit der Dauertestamentsvollstreckung verfolgten Zwecke verwirklicht werden können.[234] In Betracht kommt eine Prokura, die auch zur Belastung und Veräußerung von Immobilien berechtigen kann (§ 49 Abs. 2 HGB),[235] oder eine Generalhandlungsvollmacht.[236]

147 In Betracht kommt auch eine vom Erblasser selbst – in der Verfügung von Todes wegen oder in separater Urkunde[237] – erteilte, postmortale Vollmacht.[238] Diese kann aber nicht als **unwiderrufliche Generalvollmacht** ausgestaltet sein. Überwiegend wird angenommen, eine solche Vollmacht sei – wegen sittenwidriger Knebelung der Erben – nichtig;[239] vertreten wird auch, es sei in derartigen Fällen besser, dem Erben die Widerrufsmöglichkeit zu geben.[240] Das Hindernis besteht selbst dann, wenn die Vollmacht auf den Nachlass beschränkt und ein Selbstkontrahieren nicht gestattet ist.[241]

148 BGH und herrschender Meinung zufolge kann der Erblasser den Erben **zwingen**, dem Testamentsvollstrecker eine Vollmacht zur persönlichen Verpflichtung des Erben zu erteilen. Die erbrechtlichen Instrumente dazu sind die **Auflage** oder die **Bedingung**.[242] Eine solche Auflage oder Bedingung kann auch konkludent angeordnet sein[243] und wird häufig bereits darin liegen, dass der Erblasser für sein Handelsgeschäft eine Dauertestamentsvollstreckung angeordnet hat.[244] Der Testamentsvollstrecker kann vom Erben gemäß §§ 2203, 2208 Abs. 2 BGB und daneben gemäß § 2194 BGB[245] die Vollziehung der Auflage verlangen.[246]

149 In der Literatur ist diese Ansicht nicht unwidersprochen geblieben. Es stehe nicht in der Macht des Erblassers, so *Brandner*, die Verpflichtungsbefugnis des Testamentsvollstreckers auf das Privatvermögen des Erben auszudehnen.[247] Der BGH selbst hat in einem obiter dictum aus dem Jahre 1969 Zweifel an seiner früheren Auffassung anklingen lassen.[248] In einer Stellungnahme zu dieser Äußerung hat *Johannsen* wesentlich auf die Frage abgestellt, ob dem Erben die Erteilung einer Vollmacht (oder die Treuhandlösung) zugemutet werden könne.[249] Dieses Kriterium hatte bereits der BGH in BGHZ 12, 100 verwendet: Mit der Vollmacht seien keine dem Erben unzumutbaren Ge-

---

234 *Ebenroth* Rn. 692; *Winkler*, Testamentsvollstreckung, Rn. 311.
235 Bengel/Reimann/*D. Mayer*, Handbuch Testamentsvollstreckung, Rn. 5/133; *Ebenroth* Rn. 692. Zwar ist die Prokura gemäß § 52 Abs. 1 HGB jederzeit widerruflich, doch kann der Testamentsvollstrecker die sofortige Wiedererteilung fordern, *Lange/Kuchinke*, § 31 V 7b mit Fn. 195.
236 *Ebenroth* Rn. 692.
237 Vgl. *Reimann/Bengel/J. Mayer*, Formularteil, Rn. 40.
238 *Ebenroth* Rn. 692.
239 *Ebenroth* Rn. 692; Bengel/Reimann/*D. Mayer*, Handbuch Testamentsvollstreckung, Rn. 5/133.
240 *Lange/Kuchinke*, § 31 V 7b, Fn. 194.
241 Staudinger/*Reimann* § 2205 Rn. 98; *D. Mayer* in Reimann/Bengel Rn. 5/133; *Reimann*, Wirtschaftspraxis, Rn. 361.
242 BGHZ 12, 100, 103. Ebenso die h. M. in der Literatur: Soergel/*Damrau*, § 2205 Rn. 19; *Winkler*, Testamentsvollstreckung, Rn. 313; Staudinger/*Reimann*, § 2205 Rn. 97. A. A. MünchKommBGB/*Brandner* (3. Aufl.), § 2205 Rn. 24b. Nach *Lange/Kuchinke*, § 31 V 7b bedarf es einer Auflage oder Bedingung nicht, weil der Erbe bereits gemäß § 2205 verpflichtet sei, dem Testamentsvollstrecker diejenige Rechtsstellung zu verschaffen, die der vom Erblasser gewünschten Führung des Unternehmens am nächsten komme.
243 BGHZ 12, 100, 104.
244 *Winkler*, Testamentsvollstreckung, Rn. 313 m. w. N. in Fn. 2.
245 Zu den Vollziehungsberechtigten gehört neben den in § 2194 ausdrücklich Genannten auch der Testamentsvollstrecker, MünchKommBGB/*Rudy*, § 2194 Rn. 4.
246 BGHZ 12, 100, 103; MünchKommBGB/*Rudy*, § 2194 Rn. 4.
247 MünchKommBGB/*Brandner* (3. Aufl.), § 2205 Rn. 24b. Ein Problem der Vollmachtslösung ist auch der Umstand, dass Vollmachten keine verdrängende Wirkung entfalten können, Palandt/*Ellenberger*, § 167 Rn. 15 (h. M.), so dass die Erben nicht gehindert wären, im Wirkungsbereich der Vollmacht selbst in die Unternehmensführung einzugreifen. Auch hier können allerdings erbrechtliche Druckmittel (Strafklauseln, Auflagen, Bedingungen) helfen, *Winkler*, Testamentsvollstreckung, Rn. 312.
248 BGH BB 1969, 773 = WM 1969, 492.
249 *Johannsen*, WM 1970, 570.

fahren verbunden. Wenn dieser das Risiko persönlicher Haftung für Handlungen des Testamentsvollstreckers vermeiden wolle, könne er die Erbschaft ausschlagen.[250] Außerdem hafte der Testamentsvollstrecker, ohne dass der Erblasser dies abbedingen könne, für jedes Verschulden. Auch sei der Erbe durch sein Auskunftsrecht, § 2218 BGB, sein Recht auf regelmäßige Rechnungslegung und die Möglichkeit, aus wichtigem Grund die Entlassung des Testamentsvollstreckers zu verlangen, § 2227 BGB, geschützt. Schließlich bedeute die Vollmachtslösung für den Erben, wirtschaftlich betrachtet, keine größere Belastung als die Treuhandlösung, weil auch bei dieser dem Testamentsvollstrecker als Treuhänder des Erben ein Anspruch auf Befreiung von seiner unbeschränkten Haftung gegen den Erben zuzubilligen sein dürfte.[251]

Aus der Sicht des Erben begegnet die Vollmachtslösung dem Einwand, dass die Verfügung von Todes wegen die Verpflichtungsbefugnis des Testamentsvollstreckers auf das Eigenvermögen des Erben ausdehnt und ihn letztlich zwingt, das Handelsgeschäft selbst – durch eine fremde Person – zu betreiben.[252] Bei Vorhandensein minderjähriger Erben ist § 1629 a BGB zu beachten. Die Vollmachtserteilung durch minderjährige Erben bedarf der familiengerichtlichen Genehmigung, § 1822 Nr. 3 BGB.[253] 150

> **Hinweis:** Daher kann es sinnvoll sein, die Vollmacht zu begrenzen, insbesondere ihre Laufzeit auf die Dauer der Testamentsvollstreckung zu befristen, unentgeltliche Rechtsgeschäfte auszunehmen und u. U. auch zu bestimmen, dass nur der Nachlass, nicht der Erbe persönlich verpflichtet werden dürfe.[254] Allerdings kann hierdurch der Testamentsvollstrecker mit Nachweisproblemen belastet werden.[255]

b) Treuhandlösung

Bei der sog. **Treuhandlösung** führt der Testamentsvollstrecker das Einzelunternehmen im eigenen Namen und unter eigener persönlicher Haftung, aber als Treuhänder für Rechnung des Erben.[256] Hier wird der Testamentsvollstrecker als Geschäftsinhaber (ohne erläuternden Vermerk hinsichtlich seiner Treuhänderstellung)[257] in das Handelsregister eingetragen; ob es zur Eintragung der Mitwirkung des Erben bedarf, ist streitig.[258] Der Erbe haftet nicht gemäß § 27 Abs. 1 HGB für die **früheren Geschäftsverbindlichkeiten**, weil die Überlassung des Handelsgeschäfts an den Testamentsvollstrecker einer Geschäftseinstellung i. S. d. § 27 Abs. 2 HGB gleichsteht.[259] Eigentümer des Geschäftsvermögens und Inhaber der dazu gehörenden Forderungen bleibt regelmäßig der Erbe, dem Testamentsvollstrecker steht lediglich die Verfügungsbefugnis zu (sog. Verwaltungs- oder Ermächtigungstreuhand).[260] Seine Verfügungsbefugnis und auch seine Verpflichtungsmacht sind bei 151

---

250 Ebenso *Winkler*, Testamentsvollstreckung, Rn. 314 (und Rn. 360 bezüglich der Testamentsvollstreckung an Personengesellschaftsanteilen); Staudinger/*Reimann*, § 2205 Rn. 97.
251 BGHZ 12, 100, 103 f.
252 Bengel/Reimann/*D. Mayer*, Handbuch Testamentsvollstreckung, Rn. 5/134.
253 Bengel/Reimann/*D. Mayer*, Handbuch Testamentsvollstreckung, Rn. 5/131.
254 *Winkler*, Testamentsvollstreckung, Rn. 316.
255 *Winkler*, Testamentsvollstreckung, Rn. 316.
256 BGHZ 12, 100, 102 m. w. N.; ausführlich zur Treuhandlösung *Muscheler*, 295 ff.; *Lorz*, 72 ff.; ferner *Winkler*, Testamentsvollstreckung, Rn. 298 ff.; Bengel/Reimann/*D. Mayer*, Handbuch Testamentsvollstreckung, Rn. 5/120 ff.
257 RGRK/*Kregel*, § 2205 Rn. 7; *Lorz*, 73.
258 Ein Mitwirkungsbedürfnis sehen Staudinger/*Reimann*, § 2205 Rn. 96; Bengel/Reimann/*D. Mayer*, Handbuch Testamentsvollstreckung, Rn. 5/121 mit Formulierungsvorschlag für die Handelsregisteranmeldung in Rn. 5/122. A. A. Soergel/*Damrau*, § 2205 Rn. 20; *Winkler*, Testamentsvollstreckung, Rn. 301; Keidel/Schmatz/*Stöber*, Rn. 195.
259 *Winkler*, Testamentsvollstreckung, Rn. 304.
260 Hierzu *Winkler*, Testamentsvollstreckung, Rn. 299; Soergel/*Damrau* § 2205 Rn. 21.

dieser Art der Treuhand nach herrschender Meinung durch die erbrechtlichen Vorschriften (insbesondere §§ 2205, 2206 BGB) beschränkt. Begründet er Verbindlichkeiten[261] unter Überschreitung der erbrechtlichen Grenzen, haftet das Geschäftsvermögen nicht.[262] Zu einer treuhänderischen Übertragung auf den Testamentsvollstrecker (sog. Vollrechtstreuhand)[263] ist der Erbe nicht verpflichtet[264] und *kann* er nach Meinungen in der Literatur vom Erblasser auch nicht verpflichtet werden.[265] In der Praxis dürfte die Vollrechtstreuhand kaum Bedeutung haben.[266]

152 Der Testamentsvollstrecker vermag seine Haftung für die vom Erblasser herrührenden Geschäftsschulden über § 25 Abs. 2 HGB auf den Nachlass zu beschränken (bestr.).[267] Im Innenverhältnis zum Erben kann der Testamentsvollstrecker Befreiung von seiner unbeschränkten Haftung, insbesondere Freistellung von den Geschäftsverbindlichkeiten verlangen, §§ 2218, 670 BGB.[268] Umstritten ist aber, ob sich der Befreiungsanspruch der Höhe nach auf den Nachlass beschränkt.[269]

153 Da es sich – so eine Meinung – um eine Ersatzlösung für die Testamentsvollstreckung handele und der Erbe bei ihr nur mit dem Nachlass hafte, sei eine Beschränkung der Befreiungshaftung des Erben auf den Nachlass sachgerecht.[270] Die Gegenmeinung macht geltend, das Treuhandverhältnis stehe neben dem gesetzlichen Schuldverhältnis. Dem Treuhandverhältnis liege notwendigerweise ein zusätzliches, vertraglich begründetes Geschäftsbesorgungsverhältnis zugrunde, mit dem eine Beschränkung oder Beschränkbarkeit des Befreiungsanspruchs nicht vereinbar sei.[271]

> **Hinweis:** Die Treuhandlösung wird wegen der mit ihr verbundenen persönlichen Haftung manchen Testamentsvollstrecker – zu Recht – abschrecken.[272] Besonders gilt dies, wenn man der Meinung folgt, der Freistellungsanspruch gegen den Erben beschränke sich auf den Nachlass. Gelingt es dem Testamentsvollstrecker nicht, diese Beschränkung durch Vereinbarung mit dem Erben aufzuheben, wird er regelmäßig eine Tätigkeit als Treuhänder ablehnen.[273]

c) Weisungsgeberlösung

154 Bei der sog. Weisungsgeberlösung betreibt der Erbe im Außenverhältnis selbständig das Handelsgeschäft, während sich der Testamentsvollstrecker darauf beschränkt, dem Erben im Innenverhältnis Weisungen zu erteilen. Dogmatische Grundlage der Weisungsgeberlösung ist § 2208 Abs. 2 BGB,[274]

---

261 Auch wenn der Testamentsvollstrecker bei Verpflichtungsgeschäften nicht als solcher, sondern persönlich handelt, verpflichtet er (wohl) grundsätzlich *auch* den Nachlass, MünchKommBGB/*Brandner*, § 2205 Rn. 24c.
262 MünchKommBGB/*Brandner*, § 2205 Rn. 24d; *Reimann*, Wirtschaftsrechtspraxis, Rn. 344.
263 Hierzu *Winkler*, Testamentsvollstreckung, Rn. 300.
264 Bengel/Reimann/*D. Mayer*, Handbuch Testamentsvollstreckung, Rn. 5/126. A. A. und für eine Vollrechtstreuhand *John*, BB 1980, 757, 760 f.; dagegen *Muscheler*, 331 ff.
265 *Muscheler*, 331 ff; nach *K. Schmidt*, Handelsrecht, § 5 I. 1. d bb gilt dies zumindest für das Anlagevermögen.
266 Bengel/Reimann/*D. Mayer*, Handbuch Testamentsvollstreckung, Rn. 5/120 unter Hinweis auf die ungeklärte steuerliche, insbesondere erbschaftsteuerliche Behandlung der Vollrechtstreuhand.
267 *Winkler*, Testamentsvollstreckung, Rn. 303 m. w. N., auch zur Gegenmeinung.
268 Vgl. BGHZ 12, 100, 104.
269 Für unbeschränkte Befreiungshaftung *Winkler*, Testamentsvollstreckung, Rn. 308; Bengel/Reimann/*D. Mayer*, Handbuch Testamentsvollstreckung, Rn. 5/127; in diesem Sinne auch BGHZ 12, 100, 104. Für eine Beschränkung auf den Nachlass Soergel/*Damrau*, § 2205 Rn. 20, 34; Staudinger/*Reimann*, § 2205 Rn. 95.
270 Staudinger/*Reimann*, § 2205 Rn. 95.
271 *Winkler*, Testamentsvollstreckung, Rn. 308.
272 Vgl. *Reimann*, Wirtschaftsrechtspraxis, Rn. 351.
273 Staudinger/*Reimann*, § 2205 Rn. 95.
274 *Weidlich*, ZEV 1994, 205, 211.

wonach der Testamentsvollstrecker vom Erben die Ausführung von Verfügungen verlangen kann. Voraussetzung ist allerdings, dass der Testamentsvollstrecker nach dem Willen des Erblassers dessen Verfügungen nicht selbst auszuführen braucht (§ 2208 Abs. 2 Hs. 1 BGB). Ist dieser Wille nicht feststellbar, kommt die Weisungsgeberlösung nur auf der Grundlage einer Einigung mit dem Erben in Betracht.[275]

d) »Beaufsichtigende« Testamentsvollstreckung

Die Rechtsprechung des BGH zur Dauertestamentsvollstreckung an der »Außenseite« einer Personengesellschaftsbeteiligung (s. u. Rdn. 172 f.) hat die Literatur veranlasst, eine sog. **beaufsichtigende** Testamentsvollstreckung auch am Einzelunternehmen zu erörtern:[276] Der Erbe selbst führt hierbei zwar das Unternehmen fort, aber die Anordnung der Testamentsvollstreckung erfasst jedenfalls die Einzelwirtschaftsgüter und bewirkt, dass der Erbe über das Unternehmen nicht ohne Mitwirkung des Testamentsvollstreckers verfügen kann und dass die Einzelwirtschaftsgüter nicht dem Zugriff der Eigengläubiger des Erben unterliegen.[277] **155**

e) Umwandlungsanordnung

Praktisch bedeutsam ist ferner die Möglichkeit des Erblassers, die Umwandlung seines Einzelunternehmens in eine Kapitalgesellschaft anzuordnen,[278] insbesondere durch Einbringung in eine GmbH oder durch Ausgliederung gemäß §§ 152 ff. UmwG.[279] Bei Kapitalgesellschaften ist Testamentsvollstreckung weitergehend möglich und effektiver.[280] Es kann auch der Erblasser selbst zu seinen Lebzeiten eine entsprechende Umstrukturierung durchführen[281] oder, etwa durch Vorratsgründung einer GmbH,[282] vorbereiten. In Betracht kommt auch die **zeitweise Umwandlung** einer vollhaftenden in eine Kommanditbeteiligung für die Dauer der Testamentsvollstreckung.[283] **156**

3. Wahl durch den Testamentsvollstrecker

Wenn überhaupt eine Dauertestamentsvollstreckung unter Einbeziehung eines Handelsgeschäfts angeordnet wird, dann erscheint es sinnvoll, dem Testamentsvollstrecker selbst die Entscheidung darüber zu überlassen, welche Lösung er bevorzugt.[284] **157**

---

275 Vgl. *Reimann*, Wirtschaftsrechtspraxis, Rn. 365.
276 *Reimann*, Wirtschaftsrechtspraxis, Rn. 367; Bengel/Reimann/*D. Mayer*, Handbuch Testamentsvollstreckung, Rn. 146.
277 Staudinger/*Reimann* § 2205 Rn. 104; *Reimann*, Wirtschaftsrechtspraxis, Rn. 368 und 392 f.; Bengel/Reimann/*D. Mayer*, Handbuch Testamentsvollstreckung, Rn. 146.
278 Vgl. *Everts*, MittBayNot 2003, 427, 436 zur automatischen Umwandlung der Vollhaftbeteiligung beim Erbfall.
279 Bengel/Reimann/*D. Mayer*, Handbuch Testamentsvollstreckung, Rn. 5/142.
280 Bengel/Reimann/*D. Mayer*, Handbuch Testamentsvollstreckung, Rn. 5/142; Bengel/Reimann/*Reimann*, Handbuch Testamentsvollstreckung, Rn. 2/49.
281 *Everts*, MittBayNot 2003, 427, 431 f.
282 Vgl. BGHZ 117, 323 = NJW 1992, 1824 = DNotZ 1994, 104 (zur Vorrats-AG); Bengel/Reimann/*Reimann*, Handbuch Testamentsvollstreckung, Rn. 2/49; Bengel/Reimann/*D. Mayer*, Handbuch Testamentsvollstreckung, Rn. 144; *Reimann*, Wirtschaftsrechtspraxis, Rn. 370.
283 *Langenfeld*, Testamentsgestaltung, Rn. 1049.
284 Vgl. die Formulierungsvorschläge von *Langenfeld*, Testamentsgestaltung, Rn. 1027, Bengel/Reimann/*D. Mayer*, Handbuch Testamentsvollstreckung, Rn. 5/140, *Reimann/Bengel/J. Mayer*, Formularteil, Rn. 78, auch Rn. 38. Das Wahlrecht entspricht der Rechtslage, wie sie dem BGH zufolge besteht, wenn der Erblasser nur abstrakt Testamentsvollstreckung anordnet, ohne Konkretes zu bestimmen, BGHZ 12, 100, 102.

158 ▶ **Muster: Verwaltungsvollstreckung über ein Handelsgeschäft**

Ich ordne Testamentsvollstreckung an ... [Es folgen allgemeine Bestimmungen, insbesondere über die Person des Testamentsvollstreckers, Ersatzberufung, Aufgaben und Befugnisse des Testamentsvollstreckers und die Dauer der Testamentsvollstreckung]

Die Testamentsvollstreckung soll sich auch auf mein unter der Firma ... in ... betriebenes Einzelunternehmen – eingetragen im Handelsregister des Amtsgerichts ... unter HRA ... – beziehen. Insoweit hat der Testamentsvollstrecker die Aufgabe, das Unternehmen auf die Dauer der Testamentsvollstreckung fortzuführen, solange es ihm wirtschaftlich sinnvoll erscheint. Anderenfalls ist der Testamentsvollstrecker berechtigt, das Unternehmen zu veräußern oder zu liquidieren.

Führt der Testamentsvollstrecker das Unternehmen fort, darf er dies in jeder rechtlich zulässigen Form. Insbesondere darf er nach seinem eigenen freien Ermessen entweder in eigenem Namen und unter eigener persönlicher Haftung, aber für Rechnung des Erben handeln oder als dessen Bevollmächtigter unter dessen Haftung. Der Testamentsvollstrecker ist auch berechtigt, das Unternehmen zu verpachten oder es nach Umwandlung in eine Kapitalgesellschaft fortzuführen. Dem Erben erlege ich auf, dem Testamentsvollstrecker die notwendigen Befugnisse einzuräumen, insbesondere ihm eine entsprechende unwiderrufliche Vollmacht zu erteilen. Unentgeltliche Verfügungen dürfen von der Vollmacht ausgenommen werden.

Dem Testamentsvollstrecker stehen alle Rechte zu, die ihm nach dem Gesetz eingeräumt werden können. Von den Beschränkungen des § 181 BGB ist er befreit.

Neben der oben bestimmten Vergütung bezüglich des Restnachlasses erhält der Testamentsvollstrecker für die Verwaltung des Unternehmens eine Vergütung in Höhe von 10 % des jährlichen Reingewinns. Wählt der Testamentsvollstrecker die Treuhandlösung, erhöht sich diese Vergütung auf 25 % des jährlichen Reingewinns.[285] Mindestens beläuft sich die Vergütung auf den Betrag, den eine Gesellschaft mit beschränkter Haftung gleicher Größe ihrem alleinigen Geschäftsführer als steuerlich abzugsfähiges Gehalt ohne Gewinnbeteiligung und Sonderleistungen zahlen könnte.[286]

III. Personengesellschaft

1. Grundlagen

159 Die Problemlage bei der Testamentsvollstreckung an einem Personengesellschaftsanteil entspricht teilweise der Problemlage bei der Testamentsvollstreckung an einem Einzelunternehmen. Hier wie dort stellt die **Haftungsfrage** ein zentrales Problem dar. Auch heute noch, nach jahrzehntelangen intensiven Diskussionen, ist ein überwiegend akzeptierter Grundsatz, dass eine Verwaltungsvollstreckung (Dauervollstreckung) bei vollhaftenden Personengesellschaftsanteilen nicht zulässig ist.[287] Wie bei einem Einzelunternehmen ist auch bei Personengesellschaftsanteilen nur die Verwaltungsvollstreckung problematisch und nicht die Abwicklungsvollstreckung.[288] Auch bei Personengesellschaftsanteilen kommen die oben erörterten Ersatzlösungen in Betracht.[289]

160 Daneben stellen sich bei Testamentsvollstreckung an einem Personengesellschaftsanteil weitere Probleme. Eines ergibt sich aus der personalistischen Ausrichtung der Personengesellschaften,[290] ein weiteres aus dem für Personengesellschaften geltenden Grundsatz der Selbstorganschaft.[291]

---

285 Vgl. *D. Mayer* in Bengel/Reimann Hdb. Testamentsvollstreckung, Rn. 140.
286 Nach *Langenfeld*, Testamentsgestaltung, Rn. 1027.
287 A. A. *Muscheler*, 549 ff. (554, Fn. 88 für die BGB-Gesellschaft); *K. Schmidt*, § 45 V. 8.b.
288 *Ebenroth* Rn. 695.
289 *Schmellenkamp*, MittRhNotK 1986, 181, 187 ff.
290 *Ebenroth* Rn. 695.
291 *K. Schmidt*, Gesellschaftsrecht, § 45 V. 8b.

Spezifisch für Personengesellschaften ist auch die Frage, ob und unter welchen Voraussetzungen ein vererbter Gesellschaftsanteil zum **Nachlass** gehört.[292] Nach der Rechtsprechung des BGH scheidet die Beteiligung an einer Personengesellschaft ipso iure aus dem gesamthänderisch gebundenen Nachlass aus und geht im Wege der Sonderrechtsnachfolge auf den oder die Nachfolger in der Beteiligung über.[293] Das heißt dem BGH zufolge aber nicht, dass die Beteiligung damit der Testamentsvollstreckung entzogen sei und sich auf den gesamthänderisch gebundenen Nachlass beschränke. Sei das Nachlassvermögen auf verschiedene Rechtsträger verteilt, so könnten sich die jeweils anzuwendenden erbrechtlichen Regelungen vielmehr auf alle diese Vermögensmassen beziehen. Der Testamentsvollstrecker könne somit in die Lage kommen, sowohl Gesamthandsvermögen der Erbengemeinschaft als auch Sondervermögen eines oder mehrerer Erben zu verwalten.[294]

161

In der Tatsache, dass der Erbe bereits vor dem Erbfall Gesellschafter war, hat der BGH kein Hindernis für eine Dauertestamentsvollstreckung an einer dem Erben zusätzlich angefallenen Beteiligung gesehen. Gerade die Testamentsvollstreckung verhindere die uneingeschränkte Vereinigung des bisher schon gehaltenen Anteils mit dem hinzu erworbenen.[295] Im konkreten Fall handelte es sich um den Anteil an einer Gesellschaft bürgerlichen Rechts, doch ist das Argument unabhängig von der Art der Personengesellschaft. Es wäre inkonsequent, für die Testamentsvollstreckung an einem OHG- oder KG-Anteil anders zu entscheiden[296] und insoweit bei dem Standpunkt der frühen BGH-Rechtsprechung[297] stehen zu bleiben, wonach sich die Testamentsvollstreckung auf den **Teil** eines Personengesellschaftsanteils nicht beziehen könne.[298] Die ältere Auffassung steht auch im Gegensatz zu einer anderen Entscheidung des BGH aus neuerer Zeit, wonach selbst die Vereinigung sämtlicher Geschäftsanteile in einer Hand nicht zum Erlöschen der Gesellschaft führt, falls für den erebten Anteil Testamentsvollstreckung angeordnet ist.[299]

162

2. Voraussetzungen einer Testamentsvollstreckung

a) Vererblichkeit und Übergang auf erbrechtlichem Weg

Voraussetzung für eine Dauertestamentsvollstreckung an einer Personengesellschaftsbeteiligung ist zunächst deren **Vererblichkeit**. Soweit die Beteiligung nicht vererblich ist, kann sie nicht Objekt einer Testamentsvollstreckung sein. Wird also die Gesellschaft nach Gesetz oder Gesellschaftsvertrag durch den Tod eines Gesellschafters aufgelöst, dann kann die Testamentsvollstreckung von vornherein den Anteil an der werbenden Gesellschaft mangels Vererblichkeit nicht erfassen. Vererblich ist aber der Anteil an der **Liquidationsgesellschaft**. An ihm kann Testamentsvollstreckung angeordnet werden mit der Folge, dass auch die inneren Angelegenheiten der Liquidationsgesellschaft der Verwaltung des Testamentsvollstreckers unterliegen.[300]

163

---

292 *Ebenroth* Rn. 695.
293 BGHZ 108, 187 = NJW 1989, 3152 = DNotZ 1990, 183 = FamRZ 1989, 1168.
294 BGHZ 108, 187 (s. o.), Rn. 13.
295 BGH NJW 1996, 1284, sub II, 2. b., Rn. 34 = FamRZ 1996, 409 = ZEV 1996, 110 mit Anm. *Lorz* = MittRhNotK 1996, 169; (in BGHZ 108, 187 hatte der BGH eine Entscheidung noch dahinstehen lassen, Rn. 24); OLG Schleswig DNotZ 2006, 374.
296 Zurückhaltend bei der Übertragung dieser Meinung auf andere Arten von Personengesellschaften aber *Reimann*, Wirtschaftsrechtspraxis, Rn. 429.
297 BGHZ 24, 106, 113.
298 Die damit zwangsläufig verbundene Aufspaltung des einheitlichen Gesellschaftsanteils sei aus Rechtsgründen nicht möglich, so BGHZ 24, 106, 113. Die Richtigkeit dieser Auffassung hat der BGH in BGHZ 108, 187 = NJW 1989, 3152 = DNotZ 1990, 183 mit Anm. *Reimann* noch dahinstehen lassen, sub III. 4. b) dd), Rn. 24.
299 BGHZ 98, 48, 57 = NJW 1986, 2431 = DNotZ 1987, 116; vgl. schon BGHZ 48, 214, 219.
300 BGHZ 98, 48, 58; BGH NJW 1981, 749, 750 (BGB-Gesellschaft).

164 Die Beteiligung muss auf **erbrechtlichem Weg** auf den Nachfolger übergegangen sein.[301] Deshalb geht die Testamentsvollstreckung ins Leere, wenn der Nachfolger aufgrund rechtsgeschäftlicher Nachfolgeklausel Gesellschafter geworden ist. Gleiches gilt, wenn der Eintritt in die Gesellschaft auf einem gesellschaftsvertraglichen Eintrittsrecht beruht; dieses fällt nicht in den Nachlass.[302] Entsprechendes gilt, wenn der Gesellschaftsvertrag eine Fortsetzungsklausel enthält und deshalb überhaupt kein Nachfolger in die Gesellschaft gelangt. Ist für diesen Falle eine **Abfindung** vorgesehen, kann allerdings diese ohne weiteres der Verwaltungsvollstreckung unterliegen.[303]

b) Anordnung von Todes wegen

165 Eine gesellschaftsvertragliche Regelung, insbesondere über die Vererblichkeit, reicht aber nicht aus. In jedem Falle muss die Testamentsvollstreckung vom Erblasser durch Verfügung von Todes wegen wirksam angeordnet worden sein.[304]

c) Zulassung der Testamentsvollstreckung

166 Die Testamentsvollstreckung muss mit dem Gesellschaftsrecht vereinbar sein. Insbesondere fordert der Schutz der Mitgesellschafter, dass eine Verwaltungsvollstreckung gesellschaftsrechtlich zugelassen ist, sei es durch entsprechende Bestimmung im Gesellschaftsvertrag, sei es durch ad hoc erfolgende Zustimmung der Mitgesellschafter.[305] Eine Abwicklungsvollstreckung ist demgegenüber ohne Zustimmung der Mitgesellschafter zulässig.[306] Ebenso bedarf es deren Zustimmung nicht, wenn sich die Testamentsvollstreckung von vornherein nur auf die selbständig übertragbaren Ansprüche aus dem Gesellschaftsverhältnis (§ 717 S. 2 BGB) bezieht. Insoweit kann andererseits der Gesellschaftsvertrag die Testamentsvollstreckung nicht ausschließen.[307]

167 Ist eine der Zulassung bedürftige Testamentsvollstreckung tatsächlich nicht zugelassen, insbesondere auch nicht durch Zustimmung der Mitgesellschafter gedeckt, ist die Testamentsvollstreckung als solche **nicht unwirksam**. Die Frage der Wirksamkeit bleibt erbrechtlicher Natur.[308] Folge der mangelnden Zulassung ist nur, dass der – wirksam bestimmte – Testamentsvollstrecker die mit der Beteiligung verbundenen Mitgliedschaftsrechte nicht ausüben kann. Seinen erbrechtlichen Befugnissen sind somit handelsrechtliche Grenzen gezogen.[309] Die Befugnisse und Funktionen des Testamentsvollstreckers an der »Außenseite« der Beteiligung bleiben erhalten, insbesondere gelten § 2111 BGB (Verfügungsbeschränkung des Erben) und § 2214 BGB (Eigengläubiger des Erben).[310]

3. Kompetenzen des Testamentsvollstreckers

a) Erbrechtliche Befugnisse und Beschränkungen

168 Eine Kernkompetenz eines Testamentsvollstreckers ist das Recht zur Verfügung über Nachlassgegenstände (§ 2205 S. 2 BGB). Dieses Recht hat er auch in Bezug auf Personengesellschaftsanteile, die zum Nachlass gehören (gleich, ob sie zum gesamthänderisch gebundenen Nachlass gehören oder der Sonderrechtsnachfolge unterliegen). Der **Erblasser** kann die Verfügungsbefugnis allerdings beschneiden oder ausschließen, § 2208 Abs. 1 S. 1 BGB. Mangels einer Bestimmung durch den Erblasser entscheidet über die Zulässigkeit einer Verfügung, ob sie sich im Rahmen ordnungsgemäßer

---

301 Bengel/Reimann/*D. Mayer*, Handbuch Testamentsvollstreckung, Rn. 5/198.
302 BGHZ 22, 186; *Reimann*, Wirtschaftspraxis, Rn. 400.
303 BGH NJW 1985, 1953, 1954 = DNotZ 1985, 561; *K. Schmidt*, Gesellschaftsrecht, § 45 V. 8. a).
304 *Klein* DStR 1992, 326; Bengel/Reimann/*D. Mayer*, Handbuch Testamentsvollstreckung, Rn. 5/197.
305 *Ebenroth* Rn. 697; *Winkler*, Testamentsvollstreckung, Rn. 346.
306 *Winkler*, Testamentsvollstreckung, Rn. 334.
307 *Reimann*, Wirtschaftspraxis, Rn. 399.
308 *Reimann*, FamRZ 1992, 117.
309 *Reimann*, FamRZ 1992, 117.
310 *Reimann*, FamRZ 1992, 117.

Verwaltung, § 2216 BGB, bewegt. Ein Verstoß gegen § 2216 BGB hat allerdings grundsätzlich nur schuldrechtliche Folgen und führt zur Haftung des Testamentsvollstreckers gemäß § 2219 BGB.[311] Zu unentgeltlichen Verfügungen ist der Testamentsvollstrecker nicht berechtigt, § 2205 S. 3 BGB; eine unentgeltliche Verfügung ist unwirksam.[312]

Die wichtigste Beschränkung im vorliegenden Zusammenhang ist, dass der Testamentsvollstrecker **nur den Nachlass**, nicht aber den Erben mit seinem sonstigen Vermögen verpflichten kann. Bei Testamentsvollstreckung über einen Kommanditanteil bedeutet dies beispielsweise, dass der Testamentsvollstrecker die Kommanditeinlage nicht gegen den Willen des Kommanditisten-Erben erhöhen kann[313] (wenn die Erhöhung nicht aus Nachlassmitteln erfüllbar ist).[314] Er darf auch nicht bei Maßnahmen mitwirken, die gemäß § 172 Abs. 4 HGB zur Haftung des Kommanditisten-Erben führen.[315]

169

b) Kernbereichsschutz als gesellschaftsrechtliche Beschränkung

Die sog. Kernbereichslehre bezweckt den Schutz von Minderheitsgesellschaftern gegenüber Mehrheitsbeschlüssen.[316] Sie postuliert unentziehbare und **mehrheitsfeste** Rechte, die zwar grundsätzlich abdingbar sind, aber dem Gesellschafter nicht gegen seinen Willen entzogen werden können.[317] Auch die ausdrückliche Spezifizierung im Gesellschaftsvertrag reicht nicht in allen Fällen aus, eine Mehrheitsentscheidung zu legitimieren. Zu prüfen ist, ob trotz Zulassung der betreffenden Mehrheitsentscheidung im Gesellschaftsvertrag ein unzulässiger Eingriff in schlechthin unentziehbare oder in »relativ unentziehbare«, d. h. nur mit – ggf. antizipierter – Zustimmung des einzelnen Gesellschafters oder aus wichtigem Grund entziehbare Mitgliedschaftsrechte vorliegt.[318] Zu den Rechten im Kernbereich gehören die individuellen Rechte, die einem Gesellschafter nach Gesetz oder Gesellschaftsvertrag zustehen und seine Stellung in der Gesellschaft **maßgeblich prägen**.[319] Dazu gehören beispielsweise das Stimmrecht, das Gewinnrecht, das Recht zur Geschäftsführung und auf Beteiligung am Liquidationserlös; auch eine Erhöhung des Beitrags kann nicht ohne Zustimmung des Betroffenen beschlossen werden.[320]

170

Die Kernbereichslehre betrifft das Verhältnis der Gesellschafter untereinander. Ob sie auf das Verhältnis der Gesellschafter zum Testamentsvollstrecker übertragbar ist, ist Gegenstand kontroverser Diskussion.[321] Die h. M. **bejaht** die Übertragbarkeit.[322] *K. Schmidt* plädiert dafür, den Kernbereichsschutz des Erben nicht verbandsrechtlich, sondern erbrechtlich aus dem Innenverhältnis zum Erb-

171

---

311 Staudinger/*Reimann*, § 2216 Rn. 17.
312 Staudinger/*Reimann*, § 2205 Rn. 40.
313 BGHZ 108, 187, 198 = NJW 1989, 3152 = DNotZ 1990, 20.
314 Staudinger/*Reimann*, § 2205 Rn. 128; *Weidlich*, ZEV 1994, 205, 208.
315 Nach BGHZ 108, 187, 198 (Rn. 20) lässt sich zwar die persönliche Haftung des Erben gemäß § 172 Abs. 4 HGB nicht vermeiden, wenn sich der Testamentsvollstrecker die Einlage ganz oder teilweise zurückzahlen lässt. Die Gefahr für den Erben werde aber dadurch gemindert, dass man Maßnahmen, die zur persönlichen Haftung des Erben führen, nicht mehr als ordnungsmäßige Verwaltung des Nachlasses (§ 2216 Abs. 1 BGB) ansehen könne.
316 Vgl. zur Kernbereichslehre BGHZ 85, 350, 361; BGHZ 119, 346, 355; BGHZ 132, 263, 268; vgl. auch schon BGHZ 20, 263, 270, dort allerdings noch ohne den Ausdruck »Kernbereich«.
317 *K. Schmidt*, Gesellschaftsrecht, § 16 III. 3.
318 BGHZ 170, 283, Rn. 10 = NJW 2007, 1685 = DNotZ 2007, 629.
319 *Grunewald*, Gesellschaftsrecht, § 1, Rn. 84; Staudinger/*Reimann*, § 2205 Rn. 129 m. w. N.: Alle Rechte, die geeignet sind, die Rechtsstellung des Gesellschafters selbst in ihrem Bestand zu erhalten.
320 *Grunewald*, Gesellschaftsrecht, § 1, Rn. 84; Staudinger/*Reimann*, § 2205 Rn. 129.
321 Offen gelassen von BGHZ 108, 187, 198.
322 Nähere Darstellung bei Staudinger/*Reimann*, § 2205 Rn. 129 (betr. Kommanditanteil), siehe auch § 2205 Rn. 122 (betr. vollhaftende Beteiligung); Bengel/Reimann/*D. Mayer*, Handbuch Testamentsvollstreckung, Rn. 5/174 ff.; *Weidlich*, ZEV 1994, 205, 208 ff. m. w. N.

lasser zu begründen.[323] Beschlüsse oder Vereinbarungen der Gesellschafter, die ohne die Testamentsvollstreckung der Zustimmung des betroffenen Gesellschafters bedürften, überschreiten nach h. M. regelmäßig auch den Machtbereich des Testamentsvollstreckers. Bei Angelegenheiten, die den Kernbereich berühren, hat der Erbe das Recht, statt des Testamentsvollstreckers aktiv an der Gesellschafterversammlung teilzunehmen.[324] Die Kernbereichslehre hat auch Einschränkungen der Verfügungsmacht des Testamentsvollstreckers im Bereich der oben erörterten »Ersatzlösungen« zur Folge.[325] Die Kernbereichslehre schließt nicht das Recht des Testamentsvollstreckers aus, die Gesellschaft zu kündigen, § 132 HGB, oder die Auflösungsklage zu erheben, § 133 HGB. Voraussetzung ist wegen des Verbots unentgeltlicher Verfügungen, § 2205 S. 3 BGB, ein angemessener Vermögensausgleich für den Erben.[326]

> **Hinweis:** Wegen der im Einzelnen ungeklärten Abgrenzung wird dem Testamentsvollstrecker in der Literatur empfohlen, bis zur eindeutigen Klärung durch die Rechtsprechung bei Handlungen, die über die laufenden Verwaltungsangelegenheiten hinaus gehen, vorsorglich die Zustimmung des Erben einzuholen. Gleiches soll bei Gesellschaftsvertragsänderungen gelten, die den Erben mehr als nur geringfügig über das Maß hinaus beeinträchtigen, das der Erbe aufgrund der angeordneten Testamentsvollstreckung ohnehin üblicherweise zu dulden hat.[327]

c) Außenseite und Innenseite der Beteiligung

172 Die »**Außenseite**« eines Anteils an einer Personengesellschaft stellen die gemäß § 717 S. 2 BGB selbständig abtretbaren Rechte dar, insbesondere die laufenden Gewinnansprüche (einschließlich der Beteiligung am Ergebnis schwebender Geschäfte gemäß § 740 BGB), der Anspruch auf ein künftiges Auseinandersetzungsguthaben und sonstige mit dem Anteil verbundene Vermögensrechte. Die Außenseite konstituiert wesentlich den Wert der Beteiligung.[328] Die Außenseite unterliegt der Verwaltung durch den Testamentsvollstrecker, ohne dass der Gesellschaftsvertrag dies auszuschließen vermöchte[329] und ohne dass die Zustimmung der Mitgesellschafter erforderlich wäre.[330]

173 Der Erblasser kann sich damit begnügen, von vornherein nur die Außenseite der Beteiligung der Testamentsvollstreckung zu unterstellen. Damit ist das Problempotential der Testamentsvollstreckung ganz erheblich reduziert. Die Beteiligung unterliegt dann den sich aus dem Erbrecht ergebenden Beschränkungen: Der Gesellschafter-Erbe kann – ohne Zustimmung des Testamentsvollstreckers – über seinen Anteil nicht verfügen (§ 2211 BGB).[331] Zu Maßnahmen des Erben, die seine vorgenannten Vermögensrechte berühren, ist ebenfalls die Zustimmung des Testamentsvollstreckers erforderlich.[332] Eigengläubiger des Erben haben keinen Zugriff auf den Anteil (§ 2214 BGB).[333]

174 Der »**Innenseite**« des Anteils sind die vererbten, höchstpersönlichen Mitgliedschaftsrechte zuzuordnen. Als wichtigstes ist hier das das Stimmrecht zu nennen, ferner beispielsweise das Recht zur Teil-

---

323 *K. Schmidt*, Gesellschaftsrecht, § 35 II 3c, Fn. 87.
324 Staudinger/*Reimann*, § 2205 Rn. 122.
325 Staudinger/*Reimann*, § 2205 Rn. 122.
326 Staudinger/*Reimann*, § 2205 Rn. 123.
327 Bengel/Reimann/*D. Mayer*, Handbuch Testamentsvollstreckung, Rn. 5/204; ähnlich *Weidlich*, ZEV 1994, 205, 209; *Klein*, DStR 1992, 326, 328.
328 Bengel/Reimann/*D. Mayer*, Handbuch Testamentsvollstreckung, Rn. 5/159.
329 *Winkler*, Testamentsvollstreckung, Rn. 336.
330 BGH NJW 1985, 1953 = DNotZ 1985, 561.
331 *Winkler*, Testamentsvollstreckung, Rn. 336; vgl. Bengel/Reimann/*D. Mayer*, Handbuch Testamentsvollstreckung, Rn. 5/160.
332 *Winkler*, Testamentsvollstreckung, Rn. 336.
333 *Winkler*, Testamentsvollstreckung, Rn. 336 und 371.

nahme an der Gesellschafterversammlung, das Informationsrecht und – soweit nicht gesellschaftsrechtlich ausgeschlossen – die Rechte auf Vertretung und Geschäftsführung.[334]

d) Nach dem Erbfall entstehende Gewinne

Die Reichweite der Testamentsvollstreckung ist im Hinblick auf Gewinnansprüche und künftiges Auseinandersetzungsguthaben eingeschränkt. Zwar gehören im Ausgangspunkt auch nach dem Erbfall entstehende Gewinnansprüche zur erebten Beteiligung. Zu einem »angemessenen« Teil aber, nämlich soweit sie auf persönlichem Einsatz des Gesellschafter-Erben beruhen, sind sie diesem persönlich zuzuordnen und nicht dem Nachlass. Insoweit unterliegen sie auch nicht der Testamentsvollstreckung.[335] Entsprechendes gilt für den Wert der Beteiligung als solcher, der sich im künftigen Auseinandersetzungsguthaben widerspiegelt.[336] Abgrenzungsschwierigkeiten müssen in Kauf genommen werden.[337] **175**

e) Gründung neuer Unternehmen und Umwandlungen

Neue Unternehmen zu **gründen**, ist dem Testamentsvollstrecker versagt. Das gilt für die Gründung eines einzelkaufmännisches Unternehmens ebenso wie für die Beteiligung des Erben als persönlich haftender Gesellschafter an einer OHG oder KG, grundsätzlich aber auch für seine Beteiligung als Kommanditist.[338] Der Testamentsvollstrecker kann nicht mit Wirkung für den Erben Verpflichtungen begründen – etwa die Verpflichtung des Kommanditisten zur Zahlung seiner Einlage –, die mit einer Beschränkung der Erbenhaftung auf den Nachlass nicht vereinbar sind. Mit dieser Beschränkung vereinbar wäre die Begründung einer Beteiligung des Erben durch den Testamentsvollstrecker allerdings, wenn die Einzahlungsverpflichtung aus Nachlassmitteln erfüllt werden kann.[339] **176**

Ist der Testamentsvollstrecker nicht auf die »Außenseite« der Beteiligung beschränkt, sondern hat ihm der Erblasser unter Beachtung der Satzung auch Funktionen an der »Innenseite« der Beteiligung zugewiesen, kann er aufgrund seiner Verwaltungsbefugnis an Gesellschaftsvertragsänderungen mitwirken, durch die eine Gesellschaft in eine oder mehrere andere umgewandelt wird. Voraussetzung ist aber auch hier, dass durch die Änderung weitergehende Verpflichtungen des Erben nicht begründet werden.[340] Die Rechtsmacht des Testamentsvollstreckers umfasst auch im Verfahren der **Umwandlung** nach UmwG nicht die Begründung persönlicher Verpflichtungen des Erben.[341] Führt eine Umwandlungsmaßnahme zu einer persönlichen Verpflichtung des Erben, benötigt der Testamentsvollstrecker dessen Zustimmung.[342] **177**

> ▶ **Beispiel:**[343] Ein Aktionär ist an einer Aktiengesellschaft beteiligt, von denen ein Teil einer Verwaltungs-Testamentsvollstreckung unterliegt. Die Aktiengesellschaft wird in eine Kommanditgesellschaft umgewandelt, der Aktionär (Erbe) wird Kommanditist. Hier geht das Verwaltungsrecht des Testamentsvollstreckers unter; er hat aber Anspruch auf Wiederherstellung. Der Wiederherstellungsanspruch ist in der Weise durchsetzbar, dass der Erbe dem Testamentsvollstrecker treuhänderisch den Teil seines Kommanditanteils überträgt, der den Aktien entspricht, die zunächst der Testamentsvollstreckung unterlagen. Zur Wirksamkeit einer solchen Übertragung ist grundsätzlich die Zustimmung der übrigen Gesellschafter erforderlich.

---

334 Bengel/Reimann/*D. Mayer*, Handbuch Testamentsvollstreckung, Rn. 5/158.
335 BGHZ 98, 48, 56 f.
336 BGHZ 98, 48, 56 f.; andeutungsweise auch BGHZ 91, 132, 137.
337 *Reimann*, Wirtschaftsrechtspraxis, Rn. 406.
338 *Reimann*, Wirtschaftsrechtspraxis, Rn. 456 ff.
339 Vgl. *K. Schmidt*, Gesellschaftsrecht, § 35 II 3. c.; *Reimann*, Wirtschaftsrechtspraxis, Rn. 459.
340 *Reimann*, Wirtschaftsrechtspraxis, Rn. 468 f.
341 *Reimann*, Wirtschaftsrechtspraxis, Rn. 473.
342 *Reimann*, Wirtschaftsrechtspraxis, Rn. 474.
343 BGHZ 24, 106 = WM 1957, 705.

178 Da viele Fragen im Zusammenhang mit Umwandlungen offen sind, empfehlen sich begleitende Vollmachten des Erben für den Testamentsvollstrecker.[344]

4. OHG und KG (Komplementär)

179 Nach h. M. kann eine vollhaftende Beteiligung mit ihrer **Innenseite** – den höchstpersönlichen Mitgliedschaftsrechten – keiner Verwaltungsvollstreckung unterstellt werden.[345] Insbesondere ist dem Testamentsvollstrecker die Wahrnehmung des Stimmrechts des Komplementär-Erben verwehrt.[346] Der personalistische, auf die Einzelperson bezogene Charakter der Mitgliedschaft in einer als Arbeits- und Haftungsgemeinschaft ausgeprägten Personengesellschaft – so ein traditionelles Argument – vertrage keine Fremdbestimmung. Das Argument geht ins Leere, sobald die Zulässigkeit der Testamentsvollstreckung von der Zustimmung der Mitgesellschafter abhängig gemacht wird, wie es heute der Fall ist. Auch die Ansicht, der Anteil gehöre nicht zum Nachlass und könne daher nicht der Testamentsvollstreckung unterliegen, ist überholt (oben Rdn. 162 f. sowie 20). Ebenfalls nicht plausibel ist, haftungsrechtliche Unzumutbarkeit für den Erben ins Feld zu führen; der Erbe ist durch § 139 HGB geschützt.[347] Tragender Grund der h. M. ist vielmehr die Divergenz der Haftungsregime: Nach Erbrecht vermag der Testamentsvollstrecker den Erben ohne dessen Einverständnis nur im Rahmen des Nachlassvermögens zu verpflichten (§ 2206 BGB). Nach Gesellschaftsrecht haftet ein persönlich haftender Gesellschafter hingegen notwendigerweise unbeschränkt.[348] Für die h. M. streitet ferner der Grundsatz der Selbstorganschaft bei Personengesellschaften, mit dem die Übernahme von Leitungsfunktionen durch den Testamentsvollstrecker kaum verträglich erscheint.[349]

180 Folgeprobleme der Haftungsdivergenz sind bereits oben im Einzelnen angesprochen worden. Dazu gehört, was man »Flucht in die Ersatzlösungen« nennen könnte. Vollmachts- und Treuhandlösung setzen die Zustimmung der anderen Gesellschafter voraus, die von vornherein im Gesellschaftsvertrag oder ad hoc erteilt werden kann.[350] Die Weisungsgeberlösung kommt – auch – als Notlösung für den Fall in Betracht, dass die Testamentsvollstreckung sonst mangels Zustimmung der anderen Gesellschafter scheitern würde.[351]

5. Kommanditanteil

a) Grundsätze

181 Bei Kommanditanteilen unterliegen dem Herrschaftsbereich des Testamentsvollstreckers zunächst diejenigen Rechte, die auch bei der Beteiligung eines persönlich haftenden Gesellschafters Gegenstand der Testamentsvollstreckung sind, nämlich die (Vermögens-)Rechte an der »**Außenseite**« der Beteiligung. Der Testamentsvollstrecker bedarf, um diese Rechte auszuüben, nicht der Zustimmung der Mitgesellschafter.[352]

182 Darüber hinaus erfasst die Dauertestamentsvollstreckung an einem Kommanditanteil grundsätzlich auch die weiteren Mitgliedschaftsrechte, die »**Innenseite**« der Beteiligung.[353] Die größere Reichweite

---

344 *Reimann*, Wirtschaftsrechtspraxis, Rn. 475.
345 RGZ 170, 392, 394 f.; BGHZ 24, 106, 112 f.; BGHZ 98, 48 = NJW 1986, 2431 = DNotZ 1987, 116; BGHZ 108, 187 = NJW 1989, 3152, 3154.
346 OLG Düsseldorf ZEV 2008, 142 mit Anm. *Grunsky*.
347 *K. Schmidt*, Gesellschaftsrecht, § 45 V 8.b.
348 BGHZ 108, 187 (s. o.).
349 Vgl. *K. Schmidt*, Gesellschaftsrecht, § 45 V 8.b.
350 MünchHdb. KG/*Klein*, § 45 Rn. 47; Bengel/Reimann/*D. Mayer*, Handbuch Testamentsvollstreckung, Rn. 5/167.
351 *Weidlich*, ZEV 1994, 205, 211.
352 Bengel/Reimann/*D. Mayer*, Handbuch Testamentsvollstreckung, Rn. 5/195.
353 Grundlegend BGHZ 108, 187 v. 3.7.1989 = NJW 1989, 3152 = DB 1989, 1915 = DNotZ 1990, 183 mit Anm. *Reimann* (190). Zu der Entscheidung *Ulmer*, NJW 1990, 73; *Mayer*, ZIP 1990, 976; *Rowedder*, EWiR 1989, 991; *Landrock* JA 1990, 56.

der Testamentsvollstreckung ist vor dem Hintergrund der nach § 171 HGB regelmäßig nur beschränkten Haftung eines Kommanditisten zu sehen.[354] Einschränkungen können sich insbesondere daraus ergeben, dass der Testamentsvollstrecker nicht berechtigt ist, den Erben persönlich zu verpflichten.[355] Im Grundsatz kann der Testamentsvollstrecker insbesondere das **Stimmrecht** für den Kommanditisten ausüben.

Volleinzahlung der Kommanditeinlage ist nicht erforderlich. Die Zulässigkeit der Testamentsvollstreckung scheitert ferner auch nicht daran, dass die Kommanditgesellschaft als solche oder der rechtsgeschäftliche Eintritt des Erblassers im Zeitpunkt des Erbfalls noch nicht in das Handelsregister eingetragen war. Zwar haftet in beiden Fällen der Erbe persönlich, diese Haftung beruht aber nicht auf einer Handlung des Testamentsvollstreckers.[356]

183

b) Voraussetzungen

Voraussetzung dafür, dass der Testamentsvollstreckung Rechte an der Innenseite des Kommanditanteils unterliegen, ist die gesellschaftsvertraglich[357] oder ad hoc erklärte Zustimmung der Mitgesellschafter.[358] Eine einfache Formulierung kann beispielsweise lauten:»Die Testamentsvollstreckung an einem Kommanditanteil ist zulässig.« Auch eine stillschweigende Zustimmung ist möglich.[359] Sie wird regelmäßig anzunehmen sein, wenn die Anteile frei veräußerlich sind (wie es z. B. bei Publikumskommanditgesellschaften häufig der Fall ist).[360]

184

Fehlt es an der Zustimmung, bleibt gleichwohl der Anspruch auf das Auseinandersetzungsguthaben unter der Testamentsvollstreckung,[361] ebenso die sonstige »Außenseite« der Beteiligung, insbesondere der Gewinnanspruch.[362] In den Fällen mangelnder Zustimmung gilt insoweit also Gleiches wie in den Fällen, in denen die Testamentsvollstreckung an Mitgliedschaftsrechten überhaupt nicht zulässig ist, etwa bei einer OHG-Beteiligung[363] (dass das Auseinandersetzungsguthaben zu einem Teil auf die Tätigkeit der werbenden Gesellschaft nach dem Erbfall zurückzuführen ist, betrifft nur die Höhe des Anspruchs, ist aber kein Grund, ihn als nicht unter die Testamentsvollstreckung fallend anzusehen.[364]

185

War der Erblasser-Kommanditist, abweichend von der gesetzlichen Regel (§§ 164, 170 HGB), geschäftsführungs- und vertretungsberechtigt, ist die Zulässigkeit der Testamentsvollstreckung fraglich.[365] Die Frage stellt sich nur, wenn diese Befugnisse ausnahmsweise vererbliche Sonderrechte darstellen; es dürfte dann zu ihrer Ausübung durch den Testamentsvollstrecker die ausdrückliche Zustimmung aller Gesellschafter erforderlich sein.[366]

186

Ist über den Nachlass eines Kommanditisten Dauertestamentsvollstreckung angeordnet, so ist auf Antrag des Testamentsvollstreckers ein Testamentsvollstreckervermerk in das Handelsregister einzutragen.[367]

---

354 *Grunsky*, ZEV 2008, 144; *Schmellenkamp*, MittRhNotK 1986, 181, 184 f.; *Ebenroth* Rn. 702.
355 BGH a. a. O.
356 BGH v. 3.7.1989 a. a. O., NJW 1989, 3152, 3155 sub aaa) und bbb); vgl. Bengel/Reimann/*D. Mayer*, Handbuch Testamentsvollstreckung, Rn. 5/202.
357 BGH NJW 1985, 1953 = DNotZ 1985, 561 = BB 1985, 951 = DB 1985, 1524.
358 OLG Hamm DNotZ 1992, 320, 321 mit Anm. *Winkler*.
359 *Ebenroth* Rn. 703; Bengel/Reimann/*D. Mayer*, Handbuch Testamentsvollstreckung, Rn. 5/199.
360 *Ulmer*, NJW 1990, 73, 76; *Ebenroth* Rn. 703.
361 BGH NJW 1985, 1953 = DNotZ 1985, 561 = BB 1985, 951.
362 Bengel/Reimann/*D. Mayer*, Handbuch Testamentsvollstreckung, Rn. 5/190.
363 Vgl. BGH a. a. O.
364 BGH a. a. O.
365 Vom BGH in BGHZ 108, 187, 195 f. offen gelassen; für Zulässigkeit auch hier *Muscheler*, 516.
366 Staudinger/*Reimann*, § 2205 Rn. 130; Bengel/Reimann/*D. Mayer*, Handbuch Testamentsvollstreckung, Rn. 5/203.
367 BGH Beschl vom 14.2.2012 – II ZB 15/11 DNotI-Report 2012, 64.

187 ▶ **Muster: Verwaltungsvollstreckung an einem Kommanditanteil**[368]

Ich ordne Testamentsvollstreckung an. Zum Testamentsvollstrecker ernenne ich ... Ersatztestamentsvollstrecker ist ... Nachrangig ersatzweise ersuche ich das Nachlassgericht, einen geeigneten Testamentsvollstrecker zu ernennen. Die Testamentsvollstreckung ist auf meine Kommanditbeteiligung an der ... KG, eingetragen im Handelsregister des Amtsgerichts ... unter HRA ..., beschränkt. Im Gesellschaftsvertrag der KG ist die Testamentsvollstreckung an Kommanditanteilen ohne Einschränkung zugelassen.

Aufgabe des Testamentsvollstreckers ist es, meine Kommanditbeteiligung bis ... *[z. B.: zur Vollendung des 27. Lebensjahres des Erben]* zu verwalten. Die Verwaltung erstreckt sich auf alle meiner beim Erbfall vorhandenen Gesellschafterkonten. Der Testamentsvollstrecker darf sämtliche aus meiner Beteiligung folgenden Rechte einschließlich des Stimmrechts in der Gesellschafterversammlung wahrnehmen. Lediglich zur Mitwirkung an Beschlüssen oder sonstigen Maßnahmen, die zu einer persönlichen Haftung des Erben führen könnten, insbesondere einer Rückgewähr der beim Erbfall bestehenden Kommanditeinlage, ist der Testamentsvollstrecker nicht ohne Zustimmung des Erben berechtigt. Gleiches gilt für die Mitwirkung bei Beschlüssen über eine Erhöhung der Kommanditeinlage. Für solche Maßnahmen benötigt aber der Erbe seinerseits die Zustimmung des Testamentsvollstreckers.

Der Testamentsvollstrecker ist von den beschränkenden Bestimmungen des § 181 BGB befreit. Er erhält Ersatz seiner Aufwendungen und daneben eine Vergütung nach Zeitaufwand, die pro Stunde € ... beträgt. Maximal beträgt die Vergütung ... % des auf die Kommanditbeteiligung entfallenden, entnahmefähigen Gewinns eines Geschäftsjahres.[369] *[Ergänzung evtl.:]* Übersteigt jedoch der auf die Kommanditbeteiligung entfallende Jahresgewinn nicht € ... oder erzielt die Gesellschaft einen Jahresfehlbetrag, beträgt die Vergütung für dieses Jahr pauschal € ...

6. GmbH & Co. KG

188 Bei der GmbH & Co. KG ist zunächst die Verfügung von Todes wegen danach zu befragen – nötigenfalls durch Auslegung –, worauf sich eine angeordnete Testamentsvollstreckung nach dem Willen des Erblassers beziehen soll. Es kann für die Komplementär-GmbH und/oder für einen Kommanditanteil Testamentsvollstreckung angeordnet sein. Es gelten dann jeweils die für die betreffende Beteiligung einschlägigen Grundsätze.

7. Gesellschaft bürgerlichen Rechts

189 Für die im Namen einer Gesellschaft bürgerlichen Rechts begründeten Verpflichtungen haften die Gesellschafter kraft Gesetzes auch persönlich. Diese Haftung kann, wie der BGH in einer viel beachteten Entscheidung ausgesprochen hat, nicht durch einen Namenszusatz beschränkt werden, ebenso wenig durch einen anderen einseitigen Hinweis, durch den der Wille, nur beschränkt für diese Verpflichtungen einzustehen, verdeutlicht werden soll. Notwendig ist dafür vielmehr eine – individualvertragliche – Vereinbarung mit dem Vertragspartner/Gläubiger der Gesellschaft.[370] Die Haftungslage bei einer Gesellschaft bürgerlichen Rechts entspricht demnach im Wesentlichen derjenigen bei einer OHG. Eine »GbR mbH« gibt es nicht. Diese Rechtsprechung hat Bedeutung für die Zulässigkeit einer Testamentsvollstreckung an dem Anteil einer Gesellschaft bürgerlichen Rechts. Die Zulässigkeit richtet sich im Wesentlichen nach denselben Grundsätzen wie die Testamentsvollstreckung

---

368 Nach Everts, MittBayNot 2003, 427, 433 und bezüglich der Vergütungsregelung angelehnt an Beck'sches Formularbuch ErbR/*Johansson*, G.IX.1. Formulierungsvorschläge für die gesellschaftsvertragliche Zulassung einer Testamentsvollstreckung bei vollhaftender Beteiligung mit automatischer Umwandlung in eine Kommanditbeteiligung bei Everts, a.a.O., 436; Langenfeld, Testamentsgestaltung, Rn. 1049.

369 Eine höhere, auch eine ertragsabhängige Vergütung kann angemessen sein, wenn die Kommanditbeteiligung entgegen dem gesetzlichen Leitbild die Führung der Geschäfte umfasst, Beck'sches Formularbuch ErbR/*Johansson*, G.IX. 1, Anm. 6.

370 BGHZ 142, 315 = NJW 1999, 3483 = DNotZ 2000, 135; *Ulmer*, ZIP 1999, 554, 563 ff.; *Heil*, MittRhNotK 1999, 337.

an dem vollhaftenden Anteil einer Personenhandelsgesellschaft.[371] Das gilt auch für Beschränkungen durch die Kernbereichslehre.[372]

Immerhin hat der BGH gemeint, an dem vererbten Anteil einer Gesellschaft bürgerlichen Rechts sei »Testamentsvollstreckung nicht schlechthin ausgeschlossen«.[373] Es sei Raum für eine Testamentsvollstreckung auch am Anteil eines persönlich haftenden Gesellschafters, von der allerdings die Geschäftsführung oder andere, möglicherweise zu einer Haftung der Gesellschaft führende Handlungen unberührt blieben, sondern die sich im Wesentlichen auf die Wahrnehmung und Erhaltung der mit dem Anteil verbundenen, übertragbaren Vermögensrechte beschränke[374] (also auf die »Außenseite«).[375]

8. Handelsregister

Die dem Gesellschafter obliegenden Handelsregistereintragungen hat der Testamentsvollstrecker in den Grenzen seiner Verwaltungszuständigkeit zu bewirken.[376] Ob die Testamentsvollstreckung ihrerseits im Handelsregister einer Personen-Handelsgesellschaft eintragungsfähig oder eintragungspflichtig ist, ist umstritten.[377]

9. Testamentsvollstreckerzeugnis

Im Verfahren auf Erteilung eines Testamentsvollstreckerzeugnisses wirken sich Unterschiede im Umfang der Rechtsmacht des Testamentsvollstreckers nach neuerer Rechtsprechung des BGH nicht aus. Das Zeugnis hat den Erblasser und den Testamentsvollstrecker namentlich zu bezeichnen. Weitere Angaben sind nur erforderlich, soweit Abweichungen von den gesetzlichen Regelbefugnissen in Betracht kommen, so etwa, wenn Dauervollstreckung (§ 2209 S. 1 Hs. 2 BGB) angeordnet ist.[378] Hierher gehört der Zusatz, zur Aufgabe des Testamentsvollstreckers gehöre die Verwaltung bestimmter Personengesellschaftsanteile.[379] Hingegen gehören weitere Zusätze, die gesetzliche oder von der Rechtsprechung entwickelte Grenzen der Befugnisse des Testamentsvollstreckers aufzeigen sollen, nicht in das Testamentsvollstreckerzeugnis. Denn sie bringen keine – auf einer Anordnung des Erblassers beruhende – vom gesetzlichen Normalfall abweichende Testamentsvollstreckerbefugnisse zum Ausdruck.[380]

10. Grundbuch

Steht ein Grundstück im Eigentum einer Personengesellschaft, insbesondere einer Gesellschaft bürgerlichen Rechts, einer OHG oder einer KG und ist Testamentsvollstreckung nur über den Nachlass eines Gesellschafters angeordnet, kann ein Testamentsvollstreckervermerk nicht in das Grundbuch

---

371 Vgl. BGH ZEV 1996, 110 (s.o); Bengel/Reimann/*D. Mayer*, Handbuch Testamentsvollstreckung, Rn. 5/216.
372 Bengel/Reimann/*D. Mayer*, Handbuch Testamentsvollstreckung, Rn. 5/220.
373 BGH ZEV 1996, 110 (LS 1); siehe auch LG Leipzig ZEV 2009, 96.
374 BGH ZEV 1996, 110, Rn. 33.
375 Vgl. Bengel/Reimann/*D. Mayer*, Handbuch Testamentsvollstreckung, Rn. 219.
376 BGHZ 108, 187 = NJW 1989, 3152 = DNotZ 1990, 183; *K. Schmidt*, Gesellschaftsrecht, § 45 V. 8.; MünchKommBGB/*Zimmermann*, § 2205 Rn. 39 und 46.
377 Bejahend Staudinger/*Reimann*, Vorbem. zu §§ 2197–2228, Rn. 102 sowie § 2205 Rn. 135; Bengel/Reimann/*D. Mayer*, Handbuch Testamentsvollstreckung, Rn. 5/270; ablehnend MünchKommBGB/*Zimmermann*, § 2205 Rn. 39 und 46; *Damrau*, BWNotZ 1990, 69.
378 BGH ZEV 1996, 110 = NJW 1996, 1284 = MittRhNotK 1996, 169.
379 BGH ZEV 1996, 110.
380 BGH ZEV 1996, 110 (sub II 1. b.).

eingetragen werden.[381] Eigentümer des Grundstücks ist die Gesellschaft, und diese ist in der Verfügung über das Grundstück nicht beschränkt.[382]

IV. GmbH

1. Die Rechte des Testamentsvollstreckers

194 Die Testamentsvollstreckung an dem Geschäftsanteil einer GmbH ist weitgehend unproblematisch.[383] Anders als Personengesellschaftsanteile sind Geschäftsanteile an einer GmbH zwingend vererblich, § 15 Abs. 1 GmbHG. Vererbte GmbH-Geschäftsanteile gehören stets zum Nachlass. Mehreren Miterben (§ 18 GmbHG) steht ein vererbter Anteil gesamthänderisch als Erbengemeinschaft zu.[384] Die Dauertestamentsvollstreckung daran ist ohne weiteres zulässig und bedarf nicht der Zustimmung der Mitgesellschafter, auch nicht bei einer personalistisch strukturierten GmbH.[385] Der Testamentsvollstrecker hat die ihm erbrechtlich eingeräumten Befugnisse und Funktionen (§§ 2203 ff. BGB) in vollem Umfang.[386] Seine Verwaltung umfasst sämtliche Mitgliedschafts- und Vermögensrechte, die der Gesellschafter als solcher hat.[387] Dazu gehören u. a. das Stimmrecht,[388] das Recht zur Mitwirkung an Satzungsänderungen,[389] das Recht zur Veräußerung des Geschäftsanteils[390] oder zu einer Kündigung der Mitgliedschaft.[391] Gewinnausschüttungen sowie die Auskehrung eines anteiligen etwaigen Liquidationserlöses haben an den Testamentsvollstrecker zu erfolgen.[392]

Offen ist, ob die Eintragung eines Testamentsvollstreckervermerks bezüglich eines GmbH-Anteils in die Gesellschafterliste möglich ist. Dies könnte aus einem Beschluss des BGHs zu einem entsprechenden Vermerk im Handelsregister bei Dauertestamentsvollstreckung über einen Kommanditanteil hergeleitet werden.[393]

195 ▶ **Muster: Verwaltungsvollstreckung am Geschäftsanteil einer GmbH**

Ich bin Gesellschafter der ... GmbH, eingetragen im Handelsregister des Amtsgerichts ... unter HRB ... Derzeit bin ich mit einem Geschäftsanteil im Nennbetrag von €... beteiligt. Ich ordne Testamentsvollstreckung an, der nur meine gesamte Beteiligung an der vorgenannten GmbH unterliegt, und zwar so, wie diese Beteiligung beim Erbfall besteht.[394] Aufgabe des Testamentsvollstreckers ist es, die Beteiligung zu verwalten, bis ...

Zum Testamentsvollstrecker ernenne ich ... Ersatztestamentsvollstrecker ist ... Nachrangig ersatzweise ersuche ich das Nachlassgericht, einen geeigneten Testamentsvollstrecker zu ernennen. Der Testamentsvollstrecker ist von den beschränkenden Bestimmungen des § 181 BGB befreit. Die Vergütung des Testamentsvollstreckers bestimme ich wie folgt: ...

---

381 *Damrau,* BWNotZ 1990, 69; Staudinger/*Reimann,* § 2205 Rn. 136; Bengel/Reimann/*Reimann,* Handbuch Testamentsvollstreckung, Rn. 259; a. A. *Hörer,* BWNotZ 1990, 16; siehe auch LG Hamburg ZEV 2009, 96 (»nicht grundsätzlich unzulässig«).
382 *Damrau,* BWNotZ 1990, 69.
383 *Ebenroth* Rn. 710; *Weidlich* in Mayer/Bonefeld/Wälzholz/Weidlich, Rn. 403, hält daher letztlich nur die Testamentsvollstreckung im Bereich einer Kapitalgesellschaft auf die Dauer für praktikabel und nutzbringend für das Unternehmen.
384 *Winkler,* Testamentsvollstreckung, Rn. 393.
385 *Priester,* FS Stimpel, 1985, S. 463; *Ebenroth* Rn. 709; Bengel/Reimann/*D. Mayer,* Handbuch Testamentsvollstreckung, Rn. 230.
386 *Reimann,* Wirtschaftsrechtspraxis Rn. 438.
387 BGH NJW 1959, 1820, 1821; *Winkler,* Testamentsvollstreckung, Rn. 393.
388 *Winkler,* Testamentsvollstreckung, Rn. 393; *Reimann,* Wirtschaftsrechtspraxis, Rn. 439.
389 *Ebenroth* Rn. 709.
390 *Ebenroth* Rn. 709; *Winkler,* Testamentsvollstreckung, Rn. 394.
391 *Winkler,* Testamentsvollstreckung, Rn. 393.
392 Bengel/Reimann/*D. Mayer,* Handbuch Testamentsvollstreckung, Rn. 5/233.
393 BGH Beschl vom 14.2.2012 – II ZB 15/11 DNotI-Report 2012, 64.
394 Mangels Beschränkung auf die Beteiligung an der GmbH würde eine Testamentsvollstreckung auch ohne ausdrückliche Bestimmung die Beteiligung erfassen.

2. Grenzen der Rechtsmacht des Testamentsvollstreckers

Die Befugnisse des Testamentsvollstreckers sind auch im Hinblick auf Geschäftsanteile einer GmbH nicht grenzenlos. Insbesondere kann die **Satzung** der GmbH Rechte des Testamentsvollstreckers begrenzen, indem sie beispielsweise die Ausübung von Gesellschafterrechten durch Dritte ausschließt; die Testamentsvollstreckung ist dann auf die »Außenseite« der Beteiligung beschränkt.[395] Höchstpersönliche Rechte des Erben – beispielsweise ein dem Gesellschafter-Erben satzungsmäßig eingeräumtes Geschäftsführungsrecht[396] – kann der Testamentsvollstrecker hier wie sonst nicht ausüben.[397] Bei der Abstimmung über die Wahl des Testamentsvollstreckers zum Geschäftsführer darf er – in analoger Anwendung des § 181 BGB – unmittelbar oder mittelbar (durch Bestellung eines gemeinsamen Stimmführers) nur mitwirken, wenn ihm der Erblasser oder der Erbe dies gestattet haben.[398] Schranken können sich ferner auch bei einer GmbH aus der **Kernbereichslehre** ergeben.[399]

196

Die Befugnis des Testamentsvollstreckers, für den Erben den Gesellschaftsvertrag einer GmbH abzuschließen, verneint die h. M. im Hinblick auf die zwingenden Grundsätze der Kapitalaufbringung und die Differenzhaftung.[400] Eine Ausnahme gilt, wenn über die Haftung mit dem Nachlass hinausgehende Verpflichtungen auszuschließen sind.[401] Wirkt der Testamentsvollstrecker im eigenen Namen unter eigener persönlicher Haftung, aber für Rechnung des Erben als dessen Treuhänder bei der Errichtung einer GmbH mit, dürfte ebenfalls eine Ausnahme gegeben sein, und zwar besonders dann, wenn der Erblasser dem Testamentsvollstrecker einen entsprechenden Auftrag erteilt hat.[402] Entsprechende Beschränkungen für den Testamentsvollstrecker ergeben sich bei einer Kapitalerhöhung.[403] Kann der Testamentsvollstrecker sie aus dem Nachlass finanzieren, darf er sich an ihnen beteiligen.[404]

197

---

395 Staudinger/*Reimann*, § 2205 Rn. 142.
396 *Winkler*, Testamentsvollstreckung, Rn. 393.
397 Bengel/Reimann/*D. Mayer*, Handbuch Testamentsvollstreckung, Rn. 5/231.
398 BGHZ 51, 209 = WM 1969, 176.
399 Bengel/Reimann/*D. Mayer*, Handbuch Testamentsvollstreckung, Rn. 5/239; *Reimann*, Wirtschaftsrechtspraxis Rn. 448.
400 Staudinger/*Reimann*, § 2205 Rn. 146 Bengel/Reimann/*D. Mayer*, Handbuch Testamentsvollstreckung, Rn. 234.
401 *Reimann*, Wirtschaftsrechtspraxis, Rn. 462.
402 Staudinger/*Reimann*, § 2205 Rn. 146 unter Heranziehung der Grundsätze, die für die Führung eines Handelsgeschäfts durch den Testamentsvollstrecker (»Ersatzlösungen«) gelten.
403 Näher Bengel/Reimann/*D. Mayer*, Handbuch Testamentsvollstreckung, Rn. 5/235.
404 *K. Schmidt*, Gesellschaftsrecht, § 35 II 3.C.

Kapitel 12. Landwirtschaftliches Erbrecht

Übersicht	Rdn.
A. Grundlagen des landwirtschaftlichen Sondererbrechts	1
I. Systematik des Anerbenrechts in Deutschland	1
II. Rechtliche Bedeutung/Zweck	4
B. Das Landgutrecht des BGB, insbesondere §§ 2049, 2312 BGB	5
I. Grundlagen	5
1. Allgemeines/Eigentumsformen	5
2. Position des Landguterben	13
3. Ertragswert nach BGB	15
4. § 2049 Abs. 1 BGB als Teilungsanordnung	18
5. Position der nicht am Landgut beteiligten Erben	23
a) Grundlagen	23
b) Gestaltung der Abfindung und Abfindungsergänzung	26
II. Gestaltung	29
1. Lebzeitige Landgutsübergabe	30
2. Testament eines Landwirts – Übernahmerecht zum Ertragswert	37
C. Höfeordnung	38
I. Grundlagen	38
1. Allgemeine Grundprinzipien der Höfeordnung	38
2. Die Hoferklärung	54
a) Grundlagen	54
b) Gestaltung	68
3. Die Vererbung des Hofes	72
a) Spezialsukzession	72
b) Ausschlagung; Erbverzicht	76
c) Wirtschaftsfähigkeit des Hoferben	78
d) Hoferbfolge laut Gesetz	82
e) Gewillkürte Hoferbfolge	83
f) Vorrang der »formlos-bindenden« Hoferbenbestimmung	92
g) Verwaister Hof nach § 10 HöfeO	100
h) Abfindung der weichenden Erben nach § 12 HöfeO	101
i) Nachabfindung gem. § 13 HöfeO	117
j) Neues Erbrecht:	135
II. Gestaltung	138
1. Einzeltestament eines Landwirts	138

	Rdn.
2. Erbvertragliche Anordnung einer Hofvor- und -nacherbfolge	140
3. Verzicht auf Abfindungs- und Nachabfindungsansprüche	142
D. Der Hofübergabevertrag	151
I. Grundlagen	151
II. Altenteil des Hofübergebers und ggf. des Ehegatten	162
1. Wohnungsrecht:	167
2. Wart und Pflege	168
3. Barzahlung/Taschengeld/Versorgung:	169
4. Freie Wäsche und sonstige Naturalleistungen:	170
5. Dingliche Absicherung:	171
6. Nießbrauch:	172
7. Heimatzuflucht:	176
8. Abfindung, Nachabfindung:	177
9. Schuldübernahme:	178
10. Belastungs- und Veräußerungsverbote; Rückfallklauseln, Rückauflassungsvormerkung:	179
III. Gestaltung eines Hofübergabevertrages	182
E. Bewertung: Vor- und Nachteile von Höferecht bzw. BGB-Landguterbrecht	188
F. Das Hoffolgezeugnis	193
G. Kostenrechtliche Aspekte	197
H. Steuern	200
I. Ertragsteuern	201
1. Allgemeines	201
2. Steuerlicher Unterschied zwischen den Bundesländern, die eine Sondererbfolge anordnen, und den übrigen Bundesländern	205
3. Einige »agrarsteuerliche« Besonderheiten	207
a) Im Erbfall	207
b) Vorweggenommene Erbfolge	210
II. Erbschaft- und Schenkungsteuer	211
1. Betrieb der Land- und Forstwirtschaft	211
2. Wirtschaftswert gem. § 163 Abs. 3 BewG	212
3. Verschonungsabschlag und Abzugsbetrag	213
4. Veräußerung	214
I. Checkliste	215

Literatur:[1]
Bendel, Die wirtschaftliche Auswirkung des Meinungsstreits zur Kapitalberechnung nach § 14 Abs. 2 S. 3 HöfeO, AgrarR 1997, 345; *ders.*, Höferecht für das Amt Neuhaus?, AgrarR 1993, 243; *ders.*, Landwirtschaftliches Sonder-

---

[1] Ausführliche Nachweise in *Wöhrmann*, Einleitung HöfeO, Rn. 48 ff.; MüKoBGB/*Leipold*, Einleitung Erbrecht, Rn. 141 ff.

Kapitel 12 Landwirtschaftliches Erbrecht

erbrecht in den fünf neuen Bundesländern, AgrarR 1991, 1; *ders.*, Verlust der Hofeigenschaft durch Erbfall, AUR 2003, 325; *Böhringer*, Das Altenteil in der notariellen Praxis, MittBayNot 1988, 103; *ders.*, Rechtsprobleme mit dem Wertprivileg des § 19 Abs. 4 KostO, BWNotZ 1992, 56; *Bremer/Rehse*, Genehmigungsfähigkeit von Höfübergabeverträgen, RdL 2003, 141; *Bremer/Schultze*, Nachabfindungsansprüche gem. § 13 HöfeO bei Nutzung des Hofes zu energetischen Zwecken, RdL 2009, 85; *Busse*, Zur Frage der Pfändbarkeit von Milchquoten und der Rechtsnatur der Milchquotenübertragung, AUR 2006, 153; *Dehne*, Die Rechtsstellung des Ehegatten bei der Hofübergabe, RdL 2010, 57; *Dombert/Witt*, Münchener Anwaltshandbuch Agrarrecht, 2011; *Dressler*, Vor- und Nacherbschaft im Höferecht, AgrarR 2001, 265; *Faßbender*, Das Kostenprivileg der Landwirtschaft, 1990; *ders.*, Überlegungen zum landwirtschaftlichen Erbrecht, AgrarR 1998, 188; *Faßbender/Hötzel/von Jeinsen/Pikalo*, Höfeordnung, 3. Aufl. 1994; *Faßbender/Pikalo*, Dreieinhalb Jahre praktische Erfahrung mit der neuen Höfeordnung, DNotZ 1980, 67; *Faßbender*, Die bindende formlose Hoferbenbestimmung, DNotZ 1992, 596; *ders.*, Zur Hofübergabe, DNotZ 1986, 67; *Feldhaus*, Die Auswirkungen der Rechtsprechung des BFH zur einkommensteuerlichen Neubewertung der Erbauseinandersetzung und der vorweggenommenen Erbfolge unter besonderer Berücksichtigung der Landwirtschaft, MittRhNotK 1992, 37; *Fischer*, EU-Agrarreform 2003: Betriebsprämienregelungen in der Praxis, MittBayNot 2005, 273; *Fromm*, Die Photovoltaikanlage im steuerlichen Kontext, DStR 2010, 207; *Führ*, Der Nachabfindungsanspruch weichender Erben gemäß § 13 HöfeO und seine Ausstrahlungswirkung auf Nachabfindungsklauseln in notariellen Grundstücksverträgen, RNotZ 2012, 303; *Gehse*, Die Bestimmung des Hofnacherben durch den Hofvorerben, RNotZ 2008, 339; *ders.*, Die Veräußerung von landwirtschaftlichem Grundbesitz unter besonderer Berücksichtigung öffentlicher Subventionen, RNotZ 2007, 61; *ders.*, Nachabfindungsansprüche der weichenden Erben bei Begründung eines Ehegattenhofes, RNotZ 2007, 269; *ders.*, Die Beurkundung eines Hofübergabevertrages zulasten eines erbrechtlich bindend Bedachten, RNotZ 2008, 218; *ders.*, Zur Anordnung einer Dauervollstreckung über den hofgebundenen Nachlass, RNotZ 2009, 643; *ders.*, Zur Hofübergabe unter Vorbehalt eines Nießbrauchsrechtes, RNotZ 2009, 160; *ders.*, Die Übertragung von Anlieferungsquoten für Milch (Milchquoten) in der notariellen Praxis, MittBayNot 2008, 336; *Gergen, Der späte* Wegfall der Ungleichbehandlung der Geschlechter im landwirtschaftlichen Erbrecht im Spiegel von Rechtsprechung und Schrifttum der 1950er und 1960er- Jahre, ZErb 2010, 225; *Gersteuer*, Die Übertragung von Zahlungsansprüchen nach der EU-Agrarreform, AUR 2005, 213; *Graß*, Die Entwicklung zum landwirtschaftlichen Erbrecht in den Jahren 2009 und 2010, ZEV 2011, 516; *Graß*, Verjährung höferechtlicher (Nach-)Abfindungsansprüche in Altfällen zum Ende des Jahres! ZEV 2012, 129; *Graß*, Die Entwicklung der landwirtschaftlichen Vermögensnachfolge in den Jahren 2011 und 2012, ZEV 2013, 375; *Graß*, Die Entwicklung der landwirtschaftlichen Vermögensnachfolge in den Jahren 2013 und 2014; *Grimm*, Agrarrecht, 3. Aufl. 2010; *Günther*, Leistungen aufgrund eines Hofübergabevertrages, ErbStB 2014, 87; *Hartwig*, Die Beteiligung des Hoferben am hoffreien Nachlaß, AgrarR 1997, 367; *Haselhoff*, Neugestaltung der Hoferbfolgebestimmungen in der Bundesrepublik, RdL 1993, 225; *Hertel*, Neuregelung für Milchquoten, DNotZ 2000, 325; *Hoffmann/Fölkersamb*, Hofübergabe. Testament, Verträge, Steuern, 6. Aufl. 1994; *Hutmacher*, Die Bewertung des Wirtschaftsteils eines Betriebes der Land- und Forstwirtschaft nach der »LuFBewV«, ZEV 2008, 182; *ders.*, Erbschaftsteuerreform: Einzelheiten zur Bewertung und Verschonung des land- und forstwirtschaftlichen Vermögens, ZNotP 2008, 218; *Ivo*, Der Verzicht auf Abfindungs- und Nachabfindungsansprüche gem. §§ 12, 13 HöfeO, ZEV 2004, 316; *Kempfler*, Die Bewertung landwirtschaftlicher Betriebe im Hinblick auf pflichtteilsrechtliche Ansprüche, ZEV 2011, 337; *König*, Die BGB-Gesellschaft: Der »Königsweg« zur Umgehung des GrdstVG? AUR 2005, 394; *Krauß*, Vermögensnachfolge in der Praxis, 4. Auflage, 2015; *Lange/Wulff/Lüdtke-Handjery*, Höfeordnung für die Länder Hamburg, Niedersachsen, Nordrhein-Westfalen und Schleswig-Holstein, 10. Aufl. 2001; *Lüdtke-Handjery*, Hofübergabe als vertragliche und erbrechtliche Nachfolge, DNotZ 1985, 332; *ders.*, Zur Vererbung des Ehegattenhofs, DNotZ 1978, 27; *Netz*, Das landwirtschaftliche Erbrecht in Deutschland, RdL 2004, 1; *Niewerth*, Zum Verlust der Hofeigenschaft nach der Nordwestdeutschen Höfeordnung wegen Auflösung der wirtschaftlichen Betriebseinheit, AUR 1999, 201; *Peter/Roemer*, Zur Belehrung des Notars über Nachabfindungsansprüche gem. § 13 HöfeO – Anmerkung zum Urteil des BGH vom 27.5.2004 – III ZR 302/03, abgedruckt in DNotZ 2005, 66, in: RNotZ 2005, 169f; *v. Proff*, Ausmärkergrundstücke im nordwestdeutschen und rheinland-pfälzischen Höferecht, RNotZ 2013, 27; *Pikalo*, Zur Problematik des Ehegattenhofes im Anerbenrecht, DNotZ 1965, 649, 709 (zum § 8 HöfeO a. F.); *Reimann*, Zur Auslegung und Anwendung von § 19 KostO nach dem 1.7.1989, MittBayNot 1989, 117; *Roemer*, Anm. zu OLG Köln vom 10.2.2009 – 23 WLw 12/08, RNotZ 2009, 323; *Ruby*, Das Landwirtschaftserbrecht: Ein Überblick, ZEV 2006, 351; *Ruby*, Landwirtschaftserbrecht: Das Landgut im BGB, ZEV 2007, 263; *Schindler*, Rechtliche Gestaltungsmöglichkeiten der Hofübergabe, ErbR 2013, 334; *Schmitte*, Übertragung von und Handel mit Zahlungsansprüchen – erste Erfahrungen aus der Praxis, AUR 2007, 116, 117 ff.; *ders.*, EU-Agrarreform 2003: Inhalt und vertragliche Anpassungserfordernisse, MittBayNot 2004, 95; *Selter*, Besteuerung unentgeltlichen Erwerbs von land- und forstwirtschaftlichem Vermögen nach dem Beschluss des BVerfG vom 7.11.2006 – 1 BvL 10/02, AUR 2007, 123 ff.; *Söbbeke*, Landwirtschaftserbrecht: Die Hofübergabe zu Lebzeiten, ZEV 2006, 493; *ders.*, Landwirtschaftserbrecht: Die Nordwestdeutsche HöfeO, ZEV 2006, 395; *Sommerfeld*, Erbrecht und GAP-Reform – Staatliche Zuwendungen trotz Entkopplung bei der Betriebsbewertung berücksichtigen?, AUR 2006, 373 ff.; *Spiegelberger*, Unternehmensnachfolge, 2. Aufl., 2010 (»Spiegelberger«); *Steffen*, Die Beteiligung weichender Erben am Hofübergabevertrag, AgrarR 1981, 97; *ders.*, Die Auswahl des gesetzlichen Hofnacherben, RdL 2002, 13; *ders.*, Die Feststellung des Hofeswertes, RdL 2001, 88; *Steffen/Ernst*, Höfeordnung mit Höfeverfahrensordnung, 2. Aufl. 2006; *Stephany*, Erbschaftsteuerreform 2009. Die Auswirkungen auf das land- und forstwirtschaftliche Vermögen, AgrarR 2009, 141 ff.; *Stöcker*, Testierfreiheit beim Ehegattenhof heute, DNotZ 1979, 82; *Südel*, Das landwirtschaftliche Erbrecht in Norddeutschland (am Beispiel von Schleswig-Holstein und Mecklenburg-Vorpommern) und in der Schweiz, 2007; *von Hoyenberg*, Vorweggenommene Erbfolge, 2010; *von Jeinsen*, Altenteil und Sozialrecht – Vertragsgestaltung bei der Hofübergabe, AUR 2001, 369; *ders.*, Die Agrarreform 2003 – Konsequenzen für die Vertragsgestaltung, AgrarR 2003, 293; *Weber*, Gedanken zum Ertragswertprinzip des § 2312 BGB, BWNotZ 1992, 14; *Wehner/Johansson*, Hofübergabe, 7. Aufl. 2000; *Weidlich*, Ertragswertanordnung und Ehegattenbeteiligung an einem Landgut, ZEV 1996, 380; *Wellmann*, Die tatsächliche Entwicklung landwirtschaftlicher Betriebe im Spiegel des Erbrechts und des neuen Erbschaftsteuergesetzes, ZErb 2010, 12 ff.; *Winkler*, Formlose Erbeinsetzung bei landwirtschaftlichen Betrieben, die die Hofeigenschaft verloren haben? Anmerkung zum Beschluss des OLG Celle, 7. Zivilsenat, vom 21.9.1998 – 7 W (L) 51/98, AgrarR 2000, 253; *ders.*, Landwirtschaftliches Erbrecht und Verfassungsrecht, AgrarR 2002, 209; *Wirich*, Aktuelles zu Altenteil und Leibgeding, ZErb 2009, 229; *ders.*, Das Leibgeding im Landesrecht unter besonderer Berücksichtigung des Wohnrechts, ZEV 2008, 372; *Wöhrmann*, Muss der Notar über die Nachabfindung nach § 13 HöfeO belehren?, RdL 2004, 3; *ders.*, Nachabfindung gem. § 13 HöfeO: Konkurrierender Gesetzgeberwille?, RdL 2003, 284; *Wöhrmann*, Das Landwirtschaftserbrecht, 10. Aufl. 2012; *Wolf*, Das Leibgeding – ein alter Zopf?, MittBayNot 1994, 117; *Wolter*, Zur Berechnung der Nachabfindungsansprüche gem. § 13 HöfeO bei landwirtschaftsfremder Nutzung, RdL 2010, 113;

A. Grundlagen des landwirtschaftlichen Sondererbrechts

I. Systematik des Anerbenrechts in Deutschland

Die Regelung des landwirtschaftlichen Erbrechts in Deutschland ist – rechtsgeschichtlich bedingt[2] – verworren[3]. Es existiert keine bundesweit einheitliche Regelung des sog. **Anerbenrechts**[4] (als **landwirtschaftliches Sondererbrecht**). Das Bundesgebiet zerfällt in vier Bereiche, wie folgt:

1. Geltungsbereich der **HöfeO**. Die HöfeO gilt für die heutigen Bundesländer Hamburg, Niedersachsen, Nordrhein-Westfalen und Schleswig-Holstein (als »partielles Bundesrecht«).
2. Geltungsbereich der **landesrechtlichen** Anerbengesetze.[5]
3. Das übrige Gebiet der alten Bundesländer[6] in dem »nur«[7] **bürgerliches Recht** gilt.
4. Das **Beitrittsgebiet**, welches besonders zu betrachten ist.[8]

1

---

2 Näher dazu MüKoBGB/*Leipold*, Einleitung Erbrecht, Rn. 146 ff.
3 Noch kritischer *Wöhrmann*, »befindet sich in Zustand der Auflösung (Einleitung Rn. 28)«.
4 »Gemengelage« aus Bundes- und Landesrecht, so *Wöhrmann*, Einleitung Rn. 27.
5 Baden-Württemberg, Bremen, Hessen und Rheinland-Pfalz. Nach dem Vorbild der HöfeO existieren in mehreren Bundesländern Anerbengesetze, so in Rheinland-Pfalz, Bremen und Hessen. In Baden-Württemberg ist die Rechtslage uneinheitlich. In Teilen des ehemaligen Landes Baden gilt das Badische Hofgütergesetz, in Nord-Württemberg und Nord-Baden sowie in Süd-Württemberg gilt das Württembergische Gesetz über das Anerbenrecht. Der HöfeO kommt eine gewisse Leitbildfunktion auch für die Bundesländer zu, in welchen Anerbengesetze existieren. Mit Ausnahme von Baden und Hessen regeln die Anerbengesetze eine Sondererbfolge in den Hof.
6 Bayern, Berlin, Saarland.
7 Nämlich insbesondere die »rudimentären und lückenhaften Vorschriften der §§ 2049, 2312 BGB«, so *Wöhrmann*, Einleitung Rn. 27.
8 Die Geltung von Anerbenrecht in der ehemaligen DDR ist sowohl vom Umfang wie auch von der Geltungsdauer her umstritten und bislang auch höchstrichterlich noch nicht abschließend geklärt. In diesem Zusammenhang ist die Frage aufgetreten, ob die alten Anerbengesetze mit der zum 20. April 1947 vollzogenen Aufhebung des Reichserbhofsgesetzes (»REG«) durch den Kontrollrat wieder in Kraft gesetzt wurden. Das Kontrollratsgesetz Nr. 45 bestimmte, dass alle am 01. Januar 1933 in Kraft befindlichen erbrechtlichen Vorschriften, die durch das REG aufgehoben wurden, wieder in Kraft treten; dazu vor allem *Wöhrmann*, Einleitung Rn. 46 ff., der davon ausgeht, dass altes Anerbenrecht in der SBZ niemals gegolten hat; a. z. B. *Lange/Wulff*, Einleitung, Rn. 12. Zum REG und Überleitungsproblemen auch DNotI-Gutachten Nr. 92998 vom 23.3.2009.

Kapitel 12 Landwirtschaftliches Erbrecht

2 Der ersten Orientierung möge die folgende Tabelle[9] dienen:

Wann gilt welches Landwirtschaftserbrecht?		
Der Betrieb liegt in:	Gilt BGB-Landguterbrecht i. V. m. dem GrdstVG?	Gilt Anerbenrecht (sofern durch Verfügung von Todes wegen nichts anderes bestimmt, vgl. Art. 64 Abs. 2 EGBGB)?
Baden	ja, falls Anerbenrecht nicht gilt.	Badisches Hofgütergesetz: Anerbenrecht gilt, falls einer von 4 409 Schwarzwaldhöfen betroffen ist, die 1888 gesetzlich als geschlossene Hofgüter registriert wurden und inzwischen die Hofgutseigenschaft nicht mit Zustimmung des Landwirtschaftsamtes aufgehoben wurde (praktisch: noch als geschlossenes Hofgut im Grundbuch eingetragen).
Württemberg	ja, falls Anerbenrecht nicht gilt.	Württembergisches Anerbengesetz (7 346 Betriebe): Das Anerbenrecht ist grds. seit 31.12.2000 außer Kraft (3. RechtsbrG, Anl. 2 zu Art. 1 u. Art. 28, GVBl 1996 S. 29 ff.). Aber: Es gilt noch für Erbfälle nach dem 31.12.2000, sofern der Erblasser vor dem 1.1.1930 geboren wurde. (Konstitutive) Eintragung in Höferolle des zuständigen Grundbuchamtes erforderlich, Art. 1 Abs. 2 WürttAnerbenG.
Bayern	ja	kein Anerbenrecht vorhanden
Berlin	ja	kein Anerbenrecht vorhanden
Brandenburg	ja	kein Anerbenrecht vorhanden
Bremen[10]	ja, falls Anerbenrecht nicht gilt.	Bremisches Höfegesetz: Anerbenrecht gilt, falls Hof in Höferolle beim Grundbuchamt eingetragen, § 1 BremHöfeG (159 Betriebe) aufgehoben zum 31.12.2009.
Hamburg	ja, falls Anerbenrecht nicht gilt.	HöfeO als partielles Bundesrecht (Art. 125, 72 Abs. 2, 74 Nr. 1 GG): Anerbenrecht gut für Höfe mit einem Wirtschaftswert ab 10 000 EUR auch ohne (deklaratorischen) Registereintrag, für »Antragshöfe« mit Wirtschaftswert ab 5 000 EUR bei Eintragung eines Hofvermerks im Grundbuch. Es darf keine negative Hoferklärung gegenüber dem Landwirtschaftsgericht vorliegen, dass der Betrieb kein Hof i. S. der HöfeO mehr sein soll, woraufhin Löschung des Hofvermerks im Grundbuch erfolgt. Liegt kein landwirtschaftlicher Betrieb mehr vor, geht die Hofeigenschaft auch ohne Löschung des Hofvermerks verloren (BGH, ZEV 1996, 74, 75).
Hessen	ja, falls Anerbenrecht nicht gilt.	Hessische Landgüterordnung: Anerbenrecht gilt, falls Landgut in die Landgüterrolle beim Grundbuchamt eingetragen, § 4 HessLandGO (155 Betriebe).
Mecklenburg-Vorpommern	Ja	kein Anerbenrecht vorhanden

---

9 Nach Ruby, ZEV 2006, 355.
10 Dazu DNotI-Gutachten Nr. 72482 vom 5.1.2007.

Wann gilt welches Landwirtschaftserbrecht?		
Der Betrieb liegt in:	Gilt BGB-Landguterbrecht i. V. m. dem GrdstVG?	Gilt Anerbenrecht (sofern durch Verfügung von Todes wegen nichts anderes bestimmt, vgl. Art. 64 Abs. 2 EGBGB)?
Niedersachsen	ja, falls Anerbenrecht nicht gilt.	HöfeO; zur Rechtslage s. Hamburg
Nordrhein-Westfalen	ja, falls Anerbenrecht nicht gilt.	HöfeO: zur Rechtslage s. Hamburg
Rheinland-Pfalz[11]	ja, falls Anerbenrecht nicht gilt.	Rheinland-pfälzische HöfeO: Anerbenrecht gilt, falls Betrieb in die Höferolle eingetragen (6681 eingetragene Betriebe).
Saarland	Ja	Kein Anerbenrecht vorhanden
Sachsen	Ja	kein Anerbenrecht vorhanden
Sachsen-Anhalt	Ja	kein Anerbenrecht vorhanden
Schleswig-Holstein	ja, falls Anerbenrecht nicht gilt	HöfeO; zur Rechtslage s. Hamburg
Thüringen	Ja	kein Anerbenrecht vorhanden

Bayern, Berlin, das Saarland und die neuen Bundesländer haben kein Anerbenrecht geschaffen; hier gilt grds. das **Landgüterrecht des BGB**, welches sich im wesentlichen auf eine Festlegung des Ertragswertprinzips beschränkt. Die Zuweisung an einen einzigen Erben kennt das BGB nicht. Nach §§ 13, 14 GrdstVG besteht jedoch die Möglichkeit einer **Zwangszuweisung des Hofes an einen Erben** auf Antrag, wenn sich die Miterben über die Auseinandersetzung nicht einigen können. 3

II. Rechtliche Bedeutung/Zweck

Nach § 1924 Abs. 4 EBGB sind alle Kinder des Erblassers gleich zu behandeln. Nach allgemeinem Erbrecht wird, wenn eine Unternehmens- und Wirtschaftseinheit wie z. B. ein landwirtschaftlicher Hof vererbt wird, das Risiko des Zerfalls begründet.[12] Das »Anerbenrecht« als landwirtschaftliches Sonderrecht bestimmt eine an den Bedürfnissen der Landwirtschaft orientierte, spezifische Erbordnung (z. B. §§ 5, 6 HöfeO), indem es die **geschlossene Erbfolge** eines wirtschaftsfähigen, d. h. zu seiner Fortführung befähigten Hoferben in den Hof als Sachgesamtheit gebietet (insbes. §§ 4, 16, 17 HöfeO). Dieser Hoferbe wird zusätzlich durch die **verhältnismäßig geringen, weil auf der Grundlage des Einheitswerts berechneten Abfindungsverpflichtungen** (§ 12 Abs. 2 HöfeO) begünstigt. Damit wirkt das Anerbenrecht der Gefahr der Zersplitterung entgegen: die den übrigen Miterben zugeordnete Abfindung orientiert sich nicht nach dem Verkehrswert, sondern an einem (ggf. niedrigeren) **Ertragswert**[13] bzw. fiktivem Hofeswert,[14] der (u. U. deutlich) unter dem Verkehrswert liegt. Diese unterschiedliche Behandlung der Erben und die Beschränkung der Testierfreiheit verstoßen nicht gegen das Grundgesetz.[15] Schutzzweck ist das **volkswirtschaftliche Interesse an le-** 4

---

11 Dazu DNotI-Gutachten Nr. 71512.
12 *Lange/Kuchinke*, § 53 I 1 a; *Sudhoff*, Unternehmensnachfolge, 3. Abschnitt, Rn. 1.
13 Die Abfindung bemisst sich nach dem 18 bis 25fachen des Ertragswertes; Müller-*Feldhammer*, ZEV 1995, 161 ff.; *Sudhoff*, Unternehmensnachfolge, 3. Abschnitt, Rn. 1.
14 Das 1,5-fache des steuerlichen Einheitswertes; *Mayer*, MittBayNot 2004, 334.
15 Siehe nur *Wöhrmann*, Einleitung Rn. 15 ff., der die Rechtsprechung des BVerfG nachzeichnet: »allerdings seien die verfassungsrechtlichen Grundfragen des Landwirtschaftserbrechts noch nicht gänzlich geklärt, so dass ggf. auch Verfassungsbeschwerden in diesem Bereich nicht stets aussichtslos sein müssten«. Dombert/Witt/*von Garmissen* MAH Agrarrecht § 11 Rn. 7, zuletzt Graß, ZEV 327 mit Hinweis auf die neueren Ent-

Kapitel 12 Landwirtschaftliches Erbrecht

bensfähigen Höfen. Außerdem ist der Eigentümer frei, den Beschränkungen der Testierfreiheit auszuweichen, und seiner Besitzung die Hofeigenschaft wieder zu entziehen, wodurch er Testierfreiheit in der im BGB enthaltenen Weise (zurück)erlangt (§ 1 Abs. 4 HöfeO).[16]

B. Das Landgutrecht des BGB, insbesondere §§ 2049, 2312 BGB

I. Grundlagen

1. Allgemeines/Eigentumsformen

5 Das **BGB-Landguterbrecht** regelt die Nachfolge in Landwirtschaftsbetriebe, die weder der HöfeO noch einem der regionalen Anerbenrechte unterliegen. Dies soll nach dem Agrarbericht 2007 für gut 280 000 der ca. 353 300 nachgewiesenen landwirtschaftlichen Betriebe der Fall sein.[17] In der Praxis ist also das BGB-Landguterbrecht weitaus bedeutsamer als die Anerbenrechte, einschließlich HöfeO.[18] Nach Art. 64 EGBGB hat die Erbfolge aufgrund eines bundes- oder landesrechtlichen **Anerbengesetzes Vorrang vor dem BGB**-Erbrecht.[19] Somit ist das BGB grds. anwendbar, wenn ein landwirtschaftlicher Betrieb entweder in einem Bundesland liegt, in dem es kein Anerbenrecht gibt, oder wenn das Anerbenrecht nicht anwendbar ist, weil es z. B. an der Eintragung in der »Höferolle« fehlt oder wenn eine negative Hoferklärung vorliegt.[20]

6 Das BGB-Landguterbrecht[21] ist recht kursorisch geregelt. Es besteht im wesentlichen aus den §§ 2049 und 2312 BGB.[22] Diese Vorschriften sind auch nur dann anwendbar, wenn der Eigentümer kraft **Verfügung von Todes wegen** einem Nachfolger eine landwirtschaftliche Besitzung als Landgut zum Ertragswert zuwendet. Im Fall der gesetzlichen Erbfolge finden die §§ 2049 und 2312 BGB keine Anwendung. Der Ertragswert ist beim Landgut auch für die Berechnung der Pflichtteilsansprüche relevant (§§ 2049, 2312 BGB). Für die Bemessung der Pflichtteilsrechte kommt das **17–25fache des Jahresreinertrages** zum Ansatz.[23]

7 Der Begriff des **Landguts**[24] ist im BGB selbst nicht definiert.[25] Nach der Rechtsprechung[26] ist ein »Landgut eine Besitzung, die eine zum selbständigen und dauernden Betrieb der Landwirtschaft ein-

---

scheidungen dazu: BGH v. 23.11.2012, BLw 12/11 = ZEV 2013, 384; BGH v. 25.4.2014 – BLw 6/13 = ZEV 2014, 550; BGH v. 26.6.2014 – V ZB 1/12 = BeckRS 2014, 15887 = ZEV 2014, 571 Ls.

16 Hoferbrecht ist grds. fakultativ! Siehe dazu *Lange/Kuchinke*, § 53 I 1.
17 Bundes-Agrarbericht des BMELV, abgerufen am 13.2.2010 in: http://www.bmelv-statistik.de/de/service/archiv-agrarberichte/; *Wöhrmann*, Einleitung zum BGB-Landguterbrecht Rn. 3. Der Agrarbericht erscheint alle 4 Jahre: im jüngsten Bericht von 2011 finden sich keine aktualisierten Zahlen. Der Bericht von 2015 ist noch nicht erschienen.
18 *Ruby*, ZEV, 2006, 263 ff.
19 *Wöhrmann*, § 2049 BGB Rn. 33.
20 Siehe dazu Rdn. 54 ff., insbesondere Rdn. 69.
21 Dombert/Witt/*von Garmissen* MAH Agrarrecht § 11 Rdnr. 133 ff.
22 In den Zusammenhang der Vorschriften der §§ 2049 BGB und 2312 BGB gehören auch die Regelungen der §§ 1515 und 1376 Abs. 4 BGB. Nach § 1515 Abs. 2 BGB kann jeder Ehegatte für den Fall, dass mit seinem Tod die fortgesetzte Gütergemeinschaft eintreten soll, anordnen, dass ein zum Gesamtgut gehörendes Landgut zum Ertragswert angesetzt werden soll. Nach § 1376 Abs. 4 BGB ist ein land- oder forstwirtschaftlicher Betrieb bei der Berechnung des Zugewinns nach § 1378 Abs. 1 BGB mit dem Ertragswert und nicht mit dem Verkehrswert anzusetzen, wenn eine Weiterführung oder Wiederaufnahme des Betriebs durch den Eigentümer oder einen Abkömmling erwartet werden kann; § 1376 Abs. 4 BGB verweist auf § 2049 Abs. 2 BGB. Daneben sind Art. 64 und 137 EGBGB relevant. Zu § 2312 BGB siehe speziell *Weber*, BWNotZ 1992, 14, sowie BGH NJW 1964, 1414; BGH MittBayNot 1995, 213 = DNotZ 1995, 708.
23 Zu den unterschiedlichen regionalen Regelungen siehe *Steffen*, AgrarR 1985, 99; siehe auch die Tabelle in Mayer/Süß/Tanck/*Riedel*, 3. Aufl., § 5 Rn. 272.
24 MüKoBGB/*Ann* BGB § 2049 Rn. 3 ff., Dombert/Witt/*von Garmissen* MAH Agrarrecht § 11 Rdnr. 137.
25 *Wöhrmann*, § 2049 BGB Rn. 4.
26 Siehe OLG München vom 18.3.2009 – 20 U 2160/06, ZErb 2009, 182, und zuletzt OLG Hamm im Urteil vom 30.1.2014 – 10 U 80/12 = BeckRS 2014, 17100 = RdL 2014, 276.

schließlich der Viehzucht oder der Forstwirtschaft geeignete und bestimmte Wirtschaftseinheit darstellt und mit den nötigen Wohn- und Wirtschaftsgebäuden versehen ist. Sie muss eine gewisse Größe erreichen und für den Inhaber eine selbständige Nahrungsquelle darstellen«. Dass eine »Ackernahrung«[27] vorliegt, ist jedoch nicht erforderlich.

Es muss sich um einen Betrieb[28] handelt, der im **Alleineigentum** des Erblassers steht.[29] Gehört die Besitzung Ehegatten, so scheidet beim Tod des erstversterbenden Ehegatten eine Anwendung von § 2049 BGB grds. aus, weil zum Nachlass des Erstversterbenden keine landwirtschaftliche Besitzung, kein Landgut gehört. 8

Wenn allerdings ein Landgut im **Miteigentum** (Bruchsteils- oder Gesamthandseigentum) von Ehegatten steht, sog. »Ehegattenlandgut« und der eine Ehegatte dem anderen Ehegatten als Miterben ein Übernahmerecht zum Ertragswert zuweist, ist ein Ertragswertansatz gerechtfertigt.[30] 9

Nach der BGH-Definition muss das Landgut mit den **nötigen Wohn- und Wirtschaftsgebäuden** versehen sein. Wie im Höferecht müssen Wohn- und Wirtschaftsgebäude in einem Umfang vorhanden sein, dass eine **ordnungsmäßige Bewirtschaftung** des jeweiligen Landguts **möglich** ist.[31] Wohn- und Wirtschaftsgebäude, sowie Inventar sollen einen einheitlichen wirtschaftlichen Organismus bilden, der vom Betriebsinhaber zielgerichtet, nämlich mit Gewinnerzielungsabsicht und -aussicht, geführt werden kann.[32] 10

Der **Begriff der Landwirtschaft** wird in § 585 Abs. 1 S. 2 BGB legaldefiniert. Danach kann auch im Rahmen des Landguterbrechts auf diese Definition zurückgegriffen werden.[33] Unter »Landwirtschaft« ist die Bodenbewirtschaftung und die mit der Bodennutzung verbundene Tierhaltung, um -mit Hilfe der Naturkräfte- pflanzliche und tierische Erzeugnisse zu gewinnen, sowie die »gartenbauliche Erzeugung« zu verstehen.[34] 11

Auch **besondere Arten von Landgütern** wie Gartenbaubetriebe,[35] Tierzuchtbetriebe,[36] Forstgüter,[37] Weinbaubetriebe und sonstige Sonderkulturen,[38] verpachtete Landgüter[39] und landwirtschaftliche Nebenbetriebe[40] können dem Landguterbrecht unterfallen. 12

2. Position des Landguterben

Der **Landgutübernehmer** ist gem. §§ 2049, 2312 BGB insoweit **privilegiert**, als ihm das Landgut bei der Berechnung von Erbauseinandersetzungs- bzw. Pflichtteilsansprüchen zum **Ertragswert**[41] ange- 13

---

27 So früher der dehnungsfähige Begriff des REG (§ 2 Abs. 2 REG).
28 Anhaltspunkte für den Begriff des landwirtschaftlichen Betriebes ergeben sich aus dem Landpachtrecht. § 585 Abs. 1 S. 1 BGB handelt von einem Grundstück mit den seiner Bewirtschaftung dienenden Wohn- oder Wirtschaftsgebäuden (Betrieb). *Wöhrmann*, § 2049 BGB Rn. 11.
29 *Wöhrmann*, § 2049 BGB, Rn. 8.
30 *Ruby*, ZEV 2007, 263, 266 und *Weidlich*, ZEV 1996, 380.
31 *Wöhrmann*, § 2049 BGB Rn. 32.
32 MüKoBGB/*Ann* BGB § 2049 Rn. 3, Speziell zur Frage der Drittverpachtung eines Betriebes und der Problematik, ob damit die Hof- oder Landguteigenschaft endet *Wellmann*, ZErb 2010, 12, 15.
33 *Wöhrmann*, § 2049 BGB, Rn. 11; Staudinger/*Mayer*, Art. 137 EGBGB Rn. 20.
34 *Wöhrmann*, § 1 HöfeO, Rn. 11 ff.
35 *Wöhrmann*, § 2049 BGB Rn. 12; MüKoBGB/*Lange*, § 2312 Rn. 3.
36 *Wöhrmann*, § 2049 BGB Rn. 13.
37 *Wöhrmann*, § 2049 BGB, Rn. 14.
38 *Wöhrmann*, § 2049 BGB, Rn. 15.
39 *Wöhrmann*, § 2049 BGB, Rn. 16 ff.
40 BGH 22.10.1986 – IVa ZR 76/85, MittBayNot 1987, 149; *Wöhrmann*, § 2049 BGB, Rn. 7.
41 Zur Problematik der Begrifflichkeit siehe nur Dombert/Witt/*von Garmissen* MAH Agrarrecht § 11 Rdnr. 145 ff, der aufzeigt, dass sich der Begriff »Reinertrag« rechtlich nicht fassen lasse. Eine Auffassung stellt auf den steuerlichen Ertragswert ab, eine andere betont eher die (landwirtschafts-)betriebswirtschaftliche Sichtweise.

Kapitel 12 Landwirtschaftliches Erbrecht

rechnet werden kann.[42] § 2049 BGB kann jedoch nur angewendet werden, wenn der Erblasser in einer letztwilligen Verfügung bestimmt, dass ein Erbe das **Recht** haben soll, ein zum Nachlass gehörendes Landgut zu **übernehmen**.[43] § 2049 BGB enthält eine Auslegungsregelung, somit kann in einer letztwilligen Verfügung ggf. etwas Abweichendes festgesetzt werden. Ferner muss der Übernehmer nach § 2312 Abs. 3 wenigstens ein »abstrakt« Pflichtteilsberechtigter sein,[44] also grundsätzlich eine pflichtteilsberechtigte Person nach § 2303 sein.

14 ▶ **Muster: Grundformulierung:**[45]

Soweit ein Landgut (land- oder forstwirtschaftliches Anwesen) zu meinem Nachlass gehört, wird gem. § 2312 BGB bestimmt, dass der Berechnung des Pflichtteils und der Pflichtteilsergänzungsansprüche der Ertragswert zugrundezulegen ist, soweit dieser zum maßgeblichen Berechnungszeitpunkt[46] niedriger als der Verkehrswert[47] ist.

3. Ertragswert nach BGB

15 Nach § 2049 Abs. 2 BGB bestimmt sich der Ertragswert nach dem Reinertrag, den das Landgut nach seiner bisherigen wirtschaftlichen Bestimmung bei ordnungsgemäßer Bewirtschaftung nachhaltig erzielen kann.[48] Dieser **Reinertrag** ist mit Hilfe eines **Kapitalisierungsfaktors** zu vervielfältigen.[49] Nach Art. 137 EGBGB[50] ist die Festlegung des Kapitalisierungsfaktors dem jeweiligen Landesgesetzgeber vorbehalten.[51]

16 Die Landesgesetze haben jedoch von ihrer Gesetzgebungskompetenz nur unvollkommen Gebrauch gemacht. Die geltenden Landesgesetze bestimmen durchgängig nur den Kapitalisierungsfaktor, mit dem der Jahresreinertrag zu vervielfältigen ist. Die Ermittlung des Reinertrages selbst ist jedoch landesgesetzlich nicht geregelt. Die Deutsche Gesellschaft für Agrarrecht hat Richtlinien zur sachgerechten Ermittlung des Reinertrages[52] und auch den **Kapitalisierungsfaktor 18** vorgeschlagen, wenn der Landesgesetzgeber keine Bestimmung trifft.

17 ▶ **Muster: Abweichende Bemessung des Ertragswertes in letztwilligen Verfügungen**

Zum Ertragswert bestimme ich den zehnfachen, auf den Zeitpunkt meines Todes fortgeschriebenen, bzw. fortzuschreibenden Steuerwert.

Alternative 1: Zum Ertragswert bestimme ich den an meinem Todestag erzielbaren Preis für ... Doppelzentner abzugsfreien Weizen gem. der Notierung an der Kölner Börse am Tag nach meinem Tod.

Alternative 2: Zum Ertragswert bestimme ich den bei der nächsten, auf meinen Tod folgenden Rübenkampagne, zu erzielenden Kaufpreis für ... Tonnen Zuckerrüben bei der Zuckerfabrik in ...

---

42 *Südel*, S. 125.
43 MüKoBGB/*Ann* BGB § 2049 Rn. 1–11.
44 MüKoBGB/*Lange* BGB § 2312 Rn. 10.
45 Ähnlich Reimann/Bengel/Mayer, Formularteil Rn. 61.
46 Die Landgutprivilegierungsvoraussetzungen müssen zum Zeitpunkt des Erbfalles vorliegen, BGH vom 14.12.1994 – IV ZR 113/94, DNotZ 1995, 708.
47 MüKoBGB/*Ann* BGB § 2049 Rn. 8, Beck'sches Formularbuch Erbrecht/*Ivo*, G. X. 2 Rn. 4.
48 *Wöhrmann*, § 2049 BGB Rn. 74 ff., Beck'sches Formularbuch Erbrecht/*Ivo*, G. X. 2 Rn. 4.
49 Die einzelnen Kapitalisierungsfaktoren finden sich z. B. in Beck'sches Formularbuch Erbrecht/*Ivo*, G. X. 2 Rn. 4., mit Zusammenstellung aller Rechtsgrundlagen bei Staudinger/*J. Mayer*, Art. 137 EGBGB Rn. 55 ff. und *Wöhrmann*, § 2049 BGB Rn. 87 ff.
50 »Herzstück des Landguterbrechts«, so Staudinger/*J. Mayer*, Art. 137 EGBGB Rn. 2.
51 *Wöhrmann*, § 2049 BGB Rn. 87 ff.
52 In AgrarR 1994, 5, 8 ff.

4. § 2049 Abs. 1 BGB als Teilungsanordnung

Die Anordnung nach § 2049 Abs. 1 BGB wird überwiegend als **Teilungsanordnung** angesehen.[53] Ausnahmsweise kann die Anordnung eines entsprechenden Übernahmerechtes auch als Vermächtnisanordnung oder gar als Erbeinsetzung auszulegen sein.[54] Bedeutsam ist, ob der Erblasser den zur Übernahme des Landguts berechtigten Miterben **wertmäßig begünstigen** will oder nicht. Auch die Bindungswirkung ist relevant![55] In der Gestaltung muss deutlich formuliert und geklärt werden, ob eine Begünstigung gewollt ist oder nicht!

18

In jedem Falle muss die letztwillige Verfügung gem. § 2049 Abs. 1 BGB die Willensbekundung des Erblassers enthalten, dass einer der Erben das Landgut zu **Vorzugsbedingungen** erhalten soll. Landwirtschaftliche Betriebe sollen nicht schon dann privilegiert an einen Miterben übergehen, wenn öffentliche Interessen an der Erhaltung des Betriebes dies erfordern, sondern nur dann, wenn es auch dem Willen des Landguteigentümers entspricht.[56]

19

Die Übernahmeanordnung nach § 2049 Abs. 1 BGB hat unterschiedliche rechtliche Wirkungen:[57] Entsteht mit dem Erbfall eine **Erbengemeinschaft**, so kann der vom Erblasser zum Landgutübernehmer bestimmte Miterbe die Einräumung des Alleineigentums an dem Landgut verlangen.[58] Es handelt sich um ein Gestaltungsrecht für den privilegierten Miterben, welches erst mit seiner Erklärung, von dem Übernahmerecht Gebrauch machen zu wollen, den Anspruch auf Übertragung des Landguts begründet.[59] Übt der Miterbe sein **Gestaltungsrecht** nicht aus, bleibt die Erbengemeinschaft bestehen und muss ggf. nach den allgemeinen Vorschriften auseinandergesetzt werden.[60] Übt der privilegierte Miterbe das Gestaltungsrecht aus, so ist er berechtigt, das Landgut zum Ertragswert zu übernehmen.[61] Eine **Frist für die Ausübung des Übernahmerechtes** besteht nicht,[62] es soll jedoch dem Übernahmeberechtigten regelmäßig der Verwirkungseinwand entgegengehalten werden können, wenn dieser die für die Ausschlagung der Erbschaft geltende 6-Wochen Frist verstreichen lässt. Diese Frist dürfte bei weitem zu knapp sein.

20

Also: Frist für die Ausübung des Übernahmerechts in der letztwilligen Verfügung ausdrücklich vorgeben!

21

Erschöpft das Landgut im wesentlichen den **Nachlass**, kann die Übernahmeanordnung dahingehend ausgelegt werden, dass der Übernahmeberechtigte zum Alleinerben bestimmt ist.[63] In diesem Fall ist die Ausübung des Übernahmerechts gegenstandslos; vielmehr kann sich dabei aber ergeben, dass der Alleinerbe die nicht zum Landgut gehörenden Gegenstände an die weichenden Erben herauszugeben hat.[64]

22

---

53 Dombert/Witt/*von Garmissen* MAH Agrarrecht § 11 Rdnr. 138; MüKoBGB/*Ann*, § 2049 Rn. 1; *Wöhrmann*, § 2049 BGB Rn. 35.
54 *Wöhrmann*, § 2049 BGB Rn. 35.
55 Siehe § 2270 Abs. 3 BGB.
56 *Wöhrmann*, § 2049 BGB Rn. 36.
57 *Wöhrmann*, § 2049 BGB Rn. 45.
58 *Wöhrmann*, § 2049 BGB Rn. 46.
59 *Wöhrmann*, § 2049 BGB Rn. 46; MüKoBGB/*Ann*, § 2048 BGB Rn. 9.
60 *Wöhrmann*, § 2049 BGB Rn. 46.
61 *Wöhrmann*, § 2049 BGB Rn. 45 ff.
62 *Wöhrmann*, § 2049 BGB Rn. 46.
63 *Wöhrmann*, § 2049 BGB Rn. 47.
64 *Südel*, S. 127; *Wöhrmann*, § 2049 BGB Rn. 47.

5. Position der nicht am Landgut beteiligten Erben

a) Grundlagen

23 Hauptproblem des BGB-Landguterbrechts ist die **fehlende Regelung über Nachabfindungen**[65] der weichenden Erben, bzw. Pflichtteilsberechtigten.[66] Das BGB-Landguterbrecht geht dabei anders als das Höferecht nicht den Weg über die Konstruktion eines rechtlich eigenständigen Abfindungsanspruchs, sondern modifiziert die den Geschwistern oder sonstigen Erbberechtigten zustehenden Ansprüche auf Auszahlung des Auseinandersetzungsguthabens bzw. auf den Pflichtteil.[67] Letztwillige Verfügungen in diesem Bereich sollten die Problematik behandeln, dass der begünstigte Erbe den **landwirtschaftlichen Betrieb** bereits kurze Zeit nach dem Erbfall bzw. der Übernahme **einstellt** und durch eine Veräußerung des Landguts oder wesentlicher Teile desselben, Verkehrswerte realisiert, die ggf. deutlich über dem Ertragswert liegen, zu dem er das Landgut übernommen hatte.

24 Von manchen[68] wird dabei vertreten, dass es eine Rechtsüberzeugung gebe, dass ein vom Hof verdrängter Miterbe einen Anspruch auf einen Ausgleich hat, wenn der Hofübernehmer nicht unbeträchtliche Teile seines Grundbesitzes nicht mehr selbst bewirtschaftet, sondern **veräußert** und daraus einen Gewinn erzielt.[69] Diese Auffassung entspricht auch der Rechtsprechung einiger Instanzgerichte.[70] Der BGH hat sich dem nicht angeschlossen und hat bislang keinen Anlass gesehen, im Bereich des **Nachabfindungsanspruchs eine Rechtsfortbildung** zu betreiben.[71]

25 **Dringend zu empfehlen** ist es somit, diese bestehende Gesetzeslücke gestalterisch zu schließen und im Auseinandersetzungsvertrag, ggf. der letztwilligen Verfügung oder dem Übergabevertrag **ausdrückliche Nachabfindungsregelungen** aufzunehmen.[72] Hier empfiehlt es sich, sich an § 13 HöfeO, ggf. mit Modifikationen, zu orientieren.[73] Eine Ausrichtung der Nachabfindungsklausel an § 17 Abs. 1 S. 1 GrdstVG ist m. E. nicht sinnvoll. Die dort vorgesehene Rückabwicklung nach den Verhältnissen zur Zeit des Erbfalls belässt dem Landgutübernehmer alle Spekulationsgewinne und ist deswegen abzulehnen.[74] Fehlt eine Regelung, so werden unterschiedliche Lösungen vorgeschlagen,[75] bis hin zu der analogen Anwendung von § 13 HöfeO oder der Auslegung von auflösenden Bedingungen, wenn der privilegierte Erbe das Landgut zweckwidrig bewirtschaftet. Es wird auch eine ergänzende Vertragsauslegung, das Institut des Wegfalls der Geschäftsgrundlage oder eine Anfechtung wegen Willensmängeln diskutiert. Auf all diese Lösungsversuche sollte es der Gestalter nicht ankommen lassen, sondern sich explizit der Problematik annehmen.

---

65 Dombert/Witt/*von Garmissen* MAH Agrarrecht § 11 Rdnr. 153 f.
66 *Wöhrmann*, § 2312 BGB Rn. 2f; BGH vom 21.10.1986, IV a ZR 143/85, DNotZ 1987, 764.
67 *Wöhrmann*, § 2312 BGB Rn. 1.
68 *Faßbender*, AgrarR 1990, 243, 245; *Wöhrmann*, § 2312 BGB Rn. 2 ff.; MüKoBGB/*Lange* § 2312 Rn. 19 ff.; *Stöcker*, FamRZ 1993, 1261.
69 *Wöhrmann*, § 2312 BGB Rn. 3.
70 OLG Karlsruhe AgrarR 1977, 181 (mit Anm. *Liesenborghs*).
71 *Wöhrmann*, § 2312 BGB Rn. 3, BGH vom 21.10.1986, IV a ZR 143/85, DNotZ 1987, 764; zustimmend Groll/*Ruby*, B XIII Rn. 77.
72 *Weber*, BWNotZ 1987, 1, 3; OLG Braunschweig, Beschluss vom 31.10.2011 – 2 W 4/11, BeckRS 2012, 03591.
73 So auch Dombert/Witt/*von Garmissen* MAH Agrarrecht § 11 Rdnr. 154.
74 Hausmann/Hohloch/*Hausmann*, Kap. 24 Rn. 77.
75 Hausmann/Hohloch/*Hausmann*, Kap. 24 Rn. 80; MüKoBGB/*Lange*, § 2312, Rn. 19 ff.

b) Gestaltung der Abfindung und Abfindungsergänzung

▶ **Muster: Grundmodell** 26

Macht der übernahmeberechtigte Sohn B von seinem Übernahmerecht nach vorstehendem § ... Gebrauch, ordne ich folgendes Vermächtnis an:

Unter den Voraussetzungen und nach Maßgabe des § 13 HöfeO in der heute geltenden Fassung, der entsprechend angewendet werden soll, sind die weichenden Miterben berechtigt, eine Nachabfindung zu verlangen (ggf. Modifikation). Kopie des heute geltenden § 13 HöfeO ist der Anlage beigefügt.[76]

▶ **Muster: Abwandlung 1 mit Modifikation** 27

1. Veräußert der Übernehmer oder sein Rechtsnachfolger die übertragenen Gegenstände oder wesentliche Teile davon innerhalb von 10 Jahren ab heute, so hat er an die weichende Erbin oder ihre Erben Nachabfindungen zu zahlen. Dasselbe gilt, wenn er nachabfindungsfrei angeschaffte Ersatzgegenstände veräußert.

2. Wir vereinbaren, dass hinsichtlich der Voraussetzungen und Folgen die Regelungen des § 13 der nordwestdeutschen HöfeO in seiner jeweiligen Fassung angewendet werden sollen. Die Abfindungsergänzung findet jedoch nur statt, wenn der Verkaufserlös, der dem Übernehmer nach Abzug der Re-Investitionen verbleibt, ... Euro übersteigt.

3. Die Einbringung des Betriebes in das Gesamtgut einer Gütergemeinschaft sowie seine Übertragung zum Zweck der Vorwegnahme der Erbfolge lösen keine Nachabfindungspflicht aus, wenn sichergestellt ist, dass die hier getroffene Regelung gegen die Rechtsnachfolger fortgilt.

▶ **Muster: Ausführliche Abwandlung 2 mit weiteren Modifikationen von § 13 HöfeO** 28

1. Veräußern die Übernehmer oder ihre Rechtsnachfolger die übertragenen Gegenstände oder wesentliche Teile davon innerhalb von 20 Jahren ab heute, so haben sie Nachabfindungen zu zahlen. Dasselbe gilt, wenn sie nachabfindungsfrei angeschaffte Ersatzgegenstände veräußern.

2. Wir vereinbaren, dass hinsichtlich der Voraussetzungen und Folgen die Regelungen des § 13 der nordwestdeutschen HöfeO in seiner jeweiligen Fassung angewendet werden sollen.

3. Die Zahlungspflicht entsteht nicht
a) wenn nicht mehr als für € ... – i. W.: Euro ... – veräußert wird,
b) wenn und insoweit sie innerhalb von zwei Jahren – jeweils gerechnet vom Tag der Beurkundung ab -innerhalb der Bundesrepublik Deutschland im Ertragswert gleichen Grundbesitz oder insoweit sie davon innerhalb von vier Jahren seit der Veräußerung Vieh oder Maschinen anschaffen,
c) wenn sie den Betrieb wegen des Todes eines oder der Berufsunfähigkeit beider Übernehmer verpachten,
d) wenn und insoweit sie den Erlös zur Abfindung weichender Erben oder zu Begleichung betrieblicher Schulden verwenden, die trotz ordnungsmäßiger Bewirtschaftung des Betriebes entstanden sind.

4. Die Einbringung des Betriebes in das Gesamtgut einer Gütergemeinschaft sowie seine Übertragung zum Zweck der Vorwegnahme der Erbfolge lösen keine Nachabfindungspflicht aus, wenn sichergestellt ist, dass die hier getroffene Regelung gegen die Rechtsnachfolger fortgilt.

II. Gestaltung

Sachverhalt: Der Alleineigentümer A eines Landguts (kein Hof mehr wg. Hofaufgabe, § 17 Abs. 2 29 HöfeO ist somit nicht anwendbar) übergibt das Landgut an seinen einzigen Sohn, gegen Versorgung

---

[76] Beck'sches Formularbuch Erbrecht/*Ivo*, G. X. 2 Rn. 4.

des Übergebers und seiner Ehefrau, sowie Abfindung/Gleichstellung seiner einzigen Tochter mit Regelung der Nachabfindungsansprüche der Tochter; diese gibt gegenständlich beschränkten Pflichtteilsverzicht ab.

1. Lebzeitige Landgutsübergabe[77]

30 ▶ **Muster: Grundmodell**

erschienen:

I. als »Übergeber«:

A

II. als »Übernehmer«

B

III. als weichendes Geschwister des Übernehmers:

Frau C geb. A

IV. als Ehefrau des Übergebers

Frau A geb. D

Die Erschienenen zu B und C sind die sämtlichen Kinder des Übergebers A und seines Ehepartners A geb. D.

Die Erschienenen erklärten:

Wir schließen folgenden

Landgutübergabevertrag:

I. Grundbesitz

§ 1 Bezeichnung des Grundbesitzes

Der Übergeber A ist Eigentümer des Grundbesitzes, verzeichnet im Grundbuch des Amtsgerichts ... von ... Blatt ... unter der Katasterbezeichnung Gemarkung ... Flur ... Nr. ..., Landwirtschaftsfläche, ..., groß: ... ha, – im folgenden auch »Grundbesitz« genannt.

§ 2 Lasten und Beschränkungen

(1) Der vorbezeichnete Grundbesitz ist in Abteilungen II und III des Grundbuchs, abgesehen von den etwa nachfolgend aufgeführten Eintragungen lasten- bzw. belastungsfrei:

Gemarkung ... Blatt ...:

Abt. II:

lfd. Nr. 1: Ferngasleitungsrecht für ...

lfd. Nr. 2: Windkraftanlagenrecht für die Sparkasse ...

...

---

[77] Muster u. a. auch in *Spiegelberger*, Unternehmensnachfolge, § 5 Rn. 36 mit Zusammenfassung der Gegenleistungen des Übernehmers als Leibgeding; Münchner Vertragshandbuch VI/*Spiegelberger*, Bürgerliches Recht II, Muster VI.4; Kersten/Bühling/*Grundmann*, 23. Aufl., § 36 Rn. 128 M Gesamtmuster zum Landgutübergabevertrag; Baustein zum (zusammengefassten) Altenteil auch bei Kersten/Bühling/*Grundmann*, 23. Aufl., § 36 Rn. 105 M; Wurm/Wagner/Zartmann/*Götte*, Kap. 51, Rn. 51.2.

Abt. III:

lfd. Nr. 1: 150.000,00 DM Grundschuld (Mithaft in ... Blatt ...) nebst 15 vom Hundert Jahreszinsen für die ... in Aachen, auf Grund Bewilligung vom ..., eingetragen am ...

...

(2) Alle voraufgeführten Rechte in Abt. II werden vom Übernehmer mit allen zugrundeliegenden Verpflichtungen zur Freistellung des Übergebers übernommen.

(3) Die vorgenannten Grundpfandrechte sollen entsprechend der nachstehend geregelten Schuldübernahme durch den Übernehmer mit den zugrundeliegenden Forderungen übernommen werden.

(4) Der Grundbuchinhalt wurde festgestellt durch Einsichtnahme in das elektronische Grundbuch, nicht die Grundakten am ...

§ 3 Hofeigenschaft

Der Übergeber hat durch Urkunde vom ...- UR-Nr. .../... des amtswaltenden Notars – die Hofaufgabe erklärt.

Die Erklärung liegt dem zuständigen Landwirtschaftsgericht in ... seit dem ... vor.

Der Hofvermerk wurde am ... gelöscht.

II. Übergabe

(1) Der Übergeber überträgt dem dies annehmenden Übernehmer zum Zweck der Vorwegnahme der Erbfolge und zur Ausstattung mit einer selbständigen Existenz das Landgut ... zu Ertragswertbedingungen. Mitübertragen ist insbesondere der vorbezeichnete Grundbesitz mit allen gesetzlichen Bestandteilen und allem gesetzlichen Zubehör. Gegenstände, deren Bestandteil- oder Zubehöreigenschaft objektiv zweifelhaft sein könnte, und deshalb auch, ob sie mitveräußert sind oder nicht, sind den Beteiligten nicht bekannt und gelten im Zweifel als mitveräußert.

(2) Mitübertragen[78] werden insbesondere das gesamte lebende und tote Inventar, alle Gerätschaften, Maschinen usw. des landwirtschaftlichen Betriebes sowie insoweit alle Aktiva und Passiva und weiterhin die sämtlichen Pachtverträge bzw. alle Ansprüche hieraus betreffend die zu dem hier übertragenen Betrieb gehörenden angepachteten landwirtschaftlichen Flächen, wobei der Übernehmer zur Freistellung des Übergebers auch alle Pächterverpflichtungen als eigene Verpflichtungen übernimmt.

(3) Die Beteiligten sind über den Übergang des Eigentums an den beweglichen Gegenständen auf den Übernehmer einig. Auf eine Aufzählung derselben wird übereinstimmend verzichtet, da deren Anzahl und Umfang offensichtlich und eindeutig ist.

(4) Genossenschafts- oder Zuckerfabrikbeteiligungen sind nach Angaben der Beteiligten nicht vorhanden; solche gelten jedoch ggf. und im Zweifel als mitübertragen; hierüber sind die Beteiligten einig.

(5) Der Übergeber ermächtigt den Übernehmer unwiderruflich, aufgrund der Befreiung von den Beschränkungen des § 181 BGB, über die übertragenen Gegenstände im eigenen Namen zu verfügen

---

78 Besondere Bedeutung kommt der Definition des Übertragungsobjektes zu. Dies gilt für Inventar und sonstiges Zubehör, für zugepachtete Grundstücke, für langfristige Lieferbeziehungen, für Zuckerrüben, Milchreferenzmengen, und EU-Agrarförderansprüche. Dazu *Krauß*, Vermögensnachfolge, Rn. 377 ff., auch mit einem Formulierungsvorschlag zur Übertragung eines Milcherzeugungsbetriebes; sehr instruktiv Kersten/Bühling/*Grundmann*, 23. Aufl., § 36 Rn. 51 ff. mit detailreichen Formulierungsvorschlägen. Weitere Formulierungsvorschläge in KöFBGrundstücksR/*Fackelmann* Kap. 6 Rn. 210. Allgemein zur Agrarförderung auch *Gehse*, Die Übertragung von Anlieferungsquoten für Milch (Milchquoten) in der notariellen Praxis, MittBayNot 2008, 336; *ders.*, Die Veräußerung von landwirtschaftlichem Grundbesitz unter besonderer Berücksichtigung öffentlicher Subventionen, RNotZ 2007, 61 ff. Weiterführend Dombert/Witt/*von Garmissen* MAH Agrarrecht § 11 Rdnr. 220 ff. zu der Problematik in der sich diversifizierenden modernen Landwirtschaft.

und alle Erklärungen und Handlungen vorzunehmen, die zur Durchführung der Übertragung derselben auf den Übernehmer erforderlich sind.

(6) Der wirtschaftliche Übergang[79] erfolgt mit Ablauf des ..., vorbehaltlich der nachstehend vorbehaltenen Rechte.

(7) Die Übergabe erfolgt zum Ertragswert nach § 2312 BGB.

III. Gegenleistungen

Die Übergabe geschieht unter Vorwegnahme und zum Zweck der Erleichterung einer späteren Erbzuteilung bzw. Erbfolge, wohingegen sich jedoch der Übernehmer gegenüber dem dies annehmenden Übergeber zu den nachstehenden Gegenleistungen verpflichtet:

§ 1 Schuld- und Belastungsübernahme[80]

(1) Der Übernehmer übernimmt als Selbstschuldner derart, dass jeder Gläubiger einen unmittelbaren Anspruch gegen ihn erlangt und zur vollständigen Entlastung des bisherigen Schuldners die eingangs unter Abschnitt I. § 2 aufgeführten Belastungen in Abteilung III Nrn. ... mit den Forderungen, welche diesen zugrunde liegen, an Hauptsumme, Zinsen und allen sonstigen Nebenleistungen nach dem bekannten Inhalt der Schuld- und Bestellungsurkunden sowie Darlehensverträge und Bewilligungsbescheide, einschließlich der Verpflichtungen aus einem diese Forderungen sichernden abstrakten Schuldanerkenntnis, und zwar im Verhältnis zum Gläubiger vom Bewilligungsdatum und im Verhältnis zum Übergeber vom Zeitpunkt des wirtschaftlichen Übergangs ab.

(2) Die diesen Belastungen zugrundeliegenden Forderungen, welche ausnahmslos betriebliche Verbindlichkeiten darstellen, betragen bzgl. Abt. III Nrn. ... per ... (Stichtag) Euro ... (insgesamt).

(3) Die angeführten Darlehensbeträge beruhen auf den Angaben der Beteiligten. Sollten die Beträge höher oder niedriger sein als von den Beteiligten angegeben, so sind diese einander nicht verpflichtet, Differenzbeträge untereinander auszugleichen.

(4) Fordert ein Gläubiger aus Anlass der Schuldübernahme einmalige Leistungen, so gehen diese zu Lasten des Übernehmers. Sollte ein Gläubiger die Schuldübernahme nicht genehmigen oder das Darlehen aus Anlass der Veräußerung kündigen, so ist der Übernehmer zur Ablösung verpflichtet.

(5) Der Übergeber tritt dem dies annehmenden Übernehmer ab die bei den übernommenen Grundpfandrechten entstandenen oder bis zur Eintragung des Eigentumswechsels im Grundbuch entstehenden Eigentümergrundschulden samt allen Nebenleistungen seit Entstehung sowie alle Ansprüche, welche ihm in Ansehung der Grundpfandrechte gegen die Gläubiger der eingetragenen Belastungen nach Beendigung des Kreditverhältnisses zustehen werden, jeweils einschließlich aller zur Durchführung der Abtretung erforderlichen Hilfsansprüche, insbesondere auch auf Bildung von Teilgrundpfandrechtsbriefen.

Der Übergeber ermächtigt den Übernehmer unwiderruflich, auch unter Befreiung von den Beschränkungen des § 181 BGB, über die abgetretenen Ansprüche im eigenen Namen zu verfügen und alle Erklärungen und Handlungen vorzunehmen, die zur Durchführung der Abtretungen erforderlich sind.

(6) Die Beteiligten sind darauf hingewiesen worden, dass die Schuldübernahmen der Genehmigungen der Gläubiger bedürfen. Der Notar soll dem Gläubiger jeder übernommenen Belastung eine Abschrift dieses Vertrages übersenden. Er wird beauftragt, um Genehmigung der Schuldübernahmen nachzusuchen. Die Entscheidung über die Genehmigung der Schuldübernahmen ist den Beteiligten selbst mitzuteilen; eine Abschrift wird an den Notar erbeten.

(7) Der Übernehmer unterwirft sich wegen der übernommenen Zahlungsverpflichtungen den jeweiligen Gläubigern der Forderungen, die Gegenstand von Schuldübernahmen sind, sowie gegenüber den Gläubigern von Grundschulden, für welche die Haftung übernommen wird, der sofortigen

---

79 Ggf. sollte das in der Landwirtschaft idR abweichende Steuerjahr beachtet werden, KöFBGrundstücksR/*Fackelmann* Kap. 6 Rn. 247. Die Problematik sollte mit dem steuerlichen Berater der Beteiligten abgestimmt werden.
80 Ausführlich *Krauß*, Vermögensnachfolge, Rn. 1759 ff.

Zwangsvollstreckung aus dieser Urkunde in sein Vermögen sowie hinsichtlich der übernommenen Grundpfandrechte in den erworbenen Grundbesitz. Den Gläubigern kann jederzeit auf ihr Verlangen vollstreckbare Ausfertigung dieser Urkunde ohne Nachweis der die Fälligkeit begründenden Tatsachen erteilt werden.

§ 2 Gutabstandsgeld

(1) Der Übernehmer hat an den Übergeber A ein Gutabstandsgeld in Form einer Einmalzahlung zu erbringen in Höhe von € ... (in Worten: EURO ...).

(2) Diese Zahlung ist fällig und zahlbar an A auf dessen Konto Nr. ... bei der ... BLZ: ... am ...

(3) Soweit die Einmalzahlung bei Fälligkeit nicht gezahlt wird, ist sie mit . % jährlich zu verzinsen, ohne dass es noch einer besonderen Mahnung bedarf.

(4) Der Übernehmer unterwirft sich gegenüber A wegen der Zahlung des Einmalbetrages in Höhe von ... € und der etwa geschuldeten Verzugszinsen der sofortigen Zwangsvollstreckung aus dieser Urkunde in sein gesamtes Vermögen. A kann eine vollstreckbare Ausfertigung dieser Urkunde jederzeit ohne besondere Nachweise erteilt werden. Damit ist keine Beweislastumkehr verbunden.

§ 3 Monatliche Zahlung zur Versorgung, Reallast

(1) Der Übernehmer verpflichtet sich darüber hinaus gegenüber dem Übergeber A, nach dessen vorzeitigem Tod, gegenüber der Ehefrau des Übergebers, A geb. D, der Höhe nach ungeschmälert, zur Zahlung eines monatlich im voraus fälligen Betrages in Höhe von € ..., in Worten: Euro ...

(2) Die Zahlung ist jeweils bis zum Fünften Werktag eines jeden Monats zu erbringen, erstmals für den Monat ... Die Zahlung endet mit dem auf den Tod des längerlebenden Berechtigten folgenden Monatsletzten.

(3) Die Beteiligten bewilligen, dass in die Grundbücher auf dem unter Abschnitt I. veräußerten Grundbesitz mit Rang in Abteilung II und III nach den eingangs zitierten Eintragungen, eine der übernommenen Zahlungsverpflichtung entsprechende Reallast für A, aufschiebend für den Fall, des Überlebens für A, geb. D, eingetragen wird, mit der Maßgabe, dass zur Löschung des Rechts im Grundbuch der Nachweis des jeweiligen Todes der Berechtigten genügt.

(4) Die Eintragung kann zunächst an rangbereiter Stelle erfolgen. Die Beteiligten wurden über die Bedeutung des Rangverhältnisses im Grundbuch, vor allem im Zusammenhang mit Zwangsvollstreckungs- bzw. Zwangsversteigerungsmaßnahmen betreffend den hier veräußerten Grundbesitz belehrt.

(5) Die Beteiligten wurden weiterhin über § 323 ZPO belehrt. Allen Beteiligten bleibt mithin ausdrücklich das Recht vorbehalten, die Anpassung des Zahlbetrages entsprechend der Bestimmung des § 323 ZPO zu beanspruchen. Eine spezielle Wertsicherung dieser Zahlungsverpflichtung innerhalb der Anwendbarkeit des § 323 ZPO soll ausdrücklich nicht vereinbart werden.

(6) Die Beteiligten wurden darauf hingewiesen, dass sie insbesondere wegen der steuerlichen Behandlung der monatlichen Zahlung die Hilfe eines Steuerberaters in Anspruch nehmen sollten.

(7) Die Beteiligten wurden weiterhin über das in Anwendung des § 323 ZPO bestehende Risiko für Übergeber und Übernehmer aufgrund veränderter Umstände i. S. des § 323 ZPO belehrt.

Ferner wurden Beteiligten darüber belehrt, dass die steuerliche Anerkennung der Abzugsfähigkeit der Zahlbeträge beim Übergeber zweifelhaft werden könnte, wenn bei Eintritt der Voraussetzungen für das Anpassungsverlangen eine Verhandlung der Beteiligten hierüber unterbleibt bzw. das Verhandlungsergebnis nicht nachweisbar festgehalten wird. Jedwede Anpassung der Leistungen bzw. Vereinbarung über eine Nichtanpassung und deren Gründe ist von den Beteiligten nachweisbar – am besten schriftlich – festzuhalten.

(8) Eine Höchstbetragshypothek soll – nach Belehrung – nicht vereinbart werden.

(9) B unterwirft sich der sofortigen Zwangsvollstreckung aus dieser Urkunde gegenüber A wegen
a) der Verpflichtung, die vereinbarte monatliche Zahlung zu erbringen,
b) der Verpflichtung, diese Zahlung aus dem Grundstück zu entrichten (vorbewilligte Reallast) und

Kapitel 12 Landwirtschaftliches Erbrecht

c) der Verpflichtung des Grundstückseigentümers, die während der Dauer seines Eigentums fällig werdenden Leistungen aus der Reallast auch persönlich zu entrichten.

Dem A kann jederzeit vollstreckbare Ausfertigung dieser Urkunde ohne Fälligkeitsnachweis erteilt werden.

(10) B unterwirft sich der sofortigen Zwangsvollstreckung aus dieser Urkunde gegenüber der Ehefrau A geb. D, wegen
a) der Verpflichtung, die vereinbarte monatliche Zahlung zu erbringen,
b) der Verpflichtung, diese Zahlung aus dem Grundstück zu entrichten (vorbewilligte Reallast) und
c) der Verpflichtung des Grundstückseigentümers, die während der Dauer seines Eigentums fällig werdenden Leistungen aus der Reallast auch persönlich zu entrichten.

Der A geb. D kann gegen Vorlage einer Sterbeurkunde ihres Ehemannes A jederzeit vollstreckbare Ausfertigung dieser Urkunde ohne Fälligkeitsnachweis erteilt werden.

(11) B verpflichtet sich zur Schaffung weiterer Vollstreckungstitel, wenn sich die monatlichen Zahlbeträge aufgrund der Anwendung des § 323 ZPO erhöhen. Die Kosten trägt B. Herr A und Frau A geb. D können die Schaffung weiterer Vollstreckungstitel nur verlangen, wenn B mit mehr als zwei Monatsraten in Verzug gerät.

§ 4 Wohnungsrecht

(1) B räumt dem dies annehmenden A, aufschiebend bedingt auf das Vorversterben des A, der A geborene D auf deren ausdrücklichen Vorbehalt hin in Ansehung der Altenteilerwohnung in der linken Doppelhaushälfte der dem veräußerten Grundbesitz ... in der Gemarkung ... aufstehenden Gebäulichkeiten ein Wohnungsrecht ein.

(2) Das Wohnungsrecht umfasst auch die Mitbenutzung des Kellers, des Gartens und der sonstigen dem gemeinschaftlichen Gebrauch dienenden Anlagen und Räumlichkeiten, sowie den freien Umgang innerhalb des Hofes sowie die alleinige Nutzung der von der Straße aus gesehen linken Garage.

(3) Die Beteiligten bewilligen und der Übernehmer beantragt die Eintragung des vorstehend eingeräumten Wohnungs- und Mitbenutzungsrechts in das Grundbuch.

(4) Die Eintragung soll an rangbereiter Stelle erfolgen.

(5) ... Belehrung über die Bedeutung der Ränge ...[81]

(6) Als nicht in das Grundbuch einzutragen wird vereinbart: Der Wohnungsberechtigte verpflichtet sich, die auf seine Wohnung entfallenden Strom-, Wasser- und Heizungskosten selbst zu tragen.

Im Übrigen ist die Ausübung des Wohnungsrechts kostenfrei und unentgeltlich.

Der Notar hat über die insoweit in Betracht kommenden sonstigen öffentlichen und sonstigen Lasten belehrt, wie z. B. Entwässerungskosten, Kosten für Schönheitsreparaturen, Grundsteuer, Müllabfuhr, Straßenreinigung, Versicherungsprämien etc..

(7) Das Wohnungsrecht ist höchstpersönlich. *alternativ:* ... in der Ausübung übertragbar, insbesondere, um z. B. einen Lebenspartner in die Wohnung aufzunehmen, was hiermit zur Eintragung in das Grundbuch bewilligt wird.

(8) Der Jahreswert des Wohnungsrechts wird zur Kostenberechnung angegeben mit €.

§ 5 Rücktritts- und Aufhebungsrecht

(1) Über die gesetzlichen Widerrufs- und Rücktrittsrechte hinaus ist A – nicht jedoch dessen Rechtsnachfolger -berechtigt, diesen Vertrag insgesamt durch einseitige schriftliche Erklärung mittels Einwurf-Einschreiben oder in sonstiger Form mit Zugangsnachweis aufzuheben und auf seine Kosten und unter Übernahme aller hieraus entstehenden oder damit verbundenen Steuern die Rückübertragung bzw. Übertragung des vorstehend veräußerten Grundbesitzes nebst lebendem und totem Inventar und der weiteren übertragenen beweglichen Gegenstände auf sich zu verlangen, und zwar binnen

---

[81] Ergänze ausführliche Belehrung etwa nach *Krauß*, Vermögensnachfolge, Rn. 1396,

einer Frist von zwölf Monaten nach Kenntnis des zur Aufhebung berechtigenden Ereignisses und des Rücktrittsgegners
a) wenn B vor A versterben sollte und das Landgut oder Teile desselben, soweit es sich um Grundbesitz handelt, aufgrund Erbfolge auf andere Personen als leibliche Abkömmlinge des B übergeht, und dieser Zustand nicht binnen sechs Monaten seit dem Tod des B dahingehend geändert wird, dass ausschließlich leibliche Abkömmlinge des B das Eigentum an den heute übertragenen Gegenständen erhalten; klargestellt wird, dass es unschädlich ist und A nicht zur Rückübertragung berechtigt ist, wenn B einen etwa überlebenden Ehepartner mit einem unentgeltlichen, lebenslangen, höchstpersönlichen Nießbrauch ausstattet;
b) im Falle der Einleitung des Insolvenzverfahrens in das Vermögen des Übernehmers oder der Zahlungseinstellung des Übernehmers;
c) bei Einleitung der Zwangsversteigerung oder der Zwangsverwaltung in den Veräußerungsgegenstand;
d) wenn B mit zwei Monatsraten der Versorgung nach Abschnitt III § 3 trotz schriftlicher Mahnung mehr als einen Monat in Rückstand gerät oder über einen längeren Zeitraum mit einer Summe, die zwei Monatsraten übersteigt;
e) wenn über den Veräußerungsgegenstand ganz oder teilweise ohne Zustimmung des A zu dessen Lebzeiten verfügt wird, es sei denn, der Veräußerungserlös wird verwendet für Reinvestitionen in Form der Anschaffung von Gegenständen zum Betriebsvermögen des vorbezeichneten landwirtschaftlichen Betriebes, – jedoch nicht zwingender Weise in land- und/oder forstwirtschaftliche Gegenstände –, die nach steuerrechtlichen Grundsätzen die Übertragung stiller Reserven zulassen.

(2) Im Falle der Ausübung des Rücktritts- und Aufhebungsrechts hat der zur Aufhebung Berechtigte Zug um Zug alsdann Grundpfandrechte, die mit Rang vor der zu seinen Gunsten aufgrund der vorstehenden Vereinbarungen einzutragenden Auflassungsvormerkung jetzt oder in Zukunft eingetragen sind, mit den zugrundeliegenden Forderungen zur vollständigen Entlastung des Übernehmers bzw. seines Rechtsnachfolgers zu übernehmen.

(3) Der Herauszahlungsbetrag ist zinslos fällig und zahlbar bis zum Ablauf von drei Monaten seit rechtskräftiger Rückübertragung des vorveräußerten Grundbesitzes.

(4) Im übrigen sind im Falle der Ausübung des Rücktritts- und Aufhebungsrechts Herauszahlungen durch den Berechtigten nicht zu leisten. Etwaige Wertverbesserungen verbleiben ihm. Andererseits verbleiben dem Übernehmer die bis zur Aufhebung des Vertrages von ihm gezogenen Nutzungen, soweit sie bis zu dem zur Aufhebung berechtigenden Ereignis gezogen worden sind (§ 101 BGB).

(5) Die sich hieraus ergebenden aufschiebend bedingten Rückgewähr- bzw. Verschaffungsansprüche hinsichtlich des wie vor veräußerten Eigentums an dem vorbezeichneten Grundbesitz nach Ausübung des Aufhebungsrechtes sollen durch Auflassungsvormerkung gesichert werden.

(6) Ein Vorrangsvorbehalt soll nicht vorgesehen werden, die Beteiligten sind über die Bedeutung belehrt. Die Eintragung soll erfolgen an rangbereiter Stelle, ggf. unter Löschung etwaiger vom Übernehmer nicht übernommener Rechte.

(7) Der Notar hat über die Bedeutung des Rangverhältnisses im Grundbuch, vor allem im Zusammenhang mit Zwangsvollstreckungs- bzw. Zwangsversteigerungsmaßnahmen betreffend den hier veräußerten Grundbesitz belehrt.

(8) Die Beteiligten bewilligen die entsprechende Eintragung der betreffenden Auflassungsvormerkung in das jeweilige Grundbuch nach Abschnitt I. Die Auflassungsvormerkung ist auflösend bedingt durch den Tod des A.

(9) Nach dem Tod des A stehen Frau A geb. D unter denselben Voraussetzungen wie vorstehend geregelt, das Rücktritts- und Aufhebungsrecht zu, wobei der Tatbestand Abs. (1) lit. a) -nach Maßgabe der dortigen weiteren Regelungen- eintritt, wenn B nach A, aber vor Frau A geb. D verstirbt. Die übrigen Regelungen Abs. (1) bis mit (7) gelten entsprechend. Die Beteiligten bewilligen die entsprechende Eintragung der betreffenden Auflassungsvormerkung zugunsten Frau A geb. D, im Rang nach der Vormerkung zugunsten A in das jeweilige Grundbuch nach Abschnitt I. Die Auflassungsvormerkung ist auflösend bedingt durch den Tod des Berechtigten Frau A geb. D.

(10) Mit einer Scheidung erlöschen die Rechte von Frau A geb. D aus diesem Abschnitt III § 5.

Kapitel 12   Landwirtschaftliches Erbrecht

§ 6 Abfindung der Schwester C

(1) B verpflichtet sich, der C geb. A, als Abfindung in Geld einen Betrag von ... € (in Worten: ... Euro) zu leisten. Die Abfindung ist zinslos fällig und zahlbar innerhalb von drei Monaten nach dem Tod des Längerlebenden der Eheleute A. Eine Anpassung der Abfindung an sich ändernde Geldwertverhältnisse wird nicht vereinbart. Sollte C vor Erhalt der Abfindung sterben, ist die Abfindung deren Abkömmlingen untereinander zu gleichen Teilen leisten, derzeit deren Kindern C1, C2 und C3. Mangels Abkömmlingen entfällt die Verpflichtung des B zur Leistung der Abfindung (ggf.: ... ist die Abfindung demjenigen zu leisten, der im Zeitpunkt des Todes der C mit dieser verheiratet war und von ihr nicht getrennt i. S. v. § 1567 BGB lebte) (»Rechtsnachfolger«).

(2) B und C verzichten trotz notarieller Belehrung auf dingliche Sicherung der Abfindung, die durch Eintragung einer Hypothek oder Stellung einer Bankbürgschaft möglich wäre, weil sie eine derartige Sicherung angesichts der guten familiären Verhältnisse für überflüssig halten.

§ 7 Nachabfindungsansprüche

(1) Veräußert der Übernehmer innerhalb von 20 Jahren ab heute den in dieser Urkunde von ihm erworbenen Betrieb oder Grundbesitz ganz, einzeln, teilweise oder nacheinander, steht seiner Schwester C bzw. deren in § 6 vorstehend definierten Rechtsnachfolgern ein Nachabfindungsanspruch zu, dieser errechnet sich aus dem erzielten Verkaufserlös und beträgt hiervon 1/4; vom Verkaufserlös sind jedoch zunächst abzuziehen.
a) die aus der Weiterveräußerung in der Person des heutigen Übernehmers entstehenden Steuern, insbesondere Ertragsteuern,[82]
b) die Anschaffungskosten und sonstigen Aufwendungen für Reinvestitionen in Form von Gegenständen zum Betriebsvermögen des vorbezeichneten landwirtschaftlichen Betriebes, – jedoch nicht zwingenderweise in land- und/oder forstwirtschaftliche Gegenstände –, die nach steuerrechtlichen Grundsätzen die Übertragung stiller Reserven zulassen,
c) Beträge, die zur Tilgung von alsdann vorhandenen Betriebsverbindlichkeiten verwendet werden.

(2) Im übrigen gelten die Bestimmungen des § 13 HöfeO in der heute geltenden Fassung entsprechend; Kopie des Gesetzestextes ist der Anlage beigefügt. Der Notar hat die Regelungen des § 13 HöfeO ausführlich besprochen.

(4) Ein sich gemäß den vorstehenden Vereinbarungen ergebender Nachabfindungsanspruch ist zinslos fällig und zahlbar bis zum Ablauf von drei Monaten seit rechtskräftiger Weiterveräußerung.

§ 8 Weitere Gegenleistungen

Eine besondere Pflegeverpflichtung gegenüber den Eltern soll in dieser Urkunde ausdrücklich nicht vereinbart werden, ebenso keine Grabpflegeverpflichtung und/oder Verpflichtung, für eine standesgemäße Beisetzung des Übergebers und seines Ehepartners Sorge zu tragen.

Weitere Gegenleistungen hat der Übernehmer also nicht zu erbringen.

IV. Gegenständlich beschränkter Pflichtteilsverzicht

Im Hinblick auf die wie vorstehend vereinbarte Übertragung verzichtet Frau C geb. A gegenüber dem dies annehmenden A sowie auch gegenüber dem dies annehmenden B auf ihr gesetzliches Pflichtteilsrecht bzw. den gesetzlichen Pflichtteilsergänzungsanspruch am Nachlass des A in der Weise, dass bei einer Berechnung des voraufgeführten Pflichtteilsrechts bzw. Pflichtteilsergänzungsanspruchs das übergebene Landgut, also der wie vorstehend übertragene Grundbesitz und das lebende und tote Inventar und die übertragenen weiteren beweglichen Gegenstände wertmäßig außer Ansatz bleiben d. h., ein Pflichtteils- bzw. Pflichtteilsergänzungsanspruch sich allenfalls auf den betreffenden übrigen Nachlass bezieht bzw. sich aus dem betreffenden übrigen Nachlass des in Betracht kommenden Elternteils errechnet.

---

82 Siehe BGH, Beschluss vom 13.10.2010 – BLw 4/10, ZEV 2011, 89 zu der Frage, welche steuerliche Belastung der Hoferbe vom bereits empfangenen Gewinn aus der Veräußerung abziehen kann: Kein Abzug der fiktiven, sondern nur der tatsächlichen Steuerschuld.

V. Pflichtteilsverzicht der Ehefrau und Verzicht auf Zugewinnausgleichsansprüche der Ehefrau

Frau A geb. D verzichtet in gleicher Weise ihrem dies annehmenden Ehemann A gegenüber auf alle Pflichtteils- und Zugewinnausgleichsansprüche, soweit sie das übergebene Landgut betreffen.

IV. Weitere Vereinbarungen

§ 1 Haftung, Garantien

(1) Die Veräußerung erfolgt entsprechend der derzeitigen Nutzung des Veräußerungsobjekts und ohne Haftung für einen bestimmten Flächeninhalt; maßgebend ist – vorbehaltlich anders lautender Vereinbarungen in dieser Urkunde – die derzeitige Beschaffenheit, die dem Übernehmer bekannt ist und hiermit als vertragsgemäß vereinbart wird.

(2) Ansprüche und Rechte des Übergebers wegen eines Sachmangels des Grund und Bodens und der aufstehenden Gebäulichkeiten sowie der mitübertragenen beweglichen Gegenstände werden hiermit ausgeschlossen.

(3) Der Übergeber haftet insbesondere nicht für das Flächenmass, die Verwendbarkeit des Veräußerungsobjekts für Zwecke des Übernehmers oder für steuerliche Ziele des Übernehmers.

§ 2 Bebauung, Bebaubarkeit

Der Übergeber haftet nicht für die Zulässigkeit einer künftigen Bebaubarkeit.

§ 3 Lasten und Beschränkungen; Baulasten

(1) Alle Eintragungen in Abteilung II des Grundbuchs werden, soweit in diesem Vertrag nicht ausdrücklich etwas anderes gesagt ist, nebst den zugrundeliegenden Verpflichtungen übernommen, ebenso alle im Grundbuch nicht eingetragenen Dienstbarkeiten sowie nachbarrechtliche Beschränkungen, einschließlich etwaiger Baulasten.

Der Übergeber übernimmt keine Haftung dafür, dass der veräußerte Grundbesitz frei wird von bereits entstandenen im Grundbuch eingetragenen oder nicht eingetragenen privat-rechtlichen Belastungen und Beschränkungen oder Zinsen, Steuern und Abgaben.

(2) Der Notar hat auf das Baulastenverzeichnis hingewiesen, das von ihm nicht eingesehen worden ist.

§ 4 Umlegungs-, oder Flurbereinigungsverfahren

Nach übereinstimmender Auffassung der Beteiligten befindet sich der veräußerte Grundbesitz nicht in einem Umlegungs-, Flurbereinigungs- oder einem sonstigen, ähnlichen derartigen Verfahren.

Unabhängig davon, ob und inwieweit ein solches Verfahren besteht, hätte der Übernehmer ggf. in dieses mit allen Rechten und Pflichten einzutreten.

§ 5 Wirtschaftlicher Übergang

Soweit in diesem Vertrag nicht ausdrücklich etwas anderes vereinbart ist, gehen mit dem Zeitpunkt des unter Abschnitt II. Ziff. 6 vereinbarten wirtschaftlichen Übergangs auf den Übernehmer über:

der Besitz und die Nutzungen, die Gefahr und die Lasten,

sowie alle Verpflichtungen aus dem Eigentum, alle Verkehrssicherungspflichten und sämtliche Verpflichtungen aus den den Grundbesitz betreffenden Versicherungen.

§ 6 Miet- und Pachtverhältnisse

Etwaige den veräußerten Grundbesitz betreffenden Miet- oder Pachtverhältnisse werden von dem Übernehmer – gegebenenfalls einschließlich des Rechts auf Kündigung – übernommen, und zwar im Innenverhältnis zum Übergeber bereits mit dem wirtschaftlichen Übergang.

§ 7 Anliegerbeitragspflichten bzw. Lasten nach BauGB und KAG

Erschließungskosten und sonstige Anliegerbeiträge i. S. des § 436 BGB, den veräußerten Grundbesitz betreffend, trägt der Übernehmer, unabhängig von der Entstehung oder der Zustellung eines Beitragsbescheides, soweit solche bisher nicht gezahlt sind, und auch im übrigen, nämlich für künftige Erschließungsmaßnahmen.

§ 8 Kosten, Steuern

Sämtliche mit dieser Urkunde und ihrer Durchführung verbundenen Notar- und Gerichtskosten einschließlich der Kosten und Gebühren der erforderlichen privaten und behördlichen Genehmigungen und Erklärungen trägt der Übernehmer. Eine etwaige Grunderwerb- und Schenkungsteuer trägt B.

VI. Auflassung, Grundbuchanträge

(1) Die Erschienenen sind darüber einig, dass das Eigentum an dem veräußerten Grundbesitz auf den Übernehmer zu Alleineigentum übergeht.

(2) Sie bewilligen und beantragen, in das Grundbuch einzutragen:
a) den Eigentumswechsel,
b) die Löschung aller in Abteilung II und III des Grundbuchs eingetragenen Rechte, insbesondere ...

(3) Der Notar, sein Vertreter im Amt oder sein Amtsnachfolger sind berechtigt, Anträge aus dieser Urkunde auch getrennt und eingeschränkt zu stellen und sie in gleicher Weise zurückzunehmen. Sie sind unter Befreiung von den Beschränkungen des § 181 BGB bevollmächtigt, die hier abgegebenen Erklärungen durch Eigenurkunde gegenüber Gerichten und Behörden zu ändern und zu ergänzen.

(4) Die Beteiligten verzichten auf die Eintragung einer Auflassungsvormerkung zur Sicherung des Anspruchs des Übernehmers auf Eigentumsverschaffung im Grundbuch.

VII. Genehmigungen, Grunderwerbs- und Vorkaufsrechte

(1) Die Beteiligten wurden auf die erforderlichen gerichtlichen, behördlichen und privatrechtlichen Genehmigungen hingewiesen. Vorkaufs- und Grunderwerbsrechte nach dem Baugesetzbuch kommen zu dem vorliegenden Vertrag nicht in Betracht. Erforderlich ist jedoch die Genehmigung nach dem GrdstVG.

(2) Alle erforderlichen Genehmigungen bleiben vorbehalten und soll der Notar – ggf. als Negativattest – herbeiführen.

(3) Wird eine behördliche Genehmigung versagt oder unter einer Auflage oder Bedingung erteilt, so ist der Bescheid den Beteiligten selbst zuzustellen; eine Abschrift wird an den Notar erbeten.

(4) Im übrigen sollen alle Genehmigungen und Erklärungen mit ihrem Eingang beim amtierenden Notar unmittelbar rechtswirksam werden.

(5) Wird eine behördliche Genehmigung versagt oder unter einer Auflage oder Bedingung erteilt, so steht den dadurch belasteten Beteiligten unter Ausschluss des gesetzlichen Rücktrittsrechts nach § 10 Abs. 2 GrdstVG ein Rücktrittsrecht zu innerhalb von vier Wochen nach Zugang der rechtskräftigen Entscheidung der Verwaltungsbehörde.

VIII. Weitere Hinweise

Die Beteiligten wurden auf folgendes hingewiesen:

1. Der Steuerbehörde gegenüber haften Übergeber und Übernehmer für die den Grundbesitz treffenden Steuern und eine Grunderwerbsteuer insoweit als Gesamtschuldner, als die Steuergesetze es vorschreiben; dies gilt auch für die Grundbuch- und Notarkosten.

2. Alle Vertragsvereinbarungen sind beurkundungspflichtig. Sie müssen in dieser Urkunde vollständig und richtig angegeben sein.

Nebenabreden außerhalb dieser Urkunde können zur Unwirksamkeit des gesamten Rechtsgeschäfts führen.

3. Das Eigentum an dem veräußerten Grundbesitz geht erst mit der Eintragung des Eigentumswechsels im Grundbuch auf den Übernehmer über. Vor der Eintragung des Eigentumswechsels müssen alle erforderlichen Genehmigungen und die Unbedenklichkeitsbescheinigung des Finanzamtes vorliegen.

Diese Niederschrift ...

▶ **Muster: ggf. Ergänzung des Abschnitts III durch Wart und Pflegeverpflichtung** 31

§ ... Wart und Pflegeverpflichtung[83]

(1) B verpflichtet sich, mit Wirkung für sich und seine Erben, A und dessen Ehepartner Frau A auf deren Lebensdauer im Vertragsanwesen den Haushalt zu führen sowie sie dort zu pflegen und zu verpflegen, in gesunden und kranken Tagen, so wie es dem Stande, dem Alter und den Gewohnheiten der Eltern entspricht.

(2) Zu dieser Verpflichtung gehören lediglich Arbeitsleistungen und keine finanziellen Aufwendungen, so dass die Eltern etwaige bare Auslagen selbst zu tragen haben. Die Leistungspflichten des Erwerbers umfassen nicht die Leistungen geschulten Personals, im übrigen aber alle Verrichtungen im Ablauf des täglichen Lebens, zu denen die Eltern selbst nicht mehr in der Lage sind, insbesondere bei der Körperpflege, Ernährung, Mobilität und hauswirtschaftlichen Versorgung. Dabei sind persönliche und örtliche Verhältnisse sowie Bedarf und Leistungsfähigkeit zu berücksichtigen.

Ggf: Eingrenzung anhand der Pflegestufen

Ggf.: Die Pflegeverpflichtung besteht nur insoweit, als sie der Erwerber im Rahmen seiner beruflichen Belastung zumutbar persönlich leisten kann.

(3) Die Wart und Pflege durch den Erwerber ruht insoweit, als die Eltern Leistungen aus einer Pflegeversicherung beanspruchen können. Wenn dem Erwerber das Pflegegeld überlassen wird, hat er jedoch die Leistungen, die dem Pflegegeld ihrer Art nach entsprechen, zu erbringen, aber nur im vorstehend vereinbarten Umfang.

(4) Der Erwerber bestellt den Eltern zur Sicherung der vereinbarten wiederkehrenden Leistungen eine entsprechende Reallast am gesamten übergebenen Grundbesitz, mehreren als Gesamtberechtigten nach § 428 BGB.

oder: Nach Belehrung durch den Notar wird auf eine grundbuchliche Sicherstellung der vorstehenden Verpflichtungen verzichtet.

Der Jahreswert der vorstehenden Verpflichtungen wird von den Beteiligten im Kosteninteresse angegeben mit € .

(5) Gesetzliche Unterhaltsansprüche bleiben unberührt. Vertragliche oder gesetzliche Ansprüche des Übergebers gegen den Übernehmer und gegen seine etwaigen anderen Kinder können nach einer Überleitung auch vom Träger der Sozialhilfe geltend gemacht werden.

(Ggf. (6):

Sollten Geschwister des Erwerbers, die gegenüber dem Übergeber auf ihr Pflichtteilsrecht, mindestens aus dieser Übergabe, verzichtet haben, aus der Überleitung oder zur gesetzlichen Unterhaltsleistung herangezogen werden, so hat der Übernehmer diesen Geschwistern die bezahlten Beträge zu erstatten. Der Erwerber kann die Erstattung verweigern, wenn der Erstattungsbetrag ... des Werts des übergebenen Vertragobjekts übersteigt.)

Manchmal ist von den Vertragsbeteiligten auch eine »**Sippebindung**«[84] gewünscht. Das Vermögen 32 soll in der Blutsverwandtschaft bleiben, getreu dem Grundsatz »Gut rinnt wie Blut«. Von Klauseln zur **Weiterleitung des Landguts** ist m. E. eher abzuraten, da nach Jahren, ggf. Jahrzehnten der Bewirtschaftung des Landguts der Beitrag des Übergebers, dessen Zuwendung, in den Hintergrund

---

83 Ausführlich *Krauß*, Vermögensnachfolge, Rn. 1414 ff.
84 *Wöhrmann*, § 5 HöfeO Rn. 5–7; *Jülicher*, ZEV 1998, 201; *Feick*, ZEV 2002, 85; Faßbender, DNotZ 1994, 359, 370; umfassend Faßbender/Hötzel/von Jeinsen/Pikalo/*Faßbender*, § 16 HöfeO Rn. 66 ff.

Kapitel 12 Landwirtschaftliches Erbrecht

tritt und die eigene Arbeitsleistung des Übernehmers höher zu bewerten ist. Fraglich ist, ob eine solche Bestimmung nach dem noch übergangsweise geltenden Erbschaft- und Schenkungsteuerrecht steuerschädlich sein kann, 13a Abs. 3 ErbStG 2009.[85]

33 Gestaltungsergänzung »Sippebindung«[86]: Manchmal wünschen die Beteiligte eine Regelung dahingehend, dass der übergebe Hof/das übergebene Landgut in der Familie gehalten wird; zu diesem Zweck können Weiterleitungsverpflichtungen erwogen werden. Etwa:

34 ▶ **Muster: Sippebindung**

§ ... Sippebindung

(1) Sollte der Übernehmer ohne Hinterlassung leiblicher ehelicher Abkömmlinge versterben, so sind die übertragenen Gegenstände bzw. die an deren Stelle getretenen in dem Zustand, in dem sie sich dann befinden, von seinen Erben kraft hiermit getroffener lebzeitiger Vereinbarung auf den Übergeber A, im Falle seines Erstversterbens auf seine Ehefrau A geb. D und nach beider Tod auf die Tochter C, ersatzweise auf deren Abkömmlinge, zurückzuübertragen. Übernommene und mit Zustimmung der Übergeber dinglich gesicherte Verbindlichkeiten sind zu übernehmen, werterhöhende Aufwendungen nach den Regeln des Bereicherungsrechts zu erstatten und Herauszahlungen auszugleichen. Im Nichteinigungsfalle entscheidet ein von der Landwirtschaftskammer ... bestimmter vereidigter Sachverständiger als Schiedsgutachter.

(2) Einer etwa hinterlassenen Ehefrau ist ein unentgeltliches Nießbrauchsrecht auf Lebenszeit einzuräumen, das im Falle ihrer Wiederheirat vorzeitig endet; dies jedoch nur, wenn sie auf weitergehende Pflichtteils- und Zugewinnausgleichsansprüche verzichtet. Statt dessen kann sie zur nicht befreiten Vorerbin mit der Maßgabe berufen werden, dass der Nacherbfall vorzeitig mit der Wiederheirat eintritt und die Übergeber, ersatzweise dessen Abkömmlinge oder einzelne von ihnen Nacherben werden.

(3) Zur Sicherung dient die den Übergebern zu bestellende Vormerkung, die wir einzutragen bewilligen, die jedoch nur auf besondere schriftliche Veranlassung eines Beteiligten eingetragen werden soll. Auf zusätzliche Vormerkungen für die Abkömmlinge verzichten wir.

35 Gestaltungsergänzung »Gutabstandsgeld:«

Das Gutabstandsgeld nach Abschnitt III § 2 wird auch so formuliert, dass die Beträge ggf. zeitlich gestreckt abgerufen werden können:[87]

36 ▶ **Muster: Gutabstandsgeld**

§ ... Gutabstandsgeld[88]

Der Übergeber A erhält ein Abstandsgeld von € 50 000. Es ist nicht zu verzinsen und darf vom Übernehmer nicht vorzeitig gezahlt werden. Der Übergeber kann das Abstandsgeld mit einer Frist von einem Monat zu jedem Monatsletzten abrufen, nicht jedoch mehr als insgesamt € 5 000 in einem Kalenderjahr. Beim Tode des Übergebers A geht die Forderung auf dessen Ehefrau A geb. D über. Was bis zum Tod des Längerlebenden der Eheleute A vom Abstandsgeld noch nicht abgerufen wurde, ist dem Übernehmer kraft hiermit getroffener Vereinbarung erlassen.

---

85 Aus steuerlicher Sicht: *Jülicher*, DStR 1998, 1977; *Meincke*, Erbschaftsteuer- und Schenkungsteuergesetz: *Meincke*, ErbStG 16. A. 2012, ErbStG, § 7 Rn. 67 ff.: Schenkung mit Vererbungsklausel.
86 Formulierung aus Urkunden meines Amtsvorgängers *Faßbender*; ähnlich auch Kersten/Bühling/*Grundmann*, 22. Aufl., § 36 Rn. 128 M, Abschnitt III Ziff. 4.
87 Vgl. Kersten/Bühling/*Grundmann*, 22. Aufl., § 36 Rn. 128 M.
88 Nach Kersten/Bühling/*Faßbender*, 21. Aufl., § 40 Rn. 94 M und Kersten/Bühling/*Grundmann*, 22. Aufl., § 36 Rn. 128 M.

2. Testament eines Landwirts – Übernahmerecht zum Ertragswert

▶ **Muster: Vermächtnisweise Einräumung eines Übernahmerechts nach § 2049 BGB für einen der gemeinschaftlichen Abkömmlinge bei einem Landgut** 37

[Üblicher Urkundeneingang]

erschien:

Herr Erblasser E,

E ist nach Angabe geboren in ... als der Sohn der Eheleute ...

Der Erschienene wies sich aus durch ...

Der Erschienene, der nach Überzeugung des Notars voll geschäfts- und testierfähig ist, erklärte ein

Testament

errichten zu wollen.

Er versicherte, deutscher Staatsangehörige und an der Errichtung des nachfolgenden Testaments durch frühere Verfügungen von Todes wegen nicht gehindert zu sein. Er bat, von der Hinzuziehung von besonderen Testamentszeugen abzusehen und erklärte sodann zur Niederschrift des Notars mündlich und persönlich was folgt:

§ 1 Widerruf

Vorsorglich widerrufe ich hiermit alle von mir bislang errichteten Verfügungen von Todes wegen. Insbesondere widerrufe ich meine Verfügungen aus dem Erbvertrag vom des Notars ..., UR-Nr. Die Verfügungen des Letztversterbenden waren nach diesem Erbvertrag nicht vertraglich getroffen, sind somit änderbar.

§ 2 Erbeinsetzung

Ich berufe meine Kinder:

Herrn A, Landwirt, Frau B, geborene A, Lehrerin und Herrn C, Bankkaufmann, zu je 1/3 Anteil, ersatzweise deren Abkömmlinge nach den Regeln der gesetzlichen Erbfolge erster Ordnung, zu meinen Erben.

§ 3 Vermächtnisweise Einräumung eines Übernahmerechts

1. Meine landwirtschaftliche Nebenerwerbstelle, eingetragen in den Grundbüchern von ... Blatt ... und Blatt ... ist nicht Hof im Sinne der HöfeO, erfüllt aber die Voraussetzungen eines Landguts im Sinne des BGB.
2. Meinem Sohn A, räume ich im Wege des Vorausvermächtnisses das Recht ein, das vorbezeichnete landwirtschaftliche Anwesen im Ganzen mit allen Aktiven und Passiven zum Ertragswert (§ 2049 BGB) als Alleineigentümer zu übernehmen. Die weichenden Kinder B und C erhalten für die Übernahme des Landguts eine Geldabfindung in Höhe ihres Erbteils an dem übernommenen landwirtschaftlichen Anwesen, welches jedoch mit dem Ertragswert bewertet wird, wenn dieser niedriger als der Verkehrswert ist (§ 2049 BGB).
3. Die Geldabfindung ist zinslos in fünf gleichen Jahresraten in den Nachlass zu zahlen. Die erste Rate wird an dem auf meinen Tod folgenden 30. Dezember fällig, jede weitere Rate ein Jahr später.
4. Eine für die Übernahme des Landguts etwa anfallende Einkommensteuer hat der Übernehmer zu tragen. Eine dingliche Absicherung der Abfindungsforderung im Grundbuch kann nicht verlangt werden.

§ 4 Abfindungsergänzung

Unter den Voraussetzungen und nach Maßgabe des § 13 HöfeO vermache ich den weichenden Erben B und C Abfindungsergänzungsansprüche.

Alternativ:

Ergänzende Regelungen zur Bemessung der Abfindungsergänzungsansprüche gem. § 13 HöfeO entsprechend,[89] ggf. mit Abweichungen bezogen auf § 13 HöfeO.

§ 5 Schlussbestimmungen, Bindung

Der Notar hat mich über die gesetzlichen Erb- und Pflichtteilsrechte belehrt.

Der Notar soll dieses Testament in die amtliche Verwahrung des Amtsgerichts ... [Ort] geben und mir eine Ausfertigung aushändigen.

Die Kosten dieser Urkunde und ihrer amtlichen Verwahrung trägt der Erschienene.

Weitere Verfügungen von Todes wegen will ich jetzt nicht treffen.

Diese Niederschrift ...

C. Höfeordnung

I. Grundlagen

1. Allgemeine Grundprinzipien der Höfeordnung

38 Kennzeichen der Höfeordnung ist die erbrechtliche Sondernachfolge. Gemäß § 4 HöfeO fällt der Hof als Teil der Erbschaft nicht in das Gesamthandseigentum der Miterben, sondern geht kraft Gesetzes im Wege der **Sondererbfolge** sogleich auf den Hoferben über.[90] Sondernachfolge im Sinne des § 4 HöfeO bedeutet dann nicht nur, dass der Hof unter Ausschluss einer Erbauseinandersetzung unmittelbar dem Hoferben anfällt, sie bedeutet auch, dass Hoferbe grds. immer nur eine Person[91] sein kann, mit Ausnahme von Ehegatten. § 1 Absatz 1 HöfeO sieht den **Ehegattenhof** vor, also kann auch ein Ehepaar gemeinsam zu Hoferben berufen werden.

39 Nach der Höfeordnung unterliegen dem Anerbenrecht nur solche Besitzungen, für die § 1 HöfeO bestimmte Voraussetzungen hinsichtlich der Art, der Eigentumsverhältnisse und Größe, sowie des Wertes des Betriebes aufstellt.[92] Die **Hofeigenschaft**[93] entscheidet über die Anwendbarkeit des Höferechts. Die Hofqualität eines Grundbesitzes schließt die Erbfolge nach allgemeinem bürgerlichen Recht aus.[94]

40 Ein Betrieb ist nach § 1 HöfeO nur dann hoffähig, wenn er einen **Wirtschaftswert**[95] von mindestens € 10 000,– aufweist. Ein Wirtschaftswert von € 5 000,– reicht nach § 1 Abs. 1 HöfeO dann, wenn der Eigentümer erklärt, dass die landwirtschaftliche Besitzung Hof sein soll, und wenn der Hofvermerk im Grundbuch eingetragen wird. Insoweit kommt dem Hofvermerk dann **konstitutive** Bedeutung zu.[96]

41 **Der Wirtschaftswert ist ein Ertragswert.** Der Ertrag muss aber überwiegend auf eigener Fläche erwirtschaftet werden, nicht auf zugepachtetem Land. Die Landesgesetze legen in unterschiedlicher

---

89 Siehe Rdn. 26, 28.
90 Sog. höferechtliche Nachlassspaltung.
91 *Wöhrmann*, § 1 HöfeO Rn. 1.
92 Sudhoff/*Stenger*, Unternehmensnachfolge, § 35 Rn. 3.
93 BGH, Beschluss vom 30.10.2014 – BLw 1/14, BeckRS 2014, 23519; BGH, Beschluss vom 23.11.2012 – BLw 12/11, BGH DNotI-Report 2013, 54.
94 Zur Hofzugehörigkeit bei einem aus mehreren Flurstücken bestehenden Grundstücks: BGH, Beschluss vom 26.06.2014 – V ZB 1/12, BeckRS 2014, 15887.
95 BGH, Beschl. v. 15.4.2011 – BLw 9/10, DNotZ 2012, 72 »Maßgeblich für die Beurteilung, ob eine landwirtschaftliche Besitzung ein Hof im Sinne der Höfeordnung ist, ist der von dem Finanzamt ermittelte Wirtschaftswert.«
96 Sog. »Kann-Hof«. Siehe aber BGH, Beschl. v. 29.11.2013 – BLw 4/12, ZEV 2014, 548, zum Wegfall der Hofeigenschaft trotz Hofvermerk, dazu *Graß*, ZEV 2015, 328; *Graß*, AUR 2014, 149.

Art und Weise die Betriebsgröße durch eine bestimmte Mindestfläche fest. Der Wirtschaftswert der land- und forstwirtschaftlichen Besitzung wird allein nach den steuerrechtlichen Bewertungsvorschriften[97] ermittelt. Kurz gefasst ist der **Wirtschaftswert der Einheitswert des Betriebes ohne den Wohnungswert.**[98]

Zum Hof gehören die in § 2 HöfeO geregelten Bestandteile, sowie das Hofeszubehör gemäß § 3 HöfeO.[99] 42

Bestehen Zweifel über die Hofeigenschaft, empfiehlt es sich, ein positives oder negatives **Hoffeststellungsverfahren nach § 11 HöfeVfO** einzuleiten, in welchem die Frage abschließend geklärt wird.[100] 43

Die Höfeordnung ist fakultatives Anerbenrecht. Das hat Auswirkungen auf den Erwerb und den Verlust der Hofeigenschaft. Es muss sich um eine **land- oder forstwirtschaftliche Besitzung**[101] im räumlichen Geltungsbereich der HöfeO handeln, die im Alleineigentum einer natürlichen Person oder im gemeinschaftlichen Eigentum von Ehegatten steht, sofern sie einen Wirtschaftswert von mindestens € 10 000,– hat.[102] Weist der Hof die notwendigen Eigenschaften auf, so ist er Hof, ohne dass es einer Eintragung in das Grundbuch bedarf (sog. »**geborene Höfe**«).[103] Eine landwirtschaftliche Besitzung kann durch Erklärung des Eigentümers Hof im Sinne der Höfeordnung werden, wenn die Voraussetzungen des § 1 Abs. 1 S. 3 HöfeO eingehalten sind. 44

Neben der dem Eigentümer offenstehenden Möglichkeit, seine landwirtschaftliche Besitzung aus dem Geltungsbereich der HöfeO auszunehmen, gibt es gesetzliche Tatbestände, die zum **Verlust der Hofeigenschaft** führen. In § 1 Abs. 3 HöfeO sind mehrere Fallgruppen aufgelistet, deren Eintritt zum **Verlust der Hofeigenschaft** führt. Zusätzlich zu den in § 1 Abs. 1 S. 1 HöfeO genannten Voraussetzungen hat die Rechtsprechung[104] eine weitere Fallgruppe entwickelt, bei deren Vorliegen es zum Verlust der Hofeigenschaft kommt.[105] Der Verlust der Hofeigenschaft tritt auch ein beim Wegfall der landwirtschaftlichen Betriebseinheit. Dabei werden in einer **Gesamtschau** mehrere Aspekte berücksichtigt, um festzustellen, ob es sich noch um eine **Betriebseinheit** handelt.[106] Die grundsätzliche Anerkennung des höferechtlichen Sondererbrechts schützt den Hof nicht um seiner selbst willen. Ein verfassungsrechtlich abgesichertes, öffentliches Interesse kann nur anerkannt werden, wenn das sachliche Substrat für einen leistungsfähigen funktionierenden Betrieb vorhanden ist.[107] Das ist nur dann der Fall, wenn der Betrieb entweder als leistungsfähige Wirtschaftseinheit[108] (fort-)besteht oder »**wiederangespannt**« werden kann, d. h. in absehbarer Zeit wieder zu einer leis- 45

---

97 *Stephany*, AgrarR 2009, 141 ff., siehe auch *Wellmann*, ZErb 2010, 12 ff.
98 *Wöhrmann*, § 1 HöfeO, Rn. 40.
99 DNotI-Gutachten Nr. 72241 zur Hofeszugehörigkeit eines Girokontos.
100 Kersten/Bühling/*Faßbender*, 21. Aufl., § 40 Rn. 412.
101 Der Begriff einer land- oder forstwirtschaftlichen Besitzung wird von der HöfeO nicht definiert, sondern vorausgesetzt. Nach der Terminologie des GrdstVG, welches mit der HöfeO eng verzahnt ist, wird man von folgendem ausgehen dürfen: Landwirtschaft umfasst die Bodenbewirtschaftung und die mit der Bodennutzung verbundene Tierhaltung zur Gewinnung pflanzlicher und tierischer Erzeugnisse, insbesondere den Ackerbau, die Wiesen- und Weidewirtschaft, den Erwerbsgartenbau, den Erwerbsobstbau und den Weinbau, siehe *Wöhrmann*, § 1 Rn. 11 ff. Die Bodennutzung muss die wesentliche Grundlage und nicht nur ein untergeordneter Wirtschaftssektor bei der Produktion landwirtschaftlicher Erzeugnisse sein. Ackerbau oder tierischer Veredelungsproduktion keine Probleme auslöst, jedoch u. U. bei der Pferdehaltung, *Witt*, Das Landwirtschaftsrecht in der notariellen Praxis, DAI-Skript 2008, S. 17.
102 Sog. »Ist-Hof«.
103 *Südel*, S. 52; *Lange/Wulff*, § 1 Rn. 54.
104 BGH AgrarR 1995, 235, 236; BGH AgrarR 2000, 227, 228.
105 *Südel*, S. 54.
106 *Südel*, S. 54.
107 *Herde*, Stand der Rechtsprechung zum landwirtschaftlichen Erbrecht, Grundstücksverkehrsgesetz und Landpachtrecht, Vortrag in Goslar 2006, in: http://www.dgar.de/?Materialien:2006_-_Goslar, abgerufen am 13.2.2010.
108 BGH, Beschluss vom 25.04.2014 – BLw 6/13, DNotZ 2014, 708.

tungsfähigen Wirtschaftseinheit gemacht werden kann. Die durch die Rechtsprechung des BGH[109] auf der Grundlage der gesetzlichen Regelungen aufgestellten und allseits grundsätzlich akzeptierten Grundregeln lassen sich wie folgt zusammenfassen:[110]

46 Eine schützenswerte landwirtschaftliche Besitzung setzt eine **wirtschaftliche Betriebseinheit** voraus. Davon kann nur dann die Rede sein, wenn die Grundstücke, Wohnung, Wirtschaftsgebäude, Maschinen und Einrichtungen sowie sonstiges Zubehör durch den Landwirt zu einer funktionstauglichen Organisationseinheit zusammengefasst sind. Im Streit um den (Fort-)Bestand eines Hofes ist zunächst zu prüfen, ob eine solche Betriebseinheit (noch) besteht oder (schon) aufgelöst ist. Dies soll anhand einer wertenden Gesamtschau von Indizien ermittelt werden. War zu dem relevanten Zeitpunkt (i. d. R. der Erbfall) die **Betriebseinheit aufgelöst**, ist sodann aufzuklären, ob die realistische Möglichkeit der Wiederherstellung eines selbständigen landwirtschaftlichen Betriebs besteht, und dies mit eigenen, aus dem Hof zu erwirtschaftenden finanziellen Mitteln bewerkstelligt werden kann (**Wiederanspannen**).

47 Als geeignete Prüfungsgesichtspunkte, deren Vorhandensein indiziell für eine Auflösung der Betriebseinheit sowie für und gegen die Möglichkeit eines »**Wiederanspannens**«, insgesamt also für oder gegen den (Fort-)Bestand eines Hofes sprechen, sind anerkannt:[111]
– Wegfall einer geeigneten Hofstelle,
– Parzellierte Verpachtung der Ländereien und evtl. der Milchquote (an verschiedene Pächter zu unterschiedlichen Konditionen),
– Veräußerung toten und lebenden Inventars (insbes. bei einer Verwendung des Erlöses zu hofsfremden Zwecken),
– Zweckentfremdung der Wirtschaftsgebäude (Vermietung zu landwirtschaftsfremden Zwecken,
– Schlechter Zustand der Gebäude und des toten Inventars,
– Objektive Wiederherstellbarkeit eines den aktuellen Anforderungen entsprechenden betriebstauglichen Zustandes und der betrieblichen Organisationseinheit aus Erträgen des Hofes,
– Vorhandensein eines Hofnachfolgers,
– Willensrichtung des Hofeigentümers bei Aufgabe der Bewirtschaftung; endgültiger oder (noch) nicht endgültiger Aufgabewille.[112]

48 Es muss eine **geeignete Hofstelle** vorhanden sein. Unter Hofstelle ist die mit Wohn- und Wirtschaftsgebäuden bebaute Grundfläche des Hofes zu verstehen, von der aus die Bewirtschaftung der zum Hof gehörenden Grundstücke durchgeführt wird.[113] Grundbesitz ohne Hofstelle unterliegt nicht dem Höferecht. Die Hofstelle braucht nicht im **räumlichen Zusammenhang** mit dem übrigen landwirtschaftlichen Besitz zu stehen. Sie darf aber auch nicht so weit weg von den Grundstücken liegen, dass eine Bewirtschaftung von ihr aus nicht möglich ist.[114] Eine **gepachtete Hofstelle** ersetzt die eigene nicht. Der vorübergehende Wegfall der Hofstelle steht der Hofeigenschaft weder entgegen noch hebt der Wegfall die Hofeigenschaft auf.[115] Ein schlechter baulicher Zustand steht der Geeignetheit der Hofstelle grundsätzlich nicht entgegen. Erst dann, wenn die Wohn- oder Wirtschaftsgebäude so verfallen sind, dass eine **Wiederherstellung mit Mitteln des Hofes in absehbarer Zeit unmöglich** ist, kann möglicherweise vom Vorhandensein einer Hofstelle nicht mehr gesprochen werden.[116]

---

109 BGH AgrarR 1995, 235, 236 f.; 2000, 227, 228.
110 *Herde*, a. a. O. (Fn. 99); BGH AgrarR 1995, 235, 236 f.; 2000, 227, 228.
111 OLG Celle RdL 2005, 179, 180; OLG Hamm RdL 2004, 27 und AUR 2006, 243; OLG Oldenburg AUR 2006, 143, 144. Über diese allgemein anerkannten Vorgaben hinaus ist einiges unklar und/oder streitig. *Herde*, a. a. O. (Fn. 99).
112 Zusammenfassung nach *Herde*, a. a. O. (Fn. 99).
113 Vgl. BGH vom 26.11.1952 – V BLw 45/52, NJW 1953, 342–343; *Lange/Wulff*, § 1 Rn. 10.
114 *Lange/Wulff*, § 1 Rn. 11 und *Rinck*, AgrarR 1998, 179.
115 OLG Hamm AgrarR 1999, 311.
116 BGH RdL 53, 109; *Lange/Wulff*, § 1 Rn. 12.

Erforderliche Eigentumsverhältnisse: Die landwirtschaftliche Besitzung muss sich im Alleineigentum einer natürlichen Person, im gemeinsamen Eigentum von Ehegatten befinden oder zum Gesamtgut einer fortgesetzten Gütergemeinschaft gehören (§ 1 Abs. 1 HöfeO). Eine juristische Person, eine Gesellschaft bürgerlichen Rechts oder eine Personengesellschaft des Handelsrechts kann nicht Eigentümer eines Hofes sein.[117] Auf einen landwirtschaftlichen Betrieb, der sich im Eigentum mehrerer Personen befindet, die nicht miteinander verheiratet sind, findet die Höfeordnung keine Anwendung. Es gibt auch keinen »**Vater/Sohn-Hof**«.[118]

§ 1 HöfeO verlangt das Alleineigentum einer natürlichen Person. **Alleineigentum** ist dabei das Eigentum nach Maßgabe der Regelungen des bürgerlichen Sachenrechts.[119] »Wirtschaftliches Eigentum« genügt nicht.[120]

Vorerbschaftseigentum[121] dagegen genügt als Grundlage für einen Hof.[122] *Steffen*[123] und *Dressler* raten jedoch m.E zu Recht von der (Hof)Vor- und (Hof)Nacherbfolge grundsätzlich ab. Die geschlossene Vererbung ist bei einem Hof, der teils Volleigentum, teils Vorerbschaftseigentum ist, ausgeschlossen, wenn der Nacherbe und der gesetzliche Hoferbe, der für das Volleigentum in Frage kommt, verschiedene Personen sind.[124]

Eine landwirtschaftliche Besitzung ist **Ehegattenhof**, wenn sie im gemeinschaftlichen Eigentum zu Bruchteilen oder zur gesamten Hand von Ehegatten steht (§ 1 Abs. 1 HöfeO) oder wenn beide Ehegatten erklären, dass die Besitzung Ehegattenhof sein soll und (konstitutiv) der Ehegattenhofvermerk im Grundbuch eingetragen wird (**Ehegattenhof kraft Hofeinführungserklärung**).[125]

Bewertung: Ob die Voraussetzungen und Begrifflichkeiten der HöfeO angesichts der tatsächlichen Situation in der Landwirtschaft noch zeitgemäß sind, kann kritisch hinterfragt werden. In der Praxis gibt es diverse Verbindungen von landwirtschaftlichen mit nichtlandwirtschaftlichen Betrieben (»Ferien auf dem Bauernhof«, Biogasanlagen, Schlachterei, Lebensmittelverkauf u.dgl.).[126] Angesichts des Strukturwandels in der Landwirtschaft muss jeder Betriebsinhaber permanent und insbesondere vor einer Betriebsübergabe erwägen, ob sein Betrieb überhaupt noch lebensfähig ist oder ob andere (wirtschaftliche, steuerliche und rechtliche) Rahmenbedingungen geschaffen werden müssen. Ggf.

---

117 Faßbender/Hötzel/v. Jeinsen/Pikalo/*Faßbender*, § 1 Rn. 68.
118 *Lange/Wulff*, § 1 Rn. 31; dort auch zu anderen Sonderfällen wie Reichsheimstätten, und Familienstiftungen; »Alles-oder-Nichts-Prinzip« der HöfeO; Faßbender/Hötzel/v. Jeinsen/Pikalo/*Faßbender*, § 1 Rn. 2.
119 *Wöhrmann*, § 1, Rn. 58.
120 *Lange/Wulff*, § 1, Rn. 31; BGH RdL 51, 244.
121 BGH, Beschluss vom 23.11.2012 – BLw 12/11, DNotI-Report 2013, 54.
122 Ausführlich dazu *Dressler*, AgrarR 2001, 265 ff.: Die HöfeO schließt nur solche BGB-Vorschriften aus ihrem Anwendungsbereich aus, die ausschließlich auf eine *Mehrheit* von Erben zugeschnitten sind.; BGH vom 09.07.1956 – V BLw 16/56, NJW 1956, 1516; BGH vom 25.04.1961 – V BLw 1/60, NJW 1961, 1674; *Lange/Wulff*, HöfeO, § 1 Rn. 34.
123 *Steffen*, RdL 1998, 197, und *Dressler*, AgrarR 2001, 265, 285 warnen jedoch eindrücklich vor der Anordnung der Vor- und Nacherbfolge im Höferecht. Es gibt eine Fülle von Rechtsprechung und Literatur zur höferechtlichen Vor- und Nacherbfolge. Die Probleme haben nicht zuletzt ihre tiefere Ursache (so *Dressler*, a. a. O.) im zeitlichen Auseinanderklaffen von Vor- und Nacherbfolge. Die Sondermerkmale (Stichwort: Hofeigenschaft und Wirtschaftsfähigkeit) können bei einem oder beiden »Teil-Erbfällen« fehlen. Siehe aber jetzt BGH Beschluss vom 23.11.2012 – BLw 12/11, DNotI-Report 2013, 54, zur Vererbung eines Hofes nach dem Sondererbrecht der Höfeordnung trotz Wegfalls der Hofeigenschaft vor Eintritt des Nacherbfalls. Zu dieser Entscheidung *Graß*, ZEV 2013, 375; *dies.* ZEV 2015, 328.
124 Vgl. BGH vom 10.07.1975 – V BLw 25/74, DNotZ 76, 119; Faßbender/Hötzel/v. Jeinsen/Pikalo/*Faßbender*, § 1 Rn. 63, 188; *Lange/Wulff*, § 1 Rn. 35.
125 Siehe DNotI-Gutachten Nr. 12155 zur Begründung eines Ehegattenhofes kraft Gesetzes bzw. durch positive Ehegattenhoferklärung.
126 *Wöhrmann*, § 1 HöfeO Rn. 20 ff. zu betrieblichen Mischformen und deren rechtlicher Behandlung.

Kapitel 12 Landwirtschaftliches Erbrecht

müssen breitere Ertragsquellen erschlossen werden. Vielleicht muss die Herausnahme des Betriebes aus der HöfeO erwogen werden, um differenziertere Gestaltungsmöglichkeiten zu erlangen (u. U. Gesellschaftsgründung). Ggf. kann auch eine sog. »**gleitende oder fließende**[127] **Hofübergabe**«[128] erwogen werden. U. U. kann eine solche vorbereitet werden.

2. Die Hoferklärung

a) Grundlagen

54 § 1 Abs. 4 HöfeO regelt, dass eine Besitzung die Hofeigenschaft auch dann verliert, wenn der Eigentümer erklärt, dass sie kein Hof mehr sein soll **und** wenn der Hofvermerk im Grundbuch gelöscht wird.[129] Die Besitzung wird, wenn sie die Voraussetzungen des § 1 Abs. 1 HöfeO erfüllt, wieder Hof, wenn der Eigentümer erklärt, dass sie Hof sein soll, und wenn der Hofvermerk im Grundbuch eingetragen wird.

55 Somit kann der Eigentümer die Hofeigenschaft aufheben und sie durch Hoferklärung und anschließende Eintragung des Hofvermerks im Grundbuch auch wieder einführen, ggf. auch mehrmals nacheinander, wenn die Voraussetzungen (entsprechender Wirtschaftswert) vorliegen (»Hoferklärung«).[130]

56 **Die Hoferklärung ist ein wichtiges Gestaltungsmittel des fakultativen Höferechts!**

57 Die Hoferklärung, und zwar sowohl die Hofeinführungserklärung, als auch die Hofaufgabeerklärung, ist jeweils **gegenüber dem Landwirtschaftsgericht** abzugeben, § 4 Abs. 1 HöfeVfO. Örtlich zuständig ist nach § 10 LwVG[131] das Amtsgericht, in dessen Bezirk die Hofstelle liegt. Sie bedarf nach § 4 Abs. 2 HöfeVfO[132] der öffentlichen Beglaubigung. Die Löschung des Hofvermerks[133] im Grundbuch wirkt gemäß § 1 Abs. 7 HöfeO auf den Zeitpunkt des Eingangs der Hoferklärung beim Landwirtschaftsgericht zurück. Was die Abwicklung angeht, besteht daher **besondere Eilbedürftigkeit**. Wenn der Eigentümer zwischen der Abgabe der Erklärung und ihrem Eingang beim Gericht verstirbt, wird sie nur wirksam, sofern sie ordnungsgemäß und **alsbald** weitergeleitet worden ist.[134]

---

127 Dombert/Witt/*von Garmissen* MAH Agrarrecht § 11 Rdnr. 193 ff. KöFBGrundstücksR/*Fackelmann* Kap. 6 Rdn. 242, 243.
128 Unter gleitender Hofübergabe versteht man mehrere Stufen der zunehmenden Verdichtung der Verhältnisse, beginnend mit der Beschäftigung des potentiellen Hofübernehmers auf Basis eines Arbeitsvertrages, der Verpachtung des Betriebes an den Hofübernehmer, der Wirtschaftsüberlassung der Gesellschaftsgründung mit dem Hofübernehmer und als letzte Stufe den Hofüberlassungsvertrag. Die Stufen müssen dabei nicht aufeinander folgen. Es kann sicherlich auch die ein oder andere Stufe übersprungen werden, ob eine Verpachtung oder eine Gesellschaftsgründung vorzugswürdig wäre, hängt ganz von der individuellen Situation ab. Ggf. kann auch sofort die direkte Hofüberlassung erwogen werden. Siehe zur Wirtschaftsüberlassung auch *Landsittel*, ZErb 2007, 180, 188; BMF-Schreiben vom 16.9.2004, BStBl. I 2004, S. 922. Tz. 10.
129 Zur Hofaufgabeerklärung durch Testamentsvollstrecker DNotI-Gutachten Nr. 57928.
130 Nach der Rechtsprechung des BGH (BGH v. 28. November 2008-BLw 11/08, DNotZ 2009, 395) ist sogar die zeitlich beschränkte Aufgabe der Hofeigenschaft zulässig. Danach erlaubt es das fakultative Höferecht von vorneherein eine zeitlich beschränkte Hofaufgabe zu dem Zweck zu erklären, die Schwierigkeiten bei der Hofübergabe zu vermeiden, die sich aus der Anwendung der höferechtlichen Vorschriften ergeben.
131 Abgedruckt bei *Lange/Wulff*, III. Teil, Nr. 11.
132 Verfahrensordnung für Höfesachen abgedruckt bei *Lange/Wulff*, III. Teil, B. 11.
133 Zur Eintragung eines Hofaufgabevermerks im Grundbuch zuletzt OLG Köln vom 23.2.2009 – 23 WLw 12/08, mAnm Roemer in RNotZ 2009, 323.
134 Faßbender/Hötzel/v. Jeinsen/Pikalo/*Faßbender*, § 1 Rn. 101.

58 Nach der h. M. handelt es sich bei der Hoferklärung um eine Verfahrenshandlung mit erbrechtlichen Wirkungen,[135] eine »höferechtliche Gestaltungserklärung«. Die höferechtliche Lage ändert sich erst mit der Eintragung oder Löschung des Hofvermerks im Grundbuch, welche aber auf den Zeitpunkt des Eingangs der Erklärung beim Landwirtschaftsgerichts zurückwirken.[136] Die Hoferklärung als Verfahrenshandlung führt nach der Rechtsprechung zur Eintragung oder Löschung, **ohne dass zu prüfen wäre, ob der Erblasser erbrechtlich gebunden** ist.[137] Testierfähigkeit muss jedoch vorhanden sein, §§ 12 Abs. 6, S. 5 HöfeO in Verbindung mit 2229 Abs. 1 BGB.

59 **Wichtig:** Wird die Hoferklärung notariell beurkundet, so muss dem Landwirtschaftsgericht eine Ausfertigung der Hoferklärung eingereicht werden. Die Einreichung einer lediglich beglaubigten Abschrift der Hoferklärung genügt nicht; die Hoferklärung wäre unwirksam, und zwar selbst dann, wenn aufgrund der Hoferklärung die entsprechende Eintragung oder Löschung des Hofvermerks im Grundbuch eingetragen würde (Haftungsrisiko!). Im Falle der Beglaubigung erhält das Landwirtschaftsgericht das Original.

60 **Dauerwirkung der Hoferklärung:** Die Hofaufgabeerklärung wirkt nicht lediglich für die Lebensdauer desjenigen, der diese Hofaufgabeerklärung abgegeben hat.[138] Sie wirkt nach der Rechtsprechung[139] vielmehr für alle Rechtsnachfolger, die das Eigentum am Hof im Wege eines (auch vorweggenommenen) Erbganges erworben haben, wobei es auf die konkrete Ausgestaltung des Erwerbsvorganges (vorweggenommene Erbfolge, Schenkung von Todes wegen nicht anerkannt. Bei einem Erwerb aufgrund Verfügung von Todes wegen, vorweggenommener Erbfolge oder Erbauseinandersetzung bleibt daher der durch Hofaufgabeerklärung des Rechtsvorgängers eingetretene Verlust der Hofeigenschaft bestehen, ebenso wie bei einem entsprechenden Erwerb die durch Hofeinführungserklärung des Rechtsvorgängers eingetretene Hofeigenschaft bestehen bleibt, es sei denn, der Erwerber des Hofes gibt eine entgegengesetzte Hoferklärung ab, wenn er die höferechtliche Lage nicht stillschweigend hinnehmen will.[140]

61 Bei einem Erwerb des Hofes durch ein **Verkehrsgeschäft unter Lebenden** wird hingegen die Dauerwirkung[141] überwiegend verneint.[142]

---

135 *Wöhrmann*, § 1 Rn. 91 mit Hinweisen auf die höchstrichterliche Rechtsprechung; kritisch dazu insbesondere *Faßbender*, DNotZ 1979, 564, der die Hoferklärung für erbrechtlich relevant ansieht und als Rechtswahlerklärung betrachtet, da der Erblasser mit der Hoferklärung das Erbstatut bestimme. Ungewöhnlich (so *Dressler*, a. a. O., FN 82) ist die Entscheidung des OLG Celle, RdL 1999, 100, wonach die Aufrechterhaltung einer Hoferklärung als formlose (?) gewillkürte Erbeinsetzung gesehen werden könne, ablehnend dazu *Steffen*, RdL 1999, 229, und *Winkler*, AgrarR 2000, 252.
136 *Wöhrmann*, § 1 Rn. 92.
137 BGH Beschluß vom 14.05.1987 – BLw 2/87, DNotZ 1988, 37; BGH DNotZ 1979, 564 mit krit. Anm. *Faßbender*. Zur Frage der negativen Hoferklärung eines gebundenen Erblassers ausführlich: *Wöhrmann*, § 1 Rn. 91 und § 7 Rn. 54–64. Aus neuerer Zeit *Gehse*, RNotZ 2008, 218. Instruktiv auch DNotI-Gutachten Nr. 79676: »Genehmigung eines Hofübergabevertrages durch das Landwirtschaftsgericht bei widersprechender erbrechtlicher Bindung des Hofeigentümers; Entfallen der Bindung bei fehlender Wirtschaftsfähigkeit; Abgabe einer negativen Hoferklärung durch den erbrechtlich gebundenen Hofeigentümer«.
138 Früher streitig: siehe *Wöhrmann*, § 1 Rn. 93 mwN.
139 BGH vom 05.06.1992 – BLw 10/91, MittRhNotK 1992, 242.
140 *Wöhrmann*, § 1 Rn. 93.
141 *Wöhrmann*, § 1 HöfeO Rn. 93, BGH vom 05.06.1992 – BLw 10/91, MittRhNotK 1992, 242, ablehnend *Faßbender*, AgrarR 1993, 10. Meines Erachtens sollten beim Hofnachfolger die Hof-Erklärungen vorsorglich wiederholt werden, um den sichersten Weg zu gehen. Dies gilt insbesondere bei einem Erwerb des Hofes durch Rechtsgeschäft unter Lebenden, bei der eine Dauerwirkung in der Praxis wohl überwiegend verneint wird, vgl. *Schrimpf*, AgrarR 1984, 1986. Daraus folgt, dass in jedem Fall der Gesamt- oder Einzelrechtsnachfolger eines Hofes der Erwerber/Erbe Stellung nehmen sollte zu dem Verbleib des Hofes in der Höfeordnung.
142 *Wöhrmann*, § 1 HöfeO Rn. 93, *Schrimpf*, AgrarR 1984, 86.

62 In der Gestaltung die Frage des (Fort)Bestandes der Hoferklärung bzw. der höferechtlichen Situation klarstellend regeln!

63 Ob der **Hofvorerbe die Hofeigenschaft aufheben** kann, ist streitig.[143] Nach dem BGH[144] steht das Recht zur Aufhebung der Hofeigenschaft auch dem Hofvorerben zu, der hiervor jedoch der Zustimmung sämtlicher Nacherben bedarf.[145] Steht die Nacherbfolge noch nicht abschließend fest, so soll es ausreichen, dass sämtliche Personen, die als Nacherben in Betracht kämen, die Hoferklärung abgeben.[146]

64 Eine sog. **partielle Hoferklärung** ist von der Rechtsprechung nicht zugelassen.[147] Die Hoferklärung kann sich immer nur auf die gesamte landwirtschaftliche Besitzung beziehen. Es ist nicht zulässig, von der Hoferklärung einzelne Grundstücke auszunehmen. Will ein Hofeigentümer einzelne Grundstücke »entwidmen«, muss er das Grundstück durch tatsächliche Maßnahmen auf Dauer aus der Wirtschaftseinheit des Hofes herausnehmen.[148] Die genehmigungsfreie Abschreibung eines Grundstücks vom Hofgrundbuch auf ein neues Grundbuch (ohne Hofvermerk) ist möglich, es muss jedoch auch die Bewirtschaftung von der Hofstelle aus erkennbar eingestellt werden.[149] Hinsichtlich dieser Grundstücke besteht dann keine nach der HöfeO mehr schutzwürdige Einheit.[150] Auf diese Voraussetzungen und die Rechtsfolgen sollte der **Notar hinweisen**.[151] Diese Rechtsprechung wird angesichts ihres »Alles-oder-Nichts-Prinzips« kritisiert.[152] Man könnte auch erwägen, ob sie mit dem (fakultativen!) Höferecht kollidiert.

65 **Zeitlich befristete** Hofaufgabeerklärungensind, wie vorstehend zitiert, nach der neuen BGH-Rechtsprechung, ausdrücklich zugelassen.[153] Eine unzulässige Umgehung des Höferechts liegt nicht einmal dann vor, wenn sich der Übernehmer in dem Übergabevertrag verpflichtet hat, die vom Über-

---

143 *Wöhrmann*, § 1 HöfeO Rn. 99 ff.
144 BGH vom 16.4.2004 – BLw 27/03, ZEV 2004, 335, 336. In Weiterführung dieser Rechtsprechung hat das OLG Hamm mit Beschluss vom 27.9.2011, I-10 W 46/11 (BeckRS 2012, 23891) entschieden, dass der Vorerbe ohne die Zustimmung des Nacherben die negative Hoferklärung abgeben kann, wenn der landwirtschaftliche Betrieb im Zeitpunkt des Erbfalls kein Hof i. S. der HöfeO war, sondern erst nach Eintritt des Erbfalls die Hofeigenschaft erlangte. Die hiergegen gerichtete Rechtsbeschwerde hat der BGH mit Beschluss vom 11.10.2012, BLw 14/11 (BeckRS 2012, 23854) als unzulässig verworfen); *Graß*: Die Entwicklung der landwirtschaftlichen Vermögensnachfolge in den Jahren 2011 und 2012, ZEV 2013, 375; *Gehse*, RNotZ 2008, 339.
145 Anderer Ansicht: OLG Celle RdL 1987, 326, 327; *Faßbender*, AgrarR 1992, 190, 191; *Dressler*, AgrarR 2001, 265, 271.
146 BGH, Beschluß vom 6.11.1997 – BLw 31–97, ZEV 1998, 148 mit Anmerkung *Faßbender*; BGH vom 16.4.2004 – BLw 27/03, ZEV 2004, 335, 336. Faßbender/Hötzel/v. Jeinsen/Pikalo/*Faßbender*, § 1 Rn. 62; *Lange/Wulff*, § 1 Rn. 34, 107; *Dressler*, a. a. O., S. 265, 271; *Wöhrmann*, § 1 HöfeO Rn. 94. Die Rechtsprechung des BGH bejaht nunmehr die Möglichkeit des Vorerben, mit Zustimmung aller Personen, die als Nacherben in Betracht kommen, eine negative Hoferklärung abzugeben, so BGH vom 16. April 2004 – BLw 27/03, RdL 2004, 193 = ZEV 2004, 335; dazu *Bremer*, Auswirkungen der Löschung des Hofvermerks auf die bestehende Vor- und Nacherbschaft, RdL 2006, 169 ff. nach dem BGH genügt es im Falle der Vor- und Nacherbschaft für einen Antrag auf Ersuchen um Löschung des Hofvermerks nach § 3 Abs. 1 Nr. 2 HöfeVfO, wenn nur bestimmte Personen als Nacherben in Betracht kommen und diese alle, wie auch der Vorerbe, die Hofaufgabeerklärung abgegeben haben. Der BGH hat sich jedoch nicht zum Fortbestand der Vor- und Nacherbschaft als solche geäußert. Dem Praktiker ist anzuraten, bei der Aufnahme einer Hofaufgabeerklärung durch Vor- und ggf. wirtschaftsfähige Hofnacherben in Betracht kommende Nacherben höchste Vorsicht walten zu lassen.
147 *Wöhrmann*, § 2 HöfeO, Rn. 16; § 1 Rn. 166; BGH vom 22.12.1988 – BLw 6/88, DNotZ 1989, 445.
148 *Wöhrmann*, § 2 HöfeO, Rn. 16.
149 *Wöhrmann*, § 2 HöfeO, Rn. 16; BGH AgrarR 1989, 219.
150 *Wenzel*, AgrarR 1999, 37, 39.
151 *Wöhrmann*, § 1 HöfeO, Rn. 166.
152 *Wöhrmann*, § 1 HöfeO, Rn. 166.
153 BGH – BLw 11/08 vom 28. November 2008 –, DNotZ 2009, 395.

geber vor Übergabe durch Hofaufgabeerklärung beendigte Hofeigenschaft nach Vollzug des Übergabevertrages wiedereinzuführen.[154]

Häufig ist unklar, ob eine landwirtschaftliche Besitzung Hof ist, oder nicht. In diesem Fall kann eine **vorsorgliche Hofaufgabeerklärung**[155] helfen. Diese muss nach der neueren Rechtsprechung[156] im Grundbuch eingetragen werden; ferner muss das Landwirtschaftsgericht Höfeakten anlegen. Die Beifügung der Aufgabeerklärung zu den Grundakten genügt dagegen nicht.

Was die Gebühren bei Gericht und Notar anbelangt, erfolgt die Eintragung der Hoferklärung gerichtsgebührenfrei nach § 18 HöfeVfO. Für die notariellen Gebühren (Beglaubigung) kommt nach einer Ansicht nach §§ 19 HöfeVfO iVm 36 GNotKG der Regelwert von 5.000 € in Betracht. Nach anderer Auffassung handelt es sich um eine testamentsähnliche Erklärung gemäß § 97 GNotKG, für die der volle Wert gemäß § 36 GNotKG zugrundezulegen ist.

b) Gestaltung

Die Hofeinführungserklärung und die Hofaufgabeerklärung (siehe §§ 1 Abs. 1 S. 3, Abs. 2, Abs. 4, und Abs. 5) ist jeweils gegenüber dem Landwirtschaftsgericht abzugeben, § 4 Abs. 1 HöfeVfO. Örtlich zuständig ist nach § 10 LwVG[157] das Amtsgericht, in dessen Bezirk die Hofstelle liegt. Sie bedarf nach § 4 Abs. 2 HöfeVfO[158] der öffentlichen Beglaubigung.

▶ **Muster: Hofaufhebung**

Amtsgericht – Landwirtschaftsgericht –

Hofaufhebung

Ich bin Eigentümer der landwirtschaftlichen Besitzung mit Hofstelle in ..., eingetragen in den Grundbüchern von ... Blatt ... Sie ist derzeit Hof im Sinne der Höfeordnung.

Ich bestimme, dass diese Besitzung fortan nicht mehr die Eigenschaft eines Hofes im Sinne der Höfeordnung haben soll, und beantrage, den Hofvermerk zu löschen. An der Abgabe dieser Erklärung bin ich durch höfe- oder erbrechtliche Gründe nicht gehindert.

Der Wirtschaftswert des Betriebes beträgt ..., der zuletzt vom Finanzamt ... am ... festgestellte Einheitswert des Betriebes der Land- und Forstwirtschaft ...

Über die Bedeutung, insbesondere die erbrechtlichen Auswirkungen der Hofaufhebung, hat mich der Notar belehrt.

Der beglaubigende Notar ist berechtigt, die Erklärungen dieser Anmeldung zum Zwecke des Vollzugs zu ändern und zu ergänzen.

Ort, Datum, Beglaubigungsvermerk

...

▶ **Muster: Hofeinführung**

Amtsgericht – Landwirtschaftsgericht –

Hofeinführung

Ich bin Eigentümer der landwirtschaftlichen Besitzung mit Hofstelle in ..., eingetragen in den Grundbüchern von ... Blatt ... Sie ist derzeit Hof im Sinne der Höfeordnung.

---

154 BGH – BLw 11/08 vom 28. November 2008 –, DNotZ 2009, 395.
155 *Steffen*, RdL 1974, 85 ff., 86; *Faßbender*, DNotZ 1982, 736, 737; *Lange/Wulff*, § 1 HöfeO Rn. 56.
156 OLG Köln vom 10.2.2009 – 23 WLw 12/08, RNotZ 2009, 323 ff. mit Anm. *Roemer*.
157 Abgedruckt bei *Lange/Wulff*, III. Teil, Nr. 11.
158 Verfahrensordnung für Höfesachen abgedruckt bei *Lange/Wulff*, III. Teil, B. 11.

Ich bestimme, dass diese Besitzung fortan die Eigenschaft eines Hofes im Sinne der Höfeordnung haben soll, und beantrage, einen Hofvermerk einzutragen.

Über die Bedeutung, insbesondere die erbrechtlichen Auswirkungen der Hofeinführung, hat mich der Notar belehrt.

Der Wirtschaftswert des Betriebes beträgt . . ., der zuletzt vom Finanzamt . . . am . . . festgestellte Einheitswert des Betriebes der Land- und Forstwirtschaft . . .

Der beglaubigende Notar ist berechtigt, die Erklärungen dieser Anmeldung zum Zwecke des Vollzugs zu ändern und zu ergänzen.

Ort, Datum, Beglaubigungsvermerk

71 ▶ **Muster: Ehegattenhofaufhebung**

Wir sind Eigentümer der landwirtschaftlichen Besitzung mit Hofstelle in, eingetragen in den Grundbüchern von . . . Blatt . . . Sie ist derzeit nicht Hof im Sinne der Höfeordnung. Wir bestimmen, dass diese Besitzung fortan die Eigenschaft eines Ehegattenhofes im Sinne der Höfeordnung haben soll. u. s. w. . . .

3. Die Vererbung des Hofes

a) Spezialsukzession

72   Ein Hof im Sinne der HöfeO kann nur einem[159] Erben (dem Hoferben) zufallen, § 4 HöfeO.[160] Bei § 4 HöfeO handelt sich um das Kernstück[161] der HöfeO, welcher die drei Wesensmerkmale[162] des **höferechtlichen Sondererbrechts**[163] herausstellt.

73   Diese Spezialsukzession weicht vom Grundsatz der Universalsukzession laut BGB ab.[164] Der Hof wird vom übrigen Nachlass »abgespalten« und direkt dem Hoferben vererbt.[165] Ergebnis der **höferechtlichen Nachlassspaltung** ist somit, dass auf den Hof und das sonstige hofzugehörige Vermögen (§§ 2, 3 HöfeO) die Vorschriften des Höferechts, auf das **hoffreie Vermögen** hingegen die Vorschriften des allgemeinen Erbrechts Anwendung finden.[166]

---

159 »Der Bauer hat nur ein Kind«; sieht man von dem »Sonderfall« ab, dass Ehegatten gemeinsam zu Hoferben berufen werden können.
160 *Lange/Wulff*, § 4 Rn. 1.
161 Faßbender/Hötzel/v. Jeinsen/Pikalo/*von Jeinsen*, § 4 Rn. 1.
162 Faßbender/Hötzel/v. Jeinsen/Pikalo/*von Jeinsen*, § 4 Rd. 11: Erstens: nur ein (gesetzlicher oder gewillkürter) Erbe. Zweitens: Anfall an den Hoferben kraft Gesetzes. Drittens: Beschränkung der Abfindung der weichenden Erben.
163 Zur EuErbVO: *Dörner*: Der Entwurf einer europäischen Verordnung zum Internationalen Erb- und Erbverfahrensrecht – Überblick und ausgewählte Probleme, ZEV 2010, 221 Fn. 27 zu Art. 22 EU-ErbVO (»Besondere Regelungen über die Rechtsnachfolge von Todes wegen«), der bestimmte Sondererbfolgen aus dem Anwendungsbereich der VO herausnimmt und dem Belegenheitsrecht unterstellt, zB das Höferecht.
164 MüKoBGB/*Leipold*, § 1950 Rn. 9 zu der Frage, ob der Hoferbe den Hof annehmen kann, die übrige Erbschaft aber ausschlagen kann.
165 H.M.: sog. höferechtliche Nachlassspaltung; *Wöhrmann/Stöcker*, § 4, Rn. 6 ff.; MüKoBGB/*Leipold*, § 1922 Rn. 107; MüKoBGB/*Leipold*, Einleitung vor § 1922 Rn. 108 ff. Nach Faßbender/Hötzel/v. Jeinsen/Pikalo/v. Jeinsen, § 4 Rn. 5 m. w. N. bleibt es trotz § 4 HöfeO beim Grundsatz der Universalsukzession aller Miterben in den gesamten Nachlass, jedoch erfolgt automatisch und kraft Gesetzes eine Auseinandersetzung dahingehend, dass der Hoferbe – ähnlich einer sich sofort vollziehenden gesetzlichen Teilungsanordnung – den Hof zu Alleineigentum erhält, ohne dass die Miterben (weichende Erben) auch nur eine juristische Sekunde Miteigentümer des Hofes werden.; siehe auch *Lange/Wulff*, § 4 Rn. 8; *Bendel*, AgrarR 1976, 121.
166 MüKoBGB/*Leipold*, § 1922 Rn. 68; *Wöhrmann*, § 4 HöfeO Rn. 7; *Söbbeke*, ZEV 2006, 395, 396.

Für die Gestaltung sollte in letztwilligen Verfügungen immer unterschieden werden zwischen dem 74
hofgebundenen Vermögen und dem hoffreien Vermögen!

Im übrigen sind für das hofgebundene Vermögen grundsätzlich sämtliche Gestaltungsinstrumente 75
des allgemeinen Erbrechts anwendbar.[167]

b) Ausschlagung; Erbverzicht

Der Hoferbe kann den Anfall des Hofes gem. § 11 HöfeO **ausschlagen**, ohne die Erbschaft in das 76
übrige Vermögen ausschlagen zu müssen.[168] Die umgekehrte Konstellation (Ausschlagung der übrigen Erbschaft und Annahme des Hofes) ist jedoch streitig. Rechtsprechung dazu ist nicht ersichtlich.
Nach überzeugender Meinung[169] soll der Hoferbe jenseits des Wortlauts des § 11 **HöfeO** den Anfall
des Hofes annehmen und die übrige Erbschaft ausschlagen können. Nach anderer Meinung soll der
Hoferbe den Hofanfall stets nur ausschlagen können, wenn er die Erbschaft in das hoffreie Vermögen
annimmt.[170]

Anders als nach dem BGB, bei dem ein gegenständlich beschränkter **Erbverzicht** nicht statthaft ist, 77
kann ein Erbverzicht wahlweise auf den Hof oder das hoffreie Vermögen bezogen werden.[171]

c) Wirtschaftsfähigkeit des Hoferben[172]

Hoferbe – gesetzlicher oder letztwillig bestimmter – kann grds. nicht werden, wer nicht **wirtschafts-** 78
fähig ist (§ 6 Abs. 6 und § 7 Abs. 1 S. 2 Hs. 1 HöfeO). Ausnahmen und Sonderregelungen sind in
§ 6 Abs. 6 S. 2 (keine Wirtschaftsunfähigkeit allein wegen **mangelnder Altersreife**), § 7 Abs. 1 S. 2
Hs. 2 HöfeO (überlebender Ehegatte), und § 7 Abs. 1 S. 2 Hs. 2 HöfeO (sämtliche Abkömmlinge
wirtschaftsunfähig) enthalten. Zu weiteren Ausnahmen von dem Erfordernis der Wirtschaftsfähigkeit siehe § 6 Abs. 4 und § 10 HöfeO.

Der Ausnahmetatbestand der mangelnden Altersreife soll noch nicht ausgebildeten **Minderjährigen** 79
die Gelegenheit geben, überhaupt als Hoferbe in Betracht zu kommen.[173] Der Ausnahmetatbestand
kommt dann nicht zur Anwendung, wenn der Minderjährige in Verhältnissen aufwächst, die sein
Hineinwachsen in die Wirtschaftsfähigkeit nicht erwarten lassen.[174]

Wirtschaftsfähig ist nach § 6 Abs. 7 HöfeO, wer nach seinen körperlichen und geistigen Fähigkei- 80
ten, nach seinen Kenntnissen und seiner Persönlichkeit in der Lage ist, den von ihm zu übernehmenden Hof selbständig ordnungsgemäß zu bewirtschaften. Das Maß und die Art der erforderlichen Fä-

---

167 *Wöhrmann*, § 16 Rn. 19 ff. zu vielen Einzelfällen, wie Geldvermächtnissen, Grundstücksvermächtnissen, Nießbrauchsvermächtnis. Zur Beschränkung der Hoferbfolge durch Testamentsvollstreckung siehe *Gehse*, RNotZ 2009, 643 mit Gestaltungsempfehlungen; Zur Vor- und Nacherbfolge: *Gehse*, RNotZ 2008, 339. Vorsicht bei Grundstücksvermächtnissen am Hofgrundbesitz: Im Anwendungsbereich der HöfeO ist bereits die Anordnung des Grundstücksvermächtnisses in der letztwilligen Verfügung, und nicht erst dessen Erfüllung zustimmungsbedürftig, § 16 Abs. 1 S. HöfeO, Graß ZEV 2015, 329.
168 MüKoBGB/*Leipold* BGB § 1950 Rn. 8,
169 *Wöhrmann*, § 11 HöfeO, Rn. 1: die gespaltenen Vermögensmassen können unterschiedliche Schicksale erfahren.
170 Faßbender/Hötzel/von Jeinsen/Pikalo/*Hötzel*, § 11 Rn. 3; *Lange/Wulff*, § 11 HöfeO, Rn. 2.
171 *Ivo*, ZEV 2004, 3 und 6, siehe auch DNotI-Gutachten 37758: Isolierter Erbverzicht auf das Hoferbrecht und 64270: Gegenständlich beschränkter »Erbverzicht« gegenüber den weichenden Geschwistern im Hofübergabevertrag hinsichtlich eines Gegenstandes des hoffreien Vermögens.
172 OLG Hamm, Beschluss vom 22.07.2014 – 10 W 49/14, BeckRS 2014, 19500.
173 DNotI-Gutachten Nr. 50377 zur Wirtschaftsfähigkeit des minderjährigen Hoferben; Faßbender/Hötzel/von Jeinsen/Pikalo/*von Jeinsen*, § 6 Rn. 44. OLG Celle, Beschluss vom 21.03.2011 – 7 W 126/10, BeckRS 2011, 26290.
174 Faßbender/Hötzel/von Jeinsen/Pikalo/*von Jeinsen*, § 6 Rn. 44; *Wöhrmann*, § 6 HöfeO Rn. 128 f. mit Rechtsprechungsnachweisen; Kind als Nacherbe: OLG Hamm v. 11.10.2013, 10 W 26/13 = BeckRS 2013, 18785 = ZEV 2014, 54 Ls.

higkeiten und Kenntnisse richten sich nach dem jeweils konkret zur Vererbung stehenden Hof,[175] insbesondere nach dessen Wirtschaftsart und Größe.[176] Die Wirtschaftsfähigkeit ist nachzuweisen. Zur Vorgehensweise bei Prüfung der Wirtschaftsfähigkeit anschaulich OLG Hamm vom 15.11.2013 – 10 W 38/13 = BeckRS 2014, 03398.

81 Im Gegensatz zu früher kommt es heute im Grundsatz immer weniger auf die rein **körperlichen Fähigkeiten** und Kräfte an.[177] Das OLG Celle[178] hat jedoch entschieden, dass bei landwirtschaftlichen Betrieben von geringer Größe, die die Einstellung von bezahlten Hilfskräften nicht erlauben, die Wirtschaftsfähigkeit des Hofanwärters nur bejaht werden, wenn dieser in der Lage ist, die anfallenden **Arbeiten selbst körperlich zu verrichten**. Ob diese Entscheidung so richtig ist, sei dahingestellt.[179] Bei größeren Betrieben soll es für die Wirtschaftsfähigkeit genügen, wenn der Hoferbe die **geistigen Fähigkeiten** hat, die betriebswirtschaftlichen Aspekte zu planen und durchzuführen und somit die Leitung des Betriebes eigenverantwortlich zu übernehmen; für die Durchführung der rein körperlichen Arbeiten selbst können Hilfskräfte hinzugezogen werden.[180] Zur Wirtschaftsfähigkeit gehören auch gewisse Grundkenntnisse landwirtschaftstechnischer sowie **organisatorischer und kalkulatorischer Art**.[181] Eine abgeschlossene landwirtschaftliche Ausbildung ist hingegen nicht zwingende Voraussetzung.[182] Schließlich soll es auch auf das **Persönlichkeitsbild** ankommen.[183]

d) Hoferbfolge laut Gesetz

82 Die **gesetzliche Erbfolge** im Höferecht ist in den §§ 5 und 6 HöfeO geregelt. Diese Bestimmungen sollen vorliegend, da es um vertragliche oder letztwillige Gestaltungen geht, nicht näher behandelt werden.

e) Gewillkürte Hoferbfolge

83 § 7 Abs. 1 HöfeO ordnet Testierfreiheit an: Danach kann der Eigentümer den **Hoferben** durch Verfügung von Todes wegen **frei bestimmen** oder ihm den Hof im Wege der vorweggenommenen Erbfolge übergeben. Es bestehen jedoch **Bindungen**. Neben den allgemeinen Bindungen nach dem Erbrecht des BGB[184] (früheres gemeinschaftliches Testament oder früheren Erbvertrag) sind die Bindungen aus der HöfeO zu beachten: Der Erblasser muss, solange seine Besitzung Hof i. S. d. HöfeO ist, das gesetzliche Gebot der Sondernachfolge nach der HöfeO beachten. Nach § 4 HöfeO darf der Hof nur an **einen** Erben fallen. Von dieser gesetzlichen Anordnung kann durch Verfügung von Todes wegen nicht abgewichen werden. § 16 Abs. 1 HöfeO stellt dies ausdrücklich klar, indem er bestimmt, dass der Eigentümer die Erbfolge kraft Höferechts durch Verfügung von Todes wegen nicht ausschließen kann (Nichtigkeit wegen Verstoßes gegen ein gesetzliches Verbot nach § 134 BGB).[185] Eine **Umdeutung** in eine Hofaufgabeerklärung ist in regelmäßig nicht möglich.[186] Unvereinbar mit der »Erbfolge kraft Höferecht« und nichtig ist ferner insbesondere die Berufung von meh-

---

175 BGH RdL 1952, 270; 61, 314.
176 Beck'sches Formularbuch Erbrecht/*Ivo*, G X 1.8.
177 *Witt*, Das Landwirtschaftsrecht in der notariellen Praxis, DAI-Skript 2008, S. 32: der Pflug wird nicht mehr in der Hand, sondern vom Schlepper gehalten.
178 OLG Celle Beschl. vom 21.3.2005 – 7 W 9/05, RdL 2006, 271 = BeckRS 2006, 12831.
179 Kritisch auch *Witt*, Das Landwirtschaftsrecht in der notariellen Praxis, DAI-Skript 2008, S. 32.
180 Beck'sches Formularbuch zum Erbrecht/*Ivo*, G X.1.8.
181 *Witt*, Das Landwirtschaftsrecht in der notariellen Praxis, DAI-Skript 2008, 32.
182 *Witt*, Das Landwirtschaftsrecht in der notariellen Praxis, DAI-Skript 2008, 32.
183 OLG Hamm, Beschluss vom 22.07.2014 – 10 W 49/14, BeckRS 2014, 19500: »Mangelnde charakterliche Eignung, Desinteresse«; *Witt*, Das Landwirtschaftsrecht in der notariellen Praxis, DAI-Skript 2008, 32. Umfassend *Wöhrmann*, § 6 Rn. 85 ff.
184 Beck'sches Formularbuch Erbrecht/*Ivo*, G X.1.8.
185 *Wöhrmann*, § 16 HöfeO Rn. 4.
186 *Lange/Wulff*, § 16 HöfeO Rn. 7; *Wöhrmann*, § 16 HöfeO Rn. 8.

reren Personen zu Hoferben.[187] Ebenso nichtig ist die letztwillige Anordnung des Erblassers, das Höferecht solle nicht angewandt werden oder der Hof solle sich ganz oder zum Teil nach allgemeinem Erbrecht vererben oder mehrere Erben (etwa die Kinder) sollen den Hof unter sich aufteilen.[188] Soll der Hof nach dem Tod des Erblassers auf mehrere Personen übergehen oder sich nach allgemeinem Recht vererben, so kann dieses Ziel nur durch **Hofaufgabeerklärung** und anschließende Löschung des Hofvermerks erreicht werden.

§ 8 Abs. 1 HöfeO **beschränkt** bei einem Ehegattenhof nach h. M.[189] die **Verfügungsfreiheit** des Ehegatten von Todes wegen. Aufgrund der Notwendigkeit einer geschlossenen Vererbung kann ein Ehegatte über seinen Anteil am Ehegattenhof nur zugunsten seines Ehegatten, nicht aber zugunsten eines Dritten letztwillig verfügen.[190] Das Ergebnis von § 8 Abs. 1 HöfeO ist somit eine Art Zwangserbrecht des überlebenden Ehegatten.[191] Nach Rechtsprechung und herrschender Lehre können sich Eheleute bei einem Ehegattenhof anders als nach früherem Recht auch nicht zum **Hofvorerben** einsetzen.[192] 84

Den dargelegten Beschränkungen können beide[193] Ehegatten durch Ersatzkonstruktionen begegnen, wenn sie etwa die Eigenschaft als Ehegattenhof durch Hofaufgabeerklärung und anschließende Löschung des Hofvermerks beseitigen. Alternativ kann der Abschluss eines Hofübergabe(vor)vertrages mit zurückgestellter Auflassung, der Abschluss eines Zuwendungsvertrages (§ 328 BGB) zugunsten des Abkömmlings, der den Hof übernehmen soll, verbunden mit einer Verfügungsunterlassungsverpflichtung (§ 137 BGB) erwogen werden.[194] 85

Der Eigentümer kann die Erbfolge kraft Höferecht durch Verfügung von Todes wegen **nicht ausschließen**, § 16 Abs. 1 S. 1 HöfeO, er kann sie jedoch gemäß § 16 Abs. 1 S. 2 HöfeO mit den erbrechtlichen Gestaltungsmitteln **beschränken**.[195] 86

Beschränkungen dürfen jedoch nicht soweit gehen, dass sie im Ergebnis die **höferechtliche Erbfolge aushöhlen**. Wird der Hoferbe durch Vermächtnisse derart belastet, dass eine ordnungsgemäße Bewirtschaftung nicht mehr möglich ist, kann dies als **unzulässiger Ausschluss** von der Hoferfolge anzusehen sein.[196] Bei **Grundstücksvermächtnissen** wird man entweder auf die Entbehrlichkeit des vermachten Grundstücks für den Hof oder auf die Entbehrlichkeit des Hofs für die Landwirtschaft abstellen müssen.[197] 87

---

187 *Wöhrmann*, § 16 Rn. 5.
188 *Wöhrmann*, § 16 Rn. 5.
189 *Wöhrmann*, § 8 Rn. 15 ff. m. w. N.; OLG Hamm AgrarR 1980, 50; siehe auch *Lüdtke-Handjery*, DNotZ 1978, 27, 31; *Pikalo*, DNotZ 1965, 649, 709 (zum § 8 HöfeO a. F.); *Stöcker*, DNotZ 1979, 82, Faßbender/Pikalo DNotZ 1980, 67, 78, 79.
190 Faßbender/Hötzel/von Jeinsen/*Pikalo*, § 8 Rn. 7; *Lange/Wulff*, § 8 Rn. 19 m. w. N.
191 *Lange/Wulff*, § 8, Rn. 17 m.w.N; keine Befugnis eines Ehegatten (allein) über seinen Anteil am Hof von Todes wegen zu verfügen, *Wöhrmann*, § 8 Rn. 16 mwN. *Faßbender/Pikalo*, DNotZ 1980, 67, 77: »Beerbung bei lebendigem Leib«.
192 BGH vom 24.4.1986 – BLw 27/85, NJW 1986, 2434; OLG Hamm AgrarR 1982, 163; *Wöhrmann*, § 8 HöfeO Rn. 27.
193 *Wöhrmann*, § 8 HöfeO Rn. 1–4 und 15 zu der Entwicklung und der Historie der Vorschrift; die Eheleute haben gemeinsam die Möglichkeit, von Todes wegen zu verfügen oder die negative Hoferklärung abzugeben. Ist das Einvernehmen der Eheleute gestört, so fehlt eine Anspruchsgrundlage für die Klageerhebung mit dem Ziel, eine negative Hoferklärung zu erreichen; es bleibt nur die Scheidungsklage, § 1 Abs. 5 S. 1 HöfeO; *Wöhrmann*, § 8 HöfeO Rn. 18,19.
194 *Wöhrmann*, § 8 HöfeO Rn. 27.
195 Beck'sches Formularbuch Erbrecht/*Ivo*, G X 1.6; G X.1.10.
196 *Wöhrmann*, § 16 HöfeO, Rn. 19; BGH vom 20.11.1951 – V BLw 65/50, NJW 1952, 379.
197 *Wöhrmann*, § 16 HöfeO, Rn. 21 ff. BGH, Beschluss vom 25.04.2014 – BLw 6/13, DNotZ 2014, 708.

88 Ein **Nießbrauchsvermächtnis** am Hof ist in aller Regel als bloße Beschränkung der Erbfolge kraft Höferechts zulässig.[198] Der BGH[199] hält dabei einen Ausschluss der Hoferbfolge allenfalls in Ausnahmefällen für gegeben,[200] weil auch ein lebenslanger Nießbrauch die Rechte des Hoferben zwar erheblich einschränke, sein Erbrecht jedoch nicht ausschließe, sondern unberührt lasse.[201]

89 **Verfahrensrechtlich** ist zu beachten, dass (zulässige) Beschränkungen der Hoferbfolge gemäß **§ 16 Abs. 1 S. 2 HöfeO genehmigungsbedürftig** sind, wenn für ein Rechtsgeschäft unter Lebenden gleichen Inhalts eine Genehmigung nach GrdstVG[202] erforderlich wäre. Für das Zustimmungsverfahren gilt §§ 13 ff. HöfeVfO. Zuständig ist das Landwirtschaftsgericht. Hauptanwendungsfälle in der Praxis sind Grundstücks- und Nießbrauchsvermächtnisse. Gemäß § 2 Abs. 2 GrdstVG bedürfen die Veräußerung eines Grundstücks und die Bestellung eines Nießbrauchsrechts an einem Grundstück der **Genehmigung nach GrdstVG**, somit auch das Grundstücks- und das Nießbrauchsvermächtnis.[203] Die Genehmigung kann nach dem Tod des Erblassers oder, bereits zu dessen Lebzeiten beantragt werden (§ 13 HöfeVfO).

90 Der Notar, der die letztwillige Verfügung beurkundet, sollte unmittelbar nach Beurkundung der letztwilligen Verfügung und zu Lebzeiten des Erblassers, die Genehmigung beantragen!

91 Ob im Zustimmungsverfahren auch höferechtliche Aspekte geprüft werden können, ist streitig, aber wohl zu bejahen.[204] Man wird zumindest sagen können, dass die Zustimmung bei **offenkundiger höferechtlicher Nichtigkeit** keinesfalls erteilt werden darf.[205]

f) Vorrang der »formlos-bindenden« Hoferbenbestimmung

92 Der BGH hatte vor Novellierung der HöfeO im Jahre 1976 Grundsätze zur sog. »**formlosen« oder besser »formlos bindenden« Hoferbenbestimmung**, sei es durch einen formlos wirksamen[206] Hofübergabevertrag bzw. -vorvertrag[207] oder durch einen formlos wirksamen Erbvertrag,[208] entwickelt. Hatte der Hofeigentümer die Bewirtschaftung des Hofes im Zeitpunkt des Erbfalls einem hoferbenberechtigten Abkömmling auf Dauer übertragen, ohne sich die Bestimmung eines anderen Hoferben explizit vorzubehalten, so ist nach § 7 Abs. 2 S. 1 HöfeO eine vom Hofeigentümer nach Übertragung der Bewirtschaftung vorgenommene Bestimmung eines anderen Hoferben insoweit unwirksam, als durch sie der Hoferbenberechtigte von der Hoferbfolge ausgeschlossen würde.[209]

---

198 *Wöhrmann*, § 16, Rn. 38; BGH NJW 1992, 2827 = AgrarR 1993, 115.
199 BGH AgrarR 1993, 115.
200 *Wöhrmann*, § 16, HöfeO Rn. 38; BGH NJW 1992, 2827 = AgrarR 1993, 115.
201 *Wöhrmann*, § 16 HöfeO, Rn. 38 hält das Nießbrauchsvermächtnis dann für unzulässig, wenn es einem Familienfremden eingeräumt wird oder die Lebenserwartung des Nießbrauchsberechtigten wesentlich höher ist als die des Hoferben; so auch *Lange/Wulff*, § 16 Rn. 29.
202 § 2 GrdstVG.
203 Liegt das vermächtnisgegenständliche Grundstück, innerhalb der von dem betreffenden Bundesland gemäß § 2 Abs. 3 Nr. 2 GrdstVG bestimmten Freigrenzen (in NRW: 1 ha), so entfällt die Genehmigungspflicht.
204 *Wöhrmann*, § 16 HöfeO, Rn. 30 mwN.
205 *Wöhrmann*, § 16 HöfeO, Rn. 30 mwN.
206 »Nachfolgerindikation kraft sozialtypischen Verhaltens«, so *Faßbender*, DAI-Skript Mai 1992, Landwirtschaftsrecht, S. 167.
207 BGHZ 12, 286 = NJW 54, 1644 = DNotZ 1954, 307.
208 BGHZ 23, 249. Leitsatz: »Der Grundsatz, dass unter Umständen in einer formlosen Vereinbarung über die Hoferbfolge eine bindende Bestimmung des Hoferben liegen kann (BGHZ 12, 286 = NJW 54, 1644), gilt nicht nur für einen Übergabevertrag, sondern auch für einen Erbvertrag.«
209 Hausmann/Hohloch/*Hausmann*, Kap. 24 Rn. 142. DNotI-Gutachten Nr. 52919 zu den Rechten des formlos bestimmten »Hoferben«. Das OLG Karlsruhe wendet diese extra legem entwickelten Rechtsgrundsätze jetzt auch auf eine landwirtschaftliche Besetzung an, die nicht der HöfeO unterliegt, Urteil vom 23.10.2014 – 9 U 9/11 = BeckRS 2014, 22687 = ZEV 2015, 65 Ls.

Das gleiche gilt nach § 7 Absatz 2 S. 2 HöfeO, wenn der Eigentümer durch Art und Umfang der 93
Beschäftigung (§ 6 Abs. 1 S. 1 Nr. 2 HöfeO) eines hoferbenberechtigten Abkömmlings auf dem
Hof hat erkennen lassen, dass er den Hof übernehmen soll. Auch diese Bestimmung und die dazu
erfolgte Rechtsprechung **schränken die Verfügungshoheit des Hofeigentümers** zur Bestimmung
des Hoferben ein. Eine vor Überlassung der Bewirtschaftung verfügte testamentarische Bestimmung
eines (anderen) Hoferben verliert jedoch nicht ohne weiteres ihre Wirksamkeit.[210]

Grundsätzlich ist der Ausschluss hoferbenberechtigter Personen und die Einsetzung Dritter zum Hof- 94
erben für sich nicht sittenwidrig,[211] und zwar auch dann nicht, wenn ein Abkömmling jahrelang[212]
den Hof als Pächter bewirtschaftet hat.[213] Etwas anderes gilt dann, wenn dem Erbprätendenten der
Hof formlos versprochen worden ist und dieser ein **erhebliches Opfer** gebracht hat.[214]

Diese Rechtsprechung ist im Jahre 1976 bei der Novellierung der HöfeO in § 6 Abs. 1 Nr. 1 und 2 95
HöfeO sowie § 7 Abs. 2 HöfeO übernommen und erweitert worden.[215] Der BGH hält aber auch
nach der Novellierung der HöfeO den Rückgriff auf die von der Rechtsprechung entwickelten
Grundsätze zur formlosen Hoferbenbestimmung **nicht** für **ausgeschlossen**.[216]

Die Rechtsprechung hat dabei **Schranken** anerkannt:[217] (1) Die Grundsätze der formlosen Hof- 96
erbenbestimmung gelten nur im Geltungsbereich der HöfeO.[218] (2) Nur Abkömmlinge, nicht
aber andere Personen werden geschützt.[219] (3) Nur für Härtefälle. (4) Die Bindung gilt nur, wenn
die HöfeO auch anwendbar. Ein **Wechsel vom Erbstatut des Höferechts** zum Erbstatut des allgemeinen bürgerlichen Erbrechts, etwa durch eine negative Hoferklärung des Hofeigentümers, ist nicht
ausgeschlossen.[220]

Eine nach § 7 Abs. 2 HöfeO formlos-bindende Hoferbeneinsetzung wird von der HöfeO **wie eine** 97
erbvertraglich getroffene vertragsmäßige Verfügung von Todes wegen behandelt, da nach § 7
Abs. 2 HöfeO die spätere Bestimmung eines anderen zum Hoferben insoweit unwirksam ist, als
durch sie der – formlos bestimmte – Hoferbenberechtigte von der Hoferbfolge ausgeschlossen würde.[221] Bei der formlos bindenden Hoferbenbestimmung eines Abkömmlings nach §§ 6 Abs. 1 Nr. 1,

---

210 Vgl. OLG Oldenburg, NJW-RR 2002, 1371, MüKoBGB/*Leipold*, Einleitung, Rn. 163; MüKoBGB/*Mu-sielak*, § 2276, Rn. 13; zuletzt OLG Odenburg v. 7.6.2007 – F 10 W 11/07-(10/09) AUR 2009, 193; a. A. *Wöhrmann*, § 7 HöfeO, Rn. 50, der von einem impliziten Widerruf des früheren Testaments durch die spätere formlos bindende Hoferbenbestimmung ausgeht.
211 *Lange/Wulff*, § 7, Rn. 20.
212 »Ein vom Erblasser beim Ablauf eines langfristigen Pachtvertrages erreichtes hohes Alter ist deutliches An-zeichen für eine Übertragung auf Dauer i. S. d. § 6 Abs. 1 Nr. 1 HöfeO«, so OLG Köln, Beschl. vom 5.4.2001 – 23 WLw 8/00 – (58/02), AgrarR 2002, 338.
213 *Lange/Wulff*, § 7, Rn. 20 m. w. N.; siehe auch OLG Oldenburg, Beschl. vom 31.5.2002 – 10 W 35/01 – (88/02) –, AgrarR 2003, 20: Bei Einsetzung eines Hoferben durch wirksames Testament kommt einer spä-teren Nutzungsüberlassung des Hofes an einen Abkömmling im Rahmen eines Pachtvertrages grundsätz-lich nicht die Wirkung einer (vorrangigen) formlosen Hoferbenbestimmung zu. § 7 Abs. 2 S. 1 HöfeO ist auf diesen Fall nicht analog anwendbar.
214 *Lange/Wulff*, § 7, Rn. 20 m. w. N. aus der Rechtsprechung.
215 *Winkler*, AgrarR 2000, 253.
216 Vgl. BGHZ 73, 324, 329 = BGH NJW 1979, 1453 = AgrarR 1979, 194, 195; BGHZ 87, 237 = DNotZ 1984, 54; BGHZ 119, 387, 388 = DNotZ 1993, 448.
217 *Winkler*, AgrarR 2000, 253, 254, MüKoBGB/*Leipold*, Einleitung Erbrecht, Rn. 162.
218 BGHZ 47, 184, 188.
219 BGHZ 87, 237, 238 = AgrarR 1983, 244, 245; ergänzt durch BGHZ 119, 387, 389 = AgrarR 1993, 249, 250.
220 BGHZ 73, 324, 327 ff. = AgrarR 1979, 194; BGHZ 101, 57, 60 = AgrarR 1987, 222, 223 (auch DNotZ 1988, 37).
221 Siehe auch OLG Hamm, Urt. v. 2.7.2002 – 10 U 147/01 – (11/03), AgrarR 2003, 87: »Eine formlos bin-dende Hoferbenbestimmung gemäß den §§ 6 Abs. 1 Ziff. 1, 7 Abs. 2 HöfeO schränkt nur die Verfügungs-

7 Abs. 2 HöfeO ist erforderlich, dass die Beschäftigung auf dem Hof bis zum Zeitpunkt des Todes der Erblassers fortdauert.

98 Der beabsichtigte **Schutz** des Erbprätendenten ist jedoch **lückenhaft**. Der Hofeigentümer kann durch Hofaufgabeerklärung und Löschung des Hofvermerks (§ 1 Abs. 1 HöfeO) den Hof aus dem Anwendungsbereich der HöfeO herausnehmen. § 7 Abs. 2 HöfeO gilt dann nicht mehr. Der BGH hält eine solche Löschung des Hofvermerks nicht gemäß § 7 Abs. 2 HöfeO für unwirksam, da die **Aufhebung der Hofeigenschaft** keine Verfügung von Todes wegen, sondern **Rechtsgeschäft unter Lebenden** sei.[222] Nach der Rechtsprechung des BGH kann der Eigentümer die Hofeigenschaft sogar dann noch aufheben, wenn er den Hoferben zuvor durch Erbvertrag bindend bestimmt hatte.[223] Die Ansicht des BGH ist in der Literatur teilweise außerordentlich heftig kritisiert worden.[224]

99 *Faßbender* schlägt für die notarielle Praxis im Hinblick auf die oben zitierte Rechtssprechung des BGH folgende **Rechtsgestaltung** vor:[225] Im Rahmen eines Erbvertrages, in dem der vorgesehene Nachfolger zum Hoferben berufen wird, verpflichtet sich der Erblasser rechtsgeschäftlich, über den Hof nicht mehr ohne Zustimmung des Hoferben zu verfügen, insbesondere ihn weder zu belasten noch zu veräußern, und auch keine Verpflichtungsgeschäfte dazu einzugehen. Ferner verpflichtet sich der Erblasser in dem Erbvertrag, nicht mehr ohne Zustimmung des Vertragserben die Hofeigenschaft aufzuheben. Er verpflichtet sich ferner, nicht ohne Zustimmung des Prätendenten die Hofeigenschaft aufzuheben. Für den Fall des Verstoßes gegen diesen **Verfügungsunterlassungsvertrag** wird der Erblasser verpflichtet, die landwirtschaftliche Besitzung sofort dem Vertragserben zu den üblichen Bedingungen eines **Hofübergabevertrages** zu übereignen. Dieser – aufschiebend bedingte – Auflassungsanspruch kann durch Eintragung einer Auflassungsvormerkung im Grundbuch gesichert werden. Der damit abgeschlossene »bedingte« Hofübergabevertrag sollte dem Landwirtschaftsgericht gemäß § 17 HöfeO sofort zur Genehmigung eingereicht werden.

g) Verwaister Hof nach § 10 HöfeO

100 Gemäß § 10 HöfeO vererbt sich der Hof nach den Vorschriften des BGB – und nicht nach der HöfeO –, wenn nach den Vorschriften der Höfeordnung kein Hoferbe vorhanden oder kumulativ wirksam bestimmt ist. Ein derartiger **verwaister Hof** liegt vor, wenn beim Erbfall keiner der nach § 5 HöfeO zur gesetzlichen Hoffolge Berufenen lebt oder alle aus rechtlichen Gründen als Hoferben ausscheiden, z. B. wegen Wirtschaftsunfähigkeit, Ausschlagung, Erbverzicht oder Erbunwürdigkeit und der Erblasser auch keinen Hoferben bestimmt hat.[226] Die Vererbung des Hofes nach BGB führt nicht immer zum sofortigen oder endgültigen **Verlust der Hofeigenschaft**. Ist nur ein Erbe vorhanden oder sind Ehegatten die alleinigen Miterben, bleibt die Hofeigenschaft bestehen, und zwar auch dann, wenn der **bürgerlich-rechtliche Erbe nicht wirtschaftsfähig** ist.[227] Der Hofeigentümer kann aber nicht willkürlich einen verwaisten Hof durch Ausschluss aller seiner hoferbenberechtigten Verwandten herbeiführen, indem er bei einem nicht verwaisten Hof eine juristische Person zum Hoferben einsetzt.[228]

---

freiheit von Todes wegen ein. Der Hofeigentümer ist hierdurch nicht gehindert, eine abweichende Verfügung unter Lebenden zu treffen«; *Wöhrmann*, § 7, Rn. 43.
222 BGH NJW 1979, 1453 (Fn. 193); BGH NJW 1988, 673 = DNotZ 1988, 37.
223 BGH DNotZ 1988, 37.
224 *Faßbender*, AgrarR 1988, 125; 1987, 295; *ders.* DNotZ 1979, 571; 1976, 403.
225 Faßbender/Hötzel/v. Jeinsen/Pikalo/*Faßbender*, § 1, Rn. 85.
226 *Lange/Wulff*, § 10 Rn. 1, *Wöhrmann*, § 10 Rn. 10.
227 *Lange/Wulff*, § 10, Rn. 6.
228 BGHZ 32, 288 = BGH NJW 1960, 1251.

h) Abfindung der weichenden Erben nach § 12 HöfeO

Der Regierungsentwurf zur Änderung der HöfeO[229] formulierte den die Abfindungsvorschriften der §§ 12 und 13 HöfeO beherrschenden Leitgedanken wie folgt: 101

»Die gerechte Bemessung der Abfindung der weichenden Erben ist ein Kernproblem des Höferechts. Auf der einen Seite gilt es, den höferechtlichen Zweck zu erreichen und die ungeteilte Erhaltung des Hofes im Erbgang sicherzustellen. Auf der anderen Seite ist es ein Gebot der Gerechtigkeit, die von der Hoferbfolge ausgeschlossenen Miterben abfindungsrechtlich so zu stellen, dass das ihnen zugemutete Opfer möglichst gering ist. Die Abfindung soll daher einen **optimalen Ausgleich** herstellen zwischen dem Interesse an der Erhaltung des Hofes und den Abfindungsinteressen der weichenden Erben«.

Die Regelung dafür findet sich in den §§ 12 und 13 der HöfeO.

Abfindung nach § 12 HöfeO: Gem. § 12 HöfeO steht den Miterben, die nicht Hoferben geworden sind, **vorbehaltlich anderweitiger Regelung** durch Übergabevertrag oder Verfügung von Todes wegen an Stelle eines Anteils am Hof ein Anspruch gegen den Hoferben auf Zahlung einer Abfindung in Geld zu. Der Anspruch bemisst sich nicht nach dem Verkehrswert, nicht nach dem im Landgutrecht herangezogenen Ertragswert, sondern gem. § 12 Abs. 2 HöfeO nach dem Hofeswert im Zeitpunkt des Erbfalls. Als **Hofeswert** gilt nach § 12 HöfeO das Anderthalbfache des zuletzt festgesetzten Einheitswertes im Sinne des § 48 BewG Soweit besondere Umstände des Einzelfalls vorliegen, können auf Verlangen **Zu- oder Abschläge nach billigem Ermessen** gemacht werden, § 12 Abs. 2 S. 3 HöfeO. Eine vom Erblasser abweichend von § 12 Abs. 2 HöfeO festgesetzte Abfindung geht der gesetzlichen Regelung vor.[230] 102

Somit sind **Gestaltungsmöglichkeiten** eröffnet.[231] Dem Erblasser ist freigestellt, höhere oder niedrigere Abfindungen als nach § 12 HöfeO vorgesehen, festzulegen,[232] er kann außer den »Miterben« auch weitere Verwandte oder Dritte als Abfindungsberechtigte einsetzen,[233] er ist auch nicht an die Bemessungsgrundlagen des Anspruchs im Sinne des § 12 Abs. 2 HöfeO gebunden und kann auch gegenüber § 12 Abs. 3, 4, 6, 8, 9 und 10 HöfeO Abweichendes verfügen.[234] Der Verfügung sind Schranken gesetzt durch § 16 Abs. 1 S. 1 HöfeO.[235] Es darf nicht zu einer Aushöhlung der Hoferbfolge kommen. Auf der anderen Seite, wenn der Hofeigentümer die Abfindung erheblich niedriger festlegt als in § 12 HöfeO vorgesehen, findet dieses Bestreben seine Grenze am Pflichtteilsrecht der belasteten Miterben.[236] **Die Hälfte der Abfindung, die ihnen als Miterben zustünde, können Pflichtteilsberechtigte nach § 12 Abs. 10 HöfeO jedenfalls verlangen**, es sei denn, es läge ein Grund zur Pflichtteilsentziehung vor oder sie haben auf Erb- oder Pflichtteilsrechte wirksam verzichtet.[237] 103

Anspruchsberechtigt sind die Miterben, die nicht Hoferben geworden sind. Das sind diejenigen Personen, die nach allgemeinem Recht Miterben des Gesamtnachlasses geworden wären, wenn man sich die Sonderregelungen der HöfeO hinwegdenkt. Der Hofnacherbe ist damit nicht abfindungsberechtigt.[238] 104

---

229 Zweites ÄG-HöfeO, Bundestagsdrucksache 7/1443 S. 22, 23.
230 BGH vom 08.10.1957 – V BLw 8/57, BGHZ 25, 287, 289 = NJW 1957, 1799.
231 Klauselvorschläge bei Dombert/Witt/*von Garmissen* MAH Agrarrecht § 11 Rdnr. 279.
232 *Wöhrmann*, § 12 HöfeO Rn. 6.
233 *Wöhrmann*, § 12 HöfeO Rn. 6.
234 *Wöhrmann*, § 12 HöfeO Rn. 6.
235 *Wöhrmann*, § 12 HöfeO Rn. 6.
236 *Wöhrmann*, § 12 HöfeO Rn. 6.
237 *Wöhrmann*, § 12 HöfeO Rn. 6.
238 Hausmann/Hohloch/*Hausmann*, Kap. 24 Rn. 160; OLG Oldenburg NJW-RR 1994, 272.

Kapitel 12 Landwirtschaftliches Erbrecht

105 Miterben können jedoch auch durch Verfügung von Todes wegen Berufene sein.[239] Dies ist etwa der Fall, wenn in einem Testament eine Person zum Hoferben, eine andere zum Erben des hoffreien Vermögens, berufen worden ist.[240] Wenn der Erblasser einen Alleinerben berufen hat, so ist durch **Auslegung** der Verfügung von Todes wegen zu ermitteln, ob der Übergangene von der gesamten Erbschaft oder nur von der Hoffolge ausgeschlossen sein soll. Im letzteren Fall stehen dem Ausgeschlossenen keine Abfindungsansprüche zu. Unberührt bleiben die Pflichtteilsansprüche des Ausgeschlossenen. Nach der Rechtsprechung[241] kann aus der Alleinerbeinsetzung einer Person nicht ohne weiteres gefolgert werden, dass damit die **Abfindungsansprüche nach §§ 12 ff. HöfeO** ausgeschlossen sein sollten; im Einzelfall müsse geprüft werden, ob ein entsprechender Ausschluss vorliege.

106 Die Abfindung ist, wenn der Hof durch Hofübergabevertrag auf den Hofnachfolger übergegangen ist, mit dem Eigentumsübergang auf den Hofnachfolger fällig (§ 17 Abs. 2 HöfeO). **§ 17 Abs. 2 HöfeO fingiert zugunsten der weichenden Abkömmlinge den Erbfall im Hinblick auf den Hof.**[242] Wenn der Hof von Todes wegen übergeht, ist die Abfindung mit dem Tod des Erblassers fällig. Abweichende Fälligkeitsregelungen sind letztwillig oder durch Übergabevertrag möglich.

107 Das gesetzliche Pflichtteilsrecht begrenzt jedoch die Gestaltungsmöglichkeiten des Hofeigentümers. Allerdings berechnet sich der Pflichtteil des pflichtteilsberechtigten Abkömmlings nach den Grundsätzen des § 12 Abs. 10 HöfeO, ggf. unter Berücksichtigung etwaiger Zu- und Abschläge gem. § 12 Abs. 2 HöfeO und des Mindestbetrages gem. § 12 Abs. 3 HöfeO. Der Erblasser kann den für die Berechnung des Pflichtteilsanspruchs maßgeblichen Hofeswert **nicht niedriger als mit dem $1^1/_2$-fachen des Einheitswertes** festlegen. Die Bestimmung einer höheren, als der in § 12 HöfeO vorgesehenen Abfindung ist zulässig, allerdings nur im Rahmen der Regelung des § 16 Abs. 1 S. 1 HöfeO. Soweit danach die festgesetzte Abfindung so hoch ist, dass sie die Fortführung des Hofes zu wirtschaftlich tragbaren Bedingungen unmöglich macht, und dadurch das Hoferbrecht aushöhlt, ist sie unwirksam.

108 Für etwaige Streitigkeiten zwischen Hofeigentümer, Hoferben und weichenden Erben über Bestimmung (§ 17 HöfeO), Grund und Betrag der Abfindung (§ 12 HöfeO) ist gem. § 18 Abs. 1 HöfeO in Verbindung mit § 1 Nr. 5 LwVG das **Landwirtschaftsgericht** zuständig.[243]

109 **Wichtig: Deutlich formulieren, ob und wenn ja, inwieweit die Abfindungsansprüche bzw. Abfindungsergänzungsansprüche nach §§ 12 und/oder 13 HöfeO ausgeschlossen oder modifiziert werden!**

110 Die Abfindungsvorschriften nach § 12 Abs. 2 HöfeO gelten sinngemäß auch für die Ansprüche von Pflichtteilsberechtigten, Vermächtnisnehmern, sowie des überlebenden Ehegatten, der den güterrechtlichen Zugewinnausgleich verlangt.[244] Für das Pflichtteilsrecht folgt daraus, dass das Pflichtteilsrecht, was den höferechtlichen Abfindungsanspruch anbelangt, halb so groß ist, wie der Abfindungsanspruch, der dem Pflichtteilsberechtigten als Miterbe zustünde.[245] Im Einzelfall ist die Angelegenheit jedoch noch dadurch verkompliziert, dass nach der Rechtsprechung des BGH[246]

---

239 *Faßbender*, § 12 HöfeO Rn. 5; *Lange/Wulff*, § 12 HöfeO Rn. 11; a. A. *Stöcker*, AgrarR 1993, 211, 212.
240 *Lange/Wulff*, § 12 HöfeO Rn. 11.
241 BGH NJW 1958, 2114; BGH RdL 1971, 270.
242 Siehe DNotI-Gutachten Nr. 81816 zur sehr strittigen Frage, ob die weichenden Erben, wenn sie am Übergabevertrag nicht beteiligt sind, dennoch im landwirtschafts- gerichtlichen Genehmigungsverfahren beteiligt sind; siehe *Wöhrmann*, § 17 HöfeO Rn. 118. Zuletzt OLG Hamm: Beschluss vom 23.10.2014 – 10 W 71/14, ZEV 2015, 65 L: »Den nicht am Übergabevertrag beteiligten weichenden Erben kommt im Allgemeinen kein Beschwerderecht zu.«
243 Musteranschreiben bei Kersten/Bühling/*Grundmann*, 23. Aufl., § 109 Rn. 41 M ff.
244 Hausmann/Hohloch/*Hausmann*, Kap. 24 Rn. 121.
245 *Wöhrmann*, § 12 HöfeO Rn. 45.
246 BGHZ 8, 213; BGH RdL 1953, 80 = NJW 1953, 343; BGH, I. Zivilsenat Urt. vom 17.11.2000 – V ZR 334/99, RNotZ 2001, 167 = RdL 2001, 100; *Steffen/Ernst*, § 17 Rn. 29; *Wöhrmann*, § 17 Rn. 67 f.

ein **Unterschied in der Berechnung der Abfindungsansprüche von Miterben und derjenigen von Pflichtteilsberechtigten** gemacht wird. Einzelheiten können hier nicht dargestellt werden.[247] Im Ergebnis kann somit der Pflichtteil (ggf. erheblich) höher sein als die Hälfte des gesetzlichen Erbteils.[248] Je nach Gestaltungsziel, wenn die Ansprüche der weichenden Geschwister gering sein sollen, ggf. kann formuliert werden, dass die nicht zu Hoferben berufenen Miterben/**Pflichtteilsberechtigten ihren Pflichtteil bekommen, es sei denn, die Abfindung nach § 12 Abs. 2 HöfeO wäre geringer.**

Der Abfindungsanspruch bezieht sich nach § 12 Abs. 2 S. 1 HöfeO auf den **Hofeswert zum Zeitpunkt des Erbfalls.** Es wird an den steuerlichen Einheitswert angeknüpft, der sich aus dem Wirtschaftswert (§ 46 BewG) und dem Wohnwert (§ 47 BewG) zusammensetzt. Im Hinblick darauf, dass die nach § 21 Abs. 1 BewG turnusgemäß in Abständen von sechs Jahren vorzunehmende Hauptfeststellung des Einheitswertes in der Praxis unterblieben ist, wird nach der grundlegenden Entscheidung des BGH vom 17. November 2000[249] die gesetzliche Regelung den leitgedanklichen Anforderungen an eine angemessene Abfindungsregelung nicht mehr gerecht, soweit sich die seinerzeit zugrunde gelegte **Wertrelation zwischen Einheits- und Ertragswert des Hofes** in Folge der Entwicklung der allgemeinen wirtschaftlichen Verhältnisse **erheblich verschoben hat.**[250] Diese Lücke ist nach Auffassung des BGH durch eine entsprechende Anwendung des § 12 Abs. 2 S. 3 HöfeO zu schließen. Die Höhe der Abfindung ist daher nicht mehr so ohne weiteres festzustellen, sondern erfordert regelmäßig die Einschaltung eines Gutachters.[251] Diese **Rechtsfortbildung des BGH** ist in der Literatur heftig kritisiert worden.[252] Danach muss wie folgt ermittelt werden:

$$\text{Hofeswert Neu} = \frac{\text{Hofeswert 1976} \times \text{Ertragswert Neu}}{\text{Ertragswert 1976}}$$

In der Praxis ist die Bemessung der Abfindung außerordentlich schwierig. In der notariellen Gestaltung kann man den Beteiligten argumentativ die Schwierigkeiten und Kosten eines Abfindungsverfahrens vor Augen führen, um ggf. die weichenden Miterben zu entsprechenden Pflichtteilsverzichten oder vertraglich festgelegten Abfindungen zu motivieren. Denn in der Praxis einer Hofübergabe ist es oft eines der Kernprobleme, die Miterben einzubinden.[253] »Knackpunkt« ist häufig die Frage der Pflege der Übergeber, und der Verteilung etwaiger Ansprüche der Sozialhilfeverwaltung.

Von dem nach § 12 Abs. 2 HöfeO unter Berücksichtigung von Zu- und Abschlägen ermittelten Hofeswert sind die **Nachlassverbindlichkeiten abzuziehen**, die im Verhältnis der Erben zueinander den Hof treffen und die der Hoferbe alleine zu tragen hat, § 12 Abs. 3 S. 1 HöfeO.[254] Nach § 12 Abs. 3 S. 2 HöfeO ist jedoch der Abzug der Nachlassverbindlichkeiten beschränkt. Den Erben des Erblassers (einschließlich des Hoferben, wenn er zu ihnen gehört), gebührt **mindestens 1/3 des Hofeswertes**, rechnerisch also die Hälfte des Einheitswertes, und zwar einerlei, wie hoch der Hof belastet ist.[255] Gehört der Hoferbe nicht zu den gesetzlichen Erben des Erblassers, so muss er den vollen Drittelhofeswert als Abfindung an die Miterben zahlen,[256] gehört der Hoferbe selbst auch zu den gesetzlichen Erben des Erblassers, kann er den Drittelhofeswert um seinen eigenen Anteil kürzen.[257]

---

247 Dazu *Wöhrmann*, § 12 HöfeO Rn. 37 und 46.
248 *Wöhrmann*, § 12 HöfeO Rn. 37, 45 und 46.
249 BGH – V ZR 334/99, RNotZ 2001, 167, mit Anmerkungen *Steffen*, RdL 2001, 88 f. = AgrarR 2001, 52 = RdL 2001, 100.
250 Hausmann/Hohloch/*Hausmann*, Kap. 24 Rn. 162.
251 Hausmann/Hohloch/*Hausmann*, Kap. 24 Rn. 162.
252 *Köhne*, AgrarR, 2001, 65; *Hartwig*, AgrarR 2002, 169; *Wöhrmann*, § 12 HöfeO Rn. 25 ff.; Beiträge zum 57. Agrarrechtsseminar in Goslar 2002, AgrarR 2002, 373 ff.
253 Dombert/Witt/*von Garmissen* MAH Agrarrecht § 11 Rdnr. 273.
254 *Wöhrmann*, § 12 HöfeO Rn. 35 ff. mwN.
255 *Wöhrmann*, § 12 HöfeO Rn. 39 mwN.
256 *Wöhrmann*, § 12 HöfeO Rn. 40.
257 *Wöhrmann*, § 12 HöfeO Rn. 41.

Kapitel 12 Landwirtschaftliches Erbrecht

115 Nach inzwischen herrschender Meinung und höchstrichterlicher Rechtsprechung[258] wird die **Anwendbarkeit der Ausgleichungsvorschriften der §§ 2050 ff. BGB** im Höferecht bejaht. Die Problematik war streitig. Nach § 12 Abs. 4 HöfeO muss sich der Miterbe dasjenige auf die Abfindung anrechnen lassen, was er oder sein vor dem Erbfall weggefallener Eltern- oder Großelternteil vom Erblasser als Abfindung aus dem Hof erhalten hat. Die **Anrechnung nach § 12 Abs. 4 HöfeO und die Ausgleichungsvorschriften nach §§ 2050 ff. BGB** haben unterschiedliche Voraussetzungen und unterschiedliche Zwecke.[259] Die Anrechnungspflicht soll eine doppelte Abfindung für den Fall vermeiden, dass der Abfindungsempfänger vor Eintritt des Erbfalls verstorben ist und sein Abkömmling abfindungsberechtigter Miterbe wird.[260] Die Regelungen der Ausgleichungspflicht wollen Vorempfänge unter den Abkömmlingen ausgleichen. Die Anwendbarkeit der Ausgleichungsvorschriften nach BGB ist, wie § 12 Abs. 9 HöfeO zeigt, vorausgesetzt.[261]

116 In der Praxis ist die genaue Regelung der Verhältnisse Übernehmer/weichende Erben ein **Schwerpunkt der vom Notar** zu treffenden Regelungen.[262] Der Notar hat in den Höfeordnungsländern ein Vehikel, um die **Abfindungsansprüche bzw. Pflichtteilsansprüche der Miterben/Pflichtteilsberechtigten einzugrenzen**. Die gesetzlichen Abfindungen sind nicht ohne Probleme zu berechnen; ohne Einschaltung eines Sachverständigen wird dies kaum gelingen. In der Praxis ist es also dringlich, im Rahmen eines Hofübergabe- oder Erbvertrages, alle pflichtteilsberechtigten Erben zu beteiligen um nach Möglichkeit eine einvernehmliche Regelung zu erreichen. In diesem Zusammenhang sollten auch Verzichtserklärungen für eventuell weitergehende Ansprüche eingeholt werden. Man sollte den weichenden Erben vor Augen führen, dass sie bei Nichtzustimmung zu einer »vernünftigen«, allseits konsentierten Regelung den Bewertungskriterien der HöfeO ggf. unter gleichzeitiger Pflichtteilsbestimmung unterliegen. Wenn ein Erblasser über weiteres Vermögen, ggf. hoffreies Vermögen verfügt, kann ein entsprechender angemessener, von allen Beteiligten akzeptierter Vertrag erreicht werden, um auch entsprechenden Familienfrieden für die Zukunft zu schaffen. Ggf. muss ein wechselseitiger **Pflichtteilsverzicht** erfolgen, dahingehend dass die weichenden Erben auf die **Ansprüche nach § 12 HöfeO (und ggf. § 13 HöfeO)** und u. U. auf das etwa mitübertragene hoffreie Vermögen verzichten, während sich der Hofübernehmer verpflichtet, umgekehrt die Nachlassverbindlichkeiten gem. § 15 Abs. 2 HöfeO allein zu übernehmen und die Miterben im Innenverhältnis freizustellen. Ohne eine derartige Regelung wären die **Nachlassverbindlichkeiten** gem. § 15 Abs. 2 HöfeO in erster Linie **aus dem hoffreien Vermögen** zu berichtigen. Der Hoferbe hätte die Miterben nach der gesetzlichen Regelungen erst freizustellen, wenn das hoffreie Vermögen zur Berichtigung der Nachlassverbindlichkeiten nicht ausreicht, § 15 Abs. 3 HöfeO. Ggf. muss der Hoferbe auch auf seine Pflichtteilsrechte -gegenständlich beschränkt- verzichten, soweit es um das hoffreie Vermögen geht.[263]

i) Nachabfindung gem. § 13 HöfeO

117 § 13 HöfeO sieht eine detaillierte Regelung über die Abfindungsergänzung oder **Nachabfindung wegen Wegfalls des höferechtlichen Zwecks** vor. Insbesondere mit der Veräußerung des Hofes durch den Hoferben entfällt der Grund für die Privilegierung des Hoferben. In dem Fall haben die Erben

---

258 *Wöhrmann*, § 12 HöfeO Rn. 77 m. w. N., Faßbender/Hötzel/v. Jeinsen/Pikalo/*Hötzel*, § 12 HöfeO Rn. 41; BGH AgrarR 1986, 319 = RdL 1986, 286, 293. *Wöhrmann*, § 12 HöfeO Rn. 77.
259 *Wöhrmann*, § 12 HöfeO Rn. 77.
260 *Wöhrmann*, § 12 HöfeO Rn. 77.
261 *Wöhrmann*, § 12 HöfeO Rn. 77 m. w. N.
262 *Witt*, Das Landwirtschaftsrecht in der notariellen Praxis, DAI-Skript 2008, S. 52 f. Siehe OLG Hamm (OLG Hamm, Urt. v. 10.4.2014 – 10 U 35/13; BeckRS 2014, 11567) zur Berechnung von Pflichtteilsansprüchen bei landwirtschaftlicher Besitzung, die kein Hof i. S. der HöfeO und kein Landgut i. S. des § 2312 BGB ist.
263 *Witt*, Das Landwirtschaftsrecht in der notariellen Praxis, DAI-Skript 2008, S. 52 f.

grundsätzlich Nachabfindungsansprüche.²⁶⁴ Die – niedrige – Abfindung nach § 12 HöfeO muss dann korrigiert werden, wenn der Hoferbe in einer gewissen zeitlichen Nähe zum Erbfall den gesamten Hof oder wesentliche Teile desselben veräußert, ohne die Erlöse zu reinvestieren.²⁶⁵

§ 13 HöfeO enthält **sieben abfindungsergänzungspflichtige Tatbestände**, 118
- Veräußerung des Hofes (§ 13 Abs. 1 S. 1 HöfeO),
- Veräußerung von Einzelgrundstücken (§ 13 Abs. 1 S. 2 HöfeO),
- Einbringung in eine Gesellschaft (§ 13 Abs. 1 S. 4 HöfeO),
- Veräußerung von Zubehör (§ 13 Abs. 4a HöfeO),
- Anderweitige Nutzung (§ 13 Abs. 4b HöfeO),²⁶⁶
- Veräußerung und Verwertung des Surrogats (§ 13 Abs. 6 HöfeO),
- Veräußerung oder Verwertung des Surrogats durch Rechtsnachfolger (§ 13 Abs. 7 HöfeO).

Eine Einzelbehandlung dieser Nachabfindungstatbestände soll vorliegend nicht erfolgen. Die im 119
Einzelnen teilweise missglückte Regelung des § 13 HöfeO ist historisch zu verstehen. Die Nachabfindungspflicht stellt keine Sanktion für die Veräußerung dar.²⁶⁷ Es steht jedem Hofübernehmer frei, den Betrieb oder Teile davon zu veräußern, die Landwirtschaft aufzugeben und ggf. die Ländereien als Bauland zu verkaufen oder sich sonst der wirtschaftlichen Situation anzupassen.²⁶⁸

Die Nachabfindungsregelung sorgt dann für die **wirtschaftliche Gleichstellung** der Erben unter- 120
einander, wenn der Hoferbe wesentliche Teile des Hofes verkauft und damit die Rechtfertigung für eine Schlechterstellung der weichenden Erben – Erhalt des Betriebes in der Familie – entfällt.²⁶⁹

Der Abfindungsergänzungsanspruch ist ein vererbliches und veräußerliches, **anwartschaftsähnliches** 121
Recht, das durch die Verwirklichung des die Ergänzungspflicht auslösenden Tatbestandes zum Vollrecht erstarkt,²⁷⁰ welches durch eine Vormerkung im Grundbuch abgesichert werden kann.

Grundtatbestand der Abfindungspflicht ist die Veräußerung des Hofes, § 13 Abs. 1 HöfeO. Ver- 122
äußert der Hoferbe innerhalb von zwanzig Jahren nach dem Erbfall den Hof, so können die nach § 12 HöfeO Berechtigten unter Anrechnung einer etwa bereits empfangenen Abfindung die Herausgabe des erzielten Erlöses zu dem Teil verlangen, der ihrem nach dem allgemeinen Recht (i. e. BGB) bemessenen Anteil am Nachlass oder an dessen Wert entspricht. **Dem Erbfall steht der Hofübergabevertrag gleich, wenn an einen hoferbenberechtigten Abkömmling übertragen wird, § 17 Abs. 1 HöfeO.**²⁷¹

Eine **Veräußerung des ganzen Hofes** liegt im Zweifel nur vor, wenn auch die Hofstelle mit veräußert 123
worden ist.²⁷² Fraglich ist, wie die Situation zu bewerten ist, wenn sich der Hofübergeber im Übergabevertrag **für den gesamten Betrieb ein Nießbrauchsrecht vorbehält**. Hier besteht ggf. die Gefahr, dass in Fortführung der BGH-Rechtsprechung zum Pflichtteilsergänzungsanspruch,²⁷³ die **Zwanzigjahresfrist erst mit Beendigung des Nießbrauchs zu laufen beginnt.**²⁷⁴ Somit sollte,

---

264 Musteranschreiben an das Landwirtschaftsgericht eines weichenden Erben bei Kersten/Bühling/*Grundmann*, 23. Aufl., § 109 Rn. 41 M.
265 BGH AgrarR 1992, 79, Hausmann/Hohloch/*Hausmann*, Kap. 24 Rn. 166.
266 Zu einem häufigen Problem: siehe DNotI-Report 2004, 206 zu Nachabfindungspflicht bei Errichtung einer Photovoltaikanlage (Solarstrom) auf dem Dach eines Hofes zur Einspeisung in das EVU-Netz.
267 *Witt*, Das Landwirtschaftsrecht in der notariellen Praxis, DAI-Skript 2008, 55.
268 DNotI-Gutachten Nr. 77604 zum Bestehen von Nachabfindungsansprüchen bei langfristiger Verpachtung des Hofes; *Witt*, Das Landwirtschaftsrecht in der notariellen Praxis, DAI-Skript 2008, 55.
269 Amtliche Begründung zur Novellierung der HöfeO 1976, BT-Drucks. 7/1443, S. 26.
270 Faßbender/Hötzel/von Jeinsen/Pikalo/*Hötzel* zu § 13 HöfeO Rn. 2.
271 *Witt*, Das Landwirtschaftsrecht in der notariellen Praxis, DAI-Skript 2008, 56.
272 BGH vom 15.10.1963 – V BLw 11/63, NJW 1964, 861.
273 BGH, Urteil vom 27.041994 – IV ZR 132/93, DNotZ 1994, 784 m. Anm. *Siegmann*.
274 *Witt*, Das Landwirtschaftsrecht in der notariellen Praxis, DAI-Skript 2008, 56.

Kapitel 12 Landwirtschaftliches Erbrecht

wenn es denn geht, die Laufzeit der Zwanzigjahrsfrist mit dem Abschluss des notariellen Übergabevertrages beginnen. Wenn die Miterben am Übergabevertrag nicht beteiligt sind, und dieser Regelung nicht zustimmen können, sollte der Erblasser vorsorglich bestimmen, dass für den Fall der Zuwiderhandlung ihm gegenüber im Übergabevertrag die Nachabfindungsergänzungsansprüche auf Pflichtteilsbasis berechnet werden.[275] Eine Abfindungsergänzungspflicht besteht auch dann, wenn nicht der gesamte Hof, sondern einzelne zum Hof gehörende Grundstücke veräußert werden und die dadurch erzielten Erlöse insgesamt 1/10 des Hofeswertes im Sinne des § 12 Abs. 2 HöfeO übersteigen. 10 % des Hofeswertes werden aber beispielsweise bei Veräußerung von Baulandflächen schnell erreicht (100 Hektar Betrieb: EW 120 000,– €, Hofeswert 180 000,– €, Baulandverkauf 800 qm × 50,– € = 40 000,– €).[276]

124 § 13 Abs. 2 HöfeO sieht ein **Reinvestitionsprivileg**[277] vor. Die Nachabfindung ermäßigt sich innerhalb bestimmter Fristen (§ 13 Abs. 5 S. 4 HöfeO). Die Nachabfindungsregelung ist für den Hoferben einschneidend.

125 Es ist streitig, ob der Nachabfindungsanspruch vom Erblasser einseitig **testamentarisch abbedungen** werden kann.[278] Der Erblasser ist jedenfalls berechtigt, im Rahmen seiner Testierfreiheit den Nachabfindungsanspruch auf die Höhe des Pflichtteils zu reduzieren.[279] Fraglich ist auch, ob eine einseitige Abbedingung im Übergabevertrag auf die Höhe des Pflichtteils zulässig ist.[280] Es könnte ein unzulässiger Vertrag zu Lasten Dritter sein.

126 Mit dem Erbfall bzw. der Hofübergabe (§ 17 Abs. 2 HöfeO) entstehen die Abfindungsansprüche gemäß § 12 HöfeO in der Person der weichenden Miterben.[281] Stirbt der (abstrakt) nachabfindungsberechtigte Miterbe nach Eintritt des Hoferbfalls bzw. Vollzug des Hofübergabevertrags, aber vor Entstehen des Nachabfindungsanspruchs, wird dessen Erbe Gläubiger des Anspruchs, weil er insoweit an die Stelle des Berechtigten tritt.[282] Dem Berechtigten steht nach Eintritt des Hoferbfalls ein anwartschaftsähnliches **Recht** zu, das **vererblich** (siehe § 13 Abs 9 S. 1 HöfeO) und **veräußerlich** ist und durch die Verwirklichung des nachabfindungspflichtigen Tatbestands zum Vollrecht erstarkt.[283] Auf diese Rechtsposition kann der Berechtigte durch Vertrag mit dem Verpflichteten (dem Hoferben) verzichten.[284]

127 Sollen Abfindungsergänzungsansprüche der weichenden Erben ausgeschlossen werden, ist ein **Erb-/Pflichtteilsverzicht oder eine Verzichtserklärung unter ausdrücklicher Einbeziehung/Belehrung des § 13 HöfeO anzuraten.**[285] Wenn die weichenden Erben nicht bereit sein sollten, einen Verzichtsvertrag zu unterschreiben, kann der Erblasser die weichenden Erben auf den Pflichtteil setzen, oder eine negative Hoferklärung abgeben, um die Anwendung der HöfeO zu vereiteln. Nach der Rechtsprechung des BGH kann auch eine zeitlich begrenzte negative Hoferklärung abgegeben werden.[286]

---

275 *Witt*, Das Landwirtschaftsrecht in der notariellen Praxis, DAI-Skript 2008, 56.
276 Beispiel nach *Witt*, Das Landwirtschaftsrecht in der notariellen Praxis, DAI-Skript 2008, 55, 56.
277 Dazu DNotI-Gutachten Nr. 1269 vom 25.4.2002.
278 Hausmann/Hohloch/*Hausmann*, Kap. 24 Rn. 176; *Lange/Wulff*, § 13 HöfeO Rn. 83; *Wöhrmann*, § 13 HöfeO Rn. 155, *Söbbeke*, ZEV 2006, 395, 399, Faßbender/Hötzel/v. Jeinsen/Pikalo/*Hötzel*, § 13 HöfeO Rn. 58; *Niewerth*, AgrarR 1985, 285.
279 *Söbbeke* ZEV 2006, 395, 399.
280 Nach *Wöhrmann*, § 13 HöfeO Rn. 155.
281 *Ivo*, ZEV 2004, 316, 319; *Lange/Wulff*, § 13 Rn. 18; *Wöhrmann*, § 13 HöfeO Rn. 12.
282 *Ivo*, ZEV 2004, 316 ff.
283 *Lange/Wulff*, § 13 Rn. 3; Faßbender/Hötzel/v. Jeinsen/Pikalo/*Hötzel*, § 13 Rn. 2.
284 *Ivo*, ZEV 2004, 316, 319.
285 *Söbbeke*, ZEV 2006, 395, 399.
286 BGH – vom 28.11.2008, BLw 11/08, DNotZ 2009, 395.

§ 13 HöfeO wirft noch viele weitere Probleme auf, die hier nicht dargestellt werden können. Beispielhaft zu nennen wäre die Umgehung der Nachabfindungsverpflichtung durch die **dingliche Belastung des Hofes mit Grundpfandrechten außerhalb einer ordnungsgemäßen Bewirtschaftung**.[287] *Witt*[288] führt diverse Problemfälle des § 13 HöfeO auf und gibt zu Recht die dringende Empfehlung, im Hofübergabevertrag *in der Regel* **pauschalierende Regelungen** zu vereinbaren. Dabei sollte klar geregelt werden, ob die gesetzlichen Ansprüche modifiziert oder noviert werden.[289] Man kann den Miterben und den Beteiligten deutlich machen, dass tatsächliche und rechtliche Zweifelsfragen im Bereich der Nachabfindung nach § 13 HöfeO zu den schwierigsten und prozessträchtigsten Bereichen im Landwirtschaftsrecht gehören.

128

Deswegen könnten z. B. folgende Vorschläge[290] gemacht werden:

129

- Anstelle der komplizierten Abrechnungsvorschriften gem. § 13 Abs. 5 HöfeO kann ein **bestimmter Prozentsatz des Nettoerlöses** (z. B. 10 %) nach Abzug der Veräußerungskosten und Steuern an die ausgleichsberechtigten Erben ohne Einbeziehung des Hoferben auszuzahlen sein; der Restbetrag soll zur Stärkung des Hofes dienen. Das kann nur sinnvoll sein bei Teilveräußerungen. Bei Gesamtveräußerung des Betriebes kann es bei den gesetzlichen Regelungen bleiben.
- Eine **Reinvestition sollte zulässig** sein.
- Unter Umständen kann auch eine eventuell **landwirtschaftsfremde Nutzung** von der Nachabfindungspflicht vertraglich ausgeschlossen werden (z. B. Ferienwohnung auf dem Lande, Vermietung, Hofcafés und andere), sofern die Abfindung der weichenden Erben gem. § 12 HöfeO etwas großzügiger bemessen wird. Für weichende Erben ist **eine höhere Abfindung gem. § 12 HöfeO kalkulierbar;** die nicht abzusehende Zukunft, vielleicht, vielleicht auch nicht, Nachabfindungsansprüche zu erhalten, ist demgemäß für viele Beteiligte nicht entscheidend. Hier ist jedoch eine intensive Besprechung mit allen Beteiligten erforderlich. In diesen Fällen wird § 13 HöfeO modifiziert. Im Vertrag muss sehr genau geregelt werden, welche Einzelregelungen des § 13 HöfeO Geltung beanspruchen und welche vertraglichen Regelungen vorrangig sind.[291]
- Die **Veräußerung von Straßenland** sollte keine Nachabfindungsansprüche begründen.
- Reinvestitionen aus Fremdnutzung (z. B. Kiesabbau, Golfplatz und dergleichen) sollten zur Stärkung des Betriebes zulässig sein, was nach § 13 HöfeO sonst nicht der Fall wäre.[292] Denkbar ist natürlich auch ein **Ausgleich** durch den Erblasser/Hofeigentümer selbst **aus dem hoffreien Vermögen**, wenn die weichenden Erben Zug um Zug gegen Übertragung oder Zuwendung auf den Todesfall auf Nachabfindungsansprüche gem. § 13 HöfeO verzichten.
- Die Abfindungsergänzungsansprüche müssen im Vertrag geregelt werden, da **mit dem Vollzug des Übergabevertrages der Erbfall als eingetreten gilt, § 17 Abs. 2 HöfeO**.[293] Eine Änderung von Verpflichtungen aus dem Übergabevertrag ist ohne Zustimmung der Begünstigten selbst bei Vorbehalt im Vertrag nicht unbedingt wirksam.[294]

Erneut: Ein Verzicht auf Erb- und Pflichtteilsanspruch bzw. -recht erfasst nicht die Ansprüche aus § 13 HöfeO[295]**. Das gilt auch für die Formulierung, dass die weichenden Erben bereits abgefunden sind.**

130

---

287 *Witt*, DNotZ 2001, 719 ff.
288 *Witt*, Das Landwirtschaftsrecht in der notariellen Praxis, DAI-Skript 2008, 54–77.
289 Palandt/*Grüneberg*, § 311 Rn. 8.
290 Nach *Witt*, Das Landwirtschaftsrecht in der notariellen Praxis, DAI-Skript 2008, S. 54–77. Siehe weiter Dombert/Witt/*von Garmissen* MAH Agrarrecht § 11 Rdnr. 282 ff mit Musterklauseln.
291 Siehe dazu *Witt*, Das Landwirtschaftsrecht in der notariellen Praxis, DAI-Skript 2008, S. 76, 77 und OLG Düsseldorf, Urt. vom 24.6.2004 – 9 U 229/01, RNotZ 2002, 458.
292 *Witt*, Das Landwirtschaftsrecht in der notariellen Praxis, DAI-Skript 2008, S. 77 und OLG Hamm AgrarR 1988, 21.
293 *Wöhrmann*, § 13 Höfe Rn. 66.
294 *Witt*, Das Landwirtschaftsrecht in der notariellen Praxis, DAI-Skript 2008, S. 77; BayObLG DNotZ 1989, 777.
295 Faßbender/Hötzel/von Jeinsen/Pikalo/*Hötzel*, § 13 HöfeO Rn. 57.

Kapitel 12   Landwirtschaftliches Erbrecht

131 Der **Notar hat eine Belehrungspflicht** über die Nachabfindung.[296] Der Notar ist verpflichtet, den Hofeigentümer bei einem Verkauf innerhalb der 20 Jahresfrist auf den Abfindungsergänzungsanspruch hinzuweisen, wenn aus dem Grundbuch unproblematisch ersichtlich ist, dass ein entsprechender anspruchsbegründender Tatbestand vorliegt.[297]

132 Was die **Gestaltungspraxis** angeht, werden Abfindungsleistungen an die weichenden Erben häufig anders als nach dem Gesetz festgelegt. Obergrenze ist die Lebensfähigkeit des Hofes, Untergrenze der Pflichtteil der weichenden Erben.

133 Werden deutlich höhere als die gesetzlichen Abfindungen angeordnet, so wird der Erblasser häufig korrespondierend dazu die Abfindungsergänzungsansprüche nach § 13 HöfeO ausschließen oder auf den Pflichtteil begrenzen. Häufig kommen folgende **Modifikationen** vor:
- Die Verlängerung der Frist über 20 Jahre hinaus.
- Die Änderung der Anspruchschwelle dahin, dass diese nur überschritten sein soll, wenn Grundbesitz veräußert wird, der 10 % des Einheitswertes ausmacht oder überschreitet, nicht – wie nach dem Gesetz- dessen Erlös 10 % des Hofeswertes beträgt.
- Die Klarstellung, dass die etwaige Ertragsteuer, was die Entnahme angeht, zu den abzugsfähigen öffentlichen Abgaben im Sinne des § 13 Abs. 5 HöfeO gehören soll.
- Die Milderung, Ausschließung oder Verstärkung der Degression. Seit 1976 vermindern sich die Abfindungsergänzungsansprüche, wenn die zweckfremde Verwertung später als 10 Jahre nach dem Erbfall erfolgt, um ein Viertel, nach 15 Jahren auf die Hälfte (§ 13 Abs. 4 HöfeO).

134 Problematisch kann eine **Abfindung in Land** sein. Sie ist ggf. nur nach Maßgabe des GrdstVG und der HöfeO zulässig.[298] In der Regel wird der Erblasser ein solches Landvermächtnis, sofern nicht der weichende Erbe seinerseits Landwirt ist, mit einem Untervermächtnis zugunsten des Hoferben versehen, wonach der Hoferbe an dem Land ein **Vorkaufs- und ein Vorpachtrecht** erhält. Was Grundstücksvermächtnisse angeht, müssen unbedingt die ertragsteuerlichen Auswirkungen von einem Steuerberater geprüft werden, da sonst ggf. die Entnahme von Land aus dem Betriebsvermögen eine entsprechende Einkommensteuerbelastung auslöst.

j) **Neues Erbrecht:**

135 Seit dem 1. Januar 2010 gilt das Gesetz zur Änderung des Erb- und Verjährungsrechtes.[299] Hier soll nur die **Verjährung** betrachtet werden. Das Gesetz regelt die Verjährung erbrechtlicher Ansprüche dahingehend neu, dass grundsätzlich auch im Erbrecht die dreijährige Regelverjährung gilt, § 195 BGB. Ausnahmen sind in § 197 Abs. 1 Nr. 1 BGB geregelt. Die Verkürzung der Regelverjährungsfrist gilt auch für den höferechtlichen Abfindungsanspruch der weichenden Erben nach § 12 HöfeO. Bisher galt hierfür nach h. M.[300] grundsätzlich die 30jährige Verjährungsfrist. Somit gilt für alle ab dem 01. Januar 2010 neu entstehenden höferechtlichen Abfindungsansprüche von vornherein eine nur dreijährige Verjährungsfrist ab Kenntnis der anspruchsbegründenden Umstände. Die Ansprüche verjähren spätestens 10 Jahre nach ihrer Entstehung.

136 Zu beachten ist auch die Überleitungsregelung nach Art 2 des Änderungsgesetzes. Dem Art. 229 EGBGB wurde die Überleitungsvorschrift § 23 angefügt. Art 229 § 23 EGBGB ist von Bedeutung für **ältere Hofübergabefälle**. Die 30-jährige Verjährungsfrist wird nachträglich gekürzt und endet spätestens am 31. Dezember 2012. Endet jedoch die 30-jährige Verjährungsfrist nach altem Recht

---

296 *Peter/Roemer*, RNotZ 2005, 169f; *Wöhrmann*, RdL 2004, 3f; BGH III ZR 302/03, DNotZ 2005, 66; OLG Celle, RdL 2004, 17.
297 BGH – III ZR 302/03, DNotZ 2005, 66; *Peter/Römer*, RNotZ 2005, 169 f.
298 Faßbender/Hötzel/von Jeinsen/Pikalo/*Faßbender*, § 16 HöfeO Rn. 22 ff.
299 Gesetz vom 24. September 2009, BGBl. I, S. 3142; dazu MüKoBGB/*Leipold*, Einleitung Erbrecht, Rn. 57 f. m. w. N.
300 *Steffen/Ernst*, § 12 Rn. 98 m. w. N.; a. A. *Wöhrmann*, § 12 HöfeO Rn. 117 ff.

zwischen dem 01. Januar 2010 und dem 31. Dezember 2012, bleibt es bei dem Verjährungseintritt nach altem Recht.

Beispiel: Der Hofinhaber ist am 31. Dezember 1981 verstorben. Dann endet die 30-jährige Frist schon am 31. Dezember 2011. Die Reform ändert daran nichts. **Eine Verlängerung der Verjährungsfrist auf den 31. Dezember 2012 findet nicht statt!** 137

II. Gestaltung

1. Einzeltestament eines Landwirts

Sachverhalt: Ein Landwirt ist Alleineigentümer eines Hofes iSd HöfeO. Er setzt sein einziges Kind, seinen Sohn zum Hofnachfolger ein, und sichert die Versorgung seiner etwa überlebenden Ehefrau durch ein Altenteilsvermächtnis. Daneben können nach den allgemeinen Regeln Verfügungen über das hoffreie Vermögen erfolgen (diese sind vorliegend nicht ausgeführt). 138

▶ **Muster: Einzeltestament eines Landwirts** 139

[Notarieller Urkundeneingang]

Der Erschienene erklärte folgendes:

Ich will ein

TESTAMENT

errichten und bin durch frühere Verfügungen von Todes wegen oder durch formlos-bindende Hoferbenbestimmung hieran nicht gehindert. Ich wurde in ... geboren als Sohn der Eheleute Herr ... und Frau ... geborene ... Ich habe ausschließlich die deutsche Staatsangehörigkeit und verlange keine Zuziehung von Zeugen. Eine Ausfertigung dieses Testaments soll der Notar unverschlossen zu seiner Urkundensammlung nehmen. Durch diese Verhandlung erlangte der Notar die Überzeugung von der Geschäfts- und Testierfähigkeit des Erblassers. Dieser erklärte dem Notar mündlich seinen letzten Willen wie folgt:

I. Aufhebung

Alle etwa vorhandenen früheren Verfügungen von Todes wegen hebe ich hiermit auf.

II. Verfügungen über das hofgebundene Vermögen

Ich bin Eigentümer der landwirtschaftlichen Besitzung »Michelshof« mit der Hofstelle in ..., eingetragen in den Grundbüchern des Amtsgerichts ... von ... Blatt ... und Blatt ...

Es handelt sich dabei zur Zeit um einen Hof im Sinne der Höfeordnung.

§ 1 Hoferbeinsetzung

Zum Hoferben setze ich meinen Sohn S. ein.

Hofersatzerbe soll sein.

§ 2 Vermächtnis zugunsten meiner Ehefrau

(1) Meine Ehefrau erhält im Wege des Vermächtnisses ein Altenteil.[301]

(2) Das Altenteil besteht aus:

---

301 Altenteilsformulierung nach *Witt*, Das Landwirtschaftsrecht in der notariellen Praxis, DAI-Skript 2008, S. 87 ff., mit Änderungen. DNotI Gutachten Nr. 64680 zur Verweigerung der Genehmigung des Hofübergabevertrages wegen Umfang und Inhalt der Altenteilsleistungen.

Kapitel 12 Landwirtschaftliches Erbrecht

a) Naturalien, die der Hof erzeugt, einschließlich . . ., für den Bedarf des eigenen Haushalts mindestens wöchentlich . . . Entfallen die Naturalleistungen, ist hierfür ein monatlicher Betrag von . . .,– Euro an die Vermächtnisnehmerin zu entrichten

b) Unentgeltlichem, lebenslänglichen Wohnrecht

Die Vermächtnisnehmerin hat freien Zugang zu dem Gesamtbesitz, der Gegenstand dieses Vertrages ist mit Ausnahme von . . . Der Hoferbe hat das Schneeräumen und das Streuen gegen Glatteis auf dem Zugang zum Altenteilerhaus zu übernehmen. Der Hoferbe stellt der Vermächtnisnehmerin weiterhin eine Pkw-Garage zur Nutzung zur Verfügung. Wenn die Vermächtnisnehmerin keinen eigenen Pkw mehr benutzt, hat ihr der Hoferbe einen Pkw mit Fahrer für Fahrten im Umkreis von 20 km zu Einkaufsfahrten, und Fahrten zur Teilnahme am sozialen Leben o. ä. in angemessenen Abständen zur Verfügung zu stellen. Dies darf jedoch nicht zur Unzeit verlangt werden. Sofern die Vermächtnisnehmerin das vorstehende Wohnrecht samt Nebenleistungen nicht mehr in Anspruch nimmt, erhält sie statt dessen einen monatlichen Entschädigungsbetrag von . . . Euro, welcher Zug um Zug gegen Löschungsbewilligung des Wohnrechtes als weiterer Baraltenteilsbetrag dann im Grundbuch abzusichern ist.

c) Wart und Pflege der Vermächtnisnehmerin im üblichen und zumutbaren Rahmen, auch für den Fall der Gebrechlichkeit, jedoch nur in einem Umfang, der vom Hoferben unter Berücksichtigung der betrieblichen Arbeitsbelastung und der erforderlichen Sorge für die eigene Familie persönlich erbracht werden kann und nur, solange die Vermächtnisnehmerin in dem zu a) dieses Paragraphen näher beschriebenen Altenteilerhaus auf dem »Michelshof« wohnt. Sobald die Vermächtnisnehmerin nicht mehr in dieser Wohnung lebt, erlischt diese Verpflichtung und die Vermächtnisnehmerin erhält stattdessen einen Ersatzbetrag von . . ., Euro monatlich.

Sofern die Vermächtnisnehmerin über die vorstehend geregelte Wart und Pflege zusätzlicher Unterstützung bedarf, hat sie aus ihren eigenen Mitteln zusätzliche Hilfskräfte zu bezahlen. Der Hoferbe ist lediglich verpflichtet, den Einsatz dieser Hilfskräfte zu organisieren. Vorstehende Verpflichtung besteht auch nur insoweit, als nicht aus privater oder gesetzlicher Pflegeversicherung oder Krankenversicherung etc. ein Ersatz und Hilfe zu erlangen ist.

d) Einem Baraltenteil von monatlich 1.000,– Euro, zahlbar monatlich im voraus bis spätestens 5. eines jeden Monats. Die Vermächtnisnehmerin hat sich auf das Baraltenteil keine sonstigen Einkünfte anrechnen zu lassen.

e) Übernahme der Kosten eines standesgemäßen Begräbnisses einschließlich der Kosten eines Grabsteines, sowie der Grabpflegekosten für den Erblasser und die Vermächtnisnehmerin.

(3) Im Einzelnen gilt:

a) Für die vorstehend zu Abs. 2 lit a) bis mit c) bestimmten Ablösungsbeträge sowie das zu lit. d) bestimmte Baraltenteil gilt mit Rücksicht auf die ungewissen zukünftigen geldlichen und wirtschaftlichen Verhältnisse folgende Wertsicherungsklausel:

Steigt oder fällt der vom Statistischen Bundesamt für die Bundesrepublik Deutschland amtlich festgestellte Verbraucherpreisindex (VPI) auf der Basis 2005 = 100 Punkte gegenüber dem für . . . [Monat der Beurkundung] festgestellten Index um mehr als 10 % (nicht Punkte), so können die Beteiligten (Hoferbe und Vermächtnisnehmerin) die Einleitung von Verhandlungen über eine angemessene Neufestsetzung der Abfindungsbeträge bzw. des Baraltenteils im Rahmen der Leistungsfähigkeit des Hofes verlangen. Sofern zwischen den Beteiligten keine Einigung erzielt werden kann, ist die Anpassung auf Antrag eines Beteiligten von dem für den Betrieb Michelshof zuständigen Landwirtschaftsgericht nach billigem Ermessen verbindlich für die Beteiligten neu festzusetzen.

b) Das Altenteilsrecht ist an dritte Personen nicht übertragbar und hat höchstpersönlichen Charakter. Eine Überlassung an Dritte zur Ausübung ist unzulässig.

c) Das vorstehende vermächtnisweise angeordnete Altenteil soll, soweit zulässig, in den Grundbüchern laut Abschnitt II bzw. den Grundbüchern, die zum Zeitpunkt meines Ablebens das Betriebsvermögen des »Michelshofes« bilden, an rangbereiter Stelle mit Löschungserleichterung nach § 23 Abs. 2 GBO eingetragen werden.

d) Das in Abs. 2 lit. a), b) und c) vereinbarte Ersatzentgelt für Naturalien, Wohnung bzw. Wart und Pflege sowie die dem Hoferben auferlegten Grabpflegekosten sind grundbuchlich nicht abzusichern.

e) Dem Hoferben kommt nicht das Recht zu, gemäß Art. 15 Preußisches AGBGB, das Wohnrecht der Vermächtnisnehmerin bei Unzumutbarkeit zu kündigen.

(4) Ein Recht zur Verwaltung und Nutznießung am Hof steht meiner Ehefrau im übrigen nicht zu.[302]

(5) Das vorstehende Vermächtnis zugunsten meiner Ehefrau entfällt, wenn sie Abfindungs- oder Nachabfindungsansprüche nach §§ 12 oder 13 HöfeO geltend macht; solche stehen ihr nicht zu.

2. Erbvertragliche Anordnung einer Hofvor- und -nacherbfolge[303]

Sachverhalt: V (Vater) und M (Mutter) haben zwei Kinder T1 und T2. V ist Alleineigentümer eines Hofes i. S. d. HöfeO. Der Hof ist an T1 und deren Ehemann verpachtet. T1 soll nunmehr lediglich Hofvorerbin werden. Hofnacherbe soll deren ältestes wirtschaftsfähiges Kind werden. M soll ein Bestimmungsrecht erhalten, ggf. einen anderen Hofnacherben zu bestimmen. M erhält, wenn sie V überlebt, das Nießbrauchsrecht am Hof, sowie das gesamte hoffreie Vermögen. Wenn M vorverstirbt, erhält T2 das hoffreie Vermögen. T2 soll das hoffreie Vermögen auch erhalten, wenn M als Längerlebende verstirbt. Ergänzende Störfallvorsorge für den Fall, dass beim Ableben von V die Hofeigenschaft nicht mehr bestehen sollte.

▶ **Muster:**

[Notarieller Urkundeneingang]

Es erschienen:

Eheleute V, geboren am ... und M, geb. ..., geboren am ..., beide wohnhaft in ..., dem Notar zur Person ausgewiesen durch ...

Die Erschienenen erklärten:

Wir wollen einen Erbvertrag schließen. Durch frühere Verfügungen von Todes wegen sind wir daran nicht gehindert. Wir sind ausschließlich deutsche Staatsangehörige. Den Erbvertrag soll der Notar unverschlossen in seine amtliche Verwahrung nehmen. Wir wünschen nicht, dass zu dieser Verhandlung Zeugen hinzugezogen werden. Der Notar überzeugte sich durch die Verhandlung von der erforderlichen Geschäftsfähigkeit der Erblasser. Die Beteiligten erklärten dem Notar mündlich:

Wir schließen folgenden

Erbvertrag

I. Zunächst erklärte V:

(1) Ich bin Eigentümer der landwirtschaftlichen Besitzung mit der Hofstelle in ..., eingetragen in den Grundbüchern des Amtsgerichts ... von ... Blatt ... und Blatt ... Es handelt sich dabei zur Zeit um einen Hof im Sinne der Höfeordnung.

(2) Der Hof ist an meine Tochter T 1 und deren Ehemann verpachtet. Dadurch könnte ich an der Hofaufhebung, einer anderweitigen Hoferbenbestimmung und an Verfügungen gehindert sein, die die Vorteile der Hoferbfolge verringern. Ich betreibe zur Zeit ein Feststellungsverfahren nach § 11 HöfeVfO, um diese Problematik zu klären.

(3) Für den Fall, dass bei meinem Tode die Hofeigenschaft besteht, ich aber dessen ungeachtet an einer anderweitigen Hoferbenbestimmung bzw. ihrer Abwandlung nicht gehindert bin, berufe ich meine Tochter, T1, zu meiner Hofvorerbin. Sie ist von den gesetzlichen Beschränkungen nicht befreit.

(4) Hofnacherbe wird mein beim Tode meiner Tochter T1 lebendes ältestes, wirtschaftsfähiges Enkelkind.

---

302 Beck'sches Formularbuch Erbrecht/*Ivo*, GX3.
303 Text entwickelt auf Basis einer »lebenden« Urkunde meines Amtsvorgängers Notar Dr. *Faßbender*; siehe auch *Gehse*, RNotZ 2008, 339.

(5) Meiner Ehefrau räume ich – soweit dies gesetzlich möglich ist – das Recht ein, aus dem Kreis meiner Abkömmlinge einen anderen Hofnacherben zu bestimmen.[304] Lebt beim Tode meiner Tochter T1 kein wirtschaftsfähiger Abkömmling, so soll der Hof als verwaister nach § 10 HöfeO an alle meine Abkömmlinge nach den Regeln des allgemeinen bürgerlichen Erbrechts als Nacherben fallen.

(6) Meiner Ehefrau M, geborene ..., vermache ich an dem Hof – soweit gesetzlich zulässig – ein lebenslängliches, unentgeltliches Nießbrauchsrecht, ersatzweise einen jährlich am 11. November eines jeden Jahres zu zahlenden Geldbetrag, der jeweils der ortsüblichen Nettopacht für den Hof entspricht.

ggf. Ausformulierung des Nießbrauchsrechts.

(7) Meiner Tochter T2, bzw. ihren Abkömmlingen sollen keine Abfindungsansprüche nach § 12 HöfeO, wohl aber Abfindungsergänzungsansprüche nach § 13 HöfeO zustehen. Die Abfindungsergänzung nach § 13 HöfeO soll – sofern gesetzlich möglich – auf die Lebensdauer meiner Tochter T1, mindestens aber auf dreißig Jahre nach meinem Tode, ausgedehnt werden. Die Ansprüche sollen sich nicht gem. § 13 Abs. 5, letzter Satz, HöfeO, verringern. Die Anschaffung eines Ersatzhofes soll die Abfindungsergänzung weder ausschließen noch auch nur mindern, wohl aber die Anschaffung einzelner Ersatzgrundstücke oder Ersatzgegenstände zu meinem Hof.

(8) Zum Alleinerben meines hoffreien Nachlasses berufe ich meine Ehefrau M, geborene ..., ersatzweise meine Tochter T2, weiter ersatzweise deren Abkömmlinge.

(9) Sollte meine Tochter T1 oder einer ihrer Abkömmlinge, nach meinem Tode irgendwelche Ansprüche, insbesondere Pflichtteilsansprüche, hinsichtlich meines hoffreien Nachlasses und und/oder nach dem Tode meiner Ehefrau M; geborene ... irgendwelche Ansprüche hinsichtlich ihres Nachlasses stellen, so soll meine Tochter T1 samt Abkömmlingen – sofern gesetzlich möglich – von der Hoferbfolge gänzlich ausgeschlossen sein, gegebenenfalls also auch das Hoferbrecht im nachhinein verlieren. Alsdann tritt sofort Hofnacherbfolge ein. Hofnacherbin ist dann meine Tochter T2, ersatzweise deren ältester wirtschaftsfähiger Abkömmling, in Ermangelung eines solchen die Gesamtheit ihrer Abkömmlinge nach allgemeinem bürgerlichen Recht.

(10) Für den Fall, dass bei meinem Tode die Hofeigenschaft aufgehoben ist, soll sich die Besitzung nach den Regeln des BGB über das Landgut zum Ertragswert vererben. Als Ertragswert bestimme ich den vierfachen Einheitswert im Zeitpunkt meines Todes, gegebenenfalls auf den Todeszeitpunkt fortgeschrieben. Meine Tochter T1 wird dann meine alleinige nicht befreite Vorerbin. Meiner Ehefrau M vermache ich meinen Nachlass, soweit er nicht Bestandteil oder Zubehör des landwirtschaftlichen Betriebes ist, sowie an dem landwirtschaftlichen Betrieb das lebenslebenslängliche, unentgeltliche Nießbrauchsrecht. Sollte ich meine Ehefrau überleben, so vermache ich meinen nicht zum Betrieb gehörenden Nachlass meiner Tochter T2, ersatzweise ihren Abkömmlingen.

Im übrigen sollen die vorstehenden Verfügungen auch in diesem Falle sinngemäß gelten. Dies gilt insbesondere hinsichtlich der Abfindungsergänzungsansprüche, die ich für diesen Fall hiermit nach den Regeln des § 13 HöfeO unter Berücksichtigung ihrer vorstehend verfügten Abwandlungen als Vermächtnis zu Gunsten der anderen Abkömmlinge anordne.

II. Sodann erklärte M:

(1) Für den Fall meines Erstversterbens berufe ich unsere Tochter T2, ersatzweise deren Abkömmlinge, zu meiner alleinigen, nicht befreiten Vorerbin und deren Abkömmlinge zu meinem Nacherben. Die Auseinandersetzung des Nachlasses soll bis zur Vollendung des 25. Lebensjahres des jüngsten Nacherben ausgeschlossen sein. Meinem Ehemann vermache ich den beweglichen Nachlass zum Eigentum und an meinem unbeweglichen Nachlass das lebenslängliche unentgeltliche Nießbrauchsrecht. Mein Ehemann soll ferner Zeit seines Lebens meinen Nachlass als Testamentsvollstrecker verwalten und dazu auch Verbindlichkeiten für den Nachlass eingehen sowie Rechtsgeschäfte mit sich selbst abschließen können.

(2) Für den Fall, dass ich nach meinem Ehemann versterbe, berufe ich meine Tochter T2 zur alleinigen nicht befreiten Vorerbin und deren Abkömmlinge zu meinen Nacherben. Auch in diesem Fall soll der Nachlass auseinandergesetzt werden, wenn der jüngste Nacherbe 25 Jahre alt ist.

---

304 Dazu ausführlich *Gehse*, RNotZ 2008, 339.

(3) Sollten meine Tochter T2 oder einer ihrer Abkömmlinge nach dem Tode meines Ehemannes irgendwelche Ansprüche stellen – mit Ausnahme etwaiger Abfindungsergänzungsansprüche –, so sollen sie samt Abkömmlingen von mir auf den Pflichtteil gesetzt sein.

III. Sodann erklärten beide Eheleute:

... (übliche erbvertragliche Schlussbestimmungen) Diese Niederschrift ...

3. Verzicht auf Abfindungs- und Nachabfindungsansprüche

Ivo[305] hat sich ausführlich mit dem Verzicht auf Abfindungs- und Nachabfindungsansprüche gem. §§ 12, 13 HöfeO beschäftigt. Man sollte insbesondere folgende unterschiedliche Sachverhalte trennen, und genau formulieren: 142

▶ **Muster: Auf den Hof beschränkter Verzicht** 143

Wir, ..., verzichten hiermit für uns und unsere Abkömmlinge hinsichtlich des Hofes ... auf unser gesetzliches Erb- und Pflichtteilsrecht nach unserem Vater ... Damit sind auch Ansprüche auf Abfindung und/oder Nachabfindung gem. §§ 12, 13 HöfeO ausgeschlossen. ...(Vater) nimmt diesen Verzicht an.[306]

Man kann auch isoliert auf Abfindungsansprüche nach § 12 HöfeO verzichten, unter Aufrechterhaltung etwaiger Nachabfindungsansprüche gem. § 13 HöfeO. Umgekehrt ist es auch möglich, isoliert auf Nachabfindungsansprüche nach § 13 HöfeO zu verzichten. 144

▶ **Muster: Verzicht auf den bereits entstandenen Abfindungsanspruch**[307] 145

Wir, B und C, erklären, mit der vereinbarten Zahlung i. H. von jeweils ... hinsichtlich der Ansprüche gemäß § 12 HöfeO abgefunden zu sein. Auf etwaige weitergehende Ansprüche gemäß § 12 HöfeO verzichten wir vorsorglich. A nimmt diesen Verzicht an. Etwaige Nachabfindungsansprüche gemäß § 13 HöfeO bleiben unberührt.

▶ **Muster: Verzicht auf künftige Abfindungsansprüche** 146

Wir, B und C, verzichten hiermit für uns und unsere Abkömmlinge hinsichtlich des Hofes ... auf etwaige Abfindungsansprüche gemäß § 12 HöfeO einschließlich etwaiger diesbezüglicher Pflichtteilsansprüche. A nimmt diesen Verzicht an. Etwaige Nachabfindungsansprüche gemäß § 13 HöfeO bleiben unberührt.

Ein Verzicht ist mE auch zulässig mit **Wirkung gegen die Abkömmlinge**. Das war bislang eher zweifelhaft, da von manchen[308] ein Verzicht auf künftige Ansprüche aus §§ 12, 13 HöfeO als Zuwendungsverzicht[309] gewertet worden ist, bei dem eine Erstreckung auf die Abkömmlinge grundsätzlich unzulässig war. *Ivo* meint, es handele sich dabei um einen beschränkten Erbverzicht, der hier ausnahmsweise zulässig sei;[310] insoweit gelte § 2349 BGB. Nach der Neufassung des § 2352 BGB dürfte sich dieses Problem erledigt haben.[311] 147

---

305 Nachfolgendes Muster nach *Ivo*, ZEV 2004, 316 ff.
306 Formulierung nach *Ivo*, ZEV 2004, 316, 317.
307 Grundmuster nach Ivo, mit Änderungsvorschlägen.
308 Siehe OLG Hamm AgrarR 1988, 196, 197.
309 § 2352, dazu Kapitel 16 Rdn. 95 ff.
310 *Ivo*, ZEV 2004, 316, 318.
311 Dazu nachstehend Kapitel 16 Rdn. 95 ff.

148 ▶ **Muster: Verzicht auf den bereits entstandenen Nachabfindungsanspruch nach § 13 HöfeO**

Variante 1: Nachabfindung bei Veräußerung des gesamten Hofes

Wir, B und C, erklären, mit der vereinbarten Zahlung i. H. von jeweils ... hinsichtlich der Ansprüche gemäß § 13 HöfeO abgefunden zu sein. Auf etwaige weitergehende Ansprüche gemäß § 13 HöfeO verzichten wir vorsorglich. A nimmt diesen Verzicht an.

Variante 2: Nachabfindung bei Veräußerung einzelner Hofgrundstücke

Wir, B und C, erklären, mit der vereinbarten Zahlung i. H. von jeweils ... hinsichtlich der Ansprüche gemäß § 13 HöfeO, die durch die Veräußerung der Grundstücke ... begründet wurden, abgefunden zu sein. Auf etwaige weitergehende Ansprüche gemäß § 13 HöfeO anlässlich der Veräußerung der vorgenannten Grundstücke verzichten wir vorsorglich. A nimmt diesen Verzicht an.

149 ▶ **Muster: Verzicht auf künftige Nachabfindungsansprüche nach dem Erbfall**

Wir; B und C, erklären, mit der vereinbarten Zahlung i. H. von jeweils ... hinsichtlich sämtlicher etwaiger Ansprüche, gemäß § 13 HöfeO abgefunden zu sein. Auf etwaige weitergehende Ansprüche gemäß § 13 HöfeO verzichten wir hiermit für uns und unsere Abkömmlinge. A nimmt diesen Verzicht an.

150 ▶ **Muster: Verzicht auf künftige Nachabfindungsansprüche vor dem Erbfall**

Wir, B und C, verzichten hiermit für uns und unsere Abkömmlinge hinsichtlich des Hofes ... auf etwaige Nachabfindungsansprüche gemäß § 13 HöfeO einschließlich etwaiger diesbezüglicher Pflichtteilsansprüche. A nimmt diesen Verzicht an. Abfindungsansprüche gemäß § 12 HöfeO bleiben unberührt.

D. Der Hofübergabevertrag

I. Grundlagen

151 Bei der Hofübergabe geht es heute nicht (mehr) einfach darum, einen wirtschaftsfähigen Übernehmer zu ermitteln, wie von der HöfeO vorgesehen. Der Regelfall ist nicht, dass mehrere übernahmewillige, geeignete Nachfolger bereitstehen, vielmehr kommt es nicht selten vor, dass **kein übernahmebereiter Abkömmling** vorhanden ist. Neben die **gleitende Übergabe**, wie vorstehend geregelt, tritt der Regelfall der lebzeitigen Übernahme. In der Praxis ist die lebzeitige Übergabe durch Einzelvertrag bei weitem der Regelfall, nicht die erbrechtliche Überleitung. Grundsätzlich ist auch der Hofübergabevertrag eine Betriebsübergabe; es gelten jedoch einige Besonderheiten.[312] Die lebzeitige Übergabe ist der Hofnachfolge mittels letztwilliger Verfügung vorzuziehen, da die wechselseitigen Ansprüche, die Versorgung und Existenzsicherung der Übergeber bzw. der Erhalt der Leistungsfähigkeit des Hofes und die Versorgung der eigenen Familie des Übernehmens so besser miteinander abgestimmt werden können. Nicht zuletzt kann bei der lebzeitigen Übergabe auch der Übergeber seinen Einfluss dahingehend ausüben, dass die Geschwister des Übernehmers an dem Vertrag beteiligt werden und entsprechende Pflichtteilsverzichts- oder Abfindungserklärungen abgeben. Eine Mitwirkung der weichenden Geschwister ist insbesondere wegen der Bestimmungen des § 17 Abs. 2 HöfeO anzustreben, da **§ 17 Abs. 2 HöfeO den Erbfall zum Zeitpunkt der Übergabe zugunsten der anderen Abkömmlinge des Übergebers fingiert**. Somit entstehen die Abfindungsansprüche der weichenden Erben nach § 12 HöfeO bereits mit der Eigentumsumschreibung im Grundbuch.[313] Häufig enthalten die Übergabeverträge Modifikationen der Abfindung und Nachabfindung der weichenden Geschwister.

152 Was die **Form** anbelangt, bedarf der Übergabevertrag zu seiner Gültigkeit der notariellen Beurkundung. Einer notariellen Beurkundung bedarf es dann nicht, wenn eine **Hoferbenbestimmung** form-

---

312 Zusammenfassend Kersten/Bühling/*Grundmann*, 23. Aufl., § 36 Rn. 153 ff.
313 OLG Hamm AgrarR 1986, 53.

los–bindend getroffen wird, insbesondere dadurch, dass der Hofeigentümer einem hoferbenberechtigten Abkömmling die Bewirtschaftung des Hofes unter den Voraussetzungen des § 6 Abs. 1 S. 1 Nr. 1 HöfeO übertragen hatte, § 7 Abs. 2 S. 2 HöfeO.[314] Der Hofübergabevorvertrag, auf dem die formlos–bindende Hoferbenbestimmung beruht, begründet für den Begünstigten einen Anspruch auf Abschluss eines Übergabevertrages, zu dessen Sicherung der Begünstige dem Hofeigentümer gerichtlich verbieten lassen kann, über den Hof eigenmächtig zu Gunsten eines Dritten zu verfügen.[315]

Wichtig: Der Hofübergabevertrag bedarf der Genehmigung des Landwirtschaftsgerichts.[316] Das Landwirtschaftsgericht prüft den Vertrag nach HöfeO[317] und nach GrdstVG.[318] 153

Nach **GrdstVG** sind insbesondere die Versagungsgründe nach § 9 GrdstVG zu prüfen.[319] Die Sonderregelung des § 8 Nr. 2 GrdstVG, das Verwandtenprivileg,[320] gilt nicht für Höfe i. S. d. HöfeO,[321] § 31 Abs. 1 HöfeO. Nach der HöfeO muss der Übergabevertrag die lebzeitige Hofnachfolge unter Berücksichtigung der Kriterien einer Hoferbfolge regeln.[322] 154

Der Grundbesitz muss bei Eintritt der Hoferbfolge und der vorweggenommenen Hoferbfolge durch Übergabevertrag **geschlossen** auf den Übernehmer **übertragen** werden. Es ist jedoch nicht zu fordern, dass der Übergeber dem Übernehmer das gesamte hofgebundene Vermögen überträgt.[323] Einzelne, gegenüber dem gesamten Grundbesitz nicht ins Gewicht fallende Grundstücke können von der Übertragung ausgenommen werden,[324] in diesem Fall ist für die Gestaltung die ertragsteuerliche Seite zu beleuchten; diesbezüglich sind die Beteiligten auf die Verpflichtung zu verweisen, wegen der steuerlichen Folgen einer Entnahme, einen Steuerberater zu befragen. Eine Hofübergabe liegt aber dann nicht vor, wenn der Hofübergeber Eigentümer der Hofstelle bleibt und nur einzelne Grundstücke überträgt.[325] 155

Der Hofübernehmer muss in gleicher Weise wie ein durch Verfügung von Todes wegen bestimmter Hoferbe **wirtschaftsfähig** sein.[326] Im Fall der lebzeitigen Hofübergabe muss die Wirtschaftsfähigkeit bei Abschluss des Hofübergabevertrages bestehen, nicht mehr im Zeitpunkt des Todes des Hofübergebers.[327] 156

Der Hofübergabevertrag darf nicht in Widerspruch zu einer vom Hofeigentümer bereits **bindend**[328]**getroffenen Hoferbenbestimmung** stehen. Ansonsten wäre der Hofübergabevertrag in entsprechender Anwendung des § 2289 Abs. 1 S. 1 BGB in gleicher Weise unwirksam wie eine Verfügung von Todes wegen, die die Rechte eines Vertragserben beeinträchtigt.[329] 157

---

314 *Wöhrmann*, § 17 HöfeO Rn. 15.
315 BGH AgrarR 1987, 222; *Wöhrmann*, § 17 HöfeO Rn. 15.
316 § 1 HöfeVfO i. V. m. § 17 HöfeO und §§ 3, 9 GrdstVG. Die weichenden Erben haben jedoch kein Beschwerderecht im Genehmigungsverfahren, sie werden in der Praxis aber angehört; OLG Hamm im Beschluss vom 23.10.2014 – 10 W 71/14 = BeckRS 2014, 22359 = ZEV 2015, 65 Ls.
317 *Lange/Wulff*, § 17 Rn. 111; *Faßbender/Hötzel/v. Jeinsen/Pikalo/Faßbender*, § 17 Rn. 216 ff.
318 *Faßbender/Hötzel/v. Jeinsen/Pikalo/Faßbender*, § 17 Rn. 207 ff.; *Kersten/Bühling/Grundmann*, 23. Aufl., § 36 Rn. 153.
319 Es ist auch zulässig, zunächst einen Entwurf zur Genehmigung einzureichen, *Lange/Wulff*, § 17 Rn. 129.
320 *Kersten/Bühling/Grundmann*, § 36 Rn. 153.
321 *Wöhrmann*, § 17 Rn. 88; *Lange/Wulff*, § 17 Rn. 111.
322 Dazu *Wöhrmann*, § 17, Rn. 80–82, und 103 ff.
323 *Wöhrmann*, § 17 HöfeO Rn. 26.
324 *Wöhrmann*, § 17 HöfeO Rn. 26; *Faßbender*, AgrarR 1986, 131; BGH RdL 2003, 296.
325 *Wöhrmann*, § 17 HöfeO Rn. 26.
326 Dazu vorstehend Rdn. 78 ff.; *Wöhrmann*, § 17 HöfeO Rn. 27.
327 BGH RdL 1963, 270.
328 BGH NJW 1988, 710f; *Lambert-Lang/Tropf/Frenz*, Handbuch der Grundstückspraxis, S. 1056.
329 *Wöhrmann*, § 17 HöfeO Rn. 30.

158 Der Übernehmer muss auch eine **hofeigentumsfähige** Person sein, so dass nur auf eine Person übertragen werden muss. Ausnahmsweise ist es zulässig, den Hof auf einen Ehepartner zu übertragen, denn in diesem Fall behält die Besitzung die Hofeigenschaft.[330] Für die Gestaltung sollte eine Rückfallklausel für den Scheidungsfall in Erwägung gezogen werden. In jedem Fall sollte der Notar auf die Möglichkeit solcher Bestimmungen hinweisen.[331]

159 Die **Gegenleistungen** des Hofübernehmers dürfen nicht in einem **Wertmissverhältnis zum Hofeswert** stehen und müssen vom Übernehmer getragen werden können, ohne dass die Lebensfähigkeit des Hofes leidet.[332]

160 **Notwendige oder übliche Bestandteile des Hofübergabevertrages:**[333]

161 Die vorstehenden Regelungen[334] zur Landgutsübergabe gelten grundsätzlich entsprechend, nach Maßgabe der höferechtlichen Besonderheiten.

II. Altenteil des Hofübergebers und ggf. des Ehegatten

162 Der (Hof-)Übergabevertrag enthält regelmäßig **lebenslängliche Altenteilsrechte** für den Übergeber und dessen Ehegatten. Das Altenteilsrecht kann von den Vertragsbeteiligten individuell nach deren Wünschen und Bedürfnissen ausgestaltet werden.[335] Es genügt, wenn die Leistungen des Übernehmers hinreichend bestimmt oder bestimmbar sind.[336] Da der Hofübergabevertrag vom Landwirtschaftsgericht genehmigt werden muss, ist zu fordern, dass die zu erbringenden Leistungen zur angemessenen Lebenserhaltung des Altenteilers und seines Ehegatten erforderlich sind, wobei die Größe und Leistungsfähigkeit des Hofes, die Bedürfnisse der Altenteiler, aber auch die Leistung, die der Altenteiler und sein Ehegatte während ihrer Wirtschaftszeit für den Hof erbracht haben, zu berücksichtigen sind.[337]

163 Der Begriff des **Altenteils**[338] ist nicht definiert. Es ist auch bis heute nicht gelungen, eine abschließende Definition zu entwickeln.[339] Es finden sich im Deutschen Recht punktuelle Regelungen, Art. 96 EGBGB, § 9 EGZVG, § 850b ZPO, § 49 GBO, unterschiedliche Ausführungsgesetze der Länder zum BGB und ZVG.

164 Typisch für ein Leibgeding ist aus Sicht des Übergebers die Preisgabe der wirtschaftlichen Selbstständigkeit im weitesten Sinne gegen Bindung an den Übernehmer im Rahmen eines **personalen Versorgungsverhältnisses**. Typisch aus Sicht des Übernehmers ist die Erlangung oder Verbesserung der eigenen wirtschaftlichen Selbstständigkeit gegen Bindung an den Übergeber im Rahmen dieses personalen Versorgungsverhältnisses, welches sich als gegenseitiges Abhängigkeitsverhältnis darstellt. Das Abhängigkeitsverhältnis ist geprägt von der Leistungsfähigkeit des Übernehmers und der Bedürftigkeit des Übergebers, wobei die Einzelheiten vertraglich geregelt werden können und müssen. Es handelt sich nicht um ein wirtschaftlich vollumfänglich ausgewogenes Geschäft.[340]

---

330 *Wöhrmann*, § 17 HöfeO Rn. 35.
331 *Wöhrmann*, § 17 HöfeO Rn. 35.
332 *Wöhrmann*, § 17 HöfeO Rn. 102; DNotI-Gutachten Nr. 62194 zur Genehmigungsfähigkeit eines Hofübergabevertrages.
333 Siehe nur *Wöhrmann*, § 17 HöfeO Rn. 50 ff. Muster in KöFBGrundstücksR/*Fackelmann* Kap. 6 Rdn. Rn. 210.
334 Siehe vorstehend Rdn. 5 ff., insbesondere Rdn. 30.
335 *Wöhrmann*, § 17 HöfeO Rn. 50.
336 BGHZ 3, 206.
337 *Wöhrmann*, § 17 HöfeO Rn. 50 und § 14 HöfeO Rn. 39 ff.
338 Aus der Rspr. bspsw. BGH, Beschluß vom 4.7.2007 – VII ZB 86/06, NJW-RR 2007, 1390.
339 Staudinger/*Albrecht*, Art. 96 EGBGB Rn. 2; Hausmann/Hohloch/Hausmann, Kap. 24 Rn. 181; *Wirich*, Leibgeding, S. 144; BayObLG MittBayNot 1993, 208; *Mayer*, DNotZ 1996, 604, 620 ff.
340 *Wöhrmann*, § 14 HöfeO Rn. 39 ff., *Wirich*, Leibgeding, S. 144 ff.; Hausmann/Hohloch/Hausmann, Kap. 24 Rn. 181 ff. Zur Rechtsnatur des Übergabevertrages: (gemischte) Schenkung, Schenkung unter

Typischerweise, aber nicht notwendigerweise, enthält ein Altenteil/Leibgeding folgende Regelungs- 165
komplexe:
– Wohnungsrecht des Übergebers und seines Ehepartners auf der landwirtschaftlichen Besitzung, ggf. im Altenteilerhaus;
– Freier Aufenthalt auf dem Anwesen;
– Verpflichtung des Übernehmers, die Wohnung instand zu halten;
– Versorgung mit Licht, Heizung, Wasser, Strom, usw.;
– Verköstigung;
– Pflegeverpflichtung;
– Krankheitskosten; Übernahme von Krankheitskosten, soweit diese über die Leistungen der Krankenkasse hinausgehen;
– Rente/Versorgungszahlung;
– Nutzungsrecht am Pkw, Fahrdienste;
– Garagennutzung;
– Übernahme der Beerdigungskosten;
– Pflege der Grabstätte.

Altenteilsansprüche sind höchstpersönlicher Natur und deshalb weder vererblich noch pfändbar.[341] 166
Die Altenteilsansprüche gehen nicht kraft Gesetzes auf den Sozialhilfeträger über, sondern müssen von diesem gem. § 93 SGB XII übergeleitet werden.[342]

1. Wohnungsrecht:

Hier gibt es grundsätzlich keine höferechtlichen Besonderheiten, es sind jedoch ggf. die einzelnen 167
Landesgesetze zu berücksichtigen, so z. B. Art. 15 § 5 AGBGB NRW zum Leibgedingvertrag.[343] Typischerweise möchte der Übergeber auf dem Hof weiter wohnen können, so dass ein Wohnungsrecht im Wohnhaus des Übernehmers oder in einem gesonderten Altenteilerhaus eingeräumt werden muss. Für das Wohnungsrecht müssen die üblichen Regelungen erfolgen.[344] Somit sollten genaue Angaben zum Umfang des Wohnrechtes und etwaiger zur Nutzung überlassener Gartenflächen erfolgen. Auch die **Kostentragungsregelungen** sollten explizit im Einzelnen geregelt werden. Regelungsbedürftig ist die Frage, ob und in welchem Umfang sich das Wohnrecht bei einer etwa erforderlich werdenden Heimunterbringung des Wohnberechtigten in einen Geldzahlungsanspruch verwandelt; ggf. sollte eine solche Verpflichtung in Höhe der vom Übernehmer ersparten Aufwendungen vorgesehen werden.[345] Fraglich ist, was im Falle eines freiwilligen Abzugs des Altenteils vom Hof gelten soll. Grundsätzlich besteht kein Anspruch auf eine Geldentschädigung für das nicht ausgenutzte Wohnrecht.[346] Es kann jedoch eine vertragliche Regelung erfolgen.

2. Wart und Pflege

In landwirtschaftlichen Übergabeverträgen ist es nach wie vor üblich, Wart und Pflegeleistungen zu 168
vereinbaren. Im Hinblick auf die Streitträchtigkeit der Pflegeleistungen müssen die geschuldeten Pflegeleistungen soweit es geht, hinsichtlich Inhalt, Umfang und Dauer genau festgelegt werden.

Auflage oder Vertrag sui generis, siehe *Wöhrmann*, § 17 Rn. 42 ff. m. w. N., ausführlich *Wirich*, Leibgeding, Rn. 21 ff.
341 Hausmann/Hohloch/*Hausmann*, Kap. 24 Rn. 196; § 850b Nr. 3 ZPO.
342 OLG Düsseldorf, OLG Düsseldorf, Urteil vom 15.10.1993 – 14 U 333/92, NJW-RR 1994, 201; *J. Meyer*, ZEV 1995, 269 ff.; *ders.*, DNotZ 1995, 581 ff.; *ders.*, ZEV 1997, 197, 176 ff.; *Rastätter*, ZEV 1996, 281 ff.; *von Rundell*, MittBayNot 2003, 177 ff. .
343 Abgedruckt in *Wöhrmann*, Teil E: Recht der Altenteilsverträge; *Wirich*, Leibgeding, 2006; *ders.*, ZEV 2008, 372.
344 Siehe nur detailliert *Krauß*, Vermögensnachfolge, Rn. 1333 ff.
345 Siehe zuletzt *von Hoyenberg*, Vorweggenommene Erbfolge, § 3 Rn. 134 m. w. N.
346 BayObLG, Beschluß vom 7.8.1997 – 2Z BR 61–97, DNotZ 1998, 299.

Es ist festzulegen, ob die Pflegeleistungen persönlich erbracht werden müssen, oder ob sich der Übernehmer einer Pflegeperson bedienen darf. Fraglich ist, ob, wenn der Altenteiler selbst für die notwendige Betreuung sorgt, z. B. durch Einstellung einer Pflegeperson, er die dadurch entstehenden Kosten vom Pflichtigen erstattet verlangen kann. Zur Wart und Pflege gehören u. U. auch notwendige Krankenhauskosten. Ferner sollte das **Verhältnis der Pflegeleistungen zu Sozialleistungen** geregelt werden. Es sollten auch die (Nicht)Umwandlungs- möglichkeiten des Pflegedienstleistungsanspruchs in einen Geldanspruch geregelt werden, wenn die Pflegeleistungen, aus welchem Grund auch immer, unmöglich werden.[347]

3. Barzahlung/Taschengeld/Versorgung:

169 Üblich sind ferner Geldzahlungen, sei es als Gutabstandsgeld, d. h. als einmalige Zahlung, oder als wiederkehrende laufende Leistungen[348] (zur Versorgung).[349] Denkbar ist auch eine Beteiligung des Altenteilers an Sondererlösen, wenn der Übernehmer einzelne Parzellen gewinnbringend veräußert. Die Problematik der geldlichen Gegenleistungen sollte eingehend mit dem Steuerberater besprochen werden. Es muss im Spannungsfeld zwischen den Interessen des Übergebers und den Interessen des Übernehmers sowohl eine angemessene, auskömmliche Versorgung des Übergebers gesichert sein, als auch muss der Übernehmer die Geldzahlungsverpflichtungen nachhaltig erbringen können, ohne seine eigene Altersabsicherung, die Versorgung seiner eigenen Familie, zu beeinträchtigen bzw. zu gefährden. Es kommt als »Leitplanke« die Orientierung an der ortsüblichen Hofpacht in Frage. Angesichts der möglicherweise langen Laufzeit der Hofübergabeverträge, muss die Thematik »Inflation, Wertsicherung« und ggf. »§ 323 ZPO« besprochen werden.

4. Freie Wäsche und sonstige Naturalleistungen:

170 Die Verpflichtung zur Lieferung freier Wäsche im Rahmen eines Altenteilsrechts ist unüblich geworden, und bedeutet typischerweise nur, dass der Erwerber die Wäsche zur Verfügung stellen muss, nicht jedoch, dass er das regelmäßige Waschen der Wäsche besorgen muss.[350] Ältere Verträge regelten häufig auch noch die Versorgung des Übergebers durch Naturalien vom Hof. Dies kann auch heute noch erfolgen, es sollte jedoch immer, wenn dies erfolgt, **ein Ersatzwert in Geld** festgelegt werden, den der Übernehmer zusätzlich an den Übergeber zu zahlen hat, wenn der Übernehmer und/oder der Übergeber diese Naturalleistungen nicht mehr leisten/in Anspruch nehmen kann oder will. Es sollte, wenn man dies denn noch regeln möchte, auch festgelegt werden, ob die Versorgung am Tisch des Übernehmers stattzufinden hat oder auch auf Verlangen des Übergebers in seiner Wohnung. Ggf. sind Regelungen erforderlich im Hinblick auf Diätnahrung und dergleichen. ME sollte heutzutage auf diese Naturalleistungsklauseln eher verzichtet werden.

5. Dingliche Absicherung:

171 In der Gestaltung sind die Vertragsschließenden auf die dinglichen Absicherungsmöglichkeiten hinzuweisen. Die einzelnen Altenteilsleistungen können dinglich nach den hier dafür geltenden Regelungen gesichert werden, z. B. durch Nießbrauch, Wohn- und Mitbenutzungsrechte oder Reallasten. **§ 49 GBO** bietet eine grundbuchliche Erleichterung dahingehend, dass die zur dinglichen Absicherung eines Altenteils geeigneten Sicherungsrechte nicht einzeln auf dem jeweiligen Grundbuchblatt des belasteten Grundstücks verlautbart werden müssen, sondern diesbezüglich als **Sammeleintragung** als dingliche Belastung in Abteilung II eingetragen werden kann. Bezüglich des Einzelinhalts

---

347 Ausführliche Regelungen mit vielen Varianten *Krauß*, Vermögensnachfolge 1408 ff., Rn. 1089 ff.; *Weyland*, MittRNotK 1997, 55 mit ausführlichen Formulierungs- vorschlägen.
348 Oder Teilleistungen, die der Übergeber in einem bestimmten Rahmen abrufen darf.
349 Ausführliche Regelungen mit vielen Varianten *Krauß*, Vermögensnachfolge Rn. 1187 ff.
350 *Wöhrmann*, § 14 HöfeO Rn. 55.

der entsprechenden dinglichen Rechte kann dann auf die Eintragungsbewilligung Bezug genommen werden.[351] In der Praxis wird häufig mit den Beteiligten im Einzelfall zu besprechen sein, ob tatsächlich der gesamte Grundbesitz mit dem Altenteil belastet werden soll, oder ob nur ausgewählte Parzellen belastet werden sollen. Hier möchte häufig der Übernehmer einen entsprechenden Handlungsrahmen haben, während der Übergeber auf entsprechende Sicherheiten angewiesen ist. Ggf. kann auch mit einem geeigneten **Rangvorbehalt** u. U. für einzelne Parzellen den Interessen des Erwerbers Genüge getan werden.

6. Nießbrauch:

Im rheinischen Bereich ist die sog. »**Rheinische Hofübergabe**[352]« gebräuchlich, bei der sich der Hofübergeber einen Nießbrauch vorbehält.[353] Die Zulässigkeit der Rheinischen Hoferbfolge dürfte nicht mehr grundlegend streitig sein.[354] In der Praxis gibt es in der Urkundsvorbereitung häufiger Konflikte zwischen Übergeber und Übernehmer dahingehend, ob der Übergeber einen Nießbrauch bekommt, oder ob der Übergeber durch vom Übernehmer zu erwirtschaftende Geldleistungen unterstützt wird. Ggf., je nach Alter der Beteiligten, kann auch eine gemischte Lösung überlegt werden, wonach zunächst der Übergeber bis zu einem bestimmten Lebensalter sich den Nießbrauch vorbehält. Nach Erreichen dieses Lebensalters wird der Nießbrauch durch eine entsprechende wiederkehrende Zahlung ersetzt; der Ablaufplan wird direkt im Vertrag so geregelt.

172

Im Fall der Hofübergabe gegen Nießbrauchsvorbehalt sind **Besonderheiten** zu vermerken.[355] Häufig verpachtet der Nießbraucher auch den Hof an den Hofübernehmer, gegen einen niedrigen Pachtzins und hat auf diese Weise ggf. noch die Möglichkeit, Einfluss auf die Betriebsführung zu nehmen. Die Hofübergabe unter Nießbrauchsvorbehalt ist höferechtlich zu genehmigen, wenn die ordnungsgemäße Bewirtschaftung des Hofes voraussichtlich nicht gefährden wird.[356]

173

Problematisiert wird in neuerer Zeit jedoch die Frage, ob der **Pachtvertrag mitbeurkundet** werden muss, wenn der Übergeber außerhalb des vorbehaltenen Nießbrauchsrechts den Betrieb an den Übernehmer verpachtet. Ggf. besteht auch ein aufschiebend bedingter Pachtvertrag zwischen dem Ehegatten des Übergebers und dem Übernehmer. *Grundmann*[357] nimmt zutreffenderweise den Pachtvertrag als Anlage zur Urkunde.[358] Wenn ein Übergabevertrag mit Nießbrauchsvorbehalt und der Pachtvertrag zusammenbeurkundet wird, und die beiden Verträge miteinander stehen und fallen, ist eine genaue Differenzierung dahingehend erforderlich, welche Sanktionen aus der Verletzung des Pachtvertrages erfolgen und welche Sanktionen dann erfolgen, wenn ggf. auch oder nur die Übergabekomponente verletzt wäre. Unter Umständen muss ein fein **abgestuftes Sanktionssystem** installiert werden.

174

---

351 *Böhringer*, BWNotZ 1987, 129, 132 f.; Hausmann/Hohloch/*Hausmann*, Kap. 24 Rn. 205.
352 Dazu DNotI-Gutachten Nr. 90508 vom 10.12.2008 zur Zulässigkeit. Dombert/Witt/*von Garmissen* MAH Agrarrecht § 11 Rdnr. 196 ff.
353 Dazu aus neuer Zeit *Gehse*, RNotZ 2009, 160; *Laufhöfer*, AuR 2009, 90 ff. Muster in Kersten/Bühling/*Grundmann*, 23. Aufl., § 36 Rn. 166 M.
354 Zuletzt *Gehse*, RNotZ 2009, 160 ff.; *Laufhöfer*, AuR 2009, 90 ff.; BGH AgrarR 1993, 115 = NJW 1992, 2827; *Lange/Wulff*, § 17 HöfeO Rn. 66, Faßbender/Hötzel/von Jeinssen/Pikalo/*Faßbender*, § 17 HöfeO Rn. 105 und DNotZ 1986, 73, 74.
355 *Gehse*, RNotZ 2009, 160 ff.; *Laufhöfer*, AuR 2009, 90 ff. ausführliches Muster mit Pachtvertrag in Kersten/Bühling/*Grundmann*, 23. Aufl., § 36 Rn. 166.
356 BGH, 05.06.1992 – BLw 7/91, BGHZ 118, 361; *Wöhrmann*, § 17 HöfeO Rn. 55.
357 Kersten/Bühling/*Grundmann*, 23. Aufl., § 36 Rn. 166 M. Für Mitbeurkundung jetzt auch KöFBGrundstücksR/Fackelmann Kap. 6 Rdn. 242, 243, *Ridder* in Scherer Anwaltshandbuch Erbrecht 4. Aufl. 2014, § 43 Rn. 38.
358 *Gehse*, RNotZ 2009, 160, 163 stimmt dem zu.

175 Fraglich ist, was gelten soll, wenn der landwirtschaftliche Betrieb nicht an den Übernehmer, sondern **an einen Dritten** verpachtet ist oder werden soll.[359] *Gehse*[360] beschäftigt sich, soweit ersichtlich, erstmals mit dieser Problematik. Ggf. **fehle** es an der **Wirtschaftsfähigkeit** des Übernehmers. Allerdings hält auch *Gehse* Konstellationen für denkbar, in denen der Hof für eine Übergangszeit an einen Dritten verpachtet wird, bis der Übernehmer, beispielsweise durch seine Ausbildung die Fähigkeit erlangt habe, den von ihm zu übernehmenden Hof selbstständig ordnungsgemäß zu bewirtschaften. Unter Umständen muss eine negative Hoferklärung erwogen werden.

7. Heimatzuflucht:[361]

176 Auch heute noch ist es nicht gänzlich unüblich, entsprechende Heimatzufluchtsregelungen[362] zu treffen. Häufig wird formuliert, dass den Kindern dann als Gegenleistung angemessene Arbeitshilfe, Unterkunft und Unterhalt auf dem Hof in dem Umfange zustünde, wie er nicht anderweitig gedeckt ist. Diese Regelung wirft die Problematik des Verhältnisses der Heimatzuflucht zu familienrechtlichen Unterhaltvorschriften und zu den sozialhilferechtlichen Regelungen auf. Manchmal wird auch ein **Wohnrecht für Geschwister »auf die Dauer des ledigen Standes«** gewünscht.

8. Abfindung, Nachabfindung:

177 Dazu wird verwiesen auf Rdn. 101 ff.

9. Schuldübernahme:

178 Hier gibt es keine höferechtlichen Besonderheiten.[363]

10. Belastungs- und Veräußerungsverbote; Rückfallklauseln, Rückauflassungsvormerkung:[364]

179 Ein besonderer Problempunkt in Hofübergabeverträgen sind die sonst bei Grundstücksübergabeverträgen üblichen,[365] vormerkungsgesicherten Rückfallklauseln.[366] Bei der Hofübergabe kann ein solches vertragliches Gestaltungsrecht für den Übergeber den Übernehmer zu Wohlverhalten zwingen und damit den mit der vorzeitigen Übergabe des Hofes verfolgten Zwecken widersprechen. Ggf. kann die Vereinbarung von Rückübertragungspflichten für jede Belastung oder Veräußerung von Hofgrundstücken den **Übernehmer übermäßig in seiner unternehmerischen Freiheit** einschrän-

---

359 *Gehse*, RNotZ 2009, 160 und 163.
360 *Gehse*, RNotZ 2009, 160.
361 Schon § 30 Abs. 3 REG enthielt folgende Regelung: Geraten sie (die Abkömmlinge des Erblassers) unverschuldet in Not, so können sie auch noch später gegen Leistung angemessener Arbeitsleistung auf dem Hofe Zuflucht suchen (Heimatzuflucht). Dieses Recht steht auch den Eltern des Erblassers zu, wenn sie Miterben oder pflichtteilsberechtigt sind.
362 Nach Münchener Anwaltshandbuch Erbrecht/*Ridder*, § 43 Rn. 42. »Die geschiedene Tochter T hat, solange sie unverheiratet bleibt, bzw. verwitwet oder geschieden wird, das Recht auf Heimatzuflucht durch Gewährung von Unterkunft auf dem Hof.«
363 Viele Gestaltungsvarianten bei *Krauß*, Vermögensnachfolge, Rn. 1759 ff.
364 Siehe DNotI-Gutachten Nr. 73366 vom 19.1.2007 zur Frage der Genehmigungsfähigkeit der Vereinbarung von Rückforderungsrechten in einem Hofübergabevertrag.
365 Verfügungsbeschränkung, Vermögensverfall, Scheidung, Ableben, Fehlverhalten. Siehe nur *Krauß*, Vermögensnachfolge, Rn. 1853 ff.
366 Dazu v. a. Lüdtke-Handjery DNotZ 1985, 332, 352, dagegen Faßbender DNotZ 1986, 76; Faßbender/Hötzel/von Jeinssen/Pikalo/*Faßbender*, § 17 Rn. 121 ff.

ken.³⁶⁷ Also sollte zumindest eine Zustimmungspflicht bei Investitionen oder **allgemein eine Abwendungsmöglichkeit** des Übernehmers erwogen werden.³⁶⁸ Die Problematik wird ggf. auch im Genehmigungsverfahren geprüft. Vor diesem Hintergrund, sollte weiterhin, wenn denn überhaupt Rückforderungsrechte vorgesehen werden, der übliche Katalog der Rückübertragungsrechte, die durch Vormerkung gesichert werden, ganz individuell mit den Beteiligten vereinbart werden. *Wöhrmann*³⁶⁹ empfiehlt, die Rückfallklauseln auf den Fall zu beschränken, dass der Übernehmer die von ihm übernommenen Verpflichtungen nachhaltig, grob und vorsätzlich verletzt. Die Vereinbarung eines solchen Rückfallrechts sei zulässig. Es sei jedoch auch möglich, die Veräußerung des Hofes an die Zustimmung des Übergebers zu binden, und bei abredewidriger Veräußerung dessen Rückforderung zu vereinbaren, auch vormerkungsgesichert.³⁷⁰ Es sei auch zu erwägen, den **Übergeber an Veräußerungserlösen im Bereich von § 13 HöfeO** vertraglich zu beteiligen. Das Gesetz sieht Nachabfindungsregelungen nur für weichende Erben, nicht für den Übergeber vor.³⁷¹ Nicht unproblematisch ist es auch, nach dem Ableben des Übergebers, dessen Ehepartner mit entsprechenden Rückforderungsrechten auszustatten.³⁷²

Man muss versuchen, die wechselseitigen Interessen auszutarieren, und dem Hofübernehmer ggf. gestatten, den Grundbesitz mit Grundpfandrechten bis zu einem bestimmten Höchstbetrag zu belasten, mit **entsprechendem Rangvorbehalt** bei der Rückauflassungsvormerkung. Ggf. kann auch das Rückübertragungsrecht hier genau nur auf einige Grundstücke bezogen werden, so dass der Übernehmer einen gewissen Spielraum hat und Grundstücke zur Verfügung hat, die nicht mit der Rückauflassungsvormerkung belastet sind. Ferner könnte, was das Vorversterben des Hofübernehmers anbelangt, vereinbart werden, dass ein derartiges Rückübertragungsrecht nicht bestehen soll, wenn der Hof durch Verfügung von Todes wegen oder lebzeitig ausschließlich an (eheliche/leibliche) Abkömmlinge des Hofübernehmers gelangt. Dem Hofübernehmer ist ggf. vorzubehalten, einen ihn überlebenden Ehegatten durch Verfügung von Todes wegen ein Nießbrauchsrecht an dem Hof einzuräumen. **180**

Wenn eine Rückabwicklung vereinbart wird, sind die üblichen Rechtsfolgen zur Durchführung der Rückabwicklung zu regeln.³⁷³ Höferechtlich besonders ist allenfalls die Frage, was mit den Abfindungsansprüchen der weichenden Erben geschieht; die **Übergabe gilt ja als fiktiver Erbfall**. Dieser wird nicht rückgängig gemacht.³⁷⁴ *Faßbender*³⁷⁵ ist der Auffassung, dass erneute Abfindungsansprüche bei einer erneuten Übergabe/Vererbung dann ausgeschlossen seien. Sind aber auch Pflichtteilsansprüche ausgeschlossen? Wenn die weichenden Erben am Vertrag mitgewirkt haben, und einen Pflichtteilsverzicht erklärt haben, dürfte dieser regelmäßig bestehen bleiben. Vertraglich könnte man jedoch allseits die Rückzahlung der Abfindung und das Wiederaufleben der Ansprüche der §§ 12, 13 HöfeO vereinbaren.³⁷⁶ **181**

---

367 Ganz dezidiert OLG Celle RdL 2006, 45 f.: Leitsatz 1: Klauseln in Hofübergabeverträgen, die die Belastung und/oder auch nur teilweise Veräußerung des Hofes von der Zustimmung des Übergebers abhängig machen und den Übernehmer für den Fall der Zuwiderhandlung zur Rückübertragung verpflichten, sind geeignet, den Übernehmer übermäßig in seiner unternehmerischen Freiheit einzuengen, und führen grds. zur Versagung der landwirtschaftsgerichtlichen Genehmigung aus grundstücksverkehrsrechtlichen und aus höferechtlichen Gesichtspunkten, vorsichtig auch *Lüdtke-Handjery*, DNotZ 1985, 352; a. A. *Wöhrmann*, § 17 HöfeO Rn. 75–77, Faßbender/Hötzel/von Jeinssen/Pikalo/*Faßbender*, § 17 Rn. 113.
368 *Söbbeke*, ZEV 493, 496, 497.
369 *Wöhrmann*, § 17 Rn. 76.
370 *Wöhrmann*, § 17 Rn. 77.
371 *Wöhrmann*, § 17 Rn. 77.
372 Näher OLG Celle RdL 2006, 69.
373 Siehe Faßbender/Hötzel/von Jeinssen/Pikalo/*Faßbender*, § 17 Rn. 115; *Krauß*, Vermögensnachfolge, Rn. 2118 ff.
374 Siehe Faßbender/Hötzel/von Jeinssen/Pikalo/*Faßbender*, § 17 Rn. 116.
375 Faßbender/Hötzel/von Jeinssen/Pikalo/*Faßbender*, § 17 Rn. 116.
376 Faßbender/Hötzel/von Jeinssen/Pikalo/*Faßbender*, § 17 Rn. 116; nach *Faßbender* jedoch weniger zweckmäßig.

III. Gestaltung eines Hofübergabevertrages[377]

182 Sachverhalt: Eheleute sind Eigentümer eines Ehegatten-Hofes. Dieser soll an Sohn übertragen werden. Zur Versorgung der Übergeber wird ein Altenteil bestellt. Die Tochter wird zum einen in Land abgefunden. Zum anderen werden Abfindungs- und Nachabfindungsansprüche nach §§ 12 und 13 HöfeO geregelt. Zur Stabilisierung der Übergabe erfolgen Pflichtteilsverzichte.

183 ▶ **Muster: Hofübergabevertrag**

[Üblicher Urkundeneingang ...][378]

Es erschienen:

1) A

2) dessen Ehefrau A geb. D

Zu 1) und 2), auch wenn mehrere »Übergeber« oder »Veräußerer« genannt,

3) B, Sohn der Erschienenen zu 1) und 2), geb. am ...,

»Übernehmer« genannt

4) C, geb. A, Tochter der Erschienenen zu 1) und 2), wohnhaft ...

»Erwerber« genannt,

alle dem Notar von Person bekannt.

Die Erschienenen zu 3) und 4) sind die sämtlichen Kinder der Erschienenen zu 1) und 2).

Die Erschienenen baten um die Beurkundung nachfolgenden

Hofübergabe- und Pflichtteilsverzichtsvertrages:

I. Michelshof; Grundbesitz

(1) Die Übergeber sind Eigentümer des »Michelshofes«, insbesondere des Grundbesitzes, der in den Anlagen I und II[379] verzeichnet ist. Die Hofstelle befindet sich in ... Auf die Anlagen, die wesentlicher Bestandteil dieses Vertrages sind, wird verwiesen. Die Parzelle 4711 laut Anlage III ist nicht hofgebunden und steuerlich Privatvermögen.

(2) Beim Michelshof handelt es sich um einen Ehegatten-Hof im Sinne der Höfeordnung.

II. Übergabe

(1) Der Übernehmer B, hat sich von frühester Jugend an auf die geschlossene Übernahme des »Michelshofes« vorbereitet.

(2) Die 1) und 2) erschienenen Übergeber, die Eheleute A, übertragen hiermit im Wege der vorweggenommenen Erbfolge ihrem Sohn B, den landwirtschaftlichen Betrieb »Michelshof«, insbesondere den gesamten in Anlage I und II bezeichneten Grundbesitz zu Eigentum. Mitübertragen werden alle gesetzlichen Bestandteile, insbesondere alle baulichen Anlagen.

(3) An den Übernehmer mitübergeben wird das gesamte lebende und tote Inventar zu Eigentum, die vorhandenen Vorräte an land- und forstwirtschaftlichen Erzeugnissen, Düngemittel und Betriebsmittel sowie alles sonstige Zubehör im Sinne von § 3 HöfeO. Dazu gehören insbesondere die Aktien des

---

377 Muster auch in *Lambert-Lang/Tropf/Frenz*, Handbuch der Grundstückspraxis, S. 1072 ff.
378 Einige Regelungen aus *Witt*, Das Landwirtschaftsrecht in der notariellen Praxis, DAI-Skript 2008, S. 83 ff. mit Änderungen.
379 In den Anlagen werden bei ganz umfangreichem Grundbesitz die Parzellen mit allen Angaben zu Abteilung I, II, und III auf, ggf. getrennt nach Eigentumsverhältnissen, Herr A und Frau A, aufgeführt.

Übergebers an der Zuckerfabrik..., sowie sämtliche Beihilfe- und Zahlungsansprüche,[380] die mit dem Betrieb und dessen Bewirtschaftung im Zusammenhang stehen. Mitübertragen werden auch die Geschäftsguthaben bei der Sparkasse...

(4) Mitübergeben werden auch sämtliche nicht vom Hof aus für landwirtschaftliche Zwecke genutzten Gebäude, soweit sie auf Flächen stehen, die in den vorgenannten Grundbüchern eingetragen sind. Es handelt sich dabei um fremdvermietete Objekte des landwirtschaftlichen Betriebes »Michelshof« mit einem jährlichen Mietertrag von rd. ... Euro.

(5) Sollten zu dem landwirtschaftlichen Betrieb »Michelshof« Flächen gehören, die nicht in einem der vorerwähnten Grundbücher eingetragen sind, werden auch diese Flächen übertragen und sind ggf. durch eine ergänzende Erklärung, die von den nachstehend bevollmächtigten Notariatsmitarbeitern nach Klärung mit den Erschienenen zu 1), 2) und 3) abgegeben werden kann, unter Erstreckung der in dieser Urkunde für die Übergeber vereinbarten Versorgungsleistungen und Sicherungsrechten auf den Übernehmer umzuschreiben, soweit sie mit dem Michelshof in einem unmittelbaren Zusammenhang stehen bzw. nicht ausdrücklich von der Übertragung im Rahmen dieses Vertrages ausgenommen worden sind.

(6) Ausdrücklich nicht[381] mit übergeben sind die folgenden Gegenstände:

---

(7) Die Übergabe des Hofes erfolgt mit schuldrechtlicher und steuerlicher Wirkung zum [... Datum ...], (»Stichtag«).[382]

Mit dem ... [Datum, Stichtag] tritt der Übernehmer in sämtliche den übergebenen Hof betreffenden Pacht-, Miet-, Arbeits- und Versicherungsverträge, Mitgliedschaften und sonstige Rechtsverhältnisse anstelle des Übergebers als alleiniger Berechtigter und Verpflichteter ein. Der bisher zwischen dem Übergeber und dem Übernehmer bestehende Pachtvertrag findet durch diesen Übergabevertrag seine Erledigung. Die Vertragsschließenden erklären hiermit ausdrücklich, keine Ansprüche gegeneinander aus diesem Pachtvertrag zu haben.

(8) Der Übernehmer nimmt die vorstehende Hofübergabe an.

(9) Die Einheitswerte betragen für den landwirtschaftlichen Betrieb Euro ...

(10) Die vorgenannten Einheitswerte sind durch Bescheid des Finanzamtes ... am ... festgestellt worden. Alle Beteiligten gehen davon aus, dass sich die Relation zwischen dem Einheitswert und Ertragswert des Betriebes seit der letzten Einheitswertfeststellung bis zum Zeitpunkt der Hofübergabe nicht wesentlich geändert hat.

(11) Alle voraufgeführten Rechte in Abt. II, diesbezüglich der Übernehmer B die zugrundeliegenden Pflichten kennt, sind nicht zu löschen, sondern werden hiermit vom Übernehmer mit allen zugrundeliegenden Verpflichtungen zur Freistellung des Übergebers übernommen. Die vorgenannten Grundpfandrechte in Abteilung III sollen entsprechend der nachstehend geregelten Schuldübernahme durch den Übernehmer mit den zugrundeliegenden Forderungen übernommen werden.

---

380 Ggf. ausführlicher im Hinblick auf Milchquoten; Rübenkontingente oder EU-Agrarförderprämien, (siehe zB *Krauß*, Vermögensnachfolge Rn. 365 ff. mit Muster Hofübergabe Rn. 5804, sowie KöFBGrundstücksR/Fackelmann Kap. 6 Rn. 210). Dazu auch *Gehse*, RNotZ 2007, 61; *Fischer*, MittBayNot 2005, 273.

381 Vorsicht, insbesondere in steuerlicher Hinsicht ist geboten beim Zurückbehalt betrieblich genutzter Grundstücke, siehe KöFBGrundstücksR/Fackelmann Kap. 6 Rn. 248 mwN zu den Themen Altersgeld nach dem ALG, und steuerlichen Hinweisen. KöFBGrundstücksR/Fackelmann Kap. 6 Rn. 248 gibt auch Hinweise zu vom Übergeber errichteten und betriebenen Photovoltaikanlage. Ein Zurückbehalt ist ertragsteuerlich möglich, soweit es sich um einen eigenständigen Gewerbebetrieb handelt, zB der oft zitierte »Bauernwald«.

382 Was den Stichtag anbelangt, ist auf das im Regelfall vom Kalenderjahr abweichende landwirtschaftliche Steuerjahr zu achten, KöFBGrundstücksR/Fackelmann Kap. 6 Rn. 247, *Krauß*, Vermögensnachfolge, Rn. 5368.

III. Gegenleistungen des Übernehmers

Der Übergeber behält sich folgende Rechte vor, bzw. erhält folgende Gegenleistungen:

§ 1 Altenteil

(1) Der Übernehmer gewährt dem Übergeber und dessen Ehefrau, der Erschienenen zu 2), als Gesamtberechtigten gemäß § 428 BGB ab Beendigung des Nießbrauchsrechtes das nachfolgend beschriebene lebenslängliche Altenteil.

(2) Das Altenteil besteht aus:[383]

(...) Das vorstehende Altenteil soll in den Grundbüchern laut Anlage I und II an rangbereiter Stelle eingetragen werden. Zur Löschung genügt die Vorlage der Sterbeurkunde beider Berechtigten, § 23 Abs 2 GBO. Die Eintragung des Altenteils nach Maßgabe der vorstehenden Absätze in die sämtlichen Grundbücher laut Anlagen I und II zu Gunsten der Erschienenen zu 1) und 2) als Gesamtberechtigten nach § 428 BGB wird hiermit bewilligt und beantragt, wobei das Wohnrecht nur auf dem Flurstück ... des Grundbuchs ... lasten soll.

(...) Das in ... vereinbarte Ersatzentgelt für Naturalien, Wohnung bzw. Wart und Pflege sowie die dem Übernehmer in § 2 auferlegten Grabpflegekosten werden lediglich schuldrechtlich vereinbart.

(...) Alle Beteiligten sind sich darin einig, dass nach den Jahresabschlüssen der letzten 3 Jahre, die einen durchschnittlichen Gewinn von rd. ... Euro ausweisen, das vorstehend vereinbarte Altenteil aus den Erträgnissen des Betriebes erwirtschaftet werden kann.

(...) Die Altenteilsverpflichtungen werden ausschließlich für die Übertragung des landwirtschaftlichen Betriebes und nicht für sonstige Vermögenswerte vereinbart.

(...) Der Übernehmer verzichtet hiermit ausdrücklich auf sein Recht gemäß Art. 15 Preußisches AGBGB, das Wohnrecht der Altenteiler bei Unzumutbarkeit zu kündigen.

(...) Den Jahreswert der einzelnen Verpflichtungen geben die Erschienenen lediglich für Kostenberechnungszwecke wie folgt an:

Naturalien:	Euro
Wohnrecht einschl. Nebenleistungen: ...	Euro
Wart und Pflege:	Euro
Baraltenteil:	Euro.

(...) Die Erschienenen zu 1) und 2) verpflichten sich dem Übernehmer gegenüber, auf dessen Verlangen mit dem Altenteil neu einzutragenden Belastungen den Vorrang einzuräumen und bei Abveräußerungen Pfandfreigabe zu erteilen, sofern ihr Recht dadurch nicht gefährdet wird.

§ 2 Grabpflegekosten

Der Übernehmer ist verpflichtet, die Kosten eines standesgemäßen Begräbnisses einschließlich der Kosten eines Grabsteines, sowie der Grabpflegekosten für die Altenteiler zu übernehmen.

IV. Betriebsfortführung

Der Übernehmer verpflichtet sich, den übertragenen landwirtschaftlichen Betrieb ordnungsgemäß fortzuführen und dieses Vermögen als ererbtes Familienvermögen langfristig zu sichern. Im Hinblick auf § 6 Abs. 3 EStG verpflichtet er sich darüber hinaus, den übertragenen landwirtschaftlichen Betrieb Michelshof innerhalb der steuerrechtlich vorgegebenen Sperrfrist nicht zu veräußern oder anderweitig zu verwerten. Sollte der Übernehmer dieser Anordnung zuwiderhandeln, verpflichtet er sich unwiderruflich, die durch eine Veräußerung, anderweitige Verwertung oder nicht den steuerrechtlichen, insbesondere erbschaftsteuerrechtlichen Betriebsfortführungsverpflichtungen entsprechende Betriebsführung entstehenden Steuerzahlungen gemäß § 6 Abs. 3 EStG oder aufgrund anderer vergleichbarer Rechtsgrundlagen für bzw. an die Übergeber zu zahlen bzw. den Erschienenen zu 1) und/oder die Erschienene zu 2) hiervon uneingeschränkt freizuhalten.

---

[383] Siehe dazu Rdn. 139.

V. Güterstandsklausel

Der Übernehmer erhält zur Auflage, dass er für den Fall seiner Verheiratung Gütertrennung vereinbart oder den landwirtschaftlichen Betrieb »Michelshof« und sein ererbtes Vermögens aus dem Zugewinn durch güterrechtlichen Vertrag herausnimmt (modifizierte Zugewinngemeinschaft). Sollten andere gesetzliche Bestimmungen gelten, muss sichergestellt sein, dass für den Fall einer Scheidung keine Ansprüche der Ehefrau an dem Vermögen des landwirtschaftlichen Betriebes und des anderen ererbten Vermögens erwachsen. Diese Vermögenswerte sollen deshalb bei Beendigung der Ehe aus anderen Gründen als den Tod eines Ehegatten weder zur Berechnung des Anfangsvermögens noch des Endvermögens des Hoferben hinzugezogen werden.

VI. Gleichstellung der C

§ 1 Grundstücksübertragung

Die Übergeber übertragen hiermit im Wege der vorweggenommenen Erbfolge ihrer dies annehmenden Tochter C den nachstehend in der Anlage III bezeichneten Grundbesitz Flur 1 Flurstück 4711 zu Alleineigentum. Mitübertragen werden jeweils alle gesetzlichen Bestandteile, insbesondere alle baulichen Anlagen. Das Flurstück 4711 ist in Abteilung II und III lastenfrei. Gegenleistungen diesbezüglich werden nicht vereinbart.

§ 2 Abfindung nach § 12 HöfeO

C erhält ferner von dem Übernehmer einen Abfindungsbetrag gemäß § 12 HöfeO in Höhe von ... Euro. Der Betrag ist in fünf Jahresraten von je ... Euro, fällig jeweils zum 15. November eines Jahres, beginnend mit dem 15. November 201..., fällig und zahlbar. Die jeweils gestundeten Beträge sind mit 5 Prozentpunkten p. a. über dem Bezugszinssatz zu verzinsen.

Zur Absicherung dieser Ansprüche der C wird hiermit die Eintragung einer Sicherungshypothek von ... Euro nebst Zinsen in die Grundbücher von ... Blatt ... und Blatt ..., zur Gesamthaft bewilligt und beantragt.

§ 3 Nachabfindung nach § 13 HöfeO

(1) Etwaige Ansprüche der C oder deren Abkömmlingen nach § 13 HöfeO bleiben nach Maßgabe des Folgenden vorbehalten:
a) Von allen ausgleichspflichtigen Abveräußerungen (Teilveräußerungen) im Sinne des § 13 Abs. 1 HöfeO hat der Übernehmer je ... % (z. B. 5 %) des Nettoerlöses (Veräußerungserlös abzgl. Verfahrenskosten und Steuern, bei Reinvestitionen auch der fiktiven Steuern) an C abzuführen.
b) Die restlichen ... % eines eventuellen Teil-Veräußerungserlöses verbleiben dem Übernehmer bzw. dessen Rechtsnachfolger zur wirtschaftlichen Stärkung des Hofes. Die Veräußerung von Straßenland bleibt ausgleichsfrei, desgleichen eine eventuelle Dauerverpachtung des landwirtschaftlichen Betriebes. Eine landwirtschaftsfremde Nutzung, beispielsweise Umwandlung in einen Golfplatz, bleibt ausgleichsfrei, sofern die dafür genutzte Fläche einen Anteil von 20 % der Gesamtfläche des landwirtschaftlichen Betriebes nicht überschreitet. Geht die Fremdnutzung über diesen Anteil hinaus, ist der gesamte Erlös aus dieser Fremdnutzung abzüglich Aufwendungen und Steuern mit je ... % an die weichende Schwester C ausgleichspflichtig.
c) Reinvestitionen aus den Erlösen von Kiesabbau, Veräußerung einer Milchquote u. a. sollen ausgleichsfrei bleiben.

(2) Die Regelungen des § 13 Absätze 2–5 HöfeO sollen für den Fall von Teilveräußerungen nicht gelten, mit Ausnahme des letzten Satzes von § 13 Abs. 5 HöfeO, wonach 1/4 des Veräußerungserlöses abzusetzen ist, wenn die Veräußerung oder Verwertung später als 10 Jahre und die Hälfte des Erlöses abzusetzen ist, wenn sie später als 15 Jahre nach dem Besitzübergang des Betriebes auf den Übernehmer erfolgt.

(3) Im übrigen bleibt es bei den Regelungen des § 13 Abs. 1 und Absätze 6–10 HöfeO.

(4) Für den Fall einer gänzlichen Veräußerung des übernommenen Betriebes oder auch der Veräußerung von mehr als 50 % der Betriebsfläche oder einer Veräußerung von Teilflächen verbunden mit

einer Aufgabe der Eigenbewirtschaftung des landwirtschaftlichen Betriebes bleibt es vollinhaltlich bei den gesamten Bestimmungen des § 13 HöfeO.

C verzichtet hiermit auf die Geltendmachung evtl. weitergehender Ansprüche gemäß § 13 HöfeO. Der Erschienene zu 3) nimmt diesen Verzicht hiermit an.

[Alternativ:] Wenn die weichenden Erben nicht am Vertrag teilnehmen:

Evtl. weitergehende Auseinandersetzungsansprüche der abfindungsberechtigten Erben gem. §§ 12 und 13 HöfeO werden hiermit ausgeschlossen. Sofern sie geltend gemacht werden, werden die Erben hiermit auf ihren Pflichtteil gesetzt.

VII. Erb- und pflichtteilsrelevante Regelungen

§ 1 Pflichtteilsverzicht des Übernehmers B

(1) Der Hofübernehmer erklärt sich mit Übertragung des Hofes im Hinblick auf den Nachlass der Eltern hiermit für abgefunden. Nach Belehrung des Notars verzichtet der Übernehmer hiermit auf evtl. weitergehende Pflichtteilsansprüche auch im Hinblick auf das hoffreie Vermögen. Die Erschienenen zu 1) und 2) nehmen diesen Verzicht hiermit entgegen und an.

(3) Der Verzicht kann nicht ohne Zustimmung von C geändert oder aufgehoben werden.

§ 2 Pflichtteilsverzicht des Erwerbers C

(1) C ist durch die vorzeitige Übertragung des Flurstücks 4711 und die Zahlung der Abfindung gemäß vorstehend Abschnitt V § 2 erbrechtlich abgefunden. Nach Belehrung des Notars über die Bedeutung und den Umfang eines Erb- bzw. Pflichtteilverzichts erklärt die C hiermit ausdrücklich, dass sie für sich und ihre Abkömmlinge im Hinblick auf den hofgebundenen Nachlass ihrer Eltern auf jegliche Pflichtteilsansprüche einschließlich eventuell weitergehender Ausgleichsansprüche gemäß § 12 HöfeO verzichtet. Der Verzicht verliert seine Wirkung, wenn die Abfindung nach vorstehend Abschnitt V § 2 nicht erbracht wird. Dieser Verzicht umfasst nicht evtl. Ansprüche gemäß § 13 HöfeO in der Fassung, wie sie in diesem Vertrag geregelt sind. Klargestellt wird, dass die Pflichtteilsrechte der C im Hinblick auf das hoffreie Vermögen hiervon unberührt bleiben.

(2) Die Erschienenen zu 1) und 2) nehmen vorstehende Verzichtserklärungen der C hiermit ausdrücklich an.

(3) Der Verzicht kann nicht ohne Zustimmung von B geändert oder aufgehoben werden.

VIII. Weitere Vereinbarungen, geltend für die Übergabe an den Übernehmer B und entsprechend auch für die Übertragung an die weichende Erbin C.

Im übrigen wird folgendes vereinbart:

(1) Der Grundbesitz wird übertragen ohne Gewähr für einen bestimmten Flächeninhalt und in dem Zustand, in dem sich dieser und die aufstehenden Gebäulichkeiten zur Zeit befinden.

(2) Der Veräusserer leistet dafür Gewähr, dass der Grundbesitz übertragen wird frei von nicht übernommenen im Grundbuch in Abteilung II und III eingetragenen Belastungen und Beschränkungen sowie von nicht übernommenen Zinsen, Steuern und Abgaben.

(3) Grunddienstbarkeiten und persönliche Dienstbarkeiten werden, soweit solche bestehen, übernommen.

(4) Im Grundbuch nicht eingetragene Dienstbarkeiten sowie nachbarrechtliche Beschränkungen werden von dem Übernehmer/Erwerber übernommen; solche sind dem Veräußerer nicht bekannt.

(5) Es gehen auf den Übernehmer/Erwerber mit dem heutigen Tage über der Besitz, die Nutzungen, die Lasten und die Gefahr.

(6) Die mit dieser Urkunde und ihrem Vollzug verbundenen Kosten und etwaige Steuern trägt jeder Übernehmer (Erwerber) für seinen Erwerb; die übrigen Kosten dieses Vertrages trägt der Übernehmer.

(7) Für die Freiheit des übertragenen Grundbesitzes von Beiträgen, Kosten und Abgaben nach dem Baugesetzbuch oder Kommunalabgabengesetz wird seitens des Veräußerers eine Gewähr nicht geleistet. Beiträge, Kosten und Abgaben vorgenannter Art gehen also zu Lasten des jeweiligen Übernehmers/Erwerbers, und zwar unabhängig davon, wann Beiträge, Kosten und Abgaben entstehen oder bereits entstanden sind.

IX. Auflassung, Grundbucherklärungen

(1) Die Beteiligten sind darüber einig, dass das Eigentum an dem übertragenen Grundbesitz auf den jeweiligen Übernehmer/Erwerber übergehen soll, und zwar so, wie in den Anlagen I, II und III aufgeführt, mit der Maßgabe, dass die Parzellen Anlagen I und II auf den Übernehmer B und die Parzelle 4711 laut Anlage III auf die Erwerberin C übergeht.

2. Sie bewilligen und beantragen die Eintragung des Eigentumswechsels in das Grundbuch.
3. Die Beteiligten stimmen allen Löschungen und Pfandfreigaben nach Maßgabe der Bewilligungen der jeweils Berechtigten im Grundbuch hierdurch zu.
4. Den Beteiligten ist bekannt, dass das Eigentum an dem übertragenen Grundbesitz erst mit der Umschreibung im Grundbuch auf den Erwerber/Übernehmer übergeht.
6. Voraussetzung der Eigentumsumschreibung ist die Rechtswirksamkeit dieser Urkunde und die Zahlung der Gerichtskosten.
7. Die Erteilung der grunderwerbsteuerlichen Unbedenklichkeitsbescheinigung durch das Finanzamt ist im vorliegenden Fall nicht erforderlich.
8. Die Rechte des Übernehmers/Erwerbers aus dieser Urkunde können gegen mögliche Beeinträchtigungen vor Eigentumsumschreibung im Grundbuch durch Eintragung einer Auflassungsvormerkung gesichert werden. Die Beteiligten verzichten nach Belehrung auf die Eintragung einer Auflassungsvormerkung zugunsten des übernehmenden Erwerbers im Grundbuch.
9. Alle Eintragungen aus dieser Urkunde sollen erfolgen nach Maßgabe der Anträge des Notars, der diese auch getrennt stellen und in gleicher Weise wieder zurückziehen kann.
10. Der Notar wird unter Befreiung von den Beschränkungen des § 181 BGB bevollmächtigt, die in dieser Urkunde enthaltenen Erklärungen zu ändern und zu ergänzen, soweit dies zum grundbuchlichen Vollzug erforderlich oder zweckmäßig ist.
11. Die Grundbuchnachrichten sind den Beteiligten unmittelbar durch das Amtsgericht zuzusenden. Eine Grundbuchnachricht wird an den Notar erbeten.

X. Genehmigungen, Hinweise

1. Alle erforderlichen Genehmigungen bleiben vorbehalten. Der Notar soll diese Genehmigungen oder Negativbescheinigungen herbeiführen.
2. Die Beteiligten beantragen die Genehmigung des Landwirtschaftsgerichts.
3. Genehmigungen aller Art werden wirksam mit ihrem Eingang beim Notar.
4. Sollten Erklärungen in dieser Urkunde ganz oder teilweise der Rechtswirksamkeit ermangeln oder nicht durchgeführt werden, so sollen dennoch die übrigen Erklärungen wirksam bleiben.
5. Der Notar wies die Beteiligten darauf hin, dass alle Vertragsvereinbarungen beurkundungspflichtig sind und dass Nebenabreden außerhalb dieser Urkunde zur Nichtigkeit des gesamten Rechtsgeschäftes führen können.
6. Die Beteiligten wurden darauf hingewiesen, dass der Steuerbehörde gegenüber Veräußerer wie Erwerber für die den Grundbesitz treffenden Steuern und die Grunderwerbsteuer als Gesamtschuldner insoweit haften, als die Steuergesetze es vorschreiben.
7. Der Notar wies die Beteiligten darauf hin, dass er keine steuerliche Beratung übernommen habe; eine solche wurde auch nicht beauftragt. Die Beteiligten sind anderweitig steuerlich beraten.
8. Die Unwirksamkeit, Undurchführbarkeit oder Lückenhaftigkeit einer Bestimmung dieses Vertrags soll sich nicht auf die übrigen Bestimmungen dieses Vertrags auswirken. Anstelle der unwirksamen, undurchführbaren oder lückenhaften Bestimmung soll die Regelung treten, welche die Beteiligten vereinbart hätten, wenn sie den Mangel der Bestimmung bereits bei Abschluss dieses Vertrags erkannt hätten.

Die Beteiligten nehmen wechselseitig alles Vorstehende an.

Diese Niederschrift nebst Anlagen ...

184 Gestaltungsergänzung:

U. U. empfiehlt sich nach Absprache mit dem Steuerberater einen speziellen **Rückforderungstatbestand bei Betriebsvermögen** einzufügen, da auch der landwirtschaftliche Betrieb den steuerlichen Behaltensfristen unterliegt.

185 ▶ **Muster ergänzter Tatbestände, die zur Rückforderung berechtigen:**[384]

- wenn der Übernehmer den erworbenen Gegenstand im Hinblick auf § 13a ErbStG in steuerschädlicher Weise weiterveräußert
- wenn der Übernehmer eine Veräußerung oder Aufgabe der Beteiligung vor Ablauf der Fünf-Jahres-Frist des § 6 Abs. 3 S. 2 EStG vornimmt
- wenn der Übernehmer eine Veräußerung oder Entnahme innerhalb der dreijährigen Sperrfrist des § 6 Abs. 5 S. 4 EStG vornimmt.

186 U. U. kann statt eines Altenteils ein **Unternehmensnießbrauch** vereinbart werden. Ggf. kann auch zunächst, wenn der Übergeber noch jünger ist, ein Nießbrauch, abgelöst später zu einem zu definierenden Zeitpunkt durch ein Altenteilsrecht erfolgen, so dass der Ablauf in der Urkunde bereits festgelegt wird.

187 ▶ **Muster: Unternehmensnießbrauch**

§ 1 Nießbrauchsrecht[385]

(1) Die Übergeber -mehrere als Gesamtberechtigte nach § 428 BGB- **behalten sich an dem übertragenen landwirtschaftlichen Betrieb ein unentgeltliches Nießbrauchsrecht als Unternehmensnießbrauch**[386] **bis zum ...[Datum] vor. Darüber hinaus behalten sie sich an dem gesamten Grundbesitz laut Anlagen I und II ein Nießbrauchsrecht vor.**

(2) Schuldrechtlich vereinbaren die Erschienenen zu 1), 2) und 3), dass der Erschienene zu 3) mit ...% am Unternehmensgewinn ab ... beteiligt ist, wobei der endgültige steuerliche Unternehmensgewinn nach einer Betriebsprüfung maßgeblich ist und ein Einsichtsrecht in die Inhaltsabschlüsse und Geschäftsunterlagen des Betriebes hat und an Entscheidungen im Hinblick auf Investitionen und Finanzierung, Einstellung von voll beschäftigten Mitarbeitern, sowie in vergleichbaren Fällen mitwirkt und sich mit höchstens ... % seines anteiligen jährlichen Unternehmensgewinnes an Investitionen beteiligt.

(3) Im Rahmen des Nießbrauchsrechtes übernimmt der Übergeber auch alle mit dem landwirtschaftlichen Betrieb verbundenen Verbindlichkeiten, Rechte und Pflichten und insbesondere auch den Kapitaldienst für die bestehenden Darlehen. Er trägt des weiteren auch alle Großreparaturen.

(4) Sollte der Übergeber A vor dem 31. Dezember 2020 versterben, steht der Erschienenen zu 2) das vorstehend beschriebene unentgeltliche Nießbrauchsrecht bis zum 31. Dezember 2020 alleine zu. In diesem Fall soll sie den Erschienenen zu 3) als Hofnachfolger bei der Ausübung des Nießbrauchsrechtes und insbesondere damit verbundenen Investitionen und anderen Entscheidungen frühzeitig und umfassend hinzuziehen.

(5) Das vorstehende Nießbrauchsrecht soll in Abteilung II der in Abschnitt I. i. V. m. mit Anlagen I und II aufgeführten Grundbücher an rangbereiter Stelle eingetragen werden. Die Erschienenen zu 1), 2) und 3) bewilligen und beantragen die Eintragung in den Grundbüchern zu Gunsten der Erschienenen zu 1) und 2) als Gesamtberechtigten (§ 428 BGB). Dabei sind sich die Erschienenen einig, dass die Unentgeltlichkeit des Nießbrauchsrechts ebenso schuldrechtlich vereinbart, ist wie auch die vorstehend als schuldrechtlich gekennzeichneten Vereinbarungen.

(6) Die Vertragsparteien sind sich darüber einig, dass im Grundbuch von ... Blatt ... in Abt. III eine Buchgrundschuld in Höhe von bis zu ...,- Euro nebst bis zu 20 % Jahreszinsen ab ihrer Bewilligung und bis zu 10 % einmalige Nebenleistung an rangbereiter Stelle eingetragen werden soll, wenn die

---

384 Nach *Krauß*, Vermögensnachfolge, Rn. 5804.
385 Nach *Witt*, Das Landwirtschaftsrecht in der notariellen Praxis, DAI-Skript 2008, S. 83 ff.
386 Sudhoff/*von Sothen*, Unternehmensnachfolge, § 55 Rn. 15 m. N. Der Unternehmensnießbrauch gewährt dem Nießbraucher ein Recht auf eigenständige Betriebsführung, anders als der Ertragsnießbrauch.

Erschienenen zu 1) und 2) bzw. der Längerlebende der Erschienenen zu 1) und 2) eine Grundschuld für betriebliche Investitionen des mit diesem Vertrag übertragenen landwirtschaftlichen Betriebes benötigt. Der Erschienene zu 3) verpflichtet sich hiermit unwiderruflich gegenüber den Erschienenen zu 1) und 2) bzw. des Längerlebenden der Erschienenen zu 1) und 2), eine entsprechende Grundschuldbestellung auf Wunsch der Übergeber unverzüglich zu bewilligen und zu beantragen. Dieses Recht entfällt mit Beendigung des Nießbrauchsrechtes. Eventuelle aus der Grundschuld resultierende Verbindlichkeiten übernimmt der Übernehmer als eigene schuldrechtliche Verpflichtungen und unterwirft sich auch insoweit der Zwangsvollstreckung in den belasteten Grundbesitz und sein gesamtes Vermögen.

E. Bewertung: Vor- und Nachteile von Höferecht bzw. BGB-Landguterbrecht

Für die Gestaltung muss überlegt werden, ob beispielsweise die Übergabe in der HöfeO durchgeführt werden soll oder ob den Beteiligten anzuraten ist, eine vorherige Hofaufgabe zu erklären, um ggf. das Landgutrecht oder allgemeines BGB-Erbrecht anzuwenden. **Die Übergabe nach Höferecht gilt ja als Erbfall, § 17 Abs. 2 HöfeO, so dass ggf. auch Pflichtteilsansprüche fällig werden!** Die Hofaufgabe kann auch zeitlich beschränkt erklärt werden, wie vorstehend geregelt. 188

Es gibt einige Unterschiede zwischen der HöfeO und dem BGB-Landgutrecht. 189
– Das BGB-Landgutrecht kennt keine Nachabfindung.[387]
– Die Höfeordnung ist auch anwendbar bei fremden Dritten als Übernehmern; das BGB-Landgutrecht privilegiert nach § 2312 BGB nur den Übernehmer, der selbst zum Kreis der Pflichtteilsberechtigten gehört.
– Bei der Hofübergabe tritt mit der Übergabe auch die Notwendigkeit ein, die weichenden Kinder abzufinden, § 17 HöfeO fingiert den Erbfall.
– Bei der Landgutübernahme muss nicht zwingend die Wirtschaftsfähigkeit des Landgutübernehmers gegeben sein.[388] Der Hofübergabevertrag hat erbrechtliche Bedeutung.
– Bei der Landgutübergabe kommt es darauf an, ob die Voraussetzungen des § 2312 BGB im Zeitpunkt des Erbfalls vorliegen (Stichtagsprinzip). Auch bei der lebzeitigen Übergabe findet die Privilegierung nach § 2312 BGB keine Anwendung, wenn die Landguteigenschaft des Betriebes zwar noch im Zeitpunkt der Übergabe, aber nicht mehr im Zeitpunkt des Erbfalls gegeben war. Somit muss ggf., wenn der Übernehmer das Landgut noch vor dem Erbfall verkauft oder im Ganzen auf Dauer verpachtet hat, für die Ermittlung von Pflichtteilsergänzungsansprüchen auf den Verkehrswert abgestellt werden, nicht auf den ggf. deutlich geringeren Ertragswert.
– Umgekehrt kann der Landgutübernehmer sich auf § 2312 BGB berufen, wenn er die zur Zeit der Übergabe fehlende Landguteigenschaft bis zum Erbfall herstellt.

Wenn Unsicherheit besteht, ob ein Hof vorliegt oder nicht, kann ein **Hoffeststellungsverfahren**[389] betrieben werden. Sinnvollerweise wird man, wenn möglich, eine Hoferklärung abgeben. 190

Die Abwicklung des Hofübergabevertrages unterscheidet sich im zulässigen Inhalt und in der Wirkung vom »gewöhnlichen« Übergabevertrag.[390] Bei der Hofübergabe folgt ein **landwirtschaftsgerichtliches Genehmigungsverfahren**. Die Landwirtschaftskammern sind in der Regel mit einem Berufsrichter und zwei Laienrichtern aus der Landwirtschaft besetzt. Die HöfeO beschränkt den Hofeigentümer, über den Hof beliebig unter Lebenden und auf den Todesfall zu verfügen. Es müssen die Voraussetzungen der HöfeO eingehalten werden. Diese Beschränkungen entfallen grundsätzlich bei der Übergabe nach allgem. BGB-Landguterbrecht. Dieses **»Wahlrecht« zwischen HöfeO und BGB-Landguterbrecht** muss hingenommen werden, weil die Möglichkeit in der gesetzlichen Regelung angelegt ist.[391] 191

---

387 Dazu DNotI-Gutachten Nr. 80548.
388 BGH vom 28.11.2008 – BLw 11/08, DNotZ 2009, 395.
389 *Lange/Wulff*, § 1 Rn. 144 ff.
390 Kersten/Bühling/*Grundmann*, 23. Aufl., § 36 Rn. 80 und Rn. 128 M.
391 *Wöhrmann*, § 10 HöfeO Rn. 14 ff. m. w. N.

Kapitel 12 Landwirtschaftliches Erbrecht

192 Denkbar ist auch, dass eine **landwirtschaftliche Besitzung** vorliegt, die **weder Hof noch Landgut** ist.[392] Gehört die landwirtschaftliche Besitzung Ehegatten, so kann sich der Anteil des Erstversterbenden nicht zu Landgutbedingungen vererben.[393] In diesen Fällen kann zum einen erwogen werden, fortgesetzte Gütergemeinschaft anzuordnen.[394] Zum anderen könnte der Erstversterbende im Hinblick auf das Betriebsvermögen keine erbrechtliche Anordnung, auch keine Erbeinsetzung treffen. Vielmehr könnte er darauf verweisen, dass sich der Längerlebende den Anteil des Erstversterbenden am Betrieb nach §§ 13 ff. GrdstVG zuweisen[395] lässt.[396] Das Privatvermögen könnte der Überlebende als Vermächtnis erhalten. Soweit nach dem Längerlebenden Abkömmlinge vorhanden sind, könnte sodann eine Regelung nach §§ 2049, 2312 BGB erfolgen.

F. Das Hoffolgezeugnis[397]

193 Der Nachweis der Hofnachfolge von Todes wegen wird durch Hoffolgezeugnis[398] erbracht. Das Hoffolgezeugnis ist der **Nachweis über die Rechtsnachfolge von Todes wegen in einen Hof im Sinne der HöfeO**. Somit handelt es sich um einen gegenständlich beschränkten Erbschein.[399] Ein Hoffolgezeugnis ist grundsätzlich auch dann erforderlich, wenn der Hoferbe durch öffentliches Testament berufen worden ist, und zwar deshalb, weil aus der Verfügung nicht die erforderliche Wirtschaftsfähigkeit des Hoferben hervorgeht,[400] es sei denn, dass die Wirtschaftsfähigkeit beim Grundbuchamt offenkundig ist.[401] Die Wirtschaftsfähigkeit kann jedoch im Verfahren nach § 11 Abs. 1 Buchst. g) der HöfeVfO auf Antrag durch das Landwirtschaftsgericht festgestellt werden. Unter Umständen genügt auch die Bescheinigung der Landwirtschaftsbehörde über die Wirtschaftsfähigkeit.[402] Ein Hoffolgezeugnis ist entbehrlich,[403] wenn die **Wirtschaftsfähigkeit gerichtlich festgestellt** wird,[404] und eine notariell beurkundete Verfügung von Todes wegen vorliegt, die den Hoferben ausweist. Der Nachweis der Hoferbfolge kann auch durch landwirtschaftsgerichtlichen Feststellungsbeschluss im Verfahren nach § 11 Abs. 1 Buchst. g) der HöfeVfO erbracht werden. Wird gleichzeitig ein Hoffolgezeugnis und das Feststellungsverfahren nach § 11 Abs. 1 Buchst. g) der HöfeVfO beantragt, so geht das Feststellungsverfahren dem Hoffolgezeugnisverfahren vor.[405]

---

392 OLG Celle, Beschluss vom 21.03.2011 – 7 W 126/10, BeckRS 2011, 26290.
393 Kersten/Bühling/*Grundmann*, 23. Aufl., § 109 Rn. 46, 47 M.
394 Kersten/Bühling/*Faßbender*, 21. Aufl., § 114 Rn. 45, 46M.
395 Zur gerichtlichen Zuweisung Kersten/Bühling/*Faßbender/Wegmann*, 21. Aufl., § 123 Rn. 38 ff. (in 22. Aufl. nicht mehr enthalten).
396 Kersten/Bühling/*Grundmann*, 23. Aufl., § 109 Rn. 46, 47 M; Kersten/Bühling/*Faßbender*, 21. Aufl., § 114 Rn. 45, 46 M; *Wöhrmann*, § 13 GrdstVG Rn. 15.
397 Muster bei Beck'sches Formularbuch, Bürgerliches, Handels- und Wirtschaftsrecht/*Lüdtke-Handjery*, III E 8.
398 Muster Kersten/Bühling/*Faßbender*, 21. Aufl., § 125 Rn. 56 M; ein Hoffolgezeugnis ist jedoch nicht erforderlich, wenn ein Ehegattenhof an den längstlebenden Ehegatten vererbt wird, OLG Oldenburg AgrarR 1997, 233.
399 Faßbender/Grauel/Kemp/Ohmen/Peter/*Faßbender*, Notariatskunde, Rn. 1084.OLG Köln, Beschluss vom 20.12.2011 – 23 WLw 3/11, BeckRS 2012, 02381.
400 *Lange/Wulff*, § 18 Rn. 34.
401 OLG Oldenburg AgrarR 1998, 64; *Lange/Wulff*, § 18 Rn. 34.
402 Kersten/Bühling/*Faßbender*, 21. Aufl., § 125 Rn. 59 M.
403 Ein Erbschein bzw. Hoffolgezeugnis ist ferner nicht erforderlich, wenn ein Ehegattenhof an den längstlebenden Ehegatten vererbt wird, denn die Nachfolge des Ehegatten ist gemäß § 8 HöfeO zwingend, so dass ein formlos bestimmter anderer Hoferbe den Ehegatten nicht verdrängen kann. Der überlebende Ehegatte braucht nicht wirtschaftsfähig zu sein, so OLG Oldenburg AgrarR 1997, 264.
404 Siehe OLG Hamm – 10 W 113/02 – (164/03), AgrarR 2003, 356; Ausnahmsweise ist keine Wirtschaftsfähigkeit erforderlich, wenn unter den gesamten Kindern des Erblassers keines wirtschaftsfähig ist und dies auch für den Abkömmling des als Hoferben vorgesehenen Kindes gilt. Letzterem ist dann unbeschadet seiner fehlenden Wirtschaftsfähigkeit das Hoffolgezeugnis zu erteilen, so OLG Koblenz AgrarR 1998, 260.
405 *Lange/Wulff*, § 18, Rn. 34.

Für die Erteilung des Hoffolgezeugnisses ist gemäß § 18 Abs. 2 HöfeO das Landwirtschaftsgericht zuständig,[406] Gehört zum Nachlass ein Hof im Sinne der Höfeordnung, so können je nachdem beantragt werden:
a) ein Hoffolgezeugnis;
b) ein Erbschein in Bezug auf das hoffreie Vermögen;
c) ein Hoffolgezeugnis und ein Erbschein in Bezug auf das hoffreie Vermögen.

In allen drei Fällen, also auch im Falle b), ist -nach der zitierten h. M.- das Landwirtschaftsgericht und nicht das Nachlassgericht zuständig.

Kostenrechtlich gilt für das Hoffolgezeugnis eine 1,0 Gebühr, Nr. 23300 KV. Die landwirtschaftlichen Grundstücke werden mit dem vierfachen Einheitswert nach § 48 Abs. 1 GNotKG bewertet. Ist kein Einheitswert feststellbar, wird auf den (einfachen) Ersatzwirtschaftswert abgestellt, § 48 Abs. 1 S. 3 GNotKG.

G. Kostenrechtliche Aspekte

Bei Hofnachfolgeregelungen gilt grundsätzlich das Kostenprivileg[407] des § 48 Abs. 1 GNotKG, vormals § 19 Abs. 4 KostO, wenn mit der Zuwendung die Fortführung des Betriebes durch den Übernehmer beabsichtigt ist und (kumulativ) dieser einen wesentlichen Teil seiner künftigen Existenzgrundlage bildet. Die Sonderregelung des § 48 GNotKG gilt jedoch nicht nur für den Übergabevertrag, sondern für alle Rechtsgeschäfte und Rechtshandlungen, die der Erhaltung und Fortführung des landwirtschaftlichen Betriebes dienen.[408] Nach **§ 48 GNotKG** ist grundsätzlich auf den **4-fachen Einheitswert** abzustellen. Diese Bestimmung ist den Landwirten außerordentlich gut bekannt. Zunächst sollte man als Notar prüfen, ob § 48 GNotKG überhaupt anwendbar ist.[409]

Wenn § 48 GNotKG anwendbar ist, sollte man sich den Einheitswertbescheid vorlegen lassen. Der Notar kann sich den Bescheid auch vom Finanzamt vorlegen lassen.

In der Praxis ist im Regelfall der 4-fache Einheitswert geringer als die Summe der Gegenleistungen. Der Übergabevertrag, auch der Hof- bzw. Landgutübergabevertrag ist ein Austauschvertrag iSd § 97 Abs. 3 GNotKG, bei dem die Leistungen des Übergebers und die Leistungen des Übernehmers einander gegenüberzustellen sind. Die höherwertigen Leistungen eines Vertragsteils sind als Wert des Austauschvertrages anzusetzen. Aus dem höheren Wert ist eine 2,0 Gebühr gemäß Nr. 21100 KV zu erheben. Im Streifzug[410] sind beispielhaft die typischen Gegenleistungen aufgeführt, die in

---

406 Das Landwirtschaftsgericht ist dann auch für die Erteilung des Erbscheins für den hoffreien Nachlass zuständig: str. aber h. M.; z. B. BGH MittRhNotK 1988, 210, *Lange/Wulff*, § 18 Rn. 17 m. w. N. auch zur abweichenden Ansicht (Zuständigkeit des Nachlassgerichts); Im Geltungsbereich der Höfeordnung reicht zum Nachweis des Erbrechts bei Nachlässen, in denen sich ein Hof befindet, die Vorlage eines vom Nachlassgericht ausgestellten Erbscheins nicht aus, so OLG Köln, Beschl. vom 28.7.1999 – 2 Wx 25/99, AgrarR 2001, 40; Aber: In Thüringen ist für die Entscheidung über einen auf das frühere Reichshoferbgesetz gestützten Antrag auf Erteilung eines gegenständlich auf den Hof beschränkten Erbscheins das Nachlassgericht, nicht aber das Landwirtschaftsgericht zuständig. Thür. OLG – AZ 6 W 151/99 – (5/00), AgrarR 2000, 258.
407 Grundzüge im Streifzug durch das GNotKG, 11. Auflage 2015 (»Streifzug«) Rn. 2169 ff., 2202 ff.
408 *Schmidt*, DAI Skript 2008, Das Landwirtschaftsrecht in der notariellen Praxis, S. 105 f.
409 Das Kostenprivileg ist nur anwendbar, wenn die Besitzung den Unterhalt einer bäuerlichen Familie ganz oder teilweise sichern kann, OLG Hamm vom 28.2.2013 – I-15 W 271/1223 = NJOZ 2013, 1888; wichtig auch Leitsatz 1 der zitierten Entscheidung: »Die Wertprivilegierung des § 19 IV KostO greift nicht ein, wenn die landwirtschaftlichen Flächen eines eingetragenen Hofs im Wesentlichen verpachtet sind.« Nach OLG München (vom 28.1.2014 – 34 Wx 576/1124 = BeckRS 2014, 04927 = ZEV 2014, 220 Ls. = ZNotP 2014, 77) ist das Kostenprivileg zusätzlich davon abhängig, dass die Überlassung des landwirtschaftlichen Betriebs auch die Hofstelle umfasst.
410 Streifzug Rn. 2169 ff., 2202 ff. Schönes Beispiel auch bei Kersten/Bühling/*Grundmann*, 23. Aufl., § 36 Rn. 128 M a. E.

der Summe angesetzt werden können. Bei Erb- oder Pflichtteilsverzichten ist zu unterscheiden, ob es sich um einen Verzicht des Übernehmers oder einen solchen weichender Erben handelt. Ein Verzicht des Übernehmers ist geschäftswerterhöhend, wenn der Geschäftswert nach den höherwertigen Gegenleistungen des Übernehmers bestimmt wird. Mitbeurkundete Verzichte, auch gegenständlich beschränkte Verzichte der weichenden Geschwister des Übernehmers sind als besonderer Gegenstand gem. § 86 Abs. 2 GNotKG gesondert zu bewerten. Gleiches gilt für den verzichtenden Ehepartner.

Hinzu kommt idR eine 0,5 – Vollzugsgebühr gem. Nr. 21110KV GNotKG aus dem vollen Wert des Übergabevertrages, § 112 GNotKG.

Für das **Landwirtschaftsgericht** (Tabelle A!) fällt eine 0,5 – Gebühr gem. Nr. 15112 KV GNotKG aus dem Hofeswert gem. § 60 GNotKG an.

Für das **Grundbuchamt** (Tabelle B) fällt für die Eigentumsumschreibung eine 1,0 – Gebühr gem. Nr. 14110 KV GNotKG aus dem Hofeswert gem. § 48 GNotKG an.

H. Steuern

200 Vorliegend kann kein umfassender Überblick über das »landwirtschaftliche Steuerrecht« gegeben werden. Es gibt kein Sondersteuerrecht als »Landwirtschafts- oder Agrarsteuerrecht«.[411] Natürlich gibt es Besonderheiten.[412] Vom Grundsatz gilt das »allgemeine« Steuerrecht, insbesondere das BewG, das EStG, und das Erbschaft- und SchenkungsteuerG. Das Steuerrecht knüpft an tatsächliche und/oder rechtliche Ausgangstatbestände an und leitet daraus steuerliche Folgen ab.[413] Bei Erbfall und vorweggenommener Erbfolge sind insbesondere ertragsteuerliche und erbschaftsteuerliche Konsequenzen zu unterscheiden.

I. Ertragsteuern

1. Allgemeines

201 Die **laufende Besteuerung**[414] soll vorliegend nicht vertieft werden. Die Einkünfteermittlung von Landwirten erfolgt überwiegend nach pauschal ermittelten **Durchschnittswerten (§ 13a EStG)**. Danach werden die nicht buchführungspflichtigen Landwirte, die auch nicht freiwillig Bücher führen und die ihren Gewinn auch nicht nach § 4 Abs. 3 EStG ermitteln, nicht nach ihrem »Ist-Einkommen«[415] besteuert, sondern nach Durchschnittssätzen, die typischerweise unter dem Realeinkommen liegen.[416] Die Einkünfte aus Land- und Forstwirtschaft sind Gewinneinkünfte, für deren Ermittlung viele Sonderbestimmungen gelten.[417]

---

411 Standardkommentar beispsw. Leingärtner, Besteuerung der Landwirte, Loseblatt Beck, 2010 (»zitiert Leingärtner«); *Stalbold*, DAI Skript 2008, Das Landwirtschaftsrecht in der notariellen Praxis, S. 111; viele weiterführende Hinweise in http://www.agrarrecht.de/download/steuern.pdf; http://www.verwaltung.bayern.de/Anlage2008726/SteuertippsfuerLand-undForstwirte.pdf; (beides zuletzt abgerufen am 2.10.2009).
412 *Stalbold*, DAI Skript 2008, Das Landwirtschaftsrecht in der notariellen Praxis, S. 111.
413 *Von Bar*, Vortrag auf dem Agrarrechtsseminar Goslar 2008, veröffentlicht in http://www.dgar.de/Materialien: 2008_-_Goslar (Stand 20. Januar 2009); Stalbold in DAI Skript 2008, Das Landwirtschaftsrecht in der notariellen Praxis, S. 110 ff.
414 §§ 13, 13a EStG; Gewinnermittlung entweder nach Durchschnittssätzen, durch Betriebsvermögensvergleich gemäß § 4 Abs. 1 oder durch Einnahme- Überschussrechnung nach § 4 Abs. 3 EStG; *Jachmann*, Die Einkommensbesteuerung der Land- und Forstwirtschaft und ihre Zukunft, AgrarR 1999, 1 ff.; Was die **Gewerbesteuer** angeht: Gewinne eines luf-Betriebes, soweit er nicht (z. B. als GmbH) kraft Rechtsform ein Gewebebetrieb ist, sind nicht gewerbesteuerpflichtig, soweit die Abgrenzungsmerkmale nach R 15.5 EStR erfüllt sind; Zur Umsatzsteuer siehe *Stalbold*, DAI Skript 2008, Das Landwirtschaftsrecht in der notariellen Praxis, S. 112; w. H. bei *Spiegelberger*, § 5 Rn. 50 ff.
415 Leingärtner/*Kanzler*, Kap. 1, Rn. 1.
416 Leingärtner/*Kanzler*, Kap. 1, Rn. 1.
417 Leingärtner/*Kanzler*, Kap. 1, Rn. 2; umfassend: Leingärtner/*Wendt et al.*, Kap. 41 ff.

Was die **Betriebsübergabe** angeht, ist die unentgeltliche Übergabe der Regelfall der Generationen- 202
nachfolge.[418] Ertragsteuerlich wird die unentgeltliche Übertragung von betrieblichen Einheiten insbesondere in § 6 Abs. 3 EStG behandelt.[419] Die Betriebsübergabe im Wege der vorweggenommenen Erbfolge stellt dabei keine Gewinnrealisierung dar, § 6 Abs. 3 S. 1 EStG. Die Finanzverwaltung hat zu Zweifelsfragen einen Erlass veröffentlicht.[420] Der große Senat des BFH hat mit Beschlüssen vom 12. Mai 2003[421] und vom 12. Mai 2003[422] zur Vermögensübergabe gegen Versorgungsleistungen im Rahmen der vorweggenommenen Erbfolge Stellung bezogen.[423] Die Finanzverwaltung hat daraufhin mit dem Dritten Rentenerlass ihre bisherige Auffassung geändert.[424] *Everts*[425] äußert sich umfassend zum Thema Abzug und Besteuerung der Altenteilsleistungen aus steuerlicher Sicht.[426] Nunmehr ist der Vierte Rentenerlass veröffentlicht.[427] Einzelheiten dazu, und die Änderungen zu der bisherigen Erlasssituation können hier nicht vertieft werden.[428]

Durch das JStG 2008[429] ist die **Abziehbarkeit von Versorgungsleistungen als Sonderausgaben** gem. 203
§ 10 Abs. 1 Nr. 1a EStG auf die Übertragung eines Betriebes, Teilbetriebes oder Mitunternehmeranteils an einem landwirtschaftlichen Betrieb beschränkt worden.[430] Abzugrenzen ist die Betriebsübergabe im Ganzen von einer Betriebsaufgabe. Wenn ein Landwirt seinen Betrieb unentgeltlich auf seinen Sohn überträgt, aber 18 % der landwirtschaftlichen Fläche zurückbehält, liegt eine Betriebsaufgabe vor.[431] Diese Rückbehaltung von Grundstücken kann eine Entnahme darstellen, die unter Umständen zu ungewollten Gewinnrealisierungen führt. Diese Problematik ist unter Einbeziehung der steuerlichen Berater mit größter Vorsicht zu behandeln.[432] *Spiegelberger* zeigt Möglichkeiten zur Vermeidung ungewollter Gewinnrealisierung auf.[433] Die Rechtsprechung des Großen Senats hat im betrieblichen Bereich Auswirkungen für die Frage, ob eine betriebliche Einheit im Sinne von § 6 Abs. 3 EStG unentgeltlich, entgeltlich oder teilentgeltlich übertragen worden ist.[434] Die Betriebsübergabe ist ferner von einem Wirtschaftsüberlassungs- und Pachtvertrag abzugrenzen.[435] Der Vorbehalt des Nießbrauchs an dem gesamten land- und fortwirtschaftlichen Betrieb führt nach allgemeinen einkommensteuerlichen Grundsätzen zur Buchwertfortführung.[436] Der Nießbrauch am

---

418 Leingärtner/*Stephany*, Kap. 49 Rn. 2.
419 Leingärtner/*Stephany*, Kap. 49 Rn. 2.
420 BMF vom 3. März 2005, BStBl. I 2005, 458. Zweifelsfragen zu § 6 Abs. 3 EStG i. d. F. des Unternehmenssteuerfortentwicklungsgesetzes vom 20.12.2001 (UntStFG, BGBl. I 2001, S. 3858) im Zusammenhang mit der unentgeltlichen Übertragung von Mitunternehmeranteilen mit Sonderbetriebsvermögen sowie Anteilen von Mitunternehmeranteilen mit Sonderbetriebsvermögen, = DStR 2005, 475; dazu z. B. *Rogall/Stangl*, DStR 2005, 1073 m. w. N.
421 Großer Senat 1/00, BStBl. II 2004, 95 = MittBayNot 2004, 306.
422 Großer Senat 2/00, BStBl. II, 2004, 100 = MittBayNot 2004, 3.
423 Leingärtner/*Stephany*, Kap. 49 Rn. 2.
424 BMF vom 16. September 2004, BStBl. I 2004, 922 = MittBayNot 2004. 85.
425 Leingärtner/*Stephany*, Kap. 49a Rn. 2, Leingärtner/*Wendt*, Kap. 52 Rn. 1 ff.
426 *Everts*, Der Dritte Rentenerlass, MittBayNot 2005, 13.
427 BMF v. 11.3.2010, Aktenzeichen IV C 3 – S. 2221/09/10004, DStR 2010, 545.
428 Dazu z. B. *Seitz*, Die wesentlichen Änderungen bei der Vermögensübergabe gegen Versorgungsleistungen durch den sog. 4. Rentenerlass, DStR 2010, 629; Wälzholz: Aktuelle Gestaltungsprobleme mit Versorgungsleistungen nach § 10 Abs. 1 Nr. 1a EStG, DStR 2010, 850.
429 BGBl. I 2007, S. 3150.
430 Leingärtner/Stephany, Kap. 49 Rn. 2.
431 *Spiegelberger*, § 5 Rn. 51.
432 *Spiegelberger*, § 5 Rn. 24 ff.
433 *Spiegelberger*, § 5 Rn. 25 ff.
434 Leingärtner/*Stephany* Kap. 49, Rn. 2.
435 *Spiegelberger*, § 5 Rn. 56 ff. und Leingärtner/*Kanzler*, Kap. 42, zur Verpachtung; Leingärtner/*Kanzler*, Kap. 43, zur Wirtschaftsüberlassung und Leingärtner/*Stephany*, Kap. 49a, zum unentgeltlichen Betriebsübergang sowie Leingärtner/*Stephany*, Kap. 50, zur Veräußerung und Aufgabe des Betriebs.
436 *Spiegelberger*, § 5 Rn. 58; Leingärtner/*Wendt*, Kap. 41, BMF vom 24. Juli 1998, BStBl. I, 98, 914 (III. Nießbraucherlass) = DStR 1998, 1175.

gesamten Betrieb ist vom Vorbehalt des Nießbrauchs an einzelnen Wirtschaftsgütern zu unterscheiden.[437] Hier ist auf eine **Haftungsrechtsprechung aufmerksam** zu machen. Der BFH hat einen Notar zur Haftung verurteilt, der anlässlich einer **im Urkundstermin** erfolgten Änderung eines Hofübergabevertrages den Steuerberater nicht einbezogen hat, obwohl der Notar gewusst hat, dass der Entwurf insoweit vom Steuerberater angeregt worden ist. Der Entwurf sah vor, den Hof mit dem gesamten Betriebsvermögen unter Vorbehalt des lebenslänglichen Nießbrauchs an Erbbaugrundstücken zu übertragen. Der beurkundete Vertrag erfasste die Erbbaugrundstücke nicht. Der BFH musste sich zur Frage äußern, ob die Übertragung von Erbbaugrundstücken unter Vorbehalt eines Nießbrauchs auf den Hofeigentümer als Entnahme der Grundstücke aus dem Betriebsvermögen zu werten ist. Nach Ansicht des Senats ist zutreffend, dass lediglich das Nießbrauchsrecht an den Grundstücken, nicht aber die Grundstücke selbst entnommen worden sind. Durch die Bestellung des Nießbrauchs an einem einzelnen Wirtschaftsgut des Betriebsvermögens sind die Einkünfte nicht mehr im Rahmen der Einkünfte aus Land- und Forstwirtschaft, sondern bei den Einkünften aus Vermietung- und Verpachtung zu erfassen.[438] Die durch den Nießbrauch belasteten Grundstücke werden nicht mehr zu betrieblichen Zwecken genutzt.[439]

204 Zur **Leibgedingsbesteuerung** ist auf die Regelungen des bayerischen Landesamtes für Steuern zu verweisen.[440] Die im Leibgeding zusammengefassten Natural-, Sach- und Geldleistung kann der Übernehmer als Sonderausgaben gem. § 10 Abs. 1 Nr. 1a EStG abziehen.[441]

2. Steuerlicher Unterschied zwischen den Bundesländern, die eine Sondererbfolge anordnen, und den übrigen Bundesländern

205 Nach den Sondererbfolgeregelungen der Bundesländern, die eine Sondererbfolge anordnen, **insbesondere der Höfeordnungsländer** unterliegt die Übergabe nach Höferecht nicht der Anwendung der BMF-Schreiben zur vorweggenommenen Erbfolge[442] sondern dem Erbauseinandersetzungsbeschluss des Großen Senats II/89 und somit dem BMF-Schreiben »Erbauseinandersetzung«.[443] Abfindungen und Ergänzungsabfindungen, die der Übernehmer eines land- und forstwirtschaftlichen Betriebes nach §§ 12, 13 und 17 Abs. 2 HöfeO an andere Abkömmlinge des Übernehmers zahlen muss, sind nicht als Entgelt anzusehen.[444] Es spielt keine Rolle, ob die betreffenden Leistungen den Buchwert des landwirtschaftlichen Betriebes übersteigen.[445]

206 Außerhalb des Geltungsbereiches der Bundesländer, die eine Sondererfolge anordnen, insbesondere außerhalb des Geltungsbereichs der HöfeO gelten hingegen die allgemeinen Grundsätze der vorweggenommenen Erbfolge.[446]

3. Einige »agrarsteuerliche« Besonderheiten

a) Im Erbfall

207 Das BMF-Schreiben vom 14. März 2006[447] verweist auf Besonderheiten, die für diejenigen Länder gelten, in denen die HöfeO oder spezielle Landesanerbengesetze gelten.[448]

---

437 *Spiegelberger*, § 5 Rn. 58.
438 *Spiegelberger*, § 5 Rn. 58.
439 *Spiegelberger*, § 5 Rn. 58.
440 Bayerisches Landesamt für Steuern: Altenteilsleistungen in der Land- und Forstwirtschaft, ZEV 2008, 256.
441 *Spiegelberger*, § 5 Rn. 60.
442 *Spiegelberger*, § 5 Rn. 63.
443 BStBl. 2006 I, S. 253.
444 *Spiegelberger*, § 5 Rn. 63, BMF-Schreiben Erbauseinandersetzung BStBl. 2006, S. 1253, Tz 77.
445 *Spiegelberger*, § 5 Rn. 63.
446 *Spiegelberger*, § 5 Rn. 64; Leingärtner/*Stephany*, Kap. 49a Rn. 46 ff.
447 BMF-Schreiben vom 14. März 2006 – IV B 2 – S. 2242 – 7/06 –: dort Tz. 75 ff.; abgedruckt z. B. in ZEV 2006, 154.
448 Z. B. Hessen, Baden-Württemberg oder Rheinland-Pfalz.

Die den weichenden Erben nach § 12 HöfeO zukommende Abfindung erhalten diese nicht für eine 208 Erbquote am Hof als Entgelt für die Aufgabe der Erbquote. Vielmehr stellt die Abfindung nach § 12 HöfeO und auch die Nachabfindung nach § 13 HöfeO nach dem BFH[449] kein Entgelt dar, sondern erfolgt auf privater Vermögensebene.[450] Soweit die weiteren Landesrechte mit § 4 HöfeO vergleichbare Regelungen enthalten, gelten die gleichen steuerlichen Folgen.[451] Die Zinsen für zur Abfindungszahlung aufgenommener Darlehen sind somit nicht abzugsfähig.

Erhebliche nachteilige steuerliche Folgen drohen, wenn keine letztwilligen Verfügungen vorhanden 209 sind, oder vorhandene letztwillige Verfügungen die steuerlichen Konsequenzen nicht ausreichend bedenken.[452]

b) **Vorweggenommene Erbfolge**

Versorgungsleistungen nach § 10 Abs. 1 Nr. 1a EStG i. d. F. des Jahresteuergesetzes 2008:[453] Problematisch[454] für die Rechtsanwendung des neuen § 10 Abs. 1 Nr. 1a EStG ist vor allem **die steuerliche Behandlung der Übertragung von Mischvermögen**, d. h. von Vermögen, das sowohl Betriebsvermögen als auch Privatvermögen in einer Versorgungsvereinbarung mit einbezieht oder in der Vergangenheit einbezogen hat. Dies betrifft gerade die Versorgungsvereinbarungen im Bereich der Land- und Forstwirtschaft. Hier geht die Übertragung von Betriebsvermögen gegen Vereinbarung von Versorgungsleistungen zwangsläufig einher mit der Übertragung der gesamten Betriebs- und Hoffläche, die regelmäßig auch die Wohnhäuser des Betriebsleiters und des Altenteilers mitumfaßt.

II. Erbschaft- und Schenkungsteuer[455]

1. Betrieb der Land- und Forstwirtschaft

Gem. § 160 BewG umfasst der Betrieb der Land- und Forstwirtschaft den Wirtschaftsteil, die Betriebswohnungen und den Wohnteil.[456] Der **einkommensteuerliche Begriff des land- und forstwirtschaftlichen Betriebes weicht somit von der bewertungsrechtlichen Begrifflichkeit ab**. Der Wohnteil zählt einkommensteuerlich zum notwendigen Privatvermögen, bewertungsrechtlich jedoch zum Betrieb der Land- und Forstwirtschaft. Die Betriebswohnung und auch der Wohnteil des Betriebsinhabers sind nach den Grundsätzen des Grundvermögens zu bewerten.[457] Wegen der engen räumlichen Verbindung von Wohnraum mit dem Betrieb ist der Wert des Wohnteils und der Wert der Betriebswohnung um 15 % gem. § 167 Abs. 3 BewG zu ermäßigen.[458] Die nicht zum land- und forstwirtschaftlichem Vermögen gehörenden Wirtschaftsgüter sind in § 158 Abs. 4 BewG aufgeführt. Diese nicht zum land- und forstwirtschaftlichen Vermögen gehörenden Wirtschaftsgüter werden mit dem gemeinen Wert bewertet.[459]

---

449 BFH DB 1994, 1759 = DStR 1994, 389.
450 *Stalbold*, DAI Skript 2008, Das Landwirtschaftsrecht in der notariellen Praxis, S. 140: Ertragsteuerlich steht die Betriebsübergabe nach HöfeO der Rechtsnachfolge in einen Gesellschaftsanteil aufgrund qualifizierter Nachfolgeklausel gleich (ertragsteuerlich · irrelevant).
451 *Von Bar*, Vortrag auf dem Agrarrechtsseminar Goslar 2008; S. 25.
452 *Von Bar*, Vortrag auf dem Agrarrechtsseminar Goslar 2008; S. 25; *Dehne*, Zum Spannungsverhältnis zwischen Höferecht und Einkommensteuerrecht, AgrarR 1997, 355.
453 BGBl. I 2008, S. 218 ff.
454 *Hartmann*, Steuerrecht im Agrarbereich, Vortrag 3.10.2007 in Goslar im Rahmen des 62. Agrarrechtsseminars.
455 Das Urteil des BVerfG zur Erbschaftsteuer kann hier nicht vertieft werden, BVerfG, Urt. v. 17.12.2014 – 1 BvL 21/12, DStR 2015, 31, dazu zB *Piltz*, Das Erbschaftsteuerurteil des BVerfG – Steine oder Brot?, DStR 2015, 97 uvm. Zur Rechtslage 2009: *Reith/Gehweiler*, Die Reform der Erbschaftsteuerreform und sonstige Neuerungen im Erbschaftsteuerrecht in 2009, BWNotZ 2010, 55.
456 *Spiegelberger*, § 5 Rn. 66.
457 *Spiegelberger*, § 5 Rn. 66.
458 *Spiegelberger*, § 5 Rn. 66.
459 Dazu *Stalbold*, DAI Skript 2008, Das Landwirtschaftsrecht in der notariellen Praxis, S. 166 ff.

Kapitel 12 Landwirtschaftliches Erbrecht

2. Wirtschaftswert gem. § 163 Abs. 3 BewG

212 Der Reingewinn für die landwirtschaftliche Nutzung bestimmt sich nach der Region, der maßgeblichen Nutzungsart und der Betriebsgröße nach der europäischen Größeneinheit.[460]

3. Verschonungsabschlag und Abzugsbetrag

213 Hier gibt es keine landwirtschaftlichen Besonderheiten.

4. Veräußerung

214 Die Bewertung der wirtschaftlichen Einheit erfolgt abweichend von §§ 163 und 164 BewG mit dem Liquidationswert gemäß § 166 BewG, wenn ein Betrieb der Land und Forstwirtschaft oder ein Anteil im Sinne des § 158 Absatz 2 S. 2 BewG innerhalb eines Zeitraums von 15 Jahren nach dem Bewertungsstichtag veräußert wird.[461] Eine Ausnahme gilt dann, wenn der Veräußerungserlös innerhalb von sechs Monaten ausschließlich zum Erwerb eines anderen Betriebs der Land- und Forstwirtschaft oder eines Anteils im Sinne des § 158 Absatz 2 S. BewG verwendet wird.[462] Entsprechendes gilt bei der Veräußerung wesentlicher Wirtschaftsgüter.

I. Checkliste[463]

215 ▶ Checkliste: landwirtschaftliches Erbrecht
1. **Welches Anerbenrecht ist anwendbar?**
   a) NRW, Niedersachsen, Schleswig-Holstein und Hamburg: Es gilt die nordwestdeutsche HöfeO;
   b) Hessen: Hessische LandgüterVO;
   c) Rheinland-Pfand: Landesgesetz über die HöfeO;
   d) Baden-Württemberg: Badische Hofgüterverordnung und Württembergisches Gesetz über das Anerbenrecht;
   e) Sonst: BGB/GrdStVG.
2. **Landwirtschaftliches/Forstwirtschaftliches Vermögen (mit Hofesqualität? Landguteigenschaft?)**
   Handelt es sich beim landwirtschaftlichen Betrieb weder um einen Hof im Sinne der HöfeO noch um ein Landgut im Sinne des § 2059 BGB, kann eine Zuweisung zu Alleineigentum im Wege des Zuweisungsverfahrens[464] nach § 13 GrdStVG erfolgen.[465]
3. **Hof i. S. d. nordwestdeutschen HöfeO**
   Ein Hof im Sinne der nordwestdeutschen HöfeO liegt vor, wenn:
   a) der Wirtschaftswert des Hofes 10 200,– Euro beträgt; oder
   b) der Besitzer eines Hofes mit einem Wirtschaftswert von 5 100,– Euro bis 10 200,– Euro erklärt, dass der Hof die Hofeigenschaft erhalten und den Bestimmungen der HöfeO unterliegen soll;
   c) der Hof im Alleineigentum an einer natürlichen Person oder von Ehegatten steht;
   d) der Hofvermerk im Grundbuch eingetragen ist.

---

460 *Spiegelberger*, § 5 Rn. 68. Nähere Ausführungen hierzu finden sich bei *Hutmacher*, ZNotP 2008, 228, *ders.*, ZNotP 2008, 218.
461 *Spiegelberger*, § 5 Rn. 71.
462 *Spiegelberger*, § 5 Rn. 71.
463 Checkliste ergänzt nach *Söbbeke*, Erbrecht effektiv 2005, 53 ff., 65 f.
464 Dombert/Witt/*von Garmissen* MAH Agrarrecht § 11 Rdnr. 160 ff.
465 *Söbbeke*, Erbrecht effektiv 2005, 54.

4. **Hofeserbe im Sinne der nordwestdeutschen HöfeO**
   Hoferbe nach der HöfeO ist:
   a) derjenige, den der Erblasser ausdrücklich zum Hoferben durch letztwillige Verfügung benannt hat;
   b) derjenige Abkömmling, dem der Hof zur Bewirtschaftung übertragen wurde – ohne dass sich der Erblasser eine weitere Benennung des Hoferben vorbehalten hat –;
   c) derjenige Abkömmling, der nach Art der Ausbildung vom Erblasser als Hoferbe vorgesehen ist;
   d) je nach örtlicher Gegebenheit das älteste oder das jüngste Kind oder – wenn kein Abkömmling vorhanden ist – der überlebende Ehegatte;
   e) der Hoferbe muss wirtschaftsfähig sein, es sei denn, es handelt sich um den Ehegatten (bei Minderjährigen führt das Alter nicht zur Wirtschaftsunfähigkeit).[466]
5. **Abfindungsregelung der weichenden Erben**
   a) Pflichtteilsgrenze beachten;
   b) Bewertung festlegen, wie sich der Abfindungsbetrag errechnen soll;
   c) Festlegung, wie Verbindlichkeiten zu berücksichtigen sind und aus welchem Vermögen (hofgebundenes oder hoffreies Vermögen) die Verbindlichkeiten getilgt werden sollen);
   d) Zeitpunkt der Befriedigung des Abfindungsanspruchs festlegen;
   e) Art der Abfindung (Zahlung, Grundstück) festlegen;
   f) Modalitäten der Zahlung festlegen, in einer Summe oder ratierlich;
   g) Prüfung im Hinblick auf anzurechnende oder auszugleichende Vorempfänge.
6. **Störfallvorsorge**
   Für den Fall der Geltendmachung von Pflichtteilsansprüchen durch weichende Erben:
   a) Absicherung des Altenteilers:
   b) Regelung des Umfangs des Wohnungsrechtes, einschließlich Kostentragung und Berechtigung zur Aufnahme weiterer Personen in die Wohnung festlegen;
   c) Verpflichtung zur Erstellung eines Ersatzgebäudes für den Fall der Zerstörung;
   d) Erlöschen des Wohnrechtes festlegen;
   e) Wertersatzanspruch bei Wegfall der Wohnung, wenn nicht gewünscht. Ausdrücklich ausschließen, ggf. unter Ausschluss landesrechtlicher Wertersatzvorschriften (vgl. Art. 96 EGBGB);
   f) Baraltenteil mit Wertsicherungsklausel, Arzt, Krankenhaus, Pflegekosten;
   g) Naturalaltenteil;
   h) Grundbuchliche Sicherung;
   i) Einbeziehung sich verändernder wirtschaftlicher und sonstiger Verhältnisse;
   j) Vertragsmäßiger, gegenständlich auf den Hof oder das hoffreie Vermögen oder beides, bezogener Erb- und/oder Pflichtteilsverzicht;
   k) Abfindungsergänzungsansprüche im Fall der HöfeO oder im Landgutrecht berücksichtigen;
   l) Regelungen der Berechnung der Abfindungsergänzungsansprüche, insbesondere der Abzugsposten (Verkaufskosten; bei Veräußerung anfallende Ertragsteuerbelastung);[467]
   m) Reinvestitionsmöglichkeiten des Betriebsinhabers;
   n) Regelungen, in welcher Frist Ersatzland gekauft werden kann;
   o) Prozentsatz festlegen, mit dem die weichenden Erben zu beteiligen sind;
   p) Festlegung des Zeitraums, in welchem Nachabfindungsansprüche entstehen, unter Umständen Abschmelzen der Nachabfindungsansprüche.

---

466 *Söbbeke*, Erbrecht effektiv 2005, 53.
467 *Söbbeke*, Erbrecht effektiv 2005, 65 und 66.

Kapitel 12 Landwirtschaftliches Erbrecht

7. Genehmigungsbedürftigkeit lebzeitiger Übertragung
8. Hofübergabevertrag: Erbrechtliche Wirkungen der lebzeitigen Übertragung des Hofes
    a) Persönliche Angaben des Übergebers, insbesondere Güterstand (Ehevertrag?);
    b) Erwirbt der Übernehmer den landwirtschaftlichen Betrieb alleine oder zusammen mit seinem Ehegatten?
    c) Gegenstand der Übergabe: Übergeben wird der gesamte Grundbesitz, gesamter Betrieb einschließlich des lebenden und toten Inventars und der Betriebskonten, ausgenommen Wohnungseinrichtung, Privatkonten des Übergebers, ferner ausgenommen Pkw, Grundstück Flurstücks-Nr. ..., Sonstiges ...;
    d) Detailangaben zum Grundbesitz: Werden Grundstücke zurückbehalten? Wird die Nutzung an Grundstücken zurückbehalten?
    e) Ist der Grundbesitz verpachtet?
    f) Ist Grundbesitz zugepachtet?
    g) Ist Grundbesitz in Umlegungs- oder Flurbereinigungsverfahren einbezogen? Sind derzeit unvollzogene Grundstückserwerbs- und/oder Veräußerungsverträge beurkundet?
    h) Besitzübergang, Übergang von Nutzen und Lasten;
    i) Übernahme von Schulden: Es bestehen folgende Bankverbindlichkeiten: ... Sonstige Schulden: ... Es bestehen folgende Wohn- oder Altenteilsrechte: ...
    j) Gegenleistungen im Rahmen der Übergabe: Nutzungsrechte für den Übergeber und/oder dessen Ehepartner;
        aa) Wohnungsrecht;
        bb) Nießbrauchsrecht;
        cc) Verköstigung für den Übergeber;
        dd) Wart- und Pflege;
        ee) Geldbeträge;
        ff) Wertsicherung, Minderung nach dem Tod eines der Übergeber;
        gg) Beerdigung und Mitbenutzung von Geräten und Maschinen, Verfügungsbeschränkungen/Rückfallklausel;
        hh) Wegzugsregelungen;
    k) Rechte für die Geschwister des Übernehmers Wohnungsrecht, Geldbeträge, Grundbesitz, Unterhalt, Herauszahlung/Nachabfindung/Nachbesserungsklausel;
    l) Aufwendungsverzicht im Hinblick auf getätigte Investitionen des Übernehmers für den Betrieb;
    m) Erbrechtliche Bestimmungen: Sind Erwerber und die Geschwister endgültig abgefunden, Pflichtteilsverzicht, Gleichstellungsregelung, Nachabfindungsregelungen für Geschwister;
    n) Einheitswert des Betriebes.

Kapitel 13. Stiftungen

Übersicht	Rdn.
A. Einführung	1
B. Erläuterungen	9
I. Überblick	9
1. Die Stiftung: dauerhafte Sicherung des Vermögens durch letztwillige Verfügung	9
2. Selbständige und unselbstständige Stiftung	11
a) Rechtsfähige selbständige Stiftungen	12
b) Unselbstständige Stiftungen	16
II. Entstehung der Stiftung	25
1. Stiftungsgeschäft unter Lebenden	26
a) Lebzeitige Stiftungserrichtung mit geringerem Vermögen und geplanter umfangreicher Zuwendung von Todes wegen (»*Stiftung light*«)	27
b) Die Stiftung als Erbe/Vermächtnisnehmer/Auflagenbegünstigter	30
c) Mischform der lebzeitigen und der Stiftungserrichtung von Todes wegen – Stiftungserrichtung durch Erbvertrag/gemeinschaftliches Testament	31
2. Stiftung von Todes wegen	33
3. Anerkennung der Stiftung	36
a) Terminologische Fragen	37
b) Erfordernis einer Mindestkapitalausstattung?	38
III. Satzungsgestaltung	42
1. Name und Sitz	46
2. Zweck	49
a) Allgemeine Erwägungen	49
b) Familienstiftung	54
c) Unternehmensbezogene Stiftungen	61
d) Exkurs: Die Doppelstiftung	72
e) Exkurs: Die Bürgerstiftung	75
3. Stiftungsvermögen und Übertragungsakt	77
4. Organe der Stiftung, insbesondere Beirat	90
5. Destinatäre	101
6. Satzungsänderung	103
7. Auflösung	106
8. Besonderheiten bei der unselbstständigen Stiftung	108
9. Formulierungsvorschläge verschiedener Stiftungssatzungen	111
a) Satzung einer rechtsfähigen gemeinnützigen Stiftung bürgerlichen Rechts mit mehrgliedriger Organstruktur	112
b) Satzung einer rechtsfähigen gemeinnützigen Stiftung bürgerlichen Rechts mit eingliedriger Organstruktur	113
c) Satzung einer rechtsfähigen Familienstiftung	114
d) Satzung einer nicht gemeinnützigen unternehmensverbundenen Beteiligungsträgerstiftung mit dem Ziel der Versorgung der Stifterfamilie	115
e) Besonderheiten bei einer Verbrauchsstiftung	116
f) Stiftungssatzung einer unselbstständigen Stiftung	117
IV. Erbrechtliche Gestaltungsfragen	118
1. Erbeinsetzung einer postmortal zu gründenden selbständigen Stiftung durch notarielles Testament	119
a) Mindestanforderungen	119
b) Formulierungsbeispiel	120
2. Testamentsvollstreckung	121
a) Zweckmäßigkeit der Anordnung einer Testamentsvollstreckung	121
b) Formulierungsbeispiel: Stiftungserrichtung durch Testament mit Anordnung einer Testamentsvollstreckung	126
3. Vor- und Nacherbschaft	127
a) Differenzierung: Einsetzung der Stiftung als Vor-/Nacherbin	127
b) Formulierungsbeispiel (Einsetzung einer Stiftung als Nacherbe)	131
4. Die Stiftung als Miterbin	132
5. Errichtung/Begünstigung einer Stiftung durch Vermächtnis	133
a) Zu beachtende Besonderheiten	133
b) Formulierungsbeispiel 1 (Vermächtnis zugunsten einer noch zu errichtenden Stiftung)	134
c) Formulierungsbeispiel 2 (Vermögenszuwendung an eine bereits existierende Stiftung durch Vermächtnis)	135
6. Errichtung/Begünstigung einer selbständigen Stiftung im Wege einer Auflage	136
a) Differenzierung: Existenz der Stiftung	136
b) Formulierungsbeispiel (Auflage zur Errichtung einer rechtsfähigen	

Kapitel 13 Stiftungen

		Rdn.			Rdn.
	Stiftung mit weitgehenden Befugnissen des Testamentsvollstreckers zur Ausgestaltung der Satzung)	142	b)	Formulierungsbeispiel einer Stiftungserrichtung durch Erbvertrag	148
7.	Die unselbstständige Stiftung als Begünstigte	143	9.	Die Stiftung als Ersatzerbin	149
	a) Unterschiede zur selbständigen Stiftung	143	a)	Besonderheiten bzgl. der Anerkennung	149
	b) Formulierungsbeispiel (Errichtung einer unselbstständigen fiduziarischen Stiftung von Todes wegen)	145	b)	Formulierungsbeispiel:	150
8.	Stiftungserrichtung durch gemeinschaftliches Testament/Erbvertrag	146	10.	Pflichtteilsrecht	151
	a) Zu beachtende Besonderheiten	146	C.	Steuerrechtliche Erwägungen	160
			I.	Gemeinnützigkeit	160
			II.	Besonderheiten bei Familienstiftungen	163
			III.	Besonderheiten bei unselbstständigen Stiftungen	168
			IV.	Besonderheiten bei der Errichtung einer Stiftung im Wege einer Auflage	171
			D.	Checklisten/Beratungshinweise	172

Grundlagen:
Stiftungsrecht der Bundesländer:

Baden-Württemberg – StiftG vom 4. Oktober 1977 (GBl. S. 408), letztmals geändert durch Gesetz vom 9. November 2010 (GBl. S. 793, 965).

Bayern – StiftG vom 26. November 1954 (GVBl. S. 301) in der Fassung der Bekanntmachung vom 26. September 2008 (GVBl. S. 834).

Berlin – StiftG vom 11. März 1960 (GVBl. S. 228), letztmals geändert durch Gesetz vom 22. Juli 2003 (GBl. S. 293).

Brandenburg – StiftG vom 20. April 2004 (GVBl. I S. 150), letztmals geändert durch Gesetz v. 23.9.2008 (GVBl. I S. 202, 207).

Bremen – StiftG vom 7. März 1989 (GBl. S. 163), letztmals geändert durch Gesetz vom 27. Februar 2007 (GBl. S. 181).

Hamburg – StiftG vom 14. Dezember 2005 (GVBl. S. 521).

Hessen – StiftG vom 4. April 1966 (GVBl. I S. 77), letztmals geändert durch Gesetz vom 27. September 2012 (GVBl. I S. 290).

Mecklenburg-Vorpommern – StiftG vom 7.Juni 2006 (GVOBl. S. 366), letztmals geändert durch Gesetz vom 15. November 2012 (GVBl. S. 502, 203).

Niedersachsen – StiftG vom 24. Juli 1968 (GVBl. S. 119), letztmals geändert durch Gesetz v. 25. Juni 2014 (GVBl. S. 168).

Nordrhein-Westfalen – StiftG vom 15. Februar 2005 (GV S. 52).

Rheinland-Pfalz – StiftG vom 19. Juli 2004 (GVBl S. 385).

Saarland – StiftG vom 11. Juli 1984 (Abl. S. 889) in der Fassung der Bekanntmachung vom 9. August 2004 (Abl. S. 1825), letztmals geändert durch Gesetz vom 15. Februar 2006 (Abl. S. 474, 482).

Sachsen – StiftG vom 7. August 2007 (GVBl. S. 386), letztmals geändert durch Gesetz vom 29. Januar 2008 (GVBl. S. 139, 159).

Sachsen-Anhalt – StiftG LSA vom 20. Januar 2011 (GVBl. LSA Nr. 1/2011).

Schleswig-Holstein – StiftG vom 13. Juli 1972 (GVOBl. S. 123) in der Fassung der Bekanntmachung vom 2. März 2000 (GVOBl. S. 208).

Thüringen – StiftG vom 16. Dezember 2008 (GVBl. S. 561), letztmals geändert durch Gesetz vom 21. Dezember 2011 (GVBl. S. 531, 532).

Stiftungen Kapitel 13

Literatur:
Andrick/Suerbaum, Stiftung und Aufsicht (2001); *dies.*, Das Gesetz zur Modernisierung des Stiftungsrechts, NJW 2002, 2905; *App*, Wirtschaftliche Betätigung in Form einer rechtsfähigen Stiftung – Ein Überblick, NotBZ 1998, 49; *Beck'sches Notar-Handbuch*, Erbrecht, 6. Auflage 2015; Berndt/Götz, Stiftung und Unternehmen, 8. Auflage (2009); *Bertelsmann Stiftung* (Hrsg.), Handbuch Bürgerstiftungen, 2. Auflage (2004); *dies.*, Handbuch Stiftungen, 2. Auflage (2003); *Binz/Sorg*, Die Stiftung, 5. Auflage (2008); *Brandmüller/Klinger*, Gewerbliche Stiftungen, 4. Auflage (2014); *Buchna/Seeger/Brox*, Gemeinnützigkeit im Steuerrecht, 11. Auflage (2014); *Burgard*, Gestaltungsfreiheit im Stiftungsrecht (2006); *ders.*, Das neue Stiftungsprivatrecht, NZG 2002, 697; *Burhenne/Neuhoff*, Recht der gemeinnützigen Organisationen und Einrichtungen, Loseblatt (Stand 09/2014); *Damrau*, Vor-Stiftung und Pflichtteilsanspruch sowie dessen Verjährung, ZEV 2010, 12; *Ebersbach*, Handbuch des deutschen Stiftungsrechts (1972); *Freundl*, Die Stiftung – das Gestaltungsinstrument der Unternehmensnachfolge, DStR 2004, 1509; *Fritsche*, Grundfragen zur unselbständigen Stiftung des Privatrechts, ZSt 2008, 3; *Gebel*, Betriebsvermögensnachfolge, 2. Auflage (2002); *ders.*, Erbschaftssteuer bei der Stiftung von Todes wegen, BB 2001, 2554: *Graewe/Bott*, BB-Rechtsprechungsreport zum Stiftungsrecht 2013/2014, BB 2015, 919; *Hannes/von Oertzen*, ZEV-Report Gesellschaftsrecht/Unternehmensnachfolge, ZEV 2013, 669; *dies.*, ZEV 2015, 335; *Härtl*, Ist das Stiftungsrecht reformbedürftig? (1990); *Herzog*, Die unselbständigen Stiftung des Privatrechts, ZSt 2008, 3; *Herzog*, Die unselbständige Stiftung des bürgerlichen Rechts (2006); *Hoffmann-Steudner/Küstermann*, Treuhandstiftungen (2006); *Hof/Hartmann/Richter*, Stiftungen, 2. Auflage (2010); *Holler*, Stiftungssatzungen (2004); *von Holt/Koch*, Stiftungssatzung, 2. Auflage (2010); *Hübner/Currle/Schenk*, Die nichtrechtsfähige Stiftung als Familienstiftung, DStR 2013, 1966; *Hüttemann*, Gemeinnützigkeits- und Spendenrecht, 3. Auflage (2014); *ders.*, Bessere Rahmenbedingungen für den Dritten Sektor, DB 2012, 2592; *Jakob*, Schutz der Stiftung (2006); *Ihle*, Stiftungen als Instrument der Unternehmens- und Vermögensnachfolge, RNotZ 2009, 557 (Teil 1) und 2009, 621 (Teil 2); *Ivens*, Leitlinien zur Unternehmensnachfolge: die Vererbung von Einzelunternehmen, ZEV 2010, 462; *Kaper*, Bürgerstiftungen (2006); *Koos*, Fiduziarische Person und Widmung (2004); *Kronke*, Stiftungstypus und Unternehmensträgerstiftung (1988); *Küstermann*, Die Beendigung der vertraglichen Beziehung zwischen Stifter und Treuhänder, ZSt 2008, 161; *Lange/Honzen*, Erbfälle unter Einschaltung ausländischer Stiftungen – Gründungs- und Übertragungsakte im Fokus der jüngsten deutschen Zivilrechtsprechung –, ZEV 2010, 228; *Langenfeld*, Die letztwillige Stiftung, ZEV 2002, 481; *Meyer zu Droste*, Die Familienstiftung als Technik der Vermögensverewigung (1976); *Meyn/Richter/Koss*, Die Stiftung, 3. Auflage (2013); *Milatz/Kemke/Schütz*, Stiftungen im Zivil- und Steuerrecht (2004); *Möller*, Die Überführung von Treuhandstiftungen in rechtsfähige Stiftungen, ZEV 2007, 565; *Müller/Schubert*, Die Stifterfamilie und die Sicherstellung ihrer Versorgung im Rahmen der gemeinnützigen Stiftung – Gestaltungsmöglichkeiten aus zivilrechtlicher und steuerrechtlicher Sicht, DStR 2000, 41; *Muscheler*, Stiftungsrecht, 2. Auflage (2011); *ders.*, Das Wesen der Zustiftung, WM 2008, 1669; *ders.*, Das vertragliche Stiftungsgeschäft, ZEV 2003, 41; *ders.*, § 84 BGB und die lebzeitige Stiftungsgründung, DNotZ 2003, 661; *ders.*, Der Zuwendungsvertrag zwischen Stiftung und Destinatär, NJW 2010, 341; *ders.*, Die unselbständige Stiftung von Todes wegen, ZEV 2014, 573; *ders.*, Der Zuwendungsvertrag zwischen Stiftung und Destinatär, NJW 2010, 341; *Nährlich/Strachwitz/Hinterhuber/Müller* (Hrsg.), Bürgerstiftungen in Deutschland (2005); *Naumann zu Grünberg*, Die Stiftung in der Unternehmensnachfolge mit Auslandsbezug: Einsatzmöglichkeiten und Stiftungsstatut, ZEV 2012, 569; *Neuhoff*, Die nichtrechtsfähige Stiftung unter Lebenden als besonderes Rechtsproblem, ZSt 2008, 23; *Nitz*, Unternehmensnachfolge – im Wege der vorweggenommenen Erbfolge bzw. von Todes wegen unter besonderer Berücksichtigung steuerlicher Aspekte, BWNotZ 2004, 153; *Omlor*, Das Europäische Grundrecht auf Stiftung EuR 2015, 9; *Otto*, Handbuch der Stiftungspraxis, 2. Auflage (2015); *Pues/Scheerbarth*, Gemeinnützige Stiftungen im Zivil- und Steuerrecht, 4. Auflage (2012); *Rawert*, Der Nachweis organschaftlicher Vertretung im Stiftungsrecht, in: Festschrift Kreutz (2009), 787; *ders.*, Kapitalerhöhung zu guten Zwecken – Die Zustiftung in der Gestaltungspraxis, DNotZ 2008, 5; *ders./Hüttemann*, Die notleidende Stiftung, ZIP 2013, 2136; *Reimann*, Die rechtsfähige Stiftung in der Kautelarpraxis, DNotZ 2012, 250; *Reich/Graewe*, ZEV-Report, Gesellschaftsrecht/Unternehmensnachfolge, ZEV 2015, 185; *Reuter*, Der Vorbehalt des Stiftungsgeschäfts, NZG 2004, 939; *Richter/Sturm*, Stiftungsrechtsreform und Novellierung der Landesstiftungsgesetze, NZG 2005, 655; *Roth*, Reform des Gemeinnützigkeitsrechts – »Gesetz zur Stärkung des Ehrenamtes«, SteuK 2013, 136; *Röthel*, Pflichtteil und Stiftungen: Generationengerechtigkeit versus Gemeinwohl?, ZEV 2006, 8; *dies.*, Was bringt die Pflichtteilsreform für Stiftungen?, ZEV 2008, 112; *Schauhoff*, Handbuch der Gemeinnützigkeit, 3. Auflage (2010); *Schauhoff/Kirchhain*, Steuer- und zivilrechtliche Neuerungen für gemeinnützige Körperschaften und deren Förderer, FR 2013, 301; *Scherer*, Anwaltshandbuch Erbrecht, 8. Abschnitt Stiftungsrecht, 4. Auflage (2014); *Schewe*, Die Errichtung der rechtsfähigen Stiftung von Todes wegen (2004); *ders.*, Stiftung und Dauertestamentsvollstreckung, ZEV 2012, 236; *ders.*, Stiftungserrichtung von Todes wegen, ZSt 2004, 270; *Schiffer*, Aktuelles Beratungs-Know-How Gemeinnützigkeits- und Stiftungsrecht, DStR 2005, 508; *Schindler/Steinsdörfer*, Treuhänderische Stiftungen, 7. Auflage (2003); *Schlüter*, Stiftungsrecht zwischen Privatautonomie und Gemein-

Kapitel 13 Stiftungen

wohlbindung (2004); *Schlüter/Stolte*, Stiftungsrecht, 2. Auflage (2013); *O. Schmidt*, Unternehmensträgerstiftungen durch Verfügungen von Todes wegen (1997); *ders.*, Die Stiftung von Todes wegen im Errichtungsstadium: Gibt es eine Vorstiftung?, ZEV 1998, 81; *ders.*, Vermögenszuwendung und Festlegung des Stiftungszwecks bei der Errichtung unselbstständiger Stiftungen von Todes wegen, ZEV 2003, 316; *ders.*, Die Auslegung des Stiftungsgeschäfts von Todes wegen, ZEV 2000, 219; *ders./Schick*, Steuerrechtliche Aspekte bei der Stiftung von Todes wegen, ZSt 2004, 239; *Schütz/Runte*, Das Ehrenamtsstärkungsgesetz – neue Impulse für den Non-Profit-Bereich?, DStR 2013, 1261; *Schwake*, Zum Mindestkapital bei rechtsfähigen Stiftungen bürgerlichen Rechts, NZG 2008, 248; *Schwarz*, Zur Neuregelung des Stiftungsprivatrechts, DStR 2002, 1718, 1767; *Seifart/von Campenhausen* (Hrsg.), Handbuch des Stiftungsrecht, 3. Auflage (2009); *Siebert*, Die Entwicklung des Erbrechts im zweiten Halbjahr 2014, NJW 2015, 1068: *Sieger/Bank*, Erhalt von Einflussmöglichkeiten des Stifters auf die Geschäftstätigkeit einer zivilrechtlichen Stiftung, NZG 2010, 641; *Steffek*, Die Anforderungen an das Stiftungsgeschäft von Todes wegen (1996); *Stöber*, Die geplante Europäische Stiftung, DStR 2012, 804; *Strachwitz/Mercker*, Stiftungen in Theorie, Recht und Praxis (2005); *Theuffel-Werhahn*, Unterliegen unselbstständige Familienstiftungen der Ersatzerbschaftsteuerpflicht? – Zugleich eine Betrachtung des Begriffes »Stiftung« im Steuerrecht, ZEV 2014, 14; *Tielmann*, Die Familienverbrauchsstiftung, NJW 2013, 2934; *Timmer*, Stiften in Deutschland: Die Ergebnisse der Stifterstudie (2005); *von Oertzen/Hosser*, Asset Protection mit inländischen Familienstiftungen, ZEV 2010, 168; *von Oertzen/Stein*, Deutsch-US-amerikanische Nachfolgeplanung: Steuervorteile im ErbStG durch Verwendung von Trusts, ZEV 2010, 500; *Wachter*, Stiftungen – Zivil- und Steuerrecht in der Praxis (2001); *Wallenhorst*, Ist die Geprägetheorie überholt?, DStR 2009, 717; *ders./Halaczinsky*, Die Besteuerung gemeinnütziger Vereine, Stiftungen und der juristischen Person des öffentlichen Rechts, 6. Auflage (2009); *Weitemeyer*, Die Bürgerstiftung – Rechtsform und Reformbedarf, in: Gedächtnisschrift Eckert (2008), 967; *A. Werner*, Die Zustiftung (2003); *dies.*, Die Errichtung einer selbstständigen Stiftung bürgerlichen Rechts in der notariellen Beratungspraxis, NotBZ 2009, 469; *Werner*, Festlegung des Stiftungszwecks in einer letztwilligen Verfügung, ZSt 2005, 289, 2006, 10; *ders.*, Die Struktur der unselbstständigen Stiftung, ZSt 2008, 58; *ders.*, Stiftungen als Instrument der Pflichtteilsvermeidung, ZEV 2007, 560; *ders.*, Die Formulierungsfreiheit des Stifters als Ausfluss der Privatautonomie, ZSt 2006, 126; *ders./Saenger* (Hrsg.), Die Stiftung – Recht, Steuer, Wirtschaft – Stiftungsrecht (2008); *Westebbe*, Die Stiftungstreuhand (1993); *Wochner*, Stiftungen und stiftungsähnliche Körperschaften als Instrument dauerhafter Vermögensbindung, MittRhNotK 1944, 89; *ders.*, Die unselbstständige Stiftung, ZEV 1999, 125; *Zimmermann*, Aktueller Überblick über das deutsche Stiftungsrecht, NJW 2011, 2931; *ders.*, Die Entwicklung des Stiftungsrechts 2011/2012, NJW 2012, 3277; *ders.*, Die Entwicklung des Stiftungsrechts 2013, NJW 2013, 3557; *ders./Arnsperger*, Die Entwicklung des Stiftungsrechts 2013/2014, NJW 2015, 290. Die angegebenen Websites wurden zuletzt im Juni 2015 abgerufen.

A. Einführung

1 Die Stiftungserrichtung von Todes wegen fristete früher ein Nischendasein und stellte allenfalls für wenige Experten ein lukratives Rechtsgebiet dar. Dies hat sich in jüngster Zeit jedoch grundlegend geändert. Stiftungen[1] haben eine **erhöhte Bedeutung** erlangt – nicht nur wegen der gebetsmühlenartig wiederholten zunehmenden Bedeutung des Erbrechts, sondern vor allem, weil viele Erblasser hierin eine adäquate Möglichkeit sehen, steuerfrei ihr Vermögen langfristig einem guten Zweck zuzuwenden und/oder generationenübergreifende Familienversorgung zu betreiben.[2] Es überrascht daher nicht, dass Schätzungen von einer Gesamtanzahl von ca. 20.784 rechtsfähigen Stiftungen des Bürgerlichen Rechts im Jahr 2014 (gegenüber 20.250 in 2013 und 19.551 in 2012) ausgehen.[3]

---

1 Der Begriff »Stiftung« ist weder im BGB noch in den Landesstiftungsgesetzen eindeutig bestimmt. Zu der hier verwendeten Definition vgl. Rdn. 9 ff. und *Zimmermann*, NJW 2011, 2931, 2932. Anwaltshandbuch ErbR/*Feick*, § 38 Rn. 2 spricht anschaulich von einer »völlig losgelöste(n) juristische(n) Person«.

2 Neben diesen »klassischen« Motiven sind zunehmend weitere Gründe erkennbar, wie etwa die Sicherung eines Unternehmens vor feindlichen Übernahmen oder die Umsetzung von *Corporate Social Responsibility* – Strategien. Häufig spielt auch die erbschaftsteuerliche Privilegierung von Vermögensübertragungen auf Familienstiftungen oder die vielfältigen Privilegien für gemeinnützige, mildtätige oder kirchliche Zwecke verfolgende Stiftungen eine bestimmende Rolle: *Zimmermann*, NJW 2011, 2931, 2935.

3 Vgl. Bundesverband Deutscher Stiftungen (Hrsg.), »Zahlen, Daten, Fakten zum deutschen Stiftungswesen«, Berlin 2014 und *Zimmermann/Arnsperger*, NJW 2015, 290, 290; vgl. auch Frankfurter Allgemeine Sonntagszeitung vom 03. 05. 2015, 34, »Stiftungen in großer Not«.

Hinzu kommen ungezählte unselbstständige (treuhänderische) Stiftungen. Nicht zu Unrecht sprechen manche hier bereits von einem regelrechten »Stiftungs-Boom«.[4] Die Vielfalt der Stiftungslandschaft ist enorm und reicht von der »Else Kröner Fresenius-Stiftung« in Frankfurt mit einem Verkehrswert von 5.300.000.000 EUR und der »Robert Bosch Stiftung« mit einem Buchwert i. H. v. 5.159.122.000 EUR (beide Zahlen aus 2013)[5] bis zu den zahlreichen Bürgerstiftungen und Kleinststiftungen mit einem Stiftungsvermögen von weniger als 100.000 EUR. Insgesamt wird das Stiftungsvermögen auf 70 Mrd. € geschätzt.[6] Es existiert bei den Stiftungen in Deutschland ein Gefälle von West nach Ost. In den fünf ostdeutschen Bundesländern (ohne Berlin) befanden sich 2011 nur 6,5 % aller deutschen Stiftungen.[7]

Der Gesetzgeber[8] hat zu dieser erfreulichen Entwicklung durch entsprechende legislative Maßnahmen ganz maßgeblich beigetragen. Insbesondere hat er die zivil- und steuerrechtlichen Rahmenbedingungen zur Stiftungserrichtung kontinuierlich verbessert und vereinfacht. In zivilrechtlicher Hinsicht sei hier zunächst auf das **Gesetz vom 15. Juli 2002** hingewiesen,[9] bei dem es sich, wie sich bereits aus der gesetzgeberischen Wortwahl (»Modernisierung«) ergibt, zwar nicht um eine grundlegende Reform des Stiftungszivilrechts handele, das aber durch eine sensible »Evolution des Stiftungsrechts«[10] erreichen konnte, dass heute insbesondere die Voraussetzungen für die Anerkennung einer Stiftung durch die zuständige Landesbehörde[11] bundeseinheit- 2

---

4 *Timmer*, S. 18.
5 Zahl entnommen aus Bundesverband Deutscher Stiftungen (Hrsg.), »Zahlen, Daten, Fakten zum deutschen Stiftungswesen«, Berlin 2014.
6 *Reimann*, DNotZ 2012, 250.
7 Vgl. Neue Züricher Zeitung (NZZ) vom 29.7.2011, S. 12.
8 Zu den Gesetzgebungsaktivitäten auf europäischer Ebene, konkret den Kommissionsvorschlag über das Statut einer Europäischen Stiftung (Fundatio Europaea – FE) vgl. *Stöber*, DStR 2012, 804; *Zimmermann*, NJW 2012, 3277; *ders.*, NJW 2013, 3557, 3560; *ders.*, NJW 2015, 289, 293; *Omlor* EuR 2015, 91. Zu beachten ist, dass die EU-Kommission das Voranbringen der Europäischen Stiftung von ihrer Programmliste für 2015 gestrichen hat (Pressemitteilung der Kommission mit dem Arbeitsprogramm 2015 abrufbar unter http://europa.eu/rapid/press-release_IP-14-2703_de.htm; Liste der Rücknahmen, abrufbar unter http://ec.europa.eu/atwork/pdf/cwp_2015_withdrawals_en.pdf, 12.), in nächster Zeit mithin vorerst nicht mit weiteren Aktivitäten in diesem Bereich zu rechnen ist.
9 BGBl. 2002 I, S. 2634.
10 *Andrick/Suerbaum*, NJW 2002, 2900, 2909.
11 Die für die Anerkennung der Rechtsfähigkeit zuständige Behörde bestimmt das Recht des Landes, in dem die Stiftung ihren Sitz haben soll. Derzeit gilt hier in Bezug auf die einzelnen Bundesländer was folgt: Baden-Württemberg: Regierungspräsidium (§ 3 BadWürttStiftG); Bayern: Regierungen der Landesteile (Art. 3 Abs. 3 BayStiftG); Berlin: Senatsverwaltung für Justiz (§ 2 Abs. 1 BerlStiftG); Brandenburg: Innenministerium (§ 4 Abs. 1 BrbgStiftG); Bremen: Senator für Inneres und Sport (§§ 2, 4 BremStiftG); Hamburg: Justizbehörde (Anordnung zur Durchführung der Hamburgischen Stiftungsgesetzes v. 21. Dezember 2004, AmtlAnz 2006, 165); Hessen: Regierungspräsidium (§§ 3 Abs. 1, 11 Abs. 1 HessStiftG); Mecklenburg-Vorpommern: Justizministerium (§ 2 MecklVorPStiftG); Niedersachsen: Amt für regionale Landesentwicklung (§§ 3, 4 Abs. 1 NdsStiftG); Nordrhein-Westfalen: Bezirksregierung (§ 15 Abs. 2 StiftGNW); Rheinland-Pfalz: Aufsichts- und Dienstleistungsdirektion (§ 4 Abs. 1 RhPfStiftG); Saarland: Ministerium für Inneres, Familie, Frauen und Sport (§§ 2, 3 SaarlStiftG); Sachsen: Landesdirektionen (§§ 3 Abs. 1, 5 SächsStiftG); Sachsen-Anhalt: Landesverwaltungsamt (§§ 3 Abs. 1, 15 Abs. 1 SachsAnhStiftG i. V. m. dem Beschluss der Landesregierung vom 13. August 1991 (MBl. 410) und dem Beschluss der Landesregierung vom 16. Dezember 2003 (MBl. 2004, S. 41); Schleswig-Holstein: Innenministerium im Benehmen mit dem fachlich zuständigen Ministerium (§ 2 S. 1 SchlHolStiftG); Thüringen: Innenministerium (§ 4 Abs. 1 ThürStiftG). Besonderheiten sind in manchen Länderstiftungsgesetzes vorgesehen für Fälle typisierter Interessenkollision, namentlich im Falle der (Mit-)Stiftung durch das Land bzw. Verwaltung durch das Regierungspräsidium (Baden-Württemberg: zuständig ist das Ministerium, in dessen Zweckbereich der Stiftung überwiegend fällt; ähnliches gilt auch für vom Land mit(-er)richtete Stiftungen in Niedersachsen und Hessen), öffentlich-rechtliche Stiftungen (Hessen: werden von der Landesregierung genehmigt), kommunale Stiftungen (Mecklenburg-Vorpommern: Einvernehmen mit der zuständigen Rechtsaufsichtsbehörde erforderlich) und Stiftungen, bei denen eine (Mit-)Bestimmung durch den Bund, das Land oder eine Körperschaft

Kapitel 13 Stiftungen

lich[12] und abschließend im Bürgerlichen Gesetzbuch geregelt sind.[13] Nach den maßgeblichen Bestimmungen ist es für die Stiftungserrichtung hiernach erforderlich (aber auch ausreichend), dass die dauerhafte und nachhaltige Erfüllung des Stiftungszwecks gesichert erscheint, dieser nicht das Gemeinwohl gefährdet[14] und das Stiftungsgeschäft zuletzt die inhaltlichen Mindestanforderungen des § 81 Abs. 1 BGB erfüllt. Liegen diese Voraussetzungen vor, besteht ein positivrechtlich verankerter Anspruch auf Anerkennung[15] (§ 80 Abs. 2 BGB).[16] Durch das jeweilige Landesrecht wird demgegenüber lediglich das formale Anerkennungsverfahren und die Stiftungsaufsicht (als reine Rechtsaufsicht[17]) erfasst;[18] die frühere Befugnis der Länder, in ihren Stiftungsgesetzen weitere inhaltliche Anforderungen an das Stiftungsgeschäft zu normieren, besteht nicht mehr.[19]

3 Diese Verfahrenserleichterung soll jedoch nicht darüber hinweg täuschen, dass der Stifter und der Notar bei der Abfassung ihrer individuellen Stiftungssatzung auch heute noch **keine umfassende Privatautonomie** genießen. So unterfallen die Stiftungen noch immer einer föderal strukturierten Aufsicht, und zwar sowohl bei deren Gründung wie auch anschließend bei der »täglichen Arbeit«.[20] Die Mittel der **Stiftungsaufsicht** reichen hierbei von bloßen Informations- und Prüfungsrechten über Beanstandungsrechte und die Befugnis zur Abberufung von Organmitgliedern[21] bis zur Möglichkeit der Ersatzvornahme, Bestellung eines Stiftungsbeauftragten, Aufhebung oder Zweckänderung der Satzung.[22] Der Notar sollte die Aufsichtsbehörde gleichwohl nicht als »Gegner« und/oder Störer

---

oder Anstalt des öffentlichen Rechts besteht, die unmittelbar der Aufsicht der Landesregierung oder oberster Landesbehörden unterliegt (Nordrhein-Westfalen: zuständig ist das Innenministerium).

12 BGBl. 2002 I, S. 2634.
13 Soweit sich aus landesrechtlichen weitere Erfordernisse ergeben, wurden diese gem. Art. 31 GG verdrängt. Alle Bundesländer, als letztes Sachsen-Anhalt zum 1.2.2011 (SachsAnhGVBl 1/2011), haben mittlerweile ihre Landesstiftungsgesetze an die geänderten Vorschriften des BGB angepasst (*Zimmermann*, NJW 2011, 2931, 2931).
14 Damit hat der Gesetzgeber die bereits zuvor überwiegende Meinung bestätigt, dass die gemeinwohlkonforme Allzweckstiftung das gesetzliche Leitbild darstellt. Die Stiftung muss also keineswegs gemeinnützig sein, sie kann auch (nur) privatnützige Zwecke verfolgen (vgl. *Schwarz*, DStR 2002, 1768).
15 Im Falle der Errichtung der Stiftung durch letztwillige Verfügung ist ein Anerkennungsantrag nicht zwingend erforderlich, da das Nachlassgericht gemäß § 83 S. 1 BGB ein Stiftungsgeschäft in einer Verfügung von Todes wegen der zuständigen Behörde zur Anerkennung mitzuteilen hat. Umstritten ist, ob in dem Schwebezustand zwischen der Einreichung des Stiftungsgeschäfts und der Anerkennung der Stiftung als rechtsfähig eine sog. »Vor-Stiftung« besteht (vgl. *Schwinge*, BB 1978, 527; *Weimar/Delp*, BB 1987, 1707, 1709; *Hennerkes/Binz/Sorge*, DB 1986, 2269; LG Heidelberg NJW-RR 1991, 969; *Orth*, ZEV 1997, 328 (konkret zu einem Stiftungsgeschäft von Todes wegen); *Wachter*, ZEV 1993, 445; *Muscheler*, ZEV 2003, 41, 46).
16 *Burgard*, NZG 2002, 697 698; Bedenken hinsichtlich der Verfassungsmäßigkeit der Norm (wegen der Gesetzgebungskompetenz des Bundes nach Art. 74 Abs. 1 Nr. 1 GG und wegen des Gesetzgebungsrechts nach Art. 72 Abs. 2 GG) haben etwa *Achilles*, ZRP 2002., 23, 28f; *Backert*, ZSt 2004, 51, 52 f.; Bamberger/Roth/ *Backert*, § 80 Rn. 2. Diese Problematik dürfte sich durch das Gesetz zur Änderung des GG vom 1.9.2006 (BR-Drucks. 178/06, S. 13 f.) weitgehend erledigt haben (vgl. *Sachs/Degenhart*, GG, 5. Auflage (2009), Art. 72 Rn. 23; Staudinger/*Hüttemann/Rawert*, Vor § 80 BGB, Rn. 19).
17 *Zimmermann*, NJW 2011, 2931, 2934.
18 *Langenfeld*, ZEV 2002, 481.
19 *Hüttemann/Rawert* ZIP 2002, 2019; *Muscheler*, ZSt 2004, 3; ders., NJW 2004, 713; a. A. *Backert*, ZSt 2004, 51.
20 *Härtl*, S. 22. Hintergrund ist, dass die Stiftung einer verbandsmäßigen Struktur ermangelt und infolgedessen die Kontrolle durch das Eigeninteresse der Mitglieder fehlt (BVerwG NJW 1991, 713).
21 Vgl. zu der Maßstäben, die die Stiftungsaufsicht bei der Entscheidung über die amtswegige Neubesetzung handlungsunfähig gewordener Stiftungsorgane anzulegen hat, VG Berlin v. 27.2.2014 – VG 29 K 67.13 (n. v.); zu der Bestellung eines Notvorstandes OLG Hamm NZG 2014, 271.
22 Vgl. u. a. §§ 14–16 HessStiftG, §§ 11, 12 BadWürttStiftG, § 7 SächsStiftG; Vgl. aus der Rechtsprechung etwas BVerwGE 106, 177 (»Republikanerstiftung«). Zu dem Rechtsschutzmöglichkeiten gegen Handlungen der Stiftungsaufsicht vgl. etwa VG Hannover v. 17.12.2014 – 1 A 2700/13 (n. v.); zu dem Zeitpunkt des Tätigwerdens VG des Saarlandes v. 11.6.2014 – 1 K 772/13 (n. v.). Die Stiftungsaufsicht dient zum einen der Einhaltung staatlicher Gesetze und zum anderen der Verwirklichung des privaten Stifterwillens: *Kirch-*

Stiftungen **Kapitel 13**

der Gestaltungsfreiheit ansehen, sondern sich vielmehr der Fachkompetenz der staatlichen Stellen bedienen, etwa indem er den Inhalt der Stiftungssatzung mit diesen abstimmt und auf die mannigfaltig verfügbaren Mustertexte der Aufsichtsbehörden zurückgreift. Dies gilt in besonderem Umfang für die hier interessierende Stiftungserrichtung von Todes wegen. Gerade in diesem Bereich sollte der Notar – auch im eigenen (haftungsrechtlichen) Interesse – sicherstellen, dass die Stiftung nach dem Ableben des Stifters wie von diesem gewollt errichtet werden kann. Eine solche **Absicherung** ist mithilfe der Stiftungsbehörden auch ohne weiteres möglich: der Notar bzw. Stifter kann schließlich schon zu Lebzeiten in Erfahrung bringen, ob die von ihm geplante Einrichtung einer Stiftung von Todes wegen anerkannt werden kann.

Und noch in einer anderen Frage sollte der Notar den engen Kontakt zu staatlichen Stellen suchen und bereits zu Lebzeiten eine verbindliche Klärung erreichen; so ist bekanntermaßen die Stiftung vor allem wegen ihrer **steuerlichen Vorteile** ein zunehmend attraktiveres erbrechtliches Gestaltungsmittel. Derzeit verfolgen ca. 95 % aller deutschen Stiftungen ausschließlich und unmittelbar[23] steuerbegünstigte, d. h. gemeinnützige, mildtätige oder kirchliche Zwecke.[24] Dies ist vor dem Hintergrund der gesetzlich vorgesehenen Steuerbefreiungen (vgl. § 5 Abs. 1 Nr. 9 KStG, § 3 Nr. 6 GewStG, § 13 Abs. 1 Nr. 16b, 17 ErbStG, § 3 Abs. 1 Nr. 3b GrStG) und Steuerbegünstigungen (vgl. z. B. § 12 Abs. 2 Nr. 8a UStG) nur verständlich. 4

Um – insbesondere in Zweifelsfällen (etwa den noch zu behandelnden Familienstiftungen,[25] den Doppelstiftungen[26] und den unternehmensverbundenen Stiftungen)[27] – auch im steuerlichen Bereich bereits zu Lebzeiten des Stifters Rechtssicherheit zu erhalten, sollte bereits im Vorfeld der Entwurfsfassung der **Kontakt zur Finanzverwaltung** gesucht und etwaige Fehlerquellen identifiziert werden. Hierdurch kann sichergestellt werden, dass die zu errichtende Stiftung zum Zeitpunkt ihres Entstehens als »gemeinnützig« im Sinne der AO anerkannt wird. 5

An dieser – wie an zahlreichen weiteren – Stelle(n) erleichtert auch das jüngst in Kraft getretene Gesetz zur Stärkung des Ehrenamtes[28] die tägliche Arbeit mit und für Stiftungen. Erklärtes Ziel der Reform war es, die stiftungsrechtlichen Vorschriften weiter zu entbürokratisieren und flexibler zu gestalten, um den steuerbegünstigten Organisationen und ehrenamtlichen Helfern zu ermöglichen, ihre gesamtgesellschaftlichen Aufgaben künftig einfacher und besser wahrzunehmen.[29] In diesem Regelungswerk finden sich zahlreiche zivil- und steuerrechtliche Neuerungen im Gemeinnützigkeits-, Spenden-, Vereins- und Stiftungsrecht. Geändert wurde hierbei u. a. die frühere Rechtslage, wonach Finanzämter die formelle Satzungsmäßigkeit von gemeinnützigen Stiftungen durch sog. vorläufige Bescheinigungen der Gemeinnützigkeit bestätigten, auf deren Grundlage sodann Zuwendungsbestätigungen ausgestellt werden durften. Nach früherer herrschender Meinung handelte es sich bei derartigen Bescheinigungen nur um informelle, rechtlich unverbindliche Aus- 6

---

hof, Private Rechtssetzung, S. 459 f. Die Stiftungsaufsicht entfaltet keine drittschützende Wirkung (Sächsisches OVG v. 1.7.2014 – 5 A 530/12 (n. v.); BVerwG NJW 1985, 2964).
23 Zur Abgrenzung – etwa im Falle der Verpachtung eines Gebäudes an einen gemeinnützigen Träger – vgl. FG Baden-Württemberg, EFG 1997 Nr. 22, Entscheidung 1120.
24 *Zimmermann*, NJW 2012, 3277, 3277; *Wachter*, NZG 2003, 107). Zu einem ähnlichen Ergebnis kommt der Bundesverband Deutscher Stiftungen: Hiernach verfügen über soziale Zwecke 28,8 %, Wissenschaft und Forschung 12,4 %, Bildung und Erziehung 15,3 %, Kunst und Kultur 15,2 %, Umweltschutz 4,2 % und andere gemeinnützige Zwecke 18,7 % der Stiftungen, während nur 5,4 % privatnützige Zwecke verfolgen. Zahlen entnommen aus Bundesverband Deutscher Stiftungen (Hrsg.), »Zahlen, Daten, Fakten zum deutschen Stiftungswesen«, Berlin 2014
25 Vgl. Rdn. 54 ff.
26 Vgl. Rdn. 72 ff.
27 Vgl. Rdn. 68, 115 ff.
28 Gesetz zur Stärkung des Ehrenamtes (Ehrenamtsstärkungsgesetz) vom 21. März 2013, BGBl. I S. 556. Das Gesetz wurde ursprünglich unter dem Titel »Gesetz zur Entbürokratisierung des Gemeinnützigkeitsrechts« (GEG bzw. GemEntBG) Ende 2012 von der Bundesregierung in das Gesetzgebungsverfahren eingebracht.
29 BT-Drs. 17/12123, 1.

künfte[30], die allerdings gegenüber der Finanzverwaltung für die Vergangenheit Vertrauensschutz begründeten.[31] Diese vorläufige Bescheinigung wird nun ersetzt durch ein neues Verfahren zur Überprüfung der formellen Satzungsmäßigkeit,[32] konkret durch einen Steuerbescheid, in dem die Einhaltung der satzungsmäßigen Voraussetzungen nach den §§ 51, 59, 60 und 61 AO – und damit der satzungsmäßigen Voraussetzungen der Gemeinnützigkeit – festgestellt wird (§ 60a Abs. 1 S. 1 AO[33]). Dieser Feststellungsbescheid entfaltet rechtliche Bindungswirkung einerseits gegenüber den Sitzfinanzämtern der Körperschaft wie gegenüber den Wohnsitzfinanzämtern der Spender und Mitglieder (§ 60a Abs. 1 S. 2 AO)[34] und andererseits sowohl für die Besteuerung der Körperschaft als auch für die Besteuerung der Spender. Die Feststellung erfolgt entweder, sofern noch keine Feststellung erfolgt ist, von Amts wegen bei der Veranlagung zur Körperschaftssteuer, oder auf Antrag der Körperschaft selbst (§ 60a Abs. 2 AO).[35] Gedacht ist bei letzterer Alternative vor allem an einen Zeitpunkt bei der Gründung der steuerbegünstigten Körperschaft. Dies geht indirekt aus § 60 Abs. 2 Nr. 2 AO hervor. Da § 60 a AO ins Gesetz eingefügt ist, um den Körperschaften Rechtssicherheit zu geben, ist der Antrag schon vor Aufnahme der steuerbegünstigten Tätigkeit möglich.[36] Der Anwendungserlass zur Abgabenordnung (AEAO) vom 14.01.2014[37] führt hierzu aus: »Die Feststellung der satzungsmäßigen Voraussetzungen kann bereits vor einer Registereintragung oder einer Anerkennung/Genehmigung der Körperschaft erfolgen, sofern zu diesem Zeitpunkt bereits eine Körperschaftsteuerpflicht besteht. Eine Feststellung darf erst nach einem wirksamen Organbeschluss, beispielsweise über die Satzung, erfolgen.« Trotz dieser neu geschaffenen und grundsätzlich zu begrüßenden Möglichkeit zum Zwecke erhöhter Rechtssicherheit wird daher zu recht darauf hingewiesen, dass in der Praxis an dem bewährten Verfahren der formlosen Abstimmung der Satzungsentwürfe mit den zuständigen Finanzbehörden vor Gründung der Stiftung festgehalten werden sollte.[38]

7   Weitere Schwerpunkte des Gesetzes zur Stärkung des Ehrenamtes sind die Lockerung des *Endowment*-Verbotes[39], die Beweiserleichterung in § 53 Nr. 2 AO, die neuen Regelungen um privilegierten Spendenabzug bei Zuwendungen an Stiftungen in § 10b EStG, die Vereinheitlichung der Anerkennungsvoraussetzungen für sog. Verbrauchsstiftungen[40] und die Ausdehnung der Haftungserleichterungen für Organmitglieder zu nennen.[41] Auf relevante Änderungen der zivil- bzw. steuer-

---

30 BFH FR 1998, 1033 m. w. N.
31 *Schauhoff/Kirchhain*, FR 2013, 301, 304.
32 *Schlüter/Stolte*, Kapitel 9, Rn. 22.
33 Für *Roth*, SteuK 2013, 136, 137 stellt dies die »wohl gravierendste Änderung in verfahrensrechtlicher Hinsicht« durch das Gesetz zur Stärkung des Ehrenamtes dar.
34 Wenn eine konkrete Tätigkeit, die in der Satzung unter Beachtung des Bestimmtheitsgebot gem. § 60 Abs. 1 AO beschrieben ist, in einem derartigen Feststellungsbescheid als gemeinnützigen Zwecken dienend anerkannt wird, kann eine andere Finanzbehörde diese Tätigkeit damit künftig nicht mehr als nichtsatzungsgemäß qualifizieren. Damit kommt, worauf *Schauhoff/Kirchhain* (FR 2013, 301, 305) zu Recht hinweisen, der sorgfältigen Satzungsformulierung eine noch höhere Bedeutung als in der Vergangenheit zu.
35 Das bedeutet – zumindest theoretisch: Der Stifter muss sich bei der im Vorfeld der (lebzeitigen) Stiftungsgründung stets zu empfehlenden Abstimmung mit dem zuständigen Finanzamt über den Inhalt der Stiftungssatzung nicht mehr notgedrungen auf Änderungswünsche des Finanzamts einlassen. Er kann nun stattdessen einen ablehnenden Bescheid »provozieren«, um in einem anschließenden Klageverfahren der eigenen Rechtsmeinung zum Durchbruch zu verhelfen. In der Praxis dürfte dieses Vorgehen auf Grund der damit verbundenen Verzögerung der Umsetzung des Stiftungsvorhabens jedoch die seltene Ausnahme bilden: so zu Recht *Zimmermann*, NJW 2013, 3557, 3561.
36 *Klein/Gersch*, AO, 12. Auflage (2014) § 60a Rn. 5; offengelassen bei *König/König*, AO, 3. Auflage (2014), § 60a Rn. 4, der jedoch darauf hinweist, dass »Spender« und Mitglieder der Körperschaft nicht antragsberechtigt sind.
37 Vgl. hierzu die Neufassung des Anwendungserlasses zu den §§ 51–68 AO, BMF-Schreiben vom 31.1.2014, BStBl I 2014, 290 (AEAO Nr. 2–4 zu § 60a I Nr. 2).
38 *Schütz/Runte*, DStR 2013, 1261, 1264. Vgl. aber auch *Schlüter/Scholte*, Kap. 9, Rn. 24.
39 Vgl. Rdn. 84.
40 Vgl. Rdn. 13, 60.
41 Vgl. eingehende Ausführungen etwa bei *Schauhoff/Kirchhain*, FR 2013, 301.

rechtlichen Rahmenbedingungen wird im folgenden an den betreffenden Stellen näher eingegangen.

Der Notar bewegt sich dementsprechend bei der Abfassung einer Stiftungserrichtung von Todes wegen zwar in vielen Fragen im »Korsett« öffentlich-rechtlicher Bestimmungen und muss bei der Gestaltung auf eine Reihe von **zivilrechtlichen wie steuerlichen Vorgaben** Rücksicht nehmen. Er besitzt jedoch andererseits auch die Möglichkeit, durch einen fruchtbaren Dialog mit Stiftungs- und Finanzbehörde eine auf den Stifter **individuell zugeschnittene Stiftungssatzung** zu erarbeiten – und dessen rechtliche Zulässigkeit bzw. steuerlichen Folgen bereits zu Lebzeiten des Stifters von den maßgeblichen staatlichen Stellen bestätigen zu lassen (zu der Möglichkeit der lebzeitigen Gründung einer »Stiftung light« vgl. Rdn. 27 ff.). 8

B. Erläuterungen

I. Überblick

1. Die Stiftung: dauerhafte Sicherung des Vermögens durch letztwillige Verfügung

Bei einer Stiftung handelt es sich in erster Linie um eine **reine Verwaltungsorganisation**. Im Unterschied zu anderen Gestaltungsformen des Erblassers, die wie die Nacherbfolge, die Testamentsvollstreckung oder das Erbteilungsverbot zeitlich auf 30 Jahre oder die Lebensdauer eines Menschen beschränkt sind, bietet die Stiftung dem Erblasser die Möglichkeit zur **dauerhaften**[42] generationenübergreifenden Verwirklichung eines unveränderlichen Zwecks.[43] Das bürgerliche Recht ermöglicht eine solche »immerwährende« Vermögensbindung nur in der Rechtsform der Stiftung.[44] 9

Durch die Errichtung einer Stiftung erreicht der Stifter mithin vor allem zweierlei: die Perpetuierung seines Vermögens einerseits und die Verwendung der Erträge desselben zu einem von ihm vorgesehenen Zweck andererseits. 10

2. Selbständige und unselbständige Stiftung

Stiftungen können im Rechtsverkehr sowohl in Form der selbständigen wie der unselbständigen Stiftung auftreten. 11

a) Rechtsfähige selbständige Stiftungen

Die rechtsfähige selbständige Stiftung des bürgerlichen Rechts nach §§ 80 ff. BGB ist der vom Gesetz vorgesehene **Regelfall** der privatrechtlich organisierten Stiftung. Hierunter wird allgemein eine mit Rechtsfähigkeit ausgestattete, nicht verbandsmäßig organisierte Einrichtung verstanden, die einen vom Stifter bestimmten Zweck mit Hilfe eines dazu gewidmeten Vermögens dauernd fördern soll.[45] Die innere Struktur der Stiftung wird durch das Stiftungsgeschäft bestimmt.[46] Wesentliche Elemente einer Stiftung sind der **Stiftungszweck, das Stiftungsvermögen und die Stiftungsorganisation**.[47] 12

---

42 Mit dem Merkmal »dauerhaft« soll nicht die Errichtung von Stiftungen ausgeschlossen werden, deren Zweckerfüllung mit einem zeitlichen Ende verbunden ist (z. B. Instandsetzung eines Kulturobjekts; vgl. die Stellungnahme des Bundesrates zum Entwurf eines Gesetzes zur Modernisierung des Stiftungsrechts BT-Drucks. 14/8765 S. 14 [zu § 80 Abs. 2]). Verhindert werden soll nur die Errichtung von Stiftungen für sehr kurzfristige Vorhaben; entscheidend ist, dass der Zweck der Stiftung so angelegt ist, dass er nicht durch die einmalige Hingabe oder den bloßen Verbrauch des Stiftungsvermögens erfüllt werden kann. Der Zweck der Stiftung muss es vielmehr erfordern, dass das in ihr gebundene Vermögen der Stiftung für »einen gewissen Zeitraum« erhalten bleibt (*Burgard*, S. 122 f.). Zu den nunmehr gesetzlich zugelassenen sog. Verbrauchsstiftungen vgl. Rdn. 13, 60, 86.
43 *Nieder/Kössinger*, Rn. 1001.
44 *Weirich*, Erben und Vererben, Rn. 678.
45 BayObLG NJW 1973, 249; Palandt/*Heinrichs*, vor § 80 Rn. 1.
46 Beck'sches Notarhandbuch/*Bengel/Reimann*, Kap. C Rn. 146, S. 873.
47 *Wachter*, S. 5.

Kapitel 13 Stiftungen

13 Das Vermögen der Stiftung darf hierbei in seiner Substanz grundsätzlich nicht angegriffen werden (**Grundsatz der Vermögenserhaltung**[48]). Die Anerkennung einer rechtsfähigen Stiftung setzt dementsprechend voraus, dass die dauernde Erfüllung des Stiftungszwecks gesichert erscheint (§ 80 Abs. 2 S. 1 BGB). Lange strittig – und von den Stiftungsbehörden uneinheitlich behandelt – war die Frage, ob bzw. unter welchen Bedingungen auch eine sog. Verbrauchsstiftung zugelassen werden kann.[49] Der Gesetzgeber hat nun – im Rahmen des vorgenannten Gesetzes zur Stärkung des Ehrenamtes[50] – mit Wirkung zum 22.7.2013 die Zulässigkeit von Verbrauchsstiftungen bestätigt sowie die Voraussetzungen für deren Anerkennungsfähigkeit als rechtsfähige Stiftungen präzisiert und kodifiziert.[51]

14 Ihre Zwecke verfolgt die Stiftung grundsätzlich aus den Erträgen, die sie aus der Verwaltung des Vermögens erwirtschaftet (näheres hierzu unter Rdn. 77 ff.).

15 Nach dem **Stiftungszweck** wird üblicherweise zwischen **privatnützigen und öffentlichen Stiftungen** unterschieden. Während erstere nur einem nach bestimmten Merkmalen begrenzten Personenkreis zugute kommen, wird durch letztere die Allgemeinheit begünstigt. Wichtigste Untergruppe der öffentlichen Stiftungen sind die gemeinnützigen Stiftungen (hierzu eingehend Rdn. 4, 20, 27, 52 f., 64, 72 ff., 75, 85, 104, 107, 109, 160 ff.). Zur Klarstellung: Eine gemeinnützige Stiftung im Sinne des Steuerrechts ist immer auch eine öffentliche Stiftung, während eine öffentliche Stiftung nicht zwingend steuerrechtlich als gemeinnützig qualifiziert werden muss.[52]

b) Unselbstständige Stiftungen

16 Neben den Stiftungen im Sinne der §§ 80 ff. BGB gibt es im BGB nicht gesondert geregelte sog. unselbstständige (auch: nichtrechtsfähige) Stiftungen.[53] Für sie gilt das **allgemeine Schuld- und Sachenrecht**.[54] Unter einer unselbstständigen Stiftung wird allgemein die Zuwendung von Vermögenswerten an eine natürliche oder juristische Person mit der Maßgabe verstanden, die übertragenen Werte getrennt von ihrem übrigen Vermögen zu verwalten[55] und dauerhaft zur Verfolgung eines

---

48 Eingehend *Hüttemann*, FS Flume, 1998, S. 59.
49 Staudinger/*Hüttemann*/*Rawert*, § 81 BGB Rn. 57; Münchner Kommentar/*Reuter*, §§ 80, 81 BGB Rn. 16 f.; Werner/Saenger/*Saenger*, Die Stiftung, Rn. 184; Seifart/von Campenhausen/*Hof*, § 4 Rn. 44.
50 BR-Drucks. 73/13 v. 8.2.2013.
51 *Hüttemann*, DB 2013, 774, 779; *Tielmann*, NJW 2013, 2934, 2934; vgl. hierzu eingehend Rdn. 60, 86.
52 Anwaltshandbuch ErbR/*Feick*, § 38 Rn. 5.
53 Die jedoch gleichwohl als Stiftungen im Rechtssinne angesehen werden: Beck'sches Formularhandbuch Erbrecht/*Mutter*, H. I. 7 Anm. 1. Zu den nichtrechtsfähigen Stiftungen als Familienstiftung eingehend *Hübner/Currle/Schenk*, DStR 2013, 1966.
54 *Nieder/Kössinger*, Rn. 1012. Die konkrete zivilrechtliche Rechtsnatur ist in der Literatur höchst umstritten. Einige vertreten die Ansicht, die Rechtsnatur des Stiftungsgeschäfts stelle entweder einen Treuhandvertrag, eine Auflagenschenkung oder ein Vertrag sui generis dar (Staudinger/*Hüttemann*/*Rawert*, Vor § 80 Rn. 158; Wochner, ZEV 1999, 125, 126, Seifart/von Campenhausen/*Hof* § 30 Rn. 28; Palandt/*Ellenberger*, Vorb. § 80 Rn. 10, jeweils m. w. N.). *Neuhoff* (in Soergel, vor § 80 Rn. 23) will ausschließlich ein Treuhandverhältnis anerkennen, *Herzog* (S. 63) und *Reuter* (in Münchner Kommentar, vor § 80 Rn. 42 ff.) wiederum sehen unter Hinweis auf die Gefährdung der Existenz der unselbstständigen Stiftung durch die Abhängigkeit ihres Fortbestands vom Willen des Treugebers nur eine Auflagenschenkung als möglich an. Nach BGH (NJW 2009, 1738) kann die Berechtigung dieser Argumentation dahinstehen. Denn entscheidend sei, welche Rechtsform die Parteien gewählt haben, nicht welche sie hätten wählen sollen. Die nichtrechtsfähige Stiftung könne also schuldrechtlich sowohl eine Schenkung unter Auflagen als auch eine Treuhand darstellen. Hierauf und auf die sich hierdurch ergebenden Unsicherheiten im Hinblick auf eine mögliche Kündigung, Aufhebung oder sonstige Beendigung der unselbstständigen Stiftung sollte in der Beratung hingewiesen werden (so zu Recht Anwaltshandbuch ErbR/*Feick*, § 38 Rn. 29).
55 Mit Schreiben vom 9.6.2011 (www.stiftungsrecht-plus.de) hat die BaFin klargestellt, dass bei einer unselbstständigen Stiftung eine umfassende Sorge der Treuhänder, eine nach dem KWG erlaubnispflichtige Geschäftstätigkeit ohne die erforderliche Erlaubnis auszuüben, nicht begründet sei. Eine Erlaubnispflicht würde sich nur in atypisch gelagerten Fällen ergeben. Sofern die Ausgestaltung der nichtrechtsfähigen Stif-

vom Stifter festgelegten Zwecks zu nutzen.[56] Die unselbstständige Stiftung zeichnet sich vor allem durch die **mangelnde Rechtsfähigkeit**[57] sowie das **Fehlen eines staatlichen Anerkennungs- und Aufsichtsverfahren** aus[58] und unterscheidet sich hierdurch von der selbständigen Stiftung.[59]

Die unselbstständige Stiftung setzt in jedem Fall voraus, dass ein (privatrechtlicher oder öffentlich-rechtlicher) mit dem Stifter nicht personenidentischer **Vermögensträger** vorhanden ist, dem Vermögen im Stiftungsgeschäft zugewendet wird (**Stiftungsträger**).[60] Das gestiftete Vermögen geht in das Eigentum des Rechtsträgers über, bildet jedoch ökonomisch gesehen ein treuhänderisch gehaltenes und zweckgebundenes Sondervermögen.[61] Zur Klarstellung: Der Stiftungsträger verfügt hier über sein **eigenes Vermögen**, da das »Stiftungsvermögen« lediglich wirtschaftlich nicht seinem Vermögen zuzuordnen ist, rechtlich aber schon.[62] Der Stiftungsträger tritt dabei dementsprechend nach außen im **eigenen Namen** auf, ist jedoch im Innenverhältnis an die schuldrechtlichen oder erbrechtlichen Vorgaben aus dem Stiftungsgeschäft, insbesondere den Stiftungszweck, gebunden. Da der Rechtsträger im eigenen Namen auftritt, besteht **keine Haftung nach § 31 BGB**[63] (und damit gilt natürlich auch nicht die dort nunmehr normierte Haftungsbegrenzung, sofern die Satzung nicht etwas anderes vorsieht).[64]

17

Unselbstständige Stiftungen sind insbesondere dann interessant, wenn das zu **stiftende Vermögen einen geringeren Umfang** hat.[65] Der kleinere Gründungs- und Verwaltungsaufwand macht es möglich, auch in diesem Fall den Stiftungszweck dauerhaft effektiv zu verfolgen. Dies gilt insbesondere für Förderstiftungen ohne eigene operative Tätigkeit oder eine »Stiftung auf Probe«, die im Fall ihres Gelingens in eine rechtlich selbständige Stiftung mit eigenständiger Organisation überführt werden kann.[66] In den letzten Jahren vermarkten insbesondere Banken unselbstständige, von ihnen treuhänderisch verwaltete unselbstständige Stiftungen. Zudem bieten sich auch immer mehr gemeinnützige Organisationen, wie z. B. Bürgerstiftungen oder Vereine, als potentielle Treuhänder an. In der **notariellen Praxis** wird diese Stiftungsform zudem als **Inhalt letztwilliger Verfügungen** relevant, etwa indem der Erblasser den Treuhänder als Vermächtnisnehmer oder als Mit- oder Alleinerben mit der Auflage einsetzt, die übertragenen Vermögenswerte für die Stiftung zu verwenden.[67]

18

Der Notar muss bei der unselbstständigen Stiftung größtes Augenmerk auf die **sorgfältige Formulierung der Stiftungssatzung** geben. Da bei der unselbstständigen Stiftung der stützende Rückhalt des Stiftungsrechts bzw. der Stiftungsaufsicht und die darin vorgesehene Fürsorge fehlt, ist der Stifter in besonderem Maße darauf angewiesen, im Stiftungsgeschäft und in der Satzung **Vorkehrungen ge-**

19

---

tung die endgültige Aussonderung des Stiftungsvermögens aus dem Vermögen des Stifters im Rahmen der »Zweckbindung des Vermögens auf Dauer« vorsehe, lasse sich eine Erlaubnispflicht vermeiden; vgl. *Zimmermann*, NJW 2012, 33277, 3280.

56 Vgl. Staudinger/*Hüttemann/Rawert*, vor § 80 Rn. 151; *Wochner*, ZEV 1999, 125, 126.
57 Staudinger/*Hüttemann/Rawert*, vor § 80 Rn. 151; sie ist daher auch nicht als beteiligtenfähig im Verwaltungsprozess anzuerkennen: BVerwG v. 9.4.2014 – 8 C 23/12 (n. v.).
58 *Wochner*, ZEV 1999, 125, 126; *Augsten/Wolf*, ZErb 2006, 155; *Zimmermann*, NJW 2011, 2931, 2935.
59 Reimann/Bengel/Mayer/*Limmer*, Teil. A Rn. 298.
60 Palandt/*Heinrichs*, vor § 80 Rn. 10.
61 Vgl. bereits RG Recht 1912 Nr. 321.
62 Vgl. BFH NV 2003, 868.
63 Andererseits gilt: Für Verbindlichkeiten des Stiftungsträgers haftet das Stiftungsvermögen so lange, wie dieser Eigentümer desselben ist. Zu den Rechtsmitteln des Stifters vgl. *Wachter*, S. 189; Seifart/von Campenhausen/*Hof*, § 36 Rn. 136.
64 Vgl. hierzu eingehend Rdn. 108 ff.
65 Vgl. *Wochner*, ZEV 1999, 125, 126 (»klassische Kleinstiftung«); *Nieder/Kössinger*, Rn. 765. Nach *Augsten/Wolf*, ZErb 2006, 155 verlangen aber Teile der Finanzverwaltung ebenfalls ein Mindestvermögen.
66 *Augsten/Wolf*, ZErb 2006, 155, 161; zu der Umwandlung einer unselbstständigen Stiftung in eine selbstständige Stiftung vgl. BGH v. 22.01.2015 – III ZR 434/13 (n. v.).
67 Beim Tode des Beschwerten geht die Haftung für die Erfüllung der Auflage auf dessen Erben über: *Westebbe*, S. 80; *Ebersbach*, 181; vgl. hierzu auch Rdn. 171.

gen **unerwünschte Entwicklungen** zu treffen und bei der **Auswahl des Treuhänders äußerste Sorgfalt** walten zu lassen.[68] Es gilt zu berücksichtigen, dass der Stifter dem Risiko ausgesetzt ist, dass seine Erben den Zweck der Stiftung im Einvernehmen mit dem Stiftungsträger und den Organen der Stiftung ändern. Da die unselbstständige Stiftung – anders als die selbständige Stiftung – nicht auf einem unwiderruflichen Organisationsakt nebst staatlicher Anerkennung und nachfolgender Überwachung, sondern auf einer lediglich schuldrechtlichen Grundlage beruht, ist es den Beteiligten sogar möglich, den Vertrag einvernehmlich zu aufzuheben und das Stiftungsvermögen etwa auf die Rechtsnachfolger des Stifters zu übertragen.[69] Als nicht unproblematisch gestaltet sich auch die Frage, was mit dem Vermögen im Falle der Insolvenz des Stifters (bzw. des Stiftungsträgers) geschieht.[70]

20 Vor diesem Hintergrund ist es verständlich, dass **als Stiftungsträger** wegen der organschaftlichen Struktur und der hiermit verbundenen Kontrollmechanismen **in der Regel eine (öffentliche) juristische Person** eher als eine natürliche gewählt werden sollte. Für erstere spricht überdies, dass sie nicht wie eine natürliche Person durch den Tod als Rechtsträger wegfallen kann.[71] Auch hiermit kann jedoch nicht verhindert werden, dass die unselbstständige Stiftung – etwa durch Zweckerreichung oder durch einseitige Kündigung durch den Rechtsträger – endet. Es ist daher zu bestimmen, wer in diesem Fall an dessen Stelle Stiftungsträger wird bzw. wie mit dem dann noch vorhandenen Stiftungsvermögen zu verfahren ist. Im Falle des Vorliegens einer gemeinnützigen Stiftung ist wiederum auf die Regelungen in §§ 61, 55 Abs. 1 Nr. 4 AO Rücksicht zunehmen.

21 Überdies gilt für die unselbstständigen Stiftungen, anders als bei der selbständigen Stiftung, nicht zwingend das Gebot der Erhaltung des Grundstockvermögens; es bedarf daher möglichst detaillierter Regelungen in der Stiftungssatzung über die **Verwendung der zugewendeten Vermögensgegenstände**.

22 Die Satzung sollte zudem auch Regelungen zu der Frage einer eventuellen **Vergütung des Stiftungsträgers** enthalten, um diesbezügliche Rechtsstreitigkeiten (etwa im Hinblick auf § 612 Abs. 1, 2 BGB) vorzubeugen. Zwar muss die unselbstständige Stiftung keine Organe enthalten, es ist jedoch dem Notar wegen der fehlenden staatlichen Aufsicht anzuraten, die Frage der **Bestellung eines Kuratoriums** explizit anzusprechen und auf die Missbrauchsgefahr im Falle des Fehlens eines solchen Kontrollorgans hinzuweisen. Sollte letzteres (hieraufhin) vorgesehen werden, ist in der Satzung besonderes Augenmerk auf dessen Zusammensetzung und die Kompetenzverteilung zwischen Stiftungsträger und Kontrollgremium zu richten.

---

68 *Möller*, ZEV 2007, 565, 565. An dieser Stelle sei auf das »Qualitätssiegel für gute Treuhandstiftungsverwaltung« hingewiesen, das von den Gremien des Bundesverbandes Deutscher initiiert wurde. Ein unabhängiger Vergabeausschuss prüft hierbei die Einhaltung von strengen Vergabekriterien und verleiht das Qualitätssiegel an Treuhänder, die ihre Kompetenz im Umgang mit der Verwaltung von Treuhandstiftungen in der Praxis unter Beweis gestellt haben (nähere Informationen unter http://www.stiftungstreuhaender.org/de/qualitaetssiegel/qualitaetssiegel.html. Vgl. überdies die vom Vorstand und Beirat des Bundesverbandes Deutscher Stiftungen haben am 30. März 2012 verabschiedeten »Grundsätze guter Verwaltung von Treuhandstiftungen«, abrufbar unter http://www.stiftungen.org/fileadmin/bvds/de/News_und_Wissen/Treuhandverwaltungsgrundsaetze/20140717_Grundsaetze_guter_Treuhandverwaltung.pdf.
69 Bei einer gemeinnützigen unselbstständigen Stiftung besteht der Preis für die hiermit verbundenen Aufhebung der gemeinnützigen Vermögensbindung allerdings darin, dass die Erträge der Stiftung gemäß § 61 Abs. 3 AO rückwirkend für 10 Jahre zu versteuern sind, vgl. *Ihle*, RNotZ 2009, 557, 559.
70 Vgl. *Zimmermann*, NJW 2011, 2931, 2935. Greifen Gläubiger des Stiftungsträgers auf das Stiftungsvermögen zu, räumt die herrschende Meinung dem Stifter im Falle eines Treuhandverhältnisses das Recht zur Drittwiderspruchsklage gem. § 711 ZPO sowie in der Insolvenz ein Aussonderungsrecht nach § 47 InsO ein, da das Stiftungsvermögen als wirtschaftliches Eigentum des Stifters qualifiziert wird: Münchner Kommentar/*Reuter*, Vor § 80 Rn. 90 mwN. Im Falle der Schenkung unter Auflage erfolgt die Zuordnung zum Stiftungsträger, so dass der Stifter den Zugriff in das Stiftungsvermögen dulden muss: *Fritsche*, ZSt 2008, 1, 12.
71 Allgemein zur Frage der Beendigung einer unselbstständigen Stiftung vgl. *Küstermann*, ZSt 2008, 161.

Überdies ist anzuraten, der unselbstständigen Stiftung einen **nicht verwechslungsanfälligen Namen** 23
zu geben.[72] Hierdurch kann eine Unterscheidbarkeit der Vermögensmassen erreicht werden. Überdies wird die Stiftung für Zustiftungen und Spenden attraktiver gemacht.

Im Übrigen gelten für die Stiftungssatzung – von den steuerlichen Besonderheiten abgesehen – die 24
Regelungen zu den selbständigen Stiftungen weitestgehend entsprechend[73].

II. Entstehung der Stiftung

Die Errichtung einer Stiftung ist sowohl als Rechtsgeschäft unter Lebenden als auch als Errichtung 25
von Todes wegen möglich:

1. Stiftungsgeschäft unter Lebenden

Die selbständige Stiftung bürgerlichen Rechts kann zunächst bereits zu Lebzeiten des Stifters gegründet werden; sie entsteht dann als rechtsfähige juristische Person gemäß § 80 BGB durch **Stiftungsgeschäft und Anerkennung** durch die zuständige Behörde des Landes, in dem die Stiftung ihren Sitz haben soll.[74] Diese Errichtungsform ist in der Praxis der Regelfall.[75] 26

a) Lebzeitige Stiftungserrichtung mit geringerem Vermögen und geplanter umfangreicher Zuwendung von Todes wegen (»Stiftung light«)

Die Stiftungserrichtung bereits zu Lebzeiten des Stifters hat gegenüber der Stiftung von Todes wegen 27
mehrere **Vorteile**[76] und kann (etwa als nacherläuterte »*Stiftung light*«) für den Notar auch dann ein wertvolles Gestaltungsmittel darstellen, wenn er ursprünglich (nur) mit einer Stiftungserrichtung von Todes wegen betraut wurde. So kann auf diesem Wege zum einen durch Abstimmung mit dem Stifter, der Aufsichtsbehörde und ggf. dem Finanzamt ohne weiteres sichergestellt werden, dass die angestrebte Stiftung entsprechend dem Stifterwillen anerkannt wird.[77] Zum anderen können hierdurch auch pflichtteilsrelevante Schenkungen bereits zu Lebzeiten des Stifters im Wege von Spenden und/oder Zustiftungen vorgenommen werden, was – entsprechend der ratierlichen Ab-

---

72 Wobei – wie bei der selbstständigen Stiftung auch – ein Rechtsformzusatz nicht zwingend erforderlich (allerdings empfehlenswert) ist; vgl. Hoffmann-Becking/Rawert/*Rawert*, Stiftungen, 26. Anm. 2.
73 Zu der Frage, wann die Steuerpflicht einer unselbstständigen Stiftung beginnt: BFH BFH/NV 2012, 786 (Entstehen durch Erbfall).
74 Zu den Mindestvoraussetzungen an dieser Stelle nur soviel: Das Stiftungsgeschäft zur Errichtung einer Stiftung bedarf der schriftlichen Form und muss die verbindliche Erklärung des Stifters enthalten, ein Vermögen zur Erfüllung eines von ihm vorgegebenen Zwecks zu widmen (§ 81 Abs. 1 S. 1 und 2 BGB). Die Stiftung benötigt eine Satzung, die als Mindestinhalt Regelungen über den Namen, den Sitz, den Zweck, das Vermögen und die Bildung des Vorstands der Stiftung enthalten muss (§ 81 Abs. 1 S. 3 BGB). Die nachhaltige Erfüllung des Stiftungsgeschäfts muss durch eine hinreichende Vermögensausstattung sicher gestellt und die Gefährdung des Gemeinwohls ausgeschlossen sein. Liegen diese Voraussetzungen vor, besteht ein Anspruch auf Anerkennung der Stiftung als rechtsfähig durch die nach Landesrecht zuständige Behörde (§ 80 Abs. 2 BGB).
75 Hoffmann-Becking/Rawert/*Rawert*, Stiftungen, 24. Anm. 1.
76 *Langenfeld*, ZEV 2002, 481; Anwaltshandbuch ErbR/*Feick*, § 38 Rn. 39; Seifart/von Campenhausen/*Hof*, § 6 Rn. 87.
77 Vgl. *Zimmermann*, NJW 2011, 2931, 2932; Die jeweilige sachliche Zuständigkeit ergibt sich aus: § 3 Abs. 1, 3, § 8 Abs. 3 BadWürttStiftG; Art. 6, 18 Abs. 1 BayStG i. V. m. § 1 Abs. 1 S. 1 AVBAyStG; § 2 Abs. 1, 7 Abs. 1 BerlStiftG; § 3 BrbgStiftG; §§ 2, 11 BremStiftG; § 8 Abs. 1 HambAGBGB i. V. m. Abschnitt III der Anordnung zur Durchführung des BGB und des HambAGBGB, §§ 11, 28 HessStiftG, §§ 3, 14 Abs. 3 MecklVorPStiftG; §§ 3, 10 Abs. 3 NdsStiftG; § 18 StiftGNW i. V. m. § 1 ZustVOStiftG NW; § 29 RhPfStiftG; §§ 2, 10 Abs. 1 S. 1 SaarlStiftG; § 3 SächsStiftG i. V. m. §§ 1, 2 VO der Sächsischen Staatsregierung über die Zuständigkeit in Stiftungsangelegenheiten; § 3 SachsAnhStiftG i. V. m. dem Beschluss der Landesregierung von Sachsen-Anhalt über die Zuständigkeiten nach dem Stiftungsgesetz; § 8 Abs. 1, 16 Abs. 2 SchlHolStiftG; § 3 ThürStiftG.

schmelzung derartiger Schenkungen[78] – zu einer Minderung oder gar einem vollständigen Ausschluss der Pflichtteilslast nach dem Tode des Erblassers führt. Einkommensteuerlich kommt der Stifter für seine lebzeitigen Zuwendungen in den Vermögensstock[79] einer gemeinnützigen Stiftung außerdem in den Genuss des Sonderausgabenabzugs, den den Erben, die in Erfüllung eines Vermächtnisses oder einer testamentarischen Auflage Vermögen auf eine Stiftung übertragen, nicht zusteht.[80]

28 Das zumeist verwendete **Gegenargument** gegen eine lebzeitige Stiftungserrichtung – die **endgültige Bindung** eines (Groß-)Teils des **Vermögens** bereits zu Lebzeiten des Stifters – kann durch die Einrichtung einer sog. **Vorratsstiftung** (auch: »Stufenstiftung«[81] oder »*Stiftung light*«) entkräftet werden. In dieser Konstellation braucht das Stiftungsvermögen zum Zeitpunkt der Stiftungserrichtung noch nicht vollständig zur Verfügung zu stehen; der Stifter stellt vielmehr spätere ergänzende Zustiftungen in Aussicht.[82] Der Stifter errichtet zu diesem Zweck zu seinen Lebzeiten eine Stiftung mit relativ geringer Vermögensausstattung und setzt sie durch Verfügung von Todes wegen als Allein- oder Miterben oder Vermächtnisnehmer ein; für die Anerkennung der Stiftung bedarf es (nur) einer (finanziellen) Ausstattung dergestalt, dass die dauernde und nachhaltige Erfüllung des Stiftungszwecks gesichert erscheint (§ 80 Abs. 2 S. 1 BGB).[83]

29 Die Vorteile einer lebzeitigen »*Stiftung light*« liegen also auf der Hand: Der Stifter kann einerseits **selbst Einfluss** auf die Stiftungserrichtung ausüben, steht für Rückfragen bei Unklarheiten zur Verfügung, kann **Zweifelsfragen** – insbesondere in Bezug auf die Anerkennung und steuerliche Gemeinnützigkeit – ausräumen, die **Mitglieder der Stiftungsorgane ernennen** (und sie instruieren, motivieren und kontrollieren)[84] und entäußert sich nur **in geringerem Umfang seines Vermögens**. Diese Gesichtspunkte sollten mit dem Stifter erörtert werden, bevor eine (ausschließliche) Stiftungserrichtung von Todes wegen angeordnet wird.

b) Die Stiftung als Erbe/Vermächtnisnehmer/Auflagenbegünstigter

30 Das Stiftungsgeschäft unter Lebenden, das als Stifter sowohl natürlich wie – anders als die Stiftung von Todes wegen – juristische Personen[85] kennt, besitzt überdies auch insofern erbrechtliche Relevanz, als auch die bereits zu Lebzeiten errichtete **Stiftung** selbst **zum Erben und/oder Vermächtnisnehmer** bestimmt werden kann.[86] Es gelten in diesem Fall die allgemeinen (erbrechtlichen) Erwä-

---

78 Vgl. Rdn. 156.
79 Der Begriff ist nunmehr in § 10b Abs. 1a EStG legaldefiniert als Spende zur Förderung steuerbegünstigter Zwecke im Sinne der §§ 52 bis 54 der Abgabenordnung in das zu erhaltende Vermögen. Konsequenterweise sind nach § 10b Abs. 1a EStG Spenden in das verbrauchbare Vermögen einer Stiftung nicht abzugsfähig: *Schütz/Runte*, DStR 2013, 1261, 1266.
80 BFH NJW 1994, 1175; dass. NJW 1997, 887; *Ihle*, RNotZ 2009, 557, 562.
81 Vgl. Tanck/Krug/Daragan/*Daragan/Tanck*, § 11 Rn. 46.
82 *Wochner*, MittRhNotK 1994, 89, 100.
83 Vgl. hierzu FG Baden-Württemberg, ZEV 2012, 224: »Eine Familienstiftung i. S. von § 15 AStG liegt nicht vor, wenn die ›Stiftung‹ ihren Stiftungszweck allenfalls nach Ablauf von acht Jahren erfüllen kann.«
84 Was zumeist zu einer höheren Identifikation der Mitglieder der Stiftungsorgane mit der Stiftung führen dürfte, als wenn sie lediglich nach dem Tode des Stifters ernannt werden. Vgl. allg. zu den Einflussmöglichkeiten der Stifter auf die Geschäftstätigkeit einer Stiftung *Sieger/Bank*, NZG 2010, 641.
85 Als juristische Person kann dementsprechend auch eine Stiftung Stifter sein und nach h. M. unter bestimmten Bedingungen sogar »Unterstiftungen« errichten: Kompaktkommentar Erbrecht/*Schiffer/v. Schubert*, Anhang zu § 1922 BGB Rn. 8 (wobei dies per definitionem nicht durch letztwillige Verfügung erfolgen kann).
86 Eine letztwillige Verfügung an eine bereits bestehende Stiftung ist eine Zustiftung, wenn der Erblasser nichts anderes verfügt (Kompaktkommentar Erbrecht/*Schiffer/v. Schubert*, Anhang zu § 1922 BGB Rn. 10). Die Zustiftung ist insofern von der Spende zu unterscheiden. Denn Spenden unterliegen dem Gebot der zeitnahen Mittelverwendung. Als Zustiftung bezeichnet man Zuwendungen von Dritten oder auch vom Stifter selbst, die zur Aufstockung des Grundvermögens bestimmt sind. Die Entscheidung, ob eine Zuwendung oder eine Spende vorliegt, obliegt dem Zuwendenden. Fehlt es an einer solchen Bestimmung, dann kann

gungen; der Notar sollte hierbei jedoch überdies berücksichtigen, dass ggf. durch eine entsprechende Formulierung der eingesetzten **Ersatzerben** bzw. **-vermächtnisnehmer** sichergestellt werden sollte, dass das zugedachte Vermögen auch für den – bei größeren Stiftungen zugegebenermaßen unwahrscheinlichen, bei kleineren (Familien-)Stiftungen jedoch nicht von der Hand zu weisenden – Fall des Erlöschens der Stiftung dem Erblasserwillen entsprechend verwendet wird. Hier sind vielfältige Regelungen denkbar: So kann etwa eine natürliche oder juristische Person als Ersatzerbe/-vermächtnisnehmer eingesetzt werden mit der Auflage, das maßgebliche Vermögen in einer bestimmten Weise – ähnlich dem Stiftungszweck des ursprünglich eingesetzten Stiftung – zu verwenden[87] (hier gelten dann die vorgenannten Besonderheiten in Bezug auf die Errichtung einer unselbstständigen Stiftung). Überdies kann auch eine andere (größere) Stiftung mit einem ähnlichen Stiftungszweck (bei der ein Erlöschen unwahrscheinlich(er) ist) zum Ersatzerben bzw. -vermächtnisnehmer bestimmt werden. In jedem Fall sollte klargestellt werden, ob die Erbeinsetzung der ursprünglich eingesetzten Stiftung auch für den Fall gelten soll, dass diese ihren Stiftungszweck ändert oder ihren Gemeinnützigkeitsstatus verliert.[88]

c) Mischform der lebzeitigen und der Stiftungserrichtung von Todes wegen – Stiftungserrichtung durch Erbvertrag/gemeinschaftliches Testament

Eine »**Mischform**« der lebzeitigen und der Errichtung von Todes wegen stellt die Konstellation dar, in der in einem **Erbvertrag oder gemeinschaftlichen Testament** bestimmt wird, dass **beide Beteiligten einer bereits nach dem Ableben des Erstversterbenden zu errichtenden Stiftung Vermögen zuwenden.**[89] Jede der Vertragsparteien nimmt in einem solchen Fall sowohl ein Stiftungsgeschäft unter Lebenden wie ein Stiftungsgeschäft von Todes wegen vor. Eine solche Vereinbarung stellt für den Überlenden ein Stiftungsgeschäft unter Lebenden und für den Zuerstversterbenden eine Stiftungserrichtung von Todes wegen dar. 31

Es gilt jedoch zu beachten: Eine derartige Stiftungserrichtung führt dazu, dass zum **Zeitpunkt des Erstversterbens** dem Überlebenden das von dem Erstversterbenden zur Übertragung auf die Stiftung vorgesehene **Vermögen nicht mehr** – insbesondere auch nicht zur Bestreitung des Lebensunterhalts – **zur Verfügung steht.**[90] Diese Variante sollte dementsprechend nur dann gewählt werden, wenn entweder keine gegenseitige Absicherung erfolgen soll oder auch nach Abzug des der Stiftung zugewendete Vermögens eine ausreichende Vermögensmasse für den Überlebenden zur Verfügung steht (auch in diesem Fall sollte jedoch durch die Vereinbarung eines entsprechenden Vermächtnisses sichergestellt werden, dass diejenigen (persönlichen) Gegenstände, die nicht zur Vermögensausstattung der Stiftung benötigt werden, dem Überlebenden zustehen). Insoweit kann, um auch für den Fall, dass zwar zum Zeitpunkt der Abfassung der letztwilligen Verfügung genügend Vermögen für den Lebensunterhalt des Überlebenden vorhanden war, dieses sich jedoch bis zum Zeitpunkt des Ablebens des Erstversterbenden ändert, Vorsorge getroffen werden durch die Aufnahme von Bedingungen. Alternativ kann die Höhe des der Stiftung zugewandten Vermögens statt in absoluten Zahlen im Verhältnis zu dem Gesamtnachlass ausgedrückt werden. In diesem Fall ist jedoch zu berücksichtigen, dass, sollte das Vermögen zum Zeitpunkt des Erstversterbens einen (zu) geringen Umfang besitzen, um die gewünschte Stiftung zu errichten, diese an der fehlenden Kapitalausstattung scheitern könnte.[91] Besonderes Augenmerk sollte zuletzt – wie bei der Abfassung eines jeden Erbver- 32

---

das zuständige Stiftungsorgan entscheiden (Beck'sches Formularhandbuch Erbrecht/*Mutter*, 1. Auflage, H. I. 9, Anm. 3.).
87 Vgl. Beck'sches Notarhandbuch/*Bengel/Reimann*, Kap. C Rn. 150 f., S. 874.
88 Zu der Abzugsfähigkeit von Spenden an als gemeinnützig anerkannte ausländische Einrichtungen bei einer Stiftungserrichtung unter Lebenden vgl. EuGH, Urt. v. 27.1.2009 – C-318/07, Hein Persche ./. Finanzamt Lüdenscheid (Vorabentscheidungsersuchen des BFH v. 9.5.2007 – XI R 56/05, DStR 2007, 1295), IStR 2009, 171.
89 BGHZ 70, 313; Staudinger/*Hüttemann/Rawert*, § 83 Rn. 3.
90 Beck'sches Formularhandbuch Erbrecht/*Mutter*, H. I. 5, Anm. 1.
91 Vgl. hierzu eingehend Rdn. 38 ff.

Kapitel 13 Stiftungen

trages/gemeinschaftlichen Testaments – auch der Frage der **Bindungswirkung** der Anordnungen des Erstversterbenden zugewandt werden.[92]

2. Stiftung von Todes wegen

33 Vorliegend soll jedoch maßgeblich auf die Stiftungserrichtung von Todes wegen abgestellt werden. Ausgangspunkt der Betrachtung ist hierbei § 83 BGB.[93] Hiernach kann eine Stiftung auch durch Verfügung von Todes wegen, also durch Testament oder Erbvertrag,[94] errichtet werden.[95] Für diese gelten zunächst die »**normalen**« **persönlichen, sachlichen und formellen Voraussetzungen letztwilliger Verfügungen**.[96] Diese enthält hier einerseits das Stiftungsgeschäft und andererseits die Erbeinsetzung (auch als Miterbin,[97] Nacherbin[98] oder Ersatzerbin),[99] Vermächtnisanordnung (vgl. Rdn. 133 ff.) oder Zuwendungsauflage (vgl. Rdn. 136 ff.) zugunsten der künftigen Stiftung.

34 Es gilt daher zu beachten, dass für derartige Testamente/Erbverträge sowohl die **erbrechtlichen als auch die stiftungsrechtlichen Vorschriften** gelten. Diese besitzen zum Teil auch **Überschneidungen**: So geht, sofern die Stiftung als Erbin eingesetzt wird, das Vermögen des Erblassers auf sie zwar wie im »Normalfall« im Wege der Gesamtrechtsnachfolge über (§ 1922 BGB); wie sich aus der gesetzlichen Fiktion des § 84 BGB ergibt, kann jedoch – abweichend von §§ 2105 Abs. 2, 2101 Abs. 2 BGB – auch eine noch nicht anerkannte und damit noch nicht entstandene (zukünftige) Stiftung bereits letztwillig als Erbin[100] bedacht werden.[101] Eine solche Stiftung gilt für die Zuwendungen des Stifters

---

92 Vgl. hierzu Rdn. 146 ff.
93 Zu Erbfällen unter Einschaltung ausländischer Stiftungen *Lange/Honzen*, ZEV 2010, 228 und *von Oertzen/Stein*, ZEV 2010, 500.
94 BGHZ 70, 313, 322; *Muscheler*, ZEV 2003, 41; *Reimann*, DNotZ 2012, 250, 253.
95 Zum Stiftungsvermögen im Zeitraum zwischen Todestag und Anerkennung, vgl. *Schmidt*, ZEV 1998, 81; *Zimmermann*, NJW 2012, 3277; *Ebeling*, ZEV 1998, 93 und *Orth*, ZEV 1997, 327; ablehnend FG Baden-Württemberg DStRE 2012, 537.
96 *Ebersbach*, S. 52; *Schewe*, ZSt 2004, 270; Werner/Saenger/*Werner*, Rn. 332; Meyn/Richter/Koss/*Meyn*, Rn. 197.
97 Vgl. Rdn. 132.
98 Bei der Einsetzung als Vorerbe bestand früher die Problematik, dass die Vermögensausstattung per definitionem nur vorübergehender Natur ist (vgl. insoweit auch § 2109 Abs. 2 i. V. m. § 2109 Abs. 1 BGB) und daher, sofern nicht unabhängig von der Vorerbschaft ausreichendes Vermögen vorhanden ist, eine Anerkennung regelmäßig nicht erreicht wurde, vgl. auch Reimann/Bengel/Mayer/*Limmer*, A 306. Die nunmehr erfolgte gesetzgeberische Akzeptanz der sog. Verbrauchsstiftung dürfte an dieser Stelle nun für eine andere Betrachtung sprechen (vgl. *Tielmann*, NJW 2013, 2934, 2938) vgl. hierzu eingehend Rdn. 127 ff.
99 Vgl. Rdn. 149 f.
100 Eine letztwillige Verfügung eines Dritten zugunsten einer noch nicht anerkannten Stiftung ist im Zweifel als Nacherbeneinsetzung (§ 2101 Abs. 2 BGB) oder u. U. als Vermächtnis anzusehen (§ 2178 BGB): Palandt/*Heinrichs*, § 84 Rn. 1.
101 Diese Vorschrift ermöglicht in erster Linie die Erbeinsetzung einer Stiftung, die anderenfalls an § 1923 BGB scheitern würde (Staudinger/*Hüttemann/Rawert*, § 84 Rn. 21; *Schewe*, ZStR 2004, 270, 272). Steuerrechtlich ist zu beachten, dass der BFH aus § 84 BGB ableitet, dass eine Stiftung bei Errichtung von Todes wegen im Falle ihrer Anerkennung bereits ab dem Zeitpunkt des Vermögensanfalls nach § 1 Abs. 1 Nr. 4 KStG subjektiv körperschaftsteuerpflichtig ist. Dagegen wirkt sich die Rückwirkungsfiktion des § 84 BGB nach Auffassung des Gerichts nicht auf die in § 5 Abs. 1 Nr. 9 KStG geregelte Steuerbefreiung aus (BFH ZEV 2004, 85, 86). Erbschaftsteuerrechtlich ist nach Ansicht des BFH (ZEV 1996, 38) für die Ermittlung des maßgeblichen Vermögens auf den Zeitpunkt der Anerkennung der Stiftung abzustellen. Folge dieser Sichtweise ist, dass der Vermögenszuwachs, der sich im Nachlass zwischen dem Todestag des Erblassers und dem Tag der Anerkennung der – als Erbin eingesetzten – Stiftung vollzogen hat, (auch) der Erbschaftsteuer unterliegt (§ 11 ErbStG i. V. m. § 9 Abs. 1 Nr. 1c und § 3 Abs. 2 Nr. 1 S. 1 ErbStG). Auch wenn die von der Stiftung zu entrichtende Körperschaftsteuer als Abzugsposten bei der erbschaftsteuerlichen Wertermittlung zu berücksichtigen ist, kommt es in diesen Fällen wegen der uneinheitlichen

auch dann als schon vor dessen Tod entstanden, wenn sie erst nachfolgend als rechtsfähig anerkannt wird; der Anerkennung kommt damit faktisch eine Rückwirkung zu.

Zudem spielen natürlich auch **steuerrechtliche Erwägungen** bei der Errichtung eines Stiftung von Todes wegen eine gewichtige Rolle: Die Errichtung einer Stiftung von Todes wegen ist ein erbschaftssteuerlich relevanter Vorgang, § 1 Abs. 1 Nr. 1 i. V. m. § 3 Abs. 2 Nr. 1 ErbStG.[102] Beachte jedoch auch die Möglichkeit des Erlöschens der Erbschaftssteuer nach § 29 Abs. 1 Nr. 4 ErbStG.[103]

3. Anerkennung der Stiftung

Weiterhin ist der Frage nachzugehen, unter welchen Bedingungen eine (selbständige) Stiftung von den zuständigen staatlichen Stellen anerkannt wird.

a) Terminologische Fragen

Eine durch das Gesetz zur Modernisierung des Stiftungsrechts bewirkte »Neuerung«[104] war der Wechsel vom bisherigen in § 80 S. 1 BGB a. F. normierten und durch die Genehmigung der Stiftung gekennzeichneten Konzessionssystems mit (theoretischem) Genehmigungsermessen[105] zu einem **Anerkennungsverfahren mit gebundener Entscheidung** der Stiftungsbehörde.[106] Nach § 80 Abs. 2 BGB entsteht die rechtsfähige Stiftung nunmehr durch Anerkennung. Die Anerkennung erfolgt in der Praxis – wie früher die Genehmigung – durch einen privatrechtsgestaltenden Verwaltungsakt der Stiftungsbehörde. Liegen die gesetzlichen Voraussetzungen vor, ist die Stiftung anzuerkennen.[107] Dies führt zu einem subjektiv-öffentlichem Recht des Stifters auf Anerkennung.

b) Erfordernis einer Mindestkapitalausstattung?

(Auf den ersten Blick) Überraschenderweise setzt das Bundesstiftungsrecht **keine absolute (monetäre) Mindestsumme** fest, die zur Stiftungserrichtung vorhanden sein müsste.[108] Dies trägt der zutreffenden Erwägung Rechnung, dass ein derartiges Fixum dem unterschiedlichen Finanzbedarf der Stiftungen schwerlich entsprechen könnte, da dieser in Abhängigkeit des jeweiligen Stiftungs-

---

Rechtsprechung des BFH zu einer Doppelbesteuerung. Zum Ganzen: vgl. Rdn. 157 ff. und *Ihle*, RNotZ 2009, 557, 561.

102 Hierzu eingehend Rdn. 157 ff. Zu den steuerlichen Fragen im Zusammenhang mit der Nachfolgeplanung durch die Verwendung eines Trusts *von Oertzen/Stein*, ZEV 2010, 500.

103 »Die Steuer erlischt mit Wirkung für die Vergangenheit, (...) soweit Vermögensgegenstände, die von Todes wegen (§ 3) oder durch Schenkung unter Lebenden (§ 7) erworben worden sind, innerhalb von 24 Monaten nach dem Zeitpunkt der Entstehung der Steuer (§ 9) (...) einer inländischen Stiftung zugewendet werden, die nach der Satzung, dem Stiftungsgeschäft oder der sonstigen Verfassung und nach ihrer tatsächlichen Geschäftsführung ausschließlich und unmittelbar als gemeinnützig anzuerkennenden steuerbegünstigten Zwecken im Sinne der §§ 52 bis 54 der Abgabenordnung mit Ausnahme der Zwecke, die nach § 52 Abs. 2 Nr. 23 der Abgabenordnung gemeinnützig sind, dient. Dies gilt nicht, wenn die Stiftung Leistungen im Sinne des § 58 Nr. 5 der Abgabenordnung an den Erwerber oder seine nächsten Angehörigen zu erbringen hat oder soweit für die Zuwendung die Vergünstigung nach § 10b des Einkommensteuergesetzes, § 9 Abs. 1 Nr. 2 des Körperschaftsteuergesetzes oder des § 9 Nr. 5 des Gewerbesteuergesetzes in Anspruch genommen wird. Für das Jahr der Zuwendung ist bei der Einkommensteuer oder Körperschaftsteuer und bei der Gewerbesteuer unwiderruflich zu erklären, in welcher Höhe die Zuwendung als Spende zu berücksichtigen ist. Die Erklärung ist für die Festsetzung der Erbschaftsteuer oder Schenkungsteuer bindend.«

104 Tatsächlich wurde durch diese teminologische Änderung in rechtlicher Hinsicht kein grundlegender Wechsel des Errichtungssystems herbeigeführt (*Andrick/Suerbaum*, NJW 2002, 2900, 2906).

105 *Burgard*, NZG 2002, 697, 697.

106 Begründet wurde dieser Wechsel vor allem mit psychologischen Aspekten. So wohne dem Begriff Genehmigung »ein dem gemeinwohlorientierten Stiftungswesen an sich fremder Hauch eines Relikts aus Zeiten des Obrigkeitsstaates inne« (BT-Drucks. 14/8277, Begr. Einzelerläuterungen zu § 80, 5).

107 Vgl. den Wortlaut (»die Stiftung *ist* als rechtsfähig anzuerkennen, wenn . . .«).

108 Vgl. eingehend zu dieser Thematik *Schwake*, NZG 2008, 248.

zwecks divergiert.[109] Stattdessen ist die notwendige Mindestkapitalausstattung anhand der unbestimmten Rechtsbegriffe der »Dauerhaftigkeit« und der »Nachhaltigkeit« der Erreichung des Stiftungsziels zu ermitteln (Erfordernis einer »angemessenen Vermögensausstattung«). Es ist hierbei jedoch zu berücksichtigen, dass durch diese Anforderungen lediglich materiell deutlich unterkapitalisierte – und damit organisatorisch nicht vollziehbare – Stiftungen ausgeschlossen werden sollen.[110] Das Gesetz verschränkt sich dementsprechend auch nicht der Anerkennung sog. Sammel-, Einkommens- und Vorratsstiftungen.[111]

39 Die Behörden besitzen bei dieser Prüfung **auf Tatbestandsebene** einen auf den Einzelfall bezogenen **Beurteilungsspielraum**.[112] In der Praxis hat sich gleichwohl ein faktisches Mindestkapitalerfordernis durchgesetzt. So werden Stiftungen von den Behörden in der Regel ab einer Kapitalausstattung von € 50.000 bis € 100 000 anerkannt.[113] Dies erscheint vor dem Hintergrund des grundrechtlich geschützten Rechts auf Stiftungsgründung[114] als nicht unproblematisch. Richtigerweise verbietet sich in dieser Frage jegliche Verallgemeinerung. Es ist vielmehr auf den konkreten Einzelfall abzustellen und individuell zu prüfen, ob durch das zur Verfügung gestellte Vermögen eine nachhaltige Erfüllung des konkret gewählten Stiftungszwecks gesichert erscheint.[115] So bedarf beispielsweise eine Stiftung mit dem ambitionierten Ziel, ein Krankenhaus in Afrika auf der Basis alternativer Behandlungsmethoden aufzubauen, offensichtlich einer anderen Kapitaldecke als eine Stiftung, die lediglich dem Zweck dient, einem ausländischen Schüler einen Aufenthalt in Deutschland zu ermöglichen.

40 Unabhängig von diesen Erwägungen sollte der Notar für den Fall, dass die konkrete Gefahr einer nicht ausreichend mit Vermögen ausgestatteten Stiftung besteht, bereits frühzeitig den **Kontakt zur zuständigen Stiftungsbehörde** aufnehmen und die dortige Verwaltungspraxis erfragen, um Rechts- und Planungssicherheit zu erreichen und zeitraubende und unnötige Rechtsstreitigkeiten zu verhindern. Zudem sollte das Gespräch mit dem Stifter gesucht werden, um mit diesem eventuelle **Alternativen zur Stiftungserrichtung** zu diskutieren (etwa: Einsetzung einer Drittstiftung zum Erben/Vermächtnisnehmer mit der Auflage, das Vermögen entsprechend den Vorstellungen des Erblassers zu verwenden, verbunden mit der Anordnung einer Testamentsvollstreckung zur Sicherstellung der Durchführung der Auflage). Dass sich die unselbstständige Stiftung im Besonderen für geringkapitalisierte Stiftungen eignet, wurde bereits dargestellt.[116]

---

109 Vgl. *Hopt/Reuter/Reuter*, S. 139, 143.
110 Begr. RegE., BT-Drucks. 14/8765, S. 8 f. Die Literatur geht zum Teil noch einen weiteren Schritt weiter. So soll es ausreichen, wenn das Anfangsvermögen der Stiftung zwar nicht die erforderliche Höhe erreicht, um den Stiftungszweck vollumfänglich zu verwirklichen, jedoch »zu erwarten ist«, dass »mit einer gewissen Sicherheit« Zuwendungen in ausreichender Höhe erfolgen (*Burgard*, NZG 2002, 697, 699).
111 Begr.RegE., BT-Drucks. 14/8765, S. 8. Sammel-, Einkommens- und Vorratsstiftungen ist gemeinsam, dass sie zunächst mit geringen Anfangsvermögen ausgestattet sind. Sammelstiftungen sind sodann darauf gerichtet, um Zuwendungen (Zustiftungen und Zuschüsse) zu werben. Bei Vorrats- und Einkommensstiftungen stellt der Stifter dagegen selbst solche Zuwendungen in Aussicht, und zwar im Falle der Vorratsstiftung eine Zustiftung (typischerweise mit seinem Tode, hierzu allgemein Rdn. 118 ff.) und im Falle der Einkommensstiftung laufende Zuschüsse.
112 Hoffmann-Becking/Rawert/*Rawert*, 26. Anm. 11.
113 Siehe die Übersicht bei *Damrau-Wehinger*, ZEV 1998, 78; Anwaltshandbuch ErbR/*Feick*, § 38 Rn. 51 geht sogar von einem Mindestvermögen von 100.000 EUR aus.
114 Beck'sches Formularhandbuch Erbrecht/*Mutter*, H. I. 1, Anmerkung 2.
115 Dementsprechend muss auch die Vermögensausstattung einer unternehmensbezogenen Stiftung unter Einbeziehung sicher zu erwartender Zustiftungen oder anderen Zuwendungen und unter Berücksichtigung der Ertragsfähigkeit der Unternehmensbeteiligung, den rechtlichen und tatsächlichen Möglichkeiten der Vermögensumschichtung (zu deren Zulässigkeit *Zimmermann*, NJW 2011, 2931, 2933) und der wirtschaftlichen Risiken der Unternehmung als adäquat anzusehen sein, um den angestrebten Stiftungszweck zu erreichen; vgl. allgemein *Hüttemann*, ZHR 167 (2003), 35, 55; *Andrick/Suerbaum*, NJW 2003, 2905, 2907; *Burgard*, NZG 2002, 697, 699.
116 Vgl. Rdn. 16 ff.

Es wird dem Erblasser zuletzt per se nicht möglich sein, abzusehen, wie viel Nachlass bei seinem Ab- 41
leben konkret vorhanden sein wird (und damit in den Aufbau der Stiftung investiert werden kann). Der
vorsichtige Notar wird daher regelmäßig **Vorkehrungen** (Ersatzerbeinsetzungen, Anordnung von aufschiebenden Bedingungen) für den Fall vorsehen, dass die **Anerkennung der Stiftung** aus nicht absehbaren Gründen – und damit auch für den Fall der unzureichenden Vermögensausstattung – **scheitert**.
Überdies sollte der Notar mit dem Stifter über diese Problematik sprechen und diesen insbesondere
darauf aufmerksam machen, dass er dahingehend Vorsorge treffen sollte, dass zum Zeitpunkt seines
Ablebens mindestens das Kapital vorhanden ist, das zur Erfüllung des Stiftungszwecks erforderlich
ist. An dieser Stelle ist vor allem auf die eventuell drohenden Pflichtteilsansprüche hinzuweisen.[117] Gegebenenfalls sind hiernach **Vorkehrungen innerhalb der letztwilligen Verfügung** (etwa: Vermächtnisanordnung an Dritte nur unter der aufschiebenden Bedingung, dass im übrigen genügend Vermögen
für die Stiftungserrichtung vorhanden ist) oder durch lebzeitige Vereinbarungen (etwa: Abschluss eines
Pflichtteilsverzichtsvertrages mit potentiellen »Störern« der Verfügung von Todes wegen) zu treffen.

III. Satzungsgestaltung

Eine der wesentlichen Aufgaben des Notars wird es sein, eine interessengerechte Stiftungssatzung zu 42
entwerfen, die sowohl den **juristischen** (d. h. vorliegend den stiftungs- wie den erbrechtlichen)[118] wie
auch den **praktischen Erfordernissen genügt**. Die Stiftung muss vor allem entsprechend § 81 Abs. 1
S. 3 BGB als Mindestanforderung den Namen der Stiftung, den Stiftungszweck, den Sitz der Stiftung, Regelungen über das Vermögen und die Angabe des gesetzlichen Vertretungsorgan enthalten.

Daneben können in die Satzung – wie bei sonstigen Gesellschaftsverträgen auch – **fakultative Be-** 43
stimmungen aufgenommen werden. So kann etwa neben dem Vorstand als Kontrollorgan noch
ein Stiftungskuratorium eingesetzt werden oder die Destinatäre[119] benannt werden.

Besonders hinzuweisen ist in diesem Kontext zudem auf ein gesetzgeberisches »Kuriosum«. So er- 44
möglicht die Regelung in § 83 S. 2 BGB eine **Heilung rechtlicher Mängel der Stiftungserrichtung**
dadurch, dass die Stiftungsbehörde unter Berücksichtigung des Stifterwillens der Stiftung vor deren
Anerkennung eine Satzung gibt oder die unvollständige Satzung ergänzt. Diese begrüßenswerte Privilegierung der Stiftungserrichtung gegenüber gesellschaftsrechtlichen Gründungsakten lässt sich
durch das (Allgemein-)Interesse des Gesetzgebers an der wirksamen Stiftungsentstehung begründen,
auch wenn hierdurch nicht nur gemeinnützige Stiftungen, sondern auch unternehmensbezogene
und Familienstiftungen erfasst werden.

Im Einzelnen ist zu den – konstitutiven wie fakultativen – Satzungsbestandteilen Folgendes zu be- 45
achten:

1. Name und Sitz

Zunächst hat die Satzung Angaben zum Namen und Sitz[120] zu enthalten. 46

Der Name der Stiftung gehört zu ihrer **Identitätsausstattung als eigenständigem Rechtssubjekt**.[121] 47
Analog zu den Regelungen etwa für die GmbH und sonstige juristische Personen darf er weder in

---

117 Hierzu Rdn. 151 ff.
118 Wobei zu berücksichtigen ist, dass die Formnichtigkeit der Satzung durch Testament/Erbvertrag nicht notwendigerweise auch zur Gesamtnichtigkeit der letztwilligen Verfügung führt, wenn diese zumindest eine formgerechte Festlegung von Stiftungszweck und Vermögen enthält (vgl. LG Berlin FamRZ 2001, 450; *Lieder*, ZSt 2003, 261; *Schewe*, ZSt 2004, 270, 276).
119 Als solche bezeichnet man diejenigen natürlichen und/oder juristischen Personen, denen die Leistungen der Stiftung zugute kommen sollen (Kompaktkommentar Erbrecht/*Schiffer/v. Schubert*, Anhang zu § 1922 BGB Rn. 5).
120 Eingehend zum Sitz der Stiftung und zur Sitzverlegung *Mecking*, ZSt 2004, 199; *Bockkamp/Tesfaiesus*, ZSt 2008, 128.
121 Palandt/*Heinrichs*, § 81 Rn. 5.

Rechte Dritter eingreifen, noch sollte er gegen die Namenswahrheit verstoßen[122] oder zu Verwechslungen im Rechtsverkehr führen, da hiergegen Dritte bei teilweisen Namensübereinstimmungen nach §§ 14 MarkenG, 30, 37 HGB oder 16 UWG vorgehen könnten.[123] Der Stifter ist in der Wahl des Namens im Übrigen grundsätzlich frei. In der Praxis wird sich der Stifter frei nach dem Motto »Tue Gutes und rede drüber« durch den Namen der Stiftung jedoch häufig selbst ein »Denkmal« setzen wollen[124], indem er seinen eigenen Namen in dem Name der Stiftung verewigt (etwa: »Peter-Schmitz-Stiftung«). Häufigste Alternative hierzu ist die Beschreibung des Stiftungszwecks im Namen (etwa: »Stiftung zur Förderung des Neuen Museums Berlin«); üblich ist zudem die auch die Kombination des Namens des Stifters mit dem Stiftungszweck (etwa: »Hennes Capra Stiftung zur Unterstützung der Jugendarbeit des 1. FC Köln«).[125] Die Aufnahme der **Rechtsformbezeichnung** »**Stiftung**« ist gesetzlich nicht vorgeschrieben, aber in der Praxis zur Vermeidung von Verwechslungen in jedem Fall empfehlenswert.[126]

48 Auch in der **Wahl des Sitzes** ist der Stifter grundsätzlich frei. Wie § 83 S. 3 BGB erkennen lässt, ist Sitz der Stiftung regelmäßig, aber nicht zwingend der Ort der Verwaltung.[127] Der Sitz muss nach h. M. aber einen **gewissen Bezug zur Stiftungstätigkeit** aufweisen (Belegenheitsort des Stiftungsvermögens, Ansässigkeit der Stiftungsorgane etc.).[128] An den Ort des Stiftungssitzes sind **gewichtige Konsequenzen** geknüpft. Hiernach bestimmt sich etwa, welche Landesbehörde für die Durchführung des Anerkennungsverfahrens zuständig ist, § 80 BGB. Gleichzeitig richtet sich hiernach das anwendbare Landesstiftungsgesetz und der Gerichtsstand (§ 17 ZPO).[129]

2. Zweck

a) Allgemeine Erwägungen

49 Von ganz wesentlicher Bedeutung für die Errichtung wie die hierauf folgende »tägliche Arbeit« der Stiftung ist der vom Stifter zu Lebzeiten festgelegte Stiftungszweck. Dieser bildet die **Leitlinie der Stiftungstätigkeit für die Dauer ihres gesamten Lebens**.[130] Er bildet damit die »Seele der Stiftung«.[131] Dessen Manifestation im Stiftungszweck ist nach der Anerkennung der Stiftung sowohl der Disposition des Stifters als auch dem Zugriff der Stiftungsorgane entzogen (§ 87 BGB).[132]

50 Eine Stiftung kann entsprechend § 80 Abs. 2 BGB, sofern der Zweck auf Dauer angelegt ist, bis zur Grenze der Gemeinwohlgefährdung[133] grundsätzlich jeden beliebigen gemeinnützigen oder privatnützigen Zweck verfolgen (**Grundsatz der Gemeinwohlkonformität**,[134] auch: Prinzip der Neutralität des Stiftungszweckes).[135] Bei der Prüfung der Gemeinwohlgefährdung sind die durch § 138 BGB gezogenen Grenzen zu beachten. Über diese Vorschrift wirkt das im Grundgesetz verkörperte Wertsystem in das Privatrecht hinein.[136] Eine Gefährdung des Gemeinwohls liegt dementsprechend vor,

---

122 Palandt/*Heinrichs*, § 81 Rn. 5.
123 *Ebersbach*, S. 74.
124 *Zimmermann*, NJW 2011, 2931, 2934.
125 Vgl. *Langenfeld*, ZEV 2002, 482.
126 *Wachter*, S. 24.
127 Schulze/Dörner/Ebert/*Dörner*, § 83 Rn. 10; vgl. auch § 80 S. 3 BGB a. F.
128 Münchner Komm/*Reuter*, § 81 Rn. 24.
129 Palandt/*Heinrichs*, § 81 Rn. 6.
130 Vgl. Staudinger/*Hüttemann/Rawert*, § 80 Rn. 10; Münchner Komm/*Reuter*, § 80 Rn. 1; *Turner*, ZEV 1995, 208.
131 Bamberger/Roth/*Backert*, § 80 Rn. 4.
132 Staudinger/*Hüttemann/Rawert*, vor §§ 80 ff. Rn. 6.
133 Die Frage der Gemeinwohlkonformität ist streng von derjenigen der Gemeinnützigkeit zu trennen; letztere ist nur für das Steuerrecht relevant; vgl. Rdn. 160 ff.
134 Vgl. die amtliche Begründung zum Entwurf eines Gesetzes zur Modernisierung des Stiftungsrechts BT-Drucks., 14/8765, S. 9 (zu § 80).
135 Bamberger/Roth/*Schwarz/Backert*, § 80 Rn. 5.
136 *Wochner*, MittRhNotK 1994, 89, 91.

wenn die Verfolgung des Stiftungszwecks die Rechte anderer, die verfassungsmäßige Ordnung[137] oder die guten Sitten (str.) verletzt.[138] Eine Stiftung ist nicht schon dann mit dem Gemeinwohl unverträglich, wenn ihre Zwecke unvernünftig sind, die Verselbständigung eines Stiftungsvermögens zur Zweckerfüllung nicht erforderlich ist oder das Stiftungsgeschäft keine dem Satzungszweck entsprechende Organisation vorsieht.[139] Durch das Prinzip der Neutralität des Stiftungszwecks werden vielmehr **nur ganz evident »unerwünschte« Stiftungszwecke ausscheiden**. Denkbar sind etwa Stiftungen mit einem gewaltbereiten rechts- oder linksradikalen Hintergrund oder solche, deren Zweck die Verleumdung dritter Personen(gruppen) beinhaltet. Zu denken ist in diesem Zusammenhang auch an Verstöße gegen das Gleichbehandlungsgebot des Art. 3 GG. Die Bevorzugung männlicher Abkömmlinge vor weiblichen Abkömmlingen soll nach einer älteren Auffassung des Bundesgerichtshofes[140] zwar grundsätzlich keinen solchen Verstoß darstellen. Ob diese Entscheidung vor dem Hintergrund der – für das Stiftungsrecht umstrittenen – Geltung des AGG heute noch Bestand haben kann, darf indes bezweifelt werden.[141]

Unklar ist überdies, ob auch sog. »**Stiftungen für den Stifter**« (also von Stiftungen, bei denen der Stifter Begünstigter ist)[142] und sog. »**Selbstzweckstiftungen**« oder »**Eigenstiftungen**«[143] (d. h. von Stiftungen, deren alleiniger Zweck die Erhaltung – wenn nicht gar der Mehrung – des Stiftungsvermögens ist)[144] anerkennungsfähig sind.[145] Nach hier vertretener Auffassung haben beide Arten von Stiftungen nur dann einen Anspruch auf Anerkennung, wenn sich ihr Zweck nicht ausschließlich in der Begünstigung des Stifters bzw. der Erhaltung des Stiftungsvermögens erschöpft.[146] 51

Neben der Frage der Anerkennungsfähigkeit der Stiftung besitzt der Stiftungszweck jedoch auch noch bei einer weiteren Frage eine überaus kritische **Relevanz**. So möchte, wie erläutert,[147] die 52

---

137 Palandt/*Heinrichs*, § 80 Rn. 6.
138 Palandt/*Heinrichs*, § 87 BGB Rn. 1 m. w. N. Eine offenbar engere Auslegung vertritt demgegenüber das Bundesverwaltungsgericht (BVerwGE 106, 177: »Republikanerstiftung«), wonach auch schon solche Stiftungszwecke, die sich »an der Grenze der Rechtswidrigkeit bewegen und diese jederzeit überschreiten können« der Anerkennung der Stiftung als rechtsfähig entgegen stehen (vgl. hierzu Hopt/Reuter/*Reuter*, S. 144; *Muscheler*, NJW 2003, 3161, 3164; Meyn/Richter/Koss/*Meyn*, Rn. 137; *Burgard*, S. 123.
139 *Wochner*, MittRhNotK 1994, 89, 99.
140 BGHZ 70, 313, 325 f., wobei der BGH ausdrücklich offen ließ, ob bei einem generellen Ausschluss aller weiblichen zugunsten aller männlichen Abkömmlinge anders zu entscheiden wäre.
141 Zur Frage der Anwendbarkeit des AGG (§§ 19–21) auf die Vergabe von Stiftungsmitteln siehe *Oetker*, FS Eckert, 2008, S. 617, 631; *Reuter*, FS Adomeit, 2008, S. 595, 604. Überdies könnte indes gefragt werden, ob auch die Organverfassung der Stiftung den Vorgaben des AGG bzw. Art. 3 GG bzw. Art. 14 EMRK genügen muss (etwa: »In den Vorstand können nur männliche Familienangehörige mit einem Alter von mindestens 65 Jahren und einer kaufmännischen Ausbildung aufgenommen werden.«); vgl. aber OLG Hamm v. 5.6.2012 – 10 U 109/11 (n. v.): »Der vorstehend vom Senat geteilten Auslegung, wonach die in der Fideikommissurkunde niedergelegten Regeln der männlichen Primogenitur unabhängig vom Zustandekommen und Bestand der Fideikommisse jedenfalls für die Vorstandsbesetzung der M Familienstiftung gelten sollten, steht nicht entgegen, dass damit eine gesetz- oder gar verfassungswidrige Regelung Bestand hätte; insbesondere verstößt die vom Stifter bei der Besetzung des Vorstandes der Familienstiftung vorgesehene Bevorzugung männlicher Abkömmlinge oder der jeweils älteren Geschwister nicht gegen den verfassungsrechtlichen Grundsatz der Gleichbehandlung (Art. 3 GG) oder das Diskriminierungsverbot in Art. 14 EMRK.«
142 Staudinger/*Hüttemann/Rawert*, vor § 80 Rn. 9.
143 Soergel/*Neuhoff*, vor § 80 Rn. 8, 70; Münchner Komm/*Reuter*, vor § 80 BGB, Rn. 52; *Schlüter*, 327, 330; *K. Schmidt*, DB 1987, 261; relativierend allerdings Seifart/von Campenhausen/*Hof*, § 7 Rn. 58; eine andere Herleitung verwenden Schiffer/*Pruns*, ZStV 2012, 1.
144 *Reuter* NZG 2005, 649; *Hüttemann*, ZHR 167 (2003), 35, 38; vgl. aber auch *Burgard*, NZG 2002, 697, 700.
145 Münchner Komm/*Reuter*, vor § 80 BGB, Rn. 7; Soergel/*Neuhoff*, vor § 80 BGB Rn. 70; a. A.: Seifart/von Campenhausen/*Hof*, § 8 Rn. 57.
146 Vgl. auch § 58 Nr. 5 AO (hierzu Rdn. 81, 167).
147 Vgl. Rdn. 2, 4 ff.

ganz überwiegende Anzahl der Stifter eine »**gemeinnützige**« **Stiftung** im Sinne der §§ 51 ff. AO errichten, um in den Genuss der hiermit verbundenen steuerlichen Privilegierungen zu kommen.[148] Diese Frage hängt jedoch ganz maßgeblich von der Formulierung des Stiftungszwecks in der Stiftungssatzung ab. An dieser Stelle sollte der Notar die folgenden Aspekte berücksichtigen: So kann es sich empfehlen, dass der Stifter nur den zu verfolgenden Zweck nur »in groben Zügen« festlegt, die konkrete Ausgestaltung der Stiftungssatzung hingegen dem Testamentsvollstrecker überlässt. Dieser kann dann den in der Satzung festzulegenden Stiftungszweck in bestimmten Grenzen dergestalt formulieren, dass die Stiftung von der Finanzverwaltung als gemeinnützig anerkannt wird.[149] Hierbei ist jedoch zu berücksichtigen, dass die Festlegung des konkreten Stiftungszwecks ureigenste Verpflichtung des Stifters ist und eine zu weitgehende Kompetenz des Testamentsvollstreckers unbedingt verhindert werden sollte.[150] Der **Stifter** sollte dementsprechend dazu angehalten werden, **selbst die von der Stiftung angestrebten Zwecke festzulegen**. Dem Testamentsvollstrecker sollte dann lediglich für den Fall, dass nach dem Tod des Stifters im Zusammenhang mit der Gründung der Stiftung Einwände der Anerkennungs- und/oder Finanzbehörde bestehen, eine Änderungs- und Anpassungsbefugnis in Bezug auf die endgültige Fassung der Satzung zugebilligt werden.[151] Es empfiehlt sich überdies nicht, den Stiftungszweck und die Art seiner Verwirklichung so eng zu fassen, dass spätere Anpassungen an veränderte Verhältnisse ausgeschlossen werden.[152] Es sollten vielmehr möglichst **weitgefasste Stiftungszwecke** gewählt werden; alternativ können auch **mehrere Ziele – kumulativ oder subsidiär** – festgelegt werden.[153] Insgesamt muss der Stiftungszweck einerseits flexibel genug formuliert sein, um den Stiftungsorganen die notwendige Handlungsfreiheit zu gewähren, andererseits aber auch so genau festgelegt sein, dass er eindeutig ist (Bestimmtheitserfordernis) und zukünftige unklare Rechtsverhältnisse verhindert. Wie erläutert,[154] ist an dieser Stelle schließlich noch zu berücksichtigen, dass zur Erlangung der Gemeinnützigkeit die in der **Mustersatzung** der Anlage I zu § 60 AO vorgesehenen Formulierungen zum Stiftungszweck zwingend zu übernehmen sind.

53 In diesem steuerlichen Zusammenhang gilt es zudem zu beachten, dass, soll der Stiftungszweck bei einer gemeinnützigen Stiftung ganz oder teilweise durch **Hilfspersonen** im Sinne des § 57 Abs. 1 S. 2 AO erfüllt werden, dies in der Satzung zum Ausdruck kommen muss. Gleiches gilt, wenn sie als Förderkörperschaft im Sinne des § 58 Nr. 1 AO tätig werden soll.[155]

b) Familienstiftung

54 Das **Steuerrecht definiert** in § 15 Abs. 2 AStG **Familienstiftungen** als Stiftungen, »bei denen der Stifter, seine Angehörigen und die Abkömmlinge zu mehr als der Hälfte anspruchsberechtigt oder anfallsberechtigt sind«.[156]

---

148 Zu der Verwirklichung steuerbegünstigter Zwecke im Ausland vgl. *Zimmermann*, NJW 2013, 3557, 3562; *ders.*, NJW 2011, 2931, 2936; *Naumann zu Grünberg*, ZEV 2012, 569 und FG Düsseldorf v. 14.1.2013 – 11 K 2439/10 E (n. v.); in concreto zu einer liechtensteinischen Stiftung FG Düsseldorf ZEV 2014, 381.
149 Beck'sches Formularhandbuch Erbrecht/*Mutter*, 1. Auflage (2007), H. I. 3, Anm. 9.
150 Zu der grundsätzlichen Zulässigkeit einer Testamentsvollstreckung bei der Errichtung einer Stiftung von Todes wegen vgl. Rdn. 121 ff.
151 Vgl. Rdn. 120 ff.
152 *Wochner*, MittRhNotK 1994, 89, 102.
153 *Wachter*, 25; Münchner Komm/*Reuter*, § 81 BGB Rn. 28.
154 Vgl. Rdn. 4, 85, 107, 162 ff.
155 Formulierungsvorschlag etwa von Hoffmann-Becking/Rawert/*Rawert*, Stiftungen, 26. Anm. 6: »Die Stiftung darf sich zur Erfüllung ihrer Aufgaben Hilfspersonen im Sinne der Abgabenordnung bedienen. Sie darf ihre mittel teilweise einer anderen, ebenfalls steuerbegünstigten Körperschaft oder einer Körperschaft des öffentlichen Rechts zur Verwendung zu steuerbegünstigten Zwecken zur Verfügung stellen oder Mittel für die Verwirklichung der steuerbegünstigten Zwecke einer anderen Körperschaft oder für die Verwirklichung steuerbegünstigter Zwecke durch eine Körperschaft des öffentlichen Rechts beschaffen.«
156 Zu den steuerrechtlichen Besonderheiten der Familienstiftung vgl. im Übrigen Rdn. 163 ff. Zu dem Begriff und den steuerrechtlichen Besonderheiten bei unselbstständigen Familienstiftungen vgl. auch *Theuf-*

Eine einheitliche **zivilrechtliche Definition** des Begriffes der »Familienstiftung« **existiert** jedoch **55 nicht.**[157] So wird etwa der Begünstigtenkreis, der die Familienstiftung kennzeichnet, unterschiedlich definiert. Die Abgrenzungsansätze reichen hier von der Person des Stifters und seinen in gerader Linie Verwandten bis hin zu mehreren Familien im Sinne der weite(re)n Definition der Familie in § 15 AO. Überdies wird auch die Art und Weise der Familienbegünstigung uneinheitlich aufgefasst. So wird in den stiftungsrechtlichen (zivilrechtlichen) Definitionen auch eine immaterielle Begünstigung als ausreichend angesehen, im Steuerrecht hingegen ausdrücklich ein materieller Vorteil gefordert.[158]

Vorliegend werden als »Familienstiftungen« im zivilrechtlichen Sinne selbständige oder unselbstständige Stiftungen verstanden, die wesentlich, vorwiegend oder ausschließlich dem Interesse der Mitglieder einzelner oder mehrerer Familien dienen[159] (**Abgrenzung nach den Destinatären**).[160] Der Umfang der Versorgung der Familie reicht von regelmäßigen Zahlungen an die betreffenden Familienmitglieder bis zur Unterstützung »nur« bei der Ausbildung und in Notlagen. Die Familienstiftung verfolgt damit offensichtlich **ausschließlich private und keine öffentlichen**[161] Zwecke i. S. d. Stiftungsgesetze. Sie ist der »Prototyp« der privatnützigen Stiftung.[162] In Deutschland sollen etwa 500 bis 700 Familienstiftungen existieren.[163]

Die **Motive für die Gründung einer Familienstiftung** sind vielfältig:[164] häufig soll das Familienvermögen durch Einbringung in die Familienstiftung vor zukünftiger Zersplitterung durch Erbteilungen bewahrt werden.[165] In zahlreichen Fällen wird diese Gestaltungsart auch zur Erhaltung von Familienunternehmen gewählt.[166] Durch die Familienstiftung bleibt dem Stifter schließlich die Möglichkeit erhalten, auch nach seinem Tode über mehrere Generationen hinweg Einflüsse auf die Geschicke seines Vermögens in Form der Stiftung zu nehmen und Bestimmungen zur Verwendung des Stiftungsvermögens bzw. zur Führung des Unternehmens zu treffen. Er kann dementsprechend sicherstellen, dass einerseits insbesondere größere Vermögen zusammengehalten und andererseits Familie/n versorgt werden, indem die Substanz des Familienvermögens den einzelnen Familienmitgliedern entzogen und die Erträge dauerhaft der Nutzung der Familie zur Verfügung gestellt werden.[167]

56

57

---

fel-Werhahn, ZEV 2014, 14; zu den unselbstständigen Stiftungen als Familienstiftung allgemein *Hübner/Currle/Schenk*, DStR 2013, 1966.

157 Wobei zu bemerken ist, dass die allgemeine Zulässigkeit der Familienstiftung heute außer Frage steht; Vgl. Meinungsstanddarstellung bei *Wochner*, MittRhNotK 1994, 89, 92; vgl. allgemein Hopt/Reuter/*Kronke*, S. 159, 160.
158 Vgl. eingehend *Schiffer*, DStR 2005, 508, 510 ff.
159 Nach Ansicht des BFH (BFH BStBl. 1998 II, 114 ff.) dient eine Stiftung dann wesentlich dem Interesse einer Familie oder bestimmter Familien, wenn nach der Satzung und gegebenenfalls nach dem Stiftungsgeschäft ihr Wesen darin besteht, es den Familien zu ermöglichen, das Stiftungsvermögen, soweit es einer Nutzung zu privaten (vgl. eingehend *Nitz*, BWNotZ 2004, 153, 154) Zwecken zugänglich ist, zu nutzen und die Stiftungserträge an sich zu ziehen.
160 Soergel/*Neuhoff*, vor § 80 Rn. 57.
161 Zur Klarstellung: Während die privatnützige Stiftung einem nur durch konkrete Merkmale begrenzten Personenkreis (z. B. der Familie (Familienstiftung), Vereinsmitgliedern oder Betriebsangehörigen) zugute kommt, wird durch die öffentliche Stiftung die Allgemeinheit begünstigt. Als Zwecke öffentlicher Stiftungen gelten insbesondere die Förderung von Religion, Wissenschaft, Forschung, Bildung, Unterricht, Erziehung, Kunst, Denkmalpflege, Heimatschutz, Sport, Wohltätigkeit und andere dem Gemeinwohl dienende Zwecke. Die öffentliche Stiftung ist jedoch nicht zu verwechseln mit der gemeinnützigen Stiftung nach §§ 51 ff. AO, vgl. Rdn. 41 ff.
162 So anschaulich Anwaltshandbuch ErbR/*Feick*, § 38 Rn. 9.
163 www.stiftungen.org/de/news-wissen/stiftungslexikon/familienstiftungen.html.
164 Die Familienstiftung als »»selbstorganisierten generationsübergreifenden Ausbildungsversicherung größeren Stils«: *Tielmann*, NJW 2013, 2394; vgl. hierzu allgemein *von Oertzen/Hosser*, ZEV 2010, 168.
165 *Wochner*, MittRhNotK 1994, 89, 91.
166 Vgl. *Hennerkes/Schiffer*, DB 1986, 2217.
167 *Meyer zu Droste*, S. 4 f.

58 Sofern sich der Stifter vor diesem Hintergrund für eine Familienstiftung entscheidet, sollte der Notar mit ihm die Frage erörtern, ob neben dem Stiftungsvorstand als gesetzlicher Vertreter ein **Familienrat** als Kuratorium installiert werden soll. Diesem können kontrollierende und/oder entscheidende Kompetenzen zugesprochen werden.

59 Für die **bereits existierende Familienstiftung** ist überdies zu beachten, dass diese zwar grundsätzlich wie andere Stiftungen auch der staatlichen Stiftungsaufsicht unterliegen. Die staatliche Kontrolle wird für diesen besonderen Typus der Stiftung jedoch zum Teil landesrechtlich eingeschränkt,[168] weil nach der Vorstellung des Gesetzgebers das Eigeninteresse der Familien die Erfüllung des Stiftungszweckes sicherstellen sollte.[169] Auch dies sollte bei der Abfassung der Stiftungsverfassung – und insbesondere der Befugnisse des Familienrates – berücksichtigt werden.

60 Besonders attraktiv kann sich die nunmehr eröffnete Möglichkeit der Gründung von Verbrauchsstiftungen[170] auf die Gestaltung von Familienstiftungen auswirken. So ist es nunmehr insbesondere möglich, die Familienstiftung für die Dauer von weniger als 30 Jahren zu errichten, hierbei gerade bei mittleren Vermögen auch das Stiftungsvermögen sukzessive für den Stiftungszweck aufzubrauchen und damit gleichzeitig der weiteren Erbersatzbesteuerung der Stiftung nach 30 Jahren zu entgehen.[171] Mit Anerkennung der Verbrauchsstiftung dürfte diese in Form der Familienstiftung auch als Vorerbe eingesetzt werden können.[172] Sie kann bei mehreren Stiftern schließlich auch dazu beitragen, eine Vermögensspaltung für die Verteilung bei Auflösung zu verwirklichen. Erbschaftsteuerlich hat dies den Vorteil der Anrechenbarkeit der von der Stiftung entrichteten Erbschaftsteuer auf die vom Nacherben zu entrichtende Erbschaftsteuer.[173]

c) Unternehmensbezogene Stiftungen

61 Auch der Begriff der – mittlerweile von der ganz h. M. als unproblematisch zulässig angesehenen[174] – »**unternehmensbezogenen Stiftung**« bedarf zunächst einer eingehenden Klärung, da hierunter häufig verschiedene Stiftungsformen zusammengefasst werden.[175] Differenziert werden sollte hier zunächst zwischen der **Unternehmensträgerstiftung**, bei der die in Rede stehende Stiftung entweder selbst ein Unternehmen als ins Handelsregister einzutragender Einzelkaufmann[176] oder als persönlich haftende Gesellschafterin einer Personenhandelsgesellschaft betreibt, und die **Beteiligungsträgerstiftung**, bei der die Stiftung als Allein- oder Mitgesellschafter an einer auf den Betrieb eines Unternehmens gerichteten Kapitalgesellschaft beteiligt ist.[177] Die Stiftung als Gesellschafterin einer Personenhandelsgesellschaft wird meist in der Form der Stiftung & Co. KG gewählt.[178] Übt die Stiftung unmittelbar oder mittelbar einen beherrschenden Einfluss auf ein oder mehrere Beteiligungsunternehmen aus, kann sie als Holdingstiftung **herrschendes Konzernunternehmen** im Sinne der

---

168 Vgl. z. B. § 21 Abs. 2 HessStiftG; §§ 14 Abs. 2, 27 Abs. 2 MecklVorPStiftG; § 10 Abs. 2 NdsStiftG, welche die Aufsicht auf die Kontrolle beschränken, ob Bestand und Betätigung der Stiftung nicht öffentlichen Zwecken zuwiderläuft.
169 *Tielmann*, NJW 2013, 2394, 2394.
170 Vgl. eingehend Rdn. 13, 60, 86.
171 *Tielmann*, NJW 2013, 2394, 2938.
172 Vgl. Rdn. 127 ff.
173 Zu dem gesamten Komplex vgl. eingehend *Tielmann*, NJW 2013, 2394, 2939.
174 Zu dem Meinungsstand vgl. etwa *Ihle*, RNotZ 2009, 557, 573 m. w. N.
175 Die Terminologie ist in der Literatur uneinheitlich: vgl. etwa *Berndt/Götz*, Rn. 1682.
176 Beck'sches Notarhandbuch/*Bengel/Reimann*, S. 874.
177 *Brandmüller/Klinger*, S. 109 ff.
178 Hierzu eingehend *Ihle*, RNotZ 2009, 621, 636. Man verspricht sich von ihr neben haftungsrechtlichen und steuerrechtlichen Vorteilen eine optimale Unternehmensführung, Sicherung der haftungsrechtlichen und steuerrechtlichen Vorteile, eine optimale Unternehmensführung, Sicherung der Unternehmenskontinuität und Unternehmensnachfolge, Mitbestimmungs- und Publizitätsfreiheit (*Hermerkes/Binz/Sorg*, DB 1986, 2269, 2271; *Verstl*, DStR 1997, 674; kritisch *K. Schmidt*, DB 1987, 261; *Rawert*, ZEV 1999, 294, 295).

§§ 17, 18 AktG sein.[179] Die Unternehmensträgerstiftung kann für Nachfolgegestaltungen in verschiedenen Variationen interessant sein. Das Stiftungsvermögen kann z. B. für vom Stifter gewählte Zwecke verwendet werden, die Stiftung kann zudem als Familientreuhänder[180] oder auch als Führungsinstrument für das Unternehmen dienen. Dabei können die genannten Aufgaben im Einzelfall auch miteinander kombiniert werden. Beiden Erscheinungsformen der Verbindung von Stiftung und Unternehmen ist gemeinsam, dass das Vermögen der Stiftung – direkt oder indirekt – in einem Unternehmen angelegt ist.

Die **Unternehmensträgerstiftung** hat sich in der **Praxis** von vornherein **nicht durchsetzen** können.[181] Die starre Bindung an den Stifterwillen, die Schwerfälligkeit der Entscheidungsprozesse, die Vertretungsregelung und Schwierigkeiten bei der Kapitalbeschaffung sind nur einzelne Gesichtspunkte, die gegen die Stiftung »als Unternehmer« sprechen.[182] **62**

Die folgenden Ausführungen beziehen sich dementsprechend in erster Linie auf die **Beteiligungsträgerstiftung**. **63**

Diese kann auch als gemeinnützige Stiftung gegründet werden, sofern mit den Erträgen aus der Unternehmensbeteiligung gemeinnützige Ziele im Sinne der AO verfolgt werden. Es gelten in diesem Fall die allgemeinen Erwägungen entsprechend.[183] **64**

Sofern sich der Stifter für eine Beteiligungsträgerstiftung entscheidet und erreichen möchte, dass die etwa an einer GmbH beteiligte Stiftung auf Dauer die Geschicke der GmbH leitet,[184] sind entsprechende **gesellschaftsrechtliche Vorkehrungen** zu treffen. Dies kann etwa auch bei einer geringen Kapitalbeteiligung der Stiftung durch die Einräumung von Mehrstimmrechten oder Sperrminoritäten erreicht werden. Daneben können unter bestimmten Bedingungen flankierend Vinkulierungsklauseln und Einziehungsbefugnisse eingeräumt werden. **65**

Wegen des weitgehenden Rückzugs der Stiftungsaufsicht aus der Überwachung privatnütziger Stiftungen[185] sollte zudem der Frage der **Kompetenzen eines etwaigen Kuratoriums** im Verhältnis zum Vorstand der Stiftung besondere Aufmerksamkeit geschenkt werden. **66**

Zumeist dient die Unternehmensträgerstiftung in der notariellen Praxis nicht nur der Unternehmensnachfolge,[186] indem sie die Erhaltung des Unternehmens und seines Kapitals sowie die Kontinuität der Unternehmensführung gewährleistet,[187] und einen Schutz des Familienunternehmens in seiner Gesamtheit vor Erbauseinandersetzungen sichert,[188] sondern auch der **Versorgung der Familienmit- 67**

---

179 *Muscheler*, ErbR 2008, 134, 140; *Kohl*, NJW 1922, 1922, 1923.
180 Ist eine Stiftung als Familientreuhänder eingesetzt, soll sie vorrangig dafür Sorge tragen, dass bei einer Unternehmensbeteiligung die Beteiligungsrechte im Sinne des Stifters/der Familie ausgeübt werden und dass die Beteiligung der Familie erhalten bleibt. In einem solchen Fall erhalten die Familienmitglieder regelmäßig keinen Zugriff auf die in der Beteiligung enthaltene Unternehmenssubstanz. Als Destinatäre der Stiftung kommen sie aber in den Genuss der Unternehmenserträge. Als Hauptfall des Einsatzes einer Stiftung als Führungsinstrument ist der der Stiftung & Co. KG zu nennen. Nach Schätzungen existieren in Deutschland ca. 100 Stiftung & Co. KGs: Anwaltshandbuch ErbR/*Feick*, § 38 Rn. 32, Fn. 56.
181 *Kübler*, Gesellschaftsrecht, S. 144.
182 *Goerdeler*, NJW 1992, 1487, 1489.
183 Zu der steuerlichen Besonderheiten eingehend *Ihle*, RNotZ 2009, 621, 622.
184 *Sudhoff*, Handbuch der Unternehmensnachfolge, S. 143 f.
185 *Ihle*, RNotZ 2009, 557, 566 m. w. N.
186 Die Erhaltung des Unternehmens als solches ist wegen des Verbotes der Selbstzweckstiftung (*Zimmermann*, NJW 2011, 2931, 2933) häufig nicht satzungsmäßiger (Haupt-)Zweck der Stiftung, sondern nur (Haupt-)Motiv des Stifters.
187 *Flämig*, DB 1978, Beil. 22, 1, 2.
188 Vgl. nur *Hennekes/Schiffer*, BB 1992, 1940; *Turner/Doppstadt*, DStR 1996, 1448; *Götz* INF 1997, 619 und 652; *App*, NotBZ 1998, 49; *Schiffer/v. Schubert*, DB 2000, 437; *Schwarz*, BB 2001, 2381; *Schiffer/v. Schubert*, BB 2002, 265.

glieder (bei gleichzeitiger Verhinderung des Zugriffs der einzelnen Familienmitglieder auf die Unternehmenssubstanz).[189]

68 Häufig handelt es sich bei der **Beteiligungsträgerstiftung** damit um eine **Sonderform der Familienstiftung** (zu dem sog. Doppelstiftungsmodell vgl. Rdn. 72 ff.). Die sog. unternehmensverbundene Familienstiftung ist dabei durch die Begünstigung der Stifterfamilie einerseits und die Verbindung zu einem erwerbswirtschaftlichen Unternehmen andererseits geprägt.[190] Durch die Wahl dieser Stiftungsform kann der Eintritt von familienfremden Gesellschaftern verhindert und Liquiditätsprobleme des Unternehmens durch Abfindungsansprüche wegen des Ausscheidens von Gesellschaftern ausgeschlossen werden; bzgl. der Pflichtteilsansprüche gelten jedoch auch hier die allgemeinen Erwägungen, die es zu beachten gilt.[191] Eine weitere Variante ist es, die Stiftung nur als Kontrollorgan für das im Übrigen in seiner bisherigen Rechtsform weiter bestehende Unternehmen einzusetzen, etwa dadurch, dass die Stiftung Mehrheitsgesellschafterin wird und dadurch den Aufsichtsrat bestimmen kann, der Stiftungsvorstand geborener Vorstand der GmbH ist oder die Stiftung als Komplementär einer KG fungiert.[192]

69 Viele Stifter wählen diese Stiftungsform überdies,[193] um ihren Stiftungswillen »in Ewigkeit« zu perpetuieren.[194] Hier gelten insofern erneut ähnliche Erwägungen wie für die Familienstiftung: Im Gegensatz zum »normalen« erbrechtlichen Instrumentarium etwa der Auflage oder Testamentsvollstreckung ist hier tatsächlich eine **generationenübergreifende Gestaltung** möglich.[195] Diese »Versuchung« beinhaltet jedoch auch erhebliche Risiken:[196] so kann eine zu enge Festlegung des Stifterwillens in Bezug auf die Art und Weise der Unternehmensfortführung zu schwerwiegenden Problemen in der Zukunft führen, wenn auf Grund anderer wirtschaftlicher Rahmenbedingungen – etwa wegen Einführung neuer Technologien oder Wirtschaftskrisen o. ä. – **Anpassungen** oder gar Veränderungen des Unternehmens erforderlich werden. Unternehmen sind häufig darauf angewiesen, schnell und flexibel auf Veränderungen des Marktes zu reagieren. Demgegenüber ist das Rechtsinstitut der Stiftung gerade auf Dauerhaftigkeit und Beständigkeit angelegt.[197] Es sollte daher im Rahmen des rechtlich Zulässigen in der Stiftungssatzung klargestellt werden, dass den Stiftungsorganen eine Umwandlung des Beteiligungsunternehmens zur Anpassung an sich wandelnde wirtschaftliche Verhältnisse oder zur Kapitalbeschaffung gestattet ist.

70 **Schwierigkeiten** können sich zudem bei der **Auswahl der Personen für die Geschäftsführung** des Unternehmens ergeben, was häufig zu Problemen bei der konkreten sitzungsrechtlichen Nachfolgeplanung führt, schließlich muss auch hier das »richtige« Personal für die Fortführung des Unternehmens gefunden werden. Das Tätigwerden zu Gunsten einer fremden Stiftung kann der Motivation eines externen Vorstandes abträglich sein.

71 Ein weiterer **Nachteil** der Unternehmensträgerstiftung ist ihre **eingeschränkte Möglichkeit der Eigenkapitalbeschaffung**.[198] Im Gegensatz zu Personen- und Kapitalgesellschaften kann sich die Stiftung über ihr Gründungskapital hinaus kein neues Eigenkapital von Mitgliedern beschaffen. Die Stiftung ist daher zur Stärkung ihrer Eigenkapitalbasis auf Zuwendungen von außen oder die Bil-

---

189 Vgl. *Werner*, ZEV 2006, 539, 541.
190 Vgl. *Hennerkes/Schiffer*, DB 1995, 209.
191 Vgl. eingehend Rdn. 151 ff.
192 *Rawert*, ZEV 1999, 294; *Hennerkes/Binz/Sorg*, DB 1986, 2220.
193 *Ihle*, RNotZ 2009, 557, 558 geht davon aus, dass etwa 300 unternehmensverbundene Stiftungen existieren.
194 *Ihle*, RNotZ 2009, 557, 571, spricht hier anschaulich von einem »ewigen« Dauertestamentsvollstrecker bzw. »unsterblichen« Gesellschafter.
195 Wie erläutert sind den erbrechtlichen Gestaltungsmöglichkeiten einer zulässigen Nachlassbindung (etwa: Teilungsverbote, Vor- und Nacherbschaft, Aufschub des Anfalls von Vermächtnissen) zeitliche Grenzen gesetzt, vgl. etwa §§ 2044 Abs. 2, 2109, 2162 f. BGB.
196 Vgl. auch die eingehende Warnung bei Anwaltshandbuch ErbR/*Feick*, § 38 Rn. 18.
197 *Ihle*, RNotZ 2009, 557, 568.
198 *Schiffer/von Schubert*, DB 2000, 437, 440; *Hennerkes/Schiffer*, BB 1992, 1940, 1945.

dung von Rücklagen angewiesen. Den Beteiligungsgesellschaft einer Stiftung stehen demgegenüber alle Möglichkeiten der Unternehmensfinanzierung offen.[199] Überdies kann die Satzung nicht für alle Eventualitäten in der Zukunft umfassende Sorge tragen; nachträgliche Satzungsänderungen sind regelmäßig nur unter sehr engen Voraussetzungen zulässig und bedürfen der staatlichen Genehmigung; dies bedeutet eine wirtschaftlich nicht unproblematische Inflexibilität.[200]

d) Exkurs: Die Doppelstiftung

In der Praxis findet sich in Gestalt der sog. Doppelstiftung vermehrt eine besondere Anwendungsvariante der unternehmensbezogenen Stiftung. Diese **kombiniert die Vorteile einer unternehmensbezogenen Stiftung mit den Steuervorteilen einer gemeinnützigen Stiftung.** Unter einer solchen Doppelstiftung wird gemeinhin ein Rechtsgebilde verstanden, bei dem eine **gemeinnützige Stiftung und eine (Familien-)Stiftung an einer (oder mehreren) Gesellschaft(en) beteiligt sind.**[201]

Ausgangspunkt ist erneut, dass der Stifter Anteile an einer Kapitalgesellschaft besitzt und diese möglichst steuersparend durch Stiftungen gehalten wissen will, ohne dass hiermit die vorgenannten unternehmerischen Nachteile verbunden sind. Grundidee ist nunmehr, dass die betroffen Geschäftsanteile teilweise von einer gemeinnützigen Stiftung und teilweise von einer Familienstiftung gehalten werden. So **überträgt der Stifter in einem ersten Schritt die Gesellschaftsanteile, die benötigt werden, um den Unterhalt der Familie zu sichern und die Vermögensbestandteile, die die Gemeinnützigkeit unter Umständen gefährden könnten, auf eine Familienstiftung**, die die unternehmerische Verantwortung für das Unternehmen dadurch übernimmt, dass das Stimmrecht für die von der gemeinnützigen Stiftung gehaltene Anteile ausgeschlossen wird. Sodann überträgt der Stifter in einem **zweiten Schritt** alle ihm gehörenden **Gesellschaftsanteile, die nicht benötigt werden, um den Unterhalt der Familie zu sichern, auf eine steuerbefreite, gemeinnützige Stiftung.** Dabei wird die gemeinnützige Stiftung, die regelmäßig keinen wirtschaftlichen Geschäftsbetrieb führt, gerade nicht mitunternehmerisch an einer Gesellschaft beteiligt. Es bedarf kaum einer Erwähnung, dass nach den Vorstellungen des Stifters in der Regel eine weitgehende organisatorische und personelle Verflechtung zwischen den beiden Stiftungen bestehen soll. Da die Errichtung einer Doppelstiftung einer möglichst steueroptimierten Unternehmensnachfolge dienen soll, bleibt der Einfluss der Stifterfamilie auf die Doppelstiftung und ihre Unternehmensbeteiligungen erhalten. Allerdings ist mit Blick auf den Erhalt der Steuerbefreiung bei der gemeinnützigen Stiftung darauf zu achten, dass ihre Vorstände nicht zugleich die etwaigen Tochtergesellschaften beider Stiftungen leiten. Der Wegfall der Gemeinnützigkeit droht grundsätzlich auch dann, wenn zwischen den Leitungsgremien der gemeinnützigen Stiftung und der Familienstiftung eine Personalunion besteht und die Familienstiftung die Geschäftsführung des Unternehmens kontrolliert. In Zweifelsfällen sollte eine vom Stifter oder den zuständigen Organen der Satzung gewünschte personenidentische Besetzung der Leitungsgremien durch eine verbindliche **Auskunft bei der Finanzverwaltung** abgesichert werden.[202]

Diese Konstruktion dient der klaren Trennung zwischen gemeinnütziger Zweckverfolgung und Unternehmensführung. Sie kommt vor allem dann in Betracht, wenn weder eine reine Familienstiftung aufgrund der damit verbundenen Erbschaftsteuerbelastung noch eine gemeinnützige Stiftung mit Blick auf die Versorgungsinteressen der Familien eine geeignete Lösung der Nachfolgeproblematik verspricht. Doch Vorsicht: **Inwieweit diese Konstruktion (im Einzelfall bzw. generell) steuerliche angreifbar ist, ist noch nicht abschließend geklärt.**[203] Über derartigen Konstruktionen schwebt immer das Damoklesschwert der missbräuchlichen Gestaltung im Sinne des § 42 AO. Es ist damit drin-

---

199 Zum Ganzen *Ihle*, RNotZ 2009, 557, 568.
200 Anwaltshandbuch ErbR/*Feick*, § 38 Rn. 20.
201 *Richter/Sturm*, ZErb 2006, 75.
202 Zum Ganzen eingehend *Ihle*, RNotZ 2009, 621, 632.
203 *Schnitger*, ZVR 2001, 104, 105; Anwaltshandbuch ErbR/*Feick*, § 38 Rn. 31.

gend anzuraten, die steuerlichen Implikationen der Doppelstiftung vorab von der zuständigen Finanzdirektion prüfen zu lassen.[204]

e) **Exkurs: Die Bürgerstiftung**

75 Unter dem Begriff der **Gemeinschaftsstiftung** werden Stiftungen verstanden, deren **Vermögen durch eine Mehrzahl von Stiftern bzw. Zustiftern aufgebracht werden.** Ein **Unterfall** hiervon bilden die sog. **Bürgerstiftungen** (auch »Stiftungen von Bürgern für Bürger«),[205] die von dem Arbeitskreis Bürgerstiftungen des Bundesverbandes Deutscher Stiftungen definiert werden als »unabhängige, autonom handelnde, gemeinnützige Stiftungen von Bürgern für Bürger mit möglichst breitem Stiftungszweck. Sie engagieren sich nachhaltig und dauerhaft für das Gemeinwesen in einem geographisch begrenzten Raum und sind in der Regel fördernd und operativ für alle Bürger eines definierten Einzugsbereichs tätig. Sie unterstützen mit Ihrer Arbeit bürgerschaftliches Engagement.«[206]

76 Grundsätzlich werden Bürgerstiftungen jedoch wegen des Umstandes, dass sie zumeist von mehreren Personen ins Leben gerufen werden, nicht im Wege einer letztwilligen Verfügung, sondern **unter Lebenden** errichtet. Auf diese besondere Form der Gemeinschaftsstiftung soll dementsprechend an dieser Stelle nicht weiter eingegangen werden.[207]

3. Stiftungsvermögen und Übertragungsakt

77 Um die finanzielle Ausstattung einer Stiftung beschreiben und ggf. gestalten zu können, sind zunächst verschiedene **Vermögensbestandteile der Stiftung** zu unterscheiden.[208] Zu diesem gehören das **Grundstockvermögen**[209], **die Erträge, evtl. Zustiftungen sowie Zuwendungen** bzw. unter bestimmten Bedingungen auch **Spenden**.

78 Das **Grundstockvermögen** ist das der Stiftung vom Stifter zugewendete Vermögen, das nicht zum Verbrauch bestimmt ist. Der Stifter genießt bei der Ausgestaltung dieser »**Basisausstattung« der Stiftung** verhältnismäßig große Freiheiten. In Betracht kommen – nach seinem Ermessen – Vermögenswerte aller Art, beispielsweise Immobilien und Rechte an Grundstücken[210], Geldvermögen und Wertpapiere, sonstige Sachwerte wie z. B. Kunstgegenstände, gewerbliche Unternehmen oder Unternehmensbeteiligungen, Forderungen und sonstige Rechte, insbesondere auch gewerbliche Schutzrechte.[211] Zur Sicherheit sollte in Zweifelsfällen jedoch mit den zuständigen Stiftungsbehörden Rücksprache getroffen werden; so wird etwa bei Grundstücksstiftungen unter Umständen eine Beistiftung von liquiden Mitteln verlangt, damit aus dem Grundstock (auch) die Unterhaltskosten bestritten werden können.

---

204 Eingehend hierzu etwa *Ihle*, RNotZ 2009, 557, 572.
205 *Wachter*, E 1.
206 Vgl. die Webseite www.die-deutschen-buergerstiftungen.de; vgl. auch *Zimmermann*, NJW 2011, 2931, 2935.
207 Vgl. hierzu eingehend Hoffmann-Becking/Rawert/*Rawert*, 28 mit Formulierungsbeispielen und w. N.
208 Funktionell lassen sich Stiftungen überdies in Anstaltsstiftungen (diese fördern die Funktion, Erhaltung und Einrichtung von Institutionen wie Krankenhäusern, Altenheimen oder Schulen), und die regelmäßig vorliegenden, der nachfolgenden Bearbeitung zugrunde gelegten Kapitalstiftungen (auch: Hauptgeldstiftungen; diese verwenden ihre Erträge aus dem Grundstockvermögen zur Erfüllung des Stiftungszweckes) und zuletzt die Funktionsträgerstiftungen unterscheiden (*Wochner*, MittRhNotK 1994, 89, 102).
209 Auch: »Stiftungskapital« oder »Dotationskapital«: *Zimmermann*, NJW 2011, 2931, 2933.
210 Zu der (umstrittenen) Frage, ob ein Stiftungsgeschäft, in dem sich der Stifter zur Übertragung eines Grundstücks verpflichtet, der notariellen Form bedarf, vgl. FG Schleswig-Holstein DStRE 2012, 945; *Zimmermann*, NJW 2012, 3277, 3279; Staudinger/*Hüttemann/Rawert*, § 81 Rn. 15 m. w. N.
211 Wobei an dieser Stelle einschränkend zu betonen ist, dass das Vermögen auch ausreichende Erträge abwerfen muss, damit der Zweck bedient und die Stiftung anerkannt werden kann. Deshalb bedarf es nicht nur bei Vermögensausstattungen mit Grundvermögen oft zusätzlichen Barvermögens, sondern auch bei Kunstwerken u. a. Sachvermögen (vgl. Rdn. 77 ff.).

Aus dem Grundstockvermögen werden die **Erträge** erwirtschaftet.[212] Diese dürfen grundsätzlich nicht angesammelt und/oder dem Grundstockvermögen zugeführt werden. Es ist vielmehr sicherzustellen, dass die Erträge laufend zur Erfüllung des Stiftungszweckes verwendet werden. Es ist offensichtlich: Wenn (lediglich) aus den Erträgen der Stiftungszweck erfüllt werden muss, muss das (grundsätzlich nicht anzutastende) Grundvermögen zur Gewährleistung der Arbeitsfähigkeit der Stiftung über eine ausreichende Höhe verfügen.[213] Vor vorneherein unterkapitalisierte Stiftung sind dementsprechend ebenso zu vermeiden wie solche Stiftungen, bei denen zwar der Höhe nach ein ausreichendes Grundstockvermögen vorhanden ist, dieses jedoch keine ausreichenden Erträge abwirft (etwa: das Grundstockvermögen besteht aus einem zwar theoretisch werthaltigen Grundstück, das jedoch nicht vermietet/verpachtet ist und bei dem auch keine zukünftigen Erträge erwartet werden können). Überdies ist die Formulierung des Stiftungszwecks und der avisierten Aufgaben an dem erwarteten Grundstockvermögen und den hieraus resultierenden Erträgen zu orientieren; eine »überambitionierte« Formulierung (etwa: Kauf, Aufbau und Unterhalt eines Kinderheimes mit einer monatlichen Ertragsaussicht, die nicht einmal die potentiellen Nebenkosten einer solchen Institution finanzieren könnten) schadet hierbei ebenso wie eine »chronisch unterbeschäftigte«, d. h. überkapitalisierte Stiftung (etwa: Unterstützung (lediglich) eines lokalen Trägers der Jugendhilfe mit einem Millionenetat). 79

Aber auch nach der Stiftungserrichtung kann der Stiftung noch Gutes getan werden. Hierbei kann die Zuwendung an die Stiftung zum einen zu einer »längerfristigen« statt zur sofortigen Verwendung bestimmt sein. In diesem Fall handelt es sich um eine sogenannte **Zustiftung**, die in das Grundstockvermögen der Stiftung eingebracht wird und dementsprechend den vorgenannten Erwägungen unterliegt.[214] Viele Stiftungssatzungen sehen die ausdrückliche Zulässigkeit von Zustiftungen vor; hierdurch soll zumeist die Zustimmung der Stiftungsaufsicht obsolet gemacht werden. Zwar ist es einer Stiftung nach h. M. ohnehin stets möglich, eine Zustiftung ohne Zustimmung der Aufsichtsbehörde anzunehmen[215]. Um etwaige Zweifel der Stiftungsaussicht auszuräumen, steuerlich eine sachgerechte Behandlung zu manifestieren[216] und vor allem um etwaigen landesrechtlichen Sonderbestimmungen[217] zu entsprechen, sollte der Notar eine solche – im übrigen unschädliche – Regelung in jedem Fall in die Satzung aufnehmen. 80

Die **Vermögensverwaltung** der Stiftungen unterliegt zwei wesentlichen **Grundsätzen**: der **Bestand des Stiftungsvermögens** ist einerseits **ungeschmälert zu erhalten** und die **Erträge des Stiftungsvermögens** müssen andererseits **zeitnah zur Verwirklichung des Stiftungszweckes eingesetzt werden**.[218] Diese beiden Prinzipien wurden in der Praxis zumeist restriktiv gehandhabt und Ausnahmen nur in besonderen Konstellationen zugelassen.[219] 81

---

212 Zu den Folgen der niedrigen Zinsen im Jahr 2015 auf die Stiftungen s. Frankfurter Allgemeine Sonntagszeitung v. 03.05.2015, 36, »Stiftungen in großer Not«.
213 *Härtl*, S. 46; vgl. auch die Ausführungen zu Rdn. 38 ff.
214 Beachte jedoch BFH ZEV 2010, 202: Die Zustiftung an eine (Familien-)Stiftung ist auch dann gem. § 7 Abs. 1 Nr. 9 ErbStG nach der Steuerklasse III steuerpflichtig, wenn der Zuwendende zugleich der einzige Begünstigte ist; vgl. auch Rdn. 163 ff.
215 *Schlüter/Stolte*, Kapitel 2, C, Rn 137; *Meyn/Richter/Koss*, S. 80.
216 Vgl. nur OFD Köln StEK AO 1977 § 5 Nr. 3.
217 Vgl. etwa Art. 19 Nr. 1 BayStG: »Der Genehmigung der Stiftungsaufsichtsbehörde bedürfen die Annahme von Zustiftungen, die mit einer Last verknüpft sind, oder die einem anderen Zweck als die Stiftung dienen sollen.« Die Genehmigung gilt allerdings als erteilt, wenn die Satzung die Möglichkeit der Annahme von Zustiftungen vorsieht, da die Aufsichtsbehörde dies dann bereits im Anerkennungsverfahren mitberücksichtigen konnte (Staudinger/*Hüttemann/Rawert*, Vorbem. §§ 80 ff. Rn. 16).
218 *Seifart*, BB 1987, 1889, 1893; zu dem hierbei zu beachten Sorgfaltsmaßstab vgl. BGH NZG 2015, 38 und zuvor OLG Oldenburg, NZG 2014, 1277.
219 So darf das Grundstockvermögen etwa nur dann angegriffen werden, wenn dies erforderlich ist, um den Stiftungszweck zu erfüllen, eine Wiederzuführung gesichert erscheint und hierdurch der dauerhafte Bestand der Stiftung nicht gefährdet wird; vgl. Seifart/von Campenhausen/*Hof*, § 10 Rn. 84.

Kapitel 13 Stiftungen

82 Das Gesetz zur Stärkung des Ehrenamtes brachte an dieser Stelle indes mehrere Erleichterungen für die Praxis. Zum einen sind die gemeinnützigen Körperschaften zwar auch weiterhin im Grundsatz dazu verpflichtet, ihre Mittel zeitnah für ihre steuerbegünstigten Satzungszwecke zu verwenden (§ 55 Abs, 1 Nr. 5 S. 1 AO). Bisher mussten die Mittel dabei spätestens in dem auf den Zufluss folgenden Kalender- oder Wirtschaftsjahr für die genannten Zwecke verbraucht oder in nutzungsgebundenes Vermögen investiert werden. Nunmehr reicht es demgegenüber aus, wenn die Mittel bis zum Ende des zweiten auf den Zufluss folgenden Kalender- oder Wirtschaftsjahr verwendet werden (§ 55 Abs. 1 Nr. 5 S. 3 AO). Dies sollte zu einer Verringerung des zeitlichen Handlungsdrucks führen.[220] Es wird prognostiziert, dass durch die Flexibilisierung die Planbarkeit der Mittelverwendung künftig positiv beeinflusst werden kann.[221]

83 Eine gesetzliche Ausnahme von der strikten Verwendungsregelung ergibt sich überdies aus der durch das Gesetz zur Stärkung des Ehrenamtes neu (zusammen-)gefassten Regelung zur Rücklagen- und Vermögensbildung in § 62 AO. Wie erörtert muss die gemeinnützige Stiftung nach der gesetzgeberischen Grundkonzeption ihre Mittel grundsätzlich zeitnah für ihre satzungsmäßigen steuerbegünstigten Zwecke verwenden, § 55 Abs. 1 Nr. 1 S. 1, Nr. 5 S. 1 AO. Die äußerst praxisrelevanten Ausnahmen waren früher in § 58 Nr. 6, Nr. 7, Nr. 11 und Nr. 12 AO geregelt. Sie wurden nun in dem Katalog des § 62 AO zusammengefasst. Dies sollte dazu führen, dass an einem Ort alle Vorschriften versammelt sind, die Ausnahmen vom Gebot der zeitnahen Mittelverwendung bedeuten: die zweckgebundene Rücklage, die freie Rücklage, die Ansparrücklage und die Beteiligungserhaltungsrücklage ebenso wie die – neu geschaffene – Wiederbeschaffungsrücklage.[222] Nicht enthalten sind allerdings die Betriebsmittelrücklage, die Rücklage im steuerpflichtigen wirtschaftlichen Geschäftsbetrieb sowie die Umschichtungsrücklage. Insofern ist § 62 AO nach richtiger Ansicht keine abschließende Aufzählung aller steuerlich anerkannten Rücklageformen.[223] Besonders erwähnenswert erscheint hierbei die freie Rücklage nach § 62 Abs. 1 Nr. 3 AO, wonach gemeinnützige Stiftungen ihre Mittel ganz oder teilweise der sog. freien Rücklage zuführen dürfen, wenn und soweit höchstens ein Drittel des Überschusses aus der Vermögensverwaltung und darüber hinaus höchstens 10 % der sonstigen nach § 55 Abs. 1 Nr. 5 AO zeitnah zu verwendenden Mittel betroffen sind. Neben dieser bereits zuvor bestehenden Option wurde nun jedoch die Möglichkeit geschaffen, die Bildung oder Erhöhung der freien Rücklage in den beiden folgenden Kalenderjahren nachzuholen, wenn der Höchstbetrag in einem einzelnen Jahr nicht ausgeschöpft wird (§ 62 Abs. 1 Nr. 3 S. 2 AO).

84 Früher war es schließlich einer gemeinnützigen Körperschaft verwehrt, zeitnah zu verwendende Mittel für die dauerhafte Vermögensausstattung einer anderen gemeinnützigen Körperschaft einzusetzen (sog. *Endowment*-Verbot). Diese – von der Literatur seit langem zu Recht kritisierte[224] – Regelung wurde nun dahingehend gelockert, dass gemeinnützige Körperschaften ihre Einnahmenüberschüsse aus der Vermögensverwaltung sowie ihren Gesamtgewinn aus sämtlichen Zweckbetrieben und sämtlichen steuerpflichtigen wirtschaftlichen Geschäftsbetrieben ganz oder teilweise, darüber hinaus höchstens 15 % ihrer sonstigen zeitnah zu verwendenden Mittel dazu verwenden dürfen, um eine andere gemeinnützige Körperschaft oder eine juristische Person des öffentlichen Rechts mit Vermögen auszustatten (§ 58 Nr. 3 S. 1 AO).[225] Stiftungen können damit unter den genannten

---

220 BT-Drucks. 17/11316, 18.
221 *Schütz/Runte*, DStR 2013, 1261, 1262.
222 Der Wiederbeschaffungsrücklage können Mittel für die beabsichtigte Wiederbeschaffung von Wirtschaftsgütern, die zur Verwirklichung der steuerbegünstigten, satzungsmäßigen Zwecke erforderlich sind, in Höhe der regulären AfA-Sätze zugeführt werden: *Zimmermann*, NJW 2013, 2557, 3562. Bei einer Zuführung über die reguläre AfA hinaus sind die Voraussetzungen entsprechend darzulegen: *Roth*, SteuK 2013, 136, 137.
223 *Schlüter/Stolte*, Kap. 9 Rn. 27. Nach § 62 Abs. 2 AO können Rücklagen bis zum Ablauf der Mittelverwendungsfrist (§ 55 Abs. 1 Nr. 5 S. 3 AO) gebildet werden, also im Jahr des Mittelzuflusses sowie in den darauffolgenden zwei Jahren.
224 Vgl. etwa *Hüttemann*, DB 2012, 2592, 2597.
225 Zu beachten ist hierbei, dass die aus den Vermögenserträgen zu verwirklichenden steuerbegünstigten Zwe-

Voraussetzungen selbst mit einem Teil ihrer zeitnah zu verwendenden Mittel »stiften«.[226] Dies soll z. B. die Einrichtung von Stiftungslehrstühlen fördern.[227] Die Literatur geht hierbei davon aus, dass die Vermögensausstattung speziell gemäß dieser Bestimmung nur dann in der Satzung der Geberkörperschaft als eigenständiger (Förder-)Zweck verankert sein müsse, wenn die übertragenen Mittel im Ergebnis mehr als die Hälfte der Mittel der Geberkörperschaft ausmachen.[228]

Bei der Formulierung der Grundsätze der Vermögensverwaltung ist – sofern es sich um eine gemeinnützige Stiftung handelt – unbedingt zu beachten, dass sich in der nunmehr zwingend in die Stiftungssatzung aufzunehmende **Mustersatzung** der Anlage I zu § 60 AO (auch) Bestimmungen zu der Vermögensverwaltung finden, die zwingend in die Stiftungssatzung zu übernehmen sind, um die Gemeinnützigkeit der Stiftung zu erreichen. 85

In diesem Komplex ist nunmehr zu beachten, dass der Gesetzgeber jüngst die Anerkennungsfähigkeit sogenannter Verbrauchsstiftungen perpetuiert hat. Eine solche kann sich insbesondere dann empfehlen, wenn das Stiftungsvermögen nicht so umfangreich ist, dass aus den jährlichen Erträgen (nach Abzug der Verwaltungskosten) die Stiftungszwecke sinnvoll verfolgt werden können.[229] Dies kann etwa bei kleineren Familienstiftungen aber auch bei kleineren gemeinnützigen Stiftungen der Fall sein.[230] Auf Vorschlag des Finanzausschusses des Deutschen Bundestages wurde im neuen § 80 Abs. 2 S. 2 BGB zunächst eine Legaldefinition der Verbrauchsstiftung eingeführt[231], wonach eine solche für eine bestimmte Zeit errichtet und deren Vermögen für die Zweckverfolgung verbraucht werden soll. Nach § 81 Abs. 1 S. 2 BGB muss das Stiftungsgeschäft in diesem Fall die verbindliche Erklärung des Stifters enthalten, ein Vermögen zur Erfüllung eines von ihm vorgegebenen Zweckes zu widmen, das auch zum Verbrauch bestimmt werden kann. Nach § 80 Abs. 2 S. 2 BGB erscheint bei einer derartigen Verbrauchsstiftung die dauernde Erfüllung des Stiftungszwecks gesichert, wenn die Stiftung für einen im Stiftungsgeschäft festgelegten Zeitraum bestehen soll, der mindestens zehn Jahre umfasst. Dies bedeutet nach h. M. umgekehrt: Eine Stiftung, deren Vermögen nur teilweise oder lediglich vorübergehend verbraucht werden darf, ist keine Verbrauchsstiftung i. S. d. § 80 Abs. 2 S. 2 BGB, wenn diese gerade nicht für eine nur bestimmte Zeit errichtet wird.[232] Vieles ist hier indes noch ungeklärt,[233] auch weil der Bundesgesetzgeber sich auf die (isolierte) Regelung zur 86

---

cke den steuerbegünstigten satzungsmäßigen Zwecken der zuwendenden Körperschaft entsprechen müssen (hierzu allerdings die Neufassung des Anwendungserlasses zu den §§ 51–68 AO, BMF-Schreiben vom 31.1.2014, BStBl I 2014, 290 (AEAO Nr. 3 zu § 58 Nr. 3), wonach nur einer der Zwecke der Geber- und Nehmerkörperschaft identisch sein muss) und die zugewandten Mittel und deren Erträge nicht für weitere Mittelweitergaben i. S. d. § 58 Nr. 3 S. 1 AO verwendet werden dürfen (§ 58 Nr. 3 S. 2, 3 AO). Durch letzteres Kriterium soll verhindert werden, dass Mittel »fortwährend weitergeleitet« werden (auch: »Kettenweitergaben« und »Vermögensausstattungskaskade« (*Schlüter/Stolte*, Kap. 9 Rn. 36)): BT-Drcks. 17/12123, 22. Schwierigkeiten werden dabei in der Praxis bei der Frage nach dem Ausmaß der Zweckidentität erwartet: *Schütz/Runte*, DStR 2013, 1261, 1263; *Schauhoff/Kirchhain*, FR 2013, 301, 304.
226 *Schütz/Runte*, DStR 2013, 1261, 1262.
227 BT-Drs. 17/12123, 22; vgl. auch *Hüttemann*, DB 2013, 774, 775; *Zimmermann*, NJW 2013, 3557, 3560.
228 *Schauhoff/Kirchhain*, FR 2013, 301, 304.
229 Anwaltshandbuch ErbR/*Feick*, § 38 Rn. 2.
230 *Tielmann*, NJW 2013, 2934.
231 BT-Drs. 17/12123, 12.
232 *Hoffmann-Steudner/Staas*, ZStV 2013, 19, 20. Zu der Frage, ob und gegebenenfalls unter welchen Voraussetzungen die nachträgliche Umwandlung einer auf Dauer errichteten Stiftung in eine Verbrauchsstiftung zulässig ist, vgl. *Zimmermann*, NJW 2013, 3557, 3558; zu den diesbezüglichen Besonderheiten bei einer Familienverbrauchsstiftung *Hannes/von Oertzen*, ZEV 2013, 669, 673; *Tielmann*, NJW 2013, 2934. Zur Umwandlung in eine Verbrauchsstiftung bei einer notleidenden Stiftung vgl. *Hüttemann/Rawert*, ZIP 2013, 2136; vgl. auch *Zimmermann/Arnsperger*, NJW 2015, 290, 292.
233 So ist etwa unklar, ob die Regelung auch für Teilverbrauch des Stiftungskapitals gilt oder ob eine Verbrauchsstiftung nur dann vorliegt, wenn nicht einmal mehr ein Sockelbetrag des Stiftungskapitals über einen Zeitraum von zehn Jahren hinaus erhalten werden soll: *Schütz/Runte*, DStR 2013, 1261, 1267. Andere werfen die Frage auf, ob es im Sinne des § 80 Abs. 2 Satz 2 BGB sei, wenn etwa von einem Ausstat-

Kapitel 13 Stiftungen

Verbrauchsstiftung beschränkt und gerade keine umfassende Regelung zu zeitlich befristeten Stiftungen getroffen hat.[234] Besondere Vorsicht sollte der Stifter bei Fragen des Wechsels von einer Verbrauchs- zu einer Dauerstiftung walten lassen.[235]

87 Um der Stiftungsaufsicht die Prognoseentscheidung der nachhaltigen Sicherung der Zweckerreichung unter Berücksichtigung des sukzessive zu verbrauchenden Vermögens zu ermöglichen, ist aus Sicht der Wahl des sichersten Weges in der Stiftungssatzung eine präzise Vorgabe hinsichtlich der Zeitstruktur des Verbrauchs vorzunehmen, sprich: Es sollte möglichst konkret der Umfang des Verbrauchs festgelegt werden, insbesondere, ob dieser linear (z. B. 7 % des bei Gründung vorhandenen Vermögens p. a.) oder degressiv (z. B. 9 % des zu Beginn eines jeweiligen Jahres noch vorhandenen Vermögens p. a.) erfolgen darf. Die vorgenommene Verteilung muss einen (zu) frühzeitigen Verbrauch ausschließen können, der dazu führt, dass die Stiftung mit dem Restvermögen keine (sinnvollen) Aktivitäten zur Erfüllung des Stiftungszweckes mehr entfalten kann.[236]

88 Soll eine Verbrauchsstiftung errichtet werden,[237] ist die Angabe einer genau definierten Existenzdauer von zehn Jahren nach h. M. zulässig, aber nicht zwingend erforderlich.[238] Ausreichend sollte vielmehr sein, wenn eine entsprechende Mindestdauer von 10 Jahren in der Satzung festgelegt wird. Es wird zudem vertreten, dass eine Festlegung i. S. d. Norm auch dann anzunehmen sei, wenn sich die Mindestdauer (nur) aus einer Prognose unter Beachtung sämtlicher Umstände des Einzelfalles ergibt, vor allem aus dem Zweck und der Art seiner Verfolgung.[239] Steuerlich ist zu beachten, dass in § 10b Abs. 1a EStG wie erläutert[240] gesetzlich klargestellt wurde, dass nur Spenden in das zu erhaltende Vermögen (Vermögensstock) einer Stiftung im Rahmen des privilegierten Spendenabzugs geltend gemacht werden können.[241] Zu dem zu erhaltenden Vermögen einer Stiftung zählen dabei insbesondere Vermögenswerte, die anlässlich der Errichtung der Stiftung zugewendet werden und die nicht

---

tungsvermögen von 100.000 € unmittelbar nach Erlangung der Rechtsfähigkeit 95.000 € für satzungsmäßige Zwecke ausgegeben werden, und für die restliche fast zehnjährige Lebenszeit der Stiftung nur noch ein Restvermögen von 5.000 € zur Verfügung steht – also ein Vermögen, mit dem die Stiftung nicht anerkannt worden wäre (vgl. auch Rdn. 38 ff.). Dies dürfte indes kaum mit der vorgenannten Intention des Gesetzgebers in Einklang zu bringen sein. Zu Recht verlangt daher eine Ansicht in der Literatur, dass in der Satzung die Angabe enthalten sein müsse, wie das Stiftungsvermögen über die Lebensdauer der Stiftung eingesetzt werde, insbesondere, ob der Vermögensverbrauch linear oder degressiv erfolge (*Zimmermann*, NJW 2013, 3557, 3558; *Hüttemann*, DB 2013, 774, 778; *Tielmann*, NJW 2013, 2394, 2395; *Rawert*, FAZ v. 17.7.2013, S. 19; ebenfalls kritisch zu solchen »Abschmelzungsprozessen« *Schlüter/Stolte*, Kap. 9 Rn. 10. Ebenfalls ungeklärt ist das (steuerrechtliche) Schicksal von Vermögensstockspenden in den Fällen, in denen Stiftungen (unabhängig davon, ob es sich um rechtsfähige oder nicht rechtsfähige Verbrauchsstiftungen handelt) einen teilweisen Verzehr ihres Vermögens zulassen, oder in denen die Satzung diesen Vermögensverzehr unter die Bedingungen eines späteren »Wiederauffüllens« innerhalb einer bestimmten Frist stellt (vgl. hierzu *Schlüter/Stolte*, a. a. O., Rn. 11). Der juristische Berater sollte hier – wie auch in den zahlreichen sonst denkbaren Fallgestaltungen – den engen Kontakt mit dem Steuerberater bzw. dem Finanzamt und der Anerkennungsbehörde suchen und die weitere Praxis kritisch beobachten.

234 Bamberger/Roth/*Backert*, § 80 Rn. 4, der zudem davon ausgeht, dass § 80 Abs. 2 S. 2 BGB als »echte Ausnahmevorschrift« weder einer erweiternden, noch einer analogen Anwendung zugänglich sei.
235 Vgl. die Ausführungen bei *Tielmann*, NJW 2013, 2934, 2936 ff.; *Hüttemann*, DB 2013, 774, 779 f.
236 *Tielmann*, NJW 2013, 2934, 2935 f.
237 Zu den Besonderheiten bei der Familienverbrauchsstiftung vgl. *Hannes/von Oertzen*, ZEV 2013, 669, 673.
238 *Tielmann*, NJW 2013, 2934, 2935 unter zutreffendem Hinweis auf die Stellungnahme des Bundesrates, BR-Drcks. 663/12, S. 19.
239 *Schauhoff/Kirchhain*, FR 2013, 301, 313: Dies gelte etwa, wenn die Mittel nach Versterben des Stifters verbraucht werden sollen und der Stifter nach der statistischen Lebenserwartung noch mindestens 10 Jahre leben werde; ähnlich *Tielmann*, NJW 2013, 2934, 2935: Die Errichtung auf Zeit könne sich auch aus der konkreten Zweckzielsetzung mit mittelfristigem Zeithorizont ergeben, was für den Fall der Familienstiftung bedeutete, dass die Stiftung befristet auf die Beendigung der Ausbildung des jüngsten Destinatärs oder das Ableben der Destinatäre einer Generation erfolgen könne; vgl. hierzu auch Rdn. 54 ff.
240 Vgl. Rdn. 27, 160.
241 Vgl. *Zimmermann*, NJW 2013, 3557, 3562.

zum Verbrauch bestimmt sind und Zuwendungen nach Errichtung der Stiftung mit der ausdrücklichen Bestimmung, dass die Zuwendung der Vermögensausstattung zugute kommen soll (Zustiftungen).[242] Da Verbrauchsstiftungen über einen solchen Vermögensstock nicht verfügen, können Spenden, die für das Vermögen einer Verbrauchsstiftung bestimmt sind, nur nach § 10b Abs. 1 EStG abgezogen werden.[243] Dies bedeutet, dass derartige Zuwendungen nur insgesamt bis zu 20 Prozent des Gesamtbetrags der Einkünfte oder 4 Promille der Summe der gesamten Umsätze und der im Kalenderjahr aufgewendeten Löhne und Gehälter als Sonderausgaben abgezogen werden können. Diese steuerrechtliche Benachteiligung dürfte dem befürchteten »dramatischen Anstieg« der Zahl von Verbrauchsstiftungen[244] entgegenstehen.

Gliedert sich das Vermögen einer Stiftung in einen Teil, der zu erhalten ist, und einen Teil, der verbraucht werden kann, dann gilt Folgendes: Die Spenden in den Teil des Vermögens, der zu erhalten ist und nicht für den Verbrauch bestimmt ist, sind nach § 10b Abs. 1a EStG abziehbar. Die Spenden in den Teil des Vermögens, der verbraucht werden kann, sind dagegen nach § 10b Abs. 1 EStG abziehbar. Der Spender muss daher gegenüber der Stiftung deutlich machen, für welchen Teil des Vermögens seine Zuwendung erfolgt. Enthält die Satzung der Stiftung eine Klausel, nach der das zu erhaltende Vermögen in Ausnahmefällen vorübergehend zur Verwirklichung der steuerbegünstigten Zwecke verwendet werden kann, aber der Betrag dem zu erhaltenden Vermögen unverzüglich wieder zugeführt werden muss, dürfte kein verbrauchbares Vermögen vorliegen. Das gilt auch dann, wenn die Stiftungsaufsicht den Verbrauch des Vermögens unter der Bedingung des unverzüglichen Wiederaufholens genehmigt. Sind in der Stiftungssatzung Gründe verankert, die eine Auflösung der Stiftung und den anschließenden Verbrauch des Vermögens für die steuerbegünstigten satzungsmäßigen Zwecke der Stiftung bestimmen, so liegt schließlich kein verbrauchbares Vermögen vor.[245] 89

4. Organe der Stiftung, insbesondere Beirat

Die Stiftung handelt »im täglichen Leben« wie jegliche juristische Person durch ihre (Stiftungs-)Organe. Es obliegt dem Stifter – beziehungsweise dem mit der Stiftungssatzung betrauten Notar –, durch eine dem Einzelfall angepasste Regelung für eine **funktionsfähige Organisation der Stiftung** zu sorgen.[246] 90

Zu Beginn sollte hier die **Entscheidung zwischen zwei »Grundmodellen«** getroffen werden, bevor bei deren Ausgestaltung im Einzelnen noch das entsprechende »Feintuning« vorgenommen wird. 91

Regelmäßig wird die Stiftung von **zwei Organen** geführt.[247] Hierbei handelt es sich zum einen um ein **Exekutivorgan** (einem aus einer oder mehreren Personen bestehenden Vorstand), das die Stiftung im Rechtsverkehr nach außen vertritt (§§ 26, 86 S. 1 BGB),[248] und zum anderen einem »**Legislativ-**« 92

---

242 BMF, Schrb. v. 15.9.2014 – IV C 4 – S 2223/07/0006:005, DOK 2014/0761691, Steuerbegünstigte Zwecke (§ 10b EStG); Gesetz zur Stärkung des Ehrenamtes (Ehrenamtsstärkungsgesetz) vom 21.3.2013, DStR 2014, 1970.
243 BMF, Schrb. v. 15.9.2014 – IV C 4 – S 2223/07/0006:005, DOK 2014/0761691, Steuerbegünstigte Zwecke (§ 10b EStG); Gesetz zur Stärkung des Ehrenamtes (Ehrenamtsstärkungsgesetz) vom 21.3.2013, DStR 2014, 1970.
244 Vgl. insbesondere die Stellungnahme des Bundesrates in dem Gesetzgebungsprozess: BT-Drcks. 663/12, S. 16 f.
245 BMF, Schrb. v. 15.9.2014 – IV C 4 – S 2223/07/0006:005, DOK 2014/0761691, Steuerbegünstigte Zwecke (§ 10b EStG); Gesetz zur Stärkung des Ehrenamtes (Ehrenamtsstärkungsgesetz) vom 21.3.2013, DStR 2014, 1970.
246 Begr.RegE., BT-Drucks. 14/8765, S. 10 f.
247 Zusätzlich können in der Satzung noch besondere Vertreter gemäß §§ 86, 30 BGB bestellt werden: Seifart/von Campenhausen/*Hof*, § 9 Rn. 50 ff. Hiervon wird in der Praxis jedoch kaum Gebrauch gemacht.
248 Das Stiftungsrecht kennt kein mit Publizitätswirkung ausgestattetes Register zur Feststellung von Vertretungsbefugnissen. Der Nachweis organschaftlicher Handlungsbefugnis wird daher überwiegend durch sog. Vertretungsbescheinigungen geführt. Diese werden von den nach Landesrecht zuständigen Stiftungsbehörden ausgestellt. Im Verhältnis zur vom Organ vertretenen Stiftung haben sie Wirkungen, die denen

bzw. **Kontrollorgan**[249] (dieses ähnelt in seiner Funktion vielfach dem Aufsichtsrat oder Beirat von sonstigen Gesellschaften und trägt dementsprechend Bezeichnungen wie Kuratorium, Aufsichtsrat, Beirat, Stiftungsrat oder Verwaltungsrat),[250] dessen Kompetenzen im Einzelnen auszugestalten sind.[251] Dem Kuratorium können Zustimmungs-, Mitwirkungs- und/oder Kontrollrechte zugestanden werden[252] und zusätzlich die Bestellung und Abberufung der Vorstandsmitglieder überantwortet werden.[253] Renommierte Mitglieder eines Stiftungsrats können darüber hinaus Repräsentationsaufgaben übernehmen.[254] Die Satzung sollte in jedem Fall die Bestellung der Mitglieder des Kontrollorgans regeln. In Betracht kommen die Selbstergänzung (Kooptation),[255] die Einräumung eines Benennungsrechts Dritter wie Behörden oder sonstiger Institutionen oder die Bestellung des jeweiligen Inhabers eines stiftungsexternen Amts (wie den Präsidenten oder Kanzler einer Universität oder Oberbürgermeister).[256]

93 Insbesondere bei kleineren geringkapitalisierten Stiftungen kann jedoch auch eine **eingliedrige Stiftungsorganisation** gewählt werden, in dem die Verwaltung der Stiftung lediglich durch den (zwingend erforderlichen) Stiftungsvorstand erfolgt, ohne dass dieser von einem weiteren Organ überwacht würde.[257]

94 Regelmäßig werden die **besseren Argumente** jedoch **für eine zweigliedrige Organisation** sprechen. Es ist insofern zu berücksichtigen, dass die Stiftung eine vom Stifter losgelöste Rechtsperson darstellt und ohne ein eigenständiges Kontrollorgan keine ordnungsgemäße Überwachung des Vorstandes gewährleistet werden kann. Hierbei sich allein auf die staatliche Aufsicht zu verlassen, ist risikovoll, da diese zu einer umfassenden und eingehenden Kontrolle oftmals nicht in der Lage ist und sich insbesondere bei privatnützigen Stiftungen zudem weitgehend aus der Aufsicht zurückzieht.[258] Häufig wird eine staatliche »Einmischung« überdies als störend empfunden; hier können Regelungen in einigen landesrechtlichen Stiftungsgesetzen helfen, wonach die hoheitliche Überwachung verringert wird, wenn die Stiftung selbst ein funktionsfähiges eigenes Kontrollorgan besitzt und/oder eine Prüfung durch bestimmte externe Organe – Wirtschaftsprüfer, vereidigter Buchprüfer etc. – erfolgt.[259] Auch dies kann also – sofern vom Stifter gewünscht – für die zweigliedrige Stiftungsorganisation sprechen. Im Ergebnis gilt jedoch wie so oft: der Einzelfall entscheidet. Die Stiftungsorganisation muss die Gewähr einer dauerhaften und nachhaltigen Erfüllung des ganz konkreten Stiftungszwecks

---

einer Vollmachtsurkunde (§§ 172 ff. BGB) ähneln. Zum Ganzen eingehend *Rawert*, FS Kreutz, 2009, S. 787. Zu der Problematik der Erkennbarkeit etwaiger Beschränkungen der Vertretungsmacht für Geschäftspartner vgl. *Zimmermann*, NJW 2011, 2931, 2934.
249 Zur Haftung des Kontrollorgans vgl. *Küntzel* DB 2004, 2303; *Passarge*, NZG 2008, 605; *Schwintek*, 350.
250 AnwKomm-BGB/*Schiffer*, § 81 Rn. 29.
251 Als Stiftungsgremien wurden bei einer Umfrage des Bundesverbandes Deutscher Stiftungen in 1.440 Fällen der Beirat, in 3.161 Fällen der Stiftungsrat, in 3.497 Fällen das Kuratorium, in 101 Fällen der Aufsichtsrat und in 204 Fällen andere Organe genannt (n = 15.486, Mehrfachnennungen waren möglich; Zahl entnommen aus Bundesverband Deutscher Stiftungen (Hrsg.), »Zahlen, Daten, Fakten zum deutschen Stiftungswesen«, Berlin 2014). Die Untersuchung ergab zudem, dass im Median dem Aufsichtsgremium 5–6 Personen angehören.
252 Etwa die vorherige Zustimmung zu wesentlichen Geschäften, die Überwachung der Geschäftsführung, die Beschlussfassung über den Haushaltsplan oder von sonstigen Wirtschaftsplänen oder die Überprüfung der Mittelverwendung: vgl. *Turner*, DB 1995, 413, 415; *ders.*, ZEV 1995, 207, 209.
253 *Wachter*, S. 42.
254 *Rawert*, FS Werner, S. 119 weist zu recht darauf hin, dass auch juristische Personen Mitglieder des Beirates/des Vorstandes sein können.
255 Vgl. *Werner*, Stiftung und Sponsoring 2000, Heft 2, 19 ff.
256 *Wachter*, S. 43.
257 In diesem Fall entfällt selbstverständlich die sonst erforderliche Aufgabenabgrenzung zwischen Vorstand und Beirat; es besteht eine Allzuständigkeit des Vorstandes.
258 *Hennerkes/Schiffer/Fuchs*, BB 1995, 209, 211 f.
259 Vgl. § 8 Abs. 2 BWStiftG; § 7 Abs. 1 StiftG NW: Absehen einer eigenen Prüfung der Stiftungsaufsicht unter bestimmten Bedingungen.

bieten. Die Stiftungsorganisation darf daher im Verhältnis zu dem Stiftungszweck und dem Stiftungsvermögen weder über-[260] noch eindeutig unterdimensioniert[261] sein.

Sofern diese »Grundentscheidung« für eine der Alternativen getroffen wurde, sind **Festlegungen in Bezug auf die Ausgestaltung der Organe im Einzelnen zu treffen.** Ähnlich wie bei Gesellschaftsverträgen können in der Stiftungssatzung Regelungen aufgenommen über Anzahl,[262] Berufung,[263] Amtsdauer[264] und Abberufung der Organmitglieder/Beendigung der Organmitgliedschaft[265] und deren Vergütung,[266] Vertretungsberechtigungen und Aufgaben,[267] wobei hier besonders auf eine trennscharfe Kompetenzverteilung zwischen den einzelnen Organen geachtet werden sollte.[268] Bestimmten Personen kann überdies in der Satzung ein »ewiger« Anspruch auf ein Vorstands-/Kuratoriumsamt eingeräumt werden.[269] 95

Hinsichtlich der Tätigkeitsvergütung der Vorstandsmitglieder ist zu beachten, dass die Zahlung – im Unterschied zu Vereinen – von der herrschenden Meinung auch dann als gemeinnützigkeitsunschädlich angesehen wurde, wenn keine entsprechende ausdrückliche Satzungsermächtigung besteht.[270] Folglich zeitigte der durch das Gesetz zur Stärkung des Ehrenamtes neu gefasste § 27 Abs. 3 S. 2 BGB für Stiftungen eine konstitutive Wirkung.[271] Dementsprechend erfordert eine Vergütung von Organmitgliedern – auch wenn sie sich im Rahmen der Ehrenamtspauschale von nunmehr 720 EUR bewegt – eine entsprechende vertragliche Grundlage und zwingend auch eine entsprechende Bestimmung in der Satzung. Ist dieser Satzungsvorbehalt nicht enthalten, darf dem Stiftungsvorstand keine Vergütung gewährt werden. Um eine entsprechende Satzungsänderung zu ermöglichen, wurde den Stiftungen eine Übergangsfrist gewährt, konkret mussten die Zahlung von Tätigkeitsvergütungen an Organmitglieder erst mit Wirkung zum 1.1.2015 in der Satzung abgebildet werden. Erforder- 96

---

260 Beispiel: Eine gering dotierte Stiftung verfügt über eine derart umfangreiche Organisation, dass ihre Erträge weitgehend durch Aufwendungsersatzansprüche der Organmitglieder aufgezehrt werden.
261 Beispiel: eine Stiftung mit einem Vermögen im dreistelligen Millionenbereich und einer arbeitsintensiven Zwecksetzung verfügt lediglich über einen ehrenamtlichen Alleinvorstand (vgl. zum Ganzen: *Burgard*, NZG 2002, 687, 699).
262 Zu empfehlen ist die Errichtung eines Vorstandes mit ungerader Mitgliederzahl, um eine kontinuierliche Stiftungstätigkeit zu gewährleisten und um handhabbare Abstimmungsergebnisse zu erlangen: Beck'sches Formularhandbuch Erbrecht/*Mutter*, H. II. 1, Anmerkung 17.
263 Nach den Landesgesetzen kann die Bestellung im Konfliktfall zudem durch die zuständige Behörde oder in dringenden Fällen als Notvorstand durch das Amtsgericht erfolgen (§§ 86, 29 BGB): vgl. *Langenfeld*, ZEV 2002, 483 und OLG Hamm NZG 2014, 271.
264 Zum Teil wird empfohlen, eine Altersbegrenzung aufzunehmen, um die Stiftung gegen Überalterung zu schützen.
265 Fallen Mitglieder des Vorstandes z. B. durch Tod, Geschäftsunfähigkeit, Amtsniederlegung, Amtsablauf oder im Falle des Stimmrechtsausschlusses nach § 34 BGB aus, so ist nach §§ 86 Abs. 1, 29 BGB durch das zuständige Amtsgericht, in dessen Bezirk die Stiftung ihren Sitz hat, ein Vorstandsmitglied zu bestellen, bis der Mangel behoben ist. Einen entsprechenden Antrag können alle Personen stellen, die glaubhaft machen, dass sie ein Interesse an der Notbestellung haben. Dies sind insbesondere Destinatäre, Gläubiger oder die Stiftungsaufsicht.
266 Die dem Stiftungsvorstand etwa versprochene Vergütung muss in einem angemessenen Verhältnis zum Stiftungsvermögen oder den Ausschüttungen stehen: OLG Nürnberg StiftRspr. III 98, 99.
267 Soweit die Rechnungslegung als ausdrückliche Aufgabe dem Vorstand zugeordnet wird, ist zu beachten, dass der von den Stiftungsgesetzen in diesem Zusammenhang verwendete Begriff der »Jahres(ab)rechnung« nicht identisch ist mit dem Jahresabschluss im Sinne des § 242 Abs. 3 HGB. Es steht einer Stiftung aber grundsätzlich frei, als Form der »Jahres(ab)rechnung« den kaufmännischen Abschluss zu wählen. Dieser entspricht nach einhelliger Ansicht in jedem Fall den Anforderungen sämtlicher Landesgesetze (Hoffmann-Becking/Rawert/*Rawert*, Stiftungen, 26., Anmerkung 21).
268 So zu Recht *Otto*, S. 49.
269 KG WM 1968, 856, 857 f.; KG StiftRspr. II 68; BGH MDR 1976, 1001.
270 *Hüttemann*, DB 2009, 1205, 1209; *Schauhoff/Kirchhain*, FR 2013, 301, 312 m. w. N.
271 Vgl. *Schlüter/Stolte*, Kap. 9, Rn. 13 ff.

lich war jedenfalls eine entsprechende Beschlussfassung durch die zuständigen Organe bis zum 31.12.2014.

97 Im Rahmen der Festlegung der Befugnisse des Vorstandes innerhalb der Satzung ist besonders zu beachten, dass die **Vertretungsmacht des Vorstandes** von vornherein begrenzt ist durch die Eigenart des Satzungszweckes und die Vornahme solcher Rechtsgeschäfte nicht umfasst, die erkennbar außerhalb des vom Stiftungszweck gezogenen Rahmens liegen.[272] Die Vertretungsmacht des Vorstandes kann überdies durch die Satzung mit Wirkung gegenüber Dritten beschränkt werden (§§ 26 Abs. 1 S. 2, 86 S. 1 BGB). Die Regelung muss jedoch die Beschränkung der Vertretungsmacht sowie deren Umfang eindeutig erkennen lassen.[273]

98 Bis zum 3. Oktober 2009 war es zudem ratsam, für den (regelmäßig vorliegenden) Fall, dass die Mitglieder des/r Stiftungsorgane ehrenamtlich tätig werden, für diese eine Bestimmung in die Stiftungssatzung aufzunehmen, nach der sie nur für Vorsatz und grobe Fahrlässigkeit haften.[274] Dies ist nun nicht mehr erforderlich. Das **Gesetz zur Begrenzung der Haftung von ehrenamtlich tätigen Vereinsmitgliedern** vom 28. September 2009[275] hat eine entsprechende gesetzliche Haftungsbeschränkung in § 31a BGB eingeführt, auf die § 86 BGB im Hinblick auf die Stiftung verweist.[276] Durch das Gesetz zur Stärkung des Ehrenamtes wurde diese Haftungsprivilegierung nun ausgeweitet auf besondere Vertreter der Stiftung. Die Verdienstgrenze, bis zu deren Erreichung eine Tätigkeit als ehrenamtlich gilt i. S. d. Norm anzusehen ist, wurde zudem von 500 EUR auf 720 EUR pro Jahr angehoben.[277] Schließlich wird demjenigen die Beweislast für grob fahrlässiges oder gar vorsätzliches Verhalten des fraglichen Haftungsschuldners auferlegt, der einen Schadenersatzanspruch geltend macht (§ 31a Abs. 1 S. 3 BGB).

99 In die Satzung können auch konkrete **Regelungen zu den Sitzungen der Stiftungsorgane** – etwa über die Ladung der Mitglieder zu Sitzungen, das Entscheidungsverfahren und die Protokollierung von Beschlüssen – aufgenommen werden. Alternativ können diese Fragen zur Vermeidung einer Überlastung der Stiftungssatzung jedoch auch in der **Geschäftsordnung** des jeweiligen Organs geregelt werden. Gleiches gilt etwa für die zum Entscheidungsverfahren notwendigen Bestimmungen zur Beschlussfähigkeit, die Abstimmungsmodalitäten, das Verfahren bei Anträgen in eigener Sache und der Möglichkeit einer Abstimmung im schriftlichen/elektronischen Verfahren. Hierbei ist jedoch Folgendes zu beachten: Enthält die Stiftungssatzung keine Grundlage für die Verabschiedung einer Geschäftsordnung, kann das jeweilige Organ lediglich Regelungen treffen, die der Durchführung oder Erläuterung von in der Satzung selbst getroffenen Grundentscheidungen dienen. Ist in der Satzung – was zu empfehlen ist – demgegenüber eine ausdrückliche Grundlage für den Erlass einer Geschäftsordnung enthalten, erlangt diese Verfassungsqualität, wenn die Rechtsgrundlage nach Inhalt, Zweck und Ausmaß eindeutig bestimmt ist.[278] An dieser Stelle ist dementsprechend der Notar gefragt; er wird idealerweise – unter Beachtung der landesrechtlichen Besonderheiten – eine Satzung konzipieren, die (auch) an dieser Stelle einen **Kompromiss** findet zwischen dem **Erfordernis einer in sich verständlichen, praxisgerechten und damit knappen Satzungsfassung einerseits und einer angemessenen Regelungsdichte andererseits.**

---

272 BGH LM Nr. 1 zu § 85 BGB.
273 BGH DB 1980, 2027.
274 Zu den Sorgfaltsanforderungen, die die Rechtsprechung an den Vorstand einer Stiftung stellt, vgl instruktiv BGH NZG 2015, 38 und OLG Oldenburg NZG 2014, 1272 (Vorinstanz).
275 BGBl. I 2009, S. 3161.
276 Zu der internen Haftungsverantwortung der einzelnen Stiftungsorgane vgl. BGH NZG 2015, 38: »Wird der Vorstand einer Stiftung von der Stiftung wegen einer Pflichtverletzung auf Schadensersatz in Anspruch genommen, so kann dieser der Stiftung gegenüber nicht einwenden, dass für den von ihm herbeigeführten Schaden ein anderes Stiftungsorgan (hier: Stiftungsrat) mitverantwortlich ist.«; vgl. auch OLG Köln v. 13.8.2013 – 9 U 253/12 (n. v.).
277 Vgl. die Parallele zu § 3 Nr. 26a EStG.
278 Hoffmann-Becking/Rawert/*Rawert*, 26. Anm. 23.

Sofern der Stifter eine **zweigliedrige Organisationsstruktur** gewählt hat, muss er, wie erläutert, überdies die **Kompetenzen des Kuratoriums von denjenigen des Vorstandes abgrenzen**. Die Vielzahl der an dieser Stelle denkbaren Möglichkeiten kann hier nicht abschließend dargestellt werden (so kann etwa daran gedacht werden, eine obligatorische Zustimmung des Kuratoriums bei Geschäften ab einem bestimmten finanziellen Umfang vorzusehen; andererseits kann die Zuständigkeit jedoch auch ohne weiteres nach Tätigkeitsbereichen abgegrenzt werden). In Bezug auf das **Selbstkontrahierungsverbot des § 181 BGB** ist zu berücksichtigen, dass eine diesbezügliche einzelfallabhängige Befreiung aller Mitglieder des Vorstandes (oder nur einzelner Mitglieder) zwar sinnvoll, wenn nicht gar dringend erforderlich sein kann, eine allgemeine Befreiung jedoch die Gefahr des Missbrauchs birgt und der Stiftung wirtschaftliche Nachteile bringen kann.[279] In der Praxis empfiehlt es sich folglich, die (konkrete) Erteilung der Befreiung von den Beschränkungen des § 181 BGB dem Kontrollorgan (sofern vorhanden) zu übertragen.[280]

100

5. Destinatäre

Schließlich sollte die Stiftungssatzung auch hinreichend konkrete Angaben über die Destinatäre enthalten, denen die Erträge zugute kommen sollen.[281] Deren **Rechtsstellung** richtet sich in erster Linie **nach dem Willen des Stifters**.[282] Wegen der offensichtlichen Streitanfälligkeit sollte hierzu eine klare satzungsmäßige Regelung getroffen werden. Insbesondere sollte bestimmt werden, ob dem Begünstigten ein **klagbarer Anspruch auf Zuteilung von Stiftungsleistungen** zukommen soll.[283] Solches kommt von vorneherein nur dann in Betracht, wenn der Kreis der Berechtigten objektiv bestimmt und den Stiftungsorganen keine Möglichkeit der Auswahl eingeräumt ist.[284] Liegen diese Voraussetzungen vor, steht es dem Stifter frei, dem Destinatär in der Satzung einen derartigen klagbaren Anspruch zuzusprechen.[285] Durch eine solche Regelung kann eine mittelbare Überprüfung der Zuteilung der Stiftungserträge entsprechend dem Stifterwillen erreicht werden. Wegen der offensichtlichen Streitanfälligkeit will die Einräumung eines solchen Anspruchs dennoch wohlüberlegt sein. Dies gilt insbesondere vor dem Hintergrund, dass eine sachgerechte Überwachung des Vorstandes wie gesehen auch durch die Einberufung eines sonstigen Kontrollorgans (Kuratorium) erfolgen kann.[286] Aber auch wegen der **Nichtanerkennung der Steuerbegünstigung wegen fehlender Förderung der Allgemeinheit und der drohenden Einkommensteuerpflicht** bei den Destinatä-

101

---

279 Seifart/von Campenhausen/*Hof*, § 9 Rn. 193. Teilweise enthalten die Landesgesetze Anzeigepflichten für Rechtsgeschäfte der Stiftung mit Mitgliedern von Stiftungsorganen, um Missbrauchsgefahren vorzubeugen, vgl. § 13 Abs. 1 Nr. 4 BWStiftG.

280 Anwaltshandbuch ErbR/*Feick*, § 38 Rn. 58; Das Landesrecht kann aber zusätzliche Einschränkungen vorsehen, vgl. etwa Art. 22 BayStiftG. Hat die Stiftung nur den Vorstand als einziges Organ, muss gegebenenfalls für Rechtsgeschäfte, die § 181 BGB unterfallen, ein Notvertreter gemäß § 86 i. V. m. § 29 BGB bestellt werden.

281 Nach einer Entscheidung des BGH ist der Vertrag zwischen Stiftung und Destinatär über Stiftungsleistungen nicht als Schenkung anzusehen. Die Zuwendung an die Destinatäre diene der Erfüllung des Stiftungszwecks, unabhängig davon, ob ein Anspruch auf die Stiftungsleistungen durch die Satzung selbst oder erst durch ein Stiftungsorgan begründet werde. Als Konsequenz hieraus findet für den »Zuwendungsvertrag« zwischen Stiftung und Destinatär die Formvorschrift des § 518 Abs. 1 S. 1 BGB keine Anwendung. Ob im Hinblick auf die § 81 Abs. 1 S. 1 BGB 1 BGB zumindest die Schriftform zu wahren ist, ließ der *BGH* ausdrücklich offen: BGH NJW 2010, 234, zT kritisch *Muscheler*, NJW 2010, 341, 343; vgl. nun auch KG Berlin ZStV 2013, 107: »Der Zuwendungsvertrag zwischen der Stiftung und dem Destinatär ist keine Schenkung. Rechtsgrund der Zuwendung ist vielmehr der Stiftungszweck selbst. Ansprüche des Destinatärs sind demnach als in der Satzung selbst begründete Ansprüche sui generis anzusehen.«

282 RGZ 100, 230, 234 f.

283 Dies ist nach nunmehr ganz h. M. ohne Weiteres möglich; vgl. BGH NZG 2009, 1433; BGH NJW 1957, 708; BGHZ 99, 344; OLG Hamm MDR 1992, 949; OLG Hamburg ZIP 1994, 1950; Staudinger/*Hüttemann/Rawert*, § 85 Rn. 11; *Burgard*, 460; *Muscheler*, WM 2003, 2213, 2214.

284 BGH NJW 1957, 708.

285 OLG Hamm MDR 1992, 949.

286 Vgl. Rdn. 92 ff.

ren[287] ist bei der Frage der Einräumung eines klagbaren Anspruchs auf Zuwendung besondere Vorsicht geboten.[288] Entscheidet sich der Stifter, was entsprechend den vorgenannten Argumenten regelmäßig der Fall sein sollte, gegen die Anerkennung eines Rechtsanspruchs auf Stiftungsleistung, sollte dies in der Satzung zum Ausdruck kommen.[289]

102 Nach h. M. kann die Satzung den Destinatären zudem auch ausnahmsweise **Verwaltungs-, Mitwirkungs- und Kontrollrechte** einräumen, wovon jedoch aus guten Gründen nur selten Gebrauch gemacht wird.[290] Viele Köche verderben auch hier wie so oft den (Stiftungs-)Brei.

6. Satzungsänderung

103 Die Problematik der **Satzungsänderung** begegnet dem Notar im Rahmen der hier interessierenden Stiftungserrichtung von Todes wegen in **zweifacher Ausprägung**:

104 Zum einen ist zu regeln, wie **im Vorfeld einer Anerkennung** der Stiftung auf die etwaige Notwendigkeit zu reagieren ist, die in der letztwilligen Verfügung niedergelegte Satzung zu ändern (etwa um die Stiftung selbst anerkennungsfähig zu machen oder um eine Gemeinnützigkeit im Sinne des Steuerrechts zu erreichen). Diese Problematik stellt sich natürlich in besonderem Maße im Falle der Stiftungserrichtung von Todes wegen, da der Stifter denknotwendig nicht mehr an der Satzungsänderung mitwirken kann. Hier kann der Notar insbesondere durch entsprechende **Formulierung der Kompetenzen des** die Anerkennung der Stiftung betreibenden **Testamentsvollstreckers** Vorsorge treffen.[291] So kann diesem die Befugnis eingeräumt werden, die Satzung innerhalb der gesetzlichen Grenzen entsprechend den Anforderungen der Anerkennungsbehörde oder der Finanzverwaltung anzupassen.[292] Die Aufnahme einer solchen Bestimmung ist – nicht zuletzt zur Haftungsvermeidung des Notars – dringend zu empfehlen, um angemessen auf Unwägbarkeiten nach dem Ableben des Stifters reagieren zu können.

105 Zum anderen sollten jedoch auch für den Fall, dass bei einer **bereits errichteten Stiftung aufgrund veränderter rechtlicher oder tatsächlicher Umstände** eine **Satzungsänderung notwendig** wird, Regelungen getroffen werden. Die Zulässigkeit derartiger Satzungsänderungen sollte hierbei ebenso wie die hieran geknüpften Voraussetzungen bereits in der Satzung selbst festgeschrieben werden.[293] Die häufig geäußerte Sorge des Stifters, mithilfe einer ausdrücklichen Kompetenz zur Änderung der Satzung könne die Stiftung grundlegend geändert werden, ist demgegenüber jedoch regelmäßig unbegründet. So gilt es an dieser Stelle einschränkend zu beachten, dass der Stiftungszweck ohnehin nicht ohne weiteres gegen den erklärten Willen des Stifters geändert werden kann.[294] Jede Zweckänderung bedarf zudem der Genehmigung durch die Aufsichtsbehörde.

7. Auflösung

106 Auch wenn dies dem potentiellen Stifter in der Praxis regelmäßig schwer zu vermitteln sein wird, ist auch bereits vor der Errichtung der Satzung an deren **spätere Auflösung** zu denken. Die Stiftung ist demnach aufzulösen, wenn entweder der Stiftungszweck erfüllt oder sein Erreichen unmöglich wird, ein in der Satzung als Beendigungsgrund vorgesehenes Ereignis eintritt oder das Insolvenzverfahren

---

287 Vgl. § 22 Nr. 1 S. 2 EStG.
288 Vgl. auch *Zimmermann*, NJW 2011, 2931, 2934.
289 *Wachter*, S. 47.
290 Reimann/Bengel/*Limmer*, A 301; *Langenfeld*, ZEV 2002, 483.
291 Vgl. Rdn. 121 ff.
292 Stiftungszweck und Vermögensausstattung kann hingegen nur der Stifter selbst bestimmen; dies kann der Testamentsvollstrecker nicht verändern oder ergänzen.
293 Vgl. BGH WM 1976, 869, 872; BGH MDR 1976, 1001. Der Stifter kann ihn diesem Zusammenhang jedoch auch eine Art. 79 Abs. 3 GG vergleichbare »Ewigkeitsgarantie« einzelner Satzungsbestandteile normieren.
294 KG WM 1968, 856, 859.

über das Stiftungsvermögen eröffnet wird (§§ 42, 86 BGB).[295] Die Stiftung kann zudem durch staatlichen Hoheitsakt aufgehoben werden, wenn der Stiftungszweck unerreichbar wird oder die Stiftung das Gemeinwohl gefährdet (§ 87 Abs. 1 BGB). Der Beschluss über die Auflösung obliegt, sofern die Satzung keine andere Regelung vorsieht, dem Stiftungsvorstand und bedarf der Genehmigung durch die Aufsichtsbehörde. Das nach der zwingend vorgesehenen Liquidation verbleibende Vermögen steht in einem solchen Fall dem in der Satzung benannten Berechtigten zu (§§ 88, 47 ff. BGB). Ist kein Berechtigter vorhanden, fällt das Stiftungsvermögen im Wege der Gesamtrechtsnachfolge ohne Liquidation an den Fiskus des Bundeslandes, in dem die Stiftung ihren Sitz hat und ist von diesem entsprechend dem Stiftungszweck zu verwenden (§§ 88 S. 2, 46 BGB).

Die **(gemeinnützige) Stiftung muss** in jedem Fall eine **Regelung für den Fall des Erlöschens der Stiftung bzw. des Wegfalls des gemeinnützigen Zwecks und den in diesem Fall Begünstigten (Anfallberechtigten) enthalten**, da § 61 AO verlangt, dass eine dauernde Bindung an steuerbegünstigte Zwecke über das Erlöschen hinaus gesichert sein muss. Wie erläutert,[296] ist an dieser Stelle darauf hinzuweisen, dass die Anforderungen der **Mustersatzung** der Anlage I zu § 60 AO zwingend in die Stiftungssatzung zu übernehmen sind, um die Gemeinnützigkeit der Stiftung zu erreichen. Die Mustersatzung **enthält auch zu der Frage der Auflösung der Stiftung konkrete Formulierungsanweisungen**, die es zu übernehmen gilt. Innerhalb dieses »starren« gesetzgeberisch vorgegebenen Rahmens sollte dann mit dem Stifter erörtert werden, welches Schicksal das Stiftungsvermögen nach Erlöschen der Stiftung nehmen soll. Regelmäßig bietet sich hier an, dieses einer juristischen Person (etwa einer größeren gemeinnützigen Stiftung) zuzuwenden, die dieses dem Stifterwillen entsprechend zur Verwirklichung des Stiftungszwecks zu verwenden hat.

107

8. Besonderheiten bei der unselbstständigen Stiftung

Durch die hier interessierende letztwillige Verfügung kann auch eine unselbstständige Stiftung errichtet werden. Das Stiftungsgeschäft von Todes wegen erfolgt hier regelmäßig durch **Erbeinsetzung des Stiftungsträgers oder Vermächtnisaussetzung**[297] **zu seinen Gunsten** verbunden mit der **Auflage**, das Vermögen nach den Vorstellungen des Stifters zu verwalten und zu nutzen.[298] Zur Sicherung der Vollziehung der Auflage des Stiftungsgeschäft (vgl. § 1940 BGB) kann sich die Einsetzung eines **Testamentsvollstreckers** empfehlen.[299] Zur Sicherung der Erfüllung der mit der unselbstständigen Stiftung verfolgten Zwecke empfiehlt sich zudem die Auflage an den Treuhänder, sein Vermögen von dem Stiftungsvermögen getrennt zu verwalten.

108

Die **Verfassung der unselbstständigen Stiftung** sollte hier ebenfalls in der letztwilligen Verfügung **niedergelegt** werden,[300] nicht zuletzt, um – sofern gewünscht – die steuerliche Anerkennung als gemeinnützig zu erreichen.[301] In der Praxis enthält die Satzung üblicherweise ähnliche Bestimmungen wie die einer rechtsfähigen Stiftung, so dass z. B. auf die Ausführungen zu Name, Sitz und **Zweck der (unselbstständigen) Stiftung** verwiesen werden kann. Dem letzteren Punkt sollte hier jedoch besondere Aufmerksamkeit zugedacht werden, da sich der Stiftungsträger allein hieran zu orientieren

109

---

295 *Wochner*, MittRhNotK 1994, 89, 104.
296 Vgl. Rdn. 4, 52, 85, 162 ff.
297 Hinsichtlich der erbrechtlichen Aspekte der unselbstständigen Stiftung ist überdies zu beachten, dass, soll die Zuwendung durch Vermächtnis erfolgen, diese der zeitlichen Beschränkung der §§ 2162 f. BGB unterliegen, die ewige Vermögensbindungen verhindern sollen (Palandt/*Weidlich*, § 2162 Rn. 1). Wegen dieser zeitlichen Begrenzung und des eingeschränkten Kreises der Destinatäre ist die Begünstigung durch Vermächtnis für die Errichtung einer unselbstständigen Stiftung kaum geeignet.
298 Münchner Komm/*Reuter*, vor § 80 BGB, Rn. 93; Staudinger/*Hüttemann/Rawert*, vor § 80 BGB, Rn. 166; *Wochner*, ZEV 1999, 125, 129.
299 *Augsten/Wolf*, ZErb 2006, 155, 158. Der Gefahr der Untätigkeit des Treuhänders oder der zweckwidrigen Verwendung des Stiftungsvermögens durch den Treuhänder kann im Übrigen auch durch die Anordnung bedingter Nacherbfolge bzw. eines bedingten Nachvermächtnisses (§ 2191 BGB) begegnet werden.
300 *Wochner*, ZEV 1999, 125, 130.
301 *Augsten/Wolf*, ZErb 2006, 155, 159.

hat.[302] Zu beachten ist weiterhin, dass, wie erläutert, die unselbstständige Stiftung im Rechtsverkehr mangels eigener Rechtspersönlichkeit durch den Stiftungsträger vertreten wird.[303] Für die Verwirklichung des Stiftungszwecks kommt der **Auswahl des Stiftungsträgers** damit eine überragende Bedeutung zu. Wegen der »Unsterblichkeit« der juristischen Personen (insbesondere des öffentlichen Rechts) eignen sich diese hierfür grundsätzlich besser als natürliche Personen. In der Regel werden als Stiftungsträger daher bereits bestehende selbstständige Stiftungen, Gesellschaften, Vereine, aber auch Universitäten oder Gemeinden gewählt. Der Stifter sollte insbesondere dafür Sorge tragen, dass der Stiftungsträger über eine Organisation verfügt, deren Kontrollmechanismen (insbesondere Aufsichtsorgane wie z. B. ein Beirat) die Verwendung der treuhänderisch übertragenen Mittel für den gewählten Stiftungszweck sicherstellen. Verfügt der Stiftungsträger über keine ausreichenden Kontrollmechanismen – oder möchte der Stifter eine »doppelte Prüfung« erreichen –, sollte der Notar auf die Möglichkeit einer **zweigliedrigen Organstruktur der Stiftung** hinweisen. Ohne eine solche kann der Stiftungsträger (spätestens nach dem Ende der ggf. angeordneten Testamentsvollstreckung) sonst weitgehend unkontrolliert schalten und walten (außer, den Destinatären wird ein eigener Anspruch auf Stiftungsleistung zuerkannt, was indes wiederum die vorerwähnten Nachteile mit sich bringt).[304] Einem unabhängigen und sachverständigen Aufsichtsorgan (z. B. Beirat, Kuratorium) können demgegenüber Informations- und Einsichtsrechte zugewiesen werden, um den Träger der Stiftung beraten und die laufende Verwaltung überwachen zu können.[305]

110 Es ist selbstverständlich, dass der Stifter den **Stiftungsträger** nicht mit seiner Verfügung von Todes wegen überraschen sollte, sondern sich vielmehr mit diesem – wie auch dem potentiellen Testamentsvollstrecker[306] – **absprechen** sollte, ob, bzw. unter welchen Bedingungen er mit der Übernahme dieser verantwortungsvollen Aufgabe einverstanden ist. Regelmäßig ist es sinnvoll, den Inhalt der konkreten Stiftungssatzung mit dem Stiftungsträger abzustimmen.

9. Formulierungsvorschläge verschiedener Stiftungssatzungen

111 **Vorbemerkung:** Wie erläutert,[307] sind seit der Geltung des Jahressteuergesetzes 2009 die Anforderungen der Mustersatzung der Anlage I zu § 60 AO zwingend in die Stiftungssatzung zu übernehmen um die Gemeinnützigkeit der Stiftung zu erreichen. Die hiernach zwingend vorzusehenden Angaben sind in den nachfolgenden Mustervorschlägen unterstrichen dargestellt.

a) Satzung einer rechtsfähigen gemeinnützigen Stiftung bürgerlichen Rechts mit mehrgliedriger Organstruktur

112 ▶ **Muster:**

Präambel (...)[308]

§ 1 Name, Rechtsform, Sitz

(1) Die Stiftung führt den Namen »(...)-Stiftung«.

(2) Die Stiftung ist eine rechtsfähige Stiftung bürgerlichen Rechts.

(3) Die Stiftung hat ihren Sitz in (...)

---

302 Vgl. *Wochner*, ZEV 1999, 125, 130.
303 Vgl. Rdn. 17 ff.
304 Vgl. Rdn. 101 f.
305 *Wachter*, 188; *Wochner*, ZEV 1999, 125, 130.
306 Vgl. Rdn. 121 ff.
307 Vgl. Rdn. 4, 52, 85, 107, 162 ff.
308 Eine Präambel kann der Stiftungssatzung vorangestellt werden. Dies ist jedoch nicht zwingend erforderlich. Als sinnvoll wird dies angesehen, um insbesondere die Beweggründe für die Errichtung der Stiftung und die mit ihr von dem Stifter verfolgten Zwecke zu umschreiben und zu verdeutlichen. Dies kann später

§ 2 Stiftungszweck

(1) Die Stiftung verfolgt ausschließlich und unmittelbar gemeinnützige/mildtätige/kirchliche[309] Zwecke im Sinne des Abschnitts »Steuerbegünstigte Zwecke« der Abgabenordnung.

(2) Zweck der Stiftung ist (...).[310]

(3) Der Satzungszweck wird verwirklich insbesondere durch (...).[311]

(4) Die Stiftung ist selbstlos tätig, sie verfolgt nicht in erster Linie eigenwirtschaftliche Ziele.

§ 3 Stiftungsvermögen

(1) Mittel der Stiftung dürfen nur für die satzungsmäßigen Zwecke verwendet werden. Die Mitglieder erhalten keine Zuwendungen aus Mitteln der Stiftung.

(2) Es darf keine Person durch Ausgaben, die dem Zweck der Stiftung fremd sind, oder durch unverhältnismäßig hohe Vergütungen begünstigt werden.

(3) Die Stiftung ist mit folgendem Vermögen ausgestattet: (...).

(4) Zuwendungen Dritter, die zur Aufstockung des Grundstockvermögens bestimmt sind (Zustiftungen), sind zulässig. Die übrigen Zuwendungen (Spenden) sind ebenso wie die Erträge des Stiftungsvermögens zeitnah zur Erfüllung des Stiftungszwecks zu verwenden, sofern sie nicht gemäß den Vorschriften dieses Abschnitts zur Rücklagenbildung verwendet werden.

(5) Eine Umschichtung des Stiftungsvermögens ist zulässig, soweit das steuerliche Gemeinnützigkeitsrecht dem nicht entgegensteht. Für die Erhaltung und Verwaltung des Stiftungsvermögens gelten die folgende Grundsätze: (...)

(6) Die Stiftung darf im Rahmen der Vorschriften über das steuerliche Gemeinnützigkeitsrecht Rücklagen bilden. Der Vorstand kann freie Rücklagen dem Stiftungsvermögen zuführen.

[(7) Unbeschadet der Regelungen in diesem Abschnitt darf die Stiftung einen Teil, höchstens jedoch ein Drittel ihres Einkommens, dazu verwenden, um in angemessener Weise die nächsten Angehörigen des Stifters zu unterhalten, das Grab des Stifters und seiner nächsten Angehörigen zu pflegen und ihr Andenken zu ehren. Dies gilt jedoch nicht für solche Angehörigen des Stifters, die nach dessen Tod ihren Pflichtteilsanspruch geltend gemacht haben.]

§ 4 Rechtsstellung der Begünstigten

Ein Anspruch auf Leistungen steht den aufgrund dieser Satzung Begünstigten nicht zu.

---

für die Organe der Stiftung sehr hilfreich sein, wenn sich Zweifelsfragen, etwa, ob eine bestimmte Maßnahme dem Stifterwillen entsprechen würde, nicht aus dem »reinen« Wortlaut der Satzung ergeben. Formulierungsbeispiel: »Der Stifter möchte durch die Stiftung die von ihm als besonders förderungsbedürftig angesehenen Forschungsbereiche (...) unterstützen. Hierbei soll es nicht nur um theoretische Arbeiten gehen, sondern insbesondere um Forschungsprojekte im Bereich (...) mit exemplarischen Anwendungsbezug. Zudem sollen besonders jungen Wissenschaftlern Möglichkeiten zu Feldforschungen zu der Fragestellung (...) eröffnet werden«.

309 Entsprechend dem Zweck angeben.
310 Etwa: Förderung von Wissenschaft und Forschung, Jugend- und Altenhilfe, Erziehung, Volks- und Berufsbildung, Kunst und Kultur, Landschaftspflege, Umweltschutz, des öffentlichen Gesundheitswesens, des Sports, Unterstützung hilfsbedürftiger Personen.
311 Etwa: Durchführung wissenschaftlicher Veranstaltungen und Forschungsvorhaben, Vergabe von Forschungsaufträgen, Unterhaltung einer Schule, einer Erziehungsberatungsstelle, Pflege von Kunstsammlungen, Pflege des Liedgutes und des Chorgesangs, Errichtung von Naturschutzgebieten, Unterhaltung eines Kindergartens, Kinder-, Jugendheimes, Unterhaltung eines Altenheimes, eines Erholungsheimes, Bekämpfung des Drogenmissbrauchs, des Lärms, Förderung sportlicher Übungen und Leistungen.

§ 5 Geschäftsjahr

Das Geschäftsjahr der Stiftung ist das Kalenderjahr.[312]

§ 6 Organe der Stiftung

(1) Organe der Stiftung sind der Vorstand und das Kuratorium.[313] Die Mitglieder der genannten Organe dürfen nicht dem jeweils anderen Organ angehören.

(2) Die Mitglieder der Stiftungsorgane werden ehrenamtlich tätig.[314] Ihnen dürfen keine Vermögensvorteile zugewendet werden. Sie haben nach Maßgabe eines entsprechenden Beschlusses des Kuratoriums Anspruch auf Ersatz der nachgewiesenen notwendigen Auslagen.

(3) Die Mitglieder des Vorstandes und des Kuratoriums scheiden spätestens mit Vollendung des (...) Lebensjahres aus dem jeweiligen Stiftungsorgan aus.

§ 7 Stiftungsvorstand

(1) Der Stiftungsvorstand besteht aus mindestens (...) und höchstens (...) natürlichen Personen. Er hat die Stellung eines gesetzlichen Vertreters und vertritt die Stiftung gerichtlich und außergerichtlich. Jedes Vorstandsmitglied ist alleinvertretungsberechtigt.

(2) Der Vorstand hat im Rahmen des Stiftungsgesetzes und dieser Satzung den Willen des Stifters so wirksam wie möglich zu erfüllen. Er verwaltet die Stiftung und führt die Geschäfte der Stiftung, soweit es sich nicht um durch diese Satzung dem Kuratorium zugewiesene Aufgaben handelt. Seine Aufgabe ist insbesondere
a) die Verwaltung des Stiftungsvermögens einschließlich der Führung von Büchern und der Aufstellung des Jahresabschlusses,
b) die Erstellung eines Wirtschaftsplanes zu Beginn eines jeden Geschäftsjahres,
c) die Vorbereitung und Durchführung der Beschlüsse des Kuratoriums über die Vergabe der Stiftungsmittel,
d) die Berichterstattung und Rechnungslegung über die Tätigkeit der Stiftung,
e) die Anstellung von Arbeitskräften oder Einschaltung externer Berater, sofern eine besondere Aufgabenstellung oder die Größe der Stiftung dies erfordert,
f) die Beschlussfassung über die Satzungsänderung und Auflösung der Stiftung/den Zusammenschluss der Stiftung mit einer anderen Stiftung.

(3) Der erste Vorstand wird durch den Stifter bestellt. Die Amtszeit beträgt (...) Jahre. Die Regelung zu § 6 Abs. 3 bleibt unberührt. Der Vorstand bestimmt aus seiner Mitte den Vorsitzenden und den stellvertretenden Vorsitzenden auf die Dauer der Vorstandszeit. Nach dem ersten Vorstand werden die Mitglieder des Vorstandes vom Kuratorium bestellt. Wiederbestellungen sind zulässig.

(4) Bei Ausscheiden von Vorstandsmitgliedern werden ihre Nachfolger unverzüglich vom Kuratorium bestellt. Bis zu diesem Zeitpunkt führt der amtierende Vorstand die Geschäfte fort.

(5) Das Kuratorium kann mit einer Mehrheit von 3/4 seiner Mitglieder eine Bestellung zum Vorstandsmitglied widerrufen, wenn ein wichtiger Grund vorliegt. Ein solcher Grund ist insbesondere dann gegeben, wenn sich das betreffende Vorstandsmitglied einer groben Pflichtverletzung schuldig gemacht hat oder als unfähig zur ordnungsgemäßen Geschäftsführung erweist. Die Rechte der Stiftungsaufsicht bleiben unberührt.

(6) Der Vorstand gibt sich mit einer Mehrheit von (...) der Stimmen eine Geschäftsordnung, die der Genehmigung durch das Kuratorium bedarf. In ihr werden (...) geregelt.

---

312 Das Geschäftsjahr einer gemeinnützigen Organisation darf vom Kalenderjahr abweichen. Vgl. wegen der Details OFD Frankfurt/Main, Verfügung vom 20.6.2005/S 0170 A-17-St II 1.03.
313 Bei umfangreichen Verwaltungsgeschäften kann zudem ein Geschäftsführer als besonderer Vertreter im Sinne der vgl. §§ 86, 30 BGB bestimmt werden.
314 Sofern gewünscht, sollte an dieser Stelle eine Vergütung(smöglichkeit) der Organmitglieder – auch wenn sich diese im Rahmen der Ehrenamtspauschale von nunmehr 720 EUR bewegt – in die Satzung aufgenommen werden, vgl. Rdn. 96 f. Die steuerrechtlichen Implikationen sind zu beachten.

(7) Der Vorstand wird von seinem Vorsitzenden – bei seiner Verhinderung durch den stellvertretenden Vorsitzenden – schriftlich unter Einhaltung einer Frist von mindestens zwei Wochen und unter Bezeichnung der einzelnen Punkte der Tagesordnung mindestens (...) pro Kalenderjahr einberufen. Der Vorstand ist auch einzuberufen, wenn ein Mitglied des Vorstandes oder das Kuratorium es verlangt; das Verlangen hat den Beratungspunkt anzugeben. Die Sitzungen des Vorstandes werden durch deren Vorsitzenden bzw. stellvertretenden Vorsitzenden geleitet. Der Vorstand ist nur beschlussfähig, wenn mehr als die Hälfte der Vorstandsmitglieder anwesend sind. Beschlüsse des Vorstandes werden, wenn sich aus dieser Satzung oder dem Gesetz nicht etwas anderes ergibt, mit einfacher Stimmenmehrheit der anwesenden Mitglieder getroffen. Bei Stimmengleichheit entscheidet die Stimme des Vorsitzenden bzw. stellvertretenden Vorsitzenden. Ein abwesendes Mitglied kann sich aufgrund einer schriftlichen Erklärung gegenüber dem Vorstand durch ein anwesendes Mitglied vertreten lassen. Schriftliche Beschlussfassungen im Umlaufverfahren sind mit Zustimmung aller Vorstandsmitglieder ebenso zulässig wie auf elektronischem Wege. Dies gilt jedoch nicht für Beschlüsse über die Satzungsänderung und die Auflösung der Stiftung/deren Zusammenschluss mit einer anderen Stiftung. Über die Sitzungen ist eine Niederschrift zu fertigen. Sie ist von dem Vorsitzenden bzw. stellvertretenden Vorsitzenden sowie einem weiteren Mitglied des Vorstandes zu unterschreiben. Alle Beschlüsse des Vorstandes sind zu sammeln und während des Bestehens der Stiftung aufzubewahren.

§ 8 Kuratorium

(1) Das Kuratorium besteht aus mindestens (...) und maximal (...) natürlichen Personen. Die ersten Kuratoriumsmitglieder werden vom Stifter bestellt.

(2) Das Kuratorium wählt den Vorsitzenden und den stellvertretenden Vorsitzenden aus seiner Mitte auf die Dauer von (...) Jahren. Wiederwahl ist zulässig.

(3) Die Amtszeit der Kuratoriumsmitglieder beträgt (...) Jahre. Wiederbestellung ist zulässig. Die Regelung zu § 6 Abs. 3 bleibt unberührt.

(4) Bei Ausscheiden eines Kuratoriumsmitglieds bestellen die verbleibenden Mitglieder den Nachfolger. Bis zu diesem Zeitpunkt führt das amtierende Kuratorium die Geschäfte fort.

(5) Das Kuratorium kann mit einer Mehrheit von 3/4 der verbleibenden Mitglieder des Kuratoriums einzelne Mitglieder bei Vorliegen eines wichtigen Grundes abberufen. Ein solcher Grund ist insbesondere dann gegeben, wenn sich das betreffende Kuratoriumsmitglied einer groben Pflichtverletzung schuldig gemacht hat oder als unfähig zur ordnungsgemäßen Aufgabenerfüllung erweist. Die Rechte der Stiftungsaufsicht bleiben unberührt.

(6) Das Kuratorium wird von seinem Vorsitzenden – bei seiner Verhinderung durch den stellvertretenden Vorsitzenden – schriftlich unter Einhaltung einer Frist von mindestens zwei Wochen und unter Bezeichnung der einzelnen Punkte der Tagesordnung mindestens (...) pro Kalenderjahr einberufen. Das Kuratorium ist auch einzuberufen, wenn ein Mitglied des Kuratoriums oder der Vorstand es verlangt; das Verlangen hat den Beratungspunkt anzugeben. Der Vorstand nimmt an den Sitzungen des Kuratoriums teil. Die Sitzungen des Kuratoriums werden durch deren Vorsitzenden bzw. den stellvertretenden Vorsitzenden geleitet. Das Kuratorium ist beschlussfähig, wenn mehr als die Hälfte der Kuratoriumsmitglieder anwesend sind. Beschlüsse des Kuratoriums werden, wenn sich aus dieser Satzung oder dem Gesetz nicht etwas anderes ergibt, mit einfacher Stimmenmehrheit der anwesenden Mitglieder getroffen. Bei Stimmengleichheit entscheidet die Stimme des Vorsitzenden bzw. seines Stellvertreters. Ein abwesendes Mitglied kann sich aufgrund einer schriftlichen Erklärung gegenüber dem Kuratorium durch ein anwesendes Mitglied vertreten lassen. Schriftliche Beschlussfassungen im Umlaufverfahren sind mit Zustimmung aller Kuratoriumsmitglieder ebenso zulässig wie auf elektronischem Wege. Dies gilt jedoch nicht für Beschlüsse über die Bestellung und Abberufung von Organmitgliedern sowie für Beschlüsse über die Satzungsänderung und die Auflösung der Stiftung/deren Zusammenschluss mit einer anderen Stiftung. Über die Sitzungen ist eine Niederschrift zu fertigen. Sie ist von dem Vorsitzenden bzw. stellvertretenden Vorsitzenden sowie einem weiteren Mitglied des Kuratoriums zu unterschreiben. Alle Beschlüsse des Kuratoriums sind zu sammeln und während des Bestehens der Stiftung aufzubewahren.

(6) Das Kuratorium überwacht als unabhängiges Kontrollorgan die Geschäftsführung des Vorstandes und hat insbesondere darauf zu achten, dass der Vorstand für die dauernde und nachhaltige Erfüllung des Stifterwillens sorgt. Ihm obliegt insbesondere:
a) die Bestellung und Abberufung von Mitgliedern des Vorstandes,
b) die Bestätigung des Jahresabschlusses und des Wirtschaftsplanes und die Entlastung des Vorstandes,[315]
c) den Erlass von Richtlinien zur Erfüllung des Stiftungszwecks,
d) Beschlussfassung über die Vergabe der Fördermittel,
e) die Bestätigung der Geschäftsordnung des Vorstandes,
f) die Beschlussfassung über die Satzungsänderung und Auflösung der Stiftung/Zusammenschluss der Stiftung mit einer anderen Stiftung

(...).

Weitere Rechte des Kuratoriums nach anderen Bestimmungen dieser Satzung bleiben unberührt.

(7) Das Kuratorium gibt sich mit einer Mehrheit von (...) der Stimmen seiner Mitglieder eine Geschäftsordnung. In ihr werden (...) geregelt. Die Geschäftsordnung kann auch die Vertretung des Kuratoriums gegenüber dem Vorstand regeln.

(8) Das Kuratorium kann dem Vorstand insgesamt oder Einzelnen seiner Mitglieder generell oder im Einzelfall Befreiung von den Beschränkungen des § 181 BGB erteilen und die Befreiung wieder widerrufen.

§ 9 Satzungsänderung

(1) Satzungsänderungen, die nicht den Stiftungszweck betreffen, bedürfen eines Beschlusses des Vorstandes und des Kuratoriums jeweils mit einer Mehrheit von 2/3 seiner Mitglieder. Sie sind zulässig, wenn sie im Interesse der nachhaltigen Erfüllung des Stiftungszweckes nach dem Stifterwillen erforderlich sind und soweit das steuerliche Gemeinnützigkeitsrecht dem nicht entgegensteht. Das Erfordernis staatlicher Genehmigung bleibt unberührt.

(2) Wenn eine Verwirklichung des Stiftungszweckes unmöglich wird oder auf Grund einer wesentlichen Veränderung der Verhältnisse nicht mehr sinnvoll erscheint, kann der Stiftungszweck geändert und ein neuer Stiftungszweck beschlossen werden. Der neue Stiftungszweck muss ebenfalls steuerbegünstigt sein. Das Erfordernis staatlicher Genehmigung bleibt unberührt.

(3) Beschlüsse nach Abs. 2 dürfen vom Vorstand nur gemeinsam mit dem Kuratorium jeweils mit einer 3/4 Mehrheit gefasst werden.

§ 10 Auflösung der Stiftung/Zusammenschluss; Vermögensanfall

(1) Vorstand und Kuratorium können gemeinsam jeweils mit einer Mehrheit von 3/4 ihrer Mitglieder die Auflösung der Stiftung oder den Zusammenschluss mit einer oder mehreren anderen steuerbegünstigten Stiftungen beschließen, wenn die Umstände es nicht mehr zulassen, den Stiftungszweck dauernd und nachhaltig zu erfüllen, auch eine Satzungsänderung nach § 9 nicht in Betracht kommt und das steuerliche Gemeinnützigkeitsrecht dem nicht entgegensteht. Die durch den Zusammenschluss entstehende Stiftung muss ebenfalls steuerbegünstigt sein. Das Erfordernis staatlicher Genehmigung bleibt unberührt.

(2) Bei Auflösung oder Aufhebung der Stiftung oder bei Wegfall steuerbegünstigter Zwecke fällt das Vermögen der Stiftung

a) an den/die/das ...[316], der/die/das es unmittelbar oder ausschließlich für gemeinnützige, mildtätige oder kirchliche Zwecke zu verwenden hat

---

315 Ggf. (sofern dies insbesondere angesichts der Vermögensausstattung der Stiftung als notwendig angesehen wird): »unter Einschaltung eines renommierten Wirtschaftsprüfers«.
316 Bezeichnung einer juristischen Person des öffentlichen Rechts oder einer anderen steuerbegünstigten Körperschaft.

alternativ:

b) an eine juristische Person des öffentlichen Rechts oder eine andere steuerbegünstigte Körperschaft zwecks Verwendung für ...[317].

§ 11 Stiftungsaufsicht

(1) Die Stiftung untersteht der Aufsicht von (...) nach Maßgabe des Stiftungsgesetzes von (...).

(2) Die Stiftungsaufsicht ist auf Wunsch jederzeit über alle Angelegenheiten der Stiftung zu unterrichten. Ihr ist unaufgefordert der Jahresabschluss vorzulegen.

(3) Änderung der Zusammensetzung der Stiftungsorgane, Satzungsänderungen und andere wesentliche Belange sind der Stiftungsaufsicht unverzüglich mitzuteilen. Weitergehende Anforderungen nach dem Gesetz oder dieser Satzung bleiben unberührt.

b) Satzung einer rechtsfähigen gemeinnützigen Stiftung bürgerlichen Rechts mit eingliedriger Organstruktur

▶ **Muster:** 113

§§ 1–5

[siehe Muster Rdn. 112]

§ 6 Organe der Stiftung

(1) Organ der Stiftung ist der Vorstand.

(2) Die Mitglieder des Vorstandes werden ehrenamtlich tätig.[318] Ihnen dürfen keine Vermögensvorteile zugewendet werden. Sie haben nach Maßgabe eines entsprechenden Beschlusses des Vorstandes Anspruch auf Ersatz der nachgewiesenen notwendigen Auslagen.

(3) Die Mitglieder des Vorstandes scheiden spätestens mit Vollendung des (...) Lebensjahres aus ihrem Amt aus.

§ 7 Stiftungsvorstand

(1) Der Stiftungsvorstand besteht aus mindestens (...) und höchstens (...) natürlichen Personen. Er hat die Stellung eines gesetzlichen Vertreters und vertritt die Stiftung gerichtlich und außergerichtlich. Jedes Vorstandsmitglied ist alleinvertretungsberechtigt.

(2) Der Vorstand hat im Rahmen des Stiftungsgesetzes und dieser Satzung den Willen des Stifters so wirksam wie möglich zu erfüllen. Er verwaltet die Stiftung und führt die Geschäfte der Stiftung. zu Beginn eines jeden Jahres hat der Vorstand einen Wirtschaftsplan aufzustellen; für den Schluss eines jeden Geschäftsjahres hat er zudem einen Jahresabschluss und einen Bericht über die Erfüllung des Stiftungszweckes zu erstellen.

(3) Der erste Vorstand wird durch den Stifter bestellt. Die Bestellung erfolgt auf Lebenszeit; die Regelung zu § 6 Abs. 3 der Satzung bleibt unberührt. Der Vorstand bestimmt aus seiner Mitte den Vorsitzenden und den stellvertretenden Vorsitzenden für die Dauer von (...) Jahren. Wiederwahl ist zulässig. Der Vorsitzende und der stellvertretende Vorsitzende bleibt auch nach Ablauf ihrer Amtszeit bis zur Neubesetzung ihrer Positionen im Amt. Scheidet ein Vorstandsmitglied aus dem Vorstand aus, so ergänzt sich der Vorstand durch Zuwahl. Bis zur Ergänzung verringert sich die Anzahl der Mitglieder des

---

317 Angabe eines bestimmten gemeinnützigen, mildtätigen oder kirchlichen Zwecks, z. B. Förderung der Wissenschaft und Forschung, Volks- und Berufsbildung, der Unterstützung von Personen, die im Sinne von § 53 AO bedürftig sind, Unterhaltung eines Gotteshauses in ...

318 Sofern gewünscht, sollte an dieser Stelle eine Vergütung(smöglichkeit) der Organmitglieder – auch wenn sich diese im Rahmen der Ehrenamtspauschale von nunmehr 720 EUR bewegt – in die Satzung aufgenommen werden, vgl. Rdn. 96. Die steuerrechtlichen Implikationen sind zu beachten.

Vorstandes um die Anzahl der ausgeschiedenen Personen. Die Zuwahl hat mit der Mehrheit der Mitglieder des Vorstandes zu erfolgen.

(5) Der Vorstand kann mit einer Mehrheit von 3/4 seiner verbleibenden Mitglieder eine Bestellung zum Vorstandsmitglied widerrufen, wenn ein wichtiger Grund vorliegt. Ein solcher Grund ist insbesondere dann gegeben, wenn sich das betreffende Vorstandsmitglied einer groben Pflichtverletzung schuldig gemacht hat oder als unfähig zur ordnungsgemäßen Geschäftsführung erweist. Die Rechte der Stiftungsaufsicht bleiben unberührt.

(6) Der Vorstand gibt sich mit einer Mehrheit von (...) der Stimmen eine Geschäftsordnung. In ihr werden (...) geregelt.

(7) Der Vorstand wird von seinem Vorsitzenden – bei seiner Verhinderung durch den stellvertretenden Vorsitzenden – schriftlich unter Einhaltung einer Frist von mindestens zwei Wochen und unter Bezeichnung der einzelnen Punkte der Tagesordnung mindestens (...) pro Kalenderjahr einberufen. Der Vorstand ist auch einzuberufen, wenn ein Mitglied des Vorstandes es verlangt; das Verlangen hat den Beratungspunkt anzugeben. Die Sitzungen des Vorstandes werden durch deren Vorsitzenden bzw. stellvertretenden Vorsitzenden geleitet. Der Vorstand ist nur beschlussfähig, wenn mehr als die Hälfte der Vorstandsmitglieder anwesend sind. Beschlüsse des Vorstandes werden, wenn sich aus dieser Satzung oder dem Gesetz nicht etwas anderes ergibt, mit einfacher Stimmenmehrheit der anwesenden Mitglieder getroffen. Bei Stimmengleichheit entscheidet die Stimme des Vorsitzenden bzw. stellvertretenden Vorsitzenden. Ein abwesendes Mitglied kann sich aufgrund einer schriftlichen Erklärung gegenüber dem Vorstand durch ein anwesendes Mitglied vertreten lassen. Schriftliche Beschlussfassungen im Umlaufverfahren sind mit Zustimmung aller Vorstandsmitglieder ebenso zulässig wie auf elektronischem Wege. Dies gilt jedoch nicht für Beschlüsse über die Satzungsänderung und die Auflösung der Stiftung/deren Zusammenschluss mit einer anderen Stiftung. Über die Sitzungen ist eine Niederschrift zu fertigen. Sie ist von dem Vorsitzenden bzw. stellvertretenden Vorsitzenden sowie einem weiteren Mitglied des Vorstandes zu unterschreiben. Alle Beschlüsse des Vorstandes sind zu sammeln und während des Bestehens der Stiftung aufzubewahren.

§ 8 Satzungsänderung

(1) Satzungsänderungen, die nicht den Stiftungszweck betreffen, bedürfen eines Beschlusses des Vorstandes mit einer Mehrheit von 3/4 seiner Mitglieder. Sie sind zulässig, wenn sie im Interesse der nachhaltigen Erfüllung des Stiftungszweckes nach dem Stifterwillen erforderlich sind und soweit das steuerliche Gemeinnützigkeitsrecht dem nicht entgegensteht. Das Erfordernis staatlicher Genehmigung bleibt unberührt.

(2) Wenn eine Verwirklichung des Stiftungszweckes unmöglich wird oder auf Grund einer wesentlichen Veränderung der Verhältnisse nicht mehr sinnvoll erscheint, kann der Stiftungszweck geändert und ein neuer Stiftungszweck beschlossen werden. Der neue Stiftungszweck muss ebenfalls steuerbegünstigt sein. Das Erfordernis staatlicher Genehmigung bleibt unberührt.

(3) Beschlüsse nach Abs. 2 dürfen vom Vorstand nur mit einer 4/5 Mehrheit gefasst werden.

§ 9 Auflösung der Stiftung/Zusammenschluss; Vermögensanfall

(1) Der Vorstand kann gemeinsam mit einer Mehrheit von 4/5 seiner Mitglieder die Auflösung der Stiftung oder den Zusammenschluss mit einer oder mehreren anderen steuerbegünstigten Stiftungen beschließen, wenn die Umstände es nicht mehr zulassen, den Stiftungszweck dauernd und nachhaltig zu erfüllen, auch eine Satzungsänderung nach § 8 nicht in Betracht kommt und das steuerliche Gemeinnützigkeitsrecht dem nicht entgegensteht. Die durch den Zusammenschluss entstehende Stiftung muss ebenfalls steuerbegünstigt sein. Das Erfordernis staatlicher Genehmigung bleibt unberührt.

(2) Bei Auflösung oder Aufhebung der Stiftung oder bei Wegfall steuerbegünstigter Zwecke fällt das Vermögen der Stiftung

a) an den/die/das ...[319], der/die/das es unmittelbar oder ausschließlich für gemeinnützige, mildtätige oder kirchliche Zwecke zu verwenden hat

---

[319] Bezeichnung einer juristischen Person des öffentlichen Rechts oder einer anderen steuerbegünstigten Körperschaft.

alternativ:

b) an eine juristische Person des öffentlichen Rechts oder eine andere steuerbegünstigte Körperschaft zwecks Verwendung für ...[320].

§ 10 Stiftungsaufsicht

(1) Die Stiftung untersteht der Aufsicht von (...) nach Maßgabe des Stiftungsgesetzes von (...).

(2) Die Stiftungsaufsicht ist auf Wunsch jederzeit über alle Angelegenheiten der Stiftung zu unterrichten. Ihr ist unaufgefordert der Jahresabschluss vorzulegen.

(3) Änderung der Zusammensetzung der Stiftungsorgane, Satzungsänderungen und andere wesentliche Belange sind der Stiftungsaufsicht unverzüglich mitzuteilen. Weitergehende Anforderungen nach dem Gesetz oder dieser Satzung bleiben unberührt.

c) Satzung einer rechtsfähigen Familienstiftung

▶ **Muster:** 114

Präambel (...)

§ 1 Name, Rechtsform, Sitz

[Wie Muster Rdn. 112]

§ 2 Stiftungszweck

(1) Die Stiftung verfolgt die folgenden Zwecke:
a) die angemessene Versorgung des Ehegatten/Lebenspartners des Stifters,
b) angemessene finanzielle Unterstützung und Förderung der *[universitären und beruflichen Ausbildung und Existenzgründung der]* [ehelichen] Abkömmlinge des Stifters im In- und Ausland, (...)[321]
c) finanzielle Unterstützung der folgenden Verwandten des Stifters: (...) *[in Fällen wirtschaftlicher Not und sonstiger Bedürftigkeit]*;
d) Unterhaltung und Förderung der Familiengrabstätte in angemessenen Umfang,
e) Umwandlung und Unterhaltung des Wohnhauses des Stifters in ein öffentlich zugängliches Familienmuseum, in dessen Räumlichkeiten auch Familienversammlungen und -tage durchgeführt werden können,
f) (...)

(2) Die Begünstigung von Familienmitgliedern im oben dargestellte Sinne darf (...)% der jährlichen Erträge der Satzung nicht überschreiten. Mindestens (...)% der Erträge sind für Zuwendungen an (...) zu verwenden.

(3) Der Stiftungszweck wird vor allem verwirklicht durch
a) laufende Barzuwendungen an die begünstigte Personen,
b) (...)

Die Einzelheiten legt der Vorstand nach Maßgabe dieser Stiftung fest.

(4) Die Mittel der Stiftung dürfen nur für die satzungsmäßigen Zwecke verwendet werden.

§ 3 Stiftungsvermögen

(1) Mittel der Stiftung dürfen nur für die satzungsmäßigen Zwecke verwendet werden.

(2) Das Grundstockvermögen besteht aus (...).

---

320 Angabe eines bestimmten gemeinnützigen, mildtätigen oder kirchlichen Zwecks, z. B. Förderung der Wissenschaft und Forschung, Volks- und Berufsbildung, der Unterstützung von Personen, die im Sinne von § 53 AO bedürftig sind, Unterhaltung eines Gotteshauses in ...

321 Alternativ: bei deren Eheschließung, bei der Geburt (ehelicher) Kinder etc.

(3) Zuwendungen Dritter, die zur Aufstockung des Grundstockvermögens bestimmt sind (Zustiftungen), sind zulässig. Die übrigen Zuwendungen (Spenden) sind zeitnah zur Erfüllung des Stiftungszwecks zu verwenden, sofern sie nicht gemäß den Vorschriften dieses Abschnitts zur Rücklagenbildung verwendet werden.

(4) Das Stiftungsvermögen ist in seinem Wert ungeschmälert zu erhalten und kann nur mit Zustimmung der Stiftungsaufsichtsbehörde ausnahmsweise bis zur Höhe von (...) seines Wertes in Anspruch genommen werden, wenn anders der Stiftungszweck nicht verwirklicht werden kann und die Rückführung der entnommenen Vermögenswerte zum Stiftungsvermögen innerhalb der drei folgenden Jahre sichergestellt ist. Die Erfüllung der Stiftungszwecke darf durch die Rückführung nicht wesentlich beeinträchtigt werden.

(5) Eine Umschichtung des Vermögens ist zulässig. Umschichtungsgewinne dürfen ganz oder teilweise zur Erfüllung des Stiftungszwecks verwendet werden. Für die Erhaltung und Verwaltung des Stiftungsvermögens gelten die folgende Grundsätze (...)

(6) Die Erträge des Stiftungsvermögens sind zeitnah zur Erfüllung der satzungsgemäßen Stiftungszwecke zu verwenden, sofern sie nicht gemäß den Vorschriften dieses Abschnitts zur Rücklagenbildung verwendet werden.

(7) Die Stiftung darf im Rahmen der gesetzlichen Bestimmungen zweckgebundene und freie Rücklagen bilden.

§ 4 Rechtsstellung der Begünstigten

Ein Anspruch auf Leistungen steht den Begünstigten nicht zu.

§ 5 Geschäftsjahr

Das Geschäftsjahr der Stiftung ist das Kalenderjahr.

§ 6 Organe der Stiftung

(1) Organe der Stiftung sind der Vorstand und der Familienrat. Die Mitglieder der genannten Organe dürfen nicht dem jeweils anderen Organ angehören.

(2) Die Mitglieder der Stiftungsorgane werden unentgeltlich tätig. Ihnen dürfen keine Vermögensvorteile zugewendet werden. Sie haben nach Maßgabe eines entsprechenden Beschlusses des Familienrates Anspruch auf Ersatz der nachgewiesenen angemessenen Auslagen und Aufwendungen.

(3) Die Mitglieder des Vorstandes und des Familienrates scheiden spätestens mit Vollendung des (...) Lebensjahres aus dem jeweiligen Stiftungsorgan aus.

§ 7 Stiftungsvorstand

(1) Der Stiftungsvorstand besteht aus mindestens (...) und höchstens (...) natürlichen Personen. Er hat die Stellung eines gesetzlichen Vertreters und vertritt die Stiftung gerichtlich und außergerichtlich. Jedes Vorstandsmitglied ist alleinvertretungsberechtigt.

(2) Der Vorstand hat im Rahmen des Stiftungsgesetzes und dieser Satzung den Willen des Stifters so wirksam wie möglich zu erfüllen. Er verwaltet die Stiftung und führt die Geschäfte der Stiftung, soweit es sich nicht um durch diese Satzung dem Stiftungsrat zugewiesene Aufgaben handelt. Seine Aufgabe ist insbesondere
a) die Verwaltung des Stiftervermögens einschließlich der Führung von Büchern und der Aufstellung des Jahresabschlusses,
b) die Erstellung eines Wirtschaftsplanes zu Beginn eines jeden Geschäftsjahres,
c) die Vorbereitung und Durchführung der Beschlüsse des Familienrates, insbesondere über die Vergabe der Stiftungsmittel,
d) die Führung des Familienbuches mit den bezugsberechtigten Familienmitgliedern,
e) die Organisation der Familientage,
f) Vorbereitungen von Wahl und Sitzungen des Familienrates,
g) Berichterstattung und Rechnungslegung über die Tätigkeiten der Stiftung

h) Anstellung von Arbeitskräften oder Einschaltung externer Berater, sofern eine besondere Aufgabenstellung oder die Größe der Stiftung dies erfordert,
i) die Beschlussfassung über die Satzungsänderung und Auflösung der Stiftung/den Zusammenschluss der Stiftung mit einer anderen Stiftung.

(3) Der erste Vorstand wird durch den Stifter bestellt. Die Amtszeit beträgt (...) Jahre. Der Vorstand bestimmt aus seiner Mitte den Vorsitzenden und den stellvertretenden Vorsitzenden auf die Dauer der Vorstandszeit. Nach dem ersten Vorstand werden die Mitglieder des Vorstandes vom Familienrat bestellt. Wiederbestellungen sind zulässig.

(4) Bei Ausscheiden von Vorstandsmitgliedern werden ihre Nachfolger unverzüglich vom Familienrat bestellt. Bis zu diesem Zeitpunkt führt der amtierende Vorstand die Geschäfte fort.

(5) Der Familienrat kann mit einer Mehrheit von 3/4 seiner Mitglieder eine Bestellung zum Vorstandsmitglied widerrufen, wenn ein wichtiger Grund vorliegt. Ein solcher Grund ist insbesondere dann gegeben, wenn sich das betreffende Vorstandsmitglied einer groben Pflichtverletzung schuldig gemacht hat oder als unfähig zur ordnungsgemäßen Geschäftsführung erweist. Die Rechte der Stiftungsaufsicht bleiben unberührt.

(6) Der Vorstand gibt sich mit einer Mehrheit von (...) der Stimmen eine Geschäftsordnung, die der Genehmigung durch den Familienrat bedarf. In ihr werden (...) geregelt.

(7) Der Vorstand wird von seinem Vorsitzenden – bei seiner Verhinderung durch den stellvertretenden Vorsitzenden – schriftlich unter Einhaltung einer Frist von mindestens zwei Wochen und unter Bezeichnung der einzelnen Punkte der Tagesordnung mindestens (...) pro Kalenderjahr einberufen. Der Vorstand ist auch einzuberufen, wenn ein Mitglied des Vorstandes oder der Familienrat es verlangt; das Verlangen hat den Beratungspunkt anzugeben. Die Sitzungen des Vorstandes werden durch deren Vorsitzenden bzw. stellvertretenden Vorsitzenden geleitet. Der Vorstand ist nur beschlussfähig, wenn mehr als die Hälfte der Vorstandsmitglieder anwesend sind. Beschlüsse des Vorstandes werden, wenn sich aus dieser Satzung oder dem Gesetz nicht etwas anderes ergibt, mit einfacher Stimmenmehrheit der anwesenden Mitglieder getroffen. Bei Stimmengleichheit entscheidet die Stimme des Vorsitzenden bzw. stellvertretenden Vorsitzenden. Ein abwesendes Mitglied kann sich aufgrund einer schriftlichen Erklärung gegenüber dem Vorstand durch ein anwesendes Mitglied vertreten lassen. Schriftliche Beschlussfassungen im Umlaufverfahren sind mit Zustimmung aller Vorstandsmitglieder ebenso zulässig wie auf elektronischem Wege. Dies gilt jedoch nicht für Beschlüsse über die Satzungsänderung und die Auflösung der Stiftung/deren Zusammenschluss mit einer anderen Stiftung. Über die Sitzungen ist eine Niederschrift zu fertigen. Sie ist von dem Vorsitzenden bzw. stellvertretenden Vorsitzenden sowie einem weiteren Mitglied des Vorstands zu unterschreiben. Alle Beschlüsse des Vorstandes sind zu sammeln und während des Bestehens der Stiftung aufzubewahren.

§ 8 Familienrat

(1) Der Familienrat hat mindestens (...) und maximal (...) Mitglieder. Die Mitglieder werden beim ersten Mal für die Dauer von drei Jahren durch den Stifter bestimmt. Danach werden sie von den volljährigen Verwandten des Stifters und dessen Ehepartnern für die Dauer von drei Jahren gewählt. Als Verwandte gelten (...). Wiederwahl ist zulässig. Die Regelung zu § 6 Abs. 3 bleibt unberührt.

(2) Der Familienrat soll mindestens einmal im Jahr zusammenkommen.

(3) Der Familienrat wählt den Vorsitzenden und den stellvertretenden Vorsitzenden aus seiner Mitte auf die Dauer von (...) Jahren. Diese dürfen nicht dem gleichen Familienstamm angehören. Wiederwahl ist zulässig.

(4) Bei Ausscheiden eines Familienratsmitglieds bestellen die Verwandten des Stifters entsprechend Abs. 1 unter Zustimmung des Ehepartners des Ehepartners den Nachfolger. Bis zu diesem Zeitpunkt führt der amtierende Familienrat die Geschäfte fort.

(5) Der Familienrat kann mit einer Mehrheit von 3/4 der Verwandten des Stifters entsprechend Abs. 1 unter Zustimmung des Ehepartners des Stifters einzelne Mitglieder bei Vorliegen eines wichtigen Grundes abberufen. Ein solcher Grund ist insbesondere dann gegeben, wenn sich das betreffende Fa-

milienratsmitglied einer groben Pflichtverletzung schuldig gemacht hat oder als unfähig zur ordnungsgemäßen Aufgabenerfüllung erweist. Die Rechte der Stiftungsaufsicht bleiben unberührt.

(6) Der Familienrat wird von seinem Vorsitzenden – bei seiner Verhinderung durch den stellvertretenden Vorsitzenden – schriftlich unter Einhaltung einer Frist von mindestens zwei Wochen und unter Bezeichnung der einzelnen Punkte der Tagesordnung mindestens (...) pro Kalenderjahr einberufen. Der Familienrat ist auch einzuberufen, wenn ein Mitglied des Familienrates oder der Vorstand es verlangt; das Verlangen hat den Beratungspunkt anzugeben. Der Vorstand nimmt an den Sitzungen des Familienrates teil. Die Sitzungen des Familienrates werden durch deren Vorsitzenden bzw. den stellvertretenden Vorsitzenden geleitet. Der Familienrat ist beschlussfähig, wenn mehr als die Hälfte seiner Mitglieder anwesend sind. Beschlüsse des Familienrates werden, wenn sich aus dieser Satzung oder dem Gesetz nicht etwas anderes ergibt, mit einfacher Stimmenmehrheit der anwesenden Mitglieder getroffen. Bei Stimmengleichheit entscheidet die Stimme des Vorsitzenden bzw. seines Stellvertreters. Ein abwesendes Mitglied kann sich aufgrund einer schriftlichen Erklärung gegenüber dem Familienrat durch ein anwesendes Mitglied vertreten lassen. Schriftliche Beschlussfassungen im Umlaufverfahren sind mit Zustimmung aller Familienratsmitglieder ebenso zulässig wie auf elektronischem Wege. Dies gilt jedoch nicht für Beschlüsse über die Bestellung und Abberufung von Organmitgliedern sowie für Beschlüsse über die Satzungsänderung und die Auflösung der Stiftung/deren Zusammenschluss mit einer anderen Stiftung. Über die Sitzungen ist eine Niederschrift zu fertigen. Sie ist von dem Vorsitzenden bzw. stellvertretenden Vorsitzenden sowie einem weiteren Mitglied des Familienrates zu unterschreiben. Alle Beschlüsse des Familienrates sind zu sammeln und während des Bestehens der Stiftung aufzubewahren.

(6) Der Familienrat überwacht als unabhängiges Kontrollorgan die Geschäftsführung des Vorstandes und hat insbesondere darauf zu achten, dass der Vorstand für die dauernde und nachhaltige Erfüllung des Stifterwillens sorgt. Ihm obliegt insbesondere:
a) Koordination der Interessen der Destinatäre mit dem in der Stiftungsurkunde niedergelegten Stifterwillen,
b) Beschlussfassung über die Vergabe von Zuwendungen,
c) die Bestellung und Abberufung von Mitgliedern des Vorstandes,
d) die Bestätigung des Jahresabschlusses und des Wirtschaftsplanes und die Entlastung des Vorstandes,
c) den Erlass von Richtlinien zur Erfüllung des Stiftungszwecks,
e) die Bestätigung der Geschäftsordnung des Vorstandes,
f) die Beschlussfassung über die Satzungsänderung und Auflösung der Stiftung/Zusammenschluss der Stiftung mit einer anderen Stiftung

(...).

Weitere Rechte des Familienrates nach anderen Bestimmungen dieser Satzung bleiben unberührt.

(7) Der Familienrat gibt sich mit einer Mehrheit von (...) der Stimmen seiner Mitglieder eine Geschäftsordnung. In ihr werden (...) geregelt. Die Geschäftsordnung kann auch die Vertretung des Familienrates gegenüber dem Vorstand regeln.

(8) Der Familienrat kann dem Vorstand insgesamt oder Einzelnen seiner Mitglieder generell oder im Einzelfall Befreiung von den Beschränkungen des § 181 BGB erteilen und die Befreiung wieder widerrufen.

§ 9 Satzungsänderung

(1) Satzungsänderungen, die nicht den Stiftungszweck betreffen, bedürfen eines Beschlusses des Vorstandes und des Familienrates jeweils mit einer Mehrheit von 2/3 seiner Mitglieder. Sie sind zulässig, wenn sie im Interesse der nachhaltigen Erfüllung des Stiftungszweckes nach dem Stifterwillen erforderlich sind.

(2) Eine Änderung des Stiftungszwecks darf nur erfolgen, wenn eine Verwirklichung des Stiftungszweckes unmöglich wird oder auf Grund einer wesentlichen Veränderung der Verhältnisse nicht mehr sinnvoll erscheint. Der Stiftungszweck hat sich soweit wie möglich an den Stiftungszweck zu § 2 anzulehnen.

(3) Beschlüsse nach Abs. 2 dürfen vom Vorstand nur gemeinsam mit dem Familienrat jeweils mit einer 3/4 Mehrheit gefasst werden.

§ 10 Auflösung der Stiftung/Zusammenschluss; Vermögensanfall

(1) Vorstand und Familienrat können gemeinsam jeweils mit einer Mehrheit von 3/4 ihrer Mitglieder die Auflösung der Stiftung oder den Zusammenschluss mit einer oder mehreren anderen (steuerbegünstigten) Stiftungen beschließen, wenn die Umstände es nicht mehr zulassen, den Stiftungszweck dauernd und nachhaltig zu erfüllen und auch eine Satzungsänderung nach § 9 nicht in Betracht kommt.

(2) Im Falle der Auflösung oder Aufhebung der Stiftung geht das Stiftungsvermögen an (...)/soll die Hälfte des Stiftungsvermögens zu gleichen Teilen an die noch lebenden Abkömmlinge des Stifters verteilt werden, während die andere Hälfte gemeinnützigen Zwecken nach Wahl des Familienrates zuzuführen ist.

§ 11

[wie Muster Rdn. 112]

d) Satzung einer nicht gemeinnützigen unternehmensverbundenen Beteiligungsträgerstiftung mit dem Ziel der Versorgung der Stifterfamilie

▶ **Muster:** 115

Präambel (...)

§ 1

[wie Muster I., Rdn. 112]

§ 2 Stiftungszweck

(1) Zweck der Stiftung ist die Unterstützung der leiblichen ehelichen Abkömmlinge des Stifters, insbesondere die Sicherung eines angemessenen Lebensunterhalts sowie die Förderung von Berufsausbildung, Studium und Berufsbeginn dieses Personenkreises.

(2) Der Stiftungszweck wird vor allem verwirklicht durch
a) laufende Barzuwendungen an die begünstigte Person,
b) (...)
Die Einzelheiten legt der Vorstand nach Maßgabe dieser Stiftung fest.

(3) Die Mittel der Stiftung dürfen nur für die satzungsmäßigen Zwecke verwendet werden.

(4) Die Stiftung darf zur Erfüllung des Stiftungszwecks Beteiligungen an Unternehmen im In- und Ausland übernehmen.

§ 3 Stiftungsvermögen

(1) Das Grundstockvermögen besteht aus dem Geschäftsanteil des Stifters an der (...)-GmbH (Beteiligungsgesellschaft). Der Vorstand hat hierbei die Aufgabe, kraft ihrer Beteiligung an der (...)-GmbH für deren wirtschaftliche Sicherung, Fortbestand und Wachstum zu sorgen, sowie den Charakter der (...)-GmbH als Familienunternehmen zu erhalten.

(2) Zuwendungen Dritter, die zur Aufstockung des Grundstockvermögens bestimmt sind (Zustiftungen), sind zulässig. Der Stiftungsvorstand hat sie dem Grundstockvermögen der Stiftung zuzuführen. Der Stiftungsvorstand ist auch berechtigt, Zuwendungen von Anteilen an Gesellschaften bürgerlichen Rechts als Zustiftungen entgegenzunehmen, sofern die Vermögenszuführung nach seiner Prognose der nachhaltigen Stärkung der Ertragskraft der Stiftung dienen.

(3) Umschichtungen des Stiftungsvermögens sind im Rahmen der gesetzlichen Bestimmungen grundsätzlich zulässig und können vom Vorstand im Einverständnis mit dem Familienrat durchgeführt wer-

den. Insbesondere kann die Beteiligungsgesellschaft in einen andere Rechtsform umgewandelt werden oder in eine Personen- oder Kapitalgesellschaft eingebracht werden. Eine Veräußerung des Geschäftsanteils an der (...)-GmbH oder des im Falle des im Falle einer Umwandlung der Beteiligungsgesellschaft an seine Stelle tretenden Gesellschaftsanteils an dem übernehmenden bzw. neuen Rechtsträgers (Surrogat) ist nur dann möglich, wenn die zu erwartenden Erträge aus der Gesellschafterbeteiligung nicht mehr ausreichen, um eine dauerhafte und nachhaltige Erfüllung der Stiftungszwecke zu gewährleisten. Ein solcher Beschluss bedarf einer 3/4 Mehrheit der Mitglieder des Vorstandes und eines einstimmiges Beschlusses des Familienrates.

(4) Die Erträge des Stiftungsvermögens sind zeitnah zur Erfüllung der satzungsgemäßen Stiftungszwecke zu verwenden, sofern sie nicht gemäß den Vorschriften dieses Abschnitts zur Rücklagenbildung verwendet werden.

(6) Die Stiftung darf im Rahmen der gesetzlichen Bestimmungen zweckgebundene und freie Rücklagen bilden.

§ 4–5

[Wie Muster Rdn. 112]

§ 6 Organe der Stiftung

(1) Organe der Stiftung sind der Vorstand und der Familienrat. Die Mitglieder der genannten Organe dürfen nicht dem jeweils anderen Organ angehören.

(2) Die Mitglieder des Vorstandes üben ihre Tätigkeit auf der Grundlage von Dienstverträgen aus. Sie erhalten eine angemessene Vergütung, deren Höhe sich nach den jeweiligen Erträgen der Stiftung richtet.

(3) Die Mitglieder des Familienrates werden unentgeltlich tätig. Sie haben nach Maßgabe eines entsprechenden Beschlusses des Familienrates Anspruch auf Ersatz der nachgewiesenen angemessenen Auslagen und Aufwendungen.

(4) Die Mitglieder des Vorstandes und des Familienrates scheiden spätestens mit Vollendung des (...) Lebensjahres aus dem jeweiligen Stiftungsorgan aus.

§ 7 Stiftungsvorstand

(1) Der Stiftungsvorstand besteht aus mindestens (...) und höchstens (...) natürlichen Personen. Er hat die Stellung eines gesetzlichen Vertreters und vertritt die Stiftung gerichtlich und außergerichtlich. Jedes Vorstandsmitglied ist alleinvertretungsberechtigt.

(2) Der Vorstand hat im Rahmen des Stiftungsgesetzes und dieser Satzung den Willen des Stifters so wirksam wie möglich zu erfüllen. Er hat die Geschäfte der Stiftung mit der Sorgfalt eines ordentlichen Kaufmanns zu führen. Er verwaltet die Stiftung und führt die Geschäfte der Stiftung, soweit es sich nicht um durch diese Satzung dem Familienrat zugewiesene Aufgaben handelt. Seine Aufgabe ist insbesondere
a) die Verwaltung des Stiftungsvermögens einschließlich der Führung von Büchern und der Aufstellung des Jahresabschlusses, einer Vermögensübersicht und einen Bericht über die Verwirklichung der Stiftungszwecke,
b) die Erstellung eines Wirtschaftsplanes zu Beginn eines jeden Geschäftsjahres,
c) die Vorbereitung und Durchführung der Beschlüsse des Familienrates über die Vergabe der Stiftungsmittel,
d) die Berichterstattung und Rechnungslegung über die Tätigkeit der Stiftung,
e) Organisation der Familientage,
f) die Anstellung von Arbeitskräften oder Einschaltung externer Berater, sofern eine besondere Aufgabenstellung oder die Größe der Stiftung dies erfordert,
g) die Beschlussfassung über die Satzungsänderung und Auflösung der Stiftung/den Zusammenschluss der Stiftung mit einer anderen Stiftung.

(3) Der Jahresabschluss ist von einem Wirtschaftsprüfer oder einer anderen zur Erstellung eines gleichwertigen Bestätigungsvermerk befugten Person zu prüfen. Der Prüfungsbericht muss sich auch auf

die Erhaltung des Stiftungsvermögens und die satzungsgemäße Verwendung der Stiftungsmittel erstrecken .

Der Vorstand hat den Jahresabschluss mit dem Prüfungsbericht, die Vermögensübersicht und den Bericht über die Verwirklichung der Stiftungszwecke unverzüglich dem Familienrat vorzulegen. Die genannten Unterlagen sind entsprechend den gesetzlichen Bestimmungen weiteren staatlichen Stellen zur Kenntnis zu bringen.

(4) Die Wahrnehmung der Mitgliedschaftsrechte in Unternehmen, an denen die Stiftung beteiligt ist, bedarf in den folgenden Fällen der ausdrücklichen Zustimmung des Familienrates:
a) Beschlüsse über die Gewinnverwendung,
b) Bestellung und Abberufung von Mitgliedern geschäftsführender Organe,
c) Änderung des Gesellschaftsvertrages,
d) Kapitalmaßnahmen.

(5) Der erste Vorstand wird durch den Stifter bestellt. Die Amtszeit beträgt (...) Jahre. Die Regelung zu § 6 Abs. 3 bleibt unberührt. Der Vorstand bestimmt aus seiner Mitte den Vorsitzenden und den stellvertretenden Vorsitzenden auf die Dauer der Vorstandszeit. Nach dem ersten Vorstand werden die Mitglieder des Vorstandes vom Familienrat bestellt. Wiederbestellungen sind zulässig.

(6) Bei Ausscheiden von Vorstandsmitgliedern werden ihre Nachfolger unverzüglich vom Familienrat bestellt. Bis zu diesem Zeitpunkt führt der amtierende Vorstand die Geschäfte fort.

(7) Der Familienrat kann die Vorstandsmitglieder jederzeit widerrufen. Der Widerruf ist wirksam, solange die Unwirksamkeit nicht durch ein rechtkräftiges Urteil festgestellt wurde.

(8) Der Vorstand gibt sich mit einer Mehrheit von (...) der Stimmen eine Geschäftsordnung, die der Genehmigung durch den Familienrat bedarf. In ihr werden (...) geregelt.

(9) Der Vorstand wird von seinem Vorsitzenden – bei seiner Verhinderung durch den stellvertretenden Vorsitzenden – schriftlich unter Einhaltung einer Frist von mindestens zwei Wochen und unter Bezeichnung der einzelnen Punkte der Tagesordnung mindestens (...) pro Kalenderjahr einberufen. Der Vorstand ist auch einzuberufen, wenn ein Mitglied des Vorstandes oder der Familienrat es verlangt; das Verlangen hat den Beratungspunkt anzugeben. Die Sitzungen des Vorstandes werden durch deren Vorsitzenden bzw. stellvertretenden Vorsitzenden geleitet. Der Vorstand ist nur beschlussfähig, wenn mehr als die Hälfte der Vorstandsmitglieder anwesend sind. Beschlüsse des Vorstandes werden, wenn sich aus dieser Satzung oder dem Gesetz nicht etwas anderes ergibt, mit einfacher Stimmenmehrheit der anwesenden Mitglieder getroffen. Bei Stimmengleichheit entscheidet die Stimme des Vorsitzenden bzw. stellvertretenden Vorsitzenden. Ein abwesendes Mitglied kann sich aufgrund einer schriftlichen Erklärung gegenüber dem Vorstand durch ein anwesendes Mitglied vertreten lassen. Schriftliche Beschlussfassungen im Umlaufverfahren sind mit Zustimmung aller Vorstandsmitglieder ebenso zulässig wie auf elektronischem Wege. Dies gilt jedoch nicht für Beschlüsse über die Satzungsänderung und die Auflösung der Stiftung/deren Zusammenschluss mit einer anderen Stiftung. Über die Sitzungen ist eine Niederschrift zu fertigen. Sie ist von dem Vorsitzenden bzw. stellvertretenden Vorsitzenden sowie einem weiteren Mitglied des Vorstandes zu unterschreiben. Alle Beschlüsse des Vorstandes sind zu sammeln und während des Bestehens der Stiftung aufzubewahren.

§ 8 Familienrat

(1) Der Familienrat hat mindestens (...) und maximal (...) Mitglieder. Die Mitglieder werden beim ersten Mal für die Dauer von drei Jahren durch den Stifter bestimmt. Danach werden sie von den volljährigen Verwandten des Stifters und dessen Ehepartnern für die Dauer von drei Jahren gewählt. Als Verwandte gelten (...). Wiederwahl ist zulässig. Die Regelung zu § 6 Abs. 3 bleibt unberührt.

(2) Der Familienrat soll mindestens einmal im Jahr zusammenkommen.

(3) Der Familienrat wählt den Vorsitzenden und den stellvertretenden Vorsitzenden aus seiner Mitte auf die Dauer von (...) Jahren, die nicht dem gleichen Familienstamm angehören dürfen. Wiederwahl ist zulässig.

(4) Bei Ausscheiden eines Familienratsmitglieds bestellen die Verwandten des Stifters entsprechend Abs. 1 den Nachfolger. Bis zu diesem Zeitpunkt führt der amtierende Familienrat die Geschäfte fort.

(5) Der Familienrat kann mit einer Mehrheit von 3/4 der Verwandten im Sinne des Absatzes 1 einzelne Mitglieder bei Vorliegen eines wichtigen Grundes abberufen. Ein solcher Grund ist insbesondere dann gegeben, wenn sich das betreffende Familienratsmitglied einer groben Pflichtverletzung schuldig gemacht hat oder als unfähig zur ordnungsgemäßen Aufgabenerfüllung erweist. Die Rechte der Stiftungsaufsicht bleiben unberührt.

(6) Der Familienrat wird von seinem Vorsitzenden – bei seiner Verhinderung durch den stellvertretenden Vorsitzenden – schriftlich unter Einhaltung einer Frist von mindestens zwei Wochen und unter Bezeichnung der einzelnen Punkte der Tagesordnung mindestens (...) pro Kalenderjahr einberufen. Der Familienrat ist auch einzuberufen, wenn ein Mitglied des Familienrates oder der Vorstand es verlangt; das Verlangen hat den Beratungspunkt anzugeben. Der Vorstand nimmt an den Sitzungen des Familienrates teil. Die Sitzungen des Familienrates werden durch deren Vorsitzenden bzw. den stellvertretenden Vorsitzenden geleitet. Der Familienrat ist beschlussfähig, wenn mehr als die Hälfte seiner Mitglieder anwesend sind. Beschlüsse des Familienrates werden, wenn sich aus dieser Satzung oder dem Gesetz nicht etwas anderes ergibt, mit einfacher Stimmenmehrheit der anwesenden Mitglieder getroffen. Bei Stimmengleichheit entscheidet die Stimme des Vorsitzenden bzw. seines Stellvertreters. Ein abwesendes Mitglied kann sich aufgrund einer schriftlichen Erklärung gegenüber dem Familienrat durch ein anwesendes Mitglied vertreten lassen. Schriftliche Beschlussfassungen im Umlaufverfahren sind mit Zustimmung aller Familienratsmitglieder ebenso zulässig wie auf elektronischem Wege. Dies gilt jedoch nicht für Beschlüsse über die Bestellung und Abberufung von Organmitgliedern sowie für Beschlüsse über die Satzungsänderung und die Auflösung der Stiftung/deren Zusammenschluss mit einer anderen Stiftung. Über die Sitzungen ist eine Niederschrift zu fertigen. Sie ist von dem Vorsitzenden bzw. stellvertretenden Vorsitzenden sowie einem weiteren Mitglied des Familienrates zu unterschreiben. Alle Beschlüsse des Familienrats sind zu sammeln und während des Bestehens der Stiftung aufzubewahren.

(7) Der Familienrat berät und überwacht als unabhängiges Kontrollorgan die Geschäftsführung des Vorstandes, kann diesem Weisungen erteilen und hat insbesondere darauf zu achten, dass der Vorstand für die dauernde und nachhaltige Erfüllung des Stifterwillens sorgt. Ihm obliegt insbesondere:
a) die Bestellung und Abberufung von Mitgliedern des Vorstandes,
b) die Feststellung des Jahresabschlusses und des Wirtschaftsplanes und die Entlastung des Vorstandes,
c) der Abschluss der Dienstverträge der Vorstandsmitglieder,
d) den Erlass von Richtlinien zur Erfüllung des Stiftungszwecks,
e) Beschlussfassung über die Vergabe der Fördermittel,
f) die Bestätigung der Geschäftsordnung des Vorstandes,
g) die Beschlussfassung über die Satzungsänderung und Auflösung der Stiftung/Zusammenschluss der Stiftung mit einer anderen Stiftung

(...).
Weitere Rechte des Familienrates nach anderen Bestimmungen dieser Satzung bleiben unberührt.

(8) Der Familienrat gibt sich mit einer Mehrheit von (...) der Stimmen seiner Mitglieder eine Geschäftsordnung. In ihr werden (...) geregelt. Die Geschäftsordnung kann auch die Vertretung des Familienrates gegenüber dem Vorstand regeln.

(9) Der Familienrat kann dem Vorstand insgesamt oder Einzelnen seiner Mitglieder generell oder im Einzelfall Befreiung von den Beschränkungen des § 181 BGB erteilen und die Befreiung wieder widerrufen.

§ 9 Satzungsänderung

(1) Satzungsänderungen, die nicht den Stiftungszweck betreffen, bedürfen eines Beschlusses des Vorstandes und des Familienrates jeweils mit einer Mehrheit von 2/3 seiner Mitglieder. Sie sind zulässig, wenn sie im Interesse der nachhaltigen Erfüllung des Stiftungszweckes nach dem Stifterwillen erforderlich sind.

(2) Wenn eine Verwirklichung des Stiftungszweckes unmöglich wird oder auf Grund einer wesentlichen Veränderung der Verhältnisse nicht mehr sinnvoll erscheint, kann der Stiftungszweck geändert

und ein neuer Stiftungszweck beschlossen werden. Der neue Stiftungszweck muss ebenfalls steuerbegünstigt sein

(3) Beschlüsse nach Abs. 2 dürfen vom Vorstand gemeinsam mit dem Familienrat nur jeweils mit einer 3/4 Mehrheit gefasst werden.

(4) Beschlüsse gemäß diesem Abschnitt bedürfen zu ihrer Wirksamkeit der Zustimmung der zuständigen Finanzbehörde und dürfen erst nach Erteilung der Zustimmung ausgeführt werden.

§ 10

[siehe Muster Rdn. 113]

e) Besonderheiten bei einer Verbrauchsstiftung

▶ **Muster:** 116

(bei Stiftungsvermögen, § 3, könnten etwa zusätzlich die folgenden Formulierungen verwendet werden[322]:)

(...) Die Stiftung ist als Verbrauchsstiftung gestaltet. Das Stiftungsvermögen darf zur Verwirklichung des Stiftungszwecks ganz oder teilweise innerhalb von zehn Jahren nach der Gründung verbraucht werden.

Der Stiftungsvorstand darf jährlich höchstens 1/10 des Stiftungsvermögen zur Verwendung für satzungsgemäße Zwecke auskehren. Das jeweils zu verwendende Vermögen mindert sich um eingetretene Fehlbetrage/Wertminderungen des ursprünglichen Stiftungsvermögens.

(alternativ:
Das Stiftungsvermögen muss so verbraucht werden, dass
– nach Ablauf von drei Jahren nach Gründung noch mindestens 15 %,
– nach Ablauf von fünf Jahren nach Gründung noch mindestens 10 %,
– nach Ablauf von sieben Jahren nach Gründung noch mindestens 5 %,
– nach Ablauf von neun Jahren nach Gründung noch mindestens 1 % des Stiftungsvermögen erhalten sind.)

Nicht ausgeschöpfte Betrage dürfen in Folgejahren nachgeholt werden. Zustiftungen dürfen grundsätzlich in voller Hohe verbraucht werden.

f) Stiftungssatzung einer unselbstständigen Stiftung

▶ **Muster:** 117

Präambel (...)

§ 1 Name, Rechtsform, Sitz

(1) Die Stiftung führt den Namen »(...)-Stiftung«.

(2) Sie ist eine nichtsrechtsfähige Stiftung des bürgerlichen Rechts in der Verwaltung von (...) – nachstehend Stiftungsträger genannt.

(3) Die Stiftung wird durch den Stiftungsträger im Rechtsverkehr vertreten.

(4) Die Stiftung hat ihren Sitz in (...)

---

322 Vgl. hierzu http://www.stiftungen.org/fileadmin/bvds/de/News_und_Wissen/Stiftungsgruendung/Muster_Satzung_Verbrauchsstiftung_09.12.2013.pdf.

Kapitel 13 Stiftungen

§ 2 Stiftungszweck

(1) Die Stiftung verfolgt ausschließlich und unmittelbar gemeinnützige/mildtätige/kirchliche[323] Zwecke im Sinne des Abschnitts »Steuerbegünstigte Zwecke« der Abgabenordnung.

(2) Zweck der Stiftung ist (...).[324]

(3) Der Satzungszweck wird verwirklich insbesondere durch (...).[325]

(4) Die Stiftung ist selbstlos tätig, sie verfolgt nicht in erster Linie eigenwirtschaftliche Ziele.

§ 3 Stiftungsvermögen

(1) Mittel der Stiftung dürfen nur für die satzungsmäßigen Zwecke verwendet werden. Die Mitglieder erhalten keine Zuwendungen aus Mitteln der Stiftung.

(2) Es darf keine Person durch Ausgaben, die dem Zweck der Stiftung fremd sind, oder durch unverhältnismäßig hohe Vergütungen begünstigt werden.

(3) Das Stiftungsvermögen ist vom Stiftungsträger unabhängig von seinem sonstigen Vermögen zu verwalten. Das Grundstockvermögen besteht aus (...).

(4) Zuwendungen Dritter, die zur Aufstockung des Grundstockvermögens bestimmt sind (Zustiftungen), sind zulässig. Die übrigen Zuwendungen (Spenden) sind ebenso wie die Erträge des Stiftungsvermögens zeitnah zur Erfüllung des Stiftungszwecks zu verwenden, sofern sie nicht gemäß den Vorschriften dieses Abschnitts zur Rücklagenbildung verwendet werden.

(5) Eine Umschichtung des Stiftungsvermögens ist zulässig, soweit das steuerliche Gemeinnützigkeitsrecht dem nicht entgegensteht. Für die Erhaltung und Verwaltung des Stiftungsvermögens gelten die folgende Grundsätze (...)

(6) Die Stiftung darf im Rahmen der Vorschriften über das steuerliche Gemeinnützigkeitsrecht Rücklagen bilden. Der Vorstand kann freie Rücklagen dem Stiftungsvermögen zuführen.

[(7) Unbeschadet der Regelungen in diesem Abschnitt darf die Stiftung einen Teil, höchstens jedoch ein Drittel ihres Einkommens, dazu verwenden, um in angemessener Weise die nächsten Angehörigen des Stifters zu unterhalten, das Grab des Stifters und seiner nächsten Angehörigen zu pflegen und ihr Andenken zu ehren. Dies gilt jedoch nicht für solche Angehörigen des Stifters, die nach dessen Tod ihren Pflichtteilsanspruch geltend gemacht haben.]

§ 4 Rechtsstellung der Begünstigten

Ein Anspruch auf Leistungen steht den aufgrund dieser Satzung Begünstigten nicht zu.

§ 5 Geschäftsjahr

Das Geschäftsjahr der Stiftung ist das Kalenderjahr.

§ 6 Organe der Stiftung

(1) Organe der Stiftung sind der Stiftungsträger und das Kuratorium. Die Mitglieder der genannten Organe dürfen nicht dem jeweils anderen Organ angehören. [Insbesondere dürfen die Mitglieder des Kuratoriums nicht zugleich Mitglieder des Vertretungsorgans des Stiftungsträgers sein.][326]

---

323 Entsprechend dem Zweck angeben.
324 Etwa: Förderung von Wissenschaft und Forschung, Jugend- und Altenhilfe, Erziehung, Volks- und Berufsbildung, Kunst und Kultur, Landschaftspflege, Umweltschutz, des öffentlichen Gesundheitswesens, des Sports, Unterstützung hilfsbedürftiger Personen.
325 Etwa: Durchführung wissenschaftlicher Veranstaltungen und Forschungsvorhaben, Vergabe von Forschungsaufträgen, Unterhaltung einer Schule, einer Erziehungsberatungsstelle, Pflege von Kunstsammlungen, Pflege des Liedgutes und des Chorgesangs, Errichtung von Naturschutzgebieten, Unterhaltung eines Kindergartens, Kinder-, Jugendheimes, Unterhaltung eines Altenheimes, eines Erholungsheimes, Bekämpfung des Drogenmissbrauchs, des Lärms, Förderung sportlicher Übungen und Leistungen.
326 Sinnvoll, sofern der Stiftungsträger eine juristische Person ist.

(2) Die Mitglieder der Stiftungsorgane werden ehrenamtlich tätig.[327] Ihnen dürfen keine Vermögensvorteile zugewendet werden.[328] Sie haben nach Maßgabe eines entsprechenden Beschlusses des Kuratoriums Anspruch auf Ersatz der nachgewiesenen notwendigen Auslagen.

(3) Die Mitglieder des Kuratoriums scheiden spätestens mit Vollendung des (...) Lebensjahres aus dem Kuratorium aus.

§ 7 Aufgaben des Stiftungsträgers

Der Stiftungsträger hat den Willen des Stifters so wirksam wie möglich zu erfüllen und für die dauernde und nachhaltige Erfüllung des Stiftungszweckes zu sorgen. Er verwaltet die Stiftung und führt die Geschäfte der Stiftung, soweit es sich nicht um durch diese Satzung dem Kuratorium zugewiesene Aufgaben handelt. Seine Aufgabe ist insbesondere
a) die Verwaltung des Stiftungsvermögens einschließlich der Führung von Büchern und der Aufstellung des Jahresabschlusses,
b) die Erstellung eines Wirtschaftsplanes zu Beginn eines jeden Geschäftsjahres,
c) die Vorbereitung und Durchführung der Beschlüsse des Kuratoriums über die Vergabe der Stiftungsmittel,
d) die Berichterstattung und Rechnungslegung über die Tätigkeit der Stiftung,
e) die Beschlussfassung über die Satzungsänderung und Auflösung der Stiftung/den Zusammenschluss der Stiftung mit einer anderen Stiftung.

§ 8 Kuratorium

(1) Das Kuratorium besteht aus mindestens (...) und maximal (...) natürlichen Personen. Die ersten Kuratoriumsmitglieder werden vom Stifter bestellt.

(2) Das Kuratorium wählt den Vorsitzenden und den stellvertretenden Vorsitzenden aus seiner Mitte auf die Dauer von (...) Jahren. Wiederwahl ist zulässig.

(3) Die Amtszeit der Kuratoriumsmitglieder beträgt (...) Jahre. Wiederbestellung ist zulässig. Die Regelung zu § 6 Abs. 3 bleibt unberührt.

(4) Bei Ausscheiden eines Kuratoriumsmitglieds bestellen die verbleibenden Mitglieder den Nachfolger. Bis zu diesem Zeitpunkt führt das amtierende Kuratorium die Geschäfte fort.

(5) Das Kuratorium kann mit einer Mehrheit von 3/4 der verbleibenden Mitglieder des Kuratoriums einzelne Mitglieder bei Vorliegen eines wichtigen Grundes abberufen. Ein solcher Grund ist insbesondere dann gegeben, wenn sich das betreffende Kuratoriumsmitglied einer groben Pflichtverletzung schuldig gemacht hat oder als unfähig zur ordnungsgemäßen Aufgabenerfüllung erweist. Die Rechte der Stiftungsaufsicht bleiben unberührt.

(6) Das Kuratorium wird von seinem Vorsitzenden – bei seiner Verhinderung durch den stellvertretenden Vorsitzenden – schriftlich unter Einhaltung einer Frist von mindestens zwei Wochen und unter Bezeichnung der einzelnen Punkte der Tagesordnung mindestens (...) pro Kalenderjahr einberufen. Das Kuratorium ist auch einzuberufen, wenn ein Mitglied des Kuratoriums oder der Stiftungsträger es verlangt; das Verlangen hat den Beratungspunkt anzugeben. Der Vorstand nimmt an den Sitzungen des Kuratoriums teil. Die Sitzungen des Kuratoriums werden durch deren Vorsitzenden bzw. den stellvertretenden Vorsitzenden geleitet. Das Kuratorium ist beschlussfähig, wenn mehr als die Hälfte der Kuratoriumsmitglieder anwesend sind. Beschlüsse des Kuratoriums werden, wenn sich aus dieser Satzung oder dem Gesetz nicht etwas anderes ergibt, mit einfacher Stimmenmehrheit der anwesenden Mitglieder getroffen. Bei Stimmengleichheit entscheidet die Stimme des Vorsitzenden bzw. seines Stellvertreters. Ein abwesendes Mitglied kann sich aufgrund einer schriftlichen Erklärung gegenüber dem Kuratorium durch ein anwesendes Mitglied vertreten lassen. Schriftliche Beschlussfassungen im Umlaufverfahren sind mit Zustimmung aller Kuratoriumsmitglieder ebenso zulässig wie auf elektronischem Wege. Dies gilt jedoch nicht für Beschlüsse über die Bestellung und Abberufung von Organ-

---

327 Sofern gewünscht, sollte an dieser Stelle eine Vergütung(smöglichkeit) der Organmitglieder – auch wenn sich diese im Rahmen der Ehrenamtspauschale von nunmehr 720 EUR bewegt – in die Satzung aufgenommen werden, vgl. Rdn. 96. Die steuerrechtlichen Implikationen sind zu beachten.
328 Ggf. müsste an dieser Stelle die Vergütung des Stiftungsträgers angesprochen werden.

mitgliedern sowie für Beschlüsse über die Satzungsänderung und die Auflösung der Stiftung/deren Zusammenschluss mit einer anderen Stiftung. Über die Sitzungen ist eine Niederschrift zu fertigen. Sie ist von dem Vorsitzenden bzw. stellvertretenden Vorsitzenden sowie einem weiteren Mitglied des Kuratoriums zu unterschreiben. Alle Beschlüsse des Kuratoriums sind zu sammeln und während des Bestehens der Stiftung aufzubewahren.

(6) Das Kuratorium überwacht als unabhängiges Kontrollorgan die Geschäftsführung des Stiftungsträgers und hat insbesondere darauf zu achten, dass der Stiftungträger für die dauernde und nachhaltige Erfüllung des Stifterwillens sorgt. Ihm obliegt insbesondere:
a) die Bestätigung des Jahresabschlusses und des Wirtschaftsplanes und die Entlastung des Stiftungsträgers,
b) den Erlass von Richtlinien zur Erfüllung des Stiftungszwecks,
c) Beschlussfassung über die Vergabe der Fördermittel,
d) die Beschlussfassung über die Satzungsänderung und Auflösung der Stiftung/Zusammenschluss der Stiftung mit einer anderen Stiftung

(...).

Das Kuratorium kann jederzeit vom Stiftungsträger Auskunft über alle das Stiftungsvermögen betreffende Vorgänge und Einsicht in alle Unterlagen der Stiftungsverwaltung verlangen.

Weitere Rechte des Kuratoriums nach anderen Bestimmungen dieser Satzung bleiben unberührt.

(7) Das Kuratorium gibt sich mit einer Mehrheit von (...) der Stimmen seiner Mitglieder eine Geschäftsordnung. In ihr werden (...) geregelt. Die Geschäftsordnung kann auch die Vertretung des Kuratoriums gegenüber dem Stiftungsträger regeln.

§ 9 Satzungsänderung

(1) Satzungsänderungen, die nicht den Stiftungszweck betreffen, bedürfen eines Beschlusses des Kuratoriums mit einer Mehrheit von 2/3 seiner Mitglieder und der Zustimmung des Stiftungsträgers. Sie sind zulässig, wenn sie im Interesse der nachhaltigen Erfüllung des Stiftungszweckes nach dem Stifterwillen erforderlich sind und soweit das steuerliche Gemeinnützigkeitsrecht dem nicht entgegensteht. Das Erfordernis staatlicher Genehmigung bleibt unberührt.

(2) Wenn eine Verwirklichung des Stiftungszweckes unmöglich wird oder auf Grund einer wesentlichen Veränderung der Verhältnisse nicht mehr sinnvoll erscheint, kann der Stiftungszweck geändert und ein neuer Stiftungszweck beschlossen werden. Der neue Stiftungszweck muss ebenfalls steuerbegünstigt sein. Das Erfordernis staatlicher Genehmigung bleibt unberührt.

(3) Beschlüsse nach Abs. 2 dürfen vom Kuratorium nur mit einer 3/4 Mehrheit gefasst werden unter Zustimmung des Stiftungsträgers.

§ 10 Auflösung der Stiftung/Zusammenschluss; Vermögensanfall

(1) Das Kuratorium kann mit einer Mehrheit von 3/4 ihrer Mitglieder unter Zustimmung des Stiftungsträgers die Auflösung der Stiftung oder den Zusammenschluss mit einer oder mehreren anderen steuerbegünstigten Stiftungen beschließen, wenn die Umstände es nicht mehr zulassen, den Stiftungszweck dauernd und nachhaltig zu erfüllen, auch eine Satzungsänderung nach § 9 nicht in Betracht kommt und das steuerliche Gemeinnützigkeitsrecht dem nicht entgegensteht. Die durch den Zusammenschluss entstehende Stiftung muss ebenfalls steuerbegünstigt sein. Das Erfordernis staatlicher Genehmigung bleibt unberührt.

(2) Bei Auflösung oder Aufhebung der Stiftung, des Wegfall ihres Trägers[329] oder bei Wegfall steuerbegünstigter Zwecke fällt das Vermögen der Stiftung

---

329 Vorliegend wird davon ausgegangen, dass als Stiftungsträger aus den unter Rdn. 108 f. angegebenen Gründen eine juristische Person gewählt wurde. Sollte hingegen eine natürliche Person zum Stiftungsträger ernannt worden sein, ist anzuraten, eine Regelung zu der Frage der Konsequenzen des Ablebens (bzw. der Betreuungsbedürftigkeit) des Stiftungsträgers aufzunehmen.

a) an den/die/das ...³³⁰, der/die/das es unmittelbar oder ausschließlich für gemeinnützige, mildtätige oder kirchliche Zwecke zu verwenden hat

alternativ:

b) an eine juristische Person des öffentlichen Rechts oder eine andere steuerbegünstigte Körperschaft zwecks Verwendung für ...³³¹.

IV. Erbrechtliche Gestaltungsfragen

Neben den vorgenannten stiftungsrechtlichen Fragen sind bei der Stiftungserrichtung von Todes wegen auch noch einige erbrechtliche Besonderheiten zu beachten: **118**

1. Erbeinsetzung einer postmortal zu gründenden selbständigen Stiftung durch notarielles Testament

a) Mindestanforderungen

Soweit die noch zu errichtende Stiftung zum Alleinerben eingesetzt wird, muss die Erbeinsetzung selbst die oben genannten **essentialia** der Stiftungserrichtung³³² enthalten. Überdies ist die Satzung als Bestandteil des Stiftungsgeschäfts mitzubeurkunden.³³³ **119**

b) Formulierungsbeispiel

▶ **Muster:** **120**

[üblicher Beginn]

A. Erbeinsetzung

Zu meinem Alleinerben setze ich die hiermit errichtete Stiftung »(...)« mit dem Sitz in (...) ein.

Ich bestimme, dass mein gesamter Nachlass – mit Ausnahme eines Geldbetrages, der der geschuldeten Vergütung des Testamentsvollstreckers entspricht – das Grundstockvermögen der Stiftung bilden soll.

Die Stiftung soll eine selbständige, rechtsfähige Stiftung gemäß §§ 80 ff. BGB sein und als solche nach dem Stiftungsgesetz des Landes ... anerkannt werden.

Zweck der Stiftung soll (...) sein.

---

330 Bezeichnung einer juristischen Person des öffentlichen Rechts oder einer anderen steuerbegünstigten Körperschaft.
331 Angabe eines bestimmten gemeinnützigen, mildtätigen oder kirchlichen Zwecks, z. B. Förderung der Wissenschaft und Forschung, Volks. und Berufsbildung, der Unterstützung von Personen, die im Sinne von § 53 AO bedürftig sind, Unterhaltung eines Gotteshauses in ...
332 Vgl. Rdn. 42 ff.
333 Bei der Errichtung eines handschriftlichen Testaments stellt sich demgegenüber die Frage, ob (auch) die Stiftungssatzung vollständig handschriftlich abgefasst sein muss oder ob es genügt, die in § 81 Abs. 1 S. 3 BGB aufgeführten Regelungen handschriftlich in das Testament aufzunehmen und eine maschinengeschriebene Satzung beizufügen (vgl. etwa LG Berlin FamRZ 2001, 450: »Die Erbeinsetzung einer noch zu errichtenden Stiftung durch privatschriftliches Testament unter Bezugnahme auf die maschinengeschriebene Stiftungssatzung ist unwirksam.« und OLG Stuttgart ZEV 2010, 200: »Eine Stiftung von Todes wegen kann im Einzelfall auch dann formwirksam errichtet werden, wenn nur das Testament und nicht auch die Stiftungssatzung eigenhändig geschrieben und unterschrieben worden ist. Voraussetzung dafür ist aber stets, dass der Wille des Erblassers zur Errichtung einer Stiftung im Testament hinreichend deutlich zum Ausdruck gekommen ist.«). Um jegliche (Haftungs-)Risiken auszuschließen, sollte die Stiftungssatzung in jedem Fall ebenfalls handschriftlich abgefasst werden, oder – was bereits aufgrund der Komplexität der Thematik vorzuziehen ist – das Testament notariell beurkundet werden (so auch *Reimann*, DNotZ 2012, 250, 253).

Kapitel 13 Stiftungen

Die Stiftung soll nach Maßgabe der anliegenden Satzung durch einen aus (...) Personen bestehenden Vorstand [und aus einem aus (...) Personen bestehenden Kuratorium] verwaltet werden.

Als ersten Vorstand bestelle ich die folgenden Personen: (...). Sollte eine dieser Personen kein Mitglied des Vorstandes werden wollen oder können, so sollen die verbleibenden bestellten Personen gemeinsam mit dem Testamentsvollstrecker, hilfsweise, sollte keiner der von mir bestimmten Personen Mitglied des Vorstandes werden können oder wollen, der Testamentsvollstrecker allein, eine andere geeignete Person bestimmen. *[ggf. entsprechende Regelung für das Kuratorium]*

Ich gebe der Stiftung die anliegende Satzung, die Bestandteil dieses Stiftungsgeschäfts ist. *[hier folgt die Satzung einer rechtsfähigen gemeinnützigen Stiftung bürgerlichen Rechts]*.

Sollte die Stiftung nicht bis spätestens (...) nach meinem Tode von der zuständigen Stiftungsbehörde als rechtsfähig anerkannt worden sein, so setze ich die (... *steuerbegünstigte Körperschaft*)) als meine Alleinerbin ein. Dieser mache ich zur Auflage, meinen Nachlass ausschließlich für (...) zu verwenden.[334]

B. Testamentsvollstreckung[335]

[ggf. sonstige Regelungen, übliches Ende]

2. Testamentsvollstreckung

a) Zweckmäßigkeit der Anordnung einer Testamentsvollstreckung

121 Es wird in der Regel **zweckmäßig** und oft unerlässlich sein, ergänzend zum Stiftungsgeschäft eine **Testamentsvollstreckung** anzuordnen, damit das Anerkennungsverfahren[336] und die vermögensrechtliche und personelle Konstituierung der Stiftung objektiv betrieben werden kann.[337]

122 Bei der Bestimmung der **konkreten Person** des Testamentsvollstreckers muss der Stifter **besondere Sorgfalt** walten lassen. Dieser muss willens und fähig sein, in Abstimmung mit der Anerkennungsbehörde (und zumeist dem zuständigen Finanzamt) die zum Teil komplexen rechtlichen und wirtschaftlichen/steuerlichen Probleme zu lösen, die bei der Stiftungserrichtung auftreten können. Sofern der Stifter selbst keine geeignete Person benennen kann, kann der Testamentsvollstrecker auch von einem Dritten bestimmt werden (§ 2198 BGB); nach § 2200 BGB kann der Erblasser in dem Testament zudem das Nachlassgericht darum ersuchen, einen Testamentsvollstrecker zu ernennen. Welche **Kompetenzen** dem Testamentsvollstrecker zugesprochen werden, liegt im **Ermessen** des Stifters. Als »Basisaufgabe« sollte es dem Testamentsvollstrecker obliegen, die Anerkennung durch die Stiftungsbehörde herbeizuführen, – sofern gewünscht – den Status der Stiftung als steuerbegünstigt zu erwirken und die Übertragung des Vermögens auf die Stiftung zu veranlassen.[338] Abgesehen von den originär dem Stifter obliegenden Festsetzungen des Stiftungszweckes und der sonstigen Essentialien[339] kann dem Testamentsvollstrecker darüber hinaus auch die Detailausarbeitung einer anerkennungsfähigen Stiftungssatzung übertragen werden.[340] Hier sollte der Stifter jedoch be-

---

334 Die Einhaltung dieser Auflage sollte von dem Testamentsvollstrecker überwacht werden.
335 Hierzu sogleich unter Rdn. 121 ff.
336 Zu der Frage, ob der Testamentsvollstrecker auch nach der Entstehung der Stiftung zu Satzungsänderungen befugt sein kann vgl. *Reimann*, DNotZ 2012, 250, 255 und BGH DNotZ 1965, 98.
337 *Schmidt*, ZEV 2000, 438; *Langenfeld*, ZEV 2002, 481, 482; Seifart/von Campenhausen/*Hof* § 6 Rn. 106.
338 *Wachter*, 15, 20.
339 Vgl. Rdn. 108 f.
340 Beachte: Das OLG München hat jüngst entschieden (ZEV 2014, 605), dass, wenn der Zweck einer Stiftung hinreichend bestimmt sei, die Errichtung einer unselbstständigen Stiftung aufgrund letztwilliger Verfügung auch in der Weise möglich sei, dass der Erblasser einem Dritten (hier: der Testamentsvollstreckerin) die Auswahl des Stiftungsträgers und die inhaltliche Fassung der Stiftungssatzung überlasse. Eingehend (und kritisch) zu dieser Entscheidung *Muscheler*, ZEV 2014, 573 (§ 2193 BGB sei im vorliegenden Fall nicht anwendbar, § 2151 BGB bei der Auflage nicht anwendbar (§ 2192 BGB), außerdem lägen auch seine

rücksichtigen, dass ein Mehr an Kompetenz auch immer ein Mehr an Missbrauchsmöglichkeit mit sich bringt. Unabhängig hiervon sollte dem Testamentsvollstrecker jedoch, wie erläutert, die Befugnis zugesprochen werden, die Satzung an eventuelle Anordnungen der zuständigen Stiftungs- oder Finanzbehörde anzupassen.[341]

Sollte der Testamentsvollstrecker auch nach Errichtung der Stiftung noch bei Satzungsänderungen mitwirken oder in sonstiger Weise an der Willensbildung in der Stiftung beteiligt werden, sollte er zugleich als **Stiftungsorgan bzw. Mitglied eines Stiftungsorgans** eingesetzt werden; hier ist an eine etwaige Befreiung von den Beschränkungen des § 181 BGB zu denken. Die Zuweisung einer solche Doppelfunktion zur Person des Testamentsvollstreckers ist der Anordnung einer Dauertestamentsvollstreckung für die Verwaltung des Nachlasses vorzuziehen, da die rechtliche Zulässigkeit der Koppelung von Dauertestamentsvollstreckung und Erbeinsetzung der Stiftung nicht abschließend geklärt ist.[342] Das OLG Frankfurt/Main hat sich vor kurzem mit dieser Frage auseinandergesetzt[343] und entschieden, dass eine Stiftung von Todes wegen nicht mit der Dauertestamentsvollstreckung vereinbar sei. Begründet hat das Gericht seine Entscheidung damit, dass der Stiftungsvorstand das Stiftungsvermögen in Eigenverantwortung verwalten müsse. Würde das Stiftungsvermögen von einem Dritten, in concreto: dem Testamentsvollstrecker, verwaltet, bestünde für die Aufsichtsbehörde keine Möglichkeit zu prüfen, ob das Vermögen im Einklang mit dem Landesrecht verwaltet werde. Folglich müsse ein Testamentsvollstrecker, dessen Aufgabe die Errichtung einer Stiftung von Todes wegen war, nach der Anerkennung der Rechtsfähigkeit der Stiftung die Verfügungsbefugnis über den als Stiftungsvermögen zugewendeten Teil des Nachlasses zu Gunsten der Stiftung freigeben. Der BGH hat die Nichtzulassungsbeschwerde gegen die Entscheidung zurückgewiesen.[344] Die Entscheidung wird von der Literatur zu recht kritisiert.[345] Gleichwohl gilt es aus der Sicht der beratenden Praxis, dieses Urteil bei der Beratung entsprechend zu berücksichtigen.

123

Anzumerken ist noch, dass die **Anerkennungs- und Aufsichtsbehörde** als Beteiligte im Sinne des § 2227 Abs. 1 BGB die **Entlassung des Testamentsvollstreckers** aus wichtigem Grund verlangen kann, sofern sich dieser einer groben Pflichtverletzung schuldig macht oder sich sonst als zur Testamentsvollstreckung ungeeignet erweist.[346]

124

Als denkbare Alternative zur Testamentsvollstreckung bietet sich im übrigen die Erteilung einer **trans- oder postmortalen Vollmacht** an.[347] Gegen die Gefahr eines Widerrufs der Vollmacht durch die Erben kann Vorkehrung durch Strafklauseln getroffen werden.[348] Zu beachten ist jedoch, dass zweifelhaft ist, ob der Bevollmächtigte vom Verbot des § 181 BGB befreit werden kann, wenn der Erblasser den Widerruf der Vollmacht erschwert hat.[349]

125

Tatbestandsvoraussetzungen nicht vor. Damit gelte für die konkrete Auflage das Prinzip des § 2065 Abs. 2 BGB. An diesem Maßstab gemessen sei die konkret in Rede stehende Auflage unwirksam.

341 *Wochner*, MittRhNotK 1994, 97. Andernfalls kann bei der Einsetzung der Stiftung als Alleinerbin vom Nachlassgericht ein Nachlasspfleger (§ 1960 BGB) und bei der Einsetzung zum Miterben oder Vermächtnisnehmer ein Pfleger nach § 1913 BGB bestellt werden, vgl. AnwKomm-BGB/*Schiffer*, § 83 Rn. 18.

342 Vgl. *Ihle*, RNotZ 2009, 557, 561. In diesem Fall ist überdies der – immer zu behandelnden – Frage der Befreiung vom Verbot des Abschlusses von In-Sich-Geschäften (§ 181 BGB) besonderes Augenmerk zu widmen. (*Nieder/Kössinger*, Rn. 688). Wegen der sonstigen bei der Testamentsvollstreckung stets zu beachtenden Bestimmungen – etwa zur Vergütung, Ersatztestamentsvollstreckern etc. – gelten die allgemeinen Erwägungen.

343 OLG Frankfurt/Main ZEV 2011, 605 m. Anm. *Reimann*. Die Aussagen erfolgten zwar »nur« im Hinblick auf das hessische Stiftungsrecht, dürften jedoch verallgemeinerungsfähig sein (*Reimann* a. a. O.).

344 BGH v. 6.7.2011 – IV ZR 11/11, n. v.

345 *Zimmermann*, NJW 2013, 3557, 3560; *Reimann*, ZEV 2011, 609; *ders.*, DNotZ 2012, 250, 256; *Schewe*, ZEV 2012, 236 m. w. N. auch zur a. A.

346 AG Solingen StiftRspr. IV, 121, 122 f.; LG Wuppertal StiftRspr. IV 133, 134.

347 *Haegele/Winkler*, Der Testamentsvollstrecker, Rn. 244 ff.

348 Vgl. *Nieder/Kössinger*, Rn. 697.

349 Vgl. *Basty*, DNotZ 1994, 208.

b) Formulierungsbeispiel: Stiftungserrichtung durch Testament mit Anordnung einer Testamentsvollstreckung

126 ▶ **Muster:**

[wie unter Rdn. 119 f.]

B. Testamentsvollstreckung

Ich ordne (Abwicklungs-)Testamentsvollstreckung an. Zum Testamentsvollstrecker bestimme ich (...), geboren am (...), wohnhaft (...). Der Testamentsvollstrecker hat das Recht, einen Nachfolger zu benennen. Sollte der Testamentsvollstrecker das Amt nicht annehmen können oder wollen, steht ihm als Bestimmungsrecht gemäß § 2198 BGB zu. Soweit eine Bestimmung bzw. Nachfolgerbestimmung nicht erfolgt, wird das zuständige Nachlassgericht ersucht, eine geeignete Person zum Testamentsvollstrecker zu ernennen.

Der Testamentsvollstrecker ist von den Beschränkungen des § 181 BGB befreit. In der Eingehung von Verbindlichkeiten für den Nachlass ist er nicht beschränkt.

Der Testamentsvollstrecker hat insbesondere die Aufgabe, im Benehmen mit den von dem Stifter zu Vorstandsmitgliedern bestellten Personen das Verfahren zur Anerkennung der Stiftung zu betreiben, die Stiftungserrichtung insgesamt zu vollziehen, die Vermögensausstattung der Stiftung zu überwachen und zur konstituierenden Sitzung des Stiftungsvorstandes einzuladen. Die Testamentsvollstreckung endet mit der konstituierenden Sitzung des Stiftungsvorstandes *[Alternativ: mit der Anerkennung der Stiftung].*[350]

Der Testamentsvollstrecker ist befugt, nach meinem Tode die beigefügte Satzung der (...)-Stiftung zu ändern, soweit dies erforderlich ist, um meinem Willen im Anerkennungsverfahren Geltung zu verschaffen und sicherzustellen, dass die Stiftung den Status einer steuerbegünstigten Körperschaft im Sinne der Abgabenordnung erhält.

Der Testamentsvollstrecker erhält eine angemessene Vergütung, die sich an den Empfehlungen des Deutschen Notarvereins (sogenannte »Neue Rheinische Tabelle« mit etwaigen künftigen Fortschreibungen) orientieren soll. Der Testamentsvollstrecker ist berechtigt, die Vergütung nach billigem Ermessen festzusetzen.[351] Der Testamentsvollstrecker darf dem Nachlass die Vergütung selbst entnehmen. Das Honorar fällt auch an, wenn die Stiftung nicht als rechtsfähig anerkannt wird.

[Alternativ: Als Nettohonorar erhält der Testamentsvollstrecker...% des Aktivnachlasses nach Verkehrswerten. Er ist berechtigt, dieses Honorar einschließlich Umsatzsteuer dem Nachlass selbst zu entnehmen. Das Honorar fällt auch an, wenn die Stiftung nicht als rechtsfähig anerkannt wird.]

[ggf. sonstige Regelungen, übliches Ende]

3. Vor- und Nacherbschaft

a) Differenzierung: Einsetzung der Stiftung als Vor-/Nacherbin

127 Es sollte überdies beachtet werden, dass eine mit dem Erbfall zu gründende Stiftung wegen der hierin liegenden zeitlichen Begrenzung (§ 2130 BGB) nach einer älteren Ansicht in der Literatur[352] grundsätzlich **nicht Vorerbin** sein kann.[353] Dies ergebe sich aus der hiermit verbundenen zeitlichen Begren-

---

350 Sofern als Ersatzerbe eine bereits existente Stiftung eingesetzt wird mit der Auflage, das Stiftungsvermögen zu bestimmten Zwecken einzusetzen (vgl. Rdn. 152 f.), sollte die Erfüllung dieser Auflage ebenfalls vom Testamentsvollstrecker überwacht werden.
351 Formulierung von *Odersky*, notar 2010, 23.
352 *Langenfeld*, ZEV 2002, 481, 481; a. A. *Röthel* ZEV 2006, 8 (jedoch eingeschränkt auf einen zeitlich begrenzten Stiftungszweck).
353 Ungenau hier Beck'sches Notarhandbuch/*Bengel/Reimann*, 5. Auflage (2009), 875, die ausführen, »eine Stiftung« könne nicht Vorerbin sein. Sofern es sich hierbei um eine bereits gegründete Stiftung handelt, die lediglich als Vorerbe eingesetzt wird, dürfte dem jedoch keine Bedenken entgegenstehen, sofern die Stiftung in ihrer Zweckerfüllung nicht von dem im Wege der Vorerbschaft erlangten Vermögen abhängig

zung des Vermögenserwerbs. Zumindest soll es nach Auffassung der Finanzverwaltung (bisher) an der erforderlichen Bindung des zugewandten Vermögens im Sinne des § 55 Abs. 1 Nr. 1 AO fehlen, wenn eine gemeinnützige Stiftung das Vermögen als Vorerbin nur auf Zeit erhält und bei Eintritt des Nacherbfalls wieder herausgeben muss.[354] Diese Auffassung überzeugt – zumindest in ihrer Absolutheit – seit der expliziten gesetzgeberischen Anerkennung der Verbrauchsstiftung indes nicht mehr. Sofern die Verbrauchsstiftung die in § 80 Abs. 2 S. 2 BGB normierten Voraussetzungen erfüllt und die Vorerbschaft auf die Dauer der Stiftung befristet ist, kommt nunmehr grundsätzlich auch eine Einsetzung einer Stiftung als Vorerbin in Betracht.[355] Die Gestaltung derartiger Konstruktionen ist indes alles andere als profan; so bedarf es etwa einer ausdrücklichen Befreiung nach § 2136 BGB, um durch den Verbrauch keine Schadensersatzansprüche nach § 2120 BGB zu begründen. Um durch die Zuwendung an die Destinatäre nicht gegen das Verbot des § 2113 Abs. 2 BGB zu verstoßen, sollte zudem die Vorerbeinsetzung unter der Auflage erfolgen, den Nachlass zur Verwirklichung des Stiftungszweckes einzusetzen.[356] Die Vorerbeinsetzung der Stiftung dürfte erbschaftsteuerrechtlich den Vorteil besitzen, dass der Nacherbe im Rahmen der Besteuerung des Nacherbfalls anders als bei der Besteuerung des Vermögensanfalls bei Auflösung der Stiftung in den Genuss der Anrechnungsvorschrift des § 6 Abs. 3 S. 2 ErbStG kommen kann.[357] Zu beachten ist indes, dass diese denkbare Konstruktion bisher noch nicht gerichtlich überprüft wurde und daher zum einen eine vorherige Klärung mit den zuständigen Stellen angestrebt werden sollte, zum anderen Vorkehrungen getroffen werden sollten für den Fall, dass die Anerkennung dieser Konstruktion scheitert bzw. die steuerlichen Effekte nicht erzielt werden können.

Eine Stiftung kann demgegenüber aber **unproblematisch als Nacherbin** eingesetzt werden.[358] Sofern die Stiftung erst mit dem Nacherbfall gegründet wird, sollte jedoch – etwa durch die Einsetzung eines Testamentsvollstreckers und durch beschränkende Regelungen hinsichtlich der Verwaltung des Vermögens – sichergestellt werden, dass während des »Schwebezustandes« zwischen Vor- und Nacherbfall keine Handlungen (insbesondere des Vorerben) zu Lasten der zu gründenden Stiftung vorgenommen werden können, die dem Stifterwillen zuwiderlaufen.[359]

128

Die **Anerkennung der Rechtsfähigkeit** der Stiftung, wenn diese als Nacherbin eingesetzt wird, ist vor Eintritt des Nacherbfalls allenfalls dann zulässig, wenn der Vorerbe nicht befreit im Sinne des § 2136 BGB ist.[360] Aber auch in diesem Fall ist die Erlangung der Fähigkeit der Stiftung zur dauerhaften und nachhaltigen Erfüllung des Stiftungszwecks oftmals über Jahrzehnte hinweg ungewiss.[361] Wird die

129

---

ist (*Schiffer*, S. 203 f.). Sie muss dementsprechend auch ohne die Vorerbschaft über ein Vermögen verfügen, welches die nachhaltige Erfüllung des Stiftungszweckes sicherstellt.
354 FinMin Bayern ZSt 2004, 100; kritisch dazu *Söffing/Thoma* BB 2004, 855.
355 Näher *Tielmann*, NJW 2013, 2934, 2938.
356 Näher hierzu *Tielmann*, NJW 2013, 2934, 2938.
357 *Tielmann*, NJW 2013, 2934, 2938.
358 Kompaktkommentar Erbrecht/*Schiffer/v. Schubert* (2007), Anhang zu § 1922 BGB Rn. 11. Es ist jedoch eine steuerliche Besonderheit zu beachten: Die Steuerbefreiung nach § 13 Abs. 1 Nr. 16b ErbStG gilt nach Ansicht der Finanzverwaltung nicht für folgenden Fall: Die gemeinnützige Stiftung wird als Vorerbin eingesetzt, Nacherben sind die Abkömmlinge des Erblassers bzw. Dritte und der Nacherbfall soll eintreten zu einem Zeitpunkt, der durch die Person des Nacherben begründet wird (z. B. deren Volljährigkeit): vgl. Erlass vom 12. November 2003 betreffend steuerliche Konsequenzen der Einsetzung einer gemeinnützigen Stiftung als Vorerbin – FM Bayern 34-S3812–044–37 478/03 – ZSt 2004, 100; dazu kritisch *Söffing/Thoma* BB 2004, 855.
359 Dem Vorerben ist es schließlich, abgesehen von den in §§ 2113 ff. BGB geregelten Fällen, unbenommen, über die Erbschaft zu verfügen, § 2112 BGB. Er darf zwar – vorbehaltlich abweichender Vereinbarungen – grundsätzlich nicht in die Substanz des Vermögens eingreifen, hat jedoch für seine Verfügungen nach §§ 2130, 2131 BGB nur für diejenige Sorgfalt einzustehen, die er in eigenen Angelegenheiten anzuwenden pflegt. Die Entstehung und damit verbunden die Existenz der Stiftung ist damit im Ergebnis vom Wohlverhalten des Vorerben abhängig.
360 H. M.: vgl. Nachweise bei Schulze/Dörner/Ebert/*Dörner*, § 83 Rn. 4.
361 *Ihle*, RNotZ 2009, 557, 561.

Kapitel 13 Stiftungen

Stiftung zur Nacherbin benannt und ist der Vorerbe befreit im Sinne des § 2136 BGB, muss die Behörde weitgehend unstreitig mit der Anerkennung demgegenüber bis zum Eintritt des Nacherbfalls warten, um feststellen zu können, ob noch ausreichendes Vermögen zur Stiftungserrichtung vorhanden ist.[362]

130 Es ist offensichtlich: Die Einsetzung der noch nicht gegründeten Stiftung als Vor- oder Nacherbin ist **kompliziert** und führt in der Praxis zu einer Reihe von praktischen Folgeproblemen. Der Notar sollte dementsprechend, wie bereits erwähnt, auf **Alternativlösungen** hinwirken (etwa durch die Einsetzung von Vermächtnissen, Auflagen etc.).

b) Formulierungsbeispiel (Einsetzung einer Stiftung als Nacherbe)

131 ▶ **Muster:**

[üblicher Beginn]

A. Erbeinsetzung

Zu meinem Vorerben setzte ich (...) ein. Zu meinem Nacherben bestimme ich die noch zu errichtende (...)-Stiftung mit dem Sitz in (...). Der Nacherbfall tritt mit dem Tode des Vorerben ein.

Der Vorerbe ist nicht befreit im Sinne des § 2136 BGB. Ihm ist es untersagt, in die Substanz des Nachlasses einzugreifen. Zum Nachlass gehörendes Geld hat er nach den Regeln einer ordnungsgemäßen Wirtschaft dauernd entsprechend den §§ 1806 ff. BGB anzulegen. Die Erträge aus der Substanz des Nachlasses stehen dem Vorerben zur freien Verfügung.

Bei Eintritt der Nacherbfolge soll die (...)-Stiftung nach den folgenden Vorgaben errichtet werden:

Der auf die (...)-Stiftung entfallende Nachlass soll das Grundstockvermögen der (...)-Stiftung bilden.

Zu den ersten Mitgliedern des Vorstandes bestimme ich (...).

Die (...)-Stiftung soll eine selbständige rechtsfähige Stiftung gem. §§ 80 ff. BGB sein. Als Zweck der Stiftung bestimme ich (...). Die Stiftung hat ihren Sitz in (...). Die Stiftung soll die anliegende Satzung, die Bestandteil dieses Stiftungsgeschäfts ist, erhalten.

B. Testamentsvollstreckung

Ich ordne Testamentsvollstreckung an. Zum Testamentsvollstrecker bestimme ich (...), geboren am (...), wohnhaft (...). Der Testamentsvollstrecker hat das Recht, einen Nachfolger zu benennen. Sollte der Testamentsvollstrecker das Amt nicht annehmen können oder wollen, steht ihm als Bestimmungsrecht gemäß § 2198 BGB zu. Soweit eine Bestimmung bzw. Nachfolgerbestimmung nicht erfolgt, wird das zuständige Nachlassgericht ersucht, eine geeignete Person zum Testamentsvollstrecker zu ernennen.

Der Testamentsvollstrecker ist von den Beschränkungen des § 181 BGB befreit. In der Eingehung von Verbindlichkeiten für den Nachlass ist er nicht beschränkt.

Der Testamentsvollstrecker hat insbesondere die Aufgabe, für die Erhaltung der Substanz des Nachlasses entsprechend den hier niedergelegten Erwägungen bis zum Nacherbfall zu sorgen und nach Eintritt des Nacherbfalls im Benehmen mit den Vorstandsmitgliedern das Verfahren zur Anerkennung der Stiftung zu betreiben, die Stiftungserrichtung insgesamt zu vollziehen, die Vermögensausstattung der Stiftung zu überwachen und zur konstituierenden Sitzung des Stiftungsvorstandes einzuladen. Die Testamentsvollstreckung endet mit der konstituierenden Sitzung des Stiftungsvorstandes. Im Wege der Auflage wird angeordnet, dass dem Testamentsvollstrecker alle Vollmachten und Ermächtigungen in der erforderlichen Form zu erteilen sind, soweit dies zur Erfüllung seiner Aufgaben erforderlich oder zweckmäßig sind.

Der Testamentsvollstrecker ist befugt, nach Eintritt des Nacherbfalls die beigefügte Satzung der (...)-Stiftung zu ändern, soweit dies erforderlich ist, um meinem Willen im Anerkennungsverfahren

---

362 Zu der Möglichkeit, bereits vorab Informationen zu der Anerkennungsfähigkeit der Stiftung zu erhalten vgl. Rdn. 4.

Geltung zu verschaffen und sicherzustellen, dass die Stiftung den Status einer steuerbegünstigten Körperschaft im Sinne der Abgabenordnung erhält.

Der Testamentsvollstrecker erhält eine angemessene Vergütung, die sich an den Empfehlungen des Deutschen Notarvereins (sogenannte »Neue Rheinische Tabelle« mit etwaigen künftigen Fortschreibungen) orientieren soll. Der Testamentsvollstrecker ist berechtigt, die Vergütung nach billigem Ermessen festzusetzen.[363] Der Testamentsvollstrecker darf dem Nachlass die Vergütung selbst entnehmen. Das Honorar fällt auch an, wenn die Stiftung nicht als rechtsfähig anerkannt wird.

Alternative: Als Nettohonorar erhält der Testamentsvollstrecker...% des Aktivnachlasses nach Verkehrswerten. Er ist berechtigt, dieses Honorar einschließlich Umsatzsteuer dem Nachlass selbst zu entnehmen. Das Honorar fällt auch an, wenn die Stiftung nicht als rechtsfähig anerkannt wird.]

[ggf. weitere Regelungen; übliches Ende]

4. Die Stiftung als Miterbin

Wird die Stiftung Miterbin, so empfiehlt sich eine testamentarische oder erbvertragliche **konkrete Zuordnung von Vermögensgegenständen im Sinne einer Teilungsanordnung**, um durch Schaffung klarer Verhältnisse eine Erbauseinandersetzung zu erleichtern.[364] Gegebenenfalls kann es auch empfehlenswert sein, einen Testamentsvollstrecker mit der Erbauseinandersetzung zu betrauen.[365] Überdies ist zu berücksichtigen, dass gemäß § 2043 Abs. 2 Alt. 3 BGB die Auseinandersetzung ausgeschlossen ist, solange die Stiftung noch nicht als rechtsfähig anerkannt wurde.[366]

132

5. Errichtung/Begünstigung einer Stiftung durch Vermächtnis

a) Zu beachtende Besonderheiten

Selbstverständlich kann die Errichtung/Begünstigung der Stiftung auch im Wege eines Vermächtnisses erfolgen; welche **Regelungsdichte** hierbei gewählt wird, sollte im jeweiligen Einzelfall anhand der Vorstellungen des Erblassers (und der potentiellen Gefährdungen) bestimmt werden.

133

b) Formulierungsbeispiel 1 (Vermächtnis zugunsten einer noch zu errichtenden Stiftung)

▶ **Muster:**

134

[üblicher Eingang; Erbeinsetzung]

B. Vermächtnis

Im Wege eines Vermächtnisses, das der Erbe innerhalb von (...) nach meinem Ableben zu erfüllen verpflichtet ist, errichte ich die selbständige, rechtsfähige Stiftung des bürgerlichen Rechts und statte sie mit einem Grundstockvermögen von EUR (...) aus.

Die Stiftung soll den Namen (...)-Stiftung tragen. Sie soll ihren Sitz in (...) haben.

Als Zweck der Stiftung bestimme ich (...).

Die Stiftung soll die folgende Satzung erhalten: (...)

C. Testamentsvollstreckung (...)

[*wie Rdn. 121 ff.*]

[ggf. weitere Regelungen; übliches Ende]

---

363 Formulierung von *Odersky*, notar 2010, 23.
364 Beck'sches Formularhandbuch Erbrecht/*Mutter*, H. I. 3, Anm. 1.
365 *Ihle*, RNotZ 2009, 557, 561.
366 Siehe aber auch Münchner Komm/*Reuter*, § 84 BGB, Rn. 6.

c) Formulierungsbeispiel 2 (Vermögenszuwendung an eine bereits existierende Stiftung durch Vermächtnis)

135 ▶ **Muster:**

[üblicher Beginn; Erbeinsetzung]

(...)

B. Vermächtnis

Ich setze das folgende Vermächtnis aus: Die rechtsfähige (...)-Stiftung mit dem Sitz in (...) erhält einen baren Geldbetrag in Höhe von EUR (...) als Zustiftung.

Das Vermächtnis ist fällig (...).

Ein Ersatzvermächtnisnehmer wird nicht bestimmt; vielmehr soll das Vermächtnis bei Wegfall der Bedachten unwirksam werden. Gleiches gilt für den Fall, dass der Vermächtnisnehmer zum Zeitpunkt meines Ablebens einen anderen Stiftungszweck verfolgt als (...) oder nicht mehr als gemeinnützig im Sinne der AO angesehen wird.

Die Miterben sind zu gleichen Teilen mit dem Vermächtnis beschwert.

Bei einer Verringerung des Vermögensbestandes bis zum Erbfall findet keine Kürzung des Vermächtnisses statt.

[ggf. weitere Regelungen; übliches Ende]

6. Errichtung/Begünstigung einer selbständigen Stiftung im Wege einer Auflage

a) Differenzierung: Existenz der Stiftung

136 Der Erblasser kann eine bereits existente wie eine zu gründende Stiftung letztwillig auch mit einer Auflage für einen Erben oder Vermächtnisnehmer[367] bedenken.[368]

137 Es ist hierbei wie folgt zu differenzieren: Hat der Stifter eine **bereits existierende Stiftung** im Wege einer Auflage bedacht, steht dieser nach allgemeinen Grundsätzen kein eigenes Forderungsrecht zu, jedoch können der nicht beschwerte Erbe, ein Miterbe, der von einem eventuellen Wegfall des Beschwerten Begünstigte und im Fall eines öffentlichen Interesses die zuständige Behörde den Vollzug der Auflage verlangen; letzteres wird bei gemeinnützigen Stiftungen regelmäßig der Fall sein[369] (§ 2194 BGB). Die Durchsetzung einer solchen Auflage sollte durch einen Testamentsvollstrecker oder einen sonstigen Dritten[370] sichergestellt werden. Es gelten im übrigen die allgemeinen Erwägungen zur Rechtsnatur der Auflage.

138 Ein Stiftungsgeschäft unter Lebenden liegt demgegenüber vor, wenn dem Erben oder Vermächtnisnehmer **zur Auflage gemacht** wird, eine **Stiftung** mit dem zugewendeten Nachlassvermögen **zu errichten**.[371] Der Vorteil dieser Regelung liegt darin, dass der Beschwerte bei der Errichtung der Stiftung grundsätzlich einen weiteren Gestaltungsspielraum hat als dies bei der Errichtung der Stiftung von Todes wegen möglich wäre.[372]

---

367 Wird die Stiftung vom Erblasser mit einem Vermächtnis bedacht, besteht ihr Vermögen aus dem Anspruch gegen den Beschwerten auf Leistung des vermachten Gegenstandes. Auf Grund der Fiktion des § 84 BGB gilt der Anspruch als schon mit dem Tode des Stifters entstanden: *Ihle*, RNotZ 2009, 557, 561.
368 Verpflichtet der Erblasse den Erben oder Vermächtnisnehmer mit einer Auflage im Testament/Erbvertrag, eine Stiftung zu errichten, liegt ein Stiftungsgeschäft unter Lebenden vor; Stifter ist der Erbe. Enthält dagegen die Auflage des Erblassers das Stiftungsgeschäft vollständig, liegt ein Stiftungsgeschäft von Todes wegen vor. Zum ganzen: Schulze/Dörner/Ebert/*Dörner*, § 83 Rn. 6.
369 *Wochner*, MittRhNotK 1994, 89, 99.
370 Staudinger/*Otte*, § 2194 Rn. 5.
371 Münchner Komm/*Reuter*, § 84 BGB, Rn. 13.
372 Beck'sches Formularhandbuch Erbrecht/*Mutter*, H. I. 6, Anm. 1.

139 Zur Sicherstellung der Auflagenvollziehung kann die Erbeinsetzung oder Vermächtnisanordnung unter der auflösenden Bedingung erfolgen, dass die Vollziehung bis zu einem bestimmten Zeitpunkt erfolgt.[373]

140 Zu beachten ist jedoch, dass der Beschwerte – wie bei jeglicher Beschwerung durch Auflage/Vermächtnis – die Zuwendung auch ausschlagen kann (und gegebenenfalls seinen Pflichtteil verlangen, § 2306 Abs. 1 S. 2 BGB). Auch für diesen Fall kann entsprechende Vorsorge getroffen werden.

141 In jedem Fall soll sollte die Auflagenerfüllung durch die Einsetzung eines mit weitreichenden Befugnissen ausgestatteten **Testamentsvollstreckers** abgesichert werden.

b) Formulierungsbeispiel (Auflage zur Errichtung einer rechtsfähigen Stiftung mit weitgehenden Befugnissen des Testamentsvollstreckers zur Ausgestaltung der Satzung)

▶ **Muster:** 142

[üblicher Beginn; Erbeinsetzung]

B. Auflage

Den Erben/Vermächtnisnehmer (...) verpflichte ich im Wege der Auflage gemäß § 1904 BGB dazu, aus dem im Nachlass vorhandenen Vermögen [ggf. genauerer Aufzählung der in die Stiftung einzubringenden Gegenstände] eine selbständige, rechtsfähige Stiftung des bürgerlichen Rechts zu errichten und mit einem Grundstockvermögen von EUR (...) auszustatten.

Die Stiftung soll den Namen (...)-Stiftung tragen. Sie soll ihren Sitz in (...) haben.

Als Zweck der Stiftung bestimme ich (...).

Die Satzung der Stiftung muss so ausgestaltet werden, dass die Stiftung als rechtsfähig im Sinne der §§ 80 ff. BGB und als gemeinnützig im Sinne der §§ 51 ff. AO anerkannt wird. Innerhalb dieser Grenzen ist der Erbe/Vermächtnisnehmer in der Ausgestaltung der Stiftung frei.

Der Erbe/Vermächtnisnehmer ist auch der erste Vorstand der Stiftung.[374]

C. Testamentsvollstreckung

Ich ordne (Abwicklungs-)Testamentsvollstreckung an. Zum Testamentsvollstrecker bestimme ich (...), geboren am (...), wohnhaft (...). Der Testamentsvollstrecker hat das Recht, einen Nachfolger zu benennen. Sollte der Testamentsvollstrecker das Amt nicht annehmen können oder wollen, steht ihm als Bestimmungsrecht gemäß § 2198 BGB zu. Soweit eine Bestimmung bzw. Nachfolgerbestimmung nicht erfolgt, wird das zuständige Nachlassgericht ersucht, eine geeignete Person zum Testamentsvollstrecker zu ernennen.

Der Testamentsvollstrecker ist von den Beschränkungen des § 181 BGB befreit. In der Eingehung von Verbindlichkeiten für den Nachlass ist er nicht beschränkt.

Der Testamentsvollstrecker hat die Aufgabe, die Erfüllung der Auflage zu B zu überwachen Die Testamentsvollstreckung endet mit der konstituierenden Sitzung des Stiftungsvorstands. Im Wege der Auflage wird angeordnet, dass dem Testamentsvollstrecker alle Vollmachten und Ermächtigungen in der erforderlichen Form zu erteilen sind, soweit dies zur Erfüllung seiner Aufgaben erforderlich oder zweckmäßig sind.

Der Testamentsvollstrecker erhält eine angemessene Vergütung, die sich an den Empfehlungen des Deutschen Notarvereins (sogenannte »Neue Rheinische Tabelle« mit etwaigen künftigen Fortschrei-

---

373 *Nieder/Kössinger*, Rn. 503. Gesichert werden kann die Erfüllung der Auflage damit durch die aufschiebende oder auflösende Bedingung der mit ihr beschwerten Zuwendung, also durch entsprechend – aufschiebend oder auflösend – bedingte Erbeinsetzung oder – aufschiebend oder auflösend – bedingtes Vermächtnis.

374 Ggf. kann hier noch eine Regelung für den Fall aufgenommen werden, dass die Errichtung der Stiftung scheitert.

Kapitel 13 Stiftungen

bungen) orientieren soll. Der Testamentsvollstrecker ist berechtigt, die Vergütung nach billigem Ermessen festzusetzen.[375] **Der Testamentsvollstrecker darf dem Nachlass die Vergütung selbst entnehmen.** Das Honorar fällt auch an, wenn die Stiftung nicht als rechtsfähig anerkannt wird.

[Alternative: Als Nettohonorar erhält der Testamentsvollstrecker ...% des Aktivnachlasses nach Verkehrswerten. Er ist berechtigt, dieses Honorar einschließlich Umsatzsteuer dem Nachlass selbst zu entnehmen. Das Honorar fällt auch an, wenn die Stiftung nicht als rechtsfähig anerkannt wird.]

[ggf. weitere Regelungen; übliches Ende]

7. Die unselbstständige Stiftung als Begünstigte

a) Unterschiede zur selbständigen Stiftung

143 Die treuhänderische oder fiduziarische Stiftung wird letztwillig dergestalt bedacht, dass der **Treuhänder Erbe oder Vermächtnisnehmer** wird und erbrechtlich durch eine **Auflage und/oder aufgrund eines Treuhandvertrages verpflichtet** wird/ist, den zugewendeten **Vermögenswert** »für« die Stiftung zu verwenden. Der Notar sollte in diesem Fall absichern, dass dem Willen des Erblassers Geltung verschafft wird (insbesondere durch die Anordnung einer **Testamentsvollstreckung**). Es gelten im Übrigen die obigen Ausführungen.[376]

144 Überdies ist auch hier zu beachten, dass der »begünstigte« Stiftungsträger die Zuwendung ausschlagen kann, er mithin nicht zur Stiftungserrichtung verpflichtet werden kann; für diesen Fall sollte in der letztwilligen Verfügung Vorsorge getroffen werden.

b) Formulierungsbeispiel (Errichtung einer unselbstständigen fiduziarischen Stiftung von Todes wegen)

145 ▶ **Muster:**

[üblicher Beginn]

A. Erbeinsetzung

Hiermit setze ich (...) – nachfolgend auch »Stiftungsträger« genannt – zu meinem Alleinerben ein. Wird der eingesetzte Erbe nicht Erbe, ist Ersatzerbe (...), ganz ersatzweise (...).

B. Auflage

Ich mache meinem Erben die Auflage gemäß § 1940 BGB, mein Vermögen als unselbstständige, nicht-rechtsfähige Stiftung nach Maßgabe der beigefügten Satzung, die Bestandteil dieses Testamentes ist, zu verwalten. Die Stiftung soll den Namen (...)-Stiftung führen. Sie soll ihren Sitz in (...) nehmen. Zweck der Stiftung ist (...).

Zu Mitgliedern des ersten Kuratoriums bestimme ich: (...).[377]

C. Testamentsvollstreckung

Ich ordne Testamentsvollstreckung an. Zum Testamentsvollstrecker bestimme ich (...), ersatzweise (...). Der Testamentsvollstrecker hat das Recht, einen Nachfolger zu bestimmen. Sollte der Testamentsvollstrecker das Amt nicht annehmen wollen oder können, steht ihm als Dritten das Bestimmungsrecht gemäß § 2198 BGB zu. Soweit eine Bestimmung bzw. Nachfolgerbestimmung nicht erfolgt, wird das zuständige Nachlassgericht ersucht, eine geeignete Person zum Testamentsvollstrecker zu benennen.

Der Testamentsvollstrecker ist von den Beschränkungen des § 181 BGB befreit.

---

375 Formulierung von *Odersky*, notar 2010, 23.
376 Vgl. Rdn. 121 ff.
377 Ggf. kann hier noch eine Regelung für den Fall aufgenommen werden, dass die Errichtung der Stiftung scheitert.

Der Testamentsvollstrecker hat die Aufgabe, die Einhaltung der Auflage zu B. zu überwachen. Die Testamentsvollstreckung endet mit der konstituierenden Sitzung des Stiftungsvorstandes. Im Wege der Auflage wird angeordnet, dass dem Testamentsvollstrecker alle Vollmachten und Ermächtigungen in der erforderlichen Form zu erteilen sind, soweit dies zur Erfüllung seiner Aufgaben erforderlich oder zweckmäßig sind.

Der Testamentsvollstrecker erhält eine angemessene Vergütung, die sich an den Empfehlungen des Deutschen Notarvereins (sogenannte »Neue Rheinische Tabelle« mit etwaigen künftigen Fortschreibungen) orientieren soll. Der Testamentsvollstrecker ist berechtigt, die Vergütung nach billigem Ermessen festzusetzen.[378] Der Testamentsvollstrecker darf dem Nachlass die Vergütung selbst entnehmen. Das Honorar fällt auch an, wenn die Stiftung nicht als rechtsfähig anerkannt wird.

[Alternative: Als Nettohonorar erhält der Testamentsvollstrecker ...% des Aktivnachlasses nach Verkehrswerten. Er ist berechtigt, dieses Honorar einschließlich Umsatzsteuer dem Nachlass selbst zu entnehmen. Das Honorar fällt auch an, wenn die Stiftung nicht als rechtsfähig anerkannt wird.]

[ggf. weitere Regelungen; übliches Ende]

8. Stiftungserrichtung durch gemeinschaftliches Testament/Erbvertrag

a) Zu beachtende Besonderheiten

Das **Recht der letztwilligen Verfügung** ist nach herrschender Ansicht auch auf die **Stiftungssatzung** anzuwenden.[379] Dies bedeutet etwa, dass im Falle des wechselseitigen Testaments/des Erbvertrages die nicht einseitig widerruflichen wechselbezüglichen Verfügungen zugunsten der Stiftung auch den vermögensrechtlichen und den organisationsrechtlichen Teil des Stiftungsgeschäfts umfassen, so dass nach dem Tode des Erstversterbenden der Überlebende, sofern nichts Abweichendes bestimmt ist, seine erbrechtliche Bindung nicht durch Widerruf des »Schöpfungsaktes« gegenstandslos machen kann.[380] Ist dementsprechend die Erbeinsetzung, Vermächtnisanordnung oder Auflage zu Gunsten der Stiftung vertragsmäßig bzw. wechselbezüglich, so ist nach ganz h. M. auch die Stiftungsbegründung **bindend**, obwohl sie keine der nach § 2278 Abs. 2 BGB vertragsmäßig möglichen Verfügungen darstellt.[381]

146

Auch hier gilt es dementsprechend, bei der Ausgestaltung des gemeinschaftlichen Testaments/Erbvertrages ein besonderes Augenmerk auf die Frage der Bindungswirkung zu legen.

147

b) Formulierungsbeispiel einer Stiftungserrichtung durch Erbvertrag

▶ **Muster:**

148

[üblicher Urkundseingang samt Vorbemerkung]

A. Erbeinsetzung

Wir sind uns darüber einig, dass unmittelbar nach dem Tode des Erstversterbenden von uns beiden die nach den nachfolgenden Maßgaben auszugestaltende (...)-Stiftung mit dem Sitz in (...) errichtet werden soll:

Die hiermit errichtete (...)-Stiftung soll Alleinerbe des Erstversterbenden und des Überlebenden von uns beiden sein. Der Erstversterbende von uns beiden bestimmt, dass sein gesamter Nachlass – außer der von dem unter B. aufgeführten Vermächtnisses erfassten Gegenstände – in das Grundstockvermögen der (...)-Stiftung einfließt. Der Überlebende von uns bestimmt weiterhin, dass sein gesamter Nachlass bei seinem Tode in das Grundstockvermögen der (...)-Stiftung einfließt.

Die Stiftung soll (...)[382]

---

378 Formulierung von *Odersky*, notar 2010, 23.
379 Vgl. *Muscheler*, ZEV 2003, 41, 42.
380 BGHZ 70, 313, 321; *Schewe* ZSt 2004, 270, 274; a. A. *Kuchinke*, FS Neumayer, S. 389, 391 f.
381 Statt aller nur Erman/*Westermann*, § 83 Rn. 3 m. w. N.
382 Vgl. die allg. Erwägungen, etwa Rdn. 112.

Kapitel 13   Stiftungen

B. Vermächtnis

Der Erstversterbende vermacht dem Längstlebenden die zum ehelichen Haushalt gehörenden Gegenstände und die dem persönlichen Gebrauch des Erstversterbenden bzw. des Längstlebenden dienenden Gegenstände (etwa: Fotoalben, Schmuck, Kunstgegenstände, sonstige Unterlagen), soweit sie jeweils im (Mit-)Eigentum des Erstversterbenden stehen.

C. Testamentsvollstreckung

Der Erstversterbende von uns ordnet Testamentsvollstreckung an. Zum Testamentsvollstrecker über den Nachlass des Erstversterbenden und zum ersten Vorstand der Stiftung bestimmen wir den Überlebenden von uns, ersatzweise (...). Zum Testamentsvollstrecker über den Nachlass des Überlebenden von uns und zum zweiten Vorstand der Stiftung bestimmen wir (...), ersatzweise (...). Jeder Testamentsvollstrecker hat das Recht, einen Nachfolger zu ernennen. Sollte ...[wie V.]. Eine Vergütung für die durch den Längstlebenden erfolgende Testamentsvollstreckung ist ausgeschlossen. Der Testamentsvollstrecker (...) erhält hingegen (...).

Sollte die Stiftung nicht innerhalb eines Jahres nach dem Tode des Erstversterbenden von uns von der zuständigen Stiftungsbehörde als rechtsfähig anerkannt worden sein, so setzen sowohl der Erstversterbende wie der Überlebende von uns die (...[*steuerbegünstigte Körperschaft*]) als Alleinerbin ein. Dieser macht ein jeder von uns zur Auflage, den jeweiligen Nachlass ausschließlich für (...) zu verwenden.

Sämtliche von uns getroffenen Verfügungen zu A. und B. sind, soweit gesetzlich zulässig, vertraglich bindend getroffen.

[*übliche Belehrung; ggf. Regelungen zu § 2079 BGB etc.; hiernach üblicher Urkundsausgang*]

9. Die Stiftung als Ersatzerbin

a) Besonderheiten bzgl. der Anerkennung

149   Bei der Einsetzung einer noch zu errichtenden Stiftung als Ersatzerbin ist zu beachten, dass die **Anerkennung** – ähnlich der Konstellation, in der die Stiftung zum Nacherben berufen wird[383] – **erst im Ersatzerbfall** erfolgen kann.[384] Dies ergibt sich daraus, dass die Anerkennungsbehörde zunächst prüfen muss, ob die Verwirklichung des Stiftungszweckes hinreichend gesichert ist.[385] Empfiehlt es sich normalerweise, dass die Stiftung bereits zu Lebzeiten mit einem verringertem Grundstockvermögen (Vorratsstiftung) errichtet wird, um dieses hiernach durch die Erbschaft aufzustocken,[386] ist dieser Weg im Falle der Ersatzerbeinsetzung nicht ratsam, da der Eintritt des Ersatzerbfalles ungewiss ist. Es bietet sich vielmehr an, für den Fall der Nichtanerkennung der eigenen noch zu gründenden Stiftung eine weitere, bereits existente Stiftung zu (ganz ersatzweisen) Erben zu berufen.

b) Formulierungsbeispiel:

150 ▶ **Muster:**

[üblicher Beginn]

A. Erbeinsetzung

Zum Alleinerben bestimme ich (...).

Zum Ersatzerben bestimme ich die hiermit errichtete (...)-Stiftung mit Sitz in (...). Diese Regelungen gehen gesetzlichen oder sonstigen Auslegungs-, Vermutungs- oder Ergänzungsbestimmungen vor.

---

383   Vgl. Rdn. 127 ff.
384   Vgl. *Schewe* ZSt 2004, 301.
385   Beck'sches Formularhandbuch Erbrecht/*Mutter*, H. I. 10, Anm. 2.
386   Vgl. Rdn. 27 ff.

Der auf die hiermit für den Ersatzerbfall errichtete (...)-Stiftung entfallende Erbteil soll deren Grundstockvermögen bilden. Die (...) Stiftung solle eine selbständige rechtsfähige Stiftung gem. §§ 80 ff. BGB sein. Als Zweck der Stiftung bestimme ich (...). Die Stiftung soll die nachfolgende Satzung, die Bestandteil dieses Stiftungsgeschäfts ist, erhalten. Zu den ersten Mitgliedern des Vorstandes bestimme ich (...). [Zu den ersten Mitgliedern des Kuratoriums bestimme ich (...).]

Sollte die (...)-Stiftung nicht binnen (...) nach meinem Tode errichtet worden sein und/oder ihrer Errichtung nicht ausräumbare Hindernisse im Wege stehen, so bestimmte ich ganz ersatzweise zu meinem Erben für den vorgenannten Erbteil die bereits existierende (...) Stiftung mit der Auflage, meinen Nachlass ausschließlich für (...) zu verwenden.

B. Testamentsvollstreckung

Für den Fall, dass die vorgenannte (...)-Stiftung mein Erbe werden sollte, ordne ich (Abwicklungs-) Testamentsvollstreckung an. Zum Testamentsvollstrecker bestimme ich (...), geboren am (...), wohnhaft (...). Der Testamentsvollstrecker hat das Recht, einen Nachfolger zu benennen. Sollte der Testamentsvollstrecker das Amt nicht annehmen können oder wollen, steht ihm als Bestimmungsrecht gemäß § 2198 BGB zu. Soweit eine Bestimmung bzw. Nachfolgerbestimmung nicht erfolgt, wird das zuständige Nachlassgericht ersucht, eine geeignete Person zum Testamentsvollstrecker zu ernennen.

Der Testamentsvollstrecker ist von den Beschränkungen des § 181 BGB befreit. In der Eingehung von Verbindlichkeiten für den Nachlass ist er nicht beschränkt.

Der Testamentsvollstrecker hat insbesondere die Aufgabe, im Benehmen mit den Vorstandsmitgliedern das Verfahren zur Anerkennung der Stiftung zu betreiben, die Stiftungserrichtung insgesamt zu vollziehen, die Vermögensausstattung der Stiftung zu überwachen und zur konstituierenden Sitzung des Stiftungsvorstandes einzuladen.[387] Die Testamentsvollstreckung endet mit der konstituierenden Sitzung des Stiftungsvorstandes. Im Wege der Auflage wird angeordnet, dass dem Testamentsvollstrecker alle Vollmachten und Ermächtigungen in der erforderlichen Form zu erteilen sind, soweit dies zur Erfüllung seiner Aufgaben erforderlich oder zweckmäßig ist.

Der Testamentsvollstrecker ist befugt, nach meinem Tode die beigefügte Satzung der (...)-Stiftung zu ändern, soweit dies erforderlich ist, um meinem Willen im Anerkennungsverfahren Geltung zu verschaffen und sicherzustellen, dass die Stiftung den Status einer steuerbegünstigten Körperschaft im Sinne der Abgabenordnung erhält.

Der Testamentsvollstrecker erhält eine angemessene Vergütung, die sich an den Empfehlungen des Deutschen Notarvereins (sogenannte »Neue Rheinische Tabelle« mit etwaigen künftigen Fortschreibungen) orientieren soll. Der Testamentsvollstrecker ist berechtigt, die Vergütung nach billigem Ermessen festzusetzen.[388] Der Testamentsvollstrecker darf dem Nachlass die Vergütung selbst entnehmen. Das Honorar fällt auch an, wenn die Stiftung nicht als rechtsfähig anerkannt wird.

[Alternative: Als Nettohonorar erhält der Testamentsvollstrecker ...% des Aktivnachlasses nach Verkehrswerten. Er ist berechtigt, dieses Honorar einschließlich Umsatzsteuer dem Nachlass selbst zu entnehmen. Das Honorar fällt auch an, wenn die Stiftung nicht als rechtsfähig anerkannt wird.]

[übliches Ende]

10. Pflichtteilsrecht

Häufig äußern die Stifter den Wunsch, ihr Vermögen möglichst ungeschmälert in das Grundstockvermögen der Stiftung einzubringen. Dem stehen jedoch regelmäßig die Pflichtteilsrechte der Abkömmlinge, Ehepartnern/eingetragenen Lebenspartnern und Eltern des Erblassers entgegen.[389]

---

387 Ggf. kann auch die Einhaltung der Auflage durch die ganz ersatzweise berufene steuerbegünstigte Körperschaft vom Testamentsvollstrecker überwacht werden, vgl. Rdn. 121 ff.
388 Formulierung von *Odersky*, notar 2010, 23.
389 Vgl. eingehend *Werner*, ZEV 2007, 313; *Hartmann*, ZErb 2004, 179; *Hüttemann/Rawert*, ZEV 2007,

Kapitel 13 Stiftungen

152 Nach heute **gefestigter Literatur gelten** im Falle einer lebzeitigen Zuwendung an eine Stiftung wie einer solchen von Todes wegen die **Regelungen zum Pflichtteilsrecht – und zur -ergänzung entsprechend** (§§ 2303 ff. BGB).[390] Es fehle dem Stiftungsgeschäft als einer einseitigen Willenserklärung zwar an der für die Annahme der Schenkung erforderlichen vertraglichen Einigung über die Unentgeltlichkeit der Zuwendung. Entscheidend für eine analoge Anwendung der §§ 2325, 2329 BGB sei jedoch, dass das Ausstattungsversprechen des Stifters einen freiwilligen Vermögenstransfer zu Gunsten des Stifters beinhalte, der aus Sicht des Pflichtteilsberechtigten ebenso wie eine Schenkung geeignet sei, seine verfassungsrechtlich verbürgten Mindestteilhaberechte am Nachlass des Erblassers zu beeinträchtigen.[391] Diese Meinung innerhalb der Literatur ist vom **Bundesgerichtshof** in der aufsehenerregenden Entscheidung zur Dresdner Frauenkirche noch einmal ausdrücklich **bestätigt** worden.[392] Hier hob der BGH eine anders lautende Entscheidung des OLG Dresden[393] unter Bezugnahme auf die Schutzwürdigkeit der Pflichtteilsberechtigten auf.[394] Der Umstand, dass eine Stiftung der Allgemeinheit dient, rechtfertige hiernach keine »Aufweichung« der Mindestrechte der Pflichtteilsberechtigten. Dies gelte sogar dann, wenn die Stiftung hierdurch in eine existentielle Bedrängnis geraten sollte.[395]

153 Der Stifter muss also bei seiner Nachlassplanung **berücksichtigen**, dass jegliche Zuwendungen an gemeinnützige Stiftungen – und damit auch solche im Rahmen der Errichtung – **Pflichtteils- und Pflichtteilsergänzungsansprüche** auslösen können.[396]

154 Dass die Zuwendung an eine Stiftung aus Sicht des Pflichtteilsberechtigten als Schenkung im Sinne der §§ 2303 ff. BGB[397] anzusehen ist, gilt jedenfalls bei der Begünstigung einer »**normalen**« **gemeinnützigen Stiftung** uneingeschränkt.[398] Es spricht jedoch viel dafür, dass dies für den Fall der Gründung einer **Familienstiftung modifiziert** werden müsste, wenn der Pflichtteilsberechtigte zugleich mit einem Rechtsanspruch auf Stiftungsleistung ausgestatteter Destinatär ist (und bleiben möchte). Hier droht sonst eine doppelte Begünstigung der pflichtteilsberechtigten Begünstigten.[399] Der um-

---

107; *Kilian* ZSt 2004, 204; *Lieder*, ZSt 2004, 74; *Matschke*, ZSt 2004, 263; *Richter*, ZErb 2005, 134; *Röthel*, ZEV 2006, 8; *O. Werner*, ZSt 2005, 83; *R. Werner* ZEV 2007, 560.

390 Vgl. *Röthel*, ZEV 2006, 8, 8 f; *Werner*, ZEV 2007, 560, 560; ebenso *Wachter*, B 109; Seifart/v. Campenhausen/*Hof*, § 7, Rn. 75; *Rawert/Katschinski*, ZEV 1996, 161, 162; a. A. Teile der älteren Literatur: *Hennerkes/Schiffer/Fuchs*, BB 1995, 209, 210; *Hennerkes/Schiffer*, BB 1992, 1940, 1942 (klarstellend nunmehr jedoch *Schiffer*, ZEV 1999, 424, 425). Die Verurteilung des Erben zur Auskunftserteilung an den Pflichtteilsberechtigten über Schenkungen, § 2325 Abs. 1 BGB, erstreckt sich auch auf Vermögensgegenstände, die der Erblasser in eine Stiftung eingebracht hat, *Siebert*, NJW 2015, 1068, 1071.

391 *Ihle*, RNotZ 2009, 557, 569.

392 BGHZ 157, 178 mit Anmerkung *Kollhosser*, NJW 2004, 1382; *Schiffer*, NJW 2004, 1565; und *Otte*, JZ 2004, 972. Zuvor OLG Dresden ZEV 2002, 415 mit Anm. *Muscheler*, NJW 2002, 3181; sehr kritisch hierzu *Schewe*, ZEV 2012, 236, 236 (»falsche Signale«); vgl. auch LG Baden-Baden ZEV 1999, 152 mit Anm. *Rawert*; jüngst hierzu *Damrau*, ZEV 2010, 12.

393 OLG Dresden NJW 2002, 3181; dazu *Rawert*, NJW 2002, 3151; *Schiffer*, DStR 2003, 14; *Muscheler*, ZEV 2002, 417.

394 BGH NJW 2004, 1382; vgl. *Schiffer*, NJW 2004, 1565.

395 *Rawert/Katschinski*, ZEV 1996, 161.

396 Vgl. etwa *Matschke*, FS Bezzenberger, 2000, S. 521; ders., ZSt 2004, 263; *Rawert*, NJW 2002, 3151; *Walz/ von Auer/von Hippel*, ZEV 2006, 8; *Schiffer*, NJW 2004, 1565; *Cornelius*, ZErb 2006, 230; *Werner* ZEV 2007, 560.

397 Dies bedeutet jedoch auch, dass sich etwa pflichtteilsberechtigte Destinatäre im Falle einer letztwilligen Zuwendung an eine bereits bestehende Stiftung solche Leistungen analog § 2327 BGB anrechnen lassen müssen, die sie aufgrund eines klagbaren Anspruchs von der Stiftung bereits vor Eintritt des Todes des Stifters erhalten haben (*Rawert/Katschinski*, ZEV 1996, 161, 164; *Röthel*, ZEV 2006, 8; *O. Werner*, ZSt 2005, 83, 84).

398 *Werner*, ZSt 2005, 83.

399 Vgl. etwa *Rawert/Katschinski*, ZEV 1996, 161, 163, die für eine analoge Anwendung des § 2327 BGB Stellung bezogen; ähnlich *Steffek*, Die Anforderungen an das Stiftungsgeschäft von Todes wegen, S. 38, der § 2303 BGB in diesem Fall teleologisch reduzieren möchte.

sichtige Stifter sollte hier vorsehen, dass solche Destinatäre, die ihren Pflichtteilsanspruch geltend machen, keine Leistungen der Stiftung (mehr) erhalten sollten, um auch innerhalb der Begünstigten Rechtsfrieden zu schaffen.[400]

Auch die jüngste **Reform des Pflichtteilsrechts** hat an diesem – rechtspolitisch nicht zweifelsfreien – Rechtszustand nichts wesentlich geändert. Es ist jedoch möglich, die neu geschaffenen Möglichkeiten zum Zwecke der Erhaltung eines möglichst umfangreichen Stiftungsstammes gestalterisch nutzbar zu machen: 155

– **Ratierliche Abschmelzung von lebzeitigen Zuwendungen**

So ist in § 2325 Abs. 3 BGB – nach dem Willen des Gesetzgebers u. a. um die Planungssicherheit für gemeinnützige Organisationen zu verbessern[401] – eine **ratierliche Abschmelzung von lebzeitigen Zuwendungen** vorgesehen. Dabei ist die Zuwendung mit dem Wert zur Zeit ihrer Bewirkung in Ansatz zu bringen (§ 2325 Abs. 2 S. 1 BGB). Im Fall der Stiftung kann die Frist frühestens mit **Wirksamwerden der zur Entstehung der Stiftung erforderlichen Stiftungsanerkennung beginnen**.[402] Für die gestalterische Praxis bedeutet dies, dass dem Stifter nunmehr noch deutlicher gemacht werden sollte, dass eine lebzeitige Gründung einer Stiftung und eine möglichst frühzeitige Zuwendung von Vermögensgegenständen vorgenommen werden sollte, wenn und soweit Pflichtteilsansprüche drohen; dies gilt nunmehr auch bei »unsicherer Lebenserwartung«. Einmal mehr wird deutlich, dass jegliche gestaltende Stiftungslösung eine langfristige Planung der Vermögensnachfolge erfordert. 156

– **Ausnutzung der erweiterten Stundungsmöglichkeit**

Die **erweiterte Stundungsmöglichkeit des § 2331a BGB** kann der Stiftung helfen, existenzvernichtende Pflichtteilsansprüche abzuwenden. Erforderlich hierfür ist, dass die sofortige Erfüllung des Pflichtteilsanspruchs für den Erben (hier die Stiftung) wegen der Art der Nachlassgegenstände eine unbillige Härte[403] darstellt. Abgesehen von dem Erfordernis der unbilligen Härte sind hierneben die Interessen des Pflichtteilsberechtigten »angemessen« zu berücksichtigen. Auch hierin liegt insofern eine Erleichterung gegenüber dem früheren Rechtszustand, als bislang eine Stundung nur beansprucht werden konnte, wenn sie dem Pflichtteilsberechtigten »zugemutet« werden konnte. Den Interessen der Pflichtteilsberechtigten kann in der Regel durch Gewährung einer Sicherheitsleistung nach § 2331a Abs. 2 S. 2 BGB i. V. m. § 1382 Abs. 3 BGB Rechnung getragen werden. Auf diesen Aspekt wird der Notar den Stifter jedoch lediglich hinweisen können, **unmittelbare Auswirkungen auf die Gestaltung der Stiftungssatzung** ergeben sich hieraus **nicht**. 157

All diese Neuerungen können jedoch im Ergebnis nicht darüber hinwegtäuschen, dass ein Stifter, der eine bereits existierende oder eine noch zu gründende Stiftung zum Erben einsetzen will, für den Fall, dass Pflichtteilsansprüche drohen, bereits **zu Lebzeiten Vorsorge** treffen sollte. Hier bietet sich vor allem die Vereinbarung eines Erb- bzw. Pflichtteilsverzichtsvertrages – ggf. gegen entsprechende Vergütung – mit den betroffenen Personen an. Hierdurch kann sichergestellt werden, dass das zugewendete Vermögen auch tatsächlich weitgehend ungeschmälert der Stiftung zufällt. Alternativ kann, sofern entsprechende Tatsachen vorliegen, der Beweis der Erbunwürdigkeit der Pflichtteilsberechtigten angetreten werden. 158

---

400 Vgl. Rdn. 101 ff.
401 BT-Drucks. 16/8954 vom 24.4.2008, 9. Darüber hinaus hatten *Hüttemann/Rawert*, ZEV 2007, 107, 110 vorgeschlagen, einen »Freiteil« für gemeinnütziges Handeln in Höhe des Pflichtteils eines weiteren fiktiven Abkömmlings zu schaffen. In den Genuss dieses Privilegs sollten nur Zuwendungen an gemeinnützige, rechtsfähige Stiftungen des bürgerlichen Rechts kommen; vgl. hierzu auch *Röthel*, ZEV 2006, 8, 12. Zum Ganzen *Ihle*, RNotZ 2009, 557, 570.
402 *Werner*, ZEV 2007, 560, 564; *Reimann*, DNotZ 2012, 250, 253.
403 Gegenüber der bisherigen Anforderung einer »ungewöhnlichen Härte« wurde hier die Eingriffsschwelle abgesenkt; Vgl. *Bonefeld/Lange/Tanck*, ZErb 2007, 292; *Lange*, DNotZ 2007, 84.

Kapitel 13 Stiftungen

159 Die nunmehr in Kraft getretene **Erbrechtsverordnung**[404] bietet dem Notar sowohl für (umzugsbereite) Deutsche wie für in Deutschland ihren gewöhnlichen Aufenthalt besitzende Ausländer interessante neue Möglichkeiten. Durch den Wechsel des gewöhnlichen Aufenthalts kann hiernach etwa ein deutscher Staatsangehöriger die Regelung seines Nachlasses der deutschen Rechtsordnung entziehen und vollständig einer anderen Rechtsordnung unterwerfen (Art. 21 Abs. 1 EuErbVO). Zum anderen erlaubt es die Erbrechtsverodnung einem ausländischen Erblasser mit gewöhnlichem Wohnsitz in Deutschland, das Recht seines Heimatlandes für die Rechtsnachfolge des gesamten Nachlasses zu wählen (Art. 22 Abs. 1 EuErbVO). Beides zeitigt dann auch unmittelbare Auswirkungen auf Fragestellungen des Pflichtteilsrechts.[405]

C. Steuerrechtliche Erwägungen

I. Gemeinnützigkeit

160 Der vom Stifter zu bestimmende **Stiftungszweck** hat wie erläutert[406] vor allem steuerliche Auswirkungen, kann er doch zur Anerkennung der Stiftung als »gemeinnützig« im Sinne der AO führen. Dies wiederum führt zu einer ganzen **Reihe von Steuerprivilegien**; so kann der Stifter einen Abzugsbetrag von bis zu 1 Mio[407]. EUR für eine Spende in den Vermögensstock einer gemeinnützigen Stiftung geltend machen, unabhängig davon, ob es sich um eine anfängliche Ausstattung des Vermögensstocks aus Anlass der Neugründung einer Stiftung oder um eine spätere Zuwendung in das Vermögen einer bereits bestehenden Stiftung handelt. Voraussetzung ist, dass die Zuwendung endgültig in das »Grundstockvermögen« der Stiftung geleistet wird. Eine Klarstellung wurde hier durch das Gesetz zur Stärkung des Ehrenamtes erreicht. So war nach bisheriger Rechtslage unklar, unter welchen Voraussetzungen sich der Abzugsbetrag bei zusammenveranlagten Ehegatten im Ergebnis auf zwei Millionen EUR verdoppelt. Es war insbesondere umstritten, ob ein Ehegatte den besonderen Abzugsbetrag nur dann für sich beanspruchen konnte, wenn er auch nachweisen kann, dass er eine entsprechende Zuwendung aus seinem eigenen oder aus gemeinsamen Vermögen vorgenommen hat.[408] Dies wurde vom Gesetzgeber nunmehr dahingehend geregelt, dass zusammenveranlagte Ehegatten pauschal einen Gesamtbetrag von 2 Mill. EUR abziehen dürfen (§ 10b Abs. 1a S. 1 EStG).

Überdies kann die Stiftung hierdurch die Befreiung von der Körperschaft-, Gewerbe-, Grunderwerb- und Erbschaft- und Schenkungssteuer sowie gegebenenfalls eine Privilegierung im Bereich der Umsatzsteuer erreichen.[409]

161 Möchte der Stifter diese staatlichen Wohltaten für seine Stiftung in Anspruch nehmen, muss sich aus der Satzung oder dem Stiftungsgeschäft die selbstlose (§ 55 AO)[410], ausschließliche (§ 56 AO) und unmittelbare (§ 57 AO) Verfolgung i. d. R. gemeinnütziger, mildtätiger oder kirchlicher Zwecke (gem. den §§ 52–55 AO) ergeben und auch die tatsächliche Geschäftsführung muss diesen Sat-

---

404 Verordnung (EU) Nr. 650/2012 des Europäischen Parlaments und des Rates vom 4. Juli 2012 über die Zuständigkeit, das anzuwendende Recht, die Anerkennung und Vollstreckung von Entscheidungen und die Annahme und Vollstreckung öffentlicher Urkunden in Erbsachen sowie zur Einführung eines Europäischen Nachlasszeugnisses (EuErbVO).
405 Vgl. die eingehende Kommentierung bei Münchener Kommentar/*Dutta* (6. Aufl. 2015), Art. 23 EuErbVO Rn. 27 ff. m. w. N. Zu der Stiftung in der Unternehmensnachfolge mit Auslandsbezug vgl. eingehend *Naumann zu Grünberg*, ZEV 2012, 569.
406 Vgl. Rdn. 4, 49 ff.
407 BMF, Schrb. v. 15.9.2014 – IV C 4 – S 2223/07/0006:005, DOK 2014/0761691, Steuerbegünstigte Zwecke (§ 10b EStG); Gesetz zur Stärkung des Ehrenamtes (Ehrenamtsstärkungsgesetz) vom 21.3.2013, DStR 2014, 1970.
408 Vgl. OFD Magdeburg ZEV 2006, 355 vs. *Hüttemann*, DB 2007, 253, 2057.
409 *Werner*, NotBZ 2009, 469, 478.
410 Zu der Handhabe dieses Merkmales in der Praxis (Stichwort »Geprägetheorie«) vgl. *Wallenhorst*, DStR 2009, 717; *Zimmermann*, NJW 2011, 2931, 2936 f.

zungsvorgaben entsprechen (vgl. § 59 AO). **Auswirkungen** haben die Vorgaben der AO damit vor allem auf die **Zwecksetzung**[411], **die Mittelverwendung**[412] **und die Anfallberechtigung.**[413]

Konkrete Anforderungen an die Formulierung der Satzung nennt § 60 Abs. 1 AO. Die aus steuerlichen Gründen notwendigen Bestimmungen müssen seit Geltung des Jahressteuergesetzes 2009 nun **zwingend** (§ 60 Abs. 1 S. 2 AO) **in Form der in Anlage I zu § 60 AO normierten Mustersatzung in die Stiftungssatzung übernommen werden** – wobei in der Praxis jedoch umstritten ist, ob sich der Übernahmezwang auf den Regelungsinhalt oder auf die konkreten Formulierungen der Mustersatzung bezieht.[414] Solange hierzu indes keine höchstrichterliche Entscheidung getroffen wurde, ist dem vorsichtigen Notar dazu zu raten, die Formulierungen **wortgetreu** zu übernehmen (oder andernfalls die konkrete Formulierung mit dem zuständigen Finanzamt abzusprechen).[415] Hierneben empfiehlt sich im Falle der Stiftungserrichtung von Todes wegen eine weitgehende Änderungs- bzw. Anpassungsbefugnis des Testamentsvollstrecker, damit dieser die Satzung an die Erfordernisse des zum Zeitpunkt des Todes des Stifters geltenden Steuerrechts anpassen kann.[416]

162

II. Besonderheiten bei Familienstiftungen

Nach Ansicht des BFH dient eine Stiftung dann wesentlich dem Interesse einer Familie oder bestimmter Familien, wenn nach der Satzung und gegebenenfalls nach dem Stiftungsgeschäft ihr Wesen darin besteht, es den Familien zu ermöglichen, das Stiftungsvermögen, soweit es einer Nutzung zu privaten Zwecken zugänglich ist, zu nutzen und die Stiftungserträge an sich zu ziehen. Inwieweit davon tatsächlich Gebrauch gemacht wird, ist nach Auffassung des BFH nicht maßgeblich.[417] Steuerrechtlich hat die Familienstiftung weniger Vorteile als eine gemeinnützige.[418] Sie ist eine »**normale**« **Körperschaft** und wird grundsätzlich wie eine solche besteuert.[419] Insbesondere **unterliegt sie bei der Errichtung der Erbschaft- und Schenkungsteuer**. Für die Erstausstattung einer inländischen Familienstiftung beinhaltet § 15 Abs. 2 S. 1 ErbStG jedoch eine besondere steuerrechtliche Relevanz. Danach richtet sich die Besteuerung der Vermögenszuwendungen nach dem persönlichen Verhältnis des nach der Stiftungsurkunde entferntesten Berechtigten zum Stifter.[420] Dies gilt es bei der Frage der bezugsberechtigten Destinatäre zu beachten. Für spätere Zustiftungen findet nach h. M. § 15 Abs. 2 ErbStG indes keine Anwendung. Es gilt dann stets Steuerklasse III. Wegen dieser steuerlichen Nachteile bei späteren Zustiftungen sollte die Familienstiftung grundsätzlich nicht zunächst nur mit einem relativ geringen Vermögen unter Lebenden errichtet und später, z. B. von Todes wegen, durch Zustiftungen aufgestockt werden, es sei denn, Steuerklasse III käme ohnehin auch bei der Errichtung der Stiftung zur Anwendung oder es können im Todesfall Steuervergünstigungen, wie etwa für Betriebsvermögen, in Anspruch genommen werden.[421]

163

Zu bedenken ist überdies, dass bei einer etwaigen nachträglichen satzungsmäßigen Erweiterung des Kreises der Bezugsberechtigten (z. B. auf die nächste Generation oder Verwandte eines entfernteren Grades) nach Auffassung der Finanzverwaltung eine Aufhebung und Neugründung der Familienstif-

164

---

411 Vgl. Rdn. 49 ff.
412 Vgl. Rdn. 77 ff.
413 Vgl. Rdn. 101 ff.
414 *Werner*, NotBZ 2009, 469, 478.
415 Vgl. Rdn. 5 f.
416 Vgl. Rdn. 121 ff.
417 BFH DB 1998, 455; eventuell kann auch als Auslegungsregel auch auf § 15 Abs. 2 AStG zurückgegriffen werden (Anwaltshandbuch ErbR/*Feick*, § 38 Rn. 10).
418 Vgl. *Korezkij*, ZEV 1999, 132.
419 *Ihle*, RNotZ 2009, 621, 629.
420 Bei der »entferntesten Stiftungsberechtigten« sind nach h. M. auch noch nicht geborene Abkömmlinge zu berücksichtigen: *Tielmann*, NJW 2013, 2934, 2937 m. w. N. Nachträgliche Zuwendungen des Stifters oder Dritter stellen dagegen gewöhnliche Schenkungen im Sinne des § 7 Abs. 1 Nr. 1 ErbStG dar, die nach Steuerklasse III besteuert werden.
421 Anwaltshandbuch ErbR/*Feick*, § 39 Rn. 23 m. w. N. zum Meinungsstreit.

Kapitel 13 Stiftungen

tung erfolgt und damit eine erneute Erbschaftsteuererhebung gem. § 7 Abs. 1 Nr. 8 ErbStG nach der ungünstigen Erbschaftsteuerklasse III zur Folge hat.[422]

165 Bei einer selbständigen[423] Familienstiftung mit Geschäftsleitung oder Sitz im Inland wird in Abständen von 30 Jahren zudem als »Ersatz für eine natürliche Erbfolge«[424] eine sog. **Erbersatzsteuer** erhoben (§ 1 Abs. 1 Nr. 4 ErbStG).[425] Grundlage der Erbersatzsteuer ist eine Erbschaftsfiktion in Zeitabständen von 30 Jahren, die mit dem ersten Übergang des Vermögens auf die Stiftung beginnt. Erfasst wird hierbei das gesamte zum Stichtag vorhandene Vermögen der Familienstiftung einschließlich ausländischer und nicht familienbezogener Vermögensteile (§ 10 Abs. 1 S. 5 ErbStG). (Größere) Ausschüttungen an die Destinatäre sollten dementsprechend möglichst vor dem entsprechenden Stichtag erfolgen. **Steuerschuldner** ist gem. § 20 ErbStG die Stiftung selbst. Die Besteuerung erfolgt hierbei, als würde das Vermögen auf zwei Kinder des Erblassers übertragen. Der Freibetrag gemäß § 16 Abs. 1 Nr. 2 ErbStG ist dementsprechend zweifach zu berücksichtigen und die Steuern nach dem für die Steuerklasse I geltenden Vomhundertsatz, der für die Übertragung des hälftigen Vermögens gelten würde, zu berechnen, § 15 Abs. 2 S. 3 ErbStG.[426] Die (derzeitigen) Steuerbefreiungen für begünstigtes Vermögen gemäß § 13b ErbStG gelten auch im Rahmen der Erbersatzsteuer (§ 13a Abs. 9 ErbStG); hier ist im Rahmen der Beratung jedoch die Entscheidung des Bundesverfassungsgerichts zur Verfassungswidrigkeit der erbschaft- bzw. schenkungsteuerrechtlichen Betriebsvermögensverschonung zu beachten.[427] Es sollten die weiteren gesetzgeberischen Aktivitäten unbedingt im Auge behalten bleiben. Auf Antrag kann die Steuer anstelle einer Einmalzahlung verzinst in 30 gleichen Jahresraten gezahlt werden (§ 24 ErbStG). Der Erbersatzsteuer ist damit gegenüber einer regulären Nachfolge auf Grund ihres 30-jährigen Turnus ihre Planbarkeit und bei entfernteren Verwandtschaftsverhältnissen ihre größere erbschaftsteuerliche Attraktivität wegen höherer Freibeträge und der günstigeren Steuerklasse I zugute zu halten.[428]

166 Der **Umsatzsteuer** unterliegt die Übertragung von Vermögensgegenständen auf die Stiftung, soweit sie gemäß § 3 Abs. 1b UStG eine Entnahme aus dem Unternehmen des Zuwenders darstellt und sie zum vollständigen oder teilweisen Vorsteuerabzug berechtigt haben. Wird ein ganzer Betrieb oder ein Teilbetrieb auf eine Stiftung übertragen, so fällt nach § 1 Abs. 1a UStG keine Umsatzsteuer an, wenn der übertragene Geschäftsbetrieb bei der Stiftung weiter umsatzsteuerpflichtig ist.[429]

---

422 R 2 IV 2 ErbstR 2003.
423 Nach h. M. in der Literatur unterliegt die unselbstständige Familienstiftung demgegenüber nicht der Erbersatzsteuer (eingehend mwN *Theuffel-Werhahn*, ZEV 2014, 14, 15 ff.). Es ist jedoch bei der Gestaltung zu beachten, dass noch keine Rechtsprechung zu dieser Frage existiert.
424 Vgl. *von Löwe/du Roi Droege*, ZEV 2006, 530, 532.
425 Vgl. BFH ZEV 1998, 112; das BVerfG hat die Verfassungsmäßigkeit dieser Steuer im Jahr 2011 noch einmal bestätigt (HFR 2011, 1247; vgl. bereits zuvor BVerfG NJW 1983, 1841). Von einer solchen Stiftung im erbschaftsteuerlichen Sinn ist auszugehen, wenn eine inländische Stiftung wesentlich im Interesse einer Familie oder bestimmter Familien errichtet ist (§§ 1 Abs. 1 Nr. 4, 15 Abs. 2 S. 1 ErbStG, vgl. auch die Ausführungen in Rdn. 54 ff.). Nach Auffassung des BFH in der hier zitierten Entscheidung dient die Stiftung dann wesentlich einer Familie, wenn es dieser nach der Satzung und ggf. dem Stiftungsgeschäft ermöglicht wird, das Stiftungsvermögen zu nutzen oder die Stiftungserrichtung an sich zu ziehen. Nach Auffassung der Finanzverwaltung kann eine Familienstiftung nach § 1 Abs. 1 Nr. 4 ErbStG bereits dann vorliegen, wenn die Destinatäre (der Stifter, seine Angehörigen und deren Abkömmlinge) zu mehr als 25 % bezugsberechtigt sind und zusätzliche Merkmale ein wesentliches Familieninteresse indizieren (Nachweise bei Anwaltshandbuch ErbR/*Feick*, § 39 Rn. 1).
426 Zu § 15 Abs. 2 S. 2 ErbStG jüngst BFH ZEV 2010, 105: Bei einer Auflösung einer von mehreren Stiftern errichteten Stiftung ist bei der Steuerberechnung gemäß § 15 Abs. 2 S. 2 ErbStG für die Bestimmung der Steuerklasse auf das jeweilige Verhältnis des Anfallberechtigten zu den Stiftern abzustellen.
427 BVerfG, NJW 2015, 303.
428 *Werner*, ZEV 2006, 539, 542.
429 Eingehend zu den steuerlichen Auswirkungen einer auf die privatnützige Versorgung der Stifterfamilie abzielende Unternehmensträgerstiftung *Ihle*, RNotZ 2009, 621, 624.

Auf einen interessanten »Mittelweg« zwischen der »reinen«, steuerlich nachteiligen, Familienstiftung 167
und der »reinen« gemeinnützigen Stiftung weist § 58 Nr. 6 AO hin: Hiernach kann eine gemeinnützige Stiftung einen Teil, jedoch höchstens ein Drittel ihres Einkommens dazu verwenden, in angemessener Weise[430] den Stifter und seine nächsten Angehörigen[431] zu unterhalten, ihre Gräber zu pflegen und ihr Andenken zu ehren (sog. **steuerbefreite Familienstiftung**). Insofern könnte bei entsprechender Gestaltung die Steuervorteile der gemeinnützigen Stiftung mit der Angehörigenversorgung kombiniert werden.[432] Zu beachten ist jedoch, dass den begünstigten Destinatären auch hier wegen der Notwendigkeit der Förderung der Allgemeinheit (§ 52 AO) kein klagbarer Rechtsanspruch gegen die Stiftung auf Erbringung der Versorgungsleistungen eingeräumt werden kann.[433]

III. Besonderheiten bei unselbstständigen Stiftungen

Die Übertragung des Stiftungsvermögens vom Stifter auf den Rechtsträger unterliegt bei der unselbstständigen Stiftung nach § 1 Abs. 1 Nr. 3, 8 ErbStG grundsätzlich der **Erbschaftsteuer**, da das Vermögen nicht unmittelbar der Stiftung zugute kommt, sondern dem Stiftungsträger (der es dann zugunsten der Stiftungsziele zu verwenden hat). Es ergeben sich jedoch Steuerbefreiungsmöglichkeiten: 168

Eine unselbstständige Stiftung ist zudem »Körperschaft« im Sinne des § 1 Abs. 1 Nr. 5 KStG und als 169
steuerlich selbständig anzusehen, sofern das betroffene Vermögen endgültig aus dem Vermögen des Stifters ausscheidet und auf einen von ihm personenverschiedenen Träger übergeht, die Erträge des Stiftungsvermögens dem Träger selbst steuerlich nicht zugerechnet werden können und eine dauerhafte Bindung an den (steuerbegünstigten) Zweck besteht.[434]

Setzt der Erblasser eine der in § 13 Abs. 1 Nr. 16 lit. b ErbStG genannten Institutionen als Stiftungs- 170
träger ein, kommen zudem die §§ 51 ff. AO unmittelbar zur Anwendung. In den sonstigen Fällen muss sich der Stiftungsträger entsprechend § 13 Abs. 1 Nr. 17 ErbStG der Finanzbehörde gegenüber über die Verwendung der Zuwendung für die begünstigten Zwecke durch eine Versicherung ausweisen. Wenn die Anforderungen an die Steuerbegünstigung nach §§ 51 ff. AO erfüllt werden, ergibt sich die Gewerbesteuerbefreiung der unselbstständigen Stiftung aus § 3 Nr. 6 GewStG, die Grundsteuerbefreiung aus § 3 Nr. 2 GrEStG, die Körperschaftsteuerbefreiung aus § 5 Abs. 1 Nr. 9 KStG sowie ggf. eine Privilegierung bei der Umsatzsteuer aus §§ 4a Abs. 1, 12 Abs. 2 Nr. 8 UStG.

IV. Besonderheiten bei der Errichtung einer Stiftung im Wege einer Auflage

Der Erbe bzw. der Vermächtnisnehmer unterliegt in dem Falle der Errichtung einer Stiftung im 171
Wege der Auflage[435] hinsichtlich des Wertes der Auflage nicht der **Erbschaftsteuer**, § 10 Abs. 5 Nr. 2 ErbStG. Eine Ausnahme gilt gem. § 10 Abs. 9 EStG dann, wenn dem durch die Auflage Beschwerten

---

430 Vgl. hierzu die Neufassung des Anwendungserlasses zu den §§ 51–68 AO, BMF-Schreiben vom 31.1.2014, BStBl I 2014, 290 (AEAO Nr. 8 zu § 58 Nr. 6 AO).
431 Die Finanzverwaltung zählt hierzu neben Ehegatten, Eltern bzw. Pflegeeltern, Großeltern, Geschwistern und Kindern bzw. Pflegekinder jedoch lediglich die Enkel (AEAO Tz. 6 zu § 58 AO). Es wäre demnach lediglich eine Absicherung von zwei Generationen nach dem Stifter selbst möglich (zu Ausweichmöglichkeiten vgl. *Ihle*, RNotZ 2009, 621, 624).
432 Vgl. hierzu etwa *Müller-Schubert*, DStR 2000, 1289 f.
433 *Schauhoff*, DB 1996, 1693, 1694; vgl. Rdn. 101 ff.
434 Vgl. auch die Verfügung der OFD-Frankfurt vom 30.8.11, S 0170 A-41-St 53 (DStR 2012, 610). Nach dieser wird eine unselbstständige Stiftung (nur) dann als eigenständiges Körperschaftsteuersubjekt qualifiziert, wenn die nichtrechtsfähige Stiftung und der Treuhänder unterschiedliche Zwecke verfolgen, oder die nichtrechtsfähige Stiftung bei identischer Zweckverfolgung über eigene Stiftungsgremien verfügt, die unabhängig vom Treuhänder des Stiftungsvermögens über die Verwendung der Mittel entscheiden können. Der Treuhänder als zivilrechtlicher Rechtsträger muss dabei vom Einfluss auf die Verwendung der Mittel ausgeschlossen sein.
435 Vgl. Rdn. 136 ff.

die Auflage selbst zugute kommt. Ein solcher Fall ist nicht gegeben, wenn der Beschwerte zur Errichtung einer gemeinnützigen Stiftung verpflichtet wird. Der Fall, dass der Beschwerte durch die Auflage zur Errichtung einer Familienstiftung verpflichtet wird, deren Destinatär (auch) er ist, ist hingegen noch nicht abschließend geklärt.[436] Hier sollte im Vorfeld Rücksprache mit dem zuständigen Finanzamt getroffen werden.

D. Checklisten/Beratungshinweise

172 ▶ **Checkliste: Feststellen des Willens des Stifters**
- ☐ generell: Ist eine Stiftung das interessengerechte erbrechtliche Gestaltungsmittel?
  - ☐ Wunsch: Perpetuierung des nicht unerheblichen Vermögens; altruistische Zweckbindung; ggf. positive Außendarstellung des Stifters; steuerliche Vorteile –> *selbständige gemeinnützige Stiftung (Regelfall)*
  - ☐ Wunsch: eher eine Förderungsstiftung, die nicht operativ tätig wird; hierneben ggf. geringeres Vermögen und geringerer Organisationsgrad ausreichend –> *unselbstständige gemeinnützige Stiftung*
  - ☐ Besonderheit: Familienvermögen soll erhalten bleiben und vor einer Zersplitterung wegen einer steigenden Anzahl von Erben bewahrt werden; Gemeinnützigkeit nicht notwendig
- ☐ Familienstiftung
  - ☐ Besonderheit: Unternehmen soll fortbestehen; Sicherung der Unternehmensführung; finanzielle Belastungen bei Übergang auf nächste Generation sollen möglichst gering ausgestaltet sein; Gemeinnützigkeit nicht notwendig; ggf.: Versorgungsbedürfnis der Familienmitglieder soll aus den Erträgen befriedigt werden
- ☐ *unternehmensbezogene Stiftung*, ggf. mit familienstiftungsbezogenen Elementen
- ☐ vorab: »*Stiftung light*« als sinnvolle Alternative zur Stiftungserrichtung von Todes wegen?
- ☐ konkret erforderliche Angaben, insbesondere
  - ☐ Zweck der Stiftung (Gemeinnützigkeit?)
  - ☐ Begünstigte der Stiftung
  - ☐ Organe der Stiftung
  - ☐ Vermögen der Stiftung
- ☐ Kontrolle der steuerlichen, stiftungsrechtlichen und erbrechtlichen Konsequenzen der beabsichtigten Stiftung (möglichst mit einem Steuerberater; zwingend nach Abfassung des Satzungsentwurfes nebst geplanter Vermögensausstattung auch unter Kontaktaufnahme der zuständigen Finanzbehörde (wegen der Anerkennung der Gemeinnützigkeit) und der zuständigen Stiftungsaufsicht)
- ☐ Bereitschaft der vorgesehenen Stiftungsorgane/des Stiftungsträgers (und ggf. des Testamentsvollstreckers) erfragen

---

436 Beck'sches Formularhandbuch Erbrecht/*Mutter*, H. I. 6, Anm. 6.

Kapitel 14. Nachlassverfahren

Übersicht

	Rdn.
A. Annahme und Ausschlagung der Erbschaft	1
I. Einführung	1
II. Voraussetzungen für eine wirksame Erbschaftsausschlagung	8
1. Bedeutung der Erbschaftsannahme (§ 1943 BGB)	8
a) Formfreiheit der Erbschaftsannahme	13
b) Die konkludente Erbschaftsannahme	15
c) Die Annahme der Erbschaft durch einen Vertreter	20
d) Unwirksamkeit der Annahme (§ 1949 Abs. 1 BGB)	23
2. Inhalt und Form der Ausschlagungserklärung	24
a) Bedingungsfeindlichkeit der Ausschlagungserklärung	27
b) Form der Ausschlagungserklärung (§ 1945 BGB)	35
c) Adressat der Ausschlagungserklärung	37
3. Die Ausschlagungsfrist (§ 1944 BGB)	48
a) Allgemeines	48
b) Beginn der Ausschlagungsfrist	49
c) Die Ausschlagungsfrist bei pflichtteilsberechtigten Erben bei Anordnung von Beschränkungen oder Beschwerungen (§ 2306 Abs. 1 S. 1 BGB)	57
d) Ausschlagungsfrist von sechs Monaten (§ 1944 Abs. 3 BGB)	58
e) Berechnung der Ausschlagungsfrist	61
4. Umfang der Ausschlagungserklärung	64
a) Das Verbot der Teilausschlagung	64
b) Ausnahmen vom Verbot der Teilausschlagung	66
5. Die Berechtigung zur Ausschlagung der Erbschaft	73
a) Das Ausschlagungsrecht des Erben in der Insolvenz	74
b) Ausschlagungsrecht des Erben bei Bezug von Sozialhilfe	78
c) Vererblichkeit des Ausschlagungsrechts	82
6. Erbschaftsausschlagung durch einen Vertreter	89
a) Ausschlagung durch einen gewillkürten Vertreter	90
b) Ausschlagung durch einen gesetzlichen Vertreter	91
aa) Ausschlagung durch einen Vormund, Betreuer oder Pfleger	92
bb) Die Ausschlagung durch die Eltern	95
(1) Zur Notwendigkeit einer gerichtlichen Genehmigung	96
(2) Das familiengerichtliche/betreuungsgerichtliche Genehmigungsverfahren	107
(3) Die Ausschlagung für ein ungeborenes Kind	115
III. Rechtsfolgen der Erbschaftsausschlagung	117
1. Rechtsstellung des Ausschlagenden	117
2. Anfall der Erbschaft beim Nächstberufenen (§ 1953 Abs. 2 BGB)	118
3. Wegfall der Bindungswirkung	126
4. Ausschlagung und Pflichtteilsrecht	128
a) Die unbeschränkte Erbeinsetzung des Pflichtteilsberechtigten	130
b) Die Einsetzung des Pflichtteilsberechtigten als Vermächtnisnehmer	132
c) Die Neuregelung des § 2306 Abs. 1 BGB	137
aa) Beschränkungen und Belastungen nach altem Recht (§ 2306 BGB a. F.)	139
bb) Änderungen durch das Erbrechtsreformgesetz (§ 2306 BGB n. F.)	142
d) Ausschlagung der in Zugewinngemeinschaft verheirateten Ehegatten	149
IV. Die Anfechtung der Erbschaftsannahme	150
1. Anfechtungsgründe	151
a) Die Anwendung der §§ 119 ff. BGB	151
b) Die Bestimmung des § 2308 BGB	153
c) Der Irrtum über den Berufungsgrund	154
2. Anfechtungserklärung	157
3. Anfechtungsfrist	160
4. Rechtsfolgen der Anfechtung	162
V. Auswirkungen der EU-Erbrechtsverordnung (EuErbVO) auf das Ausschlagungsverfahren	165
VI. Kostenrechtliche Hinweise	166

Kapitel 14 Nachlassverfahren

	Rdn.
VII. Steuerrechtliche Aspekte der Erbschaftsausschlagung	167
VIII. Checkliste zur Erbschaftsausschlagung	170
B. Erbschein und Erbscheinsantrag	**171**
I. Einführung	171
II. Rechtswirkungen des Erbscheins	175
1. Vermutungswirkung des Erbscheins (2365 BGB)	176
2. Öffentlicher Glaube des Erbscheins (2366, 2367 BGB)	181
3. Einziehung und Kraftloserklärung eines Erbscheins	185
a) Die Einziehung des Erbscheins	185
b) Kraftloserklärung eines Erbscheins	189
III. Der Inhalt des Erbscheins	190
IV. Zuständigkeit für die Erteilung des Erbscheins	200
1. Internationale Zuständigkeit	200
2. Sachliche Zuständigkeit (§ 23a Abs. 1, Abs. 2 GVG)	204
3. Örtliche Zuständigkeit (§ 343 Abs. 1 Hs. 1 FamFG)	205
4. Funktionelle Zuständigkeit	208
V. Inhalt und Form des Erbscheinsantrags	209
1. Allgemeine Anforderungen an den Erbscheinsantrag	209
2. Bestimmtheit des Erbscheinsantrags	213
3. Inhaltliche Anforderungen an den Erbscheinsantrag	218
a) Angaben zum Erblasser und den Erben	218
b) Angaben zum Erbrecht	220
c) Angaben zu Verfügungsbeschränkungen	224
d) Nachweise durch öffentliche Urkunden (§ 2356 Abs. 1 BGB)	228
e) Eidesstattliche Versicherung	232
f) Bevollmächtigung des Notars	236
VI. Antragsberechtigung	238
VII. Erbscheinsarten	244
VIII. Erbscheinsantrag bei gesetzlicher Erbfolge	254
IX. Erbscheinsantrag bei gewillkürter Erbfolge	257
X. Der gegenständliche beschränkte Erbschein nach § 2369 BGB n. F.	266
XI. Erbscheinsanträge bei Anwendung von DDR-Recht	275
XII. Antrag auf Erteilung eines Auseinandersetzungszeugnisses	281
XIII. Hoffolgezeugnis	287
XIV. Rechtsmittel gegen Entscheidungen des Nachlassgerichts	290
XV. Kosten und Steuern	293
1. Kostenrechtliche Aspekte	293
a) Gerichtskosten	293

	Rdn.
b) Notarkosten	297
2. Steuerliche Aspekte	298
XVI. Checkliste	299
C. Antrag auf Erteilung eines Testamentsvollstreckerzeugnisses	**300**
I. Einführung	300
II. Annahme des Testamentsvollstreckeramts	302
III. Aufgaben und Befugnisse des Testamentsvollstreckers	305
IV. Antrag auf Erteilung eines Testamentsvollstreckerzeugnisses	309
1. Begriff und Bedeutung des Testamentsvollstreckerzeugnisses	310
2. Antragsberechtigung und Antragsinhalt	316
3. Erteilung des Testamentsvollstreckerzeugnisses	321
4. Einziehung des Testamentsvollstreckerzeugnisses	323
5. Kosten	324
V. Beendigung der Testamentsvollstreckung	327
D. Das Europäische Nachlasszeugnis	**328**
I. Einführung	328
II. Das Verhältnis zwischen ENZ und Erbschein	331
III. Zuständigkeit für die Erteilung des ENZ	334
1. Internationale Zuständigkeit für die Erteilung des ENZ	334
2. Sachliche und örtliche Zuständigkeit für die Erteilung des ENZ	340
IV. Das Verfahren zur Erteilung des ENZ	342
1. Antragsverfahren	342
2. Antragsberechtigung	345
3. Der Inhalt des Antrags nach Art. 65 Abs. 3 EuErbVO	348
4. Prüfung des Antrags	356
V. Der Inhalt des ENZ	359
VI. Die Erteilung und Berichtigung eines ENZ	366
1. Die Erteilung eines ENZ	366
2. Die Berichtigung, Änderung und der Widerruf eines ENZ	371
VII. Rechtsbehelfe gegen das ENZ	374
VIII. Wirkungen des ENZ	377
1. Die Vermutungswirkung des Art. 69 Abs. 2 EuErbVO	378
2. Gutglaubenswirkungen (Art. 69 Abs. 3 und 4 EuErbVO)	380
IX. Das ENZ im deutschen Grundbuch- und Handelsregisterverfahren	389
1. Das ENZ im Grundbuchverfahren	389
2. Das ENZ im Handelsregisterverfahren	394
X. Kosten des Verfahrens auf Erteilung eines ENZ	396

	Rdn.
XI. Zusammenfassung	400
XII. Antragsmuster zur Erteilung eines ENZ	402
E. **Erstellung eines notariellen Nachlassverzeichnisses**	403
I. Einführung	403
II. Das Inventarverzeichnis der Erben (§§ 1993, 2002, 2003 BGB)	407
III. Das Bestandsverzeichnis des Erbschaftsbesitzers (§ 2027 BGB)	412
IV. Nachlassverzeichnis auf Verlangen eines Pflichtteilsberechtigten	416

	Rdn.
1. Sinn und Zweck des Nachlassverzeichnisses	416
2. Selbstständiger Wertermittlungsanspruch	419
a) Hinweise und Belehrungen des Notars	422
b) Recht der Pflichtteilsberechtigten auf Hinzuziehung	423
c) Art und Umfang der Nachlassermittlungen durch den Notar	426
3. Vollständigkeit des Verzeichnisses und Teilverzeichnisse	431

A. Annahme und Ausschlagung der Erbschaft

Literatur:
Firsching, Gefahren der Erbschaftsausschlagung, DNotZ 1974, 597; *Frohn*, Die Erbausschlagung unter dem Vorbehalt des Pflichtteils, Rpfleger 1982, 56 f.; *Gothe*, Erbschaftsausschlagung und Anfechtung der Erbschaftsannahme, MittRhNotK 1998, 193 f.; *Herzog/Lindner*, Ausgewählte Folgeprobleme der Erbrechtsreform – Teil 2: Das Wahlrecht des pflichtteilsberechtigten Erben, §§ 2305, 2306 BGB, ZFE 2010, 219 ff.; *Holtmeyer*, Das neue Pflichtteilsrecht nach dem Gesetz vom 2.7.2009 zur Änderung des Erb- und Verjährungsrechts, ErbR 2009, 298 ff.; *Ivo*, Die Teilausschlagung einer Erbschaft, ZEV 2002, 145; *ders.*, Die Erbschaftsausschlagung für das minderjährige Kind, ZEV 2002, 309 ff.; *ders.*, Die Erbschaftsausschlagung eines Sozialhilfeempfängers, FamRZ 2003, 6 ff.; *Keim*, Die Erbausschlagung – eine undankbare Aufgabe für den Notar, RNotZ 2006, 602 ff.; *Margonski*, Kollisionsrechtliche Probleme einer durch einen ausländischen Notar beurkundeten Erbausschlagungserklärung, insbesondere im deutsch-polnischen rechtsverkehr, ZEV 2015, 141; *Müller*, Die erbrechtliche Ausschlagung als Gestaltungsmittel, Köln/München 2008; *Mayer, Jörg*, Wenn das Kind bereits in den Brunnen fiel – Möglichkeiten der Erbschaftsteuerreduzierung nach Eintritt des Erbfalls, DStR 2004, 1541 ff.; *Reimann*, Die Reform des Erb- und Verjährungsrechtes, FamRZ 2009, 1633 ff.; *P. Schmidt*, Der Erwerb der Erbschaft in grenzüberschreitenden Sachverhalten unter besonderer Berücksichtigung der EuErbRVO, ZEV 2014, 455; *Wachter*, Erbschaftsausschlagung als steuerliches Gestaltungsmittel, ZNotP 2004, 176

I. Einführung

Mit dem Tode einer Person geht deren Vermögen als Ganzes auf eine oder mehrere andere Personen (Erben) über, ohne dass es einer besonderen Handlung oder Mitwirkung derselben bedürfte und unabhängig davon, ob sie Kenntnis vom Tode des Erblassers erlangt haben (§§ 1922 Abs. 1, 1942 Abs. 1, 857 BGB). 1

Eine Erklärung der zur Erbfolge Berufenen, dass sie die Erbschaft annehmen, ist mithin nicht erforderlich, vielmehr tritt die Annahme der Erbschaft nach dem Gesetz von selbst ein. Der deutsche Gesetzgeber hat sich damit – im Gegensatz zu anderen Rechtsordnungen, die einen **Antrittserwerb** vorsehen,[1] – für ein System des »**Vonselbsterwerb**« entschieden, bei welchem dem bzw. den Erben die Erbschaft zunächst ohne ihr Wissen und Wollen zufällt. 2

Der Anfall einer Erbschaft kann dem Bedachten jedoch unerwünscht sein, etwa weil der Nachlass überschuldet ist oder anderweitige Nachteile mit sich bringt. 3

Vor diesem Hintergrund räumt das Gesetz dem Erben die Möglichkeit ein, den mit dem Anfall der Erbschaft verbundenen Eintritt in die Rechts- und Pflichtenstellung des Erblassers durch eine **Erbschaftsausschlagung** (§§ 1944, 1945 BGB) oder durch eine Anfechtung der Erbschaftsannahme (§§ 1955, 1957 BGB) mit Rückwirkung, d. h. mit Wirkung auf den Zeitpunkt des Erbfalls, zu be- 4

---

[1] Vgl. Würzburger Notarhandbuch/*Hertel*, (Länderbericht Österreich), 3. Aufl. 2012, Teil 7, Kap. 4 III., S. 2722 ff.; hierzu ausführlich auch R. *Süß* (Hrsg.), Erbrecht in Europa, 2. Aufl., 2007.

Kapitel 14 Nachlassverfahren

seitigen. So kann der jeweilige Erbe mit Hilfe der Ausschlagung der mit dem Anfall der Erbschaft verbundenen Haftung für sämtliche Nachlassverbindlichkeiten entgehen.

5 Durch die Rückbeziehung der Wirkungen der Erbschaftsausschlagung auf den Zeitpunkt des Erbfalls wird ein Schwebezustand mit Ungewissheit über die Vermögenszugehörigkeit des Nachlasses im Interesse des Rechtsverkehrs vermieden bzw. auf die Dauer einer für den Erben laufenden Ausschlagungsfrist begrenzt.[2]

6 Neben der Überschuldung des Nachlasses, dem wohl häufigsten Motiv für eine Ausschlagung, gewinnt die Ausschlagung aber auch als Gestaltungsmittel nach Eintritt des Erbfalls zunehmend an Bedeutung. So können die Beweggründe für eine Ausschlagung der Erbschaft z. B. darin liegen,
- **persönlichen** bzw. **familiären Umständen** Rechnung zu tragen (»*von dem will ich nichts haben*«),
- die **Bindungswirkung** aus einer wechselbezüglichen Verfügung (bzw. vertragsmäßigen Verfügung) bei einem gemeinschaftlichen Testament (oder Erbvertrag) zu beseitigen (§§ 2271 Abs. 2 S. 1 Hs. 2 bzw. 2298 Abs. 2 S. 3 BGB),
- den Nachlass bei **Überschuldung des Erben** durch Überleitung auf andere Personen dem Zugriff von Gläubigern zu entziehen,
- bei Ehegatten im gesetzlichen Güterstand eine höhere Beteiligung am Nachlass durch die sog. **güterrechtliche Lösung** herbeizuführen (§§ 1371 Abs. 2, 3 BGB),[3]
- **steuerliche Freibeträge** und **Steuerklassen** nach dem Erbschaft- und Schenkungsteuergesetz (ErbStG) besser auszunutzen,[4] oder
- steuerliche Einkünfte im Hinblick auf anfallende **Einkommensteuer** zu vermeiden oder zu verlagern.

7 Die nachfolgenden Ausführungen zielen darauf ab, verschiedene im Zusammenhang mit der Erbschaftsannahme oder -ausschlagung in der Praxis immer wieder auftretende Probleme und Fragestellungen darzustellen und praxisgerechte Lösungen aufzuzeigen.

II. Voraussetzungen für eine wirksame Erbschaftsausschlagung

1. Bedeutung der Erbschaftsannahme (§ 1943 BGB)

8 Auch wenn es zum Erwerb einer Erbschaft keiner Annahme des Erben bedarf, ist eine solche für die rechtliche Bewertung eines Falles nicht ohne Bedeutung, da die Annahme der Erbschaft nach § 1943 BGB zum Verlust des Ausschlagungsrechts führt.

9 Daher sollte eine Erbschaft bei einer Testamentseröffnung nicht vorschnell angenommen werden. Dies gilt vor allem bei größeren Vermögen. Ansonsten besteht die Gefahr, dass steuerliche Gestaltungsmöglichkeiten verloren gehen können.

10 Mit Rücksicht darauf, dass eine Ausschlagung der Erbschaft bei den Hinterbliebenen unter Umständen auf moralische Bedenken stoßen kann, wird in der Literatur zunehmend angeraten, bei entsprechenden Fällen bereits im Rahmen der Testamentsgestaltung eine Klausel aufzunehmen, in welcher der Erblasser die Erben auf die Möglichkeit einer Ausschlagung hinweist und grundsätzlich sein Einverständnis hiermit erklärt.[5]

11 ▶ **Muster:**[6]

Ich rate meinen Erben an, die rechtlichen und steuerlichen Folgen meines Testaments unmittelbar nach meinem Tod durch unabhängige Rechts- und Steuerberater prüfen zu lassen und etwaige Korrekturmöglichkeiten in Form einer Ausschlagung oder durch Abschluss von erbrechtlichen

---

2 Vgl. Palandt/*Weidlich* § 1942 Rn. 2.
3 Vgl. hierzu ausführlich Beck'sches Formularbuch Erbrecht/*Ivo*, J.IV.8, S. 968.
4 Vgl. hierzu *Wachter*, ZNotP 2004, 176, 177 mit einem ausführlichen Formulierungsbeispiel.
5 Vgl. *Wachter*, ZNotP 2004, 176, 177 (mit einem ausführlichen Formulierungsbeispiel).
6 In Anlehnung an *Wachter*, ZNotP 2004, 176, 177.

Auslegungsverträgen zu erörtern. Schon heute erkläre ich mein uneingeschränktes Einverständnis mit diesen Maßnahmen.

Die Annahme einer Erbschaft löst einen erbschaftsteuerlichen Vorgang i. S. d. § 1 Abs. 1 Nr. 1 ErbStG aus, welcher grundsätzlich mit der Ausschlagung wegfällt.[7] Die Ausschlagung der Erbschaft wird dabei auch dann anerkannt, wenn sie ausschließlich aus steuerlichen Gründen erfolgt.[8] 12

a) Formfreiheit der Erbschaftsannahme

Anders als die Erbschaftsausschlagung ist die **Annahme der Erbschaft** an keine **Form** gebunden. 13

Die **Erbschaftsannahme** kann mithin nicht nur durch eine ausdrückliche Erklärung gegenüber einem Nachlassbeteiligten (z. B. Miterben, Nachlassschuldner oder -gläubiger, Vermächtnisnehmer oder Pflichtteilsberechtigte) sondern auch durch ein konkludentes Verhalten des Erben erfolgen. Entscheidend ist allein, dass der Erbe seinen Willen zum Ausdruck bringt, Erbe zu sein und Erbe bleiben zu wollen.[9] 14

b) Die konkludente Erbschaftsannahme

Da das Ausschlagungsrecht des Erben gemäß § 1943 BGB mit der Annahme der Erbschaft erlischt, stellt sich für denjenigen, der mit der Beratung eines Erben über eine etwaige Ausschlagung betraut ist, zunächst die Frage, ob dieser die Erbschaft bereits ausdrücklich oder möglicherweise durch ein konkludentes Verhalten angenommen hat. Letzteres richtig zu bewerten, erweist sich in der Praxis oftmals als äußerst schwierig. 15

Beispiele für eine **konkludente Annahme** der Erbschaft sind: 16
– Abschluss eines Erbteilkauf- oder Erbteilübertragungsvertrages
– Verwendung von Nachlassgegenstände für eigene Zwecke
– Prozessaufnahme seitens des Bedachten gemäß § 239 ZPO
– Antrag auf Grundbuchberichtigung

Abzugrenzen ist die Annahme durch schlüssiges Verhalten von bloßen **Fürsorgemaßnahmen** für den Nachlass.[10] 17

Beispiele für derartige Fürsorgemaßnahmen sind: 18
– die Besorgung und Bezahlung der Bestattung des Erblassers
– die Stellung eines Antrages auf Testamentseröffnung
– einstweilige Fortführung eines Handelsgeschäftes unter der bisherigen Firma
– der Verkauf verderblicher Sachen des Erblassers

Im Rahmen dieser Vorprüfung gilt es auch zu klären, ob es infolge des Ablaufs der Ausschlagungsfrist zu einer Annahme der Erbschaft gekommen ist (**§ 1943 Hs. 2 BGB**). Mit Rücksicht darauf, dass auch eine Anfechtung der Ausschlagung als Annahme gilt (**§ 1957 Abs. 1 BGB**), gilt es auch diesen Punkt zu prüfen. 19

c) Die Annahme der Erbschaft durch einen Vertreter

Weder die Annahme noch die Ausschlagung einer Erbschaft sind ein höchstpersönliches Rechtsgeschäft, so dass sie auch durch einen gewillkürten oder gesetzlichen Vertreter erklärt werden können. 20

---

7 Etwas anderes gilt bei Gewährung einer Abfindung als Gegenleistung, vgl. insoweit Rdn. 65, 167 ff.
8 Vgl. hierzu grundlegend FG Düsseldorf, Urt. vom 16.10.1964 – III 8/63 Erb, EFG 1965, 183; siehe hierzu auch *Wachter*, ZNotP 2004, 176, 177 (dort Fn. 4).
9 *Wachter*, ZNotP 2004, 176, 180.
10 Tiefergehende Ausführungen hierzu finden sich bei *Gothe*, MittRhNotK 1998, 193, 195; Palandt/*Weidlich*, § 1943 Rn. 2.

21 Anders als die Vollmacht zur Abgabe einer Ausschlagungserklärung, ist die Vollmacht betreffend die Annahme einer Erbschaft an keine Form gebunden.[11] Im Übrigen ist auch der Ergänzungspfleger (§ 1909 BGB), der Abwesenheitspfleger (§ 1911 BGB) und der Betreuer (§ 1896, 1902 BGB) zur Annahme einer Erbschaft berechtigt. Ein Testamentsvollstrecker oder Nachlasspfleger kann demgegenüber die Annahme der Erbschaft nicht wirksam erklären.[12]

22 Bei Geschäftsunfähigen oder beschränkt Geschäftsfähigen kann die Annahme durch deren gesetzlichen Vertreter erfolgen. Der beschränkt Geschäftsfähige kann die Erbschaft auch mit Einwilligung seines gesetzlichen Vertreters selbst annehmen.[13] Wegen der damit verbundenen Haftung ist die Annahme zwar nicht lediglich rechtlich vorteilhaft (§ 107 BGB), eine Genehmigung des Familiengerichts ist für die Annahme jedoch nicht erforderlich.[14] Auch die Annahme durch einen Pfleger oder Betreuer bedarf keiner gerichtlichen Genehmigung.

d) Unwirksamkeit der Annahme (§ 1949 Abs. 1 BGB)

23 Nach § 1949 Abs. 1 BGB ist die Annahme[15] unwirksam, wenn der Erbe über den Berufungsgrund im Irrtum war. In diesem speziellen Fall ist die Annahme ohne Anfechtung unwirksam. Ein **Irrtum** über den **Berufungsgrund** liegt vor, wenn der Erbe einer Fehlvorstellung bzgl. des konkreten Umstandes, aus dem sich seine Berufung als Erbe ergibt, unterliegt. Mit Rücksicht darauf, dass der Erbe seine Annahme auf einen bestimmten Berufungsgrund beschränken kann und die Annahme, wenn dieser Grund nicht vorliegt, schon nach ihrem Inhalt gegenstandslos ist, ist die praktische Bedeutung dieser Regelung jedoch relativ gering.[16] Ihr kommt nur in den Fällen Bedeutung zu, in welchem die Annahme ohne eine solche Beschränkung, aber in der Vorstellung eines in Wahrheit nicht vorhandenen Berufungsgrundes erfolgt ist.

2. Inhalt und Form der Ausschlagungserklärung

24 ▶ **Muster: Ausschlagungserklärung**

An das Amtsgericht

– Nachlassgericht –

in Düsseldorf

Nachlass des am 20. August 2015 in Düsseldorf verstorbenen P. L.

Am 20. August 2015 ist mein Vater, P. L., zuletzt wohnhaft in ... Düsseldorf, M., verstorben.

Der Erblasser hat meiner Kenntnis nach keine Verfügung von Todes wegen hinterlassen. Als Tochter des Erblassers komme ich aufgrund der gesetzlichen Erbfolge als Erbe in Betracht.

Der Nachlass meines Vaters dürfte überschuldet sein.

Ich schlage hiermit die Erbschaft nach meinem Vater P. L. aus allen möglichen Berufungsgründen und ohne jede Bedingung aus.

Als weitere gesetzliche Erben kommen meine Geschwister

a) ...

b) ...

in Betracht.

---

11 Palandt/*Weidlich*, § 1943 Rn. 4.
12 Palandt/*Weidlich*, § 1943 Rn. 4.
13 Palandt/*Weidlich*, § 1943 Rn. 4.
14 BayObLG Beschl. v. 15.5.1996 – 1 Z BR 103/96, FamRZ 1997, 126, 127.
15 Für die Ausschlagung ergibt sich dies aus § 1949 Abs. 2 BGB, da sie sich nicht auf einen dem Erben wegen Irrtums unbekannten Berufungsgrund erstreckt. Vgl. Palandt/*Weidlich*, § 1949 Rn. 4.
16 Vgl. hierzu *Gothe*, MittRhNotK 1998, 193, 196 m. w. N.

Ich bin von dem Notar eingehend über die Folgen einer Erbschaftsausschlagung belehrt worden. Mir ist insoweit bekannt, dass die Ausschlagungserklärung zu ihrer Wirksamkeit dem zuständigen Nachlassgericht in D. innerhalb der gesetzlichen Ausschlagungsfrist von sechs Wochen seit Kenntnis von Grund und Anfall der Erbschaft (§ 1944 Abs. 1 BGB) vorgelegt werden muss.

Düsseldorf, den 2. September 2015

Unterschriften

Beglaubigungsvermerk

Die **Ausschlagungserklärung** ist eine **einseitige**, **form-** und **fristgebundene**, **amtsempfangsbedürftige Willenserklärung**, die erst mit Zugang beim Nachlassgericht wirksam wird, falls nicht dem Gericht wenigstens gleichzeitig ein Widerruf zugeht (§§ 1945 Abs. 1, 130 Abs. 1 und 3 BGB).[17]   25

Das Recht zur Ausschlagung ist hierbei an zwingend vorgeschriebene Form- und Fristbestimmungen gebunden. Werden diese gesetzlichen Vorgaben von dem Ausschlagenden nicht beachtet, ist die Ausschlagung unwirksam.   26

a) Bedingungsfeindlichkeit der Ausschlagungserklärung

Die Ausschlagungserklärung muss den Willen zum Ausdruck bringen, nicht Erbe sein zu wollen. Dabei kommt es auf die Verwendung des Begriffs der Ausschlagung nicht an. Vielmehr ist entscheidend, dass der Ausschlagungswille des Erklärenden deutlich zum Ausdruck kommt.[18] Gleichwohl sollten unklare Formulierungen unbedingt vermieden und schon mit Blick auf eine eindeutige Klarstellung stets der Begriff der Ausschlagung verwendet werden.   27

Nach § 1947 BGB kann die Ausschlagung genauso wie die Annahme *nicht* unter einer **Bedingung** oder unter einer **Zeitbestimmung** erfolgen.   28

Demgegenüber ist es unschädlich, wenn der Erbe in der Ausschlagungserklärung lediglich sein Motiv für die Ausschlagung angibt. Die Abgrenzung zwischen **unzulässiger Rechtsbedingung** auf der einen und **unschädlicher Motivangabe** auf der anderen Seite ist jeweils im konkreten Einzelfall durch Auslegung zu ermitteln. In der Praxis ist insoweit vor allem die **Ausschlagung zugunsten Dritter** von Bedeutung.   29

Grundsätzlich wird in der Ausschlagung zugunsten eines bestimmten Dritten eine **unzulässige Bedingung** gesehen.[19] Wird dieser Dritte jedoch aufgrund gesetzlicher Erbfolge oder aufgrund seiner Einsetzung als Ersatzerbe anstelle des Ausschlagenden Erbe, wird hierin regelmäßig eine **unschädliche Rechtsbedingung** gesehen.[20] Demgegenüber dürfte eine »echte« unzulässige Bedingung dann wiederum vorliegen, wenn der Wille des Ausschlagenden erkennbar wird, die Ausschlagung nur dann gelten zu lassen, wenn die Erbschaft auch tatsächlich infolge der Ausschlagung der betreffenden Person zukommt oder diese die Erbschaft auch annimmt oder die betreffende Person erst durch Ausschlagung weiterer Personen zum Erben werden kann.[21]   30

Unabhängig von den vorstehenden Ausführungen sollte man das Aufkommen derartiger Unklarheiten unbedingt vermeiden und Formulierungen wie etwa »*Ich schlage die Erbschaft nach meinem Vater ... zugunsten meiner Tochter... aus*« unterlassen.   31

Angaben zu den weiteren gesetzlichen Erben (z. B. Name, Vorname, Geburtsdatum, Angaben zum Verwandtschaftsverhältnis und Anschriften) sind nicht erforderlich, grundsätzlich aber angeraten,   32

---

17 Vgl. *Gothe*, MittRhNotK 1998, 193, 197.
18 Vgl. MünchKommBGB/*Leipold*, § 1945 Rn. 3.
19 Vgl. BayObLG, Beschl. vom 24.11.1981 – 1 Z 54/81, Rpfleger 1982, 69; hierzu auch Palandt/*Weidlich* § 1947 Rn. 2.
20 Str. vgl. Palandt/*Weidlich*, § 1947 Rn. 2; ausführlich auch: DNotI-Report 2006, 21 ff.
21 *Gothe*, MittRhNotK 1998, 193, 197 m. w. N.

da solche Rückfragen des Nachlassgerichts, die im Hinblick auf die Mitteilungspflichten nach § 1953 Abs. 3 S. 1 BGB erforderlich werden können, überflüssig machen.[22]

33 Nach § 1949 Abs. 2 BGB erstreckt sich die Ausschlagung im Zweifel auf alle Berufungsgründe, die dem Erben zur Zeit der Erklärung bekannt sind. Soweit der Erbe die Erbschaft jedoch unabhängig hiervon ausschlagen will, was in den meisten Fällen der Fall sein dürfte, sollte dies durch eine entsprechende Formulierung in der Ausschlagungserklärung klargestellt werden.

34 ▶ **Muster:**

Ich schlage die mir angefallene Erbschaft aus allen Berufungsgründen und ohne jede Bedingung aus.

b) Form der Ausschlagungserklärung (§ 1945 BGB)

35 Die Ausschlagung ist nach § 1945 Abs. 1 Hs. 2 BGB gegenüber dem Nachlassgericht abzugeben, und zwar entweder zur Niederschrift desselben oder durch Zusendung einer notariell beglaubigt oder notariell beurkundeten Erklärung des Ausschlagenden. Im letzteren Fall ist der **Zugang der Erklärung** beim **Nachlassgericht** gemäß § 1945 Abs. 1 S. 1 i. V. m. § 130 Abs. 3 BGB erforderlich. Hierfür ist der Zugang der Urschrift oder – soweit die Ausschlagungserklärung ausnahmsweise beurkundet worden ist – einer Ausfertigung der Urkunde erforderlich. Der Zugang einer beglaubigten Abschrift ist insoweit nicht ausreichend.

36 Wird die Ausschlagung durch einen Bevollmächtigten erklärt, so muss die Vollmacht zumindest öffentlich beglaubigt sein und entweder der Erklärung beigefügt oder innerhalb der Ausschlagungsfrist dem Nachlassgericht beigebracht werden (§ 1945 Abs. 3 BGB).

c) Adressat der Ausschlagungserklärung

37 Für die Entgegennahme der Ausschlagung **sachlich** zuständig ist das **Amtsgericht als Nachlassgericht** (§ 23a Abs. 2 Nr. 2 GVG).[23]

38 Die **örtliche Zuständigkeit** ergibt sich aus § 343 FamFG. Danach ist grundsätzlich das Amtsgericht **örtlich** zuständig, in welchem der Erblasser zum Zeitpunkt des Erbfalles seinen letzten Wohnsitz hatte; in Ermangelung eines solchen das Gericht, in dessen Bezirk der Erblasser zur Zeit des Erbfalls seinen Aufenthalt hatte.

39 Ist der Erblasser Deutscher und hatte er zur Zeit des Erbfalls im Inland weder **Wohnsitz** noch **Aufenthalt**, so ist gemäß § 343 Abs. 2 FamFG das **Amtsgericht Schöneberg** in Berlin-Schöneberg zuständig.

40 Für **ausländische Erblasser**, die im Todeszeitpunkt weder Wohnsitz noch Aufenthalt im Inland hatten, ist gemäß § 344 Abs. 3 FamFG jedes Nachlassgericht örtlich zuständig, in dessen Bezirk sich Nachlassgegenstände befinden. Die Zuständigkeit des Nachlassgerichts erstreckt sich in einem solchen Fall auf das gesamte in der BR Deutschland belegene Vermögen des Erblassers.

41 Neben den vorstehenden Bestimmungen sieht § **344 Abs. 7 FamFG** seit dem 1.9.2009 eine **besondere örtliche Zuständigkeit** vor.

42 So wurde im Gesetzgebungsverfahren zum **FamFG** auf Vorschlag des Bundesrates mit § **344 Abs. 7 FamFG** ein **besonderer Gerichtsstand** zur Entgegennahme einer Ausschlagungserklärung (§ 1945 BGB) und einer Anfechtungserklärung über die Ausschlagung einer Erbschaft (§ 1955 BGB) in

---

22 So auch Beck'sches Formularbuch Erbrecht/*Ivo*, J IV.3.Anm.4.
23 Aufgrund Art. 147 Abs. 1 EGBGB i. V. m. §§ 1, 36, 38 LFGG ist in Baden-Württemberg das Notariat zuständig. Eine weitere Ausnahme besteht im Höferecht. Die ausschließliche Ausschlagung eines Hofes hat nach § 11 S. 1 HöfeO gegenüber dem Landwirtschaftsgericht zu erfolgen. Hieran hat sich auch durch das FamFG nichts geändert.

das Gesetz eingefügt.[24] Hiernach ist für die Entgegennahme einer Erklärung, mit der die Erbschaft ausgeschlagen (§ 1945 Abs. 1 BGB) oder die Ausschlagung angefochten wird (§ 1955 BGB), nunmehr auch das Nachlassgericht zuständig, in dessen Bezirk der Ausschlagende oder Anfechtende seinen Wohnsitz hat. Diese Änderung ist zu begrüßen, da in der Praxis oftmals unklar ist, welches Amtsgericht als Nachlassgericht örtlich zuständig ist. Da sich die Ausschlagenden nicht selten erst kurz vor Ablauf der Ausschlagungsfrist mit der Problematik auseinandersetzen und rechtlichen Rat einholen, erweist sich die fristwahrende Wirkung der Ausschlagungserklärung gegenüber dem Nachlassgericht am Wohnsitz des Erklärenden als segensreich.

Die Zuständigkeit umfasst dabei sowohl die Aufnahme der Erklärung zur Niederschrift als auch die Entgegennahme einer in öffentlich beglaubigter Form abgegebenen Erklärung.[25] Mit Zugang der Erklärung beim Nachlassgericht am Wohnsitz des Erklärenden ist die Erklärung fristwahrend rechtswirksam, es bedarf insbesondere keiner fristgerechten Weiterleitung an das nach § 343 FamFG zuständige Nachlassgericht.[26] 43

§ 344 Abs. 7 FamFG gilt auch für die Entgegennahme der Anfechtungserklärung über die Annahme einer Erbschaft (§§ 1955 S. 1 Alt. 2, 1956 BGB) und die Anfechtungserklärung nach § 2308 Abs. 1 BGB, da es sich insoweit offenbar um ein redaktionelles Versehen des Gesetzgebers handelt.[27] 44

Fehlt es an einem inländischen Wohnsitz, so scheidet eine hilfsweise Anknüpfung an den Aufenthaltsort des Ausschlagenden aus.[28] 45

Die Niederschrift über die Ausschlagungserklärung ist vom Gericht am Wohnsitz an das zuständige Nachlassgericht zu übersenden, und zwar unabhängig davon, ob die Erklärung von dem Gericht beurkundet wurde oder in öffentlich beglaubigter Form bei Gericht eingegangen ist.[29] Das zuständige Amtsgericht ist vom Wohnsitzgericht von Amts wegen (§ 26 FamFG) zu ermitteln. Trotz falscher, verzögerter oder unterbliebener Weiterleitung ist die Erklärung fristwahrend wirksam.[30] 46

Streitig ist, ob die gegenüber einem örtlich unzuständigen Nachlassgericht abgegebene Ausschlagungserklärung wirksam ist.[31] Letzteres ist jedenfalls dann unproblematisch, wenn die Ausschlagungserklärung noch innerhalb der Ausschlagungsfrist beim örtlich zuständigen Nachlassgericht eingeht. Mit Blick auf den neu eingeführten **§ 344 Abs. 7 FamFG**, welcher einen eigenen Gerichtsstand für Erbschaftsausschlagungserklärungen begründet, dürfte dieses Problem jedoch praktisch nur noch in seltenen Fällen relevant werden. In Fällen, in welchen § 344 Abs. 7 FamFG nicht weiter hilft, und Zweifel bzgl. der örtlichen Zuständigkeit bestehen, sollte die Erklärung gegenüber allen in Frage kommenden Nachlassgerichten abgegeben werden. Dabei dürfte es schon aus kostenrechtlichen Erwägungen heraus angeraten sein, eine notarielle Beurkundung der Ausschlagungserklärung vorzunehmen und Ausfertigungen derselben bei den einzelnen Gerichten einzureichen. 47

3. Die Ausschlagungsfrist (§ 1944 BGB)

a) Allgemeines

Die **Ausschlagungsfrist** beträgt gemäß § 1944 Abs. 1 BGB grundsätzlich sechs Wochen (Ausnahmen: § 1944 Abs. 3 und § 1952 Abs. 2 BGB). Für die Einhaltung der Ausschlagungsfrist ist der Zu- 48

---

24 BT-Drucks. 16/6308, S. 389, 421; Heinemann, DNotZ 2009, 6, 9.
25 So *Heinemann*, FamFG für Notare, Rn. 285 ff; *Ivo*,a. a. O. (Fn. 23), J IV.3 Anm.6; a. A. *Bestelmeyer*, RPfleger 2010, 635.
26 So *Heinemann*, Rn. 285.
27 Vgl. *Heinemann*, Rn. 286; a. A. *Bestelmeyer*, RPfleger 2010.
28 *Heinemann*, Rn. 286; *ders.*, ZErb 2008, 293, 295.
29 *Heinemann*, Rn. 286.
30 Vgl. *Heinemann*, Rn. 286.
31 So RG Urt. vom 15.7.1909 – IV 558/08, RGZ 71, 380, 382 f.; differenzierend: Erman/*Schlüter*, § 1945 Rn. 4.

gang der Ausschlagungserklärung beim zuständigen Nachlassgericht entscheidend. Die Ausschlagungsfrist kann weder vom Nachlassgericht noch vom Erblasser (im Rahmen eines Testamentes oder Erbvertrages) verlängert werden.[32] Damit stellt sie in der Praxis, speziell wenn Unklarheiten bzgl. der Zusammensetzung des Nachlasses bestehen, ein großes Problem dar.

b) Beginn der Ausschlagungsfrist

49 Die Ausschlagungsfrist beginnt nach § 1944 Abs. 2 S. 1 BGB erst in dem Zeitpunkt, in welchem der Erbe zuverlässig Kenntnis vom Erbfall und vom Berufungsgrund erlangt hat. Die Kenntnis des Anfalls und des Berufungsgrundes verlangt eine **positive Kenntnis** der Tatsachen, aus denen sich der Übergang der Erbschaft ergibt. Eine fahrlässige Unkenntnis des Erben schadet mithin nicht; dieser ist auch nicht verpflichtet, sich entsprechende Informationen zu verschaffen.[33]

50 Bei einer Berufung zum gesetzlichen Erben muss sich die Kenntnis auf das Verwandtschaftsverhältnis bzw. auf die bestehende Ehe oder eingetragene Lebenspartnerschaft erstrecken.[34] Eine sichere Kenntnis davon, dass keine Verfügung von Todes wegen vorliegt, kann man dagegen nicht verlangen, da Gewissheit hierüber praktisch nur in ganz seltenen Fällen vorstellbar ist.[35]

51 Ist der Erbe durch eine Verfügung von Todes wegen berufen, so beginnt die Frist nicht vor Bekanntgabe derselben durch das Nachlassgericht (§ 1944 Abs. 2 S. 2 BGB n. F.).

52 Da die Ausschlagungsfrist erst mit Kenntnis von Anfall und Grund der Erbschaft beginnt, kann die Ausschlagung gemäß **§ 1946 BGB** erst nach Eintritt des Erbfalls erfolgen. Die Ausschlagung einer Erbschaft nach einer noch lebenden Person ist daher nicht möglich.

53 Für den **Nacherben** beginnt die Ausschlagungsfrist mit Eintritt des Nacherbfalls und Kenntnis des Berufungsgrundes. Nach **§ 2142 Abs. 1 BGB** ist die Ausschlagung gleichwohl mit dem Eintritt des Erbfalls zulässig. Ein Anfall der Erbschaft an den Ausschlagenden ist insoweit nicht erforderlich. Mithin kann der Nacherbe vom Eintritt des Nacherbfalls bis sechs Wochen nach Kenntnis vom Nacherbfall ausschlagen.

54 Höchste Vorsicht ist jedoch geboten, wenn der pflichtteilsberechtigte Nacherbe eine Ausschlagung in Erwägung zieht, um den Pflichtteil zu erhalten (§§ 2306 Abs. 2 BGB i. V. m. § 2306 Abs. 1 S. 2 BGB), da die dreijährige Verjährung seines Pflichtteilsanspruchs unabhängig vom Fortbestehen seines Ausschlagungsrechtes bereits am Ende des Jahres beginnt, in welchem der Erbfall eingetreten und er hiervon wie auch von den beschränkenden Verfügungen des Erblassers Kenntnis erlangt hat (§ 199 Abs. 1 S. 1 BGB). Dies galt im Übrigen bereits vor Inkrafttreten der Erbrechtsreform.[36]

55 Gleiches gilt im Übrigen auch für den Ersatzerben (§ 2096 BGB);[37] anders beim Schlusserben eines gemeinschaftlichen Testaments.

56 Bei Vorliegen einer Verfügung von Todes wegen beginnt die Ausschlagungsfrist nicht vor Bekanntmachung der Verfügung von Todes wegen durch das Nachlassgericht (§ 1944 Abs. 2 S. 2 BGB). Auf den Lauf der Frist finden die für die Verjährung geltenden Vorschriften der §§ 206, 210 BGB entsprechende Anwendung (§ 1944 Abs. 2 S. 3 BGB).

---

32 Vgl. *Wachter*, ZNotP 2004, 176, 178.
33 Vgl. MünchKommBGB/*Leipold*, § 1944 Rn. 8 mwN.
34 Vgl. MünchKommBGB/*Leipold*, § 1944 Rn. 9.
35 Vgl. MünchKommBGB/*Leipold*, § 1944 Rn. 9.
36 Vgl. *Keim*, RNotZ 2006, 602.
37 Vgl. Palandt/*Weidlich*, § 1944 Rn. 8.

c) Die Ausschlagungsfrist bei pflichtteilsberechtigten Erben bei Anordnung von Beschränkungen oder Beschwerungen (§ 2306 Abs. 1 S. 1 BGB)

Bei pflichtteilsberechtigten Erben beginnt die Ausschlagungsfrist erst dann, wenn sie zusätzlich Kenntnis davon haben, ob ihr Erbteil beschränkt oder beschwert ist (§ **2306 Abs. 1 S. 1 BGB**). Mit Rücksicht darauf, dass die Ausschlagungsfristen, die verschiedenen Adressaten und die Formerfordernisse bei Ausschlagung einer Erbschaft gegenüber der Ausschlagung eines Vermächtnisses unterschiedlich ausgestaltet sind, muss der Pflichtteilsberechtigte auch nach dem neuen Erbrecht sorgfältig prüfen, ob und inwieweit er vom Erblasser zum Erben bzw. zum Vermächtnisnehmer eingesetzt worden ist.[38] 57

d) Ausschlagungsfrist von sechs Monaten (§ 1944 Abs. 3 BGB)

Gemäß § 1944 Abs. 3 Alt. 1 BGB beträgt die Ausschlagungsfrist sechs Monate, wenn der Erblasser seinen letzten Wohnsitz ausschließlich im Ausland hatte. 58

Keinen Einfluss auf die Ausschlagungsfrist hat der Sterbeort des Erblassers. So kommt es nicht darauf an, dass sich der Erblasser bei Beginn der Frist lediglich im Ausland (z. B. anlässlich einer Ferienreise) aufgehalten hat. 59

Nach § 1944 Abs. 3 Alt. 2 BGB gilt die Ausschlagungsfrist von sechs Monaten aber auch dann, wenn sich der Erbe[39] bei Beginn der Ausschlagungsfrist im Ausland aufgehalten hat. Dabei ist nicht der Aufenthalt im Zeitpunkt des Erbfalls, sondern bei Beginn der Ausschlagungsfrist (z. B. der Bekanntmachung der Verfügung von Todes wegen durch das Nachlassgericht) entscheidend. Ein ständiger Aufenthalt des Ausschlagenden im Ausland wird hierbei nicht verlangt, so dass auch ein bloß vorübergehender Aufenthalt (z. B. im Rahmen einer Urlaubsreise) ausreichend ist.[40] 60

e) Berechnung der Ausschlagungsfrist

Die **Berechnung der Ausschlagungsfrist** erfolgt nach den allgemeinen Regeln der §§ 187 Abs. 1, 188 Abs. 2, 3 und 193 BGB. Gemäß § 1944 Abs. 2 S. 3 BGB finden die Vorschriften der §§ 203, 206 BGB entsprechende Anwendung. 61

Stirbt ein Erbe vor Ablauf der Ausschlagungsfrist nach § 1944 BGB, ohne von seinem Ausschlagungsrecht Gebrauch gemacht zu haben, so endet die Ausschlagungsfrist gemäß § **1952 Abs. 2 BGB** nicht vor dem Ablauf der für die Erbschaft des Erben bestimmten Ausschlagungsfrist. 62

Hat der **Ausschlagungsberechtigte** die Ausschlagungsfrist verstreichen lassen, gilt dies nach § 1943 BGB als Annahme. Eine Wiedereinsetzung in den vorigen Stand ist nicht möglich. Der Erbe hat allenfalls die Möglichkeit, die **Versäumung der Ausschlagungsfrist** nach § 1956 BGB wegen Irrtums anzufechten. Letzteres setzt jedoch voraus, dass der Erbe über das Bestehen, den Lauf oder die Rechtsfolgen des Ablaufs der Ausschlagungsfrist in Unkenntnis war.[41] 63

4. Umfang der Ausschlagungserklärung

a) Das Verbot der Teilausschlagung

Nach § 1950 S. 1 BGB kann die Ausschlagung – genauso wie die Annahme – der Erbschaft nicht auf einen Teil des Nachlasses beschränkt werden. Die Erbschaft kann folglich auch nicht auf einzelne Nachlassgegenstände oder auf einen bestimmten Bruchteil des Nachlasses beschränkt werden (»Alles oder Nichts Prinzip«). Das mit einer Teilausschlagung angestrebte Ergebnis kann unter Umstän- 64

---

38 Vgl. *Herzog/Lindner*, Ausgewählte Probleme der Erbrechtsreform-Teil 2, S. 219, 222.
39 Ist die Kenntnis des gesetzlichen Vertreters maßgeblich, kommt es auf dessen Aufenthalt an. Palandt/*Weidlich* § 1944 Rn. 1.
40 Vgl. AnwKomm-BGB/*Ivo*, § 1956 Rn. 2 ff.
41 Vgl. hierzu Palandt/*Weidlich*, § 1956 BGB Rn. 2.

den aber dadurch erreicht werden, dass der Erbe die Erbschaft insgesamt ausschlägt und mit dem durch die Ausschlagung Begünstigten eine Abfindung vereinbart.[42]

65 Soweit die Ausschlagungserklärung gegen Zahlung oder Leistung einer Abfindung erfolgt, ist diese beim Ausschlagenden wie ein Erwerb vom Erblasser zu versteuern (§ 3 Abs. 2. Nr. 4 ErbStG). Die Abfindungsleistung tritt in einem solchen Fall an die Stelle des ausgeschlagenen Erbteils und gilt als vom Erblasser zugewendet.[43] Beim Erben ist die Abfindung als Nachlassverbindlichkeit abzugsfähig (§ 10 Abs. 5 Nr. 3 ErbStG).[44]

b) Ausnahmen vom Verbot der Teilausschlagung

66 Ist ein gesetzlicher Erbe durch eine Verfügung von Todes wegen als Erbe berufen worden, kann er die Erbschaft als eingesetzter Erbe ausschlagen und als gesetzlicher Erbe annehmen (§ 1948 Abs. 1 BGB). Eine Teilausschlagung kommt auch hier nicht in Betracht.

67 Das Gesetz gibt dem Erben aber die Möglichkeit Beschwerungen, welche ihn ausschließlich als eingesetzten Erben treffen, auszuschließen. In aller Regel bleiben diese jedoch auch bei Eintritt der gesetzlichen Erbfolge bestehen (§ 2085 BGB; vgl. hierzu auch §§ 2161, 2192 BGB für Vermächtnis und Auflage), so dass hiervon nur selten Gebrauch gemacht wird. Sie birgt überdies auch Gefahren, da der Erbe wegen des Vorrangs des Erblasserwillens nicht immer sicher sein kann, dass seine gesetzliche Berufung zum Erben zum tragen kommt.[45]

68 Dies gilt umso mehr als § 1948 Abs. 1 BGB schon dann nicht eintritt, wenn die gesetzliche Erbfolge aufgrund Einsetzung eines Ersatzerben ausgeschlossen ist. Sollte die Möglichkeit jedoch gleichwohl vom Erben genutzt werden, sollte die Beschränkung der Ausschlagung nach § 1948 BGB in der Ausschlagungserklärung deutlich zum Ausdruck gebracht werden, da sie sich ansonsten aufgrund der gesetzlichen Vermutung des § 1949 Abs. 2 BGB auf alle dem Erben zu dieser Zeit bekannten Berufungsgründe erstreckt.

69 ▶ **Muster:**
Ich schlage hiermit die Alleinerbschaft nach meinem vorgenannten Ehemann E. aus und nehme die Erbschaft als gesetzlicher Miterbe meines Ehemannes an.

Weitere gesetzliche Miterben sind

unser gemeinsamer Sohn, Herr ..., geboren am ..., wohnhaft in ..., ..., und

unsere gemeinsame Tochter, Frau ..., geboren am ..., wohnhaft in ..., ...

70 Eine weitere Ausnahme vom Verbot der **Teilausschlagung** enthält § 1951 BGB. Gemäß § 1951 Abs. 1 BGB darf der Erbe, wenn der Anfall mehrerer Erbteile aus **verschiedenen Berufungsgründen** erfolgt, den einen Erbteil ausschlagen und den anderen annehmen. Eine solche Konstellation ist z. B. gegeben, wenn dem Erben ein Erbteil aufgrund einer Verfügung von Todes wegen und ein anderer Teil aufgrund Eintritts der gesetzlichen Erbfolge angefallen ist oder der Erblasser dem Erben einen Erbteil aufgrund eines Testamentes und einen anderen durch Erbvertrag zugewendet hat. Mehrere Erbteile liegen auch dann vor, wenn der Bedachte bzgl. eines Erbteils zum Erben und bzgl. eines weiteren Erbteils zum Nacherben eingesetzt wurde.[46]

71 Beruht der Anfall der verschiedenen Erbteile dagegen auf demselben Grund, gilt die Ausschlagung eines Erbteils grundsätzlich für alle Erbteile, selbst wenn diese erst später anfallen (§ 1951 Abs. 2

---

42 Siehe hierzu Beck'sches Formularbuch Erbrecht/*Ivo*, a. a. O., J.IV.7., S. 963 ff. mit ausführlichem Formulierungsbeispiel.
43 Vgl. Beck'sches Formularbuch Erbrecht/*Ivo*, J.IV.3. Anm. 9.
44 Vgl. Beck'sches Formularbuch Erbrecht/*Ivo*, J.IV.3. Anm. 7.
45 Zu den Risiken vgl. z. B. OLG Schleswig, Beschl. vom 11.5.2005 – 3 Wx 70/04, ZEV 2005, 526.
46 MünchKommBGB/*Leipold*, § 1951 Rn. 2.

BGB). Grundsätzlich ist von einem **einheitlichen Berufungsgrund** auszugehen, wenn der Erbe seitens des Erblassers in ein und derselben Verfügung von Todes wegen als Erbe zu mehreren Erbteilen berufen worden ist.[47] Lediglich dann, wenn der Erblasser eine **Teilausschlagung** durch Verfügung von Todes wegen angeordnet hat (§ 1951 Abs. 3 BGB), kann der Erbe auch in einem solchen Fall einen Erbteil ausschlagen. Auch wenn der Erblasser eine Teilausschlagung nach § 1951 Abs. 3 BGB nicht ausdrücklich angeordnet hat, kann in Ausnahmefällen – je nach Anordnung des Erblassers – unter Umständen von einer stillschweigenden Gestattung ausgegangen werden.[48]

Eine weitere Ausnahme vom Verbot der Teilausschlagung sieht der in einigen Bundesländern geltende § 11 Abs. 1 HöfeO vor, nach welchem der Hoferbe, der zugleich Erbe des übrigen Nachlasses geworden ist, beim zuständigen **Landwirtschaftsgericht** den Anfall des Hofes ausschlagen kann, ohne damit zugleich die Erbschaft betreffend den übrigen Nachlass auszuschlagen und umgekehrt. 72

5. Die Berechtigung zur Ausschlagung der Erbschaft

Das Recht zur Ausschlagung der Erbschaft steht grundsätzlich jedem Erben zu, und zwar unabhängig davon, ob seine Berufung auf dem Eintritt der gesetzlichen Erbfolge oder einer testamentarischen Erbeinsetzung beruht. Lediglich dem Fiskus als gesetzlichem Zwangserben steht gemäß § 1942 **Abs. 2 BGB** kein Ausschlagungsrecht zu. 73

a) Das Ausschlagungsrecht des Erben in der Insolvenz

Nach § 295 Abs. 1 S. 2 InsO obliegt es dem Schuldner, der in der Insolvenz von Todes wegen erwirbt, diesen Erwerb hälftig zur Schuldentilgung einzusetzen. Zweck dieser Regelung ist es, für den Schuldner einen Anreiz zu schaffen, nicht auszuschlagen.[49] Ob diese Regelung tatsächlich einen Anreiz schafft, die Erbschaft nicht auszuschlagen, dürfte jedoch zweifelhaft sein.[50] So geht das Ausschlagungsrecht auch durch Eröffnung des **Insolvenzverfahrens** über das Vermögen des Erben nicht auf den Insolvenzverwalter über (§ 83 Abs. 1 S. 1 InsO). 74

Die Ausschlagung führt mithin nicht zu einem **Obliegenheitsverstoß** nach § 295 Abs. 1 S. 2 InsO, dessentwegen man die Gewährung der **Restschuldbefreiung** verweigern könnte.[51] 75

Allerdings gilt es zu beachten, dass im Fall des § 2306 Abs. 1 BGB (und beim Ehegatten nach § 1371 Abs. 3 BGB) durch die Ausschlagung automatisch Pflichtteilsrechte entstehen, die zwar nach § 852 Abs. 2 ZPO nur beschränkt der Pfändung unterworfen sind (solange sie nicht anerkannt oder vom Pflichtteilsberechtigten geltend gemacht werden), die jedoch nach h. M. in der Literatur eine **Herausgabeobliegenheit** hinsichtlich des hälftig entstandenen Pflichtteilsanspruchs begründen können.[52] 76

Darüber hinaus unterliegt das Ausschlagungsrecht aufgrund seines persönlichen Charakters auch nicht der **Gläubigeranfechtung** durch das **Anfechtungsgesetz**. Eine Ausschlagung stellt insoweit auch keine Schenkung i. S. d. § 517 BGB dar. 77

b) Ausschlagungsrecht des Erben bei Bezug von Sozialhilfe

Soweit ein Bezieher von **Sozialhilfeleistungen** eine werthaltige Erbschaft ausschlägt, kann dies unter zwei Gesichtspunkten problematisch sein: Zum einen kann die Ausschlagung der Erbschaft als sittenwidrig (§ 138 BGB) angesehen werden; zum anderen sehen die einschlägigen Bestimmungen des Sozialhilferechts (§§ 31, 34 SGB II) gewisse Sanktionsmöglichkeiten vor, wenn ein Sozialhilfeemp- 78

---

47 Vgl. MünchKommBGB/*Leipold*, § 1951 Rn. 6 m. w. N.
48 Vgl. hierzu ausführlich DNotI-Report 2002, 10 ff.
49 So die Begründung im Regierungsentwurf; vgl. *Kübler/Prütting*, Das neue Insolvenzrecht, S. 148.
50 Siehe hierzu *Keim*, RNotZ 2006, 610.
51 Vgl. *Ivo*, ZErb 2003, 250, 252; *Keim*, RNotZ 2006, 610 m. w. N.
52 Vgl. hierzu ausführlich *Keim*, RNotZ 2006, 610 m. w. N.

fänger sein Einkommen oder Vermögen in dem Bewusstsein vermindert bzw. nicht erhöht, um die Voraussetzungen für die Gewährung oder Erhöhung von **Sozialhilfeleistungen** herbeizuführen oder zu erhalten.[53]

79 Die Frage, ob die Ausschlagung des Erben bei Bezug von Sozialhilfe sittenwidrig ist, ist im Zusammenhang mit einem Beschluss des OLG Stuttgart über die Genehmigungsfähigkeit einer durch einen Betreuer erklärten Ausschlagung bereits im Jahr 2001 erstmals eingehend diskutiert worden.[54] Das OLG Stuttgart hatte die Versagung einer vormundschaftsgerichtlichen Genehmigung u. a. mit der Begründung bestätigt, es handele sich (wie bei einem zu Lasten des Sozialhilfeträgers erklärten Unterhaltsverzicht) um ein **sittenwidriges Rechtsgeschäft**.[55] Diese Auffassung wurde u. a. damit begründet, dass derjenige, der sich in einer Situation befinde, in welcher er auf Sozialleistungen angewiesen sei, die durch das **Sozialstaatsprinzip** verbürgte Solidarität der staatlichen Gemeinschaft in Anspruch nehme, der Gemeinschaft gegenüber aber eben diese Solidarität verweigere, in der er einen ihm angetragenen Vermögenserwerb nicht wahrnehme. Er berufe sich damit auf eine Bedürftigkeit, die nicht besteht bzw. nicht bestehen müsse.[56]

80 Hiergegen spricht jedoch, dass es sich bei der Entscheidung über die Annahme oder Ausschlagung einer Erbschaft um ein Recht des Erben mit einem ausgesprochen persönlichen Charakter handelt, so dass es keinen Zwang zur Annahme gibt.[57] Die Ausschlagung kann auch nicht mit einem Unterhaltsverzicht gleich gestellt werden, da die Erbschaft anders als der Unterhaltsanspruch keine Unterhaltsfunktion hat.[58] Darüber hinaus gilt es zu berücksichtigen, dass der Bundesgerichtshof erst im Jahre 2009 entschieden hat, dass es nicht gegen die Wohlverhaltenspflicht des Insolvenzschuldners im Restschuldbefreiungsverfahrens verstoße, eine werthaltige Erbschaft zu Lasten seiner Gläubiger auszuschlagen.[59] Für den BGH entscheidend war dabei der Gedanke, dass die Entscheidung, eine Erbschaft anzunehmen oder auszuschlagen, persönlicher Natur sei und auf dem besonderen Verhältnis zwischen Erbe und Erblasser beruhe. Dieser besondere Charakter des Ausschlagungsrechts dürfe daher nicht durch einen mittelbaren Zwang zur Annahme einer Erbschaft unterlaufen werden.[60] Wenn aber bereits die Anwendung mittelbaren Zwangs zur Annahme einer Erbschaft mit dem Gesetz unvereinbar ist, muss dies erst Recht gelten, wenn diese Entscheidung durch unmittelbaren Zwang, im Falle des OLG Hamm durch Verweigerung der vormundschaftsgerichtlichen Genehmigung, bewirkt wird. Aufbauend hierauf kommt der BGH in seinem Urteil vom **19.01.2011** unter Berücksichtigung der in Rechtsprechung und Literatur vertretenen Auffassungen zu dem Ergebnis, dass zumindest der Pflichtteilsverzicht eines behinderten Sozialleistungsbeziehers grundsätzlich nicht sittenwidrig sei.[61] In Fortführung der BGH-Rechtsprechung zum Behindertentestament[62] weist der BGH in seiner Entscheidung darauf hin, dass in dem Pflichtteilsverzicht eines Leistungsbeziehers kein Vertrag zulasten Dritter liege und der Umstand, dass der Gesetzgeber den Nachranggrundsatz des Sozialhilferechts bei Behinderten deutlich zurückgenommen habe,[63] keine übergeordnete Wertung

---

53 Vgl. hierzu ausführlich *Ivo*, FamRZ 2003, 6 ff.
54 OLG Stuttgart, Beschl. v. 25.6.2001, 8 W 494/99, NJW 2001, 3484 = ZEV 2002, 367 mit krit. Anm. Vgl. *J. Mayer*, ZEV 2002, 369; *Ivo*, FamRZ 2003, 6 ff.
55 OLG Stuttgart Beschl. v. 25.6.2001 – 8 W 494/99, NJW 2001, 3484 = ZEV 2002, 367 mit krit. Anm. *J. Mayer*. So nun auch das OLG Hamm, Beschl. vom 16.7.2009 – I 15 85/09.
56 OLG Hamm, Beschl. vom 16.7.2009 – I 15 85/09.
57 So auch *J. Mayer*, ZEV 2002, 369; *Ivo*, FamRZ 2003, 6, 7; *Keim*, RNotZ 2006, 610 (auch mit Blick auf § 83 InsO); LG Aachen, Beschl. vom 4.11.2004 – 7 T 99/04, ZEV 2005, 120.
58 Vgl. *Ivo*, FamRZ 2003, 6, 8.
59 BGH, Beschl. vom 25.7.2009 – IX ZB 196/08.
60 BGH, Beschl. vom 25.7.2009 – IX ZB 196/08.
61 BGH FamRZ 2011, 472 = DNotZ 2011, 381 mit zust Anm. *Ivo* = NotBZ 2011, 472 mit zust. Anm. *Krauß*.
62 Vgl. hierzu BGHZ 123, 368 = NJW 1994, 248; BGHZ 111, 36 = NJW-RR 2005, 369; § 2100 Rn. 4 m. w. N.
63 Der BGH verweist in diesem Zusammenhang auf die §§ 19 Abs. 3, 92, 94 Abs. 2 SGB XII.

rechtfertige, zu deren Verteidigung die Nichtigkeit des Pflichtteilsverzichts geboten sei.[64] Dabei stellt er klar, dass die Rechtsprechung des BGH zur Unwirksamkeit von Unterhaltsverzichtsvereinbarungen in Eheverträgen und Scheidungsfolgenvereinbarungen, die den Sozialhilfeträger benachteiligen, nicht auf Pflichtteilsverzichtsverträge übertragbar sei.[65] Dieser Wertung steht nach Auffassung des BGH auch nicht entgegen, dass der Leistungsbezieher beim Pflichtteilsverzicht – anders als beim Behindertentestament – selbst aktiv beteiligt ist und sich nicht wie der Erblasser auf die Testierfreiheit im eigentlichen Sinne berufen könne.[66]

Zutreffend weist der BGH in diesem Zusammenhang darauf hin, dass der Pflichtteilsverzicht eher mit dem Fall der Ausschlagung einer bereits beim Leistungsbezieher angefallenen Erbschaft vergleichbar sei, die – entgegen der Rechtsprechung des OLG Stuttgart und des OLG Hamm[67] – unter Übertragung der Senatsrechtsprechung zum Behindertentestament jedoch zulässig sei.[68]

Der Entscheidung des BGH kommt damit nicht nur im Hinblick auf die Frage der Sittenwidrigkeit eines Pflichtteilsverzichts eines behinderten Sozialleistungsbeziehers, sondern auch bzgl. der Sittenwidrigkeit der Ausschlagung einer werthaltigen Erbschaft durch einen solchen grundsätzliche Bedeutung zu.[69]

Mit Rücksicht darauf, dass der BGH in seiner ausführlich begründeten Entscheidung den Pflichtteilsverzicht des behinderten Sozialhilfeempfängers mit dem Fall der Ausschlagung einer bereits angefallenen Erbschaft vergleicht, ist nunmehr höchstrichterlich geklärt, dass das Recht zur Ausschlagung einer Erbschaft nicht auf den Sozialleistungsträger übergeleitet werden kann und die Ausschlagung einer werthaltigen Erbschaft wohl durch einen behinderten Sozialleistungsbezieher nicht sittenwidrig ist.[70]

Vor dem Hintergrund dieser Entscheidung können unterlassene Behindertentestamente nach dem Erbfall nachgeholt werden (z. B. wie im Fall des OLG Hamm durch Ausschlagung der Erbschaft gegen Vereinbarung einer Abfindung). Der Einwand der Sittenwidrigkeit kann diesen nicht mehr entgegen gehalten werden.[71]

Losgelöst hiervon gilt es jedoch zu beachten, dass – auch schon unter der Geltung des BSHG – die Ausschlagung einer werthaltigen Erbschaft durch einen Leistungsempfänger eine **Leistungskürzung** nach sich ziehen konnte.[72] Soweit der Leistungsbezieher jedoch unter Betreuung steht, dürfte eine entsprechende Kürzung nach § 26 Abs. 1 S. 1 SGB XII nicht in Betracht kommen, da er sich das Verhalten seines gesetzlichen Vertreters nicht zurechnen lassen muss.[73]

81

Offen bleibt, ob die Rechtsprechung des BGH auch auf einen bedürftigen, nicht behinderten Sozialleistungsbezieher übertragen werden kann. Hierfür spricht, dass der Gesetzgeber auch im Verhältnis zwischen arbeitslosen Kindern und ihren Eltern den Nachranggrundsatz des Sozialhilferechts eingeschränkt hat.[74]

---

64 BGH DNotZ 2011, 382 f.
65 BGH DNotZ 2011, 386.
66 BGH DNotZ 2011, 384.
67 OLG Stuttgart NJW 2001, 3484; OLG Hamm ZEV 2009, 471; anders dagegen LG Aachen, FamRZ 2005, 1506, 1507.
68 BGH DNotZ 2011, 384 f.
69 BGH DNotZ 2011, 384 f., mit zust Anm *Ivo*.
70 Vgl. hierzu *Ivo*, DNotZ 2011, S. 387 ff.
71 *Ivo*, DNotZ 2011, S. 388.
72 *Ivo*, FamRZ 2003, 6, 8 m. w. N.; solche Möglichkeiten sieht auch § 26 Abs. 1 Nr. 1 SGB XII vor.
73 *Krauß*, Tagungsunterlage IK Grundstücksrecht 2011, S. 342 mit Verweis auf *Ivo*, FamRZ 2003, 9; *Settergren*, Das Behindertentestament im Spannungsfeld zwischen Privatautonomie und sozialhilferechtlichem Nachranggrundsatz, S. 128.
74 So *Ivo*, DNotZ 2011, S. 389. So auch *Krauß*, Tagungsunterlage IK Grundstücksrecht 2011, S. 341 unter Verweis auf § 33 Abs. 2 S. 1 Nr. 2 SGB II, wonach Unterhaltsansprüche von Kindern, die über eine abge-

Darüber hinaus gilt es bei derartigen Fällen zu beachten, dass die Ausschlagung zur Entstehung von Pflichtteilsansprüchen (und für die Ehegatten zu Zugewinnausgleichsansprüchen) führen kann.[75]

c) Vererblichkeit des Ausschlagungsrechts

82 Nach § 1952 Abs. 2 BGB ist das Ausschlagungsrecht vererblich, das heißt es geht auf die Erben des Ausschlagungsberechtigten über, und zwar mit der Folge, dass die Ausschlagungsfrist erst mit Ablauf der für die Erbschaft des Erben vorgeschriebenen Ausschlagungsfrist endet.

83 ▶ Beispiel:

Die Eheleute E haben ein gemeinschaftliches Testament errichtet, in welchem sie sich wechselseitig zu Alleinerben und ihren gemeinsamen Sohn (S) zum alleinigen Schlusserben eingesetzt haben. Am 1.2. verstirbt die Ehefrau, vier Wochen später der Ehemann, und zwar ohne dass eine Bekanntmachung des Testaments erfolgt ist ohne die Erbschaft nach seiner Ehefrau angenommen zu haben. Mit Blick auf eine nichteheliche Tochter (T) des Vaters und deren Pflichtteilsrecht nach dem Vater stellt sich der als Alleinerbe eingesetzte Sohn S. die Frage, ob er die Erbschaft nach seinem Vater annehmen und die Erbschaft nach seiner Mutter ausschlagen kann.

84 Im hier geschilderten **Beispielsfall** hat S. **folgende Möglichkeiten:**
85 – Er kann sowohl die Erbschaft nach seiner Mutter als auch nach seinem Vater annehmen.
– Er kann beide Erbschaften ausschlagen.
– Er kann die Erbschaft nach seinem Vater annehmen und die nach seiner Mutter als Erbeserbe ausschlagen. Denn das Ausschlagungsrecht ist vererblich (§ 1952 Abs. 2 BGB) und geht daher mit dem Tod des Erben als Bestandteil seines Nachlasses auf den Erbeserben über. Eine entsprechende Ausschlagung setzt jedoch selbstverständlich voraus, dass die Erbschaft nach dem Erben, hier dem Vater, angenommen wird. Mit der Ausschlagung des Erstnachlasses ist auch nicht die Ausschlagung des Zweitnachlasses verbunden. Allerdings hat S. hierbei die mit der Ausschlagung verbundenen Rechtsfolgen (§ 1953 Abs. 1, 2 BGB) zu beachten. Schlägt S. als Erbe seines Vaters die Erbschaft nach seiner Mutter aus, so wird dies so behandelt, als hätte der Vater selbst die Ausschlagung erklärt, mit der Folge, dass die Erbschaft nach der Mutter den Ersatzerben zufällt. Im Falle eines Berliner Testaments wird von der h. M. angenommen, dass die Ausschlagung eines längerlebenden Elternteils grundsätzlich dazu führt, dass die Erbschaft den Schlusserben als Ersatzerbe (hier S.) zufällt.[76] Allerdings ist diese Auffassung nicht unumstritten. So gibt es keine gesetzliche Vermutung dafür, dass beim Berliner Testament die Schlusserben zugleich Ersatzerben des Erstversterbenden sind.

86 Als Fazit bleibt festzuhalten, dass die Ausschlagung der Erbschaft als Erbeserbe stets unter dem Gesichtspunkt, ob der Schlusserbe auch tatsächlich Ersatzerbe des vorverstorbenen Elternteils geworden ist, zu beurteilen ist. Dies hängt im Wesentlichen von einer Auslegung des gemeinschaftlichen Testaments ab.

87 Aufgrund des dargestellten Zusammenhangs zwischen den beiden Erbschaften endet die Ausschlagungsfrist für die Erbschaft nach seiner Mutter für den Erbeserben S. gemäß § 1952 Abs. 2 BGB auch nicht vor Ablauf der Frist für die Ausschlagung der Erbschaft nach seinem Vater.

---

schlossene Berufsausbildung verfügen oder über 25 Jahre alt sind, gegenühre Eltern nur übergeleitet werden können, wenn die Kinder diese Ansprüche selbst geltend machen, ein Verzicht auf die Geltendmachung also insoweit sozialrechtlich akzeptiert wird.
75 Siehe hierzu *Keim*, RNotZ 2006, 610.
76 Str., siehe hierzu DNotI-Report 4/2009, S. 27 m. w. N.

Als Teil der **Erbenstellung** ist das **Ausschlagungsrecht** zwar **vererblich**, aber **nicht übertragbar**. Es 88
geht also insbesondere nicht auf den rechtsgeschäftlichen Erwerber (Erbteilskäufer oder Erbteils-
übernehmer) einer Erbschaft über.

6. Erbschaftsausschlagung durch einen Vertreter

Die Erbschaftsausschlagung ist zwar wegen des besonderen Verhältnisses zum Erblasser persönlicher 89
Natur, ist jedoch **keine** höchstpersönliche Willenserklärung, so das sie auch durch einen bevollmächtigten Vertreter abgegeben werden kann (vgl. hierzu § 1945 Abs. 3 BGB).

a) Ausschlagung durch einen gewillkürten Vertreter

Der von dem Ausschlagungsberechtigten beauftragte Vertreter bedarf nach § 1945 Abs. 3 BGB einer 90
öffentlich beglaubigten Vollmacht. Diese muss der Ausschlagungserklärung beigefügt oder dem
Nachlassgericht bis spätestens zum Ende der Ausschlagungsfrist nachgereicht werden (§ 1945
Abs. 3 BGB).

b) Ausschlagung durch einen gesetzlichen Vertreter

Während die Ausschlagung durch einen **gewillkürten Vertreter** aufgrund des vorgenannten Former- 91
fordernisses eher Seltenheitswert hat, kommt eine Ausschlagung durch einen **gesetzlichen Vertreter**
in der Praxis recht häufig vor.

aa) Ausschlagung durch einen Vormund, Betreuer oder Pfleger

Neben den sorgeberechtigten Eltern (§ 1629 BGB), kommen insbesondere der Vormund 92
(§§ 1773 ff., 1793 Abs. 1 BGB), der Betreuer (§§ 1896 ff., 1902 BGB) und der Pfleger (§§ 1909 ff.,
1915 BGB) als gesetzliche Vertreter eines Ausschlagungsberechtigten in Betracht. Zur Ausschlagung
der Erbschaft benötigt der **Betreuer** (§ 1908i Abs. 1 S. 1 BGB) eine betreuungsgerichtliche und der
Vormund (§ 1822 Nr. 2 BGB) wie auch der **Pfleger**, der für einen Minderjährigen oder »*nasciturus*«
bestellt ist (§ 1915 Abs. 1 BGB), grds. eine **familiengerichtliche Genehmigung**.

Mit Rücksicht darauf, dass es sich bei der Ausschlagungserklärung um eine einseitige Willenserklä- 93
rung handelt, müsste diese an sich bereits zum Zeitpunkt der Abgabe der Ausschlagungserklärung
vorliegen (vgl. §§ 1908i Abs. 1 i. V. m. 1831 BGB). Angesichts des besonderen Charakters der Ausschlagungserklärung als amtsempfangsbedürftige Willenserklärung, ist es jedoch nach allgemeiner
Meinung ausreichend, wenn die Genehmigung innerhalb der Ausschlagungsfrist dem Nachlassgericht nachgereicht wird.[77] Wird die Genehmigung vor Ablauf der Ausschlagungsfrist beantragt,
so wird der Ablauf der Frist bis zur Erteilung der Genehmigung gehemmt.[78]

▶ **Muster (auszugsweise)** 94

(...) Ich Frau E. geborene A., geboren am ..., wohnhaft in ..., ..., bin mit Beschluss des Amtgerichts D.
– Betreuungsgericht – zur Betreuerin des Herrn F., geboren am ..., wohnhaft in D. (Geschäfts-Nr. ...)
mit dem Aufgabenkreis ... bestellt worden.

Mit Schreiben des Amtsgerichts D. vom ... habe ich erfahren, dass die Mutter des F., Frau M., am ...
mit letztem Wohnsitz in D. verstorben und von F. im Wege der gesetzlichen Erbfolge allein beerbt worden ist. Der Nachlass der F dürfte überschuldet sein.

Hiermit schlage ich, E., als Betreuerin des F. die Erbschaft nach M. aus allen möglichen Berufungsgründen und ohne jede Bedingung aus. (...)

---

77 RG, Beschl. vom 29.9.1927, IV B 52/27, RGZ 118, 145, 148; BayObLG, Beschl. vom 5.8.1983 – BReg 1 Z
25/83, BayObLGZ 1983, 213, 219; MünchKommBGB/*Leipold*, § 1944 Rn. 23 m. w. N.
78 MünchKommBGB/*Leipold*, § 1945 Rn. 20, § 1944 Rn. 23.

Ich bin von dem Notar eingehend über die Folgen einer Erbschaftsausschlagung sowie darüber belehrt worden, dass zur Wirksamkeit derselben die Zustimmung des Betreuungsgerichts erforderlich ist. Mir ist bekannt, dass die Ausschlagungserklärung nebst der betreuungsgerichtlichen Genehmigung zu ihrer Wirksamkeit dem zuständigen Nachlassgericht in D. innerhalb der gesetzlichen Ausschlagungsfrist von sechs Wochen seit Kenntnis von Grund und Anfall der Erbschaft (§ 1944 Abs. 1 BGB) vorgelegt werden muss. (...)

bb) Die Ausschlagung durch die Eltern

95 Bei minderjährigen Kindern ist die Ausschlagungserklärung nach § 1629 Abs. 1 S. 2 BGB durch beide sorgeberechtigten Elternteile abzugeben. Soweit ein Elternteil hierbei vom anderen vertreten werden soll, ist nach § 1945 Abs. 3 BGB eine öffentlich beglaubigte Vollmacht erforderlich. Ein aufgrund Scheidung oder Vorversterbens eines Ehepartners allein sorgeberechtigter Elternteil kann die Ausschlagung allein erklären.

(1) Zur Notwendigkeit einer gerichtlichen Genehmigung

96 Zur Ausschlagung einer Erbschaft durch einen gesetzlichen Vertreter ist grundsätzlich eine **Genehmigung des Familiengerichts** erforderlich (vgl. hierzu §§ 1643 Abs. 2, 1822 Nr. 2, 1908i Abs. 1, 1915 BGB).

97 Eine solche ist allerdings bei der Vertretung durch die Eltern ausnahmsweise dann entbehrlich, wenn die Erbschaft dem Kind ausschließlich deshalb angefallen ist, weil sie selbst oder einer von ihnen die Erbschaft ausgeschlagen hat (§ 1643 Abs. 2 S. 2 BGB).

98 ▶ Beispiel:

S ist alleiniger gesetzlicher Erbe seines am 25. Mai 2015 verstorbenen Vaters V. Er will die Erbschaft für sich und gemeinsam mit seiner Ehefrau F für seine beiden minderjährigen Kinder K1 und K2 ausschlagen. Eine **familiengerichtliche Genehmigung** ist in diesem Fall nicht erforderlich.

99 ▶ Muster: Ausschlagungserklärung

An das Amtsgericht

– Nachlassgericht –

in Düsseldorf

Nachlass des am 25. Mai 2015 in Düsseldorf verstorbenen V.

Am 25. Mai 2015 ist mein Vater, V., zuletzt wohnhaft in ... Düsseldorf, M., verstorben.

Der Erblasser hat meiner Kenntnis nach keine Verfügung von Todes wegen hinterlassen. Als Sohn des Erblassers komme ich aufgrund der gesetzlichen Erbfolge als Erbe in Betracht.

Der Nachlass meines Vaters dürfte überschuldet sein.

Ich schlage hiermit die Erbschaft nach meinem Vater V aus allen möglichen Berufungsgründen und ohne jede Bedingung aus.

Durch meine Ausschlagung kommen meine beiden minderjährigen Kinder, und zwar

– K1., geboren am, und

– K2., geboren am,

beide wohnhaft bei mir,

als gesetzliche Erben in Betracht.

Wir, die Eheleute S. und F, schlagen hiermit aufgrund unseres elterlichen Sorgerechts auch für unsere vorgenannten minderjährigen Kinder die Erbschaft nach V. aus allen möglichen Berufungsgründen und ohne jede Bedingung aus.

Als weitere gesetzliche Erben kommen meine, S., Geschwister

a) ...

b) ...

in Betracht.

Wir sind von dem Notar eingehend über die Folgen einer Erbschaftsausschlagung belehrt worden. Uns ist bekannt, dass die Ausschlagungserklärung zu ihrer Wirksamkeit dem zuständigen Nachlassgericht in Düsseldorf innerhalb der gesetzlichen Ausschlagungsfrist von sechs Wochen seit Kenntnis von Grund und Anfall der Erbschaft (§ 1944 Abs. 1 BGB) vorgelegt werden muss.

Düsseldorf, den

Unterschriften

Beglaubigungsvermerk

Die Gefahr einer eigennützigen Selbstbegünstigung durch die Eltern ist nach Auffassung des Gesetzgebers bei Vorliegen einer solchen Konstellation von vornherein »*wegen eines Gleichlaufs der Interessenlagen*« ausgeschlossen, so dass eine Genehmigung des Familiengerichts in diesen Fällen entbehrlich erscheint.[79] Dies gilt grds. auch dann, wenn der Fall der Ausschlagung einer **werthaltigen Erbschaft** vorliegt. So bedarf die Ausschlagung der Eltern für die minderjährigen Ersatzerben nach Auffassung des OLG Köln keiner familiengerichtlichen Genehmigung.[80] Die Werthaltigkeit einer Erbschaft genügt nach Auffassung des OLG Köln nicht, ein Genehmigungserfordernis zu begründen. Gesetzgeberisches Ziel des § 1643 Abs. 2 S. 2 BGB sei es, dass die Gerichte den Wert des Nachlasses nicht in jedem Einzelfall prüfen müssten. Im Einklang mit der Rspr. des BGH[81], wonach der Kreis der genehmigungsbedürftige Rechtsgeschäfte nach §§ 1821, 1822 BGB um der Rechtssicherheit willen formal und nicht nach den jeweiligen Umständen des Einzelfalles zu bestimmen ist, sind auch die nach § 1643 BGB genehmigungsbedürftigen Rechtsgeschäfte aus Gründen der Rechtssicherheit (und des Vertrauensschutzes) formal und nicht nach den jeweiligen Umständen des Einzelfalles zu bestimmen, so dass eine generelle Einschränkung des Wortlauts durch Interessenbewertung oder teleologische Reduktion abzulehnen ist.[82]

100

Die Genehmigungsfreiheit bedarf hiernach nur dann einer Korrektur, wenn das Verhalten der Eltern unter Berücksichtigung aller Umstände gegen den Grundsatz von Treu und Glauben verstößt und die Eltern ihre Vertretungsmacht missbrauchen.[83]

Etwas anderes gilt jedoch dann, wenn das Kind neben den Eltern oder einem Elternteil als Miterbe berufen ist, da insoweit kein Erbschaftserwerb infolge einer elterlichen Ausschlagung vorliegt.

101

Beispiel: K1 und K2 sind aufgrund eines Testamentes ihres Großvaters neben ihrem Vater als Erben eingesetzt worden.

102

Ist einem Minderjährigen die Erbschaft durch Ausschlagung eines nicht sorgeberechtigten Elternteils zugefallen, kommt die Ausnahmebestimmung des § 1643 Abs. 2 S. 2 BGB schon von seinem Wortlaut her nicht zur Anwendung.

103

---

79 Vgl. hierzu im Einzelnen MünchKommBGB/*Huber*, § 1643 Rn. 17.
80 OLG Köln, Beschl. v. 26.4.2012, DNotZ 2012, 855.
81 Vgl. BGHZ 38, 26, 28; so auch BGHZ 52, 316, 319.
82 Vgl. *Baumann*, DNotZ 2012, 808.
83 Vgl. hierzu ausf. *Baumann*, DNotZ 2012, 808.

Kapitel 14 Nachlassverfahren

104 **Beispiel:** S. und F sind geschieden. F ist das alleinige Sorgerecht für die Kinder zugesprochen worden. S. hat die Erbschaft nach seinem Vater wegen Überschuldung ausgeschlagen. Dadurch ist diese an K1 und K2 gefallen.

105 Auch bei näherer Betrachtung von Sinn und Zweck der Vorschrift wird deutlich, dass in diesem Fall eine Genehmigung des Familiengerichts erforderlich ist. So kann eine Interessenübereinstimmung in diesem Fall nicht unterstellt werden, da die Mutter (F) die Erbschaft als alleinvertretungsberechtigter Elternteil nicht für sich selbst ausgeschlagen hat.[84]

106 Eine Genehmigung durch das Familiengericht wird in Rechtsprechung und Literatur im Wege der teleologischen Reduktion des § 1643 Abs. 2 S. 2 BGB darüber hinaus auch dann für notwendig erachtet, wenn die Eltern- und Kindesinteressen nicht gleichgerichtet sind (z. B. wenn ein Elternteil aufgrund einer Verfügung von Todes wegen für sich und seine als Ersatzerben eingesetzten Abkömmlinge die Erbschaft ausschlägt, um damit die Grundlage für den Eintritt der gesetzlichen Erbfolge zu schaffen).[85]

(2) Das familiengerichtliche/betreuungsgerichtliche Genehmigungsverfahren

107 Nach §§ 151, 152 FamFG ist das Amtsgericht für die Erteilung der Genehmigung zuständig, in welchem der Vertretene seinen Wohnsitz hat. Dabei kommt es häufig vor, dass der Genehmigungsantrag erst kurz vor Fristablauf gestellt wird, so dass eine Erteilung der Genehmigung innerhalb der Ausschlagungsfrist nicht mehr möglich ist. Die nicht rechtzeitige Erteilung der Genehmigung des Familiengerichts/Betreuungsgerichts schadet nicht, wenn die Genehmigung noch innerhalb der **Ausschlagungsfrist** beantragt worden ist.[86]

108 Eine derartige Verzögerung stellt nach allgemeiner Meinung eine Verhinderung infolge **höherer Gewalt** dar und führt dazu, dass der Ablauf der Ausschlagungsfrist gehemmt ist, bis der gesetzliche Vertreter die Genehmigung erhält, §§ 1944 Abs. 2 S. 2, 206 BGB.

109 Die **Hemmung der Ausschlagungsfrist** endet allerdings mit der Bekanntmachung der Genehmigung an den gesetzlichen Vertreter. Im Anschluss daran läuft die Frist nach § 209 BGB ab.[87]

110 In diesem Zusammenhang gilt es zu berücksichtigen, dass die Genehmigung mit ihrer Erteilung gegenüber dem gesetzlichen Vertreter zwar wirksam wird, es aber in dessen Ermessen liegt, ob er hiervon Gebrauch macht. Dies tut er bei einer Erbschaftsausschlagung, wenn er dem Nachlassgericht gegenüber den Nachweis der Genehmigungserteilung erbringt.[88] Folglich muss der gesetzliche Vertreter von der Genehmigung des Familiengerichts innerhalb der noch verbleibenden Ausschlagungsfrist gegenüber dem Nachlassgericht auch tatsächlich Gebrauch machen, worauf im Rahmen der Ausschlagungserklärung hingewiesen werden sollte. Die zwangsläufig auftretende Zeitspanne für die Übermittlung der Genehmigung an das Nachlassgericht wird dabei in dem Zeitraum der Hemmung nicht berücksichtigt.[89]

111 Zur Entgegennahme der familien- oder betreuungsgerichtlichen Genehmigung sowie zu deren Weiterleitung an das Nachlassgericht kann ein Bevollmächtigter (z. B. der Notar) bestellt werden.

112 ▶ **Muster:**

Ich beauftrage und bevollmächtige den Notar, die zu dieser Ausschlagung erforderliche familiengerichtliche/betreuungsgerichtliche Genehmigung beim zuständige Familiengericht/Betreuungsgericht zu beantragen, für mich entgegenzunehmen und von ihr durch Übersendung an das Nachlassgericht ... Gebrauch zu machen.

---

[84] So auch DNotI-Report 2002, 139.
[85] Vgl. MünchKommBGB/*Huber*, § 1643 Rn. 24, OLG Köln
[86] Siehe hierzu DNotI-Report 2002, 139 m. w. N.
[87] Vgl. Palandt/*Weidlich*, § 1944 Rn. 9.
[88] Vgl. *Firsching/Graf*, Nachlassrecht, Rn. 4. 106.
[89] Palandt/*Weidlich*, § 1944 Rn. 9.

Angesichts der damit verbundenen **Haftungsrisiken** ist bei der Übernahme eines entsprechenden Auftrags, jedoch sorgsam darauf zu achten, dass die Ausschlagungsfrist durch eine unverzügliche Bearbeitung innerhalb des Notariats auch tatsächlich eingehalten wird. Alternativ hierzu besteht auch die Möglichkeit, in einem Anschreiben an das Familiengericht/Betreuungsgericht zu beantragen, die Mitteilung an den betreffenden Vertreter zu übersenden.

In diesem Fall sowie dann, wenn der Vertreter die Genehmigung selbst einholt, sollte dieser jedoch vom Notar eingehend darauf hingewiesen werden, dass die Hemmung der Frist mit Zugang der Genehmigung bei ihm entfällt und die Frist damit weiterläuft, so dass eine unverzügliche Weiterleitung der Genehmigung an das Nachlassgericht erforderlich ist.

(3) Die Ausschlagung für ein ungeborenes Kind

Ob die **Ausschlagung für ein ungeborenes Kind (nasciturus)** bereits vor dessen Geburt möglich ist, ist umstritten.[90] Hierfür spricht, dass die in § 1912 Abs. 2 BGB genannte elterliche Fürsorge auch die gesetzliche Vertretung bereits erbfähiger Kinder (§ 1923 Abs. 2 BGB) umfasst. Rein vorsorglich sollte jedoch die Ausschlagung immer sofort miterklärt und nach der Geburt des Kindes wiederholt werden.

▶ **Muster (auszugsweise)**

Am ... ist meine Großtante, Frau T. geborene O., mit letztem Wohnsitz in I., verstorben. Mit Schreiben des Amtsgerichts T. – Nachlassgericht – vom ..., welches mir am ... zugegangen ist, habe ich erfahren, dass ich möglicherweise Miterbin meiner vorstehend näher bezeichneten Großtante geworden bin.

Die Erblasserin hat – mit Ausnahme des mir vom Nachlassgericht T. in Kopie zugeleiteten Erbvertrages vom ... (UR-Nr. ... des Notars Dr. ... in M.) – nach meiner Kenntnis keine Verfügung von Todes wegen hinterlassen. Als Großnichte der Erblasserin komme ich aufgrund gesetzlicher Erbfolge als Miterbin in Betracht. Der Nachlass meiner Großtante dürfte überschuldet sein.

Ich, S., schlage hiermit die Erbschaft nach meiner Großtante, Frau T. geborene O., mit letztem Wohnsitz in I., aus allen möglichen Berufungsgründen und ohne jede Bedingung aus.

Durch meine Ausschlagung kommt unser, der Eheleute S., gemeinsames ungeborenes Kind (voraussichtlicher Geburtstermin: ...) als gesetzlicher Erbe nach meiner vorgenannten Großtante in Betracht.

Hiermit schlagen wir, die Eheleute ... S., als künftige gesetzliche Vertreter für dieses Kind die Erbschaft nach meiner Großtante aus allen möglichen Berufungsgründen und ohne jede Bedingung aus.

Wir sind von dem beglaubigenden Notar eingehend über die Folgen einer Erbschaftsausschlagung belehrt worden. Uns ist daher bekannt, dass die Ausschlagungserklärung zu ihrer Wirksamkeit dem zuständigen Nachlassgericht innerhalb der gesetzlichen Ausschlagungsfrist von sechs Wochen seit Kenntnis von Grund und Anfall der Erbschaft (§ 1944 Abs. 1 BGB) vorgelegt werden muss. Der Notar hat uns ferner mit Rücksicht auf voneinander abweichende Entscheidungen in der Rechtsprechung angeraten, die Erbschaft für unser ungeborenes Kind nach dessen Geburt nochmals innerhalb der Ausschlagungsfrist auszuschlagen.

III. Rechtsfolgen der Erbschaftsausschlagung

1. Rechtsstellung des Ausschlagenden

Wird die Erbschaft ausgeschlagen, so gilt der Anfall an den Ausschlagenden gemäß § 1953 Abs. 1 BGB als nicht erfolgt. Der Ausschlagende verliert mithin rückwirkend die durch den Erbfall eingetretene vorläufige Rechtsstellung als Erbe. Das Gesetz fingiert damit, dass der Ausschlagende die Erb-

---

90 Dafür OLG Stuttgart, Beschl. vom 5.11.1992, NJW 1993, 2250; OLG Oldenburg FamRZ 1994, 847– 8 W 484/92; MünchKommBGB/*Leipold* § 1923 Rn. 21; a. A. LG Berlin, Beschl. vom 15.5.1990 – 83 T 121/90, Rpfleger 1990, 362; AG Recklinghausen, Rpfleger 1988, 106, nach welchen die Ausschlagung erst ab Geburt des Kindes innerhalb der Ausschlagungsfrist möglich ist.

schaft nie erhalten hat mit der Folge, dass der Ausschlagende die in seinem Besitz befindlichen Nachlassgegenstände herausgeben und über etwaige von ihm vorgenommene Rechtsgeschäfte für den Nachlass wie ein Beauftragter Rechenschaft ablegen muss.[91]

2. Anfall der Erbschaft beim Nächstberufenen (§ 1953 Abs. 2 BGB)

118 Nach § 1953 Abs. 2 BGB fällt die Erbschaft bei einer Ausschlagung demjenigen an, welcher berufen sein würde, wenn der Ausschlagende zur Zeit des Erbfalls nicht gelebt hätte. Das Gesetz fingiert den Anfall der Erbschaft rückwirkend als mit dem Erbfall erfolgt (§ 1953 Abs. 2 Hs. 2 BGB).

119 Der nächstberufene Erbe wird dabei nach den Vorschriften der gewillkürten oder gesetzlichen Erbfolge ermittelt. Der Ausschlagende kann mithin **nicht** bestimmen, zu wessen Gunsten die Erbausschlagung erfolgt. Wenn der Erbe mit seiner Ausschlagung eine bestimmte Person, die weder nach der gesetzlichen Erbfolge noch als Ersatzerbe berufen ist, begünstigen will, so kann er dieses Ziel zwar nicht durch Ausschlagung, u. U. aber im Wege einer **Erbteilsübertragung** erreichen.

120 Für den **Erwerb durch den Nächstberufenen** reicht es dabei aus, dass dieser den Erbfall erlebt hat, auch wenn er vor der Ausschlagung verstorben ist.[92]

121 Soweit ein Testament oder Erbvertrag vorliegt, gilt es zunächst zu prüfen, ob seitens des Erblassers ein Ersatzerbe zum Zuge kommt (§ 2096 ff. BGB).

122 Dabei gilt es zu berücksichtigen, dass sich dessen Einsetzung auch aus den **gesetzlichen Auslegungsregeln** (so z. B. §§ 2069, 2102 BGB) ergeben kann. Soweit kein Ersatzerbe zum Zuge kommt, tritt bei Miterben Anwachsung ein (§ 2094 BGB). Kommt auch diese nicht zum tragen, so fällt der Erbteil den gesetzlichen Erben zu (§ 2088 BGB).

123 Bei der **Ausschlagung eines Nacherben** wird der Vorerbe zum Vollerben, wenn kein **Ersatznacherbe** bestimmt ist (§ 2142 Abs. 2 BGB) und keine **Anwachsung** eintritt. Bei Ausschlagung des Vorerben ist gemäß § 2102 Abs. 1 BGB regelmäßig der Nacherbe Ersatzerbe und tritt als Vollerbe an dessen Stelle.

124 Bei der Bestimmung des **Nächstberufenen** im Sinne von § 1953 Abs. 2 BGB können insbesondere bei der Auslegung von Verfügungen von Todes wegen Unklarheiten bestehen.

125 Soweit die Ausschlagung als Mittel zur Gestaltung der Rechtsnachfolge eingesetzt werden soll, hat in Bezug auf § 1953 Abs. 2 BGB eine eingehende Prüfung der Folgen der Ausschlagung stattzufinden. Dies gilt umso mehr als die Ausschlagung grundsätzlich nicht aufgrund eines Irrtums über die Person des nächstberufenen Erben (dann: **unbeachtlicher Motivirrtum**) angefochten werden kann.[93]

3. Wegfall der Bindungswirkung

126 Die Ausschlagung kann auch als Mittel eingesetzt werden, um eine bestehende Bindung des Überlebenden an wechselbezügliche Verfügungen beim gemeinschaftlichen Testament bzw. vertragsmäßige Verfügungen bei einem Erbvertrag zu beseitigen (§ 2271 Abs. 2 S. 1, 2298 Abs. 2 S. 3 BGB).

127 Hierbei gilt es zu beachten, dass bei einem gemeinschaftlichen Testament die Möglichkeit, die **Testierfreiheit** wieder zu erlangen, nicht eingeschränkt werden kann, während das Ausschlagungsrecht beim Erbvertrag dagegen ausgeschlossen werden kann.[94]

---

91 Vgl. Palandt/*Weidlich*, § 1953 Rn. 3.
92 Vgl. *Gothe*, MittRhNotK 1998, 193, 203.
93 Vgl. *Malitz/Benninghoven*, ZEV 1998, 415.
94 Vgl. *Wachter*, ZNotP 2004, 176, 182.

4. Ausschlagung und Pflichtteilsrecht

Der Erbschaftsausschlagung kommt auch im Zusammenhang mit der Beratung von pflichtteils- 128
berechtigten Erben, die sich von einer Ausschlagung des ihnen zugewendeten Erbteils eine Verbesserung ihrer Rechtsstellung erwarten, enorme Bedeutung zu.

Dabei gilt es zu berücksichtigen, dass die nach Maßgabe der **Übergangsregelungen** des Art. 229 129
§ 23 EG BGB am 1. Januar 2010 in Kraft getretene Erbrechtsreform[95] zu einer Neufassung der §§ 2305 und 2306 BGB geführt hat.

a) Die unbeschränkte Erbeinsetzung des Pflichtteilsberechtigten

Das Gesetz unterscheidet dabei weiterhin zwischen einer **beschränkten** (§ 2306 BGB) und **unbe-** 130
schränkten (§ 2305 BGB) **Erbeinsetzung** des **Pflichtteilsberechtigten**. Ist dem pflichtteilsberechtigten Bedachten vom Erblasser ein unbeschränkter Erbteil zugewendet worden, welcher geringer ist als die Hälfte des gesetzlichen Erbteils (zur Bestimmung des Pflichtteil, vgl. **§ 2301 Abs. 1 S. 2 BGB**), so kann der Pflichtteilsberechtigte von den Miterben gemäß § 2305 BGB als Pflichtteil den Wert des an der Hälfte fehlenden Teils verlangen (sog. **Pflichtteilsrestanspruch**).

Beispiel: V ist verstorben und aufgrund eines gemeinschaftlichen Testamentes von seiner Frau F, mit 131
welcher er im gesetzlichen Güterstand verheiratet war, zu 7/8-Anteil und seinem einzigen Kind, seinem Sohn S, zu 1/8-Anteil beerbt worden.

Schlägt der Pflichtteilsberechtigte Sohn S den ihm zugewendeten Erbteil aus, so verliert er diesen und kann lediglich den Zusatzpflichtteil nach § 2305 BGB beanspruchen. Dies wird damit begründet, dass der Pflichtteilsberechtigte hinsichtlich des ihm zugewendeten Erbteils nicht enterbt war, so wie dies § 2303 Abs. 1 BGB bei Geltendmachung eines Pflichtteilsanspruches voraussetzt.[96]

Im Beispielsfall bedeutet dies, dass S bei Ausschlagung des ihm zugewendeten Erbteils lediglich Anspruch auf den Pflichtteilsrest von 1/8 gegenüber seiner Mutter hätte. Dieser Anspruch würde ihm aber auch ohne Ausschlagung des ihm zugewendeten Erbteils zustehen, so dass eine Ausschlagung des S lediglich zu einem Verlust des ihm zugewendeten Erbteils führen würde. Wäre S von V auf seinen Pflichtteil gesetzt worden (1/4), würde eine Ausschlagung sogar zum vollständigen Verlust des Pflichtteilsanspruchs führen.

b) Die Einsetzung des Pfichtteilsberechtigten als Vermächtnisnehmer

Ist der Pflichtteilsberechtigte vom Erblasser mit einem Vermächtnis bedacht worden, ohne dass er 132
zugleich Erbe geworden ist, so steht ihm nach wie vor, unabhängig vom Wert des Vermächtnisses im Verhältnis zum Pflichtteilsanspruch, gemäß § 2307 BGB ein Wahlrecht zu.

Beispiel: S ist von seinem Vater zwar nicht als Erbe, wohl aber als Vermächtnisnehmer bedacht worden. 133

Nimmt S. das Vermächtnis an, so steht ihm, wenn der Wert des Pflichtteilsanspruchs den des Vermächtnisses übersteigt, ein Anspruch auf den Zusatzpflichtteil gemäß § 2305 BGB in Höhe dieser Differenz zu. Alternativ hierzu hat S als Pflichtteilsberechtigter die Möglichkeit, das Vermächtnis (§ 2180 BGB) gegenüber dem Beschwerten, seiner Mutter M, (durch eine nicht formbedürftige Erklärung) auszuschlagen, und zwar mit der Folge, einen unbelasteten Pflichtteilsanspruch gegenüber seiner Mutter geltend machen zu können. Gemäß § 2307 Abs. 2 S. 1 BGB kann M den S unter Bestimmung einer angemessenen Frist zur Erklärung über die Annahme des Vermächtnisses auffordern. Mit dem Ablauf der Frist gilt das Vermächtnis als ausgeschlagen, wenn nicht vorher die Annahme erklärt wird (§ 2307 Abs. 2 S. 2 BGB).

---

95 BGBl. 2009 I, S. 3142 ff.
96 Vgl. hierzu RG, Urt. v. 25.4.1918 – IV 76/18, RGZ 93, 3, 9; RG, Urt. vom 18.2.1926 – IV 336/25, RGZ 113, 45, 48; Erman/*Schlüter*, § 2305 Rn. 1.

Kapitel 14 Nachlassverfahren

134 Im Gegensatz zur Ausschlagung eines unbeschränkten Erbteils geht der Pflichtteilsanspruch bei Ausschlagung eines Vermächtnisses nicht in Höhe des ausgeschlagenen Teils unter Beschränkung auf den bestehenden Zusatzpflichtteil verloren.

135 Allerdings muss der Pflichtteilsberechtigte wegen der unterschiedlichen Ausschlagungsfristen, der verschiedenen Adressaten und der unterschiedlichen Formerfordernisse auch nach neuem Recht sorgfältig prüfen, ob und inwieweit er zum **Erben** und/oder zum **Vermächtnisnehmer** eingesetzt worden ist.[97] Zutreffend wird in diesem Zusammenhang darauf hingewiesen, dass sich die Einordnung als Vermächtnis oder Erbeinsetzung in der Praxis zuweilen als sehr schwierig erweist, und zwar vor allem dann, wenn der Erblasser sein Vermögen gegenständlich verteilt hat, ohne ausdrücklich anzuordnen, ob und inwieweit darin eine Erbeinsetzung mit einer Teilungsanordnung oder ein Vermächtnis bzw. Vorausvermächtnis mit gleichzeitiger Erbeinsetzung liegen soll.[98] Die Annahme einer für ein Vermächtnis gehaltenen Erbeinsetzung durch Fristablauf mangels wirksamer Ausschlagung gemäß § 1956 BGB ist ansonsten allenfalls anfechtbar.[99]

136 Will man sich hierauf nicht verlassen, sollte neben einer entsprechenden Ausschlagung gegenüber den Erben eine solche – rein vorsorglich – auch gegenüber dem zuständigen Nachlassgericht abgegeben werden.

c) Die Neuregelung des § 2306 Abs. 1 BGB

137 Im Vergleich zur bisherigen Rechtslage bringt die Neufassung in erster Linie Änderungen für den Pflichtteilsberechtigten mit sich, der zwar als Erbe eingesetzt, dessen Erbteil vom Erblasser aber beschränkt bzw. beschwert worden ist.

138 **Beispiel:** V, verwitwet, hat seinen Sohn S testamentarisch zu einem 1/8-Anteil und D zu einem 7/8-Anteil als Erben eingesetzt. Im Rahmen seines Testamentes hat V zulasten seines Sohnes ein Vermächtnis zugunsten der F in Höhe von 20.000,00 EUR angeordnet. Der Nachlasswert beträgt 200.000,00 EUR. Weitere Abkömmlinge hat V nicht.

aa) Beschränkungen und Belastungen nach altem Recht (§ 2306 BGB a. F.)

139 Nach § 2306 Abs. 1 BGB a. F. hing die Wirksamkeit einer vom Erblasser angeordneten Beschränkung oder Beschwerung davon ab, ob der Erbteil kleiner oder größer als die Hälfte des gesetzlichen Erbteils war. Die h. M. stellte dies hierbei durch Vergleich der Quoten (sog. Quotentheorie) und nicht anhand des Wertes des Hinterlassenen (Werttheorie) fest.[100] Lediglich in den Fällen, in welchen die Anrechnungsvorschriften nach § 2315 BGB oder die Ausgleichsbestimmungen nach § 2316 BGB Bedeutung erlangten, war der tatsächliche Wert des Pflichtteils mit dem Wert des dem Pflichtteilsberechtigten hinterlassenen Erbteils, welcher sich aus der Quote ergab, zu vergleichen (Werttheorie).[101] Ist der Pflichtteilsberechtigte vom Erblasser zum Erben eingesetzt, gleichzeitig aber mit Beschränkungen oder Beschwerungen im Sinne von § 2306 Abs. 1 BGB belastet worden, hingen die mit einer Ausschlagung verbundenen Rechtsfolgen von der jeweiligen Höhe des ihm zugewendeten Erbteils ab.

140 Nach § 2306 Abs. 1 S. 1 BGB galten die Beschränkungen und Beschwerungen als nicht angeordnet und waren damit unwirksam, wenn der zugewendete Erbteil den Pflichtteilsanspruch nicht überstieg. Letzteres galt mithin auch dann, wenn der dem Pflichtteilsberechtigten zugewendete Erbteil genau dem Pflichtteil entsprach. Im vorliegenden Fall wäre die Anordnung des Vermächtnisses folg-

---

97 *Herzog/Lindner*, ZFE 2010, 219, 222.
98 *Herzog/Lindner*, ZFE 2010, 219, 222 m. w. N.
99 *Herzog/Lindner*, ZFE 2010, 219, 222 mit Verweis auf RG, Urt. vom 19.2.1934 – IV 394/33, RGZ 143, 419, 423.
100 Vgl. hierzu MünchKommBGB/*Lange* § 2306 Rn. 5
101 OLG Stuttgart vom 29.1.2009 – 19 U 150/08, RNotZ 2009, 346 ff.; MünchKommBGB/*Lange*, § 2306 Rn. 5.

lich nach der bisherigen Rechtslage unwirksam gewesen. Schlug der Bedachte die Erbschaft in einem solchen Fall aus, so verlor er sein Erbteil ohne einen Pflichtteilsanspruch geltend machen zu können. Lediglich dann, wenn sein Erbteil unter seinem Pflichtteilsanspruch lag, stand ihm ein Anspruch auf den Pflichtteilsrest gemäß § 2305 BGB zu. Eine Ausschlagung des S hätte nach der bisherigen Rechtslage zur Folge gehabt, dass S den ihm zugewendeten Erbteil entschädigungslos verloren hätte. War der zugewendete Erbteil dagegen höher als der dem Bedachten zustehende Pflichtteil, so stand dem pflichtteilsberechtigten Erben nach § 2306 Abs. 1 S. 2 BGB ein Wahlrecht zu.

So konnte er entweder den ihm zugewendeten Erbteil mit den von dem Erblasser angeordneten Beschränkungen oder Beschwerungen annehmen oder die Erbschaft ausschlagen und den unbelasteten Geldpflichtteil verlangen. 141

bb) Änderungen durch das Erbrechtsreformgesetz (§ 2306 BGB n. F.)

§ 2306 Abs. 1 BGB n. F. räumt dem Pflichtteilsberechtigten demgegenüber nunmehr generell – unabhängig von der Höhe seiner Erbquote – ein Wahlrecht ein. Gleiches gilt nach § 2306 Abs. 2 BGB n. F., wenn der Pflichtteilsberechtigte vom Erblasser als Nacherbe eingesetzt worden ist. Gemäß § 2306 Abs. 2 BGB n. F. steht die **Einsetzung des Pflichtteilsberechtigten als Nacherbe** der Beschränkung der Erbeinsetzung im Sinne von § 2306 Abs. 1 BGB gleich. Dies hat zur Folge, dass der Pflichtteilsberechtigte, der vom Erblasser als Nacherbe mit einer den Pflichtteil übersteigenden Quote eingesetzt wird, ebenfalls ein Wahlrecht im Sinne des § 2306 Abs. 1 S. 2 BGB zusteht. 142

Die Möglichkeit des Pflichtteilsberechtigten, sich durch eine Ausschlagung von den Beschränkungen und Beschwerungen zu befreien und gleichzeitig den Pflichtteil zu erhalten, hängt mithin nicht mehr davon ab, dass der »hinterlassene Erbteil« größer ist als der Pflichtteil. S kann im vorliegenden Beispielsfall folglich die Erbschaft ausschlagen und einen Pflichtteilsanspruch in Höhe von 100 000,00 EUR geltend machen. 143

Alternativ hierzu hat der Pflichtteilsberechtigte aber auch die Möglichkeit, den Erbteil mit den vom Erblasser angeordneten Beschränkungen und/oder Beschwerungen anzunehmen und, soweit der ihm zugewendete Erbteil quotenmäßig unter der Pflichtteilsquote liegt, den Zusatzpflichtteil nach § 2305 BGB zu verlangen. 144

Im Gegensatz zur bisherigen Rechtslage erhält der Erbe, der die Erbschaft nicht innerhalb der Ausschlagungsfrist ausschlägt, allerdings in keinem Fall mehr einen unbelasteten Erbteil, wie dies vor der Reform bei Zuweisung eines unter der Pflichtteilsquote liegenden Erbteils (mangels wirksamer Anordnung) der Fall gewesen wäre. Vielmehr bleibt der ihm zugewendete Erbteil dann weiterhin belastet und wird nicht durch einen erhöhten Zusatzpflichtteil ausgeglichen. So heißt es in § 2305 BGB n. F. »Bei der Berechnung des Wertes bleiben Beschränkungen und Beschwerungen der in § 2306 BGB bezeichneten Art außer Betracht.« 145

Übertragen auf den vorstehenden Beispielsfall bedeutet dies, dass bei der Berechnung des Zusatzpflichtteils des S der ihm hinterlassene Erbteil in voller Höhe (25 000,00 EUR), mithin ohne Berücksichtigung des ihn belastenden Vermächtnisses in Höhe von 20 000,00 EUR, berechnet wird. Der Zusatzpflichtteil beträgt mithin 75 000,00 EUR (Hälfte des gesetzlichen Erbteils in Höhe von 100 000,00 EUR abzgl. des hinterlassenen Erbteils in Höhe von 25 000,00 EUR). 146

Den ordentlichen Pflichtteil kann der Erbe mithin nur geltend machen, wenn er den ihm zugewendeten beschränkt und/oder beschwerten Erbteil ausschlägt. Eine Ausschlagung ist gemäß § 2306 BGB folglich immer dann ratsam, wenn der Erbteil, wie im vorliegenden Beispielsfall, unter Berücksichtigung der angeordneten Beschränkungen und/oder Beschwerungen hinter der Hälfte des gesetzlichen Erbteils zurück bleibt. 147

Die vorstehenden Ausführungen machen deutlich, dass die Neufassung der §§ 2305 und 2306 BGB durch die Erbrechtsreform dazu geführt haben, dass sich das Beratungsproblem vom Bereich der Testamentsgestaltung auf den Bereich der Beratung des pflichtteilsberechtigten Erben nach dem Erbfall verschoben hat. Dabei kommt es entscheidend darauf an, ob eine Ausschlagung durch den Pflicht- 148 teilberechtigten unter wirtschaftlichen Gesichtspunkten sinnvoll ist oder nicht.[102] Der Notar, der in der Regel den Entwurf der Ausschlagungserklärung verfasst, ist insoweit zwar nach § 17 Abs. 1 S. 1 BeurkG zur Belehrung, nicht aber zur wirtschaftlichen Beratung und damit auch nicht zur Erstellung einer Vergleichsberechnung verpflichtet. Eine solche ist von den Beteiligten selbst zu erstellen. Hierbei stellt die unverändert gebliebene kurze Ausschlagungsfrist des § 1944 Abs. 1 BGB, innerhalb derer nunmehr der pflichtteilsberechtigte Erbe sich entscheiden muss, von seinem Ausschlagungsrecht Gebrauch zu machen, unter Umständen ein enormes Problem dar.[103]

d) Ausschlagung der in Zugewinngemeinschaft verheirateten Ehegatten

149 Bei in **Zugewinngemeinschaft** verheirateten Ehegatten finden die vorgenannten Vorschriften insoweit keine Anwendung, als dem überlebenden Ehegatten bei **Ausschlagung** der Erbschaft der Pflichtteil auch dann zusteht, wenn dies nach den allgemeinen erbrechtlichen Regelungen nicht der Fall wäre (vgl. hierzu §§ 1371 Abs. 3 S. 1, 2303 Abs. 2 S. 2 BGB).

IV. Die Anfechtung der Erbschaftsannahme

150 Als allgemeine Willenserklärungen sind sowohl die Annahme wie auch die Ausschlagung einer Erbschaft anfechtbar. Die als Annahme geltende **Versäumung der Ausschlagungsfrist** ist zwar keine rechtsgeschäftliche Willenserklärung, wird aber nach § 1943 BGB von den Rechtsfolgen her als solche behandelt. Mit Rücksicht hierauf kann der Erbe die als Annahme geltende Versäumung der Ausschlagungsfrist in gleicher Weise wie die Annahme selbst (§ 1956 BGB) anfechten.

1. Anfechtungsgründe

a) Die Anwendung der §§ 119 ff. BGB

151 Spezielle **Anfechtungsgründe** wie etwa bei einer Anfechtung einer Verfügung von Todes wegen kennt das Gesetz, sieht man von der Bestimmung des § 2308 BGB einmal ab, nicht. Hieraus wird die Schlussfolgerung gezogen, dass bei einer Anfechtung der Annahme oder Ausschlagung auf die Anfechtungsgründe des Allgemeinen Teils des BGB zurückzugreifen ist.[104] Demnach kann der Erbe die Annahme oder Ausschlagung der Erbschaft wegen **widerrechtlicher Drohung**, **arglistiger Täuschung** (§ 123 BGB) oder **Irrtums** (§ 119 BGB) anfechten.

152 Unter gewissen Umständen ist auch ein Irrtum bei der Willensbildung erheblich, wenn sich der Irrtum auf eine verkehrswesentliche Eigenschaft einer Person oder Sache bezieht (§ 119 Abs. 2 BGB). Verkehrswesentliche Eigenschaften des Nachlasses mit der Folge der Anfechtungsmöglichkeit bei Bestehen einer falschen Vorstellung hierüber ist zwar nicht der Wert des Nachlasses als solcher, wohl aber zählen dazu die wertbildenden Faktoren (wie z. B. die Höhe der Nachlassverbindlichkeiten, die Zugehörigkeit bestimmter Rechte und Sache zum Nachlass u. a.).[105] Nicht ausreichend ist demgegenüber der Irrtum über den Nachlass ausschöpfende Steuerschulden[106] oder die bei von Anfang an bestehender Kenntnis des Nachlassbestandes vorliegende Fehlbewertung durch den Erben.[107]

b) Die Bestimmung des § 2308 BGB

153 Einen **besonderen Anfechtungsgrund** wegen eines Irrtums im Motiv enthält § 2308 BGB. Hat ein pflichtteilsberechtigter Erbe die Erbschaft wegen einer Beschränkung oder Beschwerung ausgeschlagen, so kann er hiernach die Ausschlagung anfechten, wenn die Beschränkung oder Beschwerung zum Zeitpunkt der Ausschlagung weggefallen ist und ihm dieser Wegfall nicht bekannt war.

---

102 Vgl. *Reimann*, FamRZ 2009, 1633, 1634; *Holtmeyer*, ErbR 2009, 298, 299.
103 Vgl. *Herzog/Lindner*, ZFE 2010, 222 ff.; *Holtmeyer*, ErbR 2009, 300 m. w. N.
104 Vgl. Palandt/*Weidlich*, § 1954 Rn. 1 m. w. N.
105 Vgl. *Gothe*, MittRhNotK 1998, 193, 211.
106 OLG Zweibrücken, Beschl. vom 16.2.1992 – 3 W 260/95, ZEV 1996, 429.
107 Vgl. Palandt/*Weidlich*, § 1954 Rn. 4.

c) Der Irrtum über den Berufungsgrund

Eine **Anfechtung der Annahme** ist nach § 1949 Abs. 1 BGB ausgeschlossen, wenn der Erbe über den Berufungsgrund im Irrtum war.

Die Annahme gilt in einem solchen Fall als nicht erfolgt mit der Folge, dass die Wirkungen der Anfechtung ohne die sonst erforderliche **Anfechtungserklärung** eintreten. Der Irrtum über den Berufungsgrund bewirkt also – abweichend von den §§ 119 ff. BGB – **nicht** die **Anfechtbarkeit**, sondern **Unwirksamkeit** der Erklärung.

Gleiches gilt auch für die Ausschlagung. Nach § 1949 Abs. 2 BGB erstreckt sich die Ausschlagung zum Zeitpunkt ihrer Erklärung nur auf die dem Erben bekannten Berufungsgründe. Deshalb entfaltet die Ausschlagung keine Wirkung, wenn der Erbe in Wirklichkeit aus einem anderen, ihm nicht bekannten Berufungsgrund zum Erben berufen ist. Praktische Bedeutung hat die Bestimmung aber nur, wenn der Erbe nicht eine auf einen bestimmten Berufungsgrund beschränkte Erklärung abgibt. Die Vorschrift betrifft also lediglich Fälle, in welchen eine Annahme oder Ausschlagung ohne ausdrückliche oder schlüssige Bezugnahme auf bestimmte Berufungsgründe erklärt wird. Die Ausschlagungsfrist beginnt in diesem Fall erst mit Kenntnis des wahren Berufungsgrundes.

2. Anfechtungserklärung

Auch wenn die §§ 1954 ff. BGB keine speziellen Anfechtungsgründe kennen, so enthalten sie doch – wenigstens zum Teil – abweichende Bestimmungen für das Anfechtungsverfahren.

Diese richten sich dabei im Wesentlichen an den Vorschriften über das Ausschlagungsverfahren. So bedarf die Anfechtungserklärung gemäß §§ 1955 S. 2, 1945 Abs. 1 BGB der gleichen Form wie die Ausschlagung, muss also zur Niederschrift des Nachlassgerichts oder zumindest in öffentlich beglaubigter Form erfolgen.

▶ **Muster: Anfechtung der Versäumung der Ausschlagungsfrist**

An das Amtsgericht

– Nachlassgericht -

Düsseldorf

Nachlass des am in Düsseldorf verstorbenen P. L.

Am ist mein Bruder, P. L., zuletzt wohnhaft in … Düsseldorf, …, verstorben.

Mit Schreiben des Arbeitsamtes Düsseldorf vom … (Az.: IV 123–08976) habe ich erfahren, dass ich zu den Erben meines verstorbenen Bruders gehöre und das Arbeitsamt diesbezüglich Erstattungsforderungen gegenüber den Erben erhebt.

Aufgrund dieses Schreibens habe ich mich am … telefonisch mit dem Arbeitsamt in Verbindung gesetzt und der zuständigen Sachbearbeiterin, Frau E. M., mitgeteilt, dass ich die Erbschaft nach meinem Bruder nicht annehme. Dabei war ich in der Annahme, dass dies ausreiche. Dies wurde mir auch seitens der vorgenannten Mitarbeiterin des Arbeitsamtes bestätigt. Mit Schreiben des Arbeitsamtes vom … erhielt ich jedoch die Mitteilung, dass eine Ausschlagung der Erbschaft in notariell beglaubigter Form erfolgen müsse.

Ich schlage daher die mir angefallene Erbschaft aus allen Berufungsgründen und ohne jede Bedingung aus. Gleichzeitig fechte ich die Versäumung der Ausschlagungsfrist wegen Irrtums über die gesetzlichen Form- und Fristvorschriften der Erbschaftsausschlagung an.

…

Unterschrift

Beglaubigungsvermerk

Kapitel 14 Nachlassverfahren

3. Anfechtungsfrist

160 Die **Anfechtungsfrist** beträgt gemäß § 1954 Abs. 1 BGB grundsätzlich sechs Wochen. Der Beginn der Anfechtungsfrist hängt dabei vom jeweiligen Anfechtungsgrund ab. Sie beginnt bei einer arglistigen Täuschung oder eines Irrtums mit der Kenntnis vom Anfechtungsgrund und bei einer Anfechtung wegen Drohung mit dem Wegfall der Zwangslage (§ 1954 Abs. 2 BGB).

161 Die Anfechtung ist nach § 1954 Abs. 4 BGB ausgeschlossen, wenn seit der Ausschlagung oder Annahme 30 Jahre verstrichen sind.

4. Rechtsfolgen der Anfechtung

162 Abweichend von den allgemeinen Vorschriften der §§ 142 ff. BGB sind auch die Folgen bei der Anfechtung einer Erbschaftsannahme oder Erbausschlagung geregelt (§ 1957 Abs. 1 BGB). So gilt die Anfechtung der Annahme als Ausschlagung und die Anfechtung einer Ausschlagung als Annahme.

163 Nach § 122 BGB ist der wegen Irrtums Anfechtende jedem Beteiligten, der auf die Wirksamkeit der Annahme vertraut hat, zum Ersatz des Vertrauensschadens verpflichtet.

164 Vertrauensschaden ist dabei jedoch keineswegs der Betrag, der bei unbeschränkbarer Haftung des Erben von ihm verlangt werden könnte, sondern nur der aus einzelnen konkreten Maßnahmen etwaiger Gläubiger mit Rücksicht auf die Wirksamkeit der Annahme erwachsende Schaden (z. B. für Vollstreckungskosten oder aus der Aufgabe von Sicherheiten im Vertrauen auf die Annahme durch den vermögenden Erben, der dann später die Annahme anficht). Auf die Folgen der Anfechtungserklärung sollte im Rahmen der Beratung unbedingt hingewiesen werden.

V. Auswirkungen der EU-Erbrechtsverordnung (EuErbVO) auf das Ausschlagungsverfahren

165 Mit der EuErbVO ist zugleich eine besondere Zuständigkeit der Gerichte eines Mitgliedstaates neben den eigentlich zuständigen Gerichten (ggf. auch Stellen) für bestimmte erbrechtsrelevante Erklärungen begründet worden. So sieht **Art. 13 der EUErbVO** für Erklärungen zur Annahme oder Ausschlagung einer Erbschaft, eines Vermächtnisses, eines Pflichtteilsverzichts oder Erklärungen zur Begrenzung der Haftung für Nachlassverbindlichkeiten vor, dass die Erben, ggf. auch Vermächtnisnehmer[108] auch bei einem Gericht des Mitgliedstaates abgeben können, in dem sie selbst ihren gewöhnlichen Aufenthalt haben. Voraussetzung hierfür ist jedoch, dass solche Erklärungen nach dem Recht des gewöhnlichen Aufenthalts auch vor einem Gericht abgegeben werden können.[109] Aus deutscher Sicht hat diese Regelung vor allem im Hinblick auf die Erbschaftsausschlagung sowie die Anfechtung einer Annahme oder Ausschlagung einer Erbschaft Bedeutung. Art. 28 EuErbVO stellt dabei klar, dass die Ausschlagung (bzw. Anfechtung) auch wirksam ist, wenn entweder die Formerfordernisse des anwendbaren Rechts oder des Rechts eingehalten werden, in welchem die Ausschlagung erfolgt. Folglich ist ein deutsches Gericht bereits schon dann für die Entgegennahme einer Ausschlagungserklärung (wie auch anderer Erklärungen i. S. v. Art. 13 EUErbVO) zuständig, wenn der Erklärende seinen gewöhnlichen Aufenthalt in Deutschland hat. Darauf, dass der Erblasser seinen gewöhnlichen Aufenthalt in der BR Deutschland hatte, kommt es dagegen nicht an. Soweit ein Erbe seinen gewöhnlichen Aufenthalt in Deutschland hat, kann er die Ausschlagungserklärung mithin sowohl in Deutschland wie auch in dem Staat abgeben, dessen Erbrecht im konkreten Fall anwendbar ist.

Nach § 31 IntErbRVG soll für die Entgegennahme von Erklärungen, mit denen nach dem anzuwendenden Erbrecht eine Erbschaft ausgeschlagen oder angenommen wird, in den Fällen des Art. 13 EUErbVO das Nachlassgericht örtlich zuständig sein, in dessen Bezirk die erklärende Person ihren gewöhnlichen Aufenthalt hat. Dabei handelt es sich um eine zusätzliche Zuständigkeit neben derjenigen nach Art. 4 bis 11 EUErbVO. Die Erklärung hat zur Niederschrift des Nachlassgerichts zu

---

108 Soweit diese die Annahme oder Ausschlagung nicht wie nach § 2180 Abs. 2 S. 1 BGB gegenüber den Erben, sondern gegenüber dem Nachlassgericht abzugeben haben.
109 *Lukoschek*, a. a. O., § 2 Rn. 258 mwN.

erfolgen. Die Urschrift ist mit dem Datum der Entgegennahme dem Erklärenden auszuhändigen. Eine Mitteilung an das zuständige (ausländische) Gericht (bzw. die ausländische Behörde), wie sie z. B. bei einer Ausschlagung nach der vgl. Bestimmung des § 344 Abs. 7 FamFG vorgesehen ist, sieht die EuErbVO jedoch nicht vor. Vor diesem Hintergrund ist der Ausschlagende selbst darauf angewiesen, dass zuständige Gericht von seiner Erklärung in Kenntnis zu setzen.[110] Eine Belehrung hierüber durch das die Erklärung entgegennehmende Gericht ist nicht erforderlich. § 31 IntErbRVG gilt nicht für die Annahme oder Ausschlagung eines Vermächtnisses.

Allerdings genügt zur Fristwahrung der Zugang beim nach Art. 13 EuErbVO zuständigen Nachlassgericht. So geht die Vorschrift davon aus, dass eine gegenüber dem ausländischen Gericht abgegebene Erklärung die vor dem inländischen Gericht nach dem Erbstatut abzugebende Erklärung ersetzt.[111]

Eine Zuständigkeit anderer Staaten wird dagegen nicht begründet. So scheidet eine Ausschlagungserklärung am momentanen Aufenthaltsort des Erben u. a. aus.

VI. Kostenrechtliche Hinweise

Für die Anfertigung des Entwurfs einer Ausschlagungserklärung (gleiches gilt für eine Anfechtungserklärung) entsteht die höchste Gebühr des Gebührensatzrahmens nach **24102 KV** (Gebührensatzrahmen 0,3 bis 0,5), da der Entwurf vom Notar in der Regel vollständig gefertigt wird und bei Beurkundung eine 0,5 Gebühr nach **21201 Nr. 7 KV** anfallen würde. Der Mindestbetrag der Gebühr beträgt EUR 30,–. 166

Der Geschäftswert für eine Ausschlagungserklärung bestimmt sich nach § 103 Abs. 1 GNotKG. Hiernach ist grds. der Nachlasswert nach Abzug von Verbindlichkeiten anzusetzen. Ist der Nachlass – wie nicht selten – überschuldet, ist der Geschäftswert mit EUR 0,– anzusetzen. Ist die Zusammensetzung des Nachlasses unklar, ist nach § 36 Abs. 3 GNotKG von EUR 5.000,– auszugehen. Soweit mehrere nebeneinander (oder auch nacheinander) zur Erbschaft berufene Erben die Erbschaft ausschlagen, liegen verschiedene Verfahrensgegenstände vor. Die Werte der einzelnen Ausschlagungserklärungen sind dementsprechend nach § 35 Abs. 1 GNotKG zu addieren. Ist der Bestand des Nachlasses unklar, kann der Geschäftswert mit dem Auffangwert nach § 36 Abs. 3 GNotKG (EUR 5.000,–) angenommen und hiermit auch jeweils für jede Ausschlagung addiert werden;[112] anders dann, wenn die Überschuldung des Nachlasses feststeht.[113] Soweit der Notar, der die Unterschrift beglaubigt, selbst den Entwurf angefertigt hat, entsteht für die Beglaubigung der Unterschriften nach Vorbemerkung 2.4.1 Abs. 2 KV keine gesonderte Gebühr. Die Einholung einer familiengerichtlichen Genehmigung löst eine Vollzugstätigkeit aus (Vorb. 2.2.1.1 Abs. 1 S. 2 Nr. 4) eine Gebühr mit einem Gebührensatz von 0,3 nach 22111 KV aus. Die Einreichung der Ausschlagungs- oder Anfechtungserklärung bei Gericht ist grds. ein gebührenfreies Nebengeschäft.

VII. Steuerrechtliche Aspekte der Erbschaftsausschlagung

Die Annahme einer Erbschaft löst einen erbschaftsteuerlichen Vorgang i. S. d. § 1 Abs. 1 Nr. 1 ErbStG aus, welcher grundsätzlich mit der Ausschlagung wegfällt.[114] Die Ausschlagung der Erbschaft wird dabei auch dann anerkannt, wenn sie ausschließlich aus steuerlichen Gründen erfolgt.[115] 167

Für die steuerliche Wertfestsetzung bei Anfall einer Erbschaft oder eines Vermächtnisses wird grundsätzlich auf den Todestag des Erblassers abgestellt. Bei einem entsprechenden Erwerb in Folge einer 168

---

110 *Kroiß*, ErbR 3/2015, S. 127.
111 MünchKommBGB/*Duta* Art. 13 EuErbVO Rn. 10; a. A. *Lehmann*, ZEV 2015, 138, 139.
112 Streifzug durch das GNotKG Rn. 690e.
113 Streifzug durch das GNotKG Rn. 690c.
114 Etwas anderes gilt bei Gewährung einer Abfindung als Gegenleistung, vgl. insoweit Kapitel IV. 1.
115 Vgl. hierzu grundlegend FG Düsseldorf, Urt. vom 16.10.1964 – III 8/63 Erb, EFG 1965, 183; siehe hierzu auch *Wachter*, ZNotP 2004, 176, 177 (dort Fn. 4).

Ausschlagung ist jedoch nach § 9 Abs. 1 Nr. 1 lit. f ErbStG der Zeitpunkt der Ausschlagung maßgebend; ein Umstand dem speziell bei steuerrechtlich motivierten Ausschlagungen Rechnung getragen werden sollte.[116]

169 § 517 BGB stellt klar, dass die Ausschlagung einer Erbschaft oder eines Vermächtnisses **keine Schenkung** darstellt. Dementsprechend hat derjenige, dem eine Erbschaft oder ein Vermächtnis in Folge einer Ausschlagung zufällt, die entsprechende Vermögenszuwendung als vom Erblasser zugewendet zu versteuern (§ 3 Abs. 2 Nr. 4 ErbStG), und zwar auch dann, wenn die Ausschlagung aufgrund einer vertraglichen Vereinbarung (z. B. gegen Zahlung eines Abfindungsbetrages) erfolgt. Im Falle einer Ausschlagung gegen Zahlung einer Abfindung hat der in die Rechtsstellung des Ausschlagenden eintretende Erbe oder Vermächtnisnehmer den entsprechenden Vermögensvorteil mithin – abzüglich der Abfindungszahlung, welche als Nachlassverbindlichkeit zur Erlangung des Erwerbs zu bewerten ist (§ 10 Abs. 5 Nr. 3 ErbStG) – als vom Erblasser kommend zu versteuern. Gleiches gilt für den Ausschlagenden, welcher die Abfindung als vom Erblasser zugewendet (§ 3 Abs. 2 Nr. 4 ErbStG) zu versteuern hat. Durch die damit einhergehende Verteilung des Nachlasses eröffnen sich vielfältige steuerliche Gestaltungsmöglichkeiten.[117]

VIII. Checkliste zur Erbschaftsausschlagung

170 ▶ **Checkliste: Erbschaftsausschlagung**

1. Angaben zur Person des Erblassers:

   Name ...

   Vorname ...

   geboren am ... verstorben am ...

   letzter Wohnsitz ...

2. Angaben zur Person des Ausschlagenden:

   Name ...

   Vorname ...

   geboren am ...

   Wohnort, Straße ...

   Tel.Nr.: ... (Privat) ... (Büro)

3. Berufungsgrund (gesetzliche Erbfolge – Verfügung von Todes wegen): ...

4. Zeitpunkt der Kenntniserlangung von Anfall und Grund der Erbschaft: ...

5. Ausschlagung auch für die minderjährige Kinder des Ausschlagenden (§ 1643 Abs. 2 BGB)?

   Nein: ... Ja: ... wenn ja: weitere Punkte beantworten

   Name ...

   Vorname ...

   geboren am ...

   wohnhaft in ...

---

116 Vgl. hierzu ausführlich *Meinke*, ZEV 2000, 214, 217.
117 Vgl. hierzu ausführlich *Gothe*, MittRhNotK 1998, 193, 214 ff.; *Ivo*, ZNotP 2004, 396; *Wachter*, ZNotP 2004, 176 ff. Zu möglichen einkommensteuerrechtlichen Risiken, *Zimmermann*, ZEV 2001, 5 ff.

Differenzierung beachten:

Erfolgt der Anfall der Erbschaft an das Kind aufgrund der Ausschlagung eines Elternteils?

Ja: ... Nein: ...

Wenn ja, können die Eltern das Kind bei der Ausschlagung ohne familiengerichtliche Genehmigung vertreten.

Ansonsten gilt:

Bei direktem Anfall der Erbschaft beim Kind sowie in allen übrigen Fällen muss in jedem Fall eine familiengerichtliche Genehmigung eingeholt werden.

Sind keine Abkömmlinge vorhanden, so ist abzuklären, ob Geschwister oder sonstige Verwandte vorhanden sind, denen dann ggf. die Erbschaft angefallen sein könnte.

6. Grund der Ausschlagung:

   Überschuldung: ...

   Sonstiges: ...

7. Zuständiges Nachlassgericht: ...

8. Nettowert des Nachlasses: ...

9. Ist die Anfechtung der Annahme der Erbschaft erforderlich?

   Nein: ... Ja: ... wenn ja, warum?

   ...

   Sechswochenfrist gemäß § 1944 BGB beachten!

   ...

   Ort, Datum Sachbearbeiter

B. Erbschein und Erbscheinsantrag

Literatur:
Dörner, Der Entwurf einer europäischen Verordnung zum internationalen Erb- und Verfahrensrecht-Überblick über ausgewählte Probleme, ZEV 2010, 221 ff.; *Hartmann*, Neues Familienverfahren und ZPO, NJW 2009, 321; *Heinemann*, Die Reform der freiwilligen Gerichtsbarkeit und ihre Auswirkungen auf die notarielle Praxis, DNotZ 2009, 6; *Johnen*, Die Behandlung von Erbscheinsanträgen mit Auslandsberührung in der notariellen Praxis, MittRhNotK 1986, 57; *Kroiß*, Die Internationale Zuständigkeit im Nachlass-Verfahren nach dem FamFG, ZEV 2009, 493; *Kroiß/Seiler*, Das neue FamFG, 2. Aufl. 2009; *Lange*, Das geplante Europäische Nachlasszeugnis, DNotZ 2012, 168 ff.; *Ludwig*, Anwendung des § 1371 Abs. 1 BGB bei ausländischen Erbstatut, DNotZ 2005, 587; *Schulte-Bunert*, Erhöhung des gesetzlichen Erbrechts des deutschen Ehegatten gemäß § 1371 I BGB bei ausländischem Erbstatut und deutschem Güterstatut, FuR 2006, 543; *Starke*, Erbnachweis durch notarielles Testament, NJW 2005, 3184; *Starz*, Zivilrechtliche Wirkungen des erbrechtlichen Auslegungsvertrages ZEV 2008, 308; *ders.*, Rechtsnatur des erbrechtlichen Auslegungsvertrages ZEV 2008, 353; *Walter*, Die Auswirkungen des Personenstandsreformgesetzes im Bereich des Nachlassrechts, Rpfl 2008, 611; *Zimmermann*, Erbschein und Erbscheinsverfahren, 2. Aufl. 2008; Das neue FamFG, *ders*. Zimmermann, Die Nachlasssachen in der FGG-Reform, FG Prax 2006, 189; *ders*. Das neue Nachlassverfahren nach dem FamFG, ZEV 2009, 53; *Wagner*, Der Kommissionsvorschlag vom 14.10.2009 zum internationalen Erbrecht: Stand und Perspektiven des Gesetzgebungsverfahrens, DNotZ 2010, 506 ff.; *Wittkowski*, Die Beantragung und Erteilung von Erbscheinen in Erbfällen mit Auslandsberührung nach dem FamFG, RNotZ 2010, 102 ff.

Kapitel 14 Nachlassverfahren

I. Einführung

171 Im Rechtsverkehr besteht für den oder die Erben häufig die Notwendigkeit, die Gesamtrechtsnachfolge in das Vermögen des Erblassers zu belegen. So benötigen Behörden und Gerichte zur Führung öffentlicher Bücher und Register einen zuverlässigen Nachweis über die Erbfolge. Auch sind die Erben im allgemeinen Geschäftsleben gegenüber Banken, Versicherungen und anderen Stellen oftmals auf ein entsprechendes Zeugnis zum Nachweis ihrer **Erbenstellung** angewiesen, wenn sie beispielsweise über Nachlassgegenstände verfügen oder wenn sie Forderungen des Erblassers geltend machen wollen.

172 Diesen Nachweis kann der Erbe insbesondere durch einen **Erbschein** führen. Hierbei handelt es sich um ein auf Antrag erteiltes amtliches Zeugnis des Nachlassgerichts über das Erbrecht der Erben, welches auch eine Beschränkung des Verfügungsrechts des oder der Erben durch Testamentsvollstreckung oder Nacherbfolge ausweist (vgl. § 2353 BGB). Der Erbschein wird gemäß § 2353 BGB nur auf Antrag erteilt. Ein entsprechender Antrag ist als Verfahrensantrag Grundvoraussetzung für ein Tätigwerden des Nachlassgerichts.

173 Der Nachweis der **Legitimation eines Erben** durch einen Erbschein dient nicht nur dem oder den Erben, sondern auch dem Interesse des Rechtsverkehrs.[118] Auch wenn das Erbrecht im Rechtsverkehr am zuverlässigsten durch einen Erbschein nachgewiesen werden kann, ist ein solcher nicht selten entbehrlich.[119] So dient der Erbschein nur als Beweismittel, schließt den Beweis mit anderen Beweismitteln aber grundsätzlich nicht aus.[120] Dementsprechend kann z. B. der Schuldner eines durch Erbfall übergegangen Anspruchs die Erfüllung desselben nicht von der Vorlage eines Erbscheins abhängig machen, zumindest dann nicht, wenn nicht etwas anderes vereinbart wurde und das Erbrecht anderweitig hinreichend nachgewiesen ist.[121] Vor diesem Hintergrund ist vor Beurkundung eines Erbscheinsantrags stets zu klären, wofür ein Erbschein benötigt wird und ob ein solcher nicht aufgrund eines anderweitigen **Erbnachweises** ausreichend ist. Insbesondere dann, wenn die Erbfolge auf einer Verfügung von Todes wegen beruht, die in einer öffentlichen Urkunde enthalten ist, dürfte diese in Verbindung mit der **Eröffnungsniederschrift** (§ 2260 Abs. 3 BGB) als Erbnachweis regelmäßig ausreichend sein (vgl. § 35 Abs. 1 Hs. 2 GBO). Nur dann, wenn das **Grundbuchamt** die Erbfolge durch diese Urkunden nicht für nachgewiesen erachtet, kann es einen Erbschein verlangen (§ 35 Abs. 1 S. 2 Hs. 2 GBO).

174 Neuerungen bringt die **EuErbVO** auch für das **Erbscheinsverfahren** mit sich. Der bedeutendste Unterschied liegt dabei sicherlich darin, dass man den Grundsatz, dass das im Hinblick auf die Rechtsnachfolge von Todes wegen anzuwendende Recht sich nach der Staatsangehörigkeit richtet (Art. 25 EGBGB) aufgibt. Gemäß Art. 21 Abs. 1 EuErbVO ist künftig grds. für alle Erbfälle das Recht des Staates maßgebend, in welchem der Erblasser zum Zeitpunkt seines Todes seinen gewöhnlichen Aufenthalt hatte. Dementsprechend ist in Erbscheinsanträgen, die einen Erbfall ab dem 17. August 2015 zum Gegenstand haben, stets auch eine Angabe zum letzten **gewöhnlichen Aufenthalt** des Erblassers zu machen.[122] Einhergehend hiermit hat die EuErbVO auch Auswirkungen auf die internationale bzw. örtliche Zuständigkeit der Nachlassgerichte (vgl. Rn. 204 ff.). Die Neuregelung überführt ferner die in §§ 2354 bis 2356 BGB enthaltenen Bestimmungen zum Erbscheinsverfahren in das FamFG (§ 352 ff. FamFG). § 352 Abs. 1 FamFG enthält nunmehr den Regelungsinhalt von § 2354 BGB, wobei in den Katalog der zu machenden Angaben eine neue Nummer 2 auf-

---

[118] Vgl. Protokolle Band V S. 684; Motive Band V, S. 557 ff.; MünchKommBGB/*J. Mayer*, Vor § 2353 Rn. 1, 5.
[119] Vgl. MünchKommBGB/*J. Mayer*, § 2353 Rn. 164; *Zimmermann*, Erbschein und Erbscheinsverfahren, B. I. Rn. 7 ff.
[120] Vgl. BGH, Urt. v. 7.6.2005 – XI ZR 311/04, NJW 2005, 2779, 2780 = WM 2005, 1432 mit Anm. *Starke*, NJW 2005, 3184.
[121] BGH, Urt. v. 7.6.2005 – XI ZR 311/04, NJW 2005, 2779, 2780; MünchKommBGB/*J. Mayer*, § 2365 Rn. 32 m. w. N.
[122] Vgl. hierzu *Fetsch*, Kap. 19 Rn. 5 mwN.

genommen wurde. Der Antragsteller hat künftig auch den letzten gewöhnlichen Aufenthalt und die Staatsangehörigkeit des Erblassers anzugeben. Letztere spielt weiterhin wegen einer möglichen Rechtswahl nach Art. 22 EU-ErbVO eine Rolle. In den §§ 352a bis 352e FamFG werden ferner weitere Regelungen zum Erbscheinsverfahren übernommen. So behandelt § 352a FamFG den gemeinschaftlichen Erbschein und ersetzt damit den § 2357 BGB. Neu ist dabei die Möglichkeit, auf die Angabe der Erbteile zu verzichten, § 352a Abs. 2 Satz 2 FamFG. Dies ist u. a. dann interessant, wenn die Ermittlung der Erbquoten nur mit einem unverhältnismäßig hohen Aufwand möglich ist. Bzgl. des Inhalts eines Vorerbscheins und bei Angaben zu einer Testamentsvollstreckung übernimmt § 352b FamFG die Regelungen der § 2363 Abs. 1 und 2364 Abs. 1 BGB. Auch weiterhin ist die Beantragung eines gegenständlich beschränkten Erbscheins möglich. § 352c FamFG ersetzt insoweit die Bestimmung des § 2369 BGB. Die öffentliche Aufforderung als verfahrensrechtliches Instrument (bislang: § 2358 BGB) findet sich nunmehr in § 352d FamFG. Darüber hinaus werden die bislang in § 2359 BGB und § 352 FamFG enthaltenen Bestimmungen zur Entscheidung des Nachlassgerichts über den Erbscheinsantrag in § 352e FamFG zusammengefasst. In dem neuen § 353 Abs. 1 FamFG finden sich zudem die bisherigen Regelungen zur Kraftloserklärung von Erbscheinen nach § 2361 Abs. 2 BGB und § 353 Abs. 3 FamFG. Durch den Verweis auf § 435 FamFG ist es schließlich auch möglich, dass die öffentliche Bekanntmachung in einem elektronischen Informations- und Kommunikationssystem erfolgen kann. Die in § 354 FamFG enthaltene Verweisungskette wird entsprechend der neu eingefügten Bestimmungen erweitert und angepasst. Darüber hinaus gilt es zu berücksichtigen, dass mit dem Europäischen Nachlasszeugnis erstmals ein europäischer Erbnachweis eingeführt wird.[123]

II. Rechtswirkungen des Erbscheins

Der Erbschein entfaltet eine »**doppelte Wirkung**«. Diese besteht zum einen in der **Vermutung** für das **Erbrecht** der im Erbschein bezeichneten Personen (§ 2365 BGB) und zum anderen im Schutz gutgläubiger Dritter bei Verfügungsgeschäften mit den als Erben im Erbschein bezeichneten Personen (§§ 2366, 2367 BGB). Der Erbschein hat jedoch keine Gestaltungswirkung, ändert somit nicht die materielle Rechtslage und erwächst nicht in **materieller Rechtskraft**.[124]

175

1. Vermutungswirkung des Erbscheins (2365 BGB)

Der Erbschein legitimiert den oder die in ihm ausgewiesenen Erben (§ 2365 BGB). Die Erbenstellung als solche richtet sich jedoch allein nach materiellem Recht. Dem Erbschein kommt insoweit keine **konstitutive Bedeutung** zu. Der Erbschein verschafft den in ihm bezeichneten Erben mithin auch keine Erbenstellung. Eine derartige rechtsverbindliche Feststellung über das Erbrecht in Form einer materiell rechtskräftigen Entscheidung kann nur in einem Zivilrechtsstreit über das Erbrecht getroffen werden. Die Erbscheinserteilung erlangt somit keine **materielle Rechtskraft**.

176

Die durch den Erbschein als Erbe ausgewiesene Person gilt als Erbe, soweit die **Erbscheinsvermutung** nicht auf andere Weise ausgeräumt wird. Die durch den Erbschein begründete Rechtsvermutung kann dabei mit allen zugänglichen Beweismitteln widerlegt werden. Die gesetzliche Vermutungsregelung des § 292 ZPO ist für die aufgrund eines Erbscheins bestehende Rechtsvermutung entsprechend anwendbar. Er legitimiert den Erben ausschließlich im Umfang seiner gesetzlichen Vermutungswirkung.

177

Nach § **2365 BGB** wird dabei widerlegbar vermutet
- dass demjenigen, der im Erbschein als Erbe bezeichnet ist, das in dem Erbschein angegebene Recht zusteht (**positive Vermutung**) und
- dass die Erben nicht durch andere Anordnungen als die im Erbschein angegebenen Verfügungsbeschränkungen beschränkt sind (**negative Vermutung**).

178

---

123 Vgl. Rn. 338 ff.
124 Vgl. *Firsching/Graf*, 4.138; MünchKommBGB/*J. Mayer*, § 2353 Rn. 2 .

179 Die Vermutung beschränkt sich damit auf den gesetzlich vorgeschriebenen Inhalt des Erbscheins. Über die Richtigkeit anderweitiger Angaben (z. B. die Person des Testamentsvollstreckers, die Zugehörigkeit bestimmter Gegenstände zum Nachlass u. a.) wird hingegen keine Aussage gemacht. **Positiv** wird somit nur das bezeichnete Erbrecht zur angegebenen Größe vermutet und **negativ** nur, dass andere als die angegebenen Beschränkungen (Nacherbfolge, Testamentsvollstreckung) nicht bestehen.

180 Die Vermutungswirkung des § 2365 BGB beginnt mit dessen Erteilung und endet mit seiner Einziehung (§ 2361 Abs. 1 BGB), Kraftloserklärung (§ 2361 Abs. 2 BGB) oder Herausgabe an das Nachlassgericht (§ 2362 BGB). Ein Verlust des Erbscheins schadet dagegen nicht.

2. Öffentlicher Glaube des Erbscheins (2366, 2367 BGB)

181 Gemäß §§ 2366, 2367 BGB genießt der Erschein im Rechtsverkehr öffentlichen Glauben. Gutgläubige Dritte, die mit einer durch einen Erbschein ausgewiesenen Person Verfügungsgeschäfte abschließen, werden aufgrund des öffentlichen Glaubens des Erbscheins (§§ 2366, 2367 BGB) geschützt. Dabei kommt es nicht darauf an, dass ihnen dieser vorgelegt wird; sie müssen noch nicht einmal Kenntnis von dessen Existenz haben.

182 Hieraus folgt, dass der gutgläubige Dritte bei den unter §§ 2366 und 2367 BGB fallenden Rechtsgeschäften, die er mit einer fälschlich als Erben ausgewiesenen Person vornimmt, so behandelt wird, als hätte er das Rechtsgeschäft mit dem wirklichen Erben abgeschlossen. Dabei sind die Bestimmungen anzuwenden, die auch bei einem Handeln des wirklichen Erben gelten würden.

183 Mit seinen Rechtswirkungen kommt der Erbschein damit einem dringenden Bedürfnis des Rechtsverkehrs entgegen. So wird durch die Ausstellung eines amtlichen Erbscheines vermieden, in jedem Einzelfall die Gesamtrechtsnachfolge einer Person jeweils erneut prüfen und feststellen zu lassen.

184 Die in der früheren DDR von den staatlichen Notariaten (§§ 27 ff. NotariatsG) erteilten Erbscheine sind auch heute noch wirksam. Ihre Einziehung richtet sich aber nicht mehr nach § 413 Abs. 3 ZGB, sondern nach § 2361 BGB. Die Anerkennung ausländischer Erbbescheinigungen ist dagegen zumeist problematisch.[125]

3. Einziehung und Kraftloserklärung eines Erbscheins

a) Die Einziehung des Erbscheins

185 Mit Rücksicht darauf, dass auch der unrichtige Erbschein öffentlichen Glauben genießt und damit einen gutgläubigen Erwerb gemäß § 2366 BGB ermöglichen kann, ist das Nachlassgericht gemäß § 2361 BGB verpflichtet, einen unrichtigen Erbschein einzuziehen. Für die **Einziehung** ist dabei das Nachlassgericht zuständig, das den Erbschein erteilt hat. Das Amtsgericht, welches von der Unrichtigkeit Kenntnis erlangt, ist dabei von Amts wegen zur Einziehung (wie auch zur Kraftloserklärung) verpflichtet. Losgelöst hiervon kann die Einziehung von jedermann angeregt werden.

186 Die Unrichtigkeit kann dabei sowohl auf tatsächlichen wie auch rechtlichen Gründen beruhen. Unrichtig ist der Erbschein, wenn die Voraussetzungen seiner Erteilung schon bei Erteilung (z. B. Anfechtung der Annahme einer Erbschaft gem. § 1957 Abs. 1 BGB, späteres Auftauchen eines unbekannten Testamentes) nicht vorlagen oder nachträglich (z. B. Eintritt der Nacherbfolge im Hinblick auf den Erbschein des Vorerben) weggefallen sind.[126] Zuständig für die Einziehung ist das Nachlassgericht, welches den Erbschein erteilt hat.

187 Die Einziehung erfolgt durch den Erlass einer Anordnung zur Einziehung des Erbscheins durch das Nachlassgericht und einer entsprechenden Durchführung in Form der Einziehung aller Urschriften

---

125 Vgl. hierzu MünchKommBGB/*J. Mayer*, § 2353 BGB Rn. 179; *Riering*, MittBayNot 1999, 519; *Zimmermann*, Das neue FamFG, Rn. 734.
126 Vgl. BGHZ 40, 54, 56; OLG Köln Rpfleger 2003, 193.

und Ausfertigungen des Erbscheins. Wird die Rückgabe der Urschrift oder Ausfertigung verweigert, stehen dem Nachlassgericht die Zwangsmittel des § 35 FamFG zur Verfügung (z. B. die Festsetzung eines Zwangsgeldes). Darüber hinaus hat das Nachlassgericht die Möglichkeit, die Herausgabe der Urschrift oder Ausfertigung gemäß § 883 ZPO zu vollstrecken (§ 35 Abs. 4 FamFG).

Mit der Durchführung der Einziehung, d. h. der Rückgabe aller Urschriften und Ausfertigungen) wird der Erbschein gemäß § 2361 Abs. 1 S. 2 BGB kraftlos, mit der Folge, dass die Vermutungswirkung des § 2365 BGB und die Wirkungen des öffentlichen Glaubens gemäß §§ 2366, 2367 BGB entfallen. 188

b) Kraftloserklärung eines Erbscheins

Soweit der Erbschein bzw. die Ausfertigungen desselben nicht sofort erlangt werden können, hat ihn das Nachlassgericht gemäß § 2361 Abs. 2 S. 1 BGB für kraftlos zu erklären. Dies gilt selbst dann, wenn nur eine Ausfertigung des Erbscheins nicht zurück zu erlangen ist. Soweit dies von vornherein feststeht, ist die Kraftloserklärung vom Nachlassgericht sofort herbeizuführen.[127] Der Beschluss über die Kraftloserklärung eines Erbscheins (§ 2361 Abs. 2 S. 2 BGB) ist zu begründen, ohne dass seine Wirksamkeit hiervon abhängt.[128] Mit dem Wirksamwerden des Beschlusses über die Kraftloserklärung (Ablauf der Monatsfrist gemäß § 2361 Abs. 2 S. 3 BGB) wird der Erbschein kraftlos. 189

III. Der Inhalt des Erbscheins

Um seine Aufgaben zu erfüllen, muss der Erbschein den oder die Erben möglichst genau bezeichnen, den Umfang des jeweiligen Erbrechts (die sogenannten Erbquoten; zum zukünftig möglichen Erbschein ohne Ausweis von Erbquoten nach § 352 Abs. 2 FamFG-RegE vgl. Rdn. 215) und die auf Anordnungen des Erblassers beruhenden Verfügungsbeschränkungen des oder der Erben, soweit diese bei Erteilung nicht bereits überholt sind, aufzeigen. 190

Mithin weist der Erbschein neben dem Namen, dem Geburts- und Todestag des Erblassers sowie seinem letzten Wohnsitz
– die Gesamtrechtsnachfolge der als Erben bezeichneten Personen,
– die jeweilige Erbteilsgröße (vgl. hierzu aber § 352a) Abs. 2 FmFG n. F.),
– etwaige erbrechtliche Beschränkungen (z. B. Bestehen einer Nacherbfolge oder Testamentsvollstreckung) und
– ggf. den Geltungsbereich (§ 2369 BGB)
zur Zeit des Erbfalls aus. 191

Anderweitige Angaben dürfen nicht in den Erbschein aufgenommen werden. Auch ist eine Bezugnahme auf anderweitige Umstände oder Urkunden unzulässig; der Erbschein muss vielmehr aus sich selbst heraus verständlich sein. 192

Der Erbschein bezeugt das Erbrecht zum Zeitpunkt des Erbfalls. Eine spätere Veränderung (z. B. durch eine **Erbteilsveräußerung** oder durch den Tod des Erben nach Annahme der Erbschaft) wird bei der Ausstellung des Erbscheins daher nicht berücksichtigt. Dagegen müssen Umstände, die Einfluss auf die Erbfolge haben (z. B. die **Ausschlagung der Erbschaft**), beachtet werden. 193

Im Erbschein sind der Erblasser und die Erben ferner so genau zu bezeichnen, dass Verwechslungen ausgeschlossen sind. Der Erbschein hat ferner das Erbrecht der Erben zu bezeichnen. Bei mehreren Erben muss die Größe der jeweiligen Erbteile in Bruchteilen angegeben werden (§§ 2353, 2357 BGB). Bestimmte zum Nachlass des Erblassers gehörende Gegenstände oder Geldsummen sind nicht aufzuführen, auch ist in dem Erbschein grds. nicht auf den Umfang des Nachlasses einzugehen. 194

---

127 BayObLG OLGE 40, 155; MünchKommBGB/*J. Mayer*, § 2361 Rn. 41 m. w. N.
128 Vgl. hierzu im Einzelnen MünchKommBGB/*J. Mayer*, § 2361 Rn. 42.

195 Wie bereits ausgeführt, bescheinigt der Erbschein darüber hinaus auch die Befugnis der Erben über die Nachlassgegenstände zu verfügen. Daher sind **Verfügungsbeschränkungen** wie die Anordnung einer **Vor- und Nacherbschaft** (§ 2363 BGB) oder einer **Testamentsvollstreckung** (§ 2364 BGB) im Erbschein aufzuführen.

196 Im Erbschein des Vorerben sind mithin gemäß § 2363 BGB anzugeben:
- die Anordnung der Nacherbfolge;
- die Voraussetzungen für deren Eintritt (z. B. Tod des Vorerben);
- die Person des Nacherben;
- eine etwaige Befreiung von den Beschränkungen der §§ 2136, 2137 BGB und
- eine etwaige Bestellung eines Nacherbentestamentsvollstreckers.

197 Bei Anordnung einer Testamentsvollstreckung ist nur das Bestehen derselben, nicht aber der Name des Testamentsvollstreckers anzugeben. Dies beruht darauf, dass der Erbschein lediglich einen Ausweis über das Erbrecht darstellt, nicht aber dazu dienen soll, die Berechtigung eines Testamentsvollstreckers nachzuweisen. Diesen Zweck erfüllt das Testamentsvollstreckerzeugnis. Daher ist im Erbschein zwar die Anordnung der Testamentsvollstreckung, nicht aber der Name des Testamentsvollstreckers anzugeben. Bloße schuldrechtliche Verpflichtungen der Erben, wie z. B. die Erfüllung von Vermächtnissen, Pflichtteilsansprüchen u. a. werden im Erbschein ebenfalls nicht aufgeführt.

198 ▶ **Muster: Erbschein**

Amtsgericht Düsseldorf

1.10.2015

Nachlassabteilung

– Geschäftszeichen: 46 VI 187/15

Erste Ausfertigung:

Gemeinschaftlicher Erbschein

Der am 23. Mai 2015 in Düsseldorf gestorbene, zuletzt in 40211 Düsseldorf, Gerhart-Hauptmann-Str. 15, wohnhaft gewesene Fridolin Lustig, geboren am 8. April 1935, ist

a) von seiner Ehefrau,

Frau Emma Lustig geborene Grausam,

geboren am 27. April 1939,

wohnhaft in 40211 Düsseldorf, Gerhart–Hauptmann–Str. 15,

zu $1/2$-Anteil   und

b) von seinem Sohn,

Herrn Anton Lustig,

geboren am 23. April 1955,

wohnhaft in 40213 Düsseldorf, Planckstr. 8,

zu $1/2$-Anteil,

beerbt worden.

Testamentsvollstreckung ist angeordnet.

Amtsgericht Düsseldorf

Mütze

Richterin am Amtsgericht

Werden außer den vorgenannten Angaben weitere Daten in den Erbschein aufgenommen, so nehmen 199
diese jedenfalls nicht an den Wirkungen der §§ 2365–2367 BGB teil. Im Einzelfall ist in einem solchen Fall zu prüfen, ob der Erbschein ungültig oder zumindest anfechtbar ist.

IV. Zuständigkeit für die Erteilung des Erbscheins

1. Internationale Zuständigkeit

Ein deutscher Erbschein kann nur dann mit Aussicht auf Erfolg beantragt werden, wenn das insoweit 200
angerufene deutsche Nachlassgericht auch international zuständig ist. Dies ist jeweils im Einzelfall zu prüfen.

Die internationale Zuständigkeit deutscher Nachlassgerichte ergab sich bis zum Inkrafttreten des 201
FamFG am 1. September 2009 aus dem sogenannten »Gleichlaufgrundsatz«, wonach eine internationale Zuständigkeit dann gegeben war, wenn deutsches Erbrecht anwendbar war.[129] Hiervon ausgenommen war der gegenständlich beschränkte **Fremdrechtserbschein** nach § 2369 BGB a. F.

Im Gegensatz hierzu ergibt sich die **internationale Zuständigkeit** des Nachlassgerichts für Verfahren 202
seit dem 1. September 2010 aus § **105 FamFG**, sofern keine vorrangigen Regelungen in völkerrechtlichen Vereinbarungen oder spezielle Regelungen in Rechtsakten der Europäischen Gemeinschaft i. S. v. § 97 FamFG zum Zuge kommen.[130] Mit Inkrafttreten der EuErbVO finden sich Bestimmungen zur internationalen Zuständigkeit der deutschen Gerichte – je nach Verfahrensgegenstand – sowohl in § 105 FamFG als auch in den Art. 4–12 EuErbVO:

Schon mit § 105 FamFG ist der bis zum 1. September 2009 angewendete **Gleichlaufgrundsatz** auf- 203
gegeben und dem im Schrifttum geforderten Grundsatz der »**Doppelfunktionalität**«, wonach die Zuständigkeit in den gesetzlich nicht geregelten Fällen aus der örtlichen Zuständigkeit abgeleitet wird, gefolgt worden.[131] Die örtliche Zuständigkeit, die nunmehr auch für die internationale Zuständigkeit maßgebend ist, ergibt sich seit dem 1. September 2009 aus den §§ 343 ff. FamFG.[132] Örtlich und damit auch international zuständig ist ein deutsches Nachlassgericht seither dann, wenn der Erblasser bei seinem Tode deutscher Staatsangehöriger war, seinen letzten Wohnsitz oder Aufenthalt in der BR Deutschland hatte oder inländische Nachlassgegenstände hinterlassen hat (§ **343 FamFG**). Für die Begründung der internationalen Zuständigkeit des deutschen Nachlassgerichts reicht es mithin aus, dass ein Ausländer im Inland belegene Nachlassgegenstände hinterlassen hat; er muss folglich keinen Wohnsitz in Deutschland gehabt haben.[133] Nach § 343 FamFG i. V. m. § 105 FamFG sind die deutschen Nachlassgerichte damit fast immer international zuständig, und zwar unabhängig davon, welches Erbrecht zur Anwendung kommt. Die Bestimmungen zur örtlichen Zuständigkeit bleiben nach Art. 2 der EuErbVO unberührt. Die bisherigen Regelungen werden im Rahmen des Gesetzes zur Durchführung der EuErbVO geändert, welches derzeit nur als Entwurf vorliegt und am 17.8.2015 in Kraft treten soll. Danach wird die örtliche Zuständigkeit nun nicht mehr nach dem letzten Wohnsitz, sondern dem **letzten gewöhnlichen Aufenthalt** des Erblassers in Deutschland bestimmt (§ 34 IntErbRVG-E für das ENZ bzw. § 343 FamFG-E für Erbschein). Soweit der letzte gewöhnliche Aufenthalt des Erblassers im Ausland lag, ist eine Zuständigkeit am früheren inländischen gewöhnlichen Aufenthalt eröffnet. Ersatzweise ist das AG Berlin-Schöneberg zuständig, welches allerdings die Sache aus wichtigem Grund an ein anderes Nachlassgericht verweisen kann.

---

129 *Bolkart*, MittBayNot 268, 274.
130 Vgl. *Horndasch/Viefhues*, § 105 FamFG Rn. 44, 45.
131 Vgl. hierzu ausf. *Wittkowski*, Die Beantragung und Erteilung von Erbscheinen in Erbfällen mit Auslandsberührung nach dem FamFG, RNotZ 2010, 105.
132 Dazu kritisch *Zimmermann*, FGPrax 2006, 190.
133 Vgl. *Heinemann*, DNotZ 2009, 6, 25.

2. Sachliche Zuständigkeit (§ 23a Abs. 1, Abs. 2 GVG)

204 Für die Ausstellung eines Erbscheins ist gemäß § 2353 i. V. m. §§ 23 Abs. 1 Ziffer 2, Abs. 2 Ziffer 2 GVG das **Amtsgericht** als **Nachlassgericht** zuständig. In Teilen von Baden-Württemberg ist nach § 38 LFGG die Zuständigkeit des Notariats gegeben. Besonderheiten gelten auch im Geltungsbereich der **Höfeordnung**. Gemäß § 18 Abs. 2 HöfeO ist hier das sog. **Landwirtschaftsgericht** zuständig, soweit zum Nachlass ein Hof gehört.

3. Örtliche Zuständigkeit (§ 343 Abs. 1 Hs. 1 FamFG)

205 Die **örtliche Zuständigkeit** bestimmt sich gemäß § 343 Abs. 1 Halbsatz 1 FamFG nach dem Wohnsitz (künftig: letzten gewöhnlichen Aufenthalt), den der Erblasser zur Zeit des Erbfalls hatte; in Ermangelung eines solchen ist das Gericht zuständig, in dessen Bezirk der Erblasser zur Zeit des Erbfalls seinen Aufenthalt hatte.

206 Ist der Erblasser Deutscher und hatte er zur Zeit des Erbfalls im Inland weder Wohnsitz noch Aufenthalt, so ist das **Amtsgericht Schöneberg** in Berlin Schöneberg zuständig (§ 343 Abs. 2 FamFG). Dieses kann die Angelegenheit aus wichtigen Gründen an ein anderes Nachlassgericht verweisen, wovon nicht selten Gebrauch gemacht wird.

207 Ist der Erblasser Ausländer und hatte er zur Zeit des Erbfalls im Inland weder Wohnsitz noch Aufenthalt, so ist jedes Gericht in dessen Bezirk sich Nachlassgegenstände befinden, in Ansehung aller im Inland befindlichen Nachlassgegenstände zuständig (§ 343 Abs. 3 FamFG). Die vorstehenden Bestimmungen gelten auch für Erbfälle vor dem 3. Oktober 1990, und zwar unabhängig davon, ob sich das materielle Erbrecht nach BGB oder ZGB richtet.[134]

4. Funktionelle Zuständigkeit

208 Funktionell zuständig für die Erteilung eines Erbscheins ist, soweit dieser auf der gesetzlichen Erbfolge beruht, der **Rechtspfleger** (§§ 3 Nr. 2 Buchstabe c). Nach 16 Abs. 1 Nr. 6 RpflG n. F. bleibt die Erteilung eines Erbscheins nur dann einem **Richter** vorbehalten, wenn eine Verfügung von Todes wegen vorliegt oder die Anwendung ausländischen Rechts in Betracht kommt. Gleiches gilt für Zeugnisse nach den §§ 36, 37 GBO oder für Zeugnisse nach §§ 42, 74 SchiffsregO. Auch die Erteilung eines Testamentsvollstreckerzeugnisses ist dem Richter vorbehalten (§ 16 Abs. 1 Nr. 6 RpflG).

V. Inhalt und Form des Erbscheinsantrags

1. Allgemeine Anforderungen an den Erbscheinsantrag

209 Der Erbschein wird gemäß § 2353 BGB nur auf Antrag erteilt. Er ist als **Verfahrensantrag** Grundvoraussetzung für ein Tätigwerden des Nachlassgerichts. Eine bestimmte **Antragsfrist**, innerhalb welcher der Erbschein beantragt werden muss, sieht das Gesetz dabei nicht vor, so dass ein Erbschein grundsätzlich auch noch viele Jahre nach dem Erbfall beantragt werden kann.

210 Der Erbscheinsantrag an das Nachlassgericht ist dabei grundsätzlich **formlos** möglich. Die §§ 2353 ff. BGB enthalten insoweit kein **Formerfordernis**. Die grundsätzliche Formlosigkeit des Antrags ist insofern von Bedeutung, als bei Beanstandung des im Erbschein gestellten Antrages eine Antragsänderung grundsätzlich auch durch eine privatschriftliche Erklärung des Antragstellers möglich ist.

211 Der Erbscheinsantrag kann bis zur Erbscheinserteilung jederzeit **zurückgenommen** oder **abgeändert** werden. Durch die Antragsrücknahme wird das Verfahren in der Hauptsache beendet, sofern dem Nachlassgericht nicht in gleicher Sache ein anderer Erbscheinsantrag zur Entscheidung vorliegt. In

---

[134] Vgl. zu den entsprechenden Vorschriften des FGG OLG Köln, Beschl. v. 12.8.1996 – 2 Wx 29/96, FGPrax 1996, 226.

der Antragsrücknahme liegt keine Ausschlagung und auch kein Verzicht auf die Erbenstellung. Stirbt der Antragsteller oder ein Miterbe vor Aushändigung des Erbscheins, steht dies einer Erteilung desselben nicht entgegen.

Mit Rücksicht darauf, dass weder die Entscheidung über die Erteilung noch die Entscheidung über die Zurückweisung eines Antrags in Rechtskraft erwächst, kann ein Erbscheinsantrag grundsätzlich auch ohne weiteres **wiederholt** werden. Im Einzelfall kann jedoch das Rechtsschutzbedürfnis für die Wiederholung eines entsprechenden Antrags fehlen.

2. Bestimmtheit des Erbscheinsantrags

Das Nachlassgericht ist an den Erbscheinsantrag gebunden, und zwar in der Form, dass es ihm nur stattgeben oder ihn zurückweisen kann. Der Erbscheinsantrag auf der einen und der erteilte Erbschein auf der anderen Seite müssen also deckungsgleich sein. Der Inhalt des Erbscheins darf dabei nicht in das Ermessen des Gerichts gestellt werden. Dieser Grundsatz gilt auch bei Beantragung eines **Fremdrechtserbscheins**.[135]

Allerdings stellt sich in diesem Zusammenhang häufig die Frage, ob und inwieweit die vom deutschem Erbrecht abweichenden Rechtsbegriffe des ausländischen Erbrechts in den Erbschein aufzunehmen sind. Schon vor Inkrafttreten des FamFG war umstritten, ob der Erbschein das entsprechende Rechtsinstitut im Interesse des Rechtsverkehrs unter Verwendung der Rechtsbegriffe des ausländischen Rechts möglichst genau wiedergeben soll, oder nur Begriffe des deutschen Erbrechts in den Erbschein aufgenommen werden durften.[136] Die nachlassgerichtliche Praxis folgt im Einklang mit der h. M. in der Literatur letzterer Auffassung.[137] Speziell dann, wenn der Erbscheinsantrag auf im Inland befindliche Gegenstände beschränkt wird, sprechen praktische Bedürfnisse dafür, dieser Auffassung zu folgen. Kompliziert und potenziell fehlerträchtig kann eine solche Vorgehensweise jedoch dann sein, wenn der Erbschein im Ausland Verwendung finden soll.

In jedem Fall muss der Erbscheinsantrag zwingend hinreichend bestimmt sein. Um seine Aufgaben zu erfüllen, muss der Erbscheinsantrag daher den oder die Erben möglichst genau bezeichnen, den Umfang des jeweiligen Erbrechts (die sog. **Erbquoten**) und die auf Anordnungen des Erblassers beruhenden **Verfügungsbeschränkungen** des oder der Erben, soweit diese bei Erteilung nicht bereits überholt sind, aufzeigen. Eine Änderung ergibt sich aber künftig aus dem neuen § 352a Abs. 2 S. 2 FamFG-RegE. Dieser lautet künftig wohl wie folgt:

»Die Angabe der Erbteile ist nicht erforderlich, wenn alle Antragsteller in dem Antrag auf die Aufnahme der Erbteile in den Erbschein verzichten.«

Diese Neuregelung kann hilfreich sein, wenn zwar die Erben feststehen, aber die Erbquoten unter ihnen umstritten sind, gleichwohl aber Nachlassgegenstände (z. B. Grundbesitz) zeitnah veräußert werden soll.

Im Einzelfall kann es folglich zweckmäßig sein, mit dem Antrag auf Erteilung eines Erbscheins einen oder ggf. sogar mehrere **Hilfsanträge** zu stellen. Dies ist nach allgemeiner Meinung nicht nur zulässig,[138] sondern oftmals geradezu geboten. Sachgerecht ist dies vor allem dann, wenn der Erblasser seinen Nachlass, wie dies in privatschriftlichen Testamenten häufig der Fall ist, gegenständlich auf mehrere Personen verteilt. In solchen Fällen ist häufig unklar, ob in der Zuweisung eines Vermögenswertes eine quotale Erbeinsetzung oder aber die Zuwendung eines Vermächtnisses zu sehen ist (vgl. § 2087 Abs. 2 BGB). Gerade in einem solchen Fall ist jedoch darauf zu achten, dass jeder der

---

135 Vgl. MünchKommBGB/*J. Mayer*, § 2369 BGB Rn. 5.
136 Vgl. hierzu ausf. *Wittkowski*, Die Beantragung und Erteilung von Erbscheinen in Erbfällen mit Auslandsberührung nach dem FamFG, RNotZ 2010, 104 mwN.
137 So die bisher h. M.; vgl. z. B. Staudinger/*Schilken*, § 2369 Rn. 31; Bengel/Reimann/*Haas*, Kap. 9 Rn. 436.
138 Vgl. RGZ 156, 172, 179 f.; BayObLG FamRZ 1990, 649, 650.

Anträge das mit ihm beanspruchte Erbrecht genau bezeichnet und darüber hinaus die genaue Prüfungsreihenfolge der Anträge bestimmt wird.[139]

217 ▶ **Muster:**

Ich, die Antragstellerin, beantrage hiermit
1. die Erteilung eines gemeinschaftlichen Erbscheins dahingehend, dass der Erblasser von meinem Bruder, Herrn ..., geboren am ..., wohnhaft in ..., und mir zu je 1/2-Anteil beerbt worden ist,
2. hilfsweise, die Erteilung eines Erbscheins, nach welchem der Erblasser von meinem Bruder, Herrn ..., geboren am ..., wohnhaft in ..., und mir zu je 9/20-Anteil und von Frau ..., geboren am ..., wohnhaft in ... zu 2/20-Anteil beerbt worden ist.

3. Inhaltliche Anforderungen an den Erbscheinsantrag

a) Angaben zum Erblasser und den Erben

218 Im Erbschein sind der Erblasser und die Erben so genau zu bezeichnen, dass Verwechslungen ausgeschlossen sind Mithin sollte bereits der Erbscheinsantrag die wesentlichen Identifikationsmerkmale der im Erbschein genannten Personen enthalten, also die Namen, Geburtstage und die Anschriften der Erben bzw. den letzten Wohnsitz des Erblassers sowie den Todestag desselben.

219 Der für die Erbfolge wesentliche Sachverhalt ist in dem Erbscheinsantrag darzulegen. Die Gründe für die Berufung zum Erben sind dabei ebenso anzugeben wie die Erbteilsgröße und etwaige Beschränkungen des Erben (z. B. Bestehen einer Nacherbfolge oder Testamentsvollstreckung) sowie – beim Fremdrechtserbschein – das anwendbare ausländische Erbrecht samt einer etwaig gegenständlichen Beschränkungen des Geltungsbereichs nach § 2369 BGB. Dabei gilt es jedoch stets zu berücksichtigen, dass der Erbschein aus sich selbst heraus verständlich sein muss. Anderweitige Angaben bedürfen daher keiner Aufnahme in den Erbscheinsantrag. Auch ist eine Bezugnahme auf anderweitige Umstände oder Urkunden unzulässig.

b) Angaben zum Erbrecht

220 Der Erbschein und damit auch der Erbscheinsantrag hat das Erbrecht der Erben genauestens zu bezeichnen. Bei mehreren Erben muss die Größe der jeweiligen Erbteile in Bruchteilen angegeben werden (§§ 2353, 2357 BGB; vgl. aber die Ausführungen unter Rn. 219). Bestimmte zum Nachlass des Erblassers gehörende Gegenstände oder Geldsummen sind nicht aufzuführen,[140] da sich die Vermutungswirkung des Erbscheins nicht auf die Nachlasszugehörigkeit bestimmter Gegenstände erstreckt. Zudem ist in dem Erbscheinsantrag nicht auf den Umfang des Nachlasses einzugehen.

221 Der Erbschein bestätigt das Erbrecht zum Zeitpunkt des Erbfalls. Eine spätere Veränderung (z. B. durch eine Erbteilsveräußerung oder durch den Tod des Erben nach Annahme der Erbschaft) wird bei der Ausstellung des Erbscheins daher nicht berücksichtigt. Dagegen müssen Umstände, die Einfluss auf die Erbfolge haben (z. B. die Ausschlagung der Erbschaft), beachtet werden. Der auf Erteilung eines gemeinschaftlichen Erbscheins gerichtete Antrag muss zudem eine Erklärung des Antragstellers enthalten, dass auch die übrigen Miterben die Erbschaft angenommen haben (§ 2357 Abs. 3 S. BGB).

222 Für den Fall, dass die Höhe aller oder einzelner Erbteile noch ungewiss ist, lässt die Rechtsprechung es zu, im Erbschein eine noch ungewisse Erbquote (**vorläufiger Erbschein**) anzugeben. Ein solcher Erbschein kann zwar nicht die Grundlage für eine Erbauseinandersetzung bilden, sehr wohl aber eine Verfügung über den Nachlass oder einzelne Nachlassgegenstände (z. B. ein Grundstück) ermöglichen oder einem begehrten Auskunftsersuchen Rechnung tragen.

---

139 Vgl. RGZ 156, 172, 179 f.; BayObLG FamRZ 1990, 649, 650.
140 Vgl. *Johnen*, MittRhNotK 1986, 57, 64.

Werden außer den vorgenannten Angaben weitere in den Erbschein aufgenommen, so nehmen sie 223
jedenfalls nicht an den Wirkungen der §§ 2365 bis 2367 BGB teil. Im Einzelfall ist in einem solchen
Fall zu prüfen, ob der Erbschein ungültig oder zumindest anfechtbar ist.

c) Angaben zu Verfügungsbeschränkungen

Da der Erbschein darüber hinaus auch die Befugnis der Erben verkörpert, über die Nachlassgegen- 224
stände zu verfügen, sind **Verfügungsbeschränkungen,** wie die Anordnung einer **Vor- und Nacherbschaft** (§ 2363 BGB) oder einer **Testamentsvollstreckung** (§ 2364 BGB), im **Erbschein** aufzuführen.

Im Erbscheinsantrag des Vorerben sind mit Blick auf § 2363 BGB neben der Person des Nacherben 225
auch die Umstände anzugeben, die relevant sind für:
– die Anordnung der Nacherbfolge;
– die Voraussetzungen für deren Eintritt (z. B. Tod des Vorerben);
– eine etwaige Befreiung von den Beschränkungen der §§ 2136, 2137 BGB und
– eine etwaige Bestellung eines Nacherbentestamentsvollstreckers.

Bei Anordnung einer Testamentsvollstreckung ist nur das Bestehen derselben, nicht aber der Name 226
des Testamentsvollstreckers anzugeben. Dies beruht darauf, dass der Erbschein lediglich einen Ausweis über das Erbrecht darstellt, nicht aber dazu dienen soll, die Berechtigung eines Testamentsvollstreckers nachzuweisen. Diesen Zweck erfüllt das **Testamentsvollstreckerzeugnis.** Daher ist im
Erbschein zwar die Anordnung der Testamentsvollstreckung, nicht aber der Name des Testamentsvollstreckers anzugeben. Bloße schuldrechtliche Verpflichtungen der Erben, wie z. B. die Erfüllung
von Vermächtnissen, Pflichtteilsansprüchen u. a. sind nicht aufzuführen.

▶ **Muster für einen Antrag auf Erteilung eines Testamentsvollstreckerzeugnisses:** 227

**Testamentsvollstreckung ist angeordnet. Als Testamentsvollstrecker ist Herr Steuerberater..., gebo-
ren am... in..., geschäftsansässig in..., ..., vom Erblasser berufen worden.**

d) Nachweise durch öffentliche Urkunden (§ 2356 Abs. 1 BGB)

Der Erblasser hat darüber hinaus die Richtigkeit seiner Angaben durch Vorlage öffentlicher Urkun- 228
den gegenüber dem Nachlassgericht nachzuweisen (§ 2354 Abs. 1 Nr. 1, Nr. 2, Abs. 2 BGB, § 2356
Abs. 1 BGB).

Bei **gewillkürter Erbfolge** hat der Antragsteller nach § 2356 Abs. 1 S. 1 BGB die letztwillige Ver- 229
fügung vorzulegen, auf der sein Erbrecht beruht. Dabei ist grundsätzlich die Vorlage der Urschrift
erforderlich,[141] so dass eine einfache oder beglaubigte Abschrift oder Ausfertigung nicht genügt.
Ist das Testament bereits eröffnet, kann auf die Nachlassakten Bezug genommen werden.[142]

Der Nachweis bzgl. der Richtigkeit der Angaben nach §§ 2355, 2354 BGB wird im Übrigen durch 230
Vorlage der entsprechenden Personenstandsurkunden geführt. Es handelt sich hierbei insbesondere
um die Sterbeurkunde des Erblassers und – im Fall der gesetzlichen Erbfolge – um die Personenstandsurkunden, auf welchen das Verhältnis auf dem das Erbrecht des Antragstellers bzw. der Erben
beruht (Geburts- und Heiratsurkunden; ggf. aber auch einen Ehevertrag). Hinsichtlich der weggefallenen Personen sind Sterbeurkunden, Scheidungsurteile, Erbverzichts- oder Ausschlagungserklärungen vorzulegen. Bei der gewillkürten Erbfolge kommt es auf die Personenstandsurkunden der Erben in der Regel nicht an, da sich ihr Erbrecht aus dem Testament oder Erbvertrag ergibt.

Die Anforderung von Personenstandsurkunden liegt weder im »Verantwortungs- bzw. Zustän- 231
digkeitsbereich« des Gerichts noch des Notars, sie sind daher vom Antragsteller selbst zu besor-

---

141 OLG Frankfurt a. M., Beschl. v. 24.9.2001 – 20 W 244/00, 20 W 244/2000, ZErb 2002, 49; *Firsching-
Graf,* Rn. 4.187.
142 Zu den Problemen, wenn die Urschrift der letztwilligen Verfügung abhanden gekommen ist, vgl. Bay-
ObLG, Beschl. v. 1.9.2000 – 1Z BR 55/00, FamRZ 2001, 945; Staudinger/*Baumann,* § 2356 Rn. 31.

gen.¹⁴³ Übernimmt der Notar die Beschaffung der Unterlagen, benötigt er hierfür eine gesonderte Vollmacht, da er insoweit nicht als Behörde, sondern als Privatperson tätig wird.¹⁴⁴ Können Urkunden nicht oder nur unter enormen Aufwand herbeigeschafft werden, so besteht nach § 2356 Abs. 1 S. 2 BGB die Möglichkeit, die erforderlichen Nachweise mit anderen Hilfsmitteln (z. B. Zeugen, Sachverständigen, ggf. auch mit Hilfe eidesstattlicher Versicherungen u. a.) zu erbringen. Kann eine Sterbeurkunde nicht vorgelegt werden, muss grundsätzlich das Verfahren zur Todeserklärung nach dem Verschollenheitsgesetz durchgeführt werden.

e) Eidesstattliche Versicherung

232 Zum Nachweis dafür, dass der Erblasser zum Zeitpunkt seines Todes im Güterstand der Zugewinngemeinschaft gelebt hat, und in Ansehung der übrigen nach den §§ 2354, 2355 BGB erforderlichen Angaben hat der Antragsteller an Eides Statt zu versichern, dass ihm nichts bekannt ist, was der Richtigkeit seiner Angaben entgegensteht (§ 2356 BGB). Die **Versicherung an Eides** statt bedarf nach § **38 Abs. 1 BeurkG** der notariellen Beurkundung. Mit Rücksicht auf § **2356 Abs. 2 S. 1 BGB** kann der Antragsteller die eidesstattliche Versicherung nicht nur vor einem Notar, sondern auch vor dem Nachlassgericht abgeben. Befindet sich der Antragsteller im Ausland, muss er zur Abgabe der eidesstattlichen Versicherung einen Konsularbeamten aufsuchen (§ **12 Nr. 2 KonsularG**). **Ausländische Notare** stehen den in § 2356 Abs. 2 S. 1 BGB gemeinten deutschen Notaren nicht gleich.¹⁴⁵ Im Einzelfall kann versucht werden, das zuständige Nachlassgericht um Erlass der eidesstattlichen Versicherung zu ersuchen (§ 2356 Abs. 1 S. 2 BGB).

233 Teilweise wird bei Erbscheinsanträgen nach verstorbenen Ehegatten von der Rechtsprechung eine eidesstattliche Versicherung dahingehend verlangt, dass eine Ehesache (Scheidungsverfahren oder Aufhebungsklage) nicht anhängig ist.¹⁴⁶ Auch wenn diese nur dann erforderlich ist, wenn hierfür ein konkreter Anlass besteht, sollte man diese zwecks Vermeidung etwaiger Verzögerungen im Zweifelsfall rein vorsorglich mit aufnehmen.

234 Wird ein gemeinschaftlicher Erbschein beantragt, so ist die Versicherung an Eides Statt gemäß § 2357 Abs. 3 BGB von allen Erben abzugeben, sofern nicht das Nachlassgericht die Versicherung eines oder einiger von ihnen als ausreichend erachtet. Um letzteres zu erreichen, wird regelmäßig folgende Formulierung in den Erbscheinsantrag aufgenommen:

235 ▶ **Muster:**

Ich beantrage, den heute nicht erschienenen Miterben die Abgabe einer eidesstattlichen Versicherung zu erlassen.

f) Bevollmächtigung des Notars

236 Der Notar gilt nur dann als zur Stellung des Erbscheinsantrags, zur Zurücknahme und zur Einlegung einer Beschwerde bevollmächtigt, wenn die Erteilung einer Ausfertigung des Erbscheins zu Händen des Notars beantragt wird.¹⁴⁷ Um einen umfangreichen Schriftwechsel zwischen Nachlassgericht, Notar und Antragsteller zu vermeiden, ist es jedoch in nahezu jedem Fall ratsam, eine ausdrückliche Vollmacht für den Notar mit in den Erbscheinsantrag aufzunehmen.¹⁴⁸ Der Inhalt einer solchen Vollmacht könnte wie folgt lauten:

---

143 Siehe hierzu OLG Frankfurt a. M., Beschl. v. 20.2.1987 – 20 W 280/86, OLGZ 1987, 159.
144 Vgl. DNotI-Report 2001, 194.
145 MünchKommBGB/*J. Mayer*, § 2356 Rn. 46 m. w. N.
146 So *OLG Braunschweig*, Beschl. v. 20.6.1990 – 2 W 60/90, DNotZ 1991, 550 mit abl. Anm. *Promberger*.
147 Vgl. *Faßbender/Grauel*, Notariatskunde, Rn. 915.
148 *Faßbender/Grauel*, q. q. o. (Fn 128) Rn. 915.

▶ **Muster:**

Ich bevollmächtige den Notar, seinen Vertreter oder Nachfolger im Amt, den vorstehenden Erbscheinsantrag zu ändern und zu ergänzen sowie alle etwa noch erforderlichen Rechtshandlungen vorzunehmen, die zur Erlangung des vorstehenden Erbscheins erforderlich oder zweckmäßig sind.

VI. Antragsberechtigung

Die **Antragsberechtigung** ergibt sich aus §§ 9, 10 FamFG. Danach kann jeder, der ein »**berechtigtes Interesse**« glaubhaft machen kann, die Erteilung eines Erbscheins verlangen.

Antragsberechtigt sind demzufolge:
- der Erbe (Allein-, Mit- oder Vorerbe) nach Annahme der Erbschaft;
- der einzelne Miterbe bei einem gemeinschaftlichen Erbschein;
- der **Ersatzerbe** bei Eintritt der Ersatzerbfolge;
- der **Nacherbe** mit Eintritt des Nacherbfalls (§§ 2353, 2363 BGB);
- der **Erbeserbe** (Beachte: Erbschein ist auf den Namen der eigentlichen Erben auszustellen);
- der **Testamentsvollstrecker**, der **Nachlassverwalter** und der **Insolvenzverwalter**;
- der **Gläubiger** eines Erben (jedoch nur, wenn er einen vollstreckbaren Titel gegen den Erblasser oder Erben hat und zur Durchsetzung dieses Titels einen Erbschein benötigt; §§ 792, 896 ZPO);
- der gesetzliche oder gewillkürte Vertreter einer antragsberechtigten Person (zur Abgabe der eidesstattlichen Versicherung aber nur, wenn dem Antragsteller diese nicht mehr möglich ist);
- der **Erbeserbe** und **Erbteilserwerber** für einen auf den ursprünglichen Erben lautenden Erbschein; **streitig** ist die Antragsberechtigung des Erbschaftskäufers, da dieser nur einen schuldrechtlichen Anspruch auf Übertragung der Nachlassgegenstände erwirbt.[149]

Erben sind also grundsätzlich antragsberechtigt. Allerdings ist das Antragsrecht des Vor- und des Nacherben durch den Eintritt des **Nacherbfalls** jeweils zeitlich begrenzt. Nicht antragsberechtigt sind
- der **Vermächtnisnehmer**;
- der **Pflichtteilsberechtigte**;
- der **Vorerbe** bei Eintritt des Nacherbfalls;
- der **Nacherbe** vor Eintritt des Nacherbfalls
- der **Nachlasspfleger** (Ausnahme: der Nachlasspfleger stellt für den von ihm vertretene Erblasser als Erben eines Dritten einen Erbscheinsantrag)

Der **Erbscheinsantrag** ist keine **höchstpersönliche Erklärung**, so dass er auch von einem gesetzlichen oder gewillkürten Vertreter gestellt werden kann (§ 10 Abs. 2 FamFG). Dies gilt jedoch grundsätzlich nicht für die gemäß § 2356 Abs. 2 S. 1 BGB erforderliche **eidesstattliche Versicherung**. Diese setzt die Eidesmündigkeit des Antragstellers voraus.

Für Geschäftsunfähige ist die **eidesstattliche Versicherung** daher vom gesetzlichen Vertreter (z. B. Eltern, Betreuer) abzugeben, für die in der Geschäftsfähigkeit beschränkten Personen kann nach Wahl des Nachlassgerichts der gesetzliche Vertreter oder der beschränkt geschäftsfähige Erbe zugelassen werden, soweit er eidesfähig ist.[150] Ein über 16 Jahre alter minderjähriger Erbe kann also die Versicherung selbst abgeben (vgl. § 455 Abs. 2 ZPO); das Nachlassgericht kann jedoch auch die Abgabe durch den gesetzlichen Vertreter verlangen.[151]

---

149 Vgl. MünchKommBGB/*J. Mayer*, § 2353 Rn. 84; Staudinger/*Schilken*, § 2353 Rn. 45; *Firsching/Graf*, Rn. 4.155; a. A. Erman/*Schlüter*, § 2353 Rn. 8; *Zimmermann*, Das neue FamFG, Rn. 53.
150 Vgl. *Zimmermann*, Das neue FamFG, Rn. 114.
151 Vgl. *Zimmermann*, Das neue FamFG, Rn. 114.

243 Die Abgabe einer eidesstattlichen Versicherung durch einen **gewillkürten Vertreter** wird nicht für zulässig erachtet.[152] Bei der Vertretung des Erben durch einen aufgrund einer Vorsorgevollmacht Bevollmächtigten ist deshalb die Bestellung eines Betreuers für die Abgabe der eidesstattlichen Versicherung erforderlich.[153]

VII. Erbscheinsarten

244 Je nach Inhalt und Art der beabsichtigten Verwendung unterscheidet man verschiedene Arten von Erbscheinsanträge, die sich zum Teil aus den gesetzlichen Regelungen selbst ergeben (wie z. B. dem Allein- oder Teilerbschein gem. § 2353 Alt. 1, Alt. 2 BGB), sich teilweise aber auch in der notariellen Praxis entwickelt haben.

245 Währen der **Alleinerbschein** das Erbrecht des Allein- oder Universalerben bezeugt, weist der **gemeinschaftliche Erbschein** die Gesamtrechtsnachfolge der Erbengemeinschaft aus. Er kann gemäß § 2357 Abs. 1 S. 2 BGB von jedem einzelnen Mitglied der Erbengemeinschaft allein beantragt werden. Besonders gesetzlich geregelt ist zudem der **gegenständlich beschränkte Erbschein** (§ 2369 BGB), das **Hoffolgezeugnis** (§ 18 Abs. 2 S. 3 HöfeO) und der Erbschein über das hoffreie Vermögen.

246 Mit Rücksicht darauf, dass der Erbschein grundsätzlich die Gesamtrechtsnachfolge nach dem Erblasser bezeugt, ist eine Beschränkung auf bestimmte **Nachlassgegenstände** oder **Vermögensmassen** grundsätzlich unzulässig. **Gegenständlich beschränkte Erbscheine** kommen daher nur dann in Betracht, wenn sie durch das Gesetz ausdrücklich zugelassen werden, wie dies § **2369 BGB** vorsieht. Ein gegenständlich beschränkter Erbschein kommt insbesondere bei Erbfällen mit Auslandsberührung in Betracht, und zwar nach der Neufassung des § 2369 BGB sowohl bei der Erteilung eines **Eigenrechtserbscheins** wie auch eines **Fremdrechtserbscheins** (vgl. hierzu die Ausführungen unter Rdn. 266 ff.).

247 Die Rechtsprechung hat neben den vorgenannten Erbscheinen den **Gruppenerbschein**, den **gemeinschaftlichen Teilerbschein** und den **Sammelerbschein** entwickelt. Beim **Gruppenerbschein** werden mehrere **Teilerbscheine** in einer Urkunde zusammengefasst. Er bescheinigt mithin das Erbrecht mehrerer, aber nicht aller Miterben. Als Antragsteller müssen beim Gruppenerbschein alle aufgeführten Miterben auftreten. Aufgrund dieses Erfordernisses kommt der Gruppenerbschein in der Praxis nur sehr selten vor. Er kann aber dann von Bedeutung sein, wenn mehrere Erbstämme am Nachlass beteiligt sind, deren Anteile feststehen, die einzelne Verteilung innerhalb eines Stammes aber noch unklar ist.

248 Der **gemeinschaftliche Teilerbschein** unterscheidet sich vom Gruppenerbschein nur dadurch, dass er schon auf Antrag eines Miterben erteilt werden kann. Der **Sammelerbschein** (auch zusammengefasster oder vereinigter Erbschein genannt) stellt eine Zusammenfassung mehrerer Erbscheine über mehrere aufeinander folgende Erbfälle dar. Dabei gilt es festzuhalten, dass es sich hierbei nur um eine äußerliche Zusammenfassung mehrerer an sich selbständiger Erbscheine handelt. (**Beispiel:** Es wird ein Erbschein nach dem Vater und gleichzeitig nach dem im Grundbuch noch eingetragenen Großvater beantragt.)

249 Von besonderer gebührenrechtlicher Bedeutung war bis zum Inkrafttreten des GNotKG der so genannte **Erbschein für Grundbuchzwecke**. Wurde dem Nachlassgericht gegenüber glaubhaft gemacht, dass der Erbschein nur zur Verfügung über Grundstücke oder im Grundbuch eingetragene Rechte oder zum Zwecke der Berichtigung des Grundbuchs gebraucht wird, so wurden die Gebühren beim Nachlassgericht nur nach dem Wert des Grundstücks bzw. des Rechts berechnet, über die

---

152 Vgl. *Zimmermann*, Das neue FamFG, Rn. 114.
153 Vgl. *Zimmermann*, Das neue FamFG, Rn. 114; so auch *Litzenburger*, ZEV 2004, 450, der sich insoweit für eine Gesetzesänderung ausspricht.

aufgrund des Erbscheins verfügt werden konnte (§ 107 Abs. 3 KostO).[154] Diese Gebührenprivilegierung ist mit Inkrafttreten des GNotKG entfallen (vgl. Rdn. 294).

Der **Teilerbschein** bezeugt das Erbrecht eines von mehreren Miterben. Die Namen der übrigen Erben werden bei Ausstellung eines **Teilerbscheins** nicht mit aufgenommen. Ein Teilerbschein ist auf Antrag eines Miterben auch über das Erbrecht eines anderen Miterben zulässig. Ein **Teilerbschein** kann ferner auch neben einem **gemeinschaftlichen Erbschein** erteilt werden. 250

Darüber hinaus kann ein **Teilerbschein** auch über einen **Mindesterbteil** erteilt werden, wenn zur Zeit der Erteilung über die Verhältnisse am verbleibenden Nachlass Ungewissheit besteht (z. B. weil die Möglichkeit besteht, dass noch weitere Erben hinzutreten; vgl. §§ 1600d, 2043 BGB; z. B. als sog. *Nasciturus*-Erbschein).[155] 251

Der Antrag auf Erteilung eines Teilerbscheins kann z. B. dann sinnvoll sein, wenn ein Miterbe über seinen Erbteil verfügen will (§ 2033 BGB), die übrigen Miterben aber noch nicht ermittelt sind oder aber auch im Zusammenhang mit der Ausübung stehen. Der Teilerbschein kann auch über einen Mindesterbteil eines Miterben erteilt werden, wenn zur Zeit der Erteilung über das restliche Erbe Ungewissheit besteht (**vorläufiger Erbschein**).[156] Über einzelne Nachlassgegenstände können die Erben gemäß § 2040 Abs. 1 BGB jedoch nur gemeinschaftlich verfügen, so dass ein Teilerbschein insoweit nur weiter hilft, wenn die übrigen Miterben nicht feststellbar sind und insoweit eine Teilnachlasspflegschaft angeordnet worden ist (§ 1960 BGB). 252

▶ **Muster:** 253

(Urkundeneingang)

I. Sachstand

Am ... verstarb in L. mit letztem Wohnsitz in L., mein Onkel, Herr K., geboren am ... Der Erblasser besaß ausschließlich die deutsche Staatsangehörigkeit. Der Erblasser war nicht verheiratet. Der Erblasser hatte keine Abkömmlinge, und zwar auch keine nichtehelichen oder adoptierten Kinder.

Die Eltern des Erblassers, die Eheleute Heinrich und Berta P. geborene N., sind am ... (Herr ...) und am ... (Frau ... geborene N. ...) vorverstorben.

Die vorgenannten Eltern des Erblassers hatten neben diesem drei weitere gemeinsame Abkömmlinge, und zwar Frau M. geborene ..., geboren am ..., Frau H., geborene ..., geboren am ..., und meine Mutter, Frau A. geborene ..., geboren am ...

Weitere Abkömmlinge haben die Eheleute ... nicht hinterlassen, und zwar auch keine nichtehelichen oder adoptierten Kinder. Meine Mutter, Frau A. geborene ..., ist am ... vorverstorben. Meine vorgenannte Mutter hat außer mir, dem Antragsteller, keine weiteren Abkömmlinge, auch keine nichtehelichen oder adoptierten Kinder, hinterlassen.

Der Erblasser hat folgende Verfügungen von Todes wegen hinterlassen:
– ein von ihm eigenhändig geschriebenes Testament nebst Nachtrag vom 24. Februar 1997,
– ein von ihm eigenhändig geschriebenes Testament vom 9. Januar 2007, sowie
– ein von ihm eigenhändig geschriebenes Testament vom 26. Januar 2008,

Die Eröffnung dieser letztwilligen Verfügungen durch das Amtsgericht L. ist am ... 2009 unter dem Aktenzeichen .../09 erfolgt. In dem maßgeblichen Testament vom 26. Januar 2008 hat der Erblasser Folgendes bestimmt:

---

154 Vgl. hierzu die Ausführungen im Kapitel 15.
155 Vgl. *Firsching/Graf*, Rn. 4.145; *Deubner*, JuS 1961, 66, 68 f. (nebst Muster).
156 Vgl. OLG Schleswig SchlHA 1978, 37, 39; MünchKommBGB/*J. Mayer*, § 2357 Rn. 16 m. w. N.

Kapitel 14 Nachlassverfahren

Testament

Das Geld von den unten aufgeführten Konten soll an eine Erbengemeinschaft ausgehändigt werden.

Es erhält der »... Verein« (...) 1 000,– Euro für ...

Die verbliebene Summe wird wie folgt aufgeteilt:

Meine Schwester Fr.... erhält 3/5 der Summe. Nach ihren Tod die Tochter Fr...., sowie Fr.... geb.... als Enkelin meiner Schwester M.

Meine Schwester Helene A. erhält 1/5 der Summe. Nach ihrem Tod geht dies an ihre Tochter über, Fr. ...

Ebenso erhält Herr..., Sohn meiner verstorbenen Schwester..., 1/5 der Summe....

Derzeitige Konten sind:

Postbank München, BLZ. ...

Sparbrief – ... Sparbuch – ...

...

Postbank Hamburg, BLZ, ...

Sparbrief – ... Sparbuch – ...

...

(...)

Weitere Verfügungen von Todes wegen hat der Erblasser nach meinem Kenntnisstand nicht hinterlassen.

II. Gesetzliche/Testamentarische Erbfolge

Im Rahmen seines Testaments vom 26. Januar 2008 hat der Erblasser alle früheren Testamente für ungültig erklärt, seine Testamente vom ... und ... mithin widerrufen.

In dem vorgenannten Testament vom 26. Januar 2008 hat der Erblasser mich, den Antragsteller, bzgl. seiner bei der Postbank Hamburg und Postbank München geführten Konten – nach Auszahlung eines Betrages in Höhe von 1 000,00 Euro an ... – mit einem 1/5-Anteil bedacht. Neben den im Rahmen seines Testamentes vom 26. Januar 2008 aufgeführten Vermögenswerten, verfügte der Erblasser möglicherweise über zwei weitere Konten bei den in der Schweiz ansässigen ... in ... und der ... in ...

Mit Rücksicht darauf, dass der Erblasser im Rahmen seines Testamentes vom 26. Januar 2008 nur Verfügungen über seine im Testament konkret aufgeführten Konten bei der Postbank Hamburg und München getroffen hat, derzeit aber noch unklar ist, ob der Erblasser weitere Vermögenswerte besaß, kann momentan keine Aussage darüber getroffen werden, ob es sich bei den Verfügungen des Erblassers vom 26. Januar 2008 um eine Erbeinsetzung oder die Aussetzung von Vermächtnissen handelt.

Die quotale Beteiligung am Nachlass des Erblassers kann mangels Vorliegens entsprechender Bankunterlagen (Kontoauszüge u. a.) sowie mangels Auskunftsbereitschaft der einzelnen Kreditinstitute, welche auf der Vorlage eines Erbscheins bestehen, folglich derzeit noch nicht festgestellt werden. Es steht insoweit lediglich fest, dass ich, der Antragsteller, unabhängig von der rechtlichen Einordnung der Verfügungen des Erblassers in dem vorgenannten Testament, aufgrund gesetzlicher Erbfolge oder aufgrund des Testamentes vom 26. Januar 2008 Miterbe nach dem Erblasser geworden bin.

Im Hinblick auf eine sachgerechte Ermittlung des Nachlassvermögens besteht ferner ein Rechtsschutzbedürfnis für die Erteilung eines entsprechenden vorläufigen Erbscheins ohne Angabe der Erbquote, da nur mit Hilfe eines solche die Ermittlung des Nachlasses möglich ist.

(...)

VIII. Erbscheinsantrag bei gesetzlicher Erbfolge

Der Antrag auf Erteilung eines Erbscheins muss grundsätzlich die in den §§ 2354 und 2355 BGB genannten Angaben enthalten. Wird ein Erbschein aufgrund gesetzlicher Erbfolge beantragt, sind folgende Angaben in den Erbscheinsantrag aufzunehmen:

- den Namen des Erblassers und den Zeitpunkt des Todes (§ 2354 Abs. 1 BGB), im Hinblick auf die Zuständigkeit des Nachlassgerichts zweckmäßigerweise auch den letzten Wohnsitz und die Staatsangehörigkeit des Erblassers, zukünftig zwingend auch den letzten gewöhnlichen Aufenthalt,
- das Verhältnis auf dem das Erbrecht beruht, bei Ehegatten und Lebenspartnern zusätzlich auch der Güterstand (§ 2354 Abs. 1 Nr. 2 BGB), teilweise auch, ob zwischen den Ehegatten ein Ehescheidungs-, Eheaufhebungs- oder Ehenichtigkeitsverfahren anhängig war,[157]
- Angabe darüber, ob und welche Personen vorhanden sind oder vorhanden waren, durch welche die Erben von der Erbfolge ausgeschlossen oder ihre Erbteile gemindert werden würden sowie in welcher Weise etwaige Personen weggefallen sind (§ 2354 Abs. 1 Nr. 3 und Abs. 2 BGB),
- Angabe darüber, ob und welche Verfügungen von Todes wegen des Verstorbenen vorhanden sind (§ 2354 Abs. 1 Nr. 4 BGB),
- Angaben darüber, ob ein Rechtsstreit über das Erbrecht anhängig ist (§ 2354 Abs. 1 BGB) und
- die Annahme der Erbschaft durch die Erben, beim gemeinschaftlichen Erbschein auch darüber, dass die übrigen Erben die Erbschaft angenommen haben (§ 2357 Abs. 3 BGB) sowie die Erben und Erbquoten (§ 2357 Abs. 2 BGB).

Mit Blick auf **§ 83 GBO**, welcher eine Mitteilungspflicht des Nachlassgerichts an das Grundbuchamt begründet, kann es sinnvoll sein, im Rahmen des Erbscheinsantrages anzugeben, ob der Erblasser bei seinem Ableben über Grundbesitz verfügte. Erlangt das Grundbuchamt Kenntnis vom Erbfall, wird es auf eine kostenfreie Grundbuchberichtigung hinwirken. Sofern im Erbscheinsantrag ein Grundbuchberichtigungsantrag enthalten ist und dieser beurkundet wird, folgt hieraus eine Anzeigepflicht gemäß § 18 Abs. 1 S. 1 Nr. 2 GrEStG.

▶ **Muster: Erbscheinsantrag bei gesetzlicher Erbfolge**

[Urkundeneingang wie üblich]

Die Erschienene wies sich zur Gewissheit des Notars aus durch Vorlage ihres Bundespersonalausweises. Die Erschienene ersuchte den Notar um die Beurkundung eines

Antrags auf Erteilung eines gemeinschaftlichen Erbscheins

und erklärte mündlich zur Niederschrift, was folgt:

I. Sachstand

Mein Sohn, Herr Jörg P., geboren am ..., ist zwischen dem 5. und 6. November 2007 in Düsseldorf, mit letztem Wohnsitz in Düsseldorf verstorben. Der Erblasser war ausschließlich deutscher Staatsangehöriger. Er war in erster Ehe mit meiner Schwiegertochter, Frau Petra P. geborene T., geboren am ..., wohnhaft in ..., ..., verheiratet.

Nach meinem Kenntnisstand war der Erblasser im gesetzlichen Güterstand der Zugewinngemeinschaft verheiratet. Ein Ehescheidungs-, Eheaufhebungs- oder Ehenichtigkeitsverfahren war nicht anhängig.

Aus der Ehe sind keine Abkömmlinge hervorgegangen. Auch hatte der Erblasser keine sonstigen Abkömmlinge, und zwar auch keine nichtehelichen oder adoptierten Kinder.

---

157 Str., so *OLG Braunschweig*, Beschl. v. 20.6.1990 – 2 W 74/90, Rpfleger 1990, 462; *OLG Braunschweig*, Beschl. v. 20.6.1990 – 2 W 60/90, DNotZ 1991, 550 mit abl. Anm. *Promberger*.

Kapitel 14 Nachlassverfahren

Der Erblasser ist aus meiner Ehe mit Herrn Hans-Jürgen P., geboren am ..., verstorben am ..., hervorgegangen. Aus dieser Ehe sind neben dem Erblasser zwei weitere Abkömmlinge hervorgegangen, und zwar die Schwestern des Erblassers:

1. Frau Irene H. geborene P., geboren am ..., wohnhaft in ..., ..., und

2. Frau Karin W. geborene P., geboren am, wohnhaft in ..., ...

Weitere Abkömmlinge hatte mein vorverstorbener Ehemann nicht, und zwar auch keine nichtehelichen oder adoptierten Kinder Der Erblasser hat keine Verfügung von Todes wegen hinterlassen, so dass die Regelungen der gesetzlichen Erbfolge zur Anwendung kommen.

II. Gesetzliche Erbfolge

Der Erblasser ist somit kraft Gesetzes beerbt worden von

1. seiner Ehefrau, Frau Petra P. geborene T., geboren am ..., wohnhaft ..., ..., zu 3/4 Anteil,

2. mir, seiner Mutter, Frau Johanna P: geborene P:, geboren am ..., wohnhaft in ..., ... zu 1/8 Anteil,

3. seiner Schwester, Frau Irene H geborene P., geboren am ..., wohnhaft in ..., ... zu 1/16 Anteil und

4. seiner Schwester, Frau Karin W geborene P., geboren am ..., wohnhaft in ..., ... zu 1/16 Anteil.

III. Versicherungen und Anträge

Die vorstehend unter Ziffer II. genannten gesetzlichen Erben, haben die Erbschaft angenommen. Ein Rechtsstreit über das Erbrecht der vorgenannten Personen ist nicht anhängig. Andere Personen, durch welche die vorgenannten Erben von der Erbfolge ausgeschlossen oder ihre Erbteile gemindert werden würden, sind und waren nicht vorhanden.

Nach Belehrung über die Bedeutung einer eidesstattlichen Versicherung und über die strafrechtlichen Folgen einer vorsätzlich oder fahrlässig falsch abgegebenen Versicherung an Eides Statt, versichere ich, die Antragstellerin, hiermit an Eides statt, dass mir nichts bekannt ist, was der Richtigkeit meiner vorstehenden Angaben entgegensteht. Den heute nicht erschienenen Miterben, bitte ich die Erklärung einer eidesstattlichen Versicherung zu erlassen.

Ich beantrage die Erteilung eines gemeinschaftlichen Erbscheins gemäß den vorstehenden Erklärungen und die Übersendung einer Ausfertigung an den beurkundenden Notar mit folgendem Inhalt:

»Erben des zwischen den am 5. und 6. November 2007 in Düsseldorf verstorbenen Herrn Jörg P., geboren am 25. November 1959, sind geworden:

1. Frau Petra P. geborene T., geboren am ..., wohnhaft ..., ..., zu 3/4 Anteil

2. Frau Johanna P: geborene P:, geboren am ... wohnhaft in ..., ..., zu 1/8 Anteil

3. Frau Irene H geborene P., geboren am ... wohnhaft in ..., ..., zu 1/16 Anteil

4. Frau Karin W geborene P, geboren am ..., wohnhaft in ..., ..., zu 1/16 Anteil.

Die mit dieser Urkunde und ihrer Durchführung verbundenen Kosten trägt die Erbengemeinschaft, die Rechnung erbitte ich zu meinen Händen. Der Wert des Nachlasses wird dem Amtsgericht – Nachlassgericht – noch gesondert mitgeteilt werden. Der Erblasser verfügte über kein Vermögen im Ausland.

Ich bevollmächtige den Notar, seinen Vertreter im Amt bzw. seinen Amtsnachfolger, den vorstehenden Erbscheinsantrag zu ändern und zu ergänzen sowie alle etwa noch erforderlichen Rechtshandlungen vorzunehmen, die zur Erlangung des vorstehenden Erbscheins erforderlich oder zweckmäßig sind.

Diese Niederschrift wurde der Erschienenen von dem Notar vorgelesen, von ihr genehmigt und von ihr und dem Notar, wie folgt, eigenhändig unterschrieben:

IX. Erbscheinsantrag bei gewillkürter Erbfolge

Für den Erbscheinsantrag bei gewillkürter Erbfolge gelten grundsätzlich dieselben Bestimmungen wie beim Erbscheinsantrag nach gesetzlicher Erbfolge. So sind nach § 2355 auch bei einem solchen die gemäß § 2354 Abs. 1 Nr. 1 und 5 und Abs. 2 BGB vorgeschriebenen Angaben zu machen. Darüber hinaus gilt es jedoch einige Besonderheiten zu beachten. 257

Nach § 2355 BGB ist bei Erteilung eines Erbscheins aufgrund einer Verfügung von Todes wegen die Verfügung, auf welcher das Erbrecht beruht, genau zu bezeichnen. Hierbei ist insbesondere Ort, Datum und Inhalt des Testamentes oder Erbvertrages (sowie ggf. auch das Geschäftszeichen der Nachlassakte, in welcher sich das Eröffnungsprotokoll befindet) genau zu bezeichnen. Auch offensichtlich unwirksame Verfügungen von Todes wegen, müssen im Erbscheinsantrag aufgeführt werden (§ 2355 BGB). So ist es allein Sache des Nachlassgerichts über die Wirksamkeit einer letztwilligen Verfügung zu entscheiden. 258

Angaben zu den gesetzlichen Erben sind zwar nicht erforderlich, aber im Hinblick darauf, dass diese gemäß § 345 Abs. 1 FamFG durch das Nachlassgericht als Beteiligte hinzugezogen werden können, zur Beschleunigung des Verfahrens zweckmäßig. In der Regel bietet es sich insoweit an, die übergangenen gesetzlichen Erben entweder im Erbscheinsantrag oder in einem gesonderten Schreiben erklären zu lassen, dass sie keine Einwendungen gegen die Gültigkeit der letztwilligen Verfügung erheben. 259

▸ **Muster:** 260

Ich, Frau ... geborene ..., geboren am ..., wohnhaft in ..., erkläre mich hiermit als Tochter der Erblasserin – unter gleichzeitigem Verzicht auf etwaige Verfahrensrechte – mit der Erteilung eines Alleinerbscheins an meinen Vater, Herrn ..., geboren am ..., wohnhaft in ..., ...,einverstanden.

..., den ... Juli 2015

Vom Erblasser angeordnete und die Erben treffenden Verfügungsbeschränkungen sind – wie bereits eingangs dargestellt – im Erbscheinsantrag anzugeben. Dies gilt insbesondere für die Beschränkung der Erben durch Anordnung einer Nacherbfolge oder durch Ernennung eines Testamentsvollstreckers. 261

Vermächtnisse, Auflagen, Teilungsanordnungen und Pflichtteilsansprüche werden dagegen grundsätzlich nicht in den Erbscheinsantrag aufgenommen, da sie nicht das Erbrecht als solches berühren. Eine Ausnahme hiervon stellt die Anordnung eines Vorausvermächtnisses für den alleinigen Vorerben (§ 2110 Abs. 2 BGB) dar, und zwar deshalb, weil ein solches Vorausvermächtnis dazu führt, dass der betreffende Nachlassgegenstand mit unmittelbarer dinglicher Wirkung in die freie Verfügungsmacht des Vorerben fällt.[158] In diesem – in der Praxis nicht selten vorkommenden Sonderfall – ist der Erbscheinsantrag entsprechend zu ergänzen: 262

▸ **Muster:** 263

Das Recht des Nacherben erstreckt sich nicht auf folgende Gegenstände ...

Wird dem Notar ein eigenhändiges Testament vorgelegt, kommt es nicht selten vor, dass der Inhalt missverständlich ist. In einem solchen Fall ist es zumeist erforderlich, den letzten Willen durch Auslegung zu ermitteln. Diese Auslegung, die den konkreten Erbscheinsantrag begründet, sollte ebenfalls im Erbscheinsantrag enthalten sein. 264

▸ **Muster: Erbscheinsantrag bei gewillkürter Erbfolge** 265

[Urkundeneingang]

---

158 BGH Urt. v. 10.2.1960 – V ZR 39/58, BGHZ 32, 60; *Fröhler*, BWNotZ 2005, 1.

I. Sachstand:

Am ... ist meine Schwester, Frau A. L. geb. T, geb. am 11. August 1920, mit letzten Wohnsitz in M. kinderlos verstorben. Die Erblasserin war ausschließlich deutsche Staatsangehörige und hatte ihren letzten gewöhnlichen Aufenthalt in der BR Deutschland. Sie war zum Zeitpunkt des Todes verwitwet. Ein Ehescheidungs-, Eheaufhebungs- oder Nichtigkeitsverfahren war zur Zeit des Todes nicht anhängig.

Die Erblasserin hat als letzte Verfügung von Todes wegen ein eigenhändiges privatschriftliches Testament vom 30. März 1997 hinterlassen. Die testamentarische Verfügung der Erblasserin vom 24. September 1995 ist durch die Streichung und durch das nachträglich auf dem Testament vermerkte Wort »ungültig« sowie durch Errichtung des Testamentes vom 30. März 1997 aufgehoben worden (§§ 2255, 2258 BGB), so dass allein das Testament vom 30. März 1997 maßgebend ist. Die Eröffnung der vorgenannten Testamente ist bereits beim Nachlassgericht – AG M. – unter dem Az. 43 IV 1243 am ... Weitere letztwillige Verfügungen hat die Erblasserin nicht hinterlassen. Im letztgenannten Testament vom 30. März 1997 hat die Erblasserin folgende Verfügungen von Todes wegen getroffen:

»Sollte mein Bruder W. T. mich überleben, so soll er den Restbetrag meines Girokontos und das Sparkassenbuch Nr. ... der ... erhalten. Nach meinem Ableben sollen ferner meine beiden Nichten Gabi Müller, geb. ... und Elfi Schmidt, geb. ... den Betrag des Sparvertrages bei der Sparkasse ... mit der Nr. ... je zur Hälfte erhalten.«

II. Testamentarische Erbfolge

Das vorgenannte Testament ist dahingehend auszulegen, dass ich, der Antragsteller, von der Erblasserin zum Alleinerben eingesetzt wurde.

Speziell die Zuwendung des auf dem Girokonto der Erblasserin befindlichen Guthabens sowie des Sparguthabens, weist mich, den Antragsteller, als Alleinerben aus.

Dies beruht darauf, dass die testamentarische Zuwendung von Gegenständen an eine Person i. d. R. als Erbeinsetzung auszulegen ist, wenn ein Erblasser dem Bedachten diejenigen Gegenstände zugewiesen hat, die nach seiner Vorstellung bei Testamentserrichtung praktisch sein gesamtes Vermögen ausmachen. Bei Zuwendung von Gegenständen an mehrere Personen müssen dagegen nicht alle Bedachten auch zu Erben berufen sein. Vielmehr kann die Auslegung ergeben, dass nur einer von ihnen zum Erben eingesetzt, den anderen dagegen nur Vermächtnisse zugewendet sind. So ist es naheliegend, als Alleinerbe die Person anzusehen, der wertmäßig der Hauptgegenstand zugewandt ist und als Vermächtnisnehmer diejenigen, die mit Gegenständen von geringem Wert bedacht worden sind.

Bei Testamentserrichtung befand sich auf dem Girokonto ein Betrag von ca. 60.000,00 Euro. Das Sparkassenbuch mit der Nr. ... war mit einem Guthaben von ca. 40.000,00 Euro belegt, während sich auf dem Sparvertrag, der den Nichten Gabi Müller und Elfi Schmidt hälftig zufallen sollte, lediglich ca. 1.000,00 Euro befanden.

Angesichts der vorgenannten Wertverhältnisse ist davon auszugehen, dass die Zuwendungen an mich, die bei Testamentserrichtung bereits weit über 90 % des Vermögens der Erblasserin ausmachten, als Erbeinsetzung auszulegen ist. Hierfür spricht auch, dass es sich bei den mir gegenüber gemachten Zuwendungen nicht um einzelne Vermögensgegenstände handelt. Die Zuwendung des Aufbausparvertrages an die Nichten ... und ... kann demgegenüber nur als Vermächtnis ausgelegt werden.

III. Versicherungen und Anträge

...

X. Der gegenständliche beschränkte Erbschein nach § 2369 BGB n. F.

266 Wenn ein deutscher Staatsangehöriger Nachlassgegenstände im Ausland hinterlässt, oder ein ausländischer Staatsangehöriger im Inland, gilt es im Rahmen eines Erbscheinsantrages verschiedene Besonderheiten zu beachten. In diesem Zusammenhang kommt § 2369 BGB, der sich aus der erweiterten internationalen Zuständigkeit der deutschen Nachlassgerichte ergeben hat, besondere Bedeutung zu.

So führt die mit dem Inkrafttreten des FamFG verbundene Ausweitung der internationalen Zuständigkeit der deutschen Nachlassgerichte auf das gesamte »**Weltvermögen**« eines Erblassers dazu, dass das Nachlassgericht nunmehr grundsätzlich, und zwar unabhängig und losgelöst von dem im konkreten Einzelfall zur Anwendung kommenden Erbrecht, einen allgemeinen und unbeschränkten, den gesamten weltweiten Nachlass des Erblassers umfassenden Erbschein erteilen wird.[159] Dieser wird auch weiterhin, soweit ausschließlich deutsches Erbrecht zur Anwendung kommt, als »**Eigenrechtserbschein**«, soweit ausschließlich ausländisches Erbrecht anwendbar ist, als »**Fremdrechtserbschein**« bezeichnet. 267

Soweit ein deutscher Erblasser ausschließlich nach deutschem Erbrecht beerbt wird, ist die Angabe des anwendbaren deutschen Erbrechts nicht erforderlich. Kommt das deutsche Recht durch eine vollständige Rückverweisung einer ausländischen Rechtsordnung zur Anwendung, ist – wie schon bisher – im Erbschein zweckmäßigerweise anzugeben, dass sich die Erbfolge aufgrund Rückverweisung durch das betreffende ausländische Erbrecht nach deutschem Recht beurteilt.[160] Soweit ein Fremdrechtserbschein erteilt oder beantragt wird, ist das maßgebende ausländische Recht stets anzugeben. 268

Besondere Bedeutung erlangt § 2369 BGB auch weiterhin vor allem in den Fällen, in welchen es trotz der EuErbVO zu einer Nachlassspaltung kommt, sodass auf die Erbfolge nach dem Erblasser unterschiedliche Rechtsordnungen anzuwenden sind. Eine entsprechende Nachlassspaltung führt dazu, dass der jeweilige Nachlass, welcher einer eigenen Rechtsordnung unterliegt, als selbständiger Nachlass angesehen und so behandelt wird, als ob er der gesamte Nachlass wäre. Dementsprechend liegen im Falle einer Nachlassspaltung mehrere Erbschaften nebeneinander vor, so dass für jeden Nachlass ein eigener Erbschein zu erteilen ist.[161] Folglich ist für den dem deutschen Erbrecht unterliegenden Nachlass des Erblassers ein »Eigenrechtserbschein« und für den dem ausländischen Erbrecht unterliegenden Nachlass ein (ggf. auch mehrere) »Fremdrechtserbschein« zu erteilen. Im Einklang mit der bisherigen Rechtslage können die entsprechenden Erbscheine in einer Urkunde als »**Doppelerbschein**« oder sogar als »**Mehrfacherbschein**« zusammengefasst werden. Zwecks eindeutiger Abgrenzung der zu erteilenden Erbscheine, der jeweils anwendbaren Rechtsordnung sowie des jeweiligen Geltungsbereichs der Erbscheine muss aus der gemeinsamen Urkunde hervorgehen, dass es sich infolge einer Nachlassspaltung um zwei bzw. mehrere Nachlässe handelt, denen jeweils eine andere Rechtsordnung zugrunde liegt und die sich auf unterschiedliche Nachlassgegenstände beziehen.[162] Jeder der zu erteilenden Erbscheine stellt jeweils einen gegenständlich beschränkten Erbschein dar. 269

Dementsprechend sollte im Falle eines Erblassers mit letztem gewöhnlichen Aufenthalt in der BR Deutschland, der grundsätzlich nach deutschem Erbrecht und nur hinsichtlich einzelner unbeweglicher Nachlassgegenstände über Art. 3a Abs. 2 EGBGB nach ausländischem Recht beerbt wird, der auf der Grundlage des deutschen Erbrecht zu erteilende Eigenrechtserbschein klarstellend den Geltungsausschluss hinsichtlich des im betreffenden Auslands belegenen Grundbesitzes enthalten, während der auf der Grundlage des ausländischen Erbrecht erteilte Fremdrechtserbschein klarstellend eine ausdrückliche Beschränkung des Geltungsbereichs hinsichtlich des im Ausland befindlichen Grundbesitzes enthalten sollte.[163] Gleiches gilt unter der EuErbVO im Prinzip auch für ausländische Erblasser. Diesem Umstand gilt es auch im Rahmen der entsprechenden Erbscheinsanträge Rechnung zu tragen. 270

Die vorgenannten Geltungsvermerke gewinnen insoweit insbesondere dann eine besondere Bedeutung, wenn insoweit lediglich ein »Eigenrechtserbschein« oder ein »Fremdrechtserbschein« beantragt wird. 271

---

159 Vgl. hierzu eingehend *Wittkowski*, RNotZ 2010, 105, 109 m. w. N.
160 *Wittkowski* RNotZ, 2010, 105, 110.
161 *Wittkowski* RNotZ, 2010, 105, 110.
162 Palandt/*Weidlich*, § 2369 Rn. 3; *Wittkowski* RNotZ, 2010, 105, 110, 111.
163 *Wittkowski* RNotZ 2010, 105, 111.

272 Nach der Neufassung des § 2369 Abs. 1 BGB kann der Erbscheinsantrag auf die im Inland befindlichen Nachlassgegenstände beschränkt werden, wenn zum Nachlass auch Gegenstände gehören, die sich im Ausland befinden. Hierbei genügt bereits das Vorhandensein eines Nachlassgegenstandes im Ausland. Der Antrag auf Erteilung eines gegenständlich beschränkten Erbscheins nach § 2369 Abs. 1 BGB ist unabhängig vom konkret anwendbaren Erbrecht möglich und demzufolge auch in den Fällen, in denen uneingeschränkt deutsches oder ausländisches Recht zu Anwendung kommt, zulässig.[164] Die gegenständliche Beschränkung im Sinne des § 2369 Abs. 1 BGB ist in jedem Erbschein – unabhängig davon, ob es sich um einen Eigen- oder Fremdrechtserbschein handelt – zwingend zu vermerken.

273 Für die Beantragung eines gegenständlich beschränkten Erbscheins im Sinne des § 2369 BGB können verschiedene Gründe sprechen.[165] So kann hiermit das Ziel verfolgt werden, dem deutschen Nachlassgericht eine zeit- und kostenaufwändige Prüfung der Erbfolge nach dem bzw. den einschlägigen ausländischen Rechtsordnungen zu ersparen. Darüber hinaus kann auch der Gesichtspunkt der Kostenersparnis für die Beantragung eines gegenständlich beschränkten Erbscheins sprechen. So bleiben diejenigen Gegenstände, die von der Erbscheinswirkung nicht erfasst werden, bei der Berechnung des Werts gemäß außer Betracht. Darüber hinaus ist es möglich, durch die Ausklammerung des im Ausland befindlichen Vermögens Zeitverzögerungen zu vermeiden, die sich z. B. hinsichtlich eines Rechtsstreits bezüglich des Auslandsvermögen ergeben können.[166]

274 ▶ **Muster:**
Ich beantrage die Erteilung eines gegenständlich beschränkten Erbscheins, nach welchem ich, der Antragsteller, gegenständlich beschränkt auf den in der BR Deutschland befindlichen Nachlass, alleiniger Erbe des Erblassers geworden bin.

XI. Erbscheinsanträge bei Anwendung von DDR-Recht

275 Ein beschränkter Erbschein kann auch für Erbfälle erteilt werden, welche sich nach innerdeutschem Recht richten,[167] wenn diese der Nachlassspaltung unterliegen, wie z. B. bei Erbfällen nach dem 31. Dezember 1975 und vor dem 3. Oktober 1990 für die Erbfolge in DDR-Grundvermögen. Nach Art. 235 § 1 Abs. 1 EGBGB bleibt für die erbrechtlichen Verhältnisse das bisherige Recht maßgebend, wenn der Erblasser vor dem Wirksamwerden des Beitritts am 3. Oktober 1990 verstorben ist.

276 Das anzuwendende Recht bestimmt sich mithin nach dem damals geltenden innerdeutschen Kollisionsrecht, wobei es zu beachten gilt, dass – mit Blick darauf, dass die DDR aus Sicht der Bundesrepublik Deutschland kein Ausland war – spezifisch innerdeutsche Kollisionsregeln entwickelt worden ist. So wurden die Art. 3 ff. EGBGB entsprechend angewandt, allerdings mit der Maßgabe, dass es statt auf die Staatsangehörigkeit auf den letzten gewöhnlichen Aufenthalt des Erblassers ankam.[168]

277 Aus DDR-Sicht war die Bundesrepublik dagegen Ausland, mit der Folge, dass in deutsch-deutschen Erbfällen das am 1. Januar 1976 in Kraft getretene Rechtsanwendungsgesetz (RAG) zur Anwendung kam. Dieses knüpfte in Art. 25 Abs. 1 RAG zwar an die Staatsangehörigkeit des Erblassers an, bestimmte aber in Art. 25 RAG, dass sich die erbrechtlichen Verhältnisse in Bezug auf das Eigentum und anderen Rechten an Grundstücken und Gebäuden, die sich in der DDR befanden, nach dem Recht der DDR richteten. Diese Anknüpfung wurde als vorrangiges Einzelstatut seitens der Bundes-

---

164 Palandt/*Weidlich*, § 2369 Rn. 1; *Wittkowski* RNotZ 2010, 105, 112 m. w. N.
165 Vgl. hierzu die Begr. zum Gesetzentwurf in BT-Drucks. 16/6308, S. 349; *Bolkart*, MittBayNot 2009, 268, 274; *Wittkowski* RNotZ 2010, 105, 112.
166 *Wittkowski* RNotZ 2010, 105, 112.
167 Ein entsprechendes Muster findet sich bei Wurm/Wagner/Zartmann/*Fröhler*, 15. Aufl. Rechtsformularbuch, Rn. 82.13, (S. 1486).
168 Palandt/*Heldrich*, Art. 25 EGBGB Rn. 24.

republik Deutschland in entsprechender Anwendung des Art. § Abs. 3 EGBGB respektiert, so dass in diesen Fällen eine Nachlassspaltung eintrat.

Mit der Wiedervereinigung und dem Inkrafttreten des BGB und des EGBGB im gesamten Bundesgebiet hat sich hieran nichts geändert.[169] Vielmehr hat diese Rechtslage auch heute noch – aus den bereits dargelegten Gründen – für die Verwendbarkeit von Erbscheinen Bedeutung. 278

Soweit ein westdeutscher Bundesbürger zwischen dem 1. Januar 1976 und dem 3. Oktober 1990 mit gewöhnlichen Aufenthalt in der Bundesrepublik Deutschland verstorben ist und in der früheren DDR Grundbesitz i. S. d. § 25 Abs. 2 RAG hinterlassen hat, sind daher zwei Erbfolgen durch Erbschein zu bezeugen, und zwar entweder durch zwei einander ergänzende Erbschein oder durch einen Doppelerbschein. In dem auf den Grundbesitz in der DDR bezogenen Erbschein bzw. Erbscheinsantrag ist – vgl. dem Fremdrechtserbschein – sowohl die gegenständliche Beschränkung als auch das einschlägige Recht zu vermerken. 279

Liegt nur ein einfacher Erbschein vor, der hierzu keine Aussage macht, ist dieser um ein entsprechendes Zeugnis nach § 25 Abs. 2 RAG zu ergänzen.[170] In der Regel geschieht dies auf einen »formlosen Antrag« an das ausstellende Nachlassgericht. Es ist insoweit nicht erforderlich, dass ein bereits erteilter Erbschein eingezogen und ein neuer Erbschein ausgestellt wird. 280

XII. Antrag auf Erteilung eines Auseinandersetzungszeugnisses

Wenn eine Erbengemeinschaft ein zum Nachlass gehörendes Grundstück, Erbbaurecht oder Grundpfandrecht einem der Beteiligten übertragen möchte, so bietet sich ein **Auseinandersetzungszeugnis** (§§ 36, 37 GBO) als **kostengünstige** Alternative zum Erbschein an. 281

Dies gilt umso mehr, seit die frühere Kostenprivilegierung eines nur für Grundbuchzwecke erteilten Erbscheins mit dem Inkrafttreten des GNotKG entfallen ist (vgl Rn. 298). Für ein Auseinandersetzungszeugnis wird nur die Mindestgebühr erhoben. Die Gebühren für den Antrag und die eidesstattliche Versicherung sind demgegenüber nicht begünstigt. 282

Der Gesetzgeber wollte mit den angesprochenen Vorschriften die Auseinandersetzung von Erbengemeinschaften erleichtern.[171] Die angesprochene Privilegierung gilt auch dann, wenn der eingetragene Eigentümer von einer Person beerbt wurde, die wiederum mehrere Erben hinterlassen hat.[172] Für Alleinerben und die Übertragung von der Erbengemeinschaft auf Dritte kommt diese Erleichterung dagegen nicht zum Tragen.[173] Das Auseinandersetzungszeugnis muss sowohl die Erbfolge belegen als auch die zur Übertragung erforderlichen Erklärungen sämtlicher Beteiligter enthalten.[174] 283

Auf Antrag stellt das nach § 36 Abs. 1 Alt. 1 GBO zuständige Nachlassgericht ein entsprechendes **Auseinandersetzungszeugnis** aus, wenn die Voraussetzungen für die Erteilung eines Erbscheins vorliegen (vgl. § 36 Abs. 2a GBO). 284

Da gemäß § 36 Abs. 2b GBO die betreffenden Erklärungen der Beteiligten in einer den Anforderungen der GBO genügenden Weise nachgewiesen werden müssen, sind dem Nachlassgericht je nach Art des übertragenen Gegenstands oder Rechts die Auflassung (§ 20 Alt. 1 GBO), die dingliche Einigung (§ 20 Alt. 2 GBO), die Eintragungsbewilligung (§ 19 GBO) bzw. eine Abtretungserklärung gemäß § 26 GBO nachzuweisen (vgl. § 29 GBO). 285

---

169 BayObLG, Beschl. v. 20.12.2000 – 1Z BR 153/99, ZEV 2001, 489, 491; Palandt/*Weidlich*, § 2353 Rn. 7.
170 *Zimmermann*, Das neue FamFG, Rn. 396.
171 Vgl. *Demharter*, Grundbuchordnung, § 36 Rn. 1.
172 Vgl. Beck'sches Formularbuch Erbrecht/*Eckelskämper*, K.II.4 Anm. 2; Kersten/Bühling/*Wegmann*, Formularbuch und Praxis der Freiwilligen Gerichtsbarkeit, § 119 Rn. 50; Schöner/Stöber, Rn. 830.
173 Vgl. Beck'sches Formularbuch Erbrecht/*Eckelskämper*, K.II.4 Anm. 2.
174 Vgl. *Demharter*, § 36 Rn. 13.

286 ▶ Muster: Antrag auf Erteilung eines Auseinandersetzungszeugnisses

(Urkundeneingang)

Die Erschienenen ersuchte den Notar um die Beurkundung eines

Antrags auf Erteilung eines Auseinandersetzungszeugnisses

und erklärte mündlich zur Niederschrift, was folgt:

I. Vorbemerkungen

Am ... verstarb in ... mit letztem Wohnsitz in Neuss – zugleich seinem letzten gewöhnlichen Aufenthalt – mein Vater, Herr H., geboren am 8. Januar 1943. Der Erblasser besaß ausschließlich die deutsche Staatsangehörigkeit. Der Erblasser war in zweiter Ehe im gesetzlichen Güterstand mit Frau H. geborene G. geboren am ..., wohnhaft in ... verheiratet. Ein Ehescheidungs-, Eheaufhebungs- oder Nichtigkeitsverfahren war zum Todeszeitpunkt des Erblassers nicht anhängig. Aus der ersten Ehe des Erblassers mit Frau H. geborene B. sind zwei Abkömmlinge hervorgegangen, und zwar

– Frau H., geboren am ..., wohnhaft in ..., und

– Frau S. geborene H., geboren am ..., wohnhaft in ...,

Weitere Abkömmlinge hat der Erblasser nicht hinterlassen, und zwar auch keine nichtehelichen oder adoptierten Kinder. Der Erblasser hat keine Verfügung von Todes wegen hinterlassen, so dass die Bestimmungen des Bürgerlichen Gesetzbuches über die gesetzliche Erbfolge (§§ 1922 ff. BGB) zur Anwendung kommen.

II. Gesetzliche Erbfolge

Der Erblasser ist somit kraft Gesetzes beerbt worden von

1. seiner Ehefrau,

    Frau H. geborene G,

    geboren am ...,

    wohnhaft in ..., ...,

    zu $1/2$-Anteil,

2. seiner Tochter,

    Frau H.,

    geboren am ...,

    wohnhaft in ...,

    zu $1/4$-Anteil, und

3. seiner Tochter,

    Frau S. geborene H.,

    geboren am ...,

    wohnhaft in ..., ...,

    zu $1/4$-Anteil.

Wir, die Erschienenen, haben die Erbschaft nach dem Erblasser angenommen. Ein Rechtsstreit über das Erbrecht der Erben ist nicht anhängig. Andere Personen, durch welche wir, die vorgenannten Erben, von der Erbfolge ausgeschlossen oder unsere Erbteile gemindert werden würden, sind und waren nicht vorhanden.

Nach Belehrung über die Bedeutung einer eidesstattlichen Versicherung und über die strafrechtlichen Folgen einer vorsätzlich oder fahrlässig falsch abgegebenen Versicherung an Eides Statt, versichern wir hiermit an Eides Statt, dass uns nichts bekannt ist, was der Richtigkeit unserer vorstehenden Angaben entgegensteht.

III. Antrag auf Erteilung eines Auseinandersetzungszeugnisses

Wir beantragen die Erteilung eines Auseinandersetzungszeugnisses dahingehend, dass wir folgenden Grundbesitz zugeteilt haben
1. den im Grundbuch von ... des Amtsgerichts D. Blatt ... verzeichneten Grundbesitz der Gemarkung ... der Erschienenen zu 1) zu Alleineigentum,
2. den im Grundbuch von ... des Amtsgerichts D. Blatt ... verzeichneten Grundbesitz der Gemarkung ... der Erschienenen zu 2) und 3) in Bruchteilseigentum zu je $^1/_2$-Anteil,
3. den im Grundbuch von ... des Amtsgerichts D. Blatt ... verzeichneten Grundbesitz der Gemarkung ... der Erschienenen zu 2) und 3) in Bruchteilseigentum zu je $^1/_2$-Anteil.

Wir sind uns darüber einig, dass das Eigentum an dem vorstehend näher bezeichneten Grundbesitz wie vorstehend angegeben und entsprechend den vorgenannten Erwerbsverhältnis übergeht.

Wir bewilligen und beantragen die entsprechende Umschreibung in den jeweiligen Grundbüchern, und zwar entsprechend den vorgenannten Erwerbsverhältnissen.

IV. Schlussbestimmungen

Die mit dieser Urkunde und ihrer Durchführung verbundenen Kosten gehen zu Lasten des Nachlasses, die Kostenrechnung erbitte ich, die Erschienene 1), zu meinen Händen.

Der Verkehrswert des vorbezeichneten Grundbesitzes beträgt: ...

(Vollzugsvollmacht u. a.)

Diese Niederschrift wurde den Erschienenen von dem Notar vorgelesen, von ihnen genehmigt und von ihnen und dem Notar, wie folgt, eigenhändig unterschrieben:

XIII. Hoffolgezeugnis

Der Nachweis der Erbfolge in einen Nachlass, zu dem ein Hof im Sinne der Höfeordnung (HöfeO) gehört, kann durch einen allgemeinen Erbschein, in welchem der Hoferbe gemäß § 18 Abs. 2 S. 2 HöfeO gesondert aufzuführen ist, geführt werden, oder durch ein so genanntes **Hoffolgezeugnis**, in welchem nur die Hoferbfolge aufzuführen ist (§ 18 Abs. 2 S. 3 HöfeO). Die HöfeO gilt nur in Hamburg, Niedersachsen, Nordrhein-Westfalen und Schleswig-Holstein. Das Hoffolgezeugnis wird durch das Landwirtschaftsgericht erteilt. Die örtliche Zuständigkeit richtet sich nach § 10 des Gesetzes über das gerichtliche Verfahren in Landwirtschaftssachen (LwVG), wonach das Amtsgericht zuständig ist, in dessen Bezirk die Hofstelle liegt. Das Landwirtschaftsgericht ist im Übrigen auch für die Erteilung eines auf das hoffreie Vermögen beschränkten Erbscheins zuständig.[175] 287

Gehört ein Hof zum Nachlass, so gehen die Vorschriften des LwVG, der HöfeO und der Verfahrensordnung in Höfesachen (HöfeVfO) jenen des BGB und des FamFG auch im Erbscheinsverfahren vor.[176] 288

Wenn die Hoferbfolge nicht auf einer Verfügung von Todes wegen, sondern auf Gesetz beruht, so ist zur Begründung des Antrags auf ein Hoffolgezeugnis im Einzelnen darzulegen, dass der Hoffolgeberechtigte die gesetzlichen Voraussetzungen erfüllt.[177] 289

XIV. Rechtsmittel gegen Entscheidungen des Nachlassgerichts

In den Erbscheinsverfahren bis zum Inkrafttreten des FamFG hat das Nachlassgericht bei streitigen Verfahren die Erteilung eines Erbscheins durch einen anfechtbaren Vorbescheid (sogenannte »Vor- 290

---

175 BGH, Beschl. v. 8.6.1988 – I ARZ 388/88, BGHZ 104, 363, 367.
176 So auch Beck'sches Formularbuch Erbrecht/*Eckelskämper*, K.II.9 Anm. 2.
177 Vgl. Beck'sches Formularbuch Erbrecht/*Eckelskämper*, K.II.9 Anm. 2.

bescheidslösung«) angekündigt. Hiervon wurde insbesondere bei Vorliegen schwierigen Sach- oder Rechtslage oder bei Vorliegen widersprechender Erbscheinsanträge Gebrauch gemacht.

291 Entsprechend den neuen Verfahrensregeln nach dem FamFG gilt nunmehr auch für das Erbscheinsverfahren die sogenannte »**Rechtskraftlösung**«. § 352 FamFG unterscheidet dabei zwischen dem gerichtlichen Beschluss zur Erteilung des Erbscheins und der Erteilung selbst. Soweit das Nachlassgericht die für die Erteilung eines Erbscheins erforderlichen Tatsachen für festgestellt erachtet, wird dieser durch Beschluss festgehalten (§ 352 Abs. 1 S. 1 FamFG). Er wird jedoch nur dann bekannt gegeben, wenn er dem erklärten Willen eines Beteiligten widerspricht (§ 352 Abs. 1 S. 2, Abs. 2 S. 1 FamFG). In einem solchen Fall ist die sofortige Wirkung des Beschlusses auszusetzen. Darüber hinaus wird die Erteilung des Erbscheins zurück gestellt, um eine Beschwerdemöglichkeit zu eröffnen.

292 Gegen die Entscheidung des Nachlassgerichts kann Beschwerde eingelegt werden, wenn der Wert des Beschwerdegegenstandes einen Betrag von 600,00 Euro übersteigt (§ 61 Abs. 1 FamFG) oder die Beschwerde zugelassen wird (§ 61 Abs. 2 FamFG). Die Beschwerde gegen den Beschluss, der die zur Erbscheinserteilung erforderlichen Tatsachen als festgestellt beschreibt, ist bei dem Gericht einzulegen, dessen Entscheidung angefochten wird (§ 64 Abs. 1 FamFG), und zwar innerhalb einer Frist von einem Monat, beginnend mit der schriftlichen Bekanntmachung des Beschlusses an die Beteiligten. Das Gericht, welches den angefochtenen Beschluss erlassen hat, kann der Beschwerde abhelfen (§ 68 Abs. 1 FamFG). Über die Beschwerde entscheidet das Oberlandesgericht (§ 119 Abs. 1 Nr. 1 Buchstabe b GVG). Gegen die Entscheidung des Oberlandesgericht ist Rechtsbeschwerde zulässig, wenn sie das Oberlandesgericht zugelassen hat (§ 70 Abs. 1 FamFG). Die Rechtsbeschwerde ist innerhalb einer Frist von einem Monat beim BGH einzulegen.

XV. Kosten und Steuern

1. Kostenrechrechtliche Aspekte

a) Gerichtskosten

293 Für die Erteilung eines Erbscheins fällt eine volle Gebühr an. Bezieht sich der Erbscheinsantrag nur auf inländische Gegenstände, so ist nur deren Wert maßgeblich. Es dürfte daher sinnvoll sein, etwaige Verbindlichkeiten insofern gegenständlich zuzuordnen.[178]

294 **Von besonderer gebührenrechtlicher Bedeutung war unter der Kostenordnung noch der Erbschein für Grundbuchzwecke.** Die Bestimmungen der KostO zur Begünstigung von Erbscheinen, die nur für bestimmte Zwecke verwendet wurden (z. B. Erbschein für Grundbuchzwecke oder von Schiffsregistern) ist mit dem GNotKG jedoch weggefallen.

Lediglich bei einem **gegenständlich beschränkten Erbschein** nach § 2369 BGB bildet allein das Inlandsvermögen ohne Schuldenabzug den Geschäftswert (§ 40 Abs. 3 S. 1 GNotKG). Allerdings besteht mitunter die Möglichkeit über ein Überweisungszeugnis nach § 36 GBO zu einer Gebührenermäßigung zu kommen.[179]

Der Geschäftswert ist auch in diesen Fällen mit dem vollen Wert des Reinnachlasses gemäß § 40 Abs. 1 und 2 GNotKG zu bestimmen.

Das Erbscheinsverfahren zielt häufig darauf ab, die Grundlage für eine Berichtigung des Grundbuchs zu schaffen. Im Anschluss an die Erteilung eines Erbscheins wird der Notar daher nicht selten darum gebeten, einen **Grundbuchberichtigungsantrag** zu entwerfen. Liegt ein entsprechender Erbschein vor, so genügt insoweit ein privatschriftlicher Antrag des bzw. der Erben auf Grundbuchberichtigung, welcher unter Beifügung einer Erbscheinsausfertigung an das Grundbuchamt versen-

---

178 So auch Beck'sches Formularbuch Erbrecht/*Eckelskämper*, K.II.9 Anm. 15.
179 *Rupp*, notar 3/2014, S. 96, 97.

det wird. Soweit Grundbuchamt und Nachlassgericht demselben Amtsgericht zugehören, ist statt der Übersendung einer Ausfertigung des Erbscheins auch eine Verweisung auf die Nachlassakten möglich.

Beruht der Erbnachweis auf einer notariell beurkundeten letztwilligen Verfügung, welche zugleich eine ausdrückliche Benennung der Erben enthält, ist dem Grundbuchamt neben dem Berichtigungsantrag eine beglaubigte Abschrift des Eröffnungsprotokolls nebst der maßgeblichen Verfügung von Todes wegen zu übersenden. Sofern ein Antrag auf Grundbuchberichtigung innerhalb von zwei Jahren seit dem Erbfall beim Grundbuchamt gestellt wird, erfolgt die Grundbuchberichtigung im Übrigen nach 14110 Nr. 1 KV gerichtsgebührenfrei. Allerdings gilt es zu beachten, dass nach Nr. 14119 KV nur einmal die Möglichkeit der gebührenfreien Grundbuchberichtigung besteht. Vor einer Grundbuchberichtigung auf die Erben sollte daher mit den Beteiligten geklärt werden, ob mit innerhalb der 2-Jahresfrist mit einer Erbauseinandersetzung zu rechnen ist, für die die Gebührenfreiheit aufgespart werden soll. Erfolgt der Grundbuchberichtigungsantrag auf die Erben nicht privatschriftlich, sondern in Beurkundungs- oder Beglaubigungsform, so besteht für den Notar eine Anzeigepflicht gemäß § 18 Abs. 1 S. 1 Nr. 2 GrEStG. 295

▶ **Muster: Antrag auf Grundbuchberichtigung** 296

Grundbuch von Rath Blatt 1746

– Antrag auf Grundbuchberichtigung

Im Grundbuch des Amtsgerichts Düsseldorf von Rath Blatt 1746 ist derzeit noch Herr Werner Mustermann als Alleineigentümer eingetragen.

Herr Werner Mustermann ist am 8.2.2015 in Düsseldorf verstorben und ausweislich Erbscheins des Amtsgerichts Düsseldorf vom 22.10.2015 (Geschäftszeichen: 92 VI 565/15) von mir, seiner Ehefrau, Frau Waltraud Mustermann, geboren am 4.12.1938 in Güstrow, wohnhaft in 40211 Düsseldorf, Malkastenstraße 18, allein beerbt worden.

Unter Bezugnahme auf die vorstehend näher bezeichneten Nachlassakten beantrage ich hiermit als Alleinerbe die Berichtigung des vorbezeichneten Grundbuches dahingehend, dass ich, Frau Waltraud Mustermann, anstelle des Verstorbenen als Alleineigentümer im vorstehend näher bezeichneten Grundbuch eingetragen werde.

Düsseldorf, den ...

b) Notarkosten

Der Geschäftswert für einen Erbscheinsantrag ist seit dem 1.8.2013 nach § 40 GNotKG zu bestimmen (Wert des Nachlasses im Zeitpunkt des Erbfalls). Vom Erblasser herrührende Verbindlichkeiten sind auch nach dem GNotKG zu berücksichtigen, mithin abzuziehen. Anderes gilt bei Erbfallschulden, also z. B. Vermächtnisse und Pflichtteilsansprüchen, die nicht mehr als Abzugsposten zu berücksichtigen sind.[180] 297

Soweit in dem Erbschein lediglich eine Hoferbfolge zu bescheinigen, ist der Geschäftswert nach § 48 GNotKG zu bestimmen (Wert des Hofes). Abweichend von § 40 Abs. 1 Satz 2 GNotKG werden nur die auf dem Hof lastenden Verbindlichkeiten mit Ausnahme der Hypotheken-, Grund- und Rentenschulden (§ 15 Abs. 2 der Höfeordnung) abgezogen.

Bezieht sich der Antrag auf Erteilung eines Erbscheins nur auf das Erbrecht eines Miterben, bestimmt sich der nach § 40 Abs. 1 GNotKG zu ermittelnde Geschäftswert nach dem Anteil des Miterben. Entsprechendes gilt, wenn ein Miterbe einer bereits beurkundeten eidesstattlichen Versicherung beitritt.

---

180 *Fackelmann*, Rn. 699 ff.

Falls sich die Wirkung des beantragten Erbscheins nur auf einen Teil des Nachlasses erstrecken (Gegenständlich beschränkter Erbschein nach § 2369 BGB), bleiben diejenigen Gegenstände, die von der Erbscheinswirkung nicht erfasst werden, bei der Berechnung des Geschäftswertes außer Betracht. Nachlassverbindlichkeiten werden in diesem Fall nicht abgezogen. Macht jedoch der Kostenschuldner glaubhaft, dass der Geschäftswert nach § 40 Abs. 1 GNotKG niedriger ist, so ist dieser maßgebend.

Für die Bewertung der einzelnen Nachlassgegenstände gelten im Übrigen die allgemeinen Bestimmungen des GNotKG. Wie bereits ausgeführt, kommt auch § 48 GNotKG zur Anwendung (Bewertung von land- und forstwirtschaftlicher Betriebe), weil es sich um den Antrag auf Erteilung eines Erbscheins wie bei der Erteilung des Erbscheins selbst um ein Geschäft handelt, das im Zusammenhang mit einer Zuwendung steht.[181]

Nach **Nr. 23300 KV** fällt für die eidesstattliche Versicherung zur Erteilung eines Erbscheinsantrages eine 1,0 Gebühr an. Der in gleicher Urkunde enthaltene Antrag an das Nachlassgericht auf Erteilung des Erbscheins ist mit der Gebühr nach **Nr. 23300 KV** abgegolten (vgl. Vorbemerkung 2.3.3 Abs. 2 KV).[182]

Bei mehreren Erbscheinsanträgen mit Versicherungen an Eides statt bezüglich mehrerer Erbfälle musste nach bisher geltendem Recht für jede Versicherung mit Erbscheinsantrag eine eigenständige Beurkundungsgebühr berechnet werden. Wegen Nichtanwendbarkeit des § 44 KostO durften die Geschäftswerte mehrerer Erbscheinsanträge nicht addiert werden. Dieses System ist entfallen. Die Addition der mehreren Rechtsverhältnisse nach § 35 Abs. 1 bildet den Wert des notariellen Beurkundungsverfahrens gemäß § 85. Aus dem Gesamtwert ist nunmehr die Gebühr nach Nr. 23300 KV zu erheben.[183]

2. Steuerliche Aspekte

298 Die Vermutungswirkung des § 2365 BGB, wonach demjenigen, der im Erbschein als Erbe bezeichnet ist, auch das durch den Erbschein ausgewiesene Recht zusteht, gilt auch für den Bereich des Steuerrechts. Die zuständigen Finanzämter müssen deshalb grundsätzlich von dem Erbrecht ausgehen, wie es durch den Erbschein bezeugt wird.[184] Allerdings gilt auch insoweit, dass der Gegenbeweis zulässig ist. So sind die Finanzämter nicht nur berechtigt, sondern – soweit gewichtige Gründe gegen die Richtigkeit eines Erbscheins sprechen – auch verpflichtet, eigene Ermittlungen zum Erbrecht anzustellen.[185] Das Finanzamt kann jedoch weder einen Erbschein beantragen, noch die Einziehung eines unrichtigen Erbscheins verlangen.[186]

XVI. Checkliste

299 ▶ **Checkliste: Erbscheinsantrag**

Vorfrage: Wozu wird der Erbschein benötigt?

1. Angaben zur Person des/der Antragsteller/s:

Name: ...

Vorname: ...

Geboren am: ...

---

181 *Fackelmann*, a. a. O., Rn. 701.
182 *Fackelmann*, a. a. O., Rn. 699.
183 *Fackelmann*, a. a. O., Rn. 705.
184 BFH, Urt. V. 22.11.1995 (II R 89, 93).
185 BFH BStBl. II, 1996, 242.
186 *Eckelskemper* a. a.O, K. II. 1, S. 847.

Beziehung zum Erblasser: ...

Wohnort, Straße: ...

Tel.-Nr: ... (Privat) ... (Büro)

2. Angaben zur Person des Erblassers:

    Name: ...

    Vorname: ...

    geboren am: ... verstorben am: ...

    Letzter Wohnsitz: ...

    Staatsangehörigkeit: ... Güterstand: ...

    Scheidungsverfahren anhängig: nein/ja: ...

    wenn ja: Gericht: ...

    Az.: ... seit wann: ...

    Ehegatte: ...

    Kinder: ehelich: ... außerehelich: ... adoptiert: ...

    Vorverstorbene Kinder: ... wenn ja – Nachkommen: ...

    Ggf. Eltern und Geschwister: ...

3. Angaben dazu, ob Verfügungen von Todes wegen vorhanden sind (Az., Gericht): ...

4. Bei gesetzlicher Erbfolge:

    BGB alt (Erbfall vor dem 1. April 1966): ...

    BGB i.V. m. EG FGB (Erbfall zw. 1. April bis 31. Dezember 1975) ...

    ZGB (Erbfall zw. 1. Januar 1976 bis 2. Oktober 1990) ...

    BGB (Erbfall seit 3. Oktober 1990) ...

5. Ist ein Rechtsstreit über das Erbrecht anhängig? Nein/Ja ...

6. Angaben der Erben

    (Name, Geburtsdatum, Wohnort, Erbquote)

    a) ...

    b) ...

    c) ...

    d) ...

7. Haben die Erben die Erbschaft angenommen? Ja/Nein

    Erbspiegel – Anlage 1:

    Nettonachlass: ... € (nur soweit bekannt)

    Vermögen im Ausland:

    Erforderliche Urkunden/Sonstiges:

    – ...

Kapitel 14 Nachlassverfahren

– ...

– ...

Gewünschter Beurkundungstermin: ...

...

(Ort, Datum)   (Sachbearbeiter)

C. Antrag auf Erteilung eines Testamentsvollstreckerzeugnisses

Literatur:
Bestelmeyer, Zulässigkeit eines nachlassgerichtlichen Zeugnisses über die Fortdauer des Amtes des Testamentsvollstreckers, ZEV 1997, 316; *Fröhler*, Das Verfahren in Nachlass- und Teilungssachen nach dem neu geschaffenen FamFG – Eine Bestandsaufnahme unter ergänzender Berücksichtigung des Personenstandsrechtsreformgesetzes, BWNotZ 2008, 183; *Heinemann*, Das neue Nachlassverfahrensrecht nach dem FamFG, ZFE 2009, 8; *Weidlich* Zur Frage der Beschwerdebefugnis des Testamentsvollstreckers im Falle der Bestellung eines Ergänzungspflegers, MittBayNot 2009, 236; *Zahn*, Testamentsvollstreckung im Grundbuchverkehr, MittRhNotk 2000, 89; *Zimmermann*, Das neue Nachlassverfahren nach dem FamFG, ZEV 2009, 53; *ders.*, Die Testamentsvollstreckung im FamFG, ZErb 2009, 86; *ders.*, Zur Beeinträchtigung des erbvertraglichen Testamentsvollstreckers aufgrund Testaments, ZEV 2010, 43.

I. Einführung

300 Der Erblasser kann zwecks Umsetzung seines letzten Willens, auch und vor allem gegenüber den Erben, durch Verfügung von Todes wegen – einen oder mehrere – Testamentsvollstrecker, und zwar einzeln, gemeinschaftlich, nacheinander oder ersatzweise ernennen (§§ 2197, 2224 BGB). Die Bestimmung der Person des Testamentsvollstreckers kann dabei auch einem Dritten oder dem Nachlassgericht überlassen werden (§§ 2198, 2200 BGB).

301 Der **Testamentsvollstrecker** ist nicht gesetzlicher Vertreter des oder der Erben, sondern Träger eines Amtes, welches er nach dem Willen des Erblassers im Interesse der Nachlassbeteiligten, regelmäßig der Erben ausübt.[187] Mit Rücksicht darauf, dass er vom Erblasser bestellt wurde, unterliegt er – im Gegensatz zum **Nachlasspfleger** oder **Nachlassverwalter** – nicht der ständigen Aufsicht des Nachlassgerichts. Das **Nachlassgericht** kann jedoch auf Antrag eines Beteiligten Einfluss auf den Testamentsvollstrecker nehmen (§§ 2216 Abs. 2, 2224, 2227 BGB).

II. Annahme des Testamentsvollstreckeramts

302 Derjenige, der zum Testamentsvollstrecker berufen wurde, muss zunächst entscheiden, ob er dieses Amt, zu dessen Ausübung er nicht gezwungen werden kann, annehmen will. Dazu sollte der Berufene prüfen, ob er über ausreichend Zeit und Kenntnisse für die Amtsausübung verfügt, die mit dem Amt verbundenen Haftungsrisiken tragen oder absichern kann, eine aus seiner Sicht angemessene Vergütung erhält und hierfür eine Nebentätigkeitsgenehmigung (so z. B. bei öffentlich Bediensteten) benötigt.

303 Das Amt des Testamentsvollstreckers beginnt gemäß § 2202 Abs. 2 S. 1 BGB mit der **Annahme** gegenüber dem Nachlassgericht, die privatschriftlich oder in mündlicher Form zu Protokoll der Geschäftsstelle des Nachlassgerichts bzw. des Amtsgerichts oder eines anderen Amtsgerichts abgegeben werden kann (§ 25 FamFG). Da die Annahmeerklärung keine höchstpersönliche Erklärung ist, kann sich der zur Testamentsvollstreckung Berufene hierbei vertreten lassen.[188] Die Annahmeerklärung ist bedingungs- und befristungsfeindlich (§ 2202 Abs. 2 S. 2 Hs. 2 BGB) und kann ebenso wenig wi-

---

187 So die h. M.; vgl. Staudinger/*Reimann*, Vor §§ 2197 Rn. 14 m. w. N.
188 Vgl. MünchKommBGB/*Zimmermann*, § 2202 Rn. 5.

derrufen werden wie die Ablehnungserklärung (vgl. § 130 Abs. 1 S. 2 BGB). Aus dem Recht des Testamentsvollstreckers, das Amt jederzeit kündigen zu können (§ 2226 BGB), wird die Schlussfolgerung gezogen, dass keine Pflicht zur Annahme des Amtes besteht.[189]

Mit der Annahme des Amts kann der Testamentsvollstrecker beim Nachlassgericht beantragen, dass ihm ein Zeugnis über die Annahme ausgestellt wird. Das **Annahmezeugnis** ist von einem Testamentsvollstreckerzeugnis gemäß § 2368 BGB zu unterscheiden. Mit dem Annahmezeugnis und der Eröffnungsniederschrift über eine notarielle Verfügung von Todes wegen kann der Testamentsvollstecker auch ohne Testamentsvollstreckerzeugnis gegenüber dem Grundbuchamt seine Befugnis zu Verfügungen über zum Nachlass gehörenden Grundbesitz nachweisen (§ 35 Abs. 1 S. 2 i. V. m. § 35 Abs. 1 S. 1 Hs. 2 GBO). Alternativ hierzu kann die Annahme des Amts gegenüber dem Grundbuchamt auch nachgewiesen werden, indem auf eine Niederschrift über die Amtsannahme beim Nachlassgericht oder auf eine notariell beglaubigte Annahmeerklärung, die dem Nachlassgericht zugegangen ist, Bezug genommen wird. Dagegen reicht es nicht aus, wenn die Nachlassakten nur eine privatschriftliche Annahmeerklärung enthalten (vgl. § 29 Abs. 1 S. 1 GBO).[190]

304

III. Aufgaben und Befugnisse des Testamentsvollstreckers

Mit der Annahmeerklärung gegenüber dem Nachlassgericht stehen dem Testamentsvollstrecker die ihm testamentarisch bzw. gesetzlich zugewiesenen Aufgaben und Befugnisse zu. Die Aufgaben des Testamentsvollstreckers sind im Wesentlichen dadurch bestimmt, ob vom Erblasser eine Auseinandersetzungsvollstreckung oder eine Verwaltungsvollstreckung angeordnet worden ist.

305

Nachdem der Testamentsvollstrecker das Amt angenommen hat, muss er grundsätzlich zunächst den Nachlass aufnehmen, sofern nicht die Testamentsvollstreckung gegenständlich auf einzelne Nachlassgegenstände begrenzt ist. Dabei hat er insbesondere die Nachlassgegenstände in Besitz zu nehmen, ein Nachlassverzeichnis zu erstellen, die Nachlassverbindlichkeiten zu regeln und die Erbschaftssteuerschuld zu begleichen.[191]

306

Ist eine Testamentsvollstreckung zum Zwecke der Erbauseinandersetzung angeordnet, so hat der Testamentsvollstrecker den nach Bereinigung der Nachlassverbindlichkeiten verbleibenden Nachlass nach Maßgabe eines Auseinandersetzungsplans oder eines Auseinandersetzungsvertrages unter den Erben zu verteilen.

307

Bei Anordnung einer Verwaltungsvollstreckung sorgt der Testamentsvollstrecker in den zeitlichen Grenzen des **§ 2210 BGB** für die Verwaltung des Nachlasses. Der Testamentsvollstrecker hat, soweit der Erblasser nichts anderes bestimmt hat, die Aufgabe die letztwilligen Verfügungen des Erblassers auszuführen, wobei er an die Wünsche und Weisungen der Erben nicht gebunden ist. Auch bei einer angeordneter Nacherbschaft braucht er – bei entsprechender Ausgestaltung seines Aufgabenkreises – bei Verfügungen über einzelne Nachlassgegenstände nicht die Zustimmung der Nacherben einzuholen. Gefährdet eine Verwaltungsanordnung des Erblassers den Nachlass erheblich, so kann der Testamentsvollstrecker beim Nachlassgericht Befreiung hiervon beantragen. Im Einvernehmen mit allen Erben kann er sich ferner über Weisungen des Erblassers hinwegsetzen.[192]

308

IV. Antrag auf Erteilung eines Testamentsvollstreckerzeugnisses

Nicht selten bedarf ein Testamentsvollstrecker zur Legitimation im Rechtsverkehr eines besonderen Nachweises seiner Rechtsstellung. Die bloße Annahmeerklärung gegenüber dem Nachlassgericht ge-

309

---

189 So auch Bengel/Reimann/*Reimann*, Kap. 2 Rn. 225.
190 Vgl. *Demharter*, § 35 Rn. 63; DNotI-Report 2008, 114.
191 Vgl. die ausführliche Darstellung der im Rahmen der Konstituierung des Nachlasses zu erfüllenden Aufgaben bei Bengel/Reimann/*Klumpp*, Kap. 3 Rn. 80 ff.
192 BGH Urt. v. 25.9.1963 – V ZR 130/61, BGHZ 40, 115; BGH Beschl. v. 18.6.1971 – V ZB 4/71, BGHZ 56, 275.

nügt insoweit oftmals nicht. Vielmehr ist die Vorlage eines vom Nachlassgerichts ausgestellten Testamentsvollstreckerzeugnisses erforderlich. Bei grenzüberschreitenden Erbfällen kann anstelle des Testamentsvollstreckerzeugnisses ein Europäisches Nachlasszeugnis beantragt werden, hierzu s. Teil D.

1. Begriff und Bedeutung des Testamentsvollstreckerzeugnisses

310 Nach § 2368 Abs. 1 S. 1 BGB ist dem Testamentsvollstrecker auf Antrag ein Zeugnis über seine Ernennung zu erteilen (Testamentsvollstreckerzeugnis). Das Testamentsvollstreckerzeugnis ist funktional dem Erbschein ähnlich und ist folgerichtig gesetzessystematisch nicht im Zusammenhang mit der **Testamentsvollstreckung**, sondern mit dem Erbschein geregelt. Gemäß § 2368 Abs. 3 BGB gelten für die Erteilung des Testamentsvollstreckerzeugnisses die Vorschriften über das Erbscheinserteilungsverfahren entsprechend.

311 Der Testamentsvollstrecker kann das Testamentsvollstreckerzeugnis erst nach Annahme des Amtes beantragen; allerdings kann in dem Antrag auf Erteilung eines Testamentsvollstreckerzeugnisses eine konkludente Amtsannahmeerklärung gesehen werden. Bei gemeinschaftlicher Testamentsvollstreckung kann jeder Testamentsvollstrecker ein solches Zeugnis beantragen; er muss dazu jedoch die Amtsannahme der anderen Mitvollstrecker nachweisen. Streitig ist, ob die Erben ein Testamentsvollstreckerzeugnis beantragen können. Während die Rechtsprechung dies verneint, billigt die h. M. im Schrifttum den Erben ein entsprechendes Antragsrecht zu.[193]

312 Das Testamentsvollstreckerzeugnis, welches vom Nachlassgericht zu erteilen ist, dient dazu, dem Testamentsvollstrecker im Rechtsverkehr die notwendige Legitimation bzgl. seines Amtes zu verschaffen. Bei notariell beurkundeten Testamenten genügt insoweit eine beglaubigte Abschrift des Eröffnungsprotokolls des Nachlassgerichts mit einer Bestätigung des Nachlassgerichts, dass der Testamentsvollstrecker sein Amt angenommen hat. Zugleich dient das Testamentsvollstreckerzeugnis dem Schutz des Rechtsverkehrs. Mit ihm wird nicht nur der Nachweis erbracht, dass der in ihm Ausgewiesene zum Testamentsvollstrecker bestellt worden ist, sondern auch, dass seine Befugnisse keinen anderen Beschränkungen als in ihm ausgewiesen unterliegt. Das Testamentsvollstreckerzeugnis genießt insoweit öffentlichen Glauben (§ 2368 Abs. 3 i. V. m. § 2365 BGB).

313 Dabei gilt es jedoch zu beachten, dass das Testamentsvollstreckerzeugnis keine Vermutung hinsichtlich des **Fortbestandes des Testamentsvollstreckeramtes** enthält. Dies beruht darauf, dass das Zeugnis mit der Beendigung des Amtes von selbst kraftlos wird.[194] Ist ein Testamentsvollstreckerzeugnis vorgelegt worden, obwohl das Amt erloschen ist (§ 2368 Abs. 3 BGB), so kann sich der Dritte nicht auf die Verfügungsbefugnis des im Zeugnis ausgewiesenen Testamentsvollstreckers berufen.

314 Gerade dieser Umstand begründet jedoch eine ganz besondere Gefahr, weil die Verfügungsbefugnis des Testamentsvollstreckers nicht nur beim Verpflichtungsgeschäft, sondern auch beim Verfügungsgeschäft vorhanden sein muss.[195] Der öffentliche Glaube des Testamentsvollstreckerzeugnisses ist insoweit – verglichen mit dem eines Erbscheins – erheblich eingeschränkt.

315 Für die notarielle Praxis bedeutet dies, dass man sich über das Verpflichtungsgeschäft hinaus bis zum endgültigen Abschluss eines Rechtsgeschäftes (z. B. der Eigentumsumschreibung im Grundbuch) über den Fortbestand der Testamentsvollstreckung Gewissheit verschaffen sollte. Wird der Testamentsvollstrecker vor Eintragung der Vormerkung seines Amtes enthoben oder ist sein Amt wegen Versterbens vorher erloschen, kann der Käufer noch nicht einmal die Vormerkung gutgläubig erwerben. Daher sollte man, jedenfalls bevor man die Fälligkeit des Kaufpreises bescheinigt, durch Ein-

---

193 Vgl. BayObLG Beschl. v. 12.7.1994 – 1Z BR 148/93, ZEV 1995, 22, 23 mit abl. Anm. *Klumpp*, ZEV 1995, 24. Für ein solches Antragsrecht auch: MünchKommBGB/*J. Mayer* § 2368 Rn. 6.
194 Vgl. RG Urt. v. 19.12.1913 – Rep. II 405/13, RGZ 83, 384; siehe auch *Zahn*, MittRhNotK 2000, 102.
195 Ausführlich *Zahn*, MittRhNotK 2000, 102.

sicht in die Nachlassakten prüfen, dass das Amt des Testamentsvollstreckers noch fortbesteht.[196] Auch sollte diesem Gesichtspunkt bei der Ausgestaltung der Fälligkeitsvoraussetzungen Rechnung getragen werden.[197]

2. Antragsberechtigung und Antragsinhalt

Antragsberechtigt ist nur der Testamentsvollstrecker (h. M. siehe Rdn. 311), bei mehreren auch einer allein. Der Testamentsvollstrecker kann auch einen Erbschein beantragen. Vor diesem Hintergrund kann er mit dem Erbscheinsantrag zugleich das getrennt zu erteilende Testamentsvollstreckerzeugnis beantragen. Eine Annahme oder Ausschlagung der Erbschaft ist dem Testamentsvollstrecker dagegen nicht möglich.[198]

Der Antrag auf Erteilung des Testamentsvollstreckerzeugnisses hat weitgehend den gleichen Inhalt wie der Antrag auf Erteilung eines Erbscheins bei Vorliegen einer gewillkürten Erbfolge. Er muss die im Zeugnis zu verlautbaren Angaben zur Person des Erblassers wie auch des Testamentsvollstreckers sowie etwaige Beschränkungen und/oder Erweiterungen gegenüber der gesetzlichen Verfügungsmacht des Testamentsvollstreckers enthalten.

Im Antrag sind darüber hinaus folgende Angaben[199] zu machen:
– der Zeitpunkt des Todes des Erblassers;
– die Verfügung von Todes wegen, durch welche die Testamentsvollstreckung angeordnet wird (ggf. weitere Verfügungen, soweit vorhanden);
– die Amtsannahme des Testamentsvollstreckers, sofern das Zeugnis durch eine andere Person als den Testamentsvollstrecker oder nur durch einen von mehreren Mitvollstreckern beantragt wird;
– Erklärungen zur etwaigen Anhängigkeit eines Rechtsstreits über das Testamentsvollstreckeramt;
– Erklärungen zum Wegfall von Personen, die den Testamentsvollstrecker von seinem Amt ausschließen;
– Angaben zur – deutschen – Staatsangehörigkeit des Erblassers sind nach der Neufassung des § 2369 BGB regelmäßig zu machen; bei einem Fremdrechtszeugnis ist neben der Angabe der Staatsangehörigkeit zudem den sonstigen Anforderungen des Erbstatuts zu genügen.

Durch Urkunden nachzuweisen sind sowohl der Todeszeitpunkt als auch die Verfügung von Todes wegen, durch welche die Testamentsvollstreckung angeordnet wird als auch die Angaben zur ausländischen Staatsangehörigkeit des Erblassers. Weitere Angaben hat der Testamentsvollstrecker an Eides statt zu versichern, sofern nicht das Nachlassgericht darauf verzichtet oder die Tatsachen für das Gericht offenkundig sind.[200]

▶ **Muster: Antrag auf Erteilung eines Testamentsvollstreckerzeugnis**

(Urkundeneingang wie üblich)

Die Erschienene ersuchte den Notar um die Beurkundung eines

Antrags auf Erteilung eines Testamentsvollstreckerzeugnisses

und erklärte mündlich zur Niederschrift, was folgt:

Am 18. Oktober... verstarb in Düsseldorf mit letztem gewöhnlichen Aufenthalt in Düsseldorf, meine Cousine Frau Dr. phil. U. G. geborene L., geboren am 10. Mai 1953. Die Erblasserin besaß ausschließlich die deutsche Staatsangehörigkeit. Sie war verwitwet. Die Erblasserin hat folgende Verfügungen von Todes wegen hinterlassen:

---

196 *Zahn*, MittRhNotK 2000, 105; *Krauß*, Immobilienkaufverträge in der Praxis, 7, Aufl., Rn. 601, 602.
197 Ein Formulierungsvorschlag für eine Fälligkeitsregelung findet sich bei *Krauß*, Immobilienkaufverträge in der Praxis, Rn. 334.
198 MünchKommBGB/*Leipold*, § 1943 Rn. 7.
199 Vgl. hierzu ausführlich MünchKommBGB/*J. Mayer*, § 2368 Rn. 8.
200 Vgl. Beck'sches Formularbuch Erbrecht/*Eckelskemper*, K.VI.3 Anm. 3.

Einen mit ihrem vorverstorbenen Ehemann, Herrn Hans-Dieter G., am 15. Dezember 1982 unter der UR-Nr. 1467/1982 errichteten Erbvertrag, nach dem Ehemann vom Nachlassgericht Düsseldorf eröffnet unter dem Az.: 90 IV 457/98, sowie ein notarielles Testament vom 23. Januar 1998 (UR-Nr. 94/1998), beide beurkundet vor dem Notar N. in Düsseldorf. Die Eröffnung derselben ist bereits mit gesondertem Antrag beantragt worden.

Aufgrund des maßgebenden Testaments vom 23. Januar 1998 bin ich zum alleinigen Testamentsvollstrecker der Erblasserin ernannt. Im Einzelnen hat die Erblasserin hierzu folgendes bestimmt:

»Ich ordne Testamentsvollstreckung an und ernenne meine vorgenannte Cousine E. W. geborene L zu meiner Testamentsvollstreckerin. Die Testamentsvollstreckerin hat meinen Nachlass nach ihrem freien mütterlichen Ermessen unter Berücksichtigung des wohlverstandenen Interesses meiner Kinder bis zu dem Zeitpunkt zu verwalten, an dem meine Tochter D. G. Das 23. Lebensjahr vollendet hat. Bei der Verwaltung meines Nachlasses ist die Testamentsvollstreckerin berechtigt, sich auf Kosten des Nachlasses des fachlichen Rates anderer Berufsgruppen zu bedienen, den sie im Interesse meiner Kinder nach ihrem Ermessen für erforderlich oder nützlich hält. Die Testamentsvollstreckerin entscheidet, ob, in welchem Umfang und zu welchen Zeitpunkten die Nettoerträge des Nachlasses an meine Kinder auszukehren sind. Die Auskehrung dieser Nettoerträge hat nach Vollendung des 18. Lebensjahres meiner Tochter D. G. mindestens einmal jährlich zu erfolgen, und zwar bis zum 1. April eines jeden Jahres für das jeweils vorangegangene Kalenderjahr. In Ausnahmefällen ist meine Testamentsvollstreckerin auch berechtigt über Teile der Substanz meines Nachlasses während der angeordneten Testamentsvollstreckung zu verfügen, jedoch nur, sofern dies nach ihrem freien mütterlichen Ermessen zur Sicherung des Lebensunterhaltes meiner Kinder, zur Sicherung und im Interesse einer angemessenen Ausbildung meiner Kinder oder zur Gründung einer sinnvollen Existenz erforderlich oder nützlich ist.«

Weitere Verfügungen von Todes wegen sind und waren nicht vorhanden. Ein Rechtsstreit über die Gültigkeit des Testaments oder über meine Ernennung zum Testamentsvollstrecker ist nicht anhängig.

Ich, E. M. geborene L., nehme das Amt als Testamentsvollstrecker hiermit an.

Nach Belehrung über die Bedeutung einer eidesstattlichen Versicherung und über die strafrechtlichen Folgen einer vorsätzlich oder fahrlässig falsch abgegebenen Versicherung an Eides Statt, versichere ich hiermit an Eides statt, dass mir nichts bekannt ist, was der Richtigkeit meiner vorstehenden Angaben entgegensteht.

Ich, die Erschienene, beantrage hiermit – entsprechend den testamentarischen Anordnungen der Erblasserin – die Erteilung eines bis zum Ablauf des 20. September 20** befristeten Testamentsvollstreckerzeugnisses und die Übersendung einer Ausfertigung an den beurkundenden Notar.

Die Kosten dieser Verhandlung und der Erteilung des Testamentsvollstreckerzeugnisses gehen zu Lasten des Nachlasses mit Kostenrechnung zu meinen Händen.

Ich bevollmächtige den Notar, seinen Vertreter im Amt bzw. einen etwaigen Amtsnachfolger, den vorstehenden Antrag auf Erteilung eines Testamentsvollstreckerzeugnisses zu ändern, zu ergänzen, und alle etwa noch erforderlichen Rechtshandlungen vorzunehmen und Erklärungen abzugeben, die zur Erlangung des vorstehenden Testamentsvollstreckerzeugnisses erforderlich oder zweckmäßig sind.

Vorstehende Niederschrift wurde der Erschienenen von dem Notar vorgelesen, von ihr genehmigt und von ihr und dem Notar, wie folgt, eigenhändig unterschrieben: ...

3. Erteilung des Testamentsvollstreckerzeugnisses

321 Das Testamentsvollstreckerzeugnis muss folgende Angaben enthalten:
– Bezeichnung des Erblassers (einschließlich dessen Todestags)
– Bezeichnung des/der Testamentsvollstrecker/s
– Abweichungen von der gesetzlichen Verfügungsmacht des Testamentsvollstreckers und zu Beschränkungen und Erweiterungen der Testamentsvollstreckung, insbesondere in gegenständlicher und zeitlicher Hinsicht, nicht jedoch bloße interne Anweisungen an den Testamentsvollstrecker bspw. zur Verwaltung des Nachlasses

Richten sich die Befugnisse des Testamentsvollstreckers also nach den gesetzlichen Bestimmungen, so sind diese nicht in das Zeugnis aufzunehmen.[201] 322

4. Einziehung des Testamentsvollstreckerzeugnisses

Das Nachlassgericht hat ein unrichtig erteiltes Testamentsvollstreckerzeugnis von Amts wegen einzuziehen oder für kraftlos zu erklären (§ 2368 Abs. 3, § 2361 BGB). Ändert sich hingegen nur die Person eines Testamentsvollstreckers, etwa durch Wegfall oder durch Neuernennung, so kann das Nachlassgericht das Testamentsvollstreckerzeugnis berichtigen.[202] 323

5. Kosten

Für die Entgegennahme der Annahmeerklärung durch das Nachlassgericht fällt gemäß Nr. 12420 eine 0,5 Gebühr aus einem Geschäftswert nach 40 Abs. 5 GNotKG (20 % des Nachlasswertes im Zeitpunkt des Erbfalls, wobei Nachlassverbindlichkeiten nicht abgezogen werden). 324

Für die Erteilung eines Testamentsvollstreckerzeugnisses fällt gemäß 12210 KV eine volle Gebühr aus einem nach § 40 Abs. 5 GNotKG zu bestimmenden Wert an. 325

Der notariell beurkundete Antrag auf Erteilung eines Testamentsvollstreckerzeugnisses löst (wegen der eidesstattlichen Versicherung) eine 1,0 Gebühr nach Nr. 23300 KV aus.[203] Der Geschäftswert bestimmt sich auch hier nach § 40 Abs. 5 GNotKG, und zwar 20 % des Nachlasswertes im Zeitpunkt des Erbfalls, wobei Nachlassverbindlichkeiten nicht abgezogen werden. 326

V. Beendigung der Testamentsvollstreckung

Die Testamentsvollstreckung endet 327
– mit dem Tod des Testamentsvollstreckers,
– dem Fortfall seiner Geschäftsfähigkeit,
– durch jederzeit mögliche formlose Kündigung (§ 2226 BGB),
– mit der Erledigung seiner Aufgaben oder der
– Entlassung durch das Nachlassgericht auf Antrag eines Beteiligten bei Vorliegen eines wichtigen Grunde (§ 2227 BGB).

D. Das Europäische Nachlasszeugnis

Buschbaum/Simon, Das Europäische Nachlasszeugnis, ZEV 2012, 525.; *Dorsel*, Europäische Erbrechtsverordnung und Europäisches Nachlasszeugnis, ZErb 2014, 212; *Kroiß*, Änderungen im Nachlassverfahrensrecht durch das neue »Internationale Erbrechtsverfahrensgesetz (IntErbRVG), ErbR 2015, 127; *Lange*, Das geplante Europäische Nachlasszeugnis, DNotZ 2012, 168; *ders.* »Das Europäische Nachlasszeugnis in: Dutta/Herrler, Die Europäische Erbrechtsverordnung 2013, 161; *Volmer*, Definitive Entscheidung von Vorfragen aufgrund der Gerichtszuständigkeit nach der EuErbVO, ZEV 2014, 129; *Wagner/Scholz*, Der Referentenentwurf eines Gesetzes zur Durchführung der EU-Erbrechtsverordnung, FamRZ 2014, 714; *Wall*, Richtet sich die internationale Zuständigkeit zur Erbscheinserteilung künftig ausschließlich nach Art. 4 ff EuErbVO?, ZErb 2015, 9.

I. Einführung

Die Europäische Erbrechtsverordnung (ErbVO)[204] führt mit dem europäischen Nachlasszeugnis (nachfolgend auch kurz als »ENZ« bezeichnet) erstmals einen (europäischen) Erbnachweis ein, 328

---

201 So auch Beck'sches Formularbuch Erbrecht/*Eckelskemper*, K.VI.3 Anm. 5.
202 Vgl. Bengel/Reimann/*Reimann*, Kap. 2 Rn. 298 ff.
203 Vgl. Streifzug durch das GNotKG Rn. 2337.
204 Verordnung (EU) Nr. 650/2012 vom 4. Juli 2012 über die Zuständigkeit, das anzuwendende Recht, die Anerkennung und Vollstreckung von Entscheidungen und die Annahme und Vollstreckung öffentlicher Urkunden in Erbsachen sowie zur Einführung eines Europäischen Nachlasszeugnisses.

welcher zur Verwendung in einem anderen Mitgliedstaat[205] ausgestellt wird und die in Art. 69 EuErbVO aufgeführten Rechtswirkungen entfaltet. Die Rechtsnatur des Europäischen Nachlasszeugnisses ist dabei unklar. Zum Teil wird es als erbrechtliches Gemeinschaftsinstrument *sui generis* qualifiziert,[206] dessen Rechtsnatur sich nach der *lex fori* der Ausstellungsbehörde richtet.[207]

329 Ziel des Europäischen Nachlasszeugnisses ist es die Abwicklung grenzüberschreitender Nachlässe zu vereinfachen und zu beschleunigen.[208] So bestehen trotz eines immer stärker zusammen wachsenden Europas derzeit immer noch erhebliche Schwierigkeiten, die Erbberechtigung oder Verfügungsmacht über Nachlassvermögen gegenüber ausländischen Gerichten, den dortigen registerführenden Stellen oder ausländischen Banken nachzuweisen. Vor diesem Hintergrund müssen nicht selten mehrere nationale Erbnachweise in verschiedenen Ländern beantragt und erteilt werden. Auch in Deutschland werden ausländische Erbscheine nach derzeitiger Rechtslage grundsätzlich nicht anerkannt.[209] Das ENZ kann insoweit einen wichtigen Beitrag dazu leisten, die Nachlassabwicklung im Ausland zu beschleunigen.

330 Mit Rücksicht auf die Anerkennung von Entscheidungen (Art. 39 Abs. 1 EuErbVO) und öffentliche Urkunden (Art. 59 Abs. 1 Abs. 1 EuErbVO) wird in der Literatur z. T. gefolgert, dass der nationale Erbnachweis in allen Mitgliedsstaaten anzuerkennen sei. Dies würde das ENZ überflüssig machen.[210] Dieser Auffassung wird jedoch entgegen gehalten, dass es dem Rechtsverkehr nicht zumutbar sei, die Zuständigkeit und die Rechtswirkungen einer ausländischen Bescheinigung überprüfen zu müssen. Außerdem seien die Gutglaubenswirkungen und Vermutungswirkungen für öffentliche Register materiell-rechtliche Wirkungen der Urkunden, so dass sie nicht von der Annahmewirkung des Art. 59 EuErbVO erfasst seien.[211] Losgelöst hiervon muss es jedenfalls dem (privaten) Rechtsverkehr möglich sein, die Vorlage eines ENZ zu verlangen, und zwar schon allein deshalb, weil der inländische Rechtsverkehr die Wirkungen eines ausländischen Erbnachweises in aller Regel nicht kennt. Der ausländische Erbnachweis kann dementsprechend die Vorlage des ENZ nicht ohne weiteres ersetzen. Hiervon geht auch das im Regierungsentwurf vorliegende Ausführungsgesetz zur EuErbVO, das Internationale Erbrechtsverfahrensgesetz (IntErbRVG), aus, welches sich in § 33 ff. IntErbRVG eingehend mit dem Verfahren auf Erteilung eines ENZ befasst.

II. Das Verhältnis zwischen ENZ und Erbschein

331 Wie aus Art. 62 Abs. 3 EuErbVO hervorgeht, verdrängt das ENZ den innerstaatlichen Erbnachweis nicht. Vielmehr besteht Einigkeit darin, dass das ENZ neben den jeweiligen Erbnachweis der einzelnen Mitgliedstaaten tritt (Art. 63 Abs. 1 EuErbVO). So können beide Erbnachweise auch nebeneinander beantragt und auch nebeneinander erteilt werden. Auch nach Erteilung des ENZ fehlt es nicht an einem Rechtsschutzbedürfnis für die Erteilung eines nationalen Erbnachweises. Gleiches gilt umgekehrt.[212] Sobald allerdings ein ENZ erteilt wird, ist ein nationaler Erbnachweis in einem anderen Staat entbehrlich (Art. 62 Abs. 3 EuErbVO).

332 Dabei gilt es zu beachten, dass sich aus dem Erfordernis, dass das ENZ seine Wirkung nach Art. 62 Abs. 1 EuErbVO im Ausland entfalten soll und die Antragsberechtigten sich in einem anderen Mitgliedsstaat auf ihre Rechtsstellung berufen, ergibt, dass das ENZ nur für grenzübergreifende Erbfälle

---

205 Mit Ausnahme von Dänemark, Großbritannien und Irland.
206 *Lange*, DNotZ 2012, 168, 170.
207 Hierzu ausführlich *Dorsel*, Zerb 8/2014, S. 212 mit Verweis auf Buschbaum, Gedächtnisschrift für Ulrich Hübner, S. 599.
208 *Dörner*, ZEV 2012, 505, 512; vgl. auch *Dutta*, FamRZ 2013, 4, 14;
209 KG, NJW-RR 1997, 1094; OLG Bremen, ZEV 2011, 481; *Hertel*, ZEV 2013, 539, 540.
210 Vgl. *Dörner*, ZEV 2012, 505; *Buschbaum/Simon*, ZEV 2012, 525; *Dutta*, FamRZ 2013, 4, 14.
211 Vgl. *Müller-Lukoschek*, a. a. O., § 2 Rn. 306, 307 mwN.
212 *Buschbaum/Simon*, ZEV 2012, 525, 528; *Müller-Lukoschek*, a. a. O., § 2 Rn. 306, 307 mwN

ausgestellt werden kann. Bei einem reinen Inlandsfall kann ein ENZ mithin nicht ausgestellt werden.[213]

Ferner gilt es zu beachten, dass Erbschein und ENZ unterschiedliche Inhalte ausweisen können. Speziell wegen der Ausnahme des Bereichs des Ehegüterrechts ergibt sich vielfach zwangsläufig ein Unterschied zwischen dem deutschen Erbschein und dem ENZ.[214] So kann in einem ENZ im Unterschied zum deutschen Erbschein das Erhöhungsviertel gemäß § 1371 Abs. 1 BGB nicht erfasst werden.[215] Teilweise wird aber ein informatorischer Hinweis, der an der Vermutungswirkung des ENZ nicht teilnimmt, empfohlen.[216] Darüber hinaus sind im ENZ im Gegensatz zum Erbschein auch dingliche Vermächtnisnehmer mit aufzunehmen, und zwar einschließlich der ihnen zugewiesenen Vermögenswerte (Art. 63 Abs. 2 lit. b EuErbVO). 333

III. Zuständigkeit für die Erteilung des ENZ

1. Internationale Zuständigkeit für die Erteilung des ENZ

Das ENZ wird in dem Mitgliedsstaat ausgestellt, dessen Gerichte nach den Artikeln 4, 7, 10 und 11 EuErbVO zuständig sind (Art. 64 EuErbVO). Dementsprechend gelten für die Ausstellung des ENZ die gleichen Zuständigkeitsregelungen wie für die übrigen erbrechtlichen Verfahren. Damit ist auch hier grundsätzlich das Gericht am letzten gewöhnlichen Aufenthalt des Erblassers zuständig, Art. 64 i. V. m. Art. 4 EuErbVO. Allerdings gilt es zu beachten, dass die Parteien nach Art. 5 Abs. 1 EuErbVO die Zuständigkeit des Heimatstaates des Erblassers durch eine Gerichtsstandvereinbarung begründen können, wenn der Erblasser eine Rechtswahl im Sinne von Art. 22 EuErbVO getroffen hat. 334

Eine subsidiäre (Art. 10 EuErbVO) bzw. Notzuständigkeit eines Mitgliedsstaates (Art. 11 EuErbVO) kann u. U. dann begründet sein, wenn sich der letzte gewöhnliche Aufenthalt des Erblassers nicht in einem Mitgliedsstaat befand. 335

Soweit ein deutsches Gericht zuständig ist, kann zwar ein Erbschein gemäß § 2369 Abs. 1 BGB auf die im Inland befindliche Gegenstände beschränkt werden, nicht aber das vom gleichen Gericht ausgestellte ENZ, welches sich immer auf alle Nachlassgegenstände bezieht.[217] 336

Die Frage, ob aus der Institutsgarantie des Art. 62 Abs. 3 EuErbVO für nationale Erbnachweise auch gefolgert werden kann, dass deutsche Nachlassgerichte weiterhin international für gegenständlich beschränkte Erbscheine für Inlandsvermögen zuständig bleiben, ist im Schrifttum kontrovers diskutiert worden. 337

Nach einer im Schrifttum vertretenen Auffassung sollte die internationale Zuständigkeit nach Art. 4 EuErbVO dazu führen, dass neben dem danach grundsätzlich zuständigen Gericht des letzten gewöhnlichen Aufenthalts kein weiteres Gericht in einem anderen Land zuständig sein soll, auch nicht für die Erteilung eines Erbscheins nach § 2369 BGB.[218] § 343 Abs. 3 FamFG würde von Art. 4 EuErbVO verdrängt. 338

Durch das Ausführungsgesetz zur EuErbVO wird diese bislang noch offene Frage aber einer Klärung zugeführt werden. So sieht § 343 Abs. 2 und 3 FamFG-E auch eine Zuständigkeit der deutschen Nachlassgerichte außerhalb des Zuständigkeitsregimes der EuErbVO vor. Auch wenn sich der Erblasser also zuletzt gewöhnlich im Ausland aufhielt und die dortigen Gerichte somit für die Nachlassabwicklung international zuständig sind, wird es künftig möglich sein, einen deutschen Erbschein in Deutschland zu beantragen. 339

---

213 *Dorsel*, Zerb 8/2014, S. 212.
214 *Müller-Lukoschek*, a. a. O., § 2 Rn. 309.
215 *Müller-Lukoschek*, a. a. O., § 2 Rn. 310.
216 *Dörner*, ZEV 2012, 505, 508.
217 *Müller-Lukoschek*, a. a. O., § 2 Rn. 313.
218 So *Volmer*, ZEV 2014, 129, 132; *Odersky*, notar 2013, 3, 4; a. A. *Dörner*, ZEV 2012, 505, 512.

2. Sachliche und örtliche Zuständigkeit für die Erteilung des ENZ

340 Bestimmungen zur sachlichen und örtlichen Zuständigkeit finden sich in der EuErbVO nicht. Näheres hierzu kann aber dem Regierungsentwurf für ein Ausführungsgesetz entnommen werden (Internationales Erbrechtsverfahrensgesetz -IntErbRVG).[219] Nach § 34 Abs. 4 IntErbRVG ist das Amtsgericht als Nachlassgericht sachlich ausschließlich für die Erteilung des ENZ zuständig. Einhergehend hiermit erhält § 16 RPflG eine neue Fassung. So sieht § 16 Abs. 2 RPflG vor, dass Verfahren im Zusammenhang mit dem Europäischen Nachlasszeugnis dem Richter vorbehalten sind, sofern eine Verfügung von Todes wegen oder die Anwendung ausländischen Rechts in Betracht kommt. Zugleich sieht § 16 Abs. 3 RPflG n. F. eine Übertragungsmöglichkeit auf den Rechtspfleger vor, wenn deutsches Recht zur Anwendung kommt.

341 § 34 Abs. 3 S. 1 IntErbRVG bestimmt die örtliche Zuständigkeit nach dem **gewöhnlichen Aufenthalt** des Erblassers im Zeitpunkt seines Todes. Hatte der Erblasser im Todeszeitpunkt seinen gewöhnlichen Aufenthalt nicht im Inland, ist das Gericht des letzten gewöhnlichen Aufenthalts im Inland zuständig. Hatte er keinen gewöhnlichen Aufenthalt im Inland, ist das Amtsgericht Berlin-Schöneberg örtlich ausschließlich zuständig. Dieses kann die Sache jedoch aus wichtigem Grund an ein anderes Nachlassgericht verweisen.

IV. Das Verfahren zur Erteilung des ENZ

1. Antragsverfahren

342 Die Erteilung eines ENZ erfolgt im Rahmen eines Antragsverfahrens. So wird das ENZ nur auf Antrag erteilt, Art. 65. IntErbRVG. Die EuErbVO führt dabei keine umfassenden algemeingültigen Verfahrensvorschriften für die Erteilung eines Europäischen Nachlasszeugnisses ein. Das Verfahren richtet sich vielmehr weitestgehend nach nationalen Vorschriften.

343 Die EuErbVO beschränkt sich insoweit nur auf ganz wenige einheitliche Vorgaben, wie z. B. die Vorgaben für die Prüfung des Antrages durch die ausstellende Behörde, die Anforderungen an etwaige Nachweise und die Beteiligung weiterer Berechtigter.

344 Ferner enthält die Verordnung Vorgaben hinsichtlich der Korrektur des Zeugnisses und die Rechtsmittel im Zusammenhang mit der Ausstellung.[220] Soweit die Verordnung keine Vorgaben macht, haben die nationalen Behörden die *nationalen Vorschriften* als Verfahrensrecht anzuwenden.[221] Diese Ausgangsposition ist insofern problematisch, als unterschiedliche Verfahren zu einer unterschiedlichen Richtigkeitsgewähr führen.[222] Angesichts der weitreichenden Wirkungen des Zeugnisses ist die Quasi-Anerkennung aller ausländischen Verfahrensstandards als gleichwertig nicht unbedenklich.

2. Antragsberechtigung

345 Nach **Art. 65 Abs. 1, 63 Abs. 1 EuErbVO** sind
– **Erben**
– **Testamentsvollstrecker** und
– **Nachlassverwalter** und
– **Vermächtnisnehmer** (nur wenn sie eine unmittelbare Berechtigung am Nachlass haben),

antragsberechtigt.

---

219 Vgl. hierzu ausf. *Kroiß*, Änderungen im Nachlassverfahrensrecht durch das neue »Internationale Erbrechtsverfahrensgesetz«, ErbR 3/2015, S. 127 ff.
220 *Janzen*, DNotZ 2012, 484, 492 f.
221 So auch *Lange*, DNotZ 2012, 168, 172.
222 *Lübcke*, S. 602.

Unter welchen Voraussetzungen beim Vermächtnisnehmer eine solche unmittelbare Berechtigung 346
am Nachlass gegeben ist, ist europarechtlich unter Berücksichtigung des jeweils im konkreten Fall
anwendbaren Erbrechts auszulegen.[223] Zu denken ist hier an dingliche Vermächtnisse, wie sie beispielsweise einzelne romanische Erbrechtsordnungen und neuerdings auch das polnische Recht kennen. Rein schuldrechtliche Vermächtnisse, wie im deutschen Erbrecht ausschließlich vorgesehen, gewähren demgegenüber keine Antragsberechtigung.[224]

Nach dem Wortlaut von Art. 63 Abs. 1 i. V. m. Art 65 Abs. 1 sind Nachlassgläubiger nicht antrags- 347
berechtigt. Es bleibt abzuwarten, ob die einzelnen Mitgliedstaaten Nachlassgläubigern ein entsprechendes Antragsrecht einräumen werden. Dem dürfte grundsätzlich nichts entgegenstehen, insbesondere wenn das Antragsrecht des Gläubigers als Frage des Zwangsvollstreckungsrechts qualifiziert wird.[225]

3. Der Inhalt des Antrags nach Art. 65 Abs. 3 EuErbVO

Vergleichbar dem Erbscheinsantrag muss auch der Antrag auf Erteilung eines ENZ bestimmte An- 348
gaben enthalten. Diese sind in Art. 65 Abs. 3 EuErbVO im Einzelnen aufgeführt.

In jedem Fall muss der beabsichtigte Zweck angegeben werden, der mit dem Europäischen Nachlass- 349
zeugnis verfolgt wird, Art. 65 Abs. 3 lit. f). Die im Einzelnen zulässigen Zwecke kann man dabei
Art. 63 EuErbVO entnehmen, wobei diese stets die Verwendung des ENZ in einem anderen Mitgliedstaat voraussetzen.

Zwingend sind ferner Angaben zu etwaigen Ehe- und/oder Lebenspartnerschaftsverträgen (Art. 65 350
Abs. 3 lit. j EuErbVO).

Nach Art. 65 Abs. 3 lit. k) sind im Antrag ferner Angaben darüber zu machen, ob einer der Berechtigten eine Erklärung über die Annahme oder die Ausschlagung der Erbschaft abgegeben hat. Der
Erbverzicht wird dagegen nicht erwähnt.

Für den Antrag **kann** sich der Antragsteller dabei des **Formblattes** bedienen, das von der Europäi- 351
schen Kommission gemäß **Art. 81 Abs. 2 EuErbVO** festgelegt worden ist; Art. 65 Abs. 2 EuErbVO.
Auch für den Inhalt des ENZ ist von der Kommission ein Formblatt geschaffen worden, dessen sich
die ausstellende Behörde gemäß Art. 67 Abs. 1 EuErbVO im Gegensatz zum Antrag jedoch bedienen **muss**. Nach § 35 Abs. 2 IntErbRVG kann das Nachlassgericht bei Anträgen, die nicht in deutscher Sprache abgefasst sind, eine Übersetzung verlangen, § 184 S. 1 GVG.

Nach **§ 36 Abs. 1 IntErbRVG** hat der Antragsteller wie beim Erbschein vor Gericht oder vor einem 352
Notar an Eides statt zu versichern, dass ihm nichts bekannt sei, was der Richtigkeit seiner Angaben
entgegensteht. Das Nachlassgericht kann die Versicherung erlassen, wenn es sie nicht für erforderlich
erachtet.

Im Übrigen gelten für das Verfahren, soweit die EuErbVO keine Regelungen enthält, (subsidiär) die 353
Bestimmungen des FamFG (§ 35 IntErbRVG). Damit gelten auch die Nachweispflichten durch öffentliche Urkunden, denn die bisherigen Regelungen der §§ 2354–2359 BGB, welche die Vorlage
dieser Nachweise regeln, sollen künftig in das FamFG als §§ 352–352e überführt werden.

Die Formulierung in Art. 65 Abs. 3 EuErbVO, der zufolge Angaben nur erforderlich sind, soweit 354
diese dem Antragsteller *bekannt sind* und soweit sie von der Ausstellungsbehörde zur Beschreibung
des Sachverhalts, dessen Bestätigung der Antragsteller begehrt, benötigt werden, ist insofern irreführend, als einige Angaben unerlässlich erscheinen, unabhängig davon, ob sie dem Antragsteller be-

---

223 Vgl. *Dorsel*, Zerb 8/2014, S. 213.
224 Vgl. *Dorsel*, Zerb 8/2014, S. 213.
225 Vgl. *Dorsel*, Zerb 8/2014, 213 mit Verweis auf *Buschbaum/Simon*, ZEV 2012, 525.

kannt sind oder nicht (wie z. B. Angaben zur Identifizierung des Antragstellers oder zum Güterstand).[226]

355 Die jeweilige Ausstellungsbehörde ist überdies berechtigt, den Antragsteller zu weiteren Angaben aufzufordern, die für die Zeugniserteilung relevant sind. Der Antragsteller kann hiergegen nicht einwenden, die Aufzählung in Art. 65 Abs. 3 EuErbVO sei insoweit abschließend.[227]

4. Prüfung des Antrags

356 Die jeweilige Ausstellungsbehörde überprüft nach Eingang des Antrags auf Zeugniserteilung die vom Antragsteller übermittelten Angaben, Erklärungen, Schriftstücke und sonstigen Nachweise.

357 Sie führt dabei die für die Überprüfung erforderlichen Nachforschungen durch, allerdings nur insoweit, als ihr eigenes Recht dies vorsieht und zulässt, Art. 66 Abs. 1 Satz 2 EuErbVO. Bei der Antragsprüfung gilt der Amtsermittlungsgrundsatz damit nur, soweit dieser Grundsatz Teil des von der Ausstellungsbehörde angewandten Verfahrensrechts ist. Kennt das nationale Verfahrensrecht keinen Amtsermittlungsgrundsatz, fordert die Ausstellungsbehörde den Antragsteller auf, die Nachweise vorzulegen, die sie für erforderlich erachtet.[228] Die Verweisung auf das nationale Verfahrensrecht ist nicht unproblematisch, da das Verfahren unmittelbare Auswirkungen auf den Grad der Richtigkeitsgewähr hat. Unterschiedliche Verfahren und vor allem ein unterschiedlich weitgehender Amtsermittlungsgrundsatz werden vermutlich dazu führen, dass je nach Verfahrensausgestaltung Zeugnisse mehr oder weniger eine Gewähr für die Richtigkeit des bezeugten Inhalts liefern.

358 Aus § 37 IntErbRVG ergibt sich zudem, wer als Beteiligter in dem Verfahren hinzuzuziehen ist. Neben dem Antragsteller sind dieses die gesetzlichen Erben, diejenigen, die nach dem Inhalt der vorliegenden Verfügung von Todes wegen als Erben in Betracht kommen, diejenigen, die im Fall der Unwirksamkeit der Verfügung von Todes wegen Erben wären, die Vermächtnisnehmer mit unmittelbarer Berechtigung am Nachlass, der Testamentsvollstrecker oder der Nachlassverwalter sowie sonstige Personen mit einem berechtigten Interesse (§ 37 Abs. 1 IntErbRVG).

V. Der Inhalt des ENZ

359 Der Inhalt des ENZ ist in Art. 68 EuErbVO detailliert beschrieben. Der Forderung, den Inhalt des Zeugnisses zu begrenzen, ist der Verordnungsgeber dabei leider nicht nachgekommen. So geht der Inhalt des ENZ weit über einen deutschen Erbschein hinaus. Er ist inhaltlich sowohl dem Erbschein wie auch dem Testamentsvollstreckerzeugnis deutschen Rechts nachgebildet und soll damit sowohl dem Erben wie auch dem Testamentsvollstrecker den Nachweis seiner Befugnisse ermöglichen.

360 Das ENZ gibt nach Art. 68 EuErbVO Auskunft über die ausstellende Behörde, die Herleitung ihrer Zuständigkeit, Ausstellungsdatum und persönliche Angaben des Erblassers und der Erben sowie gegebenenfalls anderer Berechtigter. Trotz der Bedeutung des Güterrechts für die Beteiligung des Ehegatten und eingetragenen Lebenspartners weist es zwar den Güterstand, nicht aber das Güterrechtsstatut aus, welches die ausstellende Behörde zugrunde gelegt hat.[229]

361 Art. 68 EuErbVO sieht ferner verschiedene Angaben vor, die ausländischen Rechtsinstituten Rechnung tragen sollen. Während die h. M. für den deutschen Fremdrechtserbschein eine Anpassung ausländischer Rechtsinstitute vornimmt, um Konflikten mit dem Recht am Belegenheitsort einer Sache vorzubeugen,[230] wird das ENZ die Rechtslage möglichst getreu dem jeweiligen Erbstatut wiederspiegeln. Dementsprechend wird z. B. der Vermächtnisnehmer bei einer dinglichen Berechtigung am

---

226 So zutreffend *Dorsel*, Zerb 8/2014, S. 213.
227 *Dorsel*, Zerb 8/2014, S. 214.
228 *Dorsel*, Zerb 8/2014, S. 214.
229 *Buschbaum/Simon*, ZEV 2012, 525, 527; *Lange*, DNotZ 2012, 168, 173.
230 Vgl. hierzu etwa Staudinger/*Döner* Art. 25 EGBGB, Rn. 883.

Nachlass ebenso aufgenommen, wie die Berechtigten einer dinglich wirkenden Teilungsanordnung.[231]

Art. 68 lit. n) EuErbVO sieht ferner vor, dass Beschränkungen der Rechte der Erben und der Vermächtnisnehmer nach dem auf die Rechtsfolge von Todes wegen anzuwenden Recht und nach Maßgabe der Verfügung von Todes wegen anzugeben sind.

362

Nach Art. 68 lit. o EuErbVO sind auch die Befugnisse und Beschränkungen der Befugnisse eines Testamentsvollstreckers im ENZ aufzuführen. Das zu verwendende Formblatt wurde auf Grundlage des Verfahrens für delegierte Rechtsakte erstellt (Art. 67 Abs. 1 S. 2; 80, 81 Abs. 2 EuErbVO).

363

Darüber hinaus sieht Art. 68 EuErbVO eine Fülle von weiteren Angaben im ENZ vor. Auch wenn im Einzelfall nicht alle Angaben aufzunehmen sind, weil sie nicht benötigt werden (dazu Art. 68 EuErbVO: »Angaben, soweit dies für den Ausstellungszweck erforderlich ist«), verlangt die Angabe der Beschränkungen einen nicht unerheblichen Rechercheaufwand, insbesondere wenn im Einzelfall (ausnahmsweise) ausländisches Recht zur Anwendung kommt.[232] Dies dürfte allerdings wegen des Gleichlaufs zwischen Zuständigkeit und anwendbarem Rechts eher die Ausnahme sein.

364

Vor diesem Hintergrund erscheint es bis auf weiteres weiterhin empfehlenswert zu sein, es zunächst mit einem Erbschein zu versuchen; jedenfalls dann, wenn der jeweilige Mitgliedstaat, in welchem der Erbschein vorgelegt werden soll, den deutschen Erbschein als Erbnachweis anerkennt.

365

VI. Die Erteilung und Berichtigung eines ENZ

1. Die Erteilung eines ENZ

Ein wesentlicher Unterschied zwischen dem ENZ und dem deutschen Erbschein ergibt sich daraus, dass dem Antragsteller eines ENZ (und jeder anderen Person, die ein berechtigtes Interesse nachweist) – anders als im deutschen Erbscheinverfahren – keine Urschrift oder Ausfertigung, sondern lediglich eine beglaubigte Abschrift des ENZ ausgehändigt wird. Die Urschrift verwahrt nach **Art. 70 Abs. 1 EuErbVO** die Ausstellungsbehörde.

366

Aus Gründen des Verkehrsschutzes hat die Ausstellungsbehörde dabei den Beglaubigungsvermerk mit einem Verfallsdatum (**6 Monate nach Ausstellung**) zu versehen (Art. 70 Abs. 3 EuErbVO), mit dessen Ablauf die beglaubigte Abschrift ihre Gültigkeit verliert. Die Wirkungsdauer kann jedoch von der ausstellenden Behörde verlängert werden. Die Kombination von Ausstellungs-/Beglaubigungsmonopol der Ausstellungsbehörde und einem Verfallsdatum soll die Gefahr bannen, dass die Zirkulation des ENZ perpetuiert und multipliziert wird.[233]

367

Soll das ENZ nach Ablauf der Gültigkeitsfrist weiterverwendet werden, muss entweder eine Verlängerung der Frist der beglaubigten Abschrift oder eine neue beglaubigte Abschrift bei der Ausstellungsbehörde beantragt werden (Art. 70 Abs. 2 S. 2 EuErbVO). Die beglaubigten Abschriften dürfen mithin nur von der Ausstellungsbehörde erteilt werden. Dementsprechend besteht insoweit ein Ausstellungsmonopol.

368

Die Zweckmäßigkeit dieses Verfahrens darf durchaus bezweifelt werden, da die Verfügung über Nachlassgegenstände im Ausland mitunter äußerst zeitaufwändig ist. Auch mit Blick auf den Fall einer Dauertestamentsvollstreckung erscheint die Bestimmung wenig praxisnah. In jedem Fall sollte schon im Rahmen der Antragstellung – je nach Fallgestaltung in Betracht gezogen werden – ggf. eine über die sechs Monate hinausgehende längere Frist zu beantragen.

369

Fraglich ist in diesem Zusammenhang auch, ob der Berechtigte, der eine Verlängerung der Gültigkeitsfrist der beglaubigten Abschrift des Zeugnisses oder eine neue beglaubigte Abschrift begehrt,

370

---

231 *Müller-Lukoschek*, a. a. O., § 2 Rn. 333.
232 *Müller-Lukoschek*, a. a. O., § 2 Rn. 332.
233 *Buschbaum/Simon*, ZEV 2012, 525, 526.

einen erneuten Antrag auf Ausstellung eines Zeugnisses oder lediglich einen Antrag auf Verlängerung stellen muss, und mit welchem konkreten bürokratischen Aufwand ein entsprechender Antrag verbunden sein wird.

2. Die Berichtigung, Änderung und der Widerruf eines ENZ

371 Angesichts des Sicherungszwecks, den der Verordnungsgeber mit dieser Verfallsregelung des Art. 70 EuErbVO verfolgt, verwundert es doch sehr, dass er die Möglichkeit der Einziehung einer beglaubigten Abschrift (vgl. § 2361 BGB) für den Fall, dass sich das ausgestellte Zeugnis als unrichtig erweist, nicht vorgesehen hat.

372 So sieht die EuErbVO lediglich die Änderung oder den Widerruf des ENZ vor (Art. 71 Abs. 2 EuErbVO). Die bei der Ausstellungsbehörde verbleibende Urschrift wird berichtigt, geändert oder widerrufen, eine Einforderung bereits ausgestellter und noch im Verkehr befindlicher beglaubigter Abschriften von der fehlerhaften Urschrift ist dagegen nicht vorgesehen, selbst wenn das Ablaufdatum noch nicht erreicht ist.

373 Dies ist äußerst bedenklich, zumal die nach Art. 71 Abs. 3 EuErbVO vorgesehene Unterrichtung der Inhaber der beglaubigten Abschriften nicht den Verlust des guten Glaubens hinsichtlich der fehlerhaften beglaubigten Abschriften bewirkt. Vor diesem Hintergrund hat der Bundesrat in seiner Stellungnahme zum Regierungsentwurf[234] auch angeregt, im Ausführungsgesetz (IntErbRVG) ein Einziehungsrecht zumindest für in Deutschland ausgestellte Europäische Nachlasszeugnisse vorzusehen.

VII. Rechtsbehelfe gegen das ENZ

374 Die Bekanntgabe des ENZ erfolgt durch eine beglaubigte Abschrift an den Antragsteller (§ 40 InterErbRVG). Die übrigen Beteiligten erhalten eine einfache Abschrift (vgl. hierzu Art. 67 Abs. 2 EuErbVO). Wirksam wird das ENZ nach § 41 IntErbRVG mit seiner Übergabe an die Geschäftsstelle zum Zwecke der Bekanntgabe.

375 Entscheidungen des Nachlassgerichts in Verfahren im Zusammenhang mit dem Europäischen Nachlasszeugnis können mit Hilfe einer Beschwerde zum Oberlandesgericht angegriffen werden, § 43 IntErbRVG. Nach § 43 Abs. 1 S. 2 IntErbRVG ist die Beschwerde beim Ausgangsgericht einzulegen.

376 Die Beschwerde ist innerhalb eines Monats nach Bekanntgabe einzulegen, wenn der Beschwerdeführer seinen gewöhnlichen Aufenthalt im Inland hat, andernfalls innerhalb von zwei Monaten, vgl. § 43 Abs. 3 Nr. 1 und 2 IntErbRVG. Die Beschwerdeberechtigung entspricht weitgehend der Antragsberechtigung, § 43 Abs. 2 IntErbRVG. Im Übrigen sind diejenigen Personen beschwerdeberechtigt, die ein berechtigtes Interesse nachweisen, § 43 Abs. 2 Nr. 2 IntErbRVG. Für das Beschwerdeverfahren gelten die Vorschriften des FamFG. Mit Rücksicht darauf, dass § 61 FamFG nicht anzuwenden ist, gelten aber keine Wertgrenzen. Eine Besonderheit gegenüber dem Beschwerdeverfahren nach FamFG besteht darin, dass das Beschwerdegericht selbst befugt ist, ein Nachlasszeugnis auszustellen, § 43 Abs. 5 IntErbRVG. Wie beim FamFG-Verfahren ist gegen die Beschwerdeentscheidungen des OLG die Rechtsbeschwerde zum BGH möglich, welche jedoch zulassungsbedürftig ist, §§ 44 IntErbRVG, 70 FamFG.

VIII. Wirkungen des ENZ

377 Die Wirkungen des ENZ ergeben sich aus Art. 69 EuErbVO. Art. 69 EuErbVO statuiert dabei eine **Vermutungs-** und **Beweiswirkung** wie auch eine **Gutglaubenswirkungen** des ENZ.[235] Die Beweiskraft des ENZ bezieht sich dabei grds. nur auf Elemente, die durch die Verordnung geregelt werden.

---

234 BR-Drucksache 644 1/14 vom 23.1.2015.
235 Vgl. hierzu ausf. *Dorsel* Zerb8/2014, S. 216; krit. hierzu *Lange*, DNotZ 2012, 168, 177.

1. Die Vermutungswirkung des Art. 69 Abs. 2 EuErbVO

Nach Art. 69 Abs. 2 EuErbVO wird vermutet, dass der im ENZ ausgewiesene Sachverhalt richtig ist. Des Weiteren wird vermutet, dass die im ENZ aufgeführten Erben, dinglichen Vermächtnisnehmer, Testamentsvollstrecker oder Nachlassverwalter die im Zeugnis genannte Rechtsstellung inne haben und keinen anderen als den im ENZ aufgeführten Beschränkungen unterliegen.[236] Diese Richtigkeitsvermutung würde nach deutschem Rechtsverständnis nur die Urschrift bzw. Ausfertigung, nicht aber die beglaubigte Abschrift haben. Dann aber könnte das ENZ, dessen Urschrift stets bei der Ausstellungsbehörde verbleibt, seine Funktion als tauglichen Erbnachweis nicht erfüllen. Vor diesem Hintergrund spricht vieles dafür, die Wirkungen des ENZ der beglaubigten Abschrift zukommen zu lassen.[237]

378

Das Zeugnis erwächst dabei nicht in Rechtskraft, sondern hat zunächst nur deklaratorische Bedeutung. Die Vermutung erstreckt sich somit nur auf die bezeugte Rechtslage, nicht aber auf die ihr zugrundeliegenden Tatsachen. Für den Rechtsverkehr ist nur wichtig zu wissen, welche Rechte dem Erben oder Vermächtnisnehmer zustehen. Welche Tatsachen die Grundlage hierfür sind, ist für den Nachweis der Berechtigung von untergeordneter Bedeutung.[238] Die Vermutung ist widerleglich. Die Zugehörigkeit eines bestimmten Gegenstandes zum Nachlass wird weder von der Vermutungs- noch von der Gutglaubenswirkung des Europäischen Nachlasszeugnisses umfasst. Selbst wenn ein bestimmter Gegenstand im ENZ einem Erben oder dinglichen Vermächtnisnehmer zugeordnet wird, bedeutet dies nicht, dass ein Dritter darauf vertrauen kann, dass dieser Gegenstand zum Nachlass gehört. Nach Art. 69 Abs. 1 EuErbVO entfaltet das Zeugnis dabei seine Wirkungen in allen Mitgliedstaaten. Eines besonderen Anerkennungsverfahrens bedarf es hierfür nicht.

379

2. Gutglaubenswirkungen (Art. 69 Abs. 3 und 4 EuErbVO)

Gemäß Art. 69 Abs. 4 EuErbVO erwirbt ein gutgläubiger Dritter von einem im ENZ als verfügungsberechtigt Ausgewiesenen wie von einem Berechtigten. Der gute Glaube an die Zugehörigkeit des konkreten Gegenstands zum Nachlass selbst wird dabei nicht geschützt, da Art. 69 Abs. 4 EuErbVO eine Verfügung über Nachlassgegenstände voraussetzt. Dies gilt auch dann, wenn das ENZ aufgrund der Geltung eines ausländischen Erbstatuts einzelne Vermögensgegenstände, für die Vindikationslegate bestehen, auflistet.

380

Gemäß Art. 69 Abs. 3 EuErbVO wird derjenige, der an dem ENZ ausgewiesenen Berechtigten leistet, frei (vgl. § 2367 BGB). Anders als § 2367 BGB gewährt Art. 69 Abs. 3 EuErbVO aber nur Gutglaubensschutz bei Leistungen in Form einer Zahlung oder Übergabe eines Vermögenswerts. Andere Formen der Leistungen, wie etwa die Erbringung einer Dienstleistung oder das Erstellen eines Werkes oder eine Gebrauchsüberlassung genießen dagegen keinen Gutglaubensschutz.

381

Neben Schuldnern des Nachlasses werden aber auch Testamentsvollstrecker und Nachlassverwalter geschützt, welche an die in dem ENZ bezeichneten Erben oder Vermächtnisnehmern Vermögenswerte aus dem Nachlass übertragen.

382

Im Unterschied zum deutschen Erbschein wird der gute Glaube jedoch nicht nur bei einer positiven Kenntnis von der Unrichtigkeit, sondern auch bei grober Fahrlässigkeit zerstört.[239]

Für die Rechte des Testamentsvollstreckers erstreckt sich die Richtigkeitsvermutung des Art. 69 Abs. 2 S. 2 EuErbVO auch auf dessen eingetragene Befugnisse. Nach § 2368 Abs. 3 BGB endet die Wirkung des Testamentsvollstreckerzeugnisses mit Beendigung des Amts. Gemäß Art. 69 Abs. 4 EuErbVO ist eine Befristung jedoch beim ENZ nicht ausgewiesen. Die Gutglaubenswirkung kann daher danach noch andauern.

383

---

236 *Buschbaum/Simon*, ZEV 2012, 525, 528.
237 *Buschbaum/Simon*, ZEV 2012, 525, 528. Hierfür spricht wohl auch die zeitliche Begrenzung derselben.
238 *Dorsel*, Zerb 8/2014, S. 216.
239 *Dorsel*, Zerb 8/2014, S. 218,

Kapitel 14 Nachlassverfahren

384 Art. 69 Abs. 4 EuErbVO zielt – anders als Art. 69 Abs. 3 EuErbVO – nicht auf den Schutz des Leistenden, sondern auf den Schutz des Empfängers einer Leistung. Der Empfänger von Nachlassvermögen wird im Vertrauen auf die Richtigkeit geschützt, wenn hierüber eine Person verfügt, die in dem Zeugnis als zur Verfügung über Nachlassvermögen berechtigt bezeichnet wird. Der gutgläubige Empfänger wird insoweit behandelt wie jemand, der von einem zur Verfügung über das betreffende Vermögen Berechtigten erworben hat. Diesen Schutz genießt der Empfänger von Nachlassvermögen allerdings nicht, wenn er wusste, dass das Zeugnis inhaltlich unrichtig ist. Der Schutz des Empfängers entfällt auch, wenn ihm die inhaltliche Unrichtigkeit infolge grober Fahrlässigkeit nicht bekannt war.[240]

385 Erforderlich ist, dass das Nachlasszeugnis den Leistungsempfänger oder Verfügenden als Inhaber einer Rechtsstellung bescheinigt, die zur Entgegennahme der konkreten Leistungen (Abs. 3) oder zur Verfügung über den konkreten Leistungsgegenstand (Abs. 4) befugt ist. Enthält das ENZ im Hinblick darauf falsche Angaben zum anwendbaren Recht (etwa im Rahmen der Beschränkungen nach Art. 68 lit. n oder lit. o) EuErbVO, stellt sich die Frage, ob es auf die im Zeugnis ausgewiesene Rechtslage oder die wirkliche Rechtslage ankommt. Um das Vertrauen auf das Nachlasszeugnis nicht zu gefährden, wird man hier sogar auf die fälschlicherweise beschriebene Rechtslage abstellen müssen.[241]

Art. 69 Abs. 3 und 4 EuErbVO lassen offen, bis zu welchem Zeitpunkt der Leistende oder Erwerber gutgläubig sein muss. Dies kann bei Verfügungen, bei denen die Mitwirkungen von Dritten oder Behörden erforderlich ist, vor allem die Eintragung durch ein Register, zu Unbilligkeiten führen, und zwar deshalb, weil die Vollendung des Verfügungstatbestandes nicht allein vom Erwerber abhängt, sondern vom Eintragungszeitpunkt. Es wird daher vorgeschlagen, auf den Rechtsgedanken des § 892 Abs. 2 BGB zurückzugreifen, wonach der maßgebende Zeitpunkt für die Bösgläubigkeit die Stellung des Eintragungsantrages ist.[242]

386 Trotz des nicht klaren Wortlauts (»auf Grundlage der in dem Zeugnis enthaltenen Angaben«) geht der europäische Gesetzgeber[243] davon aus, dass der Leistende oder Erwerber Kenntnis vom Nachlasszeugnis haben muss. Man wird deshalb (anders als etwa bei §§ 2366, 2367 BGB) für die Gutglaubenswirkungen eine Kenntnis des Erwerbers von dem Nachlasszeugnis fordern müssen.[244]

387 Die Gutglaubenswirkung ersetzt lediglich die fehlende Empfangszuständigkeit oder Verfügungsbefugnis als Erbe, (dinglicher) Vermächtnisnehmer, Testamentsvollstrecker oder Nachlassverwalter. Die übrigen Voraussetzungen für eine wirksame Verfügung werden hierdurch grds. nicht berührt, etwa die Frage, ob der Gegenstand zum Nachlass gehört.

388 Hinzutreten können jedoch die nationalen Gutglaubensvorschriften, wie z. B. §§ 892, 932 ff. BGB. Soweit der durch das ENZ legitimierte Erbe auch diese Voraussetzungen erfüllt, z. B. weil er mittlerweile im Grundbuch eingetragen ist, ist die Verfügung wirksam.

IX. Das ENZ im deutschen Grundbuch- und Handelsregisterverfahren

1. Das ENZ im Grundbuchverfahren

389 Nach Art 69 Abs. 5 EuErbVO stellt das ENZ ein wirksames Schriftstück für die Eintragung von Nachlassvermögen in die einschlägigen Register der Mitgliedsstaaten dar, vorbehaltlich der Regelung des Art. 1 Abs. 2 lit. k und l EuErbVO, wonach die Voraussetzungen der Eintragung von Rechten in einem Register sich nach dem Recht des registerführenden Staates richten.[245]

---

240 Vgl. hierzu ausf. *Dorsel*, Zerb 8/2014, S. 218.
241 Vgl. hierzu MünchKommBGB/*Dutta*, Art. 69 EuErbVO, Rn. 15, 17; *Dorsel*, Zerb 2014, 212, 218.
242 MünchKommBGB/*Dutta*, Art. 69 EuErbVO, Rn. 20.
243 Vgl. Erwägungsgrund 71.
244 MünchKommBGB/*Dutta*, Art. 69 EuErbVO, Rn. 22.
245 Vgl. hierzu ausf. *Dorsel*, Zerb 8/2014, S. 218 f.

Nach Art. 6 des Regierungsentwurfs des Gesetzes zum internationalen Erbrecht und zur Änderung von Vorschriften zu Erbscheinen sowie zu Änderungen sonstiger Vorschriften soll das ENZ als vollwertiger Grundbuchnachweis eingefügt werden. Eine entsprechende Änderung des § 35 GBO wird insoweit demnächst in Kraft treten.

Trotz des begrenzten Gültigkeitszeitraums beglaubigter Abschriften nach Art. 70 Abs. 3 der EuErbVO (6 Monate) braucht dem Grundbuchamt nur einmal ein ENZ vorgelegt zu werden. Denn kraft der gesetzlichen Vermutung des § 891 Abs. 1 BGB gilt der dann eingetragene Berechtigte als Rechtsinhaber. Es besteht bei weiteren Verfügungen keine Notwendigkeit zu einer erneuten Vorlage eines aktuellen ENZ.

Mit Rücksicht darauf, dass das ENZ neben den Erbschein als Grundbuchnachweis tritt, sind Widersprüche nicht ausgeschlossen. Im Fall eines solchen Widerspruches dürfte nur die Zurückweisung des jeweiligen Antrags in Betracht kommen, zumal es dem Sinn und Zweck des § 35 GBO nicht entspricht, dem Grundbuchamt eine umfassende zeitraubende Prüfung der erbrechtlichen Verhältnisse aufzubürden.[246]

Nach wohl überwiegender Auffassung – zumindest in Deutschland – gilt der Vorrang des Grundbuchrechts, sodass trotzdem eine Auflassung erforderlich ist, um eine dinglich wirkende Teilungsanordnung oder ein dinglich wirkendes Vermächtnis vollziehen zu können.

2. Das ENZ im Handelsregisterverfahren

Gemäß § 12 Abs. 1 S. 3 HGB ist die Rechtsnachfolge durch öffentliche Urkunden nachzuweisen. Das ENZ ist, soweit es im Ursprungsmitgliedstaat als öffentliche Urkunde errichtet wurde, grundsätzlich ein nachweistaugliches Instrument.

Die Erben von GmbH-Geschäftsanteilen können daher das ENZ auch als Nachweis für eine Änderung der Gesellschafterliste (§ 40 Abs. 1 S. 2 GmbHG) nutzen. Die Rechtsnachfolge in GmbH-Geschäftsanteile fällt nach h. M. unter das Erbstatut und damit in den Geltungsbereich der EuErbVO. Dem Gesellschaftsstatut ist dagegen die Entscheidung überlassen, ob Anteile an sich vererbbar sind (insb. bei Personengesellschaften). Die gleiche Problematik wie bei eine Vindikationslegat, nämlich ob dies direkt durch Grundbuchberichtigung eintragungsfähig ist, oder ob es einer zusätzlich dinglichen Abtretung nach § 15 GmbH-Gesetz bedarf, stellt sich auch bei einem Vindikationslegat über einen GmbH-Geschäftsanteil.

X. Kosten des Verfahrens auf Erteilung eines ENZ

Gebührenrechtlich werden das ENZ und der Erbschein hinsichtlich der Geschäftswertbestimmung nach dem GNotKG wohl identisch behandelt werden. Jedenfalls sieht der Regierungsentwurf zum Ausführungsgesetz vor, dass § 40 GNotKG durch die jeweilige Einfügung des ENZ ergänzt wird.

Die Erteilung eines ENZ nach vorheriger Erteilung eines Erbscheins sowie umgekehrt eines Erbscheins nach vorheriger Erteilung eines ENZ soll jedoch gebührenrechtlich privilegiert werden und lediglich Kosten von weiteren 25 v. H. auslösen. Insofern soll die KV-Nr. 12210 ergänzt werden.

Dieses Gebührenprivileg soll jedoch nur dann gelten, wenn sich Erbschein und ENZ nicht widersprechen. Überdies gilt die entsprechende Ermäßigung *nicht* für den Antrag, was eine Verdoppelung der Gebühren zur Folge haben kann, da auch für den Antrag auf ein ENZ gemäß § 36 Abs. 2 des geplanten IntErbRVG eine eidesstaatliche Versicherung notwendig ist und dementsprechend eine **1,0-Gebühr** nach KV-Nr. 23300 anfällt.

Letzteres kann unter Umständen dadurch vermieden werden, dass beide Anträge im gleichen Termin gestellt werden und eine umfassende einheitliche eidesstaatliche Versicherung für alle in beiden Anträgen gemachte Angaben erfolgt.

---

246 *Wilsch*, ZEV 2012, 520, 532.

XI. Zusammenfassung

400 Auch wenn der Regierungsentwurf zum IntErbRVG die Bestimmungen der EuErbRVO zur Ausgestaltung des Verfahrens im Zusammenhang mit der Erteilung eines ENZ konkretisiert hat, sind noch zahlreiche Fragen offen. Ob das ENZ die hohen Erwartungen, die an seine Einführung geknüpft worden sind, wird erfüllen können, bleibt abzuwarten.

401 Vieles wird davon abhängen, wie die jeweiligen nationalen Ausführungsgesetze die Ausgestaltung des Verfahrens regeln und wie die Praxis die vorstehend aufgeworfenen Probleme und Fragestellungen behandeln wird. In jedem Fall ist davon auszugehen, dass das ENZ die nationalen Gesetzgeber, die Rechtswissenschaft und nicht zuletzt die notarielle und gerichtliche Praxis noch einige Zeit beschäftigen wird.

XII. Antragsmuster zur Erteilung eines ENZ

402 ▶ **Muster: Freiformulierter Antrag auf Erteilung eines Europäischen Nachlasszeugnisses**

Urkundenrolle Nummer/2015

Verhandelt zu ****, am **. **** 2015.

Vor mir, dem unterzeichnenden Notar

****,

mit dem Amtssitz in ***,

erschien heute in den Notariatsräumen in ****, ****:

Herr ****,

geboren am **** in ****,

wohnhaft in ****, ****,

nachfolgend auch kurz »Antragsteller« genannt.

Der Erschienene wies sich mir – dem Notar – gegenüber aus durch Vorlage seines gültigen Bundespersonalausweises.

Der Erschienene ersuchte mich – den Notar – um die Beurkundung eines

Antrag auf Erteilung eines Europäischen Nachlasszeugnisses

und erklärte mündlich zur Niederschrift, was folgt:

I. Sachstand

Am *** ist meine Ehefrau, Frau *** geborene ***Schmidt, geboren am *** in ***, in *** mit letztem Wohnsitz in *** *(Anschrift: Postleitzahl, Ort und Straße)* **verstorben** *(Identifikations-Nr.: ***)*. **Die Erblasserin besaß ausschließlich die deutsche Staatsangehörigkeit. Die Erblasserin war mit mir, dem Antragsteller und Ehemann** *(Identifikations-Nr.: ***; Anschrift: siehe Urkundeneingang)*, **im gesetzlichen Güterstand der Zugewinngemeinschaft deutschen Rechts verheiratet. Ein Ehescheidungs-, Eheaufhebungs- oder Ehenichtigkeitsverfahren war zum Todeszeitpunkt der Erblasserin nicht anhängig.**

Aus der vorgenannten Ehe der Erblasserin mit mir, dem Erschienenen, sind keine Kinder hervorgegangen. Die Erblasserin hat nach meiner Kenntnis auch keine nichtehelichen oder adoptierten Kinder hinterlassen.

Die Erblasserin ist aus der Ehe der Eheleute *** und *** hervorgegangen. Sie hat noch eine Schwester, und zwar Frau ***. Der Vater der Erblasserin, Herr ***, ist am *** vorverstorben. Er hat außer der Erblasserin und deren vorgenannten Schwester keine weiteren Abkömmlinge hinterlassen, und zwar auch keine nichtehelichen oder adoptierten Kinder.

Die Erblasserin hat nach keine Verfügungen von Todes wegen hinterlassen, so dass insoweit die Bestimmungen über die gesetzliche Erbfolge nach dem BGB zur Anwendung kommen.

Zum Nachlass der Erblasserin gehört Grundbesitz in Portugal *(genaue Ortsangabe bzw. Beschreibung)* sowie ein Kontoguthaben in Frankreich; das Europäische Nachlasszeugnis mit dem Zweck beantragt, dass sich die Erben in einem anderen Mitgliedstaat der EU-Erbrechtsverordnung auf ihr Erbrecht berufen können. Bislang ist noch kein Gericht und noch keine Behörde mit dem Erbfall befasst. *(Ggf.: Kontaktangaben des Gerichts, welches bereits mit der Erbsache befasst war oder ist).*

II. Gesetzliche Erbfolge

Die Erblasserin ist somit kraft Gesetzes beerbt worden von
– mir, dem Antragsteller, ihrem Ehemann zu 3/4 Anteil,
– ihrer Mutter, Frau ***,
  geboren am *** in ***,
  wohnhaft in ***, ***, zu 1/8 Anteil, und
– ihrer Schwester, Frau ***,
  geboren am *** in ***,
  wohnhaft in ***, ***, zu 1/8 Anteil.

III. Versicherungen und Anträge

Die vorstehend unter Ziffer II. genannten gesetzlichen Erben, haben sämtlich die Erbschaft nach der vorgenannten Erblasserin angenommen. Ein Rechtsstreit über das Erbrecht der vorgenannten Erben ist nicht anhängig. Andere Personen, durch welche die vorgenannten Erben von der Erbfolge ausgeschlossen oder ihre Erbteile gemindert werden würden, sind und waren nicht vorhanden. Die Erblasserin verfügte über kein Vermögen im Ausland.

Nach Belehrung über die Bedeutung einer eidesstattlichen Versicherung und über die strafrechtlichen Folgen einer vorsätzlich oder fahrlässig falsch abgegebenen Versicherung an Eides Statt, versichere ich, der Antragsteller, hiermit an Eides Statt, dass mir nichts bekannt ist, was der Richtigkeit meiner vorstehenden Angaben zur Ausstellung eines Europäischen Nachlasszeugnisses (Art. 66 Abs. 3 EU-ErbVO) entgegensteht.

Ich beantrage gemäß § 36 Abs. 1 IntErbRVG i.V. m. Art. 65 EuErbVO die Ausstellung eines Europäischen Nachlasszeugnisses nach der Erblasserin in Anwendung deutschen Rechts mit dem vorstehend unter Ziffer II. angegebenen Inhalt und Aushändigung einer Ausfertigung desselben an mich zu Händen des beurkundenden Notars. Gleichzeitig beantrage ich, den beiden weiteren vorgenannten Miterben die Abgabe einer eidesstattlichen Versicherung gemäß § 36 Abs. 2 S. 2 IntErbRVG zu erlassen.

Die mit dieser Urkunde und ihrer Durchführung verbundenen Kosten gehen zu Lasten des Nachlasses; die Kostenrechnung erbitte ich zu meinen Händen. Der Nachlasswert wird dem Amtsgericht noch gesondert mitgeteilt werden.

Ich bevollmächtige den Notar, seinen Vertreter im Amt bzw. seinen Amtsnachfolger, den vorstehenden Erbscheinsantrag zu ändern und zu ergänzen, und alle etwa noch erforderlichen Rechtshandlungen vorzunehmen, die zur Erlangung des vorstehenden Erbscheins erforderlich oder zweckmäßig sind.

Diese Niederschrift wurde dem Erschienenen von dem Notar vorgelesen, von ihm genehmigt und von ihm und dem Notar, wie folgt, eigenhändig unterschrieben:

Anlagen:
– *Sterbeurkunde der Erblasserin und von deren Vater,*
– *Heiratsurkunde der Erblasserin und deren Eltern, und*
– *div. Abstammungsurkunden jeweils in beglaubigter Kopie.*

E. Erstellung eines notariellen Nachlassverzeichnisses

Literatur:
Ahrens, Das notarielle Nachlassverzeichnis des Pflichtteilsrechts (§ 2314 I Satz 3 BGB), ErbR 2009, 248; *Braun,* Form, Inhalt und Verfahren beim Nachlassverzeichnis gemäß § 2314 Abs 1 Satz 3 BGB, MittBayNot 2008, 351; *Keim,* Voraussetzungen und Umfang eines notariellen Nachlassverzeichnisses, ZEV 2007, 332; *Nieder,* Das notarielle Nachlassverzeichnis im Pflichtteilsrecht, ZErb 2004, 60; *Sandkühler,* Zur persönlichen Hinzuziehung von Auskunftsverpflichteten bei der Aufnahme eines notariellen Nachlassverzeichnisses, RNotZ 2008, 33; *Schreinert,* Das notarielle Nachlassverzeichnis, RNotZ 2008, 61; *van Venrooy,* Zum Sinn des Nachlassinventars, AcP 186 (1986), 356; *Zimmer,* Die Aufnahme des Nachlassverzeichnisses durch den Notar, NotBZ 2005, 208; *Zimmermann,* Der Notar als Detektiv? – Zu den Anforderungen an das notarielle Nachlassverzeichnis, ZEV 2008, 365.

I. Einführung

403 Das deutsche Erbrecht kennt zahlreiche Arten von **Inventar-, Nachlass- und Bestandsverzeichnissen**, die unterschiedliche Zwecke erfüllen und in ganz unterschiedlicher Form (privatschriftlich, notariell beglaubigt oder notariell beurkundet) errichtet werden können bzw. müssen.

404 Die wichtigsten Verzeichnisse im Erbrecht[247] sind das **Inventarverzeichnis** der Erben (§§ 1993, 2002, 2003 BGB), das **notarielle Nachlassverzeichnis** auf Verlangen eines Pflichtteilsberechtigten (§§ 2314 BGB), das **Bestandsverzeichnis** des Erbschaftsbesitzers (§ 2027 BGB) und nicht zuletzt das **Verzeichnis** des Testamentsvollstreckers (§ 2215 BGB). Die Aufnahme ensprechender Verzeichnisse durch den Notar, wie sie z. B. § 2314 Abs. 1 S. 3 BGB vorsieht, findet sich ferner bei der **Vorerbschaft** (§ 2121 Abs. 3 BGB) und außerhalb des Erbrechts für das Verzeichnis des **Kindesvermögens** auf Verlagen des Familiengerichts (§§ 1640 Abs. 3, 1667 Abs. 1 BGB), das Verzeichnis des **Anfangs- und Endvermögens** bei der **Zugewinngemeinschaft** (§§ 1377, 1379 BGB) oder das Nießbrauchsverzeichnis (§ 1035 BGB).

405 Das BGB unterscheidet im Übrigen zwischen der Aufnahme eines **Verzeichnisses** durch den Notar und der bloßen **Mitwirkung** des **Notars** bei der **Aufnahme des Verzeichnisses.** So ist etwa bei der Inventarerrichtung zur Haftungsbeschränkung (§§ 1993, 2002 BGB) oder durch den Vormund (§ 1802 Abs. 2 BGB) nur ein Notar »zuzuziehen« oder man hat sich seiner »Hilfe zu bedienen«.

406 Bei beiden Arten der Aufnahme des Verzeichnisses soll die Mitwirkung des Notars bzw. die Aufnahme durch den Notar eine besondere Gewähr dafür bieten, dass der Schuldner die Angaben wahrheitsgemäß erteilt, weil er von dem Notar nachhaltig über die Verpflichtung zu wahrheitsgemäßen Angaben belehrt worden ist.[248] Wesentliches Merkmal eines notariellen Verzeichnisses ist nach der Rechtsprechung,[249] dass der Notar die Verantwortung für den Inhalt des Verzeichnisses übernimmt. Kein notarielles Verzeichnis liegt mithin vor, wenn der Notar – wie bei der Niederschrift einer Willenserklärung – nur die Erklärungen des Auskunftspflichtigen über den Bestand beurkundet.

II. Das Inventarverzeichnis der Erben (§§ 1993, 2002, 2003 BGB)

407 Mit Art. 10 Nr. 1 und 2 des NotAufgÜbG wurde zum 1.September 2013 § 2003 Abs. 1 S. 1 BGB dahingehend geändert, dass die amtliche Aufnahme des Inventars auf Antrag des Erben nunmehr stets durch einen vom zuständigen Nachlassgericht beauftragten Notar erfolgt. Darüber hinaus wurde § 2003 Abs. 3 BGB angepasst und die Pflicht zur Einreichung des Inventars auf den Notar bezogen. § 2003 Abs. 1 S. 1 BGB n. F. sieht mithin kein Wahlrecht des Nachlassgerichts mehr vor, die Aufnahme des Inventars selbst vorzunehmen oder einem zuständigen Beamten zu übertra-

---

247 Vgl. hierzu ausführlich Würzburger Notarhandbuch/*Baumann,* S. 1978.
248 Vgl. Beschl. v. 21.1.2002 – 4 W 318/01, DNotZ 2003, 62.
249 Vgl. Beschl. v. 21.1.2002 – 4 W 318/01, DNotZ 2003, 62.

gen. Einhergehend hiermit wurde zugleich die notarielle Zuständigkeit bundeseinheitlich in § 20 Abs. 1 S. 2 BNotO erfasst und § 20 Abs. 5 BNotO entsprechend eingeschränkt. Soweit landesrechtlich eine nachlassgerichtliche Zuständigkeit des Notars besteht, so hat der hiernach zuständige Notar gemäß § 2003 Abs. 1 S. 2 BGB selbst das Inventar aufzunehmen (so in Baden-Württemberg).

Auch nach der Begründung der ausschließlichen Zuständigkeit des Notars für die **RN 343** amtliche Aufnahme des Nachlassinventars bleibt aber das Nachlassgericht die Stelle, bei der die Aufnahme zu beantragen ist (BT-Drucks. 17/1469, S. 23). Das Inventar ist vom Notar gemäß § 2003 Abs. 3 BGB n. F. beim zuständigen Nachlassgericht einzureichen. In den sonstigen Fällen der Nachlassverzeichnisse erfolgte keine Zuständigkeitsänderung. Das betrifft vor allem das Nachlassverzeichnis das der Erbe dem Pflichtteilsberechtigten nach § 2314 Abs. 1 S. 3 BGB schuldet.

Das Inventarverzeichnis gemäß §§ 1993, 2002, 2003 BGB bestimmt maßgeblich die Haftung des Erben.[250] Zwar hat ein solches Verzeichnis nicht die Haftungsbeschränkung auf den Nachlass zur Folge; allerdings kann der Erbe damit gegenüber den Nachlassgläubigern die Vermutung begründen, dass im Zeitpunkt des Erbfalls keine weiteren Nachlassgegenstände vorhanden gewesen seien.

Grds. ist zu unterscheiden zwischen der freiwilligen Inventarerrichtung gemäß § 1993 BGB und der Inventaraufnahme nach § 2002 BGB, die auf Antrag eines Gläubigers innerhalb einer vom Nachlassgericht zu bestimmenden Frist zu erfolgen hat. Da die Inventarerrichtung stets freiwillig ist, begründet die Fristsetzung des Gerichts nur eine persönliche Obliegenheit des insofern aufgeforderten Erben, deren Nichterfüllung gem. § 1994 Abs. 1 Satz 2 BGB zur unbeschränkten Haftung bestehender Nachlassverbindlichkeiten führt. Jedoch tritt diese Rechtsfolge nur gegenüber solchen Gläubigern ein, denen gegenüber der Erbe nicht bereits beschränkt haftet (§§ 1973, 1974, 2000 Satz 3, 2063 Abs. 2, 2144 Abs. 3). Der Erbe kann diese Haftungsfolgen allerdings vermeiden, indem er selbst die Aufnahme eines amtlichen Inventars gem. § 2003 BGB beantragt.

Erweist sich das Inventar als unrichtig oder wird die von einem Nachlassgläubiger beantragte eidesstattliche Versicherung der Vollständigkeit versäumt, so kann die Haftungsbeschränkung des Erben wieder entfallen (vgl. §§ 2005 Abs. 2, 2006 Abs. 3 BGB).

Das **freiwillig** errichtete **Inventarverzeichnis** hat der Erbe zu unterschreiben.[251] Es ist erst mit Einreichung beim zuständigen Nachlassgericht wirksam errichtet. Der Notar bzw. die nach Landesrecht zuständigen Beamten bzw. Behörden haben bei der Inventaraufnahme nur die Funktion von Beiständen.

Von der freiwilligen Inventaraufnahme zu unterscheiden ist die **amtliche Inventaraufnahme** durch **408** den Notar (oder durch das Nachlassgericht selbst bzw. die zuständige Behörde oder den zuständigen Beamten)[252] gem. § 2003 BGB. Hier nimmt der Notar das Inventar selbständig auf[253] und reicht es bei Gericht ein.

Auf Antrag des Erben beauftragt das Nachlassgericht den Notar, der über die Inventaraufnahme ein **409** **Tatsachenprotokoll** errichtet (§§ 36, 37 BeurkG). Darin ist unter anderem festzuhalten, wie er sich Gewissheit von der Vollständigkeit des Nachlassverzeichnisses verschafft hat und ob Indizien für die Umgehung einer vollständigen Auflistung gegeben sind.[254]

---

250 Vgl. ausf. Zimmer, NotBZ 2005, 208.
251 Vgl. RG, Urt. v. 24.10.1911 – VII 195/11, RGZ 77, 247; Staudinger/*Marotzke*. § 2002 Rn. 2.
252 Vgl. zu den Zuständigkeiten in den einzelnen Bundesländern: Palandt/*Weidlich*, § 2003 Rn. 2; Soergel/ *Stein*, § 2003 Rn. 3.
253 Vgl. *Nieder*, ZErb 2004, 60, 63; *Zimmer*, NotBZ 2005, 208.
254 Vgl. Würzburger Notarhandbuch/*Baumann*, Teil 4 Kap. 2 E. I.3.

Kapitel 14 Nachlassverfahren

410 Ein Nachlassgläubiger kann die Errichtung eines Inventarverzeichnisses gem. §§ 1994 bis 2004 BGB verlangen. Das Nachlassgericht setzt sodann dem Erben eine Frist, nach deren Ablauf er unbeschränkt haftet (§ 1993 BGB). § 1996 BGB lässt eine Art von Wiedereinsetzung in den vorigen Stand bei schuldloser Fristversäumung zu.

411 Auf Verlangen eines Nachlassgläubigers muss der Erbe zudem vor dem Nachlassgericht – oder einer anderen für die Abnahme eidesstattlicher Versicherungen zuständigen Stelle – eidesstattlich versichern, dass das Nachlassverzeichnis vollständig und die Angabe der Nachlassgegenstände richtig ist (vgl. § 2006 BGB).

▶ **Muster für ein amtliches Inventarverzeichnis**

UR-Nr./2014

Niederschrift über die Aufnahme des Inventars über den Nachlass des am 30. Juli 20... in ... mit letztem Wohnsitz in Hennef (Sieg) verstorbenen ..., geboren am ... in Bonn.

Vorbemerkungen

Durch Beschluss des Amtsgerichts Siegburg vom ... (Geschäftsnummer ...) ist mir, Stefan Traurig, Notar mit dem Amtssitz in ..., die Aufnahme des Inventars über den Nachlass des

Herrn Peter Lustig,

geboren am 10. Mai 1949 in Bonn,

verstorben am 30. Juli 2013 in Siegburg,

mit letztem Wohnsitz in Hennef (Sieg),

nachfolgend auch kurz »Erblasser« genannt,

übertragen worden.

Der Erblasser ist aufgrund notariellen Erbvertrages vom 8. November 1993 (UR-Nr. 2187/1990 des Notars Dr. ... mit dem Amtssitz in ..., welcher am 28. September 2013 unter dem Aktenzeichen 49 IV ... vom Amtsgericht – Nachlassgericht – in Siegburg eröffnet worden ist, von seiner Ehefrau, Frau Petra Lustig geborene ..., geboren am ... in ..., wohnhaft in ..., ..., allein beerbt worden.

Das nachfolgende Verzeichnis beruht auf den mir seitens der vorgenannten Alleinerbin zur Verfügung gestellten Unterlagen, dem mir von den Steuerberatern des Erblassers, ..., Geschäftsanschrift: ..., ..., zur Verfügung gestellten Jahresabschluss zum ..., den von mir eingeholten Auskünften beim Grundbuchamt des Amtsgerichts ... und ... und den Mitteilungen der Kreissparkasse ... und der Volksbank ... eG.

A. Aktiva

1. Grundbesitz

Ausweislich einer von mir beim Amtsgericht Siegburg – Grundbuchamt – eingeholten Auskunft hat mir das Grundbuchamt am 18. Juni 201. mitgeteilt, dass der Erblasser zum Zeitpunkt seines Todes über keinen Grundbesitz im Bereich des Amtsgerichts Siegburg verfügte.

Nach Auskunft der vorgenannten Ehefrau des Erblassers hat dieser ihr auch außerhalb des Amtsgerichtsbezirks Siegburg keinen Grundbesitz oder grundstücksgleiche Rechte hinterlassen.

2. Unternehmensbeteiligungen

Der Erblasser war Inhaber der Firma »...«, in ..., ...

Die Firma wurde als Einzelfirma geführt. Die Firma wurde zum ... 2013 für einen Betrag in Höhe von EUR ...,00 an Herrn ..., verkauft (Anlage 2: Kaufvertrag vom ...).

Der von der ... erstellte Jahresabschluss zum ... ist dieser Niederschrift als Anlage 3 (Jahresabschluss ... der ...) nebst einer Kopie des Kassenberichts vom ... beigefügt.

Der Erblasser verfügte nach Mitteilung der ... eG vom 22. Juli 2014 über einen Genossenschaftsanteil bei der ... e. G. in Höhe von EUR 300,00 (Anlage 4: Saldenbestätigung der ... vom ...).

3. Bargeld, Bankguthaben, Wertpapiere, Forderungen zum Todestag

Nach den mir vorliegenden Mitteilungen der Volksbank ... eG vom 22. Juli 2015 (vgl. Anlage 4) und der Kreissparkasse ... vom 24. Juli 2015 (Anlage 5) verfügte der Erblasser über folgende Konten:

Nach Angaben der vorgenannten Ehefrau des Erblassers verfügte der Erblasser nach ihrer Kenntnis über keine weiteren Bankguthaben (Konten, Sparbücher, Genossenschaftsanteile u. a.) oder Wertpapieren.

...

4. Schmuck sowie sonstige persönliche Wertgegenstände

Nach Angaben der vorgenannten Ehefrau des Erblassers verfügte dieser über folgende Schmuckstücke.

Die Kleidung des Verstorbenen ist nach Angaben der Ehefrau des Erblassers verschenkt oder der Altkleidersammlung zugeführt oder weggeworfen worden.

worden, da der Erblasser an der Besorgung derselben kein Interesse gehabt habe.

5. Fahrzeuge, Möbel, Haushaltseinrichtungen

Der Erblasser verfügte über Pkw der Marke VW-Golf Variant, Baujahr 20... (vgl. hierzu ...).

Möbel und Haushaltseinrichtung ergeben sich aus der Anlage ... dieser Urkunde.

Nach Angaben der Ehefrau des Erblassers verfügte der Erblasser im Übrigen über keine weiteren Gegenstände vom besonderen Wert.

6. Versicherungsleistungen ...

7. Sonstige Forderungen

Nach Angaben der Ehefrau des Erblassers verfügte der Erblasser bei seinem Tode über Forderungen gegenüber dem Finanzamt in Höhe von EUR ...,– (vgl. Anlage ...).

Von weiteren Forderungen des Erblassers gegenüber Dritten ist der Ehefrau des Erblassers nichts bekannt.

B. Passiva

1. Nachlassverbindlichkeiten bei Banken

2. Sonstige Verbindlichkeiten

Sonstige Verbindlichkeiten (wie z. B. Anwaltskosten, ausstehende Lieferantenforderungen u. a.) in Höhe von insgesamt ca. EUR ...,– ergeben sich aus dem als Anlage ... zu dieser Urkunde genommenen Jahresabschluss (vgl. Seite 3 des Kontennachweises).

2. Beerdigungskosten, Friedhofsgebühren:

Im Rahmen einer Nachbesprechung mit der Ehefrau des Erblassers, Frau ..., in den Geschäftsräumen des Notars in ..., ..., ging der Notar das Inventarverzeichnis mit dieser durch und fragte diese, ob die vorstehenden Ausführungen und Angaben aus ihrer Sicht vollständig und richtig seien, was diese mit ihrer Unterschrift unter der heutigen Niederschrift bestätigte.

III. Das Bestandsverzeichnis des Erbschaftsbesitzers (§ 2027 BGB)

412 Der **Erbschaftsbesitzer** ist nach § 2027 Abs. 1 BGB verpflichtet, dem Erben über den Bestand der Erbschaft und über den Verbleib der Nachlassgegenstände Auskunft zu erteilen.[255]

413 Erbschaftsbesitzer gemäß § 2018 BGB ist, wer aufgrund eines ihm in Wirklichkeit nicht zustehenden Erbrechts etwas aus der Erbschaft erlangt hat.[256]

414 Diese **Auskunftspflicht** erstreckt sich nach § 2027 Abs. 1 BGB über den Bestand der Erbschaft hinaus auch auf den Verbleib der Erbschaftsgegenstände, einschließlich der Ersatzgegenstände (§ 2019 BGB) und der Nutzungen (§ 2020 BGB).

415 Wenn angenommen werden kann, dass das Verzeichnis nicht sorgfältig aufgestellt wurde, so kann der Erbe von dem **Erbschaftsbesitzer** gem. §§ 260 Abs. 2, 261 BGB die Abgabe einer **eidesstattlichen Versicherung** verlangen, dass jener die Auskunft über den Bestand der Erbschaft und den Verbleib der Erbschaftsgegenstände nach bestem Wissen vollständig erteilt habe. Diese eidesstattliche Versicherung kann der Erbschaftsbesitzer vor einem Notar abgeben.

IV. Nachlassverzeichnis auf Verlangen eines Pflichtteilsberechtigten

1. Sinn und Zweck des Nachlassverzeichnisses

416 Der **Pflichtteilsberechtigte** steht sehr häufig vor dem Problem, dass er keine Kenntnis über den Bestand des Nachlasses des Erblassers hat. Auch ist ihm im Hinblick auf etwaige **Pflichtteilsergänzungsansprüche** nach § 2325 BGB oftmals nicht bekannt, ob und inwieweit der Erblasser zu Lebzeiten Schenkungen vorgenommen hat.

417 Um seine Rechte gegenüber dem Erben wahrnehmen zu können räumt § **2314 BGB** dem Pflichtteilsberechtigten verschiedene Ansprüche gegenüber den Erben ein:
– **Auskunftsanspruch**,
– Vorlage eines Nachlassverzeichnisses,
– **Wertermittlung** der Nachlassgegenstände,
– Aufnahme des Verzeichnisses durch einen Notar,
– **Anwesenheitsrecht** bei der Aufnahme des Verzeichnisses.

418 Der Pflichtteilsberechtigte ist dabei grundsätzlich frei, ob er von den vorgenannten Rechten sofort oder nacheinander Gebrauch macht.

2. Selbstständiger Wertermittlungsanspruch

419 Der Wert der zum Nachlass gehörenden Gegenstände muss grundsätzlich bei der Erstellung des Nachlassverzeichnisses für Pflichtteilsberechtigte schon deshalb nicht angegeben werden, da dem Erben insoweit nach § 2314 Abs. 1 S. 2 BGB ein **selbstständiger Wertermittlungsanspruch** zusteht. Dieser ist grundsätzlich gerichtet auf eine exakte Auflistung sämtlicher Nachlassgegenstände.[257]

420 Anzugeben wäre also bspw. nicht nur die Summen mehrerer Kontostände, sondern auch die einzelnen Kontonummern und Kontostände.[258] Geringwertige Gegenstände sollten zu Sachgruppen zusammengefasst werden. Soweit ein Wertermittlungsgutachten durch einen Sachverständigen erforderlich ist, z. B. zur Ermittlung des Verkehrswertes eines Grundstücks, ist es Aufgabe des Erben, die Person des Sachverständigen zu bestimmen und diesem einen entsprechenden Auftrag zu erteilen. Die Kosten des Sachverständigen sind Nachlassverbindlichkeiten (§ 2314 Abs. 2 BGB).

---

[255] Vgl. Staudinger/*Gursky*, § 2027 Rn. 10.
[256] Vgl. Staudinger/*Gursky*, § 2027 Rn. 4.
[257] Vgl. Palandt/*Weidlich*, § 2314 Rn. 7; Staudinger/*Haas*, § 2314 Rn. 7.
[258] *Klingelhöffer*, Pflichtteilsrecht, Rn. 150 ff.; Mayer/Süß/Tanck/Bittler/Wälzholz/*Bittler*, Handbuch Pflichtteilsrecht, S. 341.

Alle Kosten, die mit der Erteilung der Auskünfte anfallen, gehen zu Lasten des Nachlasses, sind also 421
nicht von dem Pflichtteilsberechtigten zu tragen. Dazu gehören die Kosten eines Sachverständigen
sowie die Kosten der Aufnahme des Verzeichnisses durch einen Notar. Auch die durch Hinzuziehung des Pflichtteilsberechtigten entstandenen Kosten, insbesondere für die Anreise und Unterkunft, sind Nachlassverbindlichkeiten. Der Erbe kann also diese Kosten bei der Berechnung der Höhe des Pflichtteilsbetrags vom Nachlass abziehen.

a) Hinweise und Belehrungen des Notars

Das **Nachlassverzeichnis** gemäß § 2314 BGB wird vom Erben, nicht vom Pflichtteilsberechtigten in 422
Auftrag gegeben. Die Aufnahme eines Verzeichnisses durch einen Notar kann auch dann noch verlangt werden, wenn der Pflichtteilsberechtigte sich zunächst mit bloßen Auskünften oder einem privaten Verzeichnis begnügt hat.[259]

b) **Recht der Pflichtteilsberechtigten auf Hinzuziehung**

Der Pflichtteilsberechtigte hat ein Recht auf Hinzuziehung bei der Aufnahme des Bestandsverzeichnisses. Hiervon wird allerdings nur in sehr seltenen Fällen Gebrauch gemacht. 423

Die Hinzuziehung gibt dem Pflichtteilsberechtigten das Recht bei der Aufnahme des Verzeichnisses, 424
das die Besichtigung der Vermögensgegenstände und die Einsicht in Urkunden einschließt (§§ 809, 810 BGB), mit seiner persönlichen Anwesenheit das Aufnahmeverfahren zu kontrollieren.

Auch wenn eine entsprechende Hinweispflicht des Notars nicht besteht, da allein der Erbe das notarielle Verfahren beauftragt, sollte der Notar den Pflichtteilsberechtigten – soweit möglich – in Abstimmung mit dem Erben auf sein Anwesenheitsrecht hinweisen. Die Teilnahme des Pflichtteilsberechtigten kann den Notar aber von Begründungen seiner Ermittlungen entlasten, wodurch das Verfahren auch im Interesse des Erben von Zweifelsfragen und Streitpotenzial befreit wird.[260] 425

c) Art und Umfang der Nachlassermittlungen durch den Notar

Die einzelnen Verpflichtungen des Notars bei der Aufnahme eines notariellen **Nachlassverzeichnisses** sind im Gesetz nicht näher geregelt. 426

Einigkeit besteht darin, dass die Amtstätigkeit des Notars über die bloße Beurkundung einer Erklärung des Erben hinausgeht.[261] So betont das OLG Celle, dass die höhere Richtigkeitsgewähr eines notariellen Nachlassverzeichnisses gerade darin liege, dass der Notar den Nachlassbestand selbst ermitteln und durch Unterzeichnung desselben als von ihm aufgenommen zum Ausdruck bringen müsse, dass er für dessen Inhalt selbst verantwortlich sei.[262] Der Notar müsse die Verantwortung für den Inhalt übernehmen und könne diese nicht auf den Erben oder sonstige Dritte abwälzen. 427

Der Notar trägt die Verantwortung für den Inhalt des Verzeichnisses und ist daher über die Entgegennahme dieser Auskünfte und Angaben der Beteiligten hinaus grundsätzlich berechtigt und verpflichtet, selbst zu ermitteln.[263] Auch wenn der Notar die vorhandenen Vermögensgegenstände sorgfältig festzustellen und in einer von ihm unterzeichnenden Urkunde niederzulegen hat, ist er in der Ausgestaltung des Ermittlungsverfahrens und zur Niederlegung desselben in einer Urkunde in seinem Ermessen weitgehend frei.[264] In der Praxis muss sich der Notar in der Regel auf die Auskünfte des 428

---

259 Würzburger Notarhandbuch/*Baumann*, S. 1983; so auch MünchKommBGB/*Zimmermann*, § 2215 Rn. 5 für das Nachlassverzeichnis des Testamentsverwalters.
260 Würzburger Notarhandbuch/*Baumann*, S. 1984.
261 OLG Celle, Beschl. v. 21.1.2002 – 4 W 318/01, DNotZ 2003, 62.
262 OLG Celle, Beschl. v. 21.1.2002 – 4 W 318/01, DNotZ 2003, 62.
263 BGH, Urt. v. 2.11.1960 – V ZR 124/59, BGHZ 33, 373, 377; OLG Celle, Beschl. v. 20.5.1997 – 4 W 102/97, OLG-Report 1997, 160; Eylmann/Vaasen/*Limmer*, § 20 Rn. 23.
264 OLG Celle, Beschl. v. 21.1.2002 – 4 W 318/01, DNotZ 2003, 62; Eylmann/Vaasen/*Limmer* § 20 Rn. 23.

Auskunftsverpflichteten als zentralen Erkenntnisquelle stützen, da er grundsätzlich keine Kenntnis davon hat, welche Vermögensgegenstände der Erblasser besaß und wo diese vorhanden sind.[265] Wegen der begrenzten Ermittlungsmöglichkeiten des Notars wird in der Literatur teils die Abschaffung des notariell aufgenommenen Nachlassverzeichnisses zugunsten einer bloßen Mitwirkung des Notars bei der Aufnahme vorgeschlagen.[266]

429 In der Regel wird auch eine Begehung der Wohnung des Erblassers (nebst Auflistung der dort befindlichen Gegenstände), die Durchsicht von Unterlagen (z. B. Kontoauszüge u. a.) und die Ermittlung von Grundbesitz angezeigt sein (z. B. Anfrage beim Kataster- oder Grundbuchamt, Banken u. a.).

430 Werden Nachlassgegenstände beiseite geschafft, so kann den Notar keine Verantwortung für die Unvollständigkeit des Verzeichnisses und keine kriminalistische Ermittlungspflicht treffen.[267] Vor diesem Hintergrund ist es wichtig, dass der Notar im Tatsachenprotokoll festhält, wie er sich von der Richtigkeit und Vollständigkeit des von ihm erstellten Nachlassverzeichnisses überzeugt hat bzw. durch welche Umstände er an einer umfassenden Erfassung sämtlicher Nachlassgegenstände gehindert wurde (z. B. Haushaltsauflösung, Altkleidersammlung u. a.).

3. Vollständigkeit des Verzeichnisses und Teilverzeichnisse

431 Der zur Erstellung eines notariellen Nachlassverzeichnisses verpflichtete Erbe muss dem Pflichtteilsberechtigten grundsätzlich ein vollständiges Verzeichnis vorlegen.[268] Ein **Teilverzeichnis** des Nachlasses genügt insofern grundsätzlich nicht.

432 Allerdings kann der Pflichtteilsberechtigte auf den Anspruch gem. § 2314 Abs. 1 S. 1 und 3 BGB – oder auch auf dessen Geltendmachung – ganz oder teilweise verzichten, und zwar gegenüber dem Erben sogar formlos.[269] Daher dürfte nichts dagegen sprechen, bestimmte Bestandteile des Nachlasses in dem Verzeichnis wegzulassen, sofern der Pflichtteilsberechtigte keine Auskunft über diese Nachlassgegenstände wünscht. Um einen falschen Anschein gegenüber Dritten zu vermeiden, denen das Nachlassverzeichnis vorgelegt wird, ohne dass ihnen der einschränkende Antrag des Pflichtteilsberechtigten bekannt ist, sollte wahlweise eine positive oder negative Abgrenzung des Verzeichnisinhalts vorgenommen werden, indem entweder angegeben wird, welche Vermögensbestandteile davon erfasst sind oder nicht.

433 ▶ **Muster: Notarielles Nachlassverzeichnis**

UR-Nr. .../2015

einseitig beschrieben

Protokoll über die Aufnahme eines Verzeichnisses über den Nachlass des am ... in Düsseldorf verstorbenen ..., geboren am ..., zuletzt wohnhaft in ... Düsseldorf, ...:

Der unterzeichnende Notar,

...

mit dem Amtssitz in D.

begab sich im Auftrag von ... am ... in das Wohnhaus in der ..., ... Düsseldorf um dort ein Verzeichnis über den Nachlass des am ... in Düsseldorf verstorbenen Ehemannes von ..., Herrn ..., aufzunehmen. Der Notar traf dort die Witwe des Verstorbenen, Frau ..., und deren Tochter, Frau ..., beide ausgewiesen durch Vorlage ihrer Bundespersonalausweise an.

---

265 Vgl. OLG Oldenburg, Urt. v. 26.1.1993 – 5 U 126/92, NJW-RR 1993, 782; *Nieder*, DNotZ 2003, 63, 64; Arndt/Lerch/Sandkühler/*Sandkühler*, § 20 Rn. 57.
266 Vgl. *Nieder*, DNotZ 2003, 63. 64.
267 Vgl. Würzburger Notarhandbuch/*Baumann*, S. 1983.
268 Vgl. OLG Bremen, Urt. v. 29.1.1997 – 1 U 80/96, OLG-Report 1997, 89.
269 Vgl. Palandt/*Weidlich*, § 2314 Rn. 2.

Diese erklärten, dass sich aufgrund des Umstandes, dass Herr... bereits vor ca. ... Jahren verstorben sei, keinerlei persönliche Gegenstände mehr in der Wohnung befinden würden. Trauring und Armbanduhr seien dem Verstorbenen als Grabbeilage mitgegeben worden. Die Kleidung des Verstorbenen sei zum Teil an dessen Sohn weitergegeben, überwiegend jedoch der Altkleidersammlung zugeführt oder weggeworfen worden.

Der Notar machte die Anwesenden zunächst darauf aufmerksam, dass er den Auftrag habe, ein vollständiges Nachlassverzeichnis aufzustellen. In diesem Zusammenhang wies er die vorgenannten Personen darauf hin, dass er nicht die Eigentumsverhältnisse der einzelnen vorgefundenen Gegenstände klären könne und dürfe. Er müsse deshalb alle vorhandenen Gegenstände in das Verzeichnis aufnehmen. Die Aufnahme von Gegenständen in dieses Verzeichnis besage also nichts über die Zugehörigkeit zu dem einen oder anderen Vermögenskreis, soweit nachstehend nichts anderes aufgeführt ist. Nur offensichtlich höchstpersönliche Gegenstände von Frau... wurden nicht mit in das Nachlassverzeichnis aufgenommen.

Unter Mithilfe der vorstehend genannten Personen, der Witwe und jüngsten Tochter des Verstorbenen, wurde alsdann ein Verzeichnis über den Bestand des Nachlasses von Herrn... aufgenommen.

A. Vorbemerkungen

Der Notar beschränkte sich bei seiner Tätigkeit auf die Aufnahme der Gegenstände, die sich in der Wohnung im Erdgeschoss, dem Keller, der Garage und dem Gartenhaus befanden. Es wurde mithin nicht die von der Tochter des Erblassers, Frau... bewohnte Wohnung im 1. Obergeschoss und auch nicht die vermietete Dachgeschosswohnung besichtigt.

In der Wohnung im Erdgeschoss, die derzeit allein von der Witwe des Verstorbenen bewohnt wird, wurden sämtliche Räume eingehend besichtigt. Dies gilt auch für den gesamten Keller, die Garage und des im Garten befindlichen Gartenhauses nebst Geräteschuppen.

B. Aktiva

I. Grundbesitz, Unternehmensbeteiligungen

Die vorstehend genannten Personen erklärten mir, dem Notar, dass der Erblasser im Zeitpunkt seines Todes über keinen Grundbesitz verfügte. Ein hälftiger Miteigentumsanteil des Erblassers an dem nachstehend näher bezeichneten Grundstück in der... Straße... in Düsseldorf ist am... an die Tochter des Erblassers, Frau... aufgelassen worden (siehe hierzu die nachstehenden Ausführungen unter Buchstabe D. des Protokolls nebst Gutachten vom... des Vermessungsingenieurs Dipl. Ing....). Der Verkehrswert unter Berücksichtigung des Wiederkaufsrechts sowie auch unter Berücksichtigung des Nießbrauchrechtes und der Reallast sind dem vorgenannten Gutachten (Anlage 7) zu entnehmen.

Nach Angaben der vorgenannten Personen verfügte der Erblasser zum Zeitpunkt seines Todes auch über keine Unternehmensbeteiligungen.

II. Bargeld, Bankguthaben, Wertpapiere, Forderungen

1. Nach Angaben der Ehefrau verfügte der Erblasser zum Zeitpunkt seines Todes über kein Bargeld. Dies habe seinen Grund darin, dass der Erblasser in den letzten Wochen vor seinem Tod krankheitsbedingt nicht mehr in der Lage gewesen sei, das Haus zu verlassen.

2. Der Erblasser verfügte nach Angaben der vorgenannten Angehörigen an seinem Todestag – gemeinsam mit seiner vorgenannten Ehefrau – über folgende Bankguthaben:

– ... Bank:

a) Vermögensaufstellung vom...

Konto mit der Nummer... und einem Guthaben von... Euro

Konto mit der Nummer... und einem Guthaben von... Euro

Konto mit der Nummer... und einem Guthaben von... Euro

ZWISCHENSUMME: ... Euro

b) Depotauszüge mit der Depot-Nummer ...

für ...

vom ... (Seiten 1 und 2) und einem Bestand von ... Euro

GESAMTSUMME: ... Euro

III. Fahrzeuge

Der Erblasser besaß einen Pkw der Marke ..., welcher nach Angaben der vorgenannten Angehörigen als Jahreswagen ... angeschafft wurde und der bei Aufnahme des Nachlassverzeichnisses einen Kilometerstand von ca. .000 km aufwies.

Weitere Fahrzeuge besaß der Erblasser nach Angaben der vorgenannten Angehörigen nicht.

IV. Haushaltsgegenstände, Möbel

Die den Eheleuten ... nach Angaben der vorgenannten Angehörigen (mit Ausnahme der Waschmaschine, die nach dem Erbfall angeschafft wurde) beim Erbfall gemeinsam gehörende Wohnungseinrichtung besteht im Wesentlichen aus Gegenständen der 80er und 90er Jahre (oder älter). Eine detaillierte Auflistung ist dieser Niederschrift als Anlage 2 beigefügt. Aus dieser lassen sich z.T. das Anschaffungsdatum, der Anschaffungspreis und eine Schätzung der Angehörigen bzgl. des aktuellen Wertes der Gegenstände entnehmen. Diese Angaben beruhen ausschließlich auf Angaben der vorgenannten Angehörigen. Der Notar hat diese Angaben nicht geprüft. Auch ist ihm keine Wertangabe hierzu möglich. Bei den Aktivposten »Haushaltsgegenstände, Möbel« gilt es ferner zu beachten, dass diese insoweit nicht zum Nachlass zählen, als sie zum Voraus im Sinne von § 2311 Abs. 1 S. 2 BGB gehören.

C. Passiva

1. Hypotheken, Grundschulden, Rentenschulden und sonstige Verbindlichkeiten (die nicht durch Grundbucheintragung gesichert sind) – auch zu Lebzeiten des Erblassers fällige Steuerschulden – bestanden nach Angaben der vorstehenden Angehörigen beim Erbfall nicht.

2. Die Bestattungskosten betrugen ausweislich des dieser Niederschrift in Kopie als Anlage 3 beigefügten Rechnung der Firma ... vom ... insgesamt ... Euro.

3. Der dieser Niederschrift in Kopie beigefügte Gebührenbescheid der Landeshauptstadt Düsseldorf vom ... (Kassenzeichen ...) für die Benutzung der Städtischen Friedhofseinrichtung (Anlage 4) lautet über einen Betrag von ... Euro.

4. Die Kosten für Grabmal und Grablaternen betrugen ausweislich der dieser Niederschrift in Kopie beigefügten Rechnungen ... und ... der Firma ... GmbH vom ... und ... (Anlage 5) insgesamt ... Euro.

D. Schenkungen und andere ausgleichspflichtige Zuwendungen

Mit notariellem Übertragungsvertrag vom ... (UR-Nr. .../1999 des Notar ... in Düsseldorf) hat der Erblasser seiner Tochter einen hälftigen Miteigentumsanteil an dem im Grundbuch von ...(Amtsgericht Düsseldorf) Blatt ... verzeichneten Grundbesitz (Gemarkung ..., Flur ..., Flurstücke ...) übertragen.

Ein vom Notar eingeholter elektronischer Grundbuchauszug vom ... liegt der Niederschrift in Kopie als Anlage 6 bei.

Das hierzu erstellte Wertgutachten des Sachverständigen vom ... ist der Niederschrift in Kopie als Anlage 7 beigefügt. Der Verkehrswert unter Berücksichtigung des Wiederkaufsrechts sowie auch unter Berücksichtigung des Nießbrauchrechtes und der Reallast sind dem vorgenannten Gutachten (Anlage 7, Seite ...) zu entnehmen.

Auf Schenkungen oder weitere ausgleichspflichtige Zuwendungen des Erblassers angesprochen, erklärte die vorgenannten Angehörigen, dass weder sie noch einer der anderen Kinder – von den üblichen Gelegenheitsgeschenken abgesehen – innerhalb der letzten 10 Jahre vor dem Erbfall größere Geschenke vom Erblasser erhalten hat.

Im Rahmen einer Nachbesprechung mit den bei der Aufnahme des Nachlassverzeichnisses anwesenden Angehörigen am ... in den Geschäftsräumen des Notars in ... Düsseldorf, ..., ging der Notar das Verzeichnis mit diesen durch und fragte diese, ob die vorstehenden Ausführungen und Angaben aus ihrer Sicht vollständig und richtig seien, was diese mit ihrer Unterschrift unter dem vorstehenden Protokoll bestätigten.

Düsseldorf, den ... 200 ..

...   ...

Notar

V. Kosten eines Vermögensverzeichnisses

Die Aufnahme eines Vermögensverzeichnisses im Sinne von KV- Nr. 23500 ist eine notarielle Tätigkeit eigener Art, die über eine bloße Beurkundung weit hinausgeht, und zwar deshalb, weil der Notar sich dabei nicht darauf beschränken darf, die Erklärungen des jeweiligen Inventarisierungsverpflichteten entgegen zu nehmen, sondern verpflichtet ist, den Vermögensbestand selbst zu ermitteln.[270]

Die Aufnahme eines Vermögensverzeichnisses löst nach der KV-Nr. 23500 eine 2,0 Gebühr aus. Die Niederlegung des Ermittlungsergebnisses in Form einer Niederschrift wird daneben nicht gesondert vergütet. Eine Zusatzgebühr nach Nr. 26002 wird daneben nicht erhoben. der Notar kann jedoch u. U. ein Tagegeld nach Nr. 32008 geltend machen. Wird das Verfahren vorzeitig beendet, ermäßigt sich die Gebühr nach KV-Nr 23501 auf eine 0,5 Gebühr.

Der Geschäftswert bemisst sich gemäß § 115 GNotKG nach dem Gesamtwert der verzeichneten Gegenstände. Soweit dabei auch bereits veräußerte Gegenstände erfasst werden, sind diese – wie schon nach der KostO – mit dem Wert im Zeitpunkt der Veräußerung zu berücksichtigen. Hierbei ist der Aktivwert maßgebend. Verbindlichkeiten sind nicht in Abzug zu bringen.

Bei einer Mitwirkung des Notars als Urkundsperson (z. B. im Rahmen eines Verzeichnisses im Sinne von § 2002 BGB) fällt lediglich eine 1,0 Gebühr nach KV-Nr 23502 an.

---

270 Vgl. zur Abgrenzung Streifzug durch das GNotKG, Rn. 2306, 2307 und 2312a.

Kapitel 15. Erbrechtlich relevante Rechtsgeschäfte unter Lebenden

Übersicht

	Rdn.		Rdn.
A. Auswirkungen des Güterstands auf das Erbrecht	1	a) Zur Sicherung der sofortigen Handlungsfähigkeit des Testamentsvollstreckers	58
I. Einleitung	1		
II. (Modifizierte) Zugewinngemeinschaft	3	b) Zur Stärkung der rechtlichen Position des Testamentsvollstrecker	64
III. Gütergemeinschaft	8		
IV. Gestaltungshinweise: »Güterstandsschaukel«, Gütertrennung als Durchgangsstadium	14	c) Zusätzliche Vollmacht für den Testamentsvollstrecker bei Auslandsgrundbesitz	66
V. Güterstand und Pflichtteilsverzicht des Ehegatten/Lebenspartners	19	d) Zusätzliche Vollmacht für den Testamentsvollstrecker bei Gesellschaftsbeteiligungen	69
VI. Steuerrecht	22		
B. Vollmachten über den Tod hinaus	26	3. Zur Vermächtniserfüllung anstelle einer Testamentsvollstreckung	71
I. Grundlagen	26		
1. Die Vollmacht über den Tod hinaus oder auf den Todesfall – trans- oder postmortale Vollmacht	26	4. Zum Vollzug von Schenkungen	78
		a) Zum Vollzug von formwirksamen Schenkungen	78
2. Abstraktionsprinzip: causa erforderlich	30	b) Zur Heilung von formnichtigen Schenkungen durch Vollzug nach dem Todesfall	80
3. Form der Vollmacht	33		
4. Umfang der Vollmacht	44	5. Zur Begrenzung der postmortalen Auskunftspflichten des Bevollmächtigten	82
5. Widerruf der Vollmacht	45		
II. Gestaltungen und Formulierungsvorschläge	47	6. Zur Stärkung der Handlungsspielräume des Vorerben bei Nacherbfolge	84
1. Zur Gewährleistung der sofortigen Handlungsfähigkeit nach dem Tode des Erblassers	47	7. Zur Nachlassabwicklung im Ausland	90
		III. Steuerrecht	117
2. Zur Ergänzung einer Testamentsvollstreckung	55	IV. Checkliste	118

A. Auswirkungen des Güterstands auf das Erbrecht

I. Einleitung

Der Güterstand von Eheleuten und Lebenspartnern hat vielfache Auswirkungen auf das Erbrecht. 1
Dementsprechend gehören notariell beurkundete (§ 1410 BGB, ggf. i. V. m. § 7 S. 2 LPartG) Verträge über güterrechtliche Verhältnisse (**Ehevertrag**, § 1408 Abs. 1 BGB) zum Standardrepertoire flankierender erbrechtsrelevanter Maßnahmen.

Durch Ehevertrag können die Eheleute den gesetzlichen Güterstand der **Zugewinngemeinschaft** 2
(§§ 1363 ff. BGB, ggf. i. V. m. § 6 S. 2 LPartG) modifizieren oder den Vertragsgüterstand der **Gütertrennung** oder **Gütergemeinschaft**, ggf. ebenfalls mit **Modifikationen**, vereinbaren.

II. (Modifizierte) Zugewinngemeinschaft

Motive für die Beibehaltung der **Zugewinngemeinschaft**, ggf. unter **Modifikation**, können insbeson- 3
dere die **Minimierung von Pflichtteilsquoten**[1] oder -ansprüchen »lästiger« **Angehöriger** oder eine Erbschaftsteueroptimierung (»**Güterstandsschaukel**«) sein.[2]

---

[1] Zu Strategien zur Vermeidung oder Verminderung von Pflichtteilen vgl. *Worm*, Kapitel 10.
[2] Zur Erbschaftsteuer vgl. Rdn. 22 ff.

Kapitel 15 Erbrechtlich relevante Rechtsgeschäfte unter Lebenden

4   Das Pflichtteilsrecht, insbesondere das missliebiger Angehöriger, ist Ausgangsbefund der erbrechtlichen Gestaltungspraxis. Sind Pflichtteilsberechtigte vorhanden, kann der Erblasser stets nur über den halben Nachlass frei von Pflichtteilsrechten verfügen (§ 2303 BGB). Möchte ein verheirateter Erblasser seinen Nachlass unter Enterbung pflichtteilsberechtigter Abkömmlinge oder Eltern regeln, ist eine möglichst hohe Ehegattenpflichtteilsquote (halber gesetzlicher Erbteil, § 2303 Abs. 1 S. 2 BGB) ein Mittel zur Senkung der Pflichtteilsquoten der »lästigen« Angehörigen. Die Quote des Ehegattenpflichtteils wird durch den Güterstand beeinflusst. Vereinbarungen über den Güterstand sind daher ein Instrument, um im Einvernehmen mit dem Ehegatten die Pflichtteilsquoten anderer Pflichtteilsberechtigter zu schmälern.

5   Der **Pflichtteil** entspricht wertmäßig dem halben gesetzlichen Erbteil (§ 2303 Abs. 1 S. 2 ggf. i. V. m. Abs. 2 BGB). Der gesetzliche Erbteil des überlebenden Ehegatten (§ 1931 BGB) erhöht sich im gesetzlichen Güterstand der **Zugewinngemeinschaft** (§§ 1363 ff. BGB) pauschal um ein Viertel (§ 1371 Abs. 1 BGB i. V. m. § 1931 Abs. 3 BGB). Neben Verwandten der ersten Ordnung (Abkömmlingen, § 1924 BGB) erbt der im gesetzlichen Güterstand lebende Ehegatte mithin unabhängig von der Anzahl der erbberechtigten Abkömmlinge die Hälfte der Erbschaft, während er in **Gütertrennung** eine entsprechende Erbquote nur erreicht, wenn lediglich ein Abkömmling gesetzlicher Erbe ist (§ 1924 Abs. 4 BGB). Neben Verwandten der zweiten Ordnung (§ 1925 BGB) erbt der überlebende Ehegatte im gesetzlichen Güterstand sogar drei Viertel (§ 1931 Abs. 1 S. 1, Abs. 3 i. V. m. § 1371 Abs. 1 BGB). Demgegenüber hat der Ehegatte bei **Gütergemeinschaft** (§ 1415 BGB) oder **Gütertrennung** (§ 1414 BGB) anders als in der Zugewinngemeinschaft keinen erhöhten (§ 1371 Abs. 1 BGB i. V. m. § 1931 Abs. 3 BGB) Erbteil.[3]

6   Der gesetzliche Güterstand ist hinsichtlich der Pflichtteilsquote nach dem Vorstehenden gegenüber den **Wahlgüterständen** der Gütertrennung oder Gütergemeinschaft niemals nachteilig und regelmäßig vorteilhaft. Wegen der pflichtteils- und erbschaftsteuerlichen Nachteile ist die Gütertrennung als dauerhaft gelebter Güterstand heute aus der Kautelarpraxis weitgehend verschwunden.[4] Die mit ihr verfolgten güterrechtlichen Ziele lassen sich mit einer entsprechend ehevertraglich (§ 1408 Abs. 1 BGB) **modifizierten Zugewinngemeinschaft** erreichen. So ist es z. B. denkbar, den Zugewinnausgleich unter Lebenden, d. h. insbesondere in den Fällen der Scheidung oder sonstigen Eheaufhebung und des vorzeitigen Zugewinnausgleichs, vollständig auszuschließen.[5] Bedeutung hat die Gütertrennung mithin im Wesentlichen als Durchgangsstadium bei der »**Güterstandsschaukel**«.[6] Als dauerhafter Güterstand empfiehlt sie sich für die **Altersehe**.[7]

7   Der überlebende Ehegatte im gesetzlichen Güterstand kann die ihm angefallene gewillkürte oder gesetzliche Erbschaft **ausschlagen**. Ihm steht dann der **rechnerische Zugewinnausgleich** (§ 1371 Abs. 2 BGB) und der gesetzliche **Pflichtteil** (§ 2303 Abs. 2 S. 2 i. V. m. § 1371 Abs. 3 Hs. 1 BGB) zu. Letzterer bemisst sich nach dem gesetzlichen Erbteil, der nicht wegen des Güterstandes erhöht wird (§ 1371 Abs. 2 Hs. 2 BGB) (**kleiner Pflichtteil**). Dies gilt nach richtiger h. M. auch dann, wenn der Ehegatte den rechnerischen Zugewinnausgleich (§ 1371 Abs. 2 BGB) nicht geltend macht.[8] Berät der Notar den überlebenden Ehegatten, so sollte er die Alternativen Annahme der Erbschaft einerseits und Ausschlagung samt rechnerischem Zugewinnausgleich sowie kleinem Pflichtteil andererseits vor Augen führen.

---

3 Staudinger/*Thiele*, § 1482 Rn. 4.
4 *Langenfeld*, Eheverträge, Rn. 289.
5 *Langenfeld*, Eheverträge, Rn. 191 ff.; *Worm*. Kapitel 10 Rdn. 98.
6 *Langenfeld*, Eheverträge, Rn. 343 ff.; *Thouet*, RNotZ 2007, 56, 57.
7 *Langenfeld*, Eheverträge, Rn. 290.
8 BGH v. 17.3.1982 – IV a ZR 27/81, NJW 1982, 2497; v. 25.6.1964 – III ZR 90/63, BGHZ 42, 182 = NJW 1964, 2404; Palandt/*Brudermüller*, § 1371 Rn. 15.

III. Gütergemeinschaft

Der Vertragsgüterstand der **Gütergemeinschaft** (§§ 1415 ff. BGB) führt dazu, dass das bei Vertragsschluss oder später erworbene Vermögen jedes Ehegatten gesamthänderisch gebundenes gemeinschaftliches Vermögen wird (**Gesamtgut**, § 1416 Abs. 1 BGB). Vom Gesamtgut ist lediglich als **Sondergut** das nicht rechtsgeschäftlich übertragbare Vermögen (§ 1417 BGB) und das **Vorbehaltsgut** – insbesondere entsprechend gewidmeter unentgeltlicher Erwerb und von den Eheleuten als solches definierte Vermögensgegenstände – (§ 1418 BGB) ausgenommen. Die Vereinbarung der Gütergemeinschaft ist damit ein Weg, das Vermögen der Eheleute gleichmäßig zu verteilen. Sie kann sich anbieten, um Vermögensübertragungen auf gemeinschaftliche Kinder unter Ausnutzung der erbschaftsteuerlichen Freibeträge vorzubereiten.

Zivilrechtlich ist es regelmäßig keine Schenkung i. S. d. §§ 516, 2287, 2325 BGB, wenn Eheleute Gütergemeinschaft vereinbaren.[9] Ausnahmsweise soll jedoch eine **Schenkung** für Zwecke der §§ 2287, 2325 BGB vorliegen, wenn pflichtteilsberechtigte Angehörige benachteiligt werden sollen (**Umgehungsabsicht**)[10] und weitere Indizien hinzukommen, wie z. B. ein bald darauf folgender abermaliger Güterstandswechsel[11] (»**Güterstandsschaukel**« mit Gütergemeinschaft als Zwischenstadium), hohes Alter oder Todkrankheit des vermögenderen Ehegatten. Kennzeichnend ist hier stets ein entsprechender von Anfang an gehegter »**Gesamtplan**«.[12]

Allerdings wird die Attraktivität dieses Güterstandes, wenn er in bestehender Ehe vereinbart wird, dadurch deutlich gemindert, dass die beim ärmeren Ehegatten eintretende Bereicherung kraft ausdrücklicher gesetzlicher Anordnung als erbschaftsteuerbare Schenkung unter Lebenden gilt (§ 7 Abs. 1 Nr. 4 ErbStG). Die Gütergemeinschaft sollten die Eheleute mithin in einem Zeitpunkt wählen, in dem das in das Gesamtgut fallende Vermögen die erbschaftsteuerlichen Freibeträge (noch) nicht überschreitet.

Die Gütergemeinschaft wird durch Scheidung, rechtskräftiges Aufhebungsurteil (§§ 1447 ff., 1469 f. BGB) oder Tod (Ausnahme **fortgesetzte Gütergemeinschaft**, §§ 1483 ff. BGB) aufgelöst. In diesem Fall ist das **Gesamtgut** auseinander zu setzen. Die Verbindlichkeiten sind zu erfüllen, ggf. Rückstellungen zu bilden (§ 1475 BGB). Wenn die Ehegatten nicht durch notariell beurkundeten Ehevertrag (§ 1410 BGB) **fortgesetzte Gütergemeinschaft** (§§ 1483 ff. BGB) vereinbart haben, gehört der Anteil des verstorbenen Ehegatten am **Gesamtgut** zum Nachlass. In diesem Fall wird der verstorbene Ehegatte nach den allgemeinen Vorschriften (gewillkürte oder gesetzliche Erbfolge) beerbt (§ 1482 BGB).[13] Dabei hat der überlebende Ehegatte anders als in der Zugewinngemeinschaft keinen erhöhten (§ 1371 Abs. 1 BGB i. V. m. § 1931 Abs. 3 BGB) Erbteil.[14] Wird der überlebende Ehegatte neben weiteren Erben Miterbe, bestehen zwischen ihnen zwei Gesamthandsverhältnisse: die Erbengemeinschaft (§§ 2032 ff. BGB) und die **aufgelöste Gesamtgutsgemeinschaft**.[15] Jeder Erbe kann über seinen Erbteil und damit mittelbar über seinen Anteil am Gesamtgut verfügen (§ 2033 Abs. 1 BGB).[16] Die Auseinandersetzung der aufgelösten Gütergemeinschaft hinsichtlich

---

9 BGH v. 27.11.1991 – IV ZR 266/90, NJW 1992, 558 = BGHZ 116, 178.
10 Staudinger/*Thiele*, § 1408 Rn. 29.
11 Vgl. RG v. 22.11.1915 – IV 176/15, RGZ 87, 301 (der wohlhabende Ehemann vereinbarte mit seiner mittellosen zweiten Frau etwa ein Jahr vor seinem Tod Gütergemeinschaft. Fünf Tage später vereinbarten sie Gütertrennung unter Übertragung wesentlicher Vermögenswerte an die Frau. Der Sohn des Mannes aus erster Ehe forderte nach dessen Tod die Pflichtteilergänzung).
12 BGH v. 27.11.1991 – IV ZR 266/90, NJW 1992, 558 = BGHZ 116, 178 (verneint bei Abstand von sechs Jahren zwischen Vereinbarung von Gütergemeinschaft und Begründung von Gütertrennung); *Münch*, Ehebezogene Rechtsgeschäfte, Rn. 467, 806. Vgl. auch *Worm*. Kapitel 10 Rdn. 138 ff. Zur Insolvenzanfechtung vgl. BGH v. 1.7.2010 – IX ZR 58/09, DB 2010, 1931.
13 Staudinger/*Thiele*, § 1482 Rn. 3 ff.
14 Staudinger/*Thiele*, § 1482 Rn. 4.
15 Staudinger/*Thiele*, § 1471 Rn. 9 ff.
16 BayObLG MDR 1960, 1014.

des Gesamtguts hat vor der Auseinandersetzung der Erbengemeinschaft zu erfolgen.[17] Jeder Erbe kann Auseinandersetzung des Gesamtgutes zu Gunsten der Erbengemeinschaft verlangen (§ 2039 BGB).[18]

12 Vereinbaren die Ehegatten dagegen durch Ehevertrag die **fortgesetzte Gütergemeinschaft**, so wird die Gütergemeinschaft mit den gemeinschaftlichen Abkömmlingen fortgesetzt, die bei gesetzlicher Erbfolge als Erben berufen sind (§ 1483 Abs. 1 S. 2 BGB), es sei denn der überlebende Ehegatte lehnt die **Fortsetzung der Gütergemeinschaft** innerhalb der Ausschlagungsfrist ab (§ 1484 Abs. 1, 2 i. V. m. §§ 1943 ff. BGB). Der Anteil des verstorbenen Ehegatten am Gesamtgut gehört nicht zum Nachlass (§ 1483 Abs. 1 S. 3 Hs. 1 BGB). Mit seinem übrigen Nachlass wird der Ehegatte nach den allgemeinen Vorschriften beerbt (§ 1483 Abs. 1 S. 3 Hs. 2 BGB). Einseitige Abkömmlinge des verstorbenen Ehegatten erben ebenfalls so, wie wenn fortgesetzte Gütergemeinschaft nicht eingetreten wäre (§ 1483 Abs. 2 BGB). Mit ihnen hat mithin eine Teilauseinandersetzung des Gesamtguts statt zu finden, es sei denn der verstorbene Ehegatte hat anderweitig letztwillig verfügt.[19]

13 ▶ **Muster: Antrag auf Fortsetzungszeugnis**

Am ... verstarb in ... mit letztem Wohnsitz in ..., mein Ehemann bzw. unser Vater, Herr ...

Der Verstorbene besaß die deutsche Staatsangehörigkeit.

Der Verstorbene hat keine Verfügungen von Todes wegen hinterlassen. Er hat aber gemeinsam mit seiner Ehefrau, der erschienenen Frau ... einen Ehevertrag in Urkunde URNr. .... /... vom ... des Notars Dr. ... in ... errichtet, in welchem sie für ihre Ehegüterrechtsverhältnisse den Güterstand der fortgesetzten Gütergemeinschaft vereinbart haben. Die Eheleute haben das Fortbestehen der Gütergemeinschaft nach dem Tod nicht ausgeschlossen. Der beurkundende Notar hat die vorgenannte Urkunde bereits zur Eröffnung beim Nachlassgericht eingereicht. Ein Aktenzeichen ist noch nicht bekannt.

Der Verstorbene war in erster und einziger Ehe verheiratet mit der erschienenen Frau ...

Aus dieser Ehe sind ... Kinder hervorgegangen, die Erschienenen zu 1. bis 3.

***(Variante:)* Weggefallen durch Tod vor dem Erblasser ohne Hinterlassung von Abkömmlingen ist das weitere gemeinsame Kind der Eheleute ... und ... der ... verstorbene Sohn ...**

Die Gütergemeinschaft nach dem Verstorbenen wurde daher aufgrund Ehevertrag fortgesetzt von allen Erschienenen, der Ehefrau ... und den Kindern ..., ... und ...

Andere Personen als die Vorgenannten, durch die die genannten Erben von der allgemeinen gesetzlichen Erbfolge oder von der fortgesetzten Gütergemeinschaft ausgeschlossen oder deren Erbteil oder Anteil an der fortgesetzten Gütergemeinschaft gemindert werden würde, sind und waren nicht vorhanden.

Ein Rechtsstreit über das Bestehen und die Beteiligung an der fortgesetzten Gütergemeinschaft und das Erbrecht der genannten Erben ist nicht anhängig. Kein Abkömmling hat Klage auf Aufhebung der fortgesetzten Gütergemeinschaft nach § 1495 BGB erhoben.

Die Erben haben die Erbschaft angenommen. Die erschienene Witwe des Erblassers hat die Fortsetzung der Gütergemeinschaft nicht nach § 1484 BGB abgelehnt und nicht nach § 1492 BGB aufgehoben; sie hat nicht wieder geheiratet oder eine Lebenspartnerschaft begründet. Kein anteilsberechtigter Abkömmling hat nach § 1491 BGB auf seinen Anteil an der fortgesetzten Gütergemeinschaft verzichtet.

Vom Notar über die Bedeutung einer eidesstattlichen Versicherung und über die strafrechtlichen Folgen bei der Abgabe einer vorsätzlich oder fahrlässig falsch abgegebenen eidesstattlichen Versicherung belehrt, versichern wir vor demselben an Eides statt, dass uns nichts bekannt ist, was der Richtigkeit der vorstehenden Angaben entgegensteht.

---

17 Staudinger/*Thiele*, § 1471 Rn. 10.
18 Staudinger/*Thiele*, § 1471 Rn. 12.
19 Staudinger/*Thiele*, § 1483 Rn. 22.

Beim zuständigen Nachlassgericht beantragen wir die Ausstellung eines Zeugnisses über die fortgesetzte Gütergemeinschaft (§§ 1507 BGB 36 GBO, 344, 345 Abs. 1, 373 Abs. 2 FamFG) und erbitten die erste Ausfertigung für uns zu Händen des amtierenden Notars, ohne Auferlegung einer besonderen Prüfungspflicht.

Zum Nachlass und zum Vermögen der fortgesetzten Gütergemeinschaft gehört Grundbesitz, eingetragen im Grundbuch des AG ... Blatt ... Es wird Eintragung der Beteiligten in fortgesetzter Gütergemeinschaft im Wege der Grundbuchberichtigung beantragt.

Der Nachlasswert und der Wert des Vermögens der fortgesetzten Gütergemeinschaft beträgt vorläufig €._____

Der Wert ist, soweit benötigt, durch (Nachlass-)Wertverzeichnis vom Antragsteller zu erheben, und auf Erfordern dem Notar bekanntzugeben.

IV. Gestaltungshinweise: »Güterstandsschaukel«, Gütertrennung als Durchgangsstadium

Der Wechsel des Güterstandes kommt grds. als Gestaltungsinstrument in Betracht, um z. B. aus Haftungsgründen oder zur Vorbereitung einer erbschaftsteueroptimierten Übertragung (Ausnutzung der Freibeträge) auf nachfolgende Generationen Vermögen vom einen Ehegatten auf den anderen zu verlagern. Hintergrund kann aber auch die Minimierung des Pflichtteils unliebsamer einseitiger Angehöriger eines Ehegatten sein. Hat z. B. ein Ehegatte pflichtteilsberechtigte Kinder aus erster Ehe oder anderweitiger Partnerschaft, die dem anderen Ehegatten gegenüber auch nicht infolge Adoption pflichtteilsberechtigt sind, kann eine **Güterstandsschaukel** ein Gestaltungsmittel sein. Dies gilt vor allem dann, wenn der Ehegatte mit dem »lästigen« Kind in der schon bestehenden Ehe und während Geltung des insoweit unmodifizierten gesetzlichen Güterstandes den rechnerisch höheren Zugewinn erzielt hat. Hier ist die Übertragung von Vermögen durch ehebedingte Zuwendung an den mit dem »**lästigen**« **Kind** nicht verwandten Ehegatten kein probates Mittel zur wirtschaftlichen »**Aushöhlung**« des **Pflichtteils** des Kindes. Die ehebedingte Zuwendung wird pflichtteilsergänzungsrechtlich wie eine Schenkung behandelt.[20] Weil sie an den Ehegatten erfolgt, wird der Zuwendungsgegenstand dem Ergänzungsnachlass (§ 2325 ff. BGB) ungemindert zugerechnet. Die mit der »Leistung« anlaufende Zehnjahresfrist, innerhalb derer eine lineare Abschmelzung der Pflichtteilsergänzungsansprüche stattfindet (§ 2325 Abs. 3 S. 1 BGB), beginnt bei Zuwendungen an den Ehegatten gar nicht erst zu laufen (§ 2325 Abs. 3 S. 3 BGB). Zu beachten ist jedoch, dass die Güterstandsschaukel u. U. Schenkung i. S. d. §§ 516, 2287, 2325 BGB und nicht pflichtteilsergänzungsfest ist, wenn es den Eheleuten darauf ankommt, pflichtteilsberechtigte Angehörige zu benachteiligen und ein entsprechender von Anfang an gehegter »**Gesamtplan**« besteht.[21]

Die »**Güterstandsschaukel**« ist erbschaftsteuerlich anerkannt. Dabei vereinbaren im gesetzlichen Güterstand lebende Ehegatten **Gütertrennung**. Der hierdurch entstehende rechnerische Zugewinn (§ 1372 ff. BGB) wird ausgeglichen, z. B. an Erfüllung statt durch Immobilienübertragung. Dieser Vorgang unterliegt nicht der Erbschaftsteuer (§ 5 Abs. 2 ErbStG).[22] Anschließend kehren die Eheleute in den gesetzlichen Güterstand zurück. Entscheidend ist, dass ein Zugewinnausgleich zivilrechtlich entsteht. Der sog. **fliegende Zugewinnausgleich**, bei dem die Eheleute den gesetzlichen Güterstand nicht aufheben, sondern lediglich den wirtschaftlich während der Ehe bislang angewachsenen Zugewinn ausgleichen, ist daher erbschaftsteuerlich nicht privilegiert.[23] Abzuraten ist auch

---

20 BGH v. 27.11.1991 – IV ZR 164/90, BGHZ 116, 167, 170.
21 BGH v. 27.11.1991 – IV ZR 266/90, NJW 1992, 558 = BGHZ 116, 178 (verneint bei Abstand von sechs Jahren zwischen Vereinbarung von Gütergemeinschaft und Begründung von Gütertrennung). Vgl. auch *Kornexl*, Nachlassplanung bei Problemkindern, Rn. 703; *Münch*, Ehebezogene Rechtsgeschäfte, Rn. 467, 806. Zum Grundsatz, dass die Leistung des Zugewinnausgleichs kein unentgeltlicher Vermögenserwerb ist vgl. BGH v. 21.10.2014 – XI ZR 210/13, FamRZ 2015, 47 Rn. 18.
22 BFH v. 12.7.2005 – II R 29/02, ZEV 2005, 490 mit Anm. *Münch*.
23 BFH v. 28.6.2007 – II R 12/06, ZEV 2007, 500; v. 24.8.2005 – II R 28/02, ZEV 2006, 41 mit Anm. *Münch*.

von der – vom BFH allerdings anerkannten – Gestaltung, in ein und derselben Urkunde den Wechsel hin zur **Gütertrennung »für einen Abend«** und wieder zurück zur Zugewinngemeinschaft zu vereinbaren.[24]

16 Nach h. M. ist es im Einkommensteuerrecht eine entgeltliche Veräußerung, wenn der Zugewinnausgleichspflichtige dem -berechtigten anstelle von Geld an Erfüllungs statt (§ 364 Abs. 1 BGB) Grundbesitz, Anteile an einer Personen- oder Kapitalgesellschaft oder einen anderen Vermögensgegenstand überträgt.[25] Der Zugewinnausgleichspflichtige veräußert dem -berechtigten den betreffenden Gegenstand gegen Verzicht auf den entstandenen Zugewinnanspruch (§ 1378 Abs. 3 S. 1 BGB). Hierin sieht die h. M. ein Entgelt.[26] Setzt der Zugewinnausgleichspflichtige zu den vorgenannten Zwecken Gegenstände eines Betriebsvermögens ein, liegt insoweit nach der Rechtsprechung eine Entnahme (§ 4 Abs. 1 S. 2 EStG) vor, die ebenfalls zur Aufdeckung stiller Reserven führt (§ 6 Abs. 1 Nr. 4 EStG).[27]

17 ▶ **Muster für Güterstandsschaukel Schritt I (Gütertrennung mit Grundstücksübertragung)**

URNr./2015

Ehevertrag; Grundstücksübertragung

Heute, den ...

erschienen vor mir,

Dr. ...

Notar

mit dem Amtssitz in ...

Eheleute

...,

beide ausgewiesen durch gültigen Bundespersonalausweis.

Auf Ansuchen der Erschienenen beurkunde ich ihren vor mir abgegebenen Erklärungen gemäß folgenden

Teil A. Ehevertrag

I. Vorbemerkung

Die Erschienenen erklären vorab:
1. Wir haben am ... vor dem Standesamt in ... die Ehe geschlossen. Einen Ehevertrag haben wir bislang nicht geschlossen.
2. Wir haben uns durch Frau Rechtsanwältin ..., beraten lassen. Außerdem haben wir am ... telefonisch und am ... persönlich ein Beratungsgespräch mit dem Notar geführt. Diese Beratungen durch den Notar liegen dem nachfolgenden Vertrag zu Grunde.

II. Güterstand (Gütertrennung)

1. Wir heben die bislang zwischen uns bestehende Zugewinngemeinschaft auf und vereinbaren für unsere künftige Ehe den Güterstand der Gütertrennung nach den Bestimmungen des Bürgerlichen Gesetzbuchs.

---

24 BFH v. 12.7.2005 – II R 29/02, ZEV 2005, 490 mit Anm. *Münch*.
25 BFH v. 15.2.1977 – VIII R 175/74, BStBl. 1977 II, 389 (Abfindung des Zugewinnausgleichsanspruchs in Grundstücken).
26 Vgl. BFH v. 16.12.2004 – III R 38/00, ZEV 2005, 315.
27 Vgl. BFH v. 29.6.1995 – VIII R 2/94, BStBl. 1996 II, 60 unter 2.a; v. 23.6.1981 – VIII R 41/79, BStBl. 1982 II, 18.

2. Der Notar hat uns in diesem Zusammenhang auf die Grundzüge des gesetzlichen Güterstandes der Zugewinngemeinschaft und die aufgrund der Vereinbarung der Gütertrennung davon eintretenden Abweichungen hingewiesen. Wir sind uns darüber im Klaren, dass
   - durch die Vereinbarung der Gütertrennung ein Ausgleich des Zugewinns bei Beendigung der Ehe, insbesondere bei einer Scheidung, nicht stattfindet;
   - bezüglich der Schuldenhaftung kein Unterschied zwischen dem gesetzlichen Güterstand der Zugewinngemeinschaft und der Gütertrennung besteht;
   - trotz vereinbarter Gütertrennung gemeinsames Vermögen und/oder gemeinsame Verbindlichkeiten bei einer Beendigung der Ehe, insbesondere bei einer Scheidung, auseinander zu setzen sind;
   - jeder von uns berechtigt ist, ohne Zustimmung des anderen über sein Vermögen im Ganzen sowie über die ihm gehörenden Gegenstände des ehelichen Haushalts frei zu verfügen;
   - sich das Erb- und Pflichtteilsrecht des Längerlebenden am Nachlass des erstversterbenden Ehegatten vermindern kann und dies zur Erhöhung des Erb- und Pflichtteilsrechts von Abkömmlingen und anderen Verwandten führen kann;
   - § 5 ErbStG beim Tod eines Ehegatten keine Anwendung findet.
3. Eine Eintragung der Gütertrennung in das Güterrechtsregister beim zuständigen Amtsgericht wünschen wir nach Hinweis des Notars auf die Rechtswirkungen einer solchen Eintragung vorerst nicht. Jeder von uns kann jedoch nachträglich einseitig die Eintragung beantragen, wozu wir uns gegenseitig bevollmächtigen.
4. Die Erstellung eines Vermögensverzeichnisses wünschen wir nach Hinweis des Notars auf die Bedeutung eines solchen Verzeichnisses nicht.
5. Der während der bisherigen Ehedauer entstandene Zugewinn wird durch nachfolgende Grundstücksübertragung teilweise ausgeglichen. Hierzu stellen wir fest, dass sich der Zugewinn des Ehemannes seit Eheschließung bis heute unter Anwendung der §§ 1372 ff. BGB auf EUR ... beläuft. Der Zugewinn der Ehefrau beträgt im gleichen Zeitraum EUR ... Somit hat die Ehefrau einen Anspruch auf Zugewinnausgleich i. H. v. EUR ... Der Ehemann erkennt an, der Ehefrau diesen Betrag zu schulden und unterwirft sich wegen dieses Anspruchs der sofortigen Zwangsvollstreckung in sein gesamtes Vermögen. Soweit der Anspruch nicht nachfolgend erfüllt wird, ist er bis zum Ende der Ehe, insbesondere durch Scheidung oder Tod, mit ... % jährlich verzinslich gestundet.

III. Sonstiges

Weitere Vereinbarungen, insbesondere zum Unterhalt, Versorgungsausgleich oder erbrechtliche Regelungen möchten wir heute nicht treffen.

IV. Salvatorische Klausel

Sind einzelne Bestimmungen dieses Vertrages unwirksam oder undurchführbar, so berührt dies die Wirksamkeit der übrigen Bestimmungen nicht. An Stelle der unwirksamen bzw. undurchführbaren Bestimmung gilt diejenige wirksame bzw. durchführbare Bestimmung als von Anfang an vereinbart, die dem Willen der Parteien bei der heutigen Beurkundung am nächsten kommt. Hilfsweise sind die Parteien verpflichtet, eine entsprechende Vereinbarung zu treffen. Entsprechendes gilt für Vertragslücken.

Ggf.

Teil B. Übertragungsvertrag

[Es folgen Vereinbarungen zur Grundstücksübertragung in (teilweiser) Erfüllung der Zugewinnausgleichsforderung]

▶ **Muster für Güterstandsschaukel Schritt II (Rückkehr in den modifizierten gesetzlichen Güterstand)** 18

URNr./2015

Ehevertrag

Heute, den ...

erschienen vor mir, ...

Kapitel 15 Erbrechtlich relevante Rechtsgeschäfte unter Lebenden

Dr. ...

Notar

mit dem Amtssitz in ...

Eheleute

...,

beide ausgewiesen durch gültigen Bundespersonalausweis.

Auf Ansuchen der Erschienenen beurkunde ich ihren vor mir abgegebenen Erklärungen gemäß folgenden

Ehevertrag

I. Vorbemerkung

Die Erschienenen erklären vorab:
1. Wir haben am ... vor dem Standesamt in ... die Ehe geschlossen.
2. Wir haben uns durch Frau Rechtsanwältin ..., beraten lassen. Außerdem haben wir am ... telefonisch und am ... persönlich ein Beratungsgespräch mit dem Notar geführt. Diese Beratungen durch den Notar liegen dem nachfolgenden Vertrag zu Grunde.

II. Güterstand (modifizierte Zugewinngemeinschaft)

Hiermit vereinbaren wir für unsere Ehe mit sofortiger Wirkung den gesetzlichen Güterstand der Zugewinngemeinschaft und modifizieren diesen wie folgt:
1. Die Verfügungsbeschränkungen der §§ 1365 ff., 1369 BGB gelten für uns nicht. Jeder Ehegatte kann über sein Vermögen im Ganzen oder die ihm gehörenden Haushaltsgegenstände auch ohne Zustimmung des anderen Ehegatten verfügen.
2. Im Übrigen bleibt es beim gesetzlichen Güterstand, über den uns der Notar belehrt hat, insbesondere beim erhöhten gesetzlichen Erb- und Pflichtteil.
3. Der Notar hat uns im Hinblick auf § 1412 BGB (Wirkung gegenüber Dritten) empfohlen, diesen Ehevertrag im Güterrechtsregister beim zuständigen Amtsgericht eintragen zu lassen. Wir beantragen diese Eintragung, insbesondere die Eintragung des Ausschlusses der Verfügungsbeschränkungen der §§ 1365 ff., 1369 BGB. Der Notar soll die Eintragung jedoch nur auf besondere schriftliche Anweisung eines Beteiligten veranlassen.

III. Sonstiges

Weitere Vereinbarungen, insbesondere zum Unterhalt, Versorgungsausgleich oder erbrechtliche Regelungen möchten wir heute nicht treffen.

IV. Salvatorische Klausel

Sind einzelne Bestimmungen dieses Vertrages unwirksam oder undurchführbar, so berührt dies die Wirksamkeit der übrigen Bestimmungen nicht. An Stelle der unwirksamen bzw. undurchführbaren Bestimmung gilt diejenige wirksame bzw. durchführbare Bestimmung als von Anfang an vereinbart, die dem Willen der Parteien bei der heutigen Beurkundung am nächsten kommt. Hilfsweise sind die Parteien verpflichtet, eine entsprechende Vereinbarung zu treffen. Entsprechendes gilt für Vertragslücken.

V. Kosten, Abschriften

Die Kosten dieser Urkunde tragen wir zu gleichen Teilen.

Wir erhalten jeweils eine Ausfertigung. Frau Rechtsanwältin ..., erhält eine Abschrift.

Vorgelesen vom Notar,

von den Erschienenen genehmigt und

eigenhändig, wie folgt, unterschrieben:

V. Güterstand und Pflichtteilsverzicht des Ehegatten/Lebenspartners

In bestimmten Konstellationen ist ein **Pflichtteilsverzicht des Ehegatten bzw. Lebenspartners** (§ 2346 Abs. 1 S. 1, Abs. 2 BGB, ggf. i. V. m. § 10 Abs. 7 LPartG) angebracht. Insbesondere dann, wenn die Vermögenssubstanz dem oder den Kindern bereits nach dem Tod des Erstversterbenden der Ehegatten ungeschmälert von Pflichtteilsrechten des überlebenden Ehegatten zustehen soll, bietet sich ein Pflichtteilsverzicht des überlebenden Ehegatten an. Dies kann insbesondere in folgenden Situationen der Fall sein:

– Unternehmerisches Vermögen (z. B. Gewerbebetriebe in der Rechtsform einer Personengesellschaft oder GmbH, land- und forstwirtschaftliche Unternehmen, Hof i. S. d. HöfeO) soll »in der Familie gehalten« werden und auf den geeigneten Nachfolger im Generationenverbund übergehen, nicht dagegen auf die betriebsfremde Ehefrau;
– in der »**Zweitehe**« oder »**Spätehe**« wird regelmäßig kein gemeinsames Vermögen mehr geschaffen; hier wünschen die beteiligten Eheleute vor allem bei Vorhandensein einseitiger Kinder häufig, dass jeder Ehegatte nur von seinen Kindern beerbt wird;
– Ehegatten in Trennung wünschen eine vermögensmäßige Trennung und wollen das gegenseitige gesetzliche Erb- (§ 1931 BGB) und Pflichtteilsrecht (§ 2303 Abs. 2 S. 1 BGB) auch schon vor seinem gesetzlichen Entfallen (Scheidungsantrag des Erblassers und Vorliegen der Scheidungsvoraussetzungen, § 1933 S. 1 BGB) ausschließen.

In derartigen Konstellationen empfiehlt sich ein Pflichtteilsverzicht des Ehegatten. Die Abkömmlinge werden ihr Engagement im Familienbetrieb nicht selten von einer entsprechenden Absicherung abhängig machen. Um andererseits eine überschießende Auswirkung des Pflichtteilsverzichts auf den nachehelichen (§§ 1569 ff. BGB) bzw. nachpartnerschaftlichen (§ 16 LPartG) zu vermeiden, sollte diese von der h. L. angenommene **Fernwirkung** ausdrücklich ausgeschlossen werden.[28] Nach der wohl noch h. L. hat der Pflichtteilsverzicht grds. den Verlust derartiger Unterhaltsansprüche zur Folge.[29]

Diese Absicherung der eigenen Abkömmlinge des Erblassers ist nur dann vollständig, wenn sie auch die güterrechtlichen Folgen des Erbfalls berücksichtigt. Die Witwe, die mit ihrem verstorbenen Ehemann in nicht modifizierter Zugewinngemeinschaft gelebt hat, und enterbt worden ist oder die Erbschaft ausschlägt, kann von den Erben den **rechnerischen Zugewinnausgleich** verlangen (§ 1371 Abs. 2 Hs. 1 i. V. m. §§ 1373 ff. BGB). Leben die Ehegatten im gesetzlichen Güterstand, so sollten sie folglich zusätzlich zum Pflichtteilsverzicht eine Modifikation der Zugewinngemeinschaft vereinbaren mit dem Inhalt, dass der rechnerische Zugewinnausgleich im Todesfall ausgeschlossen ist.

VI. Steuerrecht

Der gesetzliche Güterstand der Zugewinngemeinschaft ist in der Erbfolge unter Ehegatten regelmäßig **erbschaftsteuerlich** vorteilhaft. § 5 Abs. 1 S. 1 ErbStG nimmt den sog. rechnerischen Zugewinnausgleich, wie er sich (hypothetisch) nach § 1371 Abs. 2 BGB ergibt, von der Erbschaftsteuer aus. Dabei kommt es nicht darauf an, ob der überlebende Ehegatte aufgrund gewillkürter oder gesetzlicher Erbfolge erwirbt und ob er den rechnerischen Zugewinnausgleich verlangt oder nicht. Die erbschaftsteuerliche Begünstigung nach § 5 Abs. 1 ErbStG gilt richtigerweise nicht nur dann, wenn die Eheleute ohne Ehevertrag leben, sondern auch dann, wenn sie den gesetzlichen Güterstand modifizieren (arg. § 5 Abs. 1 S. 2 ErbStG).[30] Allerdings steht, soweit ersichtlich, bislang eine höchstrichterliche Stellungnahme hierzu aus.

---

28 Ausführliche Formulierungsvorschläge bei Handkomm-PflichtteilsR/v. *Proff*, Rn. 28 ff.
29 Palandt/*Weidlich*, § 1933 Rn. 10; MünchKommBGB/*Maurer*, § 1586b Rn. 6; Klein/*Derleder*, Das gesamte Familienrecht – Kommentar für die familienrechtliche Praxis, § 1586b Rn. 1; Bäumel/Büte/Poppen/ *Büte*, Unterhaltsrecht Kommentar, § 1586b Rn. 3; Prütting/Wegen/Weinreich/*Kleffmann*, § 1586b Rn. 3; *Dieckmann*, NJW 1980, 2777, 2778; FamRZ 1992, 633 und 1999, 1029; Erman/*Graba*, § 1586b Rn. 11, wohl auch LG Ravensburg v. 31.1.2008 – 2 O 338/07, FamRZ 2008, 1289 mit abl. Anm. *Bergschneider*.
30 Vgl. FG Düsseldorf v. 14.6.2006 – 4 K 7107/02, RNotZ 2007, 55 mit Anm. *Thouet*.

23 Zu den ertrag- und erbschaftsteuerlichen Auswirkungen der sog. Güterstandsschaukel vgl. oben Rdn. 15 f.

24 Wird in bestehender Ehe Gütergemeinschaft vereinbart, gilt die beim »ärmeren« Ehegatten eintretende Bereicherung als erbschaftsteuerbare Schenkung unter Lebenden (§ 7 Abs. 1 Nr. 4 ErbStG).[31]

25 ▶ **Checkliste**

☐ Sind die Beteiligten schon miteinander verheiratet/Lebenspartner i. S. d. § 1 Abs. 1 S. 1 LPartG oder werden sie dies erst noch tun?
☐ Gilt das Güterrecht des BGB?
☐ Leben die Beteiligten im gesetzlichen Güterstand oder haben sie schon einen Ehevertrag/Lebenspartnerschaftsvertrag geschlossen und mit welchem Güterstand?
☐ Gibt es »lästige« Pflichtteilsberechtigte?
☐ Übersteigt der dem Ehegatten/Lebenspartner zugedachte Erbteil unter Berücksichtigung früherer Erwerbe den erbschaftsteuerlichen Freibetrag?

B. Vollmachten über den Tod hinaus

Literatur:
Becker, Das Schweizer Konto im Nachlass Deutscher, ZEV 2007, 208; *Börner*, Gebrauch einer deutschen postmortalen Vollmacht in Spanien?, ZEV 2005, 146; *Burghardt*, Verfügungen über Nachlasskonten in der Bankpraxis, ZEV 1996, 136; *Fetsch*, Auslandsvermögen im Internationalen Erbrecht – Testamente und Erbverträge, Erbschein und Ausschlagung bei Auslandsvermögen – RNotZ 2006, 1; *Findeklee*, Verkauf eines Nachlassgrundstücks ohne Erbnachweis? ZErb 2007, 172; *Grunewald*, Die Verwendung post- und transmortaler Vollmachten zum Nachteil des Erben, ZEV 2014, 579; *Haegele*, Möglichkeit und Grenzen der postmortalen Vollmacht, Rpfleger 1968, 345; *Halding-Hoppenheit*, Sicherstellung der Vermächtniserfüllung, RNotZ 2005, 311; *Heinrich*, Erlöschen der Vollmacht durch den Tod des Vollmachtgebers? -Extinción del Poder de representación por la muerte del poderante?, in Festschrift für Sebastian Spiegelberger zum 70. Geburtstag, 2009, S. 1596; *Ivo*, Die Legitimation des Erben ohne Erbschein, ZErb 2006, 7; *Keim*, Die Vollmacht über den Tod hinaus bei Vor- und Nacherbschaft, DNotZ 2008, 175; *Klinger/Mohr*, Postmortale Handlungsfähigkeit des Nachlasses im Bankverkehr, NJW-Spezial 2006, 13; *Kurze*, Die Vollmacht nach dem Erbfall, ZErb 2008, 399; *Lange/Werkmüller*, Der Erbfall in der Bankpraxis, München 2002, *Madaus*, Der Widerruf trans- oder postmortaler Vollmachten durch einzelne Miterben, ZEV 2004, 448; *Milzer*, § 39 GBO – ein Hemmschuh für die Verwendbarkeit transmortaler Vollmachten bei nachlassbezogenen Rechtsgeschäften? DNotZ 2009, 325; *Odersky*, Gestaltungsempfehlungen für Erbfälle mit anglo-amerikanischem Bezug, ZEV 2000, 492; *von Oertzen*, Praktische Handhabung eines Erbfalles mit Auslandsberührung, ZEV 1995, 167; *Perscha/Pawlytta*, Zuwendungen am Nachlass vorbei – Erfahrungen aus Österreich unter deutschem Blickwinkel, ZEV 2008, 412; *Reimann*, Nachlassplanung als erbrechtsübergreifende Beratungsaufgabe, ZEV 1997, 129; *Sarres*, Vermächtnis, München 2009; *Seif*, Die postmortale Vollmacht, AcP 200, 2000, 192; *Sieghörtner*, Trans- und postmortale Vollmachten im deutsch-schweizerischen (Grundbuch-)Rechtsverkehr, ZEV 1999, 461; *Trapp*, Die post- und transmortale Vollmacht zum Vollzug lebzeitiger Zuwendungen, ZEV 1995, 314; *Steiner*, Grundregeln der Testamentsgestaltung in Fällen der faktischen Nachlassspaltung, ZEV 2003, 145; *Süß*, Nachlassabwicklung im Ausland mittels postmortaler Vollmachten, ZEV 2008, 69; *Wachter*, Nachlassvollmachten bei internationalen Erbfällen – Was Sie bei ihrer Abfassung beachten sollten!, ErbStB 2005, 261; *Wehrens/Gresser*, Nachfolgeplanung für Immobilien in Frankreich, BWNotZ 2000, 49; *Werkmüller*, Vollmacht und Testamentsvollstreckung als Instrumente der Nachfolgegestaltung bei Bankkonten, ZEV 2000, 305; *Werner*, in Hopt, Vertrags- und Formularbuch zum Handels-, Gesellschafts- und Bankrecht, 4. Aufl., S. 960; *Werner*, Die Testamentsvollstreckung an einer GmbH & Co. KG, ZErb 2008, 195; *Zimmer*, Vorsorgevollmachten im Erbrecht, ZEV 2013, 307.

---

31 Dazu oben, Rdn. 10.

I. Grundlagen

1. Die Vollmacht über den Tod hinaus oder auf den Todesfall – trans- oder postmortale Vollmacht

Der Vollmachtgeber kann eine Vollmacht über seinen Tod hinaus oder auf den Todesfall erteilen.[32] Gemäß § 168 S. 1 BGB bestimmt sich das Erlöschen einer Vollmacht nach dem seiner Erteilung zugrunde liegenden Rechtsverhältnis. Für den Auftrag und die Geschäftsbesorgung bestimmen die §§ 672 S. 1, 675 BGB, dass der Tod des Auftragsgebers (=Vollmachtgebers) im Zweifel nicht zum Erlöschen des Auftrages und damit der Vollmacht führt. Nach dem Tod des Vollmachtgebers können mit einer solchen Vollmacht Rechtsgeschäfte mit Wirkung für und gegen den Erben vorgenommen werden. Unterschieden wird zwischen der Vollmacht **über den Tod hinaus** (*transmortale Vollmacht*) und der Vollmacht **auf den Todesfall** (*postmortale Vollmacht im engeren Sinne, Vollmacht ab dem Tod*).[33] Die postmortale Vollmacht unterscheidet sich im deutschen Recht von der transmortalen Vollmacht nur hinsichtlich des Beginns. Erstere entsteht erst beim Erbfall und wird erst damit wirksam (Vollmacht ab dem Tod); letztere besteht bereits zu Lebzeiten des Vollmachtgebers, bleibt aber nach seinem Tode auch darüber hinaus wirksam. Begrifflich unpräzise werden beide Vollmachtsformen allgemein als **postmortale Vollmacht** (*postmortale Vollmacht im weiteren Sinne*) bezeichnet, wenn damit nur ausgedrückt werden soll, dass die Vollmacht, ohne dass es auf den Zeitpunkt der Entstehung ankäme, auch nach dem Tode noch Bestand und Wirksamkeit hat. 26

Auch eine isolierte Vollmacht, ohne wirksames Kausalverhältnis, kann über den Tod hinaus fortbestehen; dies ist in der Vollmacht klarzustellen.[34] 27

Ab dem Erbfall wird in jedem Falle nicht mehr der Vollmachtgeber (Erblasser), sondern der Erbe, beschränkt auf den Nachlass, vertreten.[35] Der postmortal Bevollmächtigte kann handeln, wie und soweit es der Inhalt der Vollmacht bestimmt, er darf handeln, wie er es für den Erblasser durfte. Die Vertretungsmacht erstreckt sich nicht auf das Privatvermögen des Erben.[36] Die Erben können die Vollmacht grundsätzlich jederzeit widerrufen. 28

Allgemein wird die Vollmacht auf den Todesfall und/oder über den Tod hinaus als Teil einer übergreifenden Nachlassplanung empfohlen. Bei Grundbesitz oder Bankvermögen im Ausland[37] oder bei Betriebsvermögen im Ausland gehört diese Vollmacht zum notwendigen, nicht nur zum sinnvollen 29

---

32 Dies ist im deutschen Recht unbestritten, vgl. *Kurze*, ZErb 2008, 399, 401. Der Gesetzgeber des BGB hat sich bewusst -abweichend vom älteren schweizerischen Recht- dafür entschieden, Auftrag und Vollmacht in den Erlöschensgründen gleichzustellen. In den Motiven (Mot. I, S. 234) wird dies unter Hintanstellung gewisser dogmatischer Bedenken mit praktischen Erwägungen begründet. In der ZPO (§§ 82, 223) war bereits vorher zur Prozessvollmacht geregelt worden, dass diese durch den Tod des Vollmachtgebers nicht aufgehoben wird. Die Vollmacht auf den Todesfall (postmortale Vollmacht i. e. S.) ist in der Rechtsprechung erstmals in RGZ 114, 351, 354 anerkannt worden: »*Eine solche Vollmacht kann aber ebensowohl wie der ihr zugrunde liegende Auftrag auch von vornherein auf den Fall des Todes des Vollmachtgebers beschränkt sein, so dass der Bevollmächtigte nicht für diesen, sondern nur für dessen Erben zu handeln hat.*« Grundlegend zur postmortalen Vollmacht: *Seif*, Die postmortale Vollmacht, AcP 200 (2000), 192 ff.
33 Soweit es auf die Unterscheidung zwischen trans- und postmortaler Vollmacht nicht ankommt, wird in Rechtsprechung und Literatur auch die transmortale Vollmacht übergreifend auch als postmortale Vollmacht bezeichnet. Die Unterscheidung ist nur bedeutsam bei solchen Vollmachten, die für das Ausland erteilt werden, da sich dort unterschiedliche Rechtsfolgen, insbesondere hinsichtlich ihrer Zulässigkeit, ihres Erlöschens oder ihrer Formbedürftigkeit ergeben können. In einigen Rechtsordnungen (z. B. Schweiz) unterfallen Vollmachten auf den Todesfall den Formvorschriften für letztwillige Verfügungen. Siehe hierzu nachstehend Rdn. 34.
34 Nieder/Kössinger/*Kössinger*, § 15 Rn. 93. Dies kann aber auch durch Auslegung ermittelt werden.
35 MünchKommBGB/*Schramm*, § 168 Rn. 30.
36 BGH FamRZ 83, 477; Staudinger/*Schilken*, § 168 Rn. 31; MünchKommBGB/*Schramm*, § 168 Rn. 30.
37 Zum schweizerischen Bankkonto: *Becker*, ZEV 2007, 208: zum österreichischen Bankkonto: *Perscha/Pawlytta*, ZEV 2008, 412.

Instrumentarium der Gestaltung.[38] Auch bei Inlandsbankkonten oder Depots stellt eine Vollmacht die sofortige Handlungsfähigkeit nach dem Tode des Erblassers sicher.[39]

2. Abstraktionsprinzip: causa erforderlich

30 Die post- oder transmortale Vollmacht kann immer nur ein begleitendes Hilfsinstrument zur Nachlassplanung sein.[40] Bei ihrer Erteilung wird vielfach beim Vollmachtgeber der Wunsch vorliegen, dem Bevollmächtigten einen Vermögensvorteil zuzuwenden. Gleichgültig, ob die Vollmacht als *kausale* Vollmacht aufgrund eines Auftragsverhältnisses oder Geschäftsbesorgungsvertrages erteilt wird, oder als *isolierte* Vollmacht ohne jede Regelung des Innenverhältnisses, bedarf es zu Perpetuierung der Bereicherung des Bedachten, neben der durch die Vollmacht ermöglichten Verfügung, eines Rechtsgrundes (*causa*).[41] Den Rechtsgrund für das Behaltenkönnen kann nur eine formwirksame Schenkung von Todes wegen, Schenkung unter Lebenden oder Verfügung von Todes wegen liefern. Ein Auftrag als Kausalverhältnis einer post- oder transmortalen Vollmacht, auch wenn er unter Befreiung von § 181 BGB erteilt ist, stellt hingegen *keinen* Rechtsgrund dar, eingezogene Beträge auf Dauer zu behalten.[42] Aufgrund der Abstraktheit der Vollmacht **bedarf** es somit stets **eines Rechtsgrundes** für dasjenige, was mit ihrer Hilfe zugewiesen werden soll. Es reicht daher zum Beispiel nicht aus, nur zu formulieren, dass ein Bevollmächtigter berechtigt ist, einen beweglichen Gegenstand an sich selbst zu übereignen oder ein bestimmtes Grundstück an sich aufzulassen. Zunächst muss durch Vermächtnis oder Teilungsanordnung eine Zuordnung des Gegenstandes oder des Grundstücks an den Bedachten erfolgen bzw. durch formwirksames Schenkungsversprechen. Ein solchermaßen angeordnetes Vermächtnis oder eine solche Teilungsanordnung kann dann mittels einer post- oder transmortalen Vollmacht umgesetzt werden. Die Vollmacht kann hierbei anstelle einer Testamentsvollstreckung oder zu ihrer Ergänzung eingesetzt werden.

31 Die post- und transmortale Vollmacht kann auch zum Vollzug lebzeitiger Zuwendungen wie Schenkung unter Lebenden oder von Todes wegen eingesetzt werden.[43] Hierbei müssen die entsprechenden Formvorschriften eingehalten werden. Nach ständiger höchstrichterlicher Rechtsprechung[44] kann eine formnichtige und nicht vollzogene Schenkung von Todes wegen im Sinne von § 2301 Abs. 1 BGB ebenso wenig wie eine formnichtige Verfügung von Todes wegen nach dem Erbfall durch Handlungen einer vom Erblasser bevollmächtigten Person vollzogen und damit geheilt werden. Beim **Schenkungsversprechen von Todes wegen** ist nur eine Heilung durch den Schenker selbst möglich, da das Schenkungsversprechen unter Überlebensbedingung nach dem Tode bereits den Vorschriften des Erbrechts untersteht.[45] Nach dem Tode des Schenkers ist daher eine Heilung durch Vollzug der Schenkung von dritter Seite ausgeschlossen. Demgegenüber ist bei der **Schenkung unter Lebenden** nach dem Tode des Schenkers aufgrund einer post- oder transmortalen Vollmacht

---

38 *Reimann*, ZEV 1997, 129, 131.
39 *Werkmüller*, ZEV 2000, 305, 306.
40 *Werkmüller*, Anm. zu BGH, Urt. vom 24.3.2009, XI ZR 191/08, ZEV 2009, 306, 308. Die Bank- oder Generalvollmacht allein taugt somit nicht zur Absicherung des überlebenden Ehegatten.
41 *Trapp*, ZEV 1995, 314, 317 m. w. N.
42 *Trapp*, ZEV 1995, 314, 317; die gilt auch dann, wenn die Vollmacht unwiderruflich ist: OLG Celle, Urt. vom 30.1.2003 – 6 U 106/02; rkr., ZEV 2003, 203, 204. Siehe auch *Werkmüller*, Anm. zu BGH, Urt. vom 24.3.2009 – XI ZR 191/08, ZEV 2009, 306, 308. Die Bereicherung kann von den Erben nach den Grundsätzen der ungerechtfertigten Bereicherung herausverlangt werden, wenn die *causa* fehlt. Auch die rechtmäßig vorgenommene Kontoumschreibung führt zwar bankrechtlich zum mit der Kontoinhaberschaft verbundenen Forderungserwerb gegenüber der Erblasserbank, nicht aber ohne weiteres zum kondiktionsfesten Erwerb gegenüber dem Erben.
43 Siehe hierzu ausführlich: *Trapp*, ZEV 1995, 314 ff.
44 BGH NJW 1955, 953, BGH NJW 1995, 250, BGHZ 99, 97, 100. Das Gleiche gilt für die Einschaltung eines Boten, der die notwendigen Willenserklärungen nicht anweisungsgemäß erst nach dem Ableben des Schenkers übermitteln kann (der berühmte Bonifatiusfall, RG 83, 233; dazu *Medicus/Petersen*, Bürgerliches Recht, Rn. 392, 393; *Martinek/Röhrborn*, JuS 1994, 473, 564).
45 BGHZ 99, 97 ff.

noch eine Heilung der fehlenden Form durch Vollzug der Schenkung möglich, selbst wenn der Rechtserwerb nach dem Tode erfolgt.[46] Hierbei entsteht ein unerfreulicher Wettlauf zwischen Erbe und Beschenktem, denn durch rechtzeitigen Widerruf der Vollmacht vor Leistungsvollzug kann der Erbe die Heilung verhindern. Dies folgt aus der Unverbindlichkeit des formlosen Schenkungsversprechens.[47]

Für die notarielle Gestaltungspraxis stellen sich diese Fragen bei Einhaltung der gesetzlich vorgeschriebenen Form, die dem Notar immer zur Verfügung steht, so nicht. 32

3. Form der Vollmacht

Die trans- und/oder postmortale Vollmacht kann als eigenständige Vollmachtsurkunde verfasst werden. Die Bevollmächtigung kann von vornherein nur für den Todesfall erteilt werden (postmortale Vollmacht i. e.S).[48] Eine solche Vollmacht bedarf nicht der Form einer letztwilligen Verfügung. Ihr Inkrafttreten kann unschwer auch in öffentlich beglaubigter Form durch Vorlage der Sterbeurkunde nachgewiesen werden. Bei der notariellen Vollmacht kann die Erteilung der Ausfertigung vom Nachweis des Todes abhängig gemacht werden und zu gegebener Zeit die Sterbeurkunde mit ausgefertigt werden. 33

Eine transmortale Bevollmächtigung wird regelmäßig in einer General- oder Vorsorgevollmacht enthalten sein.[49] Eine übliche Vorsorge(general)vollmacht eignet sich somit auch zum postmortalen Einsatz wie zur Vermächtniserfüllung,[50] zur Nachlassteilung[51] oder zum Schenkungsvollzug nach dem Tode. 34

Jede Form der postmortalen Bevollmächtigung ist eine wichtige Ergänzung bei der Nachlassplanung.[52] Teilweise kann damit sogar ein Erbscheinverfahren vermieden werden.[53] Allerdings dürfte dies für das Grundbuchverfahren nur ausnahmsweise der Fall sein, weil zwar der Verkauf und Umschreibung auf den Käufer ohne Zwischeneintragung der Erben möglich ist,[54] die Eintragung einer Finanzierungsgrundschuld, die regelmäßig vor Kaufpreiszahlung eingetragen werden muss, aber nach herrschender Meinung die vorherige Grundbuchberichtigung erfordert.[55] Denn die Ausnahmevorschrift des § 40 Abs. 1 GBO gilt nur für die Übertragung oder die Aufhebung eines Rechtes, nicht aber für seine Belastung mit einem von dem Erben (oder dem Bevollmächtigten) zur Eintra- 35

---

46 MünchKommBGB/*Musielak*, § 2301 Rn. 27a m. w. N.; *Trapp*, ZEV 1995, 314, 318.
47 *Trapp*, ZEV 1995, 314, 318.
48 Seit RGZ 114, 351, 354 unstreitig.
49 Allerdings sollte dies ausdrücklich aus der Vollmachtsurkunde hervorgehen. Nach einer Entscheidung des OLG Hamm, Beschl. vom 17.9.2002 – 15 W 338/02, DNotZ 2003, 120 = RNotZ 2003, 42 = MittBayNot 2003, 125 = ZEV 2003, 470, erlischt ansonsten eine Vorsorgevollmacht wie die Betreuung mit dem Tode, wenn das Auftragsverhältnis allein auf die lebzeitige Versorgung ausgerichtet ist.
50 Umschreibung auf Vermächtnisnehmer kann ohne Erbschein erfolgen, OLG Köln DNotZ 1993 = 136 = FamRZ 1992, 859 = NJW-RR 1992, 1357. Für die Berichtigung des Grundbuches auf die Erben ist selbstverständlich ein grundbuchmäßiger Erbnachweis nötig, Meikel/*Böttcher*, Einl. Rn. 75 m. w. N.
51 LG Stuttgart, Beschl. vom 20.7.2007 – 1 T 37/2007, BWNotZ 2007, 119 = ZEV 2008, 198; dort hatte die von § 181 BGB befreite Bevollmächtigte ein Nachlassgrundstück sich selbst gegen Zahlung eines Ausgleichsbetrags an die Erbengemeinschaft übertragen.
52 *Reimann*, ZEV 1997, 129, 131; *Kurze*, ZErb 2008, 399, 409.
53 *Kurze*, ZErb 2008, 399, 409; ausführlich *Ivo*, ZErb 2006, 7, 9; *Milzer* DNotZ 2009, 325, *Findeklee*, ZErb 2007, 172.
54 RGZ 88, 345, 349; OLG Hamburg DNotZ 1967, 31; LG Stuttgart, Beschl. vom 20.7.2007 – 1 T 37/2007, BWNotZ 2007, 119 = ZEV 2008, 198; *Haegele*, Rpfleger 1968, 345, 346; Schöner/Stöber Rn. 3571.
55 Vgl. ausführlich *Ivo*, ZErb 2006, 7 ff., 10; *Milzer*, DNotZ 2009, 325 (der sich mit guten Gründen für eine Ausweitung des Anwendungsbereiches des § 40 GBO ausspricht und zu recht darauf hinweist, dass auch ohne Grundbuchberichtigung auf den Erben ein gutgläubiger Erwerb gemäß § 892 BGB möglich ist).

gung bewilligten Finanzierungsgrundpfandrecht.[56] Auch im Handelsregisterrecht reicht die Vorlage einer postmortalen Vollmacht nicht in allen Fällen aus, die Vorlage eines Erbscheins zu vermeiden.[57]

36 ▶ **Muster für eine transmortale Bevollmächtigung**

Diese Vollmacht gilt über meinen Tod hinaus.

Oder:

Die Vollmacht erlischt nicht durch den Tod des Vollmachtgebers.

Oder:

Diese Vollmacht gilt für mich und meine Erben.

37 Gegebenenfalls kann auch eine besondere Anweisung für den Todesfall aufgenommen werden wie:

38 ▶ **Muster:**

Der Bevollmächtigte übt auch die Totensorge aus.

39 Es kann auch sein, dass bereits Vollmacht zu Verwaltung des Nachlasses bis zur Feststellung der Erben angeordnet werden soll. Formulierungsbeispiel:[58]

40 ▶ **Muster:**

Der Bevollmächtigte ist berechtigt, meinen Nachlass bis zur amtlichen Feststellung meiner Erben in Besitz zu nehmen und zu verwalten.

41 ▶ **Muster für eine postmortale (Bank-)Bevollmächtigung**[59]

Ich, A, bevollmächtige hiermit Herrn/Frau B – nachstehend der Bevollmächtigte genannt – nach meinem der Bank durch Vorlage einer amtlichen Urkunde nachgewiesenem Tode über meine sämtlichen bestehenden und künftigen Konten/Depots zu verfügen. Im Einzelnen gelten folgende Regelungen: [...].

42 Zulässig ist auch eine **Bevollmächtigung in einer Verfügung von Todes wegen**.[60] Dies wird regelmäßig die Bevollmächtigung eines Testamentsvollstreckers oder Vermächtnisnehmers sein.

43 Die **Vollmacht an den Alleinerben** erlischt nach wohl bislang herrschender Meinung durch Konfusion.[61] Die besseren Gründe sprechen jedoch dafür, dies lediglich als Legitimationsfrage anzusehen.

---

56 *Schöner/Stöber*, Rn. 142 a. E.; *Ivo*, ZErb 2006, 7, 10.
57 Der Nachweis der Erbfolge in den Kommanditanteil durch Erbschein ist auch bei Generalvollmacht über den Tod hinaus erforderlich, so KG, Beschl. vom 12.11.2002 – 1 W 462/01, ZEV 2003, 204. Anders OLG Hamburg bei der Übertragung einer Einzelfirma auf eine KG, da in diesem Falle eine Eintragung der Erben nicht vorgesehen sei, DNotZ 1967, 30.
58 Nach *Rudolf/Bittler/Roth*, Vorsorgevollmacht, S. 91.
59 Hopt/*Werner*, Vertrags- und Formularbuch, IV.A.5, S. 1353; für den Todesfall: IV.A.6. S. 1358.
60 Staudinger/*Schilken*, § 168 Rn. 29 m. w. N.; an der Wirksamkeit solcher Vollmachten wird nicht mehr gezweifelt; *Kurze*, ZErb 2008, 399, 410.
61 OLG Hamm Ent. vom 10.1.2013, 15 W 79/12, ZEV 2013, 41 m. Anm. *Lange*; OLG Stuttgart NJW 1948, 627 mit abl. Anm. *Klaus* 628; Staudinger/*Reimann*, Vorbem zu §§ 2197 ff. Rn. 70; siehe weitere Nachweise bei *Kurze*, ZErb 2008, 399, 405; Mayer/Bonefeld/*J. Mayer*, Rn. 311 Fn. 1033. Die h. M. überzeugt nicht. Es handelt sich bei der Rechtsfrage schon nicht um eine Konfusion, weil nicht Schuld und Forderung zusammenfallen. Die Konfusion betrifft nur das Auftragsverhältnis. Es handelt sich vielmehr um eine zulässige verdeckte Stellvertretung im Sinne eines Geschäftes für den, den es angeht. Für den Vertragspartner ist es unerheblich, ob der Bevollmächtigte für eine Erbengemeinschaft oder letztlich für sich selbst als Alleinerbe handelt. Es geht letztlich nur um seine Legitimation. Eine andere Frage ist, ob bei einer Vollmacht für den alleinigen Vorerben damit zwingende Vorschriften der Vor- und Nacherbfolge umgangen werden, hierzu *Keim*, DNotZ 2008, 175, 181; ähnlich auch *Zimmer*, ZEV 2013, 307, 312.

Der bevollmächtigte Alleinerbe ist legitimiert, aufgrund der Vollmacht ohne Nachweis seiner Erbfolge zu handeln.[62] Die wohl h. M. hält auch eine Vollmacht für den Alleinerben, der nur Vorerbe ist, nicht für möglich.[63]

4. Umfang der Vollmacht

Bei Verfügungen über den Nachlass unterliegt der Bevollmächtigte im Rahmen der vom Erblasser erteilten Vollmacht **keinen Beschränkungen**, die möglicherweise für den Erben gelten.[64] Da der Bevollmächtigte seine Befugnis vom Erblasser herleitet, kann er alle Rechtsgeschäfte so vornehmen, wie dieser es hätte tun können.[65] So bedarf der Bevollmächtigte keiner Genehmigung des Familiengerichts für solche Geschäfte, die ein Vormund oder die Eltern eines minderjährigen Erben nur mit Genehmigung vornehmen können. Die Vollmacht legitimiert den Bevollmächtigten auch ohne Rücksicht auf Verwaltungs- und Verfügungsbeschränkungen des Vorerben oder durch Testamentsvollstreckung.

5. Widerruf der Vollmacht

Eine trans- oder postmortale Vollmacht ist **grundsätzlich** jederzeit **widerruflich**. Das Recht zum Widerruf geht auf den Erben über.[66] Nach herrschender Meinung;[67] müssen isolierte Vollmachten stets widerruflich sein, gleiches gilt für Generalvollmachten. Ansonsten würde der Erbe geknebelt. Bei einer kausalen Spezialvollmacht kann der Widerruf durch Vereinbarung ausgeschlossen werden; sie ist dann **unwiderruflich**. Ein gleichwohl erklärter Widerruf tangiert die Wirksamkeit der Bevollmächtigung nicht. Aber auch bei einer unwiderruflich erteilten Vollmacht bleibt ein Widerruf aus **wichtigem Grunde** immer möglich. Gibt es mehrere Erben, also eine Erbengemeinschaft, so nimmt die herrschende Meinung[68] an, dass jeder Miterbe einzeln für nur für seine Person die Vollmacht widerrufen könne. Nach einer Mindermeinung[69] steht das Widerrufsrecht den Erben gemeinschaftlich zu.

Bis zum Widerruf der Vollmacht durch die Erben soll im Zweifel allein der ausdrückliche oder mutmaßliche Wille des Erblassers und nicht der des Erben für den Bevollmächtigten maßgeblich sein.[70]

---

62 LG Bremen Rpfleger 1993, 235 mit zust. Anm. *Mayer-Stolte*; MünchKommBGB/*Schramm*, § 168 Rn. 17 (Fn. 38); Palandt/*Ellenberger*, § 168 Rn. 4; Meikel/*Böttcher*, Einl. I Rn. 75; *Flume*, Allg. Teil des Bürgerl. Rechts, § 51 S. 851, 852; *Haegele*, Rpfleger 1968, 345 (Fn. 10); *Hueck*, SJZ 1948, 458; *Klaus*, NJW 1948, 628; *Trapp*, ZEV 1995, 314, 316; *Kurze*, ZErb 2008, 399, 405. Der BGH hat die Frage in seinem Urteil vom 27.11.1953, NJW 1954, 145 ausdrücklich offen gelassen. In der Bankenpraxis ist die postmortale Kontovollmacht für den Alleinerben ein übliches Legitimationsinstrument.
63 KGJ 43, 157, 160; hierzu ausführlich *Keim*, DNotZ 2008, 175, 175, 181; für Fortbestehen der Vollmacht des alleinigen befreiten oder unbefreiten Vorerben: Bengel/Reimann/*Reimann* Rn. 51b.
64 MünchKommBGB/*Schramm*, § 168 Rn. 33; Staudinger/*Schilken*, § 168 Rn. 33.
65 Staudinger/*Schilken*, § 168 Rn. 33.
66 MünchKommBGB/*Schramm*, § 168 Rn. 36; Staudinger/*Schilken*, § 168 Rn. 31.
67 MünchKommBGB/*Schramm*, § 168 Rn. 21 m. w. N.; entsprechend ist in den Bankformularen ein Widerrufsausschluss nicht vorgesehen.
68 MünchKommBGB/*Schramm*, § 168 Rn. 37; Staudinger/*Schilken*, § 168 Rn. 34.
69 *Madaus*, ZEV 2004, 448, 449.
70 BGHZ 127, 239, 244 = DNotZ 1995, 388; BGH NJW 1969, 481 = DNotZ 1969, 481. Die Auffassung des BGH ist umstritten und wird in der Literatur z. T. stark kritisiert, siehe *Medicus/Petersen*, Bürgerliches Recht, Rn. 399 m. w. N. (Argumente: Umgehung der erbrechtlichen Vorschriften; Herrschaft der Toten über die Lebenden). In diesem Sinne auch *Grunewald*, ZEV 2014, 579.

II. Gestaltungen und Formulierungsvorschläge

1. Zur Gewährleistung der sofortigen Handlungsfähigkeit nach dem Tode des Erblassers

47 Zur Gewährleistung der sofortigen Handlungsfähigkeit des Alleinerben und insbesondere von Erbengemeinschaften eignen sich transmortal erteilte General- und Vorsorgevollmachten. Wenn vom Erblasser eine bereits zu seinen Lebzeiten wirksame, transmortale Vollmacht nicht gewollt ist, steht ihm stattdessen die Möglichkeit offen, eine erst mit seinem Tode wirksam werdende, postmortale Vollmacht zu erteilen. Besondere Verbreitung hat die postmortale Bankvollmacht gefunden.[71] Denkbar ist es aber auch, einen oder mehrere Erben mit einer postmortalen Generalvollmacht auszustatten. Diese Vollmacht muss allerdings als widerrufliche Vollmacht ausgestaltet sein, weil eine unwiderrufliche postmortale Generalvollmacht nahezu allgemein wegen nicht zu billigender Knebelung der Erben und Umgehung der Vorschriften über die Testamentsvollstreckung nach § 138 BGB als nichtig erachtet wird.[72]

48 ▶ **Praxistipp**

Eine **unwiderrufliche** postmortale Vollmacht ist somit immer **als Spezialvollmacht** zu erteilen.[73]

49 Für eine postmortale Generalvollmacht kann das übliche Muster einer Generalvollmacht genutzt werden und um folgende Regelung ergänzt werden:

50 ▶ **Muster: Ergänzung einer postmortalen Generalvollmacht**

Die hier erteilte Vollmacht auf den Todesfall tritt erst in Kraft mit meinem durch Vorlage einer amtlichen Sterbeurkunde nachgewiesenen Tode.

51 Gegebenenfalls kann der Notar als Prüfinstanz für die Erteilung der Ausfertigung zwischengeschaltet werden:

52 ▶ **Muster:**

Der Notar soll eine Ausfertigung der Vollmacht dem Bevollmächtigten erst erteilen, wenn mein Tod durch öffentliche Urkunde nachgewiesen ist. Die Sterbeurkunde ist zusammen mit der Vollmacht auszufertigen.

53 Zur Bevollmächtigung des Testamentsvollstreckers mit einer Interimsvollmacht siehe nachstehend Rdn. 58 bis Rdn. 60.

54 Für Bankgeschäfte empfiehlt es sich, eine postmortale Bevollmächtigung zu dem entsprechenden Depot/Konto auf dem Formular der kontoführenden Bank vorzunehmen, um ihre Anerkennung durch die Bank zu gewährleisten. Alle Banken halten solche Vollmachten vor.[74] Wird die Vollmacht vom Notar entworfen, sollten die Formulierungen der Bankpraxis herangezogen werden.[75] Die Befugnis zu Konto- oder Depotauflösung und Umschreibung des Kontos auf den Bevollmächtigten ist allerdings in einer reinen Kontovollmacht, auch wenn sie zur uneingeschränkten Verfügung berechtigt,

---

71 Lange/Werkmüller/*Werkmüller*, § 21 Rn. 7; hierbei ist es bei Gemeinschaftskonten wie Oder-Konten oder Oder-Depots möglich zu regeln, dass die Vollmacht erst nach dem Ableben sämtlicher Kontoinhaber wirksam wird.
72 Palandt/*Weidlich*, Einf. v § 2197 Rn. 20: sie gilt als widerrufliche Vollmacht fort, wenn der Vollmachtgeber sie auch ohne Verzicht auf das Widerrufsrecht erteilt hätte, § 139 BGB. Möglicherweise kann sie, wenn die Formvorschriften eingehalten sind, in eine Erbeinsetzung umgedeutet werden.
73 Frieser/Sarres/Stückemann/*Kopp*, Kap. 12 Rn. 59.
74 Lange/Werkmüller/*Werkmüller*, § 21 Rn. 7; Muster z. B. bei Hopt/*Werner*, a. a. O., S. 960.
75 *Burghardt*, ZEV 1996, 136, 137; *Klinger/Mohr*, NJW-Spezial 2006, 13.

nicht enthalten.[76] Es sollte daher in jeder postmortal erteilten Bankvollmacht ausdrücklich die Befugnis zu Depot/Kontoauflösung und Umschreibung auf den Namen des Bevollmächtigten enthalten sein. Für eine Generalvollmacht ist dies nicht nötig,[77] aber zumindest dann zur Stärkung ihrer praktischen Akzeptanz im Rechtsverkehr empfehlenswert, wenn in ihr, im Rahmen einer enumerativen Aufzählung, bereits die Verfügung über Bankkonten benannt ist.

2. Zur Ergänzung einer Testamentsvollstreckung

Einem Testamentsvollstrecker kann neben seinem Amt zusätzlich auch eine Spezial- oder Generalvollmacht erteilt werden.[78] Der Testamentsvollstrecker kann als Bevollmächtigter – wenn die Vollmacht dies gestattet – auch unentgeltliche Geschäfte vornehmen oder Rechtsgeschäfte mit sich selbst, was ihm in seiner Eigenschaft als Testamentsvollstrecker verwehrt ist (§ 2205 BGB). 55

Auch eine Interimsvollmacht an den künftigen Testamentsvollstrecker ist sinnvoll, damit sofort nach dem Tod des Erblassers mit Wirkung für und gegen den Nachlass, auch vor Amtsantritt bzw. Erteilung des Testamentsvollstreckerzeugnis gehandelt werden kann. 56

Der Erblasser kann zur Stärkung der Stellung des bevollmächtigten Testamentsvollstreckers die Erben durch Auflage verpflichten, die Vollmachten beizubehalten und nicht zu widerrufen.[79] 57

a) Zur Sicherung der sofortigen Handlungsfähigkeit des Testamentsvollstreckers

▶ **Muster einer kurzen Interimsvollmacht:** 58

(Testament, 1 Testamentsvollstrecker)

Damit der Testamentsvollstrecker schon vor der Eröffnung des Testamentes in der Lage ist, die ihm als Testamentsvollstrecker übertragenen Aufgaben durchzuführen, erteile ich ihm Vollmacht, nach meinem Tode mit Wirkung für und gegen die Erben (*ggf. Einschub*:, deren Nachlassanteil der Testamentsvollstreckung unterliegt,) über den Nachlass entsprechend zu verfügen.

(mehrere Testamentsvollstrecker) 59

Damit die Testamentsvollstrecker schon vor der Eröffnung des Testamentes in der Lage sind, die ihnen als Testamentsvollstrecker übertragenen Aufgaben durchzuführen, erteile ich ihnen gemeinschaftlich Vollmacht, nach meinem Tode mit Wirkung für und gegen die Erben (*gegebenenfalls Einschub*:, deren Nachlassanteil der Testamentsvollstreckung unterliegt,) über den Nachlass entsprechend zu verfügen.

(bei Erbvertrag; Längstlebender) 60

Damit der Testamentsvollstrecker schon vor der Eröffnung des Erbvertrages in der Lage ist, die ihm als Testamentsvollstrecker übertragenen Aufgaben durchzuführen, erteilt ihm der Überlebende von uns Vollmacht, nach dem Tode des Überlebenden von uns mit Wirkung für und gegen die Erben (*gegebenenfalls Einschub*:, deren Nachlassanteil der Testamentsvollstreckung unterliegt,) über den Nachlass entsprechend zu verfügen.

---

76 BGH Urt. vom 24.3.2009 – XI ZR 191/08, DNotZ 2009, 621 mit Anm. *Diehn* = ZEV 2009, 306 mit Anm. *Werkmüller*.
77 *Diehn*, Anm. zu BGH DNotZ 2009, 621, 624; *Werkmüller*, Anm. zu BGH ZEV 2009, 306, 308.
78 AnwKomm-BGB/*Weidlich*, Vor §§ 2197–2228 Rn. 10.
79 Der Testamentsvollstrecker ist auch Vollziehungsberechtigter der Auflage. Weitere Möglichkeiten sind: bedingte Erbeinsetzung; Beschwerung mit aufschiebend bedingtem Vermächtnis; vgl. zu den Möglichkeiten der Sicherung einer postmortalen Vollmacht durch Strafklauseln: Nieder/Kössinger/*Kössinger* § 15 Rn. 99. Kritisch zur Auflage: AnwKommBGB/*Weidlich*, Vor §§ 2197–2228 Rn. 10.

61 Teilweise wird vorgeschlagen, eine Formulierung zum Vollmachtsnachweis aufzunehmen. Formulierungsbeispiel in Abänderung von *Kurze*:[80]

62 ▶ **Muster in Anlehnung an *Kurze*:**

Zum Nachweis der Gültigkeit der Vollmacht genügt die Vorlage meiner Sterbeurkunde verbunden mit einer beglaubigten Kopie dieses Testamentes. Die Vollmacht bleibt auch nach der Erteilung des Testamentsvollstreckerzeugnisses bestehen.

63 *Kurze*[81] formuliert abweichend: »Die Vollmacht erlischt mit Erteilung des Testamentsvollstreckerzeugnisses.« Das Erlöschen der Vollmacht mit Erteilung des Testamentsvollstreckerzeugnisses ist jedoch problematisch, da dies zu einem nicht lösbaren Nachweisproblem führt.[82] Besser ist es, den Testamentsvollstrecker nur zu bevollmächtigen und keine Regelung über die Beendigung der Vollmacht aufzunehmen.

b) Zur Stärkung der rechtlichen Position des Testamentsvollstreckers

64 Wenn der Testamentsvollstrecker aufgrund einer postmortalen Vollmacht tätig wird, unterliegt er nicht den Beschränkungen des Rechts der Testamentsvollstreckung und benötigt keinen Erbnachweis und kein Testamentsvollstreckerzeugnis, was Gebühren spart.[83] Grenzen ergeben sich für den bevollmächtigten Testamentsvollstrecker lediglich aus dem Verbot, die Vollmacht zu missbrauchen. Eine Generalvollmacht, die über den Tod hinaus wirkt, darf nicht unwiderruflich sein, da ansonsten die Erben zu sehr geknebelt wären.[84]

65 ▶ **Muster:**[85]

Zur Verstärkung der Rechtsstellung des Testamentsvollstreckers wird diesem hiermit zugleich die Vollmacht erteilt, die ihn ab meinem Tode berechtigt, in meinem Namen mit Wirkung für und gegen meine Erben, soweit dies meinen Nachlass betrifft, zu handeln. Die Vollmacht wird zu einer gesonderten Urkunde erklärt, wobei der amtierende Notar zugleich angewiesen wird, Ausfertigungen der Vollmacht dem Testamentsvollstrecker nur gegen Vorlage des Testamentsvollstreckerzeugnisses auszuhändigen.

Die Erben werden im Wege einer Auflage verpflichtet, die Vollmacht und die sich daraus ergebenden Rechtsfolgen zu dulden und diese nicht zu widerrufen, solange die Testamentsvollstreckung durch den bevollmächtigten Testamentsvollstrecker andauert.

(Ggf. zusätzlich, wenn die Vollmacht für jeden Testamentsvollstrecker gelten soll)

Sollte eine andere Person als mein von mir eingesetzter Testamentsvollstrecker das Amt übernehmen, so sind die Erben im Wege einer Auflage verpflichtet, dem Nachfolger als Testamentsvollstrecker eine gleich lautende Vollmacht zu erteilen.

c) Zusätzliche Vollmacht für den Testamentsvollstrecker bei Auslandsgrundbesitz

66 Gibt es Nachlassgegenstände im Ausland, kann es sich empfehlen, wenn der Testamentsvollstrecker auch eine grenzüberschreitende Nachlassvollmacht erhält. Nicht überall im Ausland ist eine Testamentsvollstreckung anerkannt. Mit der Vollmacht wird dem Testamentsvollstrecker seine Tätigkeit erheblich erleichtert.[86] Anstelle einer post- oder transmortalen Vollmacht, die der Erblasser selbst

---

80 *Kurze*, ZErb 2008, 399, 410.
81 *Kurze*, ZErb 2008, 399, 410.
82 *Schmenger*, DNotZ 2004, 811, 813; Mayer/Bonefeld/*J. Mayer*, Rn. 306.
83 Mayer/Bonefeld/*J. Mayer*, Rn. 313.
84 Palandt/*Weidlich*, Einf. v § 2197 Rn. 20: sie gilt aus widerrufliche fort, wenn der Vollmachtgeber sie auch ohne Verzicht auf das Widerrufsrecht erteilt hätte, § 139 BGB.
85 In Anlehnung an Reimann/Bengel/Mayer, Formulare Rn. 40.
86 Hierzu *von Oertzen*, ZEV 1995, 167, 171.

erteilt, ist es auch möglich, die Erben in der Verfügung von Todes wegen zu verpflichten, dem Testamentsvollstrecker eine Vollmacht zu erteilen.[87] Nachstehend hierzu folgendes

▶ **Muster:**[88] 67

Sofern Nachlassgegenstände im Ausland belegen sind, haben die Erben dem Testamentsvollstrecker eine internationale Nachlassvollmacht nach dem Muster der Kommission für europäische Angelegenheiten (CAE) der internationalen Union des lateinischen Notariats (UINL) für die Dauer der Testamentsvollstreckung zu erteilen. Die Erben haben sich in diesem Fall einer eigenen Tätigkeit zu enthalten, soweit und solange der Bevollmächtigte von der Vollmacht Gebrauch macht (Auflage).

Das Muster einer solchen **internationalen Nachlassvollmacht**[89] ist vorstehend unter Kapitel 9 68
Rdn. 218 abgedruckt. Die internationale Nachlassvollmacht hat den Vorteil, dass sich die Problematik der Anerkennung von trans- und postmortalen Vollmachten im Ausland nicht stellt. Siehe hierzu nachstehend Rdn. 100 f.

d) **Zusätzliche Vollmacht für den Testamentsvollstrecker bei Gesellschaftsbeteiligungen**

Gehören zum Nachlass Gesellschaftsbeteiligungen, kann es sich empfehlen, den Erben per Auflage 69
zu verpflichten, dem Testamentsvollstrecker eine Vollmacht zu erteilen und diese für die Dauer der Testamentsvollstreckung nicht zu widerrufen.[90] Für die Kommanditbeteiligung wird inzwischen eine Testamentsvollstreckung als zulässig angesehen.[91] Anders sieht es beim Gesellschaftsanteil eines persönlich unbeschränkt haftenden Gesellschafters aus (OHG-Gesellschafter, Komplementär einer KG), weil der Testamentsvollstrecker den Erben nicht persönlich mit seinem ganzen Vermögen verpflichten kann, was aber zwingend mit der Stellung als persönlich haftender Gesellschafter verbunden ist.[92] Als Lösungen werden hierfür Treuhand- und die Vollmachtsmodelle[93] vorgeschlagen.

▶ **Muster:** 70

Der Testamentsvollstrecker ist befugt, die eventuell zum Nachlass gehörenden Beteiligungen an Personengesellschaften, stillen Gesellschaften und Kapitalgesellschaften oder Unterbeteiligungen an solchen Gesellschaften zu verwalten. Soweit infolge zwingenden Rechtes die Verwaltung einer solchen Beteiligung durch den Testamentsvollstrecker kraft seines Amtes nicht ohne weiteres zulässig sein oder dieser Verwaltung der Gesellschaftsvertrag entgegenstehen sollte, soll eine solche Beteiligung der Verwaltung der Testamentsvollstrecker in jeder nur rechtlich möglichen anderen Form unterworfen sein.

Soweit zu allen vorstehenden Aufgaben der Testamentsvollstrecker kraft seiner gesetzlichen Befugnisse nicht ermächtigt oder nicht ausreichend ermächtigt ist, sind die Erben verpflichtet, auf Verlangen des Testamentsvollstreckers alle erforderlichen Rechtsgeschäfte vorzunehmen und an allen sonstigen Maßnahmen mitzuwirken, die zur Erreichung des Zweckes der Testamentsvollstreckung im Rahmen des rechtlich Möglichen nur immer geeignet sind. Soweit nicht zwingende Vorschriften entgegenstehen, sind die Erben verpflichtet, dem Testamentsvollstrecker auf dessen Verlangen zur Verwaltung und Verfügung bezüglich der gesamten Rechtsstellung aus der Beteiligung oder zur Aus-

---

87 *Steiner*, ZEV 2003, 145, 147 mit Formulierungsvorschlag, der den Wortlaut der Vollmacht dem Ermessen des Testamentsvollstreckers überlässt; ebenfalls wiedergegeben bei *Fetsch*, RNotZ 2006, 26.
88 Veröffentlicht durch *von Oertzen*, ZEV 1995, 167, 171.
89 Veröffentlicht von der Internationalen Union des Lateinischen Notariats (UINL), Kommission für Europäische Angelegenheiten (CAE) unter dem Titel Union Internationale du Notariat Latin. Commission des Affaires Européenes. Texte Uniforme des Procurations. 165 Seiten. Mailand 1981; Texte in deutsch, englisch, französisch, spanisch, italienisch, holländisch, flämisch, portugiesisch, griechisch und türkisch mit Hinweisen im Anhang zu den Besonderheiten in den einzelnen Staaten; vgl. hierzu DNotZ 1982, 137. Bezug des Bandes war nur über die Notarkammern möglich.
90 Siehe hierzu *Werner*, Die Testamentsvollstreckung an einer GmbH & Co. KG, ZErb 2008, 195, 199 f.
91 MünchKommBGB/*Zimmermann*, § 2205 Rn. 43 ff. m. w. N.
92 OLG Düsseldorf, Urt. vom 24.9.2007 – I-9 U 26/07, ZEV 2008, 142 mit Anm. *Grunsky*.
93 MünchKommBGB/*Zimmermann*, § 2205 Rn. 24 ff.

übung einzelner Rechte und Ansprüche Vollmacht zu erteilen und die Vollmacht für die angeordnete Verwaltungsdauer nicht zu widerrufen, es sei denn, dass ein wichtiger Grund gegeben wäre. Die Erben haben sich auch für die Dauer der Vollmacht eines eigenen Eingriffs in die Verwaltung sowie jeder Verfügung über die Beteiligung und die aus ihr fließenden Rechte oder Ansprüche zu enthalten.

Soweit der Testamentsvollstrecker in Ansehung der oben erwähnten Vermögenswerte Rechtsgeschäfte oder Rechtshandlungen vornimmt, welche er nach dem Gesellschaftsvertrag oder dem Gesetz nicht mit unmittelbar verpflichtender Wirkung für die Erben vornehmen kann, wird den Erben die Auflage gemacht, solchen Rechtsgeschäften und Rechtshandlungen zuzustimmen.

3. Zur Vermächtniserfüllung anstelle einer Testamentsvollstreckung

71 Die Erteilung einer postmortalen Vollmacht stellt ein anerkanntes Gestaltungsmittel dar, um die Stellung des Vermächtnisnehmers zu verbessern. Die postmortale Vollmacht kann anstelle der Testamentsvollstreckung treten oder diese ergänzen. Sie sollte als unwiderrufliche Vollmacht ausgestaltet werden.[94] Dies gilt auch dann, wenn sie nicht dem Vermächtnisnehmer, sondern einem Dritten erteilt wird.[95] Auch die unwiderrufliche Vollmacht kann stets aus wichtigem Grunde widerrufen werden. Nachteil oder auch Vorteil der Vollmachtslösung ist, dass der Erbe seine Verfügungsbefugnis nicht verliert. Es kann daher zu einem Wettlauf zwischen Erbe und Vermächtnisnehmer kommen.[96]

72 Das Bestehen einer Vollmacht wird in der Regel durch Vorlage der Vollmachtsurkunde im Original oder in Ausfertigung nachgewiesen. Für die in einer Verfügung von Todes wegen erteilten Vollmacht gilt grundsätzlich nichts anderes.[97] Der Nachweis gegenüber dem Grundbuchamt kann allerdings entsprechend § 35 Abs. 1 S. 2 GBO auch durch Vorlage des Eröffnungsprotokolls nachgewiesen werden.[98] Möglich ist es auch, dass der Notar nach Beurkundung von der Verfügung von Todes wegen eine Ausfertigung erstellt und diese auf Verlangen im Todesfall aushändigt. Schließlich kann auch das Nachlassgericht, in dessen Verwahrung sich der Erbvertrag oder das Testament nach Eröffnung befindet, eine Ausfertigung erteilen.[99]

73 ▶ **Muster:**

Ich erteile dem Vermächtnisnehmer eine umfassende und unwiderrufliche Vollmacht zu dem Zwecke, sich den vermachten Grundbesitz selbst zu übertragen und aufzulassen. Diese Vollmacht wird wirksam mit meinem Tode. Sie berechtigt den Vermächtnisnehmer zu Erklärung der Auflassung und aller zum Eigentumswechsel erforderlichen Bewilligungen und Anträge. Der Vermächtnisnehmer ist von den Beschränkungen des § 181 BGB (Verbot des Selbstkontrahierens) befreit.

74 ▶ **Muster zur Erteilung einer Ausfertigung bei Erteilung der Ausfertigung durch den Notar:**

Der Notar wird angewiesen, sofort eine Ausfertigung der heutigen Urkunde dem Vermächtnisnehmer zu erteilen, diese zu seiner Urkundensammlung zu nehmen und sie ihm gegen Vorlage der Sterbeurkunde auszuhändigen. Weitere Nachweise sind nicht erforderlich.

---

94 *Halding-Hoppenheit*, RNotZ 2005, 311, 320. Sogar ohne ausdrücklichen Ausschluss der Widerrufsmöglichkeit wird in der Regel aufgrund des Zweckes auf die Unwiderruflichkeit der Vollmacht durch die Erben geschlossen.
95 *Halding-Hoppenheit*, RNotZ 2005, 311, 320.
96 *Sarres*, Vermächtnis, Rn. 276.
97 *Halding-Hoppenheit*, RNotZ 2005, 311, 322 m. w. N.
98 *Meyer*, BWNotZ 1997, 62, 63; *Halding-Hoppenheit*, RNotZ 2005, 311, 322 m. w. N. Wird das Grundbuchamt beim gleichen Amtsgericht wie das Nachlassgericht geführt, liegt zudem das Original der Vollmacht vor.
99 *Halding-Hoppenheit*, RNotZ 2005, 311, 322 m. w. N.

▶ **Muster bei Erteilung durch das Nachlassgericht:** 75

Das Nachlassgericht soll dem bevollmächtigten Vermächtnisnehmer auf dessen Verlangen hin eine Ausfertigung dieser Urkunde erteilen.

Die Vollmacht lässt sich zusätzlich mit einer Testamentsvollstreckung kombinieren und absichern. 76
Dem Vermächtnisnehmer kann das Wahlrecht eingeräumt werden, ob er aufgrund der Vollmacht oder als Testamentsvollstrecker handelt.

▶ **Muster nach *Halding-Hoppenheit*:**[100] 77

Gleichzeitig wird der Vermächtnisnehmer selbst zum Testamentsvollstrecker bestellt mit der einzigen Aufgabe, das zu seinen Gunsten ausgesetzte Vermächtnis selbst zu erfüllen und alle hierzu erforderlichen Handlungen vorzunehmen. Insofern ist er von den Beschränkungen des § 181 BGB befreit. Der Testamentsvollstrecker hat keinen Anspruch auf Vergütung; er kann auch nicht Ersatz seiner Auslagen verlangen.

Der Vermächtnisnehmer kann frei entscheiden, ob er zur Erfüllung des Vermächtnisses von der Vollmacht Gebrauch macht oder die Vermächtniserfüllung als Testamentsvollstrecker vornimmt.

Die mit der Vermächtniserfüllung verbundenen Kosten trägt der Vermächtnisnehmer allein. Lediglich in dem Fall, dass der Erbe die Vollmacht nicht anerkennt oder widerruft und der Vermächtnisnehmer sich deshalb ein Testamentsvollstreckerzeugnis erteilen lässt, trägt der Erbe die hierfür entstehenden Kosten.

4. Zum Vollzug von Schenkungen

a) Zum Vollzug von formwirksamen Schenkungen

Zur Erfüllung eines formwirksamen Schenkungsversprechens unter Lebenden[101] nach dem Tode 78
kann jedwede Vollmacht genutzt werden, sofern sie Anerkennung bei Bank oder Grundbuchamt findet. Im Regelfall wird es sich für alle Bankgeschäfte empfehlen, eine postmortale Bevollmächtigung auf dem Formular der depot- oder kontoführenden Bank oder Sparkasse vorzunehmen. Alle Banken halten solche Vollmachten vor.[102] Wird eine notarielle Vollmacht erteilt, empfiehlt es sich, die Formulierungen der Bankpraxis heranzuziehen.[103] Die Befugnis zu Konto- oder Depotauflösung und Umschreibung des Kontos auf den Bevollmächtigten ist allerdings in einer reinen Kontovollmacht nicht enthalten.[104] Es sollte daher in jeder postmortal erteilten Konto- oder Depotvollmacht **ausdrücklich** die Befugnis zu **Depot/Kontoauflösung** und Umschreibung auf den Namen des Bevollmächtigten enthalten sein. Für eine Generalvollmacht ist dies nicht nötig,[105] aber zumindest dann zur Stärkung ihrer praktischen Verwendbarkeit im Rechtsverkehr empfehlenswert, wenn in ihr, im Rahmen einer enumerativen Aufzählung, bereits die Verfügung über Bankkonten benannt ist.

Für die Erfüllung eines formwirksamen Grundstücksschenkungsversprechens kann eine übliche 79
Grundstücksspezialvollmacht verwandt werden.[106]

---

100 *Halding-Hoppenheit*, RNotZ 2005, 311, 329.
101 Zu Abgrenzung von Schenkungen unter Lebenden nach dem Tode des Schenkers vom Schenkungsversprechen von Todes wegen (Schenkung unter Überlebensbedingung) siehe oben Rdn. 30.
102 Muster z. B. bei Hopt/*Werner*, S. 960.
103 *Burghardt*, ZEV 1996, 136, 137; *Klinger/Mohr*, NJW-Spezial 2006, 13.
104 BGH Urt. vom 24.3.2009 – XI ZR 191/08, DNotZ 2009, 621 mit Anm. *Diehn* = ZEV 2009, 306 mit Anm. *Werkmüller*.
105 *Diehn*, Anm. zu BGH DNotZ 2009, 621, 624; *Werkmüller*, Anm. zu BGH ZEV 2009, 306, 308.
106 Formulierungsbeispiel für eine in der Erfüllung auf den Tod des Schenkers betagte Grundstücksschenkung bei Nieder/Kössinger/*Nieder*, § 4 Rn. 18.

b) Zur Heilung von formnichtigen Schenkungen durch Vollzug nach dem Todesfall

80 Formnichtige Schenkungen unter Lebenden können nach dem Tode des Schenkers noch mittels einer Vollmacht vollzogen und damit geheilt werden. Es entsteht hierbei ein Wettlauf zwischen dem Bevollmächtigten und dem Erben, da der Erbe grundsätzlich die Vollmacht **jederzeit widerrufen** kann. In der notariellen Praxis dürfte, wenn der Notar bereits bei der Schenkungsvereinbarung eingeschaltet war, immer eine formwirksame Schenkung vorliegen.

81 Was aber, wenn der vom Schenker über den Tod hinaus Bevollmächtigte aufgrund einer (Vorsorge-)Generalvollmacht ein formnichtiges Schenkungsversprechen unter Lebenden nach dem Tode des Schenkers durch notarielle Übertragungsurkunde noch vollziehen will? Darf der Notar ohne vorherige Anhörung des Erben am Vollzug und damit an der Heilung mitwirken? M. E. muss der Notar ohne Anhörung des Erben an einer solchen Beurkundung mitwirken und umgehend die Heilung herbeiführen, wenn dies dem ausdrücklichen oder mutmaßlichen Willen des Erblassers entspricht. Der BGH hat zum Bankrecht entschieden, dass die Weisungen des aufgrund einer postmortalen Vollmacht Verfügenden im Zweifel auszuführen sind.[107] Eine Rückfrage- oder Wartepflicht trifft die Bank nur ausnahmsweise, wenn die Voraussetzungen des Vollmachtmissbrauches oder Anhaltspunkte für einen wirksamen Widerruf der Vollmacht vorliegen.[108] Für den Notar kann nichts anderes gelten. Eine andere Frage ist, ob der Vollmachtnehmer nicht weitreichender auf die Interessen des Erben verpflichtet ist.[109]

5. Zur Begrenzung der postmortalen Auskunftspflichten des Bevollmächtigten

82 Eine weitere, sehr interessante Rechtsfrage ergibt sich, wenn Schenkungen noch zu Lebzeiten des Vollmachtgebers aufgrund von Vollmachten vollzogen worden sind, aber nicht bewiesen ist, ob überhaupt eine Schenkung im Auftrag des Vollmachtgebers vorgelegen hat. So hat der BGH entschieden, dass dem Erben das Recht zur Beanstandung von lebzeitigen Verfügungen aufgrund einer Vollmacht entzogen werden kann. Damit ergibt sich eine Gestaltungsmöglichkeit, durch die der Bevollmächtigte, auch was Schenkungen an sich selbst betrifft, sehr gestärkt werden kann, indem die Rechenschaftspflichten gegenüber dem Erben ausgeschlossen werden. Im vom BGH entschiedenen Fall hatte die Lebensgefährtin des außergewöhnlich vermögenden Erblassers aufgrund einer Generalvollmacht innerhalb von 10 Monaten über mehr als 1,2 Millionen DM verfügt. Nach Ansicht des BGH waren nach dem Willen des Erblassers die Rechte nach den §§ 666, 667 BGB auf ihn selbst beschränkt und sind mit seinem Tode erloschen.[110] Die lebzeitige Vollmacht kann in ihren Wirkungen damit quasi an eine letztwillige Verfügung heranreichen.[111]

83 ▶ **Muster nach BGH NJW-RR 1990, 131:**

Die Vollmacht umfasst auch die Aufgaben und gesellschaftlichen Verpflichtungen meiner privaten Repräsentation, insbesondere in Verbindung mit und/oder über meinen geschäftlichen Bereich hinaus, so dass insoweit die Wahrnehmung durch Frau P vorrangig ist. Zu dieser Art Repräsentation gehören alle meine freiwilligen Zuwendungen, Spenden, Beiträge und gelegentlichen Aufmerksamkeiten, mögen sie anhand früherer Aufzeichnungen, Listen und Belege erfasst sein oder sich durch neue Gegebenheiten und veränderte Umstände ergeben. [...] Die Vollmacht dient nach außen gegenüber jedwedem Dritten zu Legitimation der Bevollmächtigten, so dass sie in meinem Namen und für meine Rechnung handelt und zu dieser Handlungsweise berechtigt ist. Die Bevollmächtigte ist außer mir höchstpersönlich niemand gegenüber zur Rechenschaft schuldig, und zwar gilt dies für ihre Handlungen in meinem Namen und in meinem Auftrag, für ihre eigenen, freiwilligen Leistungen und meine eigenen Aufwendungen, Zuwendungen, Geschenke, Aufmerksamkeiten, gleich welcher Größenord-

---

107 BGHZ 127, 239 = DNotZ 1995, 388 = NJW 1995, 250, 251 = MittBayNot 1995, 29.
108 BGHZ 127, 239 = DNotZ 1995, 388 = NJW 1995, 250, 251 = MittBayNot 1995, 29.
109 *Grunewald*, ZEV 2014, 579, 582.
110 Zu etwaigen Schadensersatzansprüchen nach § 823 Abs. 2 BGB i. V. m. § 266 StGB war kein Beweis angetreten; hierfür hätte die Kläger die Beweislast getragen, BGH NJW-RR 1990, 131.
111 *Sarres*, Vermächtnis, Rn. 183.

nung, für die Vergangenheit und für die Zukunft. Ich bestätige dies als meinen ausdrücklichen Willen, der nach meinem Ableben von meinen Erben und den Testamentsvollstreckern zu respektieren ist.

6. Zur Stärkung der Handlungsspielräume des Vorerben bei Nacherbfolge

Bei einer angeordneten Nacherbfolge könnte eine postmortale Vollmacht dazu dienen, die Handlungsmöglichkeiten der Erben zu erweitern. Der Vorerbe kann nach § 2136 BGB insbesondere nicht vom Schenkungsverbot des § 2113 Abs. 2 BGB befreit werden. Sind die Nacherben minderjährig oder noch nicht geboren, wäre eine unentgeltliche Verfügung ausgeschlossen, weil auch ein Testamentsvollstrecker, der gemäß § 2222 BGB die Rechte der Nacherben wahrnimmt, nicht seine Zustimmung zu unentgeltlichen Verfügungen erteilen kann.[112]

84

Die postmortale Vollmacht könnte hier das Ei des Kolumbus sein. So hat das Kammergericht entschieden, dass ein Bevollmächtigter aufgrund einer postmortal wirksamen Generalvollmacht zugleich für den Vorerben und für den Nacherben handeln könne.[113] Die überwiegende Kommentarliteratur vertritt allerdings ohne überzeugende Begründung die Auffassung, dass die vom Erblasser einem Dritten erteilte Vollmacht berechtige bis zum Nacherbfall nur die Vertretung des Vorerben.[114] *Keim*[115] folgt dem Kammergericht und vertritt die Auffassung, dass die einem Dritten oder dem Testamentsvollstrecker erteilte Vollmacht auch die Vertretung der Nacherben umfasst. Keim ist zu folgen. Seine Ausführungen überzeugen. Es gibt keinen Grund, wieso die sich vom Erblasser ableitende Rechtsmacht nicht auch die Vertretung der Nacherben umfassen können soll. Die Kommentarliteratur begründet dies auch nicht nachvollziehbar. Umfasst die Vollmacht die Vertretung der Nacherben, sind diese selbstverständlich auch zum Widerruf der Vollmacht hinsichtlich ihrer Vertretung berechtigt. Das stärkste Argument der h. M., nämlich, dass der Nacherbe ja erst mit dem Eintritt des Nacherbfalles Erbe wird und damit erst dann die Vollmacht widerrufen könne, ist zum einen nicht richtig,[116] und ließe sich zudem durch eine entsprechende ausdrückliche Bevollmächtigung der Nacherben ihrerseits entkräften. Der Erblasser könnte den Nacherben eine Vollmacht zur Kontrolle und zum Widerruf der dem Testamentsvollstrecker oder einem Dritten erteilten Vollmacht erteilen, gegebenenfalls das Widerrufsrecht beschränkt auf den Widerruf aus wichtigem Grunde.

85

Allerdings hält es auch Keim[117] und das Kammergericht[118] für eine unzulässige Umgehung der Nacherbenschutzvorschriften, wenn dem Vorerben selbst oder einem Mitvorerben eine solche Vollmacht eingeräumt wird.

86

---

112 Staudinger/*Reimann*, § 2205 Rn. 56; *Keim*, DNotZ 2008, 175, 177.
113 KGJ 36, A 166 = OLGE 18, 338 (lesenswert!), Meikel/*Böttcher*, Einl. I Rn. 75; siehe hierzu ausführlich *Keim*, DNotZ 2008, 175, 177.
114 MünchKommBGB/*Grunsky*, § 2112 Rn. 18 m. w. N.
115 *Keim* DNotZ 2008, 175, 183; Beck'sches Notarhandbuch/*Reetz*, F Rn. 45; so auch schon *Haegele*, Rpfleger 1968, 345.
116 Das Kammergericht führt aus: »*Ist der Vorerbe oder der Nacherbe mit der gemeinschaftlichen Vertretung durch den vom Erblasser ernannten Bevollmächtigten nicht einverstanden, so steht es jedem von ihnen frei, die Vollmacht für seine Person zu widerrufen.*« Die h. M. argumentiert rein formal damit, dass der Nacherbe vor dem Eintritt des Nacherbfalls noch nicht Erbe ist und daher nicht handeln könne.
117 *Keim*, DNotZ 2008, 175, 181 f. M. E. bleibt *Keim* auf halbem Wege mit seiner Argumentation stehen. Da der Bevollmächtigte seine Rechtsmacht vom Erblasser ableitet, stellt sich die Frage nach einer Umgehung des § 2136 BGB nicht. Das Problem spitzt sich allein auf die Frage zu, ob eine Vollmacht an den Alleinerben aufgrund Konfusion oder Konsolidation untergeht, oder ob es sich richtigerweise nur um eine Legitimationsfrage handelt.
118 KGJ 43, A 157.

87 ▶ **Praxistipp**
Ein solche Vollmacht ist immer einem Dritten, insbesondere dem Testamentsvollstrecker, und nicht dem Vorerben oder einem Mitvorerben einzuräumen.

88 Eine solche Vollmacht **an einen Dritten** zur Stärkung der Stellung des Vorerben und damit zur **Wahrnehmung der Nacherbenrechte** kann die Nacherbentestamentsvollstreckung nur ergänzen, nicht ersetzen. Will man dieses Gestaltungsmittel trotz der gegenteiligen Stellungnahmen in der Kommentarliteratur einsetzen, sollte die Vollmacht ausdrücklich auch die Vertretung der Nacherben vorsehen.

89 ▶ **Muster:**
Der Bevollmächtigte vertritt auch die Nacherben und nimmt ihre Rechte im Verhältnis zum Vorerben wahr. Die Vollmacht ist unwiderruflich; der Widerruf aus wichtigem Grunde ausgenommen.

7. Zur Nachlassabwicklung im Ausland

90 Trans- und auch die postmortale Vollmachten werden für die **Nachlassabwicklung** im **Ausland** empfohlen.[119] Praktische Bedeutung hat die post- und transmortale Vollmacht insbesondere im deutsch-spanischen Rechtsverkehr für die Ferienimmobilien der Deutschen in Spanien erlangt.[120]

91 Da ein deutscher Erbschein nicht überall anerkannt wird, droht ansonsten, dass in jedem Staat, in dem sich Nachlassgegenstände befinden, ein eigenständiges Nachlassverfahren mit den damit verbundenen Kosten und Mühen durchzuführen ist.[121] Eine internationale Vollmacht muss stets auf die Besonderheiten des jeweiligen ausländischen Rechts und auf die konkrete Vermögensstruktur abgestimmt werden. Empfehlungen können nicht global erteilt werden.[122]

92 Selbstverständlich bleiben die **steuerlichen Anzeigepflichten** der Beteiligten über den Todesfall im In- und Ausland auch bei trans- oder postmortalen Vollmachten **bestehen**. Die gesetzlichen Pflichten zur Anzeige eines Erbfalles, zur Abgabe einer Erbschaftsteuererklärung und zur Zahlung der Erbschaftsteuer bleiben unberührt.[123] Allerdings können die Vollmachten von den Beteiligten als Steuerhinterziehungsinstrument missbraucht werden. Ist dem Notar dies bekannt, darf er die Beurkundung einer solchen Vollmacht nicht vornehmen.

93 Bei der Ausgestaltung von internationalen Vollmachten sollten folgende Punkte berücksichtigt werden:

94 – Spezialvollmacht statt Generalvollmacht
Anders als in Deutschland werden in vielen Ländern[124] umfassende Generalvollmachten nicht anerkannt. Eine internationale Nachlassvollmacht sollte daher stets als **Spezialvollmacht** ausgestaltet sein. Daher sollten die Vermögenswerte, auf die sich die Vollmacht bezieht, und die Befugnisse des Bevollmächtigten möglichst präzise und umfassend aufgeführt sein.

---

119 Siehe vor allem *Wachter*, ErbStB 2005, 261.
120 *Gantzer*, S. 111 f.; *Börner*, ZEV 2005, 146 (sehr kritisch auf die Risiken solcher Vollmachten hinweisend). Zum Erlöschen der Vollmacht bei Tod des Vollmachtgebers im deutschen und spanischen Recht, *Heinrich*, S. 1596 ff.
121 Hierzu *Süß*, ZEV 2008, 69. Die schweizerische Bankenpraxis (z. B. Credit Suisse) verlangt immer einen Erbschein, auch wenn notarielle Testamente oder Erbverträge mit beglaubigter Abschrift des Eröffnungsprotokolls vorgelegt werden.
122 *Süß*, ZEV 2008, 69, 73.
123 *Wachter*, ErbStB 2005, 261, 262.
124 Z. B. Frankreich. Siehe hierzu *Frank*, MittBayNot 2001, 39, 45.

- Separate Vollmachten für jeden Vermögenswert 95
  Gehören mehrere Vermögenswerte im Ausland zum Nachlass, sollten im Regelfall **separate Vollmachten** erteilt werden, die unabhängig voneinander wirksam sind. Soll die Vollmacht in mehreren Ländern gültig sein, sollten ebenfalls für jedes Land separate Vollmachten erteilt werden.
- Beurkundungsform 96
  Die Vollmacht sollte in jedem Falle in **Beurkundungsform**[125] errichtet werden, weil in zahlreichen Ländern, wenn das vorzunehmende Geschäft beurkundungspflichtig ist, auch die Erteilung der Vollmacht der notariellen Beurkundung bedarf.
- Zweisprachigkeit/Apostille 97
  Internationale Nachlassvollmachten sind verkehrsfähiger, wenn sie von vornherein zweisprachig oder in der Sprache des Bestimmungslandes abgefasst sind. Verzögerungen aufgrund von Übersetzungen werden vermeiden. Eine **Apostille** sollte bereits nach Errichtung der Vollmachtsurkunde eingeholt werden.
- Identifizierung des Vollmachtgebers[126] 98
  Neben den in Deutschland üblichen Angaben wie Vor- und Nachname, Geburtsname, Geburtsdatum, Wohnanschrift sollte auch der Geburtsort, der Familienstand, die Staatsangehörigkeit, Art, Nummer und ausstellende Behörde des Reisepasses angegeben werden. Die **Identifizierung** sollte nach Möglichkeit **durch den Reisepass** erfolgen, da Personalausweise im Ausland teilweise unbekannt sind. Es kann sich empfehlen, auch eine beglaubigte Abschrift des Reisepasses der Vollmacht beizufügen.
- Über den Tod hinaus 99
  Darüber hinaus sollte – wenn die Rechtsordnung des Verwendungsstaates[127] dies zulässt – in der Vollmacht ausdrücklich klargestellt werden, dass sie über den Tod hinaus gilt.

Allerdings sind nicht überall im Ausland trans- oder postmortale Vollmachten anerkannt und zulässig. So erlöschen in den common-law Staaten grundsätzlich alle Vollmachten mit dem Tode, weil der Nachlass eine eigene Vermögensmasse bildet.[128] 100

---

125 Zwar müsste materiell-rechtlich auch die Einhaltung der Form am Errichtungsort der Vollmacht ausreichen; auf einen solchen Disput mit den Juristen des Verwendungsorts der Vollmacht sollte man sich aber nicht einlassen. Notarielle Beurkundung für beurkundungsbedürftige Rechtsgeschäfte wird verlangt z. B. in Italien, Spanien, Frankreich und Österreich, siehe *Süß*, ZEV 2008, 69, 72. Nach schweizerischem Sachrecht werden Vollmachten nach dem Todesfall (= Vollmacht auf den Todesfall, postmortale Vollmachten i. e. S.) als Verfügungen von Todes wegen angesehen und unterliegen den entsprechenden Formvorschriften; Vollmachten über den Tod hinaus (transmortale Vollmachten) sind als rein obligatorische Rechtsgeschäfte grundsätzlich formfrei; vgl. hierzu *Sieghörtner*, ZEV 1999, 461, 463. Transmortale Vollmachten sind international verbreiteter und damit vielfach unproblematischer als postmortale Vollmachten, so *Oertzen*, ZEV 1995, 167, 170.
126 Hierzu ausführlich *Wachter*, ErbStB 2005, 261, 267. In Spanien und Portugal wird auch die Steuernummer in der Vollmachtsurkunde aufgenommen. Für die Türkei ist -jedenfalls bei Scheidungsvollmachten- ein Foto des Vollmachtgebers mit der Vollmacht untrennbar zu verbinden und zu siegeln.
127 Eine transmortale Vollmacht lassen aufgrund ausdrücklicher Vereinbarung zu: Schweiz, Niederlande, Österreich, Belgien, Luxemburg, Frankreich. In einigen Ländern wird ihr Erlöschen mit dem Tode als zwingendes Recht angesehen: Spanien (str.), ebenso wohl Griechenland und Ungarn, *Süß*, ZEV 2008, 69, 70. Spanien lässt aber Rechtswahl zu. Nach *Heinrich* ist auch nach spanischem Recht die trans- und postmortale Vollmacht grundsätzlich wirksam, wenn auch das Grundgeschäft nicht mit dem Tod endet, S. 1600 ff.
128 *Süß*, ZEV 2008, 69, 70 (in England, Irland, Malta und Zypern, den USA und den anglophonen kanadischen Provinzen ist die postmortale Vollmacht daher ohne rechtlichen Wert; stattdessen wird dort auf die Errichtung eines Trust zurückgegriffen, *Süß* ZEV 2008, 69, 72). Zu Erbfällen mit anglo-amerikanischem Bezug siehe *Odersky*, ZEV 2000, 492. Zum Trust aus zivilrechtlicher Sicht siehe Flick/Piltz/*Göckeler*, Rn. 1028 ff.; zum Trust aus erbschaftsteuerlicher Sicht siehe Flick/Piltz/*Jülicher*, Rn. 1901 ff.

Kapitel 15 Erbrechtlich relevante Rechtsgeschäfte unter Lebenden

101 Teilweise wird daher empfohlen, für das selbstständig anknüpfende Vollmachtsstatut eine **Rechtswahl** hin **zum deutschen Recht** zu treffen, weil nach vielen ausländischen Rechten[129] Vollmachten im Regelfall mit dem Tode erlöschen. Eine solche Rechtswahl wird nach deutschem Recht für das Vollmachtsstatut für zulässig gehalten.[130] Der Vollmachtgeber kann die Vollmacht also einem bestimmten Recht unterstellen. Ohne eine solche Rechtswahl gilt nach deutschem internationalem Privatrecht im Regelfall das Wirkungsstatut.[131] Abzustellen ist darauf, in welchem Land die Vollmacht ihre Wirkungen entfalten soll. Die Vollmacht zur Verfügung über ein Grundstück unterliegt nach allgemeiner Meinung[132] dem Recht des Staates in dem das Grundstück liegt (*lex rei sitae*). Dies gilt aber nach überwiegender Ansicht aus deutscher Sicht nur für das dingliche Rechtsgeschäft, nicht für den schuldrechtlichen Vertrag.[133] Im Ausland wird eine Rechtswahl nur in einigen Staaten anerkannt, so z. B. in Spanien,[134] Österreich,[135] Schweiz[136] sowie in denjenigen Ländern, die das Haager Stellvertretungsabkommen vom 14.3.1978[137] ratifiziert haben: Frankreich, Niederlande, Portugal und Argentinien. In den meisten Ländern ist jedoch die objektive Anknüpfung des Vollmachtstatuts aus Gründen des Verkehrsschutzes zwingend.[138]

102 Aber auch in den Ländern, die für den schuldrechtlichen Vertrag eine Rechtswahl zulassen, gilt für die Verfügungen gleichwohl häufig das Recht des Lageortes (*lex rei sitae*).[139] Schließlich weist *Süß*[140] mit guten Gründen darauf hin, dass die Unterstellung einer im Ausland zu verwendenden Vollmacht unter das deutsche Recht die **Verkehrsfähigkeit** der Vollmacht **faktisch** erheblich **beeinträchtigen** kann. Ausländische Vertragspartner, deren Rechtsberater und auch ausländische Notare werden die Risiken aus der Geltung eines fremden Rechtes scheuen.

---

129 Umfassende Aufstellung bei *Süß*, ZEV 2008, 69: so z. B. Belgien, Frankreich, Italien, Niederlande, Luxemburg, Österreich, Schweiz, Spanien. Allerdings ist das Recht häufig dispositiv. Eine transmortale Vollmacht lassen aufgrund ausdrücklicher Vereinbarung zu: Schweiz, Niederlande, Österreich, Belgien, Luxemburg, Frankreich. Nach *Heinrich* ist auch im spanischem Recht die trans- und postmortale Vollmacht grundsätzlich wirksam, wenn auch das Grundgeschäft nicht mit dem Tod endet, S. 1600 ff.
130 *Schotten/Schmellenkamp*, Rn. 92; *Süß*, ZEV 2008, 69, 70 m. w. N.
131 BGH DNotZ 1994, 485; Palandt/*Thorn*, Anh. zu Art. 10 EGBGB Rn. 1.
132 *Süß*, ZEV 2008, 69, 70 m. w. N.
133 *Schotten/Schmellenkamp*, Rn. 91.
134 Art. 10 Abs. 11 CC (Spanien); *Süß*, ZEV 2008, 69, 71 m. w. N.; *Gantzer*, S. 111; schließlich *Börner*, ZEV 2005, 146, der auf zahlreiche Risiken hinweist und vor dem Gebrauch einer solchen Vollmacht nach dem Tode zum Verkauf der Immobilie warnt. Der Gebrauch verstoße gegen den spanischen *ordre public*, da sie einer Umgehung der Rechtsvorschriften dient, die sicherstellen wollen, dass die Eintragung im Grundbuch nur nach vorheriger Zahlung der Erbschaftsteuer erfolgt. Er weist auf die Strafbarkeit als Steuerhinterziehung hin. Zur Steuerhinterziehung auch *Gantzer*, S. 111. Demgegenüber geht *von Oertzen*, ZEV 1995, 167, 170, stillschweigend davon aus, dass der Gebrauch der transmortalen Vollmacht auch möglich und zulässig ist, wenn den ausländischen Institutionen der Tod noch nicht bekannt ist.
135 § 49 IPRG (Österreich); *Süß*, ZEV 2008, 69, 70. Zum österreichischen Recht siehe auch *Perscha/Pawlytta*, ZEV 2008, 412 ff.
136 Art. 116 Abs. 2 i. V. m. Art. 126 IPRG (Schweiz); *Sieghörtner*, ZEV 1999, 461, 465; *Becker*, ZEV 2007, 208, 210, der darauf hinweist, dass die Vollmacht über den Tod hinaus in der schweizerischen Bankpraxis weit verbreitet ist. Das schweizerische Bankrecht kennt auch das Oder-Konto (compe-joint). Die Bank kann bei einem solchen Konto an den überlebenden Mitinhaber leisten, auch wenn sie Kenntnis vom Eintritt des Erbfalles hat.
137 Text der Konvention unter www.hcch.net. Art. 14 der Konvention: schriftliche Rechtswahl nötig. Dort kann auch der Stand der Ratifizierung überprüft werden.
138 *Süß*, ZEV 2008, 69, 71; so etwa in Schweden, Portugal und in Italien. *Wehrens/Gresser*, BWNotZ 2000, 49, 57, halten Verfügungsvollmachten französischen Rechts bei Nachfolgeregelungen für unbrauchbar.
139 So zum Beispiel im schweizerischen Recht, siehe *Sieghörtner*, ZEV 1999, 461, 465.
140 *Süß*, ZEV 2008, 69, 71. Nicht auszuschließen sei nach *Süß* zudem, dass die ausdrückliche Verweisung auf ein bestimmtes Vollmachtsstatut dahingehend ausgelegt wird, dass der Bevollmächtigte keinen Gebrauch machen darf, wenn den Vollmachtgeber Rechtsfolgen treffen, die das jeweilige Recht nicht in gleicher Weise vorsieht.

Kapitel 15 — Erbrechtlich relevante Rechtsgeschäfte unter Lebenden

Formwirksam ist eine Vollmacht, wenn sie den Formvorschriften des Staates entspricht, in dem sie ausgestellt wird (Art. 11 Abs. 1 Fall 2 EGBGB) oder die Formerfordernisse des Vollmachtsstatuts einhält.[141] Kumulativ sind in Grundstückssachen die grundbuchverfahrensrechtlichen Anforderungen des Grundstücksregisters zu beachten, z. B. in Deutschland § 29 GBO. In der notariellen Praxis sollte daher **immer** die **Beurkundungsform** als die strengste Form gewählt werden. 103

Darüber hinaus gibt es in ausländischen Rechten teils Befristungen, die das deutsche Recht nicht kennt. Nach russischem Recht kann eine Vollmacht höchstens auf die Dauer von drei Jahren erteilt werden. Dementsprechend ist zwingend das **Ausstellungsdatum** anzugeben.[142] 104

Die über den Tod hinaus erteilte Vollmacht dürfte somit lediglich ein nützliches **Hilfsinstrument** sein, welches die Abwicklung erleichtert, jedoch im Regelfall nicht die üblichen Erbnachweise und schon gar nicht eine Verfügung von Todes wegen ersetzen kann. 105

Für die Praxis dürfte sich eine transmortale Generalvollmacht für den Ehepartner oder für Kinder empfehlen. Hierbei sollte nicht das kurze »rheinische Muster« einer Generalvollmacht genommen werden, weil etwa in den Staaten des romanischen Rechtskreis eine ausführliche Vollmacht unter enumerativer Aufzählung der Befugnisse verlangt wird. Wer erfahren hat, wie unterschiedlich die praktische Akzeptanz einer Vollmacht bereits im Inland sein kann, sollte die Vollmacht immer nur als flankierende, unterstützende Maßnahme sehen, deren tatsächlicher Nutzen im Einzelfall sehr groß, aber auch völlig unergiebig sein kann. Wenn möglich sollte eine Beurkundung vor einem Notar im Verwendungsstaat der Vollmacht vorgenommen werden oder, bei Beurkundung im Inland, der Text der Vollmacht vorab mit dem ausländischen Notar oder Rechtsanwalt des Vollmachtgebers abgestimmt werden. 106

Informationen zu Vollmachten in anderen Ländern finden sich bei *Flick/Piltz*, Der internationale Erbfall: 107

Australien (*Cornelius*) Rn. 408, Belgien (*Cornelius*) Rn. 454, Dänemark (*Piltz*) Rn. 495, Frankreich (*Cornelius*) Rn. 539, Großbritannien (*Cornelius*) Rn. 587, Italien (*Cornelius*) Rn. 630, Kanada (*Cornelius*) Rn. 687 und 688, Luxemburg (*Cornelius*) Rn. 736, Niederlande (*Piltz*) Rn. 780, Österreich (*Wachter*) Rn. 820, Schweiz (*Wachter*) Rn. 863, Spanien (*Piltz*) Rn. 914, Südafrika (*Cornelius*) Rn. 959, USA (*Cornelius*) Rn. 1008;

sowie bei *Süß*, Erbrecht in Europa, Länderteile:

Belgien (*Hustedt*) Rn. 100, Bulgarien (*Ivanova*) Rn. 68, Deutschland (*Tersteegen*) Rn. 153, Frankreich (*Döbereiner*) Rn. 179, Griechenland (*Stamatiadis*) Rn. 57, 76, Großbritannien: England und Wales (*Odersky*) Rn. 101, 102, Großbritannien: Schottland (*Odersky*) Rn. 51, Irland (*Worthmann*) Rn. 118, Italien (*Cubeddu Wiedemann/Wiedemann*) Rn. 132–134, Luxemburg (*Frank*) Rn. 130, 169, Schweiz (*Wolf/Berger-Steiner*) Rn. 111, 112, Spanien (*Löber/Huzel*) Rn. 33–36, Tschechien (*Rombach*) Rn. 87, Ungarn (*Toth*) Rn. 138–140.

---

141 *Süß*, ZEV 2008, 69, 71 m. w. N.; *Schotten/Schmellenkamp*, Rn. 100.
142 *Wachter*, ErbStB 2005, 261, 264: ähnlich für allgemeine Grundstücksvollmacht in Österreich.

Kapitel 15 Erbrechtlich relevante Rechtsgeschäfte unter Lebenden

108 ▶ **Muster einer internationalen Generalvollmacht[143] in Beurkundungsform:**

Der/Die Erschienene, A, – nachstehend kurz »Vollmachtgeber« – erklärte:

Generalvollmacht

Der Vollmachtgeber bestellt hierdurch zu seinem Generalbevollmächtigten:

Herrn/Frau B – nachstehend kurz »Bevollmächtigter« –

und erteilt ihm alle notwendigen Befugnisse, insbesondere auch:

Zu handeln und zu verwalten

Geldsummen, sie mögen Erträgnisse oder Kapitalien darstellen, in Empfang zu nehmen und darüber zu quittieren, auf jede Sicherheit gegen Bezahlung zu verzichten.

Konten bei jeder beliebigen Bank zu eröffnen und zu unterhalten, Geldbeträge einzuzahlen und abzuheben, Schecks auszustellen, einzulösen und zu indossieren, Wertpapiere und Wertsachen zu hinterlegen und zu entnehmen.

Schließfächer zu öffnen, neue Schließfächer zu mieten, alle darauf bezüglichen Rechte auszuüben.

Rentenpapiere, Aktien Schuldverschreibungen und an der Börse notierte Wertpapiere aller Art zu erwerben, zu zeichnen und zu verkaufen.

Vermögenswerte zu vermieten oder zu verpachten, Grundstücke zu pachten, alles zu Lasten und Bedingungen, die der Bevollmächtigte bestimmt.

An Versammlungen von Gesellschaften, Verbänden oder Berufsvereinigungen teilzunehmen, Ämter wahrzunehmen, das Stimmrecht auszuüben und Protokolle zu unterzeichnen.

Den Vollmachtgeber bei Versicherungsgesellschaften zu vertreten, insbesondere auch Versicherungsscheine zu unterschreiben und sie aufzukündigen.

Den Vollmachtgeber bei Behörden, insbesondere auch bei der Postverwaltung und der Steuerverwaltung zu vertreten, zu diesem Zweck Erklärungen aller Art zu unterzeichnen, Steuern und Abgaben zu bezahlen, Beschwerden und Anträge der freiwilligen oder streitigen Gerichtsbarkeit vorzubringen, Stundungen zu erwirken, Sicherheiten zu vereinbaren, Eintragungen aller Art in Grundbüchern und Hypothekenregistern zu bewilligen.

In Fällen von Konkurs, Zwangsvergleich oder gerichtlicher Liquidation an Gläubigerversammlungen teilzunehmen und den Vollmachtgeber zu vertreten.

Zu investieren (anlegen) und zu verfügen

Grundstücke, Schiffe, Handelsgeschäfte, Aktien, Schuldverschreibungen – auch soweit ihr Kurs nicht festgesetzt ist – bewegliche Sachen und Rechte, Forderungen und überhaupt Vermögenswerte jeder Art zu erwerben, zu verkaufen und auszutauschen zu Preisen und gegen Leistungen und Bedingungen, die der Bevollmächtigte bestimmt, Dienstbarkeiten zu bestellen, abzuändern und darauf zu verzichten.

Hypotheken, Pfandrechte und überhaupt Sicherheiten aller Art auch ohne Bezahlung aufheben bzw. löschen zu lassen, jeder Auswechslung einer Sicherheit zuzustimmen, auf Sachrechte, ein Vorrecht und eine Aufhebungsklage zu verzichten.

---

143 Veröffentlicht von der Internationalen Union des Lateinischen Notariats (UINL), Kommission für Europäische Angelegenheiten (CAE) unter dem Titel Union Internationale du Notariat Latin. Commission des Affaires EuropÖenes. Texte Uniforme des Procurations. 165 Seiten. Mailand 1981; Texte in deutsch, englisch, französisch, spanisch, italienisch, holländisch, flämisch, portugiesisch, griechisch und türkisch mit Hinweisen im Anhang zu den Besonderheiten in den einzelnen Staaten; vgl. hierzu DNotZ 1982, 137. Bezug des Bandes war nur über die Notarkammern möglich.

Auszuleihen und zu verleihen

Geldsummen gegen Leistungen und Bedingungen auszuleihen und zu verleihen, die der Bevollmächtigte bestimmt, und zur Sicherheit für diese Darlehen Hypotheken, Pfandrechte und überhaupt Sicherheiten jeder Art festzusetzen, den Betrag des Darlehens ganz oder in Teilen entgegenzunehmen und darüber zu quittieren.

Jede Bestimmung für ein Gesamtschuldverhältnis und eine Gemeinschaft sowohl unter mehreren Darlehensgebern als auch unter mehreren Darlehensnehmern zu vereinbaren. Zusätzliche Sicherheiten zugunsten des Darlehensgebers und ein vereinfachtes Vollstreckungsverfahren – insbesondere auch mittels freiwilligen Verkaufs – zu vereinbaren, auch den Vollmachtgeber der sofortigen Zwangsvollstreckung zu unterwerfen.

Bürgschaft zu leisten

Für die Schulden Dritter Bürgschaft, auch Wechselbürgschaft zu leisten, zur Sicherheit für diese Bürgschaften und Wechselbürgschaften Hypotheken, Pfandrechte und sonstige Sicherheiten jeder Art zu bestellen.

Vereinbarten Bürgschaften solidarischen (gesamtschuldnerischen) Charakter zu verleihen und auf die Einreden der Vorausklage und der Prorata – Klage bei einer Mehrheit von Bürgern zu verzichten.

Gerichtlich vorzugehen

Den Vollmachtgeber sowohl als Kläger als auch als Beklagten vor Gericht zu vertreten, Verteidiger und gerichtliche Hilfspersonen zu bestellen, Prozesshandlungen oder Maßnahmen der Sicherung wie auch der Zwangsvollstreckung zu bewirken oder zu beantragen.

Schiedsverträge oder Vergleiche abzuschließen.

Schiedsrichter zu ernennen.

Erbschaften anzutreten und unentgeltliche Zuwendungen anzunehmen

Gesetzliche oder testamentarische Erbschaften anzutreten, die dem Vollmachtgeber angefallen sind oder anfallen können, sie ohne Einschränkung oder unter der Rechtswohltat des Inventars anzunehmen oder sie auszuschlagen. Sicherungsmaßnahmen zu ergreifen. Die Auseinandersetzung von Erbengemeinschaften oder anderen Gemeinschaften zu betreiben, sei es gütlich, sei es auf gerichtlichem Wege, jede Ausgleichssumme zu empfangen und zu bezahlen. Abgaben zu bezahlen und zu diesem Zweck Erklärungen abzugeben, Fristen zu erbitten und Sicherheiten zugunsten des Fiskus zu bestellen. Bei der Regelung von Nachlässen von allen Befugnissen Gebrauch zu machen, die in dieser Vollmacht enthalten sind.

Schenkungen unter Lebenden, die dem Vollmachtgeber zugewendet werden, mit oder ohne Auflagen anzunehmen.

Untervollmacht zu erteilen – verschiedene Befugnisse

Zu obigen Zwecken Urkunden und Protokolle auszustellen und zu unterzeichnen, den Wohnsitz zu bestimmen, Untervollmacht zu erteilen, auf jede Eintragung zu verzichten, selbst wenn sie von Amts wegen zu bewirken ist, Personenstandserklärungen abzugeben und überhaupt alles Notwendige zu tun.

Die vorstehende Aufzählung der Befugnisse des Bevollmächtigten ist beispielhaft, nicht abschließend. Das Fehlen oder die ungenaue Bezeichnung von Befugnissen können dem Bevollmächtigten nicht entgegengehalten werden. Der Bevollmächtigte ist berechtigt, Untervollmacht zu erteilen.

Diese Niederschrift ...

109 Wenn das Recht des Verwendungsstaates die Vollmacht über den Tod hinaus, zumindest nach Rechtswahl, zulässt (z. B. Österreich, Schweiz):

110 ▶ **Muster:**

Diese Vollmacht ist zeitlich unbefristet und soll durch den Tod des Vollmachtgebers nicht erlöschen. Sie gilt als Vollmacht über den Tod hinaus unverändert weiter (transmortale Vollmacht).

111 Wenn das Recht des Verwendungsstaates eine Rechtswahl zulässt und ansonsten eine transmortale Vollmacht nicht greifen würde (so z. B. für Spanien):

112 ▶ **Muster:**

Der Vollmachtgeber unterstellt diese Vollmacht dem deutschen Recht.

Oder ausführlicher:[144]

Erteilung und Wirksamkeit, Inhalt und Umfang, Auslegung sowie Dauer und Erlöschen der Vollmacht sind nach deutschem Recht zu beurteilen.

113 In der Rechtswahl zum deutschen Recht könnte der ausländische Rechtsverkehr allerdings auf den Gedanken kommen, damit sei der Wirkungskreis der Vollmacht auf Deutschland beschränkt. Es empfiehlt sich daher der Zusatz:

114 ▶ **Muster:**

Diese Vollmacht gilt auch im Ausland, insbesondere in [Angabe des Bestimmungsstaates].

115 Musterformulierung einer internationalen Spezialvollmacht für die Veräußerung eines Grundstücks:

siehe hierzu Kersten/Bühling/*Bischoff*, § 24 Rn. 76 M.

116 Musterformulierung einer internationalen Nachlassvollmacht:

siehe hierzu unter Kapitel 9 sowie Rdn. 67.

III. Steuerrecht

117 Vollmachten sind **steuerneutral**. Für die damit bewirkten Rechtsgeschäfte gelten die gesetzlichen Vorschriften. Selbstverständlich bleiben die gesetzlichen Pflichten zur Anzeige eines Erbfalles, zur Abgabe einer Erbschaftsteuererklärung und zur Zahlung der Erbschaftsteuer unberührt.[145] Allerdings **können** die Vollmachten von den Beteiligten als **Steuerhinterziehungsinstrument missbraucht** werden.[146] Ist dem Notar dies bekannt, darf er die Beurkundung einer solchen Vollmacht nicht vornehmen.

---

144 Muster nach *Schotten/Schmellenkamp*, Rn. 92.
145 *Wachter*, ErbStB 2005, 261, 262.
146 *Börner*, ZEV 2005, 146, weist kritisch auf die Missbrauchsrisiken in deutsch-spanischen Rechtsverkehr hin. Er warnt vor dem Gebrauch einer solchen Vollmacht nach dem Tode zum Verkauf der Immobilie. Der Gebrauch verstoße gegen den spanischen *ordre public*, da sie einer Umgehung der Rechtsvorschriften dient, die sicherstellen wollen, dass die Eintragung im Grundbuch nur nach vorheriger Zahlung der Erbschaftssteuer erfolgt. Er weist auf die Strafbarkeit als Steuerhinterziehung hin. Demgegenüber geht *von Oertzen*, ZEV 1995, 167, 170, stillschweigend davon aus, dass der Gebrauch der transmortalen Vollmacht auch möglich und zulässig ist, wenn den ausländischen Institutionen der Tod noch nicht bekannt ist. Siehe zur Frage der Steuerhinterziehung in deutsch-spanischen Rechtsverkehr auch *Gantzer*, S. 111.

IV. Checkliste

▶ **Checkliste für die Vollmachterstellung:** 118

Folgende Punkte sollten bei der Vollmachterstellung immer beachtet werden:
- ☐ Vollmachtgeber genau bezeichnet (vollständige Personalien mit Geburtsdatum, Geburtsort, für Ausland: Staatsangehörigkeit)?
- ☐ Identität nachgewiesen (für Ausland ev. Kopie Ausweis beifügen)?
- ☐ Bevollmächtigter genau bezeichnet (vollständige Personalien mit Geburtsdatum, Geburtsort, für Ausland: Staatsangehörigkeit, Ausweisnummer)?
- ☐ Vertretungsverhältnisse (einzeln, zwei gemeinschaftlich) bei mehreren Bevollmächtigten angegeben?
- ☐ Ersatzbevollmächtigter empfehlenswert oder nötig?
- ☐ Befreiung von den Beschränkungen des § 181 BGB erforderlich?
- ☐ soll Untervollmacht zulässig sein?
- ☐ soll Bevollmächtigung trans- oder postmortal wirksam sein?
- ☐ Rechtswahl nötig?
- ☐ bei Auslandsverwendung der Vollmacht Rdn. 93 ff. beachten!

Kapitel 16. Erbrechtlich relevante Rechtsgeschäfte zwischen Erblasser und künftigen Erben

Übersicht

	Rdn.
A. Lebzeitige Übertragungen und Verfügung von Todes wegen	1
I. Grundlagen	1
1. Einleitung, Problemstellung und Abgrenzung; Ausgleichswege, lebzeitig oder letztwillig	1
2. (Letztwillige) Ausgleichung von Vorempfängen; Ausgleichungsanordnung	8
a) Bei gesetzlicher Erbfolge (§§ 2050 ff. BGB) und bei der gewillkürten Erbfolge (§ 2052 BGB)	8
b) Gegenstand der Ausgleichung	14
c) Ausgleichungspflichtige und -berechtigte Personen	15
d) Geborene Ausgleichungstatbestände	18
aa) Ausstattung nach § 1624 Abs. 1 BGB	19
bb) Übermaßzuschüsse	21
cc) Aufwendungen für die Vorbildung zu einem Beruf im Übermaß	22
e) Gekorener Ausgleichungstatbestand	23
f) Auswirkung der Ausgleichung auf den Pflichtteil	28
g) Kombination von Anrechnung und Ausgleichung	31
h) Übersicht über die gem. § 2050 BGB ausgleichungspflichtigen Zuwendungen	36
i) Ausgleichung bei besonderen Leistungen eines Abkömmlings (§ 2057a BGB)	37
j) (Geplante, nicht umgesetzte Gesetzesänderung): § 2057b BGB; Verbesserung der Berücksichtigung von Pflegeleistungen	38
k) (Geplante, nicht umgesetzte Gesetzesänderung); § 2050 Abs. 4 BGB	40
3. Durchführung der Ausgleichung	41
4. Grundsätzliche Probleme bei der Ausgleichung	44
II. Gestaltung: Einflussmöglichkeiten des Erblassers auf die Erbteilungsausgleichung	51
1. Ausdrückliche Anordnung einer Ausgleichungsverpflichtung; Sonderproblem bei Berliner Verfügung	53

	Rdn.
a) Grundformulierung:	53
b) Ausdrücklicher Ausschluss der Ausgleichung	57
c) Ausgleichungspflicht bei Zuwendung des einen Elternteils und Berliner Testament	61
d) Ausgleichungspflicht selbst bei Nachlassschöpfung, »Abbedingung des § 2056 BGB«	65
2. Bedingte und vorbehaltene Ausgleichungsanordnungen	67
3. Nachträgliche Anordnung/Änderung/Aufhebung einer Ausgleichsbestimmung	73
III. Steuern	89
1. Ausgleichung und Erbschaftsteuer; Grundsätze	89
2. Steuerliche Folgen der Ausgleichung wegen früherer Mitarbeit eines Abkömmlings	91
IV. Kosten	93
V. Checkliste	94
B. Zuwendungsverzicht	95
I. Grundlagen	95
1. Allgemeine Grundsätze für den Zuwendungsverzicht	95
2. Praktische Bedeutung des Zuwendungsverzichts	97
3. Gesetzesänderung	99
4. Gegenstand des Zuwendungsverzichts	107
5. Formelles	117
6. Verzicht auf Zuwendungen aus einem Erbvertrag, § 2352 S. 2 BGB	125
a) Vertragsmäßige Verfügungen	125
b) Einseitige Verfügungen, § 2352 S. 1 BGB	129
7. Rechtswirkung des Zuwendungsverzichts	130
8. Beseitigung (der Wirkungen) des Zuwendungsverzichts	134
II. Gestaltung	137
1. Vorsorgende Regelung in der letztwilligen Verfügung im Hinblick auf einen etwaigen Zuwendungsverzicht	138
2. Gestaltungsmöglichkeiten des – »nachsorgenden« – Zuwendungsverzichts	142
a) Grundformulierung	142
b) Vollmuster	145
c) Einzelne Abwandlungen	146
aa) Einfügung von Bedingungen	146

Kapitel 16 Erbrechtlich relevante Rechtsgeschäfte zwischen Erblasser und künftigen Erben

		Rdn.
	bb) Relativer Zuwendungsverzicht	148
	cc) Eingeschränkter, relativer Verzicht	149
	dd) Gegenständlich beschränkter Zuwendungsverzicht	150
	ee) Nachträgliche Anordnungen, z. B. nachträgliche Anordnung einer Testamentsvollstreckung, einer Auflage, der Vor- und Nacherbschaft, oder eines (Unter)Vermächtnisses	151
	d) Entgeltlicher Zuwendungsverzicht: Verknüpfung von Abfindungsleistung und Zuwendungsverzicht durch aufschiebende Bedingung	153
III.	Kosten	154
IV.	Steuern	156
V.	Checkliste	159
C.	Kombination von Rechtsgeschäften unter Lebenden mit Verfügungen von Todes wegen	160

		Rdn.
I.	Grundlagen	160
	1. Der Schutz der Erwerbserwartung des Leistungspflichtigen	162
	2. Der Schutz des Erblassers vor Leistungsstörungen	166
II.	Gestaltung des Verpfründungsvertrages	167
	1. Die Absicherung des Leistungspflichtigen gegen erbrechtliche Risiken	167
	2. Die Absicherung des Leistungspflichtigen durch Rechtsgeschäft unter Lebenden	171
	3. Die Absicherung des Erblassers durch das erbvertragliche Rücktrittsrecht	184
	4. Die Absicherung beider Seiten durch konditionale Verknüpfung der Vertragsteile	193
	5. Muster eines Verpfründungsvertrages	196
III.	Bewertung des Verpfründungsvertrages	198
IV.	Erbschaftsteuer	200
V.	Checkliste	202

A. Lebzeitige Übertragungen und Verfügung von Todes wegen

Literatur:
Bertolini, Zur Durchführung der Ausgleichung (§ 2055 BGB), MittBayNot 1995, 109; *Bonefeld/Lange/Tanck*, Die geplante Reform des Pflichtteilsrechts, ZErb 2007, 8, 292; *Bothe*, Äpfel- und Birnen. Berechnungsbeispiele zu § 2057b des Entwurfs, ZErb, 2008, 309; *Dahlkamp:* Die Pflichtteilslast in der notariellen Praxis, RNotZ 2014, 257; *Dauner-Lieb*, Bedarf es einer Reform des Pflichtteilsrechts? DNotZ, 2001, 460; *Everts*, Vorweggenommene Erbfolge, Ausgleichung, Anrechnung und der BGH – zugleich ein Plädoyer für die Ausstattung – – und zugleich Anmerkung zu BGH, Urteil vom 27.1.2010, IV ZR 91/09 –, MittBayNot 2011, 107; *Fröschlin*, Zur Fortentwicklung von Klauseln über die Gleichstellung von erbrechtlichen Ausgleichspflichten, BWNotZ 1997, 30; *Funke, Roth*, Ausgleichungspflicht und erweiterter Erblasserbegriff, NJW-Spezial 2013, 423; *Götte*, Lösungswege und Muster zur Verhinderung von nachträglichen Störungen der Gleichwertigkeit bei vorweggenommenen oder letztwilligen Zuwendungen an mehrere Kinder, BWNotZ 1995, 84; *Jülicher/Roth*, Praxishilfen Erbrecht:Tabellen, Texte, Berechnungen, Arbeitshilfen, 2014; *Karsten:* Die Erbrechtsreform in der Kautelarpraxis RNotZ 2010, 357; *Kasper*, Anrechnung und Ausgleichung im Pflichtteilsrecht, 1999; *Keim*, Die Reform des Erb- und Verjährungsrechts und ihre Auswirkungen auf die Gestaltungspraxis, ZEV 2008, 161; ders., Grenzen der Anrechenbarkeit lebzeitiger Zuwendungen auf den Pflichtteil, MittBayNot 2008, 8; *Kerscher/Tanck*, Zuwendungen an Kinder zur Existenzgründung: Die »Ausstattung« als ausgleichspflichtiger Vorempfang, ZEV 1997, 354; *Knodel*, Die Ausstattung, eine zeitgemäße Gestaltungsmöglichkeit?, ZErb 2006, 225; *Krug*, Die Kaufkraftproblematik bei ausgleichungspflichtigen Vorempfängen in der Erbteilung – Eine Kritik an der BGH-Rechtsprechung –, ZEV 2000, 41; *Kühn*, »... übertrage ich im Wege der vorweggenommenen Erbfolge...« – Erbrechtliche Auslegungsrisiken einer Paraphrase, ZErb 2010, 320; *Kühne*, Bankvermögen im Erbfall und der vorweggenommenen Erbfolge, ZErb 2015, 33; *Langenfeld/Günther*, Grundstückszuwendungen zur lebzeitigen Vermögensnachfolge; 2009; *Ludyga*, Die Berücksichtigung von Pflegeleistungen gem. § 2057a BGB nach der Erbrechtsreform, ZErb, 2009, 289; *Mayer:* Die Auswirkungen der Erbrechtsreform auf die Kautelarpraxis, ZEV 2010, 2; *Mayer*, Anrechnung und Ausgleichung im Erb- und Pflichtteilsrecht – eine Einführung anhand von Beispielsfällen, ZErb 2007, 130; ders., Nachträgliche Änderung von erbrechtlichen Anrechnungs- und Ausgleichungsbestimmungen, ZEV 1996, 441; ders., Erbrechtsreform als Reaktion auf die gesellschaftlichen Veränderungen, FPR 2008, 537; *Mohr*, Ausgleichung und Anrechnung bei Schenkungen, ZEV 1999, 257; *Muscheler*, Die geplanten Änderungen im Erbrecht, Verjährungsrecht und Nachlassverfahrensrecht, ZEV 2008, 105; *Odersky*, Reformüberlegungen im Erbrecht, MittBayNot 2008, 6; *Otte*, Bessere Honorierung von Pflegeleistungen – Plädoyer für eine Vermächtnislösung, ZEV 2008, 261; *Peter*, Zuwendungen im Wege vorweggenommener

Erbfolge – Fragen zur Ausgleichung und zur Anrechnung, BWNotZ 1986, 28; *Petersen*, Die Beweislast bei der Ausgleichspflicht unter Miterben nach § 2057a BGB, ZEV 2000, 432; *Progl*, Der Regierungsentwurf zur Erbrechtsreform vom 30. Januar 2008 – Testiererweiterung bei Anrechnung, Ausgleichung und gemeinsamen Testament, ZErb 2008, 78; *Rastätter*, Grundstücksschenkungen an Minderjährige, BWNotZ 2006, 1; *Roth*, Praxisfragen zu Eigengeschenken bei Pflichtteilsergänzung, NJW-Spezial 2015, 167; *Schaal/Grigas*, Der Regierungsentwurf zur Änderung des Erb- und Verjährungsrechts, BWNotZ 2008, 2; *Schäfer*: Pflichtteilsreduzierung und Pflichtteilserhöhung durch kombinierte Anrechnung und Ausgleichung?, ZEV 2013, 63; *Schindler*, Aktuelle (ungelöste) Fragen des Pflichtteilsrechts, ZErb 2012, 149; *Schindler*, Zuwendungsarten bei der Ausgleichung unter Miterben nach § 2050, ZEV 2006, 389; *Siebert*, Die Struktur des Geschwisterausgleichs für erhaltene Zuwendungen im Erbfall, NJOZ 2009, 3099; *Simon*: Die lebzeitige Vermögensübertragung und ihre Bezüge zum Pflichtteilsrecht, JuS 2012, 214; *Sostmann*, Grundstücksübertragungen an Abkömmlinge und ihre Auswirkungen auf das Pflichtteilsrecht, MittRhNotK 1976, 479; *Tanck*, Keine Pflichtteilsreduzierung bei Kombination von Anrechnung (§ 2315 BGB) und Ausgleichung (§ 2316 BGB)?, ZErb 2003, 41; *Thubauville*, Die Anrechnung lebzeitiger Leistungen auf Erb- und Pflichtteilsrechte, MittRhNotK 1992, 289; *van de Loo*, Bessere Berücksichtigung von Pflegeleistungen beim Erbausgleich, FPR 2008, 551; *von Hoyenberg*, Vorweggenommene Erbfolge, 2010; *Wälzholz*: Die Reform des Erb- und Pflichtteilsrechts zum 1.1.2010 – Überblick mit Gestaltungsempfehlungen, DStR 2009, 2104; *Wälzholz*, Erbauseinandersetzung und Teilungsanordnung nach der Erbschaftsteuerreform, ZEV 2009, 113; *Weigl*, Pflichtteilsanrechnung gegenüber Minderjährigen – Abschied von der bisher »herrschenden« Meinung! – zugleich Anmerkung zum Beschluss des OLG München vom 17.7.2007, 31 Wx 18/07, insbesondere zum Rückforderungsvorbehalt gegenüber Minderjährigen, sowie zu *Keim*, MittBayNot 2008, 8, 11 ff., MittBayNot 2008, 275; *Windel*, Wie ist die häusliche Pflege aus dem Nachlass zu honorieren?, ZEV 2008, 305; *Wirich*, Wart- und Pflegeverpflichtungen in Übergabeverträgen, ZErb 2014, 323; *Wolfsteiner*, Anrechnung auf Erb- und Pflichtteil, MittBayNot 1982, 61; *Zimmer*, Das Testament älterer Menschen, ZErb 2010, 126.

I. Grundlagen

1. Einleitung, Problemstellung und Abgrenzung; Ausgleichswege, lebzeitig oder letztwillig

Eltern wollen typischerweise ihre Kinder gleichbehandeln.[1] Ausgangspunkt für die gestalterischen Überlegungen ist der Vermögens- bzw. **Nachlassverteilungsplan** der Erblasser. Häufig betrachten Eheleute/Eltern ihr Vermögen als Einheit. Der Ausgleich unter den Kindern ist nicht einfach durchzuführen, insbesondere wenn ein Kind/einige Kinder lebzeitige Zuwendungen erhalten haben, andere Kinder dagegen auf einen späteren, ggf. letztwilligen Ausgleich verwiesen sind. 1

Typischerweise möchten die Erblasser auch einen Ausgleich dergestalt unter den Kindern verwirklichen, dass der familiäre Rechtsfrieden gewahrt wird. Solange die Eltern noch leben, können sie durch lebzeitige Regelungen, ggf. gekoppelt mit Ausgleichungspflichten, Gleichstellungszahlungen und etwaigen, unter Umständen gegenständlich beschränkten Pflichtteilsverzichten für eine familiäre Befriedung Sorge tragen. Es kommt dann nicht auf die Ungewissheiten und Unsicherheiten der gesetzlichen Institute (Ausgleichung und Anrechnung) in rechtlicher und tatsächlicher Hinsicht an. Auch bei der Gestaltung von letztwilligen Verfügungen muss sich der Notar/Rechtsanwalt mit etwaigen lebzeitigen Zuwendungen auseinandersetzen, um die Verteilung des künftigen Nachlasses unter Berücksichtigung von lebzeitigen Zuwendungen im Sinne des Nachlassverteilungsplans des Erblassers sicherzustellen.[2] 2

Zum Ausgleich steht dabei grundsätzlich der vom Erblasser herrührende Nachlass/dessen lebzeitiges Vermögen zur Verfügung. Ggf. kann das Ausgleichsvolumen dadurch erhöht werden, dass auch der Erwerber (unter Berücksichtigung von dessen Liquidität und ggf. dessen Gegenleistungen/Investi- 3

---

1 Grundgedanke der Ausgleichungsregeln: »**Gleiche Brüder – gleiche Kappen**«; BGH MittBayNot 1975, 230; MüKoBGB/*Ann*, 6. Aufl. § 2050, Rn. 1.
2 Pointiert *Litzenburger*, Beck'scher FD-ErbR 2009, 294985: »Vorweggenommene Erbfolgen bilden mit Verfügungen von Todes wegen nicht nur in wirtschaftlicher Hinsicht eine Einheit, sondern auch in rechtlicher Hinsicht. Wer die Ausgleichs- und Anrechnungspflichten von Vorempfängen übersieht, der provoziert durch unsachgemäß gestaltete Verfügungen von Todes wegen Streit!«

tionen in das Übertragungsobjekt) verpflichtet wird, die Geschwister aus eigenen Mitteln entweder lebzeitig oder durch Zahlung in den Nachlass abzufinden und gleichzustellen.

4   Die eine »Brücke«[3] zwischen lebzeitiger Zuwendung und späterer erbrechtlicher Endabrechnung ist die **Anrechnung** auf den Pflichtteil (§ 2315 BGB), die sich alleine auf das Pflichtteilsrecht auswirkt.[4]

5   Die zweite »Brücke« ist die **Erbteilungsausgleichung** (§§ 2050 ff. BGB), die im Rahmen der Erbauseinandersetzung zu berücksichtigen ist. Die Ausgleichungsregelungen haben über § 2316 BGB auch eine zwingende »**pflichtteilsrechtliche Fernwirkung**«,[5] § 2316 Abs. 3 BGB.[6]

6   Daneben ist noch der **Pflichtteilsergänzungsanspruch** nach § 2325 BGB zu erwähnen.[7]

7   Die Zielrichtungen und Rechtsfolgen dieser Rechtsinstitute sind durchaus unterschiedlich.[8] Eine Ausgleichungspflicht nach § 2316 BGB kann nur unter Abkömmlingen erfolgen. Eine Anrechnungspflicht nach § 2315 BGB erfolgt nur bei pflichtteilsberechtigten Personen. Anrechnung und Ausgleichung sind zeitlich unbegrenzt. Die Pflichtteilsergänzung hingegen wirkt nur innerhalb der 10-Jahresfrist (ggf. mit Abschmelzung). Allein die Anrechnung auf den Pflichtteil wirkt sich auf das Pflichtteilsrecht aus (Verminderung der Pflichtteilslast in ihrer absoluten Höhe).[9] Die Ausgleichung gem. § 2316 Abs. 1 BGB dient (nur) der Umverteilung der Pflichtteilssumme unter den Abkömmlingen.[10] Die Anrechnung und die Ausgleichung führen nicht zur Rückzahlung von Vorempfängen (»Idealkollation«). Die Anrechnung auf den Pflichtteil wirkt sich nur zugunsten desjenigen Erben aus, dessen Pflichtteilsrecht gemindert wird. Die Ausgleichung beim Pflichtteil wirkt sich nur zugunsten der nicht durch Vorempfänge begünstigten Abkömmlinge aus. Der Ehegatte ist in die Ausgleichung nicht einbezogen. Die Ausgleichung setzt voraus, dass mindestens zwei Abkömmlinge zur gesetzlichen Erbfolge berufen wären. Die Anrechnung kann auch denjenigen treffen, der im Falle hypothetischer gesetzlicher Erbfolge Alleinerbe wäre. Es gibt nur wenige »automatische«, sogenannte **geborene** ausgleichungspflichtige Zuwendungen. Daneben gibt es **gekorene** ausgleichungspflichtige Zuwendungen. Eine Anrechnung setzt immer eine **Anrechnungsbestimmung des Erblassers** voraus.

2. (Letztwillige) Ausgleichung von Vorempfängen; Ausgleichungsanordnung

a) Bei gesetzlicher Erbfolge (§§ 2050 ff. BGB) und bei der gewillkürten Erbfolge (§ 2052 BGB)

8   Die Gleichbehandlung der Abkömmlinge ist im BGB angelegt. Nach § 1924 Abs. 4 BGB erben Kinder zu gleichen Teilen. §§ 2050 ff. BGB versucht diesem Gleichbehandlungsgrundsatz zufolge die Ausgleichung bestimmter Vorempfänge zu regeln. Seine Fortsetzung findet der Gleichbehandlungsgedanke in § 2316 BGB. Die pflichtteilsrechtlichen Fernwirkungen[11] der Ausgleichung sind nach § 2316 Abs. 3 BGB zwingend. Die Ausgleichung ist wegen der nicht gewollten und irreparablen **Fernwirkungen auf den Pflichtteil** (§ 2316 BGB) i. d. R. zu vermeiden. Die Ausgleichungsregelungen führen zu modifizierten Auseinandersetzungsansprüchen eines Miterben, ohne dass sich dessen Erbquote verändert; es ändert sich die Teilungsquote.

---

3   *Mayer* ZErb 2007, 130.
4   Hierzu siehe Kapitel 10 Rdn. 76 ff.
5   Siehe DNotI-Gutachten v. 6.8.2004, Nr. 51915, Schlitt/Müller/*Müller*, Handbuch Pflichtteilsrecht, 1. Auflage 2010, § 10 Rn, 96 f;
6   Zum »Rechenweg« bei der Pflichtteilsausgleichung ausführlich *Nieder/Kössinger*, § 2 Rn. 283 ff.
7   Hierzu siehe Kapitel 10 Rdn. 140 ff. Siehe ferner *Nieder/Kössinger*, § 2 Rn. 321 ff. zur Pflichtteilsergänzung neben der Ausgleichung gem. §§ 2316, 2050 ff.
8   Zur Abgrenzung: BGH vom 27.1.2010 – IV ZR 91/09, ZNotP 2010, 228 ff.
9   *Nieder/Kössinger*, § 2 Rn. 218.
10 *Nieder/Kössinger*, § 2 Rn. 218.
11 *Krauß*, Vermögensnachfolge, Rn. 2320 ff.; *Nieder/Kössinger*, § 2 Rn. 279 ff.

Das Gesetz sieht in § 2050 Abs. 1 BGB sogenannte »geborene« Ausgleichungstatbestände bei der 9
Ausstattung, bei Übermaßzuschüssen zu den Einkünften und bei Übermaßaufwendungen für die
Vorbildung zu einem Beruf vor. Voraussetzung ist, dass der Erblasser keine Verfügung von Todes wegen hinterlassen hat, somit gesetzliche Erbfolge eintritt.

Gleiches gilt, dass die Abkömmlinge möglichst gleich behandelt werden, wenn der Erblasser, was die 10
entsprechenden Abkömmlinge anbelangt, in der letztwilligen Verfügung lediglich die **gesetzliche Erbfolge quotenmäßig abbildet** und damit das Verhältnis der gesetzlichen Erbteile zueinander lediglich bekräftigt hat.

§ 2052 BGB enthält eine Auslegungsregel. Somit kann der Erblasser im Testament oder bei der Zu- 11
wendung abweichende Anordnungen treffen. Der Erblasser kann die Ausgleichung durch besondere
Anordnung ganz oder teilweise erlassen, Bedingungen oder sonstige Abweichungen bestimmen, z. B.
für die Ausgleichung einen niedrigeren oder höheren als den wirklichen Wert festlegen.[12] Abweichende Anordnungen sind auch hinsichtlich der Durchführung der Ausgleichung nach § 2055
BGB möglich. Nach § 2050 BGB sind grundsätzlich nur die Abkömmlinge des Erblassers an der
Ausgleichung beteiligt. Wenn in der letztwilligen Verfügung nur **einige – nicht alle –** Abkömmlinge
untereinander nach Quoten eingesetzt sind, die die gesetzlichen Erbregeln spiegeln, findet die Ausgleichung nur unter diesen statt.[13]

Bei gewillkürter Erbfolge gelten die Ausgleichungsregeln grds. nicht (Ausnahme: § 2052 BGB). 12
Letztwillige Verfügungen trifft der Erblasser regelmäßig unter Berücksichtigung lebzeitiger Zuwendungen; Ungleichbehandlungen sind dann gewollt.[14] Im Rahmen der Erbauseinandersetzung ist jedoch ein **Ehepartner** oder aber ein an der Ausgleichung nicht beteiligter Abkömmling mit seinem
Erbteil vor Durchführung der Ausgleichung aus der Berechnung herauszunehmen.[15] An der Ausgleichungspflicht ändert sich auch nichts, wenn ein Abkömmling durch Vorausvermächtnis, Auflage,
oder eine andere Anordnung eine Begünstigung erfahren hat.[16]

Bei jeder Abfassung/Änderung einer letztwilligen Verfügung, die die Abkömmlinge nach gesetz- 13
lichen Quoten bedenkt, oder diese Quoten gerade ändert, muss mit den Beteiligten die Thematik
der Ausgleichung besprochen werden!

b) Gegenstand der Ausgleichung

Nach § 2050 BGB sind lebzeitige Zuwendungen[17] des Erblassers zur Ausgleichung zu bringen. Der 14
Begriff der Zuwendung setzt keine Schenkung voraus.[18] »Zuwendung« erfasst jede Hingabe von Vermögensvorteilen durch den Erblasser, die dessen künftigen Nachlass mindert.[19] Zuwendungen sind
auch solche mit nur teilweiser Unentgeltlichkeit.[20] Daher liegt auch bei einer sogenannten **gemischten Schenkung**[21] eine lebzeitige Zuwendung im Sinne von § 2050 BGB vor. Nach § 2050 ff. BGB
sind lebzeitige Zuwendungen des Erblassers an Abkömmlinge ausgleichungspflichtig, wenn es sich
um eine Ausstattung, Zuschüsse zu Einkünften im Übermaß, Aufwendungen für die Vorbildung zu
einem Beruf im Übermaß oder andere Zuwendungen handelt, die ausdrücklich mit einer Ausgleichs-

---

12 MüKoBGB/*Ann*, 6. Aufl. § 2050 Rn. 21.
13 RGZ 90, 419, 420.
14 BeckOK BGB/*Ilse Lohmann* BGB § 2050 Rn. 1.
15 *BeckOK BGB/Ilse Lohmann* BGB § 2050 Rn. 5
16 *Nieder/Kössinger*, § 2 Rn. 214; RGZ 90, 419, 420.
17 Palandt/*Weidlich*, § 2050 Rn. 8.
18 *BeckOK BGB/Ilse Lohmann* BGB § 2050 Rn. 6.
19 *Thubauville*, MittRhNotK 1992, 289, 292.
20 *Nieder/Kössinger*, § 2 Rn. 215; MüKoBGB/*Ann*, 6. Aufl., § 2050 Rn. 11; *Thubauville*, MittRhNotK 1992, 289, 292.
21 MüKoBGB/Ann, 6. Aufl., § 2050 Rn. 11.

bestimmung versehen werden. Weiter sind ausgleichungspflichtig Eigenleistungen eines Abkömmlings im Sinne des § 2057a BGB.

c) Ausgleichungspflichtige und -berechtigte Personen

15 Die Ausgleichung findet nur unter den Abkömmlingen statt, die gesetzliche Erben sind (§ 2050 Abs. 1 BGB), oder wenn sie durch Verfügung von Todes wegen zu Erbteilen eingesetzt sind, die in demselben Verhältnis zueinander stehen wie bei der gesetzlichen Erbfolge (§ 2052 BGB).[22] Entscheidend ist also nicht ein Größenvergleich mit den gesetzlichen Erbteilen, sondern eine verhältnismäßige Entsprechung im Hinblick auf die gesetzliche Erbfolge.[23]

16 Fällt ein nach § 2050 BGB ausgleichspflichtiger Abkömmling als Miterbe weg, werden die stattdessen eintretenden Abkömmlinge mit der gleichen Ausgleichspflicht belastet.[24] Ein für einen weggefallenen Abkömmling **nachrückender Abkömmling** hat im Zweifel ebenfalls auszugleichen, § 2051 Abs. 2 BGB. Entferntere Abkömmlinge haben die Zuwendungen, die sie vor dem Wegfall des den entfernteren Abkömmling von der Erbfolge ausschließenden näheren Abkömmlings vom Erblasser erhalten haben, nicht zur Ausgleichung zu bringen, es sei denn, dass der Erblasser bei der Zuwendung die Ausgleichung angeordnet hätte (§ 2053 BGB). Ob und inwieweit sonst eine Ausgleichung zu erfolgen hätte, richtet sich nach §§ 2050 bis 2052 BGB.[25] Auch Ersatzerben haben auszugleichen (§ 2051 Abs. 2 BGB). Das Recht zur Ausgleichung wird mit dem entsprechenden Erbteil vererbt.[26]

17 Bei einer **Zuwendung an einen Minderjährigen** bedarf es nach wohl noch h. M.[27] für eine wirksame Ausgleichungsanordnung keiner Einwilligung seines gesetzlichen Vertreters. Anders ist dies bei der Anrechnung.[28] Auch bei der Ausgleichung sollte man mE jedoch **Vorsicht** walten lassen, d. h. einen Ergänzungspfleger bestellen und die Zustimmung des Familiengerichts einholen![29]

d) Geborene Ausgleichungstatbestände

18 Geborene Ausgleichstatbestände kraft gesetzlicher Vermutung sind Tatbestände, bei denen gesetzlich vermutet wird, dass der Erblasser sie ausgeglichen haben wollte.[30] Diese Vermutung entfällt durch eine ausdrückliche oder schlüssige Bestimmung des Erblassers bei der Zuwendung.[31] Geborene Ausgleichstatbestände sind Ausstattungen nach §§ 2050 Abs. 1, 1624 BGB, Übermaßzuschüsse zu den Einkünften und Übermaßberufsausbildungsaufwendungen.

aa) Ausstattung nach § 1624 Abs. 1 BGB[32]

19 Nach § 2050 Abs. 1 BGB ist eine **Ausstattung**, die der Erblasser einem Abkömmling zu seinen Lebzeiten gewährt hat, kraft Gesetzes ausgleichungspflichtig. Die Vorschrift regelt die Problematik, wie Vorempfänge, die die Miterben vor dem Erbfall vom Erblasser erhalten haben, bei der Auseinander-

---

22 MüKoBGB/*Ann*, 6. Aufl., § 2052 Rn. 1.
23 MüKoBGB/*Ann*, 6. Aufl., § 2052 Rn. 2.
24 MüKoBGB/*Ann*, 6. Aufl., § 2051 Rn. 1.
25 MüKoBGB/*Ann*, 6. Aufl., § 2053 Rn. 2.
26 MüKoBGB/*Ann*, 6. Aufl., § 2050 Rn. 4.
27 MüKoBGB/*Ann*, 6. Aufl., § 2050 Rn. 31, BGHZ 15, 168 = NJW 1955, 1353; *Rastätter*, BWNotZ 2006, 1, 7.
28 Str. Darstellung des Streitstandes bei MüKoBGB/*Lange*, 6. Aufl. § 2315 Rn. 17 m. w. N.; *Weigl*, MittBayNot 2008, 275, 276.
29 Ebenso Mayer/Süß/Tanck/*Mayer*, § 11 Rn. 92 f.
30 *Nieder/Kössinger*, § 2 Rn. 216.
31 MüKoBGB/*Ann*, 6. Aufl., § 2050 Rn. 21.
32 Dazu OLG Karlsruhe, Urteil vom 27.4.2011 – 6 U 137/09, ZEV 2011, 531 mit Anm. *Ruby*, *Schindler*, ZEV-Report Zivilrecht ZEV 2011, 524, 526.

setzung zu behandeln sind.[33] Die Ausgleichung erfolgt durch sogenannte »**Idealkollation**« d. h. nicht durch Rückgewähr der Zuwendung zum Nachlass (sogenannte »Realkollation«), sondern durch wertmäßige Verrechnung der Zuwendung (§ 2055 BGB); ein Mehrempfang muss jedoch nicht herausgegeben werden (§ 2056 Abs. 1 BGB). Bei der Ausstattung handelt es sich um eine Zuwendung, die der Erblasser einem Abkömmling im Hinblick auf eine **Heirat** oder die **Begründung einer Lebensstellung** oder zu anderen Zwecken gemacht hat.

Bei Ausstattungen ist ausdrücklich zu formulieren, und die Ausstattungsabsicht ist deutlich zum Ausdruck zu bringen.[34] Im Rahmen der Ausgleichung kommt es nicht darauf an, ob es sich um eine maßvolle Ausstattung oder eine übermäßige Ausstattung handelt. Nach § 2050 Abs. 1 BGB sind **auch Übermaßausstattungen ausgleichungspflichtig**.[35] Fraglich ist, ob Nutzungsvorbehalte, Nießbrauch oder Wohnrecht und Rückforderungsrecht die Annahme einer Ausstattung hindern. *Schindler*[36] ist der Auffassung, dass Nutzungsvorbehalte einer Ausstattung nicht entgegenstehen. 20

bb) Übermaßzuschüsse

Nach § 2050 Abs. 2 BGB sind **Zuschüsse**, die zu dem Zweck gegeben worden sind, als **Einkünfte** verwendet zu werden, insoweit zur Ausgleichung zu bringen, als sie das aus den Vermögensverhältnissen des Erblassers entsprechende Maß überstiegen haben. In der Gestaltung kann die Ausgleichungspflicht der Übermaßeinkünfte auch ausgeschlossen werden. Die Bestimmung als Einkünfte setzt voraus, dass eine Wiederholung in Aussicht genommen ist, z. B. Unterhalt während eines Vorbereitungsdienstes.[37] Ein einmaliger Zuschuss, z. B. für eine Reise ist nicht ausgleichungspflichtig, soweit nicht eine entsprechende Erblasseranordnung vorliegt.[38] 21

cc) Aufwendungen für die Vorbildung zu einem Beruf im Übermaß

Die **Kosten einer Berufungsausbildung** sind nach § 2050 Abs. 2 BGB nur dann ausgleichungspflichtig, wenn sie im **Übermaß** erfolgten. Auch insoweit hat der Erblasser die Gestaltungsmöglichkeit, die Ausgleichung bei der Zuwendung auszuschließen. Es kommt auf die Verhältnisse zum Zeitpunkt der Zuwendung an, wenn es um die Feststellung des Übermaßes geht.[39] Es geht nicht um die Kosten der allgemeinen Schulbildung und höheren Schule,[40] wohl aber um Studien- und Berufsschulkosten.[41] 22

e) Gekorener Ausgleichungstatbestand

Liegt kein Vorempfang im Sinne des § 2050 Abs. 1 oder Abs. 2 BGB vor, kommt eine Ausgleichungspflicht nur in Betracht, wenn der Erblasser **vor oder spätestens bei der Zuwendung** an Abkömmlinge eine Ausgleichsbestimmung getroffen hat (§ 2050 Abs. 3 BGB).[42] Diese Anordnung kann auch hinsichtlich Zuschüssen und Berufsausbildungsaufwendungen **unterhalb des Übermaßes** erfolgen.[43] 23

---

[33] MüKoBGB/*Ann*, 6. Aufl., § 2050 Rn. 1.
[34] *Nieder/Kössinger*, § 2 Rn. 217.
[35] MüKoBGB/*Ann*, 6. Aufl., § 2050 Rn. 16; *Nieder/Kössinger*, § 2 Rn. 217.
[36] *Schindler*, ZEV 2006, 392; a. A. Damrau/*Bothe*, § 2050 Rn. 19; *Langenfeld/Günther*, Rn. 237 und 632.
[37] Palandt/*Weidlich*, § 2050 Rn. 12.
[38] Palandt/*Weidlich*, § 2050 Rn. 12 und *Nieder/Kössinger*, § 2 Rn. 218.
[39] MüKoBGB/*Ann*, 6. Aufl., § 2050 Rn. 26.
[40] *Nieder/Kössinger*, § 2 Rn. 219.
[41] MüKoBGB/*Ann* BGB § 2050 Rn. 25 ff.
[42] *Nieder/Kössinger*, § 2 Rn. 221.
[43] *Nieder/Kössinger*, § 2 Rn. 221.

24 Eine bestimmte **Form** für die Ausgleichungsbestimmung ist nicht vorgesehen.[44] Sie könnte daher auch konkludent erfolgen.[45] Aus Beweisgründen sollte eine schriftliche Ausgleichsanordnung erfolgen. *Wolfsteiner*[46] schlägt folgende Grundformulierung vor: Der Empfänger der Schenkung hat deren Wert im Verhältnis zu den übrigen Abkömmlingen des Schenkers auszugleichen. Oder genauer:

25 ▶ **Muster: Ausgleichung unter Abkömmlingen nach §§ 2050, 2316 BGB**[47]

Der Erwerber hat den Wert des unter Ziffer ... übertragenen Grundbesitzes im Verhältnis zu seinen Geschwistern zur Ausgleichung zu bringen. Eine Anrechnung auf den Pflichtteil nach § 2315 BGB wird nicht vereinbart, so dass es auch nicht zu einer Anwendung des § 2316 Abs. 4 BGB kommt.

Für die Bewertung des ausgleichungspflichtigen Vorempfangs ist auf den Zeitpunkt der Zuwendung, vorliegend auf die Umschreibung im Grundbuch abzustellen. Der zu diesem Stichtag der ermittelte Wert ist mit Hilfe des vom statistischen Bundesamt ermittelten Verbraucherpreisindex (2010 = 100) auf den Zeitpunkt des Erbfalls, sofern es um die Geltendmachung des Pflichtteilsanspruchs geht, ansonsten auf den Zeitpunkt der Erbauseinandersetzung anzupassen.

26 Dringlich anzuraten ist, die gesetzlichen Begrifflichkeiten zu benutzen. Die Bestimmung, dass die Übertragung »in Vorwegnahme der zukünftigen Erbregelung« erfolge, ist nicht eindeutig.[48] Die Rechtsprechung ist jedoch teilweise großzügig,[49] darauf verlassen sollte man sich jedoch in der Gestaltung nicht, sondern eindeutig[50], in **Anknüpfung an die gesetzliche Terminologie** formulieren, um Auslegungsschwierigkeiten zu vermeiden. **Es gibt keine gesetzlich definierte Anrechnung auf den Erbteil!**

27 Wichtig: Wenn der Erblasser bei einer Zuwendung im Sinne des § 2050 Abs. 3 BGB die Ausgleichung einmal angeordnet hat, kann er dem ausgleichungsberechtigten Abkömmling nicht nachträglich das entstandene Recht auf Pflichtteilserhöhung gem. § 2316 Abs. 1, 2 BGB wieder nehmen.[51] Durch die Ausgleichungsanordnung ist insoweit ein Pflichtteilsberechnungsfaktor entstanden, auf den die Berechtigten nur durch **gegenständlich beschränkten notariellen Pflichtteilsverzichtsvertrag** mit dem Erblasser verzichten können.[52] Der Schutz des Pflichtteilsberechtigten begrenzt die Möglichkeit des Erblassers, durch abweichende Anordnungen das Ergebnis der Ausgleichung zu beeinflussen: Gemäß § 2316 Abs. 3 BGB kann der Erblasser die **Ausgleichung von Ausstattungen und Übermaßzuwendungen nach § 2050 Abs. 2 BGB beim Pflichtteil nicht ausschließen.**[53]

---

44 Siehe jedoch OLG München, Urteil vom 26. März 2008 – 15 U 4547/07, ZErb 2009, 155, zur Formunwirksamkeit privatschriftlicher Anrechnungs- und Ausgleichungsvereinbarung bei vorhergehendem Erbvertrag
45 MüKoBGB/*Ann*, 6. Aufl., § 2050 Rn. 21.
46 *Wolfsteiner*, MittBayNot 1982, 61
47 Nach Tanck/Lenz/Mayer/*Lenz-Brendel/Tanck*, § 6 Rn. 68; siehe auch *von Hoyenberg*, § 7 Rn. 30 f.
48 Palandt/*Weidlich*, § 2050 Rn. 16; *Nieder/Kössinger*, § 2 Rn. 222.
49 MüKoBGB/*Ann* BGB § 2050 Rn. 31, BGH MittBayNot 1984, 198; BGH NJW-RR 1989, 259; OLG Hamm ZEV 1999, 313; anders aber OLG Celle, Urt. v. 3.7.2003 – 6 U 46/03, (BeckRS 2003 30322403) Ls. 2: »Überträgt der Erblasser an den Pflichtteilsberechtigten im Wege vorweggenommener Erbfolge ein Grundstück, so kann hieraus mangels weiterer Anhaltspunkte nicht geschlossen werden, dass der Erblasser hierdurch die Anordnung einer Ausgleichung gem. § 2050 Abs. 3 i. V. m. § 2316 Abs. 1 S. 1 BGB vornehmen wollte.«;
Instruktiv *Kühn*, »... übertrage ich im Wege der vorweggenommenen Erbfolge ...« – Erbrechtliche Auslegungsrisiken einer Paraphrase, ZErb 2010, 320;
50 Siehe zB OLG Schleswig, Urteil vom 13.11.2007 – 3 U 54/07, ZEV 2008, 386: Keine Anrechnung auf den Pflichtteil bei Formulierung »Anrechnung auf den Erbanteil«;
51 *Nieder/Kössinger*, § 2 Rn. 223.
52 *Nieder/Kössinger*, § 2 Rn. 223; MüKoBGB/*Lange*, 6. Aufl. § 2316 Rn. 6; Palandt/*Weidlich*, § 2316 Rn. 2; *J. Mayer*, ZEV 1996, 441, 443; *Peter*, BWNotZ 1986, 28, 33.
53 Palandt/*Weidlich*, § 2316 Rn. 2.

f) Auswirkung der Ausgleichung auf den Pflichtteil

§ 2316 BGB verlängert die Gleichbehandlung der Abkömmlinge über die Ausgleichung in das Pflichtteilsrecht hinein. Da die Ausgleichung die nach den §§ 1924 ff. BGB sich ergebenden Teilungsquoten verändert, muss dies auch Auswirkungen auf den Pflichtteilsanspruch haben, der nach § 2303 Abs. 1 S. 2 BGB in der Hälfte des Wertes des gesetzlichen Erbteils besteht.[54] Für die Berechnung des Pflichtteils ist von einer hypothetischen[55] Ausgleichung auszugehen, da eine »echte« Ausgleichung infolge der Enterbung von Pflichtteilsberechtigten gerade nicht stattfindet.[56]

28

Für die Berechnung[57] des Pflichtteils i. R. d. Ausgleichungsvorschriften[58] ist folgendermaßen vorzugehen:

29

1. Ermittlung des Ausgleichungsnachlasses durch Ausschluss der nicht an der Ausgleichung beteiligten Personen mit den ihnen jeweils »fiktiv zustehenden Erbteilen« (insb. des Ehegatten)
2. Hinzurechnung (nach Maßgabe der §§ 2055–2057a BGB) der zu berücksichtigenden ausgleichungspflichtigen Zuwendungen bzw. in Fällen des § 2057a BGB Abzug des Wertes der Leistungen eines Abkömmlings.
3. Ermittlung der Ausgleichungserbquote unter Berücksichtigung aller an der Ausgleichung beteiligten Personen.
4. Anrechnung des jeweiligen Vorempfangs auf den dem je Verpflichteten zustehenden Ausgleichungserbteil. Bei Anwendung des § 2057a BGB wird dem Ausgleichungserbteil der Wert der Leistungen wieder hinzugerechnet.
5. Der Ausgleichungspflichtteil beträgt die Hälfte des so ermittelten Ausgleichungserbteils.

Ein **Beispiel**[59] soll die Berechnung verdeutlichen:

30

Erblasser E hinterlässt neben seiner Ehefrau F die drei Kinder A, B und C. Die Eheleute lebten im gesetzlichen Güterstand der Zugewinngemeinschaft. A erhielt einen ausgleichungspflichtigen Vorempfang i. H. v. 150 000 € (indexiert). B erhielt ebenfalls einen ausgleichungspflichtigen Vorempfang i. H. v. 200 000 €. C hat lebzeitig nichts erhalten. E hat seine Ehefrau F zur Alleinerbin eingesetzt. Der Nachlass hat einen Wert von 500 000 €.

Berechnung der Pflichtteilsansprüche von A, B und C:

1. Bildung des Ausgleichungsnachlasses:

F zählt nicht zu den ausgleichungspflichtigen Personen. Sie ist vorab mit ihrem Erbteil i. H. v. 1/2 = 250 000 € auszuscheiden.

Ausgangsnachlass: 500 000,– € – 250 000 € = 250 000,– €

2. Bildung des Ausgleichungsnachlasses:

(Ausgangsnachlass zzgl. aller ausgleichungspflichtiger Zuwendungen)

250 000 € + 150 000 € + 200 000 € = 600 000 €

---

[54] BGH NJW 1993, 1197; BeckOK/*J.Mayer* § 2316 Rn. 1.
[55] MüKoBGB/*Lange* BGB § 2316 Rn. 13.
[56] BGH NJW 1993, 1197; BeckOK/*J. Mayer,* § 2316 Rn. 2.
[57] Nach Damrau/*Riedel/Lenz,* § 2316 Rn. 14; MüKoBGB/*Lange* BGB § 2316 Rn. 13–23.
[58] Ausgleichung ist Teil des Auseinandersetzungsverfahrens (Vgl BGH NJW-RR 2011, 207, 208 Tz 15).
[59] Damrau/*Riedel/Lenz,* § 2316 Rn. 14; MüKoBGB/*Lange* BGB § 2316 Rn. 19,20.

3. Bildung der Ausgleichungserbteile:

Der Ausgleichungserbteil von A, B und C beträgt je 1/3 = 200 000 € Von diesem Ausgleichungserbteil sind die jeweiligen Vorempfänge in Abzug zu bringen:

A: 200 000 € – 150v000 € = 50 000 €.

B: 200 000 € – 200 000 € = 0 €

C: 200 000 € – 0 € = 200 000 €,

Hiervon entspricht $^1/_2$ dem Pflichtteil

A: 25 000 €

B: 0 €

C: 100 000 €

g) Kombination von Anrechnung und Ausgleichung[60]

31 Eine **Kombination von Ausgleichung und Anrechnung**[61] ist grundsätzlich dann zu vermeiden, wenn eine maximale Pflichtteilsentlastung gewünscht ist.

32 ▶ **Muster einer Kombination von Anrechnung und Ausgleichung:**

Der Erwerber hat den Wert des unentgeltlichen Anteils der heutigen Zuwendung im Verhältnis zu den übrigen Abkömmlingen des Veräußerers bei der endgültigen Teilung des elterlichen Nachlasses nach dem Tode des Längstlebenden der Eltern auszugleichen; er hat sich den Wert auf sein Pflichtteilsrecht nach dem Veräußerer anrechnen zu lassen.

33 *Krauß*[62] schlägt eine bedingte Ausgleichungsanordnung vor:

34 ▶ **Muster einer bedingten Ausgleichsanordnung:**

Der Erwerber hat sich den Wert des unentgeltlichen Anteils der heutigen Zuwendung auf seinen Pflichtteil nach § 2315 BGB anrechnen zu lassen und nach §§ 2050 ff. BGB im Verhältnis zu Geschwistern zur Ausgleichung zu bringen. Sofern nach dem Tod des Veräußerers dessen Ehegatte oder Lebenspartner erbrechtlich zu berücksichtigen ist, findet bei einer etwa notwendigen Ermittlung des Pflichtteils des Erwerbers lediglich eine Anrechnung nach § 2315 BGB statt, nicht aber eine Ausgleichung nach §§ 2050, 2316 ff. BGB, falls wegen § 2316 Abs. 4 BGB sonst ein höherer Pflichtteilsanspruch bestünde.

35 Die Problematik der Kombination von Anrechnung und Ausgleichung kann vorliegend nicht vertieft werden.[63] Eine ausgezeichnete Darstellung mit vielen, sehr instruktiven Beispielsfällen und tabellarischen Darstellungen der unterschiedlichen Regelungsmöglichkeiten bietet *Mayer*.[64] Grundsätzlich ist, wenn die **gesamte Pflichtteilslast reduziert** werden soll, die Kombination der Anrechnung/Ausgleichung zu vermeiden, und lediglich die Anrechnung anzuordnen.

---

60 Siehe § 2316 Abs. 4, dazu va *Tanck*, ZErb 2003, 41.
61 *Sostmann*, MittRhNotK 1976, 494.
62 *Krauß*, Vermögensnachfolge, Rn. 3333.
63 Siehe näher MüKoBGB/*Lange*, § 2316 Rn. 30 ff. mit vielen Rechenbeispielen; *Krauß*, Vermögensnachfolge, Rn. 3330 ff.; *Wegmann*, Grundstücksüberlassung, Rn. 568; *Sostmann*, MittRhNotK 1976, 493 ff.; *Nieder/Kössinger*, § 2 Rn. 290 ff.
64 *Mayer*, ZErb 2007, 130.

h) Übersicht über die gem. § 2050 BGB ausgleichungspflichtigen Zuwendungen[65]

Gesetzliche Vorschrift	Art der Zuwendung	Rechtsfolge = Ausgleichspflicht
§ 2050 Abs. 1 BGB	*Ausstattung gem. § 1624 BGB*	a) ja, es sei denn, der Erblasser hat dies vor oder bei der Zuwendung ausgeschlossen b) bei Pflichtteilsberechnung immer (§ 2316 Abs. 3 BGB) c) bei Übermaß u. U. zusätzlich pflichtteilsergänzungspflichtig (§ 2325 BGB)
§ 2050 Abs. 2 1. Variante BGB	Zuschüsse, die als Einkünfte verwendet werden sollen und das Vermögensverhältnissen des Erblassers entsprechende Maß übersteigen *(Übermaßzuschüsse)*	a) ja, es sei denn, der Erblasser hat dies vor oder bei der Zuwendung ausgeschlossen b) bei Pflichtteilsberechnung immer (§ 2316 Abs. 3) c) BGB wenn Schenkungscharakter gegeben, zusätzlich pflichtteilsergänzungspflichtig (§ 2325 BGB)
§ 2050 Abs. 2 1. Variante BGB	Aufwendungen für die Vorbildung zu einem Beruf, die das den Vermögensverhältnissen des Erblassers entsprechende Maß übersteigen *(Übermaßausbildungskosten)*	a) ja, es sei denn, der Erblasser hat dies vor oder bei der Zuwendung ausgeschlossen b) bei Pflichtteilsberechnung immer (§ 2316 Abs. 3) c) BGB da Übermaß u. U. zusätzlich pflichtteilsergänzungspflichtig (§ 2316 Abs. 3 BGB)
§ 2050 Abs. 3 BGB	*Sonstige Zuwendungen*	a) nur wenn der Erblasser dies vor oder bei der Zuwendung anordnet. b) dann auch bei der Pflichtteilsberechnung (§ 2316 Abs. 3) c) BGB wenn Schenkungscharakter gegeben

i) Ausgleichung bei besonderen Leistungen eines Abkömmlings (§ 2057a BGB)

Eine besondere Ausgleichungspflicht besteht, wenn ein Abkömmling durch Mitarbeit im Haushalt, Beruf oder Geschäft, unentgeltlich oder gegen unangemessen geringes Entgelt in besonderem Maße dazu beigetragen hat, dass das Vermögen des Erblassers erhalten oder vermehrt wurde, § 2057a BGB. Inzwischen sind auch nicht mehr nur Pflegeleistungen[66] bei der Ausgleichung zu berücksichtigen, die unter Verzicht auf eigenes berufliches Fortkommen erbracht wurden. Da die Höhe des Ausgleichsbetrages oft streitig ist, sollten die Erblasser in geeigneten Fällen darauf hingewiesen werden, dass sie den Ausgleichsbetrag an den pflegenden Abkömmling für die spätere Ausgleichberechnung – in Grenzen – bindend festlegen können[67].

---

65 Nach *Nieder/Kössinger*, § 2 Rn. 225.
66 OLG Schleswig, Urteil vom 15.06.2012 – 3 U 28/11, ZEV 2013, 86: »Für die Bestimmung der Höhe der Ausgleichung nach § 2057a III BGB sind keine minutiösen Einzelfeststellungen erforderlich, vielmehr ist eine ›Gesamtschau‹ vorzunehmen. Es sind zunächst die Dauer und der Umfang der auszugleichenden Leistung zu berücksichtigen, insbesondere der Leistungszeitraum und der tägliche Aufwand. Ferner ist in die Erwägungen einzubeziehen, in welchem Umfang der Nachlass erhalten wurde. Andererseits müssen auch die Vermögensinteressen der weiteren Erben sowie die Höhe des gesamten Nachlasses berücksichtigt werden. Der Ausgleichungsbetrag darf allerdings nicht den Wert des gesamten Nachlasses erreichen. (amtlicher Leitsatz)«.
67 *Jülicher/Roth*, S. 13.

j) (Geplante, nicht umgesetzte Gesetzesänderung): § 2057b BGB; Verbesserung der Berücksichtigung von Pflegeleistungen[68]

38 Nach § 2057b BGB des Erbrechtsänderungsentwurfs sollten wegen Pflegeleistungen zugunsten des Erblassers nicht nur die Abkömmlinge, sondern alle gesetzlichen Erben zur Ausgleichung berechtigt sein. Wegen der übrigen Ausgleichungstatbestände, § 2050, 2057a BGB, sollte es indessen bei der Beschränkung auf Abkömmlinge bleiben.[69] Dieser Entwurfsbestandteil ist wegen der damit **verbundenen Streitanfälligkeit** nicht Gesetz geworden.[70] Stattdessen wurde § 2057a Absatz 1 Satz 2 BGB dahingehend erweitert, dass es nicht mehr darauf ankommt, ob das pflegende Kind unter Verzicht auf berufliches Einkommen gepflegt hat oder nicht.[71] Der neben dem Beruf pflegende Abkömmling ist wegen der Doppelbelastung besonders begünstigungswürdig. Eine Ausgleichung von Pflegeleistungen findet weiterhin nur zwischen Abkömmlingen statt. Die Probleme einer Ausgleichung von Pflegeleistungen sollten, soweit möglich, vermieden werden durch **lebzeitige, vollentgeltliche Abrechnung der Pflegeleistungen** mit dem pflegenden Kind.[72]

39 Also: Die Anwendung des § 2050 BGB § 2057a BGB wird hiermit abbedungen.[73]

k) (Geplante, nicht umgesetzte Gesetzesänderung); § 2050 Abs. 4 BGB[74]

40 Das Erbrechtsreformgesetz hat nach Maßgabe des Regierungsentwurfs vom 30. Januar 2008 auch die nachträgliche Anordnung der Ausgleichungspflicht für solche Zuwendungen erlaubt, die nicht als geborene Zuwendungen auszugleichen sind, sowie umgekehrt die nachträgliche Aufhebung einer angeordneten oder gesetzlich vermuteten Ausgleichungspflicht, und zwar durch letztwillige Verfügung.[75] Die nicht umgesetzten Reformüberlegungen sahen ferner vor, hinsichtlich der Ausgleichung bzw. der Nichtausgleichung eine erbvertragliche oder wechselbezügliche Bindungswirkung zu ermöglichen. So sollte § 2278 Abs. 2 BGB dahingehend geändert werden, dass nach dessen Nr. 4 auch **Anordnungen nach §§ 2050, 2053 und 2315 BGB vertragsmäßig** getroffen werden können. Dieser Entwurfsbestandteil ist überraschenderweise, m. E. jedoch zu Recht,[76] nicht Gesetz geworden.[77]

3. Durchführung der Ausgleichung

41 Für die Durchführung der Ausgleichung[78] werden nur die Erbteile der Abkömmlinge berücksichtigt. Somit sind die Erbteile anderer Personen (insbesondere des Ehegatten) abzuziehen. Anschließend werden die Zuwendungen dem verbleibenden Nachlass zugerechnet, die Anteile der Abkömmlinge ermittelt, und sodann die Zuwendungen beim einzelnen Abkömmling abgezogen.[79] Die Ausgleichung kann dazu führen, dass ein Abkömmling aus dem Nachlass nichts mehr erhält. Eine **Rückzahlungsverpflichtung** kann jedoch gem. § 2056 BGB nicht entstehen. Zugrundezulegen sind die Wertverhältnisse bei Ausführung der Zuwendung, § 2052 Abs. 2 BGB. Eine abweichende Bewertung des

---

68 Dazu *van de Loo*, FPR 2008, 551; Stellungnahme *J. Mayer* im Gesetzgebungsverfahren: (abgerufen am 28.3.2010) http://www.bundestag.de/bundestag/ausschuesse/a06/anhoerungen/Archiv/39_Erb-_und_Verj__hrungsrecht/04_Stellungnahmen/Stellungnahme_Mayer.pdf
69 *Bothe*, ZErb 2008, 309.
70 *Wälzholz*, DStR 2009, 2104.
71 Näher zu § 2057 B BGB – Erbrechtsänderungs-E z. B. *Bothe*, ZErb, 2008, 309.
72 *Wälzholz*, DStR 2009, 2104, 2109.
73 *Wälzholz*, DStR 2009, 2104, 2109.
74 Umfassend *Rißmann*, 1. Aufl. 2009, § 6 Rn. 106 ff. (auf Basis der Annahme, der Entwurf werde Gesetz).
75 Denkbar ist z. B. ein Erlassvermächtnis: dazu siehe Rdn. 74.
76 Vertrauensschutz!
77 *Keim*, ZEV 2008, 161, 163; DNotI-Gutachten v. 15.1.2009, Nr. 91023 m. N.
78 Ausführlich *Bertolini*, Zur Durchführung der Ausgleichung (§ 2055 BGB), MittBayNot 1995, 109.
79 *Waldner*, Vorweggenommene Erbfolge, Rn. 147.

Ausgleichungswertes ist möglich: **Die Ausgleichung erfolgt nicht mit dem heutigen Wert, sondern mit dem Wert zum Zeitpunkt des Erbfalls.**

Berechnungsschema:[80]

42

1. Feststellung der Höhe des Ausgleichsbetrags anhand der folgenden Formel:

Wert der Zuwendung im Zeitpunkt der Zuwendung × Lebenshaltungskosten im Zeitpunkt des Erbanfall.

2. Berechnung des Wertes des Nachlasses, soweit er auf die ausgleichungspflichtigen Abkömmlinge ohne Berücksichtigung der Ausgleichung entfällt.

3. Addition des errechneten Ausgleichsbetrags zu dem Betrag, welcher auf die Abkömmlinge insgesamt entfällt.

4. Teilung der ermittelten Summe, entsprechend den Erbquoten der Abkömmlinge und Subtraktion des zur Ausgleichung zu bringenden Betrags vom Erbteil des ausgleichspflichtigen Abkömmlings.

Beispiel (ohne Berücksichtigung von Indexänderungen):[81] Erblasser E war im gesetzlichen Güterstand mit F verheiratet und hatte zwei Kinder, A und B. Der Nachlasswert beträgt 100 000 EUR. Es greift gesetzliche Erbfolge. An A hatte E eine ausgleichungspflichtige Zuwendung von 20 000 EUR geleistet. B hatte 10 000 EUR im Sinne des § 2057a BGB an den Erblasser erbracht.

43

Lösung: Miterben sind F zu 1/2 sowie A und B zu je 1/4. Die Ausgleichung findet nur zwischen A und B statt. Der **Ausgleichungsnachlass** beträgt deshalb 50 000 EUR, weil zunächst der auf die nicht ausgleichungspflichtige F entfallende Anteil (1/2 von 100 000 EUR) abzuziehen ist. Der **fiktive Nachlass** berücksichtigt alle ausgleichungspflichtigen Leistungen vom und an den Erblasser – er beträgt hier also 50 000 EUR (Ausgleichungsnachlass) zuzüglich 20 000 EUR (an A) abzüglich 10 000 EUR (von B) = 60 000 EUR. Vom fiktiven Nachlass steht beiden Kindern A und B jeweils die Hälfte als **fiktiver Erbteil** zu, also 30 000 EUR. Zum Schluss ist der **ausgeglichene Erbteil** für beide Kinder getrennt zu ermitteln: A muss sich seinen Vorausempfang von 20 000 EUR abziehen lassen und erhält nur 10 000 EUR. B bekommt dagegen die ausgleichungsrelevant erbrachte Leistung zusätzlich zum fiktiven Erbteil, mithin 40 000 EUR.

Ergebnis: Die Ausgleichung führt zu folgenden Auseinandersetzungsguthaben am realen Nachlass: F erhält 50 000 EUR, A 10 000 EUR und B 40 000 EUR.

4. Grundsätzliche Probleme bei der Ausgleichung[82]

Die gesetzlichen Instrumentarien der §§ 2050 ff. BGB beruhen auf dem mutmaßlichen oder ausdrücklichen Erblasserwillen zur weitgehenden erbrechtlichen Gleichstellung zwischen den Abkömmlingen, die bereits lebzeitig, mit »warmer« Hand, und denjenigen, die erst von Todes wegen etwas erhalten.[83]

44

Das gesetzliche Ausgleichungssystem erreicht die gewünschte Gleichstellung häufig nicht. Die Ausgleichungsregelungen sind in der Bevölkerung weitgehend **unbekannt.** Nach der **uneinheitlichen gesetzlichen Systematik** wird zum Teil eine Ausgleichung vermutet, zum Teil sind ausdrückliche Ausgleichungsanordnungen erforderlich.

45

---

80 Siehe Beck'sches Formularbuch Erbrecht/*Lehmann*, J IV.6 Anm. 3.
81 Beispiel von *Kornexl*, http://www.notarkornexl.de/steiner-kornexl/home.nsf/imgref/48FFF5AEDF781F3CC125755F0043D480/$FILE/Erbrechtsreform_2009.pdf (abgerufen am 28.3.2010)
82 Umfassend *Nieder/Kössinger*, § 2 Rn. 254 ff.; *Mayer*, ZErb 2007, 130, 131, *Sostmann*, MittRhNotK 1976, 479, 493 ff., 515.
83 *Nieder/Kössinger*, § 2 Rn. 254 ff.

46 Häufig unterbleiben aus Unkenntnis die gewollten, aber ausdrücklich vor oder spätestens bei der Zuwendung zu erklärenden Ausgleichungsanordnungen. Zum Zeitpunkt der Zuwendung sind die erbrechtlichen Auswirkungen einer Ausgleichungsanordnung noch nicht komplett vorhersehbar. Die Vermögensverhältnisse des Erblassers können sich entwickeln. Die Beziehungen zu den Abkömmlingen können sich ändern. Ferner findet die **Ausgleichung nur unter den Kindern** statt, nicht auch gegenüber dem Ehegatten. Wenn ein Ehepartner oder Lebenspartner vorhanden ist, ist dessen Nachlassanteil vorneweg aus der Ausgleichsberechnung auszuklammern, so dass es zu einer Verzerrung der Berechnungsgrundlage kommt.[84]

47 Häufig ist derjenige bevorzugt, der zu Lebzeiten erhalten hat. Denn nach § 2056 S. 1 BGB muss ein Mehrempfang nicht herausgegeben werden, so dass, wenn nicht mehr **genügend Nachlassverteilungsvolumen** vorhanden ist, die Ausgleichungsanordnung ins Leere geht. Helfen kann in Ausnahmefällen allenfalls ein Pflichtteilsergänzungsanspruch (§ 2325 BGB). Die Ausgleichungsanordnung hat häufig die ungewollte Fernwirkung im Pflichtteilsrecht, dass sich dadurch das Pflichtteilsrecht der anderen Abkömmlinge erhöht, was nach § 2316 Abs. 3 BGB nicht abbedungen werden kann.

48 Die Bewertung von Vorempfängen findet grundsätzlich nach § 2055 Abs. 2 BGB mit dem Wert bei Zuwendung statt, hochindexiert auf den Erbfall. Erwerber von Todes wegen werden mit dem Wert im Erbfall berücksichtigt. Bei Immobilien war bislang das Phänomen, dass bis zur Nachlassauseinandersetzung häufig Wertsteigerungen eingetreten sind. Bei rückläufigen Immobilienwerten kann der Ausgleich gestört werden.

49 Über den Ausgleichungspflichtteil werden frühere Zuwendungen berücksichtigt, obwohl für solche Zuwendungen die Pflichtteilsergänzungsfrist des § 2325 Abs. 3 BGB bereits abgelaufen ist.[85] Die Ausgleichung verringert nicht die gesamte Pflichtteilslast, verschiebt lediglich die Pflichtteilsansprüche zwischen den Pflichtteilsberechtigten. Ferner verbleibt durch die Berechnungsmethodik des Ausgleichungspflichtteils dem Ausgleichspflichtigen von vornherein die Hälfte seines Vorempfangs.[86]

50 In der Praxis gehen häufig die Ausgleichungs- und Anrechnungsanordnungen ins Leere, da etwaige Erblasseranordnungen entweder zu spät erfolgt sind oder nicht erfolgt sind oder wenn sie denn erfolgt sind, nicht beweisbar[87] oder nicht in der richtigen Form erfolgt sind[88].
Ausgleichungspflichtig sind dann typischerweise nur Zuwendungen, die notariell erfolgen, da der Notar i.d.R. die Ausgleichungspflicht thematisiert/regelt und solche Ausgleichungen, für die nach § 2050 Abs. 1 und 2 BGB eine automatische gesetzliche Ausgleichungspflicht besteht.

II. Gestaltung: Einflussmöglichkeiten des Erblassers auf die Erbteilungsausgleichung

51 §§ 2050 ff. BGB sind dispositiv, also der Gestaltung zugänglich. Der Erblasser kann die Ausgleichungspflicht **ganz oder teilweise, bedingt oder unbedingt, ausschließen oder ändern**.[89] In der Urkunde kann auch ein **niedrigerer Ausgleichungsbetrag** festgesetzt werden, da der Erblasser die Ausgleichung überhaupt nicht anzuordnen braucht.[90] Er kann auch den Zeitpunkt der Bewertung abweichend von § 2055 Abs. 2 BGB festlegen. Die Festlegung eines **höheren Wertes** kann (nur) durch einen Pflichtteilsverzicht des Erwerbers erfolgen.[91]

---

84 *Mayer*, ZErb 2007, 130, 131.
85 *Nieder/Kössinger*, § 2 Rn. 255.
86 *Mayer*, ZErb 2007, 130, 131.
87 *Nieder/Kössinger*, § 2 Rn. 255.
88 BGH, Urteil vom 28.10.2009 – IV ZR 82/08, DNotZ 2010, 629 m. Anm. *Keim*.
89 Palandt/*Weidlich*, § 2050 Rn. 3.
90 Palandt/*Weidlich*, § 2050 Rn. 3.
91 *Nieder/Kössinger* § 2 Rn. 52.

Es fragt sich, welche zeitlichen und formalen[92] Anforderungen an die Ausgleichungsanordnung des Erblassers zu stellen sind und ob der Erblasser sie auch noch nach der Zuwendung treffen kann und ob und inwieweit er an eine **einmal erklärte Ausgleichungsanordnung gebunden** ist.[93] Soweit als irgend möglich sind die sämtlichen Kinder/Ausgleichungsberechtigten in die Urkunde miteinzubeziehen, um (später) Streit zu vermeiden. Bei Einbeziehung der Kinder sollten entsprechende Pflichtteilsverzichte erfolgen.[94]

52

1. Ausdrückliche Anordnung einer Ausgleichungsverpflichtung; Sonderproblem bei Berliner Verfügung[95]

a) Grundformulierung:

Grundsätzlich[96] kann die Anordnung der Ausgleichung im Übergabevertrag wie folgt formuliert werden:

53

▸ **Muster Ausgleichungspflicht für Abkömmlinge nach §§ 2050 ff. BGB:**

54

Soweit die Zuwendung in dieser Urkunde den Wert der vom Erwerber zu erbringenden Gegenleistungen übersteigt, ist der Erwerber verpflichtet, die Zuwendung gemäß §§ 2050, 2052 BGB im Rahmen der Teilung des Nachlasses des Veräußerers zur Ausgleichung zu bringen.

Den Beteiligten wurden Voraussetzungen und Wirkungsweise der Ausgleichung erläutert. Ihnen ist daher insbesondere bekannt, dass
- **die Ausgleichung nur unter Geschwistern stattfindet, wenn gesetzliche Erbfolge oder eine quotenentsprechende testamentarische Erbfolge eintritt, ferner**
- **der maßgebliche Wert der heutigen unentgeltlichen Zuwendung zum Ausgleich des Kaufkraftschwundes bis zum Erbfall indexiert wird,**
- **die Ausgleichung unabhängig davon stattfindet, wie viel Zeit bis zum Erbfall noch verstreicht,**
- **die Ausgleichung sich auch auf die Pflichtteilsansprüche von Geschwistern erhöhend auswirkt und daher später nicht mehr einseitig beseitigt werden kann, und schließlich**
- **ein Ausgleich aus dem Eigenvermögen des Erwerbers nicht stattfindet, auch nicht bei Nachlasserschöpfung (§ 2056 BGB).**[97]

Wenn der auszugleichende Wert der Zuwendung in der Urkunde fixiert werden kann, kann formuliert werden:[98]

55

▸ **Muster:**

56

Der unentgeltliche Teil der heutigen Zuwendung ist mit einem Wert von ... € zur Ausgleichung zu bringen. Die Vertragschließenden legen hierbei nicht den vollen Verkehrswert des Übergabeobjektes zugrunde, sondern berücksichtigen insbesondere die vom Erwerber bereits erbrachten und noch zu erbringenden Leistungen, vor allem etwaige Pflegeleistungen und das vorbehaltene Wohn/Nießbrauchsrecht.

b) Ausdrücklicher Ausschluss der Ausgleichung

Nach § 2052 BGB ist ein ausdrücklicher Ausschluss der Ausgleichungspflicht möglich, da § 2052 BGB nur eine Auslegungsregel ist.

57

---

92 Siehe BGH IV ZR 82/08 = ZEV 2010, 33: keine für Erbauseinandersetzung verbindliche Anordnung durch Rechtsgeschäft unter Lebenden. Nur Anordnung im Wege der letztwilligen Verfügung möglich.
93 *Nieder/Kössinger*, 1. Teil § 2 Rn. 226 und 227.
94 *Von Hoyenberg*, § 1 Rn. 107.
95 *Funke, Roth*, Ausgleichungspflicht und erweiterter Erblasserbegriff, NJW-Spezial 2013, 423; *Mayer*, ZErb 2007, 130, 136.
96 Formulierung von *Krauß*, Vermögensnachfolge, Rn. 1710.
97 *Krauß*, Vermögensnachfolge, Rn. 1710.
98 *Mohr*, ZEV 1999, 262.

58 ▶ **Muster in Übergabevertrag:**

Der Übernehmer hat den Wert der Zuwendung im Verhältnis zu den übrigen Abkömmlingen des Übergebers nicht auszugleichen.

59 ▶ **Muster für letztwillige Verfügung:**[99]

Zur Klarstellung: Zu meiner vorstehend getroffenen Erbeinsetzung bestimme ich im Hinblick auf § 2052 BGB, dass meine Abkömmlinge wegen der etwa an sie erfolgten Vorempfänge nicht zur Ausgleichung nach §§ 2050 ff. BGB verpflichtet sind.

60 Eine ausdrückliche Regelung zur Ausgleichungspflicht (positiv oder negativ) ist in jedem Falle zu empfehlen.[100]

c) Ausgleichungspflicht bei Zuwendung des einen Elternteils und Berliner Testament

61 Besonders praxisrelevant ist die Sachverhaltsgestaltung, wenn die ausgleichpflichtige Zuwendung aus dem Vermögen eines Ehegatten stammt, sich die Ehegatten gegenseitig zu Alleinerben eingesetzt haben und der Zuwendende zuerst verstirbt.[101] Manche vertreten einen sogenannten »**erweiterten Erblasserbegriff**«,[102] so dass eine angeordnete Ausgleichung auch dann gelte, wenn die gesetzliche Erbfolge unter den Abkömmlingen erst beim Schlusserbfall eintrete. Die gegenseitige Alleinerbeinsetzung »konserviere« sozusagen die Ausgleichung.[103] Im Rahmen der Pflichtteilsergänzung hat der BGH jedoch genau zwischen beiden Sterbefällen unterschieden, mit der Folge, dass die Anrechnung bei »falscher« Sterbereihenfolge ins Leere läuft.[104] Somit empfiehlt es sich, die Thematik auch bei der Ausgleichung ausdrücklich zu regeln.

62 Das folgende **Beispiel** soll die Problematik verdeutlichen: Ein Vater will auf eines seiner Kinder einen Bauplatz übertragen. Der Wert des Bauplatzes soll bei der Erbauseinandersetzung mit den Geschwistern zur Ausgleichung gebracht werden. Die Ehegatten haben sich gegenseitig zu Alleinerben und ihre gemeinsamen Kinder zu gleichen Teilen zu Schlusserben eingesetzt.[105] Einseitige Kinder sind nicht vorhanden.

63 ▶ **Muster für den Übergabevertrag:**

Die heutige Zuwendung ist auch dann in voller Höhe auszugleichen, wenn der zuerstversterbende, veräußernde Ehemann von seiner Ehefrau alleine beerbt werden sollte. In diesem Fall erfolgt die Ausgleichung nach dem Ableben des Überlebenden der Eltern. Die Zuwendung gilt im Sinne des § 2052 BGB als von ihm allein erfolgt. Diese Bestimmung gilt entsprechend, wenn die Eheleute gleichzeitig versterben oder als zur gleichen Zeit verstorben gelten.

---

99 *Peter*, BWNotZ 1986, 28, 32; *Nieder/Kössinger*, § 2 Rn. 274. *Mayer*, ZEV 1996 441, 444.
100 Instruktiv BGH, Urteil vom 27.1.2010 – IV ZR 91/09, ZEV 2010, 190: »1. Erfolgt eine Zuwendung »im Wege vorweggenommener Erbfolge unentgeltlich«, ist für die Pflichtteilsberechnung im Auslegungsweg zu ermitteln, ob der Erblasser damit eine Ausgleichung gemäß §§ 2316 Abs. 1, 2050 Abs. 3 BGB, eine Anrechnung gemäß § 2315 Abs. 1 BGB oder kumulativ Ausgleichung und Anrechnung gemäß § 2316 Abs. 4 BGB anordnen wollte.
2. Ausschlaggebend für den Willen des Erblassers ist, ob mit seiner Zuwendung zugleich auch eine Enterbung des Empfängers mit bloßer Pflichtteilsberechtigung festgelegt (Anrechnung) oder aber nur klargestellt werden sollte, dass der Empfänger lediglich zeitlich vorgezogen bedacht wird, es im Übrigen aber bei den rechtlichen Wirkungen einer Zuwendung im Erbfall verbleiben soll (Ausgleichung).« Zu dieser Entscheidung siehe zB *Everts*, MittBayNot 2011, 107; *Keim* ZEV 2010, 190, 193.
101 *Krauß*, Vermögensnachfolge Rn. 1.
102 *Mohr*, ZEV 1999, 258.
103 *Krauß*, Vermögensnachfolge, Rn. 1756.
104 *Krauß*, Vermögensnachfolge, Rn. 1756, BGH vom 13.7.1983 – IV a ZR 15/82, DNotZ 1984, 497, *J. Mayer*, ZErb 2007, 130
105 DNotI Report 2000, 82.

Der Erwerber verzichtet hiermit für sich und seine Abkömmlinge auf eventuelle Pflichtteilsrechte, die durch diese erweiterte Ausgleichungsverpflichtung berührt werden. Der Verzicht wird angenommen.[106]

Erweitert: Der Wert der heutigen Zuwendung ist bei gesetzlicher Erbfolge oder bei Erbfolge nach § 2052 BGB zwischen dem Erwerber und den übrigen Abkömmlingen des Veräußerers nach den §§ 2050 ff. BGB auszugleichen. Falls der Veräußerer seinen Ehegatten zum Alleinerben einsetzt und seine Abkömmlinge in gesetzlicher Erbfolge oder nach § 2052 BGB Erben nach dem überlebenden Ehegatten werden, soll die Ausgleichung erfolgen, als hätte der Erwerber die gesamte heutige Zuwendung vom überlebenden Ehegatten erhalten.[107] Unter Umständen ergänzen durch auflösend bedingte Ausgleichungsanordnung bei Pflichtteilsverlangen weichender Geschwister nach dem erstversterbenden Ehegatten:[108] Vorstehende Vereinbarung entfällt, falls die weichenden Abkömmlinge oder einer davon nach dem Tod des erstversterbenden, nichtveräußernden Elternteils ihr Pflichtteilsrecht in verzugsbegründender Weise geltend gemacht haben sollten. Ein vorwerfbares Verhalten oder eine Kenntnis dieser Bestimmung ist hierfür nicht erforderlich, jedoch die Geltendmachung durch einen weichenden Abkömmling selbst oder dessen rechtsgeschäftlichen Vertreter (auflösende Bedingung der Ausgleichungsanordnung).

64

d) Ausgleichungspflicht selbst bei Nachlasserschöpfung, »Abbedingung des § 2056 BGB«[109]

§ 2056 BGB soll eine »Nachschusspflicht«[110] des lebzeitig Bedachten verhindern. Er soll nicht befürchten müssen, dass es später, ggf. viel später zu einer wirtschaftlichen Belastung kommt.[111] Gestalterisch[112] kann man jedoch den zu verteilenden »Kuchen vergrößern« durch entsprechende Einzahlungsverpflichtungen des Erwerbers:

65

▶ **Muster Einzahlungsverpflichtung des Erwerbers:**

66

Im Hinblick auf § 2056 BGB vereinbaren die Beteiligten jedoch: Soweit wegen Erschöpfung des Nachlasses die rechnerische Ausgleichung nach dem Tod des Veräußerers nicht zur vollständigen Gleichstellung zwischen dem Erwerber und den ausgleichungsberechtigten Geschwistern führt, ist der Erwerber zur Einzahlung des an der Gleichstellung fehlenden Betrags in den Nachlass in voller Höhe (alternativ: zur Hälfte, zu einem Drittel etc.) verpflichtet. Die Einzahlung ist jedoch begrenzt auf den Wert des unentgeltlichen Anteils der heutigen Zuwendung, indexiert nach Maßgabe der Entwicklung des Verbraucherpreisindex zwischen heute und dem Erbfall. Diese Verpflichtung gilt nur, wenn und soweit die Ausgleichung dem Grunde nach stattfindet, also insbesondere beim Eintritt gesetzlicher Erbfolge oder einer testamentarischen Abbildung der gesetzlichen Erbfolge.

2. Bedingte und vorbehaltene Ausgleichungsanordnungen

Grundsätzlich muss die Ausgleichsbestimmung vor oder spätestens im Zeitpunkt der Zuwendung erfolgen. Etwas anderes gilt dann, wenn sich der Erblasser zum Zeitpunkt der Zuwendung die Möglichkeit einer späteren Ausgleichsanordnung in einer Verfügung von Todes wegen ausdrücklich vorbehalten hat.[113]

67

---

106 Nach *Mohr*, ZEV 1999, 257, 258.
107 *Von Hoyenberg*, § 7 Rn. 32
108 Nach *Krauß*, Überlassung, 2. Aufl. Rn. 1546.
109 *Krauß*, Überlassung, 2. Aufl. Rn. 1534.
110 MüKoBGB/*Ann*, 6. Aufl. § 2050 Rn. 1.
111 *Krauß*, Überlassung, 2. Aufl. Rn. 1533.
112 Nach *Krauß*, Überlassung, 2. Aufl. Rn. 1534; siehe auch *Peter*, BWNotZ 1986, 28, 32 mit Formulierungsvorschlag.
113 *Nieder/Kössinger*, § 2 Rn. 228.

68 ▶ **Muster:**[114]

Der Veräußerer behält sich die vermächtnisweise Anordnung einer Ausgleichungsverpflichtung nach § 2050 ff. BGB vor.

69 Der Erblasser kann die Ausgleichungsanordnung auch **aufschiebend oder auflösend bedingt**[115] treffen, derart, dass eine jetzt gewährte Zuwendung bei Eintritt eines späteren Ereignisses ausgleichungspflichtig werden oder die zunächst angeordnete Ausgleichungspflicht wegfallen soll.[116]

70 ▶ **Muster:**

Nur wenn die gesetzliche Erbfolge nach dem Übergeber eintritt, hat der Übernehmer den Verkehrswert der Schenkung, und zwar um den Kaufkraftverlust berichtigt, im Verhältnis zu den übrigen Abkömmlingen des Übergebers nach den §§ 2050 ff. BGB auszugleichen; auf die Berechnung des Pflichtteils (§ 2316 BGB), soll diese Ausgleichungsanordnung ausdrücklich keinen Einfluss haben.[117]

71 Diesen Vorbehalt der Ausgleichung durch letztwillige Verfügung bezeichnet *Mayer*,[118] als »**Königsweg**«:[119] denn wenn eine gewillkürte Erbfolge vorliege, bei der das Pflichtteilsrecht besonders relevant wird, trete dann gerade keine ausgleichungsbedingte Erhöhung der Pflichtteile über § 2316 BGB ein, da die Bedingung für die Erhöhung ausgefallen sei. Dieser »Königsweg« ist natürlich nur bei solchen Zuwendungen gangbar, die nicht kraft Gesetzes ausgleichungspflichtig sind. Wenn der Übergeber die lebzeitige Gleichstellung der anderen Kinder plant, kann formuliert werden:[120]

72 ▶ **Muster:**

Der Übergeber beabsichtigt die Geschwister des Übernehmers durch andere Zuwendungen zu seinen Lebzeiten gleichzustellen. In diesem Fall entfällt die sonst unter den Voraussetzungen der §§ 2050 ff. BGB eintretende Ausgleichungspflicht des Übernehmers mit der heutigen Zuwendung.

3. Nachträgliche Anordnung/Änderung/Aufhebung einer Ausgleichsbestimmung

73 Nach § 2050 Abs. 3 BGB hat der Erblasser die Ausgleichung von Zuwendungen vor oder spätestens bei der Zuwendung anzuordnen. Es reicht eine formlose Anordnung, wenn nicht die Zuwendung selbst formbedürftig ist, in deren Rahmen die Ausgleichungsanordnung angeordnet wird.[121] Der Erblasser hat für den Zuwendungsempfänger eine Vertrauensgrundlage geschaffen, die nach derzeitiger Rechtslage grundsätzlich nicht einseitig wieder zu ändern ist.[122] Es bleibt die Möglichkeit, dass der Erblasser eine **nachträgliche Ausgleichsanordnung** durch Verfügung von Todes wegen mittels Vorausvermächtnis (§ 2150 BGB) zugunsten der anderen Miterben und zulasten des Zuwendungsempfängers trifft.[123] Allerdings ist das Pflichtteilsrecht des Zuwendungsempfängers gem. § 2316 Abs. 3 BGB nicht zu beeinträchtigen.

---

114 Nach *Nieder/Kössinger*, § 2 Rn. 228; *Wegmann*, Grundstücksüberlassung 1994, Rn. 445; Mayer, ZEV 1996, 441, 445.
115 *Mayer*, ZErb 2007, 130.
116 *Nieder/Kössinger*, § 2 Rn. 228, *Thubauville*, MittRhNotK 1992, 289, 297.
117 Nach *J. Mayer*, ZErb 2007, 130, 138.
118 Einem Vorschlag von Beck'sches Notarhandbuch 5. Aufl./*Jerschke*, Teil A. V. Rn. 90 mit Formulierungsvorschlag folgend.
119 *Mayer*, ZErb 2007, 130, 137.
120 Nach Nieder/Kössinger, § 2 Rn. 268.
121 Nieder/Kössinger, § 2 Rn. 230.
122 *Nieder/Kössinger*, § 2 Rn 228–229.
123 *Nieder/Kössinger*, § 2 Rn. 232.

Umgekehrt kann eine getroffene Ausgleichungsanordnung nachträglich durch den Erblasser in einer 74
Verfügung von Todes wegen mittels Vorausvermächtnis zugunsten des Zuwendungsempfängers **aufgehoben** werden, ohne allerdings in die Pflichtteilsrechte der ausgleichungsberechtigten Abkömmlinge eingreifen zu können.[124] Dies kann durch **Vorausvermächtnis** an die übrigen Erben, aber auch durch eine Absenkung der Erbquote des Ausgleichungspflichtigen erfolgen.[125]

Die Ausgleichungspflicht kann **durch den Erblasser selbst** aufgehoben werden. Die Aufhebung und 75
Beseitigung der Ausgleichung ist aber **auch durch die Erben** zu Lebzeiten oder nach dem Tod des
Erblassers regelbar.[126]

▶ **Muster zu Gunsten der ausgleichungsberechtigten weiteren Kinder; nachträg-** 76
liche Begründung einer lebzeitig nicht angeordneten Ausgleichungspflicht durch
den Erblasser in einer letztwilligen Verfügung:[127]

Zu Lasten des Erbteils meines Sohnes S. und zu Gunsten meiner übrigen Abkömmlinge bestimme ich,
dass dieser den ihm mit Übergabevertrag vom ... übertragenen Bauplatz entsprechend den
§§ 2050 ff. BGB mit seinen übrigen Geschwistern zur Ausgleichung zu bringen hat. Hierbei ist vom
Wert des Bauplatzes im Zeitpunkt der Schenkung auszugehen. Dieser Betrag ist dem allgemeinen
Kaufkraftschwund bis zum Eintritt des Erbfalls entsprechend den vom Bundesgerichtshof entwickelten Grundsätzen anzupassen. Zweck des Vermächtnisses ist eine den gesetzlichen Regeln entsprechende Ausgleichspflicht nach den §§ 2050 ff. BGB für den oben genannten Vertrag zu begründen.[128]

Denkbar ist auch ein Korrektiv in Form eines Vorausvermächtnisses in Geld zugunsten der ausglei- 77
chungsberechtigten weiteren Kinder.[129]

▶ **Muster zu Gunsten des vormals ausgleichungspflichtigen Zuwendungsempfän-** 78
gers; nachträgliche Änderung/Aufhebung der Ausgleichungspflicht in einer
letztwilligen Verfügung durch den Erblasser:[130]

Zugunsten meines Sohnes S. belaste ich meine anderen Miterben mit der Vorausvermächtnisanordnung, dass der ihm seinerzeit mit einer Ausgleichungsverpflichtung zugewandte Bauplatz abweichend hiervon in keiner Weise bei einer Ausgleichung zwischen meinen Erben nach den §§ 2050 ff.
BGB berücksichtigt werden darf, der Wert des Bauplatzes also in keiner Weise als Rechnungsposten
im Rahmen der Erbauseinandersetzung einbezogen werden darf und den Auseinandersetzungsanspruch (Teilungsquote) nicht beeinflussen soll. Mein Sohn S. ist vielmehr so zu stellen, wie wenn
diesbezüglich niemals eine Ausgleichungspflicht bestanden hätte. Diese Anordnung soll ihre Grenze
nur in den zwingenden Bestimmungen des Pflichtteilsrechts finden.

Allerdings ist bei der nachträglichen Erbteilsausgleichung als auch bei der nachträglichen Aufhebung 79
der Erbteilsausgleichung die pflichtteilsrechtliche Fernwirkung der Ausgleichungspflicht zu beachten,[131] so dass »der Zug bereits abgefahren ist«, soweit durch die (mit oder ohne) Ausgleichsverpflichtung erfolgte Zuwendung der Pflichtteil anderer beeinflusst wird.[132]

---

124 *Nieder/Kössinger*, § 2 Rn. 232; *Mayer*, ZEV 1996, 441.
125 Münchener AnwHdb. ErbR/*Oppelt/Erker*, Rn. 78.
126 *Mayer*, ZEV 1996, 441.
127 Münchener AnwHdb. ErbR/*Oppelt/Erker*, Rn. 78.
128 Siehe auch Formulierungsvorschlag in Wurm/Wagner/Zartmann/*Fröhler*, Muster 74.8.
129 Formulierungsvorschlag in Beck'sches Formularbuch Erbrecht, Muster E. III. 6.
130 Nach *Mayer*, ZEV 1996, 441, 444.
131 *Nieder/Kössinger*, § 2 Rn. 233.
132 *Mayer*, ZEV 1996, 441, 443.

80 Zulässig ist eine **nachträgliche einverständliche Ausgleichsvereinbarung** des Erblassers mit dem Zuwendungsempfänger als Rechtsgeschäft unter Lebenden in Form eines Vertrags zugunsten Dritter (§ 328 BGB), d. h. der übrigen Abkömmlinge.[133]

81 ▶ **Muster:**[134]

Alle Beteiligten sind sich darüber einig, dass mit Erfüllung dieses Vertrages alle bisherigen unentgeltlichen Zuwendungen der Eltern an ihre Kinder A, B + C ausgeglichen sind. Die Kinder A, B + C verzichten hiermit gegenseitig hinsichtlich aller bisheriger unentgeltlicher Zuwendungen ihrer Eltern oder auch nur eines Elternteils auf jedwede Ausgleichung im Erbfall und auf einen etwaigen Pflichtteilsergänzungsanspruch nach § 2325 BGB und nehmen den Verzicht gegenseitig an. Der Verzicht wird auch von jedem Elternteil angenommen.

82 Die Vereinbarung hat nur schuldrechtliche und nicht unmittelbar erbrechtlich dingliche Wirkung. Die Vereinbarung ist jedoch entsprechend § 2348 BGB notariell beurkundungsbedürftig, da es sich um einen Verpflichtungsvertrag über das Erbrecht handelt.[135] Möglich sind auch **Erbschaftsverträge** zu Lebzeiten des Erblassers zwischen künftigen gesetzlichen Erben über die Ausgleichung von Vorempfängen.[136]

83 Mit erbrechtlich dinglicher Wirkung und damit auch pflichtteilsrechtlich wirksam, kann **nachträglich die Ausgleichungspflicht** durch einen notariell zu beurkundenden Teilpflichtteilsverzichtsvertrag des Zuwendungsempfängers mit dem Erblasser auf eine der Zuwendung entsprechenden Teil des Erbrechts **herbeigeführt** werden,[137] etwa[138] wie folgt:

84 ▶ **Muster:**

Ich (Zuwendungsempfänger), verzichte hiermit mit Wirkung auch gegenüber meinen Abkömmlingen auf mein Pflichtteilsrecht nach dem (Erblasser) insoweit, als bei der Pflichtteilsberechnung die mir vom Erblasser zugeteilte Zuwendung als ausgleichungspflichtig gem. § 2050 BGB in die Berechnung einzubeziehen ist.

85 Wenn umgekehrt zulasten der anderen Abkömmlinge **nachträglich die Ausgleichungsanordnung aufgehoben** werden soll, müssen diese mit dem Erblasser einen gegenständlich beschränkten Pflichtteilsverzicht abschließen, der etwa[139] wie folgt formuliert werden kann:

86 ▶ **Muster:**

Die (Verzichtenden) verzichten hiermit vertraglich mit dem (Erblasser) für sich und ihre Abkömmlinge auf ihr Pflichtteilsrecht am Nachlas des (Erblasser) in der Weise, dass der Vertragsgegenstand der Urkunde des Notars ... vom ... UR-Nr. ... bei der Berechnung ihrer Pflichtteile nach dem Ableben des (Erblasser) als nicht zum Nachlass des (Erblasser) gehörend angesehen und als Berechnungsgrundlage für den Pflichtteilsanspruch, den Ausgleichungspflichtteil und den Pflichtteilsergänzungsanspruch ausgeschieden wird. Der (Erblasser) nimmt diesen gegenständlich beschränkten Pflichtteilsverzicht entgegen und an.[140]

87 Ferner kann der Erblasser eine angeordnete Ausgleichungspflicht auch dadurch beseitigen, dass er die Abkömmlinge nachträglich in einem Verhältnis zu Erben einsetzt, die **abweichend von der gesetzlichen Erbquote** ist; damit beseitigt er die Voraussetzungen der gesetzlichen Ausgleichungspflich-

---

133 MüKoBGB/*Ann*, 6. Aufl., § 2050 Rn. 31; *Nieder/Kössinger*, § 2 Rn. 234, *Fröschlin*, BWNotZ 1997, 30.
134 *Fröschlin*, BWNotZ 1997, 30.
135 *Nieder/Kössinger*, § 2 Rn. 234; *Damrau*, Erbverzicht, S. 50; a. M. (formlos) Staudinger/*Werner*, § 2050 Rn. 33.
136 *Mayer*, ZEV 1996, 441, 444 f.; *Nieder/Kössinger*, § 2 Rn. 235; dazu näher Kapitel 17.
137 *Nieder/Kössinger*, § 2, Rn. 236; MüKoBGB/*Ann*, 6. Aufl., § 2050 Rn. 31.
138 *Nieder/Kössinger*, § 2, Rn. 236.
139 Nach *Mayer*, ZEV 1996, 441, 443; *Nieder/Kössinger*, § 2 Rn. 237.
140 *Nieder/Kössinger*, § 2 Rn. 237.

ten nach §§ 2050, 2052 BGB.[141] Die pflichtteilsrechtliche Fernwirkung kann der Erblasser nicht beseitigen.

Nach dem Tod des Erblassers können sich die Erben autonom und einvernehmlich über die Ausgleichungspflicht hinwegsetzen oder nachträglich eine Ausgleichung vornehmen.[142] Die Regelungen der §§ 2050 ff. BGB sind nicht zwingend.[143] 88

III. Steuern

1. Ausgleichung und Erbschaftsteuer; Grundsätze

Steuerrelevante Verschiebungen zwischen den sich nach den Erbquoten richtenden Anteilen am Nachlass können sich ergeben, wenn bei einer Auseinandersetzung frühere Zuwendungen ausgeglichen werden müssen.[144] Die Finanzverwaltung[145] hat sich zu erbschaftsteuerlichen Auswirkungen von Ausgleichungsanordnungen festgelegt. Nach R 5 (5) ErbStRiLi 2003 ist der Nachlass erbschaftsteuerlich den Miterben **nicht nach Erbquoten, sondern nach Teilungsanteilen zuzurechnen**. Im gewissen Gegensatz dazu steht die erbschaftsteuerliche Behandlung von Teilungsanordnungen gem. § 2048 BGB.[146] Die in den §§ 2050 ff. BGB geregelte Ausgleichspflicht gehört nicht zu den Erbfallschulden. Sie wirkt nicht wie eine Teilungsanordnung oder ein Vorausvermächtnis lediglich schuldrechtlich auf die Auseinandersetzung unter den Miterben ein,[147] sondern sie verschiebt die Berechnung der bei der Auseinandersetzung maßgeblichen Teilungsquote.[148] Der BFH hat die Frage offengelassen, ob in einem Fall der Ausgleichung von Vorempfängen trotz der Unabänderlichkeit der Erbquote die Abrechnung gem. §§ 2055, 2056 BGB bei der Besteuerung zu berücksichtigen wäre.[149] 89

Vor Anordnung einer nachträglichen Ausgleichungspflicht in der letztwilligen Verfügung sollte der Erblasser prüfen, ob nicht auch die auszugleichende Zuwendung schon steuerpflichtig war und, wenn ja, sie auch versteuert worden ist.[150] Wenn noch keine Versteuerung stattgefunden hat, muss damit gerechnet werden, dass die Steuer hierfür, nachdem im Zusammenhang mit der Abwicklung des Erbfalls das Finanzamt erstmals hiervon Kenntnis erlangt, nacherhoben wird; denn sie ist bis zum Tode des Erblassers noch nicht verjährt (§ 170 Abs. 5 Nr. 2 AO).[151] Ferner ist zu berücksichtigen, dass es außerdem nach § 14 Abs. 1 ErbStG noch zur Zusammenrechnung mit dem Erwerb von Todes wegen kommen kann, wenn die Zuwendung in den letzten zehn Jahren vor dem Tode des Erblassers gemacht worden ist.[152] 90

---

141 *Nieder/Kössinger*, § 2 Rn. 239.
142 *Mayer*, ZEV 1996, 441, 445.
143 MüKoBGB/*Ann*, § 2050, Rn. 33.
144 *Troll/Gebel*, ErbStG, § 3 Rn. 125 mit Nachweisen zur Rechtsprechung des RFH.
145 R 5 Abs. 5 ErbStR 2003 und das Beispiel in H 5 Abs. 5 ErbStH; siehe auch *Meincke*, ErbStG, § 3 Anm. 21, 22; offen gelassen in BFH BStBl. II 1983, 329, 330 = MittBayNot 1983, 266 (nur Leitsatz).
146 Dazu *Sommer*, »Echte« und »überquotale« Teilungsanordnungen – Zivil- und steuerrechtliche Probleme, ZEV 2004, 13 m. N.; zumRecht nach der Erbschaftsteuerreform 2009 *Wälzholz*, ZEV 2009, 113.
147 BGHZ 96, 174, 179 = NJW 1986, 931, 933.
148 Beck'sches Formularbuch Erbrecht/*Lehmann*, J IV.6 Anm. 5; *Meincke*, ErbStG, § 10 Rn. 40.
149 BFH BStBl. II 1983, 329, 330 = MittBayNot 1983, 266 (jedoch nur Leitsatz); Beck'sches Formularbuch Erbrecht/*Lehmann*, J IV.6 Anm. 5. Siehe aber jetzt FG Köln, Urt. v. 27.8.2014 – 9 K 2193/12; BeckRS 2014, 96306, ZEV 2015, 66: Nachträgliche Änderung des Schenkungsteuerbescheides wegen erhöhter Ausgleichungspflicht des Beschenkten bei Tod des Schenkers.
150 *Troll/Gebel*, ErbStG, § 3 Rn. 125; Beck'sches Formularbuch Erbrecht/*Lehmann*, J IV.6 Anm. 5.
151 *Troll/Gebel*, ErbStG, § 3 Rn. 125; Beck'sches Formularbuch Erbrecht/*Lehmann*, J IV.6 Anm. 5.
152 *Troll/Gebel*, ErbStG, § 3 Rn. 125; Beck'sches Formularbuch Erbrecht/*Lehmann*, J IV.6 Anm. 5.

2. Steuerliche Folgen der Ausgleichung wegen früherer Mitarbeit eines Abkömmlings

91 Ebenso wie die Ausgleichung wegen einer früheren Zuwendung kann auch die Ausgleichung wegen der früheren Mitarbeit eines Abkömmlings nach § 2057a Abs. 1 BGB zu einer Verschiebung zwischen den Miterbenanteilen führen.[153]

92 Die infolge der Ausgleichung eingetretene Erhöhung der Erbquote ist als Entgelt für die von dem Miterben unentgeltlich oder gegen zu niedriges Entgelt erbrachte Mitarbeit anzusehen. Es handelt sich um einen gesetzlichen Vergütungsausgleich, der aber – da er im Rahmen der Nachlassteilung stattfindet und nur die Erbquoten modifiziert – lediglich mit dem Betrag, um den sich der Steuerwert des Erbanteils des Ausgleichsberechtigten erhöht, bei der Ermittlung der Bereicherung (§ 10 Abs. 1 ErbStG) abzuziehen ist.[154]

IV. Kosten

93 Hierzu sind keine Besonderheiten zu vermerken.

V. Checkliste

94 ▶ **Checkliste: Lebzeitige Übertragungen und Verfügung von Todes wegen**
1. An der Ausgleichung Beteiligte
2. Ausgleichungspflichtige Vorempfänge nach den §§ 2050 ff. BGB
   - ☐ Zuwendung, Begriff
   - ☐ Ausgleichungspflichtige Zuwendung
   - ☐ Ausstattung
   - ☐ Übermaßzuschüsse zu Einkünften
   - ☐ Übermaßaufwendungen für die Vorbildung zu einem Beruf
   - ☐ gekorene ausgleichungspflichtige Zuwendung
3. Ausgleichungspflichtige Leistungen nach § 2057a BGB
4. Ausgleichungspflichtige Zuwendungen bei Anordnung des Erblassers (§ 2050 Abs. 3 BGB)
   - ☐ Keine Verwendung des Begriffs »im Wege vorweggenommener Erbfolge«, wenn Ausgleichung gewollt
   - ☐ Ausdrückliche Anordnung einer Ausgleichsverpflichtung
   - ☐ Vorbehalt einer späteren Ausgleichsbestimmung
   - ☐ Nachträgliche Anordnung einer Ausgleichsbestimmung
   - ☐ Abänderung einer getroffenen Ausgleichsbestimmung
5. Zuwendung muss vom Erblasser stammen (»Erweiterter Erblasserbegriff«)
6. Wertbemessung des Vorempfangs
7. Berechnung der Ausgleichung nach § 2055 BGB
8. Berechnung der Ausgleichung nach § 2057a BGB
9. Ausgleichungspflichtteil nach § 2316 BGB
10. Berechnung des Pflichtteils unter Anwendung des § 2316 BGB
11. Zusammentreffen von Ausgleichung und Anrechnung: Zuwendung ist gleichzeitig Ausgleichungs- und Anrechnungspflichtig (§ 2316 Abs. 4 BGB)

---

153 *Troll/Gebel*, ErbStG, § 3 Rn. 127 mit Berechnungsbeispiel.
154 Nach *Troll/Gebel*, ErbStG, § 3 Rn. 128.

B. Zuwendungsverzicht

Literatur:
Baumgärtel, Die Wirkung des Erbverzichts auf Abkömmlinge, DNotZ 1959, 63; *Cremer*, Zur Zulässigkeit des gegenständlich beschränkten Pflichtteilsverzichtsvertrages, MittRhNotK 1978, 169; *Damrau*, Bedarf der dem Erbverzicht zugrunde liegende Verpflichtungsvertrag notarieller Beurkundung?, NJW 1984, 1163; *Dohr*, Überwindung der aufgrund gemeinschaftlichen Testaments oder Erbvertrages entstandenen erbrechtlichen Bindungswirkung, MittRhNotK 1998, 382; *Edenfeld*, Die Stellung weichender Erben beim Erbverzicht, ZEV 1997, 134; *Everts*, Die Erstreckungswirkung beim Zuwendungsverzicht: Ein Fortschritt und (fast) ein Glücksgriff des Gesetzgebers!, ZEV 2010, 392; *Faßbender*, Erbverzicht, MittRhNotK 1962, 602; *Fette*, Die Zulässigkeit eines gegenständlich beschränkten Pflichtteilsverzichts, NJW 1970, 743; *Huber*, Die Folgen des Zuwendungsverzichts in einer Patchwork-Familie, JA 2013, 49; *Ivo*, Die Zustimmung zur erbvertragswidrigen Verfügung von Todes wegen, ZEV 2003, 48; *ders.*, Die Zustimmung zur erbvertragswidrigen lebzeitigen Verfügung, ZEV 2003, 101; *Jackschath*, Der Zuwendungsverzichtsvertrag, MittRhNotK 1977, 117; *Kanzleiter*, Die Erstreckung der Wirkungen eines Zuwendungsverzichts auf die Abkömmlinge des Verzichtenden – ein Missgriff des Gesetzgebers!, DNotZ 2009, 805; *ders.*, Die Erstreckung der Wirkungen eines Zuwendungsverzichts auf Abkömmlinge – Reichweite der neuen Regelung und Folgerungen für die Gestaltungspraxis, DNotZ 2010, 520; *Keim*, Die Reform des Erb- und Verjährungsrechts und ihre Auswirkungen auf die Gestaltungspraxis, ZEV 2008, 161; *ders.*, Der Zuwendungsverzicht nach der Reform des Pflichtteilsrechts: Ein Gestaltungsmittel wird handhabbar, RNotZ 2009, 574; *ders.*, Neues Recht in niedriger Dosierung, MittBayNot 2010, 85; *ders.*, Die Überwindung der erbvertraglichen Bindung beim mehrseitigen Erbvertrag, RNotZ 2012, 496; *ders.*; Fallstricke bei Erb- und Pflichtteilsverzichten, RNotZ 2013, 411; *Klinck*, Der Zuwendungsverzicht zulasten Dritter: Fortschritt durch das Gesetz zur Änderung des Erb- und Verjährungsrechts?, ZEV 2009, 533; *Kornexl*: Der Zuwendungsverzicht, 1998 (zitiert »Kornexl«); Kuchinke, Bedarf der dem Erbverzicht zugrunde liegende Verpflichtungsvertrag notarieller Beurkundung?, NJW 1983, 2358; *Kuchinke*, Zur Aufhebung eines Erbverzichts mit Drittwirkung, ZEV 2000, 169; *Kupka-Göll*, Erbverzicht und Abfindung bei Störungen der vorweggenommenen Erbfolge, 2002; Mayer, Die Auswirkungen der Erbrechtsreform auf die Kautelarpraxis, ZEV 2010, 2; Mayer, Der beschränkte Pflichtteilsverzicht, ZEV 2000, 263; *ders.*, Erfaßt der Pflichtteilsverzicht auch Pflichtteilsvermächtnisse?, ZEV 1995, 41; *ders.*, Wird der durch die Erbringung der Abfindungsleistung bedingt erklärte Erb- und Pflichtteilsverzicht unwirksam, wenn der Erblasser vor Leistungserfüllung verstirbt?, MittBayNot 1985, 101; *ders.*, Zweckloser Zuwendungsverzicht, ZEV 1997, 127; *Mittenzwei*, Die Aufhebung des Zuwendungsverzichts, ZEV 2008, 488; *Müller*, Zuwendungsverzicht – Erstreckung der Verzichtswirkungen auf die Abkömmlinge nach der neuen Rechtslage, ZNotP 2011, 256; *Muscheler*, Die Aufhebung des Erbverzichts nach dem Tod des Verzichtenden, ZEV 1999, 163; *ders.*, Die geplanten Änderungen im Erbrecht, Verjährungsrecht und Nachlassverfahrensrecht, ZEV 2008, 105; *Odersky*, Jahresrückblick zum Erbrecht; der notar 2008, 121 ff.; *Peter*, Anfechtung oder Zuwendungsverzicht?, BWNotZ 1977, 113; *Regler*, Erbverzicht von Vorfahren oder Ehegatten mit Wirkung für deren Abkömmlinge, DNotZ 1970, 646; *Reul*, Erbverzicht, Pflichtteilsverzicht, Zuwendungsverzicht, MittRhNotK 1997, 373; Der Regierungsentwurf zur Änderung des Erb- und Verjährungsrechtes, BWNotZ 2008, 2; *Schindler*, Pflichtteilsverzicht und Pflichtteilsverzichtsaufhebungsvertrag – oder: die enttäuschten Schlusserben, DNotZ 2004, 824; Schotten, Das Kausalgeschäft zum Erbverzicht, DNotZ 1998, 163; *Schotten*, Die Erstreckung eines Zuwendungsverzichts auf die Abkömmlinge des Verzichtenden, ZEV 1997, 1; *Speckmann*, Der Erbverzicht als »Gegenleistung« in Abfindungsverträgen, NJW 1970, 117; *Tanck*, Umfasst der Verzicht auf den Pflichtteilsanspruch auch die Einrede nach § 2328 BGB?, ZErb 2001, 194; *Wälzholz*, Die Reform des Erb- und Pflichtteilsrechts zum 1.1.2010 – Überblick mit Gestaltungsempfehlungen, DStR 2009, 2104; *Wagner*, Auswirkungen der Reform des Erb- und Verjährungsrechts auf die notarielle Praxis, NotBZ 2009, 44; *Weidlich*, Gestaltungsalternativen zum zwecklosen Zuwendungsverzicht, ZEV 2007, 463; *ders.*, Zuwendungsverzicht und Erbenberufung nach § 2069 BGB – zugleich Anmerkung zum Beschluss des OLG München vom 21.12.2006, 31 Wx 071/06 –, MittBayNot 2007, 194; *Weidlich*, Ausgewählte Probleme bei erbrechtlichen Verzichten, NotBZ 2009, 149; *ders.*, Die Erstreckung des Zuwendungsverzichts auf Ersatzerben – Alte Probleme in neuem Gewand?, FamRZ 2010, 166; *Weirich*, Der gegenständlich beschränkte Pflichtteilsverzicht, DNotZ 1986, 5; *Wendt*, Grenzen der Pflichtteilsbeeinflussung, ZErb 2012, 313.

Kapitel 16 Erbrechtlich relevante Rechtsgeschäfte zwischen Erblasser und künftigen Erben

I. Grundlagen

1. Allgemeine Grundsätze für den Zuwendungsverzicht

95 Der Zuwendungsverzicht ist in § 2352 BGB recht kursorisch geregelt. § 2352 BGB steht im Abschnitt »Erbverzicht«. Der Zuwendungsverzicht wird in der Literatur oft unter dem Oberbegriff »Erbverzicht« mitabgehandelt.[155] Der »Erbverzicht« im weiteren Sinne (§§ 2346 ff. BGB) umfasst somit den Erbverzicht »im engeren Sinne« (Verzicht auf das gesetzliche Erbrecht), den Pflichtteilsverzicht und den Zuwendungsverzicht.[156] Hinsichtlich der Auslegung, Umdeutung[157], Anfechtung, Aufhebung und den Rücktritt gelten für den Zuwendungsverzicht grundsätzlich dieselben Regeln wie beim Erbverzicht.[158]

96 Der Zuwendungsverzicht bewirkt nicht, dass die Verfügung von Todes wegen als solche aufgehoben wird; entsprechend der Regelung in § 2346 Abs. 1 S. 2 BGB verhindert er nur, dass die – konkrete – Zuwendung dem Verzichtenden anfällt, so als ob der Verzichtende den Erbfall nicht erlebt hätte.[159] Beseitigt wird nicht die Verfügung von Todes wegen; die Geltung ihrer weiteren Bestimmungen wird durch den Zuwendungsverzicht nicht berührt.[160] Vielmehr gelangt aufgrund des Zuwendungsverzichts das Erbrecht der als Erbe in Betracht kommenden Person nicht zur Entstehung.[161] **An Stelle des Verzichtenden treten die in der letztwilligen Verfügung vorgesehenen (§§ 2096, 2190 BGB) oder aufgrund gesetzlicher Vermutung (§ 2069 BGB) berufenen Ersatzpersonen.**[162] Die Zuwendung und nicht der Bedachte ist als nicht-existent zu behandeln.[163]

2. Praktische Bedeutung des Zuwendungsverzichts

97 **Besonders bedeutsam** ist der Verzicht auf eine bindende Schlußerbeneinsetzung bei der Berliner Verfügung nach dem Tod des erstversterbenden Ehegatten.[164] Eine **wechselbezügliche Schlußerbeinsetzung** wird mit dem Tod des Erstversterbenden Ehepartners bindend. Will der Überlebende abweichend testieren, so müssen die Kinder ggf. einen Zuwendungsverzicht erklären. Nach altem Recht[165] erlangte der Überlebende trotzdem seine Testierfreiheit nicht zurück: Häufig sind, teils explizit, teils über die Auslegungsregel des § 2069 BGB die Enkel zu Ersatzerben berufen. Dann trat gerade durch den Zuwendungsverzicht der Ersatzerbfall ein, und der Erblasser war im Hinblick auf die Enkel gebunden.[166] Ein eigener Verzicht für die Enkel wäre grds. möglich, bedürfte aber bei Minderjährigkeit der Zustimmung des Familiengerichts; diese ist aber nicht unproblematisch zu erlangen, wenn die Abfindung für den Verzicht nicht den Enkeln, sondern den originär verzichtenden Kindern zuflösse.[167]

---

155 *Kornexl*, Der Zuwendungsverzicht, Rn. 1 (»Kornexl«); *Mayer*, ZEV 1996, 127.
156 MüKoBGB/*Wegerhoff* BGB § 2346 Rn. 1–5a.
157 Umdeutung der Aufhebung eines Erbvertrags in einen Zuwendungsverzichtsvertrag: OLG Hamm, Beschluss vom 2.12.2011 – 15 W 603/10, ZEV 2012, 266 mit Anm. *Gockel*;
158 Staudinger/*Schotten*, § 2352 Rn. 54 ff.
159 Entsprechende Anwendung der Vorversterbensfiktion; OLG Frankfurt a. M. MittRhNotK 1997, 196; MüKoBGB/*Wegerhoff*, § 2352, Rn. 12, Palandt/*Weidlich*, § 2352 Rn. 5; dogmatischer Weg jedoch streitig, siehe *Kornexl*, Rn. 13 ff. m. w. N. Zum Sonderproblem, ob ein Zuwendungsverzicht durch den bindend bedachten Schlusserben ohne Mitwirkung des Insolvenzverwalters während des Insolvenzverfahrens zulässig ist, siehe Gutachten in DNotI-Report 2014, 43.
160 *Weidlich*, ZEV 2007, 463, 464.
161 *Weidlich*, ZEV 2007, 463, 466; *Kornexl*, Rn. 19; *Reul*, MittRhNotK 1997, 373, 385.
162 *Weidlich*, ZEV 2007, 463, 464. Umfassend DNotI-Gutachten Nr. 23849.
163 *Kornexl*, Rn. 19.
164 *Keim*, MittBayNot 2010, 85, 91.
165 *Keim*, MittBayNot 2010, 85, 91.
166 *Keim*, MittBayNot 2010, 85, 91.
167 *Keim*, MittBayNot 2010, 85, 91.

Zusammengefasst bestehen folgende **praktischen Hauptanwendungsfälle** des Zuwendungsverzichts.[168]   98

– **Beseitigung einer bindenden** Verfügung beim mehrseitigen Erbvertrag oder beim gemeinschaftlichen Testament;[169]
– Der Erblasser ist nicht (mehr) **voll geschäfts- bzw. testierfähig;**[170] kann aber in diesem Fall durch den gesetzlichen Vertreter, **nicht** den Generalbevollmächtigten vertreten werden.
– Die **Aufhebung** eines Erbvertrags ist **nicht mehr möglich,**[171] nicht gewollt[172] oder unzweckmäßig;[173]
– Wiedererlangung der Verfügungsfreiheit des Ehegatten[174] im Wege der **Beseitigung wechselbezüglicher oder vertragsmäßiger Verfügungen** bei gemeinschaftlichen Testamenten oder Erbverträgen,[175] unter Aufrechterhaltung[176] der Verfügungen des anderen Ehegatten.[177]

3. Gesetzesänderung

§ 2352 BGB (Verzicht auf Zuwendungen) lautete bisher: »Wer durch Testament als Erbe eingesetzt   99
oder mit einem Vermächtnis bedacht ist, kann durch Vertrag mit dem Erblasser auf die Zuwendung verzichten. Das Gleiche gilt für eine Zuwendung, die in einem Erbvertrag einem Dritten gemacht ist. Die Vorschriften der §§ 2347, 2348 BGB finden Anwendung.«

Der Zuwendungsverzicht hatte somit bisher eine **große Schwäche,**[178] der die praktische Verwendbar-   100
keit sehr beeinträchtigte: § 2352 S. 3 BGB **verwies bisher ausdrücklich nicht auf § 2349 BGB.** Die h. M.[179] lehnte auch eine analoge Anwendung des § 2349 BGB grds. ab. Das hatte für die Praxis zur Folge, dass ein Zuwendungsverzicht nicht immer den gewünschten Erfolg hat, weil in den meisten Verfügungen von Todes wegen ausdrückliche **Ersatzerbenberufungen** vorhanden sind oder sich eine solche zumindest durch eine ergänzende Auslegung oder durch die Anwendung des § 2069 BGB ergibt.[180]

Allerdings hat die Rechtsprechung[181] in Teilbereichen geholfen: Durch Auslegung, und zwar auch   101
ergänzende, der betreffenden Verfügung von Todes wegen kam die h. M. und Rechtsprechung im

---

168 *Jackschath*, MittRhNotK 1977, 117; Reimann/Bengel/Mayer/*Mayer*, Teil A Rn. 212.
169 Reimann/Bengel/Mayer/*Mayer*, Teil A Rn. 212.
170 *Mayer*, ZEV, 1996, 127, 129; *Kornexl*, Rn. 15.
171 Z. B. wegen Vorversterben des Vertragspartners.
172 *Kornexl*, Rn. 11.
173 *Reul*, MittRhNotK 1997, 373, 385.
174 *Reul*, MittRhNotK 1997, 373, 385.
175 *Kornexl*, Rn. 14: »Zweckmäßiges Mittel zur Beseitigung der bereits eingetretenen Bindung« ohne dass Anfechtung nötig wird; *Peter*, BWNotZ 1977, 113, 114 f.
176 Ein Widerruf, eine Anfechtung oder ein Rücktritt wäre möglich, führte aber zur Unwirksamkeit der wechselbezüglichen Verfügung von Todes wegen (§§ 2270 Abs. 1, 2298 Abs. 1, 2 BGB; etwa bei der Anfechtung bei der Wiederverheiratung nach § 2079 BGB zur Unwirksamkeit der für den Längerlebenden günstigen Erbeinsetzung, Reimann/Bengel/Mayer/*Mayer*, Teil A Rn. 211.
177 Reimann/Bengel/Mayer/*Mayer*, Teil A Rn. 211: Vermeidung der Ausschlagung durch den längerlebenden Ehegatten zur Erlangung seiner Verfügungsfreiheit nach § 2271 Abs. 2 S. 1, sonst Wegfall der den Längerlebenden begünstigenden Verfügung des Erstversterbenden (§ 2270 Abs. 1).
178 *Keim*, RNotZ 2009, 574; MüKoBGB/*Wegerhoff*, § 2352, Rn. 13, *Weidlich*, NotBZ 2009, 163; Reimann/Bengel/Mayer/*Mayer*, Teil A Rn. 235 ff.; *Klinck*, ZEV 2009, 533, 534.
179 BGH (unveröffentlicht) zitiert nach OLG Düsseldorf, DNotZ 1974, 367, 368f; BGH DNotZ 1999, 677 = ZEV 1999, 62, mit Anm. *Skibbe*, ZEV 1999, 106; *Reul*, MittRhNotK 1997, 373, 385 ff.; a. A. v. a. *Schotten*, ZEV 1997, 1; Staudinger/*Schotten*, § 2352 Rn. 31 ff.; tw. a. A. *Mayer*, ZEV 1995, 41, 45 und ZEV 1996, 127, 131.
180 Zur bisherigen Rechtslage siehe *Nieder/Kössinger*, § 19 Rn. 35 ff. *Weidlich*, ZEV 2007, 463.
181 OLG München Beschl. v. 21.12.2006 – 31 Wx 071/06, DNotI-Report 2007, 39; BGH – IV ZB 20/01, ZEV 2002, 150 mit Anm. *Otte*, siehe zusammenfassende Darstellung mit Nachweisen Staudinger/*Schotten*, § 2352 Rn. 31, 32 ff.; MüKoBGB/*Wegerhoff*, § 2352 Rn. 14.

Kapitel 16 Erbrechtlich relevante Rechtsgeschäfte zwischen Erblasser und künftigen Erben

Wege der Ermittlung des hypothetischen Erblasserwillens dazu, dass der Zuwendungsverzicht unter Umständen auch zu Lasten der Ersatzberufenen wirkt (»**Quasi-Erstreckung« auf die Abkömmlinge**).[182] Ansatzpunkt hierfür war, für den Fall, dass für den Verzicht eine Abfindung geleistet worden war, die Argumentation, eine **nicht gerechtfertigte Doppelbegünstigung** des Stammes des Verzichtenden (einmal durch die Abfindungszahlung und dann durch den Anfall der Zuwendung an seine ersatzweise berufenen Abkömmlinge) durch das Fehlschlagen des Zuwendungsverzichts zu vermeiden.

102 Nach dem Gesetz zur Änderung des Erb- und Verjährungsrechts[183] ist in § 2352 die Angabe »2348« durch die Wörter »bis 2349« ersetzt worden, so dass sich diese Problematik nunmehr **durch die Gesetzesänderung entschärft** hat. Die Gesetzesbegründung greift die Rechtsprechung im Hinblick auf die Doppelbegünstigung des Stammes des Verzichtenden auf.[184] Nach der Gesetzesbegründung soll es sich um eine »**vermutete**« **Erstreckung des Zuwendungsverzichts auf die Abkömmlinge** handeln; der Erblasser könne jedoch auch bestimmen, dass die vermutete Erstreckung nicht gilt. Dies eröffnet Gestaltungsspielraum und »stärkt die Testierfreiheit des Erblassers.«[185] Das neue Recht gilt für alle Erbfälle ab dem 1. Januar 2010 (Art. 229 § 21 Abs. 4 EGBGB). Die Gesetzesänderung zieht aber neue Probleme nach sich; dies kann vorliegend jedoch nicht vertieft werden.[186]

103 In jedem Fall aufgrund genauer Interessenauslotung prüfen, ob und wenn ja, inwieweit sich ein Zuwendungsverzicht nach neuem Recht auf die Abkömmlinge des Verzichtenden erstrecken soll! **Immer Stellung nehmen: »Der Zuwendungsverzicht erstreckt sich/erstreckt sich nicht auf die Abkömmlinge des Verzichtenden.«**[187]

104 Fraglich ist allerdings bei vor dem 1. Januar 2010 beurkundeten Zuwendungsverzichten, ob die Erstreckungswirkung auf die Abkömmlinge, die der Erblasser ja nicht vorhersehen konnte, in jedem Fall stattfindet.[188] Solche »Altverzichte« bedürfen der Auslegung. UU muss ein stillschweigend vereinbarter Ausschluss der Erstreckungswirkung erwogen werden.[189]

105 Die Neuregelung bietet **keine Lösung** für die Fälle,[190] in denen der Verzichtende kein Abkömmling oder Seitenverwandter des Erblassers ist, oder andere Personen als Abkömmlinge als Ersatz-

---

182 DNotI-Gutachten Nr. 23849.
183 Gesetz zur Änderung des Erb- und Verjährungsrechts; dazu MüKoBGB/*Wegerhoff*, § 2352 Rn. 13; DNotI-Report 2009, 173.
184 Gesetzesbegründung zu Nr. 31 (BR-Drucksache 96/08).
185 Gesetzesbegründung zu Nr. 31 (BR-Drucksache 96/08); kritisch in der Sache und zum Verlauf des Gesetzgebungsverfahrens *Klinck*, ZEV 2009, 533, 534.
186 kritisch zum neuen Recht *Klinck*, ZEV 2009, 533; *Kanzleiter*, DNotZ 2009, 805 ff. »Missgriff am Rande der Verfassungswidrigkeit«); positive Bewertung aber z. B. von *Keim*, RNotZ 2009, 574; *ders.*, MittBayNot 2010, 85. Die Reichweite der neuen Vorschrift ist noch ungeklärt.
187 *Wälzholz*, DStR 2009, 2104, 2107. *Mayer*, ZEV 2010, 2, 6; *Schaal/Grigas*, BWNotZ 2008, 2, 24.
188 Dazu jetzt OLG Schleswig vom 15.4.2014 – 3 Wx 93/13 in ZEV 2014, S. 425 mit Anm. Keim, 428f: Keine Erstreckung eines vor dem 1.1.2010 beurkundeten Zuwendungsverzichts auf Abkömmlinge im Wege der Vertragsauslegung.
Bengel/Dietz (BeckNotar-HdB/*Bengel/Dietz* Kap. C Rn. 370 f. differenzieren bei Sterbefällen nach dem 1.1.2010, soweit der Verzicht noch nach altem Recht erklärt worden ist: regelmäßig wird man davon ausgehen müssen, dass nur dasjenige erklärt ist, was nach der damaligen Rechtslage zulässig gewesen sei, also keine Erstreckungswirkung; anders sei dies bei umfassenden Verzichten iS einer »catch-all« – Klausel.
189 *Keim*, RNotZ 2009, 574, 575f; MüKoBGB/*Wegerhoff*, § 2352 Rn. 13; sinnvoll ist aber in geeigneten Fällen eine ausdrückliche Regelung. Unzutreffend aber *Klinck*, der erwägt, ob der Notar bei beurkundeten Verzichten gehalten sei, die Beteiligten auf diese etwa nicht gewünschte Wirkung hinzuweisen: der Notar ist weder ein »Contract Manager«, der von sich aus im Hinblick auf beurkundete Verträge eine Vertragsüberwachung leisten könnte, noch nach BNotO/BeurkG eine solche leisten müsste.
190 *Keim*, RNotZ 2009, 574, 575f zu den Grenzen der Erstreckungswirkung.

erben bedacht sind;[191] freilich dürfte insoweit eine bindende Verfügung eher selten anzutreffen sein.[192]

Mayer[193] fasst die Grenzen der Erstreckungswirkung auf die Abkömmlinge des Verzichtenden wie folgt zusammen; **keine Erstreckungswirkung tritt ein, wenn** 106
- eine Anwachsung nach § 2094 BGB an die anderen in der Verfügung von Todes wegen berufenen und bindend eingesetzten Erben erfolgt;
- andere als Abkömmlinge zu Ersatzerben berufen sind;
- der Verzichtende nicht Abkömmling oder Seitenverwandter des Erblassers ist, also etwa der Ehegatte des Verzichtenden;
- im Zuwendungsverzichtsvertrag die Erstreckungswirkung ausdrücklich ausgeschlossen ist.[194]

4. Gegenstand des Zuwendungsverzichts

Gegenstand des Zuwendungsverzichts können nach § 2352 S. 1 und 2 BGB eine **Erbeinsetzung oder ein Vermächtnis** sein, die auf einer Verfügung von Todes wegen (daher Zuwendung) beruhen. Ob ein Zuwendungsverzicht möglich ist bezüglich einer **Auflage**, einem **gesetzlich angeordneten Vermächtnis**, wie dem Voraus[195] des Ehegatten nach § 1932 BGB, oder dem sog. Dreißigsten,[196] § 1969 BGB, ist, insbesondere was die Auflage[197] angeht, streitig. Die besseren Gründe sprechen dafür, auch die Auflage als Gegenstand eines Zuwendungsverzichts zuzulassen. Die Interessenlage ist wie bei einem Vermächtnis;[198] auch der ein Forderungsrecht vermittelnde, deswegen im Vergleich zur Auflage stärkere Vermächtnisanspruch kann Gegenstand eines Zuwendungsverzichts sein. 107

Die Zuwendung kann auf einem (einseitigen oder gemeinschaftlichen) Testament oder auf einem **Erbvertrag** beruhen, wobei im letzteren Fall nach § 2352 S. 2 BGB **Besonderheiten** gelten. 108

Der Zuwendungsverzicht ist »streng objektbezogen«.[199] Dies bedeutet, dass die Verfügung von Todes wegen, auf der die Zuwendung beruht, zur Zeit des Verzichts bereits vorhanden sein muss; ein Verzicht auf eine **künftige Zuwendung** ist nicht zulässig.[200] Es gibt **keinen vorsorglichen Zuwendungsverzicht**. Eine erneute Bedenkung des Verzichtenden in einer späteren Verfügung von Todes wegen ist nicht ausgeschlossen.[201] 109

Die von dem Verzicht betroffene **Zuwendung ist genau zu bezeichnen**.[202] 110

Der BGH hat jedoch (recht großzügig) die Formulierung, »auf Erb- und Pflichtteilsansprüche gegen den Nachlass des Erblassers für jetzt und alle Zukunft zu verzichten« als auslegungsfähig angesehen und dahingehend verstanden, dass auch auf Zuwendungen aus einer bereits bestehenden letztwilligen Verfügung verzichtet wurde.[203] 111

---

191 Beispielsfälle bei *Klinck*, ZEV 2009, 533, 536.
192 MüKoBGB/*Wegerhoff*, § 2352 Rn. 13; *Weidlich*, NotBZ 2009, 163.
193 ZEV 2010, 2.
194 anschaulich zu den Problemen des neuen Rechts: *Weidlich*, FamRZ 2010, 166.
195 nach Palandt/*Weidlich*, § 2352 Rn. 2 kein Teilverzicht möglich.
196 nach Palandt/*Weidlich*, § 2352 Rn. 2 kein Teilverzicht möglich.
197 dafür: Staudinger/*Schotten*, § 2352 Rn. 3; *Kornexl*, Rn. 538f; dagegen: *Mayer*, ZEV 1996, 127; MüKoBGB St*robel*, 4. Aufl., § 2352 Rn. 4; MüKoBGB/*Wegerhoff*, 6. Aufl. § 2352 Rn. 4.
198 Staudinger/*Schotten*, § 2352 Rn. 12.
199 DNotI-Report 2005, 11; Bamberger/Roth/*J. Mayer*, § 2352 Rn. 4.
200 BayObLG Rpfleger 1987, 376; Palandt/*Weidlich*, § 2352 Rn. 1; AnwKomm-BGB/*Ullrich*, 2004, § 2352 Rn. 2.
201 Frieser/Sarres/Stückemann/Krause, § 3 Rn. 336.
202 Bamberger/Roth/*J. Mayer*, § 2352 Rn. 4; *Jackschath*, MittRhNotK 1977, 117, 120.
203 Dazu DNotI-Report 2005, 11f: kein pauschaler Verzicht auf alle letztwilligen Zuwendungen statthaft. Zur Abgrenzung zwischen Zuwendungs- und Pflichtteilsverzicht DNotI-Gutachten Nr. 61748 vom 2.9.2005; zum Erb/Zuwendungsverzicht DNotI-Gutachten Nr. 4771 vom 23.9.1998.

112 Bei **Beschränkungen**[204] des Zuwendungsverzichts ist nach der Art der betroffenen Zuwendung und der Beschränkung zu differenzieren:[205]
- Werden Erbeinsetzung und zugleich (Voraus-)Vermächtnis zugewandt, so handelt es sich um zwei selbstständige Berufungsgründe,[206] auf die auch getrennt verzichtet werden kann, also etwa nur auf die Erbenstellung.[207]
- Bei einer Erbeinsetzung ist der Verzicht auf einen ideellen Bruchteil (wie beim Erbverzicht) möglich,[208] **nicht aber ein gegenständlich beschränkter Verzicht**.[209]
- Ein Vermächtnis bezieht sich dagegen auf die Zuwendung einzelner Gegenstände oder Sachgesamtheiten; daher kann auch beschränkt auf einzelne Vermächtnisgegenstände oder auch auf Teile[210] eines Vermächtnisses verzichtet werden.[211]
- Eine zulässige Beschränkung des Zuwendungsverzichts ist es auch, wenn dadurch dem Erblasser die Möglichkeit[212] eingeräumt wird, den Erben mit neuen Auflagen oder Vermächtnissen zu beschweren oder Vor- und Nacherbschaft[213] oder Testamentsvollstreckung anzuordnen.[214]
- Es ist auch möglich, dem gebundenen Erblasser das Recht zu einer den vertragsmäßigen Erben beeinträchtigenden Schenkung zu geben (»**partieller Zuwendungsverzicht**«).[215]

113 Der Zuwendungsverzicht kann **bedingt** vereinbart werden.[216] Ein bedingter Verzicht empfiehlt sich beim entgeltlichen Zuwendungsverzicht zur Absicherung des Verzichtenden, damit dieser keine ungesicherte Vorleistung erbringt.

114 Möglich ist auch ein **relativer Zuwendungsverzicht,** also ein zugunsten bestimmter anderer Personen erklärter.[217] Allerdings ist umstritten, ob und inwieweit für einen solchen Verzicht die Auslegungsregeln des § 2350 BGB gelten.[218] Auf die für den Erbverzicht geltende Auslegungsregel des § 2350 BGB über eine derart relative Bedingung wird in § 2352 BGB -auch nicht nach der sog. Erbrechtsreform- nicht ausdrücklich verwiesen. Daraus könnte ein Argument gegen die Anwendbarkeit des § 2350 BGB im Rahmen des § 2352 BGB gewonnen werden.

115 § 2350 BGB enthält zwei Auslegungsregeln in Abs. 1 und 2. Abs. 1 lautet: »Verzichtet jemand zugunsten eines anderen auf das gesetzliche Erbrecht, so ist im Zweifel anzunehmen, dass der Verzicht nur für den Fall[219] gelten soll, dass der andere Erbe wird.« (»**erklärter relativer Zuwendungsver-**

---

204 Staudinger/*Schotten*, § 2352 Rn. 9; *Mayer*, ZEV 1996, 127, 128; *Reul*, MittRhNotK 1997, 373, 384, ausführlich *Kornexl*, Rn. 540 ff.
205 Reimann/Bengel/Mayer/*Mayer*, Teil A Rn. 218.
206 *Kornexl*, Rn. 543; *Mayer*, ZEV 1996, 127, 128.
207 Reimann/Bengel/Mayer/*Mayer*, Teil A Rn. 218; MüKoBGB/*Wegerhoff*, § 2352 Rn. 4.
208 MüKoBGB/*Wegerhoff*, § 2352 Rn. 4; Palandt/*Weidlich*, § 2352 Rn. 4.
209 Reimann/Bengel/Mayer/*Mayer*, Teil A Rn. 218; *Kornexl*, Rn. 541, MüKoBGB/*Wegerhoff*, § 2352 Rn. 4.
210 Allg.M., siehe nur Staudinger/*Schotten*, § 2352 Rn. 12; Palandt/*Weidlich*, § 2352 Rn. 2.
211 Reimann/Bengel/Mayer/*Mayer*, Teil A Rn. 218; MüKoBGB/*Wegerhoff*, § 2352 Rn. 4.
212 H.M.: BGH NJW 1982, 110, 1102; Staudinger/*Schotten*, § 2352 Rn. 12; a. A. *Kornexl*, Rn. 544f; *Jackschath*, MittRhNotK 1977, 117, 121.
213 Dazu DNotI-Gutachten Nr. 37793 v. 5.12.2002.
214 MüKoBGB/*Wegerhoff*, § 2352 Rn. 4; Reimann/Bengel/Mayer/*Mayer*, Teil A Rn. 218, a. A. *Jackschath*, MittRhNotK 1977, 117, 121.
215 BGH DNotZ 1990, 803 (mit krit. Anm. *Kanzleiter*, DNotZ 1990, 776) betont die »Nähe« der Einwilligung im Rahmen des § 2287 BGB zum Zuwendungsverzicht; Staudinger/*Schotten*, § 2352 Rn. 14, siehe auch *Ivo*, ZEV 2003, 101, 103; a. A. *Kornexl*, Rn. 546 f. Ausführlich Gutachten in DNotI-Report 2009, 173 auch zur Änderung des § 2352 BGB im Rahmen der Erbrechtsreform. Instruktiv auch *Keim*, RNotZ 2009, 574, 577 zur Änderung des § 2352 BGB und der Zustimmung zu unentgeltlichen lebzeitigen Verfügungen.
216 BGH DNotZ 1974, 231, 232; *Reul*, MittRhNotK 1997, 373, 385; Staudinger/*Schotten*, § 2352 Rn. 15.
217 *Reul*, MittRhNotK 1997, 373, 385; Staudinger/*Schotten*, § 2352 Rn. 16; MüKoBGB/*Wegerhoff*, § 2352 Rn. 6.
218 Staudinger/*Schotten*, § 2352 Rn. 16 ff. m. w. N.
219 Bedingung!

zicht«).²²⁰ Abs. 2 lautet: »Verzichtet ein Abkömmling des Erblassers auf das gesetzliche Erbrecht, so ist im Zweifel anzunehmen, dass der Verzicht nur zugunsten der anderen Abkömmlinge und des Ehegatten des Erblassers gelten soll.« (»**vermuteter relativer Erbverzicht**«).²²¹

Unabhängig von der streitigen (die Anwendbarkeit des § 2350 Abs. 2 BGB wird großenteils verneint,²²² teilweise bejaht,)²²³ Reichweite dieser Auslegungsregeln ist der Praxis zu empfehlen, eindeutige Bedingungen zu formulieren, um es auf die Auslegungsregel gerade nicht ankommen zu lassen.²²⁴ 116

5. Formelles²²⁵

Der Zuwendungsverzicht bedarf der **notariellen Beurkundung**.²²⁶ Gleichzeitige Anwesenheit beider Vertragsteile ist dabei nicht vorgeschrieben, so dass ein Zuwendungsverzicht auch mit Angebot und Annahme erklärt werden kann. 117

Der Zuwendungsverzicht muss bei Eintritt des Erbfalls wirksam sein, also bis dahin müssen etwa zur Wirksamkeit erforderliche Genehmigungen erteilt sein.²²⁷ Wenn der künftige Erblasser vor der Annahme des Angebots durch den Verzichtenden verstirbt, wird der Verzicht nicht wirksam. Vorzugswürdig ist somit die Vertretung des nicht anwesenden Verzichtenden aufgrund mündlich erklärter Vollmacht.²²⁸ 118

Auch das dem Zuwendungsverzicht meist zugrunde liegende **Kausalgeschäft** bedarf ebenso wie beim Erbverzicht der notariellen Beurkundung.²²⁹ Insbesondere bei einer Verbindung des Verzichts mit einer Entgeltabrede ist auch diese mitzubeurkunden.²³⁰ Nach h. M.²³¹ tritt bei einem nicht formgerechten Verpflichtungsgeschäft durch den formwirksamen späteren Abschluss des Zuwendungsverzichts **Heilung** ein. In jedem Fall ist die Mitbeurkundung der Abfindungsvereinbarung²³² dem Verzichtenden schon wegen seiner Absicherung **dringlich anzuraten**.²³³ Die Wirksamkeit des Verzichts kann von der Erfüllung der Abfindung abhängig gemacht werden (**Bedingung**).²³⁴ Daneben kann das abstrakte Verzichtsgeschäft mit dem kausalen Verpflichtungsgeschäft nach § 139 BGB verknüpft werden.²³⁵ 119

Was die **allgemeinen persönlichen Voraussetzungen** angeht, gelten dieselben Voraussetzungen, die für den Erbverzicht angeordnet sind, §§ 2352 S. 3, 2347 BGB.²³⁶ Hierzu ist zu beachten, dass die 120

---

220 Staudinger/*Schotten*, § 2352 Rn. 17.
221 Staudinger/*Schotten*, § 2352 Rn. 17.
222 MüKoBGB/*Wegerhoff*, § 2352 Rn. 5, Palandt/*Weidlich*, § 2350 Rn. 1.
223 Staudinger/*Schotten*, § 2352 Rn. 17 f.
224 *Reul*, MittRhNotK 1997, 373, 385.
225 zur Benachrichtigungspflicht der Standesämter bei Zuwendungsverzichten und zur Ablieferungspflicht nach dem Erbfall: DNotI-Gutachten Nr. 71886 v. 2.11.2006.
226 die Form des Erbvertrages nach § 2276 BGB ist nicht vonnöten.
227 *Dohr*, MittRhNotK 1998, 382, 405; Staudinger/*Schotten*, § 2347, Rn. 8.
228 DNotI-Gutachten Nr. 24886 v. 9.5.2001 zu »Heilungsmöglichkeiten«, wenn Erblasser vollmachtlos vertreten.
229 Staudinger/*Schotten*, § 2352 Rn. 58; Reimann/Bengel/Mayer/*Mayer*, Teil A Rn. 220; *Dohr*, MittRhNotK 1998, 382, 405.
230 Staudinger/*Schotten*, § 2352 Rn. 58; Reimann/Bengel/Mayer/*Mayer*, Teil A Rn. 220.
231 Reimann/Bengel/Mayer/*Mayer*, Teil A Rn. 220.
232 zusammenfassend *Kornexl*, S. 81 ff.
233 Reimann/Bengel/Mayer/*Mayer*, Teil A Rn. 221.
234 Reimann/Bengel/Mayer/*Mayer*, Teil A Rn. 221.
235 Reimann/Bengel/Mayer/*Mayer*, Teil A Rn. 221; Staudinger/*Schotten*, § 2352 Rn. 58.
236 Staudinger/*Schotten*, § 2352 Rn. 20: Reimann/Bengel/Mayer/*Mayer*, Teil A Rn. 222.

Kapitel 16 Erbrechtlich relevante Rechtsgeschäfte zwischen Erblasser und künftigen Erben

Zulässigkeit der Stellvertretung und das Erfordernis der betreuungsgerichtlichen Genehmigung unterschiedlich ist:[237]

121 Der Verzichtende[238] kann sich ohne weiteres vertreten lassen; eine Vollmacht bedarf grundsätzlich keiner besonderen Form, § 167 Abs. 2 BGB. Steht er unter Betreuung, so bedarf er der betreuungsgerichtlichen Genehmigung. Gleiches gilt, wenn er unter elterlicher Sorge steht, es sei denn, der Vertrag wird zwischen Ehegatten oder unter Verlobten abgeschlossen (§§ 2352 S. 3, 2347 S. 1 BGB). Auch ein Betreuer braucht für den Verzicht die familien/betreuungsgerichtliche Genehmigung (§§ 2352 S. 3, 2347 Abs. 1 S. 2 BGB).

122 Der Erblasser muss den Verzichtsvertrag grundsätzlich persönlich abschließen.[239] Ein Verstoß führt zur Nichtigkeit.[240]

123 **Achtung Haftungsfalle: Auch bei verbundenen Geschäften (z. B. bei einem Verzicht im Rahmen eines Übergabevertrages muss der Erblasser/Übergeber persönlich erscheinen!**

124 Ist der Erblasser geschäftsunfähig, so kann der Vertrag durch den gesetzlichen Vertreter geschlossen werden,[241] (**nicht durch den Generalbevollmächtigten!**) jedoch ist die betreuungsgerichtliche Genehmigung erforderlich (§§ 2352 S. 3, 2347 Abs. 2 S. 2 BGB).

Der beschränkt Geschäftsfähige bedarf nicht der Zustimmung seines gesetzlichen Vertreters (§§ 2352 S. 3, 2347 Abs. 2 S. 1 Hs. 2 BGB).

6. Verzicht auf Zuwendungen aus einem Erbvertrag, § 2352 S. 2 BGB

a) Vertragsmäßige Verfügungen

125 Nach § 2352 S. 2 BGB kann grundsätzlich nur ein **Dritter** auf die in einem Erbvertrag getätigten **vertragsmäßigen Zuwendungen** verzichten.[242] Es muss unterschieden werden, ob es sich um einseitige oder vertragsmäßige Zuwendungen handelt. § 2352 S. 2 BGB ist auf einseitige Verfügungen in einem Erbvertrag nicht anwendbar,[243] nur auf vertragsmäßige Verfügungen. Zum wirksamen Abschluss eines Zuwendungsverzichtsvertrages ist nicht erforderlich, dass der Vertragspartner des Erblassers zustimmt,[244] insoweit ermöglicht § 2352 BGB einen Zuwendungsverzicht zwischen dem Erblasser und dem erbvertraglich bedachten Dritten. Fraglich ist, wer »**Dritter**« in diesem Sinne ist.

126 Dritter soll derjenige sein, der weder als Erblasser noch als Vertragspartner an dem Erbvertrag persönlich mitwirkt[245] (**formale Abgrenzung**). Eine »rein formelle« Mitunterzeichnung soll nicht schaden.[246] Wurde also der Erbvertrag **nur** zwischen zwei Personen geschlossen, die auch sonst nieman-

---

237 Staudinger/*Schotten*, § 2352 Rn. 20: Reimann/Bengel/Mayer/*Mayer*, Teil A Rn. 222.
238 *Dohr*, MittRhNotK 1998, 382, 405.
239 *Dohr*, MittRhNotK 1998, 382, 405.
240 Staudinger/*Schotten*, § 2352, Rn. 20.
241 *Dohr*, MittRhNotK 1998, 382, 405; Staudinger/*Schotten*, § 2352, Rn. 20, 27; DNotI-Gutachten Nr. 60427. Bestehen Zweifel an der Geschäftsunfähigkeit, sollte der Notar zweigleisig fahren und sowohl den Betreuer, als auch den Betreuten unterzeichnen lassen, so *Cypionka*, DNotZ 1991, 571, 586.
242 *Reul*, MittRhNotK 1997, 373, 385; Staudinger/*Schotten*, § 2352, Rn. 23.
243 *Reul*, MittRhNotK 1997, 373, 385; Staudinger/*Schotten*, § 2352, Rn. 23 ff.
244 Allg.M: z. B. Staudinger/*Schotten*, § 2352, Rn. 24 m. w. N.
245 Reimann/Bengel/Mayer/*Mayer*, Teil A Rn. 224; Staudinger/*Schotten*, § 2352, Rn. 24; OLG Celle NJW 1959, 1923.
246 Palandt/*Weidlich*, § 2352 Rn. 3; Nieder/Kössinger, 2. Aufl., Rn. 889 (aufgegeben in der 3. Aufl. § 19 Rn. 33); Reimann/Bengel/Mayer/*Mayer*, Teil A Rn. 224.

dem Zuwendungen machen, ist ein Verzicht auf das vertraglich Zugewendete nicht zulässig.[247] Die Beteiligten können in diesem Fall lediglich den Erbvertrag **aufheben,** §§ 2290 ff. BGB.[248]

Den Fall, dass **drei oder mehr** Personen den Erbvertrag unterzeichnen, hat der Gesetzgeber übersehen.[249] Es besteht ein praktisches Bedürfnis dafür, den Zuwendungsverzicht auch beim mehrseitigen Erbvertrag durch Verzicht zwischen dem Erblasser und dem bedachten Vertragspartner zuzulassen. Dies wird von der mittlerweile wohl h. M.[250] auch betont. Danach genüge die »bloße Mitunterzeichnung« noch nicht, um den »Dritten« zum Vertragsschließenden zu machen und damit den Zuwendungsverzicht auszuschließen. Es wird auf **materiell-rechtliche Kriterien** abgestellt. Der Begriff des »Dritten« wird teleologisch reduziert[251] und entsprechend dem Änderungsbedürfnis einschränkend ausgelegt.[252] 127

Immer dann, wenn bei einem Erbvertrag mehr als zwei Personen beteiligt waren, muss dem im Erbvertrag materiell bedachten[253] Vertragspartner die Möglichkeit des Zuwendungsverzichts eröffnet werden.[254] Noch darüber hinausgehend wird zum Teil ein Zuwendungsverzicht auch beim zweiseitigen Erbvertrag immer dann zugelassen, wenn die **Aufhebung des Erbvertrags** z. B. wegen zwischenzeitlich eingetretener Geschäftsunfähigkeit **nicht mehr möglich** ist.[255] 128

b) Einseitige Verfügungen, § 2352 S. 1 BGB

Für **lediglich einseitige Verfügungen**, also nicht vertragsmäßig bindende Verfügungen von Todes wegen, die in einem Erbvertrag enthalten sind, gelten die Beschränkungen des § 2352 S. 2 BGB nicht.[256] 129

7. Rechtswirkung des Zuwendungsverzichts

Der Zuwendungsverzicht hat noch **keine positiv gestaltende**[257] Wirkung, d. h. es bedarf nicht nur des Verzichts, sondern noch einer entsprechenden Anordnung des Erblassers durch Verfügung von Todes wegen.[258] Der Zuwendungsverzicht bewirkt anders als der Widerruf beim Testament nicht die Aufhebung der betroffenen Verfügung.[259] Nach h. M.[260] verhindert er den entsprechenden Anfall der Zuwendung beim Verzichtenden. Es wird also die sog. **Vorversterbensfiktion** des § 2346 Abs. 1 S. 2 BGB entsprechend angewandt.[261] 130

---

247 Reimann/Bengel/Mayer/*Mayer*, Teil A Rn. 225; OLG Hamm DNotZ 1977, 751; OLG Stuttgart DNotZ 1979, 107.
248 Was ist, wenn der Erblasser nicht mehr geschäftsfähig ist? Ein Zuwendungsverzicht wäre möglich, §§ 2352 S. 3, 2347 Abs. 2 S. 2!
249 Zum Zuwendungsverzicht beim mehrseitigen Erbvertrag ausführlich DNotI-Gutachten Nr. 17261 v. 18.7.2000.
250 Reimann/Bengel/Mayer/*Mayer*, Teil A Rn. 226; MüKoBGB/*Wegerhoff*, § 2352, Rn. 8; *Kornexl*, Rn. 479 ff., *Reul*, MittRhNotK 1997, 385.
251 Reimann/Bengel/Mayer/*Mayer*, Teil A Rn. 226.
252 Reimann/Bengel/Mayer/*Mayer*, Teil A Rn. 226, und § 2290 Rn. 9 ff.; *Mayer*, ZEV 1996, 127, 130; BayObLG NJW 1965, 1552, a. A. OLG Celle NJW 1959, 1923.
253 Reimann/Bengel/Mayer/*Mayer*, Teil A Rn. 226; kritisch Staudinger/*Schotten*, § 2352, Rn. 26; *Jackschath*, a. a. O., S. 119 f.: es gibt keine klaren Kriterien, wann jemand »nur formell«, und wann »materiell« beteiligt ist.
254 Stets zulässig, so *Nieder/Kössinger*, § 19 Rn. 34.
255 *Kornexl*, Rn. 483.
256 MüKoBGB/*Wegerhoff*, § 2352 Rn. 10.
257 BeckOK-BGB/*Mayer*, § 2352, Rn. 14.
258 Reimann/Bengel/Mayer/*Mayer*, Teil A Rn. 230; MüKoBGB/*Wegerhoff*, § 2352 Rn. 12.
259 Reimann/Bengel/Mayer/*Mayer*, Teil A Rn. 231; MüKoBGB/*Wegerhoff*, § 2352 Rn. 12; *Nieder/Kössinger*, § 19 Rn. 34.
260 A. A. *Kornexl*, Rn. 83, 85, 384 ff., der eine »negative Geltungsanordnung« annimmt.
261 BeckOK-BGB/*Mayer*, § 2352, Rn. 15.

131 Die vom Zuwendungsverzicht betroffene Verfügung wird dadurch nicht nichtig, sondern nur »gegenstandslos«, d. h. das rechtliche Schicksal der weiteren Bestimmungen wird davon nicht betroffen.[262] Dies ist besonders wichtig bei korrespektiven Verfügungen in einem gemeinschaftlichen Testament und bei erbvertraglich bindenden Verfügungen: Nichtigkeit (etwa durch Anfechtung) oder Widerruf der einen Verfügung führen hier auch zur Unwirksamkeit der anderen, wechselbezüglichen (erbvertraglich bindenden Verfügung (§§ 2270 Abs. 1, 2298 Abs. 1 BGB).[263] Der **Zuwendungsverzicht kann daher zweckmäßig sein, wenn die weitergehenden Rechtsfolgen des Rücktritts beim Erbvertrag oder des Widerrufs beim gemeinsamen Testament zu vermeiden** sind.[264]

132 Der Zuwendungsverzicht allein hat **keine Auswirkungen auf die Bemessung der Höhe des gesetzlichen Erb- und Pflichtteils** der anderen Erben.[265] Der Zuwendungsverzicht bewirkt auch nicht den Verlust des Ehegatten-Pflichtteils nach § 1371 Abs. 3 Hs. 2 BGB.[266]

133 Der Verzicht eines **Vorerben** führt dazu, dass die als Nacherbe vorgesehene Person an seine Stelle tritt (§ 2102 Abs. 1 BGB).[267] Entsprechendes gilt beim Vorvermächtnis.[268]

8. Beseitigung (der Wirkungen) des Zuwendungsverzichts

134 Der Zuwendungsverzicht kann ebenso wie der Verzicht auf das gesetzliche Erbrecht durch Vertrag mit dem Erblasser wieder **aufgehoben** werden.[269] § 2351 BGB ist nach h. M.[270] entsprechend anwendbar. Die Aufhebung eines Zuwendungsverzichts hat beispielsweise dann praktische Bedeutung, wenn der Erblasser infolge Testier- oder Geschäftsunfähigkeit keine neue Verfügung von Todes wegen mehr errichten kann. Ein **Rücktritt vom Zuwendungsverzicht** ist dagegen wegen der **abstrakten Rechtsnatur** des Rechtsgeschäfts nicht möglich.[271]

135 Zur Problematik der **Aufhebung eines Zuwendungsverzichts** liegt nunmehr eine vielbeachtete Entscheidung des BGH[272] vor. Danach kann ein Zuwendungsverzicht ebenso wie ein Erbverzicht durch notariellen Vertrag mit dem Erblasser wieder aufgehoben werden, wenn der Erblasser den Rechtszustand vor dem Verzicht durch Verfügung von Todes wegen nicht vollständig wiederherstellen könnte.

136 Allerdings hat der BGH zwei wichtige Punkte offen gelassen:[273]
– Zum einen lässt der BGH offen, ob die Verweisung auf § 2347 Abs. 2 S. 2 BGB auch auf die Aufhebung eines Zuwendungsverzichts angewandt werden kann, ob also der **Aufhebungsvertrag bei Geschäftsunfähigkeit des Erblassers** auch durch seinen gesetzlichen Vertreter geschlossen werden kann (Bedenken aus §§ 2064, 2065 BGB).

---

262 Reimann/Bengel/Mayer/*Mayer*, Teil A Rn. 232; MüKoBGB/*Wegerhoff*, § 2352 Rn. 12.
263 MüKoBGB/*Wegerhoff*, § 2352 Rn. 12; BeckOK-BGB/*Mayer*, § 2352 Rn. 16.
264 MüKoBGB/*Wegerhoff*, § 2352 Rn. 12; BeckOK-BGB/*Mayer*, § 2352 Rn. 16.
265 BeckOK-BGB/*Mayer*, § 2352 Rn. 17.
266 BeckOK-BGB/*Mayer*, § 2352 Rn. 17.
267 *Keim*, RNotZ 2009, 574, 576 zu der Frage, ob sich daran etwas durch die Erbrechtsreform geändert hat, zum bisherigen Recht z. B. BeckOK-BGB/*Mayer*, § 2352 Rn. 18; Staudinger/*Schotten*, § 2352 Rn. 28.
268 BeckOK-BGB/*Mayer*, § 2352 Rn. 18; diff. dagegen *Kornexl*, Rn. 457f
269 H. M., so BGH MittBayNot 2008, 481 mit Anm. *Müller*, S. 484 ff.; Anm. *Litzenburger*, FD-ErbR 2008, 257004; Staudinger/*Schotten*, § 2352 Rn. 54; davor schon LG Kempten MittBayNot 1978, 63, 64; im Erg. auch *Mittenzwei*, ZEV 2004, 488; a. A. *Kornexl*, Rn. 554 ff.
270 Staudinger/*Schotten*, § 2352 Rn. 54.
271 Staudinger/*Schotten*, § 2352 Rn. 56; Bamberger/Roth/*Mayer*, § 2352 Rn. 27.
272 BGH, Urt. v. 20.2.2008 – IV ZR 32/06, DNotZ 2008, 624 = MittBayNot 2008, 481 = ZEV 2008, 237 mit krit. Anmerkung *Kornexl*.
273 Vgl. *Müller*, MittBayNot 2008, S. 484.

– Zum anderen hat der BGH nicht explizit entschieden, ob der **Aufhebungsvertrag ex tunc oder ex nunc** wirkt. Es gibt insoweit wohl -soweit ersichtlich- nur eine veröffentlichte Entscheidung zu diesem Komplex.[274] Das LG Kempten hält die Aufhebung des Zuwendungsverzichts für möglich, und misst der Aufhebung sogar Rückwirkung zu. Damit würde ggf. sogar eine zeitlich zwischen dem Zuwendungsverzicht und dessen Aufhebung begründete erbrechtliche Bindung beseitigt. Dies ist systemwidrig.[275] Auch der BGH hat obiter die Rückwirkung als »zweifelhaft« bezeichnet, tendiert also zu einer ex nunc Wirkung der Aufhebung.[276]

II. Gestaltung

Was die Gestaltung angeht, so sollte zum einen – vorsorgend – in der letztwilligen Verfügung der mögliche Fall des Zuwendungsverzichts bereits mitbedacht werden. Zum anderen sind unterschiedliche Fallgestaltungen des Zuwendungsverzichts zu betrachten – nachsorgende Perspektive.[277] **137**

1. Vorsorgende Regelung in der letztwilligen Verfügung im Hinblick auf einen etwaigen Zuwendungsverzicht

Der Fall eines späteren Zuwendungsverzichts sollte ggf. in einer letztwilligen Verfügung mitbedacht werden, auch wenn sich nach der Änderung des Erbrechts nunmehr durch die Einfügung des § 2352 S. 3 BGB die Möglichkeit ergibt, einen Zuwendungsverzicht auch auf die Abkömmlinge des Verzichtenden zu erstrecken, selbst wenn diese ausdrücklich oder aufgrund Auslegungsregel zum Ersatzerben in der letztwilligen Verfügung berufen sein sollten. **138**

Jede gemeinschaftliche Verfügung, auch jeder Erbvertrag sollte den gewünschten Umfang der Bindungswirkung auch und gerade im Hinblick auf Ersatzberechtigte genau festlegen.[278] Änderungsvorbehalte sollten erwogen werden. Es kann auch formuliert werden, dass etwaige Ersatzerbeneinsetzungen ersatzlos wegfallen, wenn der Erstberufene einen Zuwendungsverzicht vereinbart hat.[279] Dies ist ggf. vorzugswürdig gegenüber einem Änderungsvorbehalt, da die Regelung unabhängig ist vom Fortbestand der Testierfähigkeit des Erblassers.[280]

Also: Ersatzberufungen, bei denen kein ausreichender Änderungsvorbehalt bestimmt ist, sind unter **die auflösende Bedingung** stellen, dass sie ersatzlos wegfallen, wenn der Erstberufene durch Zuwendungsverzicht auf seine Zuwendung verzichtet.[281] **139**

▶ **Muster für ausführliche Regelung:**[282] **140**

Soweit einer der in dieser letztwilligen Verfügung Begünstigten auf eine ihm zugedachte Zuwendung durch Vereinbarung mit dem Erblasser oder seinem etwa überlebenden Ehepartner mit oder ohne Abfindung verzichtet, erstreckt sich die Wirkung des Zuwendungsverzichts, soweit nicht etwas anderes

---

274 LG Kempten MittBayNot 1978, 63, 64 »Der Aufhebungsvertrag nach § 2351 BGB beseitigt einen Erb- oder Zuwendungsverzicht, als sei er nie erfolgt.«
275 MüKoBGB/*Wegerhoff*, § 2352 Rn. 17.
276 BGH, Urt. v. 20.2.2008 – IV ZR 32/06, DNotZ 2008, 624.
277 *V. Dickhuth-Harrach*, DAI-Skript Grundkurs für angehende Anwaltsnotare, Teil 5, S. 303.
278 *V. Dickhuth-Harrach*, DAI-Skript Grundkurs für angehende Anwaltsnotare, Teil 5, S. 305/306.
279 *V. Dickhuth-Harrach*, DAI-Skript Grundkurs für angehende Anwaltsnotare, Teil 5, S. 305/306.
280 *V. Dickhuth-Harrach*, DAI-Skript Grundkurs für angehende Anwaltsnotare, Teil 5, S. 306.
281 *Nieder/Kössinger*, § 19 Rn. 39 mit Formulierungsvorschlag; weiterer Formulierungsvorschlag Beck'sches Formularbuch Erbrecht/*Keim*, C. I.7.
282 Nach *Tanck*, Erbrecht, § 8 Rn. 231; sowie *v. Dickhuth-Harrach*, DAI-Skript Grundkurs für angehende Anwaltsnotare, Teil 5, S. 305/306.

vereinbart wird, auch auf die hier berufenen oder durch (gesetzliche) Auslegungsregel zu ermittelnde Ersatzerben/Ersatzvermächtnisnehmer. Soweit nichts Abweichendes vereinbart wird, wächst in diesem Fall der Erbteil des Verzichtenden den übrigen Miterben anteilig an. Sind solche nicht vorhanden, oder haben diese auch verzichtet, tritt insoweit gesetzliche Erbfolge ein, falls der Längerlebende keine abweichende Verfügung von Todes wegen trifft.

Beim Verzicht auf ein Vermächtnis entfällt es ersatzlos, anderweitige Regelung vorbehalten.

Für das Objekt des Zuwendungsverzichts wird die Anwendung der Auslegungsregel des § 2069 BGB und der Vorschriften über die Anwachsung ausdrücklich ausgeschlossen.

141 ▶ **Muster:**

Für den Fall der Ausschlagung oder des Zuwendungsverzichts eines Bedachten werden hiermit alle Ersatzbedachten, einschließlich der aufgrund irgendwelcher gesetzlichen Auslegungs-, Vermutungs- und Ergänzungsregeln in Betracht kommenden Personen, ausdrücklich ausgeschlossen.

2. Gestaltungsmöglichkeiten des – »nachsorgenden« – Zuwendungsverzichts

a) Grundformulierung[283]

142 Grundsätzlich könnte man den Zuwendungsverzicht unter Vorbehalt des gesetzlichen Erbrechts wie folgt formulieren:[284]

143 ▶ **Muster:**

Der Erblasser... hat mit seinem Ehepartner am... einen Erbvertrag/ein gemeinschaftliches Ehegattentestament geschlossen, UR-Nr..../... des amtierenden Notars. Der Ehepartner... ist inzwischen verstorben.

Der verzichtende Bedachte verzichtet hiermit – mit Wirkung auch für seine Abkömmlinge[285] – gegenüber dem dies annehmenden Erblasser auf das ihm durch das bindend gewordene gemeinschaftliche Testament/den bindenden Erbvertrag des Erblassers und seines Ehegatten vom zugewendeten Erbrecht/Vermächtnis bezüglich... (Vermächtnisgegenstand).

Dieser Zuwendungsverzicht erstreckt sich nicht auf das gesetzliche Erb- und Pflichtteilsrecht des Verzichtenden.

Denkbar ist natürlich auch eine Kombination mit Erb- und/oder Pflichtteilsverzicht.[286]

144 ▶ **Muster:**

Gleichzeitig verzichtet der Bedachte auch – ebenfalls mit Wirkung für seine Abkömmlinge – auf sein Erb- und/oder Pflichtteilsrecht.[287]

---

283 Muster siehe u. a. *Tanck*, Erbrecht, § 8 Rn. 215 ff.; Reimann/Bengel/Mayer/*Mayer*, Formularteil, Rn. 84; Frieser/Sarres/*Stückemann/Krause*, § 3 Rn. 340.
284 Muster ergänzt nach *Tanck*, Erbrecht, § 8 Rn. 224.
285 Möglicherweise reicht diese Erstreckungswirkung auf die Abkömmlinge auch nach neuem Recht alleine nicht; empfehlenswert ist es, in einem zweiten Schritt, so möglich, auch die Verfügung von Todes wegen zu ändern und eine dort angeordnete Ersatzerbenregelung aufzuheben; so *Weidlich*, FamRZ 2010, 166, 171.
286 *Tanck*, Erbrecht, § 8 Rn. 224.
287 *Tanck*, Erbrecht, § 8 Rn. 225.

b) Vollmuster

▶ **Muster:** 145

Zuwendungsverzichtsvertrag

Verhandelt ...

Es erschienen:

1) ..., geboren am ... in ... als Sohn/Tochter der Eheleute ..., wohnhaft ...,

– nachfolgend kurz »der Erblasser« genannt –,

2. ..., geboren am ... in ... als Sohn/Tochter der Eheleute, wohnhaft ...,

– nachfolgend kurz »der Bedachte« genannt –.

Die Erschienenen wiesen sich sämtlich aus durch ...

Der Notar überzeugte sich durch den Gang der Verhandlung von der Geschäftsfähigkeit der Erschienenen.

Die Erschienenen erklärten:

Wir schließen folgenden

ZUWENDUNGSVERZICHTSVERTRAG

I. Vorbemerkung

Der Erblasser hat mit Erbvertrag/gemeinschaftlichem Testament vom ... – UR-Nr. ... des amtierenden Notars – den/dem Bedachten, der nicht Vertragspartei des Erbvertrages war, als Erben berufen./ein Vermächtnis, und zwar ..., zugewendet. Diese Verfügung von Todes wegen ist erbvertraglich/als wechselbezügliche Testamentsanordnung bindend.

II. Zuwendungsverzicht

Der Bedachte verzichtet hiermit – mit Wirkung auch für seine Abkömmlinge – dem dies annehmenden Erblasser gegenüber auf dieses ihm aus dem vorgenannten ... zustehende künftige Erbrecht./Vermächtnis. Dieser Zuwendungsverzicht erstreckt sich nicht auf das gesetzliche Erb- und Pflichtteilsrecht des Verzichtenden.

III. Gegenleistungen, Kosten; Abschriften

Eine Gegenleistung für den Zuwendungsverzicht wird nicht vereinbart. Die Kosten dieser Urkunde trägt der Erblasser.

Die Beteiligten erhalten jeweils Ausfertigung. Der Notar wird ermächtigt und beauftragt, eine beglaubigte Abschrift an das Nachlassgericht des Erblassers zu senden.

IV. Hinweise

Der Notar hat über Bedeutung und Rechtswirkungen eines Zuwendungsverzichts im Sinne des § 2352 BGB ausführlich belehrt und darauf hingewiesen, dass dieser Verzicht nicht die Aufhebung des vorgenannten Erbvertrages/Testamentes zur Folge hat und dass sich dieser Verzicht sich nicht auf das gesetzliche Erb- und Pflichtteilsrecht erstreckt; nach neuer Rechtslage erstreckt sich der Verzicht jedoch auf Abkömmlinge des Verzichtenden, wenn dies entsprechend geregelt ist. Der Erblasser ist trotz des Verzichtes nicht gehindert, den Verzichtenden in einer späteren Verfügung von Todes wegen erneut zu bedenken. Der Notar hat die Beteiligten ferner darauf hingewiesen, dass infolge des Zuwendungsverzichts der Bedachte beim Tod des Erblassers erbrechtlich so behandelt wird, wie wenn er bereits verstorben wäre. Der Notar hat dem Erblasser erläutert, inwieweit er infolge des Zuwendungsverzichts seine Testierfreiheit wiedergewinnen kann.

Diese Niederschrift

c) Einzelne Abwandlungen[288]

aa) Einfügung von Bedingungen

146 Wenn der Verzicht zugunsten der Abkömmlinge des Verzichteten abgegeben werden soll, könnte wie folgt[289] formuliert werden:

147 ▶ **Muster:**

Der Verzicht steht unter der aufschiebenden Bedingung, dass an Stelle des Bedachten seine Kinder entsprechend der im vorgenannten Testament/Erbvertrag des Erblassers und seines Ehegatten verfügten Ersatzerbfolge Erben werden.

bb) Relativer Zuwendungsverzicht[290]

148 ▶ **Muster (gegenläufig):**

Klargestellt wird, dass der Zuwendungsverzicht unabhängig davon gilt, wer anstelle des Verzichtenden zur Erbfolge gelangt.

cc) Eingeschränkter, relativer Verzicht[291]

149 ▶ **Muster:**

Der Bedachte verzichtet hiermit insoweit auf die in dem Erbvertrag des Erblassers vom ..., UR-Nr. .../... des amtierenden Notars zu seinen Gunsten angeordneten Zuwendungen, als hierdurch die Wirksamkeit der durch den Erblasser beabsichtigten Anordnung eines Vermächtnisses zugunsten ... verhindert würde. Zugunsten anderer Begünstigter gilt dieser Verzicht jedoch nicht.

dd) Gegenständlich beschränkter Zuwendungsverzicht[292]

150 ▶ **Muster:**

Der Verzichtende verzichtet hiermit -mit Wirkung auch für seine Abkömmlinge- auf die sich aus dem Erbvertrag des Erblassers vom ..., UR-Nr. .../... des amtierenden Notars ergebende vermächtnisweise Zuwendung der nachfolgend im Einzelnen benannten Vermächtnisgegenstände: ... Die übrigen letztwillig verfügten Zuwendungen an den Verzichtenden bleiben von diesem Verzicht ebenso unberührt wie sein gesetzliches Erb- und Pflichtteilsrecht.

ee) Nachträgliche Anordnungen, z. B. nachträgliche Anordnung einer Testamentsvollstreckung, einer Auflage, der Vor- und Nacherbschaft, oder eines (Unter)Vermächtnisses

151 Man kann dem Erblasser auch die Handhabe geben, den Verzichtenden mit unterschiedlichen Beschränkungen und Beschwerungen zu belasten.[293]

---

288 Sehr differenzierte Bausteinvorschläge bei *Tanck/Riedel*, § 8 Rn. 37 ff. und 215 ff.
289 *Tanck/Riedel*, § 8 Rn. 215.
290 Dazu DNotI-Report 2001, 70 ff; *Reul*, MittRhNotK 1997, 373, 385.
291 Nach *Tanck* § 8 Rn. 239. Dazu DNotI-Gutachten Nr. 56138 v. 23.3.2006.
292 Nach *Tanck* § 8 Rn. 235.
293 BGH MittBayNot 1978, 111; Staudinger/*Schotten*, § 2352 Rn. 13; Formulierung angelehnt an *Tanck*, § 8 Rn. 234.

▶ **Muster:** 152

Der Bedachte verzichtet hiermit insoweit auf die im Erbvertrag des Erblassers vom ..., UR-Nr. ... des amtierenden Notars zu seinen Gunsten verfügten Zuwendungen, als hierdurch die Wirksamkeit der durch den Erblasser beabsichtigten Anordnung einer Testamentsvollstreckung/einer Vor- und Nacherbschaft/eines (Unter-)Vermächtnisses/einer Auflage zu Lasten des Verzichtenden verhindert würde.[294]

d) Entgeltlicher Zuwendungsverzicht: Verknüpfung von Abfindungsleistung und Zuwendungsverzicht durch aufschiebende Bedingung[295]

▶ **Muster:** 153

...

A, geborene B, geboren am ..., wohnhaft ... – »Erblasserin –,

sowie wie deren Stiefsohn, S., geboren am ..., wohnhaft ... – »Bedachter« –.

Die Erschienenen erklärten folgenden:

Zuwendungsverzichtsvertrag

I. Vorbemerkung

Die Erblasserin hat mit ihrem mittlerweile verstorbenen Ehemann, dem Vater des Bedachten, am ... einen Erbvertrag errichtet, in welchem sich die Ehegatten ... gegenseitig zu alleinigen Vollerben eingesetzt haben (UR-Nr ... des amtierenden Notars). Der Erbvertrag wurde am ... vom Nachlassgericht [Ort] unter dem Aktenzeichen (AZ.:) eröffnet. Als Schlusserbe des längerlebenden Ehegatten wurde u. a. der Bedachte S. zu einer Erbquote von ... eingesetzt, insoweit ersatzweise dessen Abkömmlinge nach der gesetzlichen Erbregel erster Ordnung. Die Erbeinsetzung des Stammes des Bedachten S. ist nach dem Erbvertrag erbrechtlich bindend. A hat die Erbschaft nach ihrem verstorbenen Ehemann angenommen.

II. Verpflichtung zum Zuwendungsverzicht;
Abfindung; Zwangsvollstreckungsunterwerfung

(1) S. verpflichtet sich, auf seine Einsetzung als Miterbe der Erblasserin in dem in Abschnitt I dieser Urkunde aufgeführten Erbvertrag zwischen der A. und dem verstorbenen Vater des S. – aufschiebend bedingt[296] durch die vollständige Erfüllung der in Abs 2 vereinbarten Abfindungsverpflichtung zu verzichten.

Klargestellt wird, dass der Bedingungseintritt von der Erfüllung eventueller Verzugszins- oder sonstiger Verzugsschadensersatzansprüche nicht abhängt.

(2) S. erhält als Abfindung für seinen Zuwendungsverzicht von der Erblasserin eine Abfindung von ... EUR. Die Abfindung ist innerhalb von zwei Wochen ab heute auf das Konto des Bedachten Nr. bei der BLZ, zu bezahlen.

---

294 Nach *Tanck/Riedel*, § 8 Rn. 236.
295 Formular auf Basis von Beck'sche Online Formulare/*Egerland*, Wurm/Wagner/Zartmann/*Fröhler*, Formular M 80.4, S. 1465 und Reimann/Bengel/Mayer/*Mayer*, Formularteil Rn. 84. Bisher musste bei unsicherer Wirkung gegen die Abkömmlinge bei Zuwendungsverzichten gegen Abfindung erwogen werden, die Abfindung unter die auflösende Bestimmung zu stellen, dass der Verzicht auch gegen eventuelle Ersatzberechtigte wirkt, *Nieder/Kössinger*, § 19 Rn. 39 ff.
296 Unter Umständen auflösende Bedingung besser, vor allem dann, wenn zwischen Verzicht und Fälligkeit der Gegenleistung ein längerer Zeitraum liegt. Die Testierfreiheit tritt erst mit Wirksamkeit des Zuwendungsverzichtsvertrages ein, so Reimann/Bengel/Mayer/*Mayer*, Formularteil Rn. 84.

(3) Wegen der Verpflichtung zur Bezahlung der Abfindung von ... EUR unterwirft sich die A der sofortigen Zwangsvollstreckung. Der Notar darf ohne weitere Nachweise ab dem ... vollstreckbare Ausfertigung erteilen.

III. Aufschiebend bedingter Zuwendungsverzicht

(1) Der Bedachte S. verzichtet mit Wirkung für sich und seine Abkömmlinge[297] gegenüber der dies annehmenden A auf seine Schlusserbeinsetzung als Miterbe zu einer Quote von ... aus dem in Abschnitt I. vorbezeichneten Erbvertrag. Der Verzicht erfolgt aufschiebend bedingt durch die vollständige Erfüllung der in Abschnitt II Abs. (2) dieser Urkunde vereinbarten Abfindungsverpflichtung. Ein Verzicht auf das Erb- und Pflichtteilsrecht erfolgt hingegen nicht.

(2) Soweit der Nachweis dieser Bedingung in öffentlicher Urkundsform zu führen ist, genügt eine gesiegelte Bestätigung des amtierenden Notars, dass ihm gegenüber der Nachweis erbracht ist.

IV. Ausschluss von Ansprüchen und Rechten

Die Vereinbarungen in dieser Urkunde erfolgen unabhängig vom Wert, dem Umfang und der Zusammensetzung des Vermögens der Erblasserin jetzt und im Zeitpunkt des Erbfalls. Sämtliche Ansprüche und Rechte der Beteiligten wegen eventueller Irrtümer über diese Umstände oder der Nichtberücksichtigung zukünftiger Veränderungen dieser Umstände werden ausgeschlossen; Ansprüche und Rechte wegen arglistiger Täuschung bleiben unberührt.

V. Schlussbestimmungen

(1) Von dieser Urkunde erhält jeder Beteiligte eine Ausfertigung, das zuständige Schenkungsteuerfinanzamt sowie das Nachlassgericht in ... zu dem vorstehend in Abschnitt I bezeichneten Nachlassaktenzeichen je eine beglaubigte Abschrift.

(2) Die Kosten dieser Beurkundung trägt die Erblasserin.

VI. Hinweise

Der Notar hat die Beteiligten hingewiesen:

(1) dass infolge des Zuwendungsverzichts der Bedachte beim Tod der Erblasserin erbrechtlich so behandelt wird, wie wenn er bereits verstorben wäre;

(2) die Erblasserin infolge des Zuwendungsverzichts ihre Testierfreiheit, was den Stamm des Bedachten angeht, wiedergewonnen hat;

(3) auf eine mögliche Schenkungsteuerpflicht wegen der Gewährung der Abfindung;

(4) dass dieser Vertrag wegen der Gewährung der Abfindung möglicherweise ganz oder teilweise als Schenkung im Sinn des § 2325 BGB anzusehen ist; er hat auch über die sich hieraus ergebenden Rechtsfolgen belehrt.

Diese Niederschrift ...

III. Kosten

154 Für den Zuwendungsverzichtsvertrag gelten die gleichen Grundsätze wie für den Erb- und/oder den Pflichtteilsverzichtsvertrag nach § 102 Abs. 4 GNotKG[298]. Die **Trennung von Kausalgeschäft und Zuwendungsverzicht** löst zweimal die 2,0 Gebühr aus.

---

297 Oder »... nur mit Wirkung für sich. Entgegen der Auslegungsregel des §§ 2352 S. 3, 2349 BGB bleibt das Erbrecht der Abkömmlinge des Verzichtenden unberührt.«
298 Streifzug durch das GNotKG, Rn. 2750 iVm 767 ff.

Eine Verzicht gegen Abfindung ist Austauschvertrag i. S. v. § 97 Abs. 3 GNotKG. Der Geschäftswert bestimmt sich nach der **höherwertigen Leistung**, also Reinwertbruchteil des Verzichtenden am Nachlass des Erblassers bzw. Abfindung.[299] Maßgebend sind die Wertigkeiten im Zeitpunkt des Verzichts.[300]   155

Zum Ansatz kommt die 2,0 Gebühr nach KV 21110.

IV. Steuern

Steuerrechtlich unterliegt der Zuwendungsverzicht nicht der Erbschaftsteuer, da der Verzichtende nur eine bloße Erwerbsaussicht aufgibt[301].   156

Die Abfindung für einen Zuwendungsverzicht steht steuerrechtlich[302] einer Schenkung unter Lebenden gleich.[303] Nach § 7 Abs. 1 Nr. 5 ErbStG gilt als Schenkungen unter Lebenden, was als Abfindung für einen Erbverzicht (§§ 2346, 2352 BGB) gewährt wird. Im Übrigen kommen die allgemeinen Regelungen des ErbStG zur Anwendung. Allerdings ist nach BFH vom 25. Mai 1977[304] nicht das Verhältnis des Verzichtenden zu demjenigen maßgeblich, der die Abfindung leistet,[305] sondern stets das Verhältnis des Verzichtenden zum künftigen Erblasser.[306] Insoweit ist die Rechtslage bei den erbrechtlichen Verzichten identisch mit derjenigen beim Erbschaftsvertrag. Auch hier sind ggf. entsprechende **Gestaltungsmöglichkeiten** eröffnet.[307]   157

Der Notar muss auf die mögliche Schenkungsteuerpflicht hinweisen, §§ 8 Abs. 1, S. 6, Abs. 4 ErbStDV. Das nach § 35 ErbStG zuständige Finanzamt ist unter Übersendung einer beglaubigten Abschrift der Urkunde zu informieren.   158

V. Checkliste[308]

▶ **Checkliste: Zuwendungsverzicht**   159

1. Möglichkeit des Zuwendungsverzichts:
☐ **Bindung** des Erblassers durch letztwillige Verfügungen? Ausmaß und Grenzen der Bindung;[309]
☐ Reichweite des Zuwendungsverzichts;[310]
☐ Eigener Verzicht der Ersatzerben oder Verzichtswirkung nach § 2352 S. 3 BGB n. F.
☐ Erstreckung des Zuwendungsverzichts auf gesetzliches **Erb- und Pflichtteilsrecht? Kombination mehrerer Verzichtsarten?**[311]

---

299 Streifzug durch das GNotKG, Rn. 2753.
300 Streifzug durch das GNotKG, Rn. 2754.
301 *Hausmann/Hohloch/Weidlich*, Kap. 15, Rn. 138.
302 Allgemein *Meincke*, Abfindungsleistungen aus erbschaftssteuerlicher Sicht, ZEV 2000, 214; dort auch zu Fragen des § 311b Abs. IV und V BGB (vormals § 312 BGB) in erbschaftssteuerlicher Sicht.
303 Ausführlich *Wälzholz*, Handbuch Pflichtteilsrecht, § 17 Rn. 181 ff., mit Gestaltungstipps Rn. 188. Es handelt sich nicht um eine Gegenleistung für ein entgeltliches Geschäft.
304 BFH II R 136/73, BeckRS 1977 22004067 = BStBl. II 1977, 733; bestätigt durch BFH v. 25.1.2001 – II R 22/98, MittBayNot 2001, 416.
305 so noch BFH v. 16.1.1953 – III 192/52, BeckRS 1953 21006462 = BStBl. III 1953, 59.
306 Troll/Gebel/*Jülicher*, § 7 Rn. 17 m. w. N. auf Abgrenzungsprobleme und Gestaltungsmöglichkeiten.
307 Siehe Kapitel 17 Rdn. 7 zum Erbschaftsvertrag.
308 Reimann/Bengel/Mayer/*Mayer*, Teil A Rn. 214 ff., Frieser/Sarres/*Stückemann*/T. Krause, § 3 Rn. 349, Tanck/Riedl, § 8 Rn. 246, Nieder/*Kössinger*, § 19 Rn. 46, Bonefeld/Daragan/Wachter/*Mittenzwei*, Der Fachanwalt für Erbrecht, S. 1183.
309 Änderungsvorbehalte, Freistellungsklauseln oder anderweitige Aufhebungs- und Widerrufsmöglichkeiten.
310 Ausdrückliche oder zu vermutende Ersatzerbeneinsetzung nach § 2069 BGB.
311 MüKoBGB/*Wegerhoff*, § 2352 Rn. 17; Staudinger/*Schotten*, § 2352 Rn. 53.

Kapitel 16 — Erbrechtlich relevante Rechtsgeschäfte zwischen Erblasser und künftigen Erben

2. Zweckmäßigkeit des Zuwendungsverzichts:
- ☐ Erblasser ganz oder teilweise **geschäftsunfähig**;
- ☐ **Bindung** des Erblassers durch bindende/wechselbezügliche Verfügung von Todes wegen;
- ☐ Beseitigung einer wechselbezüglichen Verfügung, wenn die korrelierende **Verfügung** entgegen §§ 2270 Abs. 1, 2298 Abs. 2 BGB **aufrechterhalten** werden soll;[312]
- ☐ Beim mehrseitigen Erbvertrag, wenn dessen **Aufhebung** wegen des Todes eines anderen Vertragsteils oder aus einem anderen Grunde **nicht möglich** ist.

3. Formelles:
- ☐ Notarielle Beurkundung erforderlich, auch für das Kausalgeschäft (Abfindungsvereinbarung).
- ☐ Sukzessivbeurkundung durch Angebot und Annahme möglich.
- ☐ Für den **Erblasser**: grundsätzlich höchstpersönliche Willenserklärung; Ausnahme: Geschäftsunfähiger kann vertreten werden, jedoch **nicht durch Generalbevollmächtigten**, sondern nur durch Betreuer, familien/betreuungsgerichtliche Genehmigung erforderlich.
- ☐ Für den **Verzichtenden**: formlose Vertretung möglich. Beschränkte Geschäftsfähigkeit: Zustimmung des gesetzlichen Vertreters und betreuungs- bzw. familiengerichtliche Genehmigung erforderlich, außer wenn Verzichtender unter elterlicher Sorge steht und Verzichtsvertrag unter Ehegatten oder Verlobten geschlossen wurde.
- ☐ Verzicht muss bei Eintritt des Erbfalls **wirksam** geworden sein, also erforderliche Genehmigungen (Betreuungs-/Familiengericht) erteilt, Angebot angenommen, Handlung des vollmachtlosen Vertreters genehmigt sein.

4. Inhalt des Verzichts:
- ☐ Gegenstand: Erbeinsetzung und/oder Vermächtnisse, begünstigende Auflage, (streitig),[313] gesetzliche Vermächtnisse (Voraus, Dreißigster) (streitig)[314] und künftige Zuwendungen.[315]
- ☐ Beschränkung:
    - ☐ genereller oder beschränkter Zuwendungsverzicht. Verzicht nur auf eine von mehreren Zuwendungen[316] (z. B. nur Erbeinsetzung, nicht Vorausvermächtnis).
    - ☐ Auf Teile einer Zuwendung nur, wenn mit den Grundsätzen des erbrechtlichen Typenzwangs vereinbar[317], so bei Erbeinsetzung nur auf Bruchteil, bei Vermächtnis auch auf einzelne Vermächtnisgegenstände.
    - ☐ Zulassung von Beschränkungen und Beschwerungen[318] der bereits getroffenen Zuwendung, etwa durch Auflagen, Ausgleichspflichten, Testamentsvollstreckung, Vor- und Nacherbschaft. Diese Beschränkungen und Beschwerungen müssen nach dem Zuwendungsverzicht durch letztwillige Verfügung angeordnet werden;
    - ☐ Einräumung des Rechts zur Vornahme einer beeinträchtigenden Schenkung (§ 2287 BGB);
- ☐ Vereinbarung von **Bedingungen**:
    - ☐ etwa Verknüpfung mit Erbringung von Gegenleistungen (entgeltlicher Zuwendungsverzicht)

---

312 Reimann/Bengel/*Mayer*, Teil A Rn. 245.
313 Streitig: Auch auf die Begünstigung aus einer **Auflage** kann in analoger Anwendung des § 2352 BGB verzichtet werden: so Staudinger/*Schotten*, § 2352, Rn. 2 m. w. N.; *Reul*, MittRhNotK 1997, 373, 384; a. A. die wohl h. M.: *Mayer*, ZEV 1995, 127; MüKoBGB/*Strobel*, § 2352 Rn. 4; AnwKomm-BGB/*Beck/Ullrich*, Rn. 2. M. E. ist die Auffassung, § 2352 BGB analog anzuwenden, vorzuziehen, die Interessenlage ist vergleichbar.
314 M. E. zutreffend: Palandt/*Weidlich*, § 2352 Rn. 4; *Kornexl*, Rn. 534; a. A. *Lange/Kuchinke*, § 7 II 2 Fn. 52.
315 Allg.M., siehe nur Staudinger/*Schotten*, § 2352 Rn. 8 m. w. N.: kein vorsorglicher Zuwendungsverzicht.
316 Staudinger/*Schotten*, § 2352 Rn. 9; MüKoBGB/*Wegerhoff*, § 2352 Rn. 4.
317 Staudinger/*Schotten*, § 2352 Rn. 10.
318 Staudinger/*Schotten*, § 2352 Rn. 13.

- ☐ relativ wirkender Zuwendungsverzicht, der nur wirkt, wenn bestimmte andere Bedachte dadurch zum Zuge kommen.
- ☐ **Erstreckung** auf das gesetzliche Erb- und Pflichtteilsrecht. **Kombination mehrerer Verzichtsarten?**
- ☐ Erstreckung auf die Ersatzberufenen nunmehr nach § 2352 S. 3 BGB möglich, aber nicht zwingend.
- ☐ **Aufhebung** nach § 2351 BGB.

C. Kombination von Rechtsgeschäften unter Lebenden mit Verfügungen von Todes wegen

Literatur:
Bengel, Anm. zum Urt. des LG Köln (Kündigung von Dauerschuldverhältnissen bei Verpfründungsverträgen), DNotZ 1978, 685; *Hohmann,* Rechtfolgen von Störungen im Rahmen eines entgeltlichen Erbvertrages und Sicherung der Rechte des Vertragserben, 1993; *Knieper,* Die Verbindung des Erbvertrages mit anderen Verträgen, DNotZ 1968, 331; *Krebber,* Die Anfechtbarkeit des Erbvertrages wegen Motivirrtums, DNotZ 2003, 20; *Lüke,* Vertragliche Störungen beim »entgeltlichen« Erbvertrag, 1990; *J. Mayer,* Der entgeltliche Erbvertrag – Wer erben will, soll auch gelten, DNotZ 2012, 89.

I. Grundlagen

Zuweilen lässt sich jemand von einem anderen eine lebzeitige Leistung versprechen (z. B. Unterhalts- oder Pflegeleistung), möchte aber als Gegenleistung nicht ebenfalls eine lebzeitige Leistung erbringen (z. B. eine Grundstücksübertragung). Vielmehr will er mit Rücksicht auf die rechtsgeschäftliche Verpflichtung des anderen eine diesen begünstigende Verfügung von Todes wegen treffen (sog. entgeltlicher Erbvertrag oder auch Verpfründungsvertrag). Das Gesetz regelt diesen Vertragstypus fragmentarisch in § 2295 BGB. Dort wird lediglich ein Rücktrittsrecht für die Verfügung von Todes wegen gewährt, wenn die rechtsgeschäftliche Verpflichtung vor dem Tod des Erblassers aufgehoben wird. Der Aufhebung steht nach ganz h. M. jedwede nachträgliche Beendigung der lebzeitigen Leistungsverpflichtung gleich, wie etwa eine Beendigung der Verpflichtung durch Rücktritt, Unmöglichkeit oder auflösende Bedingung.[319]

160

Die Verknüpfung von lebzeitigem Rechtsgeschäfts mit im Gegenzug getroffener Verfügung von Todes wegen wirft wegen der Verkoppelung schuld- und erbrechtlicher Elemente Probleme auf:

161

1. Der Schutz der Erwerbserwartung des Leistungspflichtigen

Zum einen muss der zur lebzeitigen Leistung Verpflichtete (im Folgenden »Leistungspflichtiger«) in seiner Erwartung geschützt werden, im Gegenzug die erbrechtliche Zuwendung auch tatsächlich zu erhalten. Hier drohen **verschiedenste Risiken**, denen gestalterisch begegnet werden muss:

162

Risiken drohen dem Leistungspflichtigen einerseits von einer **abweichenden Verfügung von Todes wegen** durch den Erblasser, die den vereinbarten Erwerb von Todes wegen vereiteln kann. Zum Schutz gegen eine abweichende Verfügung von Todes wegen ist daher zunächst die Handlungsform des bindenden Erbvertrages vorzusehen.[320] Trotzdem ist die bindende Zuwendung von Todes wegen als Gegenleistung für fortwährende Pflege oder Unterhaltsleistung **erbrechtlich erheblich gefährdet**, und zwar in doppelter Hinsicht:

163

Zum einen ist auch die erbrechtlich bindend angeordnete Verfügung des Erblassers zugunsten des Leistungspflichtigen nichtig, wenn der Erblasser bereits früher eine erbrechtlich bindende Verfügung von Todes wegen getroffen hat (§§ 2271 Abs. 1 S. 2, Abs. 2 S. 1, 2289 Abs. 1 S. 2 BGB). Dies wird

---

319 Palandt/*Weidlich,* § 2295 Rn. 2; MünchKommBGB/*Musielak,* § 2295 Rn. 4.
320 Zur Möglichkeit der Ausgestaltung der Bindung beim Erbvertrag s. ausführlich Kapitel 7 Abschn. C.

der Erblasser oft selbst nicht richtig einschätzen können – man denke an die unerkannt bindende Einsetzung eines Schlusserben im privatschriftlichen Berliner Testament. Für den Leistungspflichtigen wird dieser Risikofaktor kaum je verlässlich einschätzbar sein. Damit aber ist sein **Erwerb per se in Frage gestellt**; dieses Risiko lässt sich nicht ausschalten.

Hinzu kommt, dass die Verfügung durch **Anfechtung gemäß § 2079 BGB** bedroht ist, wenn später ein Pflichtteilsberechtigter hinzutritt. Dies kann jederzeit durch **familienrechtliche Geschäfte** wie Eheschließung und Adoption geschehen. Solche sind dem Erblasser immer ungehindert möglich. Die Anfechtung wegen Übergehung eines Pflichtteilsberechtigten ist dabei nicht nur nach dem Erbfall durch diesen, sondern auch gem. § 2281 BGB durch den Erblasser selbst möglich.

Schließlich hat der BGH kürzlich auf ein weiteres erhebliches Risiko in den nicht seltenen Fällen hingewiesen, dass die Leistungspflicht in der Erbringung von Pflegeleistungen liegt. Hier führt die Unterbringung in einem Pflegeheim zu einer nachträglichen Unmöglichkeit der Pflegeleistung und damit durch § 275 BGB zu einer »Aufhebung« der Leistungspflicht i. S. d. § 2295 BGB.[321] Diese Vorschrift begründet – jedenfalls bei fortbestehender Geschäftsfähigkeit des Erblassers – für ihn ein Rücktrittsrecht (»Rein ins Heim, raus aus dem Erbvertrag«[322]).

164 Die in jedem Fall zu wählende **erbrechtliche Bindungswirkung** beeinträchtigt weiterhin nicht die Fähigkeit des Erblassers zur Vornahme von lebzeitigen, die erbrechtliche Verfügung aushöhlenden Verfügungen unter Lebenden (§ 2286 BGB). Schutz gegen **lebzeitigen Verfügungen** gewährt das Gesetz dem Vertragserben nur gegen unentgeltliche Verfügungen (§ 2287 BGB). Die schützende Wirkung, die § 2288 BGB dem vertraglich gesicherten Vermächtnisnehmer bietet, geht freilich deutlich hierüber hinaus. Schließlich ist der Leistungspflichtige nicht gegen einen Vollstreckungszugriff von Gläubigern des Erblassers zu dessen Lebzeiten geschützt. Mit rein erbrechtlichen Mitteln ist diesen Risiken für den Leistungsverpflichteten nicht beizukommen. Vielmehr bedarf es ergänzend außererbrechtlicher Gestaltungen, nämlich selbstständiger schuldrechtlicher Verpflichtungen.[323]

165 Selbst noch so elaborierte erb- und schuldrechtliche Schutzmechanismen beeinträchtigen nicht die Fähigkeit des Erblassers zur Vornahme von **familienrechtlichen Rechtsgeschäften** wie etwa Eheschließung, Annahme eines Kindes oder Vaterschaftsanerkenntnis.[324] Durch letztere können nicht allein Anfechtungsrechte (§ 2079 BGB) geschaffen; diesen lässt sich gestalterisch leicht begegnen. Vielmehr entstehen den Erwerb schmälernde Pflichtteilsrechte, wogegen keine Sicherung möglich ist.

2. Der Schutz des Erblassers vor Leistungsstörungen

166 Die andere Problematik des Verpfründungsvertrages besteht aus der Sicht des Erblassers in der Erfassung und Sanktionierung von Leistungsstörungen bei der Erbringung der lebzeitig geschuldeten Leistung. § 2295 BGB regelt diese Fragen unvollständig. Er erfasst lediglich den Fall, dass die rechtsgeschäftliche Verpflichtung, die gewissermaßen im Gegenseitigkeitsverhältnis zur Verfügung von Todes wegen steht, durch die Beteiligten einvernehmlich aufgehoben wird oder sonst durch Rücktritt, Unmöglichkeit oder auflösende Bedingung ihr Ende findet. Diese Fälle sind in der Lebenswirklichkeit jedoch eher die Ausnahme. Häufiger dürften Leistungsstörungen in Gestalt tatsächlicher Nichtleistung oder Schlechterfüllung sein. Diese Störungen des Leistungsgefüges lassen sich nicht etwa durch die Regelung über den gegenseitigen Vertrag (§§ 320 ff. BGB) erfassen, da der erbvertragliche Teil des Verpfründungsvertrages wegen § 2302 BGB nicht Teil eines gegenseitigen

---

321 BGH, Urt. v. 5.10.2010 – IV ZR 30/10, MittBayNot 2011, 318 f. m. Anmerkung von *Kornexl*, S. 319; *J.Mayer*, DNotZ 2012, 89, 95.
322 *Kornexl*, MittBayNot 2011, 319 f.
323 BGHZ 31, 13, 19; BayObLG DNotZ 1979, 27, 31; *Langenfeld*, ZEV 2007, 453, 457.
324 Palandt/*Weidlich*, § 2286 Rn. 2.

Vertrages sein kann.³²⁵ Allerdings will der BGH³²⁶ ein **synallagmatisches Verhältnis zwischen Pflegeverpflichtung** des Leistungspflichtigen und der die erbrechtliche Verfügung flankierenden **Verfügungsunterlassungspflicht** des Erblassers annehmen und gelangt so zur Anwendbarkeit des § 323 Abs. 1 BGB. Entfällt so die Leistungspflicht, ergibt sich gewissermaßen als Reflex über § 2295 BGB wiederum ein Rücktrittsrecht des Erblassers bezüglich des Erbvertrags. Dieser Lösungsweg des BGH überzeugt indes nicht, da die Verfügungsunterlassungspflicht nicht im Synallagma zur Pflegeverpflichtung steht.³²⁷ Als gesetzlich vorgesehene Rechtsbehelfe kommt dagegen nach h. M. zum einen eine **Anfechtung wegen Motivirrtums** durch den Erblassers (oder seinen gesetzlichen Vertreter, § 2282 BGB) gemäß §§ 2078, 2281 BGB³²⁸ in Betracht, sofern sich nicht dem Erbvertrag im Wege der Auslegung bereits eine auflösende Bedingung für die Erbeinsetzung entnehmen lässt.³²⁹ Zum anderen wird zurecht darauf hingewiesen, dass bei Pflichtverletzung des Leistungspflichtigen eine **Kündigung** dieses Vertragsteils gem. § 314 BGB wegen Unzumutbarkeit in Betracht kommt.³³⁰ Ob die Beendigung der Leistungspflichten durch Kündigung jedoch unter den Begriff der »Aufhebung« i. S. d. § 2295 BGB fällt, ist heftig umstritten.³³¹ Demgegenüber kann der Erblasser bei Pflichtverletzungen auch bei einseitig verpflichtenden Verträgen seit der Schuldrechtsreform gemäß § 281 Abs. 1 BGB Schadensersatz statt der ganzen Leistung verlangen, was wiederum den Erfüllungsanspruch untergehen lässt (§ 281 Abs. 4 BGB). Hierin könnte wiederum eine »Aufhebung« i. S. d. § 2295 BGB gesehen werden.³³² Schließlich wird die Erbringung der Pflege als Zweck der Erbeinsetzung gesehen. Werde nicht gepflegt, sei der Zweck verfehlt, weshalb § 812 Abs. 1. S. 2 2. Alt. BGB einen Bereicherungsanspruch auf Aufhebung des Erbvertrags gewähre.³³³

Da die gesamte Problematik der gesetzlichen Erfassung von Leistungsstörungen bei den lebzeitigen Leistungspflichten hochkomplex und äußerst umstritten ist, bedarf es in jedem Falle ausführlicher Gestaltung der Folgen der genannten Leistungsstörungen im Verpfründungsvertrag selbst.³³⁴

II. Gestaltung des Verpfründungsvertrages

1. Die Absicherung des Leistungspflichtigen gegen erbrechtliche Risiken

Die letztwillige Verfügung des Erblassers zugunsten des Leistungspflichtigen (Erbeinsetzung, Vermächtnis) ist zunächst stets als **erbvertraglich bindend** auszugestalten. 167

Dem Risiko, dass die bindend konzipierte Verfügung aufgrund einer bereits bestehenden früheren erbrechtlich bindenden Verfügung (§§ 2271 Abs. 1 S. 2, Abs. 2 S. 1; 2289 Abs. 1 S. 2 BGB) nichtig ist, kann letztlich nicht effektiv begegnet werden. Es sollte jedenfalls eine **Versicherung des Erblassers** aufgenommen werden, dass dieser bislang **keinerlei gemeinsame Verfügungen mit anderen Personen** errichtet hat. Ferner ist auf die Problematik in einem Belehrungshinweis aufmerksam zu machen. Für den Fall, dass die Verfügung wegen bestehender erbrechtlicher Bindung nichtig sein sollte, 168

---

325 BGH, Urt. V. 5.10.2010 – IV ZR 30/10, MittBayNot 2011, 318 f.; MünchKommBGB/*Musielak*, § 2295, Rn. 1; *Langenfeld*, ZEV 2007, 453, 457.
326 BGH, Urt. V. 5.10.2010 – IV ZR 30/10, MittBayNot 2011, 318 f.
327 Zutr. *Kornexl*, MittBayNot 2011, 319, *J.Mayer*, DNotZ 2012, 89, 96.
328 BGH, Urt. v. 5.10.2010 – IV ZR 30/10, MittBayNot 2011, 318 f.; MünchKommBGB/*Musielak*, § 2295 Rn. 5; Reimann/Bengel/*J. Mayer*, § 2295 Rn. 15; DNotI-Report 2000, 119, 121.
329 OLG Hamm DNotZ 1977, 751, 754; MünchKommBGB/*Musielak*, § 2295 Rn. 5; DNotI-Report 2000, 119, 121.
330 BGH, Urt. V. 5.10.2010 – IV ZR 30/10, MittBayNot 2011, 318, 319; LG Köln DNotZ 1978, 685, 687; *Knieper*, DNotZ 1968, 331, 336; Reimann/Bengel/*J. Mayer*, § 2295 Rn. 14.
331 Dafür OLG Karlsruhe NJW-RR 1997, 708, 709; LG Köln DNotZ 1978, 685, 687; Reimann/Bengel/*J. Mayer*, § 2295 Rn. 14; *Kanzleiter*, ZEV 2011, 256, 257; a. A. *Bengel*, DNotZ 1978, 687, 688; Staudinger/*Kanzleiter*, § 2295 Rn. 7.
332 So etwa Reimann/Bengel/*J. Mayer*, § 2295 Rn. 14; *Krebber*, DNotZ 2003, 20, 36.
333 *Kanzleiter*, ZEV 2011, 256, 257; *J.Mayer*, DNotZ 2012, 89, 94.
334 *Bengel*, DNotZ 1978, 687, 689; Reimann/Bengel/*J. Mayer*, § 2295 Rn. 22.

ist klarzustellen, dass auch die causa der lebzeitig erbrachten Leistungen der Nichtigkeit anheimfällt. Die Bereicherungshaftung des Erben ist vertraglich an diejenige des bösgläubigen Bereicherungsschuldners anzulehnen, sodass der lebzeitig Verpflichtete wenigstens Anspruch auf vollen Wertersatz bezüglich seiner erbrachten Leistungen hat.

169 Daneben ist der **Ausschluss der Anfechtbarkeit** wegen Übergehens eines Pflichtteilsberechtigten gem. § 2079 BGB in der Verfügung von Todes wegen unverzichtbar.[335] Die Anfechtung wegen Übergehung eines später durch familienrechtlichen Akt (Adoption, Eheschließung) hinzugekommenen Pflichtteilsberechtigten droht gem. § 2281 BGB ansonsten auch durch den Erblasser selbst.

170 Darüber hinaus dürfte auch die Möglichkeit einer **Selbstanfechtung durch den Erblasser wegen eines beliebigen Motivirrtums** (§§ 2078, 2281 BGB) angesichts der zu erbringenden lebzeitigen Gegenleistungen für den Leistungspflichtigen schwer zumutbar sein. Auch dieses Recht sollte daher durch Verzicht des Erblassers ausgeschlossen werden.[336] Bei sachgerechter Ausformung eines Rücktrittsrechtes für den Erblasser bei Pflichtverletzungen des Leistungsverpflichteten ist ein solcher Verzicht hinnehmbar.

2. Die Absicherung des Leistungspflichtigen durch Rechtsgeschäft unter Lebenden

171 Weiter ist Schutz gegen lebzeitige Verfügungen des Erblassers vonnöten. Der Erblasser kann sich zunächst dazu verpflichten, über bestimmte Vermögenswerte, auf die es dem Leistungspflichtigen als Gegenleistung ankommt, lebzeitig nicht zu verfügen (**Verfügungsunterlassungsvertrag**). Dies wird von der ganz h. M.[337] unter Berufung auf § 137 S. 2 BGB für zulässig erachtet.

172 Um die Verfügungsunterlassungsverpflichtung umgehungsfest zu gestalten, sollte dem Längstlebenden **auch die Eingehung einer auf eine Verfügung gerichteten schuldrechtlichen Verpflichtung**[338] untersagt werden.

173 Zu prüfen ist im Einzelfall, ob dem Erblasser nicht in Sonderfällen eine Verfügung über den geschützten Gegenstand zugestanden werden sollte. Dies kommt insbesondere in Betracht, wenn eine **Kreditaufnahme** im Interesse des Grundbesitzes erforderlich ist, die durch ein Grundpfandrecht gesichert werden muss. Die Möglichkeit einer Belastung des zu erhaltenden Gegenstandes ist dabei an enge Voraussetzungen zu knüpfen. Um dem Leistungspflichtigen die Kontrolle über die weitere Verwendung der ggfs. künftig zu bestellenden Grundschuld einzuräumen, sollte der Erblasser die Eigentümerrechte und Rückgewähransprüche an eine Gesellschaft bürgerlichen Rechts, bestehend aus ihm und dem Leistungspflichtigen, abtreten. Soweit der Leistungspflichtige nicht Erbe wird, sondern nur als Vermächtnisnehmer bedacht ist, ist zu regeln, dass er beim Erbfall die im Interesse des Grundbesitzes eingegangenen Verbindlichkeiten des Erblassers schuldbefreiend zu übernehmen hat.

174 Die **Sicherung des vertraglichen, allein schuldrechtlich wirkenden Unterlassungsanspruchs** bereitet Schwierigkeiten. Er kann nicht durch eine Vormerkung gesichert werden.[339] Als Sicherung kommen im Rahmen des einstweiligen Rechtsschutzes ein Veräußerungsverbot und dessen Eintragung im Grundbuch in Betracht.[340] Im Übrigen ist Folge eines Verstoßes in erste Linie ein Anspruch auf Wiederherstellung des vorherigen Zustandes,[341] hilfsweise ein **Schadensersatzanspruch**.[342] Hier wirkt er-

---

335 Reimann/Bengel/*J. Mayer*, § 2295 Rn. 22.
336 Reimann/Bengel/*J. Mayer*, § 2295 Rn. 22; Lange/Kuchinke, § 25 X 3a.
337 St. Rspr.: BGHZ 12, 115, 121 f.; DNotZ 1960, 207, 208; 1973, 421, 425; MünchKommBGB/*Musielak*, § 2286 Rn. 11 ff.; Palandt/*Weidlich*, § 2286 Rn. 3.
338 *Nieder/Kössinger*, § 13 Rn. 29.
339 BGHZ 12, 115, 122; MünchKommBGB/*Musielak*, § 2286 Rn. 13.
340 BGH DNotZ 1997, 720, 723; *Langenfeld*, NJW 1987, 1577, 1580.
341 BGHZ 37, 147, 151 f.; DNotZ 1964, 232, 233; *Recker*, MittRhNotK 1978, 125, 130; *Hohmann*, ZEV 1996, 24, 25.
342 BGH DNotZ 1960, 207, 208; 1962, 497, 499; Reimann/Bengel/*J. Mayer*, § 2286 Rn. 25.

schwerend, dass der bezifferbare Schaden erst beim Erbfall eintritt. Mit dessen Eintritt entfällt aber zugleich der Schadensersatzanspruch des Erben infolge Konfusion.[343] Möglich ist die Vereinbarung eines Vertragsstrafeversprechens.[344] Die effektivste Sicherung erfolgt jedoch durch eine Kombination durch eine durch einen Verstoß gegen die Unterlassungsverpflichtung **aufschiebend bedingte Übereignungsverpflichtung** betreffend den zu schützenden Gegenstand (»Sicherungsschenkung«).[345] Diese tritt in Geltung, wenn der gebundene Erblasser pflichtwidrig verfügt.

Die aufschiebende Bedingung, unter der die Eigentumsübertragungspflicht steht, sollte alternativ auch eintreten, wenn **Vollstreckungsmaßnahmen** in den zu schützenden Gegenstand erfolgen oder wenn ein Erblasser in **Insolvenz**[346] gerät. Vorgeschlagen wird auch, die Übertragungspflicht an das **Hinzutreten weiterer Pflichtteilsberechtigter** des Erblassers zu knüpfen.[347] Die Übertragung löst jedoch in jedem Fall Pflichtteilsergänzungsansprüche zugunsten des neuen Pflichtteilsberechtigten aus.[348] Jedenfalls wenn dem Erblasser die Möglichkeit des Vorbehalts eines Nutzungsrechtes eingeräumt werden soll (s. unten Rdn. 181), hilft die Gestaltung daher nicht weiter. **175**

Der **Gegenstand**, auf den sich die Verfügungsunterlassungsverpflichtung nebst aufschiebend bedingter Übereignungspflicht beziehen soll, ist klar zu bestimmen. Diese Pflichten können sich auf einzelne Vermögensgegenstände oder auch eine Vermögensgruppe (z. B. Grundbesitz)[349] beziehen. Grenzen bestehen jedoch in Form des § 138 BGB (Selbstknebelung).[350] Überdies steht § 311b Abs. 2 BGB der Erstreckung der bedingten Übereignungsverpflichtung auf das gesamte Vermögen entgegen. Sachgerecht wird regelmäßig die **Beschränkung beider Verpflichtungen auf einzelne Gegenstände** von besonderer Wichtigkeit sein, etwa auf eine Immobilie oder den gesamten Grundbesitz. **176**

Auch die aufschiebend bedingte Übereignungspflicht als Sanktion eines Verstoßes gegen die Verfügungsunterlassungspflicht wirkt zunächst rein schuldrechtlich. Es bedarf zusätzlich noch der **Verdinglichung des Schutzes**. Bei **Mobilien** bietet die antizipierte Übereignung des betreffenden Gegenstandes gemäß § 161 Abs. 1 BGB einen gewissen dinglichen Schutz gegen Zweitverfügungen (beachte aber § 161 Abs. 3 BGB!). Bei **Grundbesitz** ist der dingliche Schutz des aufschiebend bedingten Übereignungsanspruch durch **Vormerkung** (§ 883 Abs. 1 S. 2 BGB) möglich. Eine vertragswidrige Verfügung löst den vormerkungsgesicherten Übertragungsanspruch aus und scheitert damit an § 883 Abs. 2 S. 1 BGB. Diese Gestaltung, die **effektiven dinglichen Schutz** bietet, ist trotz § 137 S. 1 BGB nach einhelliger Rechtsprechung und ganz h. M. in der Literatur zulässig.[351] **177**

Für den Fall des Eintretens der Bedingung der Übertragungsverpflichtung ist zu regeln, **was mit den Pflichten zur Leistungserbringung geschehen soll**. Hier dürfte zu differenzieren sein: Liegt der Bedingungseintritt in einer schuldhaft verbotswidrigen Verfügung des Erblassers, so ist zu erwägen, ob die Leistungspflichten für die Zukunft entfallen sollten. Dies ist im Einzelfall zu erörtern. In allen anderen Fällen sollten die lebzeitig zu erbringenden Leistungspflichten unberührt bleiben. **178**

---

343 Reimann/Bengel/*J. Mayer*, § 2286 Rn. 25.
344 *Recker*, MittRhNotK 1978, 125, 130.
345 *Lange/Kuchinke*, § 25 V 12c.
346 Zur Insolvenzfestigkeit einer aufschiebend bedingten Übertragung im Mobilienrecht BGH Urt. v. 17.11.2005 – IX ZR 162/04, NJW 2006, 915.
347 Reimann/Bengel/*J. Mayer*, § 2295 Rn. 22.
348 Gemäß der neuen BGH-Rechtsprechung (Urt. v. 23.5.2012 – IV ZR 250/11, DNotZ 2012, 860) steht der Pflichtteilsergänzungsanspruch auch dem später hinzutretenden Pflichtteilsberechtigten zu. Daher kommt es nicht darauf an, ob man die Schenkung als vor oder nach Hinzutreten des Pflichtteilsberechtigten angelegt einordnet.
349 BGH FamRZ 1967, 470, 471.
350 MünchKommBGB/*Musielak*, § 2286 Rn. 11.
351 BGH DNotZ 1997, 720, 722 f.; MünchKommBGB/*Armbrüster* § 137 Rn. 35; Reimann/Bengel/*J. Mayer*, § 2286 Rn. 30; a. M. Erman/*Palm*, § 137 Rn. 9; *Timm*, JZ 1989, 13, 21.

179 Sollen **Personen**, die in der Verfügung von Todes wegen **ersatzweise bedacht** sind, ebenfalls durch die aufschiebend bedingte Verpflichtung zur Übertragung geschützt werden, sollten diese sinnvollerweise an der Urkunde mitwirken. Dann kann auch eine Regelung darüber getroffen werden, ob der ersatzweise Bedachte im Ersatzfall auch Schuldner der lebzeitigen Leistungspflichten werden soll. Denkbar ist aber auch eine Vereinbarungen eines echten Vertrages zugunsten Dritter (§ 328 BGB). Soll der Dritte auch Vormerkungsschutz genießen, ist eine zusätzliche **eigene Vormerkung** für diesen zu bewilligen.

180 Für den Fall des Bedingungseintritts sind etwaige Ansprüche des Erblassers auf **Ersatz der Verwendungen** während der Zeit bis zum Bedingungseintritt regelmäßig auszuschließen. Die Verpflichtung zur ordnungsgemäßen Verwaltung kann ausdrücklich geregelt werden.

181 Für den Fall, dass es bei der bedingten Übertragungsverpflichtung zum Bedingungseintritt kommt, ist fraglich, ob nicht der Vollzug der »Sicherungsschenkung« mit dem **Vorbehalt eines Nutzungsrechts**[352] an dem Übertragungsgegenstand zu verbinden ist. Dies erscheint jedenfalls dann sachgerecht, wenn die Bedingung für die Übereignungspflicht aus Gründen eintritt, die nicht in einer vertragswidrigen Verfügung der Erblasser liegen, sondern diesem nicht unmittelbar vorwerfbar sind (Zwangsvollstreckungsmaßnahmen in den zu schützenden Gegenstand, Insolvenz). Hierbei dürfte ein Wohnungsrecht, das Dritten zu Ausübung nicht überlassen werden kann, sachgerechter sein als der für Gläubiger und Insolvenzverwalter verwertbare Nießbrauch. Demgegenüber erscheint fraglich und ist Einzelfall zu klären, ob der Vorbehalt eines Nutzungsrechtes bei pflichtwidrigem Verhalten der Erblasser angemessen ist.

182 Im Rahmen der Übereignung von Grundbesitz wird die schuldbefreiende **Übernahme** von auf den Grundbesitz bezogenen **Verbindlichkeiten** durch den vorzeitig erwerbenden von Todes wegen Begünstigten regelmäßig sachgerecht sein, soweit diese Verbindlichkeiten ihn beim Erbfall ebenfalls träfen.

183 Bei der zu beachtenden **Form** der Vereinbarung ist zunächst zu differenzieren. Die schlichte Verfügungsunterlassungsverpflichtung ist formfrei möglich, kann daher auch schlüssig getroffen werden.[353] Formbedürftig ist sie nur, wenn sie mit einem **Erbvertrag eine rechtliche Einheit** darstellt.[354] Die Voraussetzungen hierfür sind streitig.[355] Daher sollte vorsichtshalber stets die Form des § 2276 BGB eingehalten werden. Da in den meisten Fällen der zu erhaltende Gegenstand ein Grundstück sein wird, führt jedenfalls die aufschiebend bedingte Übereignungspflicht ohne weiteres zu einer **Beurkundungspflichtigkeit des gesamten Vertrages** (erbrechtlicher Teil und Vertrag unter Lebenden) aus § 311b Abs. 1 BGB. Nach den Grundsätzen der Rechtsprechung[356] können beide Teile in getrennten Urkunden enthalten sein, wenn mindestens in der zweiten die Abhängigkeit von der ersten zum Ausdruck gebracht wird. Da hier einiges ungeklärt ist, sollte vorsichtshalber **in einer Urkunde** beurkundet werden. Dem Grundbuchamt ist aus Gründen des Datenschutzes sodann bei der Beantragung des Vormerkungseintrags eine auszugsweise beglaubigte Kopie betreffend allein die aufschiebende bedingte Übereignungspflicht einzureichen.

3. Die Absicherung des Erblassers durch das erbvertragliche Rücktrittsrecht

184 Bei der Kombination der bindenden Verfügung von Todes wegen mit der Übernahme lebzeitiger Leistungspflichten bedarf auch der Erblasser der schützenden Gestaltung. Die Regelungen des Gesetzes in § 2295 BGB in ihren als gesichert anzusehenden Folgen sind einerseits nicht hinreichend. Andererseits ist der vom BGH[357] aufgestellte Gleichung »Heimunterbringung = Rücktrittsrecht« al-

---

352 Vgl. *Recker*, MittRhNotK 1978, 125, 130.
353 BGH DNotZ 1960, 207, 208; *Lange/Kuchinke*, § 25 V 12 c; MünchKommBGB/*Musielak*, § 2286 Rn. 11.
354 BGHZ 36, 65, 71; FamRZ 1967, 470, 471; MünchKommBGB/*Musielak*, § 2286 Rn. 11.
355 Vgl. die Darstellung des Streitstandes bei Reimann/Bengel/*J. Mayer*, § 2286 Rn. 24.
356 Z. B. BGH Urt. v. 13.2.2003 – IX ZR 76/99, DNotZ 2004, 632, 634.
357 BGH, Urt. v. 5.10.2010 – IV ZR 30/10, MittBayNot 2011, 318 f.

les andere als stets sachgerecht.³⁵⁸ Besondere Sorgfalt ist daher auf die Regelung der Folgen von Leistungsstörungen bei den lebzeitigen Leistungspflichten zu verwenden. Als vertragliche Sanktion ist dabei ein **vertraglich ausgeformtes Rücktrittsrecht zu Gunsten des Erblassers** betreffend seine bindende Verfügung von Todes wegen vorzusehen.³⁵⁹

Das vertragliche Rücktrittsrecht sollte als **abschließende Möglichkeit des Erblassers ausgestaltet werden, von seiner bindenden Verfügung Abstand zu nehmen.** Parallel bestehende Möglichkeiten des Erblassers, aufgrund des gesetzlichen Rücktrittsrechtes vom Erbvertrag zurückzutreten oder wegen Motivirrtums anzufechten, haben u. U. von den Regelungen des vertraglichen Rücktrittsrechtes abweichende Rechtsfolgen. Diese könnten den individuell austarierten Interessenausgleich stören und sollten daher **abbedungen** werden. Hiervon ist jedoch eine **Ausnahme** zu machen: Das Rücktrittsrecht kann nur durch den Erblasser höchstpersönlich ausgeübt werden (§ 2296 Abs. 1 BGB). Das bedeutet für den nicht seltenen Fall später eingetretener **Geschäftsunfähigkeit des Erblassers**, dass dieser dann an seiner Verfügung festgehalten wäre. Der Verpfründungsvertrag erwiese sich dann als »Falle« für den Erblasser. Demgegenüber kann eine Selbstanfechtung gem. §§ 2078, 2281 BGB für den geschäftsunfähig gewordenen Erblasser auch durch den Betreuer als gesetzlichen Vertreter erklärt werden (§ 2282 Abs. 2 BGB). Deshalb ist zwingend eine **Selbstanfechtung gemäß § 2078 BGB** unter den Voraussetzungen zuzulassen, unter denen sonst vom Rücktrittsrecht Gebrauch gemacht werden könnte. Die Rechtsfolgen der Anfechtung ist denen des Rücktritts sodann anzugleichen.

185

Die **Gestaltung der Rücktrittsvoraussetzungen** ist dabei mehr oder weniger problematisch, je nachdem, ob Leistungsstörungen bzgl. der lebzeitig geschuldeten Leistungen leicht und unzweifelhaft erfasst werden können. Dies ist z. B. bei Verpflichtungen zur **fortwährenden Unterhaltsleistung** oder einer **Rentenzahlung** der Fall. Hierbei ist der Verzug mit der Zahlungsverpflichtung ein recht genau zu umschreibender und zu erfassender Tatbestand. Es kann hierbei z. B. daran angeknüpft werden, dass der zur Zahlung Verpflichtete sich in Höhe von drei monatlichen Leistungen im **Verzug** befindet.

186

Demgegenüber bereitet die genaue **Fixierung des Rücktrittsgrundes** dort Schwierigkeiten, wo beispielsweise eine Pflegeverpflichtung eingegangen wird. Der Fall der Nichtleistung mag noch leicht zu erfassen sein. Doch muss es auch hier nicht immer interessengerecht sein, etwa dem künftig im Pflegeheim gepflegten Erblasser ein vertragliches Rücktrittsrecht zu gewähren.³⁶⁰ In der Praxis wird jedoch der Hauptbereich der Leistungsstörungen in der **Schlechterfüllung** der eingegangen Pflegeverpflichtung liegen. Hier werden häufig die subjektiven Einschätzungen der zu pflegenden und der pflegeverpflichteten Person über die **Ordnungsmäßigkeit der Erfüllung** divergieren. Daher ist in jedem Fall der **Maßstab**, anhand dessen dies zu prüfen ist, zu **objektivieren**.³⁶¹ Fraglich ist weiter, ob bei der Voraussetzung des Rücktrittsrechts der Pflichtverstoß weiter zu qualifizieren ist, etwa durch die **Schwere der Pflichtverletzung**. Der Nachweis der Pflichtverletzung als solcher wird häufig wegen der nicht offen einsehbaren Sphäre, in der die Leistung erbracht zu werden pflegt, ohnehin schwierig sein. Die Voraussetzung einer qualifizierten Pflichtverletzung ist wegen der damit verbundenen zusätzlichen Abgrenzungsschwierigkeiten selbst dann nicht ratsam, wenn man insoweit eine Schiedsgutachterklausel vorsieht.

187

Lässt man die einfache Pflichtverletzung als Rücktrittsgrund hinreichen, muss andererseits zugunsten des Leistungspflichtigen gewährleistet sein, dass dieser Kenntnis von der Bewertung seiner Leistung als nicht ordnungsgemäß und damit vom Drohen eines Rücktritts erhält. Daher ist der Rücktritt davon abhängig zu machen, dass eine vorherige Abmahnung nicht zu einer Verhaltensänderung

188

---

358 *J. Mayer*, DNotZ 2012, 89, 96.
359 Reimann/Bengel/*J. Mayer*, § 2295 Rn. 23.
360 Vgl. *J. Mayer*, DNotZ 2012, 89, 96.
361 *Nieder/Kössinger*, § 13 Rn. 38.

durch den lebzeitig Leistungsverpflichteten geführt hat. Die Pflichtverletzung ist also insoweit zu qualifizieren, als es sich um einen **trotz Abmahnung fortgesetzten Vertragsverstoß** handeln muss.

189 Ein **Verschulden des Leistungspflichtigen** bezüglich seiner Pflichtverletzung als Rücktrittsvoraussetzung vorzusehen, dürfte regelmäßig nicht sachgerecht sein. Der Erblasser muss sich auch bei einer schuldlosen Nichterbringung der Verpflichtungen von seiner Verfügung lösen können. Die Frage der Schuldhaftigkeit des Verstoßes hat seinen Platz vielmehr auf der Rechtsfolgenseite des Rücktritts, und zwar als Differenzierungskriterium.

190 Der Rücktritt kann nicht in seinen Wirkungen auf die Verfügung von Todes wegen beschränkt werden, sondern muss sich auf **alle Vertragsteile** (Verfügungsunterlassungsverpflichtung, Übereignungspflicht, aber auch Leistungspflichten wie Pflegeverpflichtung) erstrecken.

191 Auf der **Rechtsfolgenseite des Rücktritts** fragt sich, ob die §§ 346 ff. BGB gelten sollen. Dies würde insbesondere dazu führen, dass die lebzeitig bereits erbrachten Leistungen rückabzuwickeln wären und infolge dessen **Wertersatz** für die geleisteten Dienste oder Rückzahlung der bereits erbrachten Unterhaltsleistungen erfolgen müsste. Ob dies sachgerecht ist, hängt von der Interessenlage im Einzelfall ab. Generell dürfte danach zu differenzieren sein, ob die Leistungsstörung dem Leistungspflichtigen vorwerfbar ist. Bei **schuldhaften Pflichtverletzungen des Leistungspflichtigen**, der sein Verhalten ja nicht einmal nach der zwingend vorzusehenden Abmahnung geändert hat, erscheint eine **Verfallsklausel** richtig. Endet hingegen die Leistungserbringung durch den Leistungspflichtigen etwa infolge seines Vorversterbens, erscheint eine solche Folge problematisch.[362] Gleiches gilt bei mangelnder Leistungsfähigkeit infolge Krankheit. In diesen Fällen sollte der Erblasser verpflichtet werden, die erbrachten Leistungen zu erstatten. Wegen der zu erwartenden Streitigkeiten über die **Höhe der zu erbringenden Erstattungsleistungen** sollte gegebenenfalls mit einer **Schiedsgutachterklausel** gearbeitet werden. Zweckmäßig ist es immer, bei Aufnahme der Pflegeleistungen und damit vor Eintreten des Leistungshindernisses deren Maß zu dokumentieren und ggf. sogar im Vorhinein **Vereinbarungen über die Bewertung** der konkret geleisteten Pflegeleistungen zu treffen.

192 Eine **Wertersatzpflicht** kann jedoch wiederum den Erblasser gegebenenfalls schwer und unbillig treffen. Man denke beispielsweise an den Fall, dass der Erblasser im Wesentlichen über ein Hausgrundstück verfügt und er bereits über eine Reihe von Jahren Unterhalts- oder Pflegeleistungen in Empfang genommen hat. Eine sofortige Veräußerung seines Hausgrundbesitzes ist ihm nicht zumutbar. In solchen Fällen kann die Fälligkeit der **Erstattungspflicht auf den Tod des Erblassers hinausgeschoben** werden. Freilich ist hier dann eine Verzinsung vorzusehen. Der Erstattungsgläubiger sollte ferner durch eine Wertsicherungsvereinbarung gegen den zwischenzeitlichen Geldwertverfall und durch ein **Sicherungsgrundpfandrecht** am Grundstück gesichert werden.

4. Die Absicherung beider Seiten durch konditionale Verknüpfung der Vertragsteile

193 Bei der Frage, welche Folge die **Nichtigkeit oder das sonstige Entfallen eines der Vertragsteile** hat, ist sorgfältig zu differenzieren: Sollte die Gesamtheit der Regelungen über die lebzeitig zu erbringenden Leistungen nichtig sein oder später (z. B. durch Kündigung gem. § 314 BGB) erlöschen, so müssen auch der Erbvertrag und die ihn sichernden Vertragsvereinbarungen insgesamt entfallen. Sollte umgekehrt die Verfügung von Todes wegen nichtig sein (z. B. wegen einer vorhergehenden bindenden Verfügung von Todes wegen des Erblassers), so muss diese Rechtsfolge zum Schutz des Leistungspflichtigen ebenfalls den Gesamtvertrag erfassen.[363] Dies wird erreicht durch eine zulässige[364] **konditionale Verknüpfung der Vertragsteile**.

---

362 Ähnlich Reimann/Bengel/*J. Mayer*, § 2295 Rn. 22. a. A. *Nieder/Kössinger*, § 13 Rn. 38.
363 *Nieder/Kössinger*, § 13 Rn. 38.
364 OLG Hamm DNotZ 1977, 751, 754; MünchKommBGB/*Musielak*, § 2295 Rn. 3; DNotI-Report 2000, 119, 121.

Sollte dagegen eine Regelung nichtig sein, die allein einen Teilausschnitt der Leistungspflichten des **194** Leistungspflichtigen betrifft oder dem Schutz seines Erwerbes dient, so ist eine **Gesamtnichtigkeit** nicht angezeigt. Für diesen Fall ist daher eine salvatorischen Klausel vorzusehen, die eine Verpflichtung zur einvernehmlichen Schließung der entstandenen Lücke beinhaltet.

In Ansehung des bei Nichtigkeit der lebzeitigen Leistungsverpflichtungen anstehenden **Bereiche-** **195** **rungsausgleichs** zugunsten des Leistungspflichtigen ist danach zu differenzieren, ob diesen an der Nichtigkeit ein Verschulden trifft. In diesem Falle dürfte jedweder Ausgleich zu versagen sein. Stammt der Grund für die Nichtigkeit hingegen allein aus dem Zurechnungsbereichs des Erblassers (z. B. Nichtigkeit der Verfügung von Todes wegen aufgrund bereits vorher eingetretener erbrechtlicher Bindung oder – im Einzelfall denkbar – Unzumutbarkeit der Erbringung von Pflegeleistungen), ist klarzustellen, dass der Erblasser wie ein bösgläubiger Bereicherungsschuldner haftet: Wer seinen Leistungen erbracht hat und nicht selbst durch schuldhaftes Verhalten das Scheitern des Vertrages verursacht hat, darf nicht mit dem Entreicherungseinwand des § 818 Abs. 3 BGB rechnen müssen.[365]

5. Muster eines Verpfründungsvertrages

Sachverhalt: Der Erblasser ist 75 Jahre alt, verwitwet, kinderlos und hat eine Nichte N, die im Nach- **196** barort wohnt. Er ist Eigentümer eines werthaltigen und unbelasteten Einfamilienhauses. Der Erblasser will N zur Alleinerbin einsetzen. Die Nichte ist im Gegenzug bereit, den alten Herrn bei Bedarf zu pflegen und zur Aufbesserung seiner etwas kargen Rente auf seine Lebensdauer monatlich mit 500,– € zu unterstützen. Eine lebzeitige Übertragung des Grundbesitzes unter Vorbehalt eines Nutzungsrechtes ist (aus psychologischen Gründen) nicht gewollt.

▶ **Muster Verpfründungsvertrag:** **197**

[Notarieller Urkundseingang]

A. Pflege- und Rentenverpflichtung

Als Gegenleistung für die in Teil B. dieser Urkunde enthaltenen Erbeinsetzungen übernimmt Frau ... die nachfolgenden Verpflichtungen:

§ 1 Pflegeverpflichtung

Frau ... verpflichtet sich, Herrn ..., in seiner Wohnung in der ... straße ... zu pflegen und zu betreuen, wenn und soweit dieser aus Alters- oder Krankheitsgründen einer Pflege und Betreuung bedarf, und zwar in der Weise, wie es dem Stande, dem Alter und den Gewohnheiten des Berechtigten entspricht. Aufgrund dieser Verpflichtung kann der Berechtigte im Alter und im Krankheitsfalle beispielsweise folgende Leistungen verlangen: Es sind ihm die Mahlzeiten zuzubereiten, wie es jeweils der Gesundheitszustand und der Alterszustand verlangen; die von dem Berechtigten bewohnten Räume sind regelmäßig zu reinigen und zu lüften und in Ordnung zu halten, bei Bedarf auch zu beheizen; die Kleidung und die Wäsche sind zu waschen und zu reinigen und bei Bedarf in Ordnung zu bringen; auf Wunsch sind die täglichen Besorgungen zu erledigen, zu denen der Berechtigte aus Gesundheits- oder Altersgründen nicht selbst in der Lage ist; im Krankheitsfalle ist dem Berechtigten jede erforderliche häusliche Krankenpflege zu leisten. Die Kosten der Ernährung und von Medikamenten trägt der Berechtigte selbst.

Die Pflicht zur Pflege und Betreuung ist dem Umfang nach begrenzt auf die Verrichtungen, die für die Einordnung in der Pflegestufe II *[alternativ: I]* gemäß § 15 Abs. 1 Ziff. 2. SGB XI in der jeweils gültigen Fassung maßgeblich sind. Die von der Pflegeversicherung jeweils vorgenommene Einstufung gilt für die Vertragsparteien als bindend.

Soweit Frau ... die Pflege- und Betreuungsleistung nicht selbst erbringen kann, hat sie dafür zu sorgen, dass die entsprechenden Arbeiten von anderen geeigneten Personen erledigt werden. Die hierdurch anfallenden Kosten hat sie zu tragen. Die obigen Leistungspflichten ruhen für die Zeit, in der der

---

365 Vgl. a. *Krug*, Schuldrechtsmodernisierungsgesetz und Erbrecht, Rn. 230

Berechtigte sich nicht in der bezeichneten Wohnung aufhält, insbesondere bei Aufenthalt des Berechtigten in einem Krankenhaus, Alten- oder Pflegeheim. Für den Aufenthalt in einem Alten- oder Pflegeheim gilt dies jedoch nur, wenn dieser auf eigenen Wunsch des Berechtigten erfolgt oder nach Feststellung des Hausarztes aus medizinischen oder pflegerischen Gründen ein Verbleiben in der Wohnung ... nicht mehr vertretbar ist. Ein Anspruch auf Geldersatz ist in diesem Fall aus jedem Rechtsgrund ausgeschlossen. Die obigen Leistungsverpflichtungen ruhen ferner insoweit, als der Berechtigte aufgrund Pflegebedürftigkeit häusliche Pflegehilfe oder Pflegegeld nach den gesetzlichen Vorschriften (so z. B. nach dem Pflegeversicherungsgesetz) beanspruchen kann. Soweit der Pflegeverpflichteten das Pflegegeld überlassen wird, sind die obigen Leistungen zu erbringen. Die entsprechenden Anträge auf Erhalt der gesetzlichen Pflegeleistungen sind vom Antragsberechtigten zu stellen.

Die vorstehende Pflegeverpflichtung ist [alternativ:] höchstpersönlich, besteht also nur in der Person der Frau ... und erlischt mit deren Tod. [alternativ:] vererblich und geht daher auf die Erben der Frau ... über. [alternativ:] vererblich und geht daher auf die Erben der Frau ... über, sofern diese im Zeitpunkt des Versterbens der Frau ... das ... Lebensjahr vollendet haben.

Die Beteiligten werden den Umfang der erbrachten Pflegeleistungen gemeinsam dokumentieren.

§ 2 Rentenverpflichtung

Frau ... verpflichtet sich ferner, an Herrn ... eine lebenslängliche monatliche Leibrente in Höhe von € ... (i. W.: Euro ...) zu entrichten. Diese Leibrente ist im Voraus am dritten Werktag eines jeden Monats zu zahlen, erstmalig am ...

Der Rentenbetrag ist nicht wertgesichert. Die Anwendung der § 323a ZPO, § 239 FamFG wird ausdrücklich ausgeschlossen. Alle Zahlungen sind zu leisten in der jeweiligen Wohnung des Berechtigten oder an die von ihm zu bezeichnende Stelle zu überweisen. Eine Aufrechnung ist ausgeschlossen, soweit nicht zwingende Gesetzesvorschriften dieser Ausschließung entgegenstehen.

Frau ... unterwirft sich wegen der vorgenannten Zahlungsverpflichtung Herrn ... gegenüber der sofortigen Zwangsvollstreckung aus dieser Urkunde in ihr gesamtes Vermögen. Herrn ... kann jederzeit ohne weitere Nachweise vollstreckbare Ausfertigung dieser Urkunde erteilt werden.

B. Erbvertrag

Wir schließen hiermit ferner einen Erbvertrag, in dem nur Herr ... Verfügungen von Todes wegen trifft.

§ 1 Verhältnis zu früheren Verfügungen

Vorsorglich widerrufen ich hiermit alle etwa von mir errichteten früheren Verfügungen von Todes wegen. Ich erkläre, bislang keine gemeinschaftliche Verfügung mit anderen Personen im Rahmen eines gemeinschaftlichen Testamentes oder Erbvertrages getroffen zu haben.

§ 2 Erbeinsetzung

Ich setzte hiermit meine Nichte, Frau ..., zu meiner alleinigen und unbeschränkten Erbin ein. Ersatzerbin ist deren Tochter ... Weitere Ersatzerben möchte ich nicht benennen.

§ 3 Erbvertragliche Bindung, Anfechtungsausschluss, Sonstiges

Frau ... nimmt die vorstehenden Verfügungen des Herrn ... mit erbvertraglicher Bindung an. Der Notar hat die Beteiligten auf die Bedeutung der erbvertraglichen Bindung hingewiesen. Die Verfügungen in dieser Urkunde erfolgen ohne Rücksicht darauf, ob und gegebenenfalls welche Pflichtteilsberechtigten beim Erbfall vorhanden sein sollten. Ein Anfechtungsrecht gemäß § 2079 BGB wird also ausgeschlossen. Eine Anfechtung nach § 2078 BGB ist ausschließlich dann und nur in dem Umfang möglich, in dem die Ausübung des Rücktrittsrechts gemäß Teil D. möglich wäre. Ein Recht zum Rücktritt von diesem Erbvertrag besteht nur nach Maßgabe der Vereinbarungen zu Teil D. dieser Urkunde.

C. Verfügungsunterlassungsverpflichtung mit aufschiebend bedingter Übereignungsverpflichtung

§ 1 Vorbemerkungen

Der Notar hat das nachstehend näher bezeichnete Grundbuch einsehen lassen und hierbei folgenden Grundbuchstand festgestellt: ...

§ 2 Verfügungsunterlassungsverpflichtung

Herr ... verpflichtet sich gegenüber Frau ..., ohne deren Zustimmung über den vorbezeichneten Hausgrundbesitz nicht zu verfügen oder sich zu einer solchen Verfügung zu verpflichten.

Frau ... ist in Ansehung des Grundbesitzes zur Erteilung ihrer Zustimmung verpflichtet, wenn Herr ... als Eigentümer einen Kredit aufnimmt, der ausschließlich dem Hausgrundbesitz zugute kommt (insbesondere zur Tragung von Investitionen oder auf dem Grundbesitz ruhender Lasten wie Erschließungskosten) und hierzu die Bestellung eines Grundpfandrechts auf dem Hausgrundbesitz erforderlich ist.

Die vorstehende Verfügungsunterlassungsverpflichtung besteht für den Fall, dass die Ersatzerbenbestimmung zu Teil B. § 2 beim Erbfall zum Tragen kommt, auch gegenüber der Ersatzerbin im Sinne eines echten Vertrages zugunsten Dritter (§ 328 BGB). Diese Verpflichtung kann ohne Zustimmung der begünstigten Ersatzerbin aufgehoben oder abgeändert werden.

§ 3 Aufschiebend bedingte Übertragungsverpflichtung

Im Falle

a) der Zuwiderhandlung gegen die Unterlassungsverpflichtung zu § 2 oder

b) einer in den Grundbesitz zu § 1 erfolgenden Zwangsvollstreckung oder

c) der Eröffnung des Insolvenzverfahrens über das Vermögen des Herrn ... ist Frau ... berechtigt, die unverzügliche Übertragung des Grundbesitzes auf sich oder einen von ihr zu benennenden Dritten zu verlangen.

Diese Verpflichtung besteht für den Fall, dass die Ersatzerbenbestimmung zu Teil B. § 2 im Erbfall zum Tragen kommt, auch zugunsten der Ersatzerbin. Auch diese Verpflichtung besteht im Sinne eines echten Vertrages zugunsten Dritter (§ 328 BGB). Sie kann ohne Zustimmung der begünstigten Ersatzerbin aufgehoben oder abgeändert werden.

Zur Sicherung dieser bedingten Übertragungsansprüche bewilligt Herr ... und beantragen die Erschienenen die Eintragung

a) einer Eigentumsvormerkung zugunsten von Frau ... im Grundbuch an erster Rangstelle,

b) eine Eigentumsvormerkung zugunsten der Tochter von Frau ..., ..., im Grundbuch im Rang nach der Auflassungsvormerkung zu a),

c) einen mehrmals ausnutzbaren Vorrangsvorbehalt für Grundpfandrechte bis zu einer Höhe von ... € nebst 20 v. H. Zinsen jährlich und 20 v. H. einmaliger Nebenleistung bei den Eigentumsvormerkungen zu a) und b). Der Notar wird angewiesen, dem Grundbuchamt zum Vollzug der Eintragungen eine auszugsweise beglaubigte Kopie dieser Urkunde vorzulegen, die nur deren Teil C. enthält.

Die Eigentümerrechte und Rückgewähransprüche bezüglich künftig neu bestellter Grundpfandrechte sind hiermit bereits vorab einer aus Herrn ... und Frau ... bestehenden und hiermit gegründeten Gesellschaft bürgerlichen Rechts abgetreten. Die Beteiligung des Herrn ... an der Gesellschaft bürgerlichen Rechts ist nicht vererblich. Der Anteil der Frau ... ist hingegen vererblich und steht mit dessen Tod Frau ... zu. Soweit im Falle des Todes der Frau ... ihr Anteil an der Gesellschaft nicht an ihre Tochter ... fällt, ist der Erbe zur Übertragung des Anteils an diese verpflichtet. Die Beteiligten werden dem Kreditinstitut die Abtretung selbst anzeigen.

Bis zum Bedingungseintritt zu Abs. 1 gezogene Nutzungen verbleiben dem Eigentümer. Herr ... kann im Falle, dass die Übertragungsverpflichtung wirksam wird, Ersatz seiner Verwendungen auf den Hausgrundbesitz nicht verlangen.

Kapitel 16 Erbrechtlich relevante Rechtsgeschäfte zwischen Erblasser und künftigen Erben

Wenn eine Bedingung zu Abs. 1 b) oder c) eingetreten ist, kann Herr ... die Übereignung von der Bestellung eines Wohnungsrechts am gesamten Übertragungsgegenstand abhängig machen. Dieses Recht kann Dritten nicht überlassen werden. Es hat ersatzlos zu erlöschen, wenn Herr ... so schwer pflegebedürftig ist, dass er trotz Bestehens der Pflegeverpflichtung zu Teil A. § 1 in einem Pflegeheim gepflegt werden muss. Der Berechtigte hat sämtliche ordentlichen und außerordentlichen, privaten und öffentlichen Kosten, Lasten, Steuern, ferner sämtliche Instandhaltungs- und Instandsetzungskosten zu tragen. Er trägt ferner hinsichtlich der etwa auf den Grundbesitz bezogenen Verbindlichkeiten die anfallenden Zins- und Tilgungsleistungen. Der Berechtigte ist zur Vornahme aller erforderlichen Erhaltungs-, Ausbesserungs- und Erneuerungsmaßnahmen verpflichtet.

Im Falle des Bedingungseintritts zu Abs. 1 a) entfallen die Pflichten der Frau ... gemäß Teil A. für die Zukunft. Tritt hingegen eine Bedingung zu Abs. 1b) oder c) ein, so bleiben diese Pflichten unberührt.

D. Rücktrittsrecht

Für den Fall, dass der Leistungspflichtige gemäß Teil A. seine dort eingegangenen Pflichten objektiv verletzt, gleich, ob schuldhaft oder nicht schuldhaft, behält sich Herr ... das Recht zum Rücktritt vom Erbvertrag zu Teil B. und von den Vereinbarungen zu Teil C. dieser Urkunde vor. Andere gesetzliche Möglichkeiten der Lösung vom Erbvertrag (Rücktritt gem. § 2295 BGB, Irrtumsanfechtung gem. §§ 2078, 2281 BGB) sind ausgeschlossen. Die Bestimmungen zu Teil B § 3 und zu Teil E. Abs. 1 bleiben unberührt.

Besteht die Pflichtverletzung in einem Verstoß gegen die Pflegeverpflichtung zu Teil A. § 1, kann das Rücktrittsrecht erst ausgeübt werden, wenn der Leistungspflichtige das vertragswidrige Verhalten nicht innerhalb einer Woche seit Zugang einer Abmahnung eingestellt hat. In der Abmahnung ist auf die Möglichkeit des Rücktritts nach diesem Vertrag hinzuweisen. Besteht die Pflichtverletzung hingegen in einem Verstoß gegen die Zahlungsverpflichtung zu Teil A. § 2, kann das Rücktrittsrecht erst ausgeübt werden, wenn der Leistungspflichtige sich mit der Zahlung eines Betrages in Höhe dreier Monatsleistungen im Verzug befindet und seit einer Mahnung, die einen Hinweis auf das vertragliche Rücktrittsrecht enthält, ein Zeitraum von vierzehn Tagen vergangen ist.

Im Falle des Rücktritts vom Erbvertrag und den Vereinbarungen zu Teil C. entfallen auch die übernommenen Leistungspflichten zu Teil A. für die Zukunft. Hinsichtlich der in der Vergangenheit durch den Leistungspflichtigen erbrachten Leistungen gilt sodann: Erfolgt der Rücktritt aufgrund einer schuldhaften Pflichtverletzung des Leistungspflichtigen, hat dieser keinerlei Anspruch auf Ersatz der geleisteten Rentenzahlungen oder auf Leistung von Wertersatz für erbrachte Pflegeleistungen. Kann dem Leistungspflichtigen im Zusammenhang mit dem Entstehen des Rücktrittsgrundes hingegen kein Schuldvorwurf gemacht werden, etwa im Falle krankheitsbedingter Nicht- oder Schlechtleistung, hat er Anspruch auf zinslose Rückzahlung der geleisteten Rentenbeträge sowie auf Leistung von Wertersatz für die erbrachten Pflegeleistungen. Bei Streitigkeiten über die Höhe des Wertersatzes entscheidet auf Antrag einer Seite ein vom Präsidenten der zuständigen Industrie- und Handelskammer bestimmter Sachverständiger als Schiedsgutachter für beide Seiten verbindlich. Die Kosten des Gutachtens tragen die Beteiligten nach Maßgabe ihres Unterliegens.

Herr ... ist im Falle des Bestehens einer Ersatzpflicht gemäß vorstehendem Absatz berechtigt, die Zahlung des geschuldeten Betrages bis zu seinem Tode zu verweigern, wenn er

a) mit dem Leistungspflichtigen hinsichtlich der ermittelten Geldschuld eine Wertsicherungsvereinbarung trifft, nach der bei einer Veränderung des Verbraucherpreisindexes für Deutschland um jeweils fünf Prozentpunkte eine entsprechende prozentuale Anpassung des geschuldeten Geldbetrages automatisch erfolgt und

b) die ermittelte Geldschuld durch eine vollstreckbare, nicht abtretbare Sicherungsgrundschuld in entsprechender Höhe zuzüglich eines Zuschlages von ... v. H. und nebst einer jährlichen Verzinsung von ... Prozentpunkten über den jeweiligen Basiszinssatz im Grundbuch des Grundstückes ... im Rang unmittelbar nach den eingetragenen Auflassungsvormerkungen gemäß Teil C. § 3 Abs. 3 eingetragen wird. Für die Zeit von der Ermittlung der Höhe der Ersatzpflicht an bis zu ihrer Erfüllung ist der geschuldete Betrag mit ... Prozentpunkten über dem Basiszinssatz zu verzinsen. Zinsen sind fällig mit der Gesamtsumme. Vorzeitige Zahlungen sind unbeschränkt zulässig. Im Falle des Verkaufs des Grundstückes ... durch Herrn ... ist die geschuldete Summe nebst Zinsen mit Erhalt des Kaufpreises fällig.

Im Fall des Rücktritts ist Frau ... ist alsdann weiterhin verpflichtet, eine Löschungsbewilligung in grundbuchmäßiger Form für die zu ihren Gunsten eingetragenen Auflassungsvormerkung zu erteilen und im Hinblick auf die Eintragung einer Auflassungsvormerkung zugunsten ihrer Tochter ... in notarieller Form gemeinsam mit Herrn ... deklaratorisch die Aufhebung der Vereinbarungen zu Teil C. zur Vorlage beim Grundbuchamt zu bestätigen.

E. Einheitlicher Vertrag, salvatorische Klausel, Bereicherungsausgleich

Bei diesem Vertrag stehen die Teile A. einerseits und B. und C. andererseits in einem Gegenseitigkeitsverhältnis. Sollte einer der beiden Regelungskomplexe unwirksam sein oder später entfallen, ist auch der andere unwirksam. Sollte insbesondere die Erbeinsetzung der Frau ... oder im Ersatzfalle deren Tochter ... unwirksam sein, so führt dies also zur Nichtigkeit des gesamten Vertrages.

Sollte dagegen lediglich eine oder mehrere einzelne Bestimmungen der Teile A., C. und D. dieses einheitlichen Vertrages unwirksam sein oder werden, so beeinträchtigt dies die Wirksamkeit der übrigen Bestimmungen nicht. Vielmehr sind die Beteiligten verpflichtet, die unwirksamen Bestimmungen durch solche zu ersetzen, die dem Gewollten möglichst nahe kommen.

Ist die Verfügung von Todes wegen unwirksam oder ist der Grund für die Gesamtunwirksamkeit des Vertrages auf andere Weise Herrn ... zuzurechnen, ohne dass den Leistungspflichtigen hieran ein Verschulden trifft, so haftet Herr ... in Ansehung der entstehenden Bereicherungsansprüche bezüglich der Leistungen zu Teil A. entsprechend § 819 Abs. 1 BGB. Auf den Bereicherungsausgleich finden die Berechnungs- und Abwicklungsbestimmungen des Teils D. Absätze 4 und 5 entsprechende Anwendung.

Hat der Leistungspflichtige dagegen schuldhaft die Unwirksamkeit des Vertrages verursacht (z. B. durch Setzen eine Kündigungsgrundes gem. § 314 BGB), hat dieser keinerlei Anspruch auf Ersatz der geleisteten Rentenzahlungen oder auf Leistung von Wertersatz für erbrachte Pflegeleistungen.

Im Falle eines Rücktritts gemäß Teil D. gelten ausschließlich die dort geregelten Folgen.

F. Kosten, Hinweise

Sämtliche mit dieser Urkunde und ihrer Durchführung verbundenen Notar- und Gerichtskosten trägt ... Diese Kosten werden im Falle des Rücktritts gemäß Teil D. von Frau ... getragen bzw. erstattet.

Der Notar hat insbesondere darauf hingewiesen, dass

a) eine Lösung des Herrn ... von seinen erbvertraglichen Verfügungen nur nach Maßgabe des Rücktrittsvorbehalts gemäß Teil D. und gemäß Teil E möglich ist,

b) eine einvernehmliche Aufhebung des Vertrages höchstpersönlichen Charakter hat und damit zwingend die Geschäftsfähigkeit des Herrn ... voraussetzt, also nicht durch einen Bevollmächtigten oder Betreuer erfolgen kann und

c) die Verfügung von Todes wegen nichtig wäre und ein erbrechtlicher Erwerb der Frau ... nicht stattfände, wenn Herr ... früher bereits eine abweichende Verfügung mit erbvertraglicher Bindungswirkung getroffen hätte.

Der Notar hat ferner ausführlich über das gesetzliche Pflichtteilsrecht und auch darüber belehrt, dass künftig durch die Vornahme von familienrechtlichen Rechtsgeschäften durch Herrn ... (Eheschließung Adoption etc.) Pflichtteilsberechtigte hinzutreten können, deren Rechte den Erwerb durch Frau ... beeinträchtigen würden.

[Verlesungsvermerk]

III. Bewertung des Verpfründungsvertrages

Die Sicherung des Leistungsaustauschs beim Verpfründungsvertrag ist – wie gezeigt – äußerst **kompliziert** und **störanfällig**. Der erbrechtliche Erwerb des lebzeitig Leistungspflichtigen ist selbst bei einer bindenden Verfügung zu seinen Gunsten, die durch einen Anfechtungsausschluss abgesichert ist, **in erbrechtlicher Hinsicht letztlich nicht verlässlich zu sichern**: Eine dem Vertragspartner unbe-

Kapitel 16 Erbrechtlich relevante Rechtsgeschäfte zwischen Erblasser und künftigen Erben

kannt gebliebene vorangegangene bindende Verfügung des Erblassers von Todes wegen kann zur Nichtigkeit der zeitlich nachgelagerten bindenden Verfügung führen. Abgesehen davon bedarf die Sicherung der nach den allein erbrechtlichen Bestimmungen mangelhaften Absicherung des lebzeitig leistenden Teils ergänzender schuldrechtlicher Verpflichtungen, die ihrerseits nur durch komplizierte gestalterische Kunstgriffe mit einer dinglichen Sicherung versehen werden können. Auch bei der zwingend erforderlichen Regelung der Rechtsfolgen einer Nicht-oder Schlechtleistung des Leistungspflichtigen sind äußerst komplizierte und damit störanfällige Regelungen unerlässlich.

199 Von der Wahl eines Verpfründungsvertrages kann daher grundsätzlich nur **abgeraten** werden.[366] Als **Gestaltungsalternative** kommt die Übertragung des von Todes wegen zuzuwendenden Gegenstandes unter Lebenden in Betracht. Hier entfällt die Problematik der Sicherstellung des lebzeitig Leistenden dadurch, dass er seine Leistung entweder direkt erhält oder aufschiebend bedingt mit dem Tod des Leistungsempfängers.[367] Wie beim Verpfründungsvertrag bleibt jedoch auch bei einem lebzeitigen Übertragungsvertrag das Problem der Regelung von Leistungsstörungen im Bereich der lebzeitig zu erbringenden Leistungen. Regelungen hierzu sind stets äußerst heikel. Insgesamt ist bei einer Gestaltung, nach der der eine Teil seine Leistungsverpflichtung durch einmalige Leistung, etwa die Übereignung eines Gegenstandes, erbringt, während der andere im Gegenzug zu fortwährenden Leistungen verpflichtet ist, strukturell problematisch.

IV. Erbschaftsteuer

200 Beim Erbfall kommt es zum Erwerb von Todes wegen durch den Leistungspflichtigen. Der Erwerb ist gem. § 3 Abs. 1 Nr. 1 ErbStG erbschaftsteuerpflichtig. Allerdings ist zu beachten, dass der Leistungspflichtige mit dem Erwerb von Todes wegen die nachgelagerte Gegenleistung für die von ihm leibzeitig bereits vorab erbrachten Leistungen erhält. Seine Bereicherung ist daher um den Wert der von ihm bereits im Gegenzug erbrachten Leistungen gemindert. Daher wird dem Erwerber zugestanden, dass er die von ihm tatsächlich nach Abschluss des Erbvertrages **erbrachten Leistungen** ihrem Wert nach vom steuerpflichtigen Erwerb **als Erwerbskosten** i. S. d. § 10 Abs. 5 Nr. 3 ErbStG **in Abzug** bringen kann.[368] Dies gilt auch für erbrachte Dienstleistungen,[369] für die sich freilich ein Bewertungsproblem ergeben kann.

201 Die vom Leistungspflichtigen erbrachten Leistungen stellen keine Schenkung dar, da es an der Unentgeltlichkeit der Leistung fehlt.

V. Checkliste

202 ▶ **Checkliste: Sicherung des Leistungspflichtigen**

☐ Bindungswirkung hinsichtlich der erbvertraglichen Verfügung
☐ Vorsorge gegen Nichtigkeit und Vernichtbarkeit der letztwilligen Verfügung (Anfechtung, Nichtigkeit wegen bereits bestehender erbrechtlicher Bindung)?
☐ Sicherung durch Verfügungsunterlassungsvertrag
☐ Zulassung von Verfügungen als Ausnahme (Kredit)?
☐ Aufschiebend bedingte Übereignungsverpflichtung
☐ Übereignungspflicht auslösende Faktoren: pflichtwidrige Verfügung, Zwangsvollstreckungsmaßnahmen in den zu erhaltenden Gegenstand, Insolvenzeröffnung?
☐ Einbeziehung von Ersatzbedachten und Regelung von deren Rechten und Pflichten?

---

366 *Kornexl*, MittBayNot 2011, 319; *J.Mayer*, DNotZ 2012, 89, 97 f. Nicht nachvollziehbar ist, dass *Langenfeld*, ZEV 2007, 453, 457, die Gestaltung als »attraktiv« ansieht.
367 *Nieder/Kössinger*, § 13 Rn. 41 ff.
368 BFH BStBl. II 1984, S. 37; 1995, S. 62; FG München EFG 1995, 752; *Kapp/Ebeling*, ErbStG, § 3 Rn. 103 f., § 10 Rn. 140; *Meincke*, ErbStG, § 10 Rn. 49; *Gebel*, ZErb 2004, 53, 56; a. A. FG Nürnberg EFG 1995, 127.
369 FG München EFG 1995, 752; *Gebel*, ZErb 2004, 53, 56.

- ☐ Gestaltung des Innenverhältnisses zwischen Herausgabepflichtigem und Bedachtem betreffend Verwendungsersatz, Herausgabe von Erträgen, Haftungsmaßstab?
- ☐ Soll dem Längstlebenden für den Fall der Herausgabepflicht der Vorbehalt eines Nutzungsrechtes gestattet werden?
- ☐ Form des Vertrages
- ☐ Sicherung des Erblassers:
  Rücktrittsrecht als ausschließliche Lösungsmöglichkeit?
  Festlegung der Rücktrittsvoraussetzungen
  Festlegung der Rücktrittsfolgen
- ☐ Sonstiges:
  konditionale Verknüpfung der Vertragsteile?
  Regelung der Folge einer Nichtigkeit von Vertragsteilen

Kapitel 17. Verträge unter künftigen Erben

Übersicht	Rdn.		Rdn.
A. **Erbschaftsvertrag unter künftigen Erben, § 311b Abs. 4 und 5 BGB** 1		II. Gestaltung 50	
I. Grundlagen 1		1. Erbschaftsvertrag in der Geschiedenenkonstellation 50	
1. Allgemeines; praktische Bedeutung des Erbschaftsvertrages 1		2. Gleichstellungsregelung 51	
2. Unzulässige Verträge über die Erbschaft, § 311b Abs. 4 BGB 6		3. Erbteilsübertragungs- und Erbschaftsvertrag 54	
a) Wandel des Schutzzwecks 6		4. Künftige Teilbauseinandersetzung über Grundbesitz unter Einbeziehung der Enkelgeneration und (in der Abwandlung) des Ehepartners eines Kindes 56	
b) Schuldrechtlicher Vertrag, kein erbrechtlich-dinglicher Verfügungsvertrag 7			
c) Fallgruppen von Erbschaftsverträgen 9		5. Pflichtteilsverzicht bzw. Verzicht auf Geltendmachung des Pflichtteils ... 62	
d) Vertragsgegenstand des Erbschaftsvertrages 10		B. **Schuldrechtliche Nachlassverträge unter Beteiligung des Erblassers** 63	
e) Verträge eines »Lebenden Dritten« 20		I. Grundlagen 63	
f) Rechtsfolgen eines unzulässigen Erbschaftsvertrages 21		1. Allgemeines 63	
		2. Fallgruppen 66	
3. Zulässige Erbschaftsverträge zwischen gesetzlichen Erben (§ 311b Abs. 5 BGB, vormals § 312 Abs. 2 BGB) .. 22		a) Ausschlagungsverpflichtungsvertrag mit dem Erblasser 67	
a) Abs. 5 als Ausnahme zu Abs. 4; Sonderregelung 22		b) Nachträgliche Anordnung der Ausgleichungspflicht 68	
b) Vertragsbeteiligte eines zulässigen Erbschaftsvertrages 25		c) Weiterleitungsverpflichtung zu Gunsten Dritter 72	
c) Gegenstand des zulässigen Erbschaftsvertrages 32		d) Pflichtteilsabfindungs- bzw. -beschränkungsverträge 73	
d) Form des Erbschaftsvertrages .. 37		e) »Pflichtteilsgeltendmachungsunterlassungsvertrag« 76	
e) Rechtsfolgen 39			
4. Die Erfüllung von Erbschaftsverträgen 41		f) Verpflichtung zur Zahlung von Gleichstellungsgeldern 78	
5. Vertragsstörungen, Störfallvorsorge . 44		g) Vertragskombinationen 79	
a) Wegfall des Verpflichteten ... 45		II. Gestaltung 80	
b) Wegfall des Berechtigten/Gläubigers 46		III. Kosten 82	
c) Versterben des Erblassers 47		IV. Steuerliche Behandlung von Erbschaftsverträgen 83	
d) Änderungen im Erbrecht (Quote/Wert) 48		V. Checkliste: 86	

Literatur:

Ahrens-Thoneik, Die Gestaltung von Verträgen über den Nachlass eines noch lebenden Dritten nach § 311b Abs. 4 und 5 BGB, 2004 (»Ahrens-Thoneik«); *J. Blomeyer,* Die vorweggenommene Auseinandersetzung der im gemeinschaftlichen Testament bedachten Kinder nach dem Tod eines Elternteils, FamRZ 1974, 421; *Damrau,* Der Erbverzicht, 1966 (»Damrau, Erbverzicht«); *ders.,* Die Verpflichtung zur Ausschlagung der Erbschaft, ZEV 1995, 425; *ders.,* Zu den Grenzen und Gestaltungsmöglichkeiten des Erbschaftsvertrages, ZErb 2004, 206; *Daniels,* Verträge mit Bezug auf den Nachlass eines noch lebenden Dritten, 1973 (»Daniels«); *Dieterlen,* Die vertragliche Verpflichtung zur Ausschlagung einer Erbschaft, 1998, (»Dieterlen«); *Dohr,* Überwindung der aufgrund gemeinschaftlichen Testaments oder Erbvertrages entstandenen erbrechtlichen Bindungswirkung, MittRhNotK 1998, 382; *Frenz,* Anm. zu BGH vom 11. November 1994 – IV ZR 238/93, DNotZ 1995, 763; *Gothe,* Erbschaftsausschlagung und Anfechtung der Erbschaftsannahme, MittRheinNotK 1998, 194; *Henssler,* Erbschaftsverträge nach § 3116 Abs. 4 und 5 BGB, RNotZ 2010, 221; *Jülicher,* Pflichtteilsansprüche im EStG und ErbStG – steuersparende Überlegungen vor und nach dem Erbfall, ZErb 2014, 126; *Kaufhold,* Vereinbarungen über den Nachlass oder einzelne Nachlassgegenstände ohne Mitwirkung des künftigen Erblassers, ZEV

Kapitel 17 Verträge unter künftigen Erben

1996, 454; *Keim*, Die Reform des Erb- und Verjährungsrechts und ihre Auswirkungen auf die Gestaltungspraxis, ZEV 2008, 161; *Krauß*, Vermögensnachfolge in der Praxis, 4. Aufl. 2015 (»Krauß, Vermögensnachfolge«); *Kuchinke*, Anm. zu BGH vom 11. Mai 1988 – IV a ZR 325/85, JZ 1990, 601; *Kues*, Die vorweggenommene Ausgleichung lebzeitiger Zuwendungen unter künftigen Erben als Vertrag iSd § 312 Abs. 2 BGB, ZEV 2001, 13; *Kulke*, Anwendbarkeit des § 312 Abs. 1 BGB auf Bürgschaftsverträge bei Erberwartung des einkommens- und vermögenslosen Bürgen, ZEV 2000, 298; *Limmer*, Erbschaftsverträge nach § 312 BGB: Bestandsaufnahme und Neuorientierung; *Mayer*, Nachträgliche Änderung von erbrechtlichen Anrechnungs- und Ausgleichsbestimmungen, ZEV 1996, 441; *Muscheler*, Der Erbschaftskauf, RNotZ 2009, 65; *Roellenbleg*, Ausgewählte Probleme der Grundstücksüberlassung in zivilrechtlicher und steuerlicher Sicht, DNotZ 1973, 708; *Roth*: Erbauseinandersetzung und Pflichtteilsanspruch im Erbschaftsteuerrecht, RNotZ 2013, 193; *Schanbacher*, Bürgschaft und Erbschaft – Zur Sittenwidrigkeit von Bürgschaften finanziell überforderter Personen, WM 2001, 74; *Schindler*, Pflichtteilsverzicht und Pflichtteilsverzichtsaufhebungsvertrag – oder: die enttäuschten Schlußerben, DNotZ 2004, 824; *Schwarz*, Vorweggenommene Erbfolge und Erbschaftsvertrag, BWNotZ 1995, 139; *Tiedemann*, Zur Nichtigkeit der Beschränkung der Bürgschaft auf künftige Erbschaft nach § 312 I 1 BGB, NJW 2000, 192; *Thode*, Anm. zu BGH vom 11. November 1994 – IV ZR 238/93, ZEV 1995, 143; *von Proff*, Erbschaftsverträge in der Praxis, ZEV 2013, 183; *Weidlich*, Ausgewählte Probleme bei erbrechtlichen Verzichten, NotBZ 2009, 149; *Weirich*, Der gegenständlich beschränkte Pflichtteilsverzicht, DNotZ 1986, 5; *Wiedemann*, Abfindungs- und Wertfestsetzungsvereinbarungen unter zukünftigen Erben, NJW 1968, 769.

A. Erbschaftsvertrag unter künftigen Erben, § 311b Abs. 4 und 5 BGB

I. Grundlagen

1. Allgemeines; praktische Bedeutung des Erbschaftsvertrages

1   Erbschaftsverträge[1] kamen früher selten vor; heutzutage kommt ihnen jedoch zumindest eine gewisse, wohl **zunehmende**[2] **praktische Bedeutung** zu.[3] Angesichts der stetig wachsenden Nachlasswerte steigt das Bedürfnis, schon zu Lebzeiten des Erblassers Regelungen über den zu erwartenden künftigen Nachlass zu treffen.[4] Dabei stehen den Beteiligten für die vorweggenommene Erbfolge zwischen Erblasser und künftigen Erben sowie für die vorgezogene Erbauseinandersetzung zwischen künftigen Erben sowohl das »konventionelle« Instrumentarium, nämlich die **erbrechtlich-dinglich wirkenden Erbverträge** im weiteren Sinne, aber auch Erb-, Pflichtteils-, oder Zuwendungsverzichte als auch schuldrechtlich wirkende Gestaltungsmittel zur Verfügung.[5] Schuldrechtliche Verträge sind insbesondere dann notwendig, wenn zulässige Vereinbarungen mit dem künftigen Erblasser (Erbvertrag, Erb- oder Pflichtteilsverzicht etc.) noch nicht[6] oder nicht mehr[7] möglich sind (etwa wegen Geschäftsunfähigkeit des Erblassers oder weil dieser nicht bereit ist, an einer derartigen Gestaltung mitzuwirken), oder weil die am Erbschaftsvertrag beteiligten Personen bewusst die Einbeziehung des künftigen Erblassers vermeiden wollen.[8]

2   Man kann manch gewünschte Ergebnisse durch sog. **Vertragskombinationen**[9] -unter Einbeziehung des Erblassers- etwa wie folgt erreichen:

---

1 Vgl. zum Begriff BGH DNotZ 1996, 763; MüKoBGB/*Krüger*, § 311b Rn. 120; *Daniels*, S. 21.
2 Staudinger/*Schumacher*, § 311b Abs 4 und 5 Rn. 23; *Damrau*, ZErb 2004, 206; siehe BFH, Beschl. v. 15.6.1997 – IV B 126–95, NJW-RR 1998, 1379; dazu *Wälzholz*, MittBayNot 2005, 465.
3 Staudinger/*Schumacher*, § 311b Abs 4 und 5 Rn. 23; siehe das Praxisbeispiel von *Schindler*, DNotZ 2004, 824, 836 zu einer Fallgestaltung in der »Patchwork-Familie«.
4 Staudinger/*Schumacher*, § 311b Abs 4 und 5 Rn. 23; siehe mit Fallgestaltungen dazu *Damrau*, ZErb 2004, 206 ff.; *Tersteegen*, RNotZ 2008, S. 439.
5 *Weidlich*, NotBZ 2009, 149.
6 *Damrau*, ZErb 2004, 206, 207.
7 MüKoBGB/*Krüger*, § 311b Rn. 109.
8 *Limmer*, DNotZ 1998, 927.
9 *Ahrens-Thoneik*, S. 146.

- Vertrag 1: Ein künftiger gesetzlicher Erbe (Schuldner) verpflichtet sich in einem obligatorischen Vertrag – gegen Abfindung – zugunsten eines weiteren künftigen gesetzlichen Erben (Gläubiger) mit dem künftigen Erblasser einen Erbverzichtsvertrag zu schließen;
- Vertrag 2: Der künftige gesetzliche Erbe (Schuldner) verzichtet gegenüber dem Erblasser auf sein gesetzliches Erbrecht;
- Vertrag 3: Zuletzt schließt der -künftige- Erblasser mit dem Gläubiger einen Erbvertrag, in welchem er den Gläubiger auf den »freiwerdenden« Erbteil einsetzt.

Nicht alle Ziele lassen sich allein durch »Vertragskombinationen« erreichen; in manchen Fällen muss zusätzlich ein Erbschaftsvertrag abgeschlossen werden, welcher § 311b BGB unterfällt.[10]

Der Anwendungsbereich von § 311b Abs. 4 und 5 BGB ist recht weit: Alle vorgezogenen Erbauseinandersetzungen zwischen künftigen Erben stehen unter der gesetzlichen Beschränkung des § 311b Abs. 4 und Abs. 5 BGB. Der Tatbestand des § 311b Abs. 4 BGB erstreckt sich auf Verträge über den Nachlass, Vermächtnis[11] und Pflichtteil aus einem Nachlass (§ 311b Abs. 4 S. 2) ebenso einen Anteil (§ 1922 Abs 2) oder Bruchteil (Prozentsatz, Quote) an diesen Gegenständen.[12] Ein solcher Vertrag ist auch nicht allein aufgrund der Zustimmung des Erblassers wirksam.[13] Es kommt nicht auf den Zweck, sondern den **Gegenstand des Vertrages** an.[14]

§ 311b BGB[15] lautet nunmehr[16] auszugsweise wie folgt:

(4) Ein Vertrag über den Nachlass eines noch lebenden Dritten ist nichtig. Das Gleiche gilt von einem Vertrag über den Pflichtteil oder ein Vermächtnis aus dem Nachlass eines noch lebenden Dritten.

(5) Absatz 4 gilt nicht für einen Vertrag, der unter künftigen gesetzlichen Erben über den gesetzlichen Erbteil oder den Pflichtteil eines von ihnen geschlossen wird. Ein solcher Vertrag bedarf der notariellen Beurkundung.

Angesichts der drastischen Rechtsfolge ist bei der Gestaltung von Verträgen, die in den Anwendungsbereich des § 311b Abs. 4, 5 BGB fallen könnten, besondere **Vorsicht geboten**.[17] In der notariellen Praxis betreffen viele Gestaltungen den Nachlass im weitesten Sinne, so dass sich bei derartigen Verträgen immer die Frage stellt, ob sie der Nichtigkeitssanktion des § 311b Abs. 4 BGB unterfallen, oder ob sie nach § 311b Abs. 5 BGB zulässig sind.[18] Der Abs. 5 des § 311b BGB ist dabei eine Aus-

---

10 *Damau*, a. a. O. mit Beispielsfällen; *Limmer*, DNotZ 1998, 927, 929; BGH NJW 1995, 448; *Daniels*, a. a. O., S. 143; *Blomeyer*, FamRZ 1974, 421, 428, *Wiedemann*, NJW 1968, 769, 772. Fraglich ist, ob Vertrag 1 im Beispiel, wenn der Gläubiger kein künftiger gesetzlicher Erbe wäre, ein Erbschaftsvertrag ist oder nicht; dazu Rdn. 79 nachstehend.
11 MüKoBGB/*Krüger*, § 311b Rn. 113; einschränkend für Vermächtnis Staudinger/*Schumacher*, § 311b Abs. 4/5 Rn. 17.
12 BGHZ 26, 320, 325 = NJW 1958, 705; BGH MDR 1960, 575; MüKoBGB/*Krüger*, § 311b Rn. 113; *Ahrens-Thoneik*, S. 185.
13 Nieder/Kössinger/*Nieder*, § 19 Rn. 60; MüKoBGB/*Krüger*, § 311b Rn. 117.
14 MüKoBGB/*Krüger*, § 311b Rn. 109.
15 Verträge über Grundstücke, das Vermögen und den Nachlass.
16 Mit der Schuldrechtsmodernisierung wurde § 312 BGB Abs. 1 a. F. wortgleich durch § 311b Abs. 4 ersetzt; § 312 Abs. 2 wurde lediglich redaktionell angepasst und durch Abs. 5 ersetzt. Leider wurde der Abs. 5 nicht an den Abs. 4 angepasst; die Auslegungsschwierigkeiten bezüglich der im bisherigen Abs. 2 nicht enthaltenen »Vermächtnisse« wurden nicht behoben, und die Terminologie »Nachlass« bzw. »gesetzlicher Erbteil« ist nach wie vor unterschiedlich, so Staudinger/*Schumacher*, § 311b Abs. 4/5 vor Rn. 1.
17 *Limmer*, DNotZ 1998, 927, 939; dies zeigen auch laut *Limmer*, viele Anfragen zum DNotI, DNotZ 1998, 927, 928; *Damrau*, ZErb 2004, 206, 214, empfiehlt »**höchste Sicherheitsstufe**«.
18 Auch § 2302 BGB muss geprüft werden.

nahme von der Verbotsnorm des § 311b Abs. 4 BGB.[19] Daraus folgt, dass Verträge, die bereits nach § 311b Abs. 4 BGB zulässig sind, auch nicht unter § 311b Abs. 5 BGB fallen.

2. Unzulässige Verträge über die Erbschaft, § 311b Abs. 4 BGB

a) Wandel des Schutzzwecks

6   Die § 311b Abs. 4 und Abs. 5 BGB haben eine lange Rechtstradition.[20] Es geht um die Verhinderung **sittlich verwerflicher Spekulation** auf den baldigen Tod eines Dritten,[21] den **Schutz der Testierfreiheit** des Erblassers und um Vorsorge gegen eine **leichtfertige Vermögensverschleuderung** sowie die Ausbeutung einer solchen Gelegenheit.[22] Auch die Umgehung erbrechtlicher Vorschriften sollte verhindert werden.[23] Die Ausnahmeregelung des § 311b Abs 5 BGB hingegen sollte nach den Motiven[24] Erbschaftsverträge innerhalb von Familien zum Zwecke einer vorzeitigen Erbauseinandersetzung ermöglichen. Genannt werden typischerweise die »Auswandererfälle«.[25] Dieser Schutzzweck der Bestimmung wird heute zunehmend »neu interpretiert« und »moderner« gefasst.[26] Im Vordergrund stehen nunmehr v. a. **Bedenken wegen des aleatorischen Charakters** der Vorschrift.[27] Auch eine Zustimmung des Erblassers zu einem solchen Vertrag ist grds. unbeachtlich.[28] Zwar ist bei Mitwirkung des Erblassers kein »Hintergehen« gegeben,[29] dennoch gilt auch bei Mitwirkung des Erblassers das Unwerturteil über die sittenwidrige Spekulation mit dem Tod.[30]

b) Schuldrechtlicher Vertrag, kein erbrechtlich-dinglicher Verfügungsvertrag

7   Nach der h. M.[31] unterfallen § 311b BGB nur **schuldrechtliche Verpflichtungsverträge**,[32] nicht solche mit erbrechtlich-dinglicher Verfügungswirkung über den gesamten Nachlass als solchen oder einen Bruchteil desselben, da nach den Grundsätzen des BGB solche Verträge über den Nachlass eines lebenden Dritten undenkbar sind. § 311b BGB Abs. 4/5 betrifft nicht nur die Verpflichtung zur Übertragung eines Erbteils, Pflichtteils oder Vermächtnisses, sondern alle Verpflichtungsgeschäfte mit Bezug auf den Nachlass eines lebenden Dritten, also auch Verpflichtungen zur Verpfändung, Nießbrauchsbestellung, zur Annahme oder Ausschlagung des Erbrechts, zur Nichtgeltendmachung des Pflichtteils oder zur Unterlassung der Testamentsanfechtung.

---

19 MüKoBGB/*Krüger*, § 311b Rn. 119; Staudinger/*Schumacher*, § 311b Abs. 4 und 5, Rn. 22; a. A. ohne rechte Begründung *Kues*, ZEV 1001, 13, 14 (»§ 312 I betrifft *völlig andere Verträge* als § 312 II«).
20 *Daniels*, S. 25 ff.
21 HKK/*Harke*, § 311b IV, Rd. 11.
22 »sittliche« und »volkswirtschaftliche« Gründe: BGH DNotZ 1989, 169; BGHZ 37, 319, 323 f. = NJW 1962, 1910; BGH DNotZ 1997, 122; BGH DNotZ 1996, 763 ff. mit Anm. Frenz; MüKoBGB/*Krüger*, § 311b Rn. 108; Staudinger/*Schumacher*, § 311b Abs 4/5 Rn. 2.
23 Staudinger/*Schumacher*, § 311b Abs 4/5 Rn. 2; HKK/*Harke*, § 311b IV, Rd. 11: die Vertragsparteien hintergehen den Erblasser.
24 Mot II S. 184 f.
25 Beschaffung der Überfahrtskosten und »Starthilfe« gegen Veräußerung der Erbaussichten.
26 Staudinger/*Schumacher*, § 311b Abs. 4/5 Rn. 2; *Limmer*, DNotZ 1998, 927; Palandt/*Grüneberg*, § 311b Rn. 69.
27 Staudinger/*Schumacher*, § 311b Abs 4/5 Rn. 2; streitig, ob § 311b Abs. 4 eine Ausprägung des § 138 BGB darstellt (so z. B. nach Erman/*Grziwotz*, § 311b Rn. 95: regelmäßig der Fall); anders Staudinger/*Schumacher*, § 311b Abs 4 und 5 Rn. 20: immer Verstoß gegen die guten Sitten.
28 Staudinger/*Schumacher*, § 311b Abs 4/5 Rn. 2.
29 Allerdings könnte der Erblasser auch unter »Druck« geraten, entsprechend zu testieren.
30 HKK/*Harke*, § 311b IV, Rn. 11.
31 BGHZ 37, 324; Palandt/*Grüneberg*, § 311b Rn. 70; a. A. Staudinger/*Schumacher*, § 311b Abs. 4/5 Rn. 3.
32 Die Nichtigkeitsfolge erstreckt sich auch auf die zugehörigen Erfüllungsgeschäfte, siehe *Daniels*, S. 58 ff., 77.

Zulässig ist eine **antizipierte Abtretung des Pflichtteilsanspruchs**, nicht des Pflichtteilsrechts.[33] Eine antizipierte Abtretung des gesetzlichen Erbteils wird dagegen von der h. M.[34] nicht zugelassen; sie ist erst ab dem Erbfall zulässig. Die Zulässigkeit der antizipierten Abtretung wäre jedoch für den Schutz des Abtretungsempfängers wünschenswert,[35] sonst besteht das Problem der Pfändung des Erbteils oder die Nichtauffindbarkeit des Erben. In der Praxis wird man hilfsweise formulieren,[36] dass der Anteil schon vor Entstehung abgetreten wird. Für den Fall, dass dies nicht als zulässig erachtet werden sollte, muss eine **Verpflichtung zur Abtretung nach dem Erbfall** begründet werden. Dies Verpflichtung wird durch eine entsprechende **unwiderrufliche Vollmacht** verstärkt werden müssen.[37] Ein Schutz gegen Bindungen nach dem Erbfall und vor der Durchführung vor der Beurkundung der Abtretung selbst ist damit jedoch nicht verbunden. Es muss darauf hingewiesen werden, dass die Fälligstellung der Abfindung vor Eintritt des Erbfalls problematisch ist.[38] Vor diesem Hintergrund stellt sich selbst in den klassischen Auswanderfällen die Frage nach der Praktikabilität dieser Bestimmung.[39]

8

c) Fallgruppen von Erbschaftsverträgen

Die denkbaren Gestaltungen[40] kann man in unterschiedliche **Fallgruppen** einordnen,[41] die keine Vollständigkeit beanspruchen:
- Vorweggenommene Erbteils-, Pflichtteils – oder Vermächtnisübertragungen: Der zukünftige Erbe möchte bereits einen Teil oder seinen vollständigen Erbteil an einen Dritten abtreten oder sich zumindest schuldrechtlich hierzu verpflichten.
- Pflichtteilsregelungsverträge: Insbesondere wenn ein Pflichtteilsverzichtsvertrag aus den oben genannten Gründen ausscheidet, stellt sich die Frage, inwieweit zukünftige Berechtigte und Verpflichtete aus einem Pflichtteilsanspruch diesen gestalten können, z. B. Verzicht, Anrechnung etc. Vereinbarungen über die Geltendmachung bzw. Nicht-Geltendmachung des Pflichtteils.
- Vermächtnisregelungsverträge.
- Erbrechtsgestaltungsverträge: Die Beteiligten wollen sich bereits vor dem Erbfall verpflichten, von erbrechtlichen Gestaltungsrechten in bestimmter Weise Gebrauch zu machen, z. B. Verpflichtung zur Annahme[42] oder Ausschlagung[43] der Erbschaft.[44]
- Nachlassgegenstandsverträge: Die Beteiligten gehen davon aus, dass der Nachlass einen bestimmten Vermögensgegenstand, z. B. ein Grundstück, umfassen wird und wünschen bereits vor dem Erbfall eine vertragliche Bindung im Hinblick auf diesen zukünftig dem Erben zustehenden Nach-

9

---

33 Staudinger/*Schumacher*, § 311b Abs. 4/5 Rn. 32.
34 BGHZ 104, 280 = DNotZ 1989, 169; *Daniels*, S. 118 ff; *Damrau*, ZErb 2004, 206, 213; Palandt/*Grüneberg*, Rn. 75; a. A. Staudinger/*Schumacher*, § 311b Abs. 4/5 Rn. 33.
35 Staudinger/*Schumacher*, § 311b Abs. 4/5 Rn. 33.
36 Staudinger/*Schumacher*, § 311b Abs. 4/5 Rn. 33.
37 Staudinger/*Schumacher*, § 311b Abs. 4/5 Rn. 33.
38 Staudinger/*Schumacher*, § 311b Abs. 4/5 Rn. 33.
39 Staudinger/*Schumacher*, § 311b Abs. 4/5 Rn. 33.
40 Und zwar sowohl für Abs. 4 als auch für Abs. 5; *Daniels*, S. 76 f.
41 Siehe etwa beispielhaft *Limmer, Kaufhold*, je a. a. O.; Nieder/Kössinger/*Nieder*, § 19 Rn. 59 ff., *Ahrens-Thoneik*, S. 92 ff.
42 Staudinger/*Schumacher*, § 311b Abs. 4/5 Rn. 30; dazu Fallbericht in DNotI-Report 2007, 132.
43 Zum Ausschlagungsverpflichtungsvertrag v. a. mit dem Erblasser insbesondere *Dohr*, MittRhNotK 1998, 382 ff., 407; Dohr beschäftigt sich auch mit Mitteln und Wegen zur Durchsetzung eines Ausschlagungsverpflichtungsvertrages; siehe auch *Gothe*, MittRheinNotK 1998, 194, 222 m. w. N. zum Ausschlagungsverpflichtungsvertrag unter künftigen Miterben und mit dem Erblasser.
44 Von § 2385 BGB werden nicht Verträge erfasst, in denen sich ein Erbe verpflichtet, die ihm angefallen Erbschaft auszuschlagen, damit der Vertragspartner Erbe wird Kein Erbschaftskauf ist der Kauf einer künftigen Erbschaft zu Lebzeiten des Erblassers. Dies ist ein Erbschaftsvertrag; dazu MüKoBGB/*Musielak*, § 2385 Rn. 3; *Muscheler*, RNotZ 2009, 65.

lassgegenstand6 (z. B. Bestellung eines Nießbrauchs oder Wohnrechts an einem Grundstück, das wohl in den Nachlass fallen wird).
– Anrechnungs- und Ausgleichungsverträge: Zukünftige Erben wollen die aus §§ 2050 ff. BGB folgende gesetzliche Ausgleichsregelung modifizieren.

d) Vertragsgegenstand des Erbschaftsvertrages

10 Der Tatbestand des § 311b Abs. 4 BGB erstreckt sich auf Verträge über den Nachlass, Vermächtnis und Pflichtteil aus einem Nachlass (§ 311b Abs 4 S. 2) ebenso einen Anteil (§ 1922 Abs. 2) oder Bruchteil (Prozentsatz, Quote) daran.[45] Der Begriff »**Nachlass**« in Abs. 4 ist weit umfassender als der Begriff »**Erbteil**« in Abs. 5.[46] Unter den Begriff des Nachlasses fallen gesetzliche und testamentarische Erbteile. Anders als im Abs. 5 spielt bei testamentarischen Erbteilen im Rahmen des Abs. 4 die Problematik der **quantitativen Begrenzung** keine Rolle.[47] Im Rahmen des Abs. 4 ist es nicht notwendig, dahingehend zu differenzieren, ob es sich um den gesetzlichen oder den testamentarischen Nachlass handelt.[48]

11 Wirksam ist das Versprechen, aus dem Nachlass eine betragsmäßig feststehende, aber nicht am Nachlasswert orientierte **Rente** zu erbringen.[49]

12 Unbedenklich ist ferner eine Vereinbarung über **einzelne Nachlassgegenstände**, sofern sich nicht – gemessen am Zeitpunkt des Vertragsschlusses – darin der Nachlass wertmäßig **erschöpft**.[50] Nach der Rechtsprechung können also sogar Verträge über Einzelgegenstände aus dem Nachlass eines noch lebenden Dritten dem Anwendungsbereich des § 311b Abs. 4 BGB unterfallen. Grundsätzlich ist ein Vertrag über einzelne Nachlassgegenstände gültig. Etwas anderes soll dann gelten, wenn die Verpflichtung den Wert des Nachlasses **ausschöpft** und dadurch praktisch alle Nachlassaktiva erfasst.[51] Kautelarjuristisch ist also selbst bei Verträgen über Einzelgegenstände erhöhte Vorsicht angebracht, weil es bei Verträgen im Rahmen des Abs. 4 in der Regel nicht bekannt ist, ob ein Einzelgegenstand den Nachlass erschöpft oder doch im wesentlichen erschöpft.[52] Die Rechtsprechung[53] verweist auf den vormaligen § 419 BGB, der jedoch mE nicht vergleichbar ist.[54]

13 Vorzugswürdig erscheint daher die Auffassung von *Daniels*[55] und *Wufka*,[56] wonach durch die **genaue Benennung einzelner Gegenstände die Verpflichtung grundsätzlich kalkulierbar** wird und die Gefahr der Spekulation und Vermögensverschleuderung wesentlich gemindert wird, weil die konkrete Bezeichnung der einzelnen Nachlassgegenstände Warn- und Signalfunktion hat.[57] Der BGH

---

45 BGHZ 26, 320, 325 = NJW 1985, 705; BGH MDR 1960, 575; BeckOK/*Gehrlein*, § 311b Abs. 4 Rn. 48; *Ahrens-Thoneik*, S. 185, Staudinger/*Schumacher*, § 311b Abs. 4/5 Rn. 10.
46 Staudinger/*Schumacher*, § 311b Abs. 4/5 Rn. 9.
47 Staudinger/*Schumacher*, § 311b Abs. 4/5 Rn. 9.
48 Staudinger/*Schumacher*, § 311b Abs. 4/5 Rn. 9.
49 BeckOK/*Gehrlein*, § 311b Abs. 4 Rn. 48; BGHZ 26, 320, 325 = NJW 1958, 705; krit. *Meincke*, JuS 1976, 501.
50 BeckOK/Gehrlein § 311b Abs. 4 Rn. 48; BGHZ 26, 320, 325; BGH MDR 1960, 575; LM § 312 Nr. 3; OGHZ 2, 114, 117 = NJW 1949, 623; Soergel/*M. Wolf*, § 312 a. F. Rn 8; RGRK/*Ballhaus*, § 312 a. F. Rn 3; MüKoBGB/*Krüger*, Rn. 115; a. A. Staudinger/*Schumacher*, § 311b Abs 4/5 Rn. 11.
51 Sog. »Erschöpfungstheorie«; MüKoBGB/*Krüger*, § 311b Rn. 115; Palandt/*Grüneberg*, § 311b Rn. 71; OGH NJW 1949, 623; BGH LM § 312 Nr. 3; a. A. *Tiedemann*, NJW 2000, 192; *Kulke*, ZEV 2000, 298; Staudinger/*Schumacher*, § 311b Abs. 4/5 Rn. 11, *Daniels*, S. 51.
52 BGH DNotZ 1960, 382, 383.
53 OGH NJW 1949, 623; BGH LM § 312 Nr. 3; Nachweise in MüKoBGB/*Krüger*, § 311b Rn. 115.
54 Dazu im Einzelnen Staudinger/*Schumacher*, § 311b Abs. 4/5 Rn. 11.
55 *Daniels*, S. 43 ff.
56 Staudinger/*Schumacher*, § 311b Abs. 4/5 Rn. 11; ebenso *Kaufhold*, ZEV 1996, 454, 456; *Limmer*, DNotZ 1998, 927, 934.
57 *Blomeyer*, FamRZ 1974, 421, 424.

hatte jedoch noch keine Gelegenheit, sich dazu zu äußern, so dass für die praktische Vertragsgestaltung die sog. Erschöpfungstheorie zugrunde zu legen ist.

Nach der »Erschöpfungstheorie«[58] kommt es, was den **Zeitpunkt** angeht, auf den **Vertragsabschluss**,[59] nicht den Erbfall an. Nach dem Schutzzweck des § 311b Abs. 4 BGB kann es auch nur auf diesen Zeitpunkt ankommen. Ein späterer Vermögenserwerb ist bei der Beurteilung des Vertrages über einen einzelnen Vermögensgegenstand aus dem Nachlass damit nicht zu berücksichtigen, so dass der Vertrag nichtig ist. Auf der anderen Seite ist § 311b Abs. 4 BGB nicht anwendbar, wenn der Vermögensgegenstand zum Zeitpunkt des Vertragsschlusses den Nachlass nicht erschöpft, dies aber mit dem Eintritt des Erbfalles der Fall ist.[60] 14

Vermächtnisse sind häufig nur auf einen Gegenstand gerichtet. Es gibt aber auch Quotenvermächtnisse. Unter Geltung der von der Rechtsprechung vertretenen Quotentheorie[61] wird jedoch kaum verständlich,[62] weshalb § 311b Abs. 4 S. 2, 2. Alternative BGB die Nichtigkeit von Verträgen über ein Vermächtnis aus dem Nachlass eines noch lebenden Dritten anordnet. 15

Deshalb differenziert ein Teil der Literatur und legt § 311b Abs. 4 S. 2, 2. Alternative BGB dahingehend einschränkend aus,[63] dass von ihm **alle Vermächtnisarten, mit Ausnahme des Stückvermächtnisses** erfasst werden, insbesondere die Quotenvermächtnisse. Nur dann stehe das Vermächtnis, welches häufig auch nur auf einen Einzelgegenstand gerichtet ist, einem Erbteil bzw. Pflichtteil (Geldanspruch berechnet aus dem ganzen Nachlass) gleich. Allerdings hat der BGH noch im Jahre 1995[64] entschieden, dass ein Erbschaftsvertrag über ein Vermächtnis aus dem Nachlass eines noch lebenden Dritten dem § 311b Abs. 4 BGB unterfällt, ohne dabei zu differenzieren. Von daher ist für die Gestaltung von Verträgen über ein Vermächtnis aus dem Nachlass eines noch lebenden Dritten höchste Vorsicht geboten. **Was die Formulierung angeht, sollte – wenn möglich – nicht auf ein Vermächtnis, sondern auf den Einzelgegenstand abgestellt werden.**

Eine **Bürgschaft** oder sonstige Sicherungsvereinbarungen, die jemand im Hinblick auf eine erwartete Erbschaft übernimmt, sind wirksam.[65] 16

Nicht unter § 311b Abs. 4 BGB fällt und ist daher zulässig, die von einem Dritten gegenüber dem Vertragserben oder -vermächtnisnehmer übernommene **Verpflichtung, vom Erblasser unter Leben-** 17

---

58 Dazu zusammenfassend DNotI-Report 19/2002, S. 145 ff.: Der Entscheidung des BGH vom 30. März 1960 (DNotZ 1960, 382) lag eine Vereinbarung über zum Nachlass gehörende Hausgrundstücke zugrunde. Bezüglich dieser Hausgrundstücke ging der künftige Erbe bestimmte Verpflichtungen ein. In dieser Entscheidung hat der BGH u. a. ausgeführt: »Hierunter (unter § 312 BGB a. F.) fällt allerdings auch die Übernahme der Verpflichtung, an den Vertragsgegner (in Natur oder dem Wert nach) einen Bruchteil des vom Erklärenden aus dem künftigen Nachlass (als Erbe oder Pflichtteil) erwarteten Vermögenszuwachses abzuführen. Voraussetzung ist jedoch, dass sich die Verpflichtung auf den Nachlass als solchen erstreckt; bezieht sie sich dagegen nur auf einzelne zum künftigen Nachlass gehörende Gegenstände, so ist das Verbot des § 312 BGB nach seinem Wortlaut und dem oben angeführten gesetzgeberischen Zweck entgegen der Auffassung der Revision nicht anwendbar, es sei denn, dass sich der Nachlass (ähnlich wie bei § 419 BGB) wertmäßig in diesen Gegenständen im Wesentlichen erschöpft.« Aus dieser Entscheidung wird die sog. Erschöpfungstheorie hergeleitet. Verträge über einzelne Gegenstände des künftigen Nachlasses seien grundsätzlich zulässig, sie würden jedoch dann von § 311b Abs. 4 BGB erfasst, wenn entweder durch eine Aufzählung einzelner Gegenstände verschleiert werden soll, dass eine Beteiligung am Nachlass insgesamt beabsichtigt ist, oder wenn die Gegenstände praktisch den gesamten Nachlass erschöpfen.
59 Palandt/*Grüneberg*, § 311b Rn. 71.
60 *Kulke*, ZEV 2000, 298.
61 BGHZ 104, 279 = DNotZ 1989, 169.
62 *Ahrens-Thoneik*, S. 21.
63 Staudinger/*Schumacher*, § 311b Abs. 4/5 Rn. 17 und *Ahrens-Thoneik*, S. 21 ff.
64 BGH DNotZ 1997, 122, 124.
65 Staudinger/*Schumacher*, 2001, § 312 Rn. 15; MüKoBGB/*Krüger*, § 311b Rn. 115; Palandt/*Grüneberg*, Rn. 71; zu Bürgschaften beachte die spezielle Literatur, siehe z. B. *Tiedemann*, NJW 2000, 192; *Kulke*, ZEV 2000, 298; *Schanbacher*, WM 2001, 74.

den keine Zuwendungen anzunehmen die der erbvertraglichen Regelung zuwiderlaufen oder sie herauszugeben.[66] Diese Verpflichtung ist auch kein Erbvertrag, fällt daher nicht unter § 2276 BGB und ist daher auch formlos gültig.[67]

18 Zwischen **Schlusserben**[68] eines Berliner Testaments vor dem Tod des überlebenden Ehegatten als dem Erblasser getroffene Abfindungsvereinbarungen über den gesamten Nachlaß sind ungültig,[69] bei Mitwirkung des Ehegatten aber möglicherweise in einen Zuwendungsverzichtsvertrag (§ 2352 BGB) umdeutbar.[70]

19 Vom **Nacherben** nach dem Tod des Erblassers, aber vor Ableben des Vorerben über sein Anwartschaftsrecht eingegangene Verpflichtungen lässt § 311b Abs. 4 unberührt, weil der Nacherbe den Erblasser und nicht den Vorerben beerbt,[71] so dass dem Nacherben mit dem Erbfall bereits eine grundsätzlich übertragbare Anwartschaft entstanden ist.

e) Verträge eines »Lebenden Dritten«

20 Es geht um Verträge eines noch lebenden Dritten.[72] Es kommt auf die **subjektive Vorstellung der Vertragspartner**[73] an. Daher greift § 311b Abs 4 BGB auch ein, wenn der Dritte entgegen ihrer Annahme bereits gestorben ist.[74] Die Person des Dritten braucht nicht bekannt zu sein; **unzulässig ist aber die Übertragung aller künftigen Erbschaften** durch einen Auswanderer.[75] Bedeutungslos ist auch, ob der Dritte im In- oder Ausland lebt, ob er erreichbar ist oder nicht.[76]

f) Rechtsfolgen eines unzulässigen Erbschaftsvertrages

21 Das Verbot gilt auch bei Zustimmung des Erblassers zu dem Vertrag[77] und ohne Rücksicht darauf, ob die Verbotsziele im Einzelfall zutreffen. In Abweichung zu § 311b Abs 2 und 3 BGB bezieht sich die **Nichtigkeit** auch auf in Erfüllung[78] der ungültigen Vereinbarung getroffene Verfügungen, etwa Vorausabtretung von Nachlassforderungen.[79] Ein nach § 311 Abs 4 nichtiger Abfindungsvertrag kann u. U., sofern der Erblasser mitgewirkt hat, in einen Erbverzichtsvertrag oder die Verpflichtung zum Abschluss eines Erbverzichtsvertrags **umgedeutet** werden.[80] **Von daher empfiehlt es sich, den Erblasser, wenn möglich und gewollt, zu beteiligen.**

---

66 MüKoBGB/*Krüger*, § 311b Rn. 118.
67 MüKoBGB/*Krüger*, § 311b Rn. 118; BGH WM 1977, 689, 690 f.
68 MüKoBGB/*Krüger*, § 311b Rn. 114; *Daniels*, S. 69 ff.
69 BGHZ 37, 319, 326 = NJW 1962, 1910; Staudinger/*Schumacher*, § 311b Abs 4/5 Rn. 14; krit. *Wiedemann*, NJW 1968, 769, 771.
70 BGH NJW 1974, 43 f; krit. *Blomeyer*, FamRZ 1974, 421 ff.
71 BGHZ 37, 319, 325 f. = NJW 1962, 1910; MüKoBGB/*Krüger*, § 311b Rn. 114.
72 BeckOK/*Gehrlein*, § 311b Abs. 4 Rn. 49; Staudinger/*Schumacher*, § 311b Abs 4 und 5 Rn. 18.
73 Im Anschluss an RGZ 93, 297 ff.; MüKoBGB/*Krüger*, § 311b Rn. 116; Staudinger/*Schumacher*, § 311b Abs 4 und 5 Rn. 18; BeckOK/*Gehrlein*, § 311b Abs. 4 Rn. 49; Palandt/*Grüneberg*, § 311b Rn. 71; a. A. *Daniels*, S. 72 ff.
74 BeckOK/*Gehrlein*, § 311b Abs. 4 Rn. 49; MüKoBGB/*Krüger*, § 311b, Rn. 116; RGZ 93, 297; Erman/*Grziwotz*, Rn. 95; a. A. *Daniels*, S. 73 ff., der auf die objektive Sachlage abstellt.
75 BeckOK/*Gehrlein*, § 311b Abs. 4 Rn. 49; MüKoBGB/*Krüger*, § 311b Rn. 116; Staudinger/*Schumacher*, § 311b Abs 4 und 5 Rn. 19.
76 MüKoBGB/*Krüger*, § 311b Rn. 116; Staudinger/*Schumacher*, § 311b Abs. 4/5 Rn. 19.
77 BeckOK/*Gehrlein*, § 311b Abs. 4 Rn. 50; BGHZ 37, 319, 324 = NJW 1962, 1910; RGRK/*Ballhaus*, § 312 a. F. Rn. 4.
78 Staudinger/*Schumacher*, § 311b Abs. 4/5 Rn. 20, Palandt/*Grüneberg*, § 311b Rn. 72; MüKoBGB/*Krüger*, § 311b Rn. 111.
79 BGHZ 37, 319, 324 f.; 26, 320, 326 = NJW 1958, 705 f; BeckOK/*Gehrlein*, § 311b Abs. 4 Rn. 50; Soergel/*M. Wolf*, § 312 a. F. Rn. 3; vgl. Staudinger/*Schumacher*, § 311b Abs 4/5 Rn. 3, 20 f.
80 BGH NJW 1974, 43 f; BGHZ 37, 319, 328 = NJW 1962, 1910; BeckOK/*Gehrlein*, § 311b Abs. 4 Rn. 50; MüKoBGB/*Krüger*, Rn. 117.

3. Zulässige Erbschaftsverträge zwischen gesetzlichen Erben (§ 311b Abs. 5 BGB, vormals § 312 Abs. 2 BGB)

a) Abs. 5 als Ausnahme zu Abs. 4; Sonderregelung

§ 311b Abs. 5 BGB lässt schuldrechtliche Verträge zwischen künftigen gesetzlichen Erben über den gesetzlichen Erbteil oder den Pflichtteil eines von ihnen zu (Erbschaftsverträge). § 311b Abs. 5 BGB enthält eine Ausnahme zu Absatz 4.[81] Die Ausnahme bezieht sich zum einen auf die **Vertragsbeteiligten**, zum anderen aber auch auf **Gegenstandsbeschränkungen**.[82] Verträge nach Abs. 5 bedürfen der notariellen Beurkundung. 22

Beim Gegenstand handelt es sich nicht umfassend um den Nachlass, sondern um **(gesetzliche) Erbteile**.[83] Der Gesetzgeber hat die Ausnahmeregelung erlassen, da ein Bedürfnis für entsprechende Regelungen innerhalb der Familie bei Gutsübergaben, Auswanderungen und Abfindung von Geschwistern gerechtfertigt erschien.[84] Heute besteht für entsprechende Verträge im Unternehmensbereich, aber auch bei der Grundbesitzübergabe ein steigendes Bedürfnis.[85] Diese Verträge haben Bedeutung, wenn der Erblasser an einem solchen Vertrag nicht mehr teilnehmen kann oder will oder die Teilnahme des Erblassers oder die **Vertragsbeteiligung des Erblassers aus Gründen des Familienfriedens vermieden** werden soll. Gleiches gilt, wenn der Erblasser z. B. durch gemeinschaftliches Ehegattentestament oder Erbvertrag **gebunden** ist.[86] Insoweit bietet § 311b Abs. 5 BGB ein Handhabe zur Lösung moderner Familienauseinandersetzungen, z. B. zum Erhalt eines Familienunternehmens.[87] 23

Abs. 5 bezieht sich auf dieselbe Art von Verträgen wie Abs. 4.[88] Verträge, die bereits nach Abs. 4 zulässig sind, fallen damit auch nicht unter Abs. 5.[89] § 311b Abs. 5 BGB ist zu prüfen, wenn ein Vertrag nach § 311b Abs. 4 BGB nichtig ist. 24

b) Vertragsbeteiligte eines zulässigen Erbschaftsvertrages

Der Vertrag muss zwischen den »künftigen« gesetzlichen Erben geschlossen werden.[90] Es müssen nicht notwendigerweise die nächstberufenen[91] gesetzlichen Erben sein. Es genügt, wenn die Vertragschließenden **zur Zeit des Vertragsschlusses potentielle gesetzliche Erben** sind.[92] Sämtliche Vertragsschließende müssen künftige gesetzlichen Erben des Erblassers sein.[93] 25

Der BGH jedoch hat zu der Problematik, ob die künftigen gesetzlichen Erben die **nächstberufenen** gesetzlichen Erben sein müssen, noch nicht Stellung genommen.[94] Der BGH hat lediglich[95] festgestellt, dass der Ausschluss eines Beteiligten von der gesetzlichen Erbfolge aufgrund der Vorverster- 26

---

81 Staudinger/*Schumacher*, § 311b Abs. 4/5 Rn. 22 BGB.
82 Staudinger/*Schumacher*, § 311b Abs. 4/5 Rn. 22.
83 Staudinger/*Schumacher*, § 311b Abs. Abs. 4/5 Rn. 22.
84 Staudinger/*Schumacher*, § 311b Abs. Abs. 4/5 Rn. 23; Mot. II 184.
85 Staudinger/*Schumacher*, § 311b Abs. 4/5 Rn. 23.
86 Staudinger/*Schumacher*, § 311b Abs. 4/5 Rn. 23; *Limmer*, DNotZ 1998, 927.
87 Staudinger/*Schumacher*, § 311b Abs. 4/5 Rn. 23; *Damrau*, ZErb 2004, 206 mit diversen Fallbeispielen.
88 Staudinger/*Schumacher*, § 311b Abs. 4/5 Rn. 24; BGHZ 104, 279 = NJW 1988, 2276; anderer Ansicht ohne jegliche Begründung: *Kues*, ZEV 2001, 13, der die Auffassung vertritt, § 312 Abs. 1 und 2 a. F. beträfen jeweils »völlig andere« Verträge.
89 Staudinger/*Schumacher*, § 311b Abs. 4/5 Rn. 27.
90 Staudinger/*Schumacher*, § 311b Abs. 4/5 Rn. 24.
91 Staudinger/*Schumacher*, § 311b Abs. 4/5 Rn. 24; Erman/*Grziwotz*, § 311b Abs. 4/5 Rn. 96 BGB; Palandt/*Grüneberg*, § 311b Abs. 4/5 Rn. 73 BGB; a. A. *Daniels*, 90.
92 H. M.: Palandt/*Grüneberg*, § 311b Rn. 73; Staudinger/*Schumacher*, § 311b Abs. 4/5 Rn. 24; RGZ 98, 332; BGH NJW 1956, 1152.
93 Staudinger/*Schumacher*, § 311b Abs. 4/5 Rn. 24.
94 Staudinger/*Schumacher*, § 311b Abs. 4/5 Rn. 24; BGHZ 104, 279, 281 f.; auch nicht in BGH ZEV 1995, 142, mit Anm. *Thode* oder in DNotZ 1995, 763 m. Anm. *Frenz*.
95 BGH ZEV 1995, 142 = 1995, 448 = DNotZ 1996, 763 mit krit. Anm. *Frenz*.

bensfiktion des Erbverzichts für seine Stellung als potentieller gesetzlicher Erbe im Sinne des § 311b Abs. 5 BGB ohne Bedeutung ist, dieser somit Beteiligter eines Erbschaftsvertrages im Sinne des § 311b Abs. 5 sein kann.[96] Damit scheint es lediglich auf die Stellung als potentieller gesetzlicher Erbe anzukommen. Allerdings wird man als vorsichtiger Notar einen Hinweis geben.[97]

27 Besondere Vorsicht ist somit geboten, wenn an dem Vertrag Stiefkinder, Stiefgeschwister, geschiedene Ehegatten oder Lebensgefährten beteiligt sein sollen.[98] Großzügiger ist *Damrau*[99] bei der Beteiligung von Verlobten.

Beispiel: Die zweitehelige Ehefrau hat in einem Erbvertrag mit ihrem inzwischen vorverstorbenen Ehemann die Kinder des Ehemannes aus erster Ehe als Miterben eingesetzt. Ein Erbschaftsvertrag gem. § 311b Abs. 5 BGB zwischen der Stiefmutter und den Stiefkindern ist nicht möglich, da sie als Schlusserben nicht zum Kreis der künftigen gesetzlichen Erben der Stiefmutter gehören. Dies gilt auch dann, wenn ein Schlusserbe ein leibliches Kind der Ehefrau wäre.[100]

28 Die Frage, ob der Vertrag zwischen potentiellen gesetzlichen Erben geschlossen wird, ist eine **Zulässigkeitsvoraussetzung** des Erbschaftsvertrages. Ob der Vertrag dann abwickelbar ist, d. h. ob die Vertragsschließenden dann tatsächlich später gesetzliche Erben werden, ist eine Frage der **Erfüllbarkeit**. Diese Problemkreise sind streng voneinander zu trennen.[101]

29 ▶ **Hinweis:**

Also: Bei Erbschaftsverträgen sollte eine Gegenleistung erst dann fällig gestellt werden, wenn tatsächlich die Erbfolge feststeht. Sonst, wenn die Gegenleistung schon vorher beglichen ist, müsste rückabgewickelt werden. Für die Rückabwicklung stellt sich die Problematik der Sicherheitenstellung.

30 **Erb- und Pflichtteilsausschlagungen** vor dem Erbfall sind unzulässig.[102] Entsprechendes gilt für die Annahme einer Erbschaft und für die Ausschlagung ohne die Annahme von Vermächtnissen.[103] Eine Verpflichtung hierzu im Rahmen eines Erbschaftsvertrages ist gem. § 311b Abs. 5 BGB zulässig, wenn die entsprechenden Voraussetzungen vorliegen.[104] Soweit es um testamentarische Erbteile und Vermächtnisse geht, sind die nachstehend unter Rdn. 36 dargestellten Schranken der **quantitativen Begrenzung** nach der BGH Rechtsprechung zu beachten.[105]

31 **Erfüllungsgeschäfte** mit unmittelbarer erbrechtlicher Wirkung auf die Erbfolge bzw. das Pflichtteilsrecht sind ausgeschlossen.[106] Eine Vorausabtretung des zukünftigen Pflichtteilsanspruchs bzw. ein Verzicht hierauf, nicht jedoch auf das gesamte Pflichtteilsrecht ist möglich.[107] Der später entstehende Pflichtteilsanspruch wird als künftiger, bestimmbarer und damit abtretbarer Anspruch betrachtet.[108]

---

96 Staudinger/*Schumacher*, § 311b Abs. 4/5 Rn. 24 BGB.
97 So auch *Gothe*, MittRheinNotK 1994, 222.
98 Staudinger/*Schumacher*, § 311b Abs. 4/5 Rn. 24 BGB.
99 *Damrau*, ZErb 2004, 206 und 210.
100 Staudinger/*Schumacher*, § 311b Abs. 4/5 Rn. 24.
101 Staudinger/*Schumacher*, § 311b Abs. 4/5 Rn. 25 BGB.
102 Staudinger/*Schumacher*, § 311b Abs. 4/5 Rn. 30 BGB.
103 Staudinger/*Schumacher*, § 311b Abs. 4/5 Rn. 30 BGB.
104 Staudinger/*Schumacher*, § 311b Abs. 4/5 Rn. 30 BGB.
105 BGHZ 104, 279 = DNotZ 1989, 169; Staudinger/*Schumacher*, § 311b Abs. 4/5 Rn. 30 BGB.
106 Staudinger/*Schumacher*, § 311b Abs. 4/5 Rn. 30 BGB.
107 Staudinger/*Schumacher*, § 311b Abs. 4/5 Rn. 30 BGB; Erman/*Grziwotz*, 311b Rn. 96 BGB; Palandt/*Grüneberg*, § 311b Rn. 75; Daniel S. 115 ff.
108 Staudinger/*Schumacher*, § 311b Abs. 4/5 Rn. 32 BGB.

c) Gegenstand des zulässigen Erbschaftsvertrages

Als Gegenstand eines Erbschaftsvertrages kommt nach dem Gesetzeswortlaut nur der **gesetzliche** 32 **Erbteil** oder der Pflichtteil in Betracht. Nicht gestattet sind danach Vereinbarungen über Vermächtnisse und testamentarische Erbeinsetzungen.[109] Nach der Rechsprechung,[110] die den Wortlaut als **quantitative Begrenzung** versteht, fallen letztwillig verfügte Erbteile dann unter Abs. 5, wenn und soweit sie nicht über den gesetzlichen Erbteil hinausgehen.[111] Die herrschende Meinung teilt inzwischen diese Auffassung.[112] Die Rechtsprechung entspricht auch einem praktischen Bedürfnis. **Soll die Bestimmung aber die Gestaltungs-möglichkeiten quantitativ begrenzen, dann sind zwischen potentiellen gesetzlichen Erben auch Verträge über den testamentarischen Erbteil zulässig, wenn dieser vom gesetzlichen Erbteil abweicht, jedoch nur bis zur Höhe des gesetzlichen Erbteils.**[113] Soweit sich ein Erbschaftsvertrag im Falle eines übersteigenden testamentarischen Erbteils auf den gesamten Erbteil bezieht, ist der gesamte Erbschaftsvertrag nichtig. In der Gestaltungsberatung sollte diese Problematik angesprochen werden. Um der Vorschrift einen weiteren Anwendungsbereich zu verschaffen, wäre in der Tat zumindest de lege ferenda[114] wünschenswert, dass unabhängig von der tatsächlichen Erbquote eine Regelung unter potenziellen gesetzlichen Erben zulässig wäre.[115]

Zu Recht[116] wird angemerkt, dass sich manche Fallgruppen, z. B. **Ausgleichungs- und Erbrechts-** 33 **gestaltungsverpflichtungsverträge** nicht anhand dieses quantitativen Kriteriums der Rechtsprechung einordnen lassen. Erbschaftsverträge über Ausgleichungspflichten sind zulässig, und zwar sowohl über die sich aus §§ 2050, 2051 ergebende Ausgleichspflicht der gesetzlichen Erben, als auch über die sich aus § 2052 BGB ergebende Ausgleichspflicht der Testamentserben, soweit die letztwillige Verfügung die gesetzlichen Erbquoten spiegelt.[117]

Möglich sind auch **(Stundungs)Vereinbarungen** zwischen Kindern und/oder einem Elternteil, wenn 34 z. B. ein Elternteil geschäftsunfähig ist, das die Kinder die Pflichtteilsansprüche nicht schon beim Vorversterben des geschäftsunfähigen Elternteils geltend machen, sondern erst beim Ableben des Längerlebenden, oder bei dessen Wiederverheiratung oder z. B. dann wenn der Längerlebende ein bestimmtes Grundstück veräußert.[118] *Keim* befasst sich mit Erweiterungen der Pflichtteilsstundung durch das neue Erb- und Verjährungsrecht.[119] In diesem Zusammenhang verweist er auch auf **Pflichtteilsstundungsverträge unter künftigen gesetzlichen Erben** gem. § 311b Abs. 5 vor dem Erbfall.

---

109 MüKoBGB/*Krüger*, § 311b Rn. 120.
110 BGHZ 104, 279 = DNotZ 1989, 169; Palandt/*Grüneberg*, § 311b Rn. 73; Staudinger/*Schumacher*, § 311b Abs 4/5 Rn. 22; anders noch BGH NJW 1956, 1151.
111 BGH DNotZ 1989, 169 unter Abweichung von RGZ 98, 332 und noch BGH NJW 1956, 1151, so schon *Blomeyer*, FamRZ 1974, 425 (»die Worte »über den Erteil« sind [lediglich] dahin zu interpretieren, dass sie lauten »über den gesetzlichen Erbteil bis zur Höhe des gesetzlichen Erbteils«); Staudinger/*Schumacher*, § 311b Abs. 4/5 Rn. 34.
112 Z. B. Palandt/*Grüneberg*, § 311b Rn. 74 BGB; Erman/Grziwotz, § 311b Rn. 96 BGB; *Kuchinke*, JZ 1990, 601; weitergehend *Daniels*, S. 96 ff.: auch soweit der testamentarische Erbteil über den gesetzlichen Erbteil hinausgeht. Anderer Ansicht die früher h. M., z. B. Staudinger/*Schumacher*, 12. Aufl. Rn. 22.
113 Staudinger/*Schumacher*, § 311b Abs. 4/5 Rn. 24; *Kuchinke*, JZ 1990, 602; anderer Ansicht *Daniels*, S. 96 ff.; *Limmer*, DNotZ 1998, 927, plädiert de lege ferenda dafür diese quantitative Beschränkung ganz aufzugeben.
114 *Daniels*, S. 96 ff. auch de lege lata.
115 Staudinger/*Schumacher*, § 311b Abs. 4/5 Rn. 34.
116 *Limmer*, DNotZ 1998, 927, 937.
117 Dazu *Mayer*, ZEV 1996, 444; Staudinger/*Schumacher*, § 311b Abs. 4/5 Rn. 36.
118 *Klingelhöfer*, ZEV 1998, 121, 122; Staudinger/*Schumacher*, § 311b Abs. 4/5 Rn. 36.
119 *Keim*, ZEV 2008, 161.

35 ▶ **Muster (bezogen auf § 311b Abs. 5)**[120]

Ich, Vater V, bin durch gemeinschaftliches Testament Alleinerbe meiner am ... verstorbenen Ehefrau M geworden. Als alleinige Schlusserbin ist die Tochter T eingesetzt. Ich, Sohn S., bin als Abkömmling pflichtteilsberechtigt. Mir steht ein Pflichtteilsanspruch i. H. von ... nach meiner Mutter M zu.

Ich T verpflichte mich V gegenüber, den Pflichtteilsanspruch nach Maßgabe der Regelungen dieser Vereinbarung zu bedienen.

Wir, V, S. und T treffen hiermit folgende Stundungsvereinbarung hinsichtlich des Pflichtteilsanspruchs des S.:

Ich, S., stunde hiermit meinen hiermit gegenüber V zustehenden Pflichtteilsanspruch bis zu dessen Tod. Der Anspruch ist bis zu seiner Fälligkeit mit ... % jährlich zu verzinsen. Die Zinsen sind jeweils nachträglich am Ende des Kalenderjahrs zu entrichten. Zur Sicherung dieses Zahlungsanspruchs wird allseits die Eintragung einer Sicherungshypothek i. H. von ... EUR zuzüglich ... % Jahreszinsen ab heute zur Eintragung in das Grundbuch zu Lasten folgenden Grundbesitzes bewilligt und beantragt: ...

In Ansehung der Hypothek unterwirft sich der jeweilige Eigentümer der sofortigen Zwangsvollstreckung gemäß § 800 ZPO und in Ansehung der Forderung unterwerfe ich, der Schuldner T, mich der sofortigen Zwangsvollstreckung in mein gesamtes Vermögen (evtl. Vorfälligkeitsregelung).

36   Die Frage, ob **Vermächtnisse** von Abs. 5 erfasst sind oder nicht, ist in der Literatur außerordentlich umstritten.[121] § 311b Abs. 5 BGB erwähnt im Gegensatz zu § 311b Abs. 4 BGB die Vermächtnisse nicht. Die Frage ist, welcher Schluss daraus zu ziehen ist. Die Aufführung des »Vermächtnisses« in Abs. 4 war zwingend, da im Rahmen des Absatzes 4 bei nicht expliziter Benennung des Vermächtnisses bei Gestaltung eines Universalvermächtnisses eine unproblematische Umgehung des § 311b Abs. 4 BGB möglich wäre.[122] Oft ist es steuerlichen oder sonstigen Erwägungen geschuldet, ob ein Vermächtnis, oder eine Erbeinsetzung vorgenommen wird. **Wenn denn eine Vereinbarung, Vermächtnisse betreffend beurkundet werden soll, dann sind aus Vorsichtsgründen die von der Rechtsprechung aufgestellten quantitativ auf den gesetzlichen Erbteil bezogenen Beschränkungen zu beachten.**[123] Manche lassen Regelungen über Vermächtnisse uneingeschränkt, d. h. ohne die quantitative Begrenzung nach der Rechtsprechung zu.[124] Die in der Praxis im Einzelfall problematische Umsetzung der quantitativen Begrenzung kann bei Vermächtnissen dadurch erfolgen, dass intern **zusätzliche Ausgleichsverpflichtungen** vorgesehen werden, die dazu führen, dass der gesetzliche Erbteil quantitativ nicht überschritten wird.[125] Da Verträge über den Pflichtteil nach Absatz 5 zulässig sind, gilt dies auch für Pflichtteilsvermächtnisse.[126]

d) Form des Erbschaftsvertrages

37   Der Vertrag bedarf der **notariellen Beurkundung**, und zwar der gesamte Vertrag. Die notarielle Form gilt auch für Verträge oder Vertragskombinationen, bei denen der Erblasser dem darin enthaltenen Erbschaftsvertrag ausdrücklich zustimmt.[127]

---

120 Nach *Keim*, ZEV 2008, 161, 167.
121 Ablehnend: BGH NJW 1956, 1151; BGH DNotZ 1997, 124 obiter; MüKoBGB/*Thode*, 3. Auflage, § 312 a. F. Rn. 14; dafür: Palandt/*Grüneberg*, § 311b Rn. 74; *Daniels*, S. 112; Wiedemann NJW 1968, 771; *Limmer*, DNotZ 1998, 922, 936; nunmehr auch MüKoBGB/*Krüger*, § 311b Rn. 120.
122 Staudinger/*Schumacher*, § 311b Rn. 37.
123 Palandt/*Grüneberg*, § 311b Rn. 74; Bamberger/Roth/*Gehrlein*, § 311b Rn. 52 BGB; MüKoBGB/*Krüger*, § 311b Rn. 120; a. A. MüKoBGB/*Thode* 3. Aufl., § 312 a. F. Rn. 14 BGB.
124 *Limmer*, DNotZ 1998, 922, 936.
125 Staudinger/*Schumacher*, § 311b Abs. 4/5 Rn. 37.
126 Staudinger/*Schumacher*, § 311b Abs. 4/5 Rn. 37 und Erman/*Grziwotz*, § 311b Rn. 96 BGB.
127 BGH NJW 1995, 448 = ZEV 1995, 142 mit Anm. *Thode* = DNotZ 1995, 763 mit Anm. *Frenz*; *Ahrens-Thoneik*, S. 146 ff.; *Blomeyer*, FamRZ 1974, 421, 428; *Daniels*, S. 143 f.

Auch die **Vollmacht**[128] unter künftigen gesetzlichen Erben ist zulässig, bedarf jedoch in den meisten in Rede stehenden Sachverhalten der Form des § 311b Abs. 5 S. 2 BGB, zumindest dann, wenn der Vollmacht ein schuldrechtliches Geschäft zugrunde liegt, aus der sich unmittelbare oder mittelbare Bindungen des Vollmachtgebers ergeben.[129] In der Gestaltung dürfte es sich grundsätzlich empfehlen, in einem Erbschaftsvertrag eine entsprechende **Vollzugs- und Erfüllungsvollmacht** für den begünstigten künftigen Erben aufzunehmen. Ob die Vollmacht als unwiderrufliche Vollmacht ausgestaltet werden sollte, muss erwogen werden. Soweit das Übertragungsgeschäft und die Vollmacht sich auf eine Verpflichtung zur Erbteilsabtretung beziehen, ist das Beurkundungserfordernis auch aus § 2033 Abs. 1 S. 1 BGB abzuleiten.[130] 38

e) Rechtsfolgen

Sind die Voraussetzungen des § 311b Abs. 5 BGB nicht erfüllt, tritt **Nichtigkeit** gem. § 125 BGB ein. Eine Heilung kommt nicht in Betracht.[131] Nach allgemeinen Grundsätzen kann die Berufung auf die Formnichtigkeit nur bei schlechthin untragbarem Ergebnis ausgeschlossen sein.[132] 39

Ein formnichtiger Erbvertrag kann u. U. in einen Vertrag nach § 311b Abs 5 **umgedeutet** werden.[133] 40

4. Die Erfüllung von Erbschaftsverträgen

Einigkeit besteht darüber, dass den Verträgen nach § 311b Abs. 5 BGB keine dingliche, keine unmittelbare erbrechtliche Wirkung auf die gesetzliche Erbfolge zukommt, dass sie verpflichtenden Charakter haben.[134] Nach dem Tod des Erblassers muss der Erbschaftsvertrag somit erfüllt werden. Ggf. muss die Erfüllung des Erbschaftsvertrages erzwungen werden; die damit verbundenen Probleme sind vielfältig.[135] 41

Der Vollzug durch Abtretung des gesetzlichen Erbteils (§ 2033 Abs 1) kann erst nach dem Erbfall stattfinden.[136] Dagegen ist eine Vorausabtretung des Pflichtteilsanspruchs als künftige Forderung zulässig.[137] 42

Im »Idealfall« tritt die Erbfolge genauso ein, wie die künftigen Erben es im Rahmen des Erbschaftsvertrages antizipiert haben.[138] Problematisch kann es dann werden, wenn mit dem Erbfall eine andere Rechtslage als die vorgestellte eintritt.[139] Es sind unterschiedliche **Störungen** denkbar:[140] 43
– Der Schuldner des Erbschaftsvertrages wird aufgrund letztwilliger Verfügung nicht Erbe oder zu einer geringeren Quote als im Erbschaftsvertrag vorausgesetzt.
– Der Erbteil ist mit nicht antizipierten Auflagen, Bedingungen oder Vermächtnissen beschwert.
– Eine der Vertragsparteien oder der Erblasser verstirbt (oder wird geschäftsunfähig) vor Erfüllung eines Erbschaftsvertrages oder dem Abschluss eines Verzichtsvertrages mit dem Erblasser.

---

128 *Daniels*, S. 67 ff.
129 Staudinger/*Schumacher*, § 311b Abs. 4/5 Rn. 39.
130 Palandt/*Weidlich*, § 2033 Rn. 9, 10.
131 Staudinger/*Schumacher*, § 311b Abs. 4/5 Rn. 40.
132 Staudinger/*Schumacher*, § 311b Abs. 4/Rn. 40; BGH DNotZ 1995, 763.
133 Staudinger/*Schumacher*, § 311b Abs. 4/5 Rn. 46 f.
134 *Damrau*, ZErb 2004, 206, 213.
135 *Damrau*, S. 213: z. B. vertragswidriges Ausschlagen bzw. Nicht-Ausschlagen der Erbschaft.
136 BGHZ 104, 279 = NJW 1988, 2726; BGHZ 37, 319, 325 = NJW 1962, 1910; a. A. *Daniels*, S. 118 ff.; *Damrau*, S. 213.
137 Staudinger/*Schumacher*, § 311b Abs. 4/5 Rn. 32; Palandt/*Grüneberg*, § 311b Rn. 75.
138 *Ahrens-Thoneik*, S. 151.
139 *Ahrens-Thoneik*, S. 151.
140 *Ahrens-Thoneik*, S. 151.

5. Vertragsstörungen, Störfallvorsorge

44 Jenseits der vorbenannten Störungen gibt es weitere, nicht sämtlich vorhersehbare Fallgestaltungen, die die Erfüllung eines Erbschaftsvertrages erschweren bzw. verunmöglichen.[141] Vertiefte Rechtsprechung dazu ist nicht ersichtlich.[142] In der Literatur findet sich häufig lediglich der Hinweis, dass ein aufgrund Störungen nicht erfüllbarer Erbschaftsvertrag »gegenstandslos« werde.[143] Dogmatisch werden unterschiedliche Begründungen gegeben, die hier nicht vertieft werden können.[144] Es wird auf den Wegfall der subjektiven Geschäftsgrundlage zurückgegriffen.[145] Manche meinen, zumindest in den Fällen, in denen der Schuldner wider Erwarten nicht Erbe werde, sei der Vertrag **aufgrund Nichteintritts einer Bedingung**[146] gegenstandslos. Tritt dann die Bedingung nicht ein, kommt § 812 BGB zum Tragen. Wird der Bedingungseintritt durch den Verpflichteten vereitelt, so steht dem anderen Vertragsteil grundsätzlich ein Schadensersatzanspruch zu.[147] Ggf. kann für den Verpflichteten eine Sanktion (z. B. eine Zahlungspflicht) für diesen Fall aufgenommen werden, die dann auf die eigenen Erben des Verpflichteten im Vorversterbensfall des Verpflichteten überginge.[148] Andere verweisen auf das Unmöglichkeitsrecht.[149]

Bestimmte Störungen sind typisch:[150]

a) Wegfall des Verpflichteten

45 Stirbt der gem. Abs. 5 **Verpflichtete** vor dem Dritten und dem aus dem Erbschaftsvertrag Berechtigten, so geht seine Verpflichtung auch dann nicht auf seine Erben über, wenn diese zum Kreis der potentiellen gesetzlichen Erben des Dritten gehören.[151] Vor diesem Hintergrund ist für die **Gestaltung** zu erwägen, dass der ursprünglich Verpflichtete in einer eigenen Verfügung von Todes wegen seine Erben, soweit sie zum Personenkreis des Abs. 5 gehören, z. B. durch (Verschaffungs)Vermächtnis verpflichtet, deren vom Dritten erworbenen Erbteil an den Berechtigten herauszugeben.[152]

b) Wegfall des Berechtigten/Gläubigers

46 Stirbt der Berechtigte vor dem Dritten und vor dem aus dem Erbschaftsvertrag Verpflichteten, wird seine Rechtsposition durch seinen Tod grundsätzlich nicht berührt.[153] Ggf. ist eine Rechtsposition jedoch nur insoweit vererblich, als seine Erben ausschließlich zum Kreis der gesetzlichen Erben im Sinne des § 311b Abs. 5 gehören.[154] Für die Praxis empfiehlt es sich daher, so möglich, **auch gleich die »nächste Generation« als potentielle Erben des Berechtigten direkt am Vertrag zu beteiligen.**

---

141 *Ahrens-Thoneik*, S. 152.
142 Aus der Finanzrechtsprechung siehe aber BFH NJW-RR 1998, 1379.
143 *Ahrens-Thoneik*, S. 152; Staudinger/*Schumacher*, § 311b Abs. 4/5 Rn. 41 ff.
144 Zusammenfassend *Ahrens-Thoneik*, S. 151 ff.
145 *Wiedemann*, NJW 1968, 769, 772; *Damrau*, ZEV 1995, 425, 426; Palandt/*Grüneberg*, § 311b Rn. 74.
146 Von MüKoBGB/*Krüger*, § 311b Rn. 123 als h. M. bezeichnet.
147 Staudinger/*Schumacher*, § 311b Abs. 4/5 BGB.
148 Staudinger/*Schumacher*, § 311b Abs. 4/5 Rn. 42.
149 *Dieterlen*, S. 92 f; ähnlich auch *Ahrens-Thoneik* aber mit Differenzierung zwischen dem Unmöglichkeitsrecht vor und nach der Schuldrechtsreform, S. 155 ff., 167 ff.
150 Siehe nur Staudinger/*Schumacher*, § 311b Abs. 4/5 Rn. 41 ff.
151 *Ahrens-Thoneik*, S. 177 ff.; Staudinger/*Schumacher*, § 311b Abs. 4/5 Rn. 41, a. A. Beck'sches Formularhandbuch zum Bürgerlichen, Handels- und Wirtschaftsrecht/*Graf zu Castell*, 8. Aufl. 2003, Formular VI 23 Anm. 2; siehe auch *Schwartz*, BWNotZ 1995, 141; *Daniels*, 140: analoge Anwendung von § 2349 BGB.
152 Staudinger/*Schumacher*, § 311b Abs. 4/5 Rn. 41 BGB.
153 Staudinger/*Schumacher*, § 311b Abs. 4/5 Rn. 41.
154 *Daniels*, S. 139, 140; Staudinger/*Schumacher*, § 311b Abs. 4/5 Rn. 43,; a. A. *Ahrens-Thoneik*, S. 180 ff., 191: volle Vererblichkeit: der Schutzweck des § 311b Abs. 4/5 sein nicht berührt.

Fraglich ist allerdings die Beteiligung des Ehepartners des Berechtigten. Folgt man *Ahrens-Thoneik*, könnte man die Ansprüche vererblich stellen.[155]

c) Versterben des Erblassers

Ggf. kann der künftige Erbe mit dem Erblasser einen erbschaftsvertraglich vereinbarten Erbverzicht 47
nicht mehr vertraglich vereinbaren, weil der Erblasser verstorben, geschäftsunfähig oder nicht zur Mitwirkung bereit ist.[156] Dann muss das schuldrechtlich versprochene Ziel auf anderem Weg, ggf. durch Ausschlagung oder sonst erreicht werden.[157]

d) Änderungen im Erbrecht (Quote/Wert)

Eine **Wertänderung des Nachlasses** begründet keinen Anpassungsanspruch, auch dann nicht, wenn 48
diese Änderung auf lebzeitigen Verfügungen des Erblassers beruht.[158]

Bei **Änderungen in der Erbquote** ist zu differenzieren:[159] **Erhöht** sich der Erbteil, bleibt der Erb- 49
schaftsvertrag grundsätzlich wirksam. Es ist zu prüfen, ob der Erbschaftsvertrag sich auf den Erbteil im Zeitpunkt des Vertragsschlusses oder im Zeitpunkt des Todes des Dritten beziehen sollte. Ggf. kommen je nach Vertragsauslegung auch gegenseitige Ansprüche auf Anpassung in Betracht.[160] Mindert sich der Erbteil dagegen und soll Gegenstand der Erbschaft nicht der Erbteil zum Zeitpunkt des Todes des Dritten, sondern der (höhere) Erbteil im Zeitpunkt des Vertragsabschlusses sein, so ist der Erbschaftsvertrag »gegenstandslos«.[161] **Verringert** sich die Erbquote im Vergleich zu der vertraglich antizipierten Erbquote, kann ggf. auch die Gegenleistung herabgesetzt werden; ggf. sind insoweit vertragliche Anpassungsmodalitäten zu regeln.[162]

II. Gestaltung[163]

1. Erbschaftsvertrag[164] in der Geschiedenenkonstellation

▶ **Muster:** 50

Für den Fall, dass unsere Ehe geschieden wird und wir bei einem Ableben von gemeinsamen Abkömmlingen wechselseitig am Vermögen des anderen Teils aufgrund Erbrechtes oder Pflichtteilsrechtes nach den gemeinsamen Abkömmlingen teilhaben, verpflichten wir uns gegenseitig durch Erbschaftsvertrag gemäß § 311b Abs. 5 BGB, alles, was wir aus dem Nachlass des anderen Ehepartners erlangen, an ihn oder die von ihm letztwillig bestimmten, ersatzweise an seine gesetzlichen Erben, herauszugeben.

---

155 *Ahrens-Thoneik*, S. 180 ff., 191 aus Gründen der Rechtssicherheit. M. E. jedoch eher kritisch.
156 *Ahrens-Thoneik*, S. 173 ff.
157 *Ahrens-Thoneik*, S. 173 ff.; *Daniels*, S. 137 ff.
158 BFH NJW-RR 1998, 1379; Palandt/*Grüneberg*, § 311b Rn. 74 BGB; Staudinger/*Schumacher*, § 311b Abs. 4/5 Rn. 45.
159 Literatur ist nahezu nicht vorhanden. Einzig *Damrau*, ZErb 2004, 206, 212, *Blomeyer*, FamRZ 1974, 421, 425, und Staudinger/*Schumacher*, § 311b Abs. 4/5 Rn. 44 behandeln das Problem.
160 Staudinger/*Schumacher*, § 311b Abs. 4/5 Rn. 44. Nach *Damrau*, ist der Vertrag »irgendwann« nach § 313 BGB anzupassen.
161 Staudinger/*Schumacher*, § 311b Abs. 4 und 5 Rn. 44.
162 *Damrau*, ZErb 2004, 206, 212.
163 »Muster« von Erbschaftsverträgen finden sich in der Literatur – wohl auch wegen der Vielgestaltigkeit der etwa zu regelnden Situationen – kaum. Zu erwähnen ist das Formular 85 bei Reimann/Bengel/Mayer, Testament und Erbvertrag, 5. Aufl., 2006 im Hinblick auf die Abtretungsverpflichtung eines künftigen Erbteils, Dort findet sich auch der nachstehende »Nachlassvertrag« Formular 85a. Weiter: *T. Krause*, ZFE 2006, 185f; fast identisch *ders.* in Rieser/Sarres/*Stückemann*/Krause, § 3 Rn. 350; Beck'sches Formularbuch/*Fenner*, 9. Aufl., Muster VI 25.
164 Nach Formular 85a bei Reimann/Bengel/Mayer, Testament und Erbvertrag, 5. Aufl., 2006.

2. Gleichstellungsregelung[165]

51 In den gängigen Formularbüchern zu Übergabeverträgen finden sich Regelungen zu dem Thema Gleichstellung,[166] welche § 311b Abs. 4/5 betreffen. Es handelt sich um schuldrechtliche Vereinbarungen zwischen mehreren Pflichtteilsberechtigten hinsichtlich künftiger Pflichtteilsansprüche.[167] Oft sind diese Gleichstellungsregelungen flankierende Maßnahmen dahingehend, dass Erblasser und Verzichtende den Pflichtteilsverzicht nicht ohne Zustimmung des Übernehmers wieder aufheben.[168]

52 Zum Beispiel gibt *Schwartz*[169] einen Formulierungsvorschlag, als Baustein eines Übergabevertrages, der die Gleichstellung mehrerer Kinder erreichen will.

Sachverhalt: Kind S. erhält Grundbesitz von Eltern; Geschwister G1 und G2 sollen letztwillig abgefunden werden; die genaue Verteilung des bei den Eltern verbleibenden Grundbesitz ist aber noch offen.

53 ▶ **Muster: Gleichstellungsregelung**

Die Ehegatten ... erklären, dass ihr weiterer Grundbesitz, soweit er nicht Gegenstand dieser Überlassung ist, den Geschwistern des Übernehmers verbleiben soll. Wer von ihnen welches Grundstück erhält, können sie heute nach Angabe noch nicht abschließend sagen und wollen dies heute auch noch nicht regeln, weder durch Rechtsgeschäft unter Lebenden, noch durch Verfügung von Todes wegen. Jedenfalls soll der heutige Übernehmer hinsichtlich dieses weiteren Grundbesitzes keinerlei Ansprüche mehr geltend machen können. Demzufolge schließen S. als Übernehmer und seine Geschwister G 1 und G 2 im erklärten Einverständnis mit den Eltern folgenden Vertrag gemäß § 311b Abs. 5 BGB:

S. verpflichtet sich gegenüber seinen Geschwistern G1 und G 2 und im Wege des berechtigenden Vertrages zugunsten deren Abkömmlingen, hinsichtlich des dereinst im Nachlass des Überlebenden der Eltern befindlichen Grundbesitzes im Rahmen der Auseinandersetzung einer unter ihnen gesetzlich oder gewillkürt eintretenden Erbengemeinschaft keinerlei Ansprüche geltend zu machen. Die Geschwister nehmen diese Verpflichtung an.

Wirkungen und Grenzen dieses Vertrages sind erörtert. Die Ehegatten ... sind insbesondere darauf hingewiesen, die zugrundeliegende Vermögensverteilung zu gegebener Zeit durch testamentarische Verfügung abschließend zu regeln.

3. Erbteilsübertragungs- und Erbschaftsvertrag

54 Sachverhalt: Vater ist verstorben, Mutter ist testierunfähig, und hat mutmaßlich keine letztwillige Verfügung hinterlassen. Es gibt zwei Kinder S. und T. Im Nachlaß des Vaters und im (künftigen) Nachlaß der Mutter befindet sich (mutmaßlich) im wesentlichen jeweils ein hälftiger Miteigentumsanteil an einer Immobilie. Die Geschwister S. und T wollen sich vor dem Ableben der Mutter sowohl über den Erbanteil nach dem Vater als auch über den (zukünftigen) Erbanteil nach dem Mutter gegen Freistellung von Darlehensverbindlichkeiten im Wege der Erbteilsübertragungen auseinandersetzen.

---

165 Münchener Anwaltshandbuch Erbrecht/*Oppelt/Erker*, § 26 Rn. 76. MüKoBGB/*Krüger*, § 311b Rn. 120.
166 Muster bei *Krauß*, Vermögensnachfolge, Rn. 5816 siehe auch Langenfeld, Testamentsgestaltung, Rn. 146; Nieder § 2 Rn. 310.
167 Mayer/Süß/Tanck/*Mayer*, § 11 Rn. 28.
168 Mayer/Süß/Tanck/*Mayer*, § 11 Rn. 28.
169 Formulierungsvorschlag von *Schwarz*, BWNotZ 1995, 139.

▶ **Muster: Erbschafts- und Erbteilsübertragungsvertrag** 55

UR-Nr. .../...

Verhandelt zu ... am ...

Vor dem amtierenden

Notar ...

mit dem Amtssitz in ...

erschienen:

1) Tochter T, geborene ..., geboren am ..., wohnhaft in ...

– nachstehend »Veräusserer« genannt –,

2. deren Bruder S., geboren am ..., wohnhaft in ...

– nachstehend der »Erwerber« genannt –.

Die Erschienenen wiesen sich sämtlich aus durch Bundespersonalausweise.

Die Erschienen erklärten folgenden:

Erbteilsübertragungs- und Erbschaftsvertrag

I. Vorbemerkungen

(1) Der Vater der Erschienenen, V, ist am ... in ... verstorben und beerbt worden aufgrund Erbschein vom ..., Aktenzeichen: ..., des Nachlassgerichts ..., von seiner Ehefrau M, der Mutter der Erschienenen zu 1) und 2, zu $1/2$ Anteil, vom Veräusserer T zu einem 1/4 Anteil und von Erwerber S. zu einem 1/4 Anteil.

(2) Zum Nachlass des Verstorbenen V gehört im wesentlichen nur dessen $1/2$ Miteigentumsanteil an dem im Grundbuch von ... Blatt .. verzeichneten Grundbesitz der Gemarkung ... Flur ., Flst-Nr. ..., A-Straße 1, groß 1.000 qm.

(3) Die entsprechende Grundbuchberichtigung gem. dem vorstehenden Erbnachweis wird hiermit bewilligt und beantragt.

(4) Der Notar hat das Grundbuch am ... eingesehen. Der Grundbesitz in danach in Abteilung II und in Abteilung III wie folgt belastet.

Abteilung II:

Abteilung III:

(5) Die Mutter der Erschienenen, M, hat bisher – soweit den Vertragsbeteiligten bekannt – keine Verfügung von Todes wegen getroffen. Die Mutter ist verwitwet und hat auch nicht wieder geheiratet, Aus heutiger Sicht sind Veräusserer T und Erwerber S. die alleinigen gesetzlichen Erben der M zu je $1/2$ Anteil.

(6) T hat in der Vergangenheit Darlehen von den Eltern V und M erhalten. Diese valutieren zum heutigen Tage noch mit einem Betrag in Höhe von ca. € ... Durch die urkundsgegenständlichen Vereinbarungen soll der Veräusserer T sowohl aus der Erbengemeinschaft nach dem Vater V ausscheiden als auch seine Erbansprüche am zukünftigen Nachlass der Mutter M auf den Erwerber S. übertragen. Im Gegenzug stellt der Erwerber den Veräusserer von jeglicher Inanspruchnahme aus den vorstehend benannten Darlehensverbindlichkeiten frei.

(7) Zum zukünftigen Nachlass der Mutter M wird -gleichbleibende Verhältnisse unterstellt- im wesentlichen nur deren $1/2$ Miteigentumsanteil an dem im Grundbuch von ... Blatt ... verzeichneten Grundbesitz der Gemarkung ..., Flur ..., Flurstückstück Nr. ..., A-Straße 1, groß 1.000 qm, sowie deren hälftiger Erbanteil am Nachlass von V gehören.

(8) Dies vorausgeschickt schließen die Erschienenen bezüglich des vorgenannten Erbanteils der T am Nachlass des V und bezüglich des Erbanteils am zukünftigen Nachlass der Mutter hiermit den folgenden

II. Erbteilsübertragungs- und Erbschaftsvertrag

§ 1 Übertragung

T überträgt hiermit ihren vorbezeichneten Erbanteil am Nachlass des Vaters V dem dies annehmenden Erwerber S. Dieser nimmt die Übertragung entgegen und an.

§ 2 Dingliche Einigung, Grundbuchanträge

(1) Die Beteiligten sind darüber einig, dass der vorbezeichnete Erbanteil des Veräusserer am Nachlass des Vaters V mit dinglicher Wirkung auf S. übergeht

(2) Die Beteiligten bewilligen und beantragen, das Grundbuch bezüglich des vorbezeichneten Grundbesitzes aufgrund dieses Erbteilsübertragungsvertrages dahingehend zu berichtigen, dass anstelle des Veräusserers der Erwerber als Eigentümer des vorbezeichneten Grundbesitzes im Grundbuch eingetragen wird.

(3) Die Beteiligten beantragen im übrigen Löschung, Pfandfreigabe und Rangänderung aller Belastungen nach Maßgabe der Bewilligung der Berechtigten.

(4) Der Notar, sein Vertreter im Amt oder sein Amtsnachfolger sind berechtigt, Anträge aus dieser Urkunde auch getrennt und eingeschränkt zu stellen und sie in gleicher Weise zurückzunehmen. Sie sind unter Befreiung von den Beschränkungen des § 181 BGB bevollmächtigt, die hier abgegebenen Erklärungen durch Eigenurkunde gegenüber Gerichten und Behörden zu ändern und zu ergänzen.

§ 3 Übertragung des zukünftigen Erbanteils

(1) Darüber hinaus verpflichtet sich der Veräusserer, seinen gesetzlichen Erbanteil am zukünftigen Nachlass der Mutter der Beteiligten, M, nach deren Tod unverzüglich auf S. zu übertragen. Dies gilt auch für einen etwaigen dem Veräusserer letztwillig zugewendeten Erbteil, soweit er sich im Rahmen des gesetzlichen Erbteils hält. Soweit der der T zugeteilte Erbteil größer ist als ihr gesetzlicher Erbteil, so verpflichtet sich T dem S. gegenüber zu einer Erbauseinandersetzung im Hinblick auf den vorstehenden Einzelgegenstand, den in Rede stehenden Grundbesitz A-Straße. Der Grundbesitz A-Straße soll dem S. zu Alleineigentum zugewiesen und übertragen werden. Der Nachlass im übrigen bleibt dann unberührt.

(2) Eine über die in dieser Urkunde getroffene Regelung hinausgehende Verpflichtung zur Gegenleistung besteht nicht. Im übrigen gelten für den abzuschließenden Erbteilsübertragungs- bzw. Auseinandersetzungsvertrag die in dieser Urkunde geltenden Regelungen entsprechend.

(3) T erteilt dem S. hiermit auch über ihren Tod hinaus geltende Vollmacht, nach dem Tod von M die Erfüllungsgeschäfte zur Erfüllung dieses Vertrages abzuschließen und durchzuführen, frei von den Beschränkungen des § 181 BGB.

(4) Der Notar hat die Beteiligten ausdrücklich darauf hingewiesen, dass es sich bei dem Erbschaftsvertrag um eine schuldrechtliche Verpflichtung zur Übertragung des Erbanteils handelt, die nach dem Erbfall durchgeführt werden muss. Es erfolgt kein erbrechtlich-dinglicher, »automatischer« Übergang des Erbanteils beim Ableben der M.

(5) Soweit T im Hinblick auf den vertragsgegenständlichen Grundbesitz nach dem Tod der M mit Erbschaftsteuer belastet werden sollte, verpflichtet sich S. insoweit, T von dieser Erbschaftssteuerbelastung freizustellen.

§ 4 Gegenleistung

(1) Als Gegenleistung für die Übertragung des Erbanteils am Nachlass des Vaters V und die Verpflichtung zur Übertragung des Erbanteils am zukünftigen Nachlass der Mutter M übernimmt der Erwerber im Innenverhältnis gegenüber dem Veräusserer sämtliche auf dem vorbezeichneten Erbanteil nach V

und zukünftig nach M ruhenden Lasten, insbesondere auch die auf dem vorbezeichneten Grundbesitz eingetragenen Grundpfandrechte mit den zugrundeliegenden Verbindlichkeiten.

(2) S. verpflichtet sich, unter entsprechender Mitwirkung der T, die Genehmigung der Grundpfandrechtsgläubiger zur Entlassung der T aus der persönlichen Schuldhaft für die durch die vorgenannten Grundpfandrechte gesicherten Forderungen herbeizuführen, und zwar bereits unmittelbar, nicht erst nach dem Ableben der M.

(3) Der Erwerber verpflichtet sich, den Veräusserer im Innenverhältnis von jeglicher Inanspruchnahme für noch bestehende Nachlassverbindlichkeiten, insbesondere von allen Ansprüchen dinglich gesicherter Gläubiger und von jeglicher Inanspruchnahme durch den Nachlass auf Grund der zuvor genannten Darlehensverbindlichkeiten der T gegenüber V und M freizustellen.

(4) Darüber hinaus vereinbaren die Beteiligten, dass der Erwerber dem Veräusserer aufschiebend bedingt durch die Übertragung des Erbanteils am zukünftigen Nachlass der Mutter bzw. aufschiebend bedingt mit vollständiger Teilerbauseinandersetzung im Hinblick auf den in Rede stehenden Grundbesitz sämtliche Darlehensverbindlichkeiten erlässt, die der Veräusserer im Zeitpunkt des Todes der Mutter M noch gegenüber den Eltern hat.

(5) Eine weitere Gegenleistung hat der Erwerber nicht zu erbringen.

§ 5 Weitere Vereinbarungen

Für die Haftung der T gelten die gesetzlichen Bestimmungen des § 2376 BGB.

Der Veräusserer übernimmt haftet nicht für den Zustand der Nachlassgegenstände. Der Zustand, insbesondere auch des vorbezeichneten Grundbesitzes, ist dem Erwerber bekannt.

Der Erwerber ist nicht verpflichtet, dem Veräusserer Ersatz für etwa von diesem bereits gezahlte Nachlassverbindlichkeiten oder für notwendige Verwendungen oder andere Aufwendungen zu leisten, die der Veräusserer auf die Erbschaft gemacht hat.

Der Besitz, die Nutzungen, die Gefahr und die Lasten gehen, soweit möglich, auf den Erwerber über mit Wirkung vom heutigen Tage.

§ 6 Hinweise

Die Beteiligten wurden auf die gemäß § 2384 BGB bestehende Verpflichtung der T bzw. des S. gegenüber dem Nachlassgericht hingewiesen, den Abschluss des Erbteilsübertragungsvertrages anzuzeigen. Die Beteiligten beauftragen den Notar, dem Nachlassgericht eine beglaubigte Abschrift dieser Urkunde zu übermitteln.

Der Notar soll alle erforderlichen Genehmigungen oder Negativbescheinigungen herbeiführen und entgegennehmen. Sämtliche Genehmigungen zu dieser Urkunde werden allen Beteiligten gegenüber unmittelbar wirksam mit Zugang beim amtierenden Notar. Alle Vertragsvereinbarungen sind beurkundungspflichtig. Nebenabreden außerhalb dieser Urkunde können zur Nichtigkeit des gesamten Rechtsgeschäfts führen.

Die mit dieser Urkunde jetzt und in der Folge verbundenen Kosten trägt S. Die Beteiligten nehmen alle Erklärungen gegenseitig entgegen und an.

Diese Niederschrift ...

4. Künftige Teilerbauseinandersetzung über Grundbesitz unter Einbeziehung der Enkelgeneration und (in der Abwandlung) des Ehepartners eines Kindes

Sachverhalt: Vater ist verstorben, Mutter ist Alleinerbin. Es liegt eine Vollerbeinsetzung der Mutter vor. Nach dem Ableben des Längerlebenden der Eltern sind mutmaßlich alle drei Kinder A, B und C zu Erben berufen, sei es gesetzlich, oder sei es durch Testament. Im (künftigen) Nachlaß der Mutter befindet sich eine Immobilie. Die Geschwister A, B und C wollen sich – unter Beteiligung der jeweiligen Kinder – vor dem Ableben der Mutter über die Immobilie auseinandersetzen, damit der das

56

Kapitel 17 Verträge unter künftigen Erben

Haus übernehmende Sohn eine »gewisse« Planungs- und Investitionssicherheit hat. Ferner soll die Wertigkeit des Hauses zur Streitvermeidung schon zu Lebzeiten der Mutter fixiert werden.

57 ▶ **Muster: Vereinbarung über eine künftige Teilerbauseinandersetzung**[170]

UR-Nr. ... für ...

Verhandelt zu ... am ...

Vor dem amtierenden

Notar ...

mit dem Amtssitz in ...

erschienen: 1. Herr A, geboren am ..., wohnhaft zu ...

sowie seine beiden Söhne:

2. Herr AS1, geboren am ..., wohnhaft zu ... und

3. Herr AS2, geboren am ..., wohnhaft zu ... und

4. Herr B, geboren am ..., wohnhaft zu ...

5. Herr C, geboren am ..., wohnhaft zu ...

sowie seine beiden Söhne:

6. Herr CS1, geboren am ..., wohnhaft zu ... und

7. Herr CS2, geboren am ..., wohnhaft zu ...

Die Erschienenen wiesen sich sämtlich aus durch Bundespersonalausweise.

Die Erschienenen erklärten folgenden:

I. Erbschaftsvertrag über eine künftige (Teil)Erbauseinandersetzung

§ 1 Vorbemerkung, Grundbuchstand

(1) Die Erschienenen A, B und C sind Brüder. Die Erschienenen AS1 und AS2 sind die sämtlichen Kinder des A. B ist unverheiratet und kinderlos. Die Erschienenen CS1 und CS2 sind die sämtlichen Kinder des C. Die Erschienenen A, B und C sind die einzigen Kinder der Eheleute V und M. Der Vater V ist am ... vorverstorben. Er ist beerbt worden aufgrund notariellem Erbvertrag vom ... des Notars ... mit dem Amtssitz in ..., UR-Nr. .../..., eröffnet durch das Nachlassgericht ... unter dem Aktenzeichen: ..., von der Längerlebenden Mutter M. Der Erbvertrag enthielt lediglich Verfügungen des Erstversterbenden.

(2) M ist eingetragene Eigentümerin des im Grundbuch des Amtsgerichts ... von ... Blatt ... verzeichneten Grundbesitzes Flur ..., Flurstück ..., Gebäude- und Freifläche, ABC-Straße 1, groß 1.000 qm.

(3) Nach Angabe der Beteiligten ist der Grundbesitz bebaut.

(4) Das Grundbuch weist folgende Belastungen auf:

Abteilung II (Lasten und Beschränkungen):

Keine

Abteilung III (Hypotheken, Grundschulden):

Lfd. Nr. 1 30.000,- DM Briefgrundschuld für die Sparkasse Aachen, Aachen

Lfd. Nr. 2: 70.000,- DM Buchgrundschuld für die Sparkasse Aachen, Aachen

(5) Diesen Grundbuchinhalt hat der Notar durch Grundbucheinsicht vom ... feststellen lassen.

---

[170] Das Muster beruht auf einem lebenden Fall meines Amtsvorgängers Dr. Perau, der mir die Verwendung und Bearbeitung freundlicherweise erlaubt hat.

§ 2 Vorbemerkung

(1) C bewohnt mit seiner Familie aufgrund eines Mietverhältnisses das voraufgeführte Hausgrundstück, welches seiner Mutter M gehört. C möchte bereits zu Lebzeiten seiner Mutter eine Vereinbarung mit seinen beiden Geschwistern A und B dahingehend treffen, dass ihm im Erbfalle das Hausgrundstück gegen Zahlung einer bereits heute vereinbarten Abfindung übertragen wird.

(2) M hat – soweit ersichtlich – nach Angaben der Beteiligten kein Testament errichtet und ist nicht mehr testierfähig. Es wird aller Voraussicht nach die gesetzliche Erbfolge eintreten; die drei Söhne A, B und C werden zu je 1/3 Anteil Erben der Mutter werden.

(3) Die Beteiligten möchten schon jetzt einen schuldrechtlichen Vertrag über die zukünftige Erbauseinandersetzung hinsichtlich des vorbezeichneten Grundbesitzes abschließen.

(4) Die Söhne von A und C wirken an dieser Urkunde mit, damit die Vereinbarung auch dann gültig bleibt, wenn A, B oder C vor der Mutter versterben würden und damit die Enkel als Ersatzerben in die Erbfolge nach M eingetreten sollten.

Diese sind aufgrund der urkundsgegenständlichen Vereinbarung gleichermaßen berechtigt und verpflichtet, so dass die Wirksamkeit der Urkunde auch dann erhalten bleibt, wenn A und/oder B und/oder C vor der Mutter versterben sollten.

§ 3 Wirksamkeit

Die Regelungen in Abschnitt I dieser Urkunde mit Ausnahme der Regelungen zu Abschnitt I § 5 Ziff. 5 (diese sind unbedingt) werden unter der doppelten Bedingung abgeschlossen:

1. dass sich der vertragsgegenständliche Grundbesitz beim Tode von M noch in ihrem Eigentum befindet und somit in den Nachlass fällt, und

2. dass die drei Brüder A, B und C (oder einer oder zwei von ihnen oder anstelle von A oder C einer oder beide Söhne AS1, AS2 oder CS1 oder CS2) die alleinigen Erben der Mutter werden, es sei denn, einer der Brüder hätte den Bedingungseintritt zurechenbar vereitelt, z. B. durch Erbschaftsausschlagung. Entsprechendes gilt auch dann, wenn das Verhalten des Schuldners dazu führt, dass er erbunwürdig wird.

§ 4 Erbauseinandersetzungsverpflichtung

(1) Unter der Voraussetzung, dass die genannten Bedingungen (§ 3 Ziff. 1. und 2.) eintreten, verpflichten sich die Vertragsbeteiligten, sich hinsichtlich des vorgenannten Grundbesitzes dahingehend auseinander zu setzen, dass sie den Grundbesitz nach § 1 dem C zu Alleineigentum zuweisen und übertragen.

(2) C nimmt diese Verpflichtung entgegen und an.

(3) Sollte C vor M versterben, so steht der Anspruch seinen Söhnen CS1 und CS2 im Erwerbsverhältnis ... zu. Auch diese nehmen diese Verpflichtung entgegen und an.

§ 5 Gegenleistung, Wertsicherung

(1) Die Beteiligten haben sich hinsichtlich des vorbezeichneten Hausgrundbesitzes ABC-Straße 1 auf einen Wert von 300.000,– € (in Worten: dreihunderttausend Euro) geeinigt. Dieser ist bei der Erbauseinandersetzung nach dem Ableben der M für die Gegenleistung und damit für die Herauszahlung als maßgeblicher Wert anzusetzen.

(2) Von diesem Wert hat C seinen beiden Brüdern A und B einen Betrag von jeweils 1/3 – ein Drittel – binnen drei Monaten nach Vorlage des Erbscheines nach der Mutter und Zug um Zug gegen Erklärung der Auflassung durch die Verpflichteten herauszuzahlen (Ausgleichsbetrag). Der Erbschein ist unverzüglich nach dem Tode der M durch C zu beantragen und zwar auf Kosten des Nachlasses.

(3) An A und B ist somit jeweils ein Betrag von 100.000,– Euro zu zahlen.

(4) Sollte A vor M versterben, so treten seine Söhne AS1 und AS2 als gesetzliche Ersatzerben nach M an seine Stelle und der anteilige Ausgleichsbetrag steht ihnen -untereinander zu gleichen Teilen- zu.

(5) Sollte C vor M versterben, so sind seine Söhne CS1 und CS2 Ersatzerben nach M und Gesamtschuldner des Ausgleichsbetrages.

(6) Sollte B vorversterben, so entfällt der ihm zustehende Ausgleichsbetrag. Sein Anteil wächst A und C an, so dass C in diesem Fall an A einen Betrag von 135.000,– Euro zu zahlen hätte.

(7) Der heute vereinbarte Wert soll wertgesichert sein. Die Höhe des Betrages ändert sich um den Prozentsatz, um den sich der Verbraucherpreisindex für Deutschland (Basis 2005 = 100) vom heutigen Tage an bis zum Todestag der M ändert. Die Anpassung erfolgt nur, wenn eine Geringfügigkeitsschwelle von 10 % (nicht Punkte) Verbraucherpreisänderung seit dem heutigen Tage über- oder unterschritten wird. Erfolgt eine Steigerung oder Minderung von 10 % oder mehr, so ist der sich ergebende Prozentsatz der Steigerung oder Minderung in voller Höhe zugrunde zu legen. Sollte diese Klausel nach den hier geltenden gesetzlichen Regelungen nicht wirksam sein, sind die Beteiligten verpflichtet, eine wirksame Wertsicherung zu vereinbaren, die der hier vereinbarten im wirtschaftlichen Ergebnis möglichst nahe kommt.

(8) Die Beteiligten verpflichten sich, in der Auflassungsurkunde dem C oder dessen Söhnen CS1 und CS2 auf deren Verlangen eine Finanzierungsvollmacht zu erteilen oder an der Grundschuldbestellung mitzuwirken, damit die finanzierende Bank den Ausgleichsbetrag auszahlen kann.

(9) Klarstellend wird vereinbart, dass etwaige Verwendungen, gleich welcher Art (Investitionen, Erhaltungsaufwand, Renovierung, Wertverbesserung), die C in der Vergangenheit auf den Grundbesitz gemacht hat oder in Zukunft noch machen wird, nicht zu einer Änderung der Ausgleichsbeträge führt. Etwaige Ansprüche von C oder seinen Rechtsnachfolgern CS1 oder CS2 sind mit Durchführung dieses Vertrages erledigt. Dies gilt auch für etwaige Ansprüche der Ehefrau CF. C verpflichtet sich, seine Brüder A und B bzw. deren Kinder von diesbezüglichen Ansprüchen seiner Ehefrau CF freizustellen.

§ 6 Sonstige Vereinbarungen

(1) Besitz, Lasten und Gefahren gehen mit Zahlung des Ausgleichsbetrages auf C über. Etwaige Mietverhältnisse werden von C übernommen.

(2) Rechte in Abteilung II und III des Grundbuchs werden vom Erwerber C dinglich übernommen, soweit nicht eine Löschung erfolgen kann. Nach Angaben der Beteiligten valutieren die eingetragenen Grundpfandrechte derzeit nicht mehr. Eine Löschung der Rechte soll trotz des Hinweises des Notars nicht erfolgen, da der Erwerber ggf. die Rechte für eine Neuvalutierung nutzen möchte.

(3) Die Beteiligten sind bei der Bemessung des Ausgleichsbetrages davon ausgegangen, dass auf dem Grundbesitz keine valutierenden Belastungen von M mehr liegen. Sollte M (oder ggf. deren Betreuer) noch Verbindlichkeiten begründen oder solche aus der Vergangenheit wider Erwarten doch noch bestehen, so gehen diese zulasten der drei Stämme A, B und C, gemeinsam zu gleichen Teilen und sind bei Zahlung des Ausgleichsbetrages durch einen entsprechenden Abzug zu berücksichtigen. Dies gilt nicht für Darlehen, die von C oder M für Verwendungen auf den Grundbesitz (Investitionen, Erhaltungsmaßnahmen, Renovierung, Wertverbesserung) aufgenommen worden sind oder noch aufgenommen werden. Diese Verbindlichkeiten übernimmt C zur vollständigen Entlastung der übrigen Beteiligten; diese Verbindlichkeiten mindern den Ausgleichsbetrag nicht.

(4) Ggf. Schiedsgutachterklausel.

§ 7 Verzug

(1) C kommt ohne Mahnung in Verzug, wenn er nicht innerhalb der vereinbarten Zahlungsfrist den Ausgleich zahlt. Er hat dann die gesetzlichen Verzugszinsen zu zahlen.

(2) Der Notar hat die Beteiligten darauf hingewiesen, dass der Verzugszinssatz 5 Prozentpunkte über dem Basiszinssatz beträgt und sich zum 1. Januar und 1. Juli eines jeden Jahres verändern kann.

§ 8 Zwangsvollstreckungsunterwerfung

C. bzw. CS1 und CS2 (insoweit gesamtschuldnerisch) sind verpflichtet, sich in der Auflassungsurkunde wegen der Zahlung des Ausgleichsbetrages an A und B bzw. deren Nachfolgern gegenüber der sofortigen Zwangsvollstreckung zu unterwerfen.

§ 9 Überwachung der Eigentumsumschreibung

Der die Auflassung vollziehende Notar ist in der Auflassungsurkunde anzuweisen, die Eintragung des Eigentumswechsels erst zu veranlassen, wenn ihm die Zahlung des Ausgleichsbetrages nachgewiesen ist.

§ 10 Haftung für Sach- und Rechtsmängel

(1) Die Veräußerung erfolgt entsprechend der derzeitigen Nutzung des Veräußerungsobjekts und ohne Haftung für einen bestimmten Flächeninhalt; maßgebend ist – vorbehaltlich anders lautender Vereinbarungen in dieser Urkunde – die derzeitige Beschaffenheit, die dem Übergeber bekannt ist und hiermit als vertragsgemäß vereinbart wird.

(2) Ansprüche und Rechte des Übergebers wegen eines Sachmangels des Grund und Bodens und der aufstehenden Gebäulichkeiten sowie der etwa mitübertragenen beweglichen Gegenstände werden hiermit einvernehmlich ausgeschlossen.

(3) Der Übergeber haftet insbesondere nicht für das Flächenmaß, die Verwendbarkeit des Veräußerungsobjekts für Zwecke des Übergebers oder für steuerliche Ziele des Übergebers.

Dienstbarkeiten/Baulasten usw.

§ 11 Erschließungsbeiträge

(1) Erschließungsbeiträge nach dem Baugesetzbuch und Lasten nach dem Kommunalabgabengesetz trägt für die Vergangenheit und Zukunft allein der Erwerber C.

(2) Sämtliche mit dieser Urkunde und ihrer Durchführung verbundenen Notar- und Gerichtskosten einschließlich der Kosten und Gebühren der erforderlichen privaten und behördlichen Genehmigungen sowie eine etwaige Grunderwerb- und Schenkungsteuer trägt der Erwerber C, und zwar einschließlich der Kosten für die Löschung nicht übernommener Belastungen.

(3) Die Beteiligten beantragen Befreiung von der Grunderwerbsteuer, da es sich um eine Erbauseinandersetzung handelt (§ 3 Nr. 3 GrEStG).

§ 12 Auflassung und Grundbuchanträge

Die Auflassung soll erst erklärt werden, wenn die Bedingungen eingetreten sind. Eine Vormerkung zur Sicherung der bedingten Ansprüche des Erwerbers C soll nicht in das Grundbuch eingetragen werden.

II. Sonstiges

§ 1 Rücktritt

(1) Sollte C vor M versterben, so haben die beiden Söhne CS1 und CS2 das Recht zum Rücktritt von diesem Vertrag. Das Rücktrittsrecht kann von CS1 und CS2 nur gemeinsam ausgeübt werden (§ 351 BGB). Das Rücktrittsrecht muss binnen sechs Wochen nach dem Vorliegen eines Erbnachweises in öffentlicher Urkundsform nach M ausgeübt werden. Der Rücktritt erfolgt schriftlich gegenüber A und B; Kopie an den Notar wird erbeten. A und B bevollmächtigen sich gegenseitig zum Empfang der Rücktrittserklärung. Für die Einhaltung der Frist genügt der fristgerechte Eingang der Rücktrittserklärung beim amtierenden Notar, dessen Vertreter oder Nachfolger im Amt.

(2) Aufgrund des Rücktritts entfallen die Regelungen dieses Vertrages. Die Erbengemeinschaft ist dann frei, eine neue Vereinbarung untereinander zu treffen oder den Grundbesitz an einen Dritten zu veräußern. Die Vereinbarungen in dieser Urkunde haben dann – mit Ausnahme der Regelungen in Ziff. 3 nachstehend– keine Bedeutung mehr.

(3) Allerdings verbleibt es auch dann bei der Regelung, dass etwaige Verwendungen und Aufwendungen auf den Grundbesitz seitens der Familie C nicht auszugleichen sind. Auch sollen keinerlei Ansprüche aus oder wegen des Mietverhältnisses gestellt werden können. Die Ansprüche hinsichtlich des Hauses und des Mietverhältnisses sollen als ausgeglichen gelten. Im Falle einer Veräußerung steht nach Abzug der den Nachlass treffenden Verbindlichkeiten der Veräußerungserlös den Erben von

M entsprechend ihren Erbquoten zu. Diese Regelungen gelten nur innerhalb der Vertragsschließenden; soweit Dritte Erben nach M werden sollten, gelten insoweit die gesetzlichen Regelungen.

§ 2 Kosten und Steuern

(1) Sämtliche mit dieser Urkunde und ihrer Durchführung verbundenen Notar- und Gerichtskosten einschließlich der Kosten und Gebühren der erforderlichen privaten und behördlichen Genehmigungen sowie eine etwaige Grunderwerb- und Schenkungsteuer trägt der Erwerber C, und zwar einschließlich der Kosten für die Löschung nicht übernommener Belastungen.

(2) Die Beteiligten beantragen Befreiung von der Grunderwerbsteuer, da es sich um eine Erbauseinandersetzung handelt (§ 3 Nr. 3 GrEStG).

§ 3 Schlussbestimmungen

(1) Die Beteiligten wurden auf Folgendes hingewiesen:
   a) Der Steuerbehörde gegenüber haften Veräusserer wie Erwerber für die den Grundbesitz treffenden Steuern und die Grunderwerbsteuer als Gesamtschuldner insoweit, als die Steuergesetze es vorschreiben.
   b) Alle Vertragsvereinbarungen sind aus allen rechtlichen Gesichtspunkten heraus beurkundungspflichtig. Nebenabreden außerhalb dieser Urkunde sind nichtig und können zur Nichtigkeit des gesamten Rechtsgeschäfts führen.

(2) Der Notar ist bevollmächtigt, für die Vertragsbeteiligten alle Erklärungen abzugeben, Ergänzungen und Änderungen dieses Vertrages vorzunehmen, die ihm zur Durchführung des Vertrages erforderlich erscheinen.

(3) Genehmigungen werden wirksam mit Eingang beim Notar.

§ 4 Salvatorische Klausel

Sollten Bestimmungen zu diesem Vertrag ganz oder teilweise nichtig oder unwirksam sein oder werden, so soll hierdurch die Gültigkeit anderer Bestimmungen dieser Urkunde oder anderer Vertragsbestimmungen nicht berührt werden. Anstelle der unwirksamen Bestimmungen oder zur Ausfüllung einer Lücke soll eine angemessene Regelung gelten, die soweit es rechtlich möglich ist, dem am nächsten kommt, was die Beteiligten gewollt haben würden, sofern sie den Punkt bedacht hätten.

Die Beteiligten sind verpflichtet, die nichtigen Bestimmungen wirksam nachzuholen, so dass der gleiche wirtschaftliche oder sonstige angestrebte Erfolg erzielt wird.

§ 5 Hinweise des Notars

Der Notar hat darauf hingewiesen, dass der Vertrag nur dann wirksam und durchführbar ist, wenn sämtliche vereinbarten Bedingungen eintreten, insbesondere das Hausgrundstück bei Tode von M noch in deren Eigentum steht. Der Vertrag hindert M oder deren gesetzlichen Vertreten (Betreuer) oder einen wirksam Bevollmächtigten nicht, zu Lebzeiten über den Grundbesitz zu verfügen, ihn also zu verkaufen oder zu beleihen. Es ist daher ungewiss, ob die Bedingung eintritt. Ferner könnte M durch Testament die gesetzlichen Erben von der Erbfolge noch ausschließen oder dies bereits getan haben. Schließlich sind durch den Vertrag nur diejenigen gebunden, die ihn in wirksamer Form unterschrieben oder genehmigt haben. Aufgrund des Wegfalls von Erben oder Ersatzerben können daher Personen (Mit)Erben werden, die durch den Vertrag nicht gebunden und verpflichtet sind. Auch dies ist ungewiss.

Der Notar hat daher auch alternative Gestaltungen mit den Beteiligten erörtert, insbesondere auch die lebzeitige Übertragung durch den Verkauf seitens der Mutter M an C. Dies wollten die Beteiligten jedoch nicht.

Diese Niederschrift …

Abwandlung: 58

In der Abwandlung soll unterstellt werden, dass B verheiratet, aber kinderlos ist. Die Interessenlage von B, ggf. seine Ehefrau zu begünstigen, ist nachvollziehbar. Deshalb Ergänzung zu vorstehend Hauptmuster Abschnitt I § 5 Abs. (5):

▶ **Muster:** 59

Sollte B vorversterben so steht sein anteiliger Ausgleichsbetrag seiner Ehefrau BF zu (unechter Vertrag zugunsten Dritter). Sollten B und BF geschieden sein oder sollte BF vor B vorverstorben sein, so entfällt der B zustehende Ausgleichsbetrag. Sein Anteil wächst A und C an, so dass C in diesem Fall an A einen Betrag von 135.000,– Euro zu zahlen hätte.

Ferner müsste vorstehend im Hauptmuster Abschnitt II die Gliederungsziffer III erhalten; Abschnitt II nachstehend müsste eingefügt werden.

▶ **Muster:** 60

II. Vertrag zugunsten eines Dritten

Sollte B kinderlos vor M versterben, so fällt sein Stamm aus der Erbfolge nach M heraus, da sein Erbanteil den übrigen Söhnen anwachsen würde. Seinen Erben stünde der auf B entfallende Ausgleichsbetrag nicht zu.

Dieses wirtschaftliche Ergebnis möchten die Beteiligten jedoch nicht. Sie vereinbaren daher im Wege eines unechten Vertrages zugunsten Dritter Folgendes:

Anstelle von B soll derjenige den auf B entfallenden Anteil von 100.000,– Euro am Ausgleichsbetrag erhalten, der von ihm als Bezugsberechtigter in einer Verfügung von Todes wegen benannt worden ist, wobei er sich das Recht vorbehält ohne Zustimmung der übrigen Beteiligten an die Stelle des von ihm bezeichneten Dritten einen anderen zu setzen. Derzeit benennt B seine Ehefrau BF.

Das Vorstehende wird hiermit vertraglich im Wege eines (unechten) Vertrages zugunsten Dritter (§ 328 BGB) zwischen allen Beteiligten vereinbart. Diese Vereinbarung zwischen den hier Erschienenen kann ohne Zustimmung des Dritten, insbesondere BF aufgehoben werden. Ein eigener Anspruch des benannten Dritten entsteht erst mit dem Tode von B.

B benennt hiermit bereits heute seine Ehefrau BF als Forderungsberechtigte. Alle Beteiligten nehmen dies zur Kenntnis. Diese Benennung kann B jederzeit einseitig abändern. Sollte B diese Benennung aufheben, ohne einen anderen Forderungsberechtigten ausdrücklich zu benennen, so benennt er für den Fall hiermit als Forderungsberechtigte seine Erben, die durch Verfügung von Todes wegen bestimmt oder mangels solcher gesetzlich berufen sind.

Fraglich ist jedoch, ob eine solche Ergänzung im Wege des echten oder unechten Vertrages zugunsten eines (familienfremden) Dritten[171] zulässig wäre.[172] Von der Gestaltung her ist hier höchste Vorsicht geboten. Rechtsprechung zu dieser Frage ist nicht ersichtlich.[173] Selbst wenn der Notar eine 61

---

171 Instruktiv, ohne jedoch auf die spezielle, in Rede stehende Problematik einzugehen, *Mayer*, Ausgewählte erbrechtliche Fragen des Vertrages zugunsten Dritter, DNotZ 2000, 905 ff.
172 Beispielsfall, zitiert nach *Daniels*, S. 93: Zwei Brüder schließen einen notariellen Vertrag, in dem sie sich gegenseitig verpflichten, für den Fall, dass einer von ihnen vor der Muter stürbe, der Frau des Vorversterbenden einen Nießbrauch an dessen »Erbanteil« nach der Mutter zu bestellen«. Nach *Daniels*, a. a. O. nichtig.
173 Allerdings ist § 312 Abs. 2 jetzt § 311b Abs. 5 nach der Rechtsprechung des BGH als Ausnahmevorschrift eng auszulegen: BGH NJW 1962, 1910; BGH, LM Nr. 1 zu § 312 BGB = NJW 56, 1151. Es geht im Grunde um eine Vertragsstörung (Wegfall des Berechtigten); das Problem ist gestreift bei *Daniels*, S. 139, 140. Auch *Ahrens-Thoneik*, S. 182, behandelt diese Gestaltung, jedoch ohne Bezug zu Verträgen zu Gunsten Dritter, und befürwortet insoweit eine Ausdehnung des § 311b Abs. 5: es sei vergleichbar, ob man die Ehefrau BF als Begünstige eines Vertrages zu Gunsten Dritter ansehe oder ob insoweit die Ansprüche des B

solche Vereinbarung beurkunden würde, müsste er entsprechend zumindest einen gesonderten Aktenvermerk fertigen, den die Beteiligten unterschreiben sollten, dass er über die Problematik der Vereinbarung einzeln belehrt hat. ME sollte hier eine Beurkundung nicht erfolgen.[174]

Denn nach einer Ansicht können Ansprüche eines Dritten oder Leistungsverpflichtung **zugunsten eines Dritten** durch einen Vertrag zwischen potentiellen gesetzlichen Erben gem. § 311b Abs. 5 BGB nur begründet werden, wenn der Dritte selbst zum Kreis der künftigen gesetzlichen Erben gehört.[175] Verträge nach § 311b Abs. 5 seien nur zulässig, wenn nicht nur die formelle Parteistellung und materielle Gläubigerstellung im Kreis der künftigen gesetzlichen Erben bleibt.,[176] sondern auch der Begünstigte der Leistungserfüllung zu den potentiellen gesetzlichen Erben gehört.[177] Die Frage, ob der aus dem Vertragsverhältnis Verpflichtete/Leistende aufgrund eines unmittelbaren Anspruchs des Dritten an den Dritten leisten muss (echter Vertrag zugunsten Dritter) oder nur aufgrund des Anspruchs des Versprechensempfängers (unechter Vertrag zugunsten Dritter) sei irrelevant.

Nach anderer Auffassung wird differenziert zwischen echten und unechten Verträgen zugunsten Dritter.[178] Nach *Kaufhold* sind nur unechte Verträge zugunsten Dritter im Rahmen von § 311b Abs. 5 BGB zulässig, echte Verträge dagegen jedoch nicht.[179]

Zulässig sein dürfte jedoch ein echter oder unechter Vertrag zugunsten eines entfernteren potentiellen gesetzlichen Erben.[180]

5. Pflichtteilsverzicht bzw. Verzicht auf Geltendmachung des Pflichtteils

62 ▶ **Muster[181]: Erbschaftsvertrag gemäß § 311b Abs. 5 BGB zwischen Erwerber und weichendem Geschwister**

Eheleute V und M haben ihren landwirtschaftlichen Betrieb an den Sohn A im Weg der vorweggenommenen Erbfolge als Hofübernahme übergeben. Die weichenden Geschwister B und C haben an der Urkunde mitgewirkt.

Als Bestandteil des Übergabevertrages ist ggf. folgendes zu formulieren:

». . . B und C verzichten hiermit gegenüber ihren dies annehmenden Eltern, V und M, den Übergebern, gegenständlich beschränkt im Hinblick auf den in Rede stehenden landwirtschaftlichen Betrieb auf ihre dermaleinstigen Pflichtteilsrechte nach dem Vater und der Mutter. Die Übergeber V und M, nehmen diese Pflichtteilsverzichte entgegen und an.

Als künftige Pflichtteilsberechtigte an den dereinstigen Nachlässen von V und M verpflichten wir uns hiermit schon heute gegenüber dem Übernehmer E des landwirtschaftlichen Betriebes und dessen Ehepartner sowie gegenüber deren Abkömmlingen als künftige gesetzliche Erben nach V und M unsere Pflichtteilsrechte im Hinblick auf den in Rede stehenden landwirtschaftlichen Betrieb an den beiden elterlichen Nachlässen gegenüber dem Übernehmen dereinst nicht geltend zu machen.

Der Übernehmer und dessen Ehepartner nehmen die vorstehende Erklärung hiermit an.

---

bei Vorversterben vererblich seien. Ggf. könnte mit der gebotenen Vorsicht im Erbschaftsvertrag direkt geregelt werden, dass die Ansprüche bei Wegfall des Berechtigten (u. U. eingeschränkt) vererblich seien.
174 Tenor auch *Daniels*, S. 93: keine extensive Auslegung des § 311b Abs. 5.
175 *Daniels*, S. 92 f; Staudinger/*Schumacher*, § 311b Abs. 4/5 Rn. 28; *Blomeyer*, FamRZ 1974, 421, 425; a. A. Wiedemann NJW 1968, 769, 770.
176 Staudinger/*Schumacher*, § 311b Abs. 4/5 Rn. 28; Erman/*Grziwotz*, § 311b Rn. 96; *Kaufhold*, ZEV 1996, 457.
177 Sonst wäre die Umgehung des Abs. 5 auch zu leicht. Siehe auch *Schindler*, DNotZ 2004, 838, Fn. 56.
178 *Kaufhold*, ZEV 1996, 454, 457, womöglich auch *Damrau*, ZErb 2004, 206, 210.
179 Gegen diese Differenzierung und für Gleichbehandlung beider Fallgestaltungen mit Recht *Ahrens-Thoneik*, S. 84 mwN.
180 *Ahrens-Thoneik*, S. 87 ff.
181 Aus *Krauß*, Überlassungsvertrag 2. Aufl. Rn. 2124 (in aktueller Auflage nicht mehr enthalten).

B. Schuldrechtliche Nachlassverträge unter Beteiligung des Erblassers

I. Grundlagen

1. Allgemeines

Fraglich ist, ob man die nach § 311b Abs. 5 zulässigen Erbschaftsverträge dadurch erweitern kann, dass man den künftigen Erblasser daran beteiligt.[182] Die schlichte Zustimmung des künftigen Erblassers reicht jedenfalls nicht aus,[183] es muss schon **eine echte materiell-rechtliche Vertragsbeteiligung** des Erblassers erfolgen.[184]

63

Beispielsweise geht es um einen **Ausschlagungsverpflichtungsvertrag**, wenn ein gesetzlicher Erbe sich nicht (nur) gegenüber einem anderen gesetzlichen Erben zur Ausschlagung der Erbschaft nach dem Erblasser verpflichtet, sondern entsprechend (auch) oder nur dem Erblasser gegenüber; der Erblasser also »echter« Vertragsbeteiligter ist.[185] Dasselbe Ergebnis wie durch einen Ausschlagungsverpflichtungsvertrag wäre auch durch einen Erbverzicht erreichbar. Fraglich ist, ob eine solche Ausschlagungsverpflichtungsvereinbarung dem (zukünftigen) Erblasser gegenüber in der Abgrenzung zum Erbverzicht selbstständige Bedeutung hat, oder ob eine zwingende (?) Umdeutung in einen Erbverzicht stattfindet. Nach *Musielak*[186] **kann** es sich um einen Erbverzicht handeln. Teilweise[187] wird ein solcher Vertrag als unwirksam erachtet; teilweise wird er nur als Erbverzicht anerkannt.[188] Unterschiede könnten bestehen in der Frage der Höchstpersönlichkeit bzw. Vertretungsmöglichkeit des Erblassers, welche man möglicherweise bei einem Erbverzicht anders beantworten müsste als bei dem schuldrechtlichen Ausschlagungsverpflichtungsvertrag. Überwiegend wird die Möglichkeit eines solchen Vertrages wohl bejaht, aber notarielle Beurkundung verlangt.[189]

64

Im BGB gibt es ausdrücklich geregelte **Nachlassverträge mit Beteiligung des Erblassers**, wie den Erbvertrag (§§ 1941, 2274 ff.), den Erb- und/oder Pflichtteilsverzichts- bzw. Zuwendungsverzichtsvertrag (§§ 2346, 2352).[190]

65

Denkbar sind zu all diesen Verträgen auch schuldrechtliche Verpflichtungsverträge bzw. sonstige schuldrechtliche Verpflichtungsgeschäfte zwischen dem Erblasser und seinen präsumtiven Erben bezüglich der zukünftigen Erbauseinandersetzung.[191] § 311b Abs. 4 dürfte auf solche Verträge nicht anwendbar sein, da der Erblasser nicht zugleich Dritter sein kann.[192]

Dann fragt sich, ob Verträge mit »echter«, materieller Beteiligung des Erblassers nur unter Einhaltung der einschränkenden Voraussetzungen des § 311b Abs. 5 zulässig sind, oder ob solche Verträge auch über den in dieser Bestimmung hinaus gesteckten Rahmen zulässig sind.[193] Diese Problematik ist noch nicht vollständig geklärt, so dass hier in der Gestaltung höchste Vorsicht geboten ist. Nach großzügiger Auffassung soll bei **Vertragskombinationen mit materiell-rechtlicher Mitwirkung**

---

182 Nieder/Kössinger, § 19 Rn. 73.
183 Der Vertrag wäre trotz Zustimmung des Erblassers nichtig, es sei denn, er wäre nach § 311b Abs. 5 auch ohne Zustimmung des Erblassers wirksam: Nieder/Kössinger, § 19 Rn. 73, Staudinger/*Schumacher*, § 312 Rn. 2; BGH NJW 1962, 1910, 1912 (»*Es kommt weiterhin nicht darauf an, ob der lebende Dritte dem Vertrag zugestimmt hat, da das Gesetz, abweichend vom Gemeinen Recht, für diesen Fall keine Ausnahme zulässt*«); Wiedemann, NJW 1968, 772.
184 Nieder/Kössinger, § 19 Rn. 73, *Damrau*, ZEV 1995, 425, 427. BGH DNotZ 1996, 763 m. Anm. *Frenz*.
185 *Damrau*, ZEV 1995, 425, 427; *Dieterlen*, S. 36.
186 MüKoBGB/*Musielak*, § 2302 Rn. 4.
187 So noch Erman/*Hense*, 7. Aufl., § 2302 Rn. 4.
188 *Damrau*, ZEV 1995, 425, 427.
189 Umfassend *Damrau*, ZEV 1995, 425; und *Dieterlen*.
190 Nieder/Kössinger, § 19 Rn. 73.
191 Nieder/Kössinger, § 19 Rn. 73.
192 Nieder/Kössinger, § 19 Rn. 73; BGH NJW 1962, 1910, 1912; *Damrau*, Der Erbverzicht, S. 27, 49, 97; Wiedemann NJW 1968, 769, 772 .
193 BGH NJW 1956, 1151; *Daniels*, S. 141 ff.; Nieder/Kössinger, § 19, Rn. 73.

des Erblassers § 311b Abs. 5 unanwendbar sein.[194] Nach engerer Auffassung müssen auch bei solchen Verträgen die Voraussetzungen des § 311b Abs. 5 gegeben sein.[195] Geklärt scheint nur die Formfrage zu sein: **in jedem Fall ist notarielle Beurkundung erforderlich**.[196]

2. Fallgruppen

66 Die denkbaren Verträge lassen sich nach dieser Maßgabe wie folgt[197] einteilen:

a) Ausschlagungsverpflichtungsvertrag mit dem Erblasser

67 Neben der Möglichkeit, sich einem anderen Erben gegenüber zur **Ausschlagung** zu **verpflichten**,[198] kann ein Erbe zu Lebzeiten des (künftigen) Erblassers auch diesem gegenüber eine korrespondierende schuldrechtliche Verpflichtung zugunsten eines Dritten eingehen.[199] Im Regelfall verdient aber der Erbverzicht, so statthaft, den Vorzug.[200]

b) Nachträgliche Anordnung der Ausgleichungspflicht[201]

68 Der Erblasser muss die Ausgleichung von Zuwendungen an Abkömmlinge, die als gesetzliche Erben zur Erbfolge gelangen, oder die Anrechnungsbestimmung auf den Pflichtteil gem. § 2315 Abs. 1 vor oder spätestens bei der Zuwendung anordnen.[202] Eine **einseitige, nachträgliche Anordnung** einer unterbliebenen **Ausgleichungspflicht** bzw. Pflichtteilsanrechnungsbestimmung durch den Erblasser ist nicht möglich.[203]

69 Möglich ist eine nachträgliche Anordnung des Erblassers als Vorausvermächtnis durch Verfügung von Todes wegen,[204] was jedoch das Pflichtteilsrecht des Zuwendungsempfängers gem. § 2316 Abs. 3 unberührt lässt,[205] sofern er nicht vertraglich auf sein Erb- und/oder Pflichtteilsrecht verzichtet hat.

70 Alternativ wäre eine nachträgliche Vereinbarung des Erblassers mit dem Begünstigten **über dessen Ausgleichungspflicht** als Rechtsgeschäft unter Lebenden in Form eines Vertrages zugunsten Dritter (der übrigen Miterben) möglich.[206] Eine solche Vereinbarung muss mE als Verpflichtungsvertrag über das Pflichtteilsrecht entsprechend § 2348 sowie als Erbschaftsvertrag gem. § 311b Abs. 5

---

194 So Nieder/Kössinger, § 19 Rn. 73; *Daniels*, S. 144, 148; *Ahrens-Thoneik*, S. 146 ff. äußert sich insb. zur Form. Fraglich ist, wie und nach welchen Kriterien eine »echte, materiell-rechtliche« Beteiligung des Erblassers von einer bloßen Zustimmung des Erblassers zu unterscheiden ist.
195 Staudinger/*Schumacher*, § 311b IV/V Rn. 4; BGH DNotZ 1996, 763; *Damrau*, Erbverzicht, S. 97, Anm. 23.
196 BGH DNotZ 1996, 763; *Ahrens-Thoneik*, S. 148 ff. m. w. N.
197 Einteilung und Fallgruppenbildung nach Nieder/Kössinger, § 19 Rn. 74 ff.
198 Siehe auch *Ahrens-Thoneik*, S. 111 ff., dort auch zu den in dieser Fallgruppe bestehenden Problemen mit der Rechtsprechung zur Auslegung des Tatbestandsmerkmals »über den gesetzlichen Erbteil« als quantitative Begrenzung des Vertragsgegenstandes: eine Teilausschlagung der Erbschaft in dem Umfang, in dem die übersteigende Zuwendung den gesetzlichen Erbteil, übersteigt, ist unwirksam.
199 Nieder/Kössinger, § 19 Rn. 80; *Dieterlen*, S. 36 ff.; *Damrau*, ZEV 1995, 425, 427; *ders.*, Erbverzicht, S. 27 f.; *Dohr*, MittRhNotK 1998, 381, 406.
200 *Damrau*, Erbverzicht, S. 28 zu Vor- und Nachteilen der entspr. Gestaltung.
201 *Ahrens-Thoneik*, S. 113 ff.
202 *Mayer*, ZEV 1996, 441.
203 Schon das RG (RGZ 71, 133, 135; RGZ 91, 419, 422) hat entschieden, dass eine Ausgleichungspflicht »nicht durch mündliche Erklärung des Erblassers gültig beseitigt werden kann«); siehe nunmehr BGH IV ZR 82/08, ZErb 2010, 81; Nieder/Kössinger, § 19 Rn. 75; *Mayer*, ZEV 1996, 441.
204 Nicht durch Rechtsgeschäft unter Lebenden, BGH IV ZR 82/08 in ZErb 2010, 81.
205 *Mayer*, ZEV 1996, 441, 443: »*Pflichtteilsrechtlich ist der Zug bereits abgefahren, soweit durch die (mit oder ohne) Ausgleichungsverpflichtung erfolgte Zuwendung der Pflichtteil beeinflusst wird, ...*«.
206 Nieder/Kössinger, § 19 Rn. 75.

S. 2 notariell beurkundet werden.²⁰⁷ Zuletzt wäre auch ein Erbschaftsvertrag (nur) zwischen den künftigen Erben über die Ausgleichungspflicht bzw. den **Erlass der Ausgleichungspflicht** möglich.²⁰⁸

Was die **Nachholung einer versäumten Pflichtteilsanrechnungsbestimmung** angeht, müssen Erblasser und Anrechnungsverpflichteter einen beschränkten Pflichtteilsverzichtsvertrag schließen, der die Vereinbarung der Anrechnung zum Inhalt hat.²⁰⁹ Alternativ dazu ist möglich, schuldrechtlich im Wege des Vertrages zugunsten Dritter zwischen Erblasser und anrechnungsverpflichtetem Pflichtteilsberechtigten, die Anrechnung auf einem Umweg dadurch nachträglich zu erreichen, dass sich der pflichtteilsberechtigte Zuwendungsempfänger gegenüber dem Erblasser zugunsten der Erben verpflichtet, sich im Falle seines Pflichtteilsverlangens **so zu stellen, als wäre die Anrechnungs- und/oder Ausgleichungspflicht gegeben**.²¹⁰ Auch dieser Vertrag muss notariell beurkundet werden.²¹¹ 71

c) Weiterleitungsverpflichtung zu Gunsten Dritter

Ein Erblasser kann gemäß §§ 328, 331 BGB einem Dritten schuldrechtliche Ansprüche gegen den Vertragspartner des Erblassers, dem zukünftigen Erben zuwenden, dahingehend, dass der Erbe bestimmte Gegenstände des zukünftigen Nachlasses dem Dritten unentgeltlich weiterleitet.²¹² Dieser Vertrag ist grds. formfrei;²¹³ Ausnahme: besondere Formvorschrift wie §§ 310, 311b Abs. 1. 72

d) Pflichtteilsabfindungs- bzw. -beschränkungsverträge²¹⁴

Erhält ein Abkömmling im Wege der vorweggenommenen Erbfolge eine Zuwendung und soll er damit seinen Geschwistern gegenüber ganz oder teilweise »abgefunden« sein, stellt sich das Problem eines entsprechenden ggf. auch **beschränkten Pflichtteilsverzichts**.²¹⁵ 73

Häufig finden sich in entsprechenden Übergabeverträgen auch Regelungen der (zukünftigen) Miterben/Pflichtteilsberechtigten, der Geschwister untereinander als Vertrag i. S. d. § 311b Abs. 5.

Wenn der Erwerber durch die Zuwendung nur hinsichtlich **des gegenwärtigen Vermögens** abgefunden sein soll, formuliert *Nieder*:²¹⁶ 74

▶ **Muster:** 75

Schuldrechtlich verpflichtet sich der Übernehmer gegenüber dem Übergeber und zugunsten dessen späterer Erben, bei der Erbauseinandersetzung nach dem Tod des Übergebers lediglich Ansprüche auf Teilhabe am künftigen Vermögenserwerb des Übergebers geltend zu machen.

---

207 Staudinger/*Werner*, 2002, § 2050, Rn. 33; obiter BGH IV ZR 82/08, ZErb 2010, 81 »grundsätzlich formfreier Vertrag«; wie hier Nieder/Kössinger, § 19 Rn. 75; *Damrau*, Erbverzicht, S. 50; Schwarz, BWNotZ 1995, 139, 141.
208 *Ahrens-Thoneik*, S. 114 ff.; *Mayer*, ZEV 1996, 441, 444. Auch nach *Kues*, ZEV 2001, 13, 14 unterfallen vertragliche Regelungen unter Miterben/Pflichtteilsberechtigten über einen Wertausgleich, der lebzeitige Zuwendungen des Erblassers berücksichtigt, dem § 311b Abs. 5 BGB; siehe auch Staudinger/*Werner*, § 2316 Rn. 33. Auch *Ahrens-Thoneik*, S. 123 bejaht im Ergebnis die Anwendbarkeit des § 311b Abs. 5 auf Verträge zwischen künftigen gesetzlichen Erben über Anrechnungs- und Ausgleichungspflichten.
209 Nieder/Kössinger, § 19 Rn. 75, *Damrau*, Erbverzicht, S. 58. Eine letztwillige Nachholung der Anrechnungsbestimmung ist trotz Zustimmung des Pflichtteilsberechtigten nicht möglich, RGZ 67, 306, 307.
210 Nieder/Kössinger, § 19 Rn. 75.
211 Nieder/Kössinger, § 19 Rn. 75, *Damrau*, Erbverzicht, S. 50.
212 Nieder/Kössinger, § 19 Rn. 76.
213 BGH IV ZR 82/08, ZErb 2010, 81, 83; Nieder/Kössinger, § 19 Rn. 76.
214 Dazu insb. *Damrau*, Erbverzicht, S. 64 ff.; Nieder/Kössinger, § 19 Rn. 77 f.
215 Siehe z. B. BayObLG MittBayNot 1981, 142 und BayObLG RPfleger 1984, 191 zu mehrdeutigen Abfindungserklärungen.
216 Nieder/Kössinger, § 19 Rn. 78.

e) »Pflichtteilsgeltendmachungsunterlassungsvertrag«

76 Schuldrechtliche Verpflichtung des Pflichtteilsberechtigten durch Vertrag der weichenden Geschwister eines Erwerbers (insb. von Grundbesitz oder Betrieben) mit dem künftigen Erblasser (und auch mit Verpflichtungswirkung dem Erwerber gegenüber), sein **künftiges Pflichtteilsrecht nicht oder nur eingeschränkt geltend** zu machen oder zugunsten eines oder aller Erben zu erlassen oder an den oder die Erben abzutreten.[217]

Dieser Vertrag ist, da er die Verpflichtung zum Verzicht auf das Pflichtteilsrecht enthält, entsprechend § 2348 beurkundungsbedürftig, jedoch ohne das Stellvertretungsverbot für den Erblasser.[218]

Mayer[219] weist darauf hin, dass die Zulässigkeit eines Verzichts auf den zukünftigen Pflichtteilsergänzungsanspruch höchstrichterlich noch nicht geklärt sei. Insoweit empfiehlt sich flankierend im Übergabevertrag zu formulieren:[220]

77 ▶ **Muster:**

Als künftige Pflichtteilsberechtigte an den dereinstigen Nachlässen unseres Vaters und unserer Mutter verpflichteten wir uns hiermit heute schon gegenüber unserem Bruder S., dem Erwerber, und bei dessen vorzeitigem Ableben seinen Kindern gegenüber als künftige gesetzliche Erben nach unseren Eltern unsere Pflichtteilsansprüche an den beiden elterlichen Nachlässen gegenüber S. dereinst nicht geltend zu machen.

Alternative: Sollten wir Miterben oder Erben unserer oben genannten Eltern werden, verpflichten wir uns, unseren Erbteil an den Nachlässen unseres Vaters ... und ... auf unseren Bruder S. bzw. bei dessen Vorableben auf dessen Kinder zu gleichen Stammanteilen mit sofortiger dinglicher Wirkung zu übertragen.

f) Verpflichtung zur Zahlung von Gleichstellungsgeldern

78 Insbesondere bei Übergabeverträgen über landwirtschaftliche Betriebe werden traditionell **Gleichstellungsgelder**[221] für am Vertrag nicht beteiligte weichende Geschwister im Wege des Vertrages zugunsten Dritter auf den Tod des Übergebers angeordnet.[222] Ein solcher Vertrag unterliegt nicht den Vorschriften über Verfügungen von Todes wegen, da es sich in der Regel um ein entgeltliches Geschäft handeln dürfte; die Zuwendungen an die weichenden Erben unbedingt und nicht unter Überlebensbedingung erfolgen und zumindest die Schenkung als mit Vertragsabschluss vollzogen im Sinne des § 2301 Abs. 2 anzusehen ist.[223]

g) Vertragskombinationen[224]

79 Für die Veräusserung einer zukünftigen Erbschaft wird folgende **Vertragskombination** vorgeschlagen:[225]
 – ein Erbverzichtsvertrag zwischen dem »Veräußerer« und dem künftigen Erblasser,
 – ein Erbeinsetzungsvertrag zwischen dem künftigen Erblasser und dem »Erbschaftserwerber«

---

217 *Damrau*, Der Erbverzicht, S. 48; Roellenbleg DNotZ 1973, 708, 712.
218 Siehe schon RGZ 71, 133, 135f; BGH NJW 1962, 1910, 1912 *Roellenbleg*, DNotZ 1973, 708, 712; Nieder/Kössinger, § 19 Rn. 79; *Damrau*, S. 48.
219 *Mayer*, ZEV 1196, 441, 445.
220 Nach Dittmann/Reimann/Bengel, Formularteil B Rn. 83.
221 Siehe vorstehend Kapitel 12 Rdn. 183; Formulierungsalternativen von *Hoyenberg*, S. 269 ff.
222 Nieder/Kössinger, § 19 Rn. 81. Schenkungsteuerlich Forderungsschenkung BFH II R 71/00, BStBl. 2003 II S. 162.
223 So Nieder/Kössinger, § 19 Rn. 81; BGH NJW 1975, 382.
224 Siehe hierzu das Eingangsbeispiel unter Rdn. 2; *Daniels*, S. 144; *Damrau*, Erbverzicht, S. 97 Fn. 23; a. M. Staudinger/*Schumacher*, § 312 Rn. 4: zulässig nur unter künftigen gesetzlichen Erben. vgl. auch BGH 1956, 1151.
225 Z. B. *Daniels*, S. 141 m. N.

– ein obligatorischer Vertrag zwischen »Veräußerer« (Verzichtendem) und »Erbschaftserwerber« (Vertragserben), dessen Gegenstand der Erbverzicht, in der Regel gegen Abfindung bildet.[226]

Ob der »dritte« Vertrag zwischen Verzichtendem und Vertragserben ein Erbschaftsvertrag ist, ist streitig.[227] Wenn die Voraussetzungen des § 311b Abs. 5 auch auf diesen Vertrag angewendet werden müssen, lässt sich eine Erweiterung der Gestaltungsmöglichkeiten durch Einbeziehung des Erblassers dadurch nicht erreichen. In der Praxis ist Vorsicht geboten.

II. Gestaltung

Sachverhalt der Ausschlagungsverpflichtung[228] siehe Vorbemerkung: 80

▶ **Muster:**   81

Ausschlagungsverpflichtungserklärung

UR-Nr. . . ./. . .

Verhandelt zu . . . am . . .

Vor dem amtierenden

Notar . . .

mit dem Amtssitz in . . .

erschienen:

1) Tochter T, geborene . . ., geboren am . . ., wohnhaft in . . .

2) deren halbbürtiger Bruder S., geboren am . . ., wohnhaft in

. . .

I. Vorbemerkung

T und S. sind die einzigen Kinder des V. T stammt aus der Ehe des V mit der vorverstorbenen Ehefrau VF. S. ist ein voreheliches, einseitiges Kind des V. V ist nach Angabe der Beteiligten testierunfähig. Aller Voraussicht nach werden die Erschienenen S. und T bei dessen Tod die alleinigen gesetzlichen Erben sein.

Die Beteiligten wollen ihre zukünftigen erbrechtlichen Beziehungen schon heute regeln.

II. Verzicht

1. S. verpflichtet sich hiermit, seine Erbschaft nach V unverzüglich nach dem Ableben von V auszuschlagen.

2. Sollte S. von V letztwillig von der Erbfolge ausgeschlossen sein, so verzichtet er T gegenüber bereits jetzt auf sein künftiges Pflichtteilsrecht. Etwaige Pflichtteilsansprüche werden erlassen. T nimmt den Verzicht und den Erlass entgegen und an.

3. Vorsorglich verpflichtet sich S. gegenüber T und deren gesetzlichen Erben, sein künftiges Pflichtteilsrecht nach dem Ableben des V nicht geltend zu machen.

III. Gegenleistung

Eine Gegenleistung für diesen Verzicht wird nicht vereinbart; die Beteiligten sind darüber einig, dass A durch Vorempfänge bereits abgefunden ist.

---

226 *Daniels*, S. 141; Nieder/Kössinger, § 19 Rn. 82.
227 *Daniels*, S. 141; Nieder/Kössinger, § 19 Rn. 82; Staudinger/*Schumacher*, § 311b Abs. 4/5 Rn. 4: nur unter künftigen gesetzlichen Erben zulässig.
228 Muster erweitert und ergänzt nach Beck'sches Formularbuch/*Fenner*, VI. 25.

IV. Schlussbestimmungen

1. Die Beteiligten verpflichten sich, die erforderlichen Vollzugsgeschäfte unverzüglich nach dem Erbfall durchzuführen. Die Beteiligten vereinbaren und verpflichten sich wechselseitig, alle erforderlichen Erklärungen abzugeben, die zum Eintritt der vorstehend geregelten Rechtswirkungen etwa erforderlich sind und diese in der gebotenen Form zu erklären.

2. S. erteilt T hiermit auch über seinen Tod hinaus geltende Vollmacht, nach dem Tod von V die Erfüllungsgeschäfte zur Erfüllung dieses Vertrages abzuschließen und durchzuführen, frei von den Beschränkungen des § 181 BGB, insbesondere die Ausschlagungserklärung nach dem Tod von V in der gebotenen Form abzugeben.

3. Der Notar hat die Beteiligten ausdrücklich darauf hingewiesen, dass es sich bei dem Erbschaftsvertrag um eine schuldrechtliche Verpflichtung zum Übertragung des Erbanteils handelt, die nach dem Erbfall durchgeführt werden muss. Es erfolgt kein automatischer Übergang des Erbanteils im Todeszeitpunkt der M.

4. Die Kosten dieser Urkunde trägt T.

5. Salvatorische Klausel

Diese Niederschrift ...

III. Kosten

82 Hier sind keine Besonderheiten zu verzeichnen. 2,0 Gebühr nach Nr. 21100 KV. Gegenstandswert nach der höherwertigen Leistung (künftiger Erbfall), sofern Gegenleistungen vereinbart sind, § 97 Abs. 3 GNotKG.

IV. Steuerliche Behandlung von Erbschaftsverträgen[229]

83 Etwaige **ertragsteuerliche** Probleme aus Erbschaftsverträgen können hier nicht behandelt werden; zu einem Teilaspekt (Anschaffungskosten, Abfindung, Entgelt) siehe die angegebenen Fundstellen.[230]

84 Zu erbschaft- und **schenkungsteuerlichen** Aspekten[231] soll hier nur verwiesen werden auf das Urteil des BFH vom 25.1.2001 II R 22/98.[232] In dem vom BFH zu entscheidenden Sachverhalt haben die beiden beteiligten Geschwister zu Lebzeiten der Eltern einen Erbschaftsvertrag gemäß § 312 BGB a. F. geschlossen[233] und vereinbart, dass der eine Geschwisterteil, der bisher zuviel erhalten hatte, sich zur Zahlung eines Geldbetrages an den anderen Geschwisterteil verpflichtet, während der andere auf die zukünftigen Pflichtteils- und Pflichtteilsergänzungsansprüche am Nachlass der Eltern verzichtete. Die Höhe der potenziellen erbrechtlichen Ansprüche und die Höhe der Gegenleistungen

---

[229] Ausführlich zuletzt Mayer/Süß/Tanck/*Wälzholz*, § 17 Rn. 190 ff. zur Besteuerung des Erbschaftsvertrages über zukünftige Pflichtteilsansprüche gem. § 311b BGB mit Gestaltungsüberlegungen Rn. 205 ff.

[230] *Wälzholz*, Vorsicht Falle: Leistungen an Erfüllungs statt als ertragsteuerliche Veräußerung – zugleich Anmerkung zu BFH, Urt. v. 16.12.2004 – III R 38/00, MittBayNot 2005, 519; *Wälzholz*, Schenkungsteuerlich begünstigte Vermögensübertragungen zwischen Geschwistern- zugleich eine Besprechung des BFH, Urt. v. 25.1.2001 – II R 22/98, MittBayNot 2001, 361, 364; BFH MittBayNot 2001, 416 = DStR 2001, 434; *Geck*, ZEV 2001, 230 f.; *Hartmann*, Die schenkungsteuerliche Beurteilung der unentgeltlichen Übertragung eines bebauten Grundstücks nach Errichtung eines Gebäudes durch den Beschenkten, DStR 2001, 1545, 1550.

[231] Siehe ferner Streck/Schwedhelm/Olbing: Problemfelder des Erbschaftsteuerrechts (Teil II) DStR 199, 1487; Mayer/Süß/Tanck/*Wälzholz*, § 17 Rn. 103 ff.; *Crezelius*, Erbschaftsteuerprobleme beim Pflichtteilsrecht, ZErb 2002, 142.

[232] MittBayNot 2001, 416 = DStR 2001, 434 ff.

[233] *Wälzholz*, MittBayNot 2001, 361 f.

entsprachen einander im Wesentlichen.[234] Die Vorinstanz,[235] das FG München verneint die Anwendbarkeit des Erbschaftsteuergesetzes insgesamt, d. h. die Steuerbarkeit wegen Entgeltlichkeit der Vereinbarung,[236] (Wertgleichheit der Gegenleistung und den potenziellen zukünftigen Pflichtteils- und Pflichtteilsergänzungsansprüchen). Nach seiner Meinung habe es sich um ein Wagnisgeschäft gehandelt, bei dem Leistung und Gegenleistung ausgewogen einander gegenüberstanden. Es fehle daher an der Unentgeltlichkeit.[237] Der BFH bejaht die Schenkungsteuerpflicht und Steuerbarkeit nach § 7 Abs. 1 Nr. 1 ErbStG und führt aus:[238] »Schließen künftige gesetzliche Erben einen Vertrag gemäß § 312 Abs. 2 BGB, wonach der eine auf seine künftigen Pflichtteils(ergänzungs)ansprüche gegen Zahlung eines Geldbetrages verzichtet, stellt die Zahlung eine freigebige Zuwendung i. S. des § 7 Abs. 1 Nr. 1 ErbStG 1974 dar. Fraglich ist, ob sich die Steuerklasse nach dem Verhältnis des Zuwendungsempfängers (Verzichtenden) zum künftigen Erblasser richtet oder ob es auf das Verhältnis der Vertragschließenden zueinander ankommt.«[239]

Der Leitsatz der jüngsten BFH-Entscheidung[240] lautet: »Die Abfindung, die ein künftiger gesetzlicher Erbe an einen anderen Erben für den Verzicht auf einen künftigen Pflichtteilsanspruch zahlt, ist eine freigebige Zuwendung des künftigen gesetzlichen Erben an den anderen und kann nicht als fiktive freigebige Zuwendung des künftigen Erblassers an diesen besteuert werden.«

Es empfiehlt sich also, wenn möglich, einen Pflichtteilsverzichtsvertrag unter Beteiligung des Erblassers zu schließen, da allenfalls dadurch eine Steuerklassenverbesserung angestrebt werden kann.[241]

V. Checkliste:[242]

▶ **Checkliste: Erbschaftsverträge unter künftigen gesetzlichen Erben**

- ☐ Vertrag zwischen künftigen gesetzlichen Erben.
- ☐ nach wohl h. M. kein Vertrag zu Gunsten (familienfremder) Dritter möglich.
- ☐ Gleichgültig, ob Vertragspartner tatsächlich Erben werden.
- ☐ Vereinbarungen mit Erblasser wegen Geschäftsunfähigkeit oder sonstigen Gründen nicht möglich oder nicht gewünscht. Einbeziehung des Erblassers allein führt jedoch nicht zur Wirksamkeit.
- ☐ Gegenstand insbes. gesetzlicher Erbteil oder Pflichtteil, streitig ob Vermächtnis.
- ☐ Unterschiedliche Fallgruppen (siehe vorstehend Rdn. 9)
- ☐ Zulässiger Gegenstand auch letztwilliger Erbteil (u. U. auch Vermächtnis), wenn die vertragliche Regelung quantitativ nicht über den gesetzlichen Erbteil hinausgeht.
- ☐ Ausschlagungsverpflichtungsverträge zwischen zukünftigen Miterben möglich.
- ☐ Wirkung des Erbschaftsvertrages nicht erbrechtlich-dinglich, sondern nur schuldrechtlich.
- ☐ Nach Eintritt des Erbfalls dinglicher Vollzug, beispielsweise durch Erbteilsabtretung erforderlich, Ausnahme: Vertrag über Pflichtteilsanspruch, der bereits vor dem Erbfall angetreten werden kann.

---

234 *Wälzholz*, MittBayNot 2001, 361 f.
235 Vorinstanz zu BFH: FG München, EFG 1997, 1401 f. = ZEV 1998, 237 f. = DStRE 1998, 600; zustimmend *Kapp/Ebeling*, ErbStG, § 7 Rn. 112 a. E.; ebenso wohl *Moench*, ErbStG, § 7 Rn. 215 und § 3 Rn. 214a.
236 *Wälzholz*, MittBayNot 2001, 361 f.
237 *Wälzholz*, MittBayNot 2001, 361 f.
238 BFH MittBayNot 2001, 416.
239 FG Münster, Urteil vom 17. Februar 2011 – 3 K 4815/08, ZErb 2011, 225,BFH, Urteil vom 16.5.2013 – II R 21/1, DStRE 2013, 1146; BFH MittBayNot 2001, 416, a. A. *Meincke*, ErbStG, § 7 Rn. 107. Zu Parallelproblem aus familienrechtlicher Sicht Münch: Kompensation ist keine Schenkung! – Ein familienrechtlicher Zwischenruf zur Wahrung einer einheitlichen Rechtsordnung, DStR 2008, 26.
240 BFH, Urteil vom 16.5.2013 – II R 21/11, MittBayNot 2014, 97;
241 *Jülicher*, ZErb 2014, 126.
242 Erweitert und ergänzt nach *T. Krause*, ZFE 2006, 185 f.

Kapitel 17 Verträge unter künftigen Erben

- ☐ u. U. (unwiderrufliche) Vollzugsvollmacht einbinden.
- ☐ Vertragsstörungen bedenken; Gegenleistungen ggf. erst fällig stellen, wenn Erbschaftsvertrag auch abwickelbar; sonst Sicherungskonzept erwägen.
- ☐ Form: Notarielle Beurkundung, auch wenn der Erblasser dem Vertrag zustimmt.

Kapitel 18. Verträge unter Erben und mit Vermächtnisnehmern

Übersicht

	Rdn.
A. Erbauseinandersetzungsvertrag	1
I. Grundlagen	1
1. Die Erbengemeinschaft als Liquidationsgemeinschaft	4
2. Die gesetzlichen Teilungsregeln und ihre Bedeutung für die Gestaltung	8
II. Die einvernehmliche Erbauseinandersetzung	11
1. Die Beteiligten	13
a) Verstorbener Miterbe und Erbteilserwerber	14
b) Belasteter Erbteil	16
c) Unbekannte Miterben	20
d) In Zugewinngemeinschaft lebender Miterbe	21
e) Minderjährige und unter Betreuung/Vormundschaft stehende Personen	22
aa) Vertretung	22
bb) Genehmigungserfordernisse	25
2. Der Gegenstand der Erbauseinandersetzung	28
a) Grundsatz	28
b) Ausnahmen	30
3. Vorgaben des Erblassers und die Berücksichtigung von Ausgleichungspflichten	33
a) Teilungsanordnungen und Auflagen des Erblassers	35
b) Vom Erblasser angeordnetes Auseinandersetzungsverbot	36
c) Die Berücksichtigung von Ausgleichungspflichten (§ 2050 BGB)	37
4. Die Behandlung von Nachlassverbindlichkeiten	41
5. Vollständige und Teilerbauseinandersetzung	46
a) Vollständige Erbauseinandersetzung	46
b) Teilerbauseinandersetzung	50
aa) Gegenständlich beschränkte (sachliche) Erbauseinandersetzung	52
bb) Persönlich beschränkte Erbauseinandersetzung	55
6. Formerfordernisse und öffentlich-rechtliche Genehmigungen	58
7. Inhaltliche Gestaltung/Zuweisung der Nachlassgegenstände	64
8. Die Regelung der Rechts- und Sachmängelhaftung	72
9. Erbauseinandersetzung bei angeordneter Testamentsvollstreckung	78
10. Erbauseinandersetzung bei angeordneter Vor- und Nacherbschaft	80
III. Die Erbauseinandersetzung durch Abschichtung	85
1. Anwendungsbereich und Formerfordernisse	88
2. Die Gestaltung der Abschichtungsvereinbarung	92
a) Die Behandlung von Verbindlichkeiten	93
b) Die Sicherung des gegenseitigen Leistungsaustauschs	95
c) Haftung und Leistungsstörungen	96
3. Grundbuchberichtigung nach Abschichtung	99
IV. Förmliche Auseinandersetzungsverfahren nach dem FamFG und dem GrdStVG	101
1. Das Auseinandersetzungsverfahren nach §§ 363 ff. FamFG	102
2. Das Auseinandersetzungsverfahren nach dem GrdstVG	112
V. Das Auseinandersetzungszeugnis (§§ 36 f. GBO)	113
VI. Kosten der Erbauseinandersetzung	114
VII. Checkliste	116
B. Erbteilsübertragung	117
I. Grundlagen	117
1. Die gesetzliche Regelung	121
2. Der Vertragsgegenstand – Erbschaftsverkauf und Erbteilsverkauf	123
a) Alleinerbe (Erbschaftsverkauf)	123
b) Miterbe (Erbteilsverkauf)	125
c) Vorerbe	129
d) Nacherbe	130
e) Bruchteil	131
3. Der Leistungsvollzug	132
a) Alleinerbe	133
b) Miterbe	135
c) Vorerbe	137
d) Nacherbe	138
4. Rechtsfolgen der Erbteilsübertragung	139
5. Formvorschriften	143
II. Die Absicherung der gegenseitigen Leistungserbringung	148
1. Risiken des Verkäufers und deren Sicherung	149

Kapitel 18 Verträge unter Erben und mit Vermächtnisnehmern

	Rdn.
2. Risiken des Käufers und deren Sicherung	151
3. Sicherungsmöglichkeiten	153
a) Verpfändung des Erbteils	156
b) Getrennte Beurkundung des schuldrechtlichen und dinglichen Vertrages	157
c) Bedingte Übertragung des Erbteils	158
d) Abwicklung über Notaranderkonto	161
III. Die Gestaltung der Sach- und Rechtsmängelhaftung	164
1. Die Haftung des Verkäufers	164
2. Die Haftung im Außenverhältnis (§ 2382 BGB)	171
IV. Das Vorkaufsrecht der Miterben (§ 2034 BGB)	175
V. Die Erbteilsübertragung bei Beteiligung Minderjähriger oder Betreuter	191
1. Der Minderjährige/Betreute als Veräußerer	191
2. Der Minderjährige/Betreute als Erwerber	193
VI. Die Erbteilsübertragung bei angeordneter Testamentsvollstreckung oder einem Auseinandersetzungsverbot	194
1. Testamentsvollstreckung	194
2. Auseinandersetzungsverbot	196
VII. Die Erbteilsübertragung bei angeordneter Vor- und Nacherbschaft	197
1. Die Erbteilsübertragung durch den Vorerben	197
2. Die Übertragung des Anwartschaftsrechts des Nacherben	200
VIII. Die Übertragung von Bruchteilen eines Erbteils	203
IX. Die unentgeltliche Übertragung eines Erbteils	204
X. Genehmigungen und öffentlich-rechtliche Vorkaufsrechte	215
1. Erbteilsübertragung von und auf Minderjährige oder Betreute	218
2. In Zugewinngemeinschaft lebende Ehegatten und Lebenspartner	219
3. In Gütergemeinschaft lebende Ehegatten	222
4. § 2 GrdStVG	223
XI. Grundbuchberichtigung	224
XII. Anzeigepflichten	226
XIII. Steuern und Kosten der Erbteilsübertragung (Überblick)	230
1. Steuern	230
2. Kosten	234
XIV. Checkliste	237
C. **Vermächtniserfüllungsvertrag**	238
I. Grundlagen	238

	Rdn.
1. Die Beteiligten	239
2. Der Gegenstand des Vermächtnisses	243
3. Anfall und Fälligkeit des Vermächtnisses	249
a) Anfall des Vermächtnisses	249
b) Fälligkeit des Vermächtnisses	251
4. Der Schuldner des Vermächtnisanspruchs	255
II. Die Gestaltung der Vermächtniserfüllung	257
1. Die Übertragung des Vermächtnisgegenstandes	257
2. Allgemeine Gestaltung, insbesondere beim Vermächtnis dinglicher Rechte	264
a) Grundstruktur und Grundbuchstand	265
b) Die Gegenleistung, insbesondere beim Übernahmerecht	267
3. Die Sach- und Rechtsmängelhaftung	272
a) Stückvermächtnis	273
b) Gattungsvermächtnis	277
4. Früchte und Nutzungen des Vermächtnisgegenstandes, Verwendungsersatz	280
5. Vermächtniserfüllung bei Vor- und Nacherbschaft	286
6. Beteiligung Minderjähriger	288
a) Minderjähriger als Beschwerter	289
b) Minderjähriger als Bedachter	293
7. Regelungen zur Lastentragung, insbesondere Übernahme dinglicher Belastungen	296
8. Die Vermächtniserfüllung bei angeordneter Testamentsvollstreckung	298
9. Die Vermächtniserfüllung im Falle des Vor- und Nachvermächtnisses	304
a) Vor- und Nachvermächtnis	304
b) Erhaltungspflicht des Vorvermächtnisnehmers	306
c) Sicherung des Nachvermächtnisnehmers	309
III. Die Vermächtniserfüllung durch den vom Erblasser bevollmächtigten Vermächtnisnehmer	315
IV. Genehmigungen	317
1. § 12 WEG	319
2. §§ 1365, 1369 BGB, § 6 S. 2 LPartG	321
3. § 2 Abs. 1 GrdStVG	322
4. §§ 1821, 1822 BGB	323
5. GmbH-Anteile	324
V. Die Sicherung des Vermächtnisanspruchs nach dem Anfall und vor Fälligkeit des Vermächtnisses	326
VI. Kostentragung	327
VII. Steuern	331
VIII. Checkliste	333

Kapitel 18

A. Erbauseinandersetzungsvertrag

Literatur:
Becker, Zur Erbauseinandersetzung bei vermieteten bzw. verpachteten Grundstücken, BWNotZ 2013, 98 ff.; *Bracker*, Die amtliche Vermittlung der Nachlaßauseinandersetzung, MittBayNot 1984, 114 ff.; *Brandt*, Mediation in der Erbauseinandersetzung, ZEV 2010, 133; *Eberl-Borges*, Die Erbauseinandersetzung durch formloses Ausscheiden von Miterben aus der Erbengemeinschaft, MittRhNotK 1998, 242 ff.; *Holzer*, Das Verfahren zur Auseinandersetzung des Nachlasses nach dem FamFG, ZEV 2013, 656 ff.; *Ihrig*, Vermittlung der Auseinandersetzung des Nachlasses durch den Notar, MittBayNot 2012, 353 ff.; *Keim*, Erbauseinandersetzung und Erbteilsübertragung, RNotZ 2003, 375 ff.; *Keim*, Gefahren für das Behindertentestament durch fehlerhafte Erbauseinandersetzung, DNotZ 2014, 895 ff.; *Mahlmann*, Die Vertretung Minderjähriger in einer Erbengemeinschaft bei der Veräußerung von Nachlassgegenständen, ZEV 2009, S. 320 ff.; *J. Mayer*, Teilung bricht Gesamthand – Praktische Fälle der Erbauseinandersetzung, MittBayNot 2010, 345; *Muscheler*, Ausschluss der Erbauseinandersetzung durch den Erblasser, ZEV 2010, 340; *Pötting*, Die Erbauseinandersetzung in der notariellen Vertragsgestaltung, MittBayNot 2007, 273 ff. (Teil 1) und MittBayNot 2007, 376 ff. (Teil 2); *Reich*, Ertragsteuerliche Probleme der Erbauseinandersetzung, MittBayNot 2007, 280 ff.; *Reimann*, Die steckengebliebene Erbauseinandersetzung, ZEV 2009, 120 ff.; *Reimann*, Erbauseinandersetzung durch Abschichtung, ZEV 1998, 213 ff.; *Röhl*, Annahme und Erfüllung von Vermächtnissen zugunsten Minderjähriger, MittBayNot 2013, 189 ff.; *Roth*, Erbauseinandersetzung und Pflichtteilsanspruch im Erbschaftsteuerrecht, RNotZ 2013, 193 ff.; *Sarres*, Die Erbengemeinschaft und das Teilungskonzept des BGB, ZEV 1999, 377 ff.; *ders.*, Erbengemeinschaft und neues Verjährungsrecht, ZEV 2010, 292; *Springmann*, Behindertentestament: Verlust des Vermögensschutzes bei Erbteilsübertragung oder Erbauseinandersetzung?, ZEV 2014, 293 ff.; *Wälzholz*, Erbauseinandersetzung und Teilungsanordnung nach der Erbschaftsteuerreform, ZEV 2009, 113 ff.; *Winkler*, Verhältnis von Erbteilsübertragung und Erbauseinandersetzung, ZEV 2001, 435 ff.; *Zimmermann*, Vermittlung der Erbauseinandersetzung durch das Nachlassgericht, ZEV 2009, 374 ff.

I. Grundlagen

Mit dem Tod des Erblassers geht dessen Vermögen im Wege der Universalsukzession als Ganzes auf den oder die Erben über, § 1922 BGB, sei es aufgrund Gesetzes (§§ 1924 ff. BGB), sei es aufgrund einer Verfügung von Todes wegen (§ 1937, 1941 BGB) oder aufgrund beidem (§§ 2088 ff. BGB). 1

Hinterlässt der Erblasser nur einen Erben, tritt dieser als **Alleinerbe** in dessen Stellung ein. Eine Erbauseinandersetzung, gemeinhin verstanden als Verteilung der Nachlassgegenstände unter mehreren Miterben zur teilweisen oder vollständigen Aufhebung einer Erbengemeinschaft (vgl. § 2042 BGB), kommt daher von vornherein nicht in Betracht.[1] Nicht von Relevanz ist, ob dem Alleinerben von dem Erblasser Beschränkungen und Beschwerungen zugunsten anderer Personen, insbesondere Auflagen oder Vermächtnisse, auferlegt worden sind. Der Alleinerbe ist und bleibt trotz dieser – rein schuldrechtlich wirkenden – Verpflichtungen alleiniger Gesamtrechtsnachfolger des Erblassers, so dass eine Erbauseinandersetzung ausscheidet (zum hier regelmäßig passenden Vermächtniserfüllungsvertrag vgl. Rdn. 238). 2

Hinterlässt der Erblasser demgegenüber **mehrere Erben**, wird nach § 2032 Abs. 1 BGB der Nachlass gemeinschaftliches Vermögen der Erben, die damit eine **Erbengemeinschaft** bilden. Das Gesetz geht davon aus, dass der in dieser Gemeinschaft gesamthänderisch gebundene Nachlass keine erhaltenswerte wirtschaftliche Einheit darstellt, sondern grundsätzlich auf Auseinandersetzung angelegt ist (siehe insbesondere § 2042 BGB). Die Erbengemeinschaft ist daher aus Sicht des Zivilrechts eine nichtrechtsfähige Gesamthandsgemeinschaft[2] in Form einer **Liquidationsgemeinschaft**. 3

---

[1] Dies gilt insbesondere auch dann, wenn der Alleinerbe nur Vorerbe ist und gemeinsam mit dem Nacherben Einzelgegenstände aus der Nacherbenbindung befreien möchte. Auch wenn die sich insoweit stellenden Fragen in der Literatur teilweise unter dem Begriff »Erbauseinandersetzung« diskutiert werden (vgl. insb. *Keim*, DNotZ 2003, 822 ff.; *Hartmann*, ZEV 2009, 107 ff.), handelt es sich doch nicht um eine Erbauseinandersetzung im Sinne des Gesetzes und damit im hier behandelten Sinne.
[2] BGH, Beschl. v. 17.6.2006 – VIII ZB 94/05, DNotZ 2007, 134, 135. Der BGH begründet die Ablehnung der Rechtsfähigkeit der Erbengemeinschaft insb. auch in Abgrenzung zur Rechtsfähigkeit der GbR (BGH,

Kapitel 18 Verträge unter Erben und mit Vermächtnisnehmern

1. Die Erbengemeinschaft als Liquidationsgemeinschaft

4 Die Erbengemeinschaft ist auf Auseinandersetzung gerichtet; diese kann gem. § 2042 BGB grundsätzlich von jedem Miterben jederzeit verlangt werden. Auseinandersetzung meint hierbei das **Verpflichtungsgeschäft** (der verpflichtende Auseinandersetzungsplan), das durch die Teilung als **verfügende Zuteilung** vollzogen wird.[3] Das Gesetz bezeichnet mit der Erbauseinandersetzung einheitlich den gesamten Vorgang der Aufhebung der unter den Miterben bestehenden Gemeinschaft, d. h. den schuldrechtlichen Vertrag und dessen dinglichen Vollzug, durch den das bis dahin gesamthänderisch gebundene Vermögen[4] in das Alleineigentum der Miterben überführt wird.

5 Die Auseinandersetzung hat nach der gesetzlichen Konzeption grundsätzlich das **gesamte vom Erblasser hinterlassene Vermögen** zu erfassen.[5]

6 **Ausgeschlossen** ist die Erbauseinandersetzung kraft Gesetzes gemäß § 2043 Abs. 1 und 2 BGB nur, wenn die Erbteile wegen der zu erwartenden Geburt eines Miterben oder aufgrund einer noch ausstehenden Entscheidung über die Annahme als Kind bzw. deren Aufhebung oder über die Anerkennung einer vom Erblasser errichteten Stiftung als rechtsfähig noch unbestimmt sind. Darüber hinaus hat der Erblasser die Möglichkeit, die Auseinandersetzung nach § 2044 BGB auszuschließen (dazu Rdn. 36), ferner kann jeder Miterbe nach § 2045 BGB den Aufschub der Auseinandersetzung verlangen, wenn ein Gläubiger im Wege eines Aufgebotsverfahrens ermittelt werden soll.

7 Die gesetzliche Konzeption der Erbengemeinschaft und insbesondere die gesetzlichen Teilungsregeln (dazu sogleich Rdn. 8 ff.) sind ganz überwiegend **dispositiv** und kommen daher regelmäßig nur zur Anwendung, wenn es keine Übereinstimmung innerhalb der Erbengemeinschaft gibt. Sind die Miterben einig, steht es ihnen daher frei, die Erbengemeinschaft auf unbestimmte Zeit fortzusetzen, indem sie einen einstimmigen Beschluss über die Fortsetzung fassen (§ 2042 Abs. 2 i. V. m. § 749 Abs. 2 BGB). Ebenso können sie sich einvernehmlich über den Auseinandersetzungsausschluss des Erblassers hinwegsetzen,[6] abweichend vom gesetzlichen Regelungsmodell (vorerst) nur eine Teilauseinandersetzung vereinbaren und vollziehen sowie die Verteilung abweichend von den Erbquoten vornehmen.

2. Die gesetzlichen Teilungsregeln und ihre Bedeutung für die Gestaltung

8 Die gesetzlichen Teilungsregeln der §§ 2042 ff. BGB kommen nur subsidiär zur Anwendung, nämlich dann, wenn die Erben keine anderweitige einverständliche Regelung über die Verteilung des Nachlasses finden. Gleichwohl können sie auch bei der hier im Mittelpunkt stehenden privatautonomen Gestaltung einer Erbauseinandersetzungsvereinbarung als Gestaltungsmodell dienen (s. u.).

9 Das Gesetz (insbesondere § 2042 BGB) begreift die Erbauseinandersetzung als Verteilung der Nachlassgegenstände unter den Miterben entsprechend ihrer Erbquote nach Tilgung der Nachlassverbindlichkeiten. Der Begriff umfasst dabei sowohl die schuldrechtlichen Vereinbarungen als auch deren

---

Urt. v. 19.5.2000 – V ZR 453/99, BGHZ 144, 323 ff. = DNotZ 2001, 320, 324) damit, dass jene im Gegensatz zu letzterer auf Auseinandersetzung gerichtet ist. Im (Grunderwerb-)Steuerrecht anerkennt die Rspr. demgegenüber die Erbengemeinschaft als selbstständigen Rechtsträger, vgl. BFH, 12.2.2014 – II R 46/12, DStR 2014, 850.

3 *Lange/Kuchinke*, § 44 I 1. = S. 1134.
4 Vermögensbestandteile des Erblassers, die kraft Sondererbfolge oder Sonderrechtsnachfolge mit dem Erbfall unmittelbar einem Erben oder einem Dritten zufallen, unterliegen nicht der gesamthänderischen Bindung und sind daher als solche im Rahmen der Erbauseinandersetzung nicht zu berücksichtigen.
5 OLG Koblenz, Beschl. v. 9.1.2013 – 3 W 672/12 = NJW-RR 2013, 584 m. w. N.
6 Vor dem Tod des Erblassers getroffene Vereinbarungen über die Erbauseinandersetzung sind demgegenüber nach § 311b Abs. 4 BGB nichtig.

dinglichen Vollzug. Im Regelfall hat eine vollständige, d. h. die gesamte Erbmasse erfassende, Auseinandersetzung zu erfolgen.[7]

Die Erbauseinandersetzung erfolgt nach dem Gesetz **zweistufig**: 10

Nach § 2046 BGB sind zunächst die Nachlassverbindlichkeiten zu berichtigen. Der nach Berichtigung der Nachlassverbindlichkeiten verbleibende Überschuss ist sodann unter den Erben nach dem Verhältnis ihrer Erbteile zu verteilen, § 2047 Abs. 1 BGB. Bei der Berechnung der Erbteile sind die gesetzlichen und vom Erblasser angeordneten Ausgleichungspflichten (§ 2050 BGB) zu berücksichtigen. Die Teilung erfolgt entsprechend der Verweisung des § 2042 Abs. 2 BGB auf die Vorschriften der §§ 752 ff. BGB primär in natura und, soweit dies nicht möglich ist, bei beweglichen Sachen entsprechend den Vorschriften über den Pfandverkauf (§ 753 Abs. 1 i. V. m. §§ 1233 ff. BGB) und bei Grundstücken durch Teilungsversteigerung nach §§ 180 ff. ZVG.[8]

II. Die einvernehmliche Erbauseinandersetzung

Wie ausgeführt, unterliegt die Regelung der Erbauseinandersetzung, d. h. der Verteilung des in der Erbengemeinschaft gesamthänderisch gebundenen Vermögens unter den Miterben, **sehr weitgehend der Disposition der Miterben**. Erforderlich ist insoweit stets, dass ein Einvernehmen der Miterben über die zu vereinbarende Auseinandersetzung gefunden wird, und sei es auch nur aufgrund der Einsicht, dass eine Auflösung der Erbengemeinschaft gegen den Willen eines Miterben in aller Regel mit deutlichen wirtschaftlichen Nachteilen verbunden ist.[9] Insbesondere die ansonsten erforderliche Zwangsversteigerung von Grundbesitz dürfte regelmäßig zu einem deutlich unter dem ansonsten erzielbaren Erlös führen. Jede privatautonome Rechtsgestaltung zwischen den Miterben mit der Möglichkeit gegenständlicher Zuweisung von Nachlassgegenständen ist daher im Zweifel effektiver als die Unterwerfung unter das starre gesetzliche Teilungskonzept. Aufgrund der **weitestgehenden Dispositivität der gesetzlichen Regelung** und der Möglichkeit, sich einvernehmlich auch über Teilungsanordnungen des Erblassers hinwegzusetzen, sind die Erben – sofern keine Testamentsvollstreckung angeordnet ist, § 2204 Abs. 1 BGB (dazu Rdn. 78 f.) – frei, den Inhalt des Auseinandersetzungsvertrages festzulegen. Möglich ist insbesondere die Versilberung des gesamten Nachlasses und Verteilung des Erlöses, die Umwandlung der Gesamthandsberechtigung in eine Bruchteilsberechtigung, eine gegenständliche Verteilung der Nachlassgegenstände unter den Miterben oder die Übertragung der Erbschaft auf einen oder mehrere Miterben unter Ausscheiden der übrigen Miterben aus der Erbengemeinschaft gegen Abfindung. 11

In dogmatischer Hinsicht ist bei dem Erbauseinandersetzungsvertrag zu unterscheiden: Erforderlich sind insoweit – wie bereits betont – eine **schuldrechtliche Vereinbarung** über die beabsichtigte Teilung und deren **dinglicher Vollzug**; der Auseinandersetzungsvertrag im eigentlichen Sinne wirkt nur verpflichtend, erst die ihn vollziehende Teilung bewirkt die Überführung dinglicher Gesamthands- in Alleinberechtigungen.[10] Bei der Urkundsgestaltung ist dies zu berücksichtigen. Erforderlich ist daher insbesondere stets eine Auflassung (§ 925 BGB), sollte Grundbesitz einem Miterben zu Alleineigentum zugewiesen werden. 12

---

7 Nach der gesetzlichen Konzeption kann daher gegen den Willen eines Miterben eine gegenständlich beschränkte Teilauseinandersetzung nur verlangt werden, wenn besondere Gründe dies rechtfertigen und dadurch die Belange der Erbengemeinschaft und der anderen Miterben nicht beeinträchtigt werden (vgl. nur OLG Rostock, Beschl. v. 27.3.2009 – 3 W 18/09, ZEV 2009, 465 m. w. N.).
8 Ist die Auseinandersetzung des Nachlasses einem Testamentsvollstrecker übertragen, findet die Teilungsversteigerung auf Antrag eines Miterben demgegenüber nicht statt, vgl. dazu auch BGH, Beschl. v. 14.5.2009 – V ZB 176/08, BGHZ 181, 127 ff. = ZEV 2009, 391 f.
9 Vgl. MünchKommBGB/*Ann*, § 2042 Rn. 3.
10 So ersetzt z. B. eine Teilungsanordnung (§ 2048 BGB) lediglich die schuldrechtliche Vereinbarung der Erben, nicht aber die dingliche Teilung, vgl. OLG Rostock, Beschl. v. 27.3.2009 – 3 W 18/09, ZEV 2009, 465 f.

Kapitel 18 Verträge unter Erben und mit Vermächtnisnehmern

1. Die Beteiligten

13 Da die Erbauseinandersetzung eine – ggf. gegenständlich beschränkte – Beendigung der Erbengemeinschaft bezweckt, müssen grundsätzlich alle Miterben hieran mitwirken. Im Abschluss eines Aufteilungsvertrages mit den Miterben wird regelmäßig jedenfalls eine schlüssige Annahme der Erbschaft liegen, so dass eine Erbausschlagung danach nur unter den Voraussetzungen des § 1954 BGB möglich ist.[11] Wer einen wirksamen Erbverzicht (§ 2346 BGB) erklärt hat, ist kein Miterbe und darf daher an der Erbauseinandersetzung nicht mitwirken.[12] Da die Erbengemeinschaft auf Auseinandersetzung gerichtet ist, ist ein Beitritt von Personen, die nicht zum Kreis der Erben gehören, nicht möglich. Eine Vertretung, ggf. auch durch einen anderen Miterben[13], ist nach den allgemeinen Regeln zulässig. Besonderheiten können sich insbesondere in folgenden Fällen ergeben:

a) Verstorbener Miterbe und Erbteilserwerber

14 Ist ein Miterbe verstorben, fällt sein Erbteil an seine Erben, es entsteht dann eine sog. gestufte Erbengemeinschaft. Die mehreren Erben eines Miterben bilden ihrerseits eine Erbengemeinschaft innerhalb der ursprünglichen Erbengemeinschaft und können über den ererbten Anteil an der Gemeinschaft (Erstnachlass) gemäß § 2040 Abs. 1 BGB nur gemeinsam verfügen; eine Verfügung des einzelnen Erbeserben über seinen Anteil an diesem Erbteil (ererbter Anteil an der Miterbengemeinschaft) ist dagegen nicht möglich. Daher können die Erben einer Untererbengemeinschaft nicht im Rahmen einer Erbauseinandersetzung über ein Grundstück verfügen, wenn dieses (auch als einziger Vermögenswert) in einer übergeordneten Erbengemeinschaft liegt.[14] Die Miterben können jedoch nach den allgemeinen Regeln die zwischen ihnen bestehende (Unter-)Erbengemeinschaft auseinandersetzen und hierbei den ererbten Erbteil einem Miterben zuweisen[15] oder die gesamthänderische Beteiligung in eine solche nach Bruchteilen umwandeln.[16] Es ist dann bei der folgenden einvernehmlichen Erbauseinandersetzung nach dem ursprünglichen Erblasser nur die Mitwirkung dieses **Erbteilserwerbers** bzw. der Bruchteilsgemeinschaftsmitglieder erforderlich. Da der Erbteil infolge der Auseinandersetzung nicht mehr der Erbengemeinschaft zusteht, findet § 2040 BGB keine Anwendung, es kann daher der Erbteilserwerber ohne Mitwirkung der ursprünglichen Miterben bei der Auseinadersetzung handeln.

15 Möglich ist auch eine Beteiligung der Erbeserben an der Erbauseinandersetzung nach dem ursprünglichen Erblasser, die deren gesamthänderische Gebundenheit unberührt lässt. In diesem Fall müssen alle Miterben der (Unter-)Erbengemeinschaft an der Auseinandersetzung der (Ober-)Erbengemeinschaft mitwirken, § 2040 BGB.

---

11 OLG Köln, Beschl. v. 19.8.2014 – 2 Wx 213/14, RNotZ 2014, 607.
12 Siehe dazu OLG München, Beschl. v. 24.6.2009 – 20 U 4882/08, ZEV 2010, 140: den zu Unrecht im Erbschein ausgewiesenen Miterben trifft gegenüber den wahren Erben ungefragt eine Aufklärungspflicht über einen von ihm Jahre zuvor erklärten Erbverzicht (mit der Folge, dass er gar nicht Mitglied der Erbengemeinschaft ist.). Kommt er dem nicht nach, kann der Erbauseinandersetzungsvertrag wegen arglistiger Täuschung nach § 123 BGB angefochten werden.
13 Wird ein Miterbe durch einen anderen Miterben vertreten, ist § 181 BGB zu beachten. Werden Nachlassgegenstände bei fortbestehender Erbengemeinschaft veräußert, steht § 181 BGB einer Vertretung durch einen Miterben nicht entgegen, da Vertreter und Vertretener auf derselben Seite des Rechtsgeschäfts stehen (dazu BayObLG DNotZ 1996, 51; OLG Jena NJW-RR 1995, 3126). Beinhaltet demgegenüber die Veräußerung zugleich eine (Teil-) Auseinandersetzung der Erbengemeinschaft, greift das Vertretungsverbot des § 181 BGB (dazu BayObLG NJW-RR 1995, 1032; *J. Mayer*, MittBayNot 2010, 345, 350).
14 OLG Brandenburg, Beschl. v. 29.09.2010 – 5 Wx 95/10, BeckRS 2010, 23495.
15 Siehe dazu BGH NJW 1963, 1610.
16 OLG Düsseldorf, Rpfleger 1968, 188; MünchKommBGB/*Gergen*, § 2032 Rn. 3, § 2033 Rn. 5, 28; zur Erbauseinandersetzung einer Untererbengemeinschaft hinsichtlich eines im Nachlass befindlichen Erbteils siehe auch das DNotI-Gutachten vom 13.10.2004 (Dok.-Nr. 53668).

b) Belasteter Erbteil

Ist ein Erbteil **verpfändet** worden, ist zur Auseinandersetzung nach §§ 1273 Abs. 2, 1258 Abs. 2 S. 1 BGB die Zustimmung des Pfandgläubigers erforderlich. Nach Eintritt der Pfandreife kann der Pfandgläubiger die Auseinandersetzung alleine durchführen, jedoch nur, wenn sie den gesetzlichen Bestimmungen folgt, §§ 1273 Abs. 2, 1258 Abs. 2 S. 2 BGB, anderenfalls ist der Schuldner zu beteiligen.

16

Ist ein Erbteil gemäß § 859 Abs. 2 ZPO vor Abschluss des Auseinandersetzungsvertrages **gepfändet** und dem Gläubiger zur Einziehung überwiesen (§ 835 ZPO), obliegt die Erbauseinandersetzung allein dem Inhaber des Pfändungspfandrechts, also dem Gläubiger.[17] Der Gläubiger hat in diesem Fall ein Pfandrecht an dem Erbteil, nicht aber an den einzelnen Nachlassgegenständen, ist also nicht befugt, einzelne Gegenstände des Nachlasses zu veräußern.[18] Regelmäßig wird jedoch der Miterbe an der Auseinandersetzung mitwirken, da der Pfändungsgläubiger ohne seine Mitwirkung nur unter strikter Beachtung der gesetzlichen Auseinandersetzungvorschriften §§ 2042 Abs. 2, 2046 ff. BGB einen Auseinandersetzungsvertrag schließen darf (d. h. nur vollständige Auseinandersetzung, Teilung in Natur oder Verwertung etc.), was regelmäßig nicht dem Willen der Beteiligten entsprechen dürfte.[19] Hat der Erblasser in diesem Fall jedoch **Testamentsvollstreckung** angeordnet, ist zu berücksichtigen, dass der Testamentsvollstrecker – sofern der Erblasser nichts anderes angeordnet hat – ohne Mitwirkung des Erben über die Nachlassgegenstände verfügen kann, § 2205 S. 2 BGB. Da der Pfändungsgläubiger seine Rechte vom Erben ableitet und daher keine weitergehenden Rechte als dieser haben kann, kann bei angeordneter Testamentsvollstreckung der Testamentsvollstrecker auch ohne Zustimmung des Pfändungspfandgläubigers bei der Erbauseinandersetzung mitwirken (s. Rdn. 78 f.).[20] Ist der Erbteil erst nach dem Abschluss, aber vor dinglichem Vollzug des Auseinandersetzungsvertrages gepfändet worden, lässt die Pfändung den Auseinandersetzungsvertrag unberührt und bedarf der dingliche Vollzug der Zustimmung des Pfändungsgläubigers.[21]

17

Ist ein Erbteil mit einem **Nießbrauch** belastet (§§ 1068 ff. BGB), ist die Zustimmung des Nießbrauchers nach § 1071 BGB erforderlich.

18

Ist **Testamentsvollstreckung** nicht über den gesamten Nachlass (dazu unter Rdn. 78 f.), sondern nur über den/die Erbteile einzelner Miterben angeordnet, bedürfen die solchermaßen beschwerten Miterben für eine Auseinandersetzung der Mitwirkung des Testamtensvollstreckers, da nur dieser gemäß 2205 BGB zur Verfügung über den Nachlass befugt ist.[22]

19

c) Unbekannte Miterben

Besondere Probleme stellen sich, wenn einzelne Miterben unbekannt sind. In diesem Fall kann das Nachlassgericht einen **Nachlasspfleger** für den/die unbekannten Miterben bestellen (§ 1960 Abs. 1 S. 2 BGB); einer Ausdehnung der Nachlasspflegschaft auch auf Erbanteile bekannter Erben und/ oder die Anordnung umfassender Sicherungsmaßnahmen für den gesamten Nachlass nach § 1960 Abs. 2 BGB bedarf es regelmäßig nicht.[23] Der Nachlasspfleger vertritt (nur) den/die unbekannt Miterben bei der Verwaltung des Nachlasses mit den übrigen bekannten Erben. Ist ein Miterbe demgegenüber bekannt, besteht also über seine Person keine Unklarheit, und ist nur sein Aufenthalt unbe-

20

---

17 Siehe dazu BGHZ 52, 99.
18 OLG Köln, Beschl. v. 25.8.2014 – 2 Wx 230/14, RNotZ 2014, 604 = NJW-RR 2014, 1415; vgl. auch OLG Naumburg, Beschl. v. 7.12.2012 – 12 Wx 10/12, FamRZ 2013, 1515.
19 Ausführlich DNotI-Gutachten vom 31.5.2011 (DokNr. 105488).
20 BayObLGZ 1982, 459, 463 = JurBüro 1984, 277; siehe auch OLG Koblenz, Urt. v. 21.7.2005 – 2 U 1000/04 (juris); *Schöner/Stöber*, Grundbuchrecht, Rn. 3424 mit Fn. 2.
21 Dazu DNotI-Gutachten vom 4.10.2011 (DokNr. 111112).
22 Siehe dazu OLG Hamm, Beschl. v. 15.2.2011 – I-15 W 461/10, FGPrax 2011, 183; sowie BGH, Beschl. v. 14.5.2009, V ZB 176/08 – BGHZ 181, 127 ff. = ZEV 2009, 391 f.
23 OLG Köln NJW-RR 1989, 454 = Rpfleger 1989, 189; Erman/*Schlüter*, § 1960 Rn. 2 a. E.

kannt, so ist ein **Abwesenheitspfleger** zu bestellen.[24] Der Nachlasspfleger ist nur zur Sicherung und Erhaltung des Nachlasses befugt, regelmäßig also gerade nicht zur Erbauseinandersetzung. Anderes gilt jedoch dann, wenn er nur Teilnachlasspfleger für einzelne unbekannte Miterben ist und die anderen Miterben eine einvernehmliche Erbauseinandersetzung anstreben. In diesem Fall ist der Teilnachlasspfleger auch zur Vertretung des/der unbekannten Miterben bei der einvernehmlichen Erbauseinandersetzung befugt.[25] Es ist dann zu beachten, dass der Nachlasspfleger für den Erbteilungsvertrag nach §§ 1915, 1962, 1822 Nr. 2 BGB der **Genehmigung des Nachlassgerichts** bedarf, so dass zweckmäßigerweise in den Vertrag eine sog. Doppelvollmacht aufgenommen wird.

d) In Zugewinngemeinschaft lebender Miterbe

21 Ob bei einem in Zugewinngemeinschaft lebenden Miterben für die einvernehmliche Erbauseinandersetzung § 1365 BGB (ggf. i. V. m. § 6 S. 2 LPartG) zur Anwendung kommt, ist nicht abschließend geklärt. Macht der Erbteil das nahezu gesamte Vermögen eines Ehegatten aus, empfiehlt es sich regelmäßig, sicherheitshalber die Zustimmung des anderen Ehegatten einzuholen, und zwar auch dann, wenn die einvernehmliche Auseinandersetzung wirtschaftlich den gesetzlichen Teilungsregeln folgt.[26]

e) Minderjährige und unter Betreuung/Vormundschaft stehende Personen

aa) Vertretung

22 Sind **Minderjährige** an einer Erbengemeinschaft beteiligt, gelten die allgemeinen Regeln: Sie werden vertreten durch die Eltern, § 1629 BGB. Sind Betreute und/oder unter Vormundschaft stehende Personen beteiligt, vertritt der Betreuer oder Vormund, § 1902 BGB bzw. § 1793 BGB.

23 Wirken **mehrere Minderjährige bzw. Betreute** bei der Erbauseinandersetzung mit, bedarf jeder wegen § 181 BGB eines gesonderten Vertreters (§§ 1629 Abs. 2, 1795 Abs. 1 Nr. 1, 181 BGB; § 1908i BGB),[27] so dass die Bestellung eines Ergänzungspflegers (§ 1909 BGB) bzw. Ergänzungsbetreuers (§ 1899 Abs. 4 BGB) erforderlich ist. Etwas anders gilt ausnahmsweise nur dann, wenn die Auseinandersetzung in strenger Befolgung der gesetzlichen Regelungen erfolgt; in diesem Fall handelt es sich um die Erfüllung einer – gesetzlichen – Verbindlichkeit, so dass § 181 BGB nicht greift; in der Praxis ist ein solcher Fall freilich kaum vorstellbar.

24 Nicht selten will **eine aus Eltern und Kindern bestehende Erbengemeinschaft ein der Erbengemeinschaft gehörendes Grundstück an einen Dritten veräußern.** Hier ist zu differenzieren:
– Wird das Grundstück veräußert und der Erlös laut Vertrag quotal zwischen den Veräußerern, d. h. den Miterben, geteilt, liegt hierin zugleich eine (teilweise) Auseinandersetzung der Erbengemeinschaft. Die Eltern sind daher wegen § 181 BGB von der Vertretung der Minderjährigen ausgeschlossen, was die Bestellung eines Ergänzungspflegers für jeden Minderjährigen unumgänglich macht.[28] Der Pfleger bedarf der familiengerichtlichen Genehmigung, § 1915 Abs. 1 i. V. m. §§ 1821 Abs. 1 Nr. 1, 4, 1822 Nr. 2 BGB, weshalb sich bei der Urkundsgestaltung die Aufnahme einer Doppelvollmacht empfiehlt.

---

24 OLG Köln, Beschl. v. 15.10.2010 – 2 Wx 156/10, RNotZ 2011, 43, 44.
25 OLG Köln, Beschl. v. 15.10.2010 – 2 Wx 156/10, RNotZ 2011, 43, 44; LG Berlin Rpfleger 1991, 111; Palandt/*Weidlich*, § 1960 Rn. 16.
26 *Keim*, RNotZ 2003, 375, 379, ihm folgend Beck'sches Formularbuch Erbrecht/*G. Müller/Braun*, J. III. 2 Anm. 9 a. E.
27 BGH FamRZ 1968, 245; Palandt/*Weidlich*, § 2042 Rn. 7. Eine Befreiung des gesetzlichen Vertreters von den Beschränkungen des § 181 BGB ist nicht möglich, und auch eine irrig erteilte vormundschaftsgerichtliche Genehmigung führt nicht zur Heilung eines Verstoßes gegen diese Vorschrift, BGHZ 21, 229, 234. Siehe dazu auch das DNotI-Gutachten vom 6.12.2002 (Dok-Nr. 37558).
28 Dazu eingehende Gutachten, DNotI-Report 2002, 107 f.

– Wird das Grundstück veräußert und fließt der Erlös der – damit weiterhin ungeteilten – Erbengemeinschaft zu, sind die Eltern nicht von der Vertretung ausgeschlossen, da sie auf der gleichen Seite des Rechtsgeschäfts wie die Minderjährigen stehen. § 181 BGB ist in diesen Fällen unanwendbar.[29] Wird in diesem Fall *nach* dem Verkauf der Erlös unter den Miterben verteilt, steht dem § 181 BGB nicht entgegen; da die Miterben eine Auseinandersetzung nach den gesetzlichen Vorschriften verlangen können (§ 2042 BGB), liegt in der Verteilung des Erlöses die Erfüllung einer gesetzlichen Verbindlichkeit.[30]

bb) Genehmigungserfordernisse

Handeln Eltern für ihre Kinder, bedürfen sie in den Fällen der §§ 1643 Abs. 1, 1821 und 1822 Nr. 1, 3, 5, 8 bis 11 BGB einer familiengerichtlichen Genehmigung, insbesondere also bei der Verfügung über Grundbesitz. Demgegenüber gilt für Eltern nicht die allgemeine Genehmigungspflicht für Erbteilungsverträge nach § 1822 Nr. 2 BGB. Ist eine gerichtliche Genehmigung erforderlich, empfiehlt sich die Aufnahme eine **Doppelvollmacht** in die Urkunde, um so die Einhaltung des nach § 1829 BGB erforderlichen Verfahrens in öffentlicher Form nachweisen zu können. 25

Bei Beteiligung **Betreuter** bzw. unter **Vormundschaft** oder **Pflegschaft** stehender Personen ist insbesondere das Genehmigungserfordernis des § 1822 Nr. 2 BGB (ggf. i. V. m. § 1908i Abs. 1 BGB) zu beachten. Genehmigungsbedürftig ist hiernach auch ein Erbauseinandersetzungsvertrag, und zwar unabhängig davon, ob er gerichtlich oder außergerichtlich, schuldrechtlich und/oder dinglich geschlossen, den gesetzlichen Teilungsregeln oder Vorgaben des Erblassers entsprechend vollzogen und ob die Erbengemeinschaft dadurch insgesamt oder nur hinsichtlich einzelner Nachlassgegenstände aufgehoben wird.[31] § 1822 Nr. 2 BGB – wohl aber § 1821 Abs. 1 Nr. 1 u. 4 BGB – greift demgegenüber nicht, wenn die Erbengemeinschaft lediglich Nachlassgegenstände an einen Dritten veräußert, ohne hierbei – und sei es auch nur teilweise – die Erbengemeinschaft auseinanderzusetzen. 26

Im Hinblick auf die **Genehmigungsfähigkeit** gelten bei der Erbauseinandersetzung keine Besonderheiten; es gelten die allgemeinen Grundsätze.[32] Auch wenn die vertragliche Erbauseinandersetzung nicht den gesetzlichen Auseinandersetzungsregelungen entspricht, kann allein hiermit eine Versagung der Genehmigung nicht begründet werden. Die gesetzlichen Auseinandersetzungsregeln sind dispositiv, und regelmäßig wird die bei der gesetzlichen Auseinandersetzung erfolgende Zerschlagung wirtschaftlicher Vermögenswerte nicht im Interesse des Minderjährigen/Mündels/Betreuten liegen.[33] 27

2. Der Gegenstand der Erbauseinandersetzung

a) Grundsatz

Gegenstand der Erbauseinandersetzung kann zunächst nur das in der Erbengemeinschaft gesamthänderisch gebundene Vermögen sein. Dies ist regelmäßig aufgrund des Grundsatzes der Universalsukzession das **gesamte Vermögen** des Erblassers.[34] Eine etwaige anderslautende Anordnung des Erblassers ist unbeachtlich, insbesondere kann er auch nicht durch Verfügung von Todes wegen eine unmittelbare Nachlassaufteilung in unterschiedlich zugeordnete Vermögensmassen oder Einzelgüter 28

---

29 Palandt/*Heinrichs*, § 181 Rn. 7 (dort auch explizit zur Erbauseinandersetzung); Erman/*Palm*, § 181 Rn. 8; *J. Mayer*, MittBayNot 2010, 345, 349 f.
30 Gutachten, DNotI-Report 2002, 107 f.
31 Ausführlich MünchKommBGB/*Wagenitz*, § 1822 Rn. 10.
32 Vgl. zur Genehmigung eines Erbauseinandersetzungsvertrages etwa OLG Zweibrücken, Beschl. v. 19.5.2006 – 2 UF 50/06, ZErb 2007, 153 f. = MittBayNot 2007, 328.
33 So auch *Keim*, RNotZ 2003, 375, 380.
34 Auch Milchreferenzmengen bzw. »Milchquoten« können Gegenstand einer Erbauseinandersetzung sein, vgl. hierzu das DNotI-Gutachten vom 31.5.2007 (Dok.-Nr. 76643).

herbeiführen.[35] Die Vereinbarung muss dem **sachenrechtlichen Bestimmtheitsgrundsatz** entsprechen.[36] Daher sind im Vorspann der Urkunde die (wesentlichen) Vermögensgegenstände, auf die sich die Erbauseinandersetzung beziehen soll, darzustellen und eindeutig anzugeben, ob sich der Erbauseinandersetzungsvertrag auf das gesamte oder nur einen Teil des vom Erblasser hinterlassenen Vermögens erstreckt. Befinden sich **Grundstücke** im Nachlass, ist eine grundbuchmäßige Bezeichnung schon wegen **§ 28 GBO** zwingend erforderlich.[37] Bei **GmbH-Anteilen** sind die Vorgaben des GmbHG zu beachten, insbesondere ist unverzüglich nach Vollzug der Erbauseinandersetzung durch den Notar eine aktualisierte Liste der Gesellschafter zum Handelsregister einzureichen (§ 40 Abs. 2 GmbHG).[38]

29 ▶ **Muster:**

§ 1 Vertragsgegenstand

1. Von der Erbauseinandersetzung erfasst ist der gesamte Nachlass des am ... Verstorbenen ... Zwischen den Beteiligten besteht Einigkeit, dass dieser nur noch besteht aus:

a) Dem Guthaben auf dem Konto Nr. ... bei der Sparkasse ..., lautend noch auf den Erblasser als Kontoinhaber.

b) Dem im Grundbuch des Amtsgerichts ... von ... eingetragenen Grundstück, Gemarkung ..., Flur ..., Flurstück ..., groß ... m². Als Eigentümer ist verzeichnet in Abt. I noch der Erblasser.

Der Grundbesitz ist nach Angaben der Beteiligten bebaut mit einem Mehrfamilienhaus und hat einen Verkehrswert von ...

Das Grundbuch weist folgende Belastungen auf: In Abt. II keine, in Abt. III eine Briefgrundschuld zugunsten der ... mit einem Nennwert von ... Nach Angabe der Beteiligten valutiert das durch diese Grundschuld gesicherte Darlehen Nr. ... bei der ... noch in Höhe von ... Dieses Darlehen wird noch vor dinglichem Vollzug von den Miterben abgelöst, das Grundpfandrecht soll sodann gelöscht werden, was bereits hiermit auch für alle etwaigen Mithaftstellen beantragt und bewilligt wird.

Der Notar hat das elektronische Grundbuch am Tag der Beurkundung eingesehen.

2. Der restliche Nachlass ist bereits vollständig auseinandergesetzt. Mit dem Vollzug der heutigen Urkunde ist die Auseinandersetzung der Erbengemeinschaft nach dem am ... verstorbenen ... daher abgeschlossen. Ansprüche im Zusammenhang mit der Auseinandersetzung bestehen damit wechselseitig nicht mehr. Rein vorsorglich verzichten alle Beteiligten wechselseitig auf ihnen insoweit etwa zustehende Ansprüche und nehmen den Verzicht jeweils an.

b) Ausnahmen

30 **Besonderheiten** gelten für solche Nachlassgegenstände, die in Ausnahme von dem Grundsatz der Universalsukzession einer **Sondererbfolge** unterliegen. Diese Nachlassgegenstände fallen von vornherein nicht in das gesamthänderisch gebundende Vermögen der Erbengemeinschaft, sondern gehen im Wege der Singularsukzession unmittelbar mit dem Tod des Erblassers auf eine bestimmte Person über; es tritt dann eine sog. Nachlassspaltung ein, die dazu führt, dass zwei rechtlich selbstständige Vermögensmassen entstehen. Jeder Nachlassteil ist für sich wie ein eigener Nachlass anzusehen und

---

35 BayObLG, Beschl. v. 8.12.2003 – 1Z BR 107/02, FamRZ 2004, 1606 ff. = MittBayNot 2004, 282 ff.
36 Vgl. dazu DNotI-Gutachten vom 26.10.2009 (Internet-Gutachtennr. 98226) zur Erbauseinandersetzung über »ein Ferienhaus nebst Inventar«.
37 Jedes Grundstück sollte individuell grundbuchmäßig bezeichnet sein, eine »catch-all«-Klausel genügt § 28 GBO nicht, vgl. *Demharter*, GBO, § 28 Rn. 14.
38 Bereits der Übergang eines Geschäftsanteils auf den oder die Erben mit dem Erbfall ist eine Veränderung in den Personen der Gesellschafter i. S. d. § 40 Abs. 1 S. 1 GmbHG und löst daher die Verpflichtung zur Einreichung einer neuen Gesellschafterliste aus. Wird anschließend im Wege der Erbauseinandersetzung ein Geschäftsanteil auf einen (Mit-)Erben übertragen, liegt hierin eine weitere Veränderung, die wiederum die Einreichung einer neuen Liste erforderlich macht.

hat sein eigenes rechtliches Schicksal.³⁹ Für die Gestaltung eines Erbauseinandersetzungsvertrages bedeutet dies, dass festzustellen ist, welche Vermögensbestandteile des Erblassers in den gesamthänderisch gebundenen Nachlass gefallen sind und damit Gegenstand der Erbauseinandersetzung sein können. Vermögensteile, die nicht zum Vermögen der Erbengemeinschaft gehören, werden von der Erbauseinandersetzung nicht erfasst. Dies gilt für

– **Anteile an Personengesellschaften**, die nur im Falle einer erbrechtlichen Nachfolgeklausel vererblich sind (eine Ausnahme gilt gemäß § 161 HGB für Kommanditisten). Ist die Beteiligung eines persönlich haftenden Gesellschafters – und nicht nur der Abfindungsanspruch, dazu sogleich – demnach vererblich, fällt der Gesellschaftsanteil getrennt vom übrigen Vermögen des Erblassers unmittelbar und endgültig in das Vermögen des/der Erben, wird also nicht in der Erbengemeinschaft gesamthänderisch gebundenes Vermögen (ausführlich zur Rechtsnachfolge in Personengesellschaften Kapitel 11 Rdn. 1 ff.). Jeder Erbe erhält im Wege der Sondererbfolge eine selbständige Gesellschafterstellung und einen gesonderten Gesellschaftsanteil entsprechend seiner Nachlassbeteiligung oder – im Falle einer sog. qualifizierten Nachfolgeklausel – nur ein Erbe erhält die gesamte Beteiligung.⁴⁰ Die qualifizierte Nachfolgeklausel wirkt damit wie eine dingliche Teilungsanordnung, die mit dem Erbfall automatisch vollzogen wird. Im Rahmen eines Erbauseinandersetzungsvertrages kann daher in einem solchen Fall eine Beteiligung an einer Personengesellschaft keine Berücksichtigung finden. Erhält ein Erbe durch diese Sondererbfolge wertmäßig mehr als es seiner Erbquote entspricht, hat er dies jedoch gegenüber den Miterben intern entsprechend den Erbquoten auszugleichen, sofern der Erblasser nichts anderes angeordnet hat.⁴¹ Es besteht Einigkeit, dass der Gesellschaftsanteil wertmäßig zum Nachlass gehört, so dass er bei der Erbauseinandersetzung unter den in die Gesellschaft einrückenden Erben und den weichenden Erben auszugleichen ist.⁴² Diese **Ausgleichsansprüche** können und sollten im Erbauseinandersetzungsvertrag eine Regelung erfahren, auch wenn nicht eindeutig geklärt ist, ob sie den jeweiligen Miterben unabhängig voneinander oder in kraft Erbengemeinschaft gesamthänderischer Verbundenheit zustehen. Enthält ein Gesellschaftsvertrag keine Nachfolgeklausel, wird eine GbR mit dem Tod eines Gesellschafters aufgelöst. Der Anspruch auf das Auseinandersetzungsguthaben nach § 738 BGB steht dann der Erbengemeinschaft zu, ist daher in einem Erbauseinandersetzungsvertrag zu berücksichtigen. Gleiches gilt bei einer OHG, KG und PartG, bei denen der Tod zum Ausscheiden des Gesellschafters mit der Folge führt, dass der Erbengemeinschaft ebenfalls ein Abfindungsanspruch gegen die Gesellschaft zusteht (§§ 738–740 BGB, 105 Abs. 3 HGB, 161 Abs. 2 HGB, 9 Abs. 1 PartGG).

– **Höfe i. S. d. HöfeO**, die kraft Gesetzes nach § 4 HöfeO nur einem der Erben (dem Hoferben) im Wege der Sondererbfolge zufallen (vgl. ausführlich zum Landwirtschaftserbrecht Kapitel 12).⁴³ Den Miterben⁴⁴ steht in diesem Fall nach § 12 HöfeO ein Abfindungsanspruch in Erbengemeinschaft zu. Daher kann im Erbauseinandersetzungsvertrag über den Hof als solchen keine Rege-

---

39 Palandt/*Weidlich*, § 1922 Rn. 11 m. w. N.
40 Dies gilt auch bei der Beteiligung eines Kommanditisten, bei der ebenfalls eine Sondererbfolge mit der Konsequenz eintritt, dass der Anteil nicht in das gesamthänderisch gebundene Vermögen der Erbengemeinschaft fällt, vgl. dazu *Ivo*, ZEV 2006, 302 m. w. N. Zur Handelsregisteranmeldung nach dem Anwachsen der Beteiligung vgl. Gutachten, DNotI-Report 2010, 23 f.
41 BGH NJW 1999, 571; NJW 1977, 1339; MünchKommBGB/*Ulmer*, § 705 Rn. 35.
42 Ausführlich zur rechtlichen Grundlage und zum Umfang der Ausgleichspflicht *Nieder/Kössinger*, § 20 Rn. 40. Siehe auch das DNotI-Gutachten vom 14.7.2009 (Internet-Gutachtennr. 95502).
43 Eine Sondererbfolge tritt nicht ein, wenn die Hofeigenschaft im Zeitpunkt des Erbfalls nicht mehr besteht, und zwar auch dann, wenn der Erblasser zum Zeitpunkt noch bestehender Hofeigenschaft den Hoferben bindend bestimmt hatte, BGH FamRZ 1988, 497; NJW 1988, 710 mit Anm. *Otte*, NJW 1988, 672. Keine Sondererbfolge, sondern eine besondere Form der Erbauseinandersetzung ist demgegenüber die Zuweisung eines landwirtschaftlichen Betriebs durch das Landwirtschaftsgericht an einen Miterben nach dem GrdStVG oder nach landesrechtlichen Anerbengesetzen.
44 Dies sind nach der Rechtsprechung des BGH die gesetzlichen Erben, die nach allgemeinem Erbrecht des BGB zusammen mit dem Hoferben Erben des Hofes geworden wären, wenn der Hof nicht dem Hoferben im Wege der Sondererbfolge zugefallen wäre. Dieser Personenkreis muss nicht identisch sein mit den Per-

lung getroffen werden, sondern nur über den Abfindungsanspruch der Miterben. Denkbar ist insoweit insbesondere eine Regelung zur Höhe und Fälligkeit dieser Ansprüche. Möglich sind in diesem Rahmen auch Vereinbarungen des Hoferben mit den anderen Erben über etwaige künftige Nachabfindungsansprüche gemäß § 13 HöfeO.[45] Waren demgegenüber bereits in der Person des Erblassers Nachabfindungsansprüche entstanden, sind diese nach § 13 Abs. 9 HöfeO vererblich. Sie fallen daher als solche in das Gesamthandsvermögen der Erbengemeinschaft und können im Rahmen eines Erbauseinandersetzungsvertrages berücksichtigt werden. Dies gilt selbst dann, wenn der abfindungspflichtige Vorgang erst nach dem Tod des zunächst Berechtigten beendet wird.[46]

– **Lebensversicherungen**, sofern der Erblasser einen Bezugsberechtigten ausdrücklich benannte hatte, auch wenn dieser zum Kreis der Erben gehört. Nach der Rechtsprechung erwirbt der bezugsberechtigte Dritte in diesem Fall das Recht auf die Versicherungsleistung unmittelbar aufgrund des Vertrages zwischen Versicherungsnehmer (= Versprechensempfänger) und Versicherer (= Versprechender) in seiner Person, es fällt daher nicht in den Nachlass.[47] Demgegenüber fällt ein Anspruch auf die Versicherungsleistung in den Nachlass und ist im Rahmen eines Erbauseinandersetzungsvertrages zu berücksichtigen, wenn der Erblasser keinen Bezugsberechtigten benannt hatte.[48] Ist der Bezugsberechtigte vorverstorben und wurde kein Ersatzberechtigter benannt, fällt die Versicherungsleistung im Zweifel wieder dem Versicherungsnehmer zu und damit in den Nachlass.[49]

31 Vor diesem Hintergrund empfiehlt es sich, eine klarstellende Formulierung in den Erbauseinandersetzungsvertrag aufzunehmen, die etwa wie folgt lauten könnte:

32 ▶ **Muster:**

Der Notar hat die Beteiligten darüber belehrt, dass der Erbauseinandersetzungsvertrag sich nur auf das in der zwischen ihnen bestehenden Erbengemeinschaft gesamthänderisch gebundene Vermögen bezieht. Nicht erfasst sind hiervon demnach die einer Sondererbfolge unterfallenden Vermögensgegenstände, insbesondere Beteiligungen des Erblassers an Personengesellschaften, Höfe i. S. d. HöfeO und Lebensversicherungen, bei denen ein Bezugsberechtigter benannt ist.

3. Vorgaben des Erblassers und die Berücksichtigung von Ausgleichungspflichten

33 Der **Erblasser selbst** kann verbindliche Anordnungen für die Auseinandersetzung unter den Miterben über die in § 2050 Abs. 1 und 3 BGB für lebzeitige Zuwendungen vorgesehenen Ausgleichungsanordnungen hinaus nur durch letztwillige Verfügung treffen; durch Rechtsgeschäft unter Lebenden können Bestimmungen für die Auseinandersetzung demgegenüber nicht getroffen werden.[50] Durch letztwillige Verfügung kann der Erblasser Auseinandersetzungsregeln – insbesondere Teilungsanordnungen, Auflagen und Vorausvermächtnissen – Bedeutung auch in Fällen verschaffen, für die sie nach dem Gesetz an sich nicht vorgesehen sind; sie sind gleichwohl zu berücksichtigen.[51] Für die Vorbereitung einer Erbauseinandersetzungsvereinbarung wird man sich daher die letztwilligen Verfügungen vorlegen lassen und diese auf etwaige Anordnungen des Erblassers hin prüfen.

---

sonen, die der Erblasser zu Erben seines hoffreien Vermögens bestimmt hat (BGH, Beschl. v. 24.11.2006 – BLw 12/06, ZEV 2007, 272 f. m. w. N.).
45 Ausführlich und mit Formulierungsmustern *Ivo*, ZEV 2004, 316 ff.
46 BGH, Beschl. v. 24.11.2006 – BLw 12/06, ZEV 2007, 272, 273 mit Anm. *Werner*.
47 OLG Koblenz, Urt. v. 6.5.2014 – 3 U 1272/13, NJW-RR 2015, 72; BFH, Urt. v. 20.1.2005 – II R 20/03, ZEV 2005, 216 f.; BGHZ 91, 291; BGHZ 41, 96.
48 BGHZ 32, 47.
49 BGH NJW 1993, 2171.
50 BGH, Urt. v. 28.10.2009 – IV ZR 82/08, DNotZ 2010, 629 = ZEV 2010, 33.
51 BGH FamRZ 1992, 665 (insb. unter 3.a).

Bei einer einvernehmlichen Erbauseinandersetzung gilt – wie dargelegt – der Grundsatz, dass die 34
Vorgaben des Erblassers regelmäßig zur rechtlichen **Disposition der Miterben** stehen. Diese sind daher frei, eine vom Willen des Erblassers weitgehend unabhängige Erbauseinandersetzung zu vereinbaren, sofern sie nur Einvernehmen hierüber herstellen können.

a) Teilungsanordnungen und Auflagen des Erblassers

Hat der Erblasser eine Teilungsanordnung (§ 2048 BGB) getroffen oder die Erben mit einer Auflage 35
(§§ 2192 ff. BGB) beschwert, führt ein Verstoß gegen die so getroffenen Bestimmungen bei der Erbauseinandersetzung nicht zur Unwirksamkeit der vorgenommenen Verteilung des Nachlasses; die Miterben können sich einvernehmlich über derartige Anordnungen hinwegsetzen, es sei denn, einem Testamentsvollstrecker ist die Auseinandersetzung übertragen, § 2204 Abs. 1 BGB. Insoweit ist anerkannt, dass einer Teilungsanordnung und einer Auflage lediglich schuldrechtliche Wirkung zukommt,[52] wenn auch jeder Miterbe bzw. der Vollzugsberechtigte (§ 2194 BGB) die Einhaltung verlangen kann. Wird die Vollziehung der Auflage infolge Verteilung des Nachlasses unmöglich, kommen Ansprüche aus § 2196 BGB in Betracht, auf die ggf. hingewiesen werden sollte.

b) Vom Erblasser angeordnetes Auseinandersetzungsverbot

Hat der Erblasser gemäß § 2044 BGB durch letztwillige Verfügung die Auseinandersetzung des 36
Nachlasses oder einzelner Nachlassgegenstände ausgeschlossen oder von einer Kündigungsfrist abhängig gemacht, hat auch dies nur schuldrechtliche Wirkung mit der Folge, dass sich die Beteiligten hierüber regelmäßig einvernehmlich hinwegsetzen können.[53] Die dingliche Wirksamkeit der Verfügungsgeschäfte ist also trotz bestehenden Auseinandersetzungsverbots nicht beeinträchtigt. Ging es dem Erblasser demgegenüber darum, die Auseinandersetzung auch bei übereinstimmendem Willen aller Miterben zu unterbinden, handelt es sich bei dieser Anordnung um eine Auflage i. S. d. §§ 2192 ff. BGB, deren Einhaltung nach § 2194 BGB verlangt werden kann. Eine gleichwohl erfolgte Auseinandersetzung bleibt aber wirksam.[54]

c) Die Berücksichtigung von Ausgleichungspflichten (§ 2050 BGB)

Hat der Erblasser bei einer Zuwendung gemäß § 2050 Abs. 3 BGB angeordnet, dass diese nach sei- 37
nem Tode zur Ausgleichung zu bringen ist oder besteht eine gesetzliche Ausgleichungspflicht nach § 2050 Abs. 1 und 2 BGB, vollzieht sich die Ausgleichung im Falle gesetzlicher Erbfolge nach dem gesetzlichen Regelungsmodell des § 2055 BGB.[55] Jedem Miterben wird der Wert der Zuwendung, die er zur Ausgleichung zu bringen hat, auf seinen Erbteil angerechnet. Hat einer der Abkömmlinge im Haushalt, Beruf oder Geschäft des Erblassers während längerer Zeit Mitarbeit geleistet, erhebliche Geldleistungen erbracht oder in sonstiger Weise dazu beigetragen, dass des Vermögen des Erblassers erhalten oder vermehrt wurde, oder hat er den Erblasser während längerer Zeit gepflegt, kann auch dies nach § 2057a Abs. 1 BGB zu einem Ausgleichungsanspruch führen.

Bestehen nach Einschätzung der Erben keine Ausgleichungspflichten, sollte dies aus Klarstellungs- 38
gründen und zur Vermeidung späterer Streitigkeiten in der Urkunde ausdrücklich klargestellt werden.

---

52 BGHZ 40, 115; Palandt/*Weidlich*, § 2048 Rn. 4, § 2044 Rn. 3. Die Teilungsanordnung ersetzt also lediglich die schuldrechtliche Vereinbarung der Erben, nicht aber die dingliche Teilung, für die eine Erbauseinandersetzung erforderlich ist (vgl. auch OLG Rostock, Beschl. v. 27.3.2009 – 3 W 18/09, ZEV 2009, 465 f.).
53 BGH, Beschl. v. 14.5.2009 – V ZB 176/08, DNotZ 2010, 64 ff. = ZEV 2009, 391 f. (insb. unter Rn. 14); zum Ausschluss der Erbauseinandersetzung durch den Erblasser ausführlich *Muscheler*, ZEV 2010, 340.
54 Palandt/*Weidlich*, § 2044 Rn. 3 a. E.
55 Siehe dazu *J. Mayer*, MittBayNot 2010, 345, 351 f. (mit Berechnungsbeispiel).

39 ▶ **Muster:**

Die Beteiligten sind sich einig, dass interne Ausgleichungspflichten, insbesondere nach §§ 2050, 2057a BGB, nicht bestehen.

40 Gehen die Erben demgegenüber von Ausgleichungspflichten aus, sollten diese bereits in der Urkunde abschließende Berücksichtigung finden, um so dem regelmäßigen Ziel der Beteiligten, mit einer Urkunde die Nachlassauseinandersetzung abzuschließen, gerecht zu werden. Hierbei ist es ohne weiteres möglich, von den gesetzlichen Vorgaben abzuweichen und die zur Ausgleichung zu bringenden Beträge einvernehmlich festzulegen oder auf eine Ausgleichung gänzlich zu verzichten;[56] dies gilt insbesondere auch dann, wenn es um ausdrücklich vom Erblasser angeordnete Ausgleichungsbestimmungen nach § 2050 Abs. 3, Abs. 1 BGB geht.[57]

4. Die Behandlung von Nachlassverbindlichkeiten

41 Unabhängig davon, ob eine Gesamt- oder Teilauseinandersetzung angestrebt wird (dazu sogleich unter Rdn. 46 ff.), empfiehlt es sich in jedem Fall, vorab die Nachlassverbindlichkeiten zu begleichen, wie dies auch dem gesetzlichen Modell entspricht (vgl. oben). Auch wenn nämlich die Miterben bereits vor der Auseinandersetzung des Nachlasses mit ihrem Eigenvermögen gemäß §§ 2058, 426 BGB gesamtschuldnerisch haften, haben sie bis zur Auseinandersetzung doch die Möglichkeit, die Berichtigung der Nachlassverbindlichkeiten aus ihrem Eigenvermögen gemäß § 2059 Abs. 1 BGB zu verweigern. Ist die Auseinandersetzung vollzogen, besteht diese Möglichkeit nicht mehr, wobei nach überwiegender Ansicht eine Gesamtauseinandersetzung nicht erforderlich ist. Ausreichend und erforderlich ist vielmehr nur, dass infolge der Auseinandersetzung im Nachlass keine zur Berichtigung der Nachlassverbindlichkeiten erforderlichen Mittel mehr vorhanden sind.[58] Ferner kann nach der Auseinandersetzung die zur Haftungsbeschränkung des Erben führende Nachlassverwaltung nicht mehr angeordnet werden (§ 2062 S. 2 BGB), auch kommt eine Inventarerrichtung nicht mehr in Betracht (§ 2063 Abs. 1 BGB).[59] Schließlich lassen auch die mit der Erbauseinandersetzung von den Beteiligten regelmäßig verfolgten Ziele eine Begleichung der Nachlassverbindlichkeiten vor der Auseinandersetzung des Nachlasses als sinnvoll erscheinen: Stellt sich nach der (teilweisen) Auseinandersetzung heraus, dass der Nachlass durch Verbindlichkeiten geschmälert ist, und steht die Nachlasssubstanz hierfür nicht mehr zur Verfügung, werden die (ehemaligen) Miterben, die durch die Auseinandersetzung gerade ihre durch die Erbengemeinschaft vermittelte Bindung lösen wollten, wenig erfreut sein, wenn sie nun über die interne Verteilung gemeinschaftlicher Schulden eine Einigung finden müssen.

42 Insbesondere dann, wenn der Erblasser Vermächtnisse ausgesetzt hat, sollten diese als Nachlassverbindlichkeiten vorab erfüllt werden. Dies gilt auch im Falle von einem oder mehreren Miterben zugewendeten **Vorausvermächtnissen** (§ 2150 BGB, zum Vermächtniserfüllungsvertrag vgl. Rdn. 238 ff.), die nach der Rechtsprechung bereits vor der Erbauseinandersetzung zu erfüllen sind. Der Vorausvermächtnisnehmer, der zugleich Miterbe ist, kann im Falle ungeteilter Erbengemeinschaft das ihm zugewendete Vermächtnis vor Erbauseinandersetzung aus dem Nachlass verlangen,

---

56 Zu beachten ist freilich, dass Ausgleichungspflichten nicht nur im Innenverhältnis zwischen den Erben von Bedeutung sind, sondern über § 2316 BGB auch für die Pflichtteilsquoten nicht als Erben eingesetzter Abkömmlinge. Hieran vermag eine Vereinbarung unter den Erben nichts zu ändern, kann aber für die interne Verteilung der Pflichtteilslast herangezogen werden.
57 MünchKommBGB/*Ann*, § 2050 Rn. 33; Palandt/*Weidlich*, § 2050 Rn. 3 a. E.
58 Palandt/*Weidlich*, § 2059 Rn. 3.
59 Möglich bleibt auch nach der Auseinandersetzung jedoch die Durchführung eines Nachlassinsolvenzverfahrens (vgl. § 316 InsO) und die Erhebung der Dürftigkeitseinrede (§§ 1990 ff. BGB), sofern der Nachlass schon bei der Teilung unzulänglich war.

er hat einen Vermächtnisanspruch gegen die Erbengemeinschaft.[60] Ist ein Vermächtnis noch nicht fällig oder sind Gegenstand über einen längeren Zeitraum wiederkehrende Leistungen, so steht dies einer Erbauseinandersetzung nicht entgegen. Es ist dann nach § 2046 Abs. 1 S. 2 BGB das zur Vermächtniserfüllung »Erforderliche« zurückzuhalten, d. h. von der Auseinandersetzung auszunehmen.[61]

In der Urkunde könnte wie folgt formuliert werden: 43

▶ **Muster:** 44

Nach Angabe der Beteiligten bestehen keine Nachlassverbindlichkeiten. Sollte sich wider Erwarten herausstellen, dass Nachlassverbindlichkeiten doch bestehen und durchsetzbar sind, besteht Einigkeit, dass diese im Innenverhältnis zu je $1/4$ zu tragen sind.

Oder:

▶ **Muster:** 45

Der Notar hat empfohlen, vor der Beurkundung des Erbauseinandersetzungsvertrages alle Nachlassverbindlichkeiten zu befriedigen, und über die ansonsten eintretenden Rechtsfolgen belehrt. Gleichwohl wünschen die Beteiligten die Beurkundung des Vertrages schon jetzt. Sie sind sich einig, dass die Nachlassverbindlichkeiten im Innenverhältnis zu je $1/4$ getragen werden.

5. Vollständige und Teilerbauseinandersetzung

a) Vollständige Erbauseinandersetzung

Dem gesetzlichen Regelungsmodell entspricht die vollständige Erbauseinandersetzung, die regelmäßig durch einen Erbauseinandersetzungsvertrag erfolgt, mit dem das gesamte gesamthänderisch gebundene Vermögen unter den Miterben verteilt wird mit der Folge, dass die Erbengemeinschaft erlischt. Diese Form der Auseinandersetzung entspricht meist dem Willen der Beteiligten, wollen sie doch regelmäßig mit einer Urkunde die gesamte Nachlassangelegenheit erledigt wissen und über die ihnen zugewiesenen Nachlassgegenstände frei verfügen können. In der notariellen Praxis wird freilich die Auseinandersetzung häufig auf die im Nachlass vorhandenen wesentlichen Vermögensgegenstände, insb. Grundbesitz, beschränkt. Ist die Erbengemeinschaft vollständig auseinandergesetzt, ist eine spätere vertragliche Wiederbegründung derselben nicht mehr möglich.[62] 46

Zu einer vollständigen Erbauseinandersetzung führt auch die Übertragung aller Erbteile auf einen Miterben (zur Erbteilsübertragung vgl. ausführlich Rdn. 117 ff.). In diesem Fall vereinigt sich die gesamte Erbschaft in der Hand des erwerbenden Miterben, womit die Erbengemeinschaft erlischt. Ist jedoch die dingliche Übertragung eines Erbteils etwa wegen Nichtbeurkundung einer Nebenabrede nichtig, wurde die Erbengemeinschaft nicht aufgelöst, sondern besteht fort[63] mit der Folge, dass ein Grundbuchberichtigungsanspruch besteht (§ 894 BGB). 47

---

60 OLG Saarbrücken, Urt. v. 12.7.2007 – 8 U 515/06, ZEV 2007, 579 ff.; OLG Celle, FamRZ 2003, 122; OLG Frankfurt a. M. OLGR 1999, 112. Zur Rechtslage bei Insolvenz eines Miterben in diesem Fall vgl. DNotI-Gutachten v. 21.5.2013 (Dok.Nr. 123798).
61 Siehe dazu MünchKommBGB/*Ann*, § 2046 Rn. 11; OLG Koblenz, Urt. v. 8.7.2008, 11 U 286/08, ZErb 2008, 358 = ZEV 2009, 31 (LS): Die Anordnung eines Rentenvorausvermächtnisses steht einer Auseinandersetzung des Nachlasses nicht entgegen, der Testamentsvollstrecker hat jedoch dafür Sorge zu tragen, dass die monatliche Rente bis zum tatsächlichen Lebensende aus dem Nachlass gezahlt werden kann. Er muss die dafür erforderlichen Geldmittel zurückbehalten. Zur Sicherstellung der Erfüllung einer lebenslangen Rente aus einem Vorausvermächtnis ist vor dem Hintergrund der ständigen Verbesserung der medizinischen Versorgung über die heute maximal mögliche Lebenserwartung von 110 bis 115 Jahren hinaus ein Sicherheitseinbehalt notwendig, der auf der Annahme maximal möglichen Lebenserwartung von 120 Jahren basiert.
62 MünchKommBGB/*Ann*, § 2032, Rn. 6; Palandt/*Weidlich*, § 2042 Rn. 19, jeweils m. w. N.
63 BGH, Beschl. v. 23.2.2005 – IV ZR 55/04, NJW-RR 2005, 808 = ZEV 2005, 204.

Kapitel 18 Verträge unter Erben und mit Vermächtnisnehmern

48 Soll durch eine Urkunde die Erbengemeinschaft vollständig auseinandergesetzt und damit aufgelöst werden, empfiehlt es sich, dies in der Urkunde klarstellend zu vermerken. Dies wird der Fall sein, wenn die Beteiligten – wie regelmäßig – zur Urkunde des Notars die Auseinandersetzung nur über das wesentliche Vermögen des Erblassers, insb. Grundbesitz, vollziehen wollen und im Übrigen über die Verteilung der Nachlassgegenstände bereits Einigkeit erzielt haben.

49 ▶ **Muster:**

Die Beteiligten sind sich einig, dass die zwischen ihnen bestehende Erbengemeinschaft mit dem vertragsgemäßen Vollzug dieser Urkunde erloschen ist. Etwa noch vorhandene Gegenstände sollen im Eigentum desjenigen (Mit-) Erben stehen, in dessen Besitz sie sich befinden. Die Beteiligten sind sich weiter einig, dass mit Vollzug dieser Urkunde sämtliche wechselseitigen Ansprüche im Zusammenhang mit der zwischen ihnen bestehenden Erbengemeinschaft erledigt sind und verzichten rein vorsorglich auf etwaige ihnen noch zustehende Ansprüche. Sie nehmen diesen Verzicht wechselseitig an.

b) Teilerbauseinandersetzung

50 Nicht selten gewünscht wird eine nur teilweise Auseinandersetzung des Nachlasses. Diese ist in zwei Formen möglich:
– Bei der **gegenständlichen Teilerbauseinandersetzung** wird nur ein Teil der Nachlassgegenstände durch Überführung in das freie Eigenvermögen eines Erben oder eines Dritten aus der gesamthänderischen Bindung der Erbengemeinschaft ausgeschieden, die Erbengemeinschaft besteht aber in ihrer personalen Zusammensetzung unverändert fort. Da das Gesetz – wie dargelegt – in § 2042 Abs. 1 BGB grundsätzlich von der Totalauseinandersetzung ausgeht, besteht ein Anspruch auf eine nur teilweise Auseinandersetzung des Nachlasses grundsätzlich nicht.[64] Gleichwohl sind die Erben bei **übereinstimmendem Willen** frei, eine solche zu vereinbaren und zu vollziehen.[65] Handelt es sich um eine Teilerbauseinandersetzung über **Betriebsvermögen**, ist in steuerlicher Hinsicht die Gefahr einer ungewollten Betriebsaufgabe zu berücksichtigen.[66]
– Bei der **persönlichen Teilerbauseinandersetzung** scheiden einzelne Miterben aus der Erbengemeinschaft aus. Dies ist möglich durch Erbteilsübertragung (dazu Rdn. 117 ff.), indem also der ausscheidungswillige Miterbe seinen Erbteil auf einen oder mehrere Miterben überträgt. Ein anderer, von der Rechtsprechung[67] mittlerweile anerkannter Weg ist die sog. **Abschichtung**, bei der ein Miterbe – zumeist gegen Abfindung – aus der Erbengemeinschaft ausscheidet, was zu einem Anwachsen dessen Erbteils an die übrigen Miterben in Anlehnung an § 738 BGB führt (dazu im Einzelnen unten, Rdn. 85 ff.).
– Denkbar ist auch eine Kombination dieser Varianten, etwa dergestalt, dass ein Miterbe unter Übernahme eines im Nachlass befindlichen Vermögensgegenstandes aus der Erbengemeinschaft ausscheidet.

---

64 BGH NJW 1985, 51; OLG Rostock, Beschl. v. 27.3.2009 – 3 W 18/09, ZEV 2009, 465 f.; OLG Frankfurt a. M. OLGR 1999, 112 (in juris unter Rn. 35). Etwas anderes gilt bezüglich der gegenständlich beschränkten Erbauseinandersetzung allenfalls dann, wenn besondere Gründe dies rechtfertigen und besondere Belange der Erbengemeinschaft und der anderen Miterben nicht beeinträchtigt werden. Dies kann anzunehmen sein, wenn (1) der Nachlass umfangreich und die Teilung langwierig ist und den Erben das lange Zuwarten auf die Auskehrung des Auseinandersetzungsguthabens nicht zugemutet werden kann, (2) die Teilauseinandersetzung im Interesse des Nachlasses geboten ist, (3) die Erbengemeinschaft nur aus zwei Miterben besteht und im Wege der Teilsauseinandersetzung jeder das bekommt, was er ohnehin erhielte, oder (4) eine Gesamtauseinandersetzung nicht möglich oder nicht sinnvoll ist (OLG Frankfurt a. M., a. a. O. unter Hinweis auf RGRK/*Kregel*, § 2042 Rn. 18).
65 BGH WM 1968, 1173; FamRZ 1984, 688; Staudinger/*Werner*, § 2042 Rn. 17.
66 Ausführlich zur Erbauseinandersetzung im Steuerrecht *Roth*, RNotZ 2013, 193 ff., 196 ff.
67 Grundlegend BGH DNotZ 1999, 60 = NJW 1998, 1557.

Bei der Teilerbauseinandersetzung ist besonderes Augenmerk darauf zu legen, ob noch **Nachlassver-** 51
bindlichkeiten bestehen (vgl. dazu schon oben). Nach § 2059 Abs. 1 BGB kann ein Miterbe nach
Teilung des Nachlasses die Berichtigung von Nachlassverbindlichkeiten aus seinem nicht zum Nachlass gehörenden Eigenvermögen nicht mehr verweigern. Teilung meint hierbei nicht stets die gesamte Auseinandersetzung des Nachlasses, sondern wird schon dann angenommen, wenn der Nachlass über keine ausreichenden Mittel zur Befriedigung der Verbindlichkeiten mehr verfügt (vgl. oben
Rdn. 41). Um der Gefahr eine unbeschränkten Eigenhaftung des Erben nach einer Teilauseinandersetzung vorzubeugen, ist hier – wie auch bei einer vollständigen Auseinandersetzung – dringend zu
einer vorherigen Berichtigung sämtlicher Nachlassverbindlichkeiten zu raten.

aa) Gegenständlich beschränkte (sachliche) Erbauseinandersetzung

Die gegenständlich beschränkte (auch sachliche) Erbauseinandersetzung bezweckt, einzelne Nach- 52
lassgegenstände bei im übrigen weiter bestehender Erbengemeinschaft aus dieser auszuscheiden.
Bei Einverständnis aller Miterben ist sie ohne weiteres zulässig. Besonderes Augenmerk ist in diesem
Fall allerdings darauf zu legen, wie die teilweise Auseinandersetzung bei der – späteren – endgültigen
Auseinandersetzung Berücksichtigung finden soll. Neben den allgemeinen Regeln sollten daher insbesondere folgende Punkte vertraglich geregelt werden:[68]

- Nach dem Gesetz sind die Miterben quotal am Nachlass beteiligt, § 2047 Abs. 1 BGB. Erhält ein
  Miterbe vorab einen Erbschaftsgegenstand, sollte geregelt werden, ob er diesen bei der endgültigen
  Erbauseinandersetzung **ausgleichen** muss (ggf. in welcher Höhe). Wird nichts vereinbart, gilt das
  gesetzliche Modell; Wertdifferenzen sind dann entweder aus dem dem ausgleichspflichtigen Erben bei der vollständigen Erbauseinandersetzung zugewiesenen Nachlass oder aus dessen Eigenmitteln auszugleichen. Möglich ist auch die Verpflichtung des Miterben, einen gleichwertigen
  Geldersatz in den Nachlass zu leisten, so dass sich die Anrechnungsproblematik nicht stellt.
  Eine Vereinbarung, wonach in der Teilerbauseinandersetzung eine abschließende Regelung liegt,
  die bei der endgültigen Auseinandersetzung in keiner Weise zu berücksichtigen ist, kann empfehlenswert sein und hat den Vorteil, für alle Miterben klare Verhältnisse zu schaffen.
- Wird eine Ausgleichspflicht vereinbart, empfiehlt es sich, zugleich auch den **Bewertungsstichtag**
  festzulegen, den die Miterben grundsätzlich frei wählen können. Zu regeln ist insbesondere die
  Frage, ob und ggf. wie disproportionale Wertsteigerungen zwischen der Teilerbauseinandersetzung und der endgültigen Erbauseinandersetzung Berücksichtigung finden sollen. Soll etwa ein
  Miterbe vorab ein landwirtschaftliches Grundstück erhalten, das bis zur endgültigen Erbauseinandersetzung Bauland wird, ist zu regeln, mit welchem Wert dieses Grundstück bei der Auseinandersetzung Berücksichtigung finden soll.[69] Da die Wertentwicklung regelmäßig kaum sicher zu prognostizieren ist, können vertraglich vereinbarte **Anpassungsvorbehalte** sinnvoll sein.

▶ **Muster:** 53

Die heutige Übertragung erfolgt zur teilweisen Auseinandersetzung der Erbengemeinschaft. Der
Wert des an X übertragenen Grundbesitzes beträgt EUR 50.000, für den X heute keine Gegenleistung
zu erbringen hat, der vielmehr im Rahmen der endgültigen Auseinandersetzung mit einem inflationsbereinigten Wert von EUR 50.000 zu Lasten des X Berücksichtigung finden soll. Die Beteiligten sind
sich bewusst, dass der tatsächliche Wert dann erheblich unter oder über dem heute angenommenen
Wert liegen kann, vereinbaren gleichwohl, dass auch bei der endgültigen Auseinandersetzung dieser
Wert nur unter Berücksichtigung der Inflation zugrunde gelegt werden soll. Sollte der dem X zustehende Anteil bei der endgültigen Erbauseinandersetzung kleiner sein als der inflationsbereinigte
Wert des Grundstücks zu diesem Zeitpunkt, hat er eine etwaige Differenz aus eigenen Mitteln in
den Nachlass zu zahlen. Eine Sicherung dieser möglichen Ausgleichspflicht etwa durch Bestellung
eines Grundpfandrechts auf dem übertragenen Grundbesitz wünschen die Beteiligten nicht.

---

68 Vgl. dazu auch *Reimann*, ZEV 2009, 120 ff.
69 Ist nichts geregelt, wird man davon auszugehen haben, dass einheitlicher Bewertungsstichtag der Zeitpunkt
   des Erbfalls ist, vgl. *Reimann*, ZEV 2009, 120, 122.

54 Die Folgen von gegenständlich beschränkten Teilerbauseinandersetzungsverträgen für das ggf. bestehende **Beurkundungserfordernis** werden im Zusammenhang mit den Formfragen unter Rdn. 58 ff. erörtert.

bb) Persönlich beschränkte Erbauseinandersetzung

55 Die persönlich beschränkte Erbauseinandersetzung führt zum Ausscheiden eines oder mehrerer Miterben aus der Erbengemeinschaft bei ansonsten fortbestehender Erbengemeinschaft. Das Ausscheiden von Miterben kann sich in zwei Wegen vollziehen:
- durch **Übertragung des Erbteils** des Ausscheidenden gemäß § 2033 BGB auf die verbleibenden Erben mit der Folge, dass der Erbteil diesen anwächst (zur Erbteilsübertragung vgl. ausführlich Rdn. 117 ff.), oder
- durch den Verzicht eines Miterben auf seine Mitgliedschaft in der Erbengemeinschaft im Wege der **Abschichtung** (dazu ausführlich Rdn. 85 ff.).

56 Stets empfiehlt sich in Fällen der persönlich beschränkten Erbauseinandersetzung die Aufnahme einer Klarstellung in die Urkunde, wonach mit vertragsgemäßem Vollzug des Ausscheidens alle Ansprüche des Ausscheidenden hinsichtlich der Erbauseinandersetzung erledigt sind und er auf etwaige ihm insoweit noch zustehende Ansprüche verzichtet.

57 ▶ **Muster:**
Zwischen den Beteiligten besteht Einigkeit, dass mit vertragsgemäßer Durchführung dieser Urkunde alle wechselseitigen Ansprüche zwischen dem Ausscheidenden und den nach wie vor in Erbengemeinschaft verbundenen Miterben hinsichtlich der Erbauseinandersetzung nach dem am ... verstorbenen ... erledigt sind. Rein vorsorglich verzichtet der ausscheidende ... auf ihm hinsichtlich der Erbauseinandersetzung noch zustehende Ansprüche. Die übrigen Miterben nehmen den Verzicht an.

6. Formerfordernisse und öffentlich-rechtliche Genehmigungen

58 Das Gesetz schreibt für den Erbauseinandersetzungsvertrag und seinen dinglichen Vollzug allgemein keine Form vor. Da regelmäßig auch weder die gesamte Erbschaft noch ein einzelner Erbteil verkauft werden, kommt § 2371 BGB nicht zur Anwendung. Freilich gelten für die Erbauseinandersetzung, d. h. sowohl für das schuldrechtliche Verpflichtungsgeschäft als auch für dessen dinglichen Vollzug, die allgemeinen Formvorschriften, insbesondere §§ 313b, 518,[70] 925, 2033 BGB und § 15 GmbHG. Sind daher insbesondere Grundstücke, GmbH-Anteile oder Erbteile im gesamthänderisch gebundenen Vermögen der Erbengemeinschaft, bedürfen der schuldrechtliche Verpflichtungsvertrag und sein dinglicher Vollzug der **notariellen Beurkundung**. Besonders zu beachten ist, dass sich das Formerfordernis auf alle Vereinbarungen erstreckt, die nach dem Willen der Miterben Teil eines einheitlichen Rechtsgeschäfts sein sollen. Regelmäßig wird dies dazu führen, dass der **gesamte Auseinandersetzungsvertrag** zu beurkunden ist, d. h. insbesondere auch soweit bewegliches Vermögen betroffen ist. Ist nach materiellem Recht die notarielle Beurkundung zwar nicht erforderlich, wird es sich gleichwohl bei größeren Nachlässen im Interesse von nachweislicher Klarheit und Streitvermeidung empfehlen, den Vertrag notariell zu beurkunden.[71]

59 Wurde das übrige Vermögen bereits verteilt und ist Gegenstand des Vertrages nur noch ein Grundstück/GmbH-Anteil etc., sollte zur Sicherheit eine entsprechende Klarstellung in die Urkunde aufgenommen werden.

---

[70] Ob im Einzelfall eine Schenkung vorliegt, ist nicht immer leicht zu beurteilen. Entscheidend ist, ob sich die Beteiligten darüber einig sind, dass ein Miterbe mehr erhält, als er bei einer den gesetzlichen Regeln folgenden Auseinandersetzung erhalten würde.
[71] So auch MünchKommBGB/*Ann*, § 2042 Rn. 36.

▶ **Muster:** 60

Die Beteiligten erklären, dass nur noch das im Urkundseingang bezeichnete Grundstück im Gesamthandseigentum der Erbengemeinschaft steht und das übrige Vermögen bereits einvernehmlich unter ihnen aufgeteilt worden ist. Sie sind sich einig, dass jeder Miterbe Alleineigentümer derjenigen Vermögensgegenstände geworden ist, die ihm zugewiesen worden sind, und weitere Ansprüche insoweit nicht bestehen.

Soll nur ein Teil des Vermögens, u. a. ein Grundstück, bereits jetzt verteilt werden und der Rest einer 61 späteren Aufteilung vorbehalten bleiben (gegenständlich beschränkte Teilerbauseinandersetzung), ist zu berücksichtigen, dass in einem solchen Fall ein innerer Zusammenhang mit der später vorzunehmenden Aufteilung besteht. Da nach ständiger Rechtsprechung des BGH an sich formfreie Rechtsgeschäfte zu beurkunden sind, wenn sie mit einem formpflichtigen Rechtsgeschäft »stehen und fallen« sollen, ist zur Vermeidung einer Unwirksamkeit stets zur Beurkundung sämtlicher Vereinbarungen zu raten. Die zeitliche Reihenfolge ist dabei nach der Rechtsprechung unerheblich, sofern nur das formpflichtige Geschäft vom Abschluss der anderen – an sich formfreien – Geschäfts abhängt.[72] Wird einem Miterben ein Grundstück zugewiesen und zugleich vereinbart, dass er sich dies bei der späteren Auseinandersetzung anrechnen lassen muss, ist daher auch die spätere Vereinbarung beurkundungspflichtig, und zwar unabhängig davon, ob von ihr auch ein Grundstück betroffen ist.[73] Besteht ein Zusammenhang zwischen beiden Vereinbarungen, ist ferner der rechtliche Zusammenhang in mindestens einer der Urkunden ausdrücklich klarzustellen. Nur soweit die gegenständlich beschränkte Teilerbauseinandersetzung den gesetzlichen Teilungsquoten entspricht oder ein späterer Ausgleich ausdrücklich ausgeschlossen ist, steht sie mit einer späteren Auseinandersetzungsvereinbarung nicht in Zusammenhang, so dass sich die Beurkundungspflicht nur auf die gegenständlich beschränkte Teilerbauseinandersetzung bezieht.

Ist – wie häufig – die Auseinandersetzung zur Urkunde des Notars nur hinsichtlich einzelner Nach- 62 lassgegenstände gewünscht, sollte klargestellt werden, dass die Beteiligten im Übrigen bereits Einigkeit über die Verteilung des übrigen Nachlasses erzielt haben (siehe Rdn. 52). Problematisch kann demgegenüber die Feststellung sein, dass die Beteiligten hierüber noch eigenständig Vereinbarungen treffen werden; stehen diese in einem inneren Zusammenhang mit dem notariell beurkundeten Teil, besteht die Gefahr der Gesamtnichtigkeit.

Gehört ein land- oder forstwirtschaftliches Grundstück zum Nachlass, ist die Auflassung nach § 2 63 **GrdstVG** genehmigungspflichtig, sofern die landesrechtlich bestimmte Freigrenze überschritten wird.[74] Ein **Vorkaufsrecht nach § 24 BauGB** wird demgegenüber durch eine Erbauseinandersetzung nicht ausgelöst, weshalb das Grundbuchamt auch kein Negativattest verlangen kann.[75]

7. Inhaltliche Gestaltung/Zuweisung der Nachlassgegenstände

Die Zuweisung der Nachlassgegenstände, d. h. die schuldrechtliche Verpflichtung zur Übertragung 64 einzelner Gegenstände an einzelne Miterben zu Alleineigentum und deren dinglicher Vollzug, folgt den allgemeinen Regeln, insbesondere gilt insoweit auch ein Zustimmungserfordernis nach § 12 **WEG**, sofern nicht das Wohnungseigentum auf sämtliche Miterben in Bruchteilsgemeinschaft übertragen wird.[76]

---

72 Siehe nur BGH, Urt. v. 12.2.2009, VII ZR 230/07, DNotZ 2009, 619 ff. (rechtliche Einheit eines Grundstückskaufvertrages mit einem Baubetreuungsvertrag) mit zahlreichen w. N.; sowie *J. Mayer*, MittBayNot 2010, 345, 347.
73 *Keim*, RNotZ 2003, 375, 380; *Pötting*, MittBayNot 2007, 273, 276.
74 Palandt/*Weidlich*, § 2042 Rn. 9.
75 BGH DNotZ 1970, 423.
76 LG Dortmund, Beschl. v. 1.7.2008 – 9 T 267/08, MittBayNot 2009, 43; OLG Karlsruhe, Beschl. v. 25.6.2012 – 14 Wx 30/11, DNotZ 2013, 122. Zu § 12 WEG vgl. auch unten, Rdn. 319 f.

65 ▶ **Muster:**

Das im Grundbuch von ... Blatt ... eingetragene Grundstück ..., belastet in Abt. II mit ... und in Abt. III mit ..., steht im Eigentum der aus X, Y und Z bestehenden Erbengemeinschaft. Es wird dem Miterben Y unter Übernahme der im Grundbuch eingetragenen Belastungen und der durch sie gesicherten Darlehensverbindlichkeiten (Darlehensvertrag Nr. ... bei der ...) zu Alleineigentum übertragen. In Erfüllung dieser Verpflichtung sind sich die Beteiligten über den Eigentumsübergang einig (Auflassung) und beantragen und bewilligen die Eigentumsumschreibung im Grundbuch. Soweit der Erbengemeinschaft Rechte im Hinblick auf die übernommenen Belastungen zustehen, werden diese aufschiebend bedingt auf die Eigentumsumschreibung Y übertragen.

Die Erbengemeinschaft ist ferner Inhaberin des auf den Konten Nrn. ... bei der ... befindlichen Guthabens und der in dem Depot Nr. ... bei der ... verwahrten Aktien und sonstigen Wertpapiere (Investmentfonds). Diese werden je zur Hälfte den Miterben X und Z zugewiesen. Die Beteiligten treten daher sämtliche Ansprüche hinsichtlich vorgenannter Konten und Depots an die diese Abtretung annehmenden X und Z als Gesamtgläubiger ab. Zwischen X und Z besteht Einigkeit, dass sie jeweils zur Hälfte berechtigt sind. Die Beteiligten bevollmächtigen sich wechselseitig, alle für die Umschreibung der Konten und Depots insbesondere gegenüber Banken erforderlichen Erklärungen abzugeben und entgegenzunehmen.

66 Regelmäßig werden sich die Beteiligten eines Erbauseinandersetzungsvertrages näher kennen, weshalb in der Praxis die **Sicherung der gegenseitigen Leistungserbringung** häufig von untergeordneter Bedeutung ist. Da jedoch nach der Rechtsprechung allein die familiäre Verbundenheit der Beteiligten den Notar nicht von seinen Belehrungspflichten entbindet,[77] empfiehlt es sich dann, wenn die Beteiligten insoweit keine Regelungen treffen wollen, jedenfalls eine entsprechende **Belehrung** in die Urkunde aufzunehmen.

67 ▶ **Muster:**

Der Notar hat den Beteiligten empfohlen, Vorkehrungen zur Sicherung der gegenseitigen Leistungserbringung zu treffen, insbesondere die Eintragung einer Auflassungsvormerkung zugunsten des Erwerbers und die Fälligkeit des ihm zu zahlenden Herauszahlungsbetrages erst nach deren Eintragung und Vorliegen der Löschungsunterlagen für die nicht übernommenen Belastungen. In Kenntnis der damit verbundenen Risiken verzichten die Beteiligten auf Sicherungsvorkehrungen.

68 Im Übrigen sind die allgemeinen Sicherungsvorkehrungen entsprechend den bei Grundstückskaufverträgen üblichen Gestaltungen vorzusehen:
– Die Übertragung eines Grundstücks unter Übernahme dinglich gesicherter Verbindlichkeiten wird man regelmäßig vom Vorliegen einer Schuldhaftentlassungserklärung der Gläubiger abhängig machen.
– Ist (zusätzlich) ein **Herauszahlungsbetrag** geschuldet, wird man als Fälligkeitsvoraussetzungen regelmäßig die rangrichtige Eintragung einer Auflassungsvormerkung und das Vorliegen der Löschungsunterlagen für die nicht übernommenen Rechte vereinbaren. Die Eigentumsumschreibung wird erst dann erfolgen dürfen, wenn der Herauszahlungsbetrag ordnungsgemäß gezahlt ist.
– Sollen Zahlungspflichten erst später – ggf. nach Eigentumsumschreibung – fällig werden, ist die Eintragung einer Sicherungshypothek zugunsten des/der Veräußerer angezeigt. Denkbar ist auch ein durch eine Auflassungsvormerkung zu sicherndes (Rück-) Erwerbsrecht zugunsten der übrigen Miterben für den Fall der nicht oder nicht fristgerechten Zahlung des geschuldeten Herauszahlungsbetrages.
– Die Abtretung von Forderungen (gegen Banken etc.) kann unter die aufschiebende Bedingung der vertragsgerechten Übertragung der den anderen Miterben zugewiesenen Gegenstände oder die Eintragung einer Auflassungsvormerkung und das Vorliegen der erforderlichen Löschungsunterlagen gestellt werden.

---

[77] BGH DNotZ 1997, 64.

▶ Muster: 69

§ 3 Herauszahlungsbetrag

1. Der Miterbe A erhält durch die Übertragung des Grundstücks mehr als seiner Erbquote von ... entspricht. Er hat daher an die übrigen Miterben B, C und D einen Herauszahlungsbetrag von jeweils ... Euro (in Worten: ... Euro) zu zahlen. Die Zahlung ist zu leisten an den Miterben B auf dessen Konto ... bei der ..., an den Miterben C auf dessen Konto ... bei der ..., und an den Miterben D auf dessen Konto bei der ... [Alternativ: Die Zahlung ist zu leisten auf das Konto der Erbengemeinschaft ... bei der ... Die Beteiligten sind sich einig, dass A bei der späteren Verteilung dieses Betrages hieran nicht beteiligt wird.]

2. Der Herauszahlungsbetrag ist eingehend auf dem jeweiligen Konto fällig am ..., frühestens zwei Wochen, nachdem der Erwerber A von dem beurkundenden Notar die Mitteilung erhalten hat, dass

a) zur Sicherung des Anspruchs des Erwerbers auf vertragsgemäße Eigentumsumschreibung eine Vormerkung im Grundbuch nur nach solchen Belastungen eingetragen ist, denen der Erwerber zugestimmt oder die er ausdrücklich übernommen hat,

b) die zu diesem Vertrag erforderlichen Genehmigungen vorliegen, mit Ausnahme der steuerlichen Unbedenklichkeitsbescheinigung.

3. Zahlt der Erwerber bei Fälligkeit nicht, kommt er auch ohne Mahnung in Verzug und muss dann die gesetzlichen Verzugszinsen zahlen. Weitere Ansprüche bleiben unberührt.

4. Der Erwerber unterwirft sich wegen des Herauszahlungsbetrages nebst Zinsen ab dem Datum der Erteilung einer vollstreckbaren Ausfertigung jedem Veräußerer gegenüber in Höhe des jeweils zu leistenden Betrages der sofortigen Zwangsvollstreckung aus dieser Urkunde. Der Notar darf jedem Veräußerer auf dessen einseitigen Antrag nach Eintritt der Fälligkeit ohne weitere Nachweise eine vollstreckbare Ausfertigung dieser Urkunde erteilen.

5. Der Notar wird übereinstimmend angewiesen, den Eigentumswechsel auf A erst dann zu veranlassen, wenn ihm jeder Veräußerer den Erhalt des jeweils geschuldeten Betrags bestätigt oder die vertragsgerechte Zahlung anderweitig nachgewiesen ist. Vorher soll er dem Erwerber keine Ausfertigung oder beglaubigte Abschrift dieser Urkunde erteilen, die die Auflassung enthält.

6. Alleinbesitz, Nutzungen, Gefahr und Lasten einschließlich der Vekehrssicherungspflichten sowie Rechte und Pflichten aus den den Grundbesitz betreffenden Versicherungen gehen auf den Erwerber über mit Ablauf des Tages der vollständigen Zahlung. Nach Angabe der Beteiligten ist der Grundbesitz nicht vermietet oder verpachtet.

Im Einzelfall kann es auch angebracht sein, eine sog. **Mehrerlösabführungsklausel** bzw. **Spekulationsklausel** zu vereinbaren. Veräußert der Miterbe, dem Grundbesitz zu Alleineigentum übertragen wurde, diesen später zu einem über dem bei der Erbauseinandersetzung zugrunde gelegten Betrag, ist dann ein Teil dieses Mehrerlöses an die übrigen Miterben abzuführen.[78] Gesichert werden kann ein solcher Anspruch durch Eintragung einer – nicht abtretbaren – Grundschuld für die übrigen Miterben als Gesamtgläubiger. 70

▶ Muster: 71

Für den Fall, dass der Miterbe A, dem der Grundbesitz hier zu Alleineigentum übertragen wird, oder dessen Rechtsnachfolger den Grundbesitz binnen eines Zeitraumes von 10 Jahren veräußern sollte, ist er verpflichtet, die Hälfte des Differenzbetrages zwischen dem der Erbauseinandersetzung zugrunde gelegten Wert von ... und dem erzielten Veräußerungserlös an die übrigen Miterben zu gleichen Teilen abzuführen. Zur Sicherung dieses Anspruchs wird bewilligt und beantragt, zugunsten der Miterben ... als Gesamtschuldner eine nicht abtretbare Grundschuld im Nennwert von ... mit ... Zinsen ab dem Tag der Eintragung in das Grundbuch einzutragen.

---

[78] Zur Zulässigkeit einer Mehrerlösabführungsvereinbarung (in einem Grundstückskaufvertrag) vgl. OLG Brandenburg, Urt. v. 13.11.2014 – 5 U 62/1 = BeckRS 2014, 22696 = notar 2015, 170.

8. Die Regelung der Rechts- und Sachmängelhaftung

72 Nach §§ 2042 Abs. 2, 757 BGB finden bei einem Erbauseinandersetzungsvertrag die Rechts- und Sachmängelvorschriften des Kaufrechts (§§ 437 ff. BGB) Anwendung. Regelmäßig wird ein Haftungsausschluss nach § 444 BGB sachgerecht sein, kennen doch die Mitglieder der Erbengemeinschaft die im Rahmen der Erbauseinandersetzung zuzuweisenden Gegenstände des Erblassers häufig nicht.

73 ▶ **Muster:**

1. Die Beteiligten vereinbaren, dass wechselseitig jede Haftung für Sachmängel ausgeschlossen wird. Dies gilt auch für Ansprüche auf Schadensersatz. Der Erwerber hat das Vertragsobjekt besichtigt, er erwirbt es im gegenwärtigen Zustand. Unberührt bleiben Rechte für solche Mängel, die arglistig verschwiegen worden sind oder für die ausdrücklich eine Garantie in dieser Urkunde übernommen worden ist.

2. Die veräußernden Miterben sind verpflichtet, den veräußerten Grundbesitz frei von im Grundbuch eingetragenen Belastungen und Beschränkungen zu übertragen, sofern sie nicht vom Erwerber in dieser Urkunde ausdrücklich übernommen werden. Eine weitergehende Haftung für Rechtsmängel wird ausgeschlossen, insbesondere übernehmen die Veräußerer keine Haftung für die Freiheit von altrechtlichen Dienstbarkeiten und Baulasten.

3. Erschließungskosten, Anlieger- und Anschlusskosten nach öffentlich-rechtlichen Vorschriften für solche Anlagen, die bis zum Tage des Besitzübergangs fertiggestellt sind, trägt die veräußernde Erbengemeinschaft, unabhängig vom Zeitpunkt der Abrechnung, im übrigen der Erwerber allein.

74 Kommt es demgegenüber einem Beteiligten auf besondere Eigenschaften einer Sache an, wird eine ausdrückliche Beschaffenheitsvereinbarung (§ 434 Abs. 1 S. 1 BGB) oder eine Garantieübernahme (§ 443 BGB) durch die Veräußerer sachgerecht sein.

75 Im Hinblick auf die Rechtsfolgen etwaiger Sach- oder Rechtsmängel ist zu berücksichtigen, dass der Erbauseinandersetzungsvertrag ein mehrseitiger Vertrag mit jeweils wechselseitigen Rechten und Pflichten ist. Erforderlich ist daher eine klare vertragliche Regelung, in welchem Verhältnis sich die Leistungsstörungen auswirken, inwieweit sie Auswirkungen auf die Leistungen an andere Miterben haben und welche Rechtsfolgen an sie knüpfen. Regelmäßig empfehlenswert ist es, den für Fälle der Schlechterfüllung nach §§ 437, 440, 323 BGB möglichen Rücktritt auszuschließen oder dessen Rechtsfolgen detailliert zu regeln.

76 ▶ **Muster:**

Die Beteiligten sind sich einig, dass im Falle eines Rücktritts von diesem Vertrag aufgrund eines gesetzlichen Rücktrittsrechts die zwischen ihnen bestehende Erbengemeinschaft nicht wieder zur Entstehung gelangt. Vielmehr sind in diesem Fall sämtliche wechselseitig empfangenen Leistungen zurückzugewähren; soweit diese aus dem Nachlass stammen, an eine damit zwischen ihnen gegründete Gesellschaft bürgerlichen Rechts, für die §§ 705 ff. BGB gelten, im Übrigen an den jeweils Leistenden.

77 Wird keine derartige Vereinbarung getroffen, können schwer lösbare Probleme entstehen, so etwa, wenn die Erbengemeinschaft bereits vollständig auseinandergesetzt ist und nun der Rücktritt erklärt wird. Mit vollständiger Auseinandersetzung erlischt die Erbengemeinschaft, eine vertragliche Wiederbegründung ist dann – wie bereits erwähnt – nicht möglich.[79]

9. Erbauseinandersetzung bei angeordneter Testamentsvollstreckung

78 Hat der Erblasser über den **gesamten Nachlass** Testamentsvollstreckung angeordnet, ist der Testamentsvollstrecker vorbehaltlich anders lautender Anordnungen (§§ 2208 f. BGB) nach § 2204

---

[79] BGH, Beschl. v. 30.11.2005 – IV ZR 280/04, ZEV 2006, 262; OLG Hamm, Beschl. v. 27.7.2010 – I 15 Wx 374/09; BayObLG DNotZ 1983, 176.

BGB berufen, die Erbauseinandersetzung zu betreiben.[80] Hierbei hat er sich an die gesetzlichen Teilungsregeln zu halten, sofern nicht der Erblasser die Auseinandersetzung seinem billigem Ermessen überlassen hat (§ 2048 BGB). Ist einer der Erben beschränkt geschäftsfähig oder geschäftsunfähig und käme an sich ein Genehmigungserfordernis nach §§ 1821 f. BGB in Betracht, gilt dies nicht, wenn der Testamentsvollstrecker handelt; es ist anerkannt, dass Verfügungsbeschränkungen des Erben nicht auf den Testamentsvollstrecker durchschlagen.[81] Ist ein Testamentsvollstrecker ernannt, ist daher im Grunde kein Raum für eine einvernehmliche Erbauseinandersetzungsvereinbarung unter den dann nicht mehr verfügungsbefugten (§ 2211 BGB) Miterben. Die Auseinandersetzung obliegt dann alleine dem Testamentsvollstrecker. Ist der Testamentsvollstrecker **zugleich Miterbe**, kann er die Erfüllung an sich selbst vornehmen; die herrschende Auffassung geht davon aus, dass in der Erbeinsetzung eine stillschweigende Gestattung eines Insichgeschäfts liegt, so dass das Fehlen einer ausdrücklichen Befreiung von § 181 BGB in diesem Fall unschädlich ist.[82]

Ist Testamentsvollstreckung demgegenüber nur über den **Erbteil** eines oder mehrerer Miterben, nicht aber über die gesamte Erbschaft angeordnet, ist der Testamentsvollstrecker alleine nicht befugt, die Auseinandersetzung zu vollziehen. Er muss dann mit den anderen Miterben eine Vereinbarung über die Auseinandersetzung treffen, bei der er für den der Testamentsvollstreckung unterliegenden Erben tätig wird. Ist dem Testamentsvollstrecker in einem solchen Fall die Verwaltung des der Testamentsvollstreckung unterliegenden Erbteils auch nach der Auseinandersetzung zugewiesen, besteht die Testamentsvollstreckung fort mit der Folge, dass auch ein nach § 52 GBO im Grundbuch eingetragener Testamentsvollstreckervermerk eingetragen bleiben muss.[83]

10. Erbauseinandersetzung bei angeordneter Vor- und Nacherbschaft

Hat der Erblasser hinsichtlich einzelner oder aller Miterben Vor- und Nacherbschaft angeordnet, ist im Regelfall die Zustimmung des Nacherben zu einer Erbauseinandersetzung nicht erforderlich.[84] Es handelt sich jedenfalls dann nicht um eine unentgeltliche Verfügung i. S. d. § 2113 Abs. 2 BGB, wenn der erwerbende Miterbe durch die Übertragung des Erbschaftsgegenstandes nicht mehr erhält als seiner Erbquote entspricht. Freilich ist zu beachten, dass die Erbauseinandersetzung einen Erwerb mit Mitteln der Erbschaft darstellt, mithin der erworbene Gegenstand im Wege der Surrogation (§ 2111 BGB) weiterhin der Nacherbenbindung unterliegt.[85] Tritt der Nacherbfall ein, wird der Nacherbe Eigentümer der dem Vorerben übertragenen Gegenstände, § 2139 BGB. Etwas anderes gilt jedoch dann, wenn der den Nachlassgegenstand erhaltende Miterbe dessen Wert vollständig aus Eigenmitteln an die Erbengemeinschaft zahlt; in diesem Fall wird der Gegenstand nicht mit Mitteln der Erbschaft erworben.[86]

---

80 Der Testamentsvollstrecker gibt daher auch die dinglichen Erklärungen ab. Er verfügt hierbei nicht unentgeltlich i. S. d. § 2205 S. 3 BGB, sondern in Erfüllung einer letztwilligen Verfügung des Erblassers. Der Nachweis hierüber muss dem Grundbuchamt gegenüber nicht in der Form des § 29 GBO erbracht werden (OLG München, Beschl. v. 18.2.2010 – 34 Wx 9/10, RNotZ 2010, 397).
81 MünchKommBGB/*Zimmermann*, § 2205 Rn. 93 m. w. N.
82 Zur Erbauseinandersetzung durch einen Testamentsvollstrecker, der zugleich Miterbe ist, vgl. ausführlich das DNotI-Gutachten vom 17.7.2003 (Gutachtennr. 42687).
83 OLG Hamm, Beschl. v. 31.5.2002 – 15 W 74/02, RNotZ 2002, 579 ff.
84 Ausführlich zur Auseinandersetzung unter den Mitvorerben *Leitzen*, RNotZ 2012, 159 ff.
85 OLG Hamm, Beschl. v. 11.6.2002 – 15 W 170/02, ZEV 2003, 31 ff.; *J. Mayer*, MittBayNot 2010, 345, 348 f. Daher wird im Grundbuch des im Wege der Erbauseinandersetzung erworbenen Grundbesitzes auch (ggf. wieder) ein Nacherbenvermerk eingetragen, vgl. OLG München, Beschl. v. 10.2.2012 – 34 Wx 143/11, RNotZ 2012, 226.
86 Problematisch ist die Rechtslage, wenn ein Gegenstand teilweise mit Eigenmitteln und teilweise mit Mitteln der Erbschaft, d. h. in Anrechnung auf das Auseinandersetzungsguthaben, erworben wird. In diesem Fall tritt eine nach wirtschaftlichen Maßstäben zu bemessende Teilsurrogation ein, vgl. BGH NJW 1977, 1631; Palandt/*Weidlich*, § 2111 Rn. 5.

81 Sollen **Grundstücke** durch die Erbauseinandersetzung einem Miterben zu Alleineigentum übertragen werden, ist § 2113 Abs. 1 BGB zu beachten, sofern nicht der Vorerbe ein von diesen Beschränkungen befreiter (§ 2136 BGB) ist. Die Verfügung eines Vorerben über ein zur Erbschaft gehörendes Grundstück ist danach insoweit unwirksam, als sie das Recht des Nacherben vereiteln oder beeinträchtigen würde. Eine Verfügung i. S. d. § 2113 Abs. 1 BGB liegt nämlich auch dann vor, wenn Grundstücke im Wege der Erbauseinandersetzung einem Miterben übertragen werden. Gleiches gilt im Falle (teilweise) **unentgeltlicher Übertragungen**, wenn also der Miterbe wertmäßig mehr erhält als ihm aufgrund seines Erbteils zusteht und hierüber Einigkeit besteht (§ 2113 Abs. 2 BGB). Dann muss die Zustimmung des Nacherben zu der Erbauseinandersetzung eingeholt werden, um die Verfügung wirksam werden zu lassen; der Ersatznacherbe muss demgegenüber nicht beteiligt werden.[87] Etwas anderes gilt nur, wenn eine solche Verfügung die Rechte des Nacherben nicht beeinträchtigt, was insbesondere dann der Fall ist, wenn der Vorerbe in Erfüllung einer vom Erblasser angeordneten Verpflichtung (Vermächtnis oder Teilungsanordnung) handelt.[88] Ob die Zustimmung zugleich einen Verzicht auf sämtliche Rechte des Nacherben bedeutet mit der Folge, dass eine Surrogation nach § 2111 BGB nicht mehr stattfindet, oder nur ein Einverständnis mit der Übertragung des Vermögensgegenstandes ohne weitergehenden Rechtsverzicht, ist noch nicht abschließend geklärt. Mit Eigentumsumschreibung auf den Vorerben ist der ursprünglich eingetragene Nacherbenvermerk im Grundbuch zu löschen, zugleich ist aber von Amts wegen nach § 51 GBO ein neuer Nacherbenvermerk zugunsten der Nacherben des erwerbenden Vormiterben einzutragen, wenn ein Fall der Surrogation nach § 2111 BGB vorliegt.[89]

82 Möglich ist nach der Rechtsprechung des BGH auch eine Auseinandersetzung zwischen Vor- und Nacherben dergestalt, dass bestimmte Gegenstände einvernehmlich aus der Nacherbenbindung ausscheiden.[90] Der Vorerbe kann danach bestimmte Nachlassgegenstände in sein Eigenvermögen überführen und so mit Zustimmung des Nacherben die Nacherbenbindung aufheben.

83 Hat demnach der Erblasser für einzelne oder alle Miterben Vor- und Nacherbschaft angeordnet, ist vorab zu klären, ob und inwieweit die Nacherben zu einer Mitwirkung bereit sind, und der so ermittelte Wille eindeutig in der Urkunde zu dokumentieren.

84 ▶ **Muster:**

Die hier zu ... erschienen Nacherben stimmen der Übertragung des Grundbesitzes auf den Mit(vor-)erben Y unwiderruflich zu. Sie geben das Grundstück aus der Nacherbenbindung frei und sind damit einverstanden, dass es auf Y zu Alleineigentum übertragen wird.

III. Die Erbauseinandersetzung durch Abschichtung

85 Die Rechtsprechung des BGH eröffnet eine weitere, kostengünstige Möglichkeit der Erbauseinandersetzung: die sog. Abschichtung.[91] In Anlehnung an die Möglichkeit, aus einer GbR auszuscheiden mit der Folge, dass die Gesellschaftsbeteiligung ipso iure den verbleibenden Gesellschaftern anwächst (§ 738 BGB), bewirkt nach der Rechtsprechung das einvernehmliche Ausscheiden eines Miterben aus der Erbengemeinschaft die Anwachsung von dessen Beteiligung bei den verbleibenden Miterben entsprechend §§ 1935, 2095 BGB. Es erfolgt hier also keine Übertragung der Erbenstel-

---

[87] Grundlegend BGHZ 40, 115; siehe dazu auch Palandt/*Weidlich*, § 2113 Rn. 6.
[88] Vgl. dazu BayObLG, Beschl. v. 15.5.2001 – 2Z BR 52/01, NJW-RR 2001, 1665 f. = DNotZ 2001, 808 ff.; Palandt/*Weidlich*, § 2113 Rn. 5.
[89] KG DNotZ 1993, 607, 609; siehe auch das DNotI-Gutachten vom 3.12.2004 (Dok.-Nr. 54755).
[90] BGH, Urt. v. 13.10.2000 – V ZR 451/98, DNotZ 2001, 302 = ZEV 2001, 19; siehe auch *Keim*, RNotZ 2003, 375, 379.
[91] Grundlegend BGHZ 138, 8 ff. = DNotZ 1999, 60 = MittRhNotK 1998, 248; danach BGH, Beschl. v. 30.9.2010 – V ZB 219/09 Rn. 23 = NJW 2011, 525, 527; Urt. v. 27.10.2004 – IV ZR 174/03, NJW 2005, 284 = ZEV 2005, 22; KG, Urt. v. 5.7.2006 – 25 U 52/06, ErbR 2008, 399; OLG Rostock, Beschl. v. 26.2.2009 – 3 U 212/08, ZEV 2009, 464 f.; LG Köln, Beschl. v. 7.5.2003 – 11 T 63/03, NJW 2003, 1993.

lung auf die Miterben durch Erbteilsübertragung (dazu Rdn. 117 ff.), vielmehr verzichtet der ausscheidende Miterbe auf seine Rechte, was deren Übergang auf die dann nur noch aus den übrigen Miterben bestehende Erbengemeinschaft bewirkt.[92] Die Erbenstellung des durch Abschichtung ausgeschiedenen Erben bleibt demgegenüber trotz des Ausscheidens aus der Erbengemeinschaft unberührt, daher ist er z. B. im Erbschein weiterhin als Erbe aufzuführen.[93] Verbleibt nur ein Miterbe, erfolgt die Anwachsung zu dessen Alleineigentum.

Gegenstand der Abschichtung ist die Beteiligung des ausscheidenden Erben an der Erbengemeinschaft, die Abschichtung kann daher stets nur diese Gesamthandsberechtigung als solche betreffen, die dann sämtliche im Nachlass befindlichen Vermögenswerte automatisch ergreift. Eine objektbezogene Abschichtung, d. h. eine gegenständlich beschränkte Erbauseinandersetzung auf diesem Wege, ist demgegenüber nicht möglich. Hiervon zu unterscheiden ist der Fall, dass der im Wege der Abschichtung aus der Erbengemeinschaft ausscheidende Miterbe als Gegenleistung für sein Ausscheiden einen einzelnen Nachlassgegenstand von der Erbengemeinschaft erhält. Dies ist ohne weiteres möglich (zur Gestaltung s. u.). 86

Ob auch ein **Vorerbe** durch Abschichtung aus der Erbengemeinschaft ausscheiden kann, ist bisher nicht entschieden. Im Hinblick auf das Gebot des sichersten Weges wird man in einem solchen Fall die Variante der Abschichtung nicht wählen, sondern den Weg der Erbteilsübertragung gem. §§ 2033 ff. BGB gehen (dazu ausführlich Rdn. 197 ff.).[94] 87

1. Anwendungsbereich und Formerfordernisse

Eine (Teil-) Erbauseinandersetzung im Wege der Abschichtung kommt in der Praxis eher selten in Betracht. Dies liegt zum einen daran, dass die Abschichtung dazu führt, dass ein Miterbe aus der Erbengemeinschaft ausscheidet und seine Beteiligung sämtlichen Miterben zwingend im Verhältnis zu deren Beteiligung anwächst. **Nicht möglich** ist es daher, auf diesem Wege die Beteiligung der verbleibenden Erben an der Erbengemeinschaft zu verschieben – sei es durch Übertragung des Erbteils auf nur einen bestimmten Miterben oder durch eine disproportionale Verteilung. Darüber hinaus bezieht sich die Abschichtung zwingend auf den gesamten Erbteil des Ausscheidenden; eine nur bestimmte Nachlassgegenstände betreffende, »objektbezogene« Abschichtung ist nicht möglich. 88

Der **wesentliche Unterschied zwischen der Erbauseinandersetzung im Wege der Erbteilsübertragung und der Abschichtung** besteht mithin darin, dass die Abschichtung keinerlei Flexibilität zulässt: Der Erbe scheidet hier zwingend vollständig aus der Erbengemeinschaft aus und sein Erbteil wächst den verbleibenden Erben im Verhältnis ihrer Beteiligung an. Demgegenüber bietet die Erbteilsübertragung die Möglichkeit, die Beteiligung an der Erbengemeinschaft nur auf bestimmte Miterben zu übertragen oder disproportional zu verteilen. Zudem ist vor dem Hintergrund der zwingenden notariellen Beurkundung der Erbteilsübertragung (§§ 2371, 2032 Abs. 1 S. 2 BGB) gewährleistet, dass die Beteiligten über die Rechtswirkungen zuverlässig informiert und durch eine rechtssichere Gestaltung ihre Interessen gewahrt sind. Im Hinblick auf die **Haftung des ausscheidenden Miterben** bestehen demgegenüber keine Unterschiede: Soweit Verbindlichkeiten zum Nachlass gehören, wachsen diese zwar bei der Abschichtung analog § 738 BGB den oder dem verbleibenden Miterben an. Entsprechend der Rechtslage bei der GbR führt dies jedoch nicht zu einer Beendigung der Außenhaftung des Ausscheidenden gegenüber den Nachlassgläubigern; hierzu bedarf es einer ausdrücklichen Schuldhaftentlassung nach §§ 414, 415 BGB.[95] Bei der Erbteilsübertragung haftet 89

---

92 *Reimann*, ZEV 1998, 213, 214; *Keim*, RNotZ 2003, 375, 386.
93 OLG Brandenburg, Beschl. v. 14.5.2013 – 3 W 20/13, ZEV 2013, 614; *Mayer* in: MüKo-BGB, § 2353 Rz. 37.
94 Siehe dazu auch das DNotI-Gutachten vom 6.5.2005 (Dokumentnr. 58769).
95 *Reimann*, ZEV 1998, 213, 215; *Keim*, RNotZ 2003, 375, 386. Es ist daher ratsam, die anderen Miterben vertraglich zu verpflichten, eine Schuldhaftentlassung des ausscheidenden Miterben im Außenverhältnis zu erreichen und entsprechende Schuldhaftentlassungserklärungen als aufschiebende Bedingung des Wirksamwerdens der Abschichtung vorzusehen; vgl. dazu auch *Amann*, MittBayNot 2002, 245.

der ausscheidende Miterbe als Erbteilsverkäufer weiterhin neben dem Käufer als Gesamtschuldner, auch hier ist eine Schuldhaftentlassung erforderlich, wenn der aus der Erbengemeinschaft ausscheidende Miterbe sicher sein will, in Zukunft nicht mehr für Nachlassverbindlichkeiten in Anspruch genommen zu werden. Im Ergebnis wird daher die Abschichtung allenfalls in Ausnahmefällen als Weg der Erbauseinandersetzung in Erwägung zu ziehen sein.

90 Überaus umstritten ist die Frage, ob die Abschichtungsvereinbarung und ihr »dinglicher« Vollzug[96] jedenfalls dann der **notariellen Beurkundung** bedarf, wenn sich Grundstücke (§ 311b BGB) und/oder GmbH-Anteile (§ 15 Abs. 4 GmbHG) im Nachlass befinden. Der BGH hat diese Frage im Jahr 1998 verneint und ein formfreies Ausscheiden aus der Erbengemeinschaft auch dann für möglich erachtet, wenn zu deren Vermögen Grundbesitz gehört;[97] diese Auffassung wurde vom OLG Hamm[98] bestätigt, sieht sich jedoch der Kritik der ganz überwiegenden Auffassung in der Literatur ausgesetzt, und gewichtige Stimmen fordern analog § 2033 Abs. 1 S. 2 BGB eine notarielle Beurkundung der Abschichtungsvereinbarung in allen oder jedenfalls solchen Fällen, in denen sich Grundbesitz im Nachlass befindet. Insoweit wird argumentiert, dass die Aufhebung der Mitgliedschaft an einer Erbengemeinschaft einer Verfügung über diese gleichstehe,[99] zudem wird man nicht unberücksichtigt lassen können, dass die Schutzzwecke der notariellen Beurkundung (insb. Übereilungsschutz) hier ebenso Geltung beanspruchen wie bei einer Erbteilsübertragung, da der ausscheidende Miterbe in beiden Fällen seine Beteiligung an der Erbengemeinschaft verliert.[100] Eine Beurkundung der Vereinbarung wird sich daher regelmäßig empfehlen, nicht zuletzt, um auch den grundbuchlichen Vollzug (§ 29 GBO) sicher zu stellen. Soll einem ausscheidenden Miterben als Gegenleistung für die Aufgabe seiner Mitberechtigung Grundbesitz übertragen werden, stellt dies eine selbstständige Verpflichtung der übrigen Miterben dar, die ohne weiteres und stets dem Beurkundungserfordernis des § 311b BGB unterfällt.

91 Soll ein **minderjähriger Miterbe** aus der Erbengemeinschaft ausscheiden, bedarf die Vereinbarung nach §§ 1643, 1822 Nr. 1 BGB der familiengerichtlichen Genehmigung.

2. Die Gestaltung der Abschichtungsvereinbarung

92 Bei der Abschichtung ist zu unterscheiden zwischen der schuldrechtlichen Grundlage (der eigentlichen Abschichtungsvereinbarung) und ihren dinglichen Vollzug, mit dessen Wirksamwerden der Miterbe aus der Erbengemeinschaft ausscheidet. Regelmäßig sind beide Komponenten in einer Urkunde enthalten. Gleichwohl scheidet der der Miterbe erst mit dem Wirksamwerden seiner Erklärung, dass er seine Gesamthandsberechtigung aufgibt, aus der Erbengemeinschaft aus. Dies eröffnet die Möglichkeit, das Ausscheiden unter eine Bedingung zu stellen und so den Leistungsaustausch zu sichern (vgl. unten).

a) Die Behandlung von Verbindlichkeiten

93 Ist der Nachlass mit **Verbindlichkeiten** belastet, werden auch diese von der Anwachsung analog § 738 BGB erfasst, jedoch haftet der ausscheidende Miterbe im Außenverhältnis weiter gegenüber den Gläubigern, sofern nicht mit diesen vertraglich eine Schuldhaftentlassung (§§ 414, 415 BGB) vereinbart wird.[101] Im Innenverhältnis hat der ausscheidende Miterbe jedoch einen Befreiungs-

---

96 Auch der Abschichtung liegt eine schuldrechtliche Erbauseinandersetzungsvereinbarung zugrunde, die regelmäßig in derselben Urkunde enthalten sein wird.
97 BGHZ 138, 8 ff. = DNotZ 1999, 60 = MittRhNotK 1998, 248; dem folgend LG Köln, Beschl. v. 7.5.2003 – 11 T 63/03, NJW 2003, 1993; Palandt/*Weidlich*, § 2042 Rn. 17 a. E.
98 OLG Hamm, Beschl. v. 12.11.2013 – 15 W 43/13, RNotZ 2014, 319.
99 *Reimann*, ZEV 1998, 213, 214; *Keim*, RNotZ 2003, 375, 386; *Rieger*, DNotZ 1999, 64.
100 Vgl. etwa OLG Rostock, Beschl. v. 26.2.2009 – 3 U 212/08, ZEV 2009, 464, 465, wonach »gerade der Umstand, dass es zulässig ist, eine Erbengemeinschaft formfrei durch Abschichtung teilauseinanderzusetzen, ... erhöhte Anforderungen an die Feststellung des Rechtsbindungswillens (stellt).«
101 *Keim*, RNotZ 2003, 375, 386 m. w. N.

anspruch gegen die verbliebenen Miterben, der in der Urkunde ausdrücklich angesprochen werden kann. Eine sicherere Alternative besteht darin, das Vorliegen von Schuldhaftentlassungserklärungen der Nachlassgläubiger als aufschiebende Bedingung (§ 158 Abs. 2 BGB) für das Ausscheiden aus der Erbengemeinschaft vorzusehen. Freilich werden Nachlassgläubiger regelmäßig kaum bereit sein, ein Mitglied der Erbengemeinschaft ohne weiteres aus der Mithaft zu entlassen. Sollte dies gleichwohl möglich erscheinen, könnte formuliert werden:

▶ **Muster:** 94

Der Miterbe A möchte im Wege der Abschichtung aus der Erbegemeinschaft nach ... ausscheiden. Wirksam wird das Ausscheiden, sobald dem Notar eine Schuldhaftentlassungserklärung sämtlicher ihm von den Miterben benannten Nachlassgläubiger vorliegt, wonach A unwiderruflich aus der Mithaft für die Verbindlichkeiten der Erbengemeinschaft entlassen wird. Wird diese Erklärung dem Notar unter einer Treuhandauflage überlassen, wird das Ausscheiden wirksam, sobald die Auflage erfüllt ist. Der Notar wird beauftragt, das Ausscheiden von A aus der Erbengemeinschaft zu prüfen und nach Wirksamwerden den Beteiligten unverzüglich mitzuteilen.

b) Die Sicherung des gegenseitigen Leistungsaustauschs

Mit dem Wirksamwerden des Ausscheidens eines Miterben aus der Erbengemeinschaft wächst dessen Beteiligung den anderen Miterben im Verhältnis ihrer Beteiligung an; befindet sich Grundbesitz im Nachlass, und sind die Miterben in Erbengemeinschaft im Grundbuch eingetragen, wird das Grundbuch mit dem Vollzug der Vereinbarung unrichtig. Erforderlich ist für den Ausscheidenden daher eine Sicherung, dass er erst dann aus der Erbengemeinschaft ausscheidet, wenn auch die ihm geschuldete Gegenleistung erbracht oder für ihn gesichert ist. Hierfür bietet es sich an, das Ausscheiden auf die Erbringung der Gegenleistung aufschiebend zu bedingen (vgl. vorstehenden Formulierungsvorschlag Rdn. 94). Die Sicherung der in der Erbengemeinschaft verbleibenden Miterben ist demgegenüber regelmäßig unproblematisch, da die Anwachsung automatisch mit dem Ausscheiden des ausscheidungswilligen Miterben eintritt, welches dieser regelmäßig in der Urkunde erklärt. 95

c) Haftung und Leistungsstörungen

Bisher ist ungeklärt, welches **Haftungsregime** auf die Abschichtung anwendbar ist. Da der BGH die §§ 2371 ff. BGB auf die der Abschichtung zugrunde liegenden Vereinbarungen nicht entsprechend anwendet (vgl. oben Rdn. 90), werden auch die Haftungsvorschriften des Erbschaftskaufs hier nicht gelten. Ob daher auf das allgemeine Kaufrecht zurückgegriffen werden kann, erscheint nicht zweifelsfrei: Weder die Nachlassgegenstände noch die Beteiligung an der Erbengemeinschaft werden durch Rechtsgeschäft übertragen, vielmehr ist der Erwerb durch Anwachsung nur gesetzliche Folge des Rechtsverzichts des Ausscheidenden.[102] Indes dürfte diese Frage im Falle des bloßen Ausscheidens im Wege der Abschichtung allenfalls von untergeordneter Bedeutung sein, kennen doch die verbleibenden Miterben den Nachlass selbst, sie erwerben nichts Neues hinzu. 96

Erhält der ausscheidende Miterbe eine Abfindung, sind hierauf die Sach- und Rechtsmängelregelungen des Kaufrechts anzuwenden, wobei es regelmäßig sachgerecht erscheint, die Sachmängelhaftung auszuschließen, da der Ausscheidende selbst Mitglied der Erbengemeinschaft war. 97

▶ **Muster:**[103] 98

I. Sachstand

1. X, Y und Z sind ausweislich des in Ausfertigung vorliegenden Erbscheins (AG ... Geschäfts-Nr. ...) Miterben zu gleichen Anteilen nach der am ... in ... verstorbenen A. Z möchte aus der Erbengemeinschaft gegen Abfindung im Wege der Abschichtung ausscheiden.

---

102 Siehe dazu *Keim*, RNotZ 2003, 375, 387.
103 Ein weiterer Formulierungsvorschlag findet sich bei *Reimann*, ZEV 1998, 213, 216.

2. Zum Vermögen der Erbengemeinschaft gehört folgender Grundbesitz, dessen Grundbücher der Notar am Tage der Beurkundung jeweils eingesehen hat:

a) Grundbuch des Amtsgerichts ... von ..., Blatt ..., Gemarkung ..., Flur ..., Flurstück ..., bebaut, groß ... m². Dieser Grundbesitz ist in Abt. II und III nicht belastet.

b) Grundbuch des Amtsgerichts ... von ..., Blatt ..., Gemarkung ..., Flur ..., Flurstück ..., unbebaut, groß ... m². Dieser Grundbesitz ist in Abt. II mit einer Grunddienstbarkeit (Wegerecht) zugunsten des Grundstücks Flur ..., Flurstück ... belastet und in Abt. III mit einer Grundschuld mit einem Nennbetrag von ... Euro zugunsten der B-Bank AG.

c) Grundbuch des Amtsgerichts ... von ..., Blatt ..., Gemarkung ..., Flur ..., Flurstück ..., Wohn- und Geschäftshaus, groß ... m². Dieser Grundbesitz ist in Abt. II lastenfrei und in Abt. III. mit einer Grundschuld im Nennbetrag von ... Euro zugunsten der C-Bank AG belastet.

3. Der Wert des gesamten Grundbesitzes beträgt nach Angaben der Beteiligten ... Euro. Die Erbengemeinschaft ist nach Angaben der Beteiligten gegenüber der B-Bank AG in Höhe von ca. ... Euro verpflichtet (gesichert durch die Grundschuld vorstehend Ziff. 2.b) und gegenüber der C-Bank AG in Höhe von ebenfalls ca. ... Euro (gesichert durch die Grundschuld vorstehend Ziff. 2.c).

4. Z soll aus der Erbengemeinschaft ausscheiden gegen Übertragung des unter Ziff. 2.b genannten Grundbesitzes unter Ausschluss der Sachmängelhaftung. Die in Abt. II derzeit eingetragene Belastung übernimmt Z mitsamt der zugrunde liegenden Rechte und Pflichten entschädigungslos, im Übrigen ist ihm der Grundbesitz lastenfrei zu übertragen. Z ist in persönlicher Hinsicht von jeder Haftung für Schulden der Erbengemeinschaft freizustellen.

II. Abschichtungsvereinbarung

1. Die Beteiligten sind sich einig, dass Z zum Ablauf des ... aus der Erbengemeinschaft ausscheidet; am Ergebnis zur Zeit seines Ausscheidens schwebender Geschäfte nimmt er nicht teil.

2. Die Beteiligten sind sich einig, dass das Eigentum an dem unter Ziff. 2.b) genannten Grundbesitz auf Z übergeht.

3. X und Y stellen Z von allen Verbindlichkeiten der Erbengemeinschaft und – in analoger Anwendung des § 739 BGB – von jeglichen Ausgleichsansprüchen frei und verpflichten sich, die Entlassung von Z aus jeglicher Mithaft insbesondere für die genannten Bankdarlehen auch im Außenverhältnis durch Genehmigung der Gläubiger zu bewirken.

4. Z scheidet unter der aufschiebenden Bedingung aus der Erbengemeinschaft aus, dass

a) eine Auflassungsvormerkung zu seinen Gunsten im Grundbuch des unter Ziff. 2.b genannten Grundbesitzes eingetragen ist;

b) die Löschungsunterlagen für alle nicht übernommenen Belastungen dem Notar auflagenfrei vorliegen;

c) die Gläubiger der nicht übernommenen Verbindlichkeiten unwiderruflich bestätigt haben, dass sie Z spätestens mit der Eigentumsumschreibung auf jeglicher Mithaft für Verbindlichkeiten der Erbengemeinschaft entlassen.

Die Bedingung gilt als eingetreten, wenn der Notar den Vertrag dem Grundbuchamt zwecks Grundbuchberichtigung bezügl. des Grundbesitzes zu Ziff. 2.a und c einreicht.

III. Finanzierungsvollmacht

Sollte der Gläubiger des von Z nicht übernommenen Grundpfandrechts Löschungsunterlagen nur unter der Auflage erteilen, dass der in der Erbengemeinschaft verbleibende Grundbesitz nachverpfändet wird, ist Z verpflichtet, hierbei mitzuwirken. Zu diesem Zweck bevollmächtigt er X und Y – im Außenverhältnis unbeschränkt – den Grundbesitz zu Ziff. 2.a und c mit Grundpfandrechten in beliebiger Höhe zu belasten und ihn der sofortigen Zwangsvollstreckung – auch gem. § 800 ZPO – zu unterwerfen. Eine persönliche Haftung kann für Z nicht begründet werden, auch übernimmt er keine Kosten. Die Finanzierungsvollmacht kann nur vor dem beurkundenden Notar ausgeübt werden und nur dann, wenn in der Grundschuldbestellungsurkunde ausdrücklich erwähnt ist, dass die Grundschuld bis zur

Grundbuchberichtung bezügl. des Grundbesitzes zu Ziff. 2.a und c ausschließlich zur Sicherung der derzeit durch das im Grundbuch des in Ziff. 2.b genannten Grundbesitzes eingetragenen Grundpfandrechts gesicherten Verbindlichkeit der Erbengemeinschaft bei der B-Bank dient.

IV.

Die Beteiligten bewilligen und beantragen

a) die Eintragung einer Auflassungsvormerkung zu Lasten des in Ziff. 2.b genannten Grundbesitzes und zugunsten Z;

b) die Eigentumsumschreibung dieses Grundbesitzes auf Z;

c) die Löschung der Auflassungsvormerkung nach Eigentumsumschreibung, vorausgesetzt, es sind keine ohne die Zustimmung des Z veranlassten Zwischeneintragungen im Grundbuch vorhanden;

d) die Löschung aller auf diesem Grundbesitz eingetragenen Belastungen, auch an etwaigen Mithaftstellen.

e) die Berichtigung der in Ziff. 2.a und c genannten Grundbücher dergestalt, dass dort das Ausscheiden von Z aus der Erbengemeinschaft unter Anwachsung an X und Y vermerkt wird.

Der Notar wird angewiesen, die Grundbuchberichtigung gem. vorstehend e erst dann dem Grundbuchamt zum Vollzug einzureichen, wenn ihm der Eintritt der aufschiebenden Bedingung gem. II 4. nachgewiesen ist.

3. Grundbuchberichtigung nach Abschichtung

Die nach dem Ausscheiden eines Mitglieds aus der Erbengemeinschaft erforderliche Grundbucheintragung erfolgt im Wege der Grundbuchberichtigung, da der ausgeschiedene Miterbe allein durch die Aufgabe seiner Beteiligung an der Erbengemeinschaft seine gesamthänderische Mitberechtigung an dem Grundbesitz verliert. Erforderlich ist daher entweder eine Berichtigungsbewilligung oder ein Unrichtigkeitsnachweis (§ 22 GBO), und zwar jeweils in der Form des § 29 GBO. Dem Grundbuchamt sind daher – jeweils mindestens notariell beglaubigt – Berichtigungsbewilligungen aller Miterben (des/der ausgeschiedenen und des/der verbleibenden) oder die Abschichtungsvereinbarung vorzulegen. In der Praxis empfiehlt es sich, in die Abschichtungsvereinbarung Berichtigungsbewilligungen mitaufzunehmen. Dem Grundbuchamt ist ferner die steuerliche Unbedenklichkeitsbescheinigung einzureichen.[104]

99

§ 40 Abs. 1 GBO als Ausnahme vom Voreintragungsgrundsatz lässt es auch im Fall der Abschichtung zu, dass nach Abschichtung sofort der verbliebene Erbe als Alleineigentümer in das Grundbuch eingetragen wird.[105] Es sollte also in Fällen, in denen nicht über den Grundbesitz finanziert wird, nicht erst die Erbengemeinschaft in das Grundbuch eingetragen werden (mit der Folge, dass die Kostenprivilegierung nach Anmerkung Abs. 1 S. 2 zu Nr. 14110 KV GNotKG – keine Grundbuchgebühren bei Eintragungsantrag innerhalb von zwei Jahre nach dem Erbfall – dann verbraucht ist), sondern direkt der durch die Abschichtung verbliebene Miterbe und nunmehrige Alleineigentümer.

---

104 OLG Celle, Beschl. v. 19.5.2011 – 4 W 56/11 = ZEV 2012, 368 = RNotZ 2011, 624 (LS).
105 BGH, Beschl. v. 30.9.2010 – V ZB 219/09 Rn. 23 = NJW 2011, 525, 527; OLG Nürnberg, Beschl. v. 25.9.2013 – 15 W 1799/13, MittBayNot 2014, 335 mit Anm. *Ruhwinkel* = ZEV 2013, 680; *OLG Zweibrücken*, Beschl. v. 19.6.2012 – 3 W 50/11, ZEV 2012, 416 = RNotZ 2012, 592 (LS); zu den Kosten (i. E. die Frage offen lassend, ohne jedoch BGH a. a. O. zu erwähnen) OLG Köln, Beschl. v. 19.3.2014 – 2 Wx 73/14, RNotZ 2014, 455.

Kapitel 18 Verträge unter Erben und mit Vermächtnisnehmern

100 ▶ **Muster:**

Die Beteiligten beantragen und bewilligen, den aus der Erbengemeinschaft entsprechend § 738 BGB ausgeschiedenen Z aus dem Grundbuch auszutragen und dort zu vermerken, dass sein Anteil im Wege der Anwachsung den verbleibenden Miterben X und Y im Verhältnis ihrer Beteiligung angewachsen ist.

IV. Förmliche Auseinandersetzungsverfahren nach dem FamFG und dem GrdStVG

101 Können sich die Miterben nicht auf eine vertragliche Erbauseinandersetzung einigen, stellt das Gesetz neben der Auseinandersetzungsklage (§§ 2042 Abs. 2, 743 Abs. 1 BGB, § 180 ZVG) zwei förmliche Auseinandersetzungsverfahren zur Verfügung:

1. Das Auseinandersetzungsverfahren nach §§ 363 ff. FamFG[106]

102 Nach § 363 Abs. 1 FamFG hat der Notar bei mehreren Erben auf Antrag die Auseinandersetzung des Nachlasses zwischen den Beteiligten zu vermitteln. Die Vermittlung der Erbauseinandersetzung in diesem Verfahren bietet einen kostengünstigen Weg zur Auseinandersetzung auch dann, wenn einzelne Miterben ihre Mitwirkung verweigern; nach §§ 368 Abs. 2, 366 Abs. 3, 4 FamFG wird nämlich das Einverständnis eines nicht anwesenden Beteiligten ersetzt.

103 Das Verfahren ist zulässig, wenn mehrere Erben in ungeteilter Erbengemeinschaft vorhanden sind, wobei es unschädlich ist, wenn bereits eine Teilauseinandersetzung stattgefunden hat.[107] Nach überwiegender Auffassung ist es auch zulässig, im Wege der Vermittlung nur eine teilweise Auseinandersetzung der Erbengemeinschaft, sei es persönlich bzw. subjektiv beschränkt oder auch gegenständlich bzw. objektiv beschränkt, durchzuführen.[108] Ist jedoch ein Testamentsvollstrecker zur Auseinandersetzung berufen oder eine Nachlassverwaltung bzw. Nachlassinsolvenz angeordnet, ist das Verfahren unzulässig.[109] Für die Vermittlung eine Auseinandersetzung ist darüber hinaus dann kein Raum, wenn **streitige Rechtsfragen** auftreten; sind diese bereits im Zeitpunkt des Antrages auf Einleitung des Auseinandersetzungsverfahrens gegeben, ist das Verfahren daher nicht etwa nach § 370 FamFG bis zur Klärung der Rechtsfragen auszusetzen, sondern bereits die Einleitung des Vermittlungsverfahrens als unzulässig abzulehnen.[110]

104 Eingeleitet wird das Verfahren durch einen **Antrag**, wobei antragsberechtigt nach § 363 Abs. 2 FamFG jeder Miterbe, Erbteilserwerber, Pfandgläubiger und Nießbrauchsberechtigter eines Erbteils ist. Nicht antragsberechtigt sind hingegen insbesondere Vermächtnisnehmer, Pflichtteilsberechtigte, sonstige Nachlassgläubiger, Testamentsvollstrecker, Nachlasspfleger und Nachlass(insolvenz)verwalter. Widerspricht ein Erbe bereits im Zeitpunkt der Antragstellung durch einen anderen Miterben der Durchführung eines Vermittlungsverfahrens, ist dieses gleichwohl einzuleiten.[111] Das Gesetz fordert gerade keinen übereinstimmenden Antrag aller Beteiligten, sondern verweist die dissentierenden Miterben auf die Möglichkeit eines Widerspruchs gegen den Teilungsplan.

105 Gemäß § 363 Abs. 3 i. V. m. § 23 Abs. 1 FamFG soll der Antrag enthalten: eine Begründung; die zur Begründung dienenden Tatsachen und Beweismittel, insbesondere die persönlichen Angaben des

---

106 Die §§ 363 ff. FamFG übernehmen die §§ 86 ff. FGG ohne wesentliche Änderungen, so dass insoweit auch weiterhin auf die alte Rechtsprechung und Literatur zurückgegriffen werden kann. Vgl. zu den §§ 363 ff. FamFG ausführlich *Zimmermann*, ZEV 2009, 374 ff.
107 Jansen/*Müller-Lukoschek*, FGG, § 86 FGG Rn. 9.
108 Jansen/*Müller-Lukoschek*, a. a. O.; siehe auch OLG Frankfurt a. M. Rpfleger 1993, 505 = FamRZ 1994, 180.
109 BGH NJW 1951, 1110 (Ls); Staudinger/*Werner*, § 2042 Rn. 9.
110 OLG Düsseldorf, Beschl. v. 17.7.2002 – 3 Wx 151/02, NJW-RR 2003, 5 f. = FamRZ 2003, 396.
111 Siehe dazu OLG Frankfurt a. M. Rpfleger 1993, 505 = FamRZ 1994, 180: Ein Vermittlungsverfahren ist selbst dann durchzuführen, wenn auf den Antrag eines dem widersprechenden Erben bereits die Teilungsversteigerung eines zum Nachlass gehörenden Grundstücks angeordnet ist.

Erblassers mitsamt seiner Staatsangehörigkeit, letztem Wohn- oder Aufenthaltsort, Sterbeort und Datum des Todes; die Beteiligten; die in Bezug genommenen Urkunden in Urschrift oder Abschrift sowie schließlich und vor allem die Bezeichnung der Teilungsmasse, d. h. aller Aktiva und Passiva.

Wird ein den vorgenannten Anforderungen entsprechender Antrag an einen aufgrund landesrechtlicher Vorschriften zur Vermittlung einer Auseinandersetzung berufenen Notar gerichtet, hat er nach § 365 FamFG den Antragsteller und die übrigen Beteiligten durch Bekanntgabe (§ 15 FamFG) zu einem Verhandlungstermin zu laden, wobei zwischen der Ladung und dem Verhandlungstermin nach § 32 Abs. 2 FamFG eine angemessene Frist liegen soll; zwei Wochen werden insoweit als ausreichend erachtet.[112] Die **vom Notar zu bewirkende Ladung** muss die Mitteilung des Antrags, Gegenstand, Ort und Zeit der Verhandlung, einen Hinweis auf die Möglichkeit zur Einsichtnahme von Unterlagen in seinen Amtsräumen (§ 365 Abs. 2 S. 2 FamFG) und einen Hinweis auf die Säumnisfolgen enthalten, § 365 Abs. 2 S. 1 FamFG. Sie könnte etwa wie folgt aussehen: 106

▶ **Muster:** 107

Sehr geehrte/r ...

Herr ... hat mich mit Antrag vom ... um Vermittlung der Erbauseinandersetzung nach der am ... in ... verstorbenen ... ersucht. Ausweislich des mir vorliegenden Erbscheins vom ... (AG ..., Geschäfts-Nr. ...) sind Sie Miterbe und damit an dem Verfahren gemäß §§ 363 ff. FamFG beteiligt. Ich lade Sie daher hiermit zu dem Termin zur Verhandlung der Auseinandersetzung am ... um ... in meinen Amtsräumen. In diesem Termin soll die Auseinandersetzung der Erbengemeinschaft zwischen den Miterben verhandelt werden; den Miterben steht es frei, hierüber auch schon vor der Verhandlung eine Vereinbarung zu treffen.

Ich darf darauf hinweisen, dass auch im Falle Ihres Nichterscheinens zu dem angegebenen Termin über die Auseinandersetzung verhandelt wird und dass die Ladung zu einem neuen Termin unterbleiben kann, falls der Termin vertagt oder ein neuer Termin zur Fortsetzung der Verhandlung anberaumt werden sollte. Es liegt daher in Ihrem eigenen Interesse, den Verhandlungstermin wahrzunehmen. Sie können sich auch durch einen Bevollmächtigten vertreten lassen; in diesem Fall sollte der Bevollmächtigte die Vollmachtsurkunde im Original oder Ausfertigung zum Termin mitbringen.

Die bei mir zur Vermittlung eingereichten Unterlagen können in meinen Geschäftsräumen im Vorfeld gerne eingesehen werden.

Mit freundlichen Grüßen

Erscheint sodann zu dem Termin auch nur ein einziger Beteiligter, ist in die Verhandlung einzutreten, und die getroffenen Vereinbarungen bzw. die vom einzig Erschienenen präsentierten Vorschläge sind nach den für die Beurkundung von Willenserklärungen geltenden Vorschriften der §§ 8 ff. BeurkG zu beurkunden. Widerspricht ein erschienener Beteiligter während der Verhandlung, kommt eine Vereinbarung nicht zustande und ist daher nicht zu beurkunden; bezieht sich der Widerspruch nur auf einzelne Punkte, können die unstreitigen Punkte beurkundet und das Verfahren im übrigen ausgesetzt werden, § 370 FamFG. 108

Den im Termin nicht erschienenen Beteiligten ist der Inhalt der beurkundeten Auseinandersetzung nach § 15 FamFG bekannt zu geben; es empfiehlt sich insoweit eine förmliche Zustellung. Die Bekanntgabe muss § 366 Abs. 3 FamFG entsprechen. Anderenfalls treten die Säumnisfolgen nicht ein und eine Bestätigung nach § 366 Abs. 4 FamFG ist ausgeschlossen. 109

Sind im Termin alle Beteiligten erschienen, haben die nicht erschienenen Beteiligten ihre Zustimmung formgerecht erklärt oder sind die nicht erschienen Beteiligten säumig geblieben, ist die **Vereinbarung vom Notar zu bestätigen** (§ 366 Abs. 2 und 4 FamFG). Es ist darin festzustellen und zu bezeugen, dass die Vereinbarung über die Auseinandersetzung in einem ordnungsgemäßen Verfahren zustande gekommen und rechtswirksam ist. Die Bestätigung erfolgt durch **Beschluss**, der 110

---

112 *Heinemann*, FamFG für Notare, Rn. 382.

in Berlin, Hessen, Nordrhein-Westfalen und Schleswig-Holstein dem Gericht vorbehalten ist.[113] Der erst mit Rechtskraft wirksam werdende Beschluss (§ 371 Abs. 1 FamFG) führt dazu, dass aus der beurkundeten Vereinbarung der Beteiligten unmittelbar vollstreckt werden kann, § 371 Abs. 1 FamFG.

111 Die **Kosten** für die Vermittlung und ggf. Beurkundung durch den Notar richten sich nach den KV GNotKG Nr. 23900 ff. Die Gebühr für das Verfahren über die Vermittlung der Auseinandersetzung beträgt demnach 6,0, als Geschäftswert ist nach § 118a GNotKG der Wert des den Gegenstand der Auseinandersetzung bildenden Nachlasses oder des von der Auseinandersetzung betroffenen Teils davon zugrunde zu legen.

2. Das Auseinandersetzungsverfahren nach dem GrdstVG

112 Ist eine Erbengemeinschaft aufgrund gesetzlicher Erbfolge entstanden, kann nach §§ 13 ff. GrdstVG das Landwirtschaftsgericht auf Antrag eines Miterben Grundstücke, aus denen ein landwirtschaftlicher Betrieb besteht, einem Miterben zuweisen.[114] Im Unterschied zum Verfahren nach §§ 363 ff. FamFG ist hier Einigkeit unter den Miterben nicht erforderlich. Nach § 16 Abs. 1 GdstVG steht den übrigen Miterben an Stelle ihres Erbteils ein Anspruch auf Zahlung eines Geldbetrages zu, der dem Wert ihres Anteils an dem zugewiesenen Betrieb entspricht; der Betrieb ist hierbei zum Ertragswert nach § 2049 BGB anzusetzen. Für die Vertragsgestaltung hat dieses Verfahren keine Bedeutung, auf eine detaillierte Darstellung wird daher verzichtet.

V. Das Auseinandersetzungszeugnis (§§ 36 f. GBO)

113 Nach § 36 Abs. 1 GBO kann in das Grundbuch eines zum Nachlass gehörenden Grundstücks oder Erbbaurechts ein Mitglied der Erbengemeinschaft als Alleineigentümer allein aufgrund eines Zeugnisses des Nachlassgerichts oder des nach § 344 Abs. 5 FamFG zuständigen Amtsgerichts eingetragen werden. § 37 GBO erweitert dies auf die Eintragung als Gläubiger einer Hypothek, Grundschuld oder Rentenschuld. Die §§ 36, 37 GBO eröffnen damit die Möglichkeit, in Ausnahme von § 35 GBO, wonach der Nachweis der Erbfolge im Grundbuchverfahren nur durch Erbschein oder öffentliches Testament mit Eröffnungsniederschrift geführt werden kann, den Nachweis der Erbfolge im Fall der Erbauseinandersetzung durch das sog. **Überweisungszeugnis** zu führen. Der einzutragende Berechtigte muss ein Beteiligter, d. h. ein Miterbe sein;[115] soll das Grundstück, Erbbaurecht oder Grundpfandrecht demgegenüber auf einen Dritten umgeschrieben werden, sind die §§ 36 f. GBO nicht anwendbar. Eine Auseinandersetzung im Sinne der Vorschriften liegt auch dann vor, wenn der Gegenstand auf alle Erben als Miteigentümer zu denselben Quoten übergehen soll, zu denen sie am Nachlass beteiligt sind.[116] Zuständig für die Erteilung des Zeugnisses ist der Notar dann, wenn er auch für die Vermittlung der Auseinandersetzung (dazu oben) zuständig ist (siehe auch § 20 Abs. 5 BNotO). Ausstellen darf er das Zeugnis erst, wenn die in **§ 36 Abs. 2 GBO** genannten Voraussetzungen erfüllt sind. Erforderlich ist daher, dass alle Nachweise und Erklärungen abgegeben worden sind, die zur Erteilung des Erbscheins notwendig sind, und zusätzlich müssen die Erklärungen, die zur Auseinandersetzung bzw. Übertragung führen, in der Form des § 29 GBO abgegeben und dem Notar nachgewiesen sein; regelmäßig werden sie in der von ihm beurkundeten Auseinandersetzungsvereinbarung formgerecht enthalten sein. Auch Vollmachten, Genehmigungen und der Nachweis des Zugangs der Genehmigungen sind insoweit erforderlich, da anderenfalls die Urkunde noch nicht rechtswirksam geworden ist. In der Praxis hat das vom Notar ausgestellte Überweisungszeugnis kaum Bedeutung.

---

113 Vgl. im Einzelnen *Heinemann*, FamFG für Notare, Rn. 404 ff., dort auch mit Muster eines Beschlusses.
114 Die Zuweisung ist keine Enteignung und daher verfassungsgemäß, BVerfG FamRZ 1995, 405.
115 Siehe auch OLG Hamm, Beschl. v. 10.4.2006 – 15 W 478/05, RNotZ 2006, 478 f. = FamRZ 2007, 61 f.
116 Vgl. auch Hügel/*Zeiser*, GBO, § 36 Rn. 5.

VI. Kosten der Erbauseinandersetzung

Der Erbauseinandersetzungsvertrag ist ein zwei- oder mehrseitiges Rechtsgeschäft, für dessen Beurkundung eine 2,0 Gebühr nach KV GNotKG Nr. 21100 anfällt. Der Geschäftswert richtet sich nach dem Gesamtwert des auseinandergesetzten Vermögens, Schulden werden nicht abgezogen (§§ 97 Abs. 1, § 38 GNotKG). Wird der gesamte Nachlass auseinandergesetzt (vollständige Erbauseinandersetzung), ist dessen Wert zugrunde zu legen, handelt es sich demgegenüber um eine nur teilweise Erbauseinandersetzung, ist auch nur ein entsprechender Teilwert zugrunde zu legen. Werden in dem Vertrag – wie regelmäßig – zugleich die dinglichen Erklärungen mit abgegeben (Auflassung, Abtretung), sind diese gegenstandsgleich, es gilt § 109 Abs. 1 GNotKG. Sind in der Urkunde weitere Erklärungen enthalten, die gegenstandsverschieden sind (insb. Haftungsübernahme gegenüber der Bank im Fall der Übernahme eines Grundpfandrechts), oder übt der Notar Betreuungstätigkeiten aus (insb. Fälligkeitsmitteilung hinsichtlich eines Herauszahlungsbetrages), ist dies jeweils separat zu berechnen. 114

Eine Grundbucheintragung aufgrund Erbauseinandersetzungsvertrag ist gerichtsgebührenfrei, wenn der Eintragungsantrag binnen zwei Jahren seit dem Erbfall bei dem Grundbuchamt eingereicht wird (Anmerkung Abs. 1 S. 2 zu Nr. 14110 KV GNotKG). Dies gilt jedoch nur dann, wenn ein Miterbe ohne Voreintragung der Erbengemeinschaft eingetragen wird. Wird demgegenüber zunächst die Erbengemeinschaft im Grundbuch eingetragen, ist damit die gebührenbefreite Tätigkeit des Grundbuchamtes abgeschlossen und die danach folgende weitere Eintragung eines oder mehrerer einzelner Erben aufgrund Erbauseinandersetzung nicht mehr gebührenbefreit.[117] 115

VII. Checkliste

▶ **Checkliste: Erbauseinandersetzung** 116

- ☐ Gegenstand der Erbauseinandersetzung
  - ☐ Nachlassbestandteile (Besonderheiten bei Gesellschaftsbeteiligung, Lebensversicherung, Hof i. S. d. HöfeO)
  - ☐ Vollständige oder Teilerbauseinandersetzung?
  - ☐ Persönliche oder sachliche Teilerbauseinandersetzung?
- ☐ Vorgaben des Erblassers?
- ☐ Beteiligte der Erbauseinandersetzungsvereinbarung
  - ☐ Alle Miterben
  - ☐ Minderjährigkeit/Betreuung/Vormundschaft?
  - ☐ Testamentsvollstrecker?
  - ☐ Nacherbschaft?
- ☐ Genehmigungserfordernisse
  - ☐ Minderjährigkeit/Betreuung/Vormundschaft?
  - ☐ Vorgaben des Erblassers?
- ☐ Gegenleistung/Erbausgleichung?

B. Erbteilsübertragung

Literatur:
Ann, Zum Problem der Vorkaufsberechtigung beim Miterbenvorkaufsrecht nach § 2034 BGB, ZEV 1994, 343 ff.; *Haegele*, Rechtsfragen zu Erbschaftskauf und Erbteilsübertragung, BWNotZ 1971, 129 ff. (Teil 1), BWNotZ 1972, 1 ff. (Teil 2); *Herrler*, Auswirkungen einer (vorweggenommenen) Erbfolge nach einem Miterben auf das Vorkaufsrecht nach § 2034 BGB, ZEV 2010, 72 ff.; *Hügel*, Die Formbedürftigkeit von Vollmachten bei Erbteilsübertragungen, ZEV 1995, 121 ff.; *Keller*, Die Heilung eines formnichtigen Erbteilskaufvertrages

---

[117] OLG Köln, Beschl. v. 19.3.2014 – 2 Wx 73/14, RNotZ 2014, 455. Bormann/Diehn/Sommerfeldt/*Gutfried*, GNotKG, 1. Aufl. 2014, GNotKG Nr. 14110 KV Rn. 25

oder ähnlicher Verträge iSv § 2385 Abs. 1 BGB, ZEV 1995, 427 ff.; *Krause*, Der Erbteilskaufvertrag, ZFE 2008, 459 ff.; *Mayer, N.*, Sicherungsprobleme beim Erbteilskauf, ZEV 1997, 105 ff.; *Muscheler*, Der Erbschaftskauf, RNotZ 2009, 65 ff.; *Neusser*, Probleme des Erbteilskaufes, MittRhNotK 1979, 143 ff.; *Zarnekow*, Der Erbschaftskauf, MittRhNotK 1969, 620 ff.

I. Grundlagen

117 Der Erbe kann die ihm angefallene Erbschaft verkaufen oder verschenken. Ein solcher, zur Übertragung schuldrechtlich verpflichtender Vertrag bedarf nach § 2371 BGB der notariellen Beurkundung. Erfüllt wird diese Verpflichtung beim **Miterben** durch notariell zu beurkundende Übertragung des Erbteils als solchen (§ 2033 Abs. 1 BGB), beim **Alleinerben** durch Übertragung sämtlicher Nachlassgegenstände. **Verpflichtung** und **Verfügung** sind rechtlich grundsätzlich voneinander unabhängig, es gilt das Abstraktionsprinzip.

118 Kennzeichnend ist, dass mit einem Vertrag nach § 2371 BGB »die angefallene Erbschaft«, d. h. die **Erbschaft im Ganzen**, verstanden als die Gesamtheit des dem Erben zugefallenen – aktiven und passiven – Nachlassvermögens,[118] verkauft und sodann in Erfüllung des Vertrages nach § 2033 BGB übertragen wird, nicht aber das Erbrecht als solches[119] oder einzelne bzw. sämtliche Nachlassgegenstände. Der schuldrechtliche Vertrag ist ein **einheitliches Rechtsgeschäft**. Ein Erbschafts- bzw. Erbteilskauf im hier behandelten Sinne liegt daher nicht vor, wenn nur ein einzelner oder einzelne Nachlassgegenstände veräußert werden sollen, mögen sie auch den Wert des Nachlasses im Wesentlichen erschöpfen.[120]

119 Da ein Vertrag über den Nachlass eines noch lebenden Dritten nach § 311b Abs. 4 BGB nichtig ist, ist eine Erbteilsübertragung und die schuldrechtliche Verpflichtung hierzu erst **nach dem Erbfall** möglich.[121]

120 Motiv einer Erbteilsübertragung ist regelmäßig, dass der Verkäufer mit der Abwicklung des Nachlasses nicht mehr befasst sein und sie dem Käufer aufbürden will.

1. Die gesetzliche Regelung

121 Bestimmungen über die Erbteilsübertragung finden sich in den §§ 2033 bis 2037 BGB und in den §§ 2371 bis 2385 BGB. Die §§ 2033 ff. BGB regeln dabei die Zulässigkeit von Verfügungen des einzelnen Miterben über seinen Erbteil im Verhältnis zu den übrigen Miterben sowie deren Rechte im Verkaufsfalle. Hingegen befassen sich die §§ 2371 ff. BGB (»Erbschaftskauf«), die sowohl für den Verkauf der gesamten Erbschaft durch den Alleinerben als auch für die Erbteilsverkauf des Miterben gelten, mit dem Verhältnis des veräußernden Erben zum Erwerber.

122 § 2033 Abs. 1 BGB statuiert die Zulässigkeit der Erbteilsübertragung. Nach § 2371 BGB bedarf der zwischen dem Miterben und dem Erwerber geschlossene Kaufvertrag bzw. der sonstige auf eine Veräußerung des Erbteils gerichtete Vertrag (§ 2385 Abs. 1 BGB) der notariellen Beurkundung. Im Falle des Verkaufs des Erbteils haben die übrigen Miterben nach §§ 2034, 2035 BGB ein Vorkaufsrecht.

---

118 Palandt/*Weidlich*, § 2371 Rn. 1.
119 Dementsprechend bleibt der Erbe auch nach dem Verkauf der Erbschaft weiterhin Erbe.
120 Anders ist der Begriff der Erbschaft hingegen in den §§ 2382 f. BGB betr. die Haftung des Erbschaftskäufers gegenüber den Nachlassgläubigern zu verstehen. Der mit diesen Regelungen bezweckte Schutz der Nachlassgläubiger vor einem Verlust der im Nachlass verkörperten Haftungsgrundlage gebietet es, sie bereits dann anzuwenden, wenn ein einzelner oder einzelne Erbschaftsgegenstände verkauft wurden, die den Nachlass im Wesentlichen erschöpfen, und der Käufer dies weiß, vgl. BGH FamRZ 1965, 267 = MDR 1965, 469.
121 Nach § 311b Abs. 5 BGB ausnahmsweise zulässige Verträge unter den künftigen gesetzlichen Erben über den Nachlass eines noch lebenden Dritten (sog. Erbschaftsverträge) unterfallen nach h. M. nicht den §§ 2371 ff. BGB, die eine angefallene Erbschaft voraussetzen.

2. Der Vertragsgegenstand – Erbschaftsverkauf und Erbteilsverkauf

a) Alleinerbe (Erbschaftsverkauf)

Der **Erbschaftsverkauf** verpflichtet den **Alleinerben** zur Übertragung aller zur Erbschaft gehörenden Gegenstände, die mit dem Erbfall in sein Eigentum übergegangen sind; einen von seinem sonstigen Vermögen getrennten Erbteil gibt es nicht, ein solcher kann daher auch nicht Vertragsgegenstand sein. Der Erbschaftsverkauf des unbeschränkten Alleinerben ist damit ein normaler Verkauf der im Eigentum des Alleinerben stehenden – zuvor ererbten – Gegenstände, erbrechtliche Besonderheiten gelten nicht. 123

Bestand zunächst eine Erbengemeinschaft und hat ein Miterbe sämtliche Erbteile der übrigen Miterben erworben, vereinigt sich dadurch die Erbschaft in seiner Hand. Die Situation entspricht dann rechtlich derjenigen beim ursprünglichen Anfall der Erbschaft an den Alleinerben. Verfügungen über die ursprünglichen Erbanteile sind daher nicht mehr möglich,[122] vielmehr muss die Erbschaft als Ganzes verkauft werden, die Nachlassgegenstände müssen entsprechend dem Vorhergesagten einzeln übertragen werden. Anders ist es jedoch, wenn sich alle Erbteile in der Hand eines Miterben vereinigen, im Nachlass jedoch wiederum ein anderer Erbteil enthalten ist. Über diese Beteiligung an einer anderen, ihrerseits noch nicht auseinandergesetzten Erbengemeinschaft kann der Miterbe selbstverständlich verfügen.[123] 124

b) Miterbe (Erbteilsverkauf)

Im Vergleich zum Erbschaftsverkauf durch den Alleinerben kommt dem Erbteilsverkauf des Miterben in der Praxis eine erheblich höhere Bedeutung zu; er stellt insbesondere ein geeignetes Instrument zur Abkürzung der Erbauseinandersetzung dar.[124] 125

Den Miterben verpflichtet der Erbschaftsverkauf vor Auseinandersetzung der Erbengemeinschaft (zur Erbauseinandersetzung vgl. Rdn. 1 ff.) zur Übertragung seines Erbteils (§ 1922 Abs. 2 BGB), weshalb man hier auch vom Erbteilsverkauf als Unterfall des Erbschaftsverkaufs spricht. Kaufgegenstand ist die **ideelle quotale Berechtigung am Gesamthandsvermögen der Erbengemeinschaft** (§ 2033 Abs. 1 S. 1 BGB), die bestehen bleibt[125]; über einzelne Nachlassgegenstände oder seinen Anteil daran kann der Miterbe demgegenüber nicht verfügen (§ 2033 Abs. 2 BGB). Es ist auch nicht möglich, die Erbteilsübertragung auf einzelne Nachlassgegenstände zu beschränken; Kaufgegenstand ist stets der Erbteil, der im Wege der Gesamtrechtsnachfolge in einem Akt auf den Erwerber übergeht. § 2033 BGB will eine Zersplitterung des Nachlasses vermeiden und die Miterben davor schützen, sich hinsichtlich einzelner Nachlassgegenstände mit einer Vielzahl dritter Personen auseinandersetzen zu müssen. Die Vorschrift findet Anwendung, solange die Erbengemeinschaft besteht, das Gesamthandsvermögen also zumindest zum Teil noch vorhanden ist.[126] 126

---

122 Siehe BGH, Beschl. v. 23.2.2005 – IV ZR 55/04, ZEV 2005, 204: Eine durch Übertragung aller Erbanteile aufgelöste Erbengemeinschaft kann zwar trotz Nichtigkeit des der Erbteilsübertragung zugrunde liegenden Rechtsgeschäfts nicht wiederhergestellt werden. Erfasst die Nichtigkeit aber auch die dingliche Übertragung der Erbanteile, so ist die Erbengemeinschaft nicht wirksam aufgelöst; OLG Düsseldorf NJW 1977, 1828. Siehe aber auch BGH DNotZ 1993, 119: Hat der Schuldner seinen Miterbenanteil dem einzigen anderen Miterben anfechtbar übertragen, so ist eine Rückgewähr in Natur nicht allgemein ausgeschlossen. Sie ist jedenfalls möglich, wenn der Nachlass nur aus einem Grundstück besteht.
123 So im Fall des OLG Hamm DNotZ 1966, 744, in welchem ein Kind alle Erbteile seiner Geschwister an der Erbengemeinschaft nach den gemeinsamen Eltern erworben hatte (womit diese Erbengemeinschaft nicht mehr bestand, vgl. o.), und über einen in den Nachlässen der Eltern noch vorhandenen Erbteil an der Erbengemeinschaft nach den Großeltern verfügen wollte. Dies ist ohne weiteres möglich.
124 *Muscheler*, RNotZ 2009, 65, 68.
125 Die Erbengemeinschaft bleibt nach überwiegender Auffassung auch dann bestehen, wenn mehrere Personen in Bruchteilsgemeinschaft alle Erbanteile erwerben, vgl. OLG Jena, Beschl. v. 16.6.2014 – 3 W 184/14 = ZEV 2014, 603 mit Anm. *Werner*.
126 Nach BGH NJW 1969, 92 reicht das Vorhandensein eines Nachlassgegenstandes aus.

127 Haben sich die Miterben bereits **auseinandergesetzt** und ist die Erbengemeinschaft aufgelöst, gibt es keinen isolierten Erbteil mehr, über den der Miterbe verfügen könnte. Verkauft er in einem solchen Fall die ihm angefallene Erbschaft, ist er wie ein Alleinerbe zu behandeln und verpflichtet, die ihm bei der Erbauseinandersetzung zugeteilten Gegenstände zu übereignen.[127]

128 Will der Miterbe vor Auseinandersetzung der Erbengemeinschaft demgegenüber nur seinen **Anteil an einzelnen Erbschaftsgegenständen** übertragen, ist dies – wie dargelegt – nicht möglich. In einem solchen Fall wird man vor der Übertragung einen Teilauseindersetzungsvertrag zwischen allen Miterben schließen (zur Erbauseinandersetzung vgl. Rdn. 1 ff.), nach dem nur noch der Nachlassgegenstand, der von der Erbteilsübertragung betroffen sein soll, im Nachlass verbleibt. Alternativ wäre auch denkbar, den Erbteil ohne vorherige Teilauseinandersetzung zu übertragen und zugleich die schuldrechtliche Verpflichtung des Erwerbers zu begründen, bestimmte Gegenstände oder an ihre Stelle tretende Vermögenswerte, die bei der späteren Erbauseinandersetzung der Erbengemeinschaft dem Erwerber zukommen, an den Veräußerer herauszugeben. Da eine solche Gestaltung erhebliche Unsicherheiten und Risiken für beide Vertragsteile birgt (insbesondere ist der Anspruch des Veräußerers kaum effektiv sicherbar), wird sie sich allenfalls als vorsorgliche Regelung für den Fall empfehlen, dass sich nach Vertragsschluss herausstellt, dass im Nachlass noch Gegenstände vorhanden sind, die die Beteiligten bei der Bemessung der Gegenleistung nicht berücksichtigt haben.

c) Vorerbe

129 Verkauft der **Vorerbe** seine Erbschaft, bezieht sich die Verpflichtung regelmäßig auf die Übertragung der ihm angefallenen Vorerbschaft, soweit dies nach §§ 2112 ff. BGB möglich ist. Ist der Vorerbe nur Miterbe, ist Gegenstand des Vertrages der Erbteil, so wie er ihn innehatte (vgl. ausführlich Rdn. 197 ff.).

d) Nacherbe

130 Der **Nacherbe** kann sein Anwartschaftsrecht, das er mit dem Tod des Erblassers vor dem Nacherbfall erwirbt, veräußern und somit auch zum Gegenstand eines entsprechenden Erbschaftskaufs machen (vgl. ausführlich Rdn. 200 ff.). Der dingliche Vollzug, d. h. die Übertragung des Anwartschaftsrechts, geschieht sowohl beim Alleinnacherben als auch beim Mitnacherben in entsprechender Anwendung des § 2033 BGB. Es ist auch möglich, den Erbschaftskauf unter der Bedingung abzuschließen, dass dem Nacherben die Erbschaft anfällt.[128]

e) Bruchteil

131 Der Vertrag muss schließlich nicht die gesamte Erbschaft des Alleinerben oder den gesamten Erbteil des Miterben erfassen, sondern kann auch auf einen **Bruchteil** davon beschränkt werden. Nicht möglich ist es dagegen, ein Erbrecht oder einen Erbanspruch an einem Bestandteil des Nachlasses zu verkaufen, weil es ein solches Recht nach dem BGB begrifflich nicht gibt.[129]

3. Der Leistungsvollzug

132 Der schuldrechtliche Erbeilskauf- bzw. übertragungsvertrag ist von dem seiner Erfüllung dienenden **Leistungsvollzugsgeschäft** zu unterscheiden, als solcher wirkt er nicht unmittelbar rechtsändernd. Freilich werden das schuldrechtliche Grundgeschäft und das dingliche Vollzugsgeschäft regelmäßig in einer Urkunde enthalten sein. Gleichwohl ist die Unterscheidung von Bedeutung und ermöglicht es insbesondere, die Übertragung aufschiebend oder auflösend zu bedingen.

---

[127] MünchKommBGB/*Musielak*, Vor § 2371 Rn. 5 mit Fn. 12; Erman/*W. Schlüter*, Vor § 2371 Rn. 2.
[128] MünchKommBGB/*Musielak*, Vor § 2371 Rn. 6 a. E.
[129] BGH NJW 1967, 1128; vgl. auch Palandt/*Weidlich*, § 2371 Rn. 1.

a) Alleinerbe

Verkauft oder überträgt der Alleinerbe die ihm angefallene Erbschaft bzw. der Miterbe **nach Auseinandersetzung** die ihm zugewiesenen Gegenstände, müssen die einzelnen Nachlassgegenstände (beim Verkauf eines Bruchteils Bruchteilsrechte hieran) nach den Vorschriften übertragen werden, die jeweils für die einzelnen verkauften Gegenstände gelten. Grundstücke sind daher nach §§ 873 ff., 925 BGB, bewegliche Sachen nach §§ 929 ff. BGB, Forderungen nach § 398 BGB und GmbH-Anteile nach § 15 Abs. 3 GmbHG zu übertragen.

133

Nach § **2374 BGB** hat der Verkäufer dem Käufer die zur Zeit des Verkaufs vorhandenen Erbschaftsgegenstände **herauszugeben**. Insoweit geht der Regelungsgehalt der Vorschrift nicht über § 433 Abs. 1 BGB hinaus. Daneben sind nach § 2374 BGB aber auch die vor dem Verkauf erlangten und zur Zeit des Verkaufs noch vorhandenen[130] Surrogate herauszugeben sowie diejenigen Ansprüche, die der Verkäufer aufgrund seiner Erbenstellung erlangt hat (z. B. Ansprüche gegen den Testamentsvollstrecker). § 2374 BGB ist uneingeschränkt nur auf den Erbschaftsverkauf des Alleinerben anwendbar, beim Erbteilsverkauf des Miterben erschöpft sich das Erfüllungsgeschäft in der Übertragung des Erbteils nach § 2033 Abs. 1 BGB.

134

b) Miterbe

Der **Miterbe** hat seine Rechtsstellung, also seinen Erbteil zu übertragen (§ 2033 Abs. 1 BGB). Das Verfügungsgeschäft des Miterben bedarf nach § 2033 Abs. 1 S. 2 BGB der **notariellen Beurkundung** und erfolgt üblicherweise in derselben Urkunde wie das schuldrechtliche Geschäft, der Erbteilsverkauf. Die Anteilsübertragung eines Miterben führt dazu, dass dessen Mitberechtigung an den einzelnen Nachlassgegenständen in einem Akt im Wege der **Gesamtrechtsnachfolge** auf den Erwerber übergeht.

135

§ 2033 Abs. 1 BGB findet allerdings nur vor der Auseinandersetzung der Erbengemeinschaft Anwendung. Sind dem Miterben im Wege der Erbauseinandersetzung bereits einzelne Nachlassgegenstände übertragen worden, gilt insoweit wie beim Alleinerben der Grundsatz der Einzelübertragung. Auch der Bruchteil eines Erbteils ist nach § 2033 Abs. 1 BGB zu übertragen.

136

c) Vorerbe

Der Vorerbe erfüllt seine Verpflichtung durch Übertragung seines Erbteils; eine Zustimmung des Nacherben ist nicht erforderlich, da die durch die §§ 2113 ff. BGB angeordneten Beschränkungen nur einzelne Gegenstände des Nachlasses betreffen, nicht jedoch die Rechtsstellung des Vorerben als solche.

137

d) Nacherbe

Der **Nacherbe** hat sein Anwartschaftsrecht analog § 2033 Abs. 1 BGB zu übertragen, vgl. im Einzelnen unten, Rdn. 200 ff.

138

4. Rechtsfolgen der Erbteilsübertragung

Mit der Übertragung des Erbteils nach § 2033 Abs. 1 BGB wird der Erwerber zwar nicht seinerseits Miterbe, weil die Erbenstellung nicht durch Rechtsgeschäft unter Lebenden erworben werden kann,[131] er tritt aber anstelle des veräußernden Miterben in dessen vermögensrechtliche Position ein und erwirbt eine gesamthänderische Berechtigung an sämtlichen Nachlassgegenständen.[132] Soweit ein Grundstück zum Nachlass gehört, erwirbt der Erwerber seine Berechtigung hieran außerhalb des Grundbuchs; er kann gemäß § 894 BGB Grundbuchberichtigung verlangen (vgl. dazu

139

---

[130] Palandt/*Weidlich*, § 2374 Rn. 1; Staudinger/*Olshausen*, § 2374 Rn. 9.
[131] Palandt/*Weidlich*, § 2033 Rn. 6; *Muscheler*, RNotZ 2009, 65.
[132] Palandt/*Weidlich*, § 2033 Rn. 6.

unten, Rdn. 224 ff.). Eine Ausnahme von dem Grundsatz, dass der Erwerber mit der Erbteilsübertragung in die Position des Veräußerers einrückt, besteht für die – bei entsprechender gesellschaftsvertraglicher Regelung eintretende – **Sondererbfolge in den Anteil an einer Personengesellschaft.** Aufgrund der Sondererbfolge fällt der Gesellschaftsanteil nicht in das gesamthänderisch gebundene Vermögen der Erbengemeinschaft, für ihn bedarf es vielmehr einer gesonderten Übertragung.[133]

140 Mit der Erbteilsübertragung übernimmt der Erwerber die den Veräußerer treffenden Beschränkungen und Beschwerungen, insbesondere Vermächtnisse, Pflichtteile, Testamentsvollstreckung, Teilungsanordnungen.[134] Ferner übernimmt der Erbteilserwerber auch alle Rechte und Pflichten hinsichtlich der Verwaltung und Auseinandersetzung des Nachlasses. Er allein kann daher nach der Übertragung die Auseinandersetzung des Nachlasses nach § 2042 BGB verlangen.

141 Werden alle Erbteile auf eine Person übertragen, erlischt die Erbengemeinschaft. Wird ein Erbteil einem anderen Miterben übertragen, wächst der übertragene Erbteil dessen Erbteil an, wird er allen anderen Miterben übertragen, wächst er ihnen vorbehaltlich einer anderen Vereinbarung zur gesamten Hand entsprechend ihrer Erbteile an.[135]

142 Ist vor der Erbteilsübertragung bereits ein Erbschein erteilt worden, wird dieser durch die Übertragung nicht unrichtig, da – wie ausgeführt – die Übertragung nicht auch zu einer Übertragung der Erbenstellung als solcher führt.

5. Formvorschriften

143 Nach § 2371 BGB bedarf der Erbschaftsverkauf und damit auch der Erbteilsverkauf der **notariellen Beurkundung**. Das Formerfordernis des § 2371 BGB hat nicht nur Warnfunktion, sondern vor allem auch Beweisfunktion und Beratungsfunktion. Daher wahrt z. B. ein im schriftlichen Verfahren gem. § 278 Abs. 6 ZPO zustande gekommener gerichtlicher Vergleich die erforderliche Form regelmäßig nicht.[136] Das Formerfordernis des § 2371 BGB erstreckt sich auf sämtliche vertraglichen Abreden, einschließlich der Nebenabreden, und auf deren Änderungen. Es gelten die zu § 311b BGB bzw. zu § 313 BGB a. F. entwickelten Grundsätze. Formbedürftig ist daher auch die nachträgliche Änderung oder Aufhebung des noch nicht erfüllten Erbschaftskaufvertrages.[137]

144 Die dingliche Übertragung des Erbteils ist nach § 2033 Abs. 1 BGB beurkundungsbedürftig.

145 Eine **Heilungsmöglichkeit** bei Formmängeln entsprechend der Regelung in § 311b Abs. 1 S. 2 BGB ist im Gesetz nicht vorgesehen; die fehlende Heilbarkeit entspricht beim Erbschaftsverkauf durch den Alleinerben einhelliger Auffassung.[138] Beim Erbschaftsverkauf durch den Miterben, also beim Erbteilsverkauf, will eine teilweise im Schrifttum vertretene Auffassung eine Heilung analog § 311b Abs. 1 S. 2 BGB zulassen, die ganz überwiegende Meinung und die Rechtsprechung lehnen dies jedoch ab.[139]

146 Regelmäßig werden schuldrechtliches und dingliches Rechtsgeschäft in einer Urkunde zusammengefasst. Sollte ausnahmsweise einmal die Beurkundung nur der dinglichen Erbteilsübertragung gewünscht werden, sollte sich der Notar den notariell beurkundeten schuldrechtlichen Vertrag vorlegen lassen. Zwar ist § 925a BGB hier nicht anwendbar, ist dem Notar aber bekannt, dass ein wirk-

---

[133] *Ivo*, ZEV 2004, 499; Palandt/*Weidlich*, § 2033 Rn. 6 a. E.
[134] Palandt/*Weidlich*, § 2033 Rn. 6.
[135] BayObLG DNotZ 1981, 292 = NJW 1981, 830.
[136] OLG Celle, Beschl. v. 14.6.2013 – 4 W 65/13, NJW 2013, 2979.
[137] OLG Schleswig SchlHA 1957, 181; vgl. auch MünchKommBGB/*Musielak*, § 2371 Rn. 4; *Muscheler*, RNotZ 2009, 65, 66.
[138] Vgl. MünchKommBGB/*Musielak*, § 2371 Rn. 6; *Muscheler*, RNotZ 2009, 65, 67.
[139] BGH NJW 1967, 1128 ff.; OLG Köln OLGR 1992, 282; MünchKommBGB/*Musielak*, § 2371 Rn. 7; *Muscheler*, RNotZ 2009, 65, 67; anderer Ansicht jedoch Erman/*W. Schlüter*, § 2371 Rn. 5; *Lange/Kuchinke*, § 45 II 2.

sames schuldrechtliche Grundgeschäft nicht existiert, sollte er die Beurkundung der dinglichen Erbteilsübertragung ablehnen.[140]

▶ **Muster:** 147

Vor mir ... Notar mit dem Amtssitz in ... erschienen

1. als Veräußerer ...

2. als Erwerber ...

Die Erschienenen wiesen sich dem Notar gegenüber durch Vorlage ihrer Personalausweise aus und erklärten:

Wir sind auf Grund gesetzlicher Erbfolge Miterben des am ... verstorbenen ... Die Beteiligung des Veräußerers am Nachlass beträgt ..., wie es sich aus dem in Ausfertigung vorliegenden Erbschein des AG ... vom ... (Geschäfts-Nr. ...) ergibt; die Erbengemeinschaft ist noch nicht auseinander gesetzt.

Dies vorausgeschickt, erklärten die Erschienenen:

Wir schließen den folgenden

Erbteilskaufvertrag.

I.

Der Veräußerer ... verkauft dem dies annehmenden Erwerber ... seinen zuvor näher beschriebenen Erbteil am Nachlass des verstorbenen ...

Der Notar hat auf die rechtliche Wirkung des Erbteilsverkaufs und der Erbteilsübertragung hingewiesen. Den Beteiligten ist insbesondere bekannt, dass hierbei alle im Nachlass befindlichen Vermögenswerte einschließlich aller Nachlassverbindlichkeiten auf den Erwerber übergehen. Die Beteiligten erklären, Art und Umfang des zum ungeteilten Nachlass gehörigen Vermögens genau zu kennen.

II.

1. Der Kaufpreis für den Erbteil beträgt ... Euro.

2. Der Kaufpreis ist fällig am ..., eingehend auf dem Konto des Veräußerers Nr. ... bei der ... Weitergehende Fälligkeitsvoraussetzungen, etwa die Übertragung des Erbteils oder Eintragung eines Widerspruchs im Grundbuch gegen die Inhaberschaft des Veräußerers, wünschen die Beteiligten trotz Belehrung nicht.

3. Der Erwerber unterwirft sich wegen dieser Zahlungsverpflichtung der sofortigen Zwangsvollstreckung in sein gesamtes Vermögen. Der Notar ist berechtigt, dem Veräußerer jederzeit ohne weitere Nachweise eine vollstreckbare Ausfertigung dieser Urkunde zu erteilen, nicht jedoch vor dem angegebenen Fälligkeitstermin.

III.

1. Der Veräußerer überträgt dem dies annehmenden Erwerber seinen zuvor näher bezeichneten Erbteil mit sofortiger dinglicher Wirkung.

2. Der wirtschaftliche Übergang erfolgt zum ... Auf den Erwerber gehen zu diesem Zeitpunkt die Gefahr des zufälligen Untergangs und einer zufälligen Verschlechterung der Erbschaftsgegenstände über. Ihm gebühren von diesem Zeitpunkt an die Nutzungen, und er hat die Lasten zu tragen.

3. Der Erwerber trägt ab dem Zeitpunkt des wirtschaftlichen Übergangs im Innenverhältnis alle den im Nachlass befindlichen Grundbesitz betreffenden öffentlich-rechtlichen Kosten und Lasten. Ihm alleine obliegt ab diesem Zeitpunkt auch die Verkehrssicherungspflicht.

---

140 Reithmann/Albrecht/*Basty*, Handbuch der notariellen Vertragsgestaltung, Rn. 1255.

4. Der Notar hat die Beteiligten darauf hingewiesen, dass Übertragung und wirtschaftlicher Übergang vor Erhalt des Kaufpreises für den Veräußerer eine ungesicherte Vorleistung darstellen. Eine andere Vorgehensweise, insbesondere Abtretung und wirtschaftlicher Übergang erst nach Erhalt des Kaufpreises, wünschen die Beteiligten nicht.

IV.

Der Erbteil wird in seinem heutigen Bestand übertragen. Der Veräußerer haftet nicht für die Höhe, den Bestand und die Beschaffenheit, insbesondere nicht für Sachmängel von Gegenständen, die zur Erbschaft gehören. Der Veräußerer haftet wegen eines Mangels im Recht lediglich dafür, dass ihm das Erbrecht unbeschränkt zusteht; er garantiert, dass er bisher nicht über den Erbteil verfügt hat und der Erbteil nicht mit Rechten Dritter belastet ist.

Erwerber und Veräußerer sind sich einig, dass mit ordnungsgemäßer Durchführung dieses Vertrages sämtliche gegenseitig bestehenden Ansprüche im Hinblick auf die nach dem verstorbenen ... bestehende Erbengemeinschaft erledigt sind. Insbesondere bestehen keine Ansprüche auf Verwendungs- und Aufwendungsersatz. Der Erwerber ist daher insbesondere nicht verpflichtet, dem Veräußerer Ersatz für etwa von diesem bereits gezahlte Nachlassverbindlichkeiten, für notwendige Verwendungen oder andere Aufwendungen zu leisten, die der Veräußerer bereits auf die Erbschaft gemacht hat. Rein vorsorglich verzichten die Erschienenen wechselseitig auf noch bestehende Ansprüche und nehmen den Verzicht jeweils an. Sollte auf den veräußerten Erbteil noch Erbschaftsteuer zu zahlen sein, hat diese der Veräußerer zu tragen.

II. Die Absicherung der gegenseitigen Leistungserbringung

148 Der Erbteilsverkauf hat als Verkauf eines Vermögensinbegriffs wegen der damit verbundenen Unwägbarkeiten hinsichtlich Zusammensetzung und Wert der dem Verkäufer angefallenen Erbschaft spekulativen Charakter.[141] Er birgt neben den mit der Einschätzung und der Bewertung des Vertragsgegenstandes verbundenen wirtschaftlichen Risiken für beide Vertragsparteien aber auch erhebliche rechtliche Risiken, die namentlich aus der praktischen Schwierigkeit der Absicherung der gegenseitigen Leistungserbringung resultieren.

1. Risiken des Verkäufers und deren Sicherung

149 Für den Verkäufer resultieren Risiken vor allem aus dem Umstand, dass die Übertragung des Erbteils nur eines Aktes, nämlich einer entsprechenden vertraglichen Vereinbarung nach § 2033 Abs. 1 BGB, bedarf und nicht – wie die Übertragung beweglicher und unbeweglicher Sachen – in zwei Akten erfolgt. Eine Absicherung des Erhalts des Kaufpreises kann daher anders als beim Grundstückskauf nicht zwischen den einzelnen Akten des dinglichen Geschäfts (Einigung und Eintragung) ansetzen. Überträgt der Verkäufer den Erbteil, ohne zuvor den Kaufpreis erhalten zu haben, läuft er Gefahr, dass der Käufer insolvent wird, Gläubiger des Käufers den Erbteil pfänden oder der Käufer über den Erbteil seinerseits verfügt.

150 Das Zurückhalten der Ausfertigung oder beglaubigten Abschrift des Kaufvertrages bis zur Zahlung des Kaufpreises hilft dem Verkäufer daher nicht. Die den Interessen des Verkäufers gerecht werdende Erbteilsübertragung unter der aufschiebenden Bedingung der Kaufpreiszahlung bürdet andererseits dem Käufer das Risiko der Vorleistung auf.

2. Risiken des Käufers und deren Sicherung

151 Für den Käufer besteht zunächst das Risiko der Haftung für Nachlassverbindlichkeiten nach § 2382 Abs. 1 BGB. Danach haftet der Käufer unbeschadet der Haftung des Verkäufers den Nachlassgläubigern ab dem Zeitpunkt des Abschlusses des Kaufvertrages, also noch vor dessen Erfüllung, und

---

141 *Muscheler*, RNotZ 2009, 65, 66.

auch insoweit, als dem Verkäufer gegenüber eine Haftung nach §§ 2378, 2379 BGB nicht besteht. Diese Haftung gegenüber den Nachlassgläubigern ist nicht abdingbar (§ 2382 Abs. 2 BGB).

Daneben bestehen für den Käufer Risiken, welche daraus resultieren, dass ihm hinsichtlich der einzelnen Nachlassgegenstände die Vorschriften über den gutgläubigen Erwerb (§§ 935, 892 f., 2366 BGB) nicht zugute kommen,[142] weil er nicht einzelne Nachlassgegenstände erwirbt (vgl. § 2033 Abs. 2 BGB), sondern lediglich eine Rechtsstellung, nämlich den Erbteil des veräußernden Miterben. Anders als bei Grundstückskaufverträgen kann zu seinen Gunsten auch keine Vormerkung nach § 883 BGB in das Grundbuch eingetragen werden; selbst wenn Grundbesitz zum Nachlass gehört, ist Vertragsgegenstand nach wie vor der Erbteil und gerade nicht der Grundbesitz als solcher. Für den Käufer besteht daher die Gefahr, dass er den Kaufpreis ungesichert vorleistet und Gläubiger des Verkäufers auf den Erbteil noch vor der Übertragung auf den Käufer Zugriff nehmen. 152

3. Sicherungsmöglichkeiten

Die Beteiligten einer Erbteilsübertragung kennen sich in der Praxis regelmäßig näher. Sie werden daher auf eine Absicherung der gegenseitigen Leistungserbringung jedenfalls dann häufig verzichten, wenn sie – wie stets (dazu sogleich) – mit zusätzlichen Kosten verbunden ist. Insoweit darf auch nicht übersehen werden, dass das Risiko einer ungesicherten Vorleistung – sei es durch den Käufer, sei es durch den Verkäufer – tatsächlich gering ist, da der Inhaber des Erbteils über den zum Nachlass gehörenden Grundbesitz nur gemeinsam mit den anderen Miterben verfügen könnte, § 2040 BGB. In der Vielzahl der Fälle wird man daher auf eine Absicherung der gegenseitigen Leistungserbringung über komplizierten Konstruktionen verzichten können und die Beteiligten hierüber belehren. 153

▶ **Muster:** 154

Der Notar hat die Beteiligten darüber belehrt, dass der Verkäufer mit der sofortigen Übertragung des Erbteils vor Erhalt des Kaufpreises eine ungesicherte Vorleistung erbringt, und Sicherungsmöglichkeiten aufgezeigt. Die Beteiligten verzichten auf weitere Sicherungen in Kenntnis der Risiken.

Zur Absicherung der umrissenen Risiken für Verkäufer und Käufer können **verschiedene Wege** beschritten werden, die jedoch jeweils mit Nachteilen verbunden sind: 155

a) Verpfändung des Erbteils

Der Verkäufer überträgt den Erbteil unbedingt an den Käufer, und gleichzeitig verpfändet der Käufer den Erbteil zur Sicherung des Kaufpreisanspruchs. Indes wird dies regelmäßig nicht dem Interesse des Verkäufers entsprechen, da er den Erhalt des Kaufpreises sicherstellen möchte, nicht aber seine Befriedigung durch zeitaufwendige Verwertung des Erbteils, deren Erlös zudem unsicher ist. Von dieser Alternative ist daher abzuraten. 156

b) Getrennte Beurkundung des schuldrechtlichen und dinglichen Vertrages

Der schuldrechtliche und dingliche Vertrag werden zeitlich getrennt beurkundet. Nach Beurkundung des schuldrechtlichen Vertrages und Kaufpreiszahlung wird der dingliche Vertrag beurkundet und der Rechtsübergang unmittelbar wirksam. Auch diese Alternative wird regelmäßig nicht zu empfehlen sein, da der Käufer damit das Risiko weiterer Verfügungen des Verkäufers und des Zugriffs von dessen Gläubigern tragen müsste. Ferner löst diese Konstruktion die Vertragsgebühr zweimal aus (zu den Kosten, vgl. unten, Rdn. 230). 157

---

142 Palandt/*Weidlich*, § 2033 Rn. 6 a. E.

c) Bedingte Übertragung des Erbteils

158 Die Erbteilsübertragung wird unter eine Bedingung gestellt. Dies ist – anders als bei der Auflassung, § 925 Abs. 2 BGB – ohne weiteres möglich; der dingliche Vertrag nach § 2033 Abs. 1 BGB ist nicht bedingungsfeindlich. § 161 BGB schützt den Käufer vor vertragswidrigen Verfügungen des Verkäufers. Insbesondere kommt auch der einen gutgläubigen Erwerb zulassende § 161 Abs. 3 BGB hier nicht zur Anwendung, da es keine Vorschriften über den gutgläubigen Erwerb eines Erbteils gibt.

159 Eine Bedingung lässt sich in verschiedener Weise im Vertrag vorsehen:

Die Übertragung des Erbteils wird **aufschiebend bedingt** (§ 158 Abs. 1 BGB).[143] Bedingung ist die ordnungsgemäße Zahlung des Kaufpreises durch den Käufer. Um dem Grundbuchamt den Nachweis der Bedingung zum Zwecke der Grundbuchberichtigung zu ermöglichen, empfiehlt sich eine Vereinbarung, dass die Bedingung auch dann als eingetreten gilt, wenn der Urkundsnotar eine den Antrag auf Grundbuchberichtigung enthaltende Ausfertigung erteilt. Der Notar wird angewiesen, diese Ausfertigung erst dann zu erteilen, wenn der Verkäufer die Kaufpreiszahlung bestätigt oder sie anderweitig nachgewiesen ist. Für den Käufer besteht in diesem Fall das – freilich in der Praxis überaus geringe – Risiko, dass der Verkäufer mit den übrigen Erben den Grundbesitz nach Zahlung des Kaufpreises, aber vor Grundbuchberichtigung auf den Erwerber anderweitig veräußert oder hierein vollstreckt wird. Es kann daher in diesem Fall die Eintragung einer Verfügungsbeschränkung nach § 161 Abs. 1 BGB zu Lasten des Verkäufers und zugunsten des Käufers in das Grundbuch beantragt werden. Gelöscht wird diese Verfügungsbeschränkung, wenn der Kaufpreis gezahlt und damit die Bedingung eingetreten ist. Es ist dann auf entsprechenden Nachweis das Grundbuch durch Eintragung des Käufers und Löschung der Verfügungsbeschränkung zu berichtigen.

160 Die Übertragung des Erbteils wird **auflösend bedingt** (§ 158 Abs. 2 BGB) durch die Ausübung eines für den Fall der Nichtzahlung des Kaufpreises im Vertrag vereinbarten Rücktrittsrechts. Für den Verkäufer besteht dann das – freilich in der Praxis überaus geringe – Risiko, dass der Erwerber mit den übrigen Erben nach Grundbuchberichtigung, aber vor Zahlung des Kaufpreises das Nachlassgrundstück veräußert; der Erwerber könnte sich dann auf § 161 Abs. 3 BGB berufen. Dem kann durch die Eintragung einer Verfügungsbeschränkung gemäß § 161 Abs. 1 BGB[144] zu Lasten des Erwerbers begegnet werden, die der Notar zur Löschung bringen darf, wenn der Kaufpreis ordnungsgemäß gezahlt ist.

d) Abwicklung über Notaranderkonto

161 Den Sicherungsinteressen beider Vertragsteile am besten gerecht und daher hier empfohlen wird eine Kaufpreishinterlegung auf Notaranderkonto vor der gemeinsamen Beurkundung von Erbteilskaufvertrag und -übertragung. Die Übertragung des Erbteils erfolgt dann mit sofortiger dinglicher Wirkung, als Auszahlungsvoraussetzung wird der Eintritt der – allgemeinen – Fälligkeitsvoraussetzungen vereinbart sowie die Eintragung eines Widerspruchs (§ 899 BGB) gegen die Berechtigung des Verkäufers im Grundbuch. Möglich wäre auch, die Auszahlung erst nach Grundbuchberichtigung auf den Käufer vorzusehen. Da indes die Eintragung erst nach Vorliegen der grunderwerbsteuerlichen Unbedenklichkeitsbescheinigung erfolgen darf (§ 22 GrEStG), hätte es der Käufer in der Hand, durch Nichtzahlung der Grunderwerbsteuer die Auszahlung zu verzögern.

162 Die Abwicklung über das Notaranderkonto hat jedoch den Nachteil, dass zwischen der Hinterlegung auf dem Anderkonto und der Auszahlung ein verhältnismäßig langer Zeitraum liegen kann (insb. weil möglicherweise die Beschaffung der als Fälligkeitsvoraussetzung vorzusehenden Vorkaufsrechtsverzichtserklärungen langwierig ist), so dass Zinsverluste drohen.[145]

---

143 Siehe dazu *Neusser*, MittRhNotK 1979, 143.
144 Vgl. LG Nürnberg-Fürth MittBayNot 1982, 21; Hügel/*Wilsch*, GBO, § 35 Rn. 164.
145 Siehe *Keim*, RNotZ 2003, 375, 383.

▶ **Muster:**

Vor mir, Notar mit dem Amtssitz in … erschienen

1. … (nachfolgend auch »Verkäufer« genannt),

2. …(nachfolgend auch »Käufer« genannt).

Sie baten um die Beurkundung des folgenden

Erbteilskaufvertrages

I. Kaufgegenstand

1. Der Verkäufer ist zu $1/4$ Anteil Erbe am Nachlass des am … verstorbenen … (nachfolgend auch der »Erblasser« genannt), Miterben zu je $1/4$ sind …, … und … Dies ergibt sich aus dem vom AG … unter dem … zur Geschäfts-Nr. … erteilen Erbschein, der heute in Ausfertigung vorlag und dieser Urkunde in beglaubigter Abschrift beigefügt ist.

2. Der bislang ungeteilte Nachlass besteht nach Angaben des Verkäufers aus dem im Grundbuch des AG … von … Blatt … verzeichneten Grundbesitz und einem Guthaben von … auf dem auf den Erblasser lautenden Konto Nr. … bei der … Der Grundbesitz ist in Abt. II und III des Grundbuches lastenfrei, was der Notar durch Einsicht in das Grundbuch am heutigen Tage festgestellt hat.

II. Verkauf

1. Der Verkäufer verkauft dem dies annehmenden Käufer seinen Erbteil am Nachlass des Erblassers.

2. Der Kaufpreis für den Erbteil beträgt … Euro. Dieser Betrag ist auf dem Anderkonto des beurkundenden Notars bei der …, Konto Nr. … hinterlegt (Masse Nr. …).

Die Beteiligten haben bereits im Vorfeld eine privatschriftliche Hinterlegungsvereinbarung getroffen, die dem Notar im Original vorliegt. Der Notar wird danach unwiderruflich angewiesen, den hinterlegten Kaufpreis einschließlich Hinterlegungszinsen und abzüglich der Notargebühren, die der Notar von dem Anderkonto entnehmen darf, an den Verkäufer auszuzahlen, wenn und sobald

a) im vorgenannten Grundbuch ein Widerspruch gegen die Richtigkeit der Eintragung des Verkäufers zugunsten des Käufers eingetragen ist;

b) die Erklärungen der Miterben, auf ihre Vorkaufsrechte nach § 2034 BGB zu verzichten, dem Notar vorliegen oder der Verkäufer dem Notar nach Ablauf der 2-monatigen Ausübungsfrist bestätigt hat, dass ein Vorkaufsrecht nicht ausgeübt wurde. Der Notar hat darauf hingewiesen, dass er dies nicht überprüfen kann.

c) eine Bestätigung der … vorliegt, wonach über das Guthaben auf dem noch auf den Namen des Erblassers lautenden Konto nur noch nach übereinstimmender Weisung des Käufers und der verbleibenden Miterben verfügt werden darf.

III. Zusicherungen und Garantien

1. Der Verkäufer garantiert dem Käufer, dass

a) der vorgenannte Grundbesitz Bestandteil des Nachlasses ist;

b) der hier verkaufte Erbteil existiert und nicht mit Rechten Dritter belastet ist;

c) keine Verbindlichkeiten der Erbengemeinschaft bestehen und die Erbschaftsteuer bereits vollständig gezahlt ist, so dass der Käufer gegenüber Nachlassgläubiger nicht nach § 2382 BGB haftet.

2. Der Verkäufer haftet nur für den ordnungsgemäßen Übergang des Erbteils und für die Freiheit von Rechten Dritter, im übrigen trifft ihn keine Haftung, insbesondere nicht für Güte und Ertragskraft des Erbteils oder für Zustand bzw. Sachmängel des Grundbesitzes. Der Verkäufer versichert, dass ihm derartige Mängel nicht bekannt sind.

3. Der Verkäufer hat nach eigenen Angaben keine Aufwendungen auf die Erbschaft getätigt. Rein vorsorglich verzichtet er auf alle in Betracht kommenden Ansprüche auf Verwendungs- und Aufwendungsersatz. Der Käufer nimmt diesen Verzicht an.

4. Dem Käufer stehen keine Ansprüche zu, wenn ein Miterbe sein Vorkaufsrecht ausübt. In diesem Fall sind Käufer und Verkäufer zum Rücktritt von diesem Vertrag durch eingeschriebenen Brief an den Notar berechtigt. Die entstandenen Kosten hat der Verkäufer zu tragen, soweit sie nicht den Vorkaufsberechtigten treffen. Der Notar wird übereinstimmend angewiesen, den hinterlegten Kaufpreis an den Käufer nach Rückübertragung des Erbteils zurück zu überweisen.

IV. Besitzübergang, Kosten und Steuern

1. Anteiliger Besitz, Nutzungen und Lasten, die Verkehrssicherungspflichten sowie die Gefahren eines zufälligen Untergangs und einer zufälligen Verschlechterung des verkauften Erbteils und des Grundstücks gehen mit dem heutigen Tage auf den Käufer über.

2. Alle mit diesem Vertrage und seiner Durchführung verbundenen Kosten und Steuern trägt der Käufer.

V. Erbteilsübertragung

Der Verkäufer überträgt dem Käufer den vorgenannten Erbteil mit dinglicher Wirkung vom heutigen Tage an. Der Käufer nimmt diese Übertragung an.

VI. Grundbucherklärungen

1. Verkäufer und Käufer beantragen, das Grundbuch dahin zu berichtigen, dass der Käufer anstelle des Verkäufers als Mitglied der Erbengemeinschaft Eigentümer ist.

2. Der Notar hat die Erschienenen darauf hingewiesen, dass die Grundbuchberichtigung erst nach Vorliegen der steuerlichen Unbedenklichkeitsbescheinigung erfolgen kann.

VII. Hinweise

1. Der Notar hat die Beteiligten auf die Vorkaufsrechte der Miterben nach § 2034 BGB hingewiesen. Er wird beauftragt, den Miterben eine beglaubigte Abschrift dieses Vertrages zu übersenden und um eine Erklärung zu bitten, ob sie das Vorkaufsrecht ausüben oder hierauf verzichten.

2. Die Beteiligten beauftragen den Notar, eine beglaubigte Abschrift dieser Urkunde dem zuständigen Nachlassgericht zu übersenden.

3. Der Notar hat die Beteiligten über die Rechtswirkungen der Erbteilsübertragung belehrt und ferner darauf hingewiesen, dass
– alle im Zusammenhang mit diesem Vertrag getroffenen Vereinbarungen beurkundungspflichtig sind,
– die Beteiligten für die Gerichts- und Notargebühren sowie die Grunderwerbsteuer kraft Gesetzes als Gesamtschuldner haften.

VIII. Sonstiges

Alle zu dieser Urkunde etwa erforderlichen Genehmigungen sowie die Vorkaufsrechtsverzichtserklärungen der Miterben sollen mit ihrem Eingang bei dem beurkundenden Notar wirksam werden.

Die Beteiligten beauftragen den Notar, seinen amtlich bestellten Vertreter und Amtsnachfolger, alle zur Durchführung dieser Urkunde noch erforderlichen Erklärungen abzugeben, Genehmigungen einzuholen und entgegenzunehmen. Alle Genehmigungen und Erklärungen sollen wirksam werden mit ihrem Eingang bei dem Notar.

III. Die Gestaltung der Sach- und Rechtsmängelhaftung

1. Die Haftung des Verkäufers

Der Erbschafts- und damit auch der Erbteilskauf ist **Rechtskauf** i. S. d. § 453 BGB.[146] Die Mängelhaftung des Erbteilsverkäufers ist nach § 2376 Abs. 1 BGB auf bestimmte Rechtsmängel beschränkt; eine Haftung für Sachmängel von Erbschaftsgegenständen ist nach § 2376 Abs. 2 BGB ausgeschlossen. Der Veräußerer haftet daher insbesondere nicht dafür, dass die einzelnen zum Nachlass gehörenden Gegenstände im Eigentum des Erblassers standen oder frei von Rechten Dritter sind (Ausnahmen: Arglist des Verkäufers, § 442 Abs. 1 S. 2 BGB; Übernahme einer Garantie für die Beschaffenheit, § 443 BGB).[147]

164

Der Erbteilsverkäufer haftet nach § 2376 Abs. 1 BGB für folgende Rechtsmängel:[148]
– Fehlende Erbeneigenschaft. Bei Verkauf eines Miterbenanteils haftet der Verkäufer dafür, dass er zu dem entsprechenden Anteil Miterbe ist.
– Beschränkung der Erbenstellung durch Nacherbschaft
– Beschränkung der Erbenstellung durch Testamentsvollstreckung
– Bestehen von Vermächtnissen, Auflagen, Pflichtteilslasten, Ausgleichungspflichten (§§ 2050 ff. BGB), Teilungsanordnungen (§ 2048 BGB) oder eines Anspruchs auf Zugewinnausgleich (§ 1371 Abs. 2 und 3 BGB)[149]
– Eintritt der unbeschränkten Haftung gegenüber Nachlassgläubigern

165

§ 2376 BGB ist **dispositiv**. Die Mängelhaftung des Erbteilsverkäufers ist daher vertraglich erweiterbar (etwa indem vereinbart wird, dass er für das Vorhandensein bestimmter Eigenschaften einer zur Erbschaft gehörenden Sache haftet) und abdingbar (etwa indem vereinbart wird, dass jegliche Haftung ausgeschlossen ist), allerdings nur in der Form des § 2371 BGB[150] und – beim Haftungsausschluss – nach § 444 BGB nur, wenn der Verkäufer den Mangel nicht arglistig verschweigt oder eine Beschaffenheitsgarantie übernimmt. Die Haftung entfällt nach § 442 BGB, wenn der Käufer bei Abschluss des Vertrages den Rechtsmangel, z. B. das fehlende Erbrecht des Verkäufers oder die bestehenden erbrechtlichen Beschränkungen oder Belastungen, kennt.

166

▶ **Muster:**

167

Der Verkäufer haftet entsprechend der gesetzlichen Regelung nur für Rechtsmängel des verkauften Erbteils. Eine Haftung für Sach- und Rechtsmängel der Nachlassgegenstände übernimmt er demgegenüber nicht, insbesondere auch keine Haftung hinsichtlich des Bestandes und Umfangs des Nachlasses. Der Verkäufer garantiert, dass die Erbschaftsteuer bereits vollständig entrichtet ist. Auf die zwingende Haftung nach § 2382 BGB hat der Notar hingewiesen.

Im Regelfall wird es dem Käufer eines Erbteils darauf ankommen, dass **zum Nachlass bestimmte Gegenstände gehören**. Es wird selten seinem Interesse entsprechen, einen bloßen Erbteil zu kaufen, vielmehr wird es ihm darum gehen, eine Mitberechtigung an bestimmten Gegenständen zu erlangen (um sodann womöglich die Teilungsversteigerung zu beantragen und die Gegenstände zu ersteigern). In einem solchen Fall ist eine detaillierte Regelung des Haftungsregimes unerlässlich.

168

▶ **Muster:**

169

Der Verkäufer haftet für Rechtsmängel des verkauften Erbteils, es sei denn, sie sind dem Käufer bekannt oder infolge grober Fahrlässigkeit unbekannt geblieben. Eine Haftung für Sachmängel übernimmt der Verkäufer mit Ausnahme der folgenden Garantien nicht.

---

146 Palandt/*Weidlich*, § 2371 Rn. 4.
147 Palandt/*Weidlich*, § 2376 Rn. 2.
148 Vgl. im Einzelnen MünchKommBGB/*Musielak*, § 2376 Rn. 3 ff.
149 Palandt/*Weidlich*, § 2376 Rn. 1.
150 Palandt/*Weidlich*, § 2371 Rn. 4.

Der Verkäufer garantiert, dass
- ihm der veräußerte Erbteil zusteht und dieser nicht mit Rechten Dritter belastet ist,
- keine Nachlassverbindlichkeiten bestehen (wobei der Notar auf die unabdingbare Bestimmung des § 2382 BGB hingewiesen hat),
- die Erbschaftsteuer bereits vollständig gezahlt ist,
- der in Ziff. . . . genannte Grundbesitz Bestandteil des Nachlasses ist.

170 Erfüllt der Verkäufer seine aus § 2376 BGB oder den vertraglichen Vereinbarungen herrührenden Pflicht nicht, bestimmen sich die **Rechtsfolgen** nach § 437 BGB.

2. Die Haftung im Außenverhältnis (§ 2382 BGB)

171 Ab dem Zeitpunkt des Vertragsschlusses haftet der Käufer nach § 2382 Abs. 1 BGB gegenüber den Nachlassgläubigern neben dem Verkäufer als Gesamtschuldner i. S. d. § 421 BGB. Es handelt sich hierbei wie bei § 25 HGB um eine gesetzliche kumulative Schuldenhaftung, die nicht abdingbar ist, § 2382 Abs. 2 BGB. Die Haftung erstreckt sich auf alle Nachlassverbindlichkeiten i. S. d. § 1967 BGB, auf die Nachlasseigenverbindlichkeiten des Erben und auf Ansprüche eines Miterben gegen die Erbengemeinschaft aus einem Erbauseinandersetzungsvertrag,[151] nicht jedoch auf den Regressanspruch des Sozialhilfeträgers nach § 102 SGB XII (bis zum 31.12.2004: § 92c BSHG).[152]

172 Die Haftung des Verkäufers, die aus seiner Erbenrolle resultiert, besteht trotz des Verkaufs fort, freilich ist der Käufer im Innenverhältnis verpflichtet, den Käufer freizustellen, §§ 2378, 2379 Satz 3, 2380 Satz 2 BGB. Soll der Verkäufer oder der Käufer im Außenverhältnis aus der Haftung entlassen werden, ist hierfür eine wirksame, mit Zustimmung des Gläubigers vereinbarte Schuldübernahme im Sinne von §§ 414, 415 BGB erforderlich.

173 ▶ **Muster:**

Der Notar hat die Beteiligten auf die mit Abschluss dieses Vertrages bestehende gesamtschuldnerische Haftung gegenüber den Nachlassgläubigern hingewiesen und darüber belehrt, dass hiervon abweichende Regelungen nur das Innenverhältnis betreffen, die Haftung gegenüber den Gläubigern davon unberührt bleibt.

174 Wird der zunächst wirksam geschlossene Kaufvertrag nachträglich **aufgehoben**, so erlischt die Käuferhaftung nur dann, wenn dies dem Nachlassgericht ordnungsgemäß angezeigt wird (§ 2384 BGB) und der Vertrag noch nicht vollzogen ist. Übt ein Miterbe sein **Vorkaufsrecht** aus, erlischt die Käuferhaftung gemäß § 2036 BGB mit Übertragung des Erbteils auf den Vorkaufsberechtigten.

IV. Das Vorkaufsrecht der Miterben (§ 2034 BGB)

175 Im Falle des Verkaufs des Erbteils (nicht im Falle anderer auf eine Übertragung gerichteter Verpflichtungsgeschäfte)[153] haben die übrigen Miterben nach §§ 2034, 2035 BGB ein Vorkaufsrecht, welches je nach Stand des dinglichen Erfüllungsgeschäfts gegenüber dem verkaufenden Miterben (§ 2034 BGB) oder gegenüber dem Käufer (§ 2035 BGB) auszuüben ist. Bei Weiterveräußerung des Erbteils durch den Käufer (wobei der Rechtsgrund der Veräußerung unerheblich ist[154]) kann das Vorkaufsrecht auch gegenüber dem weiteren Erwerber ausgeübt werden (§ 2037 BGB). Durch das Vorkaufsrecht, über das der Notar die Beteiligten zu **belehren** hat,[155] sollen die Miterben in die Lage versetzt werden, unerwünschte familienfremde Dritte von der Erbengemeinschaft fern zu halten.

---

151 Vgl. BGHZ 38, 193; ob Verpflichtungen aus einem zwischen den Erben nur schuldrechtlich abgeschlossenen, aber noch nicht dinglich vollzogenen Erbauseinandersetzungsvertrag auch unter § 2382 BGB fallen, hat der BGH ausdrücklich offen gelassen.
152 Bamberger/Roth/*Mayer* § 2382 Rn. 4 m. w. N.
153 Palandt/*Weidlich*, § 2034 Rn. 10.
154 Palandt/*Weidlich*, § 2037 Rn. 1.
155 BGH MDR 1968, 1002.

Das Vorkaufsrecht setzt einen gültigen Kaufvertrag zwischen dem verkaufenden Miterben und dem Dritten voraus. Der Vertrag muss daher notariell beurkundet sein (§ 2371 BGB), in der notariellen Urkunde muss der Kaufpreis genannt sein und etwa erforderliche behördliche Genehmigungen müssen vorliegen.[156]

176

Das Vorkaufsrecht greift nach dem eindeutigen Gesetzeswortlaut nur, wenn ein Miterbe seinen **Erbanteil verkauft**. Haben die Miterben daher z. B. das Gesamthandseigentum an einem Grundstück in Miteigentum umgewandelt oder das Gesamthandsvermögen in eine OHG oder GbR eingebracht, besteht kein Vorkaufsrecht nach § 2034 BGB, wenn einer der Miteigentümer bzw. Anteilsinhaber seinen Anteil verkauft.[157]

177

In der Praxis ist insbesondere Folgendes zu beachten:

178

- Das Vorkaufsrecht entsteht nur bei einem gültigen, insbesondere formwirksamen Verkauf des Anteils eines Miterben durch diesen oder durch den Erben oder Erbeserben eines Miterben an einen **Dritten**.[158] Es greift daher insbesondere nicht, wenn der Erbe eines Miterben den Anteil im Erbgang erwirbt.
- Nach ganz überwiegender Auffassung steht den übrigen Miterben auch dann das Vorkaufsrecht nach § 2034 BGB zu, wenn der **erwerbende Dritte schon einen Erbteil erworben hat** und nun einen weiteren hinzuerwirbt.[159] Dagegen ließe sich zwar anführen, dass der Erbteilserwerber, der bereits einen Erbteil erworben hat, bereits durch seinen ersten Erwerb Mitglied in der Erbengemeinschaft geworden ist, daher ohnehin nicht mehr »abgewehrt« werden kann. Indes soll § 2034 BGB soll jedoch die Miterben auch vor einer Überfremdung des Nachlasses schützen, die durch einen Zuerwerb verfestigt würde.
- Wird demgegenüber der Erbteil an einen **anderen Miterben** verkauft, kann kein Interesse der übrigen Miterben bestehen, familienfremde Dritte von der Erbengemeinschaft fernzuhalten; das Vorkaufsrecht besteht daher in diesem Fall nicht.[160]
- Wird ein Erbteil an einer aus nahen Familienangehörigen bestehenden Erbengemeinschaft im Wege der vorweggenommenen Erbfolge von einem Miterben auf seinen gesetzlichen Erben übertragen, und erwirbt dieser »Dritte« einen weiteren Anteil von einem anderen Miterben, besteht nach der Rechtsprechung ebenfalls keine Notwendigkeit, familienfremde Dritte von der Erbengemeinschaft fernzuhalten. Ein Vorkaufsrecht soll den übrigen Miterben daher in diesem Fall nicht zustehen.[161]
- Das Vorkaufsrecht kann ausgeübt werden, wenn ein Miterbe, der nur **Vorerbe** ist, seinen Erbanteil an einen Nacherben veräußert, es sei denn, der Nacherbe ist der künftige gesetzliche Erbe des Vorerben. Bis zum Eintritt des Nacherbfalls ist der Nacherbe Dritter i. S. d. § 2034 BGB.[162]
- Verkauft der **Insolvenzverwalter** eines Miterben dessen Erbanteil, liegt kein Vorkaufsfall vor, § 471 BGB. Dem Interesse der Gläubiger an einer zügigen Abwicklung des Insolvenzverfahrens gebührt der Vorrang vor dem Interesse der Miterben, Fremde aus der Gemeinschaft herauszuhalten.[163]
- § 2034 BGB ist nicht entsprechend anwendbar, ein **Vorkaufsrecht besteht daher nicht** im Falle des Tauschs, bei einer Schenkung, einer gemischten Schenkung, einer Verpfändung, Sicherungs-

---

156 BGH DNotZ 1960, 551, 552; MünchKommBGB/*Gergen*, § 2034 Rn. 8.
157 Vgl. Erman/*Schlüter*, § 2034 Rn. 1; MünchKommBGB/*Gergen*, § 2034 Rn. 14; OLG Hamm RdL 1953, 52.
158 Vgl. BGH NJW 1966, 2207; BGH, Urt. v. 15.3.2000 – IV ZR 222/98, ZEV 2001, 116.
159 BGHZ 56, 115, Staudinger/*Werner*, § 2034 Rn. 7.
160 BGH DNotZ 1993, 536.
161 BGH JZ 1965, 617; MünchKommBGB/*Gergen*, § 2034 Rn. 20; anderer Ansicht jedoch Staudinger/*Werner* § 2034 Rn. 7. Erwirbt demgegenüber der zukünftige gesetzliche Erbe eines Miterben den Anteil von einem anderen Miterben, mit dem ihn kein gesetzliches Erbrecht verbindet, ist er »Dritter« i. S. d. § 2034 BGB und das Vorkaufsrecht kann ausgeübt werden.
162 Siehe dazu *Haegele*, BWNotZ 1971, 129, 132.
163 BGH NJW 1977, 37 = Rpfleger 1977, 14.

abtretung oder Hingabe des Erbteils an Zahlungsstatt. Wird eine solche Konstruktion allerdings nur zur Umgehung des Vorkaufsrechts gewählt, kann es im Einzelfall doch zur Anwendung kommen.[164]

179 **Vorkaufsberechtigt** sind sämtliche übrigen Miterben, die sich über die Ausübung des Vorkaufsrechts einigen müssen.[165] Hat einer der Miterben kein Interesse an der Ausübung des Vorkaufsrechts, verbleibt es nach § 472 BGB den übrigen Miterben im Ganzen. Die Ausübung des Vorkaufsrechts ist nicht dadurch ausgeschlossen, dass der vorkaufsberechtigte Miterbe nur zu einem geringen Anteil Miterbe ist und der Käufer bereits alle Anteile der übrigen Miterben erworben hat. Ferner hängt die Wirksamkeit der Vorkaufserklärung nicht davon ab, ob der Vorkaufsberechtigte die sich daraus ergebenden Pflichten zu erfüllen vermag.[166]

180 **Nicht vorkaufsberechtigt** ist demgegenüber ein **Erbteilserwerber** (wohl aber der Erbeilserbe), da er der Erbengemeinschaft aus freiem Entschluss angehört und das Vorkaufsrecht weder allein (§ 473 BGB) noch gemeinsam mit dem Erbteil übertragbar ist[167]; das Vorkaufsrecht ist zwar gemäß § 2034 Abs. 2 BGB vererbbar, es ist aber nicht durch Rechtsgeschäft unter Lebenden übertragbar. Insbesondere ist daher nicht vorkaufsberechtigt ein Erbteilserwerber, der seinen zuvor veräußerten Erteil zurückerwirbt[168], ein Erbteilserwerber, auch wenn er den Veräußerer des Erbteils später alleine beerbt[169], und ein Erbteilserwerber, der seinen Erbteil im Wege der vorweggenommenen Erbfolge von einem Miterben erhalten hat.[170] Auch der Miterbe, der seinen Anteil bereits veräußert hat, ist nicht (mehr) vorkaufsberechtigt. Er ist zwar nach wie vor Miterbe, jedoch nicht mehr Gesamthandsberechtigter und bedarf daher keines Schutzes gegen das Eindringen familienfremder Dritter in die Erbengemeinschaft.[171]

181 Will sich der Miterbe nach Ausübung des Vorkaufsrechts hiervon wieder lösen, muss der durch die Ausübungserklärung zustande gekommene Vertrag einvernehmlich durch Vertrag zwischen Vorkaufsberechtigtem und -verpflichtetem wieder aufgehoben werden; ein einseitiger Verzicht auf das Miterbenvorkaufsrecht ist nach Ausübung nicht mehr möglich.[172]

182 Kommt ein Vorkaufsrecht in Betracht, ist bei der **Vertragsgestaltung** Vorsorge für den Fall der Ausübung zu treffen. Es sollte daher insbesondere klargestellt werden, dass der Verkäufer nicht haftet, wenn das Vorkaufsrecht ausgeübt wird.

183 ▶ **Muster:**

Der Notar hat die Beteiligten darauf hingewiesen, dass die hier gegenständliche Erbteilsveräußerung ein Vorkaufsrecht auslöst. Der Verkäufer übernimmt keine Haftung im Fall der Ausübung des Vorkaufsrechts. Er hat dann jedoch alle durch die heutige Beurkundung und ihren Vollzug entstehenden Kosten zu tragen, soweit die Kosten nicht vom Vorkaufsberechtigten zu tragen sind.

184 Bevor nicht Sicherheit über die (Nicht-)Ausübung des Vorkaufsrechts besteht, läuft der Käufer Gefahr, dass er den Kaufpreis zahlt, den Erbteil dann jedoch infolge Ausübung des Vorkaufsrechts nicht erhält. Man wird daher die Fälligkeit des Kaufpreises neben den üblichen Fälligkeitsvoraussetzungen davon abhängig machen, dass dem Notar eine Erklärung des Vorkaufsberechtigten vorliegt, wonach

---

164 Siehe die Beispiele bei MünchKommBGB/*Gergen*, § 2034 Rn. 11, sowie den Fall des OLG Dresden, Urt. v. 9.10.2003 – 7 U 650/03, ZEV 2004, 508 (Ls, Volltext nur bei juris verfügbar).
165 Zur Ausübung des Miterbenvorkaufsrechts durch mehrere Berechtigte nach Erbteilsveräußerung und zur Beteiligung am erworbenen Erbteil siehe das Gutachten in DNotI-Report 2007, 65 f.
166 BGH MDR 1972, 128.
167 Vgl. BGH DNotZ 1983, 536.
168 Kein »Recht auf Rückkehr«, vgl. *Herrler*, ZEV 2011, 248, 250 m. w. N.
169 Kein »Wiederaufleben des Vorkaufsrechts«, vgl. BGH, Urt. v. 19.1.2011 – IV ZR 169/10, NJW 2011, 1226 = ZEV 2011, 248 mit Anm. *Herrler*.
170 OLG Düsseldorf, Urt. v. 22.2.2013 – 7 U 175/11, RNotZ 2013, 503.
171 BGH, DNotZ 1993, 536; Erman/*Schlüter*, § 2034 Rn. 4 m. w. N. auch zur Gegenansicht.
172 Vgl. Gutachten, DNotI-Report 2009, 11.

dieser auf die Ausübung verzichtet. Denkbar wäre es auch, die Fälligkeit vom Ablauf der Zweimonatsfrist des § 2034 Abs. 2 BGB abhängig zu machen. Jedoch ist zu berücksichtigen, dass das Vorkaufsrecht bis zur Übertragung des Erbteils nur gegenüber dem Verkäufer ausgeübt werden kann und dies dem Käufer und Notar möglicherweise gar nicht bekannt wird. In diesem Fall sollte daher nach Ablauf der Frist zusätzlich eine Erklärung des Verkäufers eingeholt werden, dass ihm gegenüber das Vorkaufsrecht nicht ausgeübt worden ist.

▶ **Muster:** 185

Der Kaufpreis ist fällig ...

wenn sämtliche vorkaufsberechtigten Miterben dem Notar gegenüber schriftlich erklärt haben, ihr Vorkaufsrecht nicht auszuüben, oder der Verkäufer – wozu er sich hiermit verpflichtet – dem Notar nach Ablauf von zwei Monaten nach Mitteilung dieses Vertrages an den/die Vorkaufsberechtigten dem Notar schriftlich bestätigt hat, dass ein Vorkaufsrecht nicht ausgeübt wurde. Zur Prüfung einer solchen Mitteilung des Verkäufers ist der Notar nicht verpflichtet.

Ist ein Grundstück Bestandteil des Nachlasses, bedürfen Eltern, Vormünder, Pfleger und Betreuer für die Ausübung des Vorkaufsrechts und auch den Verzicht hierauf der familien- bzw. betreuungsgerichtlichen Genehmigung (§§ 1821 Abs. 1 Nr. 5 BGB i. V. m. 1643 Abs. 1, 1908i Abs. 1 S. 1 bzw. § 1915 BGB).[173] 186

Die Frist zur Ausübung des Vorkaufsrecht beginnt nach § 469 BGB erst, wenn der Vorkaufsfall allen Vorkaufsberechtigten **ordnungsgemäß mitgeteilt** wurde. Erforderlich ist, dass der Vertrag im Zeitpunkt des Empfangs der Mitteilung wirksam ist; Erklärungen und Genehmigungen, die zur Wirksamkeit des Vertrages erforderlich sind, müssen daher vorliegen. Inhaltlich muss die Mitteilung eine ausreichende Grundlage für die Entscheidung über die Ausübung des Vorkaufsrechts darstellen. Wird daher insbesondere keine Angabe über den vereinbarten Kaufpreis gemacht, liegt keine wirksame Anzeige vor.[174] Es empfiehlt sich daher, dem Vorkaufsberechtigten den **Vertragstext in einfacher Abschrift** zuzuleiten (eine Ausfertigung ist nicht erforderlich, da keine Willenserklärung gegenüber dem Berechtigten abgegeben wird, die Mitteilung könnte daher sogar mündlich erfolgen). Wird der Vertrag nach der Mitteilung noch einmal geändert, ist der Berechtigte hierüber in Kenntnis zu setzen. Diese erneute Mitteilung setzt die 2-Monats-Frist des § 2034 Abs. 2 BGB erneut in Gang; die frühere Mitteilung wird gegenstandslos.[175] 187

Die Mitteilung über den Verkauf an den Vorkaufsberechtigten obliegt dem Vorkaufsverpflichteten, dies ist der Verkäufer bzw. unter den Voraussetzungen des § 2035 BGB der Erbteilserwerber. Der Notar kann diese Aufgabe übernehmen; erforderlich ist dann jedoch eine ausdrückliche Ermächtigung, anderenfalls ist seine Mitteilung ohne Wirkung. Dem Berechtigten sollte die Ermächtigung nachgewiesen werden, was am einfachsten durch Übersendung einer Abschrift der Urkunde geschieht (siehe schon oben). Es empfiehlt sich zudem, den Notar auch zur Entgegennahme der Erklärung über die (Nicht-)Ausübung des Vorkaufrechts zu ermächtigen. 188

▶ **Muster:** 189

Die Beteiligten ermächtigen den Notar, seinen amtlich bestellten Vertreter und Nachfolger im Amt, diesen Vertrag dem vorkaufsberechtigten Miterben ... vollständig zur Kenntnis zu bringen, damit er über die Ausübung des Vorkaufsrechts entscheiden kann. Der Notar wird darüber hinaus ermächtigt, die Erklärung des ... über die (Nicht-)Ausübung des Vorkaufrechts entgegen zu nehmen.

---

173 Palandt/*Weidlich*, § 2034 Rn. 5; MünchKommBGB/*Gergen*, § 2034 Rn. 28.
174 MünchKommBGB/*Gergen*, § 2034 Rn. 29.
175 BGH NJW 1973, 1365.

190 War der **Vorkaufsberechtigte beim Vertragsschluss anwesend**, bedarf es keiner gesonderten Mitteilung; die Frist läuft dann vom Tag der Beurkundung an.

V. Die Erbteilsübertragung bei Beteiligung Minderjähriger oder Betreuter

1. Der Minderjährige/Betreute als Veräußerer

191 Veräußert ein **Minderjähriger**, vertreten durch seine Eltern, einen Erbteil, handelt es sich hierbei um ein Rechtsgeschäft, durch das der Minderjährige zur Verfügung über eine ihm angefallene Erbschaft verpflichtet wird und in Vollzug dieser Verpflichtung über seinen Anteil an der Erbschaft verfügt. Es ist daher nach § 1643 Abs. 1 BGB i. V. m. § 1822 Nr. 1 BGB für das Verpflichtungs- und das Verfügungsgeschäft eine **familiengerichtliche Genehmigung** einzuholen.[176]

192 Veräußert ein **Betreuer** in Erfüllung der ihm obliegenden Aufgaben einen Erbteil des von ihm Betreuten, folgt die Genehmigungspflicht aus § 1908i Abs. 1 S. 1 BGB i. V. m. § 1822 Nr. 1 BGB. Erforderlich ist die Genehmigung des Betreuungsgerichts.

2. Der Minderjährige/Betreute als Erwerber

193 Da nach § 2382 BGB der Käufer bzw. im Falle der unentgeltlichen Übertragung der Erwerber über § 2385 BGB von dem Abschluss des Erbteilsübertragungsvertrages an den Nachlassgläubigern gegenüber unbeschränkbar (§ 2382 Abs. 2 BGB) haftet, ist nach der ganz überwiegenden Meinung der Erbteilsübertragungsvertrag auch dann genehmigungspflichtig, wenn der Minderjährige oder Betreute auf Erwerberseite handelt. Es greift dann § 1822 Nr. 5 BGB oder jedenfalls § 1822 Nr. 10 BGB.[177]

VI. Die Erbteilsübertragung bei angeordneter Testamentsvollstreckung oder einem Auseinandersetzungsverbot

1. Testamentsvollstreckung

194 Hat der Erblasser Testamentsvollstreckung angeordnet, ist – vorbehaltlich anderslautender Anordnungen – nur noch der Testamentsvollstrecker zur Verfügung über die Nachlassgegenstände befugt, § 2205 BGB; die Erben können nach § 2211 BGB über einen der Verwaltung des Testamentsvollstreckers unterliegenden Nachlassgegenstand nicht verfügen. Da sich jedoch das Verfügungsrecht des Testamentsvollstreckers nur auf die Nachlassgegenstände erstreckt, ist allgemein anerkannt, dass der **Erbteil** eines Miterben als solcher nicht hierunter fällt. Es ist auch nicht möglich, den Erbteil durch eine Anordnung des Erblassers der Testamentsvollstreckung zu unterwerfen. Eine angeordnete Testamentsvollstreckung steht daher einer Verfügung durch den Miterben über seinen Miterbenanteil nicht entgegen.[178] Jedoch bleibt die Testamentsvollstreckung gegenüber dem Erwerber des Erbteils bestehen (siehe auch § 2376 BGB).

---

176 Erman/*Saar*, § 1822 Rn. 2; wird das Verpflichtungsgeschäft genehmigt, bezieht sich diese Genehmigung regelmäßig auch auf das Verfügungsgeschäft.
177 Erman/*Schlüter*, § 2033 Rn. 7 a. E.; MünchKommBGB/*Gergen*, § 2033 Rn. 17; siehe auch LG Deggendorf MittBayNot 1999, 285, sowie OLG Köln Rpfleger 1996, 446: Das Genehmigungserfordernis des § 1821 Abs. 1 Nr. 5 BGB gilt auch für Verträge, die den entgeltlichen Erwerb von Miteigentumsanteilen oder von Anteilen an einer mit Grundbesitz ausgestatteten Gesamthand (hier: einer ungeteilten Erbengemeinschaft) betreffen. Bei einer schenkungsweise erfolgten Erbteilsübertragung auf einen Minderjährigen handelt es sich um einen entgeltlichen und damit nach § 1821 Abs. 1 Nr. 5 BGB genehmigungsbedürftigen Erwerb, wenn der begünstigte Erwerber die Haftung für etwa vorhandene Nachlassverbindlichkeiten übernimmt.
178 Palandt/*Weidlich*, § 2033 Rn. 3. Daher können durch die Verfügung über den Erbteil die mit der Anordnung der Testamentsvollstreckung erstrebten Ziele unterlaufen werden; vgl. dazu *Kesseler*, NJW 2006, 3672.

Der dem Veräußerer zufließende Erlös ist nach h. M. für diesen frei verfügbar, da nur so das dem Miterben zustehende und nicht beschränkbare Recht, seinen Anteil am Nachlass zu verwerten (§ 2033 Abs. 1 BGB), seinen Gehalt bewahrt.[179]

2. Auseinandersetzungsverbot

Hat der Erblasser ein Auseinandersetzungsverbot nach § 2044 BGB angeordnet, steht dies einer Erbteilsübertragung nicht entgegen. Der Erwerber ist jedoch an das Auseinandersetzungsverbot gebunden.[180]

VII. Die Erbteilsübertragung bei angeordneter Vor- und Nacherbschaft

1. Die Erbteilsübertragung durch den Vorerben

Wie bereits betont, kann auch der (Mit-)Vorerbe den ihm zugefallenen Erbteil übertragen. Hierzu bedarf er nicht der Zustimmung des Nacherben, da die durch die §§ 2113 ff. BGB angeordneten Beschränkungen nur die einzelnen Gegenstände des Nachlasses, nicht aber den Erbteil als solchen betreffen. Freilich ist zu berücksichtigen, dass die Erbteilsübertragung durch den Vorerben sämtliche Beschwerungen und Beschränkungen unberührt lässt; insbesondere die für den übertragenen Erbteil angeordnete Nacherbfolge besteht ungeachtet der Erbteilsübertragung für diesen Erbteil unverändert fort.[181]

Will der (Mit-)Vorerbe in die Position des Vollerben »aufrücken« und hierbei sichergehen, sich auch in einem möglichen Ersatzerbfall nicht den Ersatzerben als Nacherben gegenüber zu sehen, bietet es sich an, einzelne Nachlassgegenstände aus der Nacherbenbindung gänzlich zu befreien. Es ist nach der ganz überwiegenden Meinung möglich, der Nacherbschaft unterliegende Gegenstände mit Zustimmung des Nacherben in das freie, nicht nacherbengebundene Vermögen des Vorerben zu überführen (sog. **Eigenerwerb des Vorerben**). Eine solche Übertragung führt dazu, dass die Nachlassgegenstände vollständig und endgültig aus der Nacherbenbindung herausgelöst werden. Eine Zustimmung der Ersatznacherben ist hierfür nicht erforderlich.[182]

Möglich ist auch, dass der Nacherbe zugunsten des Vorerben auf sein Nacherbenrecht **verzichtet**. Für diesen Fall gilt § 2033 Abs. 1 BGB analog, da es sich um eine Verfügung zugunsten des Vorerben handelt.[183] Die Ersatznacherben müssen dem zustimmen.

2. Die Übertragung des Anwartschaftsrechts des Nacherben

Mit Eintritt des Erbfalls und vor Eintritt des Nacherbfalls wird ein Nacherbe zwar noch nicht Erbe (vgl. zur Vor- und Nacherbfolge ausführlich Kapitel 5 Rdn. 1 ff.), er erwirbt aber ein Anwartschaftsrecht. Dieses Recht ist als solches veräußerlich und vererblich, sofern der Erblasser dies nicht ausgeschlossen hat. Es ist daher anerkannt, dass auch der Alleinnacherbe über seine Anwartschaft unter Wahrung der Form des § 2033 Abs. 1 S. 2 BGB verfügen kann.[184] Der Nacherbe kann sein Anwart-

---

179 MünchKommBGB/*Zimmermann*, § 2211 Rn. 6. Der Erblasser kann daher durch Anordnung einer Testamentsvollstreckung eine Verwertung des Erbteils durch den Erben nicht verhindern. Er kann einer Veräußerung jedoch durch Straf- und Verwirkungsklauseln in der letztwilligen Verfügung vorbeugen.
180 Siehe dazu Gutachten, DNotI-Report 2003, 63.
181 MünchKommBGB/*Heldrich*, § 2033 Rn. 26; Palandt/*Weidlich*, § 2033 Rn. 6; siehe zu einem Fall der Erbteilsübertragung durch den Vorerben auch das DNotI-Gutachten vom 6.5.2005 (Gutachten-Nr. 58769).
182 BGH, Urt. v. 13.10.2000 – V ZR 451/98, DNotZ 2001, 392; BayObLG, Beschl. v. 1.3.2005 2Z BR 231/04, DNotZ 2005, 790 = RNotZ 2005, 368 mit Anm. *Keim*.
183 MünchKommBGB/*Gergen*, § 2033 Rn. 6 m. w. N.
184 Vgl. bereits RG DNotZ 1942, 145; OLG Schleswig, Beschl. v. 1.4.2010 – 3 Wx 80/09 (juris). Ist über das Vermögen des Nacherben das Insolvenzverfahren eröffnet, erfasst dieses auch das Nacherbenanwartschaftsrecht, so dass nur der Insolvenzverwalter hierüber verfügen kann (§ 80 InsO). Soll über das Nacherbenanwartschaftsrecht nach Abschluss des Insolvenzverfahrens, aber während des Restschuldbefreiungs-

schaftsrecht auf einen Dritten oder auch den Vorerben übertragen. Aufgrund der Übertragung wird der Erwerber Inhaber des Nacherbenanwartschaftsrechts und somit mit Eintritt des Nacherbfalls Erbe (§ 2139 BGB).

201 Auch wenn der Nacherbe über sein Anwartschaftsrecht nach Eintritt des Erbfalls und vor Eintritt des Nacherbfalls grundsätzlich frei verfügen kann, lässt die Übertragung dieses Rechts auf den Vorerben oder einen Dritten doch das Recht etwa eingesetzter **Ersatznacherben** unberührt.[185] Es ist daher bei der Übertragung des Nacherbenanwartschaftsrechts stets zu beachten, dass **die Übertragung ins Leere geht**, sollte der Nacherbe vor dem Nacherbfall versterben und sodann aufgrund entsprechender (ausdrücklicher oder konkludenter) Anordnungen des Erblassers ein Ersatznacherbe an seine Stelle treten.[186] Hat nämlich der Erblasser Ersatznacherben bestimmt, steht das (Anwartschafts-)Recht des Nacherben unter der auflösenden Bedingung seines Todes vor Eintritt des Nacherbfalls, und der Nacherbe kann nicht mehr Rechte übertragen, als er selbst hat. Die Übertragung des Nacherbenanwartschaftsrechts schlägt daher in einem solchen Fall fehl, wenn der Nacherbe vor dem Eintritt des Nacherbfalls verstirbt und wenn nicht sämtliche Ersatzerben der Übertragung des Anwartschaftsrechts des Nacherben zugestimmt oder ihr eigenes Nacherbenanwartschaftsrecht auf den Erwerber des Anwartschaftsrechts (d. h. den Vorerben oder Dritten) übertragen haben. Auch im Zusammenwirken und mit Zustimmung des Vorerben kann der zuerst eingesetzte Nacherbe diesen Willen des Erblassers nicht beseitigen. Tritt vor Eintritt des Nacherbfalls der Ersatzerbfall ein, z. B. weil der Nacherbe verstirbt und sein Anwartschaftsrecht nicht vererblich ist, geht das Nacherbenanwartschaftsrecht in der Person des Erwerbers unter und entsteht für die Ersatznacherben neu.[187]

202 Aus dem Vorhergesagten ergibt sich zugleich, dass die **Zustimmung etwaiger Ersatznacherben** für die Übertragung des Nacherbenanwartschaftsrechts nicht erforderlich ist. Ihre Rechtsstellung wird nämlich durch die Übertragung nicht berührt.

VIII. Die Übertragung von Bruchteilen eines Erbteils

203 Die Verfügung über den Bruchteil eines Erbteils ist möglich. Sie folgt den allgemeinen Regeln und führt dazu, dass der Erwerber mit dem Veräußerer eine Bruchteilsgemeinschaft (§§ 741 ff. BGB) bildet. Strittig ist in diesem Fall, ob dann innerhalb der Erbengemeinschaft eine Bruchteilsgemeinschaft hinsichtlich des ungeteilten Erbteils entsteht, die wiederum Mitglied der Erbengemeinschaft ist, oder ob jeweils selbstständige Anteils des Erwerbers und Veräußerers entstehen.[188]

---

verfahrens innerhalb der Wohlverhaltensperiode (§§ 286 ff. InsO) verfügt werden, ist dies durch den Schuldner rechtlich möglich, er hat aber darauf zu achten, dass er die Hälfte des Wertes des Nacherbenanwartschaftsrechts an den Treuhänder herauszuzahlen hat, will er die Restschuldbefreiung nicht verlieren (§ 295 Abs. 1 Nr. 2 InsO); vgl. dazu ausführlich DNotI-Gutachten Nr. 101345 vom 7.4.2010 m. w. N.

185 Ausführlich hierzu (und zur Alternativgestaltung des sog. Eigenerwerbs des Vorerben) Gutachten, DNotI-Report 2010, 85 f.; MünchKommBGB/*Grunsky*, § 2102 Rn. 10; Bamberger/Roth/*Litzenburger*, § 2100 Rn. 14 f.; *Zawar*, NJW 2007, 2354, 2356.

186 So geschehen im Fall des OLG Schleswig, Beschl. v. 1.4.2010 – 3 Wx 80/09 (juris); siehe auch BayObLG DNotZ 1970, 686; OLG Hamm DNotZ 1970, 688, 689 f.; OLG Frankfurt a. M. DNotZ 1970, 691, 692. Soll trotz Anordnung der Ersatznacherbfolge das Nacherbenanwartschaftsrecht vererblich sein und soll die Ersatznacherbfolge bei Übertragung des Nacherbenanwartschaftsrechts auf einen Dritten oder den Vorerben auch für den Fall des Versterbens des Nacherben vor dem Nacherbfall entfallen, müssen für einen solchen Willen des Erblassers nach dem OLG Schleswig (a. a. O., Rn. 41 in juris) »deutliche Hinweise erkennbar sein.«

187 BayObLG DNotZ 1970, 687; OLG Hamm DNotZ 1970, 688, 689 f.

188 Siehe dazu Palandt/*Weidlich*, § 2033 Rn. 2; MünchKommBGB/*Gergen*, § 2033, Rn. 26 (Bruchteilsgemeinschaft).

IX. Die unentgeltliche Übertragung eines Erbteils

Die unentgeltliche Übertragung eines Erbteils – häufig im Wege der vorweggenommenen Erbfolge – unterscheidet sich vom Erbteilskauf vor allem dadurch, dass das schuldrechtliche Grundgeschäft eine Schenkung ist. Ansonsten gelten – abgesehen von den nachfolgend dargestellten Besonderheiten – die Ausführungen zum Erbteilskauf entsprechend. **204**

Nach § 2385 Abs. 1 Hs. 2 BGB finden die Vorschriften über den Erbschafts- bzw. Erbteilsverkauf auf andere Verträge, die auf die Veräußerung einer dem Veräußerer angefallenen Erbschaft gerichtet sind, und damit auch auf die Schenkung eines Erbteils entsprechende Anwendung. Der Vertrag ist daher **notariell zu beurkunden** (§ 2371 BGB). Gleiches gilt für die dingliche Abtretung, § 2033 Abs. 2 BGB. Eine Beurkundung allein des Schenkungsversprechens nach § 518 Abs. 1 BGB ist daher nicht ausreichend. Ist die Form des § 2371 BGB nicht beachtet, kommt auch eine Heilung des Formmangels nach § 518 Abs. 2 BGB nicht in Betracht, weil sich diese Vorschrift aber nur auf das Schenkungsversprechen, nicht aber den ganzen Vertrag bezieht.[189] **205**

Soll die Übertragung an Abkömmlinge des Übergebers erfolgen, ist zu erwägen, ob eine **Anrechnung auf den Pflichtteil nach § 2315 Abs. 1 BGB** erfolgen soll und/oder ob **Ausgleichungspflichten nach § 2050 BGB** vereinbart werden sollen. **206**

▶ **Muster:** **207**

Der Erwerber hat sich den übertragenen Erbteil mit einem Wert von ... auf seinen Pflichtteil am Nachlass des Übergebers anrechnen zu lassen. Zur Ausgleichung unter seinen Geschwistern ist er jedoch nicht verpflichtet.

Wie bei anderen Übertragungsverträgen wird sich der Übergeber auch im Falle der Übertragung des Erbteils gegebenenfalls ein **Rückforderungsrecht vorbehalten** wollen. Ein solches kann schuldrechtlich – insbesondere als aufschiebend bedingte Rückübertragung oder als auflösende Bedingung der Übertragung – ohne Weiteres vereinbart werden. Um zu vermeiden, dass die Rückübertragung »automatisch« mit Eintritt der Bedingung – womöglich ohne dass die Beteiligten dies erkennen – eintritt, können die Ausübung eines Rücktrittsrechts als Bedingung vorgesehen und die Rückforderungsvoraussetzungen dann als Rücktrittsgründe konstruiert werden. § 925 Abs. 2 BGB, wonach die unter einer Bedingung erklärte Auflassung unwirksam ist, steht dem nicht entgegen, da es bei der Erbteilsübertragung gerade keiner Auflassung bedarf. **208**

Die Sicherung des Rückforderungsrechts bereitet Schwierigkeiten, ist doch der Erbteil als solcher mit einem Recht zur Sicherung des Rückforderungsanspruchs, insbesondere einer Vormerkung, nicht belastbar. Gehört Grundbesitz zum Nachlass, ist es jedoch möglich, mit Eintragung der Erbanteilsübertragung auf den Erwerber im Wege der Grundbuchberichtigung zugleich die durch eine aufschiebend bedingte Rückübertragung bewirkte Verfügungsbeschränkung des Erwerbers in Abteilung II des Grundbuch einzutragen. Eingetragen wird dann eine Verfügungsbeschränkung i. S. d. § 161 BGB.[190] **209**

▶ **Muster:** **210**

1. Der Veräußerer überträgt dem dies annehmenden Erwerber mit dinglicher Wirkung seinen vorgenannten Erbteil schenkweise. Veräußerer und Erwerber sind sich über den Rechtsübergang einig.

2. Die Erbteilsübertragung ist auflösend bedingt durch die Ausübung des Rücktrittsrechts gem. nachstehenden Ziff. 3 durch den Veräußerer. Übt der Veräußerer das Rücktrittsrecht aus, wird die Übertragung unwirksam und der Erbteil fällt zurück an ihn.

3. Der Veräußerer kann von diesem Vertrag mit der Folge des Eintritts der auflösenden Bedingung gem. Ziff. 2 zurücktreten, wenn

---

189 Vgl. MünchKommBGB/*Musielak*, § 2385 Rn. 5.
190 BayObLG Rpfleger 1994, 343 = MittBayNot 1994, 223; Hügel/*Wilsch*, GBO, § 35 Rn. 164.

a) der Erwerber vor dem Veräußerer verstirbt, oder

b) der Erwerber oder sein Rechtsnachfolger ohne Zustimmung des Veräußerers über den erworbenen Erbteil verfügt, insbesondere ihn veräußert, verpfändet oder anderweitig belastet, oder

c) über das Vermögen des Erwerbers das Insolvenzverfahren eröffnet wird, die Eröffnung mangels Masse abgelehnt wird oder Zwangsvollstreckungsmaßnahmen in den Erbteil eingeleitet werden.

4. Erfolgt der Rücktritt aus dem zu Ziff. 3a) genannten Grund, sind dem Erwerber bzw. dessen Rechtsnachfolgern alle bis zur Ausübung des Rücktrittsrechts vorgenommenen Investitionen auf den im Nachlass befindlichen Grundbesitz zu erstatten nach den Regeln der ungerechtfertigten Bereicherung. Erfolgt der Rücktritt aus anderen Gründen, sind keinerlei Investitionen zu erstatten.

5. Das Recht zum Rücktritt ist weder vererblich noch veräußerbar.

6. Zur Sicherung des Veräußerers bei Eintritt der auflösenden Bedingung bewilligen und beantragen die Beteiligten, gleichzeitig mit Vollzug der hiermit ebenfalls beantragten und bewilligten Grundbuchberichtigung die in der auflösenden Bedingung liegende Verfügungsbeschränkung des Erwerbers in Abteilung II des Grundbuchs in der Weise einzutragen, dass dort vermerkt wird, dass die heute erfolgte Erbteilsübertragung auflösend bedingt ist mit dem Rücktritt des Veräußerers vom Erbteilsübertragungsvertrag.

7. Der Veräußerer bevollmächtigt für den Fall seines Versterbens den Erwerber, unter Vorlage einer Sterbeurkunde die einzutragende Verfügungsbeschränkung im Grundbuch löschen zu lassen.

8. Der Übergang von Nutzen und Lasten erfolgt mit Wirkung zum Ablauf des heutigen Tages. Im Innenverhältnis haben die Beteiligten sich so zu stellen, als ob dieser Übergang bereits am ... stattgefunden hätte.

9. Der Veräußerer haftet nur für den ungehinderten Übergang des Erbteils und für die Freiheit des Erbteils von Rechten Dritter. Rechte wegen eines Sachmangels kann der Erwerber nicht geltend machen, es sei denn, der Veräußerer habe den Sachmangel arglistig verschwiegen.

Der Veräußerer ist nur verpflichtet, die am heutigen Tag vorhandenen Nachlassgegenstände herauszugeben. Die übrigen in § 2374 BGB normierten Herausgabepflichten werden abbedungen. Der Veräußerer ist nicht verpflichtet, für einen Nachlassgegenstand Ersatz zu leisten, der vor dem heutigen Tag verbraucht oder unentgeltlich veräußert worden ist. Der Veräußerer verzichtet auf Ersatz aller von ihm in der Vergangenheit auf die Erbschaft gemachten Aufwendungen und aller von ihm erfüllten Verbindlichkeiten, Abgaben und außerordentlichen Lasten der Erbschaft. Der Erwerber nimmt diesen Verzicht an.

211 Gewisse Modifikationen hinsichtlich der **Haftung des Veräußerers** enthält § 2385 Abs. 2 BGB. Danach ist der Schenker anders als der Verkäufer nicht verpflichtet, für die vor der Schenkung verbrauchten oder unentgeltlich veräußerten Nachlassgegenstände oder für eine vor der Schenkung vorgenommene unentgeltliche Belastung von Nachlassgegenständen Ersatz zu leisten. Er haftet – außer bei Arglist – auch nicht nach § 2376 BGB für den rechtlichen Bestand des Erbrechts und dessen Freiheit von Rechten Dritter.

212 Das **Vorkaufsrecht** des § 2034 BGB gilt nur beim Verkauf eines Erbteils. Es ist allgemein anerkannt, dass es daher bei einer Schenkung bzw. Übertragung im Rahmen der gesetzlichen Erbfolge nicht zur Anwendung kommt (s. o.).

213 Im Hinblick auf die **Genehmigungserfordernisse** ist zu beachten, dass eine unentgeltliche **Veräußerung** durch den gesetzlichen Vertreter eines Minderjährigen oder Betreuten wegen des Schenkungsverbots ausscheidet (§§ 1641, 1804, 1909i Abs. 2 S. 1 BGB.). Der unentgeltliche **Erwerb** ist demgegenüber möglich, jedoch im Hinblick auf die Haftung für die Nachlassverbindlichkeiten wie auch der entgeltliche Erwerb nach § 1822 Nr. 10 BGB genehmigungsbedürftig (s. dazu oben, Rdn. 193).

Schließlich ist zu beachten, dass die **Anzeigepflicht** nach § 2384 BGB nach überwiegender Ansicht auch für die unentgeltliche Erbteilsübertragung gilt. Auch in diesem Fall haben die Nachlassgläubiger ein Interesse daran, zu erfahren, wen sie für ihre Forderungen in Anspruch nehmen können. 214

X. Genehmigungen und öffentlich-rechtliche Vorkaufsrechte

Bei der Erbteilsübertragung handelt es sich stets um die Übertragung eines Rechts, auch wenn der Nachlass nur noch aus einem Gegenstand besteht.[191] Die Vorschriften betreffend die Verfügung über Einzelgegenstände gelten daher grundsätzlich nicht. Insbesondere kommen bei der Erbteilsübertragung **nicht** zur Anwendung 215
- die Vorkaufsrechte der §§ 24 ff. BauGB, § 4 RSdlG, § 66 BNatSchG;[192]
- für die Übertragung eines Grundstücks oder Wohnungseigentums bestehende Zustimmungserfordernisse, insbesondere nach § 5 ErbbauRG und § 12 WEG; etwas anderes gilt freilich dann, wenn das Erbbaurecht bzw. Wohnungseigentum als solches, d. h. nicht nur der Erbteil, übertragen wird. In diesem Fall – z. B. beim Erbschaftsverkauf durch den Alleinerben – greifen die gesetzlichen Zustimmungserfordernisse uneingeschränkt;[193]
- für die Übertragung eines GmbH-Anteils in der Satzung verankerte Zustimmungserfordernisse (**Vinkulierungsklauseln**).[194]

Diese Grundsätze gelten insbesondere auch dann, wenn der **Nachlass nur noch aus einem Grundstück besteht.**[195] Entgegen der Auffassung des OLG Düsseldorf[196] kann daher auch ein Wiederkaufsrecht, das an einem Grundstück für den Fall der Verfügung über dieses bestellt wurde, nicht ausgeübt werden, wenn über die Erbteile verfügt wird, und zwar selbst dann nicht, wenn nur noch das mit dem Wiederkaufsrecht belastete Grundstück im Nachlassvermögen vorhanden ist. Es handelt sich in einem solchen Fall nämlich gerade nicht um eine Verfügung über ein Grundstück, sondern um eine solche über einen – hiervon rechtlich zu unterscheidenden – Erbteil. Allenfalls dann, wenn eine Gesetzesumgehung vorliegt, mag anderes gelten. Dies kann dann der Fall sein, wenn die Verfügung gezielt zurückgestellt wird, bis der Nachlass nach vorausgegangener Teilauseinandersetzung nur noch aus einem Grundstück bzw. GmbH-Anteil besteht.[197] 216

Gleichwohl kann die Übertragung eines Erbteils als solchen **genehmigungspflichtig** sein. Insbesondere kommt dies in folgenden Fällen in Betracht: 217

1. Erbteilsübertragung von und auf Minderjährige oder Betreute

Das Erfordernis einer gerichtlichen Genehmigung für die Erbteilsübertragung von Minderjährigen oder Betreuten als **Veräußerer** und auf Minderjährige oder Betreute als **Erwerber** ist bereits oben unter Rdn. 191 ff. dargestellt. 218

---

191 MünchKommBGB/*Gergen*, § 2033 Rn. 7; OLG Celle NdsRpfl. 1967, 126.
192 Vgl. BGH DNotZ 1970, 423.
193 BayObLG MittBayNot 1982, 70.
194 Vgl. BGH DNotZ 1986, 34 = NJW 1985, 2592: Die Verfügung über den Miterbenanteil an einem Nachlass, zu dem ein Geschäftsanteil an einer GmbH gehört, bedarf nicht der für die Abtretung des Geschäftsanteils erforderlichen Genehmigung. Der Erwerber kann aber schuldrechtlich verpflichtet sein, hinsichtlich des Geschäftsanteils die satzungsmäßige Rechtslage wiederherzustellen.
195 MünchKommBGB/*Gergen*, § 2033, Rn. 17; OLG Hamm DNotZ 1980, 53 = NJW 1980, 1397 (zu § 12 WEG); BayObLG Rpfleger 1968, 985 (zu § 5 ErbbauRG), Erman/*Grziwotz*, § 5 ErbbauRG Rn. 1.
196 OLG Düsseldorf MittRhNotK 1995, 231: Ist Wiederkaufsverpflichtete eine Erbengemeinschaft und befindet sich im Nachlass nur noch das belastete Grundstück, so tritt der Wiederkaufsfall auch dann ein, wenn die Erbanteile verkauft werden. Verpflichtet werden aber nur die Erben, die ihre Anteile verkauft haben. Ablehnend auch MünchKommBGB/*Gergen*, § 2033 Rn. 17 mit Fn. 77.
197 MünchKommBGB/*Gergen*, § 2033 Rn. 17 a. E.; Soergel/*Wolf*, § 2033 Rn. 12.

2. In Zugewinngemeinschaft lebende Ehegatten und Lebenspartner

219 Im Einzelfall kann die Übertragung eines Erbteils eine Verfügung über das Vermögen im Ganzen darstellen. Sie bedarf dann zur Wirksamkeit der Zustimmung des anderen Ehepartners (§ 1365 BGB) oder – im Falle einer eingetragenen Lebenspartnerschaft – des anderen Lebenspartners (§ 6 S. 2 LPartG).[198] Ist zweifelhaft, ob in der Erbteilsübertragung eine Verfügung über das Vermögen im Ganzen liegt, kann es sich empfehlen, eine entsprechende Erklärung des Veräußerers in die Urkunde mit aufzunehmen.

220 ▶ **Muster:**

Der Veräußerer erklärt, dass es sich bei der Übertragung des Erbteils nicht um eine Verfügung über sein Vermögen im Ganzen handelt. Die Zustimmung seiner Ehefrau ist daher nicht erforderlich.

221 ▶ **Muster:**

Der Veräußerer erklärt, dass es sich bei der Verfügung nicht um sein Vermögen im Ganzen handelt. Der Notar hat darüber belehrt, dass daher die Zustimmung seiner heute nicht erschienenen Ehefrau erforderlich ist. Der Veräußerer sagt zu, diese unverzüglich dem Notar in grundbuchtauglicher Form nachzureichen.« [Als weitere Fälligkeitsvoraussetzung ist dann das auflagenfreie Vorliegen der formgerechten Genehmigung beim Notar vorzusehen.]

3. In Gütergemeinschaft lebende Ehegatten

222 Nach § 1423 BGB kann der Ehegatte, der das Gesamtgut verwaltet, nur mit Einwilligung des anderen Ehegatten über das Gesamtgut im Ganzen verfügen und eine entsprechende Verpflichtung eingehen. Im Einzelfall kann daher wie bei § 1365 BGB eine Zustimmung des anderen Ehegatten erforderlich sein. Ob sich darüber hinaus ein Zustimmungserfordernis aus § 1424 BGB ergeben kann, wenn ein Grundstück den wesentlichen Teil des Nachlasses ausmacht, ist umstritten, richtigerweise aber zu verneinen.[199] Nach dieser Vorschrift kann der Ehegatte, der das Gesamtgut verwaltet, nur mit Zustimmung des anderen Ehegatten eine Verpflichtung zur Übertragung eines Grundstücks eingehen und diese erfüllen. Wie dargelegt, stellt die Erbteilsübertragung keine Verfügung über ein Grundstück dar, so dass § 1424 BGB allenfalls dann zur Anwendung kommt, wenn es sich um einen Fall der Umgehung handelt. Ist dies nicht der Fall, folgt aus § 1424 BGB kein Genehmigungserfordernis, so wie auch andere, nur auf das einzelne Grundstück abstellende Vorschriften (z. B. § 5 ErbbauRG) nicht zur Anwendung kommen (vgl. oben, Rdn. 215).

4. § 2 GrdStVG

223 Besteht der Nachlass im Wesentlichen aus einem land- oder forstwirtschaftlichen Betrieb, bedarf die Erbteilsübertragung an einen anderen als einen Miterben nach § 2 Abs. 2 Nr. 2 GrdStVG der Genehmigung des Landwirtschaftsgerichts. Auch wenn der Nachlass nicht aus einem Betrieb, sondern aus landwirtschaftlichen Grundstücken besteht, ist die Veräußerung dann genehmigungspflichtig, wenn die Form der Erbanteilsübertragung allein deswegen gewählt wird, um die Genehmigungspflicht einer von den Vertragsparteien bezweckten Veräußerung landwirtschaftlich genutzter Grundstücke zu umgehen.[200] Gleiches gilt bei der Bestellung eines Nießbrauchs an einem Erbteil (§ 2 Abs. 2 Nr. 3 GrdStVG), nicht jedoch bei der Verpfändung.

---

198 Siehe BGH NJW 1961, 1301: Auch ein Erbauseinandersetzungsvertrag kann eine Verfügung über das Vermögen eines Ehegatten im Ganzen enthalten.
199 Anderer Ansicht jedoch MünchKommBGB/*Gergen*, § 2033 Rn. 17; Erman/*Gamillscheg*, § 1424 Rn. 2 m. w. N.
200 BGH, Beschl. v. 23.11.2012 – BLw 13/11, MittBayNot 2013, 263 = RNotZ 2013, 257 (LS).

XI. Grundbuchberichtigung

Der Erbteilserwerber wird mit wirksamer Abtretung des Erbteils Inhaber der Anteilsrechte der Erbengemeinschaft. Befindet sich im Nachlass Grundbesitz, ist hierfür eine Auflassung und Grundbucheintragung nicht erforderlich, vielmehr wird das Grundbuch hinsichtlich des Veräußerers und Erwerbers mit Abtretung des Erbteils unrichtig. Es ist daher nach § 894 BGB lediglich zu berichtigen, wofür der Nachweis der Unrichtigkeit in öffentlicher Form (insb. öffentlich beurkundete Erbteilsübertragung) oder eine Berichtigungsbewilligung des Ausscheidenden mit Zustimmung des Erwerbers erforderlich ist, §§ 22, 19 GBO. 224

Übertragen einzelne Erben des noch im Grundbuch eingetragenen Erblassers ihre Erbteile auf einen Dritten, ist für die Berichtigung des Grundbuchs nach § 39 GBO grundsätzlich die **Voreintragung** aller Erben erforderlich.[201] Wird demgegenüber der gesamte Grundbesitz durch die Erbengemeinschaft veräußert, bedarf es wegen § **40 Abs. 1 GBO** einer Voreintragung der Erben nicht. Gleiches gilt, wenn der eingetragene Berechtigte von mehreren Miterben beerbt wurde und diese die Erbanteile vollständig auf einen Miterben oder eine dritte Person übertragen haben, so dass dieser das Alleineigentum erworben hat und in dieser Eigenschaft in das Grundbuch einzutragen ist.[202] 225

XII. Anzeigepflichten

Nach § 2384 BGB hat der Verkäufer einer Erbschaft den Verkauf der Erbschaft und den Namen des Käufers unverzüglich dem Nachlassgericht anzuzeigen. Diese Anzeigepflicht dient den Interessen der Nachlassgläubiger, die über die veränderte Schuldenhaftung (§§ 2382, 2383 BGB) informiert sein sollen. Die Anzeigepflicht gilt auch beim Verkauf eines Erbteils sowie bei der unentgeltlichen Übertragung eines Erbteils, § 2385 BGB. Jede dingliche Erbteilsübertragung ist damit unabhängig von ihrem Rechtsgrund dem Nachlassgericht anzuzeigen. Es handelt sich um hierbei um eine Nachlasssache i. S. d. § 342 FamFG, so dass sich die örtliche Zuständigkeit des Nachlassgerichts aus § 343 FamFG ergibt. 226

Unterlässt der Verkäufer die Anzeige schuldhaft, ist er verpflichtet, den Nachlassgläubigern den Schaden zu ersetzen, den sie infolge der Verletzung der Anzeigepflicht erleiden. 227

Der Notar, der eine Erbteilsübertragung beurkundet hat, ist gesetzlich nicht verpflichtet, die Anzeige an das Nachlassgericht vorzunehmen.[203] Es steht ihm jedoch frei, einen entsprechenden Vollzugsauftrag zu übernehmen, der für ihn dann auch eine entsprechende Pflicht begründet. 228

▶ **Muster:** 229

Die Beteiligten beauftragen den amtierenden Notar, seinen amtlich bestellten Vertreter und Amtsnachfolger, den Verkauf des Erbteils dem Nachlassgericht durch Übersendung einer beglaubigten Abschrift dieser Urkunde anzuzeigen.

XIII. Steuern und Kosten der Erbteilsübertragung (Überblick)

1. Steuern

Der Erbschafts- bzw. Erbteilskauf als solcher ist kein nach § 3 ErbStG steuerbarer Vorgang. Eine unentgeltliche Übertragung ist nach § 7 Abs. 1 Nr. 1 ErbStG steuerbar, das Entgelt für die Übertragung der Nacherbenanwartschaft nach § 3 Abs. 2 Nr. 6 ErbStG. 230

---

201 BayObLG MittBayNot 1994, 435; OLG Hamm DNotZ 1996, 747; Hügel/*Zeiser*, GBO, § 40 Rn. 2.
202 OLG Nürnberg, Beschl. v. 25.9.2013 – 15 W 1799/13, MittBayNot 2014, 335 mit Anm. *Ruhwinkel* = ZEV 2013, 680; *OLG Zweibrücken*, Beschl. v. 19.6.2012 – 3 W 50/11, ZEV 2012, 416 = RNotZ 2012, 592 (LS); zu den Kosten (i. E. die Frage offen lassend) OLG Köln, Beschl. v. 19.3.2014 – 2 Wx 73/14, RNotZ 2014, 455.
203 Staudinger/*Olshausen*, § 2384 Rn. 2.

Kapitel 18 Verträge unter Erben und mit Vermächtnisnehmern

231 Schuldner der Erbschaftsteuer bleibt auch nach der Erbteilsübertragung der Erbe (§ 20 ErbStG), der Erwerber haftet subsidiär und beschränkt auf den Erwerb neben ihm (§ 20 Abs. 3 ErbStG). Im Fall der unentgeltlichen Erbteilsübertragung haftet der Erwerber persönlich für die Erbschaftsteuer, jedoch begrenzt auf den Wert des Erwerbs. (§ 20 Abs. 5 ErbStG). Im Verhältnis zwischen Erbteilsveräußerer und -erwerber haftet nach § 2379 S. 3 BGB der Erwerber, sofern nichts anderes vereinbart wurde.

232 Befindet sich Grundbesitz in der Erbschaft, ist die Übertragung ein grunderwerbsteuerbarer Vorgang (§ 1 Abs. 1 Nr. 3 GrEStG), der nur nach den allgemeinen Vorschriften grunderwerbsteuerbefreit sein kann (z. B. § 3 Nr. 3 GrEStG).[204] Die Übertragung eines Erbteils auf einen Miterben fällt nach Ansicht der Finanzverwaltung immer unter § 3 Nr. 3 GrEStG und ist damit von der Grunderwerbsteuer befreit.[205]

233 Einkommensteuerlich ist zu beachten, dass die Veräußerung einer Erbschaft oder eines Erbteils zur Aufdeckung stiller Reserven mit steuerpflichtigen Veräußerungserlösen führen kann, wenn sich ein Betrieb im Nachlass befindet. Die unentgeltliche Übertragung einer gesamten Erbschaft, die auch einen Betrieb umfasst, berechtigt nach § 6 Abs. 3 EStG zur Buchwertfortführung, die (ganze oder teilweise) entgeltliche Veräußerung führt aber zur Aufdeckung stiller Reserven mit steuerpflichtigen Veräußerungserlösen. Die Übertragung eines Erbteils, der Betriebsvermögen umfasst, ist die Veräußerung einer Mitunternehmerschaft, was zu steuerpflichtigen Veräußerungsgewinnen führen kann (§ 16 Abs. 1 S. 1 Nr. 2 EStG).[206]

2. Kosten

234 Für die Übertragung des Erbteils fällt eine 2,0-Gebühr nach KV GNotKG Nr. 21100 an. Der Wert richtet sich nach dem Kaufpreis oder nach dem Wert des Anteils des Miterben am Nachlassvermögen (ohne Abzug von Verbindlichkeiten,§ 97 Abs. 1, § 38 GNotKG),[207] sofern dieser höher ist, § 97 Abs. 3 GNotKG. Ein etwa mit der Erbteilsübertragung verbundener Antrag auf Grundbuchberichtigung ist nach Vorbem. 2.1 Abs. 2 Nr. 2 GNotKG mitabgegolten und daher nicht gesondert zu berechnen, wenn sich der Antrag auf die Übertragung beschränkt. Liegt einer der Fälle von Vorbem. 2.2.1.1 Abs. 1 vor, insbesondere wenn der Notar eine Genehmigung einholt, fällt zusätzlich eine 0,5 Vollzugsgebühr nach KV GNotKG Nr. 22110 an.

235 Daneben fallen – je nach Lage des Falles – Gebühren für die sonstigen vom Notar im Zusammenhang mit der Erbteilsübertragung übernommenen Tätigkeiten an:
– Obliegt dem Notar nach dem Vertrag die förmliche Anzeige an das Nachlassgericht (also nicht nur die Übersendung einer Abschrift der Urkunde an das Nachlassgericht) und nimmt er diese vor, stellt dies eine Betreuungstätigkeit nach KV GNotKG Nr. 22200 Nr. 5 dar, die eine 0,5-Gebühr aus dem Wert des Beurkundungsverfahrens auslöst (§ 113 Abs. 1 GNotKG).
– Gleiches gilt, wenn der Notar auftragsgemäß einem vorkaufsberechtigten Miterben den Verkauf mitteilt.
– Für die vom Notar übernommene Fälligkeitsüberwachung fällt ebenfalls eine Betreuungsgebühr (nach KV GNotKG Nr. 22200 Nr. 3) an.

236 Wird ein Nacherbenanwartschaftsrecht übertragen, ist der Geschäftswert nach § 36 Abs. 1 GNotKG, notfalls nach § 36 Abs. 3 GNotKG zu bestimmen. Zu berücksichtigen ist, ob mit dem Eintritt der Nacherbfolge überhaupt und ggf. wann zu rechnen ist und welchen Beschränkungen der Vorerbe unterliegt.[208] Der Wert darf daher nicht mit dem Wert des der Nacherbschaft unterlie-

---

[204] BFH MittBayNot 1976, 45.
[205] Vgl. den Erlass des NdsFinMin im Einvernehmen mit den übrigen Finanzbehörden der Länder, DNotZ 1984, 657; *Boruttau/Sack*, § 3 Rn. 331.
[206] Vgl. BMF Schreiben v. 14.3.2006, BStBl. I S. 253 = ZEV 2006, 154.
[207] OLG Hamm DNotZ 1971, 124.
[208] Streifzug durch das GNotKG, Rn. 599; LG München II MittBayNot 1984, 48.

genden Vermögens gleichgesetzt werden, vielmehr ist ein hiervon nach dem Ermessen des Notars zu bestimmender Teilwert anzusetzen.[209]

XIV. Checkliste

▶ **Checkliste: Erbteilsübertragung** 237

☐ Überträgt der Alleinerbe oder ein Miterbe die Erbschaft?
☐ Ist die Erbengemeinschaft bereits auseinander gesetzt?
☐ Übertragung des gesamten Erbteils oder nur eines Bruchteils?
☐ Verkauf oder Schenkung?
☐ Gegenleistung und Sicherheiten
☐ Abbedingung der gesetzlichen Mängelregelungen?
☐ Formvorschriften
☐ Genehmigungserfordernisse (insb. bei Minderjährigen)?
☐ Miterbenvorkaufsrechte?
☐ Anzeige an das Nachlassgericht

C. Vermächtniserfüllungsvertrag

Literatur:
Bengel, Rechtsfragen zum Vor- und Nachvermächtnis, NJW 1990, 1826; *Brambring*, Die Auswirkungen der Schuldrechtsreform auf das Erbrecht, ZEV 2002, 137; *Demuth*, Nachfolgegestaltung für eine Personenhandelsgesellschaft durch Aussetzung von Vermächtnissen: Zivilrechtliche und steuerliche Probleme mit Lösungsvorschlägen, BB 2001, 945; *Grunewald/Rizor*, Wer trägt die Lasten, wenn ein vermachtes Grundstück belastet ist?, ZEV 2008, 510; *Grziwotz*, Wohnungsrechtsvermächtnis und Grundbucheintragung, ZEV 2010, 130; *Halding-Hoppenheit*, Sicherstellung der Vermächtniserfüllung, RNotZ 2005, 311; *Ivo*, Wie erfüllt der Vorerbe ein Grundstücksvermächtnis?, Erbrecht effektiv 2004, 206; *ders.*, Die Vererbung von GmbH-Geschäftsanteilen nach Inkrafttreten des MoMiG, ZEV 2009, 333; *Maur*, Die Rechtsstellung des Vorvermächtnisnehmers bei zugunsten des Nachvermächtnisnehmers eingetragener Vormerkung, NJW 1990, 1161; *Muscheler*, Das Vor- und Nachvermächtnis, AcP 208 (2008), 69; *Randt*, Das Vor- und Nachvermächtnis, BWNotZ 2001, 73; *Schlichting*, Der Verwendungsersatzanspruch des Vorvermächtnisnehmers gegen den Nachvermächtnisnehmer, ZEV 2000, 385; *Schlitt*, Aufteilung der Vermächtnislast zwischen Erbe und Vermächtnisnehmer, ZEV 1998, 91; *Werkmüller*, Gestaltungsmöglichkeiten des Erblassers im Rahmen der Anordnung von Vor- und Nachvermächtnissen, ZEV 1999, 343; *Watzek*, Vor- und Nachvermächtnis, MittRhNotK 1999, 37

I. Grundlagen

Anders als beim gesetzlichen Vonselbsterwerb des Erben (§ 1922 BGB) geht beim Vermächtnis der 238
vermachte Gegenstand nicht ohne weiteres dinglich auf den Bedachten über; eine Ausnahme bildet das Vorausvermächtnis an den alleinigen Vorerben.[210] Eine vermächtnisweise Zuwendung (zur Gestaltung vgl. Kapitel 4 Rdn. 1 ff.) begründet nach § 2174 BGB nur ein Forderungsrecht, d. h. einen **schuldrechtlichen Anspruch** des Bedachten gegen den Beschwerten. Dieser Anspruch beruht unmittelbar auf der das Vermächtnis anordnenden letztwilligen Verfügung und begründet ein Schuldverhältnis, auf das – vorbehaltlich der Sonderregelungen in §§ 2147 ff. BGB – die allgemeinen Vorschriften des Schuldrechts unmittelbare Anwendung finden. Für die Fälligkeit gilt daher vorbehaltlich anderweitiger Bestimmungen des Erblassers § 271 BGB, die Erfüllung hat nach §§ 269, 270 BGB am Wohnort des Schuldners zu erfolgen, der Beschwerte hat die Kosten der Vermächtniserfüllung, der Bedachte die Kosten der Abnahme und Übersendung zu tragen (§ 448 BGB).[211]

---

209 Streifzug durch das GNotKG, a. a. O.
210 Vgl. BGHZ 32, 60 = DNotZ 1960, 553.
211 Nach BGH NJW 1963, 1602 hat der mit einem Grundstücksvermächtnis Beschwerte auch die Kosten der Grundbuchumschreibung zu tragen.

Kapitel 18 Verträge unter Erben und mit Vermächtnisnehmern

1. Die Beteiligten

239 Beteiligt an einem Vermächtniserfüllungsvertrag sind stets der bzw. die mit dem Vermächtnis Beschwerte(n) und der bzw. die Bedachte(n):

240 **Beschwerter** eines Vermächtnisses kann nur sein, wer vom Erblasser etwas unmittelbar und aus eigenem Recht zugewendet erhält, § 2147 BGB. In der Regel ist dies der Erbe.[212] Beschwert sein kann – freilich in der Praxis eher selten – auch ein Vermächtnisnehmer, es handelt sich dann um ein Untervermächtnis, §§ 2186 ff. BGB.

241 **Bedachter** bzw. Vermächtnisnehmer kann jede natürliche oder juristische Person und auch eine (teil-) rechtsfähige Gesamthandsgemeinschaft (insb. GbR, nicht rechtsfähiger Verein) sein. Zugleich kann der Bedachte auch Erbe sein, es handelt sich dann um ein neben den Erbteil tretendes Vorausvermächtnis, § 2150 BGB.

242 ▶ **Muster:**

Erschienen vor mir, dem unterzeichneten Notar ... mit dem Amtssitz in ..., in meinen Amtsräumen

1. Herr A., geboren am ..., wohnhaft ..., nachfolgend auch der »Erbe« oder »Beschwerte« genannt;

2. Frau B. geborene C. geboren am ..., wohnhaft ..., nachfolgend auch der »Vermächtnisnehmer« oder »Bedachte« genannt;

und ersuchten mich um die Beurkundung des nachstehenden

Vermächtniserfüllungsvertrages.

Herr A. ist ausweislich des vom AG ... am ... ausgestellten Erbscheins (Geschäfts-Nr. ....) Alleinerbe nach dem am ... mit letztem Wohnsitz in ... verstorbenen Herrn T., geboren am ... In dem von Herrn T. unter dem ... errichteten handschriftlichen Testament, das vom AG ... am ... unter der Geschäfts-Nr. ... eröffnet worden ist, hat Herr T. ein Vermächtnis zugunsten der hier erschienenen Frau B. ausgesetzt. Dieses soll mit dieser Urkunde erfüllt werden.

2. Der Gegenstand des Vermächtnisses

243 Die Art der Vermächtniserfüllung richtet sich nach dessen Gegenstand, daher ist es vor der Gestaltung des Vermächtniserfüllungsvertrages unabdingbar, den Gegenstand des Vermächtnisses und dessen Umfang zu ermitteln. Der Gegenstand des Vermächtnisses wird sich im Regelfall aus der Verfügung von Todes wegen ergeben, in der das Vermächtnis angeordnet ist.

244 Gegenstand eines Vermächtnisses kann grundsätzlich alles sein, was als Inhalt einer Leistungspflicht eines Schuldners nach § 241 BGB vereinbart werden kann und eine Begünstigung des Bedachten darstellt.[213]

245 Ist ein bestimmter Gegenstand vermacht und befindet sich dieser zum Zeitpunkt des Erbfalls nicht mehr im Vermögen des Erblassers, ist das Vermächtnis als solches gem. § 2169 Abs. 1 BGB **unwirksam**, ggf. kann jedoch unter den Voraussetzungen des § 2169 Abs. 3 BGB ein Ersatzanspruch des Erblassers als vermacht anzusehen sein.[214] Unwirksam ist ein Vermächtnis darüber hinaus, wenn

---

212 Ist über das Vermögen eines/des Erben das Insolvenzverfahren eröffnet, muss nach §§ 80, 84 Abs. 1 InsO der Insolvenzverwalter an der Vermächtniserfüllung mitwirken, vgl. hierzu DNotI-Gutachten vom 21.7.2009 (Internet-Gutachtennr. 95425).

213 Überblick bei Palandt/*Weidlich*, Einf. v § 2147 Rn. 2; siehe auch BGH, Urt. v. 27.6.2001 – IV ZR 120/00, DNotZ 2001, 805 = ZEV 2001, 362 (Vermächtnis eines Ankaufsrechts).

214 § 2169 Abs. 3 BGB bezieht sich allerdings nicht auf rechtsgeschäftliche Surrogate, deren Vermächtnis daher allenfalls im Wege der ergänzenden Testamentsauslegung angenommen werden kann (vgl. dazu BGH NJW 1957, 421; Staudinger/*Otte*, § 2169 Rn. 16). Ist daher z. B. ein vermachter Gegenstand vor dem Erbfall von dem Erblasser oder jedenfalls mit dessen Willen veräußert worden und lassen sich dem Testament keine Anhaltspunkte für ein Vermächtnis des Veräußerungserlöses als rechtsgeschäftlichem Surrogat ent-

es als solches – d. h. nicht nur die dingliche Erfüllung – einer Genehmigung bedarf und diese versagt worden ist (insb. § 16 HöfeO) oder sich auf eine nicht übertragbare Rechtsposition bezieht (höchstpersönliche Rechte, Mitgliedschaft im Verein, § 38 BGB).

Nicht selten wirft das vom Erblasser ausgesetzte Vermächtnis vor der eigentlichen Erfüllung zu klärende **Auslegungsprobleme** auf. Zu nennen sind insoweit insbesondere:

– Ist das »**Vermögen**« oder ein Bruchteil hiervon vermacht, fällt hierunter nicht nur das Geldvermögen des Erblassers, erfasst sind auch sämtliche in seinem Eigentum stehenden Sachwerte in Form von Immobilien und Mobilien.[215]

– Hat der Erblasser ein Vermächtnis über »**Barvermögen**« ausgesetzt, ist zu fragen, ob sich das Vermächtnis nicht nur auf beim Erbfall vorhandenes Bargeld, sondern auch auf Konten und Wertpapierdepots erstreckt. Ergibt die Auslegung des Erblasserwillens kein eindeutiges Bild, kommt es darauf an, wie der Begriff »Barvermögen« gemeinhin verstanden wird. Im natürlichen Sprachgebrauch ist das Wort »Barvermögen« nicht auf Bargeld beschränkt, sondern umfasst in der Regel auch das Guthaben auf Bankkonten. Ob daneben auch Wertpapierdepots von diesem Begriff erfasst sind, ist zweifelhaft. Ergibt der konkrete Sprachgebrauch des Erblassers jedoch, dass er auch Wertpapierdepots als »Barvermögen« verstanden wissen wollte, können auch diese von der Vermächtnisanordnung erfasst sein.[216]

– Soll der Vermächtnisnehmer nach dem Wortlaut des Testaments das gesamte »**Sparguthaben**« oder »**Sparvermögen**« erhalten, wird dies in der Regel nur das Sparguthaben meinen, das im Zeitpunkt des Erbfalls tatsächlich noch vorhanden ist; ob sich das Vermächtnis auch auf ein neues Sparkonto erstreckt, das der Erblasser erst mehrere Jahre nach Testamentserrichtung eröffnet hat und auf das er den Erlös aus der Veräußerung seines Hausgrundstücks hat einzahlen lassen, ist nach den Grundsätzen der ergänzenden Testamentsauslegung zu beurteilen.[217] Gleiches gilt z. B. für die Frage, ob mit »Sparvermögen« auch Vermögen auf einem solchen Konto gemeint ist, auf dem die Gewinnanteile des Erblassers als Gesellschafter einer KG verbucht worden sind. Ergibt die Auslegung der letztwilligen Verfügung, dass das gesamte mit dem KG-Betrieb zusammenhängende Vermögen dem Erben verbleiben soll, fällt das Guthaben auf dem Gesellschafter-Privatkonto nicht unter den Begriff des Sparvermögens und ist damit nicht Gegenstand des Vermächtnisses.[218]

– Wendet der Erblasser dem Vermächtnisnehmer seinen »**Betrieb mit allen Aktiven und Passiven**« zu, so erstreckt sich dieses Vermächtnis im Zweifel auch auf das Geschäftskonto des Betriebes.[219]

– Hat der Erblasser einen **Gesellschaftsanteil** vermacht, so zählen zum Vermächtnis im Zweifel diejenigen die Gesellschaftsbeteiligung betreffenden Rechte und Pflichten, die der Erblasser im Zeitpunkt des Erbfalles selbst innehatte. Ist die Beteiligung an einer Kommanditgesellschaft als Vermächtnis zugedacht, so wird mit dem Erbfall zunächst der Erbe Kommanditist. Der beschwerte Erbe ist sodann verpflichtet, dem Vermächtnisnehmer den Kommanditanteil zu übertragen.[220] Ist dies nach den gesellschaftsvertraglichen Bestimmungen nicht möglich, so ist das Vermächtnis da-

---

nehmen, ist das Vermächtnis nach § 2169 Abs. 1 BGB unwirksam (vgl. OLG Rostock, Beschl. v. 16.4.2009 – 3 W 9/09, ZEV 2009, 624).

215 OLG Naumburg, Urt. v. 20.10.2006 – 10 U 33/06, ZEV 2007, 381 = FamRZ 2007, 1047.
216 BGH WM 1975, 1259.
217 OLG Koblenz FamRZ 1998, 579.
218 OLG Naumburg, Urt. v. 15.5.2007 – 9 U 26/07, ErbR 2009, 93; die Nichtzulassungsbeschwerde gegen dieses Urteil hat der BGH zurückgewiesen (BGH, Beschl. v. 29.10.2008 – IV ZR 158/07).
219 OLG Koblenz, Urt. v. 27.5.2004 – 5 U 1477/03, FamRZ 2005, 1280 = ZEV 2005, 480.
220 Die Anmeldung zum Handelsregister hat dann in zwei Stufen zu erfolgen: Erst der Übergang der Beteiligung auf den Erben, sodann infolge der Vermächtniserfüllung auf den Bedachten. Ist über den Nachlass Testamentsvollstreckung angeordnet, ist der Testamentsvollstrecker zur Anmeldung beider Rechtsübergänge berechtigt und verpflichtet, und zwar auch dann, wenn es sich um eine Abwicklungsvollstreckung handelt, vgl. LG Mainz MittRhNotK 1982, 118, zust. *Damrau*, NJW 1984, 2785.

hin auszulegen, dass dem Bedachten zumindest die übertragbaren Rechte (z. B. auf die Gewinnausschüttung und das Auseinandersetzungsguthaben) abzutreten sind.[221]
- Hat der Erblasser **gesamthänderisch gebundene Gegenstände** vermacht (z. B. ein Grundstück, das sich jedoch im Vermögen einer Erbengemeinschaft befindet, an der der Erblasser beteiligt war), gehören diese Gegenstände als solche nicht zum Nachlass, und zwar auch nicht zu einer der Beteiligung des Erblassers entsprechenden Quote (im Beispiel gehört also nur der Erbteil zur Erbschaft, nicht aber das Grundstück).[222] Ob das Vermächtnis dann nach § 2169 Abs. 1 BGB unwirksam ist oder als Verschaffungsvermächtnis nach § 2170 BGB Bestand hat, entscheidet sich nach dem Erblasserwillen. Regelmäßig wird einiges dafür sprechen, dass es sich um ein Verschaffungsvermächtnis handelt, da der Erblasser die dogmatische Differenzierung zwischen der bloßen Beteiligung an einem gesamthänderisch gebundenen Vermögen und den Vermögensbestandteilen selbst kaum erfasst haben wird.[223]
- Hat der Erblasser ein »**Wohnrecht**« vermacht und nicht ausdrücklich bestimmt, ob dieses dinglich oder schuldrechtlich bestellt werden soll, ist im Zweifel davon auszugehen, dass nur ein schuldrechtliches Wohnrecht vermacht ist.[224] Ist daher etwa die Witwe des Erblassers mit einem unentgeltlichen, lebenslangen, bis zu einer etwaigen Wiederverheiratung befristeten Wohnrecht bedacht und lässt sich ein Wille des Erblassers, dass ihr ein Anspruch auf dingliche Sicherung des Wohnrechts zustehen soll, nicht ermitteln, so kann die Witwe nicht die Eintragung des Wohnrechts im Grundbuch als beschränkte persönliche Dienstbarkeit verlangen.[225]
- Bei einem **Quotenvermächtnis über Nachlassvermögen, das der befreiten Vorerbschaft unterliegt**, ist bei der Berechnung regelmäßig auch der Nachlasssubstanzwert – und nicht nur das der Nacherbenbindung nicht unterliegende Vermögen nach § 2136 BGB – mit einzubeziehen.[226]

247 Zur Vermeidung späterer Diskussion über Inhalt und Umfang des Vermächtnisses, sollte zu Beginn des Vermächtniserfüllungsvertrages **eindeutig festgehalten** werden, was nach dem Verständnis der Beteiligten Gegenstand des Vermächtnisses ist. Darüber hinaus empfiehlt sich eine Klarstellung, dass mit ordnungsgemäßem Vollzug der Urkunde alle wechselseitigen Ansprüche aus dem Vermächtnis erledigt sind.

248 ▶ **Muster:**

Der am ... verstorbene Erblasser T. hat in seinem vom AG ... am ... unter der Geschäfts-Nr. ... eröffneten handschriftlichen Testament vom ... verfügt, dass der hier erschienene Herr A. »alle seine Wohnungen« und »die drei Eichenschränke« erhalten soll. Die Beteiligten sind sich einig, dass hiervon erfasst sind:

a) die im Wohnungsgrundbuch des Amtsgerichts ... von ... in Blatt ... eingetragene Wohnungseigentumseinheit, bestehend aus ...

b) das im Wohnungsgrundbuch des Amtsgerichts ... von ... in Blatt ... eingetragene Wohnungserbbaurecht, lastend auf dem Grundstück ...

---

[221] BGH WM 1976, 251; Palandt/*Weidlich*, § 2174 Rn. 8.
[222] BGH NJW 1984, 731; Staudinger/*Otte*, § 2169 Rn. 7.
[223] Eingehend hierzu DNotI-Gutachten vom 30.6.2008 (Internet-Gutachtennr. 86193) und DNotI-Gutachten vom 23.5.2007 Nr. 75406. Vermacht sein wird regelmäßig jedenfalls der Auseinandersetzungsanspruch bezogen auf die Erbengemeinschaft bzw. das Auseinandersetzungsguthaben, das sich nach der Auseinandersetzung der Gesamthandsgemeinschaft ergibt.
[224] Vgl. LG Gießen FamRZ 1996, 1504.
[225] OLG Bamberg ZEV 1996, 34 = MittBayNot 1994, 545; siehe auch LG Deggendorf ZEV 2003, 247. Der Sicherungszweck kann in diesem Fall abweichend vom OLG Bamberg (a. a. O.) und mit *Grziwotz* (in ZEV 2010, 130, 132) für ein dingliches Wohnungsrecht allerdings dann sprechen, wenn dieser in der letztwilligen Verfügung jedenfalls ansatzweise Niederschlag gefunden hat, etwa dergestalt, dass dem Berechtigte das Recht auf seine Lebenszeit zustehen soll.
[226] OLG Naumburg, Urt. v. 20.10.2006 – 10 U 33/06, ZEV 2007, 381 = FamRZ 2007, 1047.

c) die zwei in der zu a) genannten Wohnung befindlichen Eichenschränke sowie der dort befindliche Schrank aus Buchenholz, den der Erblasser zeitlebens als Eichenschrank bezeichnet hat.

Darüber hinaus sind sich die Beteiligten einig, dass mit dem ordnungsgemäßen Vollzug dieser Urkunde alle gegenseitigen Ansprüche hinsichtlich der im Testament des T. zugunsten des A. ausgesetzten Vermächtnisse erfüllt sind. Rein vorsorglich verzichten sie wechselseitig auf weitergehende Ansprüche und nehmen diesen Verzicht jeweils an.

3. Anfall und Fälligkeit des Vermächtnisses

a) Anfall des Vermächtnisses

Das Vermächtnis fällt an, d. h. der Vermächtnisanspruch entsteht grundsätzlich (Ausnahme §§ 2177–2179 BGB) mit dem Erbfall, § 2176 BGB, also mit dem Tod des Erblassers.[227] Die Annahme des Erbes durch den bzw. die Erben hat demgegenüber für den Anfall des Vermächtnisses keine Bedeutung; nur kann der Anspruch vor der Annahme nicht gegenüber dem/den Erben geltend gemacht werden (§ 1958 BGB). 249

Vor Eintritt des Erbfalls besteht nur eine tatsächliche Aussicht und keine rechtlich gesicherte Anwartschaft, auch wenn das Vermächtnis auf einem Erbvertrag beruht. Daher muss der Bedachte den Zeitpunkt des Anfalls erleben (§ 2160 BGB). Bestimmt sich die Höhe des Vermächtnisses nach dem Wert eines Nachlassbruchteils, ist hierfür vorbehaltlich anderweitiger Bestimmungen des Erblassers der Zeitpunkt des Anfalls maßgeblich.[228] 250

b) Fälligkeit des Vermächtnisses

Fällig wird das Vermächtnis mit der Folge, dass der Bedachte vom Beschwerten die Erfüllung verlangen kann, nach § 271 BGB zeitgleich mit dem Anfall. Freilich wird der Erblasser häufig andere Regelungen getroffen haben (s. insb. § 2181 BGB), sei es ausdrücklich, sei es im Wege der Auslegung zu ermitteln. Die Fälligkeit kann dabei nie vor dem Anfall des Vermächtnisses, wohl aber erst nach ihm eintreten. Auch gilt für das Vermächtnis als Nachlassverbindlichkeit die Dreimonatseinrede des § 2014 BGB. 251

Ist der Bedachte zugleich Miterbe, ist dieses **Vorausvermächtnis** (§ 2150 BGB) bereits vor der Erbauseinandersetzung fällig und zu erfüllen: Der Vorausvermächtnisnehmer, der zugleich Miterbe ist, kann nach der Rechtsprechung im Falle ungeteilter Erbengemeinschaft das ihm zugewendete Vermächtnis vor Erbauseinandersetzung aus dem Nachlass verlangen, er hat insoweit einen Vermächtnisanspruch gegenüber der Miterbengemeinschaft.[229] 252

Bei der Gestaltung des Vermächtniserfüllungsvertrages wird als Zeitpunkt des **wirtschaftlichen Übergangs** regelmäßig derjenige der Fälligkeit zu Grunde zu legen sein. 253

▶ **Muster:** 254

Auf den Erwerber gehen mit Ablauf des ... [= Todestag des Erblassers] über: der Besitz, die Nutzungen, die Lasten einschließlich aller Rechte und Verpflichtungen aus den Versicherungen, die Verkehrssicherungspflichten und die Gefahr des zufälligen Untergangs.

---

227 Setzt ein Erblasser eine Person zum einen als Nacherben, zum anderen als Vermächtnisnehmer ein, so ist das Vermächtnis grundsätzlich nach dem Tode des Erblassers vom Erben zu erfüllen, vgl. OLG Naumburg, Urt. v. 20.10.2006 – 10 U 33/06, ZEV 2007, 381 = FamRZ 2007, 1047.
228 BGH NJW 1960, 1759; siehe auch BayObLG Rpfleger 1989, 22; BGH FamRZ 1974, 652: Nach einer Geldentwertung richtet sich der Wert des Bruchteils nach dem Zeitpunkt der Erfüllung, wenn dies dem Erblasserwillen entspricht.
229 OLG Saarbrücken, Urt. v. 12.7.2007 – 8 U 515/06, ZEV 2007, 579; OLG Frankfurt a. M. OLGR 1999, 112.

4. Der Schuldner des Vermächtnisanspruchs

255 Schuldner des Vermächtnisanspruchs, der sog. Beschwerte, ist regelmäßig der Erbe, im Sonderfall des sog. Untervermächtnisses auch ein Vermächtnisnehmer, § 2147 BGB.[230] Sind **mehrere Erben** oder mehrere Vermächtnisnehmer mit demselben Vermächtnis beschwert, so sind nach § 2148 BGB im Zweifel die Erben nach dem Verhältnis der Erbteile und die Vermächtnisnehmer nach dem Wertverhältnis der ihnen zugedachten Vermächtnisse beschwert. Im Außenverhältnis besteht eine gesamtschuldnerische Haftung, § 2058 i. V. m. § 421 BGB. Besondere Probleme ergeben sich, wenn ein Miterbe sich zum Zeitpunkt der Vermächtniserfüllung in der Insolvenz befindet.[231]

256 Ist der Nachlass aufgrund von Vermächtnissen und/oder Auflagen **überschuldet**, begründet dies nicht die Pflicht zur Beantragung eines Nachlassinsolvenzverfahrens, § 1980 Abs. 1 S. 3 BGB. Dem Erben ist es nach § 1992 BGB gleichwohl gestattet, dem Bedachten die Dürftigkeitseinrede entgegenzuhalten und so seine Haftung nach §§ 1990, 1991 BGB zu begrenzen. Vermächtnisse sind nach § 1991 Abs. 4 BGB i. V. m. § 327 Abs. 1 InsO dann so zu erfüllen, wie sie im Fall des Nachlassinsolvenzverfahrens zu berücksichtigen wären. Ist der Vermächtnisanspruch auf eine bestimmte Sache gerichtet, steht dem Vermächtnisnehmer bei Geltendmachung des Leistungsverweigerungsrechts die Vermächtnisleistung in entsprechend gekürztem Umfang in Geld zu. Es ist ihm nach der Rechtsprechung jedoch unbenommen, gegen Zahlung eines Ausgleichsbetrages die Übertragung des Gegenstandes selbst zu verlangen.[232]

II. Die Gestaltung der Vermächtniserfüllung

1. Die Übertragung des Vermächtnisgegenstandes

257 Die Vermächtniserfüllung richtet sich nach dem Vermächtnisgegenstand. Dieser entscheidet darüber, welche Rechtsakte in welcher Form für die Erfüllung des Vermächtnisses vorzunehmen sind:

258 **Bewegliche Sachen** sind gemäß den §§ 929 ff. BGB zu übereignen.

259 **Forderungen** sind gemäß § 398 BGB abzutreten.

260 **Grundstücke** und **Wohnungs- bzw. Teileigentumseinheiten** sind gemäß den §§ 873, 925 BGB auf den Bedachten zu übertragen,[233] wobei es der Voreintragung des beschwerten Erben zwar rechtlich nicht bedarf (§ 40 Abs. 1 GBO); gleichwohl ist diese regelmäßig zu empfehlen (vgl. unten Rdn. 265). Der Vermächtniserfüllungsvertrag ist in diesem Fall notariell zu beurkunden, und zwar insgesamt, d. h. auch soweit er an sich nicht beurkundungspflichtige Übertragungsakte umfasst.[234] Ist ein **Grundstücksteil** vermacht, ist der Erbe zur Erfüllung des Vermächtnisses verpflichtet, auf die Teilung des Grundstücks hinzuwirken; den hierzu erforderlichen Antrag muss der Eigentümer stellen.[235]

261 **GmbH-Anteile** sind gemäß den §§ 15, 16 GmbHG zu übertragen; nach § 15 Abs. 3 GmbHG ist die Übertragung notariell zu beurkunden.[236] Nach Wirksamwerden der Übertragung hat der Notar un-

---

[230] Einzelheiten bei Palandt/*Weidlich*, § 2174 Rn. 2 f.
[231] Ausführlich DNotI-Gutachten v. 21.5.2015 (Dok.Nr. 123798).
[232] BGH NJW 1964, 2298, 2300.
[233] Möglich ist ein gutgläubiger lastenfreier Erwerb durch den Vermächtnisnehmer, vgl. OLG Naumburg, Beschl. v. 25.2.2003 – 11 Wx 19/02, NJW 2003, 3209.
[234] Die Rechtsprechung des BGH (z. B. Urt. v. 12.2.2009 – VII ZR 230/07, DNotZ 2009, 619), wonach die Beurkundungspflicht in solchen Fällen alle Vereinbarungen erfasst, die mit der beurkundungspflichtigen »stehen und fallen« sollen, gilt auch im Rahmen der Vermächtniserfüllung. Entscheidend ist demnach, ob der beurkundungspflichtige Teil der Vermächtniserfüllung von den anderen Teilen abhängig ist.
[235] Vgl. den Fall BGHZ 37, 233; MünchKommBGB/*Schlichting*, § 2174 Rn. 10 a. E.
[236] Zur Problematik von Abtretungsbeschränkungen/Zustimmungsvorbehalten in diesen Fällen vgl. unten Rdn. 324.

verzüglich eine neue notarbescheinigte Gesellschafterliste zum Handelsregister einzureichen (§ 40 Abs. 2 GmbHG).[237]

Ist Gegenstand eines Vermächtnisses die **Beteiligung an einer Personen-(Handels-)Gesellschaft**, ist zur Übertragung grundsätzlich die Mitwirkung aller Mitgesellschafter erforderlich. Entbehrlich ist sie nur dann, wenn der Gesellschaftsvertrag den einzelnen Gesellschafter alleine zur Veräußerung ermächtigt. Für die Frage, ob bzw. wie die Beteiligung auf den Vermächtnisnehmer übertragen werden kann, ist ihr Schicksal im Erbfall entscheidend:[238]

— Wird die Gesellschaft dem gesetzlichen Regelmodell entsprechend **aufgelöst** (§ 727 BGB), ist Gegenstand des Vermächtnisses anstelle der Mitgliedschaft der Anspruch auf das Auflösungsguthaben (§ 734 BGB), dessen Abtretung der Vermächtnisnehmer vom Erben verlangen kann.

— Enthält der Gesellschaftsvertrag eine **Fortsetzungsklausel** (Beteiligung ist nicht vererblich und wächst bei Fortsetzung der Gesellschaft den verbleibenden Gesellschaftern an), hat der Vermächtnisnehmer im Zweifel gegenüber den Erben einen Anspruch auf Abtretung der in den Nachlass fallenden Abfindungsansprüche.[239]

— Enthält der Gesellschaftsvertrag eine **einfache Nachfolgeklausel** (Beteiligung ist vererblich und geht im Wege der Sondererbfolge auf den/die Erben über), hat der Bedachte gegen jeden Miterben jeweils einen Anspruch auf Übertragung des zuvor im Wege der Sondererbfolge erhaltenen Gesellschaftsanteils, wobei die Miterben jeweils nur als Teil- und nicht als Gesamtschuldner haften. Nach Übertragung verschmelzen die Anteile in der Hand des Vermächtnisnehmers wieder zu einem einheitlichen Anteil.[240]

— Bei einer **qualifizierten Nachfolgeklausel** (die Beteiligung kann nur bestimmten Erben vererbt werden), ist zu differenzieren: Ist sowohl der Beschwerte als auch der Vermächtnisnehmer nach dem Gesellschaftsvertrag als Nachfolger qualifiziert, kann der Bedachte die Übertragung des Gesellschaftsanteils – wie bei der einfachen Nachfolgeklausel – verlangen. Ist nur der Beschwerte, nicht jedoch der Vermächtnisnehmer qualifiziert, so muss der Beschwerte darauf hinwirken, dass die übrigen Gesellschafter der Übertragung an den Vermächtnisnehmer zustimmen. Verweigern sie die Zustimmung, hat der Beschwerte – wie bei der Fortsetzungsklausel – im Zweifel den Abfindungsanspruch an den Vermächtnisnehmer abzutreten.[241] Ist nur der Vermächtnisnehmer, nicht aber der beschwerte Erbe qualifiziert, entsteht für den Bedachten durch das Vermächtnis das Recht, in die Gesellschaft einzutreten; ein etwa schon an ihn abgetretener Abfindungsanspruch wird mit dem Eintritt gegenstandslos.[242]

Hat der Erblasser ein **dingliches Wohnungsrecht** vermacht, muss es bestellt und im Grundbuch eingetragen werden (§§ 1093, 873 BGB). Auch andere **Dienstbarkeiten** nach §§ 1018–1093 BGB sind gemäß § 873 BGB zu bestellen. Ein vermachter **Nießbrauch** ist an dem vom Erblasser bestimmten Gegenstand nach den dafür jeweils geltenden Bestimmungen einzuräumen (§§ 873, 1030 BGB). Hat der Erblasser beim Vermächtnis eines dinglichen Rechts keine **Rangbestimmung** getroffen, ist das Recht an der im Zeitpunkt des Todes bereiten Stelle einzutragen.[243] Wurde ein Nießbrauch

---

237 Zu den Auswirkungen des MoMiG auf die Vererbung von GmbH-Geschäftsanteilen und deren Übertragung in Erfüllung eines Vermächtnisses vgl. *Ivo*, ZEV 2009, 333.
238 Vgl. hierzu insbesondere *Demuth*, BB 2001, 945. Zur Vererbung von Gesellschaftsbeteiligungen vgl. ausführlich Kapitel 11.
239 *Demuth*, BB 2001, 945, 946.
240 Bamberger/Roth/*Müller-Christmann*, § 2174 Rn. 10.
241 Vgl. BGH WM 1976, 251 (dort auch zur Wertermittlung).
242 MünchKommHGB/*K. Schmidt*, § 139 Rn. 22. Gehört der Erbe nicht zum Kreis der nachfolgeberechtigten, »qualifizierten« Personen, geht der Gesellschaftsanteil nicht auf ihn über, so dass auch eine Übertragung vom Erben auf den Vermächtnisnehmer ausscheidet. Etwas anderes gilt beim Vorausvermächtnis, bei dem der Vermächtnisnehmer zugleich Miterbe ist. Vgl. zu diesem Problemkreis die DNotI-Gutachten v. 14.7.2009 (Internet-Gutachtennr. 95502) und v. 23.4.2009 (Internet-Gutachtennr. 93390).
243 OLG Hamm WM 1998, 1949.

am gesamten Nachlass vermacht, bedarf es einer Nießbrauchsbestellung an sämtlichen Nachlassgegenständen nach den jeweils für diese geltenden Regeln (§§ 1089, 1085, 1030, 1068 BGB).

2. Allgemeine Gestaltung, insbesondere beim Vermächtnis dinglicher Rechte

264 Das Vermächtnis begründet – wie dargelegt – einen bei Fälligkeit gegen den Beschwerten durchsetzbaren schuldrechtlichen Anspruch, der dinglich zu erfüllen ist. Für die Übertragung des vermachten Gegenstandes gelten die für die Einzelrechtsübertragung jeweils einschlägigen Vorschriften.[244] Ein Vermächtnis muss grundsätzlich bis zur völligen Ausschöpfung des Nachlasses erfüllt werden.[245] Der Erblasser kann die Erfüllung sicherstellen durch Ernennung eines Testamentsvollstreckers (§ 2203 BGB, dazu ausführlich Rdn. 298 ff.).

a) Grundstruktur und Grundbuchstand

265 Häufig wird bei vermachtem Grundbesitz noch der Erblasser im **Grundbuch** als Eigentümer eingetragen, das Grundbuch daher unrichtig sein. Zur Berichtigung auf den mit dem Vermächtnis belasteten Erben ist nach **§ 35 Abs. 1 GBO** die Vorlage eines Erbscheins oder die Vorlage einer notariellen Verfügung von Todes wegen mit Eröffnungsprotokoll[246] erforderlich. Gehören Grundbuchamt und Nachlassgericht zum gleichen Gericht, kann auch auf die Nachlassakten verwiesen werden.[247] Kosten fallen für die Grundbuchberichtigung nicht an, wenn der Berichtigungsantrag binnen zwei Jahren seit dem Erbfall beim Grundbuchamt eingereicht wird, Anmerkung Abs. 1 S. 2 zu Nr. 14110 KV GNotKG.[248] Entbehrlich ist die Grundbuchbereichtigung in Ausnahme von dem Voreintragungsgrundsatz des § 39 GBO dann, wenn ein Erbe ein Recht an einem Grundstück übertragen oder aufheben will, **§ 40 GBO**. Allerdings sind bei einem Verzicht auf eine Voreintragung nach dieser Vorschrift Risiken zu gewärtigen: Kann der Erbe sein Erbrecht nicht durch Erbschein nachweisen, greift der Gutglaubensschutz des § 2366 BGB nicht ein. Aber auch bei Vorlage eines Erbscheins ist zu berücksichtigen, dass der Gutglaubensschutz des § 2366 BGB schwächer ist als der des § 892 BGB, da der Erbschein nach § 2361 BGB kraftlos werden kann, auch wenn er im Rechtsverkehr noch im Umlauf ist. Wird hingegen das Grundbuch auf den Erben berichtigt, muss der guten Glaube des Erwerbers nach § 892 BGB allein an die Eigentümerstellung des Veräußerers anknüpfen.[249] Es ist daher zu empfehlen, auch vor der Vermächtniserfüllung stets das Grundbuch auf den Erben zu berichten.

266 ▶ **Muster:**

1. In seinem vom AG ... am ... unter der Geschäfts-Nr. ... eröffneten Testament hat der Erblasser, der am ... geborene ... und am ... verstorbene T, Herrn A zu seinem alleinigen Erben eingesetzt; auf die Nachlassakten wird Bezug genommen. Herr A hat die Erbschaft angenommen. In § 2 des Testaments hat der Erblasser angeordnet, dass Frau B das Grundstück, eingetragen im Grundbuch ... erhalten solle. Die Erschienenen sind sich einig, dass es sich bei dieser Bestimmung um ein Vermächtnis handelt (§ 2087 Abs. 2 BGB) und schließen daher den vorliegenden

---

244 Auch der Grundsatz »falsa demonstratio non nocet« gilt für die Vermächtniserfüllung, so dass z. B. auch ein Tiefgaragenplatz von dem Vertrag erfasst ist, wenn er zwar nicht erwähnt, aber von der Einigung der Beteiligten erfasst ist; vgl. OLG Stuttgart, Beschl. v. 9.3.2012 – 8 W 85/12, NotBZ 2012, 235 = ZEV 2013, 95 (LS).
245 BGH NJW 1993, 850.
246 Vorausgesetzt, die Verfügung von Todes wegen ist in tatsächlicher Hinsicht eindeutig, vgl. im Einzelnen Hügel/*Wilsch*, GBO, § 35 Rn. 74 ff.
247 BGH NJW 1982, 170.
248 Die Gebührenfreiheit setzt nur voraus, dass der Antrag auf Grundbuchberichtigung innerhalb von zwei Jahren seit dem Erbfall beim Grundbuchamt eingereicht wird, auf die Vollzugsreife kommt es demgegenüber nicht an (OLG Frankfurt a. M., Beschl. v. 27.2.2007 – 20 W 487/06, RNotZ 2007, 627 = MittBayNot 2007, 522).
249 Vgl. MünchKommBGB/*J. Mayer*, § 2366 Rn. 37; Palandt/*Weidlich*, § 2366 Rn. 5; OLG Naumburg, Urt. v. 26.10.2006 – 2 U 77/05, Rn. 16 (juris).

Vermächtniserfüllungsvertrag.

2. Im Grundbuch des vorgenannten Grundbuchs ist Herr T als Alleineigentümer eingetragen. Der Grundbesitz ist wie folgt belastet: ... Der Notar hat das elektronische Grundbuch am Tage der Beurkundung eingesehen und empfohlen, vor Beurkundung das Grundbuch auf Herrn A berichtigen zu lassen. Dies wird hiermit beantragt.

3. In Erfüllung des Vermächtnisses übereignet Herr A das in Ziff. 2 bezeichnete Grundstück an Frau B, die dies annimmt; Gegenleistungen sind nicht zu erbringen.

Herr A und Frau B sind sich darüber einig, dass das Eigentum an dem Grundbesitz von Herrn A auf Frau B übergeht und bewilligen und beantragen die Eintragung des Eigentumswechsels in das Grundbuch. Das Grundbuchamt wird um Vollzugsmitteilung an den Notar gebeten.

4. Eine Auflassungsvormerkung zugunsten von Frau B soll trotz Belehrung durch den Notar über die mit der Nichteintragung verbundenen Gefahren nicht in das Grundbuch eingetragen werden.

5. Die Erschienen sind sich darüber einig, dass mit dem ordnungsgemäßen Vollzug dieses Vertrages alle wechselseitigen Ansprüche aus dem Vermächtnis des Herrn T. zugunsten der Frau B. aus dem Testament vom ... erledigt sind.

6. Der wirtschaftliche Übergang erfolgt mit Beginn des ... Mit diesem Zeitpunkt gehen insbesondere Besitz, Nutzen, Steuern und öffentliche Abgaben jeglicher Art, die Verkehrssicherungspflicht sowie die Gefahr des zufälligen Untergangs und einer zufälligen Verschlechterung auf den Erwerber über.

7. Dem Erwerber ist bekannt, dass die aufstehenden Gebäude vermietet sind, er ist vom Notar über die §§ 566 f. BGB belehrt worden. Alle Rechte und Ansprüche aus den Mietverhältnissen werden mit dem wirtschaftlichen Übergang an die dies annehmenden Erwerber abgetreten.

8. Alle erforderlichen Genehmigungen bleiben vorbehalten. Sie sollen vom Notar herbeigeführt und mit ihrem Eingang bei ihm allen Beteiligten gegenüber wirksam werden.

9. Die Beteiligten wurden darauf hingewiesen, dass das Eigentum erst mit der Umschreibung im Grundbuch übergeht und für die Erfüllung des Vermächtnisses Erbschaft- und Schenkungsteuer anfallen kann.

b) Die Gegenleistung, insbesondere beim Übernahmerecht

Eine Gegenleistung ist von dem Bedachten regelmäßig nicht zu erbringen, so dass eine **Sicherung des gegenseitigen Leistungsaustauschs** – anders als bspw. bei der Erbteilsübertragung oder Erbauseinandersetzung – entbehrlich ist.

267

▶ **Muster:**

268

Den Rechtsgrund für diese Übertragung bildet das in dem Testament enthaltene Vermächtnis, eine Gegenleistung hat der Bedachte nicht zu erbringen.

Eine Besonderheit gilt im Falle eines vermächtnisweise zugewandten **Übernahmerechts**.[250] Hier ist Gegenstand des Vermächtnisses das Recht, einen Vermögensgegenstand des Erblassers von dem/den Erben zu bestimmten Bedingungen – insbesondere einem Preis unter dem Verkehrswert – zu übernehmen. Wird das Übernahmerecht im Wege eines Vorausvermächtnisses, also an einen Miterben, zugewandt, unterscheidet es sich von der reinen Teilungsanordnung (§ 2048 BGB) dadurch, dass der Miterbe nicht verpflichtet ist, den zugewandten Gegenstand zu übernehmen, sondern frei über eine ihm ermöglichte Übernahme entscheiden kann. Ändert sich die Differenz zwischen dem Verkehrswert und dem vom Erblasser festgelegten Übernahmepreis zwischen dem Eintritt

269

---

250 Hierzu BGH, Urt. v. 27.6.2001 – IV ZR 120/00, DNotZ 2001, 805 = ZEV 2001, 362: Durch Vermächtnis kann ein Anspruch gegen den Beschwerten auch in der Weise begründet werden, dass der Bedachte die Leistung nur fordern kann, wenn er die vom Erblasser vorgesehene Gegenleistung anbietet (Ankaufsrecht).

des Erbfalls und Vollzug der Übernahme, kommt nach der Rechtsprechung eine Anpassung nach § 242 BGB in Betracht.[251]

270 Hat der Erblasser keine anderen Anordnungen getroffen, ist die nach Ausübung des Übernahmerechts zu erbringende Gegenleistung vom Vermächtnisnehmer **Zug um Zug** zu erbringen; dies ist durch die Vertragsgestaltung sicher zu stellen. Bei Grundbesitz wird man sich an den herkömmlichen Instrumentarien des Grundstückskaufvertrages orientieren: Nach Eintragung einer Vormerkung wird der Übernahmebetrag fällig, und nach Erhalt durch den/die Erben geben diese das Eigentum zur Umschreibung auf den Vermächtnisnehmer frei.

271 ▶ Muster:

1. Der Grundstückssachverständige ... hat den Verkehrswert des vermachten Grundstücks in seinem Gutachten vom ... mit 140 000,00 Euro angegeben. Als Übernahmepreis hat der Vermächtnisnehmer nach der Anordnung des Erblassers 50 % des Verkehrswertes zu zahlen. Die Beteiligten sind sich einig, dass damit 70 000,00 Euro von dem Vermächtnisnehmer, der sein Übernahmerecht mit Schreiben vom ... ausgeübt hat, an den Erben zu zahlen sind [Hinweis: Handelt es sich um ein Vorausvermächtnis, ist also der Vermächtnisnehmer zugleich Miterbe, kann eine Vereinbarung auch dahingehend getroffen werden, dass sich der Übernehmer diesen Betrag auf seinen Anteil bei der späteren Erbauseinandersetzung anrechnen lässt].

2. Der Vermächtnisnehmer hat den Betrag von 70 000,00 Euro (in Worten: siebzigtausend Euro) eingehend auf dem Konto Nr. ... bei der ... der Erbengemeinschaft zehn Tage nach Vorliegen der folgenden Fälligkeitsvoraussetzungen und Erhalt einer entsprechenden Mitteilung des Notars hierüber zu zahlen:

a) alle zu diesem Vertrag erforderlichen Genehmigungen liegen in grundbuchtauglicher Form dem Notar vor;

b) im Grundbuch ist zugunsten des Vermächtnisnehmers eine Vormerkung an 1. Rangstelle eingetragen.

3. Der wirtschaftliche Übergang, d. h. der Übergang von Besitz, Nutzungen und Lasten einschließlich der Rechte aus den Versicherungen und der Verkehrssicherungspflichten, erfolgt mit Ablauf des Tages der Gutschrift auf dem Konto der Erbengemeinschaft gemäß Ziff. 2

4. Die Beteiligten sind sich über den Eigentumsübergang des Grundbesitzes auf den Vermächtnisnehmer einig (Auflassung) und beantragen und bewilligen dessen Eintragung im Grundbuch. Der Notar wird angewiesen, Ausfertigungen und beglaubigte Abschriften dieser Urkunde, die die Auflassung enthalten, dem Grundbuchamt erst dann einzureichen oder sonst auszuhändigen, wenn Herr M. für die Erben, die ihn hiermit entsprechend bevollmächtigen, bestätigt hat, dass der Vermächtnisnehmer den Übernahmepreis ordnungsgemäß gezahlt hat, oder die Zahlung anderweitig nachgewiesen ist.

5. Die Beteiligten beantragen und bewilligen die Eintragung einer Auflassungsvormerkung zugunsten des Vermächtnisnehmers in das Grundbuch. Der Vermächtnisnehmer beantragt und bewilligt zugleich deren Löschung im Grundbuch nach der vertragsgerechten Eigentumsumschreibung auf ihn.

3. Die Sach- und Rechtsmängelhaftung

272 Die Mängelhaftung ist im Vermächtnisrecht abschließend geregelt, ein Rückgriff auf die §§ 434 ff. BGB daher nur dann möglich, wenn dies in einer Verweisung ausdrücklich angeordnet ist. Unterschieden werden muss zwischen Stück- und Gattungsvermächtnissen sowie zwischen Sach- und Rechtsmängeln.

---

[251] BGH NJW 1960, 1759.

a) Stückvermächtnis

Beim **Stückvermächtnis** scheidet eine Haftung für Sach- und Rechtsmängel aus; der Gesetzgeber geht davon aus, dass nach dem mutmaßlichen Erblasserwillen der vermachte Gegenstand nur in demjenigen Zustand geschuldet wird, in dem er sich befindet.

Ist Gegenstand eines Vermächtnisses ein bestimmtes **Grundstück**, handelt es sich um ein **Stückvermächtnis**. Der Beschwerte haftet hier also weder für Sach- noch für Rechtsmängel, unabhängig davon, ob das Grundstück bereits im Nachlass vorhanden ist (§§ 2165–2168 BGB) oder erst vom Beschwerten zu beschaffen ist (§ 2170 BGB).

▶ **Muster:**

Der Veräußerer haftet nicht für Sach- und Rechtsmängel des vertragsgegenständlichen Grundbesitzes, dessen wesentlicher Bestandteile und des Zubehörs. Insbesondere hat der Veräußerer daher nicht einzustehen für die im Grundbuch angegebene Flächengröße, die Bodenbeschaffenheit und die Verwertbarkeit des Grundbesitzes für die Zwecke des Erwerbers. Dies gilt auch für die auf dem Grundbesitz befindlichen Gebäude.

Hinsichtlich der auf dem vermachten Grundstück lastenden **dinglichen Rechte** gilt:
- Handelt es sich um **Fremdrechte**, d. h. einem Dritten zustehende Rechte, gilt für diese § 2165 Abs. 1 BGB. Der Bedachte muss das vermachte Grundstück im Zweifel mit den auf ihm ruhenden Rechten übernehmen. Für eine durch ein solches Recht gesicherte **persönliche Schuld** des Erblassers bzw. dessen Erben hat der Bedachte grundsätzlich nicht einzustehen. Er haftet jedoch nach § 2166 Abs. 1 BGB dem Erben – nicht aber den Gläubigern, § 329 BGB – im Zweifel für die Erfüllung einer Schuld, die durch eine Hypothek oder Grundschuld auf dem vermachten Grundstück gesichert ist, soweit der Wert des Grundstücks reicht.[252] § 2166 Abs. 1 BGB führt dazu, dass der Vermächtnisnehmer – soweit der Erblasser für die Erfüllung der Schuld persönlich haftete – diese Haftung nunmehr weiter zu tragen hat, allerdings nur insoweit, als die Schuld durch den Wert des Grundstücks gedeckt ist. Regelmäßig ist daher insbesondere bei der praktisch häufigen Sicherungsgrundschuld der Vermächtnisnehmer im Innenverhältnis gegenüber dem Erben verpflichtet, den Gläubiger rechtzeitig zu befriedigen, d. h. ihn trifft insoweit die persönliche Haftung des Erblassers. Zulässig ist auch eine Anordnung des Erblassers zugunsten der Erben (im Wege eines Untervermächtnisses), dass der Vermächtnisnehmer die persönliche Schuld auch im Außenverhältnis übernehmen muss.[253]
- Handelt es sich um demgegenüber um **Eigentümer-Grundpfandrechte**,[254] ist nach § 2165 Abs. 2 BGB »aus den Umständen zu entnehmen«, ob sie als mitvermacht gelten. Nur dann, wenn kein anderer Erblasserwille festzustellen ist, gilt der Rechtsgedanke des § 2165 Abs. 1 BGB.[255] Das Recht bleibt dann bestehen und wird mit der Eigentumsumschreibung auf den Vermächtnisnehmer zu einem für den Erben eingetragenen Fremdgrundpfandrecht. Wurde ein ursprüngliches Fremdrecht infolge der Befriedigung der Gläubiger durch den Eigentümer (= Erblasser) zu einem Eigentümerrecht, werden die Umstände regelmäßig dafür sprechen, dass das Grundpfandrecht mit vermacht ist.[256]

---

252 Einzelheiten bei *Grunewald/Rizor*, ZEV 2008, 510, die dies einschränkend nur für solche Fälle annehmen, in denen die Forderung einen Bezug zu dem Grundstück hat oder ihm zugute kommt. § 2166 BGB gilt nach einhelliger Auffassung auch für die Grundschuld, vgl. BGH NJW 1963, 1612; OLG Hamm, Urt. v. 6.12.2007 – 10 U 37/07.
253 BGH, NJW 1963, 1612; MünchKommBGB/*Schlichting*, § 2166 Rn. 2.
254 Entscheidend ist insoweit allein die materielle Rechtslage, unerheblich ist demgegenüber, wer im Grundbuch als Gläubiger ausgewiesen ist, Bamberger/Roth/*Müller-Christmann*, § 2165 Rn. 6.
255 BGH DNotZ 1998, 832 = NJW 1998, 682, 683; BayObLG, Beschl. v. 15.5.2001 – 2Z BR 52/01, DNotZ 2001, 808 = MittBayNot 2001, 403.
256 MünchKommBGB/*Schlichting*, § 2165 Rn. 7; Palandt/*Weidlich*, § 2165 Rn. 3.

b) Gattungsvermächtnis

277 Für das **Gattungsvermächtnis** (§ 2155 BGB) gelten §§ 2182, 2183 BGB.

278 Liegt ein **Sachmangel** vor, kann der Vermächtnisnehmer nach § 2183 S. 1 BGB verlangen, dass ihm anstelle der mangelhaften Sache eine mangelfreie geleistet wird; die h. M. billigt ihm auch das Recht zu, statt der Nachlieferung Nachbesserung zu verlangen.[257] Auf diesen Anspruch findet gemäß § 2183 S. 3 BGB das Kaufrecht entsprechende Anwendung, insbesondere § 439 BGB. Daher treffen etwa mit der Ersatzlieferung verbundene Aufwendungen den Beschwerten, § 439 Abs. 2 BGB. Schadenersatz statt der Leistung kann der Bedachte nach § 2183 S. 2 BGB nur bei arglistigem Verschweigen des Sachmangels durch den Beschwerten verlangen.

279 Liegt ein **Rechtsmangel** vor, finden die Vorschriften des Kaufrechts entsprechende Anwendung, § 2182 Abs. 1 BGB. Beim Gattungsvermächtnis eines **Grundstücks** gilt § 2182 Abs. 3 BGB, wonach der Beschwerte im Zweifel nicht für die Freiheit des Grundstücks von Grunddienstbarkeiten, beschränkten persönlichen Dienstbarkeiten und Reallasten haftet. Für die öffentlichen Lasten gilt § 436 BGB, so dass der Beschwerte für alle Erschließungs- und Anliegerbeiträge haftet, die für bis zum Erbfall bautechnisch begonnene Maßnahmen erhoben werden.[258]

4. Früchte und Nutzungen des Vermächtnisgegenstandes, Verwendungsersatz

280 Bei einem **Stückvermächtnis** hat der Beschwerte dem Vermächtnisnehmer gemäß § 2184 BGB die seit dem Anfall des Vermächtnisses tatsächlich gezogenen Früchte (§ 99 BGB, insbesondere vereinnahmte Mietzahlungen und Zinsen) sowie das sonst auf Grund des vermachten Rechts Erlangte herauszugeben. Für Nutzungen (§ 100 BGB), die nicht zu den Früchten gehören (d. h. Gebrauchsvorteile), hat der Beschwerte demgegenüber keinen Ersatz zu leisten. Auch ist der Beschwerte nicht verpflichtet, in der Zeit zwischen Anfall und Erfüllung des Vermächtnisses für den Berechtigten Nutzungen zu ziehen; ein Unterlassen der Fruchtziehung begründet daher keine Haftung.[259]

281 Verwendungs- und Aufwendungsersatz kann der Beschwerte vom Bedachten gemäß § 2185 BGB nach den §§ 994–1003 BGB verlangen. Dies bedeutet, dass der Beschwerte Ersatz und ggf. Verzinsung solcher notwendigen und nützlichen Verwendungen und Aufwendungen auf den vermachten Gegenstand verlangen kann, die er gutgläubig und vor Rechtshängigkeit getätigt hat.[260] Danach kommt ein Ersatz nach § 994 Abs. 2 BGB nur noch über die Regeln der Geschäftsführung ohne Auftrag in Betracht. Für die gewöhnlichen Erhaltungskosten kann der Beschwerte keinen Ausgleich für den Zeitraum verlangen, in dem ihm die Nutzungen verbleiben, z. B. Verwendungen auf ein von ihm genutztes Kfz.[261]

282 Bei einem **Gattungs- oder Verschaffungsvermächtnis** gilt § 2184 BGB nicht, der Bedachte hat daher einen Anspruch auf Früchte und Nutzungen nur nach den allgemeinen Regeln, d. h. ab Verzugseintritt (§§ 286, 280, 281 BGB). Ist daher eine Geldsumme vermacht, kann der Berechtigte Zinsen erst ab Fälligkeit und Mahnung verlangen.[262]

283 Wurde dem Bedachten ein **Übernahmerecht** an einem Nachlassgegenstand vermacht, gebühren ihm die Nutzungen von der Ausübung des Übernahmerechts an, sofern der Erblasser keine abweichende Bestimmung getroffen hat.[263]

---

257 *Amend*, ZEV 2002, 227, 229 m. w. N.
258 Siehe dazu und zu möglichen abweichenden Verfügungen des Erblassers *Brambring*, ZEV 2002, 137, 140.
259 Palandt/*Weidlich*, § 2184 Rn. 2.
260 Dazu zählen jedoch nicht die Kosten für Reparaturen an einem vermachten Hausgrundstück, die noch der Erblasser veranlasst hatte, da es in diesem Fall an der Freiwilligkeit fehlt, vgl. LG Osnabrück NJW-RR 2003, 1373.
261 Vgl. Palandt/*Weidlich*, § 2185 Rn. 1 a. E.
262 MünchKommBGB/*Schlichting*, § 2184 Rn. 2 m. w. N.
263 BGH BWNotZ 1962, 259.

Regelmäßig wird es sich empfehlen, bei der Vermächtniserfüllung die möglicherweise bestehenden 284
gegenseitigen Ansprüche wegen Früchten und Nutzungen des Vermächtnisgegenstandes bzw. auf
Verwendungsersatz mit zu regeln und die Erledigung dieser Ansprüche in der Urkunde klarzustellen.

▶ **Muster:** 285

Die Beteiligten sind sich einig, dass keine Ansprüche auf Herausgabe gezogener Nutzungen sowie auf Erstattung getätigter Verwendungen und Aufwendungen bestehen. Rein vorsorglich verzichten sie wechselseitig auf alle noch insoweit noch nicht erfüllten Ansprüche und nehmen den Verzicht wechselseitig an.

5. Vermächtniserfüllung bei Vor- und Nacherbschaft

Hat der Erblasser über das Erbe Vor- und Nacherbschaft angeordnet und den Vorerben mit einem 286
Vermächtnis beschwert, ist für die Erfüllung des Vermächtnisses durch den Vorerben nach der überwiegenden Auffassung eine Zustimmung des Nacherben nicht erforderlich.[264] Der Nacherbe wird in diesem Fall nicht i. S. d. § 2113 BGB beeinträchtigt, da die Erbschaft bereits mit dem Vermächtnis belastet erworben wurde. Ist Gegenstand des Vermächtnisses ein Grundstück und übereignet der (nicht befreite) Vorerbe das Grundstück in Erfüllung des Vermächtnisses an den Begünstigen, kann deswegen der Nacherbenvermerk im Grundbuch auch ohne die Zustimmung des Nacherben gelöscht werden.[265]

Im Grundbuchverfahren kann der Nachweis, dass der Vorerbe mit einer Übereignung ein fälliges 287
Vermächtnis erfüllt hat, nach überwiegender Auffassung auch durch Vorlage eines privatschriftlichen Testaments erbracht werden.[266] Ist dieses Testament nicht eindeutig, muss der Nacherbe der Verfügung zustimmen, wozu er nach § 2120 BGB verpflichtet ist.[267] Dem Grundbuchamt muss die Zustimmung dann in der Form des § 29 GBO nachgewiesen werden.

6. Beteiligung Minderjähriger

Ist an der Vermächtniserfüllung ein Minderjähriger beteiligt, ist zu differenzieren: Zum einen kann 288
er – als Alleinerbe oder aber »nur« als Mitglied einer Erbengemeinschaft – mit einem Vermächtnis **beschwert** sein, zum anderen kann er – alleine oder gemeinsam mit anderen – durch ein Vermächtnis **begünstigt** sein.

a) Minderjähriger als Beschwerter

Ist der Minderjährige durch die Vermächtnisanordnung beschwert, sei es als Alleinerbe oder als Mit- 289
glied einer Erbengemeinschaft, ist die Erfüllung des Vermächtnisses für ihn nicht lediglich rechtlich vorteilhaft i. S. d. § 107 BGB, so dass er grundsätzlich nur mit **Einwilligung seines gesetzlichen Ver-**

---

264 BayObLG, Beschl. v. 15.5.2001 – 2Z BR 52/01, DNotZ 2001, 808 = ZEV 2001, 403; OLG Düsseldorf, Beschl. v. 7.3.2003 – 3 Wx 162/02, DNotZ 2003, 637 = ZEV 2003, 296 mit Anm. *Ivo*. Nach anderer Ansicht ist die Zustimmung des Nacherben erforderlich, zu deren Erteilung er aber gemäß § 2120 BGB stets verpflichtet sei (vgl. MünchKommBGB/*Gursky*, § 2113 Rn. 13).
265 BayObLG, Beschl. v. 15.5.2001 – 2Z BR 52/01, DNotZ 2001, 808 = ZEV 2001, 403; OLG Düsseldorf, Beschl. v. 7.3.2003 – 3 Wx 162/02, DNotZ 2003, 637 = ZEV 2003, 296 mit Anm. *Ivo*.
266 OLG Celle, Beschl. v. 23.7.2004 – 4 W 128/04, RNotZ 2005, 365; OLG Düsseldorf, Beschl. v. 7.3.2003 – 3 Wx 162/02, DNotZ 2003, 637 = ZEV 2003, 296 mit Anm. *Ivo*; siehe auch DNotI-Gutachten vom 1.7.2004, Internet-Gutachtennr. 51139.
267 Ist der Nacherbe minderjährig und der Vorerbe sein gesetzlicher Vertreter, kann dieser nach überwiegender Ansicht die Zustimmung zu der Verfügung nicht erteilen (§§ 1629 Abs. 2, 1795 Abs. 2, 181 BGB). Stimmt der gesetzliche Vertreter oder Ergänzungspfleger einer Verfügung zu, die er für den Vertretenen nur mit Genehmigung des Familiengerichts vornehmen könnte (§§ 1821 f. BGB), bedarf auch die Zustimmung als solche der Genehmigung des Familiengerichts. Diese ist zu erteilen, wenn lediglich eine Rechtspflicht des Vertretenen erfüllt wird, MünchKommBGB/*Wagenitz*, § 1828 Rn. 21.

treters (Eltern, § 1629 BGB) handeln kann. Alternativ können die Eltern unmittelbar in Vertretung des Minderjährigen handeln (§ 1629 BGB).

290 Ist der Minderjährige **Miterbe** und sind neben ihm die Eltern an der Erbengemeinschaft beteiligt, unterliegen diese keinem Vertretungsverbot: Weder kommen §§ 1629 Abs. 2, 1795 Abs. 1 BGB zur Anwendung noch greift § 181 BGB (vgl. § 1795 Abs. 2 BGB). Es liegen in diesem Fall sog. parallele Willenserklärungen vor, auf die die genannten Vorschriften nicht anwendbar sind.[268] Die Eltern können daher für sich und zugleich für den Minderjährigen ein Vermächtnis erfüllen.

291 Die Abtretung eines dem gesetzlichen Vertreter des minderjährigen Erben vermachten KG-Anteils bedarf keiner Pflegerbestellung, da der Minderjährige in diesem Fall in Erfüllung einer Verbindlichkeit handelt, so dass § 181 BGB der Vertretung durch die Eltern nicht entgegensteht.[269] Auch eine gerichtliche Genehmigung sieht das Gesetz für diesen Fall nicht vor.

292 Handelt es sich bei dem Vermächtnis um ein **Grundstücksvermächtnis**, bedarf die auf die Erfüllung des Vermächtnisses gerichtete Willenserklärung der Eltern für ihr Kind stets nach § 1821 Abs. 1 Nr. 1 BGB der **Genehmigung des Familiengerichts**, es ist daher in den Vertrag eine **Doppelvollmacht** aufzunehmen. Die Vorschrift findet unabhängig davon Anwendung, ob der Minderjährige als Alleinerbe Alleineigentümer des zu übertragenden Grundstücks ist oder ob er als Miterbe hieran lediglich Gesamthandseigentum hat.[270] Unerheblich ist insoweit, dass aufgrund des Vermächtnisses eine rechtliche Verpflichtung zur Übereignung besteht; nach allgemeiner Meinung wird dadurch das Genehmigungserfordernis nach § 1821 Abs. 1 Nr. 1 BGB nicht ausgeschlossen.[271] Die Genehmigung ist regelmäßig zu erteilen, sofern feststeht, dass die Verpflichtung des Minderjährigen tatsächlich wirksam begründet wurde.[272]

b) Minderjähriger als Bedachter

293 Ist ein zugunsten des Minderjährigen ausgesetztes Vermächtnis zu erfüllen[273], kann der Minderjährige beim Erwerb des Vermächtnisgegenstandes nach § 107 BGB zwar häufig selbst wirksam handeln. Da er hierdurch jedoch den Vermächtnisanspruch verliert, tritt Erfüllungswirkung nur bei Einwilligung/Genehmigung seines gesetzlichen Vertreters ein.[274] Ein minderjähriger Bedachter sollte bei der Vermächtniserfüllung daher **stets durch seinen gesetzlichen Vertreter vertreten** werden.

294 Die **Bestellung eines Ergänzungspflegers** ist in diesen Fällen hingegen in aller Regel **entbehrlich**. Dies gilt selbst dann, wenn der gesetzliche Vertreter zur Vermächtniserfüllung verpflichteter Erbe bzw. Mitglied der Erbengemeinschaft ist, und in den Fällen des § 1795 Abs. 1 Nr. BGB, insbesondere also wenn der Vertreter mit dem Verpflichteten in gerader Linie verwandt ist. Ein Vertretungsverbot nach §§ 1629 Abs. 2, 1795, 181 BGB besteht nämlich dann nicht, wenn das Rechtsgeschäft ausschließlich in der Erfüllung einer Verbindlichkeit besteht, was bei der Vermächtniserfüllung regelmäßig der Fall ist.[275] Anders ist dies jedoch, wenn in der Veräußerungsurkunde nachteilige Regelungen enthalten sind, auch wenn sie nur die Rechtslage wiedergeben oder sich als Beschränkung des Vermächtnisses darstellen; ist Inhalt des Vermächtnisses daher **vermieteter Grundbesitz**, bedarf die Auflassung der Bestellung eines Ergänzungspflegers, wenn Erbe eine sorgeberechtigte Person

---

268 OLG Jena NJW 1995, 3126; Palandt/*Diederichsen*, § 1795 Rn. 7; Palandt/*Heinrichs*, § 181 Rn. 7.
269 LG Nürnberg-Fürth MittBayNot 1977, 239; Palandt/*Weidlich*, § 2174 Rn. 8.
270 BayObLG, Beschl. v. 8.2.2000 – 1 Z BR 132/99, NJW-RR 2000, 1030; Palandt/*Diederichsen*, § 1821 Rn. 13.
271 BayObLG FamRZ 1977, 171, 173; Erman/*Saar*, Vorb. §§ 1821, 1822, Rn. 3; MünchKommBGB/*Wagenitz*, § 1821 Rn. 16.
272 Erman/*Saar*, Vorb. §§ 1821, 1822 Rn. 3; MünchKommBGB/*Wagenitz*, § 1828 Rn. 21.
273 Ausführlich *Röhl*, MittBayNot 2013, 189 ff.
274 Erman/*Palm*, § 107 Rn. 7 m. w. N. auch zur Gegenauffassung.
275 OLG München, Beschl. v. 22.8.2012 – 34 Wx 200/12, RNotZ 2013, 41; OLG München, Beschl. v. 23.9.2011 – 34 Wx 311/11, DNotZ 2012, 193; BayObLG, Beschl. v. 8.4.2004 – 2Z BR 68/04, DNotZ 2004, 925.

ist.²⁷⁶ Ist Grundbesitz Gegenstand eines Vermächtnisses, mit dem Eltern zugunsten ihres Kindes belastet sind, kann das Bestehen einer Verbindlichkeit dem Grundbuchamt gegenüber auch durch ein eigenhändiges, d. h. nicht zu öffentlicher Urkunde errichtetes Testament nachgewiesen werden. Da hier ein Nachweis zu einer sonstigen Eintragungsvoraussetzung i. S. d. § 29 Abs. 1 Satz 2 GBO nicht durch öffentliche Urkunde möglich ist, handelt es sich um einen Fall der Beweisnot, in dem abweichend von § 29 GBO auch ein Nachweis ohne öffentliche Urkunden durch andere Beweismittel zulässig ist.²⁷⁷

Auch eine **Genehmigung des Familiengerichts** ist im Falle der Erfüllung eines zugunsten des Minderjährigen ausgesetzten Grundstücksvermächtnisses regelmäßig nicht erforderlich, der Vertrag ist insbesondere nicht auf den entgeltlichen Erwerb eines Grundstücks i. S. d. § 1821 Abs. 1 Nr. 5 BGB gerichtet. Etwas anderes gilt jedoch dann, wenn der Minderjährige eine auf dem Vermächtnisgegenstand lastende Belastung und zugleich auch die persönliche Schuld zu übernehmen hat oder wenn zwei Minderjährige zu Bruchteilen erwerben. In diesen Fällen ist eine gerichtliche Genehmigung nach § 1822 Nr. 10 BGB erforderlich.²⁷⁸ 295

7. Regelungen zur Lastentragung, insbesondere Übernahme dinglicher Belastungen

Ist der Begünstigte nach den Anordnungen des Erblassers oder der gesetzlichen Regelung (dazu oben, Rdn. 276) verpflichtet, die auf dem Vermächtnisgegenstand lastenden Grundpfandrechte mitsamt der gesicherten Verbindlichkeiten zu übernehmen, ist zu beachten, dass 296
– die dem Veräußerer an diesen Rechten zustehenden Rechtspositionen (Eigentümerrechte und Rückgewähransprüche) auf den Erwerber übertragen werden,
– der Erwerber gegenüber dem Gläubiger ein selbstständiges, die zu übernehmenden Rechte flankierendes abstraktes Schuldversprechen abgibt, da ansonsten der Gläubiger die Schuldübernahme nicht genehmigen wird,
– die Zweckvereinbarung dahin geändert wird, dass Grundpfandrechte und abstraktes Schuldversprechen nur noch Verbindlichkeiten des Erwerbers sichern,
– der Veräußerer aus der Haftung entlassen wird und der Erwerber die gesicherten Verbindlichkeiten zu dessen vollständiger Entlastung übernimmt. Zu diesem Zwecke wird eine befreiende Schuldübernahme zwischen Veräußerer und Erwerber vereinbart, zu deren Wirksamkeit der Gläubiger zustimmen muss (§ 415 BGB). Es empfiehlt sich dringend, im Vorfeld mit dem Gläubiger dessen Bereitschaft zur Genehmigung der Schuldübernahme abzustimmen. Zur Sicherung des Veräußerers wird man vorsehen, dass der Vollzug der Urkunde, d. h. die Eigentumsumschreibung auf den Erwerber, erst dann erfolgen darf, wenn der Gläubiger unwiderruflich bestätigt hat, dass der Veräußerer aus jeglicher Haftung entlassen wird. Für den Fall, dass diese Bescheinigung nicht innerhalb einer bestimmten Frist beigebracht wird, kann ein Rücktrittsrecht für den Veräußerer vereinbart werden (freilich bleibt er dann nach wie vor verpflichtet, das Vermächtnis zu erfüllen).

▶ **Muster:** 297

1. Das vermachte Grundstück ist in Abt. III Nr. 1 des Grundbuchs belastet mit einer Grundschuld im Nennbetrag von ... Euro zugunsten der Sparkasse ... (»Gläubiger«), die nach Angabe der Beteiligten ausschließlich das Darlehen Nr. ... bei der Sparkasse sichert. Das Darlehen valutiert nach Angabe der Beteiligten noch in Höhe von ca. ... Euro.

---

276 OLG München, Beschl. v. 8.2.2011 – 34 Wx 18/11, MittBayNot 2011, 239 = ZEV 2011, 263 unter ausdrücklicher Abkehr von BayObLG, Beschl. v. 8.4.2004 – 2Z BR 68/04, DNotZ 2004, 925 = RNotZ 2004, 328.
277 DNotI-Gutachten DNotI-Report 2008, 131, 133.
278 OLG München, Beschl. v. 22.8.2012 – 34 Wx 200/12, RNotZ 2013, 41, siehe dazu auch DNotI-Gutachten vom 13.2.2009, Internet-Gutachtennr. 91831.

2. Der Erwerber übernimmt das eingetragene Grundpfandrecht mitsamt Zinsen und Nebenleistungen. Eigentümerrechte und Rückgewähransprüche tritt der Veräußerer dem Erwerber aufschiebend bedingt auf die Eigentumsumschreibung ab.

3. Der Erwerber übernimmt ferner für eine Geldbetrag in Höhe des Grundpfandrechts und Zinsen von ... ab dem ... sowie der Nebenleistungen auch die persönliche Haftung und unterwirft sich wegen dieser der sofortigen Zwangsvollstreckung aus dieser Urkunde in sein gesamtes Vermögen. Der Notar kann dem Gläubiger jederzeit auf dessen einseitigen Antrag hin eine vollstreckbare Ausfertigung dieser Urkunde erteilen. Der Gläubiger ist berechtigt, den Erwerber aus der persönlichen Haftung schon vor der Vollstreckung in das belastete Pfandobjekt in Anspruch zu nehmen.

4. Der Erwerber übernimmt daneben das Darlehen Nr. ... bei dem Gläubiger ... zur Alleinschuld, so dass der Veräußerer von jeder Haftung frei wird. Der Erwerber wird sich um die hierfür notwendige Zustimmung des Gläubigers bemühen, wobei den Beteiligten bewusst ist, dass der Veräußerer bis zu deren wirksamen Erteilung der Sparkasse gegenüber weiterhin haftet.

5. Die Beteiligten werden die Abtretung dem Gläubiger anzeigen und auch für eine Änderung der Zweckbestimmungsvereinbarung Sorge tragen.

6. Die Beteiligten weisen den Notar übereinstimmend an, diese Urkunde dem Grundbuchamt erst dann zum Vollzug vorzulegen, wenn der Gläubiger unwiderruflich bestätigt hat, dass sie der hier getroffenen Vereinbarung zustimmt und spätestens mit Eigentumsumschreibung nur noch der Erwerber ihr Schuldner aus dem oben genannten Darlehen ist. Auf die Eintragung einer Vormerkung zur Sicherung des Erwerbers bis zum Vorliegen der Bescheinigung verzichtet dieser trotz Belehrung über die damit verbundenen Risiken.

8. Die Vermächtniserfüllung bei angeordneter Testamentsvollstreckung

298 Hat der Erblasser über seinen Nachlass Testamentsvollstreckung angeordnet, wird zum Aufgabenbereich des Testamentsvollstreckers regelmäßig auch die Erfüllung der Vermächtnisse gehören (§ 2203 BGB). Zum Testamentsvollstrecker mit der Aufgabe, für die Erfüllung eines Vermächtnisses Sorge zu tragen, kann insbesondere auch der Vermächtnisnehmer selbst bestimmt werden; die in § 2223 BGB vorgesehene Vermächtnisvollstreckung entfaltet keine Sperrfunktion dergestalt, dass ein Vermächtnisvollstrecker nur für die Ausführung der dem Vermächtnisnehmer auferlegten Beschwerungen berufen werden kann.[279] Ist der Vermächtnisnehmer selbst zur Erfüllung des Vermächtnisses berufener Testamentsvollstrecker, kann er selbst seinen eigenen Anspruch erfüllen. § 181 BGB steht dem nicht entgegen, da der Testamentsvollstrecker in diesem Fall in Erfüllung einer Verbindlichkeit handelt.[280] Ist der Testamentsvollstrecker für die Erben und den Vermächtnisnehmer personenidentisch (sog. Kombinationslösung), kann er das Vermächtnis an sich selber ohne Mitwirkung sonstiger Personen erfüllen: Für die Erben hat er die Erfüllung des Vermächtnisses sicherzustellen und daher die betroffenen Nachlassgegenstände an den begünstigen Vermächtnisnehmer zu übereignen, und für diesen kann er die Annahme erklären, da seine Rechtsmacht im Falle der Vermächtnisvollstreckung auch die Annahme der Erfüllung umfasst.[281]

---

279 MünchKommBGB/*Zimmermann*, § 2223 Rn. 6; OLG Hamm, Beschl. v. 27.7.2010 – I-15 Wx 374/09.
280 OLG München, Beschl. v. 25.2.2013 – 34 Wx 30/13, DNotZ 2013, 695; BayObLG DNotZ 1983, 176; Palandt/*Weidlich*, § 2205 Rn. 25 m. w. N. Dem Grundbuchamt kann der Testamentsvollstrecker die Erfüllung einer Nachlassverbindlichkeit dadurch nachweisen, dass er auf die Nachlassakten verweist, wenn diese beim selben Amtsgericht geführt werde, sowie auf die in diesen Akten enthaltene letztwillige Verfügung mit Vermächtnisanordnung. Werden die Nachlassakten bei einem anderen Gericht geführt, hat er eine beglaubigte Abschrift der das Vermächtnis enthaltenden letztwilligen Verfügung und eine Bescheinigung, dass sich weitere letztwillige Verfügungen – in denen etwa ein Widerruf der entsprechenden Anordnung enthalten sein könnte – nicht im Nachlass befinden, vorzulegen (vgl. *Schaub*, Handbuch der Testamentsvollstreckung, Kap. 4 Rn. 176 f.).
281 Vgl. OLG Hamm, Beschl. v. 27.7.2010 – I-15 Wx 374/09, RNotZ 2010, 587 = ZEV 2011, 198; dem folgend OLG München, Beschl. v. 25.2.2013 – 34 Wx 30/13, DNotZ 2013, 695.§ 181 BGB steht dem nicht entgegen, da der Testamentsvollstrecker auch hier in Erfüllung einer Verbindlichkeit handelt.

Der Testamentsvollstrecker ist nach § 2205 S. 2 BGB berechtigt, über die Nachlassgegenstände zu verfügen, so dass er für die Erben die zur Erfüllung des Vermächtnisses erforderlichen Rechtshandlungen vornehmen kann.[282] In der Erfüllung eines Vermächtnisses durch den Testamentsvollstrecker liegt auch keine unentgeltliche Verfügung i. S. d. § 2205 S. 3 BGB, da der Gegenwert in der Befreiung des Nachlasses von der Verbindlichkeit liegt.[283] Voraussetzung dafür ist freilich, dass das Vermächtnis auch wirksam ist und auch den übertragenen Gegenstand vollständig abdeckt; irrt sich der Testamentsvollstrecker über das Vorliegen einer Nachlassverbindlichkeit, ist die Erfüllung unentgeltlich und die Verfügung daher unwirksam. Ist daher etwa vermacht »ein Bauplatz« und überträgt der Testamentsvollstrecker ein (zusätzliches) Flurstücks mit der Zufahrt zu dem Bauplatz, ist die Verfügung insoweit unwirksam.[284] Ist die Entgeltlichkeit nicht nachgewiesen, bedarf es neben der Zustimmung der Erben in der Form des § 29 GBO zusätzlich der Zustimmung sämtlicher Vermächtnisnehmer, da auch diese vom Schutzzweck des § 2205 S. 3 BGB erfasst sind.[285] Liegt ein **Wahlvermächtnis** (§ 2154 BGB) vor und besitzt der Testamentsvollstrecker selbst das Wahlrecht, verfügt er bei der Erfüllung nicht unentgeltlich, und zwar unabhängig davon, welchen Gegenstand er auswählt: Das Wahlrecht ist Gestaltungsrecht i. S. d. § 262 BGB, und die Verbindlichkeit entsteht erst und nur in der Form, wie sie durch die Ausübung des Rechts zustande gekommen ist.[286]

299

Ist Gegenstand eines Vermächtnisses eine **Beteiligung an einer Personenhandelsgesellschaft**, unterliegt diese jedenfalls der Abwicklungsvollstreckung. Auch in diesem Fall obliegt daher der Abschluss des Vermächtniserfüllungsvertrages dem Testamentsvollstrecker. Im Handelsregister ist dann der Rechtsübergang auf die Erben und – in einem zweiten Schritt – nachfolgend auf den Vermächtnisnehmer einzutragen; es bedarf stets der Zwischeneintragung der Erben.[287] Für die Anmeldung der Wechsel zum Handelsregister wird gemeinhin unterschieden zwischen Abwicklungs- und Dauer- bzw. Verwaltungsvollstreckung: Bei der Abwicklungsvollstreckung müssen die Gesellschafter die Anmeldung zum Handelsregister vornehmen, bei der Dauervollstreckung demgegenüber der Testamentsvollstrecker.[288] Wird hingegen als Maßnahme der Abwicklungsvollstreckung durch den Testamentsvollstrecker eine Gesellschaftsbeteiligung zur Erfüllung eines Vermächtnisses übertragen, ist ausnahmsweise der Testamentsvollstrecker – gleichsam als »Annex« zur Übertragung – zur Handelsregisteranmeldung berechtigt und verpflichtet.[289]

300

Einer **Genehmigung des Familiengerichts** insb. in den Fällen des § 1822 BGB bedarf der Testamentsvollstrecker nicht. Es ist allgemein anerkannt, dass ein Testamentsvollstrecker für eine Verfügung über Nachlassgegenstände selbst dann keiner gerichtlichen Genehmigung bedarf, wenn

301

---

282 Siehe dazu etwa BGH WM 1970, 930.
283 OLG Düsseldorf MittRhNotK 1990, 85 = NJW-RR 1991, 1056; BayObLG MittBayNot 1989, 163 = NJW-RR 1989, 587.
284 vgl. OLG München, Beschl. v. 15.7.2014 – 34 Wx 243/14, FGPrax 2014, 241 = ZEV 2014, 571; Palandt/ *Weidlich*, § 2205 Rn. 29 m. w. N.
285 OLG Köln, Beschl. v. 9.7.2014 – 2 Wx 148/14, BeckRS 2014, 18407.
286 ausdrücklich offen gelassen von OLG München, Beschl. v. 15.7.2014 – 34 Wx 243/14, FGPrax 2014, 241 = ZEV 2014, 571.
287 Krafka/*Willer*, Registerrecht, Rn. 756; *Ivo*, ZErb 2006, 7, 10 f. Sind die Erben unbekannt, kann der Übergang der Beteiligung in Erfüllung eines Vermächtnisses ausnahmsweise unmittelbar in das Handelsregister eingetragen werden, vgl. LG Frankenthal Rpfleger 1995, 74.
288 OLG München, Beschl. v. 7.7.2009 – 31 Wx 115/08, RNotZ 2009, 666; OLG Hamm, Beschl. v. 10.12.2010 – I-15 W 636/10 = MittBayNot 2011, 248 (LS) = BeckRS 2011, 04512.
289 Ausführlich hierzu DNotI-Gutachten v. 20.7.2009 (Internet-Gutachtennr. 95587); LG Mainz MittRhNotK 1982, 118. In diesem Fall ist der Testamentsvollstrecker nach überwiegender Auffassung nicht nur berechtigt, den Gesellschafterwechsel aufgrund der Vermächtniserfüllung anzumelden, sondern auch schon denjenigen aufgrund der Erbfolge, vgl. Bengel/Reimann/*D. Mayer*, Handbuch der Testamentsvollstreckung, Teil 5 Rn. 211.

ein Erbe geschäftsunfähig oder beschränkt geschäftsfähig ist und ein gesetzlicher Vertreter der gerichtlichen Genehmigung bedürfte.[290]

302 Gegenüber dem Grundbuchamt weist sich der Testamentsvollstrecker aus durch Vorlage seines **Testamentsvollstreckerzeugnisses**, § 2368 BGB. Dieses muss bis zum endgültigen grundbuchlichen Rechtserwerb in Ausfertigung vorliegen; eine beglaubigte Abschrift genügt nicht. Unterschiedlich wird die Frage beantwortet, ob es ausreicht, dass dem Notar das Testamentsvollstreckerzeugnis in Ausfertigung vorgelegen hat, er dies in der Niederschrift bestätigt und eine beglaubigte Abschrift als Anlage zu ihr nimmt. Die wohl überwiegende Meinung hält dies nicht für ausreichend (so dass das Zeugnis dem Grundbuchamt in Ausfertigung mit eingereicht werden muss), da nicht auszuschließen sei, dass das Testamentsvollstreckerzeugnis in der Zeitspanne zwischen Beurkundung und Umschreibung im Grundbuch eingezogen werde.[291] Der Vorlage des Testamentsvollstreckerzeugnisses bedarf es demgegenüber nicht, wenn der Testamentsvollstrecker in einer öffentlich beurkundeten Verfügung von Todes wegen ernannt wurde. In diesem Fall genügt es nach § 35 Abs. 2 GBO, dass eine beglaubigte Abschrift der Verfügung von Todes wegen nebst Eröffnungsniederschrift vorgelegt und die Amtannahme in der Form des § 29 GBO nachgewiesen wird.[292]

303 Hat der Testamentsvollstrecker als Veräußerer für die Erben die Auflassung erklärt, wird das Grundbuchamt seine Verfügungsbefugnis prüfen, da die Eintragung des Eigentumswechsels nach § 20 GBO vom Nachweis einer wirksamen Einigung abhängt. Der Testamentsvollstrecker hat daher substantiiert darzulegen, aufgrund welcher Umstände von einer entgeltlichen Verfügung auszugehen ist. Der Nachweis, dass er aufgrund der Erblasseranordnung handelt, wird durch Vorlage des Testaments erbracht. Hierbei sind – insoweit abweichend von der ansonsten im Grundbuchrecht herrschenden Formstrenge, § 29 GBO – auch privatschriftliche Testamente zu würdigen, wenn der Nachweis nicht durch eine öffentliche Verfügung von Todes wegen erbracht werden kann.[293]

9. Die Vermächtniserfüllung im Falle des Vor- und Nachvermächtnisses

a) Vor- und Nachvermächtnis

304 Hat der Erblasser ein Vermächtnis als Vor- und Nachvermächtnis angeordnet, d. h. denselben Gegenstand[294] verschiedenen Personen zeitlich nacheinander zugewendet, hat der Nachvermächtnisnehmer bei Eintritt des Nachvermächtnisfalls nach § 2174 BGB einen Anspruch gegen den Vorvermächtnisnehmer – nicht aber gegen den Erben[295] – auf Leistung des vermachten Gegenstandes.[296] Im Falle eines solchen in § 2191 BGB geregelten Nachvermächtnisses tritt also anders als bei der Vor- und Nacherbschaft (§ 2139 BGB) kein unmittelbarer Rechtserwerb ein. Zwischen dem Erst- und Zweitbedachten besteht ein Schuldverhältnis nach Art des § 2177 BGB als aufschiebend bedingtes oder befristetes Vermächtnis.[297]

305 Die (bedingte) Anordnung eines **Rückvermächtnisses** an den Erben ist wie ein Nachvermächtnis zu behandeln. Der zunächst beschwerte Erbe ist zugleich Nachvermächtnisnehmer und hat als solcher einen bedingten schuldrechtlichen Anspruch auf Rückübertragung gegen den Vorvermächtnisneh-

---

290 BayObLG FamRZ 1992, 604, 605; MünchKommBGB/*Zimmermann*, § 2205 Rn. 93.
291 Siehe dazu Hügel/*Zeiser*, GBO, § 52 Rn. 58 m. w. N.
292 Hügel/*Zeiser*, GBO, § 52 Rn. 59 m. w. N.
293 BayObLG DNotZ 1990, 294; Hügel/*Zeiser*, GBO, § 52 Rn. 62; siehe auch *Keim*, ZEV 2007, 470.
294 Es ist ausreichend, wenn bei einer Gesamtheit von Gegenständen nicht jede Einzelsache, wohl aber der Gesamtcharakter des Vermächtnisses erhalten bleibt, vgl. Erman/Westermann/*M. Schmidt*, § 2191 Rn. 1.
295 Siehe auch *Klinger/Roth*, NJW-Spezial 2009, 327. Dies gilt auch dann, wenn Vermächtnisgegenstand ein Grundstück ist und als Eigentümer des vermachten Grundstücks (noch) der Erbe im Grundbuch eingetragen ist, juris Praxiskommentar BGB/*Reymann*, § 2191 Rn. 1.1 unter Hinweis auf OGHBrZ Köln NJW 1950, 596.
296 Zur vorzeitigen Erfüllung eines Nachvermächtnisses vgl. DNotI-Gutachten Nr. 60942 v. 4.8.2005.
297 BGH DNotZ 1992, 247 = MittRhNotK 1991, 313 = NJW 1991, 1736.

mer (§§ 2174, 2177 BGB). Nach der Rechtsprechung des OLG Frankfurt bleibt das Nachvermächtnis wirksam, auch wenn der Erblasser das Vermächtnis bereits zu seinen Lebzeiten erfüllt hat.[298]

b) Erhaltungspflicht des Vorvermächtnisnehmers

Der Vorvermächtnisnehmer ist verpflichtet, den Vermächtnisgegenstand im Interesse des Nachvermächtnisnehmers ordnungsgemäß zu verwalten und zu erhalten, sofern der Erblasser keine anderweitigen Anordnungen getroffen hat. Ob der Vorvermächtnisnehmer hierfür getätigte Verwendungen vom Nachvermächtnisnehmer ersetzt verlangen kann, ist allein nach Maßgabe des § 2185 BGB zu beurteilen, die §§ 2124–2126 BGB finden keine Anwendung.[299]

306

Folgende **Besonderheiten** sind zu beachten: Der Vorvermächtnisnehmer gilt bereits dann als bösgläubig (§§ 2185, 990, 994 Abs. 2, 996 BGB), wenn er von der Anordnung des Nachvermächtnisses sowie von dessen sicherem Anfall Kenntnis – bzw. grob fahrlässige Unkenntnis – hatte.[300] Zudem muss der Vorvermächtnisnehmer – anders als der Vorerbe, § 2124 Abs. 2 BGB – Erhaltungsaufwendungen aus seinem eigenen Vermögen erbringen.[301]

307

Ist Vermächtnisgegenstand ein **Grundstück** und muss der Vorvermächtnisnehmer zur Finanzierung von notwendigen Erhaltungsaufwendungen ein Darlehen aufnehmen und grundbuchlich sichern, hat der Vorvermächtnisnehmer nach der Rechtsprechung einen Anspruch gegen den Nachvermächtnisnehmer, dass dieser der Grundschuld den Rang vor seiner Auflassungsvormerkung (dazu siehe unten) einräumt. Voraussetzung ist, dass weder der Vor- noch der Nachvermächtnisnehmer bereit oder in der Lage sind, die dazu erforderlichen Mittel aus ihrem sonstigen Vermögen aufzubringen. Ferner darf der Vorvermächtnisnehmer diesen Anspruch nur geltend machen, wenn sichergestellt ist, dass die bestellte Finanzierungsgrundschuld nicht vor dem Ableben des Vorvermächtnisnehmers und vor dem Anfall des Grundstücksvermächtnisses an den Nachvermächtnisnehmer fällig wird, und dass die zu Lebzeiten des Vorvermächtnisnehmers zu erwartenden Kreditkosten vollständig aus dessen sonstigem Vermögen getilgt werden können.[302]

308

c) Sicherung des Nachvermächtnisnehmers

Der Erwerb des Nachvermächtnisnehmers ist im Vergleich zu dem des Nacherben (dazu insbesondere §§ 2111, 2113 BGB) deutlich schwächer geschützt, es gelten insoweit nur §§ 2177, 2179 BGB. Er ist **nicht dinglich**, sondern lediglich schuldrechtlich nach §§ 2177, 2179, 160, 162 BGB gegen Verfügungen des Vorvermächtnisnehmers geschützt, das Verfügungsverbot des § 161 BGB greift nicht ein.[303] Handlungen des Vorvermächtnisnehmers, die das vermachte Recht beeinträchtigen oder vereiteln, sind daher voll wirksam. Er haftet jedoch dem Bedachten vom Erbfall an bei Vorsatz und Fahrlässigkeit auf Schadenersatz (§ 160 i. V. m. §§ 281, 282, 278 BGB).

309

Will der Erblasser eine Sicherung des Nachvermächtnisnehmers erreichen, kann er die Hinterlegung des vermachten Gegenstandes oder Geldbetrages anordnen, auch ist es möglich anzuordnen, dass der mit dem aufschiebend bedingten oder befristeten Vermächtnis Beschwerte zur Erfüllung seiner Verpflichtung durch entsprechend ihrerseits aufschiebend bedingte Verfügung verpflichtet ist, so dass § 161 BGB zur Anwendung kommt.[304]

310

---

298 MünchKommBGB/*Schlichting*, § 2191 Rn. 3; OLG Frankfurt a. M. ZEV 1997, 295 mit Anm. *Skibbe*.
299 BGH DNotZ 1992, 247 = MittRhNotK 1991, 313 = NJW 1991, 1736.
300 BGH, a. a. O.
301 Ausführlich *Schlichting*, ZEV 2000, 385.
302 Vgl. BGH DNotZ 1992, 247 = MittRhNotK 1991, 313 = NJW 1991, 1736; MünchKommBGB/*Schlichting*, § 2191 Rn. 6 mit zahlreichen weiteren Nachweisen.
303 *Watzek*, MittRhNotK 1999, 37, 38 f.; Palandt/*Weidlich*, § 2179 Rn. 2; siehe auch OLG Stuttgart FamRZ 1981, 818.
304 Vgl. dazu *Watzek*, MittRhNotK 1999, 37, 47.

311 Ist **Grundbesitz** Gegenstand eines Nachvermächtnisses, erfolgt die Sicherung des Nachvermächtnisnehmers ab Eintritt des Vorvermächtnisfalles durch Eintragung einer Vormerkung (§ 883 BGB) zugunsten des Nachvermächtnisnehmers. Dass der Anspruch des Nachvermächtnisnehmers gegen den Vermächtnisnehmer grundsätzlich vormerkungsfähig ist, ist in der Rechtsprechung anerkannt.[305]

312 Die h. M. geht davon aus, dass der Anspruch auf dingliche Sicherung vom Erblasser **mitvermacht** sein muss, was freilich die Auslegung des Willens des Erblassers regelmäßig nahe legen wird, sofern ein solcher Wille in der letztwilligen Verfügung jedenfalls anklingt.[306] Das OLG Frankfurt hat entschieden, dass der Anspruch des Nachvermächtnisnehmers stets durch Vormerkungen gesichert werden kann, es sei denn »der Erblasser (habe) eine Sicherung des Nachvermächtnis-Anspruchs ... durch eine von der (Vor-)Vermächtnisnehmerin zu bewilligende Vormerkung nicht gewollt«.[307]

313 Eingetragen werden kann und sollte die Vormerkung, sobald der Vorvermächtnisnehmer als Eigentümer in das Grundbuch eingetragen wird.[308]

314 ▶ **Muster:**

[Urkundseingang]

1. Vorbemerkung

E. ist Alleinerbe des am ... verstorbenen T. Ausweislich des zur Urkunde des Notars N. in ... am ... errichteten notariellen Testaments ist E. im Wege eines Vermächtnisses verpflichtet, den im Grundbuch des Amtsgerichts ... von ... Blatt ... eingetragenen Grundbesitz ... an V. zu übereignen. Nach Vs Tod soll der Grundbesitz an dessen Sohn S. fallen, der damit Nachvermächtnisnehmer ist. T. hat ausdrücklich angeordnet, dass V. berechtigt sein soll, seine Anwartschaft mit dem Eigentumserwerb durch S. im Grundbuch dinglich sichern zu lassen.

Dies vorausgeschickt, schließen die Beteiligten zur Erfüllung der testamentarischen Anordnungen des T. diesen Vermächtniserfüllungsvertrag.

2. Vermächtniserfüllung

a) E. überträgt den in Ziff. 1 genannten Grundbesitz mitsamt der Bestandteile und Zubehör und mit allen Pflichten auf den dies annehmenden V. zu Alleineigentum. Die Beteiligten bewilligen und beantragen die Eintragung des Eigentumswechsels in das Grundbuch.

b) Der wirtschaftliche Übergang ist nach Angabe der Beteiligten bereits am ... erfolgt. Zu diesem Zeitpunkt sind auch die Verkehrssicherungspflichten auf V. übergegangen.

c) Auf die Eintragung einer Auflassungsvormerkung verzichtet V. trotz Hinweis auf die mit der Nichteintragung verbundenen Gefahren.

d) E. und V. sind darüber einig, dass mit vertragsgerechter Eigentumsumschreibung alle wechselseitigen Ansprüche aus dem von T angeordneten Vermächtnis erfüllt sind. Rein vorsorglich verzichten sie auf weitergehende Ansprüche und nehmen den Verzicht jeweils an. Insbesondere sind hiervon auch erfasst Ansprüche auf Nutzungs-, Verwendungs- und Aufwendungsersatz.

3. Dingliche Sicherung des Nachvermächtnisses

a) Zur Sicherung des bedingten Übertragungsanspruchs des S. bestellt V. zugunsten des S. eine Auflassungsvormerkung an dem genannten Grundbesitz. Die Beteiligten beantragen und bewilligen daher die Eintragung einer Auflassungsvormerkung zugunsten des S. an nächstoffener Rangstelle [*Hin-*

---

305 BayObLG Rpfleger 1981, 190 = MittBayNot 1981, 72; OLG Frankfurt a. M. OLGR 1999, 112.
306 BGH, Urt. v. 27.6.2001 – IV ZR 120/00, DNotZ 2001, 805, 806 = ZEV 2001, 362, 363; Erman/*M. Schmidt*, § 2191 Rn. 2 mit § 2179 Rn. 2; MünchKommBGB/*Schlichting*, § 2191 Rn. 6 mit Fn. 12. Für eine einstweilige Verfügung genügt jedoch schon das Nachvermächtnis, weil ein Verfügungsgrund nach § 885 Abs. 1 S. 2 BGB nicht erforderlich ist, BGH a. a. O.
307 OLG Frankfurt a. M. OLGR 1999, 112.
308 *Zawar*, NJW 2007, 2353, 2355.

weis: Sind vorrangig Grundpfandrechte eingetragen, sollte V. sich verpflichten, diese nicht erneut für eigene Zwecke zu valutieren und die Zweckerklärung entsprechend zu ändern. Auch können Eigentümerrechte und Rückgewähransprüche aufschiebend bedingt auf die Fälligkeit des Nachvermächtnisses an S. abgetreten und hierfür eine Vormerkung eingetragen werden.]

b) V. und S. sind sich darüber einig, dass mit vertragsgerechter Eintragung der Vormerkung zugunsten des S. die Verpflichtung des V. zur dinglichen Sicherung des S. erfüllt ist; die Erfüllung des Nachvermächtnisses bleibt hiervon unberührt. Der Notar hat V. darauf hingewiesen, dass er zur Sicherung der Rechte des S. zu einer ordnungsgemäßen Verwaltung des Grundbesitzes verpflichtet ist.

4. Vollzug, Kosten, Sonstiges

a) Die Beteiligten beauftragen den Notar, den Antrag auf Eigentumsumschreibung auf V. nur gemeinsam mit dem Antrag auf Eintragung einer Vormerkung zugunsten des S. beim Grundbuchamt zum Vollzug vorzulegen.

b) Die Kosten dieser Urkunde und ihres grundbuchlichen Vollzugs tragen E. zu 75 % und S. zu 25 %.

c) Der Notar hat darauf hingewiesen, dass das Eigentum erst mit der Umschreibung im Grundbuch übergeht sowie auf den möglichen Anfall von Erbschaft- und Schenkungsteuer.

III. Die Vermächtniserfüllung durch den vom Erblasser bevollmächtigten Vermächtnisnehmer

Nicht selten wird der Erblasser den Vermächtnisnehmer in seiner Verfügung von Todes wegen unter Befreiung von § 181 BGB bevollmächtigt haben, das Vermächtnis zu erfüllen. Im Falle einer solchen postmortalen Bevollmächtigung kann der Vermächtnisnehmer die Erfüllung selbst vornehmen;[309] der Tod des Erblassers hat auf die Wirksamkeit der Vollmacht nach § 130 Abs. 2 BGB keinen Einfluss. Wurde die Vollmacht im Interesse des Vermächtnisnehmers zur Durchsetzung seines Anspruchs aus § 2174 BGB erteilt, so kann auch ohne ausdrückliche Erklärung des Erblassers auf die Unwiderruflichkeit der Vollmacht durch die Erben geschlossen werden;[310] der Notar wird daher im Falle eines behaupteten Widerrufs der Vollmacht durch die Erben diesen unberücksichtigt lassen, solange nicht ein wichtiger Grund für den Widerruf vorgetragen wird. Der Vermächtnisnehmer hat die Vollmacht in auf ihn lautender Ausfertigung vorzulegen, ist sie in einem vom Nachlassgericht bereits eröffneten notariellen Testament enthalten und liegt von diesem nur eine beglaubigte Abschrift mit Eröffnungsprotokoll vor, wird auch dies zum Nachweis der Vollmacht ausreichen. Dies folgt daraus, dass auch zum Nachweis des Erbrechts nach § 35 Abs. 1 S. 2 GBO eine beglaubigte Abschrift des Testaments mit Eröffnungsprotokoll ausreichend ist. Der Notar wird seiner Urkunde eine beglaubigte Abschrift der Vollmacht beifügen (§ 12 BeurkG).

▶ **Muster:**

... erschien ..., dieser handelnd

a) für sich selbst, im eigenen Namen – insoweit nachfolgend Vermächtnisnehmer genannt –

b) aufgrund der im notariell beurkundeten Testament des Erblassers (UR.Nr. ... des Notar Dr. N aus Köln), eröffnet vom Nachlassgericht ... am ... (Geschäfts-Nr. ...) enthaltenen Vollmacht des Erblassers unter Befreiung von § 181 BGB zur Erfüllung des Vermächtnisses für den Erben E des Erblassers. Das Testament lag bei Beurkundung mitsamt Eröffnungsprotokoll in beglaubigter Abschrift vor und wird in hiermit beglaubigter Abschrift als Anlage zu dieser Niederschrift genommen.

Der Erschienene erklärte:

1. In seinem Testament vom ... hat der Erblasser T Herrn E zu seinem Erben eingesetzt. In Ziff. 2 des Testaments hat er mir im Wege des Vermächtnisses sein im Wohnungsgrundbuch des Amtsgerichts ... eingetragenes Wohnungseigentum zugewandt und mich bevollmächtigt, die Auflassung zu erklären.

---

309 Siehe dazu etwa BayObLG DNotZ 1983, 176; OLG Köln DNotZ 1993, 136.
310 BayObLG MittBayNot 1989, 308 = FamRZ 1990, 98.

2. In Erfüllung dieses Vermächtnisses übertrage ich, handelnd wie angegeben, das Eigentum an dieser Wohnungseigentumseinheit mit allen gesetzlichen Bestandteilen und Zubehör an mich. Ich bin mir über den Eigentumsübergang auf mich einig und beantrage und bewillige die Umschreibung des Eigentums im Grundbuch.

3. Eine Sicherung meines Erwerbsanspruchs durch Eintragung einer Vormerkung in das Grundbuch wünsche ich trotz der Belehrung des Notars derzeit nicht. Ich bewillige, handelnd wie angegeben, die Eintragung einer Vormerkung in das Grundbuch, den Antrag auf deren Eintragung soll der Notar jedoch nur stellen, wenn ich ihn hierzu ausdrücklich schriftlich anweise.

4. Die Kosten dieser Urkunde und ihres Vollzugs trägt der Nachlass. Der Wert der Wohnungseigentumseinheit beträgt ...

5. Der Notar hat mich auf die anfallende Erbschaftsteuer sowie darauf hingewiesen, dass für die Eintragung des Eigentumswechsels die grunderwerbsteuerliche Unbedenklichkeitsbescheinigung erforderlich ist.

IV. Genehmigungen

317 Ergibt sich im Zusammenhang mit der Vermächtniserfüllung, dass bereits die **Anordnung des Vermächtnisses** als solche (also nicht nur das Erfüllungsgeschäft) einer Genehmigung bedurft hätte (z. B. nach § 16 Abs. 1 HöfO), diese aber seinerzeit nicht eingeholt wurde, ist das Vermächtnis nach § 2171 BGB unwirksam, wenn die Genehmigung versagt wird.

318 Die Genehmigungsbedürftigkeit der **Erfüllung des Vermächtnisses** kann sich aus verschiedenen Bestimmungen ergeben. Wird eine erforderliche Genehmigung endgültig versagt, liegt regelmäßig ein Fall der nachträglichen Unmöglichkeit vor.[311] Die Auslegung kann aber im Einzelfall ergeben, dass der Erblasser statt des vermachten Gegenstandes dem Bedachten ersatzweise einen dem Wert des Gegenstandes entsprechenden Geldbetrag zuwenden wollte.[312]

1. § 12 WEG

319 Ist Gegenstand des Vermächtnisses Wohnungs- oder Teileigentum, kann sich eine Genehmigungspflicht aus § 12 WEG ergeben. Nicht selten ist als Inhalt des Sondereigentums nach § 12 WEG vereinbart, dass ein Wohnungseigentümer zur Veräußerung seines Wohnungseigentums der Zustimmung des Verwalters bedarf; regelmäßig ist diese Veräußerungsbeschränkung aus dem Grundbuch ersichtlich. Der Begriff der »Veräußerung« umfasst jede rechtsgeschäftliche Übertragung des Wohnungseigentums unter Lebenden, wozu auch die Übertragung nur eines ideellen Anteils an dem Wohnungseigentum gezählt wird. Nach der Rechtsprechung stellt die Erfüllung eines Vermächtnisses – ebenso wie der Vollzug einer Teilungsanordnung (§ 2048 BGB) – eine Veräußerung im Sinne des § 12 WEG dar.[313] Ist daher eine Veräußerungsbeschränkung vereinbart, bedarf es zum dinglichen Vollzug der Zustimmung des Verwalters in grundbuchtauglicher Form (öffentlich beglaubigte Zustimmungserklärung und öffentlich beglaubigter Nachweis der Verwaltereigenschaft gemäß §§ 26 Abs. 3 i. V. m. 24 Abs. 6 WEG), sofern nicht die Teilungserklärung ausdrücklich Ausnahmen vorsieht. Sieht die **Teilungserklärung Ausnahmen** vor, reicht es, dass diese entweder im Verhältnis zum Erblasser[314] oder (insoweit jedoch nicht abschließend geklärt) nur im Verhältnis zu den an der Übertragung beteiligten Miterben[315] vorliegen.

---

311 BGHZ 37, 233, 247; KG ZEV 1999, 494; MünchKommBGB/*Schlichting*, § 2174 Rn. 17.
312 MünchKommBGB/*Schlichting*, a. a. O.
313 BayObLG MittBayNot 1982, 70; Palandt/*Weidlich*, § 2174 Rn. 4; Die Anordnung des Vermächtnisses selbst bedarf dagegen keiner Zustimmung nach § 12 WEG, vgl. dazu insgesamt Gutachten, DNotI-Report 2009, 181, 182 f.
314 KG, Beschl. v. 28.2.2012 – 1 W 43/12, DNotZ 2012, 621.
315 Ausführlich DNotI-Gutachten v. 12.8.2014 (Dok.-Nr. 136206); LG Dortmund, MittBayNot 2009, 43.

Ist der Vermächtnisnehmer bereits Eigentümer einer anderen Einheit im selben Objekt, macht dies eine erforderliche Verwalterzustimmung nicht entbehrlich. § 12 WEG bezweckt den Schutz der Gemeinschaft der Wohnungseigentümer vor dem Eindringen und dem Ausdehnen persönlich oder wirtschaftlich unzuverlässiger Gemeinschaftsmitglieder. Die ganz h. M. hält eine Verwalterzustimmung daher auch dann für erforderlich, wenn die erwerbende Person bereits zum Kreis der Eigentümer gehört.[316]

2. §§ 1365, 1369 BGB, § 6 S. 2 LPartG

Lebt der Erbe in Zugewinngemeinschaft, bedarf er zur Erfüllung des Vermächtnisses nicht der Zustimmung seines Ehegatten bzw. Lebenspartners nach §§ 1365, 1369 BGB, § 6 S. 2 LPartG. Aufgrund der Vermächtnisanordnung ist der Vermögensanfall infolge der Erbschaft von Anfang an mit dem Vermächtnis beschwert, und es besteht bereits eine wirksame Verpflichtung zur Verfügung.

3. § 2 Abs. 1 GrdStVG

Ist Gegenstand eines Vermächtnisses ein Grundstück, das dem GrdStVG unterfällt, bedarf zwar nicht das Vermächtnis als solches der Genehmigung nach § 2 Abs. 1 GrdStVG, wohl aber nach überwiegender Auffassung dessen Erfüllung, d. h. die Auflassung.[317]

4. §§ 1821, 1822 BGB

Siehe zur Genehmigungspflicht der Vermächtniserfüllung bei gesetzlich Vertretenen, insbesondere Minderjährigen, bereits oben, Rdn. 288 ff.

5. GmbH-Anteile

Ist Vermächtnisgegenstand ein GmbH-Anteil und ist dessen Übertrag- bzw. Belastbarkeit in der Satzung eingeschränkt (Vinkulierungsbestimmungen, Zustimmungs- oder Einziehungsvorbehalte), so gelten die darin enthaltenen Bestimmungen regelmäßig auch für die Vermächtniserfüllung, sofern nicht eine Ausnahme für diesen Fall angeordnet ist. Der beschwerte Erbe ist gehalten, alles ihm Mögliche und Zumutbare zu unternehmen, um die zum Vermächtnisvollzug erforderlichen Zustimmungen zu erhalten; kommt er dem nicht nach, macht er sich schadensersatzpflichtig (§ 280 BGB). Werden erforderliche Zustimmungen gleichwohl verweigert, ist zu differenzieren:[318] Das Vermächtnis ist gemäß § 2171 Abs. 1 BGB unwirksam, wenn die Abtretung des Geschäftsanteils zur Zeit des Erbfalls objektiv unmöglich ist und kein Fall des § 2171 Abs. 2 und 3 BGB vorliegt. Das ist z. B. der Fall, wenn die Veräußerung oder Teilung des Geschäftsanteils vollständig ausgeschlossen ist und die Gesellschafter eine Satzungsänderung ablehnen. Wird die nach § 15 Abs. 5 GmbHG erforderliche Zustimmung indes aufgrund der Person des Vermächtnisnehmers verweigert, liegt kein Fall des § 2171 Abs. 1 BGB vor, die (Un-)Wirksamkeit richtet sich vielmehr nach § 275 BGB. Es bedarf dann der Auslegung der Vermächtnisanordnung, ob der beschwerte Erbe ersatzweise zur Herausgabe eines etwaigen Anteils am Gewinn oder am Liquidationserlös verpflichtet sein soll.

▶ **Muster:**
Der Notar hat auf alle erforderlichen Genehmigungen hingewiesen und wird beauftragt, diese herbeizuführen. Sie sollen mit ihrem Eingang bei ihm allen Beteiligten gegenüber wirksam werden.

---

316 OLG Celle Rpfleger 1974, 438; KG Rpfleger 1974, 438; *Hügel*, ZWE 2007, 174, 181; anderer Ansicht jedoch LG Nürnberg-Fürth MittBayNot 1976, 27.
317 OLG Karlsruhe AgrarR 1975, 106; Palandt/*Weidlich*, § 2174 Rn. 4.
318 Ausführlich GroßkommGmbHG/*Winter/Löbbe*, § 15 Rn. 21 ff.; Michalski/*Ebbing*, GmbHG, § 15 Rn. 37 ff.

V. Die Sicherung des Vermächtnisanspruchs nach dem Anfall und vor Fälligkeit des Vermächtnisses

326 Vor dem Anfall des Vermächtnisses besteht eine rechtlich geschützte Anwartschaft des Bedachten nicht, eine Sicherung ist daher nicht möglich.[319] Auch für den Zeitraum zwischen Anfall und Fälligkeit des Vermächtnisses bestehen vorbehaltlich anderslautender Anordnungen des Erblassers besondere Sicherungsrechte des Vermächtnisnehmers nicht. Wird der Anspruch daher nicht durch Arrest, einstweilige Verfügung oder Nachlassverwaltung (§ 1981 BGB) gesichert, kann ein Grundstücksrechte umfassendes Vermächtnis nur dann durch eine Vormerkung gesichert werden, wenn dem Bedachten eine solche Sicherung durch letztwillige Verfügung – ihrerseits im Wege eines Vermächtnisses – zugewendet wurde.[320]

VI. Kostentragung

327 Die Kosten der Vermächtniserfüllung sind von demjenigen zu tragen, der vom Erblasser dazu bestimmt worden ist. Hat der Erblasser nichts anderes bestimmt, muss der Beschwerte die Kosten der Vermächtniserfüllung tragen. Handelt es sich um ein Grundstücksvermächtnis, gilt dies insbesondere auch für die Kosten der Auflassung und der Eigentumsumschreibung im Grundbuch.[321] Bei beweglichen Sachen fallen die Kosten der Abnahme und Übersendung im Zweifel nach §§ 448 Abs. 1, 449 BGB dem Vermächtnisnehmer zur Last.[322]

328 Hat der Erblasser zur Erfüllung des Vermächtnisanspruchs **Testamentsvollstreckung** angeordnet, ist eine etwaige Vergütung des Testamentsvollstreckers als Nachlassverbindlichkeit grundsätzlich von den Erben zu tragen, § 1967 Abs. 2 BGB. Bei Quotenvermächtnissen ist jedoch regelmäßig von einem Willen des Erblassers dahingehend auszugehen, dass sich der Vermächtnisnehmer entsprechend seiner Vermögensquote auch an den Kosten der Testamentsvollstreckung zu beteiligen hat.[323]

329 Für die notarielle Beurkundung eines Vermächtniserfüllungsvertrages fällt eine 2,0 Gebühr nach KV GNotKG Nr. 21100 an. Ist das Vermächtnis in einem öffentlichen Testament enthalten, fällt für die dann nur erforderliche isolierte Beurkundung der Auflassung eine 1,0 Gebühr nach KV GNotKG Nr. 21102 Nr. 1 an. Der Wert bestimmt sich jeweils nach dem Wert des Grundstücks. Werden neben der isolierten Vermächtniserfüllung (Grundstücksübertragung) weitere Regelungen getroffen, etwa eine Schuldübernahme vereinbart, kommt § 109 GNotKG zur Anwendung, es ist dann der höhere Wert maßgeblich. Erbringt der Notar weitere Tätigkeiten (Einholung von Genehmigungen etc.), sind diese Gebühren zusätzlich nach den allgemeinen Grundsätzen abzurechnen.

330 Wird mit der Vermächtniserfüllung im Falle eines **Nachvermächtnisses** zugleich eine Auflassungsvormerkung bewilligt, fällt hierfür nach KV GNotKG 21201 Nr. 4 eine 0,5 Gebühr an. Diese ist gegenstandsverschieden zu den sonstigen Gebühren, es kommt daher insoweit § 94 GNotKG zur Anwendung.

VII. Steuern

331 Die für das Vermächtnis anfallende **Erbschaftsteuer** hat gemäß § 20 Abs. 1 ErbStG der Vermächtnisnehmer zu tragen. Jedoch haftet bis zur Auseinandersetzung die Erbengemeinschaft für die Erbschaftsteuerschuld (§ 20 Abs. 3 ErbStG). Allgemein wird der Erbe bei Geldvermächtnissen für berechtigt gehalten, den zur Bezahlung der Erbschaftsteuer erforderlichen Betrag einzubehalten und

---

[319] Umfassend zu Möglichkeiten der Sicherstellung der Vermächtniserfüllung *Halding-Hoppenheit*, RNotZ 2005, 321.
[320] BGH, Urt. v. 27.6.2001 – IV ZR 120/00, NJW 2001, 2883 = DNotZ 2001, 805.
[321] BGH NJW 1963, 1602. Eine abweichende Regelung ist möglich und wird dann nahe liegen, wenn der Erblasser angeordnet hat, dass die Grundbucheintragung nur auf Verlangen des Vermächtnisnehmers erfolgen soll (s. auch *Grziwotz*, ZEV 2010, 130, 132).
[322] Palandt/*Weidlich*, § 2174 Rn. 9.
[323] DNotI-Gutachten DNotI-Report 2007, 18.

an das Finanzamt abzuführen. Das gleiche Recht wird dem Testamentsvollstrecker zugestanden, der gemäß § 32 Abs. 1 Satz 2 ErbStG für die Bezahlung der Erbschaftsteuer zu sorgen hat. Einkommensteuer kann insbesondere dann anfallen, wenn ein Vermächtnisgegenstand dem Betriebsvermögen entnommen wird oder das vermachte Übernahmerecht in den Anwendungsbereich des § 23 EStG fällt.

Grunderwerbsteuer fällt für die Erfüllung eines Grundstücksvermächtnisses nicht an, da es sich um einen Erwerb von Todes wegen i. S. d. § 3 Nr. 2 GrEstG handelt. 332

VIII. Checkliste

▶ **Checkliste: Vermächtniserfüllungsvertrag** 333

☐ Wirksamkeit und Fälligkeit des Vermächtnisses?
☐ Begünstigter des Vermächtnisses?
☐ Zur Vermächtniserfüllung Verpflichteter?
☐ Formvorschriften?
☐ Genehmigungserfordernisse?
☐ Bei Grundstücksvermächtnis: Übernahme von Belastungen (dinglich/schuldrechtlich)?
☐ Früchte und Nutzungen des Vermächtnisgegenstandes/Verwendungsersatz?
☐ Kosten der Vermächtniserfüllung?

Kapitel 19. Testamente und Erbverträge bei Auslandsberührung

Übersicht	Rdn.
A. Grundlagen	1
I. Die Europäische Erbrechtsverordnung	1
1. Räumlicher Geltungsbereich der EuErbVO	4
2. Objektive Anknüpfung: Gewöhnlicher Aufenthalt des Erblassers	5
3. Eingeschränkte Rechtswahlmöglichkeit	8
4. Sachnormverweisung/Rückverweisung	11
5. Auslandsvermögen/Nachlassspaltung	14
a) Deutsch-Türkischer Konsularvertrag/Deutsch-Sowjetischer Konsularvertrag	15
b) Erblasser mit Auslandsvermögen und gewöhnlichem Aufenthalt in Drittstaat	18
c) Zwingende sozialpolitisch motivierte Regelungen (Art. 30 EuErbVO)	19
d) Faktische Nachlassspaltung bei Vermögen in einem Drittstaat	21
6. Vor dem 17.8.2015 errichtete Verfügungen und die EuErbVO	23
a) Fortgeltung einer getroffenen Rechtswahl (Art. 83 Abs. 2 EuErbVO)	24
b) Fiktive Rechtswahl des Heimatrechtes (Art. 83 Abs. 4 EuErbVO)	26
c) Alternative Anknüpfung des Errichtungsstatuts (Art. 83 Abs. 3 EuErbVO)	31
7. Nachlassverfahren nach EuErbVO und FamFG	32
a) Internationale Zuständigkeit der Nachlassgerichte	32
b) Örtliche Zuständigkeit	36
c) Europäisches Nachlasszeugnis vs. Deutscher Erbschein	37
d) Erbnachweis durch notarielle Urkunde	39
II. Vorrangige Staatsverträge	41
1. Deutsch-Türkischer Konsularvertrag	42
2. Deutsch-Sowjetischer Konsularvertrag	48
3. Deutsch-Persisches Niederlassungsabkommen (Iran)	52
III. Allgemeine Hinweise zur Gestaltung letztwilliger Verfügungen bei Auslandskontakt	53
1. Gewöhnlicher Aufenthalt und Auslandsvermögen	53
a) Erblasser mit gewöhnlichem Aufenthalt in Deutschland hat Auslandsvermögen	56
b) Erblasser mit gewöhnlichem Aufenthalt im Ausland	59
2. Rechtswahl – Möglichkeiten und Zweckmäßigkeit	61
a) Form und Inhalt	62
b) Zweckmäßigkeit	64
aa) Gewöhnlicher Aufenthalt unklar oder zweifelhaft	65
bb) Erblasser mit Auslandsvermögen	68
cc) Aufhebung einer fiktiven Rechtswahl eines ausländischen Erblassers in einem vor 17.8.2015 errichteten Testament	69
dd) Ausländischer Erblasser mit Pflichtteilsproblemen	71
c) Bindende Rechtswahl bei Erbvertrag und gemeinschaftlichem Testament	72
3. Vor dem 17. August 2015 getroffene Rechtswahl	73
4. Pflichtteilsansprüche und Noterbrechte	75
5. Ziel: Einfache Gestaltung	77
6. Vorsicht bei gemeinschaftlichem Testament und Erbvertrag	79
7. Formfragen: Zwei-Zeugen-Testament	83
8. Vermögen in Common Law-Staaten	85
9. Belehrung über die Anwendbarkeit ausländischen Rechts	91
B. Gestaltung eines Einzeltestamentes	100
I. Erblasser mit gewöhnlichem Aufenthalt in Deutschland und Auslandsvermögen	100
II. Erblasser mit gewöhnlichem Aufenthalt in einem anderen EuErbVO-Staat	107
III. Erblasser mit gewöhnlichem Aufenthalt in einem Drittstaat	113
C. Gestaltung von Erbvertrag und gemeinschaftlichem Testament	117
I. Gemeinschaftliches Testament und Erbvertrag im IPR	117
1. Erleichterungen durch die EuErbVO	117
2. Anknüpfung des Erbvertrages im Rahmen der EuErbVO	119
3. Anknüpfung des gemeinschaftlichen Testaments im Rahmen der EuErbVO	126

Kapitel 19 Testamente und Erbverträge bei Auslandsberührung

		Rdn.			Rdn.
	4. Formwirksamkeit, Zulässigkeit, Materielle Wirksamkeit, Bindungswirkung	130		1. Anwendungsbereich des deutschen ErbStG	164
	a) Formwirksamkeit	134		a) Unbeschränkte Steuerpflicht	164
	b) Zulässigkeit	136		b) Beschränkte Steuerpflicht für Inlandsvermögen	167
	c) Materielle Wirksamkeit	140		2. Ausländische Erbschaftsteuer	169
	d) Bindungswirkung	141		a) Unbeschränkte Steuerpflicht	170
II.	Erblasser mit gewöhnlichem Aufenthalt in Deutschland und Auslandsvermögen	146		b) Beschränkte Steuerpflicht	171
			II.	Regelfall: Doppelbesteuerung	172
	1. Auslandsvermögen in einem EuErbVO-Staat	147		1. Doppelbesteuerungsabkommen	173
				2. Anrechnung nach § 21 ErbStG	174
	2. Auslandsvermögen in einem Drittstaat	150		3. Doppelte unbeschränkte Steuerpflicht	178
III.	Erblasser mit gewöhnlichem Aufenthalt in anderem EuErbVO-Staat	154	III.	Gestaltungsmöglichkeiten zur Vermeidung einer Doppelbesteuerung	182
	1. Ein Erblasser mit deutscher Staatsangehörigkeit	154		1. Vorausvermächtnis mit Geldunterverächtnis	184
	2. Erblasser ohne deutsche Staatsangehörigkeit	157		2. Vermögensverlagerung	186
				3. Einbringung in deutsche GmbH	187
IV.	Erblasser mit gewöhnlichem Aufenthalt in Drittstaat	158		4. Vorweggenommene Erbfolge: Geldschenkung und nachfolgender Kauf des Auslandsvermögens	189
V.	Alternative: Einzeltestamente und gegenseitiger lebzeitiger Nießbrauch an deutschen Grundbesitz	159		5. Gezielte Belastung des Auslandsvermögens	193
D.	**Pflichtteilsverzicht bei Auslandsberührung**	161		6. Vererbung an Kinder statt an Ehegatten	195
E.	**Steuerliche Aspekte**	163	F.	**Checkliste**	197
I.	Grundzüge des Internationalen Erbschaftssteuerrechts	163			

Literatur:
Bachmeyer, Erbrechtliche Gestaltungsmöglichkeiten bei gemischt-nationalen Ehen unter besonderer Berücksichtigung gemeinschaftlicher Testamente und Erbverträge, BWNotZ 2009, 28–38, 51–60; *Bonomi/Wautelet*, Le droit européen des successions, Commentaire du Règlement n. 650/2012 durch 4 juillet 2012 (1. Aufl. 2013); *Börner*, Minderung der Steuerbelastung für spanische Ferienimmobilien durch Zwischenschaltung von Kapitalgesellschaften?, ZEV 2004, 368–370; *Buschbaum/Simon*, EuErbVO: Das Europäische Nachlasszeugnis, ZEV 2012, 525–530; *Coester*, Das Erbrecht registrierter Lebenspartner unter der EuErbVO, ZEV 2013, 115–117; *Döbereiner*, Das internationale Erbrecht nach der EU-Erbrechtsverordnung (Teil I), MittBayNot 2013, 358–366, (Teil II) MittBayNot 2013, 437–446; *Döbereiner*, (Bindende?) Rechtswahlen nach der EU-Erbrechtsverordnung, DNotZ 2014, 323–340; *Dörner*, Der Entwurf einer europäischen Verordnung zum Internationalen Erb- und Verfahrensrecht – Überblick und ausgewählte Probleme, ZEV 2010, 221–228; *Dörner*, EuErbVO: Die Verordnung zum Internationalen Erb- und Erbverfahrensrecht ist in Kraft!, ZEV 2012, 505–513; 513; *Dorsel*, Europäische Erbrechtsverordnung und Europäisches Nachlasszeugnis, ZErb 2014, 212–235; *ders.*, Die Umsetzung der ErbVO durch die Europäische Kommission, GPR 2015, 35–48; *Dutta*, Das neue internationale Erbrecht der Europäischen Union – Eine erste Lektüre der Erbrechtsverordnung, FamRZ 2013, 4–15; *Everts*, Neue Perspektiven zur Pflichtteilsdämpfung aufgrund der EuErbVO?, ZEV 2013, 124–127; *Everts*, Fälle und Formulierungen zur EU-Erbrechtsverordnung – Teil 1, NotBZ 2014, 441–455; – Teil 2, NotBZ 2015, 3–16; *Fetsch*, Auslandsvermögen im Internationalen Erbrecht, RNotZ 2006, 1–42, 77–117; *Fetsch*, Die Rechtswahlfiktion in Art. 83 Abs. 4 der Europäischen Erbrechtsverordnung, in: Ackermann/Köndgen (Hrsg.), FS Wulf-Henning Roth (2015), 107–123; *Flick/Piltz*, Der internationale Erbfall, 2. Aufl. 2007; *Frank/Leithold*, Die Ermittlung des anwendbaren Erbrechts im deutsch/US-amerikanischen Erbfall nach der EuErbVO, ZEV 2014, 462–469; *Grau*, in Praxiskommentar Erbrechtliche Nebengesetze (2013), Anhang zu Art. 25, 26 EGBGB: Europäische Erbrechtsverordnung; *Heinig*, Rechtswahlen in Verfügungen von Todes wegen nach der EU-Erbrechts-Verordnung, RNotZ 2014, 197–229; *Heinig*, Rechtswahlen im Erbrecht nach nationalem Kollisionsrecht – der Countdown läuft!, RNotZ 2014, 281–308; *Hertel*, Nachweis der Erbfolge im Grundbuchverfahren – bisher und nach der EuErbVO, ZEV 2013, 539–541; *v. Hinden/Müller*, Die Europäische Erbrechtsverordnung – Aktuelle Aus-

wirkungen auf die Nachfolgeplanung, ErbStB 2013, 97–103; *Jeremias*, Erbschaftsteuerliche Aspekte des Zugewinnausgleichs in internationalen Erbfällen, ZEV 2005, 414–419; *Keim*, Rechtswahl nach der Europäischen Erbrechtsverordnung (EuErbVO), in: A. Roth (Hrsg.), Die Wahl ausländischen Rechts im Familien- und Erbrecht (2013), 67–90; *Lehmann*, Die EU-Erbrechtsverordnung zur Abwicklung grenzüberschreitender Nachlässe, DStR 2012, 2085–2089; *Lehmann*, Der Referentenentwurf für ein Begleitgesetz zur EuErbVO, ZEV 2014, 232–236; *Leipold*, Das Europäische Erbrecht (EuErbVO) und das deutsche gemeinschaftliche Testament, ZEV 2014, 139–144; *Leitzen*, EuErbVO: Praxisfragen an der Schnittstelle zwischen Erb- und Gesellschaftsrecht, ZEV 2012, 520–524; *Leitzen*, Die Rechtswahl nach der EuErbVO, ZEV 2013, 128–132; *Mankoswki*, Gelten die bilateralen Staatsverträge der Bundesrepublik Deutschland im Internationalen Erbrecht nach dem Wirksamwerden der EuErbVO weiter?, ZEV 2013, 529–534; *Mankowski*, Das erbrechtliche Viertel nach § 1371 Abs. 1 BGB im deutschen und europäischen Internationalen Privatrecht, ZEV 2014, 121–129; *Meincke*, ErbStG, 16. Aufl. 2012; *Müller-Lukoschek*, Neues im Internationalen Privatrecht, RpflStud 2012, 105–118; *Nordmeier*, EuErbVO: Neues Kollisionsrecht für gemeinschaftliche Testamente, ZEV 2012, 513–519; *Nordmeier*, Grundfragen der Rechtswahl in der neuen EU-Erbrechtsverordnung – eine Untersuchung des Art. 22 ErbRVO, GPR 2013, 148–155; *Nordmeier*, Erbverträge und nachlassbezogene Rechtsgeschäfte in der EuErbVO – eine Begriffsklärung, ZEV 2013, 117–124; *Nordmeier*, Erbverträge in der neuen EU-Erbrechtsverordnung: zur Ermittlung des hypothetischen Erbstatuts nach Art. 25 ErbRVO, ZErb 2013, 112–119; *Odersky*, Gestaltungsempfehlung für Erbfälle mit anglo-amerikanischem Bezug, ZEV 2000, 492–494; Odersky, Die Europäische Erbrechtsverordnung in der Gestaltungspraxis, notar 2013, 3–9; *v. Oertzen*, Fiktiver Zugewinnausgleich gem. § 5 Abs. 1 ErbStG bei grenzüberschreitendem Sachverhalt, ZEV 1994, 93–98; *v. Oertzen/Stein/Reich*, Anglo-Amerikanische Nachlasstrusts und inländische Grundstücke bzw. grundstücksbesitzende Erbengemeinschaften, ZEV 2013, 109–115; *Piltz*, Schuldenabzug bei internationalen Erbfällen, ZEV 1998, 461–462; *Plewka/Watrin*, Steuerliche Strukturierung internationaler Vermögensnachfolgen, ZEV 2002, 253–259; *Reich*, Verfügungen von Todes wegen mit Bindungswirkung in gemischt-nationalen Ehen unter Berücksichtigung der Besonderheiten der EuErbVO, ZEV 2014, 144–148; *Rudolf*, Die Erbrechtsverordnung der Europäischen Union, NZ08 2013, 225–242; *Schaal*, Aktuelles im IPR/aus dem Ausland, BWNotZ 2013, 29–30; *Schaub*, Die EU-Erbrechtsverordnung, in: Muscheler (Hrsg.), Hereditare – Jahrbuch für Erbrecht und Schenkungsrecht, 2013, 91–131; *Schmidt*, Ausländische Vindikationslegte über im Inland belegene Immobilien, ZEV 2014, 133–139; *Schoppe*, Die Übergangsbestimmungen zur Rechtswahl im internationalen Erbrecht: Anwendungsprobleme und Gestaltungspotential, IPRax 2014, 27–33; *Schotten/Schmellenkamp*, Das Internationale Privatrecht in der notariellen Praxis, 2. Aufl. 2007; *Schurig*, Das internationale Erbrecht wird europäische – Bemerkungen zur kommenden Europäischen Verordnung, in FS Spellenberg, 343–352; *Simon/Buschbaum*, Die neue EU-Erbrechtsverordnung, NJW 2012, 2393–2398; *Steiner*, EU-Verordnung in Erbsachen sowie zur Einführung einer europäischen Nachlasszeugnisses, NZ 2012, 104–113; *Steinmetz/Löber/García Alcázar*, EU-Erbrechtverordnung: Voraussichtliche Rechtsänderungen für den Erbfall von in Spanien ansässigen, deutschen Staatsangehörigen, ZEV 2010, 234–238; *dies.*, Die EuErbVO und ihre Anwendbarkeit im Mehrrechtsstaat Spanien, ZEV 2013, 535, 539; *Süß* (Hrsg.), Erbrecht in Europa, 2. Aufl. 2008; *Süß*, Das Verbot gemeinschaftlicher Testamente im Internationalen Erbrecht, IPRax 2002, 22–28; *Süß*, Der Vorschlag der EG-Kommission zu einer Erbrechtsverordnung (Rom IV-Verordnung) vom 14. Oktober 2009, ZErb 2009, 342–348; *Süß*, Das Europäische Nachlasszeugnis, ZEuP 2013, 725–750; *Troll/Gebel/Jülicher*, ErbStG (Kommentar, Loseblatt), Stand Oktober 2014; *Vareilles-Sommières*, Pour une meilleure consolidation européenne des dispositions de planification successorale prises avant le 17 aout 2015 relativement à une succession international, Recueil Dalloz 2012, 2321–2322; *Volmer*, Definitive Entscheidung vor Vorfragen aufgrund der Gerichtszuständigkeit nach der EuErbVO, ZEV 2014, 129–133; *Wachter*, Gestaltungsüberlegungen zur steueroptimalen Übertragung von Immobilien in Spanien, ZEV 2003, 137–144; *Wachter*, Europäische Erbrechtsverordnung in der Gestaltungspraxis, ZNotP 2014, 2–23; *Wagner*, Der Kommissionsvorschlag vom 14.10.2009 zum internationalen Erbrecht: Stand und Perspektiven des Gesetzgebungsverfahrens, DNotZ 2010, 506–519; *Werkmüller*, Die inländische Holdinggesellschaft als Vehikel zur rechtlichen und steuerlichen Optimierung der Vermögensnachfolge, ZEV 2004, 365–367; *Wilsch*, EuErbVO: Die Verordnung in der deutschen Grundbuchpraxis, ZEV 2012, 530–534.

A. Grundlagen

I. Die Europäische Erbrechtsverordnung

Die Europäische Erbrechtsverordnung (EuErbVO) gilt für Erbfälle, die ab dem 17. August 2015 eingetreten sind. Sie löst die bisherige, an die Staatsangehörigkeit anknüpfende Regelung des Art. 25 EGBGB ab. Maßgeblich ist nunmehr – soweit keine Rechtswahl vorliegt – der gewöhnliche Aufenthalt des Erblassers. Zulässig ist jedoch die Rechtswahl des Staatsangehörigkeitsrechts als Erbstatut 1

(Art. 22 EuErbVO). Weitere wesentliche Neuerung ist die weitgehende Abschaffung der Nachlassspaltung durch Auslandsvermögen, da die EuErbVO den Grundsatz der Nachlasseinheit vorsieht. Damit wird die Gestaltung von Testamenten und Erbverträgen für deutsche Notare erleichtert, auch wenn noch manche Detailfrage im Rahmen der EuErbVO ungeklärt ist und gerichtliche Entscheidungen zeitnah nicht zu erwarten sind.

2 Es gilt der Grundsatz der **Nachlasseinheit**, so dass Auslandsvermögen – insbesondere ausländischer Grundbesitz – nicht mehr in dem gleichen Umfang zu einer Nachlassspaltung führt, wie unter Geltung des Art. 3a Abs. 2 EGBGB. Allerdings kann nach Art. 30 der EuErbVO – als eng auszulegende Ausnahme – eine Sonderanknüpfung von Regelungen des Belegenheitsstaates auf unbewegliche Sachen, Unternehmen oder andere besondere Arten von Vermögenswerten wegen ihrer wirtschaftlichen, familiären oder sozialen Bindung erfolgen, wenn diese Regelungen unabhängig vom Erbstatut Anwendung finden. Hier ist wohl in erster Linie an die HöfeO zu denken, aber auch an Sonderregelungen zum Schutz des überlebenden Ehegatten. Die – bislang sehr verbreitete – kollisionsrechtliche Nachlassspaltung fällt hingegen nicht hierunter.

3 Allerdings ist zu beachten, dass **Staatsverträge mit Drittstaaten** nach Art. 75 EuErbVO vorrangig anwendbar sind. Aus deutscher Sicht sind daher insbesondere das deutsch-türkische Konsularabkommen wie auch der deutsch-sowjetische Konsularvertrag beachtlich. Wenn und soweit der Anwendungsbereich dieser Abkommen eröffnet, was u. a. bereits bei **Auslandsvermögen** in diesen Staaten der Fall sein kann, wird das Anknüpfungsregime der EuErbVO durch die staatsvertraglichen Regelungen verdrängt (siehe Rdn. 41 ff.).

1. Räumlicher Geltungsbereich der EuErbVO

4 Die EuErbVO gilt in allen EU-Staaten **ausgenommen Dänemark, Irland und Großbritannien**, welche einen Vorbehalt erklärt haben (vgl. ErwGrd 82, 83). Jene Staaten werden daher bei der Anwendung der EuErbVO wie **Drittstaaten** behandelt[1], so dass bei einem Erblasser mit dortigem gewöhnlichen Aufenthalt Rückverweisungen zu prüfen sind (Art. 34 EuErbVO). Die EuErbVO gilt somit in folgenden EU-Staaten:

> Belgien, Bulgarien, Deutschland, Estland, Finnland, Frankreich, Griechenland, Italien, Kroatien, Lettland, Litauen, Luxemburg, Malta, Niederlande, Österreich, Polen, Portugal, Rumänien, Schweden, Slowakei, Slowenien, Spanien, Tschechien, Ungarn, Zypern.

2. Objektive Anknüpfung: Gewöhnlicher Aufenthalt des Erblassers

5 Gemäß Art. 21 Abs. 1 EuErbVO wird das Erbstatut an das Recht des Staates angeknüpft, in welchem der Erblasser seinen gewöhnlichen Aufenthalt im Todeszeitpunkt hatte, sofern sich nicht ausnahmsweise aus der Gesamtheit der Umstände eine engere Verbindung des Erblassers zu einem anderen Staat ergibt (Art. 21 Abs. 2 EuErbVO). Diese Ausnahme kann z. B. vorliegen, wenn der Erblasser erst kurz vor seinem Tod umgezogen ist und alle sonstigen Umständen in den früheren Staat weisen (vgl. EwrGrd 25), ferner auch bei Verbringung Geschäftsunfähiger in ausländische Pflegeheime.[2]

6 Der gewöhnliche Aufenthalt ist der Daseinsmittelpunkt einer Person als **Schwerpunkt ihrer familiären, sozialen und beruflichen Beziehungen**, ohne dass eine Mindestdauer des Aufenthaltes verlangt ist. Vorübergehende Auslandsaufenthalte sind unschädlich, solange ein erkennbar manifestierter Rückkehrwille besteht. Ein lediglich vager und in zeitlicher Hinsicht unspezifischer Rückkehrwille (»Als Rentner wollen wir wahrscheinlich zurück nach Griechenland«) hindert hingegen nicht die Annahme eines gewöhnlichen Aufenthaltes.[3] Entscheidend ist der natürliche (nicht: rechtsgeschäft-

---

1 Palandt/*Thorn*, Art. 34 EuErbVO Rn. 2; Würzburger Notarhandbuch/*Hertel*, Teil 7 Kapitel 3 Rn. 36.
2 *Everts*, NotBZ 2014, 441, 443; *Odersky*, notar 2013, 3, 5.
3 Palandt/*Thorn*, Art. 21 EuErbVO Rn. 6; *Odersky*, notar 2013, 3, 5.

liche) und nach außen zutage getretene Wille[4] der Person, einen dauerhaften Daseinsmittelpunkt zu begründen (»Bleibewille«).[5] Dabei kann eine Person jeweils nur einen einzigen gewöhnlichen Aufenthalt haben, da nicht zwei Erbrechte nebeneinander gelten können.[6]

Daher begründen etwa zeitlich begrenzte Auslandsaufenthalte aus beruflichen Gründen, Studien- oder anderen Zwecken keinen gewöhnlichen Aufenthalt (z. B. osteuropäische Pflegekräfte, Tätigkeit als Entwicklungshelfer; vgl. ErwGrd 24). Umgekehrt kann bereits bei einem Auswanderungswilligen der Daseinsmittelpunkt ins Ausland verlagert sein mit Anmietung einer Wohnung, auch wenn noch gar keine sozialen Kontakte vor Ort geknüpft wurden. Schwierig ist u. U. die Bestimmung des Daseinsmittelpunktes bei Grenzpendlern mit Wohnsitz und Arbeitsplatz in unterschiedlichen Staaten; hier ist in der Regel der Wohnort maßgeblich (ErwGrd 24 S. 3). Bei Personen mit einem »internationalen Wanderleben« (z. B. Mallorca-Rentner oder »Winterbirds«; Profisportler mit wechselnden Vereinen) bilden Staatsangehörigkeit und Vermögensbelegenheit weitere Indizien (vgl. ErwGrd 24 S. 5). 7

▶ **Praxistipp:**

Ist der gewöhnliche Aufenthalt unklar oder zumindest zweifelhaft, ist eine Rechtswahl zu empfehlen. Eine Rechtswahl deutschen Rechts ist nur bei deutschen Staatsangehörigen möglich. Bei **ausländischen Staatsangehörigen**, die dauerhaft in Deutschland bleiben wollen, sind daher als Ersatz für eine – nicht zulässige – Rechtswahl gegebenenfalls Ausführungen zum gewöhnlichen Aufenthalt im Testament sinnvoll.

»Ich habe meinen gewöhnlichen Aufenthalt in Deutschland. Mein Lebensmittelpunkt befindet sich in Aachen, da ich hier mit meiner Familie seit 8 Jahren wohne, eine Immobilie erworben habe und hier der Schwerpunkt meines sozialen Lebens liegt. Die Absicht zur Rückkehr zu meinem Geburts- und Heimatort Maastricht habe ich derzeit nicht.«

3. Eingeschränkte Rechtswahlmöglichkeit

In Art. 22 EuErbVO wird eine beschränkte Rechtswahlmöglichkeit dahingehend eröffnet, dass als **Erbstatut** das Recht der Staatsangehörigkeit des Erblassers – und zwar jene bei Testamentserrichtung oder im Todesfall – gewählt werden kann. Damit kann ein deutscher Erblasser, der im Ausland wohnt, das deutsche Recht wählen z. B. mit dem Ziel, das deutsche Pflichtteilsrecht (»nur« Geldanspruch) gegenüber dem u. U. strengeren Pflichtteilsrecht (Noterbrechte) im Wohnsitzstaat zur Anwendung zu bringen. 8

Umgekehrt kann ein ausländischer Erblasser mit gewöhnlichem Aufenthalt in Deutschland sein Heimatrecht wählen (z. B. kann ein amerikanischer Staatsangehöriger dann das deutsche Pflichtteilsrecht vermeiden).

Darüber hinaus eröffnet Art. 25 Abs. 3 EuErbVO die Möglichkeit, für Zulässigkeit, materielle Wirksamkeit und die Bindungswirkung eines **Erbvertrages** sowie die Voraussetzungen seiner Auflösung das Recht der Staatsangehörigkeit eines der Erblasser wählen. Darin liegt ein erheblicher Vorteil gegenüber der früheren Rechtslage nach EGBGB, wonach ein Erbvertrag nur zulässig war, wenn die Erbstatute beider Erblasser dieses Rechtsinstitut kannten bzw. akzeptierten. Unter der EuErbVO kann ein Erbvertrag auch dann errichtet werden, wenn das Heimatrecht nur eines Erblassers dieses Rechtsinstitut vorsieht (hierzu Rdn. 136). 9

---

4 *Solomon*, in: Dutta/Herrler (Hrsg.), Die Europäische Erbrechtsverordnung (2014), S. 19, 25 (Rz. 15): »Bleibewille im objektivierten Sinne«
5 Der Bleibewille ist erforderlich, auch wenn dies im Text der EuErbVO nicht erwähnt ist, vgl. *Lehmann*, DStR 2012, 2085, 2087 mit EuGH-Rechtsprechungsnachweisen; *Solomon* (vorige Note), S. 19, 25 (Rz. 15).
6 *Odersky*, notar 2013, 3, 4; *Everts*, NotBZ 2014, 441, 442.

# **Kapitel 19** Testamente und Erbverträge bei Auslandsberührung

10 Eine bereits **vor dem 17. August 2015 getroffene Rechtswahl** wird als wirksam anerkannt, wenn sie den Anforderungen der EuErbVO genügt (Art. 83 Abs. 2 Var. 1) oder wenn sie nach dem nationalem IPR des Wohnsitz- oder Staatsangehörigkeitsstaates des Erblassers erfolgte (Art. 83 Abs. 2 Var. 2).[7] Dies bedeutet, dass eine nach Art. 25 Abs. 2 EGBGB getroffene Rechtswahl gültig bleibt, wenn der Erblasser deutscher Staatsangehöriger war oder seinen gewöhnlichen Aufenthalt in Deutschland hatte.

4. Sachnormverweisung/Rückverweisung

11 Die EuErbVO gilt in allen EU-Staaten, ausgenommen Dänemark, Irland und Großbritannien, so dass erstmals ein weitreichender internationaler Entscheidungseinklang innerhalb der EU erreicht wird. Wird auf das Recht eines der **VO-Staaten** verwiesen, handelt es sich um eine Sachnormverweisung.

Wird auf das **Recht eines Drittstaates** (hierunter fallen im Rahmen der VO auch Dänemark, Irland, Großbritannien[8]) **aufgrund Rechtswahl** verwiesen, so ist dies ebenfalls eine Sachnormverweisung (Art. 34 Abs. 2 EuErbVO); gleiches gilt für die Anknüpfung von Formfragen (Art. 27 Testamentsform, Art 28 lit. b Ausschlagungsform), die Anknüpfung aufgrund der Ausweichklausel des Art. 21 Abs. 2, oder die Sonderanknüpfung nach Art 30 EuErbVO.

12 Wird auf das Recht eines Drittstaates aufgrund **objektiver Anknüpfung** verwiesen, so ist dies gemäß Art. 34 Abs. 1 EuErbVO eine Gesamtverweisung mit folgender Einschränkung: Die Rückverweisung auf das Recht eines VO-Staates wird beachtet, ebenso die Weiterverweisung auf das Recht eines Drittstaates, sofern dieses die Verweisung annimmt. Es sind folgende Konstellationen denkbar:
   - Das IPR des Aufenthaltsstaates knüpft ebenfalls an den gewöhnlichen Aufenthalt an, nimmt also die Verweisung an (z. B. Dänemark, Brasilien und andere lateinamerikanische Staaten).
   - Das IPR des Aufenthaltsstaates knüpft an die Staatsangehörigkeit an (z. B. Japan, Korea, Philippinen, islamische Staaten und osteuropäische Staaten); hatte der Erblasser die Staatsangehörigkeit eines EuErbVO-Staates, so wird er nach dem betreffenden Heimatrecht beerbt (ein deutscher Erblasser somit nach deutschem Recht). Hatte der Erblasser die Staatsangehörigkeit eines Nicht-EuErbVO-Staates, wird die Weiterverweisung auf das Heimatrecht nur beachtet, wenn dieses ebenfalls an die Staatsangehörigkeit anknüpft; ansonsten verbleibt es beim Erbrecht des Aufenthaltsstaates.
   - Das IPR des Aufenthaltsstaates knüpft für das bewegliche Vermögen an den gewöhnlichen Aufenthalt/domicile an – nimmt die Verweisung insoweit also an –, für Immobilien hingegen an das Belegenheitsrecht (z. B. Common Law-Länder wie UK, USA, Irland, ferner China, Argentinien, Thailand). Liegt die Immobilie in einem EuErbVO-Staat, wird die teilweise Rückverweisung beachtet, so dass es zu einer Nachlassspaltung kommt. Liegt die Immobilie in einem Drittstaat, so wird diese Weiterverweisung nur anerkannt, wenn der betreffende Staat ebenfalls sein Erbrecht anwenden würde (z. B. wenn er an die Staatsangehörigkeit anknüpft, die der Erblasser auch besaß).

13 ▶ **Praxistipp:**

Bei Testamenten mit Errichtungsdatum vor dem 17.8.2015 dürfte in vielen Fällen eine fiktive Rechtswahl zugunsten des Staatsangehörigkeitsrechtes gelten (Art. 83 Abs. 4 EuErbVO; näher Rdn. 26 ff.), welche dieselben Rechtsfolgen wie eine Rechtswahl nach Art. 22 EuErbVO hat, so dass eine Sachnormverweisung vorliegt.

---

7 Hierzu *Heinig*, RNotZ 2014, 197 ff.
8 Palandt/*Thorn*, Art. 34 EuErbVO Rn. 2.

5. Auslandsvermögen/Nachlassspaltung

Da die EuErbVO dem Grundsatz der Nachlasseinheit folgt, spielt Auslandsvermögen bei der Gestaltung nunmehr eine wesentlich geringere Rolle als bisher. Allerdings kann es gleichwohl zu Spaltung des Erbstatuts kommen, wenn (a) aufgrund eines **vorrangigen Staatsvertrages** (insbesondere: Deutsch-Türkisches Konsularabkommen, Deutsch-sowjetischer Konsularvertrag) eine Anknüpfung an die Immobilienbelegenheit erfolgt, (b) eine (teilweise) **Rückverweisung auf die Nachlassbelegenheit** erfolgt oder (c) **besondere Regelungen** gemäß Art. 30 EuErbVO Anwendung finden. 14

a) Deutsch-Türkischer Konsularvertrag/Deutsch-Sowjetischer Konsularvertrag

Nach dem deutsch-türkischen Konsularvertrag (Rdn. 42 ff.) kommt es zu einer Nachlassspaltung bei einem deutschen Erblasser mit Immobilienvermögen in der Türkei. Umgekehrt kommt es zu einer Nachlassspaltung bei einem **türkischen Erblasser mit Immobilienvermögen in Deutschland**. Der Wohnsitz bzw. gewöhnliche Aufenthalt des Erblassers ist irrelevant. Bei doppelter Staatsangehörigkeit ist richtigerweise auf die sog. effektive Staatsangehörigkeit abzustellen, wobei nach h. M. bei doppelter deutsch-türkischer Staatsangehörigkeit das Abkommen nicht anwendbar sein soll (hierzu Rdn. 47). 15

Anders als der deutsch-türkische Konsularvertrag regelt der deutsch-sowjetische Konsularvertrag (Rdn. 48 ff.) nur die kollisionsrechtliche Anknüpfung des **Immobiliarvermögens**, so dass es für den beweglichen Nachlass bei der EuErbVO bleibt. Somit kommt es zur Nachlassspaltung bei einem **deutschen Erblasser** mit Immobilienvermögen in einem der UdSSR-Nachfolgestaaten (Kirgisistan, Russische Föderation, Kasachstan, Georgien, Armenien, Ukraine, Usbekistan, Belarus (Weißrussland), Tadschikistan, Aserbaidschan, Moldawien), wenn nach der EuErbVO für den beweglichen Nachlass ein anderes Recht gilt (mangels Rechtswahl also, wenn der letzte gewöhnliche Aufenthalt außerhalb des betreffenden Staates lag). 16

Umgekehrt gilt bei einem Erblasser mit **Staatsangehörigkeit eines der o. g. UdSSR-Nachfolgestaaten** und Grundbesitz in Deutschland: Zu einer Nachlassspaltung kommt es nur, wenn nach der EuErbVO nicht deutsches Recht das Erbstatut für das bewegliche Vermögen ist (Beispiel: ein kirgisischer Erblasser mit letztem gewöhnlichen Aufenthalt in Frankreich hinterlässt ein Grundstück in Deutschland). In der Praxis häufiger ist der Fall, dass dieser Erblasser seinen gewöhnlichen Aufenthalt nebst Grundbesitz in Deutschland hat. Hier kommt es nicht zu einer Nachlassspaltung, denn nach der EuErbVO gilt (mangels Rechtswahl[9]) deutsches Erbrecht für das bewegliche Vermögen und deutsches Erbrecht für die hier belegene Immobilie aufgrund des Konsularabkommens. 17

b) Erblasser mit Auslandsvermögen und gewöhnlichem Aufenthalt in Drittstaat

Außerhalb der oben aufgeführten Staatsverträge ist aus Sicht deutscher Gerichte eine Nachlassspaltung durch Auslandsvermögen nur denkbar, wenn aufgrund **objektiver Anknüpfung** des Erbstatuts an den gewöhnlichen Aufenthalt des Erblassers auf das **Recht eines Drittstaates** verwiesen wird, welches seinerseits eine **Rück-/Weiterverweisung** ausspricht (insbesondere: an die Immobilienbelegenheit anknüpft). Hat der Erblasser eine Rechtswahl getroffen, liegt stets eine Sachnormverweisung vor (Art. 34 Abs. 2 EuErbVO), so dass eine kollisionsrechtliche Nachlassspaltung ausgeschlossen ist; dies gilt auch bei einer fiktiven Rechtswahl nach Art. 83 Abs. 4 EuErbVO für vor dem 17.8.2015 errichtete Verfügungen. 18

Beispiel: Erblasser mit gewöhnlichem Aufenthalt in Großbritannien (England) und Grundstück in Deutschland. Für das bewegliche Vermögen wird die Verweisung angenommen, für das unbewegliche Vermögen auf deutsches Recht zurück verwiesen.

---

9 Hinweis: Liegt eine letztwillige Verfügung mit Errichtungsdatum vor dem 17.08.2015 vor, kann u. U. eine fiktive Rechtswahl nach Art. 83 Abs. 4 EuErbVO zugunsten des Heimatrechts vorliegen; hierzu Rdn. 11, 26 ff.

c) Zwingende sozialpolitisch motivierte Regelungen (Art. 30 EuErbVO)

19 Eine punktuelle Sonderanknüpfung von Regelungen, die aufgrund wirtschaftlicher, familiärer oder sozialer Erwägungen auf bestimmte unbewegliche Sachen, Unternehmen oder andere besondere Arten von Vermögenswerten zwingend anzuwenden sind, ordnet Art. 30 EuErbVO an. Diese Vorschrift erfasst etwa Sonderregelungen für landwirtschaftliche Betriebe (Höferecht)[10], Sondererbrecht an Wohnungseigentum für den anderen Miteigentümer nach § 14 österreichisches WEG, Wohnnutzungsrecht des überlebenden Ehegatten nach finnischem Recht.

20 Nicht erfasst sind Bestimmungen, die eine kollisionsrechtliche Nachlassspaltung vorsehen, das Pflichtteilsrecht, Sondererbfolge in Gesellschaftsanteile. Auch landesrechtliche Heimgesetze fallen nicht hierunter, da sie sich nicht auf Vermögensgegenstände beziehen, sondern an Sitz des Heimes anknüpfen.

d) Faktische Nachlassspaltung bei Vermögen in einem Drittstaat

21 Hat ein Erblasser **Vermögen in einem Drittstaat**, ist für den Notar freilich nicht allein die Sichtweise der deutschen Gerichte entscheidend. Wenden die Gerichte des betreffenden Drittstaates aufgrund ihres eigenen IPR ein anderes Erbrecht an, so ist dies bei der Testamentsgestaltung zu beachten, denn häufig wird in jenem Staat ein eigenständiges Nachlassverfahren erforderlich sein, weil der deutsche bzw. europäische Erbschein nicht anerkannt wird. Kommt es zu einer internationalen Entscheidungsdivergenz, so spricht man auch von **faktischer Nachlassspaltung**.

22 Die Fälle faktischer Nachlassspaltung sind mit dem Wechsel vom Staatsangehörigkeitsprinzip zur Aufenthaltsanknüpfung durch die EuErbVO deutlich reduziert worden; sie sind aber nach wie vor denkbar und zwar:
 - Erblasser mit gewöhnlichem Aufenthalt in einem VO-Staat und Immobilien in einem **Common Law-Staat**[11]: Aus europäischer Sicht gilt als einheitliches Erbstatut das Recht des VO-Staates, aus Sicht des Common Law-Staates kommt es zur Nachlassspaltung durch Anwendung eigenen Rechts auf die Immobilie und Verweisung auf das Aufenthaltsrecht (domicile) für das bewegliche Vermögen.
 - Ausländischer Erblasser mit gewöhnlichem Aufenthalt in einem VO-Staat und Vermögen in einem Drittstaat, welcher das **Erbstatut an die Staatsangehörigkeit** anknüpft:[12] Aus europäischer Sicht gilt das Erbrecht des VO-Staates, aus Sicht des Belegenheitsstaates das Staatsangehörigkeitsrecht (sofern im konkreten Fall keine Rück-/Weiterverweisung).
 - Erblasser mit gewöhnlichen Aufenthalt in einem VO-Staat und Vermögen in einem Drittstaat, welcher entweder (a) an die **jeweilige Vermögensbelegenheit**[13] (bewegliches und unbewegliches Vermögen) anknüpft oder (b) für **Immobilien an deren Belegenheit** und für bewegliches Vermögen an Wohnsitz/Staatsangehörigkeit anknüpft.[14]

---

10 Sonderregelungen für landwirtschaftliche Betriebe sind zumindest im europäischen Ausland verbreitet anzutreffen. Sie sind allerdings meist nicht als Sondererbfolge wie im deutschen Recht ausgestaltet, sondern als Übernahmerechte im Rahmen der Erbteilung, somit eher vergleichbar den §§ 13 ff. GrundstücksverkehrsG. Solche Regelungen kennen etwa: Frankreich, Belgien, Italien (Provinz Bozen), Norwegen, Österreich, Schweiz, Slowenien, Polen, Israel.
11 Großbritannien, USA, Kanada (außer Québec), Australien, Bahamas, Bangladesh, Bermudas, Birma, Botswana, Hong Kong, Gambia, Ghana, Indien, Irland, Jamaika, Malawi, Malaysia, Malta, Nigeria, Sambia, Singapur, Sri Lanka, Südafrika, Tansania, Zypern.
12 Z. B. Afghanistan, Ägypten, Albanien, Algerien, Andorra, Angola, Äquatorialguinea, Bahrain, Bulgarien, Burkina Faso, Georgien, Indonesien, Irak, Iran, Japan, Jordanien, Kongo, Südkorea, Kuba, Kuwait, Laos, Libanon, Libyen, Liechtenstein, Marokko, Mauretanien, Moldawien, Mosambik, Philippinen, Serbien, Sudan, Taiwan, Togo, Tschad, Tschechien, Tunesien, Vereinigte Arabische Emirate.
13 Z. B. Argentinien, Brasilien (teilweise), Guatemala, Lettland, Panama, Uruguay.
14 Siehe zunächst die Common Law Staaten in Fn. 11. Ferner: Albanien, Bolivien, China, Dominikanische Republik, Gabun, Guinea, Haiti, Indonesien, Litauen, Madagaskar, Mali, Mauritius, Mexico (teilweise), Monaco, Mongolei, Niger, Obervolta, Paraguay, Rumänien, Thailand.

6. Vor dem 17.8.2015 errichtete Verfügungen und die EuErbVO

Die EuErbVO gilt für alle Erbfälle ab dem 17. August 2015 (Art. 83 Abs. 1 EuErbVO). Hat ein Erblasser keine letztwillige Verfügung hinterlassen, gilt somit die gesetzliche Erbfolge nach dem Recht des Staates seines letzten gewöhnlichen Aufenthaltes. Existiert hingegen eine letztwillige Verfügung, so sind die Übergangsvorschriften des Art. 83 Abs. 2–4 EuErbVO einschlägig, die einen weitreichenden Vertrauensschutz gewähren. 23

a) Fortgeltung einer getroffenen Rechtswahl (Art. 83 Abs. 2 EuErbVO)

Enthält die letztwillige Verfügung eine Rechtswahl, so gilt diese unter bestimmten Voraussetzungen fort: 24
– sie erfolgte zugunsten des Heimatrechts des Erblassers, oder
– sie erfolgte nach den IPR-Vorschriften des gewöhnlichen Aufenthaltsstaates im Zeitpunkt der Testamentserrichtung, oder
– sie erfolgte nach den IPR-Vorschriften des Heimatstaates im Zeitpunkt der Testamentserrichtung.

Aus deutscher Sicht bleibt damit insbesondere eine nach **Art. 25 Abs. 2 EGBGB** getroffene Rechtswahl deutschen Erbrechts für in Deutschland gelegenen Grundbesitz wirksam, wenn der Erblasser entweder bei Testamentserrichtung seinen **gewöhnlichen Aufenthalt in Deutschland** hatte oder die **deutsche Staatsangehörigkeit** besaß. Damit dürfte diese Rechtswahl in vielen Fällen fortgelten. Unwirksam wird sie jedoch, wenn ein ausländischer Erblasser ohne gewöhnlichen Aufenthalt in Deutschland diese Rechtswahl getroffen hat.[15]

> **Beispiel:**
>
> Ein Niederländer mit Wohnsitz in Maastricht errichtet 1995 in Deutschland vor einem Euskirchener Notar ein Testament, in welchem er ein Vermächtnis betreffend seinen Ferienwohnung in der Eifel anordnet und hierbei nach Art. 25 Abs. 2 EGBGB das deutsche Recht wählt; diese Rechtswahl wird unwirksam.

Nach Art. 83 Abs. 2 EuErbVO bleiben auch Rechtswahlen nach **ausländischem IPR** wirksam (z. B. nach belgischem, niederländischem oder italienischem IPR[16]). Dabei ist umstritten, ob nur Rechtswahlen nach dem IPR eines EuErbVO-Staates hierunter fallen oder solche nach dem IPR eines Drittstaates.[17] 25

b) Fiktive Rechtswahl des Heimatrechtes (Art. 83 Abs. 4 EuErbVO)

Enthält das Testament keine ausdrückliche oder konkludente Rechtswahl, so ordnet Art. 83 Abs. 4 EuErbVO eine **fiktive Rechtswahl des Heimatrechtes** an, wenn die Verfügung »nach diesem Recht errichtet wurde«. Mit dieser Vorschrift wird in der Verkleidung einer Rechtswahl das Staatsangehörigkeitsprinzip für »Alttestamente« perpetuiert. Dies mag aus deutscher Sicht sachgerecht erscheinen, dürfte aber für die EuErbVO-Staaten, die bislang dem Wohnsitz-/Domicile-Prinzip folgten, eine überraschende Regelung sein, denn bei ihnen würde das Staatsangehörigkeitsprinzip gewissermaßen durch die Hintertür für Alttestamente eingeführt. Dies kann angesichts der hart geführten Diskussionen um den Wechsel vom Staatsangehörigkeitsprinzip zur gewöhnlichen Aufenthaltsanknüpfung nicht gewollt sein. 26

---

15 Allg. Meinung, vgl. nur Würzburger Notarhandbuch/*Hertel*, Teil 7 Kapitel 3 Rn. 39.
16 Siehe zu Rechtswahlen nach ausländischem IPR ausführlich *Heinig*, RNotZ 2014, 281 ff.
17 Hierzu *Heinig*, RNotZ 2014, 197, 214 f.; *ders.*, RNotZ 2014, 281, 283 f.

27 aa) Derzeit ist unklar, wie das Tatbestandsmerkmal »**nach dem Recht errichtet**« auszulegen ist:

– Eine Ansicht geht davon aus, dass die letztwillige Verfügung lediglich wirksam errichtet sein muss[18]; weitergehende Anforderungen an den kollisionsrechtlichen Erwartungshorizont des Erblassers (»Rechtsanwendungsbewusstsein«) sind nicht zu stellen.[19] Ein geschwätziger Erblasser solle nicht besser gestellt werden als ein schweigsamer.[20] Zudem wird auf den Gesetzeswortlaut in anderen Sprachen verwiesen, der dieses Verständnis nahelegt.[21]

▶ **Beispiel:**

Nach dieser Auffassung hätte mit Testamentserrichtung vor dem 17.8.2015 ein Niederländer, der seit Geburt in Deutschland lebt und nur hier Vermögen hat, niederländisches Erbrecht gewählt. In gleicher Weise hätte ein Brite, der hier sein domicile und Immobilienvermögen hat, englisches Recht gewählt. Nach altem IPR galt in diesen Fällen durch Rückverweisung deutsches Erbrecht, so dass ein überraschender Statutenwechsel einträte.

– Nach anderer Ansicht ist eine – wie auch immer geartete – Bezugnahme auf die Heimatrechtsordnung erforderlich.[22] Diese Regelung würde damit Konstellationen abdecken, bei denen aufgrund fehlenden Erklärungsbewusstseins keine Rechtswahl vorliegt, wohl aber hinreichende Anhaltspunkte dafür, dass der Erblasser von der Geltung eines bestimmten Rechts ausgegangen ist, somit ein »Rechtsanwendungsbewusstsein« hatte.

28 Die letztgenannte Auffassung ist m. E. zutreffend: Die Regelung des Art. 83 Abs. 4 EuErbVO soll das konkrete Vertrauen in die Fortgeltung des Heimatrechtes als Erbstatut schützen.[23] Ein solches Vertrauen kann jedoch in den bisherigen VO-Staaten mit Aufenthalts- bzw. Domicile-Anknüpfung gar nicht bestehen und daher auch nicht schützenswert sein. Für die Angehörigen dieser Staaten wäre eine rückwirkende Einführung des Staatsangehörigkeitsprinzips für jegliche »Alttestamente« eine erhebliche Überraschung; dies kann der europäische Gesetzgeber – angesichts der hart geführten Auseinandersetzung um den Übergang vom Staatsangehörigkeitsprinzip zur Anknüpfung an den gewöhnlichen Aufenthalt – nicht gewollt haben. Geschützt werden soll vielmehr nur der Erblasser, der bei Testamentserrichtung von der Geltung einer bestimmten Rechtsordnung ausging, diese aber – mangels Kenntnis der sich in Zukunft einmal ergebenden Rechtswahlmöglichkeit – nicht ausdrücklich gewählt hat, indem ihm nachträglich eine Rechtswahl unterstellt wird.

Die hier vertretene Auffassung wird auch durch die Ausführungen des zuständigen Berichterstatters im Europäischen Parlament, *Kurt Lechner*, zum Gesetzgebungsverfahren gestützt: Danach soll Art. 83 Abs. 4 EuErbVO als bewusst gewählte »Auffangbestimmung« zu Art. 22 Abs. 2 EuErbVO vor dem Hintergrund der Diskussion um einen »Rechtswahlwillen« oder »Rechtsgestaltungswillen«

---

18 *Nordmeier*, GPR 2013, 148, 155; *Döbereiner*, DNotZ 2014, 323, 339; Palandt/*Thorn*, Art. 83 EuErbVO Rn. 7; Würzburger Notarhandbuch/*Hertel*, Teil 7 Kapitel 3 Rn. 40; *Solomon*, in: Dutta/Herrler (Hrsg.), Die Europäische Erbrechtsverordnung (2014), S. 19, 44 (Rn. 67); wohl auch *Lehmann*, DStR 2012, 2085, 2088; *Schaal*, BWNotZ 2013, 29. Dahingehend auch *Wautelet*, in: Bonomi/Wautelet, Le droit européen des successions, Commentaire du Règlement n. 650/2012 du 4 juillet 2012 (1. Aufl. 2013), Art. 83 Rn. 32: Art. 83 Abs. 4 verlange keine voluntatives Element.
19 So ausdrücklich *Wautelet*, in: Bonomi/Wautelet, Le droit européen des successions, Commentaire du Règlement n. 650/2012 du 4 juillet 2012 (1. Aufl. 2013), Art. 83 Rn. 32; *Lehmann*, DStR 2012, 2085, 2088.
20 Würzburger Notarhandbuch/*Hertel*, Teil 7 Kapitel 3 Rz. 40.
21 Englisch: »in accordance with«; Französisch: »conformément à«; Italienisch: »in conformità alla«; Niederländisch: »in overeenstemming met«; Spanisch: »con arreglo a«.
22 Ausführlich *Fetsch*, in FS W.-H. Roth (2015), S. 107, 111 ff. In diesem Sinne *Grau*, in: Zimmermann (Hrsg.), Praxiskommentar Erbrechtliche Nebengesetze (2013), Anh. Zu Art. 25, 26 EGBGB: ErbVO, Rn. 94; offenbar auch *de Vareilles-Sommières*, Recueil Dalloz 2012, 2321, 2322: »... une disposition à cause de mort en contemplation de sa loi nationale, ...« und *Leitzen*, ZEV 2013, 128, 131.
23 Vgl. *Lechner*, in: Dutta/Herrler (Hrsg.), Die Europäische Erbrechtsverordnung (2014), S. 5, 15 (Rz. 42).

zu verstehen sein.[24] Man wollte – bei fehlenden Anhaltspunkte für eine Rechtswahl – ein trotzdem vorhandenes Rechtsanwendungsbewusstsein schützen.

bb) M. E. sollte man folgende **Anwendungskriterien** zugrunde legen, ob ein Testament »nach dem Recht errichtet« worden ist: 29

- Bei – den in der Praxis üblichen – Ausführungen zur deutschen Staatsangehörigkeit in einem **notariellen Testament** wurde die Urkunde offenkundig auf Grundlage des deutschen Rechts errichtet. Gleiches gilt, wenn die Notarurkunde eines ausländische Staatsangehörigkeit Hinweise auf die Rückverweisung auf deutsches Recht enthält (der Notar hätte anderenfalls über die mögliche Anwendbarkeit ausländischen Rechts belehren müssen, § 17 Abs. 3 BeurkG).
- In einem privatschriftlichen Testament sind eindeutige Begriffe aus dem Heimatrecht des Erblassers enthalten (z. B. spezifisch deutsche Rechtsbegriffe wie »Berliner Testament«, »Vorausvermächtnis«, »Vor- und Nacherbschaft«; allein die Verwendung deutscher Rechtsbegriffe wie »Erbe« oder »Vermächtnis« dürften hingegen zu allgemein sein.)
- Bei Testamentserrichtung verweisen **sämtliche kollisionsrechtlich relevanten Anknüpfungspunkte** auf das Heimatrecht (d. h. Errichtungsort, Wohnsitz und Vermögensbelegenheit waren ausschließlich im Heimatstaat).[25]
- Enthält ein Testament eine **fehlgeschlagene Rechtswahl** ist die Rechtswahlfiktion des Art. 83 Abs. 4 EuErbVO ausgeschlossen, denn der Erblasser hat eine Errichtung »nach dem gewählten Recht« intendiert und handelte somit unter falschem Recht (Beispiel: der Notar hat vorausschauend bei einem Ausländer eine Rechtswahl deutschen Rechts vorgesehen, »sollte diese Rechtswahl jetzt oder in Zukunft möglich sein«; diese Rechtswahl ist unwirksam, vorbehaltlich Art. 83 Abs. 2 EuErbVO).
- Bei **doppelter Staatsangehörigkeit** ist dasjenige Heimatrecht maßgebend, nach welchem das Testament gemäß obigen Kriterien errichtet wurde.

▶ Praxistipp: 30

Unklar ist, ob nach dem 17.8.2015 vorgenommene Ergänzungen oder Änderungen einer vor diesem Stichtag errichteten Verfügung die Rechtswahlfiktion des Art. 83 Abs. 4 EuErbVO stets zerstören.[26] Dagegen spricht, dass die fingierte Rechtswahl grundsätzlich sämtliche Rechtswirkungen einer nach Art. 22 getroffenen EuErbVO Rechtswahl entfaltet, somit nur durch Widerruf beseitigt werden kann. M. E. ist daher zu prüfen, ob die Änderung einen konkludenten Widerruf der Rechtswahl enthält oder nicht. Bei einer vollständigen Neufassung des Testamentes spricht vieles dafür, anders hingegen bei nur punktuellen Änderungen.

c) **Alternative Anknüpfung des Errichtungsstatuts (Art. 83 Abs. 3 EuErbVO)**

Enthält ein »Alttestament« weder eine fortgeltende Rechtswahl (Art. 83 Abs. 2 EuErbVO) noch eine fiktive Rechtswahl des Heimatrechtes (Art. 83 Abs. 4 EuErbVO), hält Art. 83 Abs. 3 EuErbVO für die **Zulässigkeit, materielle und formelle Wirksamkeit** der letztwilligen Verfügung insgesamt vier alternative Anknüpfungen bereit: (1) Gewöhnlicher Aufenthalt bei Erbfall, (2) IPR des Aufenthaltsstaates bei Errichtung, (3) IPR das Staatsangehörigkeitsstaates bei Errichtung, (4) Lex fori. 31

Zu beachten ist, dass hier nur punktuell Vorschriften für die Themen Zulässigkeit und Wirksamkeit zur Anwendung berufen werden; das Erbstatut selbst wird nach den o. g. Grundsätzen ermittelt, d. h. tatsächliche Rechtswahl, hilfsweise fiktive Rechtswahl, wiederum hilfsweise nach objektiver Anknüpfung an den letzten gewöhnlichen Aufenthalt.

---

24 *Lechner*, in: Dutta/Herrler (Hrsg.), Die Europäische Erbrechtsverordnung (2014), S. 5, 15 (Rz. 41).
25 *Fetsch*, in: FS W.-H. Roth (2015), S. 107, 114 ff.
26 In diesem Sinne Palandt/*Thorn*, Art. 83 EuErbVO Rn. 7.

Kapitel 19 Testamente und Erbverträge bei Auslandsberührung

7. Nachlassverfahren nach EuErbVO und FamFG

a) Internationale Zuständigkeit der Nachlassgerichte

32 Die Regelungen zur internationalen Zuständigkeit der deutschen Gericht finden sich – abhängig vom jeweiligen Verfahrensgegenstand – sowohl in § 105 FamFG als auch in den Art. 4–12 EuErbVO:

33 aa) Soweit das Verfahren die Erteilung von **Erbscheinen, Testamentsvollstreckerzeugnissen** oder sonstigen vom Nachlassgericht zu erteilenden Zeugnissen betrifft, ist § 105 FamFG einschlägig, welcher die internationale Zuständigkeit an die örtliche Zuständigkeit nach § 343 FamFG (vgl. Rdn. 36) knüpft, in erster Linie somit an den letzten gewöhnlichen Aufenthalt des Erblassers.

34 bb) Für die Erteilung eines **Europäischen Nachlasszeugnisses** (»ENZ«) oder die Entgegennahme von Ausschlagungserklärungen sind hingegen die Art. 4–12 EuErbVO maßgeblich. Dabei gilt im Grundsatz ein Gleichlauf zwischen anwendbarem Recht und Zuständigkeit, da nach Art. 4 EuErbVO die **Gerichte im Staat des letzten gewöhnlichen Aufenthalts des Erblassers** für den gesamten Nachlass (auch soweit im Ausland gelegen!) zuständig sind. Dabei kann bei gewähltem Erbstatut das eigentlich zuständige Gericht sich für unzuständig erklären und an Gerichte des gewählten Erbstatuts verweisen (Art. 6 EuErbVO).

35 Lag der letzte gewöhnliche Aufenthalt des Erblassers in einem **Drittstaat**, so sind gemäß Art. 10 EuErbVO die Gerichte des **Heimatstaates** zuständig (vorausgesetzt der Erblasser war Angehöriger eines EuErbVO-Staates), hilfsweise die Gerichte eines **vorhergehenden gewöhnlichen Aufenthaltes** in einem EuErbVO-Staat, sofern der Wegzug nicht länger als 5 Jahre zurückliegt, wiederum hilfsweise die Gerichte am Ort der **Nachlassbelegenheit** (sodann nur beschränkt für den dortigen Nachlass). Ist kein anderer EuErbVO-Staat nach obigen Regelungen zuständig, eröffnet schließlich Art. 11 EuErbVO eine Notzuständigkeit.

b) Örtliche Zuständigkeit

36 Die Regelungen zur örtlichen Zuständigen bleiben nach Art. 2 der EuErbVO unberührt. Die bisherigen Regelungen werden im Rahmen des Gesetzes zur Durchführung der EuErbVO geändert, welches derzeit nur als Entwurf vorliegt und am 17.8.2015 in Kraft treten soll. Danach wird die örtliche Zuständigkeit nun nicht mehr nach dem letzten Wohnsitz, sondern dem **letzten gewöhnlichen Aufenthalt** des Erblassers in Deutschland bestimmt (§ 34 IntErbRVG-E für das ENZ bzw. § 343 FamFG-E für Erbschein).

War der letzte gewöhnliche Aufenthalt des Erblassers im Ausland, ist eine Zuständigkeit am früheren inländischen gewöhnlichen Aufenthalt eröffnet, ersatzweise das AG Berlin-Schöneberg, welches allerdings die Sache aus wichtigem Grund an ein anderes Nachlassgericht verweisen kann.

c) Europäisches Nachlasszeugnis vs. Deutscher Erbschein

37 Sind deutsche Gerichte international zuständig, hat der Erbe die Wahl, ob er einen Erbschein oder ein Europäisches Nachlasszeugnis (»ENZ«)[27] beantragt; letzteres wird mit der EuErbVO eingeführt und tritt neben den bisherigen Erbschein (vgl. Art. 62 Abs. 3 EuErbVO). Darüber hinaus weist ein Nachlasszeugnis auch die Befugnisse eines Testamentsvollstreckers oder Nachlassverwalters aus (Art. 63 Abs. 2 lit. c) EuErbVO) und entspricht dann funktional einem Testamentsvollstreckerzeugnis bzw. der Bestellungsurkunde eines Nachlassverwalters.

---

[27] Zum ENZ siehe Kapitel 14 unter D; ferner *Buschbaum/Simon*, ZEV 2012, 525 ff.; *Süß*, ZEuP 2013, 725–750; *Dorsel*, ZErb 2014, 212 ff.

Das Verfahren ist in Art. 65 EuErbVO geregelt[28], insbesondere die erforderlichen Angaben. Die Vor- und Nachteile wird man wie folgt beschreiben können: 38
- Das ENZ wird ohne weiteres Verfahren in allen EuErbVO-Staaten ohne besonderes Verfahren anerkannt; eine Apostille oder Legalisation ist nicht erforderlich (Art. 69 Abs. 1, 74 EuErbVO).
- Das ENZ trägt die Vermutung der inhaltlichen Richtigkeit nach Art. 69 Abs. 1 EuErbVO. Es gewährt Gutglaubensschutz für Leistungen an Erben/Vermächtnisnehmer (Art. 69 Abs. 2) bzw. für Verfügungen durch Testamentsvollstrecker (Art. 69 Abs. 3), sofern Vertragspartner die Unrichtigkeit des ENZ kannte oder grob fahrlässig nicht kannte.
- »Beglaubigte Abschriften« des ENZ haben grundsätzlich nur eine Gültigkeitsdauer von 6 Monaten, Art. 70 Abs. 3 EuErbVO, was m. E. zu kurz bemessen ist. Unklar ist, ob der Grundbuchvollzug gesichert ist, wenn die Gültigkeitsdauer nach Antragstellung aber vor Vollzug im Grundbuch abläuft.[29]
- Das ENZ genügt als Erbnachweis zur Eintragung des Erben in »Register eines Mitgliedstaates« (Art. 69 Abs. 5 EuErbVO), z. B. also zur Berichtigung des Grundbuches, Handelsregisters oder GmbH-Gesellschafterliste. Ausländische Erbscheine genügen als Erbnachweis im Rahmen von § 35 GBO regelmäßig nicht.[30]

d) Erbnachweis durch notarielle Urkunde

Für den Notar von besonderer Bedeutung ist die Frage, ob seine notarielle Urkunde als Erbnachweis in anderen EuErbVO-Staaten anerkannt wird oder ob ein Erbscheinsverfahren dort zusätzlich nötig ist. 39

Gemäß Art. 59 Abs. 1 EuErbVO hat eine in einem EuErbVO-Staat errichtete öffentliche Urkunde in einem anderen Mitgliedstaat die gleiche formelle Beweiskraft wie im Ursprungsstaat, sofern dies nicht dem ordre public des Aufnahmestaates widerspricht. Hierzu kann die ausstellende Behörde ein entsprechendes Formblatt ausfüllen, das die formelle Beweiskraft im Ursprungsstaat beschreibt (Art. 59 Abs. 1 S. 2 EuErbVO).[31]

Für die Anerkennung **ausländischer notarieller Urkunden** in Deutschland regelt künftig das – derzeit noch im Entwurf vorliegende – Internationale Erbrechtsverfahrensgesetz (IntErbRVG) die Fragen der Anerkennung und Beweiskraft. Sie kommen grundsätzlich nach § 35 Abs. 1 S. 2 GBO als Erbnachweis in Betracht; in der Praxis wird allerdings zumeist ein deutscher Erbschein verlangt.[32] 40

II. Vorrangige Staatsverträge

Gemäß Art. 75 Abs. 1 EuErbVO bleiben Staatsverträge vorrangig anwendbar, denen ein oder mehrere Mitgliedstaaten zum Zeitpunkt der Annahme der VO angehörten; hierunter fallen auch lediglich bilaterale Staatsverträge zwischen nur zwei Staaten.[33] 41

1. Deutsch-Türkischer Konsularvertrag

Der deutsch-türkische Konsularvertrag vom 28.5.1929 enthält im Anhang zu Art. 20 ein Nachlassabkommen[34], dessen §§ 12 ff. die zum internationalen Erbrecht relevanten Regeln darstellen[35]. 42

---

28 Hierzu *Süß*, ZEuP 2013, 725, 737 ff.; *Buschbaum/Simon*, ZEV 2012, 525 ff.; *Dorsel*, ZErb 2014, 212 ff.
29 Für Zwischenverfügung *Wilsch*, ZEV 2012, 530, 532.
30 Zuletzt KG, ZEV 2013, 153; dazu *Hertel*, ZEV 2013, 539, 541; Würzburger Notarhandbuch/*Hertel*, Teil 7 Kap. 3 Rn. 229 ff.
31 Hierzu *Dorsel*, GPR 2015, 35 ff.
32 *Wilsch*, in: Hügel, Grundbuchordnung (1. Aufl. 2007), § 35 Rn. 85 ff.
33 Ausführlich *Mankowski*, ZEV 2013, 529 ff.
34 Wortlaut abgedruckt etwa bei MünchKomm/Birk, 3./4. Aufl., Art. 25 EGBGB Rn. 300.
35 Zum türkischen Erbrecht ausführlich Naumann, RNotZ 2003, 343, 360 ff.; siehe ferner DNotI-Report 2001, 171.

a) Anwendungsbereich

Der Anwendungsbereich des Abkommens ist erstaunlicherweise im Detail noch sehr umstritten; als konsularisches Abkommen ist primärer Anknüpfungspunkt jedoch die türkische bzw. deutsche Staatsangehörigkeit:[36]

43 aa) **Räumlich-persönlicher Anwendungsbereich**: Der Erblasser muss türkischer oder deutscher Staatsangehöriger sein[37], wobei bei einem deutschen Erblasser ein Bezug zur Türkei (z. B. durch dort belegene Nachlassgegenstände) bestehen muss. Umgekehrt muss bei einem türkischen Erblasser ein Bezug zu Deutschland bestehen.[38] Dass das Abkommen auch aus deutscher Sicht auf deutsche Erblasser mit Türkei-Bezug anzuwenden ist, folgt m. E. zwingend aus der gegenseitigen Anerkennung der Gerichtsentscheidungen und Erbnachweise gemäß der §§ 15 und 17: Grundlage dieser Anerkennung ist eine weitreichende internationale Entscheidungsharmonie, die demgemäß einen weiten Anwendungsbereich des Abkommens verlangt. Hat der Erblasser jedoch weder die deutsche noch die türkische Staatsangehörigkeit oder hat ein deutscher Erblasser keinen Türkei-Bezug gilt hingegen die EuErbVO.

44 bb) **Sachlicher Anwendungsbereich**: Für Gerichte gilt das Abkommen hinsichtlich des gesamten Nachlasses, auch soweit er sich in Drittstaaten befindet[39] (z. B. auf Bankguthaben und Grundbesitz eines Türken in der Schweiz). Eine Beschränkung auf die Nachlassgegenstände, die in Deutschland und der Türkei belegen sind, lässt sich auch nicht dem Wortlaut des Art. 20 und des § 18 des Abkommens entnehmen, denn diese Vorschriften regeln nur die konsularischen Befugnisse bei der Nachlassabwicklung, die notwendigerweise auf das jeweilige Hoheitsgebiet beschränkt sind. Die Anwendung des Abkommens durch Nachlassgerichte, die das Ziel internationaler Entscheidungsharmonie haben muss, ist an diese Grenzen nicht gebunden.

45 cc) **Zeitlicher Anwendungsbereich**: Nach zwischenzeitlicher Aufhebung wieder in Kraft seit dem 1.3.1952.

b) Kollisionsrechtliche Anknüpfung

Ist der Anwendungsbereich eröffnet, gilt der folgende § 14:

46 *§ 14. (1) Die erbrechtlichen Verhältnisse bestimmen sich in Ansehung des beweglichen Nachlasses nach den Gesetzen des Landes, dem der Erblasser zur Zeit seines Todes angehörte.*

(2) Die erbrechtlichen Verhältnisse in Ansehung des unbeweglichen Nachlasses bestimmen sich nach den Gesetzen des Landes, in dem dieser Nachlass liegt, und zwar in der gleichen Weise, wie wenn der Erblasser zur Zeit seines Todes Angehöriger dieses Landes gewesen wäre.

47 Äußerst umstritten ist die Anwendung des § 14 Abs. 1 bei **Doppelstaatern**: (a) Nach einer Mindermeinung ist die *effektive Staatsangehörigkeit*, d. h. diejenige mit der engeren Verbindung (z. B. durch den Wohnsitz), maßgeblich und zwar auch und gerade bei deutsch-türkischen Doppelstaatern.[40] (b) Nach h. M. soll das *nationale IPR* dies entscheiden, hier also Art. 5 Ab. 1 EGBGB;[41] allerdings soll

---

36 Zur Nachlassplanung in deutsch-türkischen Sachverhalten vgl. *Kaya*, ZEV 2015, 208 ff.
37 *Haas*, in: Süß, Erbrecht in Europa (2008), § 1 Rn. 20 -21; a. A. MünchKomm/*Birk*, 4. Aufl. 2006, Art. 25 EGBGB Rn. 300: Vor deutschen Gerichten sei das Abkommen nur auf türkische Erblasser, vor türkischen Gerichten nur auf deutsche Erblasser anwendbar; wohl auch Erman/*Hohloch*, 11. Aufl. 2004, Art. 25 EGBGB Rn. 57 Ziff. a) a. E.
38 So auch *Haas*, in: Süß, Erbrecht in Europa (2008), § 1 Rn. 21, der als Bezug allerding allein auf die Vermögensbelegenheit im jeweils anderen Vertragsstaat abstellen will; der Wohnsitz sei irrelevant.
39 So ausdrücklich MünchKomm/*Birk*, 4. Aufl. 2006, Art. 25 EGBGB Rn. 299; a. A. *Dörner*, ZEV 1996, 90, 94, der das Abkommen insgesamt nur auf den in Deutschland und der Türkei belegenen Nachlass anwenden will.
40 MünchKomm/*Birk*, 4. Aufl. 2006, Art. 25 EGBGB Rn. 300.
41 *Dörner*, ZEV 1996, 90, 92 (jedenfalls de lege lata; er hält jedoch die effektive Staatsangehörigkeit für wünschenswert); *Kilic*, in: Süß/Haas, Erbrecht in Europa (2008), Türkei Rn. 9–10 (der gleichfalls de lege fe-

bei deutsch-türkischen Doppelstaatern § 14 Abs. 1 des Abkommens nicht anwendbar sein[42] (wohl aber § 14 Abs. 2[43]) und stattdessen das nationale IPR gelten, somit aufgrund Art. 25 EGBGB n. F. die EuErbVO entsprechend. (c) *Stellungnahme*: Richtigerweise ist (jedenfalls bei deutsch-türkischen Doppelstaatern) auf die effektive Staatsangehörigkeit abzustellen. Der Rückgriff auf das nationale IPR – welcher bei deutsch-türkischen Doppelstaatern bekanntlich zu jeweils gegenläufigen Entscheidungen führt – unterläuft die gegenseitige Anerkennung der Gerichtsentscheidungen und Erbnachweise nach §§ 15 bzw. 17 des Übereinkommens. Je nach Wahl des Gerichtsstandes können die Erben/Pflichtteilsberechtigten[44] das anwendbare Recht beeinflussen (sog. forum-shopping). Das Abkommen bezweckt das Gegenteil, nämlich internationale Entscheidungsharmonie. Diese lässt sich nur mit Hilfe der effektiven Staatsangehörigkeit erreichen.

2. Deutsch-Sowjetischer Konsularvertrag

Der deutsch-sowjetische Konsularvertrag vom 25.4.1958 – in Kraft seit dem 24.5.1959[45] – enthält in Art. 28 Abs. 3 folgende Kollisionsnorm: **48**

»*Hinsichtlich der unbeweglichen Nachlassgegenstände finden die Rechtsvorschriften des Staates Anwendung, in dessen Gebiet die Gegenstände belegen sind.*«

a) Der *persönlich-geographische Anwendungsbereich* des Staatsvertrages ist nur in »deutsch-sowjetischen« Erbfällen eröffnet, so dass der Erblasser die Staatsangehörigkeit Deutschlands oder eines Nachfolgestaaten der UdSSR[46] – mit Ausnahme Estlands, Lettlands, Litauens und Turkmenistans – besitzen muss. Bei einem deutschen Erblasser[47] muss zusätzlich noch ein Bezug zu den UdSSR-Nachfolgestaaten in Form von dort belegenem Grundbesitz bestehen.[48] Das Abkommen ist auch bei Doppelstaatern anwendbar, streitig allerdings im Falle deutsch-»sowjetischer« Staatsangehörigkeit.[49] **49**

Fehlt es an der erforderlichen Staatsangehörigkeit, so genügt die bloße Belegenheit von Grundbesitz in einem der Staaten nicht zur Anwendbarkeit des Staatsvertrages (Bsp.: italienischer Erblasser mit Grundbesitz in Russland), denn als konsularischer Vertrag ist das Übereinkommen grundsätzlich vom Staatsangehörigkeitsprinzip geprägt.

b) Unklar ist die *räumliche Reichweite* des Abkommens: Gilt Art. 28 Abs. 3 auch für Immobilien, die in Drittstaaten belegen sind (Bsp: Russischer Erblasser mit Grundbesitz in Italien)?[50] Dafür spricht **50**

---

renda die effektive Staatsangehörigkeit bevorzugt, Rn. 11); *Kesen*, in: Anwaltkommentar, Bd. 5 (3. Aufl. 2010), Länderbericht Türkei Rn. 125; *Lorenz*, in: Bamberger/Roth, 2003, Art. 25 EGBGB Rn. 6

42 *Haas*, in: Süß, Erbrecht in Europa (2008), § 1 Rn. 20; *Lorenz*, in: Bamberger/Roth, 2003, Art. 25 EGBGB Rn. 6; Erman/*Hohloch*, Art. 25 EGBGB Rn. 57.

43 So ausdrücklich *Kesen*, in: Anwaltkommentar, Bd. 5 (3. Aufl. 2010), Länderbericht Türkei Rn. 127; *Schotten/Schmellenkamp*, IPR in der notariellen Praxis (2007), Rn. 264 m. w. N. in Fn. 62; unklar *Haas*, in: Süß, Erbrecht in Europa (2008), § 1 Rn. 20 a. E. (»jedenfalls«) und auch *Dörner*, ZEV 1996, 90, 92 f, der die Problematik der doppelten Staatsangehörigkeit bei unbeweglichem Nachlass nicht erörtert.

44 Dies kann z. B. Auswirkungen im Pflichtteilsrecht haben: Abgesehen von z. T. differierenden Pflichtteilsquoten ist das türkische Recht als Noterbrecht ausgestaltet; ferner kennt das türkische Recht kennt auch – anders als das deutsche Recht – Pflichtteilsrechte für Geschwister.

45 BGBl 1959 II, S. 232, 496.

46 Dies sind jedenfalls: Kirgisistan, Russische Föderation, Kasachstan, Georgien, Armenien, Ukraine, Usbekistan, Belarus (Weißrussland), Tadschikistan, Aserbaidschan, Moldawien. Für andere Nachfolgestaaten ist die Fortgeltung des Abkommens ungeklärt; *Haas*, in: Süß, Erbrecht in Europa (2007), § 1 Rn. 25.

47 Umgekehrt muss natürlich aus Sicht der Gerichte der UdSSR-Nachfolgestaaten bei einem ihrer Staatsangehörigen ein Bezug zu Deutschland in Form eines hier belegenen Grundstücks bestehen.

48 *Haas*, in: Süß, Erbrecht in Europa (2008), § 1 Rn. 27; vgl. zu der parallelen Frage beim deutsch-türkischen Konsularabkommen oben Rdn. 43

49 *Schotten/Schmellenkamp*, IPR in der notariellen Praxis (2007), Rn. 265.

50 Vgl. zu der parallelen Frage beim deutsch-türkischen Konsularabkommen oben Rdn. 43.

jedenfalls das Ziel eines jeden Staatsvertrages, internationale Entscheidungsharmonie zu erreichen. Nach anderer Auffassung soll das Abkommen sogar nur Grundbesitz im jeweils anderen Vertragsstaat erfassen.[51]

51 c) *Sachlicher Anwendungsbereich:* Hinsichtlich des **beweglichen Nachlasses** enthält das Abkommen keine Kollisionsnorm. Insoweit ist also jeweils auf das nationale IPR, d. h. die EuErbVO, zurückzugreifen. Gleiches gilt für die Form letztwilliger Verfügungen.

3. Deutsch-Persisches Niederlassungsabkommen (Iran)

52 Gemäß Art. 8 Abs. 3 des Niederlassungsabkommens zwischen dem Deutschen Reich und Kaiserreich von Persien vom 17.02.1929 gilt das Erbstatut das Staatsangehörigkeitsprinzip. Ein iranischer Staatsangehöriger wird daher in Deutschland nach iranischem Recht beerbt. Für Doppelstaater gilt das Abkommen nicht.[52]

III. Allgemeine Hinweise zur Gestaltung letztwilliger Verfügungen bei Auslandskontakt

1. Gewöhnlicher Aufenthalt und Auslandsvermögen

53 Erster Schritt bei der Testaments-/Erbvertragsgestaltung mit Auslandsbezug ist – wie stets – die Sachverhaltsermittlung und daran anschließend die Bestimmung des anwendbaren Rechts. Besonderes Augenmerk ist dabei unter Geltung der EuErbVO auf den **gewöhnlichen Aufenthalt** des Erblassers, ferner auf dessen **Staatsangehörigkeit** (mit Blick auf eine mögliche Rechtswahl, Rdn. 61 ff.) wie auch auf **Auslandsvermögen,** vor allem ausländischen Grundbesitz, zu legen.

54 Bei der Gestaltung einer letztwilligen Verfügung ist für den Notar von maßgeblicher Bedeutung, ob der voraussichtliche Nachlass sich ausschließlich in Deutschland befinden wird oder ob auch ausländische Nachlassgegenstände zu erwarten sind. Findet nämlich die Nachlassabwicklung allein in Deutschland statt, muss die letztwillige Verfügung nur aus dem Blickwinkel der deutschen Nachlassgerichte wirksam sein.

55 Ist hingegen damit zu rechnen, dass aufgrund vorhandenem oder zu erwartendem Auslandsvermögen die letztwillige Verfügung auch im Ausland den Erbnachweis erbringen soll, so ist zusätzlich ein Augenmerk darauf zu legen, dass sie von ausländische Behörden und Gerichten als wirksam anerkannt wird. Dies bedeutet, dass Fragen der Form (z. B. zusätzliche Zeugen) besonders zu prüfen sind. Ferner spielt auch eine bedeutende Rolle, welches Recht aus Sicht des ausländischen Nachlassgerichts unter Anwendung von dessen IPR-Regelungen anwendbar ist; weichen insoweit deutsches und ausländisches Nachlassgericht voneinander ab, spricht man von einer sog. faktischen Nachlassspaltung (Rdn. 21 ff.).

a) Erblasser mit gewöhnlichem Aufenthalt in Deutschland hat Auslandsvermögen

56 Hat der Erblasser derzeit seinen gewöhnlichen Aufenthalt derzeit und soweit absehbar auch in der Zukunft (!) in Deutschland, ist nach Art. 21 EuErbVO von der Geltung deutschen Erbrechts auszugehen und zwar aus deutscher Sicht für den gesamten Nachlass weltweit. Die Staatsangehörigkeit ist aus Sicht der EuErbVO irrelevant. Ausnahmen gelten für deutsch-türkische Sachverhalte (siehe Rdn. 42 ff.) bzw. Angehörige der UdSSR-Nachfolgestaaten[53] mit dortigem Immobilienvermögen (Rdn. 48 ff.) aufgrund vorrangiger Staatsverträge; hier kann es durch Auslandsvermögen zu einer Nachlassspaltung kommen.

---

51 *Haas,* in: Süß, Erbrecht in Europa (2008), § 1 Rn. 28; *Schotten/Schmellenkamp,* IPR in der notariellen Praxis (2007), Rn. 265.
52 Siehe näher Würzburger Notarhandbuch/*Hertel,* Teil 7 Kap. 4 Rz. 1323 ff.
53 Siehe Fn. 45.

Auslandsvermögen innerhalb eines EuErbVO-Staates ist grundsätzlich unproblematisch, da auch 57
aus Sicht des Belegenheitsstaates das deutsche Erbrecht gilt, wenn der Erblasser hier seinen gewöhnlichen Aufenthalt hat. Ist der gewöhnliche Aufenthalt möglicherweise schwer feststellbar (Erblasser verbringt mehrere Monate auf Mallorca) oder u. U. Änderungen unterworfen (Diplomat, Entwicklungshelfer, Manager im Auslandseinsatz), empfiehlt sich **zusätzlich eine Rechtswahl**, um Zweifel auszuräumen. Deutsches Erbrecht kann allerdings nur ein deutscher Staatsangehöriger wählen (Art. 22 Abs. 1 EuErbVO).

Liegt das **Auslandsvermögen in einem Drittstaat**, ist zu prüfen, ob möglicherweise eine faktische 58
Nachlassspaltung eintritt, weil die dortigen Gerichte ein anderes Erbrecht anwenden als deutsche. Tritt eine faktische Nachlassspaltung ein (vgl. Rdn. 21), lässt sie sich in der Regel nur schwer vermeiden, d. h. der Notar wird sich mit einer entsprechenden Belehrung begnügen (Rdn. 97). Denkbar wäre allenfalls eine Rechtswahl, wenn der Erblasser die Staatsangehörigkeit des betreffenden Belegenheitsstaates besitzt. Dies wird man als Notar nur wagen, wenn es sich um sehr einfaches Einzeltestament handelt. Angesichts der regelmäßig fehlenden Kenntnis ausländischen Rechts dürfte man als Notar dem Klienten eher empfehlen, die Nachteile einer faktischen Nachlassspaltung in Kauf zu nehmen (zumindest der deutsche Nachlass wäre dann sachgerecht geregelt), als eine weitgehend unbekannte Rechtsordnung für den gesamten Nachlass zu wählen.

b) Erblasser mit gewöhnlichem Aufenthalt im Ausland

Die Ermittlung des Erbstatuts nach einem Erblasser mit gewöhnlichem Aufenthalt im Ausland hängt 59
primär davon ab, ob sich dieser Aufenthalt in einem EuErbVO-Staat oder einem Drittstaat befindet:
aa) Ist der gewöhnliche Aufenthalt in einem **anderen EuErbVO-Staat** (vgl. Rdn. 4), wird auf dessen Recht verwiesen und zwar als Sachnormverweisung.
bb) Ist der gewöhnliche Aufenthalt in einem **Drittstaat**, so wird auf dessen Recht verwiesen, allerdings als Gesamtverweisung (Art. 34 Abs. 1 EuErbVO), so dass die IPR-Vorschriften dieses Staates zu prüfen sind. Vier denkbare Möglichkeiten bestehen:

(1) Das IPR des Drittstaates knüpft ebenfalls an den gewöhnlichen Aufenthalt an, nimmt also die Verweisung an. Es gilt das Erbrecht des Drittstaates.

(2) Das IPR des Drittstaates knüpft an die Staatsangehörigkeit an; ist der Erblasser Angehöriger eines EuErbVO-Staates (also Franzose, Italiener, Spanier, Belgier, etc.), wird die Rückverweisung beachtet und es gilt das Recht jenes Staates, Art. 34 Abs. 1 lit. a) EuErbVO.

(3) Das IPR des Drittstaates knüpft an die Staatsangehörigkeit an und verweist dadurch bei einem Nicht-EU-Staatsangehörigen auf einen weiteren Drittstaat. Diese Weiterverweisung wird nur beachtet, wenn auch der weitere Drittstaat an die Staatsangehörigkeit anknüpft und die Verweisung dadurch annimmt

▶ Beispiel:
US-Bürger ohne Immobilienbesitz hat gewöhnlichen Aufenthalt in Ägypten; Ägypten knüpft an die Staatsangehörigkeit an und verweist auf US-Recht; dieses knüpft an das domicile an und nimmt die Verweisung also nicht an; da Art. 34 Abs. 1 lit b) EuErbVO nicht erfüllt ist, bleibt es bei der Geltung ägyptischen Rechts.

(4) Das IPR des Drittstaates knüpft Grundbesitz an die lex rei sitae und bewegliches Vermögen an den gewöhnlichen Aufenthalt an (z. B. Common Law Staaten). Liegt das Grundstück in einem EuErbVO-Staat, wird diesbezüglich die Rückverweisung beachtet, Art. 34 Abs. 1 lit. a) und es tritt eine Nachlassspaltung ein (vgl. Rdn. 18). Liegt es in einem weiteren Drittstaat, wird die Weiterverweisung nur beachtet, wenn dieser weitere Drittstaat die Verweisung annimmt, Art. 34 Abs. 1 lit b).

60 ▶ **Praxistipp:**

> Eine gute und aktuelle Übersicht über die Anknüpfungen im ausländischen IPR findet sich im Würzburger Notarhandbuch Teil 7 Kapitel 3 Rn. 54, 55 sowie in den Länderübersichten Teil 7 Kapitel 4.[54]
>
> Damit lässt sich allerdings nur das Erbstatut aus Sicht **deutscher Gerichte** prüfen. Zu welchem Ergebnis **ausländische Gerichte** kämen (d. h. ggf. Eintritt einer faktischen Nachlassspaltung, Rdn. 21), hängt auch davon ab, ob das ausländische IPR eine Gesamt- oder Sachnormverweisung ausspricht; hierzu fehlen zumeist Angaben.

2. Rechtswahl – Möglichkeiten und Zweckmäßigkeit

61 Eine **Rechtswahl des Erbstatuts**[55] eröffnet Art. 22 Abs. 1 EuErbVO nur eingeschränkt, nämlich nur zugunsten des **Staatsangehörigkeitsrechts des Erblassers** im Zeitpunkt der Rechtswahl oder im Zeitpunkt des Erbfalles. Eine – aus kautelarjuristischer Sicht wünschenswerte, weil Rechtssicherheit bietende – Rechtswahl des Erbrechts am gewöhnlichen Aufenthaltsort bei Testamentserrichtung hat der europäische Gesetzgeber bewusst mit Blick auf eine mögliche Umgehung von Pflichtteilsansprüchen nicht vorgesehen (ErwGrd. 38).

a) Form und Inhalt

62 Die Rechtswahl ist eine einseitige, nicht empfangsbedürftige Erklärung, die in **Form eines Testamentes** erfolgen muss (Art. 22 Abs. 2 EuErbVO). Sie wird in aller Regel Bestandteil eines Testamentes sein, kann aber auch isoliert erfolgen. Inhaltlich kann sie sich nur auf das **gesamte Erbstatut** bzw. das gesamte Vermögen beziehen (also keine gegenständlich beschränkte Rechtswahl z. B. nur für Immobilien oder nur im Staat X gelegenes Vermögen[56]). Die Rechtswahl kann jedoch **bedingt** oder **befristet** sein. Dies folgt schon daraus, dass der Erblasser sie ändern oder aufheben kann.[57] Sie kann auch nachträglich und isoliert – d. h. ohne weitere letztwillige Verfügungen – erfolgen.

Die Rechtswahl kann auch **konkludent** erfolgen (Art. 22 Abs. 2 EuErbVO), wobei die Anforderungen hieran derzeit unklar sind und eine Einzelfallbetrachtung erforderlich ist. Mit der bewussten Streichung des Wortes »eindeutig« aus dem ursprünglichen Entwurf hat der europäische Gesetzgeber jedoch zum Ausdruck gebracht, dass die Anforderungen hieran nicht zu hoch gesetzt werden dürfen.[58] Allein die Sprache der letztwilligen Verfügung genügt hierfür jedoch nicht. Ebenfalls unzureichend ist die Verwendung allgemeiner rechtlicher Begriffe, die praktisch in allen Rechtsordnungen bekannt sind (z. B. »Erbe« oder »Vermächtnis«); anders zu beurteilen sind hingegen spezielle Begriffe wie z. B. Vor- und Nacherbschaft.[59] Ebenso ist auch die inhaltliche Ausgestaltung der letztwilligen Verfügung im Hinblick auf Erbquoten oder Pflichtteilsrechte ein Indiz für eine konkludente Rechtswahl[60], z. B. die in Deutschland verbreitete »Pflichtteilsstrafklausel«.

Bei mehrfacher Staatsangehörigkeit kann der Erblasser jede der fraglichen Rechtsordnungen wählen (Art. 22 Abs. 1 S. 2 EuErbVO). Zulässig ist auch die Wahl des Heimatrechtes im Zeitpunkt des Erb-

---

[54] Weitere (nicht mehr ganz aktuelle) Länderübersichten finden sich bei *Fetsch*, RNotZ 2006, 90 ff.; *Schotten/Schmellenkamp*, Anhang II ab S. 407 ff.
[55] Ausführlich zur Rechtswahl *Heinig*, RNotZ 2014, 197 ff.; *Nordmeier*, GPR 2013, 148 ff.; *Leitzen*, ZEV 2013, 128 ff.
[56] *Nordmeier*, GPR 2013, 148, 154.
[57] *Leitzen*, ZEV 2013, 128, 129,
[58] *Lechner*, in: Dutta/Herrler (Hrsg.), Die Europäische Erbrechtsverordnung (2014), S. 5, 15 (Rz. 41); a. A. *Solomon*, in: Dutta/Herrler (Hrsg.), Die Europäische Erbrechtsverordnung (2014), S. 19, 42 (Rz. 60).
[59] *Odersky*, notar 2013, 2, 5; *Keim*, in: A. Roth (Hrsg.), Die Wahl ausländischen Rechts im Familien- und Erbrecht (2013), s. 67, 72; wohl auch *Leitzen*, ZEV 2013, 128, 129.
[60] *Nordmeier*, GPR 2013, 148, 152.

falles. Diese Rechtswahl ist etwa dann sinnvoll, wenn der Erblasser die deutsche Staatsangehörigkeit bereits beantragt hat oder in Zukunft erwerben möchte.

Die Wahl ausländischen Rechts wird praktisch selten vorkommen und kann mit Fallstricken verbunden sein. Ist der ausländische Staat ein **Mehrrechtsstaat** (z. B. USA, Kanada, Spanien), ist dessen interlokales Kollisionsrecht zu befragen (Art. 36 Abs. 1 EuErbVO); fehlt ein solches, ist gemäß Art. 36 Abs. 2 lit. b) EuErbVO nur diejenige Teilrechtsordnung wählbar, zu der die engste Verbindung besteht (z. B. letzter gewöhnlicher Aufenthalt). Wählbar ist somit nicht »spanisches Recht« oder »US-amerikanisches Recht« sondern das »Recht von Katalonien« bzw. »das Recht von Texas«.[61] Trägt die Rechtswahlerklärung diesen Anforderungen nicht Rechnung (»Wahl des US-Rechts«), ist diese dahingehend auszulegen, dass das wählbare Partikularrecht gewählt sein soll.[62]

▶ **Muster: Rechtswahl** 63

Ich wähle deutsches Erbrecht.

Ich wähle für die Rechtsnachfolge von Todes wegen das deutsche Recht.

Ich wähle hiermit für die Rechtsnachfolge von Todes wegen[63] sowie hinsichtlich der Zulässigkeit und Wirksamkeit dieses Testamentes[64] das deutsche Recht.

b) Zweckmäßigkeit

Eine Rechtswahl ist entbehrlich, wenn der gewöhnliche Aufenthalt des Erblassers in Deutschland unzweifelhaft ist und auch auf Dauer – soweit vorhersehbar – hier bleiben wird. 64

aa) Gewöhnlicher Aufenthalt unklar oder zweifelhaft

Wohnt ein **deutscher Erblasser** zwar (hauptsächlich) in Deutschland, bestehen aber Auslandskontakte (Arbeitsplatz im benachbarten Ausland; vorübergehender Umzug ins Ausland), die Zweifel am Vorliegen eines gewöhnlichen Aufenthaltes begründen könnten, ist eine **Wahl deutschen Erbrechts** ratsam. Dies gilt vor allem bei Existenz deutschen Grundbesitzes, um eine **spätere Grundbuchberichtigung** aufgrund des Testaments ohne Schwierigkeiten vollziehen zu können. Unterbleibt nämlich die Rechtswahl und gilt (wider Erwarten) ein ausländisches Erbrecht mit materiellen Noterbrechten, wird die Erbfolge durch die Verfügung m. E. nicht nachgewiesen, so dass ggf. ein Erbschein vorzulegen wäre. Zudem wird dem Rechtspfleger durch die Rechtswahl die Prüfung des anwendbaren Rechts erheblich erleichtert.[65] 65

Hat ein **ausländischer Erblasser** seinen gewöhnlichen Aufenthalt in Deutschland, ist eine Rechtswahl deutschen Rechts **nicht** möglich, auch wenn sie eigentlich zweckmäßig wäre (z. B. Niederländer mit Familie, Haus und Wohnsitz in Aachen, arbeitet in Maastricht und pendelt; er hat einen Zweitwohnsitz, Angehörige und Freunde in Maastricht, mit denen er viele Wochenenden verbringt). 66

---

61 *Nordmeier*, GPR 2013, 148, 150.
62 *Nordmeier*, GPR 2013, 148, 151.
63 Rechtswahl des Erbstatuts nach Art. 22 Abs. 1 EuErbVO.
64 Rechtswahl des Errichtungsstatuts nach Art. 24 Abs. 2 EuErbVO. Eine eigenständige Rechtswahl des Errichtungsstatuts ist eigentlich nicht erforderlich, da das objektive Errichtungsstatut nach Art. 24 Abs. 1 EuErbVO dem hypothetischen Erbstatut unterliegt und damit ebenfalls dem gewählten Erbstatut, vgl. *Heinig*, RNotZ 2014, 197, 208.
65 Vgl. nur LG München, Beschl. vom 5.2.2007 – 13 T 13484/06, RNotZ 2008, 31, welches – nach Zwischenverfügung durch das Grundbuchamt – dem Testament eine konkludente Rechtswahl nach Art. 25 Abs. 2 EGBGB entnahm, im Widerspruch dazu aber an anderer Stelle feststellt: »Das Testament wurde von einem deutschen Notar formuliert, der sich juristisch klar auszudrücken versteht.« Da ohnehin das Recht von New York für den Grundbesitz auf deutsches Recht zurück verweist, wäre auch ohne die angebliche Rechtswahl die Grundbuchberichtigung nach deutschem Recht vorzunehmen gewesen.

67 ▶ **Praxistipp:**

Bei **ausländischen Staatsangehörigen**, die dauerhaft in Deutschland bleiben wollen, sind als Ersatz für eine – nicht zulässige – Rechtswahl gegebenenfalls Ausführungen zum gewöhnlichen Aufenthalt im Testament sinnvoll.

»Ich habe meinen gewöhnlichen Aufenthalt in Deutschland. Mein Lebensmittelpunkt befindet sich in Aachen, da ich hier mit meiner Familie seit 8 Jahren wohne, eine Immobilie erworben habe und hier der Schwerpunkt meines sozialen Lebens liegt. Die Absicht zur Rückkehr zu meinem Geburts- und Heimatort Maastricht habe ich derzeit nicht.«

bb) Erblasser mit Auslandsvermögen

68 Besitzt oder erwartet (z. B. durch Erbgang) ein Erblasser Auslandsvermögen, ist vorhersehbar, dass die Nachlassabwicklung auch im betreffenden ausländischen Staat erfolgen wird. Befindet sich das Auslandsvermögen innerhalb eines EuErbVO-Staates (s. Rdn. 4), ist bei einem eindeutigen gewöhnlichen Aufenthalt des Erblassers eine Rechtswahl nicht zwingend nötig (Beispiel: Erblasser mit Ferienwohnung in Spanien, die selten genutzt wird). Dies gilt vor allem dann, wenn der Erblasser das Auslandsvermögen ohnehin nicht vererben will (es besteht Verkaufs-/Übertragungsabsicht für die Ferienwohnung oder das künftig zu erbende Elternhaus in Italien). Will man jeden Zweifel ausräumen und zugleich eine Prüfung des gewöhnlichen Aufenthaltsortes im Erbfall vermeiden, kann ein deutscher Erblasser deutsches Recht wählen.

Liegt das Auslandsvermögen in einem Drittstaat, ist eine Rechtswahl sinnvoll, wenn der fragliche Staat eine solche anerkennt. Insoweit wäre also das IPR des Belegenheitsstaates zu prüfen.[66] Vorsorglich wäre sie in jedem Fall möglich im Hinblick auf künftige Änderungen des IPR dieses Staates.

cc) Aufhebung einer fiktiven Rechtswahl eines ausländischen Erblassers in einem vor 17.8.2015 errichteten Testament

69 Bei einem **ausländischen Erblasser**, der bereits vor dem 17. August 2015 ein Testament errichtet hat, wird leicht die Anordnung einer fiktiven Rechtswahl des Heimatrechtes nach Art. 83 Abs. 4 EuErbVO übersehen. Die Auslegung dieser unglücklich formulierten Vorschrift ist derzeit noch unklar (siehe Rdn. 27 f.); die Praxis muss zunächst davon ausgehen, dass bei einem ausländischen Erblasser das Heimatrecht als gewählt gilt, auch wenn kein Kontakt zum Heimatstaat bei Testamentserrichtung bestand. Bei der Überprüfung eines bestehenden Testamentes eines Ausländers oder Testamentsänderungen sollte man daher klarstellend die fiktive Rechtswahl aufheben, um das Erbrecht des gewöhnlichen Aufenthaltes zur Anwendung zu bringen.

70 ▶ **Muster:**

Ich habe die niederländische Staatsangehörigkeit. Eine Rechtswahl des anzuwendenden Erbrechts möchte ich nicht treffen; vorsorglich widerrufe ich jegliche von mir etwa bisher getroffenen Rechtswahlerklärungen.

dd) Ausländischer Erblasser mit Pflichtteilsproblemen

71 Ein **ausländischer Erblasser** mit gewöhnlichem Aufenthalt in Deutschland kann die Rechtswahlmöglichkeit nutzen, um sich dem deutschen Pflichtteilsrecht zu entziehen, wenn sein Heimatrecht insoweit weniger strenge Regelungen besitzt (Beispiel: Common Law-Staaten haben kein Pflichtteilsrecht; einem Briten wäre daher die Wahl englischen/schottischen/walisischen Rechts zu raten). Ist demgegenüber das Pflichtteilsrecht des Heimatstaates strenger (z. B. höhere Quoten, Notbrechte),

---

[66] Zu Rechtswahlmöglichkeiten nach ausländischem IPR ausführlich *Heinig*, RNotZ 2014, 281 ff.

wäre von Rechtswahl abzuraten und ggf. Ausführungen zum gewöhnlichen Aufenthalt in Deutschland ins Testament aufzunehmen (Rdn. 67).

c) Bindende Rechtswahl bei Erbvertrag und gemeinschaftlichem Testament

Schon zu Art. 25 Abs. 2 EGBGB war umstritten, ob eine Rechtswahl mit Bindungswirkung getroffen werden kann.[67] Diese Frage ist auch im Rahmen der EuErbVO ungeklärt. Da die Bestimmung des Erbstatuts in Art. 22 Abs. 1 EuErbVO eine einseitige Erklärung ist und eine Bindung im Kollisionsrecht nicht erwähnt ist, sollte man vorsorglich davon ausgehen, dass eine Bindung auf der **Ebene des Kollisionsrechts** nicht möglich ist.[68] Dies ist anders bezüglich der Rechtswahl des Errichtungsstatuts nach Art. 25 Abs. 3 EuErbVO: Diese Rechtswahl ist vertraglich und daher schon ihrem Wesen nach für beide Vertragspartner bindend.[69]

Allerdings ist auf der Ebene des deutschen Sachrechts durch eine Neufassung der §§ 2270 Abs. 3, 2278 Abs. 2 BGB im Rahmen des Gesetzes zur Durchführung der EuErbVO künftig eine bindende Rechtswahl möglich.

▶ **Praxistipp:**
Bei der Rechtswahlerklärung zugunsten des deutschen Erbrechts ist somit künftig klarzustellen, ob sie erbvertraglich bindend oder nur einseitig testamentarisch erfolgt. Sind Verfügungen des Längstlebenden noch frei änderbar, sollte die Bindung an die Rechtswahl ebenfalls nach dem Tode des Erstversterbenden enden.

3. Vor dem 17. August 2015 getroffene Rechtswahl

Gemäß Art. 83 Abs. 2 EuErbVO bleibt auch vor dem 17. August 2015 getroffene Rechtswahl gültig, wenn sie zugunsten des Heimatrechtes erfolgte (Art. 22 EuErbVO) oder wirksam nach den IPR-Regelungen des Heimat- oder gewöhnlichen Aufenthaltsstaates des Erblassers erfolgte.[70] Dabei ist streitig, ob nur Rechtswahlen nach dem IPR eine EuErbVO-Staates fortgelten, oder auch solche nach dem IPR von Drittstaaten.[71]

Für die deutsche Rechtspraxis bedeutet dies, dass eine nach **Art. 25 Abs. 2 EGBGB** getroffene Rechtswahl bezüglich des in Deutschland gelegenen unbeweglichen Vermögens wirksam und beachtlich bleibt, wenn der Erblasser bei Testamentserrichtung deutscher Staatsangehöriger war oder hier seinen gewöhnlichen Aufenthalt hatte. Bei einem ausländischen Erblasser ohne gewöhnlichen Aufenthalt in Deutschland wird die Rechtswahl jedoch unwirksam.

▶ **Beispiel:**
Ein Ehepaar, beide ausschließlich Italiener mit gewöhnlichem Aufenthalt in Köln, haben 1992 jeweils Einzeltestamente mit einer Rechtswahl nach Art. 25 Abs. 2 getroffen; diese bleibt wirksam. Deren Vater ist als Gastarbeiter im Rentenalter wieder nach Sizilien zurückgekehrt. Bei einem Besuch in Köln errichtet er 1998 ein Testament, in welchem er seine Immobilie in Köln-Mülheim seinem Sohn vermacht mit Rechtswahl nach Art. 25 Abs. 2 EGBGB; diese Rechtswahl ist ab 17.8.2015 unwirksam; für die Immobilie gilt italienisches Recht.

---

67 *Schotten/Schmellenkamp*, IPR in der notariellen Praxis (2007), Rn. 295 m. w. N. in Fn. 261.
68 *Heinig*, RNotZ 214, 197, 212; a. A. *Döbereiner*, DNotZ 2014, 323, 334; *Leitzen*, ZEV 2013, 128, 130.
69 So auch *Heinig*, RNotZ 2014, 197, 212; *Reich*, ZEV 2014, 144, 146.
70 Hierzu ausführlich *Heinig*, RNotZ 2014, 281 ff.
71 *Heinig*, RNotZ 2014, 197, 214 f. und RNotZ 2014, 281, 284.

Länder mit Rechtswahlmöglichkeit:[72] (a) zugunsten des Wohnsitzrechtes (z. T. vorbehaltlich des Pflichtteilsrechts): Italien (Art. 46 CC), Belgien (Art. 79 IPRG),[73] Finnland (Art. 26:6 Abs. 2 PK), Niederlande (Art. 5 des Haager Erbrechtsübereinkommens vom 1.8.1989), Rumänien (wohl nicht für rumänische Grundstücke). (b) Zugunsten des Heimatrechtes: Schweiz, Armenien, Belarus, Estland, Finnland, Kasachstan, Kirgisistan, Usbekistan.

▶ **Praxistipp:**
Bei einem Änderungstestament nach dem 17.8.2015 könnte eine fiktive Rechtswahl nach Art. 83 Abs. 4 EuErbVO unwirksam werden, sofern darin ein konkludenter Widerruf zu sehen ist (vgl. Rdn. 30).[74] Dies sollte der Notar vorsorglich klarstellen.

4. Pflichtteilsansprüche und Noterbrechte

75 Bei der Gestaltung von letztwilligen Verfügungen spielen häufig Pflichtteilsrechte bzw. Noterbrechte eine Rolle, da sie den Erblassern nicht selten unerwünscht sind. Man kann unterscheiden zwischen:
aa) auf Geld gerichtete Pflichtteilsansprüche (wie z. B. im österreichischen, polnischen, niederländischen Recht).
bb) materielle Noterbrechte, die eine echte Mindestbeteiligung am Nachlass gewähren; allerdings muss häufig die Herabsetzung der Erbquote auf den disponiblen Teil des Erblassers gerichtlich geltend gemacht werden (verbreitet im romanischen Rechtskreis, Belgien, Türkei).
cc) materielle Noterbrechte, die jedoch ohne Herabsetzungsklage automatisch eine Mindesterbquote gewähren (z. B. Griechenland, im islamischen Recht).

76 Für die Wirksamkeit der Verfügung können allenfalls die unter cc) genannten automatisch wirkenden Noterbrechte von Bedeutung sein, denn man könnte die Verfügung als teilunwirksam im Hinblick auf den nicht disponiblen Nachlassteil ansehen.[75] Gleichwohl ist dem Notar nicht der Vorwurf der Errichtung einer (teil-) unwirksamen Urkunde zu machen: Da der Kreis der Noterbberechtigten bei Testamentserrichtung ja gar nicht feststeht, kann er das Noterbrecht gar nicht ausreichend sicher berücksichtigen.

5. Ziel: Einfache Gestaltung

77 Unterliegt eine letztwillige Verfügung ausländischem Recht, sollte man komplizierte Gestaltungen vermeiden; dies gilt insbesondere für die im Ausland nur sehr beschränkt bekannten **Vor- und Nacherbfolge**.[76] Man sollte sich auf Erbeinsetzung und Vermächtnisse beschränken.

78 Die Anordnung einer **Testamentsvollstreckung** bei Geltung deutschen Erbstatuts sollte man m. E. auf in Deutschland belegene Nachlassgegenständen beschränken. Die Befugnisse eines Testamentsvollstreckers nach deutschem Recht sind im Ausland regelmäßig nicht bekannt und erschweren möglicherweise die Nachlassabwicklung. Gilt ausländisches Erbrecht, ist noch größere Vorsicht angeraten, denn die Rechtswirkungen der Testamentsvollstreckung richten sich nach dem ausländischen Erbrecht; der Testamentsvollstrecker dürfte größte Schwierigkeiten haben, hier seine Befugnisse nachzuweisen.

---

72 Einzelne Länderberichte bei *Heinig*, RNotZ 2014, 281 ff.
73 Abgedruckt in RNotZ 2004, 595, 597.
74 Zwar ist unklar, ob der Widerruf der Rechtswahl auch konkludent erfolgen kann (vgl. Art. 22 Abs. 4 EuErbvO); es ist jedoch kein Grund ersichtlich, weshalb dies nicht möglich sein sollte, *Leitzen*, ZEV 2013, 128, 129.
75 So die Erwägung von Reimann/Bengel/Mayer/*Sieghörtner*, Syst. Teil B. Rn. 43a.
76 Zum Verbot der Vor- und Nacherbfolge Würzburger Notarhandbuch/*Hertel*, Teil 7 Kapitel 3 Rn. 198 ff.

6. Vorsicht bei gemeinschaftlichem Testament und Erbvertrag

Der Wechsel vom Staatsangehörigkeitsprinzip des EGBGB zur Anknüpfung an den gewöhnlichen Aufenthalt des Erblassers bringt eine erhebliche Erleichterung für die deutsche Notariatspraxis. Haben **beide Erblasser ihren gewöhnlichen Aufenthalt in Deutschland**, können nunmehr Erbvertrag oder gemeinschaftlichem Testament ohne weiteres auch bei Beteiligung eines ausländischen Erblassers verwandt werden. Dass viele ausländische Rechtsordnungen nur Einzeltestamente kennen und z. T. sogar ausdrücklich gemeinschaftliche Verfügungen mit der Folge der **Unwirksamkeit der gesamten Urkunde** verbieten (vgl. Rdn. 139), spielt keine Rolle mehr, da diese Rechtsordnungen nicht anwendbar sind, wenn beide Erblasser ihren gewöhnlichen Aufenthalt in Deutschland haben. 79

Hat jedoch ein Erblasser (oder beide) seinen **gewöhnlichen Aufenthalt im Ausland**, ist ein gegenseitiger Erbvertrag nach Art. 25 Abs. 2 EuErbVO nur wirksam, wenn er nach **beiden Erbstatuten** der Erblasser im Zeitpunkt der Errichtung zulässig ist. Das materielle Verbot einer gemeinschaftlichen Verfügung im ausländischen Erbrecht wäre dann beachtlich. Motiv dieser Verbote ist zumeist der Schutz der Testierfreiheit »bis zum letzten Atemzug«. 80

▶ **Praxistipp:**

Eine Übersicht zu entsprechenden Verboten im ausländischen Recht findet sich im Würzburger Notarhandbuch, 7 Teil Kapitel 3 Rn. 190 ff.

Auch hier bietet Art. 25 Abs. 3 EuErbVO eine erhebliche Erleichterung für die Notariatspraxis, weil für die Zulässigkeit, materielle Wirksamkeit und Bindungswirkung und Auflösung des Erbvertrages **das Heimatrecht nur eines Erblassers** gewählt werden kann. Besitzt ein Erbvertragsbeteiligter die deutsche Staatsangehörigkeit, kann deutsches Recht als Errichtungsstatut gewählt werden. 81

▶ **Beispiel:**

Ein nicht verheiratetes Paar – jeweils geschieden – wünscht einen Erbvertrag zu schließen; er ist Italiener und Professor in Florenz mit dortigem gewöhnlichen Aufenthalt; sie ist Deutsche und Lehrerin in München; man führt eine Wochenendbeziehung und besucht sich wechselseitig. Man plant den gemeinsamen Lebensabend in München in der Immobilie der Ehefrau zu verbringen und wünscht im Hinblick darauf eine erbrechtliche Absicherung. Da nach italienischem Erbrecht ein Erbvertrag unzulässig ist, wäre ein Erbvertrag unwirksam. Lösung: Wahl deutschen Rechts als Errichtungsstatut nach Art. 25 Abs. 3 EuErbVO.

▶ **Beachte:** 82

Art. 25 Abs. 3 EuErbVO betrifft nur die Wahl des sog. **Errichtungsstatutes**, nicht des übrigen Erbstatutes. Kommt es im obigen Beispiel zum Erbfall, bevor der Professor nach München umzieht, wird er nach italienischem Recht beerbt; seine Kinder aus erster Ehe haben Pflichtteilsansprüche nach italienischem Recht. Die italienischen Nachlassgerichte müssen aber den Erbvertrag als wirksam anerkennen; die Kinder können ihn nicht als unwirksam anfechten.

7. Formfragen: Zwei-Zeugen-Testament

Ein hier notariell beurkundetes Testament wird jedenfalls in Deutschland als formwirksam anerkannt, denn nach Art. 27 Abs. 1 lit. a) EuErbVO genügt jedenfalls die Einhaltung der Ortsform. 83

Verfügt der Erblasser auch über **Vermögen im Ausland**, sollte der Notar sicherstellen, dass das Testament gleichfalls von den dortigen Gerichten als formwirksam anerkannt wird. Da die meisten 84

Staaten die Einhaltung der Formvorschriften des Errichtungsortes genügen lassen,[77] werden notarielle Testamente in aller Regel im Ausland als formwirksam anerkannt. Allerdings wird die Anerkennung im ausländischen Belegenheitsstaat erleichtert, wenn zusätzlich auch die dortigen Formvorschriften eingehalten werden, was insbesondere für die Staaten des Common Law gilt. Wird – ausnahmsweise – nur die Form des Belegenheitsstaates akzeptiert, »muss« diese im Interesse der Nachlassabwicklung eingehalten werden; dies gilt für einige Bundesstaaten der USA insbesondere für dort belegenen Grundbesitz[78] (Zwei- oder Dreizeugentestament), Irak, Lettland. Vgl. Formulierungsbeispiel unter Rdn. 88.

8. Vermögen in Common Law-Staaten

85 Verfügt der Erblasser über Vermögen in einem Staat des **anglo-amerikanischen Rechtskreises**, so empfiehlt sich, einen sog. »personal representative« im Testament zu benennen, der den Nachlass dort abwickelt.[79] Anderenfalls würde ein solcher vom Gericht auf Kosten des Nachlasses bestellt werden. Zweckmäßigerweise wird der personal representative von der Verpflichtung befreit, in irgendeiner Form Bürgschaften oder andere Sicherheiten für die Erben zu stellen.

86 ▶ **Muster:**

Soweit die Nachlassabwicklung (administration) englischem oder US-amerikanischen Recht oder einer anderen Rechtsordnung des Common Law unterliegt, so bestimme ich folgendes:
a) **Als personal representative benenne ich X. Ersatzweise, sollte der Benannte das Amt nicht annehmen oder später wegfallen, benenne ich Y.**
b) **Kein personal representative ist verpflichtet, in irgendeiner Form Bürgschaften oder andere Sicherheiten zu leisten.**
c) **Der personal representative ist im weitestgehenden Umfang von gesetzlichen Beschränkungen befreit und ermächtigt, nach seinem Ermessen über den Nachlass zu verfügen und für diesen Verpflichtungen einzugehen.**
d) **Mit der vorstehenden Benennung eines personal representative ist keine Testamentsvollstreckung im Sinne des deutschen Rechts angeordnet.**

87 Um die **Nachlassabwicklung im Ausland** zu erleichtern, empfiehlt sich bei Vermögen des Erblassers in einem Common Law-Staat eine Mischform, d. h. ein notarielles Testament unter Hinzuziehung zweier oder drei Zeugen zu errichten.[80] Im sog. Probate-Verfahren (Teil der Testamentseröffnung) haben die Zeugen nach dem Todesfall die Echtheit der Unterschrift zu bezeugen (was bei deutschen Zeugen sehr aufwendig sein kann). Dieses Verfahren entfällt, wenn Erblasser vor einem notary public bestätigt,[81] dass es sich um seinen letzten Willen handelt und die Zeugen die Unterschriftsleistung beschwören. Zu beachten ist jedoch, dass die Zeugen *nicht* durch das Testament begünstigt werden dürfen.

---

77 Die Ortsform des Errichtungsstaates wird jedenfalls von den Mitgliedstaaten des Haager Testamentsformübereinkommens vom 5.10.1961 anerkannt (Art. 1 Abs. 1 lit. a), darüber hinaus von vielen Staaten nach ihrem nationalen IPR, vgl. Würzburger Notarhandbuch/*Hertel*, Teil 7 Kap. 3 Rn. 155 ff. mit Übersicht Rn. 190 ff.
78 Vgl. Würzburger Notarhandbuch/*Hertel*, Teil 7 Kap. 3 Rn. 150 ff. und Kap. 4. Rn. 649 f.
79 Zur Testamentsgestaltung bei Vermögen im anglo-amerikanischen Rechtsraum, *Süß*, Erbrecht in Europa, § 6 Rn. 97 ff.; *Odersky*, ZEV 2000, 492 ff.; vgl. ferner den Länderbericht USA in RNotZ 2006, 116 f.
80 In Common Law-Staaten ist üblich das Zwei-Zeugen-Testament; nur ausnahmsweise (z. B. in Massachussetts, Vermont) wird ein Drei-Zeugen-Testament verlangt.
81 Z. T. wird auch eine »Beschwörung« im Sinne eines affidavits empfohlen, was durch Eidabnahme nach § 38 BeurkG erfolgt; siehe Beck'sches Formularbuch Erbrecht/*Emmerling de Oliveira*, Kap. L. IV. 3.

▶ **Muster:** 88

[Am Ende des Testamentes vor der Schlussformel anfügen:]⁸²

Ich (Name Erblasser) erkläre vor dem Notar und den Zeugen: Dies ist mein letzter Wille, den ich freiwillig und in Gegenwart der nachgenannten Zeugen unterzeichne. Ich bitte die Zeugen und den Notar, dieses Testament und meine Unterschrift zu bezeugen.

Diese Niederschrift wurde vom Notar dem Erschienenen vorgelesen, von ihm genehmigt und von ihm und dem Notar eigenhändig wie folgt unterschrieben:

[Unterschriften Erblasser und Notar; Siegel]

Wir, die Zeugen Frau X und Herr Y erklären: Der uns persönliche bekannte Erblasser, Herr A, hat in unserer Gegenwart das Testament freiwillig unterschrieben und dabei erklärt, dass es sich um sein Testament handelt. Er ist nach unserer besten Kenntnis älter als 18 Jahre und befindet sich im Vollbesitz seiner geistigen Kräfte.

[Unterschriften der Zeugen]

Ich, Notar ... in ..., bestätige hiermit, dass das vorliegende Testament nach Verlesung vom Erblasser Herrn A genehmigt und eigenhändig unterschrieben wurde. Ferner bestätige ich, dass die vorstehenden Erklärungen der Zeugen abgegeben und unterschrieben wurden von Frau X, geboren am ..., wohnhaft ..., und Herrn Y, geboren am ..., wohnhaft ..., deren Personalien ich, Notar, durch Vorlage amtlicher Ausweise festgestellt habe

Köln, den ...

[Unterschrift und Siegel des Notars]

Gemeinschaftliche Testamente werden in der Regel vom Common Law als wirksam anerkannt, entfalten aber keine Bindungswirkung. Möglich ist der Abschluss eines sog. Testiervertrages, d. h. eine schuldrechtliche Verpflichtung, das Testament nicht zu ändern (Sanktion: Schadensersatzansprüche gegen den Nachlass), welcher in das Testament aufgenommen werden sollte. Diese Verträge unterfallen nicht der EuErbVO, sondern dem internationalen Schuldvertragsrecht.⁸³ 89

▶ **Muster:** 90

Soweit das Erbrecht eines US-amerikanischen Staates zur Anwendung gelangen sollte, verpflichten wir uns gegenseitig schuldrechtlich, die in diesem Testament angeordneten letztwilligen Verfügungen nicht aufzuheben oder zu ändern. Diese Verpflichtung reicht allerdings nur soweit, wie die vorstehenden Verfügungen mit Bindungswirkung getroffen wurden (vgl. Ziffer ...).

Handelt einer von uns dieser Verpflichtung zuwider, hat den daraus entstehenden Schaden dem anderen oder dessen Erben zu ersetzen.

Für diese schuldrechtliche Vereinbarungen wählen wir das Recht von ...⁸⁴

9. Belehrung über die Anwendbarkeit ausländischen Rechts

Gemäß § 17 Abs. 3 BeurkG hat der Notar über die mögliche Anwendbarkeit ausländischen Rechts zu belehren und dies in der Urkunde zu vermerken. Die unterlassene Belehrung kann haftungsrechtliche Folgen haben.⁸⁵ Mit der EuErbVO kommt es wesentlich seltener zur Anwendung auslän- 91

---

82 Formulierung nach Würzburger Notarhandbuch/*Hertel*, Teil 7 Kap. 4 Rn. 596 ff.; weiterer Vorschlag in englischer Sprache in *Süß*, Erbrecht in Europa, § 6 Rn. 112 (der in Rn. 109 die Paraphierung jeder Seite durch Erblasser und Zeugen empfiehlt), sowie bei Reimann/Bengel/Mayer/*Sieghörtner*, Syst. Teil B Rn. 74.
83 *Nordmeier*, ZEV 2013, 117, 123 f.
84 Da dieser Vertrag wird in den USA schuldrechtlich qualifiziert wird, ist die Rechtswahl zu empfehlen. Käme deutsches Recht zur Anwendung, wäre dieser Vertrag nach § 2302 BGB unwirksam. Siehe auch Beck'sches Formularbuch Erbrecht/*Emmerling de Oliveira*, Kap. L. IV. 4.
85 Siehe OLG Frankfurt a. M., Urt. vom 12.5.2010 – 4 U 219/09, notar 2010, 370 ff.

Kapitel 19 Testamente und Erbverträge bei Auslandsberührung

dischen Rechts, so dass die Belehrungen insoweit seltener und auch kürzer ausfallen werden. In **deutsch-türkischen Sachverhalten** ist aber die Geltung des Konsularabkommens zu prüfen, die häufig zur Geltung türkischen Rechts führen wird (Rdn. 42 ff.).

92 Angesichts zunehmender Mobilität kann man generell den Hinweis aufnehmen, dass bei einem künftigen Wegzug ins Ausland ausländisches Erbrecht zur Anwendung kommen kann. Eine Amtspflicht hierzu besteht m. E. aber nicht; unter Geltung des EGBGB wurde auch nicht die Belehrung verlangt, dass bei einem künftigen Wechsel der Staatsangehörigkeit sich das Erbstatut ändert.

93 Eine Belehrungspflicht besteht daher im Prinzip nur in folgenden Fällen:
- der Erblasser hat seinen **gewöhnlichen Aufenthalt im Ausland** und eine Rechtswahl zugunsten des deutschen Rechts wurde nicht getroffen (nur möglich bei deutschem Erblasser). Ist der gewöhnliche Aufenthalt in einem **Drittstaat**, ist eine Weiter-/Rückverweisung denkbar, sonst nicht.
- ein deutscher Erblasser hat Vermögen in der Türkei **oder** ein türkischer Erblasser hat Vermögen in Deutschland.
- aufgrund des deutsch-sowjetischen Konsularvertrages (oben Rdn. 48 ff.): bei Grundbesitz des Erblassers in Kirgisistan, Russische Föderation, Kasachstan, Georgien, Armenien, Ukraine, Usbekistan, Belarus (Weißrussland), Tadschikistan, Aserbaidschan, Moldawien.

94 Verfügt der Erblasser über Auslandsvermögen ist generell ein Hinweis auf die Nachlassabwicklung im Ausland und die damit u. U. verbundene faktische Nachlassspaltung ratsam; hierzu besteht aber keine Verpflichtung aus § 17 Abs. 3 BeurkG.

95 ▶ **Muster 1** (Erblasser mit gewöhnlichem Aufenthalt in EuErbVO-Staat):

1. Der Notar hat den Erblasser darauf hingewiesen, dass sich das anwendbare Erbrecht nach seinem gewöhnlichen Aufenthalt im Todeszeitpunkt richtet. Aufgrund des aktuellen gewöhnlichen Aufenthaltes in Spanien (Mallorca) gilt somit das spanische Erbrecht und zwar das Foralrecht der Balearen.[86]
Eine Rechtswahl zugunsten des Heimatrechtes, welche zulässig wäre, wünscht der Erblasser derzeit nicht zu treffen.

2. Der Notar ferner darauf hingewiesen,
   - dass im Erbfall grundsätzlich das Nachlassverfahren im Staat des gewöhnlichen Aufenthaltes des Erblassers im Erbfall durchgeführt wird;
   - dass im Geltungsbereich der Europäischen Erbrechtsverordnung von allen Staaten das gleiche Recht angewandt und eine Rechtswahl zugunsten des Heimatrechts des Erblassers beachtet wird; in anderen Staaten wird eine Rechtswahl möglicherweise nicht anerkannt.

3. Der Notar kennt ausländisches Recht nicht und darüber weder belehrt noch beraten. Der Erschienene erklärte, dass er gleichwohl die Beurkundung in dieser Form und mit diesem Inhalt ausdrücklich wünsche. Der Notar hat geraten, dieses Testament im Falle eines künftigen Umzugs in ein anderes Land oder eines künftigen Erwerbs von Auslandsvermögen überprüfen zu lassen.

96 ▶ **Muster 2** (Erblasser mit gewöhnlichem Aufenthalt Nicht-VO-Staat):

1. Der Notar hat den Erblasser darauf hingewiesen, dass sich das anwendbare Erbrecht nach seinem gewöhnlichen Aufenthalt im Todeszeitpunkt richtet. Aufgrund des aktuellen gewöhnlichen Aufenthaltes in New York gilt somit das Erbrecht des Staates New York, sofern dieses Recht keine Rück- oder Weiterverweisung ausspricht[87], welche der Notar mangels Kenntnis des ausländischen Rechts nicht überprüft hat.
Eine Rechtswahl zugunsten des Heimatrechtes wünscht der Erblasser derzeit nicht zu treffen.
[Falls Weiterverweisung denkbar, vgl. Rdn. 18] Der Notar darauf hingewiesen, dass hinsichtlich der in Paris gelegenen Immobilie im Wege einer Weiterverweisung französisches Erbrecht Anwendung finden und somit eine sog. Nachlassspaltung eintreten kann.

---

86 Bei Mehrrechtsstaaten (z. B. Spanien, USA, Großbritannien, vgl. Art. 36 EuErbVO).
87 Siehe Art. 34 Abs. 1 EuErbVO.

2. Der Notar ferner darauf hingewiesen,
   - dass im Erbfall möglicherweise ein eigenes Nachlassverfahren in einem ausländischen Staat durchgeführt wird (z. B. wenn sich dort Nachlassgegenstände befinden, der Erblasser dort wohnte oder Angehöriger dieses Staates war); hierbei können aus Sicht der Gerichte und Behörden dieses Staates der Nachlass oder einzelne Nachlassgegenstände ausländischem Erbrecht unterliegen.
   - dass im Geltungsbereich der Europäischen Erbrechtsverordnung von allen Staaten das gleiche Recht angewandt und eine Rechtswahl zugunsten des Heimatrechts des Erblassers beachtet wird; in anderen Staaten wird eine Rechtswahl möglicherweise nicht anerkannt.
3. Der Notar kennt ausländisches Recht nicht und hat darüber weder belehrt noch beraten. Der Erschienene erklärte, dass er gleichwohl die Beurkundung in dieser Form und mit diesem Inhalt ausdrücklich wünsche. Der Notar hat geraten, dieses Testament im Falle eines künftigen Umzugs in ein anderes Land oder eines künftigen Erwerbs von Auslandsvermögen überprüfen zu lassen.

▶ **Muster 3** (Erblasser mit Auslandsvermögen): 97

1. Der Notar hat den Erblasser darüber belehrt, dass sich das anwendbare Erbrecht nach seinem gewöhnlichen Aufenthalt im Todeszeitpunkt richtet und zwar auch bezüglich etwaigen im Ausland befindlichen Vermögens.
2. *[Variante 1: Auslandsvermögen in EuErbVO-Staat:]*
   Der Notar hat ferner darauf hingewiesen, dass
   - dass im Geltungsbereich der Europäischen Erbrechtsverordnung von allen Staaten das gleiche Recht angewandt und eine Rechtswahl zugunsten des Heimatrechts des Erblassers beachtet wird; in anderen Staaten wird eine Rechtswahl möglicherweise nicht anerkannt.
   - dass im Geltungsbereich der Europäischen Erbrechtsverordnung von allen Staaten öffentliche Urkunden[88] und ein Europäisches Nachlasszeugnis[89] wechselseitig anerkannt werden.
   [Variante 2: Auslandsvermögen in Drittstaat:]
   Der Notar ferner darauf hingewiesen, dass im Erbfall möglicherweise ein eigenes Nachlassverfahren in einem ausländischen Staat durchgeführt wird (z. B. wenn sich dort Nachlassgegenstände befinden). Hierbei können aus Sicht der Gerichte und Behörden dieses Staates der Nachlass oder einzelne Nachlassgegenstände ausländischem Erbrecht unterliegen; im Geltungsbereich der Europäischen Erbrechtsverordnung wird jedoch von allen Staaten das gleiche Recht angewandt; europäische Erbnachweise werden wechselseitig anerkannt.
3. Der Notar kennt ausländisches Recht nicht und hat darüber weder belehrt noch beraten. Der Notar hat geraten, dieses Testament im Falle eines künftigen Umzugs ins Ausland oder eines künftigen Erwerbs weiteren Auslandsvermögens überprüfen zu lassen.

▶ **Muster 4** (Türkischer Erblasser mit deutschem Vermögen): 98

1. Der Notar hat den Erblasser darauf hingewiesen, dass aufgrund seiner türkischen Staatsbürgerschaft der bewegliche Nachlass türkischem Erbrecht unterliegt, während in Deutschland oder der Türkei gelegene Immobilien dem Erbrecht ihres jeweiligen Lageortes unterliegen.[90]
   Aufgrund einer in Deutschland gelegenen Immobilie kann daher eine sog. Nachlassspaltung eintreten.[91] Hierbei können sich im Einzelfall Abgrenzungsprobleme ergeben, welche Gegenstände und Verbindlichkeiten dem einen und welche dem anderen Spaltnachlass zuzuordnen sind.[92]
2. Der Notar ferner darauf hingewiesen, dass im Erbfall möglicherweise ein eigenes Nachlassverfahren in einem ausländischen Staat durchgeführt wird (z. B. wenn sich dort Nachlassgegenstände befinden). Dies ist im Verhältnis zur Türkei nach derzeitigem Recht nicht erforderlich, da nach § 17 des deutsch-türkischen Konsularabkommens vom 28.5.1929 Erbnachweise wechselseitig anerkannt werden.

---

88 Art. 59 EuErbVO.
89 Siehe Art. 62, 69 EuErbVO.
90 Siehe oben Rdn. 43 ff. Streitig ist, ob das Abkommen auch Immobilien außerhalb der Türkei und Deutschlands erfasst.
91 Zu den Rechtsfolgen einer Nachlassspaltung ausführlich *Fetsch*, RNotZ 2006, 1, 16–25.
92 Hierzu *Fetsch*, RNotZ 2006, 1, 24 f.

3. Der Notar kennt ausländisches Recht nicht und hat darüber weder belehrt noch beraten. Der Erschienene erklärte, dass er gleichwohl die Beurkundung in dieser Form und mit diesem Inhalt ausdrücklich wünsche. Der Notar hat geraten, dieses Testament im Falle eines künftigen Umzugs ins Ausland oder künftigen Erwerb von Auslandsvermögen überprüfen zu lassen.

99 Der Notar kann auch nur teilweise über ausländisches Recht belehren, sofern er insoweit punktuelle Kenntnisse hat.[93]

B. Gestaltung eines Einzeltestamentes

I. Erblasser mit gewöhnlichem Aufenthalt in Deutschland und Auslandsvermögen

100 Für einen **Erblasser mit gewöhnlichem Aufenthalt in Deutschland** gilt grundsätzlich das deutsche Erbrecht (Art. 21 Abs. 1 EuErbVO), sofern nicht ausnahmsweise eine offensichtlich engere Verbindung zu einem anderen Staat besteht (Art. 21 Abs. 2 EuErbVO). Die **Staatsangehörigkeit des Erblassers** spielt im Rahmen der EuErbVO keine Rolle mehr, wohl aber u. U. bei vorrangigen Staatsverträgen (oben Rdn. 41 ff.). Allerdings kann bei einem ausländischen Erblasser eine fiktive Rechtswahl nach Art. 83 Abs. 4 EuErbVO vorliegen, wenn er bereits vor dem 17.8.2015 ein Testament errichtet hat (Rdn. 26 ff.).

101 ▶ **Praxistipp:**

Die Staatsangehörigkeit ist zu beachten in **deutsch-türkischen Fällen** (d. h. ein türkischer Erblasser mit Vermögen in Deutschland oder deutscher Erblasser mit Vermögen in der Türkei; siehe Rdn. 43 f.)

Ferner gilt bei Immobiliarvermögen in einem Sowjet-Nachfolgestaaten das deutsch-sowjetische Konsularabkommen, wenn der Erblasser die Staatsangehörigkeit Deutschlands oder des betreffenden Nachfolgestaates besitzt (siehe Rdn. 48 ff.).

102 Außerhalb der soeben genannten Konsularverträge stellt sich die Problematik einer möglichen Nachlassspaltung durch Auslandsvermögen nicht mehr bei einem Erblasser mit gewöhnlichem Aufenthalt in Deutschland. Nur ausnahmsweise können noch international zwingende Regelungen des Belegenheitsstaates punktuell über Art. 30 EuErbVO anwendbar sein. Hier ist etwa an Sonderregelungen für die Vererbung landwirtschaftlicher Betriebe, Sondererb-/Nutzungsrechte für Ehegatten (z. B. nach österreichischem WEG, finnischen Recht) zu denken.

103 Denkbar ist allerdings, dass Auslandsvermögen zu einer sog. **faktischen Nachlassspaltung** führt, d. h. dass die Gerichte des Belegenheitsstaates aufgrund ihres eigenen IPR ein anderes Erbrecht anwenden, als deutsche Gerichte (siehe Rdn. 21 f.). Da alle EuErbVO-Staaten dasselbe Recht anwenden, ist dies nur denkbar bei **Auslandsvermögen in einem Drittstaat**.

104 Grundsätzlich ist eine rechtliche wie auch eine faktische Nachlassspaltung für die Testamentsgestaltung als solches unproblematisch, vor allem wenn der gesamte Nachlass einheitlich an den gleichen Erben vererbt wird und das Testament einfach gehalten wird; Vor- und Nacherbfolge ist zu vermeiden (ggf. durch Nießbrauch zu ersetzen). Stellen sich jedoch Pflichtteilsprobleme, so ist zu beachten, dass die Pflichtteilsrechte u. U. im Staat der Vermögensbelegenheit geltend gemacht werden können und sich dann nach ausländischem Recht richten (und dabei ggf. höher als nach deutschem Recht ausfallen können).

---

[93] Würzburger Notarhandbuch/*Hertel*, Teil 7 Kap. 1 Rn. 52 ff. mit Formulierungsbeispiel Rn. 56.

Wichtig ist ferner, die **Nachlassabwicklung im Ausland** mit zu bedenken: 105
- Eine Testamentsvollstreckung nach deutschem Recht dürfte im Ausland mit erheblichen Schwierigkeiten verbunden sein (man stelle sich nur den umgekehrten Fall einer Testamentsvollstreckung nach ausländischem Erbrecht in Deutschland vor). Es ist daher sinnvoll, die Befugnisse des Testamentsvollstreckers auf in Deutschland gelegene Nachlassgegenstände zu beschränken.
- Bei Vermächtnissen, die eine Umsetzung im Ausland erfordern, gilt für die sachenrechtliche Durchführung das jeweilige Belegenheitsrecht. Um Zweifelsfragen zu vermeiden, sollte das Testament z. B. für vermachte Nießbrauchs- oder Wohnungsrechte insoweit ausführliche Regelungen enthalten, da man nicht einfach die deutschen gesetzlichen Bestimmungen unterstellen kann.
- Bei Vermögen in einem Common Law-Staat ist stets eine Nachlassabwicklung durch einen personal representative erforderlich, den man bereits benennen sollte (Rdn. 85 f.). Da notariell beurkundete Testamente im Common Law unüblich sind – dort wird in Regel ein Zwei-/Drei-Zeugen-Testament errichtet – empfiehlt sich die Einhaltung auch dieser Formvorschriften (Rdn. 84, 88).

▶ **Muster:** 106

1. **Vorsorglich widerrufe ich alle bisher von mir errichteten Verfügungen von Todes wegen einschließlich etwaiger Rechtswahlerklärungen**[94]**.**
2. **Ich wähle hiermit für die Rechtsnachfolge von Todes wegen**[95] **das deutsche Recht. Ich besitze die deutsche Staatsangehörigkeit.**[96]
3. **Zu meinem alleinigen und unbeschränkten Erben meines gesamten Vermögens – auch soweit es sich im Ausland befindet – berufe ich meine Ehefrau Z.**
4. **Sollte meine Ehefrau vor mir versterben oder aus einem anderen Grunde als Erbe wegfallen, so sind Ersatzerben zu gleichen Teilen meine Kinder A, B und C.**
5. *[bei Testamentsvollstreckung:]* **Ich ordne Testamentsvollstreckung nach deutschem Recht an. Der Testamentsvollstreckung unterliegen jedoch nur jene Nachlassgegenstände, für die deutsches Erbrecht gilt und die sich zugleich auch in Deutschland befinden; für Forderungen und Rechte ist insoweit der (Wohn-) Sitz des Schuldners maßgeblich.**
Der Testamentsvollstrecker soll auch anstelle und im Auftrag des Erben als Bevollmächtigter die Abwicklung meines Nachlasses im Ausland vornehmen. Hierzu wird der Erbe mit der Auflage beschwert, dem Testamentsvollstrecker auf Kosten des Nachlasses eine umfassende Nachlassvollmacht für den Auslandsnachlass zu erteilen. Es wird klargestellt, dass die Vergütung des Testamentsvollstreckers auch diese Tätigkeit mit abdeckt. *[weitere Regelungen zur Testamentsvollstreckung]*
6. *[ggf. Vermächtnis bezüglich Auslandsvermögen:]* **Im Wege eines Vermächtnisses erhält D das lebenslängliche Nießbrauchsrecht an meiner Ferienwohnung in Cala di San Vicenç, Mallorca (eingetragen im Register des ___ unter Nr. 123). Der Nießbrauch ist unentgeltlich. Der Nießbraucher hat jedoch alle laufenden Kosten zu tragen (Steuern und öffentliche Abgaben, Lasten und Kosten des gemeinschaftlichen Eigentums, Strom, Wasser, Gas …), ferner auch sämtliche Reparatur- und Renovierungsmaßnahmen einschließlich außergewöhnlicher Erhaltungsmaßnahmen. Der Nießbrauch ist unvererblich. Der Nießbrauch ist auf Verlangen des Vermächtnisnehmers im zuständigen Register einzutragen. Sämtliche Kosten und Steuern trägt der Vermächtnisnehmer. Das Vermächtnis entfällt ersatzlos, wenn die Ferienwohnung sich nicht mehr in meinem Nachlass befindet oder wenn der Vermächtnisnehmer vor mir verstirbt oder aus einem anderen Grunde nicht Vermächtnisnehmer wird.**
7. *[bei Vermögen in einem Common Law-Staat: Benennung eines personal representative, vgl. Rdn. 85 f.]*

---

94 In vor dem 17.8.2015 errichteten Verfügungen kann eine fiktive Rechtswahl enthalten sein, vgl. Rdn. 26 ff.
95 Rechtswahl des Erbstatuts nach Art. 22 Abs. 1 EuErbVO; eine Rechtswahl des Errichtungsstatuts nach Art. 24 Abs. 2 EuErbVO ist theoretisch möglich, jedoch überflüssig, da das Errichtungsstatut ohnehin nach Art. 24 Abs. 1 EuErbVO dem hypothetischen Erbstatut und damit dem gewählten Recht unterliegt, *Heinig*, RNotZ 2014, 197, 208.
96 Beachte: Nur das Heimatrecht kann gewählt werden (Art. 22 Abs. 1 EuErbVO), so dass deutsches Recht nur von deutschen Staatsangehörigen wählbar ist.

8. **Belehrungen**
   a) Der Notar hat den Erblasser darüber belehrt, dass sich das anwendbare Erbrecht nach seinem gewöhnlichen Aufenthalt im Todeszeitpunkt richtet und zwar auch bezüglich etwaigen im Ausland befindlichen Vermögens.
   b) *[Variante 1: Auslandsvermögen in EuErbVO-Staat:]* Der Notar hat ferner darauf hingewiesen, dass
   – dass im Geltungsbereich der Europäischen Erbrechtsverordnung von allen Staaten das gleiche Recht angewandt und eine Rechtswahl zugunsten des Heimatrechts des Erblassers beachtet wird; in anderen Staaten wird eine Rechtswahl möglicherweise nicht anerkannt.
   – dass im Geltungsbereich der Europäischen Erbrechtsverordnung von allen Staaten öffentliche Urkunden[97] und ein Europäisches Nachlasszeugnis[98] wechselseitig anerkannt werden.
   [Variante 2: Auslandsvermögen in Drittstaat:] Der Notar ferner darauf hingewiesen, dass im Erbfall möglicherweise ein eigenes Nachlassverfahren in einem ausländischen Staat durchgeführt wird (z. B. wenn sich dort Nachlassgegenstände befinden). Hierbei können aus Sicht der Gerichte und Behörden dieses Staates der Nachlass oder einzelne Nachlassgegenstände ausländischem Erbrecht unterliegen; im Geltungsbereich der Europäischen Erbrechtsverordnung wird jedoch von allen Staaten das gleiche Recht angewandt.
   c) Der Notar kennt ausländisches Recht nicht und hat darüber weder belehrt noch beraten. Der Notar hat geraten, dieses Testament im Falle eines künftigen Umzugs ins Ausland oder eines künftigen Erwerbs weiteren Auslandsvermögens überprüfen zu lassen.
9. *[bei Vermögen in einem Common Law-Staat: Schlussformel in Form des Zwei-Zeugen-Testamentes, vgl. Rdn. 88]*

II. Erblasser mit gewöhnlichem Aufenthalt in einem anderen EuErbVO-Staat

107 Hat der Erblasser seinen gewöhnlichen Aufenthalt zwar nicht in Deutschland, wohl aber in einem anderen **EuErbVO-Staat** (Rdn. 4), so ist – ohne Rechtswahl – dessen Recht anwendbar (Art. 21 Abs. 1 EuErbVO).

108 Ein **deutscher Erblasser** könnte das deutsche Erbrecht wählen, was freilich nicht generell empfehlenswert ist; nur wenn eine **Rückkehrabsicht nach Deutschland** besteht oder **erhebliche Nachlassgegenstände in Deutschland liegen** bzw. zu erwarten sind, ist die Rechtswahl sinnvoll. Man erweist einem deutschen Erblasser mit dauerhaftem Wohnsitz und Vermögen im Ausland (bzw. dessen Erben) keinen Gefallen, für die Erbfolge ein dort unbekanntes Recht zu wählen; die Nachlassabwicklung wird dann unnötig erschwert.

109 Ein **ausländischer Erblasser** könnte sein Heimatrecht wählen. Dies kann zweckmäßig sein, wenn erhebliche Vermögenswerte im Heimatstaat vorhanden oder zu erwarten sind und der gewöhnliche Aufenthalt gerade nicht im Heimatstaat liegt.

110 Wird keine Rechtswahl getroffen, sollte hierzu jedenfalls eine Klarstellung in das Testament aufgenommen werden, um die Annahme einer konkludenten Rechtswahl auszuschließen.

111 Bei Geltung ausländischen Erbrechts sollte der Notar auf eine möglichst einfache Gestaltung achten, die sich auf simple Erbeinsetzung sowie Vermächtnisse beschränkt. Vor- und Nacherbfolge sind zu vermeiden (ggf. durch Nießbrauchsvermächtnis zu ersetzen). Stets ist zu prüfen, ob statt des Testamentes eine vorweggenommene Erbfolge (mit Nießbrauchsvorbehalt) denkbar und sinnvoll ist; damit spart man sich insgesamt die – trotz EuErbVO immer noch beschwerliche – Nachlassabwicklung im Ausland.

---

97 Art. 59 EuErbVO.
98 Siehe Art. 62, 69 EuErbVO.

▶ **Muster:**

1. Vorsorglich widerrufe ich alle bisher von mir errichteten Verfügungen von Todes wegen einschließlich etwaiger Rechtswahlerklärungen[99].
2. Ich wähle hiermit für die Rechtsnachfolge von Todes wegen[100] das deutsche Recht. Ich besitze die deutsche Staatsangehörigkeit.[101] *[Kurzform: Ich wähle hiermit das deutsche Erbrecht.]*
   [Alternative 1: Ich habe meinen gewöhnlichen Aufenthalt in ___. Eine Rechtswahl des anzuwendenden Erbrechts möchte ich nicht treffen; vorsorglich widerrufe ich etwaige bisher getroffene Rechtswahlerklärungen[102].]
   [Alternative 2: Ich wähle hiermit das niederländische Erbrecht; ich besitze die niederländische Staatsangehörigkeit.]
3. Zu meinem alleinigen Erben bestimme ich ..., ersatzweise ...
4. *[Soweit Auslandsvermögen vorhanden, ggf. Ziffern 5–7 des vorangehenden Musters Rdn. 106 einfügen].*
5. Der Notar hat den Erblasser auf Folgendes hingewiesen:
   a) Aus Sicht deutscher Gerichte richtet das anwendbare Erbrecht nach dem gewöhnlichen Aufenthalt des Erblassers im Todeszeitpunkt, sofern keine Rechtswahl getroffen wird.
   [Falls keine Rechtswahl:] Aufgrund des aktuellen gewöhnlichen Aufenthaltes in Frankreich gilt somit derzeit das französische Erbrecht. Eine Rechtswahl zugunsten des Heimatrechtes, welche zulässig wäre, wünscht der Erblasser derzeit nicht zu treffen.
   b) Im Erbfall wird grundsätzlich das Nachlassverfahren im Staat des gewöhnlichen Aufenthaltes des Erblassers im Erbfall durchgeführt.[103]
   c) Im Geltungsbereich der Europäischen Erbrechtsverordnung wird von allen Staaten das gleiche Recht angewandt und eine Rechtswahl zugunsten des Heimatrechts des Erblassers beachtet; in anderen Staaten wird eine Rechtswahl möglicherweise nicht anerkannt.
   d) Dieses Testament sollte bei einer Verlegung des gewöhnlichen Aufenthaltes in einen anderen Staat oder eines künftigen Erwerbs von Auslandsvermögen überprüft werden.
   e) Der Notar kennt ausländisches Recht nicht und hat darüber weder belehrt noch beraten. Der Erschienene erklärte, dass er gleichwohl die Beurkundung in dieser Form und mit diesem Inhalt ausdrücklich wünsche.

III. Erblasser mit gewöhnlichem Aufenthalt in einem Drittstaat

Liegt der gewöhnliche Aufenthalt des Erblassers nicht in einem EuErbVO-Staat, sondern in einem Drittstaat, so wird auf dessen Recht verwiesen, allerdings – bei objektiver Anknüpfung – als Gesamtverweisung (Art. 34 Abs. 1 EuErbVO), so dass eine Annahme bzw. Rück-/Weiterverweisung zu prüfen ist (Rdn. 12). Knüpft das IPR des Drittstaates abweichend an (z. B. Staatsangehörigkeit, Immobilienbelegenheit) kann es zu einer Weiterverweisung oder auch Nachlassspaltung kommen.

▶ **Beispiel:**

Ein Erblasser mit gewöhnlichem Aufenthalt in New York hat eine Immobilie in Bonn. Da das Common Law IPR für das bewegliche Vermögen an das domicile und für Immobilien an deren Belegenheit anknüpft, wird teilweise – beschränkt auf das Grundstück in Bonn – auf deutsches Recht zurück verwiesen. Es tritt eine Nachlassspaltung ein.

---

99 In vor dem 17.8.2015 errichteten Verfügungen kann eine fiktive Rechtswahl enthalten sein, vgl. Rdn. 26 ff.
100 Rechtswahl des Erbstatuts nach Art. 22 Abs. 1 EuErbVO; eine Rechtswahl des Errichtungsstatuts nach Art. 24 Abs. 2 EuErbVO ist theoretisch möglich, jedoch überflüssig, da das Errichtungsstatut ohnehin nach Art. 24 Abs. 1 EuErbVO dem hypothetischen Erbstatut und damit dem gewählten Recht unterliegt, *Heinig*, RNotZ 2014, 197, 208.
101 Beachte: Nur das Heimatrecht kann gewählt werden (Art. 22 Abs. 1 EuErbVO), so dass deutsches Recht nur von deutschen Staatsangehörigen wählbar ist.
102 Zutreffend weist Leitzen darauf hin, dass bei Widerrufstestamenten eine Klarstellung empfehlenswert ist, ob auch eine Rechtswahl – ggf. die fiktive Rechtswahl nach Art. 83 Abs. 4 EuErbVO – Gegenstand des Widerrufs ist, *Leitzen*, ZEV 2013, 128, 129.
103 Siehe oben Rdn. 32 ff.

114 Der Notar sollte den Erblasser darauf hinweisen, dass er das Erbstatut aus Sicht der EuErbVO ermittelt hat; aus Sicht der Nachlassgerichte im Staat des gewöhnlichen Aufenthaltes kann ein anderes Erbrecht anwendbar sein, so dass es zu einer sog. faktischen Nachlassspaltung kommen kann. Ferner sollte er darauf hinweisen, dass Erbnachweise aus Drittstaaten in Deutschland nicht anerkannt werden, so dass für etwaiges hier gelegenes Vermögen u. U. ein eigenständiges Nachlassverfahren durchzuführen ist; hierzu besteht eine Zuständigkeit nach Art. 10 Abs. 2 EuErbVO.

115 Allerdings ist in **deutsch-türkischen Fällen** das vorrangige Konsularabkommen zu beachten (Rdn. 42) bzw. im Verhältnis zu Sowjet-Nachfolgestaaten das deutsch-sowjetische Konsularabkommen (Rdn. 48).

116 ▶ **Muster:**

1. Vorsorglich widerrufe ich alle bisher von mir errichteten Verfügungen von Todes wegen einschließlich etwaiger Rechtswahlerklärungen[104].
2. Ich wähle hiermit für die Rechtsnachfolge von Todes wegen[105] das deutsche Recht. Ich besitze die deutsche Staatsangehörigkeit.[106] *[Kurzform: Ich wähle hiermit das deutsche Erbrecht.]*
   [Alternative 1: Ich habe meinen gewöhnlichen Aufenthalt in New York. Eine Rechtswahl des anzuwendenden Erbrechts möchte ich nicht treffen.*]*
   [Alternative 2: Ich wähle hiermit für die Rechtsnachfolge von Todes wegen sowie hinsichtlich der Zulässigkeit und Wirksamkeit dieses Testamentes das Recht von New York (USA). Ich besitze die US-amerikanische Staatsangehörigkeit und hatte meinen letzten gewöhnlichen Aufenthalt in den USA in New York.*]*
3. Zu meinem alleinigen Erben bestimme ich ..., ersatzweise ...
4. *[Soweit Auslandsvermögen vorhanden, ggf. Ziffern 5–7 des vorangehenden Musters Rdn. 106 einfügen].*
5. Der Notar hat den Erblasser auf Folgendes hingewiesen:
   a) Aus Sicht deutscher Gerichte richtet das anwendbare Erbrecht nach seinem gewöhnlichen Aufenthalt im Todeszeitpunkt, sofern keine Rechtswahl getroffen wird.
   [Falls keine Rechtswahl:] Aufgrund des aktuellen gewöhnlichen Aufenthaltes in New York gilt somit derzeit grundsätzlich das Erbrecht von New York, welches jedoch für Immobilien auf das Recht ihrer Belegenheit weiter- bzw. zurückverweist. Eine Rechtswahl zugunsten des Heimatrechtes, welche zulässig wäre, wünscht der Erblasser derzeit nicht zu treffen.
   b) Im Erbfall wird grundsätzlich das Nachlassverfahren im Staat des gewöhnlichen Aufenthaltes des Erblassers im Erbfall durchgeführt. Aus Sicht der Gerichte dieses Staates kann abweichend von Ziffer a) ein anderes Erbrecht anwendbar sein. Ausländische Erbnachweise werden in der Regel in Deutschland nicht anerkannt, so dass für in Deutschland gelegenes Vermögen möglicherweise ein eigenständiges Nachlassverfahren in Deutschland durchzuführen ist.
   c) Im Geltungsbereich der Europäischen Erbrechtsverordnung wird von allen Staaten das gleiche Recht angewandt und eine Rechtswahl zugunsten des Heimatrechts des Erblassers beachtet; in anderen Staaten wird eine Rechtswahl möglicherweise nicht anerkannt.
   d) Dieses Testament sollte bei einer Verlegung des gewöhnlichen Aufenthaltes in einen anderen Staat oder im Falle eines künftigen Erwerbs von Auslandsvermögen überprüft werden.
   e) Der Notar kennt ausländisches Recht nicht und hat darüber weder belehrt noch beraten. Der Erschienene erklärte, dass er gleichwohl die Beurkundung in dieser Form und mit diesem Inhalt ausdrücklich wünsche.

---

104 In vor dem 17.8.2015 errichteten Verfügungen kann eine fiktive Rechtswahl enthalten sein, vgl. Rdn. 26 ff.
105 Rechtswahl des Erbstatuts nach Art. 22 Abs. 1 EuErbVO; eine Rechtswahl des Errichtungsstatuts nach Art. 24 Abs. 2 EuErbVO ist theoretisch möglich, jedoch überflüssig, da das Errichtungsstatut ohnehin nach Art. 24 Abs. 1 EuErbVO dem hypothetischen Erbstatut und damit dem gewählten Recht unterliegt, *Heinig*, RNotZ 2014, 197, 208.
106 Beachte: Nur das Heimatrecht kann gewählt werden (Art. 22 Abs. 1 EuErbVO), so dass deutsches Recht nur von deutschen Staatsangehörigen wählbar ist.

C. Gestaltung von Erbvertrag und gemeinschaftlichem Testament

I. Gemeinschaftliches Testament und Erbvertrag im IPR

1. Erleichterungen durch die EuErbVO

Während das Einzeltestament im IPR keine besonderen Probleme aufwirft, sind gemeinschaftliches Testament und Erbvertrag bei Auslandsberührung mit besonderer Vorsicht zu behandeln: Viele ausländische Rechtsordnungen kennen diese Formen letztwilliger Verfügungen nicht oder belegen sie sogar mit ausdrücklichen Verboten. Hintergrund dieser Verbote, die vor allem im romanischen Rechtskreis und den ehemals kommunistischen Staaten Osteuropas verbreitet sind, ist die Abneigung gegenüber einer möglichen gegenseitigen Beeinflussung zweier Erblasser sowie die Philosophie, dass der Erblasser bis zum letzten Moment seine erbrechtliche Verfügungsbefugnis behalten muss. 117

Die EuErbVO hat für die notarielle Praxis eine erhebliche Erleichterung gebracht, da die entsprechenden Verbotsnormen nunmehr – aus deutscher/europäischer Sicht – deutlich seltener zur Anwendung kommen: 118
a) Haben **beide Erblasser** derzeit und voraussichtlich auch beim Erbfall ihren gewöhnlichen Aufenthalt in Deutschland, gilt deutsches Erbrecht, gleichgültig wo der Nachlass gelegen ist oder welche Staatsangehörigkeit der Erblasser besitzt (Ausnahme: deutsch-türkischer Sachverhalt oder Immobilien in UdSSR-Nachfolgestaaten; vgl. Rdn. 42 und 48).
b) Hat zumindest **ein Erblasser** die deutsche Staatsangehörigkeit, so kann nach Art. 25 Abs. 3 EuErbVO für den Erbvertrag, d. h. seine Zulässigkeit, materielle Wirksamkeit, Bindungswirkung und die Voraussetzungen seiner Auflösung das deutsche Recht gewählt werden (Wahl des sog. Errichtungsstatuts). Diese Rechtswahl wird jedenfalls innerhalb der EuErbVO-Staaten (Rdn. 4) anerkannt.

2. Anknüpfung des Erbvertrages im Rahmen der EuErbVO

Um Missverständnissen vorzubeugen ist klarzustellen: Auch bei einem Erbvertrag ist eigentliche **Erbstatut** (Erbfolge, Pflichtteilsrecht, erbrechtliche Gestaltungsmittel, etc.) nach den allgemeinen Anknüpfungsgrundsätzen zu bestimmen, d. h. Anknüpfung für **jeden Erblasser** an den gewöhnlichen Aufenthalt im Erbfall bzw. Rechtswahl. 119

Nur für die den Erbvertrag geltenden besonderen Vorschriften, welche seine Zulässigkeit, materielle Wirksamkeit, Bindungswirkung und die Voraussetzungen seiner Auflösung betreffen (sog. **Errichtungsstatut**), enthält Art. 25 EuErbVO eine spezielle Kollisionsnorm mit folgenden Grundsätzen: 120
– Anknüpfungspunkt ist nicht der gewöhnliche Aufenthalt im tatsächlichen Todeszeitpunkt, sondern das **hypothetische Erbstatut** bei Errichtung des Erbvertrages (d. h. der gewöhnliche Aufenthalt bei Abschluss des Erbvertrages bzw. das dann gewählte Erbstatut).
– Ein gegenseitiger Erbvertrag ist nur wirksam, wenn **beide hypothetische Erbstatute** der beteiligten Erblasser dieses Rechtsinstitut zulassen (Art. 25 Abs. 2 EuErbVO); enthält jedoch auch nur ein hypothetisches Erbstatut ein materielles Verbot[107] des Erbvertrages, so ist dieser unwirksam (Grundsatz des »ärgeren Rechts«).
– Art. 25 Abs. 3 EuErbVO eröffnet eine Rechtswahl des Errichtungsstatutes, wobei jedoch nur das Heimatrecht eines der beiden beteiligten Erblasser gewählt werden kann. Besitzt also nur ein Erblasser die deutsche Staatsangehörigkeit, kann deutsches Erbrecht als Errichtungsstatut gewählt werden.

---

107 Beachte: Ein lediglich formelles Verbot führt nicht zur Unwirksamkeit; hierzu unten Rdn. 137 ff.

Kapitel 19 Testamente und Erbverträge bei Auslandsberührung

121 ▶ **Beispiel 1**

Ein deutscher und ein italienischer Erblasser wohnen seit Jahren in Bonn und haben hier ihren Lebensmittelpunkt; sie errichten Januar 2016 einen Erbvertrag. Beide ziehen nach Renteneintritt in das Elternhaus des Italieners auf Sizilien; nach Deutschland kommen sie nur selten. Ohne Rechtswahl ist Erbstatut für beide Erblasser das italienische Recht, welches ein materielles Verbot für Erbverträge vorsieht. Der Erbvertrag ist jedoch wirksam, da Errichtungsstatut nach Art. 25 Abs. 2 EuErbVO das deutsche Recht war. Die Pflichtteilsrechte der Kinder richten sich gleichwohl nach italienischem Recht.

122 ▶ **Beispiel 2**

Eine polnische Pflegekraft pflegt einen vermögenden älteren Erblasser in Deutschland; sie kehrt alle 3 Monate für mehrere Wochen nach Polen zurück und hat dort ihre Familie; sie spricht gebrochen Deutsch und hat hier nur Kontakte zu anderen Pflegekräften. Der deutsche Erblasser und die polnische Pflegekraft wollen einen gegenseitigen Erbvertrag abschließen. Das polnische Recht sieht ein Verbot von Erbverträgen vor (Art. 1047 ZGB). Da hier unterschiedliche Erbstatute gelten und das polnische Erbrecht ein Verbot vorsieht, wäre der Erbvertrag nur wirksam, wenn als Errichtungsstatut nach Art. 25 Abs. 3 EuErbVO das deutsche Recht gewählt wird.

123 ▶ **Beispiel 3**

Ein Erblasser mit gewöhnlichem Aufenthalt in Deutschland und ein Erblasser mit gewöhnlichem Aufenthalt in Spanien schließen einen Erbvertrag vor einem deutschen Notar. Das spanische Recht sieht ein Verbot eines Erbvertrages vor, das jedoch nur als Formverbot verstanden wird. Der Erbvertrag ist wirksam, er nach beiden Erbstatuten zulässig ist. Eine Rechtswahl nach Art. 25 Abs. 3 EuErbVO wäre möglich, aber nicht zwingend notwendig.

124 Das Beispiel 1 verdeutlicht, dass ein Erbvertrag ohne Bedenken errichtet werden kann, wenn beide Erblasser bei Errichtung ihren gemeinsamen gewöhnlichen Aufenthalt in Deutschland haben und ein Umzug allenfalls in einen anderen EuErbVO-Staat (Rdn. 4) denkbar ist bzw. Auslandsvermögen nur in einem EuErbVO-Staat liegt.

Beispiel 2 verdeutlicht, dass ein Erbvertrag auch bei gewöhnlichen Aufenthalten in verschiedenen Staaten errichtet werden kann, wenn zumindest ein Erblasser deutscher Staatsangehöriger ist und deutsches Recht als Errichtungsstatut gewählt wird. Bestehen Auslandsberührungen nur zu EuErbVO-Staaten, ist diese Gestaltung gefahrlos.

125 In deutsch-türkischen Konstellationen hat das Konsularabkommen Vorrang vor der EuErbVO (oben Rdn. 42 ff.). Dennoch ist ein Erbvertrag möglich, weil er sowohl im deutschen wie auch türkischen Recht zulässig ist.[108]

3. Anknüpfung des gemeinschaftlichen Testaments im Rahmen der EuErbVO

126 Die kollisionsrechtliche Behandlung eines gemeinschaftlichen Testamentes ist in EuErbVO leider nicht ausdrücklich geregelt, so dass derzeit unklar und umstritten ist, welche Regelungen gelten: Nach h. M. ist ein gemeinschaftliches Testament unter den Begriff des »Erbvertrages« in Art. 3 Abs. 1 lit. b) EuErbVO zu subsumieren, so dass Art. 25 EuErbVO unmittelbar anwendbar ist.[109]

---

[108] Art. 527 türkisches ZGB; Würzburger Notarhandbuch/*Hertel*, Teil 7 Kap. 4 Rz. 138.
[109] *Kanzleiter*, ZEV 2014, 225; *Leipold*, ZEV 2014, 139, 141 ff.; Palandt/*Thorn*, Art. 25 EuErbVO Rz. 3; *Döbereiner*, DNotZ 2014, 323, 336 f.; *Everts*, NotBZ 2014, 441, 453 f.; zumindest bei wechselbezüglichen Verfügungen: *Heinig*, RNotZ 2014, 197, 200 f.; *Lechner*, NJW 2013, 26, 27.

Nach der Gegenauffassung ist Art. 24 EuErbVO einschlägig.[110] Eine vermittelnde Auffassung will zumindest einige Bestimmungen des Art. 25 EuErbVO – namentlich des Abs. 2 – analog anwenden.[111]

Mitursächlich für die Verwirrung sind die missglückten »Begriffsbestimmungen« in Art. 3 Abs. 1 lit. b), c) und d), die einerseits nahelegen, dass gemeinschaftliches Testament und Erbvertrag zu unterscheiden sind (was gegen die h. M. spricht). Andererseits stellt die Definition des gemeinschaftlichen Testaments in lit. c) – abweichend vom deutschen Recht – lediglich formell auf die Zusammenfassung zweier Testamente in einer gemeinschaftlichen Urkunde ab, so dass ein gemeinschaftliches »gegenseitiges Testament« auch unter lit. b) fallen kann. Für die h. M. spricht jedenfalls, dass die Anknüpfung des Art. 25 EuErbVO für gemeinschaftliche Testamente deutlich besser geeignet ist (kumulative Anknüpfung der Zulässigkeit; gemeinsames Errichtungsstatut), während bei Anwendung des Art. 24 EuErbVO viele Fragen offen bleiben, die durch Analogien oder Anpassung zu lösen wären.[112]   127

Daher gelten nach hier vertretener Auffassung die obigen Ausführungen unter Rdn. 119 ff. entsprechend für gemeinschaftliche Testamente.   128

▶ Praxistipp: 129

Angesichts der bestehenden Unsicherheiten über die Behandlung des gemeinschaftlichen Testaments ist der Erbvertrag jedenfalls dann vorzuziehen, wenn die Auslandskontakte ausschließlich zu EuErbVO-Staaten bestehen, weil die kollisionsrechtliche Behandlung vor allen denkbaren Nachlassgerichten identisch ist.

4. Formwirksamkeit, Zulässigkeit, Materielle Wirksamkeit, Bindungswirkung

Der Kautelarjurist hat vier Aspekte zu beachten, wenn er ein gemeinschaftliches Testament oder einen Erbvertrag errichten soll: (a) Formwirksamkeit, (b) Zulässigkeit, (c) materielle Wirksamkeit und (d) die Bindungswirkung.   130

Bestehen **Auslandskontakte nur zu EuErbVO-Staaten**, kann man die Prüfung abkürzen und folgendes festhalten: Ein Erbvertrag ist möglich und von allen potentiellen Nachlassgerichten als wirksam anzusehen   131
– wenn einer der Erblasser **deutscher Staatsangehöriger** ist, weil dann für die Punkte (b), (c) und (d) das deutsche Recht gewählt werden kann (Art. 25 Abs. 3 EuErbVO); **oder**
– wenn **beide Erblasser ihren gewöhnlichen Aufenthalt in Deutschland** haben, weil dann das Errichtungsstatut deutsches Recht ist (Art. 25 Abs. 2 EuErbVO).

Bestehen hingegen Auslandskontakte zu **Drittstaaten** (z. B. dortiges Immobilienvermögen; dortiger Wohnsitz eines Erblassers), müssen die o. g. Punkte (a)-(d) aus Sicht deutscher Nachlassgerichte und sinnvollerweise auch aus Sicht der drittstaatlichen Nachlassgerichte geprüft werden. Diese Prüfung ist komplex und mit erheblichen Risiken verbunden.   132

▶ Praxistipp: 133

Bei Sachverhalten mit Auslandkontakt zu **Drittstaaten** sind Erbverträge und gemeinschaftliche Testamente nur mit erheblicher Vorsicht einsetzbar. Selbst wenn diese letztwilligen Verfügungen als wirksam anerkannt werden, fehlt ihnen im Ausland häufig die Bindungswirkung, so dass ihr eigentlicher Zweck nicht erreicht wird. Hier sollte man ggf. über alter-

---

110 *Nordmeier*, ZEV 2012, 513, 514 f.; *ders.* ZEV 2013, 117, 120; *Simon/Buschbaum*, NJW 2012, 2393, 2396.
111 *Dutta*, FamRZ 2013, 4, 9; *Odersky*, notar 2013, 1, 8; i. E. wohl auch *Nordmeier*, ZEV 2012, 513, 516 f und 518 f.
112 So Palandt/*Thorn*, Art. 25 EuErbVO Rz. 3.

native Gestaltungen (Bindung über lebzeitigen gegenseitigen Nießbrauch; Rdn. 160) nachdenken.

a) Formwirksamkeit

134 Die notarielle Beurkundung durch einen deutschen Notar ist in aller Regel ausreichend für die Formwirksamkeit, denn die Einhaltung der Formvorschriften des Errichtungsortes wird in jedem Fall von deutschen Gerichten aber auch – bei Nachlassabwicklung im Ausland – von den allermeisten ausländischen Staaten anerkannt.[113]

135 Daher hindern ausländische Formverbote bezüglich der Errichtung gemeinschaftlicher Testamente (z. B. Frankreich, Schweiz, Niederlande und wohl auch Luxemburg und Belgien)[114] nicht die Formwirksamkeit eines in Deutschland beurkundeten gemeinschaftlichen Testamentes.

b) Zulässigkeit

136 Nach Art. 25 Abs. 2 EuErbVO muss ein gegenseitiger Erbvertrag nach beiden Erbstatuten zulässig sein. Hat also ein Erblasser seinen gewöhnlichen Aufenthalt im Ausland, ist insoweit ausländisches Erbrecht zu befragen. Nach Art. 25 Abs. 3 EuErbVO kann für die Zulässigkeit das Heimatrecht eines Erblassers gewählt werden.

137 Ist ausländisches Erbrecht anwendbar, ist die materielle Zulässigkeit der gemeinsamen Verfügung nach dem ausländischen Recht für ihre Wirksamkeit von entscheidender Bedeutung. Zwar kennen eine Reihe von Staaten gemeinschaftliche Testamente (z. T. auch zwischen nicht verheirateten Personen) und (seltener) auch Erbverträge; allerdings enthalten viele ausländische Rechtsordnungen auch materielle Verbote, so dass eine entsprechende Verfügung unwirksam ist. Freilich ist die Abgrenzung **formelles/materielles Verbot**[115] im Einzelfall schwierig und umstritten. Die überwiegende Meinung grenzt danach ab, ob die fragliche ausländische Vorschrift den freien Widerruf und die Testierfreiheit schützen will (dann materielles Verbot), oder ob sie nur die einwandfreie Feststellung des Erblasserwillens oder den Schutz des Erblassers vor Beeinflussungen des anderen Testators bezweckt (dann formelles Verbot).

138 **Gemeinschaftliches Testament:** Ist zulässig in Österreich, Schweden, Finnland, Dänemark, Norwegen, Lettland, Litauen, England, Schottland, Südafrika, USA und anderen Common Law-Staaten, Vietnam. Ein materielles Verbot sehen vor: Italien, Spanien (mit Ausnahmen in den Foralrechten), Portugal, Griechenland, die ehemals kommunistischen Staaten wie Polen, Nachfolgestaaten der UdSSR, ferner islamische Staaten und viele südamerikanische Staaten. Lediglich Formverbot in Frankreich.

139 **Erbvertrag:** Ist zulässig in Österreich (nur zwischen Ehegatten und Verlobten und mit besonderen Einschränkungen),[116] Schweiz, Türkei, Lettland und wird als wirksam (aber ohne Bindungswirkung) anerkannt in Common Law-Staaten. Ein materielles Verbot sehen vor: Italien, Frankreich, Belgien, Portugal, Griechenland; lediglich Formverbote kennen Niederlande und Spanien.

▶ Praxistipp:

Eine Übersicht zu entsprechenden Verboten im ausländischen Recht findet sich im Würzburger Notarhandbuch, 7 Teil Kapitel 3 Rn. 190 ff.; ferner finden sich Hinweise in den jeweiligen Länderberichten.

---

113 Siehe Würzburger Notarhandbuch/*Hertel*, Teil 7 Kap. 3 Rn. 190.
114 Nachweise bei *Fetsch*, RNotZ 2006, 1, 37; zu Frankreich höchstrichterlich entschieden, vgl. *Döbereiner*, ZEV 2014, 486.
115 Hierzu Würzburger Notarhandbuch/*Hertel*, Teil 7 Kap. 3 Rn. 173 ff.
116 Näher Reimann/Bengel/Mayer/*Sieghörtner*, Syst. Teil B. Rn. 36.

c) Materielle Wirksamkeit

Die materielle Wirksamkeit betrifft u. a. Fragen der Testierfähigkeit, Testierverbote, Auslegung (Art. 24 EuErbVO). Maßgeblich ist gemäß Art. 25 Abs. 2 S. 2 EuErbVO das hypothetische Erbstatut im Zeitpunkt der Errichtung der Verfügung, zu welchem die engste Beziehung bestand. 140

d) Bindungswirkung

Auch die Bindungswirkung ist – anders nach dem EGBGB – nicht nach jedem Erbstatut gesondert zu beurteilen. Maßgeblich ist vielmehr gemäß Art. 25 Abs. 2 S. 2 EuErbVO das hypothetische Erbstatut im Zeitpunkt der Errichtung der Verfügung, zu welchem die engste Beziehung bestand. 141

Erbvertrag: Keine Bindung in Common Law-Staaten 142

Gemeinschaftliches Testament: Keine Bindung in Frankreich, Österreich, Türkei Schweden, Finnland, England, Schottland, USA und anderen Common Law-Staaten. Eine Bindungswirkung wird anerkannt von Dänemark, Lettland, Litauen, Norwegen, Südafrika, Vietnam, wohl auch Schweiz. 143

Selbst wenn aus Sicht der EuErbVO-Staaten das nach Art. 25 Abs. 2 S. 2 EuErbVO berufene Statut eine Bindung bejaht, mag ein Nachlassgericht in einem Drittstaat hierüber anders urteilen und ggf. eine Bindung verneinen. Hierüber sollte der Notar belehren und ggf. eine klarstellende Regelung treffen: 144

▶ **Muster:** 145

Der Notar hat darauf hingewiesen, dass dieses gemeinschaftliche Testament (Erbvertrag) möglicherweise keine Bindungswirkung entfaltet, soweit hierauf ausländisches Recht Anwendung findet. In diesem Fall soll jedoch die Bindungswirkung für die Verfügungen, die deutschem Recht unterliegen, fortbestehen.

II. Erblasser mit gewöhnlichem Aufenthalt in Deutschland und Auslandsvermögen

Haben **beide Erblasser** eines geplanten Erbvertrages ihren **gewöhnlichen Aufenthalt in Deutschland** und stellt das im Ausland gelegene Vermögen den einzige Auslandskontakt dar, so macht es einen Unterschied, ob dieses in einem EuErbVO-Staat oder in einem Drittstaat liegt. Ferner ist der Frage nachzugehen, ob angesichts des Auslandsvermögens eine Wohnsitzverlagerung in Zukunft jedenfalls denkbar oder gar geplant ist. 146

1. Auslandsvermögen in einem EuErbVO-Staat

Befindet sich das Auslandsvermögen eines Erblassers in einem EuErbVO-Staat (Rdn. 4), findet aus Sicht der deutschen Gerichte und aus Sicht des betroffenen Staates dasselbe Erbrecht Anwendung. Divergierende Entscheidungen sind insoweit theoretisch nicht denkbar. Allerdings ist nicht auszuschließen, dass in unklaren Fällen (d. h. der gewöhnliche Aufenthalt ist nicht eindeutig) die Gerichte abweichend entscheiden würden. 147

Ist ein Umzug ins Ausland geplant oder jedenfalls denkbar, dass – z. B. aufgrund häufigeren und längeren Aufenthaltes in der Ferienwohnung – dort der gewöhnliche Aufenthalt liegen könnte, sollte bei einem deutschen Erblasser eine Rechtswahl zugunsten des deutschen Rechts erfolgen und zwar sowohl in Bezug auf das Erbstatut (Art. 22 EuErbVO) als auch in Bezug auf das Errichtungsstatut des Erbvertrages (Art. 25 Abs. 3 EuErbVO). 148

Bleiben die Erblasser voraussichtlich in Deutschland, sind nach Art. 4 EuErbVO die deutschen Nachlassgerichte zuständig. Öffentliche Urkunden sind nach Art. 59 EuErbVO auch in anderen EU-Staaten anzuerkennen und zwar ohne Apostille oder Legalisation (Art. 74 EuErbVO).

149 ▶ Muster: Erbvertrag

1. Vorsorglich widerrufen wir alle bisher gemeinsam oder von einem von uns errichteten Verfügungen von Todes wegen einschließlich etwaiger Rechtswahlerklärungen.

2. Ich, Erblasser X, wähle hiermit für die Rechtsnachfolge von Todes wegen das deutsche Recht; ich besitze die deutsche Staatsangehörigkeit.
Ich, Erblasserin Y, wähle hiermit für die Rechtsnachfolge von Todes wegen das deutsche Recht; ich besitze die deutsche Staatsangehörigkeit. (Alternativ: Ich, Erblasserin Y, bin französische Staatsangehörige mit gewöhnlichem Aufenthalt in Deutschland[117]; ich möchte keine Rechtswahl treffen)
Ferner wählen wir gemeinsam für diesen Erbvertrag (Zulässigkeit, materielle Wirksamkeit, Bindungswirkung, Voraussetzungen seiner Auflösung) das deutsche Recht. Wir besitzen beide die deutsche Staatsangehörigkeit.

3. Wir setzen uns gegenseitig, der Erstversterbende den Überlebenden, zum alleinigen und unbeschränkten Erben ein.

4. Der Längstlebende von uns setzt unsere gemeinsamen Kinder A und B zu gleichen Teilen zu seinen Erben ein. Sollte einer von ihnen wegfallen, sind Ersatzerben die Abkömmlinge des Weggefallenen nach den Regeln über die gesetzliche Erbfolge deutschen Rechts. Sind keine Abkömmlinge vorhanden, soll Anwachsung eintreten.

5. Nur die vorstehenden Verfügungen zu Ziffer 3. und die Rechtswahl deutschen Erbrechts sind erbvertraglich bindend.[118] Alle übrigen Verfügungen in dieser Urkunde sind einseitig testamentarisch, so dass der Längstlebende jederzeit befugt ist, diese zu ändern oder auch im ganzen zu widerrufen. Der Längstlebende ist ferner befugt, seine Rechtswahl nach dem Tod des Erstversterbenden zu ändern oder zu widerrufen.

6. Der Notar hat auf folgendes hingewiesen:
   a) Aus Sicht der deutschen Gerichte richtet sich das anwendbare Erbrecht für jeden Erblasser nach seinem gewöhnlichen Aufenthalt im Todeszeitpunkt, sofern keine Rechtswahl getroffen wird.
   b) Im Geltungsbereich der Europäischen Erbrechtsverordnung wird von allen Staaten das gleiche Recht angewandt und eine Rechtswahl zugunsten des Heimatrechts des Erblassers beachtet; in anderen Staaten wird eine Rechtswahl möglicherweise nicht anerkannt.
   c) Im Erbfall wird grundsätzlich das Nachlassverfahren im Staat des gewöhnlichen Aufenthaltes des Erblassers im Erbfall durchgeführt[119].
   d) Dieser Erbvertrag sollte bei einer Verlegung des gewöhnlichen Aufenthaltes in einen anderen Staat oder eines künftigen Erwerbs von Auslandsvermögen überprüft werden. Wir erklären, dass wir derzeit nur Auslandsvermögen in ___ (d. h. EuErbVO-Staat) besitzen.
   e) Der Notar kennt ausländisches Recht nicht und hat darüber weder belehrt noch beraten. Die Erschienenen erklärten, dass sie gleichwohl die Beurkundung in dieser Form und mit diesem Inhalt ausdrücklich wünschen.

2. Auslandsvermögen in einem Drittstaat

150 Ist das **Auslandsvermögen in einem Drittstaat** belegen, ist eine Entscheidungskongruenz der möglicherweise im Erbfall zuständigen Nachlassgerichte nicht garantiert. In solchen Fällen ist zu prüfen, welches Erbrecht aus Sicht der Gerichte des Belegenheitsstaates anwendbar ist. Da ausländische Rechtsordnungen häufig Erbverträge nicht anerkennen, ist die Gefahr einer – aus Sicht ausländischer Gerichte – unwirksamen oder jedenfalls nicht bindenden Verfügung deutlich größer als bei einem Einzeltestament.

Aus Sicht der deutschen Gerichte ist jedoch ein Erbvertrag in jedem Fall wirksam, wenn beide Erblasser ihren gewöhnlichen Aufenthalt in Deutschland haben. Der Notar verletzt daher keine Amts-

---

117 Ist der gewöhnliche Aufenthalt unklar, ggf. weitere Ausführungen dazu; siehe Rdn. 67 und Rdn. 5 ff.
118 Die Rechtswahl kann erbvertraglich bindend erfolgen; vgl. Rdn. 72.
119 Siehe näher Rdn. 32 ff.

pflichten, nur weil der Erbvertrag möglicherweise vor ausländischen Gerichten nicht anerkannt wird.

▶ **Praxistipp:** 151

Hier kann es aus Sicht ausländischer Gerichte vielfach zur Nachlassspaltung kommen, wenn der Belegenheitsstaat das Erbstatut für Immobilien an ihre Belegenheit anknüpft (z. B. Common Law-Staaten), siehe Rdn. 21, 22.

Kann man zwei Erblassern mit gewöhnlichem Aufenthalt in Deutschland bei Vermögen in einem 152 Drittstaat zum Abschluss eines Erbvertrages oder gemeinschaftlichen Testamentes raten (z. B. Ferienwohnung in der Schweiz, Bankkonto in London)? Zunächst ist festzuhalten, dass dieser Erbvertrag aus Sicht der deutschen Gerichte wie auch der Gerichte der anderen EuErbVO-Staaten unzweifelhaft wirksam ist, da Errichtungsstatut deutsches Recht ist. Das juristische Risiko liegt also allein darin, wie **drittstaatliche Gerichte den Erbvertrag beurteilen.** Hierzu sind folgende Überlegungen wichtig:
– Wie knüpft das IPR des betreffenden Staates an? Kommt es gegebenenfalls zu einer Rückverweisung?
– Das ausländische IPR führt zur Anwendung der ausländischen lex fori: Kennt dieses ein materielles Verbot des Erbvertrages oder nur ein Formverbot?
– Ist in der konkreten familiären Situation wirklich eine bindende Verfügung erforderlich oder können die Betroffenen auch mit zwei Einzeltestamenten »gut leben«? Welchen Wert hat das Auslandsvermögen und wird es ggf. im Erbfall nicht mehr vorhanden sein (z. B. bei geplantem Verkauf oder geplanter vorweggenommener Erbfolge)?

▶ **Muster: Erbvertrag** 153

1. Vorsorglich widerrufen wir alle bisher gemeinsam oder von einem von uns errichteten Verfügungen von Todes wegen einschließlich etwaiger Rechtswahlerklärungen.[120]

2. Ich, Erblasser X, wähle hiermit für die Rechtsnachfolge von Todes wegen das deutsche Recht; ich besitze die deutsche Staatsangehörigkeit.
Ich, Erblasserin Y, wähle hiermit für die Rechtsnachfolge von Todes wegen das deutsche Recht; ich besitze die deutsche Staatsangehörigkeit. (Alternativ: Ich, Erblasserin Y, bin US-amerikanische Staatsangehörige mit gewöhnlichem Aufenthalt in Deutschland[121]; ich möchte keine Rechtswahl treffen)
Ferner wählen wir gemeinsam für diesen Erbvertrag (Zulässigkeit, materielle Wirksamkeit, Bindungswirkung, Voraussetzungen seiner Auflösung) das deutsche Recht. Mindestens einer von uns besitzt die deutsche Staatsangehörigkeit.

3. Wir setzen uns gegenseitig, der Erstversterbende den Überlebenden, zum alleinigen und unbeschränkten Erben ein.

4. Der Längstlebende von uns setzt unsere gemeinsamen Kinder A und B zu gleichen Teilen zu seinen Erben ein. Sollte einer von ihnen wegfallen, sind Ersatzerben die Abkömmlinge des Weggefallenen nach den Regeln über die gesetzliche Erbfolge deutschen Rechts. Sind keine Abkömmlinge vorhanden, soll Anwachsung eintreten.

5. Nur die vorstehenden Verfügungen zu Ziffer 3. und die Rechtswahl deutschen Erbrechts sind erbvertraglich bindend.[122] Alle übrigen Verfügungen in dieser Urkunde sind einseitig testamentarisch, so dass der Längstlebende jederzeit befugt ist, diese zu ändern oder auch im ganzen zu widerrufen. Der Längstlebende ist ferner befugt, seine Rechtswahl nach dem Tod des Erstversterbenden zu ändern oder zu widerrufen.

---

120 Damit werden frühere Rechtswahlen nach Art 25 Abs. 2 EGBGB aber auch eine fiktive Rechtswahl nach Art. 83 Abs. 4 EuErbVO (vgl. Rdn. 26 ff.) beseitigt.
121 Ist der gewöhnliche Aufenthalt unklar, ggf. weitere Ausführungen dazu; siehe Rdn. 67 und Rdn. 5 ff.
122 Die Rechtswahl kann künftig erbvertraglich bindend erfolgen; vgl. Rdn. 72.

6. Wenn und soweit aus Sicht ausländischer Nachlassgerichte eine Nachlassspaltung eintritt, sollen die vorstehenden Verfügungen soweit wie möglich für alle Spaltnachlässe gelten und unabhängig voneinander wirksam sein.[123]

7. Soweit nach dem anwendbaren Erbrecht eine gegenseitig bindende Verfügung nicht zulässig ist, erklärt jeder von uns vorsorglich, dass die vorstehenden Verfügungen als einseitige testamentarische Verfügung eines jeden von uns gelten soll.

8. *[bei Vermögen in einem Common Law-Staat[124]:]* Soweit die Erbfolge aus Sicht der zur Entscheidung berufenen Gerichte anglo-amerikanischem Recht unterliegt, verpflichten sich die Eheleute gegenseitig schuldrechtlich, die vorstehenden als wechselbezüglich bestimmten Verfügungen nicht aufzuheben oder zu ändern, soweit sie nach deutschem Recht daran gebunden wären. Sie verpflichten sich ferner, beeinträchtigende Schenkungen im Sinne von § 2287 BGB zu unterlassen. Diese schuldrechtlichen Vereinbarungen unterliegen dem Recht von ... (siehe Rdn. 89–90)
Soweit die Nachlassabwicklung (administration) englischem oder US-amerikanischen Recht oder einer anderen Rechtsordnung des Common Law unterliegt, so bestimmt jeder Erblasser folgendes (siehe Rdn. 85):
   a) Als personal representative benenne ich A. Ersatzweise, sollte der Benannte das Amt nicht annehmen oder später wegfallen, benenne ich B.
   b) Kein personal representative ist verpflichtet, in irgendeiner Form Bürgschaften oder andere Sicherheiten zu leisten.
   c) Der personal representative ist im weitestgehenden Umfang von gesetzlichen Beschränkungen befreit und ermächtigt, nach seinem Ermessen über den Nachlass zu verfügen und für diesen Verpflichtungen einzugehen.
   Mit der vorstehenden Benennung eines personal representative ist keine Testamentsvollstreckung im Sinne des deutschen Rechts angeordnet.

9. Der Notar hat auf Folgendes hingewiesen:
   a) Aus Sicht der deutschen Gerichte richtet sich das anwendbare Erbrecht für jeden Erblasser nach seinem gewöhnlichen Aufenthalt im Todeszeitpunkt, sofern keine Rechtswahl getroffen wird.
   b) Im Geltungsbereich der Europäischen Erbrechtsverordnung wird von allen Staaten das gleiche Recht angewandt und eine Rechtswahl zugunsten des Heimatrechts des Erblassers beachtet; in anderen Staaten wird eine Rechtswahl möglicherweise nicht anerkannt.
   c) Im Erbfall wird grundsätzlich das Nachlassverfahren im Staat des gewöhnlichen Aufenthaltes des Erblassers im Erbfall durchgeführt.[125]
   d) Bei Vermögen in einem Staat außerhalb des Geltungsbereichs der Europäischen Erbrechtsverordnung kann zusätzlich ein eigenständiges Nachlassverfahren in diesem Land erforderlich sein. Hierbei können aus Sicht der Gerichte und Behörden dieses Staates der Nachlass oder einzelne Nachlassgegenstände ausländischem Erbrecht unterliegen. Es ist unsicher, inwieweit ausländische Gerichte außerhalb des Geltungsbereiches der Europäischen Erbrechtsverordnung den Inhalt der hier getroffenen Verfügungen und insbesondere die Bindungswirkung anerkennen. Nach manchen ausländischen Rechtsordnungen sind Erbverträge oder gemeinschaftliche Testamente unwirksam oder zumindest ohne Bindungswirkung.
   d) Dieser Erbvertrag sollte bei einer Verlegung des gewöhnlichen Aufenthaltes in einen anderen Staat oder eines künftigen Erwerbs von Auslandsvermögen überprüft werden. Wir erklären, dass wir derzeit nur Auslandsvermögen in ___ besitzen.

---

123 Folgende Variante ist zu wählen, wenn bei Immobiliarvermögen in einem Sowjet-Nachfolgestaat aufgrund des deutsch-sowjetischen Konsularvertrages (vgl. Rdn. 48 ff.) eine Nachlassspaltung im Verhältnis zu einem Staat auftritt, der gemeinschaftliche Testamente bzw. Erbverträge materiell verbietet (z. B. ehemalige Ostblockstaaten): »Die in diesem Erbvertrag angeordneten Verfügungen beschränken sich auf denjenigen Spaltnachlass, der dem deutschen Erbrecht untersteht. Sie erstrecken sich nicht auf Nachlassgegenstände, die einem ausländischen Erbrecht, insbesondere dem Recht von ___ unterliegen; diesbezüglich wird jeder von uns ein eigenständiges Testament errichten.«

124 Da im anglo-amerikanischen Rechtskreis das gemeinschaftliche Testament bzw. der Erbvertrag keine Bindungswirkung entfaltet, kann diese durch einen Testiervertrag erreicht werden; näher *Fetsch*, RNotZ 2006, 1, 39.

125 Siehe näher Rdn. 32 ff.

e) Der Notar kennt ausländisches Recht nicht und hat darüber weder belehrt noch beraten. Die Erschienenen erklärten, dass sie gleichwohl die Beurkundung in dieser Form und mit diesem Inhalt ausdrücklich wünschen.
[bei Vermögen in einem Common Law-Staat: Schlussformel in Form des Zwei-Zeugen-Testamentes, vgl. Rdn. 88]

III. Erblasser mit gewöhnlichem Aufenthalt in anderem EuErbVO-Staat

1. Ein Erblasser mit deutscher Staatsangehörigkeit

Haben beide Erblasser ihren gewöhnlichen Aufenthalt in **unterschiedlichen EuErbVO-Staaten** (Rdn. 4) und besitzt einer von ihnen die **deutsche Staatsangehörigkeit**, so kann regelmäßig ein Erbvertrag errichtet werden mit Hilfe einer Rechtswahl des deutschen Errichtungsstatutes nach Art. 25 Abs. 3 EuErbVO. 154

Zu beachten ist allerdings, dass das Erbstatut im übrigen nach Art. 22 EuErbVO bzw. durch Rechtswahl bestimmt wird und die Zuständigkeit beim Nachlassgericht am letzten gewöhnlichen Aufenthalt des Erblassers liegt. Für den im Ausland wohnhaften Erblasser gilt somit ausländisches Erbrecht (inklusive Noterbrechte/Pflichtteilsrecht), wenn wegen ausländischer Staatsangehörigkeit eines Rechtswahl deutschen Erbrechts nicht möglich wäre. Mit Rücksicht darauf und auf die notwendige Nachlassabwicklung im Ausland sollte eine möglichst einfache Gestaltung gewählt werden, die von beiden Erbstatuten gedeckt ist (d. h. keine Vor- und Nacherbschaft, Beschränkung einer Testamentsvollstreckung auf den in Deutschland gelegenen Nachlass; vgl. Rdn. 78). 155

▶ **Muster: Erbvertrag** 156

Erblasser X hat seinen gewöhnlichen Aufenthalt in Deutschland; er besitzt die deutsche Staatsangehörigkeit. Erblasserin Y hat ihren gewöhnlichen Aufenthalt in Belgien; sie besitzt die belgische Staatsangehörigkeit.
1. Vorsorglich widerrufen wir alle bisher gemeinsam oder von einem von uns errichteten Verfügungen von Todes wegen einschließlich etwaiger Rechtswahlerklärungen.[126]
2. Ich, Erblasser X, wähle hiermit für die Rechtsnachfolge von Todes wegen das deutsche Recht; ich besitze die deutsche Staatsangehörigkeit und habe meinen gewöhnlichen Aufenthalt in Deutschland.
Ich, Erblasserin Y, habe meinen gewöhnlichen Aufenthalt in Belgien[127]; ich besitze die belgische Staatsangehörigkeit; ich möchte keine Rechtswahl treffen.
Ferner wählen wir gemeinsam für diesen Erbvertrag (Zulässigkeit, materielle Wirksamkeit, Bindungswirkung, Voraussetzungen seiner Auflösung) das deutsche Recht. Wir besitzen beide die deutsche Staatsangehörigkeit.
3. Wir setzen uns gegenseitig, der Erstversterbende den Überlebenden, zum alleinigen und unbeschränkten Erben ein.
4. Der Längstlebende von uns setzt unsere gemeinsamen Kinder A und B zu gleichen Teilen zu seinen Erben ein. Sollte einer von ihnen wegfallen, sind Ersatzerben die Abkömmlinge des Weggefallenen nach den Regeln über die gesetzliche Erbfolge deutschen Rechts. Sind keine Abkömmlinge vorhanden, soll Anwachsung eintreten.
5. Nur die vorstehenden Verfügungen zu Ziffer 3. und die Rechtswahl deutschen Erbrechts sind erbvertraglich bindend.[128] Alle übrigen Verfügungen in dieser Urkunde sind einseitig testamentarisch, so dass der Längstlebende jederzeit befugt ist, diese zu ändern oder auch im ganzen zu widerrufen. Der Längstlebende ist ferner befugt, seine Rechtswahl nach dem Tod des Erstversterbenden zu ändern oder zu widerrufen.

---

126 Damit werden frühere Rechtswahlen nach Art 25 Abs. 2 EGBGB aber auch eine fiktive Rechtswahl nach Art. 83 Abs. 4 EuErbVO (vgl. Rdn. 26 ff.) beseitigt.
127 Ist der gewöhnliche Aufenthalt unklar, ggf. weitere Ausführungen dazu; siehe Rdn. 67 und Rdn. 5 ff.
128 Die Rechtswahl kann jetzt auch erbvertraglich bindend erfolgen; vgl. Rdn. 72.

6. **Der Notar hat auf folgendes hingewiesen:**
   a) **Aus Sicht der deutschen Gerichte richtet sich das anwendbare Erbrecht für jeden Erblasser nach seinem gewöhnlichen Aufenthalt im Todeszeitpunkt, sofern keine Rechtswahl getroffen wird. Für die Erblasserin Y gilt somit nach heutigem Stand belgisches Erbrecht.**
   b) **Im Geltungsbereich der Europäischen Erbrechtsverordnung wird von allen Staaten das gleiche Recht angewandt und eine Rechtswahl zugunsten des Heimatrechts des Erblassers beachtet; in anderen Staaten wird eine Rechtswahl möglicherweise nicht anerkannt.**
   c) **Im Erbfall wird grundsätzlich das Nachlassverfahren im Staat des gewöhnlichen Aufenthaltes des Erblassers im Erbfall durchgeführt**[129]**.**
   d) **Dieser Erbvertrag sollte bei einer Verlegung des gewöhnlichen Aufenthaltes in einen anderen Staat oder im Falle eines künftigen Erwerbs von Auslandsvermögen überprüft werden. Wir erklären, dass wir derzeit nur Auslandsvermögen in ___ (d. h. EuErbVO-Staat) besitzen.**
   e) **Der Notar kennt ausländisches Recht nicht und hat darüber weder belehrt noch beraten. Die Erschienenen erklärten, dass sie gleichwohl die Beurkundung in dieser Form und mit diesem Inhalt ausdrücklich wünschen.**

Besitzen die Erblasser **Auslandsvermögen in einem Drittstaat**, so sind die entsprechenden Formulierungen Ziff. 8 und 9 aus dem Muster Rdn. 153 einzuarbeiten.

2. Erblasser ohne deutsche Staatsangehörigkeit

157 Besitzen beide Erblasser nicht die deutsche Staatsangehörigkeit, scheidet eine Rechtswahl des deutsche Rechts nach Art. 25 Abs. 3 EuErbVO aus, so dass der der Erbvertrag bzw. das gemeinschaftliche Testament nach beiden objektiv zu bestimmenden Erbstatuten (d. h. gewöhnlicher Aufenthalt der Erblasser bei Errichtung der Verfügung) zulässig sein muss (Art. 25 Abs. 1 EuErbVO).

In folgenden Staaten bestehen materielle Verbote des ausländischen Erbrechts, so dass von entsprechenden gemeinsamen Verfügungen in jedem Fall abzuraten ist: Belgien, Frankreich (Erbvertrag) Griechenland, Italien, Kroatien, Luxemburg (Erbvertrag), Monaco, Niederlande, Norwegen, Polen, Portugal, Rumänien, Slowenien, Spanien, Tschechien.

Bei gewöhnlichem Aufenthalt eines Erblassers in den o. g. Staaten sind **zwingend zwei Einzeltestamente** zu errichten.

Ist eine Bindung gewünscht, kann dies bei einer in Deutschland gelegenen Immobilie ggf. über gegenseitig eingeräumte Nießbrauchsrechte erfolgen (hierzu unten Rdn. 159).

IV. Erblasser mit gewöhnlichem Aufenthalt in Drittstaat

158 Weitaus problematischer sind Erbverträge oder gemeinschaftliche Testamente, wenn mindestens ein Erblasser seinen gewöhnlichen Aufenthalt in einem Drittstaat hat (beachte: in deutsch-türkischen bzw. deutsch-UdSSR-Nachfolgestaaten Konstellationen gelten vorrangige Staatsverträge, Rdn. 41 ff.). Dies gilt vor allem dann, wenn in diesem Drittstaat erhebliche Nachlassgegenstände zu erwarten sind, so dass dort ein eigenständiges Nachlassverfahren erforderlich sein wird.

Aus Sicht der EuErbVO müsste nach den Erbstatuten beider Erblasser ein Erbvertrag bzw. gemeinschaftliches Testament zulässig sein (Art. 25 Abs. 2 EuErbVO), so dass zunächst aus dieser Sicht die relevanten Erbstatute zu ermitteln sind. Hier wäre sogar ggf. eine Rechtswahl nach Art. 25 Abs. 3 EuErbVO möglich, wenn ein Erblasser die deutsche Staatsangehörigkeit besitzt.

Darüber hinaus wäre aber auch zu prüfen, ob auch aus Sicht des fraglichen Drittstaates der Erbvertrag wirksam wäre. Dies wird man in Praxis kaum mit der erforderlichen Sicherheit feststellen können.

---

[129] Siehe näher Rdn. 32 ff.

In der Regel wird man hier **zu Einzeltestamenten raten**. Selbst wenn eine bindende Verfügung rechtlich möglich wäre, kann sie dem Erben jedoch – z. B. weil sie im betreffenden Staat ungewöhnlich ist und daher auf Akzeptanzprobleme stößt – erhebliche Schwierigkeit bei der Nachlassabwicklung bereiten.

V. Alternative: Einzeltestamente und gegenseitiger lebzeitiger Nießbrauch an deutschen Grundbesitz

Besteht das Hauptvermögen der Erblasser aus einer in Deutschland gelegenen Immobilie und ist aufgrund des gewöhnlichen Aufenthaltes zumindest eines Erblassers im Ausland ein Erbvertrag oder ein gemeinschaftliches Testament nicht zulässig oder zumindest rechtlich unsicher, wird man zur Errichtung zweier Einzeltestamente raten. Wünschen die Eheleute jedoch – zumindest bezogen auf den deutschen Grundbesitz – eine gegenseitige Absicherung mit bindender Wirkung, kann dies durch die lebzeitige Einräumung eines gegenseitigen Nießbrauchsrechtes am deutschen Grundbesitz erreicht werden. 159

▶ **Muster:** 160

I. Vertragsgegenstand

Wir sind zu je $1/2$-Anteil eingetragene Eigentümer des im Grundbuch von Bonn (Amtsgericht Bonn) Blatt 5 verzeichneten Grundstücks der Gemarkung Bonn Flur 1 Nr. 5, Hof- und Gebäudefläche, Beethovengasse 5, groß 250 m² (nachfolgend »Grundbesitz«)

Der Grundbesitz ist in Abt. II und III lastenfrei.

Der Notar hat den Grundbuchinhalt am ... festgestellt.

II. Nießbrauch

Ein jeder von uns räumt auf seinem $1/2$-Anteil dem anderen Ehepartner auf dessen Lebensdauer an dem in Ziffer I. bezeichneten Grundbesitz den Nießbrauch wie folgt ein:

1. Der Nießbraucher ist berechtigt, sämtliche Nutzungen aus dem belasteten Grundbesitz zu ziehen, und verpflichtet, sämtliche auf dem Vertragsgegenstand ruhenden privaten und öffentlichen Lasten zu tragen. Dem Nießbraucher obliegen auch die außergewöhnlichen öffentlichen Lasten sowie die außergewöhnlichen Ausbesserungen und Erneuerungen. Der Nießbrauch ist auflösend bedingt und endet mit rechtskräftiger Scheidung unserer Ehe.

2. Schuldrechtlich wird vereinbart, dass die Einräumung des Nießbrauches jeweils als Gegenleistung für den Erhalt des Nießbrauchsrechtes erfolgt. Im übrigen ist der Nießbrauch unentgeltlich.

3. Jeder Nießbrauch soll in das Grundbuch des vorbezeichneten Grundbesitzes an rangbereiter Stelle eingetragen werden; der Notar belehrte über die Bedeutung der Rangstelle. Der Jahreswert jedes Nießbrauches wird mit ca. € ___ angegeben.

4. Wir bewilligen und beantragen die Eintragung je eines auflösend bedingten Nießbrauchsrechtes gemäß Ziffer 1:
   a) zugunsten von Herrn X auf dem $1/2$-Anteil von Frau Y,
   b) zugunsten von Frau Y auf dem $1/2$-Anteil von Herrn X,
      jeweils mit dem Vermerk, dass zur Löschung des Rechtes der Nachweis des Todes des Berechtigten genügt.

III. Schlussbestimmungen

Der Notar wird mit dem Vollzug dieser Urkunde beauftragt. Er ist befugt Anträge zu dieser Urkunde geteilt und eingeschränkt zu stellen und sei in gleicher Weise zurück zu ziehen.

Der Notar ist darüber hinaus bevollmächtigt, im Namen aller Beteiligter die in dieser Urkunde abgegebenen Erklärungen zu ergänzen oder zu berichtigen, soweit dies zum Grundbuchvollzug erforderlich ist.

Die Kosten dieser Urkunde und ihres Vollzugs tragen wir zu gleichen Teilen.

D. Pflichtteilsverzicht bei Auslandsberührung

161 Erbrechtliche Gestaltungen oder lebzeitige Vermögensübertragungen bedürfen gelegentlich der Absicherung durch Pflichtteilsverzichtsverträge. Das Pflichtteilsrecht untersteht dem Erbstatut, richtet sich folglich nach dem letzten gewöhnlichen Aufenthalt des Erblassers bzw. dem gewählten Erbstatut. Das maßgebliche Pflichtteilsrecht steht daher grundsätzlich erst im Zeitpunkt des Erbfalls fest. Der gewöhnliche Aufenthalt des Erben bzw. Pflichtteilsberechtigten ist hingegen irrelevant.

Der Pflichtteilsverzichtsvertrag stellt einen »Erbvertrag« i. S. der EuErbVO dar, was aus Art. 3 Abs. 1 lit. b) folgt.[130] Für sein Zustandekommen sowie seine Zulässigkeit ist somit das Errichtungsstatut i. S. v. Art. 25 EuErbVO maßgeblich, d. h. das hypothetische Erbstatut im Zeitpunkt des Vertragsschlusses. Umstritten ist allerdings, ob die Rechtsfolgen des Verzichts (z. B. Verzichtswirkung, die Geltung für Abkömmlinge) dem Erbstatut oder dem Errichtungsstatut zu entnehmen sind. Zum Teil geht man – wie schon zu Art. 25, 26 EGBGB – davon aus, dass die Rechtsfolgen des Verzichts dem tatsächlichen Erbstatut im Zeitpunkt des Erbfalls unterstehen.[131] Kennt dieses keinen Pflichtteilsverzicht oder verbietet es ein solchen, geht der Verzicht »ins Leere« und wird unwirksam[132] (Beispiel: Erblasser verzieht nach Italien).

Eine im Vordringen befindliche Meinung will hingegen auch die Rechtsfolgen des Verzichts dem hypothetischen Erbstatut im Zeitpunkt des Vertragsschlusses entnehmen, so dass ein Statutenwechsel ausgeschlossen ist.[133] Begründet wird diese Auffassung damit, dass der Bindungswirkung beim Erbvertrag funktional die Verzichtswirkung beim Pflichtteilsverzicht entspricht, so dass Art. 25 EuErbVO auch für Verzichtsfolgen anwendbar sein soll.

162 ▶ **Muster: Pflichtteilsverzicht**

1. Ich, Sohn X, verzichte hiermit auf meinen Pflichtteil nach meinen Eltern, den Eheleuten A und B. Diese nehmen den vorstehenden Verzicht hiermit an.
2. Eheleute A und B haben nach ihren Angaben ihren gewöhnlichen Aufenthalt in Deutschland. Sie planen derzeit keinen Umzug ins Ausland.
3. Der Notar hat darüber belehrt, dass der Pflichtteilsverzichtsvertrag dem Recht im Staat des gewöhnlichen Aufenthaltes des Erblassers unterliegt, wobei unklar ist, ob der heutige Aufenthalt oder der Aufenthalt im Todeszeitpunkt maßgeblich ist. Es ist somit denkbar, dass durch einen Umzug ins Ausland der Pflichtteilsverzichtsvertrag unwirksam werden kann, wenn das ausländische Erbrecht keine entsprechenden Regelungen kennt. Der Notar hat daher geraten, vor einem etwaigen Umzug ins Ausland deutsches Erbrecht in der Form eines Testamentes zu wählen; diese Rechtswahl kann jedoch nur ein deutscher Staatsangehöriger treffen.

E. Steuerliche Aspekte

I. Grundzüge des Internationalen Erbschaftssteuerrechts

163 Die Besteuerung in Erbfällen ist unabhängig davon, welches Zivilrecht auf den Erbfall anwendbar ist. Vielmehr bestimmen das deutsche ErbStG wie auch ausländische Erbschaftsteuergesetze ihren Anwendungsbereich selbst. Dabei kann es in vielen Fällen zu einer **doppelten Steuererhebung** kommen, insbesondere bei vorhandenem Auslandsvermögen, aber – je nach Einzelfall – auch schon aufgrund ausländischen Wohnsitzes oder ausländischer Staatsangehörigkeit.

Zur Ermittlung einer möglichen Doppelbesteuerung ist der Anwendungsbereich des deutschen ErbStG einerseits und der in Betracht kommenden ausländischen Erbschaftsteuergesetze andererseits zu ermitteln. Dabei findet sich in fast allen Erbschaftsteuergesetzen die Unterscheidung zwi-

---

130 Unstreitig, vgl. nur Würzburger Notarhandbuch/*Hertel*, 7. Teil, Kapitel 3 Rn. 136.
131 *Nordmeier*, ZEV 2013, 117, 120; *Odersky*, notar 2014, 139, 140.
132 *Nordmeier*, ZEV 2013, 117, 121; *Döbereiner*, MittBayNot 2013, 437, 443; *Wachter*, ZNotP 2014, 2, 12.
133 *Süß*, in: Mayer u. a. (Hrsg.), Handbuch des Pflichtteilsrechts (3. Aufl. 2013), § 18 Rn. 308; Würzburger Notarhandbuch/*Hertel*, 7. Teil Kapitel 3 Rn. 136 ff.; *Everts*, NotBZ 2015, 3, 4 f.

schen der sog. unbeschränkten Steuerpflicht, die den gesamten Nachlass erfasst, und der beschränkten Steuerpflicht, die sich nur auf bestimmte Nachlassgegenstände bezieht.

1. Anwendungsbereich des deutschen ErbStG

a) Unbeschränkte Steuerpflicht

Den Anwendungsbereich des deutschen ErbStG ist in dessen § 2 geregelt, der in Abs. 1 Nr. 1 an die »Inländereigenschaft« des Erblassers *oder* der Erwerbers anknüpft. **Inländer** ist in erster Linie derjenige, der seinen Wohnsitz oder gewöhnlichen Aufenthalt in Deutschland hat (lit. a). Der Begriff des Wohnsitzes (§ 8 AO) wird dabei aus fiskalischen Gründen sehr weit ausgedehnt; insbesondere kann eine Person mehrere Wohnsitze haben. Einen Wohnsitz hat jemand dort, wo er einen Wohnraum zur Verfügung hat, den er nutzen kann und wird; eine dauernde Nutzung ist nicht erforderlich.[134] Zur Begründung eines Wohnsitzes genügt bereits eine Wohnung, die regelmäßig mehrere Wochen im Jahr zur Jagd benutzt wird.[135] Bei intakter Ehe genügt es für die Steuerpflicht beider Ehegatten, wenn nur einer von ihnen einen inländischen Wohnsitz hat.[136] Der gewöhnliche Aufenthalt (§ 9 AO) spielt daher in der Praxis kaum eine Rolle. Um Umgehungen durch Wegzug zu vermeiden ordnet § 2 Abs. 1 Nr. 1 lit. b ErbStG eine sog. erweiterte unbeschränkte Steuerpflicht für deutsche Staatsangehörige für 5 Jahre nach dem Wegzug an.

164

Ist der Erblasser ein »Inländer«, so findet das deutsche ErbStG (einschließlich der Freibeträge) auf den gesamten Nachlass Anwendung und zwar auch dann, wenn dieser im Ausland belegen ist;[137] es ist auch gleichgültig, ob der Erwerber im Ausland ansässig ist. Ist hingegen allein der Erbe »Inländer«, so unterliegt nur der auf ihn entfallende Erwerb – auch soweit im Ausland belegen – der unbeschränkten Steuerpflicht des ErbStG.[138] Bei der Bewertung von Grundbesitz und Betriebsvermögen im Ausland wird gemäß § 12 Abs. 7 ErbStG, § 31 BewG der Verkehrswert angesetzt, der jedoch freier geschätzt werden kann und nicht an die Einhaltung der §§ 151 ff. BewG gebunden ist.[139]

165

Die **Steuerfreiheit des (fiktiven) Zugewinnausgleichs** im Erbfall nach § 5 ErbStG gilt grundsätzlich auch für Auslandsvermögen. § 5 ErbStG ist nach h. M. nicht auf Ehegatten im Güterstand des deutschen Rechts beschränkt; ähnlich konstruierte Güterstande des ausländischen Rechts (z. B. des finnischen, griechischen, israelischen, norwegischen, schwedischen, schweizerischen, taiwanesischen Rechts)[140] sollen für seine Anwendbarkeit genügen.[141]

166

b) Beschränkte Steuerpflicht für Inlandsvermögen

Sind weder Erblasser noch Erbe Inländer, so gilt lediglich eine **beschränkte Steuerpflicht** gemäß § 2 Abs. 1 Nr. 3 ErbStG, die nur das Inlandsvermögen erfasst. Dieses ist wiederum in § 121 BewG definiert. Danach zählt zum **Inlandsvermögen** u. a. inländischer Grundbesitz (Nr. 2), Betriebsvermögen welches einem hier betriebenen Gewerbe dient, soweit hierfür eine Betriebsstätte unterhalten wird (Nr. 3), sowie Anteile an einer Kapitalgesellschaft, wenn die Gesellschaft hier ihren Sitz oder ihre Geschäftsleitung hat und der Gesellschafter mindestens 10 % der Anteile besitzt (Nr. 4). Forderungen unterfallen nur der beschränkten Steuerpflicht, wenn sie grundpfandrechtlich besichert sind

167

---

134 *Meincke*, ErbStG, § 2 Rn. 6.
135 BFH vom 23.11.1988, BStBl. II 1989, 182; vgl. mit weiteren Beispielen auch Flick/Piltz/*Noll*, Rn. 1221 ff.
136 FG Hamburg vom 15.4.1994, EFG 1994, 730.
137 Flick/Piltz/*Noll*, Rn. 1273; Troll/Gebel/Jülicher/*Jülicher*, ErbStG, § 2 Rn. 2, 6.
138 Flick/Piltz/*Noll*, Rn. 1274; Troll/Gebel/Jülicher/*Jülicher*, ErbStG, § 2 Rn. 6.
139 *Meincke*, ErbStG, § 12 Rn. 98.
140 Vgl. *Jeremias*, ZEV 2005, 414, 415 m. w. N.
141 BFH BStBl. 1975 II, S. 447 ff.; ausführlich *Jeremias*, ZEV 2005, 414 ff.; Süß/*Reich*, Erbrecht in Europa (2008), § 8 Rn. 80; *von Oertzen*, ZEV 1994, 93 ff.; ablehnend Troll/Gebel/Jülicher/*Gebel*, ErbStG, § 5 Rn. 25; unentschieden Flick/Piltz/*Noll*, Rn. 1327.

Kapitel 19 Testamente und Erbverträge bei Auslandsberührung

(Nr. 7) oder in Form einer stillen Beteiligung/partiarisches Darlehen bestehen (Nr. 8). Einfache Guthaben bei einer deutschen Bank sind daher nicht beschränkt steuerpflichtig.

168 Im Rahmen der beschränkten Steuerpflicht gelten jedoch folgende Besonderheiten: (1) Es wird nur ein deutlich reduzierter Freibetrag von 2 000 € gewährt (§ 16 Abs. 2 ErbStG); da dies der EuGH als europarechtswidrig eingestuft hat,[142] wurde in 2012 der neue § 2 Abs. 3 ErbStG eingefügt, welcher dem Erwerber die Option zu unbeschränkten Steuerpflicht und damit den hohen Freibeträgen gestattet; auch diese Neuregelung hat der EuGH jedoch als europarechtswidrig eingestuft,[143] so dass mit einer Neuregelung zu rechnen ist. (2) Ferner gestattet § 10 Abs. 6 S. 2 ErbStG lediglich einen beschränkten Schuldenabzug, nämlich nur solcher Schulden, die im wirtschaftlichen Zusammenhang mit dem fraglichen Nachlassgegenstand stehen. Dies sind etwa Verbindlichkeiten, die zum Erwerb oder zum Erhalt eines Wirtschaftsgutes eingegangen worden sind. Die allgemeinen Schulden sind hingegen nicht abziehbar. Befinden sich im Nachlass wesentliche Verbindlichkeiten, kann dies zu einer erheblichen Steuermehrbelastung durch die hohe Besteuerung des Inlandsvermögens führen. (3) § 5 ErbStG bleibt anwendbar; nach h. M. ist der fiktive Ausgleichsanspruch in voller Höhe anzusetzen[144] und nicht nur quotal seinem Anteil am Inlandsvermögen entsprechend.[145]

2. Ausländische Erbschaftsteuer[146]

169 Fast alle Staaten erheben Erbschaft- oder Schenkungsteuer, allerdings im Einzelnen mit sehr verschiedener Ausgestaltung und sehr verschiedener Belastungswirkung. Zwei Grundtypen haben sich herausgebildet: (1) Die *Nachlasssteuer*, die eine letztmalige Besteuerung des Erblassers ist (»Besteuerung der letzten Sekunde«). An welche Personen das Vermögen fällt und wo dieses belegen ist, ist irrelevant. Diesem System folgen insbesondere die angelsächsischen Staaten (USA, Großbritannien, Südafrika). (2) Die *Erbanfallsteuer* erfasst demgegenüber die Bereicherung bei der Person, die etwas durch Erbfall oder Schenkung erhält. Sie ist eine Besteuerung des Empfängers. Bei mehreren Empfängern kann es daher zu einer unterschiedlichen Besteuerung kommen. Diesem System folgen die meisten kontinental-europäischen Staaten, insbesondere auch Deutschland.

a) Unbeschränkte Steuerpflicht

170 Ohne dass die im Detail bestehenden Unterschiede hier nachgezeichnet werden können, gilt im Grundsatz, dass die unbeschränkte Erbschaftsteuerpflicht der meisten Staaten an den **Wohnsitz oder den gewöhnlichen Aufenthalt des Erblassers** anknüpft, seltener an den Wohnsitz des Erben oder die Staatsangehörigkeit von Erblasser/Erbe. Die Definition des steuerlichen Wohnsitzes variiert naturgemäß nach den einzelnen nationalen Gesetzen.

b) Beschränkte Steuerpflicht

171 Liegen die Voraussetzungen der unbeschränkten Steuerpflicht nicht vor, so sehen praktisch alle Steuerrechte subsidiär eine beschränkte Steuerpflicht für das Inlandsvermögen vor. Die Definition des Inlandsvermögens variiert zwar nicht unerheblich, doch kann man zumindest die folgenden typischen Fälle nennen, die konkreten Fall überprüft werden sollten: (1) Grundbesitz (wird praktisch überall als Inlandsvermögen definiert); (2) Kapitalgesellschaften mit Sitz und/oder Betriebsstätte im Inland; (3) auf inländischem Grundbesitz dinglich gesicherte Forderungen; (4) Forderungen gegen inländische Schuldner, insbesondere auch Bankguthaben bei inländischen Banken bzw. Niederlassungen; (5) bewegliche Sachen im Inland.

---

142 EuGH vom 22.4.2010 – C-510/08 (Vera Mattner ./. FA Velbert), ZEV 2010, 270 ff. mit Anm. *Jochum*.
143 EuGH vom 4.9.2014 – Rs. C-211/13; näher Troll/Gebel/Jülicher/*Jülicher*, ErbStG, § 2 Rz. 308.
144 *Meincke*, ErbStG, § 5 Rn. 37 m. w. N.; *Jeremias*, ZEV 2005, 414, 418; *v. Oertzen*, ZEV 1994, 93, 94; a. A. aber wohl die Finanzverwaltung (vgl. *Jeremias* a. a. O.).
145 Troll/Gebel/Jülicher/*Gebel*, ErbStG, § 5 Rn. 54. Siehe w. N. zu dieser Streitfrage bei Süß/*Reich*, Erbrecht in Europa, § 8 Rn. 82.
146 Siehe Länderberichte in Flick/Piltz/*Jülicher*, Rn. 1641 ff.

II. Regelfall: Doppelbesteuerung

Wie vorstehend ausgeführt, kommt es in internationalen Erbfällen vielfach zu einer kumulativen Anwendung des deutschen und ausländischen Steuerrechts und damit – wenn die Freibeträge oder Ausnahmetatbestände nicht greifen – zu einer Doppelbesteuerung. Zumeist werden unbeschränkte und beschränkte Steuerpflicht zusammentreffen; in Ausnahmefällen ist aber auch eine doppelte unbeschränkte Steuerpflicht denkbar. Die Doppelbesteuerung wird (selten) vermieden oder zumindest gemindert durch einige wenige Doppelbesteuerungsabkommen und die Anrechnungsregelung des § 21 ErbStG. 172

1. Doppelbesteuerungsabkommen

Doppelbesteuerungsabkommen bestehen derzeit nur zwischen der Bundesrepublik Deutschland und Dänemark, Frankreich, Griechenland (nur bezüglich beweglichen Vermögens), Österreich, Schweden, der Schweiz und den USA.[147] Die Abkommen enthalten regelmäßig eine Definition des steuerlichen Wohnsitzes (zumeist: Wohnsitz des Erblassers) und regeln die Besteuerungshoheit bezüglich Grundbesitz, Betriebsvermögen, Kapitalgesellschaften und sonstigen Vermögens sowie Fragen des Schuldenabzugs. Die Vermeidung der Doppelbesteuerung erfolgt zumeist nicht durch eine Freistellung von der Besteuerung des »Auslandsvermögens«, sondern durch die Anrechnung der im Ausland gezahlten Steuer. 173

2. Anrechnung nach § 21 ErbStG

Außerhalb der Doppelbesteuerungsabkommen sieht § 21 ErbStG unter bestimmten Voraussetzungen die Anrechnung im Ausland gezahlter Erbschaftsteuer auf die deutsche Erbschaftssteuer im Falle einer unbeschränkten Steuerpflicht vor. Die Anrechnung erfolgt nur auf den Teil der deutschen Steuerschuld, die auf das besteuerte Auslandsvermögen entfällt (§ 21 Abs. 1 S. 1: »insoweit«). Der Betrag der deutschen Steuerschuld, die auf das Auslandsvermögen entfällt, wird quotal im Verhältnis des Inlands- und Auslandsvermögen zueinander ermittelt (§ 21 Abs. 1 S. 2). 174

Welche Gegenstände bei dieser Berechnung wiederum als Auslandsvermögen anzusetzen sind, definiert § 21 Abs. 2 ErbStG: Ist der Erblasser »Inländer« – was in der notariellen Beratungspraxis der Regelfall sein dürfte – so bilden nur jene Gegenstände das Auslandsvermögen, die bei spiegelbildlicher Anwendung des § 121 BewG im Ausland belegen sind (Nr. 1). Ist er hingegen *kein* Inländer, so ist alles dasjenige Auslandsvermögen, was nicht nach § 121 BewG Inlandsvermögen ist (Nr. 2); in diesem Fall ist somit der Begriff des Auslandsvermögens ein weiterer, was zu einer höheren Anrechnung führen kann. 175

Angerechnet wird nur eine ausländische Steuer, die dem deutschen ErbStG vergleichbar ist; bei ausländischen Wertzuwachssteuern wird dies verneint, bei ausländischen Registersteuern ist dies unsicher.[148] 176

Im Ergebnis ist daher festzuhalten, dass die Anrechnung nach § 21 ErbStG die Doppelbesteuerung zwar mildert, aber in der Regel nicht völlig ausschließt. Eine Mehrbelastung verbleibt: (1) Wenn die ausländische Steuer mangels Vergleichbarkeit überhaupt nicht angerechnet wird; (2) in Deutschland aufgrund der hohen Freibeträge gar keine Steuer bezahlt wird, so dass eine Anrechnung im Ausland gezahlter Steuern notwendig ausscheidet; (3) wenn die ausländische Steuer (wegen eines höheren Satzes oder strengerer Bewertungsvorschriften) höher als die anteilige deutsche Steuer ist; (4) wenn die 177

---

147 Eine Kurzdarstellung der jeweiligen Abkommen findet sich bei *Meincke*, ErbStG, § 2 Rn. 14 ff.; Flick/Piltz/*Wassermeyer*, Rn. 1411 ff.; ferner Troll/Gebel/Jülicher/*Jülicher* ErbStG, § 2 Rn. 205 ff.
148 *Meincke*, ErbStG, § 21 Rn. 11; Troll/Gebel/Jülicher/*Jülicher*, ErbStG, § 21 Rn. 106 (Italien).

ausländische Steuer Gegenstände erfasst, die über die in § 121 BewG genannten hinausgehen (vgl. § 21 Abs. 2 Nr. 1 ErbStG).[149]

3. Doppelte unbeschränkte Steuerpflicht

178 Besonders problematisch sind Fallkonstellationen, in denen eine *doppelte unbeschränkte Steuerpflicht* nach deutschem und ausländischem Steuerrecht besteht. In diesen Fällen sieht das Steuerrecht grundsätzlich keinerlei Anrechnung vor, so dass infolge der Doppelbelastung das übergehende Vermögen weitgehend aufgezehrt werden kann. Hier gebieten aber möglicherweise die EG-Kapitalverkehrsfreiheit sowie Art. 14 GG eine Anrechnungsmöglichkeit zu schaffen.[150] Zu einer doppelten unbeschränkten Steuerpflicht kommt es vor allem in folgenden Fällen:[151]

179 (1) Der Erblasser hat *zwei Wohnsitze* in unterschiedlichen Staaten, die jeweils die unbeschränkte Steuerpflicht an den Wohnsitz anknüpfen. Namentlich in den nicht seltenen »Ferienhaus-Konstellationen« sollte der Notar darauf hinweisen, dass bei regelmäßigem Aufenthalt im Ausland dort u. U. ein weiterer steuerlicher Wohnsitz begründet wird, der zu einer doppelten unbeschränkten Steuerpflicht kann.[152]

180 (2) Der Erblasser hat seinen Wohnsitz in einem Staat, der – wie die Mehrzahl der Staaten – die unbeschränkte Steuerpflicht an den Wohnsitz anknüpft. Der Erbe hat hingegen seinen Wohnsitz in einem Land, welches für die unbeschränkte Steuerpflicht den Erbenwohnsitz genügen lässt (z. B. Spanien, Japan, Deutschland, Österreich).

181 (3) Der Erblasser hat zwar seinen Wohnsitz nur in einem Staat, wird aber von seinem früheren Heimatstaat nach dem Wegzug für eine gewisse Frist der unbeschränkten Steuerpflicht unterworfen (z. B. Deutschland: fünf Jahre nach Wegzug, § 2 Abs. 1 Nr. 1 lit. b ErbStG).

III. Gestaltungsmöglichkeiten zur Vermeidung einer Doppelbesteuerung

182 Ist eine Doppelbesteuerung bei internationalen Erbfällen eher die Regel als die Ausnahme, kommt daher Gestaltungsüberlegungen zu ihrer Vermeidung eine besondere Bedeutung zu. Eine – meist nur theoretisch denkbare – Wohnsitzverlagerung in »Steueroasen« dürfte sich angesichts der sozialen Bindungen für die meisten Personen nicht als praktikabel erweisen;[153] zudem gilt zur Vermeidung von Umgehungen gemäß § 2 Abs. 1 Nr. 1 lit. b ErbStG noch für 5 Jahre nach dem Wegzug die unbeschränkte Steuerpflicht, so dass dieser Weg auch nicht risikolos ist.

183 Da eine unbeschränkte Steuerpflicht praktisch immer besteht, zielen die Gestaltungsansätze regelmäßig darauf, die **beschränkte Steuerpflicht des Auslandsvermögens zu reduzieren**. Dies setzt freilich eine genaue Kenntnis des ausländischen Steuerrechts, insbesondere hinsichtlich der beschränkten Steuerpflicht und der Schuldenabzugsmöglichkeiten voraus, so dass die Einschaltung eines ausländischen Steuerberaters zumeist unumgänglich ist, der die nachfolgenden Gestaltungsvarianten im konkreten Fall überprüft.

---

149 So die Fallkonstellation in EuGH vom 12.2.2009 – Rs. C-67/08 (Margarete Block), in welcher spanische Erbschaftsteuer auf Guthaben bei spanischen Banken erhoben wurde sowie zusätzlich die unbeschränkte deutsche Steuerpflicht vorlag, da die Erbin und Erblasser in Deutschland wohnten; die Voraussetzungen einer Anrechnung nach § 21 ErbStG lagen nicht vor. Der EuGH verneinte einen Verstoß gegen den EG-Vertrag (Rn. 30, 31).
150 Vgl. Flick/Piltz/*Wassermeyer*, Rn. 1349. Allerdings scheint der EuGH hier sehr zurückhaltend (vgl. Urteil in voriger Fn.).
151 Weitere Beispielskonstellationen bei Flick/Piltz/*Piltz*, Rn. 38 ff.
152 Hiervor warnen auch *Plewka/Watrin*, ZEV 2002, 253, 258. Unproblematisch sind insoweit aber Staaten, die – wie z. B. Spanien – die unbeschränkte Steuerpflicht an den Wohnsitz des *Erben* (nicht des Erblassers) anknüpfen.
153 Zur »Gestaltung« durch Wohnsitz- oder Staatsangehörigkeitswechsel siehe *Plewka/Watrin*, ZEV 2002, 253, 254 ff. und *Dehmer*, IStR 2009, 454, 457.

1. Vorausvermächtnis mit Geldunterdvermächtnis

Ein erster Gestaltungsansatz liegt darin, die **Bemessungsgrundlage der ausländischen Erbschafts-** **184** **steuer bis auf Null** zu reduzieren: Ein Erblasser mit einer Eigentumswohnung im Ausland, der seine beiden Kinder gleich behandeln will, kann sie zu je $^1/_2$-Anteil zu Erben einsetzen mit der Folge, dass der Wert der Wohnung nach dem ausländischem Erbschaftssteuerrecht zu versteuern ist. Das gleiche wirtschaftliche Ergebnis lässt sich erreichen, wenn er zusätzlich zu der hälftigen Erbeinsetzung dem Kind A die Wohnung als Vorausvermächtnis zukommen lässt verbunden mit einem **Geldunterdvermächtnis** zugunsten von Kind B in Höhe des Verkehrswertes der Wohnung.[154] Damit würde die Bemessungsgrundlage für die ausländische Erbschaftsteuer auf Null reduziert. Da A wirtschaftlich nichts erhält, muss zusätzlich noch ein Vorausvermächtnis in Höhe von 50 % des Wohnungswertes für A angeordnet werden.

Voraussetzung für diese Gestaltung ist jedoch: (1) Zivilrechtlich kennt das maßgebliche Erbstatut die **185** Konstruktion eines Vorausvermächtnisses und des Untervermächtnisses. (2) Das ausländische Erbschaftsteuerrecht lässt im Rahmen der beschränkten Steuerpflicht den Abzug des Untervermächtnisses beim Hauptvermächtnisnehmer zu. (3) Das Untervermächtnis selbst unterliegt als Geldanspruch ausschließlich der unbeschränkten Steuerpflicht (hierfür kann es auf den Wohnsitz des mit dem Untervermächtnis belasteten Kindes ankommen).

2. Vermögensverlagerung

Soweit das Auslandsvermögen »beweglich« ist (z. B. Aktiendepots), kann der Erblasser häufig ohne **186** größeren Aufwand das Depot auf ein anderes Kreditinstitut übertragen. Wählt er eine Bank mit Sitz in einem Staat aus, in dem bereits eine unbeschränkte Steuerpflicht besteht oder keine Erbschaftssteuer erhoben wird, fällt naturgemäß auch keine doppelte Erbschaftssteuer an.[155]

3. Einbringung in deutsche GmbH

Eine weitere Gestaltung zur Vermeidung der beschränkten Steuerpflicht ist die Einbringung des aus- **187** ländischen Vermögens (z. B. eines Grundstücks) in eine Kapitalgesellschaft mit Sitz in Deutschland.[156] Viele ausländische Steuerrechte erstrecken die beschränkte Steuerpflicht nicht auf ausländische Kapitalgesellschaften. Hierdurch wird also das Auslandsvermögen dem Anwendungsbereich der beschränkten Steuerpflicht entzogen. Der Erbfall wird allein nach deutschem Recht besteuert; zugleich kommt man in den Genuss der Vergünstigungen des deutschen Erbschaftssteuerrechts für Betriebsvermögen (§§ 13a, 13b Abs. 1 Nr. 3, 19a ErbStG).

Voraussetzung für diese Gestaltung ist somit, dass das ausländische Steuerrecht die beschränkte Steuer- **188** pflicht im konkreten Fall nicht auf ausländische Kapitalgesellschaften erstreckt und das ausländische Steuerrecht keinen Umgehungstatbestand annimmt.[157] Die große Mehrzahl ausländischer Erbschaftsteuergesetze erfasst keine (aus ihrer Sicht) ausländischen Kapitalgesellschaften. Nur in seltenen Fällen werden zur Vermeidung von Umgehungen ausländische Grundstücksgesellschaften besteuert (z. B. in Frankreich, wenn Grundstücke 50 % des nicht betrieblich genutzten Vermögens ausmachen).

---

154 Beispiel nach *Flick/Piltz/Noll*, der für einen Steuerausländer-Erblasser diese Gestaltung für ein deutsches Grundstück (und damit unter Zugrundelegung des deutschen Erbschaftssteuerrechts) vorschlägt; ähnlich wohl auch *Plewka/Watrin*, ZEV 2002, 253, 259.
155 *Dehmer*, IStR 2009, 454, 457.
156 *Wachter*, ZEV 2003, 137, 141 ff.; ausführlich aus steuerlicher Sicht: *Werkmüller*, ZEV 2004, 365–367, und *Börner*, ZEV 2004, 368–370 (Spanien).
157 *Wachter*, ZEV 2003, 137, 141, sieht hier keine Probleme für Spanien; Troll/Gebel/Jülicher/*Jülicher*, ErbStG, § 21 Rn. 130 (S. 70 f.) weist aber hierauf hin.

4. Vorweggenommene Erbfolge: Geldschenkung und nachfolgender Kauf des Auslandsvermögens

189 Die vorweggenommene Erbfolge, lässt sich auch bei Auslandsvermögen gezielt zur Steuerreduzierung einsetzen. Unterliegt aber der Vermögensgegenstand – wie z. B. eine Ferienwohnung – der beschränkten ausländischen Erbschaft- bzw. Schenkungsteuerpflicht, droht selbst bei nicht besonders werthaltigen Gegenständen wegen des regelmäßig geringen Freibetrages eine **besonders hohe ausländische Steuerbelastung**.

190 Dies lässt sich – vor allem bei nicht allzu wertvollen Objekten – dadurch umgehen, dass man den Schenkungstatbestand, der im Ausland die Schenkungsteuerpflicht auslöst, vermeidet und stattdessen das Objekt an die Kinder verkauft. Zuvor wird den Kindern ein Geldbetrag zur freien Verfügung geschenkt, den diese dann zum Erwerb des Grundbesitzes einsetzen.[158] Dabei ist in jedem Fall zu vermeiden, dass das Geld zweckgebunden für das Auslandsgrundstück einzusetzen ist, um eine mögliche mittelbare Grundstücksschenkung nach ausländischem Schenkungsteuerrecht zu vermeiden. Sind Kinder und Eltern ausschließlich in Deutschland ansässig, gilt dann allein die deutsche Schenkungsteuer einschließlich ihrer Freibetragsregelung.

191 Voraussetzung für die Gestaltung ist, dass das ausländische Schenkungsteuerrecht hier keine mittelbare Grundstücksschenkung oder Umgehung annimmt. Daher sollte zwischen Grundstücksschenkung und Kauf ein hinreichender zeitlicher Abstand liegen;[159] der Schenkungsvertrag sollte jede Bezugnahme auf das Grundstücksgeschäft vermeiden und den Kindern das Geld ausdrücklich zur freien Verfügung zuwenden.

192 Ist diese Gestaltung steuerlich vorteilhaft, können die Nachteile in zivilrechtlicher Sicht jedoch durchaus gravierend sein: Die üblichen Absicherungsmechanismen wie Vorbehaltsnießbrauch und Rücktrittsrechte fallen weg. Die vorstehende Gestaltung sollte daher nur gewählt werden, wenn der Schenker anderweitig abgesichert ist.

5. Gezielte Belastung des Auslandsvermögens

193 Eine Reduzierung der steuerlichen Bemessungsgrundlage für die ausländische beschränkte Steuerpflicht lässt sich auch dadurch erreichen, dass dem Auslandsvermögen gezielt Verbindlichkeiten zugeordnet werden, die beim Schuldenabzug ganz oder teilweise berücksichtigt werden können.[160] Es kann daher sinnvoll sein, für den Erwerb oder die Renovierung einer Ferienwohnung gezielt Verbindlichkeiten aufzunehmen.[161] Damit kann nicht nur der Abzug im Rahmen der ausländischen Erbschaftsteuer erfolgen; gleichzeitig dürfte der Schuldenabzug auch bei der deutschen Erbschaftsteuer vorzunehmen sein, wenn der Erblasser unbeschränkt steuerpflichtig war (vgl. § 10 Abs. 6 S. 1 ErbStG, der bei unbeschränkter Steuerpflicht gerade nicht eingreift). Es kann damit sogar zu einem doppelten Abzug kommen.[162]

---

158 Denkbar ist auch, den Grundbesitz an die Kinder zu verkaufen und ihnen sodann die Kaufpreisschuld schenkweise zu erlassen (was zulässige Praxis in manchen Staaten sein soll); bei dieser Gestaltung liegt allerdings die Gefahr des Vorwurfs der Umgehung auf der Hand.
159 Ein längerer Zeitraum zwischen Schenkung und Erwerb indiziert jedenfalls nach deutschem ErbStG die Geldschenkung, vgl. *Meincke*, ErbStG, § 7 Rn. 19; BFH BStBl. II 1985, 159.
160 *Piltz*, ZEV 1998, 461, 461 f.; *Süß/Reich*, Erbrecht in Europa, § 8 Rn. 92.
161 Unter Umständen genügt bereits die dingliche Absicherung von Verbindlichkeiten, ohne dass die Geldmittel für das konkrete Objekt eingesetzt werden müssen, so etwa *Wachter*, ZEV 2003, 137, 144 für Spanien. Hierzu auch *Dehmer*, IStR 2009, 454, 459.
162 Demgegenüber scheint *Piltz*, ZEV 1998, 461, nur von einer einmaligen Anrechnung auszugehen, denn er empfiehlt, die Fremdfinanzierung in dem Staat, der die höhere Steuer vorsieht.

Voraussetzung für diese Gestaltung ist, (1) dass das ausländische Erbschaftssteuerrecht bzw. ein einschlägiges Doppelbesteuerungsabkommen einen individuellen Schuldenabzug[163] von solchen Verbindlichkeiten zulässt, die mit dem Nachlassgegenstand in wirtschaftlichem Zusammenhang stehen, und (2) dass ein entsprechender wirtschaftlicher Zusammenhang tatsächlich hergestellt ist. *Wachter* rät (zum spanischen Recht) aus Sicherheitsgründen dazu, dass die darlehensgebende Bank ihren Sitz oder zumindest eine Niederlassung im fraglichen Staat haben und der Darlehensvertrag dem ausländischen Recht unterliegen und dort zu erfüllen sein sollte; zusätzlich empfiehlt er eine dingliche Absicherung auf dem Objekt.[164]

6. Vererbung an Kinder statt an Ehegatten

Lässt sich nach vorstehenden Überlegungen eine Doppelbesteuerung nicht ausschalten, so sollte wenigstens die **zweifache Doppelbesteuerung** vermieden werden, die jedenfalls dann einträte, wenn das Auslandsvermögen zunächst an den überlebenden Ehegatten und anschließend an die Kinder vererbt. Gerade bei Auslandsvermögen kann es sinnvoll sein, dieses unmittelbar an die Kinder zu vererben oder zu vermachen, zumal wenn die Freibeträge des deutschen Rechts nicht überschritten werden: Deutsche Erbschaftssteuer fällt dann nicht an; allenfalls die beschränkte ausländische Steuerpflicht trifft die Kinder, aber eben nur einmal.

Der Ehegatte könnte seinerseits durch Wohn- oder Nießbrauchsrechte abgesichert werden. Diese können aber ihrerseits wiederum als Nutzungsrechte an ausländischem Vermögen der ausländischen Erbschaftssteuer unterliegen, was nach der jeweils in Betracht kommenden Steuerrechtsordnung zu prüfen wäre. Auf eine Absicherung wird man daher – falls nach den Familienverhältnissen vertretbar – möglicherweise verzichten.

F. Checkliste

▶ **Checkliste: Auslandsberührung**

1. Befinden sich heute bzw. künftig Nachlassgegenstände im Ausland? (Wird das vorhandene Auslandsvermögen behalten? Kommt z. B. durch Erbfolge Auslandsvermögen noch künftig hinzu?)

2. Welche Staatsangehörigkeiten haben die Erblasser? (Bedeutsam für Rechtswahlmöglichkeit nach Art. 22 EuErbVO)

3. Bei Vermögen in Drittstaaten: Ist eine bindende Verfügung tatsächlich notwendig oder sind auch zwei Einzeltestamente interessengerecht möglich?

4. Bei werthaltigem Auslandsvermögen: Steuerliche Aspekte wegen Doppelbesteuerung beachten.

---

163 Ein quotaler Schuldenabzug hätte auch einen positiven Effekt, der jedoch gering ist, wenn das inländische Vermögen – wie zumeist – den deutlich größeren Anteil am Nachlass hat.
164 *Wachter*, ZEV 2003, 137, 143 f.

Kapitel 20. Steuerrecht und Erbfolgeregelung

Übersicht

	Rdn.
A. **Grundzüge**	1
I. Wesen und Rechtsquellen der Erbschaftsteuer	1
1. Reform des Erbschaftsteuerrechts	2
2. Erbschaftsteuer-Durchführungsverordnung, Richtlinien und Erlasse	8
II. Konkurrenz zur Einkommen- und Grunderwerbsteuer	10
III. Grundfragen der persönlichen Erbschaftsteuerpflicht	13
1. Unbeschränkte und erweiterte unbeschränkte Steuerpflicht	14
2. Beschränkte und erweiterte beschränkte Steuerpflicht	16
3. Doppelbesteuerung bei grenzüberschreitenden Erbschaften und Schenkungen	19
IV. Steuerpflichtige Grundtatbestände	22
1. Erwerbe von Todes wegen (§ 3 ErbStG)	24
2. Schenkungen unter Lebenden (§ 7 ErbStG)	26
a) Grundtatbestand der freigebigen Zuwendung unter Lebenden	27
aa) Mittelbare Schenkung	30
bb) Zeitpunkt der Ausführung der Zuwendung	31
cc) Gemischte Schenkungen und Schenkungen unter Auflage	32
b) Weitere Schenkungsteuertatbestände	36
3. Zweckzuwendungen (§ 8 ErbStG)	38
4. Besteuerung von (Familien-)Stiftungen	39
a) Zuwendungen an gemeinnützige Stiftungen	40
b) Errichtung von Familienstiftungen und Erbersatzsteuer	43
V. Sachliche Steuerbefreiungen (§ 13 ErbStG)	46
1. Erwerb von Hausrat und anderen beweglichen Gegenständen	47
2. Berücksichtigung von Pflege- und Unterhaltsleistungen	48
3. Rückfall geschenkter Vermögensgegenstände an Eltern	49
4. Zuwendungen an gemeinnützige Einrichtungen und Religionsgemeinschaften	51
VI. Entstehung der Erbschaftsteuer (§ 9 ErbStG)	52
VII. Ermittlung des steuerpflichtigen Erwerbs (§ 10 ErbStG)	53
1. Bewertungszeitpunkt und Bewertungsgrundsätze	56
a) Bewertung des Grundvermögens	61
aa) Bewertung unbebauter Grundstücke	62
bb) Bewertung bebauter Grundstücke	63
cc) Bewertung bei Erbbaurechten	76
dd) Bewertung bei Gebäuden auf fremdem Grund und Boden	81
ee) Grundstücke im Zustand der Bebauung	84
ff) Nachweis eines niedrigeren gemeinen Werts durch den Steuerpflichtigen	85
b) Bewertung land- und forstwirtschaftlichen Vermögens	86
aa) Bewertung des Wirtschaftsteils	87
bb) Bewertung des Wohnteils und der Betriebswohnungen	89
c) Bewertung und Versteuerung wiederkehrender Nutzungen und Leistungen	90
d) Bewertung des übrigen Vermögens	95
2. Schulden im Erbfall	98
a) Erblasserschulden und sonstige Nachlassverbindlichkeiten	99
b) Schuldenabzug beim Erwerb begünstigten Vermögens	101
VIII. Berechnung der Erbschaftsteuer	105
1. Die Steuerklassen des § 15 ErbStG	106
2. Freibeträge nach § 16 ErbStG	110
3. Versorgungsfreibetrag nach § 17 ErbStG	112
4. Steuersätze (§ 19 ErbStG)	113
5. Sondervorschriften zur Steuerberechnung	118
a) Berücksichtigung früherer Erwerbe von einer Person (§ 14 ErbStG)	119
b) Mehrfacher Erwerb desselben Vermögens (§ 27 ErbStG)	123
IX. Schuldner der Erbschaftsteuer	125
X. Besteuerungsverfahren	127
1. Anzeige- und Erklärungspflichten	128
2. Stundung der Steuerschuld	131
3. Erlöschen der Steuerschuld	133
B. **Steuerorientiertes Privattestament**	134
I. Verteilung des Nachlasses auf einen oder mehrere Erben	135

Kapitel 20 Steuerrecht und Erbfolgeregelung

		Rdn.			Rdn.
	1. Erwerb durch Erbanfall: Erbeinsetzung, Ersatzerbeinsetzung und Anwachsung	135	C.	Steuerorientiertes Unternehmertestament	192
	2. Erbengemeinschaft mit Teilungsanordnungen und Ausgleichungsverpflichtungen	136	I.	Grundzüge der Unternehmensbewertung	194
				1. Konkurrenz der Bewertungsmethoden	195
II.	Zuwendungen einzelner Nachlassgegenstände	137		2. Wahlrecht des Steuerpflichtigen	197
	1. Vermächtnisanordnungen	137		3. Vereinfachtes Ertragswertverfahren	198
	a) Sachvermächtnis, Verschaffungsvermächtnis, Kaufrechtsvermächtnis	140		4. Paketzuschläge, besondere Anteilsausstattung	202
	b) Vorausvermächtnis	144	II.	Begünstigungen für Produktivvermögen	203
	c) »Supervermächtnis«	145		1. Das begünstigungsfähige Vermögen (§ 13b Abs. 1 ErbStG)	204
	2. Erwerb durch Auflage oder Erfüllung einer Bedingung	147		a) Land- und forstwirtschaftliches Vermögen (§ 13b Abs. 1 Nr. 1 ErbStG)	206
	3. Schenkungen auf den Todesfall	148		b) Betriebsvermögen (§ 13b Abs. 1 Nr. 2 ErbStG)	207
	4. Erwerb durch Vertrag zu Gunsten Dritter	150		aa) Anteile an Personengesellschaften	208
	a) Lebensversicherungen zu Gunsten Dritter	151		bb) Atypische stille Beteiligungen, Unterbeteiligungen und Treuhandverhältnisse	213
	b) Steuerfreie und steuerpflichtige Versorgungsbezüge	154		c) Anteile an Kapitalgesellschaften (§ 13b Abs. 1 Nr. 3 ErbStG)	214
III.	Steuervergünstigungen bei der Vererbung von Immobilienvermögen	157		d) Ausländische Kapitalgesellschaften	216
	1. Verschonung des Familienheims im Erbfall	157		e) Poolung von Kapitalgesellschaftsanteilen	218
	2. Steuervergünstigung für Vermietungsobjekte nach § 13c ErbStG	160		2. Der Verwaltungsvermögenstest nach § 13b Abs. 2 ErbStG	224
	3. Folgen einer Weitergabeverpflichtung und Nachlassteilung	161		3. Das Verwaltungsvermögen im Einzelnen	226
IV.	Vor- und Nacherbschaft (§ 6 ErbStG)	162		a) Dritten zur Nutzung überlassene Grundstücke	227
	1. Besteuerung des Vorerben	164		b) Minderheitsbeteiligungen an Kapitalgesellschaften	231
	2. Besteuerung des Nacherben	166		c) Verwaltungsvermögenstest bei nachgeordneten Beteiligungen	233
	a) Eintritt der Nacherbfolge mit dem Tod des Vorerben	167		d) Wertpapiere, vergleichbare Forderungen und anderes Verwaltungsvermögen	235
	b) Eintritt der Nacherbfolge zu Lebzeiten des Vorerben	170		4. Ausschluss »jungen« Verwaltungsvermögens	240
V.	Nießbrauch- und Rentenvermächtnisse	172	III.	Überblick über die Steuervergünstigungen für unternehmerisches Vermögen	242
VI.	Besonderheiten beim Ehegattentestament	177		1. Grundmodell (Regelverschonung)	243
	1. Die ehelichen Güterstände im Erbschaftsteuerrecht	177		2. Alternativmodell (Optionsverschonung): Völlige Erbschaftsteuerfreistellung unternehmerisch genutzten Vermögens	247
	a) Erbrechtlicher Zugewinnausgleich nach § 5 Abs. 1 ErbStG	179		3. Nachlaufende Verpflichtungen	248
	b) Güterrechtlicher Zugewinnausgleich nach § 5 Abs. 2 ErbStG	182		a) Lohnsummenkontrolle (§ 13a Abs. 1 ErbStG)	249
	c) Fortgesetzte Gütergemeinschaft (§ 4 ErbStG)	183		b) Schädliche Verwendungen innerhalb der Behaltensfrist	251
	2. Berliner Testament	184			
	a) Steuerklassenwahlrecht (§ 15 Abs. 3 ErbStG)	186			
	b) Ausschlagung als erbschaftsteuerliches Korrekturmittel	188			
VII.	(Form-)Unwirksame Verfügungen von Todes wegen	189			

	Rdn.			Rdn.
c) Entnahmebeschränkungen (§ 13a Abs. 5 S. 1 Nr. 3 ErbStG)	256		a) Einziehungsfälle	269
			b) Abtretungsfälle	271
IV. Weitergabeverpflichtungen	260	D.	Erbschaftsteuerliche Gestaltungsmöglichkeiten nach dem Erbfall	274
V. Gesellschaftsvertragliche Nachfolgeklauseln	263	I.	Ausschlagung	274
1. Nachfolgeklauseln und Abfindungsbeschränkungen bei Personengesellschaften	264		1. Ausschlagung gegen Leistung einer Abfindung	277
a) Fortsetzungsklausel	264		2. Ausschlagung durch den überlebenden Ehegatten (güterrechtliche Lösung)	278
b) Eintrittsklauseln	266			
c) Nachfolgeklauseln	267	II.	Geltendmachung von Pflichtteilsrechten	280
2. Nachfolgeklauseln und Abfindungsbeschränkungen bei Kapitalgesellschaften	269	III.	Abschluss eines Erbvergleichs	286

Literatur:
Kommentare, Handbücher etc.: *Daragan/Halaczinsky/Riedel*, Praxiskommentar Erbschaftsteuergesetz und Bewertungsgesetz, 2. Aufl. 2012; *Fischer/Jüptner/Pahlke/Wachter*, Erbschaft- und Schenkungsteuergesetz, Kommentar, 4. Aufl. 2012; *Halaczinsky/Riedel*, Das neue Erbschaftsteuerrecht, 2009; *Hübner*, Erbschaftsteuerreform 2009, 2009; *Kapp/Ebeling*, Erbschaftsteuer- und Schenkungsteuergesetz, Loseblatt (Stand: Dezember 2014); *Langenfeld*, Testamentsgestaltung, 4. Aufl. 2010; *Meincke*, Erbschaftsteuer- und Schenkungsteuergesetz, 16. Aufl. 2012; *Moench/Albrecht*, Erbschaftsteuerrecht, 2. Aufl. 2009; *Moench/Weinmann*, Erbschaftsteuer- und Schenkungsgesetz, Kommentar, Loseblatt; *Schmidt*, Einkommensteuergesetz, Kommentar, 33. Aufl. 2014; *Troll/Gebel/Jülicher*, Erbschaftsteuer- und Schenkungsgesetz, Kommentar, Loseblatt (Stand: Oktober 2014); *Viskorf/Knobel/Schuck/Wälzholz*, Erbschaftsteuer- und Schenkungsgesetz, Bewertungsgesetz, Kommentar, 4. Aufl. 2012; *Wachter/Richter*, Handbuch des internationalen Stiftungsrechts, 2007. – **Aufsätze:** *Berresheim*, RNotZ 2007, 501; *ders.*, ZErb 2007, 436; *Casper/Altgen*, DStR 2008, 2319; *Cornelius*, ErbStB 2006, 135; *Crezelius*, ZEV 2009, 1; *ders.*, ZEV 2008, 268; *ders.*, DStR 2007, 415; *ders.*, ZEV 2004, 476; *ders.*, ZEV 2012, 1; *ders.*, ZEV 2015, 1; *Daragan*, ZErb 2005, 40; *Drosdzol*, DStR 2009, 1405; *ders.*, ZEV 2008, 177; *Eisele*, ZEV 2009, 451; *Ettinger*, ZErb 2006, 41; *Fechner/Bäuml*, FR Beilage 11/2009, S. 22; *Feick/Nordmeier*, DStR 2009, 893; *Felten*, DStR 2012, 1218; *Flick*, DStR 2000, 1816; *Gahleitner/Fugger*, ZEV 2008, 405; *Fraberger/Petritz*, ZErb 2008, 146; *Geck*, ZEV 2009, 601; *ders.*, ZEV 2008, 557; *ders.*, DStR 2007, 427; *ders.*, ZEV 2012, 399, 400; *ders.*, DStR 2013, 1358; *Geck/Messner*, ZEV 2000, 21; *Gelhaar/Saecker*, ZEV 2012, 358; *Gluth*, ErbStB 2006, 319; *Gottschalk*, ZEV 2007, 217; *Grootens*, ErbStB 2012, 178; *Hannes*, ZEV 1996, 10; *ders.*, DStR 2013, 1417; *ders.*, ZEV 2015, 7; *Hannes/Onderka*, ZEV 2009, 421; *Hannes/Steger/Stalleiken*, BB 2010, 1439; *Hübner*, ZEV 2008, 254; *ders.*, DStR 2008, 1357; *ders.*, ErbStB 2013, 231; *ders.*, DStR 2013, 2257; *Hübner/Maurer*, ZEV 2009, 361; *dies.*, ZEV 2009, 428; *Ihle*, RNotZ 2009, 621; *ders.*, notar 2012, 364; *ders.*, ZEV 2012, 173; *Ihle*, notar, 2015, 23; *Jorde/Immes*, Ubg 2010, 537; *Jülicher*, ZEV 2006, 338; *Kirnberger*, ErbStB 2008, 300; *Klümpen-Neusel/Kaiser*, ErbStB 2013, 184; *Korezkij*, ZEV 2001, 305; *ders.*, DStR 2013, 1764; *ders.*, DStR 2013, 2550; *Lahme/Zikesch*, DB 2009, 527; *Landsittel*, ZErb 2009, 11; *Langenfeld*, ZEV 2009, 596; *Lehmann*, ZEV 2004, 398; *Leitzen*, RNotZ 2009, 129; *Lüdicke*, DStR 2007, 254; *J. Mayer*, DStR 2004, 1541; *ders.*, ZEV 1998, 50; *N. Meyer*, ZEV 2009, 439; *Meincke*, DStR 2007, 273; *Moench*, ZEV 2001, 303; *Muscheler*, ZEV 2001, 377; *Neufang*, BB 2009, 2004; *Noll*, DStR 2004, 257; *Piltz*, DStR 2009, 1829; *ders.*, DStR 2008, 2237; *ders.*, DStR 2008, 745; *ders.*, ZEV 2008, 229; *ders.*, ZEV 1998, 461; *ders.*, DStR 2015, 97; *Riedel*, ZErb 2009, 2; *ders.*, ZErb 2009, 113; *ders.*, ZErb 2012, 267; *Rödder*, DStR 2008, 997; *Röder*, ZEV 2007, 505; *Schiffers*, DStZ 2009, 548; *Scholten/Korezkji*, DStR 2009, 73; *dies.*, DStR 2009, 147; *dies.*, DStR 2009, 253; *dies.*, DStR 2009, 991; *Schulze zur Wiesche*, DB 2009, 2452; *ders.*, UVR 2008, 79; *Schulze/Lehmann*, ZIP 2009, 2230; *Seer*, ZEV 2007, 101; *Selbherr*, ZErb 2005, 10; *Siegmund/Ungemach*, DStZ 2009, 475; *Siegmund/Zipfel*, BB 2009, 804; *dies.*, BB 2009, 641; *Söffing/Riedel*, ZErb 2004, 39; *Söffing/Thonemann*, DB 2009, 1836; *Söffing/Thonemann-Micker*, DB 2012, 593; *Stalleiken*, DB 2013, 1382; *ders.*, DB 2013, 2586; *ders.*, DB 2015, 18; *Steiner*, ErbStB 2008, 83; *Theyson-Wadle*, ZEV 2002, 221; *Thonemann*, NotBZ 2006, 268; *ders.*, ErbStB 2005, 345; *Viskorf*, FR 2004, 1337; *von Proff zu Irnich*, RNotZ 2008, 462; *ders.*, ZEV 2010, 348; *von Oertzen*, in: Festschrift für Harald Schaumburg, 2009, S. 1045; *von Oertzen/Cornelius*, ErbStB 2006, 49; *von Oertzen/Schienke*, ZEV 2007, 406; *Wachter*, ZNotP 2004, 176; *ders.*, DStR 2012, 2301; *Wälzholz*, ZEV 2009, 435; *ders.*, ZEV 2009, 113; *ders.*, DStR 2009, 1605; *Weber/Schwind*,

ZEV 2009, 16; *Wehage*, ErbStB 2009, 148; *Welling/Wünnemann*, FR Beilage 11/2009, S. 5; *Wünsche*, IStR 2012, 785.

A. Grundzüge

I. Wesen und Rechtsquellen der Erbschaftsteuer

1 Mit der Erbschaftsteuer greift der Fiskus auf Erwerbe zu, die dem Steuerpflichtigen ohne sein Zutun von Todes wegen oder durch Schenkung unter Lebenden anfallen. Legitimation für die Besteuerung ist der dadurch bewirkte Zuwachs an wirtschaftlicher Leistungsfähigkeit des Erwerbers. Die deutsche Erbschaftsteuer ist somit – im Gegensatz zum Erbschaftsteuerrecht verschiedener anderer Staaten – nicht als eine Nachlasssteuer ausgestaltet, deren Steuergegenstand der ungeteilte Nachlass ist, sondern als **Erbanfallsteuer**.[1] Ihre doppelte Anknüpfung an bestimmte Rechtsvorgänge einerseits sowie den wirtschaftlichen Substanzübergang beim Generationenwechsel andererseits erschwert ihre Einordnung in das bestehende Steuersystem: Die Erbschaftsteuer weist Ähnlichkeiten auf mit einer Steuer auf das Einkommen im weiteren Sinne; zugleich kann sie als Substanz- und Verkehrsteuer betrachtet werden.[2]

1. Reform des Erbschaftsteuerrechts

2 Gesetzliche Grundlage für die Erhebung der Erbschaft- und Schenkungsteuer sind das Erbschaftsteuer- und Schenkungsteuergesetz (ErbStG) und das Bewertungsgesetz (BewG) in der Fassung, die diese Gesetze durch das Gesetz zur Reform des Erbschaftsteuer- und Bewertungsrechts vom 24.12.2008 (**Erbschaftsteuerreformgesetz** – ErbStRG)[3], das Gesetz zur Beschleunigung des Wirtschaftswachstums vom 22.12.2009 (**Wachstumsbeschleunigungsgesetz**)[4] und zuletzt durch das **Amtshilferichtlinien-Umsetzungsgesetz** vom 26.6.2013[5] erhalten haben. Anstoß für die zum 1.1.2009 in Kraft getretene Reform des Erbschaftsteuerrechts war der Beschluss des BVerfG vom 7.11.2006,[6] der die Zweifel des vorlegenden II. Senats des BFH[7] an der Verfassungsmäßigkeit der früheren Erbschaftsbesteuerung bestätigt hat. Nach Auffassung des BVerfG war die durch § 19 Abs. 1 ErbStG angeordnete Erhebung der Erbschaftsteuer mit einheitlichen Steuersätzen bei gleichzeitiger Geltung unterschiedlicher Bewertungsmethoden für verschiedene Vermögensarten gleichheitswidrig. Der Gesetzgeber dürfe zwar auch im Erbschaftsteuer- und Schenkungsrecht Lenkungszwecke verfolgen. Entsprechende Verschonungsregelungen dürften jedoch nicht bei der Ermittlung der Bemessungsgrundlage ansetzen. Außerdem müssen die **Steuerverschonungen** nach Auffassung des BVerfG durch Gemeinwohlgründe gerechtfertigt und »zielgenau und normenklar« ausgestaltet sein.

3 Der Gesetzgeber hat daraufhin im BewG neue **typisierte Bewertungsverfahren** für Betriebsvermögen, Gesellschaftsanteile, Grundbesitz und land- und forstwirtschaftliches Vermögen konzipiert. Die Bewertungsmethoden sind allesamt auf den gemeinen Wert (**Verkehrswert**) **als Bewertungsziel** ausgerichtet. Folge dieses Paradigmenwechsels ist eine deutliche Höherbewertung der vorgenannten Vermögensarten im Vergleich zum alten Recht. Ungeachtet dessen soll es jedoch weiterhin beim Übergang »durchschnittlicher Vermögen im engeren Familienkreis« im Regelfall nicht zu einer Erbschaftsteuerzahlung kommen.[8] Um dieses Ziel zu erreichen, wurde der Erwerb eines Familienheims von Todes wegen durch den überlebenden Ehegatten oder die Kinder des Erblassers von der Erb-

---

1 Vgl. dazu Moench/Weinmann/*Moench*, Einf. Rn. 2; Viskorf/Knobel/Schuck/*Viskorf*, Einf. Rn. 1 f.
2 Vgl. *Meincke*, Einf. Rn. 1, 2 m. w. N.
3 BStBl. I 2008, S. 3018.
4 BStBl. I 2009, S. 3950.
5 BStBl. I 2013, S. 1809.
6 1 BvL 10/02, NJW 2007, 573; zu dieser Entscheidung s. *Crezelius*, DStR 2007, 415; *Geck*, DStR 2007, 427; *Seer*, ZEV 2007, 101.
7 BFH, Beschl. v. 22.5.2002 – II R 61/99, NJW 2002, 3197.
8 Vgl. Bericht des Finanzausschusses, BT-Drucks. 16/11107, S. 2.

schaftsteuer frei gestellt, sofern das Familienheim mindestens zehn Jahre lang nach dem Erbfall von dem Erwerber zu eigenen Wohnzwecken genutzt wird.[9] Zusätzlich wurden im Rahmen der Neuregelung des Erbschaftsteuertarifs die persönlichen Freibeträge für Erwerber der StKl. I erhöht. Weitere Begünstigungen sind in §§ 13a, 19a ErbStG für den Erwerb von »**Produktivvermögen**« vorgesehen. Die Steuerbefreiungen sollen dazu dienen, die Unternehmensnachfolge zu erleichtern und Arbeitsplätze in kleinen und mittelständischen Betrieben zu erhalten.[10]

Auf der anderen Seite war es das erklärte Ziel des Gesetzgebers, das den Ländern zustehende Aufkommen aus der Erbschaftsteuer stabil zu halten.[11] Dazu beitragen sollen in erster Linie die Erbschaftsteuerzahlungen der nicht begünstigten Unternehmererben und Erwerber der StKl. II und III, deren Steuersätze teilweise deutlich angehoben wurden.[12] Zumindest für Erwerber der StKl. II wie Geschwister, Neffen und Nichten wurden jedoch rückwirkend zum 1.1.2009 die Steuersätze wieder abgesenkt, wenn auch nicht auf das Niveau vor Inkrafttreten der Erbschaftsteuerreform. 4

Mit Urteil vom 17.12.2014 hat das BVerfG auf Vorlage des BFH[13] die **Begünstigungen für Unternehmensvermögen** der §§ 13a, 13b i. V. m. § 19 Abs. 1 ErbStG wegen Verstoßes gegen Art. 3 Abs. 1 GG für **verfassungswidrig** erklärt.[14] Dabei hält das Gericht die in §§ 13a und 13b ErbStG vorgesehenen Verschonungen[15], soweit diese Erwerbern kleiner und mittlerer (Familien-)Unternehmen zugutekommen, grundsätzlich für zulässig. Ohne individuelle Bedürfnisprüfung gelte dies jedoch nicht für die **Steuerverschonung von Großunternehmen**, bei denen es spezieller gesetzlicher Vorkehrungen zur Erreichung der mit den Begünstigungen verfolgen Ziele der Existenzsicherung des Unternehmens und des Erhalts der mit ihm verbundenen Arbeitsplätze bedürfe.[16] Auch das den §§ 13a und 13b ErbStG zugrunde liegende Verschonungskonzept hat das BVerfG prinzipiell gebilligt. Allerdings sieht das Gericht in der **Freistellung von Betrieben mit nicht mehr als 20 Beschäftigten von der Lohnsummenregelung** gemäß § 13a Abs. 1 S. 4 ErbStG[17] einen Gleichheitsverstoß. Nicht verfassungskonform seien auch die Vorschriften zum **Verwaltungsvermögenstest** in § 13b Abs. 2 S. 1 ErbStG.[18] Mit dem Ziel, im Grundsatz nur produktives Vermögen zu fördern und Umgehungsstrategien zu verhindern, vertrage es sich nicht, dass auch solche Unternehmen in den Genuss des Verschonungsabschlags, des Abzugsbetrags nach § 13a Abs. 2 ErbStG und der Tarifbegrenzung gemäß § 19a ErbStG gelangen würden, deren Vermögen bis zu 50 % aus nicht förderungswürdigem Verwaltungsvermögen bestehe. 5

Schon der BFH hatte in seinem Vorlagebeschluss zahlreiche, den Steuerpflichtigen zur Verfügung stehende Gestaltungsmöglichkeiten aufgezeigt, aufgrund derer auch privat genutztes Vermögen in fast unbegrenzter Höhe ohne oder mit nur geringer Steuerbelastung übertragen werden könnte.[19] Als Reaktion auf diese Kritik hat der Gesetzgeber das ErbStG durch das zum 30.6.2013 in Kraft getretene Amtshilferichtlinien-Umsetzungsgesetz punktuell geändert, um einige der unerwünschten Gestaltungen, insbesondere die vorherige Einbringung nicht produktiven Finanzvermögens in

---

9 S. hierzu Rdn. 157 ff.
10 Vgl. BT-Drucks. 16/7918, S. 33.
11 Im Jahr 2009 betrug das Erbschaftsteueraufkommen rd. 4,8 Mio. €.
12 Zur Kritik an diesem »Hochsteuerkonzept« vgl. nur *Hübner*, Erbschaftsteuerreform 2009, S. 384 ff.
13 BFH, Beschl. v. 27.9.2012 – II R 9/11, ZEV 2012, 599 m. Anm. *Hannes*.
14 BVerfG, Urt. v. 17.12.2014 – 1 BvL 21/12, ZEV 2015, 19 ff.; näher dazu *Crezelius*, ZEV 2015, 1 ff.; *Hannes*, ZEV 2015, 7 ff.; *Piltz*, DStR 2015, 97 ff.; *Ihle*, notar, 2015, 23 ff.
15 Näher hierzu Rdn. 242 ff.
16 Für eine mögliche Abgrenzung zwischen kleinen und mittleren Unternehmen einerseits und großen Unternehmen andererseits verweist das Gericht auf die Empfehlung der Europäischen Kommission v. 6.5.2003, 2003/361/EG, ABl. L 124/36 v. 20.5.2003. Darin werden zur ersten Gruppe Unternehmen gerechnet, die weniger als 250 Arbeitnehmer beschäftigen und die entweder einen Jahresumsatz von höchstens 50 Mio. Euro erzielen oder deren Jahresbilanzsumme sich auf höchsten 43 Mio. Euro beläuft.
17 Näher dazu Rdn. 249.
18 Vgl. hierzu Rdn. 224 f.
19 Vgl. dazu bereits BFH, Beschl. v. 5.10.2011 – II R 9/11, ZEV 2011, 672.

sog. **Cash-Gesellschaften**, deren Anteile anschließend steuerbegünstigt übertragen wurden, zu unterbinden.[20] Das BVerfG erkennt daneben in dem sog. **Betriebsaufspaltungsmodell zur Umgehung der Lohnsummenpflicht** und der gezielten **Bildung einer mehrstufigen Konzernstruktur** zur Ausnutzung der Holdingklausel in § 13b Abs. 2 S. 2 ErbStG[21] verfassungsrechtlich nicht zu rechtfertigende Steuerschlupflöcher, die der Gesetzgeber schließen müsse.

6 Nach Ansicht des BVerfG kann ein verfassungskonformer Zustand nur durch eine umfassende Nachbesserung oder grundsätzliche Neukonzeption der Gesamtverschonungsvorschriften hergestellt werden. Das Gericht hat dem Gesetzgeber dafür eine **Frist bis zum 30.6.2016** gesetzt. Bis dahin sind die geltenden Bestimmungen des ErbStG weiterhin anwendbar. Diese **Weitergeltungsanordnung** begründe jedoch keinen Vertrauensschutz gegen eine auf den Zeitpunkt der Verkündung des Urteils bezogene rückwirkende Neuregelung, die »*einer exzessiven Ausnutzung gerade der als gleichheitswidrig befundenen Ausgestaltungen der §§ 13a und 13b ErbStG die Anerkennung versagt*«.[22] Auch wenn in der Entscheidung nicht explizit ausgeführt wird, was unter einer »*exzessiven Ausnutzung*« zu verstehen ist, dürfte damit eine rückwirkende Neuregelung nur hinsichtlich der beiden vorgenannten, vom BVerfG aufgegriffenen Gestaltungsmodelle zur Vermeidung der Lohnsummenpflicht und zur Übertragung von mehr als 50 % nichtförderungswürdigem Verwaltungsvermögen durch dessen Ausgliederung in nachgeordnete Beteiligungsgesellschaften in Betracht kommen.[23] Da indes die Reichweite einer **steuerverschärfenden Rückwirkungsregelung** bis zur Verabschiedung eines neuen Reformgesetzes ungewiss ist, sollte bei der Vornahme einer bislang noch privilegierten Übertragung von Unternehmensvermögen während des Übergangszeitraums vorsorglich ein **Rückforderungs- oder Widerrufsrecht** vereinbart werden. Durch dessen Ausübung könnte notfalls eine bereits vollzogene Übertragung schenkungsteuerneutral nach § 29 Abs. 1 Nr. 1 ErbStG rückabgewickelt werden, wenn es aufgrund einer Gesetzesänderung im konkreten Fall wider Erwarten doch zu einem rückwirkenden Wegfall der Verschonung kommen sollte.[24]

7 ▶ **Muster: Vereinbarung eines Widerrufsrechts im Schenkungsvertrag**

Der Veräußerer ist berechtigt, die unentgeltliche Rückübertragung der geschenkten Geschäftsanteile an der A-GmbH an sich zu verlangen, wenn eine gesetzliche Neuregelung mit Rückwirkung in Kraft treten sollte, deren Anwendung auf die in diesem Vertrag vereinbarte Übertragung zu einer höheren Schenkungsteuerbelastung führen würde als diejenige, die sich nach den zurzeit noch weitergeltenden Verschonungsregelungen der §§ 13 und 13b ErbStG ergibt.

2. Erbschaftsteuer-Durchführungsverordnung, Richtlinien und Erlasse

8 Von der Reform des Erbschaftsteuerrechts unberührt geblieben ist die von der Bundesregierung aufgrund der Ermächtigung des § 36 Abs. 1 Nr. 1 ErbStG erlassene Erbschaftsteuer-Durchführungsverordnung (**ErbStDV**) vom 8.9.1998.[25] Die ErbStDV regelt neben anderen Anzeigepflichten in § 8 u. a. die Pflicht der Notare, dem nach § 35 ErbStG für die Verwaltung der Erbschaftsteuer zuständigen Finanzamt eine beglaubigte Abschrift der Schenkungsurkunde unter Angabe des der Kostenberechnung zugrunde gelegten Werts zusammen mit dem amtlichen Vordruck zu übersenden.

9 Für die Gestaltungspraxis von nicht zu unterschätzender Bedeutung sind die von der Bundesregierung mit Zustimmung des Bundesrates erlassenen Erbschaftsteuer-Richtlinien 2011 (**ErbStR**

---

20 Zu den einzelnen Neuregelungen vgl. *Stalleiken*, DB 2013, 1382 ff.
21 Vgl. dazu Rdn. 233.
22 Rn. 292 des Urteils v. 17.12.2014, ZEV 2015, 19, 51.
23 So auch *Hannes*, ZEV 2015, 7, 12; *Stalleiken*, DB 2015, 18, 21.
24 Zu den Fallstricken des § 29 ErbStG vgl. allerdings *Crezelius*, ZEV 2012, 1, 5.
25 BGBl. I 1998, S. 2658; zuletzt geändert durch Art. 2 der Verordnung vom 22.12.2014, BGBl. I 2014, S. 2392.

2011)²⁶ samt den ergänzenden Erbschaftsteuer-Hinweisen (ErbStH).²⁷ Bei den ErbStR handelt es sich um allgemeine, die nachgeordneten Finanzbehörden bindende Verwaltungsvorschriften. Aus ihnen lässt sich der Standpunkt der Finanzverwaltung zu vielen Auslegungsfragen des geltenden Erbschaftsteuer- und Bewertungsrechtes ablesen. Die ErbStR 2011, die die ErbStR 2003 ersetzt haben, sind neu gegliedert worden. Den einzelnen Paragrafen des ErbStG und des BewG wurden entsprechende Ziffern zugewiesen,²⁸ was zu einer besseren Übersichtlichkeit der Richtlinien beigetragen hat. Die ErbStH 2011 enthalten darüber hinaus zahlreiche Rechenbeispiele, die die steuerlichen Auswirkungen einer Bestimmung veranschaulichen.

II. Konkurrenz zur Einkommen- und Grunderwerbsteuer

Ein Vermögenserwerb von Todes wegen oder mittels Schenkung unter Lebenden fällt regelmäßig unter keine der sieben Einkunftsarten des § 2 Abs. 1 EStG. **Erbschaft- und Einkommensteuer** schließen sich jedoch nach ständiger Rechtsprechung nicht gegenseitig aus.²⁹ So können überhöhte Vergütungszahlungen einer GmbH an eine dem Gesellschafter nahe stehende Person (z. B. dessen Ehefrau) nach Ansicht des BFH einkommensteuerrechtlich als verdeckte Gewinnausschüttung an den Gesellschafter und erbschaftsteuerrechtlich zugleich als gemischte Schenkung der GmbH an die nahe stehende Person beurteilt werden.³⁰ Zu einer fortlaufenden steuerlichen Doppelbelastung kommt es der Rechtsprechung des BFH zufolge auch bei Gewinnausschüttungen, die dem Zuwendungsempfänger einer typischen Unterbeteiligung aus der Hauptbeteiligung zufließen.³¹ Neben der Versteuerung nach § 20 Abs. 1 Nr. 4 EStG erfolgt hier zusätzlich eine schenkungsteuerliche Erfassung der Bereicherung des Zuwendungsempfängers, die mit Zufluss der auf ihn entfallenden Gewinnanteile eintreten soll.³²

10

Das **Risiko einer doppelten Besteuerung** besteht vor allem beim Erwerb von Vermögensgegenständen, die latent mit Einkommensteuer belastet sind. Hauptbeispiel sind die stillen Reserven in einem Betriebsvermögen, deren Aufdeckung durch Veräußerung oder Entnahme des betreffenden Wirtschaftsguts oder durch Veräußerung oder Aufgabe des gesamten Gewerbebetriebs zu einem einkommensteuerpflichtigen Gewinn führt. Zumindest partielle Abhilfe schafft in diesen Fällen der durch das ErbStRG neu eingeführte § 35b EStG. Danach erfolgt auf Antrag eine Ermäßigung der tariflichen Einkommensteuer, sofern diese auf Einkünfte entfällt, die im Veranlagungszeitraum oder in den vorangegangenen vier Veranlagungszeiträumen als Erwerb von Todes wegen bereits der Erbschaftsteuer unterlegen haben.

11

Eine Doppelbelastung von Grundstücksübertragungen mit Erbschaft- und Grunderwerbsteuer wird vermieden, indem § 3 Nr. 2 S. 1 GrEStG Grundstückserwerbe von Todes wegen und Grundstücksschenkungen von der Grunderwerbsteuerpflicht ausnimmt.³³ Das BVerfG spricht in diesem Zusammenhang von einer gesetzessystematischen »**Prävalenz der Erbschaftsteuer gegenüber der Grunderwerbsteuer**«.³⁴ In wirtschaftlicher Hinsicht kann es dagegen zu einer doppelten Steuerbelastung kommen, so etwa bei einer grunderwerbsteuerbaren Anteilsvereinigung nach § 1 Abs. 3 GrEStG in-

12

---

26 BStBl. I 2011 Sondernummer 1, 2.
27 Gleich lautender Ländererlass vom 19.12.2011, BStBl. I 2011, Sondernummer 1, 117, geändert durch gleich lautende Ländererlasse vom 4.6.2014, BStBl. I 2014, 891, und vom 5.6.2014, BStBl. I 2014, 893.
28 Z. B. R E 10.1 bis R E 10.13 zu § 10 ErbStG oder R B 11.1. bis R B 11.6 zu § 11 BewG.
29 Vgl. nur BFH DStR 1987, 198.
30 BFH, Urt. v. 7.11.2007 – II R 28/06, ZEV 2008, 154; kritisch dazu *Hübner*, DStR 2008, 1357, 1359; *Crezelius*, ZEV 2008, 268, 271 f.
31 BFH, Urt. v. 16.1.2008, II R 10/06, ZEV 2008, 252.
32 Zur Kritik dieser Sichtweise s. *Hübner*, ZEV 2008, 254.
33 Die Befreiung gilt auch in Fällen der Anwachsung, vgl. BFH, Urt. v. 13.9.2006, II R 37/05, DStR 2007, 2253, und bei Änderungen des Gesellschafterbestandes nach § 1 Abs. 2a GrEStG, vgl. BFH, Urt. v. 12.10.2006, II R 79/05, DStRE 2007, 432.
34 S. BVerfG NJW 1984, 2514.

Kapitel 20 Steuerrecht und Erbfolgeregelung

folge einer unentgeltlichen Übertragung von Anteilen an einer grundbesitzenden GmbH.[35] Grunderwerbsteuerfreiheit ordnet § 3 Nr. 3 GrEStG auch für den Grundstückserwerb eines Miterben im Rahmen der Nachlassteilung an. Bei einer **gemischten Schenkung** unterliegt nur der entgeltliche Anteil der Grunderwerbsteuer. Bei einer Schenkung unter Auflage kommt eine Grunderwerbsteuerpflicht gemäß § 3 Nr. 2 S. 2 GrEStG lediglich bezüglich des Werts der Auflage in Betracht, der bei der Schenkungsteuer abziehbar ist.[36]

III. Grundfragen der persönlichen Erbschaftsteuerpflicht

13 Der Umfang der persönlichen Steuerpflicht ist in § 2 ErbStG und den Vorschriften des Außensteuergesetzes (AStG) geregelt. Danach ist zwischen
– der unbeschränkten Steuerpflicht (§ 2 Abs. 1 Nr. 1a und Abs. 2 ErbStG),
– der erweiterten unbeschränkten Steuerpflicht (§ 2 Abs. 1 Nr. 1b und c ErbStG),
– der beschränkten Steuerpflicht (§ 2 Abs. 1 Nr. 3 ErbStG) und
– der erweiterten beschränkten Steuerpflicht (§§ 4 und 5 AStG i. V. m. § 2 Abs. 1 Nr. 3 ErbStG)
zu unterscheiden.

1. Unbeschränkte und erweiterte unbeschränkte Steuerpflicht

14 Ist einer der Beteiligten, d. h. der Erblasser, der Schenker oder der Erwerber, zur Zeit der Entstehung der Steuer (§ 9 ErbStG) Inländer, unterliegt der gesamte Vermögensanfall einschließlich des Auslandsvermögens der deutschen Erbschaftsteuer. Als **Inländer** gelten ungeachtet ihrer Staatsangehörigkeit alle natürlichen Personen, die im Inland einen Wohnsitz (§ 8 AO)[37] oder ihren gewöhnlichen Aufenthalt (§ 9 AO) haben. Die tatsächlichen Anforderungen an einen inländischen Wohnsitz sind gering.[38] Es genügt bereits, wenn der im Inland zur Verfügung stehende Wohnraum regelmäßig zweimal im Jahr zu bestimmten Zeiten über mehrere Wochen hinweg genutzt wird.[39] Die Inländereigenschaft von Körperschaften, Personenvereinigungen und Vermögensmassen wird durch ihre Geschäftsleitung (§ 10 AO) oder ihren Sitz (§ 11 AO) im Inland begründet.

15 Die erweiterte unbeschränkte Steuerpflicht besteht gemäß § 2 Abs. 1 Nr. 1b ErbStG für deutsche Staatsangehörige, die im Inland zwar ihren Wohnsitz aufgegeben haben, sich aber noch nicht länger als fünf Jahre dauernd im Ausland aufgehalten haben.[40] In Wegzugsfällen[41] kann die verlängerte unbeschränkte Steuerpflicht vor Ablauf der Fünf-Jahres-Frist nur durch Aufgabe der deutschen Staatsangehörigkeit nach den Vorschriften des Reichs- und Staatsangehörigkeitsgesetzes vermieden werden.

2. Beschränkte und erweiterte beschränkte Steuerpflicht

16 Ist kein Steuerinländer am Erwerbsvorgang beteiligt, beschränkt sich die Besteuerung gemäß § 2 Abs. 1 Nr. 3 ErbStG auf das in § 121 BewG beschriebene Inlandsvermögen. Zum **Inlandsvermögen** zählen insbesondere inländisches Grund- und Betriebsvermögen sowie Anteile an inländischen Ka-

---

35 § 3 Nr. 2 S. 1 GrEStG greift hier nicht, s. BFH DStR 1988, 614.
36 Davon unberührt bleibt die Inanspruchnahme weiterer Steuerbefreiungen, etwa nach § 3 Nrn. 4 und 6 GrEStG für Grundstückserwerbe unter Ehegatten oder durch Personen, die mit dem Veräußerer in gerader Linie verwandt sind.
37 Abgabenordnung vom 1.10.2002, BGBl. I 2002, S. 3869 (ber. BGBl. I 2003, S. 61), zuletzt geändert durch das Gesetz über die Internetversteigerung in der Zwangsvollstreckung und zur Änderung anderer Gesetze vom 30.7.2009, BGBl. I 2009, S. 2474.
38 Zu Geltung des sog. objektiven Wohnsitzbegriffs vgl. Anwendungserlass zur Abgabenordnung (AEAO) zu § 8.
39 BFH BB 1989, 1111; BVerfG NJW 1990, 1593.
40 Zur unbeschränkten Steuerpflicht deutscher Auslandsbeamter und vergleichbarer Bediensteter s. § 2 Abs. 1 Nr. 1c ErbStG.
41 Ausf. zu den Steuerfolgen beim Wegzug deutscher Staatsbürger ins Ausland *Ettinger*, ZErb 2006, 41.

pitalgesellschaften von mindestens 10 % des Grund- oder Stammkapitals. Nach § 2 Abs. 1 Nr. 3 S. 2 ErbStG ist es für die Zuordnung einer Kapitalgesellschaftsbeteiligung zum Inlandsvermögen ausreichend, wenn der Erblasser bzw. Schenker wenigstens 10 % der Anteile hält. Nicht zum Inlandsvermögen gehören dagegen Wertpapiere und Guthaben bei inländischen Banken. Steuerfrei bleibt auch der **Pflichtteilsanspruch eines Ausländers** im Fall der Erbfolge nach einem ausländischen Erblasser oder ein Geldvermächtnis, das ein ausländischer Erblasser zu Gunsten eines anderen Ausländers angeordnet hat. Die Steuerfreiheit bleibt selbst dann erhalten, wenn der Erbe Inländer ist und der Nachlass ausschließlich aus Inlandsvermögen besteht.[42] § 4 AStG erstreckt bei Verlegung des Wohnsitzes in ein Niedrigsteuerland die beschränkte Steuerpflicht über das Inlandsvermögen i. S. d. § 121 BewG hinaus auf weitere Vermögensgegenstände.[43]

Folge der beschränkten Steuerpflicht ist u. a., dass nur die mit dem steuerpflichtigen Vermögen in wirtschaftlichem Zusammenhang stehenden Schulden und Lasten abgezogen werden können (§ 10 Abs. 6 S. 2 ErbStG).[44] Erwerbern steht an Stelle der persönlichen Freibeträge des § 16 Abs. 1 ErbStG nur ein Freibetrag von 2 000 € zu (§ 16 Abs. 2 ErbStG). Der besondere Versorgungsfreibetrag des § 17 ErbStG für Ehegatten und Kinder entfällt ganz. Die darin liegende Schlechterstellung von Steuerausländern gegenüber Inländern verstößt nach Ansicht des EuGH[45] gegen die Kapitalverkehrsfreiheit (Art. 63 Abs. 1 AEUV). 17

Der Gesetzgeber hat deshalb in § 2 Abs. 3 S. 1 ErbStG dem Erwerber in Fällen einer beschränkten Steuerpflicht und der erweiterten beschränkten Steuerpflicht ein **Wahlrecht** eingeräumt, den Vermögensanfall als unbeschränkt steuerpflichtig behandeln zu lassen (»**fiktive unbeschränkte Steuerpflicht**«).[46] Durch Ausübung dieser Option kann auch ein Steuerausländer in den Genuss der höheren persönlichen Freibeträge nach § 16 Abs. 1 ErbStG und des Versorgungsfreibetrags gemäß § 17 ErbStG für Ehegatten und Kinder gelangen. Der Antrag nach § 2 Abs. 3 S. 1 ErbStG setzt allerdings voraus, dass der Erblasser zur Zeit seines Todes oder der Erwerber zum Zeitpunkt der Entstehung der Steuer seinen Wohnsitz in einem Mitgliedstaat der EU oder des Europäischen Wirtschaftsraums (EWS)[47] hat. Außerdem wird als Folge der Antragstellung der gesamte Erwerb unabhängig von der Art und Belegenheit des Vermögens nach deutschem Recht besteuert. Da zudem nach § 2 Abs. 3 S. 2 ErbStG auch frühere, innerhalb der letzten zehn Jahre getätigte Schenkungen des Erblassers als unbeschränkt steuerpflichtig zu behandeln und nach § 14 ErbStG mit dem Erwerb von Todes wegen zusammenzurechnen sind,[48] können durch eine unbedachte Ausübung der Option auch vergangene, bislang nicht steuerbare Erwerbe **nachträglich steuerpflichtig** werden.[49] 18

3. Doppelbesteuerung bei grenzüberschreitenden Erbschaften und Schenkungen

Sind die an einer Erbschaft oder Schenkung Beteiligten in verschiedenen Staaten ansässig oder sind Teile des ererbten Vermögens im Ausland belegen, kann es zur Kollision mit den Besteuerungsrechten anderer Staaten[50] und damit zu einer Mehrfachbesteuerung ein und desselben Erwerbsvorgangs kommen. Zur Vermeidung einer solchen internationalen Doppelbesteuerung hat die Bundesrepublik Deutschland auf dem Gebiet der Erbschaftsteuer mit Dänemark, Griechenland, Israel, Schweden, Schweiz und den USA bilaterale **Doppelbesteuerungsabkommen** (DBA) abgeschlossen, die 19

---

42 *Meincke*, § 2 Rn. 11.
43 S. hierzu Tz. 4.1.1 des Anwendungserlasses des BMF zum AStG vom 14.5.2004, IV B 4 – S. 1340–11/04, BStBl. I 2004, S. 3.
44 Näher hierzu *Piltz*, ZEV 1998, 461.
45 EuGH, Urt. v. 22.4.2010 – C-510/08, DStR 2010, 861.
46 Vgl. dazu auch die gleich lautenden Erlasse der obersten Finanzbehörden der Länder vom 15.3.2012, BStBl. 2012, S. 328; näher dazu *Grootens*, ErbStB 2012, 178 ff.
47 Zum EWS gehören neben den Mitgliedstaaten der EU Liechtenstein, Island und Norwegen.
48 Zur Zusammenrechnung mehrerer Erwerbe von einer Person nach § 14 ErbStG vgl. Rdn. 118 ff.
49 S. dazu das Beispiel im Ländererlass vom 15.3.2012, BStBl. 2012, S. 328, Tz. 3.
50 Zum Erbschaftsteuerrecht anderer Staaten Troll/Gebel/Jülicher/*Jülicher*, § 21 Rn. 91 ff.; Fischer/Jüptner/Pahlke/Wachter/*Arlt*, S. 1071 ff.

Kapitel 20 Steuerrecht und Erbfolgeregelung

den allgemeinen Vorschriften des ErbStG vorgehen.[51] Das DBA Österreich ist nach Wegfall des dortigen ErbStG und anschließender Kündigung des Abkommens durch die Bundesregierung am 1.1.2008 außer Kraft getreten.[52] Dafür ist das DBA mit Frankreich am 3.4.2009 in Kraft getreten.[53]

20 Die DBA-Regeln weisen das primäre Besteuerungsrecht in der Regel dem Staat zu, in dem der Erblasser zum Zeitpunkt seines Todes einen Wohnsitz hatte.[54] Dieser Grundsatz wird jedoch für unbewegliches Vermögen durch das sog. Belegenheitsprinzip und für gewerbliches, einer Betriebsstätte zugehöriges Vermögen durch das sog. Betriebsstättenprinzip eingeschränkt. Die Vermeidung bzw. Verringerung der Doppelbesteuerung erfolgt methodisch entweder durch Steuerfreistellung bestimmter Vermögensgegenstände in einem Staat (sog. **Freistellungsmethode**) – allerdings unter Progressionsvorbehalt – oder durch Anrechnung der im Ausland erhobenen Steuer auf die inländische Erbschaftsteuerschuld (sog. **Anrechnungsmethode**).[55]

21 Fehlt es an einem DBA zur Erbschaftsteuer, kann die im Ausland für den Erwerb von Auslandsvermögen gezahlte Erbschaftsteuer nur auf Antrag unter den engen Voraussetzungen des § 21 ErbStG **auf die deutsche Steuer angerechnet** werden. Anrechenbar ist nur eine der deutschen Erbschaftsteuer entsprechende Steuer. Verneint hat dies der BFH[56] etwa für die kanadische capital gains tax, die von der Vorstellung des Erbfalls als einem steuerpflichtigen Veräußerungsvorgang ausgeht.

IV. Steuerpflichtige Grundtatbestände

22 Die steuerpflichtigen Grundtatbestände werden in § 1 Abs. 1 ErbStG aufgeführt und in den nachfolgenden Vorschriften konkretisiert. Soweit dort an zivilrechtliche Begrifflichkeiten angeknüpft wird, werden diese zu erbschaftsteuerrechtlichen Tatbestandsmerkmalen. Das Erbschaftsteuerrecht ist, was die Voraussetzungen des Vermögenserwerbs angeht, »bürgerlich-rechtlich geprägt«.[57] Dieser Grundsatz der **Maßgeblichkeit des bürgerlichen Rechts** für das Erbschaftsteuerrecht gilt jedoch nicht uneingeschränkt. Beredtes Beispiel dafür sind Grundstücksschenkungen, bei denen sich hinsichtlich der Bestimmung des Zeitpunkts, zu dem die Vermögenszuwendung nach § 9 Abs. 1 Nr. 2 ErbStG ausgeführt ist, eine eigenständige steuerliche Sichtweise etabliert hat.[58]

23 Im Einzelnen unterliegen der Erbschaft- und Schenkungsteuer
 – der Erwerb von Todes wegen (§ 1 Abs. 1 Nr. 1 i. V. m. §§ 3 bis 6 ErbStG),
 – die Schenkungen unter Lebenden (§ 1 Abs. 1 Nr. 2 i. V. m. § 7 ErbStG),
 – die Zweckzuwendungen (§ 1 Abs. 1 Nr. 3 i. V. m. § 8 ErbStG) und
 – das Vermögen von Familienstiftungen und Familienvereinen in Zeitabständen von je 30 Jahren (§ 1 Abs. 1 Nr. 4 ErbStG).

1. Erwerbe von Todes wegen (§ 3 ErbStG)

24 Die steuerbaren Erwerbe aus Anlass des Todes einer Person sind in § 3 ErbStG abschließend aufgeführt. Die dort normierten Steuertatbestände werden durch die Bestimmungen zur fortgesetzten Gütergemeinschaft (§ 4 ErbStG) und zur Vor- und Nacherbschaft (§ 6 ErbStG) ergänzt.

---

51 Zu den einzelnen Doppelbesteuerungsabkommen s. Troll/Gebel/Jülicher/*Jülicher*, § 2 Rn. 205 ff.; zu den darüber hinausgehenden Vorschlägen der EU-Kommission zur Beseitigung von Problemen bei der Besteuerung grenzüberschreitender Erbfälle vgl. *Ihle*, ZEV 2012, 173 ff.
52 Zu den Folgen s. *Gahleitner/Fugger*, ZEV 2008, 405; *Fraberger/Petritz*, ZErb 2008, 146.
53 BGBl. 2009 II, S. 596; zum Inhalt des DBA Frankreich s. *Kirnberger*, ErbStB 2008, 300; *von Oertzen/Schienke*, ZEV 2007, 406; *Gottschalk*, ZEV 2007, 217.
54 Vgl. auch Art. 7 des OECD-Musterabkommens zur Vermeidung der Doppelbesteuerung von Nachlässen und Erbschaften von 1982, abgedruckt bei Fischer/Jüptner/Pahlke/Wachter/*Arlt*, S. 1061 ff.
55 Zu den Grundstrukturen der Doppelbesteuerungsabkommen vgl. *Meincke*, § 2 Rn. 16 ff.
56 BFH ZEV 1995, 306.
57 BFH DStR 1987, 198.
58 S. dazu Rdn. 31.

Der unter den Erwerben von Todes wegen bedeutsamste Fall ist der in § 3 Abs. 1 Nr. 1 ErbStG geregelte **Erwerb durch Erbanfall**. Aus der Anknüpfung an § 1922 BGB folgt, dass der Besteuerung alle Gegenstände und Rechte unterliegen, die im Wege der Gesamtrechtsnachfolge kraft Gesetzes auf den Erben übergegangen sind. Unerheblich für die Anwendung des § 3 Abs. 1 Nr. 1 ErbStG ist, ob die Erbschaft aufgrund einer Verfügung von Todes wegen angefallen ist oder auf gesetzlicher Erbfolge beruht. Die in einem Erbschein festgestellte Erbfolge bindet grundsätzlich auch die Steuerbehörden. Ein Abweichen vom Inhalt eines Erbscheins ist dem Finanzamt nur bei Vorliegen triftiger Gründe gestattet.[59]

2. Schenkungen unter Lebenden (§ 7 ErbStG)

Die Erhebung der Schenkungsteuer dient dazu, eine Umgehung der Erbschaftsteuer durch lebzeitige Schenkungen, etwa im Wege vorweggenommener Erbfolge, zu verhindern.[60] Das Ziel, eine gleichmäßige Besteuerung aller unentgeltlichen Vermögensübertragungen zu erreichen, kommt auch in § 1 Abs. 2 ErbStG zum Ausdruck. Danach sind die Vorschriften über die Erwerbe von Todes wegen auch auf Schenkungen anzuwenden, soweit sie keine Sachverhalte regeln, die nur bei Erbfällen auftreten können.

a) Grundtatbestand der freigebigen Zuwendung unter Lebenden

Wie die Erwerbe von Todes wegen haben auch die Erwerbe durch Schenkung unter Lebenden ihre Grundlage im bürgerlichen Recht. Der Grundtatbestand der Schenkungsteuer, die **freigebige Zuwendung unter Lebenden**, geht jedoch über den Schenkungsbegriff des § 516 Abs. 1 BGB hinaus. Erfasst werden beispielsweise auch unbenannte Zuwendungen zwischen Ehegatten[61] oder die Verschaffung einer unentgeltlichen Nutzungsmöglichkeit, die zivilrechtlich als Leihe (§§ 516 ff. BGB) zu qualifizieren ist. Auf das Motiv oder die Form der Schenkung kommt es nicht an.[62] So sieht der BFH in der Einräumung eines **unverzinslichen Darlehens** eine steuerbare Zuwendung.[63] Gegenstand der Zuwendung ist dabei der kapitalisierte Nutzungsvorteil. Nach § 15 Abs. 1 BewG beträgt der Jahreswert des Nutzungsvorteils 5,5 %, wenn kein anderer Wert feststeht.[64] Verzichtet der Gläubiger innerhalb von zehn Jahren auf die Rückzahlung des Darlehens, ist der nach § 14 ErbStG anzusetzende Betrag aus der Zusammenrechnung der Zinsschenkung und des Forderungserlasses nicht auf den Nennwert des als Darlehen überlassenen Kapitals beschränkt.[65]

> **Praxistipp**
>
> Um die Annahme einer freigebigen Zuwendung bei Hingabe eines Darlehens zu verhindern, sollte für das Darlehen eine Verzinsung von mindestens 3 % p. a. und, soweit möglich, die Stellung einer (dinglichen) Sicherheit vereinbart werden. Der Nachteil der Begründung einer verzinslichen Kapitalforderung ist allerdings, dass die Zinsen mit Zufluss beim Darlehensgeber als Entgelt für die Kapitalnutzung zu Einkünften aus Kapitalvermögen nach § 20 Nr. 7 EStG führen.

Nach § 7 Abs. 1 Nr. 1 ErbStG gilt als Schenkung unter Lebenden jede freigebige Zuwendung, soweit der Bedachte durch sie auf Kosten des Zuwendenden bereichert wird. Hinsichtlich der Feststellung der objektiven Merkmale des Zuwendungstatbestands kommt es nach der Rechtsprechung des

---

59 Vgl. dazu BFH NJW 1996, 2119.
60 Moench/Weinmann/*Moench*, Einf. Rn. 1.
61 Vgl. dazu BFH NJW 1994, 2044.
62 Vgl. § 7 Abs. 4 ErbStG.
63 BFH NJW 1980, 256; BFH, Urt. v. 29.6.2005 – II R 52/03, NJW 2006, 398; kritisch dazu *Meincke*, § 7 Rn. 51.
64 Vgl. dazu BFH, Urt. v. 27.10.2010 – II R 37/09, ZEV 2011, 49; Urt. v. 27.11.2013 – II R 25/12, ZEV 2014, 267.
65 BFH ZEV 1999, 74.

BFH ausschließlich auf die Zivilrechtslage an.[66] Subjektiv wird dagegen lediglich der einseitige Wille des Gebers verlangt, dem Empfänger die Bereicherung unentgeltlich zu vermitteln.[67] Der Zuwendende muss in dem Bewusstsein handeln, dass er zu der Vermögenshingabe nicht verpflichtet ist und die Zuwendung auch nicht mit einer Gegenleistung verknüpft ist.

aa) Mittelbare Schenkung

30 Der Gegenstand der Schenkung muss nicht unmittelbar aus dem Vermögen des Schenkers stammen. Die Zuwendung kann auch in der Weise erfolgen, dass der Schenker mit einem Dritten einen Vertrag zu Gunsten des Bedachten schließt oder dem Beschenkten die Mittel für den Erwerb des Zuwendungsobjekts zur Verfügung stellt (mittelbare Schenkung). Die Bestimmung des Schenkungsgegenstandes richtet sich stets danach, wie sich die Vermögensmehrung im Zeitpunkt der Ausführung der Schenkung beim Bedachten darstellt, d. h. worüber dieser im Verhältnis zum Schenker tatsächlich und rechtlich frei verfügen kann.[68] Soll dem Empfänger nach dem Willen des Schenkers ein bestimmtes Grundstück zugewandt werden, reicht es für die Annahme einer **mittelbaren Grundstücksschenkung** aus, wenn die Zusage des Geldbetrags nachweislich vor Abschluss des Kaufvertrags gemacht und der Geldbetrag dem Beschenkten bis zur Tilgung des Kaufpreises zur Verfügung gestellt wurde.[69] Aufgrund der Neuorientierung der Grundstücksbewertung am gemeinen Wert lassen sich die durch eine mittelbare Grundstücksschenkung angestrebten **Bewertungsvorteile** im Vergleich zu einer Geldschenkung allerdings nur noch selten realisieren.[70]

bb) Zeitpunkt der Ausführung der Zuwendung

31 Die Schenkungsteuer entsteht nach § 9 Abs. 1 Nr. 2 ErbStG in dem Zeitpunkt, in dem die Zuwendung ausgeführt, d. h. die versprochene Leistung bewirkt wird. Bei **Grundstücksschenkungen** genügt jedoch abweichend vom Zivilrecht bereits die Erklärung der Auflassung nach § 925 BGB und die Abgabe der **Eintragungsbewilligung durch den Schenker** (§ 19 GBO), ohne dass der Antrag auf Eintragung der Rechtsänderung beim Grundbuchamt gestellt sein muss.[71] Indem die Beteiligten z. B. vereinbaren, dass der Bedachte erst nach einem bestimmten Termin von der Eintragungsbewilligung Gebrauch machen darf, können sie den Zeitpunkt der Ausführung der Grundstücksschenkung steuern und so eine ansonsten drohende Zusammenrechnung mit früheren Zuwendungen nach § 14 ErbStG vermeiden.[72] Ist Gegenstand der Zuwendung ein Grundstück im künftigen Zustand fertiger Bebauung, ist die Zuwendung stets ausgeführt, wenn das Gebäude fertiggestellt ist.[73]

cc) Gemischte Schenkungen und Schenkungen unter Auflage

32 Der Schenkungsteuer unterliegt auch eine gemischte Schenkung. Diese liegt vor, wenn bei einem gegenseitigen Vertrag die Leistung einer Partei nur zum Teil durch die Gegenleistung der anderen Partei aufgewogen wird und die zuwendende Partei um den Mehrwert ihrer Leistung wusste. Abzustellen ist dabei nach zivilrechtlichen Bewertungsgrundsätzen auf die Verkehrswerte der beiderseiti-

---

66 Vgl. nur BFH, Urt. v. 7.11.2007 – II R 28/06, ZEV 2008, 154.
67 *Meincke*, § 7 Rn. 11.
68 BFH, Urt. v. 10.11.2004 – II R 44/02, NJW 2005, 927.
69 R E 7.3 Abs. 1 S. 1 bis 4 ErbStR 2011; BFH, Urt. v. 2.2.2005 – II R 31/03, NJW 2005, 2256; eingehend zu den Möglichkeiten einer mittelbaren Grundstücksschenkung *Moench/Albrecht*, Erbschaftsteuer Rn. 550 ff.
70 Möglich erscheint dies insbesondere bei Zuschüssen zum Ausbau, Umbau oder zur Modernisierung eines Gebäudes, die sich nicht in einer entsprechenden Erhöhung des steuerlichen Grundstückswerts niederschlagen, vgl. hierzu BFH ZEV 1996, 238; einschränkend allerdings H 17 ErbStH 2003, Einzelfälle Nr. 7; ausführlich dazu *Söffing/Riedel*, ZErb 2004, 39.
71 Vgl. dazu R E 9.1 Abs. 1 ErbStR 2011.
72 BFH, Urt. v. 2.2.2005 – II R 26/02, ZEV 2005, 218.
73 BFH, Urt. v. 27.8.2010 – II R 19/07, MittBayNot 2010, 243.

gen Leistungen.[74] Typische Fälle einer gemischten Schenkung sind der **Kauf zum Freundschaftspreis** unter nahen Angehörigen oder die Übertragung eines Grundstücks unter Übernahme der grundpfandrechtlich gesicherten Verbindlichkeiten.[75] An einer berücksichtigungsfähigen Gegenleistung des Beschenkten fehlt es jedoch, wenn der Schenker im Innenverhältnis die Zins- und Tilgungsaufwendungen weiter trägt.[76]

Bei der Berechnung der Steuer für eine gemischte Schenkung wird die Gegenleistung des Beschenkten nach geänderter Auffassung der Finanzverwaltung[77] mit ihrem vollem, nach § 12 ErbStG zu ermittelnden Wert vom Steuerwert des Zuwendungsgegenstandes abgezogen. Die Durchführung einer besonderen Verhältnisrechnung, nach der die Gegenleistung in dem Maße gekürzt wird, in dem der Steuerwert des Gegenstandes unter dessen Verkehrswert liegt,[78] ist damit hinfällig geworden. 33

▶ **Praxistipp** 34

Nach diesem in der Literatur schon längst geforderten Paradigmenwechsel wird eine gemischte Grundstücksschenkung steuerlich nicht mehr ungünstiger behandelt als der Übergang eines mit Schulden belasteten Grundstücks im Erbgang. Bei einem Grundstückserwerb von Todes wegen konnten die auf den Erben übergehenden Grundstücksverbindlichkeiten immer schon in voller Höhe abgezogen werden (**Saldomethode** des § 10 Abs. 1 S. 2 ErbStG).

Mit der Aufgabe der Sonderbehandlung von gemischten Schenkungen durch die Finanzverwaltung ist auch die frühere Differenzierung bei Schenkungen unter Auflagen (§§ 525 ff. BGB) zwischen Leistungsauflagen einerseits und Nutzungs- oder Duldungsauflagen andererseits überflüssig geworden.[79] In allen Fällen ist die schenkungsteuerrechtliche **Bereicherung** einheitlich zu ermitteln, indem von dem Steuerwert des geschenkten Gegenstandes (z. B. dem nach §§ 176 ff. BewG zu berechnenden Grundbesitzwert bei einer Grundstücksschenkung) die Gegenleistungen des Beschenken und die von ihm übernommenen Leistungs-, Nutzungs- und Duldungsauflagen mit ihrem vollen Kapitalwert (§§ 13–16 BewG) abgezogen werden. Auch wirken sich Gegenleistungen, Leistungs-, Nutzungs- und Duldungsauflagen nicht mehr unterschiedlich auf den Umfang der Abzugsbeschränkungen aus, die nach § 10 Abs. 6 ErbStG bei der Übergabe steuerlich begünstigten Vermögens i. S. d. §§ 13, 13a und 13c ErbStG zu beachten sind.[80] Bei einer **Schenkung unter Leistungsauflage** ist der Beschenkte zu Geld- oder Sachleistungen verpflichtet, die er ggf. auch aus seinem eigenen Vermögen erbringen muss. Eine typische Leistungsauflage ist z. B. die dem Übernehmer eines Betriebs oder Grundstücks auferlegte Verpflichtung, Rentenzahlungen oder Gleichstellungsgelder an weichende Geschwister zu leisten. Bei der Schenkung unter **Nutzungs- und Duldungsauflagen** wird dem Beschenkten zumindest ein Teil der mit dem zugewandten Gegenstand verbundenen Nutzungen für eine bestimmte Zeit vorenthalten und einem anderen zugewiesen. Hauptfälle sind die Begründung eines (obligatorischen oder dinglichen) **Nießbrauch- oder Wohnrechts** zu Gunsten des Schenkers oder einer dritten Person. Nach Wegfall des § 25 Abs. 1 ErbStG wird auch beim Erwerb von Vermögen, dessen Nutzungen dem Schenker oder seinem Ehegatten zustehen, der Kapitalwert des Nutzungsrechts von dem Wert des Schenkungsgegenstandes abgezogen. 35

---

74 Bei einem deutlichen Missverhältnis zwischen dem Verkehrswert der Leistung und dem der Gegenleistung ist grundsätzlich davon auszugehen, dass dem Zuwendenden der Wertunterschied bewusst war, BFH BB 1992, 1780; s. dazu auch Troll/Gebel/Jülicher/*Gebel*, § 7 Rn. 289.
75 Übernommene Betriebsschulden, die mit den Werten der Wirtschaftsgüter des übergebenen Betriebsvermögens saldiert werden, stellen schenkungsteuerrechtlich keine Gegenleistung dar.
76 BFH, Urt. v. 7.10.2001 – II R 60/99, NJW 2002, 1894.
77 S. dazu R E 7.4 Abs. 1 S. 2 ErbStR 2011.
78 Vgl. hierzu noch R 17 Abs. 2 S. 2 ErbStR 2003.
79 Anders zuletzt noch die Rechtsprechung, vgl. dazu BFH, Urt. v. 13.4.2011 – II R 27/09, ZEV 2011, 390.
80 Näher dazu Rdn. 101 ff., 176.

b) Weitere Schenkungsteuertatbestände

36 Unter den weiteren in § 7 Abs. 1 ErbStG geregelten Schenkungsteuertatbeständen findet sich auch die Erfassung einer **Abfindung, die für einen Erb-, Pflichtteils- oder Vermächtnisverzicht** gewährt wird (§ 7 Abs. 1 Nr. 5 ErbStG).[81] Maßgeblich für die Besteuerung der Abfindungsleistung ist stets das (Verwandtschafts-)Verhältnis zwischen dem Verzichtenden und dem künftigen Erblasser. Das gilt auch dann, wenn der Abfindungsbetrag von einem Dritten geleistet wird, dem der Verzicht zugutekommt.[82] **Abfindungszahlungen unter Geschwistern**, die auf einem Erb- oder Pflichtteilsverzichtsvertrags mit den Eltern beruhen, fallen daher in die StK. I.[83] Das leistende Geschwisterteil kann den gezahlten Abfindungsbetrag bei einem späteren Erwerb von den Eltern als Erwerbskosten (§ 10 Abs. 5 Nr. 3 ErbStG) geltend machen. Erfolgt die Abfindung aufgrund eines zwischen den Geschwistern ohne Mitwirkung der Eltern geschlossenen Verzichtsvertrags nach § 311b Abs. 5 BGB, liegt nach Auffassung des BFH[84] zwar eine freigebige Zuwendung unter Lebenden nach § 7 Abs. 1 Nr. 1 ErbStG vor. Doch soll sich auch in diesem Fall die Steuerklasse nach dem Verhältnis des Zuwendungsempfängers zu den Eltern als den zukünftigen Erblassern richten.

37 Die vorzeitige unentgeltliche **Herausgabe von Nachlassgegenständen an den Nacherben**, mittels derer unter Beachtung der Zehn-Jahres-Frist des § 14 Abs. 1 ErbStG eine steueroptimierte Aufteilung des Nachlasses vorgenommen werden kann, ist gemäß § 7 Abs. 1 Nr. 7 ErbStG steuerpflichtig. Der Nacherbe kann nach § 7 Abs. 2 ErbStG beantragen, dass für die Bestimmung der Steuerklasse sein – oftmals günstigeres – Verhältnis zum Erblasser zu Grunde gelegt wird.[85] Im Übergabevertrag sollte zu diesem Zweck eindeutig geregelt werden, dass die Übertragung auf den Nacherben im Hinblick auf die Nacherbfolge geschieht.[86]

3. Zweckzuwendungen (§ 8 ErbStG)

38 Mit der gesonderten Erfassung von Zweckzuwendungen i. S. d. § 8 ErbStG werden Zuwendungen von Todes wegen oder freigebige Zuwendungen unter Lebenden besteuert, die mit der Auflage oder Verpflichtung verbunden sind, den Erwerb ganz oder teilweise zu Gunsten eines bestimmten Zwecks zu verwenden. Das besondere Kennzeichen dieser Zweckzuwendungen ist, dass die Auflage keine bestimmte Personen begünstigt, die als Erwerber der aus der Erfüllung der Auflage erlangten Mittel angesehen und besteuert werden könnten. Vielmehr muss die Auflage einem **unpersönlichen Zweck**, etwa der Denkmalpflege, oder einem **unbestimmten Personenkreis**, z. B. den Kindern und Jugendlichen einer Gemeinde, zugute kommen. Eine Zweckzuwendung ist auch anzunehmen, wenn einer Stiftung Mittel mit der Auflage zugewandt werden, diese zu satzungsfremden Zwecken zu verwenden.[87] Der mit der Ausführung der Zweckzuwendung Beschwerte, der den zur Auflagenerfüllung verwendeten Betrag gemäß § 10 Abs. 5 Nr. 2 ErbStG von seinem Erwerb abziehen kann, darf diesen Betrag um die von ihm geschuldete Steuer für die Zweckzuwendung kürzen.[88]

---

81 Zur Gewährung der Steuerbefreiung nach § 13 Abs. 1 Nr. 4a ErbStG, wenn die Abfindungsleistung in der Zuwendung eines Familienheims besteht, vgl. BFH, Urt. v. 27.10.2010 – II R 37/09, ZEV 2011, 49.
82 BFH DStR 1977, 612.
83 Moench/Weinmann/*Moench*, § 7 Rn. 215.
84 BFH, Urt. v. 25.1.2001 – II R 22/98, ZEV 2001, 163.
85 Die Antragstellung nach § 7 Abs. 2 ErbStG ändert dagegen nichts an der erbschaftsteuerlichen Zurechnung der Schenkung zum Vorerben mit der Folge der Zusammenrechnung mehrerer Zuwendungen an den Nacherben nach § 14 ErbStG, s. dazu Moench/Weinmann/*Moench*, § 7 Rn. 220; *Meincke*, § 7 Rn. 111.
86 Vgl. dazu BFH BB 1990, 1118.
87 BFH, Urt. v. 16.1.2002 – II R 82/99, NJW 2002, 3047; anders dagegen für eine entsprechende Zuwendung an einen Verein BFH, Urt. v. 15.3.2007 – II R 5/04, ZEV 2007, 285.
88 *Meincke*, § 8 Rn. 10.

4. Besteuerung von (Familien)-Stiftungen

Der Übergang von Vermögen auf eine vom Erblasser durch Stiftungsgeschäft von Todes wegen errichtete Stiftung unterliegt grundsätzlich der Erbschaftsteuer (§ 1 Abs. 1 Nr. 1 i. V. m. § 3 Abs. 2 Nr. 1 ErbStG). Gleiches gilt für **Zustiftungen** durch Einsetzung einer bereits bestehenden Stiftung als (Mit-)Erbin, Vermächtnisnehmerin oder Auflagenbegünstigte. Maßgeblich für die Bestimmung der Bereicherung ist bei letztwilliger Errichtung einer Stiftung – ungeachtet der Rückwirkungsfiktion des § 84 BGB – der Zeitpunkt der Anerkennung der Stiftung.[89] Demzufolge ist auch ein seit dem Todestag des Erblassers im Nachlass eingetretener Vermögenszuwachs erbschaftsteuerpflichtig. 39

a) Zuwendungen an gemeinnützige Stiftungen

Erbschaftsteuerfrei bleiben dagegen nach § 13 Abs. 1 Nr. 16b ErbStG Zuwendungen an gemeinnützige Stiftungen. Die Voraussetzungen der Gemeinnützigkeit, an die die Steuerfreiheit anknüpft, sind für alle Körperschaften und damit auch für Stiftungen in den §§ 51 bis 68 AO abschließend geregelt. 40

> ▶ **Praxistipp** 41
>
> Bei der Gestaltung der Stiftungssatzung ist insbesondere darauf zu achten, dass diese gemäß § 61 Abs. 1 S. 2 AO sämtliche Festsetzungen der **Mustersatzung** enthält, die in der Anlage 1 der Abgabenordnung abgedruckt ist.

In den Genuss der Erbschaftsteuerfreiheit kann nachträglich auch der Erwerber nicht begünstigten Vermögens kommen, soweit er die ihm von Todes wegen zugefallenen Vermögensgegenstände innerhalb von 24 Monaten nach dem Zeitpunkt der Steuerentstehung einer inländischen gemeinnützigen Stiftung zuwendet (§ 29 Abs. 1 Nr. 4 ErbStG). Allerdings darf es sich bei dieser nicht um eine **gemeinnützige »Kombinationsstiftung«** i. S. d. § 58 Nr. 5 AO handeln, die nach ihren Statuten berechtigt ist, bis zu einem Drittel ihres Einkommens dazu zu verwenden, den Stifter und seine nächsten Angehörigen in angemessener Weise zu unterhalten, ihre Gräber zu pflegen und ihr Andenken zu ehren.[90] 42

b) Errichtung von Familienstiftungen und Erbersatzsteuer

Besonderheiten gelten auch für die Besteuerung bei Familienstiftungen.[91] Eine Familienstiftung im erbschaftsteuerrechtlichen Sinne ist gegeben, wenn eine Stiftung wesentlich im Interesse einer Familie oder bestimmter Familien errichtet ist. Dies ist nach Auffassung des BFH[92] der Fall, wenn das Wesen der Stiftung nach der Satzung und dem Stiftungsgeschäft darin besteht, den Familienangehörigen eine Nutzung des Stiftungsvermögens und eine Teilhabe an den Stiftungserträgen zu ermöglichen. Die Finanzverwaltung nimmt ein **wesentliches Familieninteresse** schon dann an, wenn der Stifter, seine Angehörigen und ihre Abkömmlinge zu mehr als 50 % bezugs- und anfallsberechtigt sind oder die Quote ihrer Anfalls- und Bezugsberechtigung mehr als 25 % beträgt und weitere Umstände, etwa ein wesentlicher Einfluss der Familie auf die Geschäftsführung der Stiftung, hinzutreten.[93] 43

Liegt eine inländische Familienstiftung in diesem Sinne vor, ist der Besteuerung des Vermögensübergangs bei Errichtung nach § 15 Abs. 2 S. 1 ErbStG das persönliche **Verhältnis des nach der Stiftungsurkunde entferntest Berechtigten zum Stifter** (Erblasser) zugrunde zu legen. Die Finanzverwaltung berücksichtigt dabei auch die potentielle Berechtigung zukünftiger Generationen.[94] Um 44

---

89 BFH ZEV 1996, 38.
90 Näher dazu *Ihle*, RNotZ 2009, 621, 628.
91 Vgl. hierzu Wachter/Richter/*Richter*, Handbuch des internationalen Stiftungsrechts, Länderbericht Deutschland Rn. 132 ff.
92 BFH ZEV 1998, 112.
93 R E 1.2 Abs. 2 S. 1 ErbStR 2011.
94 Vgl. R E 15.2 Abs. 1 S. 2 ErbStR 2011.

eine Versteuerung des Vermögensübergangs nach StKl. I sicherzustellen, darf der Stifter somit nur seinen Ehegatten und seine Abkömmlinge als Destinatäre benennen. Spätere Zuwendungen, zu denen sich der Stifter nach Gründung der Familienstiftung entschließt, sind nicht nach § 15 Abs. 2 S. 1 ErbStG begünstigt.[95] Erfolgt die Zustiftung durch den einzig verbleibenden Destinatär der Stiftung, fällt die darin liegende freigebige Zuwendung i. S. d. § 7 Abs. 1 Nr. 1 ErbStG in die StKl. III.[96]

45 Nach ihrer Errichtung unterliegen Familienstiftungen – als Ersatz für eine natürliche Erbfolge – alle 30 Jahre mit ihrem gesamten, zum jeweiligen Stichtag vorhandenen Vermögen der **Erbersatzsteuer** gemäß § 1 Abs. 1 Nr. 4 ErbStG. Einen Vermögensübergang auf zwei natürliche Personen der StKl. I Nr. 2 fingierend, werden der Familienstiftung zwei Freibeträge in Höhe von 400 000 € gewährt und die Erbersatzsteuer nach dem Prozentsatz der StKl. I berechnet, der auf die Hälfte des steuerpflichtigen Vermögens entfällt (§ 15 Abs. 2 S. 3 ErbStG). Durch die **Errichtung mehrerer Familienstiftungen**, z. B. für jedes Kind des Stifters und dessen Abkömmlinge, können diese Steuervorteile mehrfach ausgenutzt werden. Nach § 13a Abs. 9 ErbStG gelten die Steuerbegünstigungen für unternehmerisch genutztes Vermögen auch im Rahmen der Erbersatzsteuer. Auf Antrag kann die Steuer auch ratierlich in 30 gleichen Jahresbeträgen – unter Berücksichtigung eines Zinssatzes von 5,5 % – bezahlt werden (§ 24 ErbStG).

V. Sachliche Steuerbefreiungen (§ 13 ErbStG)

46 § 13 Abs. 1 ErbStG enthält einen Katalog von sachlichen Steuerbefreiungen, die bei der Ermittlung der Bereicherung des Erwerbers von Amts wegen als Abzugsposten zu berücksichtigen sind. Die Gründe für die vollständige, teilweise oder betragsmäßige Befreiung liegen jeweils in dem Gegenstand des Erwerbs begründet.[97] Dabei ist jede Befreiungsvorschrift für sich anzuwenden (§ 13 Abs. 3 S. 1 ErbStG). In der Praxis von Bedeutung sind vor allem folgende Bestimmungen:

1. Erwerb von Hausrat und anderen beweglichen Gegenständen

47 § 13 Abs. 1 Nr. 1 ErbStG gewährt Personen der StKl. I für den Erwerb von Hausrat einen Freibetrag von 41 000 € und für den Erwerb anderer beweglicher körperlicher Gegenstände (Münzen, Schmuck, Sportgeräte etc.) einen weiteren Freibetrag von 12 000 €. Jeder Erwerber der StKl. II und III hat für den Erwerb dieser Gegenstände einschließlich des Hausrats einen einheitlichen Freibetrag von 12 000 €. Die Freibeträge, die auch Vermächtnisnehmern und Nießbrauchberechtigten zustehen,[98] können nach Ablauf eines Zeitraums von 10 Jahren für Erwerbe von derselben Person erneut in Anspruch genommen werden.[99] Der Begriff »Hausrat« meint Gegenstände des privaten Wohnumfeldes, wozu neben der Wohnungseinrichtung auch Geschirr, Bilder, Bücher, Fernsehgeräte, DVD-Player und Musikinstrumente gehören.[100] Der **privat genutzte PKW** wird dagegen teilweise den anderen beweglichen körperlichen Gegenständen zugerechnet.[101] Der Erwerb von Kunstgegenständen, Kunstsammlungen, Bibliotheken und Archiven ist darüber hinaus zu 60 % ihres Wertes steuerbefreit, wenn deren Erhaltung für Kunst, Geschichte und Wissenschaft im öffentlichen Interesse liegt (§ 13 Abs. 1 Nr. 2a ErbStG).

---

95 *Meincke*, § 15 Rn. 21 m. w. N.
96 BFH, Urt. v. 9.12.2009 – II R 22/08, ZEV 2010, 202 m. Anm. *Geck*.
97 Zur Verschonung des Erwerbs eines Familienheims von Todes wegen s. Rdn. 157 ff.
98 Vgl. dazu *Meincke*, § 13 Rn. 2, 7; Troll/Gebel/Jülicher/*Jülicher*, § 13 Rn. 18.
99 H. M., gegen eine Zusammenrechnung nach § 14 ErbStG jedoch *Jülicher*, ZEV 1994, 285, 286 in Fn. 9.
100 *Meincke*, § 13 Rn. 3.
101 Moench/Weinmann/*Kien-Hümbert*, § 13 Rn. 9a; a. A. Troll/Gebel/Jülicher/*Jülicher*, § 13 Rn. 8; *Kapp/Ebeling*, § 13 Rn. 4.

2. Berücksichtigung von Pflege- und Unterhaltsleistungen

Personen, die dem Erblasser unentgeltlich oder ohne zureichendes Entgelt Pflege oder Unterhalt gewährt haben, steht nach § 13 Abs. 1 Nr. 9 ErbStG ein **Freibetrag bis zu 20 000 €** zu. Die Gewährung von Pflege setzt voraus, dass der Erblasser infolge Krankheit, Behinderung, Alters oder eines sonstigen Grundes hilfsbedürftig ist.[102] Es ist dagegen nicht erforderlich, dass der Erblasser pflegebedürftig i. S. d. § 14 Abs. 1 SGB XI und einer Pflegestufe nach § 15 Abs. 1 S. 1 SGB XI zugeordnet war.[103] Der Freibetrag kann nur in Anspruch genommen werden, wenn die Pflegedienste oder Unterhaltsleistungen nicht aufgrund einer gesetzlicher Unterhaltsverpflichtung (§§ 1353, 1360, 1601 ff. BGB, §§ 2, 5 LPartG) erbracht wurden.[104] Nach Auffassung der Finanzverwaltung[105] kann der Freibetrag deshalb Kindern, die ihre Eltern gepflegt haben, nicht gewährt werden. Beruht die Gewährung der Pflegeleistungen[106] dagegen auf einem ernsthaft vereinbarten und tatsächlich durchgeführten **Dienstvertrag mit dem Erblasser**, kann der Erwerber die Zuwendung in voller Höhe als Erblasserschulden nach § 10 Abs. 5 Nr. 1 ErbStG abziehen.[107] Das Bestehen eines entsprechenden Vertragsverhältnisses kann auch durch Vorlage eines Schuldanerkenntnisses nachgewiesen werden, das mit dem Tod des Schuldners fällig wird. Die Rechtsprechung lässt darüber hinaus einen Erwerbskostenabzug des Vertragserben nach § 10 Abs. 5 Nr. 3 ErbStG zu, wenn dieser die Pflegeleistungen nach Abschluss des Erbvertrags als Gegenleistung für die ihm eingeräumte Erbeinsetzung erbracht hat.[108]

48

▶ **Muster: Anordnung eines Pflegevermächtnisses**

Ich beschwere meine Erben mit folgendem Vermächtnis, welches unverzüglich nach der Eröffnung dieser Verfügung von Todes wegen zu erfüllen ist:

Mein Neffe B hat Anspruch auf einen dem Wert seiner Pflege- und Betreuungsleistungen entsprechenden Geldbetrag. Dieser bemisst sich nach den Pflege- und Betreuungsleisten, die mein Neffe mir gegenüber seit dem 1.1.2015 bis zu meinem Tod (= Stichtag) erbracht hat. Diese Pflege- und Betreuungsleistungen sind monatlich mit einem Betrag von € *** (in Worten: Euro ***) zu bewerten.

Der vorgenannte Betrag soll zudem wertgesichert sein, um den seit dem 1.1.2015 bis zum Stichtag eingetretenen Kaufkraftschwund auszugleichen. Der Betrag verändert sich in demselben Verhältnis wie der vom Statistischen Bundesamt festgestellte Verbraucherpreisindex für Deutschland (Basis Jahr 2010=100) oder der an seine Stelle tretende Index. Als Bezugsgrößen sind dabei der Monat Januar 2015 und der Monat heranzuziehen, für den die am Stichtag aktuelle Indexzahl veröffentlicht ist. Die Anpassung des monatlichen Betrags von € *** hat somit für die gesamte Zeitdauer vom 1.1.2015 bis zum Stichtag auf der Basis der dann gültigen neuesten Indexreihe zu erfolgen.

3. Rückfall geschenkter Vermögensgegenstände an Eltern

Fallen Vermögensgegenstände, die Eltern oder Voreltern ihren Abkömmlingen schenkweise übertragen haben, bei deren Tod an den Schenker zurück, bleibt der Rückerwerb steuerfrei (§ 13 Abs. 1 Nr. 10 ErbStG). Die Befreiung kommt grundsätzlich nur in Betracht, wenn der seinerzeit zugewendete und der zurückfallende Vermögensgegenstand identisch sind.[109] Hat der Bedachte den Wert des Gegenstandes durch den Einsatz von Arbeit oder Kapital erhöht, wird der dadurch entstandene Mehrwert nicht von der Befreiung erfasst.

49

---

102 Vgl. nur *Meincke*, § 13 Rn. 40.
103 BFH, Urt. v. 11.9.2013 – II R 37/12, NJW 2014, 110.
104 Vgl. R E 13.5 Abs. 1 ErbStR 2011.
105 Bayerisches Landesamt für Steuern, Erlass v. 8.4.2014 – S 3812.1.1 – 1/15 St 34, DB 2014, 925.
106 Zur weiten Auslegung dieses Begriffs, der nicht nur Hilfeleistungen im Bereich der Körperpflege, der Ernährung und der hauswirtschaftlichen Versorgung umfasst, vgl. BFH, Urt. v. 11.9.2013 – II R 37/12, NJW 2014, 110.
107 BFH ZEV 1995, 117; R E 13.5 Abs. 2 S. 4 und 5 ErbStR 2011; ausf. dazu Moench//Weinmann/*Weinmann*, § 10 Rn. 57 ff.
108 Vgl. BFH DB 1984, 331.
109 S. dazu R E 13.6 Abs. 2 ErbStR 2011; BFH NJW 1994, 2375.

50 ▶ **Praxistipp**
Wegen dieser Einschränkungen empfiehlt sich im Übergabevertrag für den Fall des Vorversterbens des Bedachten die Vereinbarung einer **Rückfallklausel** (auflösende Bedingung, Widerrufs- oder Rücktrittsrecht). Der Rückerwerb des Schenkers aufgrund eines vertraglichen Rückforderungsrechts vollzieht sich erbschaftsteuerfrei. Die für die Zuwendung entrichtete Schenkungsteuer wird erstattet (§ 29 Abs. 1 Nr. 1 ErbStG).

4. Zuwendungen an gemeinnützige Einrichtungen und Religionsgemeinschaften

51 Gemäß § 13 Abs. 1 Nr. 16a und Nr. 16c ErbStG steuerfrei bleiben Zuwendungen jeglicher Art an inländische Religionsgesellschaften des öffentlichen Rechts und ihnen gleichgestellte ausländische Kirchen. Unmittelbare Zuwendungen an andere in- und ausländische Körperschaften, Personenvereinigen und Vermögensmassen i. S. von § 13 Abs. 1 Nrn. 16b und 16c ErbStG sind dagegen nur dann steuerbefreit, wenn diese nach ihrer Satzung (Verfassung, Stiftungsgeschäft) und ihrer tatsächlichen Geschäftsführung kirchliche, gemeinnützige oder mildtätige Zwecke verfolgen. Ob die bedachten Institutionen diese Voraussetzungen für die Steuerbegünstigung erfüllen, beurteilt sich nach den §§ 51 ff. AO. Von der Erbschaftsteuer ausgenommen sind auch Zuwendungen, deren Verwendung zu den vorgenannten Zwecken gesichert ist (§ 13 Abs. 1 Nr. 17 ErbStG).

VI. Entstehung der Erbschaftsteuer (§ 9 ErbStG)

52 Nach § 9 Abs. 1 Nr. 1 ErbStG entsteht die Steuerschuld bei Erwerben von Todes wegen grundsätzlich mit dem Tod des Erblassers. Das gilt insbesondere für den Erwerb durch Erbanfall und durch Vermächtnis (§ 3 Abs. 1 Nr. 1 ErbStG). § 9 Abs. 1 Nrn. 1a bis 1j ErbStG enthält Ausnahmen von dieser Grundregel für die Fälle, in denen der Nachlassbegünstigte wirtschaftlich gesehen erst zu einem späteren Zeitpunkt bereichert ist.[110] Ausdruck dieses Prinzips ist auch die Bestimmung in § 9 Abs. 1 Nr. 1a ErbStG, wonach die Erbschaftsteuer bei einem Erwerb unter einer aufschiebenden Bedingung, einer Betagung[111] oder Befristung erst mit Eintritt der Bedingung oder des Ereignisses entsteht.[112] Dieser Stichtag ist maßgeblich für die Beurteilung sämtlicher Umstände und Merkmale, die sich auf die Besteuerung des betreffenden Vorgangs auswirken können. Dazu gehören u. a. die Voraussetzungen der persönlichen Steuerpflicht (§ 2 ErbStG), die Steuerklasse (§ 15 ErbStG) und der in § 14 ErbStG festgelegte Zehnjahreszeitraum, innerhalb dessen mehrerer von derselben Person anfallende Vermögenserwerbe zusammengerechnet werden.

VII. Ermittlung des steuerpflichtigen Erwerbs (§ 10 ErbStG)

53 Gemäß § 10 Abs. 1 S. 1 ErbStG bestimmt sich der steuerpflichtige Erwerb als Bemessungsgrundlage der Erbschaftsteuer nach der **Bereicherung des Erwerbers**, soweit diese nicht nach §§ 5, 13, 13a, 13c, 16, 17 und 18 ErbStG steuerfrei ist. Der steuerpflichtige Erwerb ist auf volle 100 € abzurunden (§ 10 Abs. 1 S. 6 ErbStG). Als Bereicherung gilt in den Fällen des Erwerbs von Todes wegen der Unterschiedsbetrag zwischen dem Steuerwert des Vermögensanfalls und dem Steuerwert der gemäß § 10 Abs. 3 bis 9 ErbStG abziehbaren Nachlassverbindlichkeiten (§ 10 Abs. 1 S. 2 ErbStG).

---

110 Zur ratio legis des § 9 ErbStG *Meincke*, § 9 Rn. 2 f.
111 Zur Auslegung dieses Begriffs vgl. BFH, Urt. v. 27.8.2003 – II R 58/01, ZEV 2004, 35.
112 Zur Bewertung aufschiebend bedingter oder befristeter Erwerbe s. die Parallelvorschriften der §§ 4, 8 BewG.

Vereinfachtes Schema zur Ermittlung des steuerpflichtigen Erwerbs: 54

Vermögensanfall nach Steuerwerten
./. Steuerbefreiungen
./. Nachlassverbindlichkeiten nach Steuerwerten

= **Bereicherung des Erwerbers**
./. steuerfreier Zugewinnausgleich nach § 5 Abs. 1 ErbStG
+ hinzuzurechnende Vorerbe nach § 14 ErbStG
./. persönlicher Freibetrag nach § 16 ErbStG
./. besonderer Versorgungsfreibetrag nach § 17 ErbStG

= **steuerpflichtiger Erwerb** (abgerundet auf volle 100 €)

Der Vermögensanfall umfasst alle Vermögensvorteile, die auf den Erwerber übergehen. Verwirklicht 55
ein Erwerber gleichzeitig mehrere Steuertatbestände,[113] wird die Bereicherung aus allen steuerpflichtigen Vorgängen zu einem Gesamterwerb zusammengefasst.

1. Bewertungszeitpunkt und Bewertungsgrundsätze

Die Bewertung der einzelnen Nachlassgegenstände dient dazu, den steuerlich maßgeblichen Wert 56
des gesamten Vermögensanfalls und der abzugsfähigen Verbindlichkeiten festzustellen. Besteht
ein Erwerb aus unterschiedlichen Vermögensarten, sind die einzelnen Vermögensgegenstände und
die damit zusammenhängenden Schulden zum Zwecke der Bewertung zu wirtschaftlichen Einheiten
(sog. **Bewertungseinheiten**) zusammenzufassen.[114] Für die jeweilige wirtschaftliche Einheit ist
grundsätzlich nach den für sie geltenden Bewertungsregeln ein Gesamtwert zu ermitteln, der den
Wert aller zu dieser Einheit gehörenden Wirtschaftsgüter abbildet. Steht ein Vermögensgegenstand
mehreren Beteiligten zu, ist sein Wert nach dem Verhältnis der Anteile der Beteiligten aufzuteilen
(§ 3 BewG).

Nach § 12 Abs. 1 ErbStG richtet sich die Bewertung für erbschaftsteuerliche Zwecke nach den All- 57
gemeinen Bewertungsvorschriften des Ersten Teils des BewG (§§ 1–16 BewG), soweit in den nachfolgenden Absätzen des § 12 ErbStG nichts anderes bestimmt ist. Als Wertmaßstab wird in § 9
BewG der **gemeine Wert** festgeschrieben. Dieser wird durch den Preis bestimmt, der bei einer Veräußerung im gewöhnlichen Geschäftsverkehr für das Wirtschaftsgut zu erzielen wäre (Verkaufs-
oder Verkehrswert). Die im BewG normierten typisierten Bewertungsverfahren für land- und forstwirtschaftliches Vermögen, Grundbesitz, Betriebsvermögen und Kapitalgesellschaftsbeteiligungen
sind trotz Abweichungen im Einzelfall darauf ausgerichtet, einen Annäherungswert an den gemeinen Wert als oberstes, vom BVerfG ausgegebenes Bewertungsziel zu liefern.

Verfügungsbeschränkungen, die in der Person des Erwerbers oder seines Rechtsvorgängers begrün- 58
det sind, wirken sich nach § 9 Abs. 3 BewG nicht auf die Bewertung aus. Zu den persönlichen Verfügungsbeschränkungen in diesem Sinne zählen auch solche, die auf letztwilligen Anordnungen beruhen. Ein den Erben auferlegtes Teilungs- oder Verfügungsverbot oder die Beschränkung durch
eine (Dauer-)Testamentsvollstreckung bleibt somit bei der Bewertung der davon betroffenen Nachlassgegenstände unberücksichtigt.

Stichtag für die Wertermittlung ist der in § 9 ErbStG geregelte Zeitpunkt der Steuerentstehung 59
(§ 11 ErbStG). Dies ist bei Erwerben von Todes wegen regelmäßig der Tag des Erbfalls. Danach
eintretende Umstände werden bei der Bewertung nur berücksichtigt, wenn sie Aufschluss über
die tatsächlichen objektiven Verhältnisse am Bewertungsstichtag geben (**wertaufhellende Umstän-**

---

113 Z. B. der Erbe, der zugleich als Bezugsberechtigter eines Lebensversicherungsvertrags einen Anspruch auf
die Versicherungsleistung erhält.
114 Vgl. *Hübner*, Erbschaftsteuerreform 2009, S. 471 f.; Fischer/Jüptner/Pahlke/Wachter/*Horn*, § 12 Rn. 13.

de).[115] Nachträgliche Wertentwicklungen, z. B. ein Kurssturz im Nachlass vorhandener Aktien oder die spätere Uneinbringlichkeit einer Forderung wegen Insolvenz des Schuldners (**wertbeeinflussende Umstände**), sind dagegen für die Bewertung und den Umfang der Bereicherung grundsätzlich unbeachtlich. Härten des Stichtagsprinzips, die sich auch daraus ergeben können, dass der Erwerber aus tatsächlichen oder rechtlichen Gründen auf das erworbene Vermögen noch nicht zugreifen kann, begegnen Finanzverwaltung und Finanzgerichte nur in krassen Ausnahmefällen mit einem **Billigkeitserlass**.[116]

60 Verfahrensrechtlich werden die Grundbesitzwerte (§§ 138, 157 BewG) durch das Lagefinanzamt, der Wert des Betriebsvermögens oder des Anteils am Betriebsvermögen (§§ 95–97 BewG) durch das Betriebsfinanzamt, der Wert von Kapitalgesellschaftsanteilen i. S. d. § 11 Abs. 2 BewG durch das Finanzamt der Kapitalgesellschaft und der Wert anderer Vermögensgegenstände und Schulden, die mehreren Personen zustehen (§ 3 BewG), durch das Finanzamt am Ort der Vermögensverwaltung gesondert festgestellt (§ 151 BewG). Die für die Besteuerung zuständige Erbschaftsteuerstelle ist an die gesonderten Feststellungen gebunden. Geht ein Vermögenswert auf mehrere Personen einer **Erbengemeinschaft** über, erstreckt sich die gesonderte Feststellung auf die Höhe des Wertes und den Kreis der Erben, nicht jedoch auf deren Erbquoten (§ 151 Abs. 2 Nr. 2 BewG). Beteiligt am Feststellungsverfahren ist die Erbengemeinschaft, die die Erben insoweit vertritt (§ 153 Abs. 3 BewG).[117]

a) Bewertung des Grundvermögens

61 Die Bewertung des inländischen Grundvermögens für Erbschaft- und Schenkungsteuerzwecke ist im 6. Abschnitt des BewG geregelt (§ 12 Abs. 3 ErbStG i. V. m. §§ 176–198 BewG). Die dort normierten Bewertungsverfahren basieren auf der zwischenzeitlich durch die Immobilienwertermittlungsverordnung vom 19.5.2010[118] abgelöste (Wertermittlungsverordnung) vom 6.12.1988.[119] Gemeinsamer Bewertungsmaßstab – auch für ausländisches Grundvermögen – ist danach der **gemeine Wert** i. S. v. § 9 BewG.[120] Zum Grundvermögen gehören nach § 176 Abs. 1 BewG der Grund und Boden, die darauf stehenden Gebäude, die sonstigen Bestandteile (außer Betriebsvorrichtungen) und das Zubehör, ferner die Erbbaurechte sowie das Wohnungs- und Teileigentum, soweit es sich nicht um land- und forstwirtschaftliches Vermögen (§ 158 BewG) oder um Betriebsgrundstücke handelt. Letztere zählen zur Vermögensart »Betriebsvermögen«. Sofern die **Einzelbewertung eines Betriebsgrundstücks** erforderlich ist, wird dieses nach § 99 Abs. 3 BewG wie ein zum Grundvermögen gehörendes Grundstück bewertet.[121] Ob ein Grundstück zum (gewillkürten) Betriebsvermögen oder zum Privatvermögen gehört, beurteilt sich ausschließlich nach ertragsteuerlichen Grundsätzen.

---

115 Beispielsweise der Verkauf eines Grundstücks kurz nach dem Erbfall; näher hierzu *Meincke*, § 11 Rn. 3 m. w. N.
116 Näher dazu Daragan/Halaczinsky/Riedel/*Halaczinsky*, § 11 Rn. 7 m. w. N.
117 Feststellungen können danach auch gegenüber Erben bestandskräftig werden, ohne dass diese von ihrer Zugehörigkeit zur Erbengemeinschaft wissen, vgl. dazu *Hübner*, Erbschaftsteuerreform 2009, S. 480.
118 Verordnung über die Grundsätze für die Ermittlung der Verkehrswerte von Grundstücken (Immobilienwertermittlungsverordnung – ImmoWertV) vom 19.5.2010, BGBl. I 2010, S. 639.
119 BGBl. I 1988, S. 2209, geändert durch Art. 3 des Bau- und Raumordnungsgesetzes vom 18.8.1997, BGBl. I 1997, S. 2081.
120 §§ 31, 177 BewG. Der gemeine Wert entspricht dem Verkehrswert i. S. v. § 194 BauGB, vgl. auch R B 117 S. 2 ErbStR 2011.
121 *Halaczinsky*, ZErB 2009, 21, 22.

aa) Bewertung unbebauter Grundstücke

Unbebaute Grundstücke sind solche, auf denen sich keine benutzbaren (bezugsfertigen) Gebäude 62
befinden (§ 178 BewG). Ihr erbschaftsteuerlicher Wert ergibt sich grundsätzlich aus der **Formel**: Fläche in qm × Bodenrichtwert in €/qm (§ 179 S. 1 und 3 BewG). Mit diesem auf volle Euro abzurundenden **Bodenwert** sind auch die Außenanlagen abgegolten. Die erforderlichen Bodenrichtwerte sollen gemäß § 196 BauGB flächendeckend von den Gutachterausschüssen der Gemeinden ermittelt und den Finanzbehörden mitgeteilt werden.[122] **Lagetypische Merkmale** (z. B. das Maß der baulichen Nutzung, die Grundstückstiefe und -größe) sind durch Anpassung des Bodenrichtwertes zu berücksichtigen.[123] Liegt für das Bewertungsobjekt kein Bodenrichtwert vor, ist dieser aus den Werten vergleichbarer Flächen abzuleiten (§ 179 S. 4 BewG).[124]

bb) Bewertung bebauter Grundstücke

Die bei der Bewertung bebauter Grundstücke anzuwendende Methode hängt von der Art des bebau- 63
ten Grundstücks ab. Der **Wert von Ein- und Zweifamilienhäusern**[125] sowie von **Wohnungs- und Teileigentumseinheiten** ist vorrangig nach dem **Vergleichswertverfahren** zu ermitteln (§ 182 Abs. 2 BewG). Dabei wird der Grundbesitzwert des zu bewertenden bebauten Grundstücks aus dem Marktpreis anderer Grundstücke abgeleitet, die mit dem Bewertungsobjekt hinsichtlich der wertbeeinflussenden Merkmale (Lage, Art und Maß der baulichen Nutzung, Größe, Erschließungszustand und Alter der Immobilie) hinreichend übereinstimmen (§ 183 Abs. 1 BewG).[126] Vorrangig ist dazu auf die von den Gutachterausschüssen zur Verfügung gestellten **Vergleichskaufpreise** zurückzugreifen. Sind solche nicht vorhanden, sollen von den Gutachterausschüssen ermittelte Vergleichsfaktoren für geeignete Bezugseinheiten, insbesondere für Gebäudeflächeneinheiten, herangezogen werden (§ 183 Abs. 2 BewG). Beziehen sich die vorhandenen Vergleichsfaktoren nur auf das Gebäude, ist der Bodenwert nach § 179 BewG gesondert anzusetzen.

Weicht das Bewertungsobjekt von den mitgeteilten Referenzgrößen (etwa den Durchschnittspreisen 64
für Wohn- und Nutzflächen) ab, kann dem durch **Zu- und Abschläge** nach den Vorgaben des örtlichen Gutachterausschusses Rechnung getragen werden.[127] Wertbeeinflussende Belastungen öffentlich-rechtlicher oder privatrechtlicher Natur (z. B. das Bestehen von Grunddienstbarkeiten, Nutzungsrechten oder Vorkaufsrechte Dritter) werden hingegen im Vergleichswertverfahren nicht berücksichtigt (§ 183 Abs. 3 BewG). Gleiches gilt für einen Kaufpreis, der für das Grundstück innerhalb eines Jahres vor dem Bewertungsstichtag erzielt wurde.

▶ **Praxistipp** 65

In diesen Fällen bleibt dem Steuerpflichtigen nur der Nachweis eines niedrigeren gemeinen Werts durch Vorlage eines Verkehrswertgutachtens auf Basis der **Escape-Klausel** des § 198 BewG.[128]

---

122 In Nordrhein-Westfalen können die Bodenrichtwerte für Bauland online über das Internetportal www.boris.nrw.de abgefragt werden.
123 Vgl. dazu R B 179.2 Abs. 3 bis Abs. 7 ErbStR 2011.
124 Vgl. dazu die Wertansätzen in R B 179.1 Abs. 3 ErbStR 2011 für Bauerwartungsland und Rohbauland.
125 Dies sind nach § 181 Abs. 2 BewG Wohnungsgrundstücke mit bis zu zwei Wohnungen. Eine Mitbenutzung zu anderen als Wohnzwecken von weniger als 50 % – berechnet nach der Wohn- oder Nutzfläche – ist unschädlich, sofern dadurch die Eigenart als Ein- oder Zweifamilienhaus nicht wesentlich beeinträchtigt wird.
126 Vgl. R B 183 Abs. 2 ErbStR 2011.
127 Vgl. R B 183 Abs. 4 ErbStR 2011.
128 S. hierzu auch R B 198 Abs. 4 ErbStR 2011.

Kapitel 20 Steuerrecht und Erbfolgeregelung

66 Die Bewertung von Mietwohngrundstücken, Geschäftsgrundstücken und **gemischt genutzten Grundstücken** i. S. v. § 181 Abs. 7 BewG, für die sich auf dem örtlichen Grundstücksmarkt eine übliche Miete ermitteln lässt, erfolgt nach § 182 Abs. 3 BewG im **Ertragswertverfahren**. **Mietwohngrundstücke** sind Grundstücke, die – berechnet nach der Wohn- oder Nutzfläche – zu mehr als 80 % Wohnzwecken dienen und nicht Ein- oder Zweifamilienhäuser oder Wohnungseigentum sind (§ 181 Abs. 3 BewG). Als **Geschäftsgrundstücke** werden Grundstücke bezeichnet, die zu mehr als 80 % der Wohn- oder Nutzfläche eigenen oder fremden betrieblichen oder öffentlichen Zwecken dienen und kein Teileigentum sind (§ 181 Abs. 6 BewG).

67 Für das Ertragswertverfahren gilt folgendes **Bewertungsschema**:

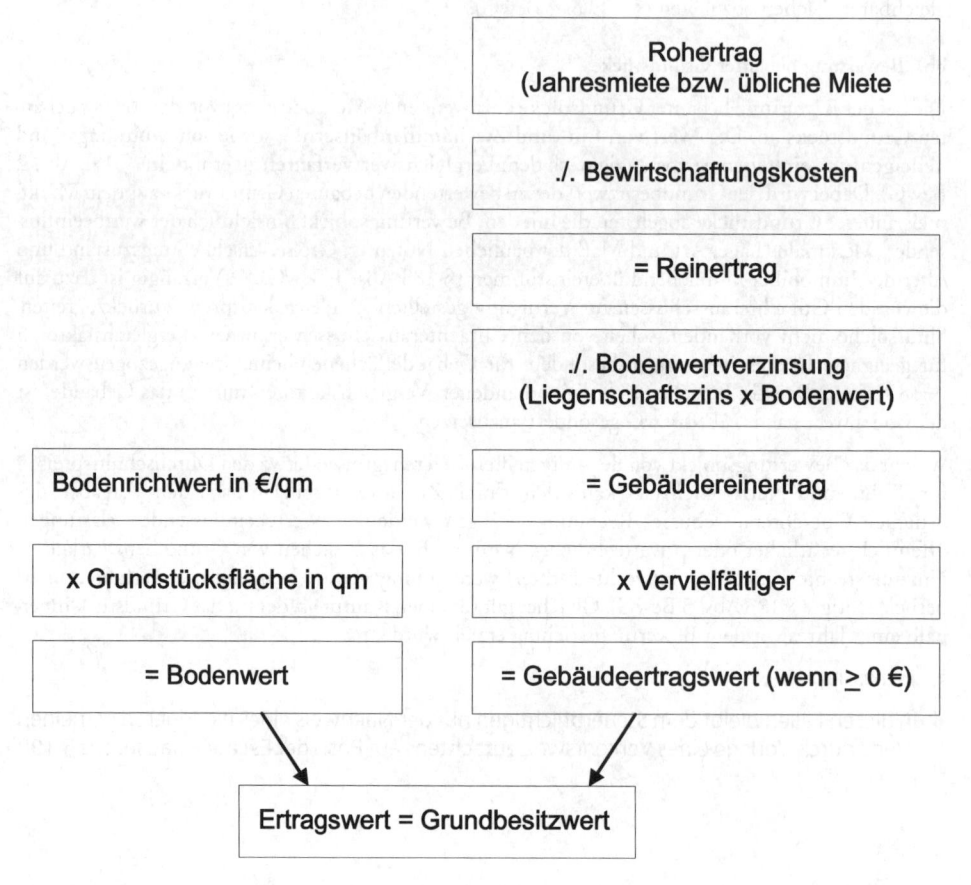

```
                          Rohertrag
              (Jahresmiete bzw. übliche Miete)
                              │
                      ./. Bewirtschaftungskosten
                              │
                         = Reinertrag
                              │
                    ./. Bodenwertverzinsung
                 (Liegenschaftszins x Bodenwert)
                              │
Bodenrichtwert in €/qm        = Gebäudereinertrag
         │                         │
x Grundstücksfläche in qm     x Vervielfältiger
         │                         │
    = Bodenwert           = Gebäudeertragswert (wenn ≥ 0 €)
         │                         │
         └─────────┬─────────────┘
                   │
          Ertragswert = Grundbesitzwert
```

68 Danach setzt sich der Ertragswert eines Grundstücks aus dem getrennt zu ermittelnden Bodenwert und dem Gebäudeertragswert zusammen. Sonstige bauliche Anlagen, insbesondere Außenanlagen, sind daneben nicht gesondert zu berücksichtigen. Als Mindestwert für das Grundstück ist der Bodenwert anzusetzen (§ 183 Abs. 3 BewG).

69 Ausgangsgröße für die **Ermittlung des Gebäudeertragswerts** ist der **Reinertrag** des Grundstücks. Dieser ergibt sich durch Abzug der Bewirtschaftungskosten i. S. v. § 187 BewG vom Rohertrag des Grundstücks (§ 185 Abs. 1 S. 2 BewG). Der **Rohertrag** ist nach § 186 BewG das Entgelt, das für die Benutzung des bebauten Grundstücks nach den am Bewertungsstichtag geltenden vertraglichen Vereinbarungen für den Zeitraum von zwölf Monaten zu zahlen ist (Sollmiete). Umlagen

zur Deckung von Betriebskosten bleiben dabei unberücksichtigt.[129] Bei selbst genutzten oder unentgeltlich überlassenen Gebäuden ist auf die übliche Miete abzustellen. Gleiches gilt bei Vermietung der Immobilie zu einem Mietzins, der um mehr als 20 % von der üblichen Miete abweicht (§ 186 Abs. 2 BewG). Die **Bewirtschaftungskosten** sind nach Erfahrungssätzen zu schätzen. Werden von den Gutachterausschüssen keine geeigneten Erfahrungssätze zur Verfügung gestellt, ist ein Abschlag in Höhe der pauschalierten Bewirtschaftungskosten nach Anlage 23 des BewG vorzunehmen (§ 187 Abs. 2 BewG). Diese variieren je nach Grundstücksart und Restnutzungsdauer des Gebäudes zwischen 18 % und 29 % der Jahresmiete oder üblichen Miete (ohne Betriebskosten).

Der Reinertrag für ein bebautes Grundstück spiegelt sowohl die Verzinsung für den Grund und Boden als auch für das Gebäude wider. Um ausgehend vom Reinertrag des Grundstücks den Gebäudereinertrag zu ermitteln, ist aus dem Reinertrag des Grundstücks der Ertrag des Bodenwerts (**Bodenwertverzinsung**) herauszurechnen (§ 185 Abs. 2 BewG).[130] Zu diesem Zweck ist der Bodenwert (§ 179 BewG) mit dem angemessenen und nutzungstypischen **Liegenschaftszinssatz** zu multiplizieren.[131] Ist das Grundstück wesentlich größer, als es einer den Gebäuden angemessenen Nutzung entspricht, ist der Bodenwert einer selbstständig verwertbaren Teilfläche bei der Berechnung des Verzinsungsbetrags nicht anzusetzen (§ 185 Abs. 2 S. 3 BewG).[132] Der aus den Kaufpreissammlungen abgeleitete Liegenschaftszinssatz (§ 188 Abs. 1 BewG) gibt an, in welcher Höhe üblicherweise der Verkehrswert von Grundstücken verzinst wird. Soweit für das zu bewertende Grundstück kein geeigneter örtlicher Liegenschaftszinssatz greifbar ist, gelten die in § 188 Abs. 2 S. 2 BewG festgelegten Liegenschaftszinssätze.

Der sich nach Abzug der Bodenwertverzinsung ergebende Gebäudereinertrag ist mit dem aus Anlage 21 des BewG abzulesenden **Vervielfältiger** zu kapitalisieren (§ 185 Abs. 3 S. 1 BewG). Dessen Wert richtet sich nach dem anzuwendenden Liegenschaftszinssatz und der **Restnutzungsdauer des Gebäudes**. Die Restnutzungsdauer resultiert aus der Differenz zwischen der wirtschaftlichen Gesamtnutzungsdauer und dem Alter des Gebäudes am Bewertungsstichtag (§ 185 Abs. 3 S. 3 BewG).[133] Durchgreifende **Instandhaltungs- und Modernisierungsmaßnahmen** können gemäß § 185 Abs. 3 S. 4 BewG zu einer Verlängerung der Restnutzungsdauer des Gebäudes führen.[134] Die Restnutzungsdauer auch eines älteren, noch nutzbaren Gebäudes beträgt mindestens 30 % der wirtschaftlichen Gesamtnutzungsdauer (§ 185 Abs. 3 S. 5 BewG). Von dieser Regel kann nur in Ausnahmefällen, z. B. bei Bestehen einer Abbruchverpflichtung, abgewichen werden.[135]

Liegen für Wohnungseigentum, Teileigentum sowie Ein- und Zweifamilienhäuser keine Vergleichswerte vor oder lässt sich für Geschäftsgrundstücke und gemischt genutzte Grundstücke (aber nicht für Mietwohngrundstücke) auf dem örtlichen Grundstücksmarkt keine übliche Miete ermitteln, sind diese subsidiär im **Sachwertverfahren** gem. §§ 189 ff. BewG zu bewerten. Diese Methode ist daneben stets für die Verkehrswertermittlung sonstiger bebauter Grundstücke (z. B. Kliniken, Produktionsgebäude, Theater, Bankgebäude)[136] heranzuziehen (§ 182 Abs. 4 BewG). Mittels des Sachwertverfahrens sollen die gewöhnlichen Herstellungskosten eines Gebäudes, die sog. Regelherstellungskosten, ermittelt werden.

---

129 Vgl. dazu auch R B 186.1 Abs. 1 ErbStR 2011.
130 Vgl. hierzu R B 185.1 Abs. 2 S. 1 ErbStR 2011; *Drosdzol*, DStR 2009, 1405, 1408.
131 S. dazu R B 185.1 Abs. 2 S. 2 ErbStR 2011.
132 Näher dazu R B 185.1 Abs. 3 ErbStR 2011; *Drosdzol*, ZEV 2008, 177, 179.
133 Die wirtschaftliche Gesamtnutzungsdauer wird in Anlage 22 zum BewG für die einzelnen Gebäudearten typisierend festgelegt.
134 Die Finanzverwaltung prüft dies anhand eines Punktesystems, vgl. R B 185.3 Abs. 4 ErbStR 2011.
135 Vgl. dazu R B 185.3 Abs. 5 ErbStR 2011.
136 Vgl. hierzu auch § 147 BewG sowie R B 182 Abs. 4 ErbStR 2011.

73 Für das Sachwertverfahren gilt folgendes **Bewertungsschema**:

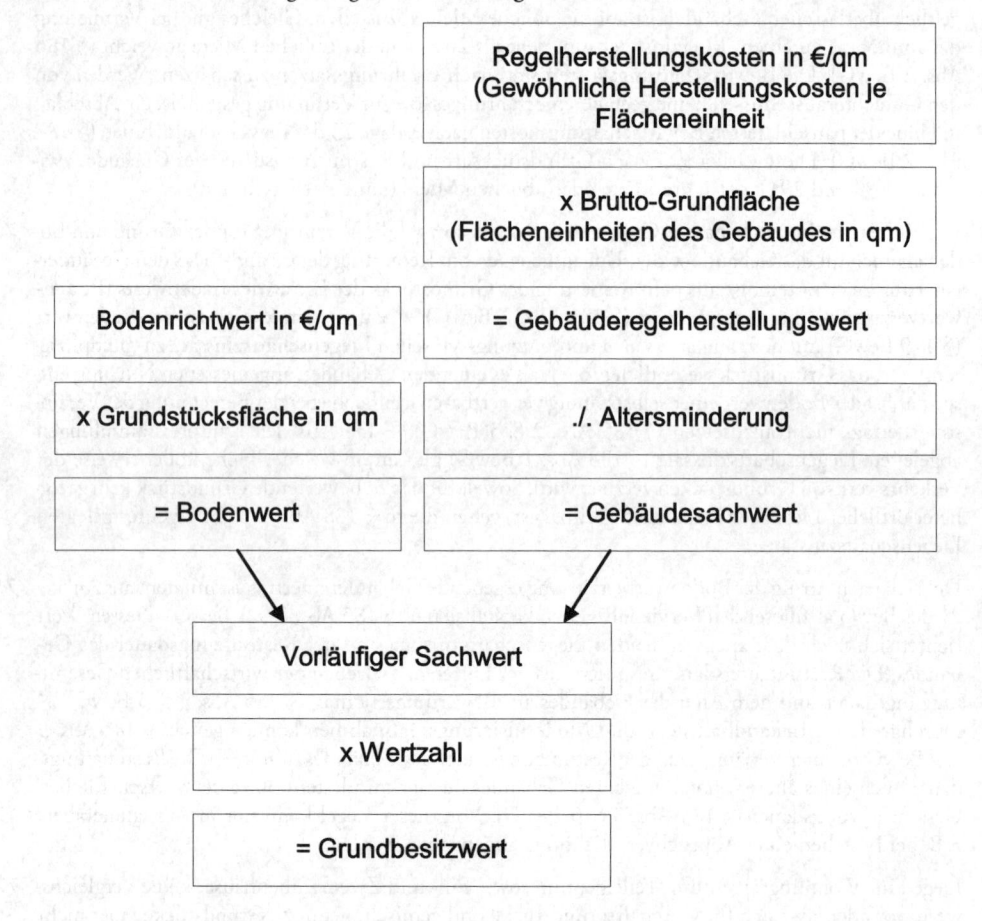

```
                          ┌─────────────────────────────────────┐
                          │  Regelherstellungskosten in €/qm    │
                          │ (Gewöhnliche Herstellungskosten je  │
                          │          Flächeneinheit)            │
                          └─────────────────────────────────────┘
                                           │
                          ┌─────────────────────────────────────┐
                          │        x Brutto-Grundfläche         │
                          │ (Flächeneinheiten des Gebäudes in qm)│
                          └─────────────────────────────────────┘

  ┌───────────────────────┐        ┌─────────────────────────────┐
  │ Bodenrichtwert in €/qm│        │ = Gebäuderegelherstellungswert│
  └───────────────────────┘        └─────────────────────────────┘

  ┌───────────────────────┐        ┌─────────────────────────────┐
  │ x Grundstücksfläche in qm│     │      ./. Altersminderung    │
  └───────────────────────┘        └─────────────────────────────┘

  ┌───────────────────────┐        ┌─────────────────────────────┐
  │     = Bodenwert       │        │      = Gebäudesachwert      │
  └───────────────────────┘        └─────────────────────────────┘
              \                              /
                    ┌─────────────────────┐
                    │ Vorläufiger Sachwert│
                    └─────────────────────┘

                    ┌─────────────────────┐
                    │      x Wertzahl     │
                    └─────────────────────┘

                    ┌─────────────────────┐
                    │   = Grundbesitzwert │
                    └─────────────────────┘
```

74 Die **Regelherstellungskosten** 2007 sind in Anlage 24 Abschn. II. des BewG – gegliedert nach Gebäudeklassen, Baujahrsgruppen und Ausstattungsstandards – in Quadratmeterpreisen aufgeführt.[137] Durch Multiplikation der jeweiligen Regelherstellungskosten mit der in Anlage 24 Abschn. I. des BewG definierten Brutto-Grundfläche des Gebäudes ergibt sich der **Gebäuderegelherstellungswert** (§ 190 Abs. 1 S. 2 BewG). Bei der Bewertung von Wohnungseigentum kann zur Abgeltung der im Gemeinschaftseigentum stehenden Grundfläche vereinfachend das 1,55fache der Wohnfläche als Brutto-Grundfläche angesetzt werden.[138] Der Gebäuderegelherstellungswert ist sodann um eine **Alterswertminderung** zu kürzen (§ 190 Abs. 2 S. 1 BewG). Diese bestimmt sich regelmäßig nach dem Verhältnis des Gebäudealters am Bewertungsstichtag zur wirtschaftlichen Gesamtnutzungsdauer gemäß Anlage 22 des BewG.[139] Der danach verbleibende Gebäudewert darf jedoch 40 % des Gebäuderegelherstellungswertes nicht unterschreiten (§ 190 Abs. 2 S. 4 BewG).

---

[137] Zur Bestimmung der Ausstattungsstandards vgl. R B 190.4 ErbStR 2011.
[138] Anlage 24 Abschn. II Ziffer 2 des BewG.
[139] Zur Verlängerung oder Verkürzung der Gesamtnutzungsdauer durch nach Bezugsfertigkeit des Gebäudes eintretende Veränderungen vgl. R B 190.7 Abs. 2 bis Abs. 4 ErbStR 2011; *Siegmund/Ungemach*, DStZ 2009, 475, 485.

Der sich aus der Zusammenrechnung von Bodenwert und Gebäudesachwert ergebene vorläufige 75
Sachwert ist schließlich durch **Multiplikation mit einer Wertzahl** nach § 191 BewG an den gemeinen Wert anzupassen (§ 189 Abs. 3 BewG). Als Wertzahlen sind vorrangig die Sachwertfaktoren heranzuziehen, die von den Gutachterausschüssen abgeleitet worden sind (§ 191 Abs. 1 BewG).[140] Hilfsweise kann auf die in Anlage 25 des BewG enthaltenen Wertzahlen zurückgegriffen werden. Mit dem so ermittelten Grundbesitzwert ist in der Regel zugleich der Wert sonstiger (baulicher) Anlagen abgedeckt (§ 191 Abs. 1 S. 2 BewG).[141]

cc) **Bewertung bei Erbbaurechten**

Bei Erbbaugrundstücken und Gebäuden auf fremdem Grund und Boden sind die Werte für die wirtschaftliche Einheiten des Erbbaurechts bzw. des Gebäudes einerseits und des belasteten (Erbbau-)Grundstücks andererseits gesondert zu ermitteln (§§ 192, 195 Abs. 1 BewG). Bei der **Bewertung des Erbbaurechts** ist vorrangig das **Vergleichswertverfahren** anzuwenden (§ 193 Abs. 1 BewG). Vergleichskaufpreise oder aus Kaufpreisen abgeleitete Vergleichsfaktoren für andere Erbbaurechte, die im Hinblick auf die Grundstücksart und Bebauung, die Höhe des Erbbauzinses, den Bodenrichtwert und die Restlaufzeit mit dem zu bewertenden Erbbaurecht vergleichbar sind,[142] liegen in der Praxis jedoch nur selten vor.[143]

In diesen Fällen ist der Wert des Erbbaurechts aus einem Boden- und Gebäudewertanteil nach folgendem **Bewertungsschema** zu errechnen (finanzmathematische Methode gemäß § 193 Abs. 2 BewG):

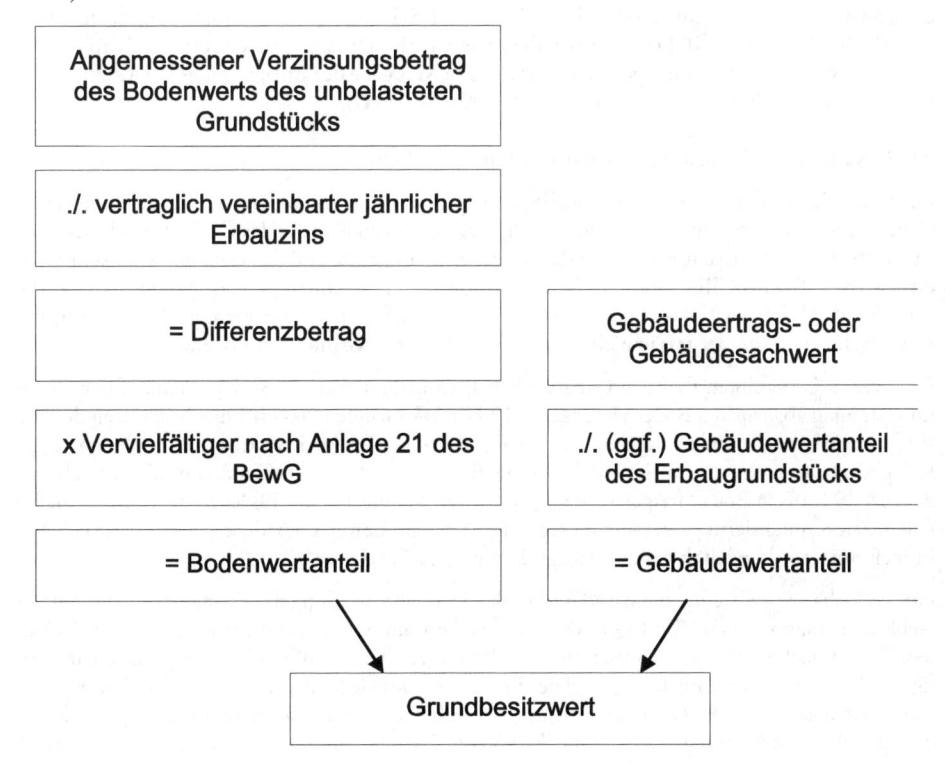

```
┌──────────────────────────────────────┐
│ Angemessener Verzinsungsbetrag       │
│ des Bodenwerts des unbelasteten      │
│ Grundstücks                          │
└──────────────────────────────────────┘

┌──────────────────────────────────────┐
│ ./. vertraglich vereinbarter jährlicher │
│ Erbauzins                            │
└──────────────────────────────────────┘

┌──────────────────────────────────────┐      ┌──────────────────────────────────────┐
│ = Differenzbetrag                    │      │ Gebäudeertrags- oder                 │
│                                      │      │ Gebäudesachwert                      │
└──────────────────────────────────────┘      └──────────────────────────────────────┘

┌──────────────────────────────────────┐      ┌──────────────────────────────────────┐
│ x Vervielfältiger nach Anlage 21 des │      │ ./. (ggf.) Gebäudewertanteil         │
│ BewG                                 │      │ des Erbaugrundstücks                 │
└──────────────────────────────────────┘      └──────────────────────────────────────┘

┌──────────────────────────────────────┐      ┌──────────────────────────────────────┐
│ = Bodenwertanteil                    │      │ = Gebäudewertanteil                  │
└──────────────────────────────────────┘      └──────────────────────────────────────┘
                    ↓                                         ↓
              ┌──────────────────────────────────────┐
              │ Grundbesitzwert                      │
              └──────────────────────────────────────┘
```

76

77

---

140 Angaben hierzu finden sich in den Grundstücksmarktberichten der Gutachterausschüsse.
141 Zu Ausnahmefällen bei besonders werthaltigen (Außen-)Anlagen vgl. R B 190.5 ErbStR 2011.
142 Vgl. dazu R B 193.1 ErbStR 2011.
143 *Drosdzol*, DStR 2009, 1405, 1410; *Halaczinsky/Riedel*, § 4 Rn. 83.

78 Der angemessene **Verzinsungsbetrag des Bodenwerts** des als unbebaut angenommenen Grundstücks ergibt sich durch Multiplikation des Bodenwerts (§ 179 BewG) mit dem Liegenschaftszinssatz. Sind geeignete Liegenschaftszinssätze der Gutachterausschüsse nicht vorhanden, sind die in § 193 Abs. 4 S. 2 BewG geregelten pauschalen Zinssätze anzuwenden.

79 Der **Gebäudewertanteil** ist je nachdem, welches Bewertungsverfahren nach den allgemeinen Regeln für die Bewertung des bebauten Grundstücks gilt, im Ertrags- oder im Sachwertverfahren zu bestimmen. Erhält der Erbbauberechtigte bei Ablauf des Erbbaurechts keine oder nur eine teilweise Entschädigung für das Bauwerk, ist der Gebäudewertanteil um den Gebäudewertanteil des Erbbaugrundstücks nach § 194 Abs. 4 BewG zu verringern (§ 193 Abs. 5 S. 2 BewG). Mit der so erfolgten Bewertung des Erbbaurechts ist die Verpflichtung zur Zahlung des Erbbauzinses zugleich abgegolten (§ 192 S. 2 BewG).

80 Auch der **Wert von Erbbaugrundstücken** ist primär im **Vergleichswertverfahren** nach § 183 BewG zu ermitteln. Mangels Existenz entsprechender Vergleichsgrundstücke ist jedoch als Wert in der Regel der **Bodenwertanteil** anzusetzen. Dieser setzt sich zusammen aus dem über die Restlaufzeit des Erbbaurechts abgezinsten Bodenwert und der über diesen Zeitraum kapitalisierten Erbbauzinsen. Der in Abhängigkeit von dem Liegenschaftszinssatz nach § 193 Abs. 4 BewG und der Restlaufzeit des Erbbaurechts ermittelte **Abzinsungsfaktor** für den Bodenwert ist aus Anlage 26 des BewG zu entnehmen. Die als Erbbauzinsen anzusetzenden jährlichen Erbbauzinsen sind mit dem Vervielfältiger aus Anlage 21 des BewG zu kapitalisieren. Der so ermittelte Bodenwertanteil ist um einen **Gebäudewertanteil** zu erhöhen, wenn das vom Erbbauberechtigten errichtete Bauwerk am Ende der Laufzeit des Erbbaurechts unentgeltlich oder ohne adäquate Entschädigung auf den Grundeigentümer übergeht (§ 194 Abs. 2 BewG). Dabei ist von dem voraussichtlichen Gebäudewert zum Zeitpunkt des Ablaufs des Erbbaurechts auszugehen, der noch nach Maßgabe der Anlage 26 des BewG auf den Bewertungsstichtag abgezinst werden muss (§ 192 Abs. 4 BewG).

dd) Bewertung bei Gebäuden auf fremdem Grund und Boden

81 Ein Gebäude auf fremdem Grund und Boden liegt vor, wenn ein anderer als der Eigentümer des Grund und Bodens darauf ein Gebäude errichtet hat und dem Erbauer das Gebäude auch steuerlich zuzurechnen ist. In diesem Fall bilden das belastete Grundstück und das Gebäude **zwei selbstständige wirtschaftlichen Einheiten** des Grundvermögens, die unabhängig voneinander zu bewerten sind (§ 195 Abs. 1 BewG). Das belastete Grundstück umfasst dabei die vertraglich (z. B. aufgrund eines Pachtvertrags) oder tatsächlich überlassene Fläche des Grund und Bodens.[144]

82 Der Wert des mit einem fremden Gebäude bebauten Grundstücks entspricht dem auf den Bewertungsstichtag abgezinsten **Bodenwert** nach § 179 BewG zuzüglich des über die Restlaufzeit des Nutzungsrechts kapitalisierten Entgelts (§ 195 Abs. 3 BewG). Der **Abzinsfaktor** für den Bodenwert ist Anlage 26 zum BewG zu entnehmen; der für die Berechnung benötigte Zinssatz bestimmt sich nach der in § 193 Abs. 4 BewG festgelegten angemessenen Verzinsung des Bodenwerts in Erbbaurechtsfällen. Zur Kapitalisierung des Nutzungsentgelts ist das am Bewertungsstichtag vereinbarte jährliche Entgelt mit dem Vervielfältiger aus Anlage 21 zum BewG zu multiplizieren.

83 Für das Gebäude auf fremdem Grund und Boden ist bei Anwendung des Ertragswertverfahrens der **Gebäudeertragswert** gemäß § 185 BewG und bei Anwendung des Sachwertverfahrens der **Gebäudesachwert** nach § 190 BewG anzusetzen. Ist der Nutzer bei Ablauf des Nutzungsrechts zur Beseitigung des Gebäudes verpflichtet, ist bei der Ermittlung des Gebäudeertragswerts der Vervielfältiger gemäß Anlage 21 zum BewG heranzuziehen, der sich nach der am Bewertungsstichtag verbleibenden tatsächlichen Nutzungsdauer ergibt (§ 195 Abs. 2 Sätze 2 und 3 BewG). Ist der Gebäudesachwert zu ermitteln, richtet sich die Alterswertminderung nach dem Alter des Gebäudes am Bewertungsstichtag und der tatsächlichen Gesamtnutzungsdauer; eine Mindestwertregelung existiert nicht (§ 195 Abs. 2 Sätze 4 und 5 BewG).

---

144 Vgl. dazu auch R B 195.1 Abs. 3 ErbStR 2011.

Steuerrecht und Erbfolgeregelung **Kapitel 20**

ee) Grundstücke im Zustand der Bebauung

Den Sonderfall der Bewertung eines Grundstücks »im Zustand der Bebauung« regelt § 196 BewG. **84** Ein solches Grundstück ist gegeben, wenn mit den Bauarbeiten zwar begonnen wurde, Gebäude(teile) aber noch nicht bezugsfertig sind. Zur Bewertung des Grundstücks im Zustand der Bebauung ist der Wert der Gebäude(teile) im Zustand der Bebauung mit den bereits entstandenen Herstellungskosten zu erfassen und dem Wert des bislang unbebauten Grundstücks gemäß § 179 BewG oder des schon bebauten Grundstücks nach § 182 BewG hinzuzurechnen. Abbruchkosten für auf dem Grundstück vor Beginn der Baumaßnahme vorhandene Gebäude fließen nicht in die Herstellungskosten für die neuen Gebäude(teile) ein.[145]

ff) Nachweis eines niedrigeren gemeinen Werts durch den Steuerpflichtigen

Die **Öffnungsklausel** des § 198 BewG ermöglicht es dem Steuerpflichtigen nachzuweisen, dass der **85** Verkehrswert des Objekts am Bewertungsstichtag niedriger ist als der Steuerwert, den das Finanzamt nach Maßgabe des einschlägigen typisierenden Bewertungsverfahrens ermittelt hat. § 198 S. 2 BewG verweist diesbezüglich auf die gemäß § 199 Abs. 1 BauGB erlassene Immobilienwertermittlungsverordnung (ImmoWertV)[146], die zum 1.7.2010 in Kraft getreten ist. Auf dieser Grundlage können **alle wertbeeinflussenden Umstände**, insbesondere sämtliche Belastungen öffentlich-rechtlicher und privatrechtlicher Art wie persönliche Nutzungsrechte oder Grunddienstbarkeiten, bei der Bewertung **berücksichtigt** werden.[147] Der Nachweis kann durch stichtagsnahe Kaufpreise für das Bewertungsobjekt und durch Verkehrswertgutachten von Gutachterausschüssen oder Bausachverständigen geführt werden.[148] Der Nachteil für den Steuerpflichtigen ist allerdings, dass er in jedem Fall die Gutachterkosten zu tragen hat.

b) Bewertung land- und forstwirtschaftlichen Vermögens

Zum land- und forstwirtschaftlichen Vermögen gehören gemäß § 158 Abs. 3 BewG alle Wirtschafts- **86** güter, die einem Betrieb der Land- und Forstwirtschaft (**LuF**) zu dienen bestimmt sind. Der Betrieb der Land- und Forstwirtschaft als die zu bewertende wirtschaftliche Einheit umfasst den Wirtschaftsteil,[149] den Wohnteil und etwaig vorhandene Betriebswohnungen (§ 160 Abs. 1 BewG). Auch Nebenerwerbsbetriebe und Stückländereien können einen eigenständigen LuF-Betrieb bilden. Das geerbte land- und forstwirtschaftliche Vermögen kann sich aus mehreren LuF-Betrieben zusammensetzen. Wird ein Betrieb der LuF von einer Personengesellschaft oder Gemeinschaft geführt, ist der letztlich anzusetzende Grundbesitzwert des LuF-Betriebs einheitlich zu ermitteln und sodann nach § 168 Abs. 3–6 BewG auf die Gesellschafter aufzuteilen.

aa) Bewertung des Wirtschaftsteils

Der gemeine Wert des Wirtschaftsteils wird grundsätzlich als Fortführungswert in einem typisierten **87** Bewertungsverfahren auf der Basis der nachhaltigen Ertragsfähigkeit des Betriebs festgestellt. Dabei wird – abhängig von der Betriebsgröße, Region und Nutzungsart (Betriebsform) – ein **Reingewinn** ermittelt und anschließend unter Ansatz eines Kapitalisierungsfaktors von 18,6 **kapitalisiert**.[150] Wird allerdings der LuF-Betrieb innerhalb von 15 Jahren nach dem Bewertungsstichtag veräußert, ohne dass der Veräußerungserlös binnen sechs Monaten für den Erwerb eines anderen LuF-Betriebs ver-

---

145 R B 196.2 Abs. 3 S. 3 ErbStR 2011.
146 BGBl. I 2010, S. 639.
147 Vgl. hierzu R B 198 Abs. 3 S. 6 ErbStR 2011.
148 Vgl. dazu auch BFH, Urt. v. 9.9.2009 – II B 69/09, ZEV 2009, 583; *Eisele*, ZEV 2009, 451.
149 Zum Wirtschaftsteil gehören z. B. die landwirtschaftliche, forstwirtschaftliche weinbauliche oder gärtnerische Nutzung, vgl. § 160 Abs. 2 BewG.
150 § 165 Abs. 1 i. V. m. § 163 BewG i. V. m. Anlagen 14–18 zum BewG; näher dazu *Hübner*, Erbschaftsteuerreform 2009, S. 548 ff.

wendet wird, ist die wirtschaftliche Einheit rückwirkend mit dem **Liquidationswert** nach § 166 Abs. 2 BewG zu bewerten (§ 166 Abs. 1 i. V. m. § 162 Abs. 3 BewG). Gleiches gilt für wesentliche Wirtschaftsgüter, die – ohne Vornahme einer Ersatzinvestition – innerhalb eines Zeitraums von 15 Jahren nicht mehr dazu bestimmt sind, dem Betrieb auf Dauer zu dienen (§ 166 Abs. 1 i. V. m. § 162 Abs. 4 BewG).

88 Da der aus diesem Regelertragswertverfahren resultierende Fortführungswert vor allem bei kleinen und mittleren Betrieben in der Regel negativ ist, hat der Gesetzgeber in § 164 BewG als Untergrenze einen **Mindestwirtschaftswert** vorgesehen. Der **auch bei verpachteten Betrieben und Stückländereien** anzusetzende Mindestwert ergibt sich aus dem Bodenwert und dem Wert der übrigen Wirtschaftsgüter. Der Wert für den Grund und Boden wird durch **Kapitalisierung des regionalen Pachtpreises** gemäß Anlagen 14–18 zum BewG je Hektar Eigentumsfläche mit 18,6 berechnet (§ 164 Abs. 2 BewG). Durch Multiplikation mit dem gleichen Kapitalisierungsfaktor wird auch der gemeine Wert für die übrigen Wirtschaftsgüter i. S. d. § 158 Abs. 3 S. 1 Nr. 2–5 BewG (sog. Besatzkapital) ermittelt. Der **Wert des Besatzkapitals** ist unter Berücksichtigung der Nutzung, des Nutzungsteils, der Nutzungsart und der Betriebsgröße durch Rückgriff auf den in Spalte 6 der Anlagen 14, 15a und 17 sowie den in Spalte 5 der Anlagen 17 und 18 zum BewG festgelegten Ertragswert zu bestimmen. Von den kapitalisierten Werten für Grund und Boden und das Besatzkapital sind schließlich noch die Verbindlichkeiten abzuziehen, die mit diesen Wirtschaftsgütern in wirtschaftlichem Zusammenhang stehen (§ 164 Abs. 6 S. 1 BewG). Im Übrigen ist es dem Steuerpflichtigen unbenommen den Nachweis zu erbringen, dass der gemeine Wert des Wirtschaftsteils unter dem Steuerwert liegt (§ 165 Abs. 3 BewG).

bb) Bewertung des Wohnteils und der Betriebswohnungen

89 Wohnteil und Betriebswohnungen werden prinzipiell nach den Vorschriften bewertet, die für Wohngrundstücke im Grundvermögen gelten (§ 167 Abs. 1 i. V. m. §§ 180 ff. BewG). Der Wohnteil umfasst die Gebäude und Gebäudeteile, die dem Betriebsinhaber, den zu seinem Haushalt zählenden Familienangehörigen und den **Altenteilern** zu Wohnzwecken dienen.[151] Betriebswohnungen sind die davon abzugrenzenden Wohnungen, in denen Betriebsangehörige wohnen. Um den Ansatz zu hoher Bodenwerte zu vermeiden, ist die anteilig auf den Wohnteil und die Betriebswohnungen entfallende Grundstücksfläche auf das fünffache der jeweils bebauten Fläche begrenzt (§ 167 Abs. 2 BewG). Außerdem ist der Wert des Wohnteils und der Betriebswohnungen um 15 % zu ermäßigen. Durch diesen **pauschalen Bewertungsabschlag** nach § 167 Abs. 3 BewG soll den Beeinträchtigungen Rechnung getragen werden, die sich aus einer engen räumlichen Verbindung der Wohngebäude mit dem Betrieb ergeben.

c) Bewertung und Versteuerung wiederkehrender Nutzungen und Leistungen

90 Zwecks Berechnung des Kapitalwerts wiederkehrender Nutzungen und Leistungen, deren Laufzeit auf eine bestimmte Zeit beschränkt ist (z. B. eine Zeitrente), wird der Jahreswert mit dem Faktor aus Anlage 9a zum BewG multipliziert (§ 13 Abs. 1 BewG).[152] Der Jahreswert der Nutzung einer Geldsumme wird mit einem **fiktiven Zinssatz von 5,5 %** angenommen (§ 15 Abs. 1 BewG). Der Jahreswert der Nutzung eines anderen Wirtschaftsguts ist nach § 16 BewG begrenzt auf den 18,6ten Teil des Steuerwerts des Nutzungsobjekts.

91 Der Empfänger einer Rente oder anderer wiederkehrender Nutzungen oder Leistungen (dauernde Lasten, Nießbrauchrechte etc.) kann nach § 23 Abs. 1 ErbStG **wählen**, ob er die Steuer auf den Kapitalwert durch eine **Einmalzahlung** begleicht oder das erworbene Recht jährlich im Voraus mit seinem **einfachen Jahreswert** versteuert. Letzteres ermöglicht es dem Erwerber, die Steuer liquiditäts-

---

151 Näher zum Begriff des Wohnteils gemäß § 160 Abs. 9 BewG R B 160.22 ErbStR 2011.
152 Zur Berechnung des Kapitalwerts lebenslänglicher Nutzungen und Leistungen vgl. Rdn. 173.

schonend aus den ihm sukzessive zufließenden Erträgen zu zahlen. Überdies kann der Berechtigte die Jahressteuer nach h. M. bei der Einkommensteuer als Sonderausgabe geltend machen.[153]

▶ **Praxistipp** 92

Die Besteuerung nach dem Jahreswert kann bis zur Bestandskraft der Steuerfestsetzung nach dem Kapitalwert beantragt werden. Die daraus resultierende Steuerbelastung ist niedriger als bei der Sofortversteuerung, wenn der Empfänger der lebenslänglichen Nutzungen oder Leistungen kürzer lebt, als es nach der statistisch ermittelten Lebenserwartung anzunehmen ist.

Die Jahressteuer wird nach dem Steuersatz berechnet, der sich für den gesamten Erwerb einschließ- 93
lich des Kapitalwertes ergibt. Sie ist erst dann zu entrichten, wenn die persönlichen Freibeträge des Erwerbers nach §§ 5, 16 und 17 ErbStG aufgezehrt sind (**Aufzehrmethode**). Statt dessen kann der Erwerber auch eine Verteilung der Abzugsbeträge über die gesamte Laufzeit des Rechtes verlangen; in diesem Fall wird die Jahressteuer anteilig im Verhältnis der Abzugsbeträge zum Kapitalwert des erworbenen Rechts gekürzt (**Kürzungsmethode**).[154] Der Erwerber hat gemäß § 23 Abs. 2 ErbStG schließlich die Möglichkeit, die Jahressteuer zum jeweils nächsten Fälligkeitstermin mit ihrem Kapitalwert **abzulösen**. Der Antrag auf Ablösung ist spätestens bis zum Beginn des Monats zu stellen, der dem Monat vorausgeht, in dem die nächste Jahressteuer fällig wird.

Für die Ermittlung des Kapitalwerts der Jahressteuer gelten die §§ 13 und 14 BewG. Danach ist die 94
Wahl der Jahressteuer nebst späterer Ablösung regelmäßig ungünstiger als die Sofortversteuerung des Rechtserwerbs. Maßgeblich dafür ist außer nachteiligen Zinseffekten, dass bei der Berechnung des Ablösebetrags im Zweifel ein höheres Endalter des Berechtigten als bei der Wahl der Sofortversteuerung zugrunde zu legen ist.[155]

d) **Bewertung des übrigen Vermögens**

Zum übrigen Vermögen gehören alle von § 12 Abs. 2–7 ErbStG nicht erfassten Vermögensgegen- 95
stände, für deren Bewertung im BewG keine Sonderbestimmungen vorgesehen sind. Dazu zählen vor allem das **private Kapitalvermögen** wie Guthaben bei Kreditinstituten und Wertpapierdepots. **Wertpapiere** und Schuldbuchforderungen, die an einer Börse gehandelt werden, sind mit dem niedrigsten für sie notierten **Kurswert am Bewertungsstichtag** anzusetzen (§ 11 Abs. 1 S. 1 BewG). Dies gilt beispielsweise für Aktien, Zertifikate, Rentenpapiere, Schuldverschreibungen, Genuss- und Optionsscheine. Liegt am Stichtag keine Kursnotierung vor, so ist ersatzweise der letzte innerhalb von 30 Tagen vor dem Stichtag notierte Kurs heranzuziehen (§ 11 Abs. 1 S. 2 BewG). Wertpapiere, die Rechte der Einleger (Anteilsinhaber) gegen eine Kapitalanlagegesellschaft oder einen sonstigen Fonds verbriefen (Anteilsscheine), werden mit dem Rücknahmepreis am Stichtag bewertet (§ 11 Abs. 4 BewG).

Kapitalforderungen (Bankguthaben, Darlehensforderungen, durch Grundpfandrechte gesicherte 96
Geldforderungen, Miet- und Pachtzinsforderungen, Instandhaltungsrücklagen nach dem WEG, geltend gemachte Pflichtteilsansprüche etc.) und **Schulden im Privatvermögen** sind mit ihrem jeweiligen Nennwert anzusetzen, sofern nicht besondere Umstände einen höheren oder niedrigeren Wert begründen (§ 12 Abs. 1 BewG). Ein vom Nennwert abweichender Ansatz erfolgt beispielsweise bei Forderungen mit einer Laufzeit von mehr als einem Jahr, deren Verzinsung unter 3 % oder über 9 % liegt.[156] Der

---

153 FG Hamburg, Urt. v. 14.2.2006 – III 214/05, DStRE 2006, 1407; *Meincke*, § 23 Rn. 9; a. A. Niedersächsisches FG, Urt. v. 12.6.2008 – 11 K 312/06, DStRE 2009, 272.
154 Zu den Auswirkungen beider Methoden vgl. die Berechnungsbeispiele bei *Moench/Albrecht*, Erbschaftsteuer Rn. 355 f.; Daragan/Halaczinsky/Riedel/*Griesel*, § 23 Rn. 7 f.
155 Näher hierzu *Moench*, ZEV 2001, 303; *Korezkij*, ZEV 2001, 305.
156 R B 12.1 Abs. 2 ErbStR 2011; zum Sonderfall der Einlage eines typischen stillen Gesellschafters vgl. R B 12.4 ErbStR 2011.

Niedrig- oder Höherverzinsung der Forderung wird durch Vornahme eines Wertabschlags bzw. Wertaufschlags in Höhe des über die (Rest-)Laufzeit kapitalisierten Zinsverlustes bzw. -gewinnes Rechnung getragen.[157] Eine Abzinsung auf Basis eines Zinssatzes von 5,5 % ist gemäß § 12 Abs. 3 BewG auch bei unverzinslichen, befristeten Forderungen und Schulden mit einer Mindestlaufzeit von mehr als einem Jahr vorgesehen. Uneinbringliche Forderungen bleiben ganz außer Ansatz (§ 12 Abs. 2 BewG).[158] Noch nicht fällige Ansprüche aus **Lebens-, Kapital- und Rentenversicherungen**, die bereits einen Vermögenswert verkörpern, sind ausschließlich mit dem **Rückkaufswert** zu bewerten (§ 12 Abs. 4 BewG).

97 Für Gegenstände des Hausrats und andere bewegliche Gegenstände (z. B. Kraftfahrzeuge, Schmuck und Kunstgegenstände) gibt es keine besonderen Bewertungsregeln. Sie sind nach § 12 Abs. 1 ErbStG i. V. m. § 9 BewG mit dem gemeinen Wert anzusetzen.

2. Schulden im Erbfall

98 Von dem Vermögensanfall nach Steuerwerten, der sich aus dem Ansatz der verschiedenen Vermögensteile unter Berücksichtigung der sachlichen Steuerbefreiungen und Verschonungen nach den §§ 13, 13a und 13c ErbStG ergibt, sind die in § 10 Abs. 5 ErbStG genannten »Nachlassverbindlichkeiten« abzuziehen. Dazu zählen
– die vom Erblasser herrührenden Schulden mit Ausnahme von Betriebsschulden, die bereits bei der Bewertung des Betriebsvermögens berücksichtigt wurden (sog. Erblasserschulden, § 10 Abs. 5 Nr. 1 ErbStG),
– Verbindlichkeiten aus Vermächtnissen, Auflagen, geltend gemachten Pflichtteilen und Erbersatzansprüchen (sog. Erbfallschulden, § 10 Abs. 5 Nr. 2 ErbStG)[159] sowie
– sonstige Nachlassverbindlichkeiten (§ 10 Abs. 5 Nr. 3 ErbStG).

a) Erblasserschulden und sonstige Nachlassverbindlichkeiten

99 Erblasserschulden sind alle Schulden, die in der Person des Erblassers zumindest noch begründet waren und gemäß § 1967 BGB auf die Erben übergegangen sind.[160] Beispiele dafür sind Steuerschulden des Erblassers[161] oder der sich nach dem Erbfall gegen den Erben richtende **Unterhaltsanspruch des geschiedenen Ehegatten** nach § 1586b BGB.

100 Unter die sonstigen Nachlassverbindlichkeiten fallen die **Kosten für die Bestattung** des Erblassers, ein angemessenes Grabdenkmal und für die übliche Grabpflege in Höhe des 9,3fachen der durchschnittlich pro Jahr anfallenden Kosten.[162] Abzugsfähig gemäß § 10 Abs. 5 Nr. 3 ErbStG sind außerdem die **Nachlassregelungs- und Erwerbskosten** im Unterschied zu den Kosten für die Verwaltung des Nachlasses. Abziehbar sind z. B. die Kosten für die Eröffnung des Testaments, die Erteilung des Erbscheins, die Umschreibung des Grundbuchs, die Bewertung eines Grundstücks, das auf einen Miterben übertragen werden soll,[163] oder die **Testamentsvollstreckerkosten** für die Erbauseinandersetzung, nicht aber die Kosten einer Dauertestamentsvollstreckung.[164] Bezogen auf die gesamten Nachlassregelungs- und Erwerbskosten wird für jeden Erbfall einmal ein **Pauschbetrag von 10.300 €** gewährt (§ 10 Abs. 5 Nr. 3 S. 2 ErbStG).[165] Miterben kommt er durch Abzug vom Wert des Nach-

---

157 Zur Berechnung im Einzelnen vgl. gleich lautender Ländererlass vom 7.12.2001, BStBl. 2001, S. 1041.
158 Zur Bewertung zweifelhafter Forderungen vgl. Daragan/Halaczinsky/Riedel/*Riedel*, § 12 BewG Rn. 16 ff.
159 Auflagen, die dem Beschwerten selbst zugutekommen, können dagegen nicht abgezogen werden, § 10 Abs. 9 ErbStG.
160 Näher dazu Troll/Gebel/Jülicher/*Gebel*, § 10 Rn. 119.
161 Zur Abzugsfähigkeit der vom Erblasser herrührenden Einkommensteuer des Todesjahres vgl. BFH, Urt. v. 4.7.2012 – II R 15/11, NJW 2012, 3677.
162 S. dazu H E 10.7 ErbStH 2011, Stichwort »Kosten der üblichen Grabpflege«.
163 Vgl. BFH, Urt. v. 9.12.2009 – II R 37/08, DStR 2010, 866.
164 Vgl. Moench/Weinmann/*Weinmann*, § 10 Rn. 79; *Meincke*, § 10 Rn. 52.
165 Einzelheiten hierzu R E 10.9 ErbStR 2011 und H E 10.9 ErbStH 2011; vgl. auch BFH, Beschl. v.

lasses anteilig zu, sofern keine Anhaltspunkte für eine abweichende Aufteilung gegeben sind.[166] Höhere Kosten anstelle des Pauschbetrags können nur bei Vorlage entsprechender Belege geltend gemacht werden. Nicht abzugsfähig ist die von dem Erwerber selbst zu entrichtende Erbschaftsteuer (§ 10 Abs. 8 ErbStG).

b) Schuldenabzug beim Erwerb begünstigten Vermögens

Soweit Schulden und Lasten in wirtschaftlichem Zusammenhang mit steuerbefreiten oder teilweise steuerbefreiten Vermögensgegenständen stehen, können sie nicht bzw. nur anteilig abgezogen werden (§ 10 Abs. 6 Sätze 1 und 3 ErbStG). Schulden, die der Erblasser zur Finanzierung eines nach § 13 Abs. 1 Nr. 4b oder Nr. 4c ErbStG begünstigten **Familienheims** aufgenommen hat, können von dem Erwerber der Immobilie somit nicht steuermindernd geltend gemacht werden. Dies kann sich zum Nachteil des Steuerpflichtigen auswirken, wenn die Schulden den Steuerwert des begünstigten Vermögensgegenstandes übersteigen. Um eine Berücksichtigung des Schuldüberhangs zu erreichen, kann beim Erwerb von Grundbesitz oder Kulturgütern, deren Erhaltung im öffentlichen Interesse liegt, auf die Steuerbefreiung nach § 13 Abs. 1 Nr. 2 ErbStG verzichtet werden (§ 13 Abs. 3 S. 2 ErbStG). **101**

Eine **Aufteilung in einen abzugsfähigen und einen nicht abzugsfähigen Teilbetrag** ist auch bei Schulden und Lasten vorzunehmen, die mit nach §§ 13a, 13c ErbStG begünstigtem Vermögen in wirtschaftlichem Zusammenhang stehen (§ 10 Abs. 6 Sätze 4 und 5 ErbStG). Zu einer entlastungsabhängigen Kürzung des Schuldenabzugs kommt es beispielsweise dann, wenn auf den Erben eines Geschäftsanteils an einer GmbH, für dessen Erwerb der Erbe den 85 %-igen Verschonungsabschlag nach § 13b Abs. 4 ErbStG in Anspruch nehmen kann, zugleich damit zusammenhängende Finanzierungsverbindlichkeiten des Erblassers übergegangen sind. In diesem Fall ist der auf die Beteiligung entfallenden Anteil der Kreditschulden nur zu 15 % berücksichtigungsfähig. Der Erbe hat auch keine Möglichkeit, durch Erklärung gegenüber der Finanzbehörde auf die Begünstigung zu verzichten. Um die Kürzung eines Schuldüberhangs zu vermeiden, bleibt ihm nur die **gezielte Auslösung von Nachsteuertatbeständen**.[167] Keine Anwendung findet die Abzugsbeschränkung des § 10 Abs. 6 S. 4 ErbStG dagegen bei betrieblichen Schulden, die bereits bei der Bewertung der wirtschaftlichen Einheit berücksichtigt worden sind.[168] Gleiches gilt für auf dem Grundbesitz lastende Nutzungsrechte, die sich bei der Ermittlung des gemeinen Werts einer wirtschaftlichen Einheit des Grundvermögens bereicherungsmindernd ausgewirkt haben.[169] **102**

Allgemeine Nachlassverbindlichkeiten wie **Barvermächtnisse** weisen grundsätzlich keinen besonderen Bezug zu einzelnen begünstigten Vermögensgegenständen oder wirtschaftlichen Einheiten auf. Anders ist dies jedoch bei **Pflichtteilslasten**. Diese werden nach Auffassung der Finanzverwaltung von den Abzugsbeschränkungen des § 10 Abs. 6 ErbStG erfasst.[170] **103**

▶ **Praxistipp** **104**

Um dem Erben nach §§ 13a, 13c ErbStG befreiten Vermögens den ungekürzten Schuldenabzug zu ermöglichen, kann in diesen Fällen bei der Testamentsgestaltung erwogen werden, dem Pflichtteilsberechtigten ein Vermächtnis zuzuwenden, das seinem Wert nach ungefähr der Höhe des Pflichtteils entspricht.[171]

24.2.2010 – II R 31/08, NJW-RR 2010, 735; OFD Magdeburg, Vfg. v. 4.3.2010 – S 3810–11-St 271, DB 2010, 1320.
166 Vgl. dazu FG Baden-Württemberg, Urt. v. 15.5.2008 – 9 K 257/06, ZErb 2008, 364, n.rkr.; Az. BFH: II R 31/08.
167 *Hübner*, Erbschaftsteuerreform 2009, S. 444.
168 R E 10.10 Abs. 4 S. 2 ErbStR 2011; *Meincke*, § 10 Rn. 57.
169 Vgl. dazu § 10 Abs. 6 S. 6 ErbStG i. V. m. R E 10.10 Abs. 6 S. 2 ErbStR 2011.
170 Vgl. R E 10.10 Abs. 2 S. 1 ErbStR 2011.
171 Näher dazu *Wälzholz*, ZEV 2009, 435, 437 m. w. N.

VIII. Berechnung der Erbschaftsteuer

105 Die Steuerbelastung des Erwerbers hängt zum einen von der Höhe des steuerpflichtigen Erwerbs und zum anderen von dem persönlichen Verhältnis zum Erblasser ab.

1. Die Steuerklassen des § 15 ErbStG

106 § 15 ErbStG unterscheidet nach dem im Zeitpunkt der Steuerentstehung bestehenden Familienstand des Erwerbers zum Erblasser (Schenker) drei Steuerklassen. Die Steuerklasseneinteilung wiederum ist maßgeblich für die Höhe der persönlichen Freibeträge, einige weitere steuerliche Vergünstigungen[172] und die Höhe des Steuersatzes.

107 **Steuerklasse I:**
- Ehegatte,
- Kinder (eheliche und nichteheliche Kinder, Adoptivkinder), Stiefkinder,
- Abkömmlinge der Kinder und Stiefkinder (Enkelkinder),
- Eltern und Voreltern (Großeltern), wenn sie beim Tod ihrer Abkömmlinge erwerben;

Steuerklasse II:
- Eltern und Voreltern (Großeltern) bei Schenkungen ihrer Abkömmlinge,
- Geschwister und ihre Abkömmling ersten Grades (Nichten, Neffen),
- Stiefeltern, Schwiegereltern und Schwiegerkinder,
- der geschiedene Ehegatte;

Steuerklasse III:
- alle übrigen Erwerber (z. B. Partner einer nichtehelichen Lebensgemeinschaft, juristische Personen).

Der Ehegatte gehört zur StKl. I, so lange die Ehe rechtlich besteht. Ein dauerndes Getrenntleben spielt keine Rolle. Schenkungen an Eltern fallen in die ungünstige StKl. II.

108 Kinder des anderen Ehegatten bleiben auch nach einer Scheidung der Eheleute **Stiefkinder** des früheren Partners der Mutter oder des Vaters. Erbschaftsteuerrechtlich ist die Eigenschaft als Stiefkind also nicht vom Fortbestand der Ehe abhängig, durch welche das Stiefkindverhältnis begründet wurde.[173] Pflegekinder zählen dagegen nicht zur StKl. I.

109 Im Hinblick auf die relativ hohe Steuerbelastung von Personen in den StKl. II und III kann bei Vorliegen der zivilrechtlichen Voraussetzungen an eine (Volljährigen-)**Adoption** gedacht werden.[174] Ein weiterer Vorteil einer Adoption aus erbschaftsteuerlicher Sicht ist, dass der Angenommene im Verhältnis zur annehmenden Person die StKl. I erhält, ohne seine erbschaftsteuerrechtliche Stellung gegenüber seinen leiblichen Eltern und seinen früheren Verwandten zu verlieren (§ 15 Abs. 1a ErbStG). Voraussetzung für die Verwendung der StKl. I und II Nrn. 1 bis 3 ist allerdings, dass die Verwandtschaft des Adoptivkindes zum Erblasser vor dem Erbfall nicht wieder durch Aufhebung des Annahmeverhältnisses erloschen ist.[175]

2. Freibeträge nach § 16 ErbStG

110 Die persönlichen Freibeträge nach § 16 ErbStG gelten für jeden einzelnen Erwerb von einer bestimmten Person. Die Anhebung der persönlichen Freibeträge für Erwerber der StKl. I durch das ErbStRG 2009 sorgt in der Regel dafür, dass der Übergang durchschnittlicher Vermögen innerhalb dieses Personenkreises nicht zu einer Erbschaftsteuerzahlung führt.

---

172 Z. B. §§ 13 Abs. 1 Nr. 1, 27 ErbStG.
173 BFH BStBl. II 1989, S. 627; Troll/Gebel/Jülicher/*Jülicher*, § 15 Rn. 57, § 16 Rn. 11.
174 Näher zur Adoption als erbschaftsteuerliches Gestaltungsmittel *Steiner*, ErbStB 2008, 83.
175 BFH, Urt. v. 17.3.2010 – II R 48/08, ZEV 2010, 323.

Erwerber der Steuerklasse I	Persönlicher Freibetrag in €
Ehegatten	500 000
Kinder (auch Stief- und Adoptivkinder), Enkel bei Vorversterben der Kinder	400 000
Enkel bei noch lebendem Elternteil, der die Verwandtschaft zum Großelternteil vermittelt	200 000
Urenkel, Eltern und Großeltern bei Erwerben von Todes wegen	100 000
Eltern und Großeltern bei Schenkungen ihrer Abkömmlinge, Geschwister, Nichten, Neffen, Stief- und Schwiegereltern, Schwiegerkinder, geschiedene Ehegatten	20 000
Eingetragene Lebenspartner	500 000
Alle übrigen Personen	20 000

Nach Ablauf von zehn Jahren steht ein verbrauchter Freibetrag für weitere Schenkungen oder einen Erwerb von Todes wegen von derselben Person wieder in voller Höhe zur Verfügung. **111**

3. Versorgungsfreibetrag nach § 17 ErbStG

Im Erbfall wird dem überlebenden Ehegatten (Partner einer eingetragenen Lebenspartnerschaft) außerdem ein besonderer Versorgungsfreibetrag von 256 000 € gewährt. Bei Kindern i. S. d. StKl. I Nr. 2 ist der auf max. 52 000 € begrenzte Freibetrag nach dem Alter gestaffelt. Der Versorgungsfreibetrag ist allerdings um den Kapitalwert von nicht der Erbschaftsteuer unterliegenden Versorgungsbezügen der Hinterbliebenen zu kürzen.[176] **112**

Begünstigte Person	Versorgungsfreibetrag in €
Ehegatte	256 000
Kinder bis zu 5 Jahren	52 000
Kinder von mehr als 5 Jahren bis zu 10 Jahren	41 000
Kinder von mehr als 10 Jahren bis zu 15 Jahren	30 700
Kinder von mehr als 15 Jahren bis zu 20 Jahren	20 500
Kinder von mehr als 20 Jahren bis zur Vollendung des 27. Lebensjahres	10 300

4. Steuersätze (§ 19 ErbStG)

Die Erbschaftsteuertarife des § 19 Abs. 1 ErbStG sind durch eine **doppelte Progression** nach dem Wert des steuerpflichtigen Erwerbs und der Steuerklasse des Erwerbers gekennzeichnet. Die letztlich zu entrichtende Steuer ergibt sich durch Multiplikation des steuerpflichtigen Erwerbs mit dem maßgebenden Steuersatz. **113**

---

176 Näher dazu Rdn. 155.

Kapitel 20 Steuerrecht und Erbfolgeregelung

Wert des steuerpflichtigen Erwerbs bis einschließlich	Steuersatz in der Steuerklasse		
	I	II	III
75 000 €	7 %	15 %	30 %
300 000 €	11 %	20 %	30 %
600 000 €	15 %	25 %	30 %
6 000 000 €	19 %	30 %	30 %
13 000 000 €	23 %	35 %	50 %
26 000 000 €	27 %	40 %	50 %
über 26 000 000 €	30 %	43 %	50 %

114 Die durch Wirkung zum 1.1.2010 wieder eingeführte **Differenzierung zwischen Personen der StKl. II und III** trägt der erbrechtlichen Sonderstellung vor allem von Geschwistern, Neffen und Nichten gegenüber familienfremden Dritten Rechnung. Verfassungsrechtlich bedenklich erscheint unter diesem Blickwinkel jedoch, dass es bei steuerpflichtigen Erwerben mit einem Wert von mehr als 600 000 € bis 6,0 Mio. € bei der tariflichen Gleichbehandlung mit Personen der StKl. III und einem Steuersatz von 30 % geblieben ist. **Gleichgeschlechtlichen Lebenspartnern** i. S. d. LPartG steht der Ehegattenfreibetrag von 500 000 € zu. Auch werden sie beim Zugewinnausgleich wie Ehegatten besteuert. Tariflich hatte der Gesetzgeber es jedoch zunächst bei der Eingruppierung in die StKl. III belassen. Das BVerfG[177] hat die damit verbundene Ungleichbehandlung eingetragener Lebenspartner mit Eheleuten für verfassungswidrig erklärt und den Gesetzgeber aufgefordert, bis zum 31.12.2010 rückwirkend eine verfassungskonforme Neuregelung zu schaffen. Der Gesetzgeber ist diesem Auftrag nachgekommen, indem er Ehegatten und eingetragene Lebenspartner im Bereich des ErbStG umfassend gleichgestellt hat. Eingetragenen Lebenspartner gehören nunmehr nach § 15 Abs. 1 ErbStG i. d. F. des Jahressteuergesetzes 2010[178] zur StKl. I nach Aufhebung der Lebenspartnerschaft zur StKl. II.

115 Um einen sprunghaften Anstieg der Steuerbelastung zu verhindern, der durch die Anwendung des höheren Steuersatzes bei einem auch nur geringen Überschreiten der vorhergehenden Wertstufe entstehen würde, sieht § 19 Abs. 3 ErbStG einen **Härteausgleich** vor. Die folgende Tabelle zeigt, bis zu welchen Grenzwerten bei Erwerben in der jeweiligen Steuerklasse ein Härteausgleich zu erfolgen hat:

Wertstufe gemäß § 19 Abs. 1 ErbStG	Bei Überschreiten der vorhergehenden Wertgrenze bis einschließlich ... € in StKl.		
	I	II	III
75 000 €			
300 000 €	82 600 €	87 400 €	
600 000 €	334 200 €	359 900 €	
6 000 000 €	677 400 €	749 900 €	
13 000 000 €	6 888 800 €	6 749 900 €	10 799 900 €
26 000 000 €	15 260 800 €	14 857 100 €	
über 26 000 000 €	29 899 900 €	28 437 400 €	

---

177 BVerfG, Beschl. v. 21.7.2010 – 1 BvR 611/07, 1 BvR 2464/07, NJW 2010, 2783 m. Anm. *Wachter*, DB 2010, 1863, 1864.
178 JStG 2010, BGBl. I 2010, S. 1768.

Da es in der StKl. III nur zwei Steuersätze gibt, wird auch nur ein Grenzwert benötigt.

Ist nach vorstehender Tabelle ein Härteausgleich durchzuführen, kann die festzusetzende Steuer bei Steuersätzen bis 30 % nach folgendem vereinfachten **Schema** berechnet werden: 116

Steuer auf den Betrag, bei dem die vorhergehende Wertgrenze endet
+ 50 % des Betrags, um den der Erwerb diese Wertgrenze überschreitet
= **Festzusetzende Steuer**

Bei Erwerben von über 6,0 Mio. € in der StKl. II und III, die mit einem Steuersatz über 30 % besteuert werden, sind 75 % des die vorhergehende Wertgrenze übersteigenden Betrags hinzuzurechnen. 117

5. Sondervorschriften zur Steuerberechnung

§ 14 ErbStG verhindert im Interesse des Fiskus, dass durch Zerlegung einer größeren Zuwendung an einen Empfänger in mehrere Einzelerwerbe die persönlichen Freibeträge mehrfach ausgeschöpft werden können und eine Besteuerung der Einzelzuwendungen in einer niedrigeren Tarifstufe erfolgt. § 27 ErbStG sieht eine Steuerermäßigung für Fälle vor, in denen dasselbe Vermögen mehrfach innerhalb kurzer Zeit auf Personen aus dem engeren Familienkreis übergeht. 118

a) Berücksichtigung früherer Erwerbe von einer Person (§ 14 ErbStG)

Alle Erwerbe, die einem Erwerber **innerhalb eines Zeitraums von zehn Jahren** von derselben Person anfallen, sind in der Weise zusammenzurechnen, dass dem letzten Erwerb durch Erbanfall frühere Zuwendungen des Erblassers mit ihrem damaligen Steuerwert hinzugerechnet werden (§ 14 Abs. 1 S. 1 ErbStG).[179] Die Ermittlung des Zehnjahreszeitraums erfolgt gemäß § 108 Abs. 1 AO nach den für die Berechnung von Fristen geltenden Vorschriften der §§ 187 ff. BGB. Danach ist der Tag des Letzterwerbs bei dem rückwärts zu berechnenden Zehnjahreszeitraums mitzuzählen.[180] Wird dem Erwerber zunächst das Nutzungsrecht an einem Vermögensgegenstand und später der Vermögensgegenstand selbst zugewandt, sind die Steuerwerte der beiden Zuwendungen auch dann anzusetzen, wenn deren Summe höher ist als der Substanzwert.[181] Da der Nacherbe bei Eintritt der Nacherbfolge den Erwerb als vom Vorerben stammend zu versteuern hat (§ 6 Abs. 2 S. 1 ErbStG), ist dieser Erwerb nur mit früheren **Zuwendungen des Vorerben** und nicht des Erblassers zusammenzurechnen.[182] 119

Von dem Gesamtbetrag aller einzubeziehenden Erwerbe werden anschließend die im Zeitpunkt des Letzterwerbs geltenden persönlichen Freibeträge abgezogen und unter Anwendung des maßgeblichen Steuersatzes die Steuer für den Gesamterwerb ermittelt. Auf die Steuer für den Gesamterwerb ist im letzten Schritt die Steuer für den Vorerwerb anzurechnen. Die abzuziehende Steuer ist auf der Basis der geltenden Regeln und nach den persönlichen Verhältnissen des Erwerbers im Zeitpunkt des letzten Erwerbs zu berechnen (fiktive Steuer gemäß § 14 Abs. 1 S. 2 ErbStG). Die für den Vorerwerb tatsächlich zu entrichtende Steuer ist dann abzuziehen, wenn sie höher ist als die fiktive Steuer (§ 14 Abs. 1 S. 3 ErbStG). 120

Die beiden **Berechnungsweisen der Abzugsteuer** für den Vorerwerb führen zu unterschiedlichen Ergebnissen, wenn sich zwischenzeitlich entweder die steuerliche Rechtslage oder die für die Besteuerung maßgeblichen persönlichen Verhältnisse (infolge Heirat, Scheidung oder Adoption) geändert haben. Um dem Erwerber den Vorteil aus einer dadurch bedingten Erhöhung des persönlichen Freibetrags zu erhalten, ist der erhöhte Freibetrag bei der Berechnung der fiktiven Steuer nur in der Höhe zu berücksichtigen, in der dieser bei der Besteuerung des Vorerwerbs tatsächlich verbraucht wur- 121

---

179 Ausf. zur Zusammenrechnung von Erwerben *Meincke*, DStR 2007, 273.
180 Vgl. BFH, Urt. v. 28.3.2012 – II R 43/11, ZEV 2012, 384.
181 Zur Zusammenrechnung der Vorteile aus der Gewährung eines zinslosen Darlehens und der späteren Befreiung des Darlehensnehmers von der Rückzahlungsverpflichtung vgl. BFH ZEV 1999, 74.
182 Näher dazu Troll/Gebel/Jülicher/*Jülicher*, § 14 Rn. 35; Moench/Weinmann/*Weinmann*, § 14 Rn. 36.

Kapitel 20 Steuerrecht und Erbfolgeregelung

de.[183] Eine zwischen dem ersten und dem zweiten Erwerb eingetretene Änderung der Besteuerungsfaktoren (höherer Freibetrag, bessere Steuerklasse für den Erwerber) können durch **gezielte Nachschenkungen** innerhalb des Zehnjahreszeitraums ausgenutzt werden. Allerdings hat der Bedachte für seinen Letzterwerb als Mindestbetrag in jedem Fall die Steuer zu entrichten, die sich ohne Berücksichtigung der früheren Erwerbe ergibt (Mindeststeuer gemäß § 14 Abs. 1 S. 4 ErbStG).[184]

122 **Vereinfachtes Schema zur Steuerberechnung bei Zusammenrechnung mehrerer Erwerbe:**

(1) **Berechnung der Steuer für Gesamterwerb**

    Steuerwert des Letzterwerbs
+   Vorerwerb nach seinem früheren Steuerwert
./. akt. Freibeträge nach §§ 16 und 17 ErbStG
x   akt. Steuersatz

=   Steuer vor Anrechnung

(2) **Berechnung der Abzugsteuer**

    Vorerwerb nach seinem früheren Steuerwert
./. akt. Freibeträge nach § 16 ErbStG
x   akt. Steuersatz

=   »fiktive« Steuer

(3) Vergleich mit der tatsächlich für den Vorerwerb zu entrichtenden Steuer

(4) Abzug der höheren Steuer, maximal bis zur Steuer des Letzterwerbs (Steuer nach § 14 Abs. 1 ErbStG)

(5) Berechnung der Kappungsgrenze gemäß § 14 Abs. 1 S. 4 ErbStG

    Steuerwert des Letzterwerbs
./. akt. Freibeträge nach §§ 16 und 17 ErbStG
x   akt. Steuersatz

=   Steuer des Letzterwerbs

(5) **Festzusetzende Steuer für den Gesamterwerb**

Steuer nach § 14 Abs. 1 ErbStG oder

50 % des Letzterwerbs, wenn Betrag geringer

b) **Mehrfacher Erwerb desselben Vermögens (§ 27 ErbStG)**

123 Die Gewährung der Steuerermäßigung bei einem kurzzeitigen mehrfachen Vermögenswechsel setzt voraus, dass die gleichen Vermögensgegenstände oder deren Surrogate **in einem Zeitraum von weniger als zehn Jahren** von Personen der StKl. I erworben wurden und es sich bei dem letzten steuerpflichtigen Vorgang um einen Erwerb von Todes wegen handelt (§ 27 Abs. 1 ErbStG). Unter diesen Voraussetzungen ermäßigt sich die Steuer für den Letzterwerb bei einem zeitlichen Abstand zum früheren Erwerb von

---

183 BFH, Urt. v. 2.3.2005 – II R 43/03, ZEV 2005, 405; so jetzt auch gleichlautende Ländererlasse vom 30.11.2005, BStBl. I 2005, S. 1031; Erlass Schleswig-Holstein vom 12.6.2008, IV 353 – S. 3820–009, ZEV 2008, 404.
184 Zur Beseitigung der »Überprogression« bei einer Kette von Zuwendungen über einen Zeitraum von mehr als zehn Jahren vgl. BFH, Urt. v. 30.1.2002 – II R 78/99, NJW 2002, 2735; Troll/Gebel/Jülicher/*Jülicher*, § 14 Rn. 24 f.

nicht mehr als 1 Jahr	um 50 %
mehr als 1 Jahr, aber nicht mehr als 2 Jahre	um 45 %
mehr als 2 Jahre, aber nicht mehr als 3 Jahre	um 40 %
mehr als 3 Jahre, aber nicht mehr als 4 Jahre	um 35 %
mehr als 4 Jahre, aber nicht mehr als 5 Jahre	um 30 %
mehr als 5 Jahre, aber nicht mehr als 5 Jahre	um 25 %
mehr als 6 Jahre, aber nicht mehr als 8 Jahre	um 20 %
mehr als 8 Jahre, aber nicht mehr als 10 Jahre	um 10 %.

Die Ermäßigung ist auf den Betrag beschränkt, der sich bei Anwendung vorstehender Prozentsätze auf die Steuer ergibt, die der Vorerwerber für das begünstigte Vermögen gezahlt hat (§ 27 Abs. 3 ErbStG). Durch diese Regelung werden zwischenzeitliche Wertsteigerungen des Vermögens von der Begünstigung ausgeschlossen.[185] Geht beim Zweiterwerb neben dem begünstigten Vermögen noch weiteres Vermögen auf den Erwerber über, ist die Steuer für den Gesamterwerb in dem Verhältnis aufzuteilen, in dem der Wert des begünstigten Vermögens zu dem Wert des steuerpflichtigen Gesamterwerbs vor Abzug des persönlichen Freibetrags des Erwerbers steht (§ 27 Abs. 2 ErbStG). 124

IX. Schuldner der Erbschaftsteuer

Schuldner der Erbschaftsteuer ist der Erwerber (Erbe, Vermächtnisnehmer, Pflichtteilsberechtigte etc.), bei einer Schenkung unter Lebenden auch der Schenker (§ 20 Abs. 1 S. 1 ErbStG). Zwar hat sich das Finanzamt bei Schenkungen unter Lebenden zunächst an den Beschenkten zu halten, sofern sich der Schenker nicht zur Übernahme der Schenkungsteuer verpflichtet hat.[186] Doch ist eine **Heranziehung des Schenkers als Gesamtschuldner** zulässig, wenn die Steuerfestsetzung gegen den Beschenkten wegen dessen wirtschaftlicher Situation keinen Erfolg verspricht. Dies gilt nach der Rechtsprechung selbst dann, wenn der Beschenkte einen begünstigt erworbenen Betrieb infolge Insolvenz aufgeben muss und dadurch eine Nachversteuerung auslöst.[187] Ein Betriebsübergeber haftet auch dann subsidiär für die Schenkungsteuer, wenn die Schenkungsteuer wegen eines Verstoßes des Übernehmers gegen die Behaltensvorschriften des § 13a Abs. 5 ErbStG oder die Lohnsummenregelung in § 13a Abs. 1 ErbStG entsteht.[188] 125

▶ Praxistipp 126

Jeder Schenker kann sich gegen das Risiko seiner Inanspruchnahme durch das Finanzamt schützen, indem er sich diesbezüglich ein **Rückforderungsrecht** vorbehält, dessen Ausübung nachträglich zum Wegfall der Steuerpflicht führt (§ 29 Abs. 1 Nr. 1 ErbStG).

X. Besteuerungsverfahren

Beteiligte des Besteuerungsverfahrens sind primär der oder die Steuerpflichtigen und das für den Wohnsitzbereich des Erblassers (Schenkers) zuständige Erbschaftsteuerfinanzamt (§ 35 Abs. 1 ErbStG).[189] 127

1. Anzeige- und Erklärungspflichten

Grundsätzlich ist jeder Steuerschuldner (Erwerber, Schenker) verpflichtet, innerhalb von drei Monaten nach erlangter Kenntnis von dem Erbfall bzw. der Schenkung den der Erbschaftsteuer unterlie- 128

---

185 S. auch R E 27 Abs. 1 S. 2 ErbStR 2011.
186 Vgl. hierzu BFH, Urt. v. 1.7.2008 – II R 2/07, ZEV 2008, 554.
187 Vgl. BFH, Urt. v. 21.3.2007 – II R 19/06, DStRE 2007, 761; FG Münster, Urt. v. 19.6.2008 – 3 K 3145/06 Erb, EFG 2008, 1649.
188 Vgl. Troll/Gebel/Jülicher/*Jülicher*, § 13a Rn. 166.
189 Das örtlich zuständige Finanzamt kann über die Homepage des Bundeszentralamts für Steuern unter www.finanzamt.de online ermittelt werden.

genden Erwerb dem zuständigen Finanzamt anzuzeigen (§ 30 Abs. 1 und 2 ErbStG). Die schriftlich zu erstattende Anzeige soll die in § 30 Abs. 4 ErbStG aufgeführten Angaben enthalten. Die Pflicht zur Anzeige entfällt, wenn zweifelsfrei feststeht, dass der Erwerb zu keiner Steuerpflicht führt.[190] Die Anzeige ist prinzipiell auch dann entbehrlich, wenn der Erwerb auf einer gerichtlich eröffneten letztwilligen Verfügung oder einer **notariell beurkundeten Schenkung** beruht (§ 30 Abs. 3 ErbStG). Denn in diesen Fällen soll die Unterrichtung des Finanzamtes durch die speziellen Anzeigepflichten der Gerichte und Notare gewährleistet werden.[191] Von Sterbefällen erfahren die Erbschaftsteuerfinanzämter nahezu lückenlos durch die Anzeige der Standesämter.

129 Da die Gerichte und Notare häufig keine genauen Angaben zu der Zusammensetzung und dem Wert des Nachlasses machen können, besteht die **Anzeigepflicht des Erwerbers** in Erbfällen fort, wenn zu seinem Erwerb Grundbesitz, Betriebsvermögen, nicht nach § 33 ErbStG anzuzeigende Anteile an Kapitalgesellschaften oder **Auslandsvermögen** gehören (§ 30 Abs. 3 S. 1 Hs. 2 ErbStG). Im Ergebnis sind Erben und Vermächtnisnehmer damit nur dann nicht anzeigepflichtig, wenn ihr Erwerb aus im Inland vorhandenen Kapitalvermögen besteht. Soweit dieses geschäftsmäßig verwahrt oder verwaltet wird, ist der Gewahrsamsinhaber zur Anzeige gegenüber dem Erbschaftsteuerfinanzamt verpflichtet (§ 33 ErbStG i. V. m. §§ 1 bis 3 ErbStDV). Diese Anzeigepflicht gilt in erster Linie für Kreditinstitute und Versicherungsunternehmen. Sie trifft aber auch Rechtsanwälte, Steuerberater und Notare.

130 Gelangt das Finanzamt aufgrund einer Anzeige, einer vorliegenden Verfügung von Todes wegen oder sonstiger Erkenntnisse zu der Einschätzung, dass eine Steuerfestsetzung in Betracht kommt, kann es alle am Erbfall beteiligten Personen ungeachtet einer konkret bestehenden Steuerpflicht unter Fristsetzung zur Abgabe einer **Steuererklärung nach amtlichem Vordruck** auffordern (§ 31 ErbStG). Mehrere Erwerber können zusammen mit anderen Beteiligten eine gemeinsame Steuererklärung einreichen (§ 31 Abs. 4 ErbStG). Ist ein **Testamentsvollstrecker** oder Nachlassverwalter eingesetzt, ist die Steuererklärung von diesem abzugeben (§ 31 Abs. 5 ErbStG). Von der Festsetzung der Erbschaftsteuer durch Erlass eines Erbschaftsteuer- oder Schenkungsteuerbescheids gegenüber dem Steuerschuldner wird abgesehen, wenn die Steuer die **Kleinbetragsgrenze von 50 €** nicht überschreitet (§ 22 ErbStG). Unter Berücksichtigung des persönlichen Freibetrags gemäß § 16 ErbStG von 400 000 € und der Abrundungsbestimmung in § 10 Abs. 1 S. 6 ErbStG bleibt danach der Erwerb von Todes wegen durch ein Kind des Erblassers bis zu einem Betrag von 400 799,99 € erbschaftsteuerfrei.

2. Stundung der Steuerschuld

131 Beim Erwerb von Betriebsvermögen oder land- und forstwirtschaftlichen Vermögen kann der Erwerber beantragen, dass ihm die darauf entfallende Steuer **bis zu zehn Jahre** gestundet wird. Bei Erwerben von Todes wegen erfolgt die Stundung zinslos. Voraussetzung ist, dass die Stundung zur Erhaltung des Betriebs notwendig ist (§ 28 Abs. 1 ErbStG). Für die Gewährung einer Stundung ist kein Raum, soweit der Erbe die Steuermittel aus weiterem erworbenen oder aus eigenem Vermögen aufbringen kann.[192] Kein Anspruch auf Stundung besteht beim Erwerb von Kapitalgesellschaftsanteilen.

132 Die gleichen Stundungsmöglichkeiten bestehen beim Erwerb von zu Wohnzwecken vermieteten Objekten i. S. d. § 13c Abs. 3 ErbStG, sofern der Erwerber die Erbschaftsteuer nur durch Veräußerung der **Immobilie** aufbringen kann. Dieselbe Vergünstigung ist für ein Ein- oder Zweifamilienhaus und für Wohnungseigentum vorgesehen, das der Erwerber nach dem Erwerb selbst nutzt (§ 28 Abs. 3 ErbStG). Auf Antrag wird die Stundung bis zum Ende des ursprünglichen Zehnjahreszeitraums weiter gewährt, wenn der Erwerber das Objekt nach **Aufgabe der Selbstnutzung** zu Wohnzwecken ver-

---

190 Troll/Gebel/Jülicher/*Jülicher*, § 30 Rn. 8.
191 § 34 ErbStG i. V. m. §§ 7 und 8 ErbStDV.
192 Vgl. im Einzelnen R E 28 Abs. 4 ErbStR 2011.

mietet.[193] In allen genannten Fällen endet die Stundung, wenn der Erwerber das Grundstück veräußert oder verschenkt.

3. Erlöschen der Steuerschuld

Ein spezieller, in erster Linie für die Erbschaftsteuer geltender Erlöschensgrund ist in § 29 Abs. 1 Nr. 4 S. 1 ErbStG normiert. Danach kann der Erbe oder Vermächtnisnehmer **rückwirkend die Befreiung von der Erbschaftsteuer** erlangen, soweit er die ihm zugefallenen Vermögensgegenstände innerhalb von 24 Monaten nach dem Erbfall auf Gebietskörperschaften oder als Erstausstattung oder Zustiftung einer gemeinnützigen Stiftung mit Sitz im Inland überträgt.[194] Allerdings kann der Stifter die Weitergabe dann nicht zugleich als Spende in seiner Einkommensteuererklärung geltend machen. Umstritten ist, ob die Steuer auch dann erlischt, wenn der Erbe nicht die geerbten Vermögensgegenstände, sondern an ihre Stelle getretene **Surrogate** einem begünstigten Empfänger zuwendet.[195] Die Steuerbefreiung ist im Übrigen ausgeschlossen, wenn das erworbene Vermögen an eine **gemeinnützige »Kombinationsstiftung«** weitergegeben wird, die nach ihren Statuten zur Erbringung von Unterhaltsleistungen i. S. d. § 58 Nr. 5 AO an den Erwerber oder seine nächsten Angehörigen berechtigt ist (§ 29 Abs. 1 Nr. 4 S. 2 ErbStG).

133

B. Steuerorientiertes Privattestament

Zu einer erfolgreichen Nachfolgeplanung gehört auch bei Privatleuten die Berücksichtigung erbschaftsteuerrechtlicher Aspekte. Dies beginnt bei der Wahl des richtigen ehelichen Güterstandes. Die Vereinbarung einer ggf. modifizierten Zugewinngemeinschaft ist erbschaftsteuerlich stets günstiger als die Gütertrennung. Durch die Verteilung des Nachlasses auf möglichst viele Erben können Erbschaftsteuerzahlungen spürbar verringert oder sogar vermieden werden. Ein Berliner Testament mit Schlusserbeneinsetzung der gemeinsamen Kinder kann speziell bei vermögenden Ehegatten zu unliebsamen Steuermehrbelastungen führen. Gleiches gilt für die Anordnung einer Vor- und Nacherbschaft. Das erbrechtliche Überspringen einer Generation nebst Aussetzung eines Nießbrauchvermächtnisses für die Kinder kann hier eine Erbschaftsteuer sparende Gestaltungsalternative sein.

134

I. Verteilung des Nachlasses auf einen oder mehrere Erben

1. Erwerb durch Erbanfall: Erbeinsetzung, Ersatzerbeinsetzung und Anwachsung

Die **Erbengemeinschaft** wird steuerlich wie eine Bruchteilsgemeinschaft behandelt (§ 39 Abs. 2 Nr. 2 AO). Zur Ermittlung des steuerpflichtigen Erwerbs des einzelnen Erben muss der auf der Grundlage des Gesamtnachlasses ermittelte **Steuerwert des gesamten Vermögensanfalls** auf die Miterben **entsprechend ihren Erbquoten aufgeteilt** werden. Dies gilt unabhängig davon, auf welche Weise der Erbe zu seinem Erbteil gelangt ist, d. h. ob seine Erbenstellung auf einer Ersatzerbeinsetzung beruht oder sich seine Erbquote durch Anwachsung aufgrund Wegfalls einer als Miterben benannten Person erhöht hat. Die Verteilung des Nachlasses wirkt sich grundsätzlich nicht auf die Besteuerung der einzelnen Miterben aus.[196] Wird einem Erben allerdings bei der **Erbauseinandersetzung** ein Vermögensgegenstand mit einem Verkehrswert zugewiesen, der deutlich über seinem Erbanteil liegt, kann dies als steuerpflichtige Schenkung der übrigen Miterben an ihn gewertet werden.

135

---

193 R E 28 Abs. 3 S. 5 ErbStR 2011.
194 Darunter fallen nach Auffassung der OFD München, Vfg. v. 7.3.2003, S. 3840–5 St 353, ZEV 2003, 239 f., auch Übertragungen auf nichtrechtsfähige Stiftungen.
195 Näher dazu *Lüdicke*, ZEV 2007, 254.
196 Vgl. jedoch Rdn. 161 und 260 f.

2. Erbengemeinschaft mit Teilungsanordnungen und Ausgleichungsverpflichtungen

136 Eine bloße Teilungsanordnung i. S. d. § 2048 BGB, mit der der Erblasser einem Miterben einen bestimmten Nachlassgegenstand zuweist, wirkt nur schuldrechtlich und ist deshalb für die Besteuerung der einzelnen Miterben ohne Bedeutung.[197] Dies gilt auch dann, wenn der eine Erbe in Vollzug der Teilungsanordnungen Barvermögen und der andere Erbe ein Grundstück mit einem vergleichsweise niedrigen Steuerwert erhält.[198] Erbschaftsteuerlich zu beachten sind dagegen Ausgleichungsverpflichtungen von Miterben nach §§ 2050 ff. BGB bzw. nach §§ 2055 f. BGB.[199] Hat ein Erbe zu Lebzeiten eine Zuwendung mit der Maßgabe erhalten, diese im Erbfall des Schenkers gegenüber dessen anderen Kindern zur Ausgleichung zu bringen, ist die dadurch gebotene Neuberechnung der Teilungsanteile im Rahmen der Erbauseinandersetzung auch bei der Besteuerung des Erbanfalls zu berücksichtigen.

II. Zuwendungen einzelner Nachlassgegenstände

1. Vermächtnisanordnungen

137 Gegenstand des in § 3 Abs. 1 Nr. 1 ErbStG geregelten Erwerbs durch Vermächtnis ist der schuldrechtliche Vermächtnisanspruch des Begünstigten gegen den Erben.[200] Die Steuerpflicht entsteht mit dem Tod des Erblassers, auch wenn das Vermächtnis tatsächlich erst später erfüllt wird. Auf der anderen Seite kann der Erbe die Vermächtnisverbindlichkeit gemäß § 10 Abs. 5 Nr. 2 ErbStG von seinem Erwerb abziehen.

138 Wie im Zivilrecht wird das Vermächtnis grundsätzlich mit dem gemeinen Wert der Vermächtnisforderung (§ 12 Abs. 1 ErbStG i. V. m. § 9 BewG) und nicht mit dem ggf. niedrigeren Steuerwert des vermachten Gegenstandes angesetzt. Ein **Geldvermächtnis** ist mit dem Nennwert der Geldforderung zu bewerten (§ 12 Abs. 1 S. 1 BewG). Dabei bleibt es auch, wenn dem Vermächtnisnehmer an Stelle eines Geldbetrags ein Grundstück an Erfüllungs statt übertragen wird.[201] Eine Besteuerung auf Basis des Grundbesitzwerts können die Beteiligten jedoch dadurch erzwingen, dass der Vermächtnisnehmer das Vermächtnis ausschlägt und sich dafür mit dem Grundstück abfinden lässt.[202]

139 Eine vom Erblasser zugesprochene **Vergütung**, die der **Testamentsvollstrecker** für die Ausübung seines Amtes erhält, unterliegt auch insoweit nicht der Erbschaftsteuer, als sie eine angemessene Höhe überschreitet. Soweit der unangemessene Teil der Testamentsvollstreckervergütung zivilrechtlich als Vermächtnis beurteilt wird, handelt es sich nach Ansicht des BFH[203] um eine für das Erbschaftsteuerrecht nicht verbindliche Fiktion, die dem Schutz der Nachlassgläubiger im Falle der Nachlassinsolvenz dient.

a) Sachvermächtnis, Verschaffungsvermächtnis, Kaufrechtsvermächtnis

140 Die Unterscheidung zwischen den verschiedenen Vermächtnisarten ist vor allem in bewertungsrechtlicher Hinsicht von Bedeutung. Auch wenn sich die Problematik in Folge der Angleichung der Wertmaßstäbe durch das ErbStRG 2009 entschärft hat, können sich die verschiedenen Bewertungsansätze im Einzelfall immer noch auf die Besteuerung des Vermächtniserwerbs auswirken.

---

197 BFH BB 1993, 852.
198 S. dazu das Beispiel in H E 3.1 Abs. 1 ErbStH 2011.
199 Vgl. R E 3.1 Abs. 5 ErbStR 2011 sowie *Meincke*, § 3 Rn. 21 f.
200 Bei Anordnung eines Untervermächtnisses richtet sich der Anspruch gegen den Hauptvermächtnisnehmer (§ 2191 BGB).
201 BFH ZEV 1996, 37.
202 Es liegt dann ein steuerpflichtiger Erwerb nach § 3 Abs. 2 Nr. 4 ErbStG vor; s. hierzu auch Moench/Weinmann/*Moench*, § 3 Rn. 100.
203 BFH, Urt. v. 2.2.2005 – II R 18/03, NJW 2005, 1967.

Ausgehend von der Erwägung, dass das Recht auf den Erwerb eines Gegenstandes keinen höheren Wert haben kann als der Gegenstand selbst, wurden **Sachvermächtnisse** bis zum Inkrafttreten des neuen ErbStG mit dem Steuerwert des im Nachlass vorhandenen Gegenstandes bewertet.[204] Nachdem der BFH zunächst in einem viel beachteten obiter dictum eine Änderung seiner bisherigen Rechtsprechung angekündigt und sich für eine Bewertung von Grundstücksvermächtnissen mit dem gemeinen Wert des Sachleistungsanspruchs, d. h. bei einem Grundstücksvermächtnis mit dem Verkehrswert des Grundstücks, ausgesprochen hatte,[205] hat der II. Senat in seinem Urteil vom 9.4.2008[206] erklärt, aus Vertrauensschutzgründen für die Dauer der Fortgeltung des alten ErbStG an der überkommenen Beurteilung festzuhalten. Durch die Annäherung der steuerlichen Grundstückswerte an den gemeinen Wert dürfte sich jedoch in den meisten Fällen die Suche nach Ersatzgestaltungen zur Vermeidung des Ansatzes einer Sachleistungsverpflichtung mit dem Verkehrswert des Grundstücks[207] erübrigen. 141

Muss der Beschwerte den vermachten Gegenstand mit Mitteln aus dem Nachlass erst noch beschaffen, ist der Anspruch aus dem **Verschaffungsvermächtnis** mit dem Verkehrswert des verschafften Gegenstandes zu bewerten.[208] 142

▶ **Beispiel**

Der Erbe E ist mit dem Vermächtnis beschwert, für den Vermächtnisnehmer V ein nicht im Nachlass befindliches Einfamilienhaus (Steuerwert 230 000 €) zu erwerben. Der Kaufpreis für das Haus beträgt 250 000 €.

Nach dem BFH hat V das Verschaffungsvermächtnis mit dem gemeinen Wert des Einfamilienhauses i. H. v. 250 000 € und nicht mit dessen Steuerwert von 230 000 € zu versteuern.

Der zivilrechtlichen Qualifikation folgend beurteilt der BFH ein sich auf einen Nachlassgegenstand beziehendes **Kaufrechts- oder Übernahmevermächtnis** nicht mehr als Gestaltungsrecht, sondern als einen aufschiebend bedingten Forderungserwerb.[209] Der Wert des Vermächtnisses bestimmt sich nach dem Verkehrswert des Anspruchsgegenstandes abzüglich des vom Vermächtnisnehmer dafür zu entrichtenden Entgelts. 143

b) Vorausvermächtnis

Nach § 3 Abs. 1 Nr. 1 ErbStG steuerpflichtig ist auch das einem Miterben zugewandte Vorausvermächtnis, das dieser neben seinem Erbteil erwirbt (§ 2150 BGB). Die mitunter schwierige Abgrenzung zur erbschaftsteuerlich irrelevanten Teilungsanordnung richtet sich nach den gleichen Kriterien wie im Erbrecht und hängt maßgeblich davon ab, ob der Erblasser dem Miterben einen über seinen Erbanteil hinausgehenden Vorteil verschaffen wollte. 144

c) »Supervermächtnis«

Das sog. Supervermächtnis ist erbrechtlich ein **Sonderfall des Zweckvermächtnisses** gemäß § 2156 BGB, bei dem der Erbe zugleich als Bestimmungsberechtigter und als Beschwerter des Vermächtnisses eingesetzt wird. Der als Erbe eingesetzte überlebende Ehegatte kann etwa ermächtigt werden, nach billigem Ermessen zu bestimmen, wer aus dem Kreis der gemeinsamen Abkömmlinge welchen 145

---

204 Vgl. nur BFH, Urt. v. 15.3.2000 – II R 15/98, ZEV 2000, 336.
205 BFH, Urt. v. 2.7.2004 – II R 9/02, ZEV 2004, 474; vgl. hierzu auch die Urteilsanmerkungen von *Viskorf*, FR 2004, 1337, und *Crezelius*, ZEV 2004, 476.
206 BFH II R 24/06, ZEV 2008, 351.
207 Z. B. durch Anordnung einer Auflage anstatt eines Grundstücksvermächtnisses, vgl. dazu *Daragan* ZErb 2005, 40.
208 BFH, Urt. v. 28.3.2007 – II R 25/05, ZEV 2007, 343; für den Ansatz des Steuerwerts dagegen *Kapp/Ebeling*, § 3 Rn. 175; Viskorf/Knobel/Schuck/*Wälzholz*, § 3 Rn. 127 ff.
209 BFH, Urt. v. 13.8.2008 – II R 7/07, DStR 2008, 1830.

Gegenstand aus dem Nachlass wann und zu welchen Bedingungen erhalten soll.[210] Erbschaftsteuerlicher Zweck dieser Gestaltung ist in der Regel die **optimale Ausnutzung der Freibeträge** für Abkömmlinge gemäß § 16 ErbStG nach dem Tod des Erstversterbenden der Eheleute und bei höheren Werten die **Erzielung von Progressionsvorteilen** durch Anwendung niedrigerer Steuersätze. Handelt es sich aufgrund der Anordnungen des Erblassers um ein aufschiebend bedingtes oder befristetes Vermächtnis, entsteht die Erbschaftsteuer für den Vermächtniserwerb erst mit dem Eintritt der Bedingung oder des Ereignisses (§ 9 Abs. 1 Nr. 1a ErbStG). Auf der anderen Seite ist auch die Vermächtnislast nach § 10 Abs. 5 Nr. 2 ErbStG erst zu diesem Zeitpunkt vom Erwerb des Beschwerten abziehbar. Hierbei kann es zu **Bewertungsdivergenzen** kommen. Während der Vermächtniserwerb im Entstehungszeitpunkt zu bewerten ist, kommt es für die Bewertung der Vermächtnislast auf die Verhältnisse am Todestag des Erblassers an.[211]

146 ▶ Praxistipp

Um die Besteuerung als Erwerb vom überlebenden Ehegatten nach § 6 Abs. 4 i. V. m. Abs. 2 ErbStG zu vermeiden, darf das Vermächtnis nicht erst mit dem Tode des Beschwerten fällig werden.[212] Letzteres ist jedoch nach der Zweifelfallsregelung des § 2181 BGB der Fall, wenn der **Erfüllungszeitpunkt des Zweckvermächtnisses** in das freie Belieben des Beschwerten gestellt wird. Im Testament sollten daher abweichende Bestimmungen zur Fälligkeit des Vermächtnisses vorgesehen werden.

2. Erwerb durch Auflage oder Erfüllung einer Bedingung

147 Als vom Erblasser zugewendet gilt gemäß § 3 Abs. 2 Nr. 2 ErbStG auch das, was infolge Vollziehung einer Auflage (§§ 1940, 2192 ff. BGB) oder Erfüllung einer vom Erblasser gesetzten Bedingung erworben wird. Anders als beim Erwerb durch Vermächtnis entsteht die Steuerpflicht des Begünstigten in diesen Fällen nicht schon mit dem Erbfall, sondern erst mit der Vollziehung der Auflage bzw. Erfüllung der Bedingung (§ 9 Abs. 1 Nr. 1d ErbStG). Kommt die Auflage keiner bestimmten Person zugute, kann eine steuerbare Zweckzuwendung i. S. d. § 1 Abs. 1 Nr. 3 i. V. m. § 8 ErbStG vorliegen.

3. Schenkungen auf den Todesfall

148 Schenkungsversprechen i. S. d. § 2301 BGB, die unter der Bedingung stehen, dass der Beschenkte den Schenker überlebt, gehören gemäß § 3 Abs. 2 Nr. 2 S. 1 ErbStG zu den Erwerben von Todes wegen. Dies gilt unabhängig davon, ob sich die Überlebensbedingung allein auf das Verpflichtungsgeschäft (Fall des § 2301 Abs. 1 S. 1 BGB) oder auch auf das zu Lebzeiten des Schenkers bereits abgeschlossene Erfüllungsgeschäft (Fall des § 2301 Abs. 2 BGB) bezieht. Haben die Beteiligten dagegen den zu Lebzeiten des Erblassers bewirkten Rechtsübergang unter die auflösende Bedingung des Vorversterbens des Beschenkten gestellt, liegt nach Auffassung des BFH[213] eine freigebige Zuwendung i. S. d. § 7 Abs. 1 Nr. 1 ErbStG vor.

149 Ungeachtet ihrer Zuordnung zu den Erwerben von Todes wegen setzt die Annahme einer steuerpflichtigen Schenkung von Todes wegen voraus, dass die Zuwendung nach den Maßstäben des bürgerlichen Rechts zu einer **Bereicherung des Bedachten** führt und sich die Beteiligten über die Unentgeltlichkeit der Zuwendung einig sind. In subjektiver Hinsicht genügt dafür, dass sich der Schenker der Unentgeltlichkeit seiner Leistung bewusst ist.[214] Anders als bei gemischten Schenkungen und Schenkungen unter Leistungsauflagen[215] kann der Bedachte bei einer Schenkung auf den Todesfall

---

210 Näher dazu *Langenfeld*, Testamentsgestaltung Rn. 692 ff.; *Nieder/Kössinger*, § 3 Rn. 56 und § 6 Rn. 208 f.
211 Troll/Gebel/Jülicher/*Gebel*, § 10 Rn. 178 m. w. N.
212 Vgl. dazu auch BFH, Urt. v. 27.6.2007 – II R 30/05, ZEV 2007, 502.
213 BFH NJW 1991, 3300.
214 St.Rspr., vgl. nur BFH ZEV 1998, 36.
215 S. hierzu Rdn. 32 ff.

eine von ihm erbrachte Gegenleistung nach § 10 Abs. 1 S. 2 ErbStG immer in voller Höhe als Nachlassverbindlichkeit abziehen.[216]

4. Erwerb durch Vertrag zu Gunsten Dritter

Ansprüche eines Begünstigten, die diesem aus einem (echten) Vertrag zu Gunsten Dritter auf den Todesfall unmittelbar gegenüber dem Leistungsverpflichteten zustehen (§§ 328, 331 BGB), fallen nicht in den Nachlass des Versprechensempfängers. Zu den Vermögensvorteilen, die erst beim Tod des Erblassers aufgrund eines von diesem geschlossenen Vertrags erworben werden, zählen auch Ansprüche Dritter aus **Spar- und Bankverträge**. Nach § 3 Abs. 1 Nr. 4 ErbStG werden solche Zuwendungen »am Nachlass vorbei« als Erwerb von Todes wegen erfasst, sofern sie alle objektiven und subjektiven Merkmale einer freigebigen Zuwendung i. S. d. § 7 Abs. 1 Nr. 1 ErbStG aufweisen.[217] Abzustellen ist dabei auf das Valutaverhältnis zwischen Erblasser (Versprechensempfänger) und Begünstigtem. Eine Besteuerung kommt danach nicht in Betracht, wenn es infolge eines wirksamen Widerrufs der Drittbegünstigung durch die Erben des Versprechensempfängers oder den Testamentsvollstrecker an einem Rechtsgrund für den Erwerb des Dritten fehlt.

150

a) Lebensversicherungen zu Gunsten Dritter

Nach § 3 Abs. 1 Nr. 4 ErbStG wird insbesondere der **Erwerb des Bezugsberechtigten** aus einer vom Erblasser abgeschlossenen Renten- oder Lebensversicherung auf den Todesfall besteuert.[218] Allerdings kann der begünstigte Dritte durch Erklärung gegenüber der Versicherung gemäß § 333 BGB den Erwerb zurückweisen und so dafür sorgen, dass der Anspruch auf die Versicherungsleistungen in den Nachlass fällt. Die Versicherungssumme gehört auch dann zum Nachlass, wenn der Erblasser keinen Bezugsberechtigten benannt hat.

151

Mangels Bereicherung des Bezugsberechtigten scheidet eine steuerbare Zuwendung aus, falls die **Mittel** für die Zahlung der Versicherungsprämien **aus seinem eigenen Vermögen** stammen.[219] Die Rechtsprechung nimmt freilich eine die Steuerpflicht ausschließende Versicherungsnehmerstellung des Dritten im Verhältnis zum Erblasser nur dann an, wenn der Dritte für den Erlebens- und Todesfall von Beginn an **unwiderruflich bezugsberechtigt** war.[220] Zudem besteht in diesen Fällen das Risiko, dass das Finanzamt die Übernahme der vom Versicherungsnehmer geschuldeten Prämienzahlungen durch den Dritten zusätzlich als steuerbare **Prämienschenkungen** an den Versicherungsnehmer wertet.[221] Um eine Beurteilung der Prämienzahlungen als fortlaufende freigebige Zuwendungen zu verhindern, kann sich der Bezugsberechtigte als Gegenleistung für die Gewährung des Anspruchs auf Auszahlung der Versicherungssumme verpflichten, die Versicherungsbeiträge aus eigenen Mitteln aufzubringen.[222]

152

Der Anspruch gegen die Versicherung bleibt auch dann erbschaftsteuerfrei, wenn die im Todesfall wirtschaftlich abzusichernde Person den Versicherungsvertrag von vornherein selbst als Versicherungsnehmer abgeschlossen hat. Eheleute können auf diese Weise durch den Abschluss zweier separater Versicherungen auf das Leben des jeweils anderen (sog. **Überkreuzversicherung**) eine Besteuerung der Versicherungsleistungen vermeiden. Schließen Ehegatten gemeinsam eine Versicherung auf das Leben des zuerst versterbenden Ehegatten ab (sog. **verbundene Versicherung**), ist im Zweifel da-

153

---

216 R E 3.3 S. 2 ErbStR 2011.
217 BFH, Urt. v. 24.10.2001 – II R 10/00, ZEV 2002, 118; BFH, Urt. v. 17.10.2007 – II R 8/07, ZEV 2008, 402.
218 Näher zur Erbschaftsbesteuerung von Lebensversicherungsverträgen *Leitzen*, RNotZ 2009, 129, 154 ff.; *Lehmann*, ZEV 2004, 398.
219 FG München, Urt. v. 26.7.2006 – 4 K 4359/03, EFG 2006, 1921; FG Rheinland-Pfalz EFG 1994, 665.
220 So Hessisches FG EFG 1989, 518.
221 Vgl. dazu R E 3.7 Abs. 2 S. 2 und 3 ErbStR 2011.
222 S. hierzu *Geck/Messner*, ZEV 2000, 21.

von auszugehen, dass jeder von ihnen die Prämien zur Hälfte getragen hat.[223] Der überlebende Partner muss in diesem Fall nur 50 % der ihm zufallenden Versicherungssumme versteuern.

b) Steuerfreie und steuerpflichtige Versorgungsbezüge

154 Ansprüche Hinterbliebener, die auf gesetzlichen Bestimmungen beruhen, fallen nicht unter § 3 Abs. 1 Nr. 4 ErbStG. Nicht erbschaftsteuerbar sind daher **beamtenrechtliche Versorgungsansprüche** und **Versorgungsbezüge aus der gesetzlichen Rentenversicherung oder aus berufsständischen Pflichtversicherungen**.[224] Ebenfalls erbschaftsteuerfrei sind Versorgungsbezüge, die ihren Rechtsgrund in kollektiv geprägten arbeitsrechtlichen Rechtsinstituten (Tarifverträge, Betriebsvereinbarungen, betriebliche Übung etc.) haben.[225] Ihnen gleichgestellt werden aus Gründen der Gleichbehandlung vertragliche **Hinterbliebenenbezüge aufgrund eines Arbeits- oder Dienstverhältnisses**, soweit die Bezüge dem überlebenden Ehegatten oder Kindern des Erblassers zustehen und die Bezüge ein angemessenes Maß nicht überschreiten.[226] Der Erwerb von Versorgungsansprüchen, die den **Hinterbliebenen eines Gesellschafter-Geschäftsführers einer GmbH** oder den Hinterbliebenen des Gesellschafters einer Personengesellschaft aus dem Gesellschaftsvertrag zustehen, bleibt nur dann steuerfrei, wenn der Erblasser in der Gesellschaft eine arbeitnehmerähnliche Stellung innehatte.[227] In vollem Umfang besteuert wird der Leistungsbezug aus einer Lebensversicherung, die zwecks Befreiung von der gesetzlichen Versicherungspflicht abgeschlossen wurde.[228]

155 ▶ **Praxistipp**

Der Kapitalwert der nichtsteuerbaren Versorgungsbezüge wird allerdings nach § 17 Abs. 1 S. 2 ErbStG **auf den besonderen Versorgungsfreibetrag** des überlebenden Ehegatten von 256.000 € angerechnet. Nur wenn der Kapitalwert der Versorgungsleistungen über diesem Betrag liegt, führt die Steuerfreiheit einer Hinterbliebenenrente somit auch zu einer geringeren Steuerbelastung des überlebenden Ehegatten.

156 Während steuerfreie Versorgungsbezüge bei der Berechnung der Ausgleichsforderung nach § 5 Abs. 1 ErbStG nicht zu berücksichtigen sind,[229] wird der Kapitalwert steuerpflichtiger Versorgungsleistungen dem Endvermögen des Erblassers hinzugerechnet. Dadurch erhöht sich die steuerfreie Zugewinnausgleichsforderung des überlebenden Ehegatten im Ergebnis um die Hälfte des Kapitalwerts der steuerpflichtigen Versorgungsbezüge.[230]

III. Steuervergünstigungen bei der Vererbung von Immobilienvermögen

1. Verschonung des Familienheims im Erbfall

157 Durch das ErbStRG 2009 ist in § 13 Abs. 1 Nr. 4b und Nr. 4c ErbStG eine Befreiung für den Erwerb eines Familienheims von Todes wegen durch den überlebenden Ehegatten,[231] durch Kinder und Kinder verstorbener Kinder eingeführt worden. Die Regelung ergänzt den Befreiungstatbestand des § 13 Abs. 1 Nr. 4a ErbStG, der die **Schenkung einer Wohnimmobilie an den Ehegatten** steuerfrei stellt. Fällt das Objekt beim Tod des bedachten Ehegatten an den Schenker zurück, unterliegt der Rückerwerb nicht der Erbschaftsteuer. Da die Steuerbefreiung nach § 13 Abs. 1 Nr. 4b ErbStG jedoch

---

223 R E 3.6 Abs. 3 ErbStR 2011.
224 R E 3.5 Abs. 1 ErbStR 2011.
225 Vgl. dazu R E 3.5 Abs. 2 ErbStR 2011.
226 Näheres dazu regelt R E 3.5 Abs. 3 ErbStR 2011; vgl. hierzu auch Troll/Gebel/Jülicher/*Gebel*, § 3 Rn. 310; Moench/Weinmann/*Moench*, § 3 Rn. 181.
227 S. dazu *Meincke*, § 3 Rn. 91 f. m. w. N.
228 BFH, Urt. v. 24.10.2001 – II R 10/00, ZEV 2002, 118.
229 H E 5.1 Abs. 4 ErbStH 2011.
230 Vgl. dazu das erste Berechnungsbeispiel in H E 5.1 Abs. 5 ErbStH 2011.
231 Diesem gleichgestellt ist der Lebenspartner einer eingetragenen Lebenspartnerschaft.

– anders als die lebzeitige Zuwendung des Familienheims – an eine **Selbstnutzung** über einen Zeitraum von zehn Jahren geknüpft ist, sollte dem schenkenden Ehegatten für den Fall des Vorversterbendes des beschenkten Partners im Übertragungsvertrag ein Rückforderungsrecht eingeräumt werden.

Begünstigt ist der Erwerb des Eigentums oder Miteigentums an einem im Inland oder in einem Mitgliedstaat der EU oder des EWS belegenen bebauten Grundstück i. S. d. § 181 Abs. 1 Nr. 1 bis 5 BewG.[232] Darunter fallen neben Gebäuden, die im Erbbaurecht errichtet worden sind, auch **Mietwohn- und Geschäftsgrundstücke**. Die Steuerbefreiung ist auf die zu eigenen Wohnzwecken genutzte Wohnung durch die Eheleute und der zur Familie gehörenden Kinder beschränkt.[233] Auf den Wert des Familienheims kommt es nicht an. Maßgeblich für die **Aufteilung eines gemischt genutzten Gebäudes** ist das Verhältnis der Wohn- und Nutzflächen.[234] Eine unentgeltliche gewerbliche oder freiberufliche Mitbenutzung der Wohnung (z. B. ein häusliches Arbeitszimmer) rechnet die Finanzverwaltung der steuerbefreiten Wohnnutzung zu, wenn letztere überwiegt. Der BFH[235] stellt demgegenüber allein auf die tatsächliche Nutzung ab; die entgeltliche Vermietung eines häuslichen Arbeitszimmers an den Arbeitgeber hindert danach die Inanspruchnahme der Begünstigung nicht. Beim Erwerb des Familienheims durch Kinder wird die Befreiung nur anteilig gewährt, soweit die Wohnfläche der Wohnung 200 m² überschreitet (§ 13 Abs. 1 Nr. 4c S. 1 ErbStG).

158

Die Wohnung diente dem Erblasser zu eigenen Wohnzwecken, wenn sich in ihr bis zum Erbfall der Mittelpunkt des familiären Lebens befunden hat. Nicht begünstigt sind daher **Zweit- und Ferienwohnungen**.[236] Unschädlich für die Begünstigung ist dagegen, wenn der Erblasser aus zwingenden Gründen, z. B. im Fall einer **Pflegebedürftigkeit**, an einer Selbstnutzung gehindert war und der Erwerber unverzüglich mit der Nutzung der Wohnung zu eigenen Wohnzwecken beginnt. Kinder und »Waisenenkel« trifft die Pflicht zur Selbstnutzung des erworbenen Familienheims erst mit Volljährigkeit, wenn sie zur Führung eines eigenen Haushalts rechtlich im Stande sind.[237] Die Steuerbefreiung entfällt vollständig mit Wirkung für die Vergangenheit, sollte der Erwerber die Selbstnutzung der Wohnung vor Ablauf der Zehnjahresfrist aufgeben.[238] Eine **unentgeltliche Überlassung**, **Vermietung** oder ein **Verkauf** des Objekts innerhalb dieses Zeitraums ist nur dann unschädlich, wenn in der Person des Erwerbers objektiv zwingende Gründe vorliegen, die ihn daran hindern, das Familienheim selbst weiter zu eigenen Wohnzwecken zu nutzen. Eine durch berufliche Gründe bedingte Aufgabe der Selbstnutzung soll dafür nicht genügen.[239] Nicht geklärt ist, ob die Weiterschenkung des Familienheims unter **Vorbehalt eines Nießbrauchs** oder Wohnungsrechts bei fortbestehender Eigennutzung durch den Ersterwerber während der zehnjährigen Behaltenszeit Nachsteuern auslöst.[240]

159

2. Steuervergünstigung für Vermietungsobjekte nach § 13c ErbStG

Für den Erwerb von zu Wohnzwecken vermieteten bebauten Grundstücken und Grundstücksteilen wird ein **Verschonungsabschlag von 10 %** gewährt (§ 13c ErbStG). Voraussetzung für die Teilbefreiung ist, dass das Wohngrundstück im Inland, einem Mitgliedstaat der EU oder einem Staat des EWS belegen ist und nicht zum begünstigten Betriebsvermögen oder begünstigten Vermögen eines Be-

160

---

232 Die vermächtnisweise Zuwendung eines dinglichen Nutzungsrechts (Nießbrauch oder Wohnungsrecht) an einem Familienheim genügt dafür nicht, vgl. BFH, Urt. v. 3.6.2014 – II R 45/12, ZEV 2014, 560 m. Anm. *Jülicher*.
233 Näher zum Begriff des Familienheims R E 13.4 Abs. 2 ErbStR 2011.
234 Vgl. dazu die Wohnflächenverordnung vom 25.11.2003, BGBl. I 2003, S. 2346.
235 BFH, Urt. v. 26.2.2009 – II R 69/09, ZEV 2009, 257.
236 BFH, Urt. v. 18.7.2013 – II R 35/11, DStR 2013, 2389; Fischer/Jüptner/Pahlke/Wachter/*Kobor*, § 13 Rn. 30.
237 Vgl. R E 13.4 Abs. 7 S. 5 ErbStR 2011.
238 Zur steuerschonenden Aussetzung eines Herausgabevermächtnisses zu Gunsten eines einzugsbereiten Kindes bei Auszug des überlebenden Ehegatten vgl. *Jülicher*, ZErb 2009, 222, 226 ff.
239 So R E 13.4 Abs. 2 S. 3 ErbStR 2011.
240 I. d. S. *Tiedtke/Schmidt*, NJW 2009, 2632; a. A. *N. Mayer*, ZEV 2009, 439, 443; *Steiner*, ErbStB 2009, 123, 127.

triebs der Land- und Forstwirtschaft gehört. Die Vergünstigung ist nicht an eine Behaltenspflicht oder eine weitere Vermietung des Objekts geknüpft. Maßgeblich sind allein die tatsächlichen Verhältnisse zum Erwerbszeitpunkt. Werden Teile des Gebäudes auch zu anderen als Vermietungszwecken genutzt, ist der Erwerb nur anteilig bezogen auf die zu Wohnzwecken vermietete Fläche begünstigt. Für die Inanspruchnahme des Befreiungsabschlags reicht es aus, wenn das im Besteuerungszeitpunkt leer stehende Objekt zur Vermietung bestimmt ist.[241] Ist der Erwerb des Wohngrundstücks mit einem **Nießbrauchvermächtnis** zu Gunsten eines Dritten belastet, steht die Vergünstigung des § 13c ErbStG dem Erwerber und nicht dem Dritten zu.[242]

3. Folgen einer Weitergabeverpflichtung und Nachlassteilung

161 Die Steuervergünstigungen für den Erwerb eines Familienheims oder eines zu Wohnzwecken vermieteten Objekts von Todes wegen sollen nur dem Erwerber zugutekommen, dem diese Nachlassgegenstände endgültig zufallen. Dem entsprechend hat der Erbe keinen Anspruch auf die Steuerbefreiung, soweit der Erblasser ihn, z. B. aufgrund einer **Vermächtnisanordnung** oder **Auflage**, zur Weitergabe des begünstigten Vermögens verpflichtet hat (§§ 13 Abs. 1 Nr. 4b S. 2 und Nr. 4c S. 2, 13c Abs. 2 S. 1 ErbStG).[243] Die Begünstigung wird in diesem Fall dem Vermächtnisnehmer oder Auflagenbegünstigten gewährt. Die gleichen Rechtsfolgen treten grundsätzlich auch bei einer Zuweisung der begünstigten Objekte an einzelne Miterben im Rahmen der **Nachlassteilung** ein. Dabei spielt es keine Rolle, ob die vorgenommenen Übertragungen auf eine Teilungsanordnung des Erblassers, eine Anordnung des Testamentsvollstreckers oder einen von den Miterben frei ausgehandelten Erbauseinandersetzungsvertrag zurückgehen.[244] Nach dem Zweck der Regelungen gehen die Vergünstigungen auf den übernehmenden Miterben über, gleichgültig, ob dieser für das übernommene Objekt begünstigtes oder nicht begünstigtes Vermögen hingibt.[245] Die Bemessungsgrundlage für die Steuerbefreiung erhöht sich jeweils um den Wert des hingegebenen Vermögens, höchstens aber um den gemeinen Wert des übernommenen begünstigten Vermögens. Der 10 %-ige Verschonungsabschlag nach § 13c ErbStG entfällt jedoch, soweit der empfangene Miterbe für das hinzu erworbene Objekt einen Ausgleich aus seinem eigenen Vermögen leisten muss (**Realteilung mit Spitzenausgleich**).

IV. Vor- und Nacherbschaft (§ 6 ErbStG)

162 Vor- und Nacherbe erwerben das der Vor- und Nacherbschaft unterliegende Nachlassvermögen jeweils getrennt durch Erbanfall gemäß § 3 Abs. 1 Nr. 1 ErbStG. Obwohl der durch den Eintritt der Nacherbfolge auflösend befristet eingesetzte Vorerbe bürgerlich-rechtlich nur »Erbe auf Zeit« ist, wird ihm die Vorerbschaft aufgrund der Sonderregelungen in § 6 ErbStG wie ein unbefristet erworbenes, frei vererbbares Vermögen zugerechnet. Folge dieser Fiktion ist, dass der Nacherbe den Erwerb der Nacherbschaft als vom Vorerbe stammend zu versteuern hat.[246] Die **doppelte Besteuerung des Nacherbschaftsvermögens** kann zu erheblichen Mehrbelastungen führen, die unter Umständen durch Anordnung eines Nießbrauchvermächtnisses vermieden werden können.

163 Der Nacherbschaft erbschaftsteuerlich gleichgestellt werden **Nachvermächtnisse** (§ 2191 BGB) sowie Vermächtnisse und Auflagen, die beim Tod des Beschwerten fällig werden (§ 6 Abs. 4 ErbStG). Dazu zählen beispielsweise die in einem **Berliner Testament** für den ersten Todesfall ausgesetzten Vermächtnisse zu Gunsten der Kinder, die erst mit dem Tod des überlebenden Ehegatten fällig werden.[247] Weil die Vermächtnisse nach § 6 Abs. 2 S. 1 ErbStG als Erwerb vom Beschwerten und nicht

---

241 *Meincke*, § 13c Rn. 3.
242 Vgl. R E 13c Abs. 6 ErbStR 2011.
243 Vgl. dazu auch R E 13c Abs. 5 S. 1 ErbStR 2011.
244 *Riedel*, ZErb 2009, 2, 8; *Landsittel*, ZErb 2009, 11, 15.
245 Näher zum Ganzen *Wälzholz*, ZEV 2009, 113, 115 ff.
246 Zur Besteuerung der Vor- und Nacherbschaft s. Moench/Weinmann/*Weinmann*, § 6 Rn. 8 f.; Troll/Gebel/Jülicher/*Gebel*, § 6 Rn. 2 f.
247 R E 6 S. 2 ErbStR 2011.

vom Erblasser gelten, ist dem überlebenden Ehegatten der bereicherungsmindernde Abzug der Vermächtnislasten versagt.

1. Besteuerung des Vorerben

Der Vorerbe, der nach § 6 Abs. 1 ErbStG als Erbe gilt, wird wie ein unbeschränkt zur Erbfolge berufener Vollerbe besteuert.[248] Die ihm auferlegten Verfügungsbeschränkungen über die Nacherbschaft bleiben als persönliche Verhältnisse bei der Bewertung seines steuerpflichtigen Erwerbs außer Betracht (§ 12 Abs. 1 ErbStG i. V. m. § 9 Abs. 2 S. 3 und Abs. 3 BewG). Der Vorerbe ist allerdings zu seiner Entlastung berechtigt, die mit dem Tod des Erblassers entstehende Steuer aus den Mittel der Vorerbschaft zu bestreiten (§ 20 Abs. 4 ErbStG i. V. m. § 2126 BGB).

164

▶ **Beispiel**

In einem Testament hat die Witwe W ihren Bruder B als Vorerben und ihr minderjähriges Kind K als Nacherben eingesetzt. Die Nacherbfolge soll mit dem Tod des B eintreten. Der Nachlass hat einen Wert von 800 000 €.

Besteuerung des Vorerben:	
Erwerb des B:	800 000 €
./. Freibetrag StKl. II	20 000 €
steuerpflichtiger Erwerb	780 000 €
Steuer bei einem Steuersatz von 30 %	234 000 €

Überträgt der Nacherbe die **Anwartschaft** auf den Vorerben oder wandelt sich dessen Vorerbschaft aus anderen Gründen (z. B. durch Eintritt einer vom Erblasser gesetzten Bedingung oder durch Ausschlagung oder Verzicht des Nacherben) in eine Vollerbschaft um, ergibt sich für den Vorerben kein zusätzlicher steuerpflichtiger Erwerb. Allerdings kann der Vorerbe die Aufwendungen, die ihm im Zusammenhang mit der Erweiterung seiner Erbenstellung entstehen (etwa die Zahlung einer Abfindung an den Nacherben zur Ablösung des Nacherbenrechts), nicht als Nachlassverbindlichkeit zum Abzug bringen.[249]

165

2. Besteuerung des Nacherben

Mit dem Erbfall erhält der Nacherbe ein Anwartschaftsrecht auf den späteren Erwerb, welches erbschaftsteuerlich nicht erfasst wird. Nicht steuerbar ist auch der **Übergang des Anwartschaftsrechts auf die Erben** beim Tod des Nacherben (§ 10 Abs. 4 ErbStG) oder die unentgeltliche Zuwendung der Nacherbenanwartschaft an einen Dritten. Für den Erwerber des Anwartschaftsrechts gelten bei Eintritt der Nacherbfolge die gleichen steuerlichen Regeln wie für den Nacherben. Beide haben den Erwerb des Nacherbschaftsvermögens als Erwerb durch Erbanfall (§ 3 Abs. 1 Nr. 1 ErbStG) zu versteuern.[250] Überträgt der Nacherbe die Anwartschaft gegen Entgelt, hat er die Zahlungen gemäß § 3 Abs. 2 Nr. 6 ErbStG zu versteuern. Die Steuer entsteht in diesem Fall bereits im Zeitpunkt der Übertragung des Anwartschaftsrechts (§ 9 Abs. 1 Nr. 1i ErbStG).

166

a) Eintritt der Nacherbfolge mit dem Tod des Vorerben

Tritt die Nacherbfolge durch den Tod des Vorerben ein, richtet sich die Besteuerung des Nacherben gemäß § 6 Abs. 2 S. 1 ErbStG einschließlich der Bestimmung der Steuerklasse, der persönlichen Freibeträge und des Steuersatzes nach dem **Verwandtschaftsverhältnis zum Vorerben**. Diese Anordnung ist für denjenigen Nacherben nachteilig, auf den beim Tod des Vorerben neben dem Nacherbschafts-

167

---

248 *Meincke*, § 6 Rn. 4.
249 BFH ZEV 1996, 77; kritisch zu dieser Entscheidung *Meincke*, § 6 Rn. 7.
250 Vgl. BFH BStBl. II 1993, S. 158.

vermögens auch Vermögen des Vorerben übergeht. Da § 6 Abs. 2 S. 1 ErbStG insgesamt nur von einem Erwerb ausgeht, steht dem Nacherben auch nur ein persönlicher Freibetrag zu.

168 Nach § 6 Abs. 2 S. 2 ErbStG kann der Nacherbe bis zur Bestandskraft des Erbschaftsteuerbescheids beantragen, dass der Versteuerung sein näheres persönliches Verhältnis zum Erblasser zu Grunde gelegt wird.[251] Auswirkungen hat der **Antrag** jedoch nur auf die auf den Erwerb der Nacherbschaft anzuwendende Steuerklasse und daran anknüpfende Regelungen.[252] Für den Umfang und die **Zusammensetzung des Nacherbschaftsvermögens**, welches in diesem Fall gemäß § 6 Abs. 2 S. 3 ErbStG von dem übrigen Vermögen des Vorerben zu trennen ist, trägt der Nacherbe die Beweislast.[253] Der Freibetrag für den Erwerb des nacherbschaftsfreien Vermögens bestimmt sich nach dem Verhältnis zum Vorerben; er wird dem Nacherben nur insoweit gewährt, als der Freibetrag für das Nacherbschaftsvermögen noch nicht verbraucht ist (§ 6 Abs. 2 S. 4 ErbStG). Überdies bemisst sich der Steuersatz in der für den jeweiligen Erwerb maßgeblichen Steuerklasse nach dem Steuersatz, der für den Erwerb des gesamten Vermögens gelten würde (§ 6 Abs. 2 S. 5 ErbStG).

169 ▶ **Beispiel**

Fortführung des obigen Beispiels: Neben dem von der Mutter hinterlassenen Vermögen, vermindert um die von B zu zahlende Erbschaftsteuer von 234 000 €, geht auf K bei Eintritt der Nacherfolge zudem noch Vermögen des B von 200 000 € auf K über.

Besteuerung des Nacherben:	
Erwerb des K aus der Vorerbschaft:	566 000 €
+ Erwerb vom Vorerben B:	200 000 €
Gesamterwerb	766 000 €
./. Freibetrag StKl. I	400 000 €
Maßgeblich für Steuersatz	366 000 €
Steuersatz StK. I (bei 366.000 €)	15 %
Steuersatz StK. III (bei 366.000 €)	25 %
Besteuerung des Vorerbschaftsvermögens nach StKl. I:	
Erwerb des K aus der Vorerbschaft:	566 000 €
./. Freibetrag StKl. I	400 000 €
steuerpflichtiger Erwerb	166 000 €
Steuer bei einem Steuersatz von 15 %	24 900 €
Besteuerung des Erwerbs vom Vorerben nach StKl. II:	
Erwerb des K von B:	200 000 €
Freibetrag voll verbraucht	0 €
Steuer bei einem Steuersatz von 25 %	50 000 €
von K zu entrichtende Gesamtsteuer	74 900 €

b) **Eintritt der Nacherbfolge zu Lebzeiten des Vorerben**

170 Tritt die Nacherbfolge zu Lebzeiten des Vorerben ein, ist für die Besteuerung des Nacherben – entsprechend der zivilrechtlichen Beurteilung – zwingend auf sein **persönliches Verhältnis zum Erblasser** abzustellen.[254] Der Erwerb sonstigen Vermögens vom Vorerben ist davon gesondert zu behandeln. Die vom Vorerben für die Vorerbschaft **gezahlte Erbschaftsteuer** ist gemäß § 6 Abs. 3 S. 2 ErbStG auf die Steuerschuld des Nacherben **anzurechnen**. Der Anrechnungsbetrag wird allerdings um den Steuerbetrag gekürzt, der der tatsächlichen Bereicherung des Vorerben entspricht. Zu einer

---

251 Z. B. im Fall eines »Behindertentestaments«, in dem das behinderte Kind als Vorerbe und ein anderes Kind als Nacherbe eingesetzt wurden.
252 §§ 13 Abs. 1 Nr. 1, 16, 19 und 27 ErbStG; s. hierzu BFH ZEV 1999, 237.
253 BFH, Urt. v. 28.2.2007 – II B 82/06, ZEV 2007, 284.
254 Vgl. zu dieser Interpretation des § 6 Abs. 3 S. 1 ErbStG *Meincke*, § 3 Rn. 18.

Kürzung des Anrechnungsbetrags kommt es beispielsweise, wenn der Vorerbe während der Dauer der Vorerbschaft Nutzungen aus der Nacherbschaft gezogen oder gemäß den Anordnungen des Erblassers Entnahmen aus dem Vorerbschaftsvermögen getätigt hat.

Eine Besteuerung des Nacherben nach dem Verhältnis zum Erblasser kann vermieden werden, indem der Vorerbe die Nacherbschaft vor Eintritt des Nacherbfalls an den Nacherben herausgibt. Ein solcher Erwerb gilt nach § 7 Abs. 1 Nr. 7 ErbStG als Schenkung unter Lebenden. Dem Vorteil aus der damit ggf. verbundenen Anwendung einer günstigeren Steuerklasse sind jedoch die Steuernachteile gegenüberzustellen, die dem Nacherben aus der fehlenden Anrechnungsmöglichkeit der vom Vorerben entrichteten Steuer nach § 6 Abs. 3 S. 2 ErbStG erwachsen. Im Übrigen kann der Nacherbe auch hier wie bei einem Erwerb der Nacherbschaft von Todes wegen beantragen, dass seinem Erwerb vom Vorerben sein persönliches Verhältnis zum Erblasser zugrunde gelegt wird (§ 7 Abs. 2 S. 1 ErbStG). Allerdings wirkt sich ein solcher Antrag nach Ansicht des BFH[255] nur auf die Steuerberechnung, d. h. die Steuerklasse, den Steuersatz und die persönlichen Freibeträge aus.[256]

171

V. Nießbrauch- und Rentenvermächtnisse

Hat der Erblasser den Erben mit einem Nießbrauchvermächtnis oder einem sonstigen Nutzungs- oder Rentenrecht beschwert, kann der Erbe den kapitalisierten Wert dieser Last als Erbfallschuld gem. § 10 Abs. 5 Nr. 2 ErbStG von seinem Erwerb abziehen. Dies gilt auch dann, wenn die vermächtnisweise zugewandten Nutzungen dem Ehegatten des Erblassers zustehen. § 25 ErbStG, der für diese Fälle ein Abzugsverbot enthielt, ist mit Wirkung vom 1.1.2009 aufgehoben worden.[257] Spiegelbildlich dazu wird das Nießbrauchvermächtnis beim Vermächtnisnehmer mit dem typisierten Steuerwert der zu erwartenden Nutzungen erfasst.

172

Der **Kapitalwert einer lebenslänglichen Nutzung** oder Leistung ergibt sich aus der Multiplikation des Jahreswerts der Nutzungen oder Leistungen mit dem **Vervielfältiger**, der in der im vorangegangenen Kalenderjahr veröffentlichten Sterbetafel des Statistischen Bundesamtes angegeben ist (§ 14 Abs. 1 BewG).[258] Der Jahreswert ergibt sich aus der Summe der über das Jahr gezahlten Rentenbeträge bzw. aus dem Reinwert des Nießbrauchs. **Obergrenze** des anzusetzenden Jahreswerts der Nutzungen ist dabei der 18,6te Teil des Steuerwerts des Nutzungsobjekts (§ 16 BewG).

173

▶ Praxistipp

Demgegenüber wird der **Jahreswert von Versorgungsleistungen** nicht gekürzt. Bei Erträgen eines Wirtschaftsguts, die die der Kappung nach § 16 BewG zugrunde liegende Verzinsung von 5,5 % p. a. übersteigen, kann ein Rentenvermächtnis daher zu einem höheren Abzugsposten beim Rentenverpflichteten führen als die Einräumung eines Nießbrauchvermächtnisses.

174

Verstirbt der Berechtigte vor Erreichen des bei der Berechnung des Kapitalwerts zugrunde gelegten Alters, bleibt der Vermögensvorteil für den Erben aus dem Wegfall des Nießbrauchs oder der Leibrente unversteuert.[259] Allerdings kann es in den zeitlichen Grenzen des § 14 Abs. 2 BewG zu einer

175

---

255 BFH, Urt. v. 3.11.2010 – II R 65/09, ZEV 2011, 95.
256 A. A. die h. M. in der Literatur, vgl. nur Troll/Gebel/Jülicher/*Gebel*, § 6 Rn. 31; Viskorf/Knobel/Schuck/*Philipp*, § 6 Rn. 21 f.; *Noll*, DStR 2004, 257, 260.
257 Vgl. dazu die Übergangsvorschrift in § 37 Abs. 2 ErbStG. Bei Grundstücksschenkungen führt der Abzug der Nutzungslast allerdings dazu, dass in dieser Höhe ein grunderwerbsteuerbarerer, nicht nach § 3 Nr. 2 GrEStG befreiter Erwerbsvorgang vorliegt, vgl. R E 25 Abs. 3 ErbStR 2011. Davon unberührt bleibt die Anwendung der persönlichen Steuerbefreiungsvorschriften der § 3 Nr. 4 und Nr. 6 GrEStG.
258 Für Bewertungsstichtage ab dem 1.1.2013 s. BMF, Schreiben vom 26.10.2012, IV D 4 – S. 3104/09/10001, BStBl. I 2012, S. 950, .
259 S. hierzu Moench/Weinmann/*Moench*, § 3 Rn. 2; *Meincke*, § 3 Rn. 8.

Korrektur der ursprünglichen Erbschaftsteuerfestsetzung unter Berücksichtigung der tatsächlichen Dauer der Nutzung bzw. der Versorgungsleistung kommen.[260]

176 Steuerlich nachteilig ist auch die Regelung zum Abzug von Nießbrauchlasten beim **Erwerb begünstigten Vermögens**. Da die in Erfüllung eines Vermächtnisses begründete Nutzungslast nach der Rechtsprechung des BFH[261] in wirtschaftlichem Zusammenhang mit dem belastet erworbenen Vermögen oder Vermögensgegenstand steht, kann der Wert des Nießbrauchs beim Übergang eines Betriebs oder einer Mietwohnimmobilie nach § 10 Abs. 6 Sätze 4 und 5 ErbStG nur anteilig vom Wert des begünstigten Erwerbs abgezogen werden. Ob ein solcher Zusammenhang auch bei der **Begründung von Versorgungsleistungen** gemäß § 10 Abs. 1 Nr. 1a EStG besteht, die ertragsteuerlich gesehen aus dem Betriebsvermögen zu erwirtschaften sind,[262] ist noch ungeklärt.[263] Um eine Kürzung des Abzugsbetrag zu vermeiden, kann deshalb bei der Übertragung von Betriebsvermögen die vermächtnisweise Einräumung von Versorgungsleistungen erbschaftsteuerlich günstiger sein als ein Nießbrauchvermächtnis.

VI. Besonderheiten beim Ehegattentestament

1. Die ehelichen Güterstände im Erbschaftsteuerrecht

177 Die Wahl des Güterstandes hat eine entscheidende Bedeutung für die Erbschaftsbesteuerung von Ehegatten und Partnern einer eingetragenen Lebenspartnerschaft.[264] Im Mittelpunkt steht hier die Vorschrift des § 5 ErbStG, die den bei Beendigung des Güterstandes entstehenden Zugewinnausgleichsanspruch des einen Ehegatten gegen seinen Partner von der Erbschaftsteuer freistellt. Die Nutzung dieses Steuervorteils setzt allerdings voraus, dass die Ehegatten im gesetzlichen Güterstand der **Zugewinngemeinschaft** leben.[265]

178 Eheleuten, die im Güterstand der **Gütertrennung** leben, steht der persönliche Freibetrag nach § 5 ErbStG nicht zu. Diese sollten daher überlegen, in die Zugewinngemeinschaft zu wechseln. Auch **Partner einer nichtehelichen Lebensgemeinschaft** können die Freibetragsregelung des § 5 ErbStG bei Auflösung der Gemeinschaft durch den Tod eines von ihnen nicht nutzen.[266] Hat der Überlebende beim Tod des Partners einen Ausgleichsanspruch – gleich aus welchem Rechtsgrund –, können die Erben des verstorbenen Lebensgefährten die geschuldeten Zahlungen als Nachlassverbindlichkeiten gemäß § 10 Abs. 5 Nr. 1 ErbStG geltend machen.[267]

a) Erbrechtlicher Zugewinnausgleich nach § 5 Abs. 1 ErbStG

179 Nach § 5 Abs. 1 S. 1 ErbStG bleibt in dem Fall, dass der überlebende Ehegatte Vermögen des verstorbenen Ehegatten als Erbe oder Vermächtnisnehmer erwirbt (erbrechtliche Regelung gemäß § 1371 Abs. 1 BGB), der Betrag, den der überlebende Ehegatte bei der güterrechtlichen Lösung nach § 1371 Abs. 2 BGB als Ausgleichsforderung geltend machen könnte, steuerfrei. Erforderlich dazu ist – anders als bei der pauschalierten Berücksichtigung des Zugewinnausgleichs durch Erbteilserhöhung gemäß § 1371 Abs. 1 BGB – ein Vergleich des Anfangsvermögens zu Beginn des Güterstandes mit dem Endvermögen im Todeszeitpunkt. Um den unechten Wertzuwachs infolge der allgemeinen Geldentwertung aus der Berechnung der fiktiven Ausgleichsforderung auszuscheiden, wird das Anfangsvermögen beider Ehegatten mit dem Verbraucherpreisindex zur Zeit der Beendi-

---

260 Vgl. dazu R E 25 Abs. 5 ErbStR 2011; Fischer/Jüptner/Wachter/Pahlke/*Horn*, § 12 Rn. 145.
261 Vgl. BFH, Urt. v. 6.7.2005 – II R 34/03, ZEV 2005, 496.
262 S. hierzu Schmidt/*Heinicke*, § 10 Rn. 61.
263 Näher dazu *Wälzholz*, ZEV 2009, 435, 436 und 438.
264 Näher dazu *Gluth*, ErbStB 2006, 319.
265 Ausf. zur Gestaltung von Eheverträgen unter steuerlichen Gesichtspunkten *Jülicher*, ZEV 2006, 338.
266 Eingehend zur Besteuerung von Zuwendungen an den Lebensgefährten *von Proff zu Irnich*, RNotZ 2008, 462, 463 ff.
267 Vgl. dazu FG Münster, Urt. v. 29.5.2008 – 3 K 1354/06 Erb, ErbBstg 2009, 32.

gung des Güterstandes multipliziert und durch die für den Zeitpunkt des Beginns des Güterstandes maßgebliche Indexzahl dividiert.[268]

Die **Berechnung der fiktiven Ausgleichsforderung** erfolgt grundsätzlich nach Maßgabe der §§ 1373–1383 und 1390 BGB. Davon abweichende güterrechtliche Regelungen, wie der Ausschluss bestimmter Vermögenswerte vom Zugewinnausgleich oder die Festlegung anderer Bewertungsmaßstäbe, bleiben erbschaftsteuerlich unbeachtlich (§ 5 Abs. 1 S. 2 ErbStG). Gleiches gilt für eine beim **Übergang vom Güterstand der Gütertrennung zur Zugewinngemeinschaft** getroffene Vereinbarung, den seit Beginn der Eheschließung erzielten Vermögenszuwachs dem Zugewinnausgleich zu unterwerfen (sog. rückwirkend vereinbarte Zugewinngemeinschaft).[269] Auch die Vermutung des § 1377 Abs. 3 BGB, wonach bei fehlendem Verzeichnis des Anfangsvermögens das Endvermögen eines Ehegatten seinen ausgleichspflichtigen Zugewinn darstellt, findet im Rahmen der erbrechtlichen Regelung keine Anwendung (§ 5 Abs. 1 S. 3 ErbStG). Stattdessen kommt es stets auf den konkreten Zugewinn an, den die Ehegatten während der Dauer der Zugewinngemeinschaft tatsächlich erzielt haben.[270] Dies gilt auch dann, wenn bei der Berechnung des Zugewinns (Produktiv-)Vermögen berücksichtigt wurde, dessen Erwerb partiell von der Erbschaftsteuer befreit ist.[271]

180

Die **Bewertung der Anfangs- und Endvermögen** der Ehegatten erfolgt zu Verkehrswerten. Gemäß § 5 Abs. 1 S. 5 ErbStG ist jedoch ein geringerer Steuerfreibetrag anzusetzen, soweit die Steuerwerte nach den typisierten Bewertungsverfahren im BewG unterhalb der Verkehrswerte liegen. Nach dieser Vorschrift wird die fiktive Ausgleichsforderung des ausgleichsberechtigten Ehegatten nur in dem Umfang steuerfrei gestellt, der dem Verhältnis von Steuerwert und Verkehrswert des dem Erblasser zuzurechnenden Endvermögens entspricht.[272]

181

b) Güterrechtlicher Zugewinnausgleich nach § 5 Abs. 2 ErbStG

§ 5 Abs. 2 ErbStG stellt klar, dass der gesetzliche Ausgleichsanspruch nach § 1371 Abs. 2 BGB, der bei Durchführung des güterrechtlichen Zugewinnausgleichs entsteht, steuerfrei bleibt. Der Zugewinn ist beim Tod eines Ehegatten nach der güterrechtlichen Regelung des § 1371 Abs. 2 BGB auszugleichen, wenn der überlebende Ehegatte nicht Erbe oder Vermächtnisnehmer wird.[273] Anders als nach § 5 Abs. 1 S. 5 ErbStG findet eine Begrenzung der Steuerfreistellung des Erwerbs auf den Steuerwert des Endvermögens nicht statt. Überdies werden **ehevertragliche Modifikationen** des Zugewinnausgleichs bei der Berechnung der tatsächlichen Ausgleichsforderung nach § 5 Abs. 2 ErbStG beachtet. Die Ehegatten haben somit die Möglichkeit, durch güterrechtliche Abreden einem Ehegatten für den Fall der Beendigung der Zugewinngemeinschaft eine höhere Ausgleichsforderung zu verschaffen, als nach dem gesetzlichen Modell vorgesehen.[274] Dazu zählt auch die **rückwirkende Vereinbarung der Zugewinngemeinschaft** im Rahmen eines Güterstandwechsels. Darin liegt nach der Rechtsprechung weder eine steuerpflichtige Schenkung auf den Todesfall noch eine aufschie-

182

---

268 Vgl. hierzu R E 5.1 Abs. 2 S. 5 und 6 sowie H E 5.1 Abs. 2 ErbStH 2011 mit Berechnungsbeispielen sowie BMF, Schreiben vom 6.3.2008 – IV C 2 – S. 3804/08/10001, BStBl. I 2008, S. 499.
269 Vgl. § 5 Abs. 1 S. 4 ErbStG.
270 Moench/Weinmann/*Weinmann*, § 5 Rn. 41.
271 S. R E 5 Abs. 5 S. 3 ErbStR 2011, bestätigt durch BFH NJW 1994, 150.
272 Kritisch dazu *Meincke*, § 5 Rn. 32.
273 § 5 Abs. 2 ErbStG erfasst darüber hinaus alle Fälle, in denen der Güterstand der Zugewinngemeinschaft in anderer Weise als durch den Tod eines Ehegatten beendet wird, etwa durch Scheidung oder Wechsel in einen anderen Güterstand.
274 Die steuerlichen Grenzen der Gestaltungsfreiheit sind nach Meinung des BFH DB 1989, 1954, allerdings überschritten, wenn einem Ehegatten »eine überhöhte Ausgleichsforderung verschafft wird, näher dazu Troll/Gebel/Jülicher/*Gebel*, § 5 Rn. 60; Moench/Weinmann/*Weinmann*, § 5 Rn. 63 f.

bend bedingte Schenkung i. S. d. § 7 Abs. 1 Nr. 1 ErbStG.[275] Die Finanzverwaltung hat ihren gegenteiligen Standpunkt inzwischen aufgegeben.[276]

c) Fortgesetzte Gütergemeinschaft (§ 4 ErbStG)

183 Haben Ehegatten (oder Partner einer eingetragenen Lebensgemeinschaft) vereinbart, dass die Gütergemeinschaft beim Tod eines Ehegatten mit den gemeinschaftlichen Abkömmlingen fortgesetzt werden soll, erwerben die Abkömmlinge beim Tod des Ehegatten dessen Anteil am Gesamtgut kraft Güterrechts.[277] Nach § 4 Abs. 1 ErbStG ist der Anteil für Besteuerungszwecke dagegen so zu behandeln, als hätten ihn die anteilsberechtigten Abkömmlinge von Todes wegen erworben. In gleicher Weise rechnet § 4 Abs. 2 ErbStG den Anteil eines verstorbenen Abkömmlings am Gesamtgut zu dessen Nachlass. Daraus folgt, dass der Erwerb des Anteils vom erstversterbenden Ehegatten bzw. von einem Abkömmling als Erwerb durch Erbanfall gemäß § 3 Abs. 1 Nr. 1 ErbStG zu versteuern ist.

2. Berliner Testament

184 Ein Berliner Testament kann bei einem größeren Vermögen der Ehegatten erhebliche erbschaftsteuerliche Nachteile mit sich bringen. Bei der **Trennungslösung** (Einsetzung des jeweils anderen Ehegatten als Vorerbe und Berufung der gemeinschaftlichen Kinder [oder eines Dritten] als Nacherbe und zugleich für den Fall des eigenen Überlebens als Ersatzerbe) führt die Anordnung der Vor- und Nacherbschaft zu einer doppelten Besteuerung des Nacherbschaftsvermögens. Auch bei der **Einheitslösung** (Einsetzung des überlebenden Ehegatten als Vollerbe und der gemeinschaftlichen Kinder als Schlusserben) wird das Vermögen des Erstversterbenden im Ergebnis zweimal der Erbschaftsteuer unterworfen. Dabei gehen nicht nur die persönlichen Steuerfreibeträge nach einem Elternteil verloren. Unter Umständen kann es im Schlusserbfall, wenn das kumulierte Nachlassvermögen beider Ehegatten auf die Kinder übergeht, zu einer Besteuerung des Erwerbs auf Basis eines höheren Steuertarifs kommen.[278]

185 Soweit ein Ehegatte auf das Vermögen seines Partners nicht angewiesen ist, sollte dieses deshalb schon beim Tod des Erstversterbenden an die Kinder fallen. Die Versorgung des längstlebenden Ehegatten kann ggf. durch **Zuwendung eines Vermächtnisnießbrauchs** an bestimmten Nachlassgegenständen oder am Nachlass insgesamt sichergestellt werden. Soll dagegen an der Erbfolge des Berliner Testaments festgehalten werden, kann zumindest ein Verlust der Kinderfreibeträge beim ersten Todesfall verhindert werden, indem die Eltern den Überlebenden von ihnen mit Vermächtnissen zu Gunsten der Kinder in Höhe der Freiträge beschweren.

a) Steuerklassenwahlrecht (§ 15 Abs. 3 ErbStG)

186 § 15 Abs. 3 ErbStG räumt dem Schlusserben, der mit dem zuerst verstorbenen Ehegatten (Lebenspartner i. S. d. LPartG) näher verwandt ist, im Rahmen der Bindungswirkung der getroffenen Verfügungen ein Steuerklassenwahlrecht ein. Soweit beim Tod des länger lebenden Ehegatten noch Vermögen des Erstverstorbenen vorhanden ist, wird auf Antrag des Schlusserben für die Versteuerung seines Erwerbs sein persönliches Verhältnis zum Erstverstorbenen zugrunde gelegt. Der Schlusserbe wird insoweit wie ein Nacherbe besteuert; § 6 Abs. 2 S. 3 bis 5 ErbStG findet entsprechende Anwendung.[279] Der Nachlass des längstlebenden Ehegatten ist zu diesem Zweck in **zwei getrennte Vermögensanfälle** aufzuteilen. Das vom erstverstorbenen Ehegatten stammende Vermögen ist hierbei

---

275 FG Düsseldorf, Urt. v. 14.6.2006 – 4 K 7107/02 Erb, ZErb 2007, 24, unter Berufung auf BFH, Urt. v. 12.7.2005 – II R 29/02, ZEV 2005, 490, zur sog. Güterstandschaukel; vgl. dazu auch BFH, Urt. v. 18.1.2006 – II R 64/04, ZEV 2006, 224.
276 Vgl. BayLfStg, Vfg. vom 5.10.2006 – S. 3804–4 St 35 N, DStR 2007, 26; H E 5.2 ErbStH 2011.
277 Vgl. § 1483 Abs. 1 BGB.
278 Diese doppelte Erbschaftsteuerbelastung des Vermögenserwerbs reduziert sich nach § 27 ErbStG nur bei einem Versterben der Eltern innerhalb von zehn Jahren.
279 Näher hierzu Rdn. 168.

vorrangig und ohne weitere Quotelung den mit ihm näher verwandten Schlusserben zuzurechnen.[280] Das Steuerklassenwahlrecht des § 15 Abs. 3 ErbStG kommt beispielsweise dann zum Tragen, wenn in einem Berliner Testament oder einem Erbvertrag[281]
– Geschwister, Neffen oder Nichten eines Ehegatten (StKl. II bzw. StKl. III),
– Eltern oder Voreltern eines Ehegatten/Lebenspartners (StKl. I Nr. 4 bzw. StKl. II Nr. 5) oder
– »Stiefkinder« eines Lebenspartners (StKl. I Nr. 2 bzw. StKl. III)
als Schlusserben eingesetzt wurden.

▶ Praxistipp 187

Die Vergünstigung des § 15 Abs. 3 ErbStG entfällt, wenn der längstlebende Ehegatte von einem ihm eingeräumten Änderungsvorbehalt Gebrauch macht, indem er beispielsweise einem der Schlusserben ein Vorausvermächtnis zuwendet.[282]

b) Ausschlagung als erbschaftsteuerliches Korrekturmittel

Die mit dem Berliner Testament verbundenen Nachteile lassen sich dadurch vermeiden, dass der 188 überlebende Ehegatte, der mit dem Verstorbenen im Güterstand der Zugewinngemeinschaft gelebt hat, die Erbschaft zu Gunsten der nachrückenden Kinder ausschlägt und die güterrechtliche Lösung wählt.[283] Neben der (steuerfreien) Ausgleichsforderung steht dem überlebenden Ehegatte dann außerdem noch ein Pflichtteilsanspruch nach § 2303 Abs. 1 BGB zu, der sich nach dem nicht um ein Viertel erhöhten gesetzlichen Erbteil bemisst (sog. kleiner Pflichtteil).

VII. (Form-)Unwirksame Verfügungen von Todes wegen

Nach ständiger Rechtsprechung des BFH ist gemäß § 41 Abs. 1 AO auch eine unwirksame Verfügung von Todes wegen der Besteuerung zugrunde zu legen, soweit diese von den Beteiligten beachtet und **tatsächlich ausgeführt** worden ist.[284] Dabei spielt es keine Rolle, ob die Unwirksamkeit auf einen Formmangel oder den Verstoß gegen eine frühere, den Erblasser gemäß §§ 2271, 2289 Abs. 1 S. 2 BGB bindende Verfügung zurückzuführen ist. Voraussetzung ist aber immer, dass der Erblasser eine **ernstliche, von einem Testierwillen getragene Anordnung** getroffen hat. Inhalt der unwirksamen Verfügung kann jede erbschaftsteuerrelevante Anordnung sein.[285] Zu einem steuerpflichtigen Erwerb kann auch die zivilrechtlich unwirksame Aussetzung eines Vermächtnisses führen, sofern der Beschwerte den betreffenden Gegenstand tatsächlich auf den Vermächtnisnehmer überträgt. 189

Die letztwillige Anordnung des Erblassers kann auch aus einer mündlichen Erklärung oder einem 190 mündlichen Widerruf einer wirksamen Verfügung von Todes wegen bestehen.[286] Hat der Erblasser jedoch infolge eines Rechtsirrtums eine ausdrückliche Willenserklärung unterlassen, die als Äußerung eines Testierwillens gedeutet werden kann, fehlt es einer mündlichen Verfügung von Todes wegen.[287] Den **Nachweis** für das Vorliegen einer mündlichen Erbeinsetzung hat der Steuerpflichtige zu erbringen. In einem erbrechtlichen Auslegungs-, Erbauseinandersetzungs- oder Vermächtniserfüllungsvertrags, der der Anerkennung und Erfüllung einer unwirksamen Verfügung von Todes wegen dient, sollten deshalb die genauen Umstände festgehalten werden, in denen sich der Erblasserwille

---

280 BFH, Urt. v. 27.8.2008 – II R 23/06, DStR 2008, 2472; BFH, Urt. v. 9.7.2009 – II R 42/07, BFH/NV 2009, 1994.
281 Vgl. dazu BFH, Urt. v. 27.8.2008 – II R 23/06, DStR 2008, 2472.
282 BFH, Urt. v. 16.6.1999 – II R 57/96, ZEV 2000, 35.
283 S. hierzu Rdn. 182 und 278.
284 BFH, Urt. v. 28.3.2007 – II R 25/05, ZEV 2007, 343; BFH, Urt. v. 15.3.2000 – II R 15/98, ZEV 2000, 336; vgl. dazu auch Troll/Gebel/Jülicher/*Gebel*, § 3 Rn. 57 ff.
285 *Berresheim*, RNotZ 2007, 501, 530.
286 BFH DStR 1974, 288.
287 BFH, Beschl. v. 9.11.2005 – II B 163/04, BFH/NV 2006, 554.

manifestiert hat.[288] Misslingt nämlich der Nachweis eines ernstlichen Testierwillens, droht eine doppelte Besteuerung des gesamten Vorgangs als Erwerb des erbrechtlich berufenen Erben durch Erbanfall nebst nachfolgender Schenkung von diesem an den unwirksam berufenen Erben.

191 ▶ **Praxistipp**

Um eine steuerneutrale Rückabwicklung der Zuwendung an den »Zweiterwerber« zu ermöglichen, sollte sich der Erbe für diesen Fall ein Rückforderungsrecht bezüglich seiner Erfüllungsleistung vorbehalten.

▶ **Muster: Rücktrittsrecht des Veräußerers in einem Erbteilsübertragungsvertrag**

Der Veräußerer ist zum Rücktritt von diesem Vertrag berechtigt, wenn das Finanzamt die Erbteilsübertragung an den Erwerber nicht als erbschaftsteuerrechtlich beachtliche Erfüllung der letztwilligen Anordnung des Erblassers durch die Beteiligten ansieht und deshalb ... gegen den Veräußerer für dessen Erwerb vom Erblasser Erbschaftsteuer festsetzt (oder: ... gegen den Erwerber für dessen Erwerb vom Veräußerer Schenkungsteuer festsetzt).

C. Steuerorientiertes Unternehmertestament

192 Das ErbStRG 2009 hat ein **neues Begünstigungssystem für »produktives« Vermögen** eingeführt.[289] Die in §§ 13a und 13b ErbStG normierten Verschonungsregelungen und die für Erwerber der StKl. II und III vorgesehene Tarifbegrenzung nach § 19a ErbStG gelten gleichermaßen bei Erwerben von Todes wegen und bei Schenkungen unter Lebenden. Der »gleitende« Abzugsbetrag von bis zu 150 000 € (§ 13a Abs. 2 ErbStG) und der gewährte Verschonungsabschlag von 85 % im »**Grundmodell**« (§ 13b Abs. 4 ErbStG) sind auf den ersten Blick großzügiger bemessen als die Vergünstigungen nach altem Recht (Freibetrag von 225 000 € und Bewertungsabschlag von 35 %). Unter den restriktiven Voraussetzungen des § 13a Abs. 8 ErbStG kann der Unternehmensnachfolger sogar zu einer völligen Freistellung von der Erbschaft- und Schenkungsteuer **optieren**.

193 Die Steuerbefreiungen gelten aber nicht für Unternehmen, deren Vermögen zu mehr als 50 % aus sog. **Verwaltungsvermögen** besteht (§ 13b Abs. 2 ErbStG). Überdies ist die Gewährung der Verschonungen für den Unternehmensnachfolger mit langjährigen nachlaufenden Verpflichtungen (Lohnsummenklausel, Fortführungsbedingungen bzw. Haltefristen, Verbot von Überentnahmen) verbunden. Da eine etwaige Nachsteuer auf Basis des Verkehrswerts des Unternehmens berechnet wird, können die drohenden Steuerlasten im Falle eines Verstoßes gegen eine der in § 13a Abs. 5 S. 1 ErbStG normierten Verhaltenspflichten schnell existenzbedrohliche Ausmaße annehmen.[290]

I. Grundzüge der Unternehmensbewertung

194 Für die Bewertung von Unternehmensvermögen verweist das ErbStG auf die Vorschriften des BewG.[291] Die dort verankerten Regelungen zur Unternehmensbewertung sind durch zwei grundlegende Prinzipien gekennzeichnet. Zum einen soll – entsprechend den Vorgaben des BVerfG – die unterschiedliche Rechtsform eines Unternehmens auf dessen Bewertung bei wirtschaftlich gleichen Sachverhalten keinen Einfluss haben (**Rechtsformneutralität**). Nach der zentralen Bestimmung des § 11 Abs. 2 BewG sind die Anteile an Kapitalgesellschaften mit dem gemeinen Wert anzusetzen. Diese Norm wird in § 109 BewG für die Bewertung von Gewerbebetrieben, des Betriebsvermögens von freiberuflich Tätigen und von Anteilen am Betriebsvermögen der in § 97

---

288 Zum Abschluss eines Erbvergleichs oder Auslegungsvertrags in diesem Zusammenhang *Theyson-Wadle* ZEV 2002, 221; *von Proff zu Irnich*, ZEV 2010, 348 ff.
289 Zur Verfassungswidrigkeit der Begünstigungen für Unternehmensvermögen vgl. Rdn. 5 f.
290 Vgl. hierzu die exemplarischen Berechnungen bei *Rödder*, DStR 2008, 997, 1001 f.; kritisch zur Konzeption des Gesetzgebers auch *Hübner*, Erbschaftsteuerreform 2009, S. 410 ff.
291 § 12 Abs. 2 ErbStG i. V. m. §§ 151 Abs. 1 S. 1 Nr. 3, 157 Abs. 4 BewG, § 12 Abs. 5 ErbStG i. V. m. §§ 151 Abs. 1 S. 1 Nr. 2, 157 Abs. 5 BewG; näher zur Gesetzessystematik *Neufang*, BB 2009, 2004 f.

BewG genannten Körperschaften, Personenvereinigungen und Vermögensmassen für entsprechend anwendbar erklärt. Zum anderen wurde durch das ErbStRG 2009 der Grundsatz der **Gesamtbewertung** eingeführt. Diesem Grundsatz zufolge ist bei der Ermittlung des gemeinen Werts des Unternehmensvermögens vorrangig auf die **Ertragskraft des Unternehmens** als lebender Organismus abzustellen. Eine Einzelbewertung der Wirtschaftsgüter eines Betriebs findet nur noch bei der Bestimmung des Substanz- bzw. Liquidationswertes für Zwecke der Mindestbewertung statt.[292]

1. Konkurrenz der Bewertungsmethoden

Aus den Vorschriften des BewG ergibt sich eine Hierarchie der Bewertungsmethoden, an die der Steuerpflichtige und die Finanzverwaltung grundsätzlich gebunden sind.[293] **Anteile an Aktiengesellschaften**, die an einer deutschen Börse zugelassen sind, sind mit dem für sie am Stichtag bzw. dem innerhalb von 30 Tagen vorher notierten **Kurswert** anzusetzen (§ 11 Abs. 1 BewG).[294] Der gemeine Wert aller übrigen, nicht börsennotierten Unternehmen ist vorrangig aus **Anteilsverkäufen unter fremden Dritten** abzuleiten, die weniger als ein Jahr zurückliegen müssen. Keine fremden Dritten in diesen Sinne sind nach verbreiteter Literaturansicht[295] (Mit-)Gesellschafter, so dass Verkäufe zwischen ihnen zumindest dann als Wertmaßstab ausscheiden, wenn die Marktangemessenheit nicht anderweitig dokumentiert werden kann. 195

Kann der gemeine Wert des Unternehmens nicht aus Börsenkursen oder stichtagsnahen Verkäufen abgeleitet werden, muss er unter Berücksichtigung der Ertragsaussichten des Unternehmens oder anhand einer anderen anerkannten, auch im gewöhnlichen Geschäftsverkehr für nicht steuerliche Zwecke üblichen Methode **geschätzt** werden. Ist neben der **Ertragswertmethode** auch eine andere Methode marktüblich,[296] ist diejenige Methode anzuwenden, die ein gedachter Erwerber der Kaufpreisbemessung zugrunde legen würde (§ 11 Abs. 2 S. 2 BewG). Ist nur eine andere Methode (z. B. ein **Multiplikator- oder Umsatzverfahren**) marktüblich, ist deren Anwendung zwingend.[297] Die **Wertuntergrenze** bildet in Ermangelung eines Börsenkurses und Kaufpreises der **Substanzwert** (bzw. – als dessen besondere Ausprägung – der Liquidationswert des Unternehmens). Dieser Wert darf bei der Ermittlung des Unternehmenswertes nach der Ertragswertmethode oder einer anderen üblichen Methode nicht unterschritten werden (§ 11 Abs. 2 S. 3 BewG).[298] Diese Grundsätze gelten in gleicher Weise für die Bewertung ausländischer Unternehmen.[299] 196

2. Wahlrecht des Steuerpflichtigen

Ist das Unternehmen nach dieser Methodenhierarchie auf Basis eines ertragswertorientierten Verfahrens zu bewerten, hat der Steuerpflichtige die Wahl zwischen der **individuellen Ertragswertmethode** (gemäß den Bewertungsstandards des IDW)[300] und dem in §§ 200 ff. BewG geregelten **vereinfach-** 197

---

292 *Piltz*, DStR 2008, 745, 746.
293 Vgl. *Hannes/Onderka*, ZEV 2009, 421, 422; *Piltz*, DStR 2009, 1829 f.
294 Zur Wertableitung aus dem Börsenkurs bei nur teilweise notierten Stamm- und Vorzugsaktien vgl. Daragan/Halaczinsky/Riedel/*Riedel*, § 11 BewG Rn. 20 m. w. N.
295 So *Schiffers*, DStZ 2009, 548; *Welling/Wünnemann*, FR Beilage 11/2009, S. 5; differenzierend dagegen *Piltz*, DStR 2009, 1829, 1831.
296 Nach R B 11.2 Abs. 2 S. 3 ErbStR 2011 kann sich dies insbesondere aus branchenüblichen Verlautbarungen, etwa aus Veröffentlichungen der Kammern, ergeben.
297 Vgl. dazu R B 199.1 Abs. 1 S. 2 ErbStR 2011; *Piltz*, DStR 2009, 1829, 1830.
298 Zu den einzelnen Schritten der Bestimmung des Substanzwertes als die Summe der Einzelverkaufspreise aller Vermögensgegenstände abzüglich aller Schulden vgl. R B 11.4 ErbStR 2011; *Piltz*, DStR 2009, 1829, 1831 f.; *Neufang*, BB 2009, 2004, 2013.
299 Abschn. 19 Abs. 2, Abschn. 24 Bew-Erlass.
300 Vgl. IDW 1 (i. d. F. 2008), FN-IDW 2008, 271 ff.; vgl. auch die Darstellung bei Daragan/Halaczinsky/Riedel/*Riedel*, Anhang zu § 11 BewG Rn. 93 ff.

ten Ertragswertverfahren.[301] Mit ihm soll nach den Vorstellungen des Gesetzgebers eine aufwändige Unternehmensbewertung vermieden werden. Seine Anwendung ist nur dann ausgeschlossen, wenn der so ermittelte Unternehmenswert zu einem »offensichtlich unzutreffenden Ergebnis« führt (§ 199 Abs. 1 und 2 BewG).[302] Nach einer Auffassung in der Literatur soll eine Abweichung von bis zu 50 % des im vereinfachten Ertragswertverfahren ermittelten Unternehmenswertes vom tatsächlichen Verkehrswert noch nicht als offensichtlich unzutreffend angesehen werden.[303]

3. Vereinfachtes Ertragswertverfahren

198 Zur Ermittlung des Ertragswerts im vereinfachten Ertragswertverfahren ist der zukünftig nachhaltig erzielbare Jahresertrag mit einem Kapitalisierungsfaktor zu multiplizieren (§ 200 Abs. 1 BewG). Der zukünftig nachhaltig erzielbare **Jahresertrag** ist regelmäßig aus den Betriebsergebnissen der letzten drei Jahre der vor dem Besteuerungszeitpunkt (Erbfall) abgelaufenen Wirtschaftsjahre herzuleiten (§ 201 Abs. 2 BewG).[304] Von den Vergangenheitswerten kann abgewichen werden, wenn sich die Berechnungsgrößen durch »bekannte objektive Umstände«, beispielsweise den Tod des Unternehmers, dauerhaft verändert haben.[305] Dies dürfte vor allem bei mittelständischen Betrieben häufig einen Bewertungsabschlag rechtfertigen.

199 Der mit dem zukünftig nachhaltig erzielbaren Jahresertrag zu multiplizierende **Kapitalisierungsfaktor** ergibt sich aus dem Kehrwert des Kapitalisierungszinssatzes. Dieser setzt sich aus dem variablen Basiszinssatz und einem **gesetzlich festgeschriebenen Risikozuschlag von 4,5 %** zusammen (§ 203 Abs. 1 BewG). Je geringer der vom BMF stichtagsbezogen ermittelte Basiszinssatz ist, desto höher fallen der Kapitalisierungsfaktor und damit der Ertragswert des Unternehmens aus.[306] Der Ansatz des pauschalen Risikozuschlags und die vergangenheitsorientierte Berechnung des zukünftig erzielbaren Jahresertrags führen gerade bei kleinen und mittleren Unternehmen, aber auch bei fallenden Zinsen vielfach zu **Überbewertungen**.[307] Als Ausweg bleibt in diesen Fällen nur, auf das an den individuellen Verhältnissen des konkreten Unternehmens ausgerichtete »normale« Ertragswertverfahren auszuweichen. Denn bei diesem findet der pauschale Risikozuschlag keine Anwendung. Den Steuerpflichtigen treffen jedoch die Kosten für das **Wertgutachten**.

200 Dem Ertragswert des Unternehmens hinzuzurechnen ist im Rahmen des vereinfachten Ertragswertverfahrens der **gemeine Wert des nicht betriebsnotwendigen Vermögens**. Darunter fallen die Wirtschaftsgüter und die mit ihnen in wirtschaftlichem Zusammenhang stehenden Schulden, die aus dem Unternehmen herausgelöst werden können, ohne die eigentliche Unternehmenstätigkeit zu beeinträchtigen (§ 200 Abs. 2 BewG). Separat anzusetzen sind ferner Beteiligungen, die das zu bewertende Unternehmen in seinem betriebsnotwendigen Vermögen hält (§ 200 Abs. 3 BewG).[308] Gesondert mit ihrem gemeinen Wert zu berücksichtigen sind auch alle sonstigen betriebsnotwendigen Wirtschaftsgüter, die innerhalb von zwei Jahren vor dem Bewertungsstichtag eingelegt wurden

---

301 Zum Wahlrecht des Steuerpflichtigen vgl. R B 199.1 Abs. 4 ErbStR 2011; *Crezelius*, ZEV 2009, 1, 6; *Hannes/Onderka*, ZEV 2009, 421, 423.
302 Nach R B 199.1 Abs. 6 ErbStR 2011 soll dies bei »komplexen Strukturen von verbundenen Unternehmen«, bei neu gegründeten Unternehmen und bei einem Branchenwechsel eines Unternehmens regelmäßig der Fall sein.
303 *Hannes/Onderka*, ZEV 2009, 421, 422; Daragan/Halaczinsky/Riedel/*Riedel*, § 199 BewG Rn. 12.
304 Zur Ermittlung des Betriebsergebnisses im Regelverfahren vgl. *Neufang*, BB 2009, 2004, 2007 ff.
305 R B 201 Abs. 5 ErbStR 2011.
306 Der Basiszinssatz zum 2.1.2015 beläuft sich auf 0,99 %, vgl. BMF, Schreiben v. 2.1.2015, IV D 4 – S 3102/07/10001, BStBl. I 2015, S. 6. Als Kehrwert aus dem Basiszinssatz und dem fixen Risikozuschlag von 4,5 % ergibt sich somit derzeit ein Kapitalisierungsfaktor von 18,21.
307 Hat das zu bewertende Unternehmen beispielsweise im Durchschnitt der vergangenen drei Jahre einen Jahresertrag von 1,0 Mio. € erwirtschaftet, wird ihm nach Multiplikation mit dem momentan geltenden Kapitalisierungsfaktor von 11,79 im vereinfachten Ertragswertverfahren ein Unternehmenswert von 11,79 Mio. € zugeschrieben.
308 Näher dazu R B 202 Abs. 3 ErbStR 2011; *Neufang*, BB 2009, 2004, 2011 f.

(»junge« **Wirtschaftsgüter**), und mit diesen wirtschaftlich zusammenhängende Schulden (§ 200 Abs. 4 BewG).[309]

Bei der Bewertung der Beteiligung an einer **gewerblichen Personengesellschaft** ist nur auf die Erträge des Gesamthandsvermögens abzustellen (§ 202 Abs. 1 S. 1 Hs. 2 BewG). Der Wert des Gesamthandsvermögens ist sodann nach den Kapitalkonten und dem im Gesellschaftsvertrag vereinbarten **Gewinnverteilungsschlüssel** auf die Gesellschafter aufzuteilen (§ 97 Abs. 1a Nr. 1 BewG). Sonderbetriebsvermögen eines Gesellschafters wird diesem zusätzlich mit dem gemeinen, qua Einzelbewertung zu erfassenden Wert hinzugerechnet (§ 97 Abs. 1a Nr. 2 BewG). 201

4. Paketzuschläge, besondere Anteilsausstattung

Nach § 11 Abs. 3 BewG ist bei der Bewertung von Kapitalgesellschaftsanteilen werterhöhend zu berücksichtigen, wenn der Umfang der quotalen Beteiligung am Nennkapital dem Gesellschafter eine Beherrschungsmöglichkeit verschafft. Die Regelung trägt dem Umstand Rechnung, dass ein Käufer für den Erwerb einer Beteiligung (z. B. eines 51 %-Anteils), die ihm eine erhöhte Einflussnahme auf die Unternehmensführung ermöglicht, erfahrungsgemäß zur Zahlung eines höheren Kaufpreises bereit sein wird, als es der Summe der gemeinen Werte der einzelnen Anteile entspricht. Ein solcher »Paketzuschlag« (bis zu 25 %) ist nach Auffassung der Finanzverwaltung grundsätzlich schon dann gerechtfertigt, wenn **mehr als 25 % der Anteile** des verstorbenen Gesellschafters auf einen oder mehrere Erben übergehen.[310] Demgegenüber soll der Ansatz eines Paketzuschlags bei Schenkungen unter Lebenden nur dann erfolgen, wenn der von dem einzelnen Beschenkten erworbene Anteil die 25 %-Grenze überschreitet.[311] Einschränkend hat die Finanzverwaltung jedoch festgelegt, dass bei der Wertermittlung im vereinfachten Ertragswertverfahren regelmäßig kein Paketzuschlag vorzunehmen ist.[312] Ob und inwieweit daneben auch eine besondere Ausstattung von Anteilen (**disquotale Gewinnbezugsrechte, Mehrstimmrechte** etc.), im Gesellschaftsvertrag verankerte **Verfügungsbeschränkungen** und spezielle **Abfindungsklauseln** die Bewertung einer Beteiligung beeinflussen, ist unter Geltung des neuen Rechts noch weitgehend ungeklärt.[313] 202

II. Begünstigungen für Produktivvermögen

Ob bzw. inwieweit erworbenes Vermögen erbschaftsteuerrechtlich begünstigt ist, ist nach der Systematik des § 13b ErbStG in drei Schritten zu ermitteln: 203
(1) Zunächst ist zu prüfen, ob überhaupt begünstigungsfähiges Vermögen vorliegt.
(2) Sodann ist zu prüfen, ob das grundsätzlich begünstigungsfähige Vermögen im Zeitpunkt des Erbfalls (der Schenkung) nicht zu mehr als 50 % aus sog. Verwaltungsvermögen besteht (Verwaltungsvermögenstest).
(3) Falls dieser Test positiv ausfällt, sind im letzten Schritt diejenigen Gegenstände des Verwaltungsvermögens aus dem gemeinen Wert des Unternehmensvermögens auszuscheiden, die dem Unternehmen erst weniger als zwei Jahre zuzurechnen sind (sog. »junges« Verwaltungsvermögen).

1. Das begünstigungsfähige Vermögen (§ 13b Abs. 1 ErbStG)

Begünstigungsfähig sind nach § 13b Abs. 1 ErbStG land- und forstwirtschaftliches Vermögen, Betriebsvermögen und Anteile an Kapitalgesellschaften. Jeder dieser drei Vermögensarten kann dabei in mehrere wirtschaftliche Einheiten (z. B. mehrere Gewerbebetriebe oder Anteile an verschiedenen 204

---

309 Zur Abgrenzung im Einzelnen vgl. Daragan/Halaczinsky/Riedel/*Riedel*, § 200 BewG Rn. 16 f.
310 Vgl. R B 11.6 Abs. 4 ErbStR 2011; zu Recht kritisch hierzu *Piltz*, DStR 2009, 1829, 1833.
311 R B 11.6 Abs. 6 ErbStR 2011.
312 R B 11.6 Abs. 2 S. 3 ErbStR 2011; vgl. dazu *Hannes/Onderka*, ZEV 2009, 421, 424.
313 Näher dazu *Piltz*, DStR 2009, 1829, 1833 f.

Kapitalgesellschaften) zerfallen. Beim Übergang mehrerer wirtschaftlicher Einheiten prüft das Finanzamt die Voraussetzungen für die Steuerbefreiung für jede Einheit gesondert.[314]

205 Die Steuervergünstigungen für Produktivvermögen können grundsätzlich nur gewährt werden, wenn das von Todes wegen (oder durch Schenkung unter Lebenden) erworbene Vermögen sowohl in der Hand des bisherigen als auch in der Hand des neuen Rechtsträgers die Voraussetzungen des jeweiligen Begünstigungstatbestandes erfüllt.[315] Zum Kreis der Begünstigungsgegenstände gehört in europarechtskonformer Ausdehnung des ErbStG auch entsprechendes Vermögen, das einer **Betriebsstätte in einem Mitgliedstaat der** EU oder des Europäischen Wirtschaftsraums dient, sowie Anteile an **Kapitalgesellschaften mit Sitz oder Geschäftsleitung im EU- oder EWR-Raum.**

a) Land- und forstwirtschaftliches Vermögen (§ 13b Abs. 1 Nr. 1 ErbStG)

206 Begünstigt sind land- und forstwirtschaftliches Vermögen i. S. d. § 168 Abs. 1 Nr. 1 BewG (Wirtschaftsteil) und selbst bewirtschaftete Grundstücke i. S. v. § 159 BewG, die im Zusammenhang mit dem Erwerb eines Betriebs der Land- und Forstwirtschaft oder einer Beteiligung an einer **land- und forstwirtschaftlich tätigen Personengesellschaft** übergehen.[316] Auf die ertragsteuerrechtliche Beurteilung der übertragenen Vermögensgegenstände kommt es nicht an. Ausgenommen von der Begünstigung sind land- und forstwirtschaftlich genutzte Flächen, die am Bewertungsstichtag für mindestens noch 15 Jahre verpachtet sind (sog. **Stückländereien** i. S. v. § 168 Abs. 2 i. V. m. § 160 Abs. 7 BewG). Gleiches gilt für Mietwohngrundstücke und erbbaurechtsbelastete Flächen. Aus der in § 13b Abs. 1 Nr. 1 ErbStG vorgesehenen Beschränkung der Begünstigung auf den Wirtschaftsteil ergibt sich ferner, dass die Verschonungen nicht für Betriebswohnungen nach § 168 Abs. 1 Nr. 1 BewG oder den Wohnteil eines land- und forstwirtschaftlichen Betriebs (einschließlich der Altenteilerwohnung) gewährt werden.

b) Betriebsvermögen (§ 13b Abs. 1 Nr. 2 ErbStG)

207 Die Übertragung von Betriebsvermögen ist dann begünstigt, wenn es im Zusammenhang mit dem Erwerb eines ganzen Gewerbebetriebs, eines Teilbetriebs oder einer **Beteiligung an einer Personengesellschaft** auf den Erwerber übergeht. Aus dem Verweis in § 13b Abs. 1 Nr. 2 ErbStG auf die §§ 95–97 BewG folgt, dass sich die Auslegung dieser Begriffe ausschließlich nach ertragsteuerlichen Maßstäben richtet. Grundstücke oder Grundstücksteile sind danach Teil des Betriebsvermögens, soweit sie bei der einkommensteuerlichen Gewinnermittlung – in Abhängigkeit vom konkreten Nutzungs- und Funktionszusammenhang – zum Betriebsvermögen rechnen. Begünstigungsfähig ist auch Vermögen, das der **Ausübung eines freien Berufs** i. S. d. § 18 Abs. 1 Nr. 1 EStG dient (§ 13b Abs. 1 Nr. 2 ErbStG i. V. m. § 97 BewG).

aa) Anteile an Personengesellschaften

208 Unter den Begriff des begünstigten Betriebsvermögens gemäß § 13b Abs. 1 Nr. 2 ErbStG fallen sowohl (Teil-)Anteile an gewerblich bzw. freiberuflich tätigen Personengesellschaften als auch solche an **gewerblich geprägten Personengesellschaften**. Eine ausschließlich vermögensverwaltend tätige Personengesellschaft gilt nach § 15 Abs. 3 Nr. 2 EStG als gewerblich geprägt, wenn an ihr nur eine oder mehrere Kapitalgesellschaften als persönlich haftende Gesellschafter beteiligt und nur diese zur Geschäftsführung berechtigt sind. Nach der Rechtsprechung des BFH setzt die Annahme einer gewerblichen Prägung allerdings voraus, dass sowohl die Komplementär-GmbH als auch die KG zum Zeitpunkt der Entstehung der Erbschaftsteuerpflicht in das Handelsregister eingetragen sind.[317]

---

314 Vgl. R E 13b.3 ErbStR 2011.
315 Vgl. dazu BFH, Urt. v. 14.2.2007 – II R 69/05, ZEV 2007, 292; R E 13b.5 Abs. 1 S. 1 ErbStR 2011.
316 Näher hierzu R E 13b.4 ErbStR 2011.
317 BFH, Urt. v. 4.2.2009 – II R 41/07, ZEV 2009, 356, mit kritischer Anm. *Wachter*.

209 Für die Gewährung der Verschonung ist es weiterhin erforderlich, dass der Erwerber neben dem übertragenen Anteil von dem Erblasser (Schenker) auch die **Stellung eines Mitunternehmers** übernimmt. Die Mitunternehmerstellung muss sich dabei aus dem erworbenen Gesellschaftsanteil selbst ableiten. Es genügt nicht, wenn der Erwerber nur deshalb als Mitunternehmer anzusehen ist, weil er bereits vorher Gesellschafter der KG war.[318] Dazu muss der Gesellschafter **Mitunternehmerinitiative** (Herrschaftsrechte) entfalten können und ein gewisses **Mitunternehmerrisiko** (Gewinn- und Verlustrisiko) tragen. Ob diese beiden Merkmale einer Mitunternehmerstellung im Einzelfall gegeben sind, beurteilt sich nach ertragsteuerlichen Grundsätzen.[319] Diesen zufolge ist bei der Abfassung des Gesellschaftsvertrags darauf zu achten, dass dem Erwerber Gesellschaftsrechte zustehen, die den Stimm-, Kontroll- und Widerspruchsrechten eines Kommanditisten nach dem HGB zumindest angenähert sind.[320]

210 Die Mitunternehmerinitiative des Erwerbers bleibt auch bei **Belastung des Anteils mit einem Vermächtnisnießbrauchs** erhalten, falls die Ausgestaltung des Nießbrauchs nicht von dem Regelstatut der §§ 1068 ff. BGB abweicht.[321] Begünstigungsschädlich ist es dagegen, wenn die Wahrnehmung der Gesellschafterrechte aus den übertragenen Anteilen dem Nießbraucher zusteht, so dass dieser ohne Zustimmung des Anteilserwerbers den Gesellschaftsvertrag – ggf. zu dessen Nachteil – ändern kann.[322] Nicht begünstigt ist die **vermächtnisweise Zuwendung eines Unternehmensnießbrauchs**, da Gegenstand des Erwerbs hier nur ein lebenslängliches Nutzungsrecht und kein Gesellschaftsanteil i. S. des § 13b Abs. 1 Nr. 1 ErbStG ist.[323]

211 Unabhängig von der steuerbilanziellen Zuordnung gehören zum Gewerbebetrieb der Personengesellschaft (kraft Rechtsform) alle Wirtschaftsgüter des Gesamthandsvermögens (§ 97 Abs. 1 Nr. 5 S. 1 BewG). Davon ausgenommen sind nach Ansicht der Finanzverwaltung jedoch Grundstücke, die (fast) ausschließlich der privaten Lebensführung eines Gesellschafters dienen.[324] Zu dem begünstigten Mitunternehmeranteil gehört auch das (nicht im Gesamthandseigentum der Personengesellschaft stehende) **Sonderbetriebsvermögen** des Gesellschafters (§ 97 Abs. 1 Nr. 5 S. 2 BewG). Bei Übertragung eines Bruchteils eines Gesellschaftsanteils ist es für die Begünstigung unschädlich, wenn das Sonderbetriebsvermögen nicht im gleichen quotalen Umfang auf den Erwerber übergeht.[325] Eine Zurückbehaltung des Sonderbetriebsvermögens bei Übertragung des gesamten Anteils führt allerdings dazu, dass das Sonderbetriebsvermögen für sich allein bei einem späteren Erbgang nicht mehr begünstigt erworben werden kann. Insofern sollte der Schenker neben dem Sonderbetriebsvermögen auch einen Bruchteil seines Personengesellschaftsanteils zurückbehalten. Ertragsteuerlich ist eine Buchwertfortführung im Falle des Zurückhaltens funktional wesentlicher Wirtschaftsgüter des Sonderbetriebsvermögen überdies nur möglich, wenn der Rechtsnachfolger den übernommenen Mitunternehmeranteil in den nächsten fünf Jahren nicht veräußert oder aufgibt (Sperrfrist gemäß § 6 Abs. 3 S. 2 EStG).[326]

▶ Praxistipp 212

Nicht nach § 13b Abs. 1 Nr. 2 ErbStG begünstigt ist der Erwerb einzelner Wirtschaftsgüter des Betriebsvermögens, gleich ob diese aus dem Gesamthandsvermögen der Personengesellschaft oder dem Sonderbetriebsvermögen des Gesellschafters stammen.

---

318 BFH, Urt. v. 23.2.2010 – II R 42/08, DStR 2010, 686.
319 Näher dazu Schmidt/*Wacker*, § 15 Rn. 257 ff., 740 ff.
320 BFH BFH/NV 1990, 92.
321 Vgl. BFH NJW 1995, 1918, zu einer Anteilsschenkung unter Nießbrauchsvorbehalt.
322 Vgl. dazu BFH, Urt. v. 10.12.2008 – II R 34/07, ZEV 2009, 149.
323 *Schulze zur Wiesche*, DB 2009, 2452, 2454.
324 Abschn. 20 Abs. 2 S. 3 ErbSt-Erlass. In Anlehnung an die Verwaltungsregelung in R 4.2 Abs. 1 S. 6 EStR 2003 würde die schädliche Grenze bei einer betrieblichen Grundstücksnutzung unter 10 % liegen.
325 Abschn. 20 Abs. 3 S. 5 und 6 ErbSt-Erlass.
326 Näher dazu Schmidt/*Wacker*, § 16 Rn. 435.

bb) Atypische stille Beteiligungen, Unterbeteiligungen und Treuhandverhältnisse

213 Nach § 13b Abs. 1 Nr. 2 ErbStG begünstigt ist auch der Erwerb atypischer stiller Beteiligungen und Unterbeteiligungen an Personengesellschaften, sofern sie nach ertragsteuerlichen Grundsätzen als Betriebsvermögen zu qualifizieren sind.[327] Die in §§ 95 ff. BewG grundsätzlich vorgesehene Anknüpfung des Betriebsvermögensbegriffs an das Ertragsteuerrecht spricht dafür, auch das dem Treugeber zuzurechnende Treugut (§ 39 Abs. 2 Nr. 1 S. 2 AO) stets als erbschaftsteuerlich begünstigtes Vermögen zu behandeln. In Verkennung dieser Systematik hat die Finanzverwaltung jedoch die Zuwendung einer **treuhänderisch gehaltenen Kommanditbeteiligung** nur dann für begünstigt erklärt, wenn die Treuhandschaft nach den Bestimmungen des Treuhandvertrags und des Gesellschaftsvertrags beim Tod des Treugebers bzw. bei Abtretung des Anspruchs aus dem Treuhandvertrag endet und der Erbe bzw. Beschenkte unmittelbar in die Gesellschafterstellung des Treuhänders eintritt.[328] Die in Abschn. 20 Abs. 3 S. 3 ErbSt-Erlass vorgesehene Beschränkung der Begünstigung auf den unmittelbaren Übergang von Betriebsvermögen ist als Bestätigung dieser Sichtweise aufzufassen.[329]

c) Anteile an Kapitalgesellschaften (§ 13b Abs. 1 Nr. 3 ErbStG)

214 Der Erwerb von im Privatvermögen gehaltenen Anteilen an Kapitalgesellschaften (z. B. GmbH, AG, KGaA) ist nur begünstigt, wenn der Erblasser (Schenker) im Zeitpunkt des Anteilsübergangs zu mehr als 25 % unmittelbar am Nennkapital der Gesellschaft beteiligt war. Sind diese Voraussetzungen auf Seiten des Erblassers (Schenkers) erfüllt, können die Vergünstigungen auch für die Übertragung einer Beteiligung von 25 % oder weniger in Anspruch genommen werden. **Eigene Anteile** der Gesellschaft sind bei der Berechnung des Nennbetrags des Stamm- oder Grundkapitals herauszurechnen, wodurch sich die Beteiligungsquoten der Gesellschafter erhöhen.[330] **Atypische Unterbeteiligungen** und das Halten von Kapitalgesellschaftsanteilen durch eine **Familien-GbR** oder eine **vermögensverwaltende KG** genügen dem **Unmittelbarkeitserfordernis** nicht.[331] Die Anteile werden auch nicht bei der Prüfung berücksichtigt, ob der Gesellschafter die Mindestbeteiligung von mehr als 25 % erreicht.[332]

215 ▶ **Praxistipp**

Die erbschaftsteuerliche Verschonung von Kapitalgesellschaftsanteilen im Vermögen einer vermögensverwaltenden Personengesellschaft kann sichergestellt werden, indem diese in eine gewerblich tätige bzw. gewerblich geprägte Personengesellschaft i. S. d. § 15 Abs. 3 EStG »umgewandelt« wird. Mittel dazu kann die **Begründung einer Betriebsaufspaltung** sein, etwa durch die betrieblich begründete Überlassung von Grundbesitz der KG an die Kapitalgesellschaft, wenn deren Anteile mehrheitlich von der KG gehalten werden.

d) Ausländische Kapitalgesellschaften

216 Von der Begünstigung erfasst werden nach § 13b Abs. 1 Nr. 3 S. 1 ErbStG auch Beteiligungen des Erblassers an Kapitalgesellschaften mit Sitz oder Geschäftsleitung im EU- oder EWR-Raum. Da die Gewährung dieser Steuerverschonung nach Ansicht des EuGH[333] ausschließlich am Maßstab der Niederlassungsfreiheit i. S. d. Art. 49 ff. AEUV zu prüfen ist, ist der Ausschluss von Beteiligungen

---

327 Vgl. LfSt. Bayern, Verf. v. 7.3.2013, S. 3811.1.1–2/6 St 34, ZEV 2013, 228; BFH, Urt. v. 1.9.2011 – II R 67/2012, 51; Troll/Gebel/Jülicher/*Jülicher*, § 13b Rn. 74.
328 FinMin. Baden-Württemberg, Erlass v. 16.2.2007, 3 S. 3806/51, DB 2007, 491; FinMin. Bayern, Erlass v. 11.1.2008, 34 – S. 3811–035–38956/07.
329 S. hierzu auch *Söffing/Thonemann*, DB 2009, 1836, 1839.
330 R E 13b.6 Abs. 2 S. 2 ErbStR 2011.
331 BFH, Urt. v. 11.6.2013 – II R 4/12, ZEV 2013, 464; für eine ertragsteuerliche Auslegung der Norm dagegen *Felten*, DStR 2012, 1218 ff.; *Hübner*, DStR 2013, 2257, 2259 f.
332 R E 13b.6 Abs. 2 S. 3 ErbStR 2011.
333 EuGH, Urt. v. 19.7.2012 – C-31/11, DStR 2012, 1508; näher dazu *Wünsche*, IStR 2012, 785, 786 ff.

an Kapitalgesellschaften mit Sitz und Geschäftsleitung in Drittstaaten von den erbschaftsteuerlichen Begünstigungen gemeinschaftsrechtskonform. Um die Begünstigungsfähigkeit des Anteils an einer Auslandsgesellschaft zu ermitteln, muss in Zweifelsfällen im Rahmen eines **Typenvergleichs** festgestellt werden, ob die ausländische Unternehmensform aus Sicht des deutschen Erbschaftsteuerrechts als Personen- oder als Kapitalgesellschaft zu qualifizieren ist.[334]

▶ **Praxistipp** 217

Durch **Zwischenschaltung einer Kapitalgesellschaft mit Sitz oder Geschäftsleitung im Inland** oder EU-/EWR-Ausland können auch Beteiligungen an Kapitalgesellschaften mit Sitz und Geschäftsleitung in einem Drittstaat in die Begünstigung einbezogen werden. Eine andere Gestaltungsmöglichkeit zur Erlangung der Steuerverschonung ist die Einlage der Drittstaatenbeteiligung in das Betriebsvermögen eines Gewerbebetriebs oder einer Personengesellschaft mit Sitz im Inland oder in einem EU-/EWR-Staat.[335]

e) Poolung von Kapitalgesellschaftsanteilen

Um die für eine Begünstigung erforderliche Mindestbeteiligung von mehr als 25 % am Nennkapital einer Kapitalgesellschaft zu erreichen, können die Gesellschafter ihre unmittelbar im Privatvermögen gehaltenen Anteile durch Abschluss einer sog. **Poolvereinbarung** i. S. d. § 13b Abs. 1 Nr. 3 S. 2 ErbStG bündeln.[336] Nach dieser Vorschrift werden den Anteilen des Erblassers (Schenkers), die die Mindestbeteiligungsquote nicht erreichen, die Anteile anderer Gesellschafter hinzugerechnet, wenn sich diese untereinander verpflichtet haben, 218

– über ihre Anteile nur einheitlich zu verfügen oder sie ausschließlich auf andere derselben Verpflichtung unterliegende Anteilseigner (Poolmitglieder) zu übertragen und
– das Stimmrecht gegenüber nicht gebundenen Gesellschaftern einheitlich auszuüben.

▶ **Praxistipp** 219

Nach Auffassung der Finanzverwaltung[337] ist eine gemäß § 13a Abs. 5 S. 1 Nr. 5 ErbStG **nachsteuerschädliche Aufhebung einer Poolvereinbarung** auch dann anzunehmen, wenn die Beteiligung der Poolgesellschafter aufgrund einer Kapitalerhöhung auf 25 % oder weniger sinkt. Dabei wird nicht danach differenziert, ob die Poolgesellschafter die Kapitalerhöhung mit ihren Stimmen hätten verhindern können oder nicht.

Die erforderlichen **Verfügungsbeschränkungen** und die Stimmrechtsbindung können sowohl im **Gesellschaftsvertrag der Kapitalgesellschaft** als auch in einem **separaten Poolvertrag** enthalten sein.[338] Im Hinblick auf die von den Poolmitgliedern zu übernehmende Verpflichtung zu einer Anteilsabtretung bedarf der Abschluss des Poolvertrags bei einer GmbH zu seiner Wirksamkeit gemäß § 15 Abs. 4 S. 1 GmbHG der **notariellen Beurkundung**.[339] Die Finanzverwaltung hält es daneben für ausreichend, wenn der Erwerber erst im Wege der Rechtsnachfolge die für die Mitglieder der 220

---

334 Näher dazu BFH, Urt. v. 20.8.2008 – I R 34/08, DStR 2008, 2151 sowie die Tabelle zum BMF-Schreiben v. 24.12.1999, IV B 4 – S 1300 – 111/99, BStBl. I, S. 1976.
335 Vgl. dazu R E 13b.5 Abs. 4 S. 4 ErbStR 2011.
336 Zur Möglichkeit einer Zusammenrechnung mit Anteilen von Personen- und Kapitalgesellschaften im Betriebsvermögen vgl. *Scholten/Korezkij*, DStR 2009, 73, 76; kritisch dazu *Langenfeld*, ZEV 2009, 596, 597 f.
337 Vgl. R E 13a.10 Abs. 2 Nr. 3 ErbStR 2011.
338 Vgl. R E 13b.6 Abs. 6 ErbStR 2011. Die Auslagerung des materiellen Inhalts der Poolvereinbarung in eine separate Anlage zum Gesellschaftsvertrags empfiehlt *Langenfeld*, ZEV 2009, 596, 600 f. mit Formulierungsvorschlag.
339 Näher dazu Fischer/Jüptner/Pahlke/Wachter/*Wachter*, § 13b Rn. 96 m. w. N. zum Streitstand.

Poolvereinbarung bestehenden Verpflichtungen des Erblassers übernimmt.[340] Im Übrigen sind jedoch die Anforderungen, die an eine Verpflichtung zu einer einheitlichen Verfügung i. S. der ersten Variante des § 13b Abs. 1 Nr. 3 S. 2 ErbStG zu stellen sind, noch weitgehend ungeklärt. Nach h. M. in der Literatur[341] soll es insoweit genügen, wenn im Gesellschaftsvertrag

1. eine für Familiengesellschaften typische **Vinkulierungsklausel** enthalten ist, wonach die Abtretung von Gesellschaftsanteilen ohne Zustimmung der übrigen Gesellschafter nur an bestimmte Personen (Mitgesellschafter, Ehegatten, Abkömmlinge etc.) möglich ist, und
2. diese Regelung durch eine **Einziehungsklausel** flankiert wird, die für den Fall des Todes eines Gesellschafters sicherstellt, dass Erben, die nicht zu dem nachfolgeberechtigten Personenkreis zählen, aus der Gesellschaft ausgeschlossen werden können.

221 Für diese Auffassung spricht, das auf diese Weise – im Einklang mit der Gesetzesbegründung[342] – der bestimmende Einfluss der Familie gewahrt bleibt und die Anteile nicht wie bei Publikumsgesellschaften beliebig an Dritte veräußert werden können.[343] Es bedarf auch keiner begleitenden Errichtung entsprechender Verfügungen von Todes wegen, um den Übergang der Anteile auf familienfremde Dritte im Erbfall zu verhindern.[344] Einer solchen Auslegung steht der Schutz der Testierfreiheit nach § 2302 BGB entgegen.[345] Danach können sich die Poolmitglieder untereinander rechtswirksam gar nicht verpflichten, in bestimmter Weise zu testieren.

222 Eine **einheitliche Stimmrechtsausübung** als zweite Voraussetzung für eine erbschaftsteuerrechtliche Zusammenrechnung der Geschäftsanteile der Poolmitglieder kann durch Benennung eines gemeinsamen Sprechers mit entsprechenden Stimmrechtsvollmachten erreicht werden. Eine einheitliche Anordnung der Testamentsvollstreckung ist dagegen nicht ausreichend.[346] Eine einheitliche Stimmrechtsausübung kann auch dadurch sichergestellt werden, dass einzelne Anteilseigner auf ihr Stimmrecht zugunsten der Poolgemeinschaft verzichten.[347] Im Widerspruch dazu sollen jedoch nach Meinung der Finanzverwaltung **stimmrechtslose GmbH-Anteile** oder Vorzugsaktien nicht in eine Poolvereinbarung einbezogen werden können und bei der Berechnung der 25 %-Grenze nach § 13b Abs. 1 Nr. 3 ErbStG nicht mitzählen.[348] Eine Mindestvorlaufzeit der Poolung wird nicht verlangt.[349]

223 ▶ **Praxistipp**

Beim Abschluss des Poolvertrags sollte darauf geachtet werden, dass dieser nur zur Entstehung einer reinen Innengesellschaft bürgerlichen Rechts ohne Gesamthandsvermögen führt. Werden die mit einer Poolung der Anteile verbundenen Beschränkungen dagegen nicht gewünscht oder stehen keine (geeigneten) Mitgesellschafter für den Abschluss einer Poolvereinbarung zur Verfügung, bietet es sich an, die **Beteiligung** an der Kapitalgesellschaft **in eine gewerblich geprägte GmbH & Co. KG einzubringen**. Die als Betriebsvermögen i. S. des § 13b Abs. 1 Nr. 2 ErbStG zu qualifizierenden KG-Anteile des Mitunter-

---

340 Da die Poolvereinbarung zum Stichtag bereits bestanden haben muss, genügt es nicht, wenn der Erblasser den Testamentsvollstrecker verpflichtet, diese erst nach Eintritt des Erbfalls abzuschließen, *Weber/Schwind*, ZEV 2009, 16, 17; Troll/Gebel/Jülicher/*Jülicher*, § 13b Rn. 206.
341 Vgl. nur *Lahme/Zikesch*, DB 2009, 527, 528; *Weber/Schwind*, ZEV 2009, 16, 19, jeweils m. w. N.
342 BT-Drucks. 16/7918, S. 35.
343 Dagegen müssen sich nach einer anderen Ansicht die Poolmitglieder untereinander in einer gesonderten Vereinbarung verpflichten, ihre Anteile ausschließlich auf nachfolgeberechtigte Personen zu übertragen, vgl. *Wehage*, ErbStB 2009, 148, 152.
344 So aber *Wehage*, ErbStB 2009, 148, 150 f.; *Weber/Schwind*, ZEV 2009, 16, 18; Fischer/Jüptner/Pahlke/Wachter/*Wachter*, § 13b Rn. 70.
345 *Von Oertzen*, FS Schaumburg, S. 1045, 1050; *Schulz/Lehmann*, ZIP 2009, 2230, 2231.
346 Kapp/Ebeling/*Geck*, § 13b Rn. 62; *Langenfeld*, ZEV 2009, 596, 598.
347 Vgl. BT-Drucks. 16/7918, S. 35; R E 13b.6 Abs. 5 S. 3 ErbStR 2011.
348 S. R E 13b.6 Abs. 5 S. 1 2. Hs. ErbStR 2011, so auch *Gelhaar/Saecker*, ZEV 2012, 358, 360; kritisch dazu *Söffing/Thonemann-Micker*, DB 2012, 593, 598.
349 Troll/Gebel/Jülicher/*Jülicher*, § 13b Rn. 206.

nehmers können ganz oder teilweise begünstigt übertragen werden, ohne dass es auf den quotalen Umfang der Anteile ankäme.

2. Der Verwaltungsvermögenstest nach § 13b Abs. 2 ErbStG

Liegt dem Grunde nach begünstigtes Vermögen vor, muss – bezogen auf die Verhältnisse im Todeszeitpunkt – ermittelt werden, ob das Vermögen wertmäßig zu **mehr als 50 %** (**Grundmodell**) bzw. zu **mehr als 10 %** (**Alternativmodell**) aus sog. Verwaltungsvermögen besteht. Ist das der Fall, scheidet eine Inanspruchnahme der Steuervergünstigungen für das grundsätzlich begünstigungsfähige Vermögen insgesamt aus. Dieser **generelle Begünstigungsausschluss** nach § 13b Abs. 2 ErbStG (i. V. m. § 13a Abs. 8 Nr. 3 ErbStG) soll verhindern, dass »unproduktive« Gegenstände der privaten Vermögensverwaltung durch Einlage in an sich begünstigtes Vermögen unter Ausnutzung der dafür vorgesehenen Steuerbefreiungen übertragen werden können.[350] Wird die 50 %-Grenze überschritten, kann der Erblasser die Begünstigung ggf. dadurch sicherstellen, dass er noch zu Lebzeiten einzelne Gegenstände des Verwaltungsvermögens in sein Privatvermögen oder eine andere wirtschaftliche Einheit überführt.

224

Der Verwaltungsvermögenstest gilt gleichermaßen für Einzelunternehmen, Personen- und Kapitalgesellschaften.[351] Bei Übertragung mehrerer wirtschaftlicher Einheiten ist die Quote des begünstigungsschädlichen Verwaltungsvermögens für jede Einheit gesondert zu ermitteln.[352] Zur Bestimmung dieses Anteils wird die Summe der gemeinen Werte der Einzelwirtschaftsgüter des Verwaltungsvermögens[353] zum gemeinen Wert des gesamten Unternehmens ins Verhältnis gesetzt (§ 13b Abs. 2 S. 4 ErbStG). Während der Unternehmenswert danach als »Nettogröße«, d. h. unter Berücksichtigung der Zinsbelastung aus einer Fremdfinanzierung berechnet wird, sind von den Wirtschaftsgütern des Verwaltungsvermögens die damit zusammenhängenden Schulden und Lasten nicht abziehbar.[354] Diese »**asymmetrische**« **Berechnungsweise der Verwaltungsvermögensquote** durch Vergleich einer Brutto- mit einer Nettogröße kann insbesondere bei Unternehmen mit einer hohen Fremdfinanzierung dazu führen, dass die 50 %-Grenze auch dann überschritten wird, wenn die Aktiva zu einem deutlich geringeren Anteil aus Verwaltungsvermögen bestehen.[355]

225

3. Das Verwaltungsvermögen im Einzelnen

Die Gegenstände des Verwaltungsvermögens sind in § 13b Abs. 2 S. 2 ErbStG abschließend aufgezählt.

226

a) Dritten zur Nutzung überlassene Grundstücke

Zum Verwaltungsvermögen gehören grundsätzlich Dritten zur Nutzung überlassene Grundstücke, Grundstücksteile, grundstücksgleiche Rechte und Bauten (§ 13b Abs. 2 S. 2 Nr. 1 ErbStG). Ob die Überlassung entgeltlich oder unentgeltlich, an »fremde« Dritte oder nahe Angehörige erfolgt, spielt keine Rolle. Unschädlich sind hingegen Nutzungsüberlassungen, wenn diese Teil einer originär gewerblichen Tätigkeit sind. In die Begünstigung einbezogen werden damit z. B. Beherbergungsbetriebe wie Hotels und Pensionen.[356]

227

---

350 Vgl. BT-Drucks. 16/7918, S. 35 f.
351 Für Kapitalgesellschaften ist dies in § 13b Abs. 2 S. 6 ErbStG explizit angeordnet, vgl. dazu auch *Hannes/Steger/Stalleiken*, BB 2010, 1439, 1441.
352 R E 13b.8 Abs. 1 S. 3 und R B 13b.20 Abs. 3 ErbStR 2011.
353 Diese Werte können in der Praxis aus dem Feststellungsbescheid des Betriebsstättenfinanzamtes abgelesen werden.
354 Vgl. R E 13b.20 Abs. 2 S. 5 ErbStR 2011.
355 Vgl. dazu die Berechnungsbeispiele bei *Scholten/Korezkij*, DStR 2009, 147, 148.
356 S. R E 13b.9 S. 3 ErbStR 2011.

228 Von der Zuordnung zum Verwaltungsvermögen ausgenommen sind Grundstücke, die im Rahmen einer **Betriebsaufspaltung** überlassen werden oder die ein Gesellschafter einer Personengesellschaft (Mitunternehmerschaft) zur Nutzung überlässt (§ 13b Abs. 2 S. 2 Nr. 1a ErbStG). Eine Betriebsaufspaltung ist gegeben, wenn der Erblasser sowohl im überlassenen Betrieb als auch im nutzenden Betrieb allein oder zusammen mit anderen Gesellschaftern einen einheitlichen geschäftlichen Betätigungswillen durchsetzen kann. Dies beurteilt sich nach ertragsteuerlichen Grundsätzen. Der überlassene Grundbesitz wird jedoch dann dem Verwaltungsvermögen zugerechnet, wenn er von der Betriebsgesellschaft nur mittelbar genutzt wird oder – nach Auffassung der Finanzverwaltung – eine Betriebsaufspaltung zwischen Kapitalgesellschaften vorliegt (sog. **kapitalistische Betriebsaufspaltung**).[357] Der Ausschluss der Zuordnung zum Verwaltungsvermögen setzt sowohl im Fall der Betriebsaufspaltung als auch im Fall der Nutzungsüberlassung an eine Mitunternehmerschaft weiter voraus, dass die jeweilige Rechtsstellung auf den Erwerber übergeht. Dieser muss also bei der zweiten Alternative anstelle des Erblassers Gesellschafter der Personengesellschaft werden und ihr den Grundbesitz zur Nutzung überlassen.[358]

229 Weitere Ausnahmen gelten für Nutzungsüberlassungen innerhalb eines Konzerns i. S. d. § 4h EStG (§ 13b Abs. 2 S. 2 Nr. 1c ErbStG), für verpachtete land- und forstwirtschaftliche Grundstücke (§ 13b Abs. 2 S. 2 Nr. 1e ErbStG) sowie für **Betriebsverpachtungen im Ganzen** (§ 13b Abs. 2 S. 2 Nr. 1b ErbStG). Bei letzteren ist der Ausschluss vom Verwaltungsvermögen zusätzlich an die Bedingungen geknüpft, dass es sich um einen nach § 13b Abs. 1 ErbStG begünstigungsfähigen Betrieb handelt, der Verpächter mit der Pacht Gewinneinkünfte erzielt hat und der Pächter, dem der Betrieb aufgrund eines **unbefristeten Pachtverhältnisses** überlassen worden ist, Erbe wird.[359] Eine Erbeinsetzung durch letztwillige Verfügung ist dafür nicht zwingend erforderlich. Ob auch ein Vermächtniserwerb des verpachteten Betriebs begünstigt ist, erscheint angesichts des entgegen stehenden Wortlauts der Regelung in § 13b Abs. 2 S. 2 Nr. 1b Buchst. aa) ErbStG zweifelhaft.[360]

230 Die Steuervergünstigungen können auch Einzelunternehmen, Personen- und Kapitalgesellschaften gewährt werden, deren **Hauptzweck** in der **Vermietung von Wohnungen** i. S. d. § 181 Abs. 9 BewG besteht, sofern die Erreichung dieses Zwecks einen wirtschaftlichen Geschäftsbetrieb i. S. v. § 14 AO erfordert (§ 13b Abs. 2 S. 2 Nr. 1d ErbStG). Nach Ansicht der Finanzverwaltung[361] ist der Hauptzweck des Betriebs auf die Wohnungsvermietung gerichtet, wenn diese den überwiegenden Teil der betrieblichen Tätigkeit ausmacht. Solange die Summe der Grundbesitzwerte der zu Wohnzwecken vermieteten Objekte größer ist als die Summe der Grundbesitzwerte aller vermieteten Objekte, gelten auch die zu gewerblichen, freiberuflichen oder öffentlichen Zwecken vermieteten Grundstücke und Grundstücksteile nicht als Verwaltungsvermögen. Das weitere Erfordernis eines wirtschaftlichen Geschäftsbetriebs ist zumindest dann erfüllt, wenn das **Wohnungsunternehmen** aufgrund der Vielzahl der vermieteten Wohneinheiten tatsächlich einen in kaufmännischer Weise eingerichteten Geschäftsbetrieb unterhält.[362] Das Vorliegen eines wirtschaftlichen Geschäftsbetriebs wird jedenfalls vermutet, wenn das Unternehmen mehr als 300 Wohnungen hält.[363]

---

357 Vgl. hierzu R E 13b.10 Abs. 1 S. 6 ErbStR 2011; kritisch dazu *Wälzholz*, DStR 2009, 1605, 1610.
358 Näher dazu Daragan/Halaczinsky/Riedel/*Riedel*, § 13b Rn. 158 m. w. N.
359 S. dazu § 13b Abs. 2 S. 2 Nr. 1b ErbStG i. V. m. R E 13b.11 Abs. 1 S. 1 ErbStR 2011.
360 Vgl. hierzu *Geck* ZEV 2008, 557, 661; Troll/Gebel/Jülicher/*Jülicher*, § 13b Rn. 263.
361 R E 13b.13 Abs. 2 S. 1 ErbStR 2011.
362 So auch Daragan/Halaczinsky/Riedel/*Riedel*, § 13b Rn. 182; ausführlich hierzu Troll/Gebel/Jülicher/*Jülicher*, § 13b Rn. 279 ff.
363 Vgl. R E 13b.13 Abs. 3 S. 2 ErbStR 2011.

b) Minderheitsbeteiligungen an Kapitalgesellschaften

Zum Verwaltungsvermögen rechnen nach § 13b Abs. 2 Nr. 2 ErbStG die in einem Betriebsvermögen gehaltenen Anteile an (in- und ausländischen) Kapitalgesellschaften, wenn die unmittelbare Beteiligung am Nennkapital 25 % nicht übersteigt.[364] Eine Zusammenrechnung mit den Anteilen anderer Gesellschafter der Kapitalgesellschaft ist unter den Voraussetzungen der hier entsprechend geltenden **Poolungsklausel** (§ 13b Abs. 2 S. 2 Nr. 2 S. 2 ErbStG) möglich.[365] Bei **konzernangehörigen Gesellschaften**, die unter einheitlicher Leitung stehen, ist der Abschluss einer gesonderten Poolvereinbarung für Zwecke der Zusammenrechnung indes entbehrlich.[366]

231

Handelt es sich bei dem Anteilseigner um eine Personengesellschaft, ist auf die Beteiligungsquote der Gesellschaft und nicht auf die durchgerechnete Quote ihrer Gesellschafter abzustellen.[367] Werden die Anteile zum Teil im Gesamthandsvermögen der Personengesellschaft und zum Teil im Sonderbetriebsvermögen der Gesellschafter gehalten, dürfen die jeweiligen Anteile bei der Prüfung der Beteiligungsquote allerdings nicht zusammengerechnet werden.[368] Bei **mehrstufigen Beteiligungsverhältnissen**, z. B. innerhalb eines Konzerns, ist auf jeder Ebene getrennt zu prüfen, ob die 25 %-Grenze überschritten ist.

232

c) Verwaltungsvermögenstest bei nachgeordneten Beteiligungen

§ 13b Abs. 2 S. 2 Nr. 3 ErbStG erstreckt den Verwaltungsvermögenstest auf Anteile an in- und ausländischen **Personengesellschaften** (Mitunternehmerschaften in jeder Quote) sowie auf Anteile an in- und ausländischen **Kapitalgesellschaften** von mehr als 25 % bis auf das letzte Glied in einer Beteiligungskette. Beträgt die Verwaltungsvermögensquote auf einer Ebene mehr als 50 %, gilt die jeweilige Beteiligung in vollem Umfang als nicht begünstigt.[369] Dadurch kann es zu einem negativen »Kaskadeneffekt« kommen, bei dem eine Tochtergesellschaft, die den Verwaltungsvermögenstest nicht bestanden hat und deshalb bei der Muttergesellschaft in vollem Umfang als Verwaltungsvermögen zählt, die Muttergesellschaft »infiziert«.[370] Wird dagegen die 50 %-Grenze auf jeder Beteiligungsebene eingehalten, ist die Beteiligung an der Konzernmutter auch dann begünstigt, wenn bei konsolidierter Betrachtung die Verwaltungsvermögensquote im Gesamtkonzern weit unterhalb von 50 % liegt.[371]

233

Die 50 %-Grenze des § 13b Abs. 2 S. 2 Nr. 3 ErbStG ist auch dann für alle nachgelagerten Beteiligungsunternehmen maßgeblich, wenn der Verwaltungsvermögensanteil auf Ebene der Muttergesellschaft nach Wahl der Optionsverschonung nicht mehr als 10 % des Unternehmenswertes ausmachen darf.[372] Bei Gestaltungen, die deshalb auf eine **Ausgliederung schädlichen Verwaltungsvermögens auf Tochtergesellschaften** abzielen, sind in besonderem Maße die Grenzen des § 42 AO (Missbrauch rechtlicher Gestaltungsmöglichkeiten) zu berücksichtigen.

234

d) Wertpapiere, vergleichbare Forderungen und anderes Verwaltungsvermögen

Zum schädlichen Verwaltungsvermögen zählen gemäß der (gegenüber § 13b Abs. 2 S. 2 Nrn. 2 und 3 ErbStG subsidiären) Vorschrift des § 13b Abs. 2 S. 2 Nr. 4 ErbStG auch Wertpapiere und »ver-

235

---

364 Ausgenommen von dieser Grundregel ist der Beteiligungsbesitz von Kreditinstituten, Finanzdienstleistungsinstituten und Versicherungsunternehmen.
365 Näher dazu bereits Rdn. 218 ff.
366 R E 13b.15 Abs. 1 S. 2 Halbs. 2 ErbStR 2011.
367 *Piltz*, ZEV 2008, 229, 230.
368 R E 13b.15 Abs. 2 S. 2 ErbStR 2011; a. A. *Scholten/Korezkij*, DStR 2009, 147, 151.
369 Näher dazu Troll/Gebel/Jülicher/*Jülicher*, § 13b Rn. 306.
370 Illustrativ dazu das Beispiel bei *Scholten/Korezkij*, DStR 2009, 147, 151.
371 Ein Beispiel für diesen aus Sicht des Steuerpflichtigen positiven »Kaskadeneffekt« findet sich bei Daragan/Halaczinsky/Riedel/*Riedel*, § 13b Rn. 206.
372 R E 13b.19 Abs. 4 S. 1 ErbStR 2011; vgl. auch *Fechner/Bäuml*, FR Beilage 11/2009, 22, 27.

gleichbare Forderungen«.[373] Darunter fallen nach Ansicht der Finanzverwaltung[374] alle auf dem Markt gehandelten Wertpapiere i. S. des § 2 Abs. 1 WpHG, über die nicht zwingend Urkunden ausgestellt sein müssen (Pfandbriefe, Schuldbuchforderungen, Geldmarkt- und Festgeldfonds). Keine Wertpapiere sind dagegen kaufmännische Orderpapiere (§§ 363–365 HGB), Wechsel und Schecks, Geld, Sichteinlagen, Sparanlagen, **Festgeldkonten**, Forderungen aus Lieferungen und Leistungen sowie Forderungen aus **Darlehen an verbundene Unternehmen**.

236 Durch das Amtshilferichtlinien-Umsetzungsgesetz[375] wurde der Katalog des begünstigungsschädlichen Verwaltungsvermögens in § 13b Abs. 2 S. 2 ErbStG um eine neue Nr. 4a erweitert. Danach gehören zum Verwaltungsvermögen auch Zahlungsmittel, Geschäftsguthaben, Geldforderungen und »andere Forderungen«, soweit sie in ihrer Summe die Schulden des Betriebs oder der Gesellschaft übersteigen und der Saldo hieraus mehr als 20 % des Unternehmenswertes ausmacht. Diese **Modifizierung des Verwaltungsvermögenstestes** zielt darauf ab, die vom BFH in seinem Vorlagebeschluss zum BVerfG[376] als missbräuchlich angeprangerte Nutzung von Cash-GmbHs zur steuererbegünstigten Übertragung liquider Mittel zu verhindern.[377] Von der Regelung betroffen sind jedoch auch Betriebe mit einer (infolge Gewinnthesaurierung) hohen Eigenkapitalquote bzw. einem hohen Bestand an liquiden Mitteln, etwa aufgrund eines größeren Zahlungseingangs kurz vor dem Bewertungsstichtag.[378]

237 ▶ **Praxistipp**

Um den Freibetrag des § 13b Abs. 2 S. 2 Nr. 4a ErbStG auszunutzen und in den Genuss der Steuerverschonung zu gelangen, kann es sich in Konzernstrukturen oder bei mehreren Betriebseinheiten empfehlen, Forderungen und Geldmittel in andere Gesellschaften oder wirtschaftliche Einheiten umzuschichten.[379]

238 Zu dem in § 13b Abs. 2 S. 2 Nr. 4a ErbStG genannten Verwaltungsvermögens zählen auch Forderungen gegen fremde Dritte, Forderungen aus Lieferungen und Leistungen, Forderungen gegen verbundene Unternehmen und Gesellschafterforderungen. Die **Einbeziehung von Gesellschafterdarlehen** kann **bei Personengesellschaften** dazu führen, dass sich aufgrund der gebotenen gesellschafterbezogenen Betrachtungsweise[380] die Verwaltungsvermögensquote derjenigen Gesellschafter verschlechtert, die – gemessen an ihrer Beteiligung – mehr Guthaben auf ihrem Darlehenskonto angesammelt haben als ihre Mitgesellschafter. Abhilfe kann hier unter Umständen die **Umwandlung** des Gesellschafterdarlehens in eine personenbezogene **Eigenkapitalrücklage** schaffen.[381]

239 Zum Verwaltungsvermögen gehören ferner **Kunstgegenstände**, Kunst- und wissenschaftliche Sammlungen, Bibliotheken und Archive, Münzen, Edelmetalle und Edelsteine, wenn der Handel mit diesen Gegenständen oder deren Verarbeitung nicht der Hauptzweck des prüfungsgegenständlichen Gewerbebetriebes ist.[382]

---

373 Kein Verwaltungsvermögen stellen Wertpapiere und vergleichbare Forderungen dar, wenn sie dem Hauptzweck eines Kreditinstituts, eines Finanzdienstleistungsinstituts oder eines Versicherungsunternehmens dienen.
374 R E 13b.17 Abs. 1 S. 2 ErbStR 2011.
375 S. dazu Rdn. 2, 5.
376 Näher hierzu bereits Rdn. 5.
377 Eingehend zu dieser neuen Steuerverschärfungsregelung *Hannes*, DStR 2013, 1417 ff.; *Korezkji*, DStR 2013, 1764 ff.
378 Kritisch dazu *Geck*, ZEV 2012, 399, 400; *Riedel*, ZErb 2012, 267, 268.
379 Vgl. *Hannes*, DStR 2013, 1417, 1419.
380 S. H E 13b.20 ErbStH 2011; *Korezkji*, DStR 2013, 1764, 1765 f.
381 Troll/Gebel/Jülicher/*Jülicher*, § 13b Rn. 317a m. w. N.
382 Näher dazu R E 13b.18 ErbStR 2011; Daragan/Halaczinsky/Riedel/*Riedel*, § 13b Rn. 217 ff.

4. Ausschluss »jungen« Verwaltungsvermögens

Im letzten Schritt muss Verwaltungsvermögen i. S. des § 13b Abs. 2 S. 2 Nrn. 1 bis 5 ErbStG, das dem Betrieb erst in den letzten zwei Jahren vor dem Erbfall zugeführt wurde (sog. junges Verwaltungsvermögen), aus dem begünstigten Betriebsvermögen herausgerechnet werden (§ 13b Abs. 2 S. 3 ErbStG).[383] Durch die angeordnete Kürzung des gemeinen Wertes des Gesamtbetriebs um die Summe der gemeinen Werte der Einzelwirtschaftsgüter des jungen Verwaltungsvermögens – ohne Abzug der damit zusammenhängenden Schulden und Lasten – soll verhindert werden, dass Verwaltungsvermögen kurz vor der Übertragung in das Betriebsvermögen eingelegt wird, um es in den Genuss der Verschonungen einzubeziehen. Entsprechende **Maßnahmen zur »Anreicherung« des Betriebsvermögens mit Verwaltungsvermögen** bis zur 50 %-Grenze müssen daher langfristig vor dem Erbfall geplant und durchgeführt werden.

240

Von der Vorschrift erfasst wird nach Meinung der Finanzverwaltung grundsätzlich auch Verwaltungsvermögen, das innerhalb des Zweijahres-Zeitraums mit betrieblichen Mitteln angeschafft oder hergestellt worden ist.[384] Die **Umschichtung** eines seit Jahren im Betriebsvermögen gehaltenen **Wertpapierdepots** kurz vor dem Erbfall würde danach zu jungem Verwaltungsvermögen führen.[385] Eine solche Qualifikation scheidet jedoch aus, wenn ein vor mehr als zwei Jahren angeschaffter Gegenstand erst während des Zweijahres-Zeitraums die in § 13b Abs. 2 S. 2 ErbStG genannten Kriterien für das Vorliegen von Verwaltungsvermögen erfüllt.[386] So verhält es sich beispielsweise bei einem Grundstück, das nach Aufgabe der eigenbetrieblichen Nutzung ein Jahr vor dem Erbfall verpachtet oder an Dritte vermietet wird. Junges Verwaltungsvermögen in nachgeordneten Beteiligungsgesellschaften wird der Obergesellschaft nicht als eigenes junges Verwaltungsvermögen i. S. d. § 13b Abs. 2 S. 3 ErbStG zugerechnet.[387]

241

III. Überblick über die Steuervergünstigungen für unternehmerisches Vermögen

Der Erwerber von begünstigtem Vermögen, der den Verwaltungsvermögenstest nach § 13b Abs. 2 ErbStG besteht, hat grundsätzlich die Wahl zwischen der Regelverschonung (Grundmodell) und einer Optionsverschonung (Alternativmodell). Bei Wahl des zweiten Modells kommt der Unternehmensnachfolger zwar in den Genuss einer 100 %-igen Steuerfreistellung. Allerdings ist die Optionsverschonung wesentlich restriktiver ausgestaltet und mit höheren Nachsteuerrisiken behaftet als das Grundmodell.

242

1. Grundmodell (Regelverschonung)

Im Grundmodell bleiben 85 % des begünstigungsfähigen Vermögens außer Ansatz (**Verschonungsabschlag** gemäß § 13a Abs. 1 S. 1 i. V. m. § 13b Abs. 4 ErbStG).[388] Für den Restanteil von 15 % wird ein **gleitender Abzugsbetrag** von 150 000 € gewährt (§ 13a Abs. 2 ErbStG). Dieser Betrag verringert sich um die Hälfte des übersteigenden Betrags, soweit der Wert des verbleibenden begünstigten Vermögens die Grenze von 150 000 € übersteigt.

243

---

383 Zur anteiligen Herausrechnung von jungem Verwaltungsvermögen im Betriebsvermögen einer Kapitalgesellschaft vgl. § 13b Abs. 2 S. 7 ErbStG; zur Berücksichtigung jungen Verwaltungsvermögens in mehrstöckigen Konzernstrukturen vgl. *Korezkij*, DStR 2013, 2550, 2552; *Stalleiken*, DB 2013, 2586, 2588; Troll/Gebel/Jülicher/*Jülicher*, § 13b Rn. 343 ff.
384 R E 13b.19 Abs. 2 S. 2 ErbStR 2011; kritisch dazu *Söffing/Thonemann*, DB 2009, 1836, 1842.
385 *Wälzholz*, DStR 2009, 1605, 1611; a. A. Troll/Gebel/Jülicher/*Jülicher*, § 13b Rn. 326.
386 R E 13b.19 Abs. 1 S. 3 ErbStR 2011.
387 R E 13b.19 Abs. 4 S. 1 ErbStR 2011; zur Berücksichtigung konzerninterner Umstrukturierungen vgl. *Scholten/Korezkij*, DStR 2009, 147, 148 f.
388 Im Grundmodell kann auch der Erbe eines großen Unternehmens mit einer effektiven Erbschaftsteuerbelastung von höchstens 4,5 % des Verkehrswerts des Unternehmens rechnen; näher hierzu *Piltz*, DStR 2008, 2237, 2238.

Kapitel 20 Steuerrecht und Erbfolgeregelung

> **Beispiel (Berechnung gleitender Abzugsbetrag):**
>
> | | |
> |---|---:|
> | Begünstigungsfähiges Vermögen: | 2 700 000 € |
> | ./. Verschonungsabschlag von 85 % | 2 295 000 € |
> | typisiertes Verwaltungsvermögen (Restanteil von 15 %) | 405 000 € |
> | ./. Wertgrenze des Abzugsbetrags | 150 000 € |
> | übersteigender Betrag | 255 000 € |
> | hälftiger Betrag | 127 500 € |
> | Wertgrenze des Abzugsbetrag | 150 000 € |
> | ./. hälftiger Betrag | 127 500 € |
> | verbleibender Abzugsbetrag | 22 500 € |

244 Ab einem Unternehmenswert von 3,0 Mio. € und einem Restanteil von 450 000 € kann der Abzugsbetrag nicht mehr genutzt werden. Umgekehrt bleibt der Erwerb begünstigten Vermögens durch eine Person der StKl. I unter Berücksichtigung des Verschonungsabschlags, des Abzugsbetrags und des erhöhten persönlichen Freibetrags bis zu einem Wert von 2 781 300 € erbschaftsteuerfrei.[389] Für Erwerbe von derselben Person innerhalb von 10 Jahren steht der Abzugsbetrag nur einmal zur Verfügung, und zwar unabhängig davon, in welcher Höhe er sich bei der Steuerfestsetzung tatsächlich ausgewirkt hat.[390]

245 Beim Erwerb durch natürliche Personen der StKl. II oder III wird zusätzlich für den Teil des begünstigten Vermögens, der nicht schon durch den Verschonungsabschlag und den Abzugsbetrag gemäß § 13a Abs. 1 und 2 ErbStG von der Besteuerung ausgenommen wird, eine Tarifbegrenzung gewährt. Durch den Abzug des nach § 19a Abs. 3 und 4 ErbStG zu berechnenden **Entlastungsbetrags** wird im Ergebnis der Teilbetrag der durch den Gesamterwerb ausgelösten Steuer, der auf das begünstigte Vermögen entfällt, dem Tarif der StKl. I unterworfen.[391]

246 Nicht zum begünstigten Vermögen gehört das »**junge« Verwaltungsvermögen** i. S. v. § 13b Abs. 2 S. 3 ErbStG, das dem Betrieb vor weniger als zwei Jahre zugeführt wurde. Für diesen Teil des Vermögens können daher auch nicht der Abzugsbetrag und der Entlastungsbetrag beansprucht werden.[392]

2. Alternativmodell (Optionsverschonung): Völlige Erbschaftsteuerfreistellung unternehmerisch genutzten Vermögens

247 Bis zum Eintritt der formellen Bestandskraft der Steuerfestsetzung kann der Erwerber gegenüber dem zuständigen Erbschaftsteuerfinanzamt unwiderruflich erklären, dass er statt des Verschonungsabschlags von 85 % eine völlige Steuerfreistellung des begünstigten Vermögens in Anspruch nehmen will (§ 13a Abs. 8 ErbStG).[393] Voraussetzung für die Anwendung der Optionsverschonung ist, dass der **Anteil des Verwaltungsvermögens** am Unternehmenswert nicht mehr als 10 % beträgt. Wird nachträglich festgestellt (z. B. im Rahmen einer Betriebsprüfung), dass die **10 %-Grenze** nicht einge-

---

[389] Vgl. die Berechnung bei *Moench/Albrecht*, Erbschaftsteuer Rn. 879.
[390] R E 13a.2 Abs. 2 S. 1 ErbStR 2011.
[391] Näher zur Berechnungsweise des Entlastungsbetrags R E 19a.2 Abs. 2 ErbStR 2011 und H E 19a.2 ErbStH 2011.
[392] Wie hier *Siegmund/Zipfel*, BB 2009, 804; *Landsittel*, ZErb 2009, 11, 14; *Scholten/Korezkij*, DStR 2009, 991; i. d. S. wohl auch R E 19a.1 Abs. 2 S. 1 ErbStR 2011; a. A. Troll/Gebel/Jülicher/*Jülicher*, § 19a Rn. 5; *Hübner*, Erbschaftsteuerreform 2009, S. 392, 441, 447.
[393] Gemäß R E 13a.13 Abs. 1 S. 1 ErbStR 2011 kann der Erwerber im Erbfall oder bei gleichzeitiger Übertragung mehrerer begünstigter Einheiten nur einen einheitlichen Antrag stellen. Für die Möglichkeit einer auf einzelne wirtschaftliche Einheiten beschränkte Antragstellung dagegen *Scholten/Korezkij*, DStR 2009, 73, 78.

halten wurde, erhält der Erwerber bei Bestehen des regulären Verwaltungsvermögenstestes automatisch die Vergünstigungen der Regelverschonung. Eine Rückkehr zum Grundmodell ist dagegen ausgeschlossen, wenn der Erwerber gegen die verschärften Auflagen der Optionsverschonung (Lohnsummenprüfung oder Behaltensfrist) verstößt.[394] Da die Nachversteuerung beim Alternativmodell häufig ungünstiger ist als bei der Regelverschonung,[395] sollten Erwerber nicht vorschnell die Gewährung des Verschonungsabschlags von 100 % beantragen.

3. Nachlaufende Verpflichtungen

Die Verschonungen der §§ 13a und 19a ErbStG sind daran geknüpft, dass 248
(1) die zusammengerechneten jährlichen Lohnsummen des Betriebs[396] innerhalb von fünf Jahren (Alternativmodell: innerhalb von sieben Jahren) nach der Übertragung 400 % (Alternativmodell: 700 %) der durchschnittlichen Lohnsumme der vorhergehenden fünf Jahre (Ausgangslohnsumme) nicht unterschreiten (Lohnsummenkontrolle nach § 13a Abs. 1 ErbStG),
(2) der Erwerber während dieses Zeitraums keine schädlichen Verwendungen vornimmt (§ 13a Abs. 5 S. 1 Nrn. 1, 2, 4 und 5 ErbStG) und
(3) keine Überentnahmen i. S. des § 13a Abs. 5 Nr. 3 ErbStG getätigt werden.[397]

a) Lohnsummenkontrolle (§ 13a Abs. 1 ErbStG)

Die Vorgabe, dass die Lohnsumme im Grundmodell während der **fünfjährigen Lohnsummenfrist** 249 nur geringfügig (im Durchschnitt 80 % p. a.) unter die Ausgangslohnsumme sinken darf, soll gewährleisten, dass die Arbeitsplätze in dem erworbenen Unternehmen weitgehend erhalten bleiben.[398] Ein temporäres Unterschreiten der Lohnsumme in einzelnen Wirtschaftsjahren ist unschädlich, solange dies durch Lohnsummensteigerungen in anderen Wirtschaftsjahren des relevanten Betrachtungszeitraums wieder ausgeglichen wird.[399] Umfasst das auf einen Erwerber übertragene Vermögen mehrere begünstigte Einheiten (z. B. zwei Gewerbebetriebe oder ein Einzelunternehmen und einen Anteil an einer Kapitalgesellschaft), sind die zunächst **betriebsbezogenen zu ermittelnden Lohnsummen** jeder einzelnen Einheit für die Berechnung der maßgeblichen Lohnsumme zusammenzuzählen.[400] Die Lohnsummenkontrolle entfällt, wenn das betreffende Unternehmen (einschließlich nachgeordneter Gesellschaften) nicht mehr als 20 Arbeitnehmer beschäftigt.

Wird nach Ablauf der Behaltensfrist festgestellt, dass die **Mindestlohnsumme von 400 bzw. 700 %** 250 **der Ausgangslohnsumme** verfehlt wurde, entfällt der Verschonungsabschlag nachträglich in dem (prozentualen) Umfang, in dem die tatsächliche Lohnsumme die Mindestlohnsumme unterschreitet (§ 13a Abs. 1 S. 5 ErbStG). Kommt es wegen eines Verstoßes gegen die Lohnsummenregelung zu einer Kürzung des Verschonungsabschlags, soll sich dies nach Auffassung der Finanzverwaltung nicht auf den Abzugsbetrag nach § 13a Abs. 2 ErbStG auswirken.[401]

---

394 R E 13a.13 Abs. 4 ErbStR 2011.
395 S. hierzu die Vergleichsberechnungen bei *Scholten/Korezkij*, DStR 2009, 991, 992 ff.
396 Bei Beteiligungen an Personen- oder Kapitalgesellschaften ist auf die beschäftigten Arbeitnehmer der jeweiligen Gesellschaft abzustellen.
397 Vgl. dazu die speziellen Anzeigepflichten des Erwerbers in § 13a Abs. 6 und Abs. 7 ErbStG.
398 Vgl. dazu BT-Drucks. 16/7918, S. 33.
399 Zum Umfang der bei der Ermittlung der Lohnsumme zu berücksichtigenden Vergütungen vgl. § 13a Abs. 4 ErbStG; näher dazu *Scholten/Korezkij*, DStR 2009, 253, 254 ff.
400 So jedenfalls R E 13a.4 Abs. 3 S. 2 und 3 ErbStR 2011; a. A. *Scholten/Korezkij*, DStR 2009, 253, 254; *Schulze zur Wiesche*, UVR 2008, 79, 84.
401 R E 13a.4 Abs. 1 S. 7 ErbStR 2011; für eine Neuberechnung im Grundmodell bzw. eine erstmalige Anwendung des Abzugsbetrags im Alternativmodell dagegen *Siegmund/Zipfel* BB 2009, 641, 642; *Troll/Gebel/Jülicher/Jülicher*, § 13a Rn. 29 und § 19a Rn. 20.

b) Schädliche Verwendungen innerhalb der Behaltensfrist

251 Gegen die Behaltensregelungen wird verstoßen, wenn der begünstigt erworbene Gewerbebetrieb, Teilbetrieb, Betrieb der Land- und Forstwirtschaft, Mitunternehmeranteil oder Anteil an der Kapitalgesellschaft innerhalb der Behaltensfrist veräußert wird (§ 13a Abs. 5 S. 1 Nrn. 1, 2 und 4 ErbStG). Auf den Grund der Veräußerung kommt es dabei nicht an. Befreiungsschädlich ist deshalb auch die Weitergabe begünstigt erworbenen Vermögens zur Abgeltung von Pflichtteilsansprüchen.[402] Der Veräußerung eines Betriebs gleichgestellt ist dessen Aufgabe, auch wenn diese zwangsweise infolge einer Insolvenz eintritt.[403] Unschädlich ist dagegen die unentgeltliche Weitergabe durch Schenkung unter Lebenden[404] und – mangels Substanzübertragung – die **Einräumung eines Nutzungsrechts** am begünstigen Vermögen. Bei einer gemischten Schenkung, wozu auch eine Vermögensübertragung gegen Gewährung von Versorgungsleistungen zählt,[405] liegt hinsichtlich des entgeltlichen Teils der Zuwendung eine Nachsteuer auslösende Veräußerung vor. Verstirbt der Erwerber vor Ablauf der Behaltensfrist, hat dies keine Auswirkung auf die gewährten Begünstigungen. War der Erbe eines Kommanditanteils bereits vor dem Erbfall als Kommanditist an der KG beteiligt, entfallen bei einer Veräußerung nur eines Teils des durch den Erwerb von Todes wegen erhöhten Kommanditanteils die Steuervergünstigungen nur in dem Umfang, in dem der Erwerber nach der Veräußerung nicht mehr in Höhe des begünstigt erworbenen Anteils an der KG beteiligt ist.[406]

252 Eine Nachversteuerung droht auch dann, wenn **wesentliche Betriebsgrundlagen** eines Gewerbebetriebs **veräußert** oder aus dem Betriebsvermögen **entnommen** werden. Davon nicht betroffen sind solche Betriebsgrundlagen, die aus dem jungen Verwaltungsvermögen i. S. d. § 13b Abs. 2 S. 3 ErbStG stammen.[407] Wird begünstigt erworbenes Betriebsvermögen in eine Personengesellschaft eingebracht oder im Wege der Sacheinlage auf eine Kapitalgesellschaft übertragen, entsteht die Nachsteuer erst durch eine spätere Veräußerung der dafür erhaltenen Anteile innerhalb der Behaltensfrist. Neben der (ganz oder teilweisen) Veräußerung begünstigt erworbener Anteile an einer Kapitalgesellschaft begründet auch eine verdeckte Einlage der Anteile, eine **Auflösung der Gesellschaft**, eine **Kapitalherabsetzung**[408] und die Verteilung des aus der Veräußerung wesentlicher Betriebsgrundlagen stammenden Vermögens an die Gesellschafter einen Verstoß gegen die Behaltensvorschriften (§ 13a Abs. 5 S. 1 Nr. 4 ErbStG). Keine schädliche Verfügung liegt dagegen vor, wenn die Kapitalgesellschaft nach §§ 3 bis 16 UmwStG in eine Personengesellschaft, ein Einzelunternehmen oder eine andere Körperschaft **umgewandelt** wird.

253 In den vorgenannten Fällen unterbleibt eine Nachversteuerung, wenn der Veräußerungserlös binnen sechs Monaten wieder in dieselbe, nach § 13b Abs. 1 ErbStG begünstigte Vermögensart investiert wird (**Reinvestitionsklausel**, § 13a Abs. 5 S. 3 und 4 ErbStG). Nach Auffassung der Finanzverwaltung fällt hierunter – außer der Anschaffung von Anlagegütern, Betriebsteilen oder eines Ersatzbetriebs – auch die Tilgung betrieblicher Schulden, solange die Mittel nicht in den Aufbau von Verwaltungsvermögen i. S. d. § 13b Abs. 2 ErbStG fließen.[409]

254 Ist der Erwerb eines Kapitalgesellschaftsanteils aufgrund einer **Poolvereinbarung** begünstigt, muss diese bis zum Ablauf der Behaltensfrist Bestand haben, um eine Nachversteuerung zu verhindern

---

402 BFH, Urt. v. 26.2.2014 – II R 36/12, ZEV 2014, 322.
403 Vgl. BFH, Urt. v. 16.2.2005 – II R 39/03, DStR 2005, 1136; BFH, Urt. v. 21.3.2007 – II R 19/06, DStRE 2007, 761; R E 13a.6 Abs. 1 S. 2 ErbStR 2011.
404 Durch die Weiterübertragung wird allerdings eine neue Behaltensfrist in Gang gesetzt. Bei einer schädlichen Verwendung durch den Nachfolger vor Ablauf der ursprünglichen Behaltensfrist verliert auch der Ersterwerber die Verschonung, vgl. R E 13a.12 Abs. 5 S. 2 ErbStR 2011.
405 BFH, Urt. v. 2.3.2005 – II R 11/02, ZEV 2005, 353.
406 Vgl. BFH, Urt. v. 26.2.2014 – II R 36/12, ZEV 2014, 322, R E 13a.6 Abs. 1 S. 4 ErbStR 2011.
407 R E 13a.6 Abs. 2 S. 2 ErbStR 2011.
408 Davon ausgenommen ist nach R E 13a.9 Abs. 2 S. 1 ErbStR 2011 eine zu Sanierungszwecken durchgeführte, rein nominelle Herabsetzung des Nennkapitals.
409 R E 13a.11 S. 3 ErbStR 2011.

(§ 13a Abs. 5 S. 1 Nr. 5 ErbStG). Zu keiner Aufhebung der Verfügungsbeschränkung führt die bloße Belastung eines Gesellschaftsanteils, sei es durch **Nießbrauchbestellung**, sei es durch **Verpfändung**.[410] Begünstigungsschädlich ist in diesem Fall erst die Verwertung des verpfändeten Anteils durch den Pfandgläubiger.[411] Im Übrigen erstreckt sich der Wegfall der Begünstigungen bei einem gegen die Poolvereinbarung verstoßenden Anteilseigner nicht auf die im Pool verbleibenden Gesellschafter.[412]

Bei einer schädlichen Verwendung des begünstigen Vermögens wird der Verschonungsabschlag nur jahresanteilig gekürzt, d. h. für jedes bis dahin vollendete Jahr der Unternehmensfortführung bleibt 1/5 des Verschonungsabschlags (bzw. 1/7 im Alternativmodell) erhalten (§ 13a Abs. 5 S. 2 ErbStG). Dieses **Abschmelzungsmodell** gilt jedoch nicht für den Abzugsbetrag; dieser fällt im Falle einer Veräußerung des gesamten begünstigten Vermögens innerhalb der Behaltensfrist vollständig weg. Beschränkt sich die Verfügung dagegen auf einen Teil des begünstigt erworbenen Vermögens, entfallen der Verschonungsabschlag und ggf. der gleitende Abzugsbetrag nur anteilig entsprechend dem Wert des steuerschädlich verwendeten Anteils. Wegen der nachträglichen Schrumpfung des begünstigten Vermögens ergibt sich daraus eine neue Bemessungsgrundlage für den Abzugsbetrag, der im Rahmen der Änderung der Steuerfestsetzung – ebenso wie der Entlastungsbetrag nach § 19a Abs. 5 ErbStG – neu berechnet werden muss.[413] Schlägt sich die Veräußerung des gesamten Betriebs oder eines Teilbetriebs zugleich in einer Unterschreitung der Mindestlohnsumme nieder, richtet sich der Umfang der Nachversteuerung ausschließlich nach der Regelung, die im konkreten Fall zu einer höheren Steuerlast führt.[414] Dies erfordert eine gesonderte Berechnung der Kürzungen nach beiden Nachversteuerungsmechanismen (§ 13a Abs. 1 S. 5 ErbStG einerseits bzw. §§ 13a Abs. 5, 19a Abs. 5 ErbStG andererseits). 255

c) **Entnahmebeschränkungen (§ 13a Abs. 5 S. 1 Nr. 3 ErbStG)**

Um einen Verstoß gegen die Behaltensregelungen zu vermeiden, hat der Erwerber darauf zu achten, dass er bis zum Ende des letzten in die Behaltenszeit fallenden Wirtschaftsjahres keine Entnahmen vornimmt, die die Summe seiner Einlagen und des ihm zuzurechnenden Gewinns um **mehr als 150 000 €** übersteigen. Sachentnahme sind dabei mit dem ertragsteuerrechtlichen Wert im Entnahmezeitpunkt anzusetzen. Eine schädliche **Überentnahme** liegt auch dann vor, wenn mit ihr weichende Miterben oder Pflichtteilsberechtigte ausbezahlt werden oder die auf das begünstige Vermögen entfallende Erbschaftsteuer beglichen wird.[415] Unberücksichtigt bleiben bei der Prüfung der Entnahmebegrenzung dagegen Verluste und die Entnahme des Erlöses aus der Veräußerung »jungen« Verwaltungsvermögens i. S. d. § 13b Abs. 2 S. 3 ErbStG oder aus dem (bereits nach § 13a Abs. 5 S. 1 Nr. 1 S. 2 bzw. Nr. 2 S. 2 ErbStG begünstigungsschädlichen) Verkauf wesentlicher Betriebsgrundlagen.[416] Erwirbt der Steuerpflichtige, der an einer Personengesellschaft bereits beteiligt ist, einen Anteil hinzu, werden Gewinne, Entnahme und Einlagen dem Altanteil und der neu erworbenen Beteiligung anteilig zugerechnet.[417] 256

---

410 *Feick/Nordmeier*, DStR 2009, 893, 894; *Lahme/Zikesch*, DB 2009, 527, 528; Fischer/Jüptner/Pahlke/Wachter/*Wachter*, § 13b Rn. 69; a. A. *Weber/Schwind* ZEV 2009, 16, 18; *Wehage*, ErbStB 2009, 148, 150.
411 R E 13a.10 Abs. 1 Nr. 2 S. 3 ErbStR 2011.
412 R E 13a.10 Abs. 1 Nr. 2 S. 4 ErbStR 2011. Nicht nachvollziehbar ist dagegen die Regelung in R E 13a.10 Abs. 2 Nr. 1 ErbStR 2011, wonach der übertragende Gesellschafter die Begünstigung auch dann verliert, wenn er seine Anteile an Poolmitglieder überträgt, vgl. hierzu die berechtigte Kritik bei *Söffing/Thonemann* DB 2009, 1836, 1838.
413 S. dazu das Berechnungsbeispiel bei *Scholten/Korezkij*, DStR 2009, 991, 996.
414 Str., wie hier R E 13a.12 Abs. 3 S. 2 ErbStR 2011; zum Streitstand vgl. die Übersicht bei *Scholten/Korezkij*, DStR 2009, 991, 998 ff.
415 Vgl. R E 13a.8 Abs. 1 S. 2 ErbStR 2011; BFH, Urt. v. 11.11.2009 – II R 63/08, DStR 2010, 273.
416 R E 13a.8 Abs. 1 S. 3 und 6 ErbStR 2011.
417 Näher dazu R E 13a.8 Abs. 3 ErbStR 2011.

257 Entsprechende Beschränkungen gelten nach § 13a Abs. 5 S. 1 Nr. 3 S. 3 ErbStG auch bei Ausschüttungen an die Gesellschafter einer **Kapitalgesellschaft**. Eine **Überausschüttung** i. S. dieser Vorschrift ist gegeben, wenn am Ende der Behaltensfrist festgestellt wird, dass über die von der Gesellschaft während dieser Zeit erzielten Gewinne hinaus ein Betrag von mehr als 150 000 € offen oder verdeckt ausgeschüttet wurde.[418] Auf diese Weise soll die Auskehrung mitübertragener Gewinnvorträge oder mitübertragener Kapital- und Gewinnrücklagen beschränkt werden.

258 ▶ **Praxistipp**

> Eine Überentnahme kann dadurch vermieden werden, dass der Erwerber vor Ablauf der Behaltensfrist eine Einlage leistet, die den Saldo aus Gewinnen und Entnahmen unter die Grenze von 150 000 € verringert. Die Finanzverwaltung sieht darin keinen Gestaltungsmissbrauch, solange die Einlage nicht aus Mitteln eines Kredits finanziert wird, der als negatives Betriebsvermögen des Erwerbers zu behandeln ist.[419]

259 Die Nachversteuerung im Falle eines Verstoßes gegen die Entnahmebegrenzung beschränkt sich auf den Betrag der Überentnahme. Im Grundmodell wird dadurch eine Neuberechnung des Abzugs- und Entlastungsbetrags erforderlich.[420]

IV. Weitergabeverpflichtungen

260 Wird begünstigt erworbenes Vermögen im Rahmen der Erbauseinandersetzung auf einen Miterben oder zur Erfüllung einer Weitergabeverpflichtung auf einen Dritten (z. B. einen Vermächtnisnehmer oder Auflagenbegünstigten) übertragen, verliert der Erbe die Begünstigungen (§§ 13a Abs. 3 S. 2, 19a Abs. 2 S. 3 ErbStG).[421] Statt seiner kann der das Vermögen übernehmende Miterbe oder Zweiterwerber die Vergünstigungen in Anspruch nehmen, sofern er die Lohnsummen- und Behaltensregelungen einhält. Der Miterbe, der das begünstigte Vermögen aufgrund einer **Teilungsanordnung des Erblassers** oder einer zwischen den Erben frei ausgehandelten Vereinbarung übernimmt, soll grundsätzlich so gestellt werden, als habe er die wirtschaftliche Einheit zum Zeitpunkt des Erbfalls allein erworben.[422]

261 ▶ **Praxistipp**

> Soweit sich dadurch die Steuerlasten zwischen den Erben verschieben, sollte im Unternehmertestament geregelt werden, ob und wenn ja in welcher Weise entsprechende Belastungsunterschiede auszugleichen sind.

262 Hat der Erwerber für die Weiterleitung des Anteils einen **Ausgleich an die weichenden Erben** zu leisten, ist die Gewährung der Verschonungen gemäß § 13b Abs. 3 S. 1 ErbStG daran geknüpft, dass die Ausgleichsleistung aus dem übrigen Nachlassvermögen stammt.[423] Der Wert des hingegebenen Nachlassvermögens erhöht dabei die Bemessungsgrundlage für die Steuerbefreiungen maximal bis zum Wert des dafür erhaltenen Produktivvermögens.[424] Keine Vermögenshingabe in diesem Sinne soll jedoch vorliegen, wenn der Erwerber sich dazu verpflichtet, die (Mit-)Erben im Innenverhältnis von Nachlassverbindlichkeiten freizustellen, die mit dem begünstigten Vermögen wirtschaftlich zusammenhängen.[425]

---

418 Kritisch zur Einbeziehung verdeckter Gewinnausschüttungen an dem Gesellschafter nahe stehende Personen *Söffing/Thonemann*, DB 2009, 1836, 1838.
419 R E 13a.8 Abs. 4 S. 1 bis 3 ErbStR 2011.
420 S. dazu die Berechnungsbeispiele bei *Scholten/Korezkij*, DStR 2009, 991, 998.
421 Vgl. hierzu auch R E 13a.3 Abs. 1 S. 1 und 4 ErbStR 2011.
422 Näher dazu *Wälzholz*, ZEV 2009, 113, 114 f.
423 Illustrativ dazu die Beispielsfälle bei *Wälzholz*, ZEV 2009, 113, 116 f.
424 S. hierzu Troll/Gebel/Jülicher/*Jülicher*, § 13b Rn. 352.
425 R E 13a.3 Abs. 2 S. 2 ErbStR 2011.

V. Gesellschaftsvertragliche Nachfolgeklauseln

Ein wesentliches Gestaltungsmittel zur Sicherung und Steuerung der Unternehmensnachfolge bilden gesellschaftsvertragliche Nachfolgeklauseln. Sieht der Gesellschaftsvertrag für den Fall des Ausscheidens eines Gesellschafters zusätzlich eine Abfindungsbeschränkung vor,[426] um die Liquidität der Gesellschaft zu schonen und ihren Fortbestand zu sichern, kann dies auch erbschaftsteuerrechtliche Konsequenzen für die verbleibenden Gesellschafter haben.[427]

1. Nachfolgeklauseln und Abfindungsbeschränkungen bei Personengesellschaften

a) Fortsetzungsklausel

Wird die Gesellschaft nach dem Tod eines Gesellschafters (kraft Gesetzes oder einer Fortsetzungsklausel) von den übrigen Gesellschaftern fortgeführt, wächst die gesamthänderische Beteiligung des Verstorbenen den verbleibenden Gesellschaftern an (§ 105 Abs. 3 HGB i. V. m. § 738 Abs. 1 S. 1 BGB). Ein dadurch nach § 738 Abs. 1 S. 2 BGB entstehender **Abfindungsanspruch** fällt in den Nachlass und stellt bei den Erben des verstorbenen Gesellschafters einen steuerpflichtigen, nicht begünstigten Erwerb i. S. d. § 3 Abs. 1 Nr. 1 ErbStG dar. Ist die geschuldete Abfindung nach den gesellschaftsvertraglichen Regelungen niedriger als der Steuerwert des untergegangenen Anteils, wird die mittelbar eintretende Erhöhung des Beteiligungswerts der übrigen Gesellschafter aufgrund der Fiktion des § 3 Abs. 1 Nr. 2 S. 2 ErbStG als **Schenkung auf den Todesfall** erfasst.[428] Die Bestimmung ist auch dann anzuwenden, wenn es bei einer zweigliedrigen Personengesellschaft aufgrund einer Übernahmeklausel im Gesellschaftsvertrag zur Anwachsung des Gesellschaftsvermögens bei dem überlebenden Gesellschafter kommt.[429] Ein entsprechender Bereicherungswille des verstorbenen Gesellschafters ist dafür nicht erforderlich.

Nach h. M.[430] können die verbleibenden Gesellschaftern für ihren Erwerb grundsätzlich die **Betriebsvermögensprivilegien** nach §§ 13a, 19a ErbStG in Anspruch nehmen. Dies setzt jedoch voraus, dass auch die im **Sonderbetriebsvermögen** gehaltenen wesentlichen Betriebsgrundlagen (z. B. ein im Eigentum des verstorbenen Gesellschafters stehendes, von der Personengesellschaft genutztes Betriebsgrundstück) auf die verbleibenden Gesellschafter übergehen. Um eine Zwangsentnahme des Sonderbetriebsvermögens und eine daraus resultierende Aufgabe des Mitunternehmeranteils zu verhindern,[431] sollten die die Gesellschaft fortführenden Mitgesellschafter zugleich auch Erben werden. Eine Zuwendung des Sonderbetriebsvermögens durch Vermächtnis würde dagegen im Erbfall zu einer begünstigungsschädlichen Auflösung des betrieblichen Zusammenhangs mit dem Gesamthandsvermögen führen, die durch die spätere Vermächtniserfüllung nicht mehr geheilt werden kann.[432]

b) Eintrittsklauseln

Sieht der Gesellschaftsvertrag der Personengesellschaft ein Eintrittsrecht für einen oder mehrere Erben oder für einen Dritten vor, ist zwischen der Treuhandvariante und der Abfindungsvariante zu unterscheiden.[433] In der **Treuhandvariante** halten die verbleibenden Gesellschafter den Anteil des Verstorbenen bis zu seiner Übertragung als Treuhänder für den Eintrittsberechtigten.[434] Bei Aus-

---

426 Z. B. aufgrund einer Buchwertklausel oder Ermittlung des zu vergütenden Anteilswerts nach dem sog. Stuttgarter Verfahren.
427 Vgl. hierzu auch *Casper/Altgen*, DStR 2008, 2319.
428 BFH NJW 1993, 157; *Meincke*, § 7 Rn. 145.
429 So zur Parallelvorschrift des § 7 Abs. 7 S. 1 ErbStG BFH NJW 1993, 158.
430 Vgl. R E 13b.1 Abs. 2 S. 4 ErbStR 2011; *Riedel*, ZErb 2009, 2, 4 f.
431 S. dazu BFH BStBl. II 1995, S. 890.
432 Näher dazu Daragan/Halaczinsky/Riedel/*Riedel*, § 13b Rn. 43 ff.
433 Näher hierzu *Hübner/Maurer*, ZEV 2009, 361, 364 f.
434 Vgl. BGH NJW 1978, 264.

übung des Eintrittsrechts findet ein gemäß §§ 13a, 19a ErbStG begünstigungsfähiger Erwerb des fortbestehenden Anteils des verstorbenen Gesellschafters durch den Eintrittsberechtigten statt. In der **Abfindungsvariante** erlischt dagegen die Mitgliedschaft des verstorbenen Gesellschafters und der entstehende Abfindungsanspruch fällt in den Nachlass. Macht der Eintrittsberechtigte später von seinem Eintrittsrecht Gebrauch, wird seine Mitgliedschaft in der Gesellschaft durch einen Vertrag mit den Altgesellschaftern neu begründet.[435] Ungeachtet dessen geht die Finanzverwaltung auch in diesem Fall von einer Rechtsnachfolge in den kontinuierlich fortbestehenden Anteil des verstorbenen Gesellschafters aus, für die dem in die Gesellschaft eintretenden Erben die **Steuervergünstigungen für Betriebsvermögen** zustehen.[436] Dies soll auch bei Ausübung des Eintrittsrechts durch einen Nicht-Erben gelten, sofern diesem der zunächst entstehende Abfindungsanspruch vermächtnisweise zugewandt wird und er die von ihm zu leistende Einlage durch Einbringung des Abfindungsanspruchs erfüllen kann.[437] Da eine Bestätigung dieser Sichtweise durch den BFH jedoch noch aussteht, ist die Verwendung von Eintrittsklauseln in Gestalt der Abfindungsvariante mit steuerlichen Risiken behaftet.[438]

c) Nachfolgeklauseln

267 Geht der Gesellschaftsanteil aufgrund einer **einfachen Nachfolgeklausel** im Wege der Einzelrechtsnachfolge auf alle Miterben oder aufgrund einer qualifizierten Nachfolgeklausel nur auf bestimmte, nach dem Gesellschaftsvertrag »nachfolgeberechtigte« Gesellschaftererben über, kommt es bei diesen zu einem Erwerb durch Erbanfall i. S. des § 3 Abs. 1 Nr. 1 ErbStG. Vollzieht sich die Nachfolge im Wege einer **rechtsgeschäftlichen Nachfolgeklausel**, liegt eine nach § 3 Abs. 1 Nr. 2 S. 1 ErbStG steuerbare Schenkung auf den Todesfall vor.[439] Die Betriebsvermögensprivilegien der §§ 13a, 19a ErbStG stehen dabei – vorbehaltlich einer existierenden Weitergabeverpflichtung – sämtlichen in die Gesellschafterstellung nachrückenden Erben zu. Da nach der Neufassung des § 13a ErbStG die Art und Weise des Erwerbsvorgangs keine Rolle mehr spielt, kommen die Begünstigungen für Produktivvermögen dem zur Nachfolge berufenen Erben auch insoweit zu Gute, als der ihm zufallende Anteil seine Erbquote übersteigt.[440] Der Zuwendung des Gesellschaftsanteils im Wege eines Vorausvermächtnisses (§ 2150 BGB) bedarf es dazu nicht. Demgegenüber hat der BFH noch zum alten Recht entschieden, dass eine **qualifizierten Nachfolge** in einen Gesellschaftsanteil als Sonderfall einer dinglich wirkenden Teilungsanordnung anzusehen sei, die für die Erbschaftsbesteuerung des einzelnen Miterben ohne Bedeutung sei.[441] Folge dieser Sichtweise war, dass auch die ausgleichsberechtigten Miterben, die von der Nachfolge ausgeschlossen waren, nicht mehr als den anteiligen Steuerwert des Gesellschaftsanteils versteuern mussten. An dieser Beurteilung kann jedoch nach Inkrafttreten des neuen Erbschaftsteuerrechts nicht mehr festgehalten werden. Denn nach der ratio legis der §§ 13a Abs. 3, 13b Abs. 3 S. 1, 19 Abs. 2 Sätze 2 und 3 ErbStG soll ausschließlich der Unternehmensnachfolger in den Genuss der Betriebsvermögensprivilegien kommen.

268 Da bei einer qualifizierten Nachfolgeklausel nur der zur Nachfolge berufene Erbe Mitunternehmer werden kann, gilt **Sonderbetriebsvermögen** des verstorbenen Gesellschafters, das gesamthänderisches Eigentum der Erbengemeinschaft geworden ist, mit dem Erbfall in Höhe der Erbquote der übrigen Miterben als entnommen.[442] Es stellt damit Privatvermögen dar, dessen Erwerb auch dann nicht begünstigungsfähig ist, wenn es dem Gesellschafter-Nachfolger als Vorausvermächtnis zuge-

---

435 BGH NJW-RR 1987, 989.
436 R E 13b.1 Abs. 2 S. 2 ErbStR 2011.
437 R E 13b.1 Abs. 2 S. 3 ErbStR 2011.
438 So auch *Hübner/Maurer*, ZEV 2009, 361, 365.
439 Vgl. nur *Hübner/Maurer*, ZEV 2009, 361, 363.
440 So auch *Riedel*, ZErb 2009, 2, 9; a. A. dagegen *Wälzholz*, ZEV 2009, 113, 119 für den Fall, dass der Unternehmensnachfolger für den Mehrwert eine Ausgleichszahlung aus seinem Vermögen leistet.
441 BFH DStR 1983, 305. Im Urteil vom 1.4.1992, BB 1993, 852, hat der BFH diesen Grundsatz auch auf den Fall der Sondernachfolge des Hoferben übertragen.
442 BFH NJW-RR 1992, 1123.

wiesen wurde. Handelt es sich bei dem entnommenen Sonderbetriebsvermögen um eine für die Personengesellschaft **funktional wesentliche Betriebsgrundlage**, führt deren Zwangsentnahme zur Aufgabe des Mitunternehmeranteils insgesamt[443] und damit zum Ausschluss der Verschonungsregelungen für Betriebsvermögen. Diese steuerlichen Risiken werden ausgeschaltet, wenn der qualifizierte Nachfolger als Alleinerbe eingesetzt wird.

2. Nachfolgeklauseln und Abfindungsbeschränkungen bei Kapitalgesellschaften

a) Einziehungsfälle

Wird der auf die Erben übergegangene Geschäftsanteil an einer GmbH aufgrund einer Regelung im Gesellschaftsvertrag **zwangsweise**, d. h. ohne Zustimmung der Gesellschafter-Erben gegen Gewährung einer Abfindung eingezogen, die unter dem steuerlichen Anteilswert liegt, fingiert § 3 Abs. 1 Nr. 2 S. 3 ErbStG für die insoweit bewirkte Werterhöhung der verbleibenden Gesellschafter eine Schenkung auf den Todesfall.[444] Da der Geschäftsanteil durch die Einziehung untergeht, ist der Erwerb der Mitgesellschafter nicht nach §§ 13a, 19a ErbStG begünstigt.[445] Die Gesellschafter-Erben müssen lediglich den **Abfindungsanspruch versteuern**. 269

Dagegen fällt eine Einziehung **mit Zustimmung des betroffenen Gesellschafter-Erben** gegen ein frei ausgehandeltes Entgelt weder unter § 3 Abs. 1 Nr. 2 S. 3 ErbStG, noch unter den konkurrierenden Tatbestand des § 10 Abs. 10 S. 2 i. V. m. § 7 Abs. 3 S. 3 ErbStG. Soweit der Wert des Anteils das Einziehungsentgelt übersteigt, kann allenfalls eine gemischte Schenkung unter Lebenden i. S. des § 7 Abs. 1 Nr. 1 ErbStG durch den Gesellschafter-Erben vorliegen. Eine Besteuerung des Wertunterschieds zwischen Abfindung und Steuerwert des eingezogenen Anteils erfolgt im Übrigen nur bei einer Zwangseinziehung des Geschäftsanteils an einer GmbH, wozu auch eine haftungsbeschränkte Unternehmergesellschaft gemäß § 5a GmbHG gehört.[446] Eine Ausdehnung des Anwendungsbereichs der gesetzlichen Fiktionstatbestände auf vergleichbare Vorgänge bei einer AG, KGaA oder ausländischen Rechtsformen ist wegen des Verbots einer steuerbegründenden Analogie unzulässig.[447] 270

b) Abtretungsfälle

Muss der Erbe den Geschäftsanteil an einer GmbH (unverzüglich) nach dessen Erwerb aufgrund einer im Todeszeitpunkt bereits geltenden Regelung im Gesellschaftsvertrag an einen oder mehrere Mitgesellschafter übertragen, ist zweifelhaft, ob sich deren Besteuerung nach § 10 Abs. 10 S. 2 i. V. m. § 7 Abs. 7 ErbStG (Schenkung unter Lebenden)[448] oder nach § 3 Abs. 1 Nr. 2 S. 2 ErbStG (Schenkung auf den Todesfall) richtet. Sachlich überzeugender erscheint es, **Zwangsabtretungen** aus Anlass des Todes eines Gesellschafters als Erwerb von Todes wegen nach dem verstorbenen Gesellschafter zu erfassen.[449] Wird der Anteil zwangsweise an die Gesellschaft selbst abgetreten, tätigt diese – die Zahlung einer unter dem Steuerwert liegenden Abfindung vorausgesetzt – einen Erwerb nach § 3 Abs. 1 Nr. 2 S. 2 ErbStG. Die Gesellschaft ist auch dann als Erwerber anzusehen, wenn sie (oder die Gesellschafterversammlung) nach dem Gesellschaftsvertrag darüber zu entscheiden hat, an wen der Anteil des verstorbenen Gesellschafters abgetreten werden kann.[450] 271

---

443 Vgl. dazu BFH, Urt. v. 24.8.2000 – IV R 51/98, ZEV 2000, 463.
444 Näher dazu *Hübner/Maurer*, ZEV 2009, 426.
445 R E 3.4 Abs. 3 S. 9 ErbStR 2011.
446 Zu verfassungsrechtlichen Zweifeln an dieser Beschränkung vgl. *Hübner*, Erbschaftsteuerreform 2009, S. 398.
447 A. A. *Riedel* ZErb 2009, 113, 116 f.; wie hier *Hübner/Maurer*, ZEV 2009, 428 f.
448 So die Finanzverwaltung in R E 10.13 Abs. 3 S. 1 ErbStR 2011; vgl. dazu auch *Hübner/Maurer* ZEV 2009, 428, 430 ff.
449 I. d. S. *Meincke*, § 7 Rn. 145.
450 Vgl. Gebel/Troll/Jülicher/*Gebel*, § 3 Rn. 263.

272 Die **Bereicherung des Abtretungsempfängers** bemisst sich nach der Wertdifferenz zwischen dem übergegangenen Anteil und der Abfindung, die dem ausscheidenden Gesellschafter-Erben zusteht. Soweit die Mindestbeteiligungsquote von 25 % überschritten wird, ist eine Begünstigung des Anteilserwerbs nach §§ 13a, 19a ErbStG möglich.[451]

273 ▶ **Praxistipp**

> Der Gesellschaftsvertrag einer GmbH sollte daher anstelle oder neben einer Einziehungsklausel immer auch die Möglichkeit vorsehen, einen nicht nachfolgeberechtigte Gesellschafter-Erben durch Zwangsabtretung seines Geschäftsanteils aus der Gesellschaft auszuschließen. Dieser hat bei seinem Ausscheiden nur den Wert des erlangten Abfindungsanspruchs zu versteuern, falls dieser niedriger ist als der Wert des abgetretenen Geschäftsanteils.

D. Erbschaftsteuerliche Gestaltungsmöglichkeiten nach dem Erbfall

I. Ausschlagung

274 Wird die Erbschaft rechtswirksam ausgeschlagen, gilt der Vermögensanfall an den Ausschlagenden als nicht erfolgt (§ 1953 Abs. 1 BGB). Die mit dem Erbanfall entstandene Erbschaftsteuerpflicht des Ausschlagenden entfällt. An seiner Stelle hat den Erwerb von Todes wegen der durch letztwillige Verfügung berufene Ersatzerbe oder der gesetzliche Erbe zu versteuern, der berufen wäre, wenn der Ausschlagende zur Zeit des Erbfalls nicht gelebt hätte. Die Ausschlagung der Erbschaft stellt **keine Schenkung an den nachrückenden Erben** dar.[452]

275 Die Ausschlagung ist ein wichtiges Gestaltungsmittel zur steuerlichen Optimierung der Erbfolge nach Eintritt des Erbfalls.[453] Als Folge der Ausschlagung kann der Nachlass bei einer Person anfallen, die in eine günstigere Steuerklasse fällt.[454] Oder der Nachlass wird auf diese Weise auf mehrere Erwerber verteilt, wodurch **weitere Steuerfreibeträge genutzt** werden können und ggf. – bei Unterschreiten einer Wertgrenze des Steuertarifs – ein **Progressionsvorteil** erzielt werden kann. Auch wenn die Steuervermeidung das einzige Motiv der Ausschlagung bildet, liegt nach allgemeiner Ansicht[455] kein unter § 42 AO fallender Missbrauch von Gestaltungsmöglichkeiten vor. Die Chance einer Steuerersparnis besteht vor allem dann, wenn es durch die Ausschlagung zu einem **Generationensprung** kommt. Schlägt z. B. die zum Alleinerben ihrer Mutter berufene Tochter die Erbschaft zu Gunsten ihrer nachberufenen Kinder aus, steht jedem Enkelkind für seinen Erwerb ein persönlicher Freibetrag von 200.000 € zu. Die Einordnung der Enkelkinder in die StKl. I erlaubt diesen überdies, Hausrat und andere bewegliche körperliche Gegenstände im Gesamtwert von 53.000 € steuerfrei zu übernehmen (§ 13 Abs. 1 Nr. 1 ErbStG). Dadurch kann unter Umständen die Erbschaftsteuer für den Übergang des gleichen Vermögens von der Mutter auf die Kinder vermieden werden. Allerdings ist das Überspringen einer Generation im Vergleich zu einer späteren Weiterübertragung des geerbten Nachlassvermögens unter Ausnutzung des nach jedem Elternteil bestehenden Freibetrags von 400 000 € nicht immer von Vorteil, was eine konkrete Steuerberechnung im Einzelfall erforderlich macht.

276 Erbschaftsteuerrechtlich problematisch ist eine »**Verlängerung der Ausschlagungsfrist**« durch den Erblasser. Denn eine zu diesem Zweck angeordnete Annahme der Erbschaft innerhalb einer be-

---

451 Vgl. R E 10.13 Abs. 3 S. 4 ErbStR 2011; näher hierzu *Riedel*, ZErb 2009, 113, 118.
452 Vgl. Moench/Weinmann/*Moench*, § 3 Rn. 43.
453 Ausf. dazu *Berresheim*, RNotZ 2007, 501, 503 ff. Ertragsteuerlich kann eine Erbausschlagung notwendig sein, um eine gewinnrealisierende Entnahme aus dem Betriebsvermögen oder den Wegfall der persönlichen Voraussetzungen einer Betriebsaufspaltung zu vermeiden.
454 Schlägt beispielsweise der zum Alleinerbe seiner Schwester eingesetzte Bruder die Erbschaft aus, fällt diese bei den nächstberufenen Eltern in die günstigere StKl. I.
455 Vgl. nur Troll/Gebel/Jülicher/*Gebel*, § 3 Rn. 27; *Flick*, DStR 2000, 1816, 1817.

stimmten Frist oder einer Erbeinsetzung unter einer aufschiebenden Bedingung führt dazu, dass die zunächst berufenen Erben die Vorerbschaft nach § 6 Abs. 1 i. V. m. § 3 Abs. 1 Nr. 1 ErbStG versteuern müssen.[456] Keiner Frist unterliegt dagegen die gegenüber dem Beschwerten zu erklärende **Ausschlagung steuerungünstiger Vermächtnisse** nach § 2180 BGB.

1. Ausschlagung gegen Leistung einer Abfindung

Eine teilweise Ausschlagung der Erbschaft ist zivilrechtlich nur in Ausnahmefällen möglich.[457] Flexible, den Interessen der Beteiligten gerecht werdende Lösungen können jedoch durch Vereinbarung einer Abfindung für die Erbausschlagung erreicht werden. Der Ausschlagende hat die Abfindung gemäß § 3 Abs. 2 Nr. 4 ErbStG so zu versteuern, als habe er sie vom Erblasser empfangen. Gegenstand der Besteuerung ist das, was als Abfindung gewährt wird. Die Steuer für die Abfindung entsteht dabei nicht schon mit dem Erbfall, sondern erst im Zeitpunkt der Ausschlagung (§ 9 Abs. 1 Nr. 1f ErbStG). Auf der anderen Seite kann der Erbe den (Steuer-)Wert der Abfindung als Nachlassverbindlichkeit von dem ihm zufallenden Erwerb abziehen (§ 10 Abs. 5 Nr. 3 ErbStG).[458] Die Beteiligten haben es damit in der Hand, **Inhalt und Höhe des Erwerbs** zu **ändern**. Beispielsweise kann durch Ausschlagung gegen Abfindung ein Geldvermächtnis durch den Erwerb eines möglicherweise niedriger zu bewertenden Grundstücks ersetzt oder dem ausschlagenden Erben ein Nießbrauch am gesamten Nachlass eingeräumt werden.[459] Die Abfindung muss dabei nicht unbedingt dem Nachlassvermögen entstammen, sondern kann auch aus dem eigenen Vermögen des Nächstberufenen geleistet werden.[460]

277

2. Ausschlagung durch den überlebenden Ehegatten (güterrechtliche Lösung)

Der überlebende Ehegatte hat durch die Möglichkeit der Ausschlagung faktisch ein **Wahlrecht** zwischen der Anwendung der erbrechtlichen Regelung des § 5 Abs. 1 ErbStG und der Steuerfreistellung des güterrechtlichen Ausgleichsanspruchs nach § 5 Abs. 2 ErbStG.[461] Ist im Todesfall eines Ehegatten der erbrechtliche Zugewinnausgleich nach § 1371 Abs. 1 BGB durchzuführen, stellt § 5 Abs. 1 ErbStG den Vermögensanfall (lediglich) in Höhe der fiktiv errechneten Zugewinnausgleichsforderung frei. Abweichungen vom gesetzlichen Modell des Zugewinnausgleichs werden erbschaftsteuerlich nicht berücksichtigt (§ 5 Abs. 1 S. 2 ErbStG). Soll dagegen der nach Maßgabe der güterrechtlichen Vereinbarungen gemäß § 1371 Abs. 2 BGB auszugleichende Zugewinn von der Besteuerung ausgenommen werden, muss der als Erbe oder Vermächtnisnehmer bedachte Ehegatte die Erbschaft bzw. das Vermächtnis ausschlagen.[462] In diesem Fall greift auch die in § 5 Abs. 1 S. 5 ErbStG vorgesehene Begrenzung der Steuerfreiheit auf den dem Steuerwert des Endvermögens entsprechenden Betrag nicht ein.

278

---

456 Näher dazu *J. Mayer*, DStR 2004, 1541, 1542.
457 Z. B. bei Zuwendung mehrerer Erbteile nebst Gestattung durch den Erblasser nach § 1951 Abs. 3 BGB, bei Ausschlagung durch den Hoferben nach § 11 HöfeO oder bei Nachlassspaltung in internationalen Erbfällen; näher hierzu und zu weiteren Ausnahmen *Berresheim*, RNotZ 2008, 501, 505 f.
458 Zu beachten sind allerdings die einkommensteuerlichen Risiken einer Ausschlagung gegen Abfindung, die von der Finanzverwaltung als ein (teil-)entgeltliches Anschaffungs- bzw. Veräußerungsgeschäft eingeordnet wird, vgl. nur BMF, Schreiben v. 14.3.2006, IV B 2 – S. 2242–7/06, BStBl. I 2006, S. 253 Rn. 43, 50.
459 Vgl. hierzu *Hannes*, ZEV 1996, 10, 14 f.
460 *Wachter*, ZNotP 2004, 176, 180.
461 S. dazu bereits Rdn. 188.
462 Alternativ kann der Vermögensausgleich bereits vorher zu Lebzeiten ohne Steuerbelastung vorgenommen werden, indem die Ehegatten den Güterstand der Zugewinngemeinschaft durch Wechsel zur Gütertrennung beenden, vgl. Urteil vom 12.7.2005, II R 29/02, ZEV 2005, 490; anders hingegen für den »fliegenden Zugewinnausgleich« ohne tatsächliche Beendigung des Güterstands BFH, Urt. v. 28.6.2007 – II R 12/06, NJW 2008, 111.

Kapitel 20 Steuerrecht und Erbfolgeregelung

279 Die Besteuerung nach § 5 Abs. 1 ErbStG kann sich bei einer **modifizierten Zugewinngemeinschaft** aber auch als vorteilhaft für den überlebenden Ehegatten erweisen. Haben die Eheleute beispielsweise das Betriebsvermögen des verstorbenen Ehemannes vom Zugewinnausgleich ausgeschlossen, bleibt der hälftige Wertzuwachs des Betriebsvermögens nur bei Wahl der erbrechtlichen Lösung steuerfrei. Dem überlebenden Ehegatten ist eine Ausschlagung der Erbschaft grundsätzlich nicht zu empfehlen, wenn der gemäß § 5 Abs. 1 ErbStG fiktiv zu berechnende tatsächliche Zugewinn den Wert des nach § 1371 Abs. 1 BGB pauschal um ein Viertel erhöhten Erbteils übersteigt.

II. Geltendmachung von Pflichtteilsrechten

280 Die (einvernehmliche) Geltendmachung von Pflichtteilsansprüchen kann erbschaftsteuerlich vorteilhaft sein, um den Wert des Nachlasses – abweichend z. B. von der Berufung des überlebenden Ehegatten zum Alleinerben beim Berliner Testament – auf mehrere Personen zu verteilen und die bestehenden Freibeträge der Pflichtteilsberechtigten gegenüber dem Erblasser nicht zu verlieren. Ggf. kann auf diese Weise auch eine Besteuerung zu einem niedrigern Steuersatz erreicht werden. Der Pflichtteilsanspruch kann mit steuermindernder Wirkung auch noch nach Ablauf der dreijährigen Verjährungsfrist des § 2332 BGB geltend gemacht werden, sofern der Erbe erfüllungsbereit ist und auf die Einrede der Verjährung verzichtet.[463]

281 ▶ **Praxistipp**

Ein Kind, das Alleinerbe des zunächst überlebenden Elternteils geworden ist, kann auch nach dessen Tod noch den Pflichtteilsanspruch nach dem erstverstorbenen Elternteil geltend machen, um den Abzug der Pflichtteilsschuld als Nachlassverbindlichkeit gemäß § 10 Abs. 1 S. 2 i.V.m. Abs. 5 Nr. 2 ErbStG zu erreichen. Erforderlich ist dazu lediglich eine entsprechende Erklärung des Schlusserben gegenüber dem Finanzamt.[464] In Kenntnis dieser Abzugsmöglichkeit kann sich der Schlusserbe mit dem überlebenden Elternteil auf eine zinslose Stundung des nicht geltend gemachten Pflichtteilsanspruchs bis zu dessen Tod einigen, ohne dass darin eine der Schenkungsteuer unterliegende freigebige Zuwendung i. S. d. § 7 Abs. 1 Nr. 1 ErbStG gesehen werden kann.[465]

282 Der Pflichtteilsanspruch gewährt dem Gläubiger einen Anspruch auf Geld, dessen Höhe sich auch in erbschaftsteuerlicher Hinsicht nach den §§ 2311–2313 BGB richtet. Die Besteuerung des Pflichtteils erfolgt auch dann entsprechend dem Nennwert der Geldforderung, wenn der Anspruch abredegemäß durch Hingabe eines niedriger bewerteten Grundstücks erfüllt wird.[466]

283 Der Erwerbstatbestand des § 3 Abs. 1 Nr. 1 ErbStG wird erst mit Geltendmachung des Pflichtteilsanspruchs gegenüber dem Erben verwirklicht.[467] Der Pflichtteilsberechtigte kann somit den **Zeitpunkt des Entstehens der Steuerpflicht** innerhalb der Verjährungsfrist **selbst bestimmen**.[468] Eine Geltendmachung ist erst anzunehmen, wenn der Pflichtteilsgläubiger die Erfüllung des Anspruchs gegenüber dem Erben ernstlich verlangt. Eine Bezifferung des Anspruchs ist dafür nicht erforderlich.[469] Dagegen hat der Gläubiger den Pflichtteilsanspruch noch nicht geltend, wenn er von dem Erben zunächst nur Auskunft über den Bestand des Nachlasses verlangt.[470] Verzichtet der Gläubiger

---

463 H. M., vgl. nur *Muscheler*, ZEV 2001, 377, 380; *J. Mayer*, ZEV 1998, 50, 53 f.; *Geck*, DStR 2013, 1358, 1369 f.; *Klümpen-Neusel/Kaiser*, ErbStB 2013, 184, 187; ausdrücklich offen gelassen dagegen von BFH, Urt. v. 19.2.2013 – II R 47/11, ZEV 2013, 220.
464 So BFH, Urt. v. 19.2.2013 – II R 47/11, ZEV 2013, 220 m. Anm. *Wachter*.
465 Vgl. BFH, Urt. v. 31.3.2010 – II R 22/09, ZEV 2010, 379.
466 BFH ZEV 1999, 34.
467 Vgl. § 9 Abs. 1 Nr. 1b ErbStG.
468 Durch ein Hinausschieben des Auszahlungsverlangens kann unter Umständen eine Zusammenrechnung mit einem früheren Erwerb innerhalb der Zehn-Jahres-Frist des § 14 Abs. 1 ErbStG verhindert werden.
469 Vgl. BFH, Urt. v. 19.7.2006 – II R 1/05, NJW 2006, 3455.
470 Vgl. *von Oertzen/Cornelius*, ErbStB 2006, 49.

nach Geltendmachung auf den Pflichtteilsanspruch, bleibt der bereits entstandene Steueranspruch unberührt. Überdies kann in dem Verzicht eine freigebige Zuwendung an den Erben liegen.[471]

284 Verzichtet der Gläubiger nach dem Erbfall auf die Geltendmachung des Pflichtteils, bleibt die durch den Wegfall der korrespondierenden Verpflichtung eintretende Bereicherung des Erben steuerfrei (§ 13 Abs. 1 Nr. 11 ErbStG). Erhält der Berechtigte für den Verzicht auf seinen Pflichtteil eine Abfindung, wird die **Abfindungsleistung** gemäß § 3 Abs. 2 Nr. 4 ErbStG – anders als ein zur Abgeltung eines geltend gemachten Pflichtteilsanspruchs an Erfüllungs statt übertragener Gegenstand (§ 364 BGB) – mit ihrem Steuerwert erfasst[472] und als Erwerb vom Erblasser besteuert.[473] Der Erbe kann die Abfindungsleistung als Verbindlichkeit gemäß § 10 Abs. 5 Nr. 3 ErbStG von seinem Erwerb abziehen.[474] Demgegenüber wird die Abfindung, die ein künftiger gesetzlicher Erbe an einen anderen Erben für dessen **Verzicht auf einen künftigen Pflichtteilsanspruch** zahlt, entsprechend der Zivilrechtslage als freigebige Zuwendung des Zahlenden i. S. d. § 7 Abs. 1 ErbStG besteuert. Lediglich die Steuerklasse für den Erwerb des Zahlungsempfängers richtet sich nach dessen (in der Regel günstigerem) Verhältnis zum künftigen Erblasser.[475]

285 Soll indes die Abfindungsleistung erst mit dem Tode des Erben fällig werden, fehlt es nach Ansicht des BFH[476] an einer wirtschaftlichen Belastung des Erben als Voraussetzung für einen Abzug der Verbindlichkeit. Dies gilt vor allem für Stundungsabreden zwischen Kindern und dem überlebenden Elternteil, die darauf abzielen, dem von seinem Ehegatten als Alleinerben eingesetzten Elternteil die Erfüllung geltend gemachter Pflichtteilsansprüche zu Lebzeiten zu ersparen. Um dem Erbe die Abzugsmöglichkeit in diesen Fällen zu erhalten, können die Beteiligten die **Stundung der Pflichtteils- und Abfindungsansprüche** zeitlich begrenzen und als Gegenleistung dafür eine angemessene Verzinsung vorsehen.[477] Eine andere Gestaltungsüberlegung ist, den Pflichtteilsanspruch unter **Nießbrauchvorbehalt** zu erfüllen.[478]

III. Abschluss eines Erbvergleichs

286 Der Abschluss eines Erbvergleichs nach Eintritt des Erbfalls bietet den Erben die Möglichkeit, die erbrechtliche Situation auch mit erbschaftsteuerlicher Wirkung in ihrem Sinne zu modifizieren.[479] Ein Erbvergleich oder »**Auslegungsvertrag**« wird jedoch nur dann der Besteuerung zugrunde gelegt, wenn er der gütlichen Regelung streitiger Erbverhältnisse oder der **Beseitigung ernsthafter Zweifel** an der Erbrechtslage dient.[480] Einigen sich die Beteiligten auf ein Ergebnis, das eine nach § 2078 BGB statthafte Testamentsanfechtung gehabt hätte, oder verständigen sie sich bei einer mehrdeutigen letztwilligen Verfügung auf eine bestimmte Auslegung, ist dies für die Besteuerung verbindlich. Sofern der Vergleich seinen Rechtsgrund im Erbrecht hat, können die Erben die zwischen ihnen be-

---

471 FG München, Urt. v. 24.8.2005 – 4 K 4361/03, EFG 2005, 1887; ausdrücklich offen gelassen dagegen von BFH, Urt. v. 31.3.2010 – II R 22/09, ZEV 2010, 379 m. w. N. zum Streitstand.
472 *Von Oertzen/Cornelius*, ErbStB 2006, 49, 51; zum Tatbestand des § 3 Abs. 2 Nr. 6 ErbStG vgl. BFH, Urt. v. 21.5.2001 – II R 40/99, ZEV 2001, 374.
473 Ein weiterer Nachteil einer Grundstücksübertragung als Leistung an Erfüllungs statt ist, dass es sich bei dieser nach Auffassung des BFH, Urt. v. 10.7.2002 – II R 11/01, ZEV 2002, 425, nicht um einen nach § 3 Nr. 2 S. 1 GrEStG grunderwerbsteuerbefreiten Erwerb von Todes wegen handelt.
474 BFH BStBl. II 1981, S. 473.
475 BFH, Urt. v. 25.1.2001 – II R 22/98, DStR 2001, 434; Urt. v. 16.5.2013 – II R 21/11, NJW 2013, 1715.
476 BFH, Urt. v. 27.6.2007 – II R 30/05, ZEV 2007, 502; kritisch zu dieser Entscheidung *Meincke*, § 3 Rn. 101.
477 Die Vereinbarung einer angemessen Verzinsung vermeidet außerdem die bei einer zinslosen Stundung der Pflichtteilsforderung gebotene Aufteilung in einen Kapitalanteil und einen fiktiven, nach § 20 Abs. 1 Nr. 7 EStG einkommensteuerpflichtigen Zinsanteil, vgl. hierzu BFH, Urt. v. 26.6.1996 – VIII R 67/95, ZEV 1997, 84.
478 S. hierzu *Berresheim*, ZErb 2007, 436.
479 Näher dazu *Selbherr*, ZErb 2005, 10, 15; *Thonemann*, ErbStB 2005, 345; *Hübner*, ErbStB 2003, 231.
480 Vgl. BFH BFH/NV 1999, 313; s. auch Troll/Gebel/Jülicher/*Gebel*, § 3 Rn. 83.

stehende Erbengemeinschaft auch in einer Weise auseinandersetzen, die durch den Inhalt des Testaments nicht gedeckt ist.[481] Erbschaftsteuerrechtlich nicht anerkannt wird dagegen ein Erbvergleich, durch den der Kreis der berechtigten Personen oder der Umfang des Erwerbs eigenmächtig neu festgelegt wird. Steuerlich unbeachtlich ist auch eine Vereinbarung, die Miterben mit einem am Nachlass nicht beteiligten Dritten zur Regelung einer strittigen Nachlassforderung abschließen.[482]

287 Geht es den Beteiligten in erster Linie um die erbschaftsteuerlichen Folgen des Erbvergleichs, sollte die bestandskräftige Anerkennung der getroffenen Regelungen durch das Finanzamt zur **Geschäftsgrundlage des Erbvergleichs** erklärt werden.[483] Flankierend sollte den Vertragsparteien ein **Rücktrittsrecht** für den Fall eingeräumt werden, dass die Finanzverwaltung in dem Vergleich eigenständige, schenkungsteuerbare Zuwendungen zwischen den Beteiligten erblickt. Auf diese Weise kann zumindest eine erbschaftsteuerneutrale Rückabwicklung der vergleichsweise vorgenommenen Nachlassverteilung sichergestellt werden (§ 29 Abs. 1 Nr. 1 ErbStG).[484]

288 ▶ Praxistipp

> Verständigen sich der Erbe und der Ehegatte des Erblassers im Rahmen eines Erbvergleichs auf die pauschale Abgeltung geltend gemachter Pflichtteils- und Zugewinnausgleichsansprüche, sollte in dem Vertrag festgelegt werden, dass der Ehegatte des Erblassers vorrangig auf den Pflichtteilsanspruch verzichtet und die Zahlungen stattdessen auf den Zugewinnausgleichsanspruch erfolgen. Denn letztere sind gemäß § 5 Abs. 2 ErbStG steuerfrei, während ein geltend gemachter Pflichtteilsanspruch in der Höhe, auf die sich die Beteiligten vergleichsweise geeinigt haben, nach § 3 Abs. 1 i.V.m. § 9 Abs. 1 Nr. 1b ErbStG der Erbschaftsteuer unterliegt.[485]

---

481 S. dazu BFH BStBl. II 1972, S. 886.
482 BFH, Urt. v. 26.2.2008 – II R 82/05, ZEV 2008, 302.
483 S. hierzu *Thonemann*, NotBZ 2006, 268, 272.
484 Vgl. *Cornelius*, ErbStB 2006, 135, 138 f.
485 Vgl. dazu BFH, Urt. v. 1.7.2008 – II R 71/06, ZEV 2008, 549.

Kapitel 21. Gesamtmuster

Übersicht

		Rdn.
A.	**Einzeltestamente**	4
I.	Testament eines alleinstehenden Erblassers ohne Kinder	4
II.	Testament eines verheirateten Erblassers mit Kindern	13
III.	Testament eines verwitweten Erblassers mit Kindern	19
IV.	Testament eines geschiedenen Erblassers mit Kindern	24
B.	**Testamente von Ehegatten**	33
I.	Testament von Ehegatten ohne Kinder	33
II.	Testament von Eltern mit gemeinsamen Kindern (Berliner Testament)	40
III.	Testament von Eltern mit gemeinsamen Kindern (Vor- und Nacherbschaft)	50
IV.	Testament von Eltern mit gemeinsamen minderjährigen Kindern	59
V.	Testament vermögender Eltern mit gemeinsamen Kindern (Vermächtnis zugunsten der Kinder)	66
VI.	Testament vermögender Eltern mit gemeinsamen Kindern (Vermächtnis zugunsten des überlebenden Ehegatten)	71
C.	**Testamente von Ehegatten mit Kindern aus vorangegangener Beziehung**	82
I.	Testament von Eltern mit Kindern aus vorangegangener Beziehung: Einsetzung der »einseitigen« Kinder als Nacherben	82
II.	Testament von Eltern mit Kindern aus vorangegangener Beziehung: Vermächtnis zugunsten der »einseitigen« Kinder	91
III.	Testament von Eltern mit Kindern aus vorangegangener Beziehung: Einsetzung der »einseitigen« Kinder als Erben und Nießbrauchvermächtnis für den Ehegatten	100
IV.	Testament von Eltern mit gemeinsamen Kindern und Kindern aus vorangegangener Beziehung (Einsetzung auch der »einseitigen« Kinder zu Schlusserben)	111
V.	Testament von Eltern mit gemeinsamen Kindern und Kindern aus vorangegangener Beziehung (Vermächtnis zugunsten der »einseitigen« Kinder)	118
D.	**Erbverträge nichtehelicher Lebensgemeinschaften**	128
I.	Erbvertrag nichtehelicher Lebensgemeinschaft ohne Kinder	128
II.	Erbvertrag nichtehelicher Lebensgemeinschaft mit gemeinsamen Kindern	136
III.	Erbvertrag nichtehelicher Lebensgemeinschaft mit Kindern aus vorangegangener Beziehung	147
E.	**Formblatt für die Beantragung eines Europäischen Nachlasszeugnisses gem. Art. 80 EuErbVO**	157

Die nachfolgenden Formulierungsbeispiele sollen dem Leser eine Hilfestellung bei der Abfassung von Verfügungen von Todes wegen in häufig vorkommenden Fallkonstellationen geben. Die Formulierungsbeispiele können die Besonderheiten des Einzelfalls naturgemäß nicht berücksichtigen. Zur Anpassung der Formulierungsbeispiele an den Einzelfall wird auf die jeweilgen Kapitel im Buch verwiesen; dort finden sich ausführliche Hinweise zur Ausgestaltung einzelner Rechtsinstitute. Um Wiederholungen zu vermeiden sind die Anmerkungen, die den einzelnen Formulierungsbeispielen an dieser Stelle folgen, kurz gehalten. 1

Soweit die Abfassung von Verfügungen von Todes wegen unter Berücksichtigung besonderer Fallgestaltungen gefordert ist, wird der Leser hiermit auf die jeweils einschlägigen Kapitel im Buch verwiesen (z. B. sog. Behindertentestament, Beteiligung eines verschuldeten Erben, Nachfolge in Unternehmensbeteiligungen, Fälle mit Auslandsberührung). 2

Die nachfolgenden Formulierungsbeispiele sind als notarielle Verfügungen von Todes wegen abgefasst. Zu anderen Formen von Verfügungen von Todes wegen s. Kapitel 2. 3

Kapitel 21 Gesamtmuster

A. Einzeltestamente
I. Testament eines alleinstehenden Erblassers ohne Kinder

4 Sachverhalt

Der Erblasser ist nicht verheiratet und hat keine Kinder, aber eine nahestehende Person, die sein Erbe werden soll. Einen Ersatzerben vermag er zur Zeit nicht zu benennen. Schließlich möchte der Erblasser eine gemeinnützige Einrichtung mit einer Geldzuwendung bedenken.

5 ▶ Muster

Der Notar überzeugte sich durch die Verhandlung von der Geschäfts- und Testierfähigkeit des/der Erschienenen. Der/Die Erschienene erklärte mündlich und ließ folgendes beurkunden:

TESTAMENT

Vorbemerkung

Ich wurde geboren in ... (Register-Nr. ... des Standesamtes ...).

Ich habe ausschließlich die deutsche Staatsangehörigkeit. Ich habe meinen gewöhnlichen Aufenthalt in Deutschland. An der Errichtung eines Testamentes bin ich durch frühere Verfügungen von Todes wegen nicht gehindert. Zeugen sollen bei der Beurkundung nicht zugezogen werden. Der Notar soll eine beglaubigte Abschrift dieser Urkunde unverschlossen zu seiner Urkundensammlung nehmen.

Frühere Verfügungen

Alle etwa bisher von mir errichteten Verfügungen von Todes wegen hebe ich hiermit auf.

Erbeinsetzung

Zu meinen/meinem Erben/meiner Erbin berufe ich: ...

Ersatzerbenregelung

Eine Ersatzerbenregelung möchte ich heute nicht treffen.

Vermächtnis

Zugunsten der gemeinnützigen Einrichtung ... setze ich ein Geldvermächtnis in Höhe von ... EUR aus.

Anfechtungsausschluss, Schlussbestimmungen

Ich treffe alle Verfügungen in diesem Testament unabhängig davon, ob und welche Pflichtteilsberechtigten bei meinem Tode vorhanden sind.

Der Notar hat mich über das gesetzliche Erb- und Pflichtteilsrecht belehrt und auf die Bedeutung erbvertraglicher und testamentarischer Bindungswirkung hingewiesen.

Der Notar hat mich ferner darauf hingewiesen,
– dass zusätzliche Vereinbarungen erforderlich werden können, wenn zum Nachlass im Ausland belegenes Vermögen gehört; gegenwärtig ist kein solches Vermögen vorhanden;
– dass auf die Erbfolge nach der EU-Erbrechtsverordnung das Recht desjenigen Landes Anwendung findet, in dem der Erblasser bei seinem Ableben seinen gewöhnlichen Aufenthalt hatte und dass der Erblasser eine umfassende Wahl zur Anwendbarkeit des Rechtes seines Heimatlandes in einer Verfügung von Todes wegen vornehmen kann. Hiervon möchte ich zurzeit keinen Gebrauch machen.

Zu meinem Vermögen gehört keine Beteiligung an einer Gesellschaft, deren Gesellschaftsvertrag erbrechtlich relevante Bestimmungen enthält, ferner kein Hof i. S. d. Höfeordnung.

Weitere Bestimmungen will ich heute nicht treffen.

Diese Niederschrift wurde dem/der Erschienenen vom Notar vorgelesen, von ihm/ihr genehmigt und von ihm/ihr und dem Notar wie folgt eigenhändig unterschrieben:

Anmerkungen 6

Zu den beurkundungsrechtlichen Vorgaben eines notariellen Testaments s. Kapitel 2 Rdn. 69 ff.

Vorbemerkung. In der Vorbemerkung sollte insbesondere zum Ausdruck kommen, dass der Erblasser kein bindendes gemeinschaftliches Testament bzw. keinen bindenden Erbvertrag geschlossen hat, das bzw. der der zu errichtenden Verfügung von Todes wegen entgegensteht. 7

Frühere Verfügungen. Der Widerruf früherer Verfügungen[1] ist anzuraten, um Auslegungsschwierigkeiten bei Vorhanden sein etwaiger früherer Verfügungen von Todes wegen vorzubeugen. 8

Erbeinsetzung. Der Erbe sollte nicht nur namentlich benannt werden. Zur sicheren Identifizierung und späteren Ermittlung sollten auch ggfs. Geburtsname, Geburtsdatum und Wohnanschrift angegeben werden. 9

Ersatzerbenregelung. Soweit keine explizite Ersatzerbenregelung getroffen wird, sollte klargestellt werden, ob die gesetzlichen Vermutungsregelungen bezüglich Ersatzerben zur Anwendung kommen sollen, um Auslegungsschwierigkeiten zu vermeiden.[2] 10

Vermächtnis. Zur Ausgestaltung von Vermächtnissen s. Kapitel 4. 11

Anfechtungsausschluss, Schlussbestimmungen. Stets ist zu erwägen, ob der Erblasser nicht seine Verfügungen gegen den Fall schützen möchte, dass bei seinem Ableben pflichtteilsberechtigte Personen vorhanden sind, die ihm bei Testamentserrichtung unbekannt waren. Diese sind gemäß § 2079 BGB imstande, die getroffenen Verfügungen anzufechten. Folge ist dann ggfs. das Eintreten der gesetzlichen Erbfolge oder das Wiederaufleben von älteren Verfügungen, die durch die angefochtene Verfügung aufgehoben worden waren. Regelmäßig wird ein solcher Anfechtungsausschluss sachgerecht sein. 12

In den Schlussbestimmungen wird sinnvollerweise dokumentiert, dass der Notar über das Erb- und Pflichtteilsrecht und die Bedeutung erbvertraglicher und testamentarischer Bindungswirkung belehrt hat. Ferner sollte festgehalten werden, ob der Erblasser Auslandsvermögen hat, das zur Anwendung ausländischen Erbrechts führen kann.[3] Unbedingt ist zu dokumentieren, dass der Notar über die Fragen des Internationalen Privatrechts in Form der EU-Erbrechtsverordnung belehrt hat. Bei der Errichtungen von Verfügungen von Todes wegen bis zum 16. August 2015 wird gemäß Art. 83 Absatz 4 EU-Erbrechtsverordnung eine Wahl zum Heimatrecht des Erblassers fingiert. Für danach erfolgende Verfügungen ist positiv zu entscheiden, ob eine solche Rechtswahl vorsorglich gewünscht wird oder nicht. Diese Entscheidung sollte im Testament dokumentiert werden.[4] Schließlich ist sinnvollerweise festzuhalten, ob der Erblasser an Gesellschaften beteiligt ist, deren Gesellschaftsvertrag erbrechtlich relevante Bestimmungen enthält, die bei der Beachtung der Testamentserrichtung zu beachten sind.[5]

II. Testament eines verheirateten Erblassers mit Kindern

Sachverhalt 13

Der Erblasser ist verheiratet und hat zwei Kinder. Eine Verfügung von Todes wegen zusammen mit seinem Ehegatten will oder kann (Verbot nach eventuell anwendbarem ausländischem Erbrecht, das

---

1 S. hierzu Kapitel 1 Rdn. 130 ff.
2 OLG München, Beschl. vom 4.3.2009 – 31 Wx 073/08, RNotZ 2009, 490.
3 S. hierzu Kapitel 19.
4 Zu den Einzelheiten der im Rahmen der EU-Erbrechtsverordnung zu treffenden Rechtswahlen s. Kapitel 19.
5 S. hierzu Kapitel 11.

Kapitel 21 Gesamtmuster

auf den Erbfall des Ehegatten Anwendung findet) er nicht errichten. Dennoch soll der Ehegatte, wenn er der Längstlebende von beiden Ehegatten sein sollte, Alleinerbe werden. Sollte der Erblasser der Längstlebende von beiden Ehegatten sein, sollen die gemeinsamen Kinder Erben zu gleichen Teilen werden. Die Kinder haben keine lebzeitigen Zuwendungen des Erblassers erhalten; derartige Zuwendungen sind auch nicht geplant. Sollte eines der Kinder vorversterben, sollen die bereits vorhandenen und etwaige weitere Enkelkinder Ersatzerben sein.

14 ▶ **Muster:**

TESTAMENT

Vorbemerkung

Ich wurde geboren in ... (Register-Nr. ... des Standesamtes ...).

Ich habe ausschließlich die deutsche Staatsangehörigkeit. Ich habe meinen gewöhnlichen Aufenthalt in Deutschland. An der Errichtung eines Testamentes bin ich durch frühere Verfügungen von Todes wegen nicht gehindert. Zeugen sollen bei der Beurkundung nicht zugezogen werden. Der Notar soll eine beglaubigte Abschrift dieser Urkunde unverschlossen zu seiner Urkundensammlung nehmen.

Frühere Verfügungen

Alle etwa bisher von mir errichteten Verfügungen von Todes wegen hebe ich hiermit auf.

Erbeinsetzung

Zu meinem Erben berufe ich meinen Ehegatten ...

Sollte mein Ehegatte vor mir versterben oder aus einem anderen Grunde nicht Erbe werden, berufe ich zu meinen Erben unsere gemeinsamen Kinder:

... und

...

zu gleichen Teilen.

Das gleiche gilt, wenn mein Ehegatte und ich gleichzeitig oder wir aufgrund desselben Ereignisses innerhalb einer Frist von vier Wochen nacheinander versterben sollten.

Ersatzerbenregelung

Sollte eines meiner Kinder, das zum Erben berufen ist, vor dem Erbfall versterben, so treten seine Abkömmlinge entsprechend den Regeln über die gesetzliche Erbfolge an seine Stelle. Das gleiche gilt, wenn ein solches Kind aus einem anderen Grunde nicht Erbe wird, es sei denn, dass es gegen eine Abfindung auf sein Erbrecht verzichtet hat. Sind Abkömmlinge eines Erben nicht vorhanden, soll der Erbteil des Weggefallenen dem oder den anderen Erben nach dem Verhältnis ihrer Erbteile zuwachsen.

Anfechtungsausschluss, Schlussbestimmungen

Ich treffe alle Verfügungen in diesem Testament unabhängig davon, ob und welche Pflichtteilsberechtigten bei meinem Tode vorhanden sind.

Der Notar hat mich über das gesetzliche Erb- und Pflichtteilsrecht belehrt und auf die Bedeutung erbvertraglicher und testamentarischer Bindungswirkung hingewiesen.

Der Notar hat mich ferner darauf hingewiesen,
– dass zusätzliche Vereinbarungen erforderlich werden können, wenn zum Nachlass im Ausland belegenes Vermögen gehört; gegenwärtig ist kein solches Vermögen vorhanden;
– dass auf die Erbfolge nach der EU-Erbrechtsverordnung das Recht desjenigen Landes Anwendung findet, in dem der Erblasser bei seinem Ableben seinen gewöhnlichen Aufenthalt hatte und dass der Erblasser eine umfassende Wahl zur Anwendbarkeit des Rechtes seines Heimatlandes in einer Verfügung von Todes wegen vornehmen kann. Hiervon möchte ich zurzeit keinen Gebrauch machen.

Zu meinem Vermögen gehört keine Beteiligung an einer Gesellschaft, deren Gesellschaftsvertrag erbrechtlich relevante Bestimmungen enthält, ferner kein Hof i. S. d. Höfeordnung.

Weitere Bestimmungen will ich heute nicht treffen.

Diese Niederschrift wurde dem/der Erschienenen vom Notar vorgelesen, von ihm/ihr genehmigt und von ihm/ihr und dem Notar wie folgt eigenhändig unterschrieben:

Anmerkungen

S. zunächst Anmerkungen zu Formulierungsbeispiel A I. Rdn. 5.

Erbeinsetzung. In erbschaftsteuerlicher Hinsicht ist unter dem Gesichtspunkt der Vermeidung zweier Erbanfälle und der Ausschöpfung steuerlicher Freibeträge der Fall des gleichzeitigen Versterbens oder des Versterbens aufgrund desselben Ereignisses zu regeln.[6] Aus Gründen der Rechtsklarheit wird hier eine Frist für das Versterben aufgrund desselben Ereignisses bestimmt und auf übliche Formulierungen wie »kurz nacheinander« verzichtet.

Regelungen zu **Ausgleichungspflichten** sind im vorliegenden Fall nicht erforderlich. S. dazu das folgende Beispiel.

Ersatzerbenregelung.[7] Die Ersatzerbenregelung orientiert sich an der gesetzlichen Vermutung des § 2069 BGB. Sie ist aber eine verbindliche Regelung und keine Vermutung. Das gibt den Erben Rechtssicherheit für den Fall, dass ein Erbe zugunsten seiner Abkömmlinge die Erbschaft ausschlagen möchte.[8]

III. Testament eines verwitweten Erblassers mit Kindern

Sachverhalt

Der Erblasser ist verwitwet und hat zwei Kinder. Die beiden Kinder sollen Erben werden. Die Kinder haben beide bereits Zuwendungen des Erblassers erhalten. Diese sollen im Erbfall aber nicht ausgeglichen werden, um Diskussionen im Rahmen der Wertermittlung zu vermeiden. Sollte eines der Kinder vorversterben, sollen die bereits vorhandenen und etwaige weitere Enkelkinder Ersatzerben sein.

▶ **Muster:**

TESTAMENT

Vorbemerkung

Ich wurde geboren in ... (Register-Nr. ... des Standesamtes ...).

Ich habe ausschließlich die deutsche Staatsangehörigkeit. Ich habe meinen gewöhnlichen Aufenthalt in Deutschland. An der Errichtung eines Testamentes bin ich durch frühere Verfügungen von Todes wegen nicht gehindert. Zeugen sollen bei der Beurkundung nicht zugezogen werden. Der Notar soll eine beglaubigte Abschrift dieser Urkunde unverschlossen zu seiner Urkundensammlung nehmen.

Frühere Verfügungen

Alle etwa bisher von mir errichteten Verfügungen von Todes wegen hebe ich hiermit auf.

---

6 S. zur Erbeinsetzung Kapitel 3.
7 S. zur Ersatzerbenregelung Kapitel 3 Rdn. 124 ff.
8 S. zur Ausschlagung als Gestaltungsmittel Kapitel 14 Rdn. 117 ff.

Kapitel 21 Gesamtmuster

Erbeinsetzung

Zu meinen Erben berufe ich:

...

...

zu gleichen Teilen.

(Ggf.) Ausgleichungen unter meinen Kindern aufgrund lebzeitiger Zuwendungen sollen nicht erfolgen, selbst wenn dies durch lebzeitige Verträge vereinbart worden sein sollte.

Ersatzerbenregelung

Sollte ein Erbe vor dem Erbfall versterben, so treten seine Abkömmlinge entsprechend den Regeln über die gesetzliche Erbfolge an seine Stelle. Das gleiche gilt, wenn eine solche Person aus einem anderen Grunde nicht Erbe wird, es sei denn, dass sie gegen eine Abfindung auf ihr Erbrecht verzichtet hat. Sind Abkömmlinge eines Erben nicht vorhanden, soll der Erbteil des Weggefallenen dem oder den anderen Erben nach dem Verhältnis ihrer Erbteile zuwachsen.

Anfechtungsausschluss, Schlussbestimmungen

Ich treffe alle Verfügungen in diesem Testament unabhängig davon, ob und welche Pflichtteilsberechtigten bei meinem Tode vorhanden sind.

Der Notar hat mich über das gesetzliche Erb- und Pflichtteilsrecht belehrt und auf die Bedeutung erbvertraglicher und testamentarischer Bindungswirkung hingewiesen.

Der Notar hat mich ferner darauf hingewiesen,
- **dass zusätzliche Vereinbarungen erforderlich werden können, wenn zum Nachlass im Ausland belegenes Vermögen gehört; gegenwärtig ist kein solches Vermögen vorhanden;**
- **dass auf die Erbfolge nach der EU-Erbrechtsverordnung das Recht desjenigen Landes Anwendung findet, in dem der Erblasser bei seinem Ableben seinen gewöhnlichen Aufenthalt hatte und dass der Erblasser eine umfassende Wahl zur Anwendbarkeit des Rechtes seines Heimatlandes in einer Verfügung von Todes wegen vornehmen kann. Hiervon möchte ich zurzeit keinen Gebrauch machen.**

Zu meinem Vermögen gehört keine Beteiligung an einer Gesellschaft, deren Gesellschaftsvertrag erbrechtlich relevante Bestimmungen enthält, ferner kein Hof i. S. d. Höfeordnung.

Weitere Bestimmungen will ich heute nicht treffen.

Diese Niederschrift wurde dem/der Erschienenen vom Notar vorgelesen, von ihm/ihr genehmigt und von ihm/ihr und dem Notar wie folgt eigenhändig unterschrieben:

21 **Anmerkungen**

S. zunächst Anmerkungen zu Formulierungsbeispiel A I. Rdn. 5.

22 **Erbeinsetzung.** Die namentliche Benennung der Kinder und nicht lediglich die Bezeichnung der Erben als »meine Kinder« ohne weitere Angaben erlaubt es, das öffentliche Testament als Erbnachweis zu verwenden. Ein Erbschein ist damit nach Eröffnung des notariellen Testaments entbehrlich.[9]

23 Hinsichtlich lebzeitiger Zuwendungen an Kinder sind die §§ 2050 ff. BGB zu beachten. Die Regelungen zu **Ausgleichungspflichten** gelten auch, wenn der Erblasser die Erbquoten seiner Abkömmlinge so bestimmt hat, dass sie zueinander in demselben Verhältnis stehen wie die gesetzlichen Erbteile, § 2052 BGB. Es ist ratsam, ausdrücklich zu regeln, ob eine Ausgleichung unter den gesetzlichen Erben in entsprechenden Fällen erfolgen oder ausgeschlossen sein soll; andernfalls greift die Ver-

---

[9] S. hierzu Kapitel 2 Rdn. 138 f.

mutung des § 2052 BGB, der zufolge vermutet wird, dass ohne ausdrückliche Regelung eine Ausgleichung nach Maßgabe der Vorschriften der §§ 2050, 2051 BGB vorzunehmen ist.[10]

IV. Testament eines geschiedenen Erblassers mit Kindern

Sachverhalt

Der Erblasser ist geschieden und hat einen Sohn. Es soll verhindert werden, dass der Sohn den Erblasser beerbt und nach dessen Tod der geschiedene Ehegatte oder dessen Verwandten an dem Vermögen partizipieren, dass der Erblasser dem Sohn vererbt hat.

▶ **Muster**[11]

TESTAMENT

Vorbemerkung

Ich wurde geboren in ... (Register-Nr. ... des Standesamtes ...).

Ich bin von meinem ersten Ehegatten ... rechtskräftig geschieden. Aus dieser Ehe stammt mein Sohn ... Weitere Abkömmlinge habe ich nicht, auch keine nichtehelichen oder adoptierten. Ich möchte ein Testament errichten und bin daran durch frühere Verfügungen nicht gehindert. Insbesondere habe ich weder ein gemeinschaftliches Testament mit meinem früheren Ehegatten noch einen bindenden Erbvertrag errichtet.

Ich habe ausschließlich die deutsche Staatsangehörigkeit und meinen gewöhnlichen Aufenthalt in Deutschland. Zeugen sollen bei der Beurkundung nicht zugezogen werden. Der Notar soll eine beglaubigte Abschrift dieser Urkunde unverschlossen zu seiner Urkundensammlung nehmen.

Frühere Verfügungen

Alle etwa bisher von mir errichteten Verfügungen von Todes wegen hebe ich hiermit auf.

Erbeinsetzung

Ich setze meinen Sohn ... zu meinem alleinigen Erben ein.

Sollten zum Zeitpunkt meines Todes weitere Kinder von mir vorhanden sein, so sind alle Kinder unter sich zu gleichen Teilen zu Erben berufen.

Nacherbfolge

Mein Sohn ... ist jedoch nur Vorerbe. Er ist – soweit gesetzlich zulässig – von allen Beschränkungen und Verpflichtungen befreit.

Zu Nacherben setze ich die gesetzlichen Erben meines Sohnes ein, unter sich zu den gesetzlich vorgesehenen Anteilen, wobei mein geschiedener Ehegatte ... sowie dessen sämtliche Verwandte vom Kreis der Nacherben ausgeschlossen sind.

Nacherbenanwartschaftsrechte sind weder vererblich noch veräußerbar. (alternativ:) Nacherbenanwartschaftsrechte sind an den Vorerben veräußerbar; im Übrigen sind sie weder vererblich noch übertragbar. Im Falle der Veräußerung an den Vorerben entfallen alle ausdrücklichen, schlüssigen oder vermuteten Ersatznacherbeneinsetzungen bezüglich des betreffenden Nacherben.

Der Nacherbfall tritt mit dem Tod des Vorerben ein.

Die eingesetzten Nacherben sind gleichzeitig auch Ersatzerben, und zwar als Vollerben.

Die Anordnung der Nacherbfolge ist jedoch auflösend bedingt. Sie entfällt mit der Folge, dass Vollerbschaft eintritt, wenn alternativ

---

10 S. zur Ausgleichung Kapitel 16 Rdn. 1 ff.
11 Unter Anlehnung an das Muster von *Schleifenbaum* in Kapitel 6 Rdn. 94.

Kapitel 21 Gesamtmuster

– mein geschiedener Ehegatte verstirbt,

– mein Sohn ... eine eigene Verfügung von Todes wegen errichtet hat, in der er meinen geschiedenen Ehegatten enterbt und nicht bedacht hat oder

– mein Sohn das ... Lebensjahr vollendet hat.

Testamentsvollstreckung

Sollte mein Sohn ... bei meinem Tode noch nicht das ... Lebensjahr vollendet haben, ordne ich Dauertestamentsvollstreckung an.

Der Testamentsvollstrecker hat den Nachlass zu verwalten, bis mein Sohn ... das ... Lebensjahr vollendet hat.

Der Testamentsvollstrecker ist auch Nacherbenvollstrecker für alle Nacherben. Diese Testamentsvollstreckung endet erst mit Beendigung sämtlicher Vorerbschaften.

Er ist in der Eingehung von Verbindlichkeiten für den Nachlass nicht beschränkt. Er ist, soweit gesetzlich zulässig, von allen Beschränkungen befreit.

Zum Testamentsvollstrecker ernenne ich ..., [Geburtsdatum, Anschrift], ersatzweise ..., [Geburtsdatum, Anschrift]. Der Testamentsvollstrecker ist jederzeit berechtigt, einen Nachfolger zu ernennen. Endet das Amt des Testamentsvollstreckers ohne Benennung eines Nachfolgers, so wird das zuständige Nachlassgericht ersucht, einen geeigneten Testamentsvollstrecker zu ernennen.

Der Testamentsvollstrecker erhält Ersatz der notwendigen Auslagen und eine angemessene Vergütung.

Beschränkung der Vermögenssorge/Pflegerbestellung

Sollte mein Sohn ... bei meinem Tode noch nicht volljährig sein, ordne ich an, dass mein geschiedener Ehegatte von der Verwaltung sämtlicher Vermögensgegenstände, die mein Sohn aufgrund dieser Verfügung von Todes wegen aus meinem Nachlass erwirbt, ausgeschlossen ist.

Zum Pfleger für solche Vermögenswerte bestimme ich ..., ersatzweise ... Der Pfleger ist, soweit gesetzlich zulässig, von allen Beschränkungen befreit.

Familienrechtliche Anordnung

Soweit mein Sohn bei meinem Tod noch minderjährig ist, benenne ich vorsorglich gemäß §§ 1776, 1777 BGB für ihn als Vormund ...

Der Vormund soll von allen Beschränkungen befreit sein, von denen gem. § 1852 ff. BGB eine Befreiung erteilt werden kann. Die Bestellung eines Gegenvormunds soll nicht erfolgen.

Anfechtungsausschluss, Schlussbestimmungen

Ich treffe alle Verfügungen in diesem Testament unabhängig davon, ob und welche Pflichtteilsberechtigten bei meinem Tode vorhanden sind.

Der Notar hat mich über das gesetzliche Erb- und Pflichtteilsrecht belehrt und auf die Bedeutung erbvertraglicher und testamentarischer Bindungswirkung hingewiesen.

Der Notar hat mich ferner darauf hingewiesen,
– dass zusätzliche Vereinbarungen erforderlich werden können, wenn zum Nachlass im Ausland belegenes Vermögen gehört; gegenwärtig ist kein solches Vermögen vorhanden;
– dass auf die Erbfolge nach der EU-Erbrechtsverordnung das Recht desjenigen Landes Anwendung findet, in dem der Erblasser bei seinem Ableben seinen gewöhnlichen Aufenthalt hatte und dass der Erblasser eine umfassende Wahl zur Anwendbarkeit des Rechtes seines Heimatlandes in einer Verfügung von Todes wegen vornehmen kann. Hiervon möchte ich zurzeit keinen Gebrauch machen.

Zu meinem Vermögen gehört keine Beteiligung an einer Gesellschaft, deren Gesellschaftsvertrag erbrechtlich relevante Bestimmungen enthält, ferner kein Hof i. S. d. Höfeordnung.

Weitere Bestimmungen will ich heute nicht treffen.

Diese Niederschrift wurde dem/der Erschienenen vom Notar vorgelesen, von ihm/ihr genehmigt und von ihm/ihr und dem Notar wie folgt eigenhändig unterschrieben:

Anmerkungen

S. zunächst Anmerkungen zu Formulierungsbeispiel A I. Rdn. 5.

Frühere Verfügungen. Der Widerruf früherer Verfügungen ist anzuraten, um Auslegungsschwierigkeiten bei Vorhandensein etwaiger früherer Verfügungen von Todes wegen vorzubeugen. Insbesondere in Scheidungsfällen ist zu prüfen, ob etwaige mit dem geschiedenen Ehegatten errichtete Verfügungen von Todes wegen noch fortgelten (§ 2077 Abs. 3 BGB i. V. m. §§ 2268 Abs. 2 2279 Abs. 2 BGB.[12]

Nacherbfolge.[13] Durch die Anordnung der Nacherbfolge wird sichergestellt, dass das vererbte Vermögen beim Tod des Vorerben nicht an dessen testamentarische oder gesetzliche Erben geht, zu denen der geschiedene Ehegatte gehören kann. Andererseits ist das Risiko, dass Vermögenswerte aus dem Nachlass an den geschiedenen Ehegatten gelangen, statistisch betrachtet recht klein. Daran gemessen ist die Belastungswirkung für das erbende Kind nicht unerheblich. Um die Verhältnismäßigkeit der Gestaltung zu sichern, sollte das Kind so wenig wie möglich belastet werden. Hierzu ist neben der weitest möglichen Befreiung von Beschränkungen und Verpflichtungen auch zu erwägen, die Nacherbschaftsbeschränkung auflösend zu bedingen.[14] Zusätzlich zu exemplarisch vorgestellten Bedingungen ist es insbesondere erwägenswert, die Geburt eines eigenen Kindes des erbenden Kindes als auflösende Bedingung vorzusehen. Dann sind freilich andere Personen als die Abkömmlinge des Kindes zu Nacherben zu bestimmen. Werden »die Abkömmlinge« eines Kindes zu Nacherben bestimmt, ergibt sich das Problem der »unbekannten Nacherben«.[15]

Zur Ausgestaltung eines Testamentes eines geschiedenen Erblassers mit einem weniger einschneidenden, aufschiebend bedingtes Herausgabevermächtnis s. Formulierungsbeispiele von Schleifenbaum, Kapitel 6 Rdn. 94, und Hartmann, Kapitel 5 Rdn. 321. Zu Vor- und Nachteilen der Vor- und Nacherbschaft einerseits und des Herausgabevermächtnisses andererseits s. Kapitel 5 A. II. und B. I.

Testamentsvollstreckung.[16] Durch Anordnung der Testamentsvollstreckung wird verhindert, dass der geschiedene Ehegatte als möglicherweise Sorgeberechtigter nach Eintritt des Erbfalls faktisch Zugriff auf das ererbte Vermögen hat. Darüber hinaus wird verhindert, dass der Erbe unmittelbar nach Eintritt der Volljährigkeit über das ererbte Vermögen verfügen kann; dies ist u. a. aufgrund der möglichen Einflussnahme des geschiedenen Ehegatten auf den dann noch jungen Erben im Einzelfall nicht gewollt.

Beschränkung der Vermögensfürsorge.[17] Durch die Beschränkung der Vermögensfürsorge wird dem geschiedenen Ehegatten die Möglichkeit genommen, über die ihm möglicherweise nach Eintritt des Erbfalls zustehende Vermögensfürsorge für den Erben Einfluss auszuüben. Sie kann neben der Anordnung der Testamentsvollstreckung sachgerecht sein, um zu verhindern, dass der Testamentsvollstrecker vom geschiedenen Ehegatten bei der Durchführung der Testamentsvollstreckung kontrolliert wird.

Familienrechtliche Anordnung.[18] Durch die Bestimmung eines Vormundes durch die sorgeberechtigten Eltern soll sichergestellt werden, dass eine Person, die das Vertrauen der Eltern genießt, sich bei

---

12 S. hierzu Kapitel 1 Rdn. 130.
13 S. zur Vor- und Nacherbschaft Kapitel 5.; zur Anwendung beim Geschiedenentestament insbes. Kapitel 5 Rdn. 110.
14 S. hierzu ausführlich Kapitel 5 Rdn. 104.
15 S. dazu Kapitel 5 Rdn. 69.
16 Zur Testamentsvollstreckung s. Kapitel 9 A.
17 Zur Beschränkung der Vermögensfürsorge s. Kapitel 9 Rdn. 767.
18 S. hierzu Kapitel 9 Rdn. 780 ff.

Kapitel 21 Gesamtmuster

deren vorzeitigen Ableben um die Belange der zurückbleibenden Kinder kümmert. Im vorliegenden Fall erlangt die Anordnung Bedeutung, wenn der geschiedene Ehegatte vorverstorben sein sollte oder als sorgeberechtigter aus anderen Gründen ausscheidet. Die Pflichtenlast des Vormunds kann dadurch erleichtert werden, dass er von den gesetzlichen Beschränkungen befreit wird, von denen eine Befreiung möglich ist.[19]

B. Testamente von Ehegatten

I. Testament von Ehegatten ohne Kinder

33 Sachverhalt

Die testierenden Ehegatten haben keine Kinder. Sie habe eine nahestehende Person, die Erbe nach dem Tod des Längstlebenden der Ehegatten werden soll. Deren Abkömmlinge sollen Ersatzerben sein. Die Ehegatten möchten eine gemeinnützige Einrichtung mit einer Geldzuwendung bedenken; dies aber erst, wenn beide Ehegatten verstorben sind.

34 ▶ **Muster:**

GEMEINSCHAFTLICHES TESTAMENT

Vorbemerkung

Der Ehemann wurde geboren in ... (Register-Nr. ... des Standesamtes ...).

Die Ehefrau wurde geboren in ... (Register-Nr. ... des Standesamtes ...).

Wir haben ausschließlich die deutsche Staatsangehörigkeit und unseren gewöhnlichen Aufenthalt in Deutschland. An dem Abschluss eines gemeinschaftlichen Testamentes sind wir durch frühere Verfügungen von Todes wegen nicht gehindert. Zeugen sollen bei der Beurkundung nicht zugezogen werden. Eine beglaubigte Abschrift des Testaments soll unverschlossen in der amtlichen Verwahrung des Notars bleiben.

Wir leben im gesetzlichen Güterstand.

Frühere Verfügungen

Alle Verfügungen von Todes wegen, die wir etwa gemeinsam oder einzeln errichtet haben, heben wir hiermit auf.

Erbfolge nach dem Zuerstversterbenden

Der Zuerstversterbende von uns setzt den Überlebenden von uns zu seinem alleinigen und unbeschränkten Erben ein. Diese Bestimmung soll unabhängig davon gelten, ob und welche Pflichtteilsberechtigten beim Tode des Zuerstversterbenden vorhanden sein werden.

Erbfolge nach dem Überlebenden, gleichzeitiges Ableben

Jeder von uns beruft, sowohl für den Fall, dass der andere von uns nicht Erbe wird, als auch für den Fall, dass wir gleichzeitig oder aufgrund desselben Ereignisses innerhalb von vier Wochen nacheinander versterben, zu seinem Erben ...

Ersatzerbenregelung

Sollte der zum Erben des Überlebenden von uns berufene ... vor dem Erbfall versterben, so treten seine Abkömmlinge entsprechend den Regeln über die gesetzliche Erbfolge an seine Stelle. Das gleiche gilt, wenn ... aus einem anderen Grunde nicht Erbe wird. Sind Abkömmlinge von ... nicht vorhanden, soll ... Ersatzerbe sein.

---

19 Zur Personalunion von Vormund und Testamentsvollstrecker s. Kapitel 9 Rdn. 791.

Vermächtnis

Zugunsten der gemeinnützigen Einrichtung ... setze der Längstlebende von uns ein Geldvermächtnis in Höhe von ... EUR aus.

Bindungswirkung

Der Notar hat auf die Bindungswirkung eines gemeinschaftlichen Testamentes sowie die gesetzlichen Bestimmungen der Widerrufsmöglichkeit hingewiesen. Uns ist bekannt, dass der Widerruf der notariellen Beurkundung bedarf.

Ein jeder von uns soll berechtigt sein, einseitig alle Bestimmungen dieses Testaments aufzuheben oder abzuändern außer der gegenseitigen Erbeinsetzung, die wir als wechselbezügliche Verfügung vornehmen.

Schlussbestimmungen, Hinweise

Der Notar hat uns die Bestimmungen des gesetzlichen Erb- und Pflichtteilsrechts erläutert und uns ferner darauf hingewiesen,
- dass zusätzliche Vereinbarungen erforderlich werden können, wenn zum Nachlass im Ausland belegenes Vermögen gehört; gegenwärtig ist kein solches Vermögen vorhanden;
- dass auf die Erbfolge nach der EU-Erbrechtsverordnung das Recht desjenigen Landes Anwendung findet, in dem der Erblasser bei seinem Ableben seinen gewöhnlichen Aufenthalt hatte und dass der Erblasser eine umfassende Wahl zur Anwendbarkeit des Rechtes seines Heimatlandes in einer Verfügung von Todes wegen vornehmen kann. Hiervon möchten wir zurzeit keinen Gebrauch machen.

Zu unserem Vermögen gehört keine Beteiligung an einer Gesellschaft, deren Gesellschaftsvertrag erbrechtlich relevante Bestimmungen enthält, ferner kein Hof i. S. d. Höfeordnung.

Weitere Bestimmungen wollen wir heute nicht treffen.

Diese Niederschrift wurde den Erschienenen vom Notar vorgelesen, von ihnen genehmigt und von ihnen und dem Notar wie folgt eigenhändig unterschrieben:

Anmerkungen

S. zunächst Anmerkungen zu Formulierungsbeispiel A I. Rdn. 5.

Erbeinsetzung. Durch die gegenseitige Erbeinsetzung wird verhindert, dass die Verwandten des erstversterbenden Ehegatten zusammen mit dem länger lebenden Ehegatten Erben werden und eine Erbengemeinschaft bilden. Das Pflichtteilsrecht von beim Erbfall noch lebenden Eltern bleibt von der Regelung unberührt. Es besteht aber die Möglichkeit als flankierende Maßnahme zur gegenseitigen Erbeinsetzung einen **Pflichtteilsverzicht**[20] mit etwaigen Eltern zu schließen.

Schlusserbeneinsetzung. In erbschaftsteuerlicher Hinsicht ist unter dem Gesichtspunkt der Vermeidung zweier Erbanfälle und der Ausschöpfung steuerlicher Freibeträge nach jedem Erblasser der Fall des gleichzeitigen Versterbens oder des Versterbens aufgrund desselben Ereignisses zu regeln.

Vermächtnis.[21] Bei der Anordnung des Vermächtnisses ist klarzustellen, dass dieses nur vom Längstlebenden angeordnet wird. Andernfalls droht ein vorzeitiger Abfluss von Vermögen zum Nachteil des länger lebenden Ehegatten.

Bindungswirkung.[22] Durch die Vereinbarung der Wechselbezüglichkeit[23] der gegenseitigen Erbeinsetzung ist eine abweichende Erbeinsetzung dem anderen Ehegatten gegenüber unwirksam, wenn nicht zuvor der Widerruf der Verfügung von Todes wegen dem anderen Ehegatten gegenüber erklärt wurde. Im Übrigen ist eine weitergehende Bindung der Ehegatten an ihre Verfügungen dadurch aus-

---

20 S. zum Pflichtteilsverzicht Kapitel 10 Rdn. 2 ff.
21 S. zum Vermächtnis Kapitel 4.
22 S. zur Bindungswirkung Kapitel 6 A. I. und II. und Kapitel 1 Rdn. 44 ff.
23 S. zur Wechselbezüglichkeit Kapitel 6 Rdn. 6.

geschlossen, dass diese nicht wechselbezüglich sind. Die hier vorgeschlagene Formulierung soll dem Längerlebenden der testierenden Ehegatte möglichst großen Spielraum für die Abfassung einer neuen Verfügung von Todes wegen lassen, nachdem der erste Erbfall eingetreten ist.

II. Testament von Eltern mit gemeinsamen Kindern (Berliner Testament)

40 Sachverhalt

Die testierenden Ehegatten haben zwei Kinder. Der überlebende Ehegatte soll zunächst Alleinerbe werden. Die Kinder sollen erst erben, wenn beide Ehegatten verstorben sind. Deren Abkömmlinge sollen Ersatzerben sein. Die Kinder sollen von der Geltendmachung von Pflichtteilsrechten abgeschreckt werden.

41 ▶ Muster:

GEMEINSCHAFTLICHES TESTAMENT

Vorbemerkung

Der Ehemann wurde geboren in ... (Register-Nr. ... des Standesamtes ...).

Die Ehefrau wurde geboren in ... (Register-Nr. ... des Standesamtes ...).

Wir haben ausschließlich die deutsche Staatsangehörigkeit und unseren gewöhnlichen Aufenthalt in Deutschland. An dem Abschluss eines gemeinschaftlichen Testamentes sind wir durch frühere Verfügungen von Todes wegen nicht gehindert. Zeugen sollen bei der Beurkundung nicht zugezogen werden. Eine beglaubigte Abschrift des Testaments soll unverschlossen in der amtlichen Verwahrung des Notars bleiben.

Wir leben im gesetzlichen Güterstand.

Frühere Verfügungen

Alle Verfügungen von Todes wegen, die wir etwa gemeinsam oder einzeln errichtet haben, heben wir hiermit auf.

Erbfolge nach dem Zuerstversterbenden

Der Zuerstversterbende von uns setzt den Überlebenden von uns zu seinem alleinigen und unbeschränkten Erben ein. Diese Bestimmung soll unabhängig davon gelten, ob und welche Pflichtteilsberechtigten beim Tode des Zuerstversterbenden vorhanden sein werden.

Erbfolge nach dem Überlebenden, gleichzeitiges Ableben

Jeder von uns beruft, sowohl für den Fall, dass der andere von uns nicht Erbe wird, als auch für den Fall, dass wir gleichzeitig oder aufgrund desselben Ereignisses innerhalb von vier Wochen versterben, zu seinen Erben unsere gemeinsamen Kinder

... und ...

zu gleichen Teilen.

(Ggf.) Die Schlusserbeneinsetzung gilt auch für den Fall der erneuten Heirat des Längstlebenden von uns. [alternativ: Auch die Schlusserbenbestimmung soll unabhängig davon gelten, ob und welche Pflichtteilsberechtigten beim Tode des Längstlebenden vorhanden sein werden.]

(Ggf.) Ausgleichungen unter unseren Kindern aufgrund lebzeitiger Zuwendungen sollen nicht erfolgen, selbst wenn dies durch lebzeitige Verträge vereinbart worden sein sollte.[24]

---

24 S. hierzu Erläuterungen zu Formulierungsbeispiel Rdn. 20.

Ersatzerbenregelung

Sollte eines unserer zum Erben des Längstlebenden berufenen Kinder vor dem Erbfall versterben, so treten seine Abkömmlinge entsprechend den Regeln über die gesetzliche Erbfolge an seine Stelle. Das gleiche gilt, wenn ein solcher Abkömmling aus einem anderen Grunde nicht Erbe wird, es sei denn, dass er gegen eine Abfindung auf sein Erbrecht verzichtet oder die Erbschaft ausgeschlagen und gegen den Willen des Längstlebenden von uns den Pflichtteil geltend gemacht hat. Sind Abkömmlinge eines Erben nicht vorhanden, soll der Erbteil des weggefallenen dem oder den anderen Erben nach dem Verhältnis ihrer Erbteile zuwachsen.

Geltendmachung von Pflichtteilsrechten

Sollte ein Abkömmling von uns nach dem Tod des Zuerstversterbenden von uns den Pflichtteil geltend machen oder eine Bestimmung dieser Urkunde anfechten, so soll er von allen Zuwendungen dieser Verfügung von Todes wegen ausgeschlossen sein. Wenn ein Abkömmling den Pflichtteil aus dem Nachlass des Zuerstversterbenden von uns verlangt, sollen er und seine Abkömmlinge auch aus dem Nachlass des Überlebenden von uns nur den Pflichtteil erhalten. Die Bestimmungen in diesem Absatz gelten nicht, wenn die Geltendmachung des Pflichtteils im Einvernehmen mit dem Längstlebenden von uns erfolgt.

Wenn und soweit der Überlebende von uns über den dadurch frei werdenden Erbteil nicht anderweitig verfügt, wächst dieser Erbteil dem oder den anderen eingesetzten Erben nach dem Verhältnis ihrer Erbteile zu.

Bindungswirkung

Der Notar hat auf die Bindungswirkung eines gemeinschaftlichen Testamentes sowie die gesetzlichen Bestimmungen der Widerrufsmöglichkeit hingewiesen. Uns ist bekannt, dass der Widerruf der notariellen Beurkundung bedarf.

Ein jeder von uns soll berechtigt sein, einseitig alle Bestimmungen dieses Testaments aufzuheben oder abzuändern außer der gegenseitigen Erbeinsetzung, die wir als wechselbezügliche Verfügung vornehmen.

Schlussbestimmungen, Hinweise

Der Notar hat uns die Bestimmungen des gesetzlichen Erb- und Pflichtteilsrechts erläutert und uns ferner darauf hingewiesen,
– dass zusätzliche Vereinbarungen erforderlich werden können, wenn zum Nachlass im Ausland belegenes Vermögen gehört; gegenwärtig ist kein solches Vermögen vorhanden;
– dass auf die Erbfolge nach der EU-Erbrechtsverordnung das Recht desjenigen Landes Anwendung findet, in dem der Erblasser bei seinem Ableben seinen gewöhnlichen Aufenthalt hatte und dass der Erblasser eine umfassende Wahl zur Anwendbarkeit des Rechtes seines Heimatlandes in einer Verfügung von Todes wegen vornehmen kann. Hiervon möchten wir zurzeit keinen Gebrauch machen.

Zu unserem Vermögen gehört keine Beteiligung an einer Gesellschaft, deren Gesellschaftsvertrag erbrechtlich relevante Bestimmungen enthält, ferner kein Hof i. S. d. Höfeordnung.

Weitere Bestimmungen – auch für den Fall der Wiederheirat des Längstlebenden – wollen wir heute nicht treffen. Wir gehen aber davon aus – ohne dass hiermit eine Rechtspflicht verbunden ist –, dass der Längstlebende von uns im Fall einer Wiederheirat mit dem neuen Ehegatten einen Erb- und/oder Pflichtteilsverzichtsvertrag sowie Gütertrennung vereinbart.

Diese Niederschrift wurde den Erschienenen vom Notar vorgelesen, von ihnen genehmigt und von ihnen und dem Notar wie folgt eigenhändig unterschrieben:

Anmerkungen

S. zunächst Anmerkungen zu Formulierungsbeispiel A I. Rdn. 5.

43 **Erbeinsetzung.** Das **Anfechtungsrecht** von Pflichtteilsberechtigten gem. § 2079 BGB wird ausgeschlossen, vor allem um den längerlebenden Ehegatten vor Anfechtungen durch überraschend auftauchende, bisher unbekannte Abkömmlinge des anderen Ehegatten zu schützen.

44 **Schlusserbeneinsetzung.** Durch die gegenseitige Erbeinsetzung wird sichergestellt, dass der länger lebende Ehegatte allein für den Nachlass zuständig ist und er keine Erbengemeinschaft mit den gemeinsamen Kindern bildet. Ferner steht ihm der Nachlass ungeschmälert zur Verfügung.

45 Für den Fall einer Wiederheirat des länger lebenden Ehegatten wird das **Anfechtungsrecht**[25] eines etwaigen neuen Ehegatten gem. § 2079 BGB ausgeschlossen. Soweit der länger lebende Ehegatte von seiner hier vorgesehenen Möglichkeit, die Erbfolge nach dem zuletzt versterbenden Ehegatten zu ändern, keinen Gebrauch macht, soll ein etwaiger neuer Ehegatte diese Erbfolge nicht durch Anfechtung (teilweise) zu Fall bringen können. Es ist regelmäßig zu überlegen, ob das Anfechtungsrecht des übergangenen Pflichtteilsberechtigten nicht auch durch den Längerlebenden allgemein ausgeschlossen werden sollte. Dies würde auch nach dem Tode des Längerlebenden eine Anfechtung durch bisher unbekannte Abkömmlinge ausschließen. Erfasst wären allerdings auch solche Kinder aus späteren Beziehungen, die der Längerlebende vergessen hat, in die Verfügung mit einzubeziehen.

46 **Pflichtteilsstrafklausel.**[26] Die Klausel soll die Kinder davon abhalten, nach dem Tod des erstversterbenden Elternteils den Pflichtteil nach diesem geltend zu machen. Die Ausgestaltung der Bindungswirkung des Testamentes lässt dem länger lebenden Ehegatten zwar die Möglichkeit, die Schlusserbeneinsetzung abzuändern. Er muss dazu aber bei Zeiten noch in der Lage sein und sich zu einem entsprechenden Schritt durchringen, in Zeiten in denen er auf die Unterstützung durch die eigenen Kinder baut. Soweit eine weitergehende Bindungswirkung vereinbart wird, wächst die Bedeutung von fakultativen oder automatisch wirkenden Pflichtteilsstrafklauseln.

47 Im Hinblick auf die steuerliche Nutzbarmachung von Pflichtteilsrechten[27] empfiehlt es sich, eine Pflichtteilsstrafklausel dahingehend einzuschränken, dass sie keine Anwendung findet, wenn das Pflichtteilsrecht im Einverständnis mit dem überlebenden Ehegatten geltend gemacht wird. Fehlt es an einer entsprechenden Öffnungsklausel, laufen die Beteiligten Gefahr, dass die Kinder auf Anraten des Steuerberaters und im Einvernehmen mit dem länger lebenden Elternteil den Pflichtteil nach dem erstversterbenden Elternteil unter Ausnutzung des Steuerfreibetrages geltend machen. Bei Tod des länger lebenden Elternteils würden die Kinder dann möglicherweise nicht Erben, soweit die ursprüngliche Erbeinsetzung nicht wiederholt wird. Einer erneuten Erbeinsetzung kann aber eine eingetretene Bindungswirkung oder der Verlust der Testierfähigkeit entgegenstehen; sie kann vom länger lebenden Ehegatten auch schlicht vergessen werden.

48 **Bindungswirkung.**[28] Durch die Vereinbarung der Wechselbezüglichkeit[29] der gegenseitigen Erbeinsetzung ist eine abweichende Erbeinsetzung dem anderen Ehegatten gegenüber unwirksam, wenn nicht zuvor der Widerruf der Verfügung von Todes wegen dem anderen Ehegatten gegenüber erklärt wurde. Im Übrigen ist eine weitergehende Bindung der Ehegatten an ihre Verfügungen dadurch ausgeschlossen, dass diese nicht wechselbezüglich sind. Die hier vorgeschlagene Formulierung soll dem Längerlebenden der testierenden Ehegatte möglichst großen Spielraum für die Abfassung einer neuen Verfügung von Todes wegen lassen, nachdem der erste Erbfall eingetreten ist. Dies ist auch bei Vorhandensein von gemeinsamen Kindern in der Regel ratsam, aber nicht selbstverständlich. Alternative Ausgestaltungen der Bindungswirkung sowohl im Rahmen eines gemeinschaftlichen Testaments als auch im Rahmen eines Erbvertrags finden sich an den vorstehend genannten Stellen im Buch.

---

25 S. zum Anfechtungsrecht Kapitel 9 Rdn. 637 ff.
26 S. zu Pflichtteilsstrafklauseln Kapitel 9 Rdn. 498 ff., Kapitel 10 Rdn. 182 ff.
27 S. hierzu a. Kapitel 10 Rdn. 239.
28 S. zur Bindungswirkung Kapitel 6 A. I. und II. und Kapitel 1 Rdn. 44 ff.
29 S. zur Wechselbezüglichkeit Kapitel 6 Rdn. 6 ff.

Schlussbestimmungen. Im Rahmen der Schlussbestimmungen wird den Ehegatten nahegelegt, Regelungen für den Fall einer Wiederheirat zu treffen, die einen ungewünschten Abfluss von Vermögen an den neuen Ehegatten verhindern soll. Eine verpflichtende Regelung wird aber nicht getroffen, um dem länger lebenden Ehegatten möglichst weitgehenden Gestaltungsspielraum zu lassen.

III. Testament von Eltern mit gemeinsamen Kindern (Vor- und Nacherbschaft)

Sachverhalt

Die testierenden Ehegatten haben zwei Kinder. Das wesentliche Vermögen der Ehegatten besteht in einem selbstgenutzten Einfamilienhaus. Der überlebende Ehegatte soll zunächst Alleinerbe werden. Allerdings soll sichergestellt werden, dass bei seinem Tod das ererbte Vermögen nicht zu guten Teilen oder im Wesentlichen an dessen testamentarische oder gesetzliche Erben fällt; vielmehr soll das vererbte Vermögen den gemeinsamen Kinder zugutekommen. Dieses Regelungsziel soll Vorrang haben vor der Flexibilität des länger lebenden Ehegatten. Dieser soll aber über das bewegliche Vermögen frei verfügen können. Die Kinder sollen Erben des überlebenden Ehegatten werden.

▶ **Muster:**

GEMEINSCHAFTLICHES TESTAMENT

Vorbemerkung

Der Ehemann wurde geboren in ...(Register-Nr. ... des Standesamtes ...).

Die Ehefrau wurde geboren in ... (Register-Nr. ... des Standesamtes ...).

Wir haben ausschließlich die deutsche Staatsangehörigkeit und unseren gewöhnlichen Aufenthalt in Deutschland. An dem Abschluss eines gemeinschaftlichen Testamentes sind wir durch frühere Verfügungen von Todes wegen nicht gehindert. Zeugen sollen bei der Beurkundung nicht zugezogen werden. Eine beglaubigte Abschrift des Testaments soll unverschlossen in der amtlichen Verwahrung des Notars bleiben.

Wir leben im gesetzlichen Güterstand.

Frühere Verfügungen

Alle Verfügungen von Todes wegen, die wir etwa gemeinsam oder einzeln errichtet haben, heben wir hiermit auf.

Erbfolge nach dem Zuerstversterbenden

Der Zuerstversterbende von uns setzt den Überlebenden von uns zu seinem alleinigen Erben ein. Diese Bestimmung soll unabhängig davon gelten, ob und welche Pflichtteilsberechtigten beim Tode des Zuerstversterbenden vorhanden sein werden.

Der Zuerstversterbende von uns ist lediglich Vorerbe. Als solcher ist von allen Beschränkungen und Verpflichtungen, von denen das Gesetz eine Befreiung zulässt, befreit. (alternativ: Als solcher ist von den gesetzlichen Beschränkungen und Verpflichtungen nicht befreit.)

Nacherben sind unsere gemeinsamen Kinder ... und ...

Sollte einer der vorgenannten Nacherben vor dem Erstversterbenden und/oder dem Vorerben versterben oder aus einem sonstigen Grunde nicht zur Nacherbfolge gelangen, so sollen Ersatznacherben seine Abkömmlinge (einschließlich Adoptivkindern) gemäß den Regeln der gesetzlichen Erbfolge sein.

Der Nacherbfall tritt ein mit dem Tode des Vorerben.

Nacherbenanwartschaftsrechte sind an den Vorerben veräußerbar; im Übrigen sind sie weder vererblich noch übertragbar. Im Falle der Veräußerung an den Vorerben entfallen alle ausdrücklichen, schlüssigen oder vermuteten Ersatznacherbeneinsetzungen bezüglich des betreffenden Nacherben.

Kapitel 21 Gesamtmuster

Im Wege des Vorausvermächtnisses erhält der Erstversterbende von uns alle Nachlassgegenstände, die nicht Grundbesitz darstellen oder solchem rechtlich gleichstehen. Diese Gegenstände sollen ihm somit ohne die Beschränkungen der Nacherbschaft zur freien Verfügung zustehen. Nur der im Nachlass vorhandene Grundbesitz, grundbesitzähnliche Gegenstände sowie Surrogate, die ggfs. bereits zu unseren Lebzeiten an ihre Stelle treten, sollen im Ergebnis der Beschränkung der Nacherbschaft unterliegen.

Das Vorausvermächtnis ist höchstpersönlich; es entfällt ferner, wenn wir beide gleichzeitig versterben oder wenn wir aufgrund desselben Ereignisses innerhalb von vier Wochen nacheinander versterben.

Erbfolge nach dem Überlebenden, gleichzeitiges Ableben

Jeder von uns beruft, sowohl für den Fall, dass der andere von uns nicht Erbe wird, als auch für den Fall, dass wir gleichzeitig aufgrund desselben Ereignisses innerhalb von vier Wochen nacheinander versterben, zu seinen Erben unsere gemeinsamen Kinder

... und ...

zu gleichen Teilen.

(Ggf.) Die Schlusserbeneinsetzung gilt auch für den Fall der erneuten Heirat des Längstlebenden von uns. [alternativ: Auch die Schlusserbenbestimmung soll unabhängig davon gelten, ob und welche Pflichtteilsberechtigten beim Tode des Längstlebenden vorhanden sein werden.]

(Ggf.) Ausgleichungen unter unseren Kindern aufgrund lebzeitiger Zuwendungen sollen nicht erfolgen, selbst wenn dies durch lebzeitige Verträge vereinbart worden sein sollte.[30]

Ersatzerbenregelung nach dem Überlebenden

Sollte ein Abkömmling von uns, der zum Erben des Überlebenden berufen wird, vor dem Erbfall versterben, so treten seine Abkömmlinge entsprechend den Regeln über die gesetzliche Erbfolge an seine Stelle. Das gleiche gilt, wenn ein solcher Abkömmling aus einem anderen Grunde nicht Erbe wird, es sei denn, dass er gegen eine Abfindung auf sein Erbrecht verzichtet oder die Erbschaft ausgeschlagen und gegen den Willen des Längstlebenden von uns den Pflichtteil geltend gemacht hat. Sind Abkömmlinge eines Erben nicht vorhanden, soll der Erbteil des weggefallenen dem oder den anderen Erben nach dem Verhältnis ihrer Erbteile zuwachsen.

Geltendmachung von Pflichtteilsrechten

Sollte ein Abkömmling von uns nach dem Tod des Zuerstversterbenden von uns den Pflichtteil geltend machen oder eine Bestimmung dieser Urkunde anfechten, so soll er von allen Zuwendungen dieser Verfügung von Todes wegen ausgeschlossen sein. Wenn ein Abkömmling den Pflichtteil aus dem Nachlass des Zuerstversterbenden von uns verlangt, sollen er und seine Abkömmlinge auch aus dem Nachlass des Überlebenden von uns höchstens den Pflichtteil erhalten. Die Bestimmungen in diesem Absatz gelten nicht, wenn die Geltendmachung des Pflichtteils im Einvernehmen mit dem Längstlebenden von uns erfolgt.

Wenn und soweit der Überlebende von uns über den dadurch frei werdenden Erbteil nicht anderweitig verfügt, wächst dieser Erbteil dem oder den anderen eingesetzten Erben nach dem Verhältnis ihrer Erbteile zu.

Bindungswirkung

Der Notar hat auf die Bindungswirkung eines gemeinschaftlichen Testamentes sowie die gesetzlichen Bestimmungen der Widerrufsmöglichkeit hingewiesen. Uns ist bekannt, dass der Widerruf der notariellen Beurkundung bedarf.

Ein jeder von uns soll berechtigt sein, einseitig alle Bestimmungen dieses Testaments aufzuheben oder abzuändern außer der gegenseitigen Erbeinsetzung sowie die Regelung zum gegenseitigen Vorausvermächtnis, die wir als wechselbezügliche Verfügung vornehmen. Die Bindungswirkung erfasst

---

30 S. hierzu Erläuterungen zu Formulierungsbeispiel A. I.3 Rdn. 20, 23.

ferner die Regelungen über die Nacherbenbeschränkung in dem Sinne, dass zwar die Nacherbschaftsbeschränkung als ganze frei aufgehoben werden kann, nicht aber die angeordnete Befreiung von Beschränkungen und Verpflichtungen eines Vorerben.

Schlussbestimmungen, Hinweise

Der Notar hat uns die Bestimmungen des gesetzlichen Erb- und Pflichtteilsrechts erläutert und uns ferner darauf hingewiesen,
- dass zusätzliche Vereinbarungen erforderlich werden können, wenn zum Nachlass im Ausland belegenes Vermögen gehört; gegenwärtig ist kein solches Vermögen vorhanden;
- dass auf die Erbfolge nach der EU-Erbrechtsverordnung das Recht desjenigen Landes Anwendung findet, in dem der Erblasser bei seinem Ableben seinen gewöhnlichen Aufenthalt hatte und dass der Erblasser eine umfassende Wahl zur Anwendbarkeit des Rechtes seines Heimatlandes in einer Verfügung von Todes wegen vornehmen kann. Hiervon möchten wir zurzeit keinen Gebrauch machen.

Zu unserem Vermögen gehört keine Beteiligung an einer Gesellschaft, deren Gesellschaftsvertrag erbrechtlich relevante Bestimmungen enthält, ferner kein Hof i. S. d. Höfeordnung.

Weitere Bestimmungen – auch für den Fall der Wiederheirat des Längstlebenden – wollen wir heute nicht treffen.

Diese Niederschrift wurde den Erschienenen vom Notar vorgelesen, von ihnen genehmigt und von ihnen und dem Notar wie folgt eigenhändig unterschrieben:

Anmerkungen 52

S. zunächst Anmerkungen zu Formulierungsbeispiel A I. Rdn. 5.

Erbeinsetzung. Die Einsetzung als Vorerben bringt für diesen je nach Ausgestaltung der Vor- und Nacherbschaft erhebliche Einschränkungen mit sich, denen die Absicherung des Endbedachten gegenüber stehen. Sie wird daher regelmäßig nur zurückhaltend angewandt. Zum Widerstreit zwischen dem »Freiheitsinteresse« des Erstbedachten und dem Interesse des Endbedachten am Schutz seiner Erwerbsaussichten sowie der Ausgestaltung der Vor- und Nacherbschaft s. Kapitel 5 A, dort auch zur ausführlicheren Ausgestaltung der Nacherbschaftsbeschränkung. Zur alternativen Lösung in Form eines Vor- und Nachvermächtnisses bzw. eines Nießbrauchvermächtnisses für den längerlebenden Ehegatten s. Kapitel 5 B. und C. 53

Im vorliegenden Fall wird der längerlebende Ehegatte als befreiter Vorerbe berufen. Das erlaubt den Verkauf des selbstgenutzten Einfamilienhauses, ohne dass die Zustimmung der Nacherben erforderlich ist. Der Verkaufserlös unterliegt als Surrogat weiter der Nacherbschaft, § 2111 BGB. Soll ein Verkauf des Hauses ohne Zustimmung der Kinder nicht möglich sein, ist die nicht befreite Vorerbschaft zu wählen. 54

Anfechtungsausschluss. Siehe Anmerkungen zu Formulierungsbeispiel II 2. 55

Vorausvermächtnis.[31] Durch die Anordnung des Vorausvermächtnisses erlangt der länger lebende Ehegatte die freie Verfügungsgewalt über das bewegliche Vermögen. Dadurch erlangt er größere Flexibilität. Darüber hinaus werden unerfreuliche Diskussionen zwischen Nacherben und Erben des längslebenden Ehegatten über die Frage, welche beweglichen Gegenstände zur Nacherbschaft gehören, vermieden. 56

Pflichtteilsstrafklausel.[32] Das Risiko der Geltendmachung von Pflichtteilsrechten besteht auch, wenn der Pflichtteilsberechtigte als Nacherbe berufen ist. Der Nacherbe muss zwar bei der vorliegenden Gestaltung sein Erbe nach dem Erstversterbenden ausschlagen, um den Pflichtteil zu erlangen. 57

---

31 Zur durch das Vorausvermächtnis möglichen »gegenständlich beschränkten« Nacherbfolge s. Kapitel 5 Rdn. 111 f.
32 S. zu Pflichtteilsstrafklauseln Kapitel 9 Rdn. 498 ff., Kapitel 10 Rdn. 182 ff.

Seine Berufung als Schlusserbe des Längstlebenden bleibt von der Ausschlagung aber unberührt. Die Einfügung einer Pflichtteilsstrafklausel bleibt vor diesem Hintergrund sinnvoll.

58 **Bindungswirkung.** Bei der Bindungswirkung sollte darauf geachtet werden, dass die Bindungswirkung sich auch auf das Vorausvermächtnis zugunsten des länger lebenden Ehegatten erstreckt. Zu beachten ist auch, dass es keinen Sinn ergibt, die Bindungswirkung auf die Nacherbenbeschränkung zu erstrecken. Wohl aber sollte sie zum Schutz des anderen Ehegatten auf eine angeordnete Befreiung erstreckt werden.

IV. Testament von Eltern mit gemeinsamen minderjährigen Kindern

59 **Sachverhalt**

Die testierenden Ehegatten haben zwei minderjährige Kinder. Der überlebende Ehegatte soll zunächst Alleinerbe werden. Die Kinder sollen erst erben, wenn beide Ehegatten verstorben sind. Sollten sie im Zeitpunkt des Erbfalls noch minderjährig sein, soll eine Person, die das Vertrauen beider Eltern genießt, Vormund des jeweils minderjährigen Kindes werden. Darüber hinaus wollen die Eltern den unbeschränkten Zugriff der Kinder auf das Erbe verhindern, soweit diese im Zeitpunkt des Erbfalls noch relativ jung sind. Eine Pflichtteilsstrafklausel halten die Eltern für entbehrlich. Der länger lebende Ehegatte soll auf der anderen Seite in der Lage sein, die Schlusserbeneinsetzung jederzeit zu ändern.

60 ▶ **Muster:**

GEMEINSCHAFTLICHES TESTAMENT

Vorbemerkung

Der Ehemann wurde geboren in ... (Register-Nr. ... des Standesamtes ...).

Die Ehefrau wurde geboren in ... (Register-Nr. ... des Standesamtes ...).

Wir haben ausschließlich die deutsche Staatsangehörigkeit und unseren gewöhnlichen Aufenthalt in Deutschland. An dem Abschluss eines gemeinschaftlichen Testamentes sind wir durch frühere Verfügungen von Todes wegen nicht gehindert. Zeugen sollen bei der Beurkundung nicht zugezogen werden. Eine beglaubigte Abschrift des Testaments soll unverschlossen in der amtlichen Verwahrung des Notars bleiben.

Wir leben im gesetzlichen Güterstand.

Frühere Verfügungen

Alle Verfügungen von Todes wegen, die wir etwa gemeinsam oder einzeln errichtet haben, heben wir hiermit auf.

Erbfolge nach dem Zuerstversterbenden

Der Zuerstversterbende von uns setzt den Überlebenden von uns zu seinem alleinigen und unbeschränkten Erben ein. Diese Bestimmung soll unabhängig davon gelten, ob und welche Pflichtteilsberechtigten beim Tode des Zuerstversterbenden vorhanden sein werden.

Erbfolge nach dem Überlebenden, gleichzeitiges Ableben

Jeder von uns beruft, sowohl für den Fall, dass der andere von uns nicht Erbe wird, als auch für den Fall, dass wir gleichzeitig oder aufgrund desselben Ereignisses innerhalb von vier Wochen nacheinander versterben, zu seinen Erben unsere gemeinsamen Kinder

... und ...

zu gleichen Teilen.

(Ggf.) Die Schlusserbeneinsetzung gilt auch für den Fall der erneuten Heirat des Längstlebenden von uns. [alternativ: Auch die Schlusserbenbestimmung soll unabhängig davon gelten, ob und welche Pflichtteilsberechtigten beim Tode des Längstlebenden vorhanden sein werden.]

(Ggf.) Ausgleichungen unter unseren Kindern aufgrund lebzeitiger Zuwendungen sollen nicht erfolgen, selbst wenn dies durch lebzeitige Verträge vereinbart worden sein sollte.[33]

Ersatzerbenregelung nach dem Überlebenden

Sollte ein Abkömmling von uns, der zum Erben des Überlebenden berufen wird, vor dem Erbfall versterben, so treten seine Abkömmlinge entsprechend den Regeln über die gesetzliche Erbfolge an seine Stelle. Das gleiche gilt, wenn ein solcher Abkömmling aus einem anderen Grunde nicht Erbe wird, es sei denn, dass er gegen eine Abfindung auf sein Erbrecht verzichtet oder das Erbe ausgeschlagen und gegen den Willen des Längstlebenden von uns den Pflichtteil geltend gemacht und erhalten hat. Sind Abkömmlinge eines Erben nicht vorhanden, soll der Erbteil des Weggefallenen dem oder den anderen Erben nach dem Verhältnis ihrer Erbteile zuwachsen.

Familienrechtliche Anordnung

Soweit ein gemeinschaftliches Kind beim Tode des Letztversterbenden von uns noch minderjährig sein sollte, benennt der Überlebende von uns gemäß §§ 1776, 1777 BGB für dieses Kind als Vormund ..., ersatzweise und für den Fall, dass der Vormund im Einzelfall an der Ausübung seiner Aufgaben gehindert ist (Wahrnehmung der Rechte der Erben gegenüber dem Testamentsvollstrecker) ...

(Ggf.) Der Vormund soll von allen Beschränkungen befreit sein, von den gem. §§ 1852 ff. BGB eine Befreiung erteilt werden kann. Die Bestellung eines Gegenvormunds soll nicht erfolgen.

Sollten wir beide gleichzeitig sterben und ein gemeinschaftliches Kind zu diesem Zeitpunkt noch minderjährig sein, erfolgt die Benennung des Vormundes durch jeden von uns.

Sind mehrere Kinder minderjährig, gilt die Vormundbenennung für jedes minderjährige Kind.

Testamentsvollstreckung

Für den Fall, dass ein Erbe im Zeitpunkt des Erbfalls noch nicht das 25. Lebensjahr vollendet haben sollte, ordnet jeder von uns Testamentsvollstreckung für diesen Erben an und bestimmt hierzu folgendes:

Zum Testamentsvollstrecker ernenne ich ...; er ist berechtigt, einen Nachfolger zu benennen.

Für den Fall, dass der Testamentsvollstrecker vor oder nach Antritt seines Amtes wegfällt, soll von gerichtswegen ein anderer zum Testamentsvollstrecker ernannt werden.

Die Testamentsvollstreckung bezieht sich auf den betreffenden Erbteil und die damit wirtschaftlich zusammenhängenden Vermögensgegenstände und Verbindlichkeiten. Nach der Teilung des Nachlasses setzt sich die Testamentsvollstreckung an den dem betreffenden Erben zugefallenen Vermögenswerten fort.

Der Testamentsvollstrecker soll den Nachlass ggfs. zusammen mit den anderen Erben verwalten, etwaige Rechte Dritter befriedigen und den Nachlass nach freiem Ermessen auseinandersetzen. Die Testamentsvollstreckung endet mit Vollendung des 25. Lebensjahres des jeweiligen Erben.

Bis dahin soll der Testamentsvollstrecker die Erträgnisse und, soweit erforderlich, die Substanz des Erbteils nach seinem Ermessen für Ausbildungszwecke des jeweiligen Erben verwenden und ihm einen angemessenen Unterhalt gewähren.

Der Testamentsvollstrecker ist befugt, nach seinem Ermessen einzelne Nachlassgegenstände, die er für die Erfüllung seiner Aufgaben, insbesondere den Schutz des betroffenen Erben nicht oder nicht mehr benötigt, freizugeben.

---

33 S. hierzu Erläuterungen zu Formulierungsbeispiel A. III Rdn. 20.

Der Testamentsvollstrecker soll in der Eingehung von Verbindlichkeiten nicht beschränkt sein. In dem gesetzlich zulässigen Umfang soll er auch sonst von Beschränkungen, insbesondere von solchen aus § 181 BGB, befreit sein.

Der Testamentsvollstrecker kann für seine Tätigkeit eine angemessene Vergütung und die Erstattung seiner Auslagen verlangen.

Bindungswirkung

Der Notar hat auf die Bindungswirkung eines gemeinschaftlichen Testamentes sowie die gesetzlichen Bestimmungen der Widerrufsmöglichkeit hingewiesen. Uns ist bekannt, dass der Widerruf der notariellen Beurkundung bedarf.

Ein jeder von uns soll berechtigt sein, einseitig alle Bestimmungen dieses Testaments aufzuheben oder abzuändern außer der gegenseitigen Erbeinsetzung, die wir als wechselbezügliche Verfügung vornehmen.

Schlussbestimmungen, Hinweise

Der Notar hat uns die Bestimmungen des gesetzlichen Erb- und Pflichtteilsrechts erläutert und uns ferner darauf hingewiesen,
- dass zusätzliche Vereinbarungen erforderlich werden können, wenn zum Nachlass im Ausland belegenes Vermögen gehört; gegenwärtig ist kein solches Vermögen vorhanden;
- dass auf die Erbfolge nach der EU-Erbrechtsverordnung das Recht desjenigen Landes Anwendung findet, in dem der Erblasser bei seinem Ableben seinen gewöhnlichen Aufenthalt hatte und dass der Erblasser eine umfassende Wahl zur Anwendbarkeit des Rechtes seines Heimatlandes in einer Verfügung von Todes wegen vornehmen kann. Hiervon möchten wir zurzeit keinen Gebrauch machen.

Zu unserem Vermögen gehört keine Beteiligung an einer Gesellschaft, deren Gesellschaftsvertrag erbrechtlich relevante Bestimmungen enthält, ferner kein Hof i. S. d. Höfeordnung.

Weitere Bestimmungen – auch für den Fall der Wiederheirat des Längstlebenden – wollen wir heute nicht treffen. Wir gehen aber davon aus – ohne dass hiermit eine Rechtspflicht verbunden ist –, dass der Längstlebende von uns im Fall einer Wiederheirat mit dem neuen Ehegatten einen Erb- und/oder Pflichtteilsverzichtsvertrag sowie Gütertrennung vereinbart.

Diese Niederschrift wurde den Erschienenen vom Notar vorgelesen, von ihnen genehmigt und von ihnen und dem Notar wie folgt eigenhändig unterschrieben:

61 **Anmerkungen**

S. zunächst Anmerkungen zu den Formulierungsbeispielen A I. Rdn. 5 und B II. Rdn. 41

62 **Familienrechtliche Anordnung.** Durch die Bestimmung eines Vormundes durch die sorgeberechtigten Eltern soll sichergestellt werden, dass eine Person, die das Vertrauen der Eltern genießt, sich bei deren vorzeitigem Ableben um die Belange der zurückbleibenden Kinder kümmert. Die Pflichtenlast des Vormunds kann dadurch erleichtert werden, dass er von den gesetzlichen Beschränkungen befreit wird, von denen eine Befreiung möglich ist.

63 **Testamentsvollstreckung.** Die Anordnung der Testamentsvollstreckung ist auch neben einer familienrechtlichen Anordnung sinnvoll. Die Aufgaben eines Vormunds enden mit der Volljährigkeit des Mündels. Die Testamentsvollstreckung kann darüber hinaus angeordnet werden. Sie umfasst allerdings nur die Vermögensfürsorge bezüglich des ererbten Vermögens, nicht aber bezüglich sonstigen Vermögens. Die Personenfürsorge fällt nicht unter die Testamentsvollstreckung.

64 **Pflichtteilsstrafklausel.**[34] Auf eine Pflichtteilsstrafklausel wurde verzichtet.

---

34 S. zu Pflichtteilsstrafklauseln Kapitel 9 Rdn. 498 ff., Kapitel 10 Rdn. 182 ff.

Bindungswirkung. Da von der Einfügung einer Pflichtteilsstrafklausel abgesehen wurde, ist es besonders wichtig, dass der überlebende Ehegatte keiner zu weit reichenden Bindungswirkung unterworfen ist.[35]

V. Testament vermögender Eltern mit gemeinsamen Kindern (Vermächtnis zugunsten der Kinder)

Sachverhalt

Die testierenden Ehegatten haben zwei Kinder. Der überlebende Ehegatte soll zunächst Alleinerbe werden. Die Kinder sollen erst erben, wenn beide Ehegatten verstorben sind. Bei Errichtung eines Berliner Testaments ist jedoch der Anfall von Erbschaftsteuer in erheblichem Umfang zu erwarten. Zur Verminderung der Erbschaftsteuer durch Reduzierung der Bemessungsgrundlage für die Berechnung der Erbschaftsteuer des erbenden Ehegatten und Ausnutzung der Steuerfreibeträge nach dem Erstversterbenden sollen die gemeinsamen Kinder beim Tod des Erstversterbenden bereits ein Vermächtnis erhalten. Die Abkömmlinge der gemeinsamen Kinder sollen Ersatzerben sein.

▶ **Muster:**

[s. Formulierungsbeispiel II 2.]

(ergänzend einzufügen ist folgendes Vermächtnis)

Vermächtnis

Jedes unserer Kinder erhält als Vermächtnis des Erstversterbenden von uns Vermögen in Höhe der jeweils konkret zur Verfügung stehenden steuerlichen Freibeträge. Das Vermächtnis verfolgt jeweils den Zweck, das betreffende Kind dafür zu entschädigen, dass sein gesetzlicher Erbteil bei der gegenseitigen Erbeinsetzung unberücksichtigt geblieben ist. Der Überlebende von uns ist berechtigt, dass Vermächtnis nach seinem freiem Ermessen durch Geldzahlung oder durch Zuwendung von anderen Sachwerten zu erfüllen. Der Anspruch ist fällig drei Monate nach meinem Ableben.

Die Regelung zur

Geltendmachung von Pflichtteilsrechten

entfällt.

Anmerkungen

S. zunächst Anmerkungen zu den Formulierungsbeispielen A I. Rdn. 5 und B II. Rdn. 41.

Vermächtnis.[36] Das Vermächtnis ist vorliegend als Zweckvermächtnis (§ 2156 BGB) ausgestaltet, um dem länger lebenden Ehegatten die Auswahl der Gegenstände zu überlassen, mit dem er das Vermächtnis erfüllen möchte. Dies schützt ihn vor einem ungewollten Liquiditätsengpass, der bei einem reinen Geldvermächtnis auftreten kann, und erhält seine Dispositionsfreiheit. Zum Erhalt der wirtschaftlichen Nutzung der ausgewählten Gegenstände für den länger lebenden Ehegatten kann diesem auch noch der Vorbehalt des Nießbrauchs im Wege des Untervermächtnisses ermöglich werden. Zur Ermöglichung einer Verfügung über den ausgewählten und dem Nießbrauch unterliegenden Vermächtnisgegenstand kann ergänzend eine Verwaltungstestamentsvollstreckung über den betreffenden Gegenstand erwogen werden.

Pflichtteilsstrafklausel. Die Anordnung einer Pflichtteilsstrafklausel ist entbehrlich, wenn die Kinder vom erstversterbenden Elternteil bereits auf dem Vermächtniswege Vermögen zugewandt bekommen, das über ihrem Pflichtteil liegt, § 2307 BGB.

---

35 S. zur Bindungswirkung Kapitel 6 A. I. und II. und Kapitel 1 Rdn. 44.
36 S. zur Ausgestaltung von Vermächtnissen Kapitel 4.

70 Bindungswirkung. Eine Erstreckung der Bindungswirkung auf das Vermächtnis zugunsten der gemeinsamen Kinder ist regelmäßig nicht geboten.

VI. Testament vermögender Eltern mit gemeinsamen Kindern (Vermächtnis zugunsten des überlebenden Ehegatten)

71 Sachverhalt

Die testierenden Ehegatten haben zwei Kinder. Bei Errichtung eines Berliner Testaments ist der Anfall von Erbschaftsteuer in erheblichem Umfang zu erwarten. Der überlebende Ehegatte soll zur Vermeidung von Erbschaftsteuer nicht Erbe werden. Die Kinder sollen jeden Elternteil allein beerben. Die Abkömmlinge der gemeinsamen Kinder sollen Ersatzerben sein. Der länger lebende Ehegatte, der über erhebliches Eigenvermögen verfügt, soll durch ein Nießbrauchvermächtnis am Nachlass abgesichert werden.

72 ▶ Muster:

GEMEINSCHAFTLICHES TESTAMENT

Vorbemerkung

Der Ehemann wurde geboren in ... (Register-Nr. ... des Standesamtes ...).

Die Ehefrau wurde geboren in ... (Register-Nr. ... des Standesamtes ...).

Wir haben ausschließlich die deutsche Staatsangehörigkeit und unseren gewöhnlichen Aufenthalt in Deutschland. An dem Abschluss eines gemeinschaftlichen Testamentes sind wir durch frühere Verfügungen von Todes wegen nicht gehindert. Zeugen sollen bei der Beurkundung nicht zugezogen werden. Eine beglaubigte Abschrift des Testaments soll unverschlossen in der amtlichen Verwahrung des Notars bleiben.

Wir leben im gesetzlichen Güterstand.

Frühere Verfügungen

Alle Verfügungen von Todes wegen, die wir etwa gemeinsam oder einzeln errichtet haben, heben wir hiermit auf.

Erbeinsetzungen

Ein jeder von setzt unsere beiden gemeinsamen Kinder, ... und ..., zu je 1/2 Anteil zu seinen Vollerben ein.

Diese Erbeinsetzungen gelten unabhängig davon, ob der Verfügende als erster oder als längstlebender Ehegatte verstirbt oder ob wir gleichzeitig oder aufgrund desselben Ereignisses kurz nacheinander versterben.

Die Erbeinsetzung durch den Längstlebenden von uns gilt auch für den Fall dessen erneuter Heirat. [alternativ: allgemeiner Ausschluss der Anfechtung gemäß § 2079 BGB unter »Schlussbestimmungen«].

Ersatzerbenregelung

Sollte ein Abkömmling von uns, der zum Erben berufen wird, vor dem Erbfall versterben, so treten seine Abkömmlinge entsprechend den Regeln über die gesetzliche Erbfolge an seine Stelle. Das gleiche gilt, wenn ein solcher Abkömmling aus einem anderen Grunde nicht Erbe wird, es sei denn, dass er gegen eine Abfindung auf sein Erbrecht verzichtet oder das Erbe ausgeschlagen und gegen den Willen des Längstlebenden von uns den Pflichtteil geltend gemacht und erhalten hat. Sind Abkömmlinge eines Erben nicht vorhanden, soll der Erbteil des Weggefallenen dem oder den anderen Erben nach dem Verhältnis ihrer Erbteile zuwachsen.

Vermächtnisanordnungen des Erstversterbenden

Der Erstversterbende von uns vermacht dem Längstlebenden zur Alleinberechtigung a) das gesamte Inventar und sämtliche Einrichtungsgegenstände des gemeinsamen Haushalts, soweit sie in seinem Eigentum stehen, b) alle seine persönlichen Gegenstände im weitesten Sinne nebst Schmuck und c) die Guthabenanteile des Erstversterbenden an allen denjenigen Konten, die auf die Eheleute gemeinsam lauten.

Sodann vermacht der Erstversterbende dem Längstlebenden den lebenslänglichen Nießbrauch an seinem gesamten Nachlass in der Gestalt und Zusammensetzung, die er nach Vollzug der vorstehenden Vermächtnisse hat. An jedem Nachlassgegenstand ist somit ein Nießbrauchsrecht zugunsten des Längstlebenden von uns zu bestellen. In der Zeit vom Erbfall bis zur Bestellung der Nießbrauchsrechte haben sich die Beteiligten so zu stellen, als wäre der Nießbrauch mit dem Erbfall entstanden. Vermacht ist ferner der Nießbrauch an sämtlichen Gegenständen, die Surrogate von Nachlassgegenständen i. S. d. § 2111 BGB darstellen. An etwaigen Nachlassgegenständen, die von Gesetzes wegen nicht übertragbar sind, ist statt des Nießbrauchs ein schuldrechtliches Nutzungsrecht einzuräumen, auf das die nachfolgenden Bestimmungen über den Nießbrauch entsprechend anzuwenden sind.

[optional:] Die Ausübung des Nießbrauchs kann Dritten nicht überlassen werden.

Auf die zu bestellenden Nießbrauchsrechte finden die gesetzlichen Bestimmungen Anwendung, soweit nachfolgend nichts Abweichendes bestimmt ist.

Soweit der Nießbrauch an Grundbesitz zu bestellen ist, gilt für ihn abweichend folgender Rechtsinhalt: Auf das Nießbrauchsrecht sollen die gesetzlichen Bestimmungen Anwendung finden mit der Maßgabe, dass der Nießbrauchsberechtigte sämtliche ordentlichen und außerordentlichen, privaten und öffentlichen Kosten, Lasten, Steuern, ferner sämtliche Instandhaltungs- und Instandsetzungskosten zu tragen hat. Er trägt ferner Zins- und Tilgungsleistungen hinsichtlich aller etwaigen auf den im Nachlass befindlichen Grundbesitz bezogenen Verbindlichkeiten. Der Nießbraucher ist dem Eigentümer zur Vornahme aller erforderlichen Erhaltungs-, Ausbesserungs- und Erneuerungsmaßnahmen verpflichtet, auch soweit diese über das gesetzlich in § 1041 BGB vorgesehene Maß hinausgehen.

Der Längstlebende von uns ist berechtigt, die Eintragung eines entsprechenden Nießbrauchsrechts im Grundbuch zu verlangen, mit dem Vermerk, dass zur Löschung des Rechts der Nachweis des Todes des Berechtigten genügt.

Schuldrechtlich ist in Ansehung des Grundbesitznießbrauchs zu vereinbaren: Die zu bestellenden Nießbrauchsrechte an den Nachlassgegenständen sind jeweils unentgeltlich vermacht. Dem Nießbraucher ist das Recht auf Neuvalutierung der eingetragenen Grundpfandrechte einzuräumen. Die Grundpfandrechte dürfen jedoch ausschließlich zur Sicherung solcher Darlehensverbindlichkeiten verwandt werden, die der Nießbraucher eingeht, um solche Lasten und Kosten zu tragen, die nach dem Inhalt des Rechtes von ihm zu tragen sind (z. B. Erschließungsbeiträge, Instandhaltungs- und Instandsetzungskosten). Eigentümerrechte und Rückgewähransprüche sind für die Dauer des Nießbrauchs dem Nießbraucher abzutreten. Soweit die Rechte bei Beendigung des Nießbrauchs noch bestehen, sind sie mit Wirkung ab der Beendigung des Nießbrauchs den Erben abzutreten.

Eine etwaige Wiederverheiratung des länger lebenden Ehegatten hat keinen Einfluss auf den Bestand der Nießbrauchsrechte.

Für alle vorstehenden Vermächtnisse für den Längstlebenden von uns gilt: Die Vermächtnisse sind höchstpersönlich. Ein Ersatzvermächtnisnehmer soll also nicht bestimmt werden. Die Vermächtnisse entfallen, wenn der Vermächtnisnehmer gleichzeitig mit dem Erblasser oder aufgrund desselben Ereignisses innerhalb von vier Wochen nach ihm verstirbt. Die mit dem Anfall der Vermächtnisse sowie der Vermächtniserfüllung verbundenen Kosten und Steuern trägt der Vermächtnisnehmer.

Ausschluss der Auseinandersetzung

Der Erstversterbende von uns schließt hiermit die Auseinandersetzung seines Nachlasses aus (§ 2044 BGB). Dieser Ausschluss wird mit dem Tode des Längstlebenden von uns unwirksam, nicht jedoch, wenn ein Miterbe vorher versterben sollte.

Kapitel 21 Gesamtmuster

Testamentsvollstreckung

Der Erstversterbende von uns ordnet hinsichtlich seines Nachlasses Testamentsvollstreckung an. Zum Testamentsvollstrecker über seinen Nachlass bestimmt der Erstversterbende den Längstlebenden von uns. Dieser ist berechtigt, einen Nachfolger im Amt des Testamentsvollstreckers zu benennen. Weitere Ersatztestamentsvollstrecker soll bei Bedarf das zuständige Nachlassgericht benennen.

Aufgabe des Testamentsvollstreckers ist es, a) die Vermächtnisse zugunsten des länger lebenden Ehegatten zu erfüllen, b) den gesamten Nachlass bis zu seinem Tode im Rahmen einer Dauertestamentsvollstreckung (§ 2209 BGB), auch nach einer etwaigen (Teil-)Erbauseinandersetzung, zu verwalten.

Der Testamentsvollstrecker ist in der Eingehung von Verbindlichkeiten für den Nachlass nicht beschränkt. Er ist von allen Verpflichtungen befreit, soweit dies gesetzlich zulässig ist, insbesondere von den beschränkenden Bestimmungen des § 181 BGB.

Der Testamentsvollstrecker erhält keine Vergütung, jedoch Ersatz seiner Kosten und Auslagen.

Pflichtteilsverzicht

Ein jeder von verzichtet hiermit auf sein gesetzliches Pflichtteilsrecht am Nachlass des Erstversterbenden von uns. Der Verzicht entfällt, wenn ein Ehegatte von dem Recht zum Widerruf dieses Testamentes Gebrauch macht.

Bindungswirkung

Der Notar hat auf die Bindungswirkung eines gemeinschaftlichen Testamentes sowie die gesetzlichen Bestimmungen der Widerrufsmöglichkeit hingewiesen. Uns ist bekannt, dass der Widerruf der notariellen Beurkundung bedarf.

Ein jeder von uns soll berechtigt sein, einseitig alle Bestimmungen dieses Testaments aufzuheben oder abzuändern außer den gegenseitigen Vermächtnissen, die wir als wechselbezügliche Verfügung vornehmen.

Schlussbestimmungen, Hinweise

[alternativ zum beschränkten Ausschluss der Anfechtung gemäß § 2079 BGB unter vorstehend »Erbeinsetzungen«] Die vorstehenden Verfügungen sollen unabhängig davon gelten, ob und welche Pflichtteilsberechtigten beim Tode des Verfügenden vorhanden sein werden.

Der Notar hat uns die Bestimmungen des gesetzlichen Erb- und Pflichtteilsrechts erläutert und uns ferner darauf hingewiesen,
- dass zusätzliche Vereinbarungen erforderlich werden können, wenn zum Nachlass im Ausland belegenes Vermögen gehört; gegenwärtig ist kein solches Vermögen vorhanden;
- dass auf die Erbfolge nach der EU-Erbrechtsverordnung das Recht desjenigen Landes Anwendung findet, in dem der Erblasser bei seinem Ableben seinen gewöhnlichen Aufenthalt hatte und dass der Erblasser eine umfassende Wahl zur Anwendbarkeit des Rechtes seines Heimatlandes in einer Verfügung von Todes wegen vornehmen kann. Hiervon möchten wir zurzeit keinen Gebrauch machen.

Zu unserem Vermögen gehört keine Beteiligung an einer Gesellschaft, deren Gesellschaftsvertrag erbrechtlich relevante Bestimmungen enthält, ferner kein Hof i. S. d. Höfeordnung.

Weitere Bestimmungen – auch für den Fall der Wiederheirat des Längstlebenden – wollen wir heute nicht treffen. Wir gehen aber davon aus – ohne dass hiermit eine Rechtspflicht verbunden ist –, dass der Längstlebende von uns im Fall einer Wiederheirat mit dem neuen Ehegatten einen Erb- und/oder Pflichtteilsverzichtsvertrag sowie Gütertrennung vereinbart.

Diese Niederschrift wurde den Erschienenen vom Notar vorgelesen, von ihnen genehmigt und von ihnen und dem Notar wie folgt eigenhändig unterschrieben:

73 Anmerkungen

S. zunächst Anmerkungen zu Formulierungsbeispiel A I. Rdn. 5.

Erbeinsetzung. Durch die unmittelbare Erbeinsetzung der gemeinsamen Kinder wird das Vermögen des erstversterbenden Ehegatten nicht zweimal – zunächst an den länger lebenden Ehegatten und dann an die Kinder – vererbt. 74

Vermächtnisse. Das Vermächtnis bezüglich Haushaltsgegenständen, persönlichen Sachen und Kontoguthaben verschafft dem überlebende Ehegatten freie Verfügungsgewalt bezüglich der Dinge, die für die Gestaltung des Alltags von besonderer Bedeutung sind. 75

Das Nießbrauchsvermächtnis wird hier in Form eines Nießbrauchs an allen Nachlassgegenständen angeordnet. Die wirtschaftlich gleichstehende, jedoch in einzelnen rechtlichen Details stark abweichende Alternative besteht in einem Nießbrauch an allen Erbteilen.[37] Durch das Nießbrauchvermächtnis soll der Längstlebende dahingehend abgesichert werden, dass er die Erträge aus der Nachlasssubstanz für sich nutzen kann. Der Bestand des Nießbrauchvermächtnisses ist hier als nicht abhängig von einer etwaigen Wiederheirat des Vermächtnisnehmers ausgestaltet. 76

Ausschluss der Auseinandersetzung. Der Ausschluss der Erbauseinandersetzung schützt den Nießbrauchberechtigten vor einer Auseinandersetzung zur Unzeit. 77

Testamentsvollstreckung. Durch die Anordnung der Testamentsvollstreckung kann der begünstigte Ehegatte die Vermächtnisse zu seinen Gunsten selber erfüllen. Er ist nicht auf die Mitwirkung der Erben angewiesen. Dies erleichtert ihm die dingliche Erfüllung der Vermächtnisse. Anstelle der Anordnung der Testamentsvollstreckung könnte auch eine Vollmacht zugunsten des Vermächtnisnehmers treten.[38] Die Verwaltungstestamentsvollstreckung auf die Dauer seines Lebens gewährt dem Längerlebenden zusätzlich die – freilich an die Interessen der Erben gebundene – Verfügungsbefugnis. 78

Pflichtteilsverzicht. Der Pflichtteilsverzicht ist nicht zwingend geboten, sichert aber den Erblasser dagegen ab, dass der andere Ehegatte den in der getroffene Erbregelung manifestierten Verteilungsplan unterläuft. Der Verzicht wird sinnvollerweise davon abhängig gemacht, dass kein Widerruf der gegenseitigen Vermächtniszuwendungen erfolgt, da andernfalls der verzichtende Ehegatte ganz leer ausgehen könnte. Zu denken wäre ferner daran, den Pflichtteilsverzicht durch den Verzicht auf die Durchführung des Zugewinnausgleichs im Todesfall zu flankieren. 79

Bindungswirkung. Die Bindungswirkung der Verfügung von Todes wegen wird typischerweise auf die gegenseitige Absicherung beschränkt. 80

Anfechtungsausschluss. Es ist regelmäßig zu überlegen, ob das Anfechtungsrecht des übergangenen Pflichtteilsberechtigten nicht allgemein ausgeschlossen werden sollte. Dies würde auch nach dem Tode des Längerlebenden eine Anfechtung durch bisher unbekannte Abkömmlinge ausschließen. Dies erfasste allerdings auch solche Kinder aus späteren Beziehungen, die der Längerlebende vergessen hat, in die Verfügung mit einzubeziehen. 81

C. Testamente von Ehegatten mit Kindern aus vorangegangener Beziehung

I. Testament von Eltern mit Kindern aus vorangegangener Beziehung: Einsetzung der »einseitigen« Kinder als Nacherben

Sachverhalt
82

Die testierenden Ehegatten haben je ein Kind aus vorgegangenen Beziehungen. Das wesentliche Vermögen der Ehegatten besteht in einer selbstgenutzten Eigentumswohnung. Der überlebende Ehegatte soll zunächst Alleinerbe werden. Allerdings soll sichergestellt werden, dass bei seinem Tod das ererbte Vermögen nicht zu guten Teilen oder im Wesentlichen an dessen Kind fällt; vielmehr

---

37 Zu den Unterschieden s. Kapitel 5 Rdn. 421 ff.
38 S. zur Vollmacht Kapitel 15 Rdn. 26 ff.

Kapitel 21 Gesamtmuster

soll das vererbte Vermögen in jeden Fall dem Kind des erstversterbenden Elternteil zugutekommen. Das bewegliche Vermögen soll dem Längstlebenden Ehegatten ohne Einschränkung zustehen.

83 ▶ **Muster:**

GEMEINSCHAFTLICHES TESTAMENT

Vorbemerkung

Der Ehemann wurde geboren in ... (Register-Nr. ... des Standesamtes ...).

Die Ehefrau wurde geboren in ... (Register-Nr. ... des Standesamtes ...).

Wir haben ausschließlich die deutsche Staatsangehörigkeit und unseren gewöhnlichen Aufenthalt in Deutschland. An dem Abschluss eines gemeinschaftlichen Testamentes sind wir durch frühere Verfügungen von Todes wegen nicht gehindert. Zeugen sollen bei der Beurkundung nicht zugezogen werden. Eine beglaubigte Abschrift des Testaments soll unverschlossen in der amtlichen Verwahrung des Notars bleiben.

Wir leben im gesetzlichen Güterstand.

Frühere Verfügungen

Alle Verfügungen von Todes wegen, die wir etwa gemeinsam oder einzeln errichtet haben, heben wir hiermit auf.

Erbfolge nach dem Zuerstversterbenden

Der Zuerstversterbende von uns setzt den Überlebenden von uns zu seinem alleinigen Erben ein.

Der Zuerstversterbende von uns ist lediglich Vorerbe. Als solcher ist er jedoch von allen Beschränkungen und Verpflichtungen, von denen das Gesetz eine Befreiung zulässt, befreit.

Nacherbe ist, wenn der Ehemann der Erstversterbende von uns ist, dessen Sohn ..., wenn die Ehefrau die Erstversterbende ist, deren Tochter ...

Sollte der vorgenannte Nacherbe vor dem Erstversterbenden und/oder dem Vorerben versterben oder aus einem sonstigen Grunde nicht zur Nacherbfolge gelangen, so sollen Ersatznacherben seine Abkömmlinge gemäß den Regeln der gesetzlichen Erbfolge sein.

Der Nacherbfall tritt ein mit dem Tode des Vorerben.

Nacherbenanwartschaftsrechte sind an den Vorerben veräußerbar; im Übrigen sind sie weder vererblich noch übertragbar. Im Falle der Veräußerung an den Vorerben entfallen alle ausdrücklichen, schlüssigen oder vermuteten Ersatznacherbeneinsetzungen bezüglich des betreffenden Nacherben.

Im Wege des Vorausvermächtnisses erhält der Erstversterbende von uns alle Nachlassgegenstände, die nicht Grundbesitz darstellen oder solchem rechtlich gleichstehen. Diese Gegenstände sollen ihm somit ohne die Beschränkungen der Nacherbschaft zur freien Verfügung zustehen. Nur der im Nachlass vorhandene Grundbesitz, grundbesitzähnliche Gegenstände sowie Surrogate, die ggfs. bereits zu unseren Lebzeiten an ihre Stelle treten, sollen im Ergebnis der Beschränkung der Nacherbschaft unterliegen.

Das Vorausvermächtnis ist höchstpersönlich; es entfällt ferner, wenn wir beide gleichzeitig versterben, oder wenn wir aufgrund desselben Ereignisses innerhalb von vier Wochen nacheinander versterben.

Erbfolge nach dem Überlebenden, gleichzeitiges Ableben

Jeder von uns beruft, sowohl für den Fall, dass der andere von uns nicht Erbe wird, als auch für den Fall, dass wir gleichzeitig oder aufgrund desselben Ereignisses innerhalb von vier Wochen nacheinander versterben, zu seinen Erben sein Kind,

der Ehemann seinen Sohn ... und die Ehefrau ihre Tochter ...

Ersatzerbenregelung

Sollte ein Abkömmling von uns, der zum Erben berufen wird, vor dem Erbfall versterben, so treten seine Abkömmlinge entsprechend den Regeln über die gesetzliche Erbfolge an seine Stelle. Das gleiche gilt, wenn ein solcher Abkömmling aus einem anderen Grunde nicht Erbe wird, es sei denn, dass er gegen eine Abfindung auf sein Erbrecht verzichtet oder das Erbe ausgeschlagen und gegen den Willen des Längstlebenden von uns den Pflichtteil geltend gemacht und erhalten hat. Sind Abkömmlinge eines Erben nicht vorhanden, soll der Erbteil des weggefallenen dem oder den anderen Erben nach dem Verhältnis ihrer Erbteile zuwachsen.

Bindungswirkung

Der Notar hat auf die Bindungswirkung eines gemeinschaftlichen Testamentes sowie die gesetzlichen Bestimmungen der Widerrufsmöglichkeit hingewiesen. Uns ist bekannt, dass der Widerruf der notariellen Beurkundung bedarf.

Ein jeder von uns soll berechtigt sein, einseitig alle Bestimmungen dieses Testaments aufzuheben oder abzuändern außer der gegenseitigen Erbeinsetzung als Erben sowie die Regelung zum gegenseitigen Vorausvermächtnis, die wir als wechselbezügliche Verfügung vornehmen. Die Bindungswirkung erfasst ferner die Regelungen über die Nacherbenbeschränkung in dem Sinne, dass zwar die Nacherbschaftsbeschränkung als ganze frei aufgehoben werden kann, nicht aber die angeordnete Befreiung von Beschränkungen und Verpflichtungen eines Vorerben.

Anfechtungsausschluss

Die Verfügungen von Todes wegen sollen unabhängig davon gelten, ob und welche Pflichtteilsberechtigten beim Tode des Verfügenden vorhanden sein sollten.

Schlussbestimmungen, Hinweise

Der Notar hat uns die Bestimmungen des gesetzlichen Erb- und Pflichtteilsrechts erläutert und uns ferner darauf hingewiesen,
– dass zusätzliche Vereinbarungen erforderlich werden können, wenn zum Nachlass im Ausland belegenes Vermögen gehört; gegenwärtig ist kein solches Vermögen vorhanden;
– dass auf die Erbfolge nach der EU-Erbrechtsverordnung das Recht desjenigen Landes Anwendung findet, in dem der Erblasser bei seinem Ableben seinen gewöhnlichen Aufenthalt hatte und dass der Erblasser eine umfassende Wahl zur Anwendbarkeit des Rechtes seines Heimatlandes in einer Verfügung von Todes wegen vornehmen kann. Hiervon möchten wir zurzeit keinen Gebrauch machen.

Zu unserem Vermögen gehört keine Beteiligung an einer Gesellschaft, deren Gesellschaftsvertrag erbrechtlich relevante Bestimmungen enthält, ferner keinen Hof i. S. d. Höfeordnung.

Weitere Bestimmungen – auch für den Fall der Wiederheirat des Längstlebenden – wollen wir heute nicht treffen.

Diese Niederschrift wurde den Erschienenen vom Notar vorgelesen, von ihnen genehmigt und von ihnen und dem Notar wie folgt eigenhändig unterschrieben:

Anmerkungen

S. zunächst Anmerkungen zu Formulierungsbeispiel A I. Rdn. 5. 84

Erbeinsetzung. Die Einsetzung als Vorerben sichert die Erbaussichten des Kindes des erstversterbenden Ehegatten. Zur alternativen Lösung in Form eines Herausgabevermächtnisses s. Kapitel 5 B. 85

Im vorliegenden Fall wird der länger lebende Ehegatte als befreiter Vorerbe berufen. Das erlaubt den Verkauf der selbstgenutzten Wohnung, ohne dass die Zustimmung des Nacherben erforderlich ist. Der Verkaufserlös unterliegt als Surrogat weiter der Nacherbschaft, § 2111 BGB. 86

Vorausvermächtnis. Durch die Anordnung des Vorausvermächtnisses erlangt der länger lebende Ehegatte die freie Verfügungsgewalt über das bewegliche Vermögen. Dadurch erlangt er größere Flexibilität. Darüber hinaus werden unerfreuliche Diskussionen zwischen Nacherben und Erben des 87

Kapitel 21 Gesamtmuster

längstlebenden Ehegatten über die Frage, welche beweglichen Gegenstände zur Nacherbschaft gehören, vermieden.

88 **Pflichtteilsstrafklausel.** Eine Pflichtteilsstrafklausel ist bei der vorliegenden Gestaltung entbehrlich, da der Nacherbe seinen Pflichtteil nur erlangen kann, wenn er seine Nacherbenstellung ausschlägt, § 2306 BGB.

89 **Bindungswirkung.** Bei der Bindungswirkung sollte darauf geachtet werden, dass die Bindungswirkung sich auch auf das Vorausvermächtnis zugunsten des länger lebenden Ehegatten erstreckt. Die Nacherbenbeschränkung als Ganze ist nicht der Bindungswirkung zu unterwerfen, wohl aber die Begünstigung des Längerlebenden durch die Anordnung der Befreiungen.

90 **Anfechtungsausschluss.** Es ist hier genau zu überlegen, ob nur hinsichtlich einzelner Verfügungen oder nur bestimmter Pflichtteilsberechtigter (z. B. neuer Ehegatten des Längstlebenden) das Anfechtungsrecht gem. § 2079 BGB ausgeschlossen werden soll oder aber ob der Ausschluss im Allgemeinen erfolgen soll. Siehe dazu die Ausführungen zum Formulierungsbeispiel B II. Rdn. 43.

II. Testament von Eltern mit Kindern aus vorangegangener Beziehung: Vermächtnis zugunsten der »einseitigen« Kinder

91 **Sachverhalt**

Die testierenden Ehegatten haben Kinder aus vorgegangenen Beziehungen; der Ehemann zwei, die Ehefrau eins. Die Kinder leben nicht im Haushalt mit den Erblassern. Die Ehegatten verfügen im Wesentlichen nur über Geldvermögen; Grundbesitz haben sie nicht. Der überlebende Ehegatte soll zunächst Alleinerbe werden. Das bzw. die Kinder des Erstversterbenden sollen beim Tod ihres Elternteils berücksichtigt werden; eine Erbengemeinschaft aller Kinder zusammen soll vermieden werden.

92 ▶ **Muster:**

GEMEINSCHAFTLICHES TESTAMENT

Vorbemerkung

Der Ehemann wurde geboren in ... (Register-Nr. ... des Standesamtes ...).

Die Ehefrau wurde geboren in ... (Register-Nr. ... des Standesamtes ...).

Wir haben ausschließlich die deutsche Staatsangehörigkeit und unseren gewöhnlichen Aufenthalt in Deutschland. An dem Abschluss eines gemeinschaftlichen Testamentes sind wir durch frühere Verfügungen von Todes wegen nicht gehindert. Zeugen sollen bei der Beurkundung nicht zugezogen werden. Eine beglaubigte Abschrift des Testaments soll unverschlossen in der amtlichen Verwahrung des Notars bleiben.

Wir leben im gesetzlichen Güterstand.

Frühere Verfügungen

Alle Verfügungen von Todes wegen, die wir etwa gemeinsam oder einzeln errichtet haben, heben wir hiermit auf.

Erbfolge nach dem Zuerstversterbenden

Der Zuerstversterbende von uns setzt den Überlebenden von uns zu seinem alleinigen und unbeschränkten Erben ein.

Vermächtnis

Der Ehemann ordnet für den Fall, dass er der Erstversterbende von uns ist, folgendes Vermächtnis an, mit dem er seinen Ehefrau belastet:

Ich vermache meinen Kinder ... und ... jeweils ¼ des Wertes meines Nachlasses, nach Abzug der Nachlassverbindlichkeiten.

Die Ehefrau ordnet für den Fall, dass sie die Erstversterbende von uns ist, folgendes Vermächtnis an, mit dem sie ihren Ehemann belastet:

Ich vermache meinem Kind ... ½ des Wertes meines Nachlasses, das nach Abzug der Nachlassverbindlichkeiten übrig bleibt.

Für die Vermächtnisse gilt jeweils: Der Hausrat soll bei Ermittlung der Vermächtnishöhe außer Acht bleiben; Geldvermögen, egal in welcher Anlageform, soll hingegen berücksichtigt werden. Das Vermächtnis verfolgt jeweils den Zweck, die jeweiligen eigenen Kinder dafür zu entschädigen, dass sie bei der Erbeinsetzung unberücksichtigt bleiben. Die Wahl der Nachlassgegenstände, mit denen das Vermächtnis zu erfüllen ist, trifft der Längstlebende von uns nach freiem Ermessen. Der Anspruch ist fällig drei Monate nach meinem Ableben.

Der Vermächtnisnehmer ist nicht berechtigt, irgendwelche Sicherheiten für die Erfüllung seines bedingten Vermächtnisanspruches zu verlangen.

Erbfolge nach dem Überlebenden, gleichzeitiges Ableben

Jeder von uns beruft, sowohl für den Fall, dass der andere von uns nicht Erbe wird, als auch für den Fall, dass wir gleichzeitig aufgrund desselben Ereignisses innerhalb von vier Wochen nacheinander versterben, zu seinen Erben sein Kind bzw. seine Kinder,

der Ehemann seine Kinder ... und ..., die Ehefrau ihr Kind ...

Ersatzerbenregelung

Sollte ein Abkömmling von uns, der zum Erben berufen wird, vor dem Erbfall versterben, so treten seine Abkömmlinge entsprechend den Regeln über die gesetzliche Erbfolge an seine Stelle. Das gleiche gilt, wenn ein solcher Abkömmling aus einem anderen Grunde nicht Erbe wird, es sei denn, dass er gegen eine Abfindung auf sein Erbrecht verzichtet oder das Erbe ausgeschlagen und gegen den Willen des Längstlebenden von uns den Pflichtteil geltend gemacht und erhalten hat. Sind Abkömmlinge eines Erben nicht vorhanden, soll der Erbteil des weggefallenen dem oder den anderen Erben nach dem Verhältnis ihrer Erbteile zuwachsen.

Bindungswirkung

Der Notar hat auf die Bindungswirkung eines gemeinschaftlichen Testamentes sowie die gesetzlichen Bestimmungen der Widerrufsmöglichkeit hingewiesen. Uns ist bekannt, dass der Widerruf der notariellen Beurkundung bedarf.

Ein jeder von uns soll berechtigt sein, einseitig alle Bestimmungen dieses Testaments aufzuheben oder abzuändern außer der gegenseitigen Erbeinsetzung und der Ausgestaltung der Vermächtnisse zugunsten unserer Kinder als Zweckvermächtnisse, die wir als wechselbezügliche Verfügungen vornehmen.

Anfechtungsausschluss

Die Verfügungen von Todes wegen sollen unabhängig davon gelten, ob und welche Pflichtteilsberechtigten beim Tode des Verfügenden vorhanden sein sollten.

Schlussbestimmungen, Hinweise

Der Notar hat uns die Bestimmungen des gesetzlichen Erb- und Pflichtteilsrechts erläutert und uns ferner darauf hingewiesen,
- dass zusätzliche Vereinbarungen erforderlich werden können, wenn zum Nachlass im Ausland belegenes Vermögen gehört; gegenwärtig ist kein solches Vermögen vorhanden;
- dass auf die Erbfolge nach der EU-Erbrechtsverordnung das Recht desjenigen Landes Anwendung findet, in dem der Erblasser bei seinem Ableben seinen gewöhnlichen Aufenthalt hatte und dass der Erblasser eine umfassende Wahl zur Anwendbarkeit des Rechtes seines Heimatlandes in einer Verfügung von Todes wegen vornehmen kann. Hiervon möchten wir zurzeit keinen Gebrauch machen.

Zu unserem Vermögen gehört keine Beteiligung an einer Gesellschaft, deren Gesellschaftsvertrag erbrechtlich relevante Bestimmungen enthält, ferner kein Hof i. S. d. HöfeO.

Weitere Bestimmungen – auch für den Fall der Wiederheirat des Längstlebenden – wollen wir heute nicht treffen.

Diese Niederschrift wurde den Erschienenen vom Notar vorgelesen, von ihnen genehmigt und von ihnen und dem Notar wie folgt eigenhändig unterschrieben:

93 **Anmerkungen**

S. zunächst Anmerkungen zu Formulierungsbeispiel A I. Rdn. 5.

94 **Erbeinsetzung.** Die Einsetzung des anderen Ehegatten verhindert das Entstehen einer Erbengemeinschaft mit den Kindern des Erstversterbenden.

95 **Vermächtnis zugunsten der einseitigen Kinder.** Durch die Anordnung der Vermächtnisse erlangen die Kinder des Erstversterbenden zwar keine rechtliche, wohl aber eine wirtschaftliche Beteiligung am Nachlass ihres Elternteils; da diese ihrer gesetzlichen Erbquote entspricht, liegt sie über dem Pflichtteil. Bei der Ermittlung des Vermächtniswertes werden Haushaltsgegenstände (früher Hausrat) ausgeklammert, um Diskussionen über den Wert einzelner Haushaltsgegenstände zu verhindern. Auch hier bietet sich die Gestaltung als Zweckvermächtnis gem. § 2156 BGB an, um dem erbenden Ehegatten die Auswahl der herauszugebenden Vermögensgegenstände zu überlassen.

96 **Schlusserbeneinsetzung.** Jeder Ehegatte setzt seine Abkömmlinge zu Schlusserben bzw. Ersatzerben ein. So wird eine Erbengemeinschaft aus den Kindern beider Ehegatten vermieden. Das vom Erstversterbenden vererbte Vermögen fällt damit aber endgültig an die Stiefkinder, während die eigenen Kinder leer ausgehen. Soll dies vermieden werden, kann durch Anordnung eines Herausgabevermächtnisses[39] erreicht werden, dass die Erben des Erstversterbenden weitergehend am Vermögen ihres Elternteils teilhaben. Soll den eigenen Kindern das Vermögen ihres Elternteils möglichst umfassend gesichert werden, ist an die Erbeinsetzung der eigenen Kinder zu denken im Verbindung mit einem Nießbrauchvermächtnis zugunsten des länger lebenden Ehegatten.[40]

97 **Pflichtteilsstrafklausel.** Eine Pflichtteilsstrafklausel ist bei der vorliegenden Gestaltung entbehrlich, § 2307 BGB.

98 **Bindungswirkung.** Bei der Bindungswirkung ist grundsätzlich eine Bindung hinsichtlich der wechselseitigen Verfügung und der den Längerlebenden begünstigenden Ausgestaltung der Vermächtnisse als Zweckvermächtnisse ausreichend; an einer weitergehenden Bindung hat der Erstversterbende regelmäßig kein Interesse.

99 **Anfechtungsausschluss.** Siehe dazu die Ausführungen zum Formulierungsbeispiel C I.

III. Testament von Eltern mit Kindern aus vorangegangener Beziehung: Einsetzung der »einseitigen« Kinder als Erben und Nießbrauchvermächtnis für den Ehegatten

100 **Sachverhalt**

Die testierenden Ehegatten haben jeweils zwei Kinder aus vorgegangenen Beziehungen. Die Kinder leben nicht im Haushalt mit den Erblassern. Jeder Ehegatte wünscht, dass seine eigenen Kinder sein Vermögen erben und im Ergebnis kein Vermögen an die Kinder des Ehegatten fällt. Gleichzeitig soll der länger lebende Ehegatte die Nutzung aus dem Vermögen des erstversterbenden Ehegatten haben. Über Haushaltsgegenstände, persönliche Sachen des Erblassers und Kontoguthaben soll er darüber hinaus frei verfügen können.

---

39 S. zum Herausgabevermächtnis Kapitel 5 Rdn. 260 ff.
40 S. dazu das nächste Formulierungsbeispiel.

▶ **Muster:** 101

GEMEINSCHAFTLICHES TESTAMENT

Vorbemerkung

Der Ehemann wurde geboren in ... (Register-Nr. ... des Standesamtes ...).

Die Ehefrau wurde geboren in ... (Register-Nr. ... des Standesamtes ...).

Wir haben ausschließlich die deutsche Staatsangehörigkeit und unseren gewöhnlichen Aufenthalt in Deutschland. An dem Abschluss eines gemeinschaftlichen Testamentes sind wir durch frühere Verfügungen von Todes wegen nicht gehindert. Zeugen sollen bei der Beurkundung nicht zugezogen werden. Eine beglaubigte Abschrift des Testaments soll unverschlossen in der amtlichen Verwahrung des Notars bleiben.

Wir leben im gesetzlichen Güterstand.

Frühere Verfügungen

Alle Verfügungen von Todes wegen, die wir etwa gemeinsam oder einzeln errichtet haben, heben wir hiermit auf.

Erbeinsetzungen

Ein jeder von setzt seine Kinder zu je 1/2 Anteil zu seinen Vollerben ein,

der Ehemann seine Kinder ... und ...

die Ehefrau ihre Kinder ... und ...

Diese Erbeinsetzungen gelten unabhängig davon, ob der Verfügende als erster oder als längstlebender Ehegatte verstirbt oder ob wir gleichzeitig oder aufgrund desselben Ereignisses kurz nacheinander versterben.

Ersatzerbenregelung

Sollte ein Abkömmling von uns, der zum Erben berufen wird, vor dem Erbfall versterben, so treten seine Abkömmlinge entsprechend den Regeln über die gesetzliche Erbfolge an seine Stelle. Das gleiche gilt, wenn ein solcher Abkömmling aus einem anderen Grunde nicht Erbe wird, es sei denn, dass er gegen eine Abfindung auf sein Erbrecht verzichtet oder das Erbe ausgeschlagen und gegen den Willen des Längstlebenden von uns den Pflichtteil geltend gemacht und erhalten hat. Sind Abkömmlinge eines Erben nicht vorhanden, soll der Erbteil des Weggefallenen dem oder den anderen Erben nach dem Verhältnis ihrer Erbteile zuwachsen.

Vermächtnisanordnungen des Erstversterbenden

Der Erstversterbende von uns vermacht dem Längstlebenden zur Alleinberechtigung a) das gesamte Inventar und sämtliche Einrichtungsgegenstände des gemeinsamen Haushalts, soweit sie in seinem Eigentum stehen, b) alle seine persönlichen Gegenstände im weitesten Sinne nebst Schmuck und c) die Guthabenanteile des Erstversterbenden an allen denjenigen Konten, die auf die Eheleute gemeinsam lauten.

Sodann vermacht der Erstversterbende dem Längstlebenden den lebenslänglichen Nießbrauch an den Erbteilen aller Erben. In der Zeit vom Erbfall bis zur Bestellung der Nießbrauchsrechte an den Erbteilen haben sich die Beteiligten so zu stellen, als wäre der Nießbrauch jeweils mit dem Erbfall entstanden.

[optional:] Die Ausübung des Nießbrauchs kann Dritten nicht überlassen werden.

Auf die zu bestellenden Nießbrauchsrechte finden die gesetzlichen Bestimmungen Anwendung, soweit nachfolgend nichts Abweichendes bestimmt ist. Soweit der Nießbrauch – mittelbar – den Nachlassgrundbesitz betrifft, gilt in Ansehung dieses Grundbesitzes als Inhalt des Nießbrauchs am Erbteil Folgendes: Der Nießbrauchsberechtigte ist verpflichtet, sämtliche ordentlichen und außerordentlichen, privaten und öffentlichen Kosten, Lasten, Steuern, ferner sämtliche Instandhaltungs- und Instandsetzungskosten zu tragen. Er trägt ferner die Zins- und Tilgungsleistungen hinsichtlich der auf den im Nachlass befindlichen Grundbesitz bezogenen Verbindlichkeiten. Die Lastentragungsregel gilt jeweils, soweit die genannten Lasten auf den Inhaber des betreffenden nießbrauchsbelasteten Erbteils entfallen. Der Nießbraucher ist dem Miterben zur Vornahme aller erforderlichen Erhaltungs-, Ausbesserungs- und Erneuerungsmaßnahmen hinsichtlich der Nachlassgegenstände verpflichtet, auch soweit diese über das gesetzlich in § 1041 BGB vorgesehene Maß hinausgehen. Da zweifelhaft sein kann, ob vorstehende Bestimmungen dinglicher Inhalt der Nießbrauchsrechte an den Erbteilen sein können, sind sie im Rahmen der Nießbrauchsbestellung hilfsweise auch schuldrechtlich zu treffen.

In den Grundbüchern des Nachlassgrundbesitzes ist die sich aus dem Erbteilsnießbrauch ergebende Verfügungsbeschränkung einzutragen, soweit zulässig mit dem Vermerk, dass zur Löschung des Vermerks der Nachweis des Todes des Nießbrauchsberechtigten genügt.

Schuldrechtlich gilt in Ansehung der Nießbrauchsrechte an den Erbteilen: Die zu bestellenden Nießbrauchrechte sind jeweils unentgeltlich vermacht. Dem Nießbraucher ist das Recht auf Neuvalutierung auf Grundbesitz eingetragener Grundpfandrechte einzuräumen. Die Grundpfandrechte dürfen jedoch ausschließlich zur Sicherung solcher Darlehensverbindlichkeiten verwandt werden, die der Nießbraucher eingeht, um solche Lasten und Kosten zu tragen, die nach dem Inhalt des Rechtes oder aufgrund schuldrechtlicher Verpflichtungen von ihm zu tragen sind (z. B. Erschließungsbeiträge, Instandhaltungs- und Instandsetzungskosten). Eigentümerrechte und Rückgewähransprüche sind für die Dauer des Nießbrauchs dem Nießbraucher abzutreten. Soweit die Rechte bei Beendigung des Nießbrauchs noch bestehen, sind sie mit Wirkung ab der Beendigung des Nießbrauchs den Erben abzutreten.

Eine etwaige Wiederverheiratung des länger lebenden Ehegatten hat keinen Einfluss auf den Bestand der Nießbrauchsrechte.

Für alle vorstehenden Vermächtnisse für den Längstlebenden von uns gilt: Die Vermächtnisse sind höchstpersönlich. Ein Ersatzvermächtnisnehmer soll also nicht bestimmt werden. Die Vermächtnisse entfallen, wenn der Vermächtnisnehmer gleichzeitig mit dem Erblasser oder aufgrund desselben Ereignisses innerhalb von vier Wochen nach ihm verstirbt. Die mit dem Anfall der Vermächtnisse sowie der Vermächtniserfüllung verbundenen Kosten und Steuern trägt der Vermächtnisnehmer.

Ausschluss der Auseinandersetzung

Der Erstversterbende von uns schließt hiermit die Auseinandersetzung seines Nachlasses aus (§ 2044 BGB). Dieser Ausschluss wird mit dem Tode des Längstlebenden von uns unwirksam, nicht jedoch, wenn ein Miterbe vorher versterben sollte.

Testamentsvollstreckung

Der Erstversterbende von uns ordnet hinsichtlich seines Nachlasses Testamentsvollstreckung an. Zum Testamentsvollstrecker über seinen Nachlass bestimmt der Erstversterbende den Längstlebenden von uns. Dieser ist berechtigt, einen Nachfolger im Amt des Testamentsvollstreckers zu benennen. Weitere Ersatztestamentsvollstrecker soll bei Bedarf das zuständige Nachlassgericht benennen.

Aufgabe des Testamentsvollstreckers ist es, a) die Vermächtnisse zugunsten des länger lebenden Ehegatten zu erfüllen, b) den gesamten Nachlass bis zu seinem Tode im Rahmen einer Dauertestamentsvollstreckung (§ 2209 BGB), auch nach einer etwaigen (Teil-)Erbauseinandersetzung, zu verwalten.

Der Testamentsvollstrecker ist in der Eingehung von Verbindlichkeiten für den Nachlass nicht beschränkt. Er ist von allen Verpflichtungen befreit, soweit dies gesetzlich zulässig ist, insbesondere von den beschränkenden Bestimmungen des § 181 BGB.

Der Testamentsvollstrecker erhält keine Vergütung, jedoch Ersatz seiner Kosten und Auslagen.

Pflichtteilsverzicht

Ein jeder von verzichtet hiermit auf sein gesetzliches Pflichtteilsrecht am Nachlass des Erstversterbenden von uns. Der Verzicht entfällt, wenn ein Ehegatte von dem Recht zum Widerruf dieses Testamentes Gebrauch macht.

Bindungswirkung

Der Notar hat auf die Bindungswirkung eines gemeinschaftlichen Testamentes sowie die gesetzlichen Bestimmungen der Widerrufsmöglichkeit hingewiesen. Uns ist bekannt, dass der Widerruf der notariellen Beurkundung bedarf.

Ein jeder von uns soll berechtigt sein, einseitig alle Bestimmungen dieses Testaments aufzuheben oder abzuändern außer den gegenseitigen Vermächtnissen, die wir als wechselbezügliche Verfügung vornehmen.

Anfechtungsausschluss

Die Verfügungen von Todes wegen sollen unabhängig davon gelten, ob und welche Pflichtteilsberechtigten beim Tode des Verfügenden vorhanden sein sollten.

Schlussbestimmungen, Hinweise

Der Notar hat uns die Bestimmungen des gesetzlichen Erb- und Pflichtteilsrechts erläutert und uns ferner darauf hingewiesen,
– dass zusätzliche Vereinbarungen erforderlich werden können, wenn zum Nachlass im Ausland belegenes Vermögen gehört; gegenwärtig ist kein solches Vermögen vorhanden;
– dass auf die Erbfolge nach der EU-Erbrechtsverordnung das Recht desjenigen Landes Anwendung findet, in dem der Erblasser bei seinem Ableben seinen gewöhnlichen Aufenthalt hatte und dass der Erblasser eine umfassende Wahl zur Anwendbarkeit des Rechtes seines Heimatlandes in einer Verfügung von Todes wegen vornehmen kann. Hiervon möchten wir zurzeit keinen Gebrauch machen.

Zu unserem Vermögen gehört keine Beteiligung an einer Gesellschaft, deren Gesellschaftsvertrag erbrechtlich relevante Bestimmungen enthält, ferner keinen Hof i. S. d. Höfeordnung.

Weitere Bestimmungen – auch für den Fall der Wiederheirat des Längstlebenden – wollen wir heute nicht treffen. Wir gehen aber davon aus – ohne dass hiermit eine Rechtspflicht verbunden ist –, dass der Längstlebende von uns im Fall einer Wiederheirat mit dem neuen Ehegatten einen Erb- und/oder Pflichtteilsverzichtsvertrag sowie Gütertrennung vereinbart.

Diese Niederschrift wurde den Erschienenen vom Notar vorgelesen, von ihnen genehmigt und von ihnen und dem Notar wie folgt eigenhändig unterschrieben:

Anmerkungen 102

S. zunächst Anmerkungen zu Formulierungsbeispiel A I. Rdn. 5.

Erbeinsetzung. Durch die unmittelbare Erbeinsetzung der eigenen Kinder wird das Vermögen des erstversterbenden Ehegatten nicht zweimal – zunächst an den längerlebenden Ehegatten und dann an die Kinder – vererbt. 103

Vermächtnisse. Das Vermächtnis bezüglich Haushaltsgegenständen, persönlichen Sachen und Kontoguthaben verschafft dem überlebenden Ehegatten freie Verfügungsgewalt bezüglich der Dinge, die für die Gestaltung des Alltags von besonderer Bedeutung sind. Seine Erben und die Erben des Erstversterbenden müssen sich aufgrund der Vermächtnisanordnung nicht über diese Gegenstände auseinandersetzen. 104

Durch das Nießbrauchvermächtnis soll der Längstlebende abgesichert werden, ohne dass den Erben des Erstversterbenden die Substanz der Vermögenswert, auf die sich das Nießbrauchvermächtnis bezieht, verlorengeht. Hier ist die Variante der Nießbrauchsbestellung an allen Erbteilen vorgeschlagen. Die in der Umsetzung und späteren Handhabung im Einzelfall etwas aufwendigere Alternative besteht in einer Nießbrauchsbestellung an allen Nachlassgegenständen.[41] 105

Ausschluss der Auseinandersetzung. Der Ausschluss der Erbauseinandersetzung schützt den Nießbrauchberechtigten vor einer Auseinandersetzung zur Unzeit. 106

---

41 Zu den Unterschieden s. Kapitel 5 Rdn. 395, 399.

107 **Testamentsvollstreckung.** Durch die Anordnung der Testamentsvollstreckung kann der begünstigte Ehegatte die Vermächtnisse zu seinen Gunsten selber erfüllen. Er ist nicht auf die Mitwirkung der Kinder des Erstversterbenden angewiesen. Dies erleichtert ihm die dingliche Erfüllung der Vermächtnisse. Anstelle der Anordnung der Testamentsvollstreckung könnte auch eine Vollmacht zugunsten des Vermächtnisnehmers treten.[42] Die Dauertestamentsvollstreckung gewährt dem Längstlebenden zusätzlich die – freilich an die Interessen der Erben gebundene – Verfügungsmacht über die Nachlassgegenstände.

108 **Pflichtteilsverzicht.** Der Pflichtteilsverzicht ist nicht zwingend geboten, sichert aber den Erblasser dagegen ab, dass der andere Ehegatte die getroffene Erbregelung unterläuft. Der Verzicht wird sinnvollerweise davon abhängig gemacht, dass keine Widerruf der gegenseitigen Vermächtniszuwendungen erfolgt, da andernfalls der verzichtende Ehegatte ganz leer ausgehen könnte. Um das Unterlaufen des gemeinsamen Verteilungsplanes der Eheleute durch den Längstlebenden zu verhindern, ist neben dem Pflichtteilsverzicht zusätzlich noch an einen Ausschluss des Zugewinnausgleichs im Todesfall zu denken.

109 **Bindungswirkung.** Die Bindungswirkung der Verfügung von Todes wegen wird typischerweise auf die gegenseitige Absicherung beschränkt.

110 **Anfechtungsausschluss.** Siehe dazu die Ausführungen zum Formulierungsbeispiel C I.

IV. Testament von Eltern mit gemeinsamen Kindern und Kindern aus vorangegangener Beziehung (Einsetzung auch der »einseitigen« Kinder zu Schlusserben)

111 **Sachverhalt**

Die testierenden Ehegatten haben je ein Kind aus vorangegangenen Beziehungen; ferner haben die Eltern zwei gemeinsame Kinder. Alle Kinder leben im Haushalt zusammen mit den Ehegatten. Der überlebende Ehegatte soll zunächst Alleinerbe werden. Alle Kinder auch das jeweilige Stiefkind, sollen den Längstlebenden beerben.

112 ▶ **Muster:**

GEMEINSCHAFTLICHES TESTAMENT

Vorbemerkung

Der Ehemann wurde geboren in ... als Sohn der Eheleute ...

Die Ehefrau wurde geboren in ... als Tochter der Eheleute ...

Wir haben ausschließlich die deutsche Staatsangehörigkeit und unseren gewöhnlichen Aufenthalt in Deutschland. An dem Abschluss eines gemeinschaftlichen Testamentes sind wir durch frühere Verfügungen von Todes wegen nicht gehindert. Zeugen sollen bei der Beurkundung nicht zugezogen werden. Eine beglaubigte Abschrift des Testaments soll unverschlossen in der amtlichen Verwahrung des Notars bleiben.

Wir leben im gesetzlichen Güterstand.

Frühere Verfügungen

Alle Verfügungen von Todes wegen, die wir etwa gemeinsam oder einzeln errichtet haben, heben wir hiermit auf.

Erbfolge nach dem Zuerstversterbenden

Der Zuerstversterbende von uns setzt den Überlebenden von uns zu seinem alleinigen und unbeschränkten Erben ein. Diese Bestimmung soll unabhängig davon gelten, ob und welche Pflichtteilsberechtigten beim Tode des Zuerstversterbenden vorhanden sein werden.

---

42 S. zur Vollmacht Kapitel 15 Rdn. 26 ff.

Erbfolge nach dem Überlebenden, gleichzeitiges Ableben

Jeder von uns beruft, sowohl für den Fall, dass der andere von uns nicht Erbe wird, als auch für den Fall, dass wir gleichzeitig oder aufgrund desselben Ereignisses innerhalb von vier Wochen nacheinander versterben, zu seinen Erben unsere Kinder zu gleichen Teilen, nämlich

das Kind ... des Ehemann aus erster Ehe,

das Kind ... der Ehefrau aus erster Ehe,

sowie die gemeinsamen Kinder ... und ...

Die Schlusserbeneinsetzung gilt auch für den Fall der erneuten Heirat des Längstlebenden von uns. [alternativ: Auch die Schlusserbenbestimmung soll unabhängig davon gelten, ob und welche Pflichtteilsberechtigten beim Tode des Längstlebenden vorhanden sein werden.]

Ersatzerbenregelung

Sollte ein Abkömmling von uns, der zum Erben berufen wird, vor dem Erbfall versterben, so treten seine Abkömmlinge entsprechend den Regeln über die gesetzliche Erbfolge an seine Stelle. Das gleiche gilt, wenn ein solcher Abkömmling aus einem anderen Grunde nicht Erbe wird, es sei denn, dass er gegen eine Abfindung auf sein Erbrecht verzichtet oder das Erbe ausgeschlagen und gegen den Willen des Längstlebenden von uns den Pflichtteil geltend gemacht und erhalten hat. Sind Abkömmlinge eines Erben nicht vorhanden, soll der Erbteil des Weggefallenen dem oder den anderen Erben nach dem Verhältnis ihrer Erbteile zuwachsen.

Geltendmachung von Pflichtteilsrechten

Sollte ein Abkömmling von uns nach dem Tod des Zuerstversterbenden von uns den Pflichtteil geltend machen oder eine Bestimmung dieser Urkunde anfechten, so soll er von allen Zuwendungen dieser Verfügung von Todes wegen ausgeschlossen sein. Wenn ein Abkömmling den Pflichtteil aus dem Nachlass des Zuerstversterbenden von uns verlangt, sollen er und seine Abkömmlinge auch aus dem Nachlass des Überlebenden von uns höchstens den Pflichtteil erhalten. Die Bestimmungen in diesem Absatz gelten nicht, wenn die Pflichtteilsforderung im Einvernehmen mit dem Längstlebenden von uns erfolgt.

Wenn und soweit der Überlebende von uns über den dadurch frei werdenden Erbteil nicht anderweitig verfügt, wächst dieser Erbteil dem oder den anderen eingesetzten Erben nach dem Verhältnis ihrer Erbteile zu.

Bindungswirkung

Der Notar hat auf die Bindungswirkung eines gemeinschaftlichen Testamentes sowie die gesetzlichen Bestimmungen der Widerrufsmöglichkeit hingewiesen. Uns ist bekannt, dass der Widerruf der notariellen Beurkundung bedarf.

Ein jeder von uns soll berechtigt sein, einseitig alle Bestimmungen dieses Testaments aufzuheben oder abzuändern außer der gegenseitigen Erbeinsetzung und der Erbeinsetzung des einseitigen Kindes des zuerstversterbenden Ehegatten als Schlusserben des Längstlebenden von uns, die wir als wechselbezügliche Verfügungen vornehmen.

Schlussbestimmungen, Hinweise

Der Notar hat uns die Bestimmungen des gesetzlichen Erb- und Pflichtteilsrechts erläutert und uns ferner darauf hingewiesen,
– dass zusätzliche Vereinbarungen erforderlich werden können, wenn zum Nachlass im Ausland belegenes Vermögen gehört; gegenwärtig ist kein solches Vermögen vorhanden;
– dass auf die Erbfolge nach der EU-Erbrechtsverordnung das Recht desjenigen Landes Anwendung findet, in dem der Erblasser bei seinem Ableben seinen gewöhnlichen Aufenthalt hatte und dass der Erblasser eine umfassende Wahl zur Anwendbarkeit des Rechtes seines Heimatlandes in einer Verfügung von Todes wegen vornehmen kann. Hiervon möchten wir zurzeit keinen Gebrauch machen.

Zu unserem Vermögen gehört keine Beteiligung an einer Gesellschaft, deren Gesellschaftsvertrag erbrechtlich relevante Bestimmungen enthält, ferner kein Hof i. S. d. Höfeordnung.

Weitere Bestimmungen – auch für den Fall der Wiederheirat des Längstlebenden – wollen wir heute nicht treffen.

Diese Niederschrift wurde den Erschienenen vom Notar vorgelesen, von ihnen genehmigt und von ihnen und dem Notar wie folgt eigenhändig unterschrieben:

113 **Anmerkungen**

S. zunächst Anmerkungen zu Formulierungsbeispiel A I. Rdn. 5.

114 **Erbeinsetzung.** Die Einsetzung des anderen Ehegatten verhindert das Entstehen einer Erbengemeinschaft mit den Kindern, insbesondere mit dem Kind des Erstversterbenden.

115 **Schlusserbeneinsetzung.** Jeder Ehegatte setzt alle Kinder zu seinen Schlusserben ein.

116 **Pflichtteilsstrafklausel.**[43] Die Pflichtteilsstrafklausel zielt bei der vorliegenden Konstellation vorwiegend auf das Kind, das nur vom erstversterbenden Ehegatten abstammt. Diesem wird durch die erweiterte Bindungswirkung »Planungssicherheit« gegeben.

117 **Bindungswirkung.** Bei der Bindungswirkung ist in der Regel eine Bindung nicht nur hinsichtlich der wechselseitigen Verfügung gewollt, sondern auch bezüglich der Schlusserbeneinsetzung des Kindes, das nur vom erstversterbenden Ehegatten abstammt. An einer weitergehenden Bindung besteht regelmäßig kein Interesse. Im Einzelfall kann erwogen werden, die Erbeinsetzung des einseitigen Kindes des Erstversterbenden nur in Höhe der Hälfte derjenigen gesetzlichen Erbquote vorzusehen, die bestünde, wenn es sich um eine gemeinsames Kinde handelte. Auf diesen Wege wird ein gewissermaßen ein »Pflichtteil kraft Vereinbarung« geschaffen und eine vergleichbare Behandlung aller Kinder in pflichtteilsrechtlicher Hinsicht erreicht.

V. Testament von Eltern mit gemeinsamen Kindern und Kindern aus vorangegangener Beziehung (Vermächtnis zugunsten der »einseitigen« Kinder)

118 **Sachverhalt**

Die testierenden Ehegatten haben je ein Kind aus vorgegangenen Beziehungen; ferner haben die Eltern zwei gemeinsame Kinder. Die Ehegatten verfügen über ein ungefähr gleich großes Vermögen. Der überlebende Ehegatte soll zunächst Alleinerbe werden. Das Kind des Erstversterbenden soll beim Tod seines Elternteils berücksichtigt werden; eine Erbengemeinschaft nach dem Tod des längstlebenden Ehegatten unter Einbeziehung dieses Kindes soll vermieden werden.

119 ▶ **Muster:**

GEMEINSCHAFTLICHES TESTAMENT

Vorbemerkung

Der Ehemann wurde geboren in ... (Register-Nr. ... des Standesamtes ...).

Die Ehefrau wurde geboren in ... (Register-Nr. ... des Standesamtes ...).

Wir haben ausschließlich die deutsche Staatsangehörigkeit und unseren gewöhnlichen Aufenthalt in Deutschland. An dem Abschluss eines gemeinschaftlichen Testamentes sind wir durch frühere Verfügungen von Todes wegen nicht gehindert. Zeugen sollen bei der Beurkundung nicht zugezogen werden. Eine beglaubigte Abschrift des Testaments soll unverschlossen in der amtlichen Verwahrung des Notars bleiben.

Wir leben im gesetzlichen Güterstand.

---

43 S. zu Pflichtteilsstrafklauseln Kapitel 9 Rdn. 498 ff., Kapitel 10 Rdn. 182 ff.

Frühere Verfügungen

Alle Verfügungen von Todes wegen, die wir etwa gemeinsam oder einzeln errichtet haben, heben wir hiermit auf.

Erbfolge nach dem Zuerstversterbenden

Der Zuerstversterbende von uns setzt den Überlebenden von uns zu seinem alleinigen und unbeschränkten Erben ein.

Vermächtnis

Der Erstversterbende ordnet folgendes Vermächtnis an, mit dem er seinen Ehegatten belastet:

Ich vermache meinem Kind ... aus erster Ehe 1/3 meines Nachlasswertes, nach Abzug der Nachlassverbindlichkeiten.

Der Hausrat soll bei Ermittlung der Vermächtnishöhe außer Acht bleiben; Geldvermögen, egal in welcher Anlageform, soll hingegen berücksichtigt werden. Das Vermächtnis verfolgt jeweils den Zweck, das betreffende Kind dafür zu entschädigen, dass es bei der Erbeinsetzung unberücksichtigt bleibt. Die Wahl der Nachlassgegenstände, mit denen das Vermächtnis zu erfüllen ist, trifft der Längstlebende von uns nach freiem Ermessen. Der Anspruch ist fällig drei Monate nach meinem Ableben.

Der Vermächtnisnehmer ist nicht berechtigt, irgendwelche Sicherheiten für die Erfüllung seines bedingten Vermächtnisanspruches zu verlangen.

Erbfolge nach dem Überlebenden, gleichzeitiges Ableben

Jeder von uns beruft, sowohl für den Fall, dass der andere von uns nicht Erbe wird, als auch für den Fall, dass wir gleichzeitig oder aufgrund desselben Ereignisses innerhalb von vier Wochen nacheinander versterben, zu seinen Erben sein Kind bzw. seine Kinder,

der Ehemann sein Kind ... aus erster Ehe, die Ehefrau ihr Kind ... aus erster Ehe, sowie jeder Ehegatte die gemeinsamen Kinder ... und ...

Ersatzerbenregelung

Sollte ein Abkömmling von uns, der zum Erben berufen wird, vor dem Erbfall versterben, so treten seine Abkömmlinge entsprechend den Regeln über die gesetzliche Erbfolge an seine Stelle. Das gleiche gilt, wenn ein solcher Abkömmling aus einem anderen Grunde nicht Erbe wird, es sei denn, dass er gegen eine Abfindung auf sein Erbrecht verzichtet oder das Erbe ausgeschlagen und gegen den Willen des Längstlebenden von uns den Pflichtteil geltend gemacht und erhalten hat. Sind Abkömmlinge eines Erben nicht vorhanden, soll der Erbteil des Weggefallenen dem oder den anderen Erben nach dem Verhältnis ihrer Erbteile zuwachsen.

Geltendmachung von Pflichtteilsrechten

Sollte ein Abkömmling von uns nach dem Tod des Zuerstversterbenden von uns den Pflichtteil geltend machen oder eine Bestimmung dieser Urkunde anfechten, so soll er von allen Zuwendungen dieser Verfügung von Todes wegen ausgeschlossen sein. Wenn ein Abkömmling den Pflichtteil aus dem Nachlass des Zuerstversterbenden von uns verlangt, sollen er und seine Abkömmlinge auch aus dem Nachlass des Überlebenden von uns höchstens den Pflichtteil erhalten. Die Bestimmungen in diesem Absatz gelten nicht, wenn die Pflichtteilsforderung im Einvernehmen mit dem Längstlebenden von uns erfolgt.

Wenn und soweit der Überlebende von uns über den dadurch frei werdenden Erbteil nicht anderweitig verfügt, wächst dieser Erbteil dem oder den anderen eingesetzten Erben nach dem Verhältnis ihrer Erbteile zu.

Kapitel 21 Gesamtmuster

Bindungswirkung

Der Notar hat auf die Bindungswirkung eines gemeinschaftlichen Testamentes sowie die gesetzlichen Bestimmungen der Widerrufsmöglichkeit hingewiesen. Uns ist bekannt, dass der Widerruf der notariellen Beurkundung bedarf.

Ein jeder von uns soll berechtigt sein, einseitig alle Bestimmungen dieses Testaments aufzuheben oder abzuändern außer der gegenseitigen Erbeinsetzung, die wir als wechselbezügliche Verfügung vornehmen.

Anfechtungsausschluss

Die Verfügungen von Todes wegen sollen unabhängig davon gelten, ob und welche Pflichtteilsberechtigten beim Tode des Verfügenden vorhanden sein sollten.

Schlussbestimmungen, Hinweise

Der Notar hat uns die Bestimmungen des gesetzlichen Erb- und Pflichtteilsrechts erläutert und uns ferner darauf hingewiesen,
- dass zusätzliche Vereinbarungen erforderlich werden können, wenn zum Nachlass im Ausland belegenes Vermögen gehört; gegenwärtig ist kein solches Vermögen vorhanden;
- dass auf die Erbfolge nach der EU-Erbrechtsverordnung das Recht desjenigen Landes Anwendung findet, in dem der Erblasser bei seinem Ableben seinen gewöhnlichen Aufenthalt hatte und dass der Erblasser eine umfassende Wahl zur Anwendbarkeit des Rechtes seines Heimatlandes in einer Verfügung von Todes wegen vornehmen kann. Hiervon möchten wir zurzeit keinen Gebrauch machen.

Zu unserem Vermögen gehört keine Beteiligung an einer Gesellschaft, deren Gesellschaftsvertrag erbrechtlich relevante Bestimmungen enthält, ferner kein Hof i. S. d. Höfeordnung.

Weitere Bestimmungen – auch für den Fall der Wiederheirat des Längstlebenden – wollen wir heute nicht treffen.

Diese Niederschrift wurde den Erschienenen vom Notar vorgelesen, von ihnen genehmigt und von ihnen und dem Notar wie folgt eigenhändig unterschrieben:

120 **Anmerkungen**

S. zunächst Anmerkungen zu Formulierungsbeispiel A I. Rdn. 5.

121 **Erbeinsetzung.** Die Einsetzung des anderen Ehegatten verhindert das Entstehen einer Erbengemeinschaft mit den Kindern, insbesondere mit dem Kind des Erstversterbenden.

122 **Vermächtnis zugunsten der einseitigen Kinder.** Durch die Anordnung der Vermächtnisse erlangt das Kind des Erstversterbenden eine wirtschaftliche Beteiligung am Nachlass seines Elternteils; die Quote am Nachlass liegt über der gesetzlichen Erbquote, da das Kind beim Tod des Längstlebenden nicht mehr berücksichtigt wird. Bei der Ermittlung des Vermächtniswertes werden Haushaltsgegenstände (früher Hausrat) ausgeklammert, um Diskussionen über den Wert einzelner Haushaltsgegenstände zu verhindern. Es empfiehlt sich die Gestaltung als Zweckvermächtnis (§ 2156 BGB), da auf diesem Wege dem längerlebenden Ehegatten die Auswahl der Gegenstände überlassen werden kann, mit denen er das Vermächtnis erfüllt. Dies erhält dem Längerlebenden seine Dispositionsfreiheit und verhindert einen Liquiditätsengpass.

123 **Schlusserbeneinsetzung.** Jeder Ehegatte setzt seine Abkömmlinge zu Schlusserben bzw. Ersatzerben ein. So wird eine Erbengemeinschaft unter Einbeziehung des Kindes, das nur vom Erstversterbenden abstammt, vermieden.

124 Das vom Erstversterbenden vererbte Vermögen fällt damit aber endgültig an die gemeinsamen Kinder und das Stiefkind des Erstversterbenden, während das Kind aus erster Ehe des Erstversterbenden beim Tod des Längstlebenden leer ausgeht.

Pflichtteilsstrafklausel.[44] Eine Pflichtteilsstrafklausel ist bei der vorliegenden Gestaltung im Hinblick auf die gemeinsamen Kinder vorgesehen.

Bindungswirkung. Bei der Bindungswirkung ist grundsätzlich eine Bindung hinsichtlich der wechselseitigen Verfügung ausreichend; an einer weitergehenden Bindung hat der Erstversterbende regelmäßig kein Interesse.

Anfechtungsausschluss. Siehe dazu die Ausführungen zum Formulierungsbeispiel B II. Rdn. 43.

D. Erbverträge nichtehelicher Lebensgemeinschaften

I. Erbvertrag nichtehelicher Lebensgemeinschaft ohne Kinder

Sachverhalt

Die Testierenden sind nicht verheiratete Partner; sie haben keine Kinder. Sie haben eine nahestehende Person, die Erbe nach dem Tod des Längstlebenden der Ehegatten werden soll. Deren Abkömmlinge sollen Ersatzerben sein.

▶ **Muster:**

ERBVERTRAG

Vorbemerkung

Herr ... wurde geboren in ... (Register-Nr. ... des Standesamtes ...).

Frau ... wurde geboren in ... (Register-Nr. ... des Standesamtes ...).

Wir haben ausschließlich die deutsche Staatsangehörigkeit und unseren gewöhnlichen Aufenthalt in Deutschland. An dem Abschluss dieses Erbvertrages sind wir durch frühere Verfügungen von Todes wegen nicht gehindert. Zeugen sollen bei der Beurkundung nicht zugezogen werden. Der Erbvertrag und eine beglaubigte Abschrift hiervon sollen unverschlossen in der amtlichen Verwahrung des Notars bleiben.

Frühere Verfügungen

Alle Verfügungen von Todes wegen, die wir etwa gemeinsam oder einzeln errichtet haben, heben wir hiermit auf.

Erbfolge nach dem Zuerstversterbenden

Der Zuerstversterbende von uns setzt den Überlebenden von uns zu seinem alleinigen und unbeschränkten Erben ein. Diese Bestimmung soll unabhängig davon gelten, ob und welche Pflichtteilsberechtigten beim Tode des Zuerstversterbenden vorhanden sein werden.

Erbfolge nach dem Überlebenden, gleichzeitiges Ableben

Jeder von uns beruft, sowohl für den Fall, dass der andere von uns nicht Erbe wird, als auch für den Fall, dass wir gleichzeitig oder aufgrund desselben Ereignisses innerhalb von vier Wochen nacheinander versterben, zu seinem Erben ...

Ersatzerbenregelung

Sollte der Schlusserbe vor dem Erbfall versterben, so treten seine Abkömmlinge entsprechend den Regeln über die gesetzliche Erbfolge an seine Stelle.

---

[44] S. zu Pflichtteilsstrafklauseln Kapitel 9 Rdn. 498 ff., Kapitel 10 Rdn. 182 ff.

Kapitel 21 Gesamtmuster

Bindungswirkung

Unsere Erklärungen über die gegenseitige Erbeinsetzung nehmen wir erbvertragsmäßig bindend wechselseitig an. Die weiteren Verfügungen sollen nur testamentarisch wirken und jederzeit einseitig widerruflich bzw. abänderbar sein.

In Kenntnis der Bindungswirkung dieses Erbvertrages behält sich jeder von uns ein einseitiges Rücktrittsrecht hiervon vor. Wir wurden darauf hingewiesen, dass der Rücktritt der notariellen Beurkundung bedarf.

Die Erklärungen über die gegenseitige Erbeinsetzung sind unwirksam, wenn die Voraussetzungen für die Aufhebung, insbesondere Scheidung, einer etwaigen von uns noch einzugehenden Ehe vorliegen und einer von uns die Aufhebung beantragt oder wenn die zwischen uns bestehende nichteheliche Lebensgemeinschaft durch Trennung endet. An die Stelle des anderen Partners tritt als einseitige Verfügung von Todes wegen der eingesetzte Schlusserbe.

Schlussbestimmungen, Hinweise

Der Notar hat uns die Bestimmungen des gesetzlichen Erb- und Pflichtteilsrechts erläutert und auf die Bedeutung der erbvertraglichen Bindung hingewiesen.

Der Notar hat uns ferner darauf hingewiesen,
- dass zusätzliche Vereinbarungen erforderlich werden können, wenn zum Nachlass im Ausland belegenes Vermögen gehört; gegenwärtig ist kein solches Vermögen vorhanden;
- dass auf die Erbfolge nach der EU-Erbrechtsverordnung das Recht desjenigen Landes Anwendung findet, in dem der Erblasser bei seinem Ableben seinen gewöhnlichen Aufenthalt hatte und dass der Erblasser eine umfassende Wahl zur Anwendbarkeit des Rechtes seines Heimatlandes in einer Verfügung von Todes wegen vornehmen kann. Hiervon möchten wir zurzeit keinen Gebrauch machen.

Zu unserem Vermögen gehört keine Beteiligung an einer Gesellschaft, deren Gesellschaftsvertrag erbrechtlich relevante Bestimmungen enthält, ferner kein Hof i. S. d. Höfeordnung.

Weitere Bestimmungen wollen wir heute nicht treffen.

Diese Niederschrift wurde den Erschienenen vom Notar vorgelesen, von ihnen genehmigt und von ihnen und dem Notar wie folgt eigenhändig unterschrieben:

130 **Anmerkungen**

S. zunächst Anmerkungen zu Formulierungsbeispiel A I. Rdn. 5.

131 **Erbeinsetzung.** Durch die gegenseitige Erbeinsetzung wird verhindert, dass die gesetzlichen Erben des erstversterbenden Partners Erben werden. Das Pflichtteilsrecht von beim Erbfall noch lebenden Eltern bleibt von der Regelung unberührt. Es besteht aber die Möglichkeit als flankierende Maßnahme zur gegenseitigen Erbeinsetzung einen **Pflichtteilsverzicht**[45] mit etwaigen Eltern zu schließen. Erbschaftsteuerliche Freibeträge für nicht verheirateten Partner sind sehr gering; das vererbte Vermögen oberhalb des Freibetrages in Höhe von 20.000 EUR wird mit 30 % besteuert.

132 Eine Alternative zur Erbeinsetzung ist die Zuwendung eines Vermächtnisses,[46] das sich nicht auf das gesamte Vermögen erstreckt oder evtl. nur den Nießbrauch am Nachlass gewährt.[47] Ein solches Vermächtnis ist sinnvollerweise durch die Anordnung der Testamentsvollstreckung zu ergänzen.[48] Wird der Partner Testamentsvollstrecker, kann er ohne Mitwirkung des Erben das Vermächtnis erfüllen.

133 **Schlusserbeneinsetzung.** In erbschaftsteuerlicher Hinsicht ist unter dem Gesichtspunkt der Vermeidung zweier Erbanfälle und der Ausschöpfung steuerlicher Freibeträge nach jedem Erblasser der Fall des gleichzeitigen Versterbens oder des Versterbens in gemeinsamer Gefahr zu regeln.

---

45 S. zum Pflichtteilsverzicht Kapitel 10 Rdn. 2 ff.
46 S. zum Vermächtnis Kapitel 4.
47 S. zum Nießbrauchvermächtnis Kapitel 5 C.
48 S. zur Testamentsvollstreckung Kapitel 9 A.

Bindungswirkung.[49] Durch die Vereinbarung der erbvertraglichen Bindung bezüglich der gegenseitigen Erbeinsetzung ist eine abweichende Erbeinsetzung dem anderen Partner gegenüber unwirksam, wenn nicht zuvor der vorbehaltene Rücktritt vom Erbvertrag dem anderen Partner gegenüber erklärt wurde. Im Übrigen ist eine weitergehende Bindung der Partner an ihre Verfügungen dadurch ausgeschlossen, dass diese nicht mit erbvertraglicher Bindung getroffen werden. Die hier vorgeschlagene Formulierung soll dem Längerlebenden der testierenden Partner möglichst großen Spielraum für die Abfassung einer neuen Verfügung von Todes wegen lassen, nachdem der erste Erbfall eingetreten ist.

Da bei nicht verheirateten Partnern die Regelung des § 2077 BGB nicht anwendbar ist, ist der Fall einer etwaigen Trennung durch die bedingte Erbeinsetzung berücksichtigt worden.[50]

II. Erbvertrag nichtehelicher Lebensgemeinschaft mit gemeinsamen Kindern

Sachverhalt

Die Testierenden sind nicht verheiratete Partner; sie haben zwei gemeinsame Kinder. Unter Berücksichtigung der fehlenden erbschaftsteuerlichen Privilegierung des nichtehelichen Partners sollen die Kinder unmittelbar Erben des jeweiligen Elternteils werden. Der nichteheliche Partner soll durch ein Nießbrauchvermächtnis am Nachlass gesichert werden.

▶ **Muster:**

ERBVERTRAG

Vorbemerkung

Herr ... wurde geboren in ... (Register-Nr. ... des Standesamtes ...).

Frau ... wurde geboren in ... (Register-Nr. ... des Standesamtes ...).

Wir haben ausschließlich die deutsche Staatsangehörigkeit und unseren gewöhnlichen Aufenthalt in Deutschland. An dem Abschluss dieses Erbvertrages sind wir durch frühere Verfügungen von Todes wegen nicht gehindert. Zeugen sollen bei der Beurkundung nicht zugezogen werden. Der Erbvertrag und eine beglaubigte Abschrift hiervon sollen unverschlossen in der amtlichen Verwahrung des Notars bleiben.

Frühere Verfügungen

Alle Verfügungen von Todes wegen, die wir etwa gemeinsam oder einzeln errichtet haben, heben wir hiermit auf.

Erbeinsetzungen

Ein jeder von setzt unsere zwei gemeinsamen Kinder, ... und ..., zu je 1/2 Anteil zu seinen Vollerben ein.

Diese Erbeinsetzungen gelten unabhängig davon, ob der Verfügende als erster oder als längstlebender Ehegatte verstirbt oder ob wir gleichzeitig oder aufgrund desselben Ereignisses kurz nacheinander versterben.

(Ggf.) Die Schlusserbeneinsetzung gilt auch für den Fall der erneuten Heirat des Längstlebenden von uns.

Ersatzerbenregelung

Sollte ein Abkömmling von uns, der zum Erben berufen wird, vor dem Erbfall versterben, so treten seine Abkömmlinge entsprechend den Regeln über die gesetzliche Erbfolge an seine Stelle. Das glei-

---

49 S. zur Bindungswirkung Kapitel 6 A. I. und II. und Kapitel 1 Rdn. 44 ff.
50 S. hierzu Kapitel 8 C.

che gilt, wenn ein solcher Abkömmling aus einem anderen Grunde nicht Erbe wird, es sei denn, dass er gegen eine Abfindung auf sein Erbrecht verzichtet oder das Erbe ausgeschlagen und gegen den Willen des Längstlebenden von uns den Pflichtteil geltend gemacht und erhalten hat. Sind Abkömmlinge eines Erben nicht vorhanden, soll der Erbteil des Weggefallenen dem oder den anderen Erben nach dem Verhältnis ihrer Erbteile zuwachsen.

Vermächtnisanordnungen des Erstversterbenden

Der Erstversterbende von uns vermacht dem Längstlebenden zur Alleinberechtigung a) das gesamte Inventar und sämtliche Einrichtungsgegenstände des gemeinsamen Haushalts, soweit sie in seinem Eigentum stehen, b) alle seine persönlichen Gegenstände im weitesten Sinne nebst Schmuck und c) die Guthabenanteile des Erstversterbenden an allen denjenigen Konten, die auf den Erstversterbenden von uns lauten.

Sodann vermacht der Erstversterbende dem Längstlebenden den lebenslänglichen Nießbrauch an seinem gesamten Nachlass in der Gestalt und Zusammensetzung, die er nach Vollzug der vorstehenden Vermächtnisse hat. An jedem Nachlassgegenstand ist somit ein Nießbrauchsrecht zugunsten des Längstlebenden von uns zu bestellen. In der Zeit vom Erbfall bis zur Bestellung der Nießbrauchsrechte haben sich die Beteiligten so zu stellen, als wäre der Nießbrauch mit dem Erbfall entstanden. Vermacht ist ferner der Nießbrauch an sämtlichen Gegenständen, die Surrogate von Nachlassgegenständen i. S. d. § 2111 BGB darstellen. An etwaigen Nachlassgegenständen, die von Gesetzes wegen nicht übertragbar sind, ist statt des Nießbrauchs ein schuldrechtliches Nutzungsrecht einzuräumen, auf das die nachfolgenden Bestimmungen über den Nießbrauch entsprechend anzuwenden sind.

Die Ausübung des Nießbrauchs kann Dritten nicht überlassen werden.

Auf die zu bestellenden Nießbrauchsrechte finden die gesetzlichen Bestimmungen Anwendung, soweit nachfolgend nichts Abweichendes bestimmt ist.

Soweit der Nießbrauch an Grundbesitz zu bestellen ist, gilt für ihn abweichend folgender Rechtsinhalt: Auf das Nießbrauchsrecht sollen die gesetzlichen Bestimmungen Anwendung finden mit der Maßgabe, dass der Nießbrauchsberechtigte sämtliche ordentlichen und außerordentlichen, privaten und öffentlichen Kosten, Lasten, Steuern, ferner sämtliche Instandhaltungs- und Instandsetzungskosten zu tragen hat. Er trägt ferner Zins- und Tilgungsleistungen betreffend etwaige auf den im Nachlass befindlichen Grundbesitz bezogenen Verbindlichkeiten. Der Nießbraucher ist dem Eigentümer zur Vornahme aller erforderlichen Erhaltungs-, Ausbesserungs- und Erneuerungsmaßnahmen verpflichtet, auch soweit diese über das gesetzlich in § 1041 BGB vorgesehene Maß hinausgehen.

Der Längstlebende von uns ist berechtigt, die Eintragung eines entsprechenden Nießbrauchsrechts im Grundbuch zu verlangen, mit dem Vermerk, dass zur Löschung des Rechts der Nachweis des Todes des Berechtigten genügt.

Schuldrechtlich ist in Ansehung des Grundbesitznießbrauchs zu vereinbaren: Die zu bestellenden Nießbrauchrechte an den Nachlassgegenständen sind jeweils unentgeltlich vermacht. Dem Nießbraucher ist das Recht auf Neuvalutierung der eingetragenen Grundpfandrechte einzuräumen. Die Grundpfandrechte dürfen jedoch ausschließlich zur Sicherung solcher Darlehensverbindlichkeiten verwandt werden, die der Nießbraucher eingeht, um solche Lasten und Kosten zu tragen, die nach dem Inhalt des Rechtes von ihm zu tragen sind (z. B. Erschließungsbeiträge, Instandhaltungs- und Instandsetzungskosten). Eigentümerrechte und Rückgewähransprüche sind für die Dauer des Nießbrauchs dem Nießbraucher abzutreten. Soweit die Rechte bei Beendigung des Nießbrauchs noch bestehen, sind sie mit Wirkung ab der Beendigung des Nießbrauchs den Erben abzutreten.

Eine etwaige Wiederverheiratung des länger lebenden Ehegatten hat keinen Einfluss auf den Bestand der Nießbrauchsrechte.

Für alle vorstehenden Vermächtnisse für den Längstlebenden von uns gilt: Die Vermächtnisse sind höchstpersönlich. Ein Ersatzvermächtnisnehmer soll also nicht bestimmt werden. Die Vermächtnisse entfallen, wenn der Vermächtnisnehmer gleichzeitig mit dem Erblasser oder aufgrund desselben Ereignisses innerhalb von vier Wochen nach ihm verstirbt. Die mit dem Anfall der Vermächtnisse sowie der Vermächtniserfüllung verbundenen Kosten und Steuern trägt der Vermächtnisnehmer.

Ausschluss der Auseinandersetzung

Der Erstversterbende von uns schließt hiermit die Auseinandersetzung seines Nachlasses aus (§ 2044 BGB). Dieser Ausschluss wird mit dem Tode des Längstlebenden von uns unwirksam, nicht jedoch, wenn ein Miterbe vorher versterben sollte.

Testamentsvollstreckung

Der Erstversterbende von uns ordnet hinsichtlich seines Nachlasses Testamentsvollstreckung an. Zum Testamentsvollstrecker über seinen Nachlass bestimmt der Erstversterbende den Längstlebenden von uns. Dieser ist berechtigt, einen Nachfolger im Amt des Testamentsvollstreckers zu benennen. Weitere Ersatztestamentsvollstrecker soll bei Bedarf das zuständige Nachlassgericht benennen.

Aufgabe des Testamentsvollstreckers ist es,

a) die Vermächtnisse zugunsten des längerlebenden Ehegatten zu erfüllen.

b) den gesamten Nachlass bis zu seinem Tode im Rahmen einer Dauertestamentsvollstreckung (§ 2209 BGB), auch nach einer etwaigen (Teil-)Erbauseinandersetzung, zu verwalten.

Der Testamentsvollstrecker ist in der Eingehung von Verbindlichkeiten für den Nachlass nicht beschränkt. Er ist von allen Verpflichtungen befreit, soweit dies gesetzlich zulässig ist, insbesondere von den beschränkenden Bestimmungen des § 181 BGB.

Der Testamentsvollstrecker erhält keine Vergütung, jedoch Ersatz seiner Kosten und Auslagen.

Bindungswirkung

Unsere Erklärungen über die gegenseitigen Vermächtnisse nehmen wir erbvertragsmäßig bindend wechselseitig an. Die weiteren Verfügungen sollen nur testamentarisch wirken und jederzeit einseitig widerruflich bzw. abänderbar sein.

In Kenntnis der Bindungswirkung dieses Erbvertrages behält sich jeder von uns ein einseitiges Rücktrittsrecht hiervon vor. Wir wurden darauf hingewiesen, dass der Rücktritt der notariellen Beurkundung bedarf.

Die in Erklärungen über die gegenseitige Vermächtnisse sind unwirksam, wenn die Voraussetzungen für die Aufhebung, insbesondere Scheidung, einer etwaigen von uns noch einzugehenden Ehe vorliegen und einer von uns die Aufhebung beantragt oder wenn die zwischen uns bestehende nichteheliche Lebensgemeinschaft durch Trennung endet.

Anfechtungsausschluss

Die Verfügungen von Todes wegen sollen unabhängig davon gelten, ob und welche Pflichtteilsberechtigten beim Tode des Verfügenden vorhanden sein sollten.

Schlussbestimmungen, Hinweise

Der Notar hat uns die Bestimmungen des gesetzlichen Erb- und Pflichtteilsrechts erläutert und auf die Bedeutung der erbvertraglichen Bindung hingewiesen.

Der Notar hat uns ferner darauf hingewiesen,
- dass zusätzliche Vereinbarungen erforderlich werden können, wenn zum Nachlass im Ausland belegenes Vermögen gehört; gegenwärtig ist kein solches Vermögen vorhanden;
- dass auf die Erbfolge nach der EU-Erbrechtsverordnung das Recht desjenigen Landes Anwendung findet, in dem der Erblasser bei seinem Ableben seinen gewöhnlichen Aufenthalt hatte und dass der Erblasser eine umfassende Wahl zur Anwendbarkeit des Rechtes seines Heimatlandes in einer Verfügung von Todes wegen vornehmen kann. Hiervon möchten wir zurzeit keinen Gebrauch machen.

Zu unserem Vermögen gehört keine Beteiligung an einer Gesellschaft, deren Gesellschaftsvertrag erbrechtlich relevante Bestimmungen enthält, ferner auch kein Hof i. S. d. Höfeordnung.

Weitere Bestimmungen wollen wir heute nicht treffen.

Kapitel 21 Gesamtmuster

Diese Niederschrift wurde den Erschienenen vom Notar vorgelesen, von ihnen genehmigt und von ihnen und dem Notar wie folgt eigenhändig unterschrieben:

138 Anmerkungen

S. zunächst Anmerkungen zu Formulierungsbeispiel A I. Rdn. 5.

139 **Erbeinsetzung.** Wegen der geringen erbschaftsteuerlichen Freibeträge des Partners werden im Beispielsfall die Kinder unmittelbar als Erben eingesetzt.

140 **Vermächtnisse.** Das Vermächtnis bezüglich Haushaltsgegenständen, persönlichen Sachen und Kontoguthaben verschafft dem überlebende Partner freie Verfügungsgewalt bezüglich der Dinge, die für die Gestaltung des Alltags von besonderer Bedeutung sind.

141 Das Nießbrauchsvermächtnis wird hier in Form eines Nießbrauchs an allen Nachlassgegenständen angeordnet. Die wirtschaftlich gleichstehende, jedoch in einzelnen rechtlichen Details stark abweichende Alternative besteht in einem Nießbrauch an allen Erbteilen.[51] Durch das Nießbrauchsvermächtnis soll der Längstlebende dahingehend abgesichert werden, dass er die Erträge aus der Nachlasssubstanz für sich nutzen kann. Der Bestand des Nießbrauchvermächtnisses ist hier als nicht abhängig von einer etwaigen Wiederheirat des Vermächtnisnehmers ausgestaltet.

142 **Ausschluss der Auseinandersetzung.** Der Ausschluss der Erbauseinandersetzung schützt den Nießbrauchberechtigten vor einer Auseinandersetzung zur Unzeit.

143 **Testamentsvollstreckung.** Durch die Anordnung der Testamentsvollstreckung kann der begünstige Partner die Vermächtnisse zu seinen Gunsten selber erfüllen. Er ist nicht auf die Mitwirkung der Erben angewiesen. Dies erleichtert ihm die dingliche Erfüllung der Vermächtnisse. Anstelle der Anordnung der Testamentsvollstreckung könnte auch eine Vollmacht zugunsten des Vermächtnisnehmers treten.[52] Die Verwaltungstestamentsvollstreckung erlaubt dem Längerlebenden die – freilich an die Interessen der Erben gebundene – Verfügung über die Nachlassgegenstände.

144 **Bindungswirkung.**[53] Durch die Vereinbarung der erbvertraglichen Bindung bezüglich der gegenseitigen Erbeinsetzung ist eine abweichende Erbeinsetzung dem anderen Partner gegenüber unwirksam, wenn nicht zuvor der vorbehaltene Rücktritt vom Erbvertrag dem anderen Partner gegenüber erklärt wurde. Im Übrigen ist eine weitergehende Bindung der Partner an ihre Verfügungen dadurch ausgeschlossen, dass diese nicht mit erbvertraglicher Bindung getroffen werden. Die hier vorgeschlagene Formulierung soll dem Längerlebenden der testierenden Partner möglichst großen Spielraum für die Abfassung einer neuen Verfügung von Todes wegen lassen, nachdem der erste Erbfall eingetreten ist.

145 Da bei nicht verheirateten Partnern die Regelung des § 2077 BGB nicht anwendbar ist, ist der Fall einer etwaigen Trennung durch die bedingte Erbeinsetzung berücksichtigt worden.[54]

146 **Anfechtungsausschluss.** Siehe dazu die Ausführungen zum Formulierungsbeispiel III 1.

III. Erbvertrag nichtehelicher Lebensgemeinschaft mit Kindern aus vorangegangener Beziehung

147 Sachverhalt

Die testierenden nicht verheirateten Partner haben jeweils zwei Kinder aus vorgegangenen Beziehungen. Jeder Ehegatte wünscht, dass seine eigenen Kinder sein Vermögen erben und im Ergebnis kein Vermögen an die Kinder des Partners fällt. Gleichzeitig soll der länger lebenden Partner die Nutzung

---

[51] Zu den Unterschieden s. Kapitel 5 Rdn. 421 ff.
[52] S. zur Vollmacht Kapitel 15 Rdn. 26.
[53] S. zur Bindungswirkung Kapitel 6 A. I. und II. und Kapitel 1 Rdn. 44 ff.
[54] S. hierzu Kapitel 8 III.

aus dem Vermögen des erstversterbenden Partners haben. Über Haushaltsgegenstände, persönliche Sachen des Erblassers und Kontoguthaben soll er darüber hinaus frei verfügen können.

▶ **Muster:** 148

ERBVERTRAG

Vorbemerkung

Herr ... wurde geboren in ... (Register-Nr. ... des Standesamtes ...).

Frau ... wurde geboren in ... (Register-Nr. ... des Standesamtes ...).

Wir haben ausschließlich die deutsche Staatsangehörigkeit und unseren gewöhnlichen Aufenthalt in Deutschland. An dem Abschluss dieses Erbvertrages sind wir durch frühere Verfügungen von Todes wegen nicht gehindert. Zeugen sollen bei der Beurkundung nicht zugezogen werden. Der Erbvertrag und eine beglaubigte Abschrift hiervon sollen unverschlossen in der amtlichen Verwahrung des Notars bleiben.

Frühere Verfügungen

Alle Verfügungen von Todes wegen, die wir etwa gemeinsam oder einzeln errichtet haben, heben wir hiermit auf.

Erbeinsetzungen

Ein jeder von setzt seine Kinder zu je 1/2 Anteil zu seinen Vollerben ein,

Herr ... seine Kinder ... und ...

Frau ... ihre Kinder ... und ...

Ersatzerbenregelung

Sollte ein Abkömmling von uns, der zum Erben berufen wird, vor dem Erbfall versterben, so treten seine Abkömmlinge entsprechend den Regeln über die gesetzliche Erbfolge an seine Stelle. Das gleiche gilt, wenn ein solcher Abkömmling aus einem anderen Grunde nicht Erbe wird, es sei denn, dass er gegen eine Abfindung auf sein Erbrecht verzichtet oder das Erbe ausgeschlagen und gegen den Willen des Längstlebenden von uns den Pflichtteil geltend gemacht und erhalten hat. Sind Abkömmlinge eines Erben nicht vorhanden, soll der Erbteil des Weggefallenen dem oder den anderen Erben nach dem Verhältnis ihrer Erbteile zuwachsen.

Vermächtnisanordnungen des Erstversterbenden

Der Erstversterbende von uns vermacht dem Längstlebenden zur Alleinberechtigung a) das gesamte Inventar und sämtliche Einrichtungsgegenstände des gemeinsamen Haushalts, soweit sie in seinem Eigentum stehen, b) alle seine persönlichen Gegenstände im weitesten Sinne nebst Schmuck und c) die Guthabenanteile des Erstversterbenden an allen denjenigen Konten, die auf die Partner gemeinsam lauten.

Sodann vermacht der Erstversterbende dem Längstlebenden den lebenslänglichen Nießbrauch an seinem gesamten Nachlass in der Gestalt und Zusammensetzung, die er nach Vollzug der vorstehenden Vermächtnisse hat. An jedem Nachlassgegenstand ist somit ein Nießbrauchsrecht zugunsten des Längstlebenden von uns zu bestellen. In der Zeit vom Erbfall bis zur Bestellung der Nießbrauchsrechte haben sich die Beteiligten so zu stellen, als wäre der Nießbrauch mit dem Erbfall entstanden. Vermacht ist ferner der Nießbrauch an sämtlichen Gegenständen, die Surrogate von Nachlassgegenständen i. S. d. § 2111 BGB darstellen. An etwaigen Nachlassgegenständen, die von Gesetzes wegen nicht übertragbar sind, ist statt des Nießbrauchs ein schuldrechtliches Nutzungsrecht einzuräumen, auf das die nachfolgenden Bestimmungen über den Nießbrauch entsprechend anzuwenden sind.

Die Ausübung des Nießbrauchs kann Dritten nicht überlassen werden.

Auf die zu bestellenden Nießbrauchsrechte finden die gesetzlichen Bestimmungen Anwendung, soweit nachfolgend nichts Abweichendes bestimmt ist.

Kapitel 21 Gesamtmuster

Soweit der Nießbrauch an Grundbesitz zu bestellen ist, gilt für ihn abweichend folgender Rechtsinhalt: Auf das Nießbrauchrecht sollen die gesetzlichen Bestimmungen Anwendung finden mit der Maßgabe, dass der Nießbrauchsberechtigte sämtliche ordentlichen und außerordentlichen, privaten und öffentlichen Kosten, Lasten, Steuern, ferner sämtliche Instandhaltungs- und Instandsetzungskosten zu tragen hat. Er trägt ferner Zins- und Tilgungsleistungen betreffend etwaige auf den im Nachlass befindlichen Grundbesitz bezogene Verbindlichkeiten. Der Nießbraucher ist dem Eigentümer zur Vornahme aller erforderlichen Erhaltungs-, Ausbesserungs- und Erneuerungsmaßnahmen verpflichtet, auch soweit diese über das gesetzlich in § 1041 BGB vorgesehene Maß hinausgehen.

Der Längstlebende von uns ist berechtigt, die Eintragung eines entsprechenden Nießbrauchsrechts im Grundbuch zu verlangen, mit dem Vermerk, dass zur Löschung des Rechts der Nachweis des Todes des Berechtigten genügt.

Schuldrechtlich ist in Ansehung des Grundbesitznießbrauchs zu vereinbaren: Die zu bestellenden Nießbrauchrechte an den Nachlassgegenständen sind jeweils unentgeltlich vermacht. Dem Nießbraucher ist das Recht auf Neuvalutierung der eingetragenen Grundpfandrechte einzuräumen. Die Grundpfandrechte dürfen jedoch ausschließlich zur Sicherung solcher Darlehensverbindlichkeiten verwandt werden, die der Nießbraucher eingeht, um solche Lasten und Kosten zu tragen, die nach dem Inhalt des Rechtes von ihm zu tragen sind (z. B. Erschließungsbeiträge, Instandhaltungs- und Instandsetzungskosten). Eigentümerrechte und Rückgewähransprüche sind für die Dauer des Nießbrauchs dem Nießbraucher abzutreten. Soweit die Rechte bei Beendigung des Nießbrauchs noch bestehen, sind sie mit Wirkung ab der Beendigung des Nießbrauchs den Erben abzutreten.

Eine etwaige Eheschließung des länger lebenden Partners hat keinen Einfluss auf den Bestand der Nießbrauchsrechte.

Für alle vorstehenden Vermächtnisse für den Längstlebenden von uns gilt: Die Vermächtnisse sind höchstpersönlich. Ein Ersatzvermächtnisnehmer soll also nicht bestimmt werden. Die Vermächtnisse entfallen, wenn der Vermächtnisnehmer gleichzeitig mit dem Erblasser oder aufgrund desselben Ereignisses kurz nach ihm verstirbt. Die mit dem Anfall der Vermächtnisse sowie der Vermächtniserfüllung verbundenen Kosten und Steuern trägt der Vermächtnisnehmer.

Ausschluss der Auseinandersetzung

Der Erstversterbende von uns schließt hiermit die Auseinandersetzung seines Nachlasses aus (§ 2044 BGB). Dieser Ausschluss wird mit dem Tode des Längstlebenden von uns unwirksam, nicht jedoch, wenn ein Miterbe vorher versterben sollte.

Testamentsvollstreckung

Der Erstversterbende von uns ordnet hinsichtlich seines Nachlasses Testamentsvollstreckung an. Zum Testamentsvollstrecker über seinen Nachlass bestimmt der Erstversterbende den Längstlebenden von uns. Dieser ist berechtigt, einen Nachfolger im Amt des Testamentsvollstreckers zu benennen. Weitere Ersatztestamentsvollstrecker soll bei Bedarf das zuständige Nachlassgericht benennen.

Aufgabe des Testamentsvollstreckers ist es, a) die Vermächtnisse zugunsten des längerlebenden Partners zu erfüllen b) den gesamten Nachlass bis zu seinem Tode im Rahmen einer Dauertestamentsvollstreckung (§ 2209 BGB), auch nach einer etwaigen (Teil-)Erbauseinandersetzung, zu verwalten.

Der Testamentsvollstrecker ist in der Eingehung von Verbindlichkeiten für den Nachlass nicht beschränkt. Er ist von allen Verpflichtungen befreit, soweit dies gesetzlich zulässig ist, insbesondere von den beschränkenden Bestimmungen des § 181 BGB.

Der Testamentsvollstrecker erhält keine Vergütung, jedoch Ersatz seiner Kosten und Auslagen.

Bindungswirkung

Unsere Erklärungen über die gegenseitigen Vermächtnisse nehmen wir erbvertragsmäßig bindend wechselseitig an. Die weiteren Verfügungen sollen nur testamentarisch wirken und jederzeit einseitig widerruflich bzw. abänderbar sein.

In Kenntnis der Bindungswirkung dieses Erbvertrages behält sich jeder von uns ein einseitiges Rücktrittsrecht hiervon vor. Wir wurden darauf hingewiesen, dass der Rücktritt der notariellen Beurkundung bedarf.

Die Erklärungen über die gegenseitige Vermächtnisse sind unwirksam, wenn die Voraussetzungen für die Aufhebung, insbesondere Scheidung, einer etwaigen von uns noch einzugehenden Ehe vorliegen und einer von uns die Aufhebung beantragt oder wenn die zwischen uns bestehende nichteheliche Lebensgemeinschaft durch Trennung endet.

Anfechtungsausschluss

Die Verfügungen von Todes wegen gelten unabhängig davon gelten, ob und welche Pflichtteilsberechtigten beim Tode des Verfügenden vorhanden sein sollten.

Schlussbestimmungen, Hinweise

Der Notar hat uns die Bestimmungen des gesetzlichen Erb- und Pflichtteilsrechts erläutert und auf die Bedeutung der erbvertraglichen Bindung hingewiesen.

Der Notar hat uns ferner darauf hingewiesen,
– dass zusätzliche Vereinbarungen erforderlich werden können, wenn zum Nachlass im Ausland belegenes Vermögen gehört; gegenwärtig ist kein solches Vermögen vorhanden;
– dass auf die Erbfolge nach der EU-Erbrechtsverordnung das Recht desjenigen Landes Anwendung findet, in dem der Erblasser bei seinem Ableben seinen gewöhnlichen Aufenthalt hatte und dass der Erblasser eine umfassende Wahl zur Anwendbarkeit des Rechtes seines Heimatlandes in einer Verfügung von Todes wegen vornehmen kann. Hiervon möchten wir zurzeit keinen Gebrauch machen.

Zu unserem Vermögen gehört keine Beteiligung an einer Gesellschaft, deren Gesellschaftsvertrag erbrechtlich relevante Bestimmungen enthält, ferner kein Hof i. S. d. Höfeordnung.

Weitere Bestimmungen – auch für den Fall der Eheschließung des Längstlebenden – wollen wir heute nicht treffen. Wir gehen aber davon aus – ohne dass hiermit eine Rechtspflicht verbunden ist –, dass der Längstlebende von uns im Fall einer Eheschließung mit dem Ehegatten einen Erb- und/oder Pflichtteilsverzichtsvertrag sowie Gütertrennung vereinbart.

Diese Niederschrift wurde den Erschienenen vom Notar vorgelesen, von ihnen genehmigt und von ihnen und dem Notar wie folgt eigenhändig unterschrieben:

Anmerkungen

S. zunächst Anmerkungen zu Formulierungsbeispiel A I. Rdn. 5.   149

Erbeinsetzung. Durch die unmittelbare Erbeinsetzung der eigenen Kinder wird das Vermögen des erstversterbenden Partners diesen gesichert; würde der andere Partner als Erbe berufen, würden dessen Kinder u. U. begünstigt, indem sich deren Pflichtteilsansprüchen erhöhten. Darüber hinaus wird vermieden, dass der Nachlass vom Partner hoch zu versteuern ist.   150

Vermächtnisse. Das Vermächtnis bezüglich Haushaltsgegenständen, persönlichen Sachen und Kontoguthaben verschafft dem überlebenden Partner freie Verfügungsgewalt bezüglich der Dinge, die für die Gestaltung des Alltags von besonderer Bedeutung sind. Seine Erben und die Erben des Erstversterbenden müssen sich aufgrund der Vermächtnisanordnung nicht über diese Gegenstände auseinandersetzen.   151

Das Nießbrauchsvermächtnis wird hier in Form eines Nießbrauchs an allen Nachlassgegenständen angeordnet. Die wirtschaftlich gleichstehende, jedoch in einzelnen rechtlichen Details stark abweichende Alternative besteht in einem Nießbrauch an allen Erbteilen.[55] Durch das Nießbrauchvermächtnis soll der Längstlebende abgesichert werden, ohne dass den Erben des Erstversterbenden die Substanz der Vermögenswert, auf die sich das Nießbrauchvermächtnis bezieht, verlorengeht.   152

---

55 Zu den Unterschieden s. Kapitel 5 Rdn. 421 ff.

153 **Ausschluss der Auseinandersetzung.** Der Ausschluss der Erbauseinandersetzung schützt den Nießbrauchberechtigten vor einer Auseinandersetzung zur Unzeit.

154 **Testamentsvollstreckung.** Durch die Anordnung der Testamentsvollstreckung kann der begünstige Partner die Vermächtnisse zu seinen Gunsten selber erfüllen. Er ist nicht auf die Mitwirkung der Kinder des Erstversterbenden angewiesen. Dies erleichtert ihm die dingliche Erfüllung der Vermächtnisse. Anstelle der Anordnung der Testamentsvollstreckung könnte auch eine Vollmacht zugunsten des Vermächtnisnehmers treten.[56] Durch die Verwaltungstestamentsvollstreckung wird dem längstlebenden Partner die – freilich an die Interessen der Erben gebundene – Verfügungsbefugnis eingeräumt.

155 **Bindungswirkung.** Die Bindungswirkung der Verfügung von Todes wegen wird typischerweise auf die gegenseitige Absicherung beschränkt.

156 **Anfechtungsausschluss.** Siehe dazu die Ausführungen zum Formulierungsbeispiel III 1.

---

56 S. zur Vollmacht Kapitel 15 Rdn. 26.

E. Formblatt für die Beantragung eines Europäischen Nachlasszeugnisses gem. Art. 80 EuErbVO

ANHANG 4

FORMBLATT IV

ANTRAG AUF AUSSTELLUNG EINES EUROPÄISCHEN NACHLASSZEUGNISSES

(Artikel 65 der Verordnung (EU) Nr. 650/2012 des Europäischen Parlaments und des Rates über die Zuständigkeit, das anzuwendende Recht, die Anerkennung und Vollstreckung von Entscheidungen und die Annahme und Vollstreckung öffentlicher Urkunden in Erbsachen sowie zur Einführung eines Europäischen Nachlasszeugnisses[1])

MITTEILUNG AN DEN ANTRAGSTELLER

Dieses nicht verbindliche Formblatt soll Ihnen die Zusammenstellung der für die Ausstellung eines Europäischen Nachlasszeugnisses erforderlichen Angaben erleichtern. In den Anlagen zu diesem Formblatt können Sie gegebenenfalls zusätzliche relevante Informationen angeben.

Bitte prüfen Sie im Voraus, welche Angaben für die Ausstellung des Zeugnisses benötigt werden.

Dem Antragsformblatt beigefügte Anlagen[2]

☐ Anlage I — Angaben zum Gericht oder zur sonstigen zuständigen Behörde, das bzw. die mit der Erbsache als solcher befasst ist oder war (OBLIGATORISCH, falls abweichend von der unter 2. des Antragsformblatts genannten Behörde)

☐ Anlage II — Angaben zum/zu den Antragsteller(n) (OBLIGATORISCH, falls es sich um (eine) juristische Person(en) handelt)

☐ Anlage III — Angaben zum Vertreter des/der Antragsteller(s) (OBLIGATORISCH, falls der/die Antragsteller vertreten wird/werden)

☐ Anlage IV — Angaben zum/zu den (ehemaligen) Ehegatten oder (ehemaligen) Lebenspartner(n) des Erblassers (OBLIGATORISCH, falls es einen oder mehrere (ehemalige) Ehegatten oder (ehemalige) Lebenspartner gibt)

☐ Anlage V — Angaben zu möglichen Berechtigten (OBLIGATORISCH, falls abweichend von dem Antragsteller oder dem/den (ehemaligen) Ehegatten oder (ehemaligen) Lebenspartner(n))

☐ Keine Anlage beigefügt

---

[1] ABl. L 201 vom 27.7.2012, S. 107.
[2] Bitte kreuzen Sie die zutreffenden Kästchen an.

Kapitel 21 Gesamtmuster

1. Mitgliedstaat der Behörde, an die der Antrag gerichtet ist[3*]

☐ Belgien ☐ Bulgarien ☐ Tschechische Republik ☐ Deutschland ☐ Estland ☐ Griechenland ☐ Spanien ☐ Frankreich
☐ Kroatien ☐ Italien ☐ Zypern ☐ Lettland ☐ Litauen ☐ Luxemburg ☐ Ungarn ☐ Malta ☐ Niederlande
☐ Österreich ☐ Polen ☐ Portugal ☐ Rumänien ☐ Slowenien ☐ Slowakei ☐ Finnland ☐ Schweden

2. Behörde, an die der Antrag gerichtet ist[4]

2.1 Bezeichnung:* ....
2.2 Anschrift
2.2.1 Straße und Hausnummer/Postfach:* ....
....
....
2.2.2 Ort und Postleitzahl:* ....
2.3 Sonstige relevante Informationen (bitte angeben): ....
....

---

*   Obligatorische Angaben.
[3] Dies sollte der Mitgliedstaat sein, dessen Gerichte gemäß der Verordnung (EU) Nr. 650/2012 zuständig sind.
[4] Falls eine andere Behörde mit der Erbsache befasst ist/war, fügen Sie bitte Anlage I ausgefüllt bei.
[5] Bei juristischen Personen ist Anlage II ausgefüllt beizufügen.
Bei mehreren Antragstellern ist ein weiteres Blatt beizufügen.
Bei Vertretern ist Anlage III ausgefüllt beizufügen.

3. Angaben zum Antragsteller (natürliche Person)[5]

3.1 Name und Vorname(n):* ....
....

3.2 Geburtsname (falls abweichend von 3.1): ....

3.3 Geschlecht*
3.3.1 ☐ M
3.3.2 ☐ F

3.4 Geburtsdatum (TT.MM.JJJJ) und -ort:* ....

3.5 Familienstand
3.5.1 ☐ Ledig
3.5.2 ☐ Verheiratet
3.5.3 ☐ Eingetragener Partner
3.5.4 ☐ Geschieden
3.5.5 ☐ Verwitwet
3.5.6 ☐ Sonstiges (bitte angeben): ....

3.6 Staatsangehörigkeit*
☐ Belgien ☐ Bulgarien ☐ Tschechische Republik ☐ Deutschland ☐ Estland ☐ Griechenland ☐ Spanien ☐ Frankreich ☐ Kroatien
☐ Italien ☐ Zypern ☐ Lettland ☐ Litauen ☐ Luxemburg ☐ Ungarn ☐ Malta ☐ Niederlande ☐ Österreich
☐ Polen ☐ Portugal ☐ Rumänien ☐ Slowenien ☐ Slowakei ☐ Finnland ☐ Schweden
☐ Sonstige (bitte ISO-Code angeben): ....

3.7 Identifikationsnummer[6]: ....
3.7.1 Nationale Identitätsnummer: ....
3.7.2 Sozialversicherungsnummer: ....
3.7.3 Steuernummer: ....
3.7.4 Sonstige (bitte angeben): ....

3.8 Anschrift
3.8.1 Straße und Hausnummer/Postfach:* ....
....
....
3.8.2 Ort und Postleitzahl:* ....
3.8.3 Land*
☐ Belgien ☐ Bulgarien ☐ Tschechische Republik ☐ Deutschland ☐ Estland ☐ Griechenland ☐ Spanien ☐ Frankreich ☐ Kroatien
☐ Italien ☐ Zypern ☐ Lettland ☐ Litauen ☐ Luxemburg ☐ Ungarn ☐ Malta ☐ Niederlande ☐ Österreich
☐ Polen ☐ Portugal ☐ Rumänien ☐ Slowenien ☐ Slowakei ☐ Finnland ☐ Schweden
☐ Sonstiges (bitte ISO-Code angeben): ....

---

[6] Bitte geben Sie gegebenenfalls die relevanteste Nummer an.

Kapitel 21 Gesamtmuster

3.9 Telefon: ....
3.10 Fax: ....
3.11 E-Mail: ....
3.12 Verhältnis zum Erblasser:*
□ Sohn □ Tochter □ Vater □ Mutter □ Enkelsohn □ Enkeltochter □ Großvater □ Großmutter
□ Ehegatte[7] □ eingetragener Partner[7] □ De-facto-Partner[8,9] □ Bruder □ Schwester □ Neffe □ Nichte
□ Onkel □ Tante □ Cousin/Cousine □ Sonstiges (bitte angeben): ....

4. Zweck des Zeugnisses[9]

4.1 □ *Erbe*

Das Zeugnis wird in einem anderen Mitgliedstaat als Nachweis der Rechtsstellung und/oder der Rechte des Erben benötigt (bitte ausführen): ....
....
....
....
....

4.2 □ *Vermächtnisnehmer*

Das Zeugnis wird in einem anderen Mitgliedstaat als Nachweis der Rechtsstellung und/oder der Rechte des Vermächtnisnehmers, der unmittelbare Ansprüche aus dem Nachlass hat, benötigt (bitte ausführen): ....
....
....
....
....
....

4.3 □ *Befugnisse des Testamentsvollstreckers*

Das Zeugnis wird in einem anderen Mitgliedstaat für die Ausübung der Befugnisse des Testamentsvollstreckers benötigt (bitte die Befugnisse und gegebenenfalls die Vermögenswerte, auf die sie sich beziehen, angeben): ....
....
....
....
....

---

[7] Bitte Anlage IV ausgefüllt beifügen.
[8] Der Begriff des De-facto-Partners schließt die in einigen Mitgliedstaaten für Lebensgemeinschaften bestehenden Rechtsinstitute ein wie „sambo" (Schweden) oder „avopuoliso" (Finnland).
[9] Sie können gegebenenfalls mehr als ein Kästchen ankreuzen.

4.4 ☐ *Befugnisse des Nachlassverwalters*

Das Zeugnis wird in einem anderen Mitgliedstaat für die Ausübung der Befugnisse des Nachlassverwalters benötigt (bitte die Befugnisse und gegebenenfalls die Vermögenswerte, auf die sie sich beziehen, angeben):

Kapitel 21 Gesamtmuster

5. Angaben zum Erblasser

5.1 Name und Vorname(n):* ....
....
5.2 Geburtsname (falls abweichend von 5.1): ....
....
5.3 Geschlecht*
5.3.1 □ M
5.3.2 □ F
5.4 Geburtsdatum (TT.MM.JJJJ) und -ort (Stadt/Land (ISO-Code)):* ....
....
5.5 Todesdatum (TT.MM.JJJJ) und -ort (Stadt/Land (ISO-Code)):* ....
....

5.6 Familienstand zum Zeitpunkt des Todes[10]*
5.6.1 □ Ledig
5.6.2 □ Verheiratet
5.6.3 □ Eingetragener Partner
5.6.4 □ Geschieden
5.6.5 □ Verwitwet
5.6.6 □ Sonstiges (bitte ausführen): ....

5.7 Staatsangehörigkeit*
□ Belgien □ Bulgarien □ Tschechische Republik □ Deutschland □ Estland □ Griechenland □ Spanien □ Frankreich □ Kroatien
□ Italien □ Zypern □ Lettland □ Litauen □ Luxemburg □ Ungarn □ Malta □ Niederlande □ Österreich
□ Polen □ Portugal □ Rumänien □ Slowenien □ Slowakei □ Finnland □ Schweden
□ Sonstige (bitte ISO-Code angeben): ....

5.8 Identifikationsnummer[6]
5.8.1 Nationale Identitätsnummer: ....
5.8.2 Nummer der Geburtsurkunde: ....
5.8.3 Nummer der Sterbeurkunde: ....
5.8.4 Sozialversicherungsnummer: ....
5.8.5 Steuernummer: ....
5.8.6 Sonstige (bitte angeben): ....

5.9 Anschrift zum Zeitpunkt des Todes[11]
5.9.1 Straße und Hausnummer/Postfach:* ....
....
5.9.2 Ort und Postleitzahl:* ....
5.9.3 Land*
□ Belgien □ Bulgarien □ Tschechische Republik □ Deutschland □ Estland □ Griechenland □ Spanien □ Frankreich □ Kroatien
□ Italien □ Zypern □ Lettland □ Litauen □ Luxemburg □ Ungarn □ Malta □ Niederlande □ Österreich
□ Polen □ Portugal □ Rumänien □ Slowenien □ Slowakei □ Finnland □ Schweden
□ Sonstiges (bitte ISO-Code angeben): ....

---

[10] Wenn der Erblasser verheiratet war oder in einem Verhältnis gelebt hat, das mit der Ehe vergleichbare Wirkungen entfaltet, fügen Sie bitte Anlage IV ausgefüllt bei.

6. Weitere Angaben

6.1 Grundlage für Ihren Anspruch am Nachlass[**]
6.1.1 ☐ Ich bin ein Berechtigter aufgrund einer Verfügung von Todes wegen
6.1.2 ☐ Ich bin ein Berechtigter nach der gesetzlichen Erbfolge

6.2 Grundlage für Ihre Befugnis zur Testamentsvollstreckung[***]
6.2.1 ☐ Ich wurde durch eine Verfügung von Todes wegen als Testamentsvollstrecker benannt
6.2.2 ☐ Ich wurde gerichtlich als Testamentsvollstrecker bestellt
6.2.3 ☐ Sonstiges (bitte ausführen):..
....
....

6.3 Grundlage für Ihre Befugnis zur Nachlassverwaltung[***]
6.3.1 ☐ Ich wurde durch eine Verfügung von Todes wegen als Nachlassverwalter benannt
6.3.2 ☐ Ich wurde gerichtlich als Nachlassverwalter bestellt
6.3.3 ☐ Ich wurde in einer außergerichtlichen Einigung zwischen den Berechtigten als Nachlassverwalter benannt.
6.3.4 ☐ Ich habe von Gesetzes wegen die Befugnis zur Nachlassverwaltung

6.4 Hat der Erblasser eine oder mehrere Verfügungen von Todes wegen hinterlassen?[*]
6.4.1 ☐ Ja
6.4.2 ☐ Nein
6.4.3 ☐ Nicht bekannt

6.5 Hat der Erblasser Anordnungen bezüglich des Rechts, dem der Nachlass unterliegen soll, getroffen (Rechtswahl)?[*]
6.5.1 ☐ Ja
6.5.2 ☐ Nein
6.5.3 ☐ Nicht bekannt

6.6 War der Erblasser zum Zeitpunkt seines Todes zusammen mit einer anderen Person außer dem in Anlage IV genannten (ehemaligen) Ehegatten oder (ehemaligen) Lebenspartner gemeinsamer Eigentümer von Vermögenswerten, die Teil des Nachlasses sind?[*]
6.6.1 ☐ Ja (geben Sie bitte die betroffene(n) Person(en) und Vermögenswerte an): ....
....
....
....
....
....
....

6.6.2 ☐ Nein

6.6.3 ☐ Nicht bekannt

---

[11] Wenn der Erblasser zum Zeitpunkt seines Todes mehrere private Anschriften hatte, geben Sie bitte die relevanteste an.
[**] Obligatorische Angabe, falls mit dem Zeugnis Ansprüche am Nachlass bescheinigt werden sollen.
[***] Obligatorische Angaben, falls mit dem Zeugnis die Befugnis zur Testamentsvollstreckung oder zur Nachlassverwaltung bescheinigt werden soll.

6.7 Gibt es (weitere) mögliche Berechtigte?*
6.7.1 ☐ Ja[12]
6.7.2 ☐ Nein
6.7.3 ☐ Nicht bekannt

6.8 Hat einer der Berechtigten die Erbschaft ausdrücklich angenommen?*
6.8.1 ☐ Ja (bitte ausführen): ....
....
....

6.8.2 ☐ Nein
6.8.3 ☐ Nicht bekannt

6.9 Hat einer der Berechtigten die Erbschaft ausdrücklich ausgeschlagen?*
6.9.1 ☐ Ja (bitte ausführen): ....
....

6.9.2 ☐ Nein
6.9.3 ☐ Nicht bekannt

6.10 Weitere Angaben, die Sie für die Ausstellung des Zeugnisses für nützlich erachten (zusätzlich zu den Angaben unter Punkt 4. des Antragsformblatts oder in den Anlagen):
....
....
....
....
....
....

7. Dem Antragsformblatt beigefügte Schriftstücke

Der Antragsteller hat alle einschlägigen Schriftstücke beizufügen, die die Angaben in diesem Formblatt belegen. Fügen Sie daher bitte — wenn möglich und sofern die unter 2. genannte Behörde noch nicht in deren Besitz ist — die Urschrift oder eine Abschrift des Schriftstücks bei, welches die für ihre Beweiskraft erforderlichen Voraussetzungen erfüllt.

☐ Sterbeurkunde oder Bescheinigung der Todeserklärung

☐ Gerichtsentscheidung

☐ Gerichtsstandsvereinbarung

☐ (gemeinschaftliches) Testament:[13] ....
....

---

[12] Für Berechtigte, die weder Antragsteller noch ein (ehemaliger) Ehegatte oder (ehemaliger) Lebenspartner sind, ist Anlage V ausgefüllt beizufügen.

[13] Falls weder die Urschrift noch eine Abschrift beigefügt ist, geben Sie bitte an, wo sich die Urschrift befinden könnte.

☐ Bescheinigung des Testamentsregisters

☐ Erbvertrag:[13] ....

....

☐ Erklärung bezüglich der Rechtswahl:[13] ....

....

☐ Ehevertrag oder Vertrag in Bezug auf ein Verhältnis, das mit der Ehe vergleichbare Wirkungen entfaltet:[12]

....

....

☐ Erklärung über die Annahme der Erbschaft

☐ Erklärung über die Ausschlagung der Erbschaft

☐ Schriftstück in Bezug auf die Benennung eines Nachlassverwalters

☐ Schriftstück in Bezug auf das Nachlassinventar

☐ Schriftstück in Bezug auf die Nachlassverteilung

☐ Vollmacht

☐ Sonstiges (bitte angeben): ....

....

....

....

Falls weitere Blätter und Anlagen beigefügt wurden, Gesamtzahl der Blätter:* ....

Gesamtzahl der dem Antragsformblatt beigefügten Schriftstücke:*
....

Ort:* .... **Datum:***
....(TT.MM.JJJJ)

Unterschrift:*
....

Hiermit erkläre ich, dass nach meinem besten Wissen kein Rechtsstreit in Bezug auf einen der durch dieses Zeugnis zu beurkundenden Sachverhalte anhängig ist.

Ort:* ....
Datum:*...(TT.MM.JJJJ)

Unterschrift:*
....

Kapitel 21　Gesamtmuster

FORMBLATT IV - ANLAGE I

> **Gericht oder sonstige zuständige Behörde, das bzw. die mit der Erbsache als solcher befasst ist oder war**
> **(NUR auszufüllen, falls abweichend von Punkt 2 des Antragsformblatts)**

1. Name und Bezeichnung des Gerichts bzw. der zuständigen Behörde:* ....
....
....

2. Anschrift
2.1 Straße und Hausnummer/Postfach:* ....
....
2.2 Ort und Postleitzahl:* ....
2.3 Land*
☐ Belgien ☐ Bulgarien ☐ Tschechische Republik ☐ Deutschland ☐ Estland ☐ Griechenland ☐ Spanien ☐ Frankreich ☐ Kroatien
☐ Italien ☐ Zypern ☐ Lettland ☐ Litauen ☐ Luxemburg ☐ Ungarn ☐ Malta ☐ Niederlande ☐ Österreich ☐ Polen ☐ Portugal ☐ Rumänien ☐ Slowenien ☐ Slowakei ☐ Finnland ☐ Schweden
☐ Sonstiges (bitte ISO-Code angeben): ....

3. Telefon:* ....

4. Fax: ....

5. E-Mail: ....

6. Aktenzeichen: ....

7. Sonstige relevante Informationen (bitte ausführen): ....
....
....
....

FORMBLATT IV - ANLAGE II

Angaben zum/zu den Antragsteller(n) (NUR auszufüllen, falls es sich bei dem/den Antragsteller(n) um (eine) juristische Person(en) handelt)[14]

1. Name der Organisation:* ……………………………………………………………………
……………………………………………………………………………………………………
……………………………………………………………………………………………………

2. Eintragung der Organisation
2.1 Registriernummer: ……………………………………………………………………
2.2 Bezeichnung des Registers/der Registerbehörde:* ……………………………………
2.3 Datum (TT.MM.JJJJ) und Ort der Eintragung:* …………………………………………

3. Anschrift der Organisation
3.1 Straße und Hausnummer/Postfach:* …………………………………………………
……………………………………………………………………………………………………
……………………………………………………………………………………………………

3.2 Ort und Postleitzahl:* ……………………………………………………………………
3.3 Land*
☐ Belgien ☐ Bulgarien ☐ Tschechische Republik ☐ Deutschland ☐ Estland ☐ Griechenland ☐ Spanien ☐ Frankreich ☐ Kroatien
☐ Italien ☐ Zypern ☐ Lettland ☐ Litauen ☐ Luxemburg ☐ Ungarn ☐ Malta ☐ Niederlande ☐ Österreich
☐ Polen ☐ Portugal ☐ Rumänien ☐ Slowenien ☐ Slowakei ☐ Finnland ☐ Schweden
☐ Sonstiges (bitte ISO-Code angeben): ………………………………………………………

4. Telefon: ……………………………………………………………………………………

5. Fax: ………………………………………………………………………………………

6. E-Mail: ……………………………………………………………………………………

7. Name und Vorname(n) der für die Organisation zeichnungsberechtigten Person:* …………
……………………………………………………………………………………………………
……………………………………………………………………………………………………

8. Sonstige relevante Informationen (bitte ausführen): ………………………………………
……………………………………………………………………………………………………
……………………………………………………………………………………………………
……………………………………………………………………………………………………

---

[14] Wenn der Antrag von mehr als einer juristischen Person gestellt wird, fügen Sie bitte ein weiteres Blatt bei.

Kapitel 21 Gesamtmuster

FORMBLATT IV - ANLAGE III

Angaben zum/zu den Vertreter(n) des/der Antragsteller(s)[15]   **(NUR auszufüllen, falls der/die Antragsteller vertreten wird/werden)**
1. Name und Vorname(n) oder Name der Organisation:* ....   2. Eintragung der Organisation   2.1 Registriernummer: ....   2.2 Bezeichnung des Registers/der Registerbehörde:* ....   2.3 Datum (TT.MM.JJJJ) und Ort der Eintragung:* ....   3. Anschrift   3.1 Straße und Hausnummer/Postfach:* ....   3.2 Ort und Postleitzahl:* ....   3.3 Land*   ☐ Belgien ☐ Bulgarien ☐ Tschechische Republik ☐ Deutschland ☐ Estland ☐ Griechenland ☐ Spanien ☐ Frankreich ☐ Kroatien   ☐ Italien ☐ Zypern ☐ Lettland ☐ Litauen ☐ Luxemburg ☐ Ungarn ☐ Malta ☐ Niederlande ☐ Österreich   ☐ Polen ☐ Portugal ☐ Rumänien ☐ Slowenien ☐ Slowakei ☐ Finnland ☐ Schweden   ☐ Sonstiges (bitte ISO-Code angeben): ....   4. Telefon: ....   5. Fax: ....   6. E-Mail: ....   7. Vertretungsmacht aufgrund der Eigenschaft als:*   ☐ Vormund ☐ Elternteil ☐ Für eine juristische Person zeichnungsberechtigte Person ☐ Bevollmächtigte Person   ☐ Sonstiges (bitte ausführen): ....

---

[15] Wenn es mehr als einen Vertreter gibt, fügen Sie bitte ein weiteres Blatt bei.

FORMBLATT IV - ANLAGE IV

Angaben zum/zu den (ehemaligen) Ehegatten oder (ehemaligen) Lebenspartner(n) des Erblassers[16] (NUR auszufüllen, falls es einen oder mehrere (ehemalige(n)) Ehegatten oder (ehemalige(n)) Lebenspartner des Erblassers gibt)

1. Ist der (ehemalige) Ehegatte oder (ehemalige) Lebenspartner der Antragsteller?*

1.1 ☐ Ja (siehe Angaben unter Punkt 3 des Antragsformblatts – geben Sie gegebenenfalls an, um welchen Antragsteller es sich handelt): ....

1.2 ☐ Nein
1.2.1 Name und Vorname(n):* ....
....
1.2.2 Geburtsname (falls abweichend von 1.2.1): ....
1.2.3 Geschlecht*
1.2.3.1 ☐ M
1.2.3.2 ☐ F
1.2.4 Geburtsdatum (TT.MM.JJJJ) und -ort:* ....

1.2.5 Familienstand
1.2.5.1 ☐ Ledig
1.2.5.2 ☐ Verheiratet
1.2.5.3 ☐ Eingetragener Partner
1.2.5.4 ☐ Geschieden
1.2.5.5 ☐ Verwitwet
1.2.5.6 ☐ Sonstiges (bitte angeben): ....

1.2.6 Staatsangehörigkeit*
☐ Belgien ☐ Bulgarien ☐ Tschechische Republik ☐ Deutschland ☐ Estland ☐ Griechenland ☐ Spanien ☐ Frankreich ☐ Kroatien
☐ Italien ☐ Zypern ☐ Lettland ☐ Litauen ☐ Luxemburg ☐ Ungarn ☐ Malta ☐ Niederlande ☐ Österreich
☐ Polen ☐ Portugal ☐ Rumänien ☐ Slowenien ☐ Slowakei ☐ Finnland ☐ Schweden
☐ Sonstige (bitte ISO-Code angeben): ....

1.2.7 Identifikationsnummer[6]
1.2.7.1 Nationale Identitätsnummer: ....
1.2.7.2 Sozialversicherungsnummer: ....
1.2.7.3 Steuernummer: ....
1.2.7.4 Sonstige (bitte angeben): ....

1.2.8 Anschrift
1.2.8.1 Straße und Hausnummer/Postfach:* ....
....
....

---

[16] Bei mehr als einer Person fügen Sie bitte ein weiteres Blatt bei.

1.2.8.2 Ort und Postleitzahl:* ....

1.2.8.3 Land*
□ Belgien □ Bulgarien □ Tschechische Republik □ Deutschland □ Estland □ Griechenland □ Spanien □ Frankreich □ Kroatien
□ Italien □ Zypern □ Lettland □ Litauen □ Luxemburg □ Ungarn □ Malta □ Niederlande □ Österreich
□ Polen □ Portugal □ Rumänien □ Slowenien □ Slowakei □ Finnland □ Schweden
□ Sonstige (bitte ISO-Code angeben): ....

1.2.9 Telefon: ....

1.2.10 E-Mail: ....

1.2.11 Verhältnis zum Erblasser zum Zeitpunkt des Todes*
1.2.11.1 □ Mit dem Erblasser verheiratet
1.2.11.2 □ Eingetragener Partner des Erblassers
1.2.11.3 □ Vom Erblasser geschieden
1.2.11.4 □ Vom Erblasser rechtlich getrennt
1.2.11.5 □ Sonstiges (bitte angeben): ....

2. Anschrift des Paares zum Zeitpunkt der Eheschließung oder Eintragung der Partnerschaft
2.1 Straße und Hausnummer/Postfach: ....
....
2.2 Ort und Postleitzahl: ....
2.3 Land
□ Belgien □ Bulgarien □ Tschechische Republik □ Deutschland □ Estland □ Griechenland □ Spanien □ Frankreich □ Kroatien
□ Italien □ Zypern □ Lettland □ Litauen □ Luxemburg □ Ungarn □ Malta □ Niederlande □ Österreich
□ Polen □ Portugal □ Rumänien □ Slowenien □ Slowakei □ Finnland □ Schweden
□ Sonstiges (bitte ISO-Code angeben): ....

3. Anschrift des Ehegatten oder Lebenspartners zum Zeitpunkt des Todes des Erblassers (falls abweichend von 5.9 des Antragsformblatts)
3.1 Straße und Hausnummer/Postfach: ....
....
3.2 Ort und Postleitzahl: ....
3.3 Land
□ Belgien □ Bulgarien □ Tschechische Republik □ Deutschland □ Estland □ Griechenland □ Spanien □ Frankreich □ Kroatien
□ Italien □ Zypern □ Lettland □ Litauen □ Luxemburg □ Ungarn □ Malta □ Niederlande □ Österreich
□ Polen □ Portugal □ Rumänien □ Slowenien □ Slowakei □ Finnland □ Schweden
□ Sonstiges (bitte ISO-Code angeben): ....

4. Staatsangehörigkeit des Erblassers zum Zeitpunkt der Eheschließung oder Eintragung der Partnerschaft:
□ Belgien □ Bulgarien □ Tschechische Republik □ Deutschland □ Estland □ Griechenland □ Spanien □

Frankreich ☐ Kroatien
☐ Italien ☐ Zypern ☐ Lettland ☐ Litauen ☐ Luxemburg ☐ Ungarn ☐ Malta ☐ Niederlande ☐ Österreich
☐ Polen ☐ Portugal ☐ Rumänien ☐ Slowenien ☐ Slowakei ☐ Finnland ☐ Schweden
☐ Sonstige (bitte ISO-Code angeben): ....

5. Staatsangehörigkeit des Ehegatten oder Lebenspartners zum Zeitpunkt der Eheschließung/Eintragung der Partnerschaft mit dem Erblasser:
☐ Belgien ☐ Bulgarien ☐ Tschechische Republik ☐ Deutschland ☐ Estland ☐ Griechenland ☐ Spanien ☐ Frankreich ☐ Kroatien
☐ Italien ☐ Zypern ☐ Lettland ☐ Litauen ☐ Luxemburg ☐ Ungarn ☐ Malta ☐ Niederlande ☐ Österreich
☐ Polen ☐ Portugal ☐ Rumänien ☐ Slowenien ☐ Slowakei ☐ Finnland ☐ Schweden
☐ Sonstige (bitte ISO-Code angeben): ....

6. Datum (TT.MM.JJJJ) und Ort der Eheschließung/Eintragung der Partnerschaft mit dem Erblasser:
....

7. Behörde, die die Ehe geschlossen/die Partnerschaft eingetragen hat:
....
....

8. Hatten der Ehegatte/Lebenspartner und der Erblasser festgelegt, welches Güterrecht für ihre Ehe/eingetragene Partnerschaft maßgebend ist (Rechtswahl)?*
8.1 ☐ Ja
8.2 ☐ Nein
8.3 ☐ Nicht bekannt

9. Hatten der Ehegatte/Lebenspartner und der Erblasser einen Ehevertrag oder einen Vertrag in Bezug auf ein Verhältnis, das mit der Ehe vergleichbare Wirkungen entfaltet, geschlossen?*
9.1.1 ☐ Ja
9.1.2 ☐ Nein
9.1.3 ☐ Nicht bekannt

10. Falls bekannt, Angaben zum ehelichen Güterstand oder zu einem anderen gleichwertigen Güterstand des Erblassers (geben Sie insbesondere an, ob der Güterstand aufgelöst und auseinandergesetzt wurde):
....
....
....
....
....
....
....
....
....
....

Kapitel 21 Gesamtmuster

FORMBLATT IV - ANLAGE V

Angaben zu möglichen Berechtigten (ohne den Antragsteller, (ehemaligen) Ehegatten oder (ehemaligen) Lebenspartner)[17]

1. Berechtigte Person A

1.1 Name und Vorname(n) oder Name der Organisation:* ....
....
1.2 Geburtsname (falls abweichend von 1.1): ....

1.3 Identifikationsnummer[6]
1.3.1 Nationale Identitätsnummer: ....
1.3.2 Sozialversicherungsnummer: ....
1.3.3 Steuernummer: ....
1.3.4 Registriernummer: ....
1.3.5 Sonstige (bitte angeben): ....

1.4 Anschrift
1.4.1 Straße und Hausnummer/Postfach:* ....
....
....
1.4.2 Ort und Postleitzahl:* ....
1.4.3 Land*
□ Belgien □ Bulgarien □ Tschechische Republik □ Deutschland □ Estland □ Griechenland □ Spanien □ Frankreich □ Kroatien
□ Italien □ Zypern □ Lettland □ Litauen □ Luxemburg □ Ungarn □ Malta □ Niederlande □ Österreich
□ Polen □ Portugal □ Rumänien □ Slowenien □ Slowakei □ Finnland □ Schweden
□ Sonstiges (bitte ISO-Code angeben): ....

1.5 Telefon: ....

1.6 E-Mail: ....

1.7 Verhältnis zum Erblasser:*
□ Sohn □ Tochter □ Vater □ Mutter □ Enkel □ Enkelin □ Großvater □ Großmutter □ Bruder □ Schwester □ Neffe □ Nichte □ Onkel □ Tante □ Cousin/Cousine □ Sonstiges (bitte angeben): ....

1.8 Berechtigt kraft*
1.8.1 □ Verfügung von Todes wegen
1.8.2 □ gesetzlicher Erbfolge

---

[17] Vgl. Punkt 3 des Antragsformblatts, Anlagen II oder IV.
Geben Sie insbesondere alle Verwandten des Erblassers in gerader absteigender Linie an, von denen Sie Kenntnis haben.
Haben Sie von mehr als zwei möglichen Berechtigten Kenntnis, fügen Sie bitte ein weiteres Blatt bei.

2. Berechtigte Person B

2.1 Name und Vorname(n) oder Name der Organisation:* ……………...…..……………………………..
………

2.2 Geburtsname (falls abweichend von 2.1): .…………………………………………………………..

2.3 Identifikationsnummer[6]
2.3.1 Nationale Identitätsnummer: ………………………………………………………………………
2.3.2 Sozialversicherungsnummer: ………………………………………………………………………
2.3.3 Steuernummer: ……………………………………………………………………………………
2.3.4 Registriernummer: ………………………………………………………………………………
2.3.5 Sonstige (bitte angeben): …………………………………………………………………………

2.4 Anschrift
2.4.1 Straße und Hausnummer/Postfach:* ………………………………………………………………
…….
…….
2.4.2 Ort und Postleitzahl:* ………………………………………………………………………………
2.4.3 Land*
□ Belgien □ Bulgarien □ Tschechische Republik □ Deutschland □ Estland □ Griechenland □ Spanien □ Frankreich □ Kroatien
□ Italien □ Zypern □ Lettland □ Litauen □ Luxemburg □ Ungarn □ Malta □ Niederlande □ Österreich
□ Polen □ Portugal □ Rumänien □ Slowenien □ Slowakei □ Finnland □ Schweden
□ Sonstiges (bitte ISO-Code angeben): …………………………..………………………………………

2.5 Telefon: ……..………………………………………………………………………………………

2.6 E-Mail: ……………………………………………………………………………………………..

2.7 Verhältnis zum Erblasser:*
□ Sohn □ Tochter □ Vater □ Mutter □ Enkel □ Enkelin □ Großvater □ Großmutter □ Bruder □ Schwester □ Neffe □ Nichte □ Onkel □ Tante □ Cousin/Cousine □ Sonstiges (bitte angeben): …………………………

2.8 Berechtigt kraft*
2.8.1 □ Verfügung von Todes wegen
2.8.2 □ gesetzlicher Erbfolge

Stichwortverzeichnis

Zahl in Fettdruck = Kapitel
Zahl in Normaldruck = Randnummer

Abänderbarkeit 6 144
Abfindung 10 14, 62; 12 177; 20 36, 284
– Ausschluss 10 148
– Erbausschlagung 20 277
– in Land 12 134
– Nachabfindung 12 177
– Personengesellschaft 11 52
– Pflichtteilsverzicht 10 241 ff.
– weichende Erben nach § 12 HöfeO 12 101
Abfindungsansprüche 20 264
– nach §§ 12 ff. HöfeO 12 105
– nach §§ 12, 13 HöfeO 12 109
Abfindungsergänzungsansprüche, nach §§ 12, 13 HöfeO 12 109
Abfindungsklausel 20 202
Abfindungsleistung 20 285
Abfindungsvariante 20 266
Abgeschwächtes Vermächtnis 4 217
Abkömmlinge
– Gleichbehandlung 16 8
– Pflichtteilsberechtigter 3 153
Abschichtung 18 85
– Form 18 88
– Grundbuchberichtigung 18 99
– Haftung 18 96
– notarielle Beurkundung 18 90
Abschmelzung 10 168 ff.
Absicherungsfälle
– Herausgabevermächtnis 5 284, 304
– Nachvermächtnis 5 331, 361
– Vorvermächtnis 5 331, 361
Abtretung, Pflichtteilsanspruch 17 8
Abweichende Verfügung des Vorerben, Nacherbenbeschränkung 5 139
Abwicklungstestamentsvollstreckung 9 83
– Vorerbschaft 5 232
Abwicklungsvollstreckung 6 85; 11 142
Abzugsbetrag, gleitender 20 243, 255
Abzugsteuer 20 121
Adoption 20 109
Aktiengesellschaft 3 86
– Anteile 20 195
Aliud 3 167
Alleineigentum 12 50
Alleinerbe, Erbschaftsverkauf 18 123
Alleinerbschein 14 245
Alleinvorerbe, aufschiebend bedingtes Vorausvermächtnis 5 196
Alles oder Nichts Prinzip 14 64
Altenteil 12 162
– Barzahlung/Taschengeld/Versorgung 12 169
– freie Wäsche 12 170

– Naturalleistungen 12 170
– Wart und Pflege 12 168
– Wohnrecht 12 167
– § 49 GBO 12 171
Altenteilerwohnung 20 206
Altenteilsvermächtnis 12 138
Altenteil/Leibgeding 12 165
Altverbindlichkeiten 3 82
Amtliche Verwahrung *s. Verwahrung*
Änderung, Kosten 1 209
Änderungen in der Erbquote 17 49
– Erbschaftsvertrag 17 49
Änderungsbefugnis 6 8, 161
Änderungsvorbehalt 1 71; 5 591; 6 14; 7 22; 9 630
– Bindungswirkung 7 22
– Nachlassteil 1 76
– Schlusserbeneinsetzung 1 75
– Testamentsvollstreckung 1 78
Anerbenrecht
– Beitrittsgebiet 12 1
– HöfeO 12 1
– landesrechtliche Anerbengesetze 12 1
– landwirtschaftliches Sondererbrecht 12 1
Anfall, Vermächtnis 4 7; 18 249
Anfechtung 1 84
– Annahme 14 150
– Kosten 1 218
– Motivirrtum 6 35
– Verpfründungsvertrag 16 166
– Verzicht 1 41
Anfechtung der früheren Verfügungen 6 138
Anfechtung wegen Übergehens eines Pflichtteilsberechtigten 6 146
Anfechtungsausschluss 9 585
– rechtliche Einordnung 9 657
Anfechtungsrecht
– Erbvertrag 9 585
– wegen Übergehung von Pflichtteilsberechtigten 6 120
Anfechtungsverzicht 6 26
Annahme 14 1
– Anfechtung 14 150
– Formfreiheit 14 13
– konkludent 14 15
– Unwirksamkeit 14 23
– Vertreter 14 20
Annahmezeugnis 14 304
Anpassungsklausel 5 581
Anrechnung 16 2
– auf den Pflichtteil 16 4
– Kombination mit Ausgleichung 16 31
Anrechnungs- und Ausgleichungsvertrag 17 9

1457

Stichwortverzeichnis

Anrechnungsanordnung 10 70
Anrechnungsbestimmung 16 7
Anrechnungsmethode 20 20
Anstandsschenkung 10 123
Anteile an Aktiengesellschaften 20 195
Anteile an Kapitalgesellschaften 3 32; 20 204, 251
Anteile an Personengesellschaften 3 26
Antizipierte Abtretung des Pflichtteilsanspruchs 17 8
– Erbschaftsvertrag 17 8
Antizipierte Übereignung, Herausgabevermächtnis 5 309
Antrittserwerb 14 2
Anwachsung 1 37; 3 120, 145
Anwartschaftsrecht 3 143; 6 82
– Nacherbe 5 9
– Nachvermächtnisnehmer 5 318
– Vererblichkeit 5 10
Anzeigepflichten 20 128
– Erwerber 20 129
Atypische stille Beteiligungen 20 213
Atypische Unterbeteiligungen 20 214
Aufenthalt
– gewöhnlicher 1 12, 94
– mehrere Wohnsitze 1 95
Aufgabe, Testamentsvollstrecker 9 90
Aufhebung früherer Verfügungen von Todes wegen 6 22
Auflage 1 39; 3 118; 4 176; 10 137; 13 136, 171; 20 147, 161
– Abgeschwächtes Vermächtnis 4 217
– Abgrenzung zu anderen Gestaltungsmöglichkeiten 9 357
– Abgrenzung zum Vermächtnis 9 361
– Ablösung von Verbindlichkeiten 9 451
– Auseinandersetzungsverbot 9 440
– ausscheidender Gesellschafter 9 477
– Begünstigter 4 193; 9 331
– behinderte Person 9 439
– Beleihungsgebot 9 454
– Beschwerter 4 188; 9 338
– Betretungsverbot 9 449
– Betreuungsgebot 9 473
– Durchsetzbarkeit 9 345
– Ersatzbegünstigter 4 194
– Ersatzerbe 3 145
– EuErbVO 9 468
– Freistellungsverpflichtung 9 453
– Gattungsauflage 4 213
– Gesellschaftsrecht 9 464
– Grabpflege 9 430
– Inhalt 9 330
– Insolvenzverfahren 9 422
– Mediationsklausel 9 753
– Mediationsverfahren 9 444
– Nacherbe 4 188
– Nutzungsgebot 9 456
– Pflichtteil 9 490
– Rechtswahl 9 468
– Regelungsinhalte 9 386
– Sanktionen 9 462
– Sittenwidrigkeit 9 387
– Steuerliche Gestaltung 9 458
– Steuern 4 203
– Stiftung 9 479
– Stückauflage 4 213
– Teilungsanordnung 9 232
– Testamentsvollstrecker 9 91
– Unselbständige Stiftung 4 220
– Unternehmertestament 9 474
– Verhaltensauflage 4 214
– Verjährung 4 186
– Verkaufsverbot 9 445
– Vermächtnis 4 181
– Vermächtnisnehmer 4 188
– vermögensrechtliche 9 403
– Verteilung von Andenken 9 460
– Verwendungsgebot 9 429
– vollziehungsberechtigte Personen 9 346
– Vollziehungsberechtigter 4 205
– Vor- und Nachteile 9 381
– Wahlauflage 4 223
– zeitliche Beschränkung 9 400
– zeitliche Grenzen 1 127
– Zuwendungsverzicht 16 151
Auflagen, Begünstigter 20 260
Auflagenbegünstigte 4 193; 9 331; 20 260
Auflagenlösung 5 690, 694
Auflassungsvormerkung, Herausgabevermächtnis 5 308
Auflösend bedingte Erbeinsetzung 3 51
Auflösend bedingte Nacherbschaftsbeschränkung 5 170
Auflösend bedingtes Vermächtnis 3 51
Aufschiebend bedingte Übereignungsverpflichtung 16 174
Aufschiebend bedingte Übertragungsverpflichtung 5 501
Aufschiebend bedingte Vor-/Nacherbschaft
– 2-Phasen-Modell 5 124
– 3-Phasen-Modell 5 124
Aufschiebend bedingtes Herausgabevermächtnis 5 249, 260
– Anwartschaft des Vermächtnisnehmers 5 262
Aufschiebend bedingtes Vorausvermächtnis 5 177
– Alleinvorerbe 5 196
– Durchgangserwerb 5 194
– Mitvorerbe 5 196
Aufsichtsrat 13 92
Auftrag, Verhältnisse des Erblassers 3 24
Auftragsverhältnisse 3 24
Aufwendungen für die Vorbildung zu einem Beruf im Übermaß 16 22
Auseinandersetzung 6 159
– Erbengemeinschaft 3 97
– fristabhängige 9 296, 298

Stichwortverzeichnis

- mehrheitsabhängige 9 298, 300
- Quorum 9 298
- zustimmungsabhängige 9 302

Auseinandersetzungsplan 18 4

Auseinandersetzungsverbot 1 38; 3 101; 6 48 f., 78; 9 286, 440
- Anordnung 9 293, 295
- Auflage 9 305, 307
- bedingte Erbeinsetzung 9 319, 321
- bedingtes Vermächtnis 9 317, 319
- befristetes 9 297
- Befristung 9 290
- Behindertentestament 5 573
- Eintragung im Grundbuch 9 323
- Erbteilsübertragung 18 196
- gegenständlich beschränktes 9 301, 303
- Grenzen 9 290
- Insolvenz 9 292
- negative Teilungsanordnung 9 306
- Pfändung 9 292
- Testamentsvollstreckung 9 323, 325
- Tod eines Miterben 9 292
- Vermächtnis 9 307, 309
- Verwaltungsanordnung für Testamentsvollstrecker 9 312, 314

Auseinandersetzungsvollstreckung 9 12; 11 142

Auseinandersetzungszeugnis 14 285; 18 113

Außengesellschaft 3 43

Ausgleichsanordnung 10 67
- Aufhebung durch Vorausvermächtnis 16 74
- nachträgliche 16 73

Ausgleichsansprüche der weichenden Erben
- gegen den Nachfolger 11 62 ff.
- gegen die Gesellschaft 11 52

Ausgleichsbestimmung
- nachträgliche Änderung 16 73
- nachträgliche Anordnung 16 73
- nachträgliche Aufhebung 16 73

Ausgleichsvereinbarung, nachträgliche einvernehmliche 16 80

Ausgleichung 16 2, 41
- bei der Erbauseinandersetzung 6 58
- Erbschaftsteuer 16 89
- Gegenstand 16 14
- Kombination mit Anrechnung 16 31
- Personengesellschaft 11 62

Ausgleichungsanordnung
- aufschiebend oder auflösend bedingte 16 69
- bedingte 16 33, 67
- Bindung des Erblassers 16 52
- nachträgliche Aufhebung 16 85

Ausgleichungsberechtigung Ersatzerbe 3 144

Ausgleichungsbestimmungen, Form 16 24

Ausgleichungspflichten 3 144; 16 53; 20 136
- Erbauseinandersetzungsvertrag 18 37
- nachträgliche Herbeiführung 16 83
- Zuwendung des einen Elternteils und Berliner Testament 16 61

Ausgleichungstatbestand, gekorener 16 23

Ausgleichungsvorbehalt 16 71

Aushöhlungsnichtigkeit 5 456

Auslandsberührung 1 94; 2 76; 3 20; 6 15; 19 1
- Belehrungspflicht 19 91
- Common Law-Staaten 19 85
- Erbschaftsteuer 19 164
- Erbvertrag 19 117
- gemeinschaftliches Testament 19 127
- internationale Zuständigkeit 14 200
- Nachlassspaltung 3 18; 19 14, 21
- Nießbrauch 19 160
- Pflichtteil 19 75, 161
- Testament 19 100
- Testamentsvollstreckung 9 184
- Vollmacht über den Tod hinaus 15 90
- Vor- und Nacherbschaft 19 77
- Zwei-Zeugen-Testament 19 83

Auslandsvermögen 19 9, 100; 20 129
- Common Law-Staaten 19 83, 85
- Türkei 19 42
- UdSSR-Nachfolgestaaten 19 48

Auslegung 2 137; 3 136
- Erbquote 3 114
- Ersatzerbe 3 134
- gesetzliche Auslegungs- und Vermutungsregeln 3 114
- Streitigkeiten 3 128
- tatsächliche Vermutungen 3 136

Auslegungsvertrag 20 286

Ausscheiden einzelner Miterben 3 99

Ausschlagung 1 36; 3 122; 6 134; 10 239; 14 1 ff.; 20 275
- Alles oder Nichts Prinzip 14 64
- Bedingungsfeindlichkeit 14 27
- Behindertentestament 5 552, 678
- Berechtigung 14 73
- Betreuer 14 92
- Bindungswirkung 14 126
- Eltern 14 95
- Erbschaft 20 274
- familiengerichtliches Genehmigungsverfahren 14 107
- Form 14 35
- Frist 14 49
- Insolvenz 14 74
- Kosten 1 218; 14 165
- Nacherbe 5 52, 213
- Nacherbschaft 6 99
- Nachlassgericht 14 37
- Pfleger 14 92
- Pflichtteilsrecht 14 128
- Rechtsfolgen 14 117
- Sozialhilfebezug 14 78
- Steuern 14 171
- steuerungünstiger Vermächtnisse 20 276
- Testierfreiheit 1 155
- ungeborenes Kind 14 115

Stichwortverzeichnis

- Vererblichkeit des -rechts 14 82
- verschuldeter Erbe 5 708
- Vertretung, gesetzliche 14 91
- Vertretung, gewillkürte 14 90
- Vorerbe 5 51
- Vormund 14 92
- Zugewinngemeinschaft 14 149

Ausschlagungsberechtigung 14 73
Ausschlagungsfrist 14 49
- Nacherbe 14 53
- pflichtteilsberechtigter Erbe 14 57
- Verlängerung 20 276

Ausschlagungsverpflichtung 17 80
Ausschlagungsverpflichtungsvertrag 17 64, 67
Ausschluss der Ausgleichung 16 57
Ausschluss der Vermögenssorge 3 64
Ausschlussfälle
- Geschiedenenkonstellation 5 360
- Herausgabevermächtnis 5 267, 292
- Nachvermächtnis 5 331, 353
- Vorvermächtnis 5 331, 353

Ausschlussklausel
- automatische 6 72
- fakultative 6 72

Ausstattung 10 121; 16 19
Auswahl des Stiftungsträgers 13 109
Auswahl des Treuhänders 13 19
Automobil 6 131

Badisches Hofgütergesetz 12 2
Bankgeschäft, Erbnachweis 2 140
Barvermächtnis 20 103
Barvermögen 18 246
Beamtenrecht 1 126
Beamtenrechtliche Versorgungsansprüche 20 154
Bedingt vorbehaltene Ausgleichungs-
 anordnungen 16 67
Bedingte Ausgleichungsanordnung 16 33
Bedingte Erbeinsetzung 6 101
- Teilungsanordnung 9 253
Bedingte Erbteilsübertragung 18 158
Bedingte Nacherbeneinsetzung 6 92
Bedingte vorbehaltene Ausgleichungs-
 anordnungen 16 67
Bedingtes Vermächtnis, Teilungsanordnung 9 251
Bedürftigentestament
- auflösende Bedingung 5 786, 800
- Motivangabe 5 800
- Nacherbe 5 777
- Pflichtteilsüberleitung 5 772
- Sicherung der Erträge 5 782
- Sittenwidrigkeit 5 767, 787
- Sozialhilfe 5 765
- Testamentsvollstreckung 5 801
- Überschuldung 5 766
- Vor- und Nacherbfolge 5 776
Beeinträchtigungsabsicht 6 79, 88
Beendigung der Gütergemeinschaft 6 151

Befreiter Vorerbe 5 41
Befreiung von der Bindung 6 108
Befristetes Herausgabevermächtnis 5 260
Begünstigte Vermögen 20 102
Begünstigungen für Unternehmensvermögen 20 5
Behaltensfrist 20 247, 252
Behaltensvorschriften 20 125
Behinderten- oder Bedürftigentestamenten 3 167
Behinderten-Testament 5 522, 702; 9 599 ff.; 10 200
- Achillesverse 5 553
- Änderungsvorbehalt 5 591
- Anpassungsklausel 5 581
- Auflage wegen der Mittelverwendung 5 589
- Auflagenlösung 5 690
- Auseinandersetzungsverbot 5 573
- Ausnahmegenehmigung 5 544
- Ausschlagung 5 552, 678
- Ausschlagung gegen Versorgung 5 667
- Behinderter als Nacherbe 5 696
- Belehrungshinweise 5 569
- Betreuer 5 559
- Betreuerbenennung 5 647
- Dokumentation 5 567
- Dritte als Testator 5 671
- Enterbungslösung 5 643, 694
- Erbengemeinschaft 5 620
- Erbquote 5 572
- Ergänzungsvermächtnis 5 584
- Ersatznacherbe 5 579
- Familienstiftung 5 659, 671
- flankierende Maßnahme 5 661
- Genehmigung der Ausschlagung 5 679
- Großeltern 5 674
- großes Vermögen 5 656
- Heim 5 631
- Heimgesetz 5 537
- Heimträger 5 543
- Kinder aus verschiedenen Beziehungen 5 650
- Kombinationslösung 5 622
- Leibrentenvermächtnis 5 636
- Leistungen der Sozialträger 5 547
- mündelsichere Anlage 5 575
- Nacherblösung 5 592
- Nachrangprinzip 5 549
- nur Testamentsvollstreckung 5 653
- Pflichtteilsanspruch 5 550
- Pflichtteilsbeschränkung in guter Absicht 5 699
- Pflichtteilsstrafklausel 5 698; 9 599
- primäres Ziel 5 526
- Rücktrittsrecht 5 591
- Sachverhaltsklärung 5 561
- Schenkung 5 685
- sekundäres Ziel 5 527
- Sittenwidrigkeit 5 532
- Stiftung 5 631, 670
- Stiftung als Nacherbe 5 543
- Substanzverwendung 5 601

Stichwortverzeichnis

- Super-GAU 5 682
- Teilungsanordnung 5 574; 9 249
- Testamentsvollstreckung 5 531
- Trennungslösung 5 603, 696
- umgekehrte Vermächtnislösung 5 630
- Unterhalt 5 555
- Vermächtnislösung 5 616
- Wohnungsrecht 5 642
- zweiter Erbfall 5 700

Behinderter Beteiligter 2 75, 124
Behinderung, Auflage 9 439
Beiderseitige Wechselbezüglichkeit 6 7
Beirat 13 90 ff.
Belastungs- und Veräußerungsverbote 12 179
Belehrung
- Behindertentestament 5 569
- Erbauseinandersetzungsvertrag 18 66
- Nachlassverzeichnis 14 357

Beleihungsgebot 9 454
Bereicherung des Abtretungsempfängers 20 272
Bereicherung des Erwerbers 20 53
Berliner Testament 3 158; 20 163
- Änderungsbefugnis 6 36
- Anfechtung wegen Motivirrtums 6 35
- Bindungswirkung 6 35; 7 18
- Einheitslösung 5 451
- Erbnachweis 6 34
- erbschaftsteuerliche Erwägungen 6 34
- Gesamtmuster 21 41
- Pflichtteilsstrafklausel 6 35
- Schlusserbe 17 18
- Trennungslösung 20 184

Berliner Verfügung 16 53
Beschränkbare Erbenhaftung 3 28
Beschränkte persönliche Dienstbarkeiten, Rechte des Erblassers 3 23
Beschränkte Steuerpflicht 20 16 f.
Beschränkter Pflichtteilsverzicht 17 73
Beschränkungen und Beschwerungen 3 169, 170
Besondere amtliche Verwahrung *s. Verwahrung*
Besondere Fachkunde 3 137
Besondere Leistungen eines Abkömmlings (§ 2057a) 16 37
Bestand des Stiftungsvermögens 13 81
Bestandsverzeichnis 14 412
Besteuerung des Nacherben 20 167, 170
Besteuerung des Pflichtteils 20 282
Besteuerung des Vorerben 20 164 f.
Besteuerungsverfahren 20 127
Bestimmung des Erben 3 53
Bestimmungsvermächtnis 4 34
- Testamentsvollstreckung 9 26

Beteiligung an einer Personengesellschaft 20 207
Beteiligungen, Atypische stille - 20 213
Beteiligungsträgerstiftung 13 61, 63
Beteiligungszuwendungen 10 154
Betretungsverbot 9 449

Betreuer 3 167
- Behindertentestament 5 559

Betreuter, Erbteilsübertragung 18 191, 218
Betreuung, Ausschlagung 14 92, 107
Betreuungsgebot, Auflage 9 473
Betrieb der Land- und Forstwirtschaft 20 86, 206
Betriebliche Schulden 20 102
Betriebsaufspaltung 20 228
Betriebseinheit 12 45
Betriebsgrundlagen, wesentliche 20 252
Betriebsgrundstücke 20 61
Betriebsübergabe 12 151
Betriebsvermögen 20 11, 279
- Steuervergünstigungen 20 266
- Übertragung 20 176

Betriebsvermögensprivilegien 20 265, 267
Betriebsverpachtung 20 229
Betriebswohnungen 20 89, 206
Beurkundung, Testament 2 63
Bewertung
- bebaute Grundstücke 20 63
- Beteiligung 20 201
- Betriebsgrundstücke 20 61
- Betriebswohnungen 20 89
- Dauernde Lasten 20 91
- Erbbaurecht 20 76
- Gebäude auf fremdem Grund und Boden 20 81
- Gemeiner Wert 20 57, 194 f.
- Gemischt genutzte Grundstücke 20 66, 72
- Geschäftsgrundstücke 20 66
- Grundbesitz 6 160
- Inländisches Grundvermögen 20 61
- Kapitalgesellschaftsanteile 20 202
- Kapitalwert widerkehrender Leistungen 20 90
- Land- und forstwirtschaftliches Vermögen 20 86
- Mietwohngrundstücke 20 66
- Nießbrauchsrechte 20 91
- Unbebaute Grundstücke 20 62
- Unternehmensvermögen 20 194
- Verpachtete Betriebe 20 88
- Wohnteil 20 89
- Zeitpunkt 20 56

Bewertungsmethoden
- Individuelle Ertragswertmethode 20 197
- Vereinfachtes Ertragswertverfahren 20 198 ff.

Bewertungsverfahren 20 3, 57
Bewusstseinsstörung 2 34
BGB-Landguterbrecht 12 5
- Art. 64 EGBGB 12 5
- §§ 2049 und 2312 BGB 12 6

BGB-Landgutrecht 12 189
- HöfeO, Wahlrecht 12 191
- keine Nachabfindung 12 189
- Landgutübergabe 12 189
- Landgutübernahme 12 189
- Stichtagsprinzip 12 189
- Wirtschaftsfähigkeit 12 189
- § 17 HöfeO 12 189

Stichwortverzeichnis

- § 2312 BGB 12 189
- Bindung des Erblassers 7 1
- Bindungswirkung 1 17, 44; 6 9 ff., 144; 7 10 f.; 13 32
  - Änderungsvorbehalt 1 71; 7 16, 22
  - Anfechtung 1 84
  - Ausgleichungsanordnung 16 52
  - Ausschlagung 14 126
  - Berliner Testament 7 18
  - Beseitigung 2 21
  - Ehegattenerbvertrag 5 167
  - Ehescheidung 1 52, 81
  - Einseitiger Erbvertrag 7 3
  - Erbvertrag 1 50; 7 1
  - Erbvertrag bei Auslandskontakt 19 142
  - Freistellungsklausel 7 22
  - Gemeinschaftliches Testament 1 45; 7 1
  - Gleichzeitige Verfügungen 7 7
  - Pflichtteilsklausel 1 55
  - Reichweite der 6 108
  - Rücktrittsvorbehalt 1 63; 7 16, 21
  - Selbstanfechtung 7 16
  - Teilungsanordnung 9 233
  - Totalvorbehalt 7 22
  - Verfügung zugunsten Dritter 1 53
  - Verfügungsunterlassungsvertrag 1 92
  - Verpfründungsvertrag 7 16; 16 164
  - wechselbezügliche Verfügung 1 50
  - Widerrufsvorbehalt 7 12
  - Zuwendungsverzicht 7 16
  - zweiseitiger Erbvertrag 7 3
- Bodenwert 20 82
- Bremisches Höfegesetz 12 2
- Bruchteil 3 107
  - Erbschaftsvertrag 17 7
- Bruchteilsgemeinschaft 3 70
- Bruchteilsnießbrauch, Vermächtnis 4 109; 5 392
- Bruttonießbrauch, Vermächtnis 4 106
- Bundesrecht, partielles 12 2
- Bürgermeistertestament 2 160
- Bürgerstiftung 13 75
- Bürgschaft 17 16

- Common Law-Staaten 19 83

- Darlehen, unverzinsliches 20 27
- Dauernde Last 20 91
  - Abschmelzung 10 173 ff.
- Dauertestamentsvollstreckung 6 54, 85; 9 19, 83
- Depotübertragung 1 196
- Destinatäre 13 101
- Dienstbarkeit, Vermächtniserfüllungsvertrag 18 263
- Dieterle-Klausel 5 101, 169; 6 92
- Dingliche Lasten, Vermächtniserfüllungsvertrag 18 296
- Dingliche Surrogation 5 40

- Dingliches Wohnrecht, Vermächtniserfüllungsvertrag 18 263
- Dolmetscher 2 80, 120
- Doppelbelastung 6 160
- Doppelbesteuerung 19 173 ff., 182 ff.
- Doppelbesteuerungsabkommen 19 173; 20 19
- Doppelerbschein 14 269
- Doppelstiftung 13 72
- Doppelverfügung 5 222
- Doppelvollmacht 18 25
- Dreizeugentestament 2 169
- Drittbestimmungsverbot 1 108; 3 51
- Duldungsauflagen 20 35
- Durchgangserwerb, Herausgabevermächtnis 5 281

- Echter oder unechter Vertrag zugunsten eines (familienfremden) Dritten 17 61
- Ehegatten
  - gemeinschaftliches Testament 2 60
  - Gütergemeinschaft 10 138 ff.
  - Güterstandswechsel 10 97 f.
  - Pflichtteilsquote 10 97 f.
  - Schenkung 1 160; 10 138 ff.
  - Verfügung von Todes wegen 6 1
  - Zuwendung 10 79 f.
- Ehegattenerbrecht, Fortfall 6 139
- Ehegattenerbvertrag 6 18, 138
  - Bindungswirkung 5 167
  - Ehegattenerbvertrag 5 440
  - Nacherbschaftsbeschränkung 5 167
  - Nießbrauch am Grundstück 5 438
  - Quotennießbrauch 5 440
  - Württembergische Lösung 5 421
- Ehegattenfreibetrag 20 114
- Ehegattenhof 12 52
- Ehegattentestament 6 2
  - Gesamtmuster 21 34
- Ehekrise 6 24, 139
- Ehepartner, pflichtteilsberechtigte 6 103
- Ehescheidung, Bindungswirkung 1 81
- Ehevertrag 15 1
- Ehevertragliche Fortsetzungsvereinbarung 6 150
- Ehrenamt, Gesetz zur Stärkung 13 6 ff.
- Eidesstattliche Versicherung, Erbscheinsantrag 14 232
- Eigenkapitalbeschaffung 13 71
- Eigenrechtserbschein 14 246
- Eigenstiftungen 13 51
- Eigenvermögen des Überlebenden 6 76
- Ein- oder Zweifamilienhaus 20 132
- Ein- und Zweifamilienhaus 20 72
- Einfache Nachfolgeklausel 3 28; 18 262; 20 267
- Eingeschränkter relativer Zuwendungsverzicht 16 149
- Eingetragene Lebenspartner, gemeinschaftliches Testament 2 60
- Eingetragene Lebenspartnerschaft 20 177
- Eingliedrige Stiftungsorganisation 13 93

Stichwortverzeichnis

Einheitliche Nachlassplanung 6 18
Einheitliche Stimmrechtsausübung 20 222
Einheits- und Ertragswert s. Hof
Einheitslösung 5 451; 6 18, 161; 20 184
– Berliner Testament 5 451
Einkommensteuer 20 10
– Jastrow'sche Klausel 10 228 ff.
– Nacherbschaft 5 244
– Nießbrauchsvermächtnis 5 449
– Personengesellschaft 11 44
– Teilungsanordnung 9 281
– Vorerbschaft 5 244
Einkommensteuerpflicht 13 101
Einseitige Abkömmlinge 6 158
Einseitige Wechselbezüglichkeit 6 7
Einseitiger Erbvertrag, Bindungswirkung 7 3
Einseitiges Kind 6 152, 161
– Ausschluss 5 77
– Endbedachter 5 77
– Erbeinsetzung 21 101
– Nacherbe 5 76, 77; 21 83
– Schlusserbe 21 112
– Vermächtnis 21 92
Einseitiges Rücktrittsrecht 6 140
Eintritt des Nacherbfalls 5 27
Eintrittsrecht 20 266
Einzelkaufmann 11 141
– Abwicklungsvollstreckung 11 142
– Auseinandersetzungsvollstreckung 11 142
– beaufsichtigende Testamentsvollstreckung 11 155
– Treuhandlösung 11 146
– Umwandlungsanordnung 11 156
– Vollmachtslösung 11 140
– Weisungsgeberlösung 11 154
Einzelrechtsübertragung 3 79
Einzeltestament
– alleinstehender kinderloser Erblasser 21 5
– Auslandsberührung 6 15
– Gesamtmuster 21 14, 25
– geschiedener Erblasser mit Kindern 21 25
– verheirateter Erblasser mit Kindern 21 14
– verwitweter Erblasser mit Kindern 21 20
Einzelunternehmen 20 225, 230
Einziehung 20 269
Einziehung des Erbscheins 14 185
Einziehungsrechte 3 32, 86
Elternteil 3 66
Enterbung 3 151, 158; 6 52
Enterbungslösung 5 643
Entgeltlicher Erbvertrag 16 160
Entlassung des Testamentsvollstreckers 13 124
Entlastungsbetrag 20 245, 255
Entzug der Vermögenssorge 6 91
Erb- und Pflichtteilsverzicht 10 135
Erb-, Pflichtteils- oder Vermächtnisverzicht 20 36
Erbanfallsteuer 20 1

Erbauseinandersetzung 3 87, 105; 20 135
– FamFG 18 102
– gegenständlich beschränkte 18 52
– gesetzliche 18 101
– GrdstVG 18 112
– Kosten 18 114
– persönlich beschränkte 18 55
– sachliche 18 52
– vollständige 18 46
Erbauseinandersetzungsverbot 6 85
Erbauseinandersetzungsvertrag 18 1; 20 161
– Abschichtung s. dort
– Auseinandersetzungsplan 18 4
– Ausgleichungspflichten 18 37
– Ausschluss 18 6
– Belasteter Erbteil 18 16
– Belehrung 18 66
– Beteiligte 18 13
– Dispositionsfreiheit 18 11
– Doppelvollmacht 18 25
– einvernehmliche Auseinandersetzung 18 11
– Erbengemeinschaft 18 3
– Erbteilserwerber 18 14
– Gegenstand 18 28
– gepfändeter Erbteil 18 17
– Gesellschaftsanteil 18 30
– gesetzliche Teilungsregeln 18 8
– Grundstücke 18 81
– Herauszahlungsbetrag 18 68
– Hof 18 30
– Liquidationsgemeinschaft 18 4
– Mängelhaftung 18 72
– Minderjährige 18 22
– Miterben in Zugewinngemeinschaft 18 21
– Nachlassverbindlichkeiten 18 41
– Sondererbfolge 18 30
– Teilungsanordnung 18 35
– Teilungsverbot 18 36
– Testamentsvollstreckung 18 19, 78
– unbekannter Miterbe 18 20
– verpfändeter Erbteil 18 16
– verstorbener Miterbe 18 14
– Vor- und Nacherbschaft 18 80
– Vorausvermächtnis 18 42
– Zuweisung der Nachlassgegenstände 18 64
Erbbaugrundstücke 20 76
Erbbaurecht, Bewertung 20 76
Erbe 3 37
– Belastung 3 56
– Beschränkung 3 169
– Beschwerung 3 61, 169
– Bestimmung 3 51
– Erbfähigkeit 3 34
– familienrechtliche Anordnungen 3 62
– minderjähriger 3 60, 83
– Miterbe 3 85
– nicht rechtsfähiger 3 47
– Vermögenssorge 3 62

Stichwortverzeichnis

Erbeinsetzung 3 1, 158
– Testierfreiheit 1 118
– Zuwendungsverzicht 16 107
Erbengemeinschaft 3 29, 84; 20 60, 268
– Auseinandersetzung 3 97
– Beendigung 3 105
– Erbauseinandersetzungsvertrag 18 3
– Erbe 3 44
– Grundbuch 3 72
– Handelsgeschäft 3 72
– Kapitalgesellschaft 3 86
– Miterbe 3 85
– Personengesellschaft 3 82
– Verfügungsrechte 3 95
– Verwaltungsrechte 3 89
– Vor- und Nacherbfolge 5 49
Erbersatzsteuer 20 45
– Familienstiftung 13 165
Erbeserbe 14 239
Erbfähigkeit 3 34 ff., 71
Erbfall, fiktiver, durch Übergabe 12 181
Erbfall, fingierter 12 106
Erbfolge
– Gesetzliche –im Höferecht 12 82
– Gewillkürte – 3 1 ff.
Erblasser 1 1
– Angaben in Verfügung von Todes wegen 1 8
– ausländischer 1 94
– behinderter 2 55, 75
– Ehegatten mit gemeinsamen Kindern 1 23
– Ehegatten mit Kindern aus vorangegangenen Ehen 1 26
– Ehegatten ohne Kinder 1 25
– Einzelkaufmann 3 72
– erweiterter Begriff 16 61
– familienrechtliche Anordnung 1 28; 3 62
– Familienverhältnisse 1 12
– frühere Verfügungen von Todes wegen 1 17
– Geschäftsfähigkeit 1 18
– geschiedene 6 138
– Gestaltungsmöglichkeiten 1 30
– gewöhnlicher Aufenthalt 1 12
– Güterstand 1 16
– Heimbewohner 1 121
– Identifizierbarkeit 2 72
– Kinder 1 13
– lebzeitige Rechtsgeschäfte 16 1
– minderjährige Kinder 1 28
– minderjähriger 2 33
– persönliche Verhältnisse 1 3, 8
– Regelungsziele 1 22
– Staatsangehörigkeit 1 11
– Testierfähigkeit 1 18
– Vermögensnachfolge 1 31
Erblasserschulden 20 99
Erbnachweis 6 34
– ausreichender 6 23

Erbquote 3 104 ff., 145
– Änderungen 17 49
– Auslegung 3 114
– Behindertentestament 5 572
– Erbscheinsantrag 14 215
Erbrechtliche Bindung 7 1
Erbrechtlicher Zugewinnausgleich 20 278
Erbrechtsgestaltungsvertrag 17 9
ErbrechtsVO 13 159
Erbschaft im Ganzen 18 118
Erbschaft- und Schenkungsteuer, Familienstiftung 13 163
Erbschaftsannahme s. Annahme
Erbschaftsausschlagung s. Ausschlagung
Erbschaftsteuer 3 158; 6 34; 13 168 ff.
– Abfindung 10 241 ff.
– Anrechnung ausländische – 19 175
– Ausgleichung 16 89
– Ausländische – 19 170, 175
– Auslandsberührung 1 96; 19 164
– Befreiung 20 133
– Doppelbesteuerung 19 173
– Eheliche Güterstände 20 177
– Gestaltung bei Auslandsberührung 19 183
– Inlandsvermögen 19 168
– Jastrow'sche Klausel 10 231 ff.
– Nacherbschaft 5 254
– Nießbrauchsvermächtnis 5 429
– Option Ausländer 19 168
– Pflichtteilsverzicht 10 31 f., 243 ff.
– Schenkung 1 163
– Teilungsanordnung 9 276
– Vermächtniserfüllungsvertrag 18 331
– Verpfründungsvertrag 16 200
– Vorerbschaft 5 240
Erbschaftsteuer-Durchführungsverordnung 20 8
Erbschaftsteuer-Richtlinien 20 9
Erbschaftsteuerbelastung 6 134
Erbschaftsteuerliche Freibeträge 6 134
Erbschaftsteuerliche Nachteile 6 20
Erbschaftsteuerstelle 20 60
Erbschaftsübertragung, Form 18 143
Erbschaftsverkauf 18 123
Erbschaftsvertrag 10 49; 16 82; 17 1 ff.
– Abtretung des Pflichtteilsanspruchs 17 8
– Änderungen im Erbrecht (Quote/Wert) 17 48
– Anrechnungs- und Ausgleichungsvertrag 17 9
– Anwendungsbereich 17 3
– Ausschlagungsverpflichtung 17 80
– Ausschlagungsverpflichtungsvertrag 17 67
– Begriff 17 1
– Bruchteil 17 7
– Erbrechtsgestaltungsverträge 17 9
– erbschaft- und schenkungsteuerliche Aspekte 17 84
– Erbteilsübertragung 17 9
– Erbteilsübertragungsvertrag 17 55
– Erfüllbarkeit 17 28

Stichwortverzeichnis

- Erfüllung   17 41
- Erschöpfungstheorie   17 14
- Form   17 37
- Gegenleistung   17 29
- gegenstandslos   17 44
- geschiedene Ehegatten   17 27
- Gleichstellung   17 51
- Gleichstellungsgelder   17 78
- Kosten   17 82
- Künftige gesetzliche Erben   17 25
- lebenden Dritten   17 20
- Nacherbe   17 19
- Nachlass   17 7
- Nachlassgegenstandsvertrag   17 9
- nächstberufene gesetzliche Erben   17 26
- Nichtigkeit   17 21, 39
- Nießbrauchsbestellung   17 7
- Pflichtteilsabfindungs- bzw. -beschränkungsvertrag   17 73
- Pflichtteilsgeltendmachungsunterlassungsvertrag   17 76
- Pflichtteilsregelungsvertrag   17 9
- Pflichtteilsstundungsvertrag   17 34
- Pflichtteilsübertragung   17 9
- Quotentheorie   17 15
- Quotenvermächtnis   17 15
- Rechtsfolgen der Unzulässigkeit   17 21
- Schutzzweck   17 6
- steuerliche Behandlung von Erbschaftsverträgen   17 83
- Stiefgeschwister   17 27
- Stiefkinder   17 27
- Störfallvorsorge   17 44
- Störungen   17 43
- Umdeutung   17 21
- Vereinbarung über einzelne Nachlassgegenstände   17 12
- Vermächtnisregelungsvertrag   17 9
- Vermächtnisübertragung   17 9
- Verpfändung des Nachlasses   17 7
- Vertragskombination   17 2, 79
- Vollzug   17 42
- Vorausabtretung von Nachlassforderungen   17 21
- Weiterleitungsverpflichtung zu Gunsten Dritter   17 72
- Wertänderung des Nachlasses   17 48
- Zustimmung des Erblassers   17 6

Erbschein   6 23, 158
- Antrag   14 209
- Arten   14 244
- Auseinandersetzungszeugnis   14 285
- Auslandsberührung   14 200
- Doppelerbschein   14 269
- doppelte Wirkung   14 175
- Eigenrechtserbschein   14 246
- Einziehung   14 185
- Erteilung   14 200
- Europäisches Nachlasszeugnis   19 34, 37
- Fremdrechtserbschein   14 246
- funktionelle Zuständigkeit   14 208
- gemeinschaftlicher   14 245
- Gruppenerbschein   14 247
- Hoffolgezeugnis   14 287
- Inhalt   14 194
- internationale Zuständigkeit   14 200; 19 32, 37
- Kosten   14 297
- Kraftloserklärung   14 189
- Legitimation des Erben   14 173
- Mehrfacherbschein   14 269
- Nacherbe   14 195
- Nascituruserbschein   14 251
- negative Vermutung   14 178
- örtliche Zuständigkeit   14 209
- positive Vermutung   14 178
- sachliche Zuständigkeit   14 204
- Sammelerbschein   14 247
- Steuern   14 298
- Testamentsvollstreckung   14 195
- Vermutungswirkung   14 180
- Vorerbe   14 195

Erbscheinsantrag
- Abänderung   14 211
- Antragsberechtigung   14 238
- Bestimmtheit   14 217
- DDR-Recht   14 275
- Eidesstattliche Versicherung   14 232
- Erbeserbe   14 239
- Erbquoten   14 215
- Erbteilserwerber   14 239
- Ersatzerbe   14 239
- Formlosigkeit   14 210
- gesetzliche Erbfolge   14 258
- gewillkürte Erbfolge   14 261
- Kosten   1 219
- Nacherbe   14 239
- Rücknahme   14 211
- Testamentsvollstrecker   14 239
- Verfügungsbeschränkung   14 215

Erbstatut   1 5, 11; 2 13; 19 1
- Höferecht   12 96

Erbteil
- belasteter   18 16
- Beschwerung/Beschränkung   3 169
- gemeinschaftlicher   3 86; 6 28
- gepfändeter   18 17
- quantitative Begrenzung   17 10
- Testamentsvollstreckung   9 80
- verpfändeter   18 16

Erbteilsausgleichung, nachträgliche   16 79
Erbteilserwerber   3 75, 99; 18 14
- Erbscheinsantrag   14 239

Erbteilskauf, Haftung   18 164
Erbteilskaufvertrag   18 163
Erbteilsnießbrauch, Vermächtnis   5 385
Erbteilspfändung   3 87

Stichwortverzeichnis

Erbteilsübertragung 3 105
- Anzeigepflichten 18 226
- Auseinandersetzungsverbot 18 196
- Außenhaftung 18 171
- bedingte 18 158
- Betreute 18 191, 218
- Bruchteil 18 203
- Erbschaft im Ganzen 18 118
- Erbschaftsvertrag 17 9
- Erbteilserwerber 18 193
- Erbteilskaufvertrag 18 163
- Form 18 143
- Gegenstand 18 123
- Genehmigung 18 215
- Grundbuchberichtigung 18 224
- Gütergemeinschaft 18 222
- Haftung 18 164
- Kosten 18 234
- Leistungsvollzug 18 132
- Mängel 18 164
- Minderjährige 18 191, 218
- Nacherbe 18 130, 200
- Notaranderkonto 18 161
- Öffentlich-rechtliches Vorkaufsrecht 18 215
- Rechtsfolgen 18 139
- Rechtskauf 18 164
- Risiken des Käufers 18 151
- Risiken des Verkäufers 18 149
- Steuern 18 230
- Testamentsvollstreckung 18 194
- unentgeltliche 18 204
- Verkäuferhaftung 18 164
- Verpfändung des Erbteils 18 156
- Vorerbe 18 129, 197
- Vorkaufsrecht der Miterben 18 175
- vorweggenommene 17 9
- Zugewinngemeinschaft 18 219

Erbteilsübertragungsvertrag 17 54, 55
Erbteilsveräußerung 3 101
Erbteilsverkauf 18 125
Erbteilungsausgleichung 16 5
Erbvergleich 20 286
Erbvertrag
- Änderungsmöglichkeiten 6 32
- Änderungsvorbehalt 1 71; 6 14
- Anfechtung 1 84
- Anfechtungsrecht 9 585
- Angaben zum Erblasser 1 8
- Aufhebung 1 130
- Auflösung der Bindung 1 155
- Auslandsberührung 19 79, 117
- Auslegung 1 100
- Bindung bei Auslandsberührung 19 142
- Bindungsumfang 1 50
- Bindungswirkung 7 1
- einseitiger 7 3
- entgeltlicher 16 160
- Eröffnung 2 147
- EU-ErbVO 19 117
- Form 2 135
- gegenseitiger 6 13
- gemeinschaftliches Testament 2 145
- Gesamtmuster 21 129, 148
- Kosten 1 213
- nichteheliche Lebensgemeinschaft 21 129, 148
- Rückgabe aus Verwahrung 1 148; 2 149
- Rücktritt 1 45, 142
- Rücktrittsvorbehalt 1 63
- Stiftung 13 148
- Testierfähigkeit 2 52
- Übergabe einer Schrift 2 146
- unter Ehegatten 6 12
- Verbot des Totalvorbehalts 6 14
- Verfahren nach Beurkundung 2 140
- Verfügungsunterlassungsvertrag 1 92
- Voraussetzungen 1 4
- Wirksamkeit bei Auslandskontakt 19 137
- Zuwendungsverzicht 16 125
- zweiseitiger 6 13; 7 3

Erbverzicht
- Checkliste 10 241
- Entgeltlichkeit 10 135
- Erbschaftsteuer 10 243
- Kombination mit Zuwendungsverzicht 16 143
- Kosten 1 217
- Vorteile eines Pflichtteilverzichts gegenüber – 10 2
- Zuwendungsverzicht 16 95

Erfüllbarkeit 17 28
- Erbschaftsvertrag 17 28

Erfüllungsvertrag 3 165
Ergänzungspfleger 6 40
Erlassvermächtnis 4 94; 16 40
Erlassvertrag 10 60
Eröffnung 2 129, 147
- eigenhändiges Testament 2 62

Errichtungsstatut 2 13
Ersatzbegünstigter, Auflage 4 194
Ersatzerbe 1 35; 3 37, 152
- Auflage 3 145
- Auslegung 3 134
- Bestimmung 3 126
- Erbscheinsantrag 14 239
- Rechtsstellung 3 141
- Stiftung 13 149
- Zuwendungsverzicht 16 100

Ersatzerbenbestimmung 3 140
Ersatzerbfall 13 149
Ersatzerbquoten 3 130
Ersatznacherbe 5 19, 54
- Behindertentestament 5 579

Ersatznacherbenanordnung 6 82
Ersatznacherbeneinsetzung 5 70
Ersatztestamentsvollstrecker 9 62, 70
Ersatzvermächtnisnehmer 4 41
Erschöpfungstheorie 17 14

Stichwortverzeichnis

Ersetzungsbefugnis 6 61
Erträge 13 77
Ertragsnießbrauch 11 105
– Vermächtnis 4 127, 146
Ertragswert 12 4
– Kapitalisierungsfaktor 12 15
– nach BGB 12 15
– Reinertrag 12 15
Ertragswertmethode 20 196
Ertragswertverfahren 20 66, 83
– Gemeiner Wert des nicht betriebsnotwendigen Vermögens 20 200
– Vereinfachtes – 20 198 ff.
Erweiterte unbeschränkte Steuerpflicht 20 15
Erweiterter Erblasserbegriff 16 61
Erwerb
– Erbanfall 20 25, 267
– Kapitalgesellschaftsanteile 20 131
– Vermächtnis 20 137
– Versorgungsansprüche 20 154
Erwerb des Bezugsberechtigten 20 151
Erwerbsaussichten 5 1
EuErbVO 19 1
– Auflage 9 468
– Erbstatut 2 13
– Errichtungsstatut 2 13
– Geltungsbereich 19 4
– gewöhnlicher Aufenthalt 1 12; 19 5
– Nachlassverfahren 19 32 ff.
– Rechtswahl 19 61
– renvoi 1 94
– Rückverweisung 1 94
– Todeszeitpunkt 2 12
Europäisches Nachlasszeugnis 14 328; 19 34, 37
– Änderung 14 371
– Antragsberechtigung 14 345
– Antragsformblatt 21 157
– Antragsverfahren 14 342
– Berichtigung 14 371
– Erteilung 14 366
– Grundbuchverfahren 14 389
– Gutglaubenswirkung 14 380
– Handelsregisterverfahren 14 394
– Inhalt 14 359
– Inhalt des Antrags 14 348
– Internationale Zuständigkeit für die Erteilung 14 334
– Kosten 14 396
– Prüfung des Antrags 14 356
– Rechtsbehelfe 14 374
– sachliche und örtliche Zuständigkeit für die Erteilung 14 340
– Vermutungswirkung 14 378
– Widerruf 14 371
– Wirkung 14 377
– Zuständigkeit für die Erteilung 14 334
Ex-Partner 6 91
Exekutivorgan 13 92

Fachkunde 3 137
Fakultative Ausschlussklausel 6 72
Fakultatives Höferecht 12 56
Fälligkeit, Vermächtnis 4 10; 18 251
Familien-GbR 20 214
Familienheim 20 101, 157
Familienrat 13 58
Familienrechtliche Anordnung 1 28; 3 62; 9 683
– Entziehung des Verwaltungsrechts 9 693
– Testamentsvollstreckung und Vormundsbenennung 9 790
– Vergütung des Vormunds 9 810
– Verwaltungsanordnung 9 684
– Vormundschaftsbenennungsrecht 9 780
Familienstiftung 13 54, 163; 20 43 ff.
– Behindertentestament 5 659, 671
– Beteiligungsträgerschaft 13 68
– Definition 13 54 f.
– Erbersatzsteuer 13 165
– Erbschaft- und Schenkungsteuer 13 163
– Unternehmensnachfolge 13 67
– Versorgung der Familienmitglieder 13 67
Familientreuhänder 13 61
Familienverhältnisse, Erblasser 1 12
Ferienwohnung 20 159
Fernwirkung, pflichtteilsrechtliche 16 5, 79
Fiktive unbeschränkte Steuerpflicht 20 18
Fiktiver Erbfall 12 181
Firma 3 79
Firmenfortführung 3 80
Fliegender Zugewinnausgleich 10 145; 15 15
Forderungsvermächtnis 4 86
Form 12 152; 16 183
– Abschichtung 18 88
– Ausgleichungsbestimmung 16 24
– Ausschlagung 14 35
– eigenhändiges Testament 2 48
– Erbschaftsübertragung 18 143
– Erbschaftsvertrag 17 37
– Erbscheinsantrag 14 210
– Erbteilsübertragung 18 143
– Erbvertrag 2 135
– Mängel 2 2
– Schiedsklausel 9 655
– unentgeltliche Erbteilsübertragung 18 205
– Verfügung von Todes wegen 2 1
– Verpfründungsvertrag 16 183
– Vollmacht über den Tod hinaus 15 33
– Wahl der – 2 4
– Zuwendungsverzicht 16 117
Fortgesetzte Gütergemeinschaft 6 148; 10 238; 15 11 f.
Fortsetzung der Gütergemeinschaft 15 12
Fortsetzungsklausel 10 148; 20 264
– Vermächtnis 18 262
Fortsetzungsvereinbarung, ehevertragliche 6 150
Fortsetzungszeugnis 15 13

1467

Stichwortverzeichnis

Freibeträge 20 47 f., 145
- erbschaftsteuerliche 6 134
- persönliche 20 110
- steuerliche 6 161
Freies Vermögen des Nacherben 5 221
Freigebige Zuwendung 20 27, 283
Freistellungsklausel 6 8; 7 22
- Bindungswirkung 7 22
Freistellungsmethode 20 20
Freistellungsverpflichtung, Auflage 9 453
Fremdrechtserbschein 14 213, 246
Früchte, Vermächtnis 18 280

Gattungsauflage 4 213
Gattungsvermächtnis 4 158; 18 277
Gebärdensprachdolmetscher 2 108, 120
Gebäude auf fremdem Grund und Boden 20 76, 81 ff.
Gebäudeertragswert 20 69
Geborene ausgleichungspflichtige Zuwendungen 16 7
Gegenständlich beschränkte Nacherbfolge 5 104
Gegenständlich beschränkter Erbverzicht 12 77
Gegenständlich beschränkter Pflichtteilsverzicht 10 39; 16 2, 27
Gegenständlich beschränkter Zuwendungsverzicht 16 150
Gegenständliche Teilerbauseinandersetzung 18 50, 55
Geheimhaltung 6 16
Geisteszustand 2 34
Gekorene ausgleichungspflichtige Zuwendungen 16 7
Gekorener Ausgleichungstatbestand 16 23
Geldvermächtnis 4 152; 20 138, 277
Geliebtentestament 1 119
Gemeiner Wert 20 57, 194 f.
- nicht betriebsnotwendiges Vermögen 20 200
Gemeinnützige Einrichtungen 20 51
Gemeinnützige Kombinationsstiftung 20 133
Gemeinnützige Stiftung 13 52; 20 40 ff.
Gemeinnützigkeit 13 160
Gemeinschaftliches Testament 5 3; 6 2, 2; 7 1
- Änderungsbefugnis 6 8
- Auflösung der Bindung 1 155
- Auslandsberührung 19 127
- beiderseitige Wechselbezüglichkeit 6 7
- Bindungswirkung 5 3; 6 9; 7 1
- einseitige Wechselbezüglichkeit 6 7
- Freistellungsklausel 6 8
- Gesamtmuster 21 34, 72
- kinderlose Ehegatten 21 34
- Stiftungserrichtung 13 146 ff.
- Vor-/Nacherbschaft 21 51
- Wechselbezügliche Verfügungen 6 6
- Wechselbezüglichkeit 6 6, 11
- Widerruf 6 10
Gemeinwohlkonformität 13 50

Gemischt genutzte Grundstücke 20 66, 72
Gemischte Schenkung 10 130; 16 14; 20 12, 270
Genehmigung des Landwirtschaftsgerichts 12 153
Genehmigungsverfahren, landwirtschaftsgerichtliches 12 191
Generalvollmacht, Testamentsvollstreckung 9 202
Generationensprung 20 275
Genossenschaft 3 86
Gepachtete Hofstelle 12 48
Gesamtgut 6 157, 159; 15 8
- Erbengemeinschaft 6 149
- Gütergemeinschaft 6 149
Gesamthand 3 101
Gesamthandsgemeinschaft 3 42
Gesamthandsvermögen 3 42, 68
Gesamtplan 15 9, 14
Gesamtrechtsnachfolge 3 2
- Ausnahmen 3 8
Geschäftsanteil 20 269
Geschäftsfähigkeit 2 34
- Erblasser 1 18
Geschäftsführung 13 70
Geschäftsgrundstücke 20 66, 72
Geschiedene Ehegatten 6 95
- Erbschaftsvertrag 17 27
Geschiedene Partner 6 91, 98
Geschiedenenkonstellation 17 50
Geschiedenentestament 5 98, 146; 6 91
- bedingte Nacherbeneinsetzung 6 92
- Dieterle-Klausel 6 92
- Entzug der Vermögenssorge 6 91
- Ex-Partner 6 91
- geschiedene Ehegatten 6 95
- geschiedene Partner 6 91, 98
- Herausgabevermächtnisse 6 91 ff.
- Nachvermächtnis 6 98
- Negativtestament 6 92
- Pflichtteilsberechtigte 6 91
- Pflichtteilsfestigkeit 6 96
- Pflichtteilsvermeidung 6 96
- Sachvermächtnis 6 98
- Selbstbestimmungsgebot 6 92
- Sondervermögen 6 92
- Testamentsvollstreckung 6 91, 93
- Verhinderung der Vermögensbeteiligung des geschiedenen Partners 6 91
Gesellschaft bürgerlichen Rechts 11 2
- Anteile 3 24
- Erbe 3 43
- Fortsetzungsklausel 11 10
- Testamentsvollstreckung 11 184
Gesellschafter an einer Personengesellschaft 3 31
Gesellschafterstellung des Erblassers 3 30
Gesellschaftsanteil 18 30
Gesellschaftsbeteiligungen 3 34
Gesellschaftsvertrag 3 27, 30; 10 148, 156
Gesellschaftsvertragliche Nachfolgeklausel 20 263
Gesetz zur Stärkung des Ehrenamtes 13 6 ff.

1468

Stichwortverzeichnis

Gesetzliche Rentenversicherung   20 154
Gestaltungsfallen   3 133
Gestaltungsrecht   12 20
Gewerbebetrieb   20 251
Gewerbesteuerbefreiung der unselbstständigen Stiftung   13 170
Gewerblich geprägte GmbH & Co. KG   20 223
Gewerblich geprägte Personengesellschaften   20 208
Gewillkürte Erbfolge   3 1
– Erbquote   3 105
Gewöhnlicher Aufenthalt, EuErbVO   1 12
Gleichbehandlung der Abkömmlinge   16 8
Gleichgeschlechtliche Lebenspartner   20 114
Gleichstellung, Erbschaftsvertrag   17 51
Gleichstellungsgelder   17 78
Gleichstellungsregelung   17 51
Gleichstellungszahlungen   16 2
Gleichzeitige Verfügungen, Bindungswirkung   7 7
Gleichzeitiger Tod   6 133
Gleitende Hofübergabe   12 53
GmbH, Testamentsvollstreckung   11 189
GmbH-Anteil, Vermächtniserfüllungsvertrag   18 261
Grabpflege   9 430; 20 100
GrdstVG   12 153, 154
Grenzen der Testierfreiheit   6 110
Grundbesitz
– Bewertung   6 160
– Nießbrauchsvermächtnis   4 112
Grundbesitzwerte   20 60
Grundbuch   3 72
– Erbengemeinschaft   3 72
– Nacherbe   5 56
– Testamentsvollstreckervermerk   9 154, 156
– Testamentsvollstreckung   11 193
Grundbuchberichtigung
– ausländischer Erbnachweis   19 40
– ENZ (Europ. Nachlasszeugnis)   19 38
– Erbteilsübertragung   18 224
– im Ausland   19 38
Grundbuchstand, Vermächtnis   18 265
Grundbuchverfahren   2 139
– Europäisches Nachlasszeugnis   14 389
Grunderwerbsteuer   20 12
– Vermächtniserfüllungsvertrag   18 332
Grundrecht auf Eheschließungsfreiheit   6 107
Grundstockvermögen   13 77
Grundstück   3 73
– Dritten zur Nutzung überlassen   20 227
– im Zustand der Bebauung   20 84
Grundstücksschenkung   20 31
– auf den Tod   4 246
– gemischte   20 32
– mittelbare   20 30
Gruppenerbschein   14 247
Gutabstandsgeld   12 35

Gütergemeinschaft   6 148; 10 138, 238; 15 8; 20 183
– Auseinandersetzung   6 159
– Beendigung   6 151
– Erbteilsübertragung   18 222
– fortgesetzte   6 148; 15 11
– Gesamtgut   15 8
– Sondergut   15 8
– Vorbehaltsgut   15 8
Güterrechtliche Lösung   20 188
Güterrechtlicher Ausgleichsanspruch   20 278
Güterrechtlicher Zugewinnausgleich   20 182
Güterstand   10 98
– Ehevertrag   15 1
– Erblasser   1 16
– fliegender Zugewinnausgleich   15 15
– fortgesetzte Gütergemeinschaft   15 11
– Fortsetzung der Gütergemeinschaft   15 12
– Fortsetzungszeugnis   15 13
– Gesamtgut   15 8
– Gesamtplan   15 9, 14
– Gütergemeinschaft   15 8
– Güterstandsschaukel   15 9, 14
– Gütertrennung »für einen Abend«   15 15
– lästige Angehörige   15 3
– lästiges Kind   15 14
– Minimierung von Pflichtteilsquoten   15 3
– rechnerischer Zugewinnausgleich   15 7, 21
– Sondergut   15 8
– Spätehe   15 19
– Vorbehaltsgut   15 8
– Zugewinngemeinschaft   15 2
– Zweitehe   15 19
Güterstandsschaukel   10 145; 15 9, 14
Gütertrennung   1 200; 10 141; 20 178, 180
– für einen Abend   15 15

Haftung   3 83
– Abschichtung   18 96
– Erbteilsübertragung   18 164
– Nacherbe   5 55
– Nachvermächtnis   5 339
– Nachvermächtnisnehmer   5 276
– unentgeltliche Erbteilsübertragung   18 211
– Vermächtniserfüllungsvertrag   18 272
– Verpfründungsvertrag   16 174
Haftungsbeschränkung   13 98
– Nachlassverbindlichkeiten   3 81
Handelsgeschäft   3 74
– Erbengemeinschaft   3 72
Handelsregisteranmeldung   3 77
Handelsregisterverfahren   2 139
– Europäisches Nachlasszeugnis   14 394
Handschenkung   3 17
– auf den Tod   4 247
Härteausgleich   20 115, 116
Hauptvermächtnis   4 19

Stichwortverzeichnis

Haushaltsgegenstände 6 85, 129
– Begriff 6 131
Hausrat 20 47
Heilung rechtlicher Mängel der Stiftungserrichtung 13 44
Heimatzuflucht 12 176
Heimbewohner 1 121
Heimgesetz 5 537
– Behindertentestament 5 631
Heimträger 5 631
Herausgabevermächtnis 6 79, 104
– Absicherungsfälle 5 284, 304
– antizipierte Übereignung 5 309
– auf den Überrest 6 88
– Auflassungsvormerkung 5 308
– aufschiebend bedingtes 5 116, 249
– Ausschlussfälle 5 267, 292
– bedingtes 5 260
– befristetes 5 260
– Durchgangserwerb 5 281
– Pflichtteilsfestigkeit 5 270
– Steuern 5 324, 518
– Testamentsvollstreckung 5 297
– Verwendungsersatz 5 295
Herauszahlungsbetrag 18 68
Herauszahlungsverpflichtung 1 180
Herrschendes Konzernunternehmen 13 61
Hessische Landgüterordnung 12 2
Hilfspersonen 13 53
Hinterbliebene, Ansprüche 20 154
Höchstpersönlichkeitsgrundsatz 1 106
Hochzeitsgeschenke 6 129
Hof 10 110
– verwaister – nach § 10 HöfeO 12 100
– Wertrelation zwischen Einheits- und Ertragswert 12 111
– Zwangszuweisung 12 3
Hofaufgabeerklärung 12 83
– vorsorgliche 12 66
– zeitlich befristete 12 65
Hofeigenschaft 12 39
– Aufhebung 12 55
Höfeordnung 12 38
– Alleineigentum 12 50
– Anerbenrecht 12 39
– Betriebseinheit 12 45
– BGB-Landgutrecht, Wahlrecht 12 191
– Ehegattenhof kraft Hofeinführungserklärung 12 52
– erforderliche Eigentumsverhältnisse 12 49
– geborene Höfe 12 44
– geeignete Hofstelle 12 48
– gegenständlich beschränkter Erbverzicht 12 77
– gepachtete Hofstelle 12 48
– gleitende Hofübergabe 12 53
– Hofeigenschaft 12 40
– Hoffeststellungsverfahren nach § 11 HöfeVfO 12 43
– land- oder forstwirtschaftliche Besitzung 12 44
– Sondererbfolge 12 38
– Verlust der Hofeigenschaft 12 45
– Vorerbschaftseigentum 12 51
– Wiederanspannen 12 45
– wirtschaftliche Betriebseinheit 12 46
– Wirtschaftswert 12 41
– Wohnungswert 12 41
– § 11 HöfeO 12 76
Hoferbe, Wirtschaftsfähigkeit 12 78
Hoferbenbestimmung, formlos-bindende 12 92, 152
Hoferbfolge 3 12
– laut Gesetz 12 82
Hoferbrecht 3 10
Höferecht, Erbstatut 12 96
Höferechtliche Nachlassspaltung 12 73
Hoferklärung 12 54 f.
– Dauerwirkung 12 60
– fakultatives Höferecht 12 55
– höferechtliche Gestaltungserklärung 12 58
– Landwirtschaftsgericht 12 57
– partielle 12 64
Hofeswert 12 102
Hoffeststellungsverfahren 12 190, 43
Hoffolgezeugnis 14 245, 287
– Rechtsnachfolgenachweis von Todes wegen in einen Hof im Sinne der HöfeO 12 193
– Wirtschaftsfähigkeit gerichtlich feststellen 12 193
Hofgebundener Nachlass 9 10
Hofübergabe- und Pflichtteilsverzichtsvertrag
– Abfindung nach § 12 HöfeO 12 183
– Altenteil 12 183
– Ehegattenhof 12 182
– Grabpflegekosten 12 183
– Grundstücksübertragung 12 183
– lebendes und totes Inventar 12 183
– Nachabfindung nach § 13 HöfeO 12 183
– Nießbrauchsrecht 12 187
– Reinvestitionen 12 183
– Rückforderungstatbestand bei Betriebsvermögen 12 184
– Unternehmensnießbrauch 12 186
Hofübergabevertrag 12 151
– Altenteil 12 162
– Altenteil/Leibgeding 12 165
– Betriebsübergabe 12 151
– bindend getroffene Hoferbenbestimmung 12 156
– Form 12 152
– Genehmigung des Landwirtschaftsgerichts 12 153
– gleitende Übergabe 12 151
– GrdstVG 12 152
– Grundbesitz geschlossen übertragen 12 155
– hofeigentumsfähiger Übernehmer 12 157
– Hoferbenbestimmung formlos–bindend 12 152

Stichwortverzeichnis

– Verwandtenprivileg 12 154
– Wertmissverhältnis zum Hofeswert 12 158
– wirtschaftsfähiger Übernehmer 12 155
Hofvor- und -nacherbfolge 12 140
– Verzicht auf Abfindungsansprüche nach § 12 HöfeO 12 144
Hofvorerbe 12 63, 84
Holdingstiftung 13 61

Idealkollation 16 7, 19
Individuelle Ertragswertmethode 20 197
Inlandsvermögen 20 16
Innengesellschaft 10 158
Insolvenz
– Auflage 9 422
– Ausschlagung 14 74
Insolvenzverfahren 9 422
Interimsvollmacht 15 53
Internationale Zuständigkeit 19 32
Internationales Erbrecht 19 1, s. Auslandsberührung
Internationales Erbschaftsteuerrecht 19 164
Internationales Privatrecht 1 94
– Erbvertrag 19 79, 117
– Nachlassspaltung 3 18
– Testament 19 100
Inventarverzeichnis 14 342
Isolierte Vollmacht 15 27

Jahresertrag 20 198
Jahressteuer 20 91 ff.
Jastrow'sche Klausel 3 162; 9 616; 10 179, 221
Juristische Person 3 38 ff.

Kapitalausstattung 13 32
Kapitalforderungen 20 96
Kapitalgesellschaft 20 233, 257
– Anteile 3 32; 20 214
– Atypische Unterbeteiligungen 20 214
– Erbengemeinschaft 3 86
– Poolvertrag 20 218
Kapitalisierungsfaktor 12 15; 20 199
Kapitalwert
– einer lebenslänglichen Nutzung 20 173
– Jahressteuer 20 94
– wiederkehrender Nutzungen und Leistungen 20 90
Katastrophen-Klausel 6 133 ff.
– Autounfall 6 133
– Erbschaftsteuer 6 135
– Flugzeugabsturz 6 133
– Naturkatastrophen 6 133
Kaufrechts- oder Übernahmevermächtnis 20 143
Kernbereichsschutz 11 165
KG s. Kommanditgesellschaft
Kindespflichtteil 6 162
Kleiner Pflichtteil 6 103; 20 188

Kombination von Ausgleichung und Anrechnung 16 31, 35
Kombinationslösung 5 622
Kommanditbeteiligung 20 213
Kommanditgesellschaft 11 4
– Anteile 3 24 ff.
– Auflösungsklausel 11 14
– Kommanditist 11 9
– Komplementär 11 28
– Nießbrauchsvermächtnis 11 121
– Testamentsvollstreckung 11 174
Kontoübertragung 1 196
Kontrollorgan 13 92
Kooptation 13 92
Körperschaftsteuerbefreiung 13 170
Kosten 1 203
– Ausschlagung 14 165
– Erbauseinandersetzung 18 115
– Erbschaftsvertrag 17 82
– Erbschein 14 297
– Erbteilsübertragung 18 234
– Europäisches Nachlasszeugnis 14 396
– Pflichten des Notars 2 77
– Testamentsvollstreckerzeugnis 14 334
– Testamentsvollstreckung 9 225
– Vermächtnis 4 57
– Vermächtniserfüllungsvertrag 18 327
– Verwahrung 2 61
Kraftloserklärung des Erbscheins 14 189
Kreditinstitut, Erbnachweis 2 140
Künftige Erben, lebzeitige Rechtsgeschäfte 16 1
Kunstgegenstände 20 239
Kuratorium 13 22, 92
Kurswert 20 95, 195

Land- und forstwirtschaftliches Vermögen 12 44; 20 86, 206
Landgut 10 104; 12 7
– Begriff 12 7
– besonderer Art 12 12
– Landwirtschaft 12 11
– Wohn- und Wirtschaftsgebäude 12 10
Landgutübernehmer 12 13
– privilegiert 12 13
Landwirtschaftsgericht 12 57
Landwirtschaftsgerichtliches Genehmigungsverfahren 12 191
Lastentragung, Vermächtniserfüllungsvertrag 18 296
Lästige Angehörige 15 3
Lästiges Kind 15 14
Leasing 6 131
Lebender Dritter, Erbschaftsvertrag 17 20
Lebens-, Kapital- und Rentenversicherungen 20 96
Lebensgemeinschaft, Partner einer nichtehelichen 20 178

Stichwortverzeichnis

Lebenspartner 6 17, 129
- gleichgeschlechtliche 20 114
Lebenspartnerschaft 6 17, 105
- eingetragene 20 177
Lebensversicherung 1 190; 3 15 ff.; 10 161
- auf den Todesfall 20 151
- Schenkung auf den Tod 4 266
Lebzeitige Rechtsgeschäfte 16 1
Lebzeitige Verfügungsbefugnis 6 19
Leibrente, Wertsicherung 4 291
Leibrentenvermächtnis 5 636
Leistung an Erfüllungs statt 10 241
Leistungsstörungen 16 166, 184
Liegenschaftszinssatz 20 70
Liquidation 3 99
Liquidationsgemeinschaft, Erbauseinandersetzungsvertrag 18 4
Lohnsummenklausel 20 193
Lohnsummenkontrolle 20 249
Lohnsummenregelung 20 5, 125

Mängel, Vermächtniserfüllungsvertrag 18 272
Mängelhaftung, Erbauseinandersetzungsvertrag 18 72
Mätressentestament 1 119
Mediationsklausel 9 751
Mediationsverfahren, Auflage 9 444
Mehrfacherbschein 14 269
Mehrheitsbeschluss 3 94
Mietverhältnis 3 14
Mietwohn- und Geschäftsgrundstücke 20 158
Mietwohngrundstücke 20 66, 206
Minderjährige 12 79
- Erbauseinandersetzungsvertrag 18 22
- Erbteilsübertragung 18 191, 218
- Erbteilsveräußerer 18 191
- Vermächtniserfüllungsvertrag 18 288
Mindestkapitalausstattung 13 38
Minimierung von Pflichtteilsquoten 15 3
Miteigentum 3 101
Miterbe 3 75 f., 120; 20 100
- Erbteilsverkauf 18 125
- Stiftung 13 132
- unbekannter 18 20
Mitnacherbe 5 53
Mittelbare Grundstücksschenkung 20 30
Mittelbare Schenkung 20 30
Mitunternehmer 20 209
Mitunternehmeranteil 20 251
Mitverfügungsbefugnis 3 87
Mitverwaltung 3 87
Mitverwaltungs- und -verfügungsrechte 3 91
Mitvorerbe, aufschiebend bedingtes Vorausvermächtnis 5 196
Mitwirkungs- und/oder Kontrollrechte 13 92
Mitwirkungsverbot 2 72, 74
- Verständigungsperson 2 121
Modifizierte Zugewinngemeinschaft 20 279

Motivirrtum 6 35; 8 8
Multiplikator- oder Umsatzverfahren 20 196
Mustersatzung 13 52, 162

Nachabfindung 12 23, 177
- Abfindung in Land 12 134
- landwirtschaftsfremde Nutzung 12 129
- Reinvestition 12 129
- Reinvestitionsprivileg 12 124
- Veräußerung des ganzen Hofes 12 123
- Veräußerung des Hofes 12 118
- Veräußerung von Straßenland 12 129
- Vorkaufs- und ein Vorpachtrecht 12 134
- wegen Wegfalls des höferechtlichen Zwecks 12 117
Nachabfindungsregelung 12 25
- § 13 HöfeO 12 25
- § 17 Abs. 1 S. 1 GrdstVG 12 25
Nacherbe 3 124; 6 118; 13 128 f.; 17 19; 18 286; 20 37, 165 f.
- Anwartschaftsrecht 5 9
- Auflage 4 188
- Ausschlagung 5 52, 213
- Ausschlagungsfrist 14 53
- Bedürftigentestament 5 776
- Bestimmung 5 17
- einseitiges Kind 5 76
- Erbschein 14 195
- Erbscheinsantrag 14 239
- Erbteilsübertragung 18 130, 200
- Grundbuch 5 56
- Haftung 5 55
- Kontroll- und Sicherungsrechte 5 26
- Mitverwaltungsrecht 5 39
- Pflichtteil 5 52
- Pflichtteilsberechtigter 14 142
- Pflichtteilsverzicht 5 95
- Rechtsstellung 5 9
- Testamentsvollstreckung 5 225; 9 162
- unbekannter 5 102, 183
- verschuldeter Erbe 5 731
Nacherbenanwartschaft, Übertragung auf Vorerben 5 201
Nacherbenanwartschaftsrecht 5 72
- Ausschluss der Vererblichkeit 5 108
Nacherbenbeschränkung
- abweichende Verfügung des Vorerben 5 139
- Entscheidung des Vorerben 5 137
Nacherbenbindung 6 114
Nacherbeneinsetzung, einseitiges Kind 21 83
Nacherbenrechte, Vollmacht über den Tod hinaus 15 88
Nacherbentestamentsvollstreckung 5 69, 225; 9 28, 162
- Zustimmungsvermächtnis 5 206
Nacherbenvermerk 5 56
- Erbschein 5 113
Nacherbfall, Eintritt 5 27

Stichwortverzeichnis

Nacherbfolge, Erbengemeinschaft 5 49
Nacherbfolge, gegenständlich beschränkte 5 104
Nacherblösung 5 592
Nacherbschaft 5 1; 6 114
- Begriff 5 2
- Dieterle-Klausel 5 169
- Einkommensteuer 5 244
- Erbschaftsteuer 5 254
- Pflichtteilsstrafklausel 9 565, 615
- Steuern 5 254
- Testamentsvollstreckung 5 232; 9 36
- Vermächtnis 4 26
Nacherbschaftsbeschränkung 5 98
- auflösend bedingte 5 168
Nachfolge, qualifizierte 20 267
Nachfolgeernennung 9 74
Nachfolgeklausel 3 26
- einfache 18 262
- gesellschaftsvertragliche 20 563 ff.
- qualifizierte 18 262
Nachfolgeregelung 3 27
Nachhaltigkeit 13 38
Nachholung einer versäumten Pflichtteilsanrechnungsbestimmung 17 71
Nachlass 1 1; 3 8; 12 22; 17 7
- ausländischer Grundbesitz 1 94
- Erbschaftsvertrag 17 7
- erschöpft 12 22
- Erschöpfung 17 12
- großer 1 24
- Spaltung 1 94
- Testamentsvollstreckung 9 79
- Zusammensetzung 1 6, 20
Nachlassabwicklung, Auslandsberührung 19 32
Nachlassauseinandersetzung, Teilungsanordnung 9 231
Nachlasserschöpfung 16 65
Nachlassgegenstände 3 95
Nachlassgegenstandsvertrag 17 9
Nachlassgericht, Ausschlagung 14 37
Nachlassinsolvenz, Nachvermächtnis 5 337
Nachlassnießbrauch 6 78, 162
- Vermächtnis 5 395
Nachlassplanung, einheitliche 6 18
Nachlassspaltung 3 18, 20; 10 100; 19 2, 14
- Faktische 19 21, 103
- höferechtliche 12 73
Nachlassverbindlichkeiten 18 51; 20 98
- Erbauseinandersetzungsvertrag 18 41
Nachlassverfahren 14 1
- Annahme 14 1
- Antrittserwerb 14 2
- Ausschlagung 14 1, 8
- Formfreiheit der Annahme 14 13
- Vonselbsterwerb 14 2
Nachlassverteilungsplan 16 1
Nachlassverwaltung, Testamentsvollstreckung 9 1

Nachlassverzeichnis 6 122
- Belehrung 14 357
- Bestandverzeichnis 14 412
- Inventarverzeichnis 14 342
- notarielles 14 338
- Verlangen des Pflichtteilsberechtigten 14 416
- Vollständigkeit 14 431
- Wertermittlungsanspruch 14 419
Nachlassvollmacht für Ausland 15 66
Nachlassvollmacht, internationale 15 116
Nachlassvollstreckung, Testamentsvollstreckung 9 1
Nachlasszeugnis s. Europäisches Nachlasszeugnis
Nachrangprinzip 5 549
Nachschenkungen 20 121
Nachsorgender Zuwendungsverzicht 16 142
Nachsteuertatbestände 20 102
Nachträgliche Anordnung/Änderung/Aufhebung einer Ausgleichsbestimmung 16 73
Nachträgliche Ausgleichsanordnung 16 73
Nachträgliche einverständliche Ausgleichsvereinbarung 16 80
Nachträgliche Erbteilsausgleichung 16 79
Nachvermächtnis 4 21; 5 313; 6 98; 18 304; 20 163
- Absicherungsfälle 5 331, 361
- Auflassungsvormerkung 5 352
- Ausschlussfälle 5 331, 353
- Haftung 5 339
- Nachlassinsolvenz 5 337
- Pflichtteilsfestigkeit 5 336
- Steuern 5 377
- Testamentsvollstreckung 5 352
Nachvermächtnisnehmer
- Anwartschaft 5 318
- Haftung 5 276
Nasciturus 3 36 ff.
Nascituruserbschein 14 251
Naturalleistungen 12 170
Naturalobligation 10 33
Naturkatastrophen 6 133
Negativtestament 6 52, 92
Nettonießbrauch, Vermächtnis 4 106
Nichtanerkennung der Steuerbegünstigung 13 101
Nichteheliche Lebensgemeinschaft 8 1 ff.
- Absicherung des Überlebenden 8 13 ff.
- Begriff 8 1
- Einzeltestament 8 14
- Erbvertrag 8 15; 21 129, 148
- Fehlendes Erbrecht 8 2
- Gewerblich geprägte GmbH & Co. KG 8 19
- Schenkung 1 162
- Steueroptimierung 8 19
- Trennungsfall 8 10
- Vertrag zu Gunsten Dritter 8 4
- Wohnrecht 8 4
Nichtrechtsfähiger Verein 3 46
Niederstwertprinzip 10 136

Stichwortverzeichnis

Nießbrauch 6 127; 12 172; 20 159
– Auslandsberührung 19 160
– Mitbeurkundung des Pachtvertrages 12 174
– Rechte des Erblassers 3 23
– Rheinische Hofübergabe 12 172
– Vermächtniserfüllungsvertrag 18 263
– Verpachtung 12 173
Nießbrauch- oder Wohnungsrechte 10 136; 20 35
Nießbrauchrechte 20 91
Nießbrauchs-Testamentsvollstrecker-Gestaltung 6 78
Nießbrauchs-Testamentsvollstrecker-Lösung 6 86
Nießbrauchsbestellung 17 7; 20 254
– Erbschaftsvertrag 17 7
Nießbrauchsuntervermächtnis 6 124
Nießbrauchsvermächtnis 4 100; 5 251, 366; 6 84, 116; 20 160, 176
– am Hof 12 88
– Bruchteilsnießbrauch 4 109; 5 392
– Bruttonießbrauch 4 106
– Ehegattenerbvertrag 5 421
– Einkommensteuer 5 449
– Einzelunternehmen 4 123
– Erbschaftsteuer 5 429
– Erbteil 4 119; 5 385
– für den Ehegatten 21 101
– Gesellschaftsanteile 4 129
– Gestaltung 11 123
– Grundbesitz 4 112
– Haftung 4 108
– Kommanditgesellschaft 11 121
– Nachlass 4 115
– Nachlassnießbrauch 5 395
– Nettonießbrauch 4 106
– Personengesellschaftsanteil 11 99
– Quotennießbrauch 4 109; 5 394
– Steuern 5 429
– Testamentsvollstreckung 5 413
– Voraussetzungen 11 115
– Zweckvermächtnis 5 430
Nießbrauchsvorbehalt 20 285
Notar
– formale Prüfungen 2 66
– Mitwirkungsverbot 2 72, 80
– Pflichten 1 3; 2 34, 74
– Pflichten nach Beurkundung 2 125
– Testamentsvollstrecker 2 82
– Übergabe einer Schrift 2 146
– Willenserforschung 1 3
– zweiter 2 77, 120
Notarielle Verwahrung *s. Verwahrung*
Notarvertreter 2 80
Nottestament 2 1, 159
Nutzungen
– Vermächtnis 18 280
– Vorerbe 5 24
Nutzungs- und Duldungsauflagen 20 35
Nutzungsgebot 9 456

Nutzungsrecht 6 60; 10 136

Offene Handelsgesellschaft 11 4
– Auflösungsklausel 11 14
– Testamentsvollstreckung 11 174
– Tod eines Gesellschafters 11 28
Öffnungsklausel 20 85
OHG 3 26
– Anteile 3 24
Optionsverschonung 20 242, 247

Paketzuschlag 20 202
Parteifähigkeit 3 43
Partielle Hoferklärung 12 64
Partieller Zuwendungsverzicht 16 112
Partnerschaftsgesellschaft 3 26
– Anteile 3 24
Patchworkfamilien 5 60; 6 60, 76
Personen- und Kapitalgesellschaften 20 225, 230
Personen- und Vermögenssorge 6 40
Personengesellschaft 20 201, 268
– Abfindung 11 51
– Anteile 3 24; 11 1
– Auseinandersetzungsguthaben 11 39
– Ausgleichung 11 62
– Beratungsempfehlungen 11 97
– echter Nießbrauch 11 111
– einfache Fortsetzungsklausel 11 14
– Einkommensteuer 11 44
– Eintrittsklausel 11 45
– Erbengemeinschaft 3 82
– erbvertragliche Bindung 11 101
– Ertragsnießbrauch 11 105
– Fortsetzungsklausel 11 62
– Gesellschaftsvertrag 11 67
– Gewerblich geprägt 20 208
– Gewinnanteil 11 39
– Gewinne 11 175
– Kernbereichsschutz 11 165
– Mehrheit qualifizierter Nachfolger 11 36
– Mehrheit von Klauseln 11 50
– Nachfolgeklausel 3 26
– Nießbrauchsvermächtnis 11 99
– Pflichtteil 11 61
– qualifizierte Nachfolgeklausel 11 32
– rechtsgeschäftliche Eintrittsklausel 11 74
– rechtsgeschäftliche Nachfolgeklausel 11 48, 69
– Sondererbfolge 11 18
– Teilungsquote 11 22, 36
– Testamentsvollstreckung 11 154
– Unterbeteiligung 20 213
– Vererblichkeit 11 1
– Vermächtnis eines Anteils 11 81
– Vollnießbrauch 11 99
– Vor- und Nacherbfolge 11 87
– weichende Erben 11 51
– Zuweisung von Anteilen 11 25
– Zuwendung von Anteilen 11 1

Stichwortverzeichnis

Personengesellschaftsanteil, Vermächtniserfüllungsvertrag 18 262
Persönlich haftende Gesellschafter 3 85
Persönliche Freibeträge 20 110
Persönliche Steuerpflicht 20 13
Persönliche Teilerbauseinandersetzung 18 50, 55
Pflegeleistungen 10 125; 16 38; 20 48
Pfleger 3 62, 66
– Ausschlagung 14 92
Pflegeverpflichtungen 10 132
Pflichtschenkungen 10 124
Pflichtteil 3 149, 151; 6 100; 9 490
– Abfindung 10 14 ff.
– Abschmelzung 10 168 ff.
– Aliud 3 167
– Anrechnungsanordnung 10 66 ff.
– Auslandsberührung 19 75, 161
– Ausschlagung 14 128
– Ausstattung 10 121
– Behindertentestament 10 200 ff.
– Beschränkung in guter Absicht 10 89 ff.
– Bewertungsprivilegien 10 104 ff.
– Entziehung 10 82 ff.
– Erbstatut 10 100 ff.
– Ergänzungsanspruch 10 10, 130 ff.
– Fortgesetzte Gütergemeinschaft 10 238
– Güterstand 10 138 ff.
– Hof 10 110
– Innengesellschaft 10 158 ff.
– Jastrow'sche Klausel 10 221 ff.
– Kleiner – 6 103
– Landgut 10 104 ff.
– Lebensversicherung 10 161 ff.
– Lebzeitige Verfügung 10 119 ff.
– minderjähriger Erbe 3 62
– Mittelbar Berechtigte 10 111 ff.
– Mitwirkung des-berechtigten 10 1 ff.
– nach dem erstversterbenden Elternteil 3 161
– Nacherbe 5 52
– Personengesellschaft 10 148 ff., 156 f.
– Pflichtteilsklausel s. dort
– Quotensenkung 10 95 ff.
– Rechte des Zuwendungsempfängers 3 166
– Reduzierung 10 1 ff., 101 ff.
– Restanspruch 10 10
– Schenkung 10 125 ff.
– Unbenannte Zuwendung 10 146
– Verjährung 10 235 ff.
– Vermächtnis 3 153, 170; 10 31 f.
– Verzicht s. Pflichtteilsverzicht
– Vorerbe 5 51
– wirtschaftlich vergleichbare Zuwendungen 3 167
– Zugewinnausgleich 10 179
– Zusatz– 3 169
– Zuwendung 3 153
Pflichtteils – oder Pflichtteilsergänzungsansprüche 6 157; 10 60

Pflichtteilsabfindungs- bzw. -beschränkungsvertrag 17 73
Pflichtteilsanrechnung 10 66
Pflichtteilsanrechnungsbestimmung, Nachholung einer versäumten – 17 71
Pflichtteilsanspruch 3 157; 6 60, 122; 13 68; 20 16, 280
– antizipierte Abtretung 17 8
– Behindertentestament 5 550
– Geltendmachung 20 280
– Verjährung, Pflichtteilsstrafklausel 9 534
Pflichtteilsberechtigte 3 152, 167 f.; 6 24, 91
– Anfechtungsrecht wegen Übergehung 6 120
– Ehepartner 6 103
– Nacherbe 14 142
Pflichtteilsberechtigung 6 61, 66
Pflichtteilsbeschränkung in guter Absicht 5 746; 10 89
Pflichtteilsergänzungsanspruch 10 119; 13 153; 16 6
Pflichtteilsfestigkeit 6 96
– Nachvermächtnis 5 336
Pflichtteilsgeltendmachungsunterlassungsvertrag 17 76
Pflichtteilsklausel 1 23; 10 29
– Auslöser 10 203 ff.
– Automatische – 10 188 ff.
– Bindungswirkung 1 55
– Checkliste 10 246
– Einfache – 10 182 ff.
– Fakultative – 10 185 ff.
– Fortgesetzte Erbengemeinschaft 10 238
– Jastrow'sche Klausel 10 221 ff.
– Stiefkind 10 178
– Subjektiver Tatbestand 10 215
– Verwirkungstatbestand 10 197
– Vor- und Nacherbschaft 10 217
Pflichtteilslast 6 20; 10 42; 13 27; 20 103
Pflichtteilsquote, Minimierung 15 3
Pflichtteilsrecht 10 1 ff.
– Stiftung 13 151
– Testierfreiheit 1 115
Pflichtteilsrechtliche Fernwirkung 16 5, 8
– der Ausgleichungspflicht 16 79
Pflichtteilsregelungsvertrag 17 9
Pflichtteilsrest 6 104
Pflichtteilsstrafklausel 3 162; 6 35, 101; 9 473, 548
– Änderungsvorbehalt 9 630
– automatische 9 509
– Behindertentestament 5 698; 9 599
– einfache 9 498
– fakultativ 9 502
– Jastrow'sche Klausel 9 616
– Verjährung des Pflichtteilsanspruchs 9 534
– Vor- und Nacherbschaft 9 615
– Vor- und Nachteile 9 523
– Voraussetzungen für sanktionsauslösendes Verhalten 9 506

Stichwortverzeichnis

- Wechselbezüglichkeit 9 584
Pflichtteilsstundungsvertrage 17 34
Pflichtteilsüberleitung 5 772
- verschuldeter Erbe 5 711
Pflichtteilsübertragung 17 9
Pflichtteilsunwürdigkeit 10 82
Pflichtteilsvermächtnis 4 160
Pflichtteilsvermeidung 6 96
Pflichtteilsverweisung 3 156
Pflichtteilsverzicht 6 67, 85
- Abfindung 10 14 ff., 241 ff.
- Abkömmlinge des Verzichtenden 10 8
- Anrechnung 10 66 ff.
- Ansprüche nach § 12 HöfeO (und ggf. § 13 HöfeO) 12 116
- Aufhebungsverbot 10 146 ff.
- Ausgewogenheit 10 52 ff.
- Auslandsberührung 1 97; 19 161 ff.
- Auslegung 10 9
- Ausübungskontrolle 10 57
- Bedingung 10 16 ff.
- Belehrungsvermerk 10 58
- Berliner Testament 10 18
- Beschränkter ~ 10 28 ff., 76 f.; 17 73
- Checkliste 10 245
- Ehegatten 10 26 ff.
- Entgeltlichkeit 10 135
- Erbschaftsteuer 10 31 f., 243 ff.
- Erbverzicht 10 2
- EuErbVO 10 59
- Form 10 4 ff.
- Gegenständlich beschränkter ~ 10 39 ff.; 16 2, 27
- Inhaltskontrolle 10 52 ff.
- Kombination mit Zuwendungsverzicht 16 143
- Kosten 1 217
- Nach dem Erbfall 10 60 ff.
- Nacherbe 5 95
- Pflichtteilsanspruch 10 60 ff.
- Pflichtteilsergänzungsanspruch 10 14
- Rücktrittsvorbehalt 10 16
- Sittenwidrigkeit 10 53 f.
- Übertragung 10 40 ff.
- Umfang 10 10
- Unentgeltlicher ~ 10 24 ff.
- Vermächtnis 10 18 ff., 32 f.
- Verschuldeter Erbe 5 719
- Verteidigungsrechte 10 14
- Wegfall der Geschäftsgrundlage 10 56
Pflichtteilsverzichtsvertrag 13 158
- gegenständlich beschränkter notarieller 16 27
- notarieller 16 27
Poolungsklausel 20 231
Poolvereinbarung 20 218, 254
Poolvertrag 20 220
Postmortale Vollmacht 15 26
- Testamentsvollstreckung 9 193
Potestativbedingung 1 108
Prämienschenkung 20 152

Problemkind 6 51, 54
Produktivvermögen 20 3
Prokurist 3 76

Qualifizierte Nachfolgeklausel 3 30; 18 262; 20 267 f.
Quantitative Begrenzung, Erbteil 17 10
Quote 3 169
Quotennießbrauch
- Nießbrauch am Grundstück 5 440
- Vermächtnis 4 109; 5 394
Quotentheorie 17 15
Quotenvermächtnis 6 69; 17 15

Rangvorbehalt 12 180
Realakt 3 70
Realkollation 16 19
Reallast, Rechte des Erblassers 3 23
Rechnerischer Zugewinnausgleich 15 7, 21
Rechtsbehelf, Europäisches Nachlasszeugnis 14 374
Rechtsfähige selbständige Stiftung 13 12
Rechtsfähigkeit 3 40
- GbR und Wohnungseigentümergemeinschaft 3 29
Rechtsform, EuErbVO 2 13
Rechtsgeschäfte unter Lebenden 1 155; 3 15; 4 225
Rechtswahl 1 95; 19 61
- ausdrückliche 19 48
- Ausländisches IPR 19 25
- Bildung 19 72
- Fiktive ~ 19 26, 69
- Formulierung 19 106
- Konkludente ~ 19 62
- Vor 17.8.2015 19 73
- Zweckmäßigkeit 19 64
Regelverschonung 20 242
Reichweite der Bindungswirkung 6 22, 146
Reinertrag 12 15
Reinvestitionsklausel 20 253
Reinvestitionsprivileg 12 124
Relativer Zuwendungsverzicht 16 148
- erklärter 16 115
- vermuteter 16 115
Religionsgemeinschaften 20 51
Rentenvermächtnis 20 172 ff.
Rentenversicherung, gesetzliche 20 154
Restschuldbefreiung, verschuldeter Erbe 5 709
Rheinische Hofübergabe 12 172
Rheinland-Pfälzische HöfeO 12 2
Risikogeschäfte 10 131, 148
Rückauflassungsvormerkung 12 179
Rückfallklausel 12 179
Rückforderungsrecht 10 130; 20 6
Rücknahme 2 136
- Erbscheinsantrag 14 211
Rücktrittsrecht 5 591; 6 142; 16 184
- einseitiges 6 140

Stichwortverzeichnis

– vertragliches 6 24
Rücktrittsvorbehalt 1 63
– Bindungswirkung 7 16, 21
Rückverweisung, EuErbVO 1 94
Rückwirkende Vereinbarung der Zugewinngemeinschaft 20 182
Rückwirkung der Wegfallgründe 3 143

Sacheinlage 20 252
Sachliche Steuerbefreiung 20 46
Sachvermächtnis 6 98, 124; 20 141
Sachwertverfahren 20 72, 83
Sammel-, Einkommens- und Vorratsstiftungen 13 38
Sammelerbschein 14 247
Satzung, Stiftung 13 3
Satzungsänderung, Stiftung 13 103
Satzungsgestaltung, Stiftung 13 42
Scheidungsantrag 6 139
Scheidungsvoraussetzungen 6 139
Schenkung 1 159
– auf den Todesfall 1 168; 3 17; 20 149, 264
– Aushöhlungsnichtigkeit 5 456
– Beeinträchtigungsabsicht 6 19
– gemischte 16 14
– Leistungsauflage 20 35
– mittelbare 20 30
– unter Lebenden 20 27, 202
– Vollmacht über den Tod hinaus 15 78
Schenkungsteuer 20 125
Schenkungsverbot 9 98, 142
Schenkungsversprechen 4 236
– auf den Tod mit Überlebensbedingung 4 236
– auf den Tod ohne Überlebensbedingung 4 242
– Lebensversicherung 4 266
Schiedsgericht, Testamentsvollstreckung 9 52
Schiedsklausel 9 607
– Abgrenzung zum Schiedsverfahren 9 686
– Bindungswirkung 9 716
– Entlassung des Testamentsvollstreckers 9 644
– Form 9 655
– persönliche Grenzen 9 654
– Reichweite 9 696
– sachliche Grenzen 9 643
– Schiedsrichter 9 665
Schiedsrichter 9 665
Schiedsverfahren
– Abgrenzung zur Schiedsklausel 9 686
– Ablauf 9 685
– Voraussetzungen 9 684
Schlusserbe
– Berliner Testament 17 18
– Einheitslösung 5 451
– einseitiges Kind 21 112
Schlusserbeneinsetzung
– Änderungsvorbehalt 1 75
– bindende 5 250
– wechselbezügliche 16 97

Schreibfähigkeit 2 72
Schreibunfähige Beteiligte 2 95
Schreibzeuge 2 120
Schubladenernennung 9 77
Schuldbefreiungsvermächtnis 4 92
Schulden und Lasten 20 102
Schulden, betriebliche 20 102
Schuldner der Erbschaftsteuer 20 125
Selbständige Stiftung
– rechtsfähig 13 12
– Zu Lebzeiten des Stifters 13 27
Selbstanfechtung 7 16
– Bindungswirkung 7 9, 16
– Verpfründungsvertrag 16 170
Selbstbestimmungsgebot 6 92
Selbstkontrahierungsverbot des § 181 BGB 13 100
Selbstzweckstiftungen 13 51
Sippebindung 12 32
– Weiterleitung 12 32
Sittenwidrigkeit 1 117; 5 532; 9 387
– Auflage 9 387
Sitz 13 48
Sonderbetriebsvermögen 20 201, 268
Sondererbfolge 11 18; 12 38; 18 30
Sondererbrecht, höferechtliches 12 72
Sondergut 15 8
Sondervermögen 3 71; 6 92; 9 4
– Hof 3 10
– Vorerbe 5 7
Sorgeberechtigte 6 38
Sozialhilfebezug, Ausschlagung 14 78
Spar- und Bankverträge 20 150
Sparguthaben 1 196; 18 246
Sparvermögen 18 246
Spätehe 15 19
Spenden 10 129; 13 77
Spezialvollmacht, Testamentsvollstreckung 9 204
Sprachunkundige Beteiligte 2 84
Staatliche Stiftungsaufsicht 13 59
Staatsangehörigkeit, Erblasser 1 11
Steuerausländer 20 18
Steuerbefreite Familienstiftung 13 167
Steuerbefreiung 13 4
– Freibetrag 20 47
– Hausrat 20 47
– Pflegeleistungen 20 48
– Rückfallklausel 20 50
– sachliche 20 46
– Unterhaltsleistungen 20 48
Steuerbegünstigte Zwecke 13 4
Steuerbegünstigungen 13 4
Steuererklärung 20 130
Steuerklassen 20 106
Steuerklassenwahlrecht 20 186
Steuern
– agrarsteuerliche Besonderheiten 12 207
– Auflage 4 203

1477

Stichwortverzeichnis

- Auflagengestaltung 9 458
- Ausschlagung 14 171
- Erbschaft- und Schenkungsteuer 12 211
- Erbschein 14 298
- Erbteilsübertragung 18 230
- Ertragsteuern 12 201
- Herausgabevermächtnis 5 324, 518
- Nacherbschaft 5 254
- Nachvermächtnis 5 377
- Nießbrauchsvermächtnis 5 429
- Stiftung 13 160
- Teilungsanordnung 9 276
- Testamentsvollstreckung 9 223
- Verfügungsunterlassungsverpflichtung 5 517
- Vermächtnis 4 57
- Vermächtniserfüllungsvertrag 18 331
- Vorerbschaft 5 240
- Zuwendungen 4 295

Steueroptimierung 8 19
Steuerpflicht
- beschränkte 20 16 ff.
- Erweiterte unbeschränkte 20 14
- persönliche 20 13

Steuerprivilegien 13 160
Steuersatz 20 113
Steuerschuld
- Erlöschen 20 133
- Stundung 20 131 ff.

Steuervergünstigung
- Beteiligung an einer Personengesellschaft 20 208
- Betrieb der Land- und Forstwirtschaft 20 206
- Betriebsvermögen 20 266
- Gewerblich geprägte Personengesellschaften 20 208
- Land- und forstwirtschaftliches Vermögen 20 204
- Produktivvermögen 20 205
- Selbst bewirtschaftete Grundstücke 20 206

Steuerverschonungen 20 2
Stiefgeschwister 17 27
- Erbschaftsvertrag 17 27

Stiefkinder 17 27; 20 108
- Erbschaftsvertrag 17 27

Stifterwille 13 44
Stiftung 5 632; 10 129; 20 39
- Anerkennung 20 36
- Auflage 9 479
- Auflagenbegünstigte 13 30
- Auflösung 13 106
- behinderter Erbe 5 632
- Erbin 13 30
- Erbrechtliche Gestaltung 13 118 ff.
- Errichtung durch Erbvertrag 13 148
- Errichtung durch gemeinschaftliches Testament/Erbvertrag 13 146
- Ersatzerbin 13 149
- EuErbVO 13 159
- Finanzverwaltung 13 5

- für den Stifter 13 51
- Gemeinnützige – 13 50, 52
- Gesetz zur Stärkung des Ehrenamtes 13 6 f.
- light 13 27
- Mindestkapitalausstattung 13 38
- Miterbin 13 132
- Nacherbin 13 128
- Name und Sitz 13 46 ff.
- Nicht rechtsfähige – 13 16
- Öffentliche – 13 15
- Organe 13 90
- Pflichtteilsrecht 13 151
- Privatnützige – 13 15
- Rechtsformbezeichnung 13 47
- Reine Verwaltungsorganisation 13 9
- Satzungsgestaltung 13 42 ff.
- Selbständige – 13 136 ff.
- Steuerbegünstigte – 13 4
- Steuerrecht 13 160 ff.
- Testamentsvollstreckung 13 121 ff.
- Unselbständige – 13 143 ff.
- unternehmensbezogene 13 61
- Vermächtnisnehmerin 13 30
- Vermögensträger 13 17
- von Bürgern für Bürger 13 75
- von Todes wegen 3 41

Stiftung & Co. KG 13 61
Stiftung von Todes wegen
- Erbrecht 13 33
- Steuerrecht 13 35

Stiftung, selbständige
- Errichtung/Begünstigung 13 136 ff.
- rechtsfähig 13 12
- Zu Lebzeiten des Stifters 13 27 ff.

Stiftung, unselbständige
- als Begünstigte 13 143 ff.
- Besonderheiten 13 108 ff.
- Mangelnde Rechtsfähigkeit 13 16
- Namen 13 23
- Stiftungssatzung 13 19, 117
- Treuhänder 13 19

Stiftungsaufsicht 13 2
- Mittel der – 13 3

Stiftungsbehörde 13 37 f.
Stiftungserrichtung
- Erbvertrag/gemeinschaftliches Testament 13 31, 146
- Erstversterben 13 31 f.
- Heilung rechtlicher Mängel 13 44
- Lebzeitige und von Todes wegen 13 31

Stiftungsgeschäft unter Lebenden 13 26
Stiftungsorgane, Beirat 13 90 ff.
Stiftungsorganisation 13 12
Stiftungsrat 13 92
Stiftungssatzung
- Änderung 13 103 ff.
- Formulierungsvorschläge 13 111
- Individuell zugeschnittene 13 8

Stichwortverzeichnis

– Keine Privatautonomie   13 3
– Stiftungsaufsicht   13 3
Stiftungsträger   13 17, 20
– Vergütung   13 22
Stiftungsvermögen   13 77
Stiftungsziel   13 38
Stiftungszweck   13 12 ff., 49
– Neutralität   13 50
Stimmenmehrheit   3 75, 96
Stimmrechtsausübung, einheitliche   3 222
Stimmrechtslose GmbH-Anteile   20 222
Störfallvorsorge   17 44
Strafklausel   9 490
Strafvermächtnis   9 254
Stückauflage   4 213
Stückvermächtnis   4 74; 18 273
Stufenstiftung   13 28
Stundung   10 65
– Steuerschuld   20 131
Stundung der Pflichtteils- und Abfindungsansprüche   20 285
Stundungsvereinbarung   3 166; 17 34
– Erbschaftsvertrag   17 34
Stuttgarter Modell   10 136
Substanzwert   20 196
Superbefreiter Vorerbe   6 77
Supervermächtnis   20 145
Surrogationsgrundsatz   5 40

Teilauseinandersetzung   3 99
Teilausschlagung, Verbot   14 64
Teileigentum   20 72
Teilerbauseinandersetzung   18 50
– gegenständliche   18 50, 55
– künftige   17 56
– Nachlassverbindlichkeiten   18 51
– persönliche   18 50, 55
Teilerbschein   14 254
– Mindesterbteil   14 251
Teilpflichtteilsverzichtsvertrag, notariell zu beurkundender   16 83
Teilungsanordnung   1 33; 3 113, 144; 6 42; 9 229, 231; 12 18; 13 132; 20 136, 260
– Auflage   9 232
– bedingte Erbeinsetzung   9 253
– bedingtes Vermächtnis   9 251
– Behindertentestament   5 574; 9 249
– Bindungswirkung   9 233
– Einkommensteuer   9 283
– Erbauseinandersetzungsvertrag   18 35
– Erbschaftsteuer   9 278
– Gestaltungsrecht   12 20
– Nachlassauseinandersetzung   9 231
– Steuern   9 276, 278
– Strafvermächtnis   9 254
– Vermächtnis   9 232
– Vorausvermächtnis   4 48
– Vorempfänge   9 247

Teilungsmaßnahmen   3 101
Teilungsquote   16 8
Teilungsverbot, Erbauseinandersetzungsvertrag   18 36
Testament
– Anfechtung   1 84
– Angaben zum Erblasser   1 8
– außerordentliches   2 1
– Auslandsberührung   19 1, 100
– Auslandsvermögen   19 102
– Auslandswohnsitz   19 107, 113
– Auslegung   1 100; 2 137
– Beurkundungsvorschriften   2 63
– Bindung   6 26
– Bürgermeister-   2 160
– Dreizeugen-   2 169
– eigenhändiges   2 48
– Erbeinsetzung einseitiger Kinder   21 101
– Ergänzungen   2 134
– Erklärung vor dem Notar   2 63
– Eröffnung   2 62
– Form   2 1
– gemeinschaftliches   1 155; 2 60, 145; 6 2, 26
– gemeinschaftliches – bei Auslandsberührung   19 127
– Gesamtmuster   21 5, 119
– Grundbuchverfahren   2 139
– Handelsregisterverfahren   2 139
– Korrekturen   2 134
– Kosten   1 203
– notarielles   2 63, 132
– Not-   2 1, 159
– öffentliche Urkunde   2 132
– ordentliches   2 1
– Übergabe einer Schrift   2 69, 146
– Verfahren nach Beurkundung   2 125
– Verfügungsunterlassungsvertrag   1 92
– Verwahrung   2 61
– Voraussetzungen   1 4
– Widerruf   1 44, 130
Testamentsvollstrecker   3 73; 13 104, 141; 20 130, 161
– Aufgabe   9 90
– Auswahl   9 54
– Bestimmung   9 52
– Entlassung   13 124
– Erbscheinsantrag   14 239
– Ernennung   9 54
– GmbH   11 189
– Haftungserleichterung   9 132, 134
– Kompetenzen   11 163
– Notar   2 82
– Rechtsstellung   9 140
– Umwandlungsanordnung   11 171
– Unternehmensgründung   11 171
– Verfügungsbefugnis   9 93
– Verwaltungs- und Verfügungsbefugnis   9 25
– Verwaltungsbefugnis   9 93

Stichwortverzeichnis

- Wohnungsrechtsvermächtnis 4 147
- Zeugnis 11 192

Testamentsvollstreckerkosten 20 100

Testamentsvollstreckervergütung
- allgemeine Regelung 9 175
- Einkommensteuerpflicht 9 180
- Fälligkeit 9 184
- konkrete Regelung 9 178
- Umsatzsteuerpflicht 9 180
- Vermächtnis 9 182

Testamentsvollstreckervermerk 9 154, 156

Testamentsvollstreckerzeugnis 9 165, 167; 14 310
- Annahmezeugnis 14 304
- Antrag 14 320
- Einziehung 14 323
- Erteilung 14 321
- Internationale Zuständigkeit 19 33
- Kosten 1 220; 14 334
- Vermächtniserfüllungsvertrag 18 302

Testamentsvollstreckung 1 40; 6 40, 104; 9 1; 13 121; 20 58
- Abwicklungsvollstreckung 9 83; 11 142
- Änderungsvorbehalt 1 78
- Anordnung 9 40
- Auflage 9 91
- Aufwendungen 9 173
- Auseinandersetzungsvollstreckung 9 12; 11 142
- Auslandsberührung 9 184, 186; 19 105
- beaufsichtigende 11 155
- Bedürftigentestament 5 805
- Beendigung 9 48; 14 327
- Beginn 9 41
- Behindertentestament 5 531, 653
- Bestimmung des Testamentsvollstreckers 9 52, 54
- Bestimmungsvermächtnis 9 26
- Durchführung 9 138, 140
- Einzelkaufmann 11 136
- einzelner Nachlassgegenstand 9 88
- Entlassung 9 151
- Erbauseinandersetzungsvertrag 18 78
- Erben 9 142
- Erbschein 14 195
- Erbteil 9 80
- Erbteilsübertragung 18 194
- Generalvollmacht 9 202
- Gesellschaft bürgerlichen Rechts 11 184
- GmbH 11 189
- Grenzen 9 6
- Grundbuch 9 154, 156; 11 193
- Handelsregister 9 164; 11 191
- Herausgabevermächtnis 5 297
- hofgebundener Nachlass 9 10
- inhaltliche Beschränkung 9 119
- Internationales Privatrecht 9 184
- Kommanditgesellschaft 11 174
- Kosten 9 225
- Lebensversicherung 9 9
- Nacherben 9 28, 162
- Nacherbschaft 5 232; 9 36
- Nachfolgeernennung 9 74
- Nachlass 9 79
- Nachlassgericht 9 151, 153
- Nachlassspaltung 9 187
- Nachlassverwaltung 9 1
- Nachlassvollstreckung 9 1
- Nachweis 9 167
- Nießbrauchbestellung 9 25
- Nießbrauchsvermächtnis 5 413
- Offene Handelsgesellschaft 11 174
- Personengesellschaft 11 154
- Pfändungsschutz 9 39
- postmortale Vollmacht 9 193
- Schenkungsverbot 9 98, 142
- Schiedsgericht 9 52
- Schubladenernennung 9 77
- Selbstkontrahierungsverbot, Befreiung 9 106
- Sondervermögen 9 4
- Spezialvollmacht 9 204
- Steuern 9 223
- Stiftung 13 121 ff.
- Transmortale Vollmacht 9 193
- Treuhandlösung 11 146
- Umwandlungsanordnung 11 156
- Unbedenklichkeitsbescheinigung 9 224
- Unternehmensbereich 11 134
- Vergütung 9 170, 172
- Vermächtnis 4 65; 9 80
- Vermächtniserfüllungsvertrag 18 298
- Vermächtnisvollstreckung 9 23
- Verwaltungsanordnung 9 128
- Verwaltungsvollstreckung 9 17; 11 136
- Vollmacht 9 191
- Vollmacht über den Tod hinaus 15 55
- Vollmachtslösung 11 140
- Vollstreckungsschutz durch ~ 9 35, 37
- Vorerbschaft 5 232; 9 30, 36
- Weisungsgeberlösung 11 154
- zeitliche Beschränkung 9 125
- Ziele 9 5
- Zuwendungsverzicht 16 151

Testierfähigkeit 1 4; 2 26
- ärztliche Mitarbeit 2 32
- Darlegungs- und Beweislast 2 44
- Erblasser 1 18
- Erbvertrag 2 52
- notarielle Feststellungen 2 35, 51
- Pflichten des Notars 2 40
- relative 2 37

Testierfreiheit 1 102; 3 1
- Ausschlagung 1 155
- Beamtenrecht 1 126
- Bindungswirkung früherer Verfügungen 1 128; 2 12
- Diskriminierung 1 117
- Drittbestimmungsverbot 1 108

Stichwortverzeichnis

- Einschränkungen 2 72
- gesetzliche Grenzen 1 106
- gewillkürte Grenzen 1 128
- Grenzen 6 110
- Heimbewohner 1 121
- Pflichtteilsrecht 1 115; 2 25
- Potestativbedingung 1 108
- Sittenwidrigkeit 1 117
- Typenzwang 1 114
- zeitliche Grenzen 1 127

Tiere 3 47 ff.
Tod eines Gesellschafters 3 28, 27
Todeszeitpunkt, EuErbVO 2 12
Totalvorbehalt 7 22
- Bindungswirkung 7 22

Trans- oder postmortale Vollmacht 13 125
Transmortale Vollmacht 15 26
- Stiftung 13 125
- Testamentsvollstreckung 9 193

Trennungslösung 5 603, 696; 6 76, 161; 20 184
Trennungsvereinbarung 10 27
Treuhandschaft 20 213
Treuhandvariante 20 266
Türkischer Erblasser 19 42, 101
Typenzwang 1 114

Überausschüttung 20 257
Überentnahme 20 256, 193
Übergabe einer Schrift 2 146
Überkreuzversicherung 20 153
Übermaßaufwendungen für die Vorbildung zu einem Beruf 16 9
Übermaßausstattung 16 20
Übermaßzuschuss 16 21
Übermaßzuschüsse zu den Einkünften 16 9
Übernahmerecht, zum Ertragswert 12 37
Übersetzungsschrift 2 84
Übertragung 3 115
- Anrechnung 10 67 ff.
- Betriebsvermögen 20 176
- Ehegatten 10 44
- lebzeitige 16 1
- Pflichtteilsverzicht 10 40 ff.

Übertragungspflicht 6 125
Übertragungsvertrag 1 180
Umdeutung 3 46
Umgekehrte Vermächtnislösung 5 630
Umsatzsteuer 13 166
Umverteilung, Vorerben 5 174
Umwandlung 3 101
Unbebaute Grundstücke 20 62
Unbekannter Nacherbe 5 102, 183
Unbenannte Zuwendung 10 146
Unechter Unternehmensnießbrauch 4 126
Unentgeltliche Erbteilsübertragung 18 204
- Form 18 205
- Haftung 18 211

Ungeteilte Erbengemeinschaft 3 74

Universalsukzession 1 2; 3 2
Universalvermächtnis 3 46; 4 165; 6 135
- Unternehmertestament 4 163

Unselbständige Stiftung 4 220
- als Begünstigte 13 143 ff.
- Besonderheiten 13 108 ff.
- Mangelnde Rechtsfähigkeit 13 16
- Namen 13 23
- Stiftungssatzung 13 19, 117
- Treuhänder 13 19

Unterbeteiligungen an Personengesellschaften 20 213
Untererbengemeinschaft 3 72
Unterhaltsanspruch des geschiedenen Ehegatten 20 99
Unterhaltsleistungen 20 48
Unterkapitalisierte Stiftung 13 79
Unternehmensbezogene Stiftung 13 61
Unternehmensnießbrauch 12 186; 20 210
- Ertragsnießbrauch 4 127
- unechter 4 126
- Vermächtnis 4 123

Unternehmensträgerstiftung 13 61 f.
Unternehmensvermögen 3 79
Unternehmertestament 9 474
- Auflage 9 474
- Universalvermächtnis 4 163

Unterschrift, eigenhändiges Testament 2 54
Untervermächtnis 4 19
Urheberrechte 3 25
Urkundssprache 2 72

Veräußerung der Anwartschaft 6 82
Veräußerungen von Nachlassgegenständen 3 101
Verbot des Totalvorbehalts 6 14
Verbundene Versicherung 20 153
Verein 3 45
Vereinfachtes Ertragswertverfahren 20 197 f.
Vereinsmitglieder 3 46
Vererblichkeit des Ausschlagungsrechts 14 82
Verfallsklausel 16 191
Verfassung der unselbstständigen Stiftung 13 109
Verfügung von Todes wegen
- Anfechtung 1 84
- Angaben zum Erblasser 1 8
- Auslegung 1 100
- bei Ehegatten mit Kindern aus unterschiedlichen Beziehungen 6 60
- Bindungswirkung 1 44
- Ehegatten 6 18
- Ehegatten mit gemeinsamen Kindern 6 34
- Form 2 1
- frühere 1 17
- Gestaltungsmöglichkeiten 1 30
- kinderlose Ehegatten 6 21
- Kosten 1 203
- Lebenspartner 6 17
- Regelungsziele 1 22

Stichwortverzeichnis

- Rücknahme 1 107
- Testierwille 2 24
- Typenzwang 1 114
- Verfügungsunterlassungsvertrag 1 92
- Voraussetzungen 1 4; 2 12
- Widerruf früherer 2 26

Verfügung zugunsten Dritter, Bindungswirkung 1 53

Verfügung, letztwillige, Stiftung 13 9

Verfügungen 3 98
- wechselbezügliche 6 138

Verfügungsbefugnis
- lebzeitige 6 19
- Testamentsvollstrecker 9 93

Verfügungsbeschränkung 20 58, 220
- Erbscheinsantrag 14 215
- Vorerbe 5 30

Verfügungsunterlassungsvermächtnis 5 462
- aufschiebend bedingte Nacherbschaft 5 463
- aufschiebend bedingte Übereignungspflicht an Grundstück 5 478
- aufschiebend bedingtes Geldvermächtnis 5 468
- aufschiebend bedingtes Herausgabevermächtnis 5 466
- Gestaltung 5 452
- Grundbesitz 5 459
- Notlage 5 466

Verfügungsunterlassungsverpflichtung, Steuern 5 517

Verfügungsunterlassungsvertrag 1 92; 4 226; 5 500; 12 99; 16 171
- Verpfründungsvertrag 16 172

Vergleichswertverfahren 20 63, 80

Vergütung 20 139
- Stiftungsträger 13 22
- Vormund 9 810

Verhaltensauflage 4 214

Verjährung 10 179; 12 135

Verjährungsfrist für den Pflichtteilsanspruch 6 99

Verkaufsverbot 9 445

Verkehrswert 20 3, 85

Verlobte, gemeinschaftliches Testament 2 60

Vermächtnis 1 31; 3 144 f., 158; 13 133; 20 52, 278
- Abgrenzung zur Auflage 9 361
- Anfall 4 7; 18 249
- Anordnung 4 1
- Anwachsung 4 46
- Anwartschaft 4 27
- Auflage 4 181
- Barvermögen 18 246
- Bedachter 4 15, 31
- Begriff 4 4
- Beschwerter 4 15
- Betrieb 18 246
- bewegliche Sachen 4 110
- Dauernde Last 4 97
- Erlassvermächtnis 4 94
- Ersatzvermächtnisnehmer 4 41

- Fälligkeit 4 10; 18 251
- Forderungsvermächtnis 4 86
- Gattungsvermächtnis 4 158
- Gegenstand 18 243
- Geldvermächtnis 4 152
- Gesellschaftsanteil 18 246
- Haushaltsgegenstände 6 129
- Kosten 4 57
- Leibrente 4 98
- Nacherbschaft 4 26
- Nießbrauchsvermächtnis 4 100; 11 99
- Personengesellschaftsanteil 11 81
- Pflichtteil 3 170
- Pflichtteilsvermächtnis 4 160
- Schuldbefreiungsvermächtnis 4 92
- Sparguthaben 18 246
- Sparvermögen 18 246
- Steuern 4 57
- Stückvermächtnis 4 74
- Teilungsanordnung 9 232
- Testamentsvollstreckervergütung 9 182
- Testamentsvollstreckung 4 65; 9 80
- Universalvermächtnis 4 165
- Verjährung 4 11
- Vermögen 18 246
- Verschaffungsvermächtnis 4 78
- Vorerbschaft 4 26
- Vormerkung 4 69
- Wohnrecht 18 246
- Wohnungsrecht 4 147
- zugunsten der gemeinsamen Kinder 21 67
- zugunsten des überlebenden Ehegatten 21 72
- zugunsten einseitigen Kindes 21 92, 119
- Zuwendungsverzicht 16 107

Vermächtnisanordnung 20 161

Vermächtnisanwartschaft 6 88

Vermächtniserfüllung 3 70

Vermächtniserfüllungsvertrag 18 238
- Bedachter 18 241
- Beschwerter 18 240
- bevollmächtigter Vermächtnisnehmer 18 315
- Dienstbarkeiten 18 263
- dingliche Lasten 18 296
- dingliches Wohnrecht 18 263
- Forderungsabtretung 18 259
- Früchte 18 280
- Gestaltung 18 257
- GmbH-Anteil 18 261
- Grundbuchstand 18 265
- Grundstücke 18 260
- Haftung 18 272
- Kosten 18 327
- Lastentragung 18 296
- Mängel 18 272
- Minderjährige 18 288
- Nacherbe 18 286
- Nachvermächtnis 18 304
- Nießbrauch 18 263

Stichwortverzeichnis

– Nutzungen 18 280
– Personengesellschaftsanteil 18 262
– Steuern 18 331
– Testamentsvollstreckerzeugnis 18 302
– Testamentsvollstreckung 18 298
– Übereignung beweglicher Sachen 18 258
– Vorerbe 18 286
– Vorvermächtnis 18 304
– Wohnungs- und Teileigentum 18 319
Vermächtnislösung 5 616
Vermächtnisnehmer 3 39; 20 129, 260
– Auflage 4 188
– bevollmächtigter 18 315
– Vollmacht über den Tod hinaus 15 71
Vermächtnisnießbrauch 20 185, 210
Vermächtnisregelungsvertrag 17 9
Vermächtnisübertragung 17 9
Vermächtnisverbindlichkeit 20 137
Vermächtnisverzicht 20 36
Vermächtnisvollstreckung 9 23
Vermögen
– begünstigte 20 101
– hoffreies 12 74
– hofgebundenes 12 74
– produktives 20 192
Vermögenserhaltung, Grundsatz 13 13
Vermögensnachfolge 1 155
Vermögensnießbrauch 6 116
Vermögensrechtliche Auflage 9 403
Vermögenssorge 3 62
– Entzug 6 91
Vermögensverwaltung 13 81
Vermutungswirkung, Erbschein 14 180
Verpfändung 20 254
Verpfändung des Erbteils 18 156
Verpfändung des Nachlasses, Erbschaftsvertrag 17 7
Verpflichtungen zur Verpfändung 17 7
Verpfründungsvertrag 16 160
– Anfechtung 16 166
– Ausschluss der Anfechtbarkeit 16 169
– Bindungswirkung 7 16; 16 164
– Erbschaftsteuer 16 200
– Form 16 183
– Geschäftsunfähigkeit des Erblassers 16 185
– Gestaltung 16 167
– Insolvenz 16 175
– Irrtumsanfechtung 16 166
– konditionale Verknüpfung 16 193
– Kündigung 16 166
– Leistungsstörungen 16 166
– notarielle Beurkundung 16 183
– Risiken 16 162, 198
– Rücktrittsrecht 16 184
– Schadenersatz 16 174
– Selbstanfechtung 16 170
– Verfügungsunterlassungsvertrag 16 172
– Vollstreckung 16 175

Verschaffungsvermächtnis 4 78; 6 63, 88; 18 282; 20 142
Verschonungen 20 262
Verschonungsabschlag 20 160, 255
Verschuldeter Erbe 5 705, 763
– Auflage zur Herausgabe 5 743
– auflösende Bedingung 5 742
– Ausschlagung 5 708
– Besserung der Verhältnisse 5 738
– Motivangabe 5 742
– Nacherbe 5 731
– Nichtgeltendmachung 5 721
– Pfändbarkeit der Nacherbenanwartschaft 5 735
– Pflichtteilsbeschränkung in guter Absicht 5 746
– Pflichtteilsüberleitung 5 711
– Pflichtteilsverzicht 5 719
– Restschuldbefreiung 5 709
– Vor- und Nacherbfolge 5 728
– Wahlrecht des Erben 5 732
– Wegfall der Beschränkungen 5 738
– Wohlverhaltensperiode 5 709
– Wohnungsrecht 5 722
Versorgungsansprüche
– beamtenrechtliche 20 154
– Erwerb 20 154
Versorgungsfreibetrag 6 135; 20 112
Versorgungsleistungen, Jahreswert 20 174
Versprechensschenkung 4 236
– auf den Tod mit Überlebensbedingung 4 236
– auf den Tod ohne Überlebensbedingung 4 242
Verständigungsperson 2 80, 120 f.
Verstorbener Miterbe 18 14
Verteilungsvermächtnis 4 37
Vertrag zugunsten Dritter 1 172
Vertrag zugunsten Dritter auf den Todesfall 3 17 f.; 20 150
Vertrag zugunsten eines (familienfremden) Dritten 17 61
Vertrauensschutz 6 15
Vertretung, Ausschlagung 14 89
Verwahrung
– besondere amtliche 2 61, 132
– eigenhändiges Testament 2 61
– Erbvertrag 2 148
– Herausnahme 1 146
– Kosten 2 61
– Rücknahme 2 63, 136
Verwaister Hof 12 100
Verwaltungsbefugnis, Testamentsvollstrecker 9 93
Verwaltungsrat 13 92
Verwaltungstestamentsvollstreckung 5 480
– Vorerbschaft 5 233
Verwaltungsvermögen 20 193, 252
– Gegenstände 20 226
– Junges 20 203
Verwaltungsvermögenstest 20 5, 233
Verwaltungsvollstreckung 11 136
– Testamentsvollstreckung 9 17

Stichwortverzeichnis

Verwandtenprivileg 12 154
Verwendungsersatz, Herausgabevermächtnis 5 295
Verwendungsgebot 9 428
Verwirkungsklausel 6 101; 9 490
Verzicht 20 283
Verzicht auf Geltendmachung des Pflichtteils 17 62
Vinkulierungsklausel 20 220
Vollerbeneinsetzung 6 78
– Abwicklungsvollstreckung 6 85
– Auseinandersetzungsverbot 6 78
– Beeinträchtigungsabsicht 6 79, 88
– Bindungswirkung 6 85
– Dauertestamentsvollstreckung 6 85
– Erbauseinandersetzungsverbot 6 85
– Haushaltsgegenstände 6 85
– Herausgabevermächtnis 6 79
– Herausgabevermächtnis auf den Überrest 6 88
– Nachlassnießbrauch 6 78
– Nießbrauchs-Testamentsvollstrecker-Gestaltung 6 78
– Nießbrauchs-Testamentsvollstrecker-Lösung 6 86
– Nießbrauchsvermächtnis 6 84
– Pflichtteilsverzicht 6 85
– Testamentsvollstreckung 6 78
– Vermächtnisanwartschaft 6 88
– Verschaffungsvermächtnis 6 88
– Württemberger Lösung 6 78
Vollmacht 15 90
– Erblasser 3 24
– isolierte 15 27
– Nachlassabwicklung 15 90
– Nachlass- für Ausland 15 66
– postmortale 15 26
– transmortale 15 26
– unter künftigen gesetzlichen Erben 17 38
– unwiderrufliche 15 47
– zur Stärkung des Testamentsvollstreckers 15 64
Vollmacht über den Tod hinaus 15 26 f., 116
– Form 15 33
– für Alleinerbe 15 43
– Gesellschaftsbeteiligungen 15 69
– Interimsvollmacht 15 53
– Kausalverhältnis 15 30
– Kontoauflösung 15 78
– Nacherbenrechte 15 88
– Nachlassabwicklung im Ausland 15 90
– Nachweis 15 61
– Rechenschaftspflichten 15 82
– Rechtswahl 15 101
– Schenkungen 15 78
– Schenkungsversprechen von Todes wegen 15 31
– Steuern 15 117
– Testamentsvollstreckung 15 55
– Vermächtnisnehmer 15 72

– Verwaltungs- und Verfügungsbeschränkungen 15 44
– Vollmachtsstatut 15 101
– Vor- und Nacherbe 15 84
– Widerruf 15 55
Vollmacht unter künftigen gesetzlichen Erben 17 38
Vollmacht von Todes wegen 15 31
– Schenkung unter Lebenden 15 31
Vollmachtsstatut 15 101
Vollnießbrauch 11 102
Vollstreckungsschutz, Vorerbe 5 37
Vonselbsterwerb 14 2
Vor- und Nacherbschaft 6 109, 161; 9 615; 10 111, 217; 20 162
– Auslandsberührung 19 77
– Erbauseinandersetzungsvertrag 18 80
– Personengesellschaftsanteil 11 87
– Pflichtteilsbeschränkung 10 89 ff.
– Pflichtteilsklausel 10 209, 217 ff.
– Stiftung 13 127 ff.
– superbefreiter Vorerbe 6 77
– zeitliche Grenzen 1 127
Vor- und Nachvermächtnis 1 34
– zeitliche Grenzen 1 127
Vorausabtretung von Nachlassforderungen 17 21
– Erbschaftsvertrag 17 21
Vorausvermächtnis 3 116; 6 42, 130; 16 74; 20 144
– aufschiebend bedingtes 5 177
– Erbauseinandersetzungsvertrag 18 42
– Teilungsanordnung 4 48
– zugunsten eines Vorerben 5 118
Vorbehalt der Ausgleichung durch letztwillige Verfügung 16 71
Vorbehalts- und Sondergut 6 149
Vorbehaltsgut 15 8
Vorempfänge 9 247
Vorerbe 6 118; 18 286; 20 164
– Ausschlagung 5 51
– Bedürftigentestament 5 776
– befreiter 5 41
– Befreiung von Beschränkungen 5 188
– Bestimmung 5 15
– Erbschein 14 195
– Erbteilsübertragung 18 129, 197
– freies Vermögen 5 221
– Nutzungen 5 24
– ordnungsgemäße Verwaltung 5 22
– Personengesellschaftsanteil 11 91
– Pflichtteil 5 51
– Rechtsstellung 5 5
– Sondervermögen 5 7
– Umverteilung 5 174
– Verfügungsbeschränkung 5 30
– Vollstreckungsschutz 5 37
– Vorausvermächtnis 5 118
– Wertersatz 5 41

Stichwortverzeichnis

Vorerbfolge, Erbengemeinschaft 5 49
Vorerbschaft 5 1
– Abwicklungstestamentsvollstreckung 5 232
– Begriff 5 2
– Dieterle-Klausel 5 169
– Einkommensteuer 5 244
– Erbschaftsteuer 5 240
– Pflichtteilsstrafklausel 9 565
– Steuern 5 240
– Testamentsvollstreckung 5 232; 9 30, 36
– Vermächtnis 4 26
– Verwaltungstestamentsvollstreckung 5 233
Vorerbschaftseigentum 12 51
Vorerwerb 20 120
Vorkaufsrecht, Erbteilsübertragung 18 175
Vormerkung 6 125
– Vermächtnis 4 69
Vormund 3 62; 6 38
– Ausschlagung 14 92
– Personen- und Vermögenssorge 6 40
– Sorgeberechtigte 6 38
Vormundschaftsbenennungsrecht 9 780
Vorratsstiftung 13 28
Vorsorge
– Scheidungsfall 6 138
– zeitnahes Versterben beider Ehegatten 6 133
Vorstand, Vertretungsmacht 13 97
Vorvermächtnis 4 21; 5 313; 18 304
– Absicherungsfälle 5 331, 361
– Auflassungsvormerkung 5 352
– Ausschlussfälle 5 331, 353
– Testamentsvollstreckung 5 352
Vorweggenommene Erbteilsübertragung, Erbschaftsvertrag 17 9

Wahlauflage 4 223
Wahlrecht auf den Pflichtteilsrestanspruch 6 63
Wahlvermächtnis 4 166
Wart und Pflege 12 168
Wechselbezügliche Schlusserbeneinsetzung 16 97
Wechselbezügliche Verfügungen 6 6, 138; 7 1
Wechselbezüglichkeit 6 6, 26; 9 584
– beiderseitige Wechselbezüglichkeit 6 7
– Bindungswirkung 7 4
– einseitige Wechselbezüglichkeit 6 7
Wegfall der Geschäftsgrundlage 10 56
Weitergabeverpflichtung 20 260, 267
Weiterleitungsverpflichtung zu Gunsten Dritter 17 72
Wert 16 41
– Betriebsvermögen 20 60
– Ein- und Zweifamilienhäuser 20 63
– Erbbaugrundstücke 20 80
– Gesamthandsvermögen 20 201
– Kapitalgesellschaftsanteile 20 60
Wertänderung des Nachlasses 17 48
Wertermittlung 20 59

Wertersatz, Vorerbe 5 41
Wertpapierdepots 20 241
Wertpapiere 20 95, 235
Wertsicherung
– Leibrente 4 291
– Zuwendung 4 283
Widerruf 6 10
– Europäisches Nachlasszeugnis 14 371
– früherer Verfügungen von Todes wegen 2 26
– Kosten 1 210
– Möglichkeit 6 11
Widerrufsvorbehalt 7 12
– Bindungswirkung 7 12
Wiederheirat 6 109, 125
Wiederheiratswillige 6 107
Wiederverheiratungsklausel 5 123; 6 106, 124
– 2-Phasen-Modell 5 130
– 3-Phasen-Modell 5 131
– alternative 6 120
– Befreiungsmöglichkeiten 5 129
– Folgen der Wiederverheiratung 5 125
– Öffnungsklauseln 6 127
– Trennungslösung 6 114
– verfassungsrechtliche Bedenken 6 106, 114
– Zölibatsklausel 6 106
– Zulässigkeit 5 133
Willenserforschung 1 3
Wirtschaftsfähigkeit, Verpachtung 12 175
Wirtschaftsgüter, junge 20 200
Wirtschaftsteil 20 87
Wirtschaftswert 12 40
Wohneigentum, Schenkung 1 163
Wohnrecht 6 127
– Vermächtnis 18 246
Wohnsitz, mehrere 1 95
Wohnsitzwechsel 1 95
Wohnteil 20 89
Wohnungs- und Teileigentum, Vermächtniserfüllungsvertrag 18 319
Wohnungs- und Teileigentumseinheiten 20 63
Wohnungseigentum 20 72, 132
Wohnungseigentümergemeinschaft 3 44
Wohnungsrecht 10 128; 12 167
– Abschmelzung 10 169 ff.
– Behindertentestament 5 642
– Pflichtteilsergänzungsanspruch 10 136 ff.
– Rechte des Erblassers 3 23
– Stuttgarter Modell 10 136
– verschuldeter Erbe 5 722
Wohnungsrechtsvermächtnis 4 147, 151
– Testamentsvollstrecker 4 147
Wohnungsunternehmen 20 230
Württembergische Lösung 6 78
– Ehegattenerbvertrag 5 421
Württembergisches Anerbengesetz 12 2

Zeugen 2 77, 120
Zölibatsklausel 6 106

1485

Stichwortverzeichnis

Zugewinnausgleich 20 179
– Durchführung im Todesfall 5 96
– erbrechtlicher 20 278
– fliegender 15 15
– güterrechtlicher 20 182
– rechnerischer 15 21
Zugewinnausgleichsanspruch 6 103
Zugewinnausgleichsforderung 20 156
Zugewinngemeinschaft 10 98; 15 2; 20 177, 180
– Ausschlagung 14 149
– Erbteilsübertragung 18 219
– modifizierte 15 2
– Rückwirkende Vereinbarung 20 182
Zusatzpflichtteil 3 169, 170; 6 68
Zusatzpflichtteilsansprüche 6 69
Zustiftung 13 77, 80; 20 39, 44
Zustimmungsvermächtnis 5 202
– Nacherbentestamentsvollstreckung 5 206
Zuwendung 13 77; 16 14
– ausgleichspflichtige 16 7
– freigebige 20 27 f., 148
– geborene ausgleichspflichtige 16 7
– gekorene ausgleichspflichtige 16 7
– Gemeinnützige Einrichtungen 20 51
– Minderjährigen 16 17
– Religionsgemeinschaften 20 51
– Steuern 4 295
– Vorerbe 20 119
– Wertsicherung 4 283
Zuwendungsverzicht 7 16; 16 95
– Anwendungsfälle 16 98
– Aufhebung 16 134
– Auflage 16 151
– Begriff 16 95
– Beschränkung 16 112
– Bindungswirkung 7 9, 16
– eingeschränkter relativer 16 149
– Erbeinsetzung 16 107
– Erbvertrag 16 125
– Erbverzicht 16 95
– Ersatzerbe 16 100
– Form 16 117
– Gegenstand 16 107
– gegenständlich beschränkter 16 150
– Gesetzesänderung 16 99
– Kombination mit Erb-/Pflichtteilsverzicht 16 143
– nachsorgender 16 142
– nachträgliche Anordnungen 16 151
– notarielle Beurkundung 16 117
– partieller 16 112
– Rechtswirkung 16 130
– relativer 16 114, 148
– Testamentsvollstreckung 16 151
– verbundenes Geschäft 16 123
– Vermächtnis 16 107
– vorsorgende Regelungen 16 138
Zwangsabtretungen 20 271
Zwangszuweisung des Hofes 12 3
Zweckvermächtnis 4 169; 20 145
– Nießbrauchsvermächtnis 5 430
Zweckzuwendungen 20 38
Zwei-Zeugen-Testament 19 83
Zweiseitiger Erbvertrag 6 13
– Bindungswirkung 7 3
Zweitehe 15 19
Zweiter Notar 2 77, 120